摄影 / 李军

2014

中共山西年鉴

中共山西省委主办
中共山西省委党史办公室　编

中央文献出版社

《中共山西年鉴》编审委员会

张越轶　中共山西省委党史办公室副主任
陈跃钢　中共山西省委组织部副部长、省委老干部局局长
武　涛　山西省财政厅厅长
罗清宇　中共临汾市委书记
孟　萧　中共山西省纪律检查委员会常委、秘书长
赵雁峰　共青团山西省委书记
钟启元　女，中共山西省委党史办公室副主任
洪发科　中共阳泉市委书记
耿彦波　中共太原市委副书记、市长
郭新民　山西省总工会常务副主席
高卫东　中共吕梁市委书记
阎根生　政协山西省委员会秘书长
廉毅敏　山西省人民政府秘书长

《中共山西年鉴》编辑委员会

总　　编　于若洁　王利波
副 总 编　张越轶　钟启元　巨文辉　杨玉堂　王雷平
执行总编　范小平
执行副总编　郭秀翔　徐海鸿　王福光　闫利明
编　　委　(按姓氏笔画为序)
王卫香　王帅红　王成禹　王润平　王家进
田晓晴　任灵杰　刘　辉　刘玉太　杨　坤
邱晚皓　宋　元　宋惠民　宋燕卫　张　忠
苗长青　孟　红　赵忠保　郭秀翔　魏　福

编 辑 说 明

《中共山西年鉴》是中共山西省委主办的一部大型资料工具书，按年度连续出版。全面记录中共山西省委一年来召开的重要会议、发布的重要文件、进行的重大活动、开展的重要工作；系统反映全省各部门、各市县党的建设和其他重要工作情况。为领导干部科学决策、指导工作提供有力借鉴，同时为广大读者了解山西、研究山西、建设山西提供服务。

《中共山西年鉴》2014版记录的时限范围是2013年1月1日至2013年12月31日。所收资料采用分类编排法，共设置8个栏目。本书资料主要由省委办公厅和各市县、各部门党委办公室提供，还有少部分转载自《山西日报》《前进》等。《附录》部分由省市统计部门和省委组织部供稿。“中央领导关注山西”专栏编排顺序按照中央领导来山西时间先后顺序编排。各部门工作概况中统计数字和领导成员名单以各部门所报资料为准。全书由省保密局进行了审查。在本书组稿、编辑、印刷、出版过程中，得到了有关部门的大力支持和协助，在此，表示诚挚的谢意。

由于《中共山西年鉴》2014版内容涉及面广，编纂难度较大，加之编辑水平所限和个别单位未能按要求提供稿件，因此，所收资料疏漏之处难以避免，恳请广大读者批评指正，以便在今后的编辑工作中加以改进。

目　录

中央领导关注山西

中共山西省委工作概况

重 要 会 议

重 要 文 献

省委工作部门工作概况

省人大常委会党组工作概况

省政府党组工作概况

省政协党组工作概况

省纪委（监察厅）工作概况

省高级人民法院党组工作概况

省人民检察院党组工作概况

省政府各厅局党组（委）工作概况

省直属事业单位党组（委）工作概况

群团组织党组工作概况

省管国有企业党委工作概况

中央部属单位党组（委）工作概况

驻晋部队党委工作概况

高等院校党委工作概况

市、县（市、区）委工作概况

中共太原市委工作概况

中共大同市委工作概况

人事变动

人 物

大事记要

附　录

中央领导关注山西

创新驱动调结构
山西明天更美好

——张高丽、马凯与山西代表一起审议政府工作报告

3月8日上午，人民大会堂山西厅简朴庄重，发言踊跃热烈。

出席十二届全国人大一次会议的山西代表团今天在此举行全体会议，中共中央政治局常委张高丽，中共中央政治局委员、国务委员兼国务院秘书长马凯与山西代表一起审议政府工作报告，审查计划报告和预算报告，审议本次会议选举和决定任命的办法草案。

上午8时50分，张高丽走进山西厅，和代表们一一握手。看到申纪兰代表，上前握着她的手，热情问好。

8时55分，审议开始。

代表团团长袁纯清主持会议。他说，张高丽、马凯同志到山西团参加审议，体现了党中央、国务院对山西的重视，让我们表示欢迎和感谢！

副团长李小鹏首先发言。作为代表，他表示，完全赞成温家宝总理所作的政府工作报告以及提交大会审查的计划报告、预算报告。他说，过去的5年，是极不平凡的5年，我国改革开放和现代化建设取得了巨大成就。和全国一样，山西经济发展，社会进步，民生不断改善。他说，下一步，要全面贯彻落实党的十八大精神和全国“两会”精神，认真贯彻落实张高丽同志的重要讲话精神，多措并举稳增长，坚定不移促转型，毫不放松抓“三农”，全力以赴惠民生，持之以恒抓安全，坚持不懈建生态，抢抓机遇推改革，促进全省经济社会更好更快发展，向党中央、国务院和全省人民交一份合格的答卷。他同时希望国家在煤层气矿权审批、低热值煤发电项目和重大水利枢纽项目核准等方面加大对山西的支持力度。

关注民生首先要关注人民群众的健康

来自大寨的农民代表郭凤莲接着发言，她的话题自然离不开“三农”。郭凤莲由衷称赞近年来农村取得的巨大成就，对目前农村存在的问题提出中肯的建议。她说，农村空巢老人现象需要引起重视，年轻人多数外出打工，种地成了问题。种粮是大事，无粮不安啊。另外，农田水利设施年久失修、村村通水泥路缺乏管理养护，这些都需要引起重视。

张高丽认真听，不时记。他对大寨非常关心，询问郭凤莲：“现在农民人均纯收入是多少？”

“一万七千元。”

张高丽点头说：“那就比较高了。收入来源靠什么？”

郭凤莲简单介绍了大寨的现状。

民营企业家韩长安代表谈了对报告的看法、国家对民营企业的扶持。他说，雾霾天气增多，空气质量忧心，对此政府应该给予重视。城市的景观树、形象树，对防风固沙作用不大，要因地制宜多种树，在城市周边农郊大规模成片种，把城市和工厂建在“森林”里。

张高丽说，我非常赞成你的观点，大量种树不仅能阻挡风沙，改善空气质量，还能涵养水分，减少空气中的PM2.5含量。关注民生，首先要关注人民群众的健康。

曾在国家部委工作的白景富代表对右玉坚持60年种树，大为称赞。他向张高丽介绍，右玉18任县领导锲而不舍植树，精神感人，森林覆盖率由新中国成立之初不到1%，到现在已经达到56%。

张高丽说，将来要选择一些条件比较恶劣、但是种树绿化搞得好的，和条件并不差，但不重视绿化的典型。

针对中央改进作风八项规定，韩长安代表建议，国家要调控高档烟酒价格，实现市场自律监督。

张高丽赞许地说：“你很有见地。中央八项规定一定要坚持下去，成为长效机制。”

太钢集团董事长李晓波代表介绍了太钢在产业转型和企业创新中的做法。张高丽听得非常认真，并询问李晓波：

“你对钢铁产能过剩有什么好建议？”

王清宪、李晋平、张红健、常俊民等代表先后发言，围绕加快新农村建设、推进民营企业发展、科技创新、绿色发展、以煤为基创新驱动等谈情况，提建议。

我为山西的变化和转型发展感到高兴

张高丽在发言中，充分肯定山西在经济社会发展中取得的成绩。他说，5年来，山西和全国一样发生了非常大的变化，特别是按照中央决策部署，抓住转型综改试验区建设的机遇，提出了转型发展、跨越发展一系列思路和举措，取得了显著成绩。我为山西的变化和转型发展感到高兴。按照这样的路子走下去，会越走越宽。

张高丽说，坚持创新驱动、调整经济结构是推动经济持续健康发展的重要工作。要推动三次产业结构调整，提高自主创新能力，发展绿色循环低碳经济，以创新带动创业，以创新带动发展。张高丽希望山西抓住建设国家资源型经济转型综合配套改革试验区的机遇，在新的起点上实现更好的发展。

时针指向12点，代表们意犹未尽。审议结束，代表们围拢在张高丽身边不肯离去，张高丽同志也关切地向基层代表询问情况。

在郭凤莲代表的邀请下，张高丽与山西女代表合影留念，祝福大家“三八节”快乐。

财政部副部长王军，国家发改委、能源局、安监总局等有关部委负责人到会听取代表的意见和建议。

副团长金道铭、李政文、胡苏平、高建民参加审议。

袁纯清最后说，张高丽同志围绕创新驱动、调整结构的讲话，情真意切、语重心长，抓住了山西的本质，切中了要害。对山西经济社会发展取得的成绩给予充分肯定，对全省人民是极大鼓舞，为山西进一步推动科学发展指明了路子。作为资源型地区，山西虽然在转型上取得一定成绩，但创新能力弱、科技含量低、增长方式粗放仍是突出问题。我们要落实好十八大精神和政府工作报告的部署，按照张高丽同志讲话要求，坚持主题主线和总基调，着力提高经济增长的质量和效益，抓住建设转型综改试验区的机遇，以太榆科技创新城为载体，以企业为主体，立足市场和科技创新前沿，依托资源优势，创新体制机制，推进资源清洁高效利用和产业优化升级，走出资源型地区绿色发展、低碳发展、可持续发展新路，向党中央、国务院交一份合格的答卷。

（孟银凤　尚慧辉　刘　宇）

加大中西部开发开放
为中国发展提供战略支撑

——张高丽在山西新疆调研

4月6日至9日，中共中央政治局常委、国务院副总理张高丽赴山西、新疆调研，了解经济运行和结构调整、节能减排、环境保护等方面情况，考察保障性住房、城镇化建设等民生工作，主持召开座谈会，听取当地领导、企业负责人和职工群众的意见建议。

张高丽指出，2013年以来，我国经济社会发展总体平稳，稳中有进，稳中有忧。各地要加强一季度经济形势分析和二季度走势研判，多看到面临的困难、问题和风险，按照中央经济工作会议的要求，坚持稳中求进的工作总基调，以实现良好开局为目标，认真贯彻习近平总书记、李克强总理的一系列重要指示，重在抓好落实，重在抓出成效，重在提高水平，促进经济持续健康发展和社会和谐稳定。

张高丽强调，当前我国发展中的突出矛盾是经济结构不合理、科技创新能力不强、资源环境约束加剧。把经济结构调整、科技创新驱动、资源环境保护三者联动起来，统筹把握推进，就能够更好地促进经济发展方式转变，逐步解决不平衡、不协调、不可持续问题。要着力推进经济结构调整优化，有效化解产能过剩，遏制盲目重复建设，进一步提高发展的层次和水平；要着力强化科技创新驱动，充分发挥企业主体作用，大力增强自主创新能力，大力支持科技型企业和优秀人才创新创造创业；要着力加强生态环境保护，以治理突出污染问题为切入点，综合施策，重拳出击，区域联动，狠抓落实，为人民群众创造一个较好的工作生活环境。

张高丽指出，要深入实施区域发展总体战略，统筹东中西、协调南北方，科学布局、分类指导。中西部地区是我国重要的战略发展空间和增长点，要积极发展优势特色产业，大力推进绿色发展、循环发展、低碳发展，加强煤、油、气、水、土地等资源的节约集约利用，切实把资源优势转化为经济优势；要进一步深化改革扩大开放，取消不合理的政策和制度规定，营造公平竞争市场环境，在优胜劣汰中发展，加快大通道建设，拓展开放广度和深度，主动承接东部部分产业，同时防止污染企业和落后生产能力跨区域转移；要时刻关注民计民生，创新扶贫开发机制，加强保障性安居工程建设，积极稳妥推进城镇化，搞好安全生产，确保社会稳定，帮助群众解决就业、社保、医疗、上学等方面的实际困难，不断改善各族群众的生产生活条件。

张高丽指出，中西部地位重要、潜力巨大，国家将一如既往地支持山西、新疆等中西部地区发展；各级政府要加快转变职能和工作作风，向市场放权，为企业松绑，坚决反对官僚主义、形式主义和铺张浪费，大力提倡讲真话、说实情、办实事、解难题，全心全意为人民服务。

中共中央政治局委员、新疆维吾尔自治区党委书记张春贤陪同在新疆调研。山西省委书记、省人大常委会主任袁纯清，省委副书记、省长李小鹏陪同在山西调研。

（张旭东）

中共中央政治局委员、北京市委书记郭金龙率北京市代表团在晋考察

从4月8日开始，北京市代表团在晋进行为期3天的考察。其间，两省市在太原召开工作交流座谈会，双方政府签署《关于深化落实〈区域合作框架协议〉的实施意见》，两省市工信、农业、商务、卫生、教育等部门以及太原市政府与中关村科技园区管委会之间签署合作协议。

中央政治局委员、北京市委书记郭金龙，省委书记、省人大常委会主任袁纯清出席两省市座谈会和签约仪式。北京市委副书记、市长王安顺，省委副书记、省长李小鹏出席座谈会并签署协议。

代表团一行先后考察了罗克佳华公司、中国（太原）煤炭交易中心、中国汾酒城－杏花村酒业发展区等，对山西经济社会发展取得的成绩和呈现出的崭新变化，感到鼓舞和振奋，对两省市深化交流合作充满期待和希望。

在省市工作交流座谈会上，郭金龙对山西省长期以来对北京工作的大力支持表示感谢。他说，近年来，山西省委、省政府带领全省人民，以科学发展观为指导，积极探索科学发展的新路，综合经济实力不断迈上新台阶，转变经济发展方式、生态文明建设取得新成效，改革开放实现新突破，基础设施、公共服务设施大为改善，人民群众生活水平显著提高。代表团一路走来，处处感到人心思上、干事创业、政通人和、朝气蓬勃、欣欣向荣的景象。他指出，实现中华民族的伟大复兴，完成党的十八大提出的“两个一百年”奋斗目标，必须坚持走中国道路，弘扬中国精神，凝聚中国力量。加强新形势下的战略合作，就是落实这些重大战略思想的具体举措。他强调，要把加强区域合作摆在更加重要的地位，以全面落实协议为契机，不断深化京晋合作。要加强省市层面和各部门、各单位的沟通，在沟通中形成共识，找准合作的突破口，先易后难，先小再大，逐步拓展；要突出重点，以协议中涉及的科技成果辐射、产业结构调整、教育医疗、农业、商务、文化、旅游、生态文明建设等领域合作为切入点，明确要求，落实责任，扎实推动，尤其要在生态环境建设方面，探索建立区域联动机制，着力解决突出问题，提高区域生态环境水平；要营造环境，履行好政府在推动区域发展中的职责，推动各种要素在区域中更好地流动，引导企业和社会力量参与合作；要健全工作沟通机制、重大项目推进协调机制等，推动两地交流合作各项工作的落实。

袁纯清对北京市长期以来给予山西的支持帮助表示感谢，对北京市近年来经济社会取得的显著成绩表示衷心祝贺。他指出，山西与北京地缘相近、人文相亲，交往频繁、合作密切。特别是2011年双方签订区域合作框架协议以来，能源保障更加有力，产业合作强力推进，农业合作成果丰硕，两地在多个层面的互动交流不断加强，合作领域不断拓宽，全方位交往格局正在形成。

袁纯清从八个方面梳理了两地共同点与差异点后指出，两地发展阶段不同，发展条件各异，存在较大的合作发展优势。山西方面要牢固树立服务首都的意识，发挥四个优势，把握四个定位，实现四个目标：充分发挥自身区位优势、能源优势、特色农产品优势、旅游文化优势，千方百计为首都服务，努力成为北京清洁能源可靠的“输送地”、北京人民放心的“菜园子”、出游休闲向往的“目的地”，首都生态环境稳定的“后屏障”；同时借助北京在科教、文化、金融、信息等方面的优势，主动成为首都经济圈的“大腹地”、产业转移的“承接地”、科教文化的“辐射区”、科技人才的京外“创业园”。为此，袁纯清从特色农业、清洁能源、文化旅游、科技人才、产业转移、生态环保六个方面提出了具体建议。他强调，这次签署的“一个意见、六个协议”，是晋京合作的新平台，要抓紧落实有关内容，加强项目对接，创新协调合作机制，共同谱写合作共赢新篇章。

山西省领导薛延忠、金道铭、胡苏平、高建民、陈川平、聂春玉、杜善学、张建欣、王一新、张复明、卫小春，北京市领导李士祥、赵凤桐、鲁炜、陈刚、苟仲文、程红、林克庆参加会面或出席交流座谈会和签约仪式。

（尚慧辉）

中共中央政治局委员、天津市委书记孙春兰率天津党政代表团在晋考察交流

5月21日至23日，以中共中央政治局委员、天津市委书记孙春兰为团长，天津市委副书记、市长黄兴国，市人大常委会主任肖怀远，市政协主席何立峰为副团长的天津市党政代表团，到我省参观考察，共商深化合作、共赢发展大计。代表团先后深入太原、吕梁、晋中等地，了解我省装备制造、循环经济、新兴产业、文化旅游等产业发展情况，就产业转型、改革开放、科技创新等进行充分交流，举行山西·天津工作交流座谈会，签署合作框架协议，就深化务实合作形成十个方面具体举措。山西省委书记、省人大常委会主任袁纯清，省委副书记、省长李小鹏等陪同考察。

考察期间，代表团对我省坚持以煤为基、多元发展，加快转型跨越的发展战略给予高度评价，对山西转型跨越的显著成就、城乡面貌的巨大变化深感振奋和鼓舞，希望两省市在产业转移、科技创新、新型能源、综合配套改革、金融保障等方面深化合作，共同推进区域经济一体化发展。在考察罗克佳华公司物联网建设、太钢不锈冷轧高新产品、太重大型装备制造、中国（太原）煤炭交易中心后，代表团对企业通过科技创新占领产业制高点的探索和成果表示赞赏，表示希望发挥天津港口、物流等优势，建设合作平台，发展新型业态。在考察气势恢宏的汾酒城、独具魅力的平遥古城、古香古色的宝源老醋坊和山西博物院后，代表团对山西深厚的历史文化底蕴表示赞叹，认为充分体现了传统工艺与现代产业的有机结合，展示了历史文化与现代文明相互交融的独特魅力。

省委、省政府对天津市党政代表团来我省考察参观表示热烈欢迎，认为津晋两地交往历史悠久、经济联系密切、人民感情深厚。山西与天津同属环渤海经济圈，区域融通性好、资源互利性高、产业互补性强、机遇共享性大，天津市改革发展的许多经验和做法值得我省认真学习。要以深化津晋战略合作为契机，把主动融入环渤海经济圈作为重大战略选择，打造合作平台，提升合作层次，拓展合作领域，使山西成为天津清洁能源的可靠“输送地”、产业转移的首选“承接地”、出游休闲的最佳“目的地”，在共融互动中实现共同发展。考察期间，双方围绕深化务实合作，就完善区域交通运输网络、深化港口口岸合作、推进物流一体化建设、加大能源合作力度、深入产业互补合作、加强科教人才合作、加快会展旅游融合、加强农副产品对接、拓宽金融合作领域、建立长效合作机制等十个方面提出具体合作举措。落实双方签署的合作框架协议，山西要坚持安全、清洁、低碳、绿色的基本方针，加快建设新型能源基地，把天津作为山西通江达海、对外开放的重要窗口和大通道，深化港口口岸合作，鼓励天津企业到山西投资，加强环境保护方面的合作，积极承接天津高科技产业的扩散辐射，认真学习借鉴天津滨海新区的经验，助力山西转型跨越发展。

天津是我国第三大城市、北方最大沿海开放城市，多项工作走在全国前列。近年围绕建设国际港口城市、北方经济中心和生态城市的目标，坚持深化改革扩大开放，着力转变经济发展方式，全力推进滨海新区开发开放，努力建设生态宜居城市，经济结构不断优化，区县综合实力迅速壮大，人民群众生活水平不断提高，保持了快速发展的良好势头。这次天津市党政代表团来晋考察交流、传经送宝，必将进一步掀开津晋交流合作的新篇章。

代表团由天津市直有关部门、各区县和企业负责同志70余人组成，天津市领导臧献甫、段春华、袁桐利、任学锋，山西省领导高建民、李兆前、陈川平、聂春玉、杜善学、任润厚等一同考察。

（左燕东）

中共山西省委工作概况

省委书记　袁纯清

2013年，在中共中央的正确领导下，省委团结带领全省干部群众，高举中国特色社会主义伟大旗帜，以邓小平理论、"三个代表"重要思想、科学发展观为指导，认真学习习近平总书记一系列重要讲话，深入贯彻党的十八大和十八届一中、二中、三中全会精神，以建设转型综改试验区为统领，全面推进经济、政治、文化、社会和生态文明建设，扎实推进党的建设新的伟大工程，各项工作取得新进展新成效。

一、深入学习贯彻习近平总书记一系列重要讲话精神，把思想和行动统一到党中央的精神上来

党的十八大以来，习近平总书记发表了一系列重要讲话，提出许多新思想、新观点、新论断、新要求，丰富和发展了中国特色社会主义理论，是马克思主义中国化的最新成果，是全面建成小康社会、推进社会主义现代化、实现中华民族伟大复兴中国梦的强大思想武器和行动指南。省委把学习贯彻习近平总书记一系列重要讲话精神作为首要政治任务，下发通知，要求以县处级以上领导班子和领导干部为重点，在全省兴起学习热潮。省委常委会带头学习，先后18次集中学习，原原本本研读原著，交流讨论心得体会。省委常委带头上讲台，作辅导报告，读学习体会。省委举办两期省管主要领导干部学习习近平总书记重要讲话精神研讨班，各级各部门采用多种形式、从多层面引深学习活动，教育引导党员、干部和群众增强"三个自信"，增强为实现中华民族伟大复兴中国梦贡献力量的责任感和使命感，切实把思想和行动统一到习近平总书记重要讲话精神上来，自觉武装头脑、指导实践、推动工作。把学习习近平总书记重要讲话精神与学习党的十八大精神结合起来，联系山西实际确定21个课题，由省委常委和副省长领题调研，提出贯彻落实十八大精神的政策措施，把学习成果转化为推动转型跨越发展、办好"两件大事"，全面建成小康社会的实际成效。

二、严格贯彻执行中央八项规定，干部作风明显改进

中央提出八项规定后，全省上下及时传达学习，出台四个实施办法。省委常委会带头作出贯彻落实中央八项规定精神的"五项承诺"，带头严格执行中央和省委规定，建立领导干部直接联系群众等制度，深入开展下乡住村包村增收以及"访民生、知民情、解民事"集中走访活动。在改进会风和公务接待方面制定《五个严格控制》《五个严禁超标准》等制度，规定省级领导在太原市调研公务一律不安排用餐，下基层调研公务一律吃本地菜肴、一律不饮酒，越野车全部上缴、统一管理等，制定许多"硬杠杠"。深入开展纪律作风整顿，大力倡导勤俭办一切事情，严格控制"三公经费"，严格执行中秋和国庆过节"五不准"。加强对中央八项规定贯彻执行情况的监督检查，查处157起违规行为。开展专项清理楼堂馆所，超标办公用房全部腾退，总面积达64.8万平方米。文风会风明显改进，党风政风明显好转，全省会议数量同比减少35%，文件简报减少55%，会议经费减少25%，新闻节目对领导活动的报道减少36%，党政机关因公出国（境）人数下降25.8%。严格贯彻执行中央《党政机关厉行节约反对浪费条例》，解决突出问题，倡导节俭之风，树立党政机关务实清廉的良好形象。

三、坚持高标准严要求，群众路线教育实践活动取得明显成效

根据中央部署，在中央督导组指导下，紧紧围绕为民务实清廉主题，按照"照镜子、正衣冠、洗洗澡、治治病"的总要求，聚焦"四风"，加强领导，精心组织，周密部署，统筹推进第一批163个部门和单位的教育实践活动。省委常委班子坚持从自身做起，自觉摆进去，带头深入群众、带头征求意见、带

头查摆问题,就文山会海、"三公"经费等六个专题进行领题调研,进一步查找"四风"突出问题;到服务窗口单位调研,面对面听取意见、实打实解决问题;举行先进事迹报告会,组织省级四大班子成员实地重温习近平总书记关于右玉精神的重要批示和讲话精神。在深入调查研究、广泛征求意见、普遍谈心交心、认真撰写对照检查材料的基础上,集中两天时间召开专题民主生活会,围绕"四风"对照检查了20个问题,班子成员之间认真开展批评与自我批评,凝聚了共识、明确了方向。省委常委班子专题民主生活会受到中央领导以及中央教育实践活动办、中央督导组充分肯定。研究制定了《省委领导班子整改方案》《全省治理"四风"制度建设计划》和《开展"四风"突出问题专项整治方案》,就每项任务定出任务书、列出时间表、确定责任人。在省级班子带动下,全省37万多名党员参加了第一批教育实践活动,整个活动组织有序、进展顺利,取得明显成效。坚持把解决突出问题、整风精神、领导带头、制度建设、开门搞活动贯穿始终,各部门(单位)严格按照环节要求开展活动,集中学习时间平均达到8天,征求到各类意见建议8万余条,整改项目4200余个,"废改立"各项制度9600多个。干部群众普遍反映,这次教育实践活动抓了学习、反了"四风"、严了纲纪、强了党性,党员干部精神为之一振、作风为之一新。

四、着力推动转型发展,经济发展方式加快转变

以提高经济发展的质量和效益为中心,坚持新型工业化、信息化、城镇化、农业现代化同步发展,强化创新驱动,深化改革开放,不断增强发展后劲。

(一)抓经济发展逆势而进。按照中央确定的主题主线总基调做好经济工作,加强对经济工作的领导和对形势的研判,统筹抓好稳增长、推改革、促转型、惠民生各项工作。面对煤炭市场低迷、经济下行压力较大的严峻形势,转型主导,综合施策,出台并实施"煤炭20条""中小微企业27条""低热值煤发电20条""煤层气20条"等一系列举措。把投资作为保增长的关键,加强重点工程建设,狠抓"项目推进年"工作,按照"六位一体"加快项目建设。深入推进"双千亿"、"双五百亿"和"百强潜力企业"工程,着力培育新的增长点,经济社会发展实现稳中有进、稳中向好。初步统计,2013年全省生产总值完成12602.24亿元、增长8.9%,全社会固定资产投资11200亿元、增长22.1%,社会消费品零售总额4988亿元、增长14%,公共财政预算收入1700亿元、增长12.1%,城镇居民人均可支配收入22453元、增长10%,农民人均纯收入7150元、增长12.5%,居民消费价格涨幅控制在3.1%。

(二)转型综改试验区建设深入推进。认真贯彻落实党的十八届三中全会精神,全面深化改革,以转型综改试验区建设为切入点,围绕产业转型、生态修复、城乡统筹、民生改善四大任务,带动全省加快转型、更好发展,更大地释放资源型地区的改革红利、市场潜力和创新活力。年初,召开转型综改试验区建设大会,出台《山西省国家资源型经济转型综合配套改革试验实施方案(2013—2015年)》和《2013年行动计划》,细化国家批复的《总体方案》,分解落实有关任务。加快晋煤集团煤层气抽采利用、中煤平朔鑫源公司粉煤灰综合利用等30个重大项目建设,18个项目可全部或部分投入运营。积极争取国家政策支持,在1920万千瓦低热值煤发电项目核准权、煤层气矿业权分级审批试点等方面取得实质性突破。着力深化重点领域改革,铺开的10项重大改革和20项重大事项都取得重要进展。煤电一体化、大用户直供电试点扎实推进,全省主力火电企业三分之二以上实现煤电联营,50%以上与煤炭企业签订电煤供应长协合同,省内7大煤炭集团与电力集团签订了中长期供煤协议;国内首个反映产地煤炭市场价格的"太原指数"正式上线,积极推进动力煤期货交易试点前期工作;以土地管理制度改革、金融产品创新为突破口,稳妥推进农村土地流转、适度规模经营,开展城乡建设用地增减挂钩、矿业存量土地整合利用、露天采矿用地改革、工矿废弃地复垦利用试点和城镇化私募基金试点。十八届三中全会后,为进一步破解转型难题、拓宽发展路径,由省委常委、副省长围绕14个课题领题调研,形成《关于深入贯彻落实党的十八届三中全会精神、加快推进转型综改试验区建设的若干意见》,明确了山西深入推进改革的路线图。

(三)传统产业加快改造提升。以兼并重组、技术改造、循环经济为主要途径,加快传统产业优化升级。继续提升煤炭行业整体素质,全行业安全生产水平、劳动生产率、资源利用率显著提高,总体进入机械化大矿时代,全省煤炭产量、外运量分别达到9.6亿吨、6.2亿吨。积极推进焦化行业兼并重组,单体炼焦企业规模从2010年的70万吨提高到近200万吨。加快推进钢铁企业联合重组和升级改造。扎实推进省、市、县、工业园区和企业不同层面循环经济试点,工业废材、废渣、废气、废水综合利用水平不断提升。

(四)新兴产业继续发展壮大。把发展新兴产业作为转型的重中之重,太重集团煤机成套装备制造、高速列车轮轴国产化等一批重大项目建成投产,装备制造业保持两位数增长,成为第三大产业。潞安180万吨煤制油、焦煤60万吨焦炉煤气制烯烃等项目扎实推进。电子信息及软件服务、低温发电装备、新能源汽车、无人机、T800级高端碳纤维等高新技术产业和产品成为山西发展的新亮点。2013年工业投资中,非传统产业投资同比增长37.3%、占比达到52.7%,首次超过传统产业。现代物流、信息服务等生产性服务业快速发展,旅游总收入达到2305亿元、增长27.2%。

(五)农业现代化水平提高。加大强农、惠农、富农政策力度,在过去实施50项补贴政策的基础上新实施10项,资金达到60亿元。农业综合生产能力稳步提高,粮食产量达131.3亿公斤,创历史新高。推进现代农业示范区建设,发展"一县一业""一村一品",实施七大产业振兴和翻番工程。以多种形式推动农业产业化经营,农业合作社数量居全国第三,农产品加工龙头企业销售收入1056亿元、增长29%以上。在晋北地区倡导实施"以农载牧、以牧富农"战略,鼓励发展规模养殖。启动实施百企千村产业扶贫开发工程,58个贫

困县正在实施项目209个，总投资690亿元，涉及设施农业、规模养殖、特色种植、农产品加工流通等领域，项目建成后可吸纳10多万人就业。扎实推进吕梁山、太行山两大连片特困地区扶贫攻坚，又有47万人实现脱贫。

（六）新型城镇化体系加快构建。“一核一圈三群”城镇框架体系加快构建，太原城市群被列入城市群发展“3+10”战略，成为国家重点建设的十大区域性城市群之一；以交通等基础设施互联互通为重点的太原晋中同城化加快推进。大同都市区、临汾百里汾河新型经济带、上党城镇群等加快发展。各中心城市强力扩容提质，城市容貌和人居环境专项治理，城中村、棚户区和老旧基础设施改造效果明显。加快实施大县城战略，推进100个特色宜居重点镇建设，创新规划、户籍、土地、投融资体制机制，在城镇化融资、农民就地城镇化、城乡公共服务一体化等方面有新的探索和成效。全省城镇化率超过52%。基础设施更加完善，高速公路新增规划里程938公里，在建里程1250公里，中南部铁路大通道、大西客运专线加快建设，2015年铁路营运里程将达到5700公里。吕梁机场完成开航前试飞工作，五台山机场、临汾机场建设进展顺利。“大水网”四大骨干工程及配套工程扎实推进。

（七）改革开放迈出新步伐。围绕转型综改试验区建设，在创新产业转型促进机制、资源能源节约和生态环境保护修复机制等方面深化改革。深入推进事业单位分类改革和文化体制改革，积极筹备新一轮机构改革。加快简政放权，取消、下放和调整减少行政审批事项263项，推广太原市“两集中、两到位”审批机制。扩权强县工作大力推进。着力提升开放型经济水平，鼓励支持市县发展“飞地经济”。山西太原武宿综合保税区封关运行，与太原海关建立区域通关合作关系的口岸海关增至19个。全省招商引资落地资金7028.1亿元，增长34.3%。进出口总额157.98亿美元，增长5%；出口79.96亿美元，增长14%。扎实抓好援疆工作。

（八）科技创新取得新进展。强化科技和人才支撑，大力实施重大科技专项，劣质煤大型气化、煤层气开发利用、动车轮对关键零部件、高容量锂电池、低温余热发电等关键技术取得突破，山西科技创新城核心区建设启动，新建省级重点实验室16家。新引进海外高层次人才62名。

五、加强社会主义民主政治建设，依法治省水平进一步提升

召开省十二届人大一次会议和省十一届政协一次会议，选举产生了省人大、省政府和省政协新一届领导班子，完成了各项工作的顺利过渡，为进一步做好改革发展稳定工作提供了重要的组织保障。

（一）坚持和完善人民代表大会制度。支持省人大及其常委会围绕全省中心工作依法行使职责。以提高立法质量为重点加强和改进立法工作，科学编制5年立法规划，制定、修改、废止地方性法规9件、初审2件。支持省人大常委会依法加强对“一府两院”工作的监督，特别是加强对经济工作和重大民生工程的监督。加强和改进代表工作，完善代表联系群众制度，充分发挥代表作用。支持和促进人大常委会、专门委员会和人大机关自身建设。

（二）坚持和完善中国共产党领导的多党合作和政治协商制度。把政治协商纳入决策程序，推进政治协商、民主监督、参政议政制度建设，健全社会主义协商民主。支持政协围绕转型跨越发展、非公有制经济发展等重大问题进行调研，积极建言献策。推进人民政协工作创新，完善政协领导、政协机关和专门委员会联系界别制度。巩固和发展最广泛的爱国统一战线，搞好同民主党派和无党派人士团结合作。加强党外代表人士队伍建设，加强宗教和民族工作，做好侨务和对台工作。

（三）健全基层党组织领导的基层群众自治机制。加强城乡社区建设。完善以职工代表大会为基本形式的企事业单位民主管理制度。推进政务公开、司法公开、厂务公开、村（居）务公开和公共企事业单位办事公开。注重发挥工会、共青团、妇联等人民团体作用。

（四）深化司法体制机制改革。加强执法、司法公信建设，深入开展法治市、法治县（市、区）、法治行业、民主法治示范村创建活动，扎实开展“六五”普法。制定出台深化法治山西建设的实施意见，强化法制监督，加强队伍建设，提升法治山西建设水平。

坚持完善军地齐抓共管国防后备力量建设机制。加快武警部队现代化建设。制定实施《国防动员法》办法。北京军区在山西召开部团建设会议，推广山西省的做法。加强人民防空工作。深化军民融合式发展，军地“双服务”迈上新台阶。

六、加强宣传思想工作，努力建设文化强省

（一）大力加强思想道德建设。广泛开展中国特色社会主义宣传教育，精心组织党的十八大和十八届一中、二中、三中全会精神的学习宣传，习近平总书记一系列重要讲话精神的学习宣传，中央和省委重大决策部署的学习宣传。组织开展“共筑中国梦、建功在三晋”“美丽的山西我的家”“我为综改做贡献”等主题宣传教育活动，宣传“山西精神”，培育和践行社会主义核心价值观。推进公民道德建设工程，深化精神文明创建活动，深入开展道德领域突出问题专项教育和治理。广泛开展志愿服务，推动学雷锋活动常态化，开展第四届全国道德模范、“山西好人”、“身边好人”等推荐评选活动，培育知荣辱、讲正气、作奉献、促和谐的良好风尚。

（二）积极营造良好舆论氛围。召开全省宣传思想工作会议，贯彻落实习近平总书记全国宣传思想工作会议讲话精神，出台《中共山西省委关于加强宣传思想工作的若干意见》。加强主流媒体阵地建设。精心组织“扶持中小微企业发展”和“最美基层干部”等重点报道，加强社会热点问题正面引导和舆论监督，做好重大突发事件新闻报道。积极用先进文化占领网络阵地，加强和改进网络建设，强化网络社会管理。圆满完成文联、作协、社科联、记协换届工作。加强对外宣传，加大山西历史文化、名优产品推广介绍的力度，努力展现山西转型跨越的成就和山西人民昂扬奋进的精神风貌。

（三）不断丰富人民精神文化生活。加强文化基础设施建设，推动公共文化服务设施向社会免费开放。加强文化惠民工程建设，开展“三下乡”“四进社区”优秀剧目展演等惠民活动，文化消费指数较大提升。加强重点文物保护开发和非物质文化遗产保护传承。着力推出精品力作，舞剧《粉墨春秋》获第十四届“文华大奖”。整合有线电视网络资源，建设现代传播体系。普及科学知识，开展全民健身运动。在第12届全运会上山西省代表团取得“10金8银”的好成绩。

（四）增强文化整体实力和竞争力。加强与文化部的战略合作，提升六大文化集团实力，打造文化产业基地和区域性文化产业集群，推动文化产业发展。引导和鼓励民营资本进军文化产业，着力培育现代文化市场体系。成功组织举办首届山西文化产业博览交易会。深化国有公益性文化事业单位改革，加强人才队伍建设，创新文化管理体制。

七、有效保障和改善民生，推进社会治理改革创新

全面落实促进就业的各项政策，强化公共就业服务，切实解决高校毕业生、农民工和退役军人等重点群体就业问题，出台促进高校毕业生就业16条措施，狠抓创业带动就业、职业技能培训等工作，应届高校毕业生就业率达到91%，全年城镇新增就业51.3万人，登记失业率为3.3%。全省统一的社保综合服务体系初步形成，经办服务工作走在全国前列。关注困难群体，完善救助机制，保障基本生活。完善初次分配和再分配调节机制，健全进城务工人员工资保障机制，多渠道增加居民财产性收入。积极推进各级各类教育事业发展，实施高考“阳光招生”，规范中小学办学行为，落实农民工子女流入地参加中考政策。高校新校区基本建成，近7万名师生如期入驻。加强城乡医疗和公共卫生服务体系建设，扩大基本药物制度实施范围，公立医院改革试点县增加至83个，网格化管理、家庭医生制和团队负责制等基本公共卫生服务模式在全国推广。狠抓城中村、棚户区改造和公租房、廉租房建设，农村危房改造力度加大。继续为低收入农户免费供应一吨冬季生活用煤。为农民群众新办“五件实事”，改造农村困难家庭危房10万户，易地搬迁特困群众11万人，改扩建村级幼儿园546所，行政村街道亮化任务全面完成，农村生产生活条件进一步改善。

加强基层社会管理和服务体系建设，增强城乡社区服务功能，强化企事业单位、人民团体的社会管理和服务职责，发挥群众参与社会管理的基础作用。出台平安山西建设五年规划，加强社会治安综合治理，健全群众利益协调、权益保障、社会矛盾调处、稳定风险评估等机制，加大社会矛盾纠纷排查化解力度，严密防范和依法惩治违法犯罪活动，推进平安山西建设。省委常委带头领办包办疑难信访案件，开展省委书记和市委书记信访工作面对面点评。深入开展领导干部下访接访活动，依法解决群众合理诉求，加大重信重访案件处置力度，促进信访秩序稳步好转。

牢固树立安全也是第一要务、安全是最基本民生的理念，一刻不放松地狠抓安全生产。严格落实政府和企业两个主体责任，强化公共安全体系和企业安全生产基础建设。开展安全生产大检查，引深专项整治，实施从业人员素质提升工程，加大责任追究力度，安全生产形势持续好转。在连续4年事故死亡人数下降较多的基础上，各类事故死亡人数下降5.5%，煤矿百万吨死亡率降为0.077，下降15.4%，继续保持全国较好水平。

八、加大节能减排力度，生态环境显著改善

把生态文明理念融入经济社会发展各方面和全过程，清还旧账、不欠新账，以绿化、净化、气化为重点建设美丽山西。严格落实节能减排目标责任制，大力实施结构节能、技术节能、管理节能、社会节能，突出抓好占全省能耗总量80%的工业领域重点节能降耗工程，控制能耗增量，降低能耗存量。强力淘汰落后产能，近几年仅焦炭行业淘汰落后产能近1500万吨。完善能源管理体系，探索节能量交易机制。全省万元GDP能耗下降3.8%左右。

落实国家大气污染防治措施，加大重点行业污染治理力度，严格控制主要污染物排放。主要污染物减排任务全部完成，11个市城区环境空气质量有不同程度提高，省城环境空气质量明显改善。

持续实施六大造林工程，全年营造林454万亩。推进农村环境连片整治和生态修复治理，加强水土保持治理，完成水土流失治理面积364万亩，地下水位持续回升。全省天然气管线突破7000公里，覆盖11个市、98个县（市、区）。气化覆盖人口达到1210万。

九、坚持党要管党、从严治党，全面提高党的建设科学化水平

（一）学习型党组织建设扎实推进。围绕学习贯彻党的十八大、十八届三中全会和习近平总书记重要讲话精神，省委中心组举行14次集体学习，邀请中央有关部委领导和知名专家学者作专题报告，多次举行常委班子学习交流会。举办18期十八大精神集中轮训班，对2400多名省管领导干部和县（市、区）长进行培训，省委宣讲团开展党的十八大精神宣讲82场，十八届三中全会精神宣讲15场。制定实施《2013-2017年全省干部教育培训规划》，加强党员干部理论培训和党性教育，建立“太行精神”“右玉精神”教学实践基地，发挥山西干部在线学院作用，围绕提高服务转型发展能力，举办培训420余班次，培训干部近4万人。

（二）领导班子和干部人才队伍建设切实加强。坚持在转型发展主战场选好干部、配强班子、建硬队伍。坚持德才兼备、以德为先用人标准，选拔一批优秀干部充实到各市和省直厅局领导班子。深化干部人事制度改革，完善竞争性选拔干部制度，从优秀大学生村官中公开选拔330名县（市、区）乡科级副职，在部分高校试行领导署名推荐与竞职民主推荐相结合的办法选用领导干部。加强干部实践锻炼，实施年轻

干部成长工程，从省市县直属机关选派近千名年轻干部到农村担任“第一书记”，选派41名干部到省级综改试点县、省信访局、山西证监局挂职锻炼。加强干部日常管理监督，完善市、县（市、区）长助理配备和管理及开发区领导管理体制，坚持“一报告两评议”和领导干部报告个人有关事项制度，制定《关于进一步加强和改进干部谈心谈话的意见》，出台《关于干部工作“八从严”的意见》，对“急躁、漂浮、跑要”问题约法三章，开展干部人事档案、各级机关事业单位借用人员专项清理工作。加强年度目标责任考核，完善考核评价体系。深入实施创新创业人才引进培养工程，累计引进海外高层次人才197名，11人入选国家“千人计划”。

（三）基层组织基础得到巩固。强调各级党委书记是党建工作“第一责任人”，全面落实党建工作责任制，实施市委书记抓基层党建述职制度，完善“联述联评联考”工作机制。以农村和社区为重点加强基层党建工作，努力“把最优秀青年推选为党员、把最优秀党员推选为书记”。完成农村（社区）“领头雁”培训延伸计划，培训农村（社区）“两委”干部和骨干党员24万余名。提高基层干部做群众工作的能力，推进服务型基层党组织建设。开展乡镇党代会年会制试点工作和党代表工作室建设试点工作。关心基层干部，提高保障水平。以挂牌督办等方式，加强后进村整顿工作。新选聘大学生村官470名，强化对大学生村官的引导和流动管理。

（四）推动干部联系群众常态化。完善大接访、接待日、联系点、蹲点调研等直接联系群众制度。2011年以来，开展干部下乡住村、包村增收活动，全省12万多名干部下乡住村数两万余个，累计下乡住村天数40万余天，组织开展各种活动7万多次，制定发展规划2.3万个，新上项目两万个，帮助农民解决实际问题6.7万个，投入帮扶资金31.6亿元。组织开展‘访民生、知民情、解民事’集中走访活动，35名省级领导干部走访覆盖了所有县（市、区），376名市级领导干部走访覆盖了所有乡（镇、街道），3800多名县级领导干部走访覆盖了所有村（社区）。各级领导干部走访农户14万余户、召开座谈会3万多次，让人民群众感受到了党和政府的温暖，感受到了领导干部为民务实清廉的新作风和新变化。

（五）党风廉政建设取得明显成效。坚持党要管党、从严治党，严格落实党风廉政建设责任制，省委常委带队对各市党风廉政建设责任制落实情况进行考核检查。扎实开展示范教育、警示教育和岗位廉政教育，加强对权力运行的制约和监督，深化重点领域、关键环节改革和体制机制创新，拓展预防腐败的广度和深度。针对会员卡等问题，实施5项专项治理和清理工作。以“制度+科技”为路径，推进“一网六平台”建设，完善具有山西特色的惩防体系。坚持“老虎”“苍蝇”一起打，严肃查处大要案件和发生在群众身边的腐败问题。全省各级纪检监察机关立查案件1万多件，处分违纪党员干部1万多人，其中市厅级26人、县处级336人。扩大巡视范围、强化巡视效果，配合中央巡视组做好巡视工作。

（任兆宇）

附一：

中共山西省第十届委员会组成人员名单
（2013.1.1—2013.12.31）

书　记：袁纯清

副书记：李小鹏　金道铭（满族，12月免副书记、常委）

常　委：胡苏平（女）　高建民　汤　涛　李兆前　陈川平　张少华　王建明　聂春玉

杜善学　白　云（女）

委　员：（按姓氏笔画为序）

马天荣　丰立祥　王　亚　王　赋　王安庞　王茂设

王建武　王清宪　牛仁亮　左世忠　石扬令　卢晓中

申联彬　田喜荣　冯改朵（女）　吕伟红（女）　朱晓明　仲　轩

任润厚　刘传旺　刘向东　孙跃进　李　洪　李仁和

李平社　李东福　李永林　李建功　李栋梁　李晓波

李高山　李悦娥（女）　李海渊（12月递补）　李福明　杨　司

杨森林　杨增武　吴永平　吴清海（7月离职）

张　保（12月撤职）　张　健　张　璞　张九萍（女）

张义平（12月递补）　张建欣（女）　张高宏　张瑞鹏　陈永奇

罗清宇　周明定　段建国　姜新文　洪发科　耿彦波

高卫东　郭迎光　郭新民　董洪运　廉毅敏　潘军峰

薛延忠

候补委员：（按得票多少为序，得票相同的按姓氏笔画为序）

李海渊（12月递补为委员）　张义平（12月递补为委员）　张文栋

张旭光　张志川　张建坤　岳普煜

赵雁峰　贺天才　席小军

附二：

中共山西省第十届纪律检查委员会组成人员名单

（2013.1.1—2013.12.31）

书　记：李兆前

副书记：杨森林（常务副书记）　冯改朵　贾毓杰　辛旭光（7月任职）

常　委：荀志坚　张秀萍（女，7月离职）　康建成　孟　萧　因新中（7月离职）

李吉山（7月任职）　孙兴武　郝　权（7月任职）

委　员：（按姓氏笔画为序）

于若洁	弓　跃	卫建友	卫洪平	马联社	王　民
王　琦	王玉成	王帅红	石常明	田国仁	冯改朵（女）
边晋南	邢文奇	成振林	因新中	任建平	刘予强
刘国庆	刘冀民	孙兴武	李书凯	李正印	李吉山
李兆前	杨森林	辛旭光	张华龙	张秀萍（女）	张效彪
陈国荣	陈跃钢	林玉平	孟　萧	赵庆华	赵建平
郝　权	郝耀平	荀志坚	秦文峰	贾毓杰	高建国
郭玉福	常高才	崔国红	康建成		

重要会议

山西—央企合作交流对接会 1月9日，山西省—中央企业合作交流对接会在北京举行，就在晋投资项目推进中的困难问题现场解答、对接解决，听取下一步合作意见建议。省委书记袁纯清出席并讲话，省委副书记、代省长李小鹏主持。20余家中央企业负责人以及我省各市、省直有关部门主要负责人参加了对接会。

交流对接会上，省企面对面交流，发言踊跃、气氛热烈。在听取各企业负责人的发言后，袁纯清对中央企业长期以来对山西改革发展的支持表示感谢。他说，山西已进入加快转型的新阶段，中央企业要坚定对山西发展的信心，坚定对企业在山西投资兴业的信心。未来十年，山西仍将处于一个较快发展区间，经济仍将保持较快增长，“十二五”期间固定资产投资总量将超过5万亿元，发展空间十分广阔。山西拥有巨大政策支撑，全省域的综改试验区建设进入实质推进阶段，资源要素保障更加有力。软环境发生深刻变化，干部群众呈现谋转型、干发展的良好精神状态，企业的沟通渠道将会更加便捷。我们要强化不求所有、但求所在的理念，加快转变政府职能，按照市场规律办事，畅通联系沟通渠道，建立企业与政府的直通车制度，提高办事效率，营造良好环境，为企业发展提供优质服务。要充分发挥双方优势，以资本为纽带，以股权优化组合为抓手，实现资本、技术、人才与资源的有机结合，加大煤炭、煤层气、铝镁等资源综合利用力度，加紧启动建设一批标志性、引领性大项目，构建以资源为优势的全产业链。山西要加大对外开放力度，健全政策体系，完善体制机制，优化资源配置，做到资源共享，实现优势互补，实现企业做大、地方发展、人民受益的目标，共同谱写互利共赢的新篇章。

李小鹏介绍了山西经济社会发展情况及工作重点。他说，国资委和中央企业多年来十分关心支持山西发展，不断加大在晋投资力度，以实际行动给予了实实在在的帮助，为山西经济发展、社会进步、民生改善作出了重要贡献。山西发展离不开中央企业的参与和支持，转型综改试验区等政策机遇和山西发展的大好形势为中央企业投资发展创造了良好条件、提供了更大空间。希望中央企业充分发挥项目、资金、技术、管理、人才等方面优势，继续加大投资，加强合作，在更高层次、更广领域实现互利共赢、共同发展。我们将以此对接会为契机，以2013年项目推进年为抓手，进一步深化改革，改善服务，明确牵头部门，提高工作效率，加快项目对接，为中央企业在晋投资发展营造更加良好的环境。

兵器工业集团总经理张国清，电子科技集团总经理熊群力，海洋石油总公司董事长王宜林，华能集团总经理曹培玺，大唐集团总经理陈进行，华电集团党组书记李庆奎，国电集团总经理朱永芃，神华集团董事长张喜武，中国铝业总经理熊维平，国家开发投资公司董事长王会生，港中旅集团董事长张学武，保利集团董事长陈洪生，中煤能源集团总经理王安，建筑材料集团总经理姚燕等17位企业负责人发言，感谢省委、省政府对中央企业的大力支持、提供的良好服务，介绍了在晋投资和重点项目进展情况，就加快项目审批、加强政府协调、强化政策扶持、推进煤电一体化和资源综合利用等提出建议。大家认为，山西省与央企主动对接、现场解决问题，体现了交流合作的诚意和改进作风、真抓实干的实际行动，深受鼓舞、深感振奋。一致表示，要积极参与山西转型跨越发展，加快在山西的投资开发步伐，加快循环经济、资源转化、文化旅游、基础设施等项目布局建设力度，为山西经济持续健康、低碳绿色发展作出贡献。

省委召开省级领导干部会议传达学习习近平刘云山张高丽在学习贯彻党的十八大精神研讨班上的重要讲话精神 1月11日，省委召开省级领导干部会议，传达学习习近平总书记和刘云山、张高丽同志在新进中央委员会委员、候补委员学习贯彻党的十八大精神研讨班上的重要讲话精神。省委书记袁纯清主持会议并就学习贯彻提出要求，省委副书记、代省长李小鹏传达，省政协主席薛延忠，省委常委，省人大、省政府、省政协负责同志，省军区主要负责同志，省法院院长、省检察院检察长，省武警总队主要负责同志出席会议。

会议指出，习近平总书记的重要讲话对社会主义的历史发展进程特别是我们党探索中国特色社会主义的历史进程和伟大实践，对坚持和发展中国特色社会主义需要把握的几个重大理论问题，进行了系统而深刻的阐述，是一篇马克思主义的重要文献。讲话高瞻远瞩、思想深邃、内涵丰富，对于深入理解和贯彻落实党的十八大精神，进一步增强坚持和发展中国特色社会主义的自觉性和坚定性，具有重要的指导意义。刘云山、张高丽同志的重要讲话具有很强的思想性和指导性。

会议指出，要紧紧围绕坚持和发展中国特色社会主义这条主线，深刻领会习近平总书记和刘云山、张高丽同志重要讲话的精神内涵，保持思想上政治上理论上的清醒和坚定，进一步坚定只有社会主义才能救中国、只有中国特色社会主义才能发展中国的政治信念，进一步坚定道路自信、理论自信、制度自信。要着眼于全面建成小康社会，坚持主题、主线和工作总基调，扎实推进转型跨越发展，以提高经济增长质量和效益为中心，以煤为基、多元发展，深入推进工业新型化、农业现代化、市域城镇化、城乡生态化，保持经济持续健康发展，努力走出资源型地区转型跨越发展新路，加快全面建成小康社会进程。要以逢山开路、遇河架桥的精神加快转型综改试验区建设，加快建立符合科学发展要求、符合山西实际的体制机制和政策体系，在深化改革开放中不断有所发现、有所创造、有所前进。各级领导干部要坚定走中国特色社会主义道路的信念，胸怀共产主义的崇高理想，矢志不移贯彻执行党在社会主义初级阶段的基本路线和基本纲领，做好当前每一项工作，自觉践行全心全意为人民服务的根本宗旨，为党的事业和人民福祉去拼搏、去奋斗，永葆共产党人政治本色。

省委常委会研究部署组织、人才、宣传、政法和全省“两会”筹备工作 1月11日，省委常委会召开会议，传达学习全国组织部长会议、全国人才工作座谈会、全国宣传部长会议、全国政法工作会议精神，研究我省贯彻落实意见，听取省十二届人大一次会议和省政协十一届一次会议筹备情况汇报，部署有关工作。省委书记袁纯清主持会议。

会议指出，要以加强党的执政能力建设、先进性和纯洁性建设为主线，围绕转型跨越发展大局，以更加务实的作风和创新的精神，进一步提高组织工作科学化水平。集中精力抓好十八大精神学习培训，在县以上领导干部分期分批开展轮训的基础上，加强对基层党组织和党员的学习指导。突出抓好作风建设，按照中央部署，开展好以为民务实清廉为主要内容的党的群众路线教育实践活动。深化干部人事制度改革，公道正派选人用人，切实匡正用人风气，配强配好班子，打造一支过硬的干部队伍。坚持从严治党，加大从严管理监督干部力度。着力加强基层党建工作和党员队伍建设，进一步夯实党执政的组织基础和群众基础。要推动人才优先发展，实施具有山西特色的重大人才工程，培养引进转型跨越亟需的人才，统筹各类人才队伍建设，加快人才发展体制机制改革和政策创新，营造人才发展良好环境，建设规模宏大、素质优良的人才队伍。

会议指出，要以学习宣传贯彻党的十八大精神为主线，进一步提升宣传思想文化工作科学化水平。深入开展中国特色社会主义宣传教育，引导广大干部群众进一步增强道路自信、理论自信、制度自信，在中国特色社会主义道路上为实现“中国梦”而奋斗。大力弘扬社会主义核心价值体系，着力培育和践行以“信义、坚韧、创新、图强”为核心的山西精神，为经济社会发展提供强大精神文化力量。把中央和省委的重大决策、重点工作宣传好，把转型跨越发展的新举措新成效宣传好，把先进基层党组织、优秀共产党员和各行各业的先进典型宣传好，改善网络文化生态，巩固壮大积极健康向上的主流思想舆论，牢牢把握宣传舆论工作的主动权。不断深化文化体制改革，完善文化管理体制和文化生产经营机制，完善文化人才培养、引进激励机制，振兴文化产业，推出更多文化精品，加快构建公共文化服务体系，深入实施文化惠民工程。

会议指出，习近平总书记的重要批示精神对做好新时期政法工作具有重大指导意义。政法工作要顺应人民群众对公共安全、司法公正、权益保障的新期待，深入研究新情况新问题，创新工作方法，以平安建设为载体，全力维护社会和谐稳定；以服务转型综改区建设为抓手，依法保障转型跨越发展；以严格执法、公正司法为基本要求，大力推进法治建设，努力建设平安山西、法治山西，为转型跨越发展创造安全稳定的社会环境和公平正义的法治环境。要全面加强政法队伍建设，坚持从严治警，切实提高领导和管理政法工作科学化、法治化水平。

会议指出，开好省十二届人大一次会议和省政协十一届一次会议是全省人民政治生活中的一件大事。要以党的十八大精神为指引，增强大局意识、责任意识和服务意识，精心做好“两会”的筹备和组织工作，为代表、委员搞好服务，营造良好社会氛围，确保把“两会”开成民主团结、求实鼓劲、提振精神、凝聚力量的大会，进一步激发全省人民推进转型跨越发展、办好“两件大事”的热情和干劲，不断开创各项事业发展新局面。

省委中心组举行宏观经济形势专题学习报告会 1月15日，省委中心组举行学习报告会，邀请北京大学党委常委、副校长刘伟作关于宏观经济形势的报告。省委书记袁纯清主持会议并讲话，省委副书记、代省长李小鹏，省政协主席薛延忠，省领导胡苏平、高建民、汤涛、李兆前、陈川平、聂春玉等出席会议。

刘伟兼任中国市场经济研究会副会长，中国资产评估协会副会长、首席经济学家，《经济科学》主编等职务，曾获孙冶方经济学著作奖等重要奖项，主持多项国家、教育部社科基金项目，在社会主义经济理论、产业结构演变理论等领域有较大建树。在报告中，刘伟着眼国内外发展大势，深入阐述我国经济发展水平和目标，全面分析我国经济面临的新变化新挑战，对转变发展方式、推进改革创新提出深刻见解，内容丰富、深入浅出、论述精辟。

袁纯清在主持报告会时指出，山西正处于转型发展的关键时期。面对复杂严峻的宏观经济形势，我们把稳增长、调结构、惠民生有机结合起来，实现了经济持续健康发展，转型态势日益强劲，经济增长的内生力有所增强，应对宏观经济复杂局面的能力有所提高。我们要深入学习贯彻党的十八大精神，认清形势、坚定信心、把握机遇，以建设转型综改试验区为统领，在转变发展方式上取得更大进展。一要在发展循环经济中构筑产业新优势。以全循环理念组合产业、链接企业、建设园区，实现资源利用最大化、节约化、绿色化。拓展和延伸循环经济产业链，提高资源循环利用水平，促进高碳产业低碳发展。二要在壮大新兴产业中建立产业新体系。

把比较优势与发展前沿、尖端技术、市场取向连接起来，大力发展先进装备制造、现代煤化工、新能源新材料、现代物流、节能环保等产业，加快形成绿色、多元、低碳的产业结构。三要在推进科技创新中增强发展新动力。实施一批重大科技专项，以关键技术的突破带动产业水平的跃升。加大对企业技术中心的支持力度，在全社会大力弘扬创新精神。四要在深化改革开放中树立山西新形象。以先行先试的胆气和魄力，加快推进转型综改试验区建设，加快建立有利于资源型经济转型的体制机制和政策体系。积极探索内陆地区发展开放型经济的规律和路径，在对外开放中把握新机遇、实现新突破。

省委中心组举行十八大精神学习研讨会 1月16日，省委中心组举行党的十八大精神学习研讨会，围绕十八大精神重点专题，结合山西转型跨越实际，交流学习心得，进行理论研讨，深化思想认识，研究和推动工作。省委书记袁纯清主持会议，省委副书记、代省长李小鹏出席会议，省政协主席薛延忠，省领导胡苏平、高建民、汤涛、李兆前、陈川平作了发言，王建明、聂春玉、申联彬、张建欣、任润厚、王一新参加会议。

按照省委部署，省委常委、副省长和省人大、省政协主要负责同志围绕21个专题对十八大报告进行学习研讨。这次会议是省委中心组安排的第一次集中研讨。各位省领导在深入学习十八大精神和习近平总书记近期一系列重要讲话的基础上，认真调研、深入思考，结合分管工作实际形成了学习研究成果，为全省干部群众学习宣传贯彻十八大精神作出了表率。

袁纯清在主持会议时指出，这次会议既是一次学习成果的展示，也是一次思想交流会、理论研讨会、工作座谈会。一要把学习贯彻十八大精神与加快转型跨越结合起来，推进产业转型升级，转变经济发展方式，发展开放型经济，促进“四化”同步发展。二要把学习贯彻十八大精神与保障改善民生结合起来，把各项利民惠民富民政策落到实处，不断提高人民群众的社会保障水平、收入水平、健康水平、科技教育水平。三要把学习贯彻十八大精神与改进工作作风结合起来，深入开展领导干部下乡住村包村增收活动，搞好党的群众路线教育实践活动，加强基层党组织建设，在真抓实干中密切与人民群众的联系。四要把学习贯彻十八大精神与解决突出问题结合起来，认真解决思想观念上、体制机制上、精神状态上、能力素质上与十八大的新目标、新部署、新要求不适应不符合的问题，坚持求真务实，开展批评与自我批评，加强领导班子和干部队伍建设，加大干部教育培训力度，切实提高党的建设科学化水平。

薛延忠在发言中指出，发展社会主义协商民主，有益于发扬社会主义民主政治优势，要在广泛、多层、制度化发展上下功夫，进一步拓展协商民主形式。胡苏平在发言中指出，要实施好“八大工程”，大力弘扬以“信义、坚韧、创新、图强”为核心的山西精神，加快文化强省建设步伐。高建民在发言中指出，提高开放型经济水平是加快我省转型跨越发展的迫切要求，要不断深化国际和省际经济交流合作，把山西建设成为中西部地区对内对外开放的新高地。汤涛在发言中指出，全面提高组织工作科学化水平，必须把贴近中心、融入大局作为努力方向，把注重实效、群众满意作为主要标准，把系统化、规范化、精细化作为重要方法。李兆前在发言中指出，要切实加强纪律建设和作风建设，大力整治庸懒散奢等不良风气，完善具有山西特色的惩防体系。陈川平在发言中指出，要同步推进工业化、信息化、城镇化和农业现代化，建设一流省会城市，率先实现转型跨越发展。

省委常委会讨论《政府工作报告》 1月17日，省委常委会召开会议，讨论省政府拟提请省十二届人大一次会议审议的《政府工作报告》稿，审定省委常委会2013年工作要点，对贯彻落实习近平总书记重要批示精神、引深学习弘扬右玉精神进行部署，讨论关于开展领导干部“访民生、知民情、解民事”集中走访活动的《通知》。省委书记袁纯清主持会议。会议在讨论《政府工作报告》时指出，过去的五年是我省发展史上极不平凡的五年。全省上下认真贯彻落实党的十七大、十八大精神，坚持主题主线，攻坚克难，扎实工作，在推动转型跨越发展、全面建成小康社会进程中取得新进展新成效。特别是认真贯彻落实中央宏观经济政策和决策部署，多措并举应对国际金融危机冲击，经济保持平稳较快发展，转型呈现强劲态势，煤炭资源整合煤矿兼并重组圆满完成，安全生产形势持续明显好转，基础设施建设成效显著，城乡面貌发生明显变化，人民生活水平迈上新台阶，发展的动力和活力进一步增强。这是党中央、国务院正确领导、亲切关怀的结果，是省委统揽全局、科学决策的结果，是广大干部群众同心同德、奋力拼搏的结果。各级政府和各部门认真履行职责，工作深入扎实、富有成效。在新的一年里，要紧密团结在以习近平同志为总书记的党中央周围，把学习宣传贯彻党的十八大精神作为贯穿全年的首要政治任务，以建设转型综改试验区为统领，以提高经济增长质量和效益为中心，加快转变经济发展方式，深入推进工业新型化、农业现代化、市域城镇化、城乡生态化，保持经济持续健康发展，加快产业转型升级，做好“三农”工作，着力改善民生和发展社会事业，推进文化改革发展，推进生态文明建设，深化改革开放，毫不松懈抓好安全生产工作，维护社会和谐稳定大局，奋力开创各项事业发展新局面。会议指出，习近平总书记对我省学习弘扬右玉精神的重要批示，内涵深刻，要求明确，对全省干部群众是巨大鼓舞。要认真贯彻落实习近平总书记重要批示精神，把引深学习弘扬右玉精神，作为落实中央关于改进工作作风、密切联系群众部署规定和加强党员干部队伍建设的具体举措，作为加快转型跨越、办好“两件大事”的强大动力，作为开展党的群众路线教育实践活动的生动教材，进一步加大宣传力度、拓展研究深度，完善领导干部政绩评价和考核体系，教育引导各级领导干部树立正确的权力观、事业观、政绩观，鼓舞、激励、教育广大党员干部群众增强干事创业热情，建立学习弘扬右玉精神长效机制，营造执政为民、尊重科学、百折不挠、艰苦奋斗的浓厚氛围。会议决定，在今年2—4月开展县以上领导干部“访民生、知民情、解民事”集中走访活动，作为贯彻十八大精神、践行党的宗旨、坚持群众路线的重要举措。各级领导干部要深入基层、深入群众，宣讲十八大精神，了解政策落实情况，找准问题和矛盾，汲取群众的智慧和办法，解决群众困难，使集中走访的过程成为加强党性修养、强化群众观念、改进工作作风、提高新形势下群众工作能力的过程。会议审定了《中共山西省委常委会2013年工作要点》。

省委常委会传达贯彻习近平总书记重要批示精神 1月22日，省委常委会召开会议，传达学习习近平总书记关于厉行勤俭节约、反对铺张浪费的重要批示精神，结合实际作出具体部署。省委书记袁纯清主持会议。

会议指出，习近平总书记的重要批示，站位高、抓得准、要求严，践行党的宗旨，体现民生情怀，弘扬党的传统，维护党的形象，令人警醒，充分表明了中央厉行勤俭节约、反对铺张浪费的鲜明态度和坚定决心，反映了广大党员干部群众的呼声和愿望，是深入贯彻落实十八大精神和中央政治局八项规定的新要求。我们要认真贯彻习近平总书记重要批示精神，不折不扣落实中央规定，下大决心、花大气力、用硬措施抓好厉行勤俭节约、反对铺张浪费这件大事。

会议就贯彻落实习近平总书记重要批示提出八条意见：一要迅速将批示精神传达到全体党员、干部，强化勤俭节约意识，树立廉洁从政形象。二要节俭开好全省“两会”，严肃会风会纪，倡导节俭会风，降低会议成本，让人民群众感受到会风的新变化新气象。三要本着节俭原则安排春节期间的各项活动，大力精简各种茶话会、联欢会，严禁用公款搞相互走访、送礼、宴请等拜年活动，严禁用公款大吃大喝、旅游和参与各种高消费娱乐、健身活动，真正把精力放在解决困难群众生产生活问题上，放在深入基层调研慰问、访贫问寒上。四要严格公务接待制度，切实减少和压缩公务消费。五要抓紧制定和完善可操作性强的措施，建立勤俭节约、反对浪费的长效机制。六要从领导干部做起，特别是党政“一把手”要以身作则、率先垂范，带头执行有关规定，自觉接受各方面监督。七要加强宣传引导，使节约光荣、浪费可耻深入人心、蔚然成风。八要切实加强监督检查，对顶风违纪的，发现一起、查处一起、通报一起。

省委常委会传达贯彻十八届中央纪委二次全会精神 1月24日，省委常委会召开会议，传达贯彻十八届中央纪委二次全会精神，学习习近平总书记重要讲话和王岐山同志的工作报告，结合实际提出贯彻落实意见。省委书记袁纯清主持会议。

会议指出，习近平总书记在十八届中央纪委二次全会上的重要讲话，思想深邃、高屋建瓴、振聋发聩，提出了一系列新观点、新思想、新举措，从战略和全局的高度，深入分析了反腐倡廉面临的形势，明确提出了加强党风廉政建设和反腐败斗争的新要求，彰显了新一届中央领导集体坚持党要管党、从严治党的坚强决心和加强新形势下反腐倡廉建设的坚定信念，进一步深化了对马克思主义执政党建设规律和反腐败斗争规律的认识，对于指导当前和今后一个时期党风廉政建设和反腐败斗争、保持党的先进性和纯洁性，具有重大而深远的意义。

会议就贯彻落实十八届中央纪委二次全会精神，提出以下意见：一要增强做好新形势下反腐倡廉工作的责任感和紧迫感，严格落实党风廉政建设责任制。把思想统一到中央关于党风廉政建设面临形势的分析判断和决策部署上来，形成推进反腐倡廉建设的工作合力，更加科学有效地防治腐败，坚定不移把党风廉政建设和反腐败斗争引向深入。二要严明党的纪律，增强党的战斗力。自觉用党章和其他党内法规规范党员和领导干部的言行，增强党的意识、宗旨意识、执政意识，提高政治敏锐性和政治鉴别力，在思想上、政治上、行动上同以习近平同志为总书记的党中央保持高度一致。三要进一步加大改进作风力度。认真落实中央和省委关于密切联系群众、改进工作作风的一系列规定，深入开展领导干部“访民生、知民情、解民事”集中走访活动和下乡住村包村活动，精简会议和文件，坚持勤俭办一切事业，坚决反对讲排场比阔气，坚决抵制享乐主义和奢靡之风。四要加强对权力的制约与监督。加强对领导干部特别是主要领导干部行使权力的监督，加强对中央和省委重大决策落实情况的监督检查，加强对权力集中部门和资金、资源密集领域的监督，让权力在阳光下运行。省委常委要带头廉洁自律、接受监督，为全省作出表率。五要始终保持惩治腐败的高压态势。不管涉及什么人，不论权力大小、职务高低，只要触犯党纪国法，都要依纪依法惩处，决不姑息，同时要抓住典型案件开展警示教育，加大对损害群众利益行为的问责力度，严厉查处发生在群众身边的腐败案件。六要加大改革创新力度。抓紧制定实施中央惩防体系2013—2017年《工作规划》的实施办法，深化体制机制改革和制度创新，深入开展廉政风险防控，完善反腐倡廉制度体系，不断消除腐败滋生蔓延的体制机制漏洞。

省委召开稳定和信访工作点评会议 1月31日，省委召开稳定和信访工作点评会议，省委书记袁纯清出席会议并讲话。他强调，要牢固树立“发展是第一要务、稳定是第一责任”的意识，切实提高认识，负起领导责任，依法依规办事，维护群众权益，保持社会和谐稳定，为转型跨越发展提供良好环境。省领导高建民、陈川平、王建明、白云、田喜荣、左世忠、杨司出席会议。

省委书记与各市市委书记面对面点评稳定和信访工作，是山西省率先确立的一项工作制度。2013年是第三个年度点评。会上，各市汇报了情况，省领导和省委政法委、省信访局负责同志进行点评，达到了总结经验、查找问题、研究对策、推动工作的目的。

袁纯清指出，这次会议开得很好，点评客观、认真、严肃，各市认识清醒、表态积极、措施有力。实践证明，面对面点评稳定和信访工作作为一种机制是管用的、有效的。去年以来，各级各部门思想高度重视，工作主动努力，付出大量艰辛的劳动，全省信访形势进一步好转，社会大局和谐稳定，为十八大胜利召开营造了良好环境，成绩来之不易。当前我省经济持续健康发展，总体形势向上向好，为做好稳定和信访工作打下坚实基础。同时要看到，稳定和信访形势还不容乐观，影响社会和谐稳定的因素还有很多。各级各部门务必保持清醒头脑，工作丝毫不可松懈，以更加扎实的作风做好稳定和信访工作。

袁纯清提出五点要求：一要提高认识。稳定和信访工作是改进工作作风、密切联系群众的重要内容，是发展的保障和重要的民生工作，是提升群众安全感幸福感的重要途径，抓稳定信访就是抓发展，有了稳定的环境才能顺利推进转型跨越。二要勇于担当。“一把手”要切实担起维护稳定的第一责任，把稳定和信访工作切实放在心上，紧紧抓在手上，与经济工作同研究、同部署、同推进、同检查，针对人民群众反映强烈的突出问题，抓早、抓小、抓苗头，下功夫解决在基层和萌芽状态。强化领导干部接访下访，把这项工作纳入“访民生、知民情、解民事”集中走访活动，纳入以为民务实清廉为主要内容的党的群众路线教育实践活动。三要坚守底线。加强各领域安全生产管理，防止发生重大安全事故和灾害事故。落实社会稳定风险评估机制，创新对流动人口和特殊人群的管理服务，加强对互联网的依法管理，坚决防止发生大规模非正常上访、坚决防止发生重大群体性事件、坚决防止发生个人极端恶性事件、坚决防止发生重大恶性案件。四要依法依规。强化法治观念，做到依法行政、依法办事，保障群众利益，引导群众依法依规反映诉求，维护良好信访秩序和社会秩序。五要狠抓落实。健全保障、激励、反馈等机制，加强督促检查，夯实基层基础，在资源配备、队伍建设等方面更多向基层倾斜，强化基层干部抓发展、抓信访、抓稳定的责任，为转型跨越发展提供良好环境。

全省党风廉政建设干部大会 2月1日，全省党风廉政建设干部大会暨省纪委十届三次全会在太原举行。省委书记、省人大常委会主任袁纯清出席会议并讲话，省委副书记、省长李小鹏主持会议。省委常委、省纪委书记李兆前传达十八届中央纪委第二次全会精神。

袁纯清指出，习近平总书记在中央纪委二次全会上的重要讲话，思想深邃、高屋建瓴、振聋发聩，提出了一系列新思想、新观点、新举措，对于指导当前和今后一个时期党风廉政建设和反腐败斗争、保持党的先进性和纯洁性，具有重大而深远的意义。我们要结合山西实际认真学习贯彻，更加科学有效地惩治和预防腐败，坚定不移地把党风廉政建设和反腐败斗争引向深入，以严明的纪律、昂扬的斗志和优良的作风，团结带领全省人民，为加快转型跨越发展、全面建成小康社会不懈奋斗。

袁纯清对我省党风廉政建设和反腐败斗争取得的成绩予以肯定，对广大纪检监察干部表示亲切问候和衷心感谢，对做好下一步反腐倡廉工作提出六点要求：

第一，要以对形势和任务的科学把握，增强推进党风廉政建设和反腐败斗争的责任感和紧迫感。清醒认识反腐败斗争面临形势的严峻性、问题的复杂性和任务的艰巨性，把思想和行动统一到中央纪委二次全会特别是习近平总书记重要讲话精神上来，统一到中央和省委关于党风廉政建设形势的分析判断和决策部署上来，既要增强义不容辞的责任感和使命感，也要增强刻不容缓的危机感和紧迫感，以党风廉政建设和反腐败斗争的实际成效取信于民。

第二，要以严明的纪律，增强党的凝聚力和战斗力。加强党的纪律教育，组织党员干部学习党章、遵守党章、维护党章，切实把党的纪律内化于心、外化于行；坚持党的基本理论、基本路线、基本纲领、基本经验、基本要求，提高政治敏锐性和政治鉴别力，在思想上、政治上、行动上自觉同以习近平同志为总书记的党中央保持高度一致；经常性开展对纪律执行情况的监督检查，切实增强纪律的执行力；要继续狠刹闲话生非的不良之风、拉拉扯扯的庸俗之风、吃拿卡要的恶劣之风，营造健康的党内生活。

第三，要以优良的作风，始终保持与人民群众的血肉联系。把引深干部下乡住村包村活动与“访民生、知民情、解民事”集中走访活动结合起来，每年都要做到省级领导干部分别走遍所有县（市、区），市级领导干部分别走遍所辖乡（镇、街道），县级领导干部分别走遍所辖村（社区），为民解忧、为民解困、为民解怨。要把右玉精神纳入党校和行政学院教育课程。要在促进农民收入翻番、推进项目落地、加强基层组织建设等方面下功夫，让人民群众得到更多的实惠、感到真切的幸福。领导干部要把廉洁作为立身之本和从政之基，稳得住心神、管得住行为、守得住清白，坚决抵制享乐主义和奢靡之风。要坚持不懈、持之以恒地抓好作风建设，做到常态化、机制化、长效化。

第四，要以有力的监督，让权力在阳光下运行。健全对权力运行的制约和监督体系，加大对制度廉洁性的审查力度，严格执行党和国家关于反腐败的法律法规和各项制度；严格执行民主集中制，加强巡视工作，落实对“一把手”的各项监督；完善权力制约和监督手段，不断完善“制度＋科技”的反腐防腐机制；强化党委全会的决策和监督作用，加强纪委对同级党委的有效监督，加强民主监督、法律监督和舆论监督，使各级领导干部习惯于在监督下工作和生活。

第五，要以务实创新的精神，构建具有山西特色的惩防体系。依法查处重大腐败案件，提高突破大案要案的能力，加强基层党风廉政建设，切实解决发生在群众身边的腐败问题。完善反腐倡廉制度体系，提高改革的推动力、教育的说服力、制度的约束力和监督的制衡力、惩治的威慑力。加强领导干部反腐倡廉教育，规范权力集中部门和资金、资源密集领域权力行使，巩固煤焦领域反腐败专项斗争成果，为转型跨越发展营造和谐安定、廉洁清正的环境。

第六,要以坚强有力的领导,推动反腐倡廉建设不断取得明显成效。各级党委、政府要切实担负起全面领导党风廉政建设和反腐败工作的政治责任,加强对纪检监察工作的领导,关心爱护纪检监察干部,为他们开展工作撑腰做主、提供条件。各级纪检监察机关要加强干部队伍建设,提高理论水平、政策水平和业务水平。广大纪检监察干部要严格要求、遵章守法,做严守纪律、改进作风、拒腐防变的表率。

袁纯清强调,省委常委要以对党和人民高度负责的精神,一方面严格履职,一方面严格自律,在反腐倡廉方面给全省广大党员干部做出表率。袁纯清代表省委常委就厉行勤俭节约、反对铺张浪费作出五项承诺,请广大党员干部和全省人民进行监督。

李小鹏在主持会议时要求,各级各部门要迅速传达学习会议精神,坚决把思想和行动统一到中央和省委关于加强党风廉政建设的决策部署上来;要全面贯彻落实会议精神,坚定不移地把党风廉政建设和反腐败斗争引向深入,做到在政治纪律上有新加强,在工作作风上有新气象,在反腐倡廉上有新成效;要进一步加强对反腐倡廉建设的领导,形成党委统一领导、党政齐抓共管、纪委组织协调、部门各负其责、依靠群众支持和参与的工作格局,确保会议精神落到实处。

省委、省政府召开全省项目推进年动员大会 2月17日,省委、省政府召开全省项目推进年动员大会。省委书记袁纯清出席会议并作重要讲话,省长李小鹏主持会议,并向11个市颁发2013年度项目建设“六位一体”目标责任状。省政协主席薛延忠,省委常委胡苏平、汤涛、李兆前、陈川平、张少华、聂春玉、白云,省人大、省政府、省政协负责同志,省军区、省武警部队负责同志及省法检两长在主会场出席会议。

袁纯清指出,省委、省政府始终把项目建设作为推动转型跨越的重要抓手,建立了观摩检查、考核排名等制度,特别是2012年以来深入开展“项目落地年”活动,项目落地总额、投资总额、投资完成率、投资增长率均创历史新高,转型项目成为一大亮点,重点工程和大项目引领作用更加突出,央企和省属大企业带动作用明显,项目推进机制更加完善。省委、省政府确定今年为“项目推进年”,就是要以实际行动贯彻落实党的十八大精神和中央关于改进作风的要求,通过抓项目建设,加快推进转型跨越发展,有力推进转型综改试验区建设。

袁纯清就抓好“项目推进年”工作提出五点要求:

第一,转型跨越,项目为要。当今和未来较长一个时期,我省仍处于大投入带动大发展的发展区间,仍处于项目集中建设期,经济规模还需要用项目来扩大,经济结构还需要用项目来优化,民生改善还需要用项目来支撑,项目带动转型跨越仍然是最直接、最有效、最成功的途径。要准确把握这个阶段性特征,充分认识项目建设在我省经济社会发展中的重要意义,把项目建设摆在更加突出的位置,以有力的举措引进项目、以高效的手段建设项目、以良好的环境服务项目。

第二,明确主攻方向,抓好重点项目。要按照“五年五万亿、再造一个新山西”的部署,建立项目储备、签约、落地、开工、建设和投产“六位一体”推进机制,以等不得的紧迫感和敢担当的责任感,先行先试,敢闯敢试,重点抓好体现以煤为基、多元发展要求的项目,重点抓好以技术改造和循环发展为基本路径的项目,重点抓好重大基础设施项目,重点抓好有益于推进山西特色生态文明建设的项目,重点抓好重大民生项目和城镇化建设项目,确保完成全年目标任务。

第三,围绕引进项目,进一步解放思想、扩大对内对外开放。要拓展视野找项目,扩大省外境外客商在晋投资规模;要放大优势孵项目,深化以优势资源换项目、换投资、换技术、换人才;要吃透政策生项目,围绕国家重点扶持鼓励的领域、与我省转型跨越直接相关的领域、我省具有优势和潜力的领域,积极挖掘和培植项目;要用好平台引项目,既要用好省内平台,也要在省外平台上做好文章,打造具有山西特色的招商引资“磁力场”;要领导带头抓项目,尤其是市县主要领导要把足够精力放在项目建设和招商引资上,增强地方经济实力和发展后劲。

第四,综合协调、统筹用力,抓好项目的落地和建设。要早开工,2012年落地未开工的项目要抓紧开工,今年的项目能开工的尽快开工。要快建设,科学安排施工方案,精心组织施工力量,加强项目建设全过程管理,打造“精品工程”“安全工程”。要优保障,优化审批流程、缩短审批时间;确保土地供应,提高单位面积投资强度;多渠道、多层次、多元化筹措建设资金,确保资金落实到位;加大园区建设、人力保障、人居环境等方面工作力度,搞好项目配套。要保效益,加快推进项目试运行、试生产,确保项目早日达效。

第五,转变工作作风,要把效果切实体现在项目建设上。领导班子要靠前指挥,坚持领导干部联系重点工程制度,做到领导在项目一线指挥,干部在项目一线工作,情况在项目一线了解,问题在项目一线解决。对重大项目搞好跟踪服务,建立项目直通车制度,强化对口推进服务。坚持项目落地和重点工程建设完成情况“月调度、月考核、月排名”制度,加强督促检查和监察工作。深入宣传项目推进工作取得的新成就和好经验、好做法,在全社会营造支持项目建设的良好氛围。

李小鹏指出,一年之计在于春,春节长假过后的第二天,省委、省政府就召开全省项目推进年动员大会,目的就是激发干劲,转变作风,落实责任,只争朝夕,推动工作。省委、省政府把2013年确定为项目推进年,是牢牢把握稳中求进总基调,以提高经济增长质量和效益为中心,着力保持经济持续健康发展的重要举措。抓好重点工程,关键是明确目标,真抓实干,狠抓落实,确保取得实实在在的成效。各市、各部门、各建设单位要按照省委、省政府的安排部署,用重点项目、重点工程推进转型跨越的各项工作,开拓进取、攻坚克难、扎实工作、再创业绩,为开创我省转型跨越发展、全面建成小康社会的新局面做出更大的贡献。

省委召开议军会议 2月21日,省委召开议军会议,传达中央军委、北京军区党委扩大会议精神,对全省国防后备力量建设情况进行总结，并就新年度工作进行部署，对省军区提请会议审议的议题进行了讨论审议。省委书记、省人大常委会主任袁纯清主持会议并讲话。省委副书记、省长李小鹏讲话。省党政军领导刘云海、张少华、高建民、陈川平、负自博、喻军、徐洪生、李竞、谢新宁及省直有关部门负责人出席。

袁纯清在讲话中高度评价了省军区工作。他指出，2012年省军区党委认真贯彻落实中央军委、北京军区部署，按照省委、省政府的要求，团结带领广大官兵，富有成效地推进思想政治建设、班子建设、战斗力建设，扎扎实实地抓基层打基础，整体工作呈现出稳中有进、全面提升的喜人态势，赢得各级党委、政府的充分肯定和人民群众的高度赞誉。他强调，当前全省上下正以新姿态、新作风、新干劲加快推进转型跨越发展。国防动员和后备力量建设面临良好机遇，肩负重大责任。一要认清形势凝聚共识，切实增强抓好国防动员和后备力量建设的责任感紧迫感。要按照中央的新部署新要求，围绕加快转型跨越发展，着眼于应对新形势解决新问题，切实抓好国防动员和后备力量建设。二要扭住关键务求实效，更加自觉地坚持履行党管武装职责，更加深入地推进军民融合发展，更加有效地加强遂行任务能力建设，推进国防动员和后备力量建设科学发展。三要真抓实干确保落实，进一步加强组织领导、夯实基层基础、创新工作方式，不断提高国防动员和后备力量建设的质量水平。

李小鹏指出，各级要站在推动转型跨越发展、维护社会和谐稳定的战略高度，充分认识加强国防动员和后备力量建设的重要性，统筹兼顾推进经济社会发展、国防动员和后备力量建设各项工作，努力走出具有山西特色的军民融合式发展新路子。要加强组织领导，自觉地把武装工作纳入经济社会发展规划，纳入财政经费预算范畴统筹推进。要结合实际研究制定配套政策，明确职责任务，细化落实举措，进一步促进全省国防后备力量建设各项工作有效落实。各级各部门要一如既往地支持国防和军队建设，想方设法帮助解决重大实际问题，进一步强化拥军优属工作。

会上，省军区司令员刘云海传达了中央军委、北京军区党委扩大会议精神，总结了我省国防后备力量建设情况，提出了新年度任务部署意见。省委常委、省军区政委张少华就加强和改进新形势下民兵工作，在转型跨越中协调推进国防动员和后备力量建设，以及提交会议审议的议题提出意见建议。省军区参谋长徐洪生就《山西省关于贯彻中发〔2012〕9号文件精神，加强和改进新形势下民兵工作的意见（讨论稿）》作了说明。

省委常委会研究部署加强高校党建工作 2月22日，省委常委会召开会议，传达学习第二十一次全国高校党建工作会议精神，研究山西省贯彻落实意见。省委书记袁纯清主持会议。

会议指出，省委高度重视高校党建工作和高等教育改革发展，高校党建工作取得明显成效，发挥了政治保证作用。要按照中央的部署和要求，站在维护党和国家长治久安的高度，紧紧抓住提高高校领导班子办学理校能力、确保社会主义办学方向这条主线，全面加强高校党建工作，进一步加强高校领导班子建设，加大高校和地方干部交流的力度，为促进高等教育事业科学发展、办好人民满意的高等教育提供坚强保证。加强和改进高校思想政治工作，广泛开展社会主义核心价值体系学习教育，推进党的十八大精神进教材、进课堂、进头脑，坚定师生中国特色社会主义道路自信、理论自信、制度自信。大力弘扬以“信义、坚韧、创新、图强”为核心的山西精神，提高大学生思想政治教育的针对性和实效性，牢牢把握高校意识形态的领导权和主导权。加强高校人才队伍建设，把吸引、培养和造就高层次人才作为战略任务，营造鼓励人才创业创新创造的良好环境。加强高校基层党组织建设，完善政策措施，在党支部建设和党建带群建工作上下功夫，重视抓好高校辅导员、班主任队伍建设。做好高校党员发展和管理工作，提高发展党员质量，严格党的组织生活。加强民办高校党的建设，确保党的教育方针在民办高校的贯彻落实，提高全省高校的整体办学水平。

省委省政府召开2012年度目标责任考核总结表彰大会 2月25日，省委、省政府召开2012年度目标责任考核总结表彰大会。省委书记袁纯清出席会议并讲话，省委副书记、省长李小鹏主持会议，省委常委、组织部长汤涛通报2012年度目标责任考核工作。省政协主席薛延忠，省领导胡苏平、高建民、李兆前、陈川平、王建明、聂春玉、白云、李政文、张建欣、郭迎光、王一新、张复明，省高级人民法院院长左世忠，省人民检察院检察长杨司出席会议。

袁纯清指出，过去一年，全省上下围绕迎接十八大、学习十八大、贯彻十八大，致力于办好“两件大事”，砥砺奋进、扎实苦干，年度目标任务圆满完成或超额完成，各项事业取得新进展新成效，全省形成了奋发进取、干事创业的良好局面。山西省实行年度目标责任考核三年来，坚持把谋事业、抓工作、促发展贯穿考核始终，在科学发展上发挥了导向作用；坚持以人为本、民生为先，在为民惠民上发挥了推动作用；坚持把落实目标责任与加强作风建设和纪律整顿结合起来，在优化发展环境、调动各方面积极性创造性上发挥了促进作用；坚持创新体制机制，加强过程管理，在增强考核的规范性、准确度、公信力上发挥了示范作用；坚持标准面前人人平等，在加强干部队伍能力和作风建设上发挥了激励作用。

袁纯清指出，山西正处于转型跨越的关键时期，唯有心无旁骛抓落实、扑下身子干事业，才能赢得发展机遇、深入推动转型、建成全面小康。他提出五点要求：一要增强宗旨意识，打牢抓落实的思想根基。树立正确的群众观，深入开展干部下乡住村包村活动，扎扎实实“访民生、知民情、解民忧”，2013年要实现省级领导走访所有县（市、区）、市级领导走访所辖全部乡镇街道、县级领导走访全部村和社区三个“全覆盖”。树立正确的政绩观，把工作的出发点放到为民造福上，把落脚点放到打基础、惠民生、利长远上。树立正确的事业观，把个人的追求和价值体现在本职工作的奋发有为之中，融入到转型跨越、“两件大事”的火热实践之中。二要弘扬拼搏精神，锤炼抓落实的坚韧意志。要有“精卫无穷填海心”的意志，一步一个脚印地破解发展不科学、不平衡、不协调、不可持续等棘手难题。要有“面壁十年图破壁”的毅力，认清使命、紧盯目标，只争朝夕不懈怠、不达目的不罢休。要有“千磨万击还坚劲”的恒心，经常抓、反复抓、持久抓，努力干一件、成一件。要有“勇于突破善攻坚”的能力，着力提高执行能力、统筹协调能力、创新创造能力。要有“久久为功真奉献”的境界，大力弘扬右玉精神，努力践行“山西精神”，一任接一任、一茬连一茬、一环扣一环地把事业推向更高水平。三要增强工作本领，扩大抓落实的综合效应。着眼主题主线这个大局，加快推进转型提升，深入挖掘转型潜力、切实增强转型活力，不断提高经济发展的质量和效益，把全省业已形成的转型态势巩固好、发展好。着眼增进民生福祉这个大局，解决好困难群众的生产生活问题，着力提高“四个水平”。着眼安全稳定这个大局，严管、严防、严查，确保安全生产形势持续稳定好转；认真排查化解影响和谐稳定的因素，保三晋之稳、护首都之安，为全国“两会”创造良好环境。要着眼舆情信息管理这个大局，牢牢掌握舆论工作主动权。四要狠抓责任追究，强化抓落实的严肃性。对于在抓落实中不履职、不尽责、不作为的干部，对于不执行、慢执行的干部，对于抓而不实、抓而不力、抓而无果的干部，要依照目标责任考核办法和有关法规纪律，启动问责机制。五要健全长效机制，保持抓落实的不竭动力。目标责任考核要优化考核指标体系，加大重点项目推进、社会事业发展、安全生产、生态文明建设特别是建设转型综改试验区等方面的考核力度；注重对综合绩效的考核，将目标管理、过程管理与绩效管理紧密结合起来；不断创新考核办法，提高考核的公平性和权威性；运用好考核结果，严格奖惩兑现，使考核真正成为干部选拔任用、培养教育、管理监督的重要依据。

李小鹏指出，一年之计在于春。当前，全省各项工作正处在开局之中，开好局，起好步，对做好全年工作十分重要。各地各部门要以这次会议为契机，认真贯彻落实袁纯清书记重要讲话精神，全力以赴、真抓实干，推动各项工作再上新水平，跃上新台阶。他要求，当前要认真抓好安全维稳工作，认真做好各类安全隐患排查治理工作，切实防范各类事故的发生，深入细致做好矛盾纠纷化解工作，为全国“两会”召开创造良好的社会环境；要全力促进经济平稳较快发展，加强对经济运行的监测，及时解决经济运行中存在的困难和问题，促进经济平稳健康运行；要努力加快重点工程项目建设，围绕“项目推进年”工作，创优发展环境，进一步加大招商引资力度，不断扩大投资规模；要大力保障和改善民生，确保各项民生工程顺利推进，各项社会事业健康发展；要扎实做好春耕春播工作，为全年粮食生产取得好收成打好基础，要全力抓好春季植树造林工作，努力建设美丽山西；要举全省之力推进转型综改试验区建设，在重点领域和关键环节取得突破，努力走出一条资源型经济转型跨越发展的新路子。

省委常委（扩大）会议传达贯彻十八届二中全会精神 3月1日，省委召开常委（扩大）会议，传达十八届二中全会精神，研究山西省贯彻落实意见。省委书记袁纯清主持会议，传达习近平总书记在第一次全体会议上的讲话，对贯彻全会精神作出部署。省委副书记、省长李小鹏传达习近平总书记在第二次全体会议上的讲话。省委常委，省人大、省政府、省政协负责同志，省法院院长、省检察院检察长，省军区、省武警总队主要负责同志出席会议。

会议指出，十八届二中全会是为即将召开的全国“两会”做准备的一次重要会议，也是深入贯彻落实十八大精神，动员全国人民为全面建成小康社会团结奋斗的一次重要会议。习近平总书记的工作报告对新一届中央政治局的工作进行了客观科学的回顾总结，在第二次全体会议上的重要讲话，就深入贯彻落实十八大精神，确保全面建成小康社会开好局，提出重要指导意见，具有很强的思想性、针对性和指导性。全会审议通过的《国务院机构改革和职能转变方案》，全面贯彻了党的十八大关于深化行政体制改革的部署，适应了我国经济社会发展面临的新形势新任务。

会议指出，面对严峻复杂的国际环境和艰巨繁重的改革发展稳定任务，以习近平同志为总书记的党中央，高瞻远瞩、总揽全局，相继作出一系列得民心、顺民愿、惠民生的重大举措，体现了深邃的战略思维、非凡的政治胆识、高超的驾驭能力，展现出强烈的宗旨意识、清新的执政理念、务实的工作作风，深得国内外好评和人民群众拥戴。要认真学习贯彻二中全会精神，特别是深刻领会习近平总书记重要讲话精神，把思想和行动统一到中央的决策部署上来，更加富有成效地推进各项工作。一要进一步把学习贯彻党的十八大精神引向深入。按照“三个深化”的要求，围绕中国特色社会主义这条主线抓学习，围绕全面深化改革开放抓学习，围绕“五位一体”的总体布局抓学习，围绕提高党的建设科学化水平抓学习，进一步把学习贯彻抓紧抓实抓深入，更好地用十八大精神武装头脑、指导实践、推动工作。二要狠抓工作落实，保持转型跨越良好势头。在全省进一步营造真抓实干的浓厚氛围，加强领导班子建设和基层党组织建设，增强目标责任考核的引领力、约束力、驱动力。坚持主题主线和稳中求进，发挥优势，破解难题，扩大内需，保持经济持续健康发展。紧紧扭住转型这个牛鼻子，抓紧建设结构调整、改善民生和基础设施项目，加大改革开放和招商引资力度，确保把工作精力更多用在转型上，把资源更多集聚到转型上，把发展成效更多体现在转型上。三要切实转变作风，下功夫保障和改善民生。持之以恒抓好作风建设，落实好各项制度，健全相关机制，加强督促检查，使群众反映强烈的突出问题得到解决。牢固树立正确的群众观、政绩观、事业观，把保障和改善民生放在更加突出的位置，解决好困难群众的生产生活问题。切实削减文山会海，深入基层调查研究，深入开展干部下乡住村包村活动，扎扎实实“访民生、知民情、解民忧”，大力弘扬右玉精神，努力践行“山西精神”，始终保持奋发进取的精神状态。四要着力转变政府职能，进一步优化发展环境。正确处理政府、市场、社会的关系，推动政府职能向创造良好发展环境、提供优质公共服务、维护社会公平正义转变，建设群众满意的服务型政府。继续简政放权，深化行政审批制度改革，加强行政监察，强化效能督查，继续整治吃拿卡要等恶劣风气。五要加强维稳信访和安全生产工作，确保社会大局稳定。完善社会治安防控体系，严厉打击严重刑事犯罪活动。深入开展领导干部接访和矛盾纠纷排查化解，解决群众反映的突出问题。牢记发展是第一要务，安全生产也是第一要务，时刻绷紧安全生产这根弦，坚持从零抓起，把各项制度规定落到实处，真正做到严管、严防、严查、严处，防止发生一般性事故，杜绝发生重特大事故，确保安全生产形势持续稳定好转，以过细的工作当好首都"护城河"，为全国"两会"召开创造良好环境。

省委传达贯彻全国人大政协"两会"精神会议 3月19日，省委召开传达贯彻全国人大政协"两会"精神会议。省委书记、省人大常委会主任袁纯清主持会议并提出贯彻落实"两会"精神的意见，省委副书记、省长李小鹏就做好当前经济工作提出要求，省政协主席薛延忠传达全国政协十二届一次会议精神，省人大常委会副主任李政文传达十二届全国人大一次会议精神，省委常委，省人大、省政府、省政协负责同志和省法院院长、省检察院检察长出席会议。省直部门和中央驻晋单位，省人大、省政协工作机构和专门委员会，驻省城本科院校、省管国有骨干企业主要负责同志，各市市委书记或市长参加会议。

袁纯清指出，要把学习贯彻全国"两会"精神作为当前的一项重要政治任务，切实学习好、贯彻好、落实好。要深刻领会习近平等中央领导同志重要讲话精神，充分认识实现中华民族伟大复兴的中国梦，就是要实现国家富强、民族振兴、人民幸福，更加自觉地坚持中国道路、弘扬中国精神、凝聚中国力量，用"中国梦"凝聚人心、团结力量、鼓舞斗志，动员全省干部群众为全面建成小康社会、实现中华民族伟大复兴努力奋斗。要把思想和行动统一到中央对形势的分析判断和决策部署上来，把握好中央的宏观经济政策，深刻领会提高经济增长质量和效益的新要求，深刻领会加强"三农"工作、推动城乡发展一体化的新要求，深刻领会提高人民物质文化生活水平的新要求，深刻领会深化改革开放包括推进政府机构改革和职能转变的新要求，深刻领会加强生态文明建设的新要求，以昂扬的斗志、务实的作风推进各项工作。

袁纯清指出，要在抓好安全生产的基础上切实保持经济持续健康发展，着力解决经济运行中面临的困难和问题。全面落实"项目推进年"的总体部署，充分发挥领导干部联系重点企业、重点项目的作用，深入基层一线现场办公，主动协调解决突出矛盾和问题；着力抓好招商引资，积极走出去、请进来，用更大精力引进好项目、大项目；加强"三农"工作，抓好春耕备耕，为全年农业生产奠定坚实基础。要着力转变政府职能，优化发展环境，加强行风政风建设，建设服务型政府，充分发挥市场在资源配置中的基础性作用，更好发挥社会力量在管理社会事务中的作用，提高工作效率和服务水平。要坚定转型不动摇，进一步提高经济增长质量和效益。要切实保障和改善民生，使人民群众得到更多实惠。

袁纯清指出，要改进作风、狠抓落实，以务实之为求转型之效、造民生之福。要充分激发人民群众积极性，把下乡住村包村增收活动和"访民生、知民情、解民事"集中走访活动紧密结合起来，深入一线、深入基层、深入群众，帮助群众推进生产发展、创造富裕生活。要增强攻坚克难的本领，把解放思想和创新突破体现在各项工作中，打破一切阻碍科学发展、转型跨越的桎梏。各级领导干部要把服务群众作为根本理念，把苦干实干作为常态行为，把勤俭节约作为基本品格，切实干出一番事业来，不辜负党和人民的期望。要紧密团结在以习近平同志为总书记的党中央周围，深入贯彻落实党的十八大和全国"两会"精神，坚定信心，扎实工作，开拓进取，奋力开创转型跨越发展的新局面。

李小鹏在讲话中要求，全省上下要全面贯彻落实党的十八大精神和全国"两会"精神，统筹兼顾，突出重点，扎实做好各项工作，奋力实现全省经济社会发展良好开局。在讲到安全生产工作时，他说，今年以来全省安全生产形势继续明显好转，正在向稳定好转坚实迈进。截至3月15日，全省各类安全生产事故死亡人数同比减少68人、下降24.7%，没有发生重大及以上事故。尽管如此，我们仍要始终保持清醒头脑，坚持安全第一、预防为主、综合治理的方针，毫不放松地抓好责任落实、制度完善、隐患排查、打非治违和基层基础等各项工作，确保全省安全生产形势持续明显好转。在分析当前经济形势、部署当前重点工作时，他指出，今年1至2月，全省经济运行总体平稳，工业、消费、公共财政预算收入增速等指标均高于全国平均水平；经济发展亮点凸显，农村消费增速明显快于城镇消费，装备制造业和旅游业等新兴产业快速发展、对经济增长的带动作用明显增强，绝大多数市投资较快增长。同时，我们也要看到，当前我省经济下行压力还比较大，形势仍不容乐观。各级各部门要坚定信心、迎难而上，在统筹抓好各项工作的基础上，采取有力措施，全面推进以重点工程为主的项目建设，带动全社会固定资产投资较快增长；着力抓好煤炭等主要行业的发展，增加销量、稳定价格、控制成本、提高效益；切实强化财政增收节支，为经济发展、社会建设、民生改善提供有力保障；扎实做好春耕备耕工作，加强经济运行调节，帮扶企业正常生产经营，努力促进全省经济持续健康发展。

省委常委会研究部署统战工作 3月19日，省委常委会召开会议，根据中央的部署和要求，对进一步加强新形势下统战工作进行研究部署。省委书记袁纯清主持会议。

会议指出，统一战线是我们党执政兴国的重要法宝。随着经济社会的深刻变革，改革开放的不断深化，对外交流的日益扩大，对进一步做好统战工作提出新的要求。省委高度重视统战工作，切实加强对统战工作的领导。全省各级统战部门围绕转型跨越发展大局，增进共识、形成合力，做了大量富有成效的工作，各项事业迈上新台阶。要认真贯彻落实中央关于统战工作的新要求新部署，准确把握当前统战工作面临的新形势新任务，以学习贯彻党的十八大精神为统领，以服务全省转型跨越发展为主线，以加强党外代表人士队伍建设为重点，以改进统战干部作风建设为保证，创新思路、举措和办法，凝聚人心，汇集力量，夯实基础，开拓奋进，组织动员广大统一战线成员积极为转型跨越发展作贡献。要充分发挥统一战线的优势和作用，总结经验、树立典型、完善政策，加强非公有制经济人士工作。扎实做好民族宗教工作，广泛联系港澳台同胞和海外侨胞，加强对新的社会阶层人士的团结引导。支持民主党派加强领导班子建设，加大党外代表人士安排使用力度。要把统战工作纳入党委重要议事日程，纳入党政领导班子工作的考核内容，加强统战队伍建设，全面提高统战工作科学化水平。

省委中心组(扩大)举行集体学习研讨会 4月2日，省委中心组（扩大）举行集体学习研讨会，围绕学习贯彻党的十八大精神、推进转型跨越发展，交流学习心得，深入进行讨论，研究落实措施。省委书记袁纯清主持会议并发言，省委副书记、省长李小鹏，省领导张少华、王建明、聂春玉、张建欣、任润厚作了发言，省政协主席薛延忠，省领导高建民、汤涛、李兆前、陈川平、白云、张复明等参加会议。

袁纯清在发言中指出，山西的发展，要抓住城镇化高速推进的机遇，紧紧扣住“一核一圈三群”这个战略，牢牢把握“提速提质”这条主线，更加重视发展中小城市和大县城，更加重视人的城镇化，更加重视土地和资金两大要素的优化配置，加快实现城镇化的新突破。要让贫困地区人民和全省人民一道实现全面小康，在“一村一品一县一业”这个大战略下、在工业化城镇化这个大形势下、在收入分配制度改革这个大背景下、在全社会参与这个大格局下推动扶贫攻坚。要以提高资源型经济的产业竞争力和抗风险能力为目标，把全产业链提升为山西转型跨越的基本模式，推进循环经济链条的延伸；把企业作为构建全产业链的主要载体，强化上下游产业内在联系；把完善政策机制作为构建全产业链的重要保障，对煤电一体化、电铝一体化等给予积极扶持。要把创新驱动战略作为转型跨越的战略选择，努力实现科技和产业的融合，加快科技成果转化，通过科技创新改造提升传统产业，大力发展战略性新兴产业；实现科技与金融的融合，加快金融创新，用好民间资本，支持科技型中小企业发展；实现科技与区域发展的融合，抓好太榆科技创新城建设，打造山西的“中关村”和“硅谷”。要充分认识我省资源资本化的巨大潜力，以煤炭为中心推动资源资本化，拓展资源资本化的渠道，实现实业金融“两手抓”，力争在产融结合、科融结合、农融结合、城融结合上有大的突破。袁纯清特别强调，要加强干部队伍建设，加大年轻干部的培养力度，全面提高干部的综合素质，为转型跨越发展提供坚强的组织保证。

李小鹏在发言中指出，党的十八大报告把加快转变经济发展方式作为关系我国发展全局的战略抉择，提出明确要求、作出安排部署，为我们进一步做好转方式各项工作指明了方向。我省作为典型的资源型经济地区、地处中部的欠发达省份，经济总量不大、结构不优、质量不高、效益不好的问题更加突出。我们要深刻认识加快转变经济发展方式的极端重要性、艰巨性和紧迫性，切实把思想和行动统一到党的十八大精神上来，把推动发展的立足点转到提高质量和效益上来，不断在加快转变发展方式方面取得新成效。要以转型综改试验区建设为统领，统筹兼顾，突出重点，在全面推进各项工作的基础上，狠抓安全生产，确保安全生产形势稳定好转；狠抓投资和重点工程建设，带动固定资产投资增长，推动经济增长，促进经济结构调整；狠抓煤炭、电力等主导产业科学发展，构建和谐煤电关系，筑牢转方式的产业基础；狠抓城乡一体化发展，加快化解城乡二元结构问题；狠抓环境保护、生态修复重建，着力建设美丽山西；狠抓改革开放，为加快转变经济发展方式注入新的动力和活力；狠抓作风建设，优化发展环境，以实际行动贯彻落实党的十八大精神，为推动转型跨越发展、办好“两件大事”、实现再造一个新山西的奋斗目标作出新的更大的贡献。

张少华在发言中指出，要坚决贯彻十八大关于军民融合式发展的重大战略部署和习主席重要指示，深化传统融合发展、拓展融合领域、健全制度机制，走出山西特色军民融合式发展新路。王建明在发言中指出，要围绕建设平安山西、法治山西，加强社会矛盾预防化解，创新流动人口和特殊人群服务管理，完善立体化社会治安防控体系和公共安全体系，维护国家安全和社会政治稳定。聂春玉在发言中指出，要落实我省非公经济“率先实现翻番”的目标任务，实施社会形象、民间资本、财税政策、要素配置、产业发展五大引领工程，搭建平台、健全机制，充分发挥非公企业在转型跨越中的作用。杜善学在发言中指出，要以经济结构战略性调整为主攻方向，改造提升传统产业，做大做强战略性新兴产业，加快发展服务业，实施创新驱动战略，加快山西转型跨越发展。张建欣在发言中指出，要深化医药卫生体制改革，全面提升医疗卫生服务能力和水平，发展人口和计划生育事业，合力促进全民健康。任润厚在发言中指出，要实行更加有利于实体经济发展的政策措施，为实体经济搭建发展平台、营造良好环境，促进虚实经济良性互动，提升实体经济竞争力和发展活力。

袁纯清最后强调，省委中心组围绕学习贯彻党的十八大精神认真开展调查研究，结合山西实际破解经济社会发展、政治建设、文化建设、干部队伍建设、党风廉政建设、国防后备力量建设等方面难题，有建议、有对策、有举措，是对党的十八大精神认识领会不断升华的过程，是提高认识、统一思想、凝聚力量的过程，是明确办好“两件大事”、加快全面建成小康社会进程路径和重点的过程。要加强学习交流成果的深度研究和应用，体现到各项决策中，使研究成果转化为加快转型跨越的具体实践，变成推动各项工作的实际成效，促进经济社会持续健康发展。

省委常委（扩大）会议传达贯彻张高丽考察山西讲话精神 4月8日，省委召开常委（扩大）会议，传达贯彻中共中央政治局常委、国务院副总理张高丽考察山西重要讲话精神。省委书记、省人大常委会主任袁纯清传达并提出贯彻意见，省委副书记、省长李小鹏，省政协主席薛延忠，省委常委，省人大、省政府、省政协负责同志，省法院院长、省检察院检察长，省有关部门主要负责同志出席会议。

4月6日至7日，张高丽副总理深入我省太原、晋中等地，就一季度经济运行、结构调整、科技创新、节能减排等方面情况进行了实地考察，并主持召开座谈会，作了重要讲话。

袁纯清指出，张高丽副总理亲临山西视察指导，体现了党中央、国务院对山西工作的高度重视和山西人民的亲切关怀。张高丽副总理的重要讲话，深入分析了国内外发展大势，对我省转型跨越发展取得的成绩给予充分肯定，对推进经济结构调整、科技创新、节能降耗、环境保护和安全生产等工作提出明确要求，具有很强的思想性、针对性和指导性。

袁纯清就贯彻落实张高丽副总理重要讲话精神提出五点意见：

一要着力保持经济持续健康发展。紧紧围绕全年目标任务，坚定不移抓好项目建设，尤其是抓好好项目、大项目建设，确保经济持续健康增长；充分释放新的消费潜力，以灵活、适用、充足的供应满足产业和社会各个领域的需要，提高消费对经济增长的带动力和引领力；密切关注国内外经济形势变化，加强对经济运行的监测，未雨绸缪解决好苗头性、倾向性问题，积极做好应对各种困难的准备。

二要着力推进转型发展。以产业转型为重点，以转型综改试验区建设为统领，加快发展循环经济，重点在煤矸石和粉煤灰综合利用、焦炉煤气制甲醇制烯烃等方面下功夫，着力建设具有山西特色的循环经济发展模式、技术标准和政策体系；加快改造提升传统产业，巩固和拓展煤炭资源整合成果，推进煤电一体化、特高压输电线路等重点项目建设，形成输煤、输电、输气新型化、立体化能源大通道；加快壮大装备制造、现代物流、新能源、新材料、物联网等新兴产业，提高新兴产业的比重与核心竞争力。

三要着力实施创新驱动战略。围绕煤炭的安全发展、清洁发展、低碳发展、绿色发展，集中精力、财力、物力和领导力，加大科技攻关力度，加快产学研一体化步伐，特别是以大气概和大手笔加快太榆科技创新城建设，完善领导体制、运行机制，集聚更多的高端产业、优势企业和创新人才，为转型跨越发展提供强劲动力和科技支撑。

四要着力抓好节能减排工作。把节能减排作为保护生态环境、建设美丽山西的根本之举，狠抓重点行业和重点企业节能工作，加快环境末位淘汰和落后产能淘汰，提升全社会的节能水平；加强环境污染治理，强化源头治理工作，加强城乡污水处理管网、垃圾无害化处理设施建设；抓好造林绿化和生态治理恢复，加强重点区域水土流失治理，推进水生态系统保护与修复试点，使山西的天更蓝、地更绿、水更清。

五要着力保障和改善民生。突出农民收入翻番这个重点和难点，大力发展“一村一品”“一县一业”，深入开展领导干部下乡住村包村增收活动，扎实推进集中连片地区扶贫开发，认真抓好春耕备耕和农业抗旱，确保粮食增产和农民增收。完善公共就业服务体系，加强教育医疗、文化惠民等工作，加快保障性住房建设，推进农村危房和棚户区改造。要坚持不懈抓好安全生产，确保安全生产形势持续稳定好转。

袁纯清强调，各级领导干部要认真贯彻落实中央和省委改进作风的各项要求，完善制度、自觉行动、真抓实干，以良好作风推动转型跨越发展。

省委召开巡视工作汇报会 4月12日，省委召开巡视工作汇报会，听取省委巡视办和巡视组负责同志的工作汇报和建议，对做好下一步工作作出部署。省委书记、省人大常委会主任袁纯清出席会议并讲话，他强调，要深入贯彻落实党的十八大精神，以坚强党性和高度政治责任感开展巡视工作，更好地服务转型跨越发展。省委常委、组织部长汤涛，省委常委、秘书长聂春玉出席会议。省委常委、省纪委书记李兆前主持会议。

袁纯清指出，近年来，全省巡视工作紧紧围绕转型跨越发展和办好“两件大事”，发现和推动解决了许多问题，为推动中央和省委决策部署的贯彻落实，为推动领导班子建设和党风廉政建设发挥了不可替代的作用。党的十八大强调要更好发挥巡视制度监督作用，为做好新形势下巡视工作提出了新的更高要求。要按照党的十八大和中央作出的战略部署，以坚强的党性和高度的政治责任感，紧紧围绕增强发现问题的能力、切实提高巡视工作质量、注重巡视成果运用和加强巡视机构自身建设，进一步加强巡视工作，充分发挥巡视监督的职能作用，更好地服务于转型跨越发展。

袁纯清首先强调，巡视工作要切实增强发现问题的能力。巡视作为党内监督，属于从严治党的范畴，发现问题是基本任务。开展巡视工作，要立足发现问题，既要发现重点问题，又要坚持抓早抓小，防止小问题酿成大问题、大问题酿成严重问题，影响一个地方的发展和稳定。要敢于发现问题，坚定立场，坚持原则，敢于揭露问题，直面矛盾，对存在的问题要坚决查、彻底查，防止视而不见、漠然置之。要能够发现问题，全面提高干部队伍素质，切实增强工作主动性，特别是要坚持走群众路线，深入群众、了解群众、依靠群众，为做好巡视工作提供可靠的群众基础。

针对提高巡视工作质量，袁纯清提出要切实在突出重点、抓住关键、注意倾向和发现苗头四个方面下功夫。突出重点，就是要加强对领导班子和领导干部的巡视监督，加强对执行中央和省委决策部署的监督检查，督促帮助领导干部始终保持正确的政治立场、政治态度和政治行为。抓住关键，就是要巡视监督各级各部门在贯彻落实上级决策部署中采取了什么措施，在集体决策中运用了什么方式，在干部使用中坚持了什么原则，在解决问题中保持了什么作风等。注意倾向，就是要突出解决思想路线不端正、政治立场不坚定、工作作风不扎实等倾向性的问题。发现苗头，就是要对苗头性问题早发现、早提醒、早反映、早制止，保证问题的有效解决。

袁纯清十分重视巡视成果的运用。他指出，要对巡视成果进行科学分类和分项报告，并提出解决问题的具体建议，特别要充分发挥巡视领导小组的作用，完善工作机制和协调机制，对于巡视发现的问题要拿出处置意见，督导落实情况。要根据具体情况，该限期整改的限期整改，该查处的移交有关部门查处，该采取组织措施的建议采取组织措施，切实增强巡视工作实效性和权威性。

袁纯清还对加强巡视机构自身建设提出明确要求。他提出，要完善对巡视机构的管理，定期听取巡视工作汇报，配齐配强干部队伍，为巡视工作顺利开展创造必要的政治条件和工作条件。巡视机构干部要坚定政治立场，改进工作作风，提高工作本领，严格自警自律，以巡视工作的实际成效取信于民。

省委、省政府召开转型综改试验区建设大会 4月22日，省委、省政府召开转型综改试验区建设大会。省委书记、省人大常委会主任袁纯清出席会议并作重要讲话。他强调，要以改革创新精神和求真务实作风，认真落实《实施方案》和《行动计划》，切实做到认识有新提高、改革有新突破、项目有新成果、落实有新举措，全面加快转型综改试验区建设。省委副书记、省长李小鹏主持会议。省政协主席薛延忠，省委常委，省人大、省政府、省政协负责同志，省军区、省武警总队主要负责同志，省法检两长在主会场出席会议。

袁纯清对山西省转型综改试验区建设取得的成绩给予充分肯定。他指出，转型综改试验区获批以来，全省干部群众紧紧抓住这一难得机遇，先行先试，积极作为，做了大量富有成效的工作，取得了重要进展。当前，转型综改试验区建设正处于关键时期。全省上下要进一步增强责任感、使命感和紧迫感，以更大的决心和更多的办法推进试验区建设。

袁纯清指出，首先要进一步提高对转型综改试验区的认识。要始终坚持资源型经济转型这个主题，坚定不移走以煤为基、多元发展的路子；始终把握好综合配套这个原则，统筹兼顾、全面推进，使转型的步子迈得坚实、持久；始终抓住先行先试这个灵魂，既要发挥主观能动性，又要从实际出发，把握发展规律，以思想观念的解放、立说立行的实践、借鉴创新的互动，趟出新的路子、展现新的作为。

袁纯清指出，改革是建设转型综改试验区的核心，必须有新突破。要突破思想障碍，坚决摒弃“等”“靠”“要”思想，把自己能做的事先做起来，在事权范围内把自主性和创造性发挥到最大限度。要突破体制机制障碍，围绕《实施方案》列出的重大改革任务，拿出更多有标志性意义的改革举措。要积极借鉴国内其他综改试验区的创新做法，力求在重点领域和关键环节尽快取得突破，同时最大限度发挥人民群众的主观能动性和基层的首创精神，使人民群众中蕴藏着的无穷智慧和力量充分迸发出来。要抓好各级改革试点，充分发挥辐射周边和服务全省的作用，实现整体联动。

袁纯清指出，要在项目建设上取得新成果。全力推进重大项目建设，按照引领性、标志性、带动性的要求，建设好一批重大标杆项目、标杆工程、标杆园区、标杆企业；坚持围绕产业转型引进项目，扩大对外开放的深度和广度，创新招商引资方式，加快产业承接；强化项目推进的全过程跟踪服务，把抓项目放在第一位，完善省市县齐抓项目的工作格局，建立“项目推进年”常态化机制。

袁纯清强调，推进综改试验，关键是以新的举措抓好落实。领导要更加到位，各级各部门特别是主要领导要把转型综改试验作为头号工程，列入重要议事日程，经常深入一线，研究解决问题。保障要更加有力，积极搞好保障服务，优先保证重大工程和重点项目的生产要素供给，把更多水平较高、素质过硬的干部和人才选拔到转型综改试验的关键岗位，加大舆论宣传力度，营造人人关心、支持、参与综改的浓厚氛围。机制要更加完善，建立重大工程和重点项目申报、登记、论证、评估、推进一体化领导机制和工作机制，健全政策激励机制。作风要更加扎实，加快落实我省签署的各项省部合作协议，结合即将开展的群众路线教育实践活动，进一步改进作风，为转型综改试验提供可靠保障。

李小鹏在主持会议时要求，各级各部门各单位要认真学习，深刻领会这次会议精神，切实用国家批复的《总体方案》和我省下发的实施方案、行动计划统一思想、提高认识，指导工作、推动落实；要雷厉风行，对照实施方案和行动计划，进一步细化工作举措，明确工作责任，完善工作计划，加强工作指导，强化考核监督，确保省委、省政府的决策部署落到实处；要大胆探索，坚持把先行先试作为试验区建设的灵魂，把改革创新作为试验区建设的核心，因地制宜、勇于创新，在实践中完善思路，在探索中闯出新路，在克服困难、解决问题中开创新局面、总结新做法、推广新经验，不断丰富综改试验内涵，不断完善政策措施，不断把转型综改试验区建设引向深入。

省委中心组举行学习报告会 4月23日，省委中心组举行专题学习会，邀请中央文献研究室主任冷溶作题为“实现中国梦要走中国路”的报告。省委书记袁纯清主持会议并讲话。他强调，全省干部群众要坚持中国道路，满怀信心地汇入全国人民追梦、圆梦的伟大奋斗历程，努力为实现中国梦作出贡献。省委副书记、省长李小鹏，省政协主席薛延忠，省领导胡苏平、高建民、汤涛、李兆前、陈川平、王建明、聂春玉、白云、周然、安焕晓、田喜荣、张建欣、任润厚、王一新、李雁红、令政策、卫小春、王宁、朱先奇、左世忠、杨司等出席会议。

冷溶长期从事党的思想理论研究工作，是中央实施马克思主义理论研究和建设工程领域的专家，具有深厚的理论造诣。冷溶在报告中围绕贯彻落实党的十八大精神，坚持和发展中国特色社会主义这条主线，从历史和现实的角度，深入阐述习近平总书记关于中国梦的重要论述，深刻阐释了中国梦的伟大意义、实现路径，内容丰富、见解深刻，具有很强的思想性、理论性和指导性，进一步深化了对中国特色社会主义的认识，坚定了对中国梦、中国路的信心和信念。

袁纯清在主持报告会时指出，习近平总书记提出实现中华民族伟大复兴的中国梦，强调实现中国梦必须走中国道路、弘扬中国精神、凝聚中国力量，极大鼓舞了中华民族的志气、凝聚了中国人民的心气，为全国各族人民走好中国道路注入强大精神力量。实现中国梦，必须坚定方向，自觉为走好中国道路而奋斗，要深入学习贯彻党的十八大精神和习近平总书记一系列重要讲话精神，坚持用中国特色社会主义理论体系武装头脑、指导实践，着力抓好思想理论建设这个根本、党性教育这个核心、道德建设这个基础，进一步坚定政治立场，增强道路自信，夯实人民群众团结奋斗的思想基础。

袁纯清指出，办好“两件大事”、加快转型跨越，与全国人民同步全面建成小康社会，是三晋儿女的共同梦想和追求。要凝聚力量加快转型跨越，善用组织之力，充分调动广大党员干部的积极性和创造性，坚持以煤为基、多元发展，推动“四化”共融互动、同步发展；善聚个体之力，把个人奋斗与国家发展结合起来，立足本职、努力学习，在实现中国梦的实践中耕耘奋斗，在建设美丽中国的征程中创造美好未来、获得出彩机会；善借外部之力，在对外开放上抓紧拓展，形成以企招企、以商引商、以才聚才的浓厚氛围，加快产业承接，发展具有内陆省份特点的开放型经济。

袁纯清最后强调，要真抓实干，持之以恒加强作风建设。全面落实中央关于在全党深入开展党的群众路线教育实践活动的各项部署，按照中央和省委关于改进作风的要求，把讲实话、办实事、求实效贯穿于工作的全过程。要把转变作风和解决群众反映强烈的突出问题结合起来，把开展党的群众路线教育实践活动与下乡住村包村增收和“访民生、知民情、解民事”集中走访活动结合起来，深入一线、深入基层、深入群众，切实解决实际问题。要把干部作风情况纳入综合考核评价体系，加强干部作风情况的监督检查，形成作风建设长效机制，以作风建设的新成效凝聚起推动转型跨越的强大力量，为实现中国梦注入强大动力。

省委、省政府召开省属重点国有企业负责人座谈会　4月24日，省委、省政府召开部分省属重点国有企业负责人座谈会。省委书记、省人大常委会主任袁纯清在讲话中强调，重点国有企业要更好地发挥优势，进一步强化责任，加快做大做强步伐，在全省转型发展中充分发挥主力军作用。省委副书记、省长李小鹏主持会议并讲话。省委常委、常务副省长高建民，省委常委、组织部长汤涛，省委常委、秘书长聂春玉，副省长任润厚出席会议并分别讲话。

会上，太钢集团、焦煤集团、同煤集团、阳煤集团、潞安集团、晋煤集团、太重集团、煤销集团和国际电力集团、国际能源集团、能投公司、建工集团、中条山集团、汾酒集团、山煤集团、国新能源集团的负责同志就今年以来的生产经营情况和推进“双千亿”“双五百亿”“双百亿”工程建设情况，以及下一步推进转型发展的思路、措施、打算作了汇报。国信投资集团、省农信社、晋商银行的负责同志就深化地方金融机构改革，做大做强地方金融机构进行了汇报。袁纯清、李小鹏听取发言后，对省属重点国有企业取得的成绩和为全省经济社会发展作出的贡献给予充分肯定。

袁纯清指出，省属重点国有企业，经济和资源力量雄厚、产业类型较多、技术和管理水平较高，要充分发挥优势，增强信心，进一步开阔视野，完善思路，加快发展步伐。要强化发展责任，坚持把发展作为第一要务，坚持“双千亿”“双五百亿”“双百亿”目标不动摇；强化稳定责任，在推进发展的基础上，不断提高职工生活水平，积极承担社会责任，多渠道回报社会；强化安全责任，坚持不懈地抓好安全生产，不断提高安全生产管理水平，切实做到全面安全、本质安全、持久安全，为全省各类企业作表率、带好头，提供先进范式。要在原有的基础上，进一步扩大资产、销售规模，提高市场份额，加快做大做强步伐。要通过大型煤炭企业的更好发展，巩固和发展我省作为国家重要能源基地的地位和作用，更好地服务国家建设。要着眼于提高抗风险能力、增强可持续发展能力，进一步做强企业，每个企业都要着力打造具有核心竞争力产品的核心产业，力争做到国内领先、世界一流。

袁纯清强调，做大做强，就是要按照清洁、绿色、低碳、安全的要求着力做好资源转化的文章，瞄准高端目标做好提升的文章，放眼新的领域和行业做好产业衍生的文章。就是要深化改革，重点解决国有企业一股独大的问题，加快产权多元化、资产资本化、股权证券化进程，解决企业内部管理科学化问题，让企业真正走向市场，增强活力和动力。就是要大力创新，通过得力措施，确保企业科研经费支出、科研人员和研发机构数量达到较高水平。就是要确保安全，坚决杜绝重特大事故发生。就是要狠抓党建，充分发挥党组织的政治核心作用、党组织的战斗堡垒作用和党员的先锋模范作用。同时要加强对年轻干部的培养，加强人才队伍建设，切实改进作风，严格廉洁自律，为企业做大做强提供重要保证。特别是要以积极认真的态度、严谨务实的作风抓好落实，确保各项任务目标的如期完成。

李小鹏在主持会议时指出，近年来，省属国有企业规模扩大，素质提高，总体发展态势良好，但是，同国内外先进企业相比，同省委、省政府的要求和全省人民的期望相比，无论是企业自身的生产经营水平，还是对全省发展大局的贡献，都还有很大差距。在今后的发展过程中，各企业特别是企业主要负责人，要勇于担当，奋力在全省转型跨越发展的关键领域、关键项目和关键时刻冲锋陷阵、做大贡献；要转变观念，着力推动企业发展从过多依靠政策支持向主要依靠市场支撑转变，从过多依靠资源、资金和人力投入向主要依靠创新驱动、资本运作和人力资本积累转变，从单纯注重规模发展向统筹考虑规模、质量、效益转变，从一股独大向开放合作、互利共赢发展转变；要服务大局，尤其是各大能源类企业，要坚持高碳资源低碳发展、黑色煤炭绿色发展，大力推进本企业本行业安全高效发展、清洁绿色发展，切实做到造福山西、服务全国、顺应世界潮流。

全省宣传部长座谈会　4月24日，全省宣传部长座谈会在太原召开。会议通报山西省将组团参加第九届深圳（国际）文化产业博览交易会并举办首届山西文化产业博览交易会，听取省直宣传文化主要厅局负责人，11市市委常委、宣传部长，省属六大文化企业负责人对于两会筹备情况的汇报。省委常委、宣传部长胡苏平出席会议并讲话。

胡苏平指出，近年来，山西省连续8年组团参加深圳文博会，取得良好的社会效益和经济效益。深圳文博会已经成为山西省文化改革发展最新成果展示的平台，重点文化产业项目向海内外招商引资的平台，特色优质文化产品推介销售的平台。2013年5月山西省将组团参加第九届深圳文博会，希望各市各单位精心挑选参展产品，精心筛选招商项目，精心落实签约项目。

胡苏平指出，文化体制的改革，极大地解放了文化生产力，促进了文化产业发展，全省急需文化产品展示交易的平台，鉴于这样的考虑，从2013年起，山西省举办首届山西文化产业博览交易会。首届山西文博会开创了我省文化产品展示、展览、交易平台的先河，对于山西对外开放，进一步推动文化产业蓬勃发展具有十分重要的意义。

胡苏平强调，首届山西文博会要重点抓好以下三项内容：一是展区设计要开放大气，新颖亮丽，富有特色和品位。二是论坛主题要鲜明，要紧密结合山西实际，论证、阐述我省文化产业发展的路径和前景。三是首届山西文博会期间的演出要有高端剧目和节目，不仅要有我省荣获国家舞台艺术精品工程的剧目，还要有引进具有国际水准的剧目。

省委召开“访、知、解”集中走访活动交流会 5月14日，省委召开“访民生、知民情、解民事”集中走访活动交流会，在前一段集中走访调研的基础上，交流调研成果，总结活动经验，分析研究问题，推动改进工作。省委书记袁纯清主持会议并讲话。他强调，要把集中走访活动作为常态性工作，把发现问题、推动解决问题作为着力点，深入基层、深入群众，加快发展县域经济，切实改善群众生产生活条件，加强调研成果运用，更好地推动转型跨越发展。省委副书记、省长李小鹏讲话，省政协主席薛延忠，省委常委和省人大、省政府、省政协负责同志，省法院院长、省检察院检察长出席会议并发言。

根据省委统一安排，2013年1月中旬到4月底，全省开展了领导干部“访民生、知民情、解民事”集中走访活动。各级领导干部深入所联系的县、乡、村，面对面听取意见，帮助解决困难，树立了服务群众、崇尚实干的作风形象，受到群众热烈欢迎。省领导以身作则、率先垂范，深入基层、深入群众，与群众面对面交流，全面了解情况，实地体察民情，理清发展思路，解决实际问题，给力鼓劲加油，特别是注重发现问题、解决问题，形成了有针对性的调研报告，有力带动了活动深入开展。

交流会上，大家围绕解决走访中发现的普遍性、集中性、倾向性问题，认真分析问题，深入交流观点，充分发表意见，提出许多改进作风、惠及民生的意见和建议。大家认为，开展“访民生、知民情、解民事”集中走访活动，是我省贯彻中央改进工作作风、密切联系群众“八项规定”的具体举措，也是践行党的群众路线的一次生动实践。大家提出，惠民富民要把发展作为硬道理、解决问题的关键，充分发挥各地优势，发展主导产业；加大“三农”支持力度，重视发展现代农业，创新扶贫开发体制机制，加大扶贫攻坚力度；完善基础设施建设，推进基层社会服务管理体系建设，解决好事关群众切身利益的突出问题；要以改革的精神，改进考核办法，树立正确导向，强化党员干部的群众意识，倡导求实作风，时刻把群众冷暖挂在心上，及时帮助群众解决困难。

袁纯清在讲话中指出，大家通过开展集中走访活动，看到了山西近几年向好向快发展的积极变化，看到了新的气象和精神面貌，深感振奋、深受鼓舞，更加坚定了转型跨越的信心和决心；更加深入细致地看到了发展和工作中存在的不足和薄弱环节，看到了群众生产生活中面临的实际困难，进一步明确了工作的突破口和着重点，为更好地凝心聚力、解决问题，使发展更持续更健康、群众满意度更高提供了实际基础；更加直接地面对面接触了群众、感知了群众、了解了群众，增进了对群众的感情，加深了关心民生、致富群众的责任情怀，提高了改进工作作风、密切联系群众的自觉性和主动性。针对走访中发现的问题，袁纯清指出，要进一步改善群众生产生活条件，完善农村水电路网等基础设施，对十个全覆盖等民生工程进行回头看，解决死角、完善提升，建立机制、加强管理，确保工程切实发挥作用、惠及于民。要把县域经济放在更加突出的战略位置，完善考核评价机制，坚持因地制宜，大力发展“一村一品、一县一业”，以实施“百企千村”扶贫开发工程为载体，引导更多社会资本、民营资本、工业资本投向县域经济，为扶贫开发提供新动力、开辟新产业、提供新出路，在“地下补地上、黑色补绿色”中，实现企业与农村、工业与农业共生共长、共赢发展。要加快转变政府职能，进一步改进工作作风，把走访调研县作为长期联系县，深入调查研究，密切联系群众，发现问题、提出问题、推动解决问题。要针对土地流转、移民搬迁、惠农资金整合使用、农民变市民等普遍性问题，加强制度和政策创新，为加快富民提供有力政策保障。要强化基层基础，加强基层党组织和干部队伍建设，选优配强基层党组织带头人，加强教育培训，把基层党组织建设成为带领农民脱贫致富的坚强堡垒。

袁纯清特别强调走访调研成果运用。他指出，要对集中走访中发现的问题进行集中梳理汇总，对全局性、政策性问题进行深入研究、提出对策；对具体个案性问题，能解决的要立说立行，加快解决，使群众感受到作风建设的成果。

李小鹏在讲话中指出，这次走访活动，加深了领导干部对农村、对农民的感情，对基层、对一线的了解，大家提出的工作措施、意见和建议更加切合实际了。实践证明，这项活动符合党中央的要求，符合山西的发展实际，对于转变工作作风、密切党群关系，也具有重要意义。下一步，要把这项活动经常化、规范化、制度化。

李小鹏强调，发展仍然是山西的最大课题，发展也是解决问题的关键，必须牢牢把握发展这一关键。一要因地制宜的发展。不同县域要结合自身实际，发挥自身的特色，宜工则工，宜农则农，宜果则果，宜林则林，扬长避短。要破除无资源无发展、缺资源无优势的悲观思想，跳出资源优势就是矿产优势的认识局限，树立全新的资源观念。二要保护生态、保护环境的发展。要利用青山绿水来做文章，而不是破坏它去做别的文章。三要解决为什么发展。发展不是单纯地增加经济总量和财政收入，而是要更好地强农惠农。为此，要解放思想，创新发展；要改革干部考核的方法，并与干部选拔任用挂钩；要改革财政转移支付的办法，对结合自身实际大力发展农业、特色产业的地区加大支持，使他们更有底气保护生态、保护环境、发展农业、造福群众；要改革工作的方式和方法，更多地采用分类指导的办法来推进工作。活动中大家提出的意见和建议，政府要带回去分解到各个部门马上研究、马上操作，对需要创造条件、深入研究的建议，纳入到转型综改试验区建设方案中。

省委常委会学习中央关于在全党深入开展党的群众路线教育实践活动的《意见》 5月17日，省委常委会召开会议，学习中央关于在全党深入开展党的群众路线教育实践活动的《意见》，并对山西省开展党的群众路线教育实践活动作出初步安排。省委书记袁纯清主持会议。

会议认为，在全党深入开展党的群众路线教育实践活动，是中央在新形势下坚持党要管党、从严治党的重大决策，是顺应群众期盼、加强学习型服务型创新型马克思主义执政党建设的重大部署，是推进中国特色社会主义伟大事业的重大举措，对于教育引导党员干部牢固树立宗旨意识和马克思主义群众观点，切实改进工作作风，赢得人民群众信任和拥护，夯实党的执政基础，巩固党的执政地位，具有很强的现实性、针对性，意义重大而深远。2012年在全省党员干部中开展的保持党的纯洁性学习教育活动和2013年1至4月省、市、县三级领导干部开展的“访民生、知民情、解民事”集中走访调研活动，取得了较好效果，为开展党的群众路线教育实践活动奠定了重要基础。

会议强调，县处级以上领导干部关乎党的建设状况、党的执政能力和改革稳定发展大局，以县处级以上领导机关、领导班子和领导干部为重点，在全体党员中深入开展党的群众路线教育实践活动，是当前和今后一个时期的重要政治任务，各级党委要高度重视，按照中央的部署和要求，认真做好准备工作，扎实推进这项活动。要深入学习，提高认识。通过学习正确、全面、深刻理解《意见》精神，准确把握开展活动的指导思想、目标要求、方法步骤。特别要教育引导党员干部从人民创造历史的马克思主义唯物史观、群众路线是党的生命线、全心全意为人民服务是党的根本宗旨等方面进一步提升认识，切实增强党员干部来自人民、依靠人民、为了人民的意识，增强参加活动的积极性、主动性和自觉性，激发搞好活动的内生动力，积极投身学习教育活动。要查找问题，解决问题。贯穿“照镜子、正衣冠、洗洗澡、治治病”的总要求，围绕为民务实清廉，注重突出实践特色，深入开展调查研究，重点查找和剖析在形式主义、官僚主义、享乐主义和奢靡之风等方面存在的问题，在坚持正面教育为主的同时，坚持批评和自我批评，开展积极健康的思想斗争，深刻剖析思想根源，解决好思想上、作风上和行动中的问题，保证不虚不空不偏。要加强领导，注重实效。各级各部门都要按照要求成立相应的领导机构，研究制定方案，做好各项工作。要从省委常委做起，带头参加活动，认真解决自身存在的问题，同时要加强组织领导，切实把教育实践活动抓紧抓好抓出实效。

省委中心组举行提高运用媒体能力专题学习报告会 5月20日，省委中心组举行“提高运用媒体能力，推动转型跨越发展”专题学习会，省委书记、省人大常委会主任袁纯清主持会议并讲话，他要求领导干部尊重新闻舆论的传播规律，提高同媒体打交道的能力，正确引导社会舆论，加强与新闻媒体的联系和配合，自觉接受舆论监督。省委副书记、省长李小鹏出席报告会。

报告会邀请新华社山西分社社长王存理、人民日报社山西分社社长刘亮明、中央人民广播电台山西记者站站长康维佳、中央电视台山西记者站站长赵旭，从不同媒体类型、不同角度、不同重点深刻分析了当前媒体舆论领域发生的新变化，阐述了新闻宣传工作的新特点，提出了加强和改进新闻宣传工作的建议和对策。省委常委和省人大、省政府、省政协负责同志，省法院院长出席会议。

袁纯清在主持报告会时首先代表省委、省政府向中央驻晋新闻单位及长期以来宣传山西、奉献山西的新闻工作者表示感谢。他说，长期以来，中央驻晋新闻单位牢牢把握正确舆论导向，以宣传山西为己任，为山西转型跨越发展鼓与呼，营造了良好的舆论环境。中央媒体在言论导向上有高度，在正面宣传上有强度，在典型报道上有深度，在舆论监督上有力度，为我省各项事业取得的发展进步作出了重要贡献，为凝聚山西正能量、塑造山西新形象发挥了重要作用。

袁纯清强调，随着社会民主法治的发展进步和信息通讯技术的日渐发达，人民群众对信息资讯的需求越来越高，通过媒体影响社会事务的力量也越来越大。对党政领导干部来说，正确面对媒体、有效引导舆论、提高运用媒体的能力，是领导改革发展必备的基本素质，是做好新时期群众工作的重要手段，是保持地方稳定和促进地方发展的必修课程。要进一步增强政治意识、大局意识、责任意识、忧患意识，坚持把意识形态工作纳入重要议事日程，及时有效应对、防范和处理好意识形态领域的各种问题。坚持正确政治方向和正确舆论导向，牢牢把握新闻媒体的领导权和主动权，完善和落实对各级各类媒体的管理制度，加强网上舆论引导，净化网络舆论环境。

袁纯清要求，各级领导干部要提高运用媒体能力，不断增强舆论引导的针对性和实效性。要提高做事的水平，一心一意先把工作做好，把群众的事情办好；要培养诚实的品格，自觉以开放的胸怀、公开的信息面对媒体、面向公众；要掌握说话的艺术，注重用事实、数据说话，做到通俗易懂、喜闻乐见、朴实精炼；要增强沟通的能力，与媒体敢沟通、能沟通、善沟通、多沟通，多让媒体了解情况，掌握工作动向；要接受监督的考验，自觉接受舆论监督，及时发现并改正自身存在的问题，妥善处理公众和媒体关注的热点问题。要加强对干部学习和培训，提升与媒体沟通的方法和能力。

袁纯清强调，要营造环境，大力支持新闻媒体成为社会公开公平公正的促进者和维护者。各级党委政府要高度重视和加强新闻宣传工作，完善形式多样的新闻通气制度，畅通新闻媒体联系渠道，主动与新闻媒体加强联系与合作，善于通过新闻媒体引导舆论，动员群众，推动工作。新闻媒体要坚持三贴近，弘扬主旋律，凝聚正能量和敢于讲真话，做科学发展的先行者、社会和谐的促进者、群众利益的维护者和舆论监督的践行者。

省委常委会研究部署法治山西和非公有制经济人士理想信念教育工作 5月24日，省委常委会召开会议，研究讨论《关于深化法治山西建设的意见》，传达全国非公有制经济人士理想信念教育实践活动电视电话会议精神，研究山西省贯彻落实意见。省委书记袁纯清主持会议。

会议指出，党中央对法治建设高度重视，习近平总书记就纪念现行宪法公布实行30周年发表的重要讲话，为我们推进法治建设进一步指明了方向。一个社会的稳定、安全、成熟、文明，与法治建设紧密相关，在经济社会发展处于转型期的今天，更应该从立法、执法、司法、守法等各方面加强法治建设，全面提升社会的法治水平和文明程度。近年来，省委、省政府认真落实依法治国基本方略，各级各部门深化法治创建，推进法治山西建设，取得了明显成效。但是也要清醒地看到，我省法治建设与经济社会发展要求和人民群众期盼相比还有一定差距。各级党委、政府要从落实依法治国基本方略、巩固党的执政地位、实现社会长治久安、保障和促进转型跨越的战略高度，切实增强政治责任感和历史紧迫感，进一步加强组织领导，创新工作机制，全面推进法治山西建设。要按照科学立法是核心、依法行政是关键、公民守法是基础的总体思路，着力推进依法执政，切实把党的领导贯彻到依法治省全过程；着力推进科学立法，切实提高地方立法科学化、民主化水平；着力推进严格执法，切实加快法治政府建设；着力推进公正司法，切实维护社会公平正义；着力推进全民守法，切实加强法治社会建设，推动形成党委依法执政、政府依法行政、司法机关公正司法、企业依法经营、全社会崇法守法的法治局面，扎扎实实把法治山西建设推向深入。

会议指出，非公有制经济人士是党执政的重要群众基础和社会基础，是推动我省转型跨越发展和全面建成小康社会的生力军。中央决定今年5月至10月在非公有制经济人士中开展理想信念教育实践活动，具有非常重要的现实意义，有利于把非公有制经济人士思想进一步统一到党的十八大精神上来，有利于为实现中华民族伟大复兴的中国梦凝聚强大力量，有利于促进非公有制经济健康发展和非公有制经济人士健康成长。要以非公有制经济人士为活动主体，以增强非公有制经济人士对中国特色社会主义道路的信念、对党和政府的信任、对企业发展的信心为主要内容，以促进非公有制经济健康发展和非公有制经济人士健康成长为目标，坚持学习教育和具体实践相结合、规定动作和自选动作相结合、点的深入和面的覆盖相结合、学习内容和活动载体相结合、集中教育和建立机制相结合。要坚持正面引导、突出特色、创新载体、分类指导，围绕“争做新晋商、转型作贡献”这个主题，扎实开展“发扬晋商精神，提升晋企形象”“产业扶贫·共富发展”等一系列主题宣传教育活动，切实把广大非公有制经济人士的力量凝聚起来，为转型跨越发展作出更大贡献。

省文联、省作协、省社科联代表大会 6月13日，省文学艺术界联合会第八次代表大会、省作家协会第六次代表大会、省社会科学界联合会第二次代表大会在太原隆重召开。省委书记、省人大常委会主任袁纯清出席开幕会并讲话。省委副书记、省长李小鹏出席。中国文联党组书记、副主席、书记处书记赵实，中国作协党组副书记、副主席钱小芊到会祝贺并致贺词。开幕会由省委常委、宣传部长胡苏平主持。

袁纯清首先代表省委、省人大、省政府、省政协，向大会召开表示热烈祝贺，向全体与会代表和广大文艺、理论工作者致以崇高敬意和诚挚问候。他指出，近年来，省文联、省作协、省社科联团结带领全省广大文艺和理论工作者，坚持正确方向，深入生活实践，倾心文艺创作，组织重大课题研究，全省文艺和社科事业呈现出蓬勃发展、欣欣向荣的良好态势，为转型跨越发展注入了强劲动力。

袁纯清指出，要始终高扬“中国梦”的时代主旋律，努力谱写转型跨越发展的新篇章。广大文艺和理论工作者要认识到，中国梦是全体中国人民的共同理想和追求，繁荣发展文学艺术和哲学社会科学事业是实现中国梦的迫切需要，是实现转型跨越发展的应有之义，是建设文化强省的内在要求，要坚持“二为”方向和“双百”方针，高擎精神火炬，吹响时代号角，在追梦圆梦中推出更多的优秀作品、更有价值的社科成果。

袁纯清强调，要坚持以人为本的根本宗旨，努力满足人民群众的新期待。文学艺术和社会科学要坚持正确导向，增强社会责任感，积极引导社会进步；要坚持以人民为主体，以实践为源泉，经常深入、充分反映人民群众和社会实践，热情讴歌人民群众富于创造的伟大实践；要加强自身修养，坚守艺术理想，坚守百姓情怀，弘扬良好的职业道德，塑造高尚的人格品格，树立世界眼光，不断实现自我提升。

袁纯清指出，要始终把握继承与创新的辩证统一，努力创造文化繁荣的新辉煌。当前山西正处于转型跨越的攻坚阶段，强烈呼唤与时代相称的名家大师，创作更多思想精深、艺术精湛、制作精美的新剧大戏，具有时代气息、富有晋风晋韵的精品大作。广大文艺和理论工作者要坚持善于继承与勇于创新的统一，挖掘历史底蕴和反映时代特征的统一，放飞理想与潜心创作的统一，培养领军人才与形成核心团队的统一，不断推出叫得响、传得开、留得住的文化精品。

袁纯清强调，各级党委、政府要把文艺和理论工作摆在更加重要的位置，加强领导，加大政策支持和投入力度，巩固和扩大文化体制改革成果，加强领导班子和人才队伍建设，确保文艺和理论工作沿着正确方向前进。各级文联、作协、社科联要紧紧围绕中心、服务大局，适应文艺创作新特点、社科理论发展新趋势，创新工作体制机制，组织开展丰富多彩的文艺创作和学术研究活动，更好地履行联络、协调、服务职能，为繁荣发展文艺和社科事业作出更大贡献。

赵实代表中国文联向大会召开表示热烈祝贺，并希望我省广大文艺工作者，坚定不移地走中国特色社会主义文化发展道路，自觉肩负起建设文化强国、实现“中国梦”的历史使命；希望我省广大文艺工作者，牢固树立以人民为中心的创作导向，努力为人民抒写，为人民放歌；希望我省广大文艺工作者，努力追求德艺双馨的崇高境界，积极引领社会文明风尚；希望我省文联适应新形势，抢抓新机遇，实现新跨越，切实加强文联自身建设，不断提高文艺工作和文联工作的科学化水平。

钱小芊代表中国作家协会向大会召开表示热烈祝贺，高度评价了山西作家创作繁荣、成果丰硕、人才辈出，并就创作和作协工作提出希望。他说，要坚持正确的创作方向，文学精品要有灵魂；要更加自觉地深入生活、贴近时代，坚持以人为本，更加自觉、更加主动地承担起为人民抒写、为人民放歌的历史责任；要努力推出一批优秀的文学作品，为我国的文化大繁荣作出贡献；作协要转换职能，提高服务水平，真正打造成作家之家。

胡苏平在主持讲话中强调，全省文艺界、社科理论界人员要认真学习、深刻领会、深入贯彻袁纯清同志重要讲话精神，更加自觉、更加主动地担负起推动社会主义文化大发展大繁荣的崇高使命，不断提高自身素质，把握正确方向，锐意改革创新，推出更多精品佳作和优秀成果，加快文化强省建设步伐，努力满足人民群众日益增长的精神文化需求，努力为我省的转型跨越发展和全面建成小康社会提供强大的思想保证、精神动力、智力支持和文化条件，努力为实现伟大的中国梦和再造一个新山西的宏伟目标再创佳绩、再立新功。

开幕会上，省文联七届主席李才旺，中国作协副主席、省作协五届主席张平，省社科联党组书记侯秀娟先后致词。省人大常委会副主任、省总工会主席田喜荣代表省总工会、团省委、省妇联等人民团体致贺词。

省委常委会学习习近平总书记在党的群众路线教育实践活动工作会议上的重要讲话 6月18日，省委常委会召开会议，学习习近平总书记在党的群众路线教育实践活动工作会议上的重要讲话，并对省委常委领导班子开展党的群众路线教育实践活动提出明确要求。省委书记袁纯清主持会议。

会议认为，习近平总书记在党的群众路线教育实践活动工作会议上的重要讲话，立意高远、内涵丰富、部署有力，抓住了我们党新时期面临的脱离群众的最大危险和突出问题，具有很强的现实针对性，是新形势下坚持党要管党、从严治党的重大决策，是顺应群众期盼、加强学习型服务型创新型马克思主义执政党建设的重大部署，是推进中国特色社会主义伟大事业的重大举措；充分体现了目标的鲜明性，把贯彻落实中央八项规定作为切入点，进一步突出作风建设，重点是坚决反对形式主义、官僚主义、享乐主义和奢靡之风，着力解决人民群众反映最强烈、最迫切、最突出问题，设置了靶子，抓住了要害；充分体现了要求的严肃性，牢牢把握正面教育为主、批评和自我批评、讲求实效、分类指导和领导带头的原则，确保教育实践活动沿着正确轨道健康深入推进，不仅是全党深入开展党的群众路线教育实践活动的纲领性文件，更是新形势下加强党的建设的重要文献。

会议指出，省委常委领导班子要带头抓好教育实践活动，首先要在思想上重视起来，按照中央的部署和要求，按照习近平总书记的重要讲话要求，将这次教育实践活动作为改造思想、提高觉悟、改进作风，作为自我净化、自我完善、自我革新、自我提高的最紧迫、最重要的政治任务，认真做好准备，精心组织实施。二是要在政治上严肃起来，每名班子成员不仅是全省特别是本系统教育实践活动的组织领导者，更是参与者、先行者、实践者。要多方听取意见，尤其是多听取在作风方面的意见，深入开展调查研究，重点查找和剖析在形式主义、官僚主义、享乐主义和奢靡之风等方面存在的问题，对自身存在的问题有个全面、清醒的认识，进行真实客观的思考，增强批评、自我批评的针对性。班子成员要对自身存在的问题早思考、早剖析，早开展谈心活动，在此基础上，开好专题民主生活会，严肃开展批评和自我批评，开展积极健康的思想斗争，落实好“照镜子、正衣冠、洗洗澡、治治病”的总要求，围绕为民务实清廉的要求，深刻剖析思想根源，真正做到红红脸、出出汗。三是要在工作上统筹起来，各位省委常委对分管领域和分管的主要部门要加强领导，扎实推进，在省级机关开展活动中做出表率，要坚持两手抓两促进，统筹兼顾，推动转型跨越发展，带领群众谋幸福、奔小康。

会议强调，全省各级党组织要认真组织学习习近平总书记的重要讲话精神，思想上高度重视，行动上高度自觉，按照中央要求，切实把教育实践活动抓紧抓好抓出实效，以作风建设的新成效凝聚起实现中国梦、山西梦的强大力量。

省委常委会研究贯彻落实党的群众路线教育实践活动和安全生产等工作的实施意见 6月21日，省委常委会召开会议，传达学习党的群众路线教育实践活动工作会议、中央领导同志关于安全生产重要批示、深化平安中国建设工作会议和文化体制改革工作座谈会精神，研究我省贯彻落实意见。省委书记袁纯清主持会议。

会议指出，在全党深入开展党的群众路线教育实践活动，是党中央从党和国家事业发展全局出发作出的重大战略决策，是必须抓紧抓好抓实的重大政治任务。各级各部门和广大党员要把思想统一到中央工作会议特别是习近平总书记重要讲话精神上来，充分认识开展教育实践活动的重大意义，加强统筹领导，精心组织实施，严格标准、突出重点、抓好关键，确保活动扎实开展、取得实效。要认真贯彻落实中央要求，结合山西实际，坚持严格执行规定动作、积极探索自选动作的统一，按照我省群众路线教育实践活动实施方案，按照确定的指导思想、目标任务、基本原则和方法步骤，把落实总要求贯穿始终，把反对“四风”贯穿始终，把制度建设贯穿始终，把领导带头贯穿始终，把制度建设贯穿始终，注重分类指导，加强督导检查，建立长效机制，加强宣传引导，确保达到预期目的，为推动转型跨越发展、全面建成小康社会提供坚强保证。省级领导班子特别是省委常委要带头参加教育实践活动，带头学习教育，抓好中央重要文件和习近平总书记重要讲话精神的学习，切实加强马克思主义群众观点和党的群众路线教育；带头调查研究，广泛听取群众意见，自觉接受群众监督，围绕贯彻群众路线、反对“四风”，切实发现问题、梳理问题、解决问题；带头开展批评与自我批评，深入开展谈心活动，以敢于亮丑揭短的勇气和态度查找问题、剖析原因，有的放矢、对症下药，开好专题民主生活会，认真整改解决突出问题。要把教育实践活动与加快转型跨越、保障改善民生、完成各项任务、加强干部队伍建设紧密结合起来，确保“两手抓、两促进”，确保全年目标任务圆满完成。

会议指出，省委、省政府对安全生产始终高度重视，采取有力措施，近年全省安全生产形势发生了积极变化，取得令人瞩目的成果。安全生产是最大的民生，是贯彻党的群众路线、践行为民服务宗旨的执政要务。当前安全生产形势依然严峻，安全生产时刻不可放松。要认真学习贯彻习近平等中央领导重要批示精神，以“人命关天”的高度政治责任感，严格落实各项安全生产措施，在全省范围内开展彻底的安全生产大检查，进一步完善安全措施、消除安全隐患、夯实安全责任，坚决防止重特大安全生产事故。要强化政府和企业责任，抓好煤矿尾矿、地质灾害、道路交通、建筑化工等重点行业领域的安全生产，加强汛期安全生产工作，严格事故查处和责任追究，切实保护人民群众生命财产安全，为转型跨越提供坚实安全保障。要坚持从娃娃抓起，广泛开展全员教育，采取多种方式，推动安全生产教育进学校、进课堂；新闻媒体要深入持续开展安全生产教育，使安全理念深入人心，营造重视安全、确保安全的环境和氛围。

会议指出，平安是人民幸福安康的基本要求，是改革发展的基本前提。要认真学习习近平总书记关于建设平安中国的重要批示精神，紧紧围绕我省加快转型跨越发展、全面建成小康社会的奋斗目标，以人民群众的需求为导向，以“六六创安”工程为载体，坚持源头治理、系统治理、综合治理、依法治理，在新的起点、更高层次上建设领域更广、实效性更强的平安山西，确保人民安居乐业、社会安定有序、国家长治久安。要紧紧抓住影响群众安全感的突出问题，深入排查化解矛盾纠纷，依法加强网络管理，健全基层组织、打造基础平台、充实基层力量，形成平安建设合力。各级各部门要负起维护一方稳定、确保一方平安的重大政治责任，坚持依法治理，强化科技支撑，创新体制机制，扎实推进平安山西建设，为转型跨越营造良好环境。

会议指出，要准确把握新形势新任务对文化体制改革提出的新的更高要求，把文化改革发展摆在重要位置，把我省文化体制的改革成果、政策机制、良好势头发展好巩固好。要进一步深化重点领域改革，大力推动文化产业发展，建立现代文化市场体系，健全公共文化服务体系，培育壮大文化产业集团，推出更多精品力作，丰富群众文化生活。要强化政策保障和要素投入，加强文化产业专项资金引导激励作用，用市场的办法激活文化市场主体活力，打造投资融资平台，推动科技创意与文化资源优势的结合，提高山西文化的影响力。

省委召开常委（扩大）会议传达贯彻中共中央政治局专门会议和习近平总书记重要讲话精神 6月26日，省委召开常委（扩大）会议，传达学习中共中央政治局6月22日至25日召开的专门会议和习近平总书记重要讲话精神，研究我省贯彻落实意见。省委书记、省人大常委会主任袁纯清主持会议，省委副书记、省长李小鹏，省委常委，省人大、省政府、省政协负责同志，省法院院长、省检察院检察长，省有关部门负责同志出席会议。

会上，省领导围绕政治局专门会议、习近平总书记重要讲话，结合思想和工作实际谈认识、谈体会，进一步统一思想，增强加强作风建设、发挥表率作用的自觉性和主动性。

会议指出，中央政治局召开专门会议，对照检查中央八项规定落实情况，讨论研究深化改进作风举措，习近平总书记就加强中央政治局自身建设、提高工作水平发表重要讲话，在群众路线教育实践活动中为全党作出了重要表率、提供了好的范式，是对全党即将开展的群众路线教育实践活动的再动员，是准确把握政治大势、搞好教育实践活动、坚持群众路线、实施好党的领导的风向标，是对全党的政治要求和领导干部的政治要则，是对我们党长期革命、执政政治经验的科学总结。通过学习，进一步感受到新一届中央领导集体驾驭全局的高超能力，宏大广博的政治胸怀，敢于担当的气概，关爱民生的高尚情怀，敢为人先的崇高风范，体会到清醒把握问题、有效解决问题的坚定决心，增强了全党上下搞好教育实践活动的信心。

会议指出，要把学习中央政治局专门会议、习近平总书记重要讲话与6月18日党的群众路线教育实践活动工作会议精神结合起来，进一步深化学习、提高认识，不断增强改进工作作风、密切联系群众的政治责任感。贯彻会议精神，一要狠抓学习。努力提高思想政治水平，原原本本学好中央规定的文件和十八大以来习近平总书记的重要讲话，制定学习计划，省四套班子领导以带头读、讲、座谈和辅导的方式学习交流。二要狠抓查摆。深刻认识“四风”方面存在的突出问题，对文风、会风、学风、“三公”等问题进行全面清理，放下身段、扎扎实实听取意见建议，搞好评议，切实把共性个性问题找准查清。三要狠抓剖析。真正在思想上洗洗澡、治治病，在世界观、价值观、人生观问题上多反思、多反问，深刻刨根问底，触动思想灵魂。四要狠抓整改，切实把党的群众路线贯彻到各个方面。坚持群众观点，增强宗旨意识，以立说立行的作风，在解决好“访、知、解”活动中发现问题的基础上，进一步解决好党的群众路线教育实践活动中的突出问题，对于发现的问题，能解决的立即解决，并作为刚性要求，建章立制，形成规范。五要狠抓班子带头，为全省作出表率。从省委常委做起，从省级四大班子领导做起，拿出足够的时间和精力带头参加各项活动，开展好批评和自我批评，坚持群众路线，真正把群众放在心上，把群众的事放在手里，为人民掌好权、用好权，为人民做好事、谋好利。六要狠抓统筹，做到两促进、两不误。要把学习中央政治局专门会议精神与开展党的群众路线教育实践活动结合起来，与做好当前改革发展稳定各项工作结合起来，科学把握发展大势，全力应对各种挑战，加大项目建设和投资力度，确保安全生产，努力改善民生，坚定不移推进转型发展，确保经济平稳较快增长，确保各项事业持续健康发展,确保党的群众路线教育实践活动扎实顺利开展。

省委党的群众路线教育实践活动领导小组第一次会议 7月1日,省委党的群众路线教育实践活动领导小组召开第一次会议,听取我省党的群众路线教育实践活动筹备情况的汇报,研究部署近期工作。省委书记袁纯清主持会议并讲话。他强调,深入开展党的群众路线教育实践活动,是当前和今后一段时期全省各级党组织的一项重要任务,领导小组要在省委常委会领导下,加强领导和指导工作,带头用好的作风组织开展教育实践活动。省委副书记、省长李小鹏,省领导高建民、汤涛、李兆前、聂春玉出席。

袁纯清指出,开展教育实践活动,是解决群众反映强烈的突出问题,保持党的先进性和纯洁性、巩固党的执政基础和执政地位的必然要求。习近平总书记指出,党内脱离群众的现象大量存在,集中表现在"四风"上。从我省当前情况看,广大党员、干部的作风总体是好的,但也要看到,"四风"问题在一些党员干部中仍不同程度存在。开展教育实践活动,着重解决"四风"问题,全党关心,社会关注,人民群众给予很高期盼。领导小组成员首先要保持清醒头脑,坚决摒弃和抵制错误思想障碍和模糊认识,切实增强搞好活动的自觉性和责任感。

袁纯清指出,教育实践活动领导小组负责对全省教育实践活动的领导和指导工作,必须带头用好的作风组织开展教育实践活动,务求取得实效。领导小组的每一位同志,都要对活动总体要求做到了然于胸、心中有数,深刻领会、准确把握活动总要求,认真落实、全面贯彻,确保教育实践活动健康深入开展。要严格按照省委《实施方案》要求,统筹好每个批次的工作进度、每个环节的工作重点,把握节奏、注重方式。要坚持从实际出发,根据不同领域、不同部门、不同层级、不同对象的情况,提出不同的目标要求和办法措施。指导工作要沉下去,深入活动单位、深入基层群众去面对面地开展工作,及时发现和解决苗头性、倾向性、潜在性问题。要抓住关键环节、重点问题,开展督导工作,通过强有力的督促检查来落实硬任务、硬要求。

袁纯清指出,《实施方案》对教育实践活动有了原则性要求,但随着活动的深入推进和具体工作的逐步展开,可能会遇到一些新的难点问题,领导组要及早研究并提出解决办法。要高度重视、认真做好舆论宣传引导工作,精心策划,把握好度,把握好时机和节奏,为活动顺利开展营造良好舆论氛围。要抓紧做好近期的有关工作,确保活动顺利开局。

袁纯清强调,今天是"七一",是我们党的生日。我们在党的生日召开领导小组第一次会议,就是要回顾党的光辉历程,重温党的建设的宝贵经验,更加珍惜党领导全国人民所取得的成就,更加珍惜和勇于担当党领导人民实现伟大中国梦的历史使命。我们要以共产党人的高度自觉和对党的事业高度负责的精神,按照"照镜子、正衣冠、洗洗澡、治治病"的总要求,认真参与、精心组织好全省的教育实践活动,切实加强党的作风建设,着重解决"四风"问题,更好地贯彻落实群众路线这一党的生命线和根本工作路线,使我们党深深扎根群众当中,充分赢得群众依赖和拥护,永远保持党的先进性和纯洁性,永远保持各项事业领导核心地位,永远立于不败之地。

省委常委会对全省深入学习贯彻习近平总书记一系列重要讲话、全国组织工作会议精神等进行研究部署 7月2日,省委常委会召开会议,对在全省深入学习习近平总书记一系列重要讲话精神,贯彻落实全国组织工作会议和团十七大精神进行研究部署,会议研究讨论并原则通过了《山西省党内法规制定细则(试行)》。省委书记袁纯清主持会议。

会议指出,党的十八大以来,习近平总书记发表了一系列重要讲话,提出了许多新思路、新观点、新论断、新要求。深入学习领会习近平总书记一系列重要讲话精神,是一项重要的政治任务。要结合党的群众路线教育实践活动,以县处级以上领导班子和领导干部为重点,坚持党委书记带头,把深入学习领会习近平总书记一系列重要讲话作为中心组学习的主要内容,制定学习计划,保证学习时间,原原本本学习原文,全面理解讲话的重要理论观点、战略思想和工作部署,把思想和行动统一到讲话精神上来。要坚持理论联系实际,着眼加快转型跨越发展,围绕事关全省发展的重大专题进行研讨,把学习成果转化为办好"两件大事"、全面建成小康社会的实际成效。要加大宣传力度,积极宣传学习贯彻习近平总书记讲话精神的好做法、好成果,营造深入学习的浓厚氛围。

会议指出,习近平总书记在全国组织工作会议上的重要讲话,观点鲜明、思想深刻、令人警醒,具有很强的思想性、针对性和指导性。要把思想和行动统一到习近平总书记重要讲话精神上来,按照信念坚定、为民服务、勤政务实、敢于担当、清正廉洁的要求,领导干部首先要成为党的好干部,各级党组织要负起发现培养使用党的好干部的责任,为担当党的事业、实现党的执政宗旨和目标提供根本保证。要对组织工作改革实践的成功做法与经验进行总结、梳理、提升和完善,正确认识和处理干部制度改革中出现的新情况,落实好党要管党、从严治党方针,严明党的组织纪律和政治纪律,维护党的团结统一。组织部门要切实改进作风,扎实推进群众路线教育实践活动,将履行好识人选人用人职责作为重要内容,广泛听取意见,加强部门自身建设,开创全省党的建设和组织工作新局面。

会议指出,在全党全国深入学习贯彻党的十八大精神的重要时刻召开团十七大,具有十分重要的意义。习近平总书记与团中央新一届领导班子集体谈话时的讲话,体现了党中央对团组织和团员青年的高度关心和殷切期望,对广大青年是极大鼓舞。各级团组织要按照习近平总书记的要求,牢记团的任务宗旨,增强团的工作活力,突出工作特色,团结带领团员青年在三晋大地做出精彩文章,服务转型跨越取得新的成效。各级党委要加强对团的工作的领导,为团组织提供良好工作环境和条件。

省委常委会就开展群众路线教育实践活动召

开会议 7月4日，省委常委会召开会议，交流汇总分析围绕党的群众路线教育实践活动集中调研征求到的意见建议，并对筹备开展教育实践活动作出新的部署，要求针对群众反映强烈的突出问题开展教育实践活动。省委书记袁纯清主持会议。

会议强调，各级党委（党组）班子和主要领导要广泛深入地开展调查研究，全面准确掌握工作作风方面群众反映强烈的突出问题特别是形式主义、官僚主义、享乐主义和奢靡之风方面的问题；要以实事求是的态度发现问题、认识问题，搞清楚“四风”问题在山西的突出表现及现实危害；要以严肃认真的态度剖析问题，深刻分析存在问题的思想根源；要在解决问题上花足够的功夫，研究制定切实可行的措施，有效解决突出问题，能改的马上就改，始终把解决问题放在开展活动的第一位。

省委召开全省党的群众路线教育实践活动动员大会 7月6日，省委召开全省党的群众路线教育实践活动动员大会。省委书记袁纯清主持会议并讲话。他强调，要扎实开展党的群众路线教育实践活动，着力整治形式主义、官僚主义、享乐主义和奢靡之风“四风”方面存在的突出问题，保持党同人民群众血肉联系，为转型跨越发展提供有力保证。中央第八督导组组长金炳华，省委副书记、省长李小鹏，省政协主席薛延忠，中央第八督导组副组长崔曰臣等出席会议。

袁纯清指出，开展以为民务实清廉为主要内容的党的群众路线教育实践活动，是坚持党要管党、从严治党，加强学习型、服务型、创新型马克思主义政党建设的重大部署，也是坚持以人为本、执政为民，凝心聚力加快全面建成小康社会的战略举措。习近平总书记在党的群众路线教育实践活动工作会议上发表的重要讲话，科学把握和深入剖析当前全党作风建设中存在的突出问题，深刻阐释了开展好教育实践活动的重大意义，具有很强的思想性、指导性和针对性。各级党委要认真学习和深刻领会习近平总书记重要讲话精神，扎扎实实开展党的群众路线教育实践活动，为转型跨越发展提供良好群众基础、作风条件和社会氛围。

袁纯清指出，要把教育实践活动的主要任务聚焦到作风建设上，认真落实中央要求，以为民务实清廉为主要内容，以县处级以上领导机关、领导班子和领导干部为重点，把贯彻落实中央八项规定作为切入点，着力解决人民群众反映强烈的突出问题，进一步密切党同人民群众的联系。要按照“照镜子、正衣冠、洗洗澡、治治病”的总要求，把解决突出问题、体现整风精神、坚持领导带头、加强制度建设、开门搞活动贯穿始终，以作风建设的新成效凝聚起推动经济社会发展的磅礴力量。

袁纯清强调，教育实践活动要抓好三个关键环节。要抓好学习教育、听取意见，深入开展调查研究，虚心听取基层党员群众和社会各界的意见和建议，摸清底数，找准问题；要抓好查摆问题、开展批评，深刻进行党性分析和自我剖析，开展深刻的自我批评和诚恳的相互批评，搞好民主评议；要抓好整改落实、建章立制，制定整改方案，开展专项治理，确保制度落实，推动改进工作作风、密切联系群众常态化、长效化。

袁纯清强调，要把深入开展党的群众路线教育实践活动作为一项重大政治任务，加强组织领导，严格督促检查，营造良好氛围，抓好统筹协调，高标准、大力度地推进，努力在坚定理想信念、切实改进学风文风会风、保障和改善民生、树立正确用人导向、整治不良风气、推进惩防体系建设等九个方面取得新的成效。

金炳华在讲话中，肯定了山西省委围绕扎实开展教育实践活动所做的大量准备工作。他指出，中央对这次教育实践活动的基本要求，主要体现在5个方面：一是贯彻“照镜子、正衣冠、洗洗澡、治治病”的总要求；二是聚焦作风建设，坚决反对“四风”；三是以整风精神开展批评与自我批评；四是坚持领导带头；五是注重建立长效机制。山西各级党组织和广大党员、干部要深入学习领会中央精神，全面贯彻各项工作部署，切实把思想和行动统一到习近平总书记重要讲话精神上来，统一到中央决策部署上来；要深刻认识教育实践活动的重大意义，以饱满的政治热情和良好的精神状态积极投身教育实践活动，以改进作风的实际成效取信于民；要采取务实管用措施，在解决突出问题上下功夫；要坚持两手抓两促进，把党员、干部在活动中激发出来的工作热情和进取精神转化为做好工作的动力，用经济社会发展成效检验活动成效。中央督导组将按照中央要求，紧紧依靠省委开展工作，与大家一起学习，接受教育，认真履行督导工作职责，坚持以好的作风抓督导，树立中央督导组的良好形象。

在主会场参加会议的还有：中央第八督导组全体成员；在我省工作的中央委员、候补委员和中纪委委员；省委常委，省人大、省政府、省政协负责同志；省法院院长、省检察院检察长；省委委员、候补委员，省纪委副书记；正省级老同志和近5年退出领导岗位的副省级老同志；各民主党派、工商联主要负责人和无党派代表人士以及中央驻晋单位和省、市有关部门负责同志。

省委常委会研究部署实施百企千村产业扶贫开发工程 7月10日，省委常委会召开会议，围绕实施百企千村产业扶贫开发工程，讨论指导意见，进行研究部署。省委书记袁纯清主持会议。

会议指出，实施百企千村产业扶贫开发工程，是省委、省政府深入贯彻落实党的十八大精神，从加快转型跨越、全面建成小康全局出发作出的重大决策，是践行群众路线、富民利民的重要举措。要以吕梁山、太行山两大连片特困地区为主战场，以实施百企千村产业扶贫开发工程为载体，以促进农民收入翻番为核心，充分发挥企业资本、管理、技术、市场优势和贫困地区土地、劳动力、特色资源优势，支持引导各类资本进入贫困地区，在全省形成一批年度投入产业开发资金亿元以上、开发土地面积万亩以上、带动千名以上贫困劳动力就业的大型农业开发企业，实现贫困地区农业现代化、工业化、城镇化和生态化一体推进，促进企业转型和农民增收的双赢。要运用市场化理念、项目化运作的办法，成立农业开发公司，大力发展现代特色农业，结合易地扶贫搬迁推进城镇化建设，实施开发性农业建设，为农民增收提供产业支撑，为扶贫开发提供新的动力。要完善政策措施，加大企业发展现代特色农业项目、农业产业化龙头企业、易地扶贫搬迁、开发性农业建设的支持力度，完善土地、财税、金融、人才、项目审批等方面的支持服务政策。

会议强调，各级党委、政府要从关系山西全局、关系贫困地区脱贫致富的战略高度，投入足够精力，加强领导、精心组织，科学部署、扎实推进，把这项工程抓紧抓好。要落实党政一把手负总责的扶贫开发责任制，加强资金项目倾斜支持，完善相关配套政策，协调解决重点问题，认真做好企业和贫困县的联系衔接工作，加大宣传力度，搞好典型示范，鼓励创新创造，加强考核激励，集中力量打好新一轮扶贫开发攻坚战，加快转型跨越和全面建成小康社会步伐。

省委常委会集中学习交流习近平总书记重要讲话体会 7月12日至13日，省委常委集中学习党的十八大以来习近平总书记一系列重要讲话精神，相互交流学习心得体会。省委书记袁纯清主持并讲话。他强调，认真学习、深刻领会、准确把握习近平总书记重要讲话的新思想新观点新方法新要求，扎实开展党的群众路线教育实践活动，下工夫纯洁思想、坚定信念、指导行为、转变作风、做好工作。

与会常委一致认为，党的十八大以来习近平总书记的一系列重要讲话体现了坚定的立场、登高的眼界、广阔的胸襟、丰富的内涵、高超的智慧、为民的情怀、平实的风格，每篇讲话都很精彩，每次学习都受教育。通过学习，大家对以习近平同志为总书记的新一届中央领导集体深感信服、深为信任、深怀信念，对中央领导集体团结带领全国人民全面建成小康社会、实现伟大中国梦充满希望、充满信心。

大家联系各自思想和工作实际交流了学习心得和体会。主要有：正确认识、深刻领会关于坚定理想信念的思想和论述，进一步坚定“三个自信”；正确认识、深刻领会中国梦这一战略思想所体现的包容性、人民性、人文性、时代性和具有的强大精神力量，进一步增强实现中国梦这一伟大理想的自觉性、主动性和坚定性，全力谱写中国梦的山西华章；正确认识、深刻领会关于底线思维的思想和论述，辩证想事、冷静遇事、妥善做事，注重从难处准备，向好处努力，进一步提高迎接挑战、化解风险、牢牢把握主动权的能力；正确认识、深刻领会关于发展质量与速度的思想和论述，科学把握投资、出口、消费的关系，努力保持经济持续健康较快发展；正确认识、深刻领会中国特色社会主义道路的思想和论述，进一步加强宣传理论工作；正确认识、深刻领会关于群众路线教育的思想和论述，进一步做好底线民生、基本民生、热点民生工作；正确认识、深刻领会关于做好组织人事工作、选拔任用好干部的思想和论述，进一步提高选人用人水平；正确认识、深刻领会反对“四风”、守住做人处事用权交友底线的思想和论述，进一步抓好反腐倡廉建设；正确认识、深刻领会关于加强学习、理论联系实际的思想和论述，进一步提高做好实际工作的能力；正确认识、深刻领会关于强国梦、强军梦的思想和论述，进一步推进军民融合式发展；正确认识、深刻领会关于法治建设的思想和论述，进一步做好法治山西、平安三晋建设的各项工作；正确认识、深刻领会关于坚定理想信念的思想和论述，进一步坚定“三个自信”；正确认识、深刻领会关于打铁还要自身硬的思想和论述，进一步带头落实各项规定、改进工作作风；正确认识、深刻领会实现中国梦必须凝聚中国力量的思想和论述，进一步做好社会各阶层人士的统战工作。

会议认为，通过学习习近平总书记一系列重要讲话，为进一步搞好党的群众路线教育实践活动，打下了坚实的理论基础、思想基础和认识基础，为进一步办好山西的事情，构筑中国梦的山西华章提供了强大理论武器和思想武器。这次学习交流是一个好的开端，今后要结合教育实践活动，深入学习、广泛交流，进一步加深对习近平总书记一系列新思想新观点新方法新要求的理解领会，把握其精神实质，努力转化为思维习惯和实践行为，切实使思想更为纯洁，作风更加扎实，工作更有成效。

省委中心组举行学习报告会 7月18日，省委中心组举行专题学习会，邀请中央党校原副校长、研究员、博士生导师李君如作题为“以整风精神开展新形势下群众路线教育实践活动”的专题辅导报告。省委书记袁纯清主持会议并讲话。他强调，要以整风的精神扎实开展好这次群众路线教育实践活动，尤其要抓好理论学习，打牢思想基础，确保善始善终、善做善成。省委副书记、省长李小鹏等出席报告会。

李君如长期从事马克思主义理论研究工作，具有深厚的理论造诣。李君如在报告中深刻阐述了开展教育实践活动的必要性和重要性，阐明了时代和实践、党心和民心对贯彻执行党的群众路线提出的新要求，围绕以整风精神开展好批评和自我批评、探索和创新群众工作方法提出思考和建议，具有很强的理论性和指导性。

袁纯清在主持报告会时指出，中央决定在全党深入开展以为民务实清廉为主要内容的党的群众路线教育实践活动，顺应了时代要求、群众期盼，坚持了党要管党、从严治党，对于教育引导党员干部牢固树立宗旨意识，改进工作作风，凝聚更多力量实现伟大的中国梦，具有很强的战略性、现实性、针对性。

袁纯清强调，教育实践活动当前要切实加强理论学习，坚持教育在前，学习在先，通过学习掌握理论武器和思想武器，以学习的深化增强思想自觉和行动自觉。要深入学习党章、党的十八大报告、廉政准则等中央规定的篇目，特别要原原本本学习、认认真真领会党的十八大以来习近平总书记一系列重要讲话精神，深刻领会、准确把握讲话中的新思想新观点新方法新要求，进一步坚定理想信念，增强“三个自信”、提升综合素质、践行服务宗旨。要深刻领会中国梦这一重要战略思想的丰富内涵和精神实质，深化对实现中国梦必须走中国道路、弘扬中国精神、凝聚中国力量的认识，自觉为实现中国梦艰苦奋斗；要牢固树立人民创造历史的马克思主义唯物史观，深化对群众路线是党的生命线和根本工作路线的认识，切实做到发展为了人民、发展依靠人民、发展成果让人民共享；要深化对为民务实清廉基本内涵的认识，着力解决群众最关心、最直接、最现实的利益问题，坚持用好的作风推动经济社会发展，确保教育实践活动取得实实在在的效果。

省委常委和省人大、省政府、省政协负责同志，省法检两长出席，省直各单位、驻太原本科院校、部分省管国有骨干企业和中央驻晋新闻媒体主要负责同志参加报告会。

省委常委会研究当前经济形势和经济工作 7月19日，省委常委会召开会议，听取省政府关于上半年全省经济形势的汇报，总结上半年经济工作，分析当前经济形势，对下一步工作进行研究部署。省委书记袁纯清主持会议。

会议指出，2013年以来，在省委、省政府的坚强领导下，全省上下全面贯彻党的十八大精神和中央各项宏观调控政策，深入落实全省经济工作会议和“两会”精神，坚持转型跨越发展，以建设转型综改试验区为统领，以提高经济增长质量和效益为中心，积极应对错综复杂的经济环境，及时研究出台一系列稳增长、调结构、促转型、惠民生的政策措施，攻坚克难，锐意进取，全省经济运行呈现总体平稳、稳中有进、稳中有为、稳中有忧的局面。总的看，转型成效明显，各项事业稳步发展，主要经济指标高于全国平均水平，工作富有成效，成绩来之不易。

会议指出，对当前的经济形势必须有清醒认识，既要肯定工作中的成绩，又要看到发展中存在的困难和挑战，既要看到不确定和不利因素，更要看到发展面临的空间和机遇。要按照习近平总书记关于“底线思维”的要求，注重从坏处准备，争取最好结果。要坚定做好经济工作的信心和决心，加大工作力度，特别要坚定转型定力，利用经济下行出现的倒逼机制，加大转型力度，加快转型速度，努力保持我省经济总体平稳态势，力争做到稳中有进、稳中有为、稳中提质，努力实现年初确定的预期目标。具体地讲，要抓销售，重点围绕煤、电等大宗商品做工作，保持和开拓市场，积极扩大销售；要抓投资，切实保证重点项目、转型项目、民生项目、环保项目等方面的投入，保持较大的投资力度；要抓招商，着眼全国乃至全球经济转型、产业转移的大势，围绕节能环保产业、高新技术产业等，进一步加大招商引资的力度；要抓消费，以人的城镇化为核心加快城镇化步伐，加快发展旅游文化产业，积极引导消费提档升级，扩大消费总量；要抓改革，围绕转型综改试验区建设，推进行政审批等方方面面的改革，释放改革红利；要抓落实，通过加强督促检查，大力推动已经出台的促进经济增长各项政策的全面落实，充分发挥政策效应；要抓安全，继续严格落实各项规章制度，保持安全生产形势的持续稳定好转。

会议还听取了省残联第六次代表大会筹备情况的汇报，指出，残疾人事业是一项特殊的民生事业，要给予特别的关心、关爱、关怀，让残疾人感受到党、政府和社会的温暖，使他们增强信心、得到鼓舞，生活得更有尊严。要加强对残疾人的社会救助，健全社会保障体系，随着经济社会的发展进步，逐步提高相应补助标准，积极为残疾人办实事办好事。要加快残疾人服务体系建设，完善社会化康复服务网络、教育服务体系，以技能培训为重点，增加相关资源配置，加强对残疾人教育培训服务，帮助其获得自食其力的相关技能，稳步提高残疾人生活水平。

省委省政府召开百企千村产业扶贫开发工程动员大会 7月19日，全省百企千村产业扶贫开发工程动员大会在太原召开。省委书记、省人大常委会主任袁纯清出席会议并发表重要讲话。他强调，要把实施百企千村产业扶贫开发工程，作为山西扶贫开发的新路子和突破口，以产业开发的方式，做一篇农业现代化、工业化、城镇化、生态化“四化”一体推进的大文章，打一场产业扶贫开发整体战。省委副书记、省长李小鹏主持会议。省委常委、省人大、省政府、省政协负责同志、省法检两长出席会议。

袁纯清指出，近年来，我省把扶贫开发摆在加快转型跨越的战略位置，加大力度，创新模式，扎实推进，扶贫开发工作取得明显成效。同时也要清醒看到，山西是欠发达地区，贫困面积大、贫困人口多，扶贫开发任务十分艰巨和繁重。农业是基础产业，也是高效产业、朝阳产业、永恒产业。实施百企千村产业扶贫开发工程，是解决全面建成小康社会不平衡、不协调的破题之举，是加快转型跨越发展、完善扶贫开发体制机制的战略之策，是企业拓展发展空间不断壮大自身的重要途径。各级各部门要把百企千村产业扶贫开发工程摆在突出位置，以高度的政治责任感和历史使命感，坚定信心，振奋精神，扎实推进，尽早取得实效，切实造福于民。

袁纯清强调，实施百企千村产业扶贫开发工程，要积极行动，周密规划，不断完善，突出重点。要紧紧扭住扶贫开发、增加农民收入这个主题，坚持以吕梁山、太行山两大连片特困地区为主战场，以区域内扶贫开发攻坚县为重点，以促进农民收入翻番为核心，以贫困人口集中、农民人均纯收入2300元左右的贫困村为主要对象，搞开发、上项目，真扶贫、扶真贫。要有科学的组织形式，以市场规律为基本遵循，以互利双赢为基本原则，以产业化为基本方向，建立完善利益联结机制，进行公司化、股份化运作，发展“一村一品”“一县一业”，形成规模化的种、养、加、销一体化的产业形态。要始终坚持因地制宜、因企制宜，宜农则农、宜林则林、宜果则果、宜牧则牧、宜生态旅游则生态旅游。要切实搞好土地流转，坚持依法、自愿、有偿的原则，引导农户将土地通过出租、入股、转包等形式流转给企业、合作社，切实保护农民的合法权益。要完善做好政策服务，建立审批“绿色通道”，加大土地、金融、人才等方面的支持保障力度，健全激励保障、监督约束、组织考核机制，大胆先行先试，形成各具特色的产业扶贫开发模式。要注重四化一体推进，以工业化的理念发展农业，引导农民向城镇集聚，把发展现代农业与绿化、治山、兴水结合起来，确保生产发展、生活富裕、生态良好。要加强组织协调，把百企千村产业扶贫开发工程摆在突出位置，加强顶层设计，搞好统筹规划。县委、县政府要负起主体责任，为参与企业搞好衔接协调等多种服务。要注重考核激励，建立相应的动态监测体系，健全目标责任考核体系，对作出突出贡献的企业和个人，给予相应的荣誉和奖励。

李小鹏在主持会议时要求，各级各部门各企业要全面贯彻落实这次会议和袁书记的重要讲话精神，扎实做好企业产业扶贫开发工程各项工作，切实打好打赢新一轮扶贫开发攻坚战。要加强领导，落实责任，确保各项工作落到实处、各项政策收到实效；要科学规划，快速推进，确保百企千村产业扶贫开发工程有序实施、及早见效；要因地制宜，富民为重，坚决把主要精力集中到发展现代农业、生态旅游和经济林等富民产业上，坚决完成“稳定解决扶贫对象温饱问题、尽快实现脱贫致富”的首要任务，坚决杜绝以牺牲生态环境为代价、盲目上马工业项目的现象。

省委常委会传达贯彻部分省市负责人武汉座谈会精神 7月26日，省委常委会召开会议，传达学习习近平总书记在部分省市负责人武汉座谈会上的重要讲话精神，研究贯彻落实意见。省委书记袁纯清主持会议。

会议指出，中央就深化改革召开座谈会，探讨重大问题，听取意见建议，体现了重视调查研究、科学民主决策的务实作风和坚定不移深化改革的坚定决心。习近平总书记的重要讲话，紧密结合我国改革发展的新形势、新任务，从实现全面建成小康社会奋斗目标的战略高度，提出全面深化改革需要深入调查研究的六个方面重大问题，具有很强的思想性、针对性、指导性，对于进一步深化改革开放，全面建成小康社会，具有重大指导意义。要认真学习习近平总书记重要讲话精神，进一步提高思想认识，坚定全面深化改革的决心和信心。要深刻认识到，改革开放是中国特色社会主义事业的活力之源，是推进经济社会健康持续发展、确保国家长治久安、巩固党的执政地位的重要法宝；我国改革进入攻坚期和深水区，更需要坚定信心、攻坚克难，通过改革破除积弊、化解矛盾，突破利益固化的藩篱，开创经济社会发展新局面，走出中华民族伟大复兴之路。要加强对山西改革情况的调查研究，既要总结成功经验，把成功经验转变成思想方法、重大举措、制度安排；又要围绕6个方面积极改革创新，有效破解矛盾和困难，推动工作取得更大成效。要坚持以综改试验区为统领，全面深化山西改革开放，解决好产业转型、生态修复、城乡统筹、民生改善等四个方面重大问题，向党中央、向全省人民交一份合格的答卷。要围绕加快转型跨越发展，不失时机深化重点领域改革，加快政府职能转变，建设廉洁、服务、高效政府；改革审批流程，减少审批环节，提高审批效能；把扶贫攻坚作为重中之重，通过企业产业扶贫破解产业化、规模化和金融瓶颈制约；妥善解决城市拆迁、资源开采、环保生态等方面的矛盾问题，坚持不懈抓好安全生产，维护群众利益，确保社会稳定；下大力气改善民生，提高群众收入，解决城乡就业、卫生医疗、社会保障等问题，缩小贫富差距、城乡差距；转变观念、开阔视野，加大招商引资，扩大对外开放；深化国有企业改革，建立现代企业制度，推动积极转型、主动转型，充分发挥其在转型跨越中的骨干作用；深化资源改革，充分发挥市场在资源配置中的基础性作用，推动资源的市场化、资本化，把资源优势转化为产业优势、发展优势。

省委召开全省领导干部大会 7月29日，省委召开全省领导干部大会。省委书记、省人大常委会主任袁纯清作重要讲话，强调要认真学习贯彻习近平总书记在部分省市负责人武汉座谈会上的重要讲话精神，深入调查研究，抓住关键环节，深化改革开放，坚定转型不动摇、加快转型不松劲、戮力转型不懈怠，为全面建成小康社会，实现伟大的中国梦努力奋斗。省委副书记、省长李小鹏主持会议并总结上半年经济工作，部署下半年经济工作。省委常委，省人大、省政府、省政协负责同志，省法检两长和武警总队负责同志出席会议。

袁纯清指出，省委、省政府作出转型跨越发展战略以来，全省上下紧紧抓住办好“两件大事”这个根本，坚持以解放思想为先导，坚持以煤为基、多元发展，扎实推进工业新型化、农业现代化、市域城镇化、城乡生态化，为再造一个新山西奠定了坚实基础。面对世界各国经济发展轨迹或速度发生转折、国内外产业纷纷重组转移、经济发展方式加快转变的趋势，必须增强危机感、紧迫感、使命感，以更强决心和更大气魄，在审视发展成效中坚定转型，在分析发展态势中坚定转型，在直面发展挑战中坚定转型，切实加快转型发展步伐，赢得未来发展的主动权。

袁纯清强调，必须以更广路径和更实举措，加快转型不松劲。要着眼于强化转型支撑，着力发展优势产业。在发展煤基新兴产业方面，抓好煤电联营，继续为国家建设提供好能源服务；抓好煤炭加工转化，做好煤焦化、煤液化、煤气化三篇文章；抓好循环经济，构建具有山西特色的循环经济发展模式。在发展非煤基新兴产业方面，以装备制造业为主攻方向，发展升级产业；以环保产业、材料加工业为突破口，发展衍生产业；以保障和改善民生的服务业为重点，发展民生产业；以发挥文化资源优势为基础，发展创意产业。要着眼于增强转型后劲，着力抓好项目建设。不断策划引进好项目，切实抓好已经上马的重点项目，确保在建项目早日建成投产，确保实现“五年五万亿”的投资目标。要着眼于增强转型动力，着力实施创新驱动发展战略。实施一批科技重大专项，攻克一批共性技术和关键技术，促进产学研一体化，加强自主创新。下功夫抓好太榆科技创新城建设，做一篇煤的清洁、安全、低碳、高效开采和利用的科技大文章，为走出资源型地区科学发展新路挺起创新驱动的脊梁。要着眼于拓展转型空间，着力推进城乡一体发展。抓好“人的城镇化”这个核心，城镇群建设这个主体，“四化”同步推进这个重点，构建科学合理的城市化格局。要着眼于提升转型层次，着力加强生态文明建设。牢固树立生态文明理念，加快建设绿化山西、气化山西、净化山西、健康山西，着力解决损害群众健康的突出问题，让山西的山更青、水更绿、天更蓝。要着眼于共享转型成效，着力保障和改善民生。健全基本公共服务体系，关心困难群众、受灾群众的基本生活；狠抓安全生产，杜绝重特大事故发生，巩固和发展来之不易的安全生产良好形势；加快建设“平安三晋”，为转型跨越发展营造和谐稳定的社会环境。

袁纯清强调，必须以深化改革和过硬作风，戮力转型不懈怠。要认真贯彻落实习近平总书记重要讲话精神，深入调查研究，全面深化改革开放，以改革促转型、以转型求发展。要以转型综改试验区建设为统领，更好地发挥先行先试政策的综合效应；以充分发挥市场在资源配置中的作用为基础，更好地激发各类市场主体的发展活力；以行政审批制度改革为抓手，进一步转变政府职能；以破解农村土地流转和金融瓶颈制约为关键，加快农村脱贫致富的步伐；以改进和创新社会管理体制为重点，进一步维护社会公平正义；以不断深化产权改革和管理改革为路径，充分发挥国有企业在转型跨越中的骨干作用；以国内外产业梯度转移为契机，全方位融入扩大对外开放和区域经济合作发展大局；以群众路线教育实践活动为动力，进一步提高党组织的领导水平。

李小鹏在讲话中指出，今年以来，面对错综复杂的经济形势，全省上下在党的十八大精神指引下，坚持以转型综改区建设为统领，立足扩大内需的战略基点，统筹推进工业新型化、农业现代化、市域城镇化、城乡生态化，毫不松懈狠抓安全生产，高度重视和切实保障民生改善。全省经济社会发展呈现平稳发展、稳中有进、稳中有为、稳中有忧的特点。多数经济指标好于全国平均水平，安全生产形势持续明显好转，非煤产业实现高速增长，民间投资和中小企业活力增强，民生水平进一步提高，节能减排和生态建设成效明显，各项工作都取得积极成效。同时也要清醒地看到，煤炭工业运行困难，加大了我省经济下行压力，经济总量不大、结构不优、质量和效益不高等问题，显现得更加突出。

李小鹏要求，要按照坚定信心、目标不变、全力以赴、力争完成的要求，全力做好下半年工作。一要扎实推进转型综改区建设，积极探索“飞地经济”，推进煤电一体化，加快科技创新城建设，抓好招商引资。二要努力保持经济持续健康发展，落实好已出台的政策措施，再出台一批新的政策措施。三要加快产业结构调整和转变经济发展方式，促进以煤为基多元发展、高碳资源低碳发展、黑色煤炭绿色发展。四要敬畏生命、敬畏责任、敬畏制度，坚持不懈抓好安全生产，当前要全力做好防汛工作。五要进一步落实各项强农惠农富农政策，稳步推进城镇化建设。六要抓好节能减排和生态建设。七要努力做好就业、居民增收、保障性住房建设、暖心煤发放等民生工作。

李小鹏强调，要抓住经济社会发展的关键环节，在重点工作上寻求突破。要抓好煤炭工业，全面落实近期、中期、长期20条扶持措施，促进煤炭工业转变发展方式，实现可持续发展。要咬定“十二五”五年投资五万亿元的目标不动摇，“六位一体”狠抓重点工程，用重点工程带动全省固定资产投资增长。要抓好重大改革事项，积极有效地推动低热值煤发电项目审批、煤层气矿业权分级审批、动力煤期货交易等相关工作。要抓好财税工作，开源节流并重，严控“三公”经费，压缩一般支出，调控正常支出，把压缩下来的经费用在保民生、保重点上。要结合群众路线教育实践活动，进一步加强政府自身建设，加快转变政府职能，确保省委、省政府的决策部署落到实处。

全省党管武装工作述职会议 8月1日，全省党管武装工作述职电视电话会议在太原召开。省委书记、省人大常委会主任、省军区党委第一书记袁纯清出席并讲话。省委副书记、省长、省国动委主任李小鹏，省军区司令员刘云海，省委常委、省军区政委张少华，省委常委、太原市委书记陈川平，省委常委、秘书长聂春玉，省军区领导负自博、喻军、徐洪生、李竞、谢新宁等出席会议。

会议对一年来全省党管武装工作情况作了回顾和分析，并就下一步加强和改进工作进行部署。太原市市长、市国动委主任，大同、朔州、忻州、吕梁、晋中、阳泉、长治、晋城、临汾、运城市市委书记、军分区党委第一书记进行大会述职。会议认为，2012年以来，全省各级认真贯彻党中央、中央军委和习主席关于国防和军队建设的一系列决策指示，以强军目标为统领，奋发进取、主动作为，开创了党管武装工作的新局面，省军区部队各项建设取得新的发展进步。

袁纯清代表省委、省政府、省军区，向驻晋部队全体指战员和全省广大民兵预备役人员致以节日的祝贺和亲切的慰问，对过去一年全省的党管武装工作和国防后备力量建设给予充分肯定。他强调，习近平主席提出，建设一支听党指挥、能打胜仗、作风优良的人民军队，是党在新形势下的强军目标。各级党政领导要从实现中国梦强军梦的高度、维护国家安全和发展利益的高度、加快推进我省转型跨越发展的高度充分认识践行强军目标的重大意义，进一步增强党管武装的使命感和紧迫感。要坚持以强军目标为统领，不断提升国防后备力量建设质量水平。着眼铸牢强军之魂，牢牢把握国防后备力量建设的正确方向，突出抓好中国特色社会主义理论体系武装，持续深入学习贯彻党的十八大精神和习近平总书记一系列重要讲话精神，广泛开展强国梦强军梦宣传教育，结合当前开展的党的群众路线教育实践活动，扎实抓好群众观点和群众路线学习教育，引导官兵强化服务意识，永远做人民的子弟兵；着眼聚力强军之要，全面提升驻军部队遂行多样化军事任务能力，把应急队伍建强、把支援队伍建精、把储备队伍建实，确保随时拉得出、用得上、起作用；着眼夯实强军之基，持续打牢民兵预备役部队建设发展基础，坚持依法抓建，狠抓部团建设，提升参建水平，严格落实有关法规制度，把部团建设提高到新的水平。要加大组织领导力度，以良好作风确保党管武装各项工作落到实处。各级党委、政府要牢固树立党管武装意识，把国防后备力量建设与经济建设摆在同等重要的位置，纳入经济社会发展总体规划，带头履职尽责、真抓实管。要攻坚克难，出实招、用实策，下力破解影响制约国防后备力量建设的重难点问题。要探索创新，深入研究新形势下党管武装的特点规律，在深化军民融合中既出生产力、又出战斗力，形成齐抓共管的整体合力。

张少华指出，当前，党、国家和军队事业正处在重要发展阶段，武装工作站在新的历史起点。要在确保部队听党指挥加强思想政治建设上有新认识、在完成多样化军事任务的能力提升上有新成效、在破解制约后备力量建设发展难题上有新突破、在党管武装制度机制的健全完善和落实上有新进展。

刘云海要求，各级要认真传达学习本次会议精神，进一步统一思想，凝聚共识，理清思路，研究对策。要在推进军民融合式发展上下功夫，在提高部队应急应战能力上下功夫，在研究新情况解决新问题上下功夫，创新落实制度机制，探索走开具有自身特点、富有时代特色的党管武装新路子。

全省组织工作会议 8月8日，省委召开全省组织工作会议。省委书记、省人大常委会主任袁纯清出席会议并作重要讲话。他强调，要认真学习贯彻习近平总书记在全国组织工作会议上的重要讲话精神，坚持在转型跨越的主战场培养选拔干部，加强领导班子和干部队伍建设，为加快转型跨越发展、全面建成小康社会提供坚强组织保证。省委常委、组织部长汤涛主持会议。省领导李兆前、陈川平、聂春玉出席会议。

袁纯清指出，近年来，省委把干部工作摆在全局工作的突出位置，深化改革创新，采取多种措施，予以全面加强。通过方方面面的共同努力，全省领导班子和干部队伍建设取得显著成效，干部风气明显好转，呈现出奋力作为、干事创业的良好局面。当前，要按照中央要求特别是习近平总书记重要讲话精神，认真解决民主测评、扩大公开、竞争选拔、年轻化等方面出现的新情况新问题，进一步改进干部工作，加强干部队伍建设。

袁纯清强调，习近平总书记指出，好干部要做到"信念坚定、为民服务、勤政务实、敢于担当、清正廉洁"，全面理解、准确把握这个新时期好干部的标准，结合山西实际，应重点把握六个方面，一是政治坚定，二是宗旨意识强，三是能力素质高，四是有定力，五是实绩突出，六是严格操守。概括起来讲，好干部必须是德才兼备的干部，必须是政治上靠得住、工作上有本事、作风上过得硬、人民群众信得过的干部，必须是想干事、能干事、干成事、不出事的干部。希望也坚信全省上下一定会涌现出一批又一批好干部，团结和带领广大群众不断谱写中国梦的山西华章。

袁纯清强调，我省干部的主流是好的，但在一些干部中还存在这样那样的问题，最突出的是一些干部对自己的升迁太急迫、急切以至急躁，作风漂浮和热衷于跑官、跑票、跑关系的"急躁""漂浮""跑要"等问题，败坏了党的风气，侵害了正常的干部选用规则，搞乱了干部工作导向，危害党的事业。各级党委要高度重视，完善措施，健全制度，强化整治，严肃处理，真正让"急躁、漂浮、跑要"的人没有市场、无利可图、无地自容，引导各级干部把精力用在谋事干事成事上，营造奋勇争先谋转型的浓厚氛围。

袁纯清指出，转型是山西发展的主旋律，是干部履职的主战场，是决定山西发展前途和全省人民命运的重大战略。山西能不能如期实现既定的奋斗目标，关键在转型，根本在转型，出路和希望都在转型。要坚持在转型跨越的主战场培养选拔干部，重点看转型的态度积极不积极、能力强不强、作为大不大、成效好不好，努力使发展的转型与干部的成长进入互促互动、共生共长的新境界。

袁纯清强调，各级党委要把干部工作作为党的工作的重中之重，党委主要负责同志要切实肩负起选人用人的直接责任，用心抓干部工作，大力支持组织部门的工作。今后，要把干部工作抓得如何，作为考核党委领导班子和党委主要负责同志的主要内容。各级组织部门要理直气壮地履行党要管党、从严治吏职责。要让公道公正成为干部工作的基本要求。有关部门要切实加强对干部的经常性监督和管理，营造和维护风清气正的选人用人风气。

汤涛在总结讲话中强调，落实全国组织工作会议精神和袁纯清书记讲话精神，要贯彻从严方针，打牢工作基础，为转型综改试验区建设提供坚强组织保证。一要深化认识，把握规律，推进组织工作创新发展。二要坚持培养和选拔并重，建设高素质执政骨干队伍，把党和人民需要的好干部、转型综改试验区建设需要的好干部更多更好地用起来。三要打牢基础，凝聚力量，形成推动发展的合力。四要大力建设讲政治、重公道、业务精、作风好的模范部门。

省委常委会研究开展群众路线教育实践活动 8月9日，省委常委会召开会议，听取省委常委关于文山会海、"三公"经费、学会协会、窗口单位实行"阳光政务"、楼堂馆所及公务用车、评比达标及节庆活动等六个课题调研情况的汇报，研究部署整改意见。省委书记袁纯清主持会议。

会议指出，近30多年来我省文件数和会议次数呈上升趋势，2005年到2010年期间有所加快，从2010年以来逐步扭转，尤其是中央出台八项规定以来有了明显好转，但目前总体上仍然偏多，文山会海在一些地方仍然较为严重。精简文件、压缩会议是落实中央八项规定的重要内容，有利于促进领导干部拿出更多时间深入基层、调查研究，有利于引导领导干部更好地坚持群众路线、解决实际问题。下一步，要通过多开电视电话会议、提倡开套会和合并开会、实行"无会周"制度等措施，进一步精简会议、改进会风，通过推行电子政务、削减一般性领导讲话和文件简报等措施，进一步改进文风，把各级领导干部从"文山会海"中解放出来，集中精力谋大事抓落实。

会议指出，"三公"经费是人民群众和社会各界广泛关注的一个热点问题。一段时期以来，我省按照中央要求，加强"三公"经费管理和监督，公务消费得到有效控制，但在一些方面还存在管理疏漏较多、制度不够规范等问题。下一步，要严控"三公"经费支出，规范公车使用、公务接待、因公出国管理，加大公开力度，特别是各级领导干部要在公务用车、公务接待等方面率先垂范、积极改进，自觉接受人民群众和社会各界的监督。

会议指出，学会协会等社会团体的发展水平是一个社会文明程度的重要体现，是促进发展、维护和谐的重要力量。多年来，我省学会协会在创新社会管理、繁荣经济和协调社会发展等方面发挥了积极作用，但在自身建设、规范发展、监督管理中还存在一些突出问题。下一步，要加大对学会协会的清理规范力度，建立政社分开、权责明确、依法自治的现代社会组织体制，确保学会协会更加规范有序、依法依章运行，为经济社会发展提供更多正能量。

会议指出，近年来我省以窗口单位为重点，加大改革力度，创新管理模式，“阳光政务”工作迈上新的台阶，但还存在审批项目不够规范、一些工作人员吃拿卡要等突出问题，影响了政府的形象和公信力。下一步，要着眼于处理好政府与市场、政府与群众的关系，精简审批事项，优化工作流程，提高行政效率，特别是要作出一些科学性、规范性、制度性的安排，为广大企业和群众提供更多便利，加快建设阳光政府、服务政府、效率政府。

会议指出，总体来看，我省党政机关用房建设规模大体适度，装修水平不高，公务用车保有总量有所减少，但也存在政府办公楼审批、建设、管理不够规范，超标准、超编制配备公务用车等问题。下一步，要加大对违规兴建政府办公楼的清查治理力度，严格审批，严格管理。同时，改革公务用车管理办法，严格依规依章配备和使用公务用车。

会议指出，近年来我省按照中央要求，有效遏制各类评比达标过多现象，严格控制节庆活动，收到了明显成效，目前主要存在有些评比不规范、违规进行，有些经济文化节庆活动过多等问题。下一步，要严格审批，强化管理，规范评比达标项目，严格控制人为节庆活动，该减少的减少，该取消的取消。

会议强调，开展这次调查研究活动，选题准、调查比较深入，抓住了“四风”问题的关键和要害，是我省党的群众路线教育实践活动的重要步骤。要进一步充实和完善调研报告，提高查摆问题的深度，在此基础上加强专项治理，制定一批“硬杠杠”，使解决“四风”问题取得更好的成效。

省委中心组举行专题学习报告会 8月15日，省委中心组举行专题学习报告会，邀请中央纪委案件审理室副部长级室主任耿文清作《关于作风建设》的辅导报告。省委书记袁纯清主持会议并讲话。他强调，要把作风建设与党的群众路线教育实践活动结合起来，严格执行廉洁自律各项规定，有效克服和坚决反对“四风”，加强长效机制建设，使领导干部的作风更先进、更纯洁、更符合群众要求。省委副书记、省长李小鹏等出席报告会。

耿文清长期从事纪检监察法规工作，是十八届中央纪委委员，中国法学会理事，曾参与起草《中国共产党纪律处分条例》等一系列重要党内法规，具有扎实的理论基础和实践经验。耿文清在报告中围绕领导干部如何坚持廉洁自律，深刻阐释了应该把握好的五个方面和过好的九个关口，论述生动、思想深刻，旁征博引、深入浅出，娓娓道来、一气呵成，令人很受启发、深受教育，是一堂很好的党风廉政教育课和作风建设辅导课。

袁纯清在主持报告会时指出，廉洁自律是领导干部作风的重要方面，与反对“四风”、开展党的群众路线教育实践活动相辅相成。各级领导干部要团结和带领全省人民走出资源型经济转型发展新路，全面建成小康社会，实现强省富民目标，必须进一步加强作风建设，切实做到廉洁自律、奋发有为。

袁纯清强调，坚持廉洁自律，加强作风建设，关键是领导干部带头，要把领导干部作为重中之重，增强政治自觉、思想自觉、行动自觉，以更高的标准、更严的纪律规范和约束行为，以右玉精神刷新政绩观、事业观、权力观，严格执行廉洁自律的各项规定，自觉践行为民务实清廉的价值追求；重点是切实解决“四风”问题，以开展教育实践活动为契机，按照“照镜子、正衣冠、洗洗澡、治治病”的总要求，发扬“钉钉子”的精神，对照党章、廉政准则和群众期盼，查找问题、剖析原因，认真开展批评与自我批评，对不够廉洁、不能自律的言行来一次大排查、大清理；核心是密切联系群众，教育引导各级领导干部带着感情深入基层、深入群众，到困难多、矛盾多的地方去解决问题，到群众意见大、呼声高的地方去理顺情绪，到问题搞不清、工作推不开的地方去打开局面，在服务群众中养成新作风、树立新形象；根本是健全长效机制，抓住关键环节，进一步完善对领导干部廉洁自律的制约和监督体系，加大对干部作风情况的监督检查力度，坚持把自律与他律结合起来，以科学的制度设计和强力的制度执行，促进和保障领导干部作风持续好转。

省委常委会交流集中学习心得和体会 8月18日，省委常委就集体学习《论群众路线》、《厉行节约、反对浪费》两本重要论述摘编，相互交流学习心得体会。省委书记袁纯清主持并讲话。他强调，要坚持艰苦奋斗，坚决反对“四风”，切实抓好教育实践活动，为转型跨越发展提供强有力的作风保证。中央督导组组长金炳华、副组长崔曰臣出席会议。

与会省委常委联系各自思想和工作实际交流了学习心得体会。关于群众路线，大家讲到，人民群众是历史的真正创造者，群众路线是党的根本工作路线和生命线，要树立群众观点，站稳群众立场，把发动群众作为基本工作方法，把群众满意不满意作为检验工作的标准，找准贯彻群众路线的切入点，切实保障和改善底线民生、基本民生、热点民生和升级民生，解决好涉及人民群众切身利益的各种问题，提高群众工作水平，真正做到从群众中来到群众中去。实现中华民族伟大复兴的中国梦丰富和发展了群众路线，要凝聚各方力量，共同谱写中国梦的山西华章。调查研究是我们党的传家宝，是党员领导干部的基本功，是关系党的事业成败的根本保障，是坚持群众路线的必然要求，要把调查研究摆在更加重要的位置，创新调查研究方法，完善调查研究制度，切实提高科学决策水平。

关于艰苦奋斗，大家讲到，一要准确把握艰苦奋斗的政治内涵和精神实质。毛泽东、邓小平、江泽民、胡锦涛、习近平等党的历代中央领导关于艰苦奋斗的论述十分深刻，概括起来就是：艰苦奋斗是一种工作作风、是一种政治本色、是一种革命传统、是党的法宝、是一种政治素质、是一种美德、是一种精神力量、是一种精神状态、是一种深刻的思想，对此我们要深刻领会。二要增强坚持艰苦奋斗的政治责任感。艰苦奋斗贯穿了我党革命建设改革的伟大历程，是党的性质决定的，是党的目标任务要求的，也是贯彻群众路线所必需的。这个优良传统是历代共产党人用鲜血凝结的、用汗水铸就的，是我们党最可宝贵的精神财富。三要把艰苦奋斗这个优良传统一代代传承下去。诞生在山西这片热土上的太行精神、吕梁精神、右玉精神，共同的品质就是艰苦奋斗。要切实把艰苦奋斗作为一种党性观念来确立，作为一种精神状态来保持，作为一种行为方式来践行，作为一种政治本色来坚守，作为一种基本要求来坚持，在转型跨越这个新的伟大实践中不断取得新进展新成效。要以更高的标准和更严的要求执行中央八项规定，狠刹享乐主义和奢靡之风，严肃查办顶风违纪的人和事。

会议认为，与会常委重点围绕党的群众路线和艰苦奋斗谈体会、讲心得，在理论上有新的升华，在思想上有新的提高，在工作上有新的举措。要深入学习贯彻习近平总书记重要讲话精神，不断提高思想理论水平，更加扎实地开展党的群众路线教育实践活动，富有成效地推进经济社会发展。

省委常委会认真查摆突出问题深入研究整改措施 8月22日，省委常委会召开会议，通报中央督导组关于省级领导班子民主测评情况的反馈意见，进一步查摆“四风”方面的突出问题，深入研究具体整改措施。省委书记袁纯清主持会议。

会议指出，开展党的群众路线教育实践活动以来，省委常委班子成员带头把自己摆进去，在切实加强学习、提高认识的同时，通过分头召开省、市、县和基层干部群众四个层面的座谈会，走访退下来的省级老同志，就文山会海等六个问题领题调研，与市级和省直部门领导谈心，广泛征求意见和建议等形式，认真查摆和梳理“四风”方面存在的突出问题，并进行了深刻剖析，为下一步工作奠定了基础。

会议强调，中央督导组反馈的意见建议，是一面很好的镜子，对省委常委会以及其他省级领导班子集体和成员找准问题、聚焦问题很有帮助，必须正确对待。当前省级领导班子教育实践活动正处于查摆问题、开展批评环节，要对“四风”方面存在的突出问题，进行再梳理、再分析、再聚焦，把存在的问题找全面、弄准确、搞清楚、剖析透。同时要以整风精神开展批评和自我批评，从思想深处解决问题。更重要的是，要按照“边查边改”的要求，针对存在的问题，研究制定具体、实在、管用的措施，抓好整改工作。近期，在山西日报、山西电视台等媒体开辟“改进作风、惠及群众”专栏，加大宣传力度。由纪检监察部门牵头，对公务用车、办公用房、会员卡、公款吃喝、学会协会等五个方面群众反映强烈的问题进行专项整治，务求取得实实在在的效果。

省委举行党的群众路线教育实践活动先进事迹报告会 8月22日，省委举行党的群众路线教育实践活动先进事迹报告会，邀请省交通厅定点扶贫队队长张为民，大同市大同县林业局党支部书记、局长赵德清，晋城市泽州县犁川镇崔河村党支部书记崔晓满，长治市第一职业高级中学校党总支书记、校长张素珍作先进事迹报告。省委书记、省人大常委会主任袁纯清主持报告会并作重要讲话。省委副书记、省长李小鹏等出席会议。出席报告会的还有省委常委，省人大、省政府、省政协负责同志，省法检两长。全省第一批教育实践活动部门主要负责同志；省委教育实践活动领导小组办公室相关人员，各督导组组长、副组长；中央驻晋主要新闻媒体负责同志等参加了报告会。

张为民同志近15年来坚持把山区人民的脱贫致富当成最高人生追求，将党和政府扶贫政策转化为具体举措，先后带领交通系统200多名队员，到120个村庄与群众同吃同住同劳动，改建新建30座希望小学，新修出山公路100余公里，解决了30个村2万余人的饮水问题，改善了贫困地区的生产生活条件，赢得老百姓的衷心爱戴。赵德清同志30年工作在造林绿化第一线，多次把升迁机会让给其他同志，用14年时间带领当地群众坚持植树造林，使“种树比养娃还难”的大同县新增林地50万亩，森林覆盖率由1999年的18.6%提高到2012年的29.6%，变成拥有96万亩林地的“塞上绿洲”。崔晓满同志退休前任吉林省四平市委常委、军分区政治委员，正师级，大校军衔，退休后毅然放弃安逸的都市生活，带领群众艰苦创业，改变农村落后面貌，使村民收入水平和生活水平大幅提高，用9年时间把一个弱散乱的党支部建设成为坚强的战斗堡垒。张素珍同志从事职业教育30年，用14年时间建成一所国家重点中等职业学校，培养了一大批技能人才，为经济社会发展作出积极贡献。习近平总书记2009年曾亲临该校视察，对学校的办学理念和成绩给予充分肯定。报告会上，四位同志回顾了自己的工作经历，讲述了践行党的群众路线，长期工作在基层一线，为党、为人民无私奉献的先进事迹，朴实的语言、真挚的情感，感动了在场的每一个人。

袁纯清指出，张为民、赵德清、崔晓满、张素珍四位同志来自不同地区、工作在不同岗位、有着不同经历，但他们为群众兢兢业业、辛辛苦苦做好事、解难事、办实事的崇高品格是一样的，都有着践行宗旨、无私奉献，扎根基层、勇于担当，崇尚实干、开拓创新，持之以恒、久久为功的鲜明特点，他们传承了太行精神和右玉精神，展现了新时期山西共产党人的精神风貌和光辉形象，使我们得到了人生的启示、党性的提升、心灵的洗礼、情感的丰富，使我们深受教育和鞭策，是全省广大党员干部的优秀楷模和学习榜样。各级党员干部要向先进学习、向模范看齐，学习他们胸怀崇高的革命理想，坚定为人民服务的宗旨，具有纯洁美好的心灵，始终坚守从不懈怠的高尚品德，努力实现思想有新提高、作风有新转变、党群干群关系有新改进。

袁纯清强调，要把这次先进事迹报告会的内容作为第一批开展教育实践活动164个单位的重要教材，召开领导班子心得学习交流会认真学习，深入领会。要进一步引深教育实践活动，按照中央和省委的部署每个单位切实抓好几件群众能感受到的实事、好事，抓出成效。要恪守为民之旨。坚持一切为了群众，一切依靠群众，加大财政投入，进一步做好保障和改善民生的工作；结合教育实践活动搞一次“回头看”，巩固和扩大农村社会事业“十个全覆盖”的成果；围绕实现收入翻番等目标，进一步引深领导干部下乡住村包村增收活动；创新模式和措施，进一步实施好“百企千村”产业扶贫开发工程，走出一条富有山西特色的产业扶贫道路。要大兴务实之风。领导干部坚决从“急躁”“飘浮”“跑要”中摆脱出来，从群众实际需要和地方长远发展出发，多干实事、办好事、解难事；坚决从“文山会海”中摆脱出来，多到困难大、矛盾多、条件苦、工作推不开的地方去调查研究，倾听群众呼声，掌握第一手资料，找准工作切入点，增强工作执行力；坚决从惯性思维中摆脱出来，把敢闯敢冒的创新精神和艰苦奋斗的优良传统更好地结合起来，围绕产业转型、生态修复、城乡统筹、民生改善四大重点任务，落实好三年《实施方案》和今年《行动计划》，加快综改试验区建设，推动转型发展。要坚守清廉本色。严格遵守关于反腐倡廉和廉洁自律的各项规定，继续抓好中央八项规定和我省四个实施办法的贯彻落实，思想上不松防线，法纪上不碰红线，守住做人、处事、用权、交友的底线，守住自己的政治生命线；深入开展正风肃纪活动，对查摆出来的问题提出实在具体、便于实施的整改措施，对吃拿卡要、公款大吃大喝等问题进行专项治理；自觉接受各个方面的监督，适应来自网络时代的“放大镜”“显微镜”式的监督，让监督成为拒腐防变的坚实屏障。

省委常委会传达贯彻全国宣传思想工作会议精神 8月23日，省委常委会召开会议，传达学习全国宣传思想工作会议特别是习近平总书记重要讲话精神、部分省区市党委群众路线教育实践活动领导小组负责同志座谈会精神，研究山西省贯彻落实意见；听取关于山西科技创新城建设总体方案的汇报，作出具体部署。省委书记袁纯清主持会议。

会议指出，全国宣传思想工作会议是一次十分重要的会议，习近平总书记的重要讲话，从党和国家全局高度，深刻阐述了事关长远发展的一系列重大理论和现实问题，进一步明确了新形势下宣传思想工作的方向目标、重点任务和基本遵循，提出了一系列新思想、新观点、新要求，思想深邃、高屋建瓴，具有很强的战略性、针对性、指导性。各级各部门要结合党的群众路线教育实践活动，深入学习、全面贯彻，切实把思想和行动统一到中央精神上来。各级党委要充分认识到，意识形态工作是党的一项极端重要的工作，关系党的执政地位、国家的长治久安和中国特色社会主义事业的成败，必须摆在十分重要的位置。党委主要负责同志要坚持把意识形态工作放在心上、抓在手上，坚持以媒体为主要对象，网络为重中之重，带头抓意识形态工作，带头阅看本地主要媒体内容，带头把握媒体导向，带头批评错误观点和倾向；宣传思想部门要守土有责、守土负责、守土尽责，宣传部长要把更多的精力和时间用在抓媒体、抓新闻和舆论引导上。要加强党员干部特别是领导干部思想建设，加强党校、高校等领域的阵地建设，加强宣传部门和宣传队伍建设，加强主流媒体建设，对错误思潮和主张，要敢于亮剑、敢于斗争，对媒体网络虚假信息尤其是恶意造谣、诽谤、中伤性言论要及时澄清、坚决反击。要树立大宣传理念，纪检、组织、政法等部门都要加强有关意识形态领域的工作，增强工作合力，通过共同努力，使网络环境净化起来，舆论天空清朗起来。

会议指出，最近一个时期，习近平总书记对教育实践活动作出一系列重要指示和批示，具有重要指导意义。要认真学习贯彻习近平总书记重要指示和部分省区市党委群众路线教育实践活动领导小组负责同志座谈会精神，把握好教育实践活动的进展和态势，进一步增强做好工作的责任感紧迫感；坚持“一把手”带好头、作表率，切实发挥示范带动作用；坚持开门搞活动，让人民群众提意见、来监督、做评判；真正把自己摆进去，把“四风”方面存在的突出问题找出来、查到位；坚持立行立改，标本兼治，以解决问题的实际成效取信于民。要加强组织指导，特别要进一步加强督导工作，对重点工作严格把关，该提醒的及时提醒，该纠正的及时纠正，该返工的坚决返工。会议强调，要把深入贯彻落实7·29全省领导干部大会精神与开展教育实践活动统筹起来，确保两不误、两促进。

会议原则通过山西科技创新城建设总体方案。指出，山西科技创新城，是推进转型综改试验区建设的战略举措，是走出山西科学发展新路的战略部署，更是加快转型跨越发展的战略支撑。建设科技创新城，要做一篇以煤为基的科技大文章，重点是围绕优势产业链配置创新链，打造“创新型山西”引领区；加快产业升级，打造高新技术产业集聚区；完善城市功能，打造低碳智慧新区；改善生态环境，打造环境友好绿色新区；完善平台载体，打造高端服务业集聚区。要高度重视科技创新城建设，抓紧成立领导机构和工作机构，制订相关规划和方案，研究提出人才激励、土地保障、金融服务、政策支持等具体措施，启动核心区征地拆迁和基础设施建设工作，按照总体部署和责任分工，狠抓落实，通力合作，全力推进。

省委召开第一批党的群众路线教育实践活动部门(单位)主要负责人会议 8月29日，省委召开第一批教育实践活动部门(单位)主要负责人会议。省委书记、省委教育实践活动领导小组组长袁纯清出席会议并讲话。他强调，要深入贯彻落实习近平总书记重要批示精神，充分发挥“一把手”示范带头作用，推动教育实践活动扎实顺利开展。省委副书记、省长、省委教育实践活动领导小组副组长李小鹏主持会议。

袁纯清指出，全省教育实践活动开展近两个月来，省委常委率先垂范，各部门各单位积极跟进，指导督导扎实有力，整个活动开局良好、进展顺利。近期，习近平总书记对教育实践活动作出一系列重要批示，中央召开部分省区市党委教育实践活动领导小组负责同志座谈会，就当前的教育实践活动，指出存在问题，提出新的要求。各部门各单位要认真学习、深刻领会、全面贯彻落实总书记批示和座谈会精神，把思想和行动统一到中央要求部署上来，坚决摒弃轻视思想、观望心理、敷衍态度和担心情绪，进一步增强开展教育实践活动的责任感和紧迫感。

袁纯清强调，“一把手”是领导班子的班长，是一个党组织的标杆，也是教育实践活动的第一责任人。“一把手”在组织领导上要坚强有力，定期研判本部门本单位进展情况，及时研究重大事项，支持上级督导组开展工作，把规定动作做到位、把自选动作做出成效，确保不虚、不空、不偏，不走过场。在学习教育上要率先垂范，全面系统学习习近平总书记一系列重要讲话精神，原原本本地研读中央规定的学习教材，联系实际自觉学、带着问题对照学、查摆“四风”深入学，切实做到真学、真懂、真信、真用。在查摆问题上要深入细致，以“有问题”为基本立足点和出发点，把找问题作为中心环节来抓，按照“自己找、群众提、上级点、互相帮”的办法，查摆出领导班子、领导干部“四风”方面存在的共性和个性问题，并积极加以整改解决。在自我剖析上要敢于揭短亮丑，主动把自己摆进去，聚焦“四风”问题，深刻分析根源，认真开展谈心谈话活动，自己动手撰写对照检查材料，亲自主持起草领导班子对照检查材料，组织召开高质量的民主生活会，带头开展批评和自我批评，做到解决问题、增进团结。在整改落实上要真抓实改，对查找出来的“四风”问题，认真制定整改方案和措施，率先从自己做起，立说立行、立行立改。在推动发展上要统筹协调，坚持两手抓、两不误、两促进，努力应对经济下行压力，着力解决好人民群众最关心、最直接、最现实的利益问题，确保经济平稳健康增长和社会和谐稳定。

李小鹏在主持会议时强调，各部门各单位党委负责人要进一步提高认识，切实把教育实践活动抓在手上，舍得花时间、投精力，亲自过问、亲力亲为，履行好“第一责任人”的责任；要落实好会议精神，在组织领导、学习教育、查摆问题、自我剖析、整改落实和推动发展等各个方面各个环节发挥表率作用；要坚持两手抓、两不误，全面推进年初确定的各项目标任务，认真落实全省领导干部大会精神，扎实做好扩大就业、稳定物价、增加居民收入等民生工作，努力向党中央、国务院和全省人民交一份合格的答卷。

省委召开全省第一批党的群众路线教育实践活动督导组组长会议 8月29日，省委召开全省第一批党的群众路线教育实践活动督导组组长会议。省委书记袁纯清出席会议并讲话。他强调，做好督导工作，必须进一步提高认识，增强政治责任感，克服“过得去”思想，抓住查摆解决问题这个中心环节，坚持严字当头，强化监督引导，确保教育实践活动扎实健康推进。省委常委、组织部长汤涛主持会议，省委常委、秘书长聂春玉出席会议。

袁纯清指出，督导工作关系党的群众路线教育实践活动的成效，是确保教育实践活动不走过场、取得实效的重要保证。有力、有效的督导，可以形成解决问题、改进作风的外在推力，及时发现和纠正偏差，激发搞好活动的内生动力。全省教育实践活动开展以来，各督导组认真开展工作，对活动顺利开展起到了积极的促进作用。进一步做好督导工作，必须站在加强党的建设全局的战略高度，站在巩固党的执政地位、保持国家长治久安的高度，站在保持党与人民群众血肉联系的高度，深刻认识开展教育实践活动的重大意义，增强责任感和紧迫性，克服“过得去”思想，确立“过得硬”标准，强化督导措施，严格督导过程，提高督导质量，确保各个环节不虚、不空、不偏、不走过场。

袁纯清强调，要“严”字当头抓督导，以严的标准、严的措施、严的纪律，对教育实践活动的每一个环节都督导到位、认真把关，做到思想认识不重视的不放过，查摆问题不聚焦的不放过，自我剖析不深刻的不放过，整改措施不到位的不放过，广大群众不满意的不放过。要针对问题抓督导，坚持把认识问题、找准问题、解决问题作为中心环节来抓，引导被督导单位克服习以为常、见怪不怪的思想，下功夫把问题查准确、摆全面、弄清楚；对听意见、找问题不大上路的、聚焦点不够集中的，帮助其分析原因，聚焦“四风”方面存在的突出问题；对整改不得要领的，帮助其矫正和纠偏，督促其下功夫解决突出问题、紧迫问题；对重点对象不突出的，引导领导干部尤其是“一把手”以普通党员的身份把自己摆进去、摆到位，发挥带头示范作用。要从实际出发抓督导，坚持把中央和省委精神与各单位的具体实际结合起来，区别对待、分类督导，引导被督导单位协调好教育实践活动与日常工作的关系，确保两手抓、两不误、两促进。要以科学方法抓督导，坚持督要严、导要实，注意统筹兼顾、整体谋划，把握方向、突出重点，掌握方法、弹好钢琴，创造性地开展督导工作，增强工作的指导性、针对性和实效性。要自身过硬抓督导，坚持按原则办事，坚持求真务实作风，讲党性、守纪律、做表率，过好面子关，过好人情关，敢于“当包公”“唱黑脸”，以模范行为做好督导工作。

省委常委会传达全国党委秘书长会议精神 9月6日，省委常委会召开会议，传达全国党委秘书长会议精神，研究山西省贯彻落实意见。省委书记袁纯清主持会议。

会议指出，党的十八大以来，习近平总书记围绕改革发展稳定、内政外交国防、治党治国治军发表了一系列重要讲话，提出了许多治国理政的新思想新观点新论断新要求，为中国特色社会主义理论体系注入新的内涵和时代精神，是指导我们做好各项工作的思想武器和基本遵循。一段时间以来，结合开展党的群众路线教育实践活动，全省上下采取集中封闭研讨学、专家教授辅导学、选择典型对照学、结合工作深入学等方式，认真学习、全面贯彻习近平总书记一系列重要讲话，进一步强化了政治意识和大局意识，深化了对当前党和国家事业发展中一系列重大问题的认识，推动了党风政风的明显转变，提振了广大党员干部的精气神，推动了转型跨越发展。

会议强调，各级党委和广大党员干部要充分认识深入学习贯彻习近平总书记一系列重要讲话的重大意义，把学习贯彻工作摆在更加突出的位置，坚持把学习贯彻习近平总书记一系列重要讲话与学习贯彻党的十八大精神和中国特色社会主义理论体系结合起来、与开展党的群众路线教育实践活动结合起来，采取有力措施，不断引向深入，做到真学真懂、真信真用、真抓真改。省委常委要先学一步、学深一步，联系工作实际、思想实际，认真总结学习心得，带头交流学习体会，为全省党员干部作出表率。要进一步扩大学习的覆盖面，把习近平总书记一系列重要讲话作为县级以上党委（党组）中心组学习的重要内容，把学习贯彻工作向基层党组织和党员干部延伸，同时在《山西日报》开辟专栏，刊登各级党员干部的学习体会，推进学习贯彻工作。要进一步增强系统性，近期举办省管领导干部研讨班，围绕坚定理想信念、掌握科学方法和改进工作作风等专题进行系统深入的学习研讨。要进一步弘扬理论联系实际的马克思主义学风，引导广大党员干部结合各自实际，创造性地提出符合中央精神、符合转型跨越发展要求的工作思路和具体措施，使学习贯彻讲话精神的过程成为完善转型思路、破解转型难题、推动体制改革、提升工作水平的过程。

会议指出，各级党委办公厅（室）要切实履行好综合协调、督查促进职责，当好“桥梁”和“枢纽”。要根据本地区本部门党委（党组）决策部署，科学制定和完善方案，统筹推进本地区本部门学习贯彻工作。要建立健全协调机制，加强同相关工作部门之间的沟通联系，推动学习贯彻工作长期持久、有声有色地开展下去。

省委常委会研究讨论省委关于贯彻落实全国宣传思想工作会议精神的若干意见 9月13日，省委常委会召开会议，研究讨论省委关于贯彻落实全国宣传思想工作会议精神的若干意见，对省管主要领导干部深入学习贯彻习近平总书记一系列重要讲话精神做出具体部署。省委书记袁纯清主持会议。

会议指出，全国宣传思想工作会议是党的十八大之后党中央召开的一次全局性重要会议。要深入贯彻落实全国宣传思想工作会议特别是习近平总书记重要讲话精神，深刻认识意识形态工作的极端重要性，把意识形态工作摆在全省工作的突出位置，科学研判意识形态领域面临的形势和挑战，切实增强责任感和使命感，牢牢把握意识形态工作的领导权、管理权和话语权。要加强理论武装，深化对马克思列宁主义、毛泽东思想和中国特色社会主义理论体系以及习近平总书记系列讲话精神的学习，深入开展中国特色社会主义和“中国梦”的宣传教育，巩固马克思主义在意识形态领域的指导地位，进一步坚定道路自信、理论自信、制度自信。要加强正面宣传，开展舆论斗争，加强对网络媒体的管理运用，扩大宣传半径，强化宣传效果，传播山西好声音，塑造山西好形象。要加强社会主义核心价值体系建设，大力弘扬太行精神、吕梁精神、右玉精神、山西精神，提高全省人民思想道德修养，进一步提振全省人民的精气神。要深化和完善文化体制改革，提高公共文化服务能力，繁荣发展文化事业和文化产业，让人民群众共享文化改革发展成果。各级党委要把宣传思想工作摆上重要议程，加强对重大问题的调查研究，大力实施科学理论武装、主流舆论壮大、新兴媒体加强、核心价值培育、文化繁荣发展、人才队伍建设“六大工程”，增强工作的针对性和有效性，为转型跨越提供有力支撑。各级宣传部门要加强队伍建设，切实做到守土有责、守土负责、守土尽责。

会议指出，党的十八大以来，习近平总书记发表了一系列重要讲话，提出了许多新思想、新观点、新论断，进一步丰富和发展了中国特色社会主义理论体系。省管主要领导干部深入学习贯彻习近平总书记系列讲话精神，是我省开展党的群众路线教育实践活动的重要内容，对于统一全省党员领导干部的思想和行动，加快转型跨越发展具有重大意义。省委将举办培训班，组织省管主要领导干部原原本本学习研读习近平总书记系列讲话，深刻领会其中体现的基本立场、基本观点和基本方法，切实做到真学真懂、真信真用、真抓真改，确保学有所得、学有所获、学有所进，进一步增强推动转型跨越发展的能力。

省委召开全省宣传思想工作会议 9月22日，省委召开全省宣传思想工作会议。省委书记袁纯清出席会议并作重要讲话。他强调，要学习贯彻习近平总书记在全国宣传思想工作会议上的重要讲话精神，紧紧围绕转型跨越发展，强化“意识形态意识”，拿出新举措、展现新气象，做到硬起来、强起来、亮起来、实起来，奋力开创宣传思想工作新局面。省委常委、宣传部长胡苏平主持会议。省领导汤涛、李兆前、陈川平、张少华、聂春玉出席会议。

袁纯清指出，近年来，全省宣传思想工作围绕中心、服务大局，总体形势是好的。特别是理论武装得到新加强，舆论引导取得新实效，对外宣传彰显新亮点，文化强省迈出新步伐，为转型跨越发展提供了有力的舆论支撑和思想保障。当前，伴随着世情国情省情的深刻变化，宣传思想工作面临新形势新任务新要求。要深入学习贯彻习近平总书记重要讲话精神，在工作导向上不断强化“意识形态意识”，在工作标准上进一步硬起来、强起来、亮起来、实起来；要弘扬主旋律、传播正能量，既要讲好“古代山西故事”，更要讲好“当代山西故事”；要主动置身舆论斗争最前沿，牢牢掌握舆论斗争的领导权、管理权和主动权，在大是大非问题上要果断出手、敢于亮剑。

袁纯清要求，宣传思想工作要真抓善管、夯实基础，在“四个建设”上下功夫。要扎实推进理论武装建设，深入学习贯彻习近平总书记系列讲话精神，开展中国特色社会主义的宣传教育，积极推进学习型党组织建设，加大马克思主义学科建设和重大课题研究，深刻挖掘太行精神、吕梁精神、右玉精神的丰富内涵，让山西精神更加深入人心。要扎实推进队伍建设，把各级领导班子建设成为具有很强创新意识和开拓精神、善于驾驭复杂局面的领导集体，大胆使用讲政治、懂宣传、作风正、有担当的干部，更多关注基层工作队伍建设，培育更多的行家里手。要扎实推进阵地建设，坚持政治家办报、办刊、办台、办新闻网站，推进网络依法规范有序运行，进一步强化“人说山西好风光”的感性力量。要扎实推进机制建设，建立科学规范、运行有效的舆情快速反应机制、社科研究协同作战机制、政府购买公共文化服务机制、文化资源流动机制。

袁纯清强调，各级党委“一把手”要把宣传思想工作摆在更加突出的位置，带头抓意识形态工作、带头阅看本地区本部门主要媒体的内容、带头把住本地区本部门媒体的导向、带头批评错误观点和错误倾向。各级宣传思想部门要狠抓

"六大工程"建设,做到守土有责、守土负责、守土尽责,各级党委宣传部长要把三分之二的精力和时间用在抓媒体、抓新闻和引导舆论上。有关部门要加强协同配合,加快形成"大宣传"的工作格局。

与会人员分组学习讨论了全国宣传思想工作会议精神和袁纯清同志重要讲话,并就《省委关于加强宣传思想工作的若干意见》提出修改建议。胡苏平对当前和今后一段时期的宣传思想文化工作进行了安排部署。她指出,袁纯清书记重要讲话紧密联系我省转型跨越发展和综改试验区建设实际,进一步明确了我省宣传思想文化工作的方针原则和重点任务,特别是对加强党的领导、构建大宣传工作格局,提出了具体要求,要认真学习、深刻领会、深入贯彻,切实把思想和行动统一到中央和省委的要求上来。胡苏平要求,做好新形势下宣传思想文化工作,要围绕贯彻落实全国宣传思想工作会议精神和省委要求,深入推进科学理论武装工程、主流舆论壮大工程、新兴媒体强化工程、核心价值培育工程、文化繁荣发展工程、人才队伍建设工程等宣传思想文化工作"六大工程"建设,落实好"两个巩固"根本任务,推动宣传思想文化工作各项任务的落实,发挥好宣传思想文化工作在我省转型跨越发展宏大事业中的思想引领作用、舆论推动作用、精神激励作用和文化支撑作用。

省委党的群众路线教育实践活动领导小组召开第二次会议 9月23日,省委党的群众路线教育实践活动领导小组召开第二次会议,传达刘云山同志在中央教育实践活动领导小组第三次会议上的讲话精神,听取全省第一批教育实践活动第一环节活动开展情况的汇报,对下一阶段工作作出部署。省委书记、省委党的群众路线教育实践活动领导小组组长袁纯清主持会议并讲话。他强调,要进一步加强组织领导,掌握好时间节点,把握好活动节奏,坚持时间服从质量,坚持抓好"一把手"和督导组,坚持参照省委常委会的积极做法,有力推动党的群众路线教育实践活动更加深入开展,取得更大的成效。省委副书记、省长李小鹏,省政协主席薛延忠,省领导胡苏平、汤涛、李兆前、聂春玉出席。

袁纯清指出,全省第一批党的群众路线教育实践活动开展以来,省委高度重视、精心组织,以身作则、率先垂范。中央第八督导组及时指导、严格要求。第一批活动开展单位分三层压茬推进、有序展开、扎实推进,领导带头带得比较好,学习教育抓得比较紧,意见建议听得比较广,问题查摆挖得比较深,边查边改做得比较实,取得了阶段性成效。同时,也要对活动进展不平衡,一些单位听取意见不够充分,一些单位问题查摆不够到位等倾向性问题引起足够重视,及时采取得力措施加以纠正,确保教育实践活动深入扎实推进。

袁纯清强调,深入开展党的群众路线教育实践活动,要在"深"字上下功夫、做文章。学习教育要继续往深里走,深在原原本本学,在集中学习和个人自学的基础上,进一步增强开展教育实践活动的思想自觉和行动自觉,做到以知促行、知行合一。查摆问题要继续往深里走,要围绕重点查、确立标杆查、多措并举查、带着意见查,对前一阶段听取意见情况开展"回头看",继续进行"二次聚焦"。自我剖析要继续往深里走,领导干部要以普通党员的身份把自己摆进去,联系思想、工作和生活实际,深刻剖析自己在"四风"方面存在的突出问题是什么,特别是要多往深里挖一挖深层次原因,真正触及思想和灵魂。边查边改要继续往深里走,把整改贯穿教育实践活动始终,确实做到立说立行、边查边改,特别是要尽快集中出台一批整改措施,并在媒体上进行公示,做到即知即改、小有小改、大有大改、改就改好,让群众看到实实在在的变化。谈心谈话要继续往深里走,围绕"四风"方面存在的问题,敞开心扉、坦诚相见,以平等的心态和诚恳的态度相互交流,坚持把话讲在当面、把问题摆上桌面、把矛盾化解在前面,既联系工作实际,又触及思想灵魂,努力谈通谈透、消除隔阂、形成共识。

省委常委会研究讨论省委常委班子开展党的群众路线教育实践活动对照检查材料 9月24日,省委常委会召开会议,研究讨论省委常委班子开展党的群众路线教育实践活动对照检查材料。省委书记袁纯清主持会议。会上,各位常委和列席会议的省领导就对照检查材料充分发表意见,提出了修改完善的建议。

会议强调,认真撰写领导班子对照检查材料,是开好专题民主生活会的重要内容。要紧密联系思想、工作和生活实际,准确查摆"四风"方面存在的突出问题,不遮遮掩掩、不轻描淡写、不避重就轻。要深刻剖析"四风"方面存在问题的实质、根源和危害,真正做到触及灵魂、找准症结。要针对查摆出来的问题,切实抓好整改落实,提出实打实的具体措施,并注重在整改过程中建章立制,把行之有效的好经验、好做法通过制度固定下来、推广开来,形成长效机制,推动党的群众路线教育实践活动深入开展、取得实效。

省委常委会召开(扩大)会议学习习近平总书记在指导河北省委常委班子专题民主生活会时的重要讲话精神 9月26日,省委常委会召开(扩大)会议,认真学习习近平总书记在指导河北省委常委班子专题民主生活会时的重要讲话精神,传达学习中央党的群众路线教育实践活动领导小组办公室关于河北省委常委召开高质量专题民主生活会的情况通报,并对省级领导班子以及第一批参加教育实践活动的单位召开专题民主生活会提出新的要求、作出新的部署。省委书记袁纯清主持会议。

会议指出,习近平总书记指导河北省委常委班子专题民主生活会的重要讲话,内涵深刻、语重心长,为我们开好专题民主生活会指明了方向,是我们深入开展党的群众路线教育实践活动的重要指导思想、有力武器和基本遵循。各单位要认真学习、深刻领会,抓好贯彻落实,扎实做好教育实践活动各个环节的工作。在习近平总书记的精心指导下,河北省委常委班子专题民主生活会开得顺利成功,为我省省级四套班子以及第一批开展教育实践活动的单位提供了一个很好的"范式"。省委党的群众路线教育实践活动领导小组办公室要学习借鉴河北省委常委班子的做法,就省级四套班子和第一批开展教育实践活动的单位召开专题民主生活会，研究提出标准高、要求严的规范和程序，全方位加强工作指导。

会议指出，开好专题民主生活会是搞好教育实践活动的重要环节。要深入学习领会习近平总书记重要讲话精神，学习借鉴河北省委常委班子的做法，严肃查摆突出问题，深刻剖析思想根源，普遍开展谈心活动，认真撰写对照检查材料，切实做好专题民主生活会的准备工作。特别是对照检查材料要按照“照镜子、正衣冠、洗洗澡、治治病”的总要求，明确“像、深、准、诚”四字标准。“像”就是自己画得要像自己，符合各自的思想、作风、工作实际，不能千人一面；“深”就是不能光摆表面现象，更要讲“四风”深层次问题，深挖世界观、人生观、价值观的根子，深挖政绩观、发展观的根子，真正触及思想、触及灵魂；“准”就是要聚焦“四风”问题，找准最主要的问题，找准群众反映最强烈的问题，不能避重就轻、散光走题，不能只讲一般、不讲要害；“诚”就是要保持共产党人的坦荡襟怀，向党组织交心、向人民交底，要老老实实、诚诚恳恳，而不是遮遮掩掩、躲躲闪闪。

会议强调，各级领导干部经过多年党性锻炼，要有正确对待自己、客观看待他人、正视存在问题的胸怀和定力。开展谈心活动和撰写对照检查材料，要有足够的心理准备，放下思想包袱，克服面子观念和畏难情绪，摒弃私心杂念，坚定地相信组织、相信同志、相信自己，说真话、说实话、说心里话，敢于揭自己的短，亮自己的丑；对同志要开诚布公、坦诚相待，以心换心、金石为开，真正收到红红脸、出出汗的效果，切实达到统一思想、改进作风、增进团结的目的。

省委常委会研究讨论开展教育实践活动对照检查材料 10月18日，省委常委会召开会议，研究讨论开展党的群众路线教育实践活动省委常委班子对照检查材料，对下一步工作作出部署。学习习近平总书记就坚持和发展“枫桥经验”的重要批示，传达纪念毛泽东同志批示“枫桥经验”50周年大会精神，研究山西省贯彻落实意见。省委书记袁纯清主持会议。

会议指出，9月24日省委常委会讨论开展党的群众路线教育实践活动对照检查材料以来，在中央督导组的精心指导下，省委常委班子紧密联系思想、工作和生活实际，进一步提高思想认识、查摆存在问题、深化自我剖析、完善整改措施，经过十易其稿，对照检查材料已经基本成熟。会议要求，要深入贯彻落实习近平总书记在参加河北省委常委民主生活会时的重要讲话精神，积极借鉴河北等省份的成功做法，进一步提高认识、提高觉悟，坚持严字当头，按照“诚、准、深、实”的要求，深入查摆“四风”方面的突出问题，深刻剖析深层次思想根源，提出切实可行、行之有效的整改措施，进一步完善领导班子对照检查材料，为高标准高质量召开民主生活会做好充分准备。

会议指出，50年前浙江枫桥干部群众创造了“依靠群众就地化解矛盾”的“枫桥经验”，并根据形势变化与时俱进地赋予其新的内涵，成为全国政法综治战线的一面旗帜。坚持和发展“枫桥经验”是深入开展党的群众路线教育实践活动、维护好人民群众切身利益的必然要求。要认真贯彻落实习近平总书记对“枫桥经验”的重要批示精神，正确认识我省改革发展稳定面临的新形势新任务，让“枫桥经验”在三晋大地落地生根、开花结果。要进一步加强新形势下的群众工作，创新群众工作方法，善于运用法治思维和法治方式解决涉及群众利益的矛盾和问题。要认真落实信访工作责任制，推进“阳光信访”，落实好领导干部包联信访事项等制度，把各类矛盾纠纷化解在基层、解决在萌芽状态。省委常委带头抓信访案件，不仅是我省坚持群众路线的“自选动作”，也是学习好、贯彻好“枫桥经验”的重要举措，必须长期坚持下去。要加强党的基层组织建设，教育引导各级领导干部特别是基层干部增强运用法治思维和法治方式做好群众工作的新本领，改进工作作风，从根本上解决好人民群众的合理诉求，为转型跨越发展营造和谐稳定的社会环境。

省委常委会召开教育实践活动专题民主生活会 10月21日至22日，省委常委会集中两天时间召开专题民主生活会，班子成员认真贯彻习近平总书记参加河北省委常委班子专题民主生活会时的重要讲话精神，按照“照镜子、正衣冠、洗洗澡、治治病”的总要求，联系各自的思想实际、岗位职责和工作经历，聚焦“四风”进行对照检查，严肃开展批评和自我批评，深刻剖析思想根源，认真提出努力方向和整改措施。省委书记袁纯清主持会议并作总结讲话。中央第八督导组组长金炳华出席会议并讲话，副组长崔曰臣和中央纪委、中央组织部、中央党的群众路线教育实践活动领导小组办公室有关同志莅会指导。

专题民主生活会上，袁纯清代表省委常委班子作全面对照检查，总结遵守党的政治纪律和贯彻中央八项规定情况，查摆出“四风”方面存在的20个突出问题。在形式主义方面，主要是转型发展的政绩导向还不鲜明，推进工作不扎实，观摩检查和招商引资中存在形式主义，考核评比检查等活动加重了基层负担，改进作风的“杠杠”不硬，文山会海问题突出；在官僚主义方面，主要是转型综改区建设破题不够、路径不宽，在选人用人上有欠缺，干部管理失之于宽、失之于松，抓党的基层基础建设不够，深入基层联系群众不够，不能很好地开展批评和自我批评，网络舆情应对不及时、不主动，对学会协会管理不到位；在享乐主义方面，主要是工作的主动性、积极性有待提高，艰苦奋斗精神有所衰退，对“三公”经费和楼堂馆所控制不严；在奢靡之风方面，主要是对一些奢华行为自律不严、约束不力，庆典、晚会存在铺张浪费。针对这些问题，从理想信念、为民宗旨、党性修养和遵守纪律4个方面深刻剖析了思想根源，并从强化“看齐”意识、坚持群众路线、严格党内生活、坚持从严治党、务必艰苦奋斗、强化政绩导向等6个方面提出了努力方向和整改措施。

省委常委会班子成员逐一进行了个人对照检查。袁纯清首先进行对照检查，其他常委紧密联系思想、工作和生活实际，联系个人成长进步经历，查摆问题，剖析原因，提出整改措施。在自我批评中，常委们普遍谈到，理论学习抓得不紧，“输出多、输入少”，“本领恐慌”问题严重；调查研究不扎实，走马观花、浮光掠影,看“门面”多、看“角落”少,深入蹲点“解剖麻雀”少,掌握的情况不少被“选择”和“过滤”;开展工作不扎实,抓落实不够,有时候以工作形式代替了工作效果,参加“双重民主生活会”的意识淡薄,多年没有参加过支部活动;艰苦奋斗精神有所退步,在吃住行等方面自律不严,对超规格待遇和超标准接待,认为是工作需要,听之任之。一些常委谈到,随着职务的升迁,产生了“官本位”思想,与普通群众交朋友少,对群众疾苦的感性体验和换位思考不够。一些常委谈到,随着年龄的增长,产生了松口气的念头,朝气锐气弱了,暮气惰气重了。一些常委谈到,工作和生活上亲力亲为不够,“跟班”多、派头大。一些常委谈到,对干部从严要求、从严管理不够,致使一些单位衙门作风严重,办事拖拉、效率低下等等。

每位常委对照检查发言后,其他常委随即提出批评意见。大家在互相批评时指出,有的常委抓工作不扎实,有的工作形式大于内容,存在尽快出成绩、出经验、出形象的浮躁情绪;有的常委推动工作不均衡,存在抓发展多、抓改革少,抓业务多、抓作风少等问题;有的常委存在“铁路警察各管一段”的思想,对全局性的工作关注不多、思考不深,对其他领域的工作协调配合不够;有的常委干事创业的进取精神衰退,破解难题力度不大,对重点工作盯得不紧、发力不足,开展工作顾虑多、怕越界等等。大家一致认为,这是多年来质量最高、触动最深、收获最大的一次民主生活会。大家在批评和自我批评中端正态度、抛开面子,相互教育、相互启发、相互警醒,真正涤荡了灵魂、强化了党性,必将终身受益。

中央第八督导组组长金炳华在讲话中对山西省委常委班子专题民主生活会给予充分肯定,认为会议准备充分、主题鲜明,严肃开展批评与自我批评,气氛融洽、质量较高,达到了“团结——批评——团结”的目的。强调要以这次专题民主生活会为新的起点,坚持高标准、严要求,切实抓好整改落实、建章立制,确保教育实践活动善始善终、善做善成。

袁纯清在总结讲话时说,按照中央要求,各位常委围绕“四风”问题认真对照检查,在发言中真批评、动真格、放真炮,既主动剖析自己,又开展相互批评,民主生活会开得认真、严肃、富有成效。一是突出了问题导向,都能真正把自己摆进去,开门见山、直奔主题,不绕弯子、不兜圈子,不推脱、不掩饰,既有常委班子的集体像,也有每个人的自画像。二是深挖了思想根源,注重从理想信念、宗旨意识、党性修养、政治纪律上深挖病根,没有把问题归咎于客观原因,敢于揭短亮丑。三是体现了担当精神,既从分管工作上查摆剖析自己的问题,又积极分担班子问题的责任,表现出识大体、顾大局的担当,很好地体现了民主集中制的要求。四是弘扬了整风精神,没有放礼炮、哑炮和空炮,没有官话套话,既有红红脸、出出汗的紧张和严肃,又有加加油、鼓鼓劲的宽松与和谐。五是明确了整改方向,无论是班子还是个人,都针对“四风”方面的突出问题,提出了切实可行的整改措施。

袁纯清指出,教育实践活动即将进入整改落实、建章立制环节,要在继续保持学习教育和查摆问题“两个不放松”的基础上,紧紧围绕这两天常委班子和个人提出的整改方向和措施,投入更多精力、下更大功夫,打好解决突出问题的攻坚战。一是通过“补钙”抓整改。从世界观、人生观、价值观入手,补精神之钙、祛作风之害,坚定“三个自信”,在思想上、政治上、行动上与以习近平同志为总书记的党中央保持高度一致,自觉维护中央的权威,自觉维护习近平总书记的权威。二是按照群众意愿抓整改。坚持开门搞整改,整改内容让群众知道,整改过程让群众监督,整治效果让群众评判,决不能用自我感觉代替群众评价,特别是对群众反映强烈的文山会海、抓落实不够、包村住村增收和“访知解”活动不扎实等突出问题要做到改一件成一件。三是扩大专项行动抓整改。在巩固前一段开展的五项专项整治成果的基础上,对门难进、脸难看、事难办的衙门作风问题,对违规使用“三公”经费和设立“小金库”问题,对“政绩工程”和“形象工程”问题,对漠视群众诉求、侵害群众利益问题等加大专项整治力度。四是以钉钉子精神抓整改。保持发展战略的稳定性和连续性,以久久为功的韧劲把转型跨越这张蓝图绘到底。对综改区建设、山西科技创新城建设、百企千村产业扶贫开发工程等山西转型发展的战略性工程,要以踏石留印、抓铁有痕的力度抓实抓好。五是建章立制抓整改。把制度的笼子扎得更紧、更密一些,特别是要把住村包村增收和“访知解”活动、领导干部包信访案件、常委领题调研等提升为行为规范和工作制度长期坚持下去。要始终坚持加快转型跨越、办好“两件大事”的既定目标和思路,创造经得起实践、人民和历史检验的业绩,让中央放心、让群众满意。

省委常委会学习贯彻刘云山同志讲话精神 10月27日,省委常委会召开会议,学习贯彻中共中央政治局常委刘云山在中央党的群众路线教育实践活动领导小组第五次会议上的重要讲话精神。研究讨论《省委领导班子关于党的群众路线教育实践活动的整改方案》和一批整改制度,并就整改落实和建章立制工作作出部署。省委书记袁纯清主持会议。

会议指出,整改落实和建章立制是党的群众路线教育实践活动的第三个重要环节。刘云山对扎实做好教育实践活动前两个环节的工作提出明确要求,指出了组织开展回头看的五个重点,对搞好整改落实工作作出总体部署,要求制定整改任务书、时间表,抓整改落实要“准狠韧”,整个整改工作要让群众满意才能通过。这些要求具有很强的针对性和可操作性,对我们做好下一步的工作具有重要的指导意义。

省委常委会召开教育实践活动专题民主生活会后,按照中央督导组要求和教育实践活动总体部署,着眼于整改落实和建章立制,制订了省委领导班子《整改方案》,并形成了一批整改制度。会上,常委会成员充分发表意见,提出了修改完善的建议。会后,对《整改方案》将在一定范围进行公示,接受干部群众的监督;若干制度性规定将分批印发全省执行。

会议指出,省委领导班子教育实践活动整改落实和建章立制工作要高举中国特色社会主义理论伟大旗帜,全面贯彻党的十八大精神和习近平总书记一系列重要讲话精神,按照

"照镜子、正衣冠、洗洗澡、治治病"的总要求，着力解决省委常委班子"四风"方面存在的突出问题和群众反映强烈的突出问题，通过真抓实干的整改落实特别是"准狠韧"的专项整治，务求取得实效。

会议强调，省委领导班子教育实践活动整改落实工作分为即行整改和近期整改两个层面，整改时限最晚到2014年一季度。整改工作要加强领导、精心组织，分别制定任务书、时间表，明确责任、细化措施，立说立行、真抓实干，健全机制、形成合力，加强督查、营造氛围。坚持按照群众意愿抓整改，通过全面深化改革抓整改，以钉钉子精神抓整改，狠抓专项整治抓整改，加强建章立制抓整改，按照"两不误、两促进"要求抓整改，切实把开展教育实践活动取得的新成效转化为推动发展、造福人民的强大动力，团结和带领全省人民，推动转型跨越发展，全力办好"两件大事"，务求取得经得起实践、人民和历史检验的实际效果。

会议决定，在继续执行好现有制度和规定的基础上，制定出台规范精简会议、改进文风、规范调研活动、规范公务用车等方面的制度和规定，进一步加强作风建设，巩固和扩大教育实践活动取得的成效。

中央第六巡视组巡视山西省工作动员会 10月31日，中央第六巡视组巡视山西省工作动员会召开。省委书记袁纯清主持会议并作动员讲话，中央第六巡视组组长叶冬松就即将开展的巡视工作作了讲话。中央巡视工作领导小组办公室正局级纪律检查员、监察专员，副主任玄洪云就配合做好巡视工作提出要求。

中央第六巡视组副组长、副部级巡视专员赵文波及巡视组全体成员，省委副书记、省长李小鹏，省政协主席薛延忠，省委常委，省人大、省政府、省政协领导班子成员出席会议，省法检两长，有关负责同志列席会议。

叶冬松在讲话中强调，巡视是党章规定的重要制度，是加强党的建设的重要举措，是从严治党、维护党纪的重要手段，是加强党内监督的重要形式。党中央高度重视巡视工作，党的十八大和十八届中央纪委第二次全会对加强党风廉政建设和反腐败斗争作了全面部署，明确要求更好发挥巡视制度监督作用。习近平总书记多次对巡视工作作出重要指示，强调当前反腐败斗争形势依然严峻复杂，巡视工作只能加强，不能削弱；要紧紧围绕党风廉政和反腐败工作这个中心，把发现问题、形成震慑作为主要任务；要求中央巡视组认真履职，落实监督责任，敢于碰硬，切实做到早发现、早报告，促进问题解决，坚决遏制腐败现象蔓延的势头；要加强巡视成果运用，不能让有问题的人心存侥幸，不能让腐败分子有立足之地。党的十八大以来，巡视工作按照中央要求进行了与时俱进的探索，指导思想进一步明确、端正、完善。在日前召开的中央巡视工作动员部署会上，王岐山同志再次强调巡视工作要突出发现问题，强化震慑作用，提高针对性和实效性。我们一定要站在党和国家事业发展全局和战略高度，认真贯彻中央精神，深刻认识加强和改进巡视工作对坚持党要管党、从严治党，推进党风廉政建设和反腐败斗争的重大意义，共同努力完成中央交给的巡视任务。

叶冬松指出，根据中央部署，巡视工作重点是检查监督领导班子及其成员特别是主要负责人以下情况：一是在深入推进党风廉政建设和反腐败斗争方面，着力发现是否存在领导干部违反党风廉政建设责任制和廉洁自律规定，是否存在权钱交易、以权谋私、贪污贿赂、腐化堕落等违纪违法问题；二是在执行中央八项规定精神方面，着力发现是否存在形式主义、官僚主义、享乐主义和奢靡之风，是否存在打折扣、搞变通等问题；三是在严明党的政治纪律方面，着力发现领导干部是否存在对涉及党的理论和路线方针政策等重大政治问题公开发表反对意见、对中央方针政策和重大决策部署阳奉阴违等问题；四是在执行民主集中制和干部选拔任用方面，着力发现是否存在独断专行、软弱涣散、严重不团结等问题，是否存在买官卖官、拉票贿选、违规用人、搞团团伙伙等不正之风和选人用人腐败问题。同时，对反映领导班子成员在其他方面的重大违纪违法问题线索和下一级领导班子主要负责人的重要问题线索也要了解掌握。

叶冬松强调，做好这次巡视工作，是中央第六巡视组和山西省委领导班子的共同政治责任。巡视组在工作中将依靠被巡视党组织和干部群众，按照党章和巡视工作条例开展工作，深入了解情况，着力发现问题，确保取得明显成效，为深入开展党风廉政建设和反腐败斗争作出新的更大贡献。

袁纯清在讲话中指出，在全省上下认真学习贯彻习近平总书记一系列重要讲话精神，深入开展党的群众路线教育实践活动，推进转型跨越发展、加快全面小康进程的重要时刻，中央第六巡视组到我省开展巡视工作，充分体现了中央对山西工作的重视和关心，对于抓好全省各项工作特别是党风廉政建设和反腐败工作，加强领导班子建设必将起到巨大的促进作用。他指出，党的十八大以来，以习近平同志为总书记的党中央高度重视巡视工作，并相继作出一系列重大改革和重大部署。这次中央巡视组进驻山西，就是为领导班子进行全面的"政治体检"，为领导干部的先进性、纯洁性进行"打分"。要充分认识巡视工作的重要意义，深刻把握中央对巡视工作的新要求，珍惜中央巡视组来晋进行监督指导的难得机会，密切配合中央巡视组开展工作，确保圆满完成巡视任务。要结合深入开展党的群众路线教育实践活动，按照中央巡视组要求，班子和个人要进行认真思考和总结，自觉接受巡视监督，使中央巡视组能够全面了解和掌握领导班子和领导干部的情况，更好地指导我们改进工作。

袁纯清强调，要站在与以习近平同志为总书记的党中央保持高度一致的政治高度，对中央巡视组提出的工作要求逐条对照、坚决落实。省委领导班子和成员执行党风廉政建设责任制和廉洁自律规定、落实中央八项规定精神、执行政治纪律、执行民主集中制和干部选拔任用的情况，是这次巡视工作的重点，也是群众路线教育实践活动对照检查和整改落实的重点。要在中央巡视组的监督和指导下，把这四方面工作做实抓好，确保省级领导班子建设有一个新的气象，全省各项事业发展有一个新的局面。我们将以这次巡视为契机和动力，以更强的工作作风、更好的精神状态落实中央各项部署，推动山西转型跨越发展。

全省观摩检查总结座谈会 10月31日，省委、省政府在太原召开全省观摩检查总结座谈会，对观摩检查活动进行总结，对下一步工作进行安排部署。省委书记、省人大常委会主任袁纯清出席会议并讲话，省委副书记、省长李小鹏主持会议并讲话，省政协主席薛延忠，省领导胡苏平、高建民、汤涛、陈川平、聂春玉、白云、李政文、郭迎光、王一新、张复明、卫小春等出席会议。

座谈会上，各市市委书记或市长、省直有关部门负责同志先后发言，参加观摩检查的省领导进行了点评。大家一致认为，这次观摩检查展示了成果、交流了经验，改进了方式、转变了作风，推进了项目、增强了后劲，是省委、省政府坚持群众路线、加快转型跨越发展的重大举措。

会议指出，四年来观摩检查在推进项目建设、推进招商引资、推进干部作风转变，推进各地转型发展上起到了巨大作用。这次观摩检查，既是对今年全省经济社会发展的实地推动，也是对转型跨越三年成果的集中检阅，更是教育实践活动立行立改的生动实践。四年来的观摩检查活动，浓缩了省委、省政府推动转型跨越的艰辛努力，彰显了基层、企业和群众共谋发展的无穷智慧，昭示了再造一个新山西的美好前景。在观摩检查中我们积累了丰富的经验，也有需要改进的地方，今后的观摩检查要更加贴近百企千村产业扶贫开发工程、综改标杆项目等省委、省政府确定的年度重点工作。

会议强调，要以转型综改区建设为统领，有力推进转型跨越发展。我省贯彻落实即将召开的十八届三中全会精神，最好的切入点就是抓好转型综改区建设。要深入研究山西如何充分发挥市场在配置资源中的决定性作用，继续加快行政审批制度改革，进一步简政放权；如何在资源型地区发展混合所有制经济，完善国有企业法人治理结构，让民营企业参与国企改革；如何深化农村土地经营制度改革，在坚持农村基本经营制度的基础上，推动农村土地的有序流转，形成集约效应；如何完善财税金融等体制改革，构建地方税体系，在资源资本化等方面迈出更坚实的步伐；如何立足我省“一核一圈三群”的城镇化总体布局推进市域城镇化等课题。对转型综改区建设，省上要加强统筹，在尽快落实和充分消化“1920”低热值煤发电、煤层气开采审批权等改革措施基础上，力争在采空区治理、粉煤灰综合利用、山西科技创新城建设等方面，再向国家争取一批倾斜政策；同时，市县也要发挥主观能动性，克服等靠要思想，以“负面清单”理念加快改革创新步伐。

会议指出，当前全省经济运行总体平稳、稳中有进、稳中有为，主要经济指标基本达到序时进度，但经济下行压力依然较大，一些矛盾和问题仍然突出。各级各部门要坚定信心、明确目标，紧紧抓住投资这个关键，抓住工业这个重点，抓住企业这个主体，抓住民生这个落脚点，全力以赴做好后两个月工作，确保完成全年各项目标任务。一要深刻汲取9·28透水事故教训，始终牢记“三个决不能过高估计”和“三个敬畏”，狠抓“两个主体责任”落实，以更加坚决有力的措施抓好安全生产；二要加快推进转型综改区建设，强化督促协调，形成推进合力，力争取得新的突破；三要努力保持经济持续健康发展，进一步落实好中央宏观调控政策和我省出台的一系列政策措施，做好经济运行调节和企业帮扶工作；四要抓好项目投资和重点工程建设，确保全年目标任务圆满完成，及早谋划明年投资项目和计划；五要扎实做好三农工作，加快推进“农村五件实事”，实施好百企千村产业扶贫开发工程，多渠道促进农民增收；六要加大政策扶持力度，加快节能环保产业和服务业发展步伐；七要狠抓节能减排和生态建设，推动全省环境质量持续明显改善；八要高度重视、切实保障、着力改善民生，积极扩大就业，努力增加居民收入，保持物价基本稳定。

省委常委会传达工会全国代表大会、妇女全国代表大会、地方政府职能转变和机构改革工作会议精神 11月4日，省委常委会召开会议，传达中国工会第十六次全国代表大会、中国妇女第十一次全国代表大会、全国地方政府职能转变和机构改革工作电视电话会议精神，研究山西省贯彻落实措施。省委书记袁纯清主持会议。

会议指出，要认真学习领会习近平总书记同全总新一届领导班子成员集体谈话时的重要讲话和工会十六大精神，牢牢抓住为实现中华民族伟大复兴中国梦而奋斗这个主题，充分调动职工群众推进转型跨越发展、维护社会稳定的积极性和创造性，不断开创工会工作新局面，进一步巩固党执政的阶级基础和政治基础。各级工会组织要坚决破除“行政化”和无所作为两种倾向，不断创新服务职工、维护职工合法权益的方式方法，就拓宽服务渠道、满足职工诉求深入开展调查研究，特别是要把提升职工群众政治素质和劳动素质作为重要任务，加大宣传教育和业务培训力度，使工会工作更贴近基层、贴近职工，更符合职工意愿，成为名副其实的“职工之家”。工会干部要深入车间、工地等基层一线开展工作，切实维护和发展职工权益，始终同职工群众心连心，成为听党话、跟党走、职工群众信赖的“娘家人”。

会议指出，中国妇女第十一次全国代表大会是妇女界的一次盛会。广大妇女要自觉团结在中国特色社会主义伟大旗帜之下，坚定“三个自信”，争做自尊、自信、自立、自强的时代新女性，充分发挥在建设中国特色社会主义中的“半边天”作用；要自觉肩负起尊老爱幼、教育子女的责任，当好“贤内助”“廉内助”，树立家庭文明新风尚。各级妇联组织要深入研究面临的新情况新问题，求真务实，创新工作，特别是要坚决贯彻男女平等基本国策，深入了解妇女需求，反映妇女心声，切实解决好妇女的所需所求、所盼所难。各级党委要进一步加强对妇联组织的领导，支持妇联组织依照法律和章程创造性地开展工作，为妇女事业和妇女工作创造良好环境。

会议指出，全国地方政府职能转变和机构改革工作电视电话会议，进一步明晰了地方政府职能转变和机构改革工作的路线图。各级各有关部门要站在全局和战略的高度，切实把思想和行动统一到党中央、国务院的决策部署上来。要按照中央要求，职能转变重点抓好“接、放、管”，机构改革着力搞好“控、调、改”，深化行政审批制度改革，精简下放行政审批事项，规范清理行政职权，严格控制机构编制，提高动态管理水平，充分发挥现有人员编制的效益。

会议强调，要坚决落实国务院关于财政供养人员只减不增的要求，在我省政府职能转变和机构改革工作完成之前，冻结行政事业单位编制，对违反规定进人的行为要严肃查处。

省委常委(扩大)会议传达贯彻十八届三中全会精神 11月14日，省委召开常委(扩大)会议，传达贯彻十八届三中全会精神。省委书记袁纯清传达了习近平总书记在十八届三中全会第二次全体会议上的讲话，省委副书记、省长李小鹏传达了习近平总书记在十八届三中全会上作的关于中央政治局工作的报告，省委常委、组织部长汤涛传达了《中央关于全面深化改革若干重大问题的决定(草案)》，省委常委、太原市委书记陈川平传达了习近平总书记对《中共中央关于全面深化改革若干重大问题的决定 (讨论稿)》的说明。省委书记袁纯清主持会议并讲话，就贯彻落实全会精神作出部署。省委常委，省人大、省政府、省政协党员负责同志，省法检两长，省军区负责同志，中央巡视组负责同志出席会议。

会议认为，十八届三中全会是深入贯彻党的十八大精神、推动全面深化改革的一次具有历史性意义的重要会议。党的十八大以来，以习近平同志为总书记的中央领导集体，面对国际深刻变化的复杂形势和国内改革发展稳定的繁重任务，高瞻远瞩、运筹帷幄、总揽全局，推动内政外交国防等各项事业取得重大进展、实现精彩开局，赢得全党全国各族人民的如潮好评和衷心拥戴。习近平总书记在十八届三中全会上的一个报告、一个说明和一个重要讲话，具有很强的思想性、针对性和指导性，为我们全面深化改革指明了方向。全会审议通过的《决定》，是站在新的历史起点全面深化改革的宣言书、动员令，是十一届三中全会后又一个总揽发展全局、决定中国命运的纲领性文件，实现了政策措施的新突破，开辟了实现中华民族伟大复兴的新境界，开启了改革进程的新阶段，是中国改革发展的又一个新的里程碑。

会议指出，学习贯彻十八届三中全会精神，是当前和今后一个时期的重要政治任务。全省各级党组织和领导干部要进一步增强思想自觉和行动自觉，牢固树立进取意识、机遇意识、责任意识，切实把思想和行动统一到十八届三中全会精神上来。一要深刻领会全面深化改革的指导思想和总目标。高举中国特色社会主义伟大旗帜，以马克思主义、毛泽东思想、邓小平理论、“三个代表”重要思想、科学发展观为指导，坚持把完善和发展中国特色社会主义制度、推进国家治理体系和治理能力现代化作为总目标。二要准确把握“三个进一步解放”的要求。深刻认识到解放思想是前提，是解放和发展社会生产力、解放和增强社会活力的总开关；解放和发展社会生产力、解放和增强社会活力，是解放思想的必然结果和重要基础。三要牢牢抓住全面深化改革的路线图和主轴。按照“六个紧紧围绕”的路线图，全面推进经济、政治、文化、社会、生态文明各领域改革和党的建设改革，坚持以深化经济体制改革为主轴，牵引和带动其他领域改革，使各方面改革协同推进、形成合力。四要切实遵循社会主义市场经济的改革方向。紧紧围绕使市场在资源配置中发挥决定性作用深化经济体制改革，处理好政府和市场关系这个核心问题。五要时刻牢记全面深化改革的出发点和落脚点。以促进社会公平正义、增进人民福祉为出发点和落脚点，把握好做大“蛋糕”与分好“蛋糕”的关系，创新制度安排，使改革成果更多更公平惠及全体人民。六要紧紧依靠人民推动改革。从人民利益出发谋划改革思路、制定改革举措，充分调动人民群众推进改革的积极性、主动性，把最广大人民的智慧和力量凝聚到改革上来。

会议强调，转型综改区建设既是资源型地区科学发展的“探路工程”，也是向党中央和习近平总书记以及山西人民交账的“答卷工程”。贯彻落实三中全会精神、全面深化改革，要以转型综改区建设为切入点，在重要领域、重大改革、重点项目等方面先行先试，带动全省大转型、大发展，更好地释放资源型地区的改革红利、市场潜力和创新活力。一要在转变政府职能上有新进展，树立“负面清单”理念，进一步简政放权，加快流程再造，变前置审批为过程服务、后端服务。二要在资源配置市场化上有新进展，大幅度减少政府对资源的直接配置，使各类资源按照市场规则、市场价格、市场竞争进行配置，实现效益最大化、效率最优化。三要在发展混合所有制经济上有新进展，加快省属国有企业公司制和股份制改革，制定非公有制企业进入特许经营领域的具体办法。四要在环境治理和生态修复上有新进展，开展节能量、碳排放权、排污权交易试点，健全生态环境保护责任追究和环境损害赔偿制度，加大沉陷区治理力度。五要在推进科技创新上有新进展，以山西科技创新城为龙头，打造中西部科技创新高地，做一篇煤炭的科技大文章。六要在发展现代农业和扶贫攻坚上有新进展，以推动土地流转为抓手，加快发展“一村一品”“一县一业”，全力抓好百企千村产业扶贫开发工程，向农村输送现代生产要素和经营模式，实现企业转型和农民增收双赢。七要在完善安全稳定长效机制上有新进展，健全和落实安全生产制度，创新社会治理体制，巩固和发展来之不易的安全稳定良好局面。八要在加强和改进党的建设上有新进展，以改革的精神加强领导班子建设和干部队伍建设，切实抓好农村和社区基层基础工作，把更多的行政资源、组织资源向基层倾斜。

会议要求，要以高标准、严要求抓好党的群众路线教育实践活动第三环节工作，确保做到“两不误、两促进”。要扎实抓好岁尾年终的工作，对各项工作进行盘点，确保完成全年目标任务。着眼于基本民生、底线民生、热点民生、升级民生，进一步加大财政投入力度，稳控物价，做好低收入群体和困难群众温暖过冬的工作。一刻不放松地狠抓安全生产，深化专项整治，加强隐患排查。加强社会治安整治，认真排查化解各种不稳定因素,增强群众安全感和社会和谐度。

省委常委会研究讨论深入贯彻十八届三中全会精神 11月15日,省委常委会召开会议,研究讨论深入贯彻十八届三中全会精神、加快推进转型综改试验区建设调研课题,传达中共中央关于薄熙来严重违纪违法案及其教训的通报,传达全国干部教育培训工作会议精神,讨论全省治理“四风”的制度建设计划。省委书记袁纯清主持会议。

会议指出,在党中央的坚强领导下,中央纪委、司法机关严肃查处薄熙来违纪违法案件,这是我们党深入推进反腐败斗争的重大胜利,充分体现了我们党从严治党的根本要求和依法治国的执政理念,进一步表明了我们党反对腐败、建设廉洁政治和社会主义法治国家的鲜明立场和坚定决心。常委会坚决拥护和支持中央对薄熙来案的查处。会议强调,薄熙来案件教训十分深刻,要高度警醒、引以为戒。全省各级党员领导干部要充分汲取薄熙来案的教训,做到坚信念、保本色,讲规矩、守法纪,坚定自觉地与以习近平同志为总书记的党中央保持高度一致。要自觉在坚定理想信念、遵守党纪国法、增强党性修养、坚持民主集中制等方面发挥表率作用,要求别人做到的自己首先做到,要求别人不做的自己绝对不做。要按照好干部标准,选好人、用好人、管好人,确保干部队伍清正廉洁。

会议指出,加快转型综改试验区建设是我省贯彻落实十八届三中全会精神的切入点和抓手,也是山西全面深化改革的一篇大文章。为此,省委决定由省委常委、副省长就事关转型综改试验区建设的14个重大课题进行领题调研。会议强调,要紧紧围绕行政体制改革、深化国有企业改革、科技创新城体制机制、扶贫开发体制机制创新、金融改革发展、干部考核机制和人才体制创新等重点领域,深入调查研究,提出一批新的、实的政策举措,破解制约综改试验区建设的难题,加快形成适应转型跨越发展的体制机制。

会议指出,干部教育培训工作是加强党的建设特别是干部队伍建设的重要内容。近年来,我省干部教育培训工作取得积极成效,发挥了“固根守魂”的重要作用。要认真贯彻落实全国干部教育培训工作会议精神,以服务转型跨越发展为目标,加快出台《2013–2017全省干部教育培训规划》,对干部教育培训要加大力度、提高针对性,使各级干部坚定理想信念、树牢宗旨观念、增强工作本领,营造崇尚学习、经常学习、自觉学习的浓厚氛围。要整合党校、行政学院、高等院校等教育资源,做到干部教育培训多层次、多形式、全覆盖。

会议指出,抓好全省“四风”问题的整改,制度建设是重要保障。根据中央要求,省委研究确定了35项整改制度,其中4项已经向全社会公布。下一步,要坚持立改并举,本着“短什么补什么,缺什么建什么”的原则,对省委制发的党内法规和其他规章制度进行全面梳理,把教育实践活动中总结出的一些好经验好做法以制度的形式固定下来。同时,要继续公布一批整改制度,自觉接受人民群众监督。

省委召开常委班子专题民主生活会情况通报会 11月18日,省委召开常委班子专题民主生活会情况通报会。省委书记袁纯清主持并通报情况,中央第八督导组组长、中国作家协会原党组书记、副主席金炳华,中央第六巡视组组长、河南省政协主席叶冬松,省委副书记、省长李小鹏,中央第八督导组副组长、山东省人大常委会原副主任崔曰臣,省委常委胡苏平、高建民、汤涛、李兆前、陈川平、张少华、聂春玉、白云等出席会议。在晋的中央委员、候补委员和中央纪委委员;中央督导组全体成员,中央巡视组领导;省委委员、候补委员,现职省级领导,正省级老同志和近5年退下来的副省级老同志;省纪委副书记,全省教育实践活动第一批部门(单位)主要负责同志,各市市委书记;省级“两代表一委员”中的代表,各行业战线的先进人物代表;中央驻晋主要新闻媒体负责同志参加会议。

会议通报了专题民主生活会的准备情况。教育实践活动开展以来,常委班子认真学习领会习近平总书记一系列重要讲话精神和在参加河北省委常委班子专题民主生活会时的重要讲话精神,全面落实中央要求,在中央督导组的指导下,扎实做好会前准备,自觉把自己摆进去、带头开展活动,突出抓了加强学习教育、广泛听取意见、认真查摆问题、坚持边查边改、深入对照检查等5个“规定动作”。同时,还开展了具有山西特点的5项活动:组织省四大班子成员专程赴右玉县重温习近平总书记重要批示精神,省委常委分别就文山会海、“三公”经费等6个专题进行领题调研,18位省委常委和副省长分头深入与群众利益密切相关的窗口单位面对面听取意见、实打实解决问题,制定《五个严格控制》《五个严禁超标准》等转变作风的“硬杠杠”,举办先进事迹报告会,用身边事教育身边人。

会议通报了专题民主生活会的召开情况。10月21日至22日省委召开专题民主生活会,袁纯清代表班子作全面对照检查,报告了遵守党的政治纪律和贯彻中央八项规定情况,查摆了“四风”方面的20个问题,剖析了思想根源,并从强化“看齐”意识、坚持群众路线、严格党内生活、坚持从严治党、务必艰苦奋斗、强化政绩导向等6个方面明确了今后的努力方向和整改方向。常委会13名成员逐一进行个人对照检查,大家紧密联系思想、工作和生活实际,查摆和剖析自身存在的问题,客观准确地为自己画像。常委班子成员相互之间开展了诚恳、善意的批评,共有72人次发言,提出91条批评意见,在严肃、和谐的氛围中碰撞了思想、凝聚了共识。金炳华对省委常委班子专题民主生活会给予充分肯定,认为会议准备充分、主题鲜明,严肃开展批评和自我批评,气氛融洽、质量较高,达到了“团结–批评–团结”的目的。袁纯清在总结时指出,专题民主生活会开得认真、严肃、富有成效,是多年来质量最高、触动最深、收获最大的一次民主生活会。对我省省委常委班子专题民主生活会,刘云山同志批示:“自我批评较深刻,开展批评也比较到位。”并对省委主要领导同志能发挥带头作用给予肯定。

会议还通报了专题民主生活会后省委领导班子整改落实和建章立制情况。整改工作从全面整改、专项整治、制度建设三方面同步推进。《省委领导班子整改方案》确定了26项整改落实任务，其中15项即行整改任务、11项近期整改任务，每项整改任务都明确了整改措施、责任领导、牵头和配合单位及负责人；围绕文山会海、检查评比泛滥等7个方面确定了37项专项整治重点任务；确定了包括35项制度的制度建设计划，形成一个完善管用的制度体系。为保障整改落实工作取得实效，强调要加强领导、精心组织，明确责任、细化措施，健全机制、形成合力，加强督查、严格问责，巩固成果、建章立制。

省委常委会研究“十二五”规划中期评估 11月22日，省委常委会召开会议，听取山西省“十二五”规划《中期评估报告》说明，研究2014年经济社会发展主要指标计划安排，讨论治理“四风”第二批整改制度和《关于党政主要领导不直接分管部分工作的若干规定(试行)》。省委书记袁纯清主持会议。

会议指出，“十二五”以来，全省上下以科学发展观为指导，以转型综改区建设为统领，紧紧围绕转型跨越发展、再造一个新山西的总体战略，坚持主题主线和稳中求进工作总基调，抓住办好“两件大事”这个根本，坚持“以煤为基、多元发展”，经济发展方式转变迈出新步伐，综改区建设取得新突破，“四化”建设取得新成效，基础设施建设实现新跨越，人民生活水平得到新改善，为实现“十二五”规划目标奠定了坚实基础。在严峻复杂的经济形势下，这些成绩来之不易。后两年，要全面贯彻落实党的十八大和十八届三中全会精神，以改革为基本动力，以转型为基本取向，以改善民生为出发点和落脚点，坚定发展信心，发挥潜在优势，不断开拓山西转型发展新的空间。

会议指出，2013年以来，省委、省政府认真贯彻落实中央决策部署，积极应对经济下行压力，统筹推进稳增长、调结构、促转型、惠民生各项工作，及时出台和实施了一系列政策措施，全省经济社会发展呈现平稳较快增长态势。2014年是在新的历史起点上全面深化改革的开局之年，要加快转型综改试验区建设，在重大改革、重要领域、重点项目等方面先行先试，更好地释放资源型地区的改革红利、市场潜力和创新活力。

会议指出，抓好教育实践活动整改落实和建章立制工作，对于巩固活动成果具有重要意义。要在落实好第一批整改制度的基础上，制定和规范领导活动新闻报道、省委省政府领导定期直接接待群众来访、省级领导干部公务接待活动、国家工作人员因公临时出国等有关制度，并尽快下发。各级领导干部要带头遵守、严格执行，确保各项规定落到实处。

会议指出，党政“一把手”担负着决策和管理的重任，建立党政主要领导不直接分管部分工作制度，有利于科学配置“一把手”权力，规范权力运行，加强对党政主要领导行使权力的制约监督，促进领导干部廉洁从政。领导班子要严格执行相关议事规则，党政主要领导应对全面工作负总责，认真履行对班子成员的监督职责，支持和指导班子成员在职责范围内独立负责地开展工作。要加强对各级党政领导班子成员贯彻民主集中制、实施集体决策情况的监督检查。

中央宣讲团党的十八届三中全会精神报告会 11月25日，中央宣讲团党的十八届三中全会精神报告会在太原举行，中央宣讲团成员、财政部副部长王保安作宣讲报告。省委书记袁纯清主持报告会并讲话。省委副书记、省长李小鹏，省政协主席薛延忠，省党政军领导等出席报告会。

王保安是党的十八届三中全会文件起草组成员，多次参与国家重大财税政策和改革方案的研究制定，具有深厚理论功底和丰富实践经验。王保安的报告以“贯彻十八届三中全会精神，以经济体制改革为重点全面深化改革”为题，介绍了全会基本情况，阐述了《决定》的深远意义，重点解读了深化经济体制改革的创新举措，解析了深化财税体制改革的方案性思路，系统全面又重点突出，观点鲜明又深入浅出，对全省上下深刻理解、准确把握党的十八届三中全会精神很有帮助。

袁纯清在主持报告会时指出，举行中央宣讲团党的十八届三中全会精神报告会，对学习好、宣传好、贯彻好全会精神，全面深化改革、加快转型跨越具有重要推动作用。省委把学习宣传贯彻十八届三中全会精神作为一项重要政治任务，各地各部门按照省委部署，迅速行动起来，形成了学习宣传贯彻全会精神的热潮。袁纯清强调，一是学习要钻得深、吃得透，切实把思想和行动统一到全会精神上来。对三中全会重要文件，必须逐字逐句读、原原本本学，各级领导干部要先学一步、学深一层。各级党委(党组)中心组要创新学习方式，不仅要听专家讲，也要自己讲。特别要深刻理解“三个进一步解放”的要求和相互关系，通过学习实现思想大解放、大转型，进一步解放和发展生产力，进一步解放和增强社会活力。二是宣传要多层次、全覆盖，宣讲团要进机关、进企业、进农村、进学校、进社区。领导干部要带头宣讲。新闻媒体要准确把握基调和导向，既要解析透涉及经济社会发展的大事，又要讲清楚群众身边的“小事”，让人民群众关注改革、支持改革、参与改革，不断增强正能量。三是贯彻要敢破题、能破题，为全面深化改革、加快综改区建设提供强大支撑。山西贯彻落实三中全会精神，关键是把综改区建设作为全面深化改革的切入点，以政府职能转变为中心环节，以转型为关键，以安全为基础。要按照习近平总书记考察青岛黄岛经济开发区黄潍输油管线事故抢险工作时，对安全生产工作提出的指示和要求，坚持安全也是第一要务、安全是最基础的民生的理念，始终绷紧安全生产这根弦，强化政府和企业责任，开展安全生产检查，消除安全隐患，确保山西来之不易的安全生产良好局面。要紧紧抓住转型综改区建设这个全省改革与发展的统揽，努力做到再审视、再提升、再突破，着力解决破题不够、路径不宽的问题。省委确定的14个调研课题，突出了问题导向，抓住了关键环节和“硬骨头”问题。各地各部门要积极配合这次集中调研，同时也要结合实际盘点问题，研究制定具体的改革措施。

省委常委会学习《党政机关厉行节约反对浪费

条例》和传达四省区教育实践活动座谈会精神 11月26日，省委常委会召开会议，学习中共中央、国务院《党政机关厉行节约反对浪费条例》，传达四省区党的群众路线教育实践活动座谈会精神，研究我省贯彻落实措施。省委书记袁纯清主持会议。

会议指出，艰苦奋斗、勤俭节约是中华民族的传统美德，是党的优良作风。《党政机关厉行节约反对浪费条例》是党的群众路线教育实践活动建章立制的重要成果，是一部厉行节约反对浪费的综合性、基础性党内法规，是党政机关做好节约工作，防止浪费行为的总依据和总遵循。全省上下要从关系党的执政基础和执政地位的高度，从关系党和人民事业兴衰成败的高度，从坚持党的群众路线、弘扬艰苦奋斗优良传统的高度，充分认识《条例》的重大意义。2013年以来，全省上下在贯彻落实中央八项规定、反对“四风”、厉行勤俭节约方面取得了阶段性成绩，但一些地方和部门节约节俭意识淡薄，制度不严、执行不力，铺张浪费现象比较普遍，厉行节约、反对浪费还有大量的工作要做。当前，各级各部门要把学习贯彻《条例》作为重要政治任务，逐条学习对照，全面贯彻落实，能够整改的立即整改。要成立领导机构，全面负责《条例》的贯彻实施。结合山西实际，抓紧制定实施细则，完善配套制度，做好相关文件的清理工作。以改革创新精神，完善预算管理、政府采购等措施，从源头上减少公共资源浪费。党政机关特别是领导干部要做好表率，从节约一滴水、一度电、一张纸开始，培养节约文化、养成节约习惯、建设节约机关。加大《条例》宣传力度，在全党全社会营造节约光荣、浪费可耻的浓厚氛围。要以经常性检查、专项整治等方式，加大督促检查力度，严肃惩戒问责，切实维护《条例》的严肃性和权威性。

会议指出，整改落实、建章立制工作事关教育实践活动的最终成效。要认真学习贯彻党的十八届三中全会和习近平总书记重要讲话精神，落实四省区教育实践活动调研座谈会的要求，切实增强做好第三环节各项工作的思想自觉和行动自觉。要强化问题意识、问题导向，坚决防止“松”的情绪、“软”的做法、“拖”的态度，认真总结教育实践活动前一段进展情况，扎实开展“回头看”，以钉钉子的精神抓好整改落实，确保全省第一批活动善始善终、善做善成。要以严的标准、严的要求，认真落实省级领导班子整改方案，加紧完善专项整治方案和制度建设计划。正在开展的遏制公款吃喝、规范公务用车等工作，要确保力度不减、稳步推进。做好开展第二批教育实践活动的准备工作，各市县和有关单位要预热升温，先学起来、先改起来，让群众看到抓作风建设的明显成效。

省委中心组（扩大）举行学习报告会 11月29日，省委中心组(扩大)举行学习报告会，省委常委、宣传部长胡苏平围绕学习贯彻习近平总书记一系列重要讲话精神、做好宣传思想工作作报告。省委书记袁纯清主持会议并讲话，他强调，要坚持学讲结合、以讲促学抓好理论学习，扎实推进宣传思想工作，全面贯彻落实十八届三中全会各项部署，不断开创全省改革发展新局面。省委副书记、省长李小鹏，省政协主席薛延忠，省委常委，省人大、省政府、省政协负责同志，省法检两长出席报告会。

胡苏平结合我省实际，从七个方面重点讲了学习习近平总书记在全国宣传思想工作会议上重要讲话的体会，观点鲜明、认识深刻、内容丰富，针对性很强，对于做好全省宣传思想工作具有重要指导意义。按照省委部署，年底前进行两次由省委常委主讲的省委中心组集中学习，这次是第一次。

袁纯清在主持报告会时提出三点要求，一是学讲结合、以讲促学是个好办法，必须坚持下去、取得实效。党的十八大特别是群众路线教育实践活动开展以来，省委把学习习近平总书记一系列重要讲话作为一项重要政治任务，既集中学习又开展讨论，既请专家讲又坚持常委讲，取得良好效果。领导干部自己讲，不仅是学习的过程，也是思考的过程，而且更有山西味、更有亲切感、更有互动性。要把这种学讲结合、以讲促学的做法很好地坚持下来，推动我们的学习更深入、更深刻，促进学习型党组织建设，在全社会形成更加浓厚的学习氛围。二是宣传思想工作极其重要，必须放在心上、抓在手里、落实到工作中。要增强政治意识、政权意识，打好宣传思想工作主动仗，切实起到发动群众、鼓舞群众、引导群众和组织群众的作用。要充分认识到舆论斗争的艰巨性，以高度的“意识形态意识”，增强政治定力，提升“三个自信”，坚决与以习近平同志为总书记的党中央保持高度一致；增强舆论引导力，面对突发事件早发声、会发声，掌握主动权；要加大正面宣传力度，讲好山西故事，传播正能量。三是各级各部门要把学习贯彻十八届三中全会精神、深入开展群众路线教育实践活动、落实中央八项规定和《党政机关厉行节约反对浪费条例》，作为当前重要的政治任务，下功夫抓实抓好、抓出成效。要深入基层、深入群众，面对面宣讲十八届三中全会精神，特别是要把宣讲工作与解决群众实际问题结合起来，与加快推进转型综改区建设结合起来，力求取得更大成效。

农村、社区基层党组织建设座谈会 12月2日，省委书记袁纯清先后主持召开农村、社区基层党组织建设两个座谈会。他强调，要积极适应新形势新任务新要求，扩大组织覆盖，创新工作机制，加强基层服务型党组织建设，切实把基层党组织的工作重心转移到服务改革、服务发展、服务民生、服务群众、服务党员上来，在贯彻落实十八届三中全会、促进全省转型跨越发展中更好地发挥战斗堡垒作用。省委副书记金道铭，省委常委、组织部长汤涛等出席。

在农村基层党组织建设座谈会上，临汾市委常委、组织部长张明星，运城市委常委、组织部长陈振亮，太原市小店区委书记车建华，大同市广灵县委书记郭占宝，朔州市应县县委书记兰成国，吕梁市离石区委书记阎刚平，晋中市和顺县委书记孙永胜，忻州市繁峙县委常委、组织部长李宝山，阳泉市郊区区委常委、组织部长王振杰，分别介绍了推行“定查评”工作法、实施“创星晋位”管理、创立与“四议两公开”相结合工作制度、延伸“四位一体”帮扶机制、合作经济组织党建“三三制”工作法、后进村整顿工作、开展“三联五帮”活动、推行党员“承诺、践诺、评诺”制度、建立“联村党委”等做法与经验。在社区基层党组织建设座谈会上，太原市委常委、组织部长李志江，大同市委常委、组织部长赵向东，晋城市委常委、组织部长范丽霞，忻州市宁武县委书记任宁虎，阳泉市矿区区委书记刘德跃，长治市城区区委书记孙刘琳，运城市盐湖区委书记王志峰，朔州市朔城区委常委、组织部长董达，晋中市介休市委常委、组织部长张晋平，围绕创建星级社区和实施惠民项目、在职党员进社区服务群众、创建"一创三联四量化"工作机制、党员进社区参加多重组织生活、实施"区直管社区"扁平化管理试点、"三位一体"网格化社会管理、选干部办实事建机制、社区办公活动场所建设、打造五个"十分钟服务圈"推进服务型基层党组织建设等话题，分别介绍了各自的做法和思考。座谈中，与会人员还就一些重点问题进行了深入交流探讨。

袁纯清对各地介绍的工作给予充分肯定。他说，大家从不同角度介绍了加强基层党组织建设的探索性做法、初步经验和切身体会，反映出积极的工作状态，一些做法和经验比较成熟，值得研究推广。

袁纯清强调，在建设社会主义新农村过程中，稳定的关键在农村、发展的基础在农村、改革的潜力也在农村，要认真研究农村基层党组织建设面临的新情况新矛盾新机遇，积极应对农村组织形式和生产、生活方式的转变，进一步加强和改善农村基层党组织建设。一要坚持把班子建设摆在首位。乡镇党委要始终把基层党组织领导班子建设作为第一任务，把主要精力放在选好用好管好党支部书记上。二要认真执行"四议两公开"。通过贯彻落实这项基层党建的基本制度，集中群众智慧，形成普遍共识，做好工作决策，强化监督制约。三要强化激励考评机制。加大投入、补贴力度，加强教育培训工作，健全考核考评制度，完善激励约束机制，调动基层党组织的积极性、主动性和创造性，使基层党组织始终保持蓬勃生机和旺盛活力。

袁纯清指出，社区是改革开放以来社会走向现代化的新事物，是随着经济社会发展出现的新领域新课题，有关工作都要坚持实践第一的观念，积极探索，不断完善。一要认识到随着改革发展的不断推进，社区集聚的人口会越来越多，社区工作任务会越来越重，各级党委、政府必须高度重视社区建设。二要深入研究社区功能定位，针对人口、财富、信息聚集等特点，探索建立相适应体制机制，更好地教育引导和组织团结群众，实现安全、稳定、和谐目标。三要坚持社区工作社会化取向，发挥自组织作用，倡导志愿者服务，充分激发和增强社会活力。四要把帮扶工作作为重点来抓，设法扶贫济困、帮助特殊人群，好事尽管做，难事抓紧做、花大力气做。五要通过参加社区组织生活、帮扶困难群众等形式，推动在职党员进社区，发挥好这一政治资源和工作资源的作用。六要保障社区基本工作场所和人员工作待遇，改善社区工作条件，促进文明和谐社区建设。

省委召开市委书记、工(党)委书记抓基层党建工作专项述职会 12月4日，省委召开市委书记、工(党)委书记抓基层党建工作专项述职会议。省委书记袁纯清主持会议并讲话，他强调，要认真贯彻党的十八大、十八届三中全会精神，强化各级党组织书记的管党意识和管党责任，提升基层服务型党组织建设水平，充分发挥基层党组织作用，为全面深化改革和转型跨越发展提供坚强保证。中央第八督导组组长金炳华，中央组织部组织二局负责同志出席会议并讲话；中央督导组副组长崔曰臣以及督导组其他同志，省委常委胡苏平、汤涛、李兆前、陈川平、聂春玉等出席会议。

会上，围绕抓基层党建工作，11个市的市委书记分别述职，省直机关工委、省高校工委、省国资委党委、省国防科技工业党委、省非公经济组织工委书记书面述职。述职后，参会人员对各位市委书记和工(党)委书记抓基层党建工作进行了民主测评。

中央组织部组织二局负责同志认为，山西省委高度重视基层党建工作，这次专项述职会议准备充分，各位书记的述职实事求是，各地工作有特色有亮点，会议测评体现了民主务实的作风，全省基层党建工作富有成效。下一步要按照中央部署，以开展第二批教育实践活动为契机，突出抓好基层党组织带头人队伍建设，继续抓好重点工作和有关制度的落实，全面提升基层服务型党组织建设水平。

金炳华指出，省委举办专项述职会议，是坚持党要管党、从严治党，落实基层党建工作责任制的重要举措，回应了教育实践活动中的群众关切，充分体现了山西省委对基层党建工作的高度重视，取得了明显成效。要深入学习贯彻习近平总书记系列重要讲话和十八届三中全会精神，紧密结合开展教育实践活动，进一步加强基层党组织建设，做到干部转作风、群众得实惠。坚持书记抓、抓书记，一级抓一级，层层抓落实，不断探索新做法，创造新经验。

袁纯清指出，过去一年，我省各级党委认真履行基层党建工作责任，坚持把抓基层打基础摆在突出位置，结合实际抓创新，瞄准难点求突破，健全机制促长效，着力构建新格局，基层党建各项工作取得新进展新成效。下一步，要认真贯彻落实党的十八届三中全会精神，进一步巩固提升基层党建工作。一要坚持党要管党、从严治党，切实提高思想认识，把抓基层党建当成分内之事、作为硬性任务，责无旁贷地抓紧抓好。二要坚持围绕中心、服务大局，科学谋划基层党建工作，高度重视基层党组织带头人队伍建设，重点解决一些基层党组织"软散懒"、基层干部"走读"等问题，狠抓整顿后进村工作。三要坚持转变方式、强化功能，强化服务意识，完善服务体系，拓展服务内容，丰富服务载体，使服务成为基层党建工作的鲜明主题。四要坚持分类指导，统筹推进农村、社区、企业、非公有制经济组织和社会组织、高校、机关等各个层面的党建工作，着力打造基层党建"升级版"。五要坚持书记带头、齐抓共管，切实履行基层党建工作第一责任人的职责，通过总体谋划、带头示范、机制建设，真正把党建工作抓在手上、抓出实效。袁纯清强调，根据中央统一部署，第二批教育实践活动将于2014年年初全面铺开。各市要积极做好准备工作，先行学习提高，认真查摆有关基层组织建设等方面的问题，切实加以整改。

省委党建工作领导小组成员，省直机关工委、省高校工委、省国资委党委、省国防科技工业党委、省非公经济组织工委书记和组织部长，各市组织部长等参加会议。

省委常委召开群众路线教育实践活动专题思想交流会 12月5日，省委常委召开专题思想交流会，深入交流开展党的群众路线教育实践活动以来的心得和体会，深化思想认识，改进工作作风，提升党性修养，进一步推动各项工作。省委书记袁纯清主持会议，他强调，要认真学习掌握历史唯物主义基本原理和方法论，深入贯彻落实党的十八届三中全会精神，坚定信心、改进作风、扎实工作，为转型跨越发展提供坚强保障。中央第八督导组组长金炳华、副组长崔曰臣出席会议。

与会常委联系各自思想和工作实际交流了心得体会。大家讲到，参加这次教育实践活动，按照中央和习近平总书记的要求，照镜子、正衣冠、洗洗澡、治治病，是一个活血化瘀、通筋活络、祛病健体的过程，真正提升了认识、净化了思想、纯洁了党性、端正了作风。特别在活动中，对"四风"问题从认识不深到认识到其损民蚀党之害，从自我感觉良好到树立"问题意识"，从顾及面子到把自己摆进去，从怕伤和气到敢于直面批评，进一步坚定了解决"四风"问题的信心、决心和恒心，进一步强化了党员领导干部的表率和核心作用。大家讲到，中央部署开展教育实践活动非常必要、切合实际，必须进一步打牢马列主义这个思想基础，用好批评和自我批评这个法宝，扎扎实实抓好整改落实和建章立制工作，保持与人民群众的血肉联系，更加紧密地团结在以习近平同志为总书记的党中央周围。大家还讲到，教育实践活动是坚持党要管党、从严治党的重要举措，切实增强了党的创造力凝聚力战斗力，切实增强了各级领导干部的政治意识、宗旨意识、大局意识和廉洁自律意识，切实增强了广大党员的道路自信、理论自信、制度自信，对于我们党团结带领全国人民推进新一轮改革开放、实现伟大"中国梦"具有重大而深远的意义。

金炳华对这次思想交流会给予充分肯定。他指出，山西省委对这次会议高度重视，各位常委认真准备，大家结合"回头看"交流思想收获体会，谈得坦诚、认真、深刻、实在，取得了良好效果。当前，教育实践活动进入了整改落实、建章立制环节，要深入学习贯彻十八届三中全会精神和习近平总书记的重要讲话精神，不断提高思想自觉和行动自觉，坚持高标准严要求，在狠抓落实上下功夫。领导要继续发挥示范带头作用，以钉钉子的精神既要抓好班子的整改任务，又要落实好个人的整改措施，在真抓实改中取信于民，使教育实践活动成为群众满意工程。

袁纯清在总结讲话中指出，这次思想交流会准备充分、交流深入、气氛融洽，达到了预期目的。要认识到，解决"四风"问题是一个长期的、系统的实践过程。各级领导干部特别是省委常委要以钉钉子的精神，加强党性修养、改进工作作风、提高工作本领，坚持不懈、持之以恒地推进教育实践活动，为转型跨越发展提供思想保障、作风保障、政治保障。一要坚持往深里学，做善于学习的表率。把学习习近平总书记重要讲话作为一项长期的政治任务，坚持学、深入学、系统学，在思想上、政治上、行动上与以习近平同志为总书记的党中央保持高度一致。要认真学习贯彻三中全会精神，原原本本、逐字逐句地学习中央《关于全面深化改革若干重大问题的决定》，学深学透、用足用好，扎实有效推进转型综改试验区建设。二是坚持往深里改，做善做善成的表率。坚决执行中央八项规定和《党政机关厉行节约反对浪费条例》，认真落实各项整改方案和制度计划，持之以恒地抓下去，富有成效地巩固好，善始善终地抓好首批教育实践活动，为明年第二批教育实践活动做好表率。三是坚持往深里抓，做狠抓落实的表率。坚持发展第一要务，坚持转型根本取向，各级领导干部都要靠前指挥，保增长、抓转型、促改革，确保完成今年目标任务，确保社会安定，确保生产安全，同时要及早谋划明年工作，为全面完成"十二五"规划的目标任务奠定坚实基础。

省委中心组(扩大)举行学习报告会 12月6日，省委中心组（扩大）举行学习报告会，邀请全国政协副主席、致公党中央主席、科技部部长万钢作题为"深化科技体制改革、加快创新驱动发展"的辅导报告。省委书记袁纯清主持会议并讲话。他强调，要深入贯彻落实十八届三中全会精神，牢固树立抓科技创新就是抓转型跨越的理念，大力实施创新驱动发展战略，为转型跨越提供有力支撑。省委副书记、省长李小鹏，省政协主席薛延忠，省委常委和省人大、省政府、省政协负责同志，省法检两长出席报告会。

万钢是我国汽车领域的顶级专家，曾是国家863计划电动汽车重大专项首席科学家、总体组组长，对创新驱动发展战略、科技体制改革有独到见解，多次给中央领导作报告，今年9月30日为中央政治局集体学习作讲解。万钢围绕贯彻落实党的十八届三中全会精神，深刻阐述了实施创新驱动发展战略、深化科技体制改革、推进山西绿色循环低碳发展三个方面的重大问题，站位很高、视野开阔，旁征博引、剖析深刻，体现了对事业的高度责任感和务实的工作作风，对我省深入贯彻落实三中全会精神，加强自主创新能力建设特别是加快科技创新城建设，推动转型跨越发展具有重要指导意义。

袁纯清在主持报告会时强调，实施创新驱动战略，推动转型跨越发展，必须思想更有高度、眼界更有广度、工作更有力度。为此，一要把科技创新作为山西转型的第一动力，加快资源依赖向创新驱动转变。牢固树立抓科技创新就是抓转型跨越的理念，把建设创新型省份作为加快转型跨越发展的应有之义。要按照"资本+高新技术=现代生产力"的模式，推动科技与资本的融合，加快装备制造业、现代煤化工、新能源等战略性新兴产业的发展。要鼓励企业以多种形式设立研发机构，建立企业主导产业技术研发体系，使企业真正成为技术研发、创新和科技成果产业化的主体。二要把科技创新城作为山西综改的第一工程，加快实现"煤老大"到"煤科老大"的华丽转身。要全面落实省部会商形成的各项协议，加快山西科技创新城建设，围绕产业链配置创新链，在煤炭综合利用、煤炭装备制造、煤层气开采、现代煤化工等关键技术领域下功夫、求突破，做一篇煤炭清洁、安全、低碳、高效开采利用的大文章。三要把高层次人才作为山西发展的第一资源，努力建设特色人才高地。继续实施海外高层次人才引进计划，鼓励支持企业和学校、科研院所加强人才培养合作，提高人才队伍建设水平，特别要依托山西科技创新城建设“山西人才特区”，广泛吸引全国乃至全球高科技人才前来创新、创造、创业。

省委常委会确定治理“四风”制度建设计划 12月15日，省委常委会召开会议，按照中央要求，研究确定全省治理“四风”的制度建设计划和开展“四风”突出问题专项整治方案。省委书记袁纯清主持会议。

会议指出，制度建设要全面贯彻党的十八大和十八届三中全会精神，坚持党要管党、从严治党，坚持用制度管权管事管人，以贯彻落实中央八项规定和《党政机关厉行节约反对浪费条例》为着力点，针对形式主义、官僚主义、享乐主义和奢靡之风等突出问题，健全改进作风长效机制，努力形成内容协调、程序严密、配套完备、有效管用的制度体系，为全面深化改革、促进转型跨越发展提供可靠的制度保证。会议强调，要坚持于法周延、于事简便，坚持立、改、废并举，坚持边整边改、边改边立，突出量化要求，突出“硬杠杠”，切实把教育实践活动中总结出的一些好经验好做法固化下来。

《整治方案》全面体现了中央要求，认真贯彻落实省委四个实施办法，充分吸收借鉴了我省近年来开展作风建设的实践成果，着力解决群众反映强烈的“四风”方面突出问题，共涉及26个专项、83个方面的具体内容，其中6个专项、涉及29个具体内容的集中整治工作已开展，并取得阶段性成果；其余20个专项、涉及54个具体内容的整治工作即将全面铺开。会议强调，要把专项整治作为教育实践活动的大事来抓，重点在第一批开展活动的163个单位中开展。各单位一把手和责任领导要高度重视，严格落实专项整治方案，绝不能虎头蛇尾、敷衍塞责，确保教育实践活动善始善终、善做善成。

省委传达中央经济工作和城镇化工作会议精神 12月16日，省委召开常委(扩大)会议，传达中央经济工作和城镇化工作会议精神。省委书记袁纯清主持会议，省委副书记、省长李小鹏等传达习近平总书记和李克强总理的重要讲话。省委常委围绕贯彻落实中央两个会议精神、做好我省各项工作进行了深入讨论，提出贯彻落实初步意见。省政协主席薛延忠，省委常委，省人大、省政府、省政协负责同志，省法检两长出席。

会议认为，习近平总书记和李克强总理的重要讲话，全面贯彻党的十八大和十八届三中全会精神，深刻分析了面临的形势，明确了明年经济工作的总体要求、政策取向和主要任务，系统回答了中国特色新型城镇化是什么、怎么建一系列重大课题，体现了战略思维、辩证思维、底线思维，凸显了进取意识、机遇意识、责任意识，内涵丰富、思想深刻，具有很强的政策性、指向性、可操作性，为做好经济工作和城镇化工作提供了基本遵循。

会议指出，要深刻理解中央两个会议的精神实质，结合山西实际贯彻落实。一要认清形势，按照中央对当前经济形势作出的“稳中有进、稳中向好，稳中有忧、稳中有险”的科学判断，增强信心、强化责任，解忧排险、迎难而上，切实掌握工作主动权。二要明确任务，做好经济工作要认真贯彻“稳中有进、改革创新”的基本要求，既保持合理的发展速度，又注重提质增效升级。同时，以人为核心加快推进新型城镇化。三要及早谋划，尽早研究确定我省2014年经济工作和城镇化建设的目标任务，努力提高发展的质量和效益，保持经济持续健康发展。四要抓好落实，切实把中央出台的各项举措落到实处，同时要加强与国家有关部委的沟通对接，积极争取对我省转型综改区建设的支持。

会议指出，我省贯彻落实中央两个会议精神，在改革步伐上必须更快一些，以转型综改试验区建设为切入点全面深化改革，以改革促发展、以改革促转型、以改革促民生。在转型气魄上必须更大一些，抓住国家促进转方式、调结构的政策机遇，大力发展现代煤化工、装备制造、节能环保、文化旅游等我省具有比较优势的产业，力争抢占新产业发展制高点。在政策措施上必须更实一些，增强忧患意识、机遇意识、责任意识、创新意识，坚决顶住经济下行压力，扎实抓好各项工作，努力开创转型跨越发展新局面。会议强调，要加强党对经济工作和全面深化改革的领导，总揽全局、协调各方，集思广益、凝聚共识，改进作风、提高素质，确保2013年目标任务圆满完成和明年各项工作顺利推进。

省委加快推进转型综改区建设调研课题汇报会 12月18日至19日，省委召开加快推进转型综改区建设调研课题汇报会，在前一段集中调研的基础上，就事关山西综改区建设全局的14个课题进行研究讨论，共商深入推进改革、创新体制机制之策。省委书记袁纯清主持会议。省委副书记、省长李小鹏，省政协主席薛延忠，省领导胡苏平、高建民、汤涛、李兆前、陈川平、张少华、王建明、聂春玉、白云、李政文、张建欣、郭迎光、王一新、张复明等参加会议。

为深入贯彻党的十八届三中全会精神，加快推进转型综改区建设，省委常委会确定了14个调研课题，分别由省委常委、副省长领题。1个月来，各课题组深入基层和部门，广泛听取意见，扎实开展调研，取得了一系列研究成果，形成了13个课题调研报告和《关于深入贯彻党的十八届三中全会精神，加快推进转型综改试验区建设的若干意见》。

汇报会上，省领导围绕《若干意见》以及山西科技创新城体制机制研究和建设，深化国有企业改革研究，创新扶贫开发体制机制研究，文化改革与发展体制机制创新研究，行政体制改革创新研究，推进金融改革发展研究，干部考核机制和人才体制创新研究，优化发展环境、创新对外开放机制研究，太原率先发展体制机制研究，社会治理体制机制创新研究，创新资源型地区生态文明建设体制机制研究，发挥市场配置资源的决定性作用，市场监管体制机制创新研究等课题，分析现状、研究问题、提出对策。大家深入交流观点，充分发表意见，进一步深化了对山西省情的认识，深化了对党的十八届三中全会精神的理解，深化了对以综改区建设为切入点、深入推进改革的重要性、迫切性的认识，在综改区建设的重点领域、具体路径、创新举措等方面明确了方向、凝聚了共识、开阔了思路。

会议认为，《若干意见》全面贯彻党的十八届三中全会精神，明确了山西深化改革、加快综改区建设的路线图，重点突出、内容丰富，具有较强的针对性、前瞻性和战略性，必将成为指导全省深入推进改革、加快综改区建设的重要文件。要深刻领会、全面把握中央《决定》精神，坚持以综改区建设为切入点，敢于啃硬骨头、敢于涉险滩，继续解放思想，大胆先行先试，深入推进改革，狠抓工作落实，为转型发展拓展新空间、增添新动力、增创新优势。

会议认为，要把山西科技创新城作为转型跨越发展的战略举措和关键一招，以更高层次、更宽视野完善规划、创新机制，引进一流研发机构、科技项目、高端人才，建设煤基科技创新高地。要深化国有企业改革，发展混合所有制经济，实现股权多元化，减少资源依赖、政府依赖。要加快实施百企千村产业扶贫开发工程，加大扶贫开发力度，努力改善人居环境。深化文化体制改革，探索政府购买公共文化服务模式，引进民营资本，做大做强文化产业集团。要正确处理政府和市场的关系，加快行政审批制度改革，简政放权、加强监管，优化政务环境。要创新金融体系，建好政府融资平台，加强政府债务管理。要紧扣综改区建设和改革发展重点，完善干部考核评价体系，创新人才引进激励保障机制。要推进煤炭清费立税改革，理顺管理体制、优化人才配置、强化要素保障，加快开发区发展步伐。要自加压力、对标一流，加快太原率先发展，提高城市建设和产业发展水平，提高影响力、扩张力、辐射力。要提高社会治理水平，以基层党组织建设为重点加强基层社会治理体系和平台建设，强化基层组织功能，有效维护稳定、促进和谐。要建立资源有偿使用和生态补偿制度，推进煤矸石和粉煤灰综合利用，加强节能减排，改善生态环境。要发挥市场在资源配置中的决定性作用，完善煤炭资源市场化配置机制，完善水、电、气、热等公共产品价格形成机制。要加快推进工商登记制度改革，激发社会活力和市场主体活力。

袁纯清强调，要结合贯彻中央精神，对有关问题继续深度调研，使课题成果更好地转化为重大决策、方案和举措。要充分吸纳各调研课题成果和有关意见，对《若干意见》进行进一步修改和完善。

省委常委会研究讨论《中共山西省委常委会工作报告》 12月23日，省委常委会召开会议，研究讨论《中共山西省委常委会工作报告》《中共山西省委、山西省人民政府关于深入贯彻党的十八届三中全会精神，加快推进转型综改试验区建设的若干意见（讨论稿）》，研究讨论治理“四风”第三批整改制度。省委书记袁纯清主持会议。

会议指出，一年来，在党中央的正确领导下，省委常委会紧紧依靠全委会的同志，团结带领全省干部群众，深入学习贯彻习近平总书记一系列重要讲话精神，扎实开展党的群众路线教育实践活动，严格贯彻执行中央八项规定，加快转型综改试验区建设步伐，抓经济发展逆势而进，全面推进经济、政治、文化、社会和生态文明建设，全面提高党的建设科学化水平，各项工作取得新进展新成效。做好明年工作，优势和不足并存、机遇和挑战同在。要强化进取意识、机遇意识、责任意识，牢固树立底线思维，坚持以改革为动力，以转型为取向，把握好“稳”和“改”的度，静要有定力、动要有秩序，努力开拓加快转型跨越、办好“两件大事”的新局面。

会议听取了《中共山西省委、山西省人民政府关于深入贯彻党的十八届三中全会精神，加快推进转型综改试验区建设的若干意见（讨论稿）》征求意见和修改情况的汇报，要求在进一步修改完善后，提请省委十届五次全会讨论。

会议指出，对省委常委会议事规则、全省党政机关新建改建扩建楼堂馆所、评比达标表彰活动管理等作出制度性规范，是落实《治理“四风”的制度建设计划》的重要内容。要在进一步修改完善的基础上，尽快下发。省委常委会要带头贯彻民主集中制，做到科学决策、民主决策、依法决策。各级各部门要坚决执行禁止违规新建扩建楼堂馆所的有关规定，进一步规范评比达标表彰活动，巩固教育实践活动成果。

省委召开党外人士座谈会 12月23日，中共山西省委召开党外人士座谈会，听取各民主党派省委、省工商联和无党派人士对《中共山西省委、山西省人民政府关于深入贯彻党的十八届三中全会精神，加快推进转型综改试验区建设的若干意见（讨论稿）》的意见建议。省委书记袁纯清主持会议并讲话，省委副书记、省长李小鹏，省政协主席薛延忠，省领导高建民、聂春玉、白云出席座谈会。

座谈会上，民革省委会主委张友君、民盟省委会专职副主委赵恒寿、民建省委会主委王宁、民进省委会专职副主委高新文、农工党省委会主委周然、九三学社省委会主委刘滇生、省工商联主席张复明、无党派人士谢红等先后发言。他们认为，《若干意见》体现了十八届三中全会精神，结合了山西实际，贯穿了改革创新精神，措施实、力度大、亮点多，有许多新提法、新理念，体现了转型跨越新要求，顺应了人民群众新期待，是一个明确方向、凝聚共识、开阔思路的文件，对指导资源型地区转型发展具有重要意义。大家还就提高自主创新能力、深化国有企业改革、重视发挥民间资本作用、加快煤化工产业发展、培育新兴产业、加强文化资源保护、促进教育等社会事业发展提出意见建议。

袁纯清介绍了《若干意见》的形成过程和主要内容。他指出，省委就《若干意见》与党外人士进行座谈、听取意见，将协商民主体现在决策过程中，有利于更好地科学决策、凝聚共识。大家对山西改革发展高度关注，建真言、献良策，体现了高度的政治责任感和严肃认真的科学态度。对大家的意见建议，要认真研究、积极采纳。

袁纯清指出，2013年以来，面对经济下行压力加大的严峻局面，省委、省政府积极应对，出台了一系列政策措施，经济发展实现逆势而进，社会保持和谐稳定。主要经济指标高于全国平均水平，特别是固定资产投资保持大幅增长，反映出各级各部门的良好工作状态和创业劲头，展现出山西转型跨越的美好前景。这样的成绩来之不易,需要我们倍加珍惜。做好明年工作,有很多利好因素,推动转型跨越发展有潜力、有空间、有作为,对此我们要满怀信心、坚定不移。要以转型为取向,以转型综改区建设为统领和切入点,不断汇集正能量、激发创造力,统筹做好改革发展稳定各项工作,实现经济社会又好又快发展。

袁纯清强调,山西的发展凝聚着各民主党派、工商联和无党派人士的智慧和汗水。希望各民主党派、工商联和无党派人士发挥独特优势,加强调查研究,积极建言献策,为推进转型综改区建设、加快转型跨越发展做出新的贡献。

省委十届五次全会暨全省经济工作会议 12月26日至27日,省委十届五次全会暨全省经济工作会议在太原举行。会议由省委常委会主持。省委书记袁纯清,省委副书记、省长李小鹏作了重要讲话。会议全面贯彻落实党的十八大、十八届三中全会和中央经济工作会议精神,分析国内外经济形势,总结今年工作,部署明年工作。会议听取和讨论了袁纯清受省委常委会委托作的工作报告和李小鹏关于经济工作的讲话,讨论了《关于深入贯彻党的十八届三中全会精神、加快推进转型综改试验区建设的若干意见》。省政协主席薛延忠,省领导胡苏平、高建民、汤涛、李兆前、陈川平、张少华、王建明、聂春玉、白云、李政文等出席会议。省委委员63人,候补委员10人,有关方面负责同志出席会议,部分基层党员代表列席会议。

会议充分肯定了省委常委会一年来的工作。指出,在党中央的正确领导下,省委常委会高举中国特色社会主义伟大旗帜,以邓小平理论、"三个代表"重要思想、科学发展观为指导,贯彻党的十八大和十八届一中、二中、三中全会精神,紧紧依靠全委会的同志,团结带领全省干部群众,以建设转型综改区为统领,全面推进经济、政治、文化、社会和生态文明建设,扎实推进党的建设新的伟大工程,经济发展实现稳中求进、逆势而为,各项工作取得新进展新成效,全省呈现政通人和、团结干事的良好局面。

会议认为,2014年是贯彻落实十八届三中全会的开局之年,也是实现"十二五"规划目标的关键一年,做好明年工作具有十分重要的意义。总的要求是:高举中国特色社会主义伟大旗帜,以邓小平理论、"三个代表"重要思想、科学发展观为指导,全面贯彻落实党的十八届三中全会和中央经济工作会议精神,坚持稳中求进、改革创新的总要求,以转型综改试验区建设为统领和切入点,全面深化改革,强化创新驱动,加快先行先试,加快转变发展方式和调整经济结构,着力保障和改善民生,增强市场和社会活力,推进经济、政治、文化、社会和生态文明建设,以教育实践活动为抓手加强党的建设,切实提高经济发展的质量和效益,促进经济持续健康发展,保持社会和谐稳定,为走出资源型地区转型跨越发展新路、全面建成小康社会努力奋斗。

会议强调,做好2014年经济工作,必须牢固树立问题意识和底线思维,统筹推进发展、改革和转型三大任务。要坚定发展不松劲,正确把握面临的机遇与挑战,保持跳起来摘桃子的劲头,把各方面精力和要素集聚到发展上来,研究发展、推进发展、奋力发展;要坚定改革不懈怠,切实增强全面深化改革的政治责任感和历史使命感,紧紧抓住综改试验这个切入点,切实有效地工作,深入挖掘改革红利和发展潜力;要坚定转型不动摇,深化转型思路、拓宽转型路径,持之以恒地在转型上做文章、挖潜力,趟出一条具有山西特色的资源型经济科学发展新路。

会议对2014年经济工作进行全面部署。关于转型综改区建设,要扎实开展"转型综改攻坚年"活动,全面深化改革,充分发挥市场在煤炭资源配置中的决定性作用,积极推进国有企业股权多元化,加快转变政府职能,切实抓好低热值煤发电、煤炭及煤层气矿权审批、动力煤期货交易等三大改革事项。关于投资和项目建设,要坚定不移实施"五年五万亿"投资计划,完善"六位一体"重点工程推进机制,搞好经济评估、社会评估和环境评估,全力抓好重点项目、重点工程建设,进一步优化投资结构。关于产业结构调整,要坚持以煤为基、多元发展,加快改造传统产业,着力壮大新兴产业,大力发展循环经济,特别是落实好煤炭、低热值煤发电、煤层气3个"20条",加快国家综合能源基地建设,打好化解过剩产能攻坚战。关于山西科技创新城建设,要围绕煤炭产业清洁、安全、低碳、高效发展,积极实施低碳引领、创新驱动、开放带动战略,加强科技创新平台建设,实施市场化运作,打造产研一体、产城一体、产融一体的区域经济新格局。关于新型城镇化,要以人为核心,坚持"一核一圈三群"框架,完善"四化同步"推进格局,搞好城乡统筹,大力发展大县城和小城镇,加强历史文化保护,着力破解要素瓶颈,提高我省市域城镇化水平。关于"三农"工作,要加大强农惠农富农政策支持力度,扎实办好"五件实事",加强农田水利基本建设,提高粮食和农业综合生产能力,落实好"米袋子"省长负责制、"菜篮子"市长负责制,特别是要以土地流转为抓手,加大财政扶持力度,建立健全土地流转平台,大力发展特色现代农业,加快农业现代化。关于扶贫开发,要大力推进百企千村产业扶贫开发工程,坚持因地制宜,发展规模经济,强化利益联结,创新帮扶模式,加快脱贫致富的步伐。关于对外开放,要抓住东进环渤海经济圈这个机遇,创新招商引资方式,主动走出去寻商机、引人才、搞联接,加强基础设施和品牌展会等平台建设,着力优化发展环境,重点引进高科技人才和项目,依托优势加强产业互动,深化区域合作,全面提升对外开放经济水平。关于民生和社会事业,要建立健全城乡一体化的社会保障体制,千方百计扩大就业,进一步提高居民收入,加强和创新社会管理,不断提高人民群众的社会保障水平、收入水平、健康水平和科技教育水平。关于环境保护,要加快建设绿化山西、气化山西、净化山西、健康山西,扎实开展大气污染防治,强力推进污染减排,狠抓省城环境质量改善,加大环境执法力度,确保全省环境安全。关于安全生产,要树立安全生产是最基本最大的民生,是比泰山还重的责任,是任何时候任何地方都不可触碰的高压红线的理念,坚持"安全第一、预防为主、综合治理"的方针,认真落实政府安全监督和企业安全生产“两个主体责任”,深入开展安全生产专项整治,严肃事故责任追究,坚决遏制重特大事故,促进安全生产形势持续稳定明显好转。关于政府自身建设,要深化行政体制改革,切实转变政府职能,创新行政管理方式,优化审批流程,大力改进工作作风,增强政府执行力和公信力,建设法治政府和服务型政府。

会议指出,要加强和改进党对经济工作的领导,提高驾驭复杂局面的能力、深入调查研究的能力和解决实际问题的能力。特别是主要领导干部要把改革作为“一把手”工程,抓住事关全局、牵一发而动全身的重点领域和环节,力求取得突破。各级领导干部要深怀为民之情,增强发展韧劲,坚持艰苦奋斗,坚决反对“四风”,守住清廉本色。要坚持正确导向、严格管理和科学考核,加强干部队伍建设,大力整治“急躁、漂浮、跑要”之风。要健全党的基层组织体系,加强基层党组织带头人队伍建设,加大后进村党组织整顿力度,增强基层党组织的创造力、凝聚力和战斗力。要做好第一批党的群众路线教育实践活动收尾工作,以钉钉子的精神抓好整改和建章立制工作,同时要把“为民服务”摆到更重要的位置上,确保第二批教育实践活动扎实开展、取得实效。要加强党风廉政建设,加大反腐败工作力度。要牢牢把握舆论引导主动权,把全省干部群众的信心和斗志引导到做好明年经济工作和全面深化改革上来。会议指出,当前要抓好经济运行调节,完善市场调控,做好信访稳定工作,深入困难群众开展走访慰问活动,保持勤俭节约,倡导文明过节风尚。

会议认为,提交这次大会讨论的《关于深入贯彻党的十八届三中全会精神、加快推进转型综改试验区建设的若干意见》充分体现了中央要求和山西实际,具有较强的政策性、针对性、可操作性,是推进我省全面深化改革、加快我省转型综改试验区建设的重要指导性文件。

会议要求,全省各级党委、政府和广大党员干部群众要紧密团结在以习近平同志为总书记的党中央周围,以改革为动力,以转型为取向,坚定信心,扎实工作,努力开创加快转型跨越、办好“两件大事”的新局面。

省委工会工作座谈会 12月28日,省委在太原召开工会工作座谈会。省委书记、省人大常委会主任袁纯清在会上强调,要深入贯彻党的十八届三中全会精神和习近平总书记在同全国劳动模范代表座谈、同全国总工会新一届领导班子集体谈话时的重要讲话精神,加强和改进新形势下工会工作,充分发挥职工群众主力军作用,切实维护职工群众合法权益,为实现中国梦、谱写转型跨越山西华章再创新业绩。省领导高建民、汤涛、陈川平、聂春玉、朱先奇等出席,田喜荣汇报工会工作。

袁纯清指出,近年来,全省各级党委坚持全心全意依靠工人阶级的方针,不断加强和改进对工会工作的领导,各级工会组织围绕大局,履职尽责,维权帮困,服务大局,为全省转型跨越发展、办好“两件大事”作出重要贡献。

袁纯清强调,全省上下要认真学习领会习近平总书记关于工会工作的重要讲话精神,全面落实省委十届五次全体会议暨全省经济工作会议精神,切实加强和改进工会工作。一要抓住坚持正确政治方向这个关键,在履行政治责任中巩固党执政的阶级基础和群众基础。各级工会要自觉接受党的领导,坚决贯彻落实党的大政方针和决策部署,自觉服从服务于全省转型跨越发展,充分发挥工会作为党联系职工群众的桥梁纽带作用、国家政权的重要社会支柱作用、职工合法权益代表者维护者作用。二要抓住服务中心工作这个大局,在加快转型跨越发展中发挥主力军作用。把加快推进转型综改试验区建设作为发挥作用的主战场,把开展劳动竞赛作为激发职工活力的重要载体,把弘扬精神力量作为提升发展动力的重要抓手,让劳动最光荣、劳动最崇高、劳动最伟大、劳动最美丽的风气深入人心。三要抓住保障合法权益这个重点,在维护职工群众切身利益中当好“娘家人”。坚持维护权益与改善民生、促进稳定、促进职工全面发展、促进企业发展相结合,让广大职工群众共享改革发展成果。工会既要做锦上添花的事情,更要做雪中送炭的事情。四要抓住做好群众工作这个中心任务,在践行党的群众路线中调动广大职工参与改革的积极性。坚持把群众路线作为生命线和根本工作路线,结合开展党的群众路线教育实践活动,改进工作作风,夯实工作基础,推动工作创新,最大限度地引导广大职工群众参与改革、推动改革。五要抓住加强和改善党的领导这个根本,在凝聚合力中促进工会工作迈上新水平。各级党委要高度重视工会工作,进一步加强和改善领导,加强干部队伍建设,支持工会依法依章独立自主开展工作。各方面要积极支持工会工作,共同把工会工作提升到一个新的水平。

座谈会上,晋中市委书记张璞,长治市委书记马天荣,临汾市委书记罗清宇,太原市人大常委会副主任、市总工会主席冯晋生,山西潞安矿业公司董事长、党委书记李晋平,山西中阳钢铁公司董事长袁玉珠,山西美锦能源公司董事长姚俊良先后发言。

省直有关部门主要负责同志,省总工会班子成员,部分市市委书记、副书记、工会主席,部分省管国有骨干企业和非公企业负责人,部分县(市、区)委书记参加会议。

省委常委(扩大)会议传达中央农村工作会议精神 12月30日,省委常委会召开扩大会议,传达中央农村工作会议精神,研究山西省贯彻落实意见。省委书记袁纯清主持会议。

会议认为,这次中央农村工作会议是深入贯彻党的十八届三中全会精神、全面深化农村改革、加快推进农业现代化的一次重要会议。会议紧扣全面建成小康社会这一主题和目标,着力解决“三农”工作面临的新情况、新矛盾、新问题,推动“三农”工作进入一个新的发展时期。习近平总书记的重要讲话深刻阐述了事关“三农”发展的一系列重大问题,全面部署了重大改革和发展任务,高屋建瓴、内涵深刻,具有很强的思想性、政策性和针对性,是做好当前和今后一个时期农业农村工作的指导性文件。

会议指出,2013年以来,经过全省上下的共同努力,“三农”工作取得了显著成绩,粮食生产再创新高,特色农业和农产品加工业快速发展，扶贫工作实现突破，农村改革扎实推进，农民人均纯收入保持两位数增长，各项社会事业明显改善，总体呈现出稳中有进、稳中向好、稳中有为的良好发展态势。

会议强调，全面深化农村改革，加快构建新型农业经营体系，是适应农业农村发展新形势，更大地释放发展活力、获取改革红利的战略举措，我们必须深刻领会、准确把握、全面贯彻中央农村工作会议精神，坚持把“三农”工作放在重中之重的位置，按照“稳定政策、改革创新、持续发展”的总要求，处理好静要有定力和动要有秩序的关系，在全面深化改革中寻求新的突破，在加快农业现代化进程中实现“四化同步”推进。

会议强调，要从我省是农业人口大省、粮食产量小省、产业化经营弱省的实际出发，抓住新一轮改革的难得机遇，加大强农惠农富农政策力度，完善细化工作举措，确保全省“三农”工作重点更突出、举措更扎实、成效更明显。一要加大确保粮食安全工作力度。加强农业综合生产能力建设，加大农田水利基本建设投入，落实米袋子省长负责制和菜篮子市长负责制，稳定粮食种植面积，更加注重农产品品质和质量，确保食品安全。二要加大扶持特色农业发展力度。继续强化扶持政策，加大补贴投入，重点扶持家庭经营、集体经营、合作经营等新型农业经营主体，加快发展“一村一品、一县一业”，大力推进“以农载牧、以牧富农”，推动特色产业快速发展。三要加大全面深化农村改革力度。按照中央要求，深化农村土地制度改革，创新农村土地流转机制；培育新型农业经营主体，构建新型农业经营体系；创新农业科技应用推广机制，强化支撑作用；加快农村金融改革，提升金融支农水平。四要加大扶贫攻坚的力度。按照精准扶贫的要求，创新扶贫体制机制，加快实施百企千村产业扶贫开发工程，抓好农民培训，加快易地搬迁，提高扶贫开发效果。五要加大改善农村民生力度。注重用好各项涉农资金，扎实办好改善农村生产生活条件的每一件实事，特别要抓好采煤沉陷区治理，推进农村危房改造，整治农村人居环境，让农民更好地共享改革发展成果。六要加大农村基层组织建设力度。深入开展党的群众路线教育实践活动，推动农村基层服务型党组织建设，强化社会组织功能作用，巩固党的执政基础和执政地位。

2013年2月25日，省委、省政府召开2012年度目标责任考核总结表彰大会。

重要文献

中共山西省委
关于贯彻落实党的十八大精神
加快推进转型跨越发展的指导意见

晋发〔2013〕1号

（2013年1月7日）

为深入贯彻落实党的十八大精神，切实办好“两件大事”，动员全省人民为全面建成小康社会努力奋斗，结合省第十次党代表大会的部署，与“十二五”规划和转型综改试验区总体方案相衔接，提出如下意见。

一、总体思路和奋斗目标

（一）总体思路。

全面贯彻落实党的十八大精神，以邓小平理论、“三个代表”重要思想、科学发展观为指导，紧紧围绕转型跨越发展、再造一个新山西的总体战略，解放思想，改革开放，凝聚力量，攻坚克难，坚持科学发展主题和加快转变经济发展方式主线，以建设国家资源型经济转型综合配套改革试验区为统领，坚持以煤为基、多元发展，加快推进工业新型化、农业现代化、市域城镇化、城乡生态化，全面加强经济建设、政治建设、文化建设、社会建设、生态文明建设，全面提高党的建设科学化水平，着力保持经济持续健康发展，着力加快产业转型升级，着力推进创新驱动发展，着力推进城乡发展一体化，着力保障和改善民生，建设国家新型能源和工业基地，建设全国重要的现代制造业基地、中西部现代物流中心和生产性服务业大省，建设中部地区经济强省和文化强省，全力办好“两件大事”，率先走出资源型地区转型跨越发展新路，为全面建成小康社会努力奋斗。

（二）奋斗目标。

经济总量有新提升。到2016年，地区生产总值达2万亿元，财政总收入超过4千亿元；到2020年，主要经济指标在全国的排位前移。

产业发展有新体系。在为国家提供能源保障的基础上，新兴产业比重和循环经济水平大幅提升，人才和科技进步对经济增长的贡献率明显提高，以煤为基、多元发展的产业格局基本形成。

区域发展有新格局。功能定位和产业分工更加清晰，建成一批优势明显的经济强县、产业园区和区域发展板块。市域城镇化扎实推进，“一核一圈三群”新型城镇体系加快形成。

民主法治有新发展。党委总揽全局、协调各方的领导核心作用进一步加强，人民代表大会制度更加巩固，协商民主制度和工作机制更加健全，基层民主制度建设加快完善，人民依法行使民主选举、民主决策、民主管理、民主监督的权利得到充分保障，“法治山西”建设成效显著，司法公信力不断增强，人权得到切实尊重和保障，行政管理体制更加科学，服务政府、法治政府建设取得显著成效。

文化强省有新突破。社会主义核心价值观深入人心，公民道德素质全面提高，公共文化服务体系基本建成，人民群众基本文化权益得到切实保障，文化产业成为支柱性产业，发展实力和竞争力显著增强，形成一批具有国际影响力的文化品牌和文化精品，文化晋军加快崛起，三晋文化的影响力显著提升，文化强省建设进入全国先进行列。

民生福祉有新水准。到2016年，城乡居民收入分别达到3万元以上和1万元以上，一批县（市、区）农民人均纯收入突破2万元，消除农民人均纯收入5000元以下的县。社会就业更加充分，社会事业投入明显加大，基本公共服务均等化明显增强，人民群众的社会保障水平、收入水平、健康水平、科技教育水平明显提高。

社会管理有新作为。社会管理科学化水平明显提升，社会管理政策法规、体制机制、人才队伍和信息化建设进一步加强，公共安全体系建设全面加强，安全生产形势稳定好转，社会总体和谐稳定。

生态文明有新局面。确保完成国家下达的节能减排任务，市区和县城环境空气质量达到国家二级标准，森林覆盖率每年提高1个百分点，资源节约、环境保护和生态恢复的空间格局、产业结构、生产方式、生活方式逐步形成，三晋大地更加美丽。

发展环境有新气象。市场经济体系进一步完善，政府效能明显提升，全民创业氛围浓厚，人才发展环境进一步优化，人才队伍规模不断扩大，非公有制经济比重大幅提高，招商引资和利用外资规模不断扩大，综合优势和总体效益更加彰显，形成结构优化、深度拓展、效益提高的开放型经济格局。

党的建设有新进步。党员干部理想信念更加坚定，推动科学发展的能力显著提高，密切联系群众普遍化、常态化、制度化，反腐倡廉的体制机制不断完善，党内民主制度体系不断健全，大局意识和纪律意识不断强化，先进性和纯洁性明显体现，基层组织战斗堡垒作用和党员先锋模范作用充分彰显。

以上“十新”目标得到实现，我省全面小康实现程度将达到全国平均水平，全省人民将与全国人民同步建成全面小康社会。

二、在优化结构的基础上保持经济持续健康发展

（一）立足扩大内需的战略基点，提高经济增长的质量和效益。

1、保持投资较快增长，优化投资结构。充分发挥投资对经济增长的关键作用，持续保持较高的投资强度和投资规模。建立项目储备、签约、落地、开工、建设、竣工“六位一体”新机制，努力实现“十二五”期间全社会固定资产投资5万亿元的目标。坚持把基础设施建设、重点产业发展、民生社会事业、城乡一体化发展和生态文明建设作为扩大投资的重点，特别是要加快构建现代综合运输网、森林植被网、大水网、气化山西网、集中供暖网、污水处理管网、现代通讯网“七网合一”的基础设施网络，全面提升我省城市的综合承载能力和可持续发展能力。

2、多措并举扩大消费。进一步增强消费对经济增长的基础作用，建立扩大消费的长效机制，努力提高城乡居民收入，让群众有能力消费；提高社会保障水平，改善居民消费预期，让群众敢于消费；完善鼓励消费和支持流通产业发展的政策措施，开展消费信贷，让群众愿意消费；完善城乡流通基础设施，建设城市15分钟商圈，加强农村流通网络建设，促进农产品流通的绿色化、便利化，推进物流配送、电子商务、连锁经营等现代流通方式，加快培育新的消费热点，大力发展服务性消费，让群众便于消费；净化消费环境，保护消费者权益，让群众放心消费。

（二）坚持以煤为基、多元发展的方向，加快构建具有山西特色的现代产业体系。

1、加快工业新型化步伐，促进工业由大变强以技术改造和循环经济为路径，促进传统产业优化升级，提高资源就地转化率、原材料深加工率和传统产业循环率。煤炭产业，以绿色、安全、高效发展为目标，加快建设规模化、集约化、机械化、信息化的现代化矿井，规范煤炭开采生产经营秩序，努力实现全省新增煤炭一半左右就地加工转化，煤炭行业非煤产业比重达到50%以上。非煤传统产业，坚持总量控制、产能置换、上大关小、扶优汰劣的原则，积极推进焦化、冶金等行业整合重组。积极推进煤电联营，鼓励煤电企业签订长期合作协议，建立煤电一体化发展新模式，构建和谐煤电关系，加快建设大型坑口电厂、资源综合利用和低热值电厂，努力建设1亿千瓦级电力强省，外送电装机力争达到5000万千瓦。推进焦化产品深加工和大型焦化园区建设，实现“以焦为主”向“焦化并举”转变。加大煤层气勘探勘查和综合利用。提高优势原材料加工能力，巩固不锈钢产业的全球领军地位，打造国家不锈钢及铝镁合金制品基地。

培育壮大新兴产业，提高新兴产业的比重与核心竞争力。大力发展先进装备制造业，打造世界知名的煤机制造基地，在重型机械、轨道交通、纺织机械、高端液压、重卡及新能源汽车制造等方面创立新优势；以节水节能和综合利用为方向，以煤焦油和焦炉煤气为重点，推进百万吨级现代煤化工项目群建设；加快发展新型材料工业和特色食品工业，把特色优势变为品牌优势；积极发展节能环保产业，把环境压力变为市场机遇；发展生物、新一代信息技术等高新技术产业，加快形成绿色、多元、低碳的产业结构。

2、推动工业化与信息化深度融合，全面提升信息化水平。在煤炭工业广泛采用信息技术，提高采煤的自动化和安全生产水平；在装备制造业推广嵌入式系统技术和计算机集成制造技术，深化研发设计、工艺流程、生产装备等环节信息技术的集成应用，提高装备制造智能化、成套化水平；在现代煤化工、钢铁、有色金属、建材等行业推进生产过程的实时监测、故障诊断、质量控制和调度优化；推动食品、药品行业建立质量控制、快速检测系统；支持骨干企业提高计划、财务、生产、营销、供应链等环节管理的信息化水平。大力发展电子商务 、物联网、云计算、软件开发、智能通讯、计算机制造、地理信息等信息产业，

加快“宽带中国”战略在山西的实施，推进下一代国家信息基础设施建设，并从企业应用、城市推广、政府采购等环节予以支持；加快电网智能化建设，推动“三网融合”。

3、实施园区带动战略，加快发展园区经济。进一步提高园区规划、建设和管理水平，打造一批空间集中开发、资源集约利用、产业集群发展、服务集聚配套的产业转型园区和科技创新园区。充分发挥各类经济开发区、产业园区的作用，确保“十二五”期间其招商引资年均增长30%，发展速度达到20%以上。支持符合条件的市县建立省级开发区，推动条件成熟的省级开发区升级为国家级开发区，使各类园区成为带动山西经济发展的孵化器、试验场、领头雁。

4、实施服务业提速战略，促进服务业由小变大。统筹发展现代物流、煤炭交易、金融、节能环保、技术服务、会展、电子商务、人力资源服务、农业社会化服务等生产性服务业和文化、旅游、商贸、餐饮、房地产、家政、养老等生活性服务业。从资金投入、价格政策、金融支持、土地供应、技术创新、对外开放、深化改革、品牌建设、强化机制等方面全力支持服务业加快发展。落实服务业用电、用水、用气、用热与工业同价的政策，加强服务业的用地保障，以政府资金引导社会资本进入服务业领域，促进服务业发展提速、比重提高、水平提升。

（三）牢牢把握发展实体经济这一坚实基础，促进大中小微企业健康协调发展。

1、加强和改善经济运行调节，促进经济持续健康发展。加强煤电油气运等重要生产要素的综合协调，建立和完善重点企业、行业运行监测体系，加强动态监测和预研预判，增强经济运行预警与调控能力。完善交通运输协调机制，保障重点企业、重要物资的运输需求。科学实施电力运行调度，推行大用户直购电、分时峰谷电价试点，有效发挥电价调节供求、引导消费和投资的杠杆作用。着力做好成品油和天然气的稳定供应，确保生产和群众生活需求。

2、实施“旗舰”引领工程，支持大企业做强做优。实施大企业“双千亿”、“双五百亿”、“双百亿”工程，以资本市场等平台为依托，推动跨地域、跨行业、跨所有制兼并重组，完善股权结构和治理结构，提高企业管理水平，提高科技创新能力，着力打造一批主营业务突出、规模效益明显、核心竞争力强的大企业、大集团，力争有更多的企业进入全国百强、进军世界500强。

3、实施“小巨人”提升工程，促进中型企业快速成长。支持企业通过发行集合票据、集合债券、中小企业私募债、短期融资券和中小板、创业板上市等方式，进一步拓宽直接融资渠道，切实解决企业生存发展的各类问题。充分发挥政府资金的引导作用，整合使用产业基金和科技资金，加大各级财政对中型企业开发新产品、开拓新市场的支持力度，每年培育100户以上销售收入超亿元的“小巨人”企业。

4、实施“星火”培育工程，帮助小微企业健康发展。健全信用担保体系，创新金融工具，支持金融机构加强对小微企业的信贷服务，落实相关税收优惠政策，切实减轻企业负担；加大财政支持力度，加快建设一批小微企业服务站和创业基地；加强科技创新平台、创业辅导、信息咨询、人才培训等公共服务，力争在“十二五”期间，全省每年创办万户以上的小微企业。

5、大力发展民营经济。认真贯彻落实国家鼓励民间投资发展各项政策措施，促进各种所有制经济依法平等使用生产要素、公平参与市场竞争、同等受到法律保护，凡法律法规未明确禁止的行业和领域都要向民营企业开放，在财政、税收、金融、土地等方面与国有经济享有同等待遇，促进国有经济、集体经济与民营经济共同发展、相得益彰。鼓励煤焦领域的民间资本转型发展、“二次创业”，支持民间资本有序进入铁路、公路、电力、金融、能源、电信、市政、教育、文化、医疗和农田水利等领域。

（四）以市域城镇化为引领，推动城乡发展一体化。

1、加快“一核一圈三群”新型城镇体系建设。推动工业化与城镇化良性互动、城镇化和农业现代化相互协调。坚持抓规划引领，抓基础设施，抓公共服务，抓产业发展，抓典型示范，实施大中小城市、小城镇和新农村建设“五抓一统筹”推进思路，深入实施规划编制、新区示范、旧区提质、城乡清洁、数字城管、宜居城市创建、百镇建设等“十大工程”，加快城镇化步伐。全力支持太原率先发展，加快推进太原南部新区等重点区域建设，努力把太原建设成为一流的省会城市。大力推进太原晋中同城化，加强两市经济社会发展战略、总体规划、主导产业布局总体协调，加大轨道交通、通讯等基础设施公共服务的对接共建力度，进一步形成战略同向、资源同用、产业同构、市场同享、城市同建、文化同塑的同城化格局。加快太原盆地城镇群、临汾百里汾河新型城镇群和上党城镇群等城镇组群发展，加强组群内部协调，加快基础设施建设，促进产业合理布局，形成组群内各区域定位科学、布局优化、产业配套、互促互动的新局面。发挥区域性中心城市的辐射带动作用，加快新区开发和旧城改造，健全市政公用设施和公共服务设施，严格规划管理，搞好城市特色风貌设计，体现人文特点和历史传承，创建一批宜居宜业的城市。把生态文明理念和原则全面融入城镇化全过程，走集约、智能、绿色、低碳的新型城镇化道路。

2、大力发展县域经济。把工业化、城镇化和农业现代化统一于县域经济建设中。加强规划引导，加大政策扶持力度，针对不同县域特点，实施错位发展，因地制宜发展特色产业和优势产业集群，加快建设一批强县富民的好项目、大项目。深化扩权强县试点，把能够下放到县级的权限尽可能下放到县，进一步扩大县级发展自主权。大力实施“大县城”战略，加大基础设施建设力度，大力发展功能完善、业态新颖的中小型城市综合体，带动县城提升建设水平和发展品位，提高县城的综合承载能力。推进县域产业集群式、板块式发展，通过建设产业园区或产业集中发展区，促进县域产业升级改造、做大做强，不断增强县域经济实力和发展活力，努力打造20个以上中部百强县，争取有更多的县进入全国百强县。

3、加快完善城乡发展一体化体制机制。完善以工补农、以城带乡长效机制，着力在城乡规划、基础设施、公共服务等方面推进一体化，促进城乡要素平等交换和公共资源均衡配置，形成工农互惠、城乡一体的新型工农、城乡关系。积极推进户籍制度改革，有序推进农业转移人口市民化，实现各项社会保险制度的有效衔接，努力实现城镇基本公共服务常住人口全覆盖。加大对资源型城市特别是资源枯竭型城市转型发展的支持力度，加大对农业大市、农业大县的支持力度。

4、提高新农村建设水平。把基础设施建设和社会事业发展重点放在农村。完善提升农村“十个全覆盖”工程，加快农村社会事业发展，健全农村社会保障体系，提高农村公共服务能力，积极推进农村新型社区建设，全面改善农村生产生活条件。每年推进100个新农村连片示范区和3000个新农村重点村建设，成片成带建设美丽宜居乡村示范区。

5、大力推进“一村一品”、“一县一业”，全面提高农民收入。在稳步提高农业综合生产能力、保障粮食安全基础上，按照跨区域、大规模、集群式、板块化推进的思路，加快现代农业发展，全面推进运城、晋中、大同三大现代农业示范区和雁门关生态畜牧经济区建设。“十二五”期间，大力发展设施农业，建设1万个“一村一品”专业村和60个“一县一业”基地县，深入推进农产品加工龙头企业“513”工程，健全农村社会化服务体系，加快建设特色农产品大省，全面提高农民收入水平。

6、打好新一轮扶贫开发攻坚战。全面建成小康社会重点在农村，难点在贫困山区。深入落实农村贫困人口全面扶持政策，实现扶贫开发和农村低保“两项制度”的有效衔接。以吕梁山、太行山两大连片特困地区为主战场，发挥5个试点县、3个示范片扶贫攻坚示范引领作用，统筹规划实施一批基础设施、特色产业、生态环保和公共服务项目。扎实抓好劳动者技能培训、做大做强特色优势产业、加快推进易地扶贫搬迁，大幅改善贫困地区生产、生活、生态条件，大幅增加农民收入，大幅提升自我发展能力。深化干部下乡住村包村增收活动，做好机关单位定点扶贫工作，更大范围地动员社会力量支持参与扶贫开发，着力完善专项扶贫、社会扶贫和行业扶贫“三位一体”的大扶贫格局，举全省之力打好新一轮扶贫开发攻坚战。确保贫困地区农民人均收入年均增幅高于全省平均水平；连片特困地区农民人均收入年均增幅高于贫困地区平均水平，五县三片试点示范区农民人均收入年均增幅高于连片特困地区平均水平。到2016年，基本消除农民人均纯收入5000元以下的县份，基本消除农民人均纯收入2300元以下的村，基本完成山庄窝铺移民搬迁任务。到2020年，稳定实现扶贫对象不愁吃、不愁穿，保障义务教育、基本医疗和住房条件的目标。

（五）实施创新驱动发展战略，为转型跨越发展提供有力支撑。

1、加大科技创新力度，引领、支撑经济发展和产业转型。提高原始创新、集成创新和引进消化吸收再创新能力，更加注重协同创新。重点围绕煤炭清洁利用、煤层气、现代煤化工、先进装备制造、新能源、新材料、节能环保、资源循环利用、生态治理和现代农业等领域实施一批科技重大专项，集中力量开展攻关，以关键技术的突破带动产业水平的整体跃升。加快“智慧城市”、“无线城市”建设。加快科技成果转化，加大对企业技术中心、工程技术研发中心、科研中试基地和标准化体系建设支持力度，鼓励企业应用新标准、新技术、新工艺、新装备，提高产业素质，提升产品档次，力争在重点行业抢占竞争制高点。完善科技市场和中介服务体系。完善科技创新评价标准、激励机制，加强科技创新与金融创新融合，促进创新资源高效配置和综合集成，把全社会的智慧和力量凝聚到创新发展上来。

2、以建设太榆科技创新城为重点，强力打造引领转型发展的创新平台。加快推进山西省工业技术研究院筹建工作，积极推进11个市的科技创新园建设，特别是要加快整合太原高新区、太原经济区以及正在建设中的山西高校新校区、晋中经济区、榆次工业园区等太原和晋中两市科技创新示范资源，发挥高校、科研院所在聚集人才、研发、创新的作用，抓好规划引领、政策保障和机制创新，加快建设太榆科技创新城。

（六）以转型综改区建设为龙头，全面推进改革开放。

1、先行先试，增强经济的内生活力与动力。加快建设国家资源型经济转型综合配套改革试验区，围绕产业转型、生态修复、城乡统筹、民生改善四大重点任务，以“一市两县”、“一市两园”、“一县一企”作为先行先试的突破口，积极开展“一厅一专项”、“一市一板块”、“一县一任务”、“一企一标杆”，大力推进省属国有重点企业改革试点工作，大力实施转型标杆项目，着力破除体制机制障碍，力争到2015年，以煤为基、多元发展的产业体系初步形成，经济对煤炭资源的依赖明显降低，促进资源型经济转型的体制机制初步建立；到2020年，综改试验区建设取得重大进展，支撑资源型经济转型的政策体系和体制机制基本建立，产业结构明显优化，生态环境显著改善，城乡区域发展协调性不断提高，以民生改善为重点的社会建设明显加强，综合经济竞争力和城乡居民收入达到全国中等偏上水平。

2、创新产业转型机制。理顺煤炭等资源开发利用的体制机制，促进资源开发收益主要用于发展接续替代产业尤其是战略性新兴产业、高新技术产业和鼓励类服务业。建立资源型产业与非资源型产业均衡发展机制，完善促进循环经济发展机制。

3、深化财税体制改革。扩大基层财政的一般性转移支付规模，提高一般性转移支付比重。增强县级财政支撑转型和提供公共服务的能力，促进财力与事权相匹配；积极落实增值税、消费税、资源税等税制改革政策措施，争取开展环境保护税试点，逐步健全和完善促进资源高效节约利用、有利于生态保护和循环经济发展的税收政策措施。建立健全公共资源出让收益合理共享机制。

4、理顺资源性产品价格形成机制。将矿业权取得、资源开采、生态修复、安全投入等费用列入资源性产品的成本构成，逐步实现资源开发外部成本的内部化。完善节能节水降耗指标体系、监测体系和考核体系，严格水资源开发利用，实行水资源分类管理，理顺各类水资源供水比价关系，加强水资源节约和保护，开展跨行政区域水权交易试点。

5、建立完善生态环境保护的促进机制。实施主要污染物排放总量控制，开展节能量、碳排放权和排污权交易试点，建立完善矿山环境保护与恢复治理责任机制和补偿机制，将煤炭开采生态环境综合补偿机制推广到非煤矿山，探索实施生态受益地区对生态损耗地区的生态补偿机制。

6、加强土地管理机制创新。依法推进农村土地流转，改革农村土地管理和征地制度，提高农民在土地增值收益中的分配比例。进一步实施城乡建设用地增减挂钩、露天采矿用地改革和工矿废弃地复垦调整利用试点，积极探索适合矿业特点的差别化土地管理政策，稳妥推进土地审批、耕地占补平衡、重点转型项目用地保障、成片盐碱地以及其他未利用地审批制度改革，确保转型发展用地需求。建立节约集约用地评价考核制度，提高土地利用效率和产出率。

7、加大金融创新力度。大力发展多层次市场融资体系，支持企业通过上市、增发、配股、发行债券等方式实现融资，鼓励企业发行中短期票据、中小企业集合票据等银行间债券市场融资工具，探索开展中小企业区域集优直接债务融资模式试点工作。大力发展多层次资本市场，支持企业利用资本市场进行并购重组。发展创业投资和私募股权投资，推进资产证券化，支持企业到“新三板”和区域股权交易市场挂牌融资，推动太原高新技术开发区纳入国家“新三板”试点范围，推动设立煤炭、焦炭中远期交易市场和交割仓库，引导企业积极稳妥开展套期保值和市场风险管理业务。加强山西省产权交易中心建设，加快建立山西金融资产交易中心、股权交易中心和柜台交易市场。完善地方金融体系，继续深化与各类大型金融机构的战略合作，鼓励和引导民间资本投资入股金融机构，做精、做强城市商业银行、农村商业银行，加大政策扶持力度，做大做强晋商银行、农村信用社、国信集团等地方金融机构，有序发展小额贷款公司、村镇银行、大企业财务公司等新型金融机构，加快和规范发展各类非银行金融机构和融资担保机构，切实发挥保险在保障经济发展和降低人民群众财产风险中的积极作用，规范引导民间资本进入实体经济。

8、推进其他重点领域改革。理顺政府与市场、政府与企业、政府与中介组织的关系，充分发挥市场在资源配置中的基础性作用，健全完善市场体系，规范发展各类市场中介组织。深化国有企业改革，完善国有企业公司治理结构和各类国有资产管理体制，推动国有资本更多地投向关系国家安全和国民经济命脉的重要行业和领域，增强国有经济活力。深化收入分配制度、行政管理体制、事业单位、集体企业等各项改革，加快形成有利于转变经济发展方式、促进科学发展的体制机制和政策环境。

9、提高开放型经济水平。创新招商引资方式，以优势资源换市场、换技术、换资本、换项目，采取以商招商、以会招商、以游招商、以文招商、环境招商、网络招商、园区招商等多种形式开展招商引资。大力支持晋陕豫黄河金三角承接产业转移示范区建设，密切与京津冀的协作发展，进一步融入环渤海经济圈、中原经济圈，积极承接长三角、珠三角地区产业转移，扩大与中西部各省（区）的合作交流，形成优势互补、分工协作的区域合作新机制，把山西建设成为中西部地区对内对外开放的新高地。综合运用财政手段、出口退税、融资支持、出口信用保险、土地优先供应等政策措施，鼓励和支持重点企业开拓新兴市场，扩大出口规模。鼓励省内企业扩大对外投资。积极调整外贸结构，扶持民营企业加强省内外贸代理工作，推进外贸转型升级示范基地建设。加快出口农产品质量安全示范区建设。支持山西国际陆港园区发展，引领和提升山西对外开放水平。加快建设太原武宿综合保税区，构建高效通关体系，提高贸易便利化水平，促进外贸持续健康快速发展。

三、进一步提高民主法治建设水平

（一）以保证人民当家作主为根本，促进中国特色社会主义民主政治健康发展。

1、改进和完善党的领导方式和执政方式，充分发挥各级党委总揽全局、协调各方的领导核心作用。各级党委要集中精力解决好带有全局性、战略性、前瞻性的重大问题，有效实施党在各个领域的政治、思想和组织领导。党委与人大、政府、政协、司法机关、人民团体以及其他方面要建立科学化、规范化、制度化的机制，使之各司其职、各负其责、相互配合，形成合力。

2、坚持和完善人民代表大会制度，支持和保证人民通过人民代表大会行使国家权力。支持人大及其常委会依法行使立法、监督、决定、任免等职权。加强和改进代表工作，完善代表联系群众制度。坚持和完善适合国家权力机关特点的运行机制、议事程序和工作制度，不断提高人大工作规范化、科学化水平。强化立法职权，突出山西特色，提高立法质量，建立健全推动转型跨越发展的地方性法规体系。强化监督职权，建立健全对“一府两院”的监督机制，省市县人大要建立对政府全口径预算、决算的审查和监督。强化依法决定重大事项职权，及时作出决议决定，通过法定程序全力推动党委重大决策部署的贯彻落实。健全国家权力机关组织制度，优化常委会、专委会组成人员知识和年龄结构，提高专职委员比例，增强依法履职能力。

3、健全社会主义协商民主制度和工作机制，推进协商民主广泛、多层、制度化发展。坚持和完善中国共产党领导的多党合作和政治协商制度，充分发挥人民政协作为协商民主的重要渠道作用，支持政协围绕转型跨越发展，围绕涉及群众切身利益的重大问题和实际问题，积极履行职能，加强同民主党派的政治协商，深入进行专题协商、对口协商、界别协商、提案办理协商，开展基层民主协商，广纳群言、广集民智，增进共识、增强合力。推进政治协商、民主监督、参政议政的制度体系建设，研究制定《中共山西省委政治协商规程》，把政治协商纳入决策程序，坚持协商于决策之前和决策之中，对党委、政府需要协商的重要问题以及协商时机、协商层次、协商形式、协商程序等做出规定，促进协商民主制度化、规范化、程序化，增强民主协商实效性，更好地协调关系、汇聚力量、建言献策、服务大局。做好政协建议案、委员提案和重要社情民意信息的办理和成果转化工作，促进决策科学化、民主化。进一步加强各级政协领导班子建设和机关干部队伍建设，规范政协各专委会机构建设，加强政协委员队伍建设，更好地发挥委员在政协工作中的主体作用。

（二）以完善权力运行和监督制约的体制机制为重点，进一步夯实民主发展的制度体系。

1、健全民主选举制度。全省各级人民代表大会要全面实行城乡按相同人口比例选举人大代表的制度，进一步改进和优化各级人大代表结构，加大组织代表候选人与选民见面的力度。完善农村和城市社区直接选举制度、在外流动人口参选制度，规范居（村）民代表、居（村）民小组长推选程序，制定整治“贿选”和破坏选举的处罚细则，细化农村和社区居民的民主选举实施办法。

2、健全民主决策制度。坚持科学决策、民主决策、依法决策，健全决策机制和程序。扩大公开面，提高参与度，增加透明度，增强公信力，有效发挥思想库作用，把公众参与、专家论证、风险评估、合法性审查和集体讨论决定作为重大决策的必经程序，建立重大政务事务集体决策制度、决策评议制度、专家咨询制度、公示制度、听证制度、论证制度、报告制度、决策问责和纠错制度。

3、健全民主管理制度。以扩大有序参与、推进信息公开、加强议事协商、强化权力监督为重点，拓宽范围和途径，丰富内容和形式，保障人民享有更多更切实的民主管理权利。深化农村“四议两公开”制度，完善村民代表会议制度，建立社区成员协商议事制度，组织实施“民主管理信息化工程”，完善村民自治章程、村规民约、企事业民主管理制度，制定城乡社区自治章程。

4、健全民主监督制度。推进权力运行公开化、规范化，完善党务公开、政务公开、司法公开和各领域办事公开制度，健全质询、问责、经济责任审计、引咎辞职、罢免等制度，加强党内监督、民主监督、法律监督、舆论监督，让人民监督权力，让权力在阳光下运行。健全各级领导班子和主要负责人向所属单位、部门、地方报告工作并接受监督制度，普遍推行“一报告两评议制度”。加强对任用重要干部、重大工程、重要项目、财政预决算和“三公”经费使用情况等的监督，扩大“县委权力公开透明运行”试点。完善基层干部向村民会议、村民代表会议报告工作制度，出台村务公开、厂务公开、事务公开工作条例，增强“阳光农廉网”的监督实效。

（三）以保障人民依法直接行使权利为方向，提高基层民主建设水平。

1、全力实施“基层政权建设提升工程”。按照贴近群众、发扬民主，服务为先、管理跟进，精简高效、上下统筹的原则，健全基层政权体系。更加重视基层组织和干部队伍建设，建立经费投入、人员培训、职能发挥长效机制，配套完善基层群众自治工作机制，使城乡组织真正成为基层民主建设的组织者、推动者和实践者。推进乡镇政府、职能站所组织制度创新，实现政府行政管理和群众自治有效衔接和良性互动。

2、健全基层群众自治机制。健全基层党组织领导的充满活力的基层群众自治机制，加强村级组织建设，选优配强村级组织领导班子。完善以职工代表大会为基本形式的企事业单位民主管理制度。大力发展社区群众自治组织，实施社区网格化管理，努力把城乡社区建设成管理有序、服务完善、文明祥和的社会生活共同体。

3、改革社会组织管理体制。充分发挥基层各类组织协同作用，实现政府管理和基层民主有机结合、协调联动。坚持培育和管理并重，不拘一格发展适应转型跨越发展要求和人民群众亟需的行业性、公益类、社区类社会组织。改革和理顺社会组织管理体制和工作机制，着力扩大覆盖面，加快形成政社分开、权责明确、依法自治的现代社会组织体制。

（四）以建设“法治山西”为抓手，发挥法治对转型跨越发展的“第一保障”作用。

1、完善地方性法规规章。加强地方立法，改进立法工作机制，加强重点领域立法，拓展人民有序参与立法途径，完善民意采纳机制，建立健全立法听证、专家咨询论证、公开征求意见等制度，形成完备适用、相互配套的地方性法规规章。

2、完善依法治理工作机制。全面推进法治市（县、区）创建活动,深入开展“依法治理示范单位”创建活动，渐进形成省、市、县、乡、村、企“六位一体”联动格局，提升法治建设水平。实施省市县乡四级“法治政府”创建工程，切实提高行政决策、行政执行、行政监督和行政审批的法治化水平，大力促进法治创建活动上档升级，实现依法行政与依法治理上下贯通、横向到边、纵向到底，确保各级行政机关严格、规范、公正、文明执法。

3、完善公正司法保障体系。进一步深化司法体制改革，坚持和完善中国特色社会主义司法制度，确保审判机关、检察机关依法独立公正行使审判权、检察权。恪守司法公正，建立健全权责明确、相互配合、相互制约、高效运转的司法体制与工作运行机制。坚持依法独立司法，建立防范非法干预司法活动的有效机制，确保司法权威。继续引深细化司法便民、利民举措，完善律师、公证、法律援助、司法鉴定等在内的法律服务体系。坚持法律面前人人平等，任何组织或者个人都不得有超越宪法和法律的特权，绝不允许以言代法、以权压法、徇私枉法。

4、全面落实“六五”普法行动计划。引深普法教育活动，弘扬社会主义法治精神，树立社会主义法治理念，将普法教育纳入国民教育体系，纳入各级党校、行政学院教学内容，纳入各级党委（党组）中心组学习计划，着力提高领导干部运用法治思维和法治方式深化改革、推动发展、化解矛盾、维护稳定能力，让学法、知法、尊法、懂法、守法、用法成为全社会的自觉行动。

（五）以建设服务型政府为目标，深化行政管理体制改革。

1、按照转型综改试验区建设要求，优化行政管理体制。深化政府机构改革，积极推进在省、市、县及省级以上开发区建立大部门体制改革，健全部门职责体系，完善决策、执行、监督有机统一的行政运行机制。实施扩权强县，按照“资源禀赋相近、区域特色明显”的原则，集中连片扩大试点范围，将扩权强县与优化行政层级和行政区划设置有机结合，逐步在全省形成数量合理的强县大县，为最终实行省直管县体制创造条件。

2、按照简政放权的原则，深化行政审批制度改革。精简审批事项，优化管理流程，清理和整合相关审批事项，规范前置审批程序，推动政府职能向创造良好发展环境、提供优质公共服务、维护社会公平正义转变。减少审批环节，实施一站式审批、并联式审批，提高项目审批效能，加快审批进度。实施转型综改标杆项目总体规划战略评价和审核。对列入总体规划，符合国家产业政策、环保政策和循环经济要求的重大项目，积极探索进行链条式审批、基地式审批和园区式审批。凡通过审核的列入总体规划的鼓励类项目，视同已备案。强化市、县级投资主管部门的管理职能，需备案的项目实行属地化管理，由当地投资主管部门办理备案手续。

3、按照“四个分开”原则，优化发展环境。加快建设职能科学、结构优化、廉洁高效、人民满意的“服务型”政府，寓管理于服务之中，进一步推进政企分开、政资分开、政事分开、政社分开，实施政务流程优化再造工程，健全完善公共服务体系，大力构建电子政府，实现政府服务又好又快。实施省市县乡四级“法治政府”创建工程，出台全省性政府工作指导条例，建立行政不作为、慢作为、乱作为责任追究制度，深化“人民评议和监督政府”活动，实现依法行政。进一步完善整治“吃拿卡要”、行风政风评议长效机制，深入推进“阳光作业、质询公示”工程，治理政务环境。推进政府绩效管理，创新行政管理方式，建立健全政府绩效评估指标体系，加大生态环保、节能减排、公共服务等领域的考核权重，健全科学民主决策机制，完善行政首长问责制度，提高政府公信力和执行力。

（六）巩固和发展最广泛的爱国统一战线，进一步凝聚促进转型跨越发展的强大合力。

高举爱国主义、社会主义旗帜，以引深“同心工程”主题活动为载体，进一步促进政党关系、民族关系、宗教关系、阶层关系、海内外同胞关系和谐，着力构建各党派团结合作、民族和睦、宗教稳定、社会各方面和谐、海内外联系密切的和谐之省，引导社会各界为全面建成小康社会建功立业，实现思想上同心同德、目标上同心同向、行动上同心同行。加强党外代表人士队伍建设，选拔和培养更多优秀党外人士担任各级机关领导职务。全面贯彻党的宗教工作基本方针。特别要引深社会主义核心价值体系学与行、我为转型跨越献良策、招商引资招才引智、争做民营企业转型跨越排头兵、情暖三晋服务民生等主题活动，突出“与党和人民同心”的教育核心，围绕转型跨越发展和综改试验区建设深入调研，坚持“以企引企、以商引商、以智引智”，引导新的社会阶层人士为山西转型跨越发展服务，增强统一战线成员坚持共产党领导、走中国特色社会主义政治发展道路的决心和信心，增进参政党与执政党同心、统一战线各界人士与党同心的信念，全面提高全省统一战线工作水平，努力形成共同团结奋斗、共同繁荣发展的良好局面。

四、全面兴起文化强省建设新高潮

（一）实施科学理论武装工程，用中国特色社会主义理论体系武装全党、教育人民。

学习宣传贯彻党的十八大精神，全面深化中国特色社会主义理论体系的学习研究宣传。引导党员、干部深入学习贯彻党的基本理论、基本路线、基本纲领、基本经验，科学分析世情、国情、党情新变化，深入研究解决改革开放和社会主义现代化建设新课题，深入研究解决我省转型跨越发展和全面建成小康社会新课题。坚持以领导班子和领导干部为重点，以提高思想政治素质为根本，以建设学习型党组织为抓手，以中国特色社会主义理论体系为主要内容，拓宽渠道，丰富载体，大力推进马克思主义学习型政党建设。推广省委中心组“六学六用”模式，完善考学、评学、述学制度，加强对各级党委中心组的考核，改进中心组的学习。全面推进马克思主义中国化、时代化、大众化，坚持不懈用中国特色社会主义理论体系武装全党、教育人民，深入实施马克思主义理论研究和建设工程，积极推动和实施山西省哲学社会科学创新工程，推动中国特色社会主义理论体系进教材、进课堂、进头脑。

（二）实施核心价值铸造工程，巩固和发展全省人民团结奋斗的共同思想基础。

1、广泛开展理想信念教育。坚持把社会主义核心价值观融入国民教育、精神文明建设和党的建设全过程，贯穿改革开放和社会主义现代化建设各领域，体现到精神文化产品创作生产传播各方面，用社会主义核心价值观引领社会思潮、凝聚社会共识。

紧密结合中国特色社会主义建设和我省转型跨越发展的生动实践，深入开展形势政策教育、革命传统教育、改革开放教育和国防教育等，引导全省干部群众坚定中国特色社会主义理想信念，把全省人民团结凝聚在中国特色社会主义伟大旗帜下，形成推动转型跨越发展、再造一个新山西的强大合力。

2、大力弘扬民族精神和时代精神，积极培育和弘扬山西精神。加强爱国主义教育基地、国防教育基地、廉政教育基地建设，坚持宣传教育、示范引导、实践养成和制度建设相衔接，深入开展爱国主义、集体主义、社会主义教育，丰富人民精神世界，增强人民精神力量。大力弘扬太行精神、吕梁精神和右玉精神。以“信义、坚韧、创新、图强”为核心，深入宣传、着力培育、大力弘扬山西精神，为推进转型跨越发展、再造一个新山西铸造强大文化软实力，树立山西人民解放思想、改革开放的良好形象，形成凝聚全省人民攻坚克难的强大精神力量。

3、全面提高公民道德素质。加强社会公德、职业道德、家庭美德和个人品德教育，弘扬中华传统美德。推进公民道德建设工程，引导人们自觉履行法定义务、社会责任、家庭责任，培育知荣辱、讲正气、作奉献、促和谐的良好风尚。注重人文关怀和心理疏导，培育自尊自信、理性平和、积极向上的社会心态。深化精神文明创建活动，精心组织道德模范、榜样山西、“山西好人”评选活动，广泛开展志愿服务、学雷锋活动，推动学习宣传道德模范常态化。治理道德领域突出问题，大力加强政务诚信、商务诚信、社会诚信和司法公信建设。党员领导干部尤其要加强道德建设，模范践行社会主义荣辱观，为民务实清廉，做社会主义道德的示范者、诚信风尚的引领者、公平正义的维护者，以实际行动彰显共产党人的人格力量。

（三）实施公共文化服务工程，让城乡广大人民群众广泛享有基本公共文化服务。

1、加大文化基础设施建设力度。按照公益性、基本性、均等性、便利性的要求，加强文化基础设施建设。省、市及有条件的县要加快建设一批标志性文化设施，确保到“十二五”末，实现市级有“五馆一院”、县级有“三馆一院”的目标。积极推进山西广电中心等五大重点工程建设，加快中国共产党山西党史馆（山西革命博物馆）和省情（方志）馆建设。加快城乡文化一体化发展步伐，大力实施万村千乡文化设施建设工程和社区公共文化设施建设工程，确保每个乡村、每个社区都有设备齐全、运行良好的文化活动中心。

2、提高公共文化服务能力。提高公共文化服务效能，建立覆盖城乡、惠及全民、结构合理、功能健全、实用高效的公共文化服务体系。坚持建管用并重，提高公共文化服务设施运营水平、管理水平、服务水平。设立农村文化建设专项资金、文化惠民专项资金等，用于改善社区、农村等基层文化建设落后的状况。鼓励社会力量参与公共文化服务，促进公共文化服务多元化、社会化。

3、深入实施“文化惠民”和“文化低保”工程。面向基层、服务群众，要继续推进文化信息资源共享、农村电影放映和农家书屋等重点文化惠民工程，扩大覆盖面，改进管理和服务。继续推动公共文化服务设施向社会免费开放，不断推动“三下乡”、“四进社区”和“送欢乐下基层”等活动机制化、常态化。鼓励文化单位面向基层、面向农村，提供高效快捷的流动服务和网点服务。大力开展群众性文化活动，鼓励支持群众自创自办、自娱自乐，开展丰富多彩的文化活动，引导群众在文化建设中自我表现、自我教育、自我服务。开展全民阅读活动和全民科学素质提升工程，普及科学知识，弘扬科学精神，提高全民科学素养。广泛开展全民健身运动，促进群众体育和竞技体育全面发展。

4、建设优秀传统文化传承体系。继续实施重点文物保护工程，加大国家和省级自然遗产地、重点文物保护单位、历史文化名城名镇名村保护力度。加大非物质文化遗产保护力度。按照保护、利用、传承、发展并重的原则，逐步形成文化遗产保护与经济社会发展和谐共融、互利双赢的新局面。广泛开展优秀传统文化教育普及活动，弘扬中华优秀传统文化。加强文化典籍整理和出版工作，积极推进《三晋文库》编纂工作。加快推进应县木塔等申遗相关工作。积极申报国家级非物质文化遗产。

5、加快建设现代传播体系。顺应数字化、网络化、多媒体传播技术发展趋势，不断提高我省各类媒体的技术装备水平和传播能力，构建技术先进、传输快捷、覆盖广泛的现代传播体系。推动全省有线电视网络资源整合。加强和改进网络内容建设，唱响网上主旋律。加强网络管理，推进网络规范有序运行。

（四）实施文化精品生产工程，为人民提供更好更多精神食粮。

1、建立健全科学有效的精品创作生产机制。把文化精品的创作生产摆在重要位置，研究制定创作生产规划，明确目标任务、重点项目和政策措施，有计划、有组织地推出一批优秀文艺作品、优秀出版物和优秀社科研究成果。

2、建立责任明确、分工协作的工作体制。各高校、党校、社科研究机构要发挥自身优势，打造强势人文学科和强势人才队伍。省文化厅、省广电局、省新闻出版局、省文联、省作协等单位要切实负起文化精品创作生产的牵头责任，省广播电视台、山西出版传媒集团、山西影视集团、山西演艺集团等文化单位要切实负起文化精品创作生产的主体责任。

3、完善政府投入与市场机制相协调的政策体系。加大财政投入力度，设立文化精品创作生产扶持资金，对市场潜力大、带动性强的文化精品，在创意策划、设计研发、创作生产等各环节，予以及时的扶持帮助。不断拓宽融资渠道，积极引进社会资金，确保文化精品创作生产有足够的资金保障。定期评选文化精品，加大奖励力度，鼓励文化生产单位出精品、出效益、出人才。加大宣传推介和文艺评论力度，组织好展演展播展映展示工作，对文化精品参加国内外重大展会、进入重点院线和大型超市等予以扶持，不断扩大文化精品的社会影响和市场份额。

（五）实施文化产业振兴工程，推动文化产业跨越式发展。

1、优化文化产业发展格局。牢牢抓住全球文化生产链条重组的新机遇，推动实施“十二五”文化产业倍增计划，拓展延伸“大作品表现、大集团运作、大景点支撑、大服务引领、大会展集聚”战略的内涵和空间，转变文化产业发展方式，不断激活和释放日益增长的文化生产力，占据国际国内竞争的制高点。继续推动北部佛教与边塞文化产业区、中部晋商文化产业区、南部根祖文化产业区、红色文化产业区和黄河风情文化产业区建设。打造一批地域特色鲜明的文化产业基地、产业园区和区域性文化产业集群，提升我省文化产业的集群化、专业化、特色化水平。设立文化产业发展专项资金，扶持文化产业发展壮大。

2、培育现代文化市场体系。重点发展图书报刊、电子音像制品、演出娱乐、动漫游戏、影视剧等文化产品市场，发展连锁经营、物流配送、电子商务等现代流通组织和流通形式，构建以大城市为中心、中小城市配套、贯通城乡的文化产品流通网络。加快培育和建立包括文化产权、版权、产品、技术、信息等要素交易的山西文化产品交易市场。

3、实施大集团引领战略。支持省属出版、演艺、影视、日报传媒、广电传媒、广电网络等六大文化产业集团发展壮大，组建体育、旅游、文博、工艺美术等四大文化产业集团，形成以十大旗舰文化企业为主要支撑，大、中、小、微型文化企业共同发展的新格局。力争到“十二五”末，在全省推出几个收入超百亿元的文化领军企业，一批收入超二十亿元的文化骨干企业，众多收入超亿元的文化企业。

4、实施重点项目带动战略。发挥重点项目的支撑拉动作用，按照“实施一批、论证一批、规划一批、储备一批”的原则，抓紧建设一批规模大、实力强、带动作用明显的大型文化项目，保持重大文化产业项目建设可持续发展。深入推进“一策一业一品一节一剧”五个一工程，形成省市县三级联动的良好局面。加快组建省级文化产业投资公司，引进一批文化产业的战略投资者。

5、实施新兴文化业态提升工程。建立文化与旅游、科技、信息、金融等产业深度融合的体制机制。推进文化与金融深度融合，吸纳社会资本进入文化产业。按照做大在文化、拓展在旅游的思路，推进文化与旅游深度融合，积极发展文化旅游业。强化以创意文化为核心的新兴文化业态的培育，深入探索“文化＋科技”、“文化+创意”、“文化＋金融”、“文化＋旅游”、“文化+休闲”等新模式，积极推动内容策划、文化创意、数字出版、动漫游戏、艺术设计、软件开发等智力密集型新兴文化业态的发展，推动手机报、移动多媒体和互动电视等新业态的兴起，催生文化产业新的增长极，提高文化产业规模化、集约化、专业化水平。

（六）实施文化改革深化工程，持续为文化发展注入生机活力和不竭动力。

1、创新文化管理体制。在全省试行县级党委常委、宣传部长兼任同级政府副县长体制，分管文化、旅游工作。加快转变政府职能，按照“政企分开、政事分开”的要求，建立健全政府依法管理、企事业单位依法运营的宏观管理体系。完善管人管事管资产管导向相结合的国有文化资产管理体制，做好国有文化资产监管工作。

2、巩固提高改革成果。继续落实扶持文化改革发展的一系列政策，支持改制企业发展。转企改制的文化单位要克服“等靠要”思想，面向市场，抓紧建立现代企业制度，深化国有公益性文化单位改革，完善经营性文化单位法人治理结构，推进文化单位内部机制转换，建立文化发展经常性投入扶持机制，继续推进文化事业单位内部劳动人事、收入分配、社会保障等制度改革，创新运行机制，持续为文化发展注入生机活力和不竭动力。

3、加强考核管理工作。把文化改革发展摆在全局工作的重要位置，纳入经济社会发展总体规划，与经济工作同部署、同推进、同考核。出台国有文化资产监督管理办法、国有文化企业负责人经营业绩考核及薪酬管理办法、文化创作生产考核办法等监督考核规定，不断提高文化建设的规范化、制度化、法制化水平。

五、加强以改善民生和社会管理为重点的社会建设

（一）全面实施教育结构优化工程。

切实将教育放到优先发展的战略地位，把立德树人作为教育的根本任务。完善具有山西特色的现代教育体系。全面实施素质教育，深化教育体制机制改革，大力促进教育公平，合理配置教育资源，培养学生的社会责任感、创新精神、实践能力。促进各级各类教育协调发展，大力加强学前教育，均衡发展九年义务教育，基本普及高中阶段教育，加快发展现代职业教育，支持特殊教育，积极推动进城农民工子女平等接受教育，加快发展远程教育和继续教育，支持和引导民办教育，建设全民学习、终身学习的学习型社会。加强教师队伍建设，提高师德水平和业务水平。持续加大教育投入，确保预算内教育拨款增长明显高于财政经常性收入增长幅度，占GDP的比重达到4%以上，特别要加强对农村和贫困地区教育投入，引导社会资金兴教助学。围绕转型跨越发展对高素质实用人才的需求，大力发展高等教育，加强高等院校相关专业建设，着力提高

教育质量，实现内涵式发展。

（二）大力推动社会充分就业。

完善促进就业综合政策体系，贯彻劳动者自主就业、市场调节就业、政府促进就业和鼓励创业的方针，统筹协调财政、税收、金融、产业等政策，构建资源型经济转型与扩大就业良性互动的长效机制。以创业带动就业，引导劳动者转变就业观念，鼓励多渠道多形式就业，深入开展创业型城市和农村劳动力转移示范县“双创建”活动。多渠道增加就业岗位，突出抓好高校毕业生、农村转移劳动力、城镇困难人员、退役军人、资源枯竭城市和老工矿区职工及其子女等重点人群的就业工作，完善对就业困难群体的援助机制。建立覆盖城乡、面向全体劳动者的公共就业和人才服务体系，增强失业保险对社会就业的促进作用，更好地发挥市场在人力资源配置中的基础性作用，使人才开发与充分就业相协调。加强职业技能培训，提升劳动者就业创业能力，增强就业稳定性。健全劳动标准体系和劳动关系协调机制，加强劳动保障监察和争议调解仲裁，构建和谐劳动关系。

（三）着力实施城乡居民收入倍增计划。

按照我省“十二五”城乡居民收入“倍增计划”的战略部署，稳步推进收入分配制度改革，提高居民收入在国民收入中的比重，提高劳动报酬在初次分配中的比重。完善劳动、资本、技术、管理等要素按贡献参与分配的初次分配机制，加快健全以税收、社会保障、转移支付为主要手段的再分配调节机制。完善公务员工资制度和事业单位绩效工资制度，强化企业工资宏观调控，推行企业工资集体协商制度，进一步加强对省属国有企业工资总额和高管人员的薪酬管理，加大对过高收入的调节力度。确保农民收入翻番，千方百计开辟增收渠道。进一步完善城乡最低生活保障制度，着力提高低收入人群收入，逐步提高最低生活保障和最低工资标准，健全进城务工人员工资支付和保障机制。加大对农村公共产品的投入，完善农村社会保障制度，创造条件让更多群众增加财产性收入。

（四）统筹推进城乡社会保障体系。

坚持全覆盖、保基本、多层次、可持续方针，以增强公平性、适应流动性、保证可持续性为重点，全面建成覆盖城乡居民的社会保障体系。逐步完善社会保险制度体系，按照扩面提标的要求，继续完善养老、医疗、失业、工伤、生育保险制度，构建资金来源多元化、保障制度规范化、管理服务社会化的社会保险制度体系。加快城乡社会保障统筹，妥善解决各类人员社会保险关系转移接续问题，稳步提高社会保障统筹层次和待遇水平，建立各项社会保险待遇的确定机制和正常调整机制。积极推进“五险统征”，建立城乡一体化的统一征缴机制和业务经办模式。扩大社会保障基金筹资渠道，探索建立社会保险基金投资运营制度，确保基金安全和保值增值。加快基层公共服务平台建设，全面推进社会保障卡应用，实现参保人员人人持卡、一卡通用。建立完善以城乡低保、农村五保、医疗救助为基础，以临时救助为补充，与廉租住房、教育、法律援助等专项救助制度相衔接配套、覆盖城乡的社会救助体系。建立健全以老年人、残疾人、孤儿为主要对象，以社会福利社会化为主要手段，以养老服务和福利彩票发行为主要内容，以慈善捐助事业为重要补充的社会福利服务体系。建立农民工权益保障机制，出台农民工权益保护实施细则，推进基本公共服务常住人口全覆盖。加强公租房、廉租房、经济适用住房、限价普通商品房及棚户区改造、农村危房改造等保障性安居工程建设与管理，完善住房保障体系，满足困难家庭基本住房需求。

（五）切实提高人民健康水平。

坚持预防为主、以农村为重点、中西医并重，按照保基本、强基层、建机制要求，重点推进医疗保障、医疗服务、公共卫生、药品供应、监管体制综合改革。将五年内全省人均预期寿命达到全国平均水平作为基本目标，坚持基本卫生公益性质，完善国民健康政策，建成覆盖城乡居民的基本医疗卫生制度，使全省人民人人享有基本医疗保障，人人享有基本公共卫生服务和基本医疗服务。深入推进医药卫生体制改革，加快健全全民医保体系，推进全民基本医保由扩大范围向提升质量转变；建立健全药品供应保障体系，巩固完善基本药物制度和基层医疗卫生机构运行新机制；积极推进以县级医院为重点的公立医院改革，同步推进县域医药卫生一体化综合改革；提高基本公共卫生服务均等化水平，促进公共卫生服务更加公平；加强医疗服务体系薄弱环节建设，优先支持基层和中医药事业发展；加强从医人员队伍建设，规范从医人员执业。加强重大疾病防控工作，健全完善重大疾病防控、卫生监督、妇幼保健、卫生应急体系；大力实施健康教育与促进工程，深入开展爱国卫生运动，全面提升重大疾病预防控制和突发公共卫生事件应急处置能力。

（六）全面提高安全生产水平。

坚持以人为本，夯实安全基础、弘扬安全文化，完善监管体系，抓好责任落实，巩固和提升煤矿安全生产在全国的领先水平，巩固和发展我省安全生产良好局面，实现全面安全、本质安全、持久安全和全省安全生产状况的根本好转。建立“党委领导、政府监管、企业负责、中介服务、全社会关心安全发展”的工作格局，明确政府监管责任和企业主体责任，建立完善全省四级机构、五级网络的安全监管体制，强化公共安全体系和企业安全生产基础建设。继续深化重点行业领域的隐患排查和专项整治，以煤矿、非煤矿山、民爆物品、危险化学品、建筑施工、道路交通、消防、特种设备、食品药品等行业为重点，抓好安全生产各项制度的落实和安全生产隐患整改，严厉打击非法违法生产经营建设行为。加大安全生产投入力度，规范安全费用的提取和使用，积极开展安全质量标准化建设活动，大力开展创建示范安全企业、乡村（社区）活动，强化应急救援基地及队伍建设，切实提高安全生产保障能力。修订完善省、市、县三级安全目标责任考核细则，完善安全生产非法违法企业“黑名单”制度，建立健全重大隐患和安全事故逐级挂牌督办、公告制度及整改评估制度，切实增强全社会防灾减灾和应对突发事件的能力和水平。强化社会舆论监督，大力推行安全有奖举报制度，加强群防群控，形成安全发展的合力。

（七）加强和创新社会管理。

坚持管理模式网格化、管理平台信息化、管理手段综合化、重点工作项目化、公众参与制度化，着力构建社会矛盾化解体系、实有人口服务管理体系、特殊人群服务管理体系、社会治安防控体系、公共安全管理体系、“两新组织”服务管理体系、信息网络服务管理体系、基层社会服务管理体系八大体系，努力在公共安全管理、基层社会服务管理、流动人口服务管理、特殊人群服务管理等重点领域取得突破。积极推进社会管理体制、体系、机制、方法创新，加快形成党委领导、政府负责、社会协同、公众参与、法治保障的社会管理体制，加快形成政府主导、覆盖城乡、可持续的基本公共服务体系，加快形成政社分开、权责明确、依法自治的现代社会组织体制，加快形成源头治理、动态管理、应急处置相结合的社会管理机制。进一步完善诉讼、仲裁、行政复议等法定诉求表达机制，畅通和规范群众诉求表达、利益协调、权益保障渠道，完善信访制度，完善人民调解、行政调解、司法调解联动工作体系，及时妥善处理群众合理诉求。健全社会稳定风险评估机制，坚持科学决策、民主决策、依法决策，提高突发公共事件应急管理能力，努力把社会稳定风险消除在决策环节。深化平安建设，贯彻宽严相济方针，用好“软硬”两手，强化对敌斗争，坚决打击敌对势力的渗透破坏活动；强化严打整治，依法打击各类违法犯罪；强化社会治安综合治理，大力实施城乡社区警务战略，深入开展“平安山西”创建系列活动，切实提高人民群众的安全感。加强和改进党对政法工作的领导。提高党委政法委领导和管理政法队伍的能力水平。加强政法队伍建设，坚持政治建警、素质强警、从严治警、从优待警，切实肩负起中国特色社会主义建设者、捍卫者的职责和使命。

六、加大生态文明建设力度

（一）牢固树立“保护青山绿水也是政绩”的理念。

改变重经济发展速度、轻发展质量的固有思维，正确处理经济发展与环境保护、眼前政绩与长远发展的关系，努力把生态文明建设与优化生产力布局、促进产业结构升级结合起来，与发展循环经济、开展资源节约结合起来，与加快城镇化发展、新农村建设结合起来，使生态文明建设融入我省经济、政治、文化、社会发展的各方面和全过程。

（二）切实找准改善生态环境突破口。

围绕损害群众健康、制约经济发展的突出环境问题，通过实施“三突破”、“四不出”、“五禁止”、“六循环”，从源头上扭转生态环境恶化的趋势，加快生态文明建设步伐。

三突破：一是燃煤锅炉改造突破，以改善大气质量；二是污水治理突破，以改善水环境质量；三是煤矸石利用突破，以减少废弃物污染。

四不出：主要是工业废水不出厂（工厂）、不出园（工业园）、不出城（城镇）、不出区（区域），实现就地（厂内或园内）、就近（城内或区内）、集中处理，以提高水资源循环利用率，减少工业废水直接外排带来的水体污染和土壤污染。

五禁止：在重点生态禁止开发区内严格禁建（新建工业设施）、禁排（污染物）、禁采（矿产资源）、禁牧（畜牧散养）和禁猎（野生动物），以涵养水源、保护水土和生物多样性以及区域生态安全。

六循环：在主要资源利用上，实现水、气、煤的循环利用；在空间结构上，实现企业内部的小循环、产业之间的中循环和全社会的大循环。

（三）全面优化国土开发空间布局。

按照节约资源、合理布局、错位发展、集约利用的思路，统筹安排工业新型化、农业现代化、市域城镇化、城乡生态化等各类用地。根据土地利用总体规划，在下达年度用地计划时，重点支持各地发展循环经济，建设新型工业园区、发展特色产业集群。严格执行耕地保护制度，坚守“十二五”末全省6039万亩耕地红线，重点支持各地发展现代农业和特色农业。根据我省城镇化发展总体布局，重点支持“一核一圈三群”率先发展，稳步推进“大县城”、“小城镇”和新农村建设，把生态文明理念融入城镇化建设全过程，走集约、智能、绿色、低碳的新型城镇化道路。坚持扩容与提质并重，形成梯次明显、优势互补、协调发展的城镇化态势。加大城市空间开发力度，大力发展地下交通、地下车库、地下商场等地下设施。按照建设“四个山西”的要求，坚持建设与绿化同步、经济与生态并重，不断拓展生态发展空间，为城乡生态化提供可靠的国土空间保障。根据我省主体功能区的定位，通过调整建设用地区位、创新体制机制、盘活存量土地、实行差别化的土地利用和土地管理政策，实现建设用地开发利用方式由粗放式向集约式转变。按照主体功能区和生态功能区标准，设置生态功能区环境底线。根据主体功能区规划，实行分类指导、差别化的环境政策。依据优先开发、重点开发、限制开发和禁止开发的规定，优化产业布局。禁止在环境敏感区域新建、改建、扩建污染项目，限期关停、搬迁现有污染企业，推动形成与资源环境承载能力相适应的产业布局和国土空间开发格局。

（四）大力实施节能减排系列工程。

有效控制高耗能行业过快增长，进一步提高行业准入门槛，严格节能评估审查和标准，严格控制高耗能项目，推动高耗低效企业加快转型升级。大力推动结构节能，加快淘汰落后产能，不断优化三次产业结构和工业内部结构。大力推进新能源的开发和利用。重点实施风能资源开发利用工程、太阳能资源开发利用工程、水能资源开发利用工程、生物质能资源开发利用工程、新能源建筑应用工程、农村新能源工程、煤层气资源开发利用工程、煤炭清洁高效利用工程、智能电网和分布式能源工程以及新能源汽车供能设施建设工程等“十大工程”。以“绿色建筑示范工程”、“暖房安心计划”、“建筑绿色能源行动”、“太阳能屋顶计划”、“公共建筑节能监管体系建设工程”等为重点，全面提高我省建筑节能技术和水平。

积极推进规划和区域环境影响评价，严格建设项目环境影响评价，把主要污染物排放总量控制指标作为新改扩建项目环境影响评价审批的前置条件。大力推行清洁生产，开展重点行业强制清洁生产审核，加快运用先进适用、环境友好的生产工艺和污染防治技术，改造提升传统产业，减少经济发展的环境代价。扎实推进重点减排工程。实施城镇生活污水处理厂新建扩容提质工程、工业废水深度治理工程、规模化畜禽养殖污染治理工程、燃煤电厂和重点水泥企业烟气脱硝、钢铁行业烧结机烟气脱硫工程、黄标机动车淘汰工程、重点行业脱硫除尘提标改造工程，深入开展重点区域流域综合治理，全面削减污染物排放总量。

（五）大力发展循环经济。

全力推进循环经济试点省建设，全面实施好《山西省循环经济发展“十二五”规划》，从企业、行业、园区、社区、区域、社会六个层面推动循环经济发展。开展“一市一园”、“一县一企”省级循环经济试点，集中实施清洁生产工程、“三废”综合利用工程以及循环经济文化创意工程。大力发展循环经济园区和生态工业园区。坚持用循环经济理念和模式对各类园区进行再规划、再改造，形成以企业带动园区、以园区辐射区域的格局。加快推进国家工业固体废物综合利用基地建设试点工作。积极争取国家煤矸石综合利用、清洁生产等相关资金、项目核准和政策支持，打造以煤矸石和粉煤灰综合利用为主的循环经济产业链，提高煤矸石和粉煤灰的综合开发利用水平。完善再生资源回收体系和垃圾分类回收制度，推进资源再生利用产业化。运用循环经济理念和技术，拓展和延伸资源循环产业链，大力发展循环型工业、循环型农业、循环型服务业，全面推进各类产业特别是传统产业循环化发展，在煤炭上深化劣质煤生产煤基合成油的发展模式，在焦化上深化煤焦油深加工和焦炉煤气综合利用的发展模式，在冶金上深化固态、液态、气态废弃物循环利用的发展模式，在电力上深化粉煤灰综合利用的发展模式，构建循环经济产业发展体系。推进一批资源综合利用示范基地建设，提高工业废渣、余热余能、矿井水、中水等的综合回收和循环利用水平，在效益高点和价值高端实现资源高效利用、产品提档升级、高碳产业低碳发展。

（六）全面开展山西水生态系统保护修复行动。

全面实施山西大水网建设。围绕转型跨越发展供水需求，按照“两纵十横、六河连通、覆盖全省”的基本格局，力争到“十二五”末全省年供水总量由“十一五”末的63亿立方米提高到91亿立方米，实现水资源开发利用由“水瓶颈”向“水支撑”转变。加快实施“三水”保护与修复工程。紧紧抓住国家将我省列为全国水生态系统保护与修复试点省的机遇，对包括五大河流地表水、六大盆地地下水和19大岩溶大泉岩溶水在内的全省水生态实施保护与修复。扎实推进国家和省级水保重点工程。加强重要生态保护区、水源涵养区、河流源头及湿地保护，启动实施山老区小流域和汾河上游水土保持三期综合治理，力争到“十二五”末全省水土流失综合治理度提高到60%。加大引黄入晋工程的惠及面。加强引黄工程供水区地下水资源保护，综合运用法律、行政、经济等手段，采取有力措施关井压采，严禁超采地下水，严禁转买周边农用水，进一步扩大引黄供水的覆盖面，充分发挥工程综合效益。实施“百县百河”综合治理工程。加快推进流经市区、县城所在地的重要河流和重点中小河流治理，实施河道综合整治和美化绿化，加大重点流域水污染防治，改善水环境质量，发挥河流水生态优势，实现“堤固、河畅、水清、岸绿”的目标。实行最严格的水资源管理制度，加快建立水资源开发利用控制、用水效率控制和水功能区限制纳污3条红线，促进水资源的合理开发、高效利用、全面节约和有效保护。

（七）持之以恒推进造林绿化和生态环境修复。

大力推进林业六大工程建设，即抓好以太行山、吕梁山为重点的“两山”造林工程，以路网、水网为骨架的“两网”绿化工程，以干果经济林和速生丰产林为重点的“两林”富民工程，以城市郊区和矿区植被恢复为重点的“两区”增绿工程，以省直国有林区为重点的“双百”示范工程，以天然林资源保护和森林资源综合保护为重点的“双保”管护工程，确保每年完成营造林400万亩以上，力争森林覆盖率每年增加一个百分点。重点建设两大林业标杆项目，即通道绿化建设项目和吕梁山生态脆弱区林业生态建设项目。集中力量建设“三个百万亩”林带，即通过10年努力建设晋西北100万亩樟子松防风固沙林、吕梁山中部100 万亩水土保持林和中南部100万亩生态经济林。开展三晋绿化大行动，鼓励企业、社会、个人通过碳汇造林、林地林木认养、开发造林、合作造林等方式参与造林绿化，形成全社会共建绿化山西的浓厚氛围。大力加强森林资源管护，坚决打击一切违法占用林地、湿地、捕猎野生动物行为，尽快制定生态公益林保护机制，确保造管有机衔接。

全面推进全省11条重点河流以及国家规划的18个重点矿区采煤沉陷区、采空区、水土流失区、煤矸石山的生态环境治理修复保护工作，重点实施矿山覆绿工程、生态空间保护工程和生态建设修复工程。全面推进尾矿库安全治理与闭库。积极开展生态建设示范区和生态文明试点工作。大力开展农村生态环境连片整治，实施乡村清洁工程，合理设置垃圾收集设施，建设污水净化设施，加强农田土壤保护，强化农村面源污染控制。

（八）不断完善生态文明建设政策体系。

进一步完善财政转移支付制度，合理界定生态建设责任，调整财政支出结构，逐步建立各级政府之间规范、完善的以生态建设专项转移支付和一般性转移支付相结合的转移支付制度。加快推进资源环境价格改革，建立反映资源稀缺程度和环境恢复成本的价格形成机制。健全能源资源节约利用机制，对高耗能产业的能效实行对标管理，严格限制超额消耗能源。建立和完善环境污染责任保险制度，避免“企业污染、政府埋单、百姓受害”的被动局面。建立环境风险保证金制度，将环境污染治理责任前置，以便于落实“谁污染、谁治理、谁付费”。完善水资源开发利用保护机制，大力推进阶梯水价改革，加快水权转换和交易制度建设，开展跨行政区域水权交易试点。结合集体林权制度改革，探索建立公益林购买机制，对国家下达任务之外农民营造的生态公益林，经验收合格进行政府购买，使更多的农民通过营造林增加收入。创新生态补偿机制，完善生态补偿政策，明确生态补偿重点领域，通过政府直接投资实施生态保护和建设项目、财政转移支付、财政出资购买生态公益林等方式，平衡不同地区发展和环境权益。总结试点经验，制定完善流域上下游之间、不同主体功能区之间生态补偿的有效措施。完善和深化煤炭开采生态补偿机制，研究制定非煤矿山生态补偿办法。

（九）建立健全生态文明建设考核机制和公众参与机制。

将生态文明建设任务纳入各级领导目标责任制，分市县、分部门进行目标分解，一级抓一级，落实责任制，建立和完善分工负责和统一监管的工作机制。根据生态文明建设推进的总体要求，试行绿色GDP核算评估，把资源消耗、环境损害、生态效益作为年度目标责任制考核的重要内容，加大其考核权重，并作为干部选拔任用和奖惩的重要依据之一。实行生态文明建设一票否决制，对因决策失误、未正确履行职责、监管不到位等问题，造成群众利益受到侵害、生态环境质量受到严重破坏等后果的，依纪依法追究相关人员责任。探索完善生态环境信息披露制度，保障公民的知情权。通过网站、公报、新闻发布会以及报刊、广播、电视等形式公开生态环境信息；完善企业环境信息披露制度，根据企业对环境造成污染的级别及潜在危害程度，进行分级管理。

七、全面提高党的建设科学化水平

（一）深入学习贯彻落实党的十八大精神，着力提高全省党员干部推动转型跨越发展的素质和能力。

1、加强中国特色社会主义理论武装。抓好思想理论建设这个根本，学习马克思列宁主义、毛泽东思想、中国特色社会主义理论体系，发扬理论联系实际的学风，促进党员干部思想教育常态化，教育引导党员干部矢志不渝为中国特色社会主义共同理想而奋斗；改进学习方式，丰富学习载体，在各类媒体上开辟专栏，宣传、普及党的重大理论创新成果；完善教育培训、动态考核、管理监督、成果转化等制度、机制和办法，推进学习型党组织的创建，促进理论武装入心入脑。

2、增强党员党性修养。抓好党性教育这个核心，组织党员干部学习和重温党的历史，深刻认识党的两个历史问题决议总结的经验教训；引导广大党员干部特别是领导干部自觉学习党章、遵守党章、贯彻党章、维护党章；充分利用山西红色资源，开展革命传统教育活动，教育引导党员干部继承和发扬党的优良传统和作风，牢固树立正确的世界观、权力观、事业观，坚定理想信念，坚守共产党人的精神追求，坚定政治立场，明辨大是大非，经得起各种风浪考验。

3、继续实施干部能力素质提升工程。坚持和深化组织调训、干部选学、在线学习“三位一体”的干部大教育大培训格局，进行新一轮大规模培训干部。建立领导核心胜任力培训模式，突出对“一把手”、后备干部、基层干部、急需人才等对象的专题培训。

（二）加强党的作风建设，密切党同人民群众的血肉联系。

认真贯彻落实中央政治局关于改进工作作风、密切联系群众的八项规定，大力弘扬求真务实作风，切实改进文风会风，搞好调查研究，精简会议活动和文件简报，规范领导同志新闻报道工作。

按照中央统一部署，围绕保持党的先进性和纯洁性，深入开展以为民务实清廉为主要内容的党的群众路线教育实践活动，着力解决人民群众反映强烈的突出问题，提高做好新形势下群众工作的能力。深入开展正风肃纪活动，坚决反对形式主义、官僚主义，狠刹闲话生非的不良风气，拉拉扯扯的庸俗风气，吃拿卡要的恶劣风气。引深干部下乡住村包村活动，建立领导干部住村劳动制度。引导各级领导干部把住村包村活动摆在更加突出的位置，拿出更多的精力和资源，制定发展规划，推进项目落实，实现农民收入翻番目标。围绕学习贯彻党的十八大精神，组织各级领导干部开展“五个一”活动：深入基层搞一次宣讲、深入重点工程或企业进行一次现场办公、深入农村参加一次知农情问农事促农收活动、深入信访部门接待一次上访群众、深入第一线培养一个服务型基层党组织。支持工会、共青团、妇联等人民团体充分发挥桥梁纽带作用，更好地反映群众呼声，维护群众合法权益。

（三）大力学习弘扬“右玉精神”，引导各级领导干部牢固树立正确的政绩观。

认真贯彻落实习近平同志重要批示，深入学习弘扬以“执政为民、尊重科学、百折不挠、艰苦奋斗”为核心的“右玉精神”，引导各级领导干部牢固树立正确的政绩观。采取多种形式，广泛宣传“右玉精神”的内涵和实质，营造浓厚的舆论氛围。坚持把学习“右玉精神”的成效充分体现到推动转型跨越的具体工作中，不搞表面文章、短期行为，着力推动利长远、打基础的惠民工程、发展工程；不惧资源型经济转型的困难和挑战，大胆先行先试，推动转型综改试验区建设；不贪图安逸享受，以坚忍不拔的意志积极投身全面建成小康社会的主战场。

（四）坚持党的民主集中制，健全党内民主制度体系。

1、健全党员民主权利保障制度。深刻认识党内民主是党的生命，健全党内民主制度体系，落实党员知情权、参与权、选举权、监督权。开展批评和自我批评，营造民主平等的同志关系、民主讨论的政治氛围、民主监督的制度环境。

2、按照中央要求，完善党的代表大会制度。继续在12个县（市、区）开展党代会常任制试点，实行党代会代表提案制，试行乡镇党代会年会制。探索建立党代表在闭会期间发挥作用的有效平台。

3、完善党内选举制度。改革和完善代表推荐和选举制度，完善党内领导班子候选人的提名方式，规范差额提名、差额选举，形成充分体现选举人意志的程序和环境。逐步扩大差额选举的人数，坚决防止变相等额选举。

4、完善全委会、常委会工作机制。强化全委会决策和监督作用，完善常委会议事规则和决策程序，完善各地党委讨论决定重大问题和任用重要干部票决制。

5、扩大党内基层民主。坚持民主集中制，完善党组织领导班子定期向党员报告工作、接受评议制度，推行党员旁听基层党委会议、党内民主恳谈等做法，增强党内生活原则性和透明度。

（五）深化干部人事制度改革，努力建设政治坚定、能力过硬、作风优良、奋发有为的执政骨干队伍。

1、进一步树立正确用人导向。坚持党管干部原则，坚持五湖四海、任人唯贤，坚持德才兼备、以德为先，坚持注重实绩、群众公认，全面准确贯彻民主、公开、竞争、择优方针，在干部选任中切实做到“六个优先”。要把推进重点工程建设、完成重大工作任务、处理重大突发事件、作出突出贡献作为识别干部、任用干部的重要标准，让能者上、庸者下，不让老实人吃亏，不让投机钻营者得利。

2、完善竞争性选拔干部方式。真正让干得好的考得好，能力强的选得上，作风实的出得来。完善考试测评方法，加强职位分析，因类因岗出题，真正考出干部的德才素质和实际能力。科学设置竞争资格，合理确定竞争范围，优化选拔程序，强化组织把关，实现好中选优，人岗相适，各尽其才，才尽其用。

3、完善干部考核评价机制。优化考核指标体系，改进考核考察办法，探索体现转型综改试验区特点和扩权强县试点特色的干部考核考察评价办法及激励措施。制定实施干部德的考核考察办法，健全考德机制，突出德在干部考核评价中的优先地位。

4、建立整治用人上不正之风的长效机制。总结换届中正风肃纪的成功经验，研究和推进教育监督查处措施制度化长效化。开展“买官卖官、跑官要官、拉票贿选、档案造假”四项专项集中整治行动。全面贯彻落实干部选拔任用工作四项监督制度。

5、加强干部队伍宏观管理。制定年轻干部培养计划，加大培养选拔优秀年轻干部力度，实施“素质提升、结构优化、选拔锻炼、交流任职、战略储备”五大工程。鼓励年轻干部到基层一线和艰苦地区锻炼成长。完善基层一线党政干部选拔培养链。积极推进从村干部中招录乡镇公务员工作。加强对重要岗位干部的重点管理。进一步完善公务员管理配套法规体系。制定出台政策和措施，不断拓宽社会优秀人才进入党政干部队伍渠道。重视培养选拔妇女干部和党外干部。

6、统筹推进干部人事其他方面改革。改进干部推荐提名方式，继续探索干部工作信息公开的方法途径，积极进行拟提拔干部廉政报告制度试点。总结完善干部交流经验，继续推进干部交流，重点推进主要领导干部、关键岗位干部、年轻干部交流，着力推进跨地区、跨行业、跨部门干部交流。

7、优化领导班子结构。进一步加强全省各级领导班子建设，选优配强省直厅局及市级领导班子。重点加强对县委书记队伍的监督管理，对不胜任现职的进行调整，对有发展潜力的给予重用，对做出突出贡献的给予提拔。加大优秀年轻干部选拔培养力度，同时注重合理使用其他年龄段的优秀干部，进一步优化领导班子结构，增强领导班子整体功能。

8、加强领导班子思想政治建设。分类指导和推进市县领导班子思想政治建设特别是领导班子内部制度建设，健全各地领导班子科学民主决策制度和高效运行机制。用中国特色社会主义理论最新成果武装领导干部头脑，教育引导各级领导班子树立正确的政绩观。加强领导干部政治纪律建设，教育和引导各级领导干部自觉按照党的组织原则和党内政治生活准则办事，切实增强领导干部的政治观念和政治纪律意识，对违反纪律的领导干部从严处理，坚决拥护中央权威。

9、实施青年成长成才工程，加强党的新生力量建设。在全体青年中实施马克思主义理论和思想品德教育工程，教育引导广大青年树立正确的世界观、人生观、价值观，积极投身中国特色社会主义伟大事业。关注青年、关心青年、关爱青年，围绕青年政治成长需求，加大对青年积极分子的思想政治教育培训力度，重视从青年工人、农民、知识分子中发展党员，帮助和促进青年干部健康成长。围绕青年事业成才需求，创新青年创业帮扶机制，帮助鼓励支持青年创业就业。认真做好大学生村官选聘管理工作，进一步完善大学生村官工作的规划、政策、体制、机制，明确发展目标，谋划大学生村官工作的长期有序健康发展，注重培养使用，教育引导大学生村官勤奋学习、努力实干、增长才干、多做贡献。各级党委、政府要从生活上、学习上、工作上切实关心和支持大学生村官，帮助他们解决工作中、发展中、创业中遇到的难题，使大学生村官更好地创业和奉献。

（六）加快人才体制机制改革创新，建设一支规模宏大、素质优良的人才队伍。

1、大力实施人才强省战略。要坚持党管人才的原则，进一步贯彻“尊重劳动、尊重知识、尊重人才、尊重创造”的方针，大力实施人才强省战略，加快人才体制机制改革创新，全面推进“山西省十项重大人才工程”，培养引进并举，建设一支规模宏大、素质优良、结构合理、适应转型跨越发展的人才队伍。

2、加强人才培养工作。统筹各类人才队伍建设，创新人才培养机制，制定各类人才培养计划；重点加大高端人才、创新创业人才培养支持力度，引导人才向科研和生产一线流动；抓紧构建人才培训、支撑平台，培养转型跨越发展和转型综改试验区建设急需的紧缺人才和专业人才；积极培养我省乡土专家和人才，重视农村实用人才培养；鼓励企业有步骤、分层次地对员工进行全方位、前瞻性、系统性培训；充分利用高等院校、科研院所、职业技校，通过多种形式培养、培训各行各业急需人才，开创人人皆可成才、人人尽展其才的生动局面。

3、加大人才引进力度。不断充实和完善我省引进海外人才“百人计划”，健全完善引进人才政策，着力引进我省紧缺急需的海外高层次人才，鼓励国内外高层次人才以多种方式来我省工作和创业；搭建引进人才的载体和平台，为人才引进创造优良条件；通过重大项目聚集人才，以“不求所有、但求所用”为原则，集纳各种优秀人才为我所用，努力形成人才“引得进、留得住、用得好”的环境。

4、完善人才激励考核机制。建立健全省级荣誉制度，表彰有杰出贡献的人才，对优秀人才进行重奖；创新人才支持政策，改革分配体制和机制，提高人才的政治、经济、社会、生活待遇，为优秀人才的引进、成长和发展营造良好环境；加强人才的跟踪、服务与考核，以良好的工作、生活和舆论环境激励人才的创造与劳动。

（七）着力固本强基，夯实党执政的组织基础。

1、以建设基层服务型党组织为目标，全面推进各领域基层党建工作。以服务群众、做群众工作为主要内容，加强基层服务型党组织建设，巩固和发展“集成升级”行动成果。以学习贯彻党的十八大精神为重点，加强基层党组织带头人队伍建设。积极选派各级党员干部赴基层党组织任“第一书记”。开展农村基层党组织“帮扶联建”活动，发展壮大村级集体经济。全面实施社区网格化管理，提升社区党组织服务群众和参与社会管理的能力。积极推行党员到居住地社区报到制度和党员社区表现反馈制度。在非公有制经济组织广泛开展以党建强、发展强，生产经营好、企业文化好、劳动关系好、党组织班子好、党员队伍好、社会评价好为主要内容的“双强六好”创建活动。深化学习推广“文建明工作法”，着力在“下访寻问题、下村解难题”上下功夫。

2、以落实党建工作责任制为重点，完善基层党建工作体制机制。建立书记履行基层党建责任专项述职长效机制，并向部门党组（党委）延伸。加大对述职评议考核结果的运用，建立健全整改督办制度、考核排位制度和责任追究制度。探索建立以财政投入为主、多渠道投入为辅的基层党建工作经费保障机制，积极构建城乡统筹的基层党建新格局。建立基层党组织晋位升级长效机制，实行省、市、县、乡、村五级联创，加强星级支部管理，打造一批高标准、高质量党建综合示范集体。

3、健全创先争优常态化机制。以“创先争优我承诺，转型跨越促发展”为载体，进一步深化在全省窗口单位和服务行业共产党员中开展的“三晋先锋在行动”主题实践活动，组织广大党员增强党性、提高素质，密切党群关系，加强和改进党员队伍教育管理，进一步强化服务意识，改进工作作风，提高服务水平，健全党员立足岗位创先争优长效机制。

4、创新党员管理体制机制。以增强党性、提高素质为重点，加强和改进党员队伍教育管理，推动广大党员发挥先锋模范作用。优化党员结构，突出发展重点，重视从青年、工人、农民、知识分子特别是农民工中发展党员。正确处理发展党员数量和质量的关系，进一步建立健全党员能进能出机制，形成党员队伍保持活力的机制。建立流出地党组织、流入地辖区党组织和流入地单位党组织的联动工作机制。探索和建立“网络组织生活”的开放式组织生活方式。建立党内关怀机制，健全党员评议制度，切实增强党员的归属感和荣誉感。

（八）深入推进反腐倡廉建设，坚定不移地把党风廉政建设和反腐败斗争引向深入。

1、完善具有山西特色的惩治和预防腐败体系。坚持反对腐败、建设廉洁政治的鲜明政治立场，坚持标本兼治、综合治理、惩防并举、注重预防方针，严格执行党风廉政建设责任制，全面推进惩治和预防腐败体系建设，做到干部清正、政府清廉、政治清明。加强反腐倡廉教育和廉政文化建设，将廉洁教育纳入国民教育体系，使廉洁价值观念深入人心；深入开展示范教育、警示教育和岗位廉政教育，加强从政道德教育，增强党员干部拒腐防变能力。认真落实《党内监督条例》，健全纪检监察体制，完善派驻机构统一管理，继续深入推进联组工作，更好地发挥巡视制度的监督作用，前移监督关口，形成监督合力。加强领导干部廉洁自律工作，教育各级领导干部自觉遵守《中国共产党党员领导干部廉洁从政若干准则》，严格执行领导干部重大事项报告制度，既严于律己，又加强对配偶、子女和身边工作人员的教育和约束，绝不搞特权。继续推进煤焦领域反腐败斗争，切实规范煤焦产业发展秩序。加强基层党风廉政建设，认真解决群众反映强烈的突出问题和发生在群众身边的腐败问题。加大查办违纪违法案件工作力度，保持惩治腐败的高压态势。加强对重大典型案件的剖析研究，发挥查办案件的治本功能。

2、提高反腐倡廉建设科学化水平。强化反腐倡廉建设的整体性、协调性、系统性和实效性，更加科学有效地防治腐败。深化重点领域和关键环节改革，不断完善内容科学、程序严密、配套完备、有效管用的反腐倡廉制度体系，深入推进廉政风险防控机制建设，建立健全防止利益冲突制度。更加注重利用“制度+科技”手段来防治腐败。加快推进惩防体系信息网络和公共资源交易中心建设，实现权力在网上运行、审批在网上实施、监督在网上开展、公共资源在网上交易。完善党务公开、政务公开和各领域办事公开制度，健全信访举报工作机制，让人民监督权力，推进权力运行公开化、规范化。

（九）加强党的纪律建设，自觉维护党的集中统一。

教育全体党员增强宪法意识和党章意识，自觉遵守党章，自觉按照党的组织原则和党内政治生活准则办事，任何人都不能凌驾于组织之上。要坚决维护中央权威，在思想上政治上行动上始终同党中央保持高度一致，坚决贯彻党的理论和路线方针政策，保证中央政令畅通。深入开展政治纪律教育，加强对政治纪律执行情况的监督检查，严肃查处违反政治纪律的行为，决不允许发表同中央决定相违背的言论，决不允许“上有政策，下有对策”，决不允许有令不行、有禁不止。加强对中央和各级党委重大决策部署执行情况的监督检查，建立健全监督检查长效机制，以严明的纪律保证政令畅通。

全省各级党组织和党员干部群众，要紧密团结在以习近平同志为总书记的党中央周围，高举中国特色社会主义伟大旗帜，以邓小平理论、“三个代表”重要思想、科学发展观为指导，同心同德，奋力拼搏，为加快转型跨越发展、全面建成小康社会努力奋斗！

政府工作报告

（2013年1月23日）

李小鹏

各位代表：

现在，我代表省人民政府向大会报告工作，请予审议，并请省政协委员和其他列席会议的人员提出意见。

一、过去五年工作回顾

刚刚过去的五年，是我省发展史上极不平凡的五年。五年来，我们认真贯彻落实党的十七大、十八大精神，以邓小平理论、“三个代表”重要思想、科学发展观为指导，攻坚克难、扎实工作，全省经济发展、社会进步、人民生活水平不断提高，在推动转型跨越发展、全面建成小康社会的道路上迈出了坚实的步伐。

我们多措并举应对国际金融危机的严重冲击，经济保持平稳较快发展。认真贯彻落实中央宏观调控政策和决策部署，及时制定实施稳增长的一系列措施。不断加大投资力度，“四位一体”推进重点工程和重点项目建设，5年投资1814亿元，新增铁路营运里程660公里，营运总里程达到3740公里；投资2014亿元，推进公路建设，其中建成高速公路3000公里，总里程突破5000公里；投资636亿元，35项应急水源工程和引黄北干工程建成投用，大水网工程全面启动；投资1435亿元，推进电源点、主干电网、农村电网建设，新增电力装机2590万千瓦，总装机容量达到5800万千瓦，晋东南至湖北荆门世界首条1000千伏特高压输电线路投入使用；投资90亿元，建成燃气管网3000多公里。5年中，机场、通信等其他基础设施建设也取得了新的成绩。

努力扩大消费，全面落实“家电下乡”、“农机下乡”等政策措施，推进流通基础设施建设，新建改造便民连锁店3.5万个、大型农产品批发市场112个，推进“农超对接”，发展电子商务等新型业态，深入开展打击假冒伪劣商品和侵犯知识产权活动，城乡消费持续扩大。努力稳定和拓展外需，2012年全省进出口总额达到150.4亿美元。

积极发展实体经济，大力推进“双千亿”工程，8户企业销售收入超千亿元，煤销集团率先进入世界500强。省监管国有企业不断发展壮大，实现利税、营业收入分别占规模以上工业企业的50%、60%以上，成为全省经济发展的重要支柱。落实鼓励民间投资、支持民营经济发展的政策措施，民营经济快速发展，创造了全省四分之三的就业岗位和近一半的生产总值，成为吸纳就业、拉动经济增长的重要力量。

初步核算，2012年全省生产总值超过1.2万亿元，是2007年的2倍；财政总收入、一般预算收入分别完成2650亿元、1516亿元，是2007年的2.2倍、2.5倍；社会消费品零售总额达到4376亿元，是2007年的2.3倍；全社会固定资产投资完成9176亿元，是2007年的3.1倍。五年来，我省经济规模不断扩大，质量和效益明显提升，经济发展历史性地跃上了新的台阶！

我们多管齐下狠抓安全生产工作，安全生产形势持续明显好转。制定十大安全生产制度和118条安全生产规定，深入开展以煤矿为重点、覆盖20多个行业领域的安全生产专项整治；严格落实政府监管责任，选派市、县长安全助理，成立安全监管“五人小组”，实行安全生产挂牌责任制；全面落实企业安全生产主体责任，配齐配强煤矿“六大员”、非煤矿山“五大员”；加大安全生产投入，实行先培训后上岗、变招工为招生，强化现场管理；严肃对待事故、严格责任追究，实行安全生产“一票否决制”，有力地扭转了安全生产的被动局面。各类安全生产事故起数和死亡人数分别下降31%、32.7%，煤矿百万吨死亡率下降85.8%。与此同时，加强和创新社会管理，全面推行食品安全网格化管理，出台了食品生产加工小作坊和食品摊贩监督管理办法，食品安全保障水平进一步提高。公路超限超载率由13%降低到0.2%。全面推进基层社会管理体系建设，积极排查和化解社会矛盾，认真做好信访和人民调解工作。加强公共安全管理，健全社会治安防控体系，依法打击违法犯罪活动，妥善应对和有效处置各类突发事件。五年来，我省安全生产形势实现明显好转，社会保持和谐稳定，为做好各项工作奠定了坚实基础！

我们痛下决心推进煤炭资源整合煤矿兼并重组，转型发展呈现出强劲势头。全省矿井总数由2598座减少到1053座，办矿主体由2200多个减少到130个，30万吨以下煤矿全部淘汰，单井平均规模达到年产120万吨，安全生产水平、劳动生产率、资源利用率全面提高。2012年，全省煤炭产量、外运量分别达到9.1亿吨、5.8亿吨，比2007年增长45%、9%。

全面推进三次产业结构调整，制定实施十大产业调整振兴规划，加快推进非煤矿山、焦化、冶金、电力等行业整合重组和技术改造，探索构建和谐煤电关系，推动煤焦、煤化工、煤机一体化发展,产业集中度和竞争力明显提升。大力推进太重动车轮对总成国产化、富士康苹果手机和机器人、吉利新能源汽车、三一重工装备制造、潞安煤基多联产、太钢冷轧硅钢、杏花村汾酒工业园等项目建设，带动相关产业快速发展，特别是先进装备制造业销售收入由2007年的557亿元增加到2012年的1418亿元。大力实施服务业“1+10”工程，中国（太原）煤炭交易中心投入运营，组建省属六大文化产业集团，文化产业增加值达到420亿元；积极开展“晋善晋美”等旅游促销活动，全省旅游总收入达到1800多亿元。

加快推进国家循环经济和生态试点省建设，深入实施蓝天碧水、绿色生态、造林绿化和“2+10”生态环境治理修复工程，5年淘汰小火电430万千瓦、小钢铁4050万吨、小焦化3620万吨、小水泥5430万吨；万元地区生产总值综合能耗累计下降23.44%，主要污染物减排全部完成国家下达任务，太原环境质量改善初见成效；年均营造林480万亩，森林覆盖率年均提高近1个百分点；完成水土流失治理2000万亩，全省地下水位平均回升1.13米，生态环境持续改善。

认真贯彻落实中长期科技、人才发展规划纲要，全社会研发投入占地区生产总值的比重由0.86%提高到1.17%，省级以上各类技术中心达到337家，累计获得国家科学技术奖44项，授权发明专利4386件，成功开发了千万吨级矿井综采成套装备、煤基合成油、新一代激光显示等一批具有自主知识产权的技术和产品。累计引进两院院士48名、海外高层次人才137名，新增高层次专业技术人才3.6万名、高技能人才28.2万名。

五年来，我省煤炭工业发生了脱胎换骨的变化，以煤为基、多元发展的产业结构加快形成，转变经济发展方式迈出新步伐！

我们大力推进农业现代化和市域城镇化，城乡面貌发生了明显变化。不断加大强农惠农富农力度，财政对“三农”的投入年均增长27%。在认真落实国家各项补贴政策的基础上，实施了50项强农惠农富农政策，资金规模达到50亿元。扎实推进农业基础设施建设，积极推广先进实用技术，农田实灌面积达到1920万亩，主要农产品全面增产，粮食产量连续3年创历史新高，去年达到127.4亿公斤。全面推进现代农业示范区和雁门关生态畜牧经济区建设，深入实施“513”工程，60个“一县一业”基地县、4000个“一村一品”专业村初具规模，特色现代农业加快发展。完成1.1万个新农村重点村和200个连片示范区建设任务，全面启动吕梁山、太行山两大连片特困地区扶贫攻坚，大力实施移民搬迁、整村推进等重点扶贫工程，深入开展干部下乡住村包村增收活动，115万贫困人口实现脱贫。统筹推进大中小城市和小城镇协调发展，编制完成“一核一圈三群”城镇总体规划，启动实施城镇建设“十大工程”，太原晋中同城化、晋北、晋南、晋东南三大城镇群及长治上党城镇群、临汾百里汾河新型经济带等城镇组群建设迈出新步伐，城镇化率5年提高了7个百分点、超过51%。

五年来，城乡发展一体化进程逐步加快，特别是投入600多亿元，圆满完成了两轮“五个全覆盖”，农村面貌和生产生活条件显著改善，农民群众得到了实实在在的好处！

我们高度关注、切实保障、着力改善民生，人民生活明显改善。5年城镇新增就业239万人，城镇登记失业率控制在4%以内，转移农村劳动力205万人；5年开工建设各类保障性住房165万套、竣工107万套，完成国有重点煤矿棚户区改造和沉陷区治理任务；2012年，城乡居民收入分别达到20412元、6357元，是2007年的1.8倍、1.7倍。

认真落实国家和我省中长期教育发展规划纲要，教育支出占地区生产总值的比重超过国家4%的要求，新建改扩建标准化公办幼儿园426所，改造农村幼儿园1568所；全面实行城乡免费义务教育，招聘农村特岗教师上万名，改造中小学校舍2200多万平方米；高中阶段教育毛入学率达到90%；普通本科院校生均经费由9000元提高到12000元；投资百亿元、占地近万亩、可容纳15万学生的高校新校区基本建成。

深化医药卫生体制改革，所有政府办基层医疗卫生机构和村卫生室实行了基本药物制度，药品价格平均下降30%以上;投资近20亿元的山西大医院建成投用，新建和改造医疗卫生机构9338个；人均公共卫生服务经费由15元提高到25元，66项公共卫生服务项目惠及城乡居民;在34个县开展公立医院改革和医药卫生一体化综合改革。

大力发展文化事业，覆盖城乡的公共文化服务体系基本建立，县县有图书馆、文化馆，乡乡有文化站，村村有文化室；《粉墨春秋》《解放》《走西口》等一批精品剧目引起较大反响；五台山申遗成功，平遥国际摄影展等文化活动影响广泛。哲学社会科学、新闻出版、广播影视、文学艺术繁荣进步。文物和非物质文化遗产保护得到加强。全民健身活动蔚然成风，竞技体育水平不断提高，我省体育健儿在北京奥运会和伦敦奥运会上共取得1金2银2铜的好成绩。

全面加强社会保障，城乡居民养老、医疗保险和低收入群体基本生活保障实现制度全覆盖，企业退休人员基本养老金“八连增”、月人均达到1876元，320万名60岁以上老人领到了养老金，新农合、城镇居民医保年人均补助标准由40元提高到240元。城乡低保平均保障标准分别由每人每月164元、60元提高到308元、148元。1.6万名孤儿和17万名残疾人得到救助。最低工资标准由610元提高到1125元。278万名困难群众领到物价补贴。800多万农户享受到免费取暖用煤。

深入开展国防教育和双拥工作，积极发展人口计生、妇女儿童、老龄事业和红十字会、慈善等公益事业，民族宗教、外事、侨务工作进一步加强，气象、地震、测绘、人防和档案、参事、史志、政策咨询、科普等工作都取得新的成绩。

五年来，我省社会事业全面发展，民生不断改善，人民群众共享改革发展带来的成果！

我们深化改革、扩大开放、推进民主法制建设，发展的动力和活力进一步增强。国家资源型经济转型综合配套改革试验区总体方案获批，加快推进“一市两县”、“一市两园”、“一县一企”、省属国有重点企业试点和标杆项目建设，土地、投融资等体制机制创新取得积极成效。事业单位分类改革稳步推进，集体林权制度改革主体任务基本完成，煤炭工业可持续发展政策措施试点取得明显成效，圆满完成文化体制改革阶段性任务，“省直管县”财政管理体制改革试点扩大到72个县，省属国有企业由35户重组为21户，省直机关与所属企业脱钩。取消和调整行政审批事项838项，在22个县开展扩权强县试点，下放审批权限85项。晋商银行组建运行，汇丰银行等设立分行，14家企业成功上市，5年资本市场直接融资2980多亿元。全方位扩大对外开放，太原武宿综合保税区成功获批，省部、省际、省校、省企合作不断深化，成功举办中博会、能博会、农博会、世界晋商大会等重大展会，招商引资成果丰硕，5年共签约项目8500多个，到位资金1.3万多亿元。

扎实推进民主法制建设，自觉接受人大监督和政协的民主监督，积极支持各民主党派、工商联、无党派人士参政议政，5年省政府共办理人大代表建议3450件，办理政协提案3015件，向省人大常委会提请审议地方性法规草案40件，制定政府规章18件。群团组织作用得到充分发挥。完成第八届、第九届村委会换届选举。深入推进“法治山西”建设，“五五”普法工作成绩显著。强化行政监察和审计监督，加强政府系统廉政建设，深入开展煤焦、工程建设等重点领域专项治理，推行政府绩效管理制度和行政问责制。五年来，全省上下政通人和、充满活力，各项事业欣欣向荣！

与此同时，全力以赴支援南方地区抗击雨雪冰冻灾害，圆满完成四川茂县等灾区援建任务，扎实开展对口援疆工作，彰显了山西人民顾全大局、团结互助、无私奉献的美德。

各位代表，过去五年所取得的成绩，靠的是党中央、国务院方针政策的指引，靠的是中共山西省委的正确领导和省人大、省政协的大力支持、有效监督，靠的是全省广大干部群众的团结奋斗和社会各界的积极参与。在此，我代表省人民政府，向全省人民，向驻晋解放军、武警官兵、公安干警和中央驻晋单位，向各民主党派、人民团体，向所有关心支持参与山西改革发展的海内外各界朋友，表示衷心的感谢和崇高的敬意！此时此刻，我们还要向先后领导本届政府、为山西发展作出重要贡献的孟学农同志、王君同志，表示衷心的感谢！

各位代表，五年的成就鼓舞人心，五年的实践给人启迪。我们深深体会到，办好山西的事情，必须坚持高举中国特色社会主义伟大旗帜不动摇，坚定不移地走中国特色社会主义道路，牢牢把握发展这个第一要务，坚持主题主线，不断提高发展的质量和效益，着力推动转型跨越；必须坚持把抓好安全生产作为做好一切工作的重要前提，树立发展是第一要务、安全生产也是第一要务的理念，强化责任、狠抓落实，切实维护人民群众生命财产安全，为经济社会发展提供有力的安全保障；必须坚持一切为了人民群众、一切依靠人民群众，着力解决好人民群众最关心最直接最现实的利益问题，切实保障和着力改善民生；必须坚持解放思想、转变观念、深化改革、扩大开放，以建设转型综改试验区为统领，着力破除制约科学发展的体制机制障碍，不断增强发展的动力和活力；必须坚持统筹兼顾、突出重点，立足当前、着眼长远，紧紧抓住煤炭资源整合、重大基础设施建设、生态环境保护、重点工程推进等事关全局和长远发展的大事，以重点工作带动整体工作，促进经济社会全面发展；必须坚持求真务实、真抓实干的作风，逢山开路、遇河搭桥，克服困难、解决问题，努力创造经得起实践、人民和历史检验的业绩。我们相信，只要在今后的工作中坚持和发扬这些宝贵经验，就一定能够在推动转型跨越发展、全面建成小康社会的征程中不断夺取新的更大的胜利！

二、今后五年的总体要求和主要任务

未来五年，是我省加快发展、全面建成小康社会的关键时期，是深化改革开放、加快转变经济发展方式的攻坚时期，也是办好“两件大事”、推动转型跨越发展、再造一个新山西的重要时期。站在新的历史起点上审视山西的发展，我们具有难得的机遇和有利的条件，党的十八大为我们指明了前进的方向，省第十次党代会描绘了山西新的发展蓝图，已经取得的发展成绩为我们奠定了坚实基础，包括综改区在内的一系列政策为我们提供了有力支持，丰富的能源资源、较低的要素成本、独特的区位条件是我们的比较优势，全省上下人心思进，为我们干事创业营造了浓厚氛围。

同时，我们也清醒地看到，前进的道路上还面临许多挑战。经济总量不大、结构不优、质量效益不高，传统产业大而不强，新兴产业比重偏低，中小企业发展不足；节能减排和环境保护任务艰巨，自主创新能力不强，发展方式还比较粗放；安全生产基础不牢、责任落实不到位，安全隐患仍然较多，实现全省安全生产形势稳定好转依然任重道远；城乡区域发展差距较大，社会事业发展欠账较多，农民增收特别是贫困地区脱贫致富任务艰巨，全面小康实现程度低于全国平均水平；思想解放不够，改革开放相对滞后，发展环境有待进一步改善，特别是政府职能转变、干部作风建设还需进一步加强，一些部门依然存在形式主义、官僚主义，少数干部作风漂浮、脱离群众甚至失职渎职、以权谋私等问题还比较突出。

未来五年，机遇与挑战并存。只要我们把握机遇、应对挑战、攻坚克难，不仅已有的政策、资源等优势和良好的基础、条件可以转化为发展优势，而且劣势也可以转化为新的优势。更为重要的是，人民群众对美好生活的新期待增添了我们奋力前行的动力。我们要以对山西发展和人民利益高度负责的精神，直面问题，正视差距，凝心聚力，开创转型跨越发展的新局面！

做好新一届政府工作，要全面贯彻落实党的十八大精神，高举中国特色社会主义伟大旗帜，以邓小平理论、“三个代表”重要思想、科学发展观为指导，围绕转型跨越发展、再造一个新山西的总体战略，以建设国家资源型经济转型综合配套改革试验区为统领，深化改革开放，实施创新驱动，加快推进工业新型化、农业现代化、市域城镇化和城乡生态化，全面推进经济、政治、文化、社会和生态文明建设，建设国家新型能源和工业基地、全国重要的现代制造业基地、中西部现代物流中心和生产性服务业大省，建设中部地区经济强省和文化强省，率先走出资源型地区转型跨越发展新路，为加快实现全面建成小康社会目标努力奋斗。

未来五年，要突出转型综改试验区建设的统领地位，完善顶层设计，锐意改革创新，充分尊重人民群众的主体地位和首创精神，充分调动各级各部门的积极性、主动性和创造性，充分依靠人大代表、政协委员及社会各方，全面推进经济、政治、文化、社会、生态文明建设。

大力推进经济建设，进一步做大经济总量、提高发展的质量和效益。坚持科学发展主题和加快转变经济发展方式主线，牢牢把握扩大内需这一战略基点，在努力扩大消费、积极拓展外需的同时，充分发挥重点工程和重点项目的火车头作用，带动全社会固定资产投资合理增长，进而拉动经济持续健康发展，确保2017年地区生产总值达到2万亿元以上，财政总收入达到4500亿元以上。牢牢把握发展实体经济这一坚实基础，促进大中小微企业协调发展。坚持“两个毫不动摇”的方针，保证各种所有制经济依法平等使用生产要素、公平参与市场竞争、同等受到法律保护，促进国有经济和民营经济共同发展。坚持工业化、信息化、城镇化、农业现代化同步发展。加快转变经济发展方式，努力构建以煤为基、多元发展的现代产业新体系，推动高碳资源低碳发展、黑色煤炭绿色发展。建设晋北、晋中、晋东三大煤炭基地，晋北、晋中、晋东南三大煤电基地，沁水、河东两大煤层气基地，建设国家综合能源基地。发展特色现代农业，建设社会主义新农村，打好新一轮扶贫开发攻坚战，坚持和完善农村基本经营制度，着力培育新型经营主体和多元服务主体。推进“一核一圈三群”建设，走集约、智能、绿色、低碳的新型城镇化道路，力争城镇化率年均提高1.5个百分点、2017年达到60%左右，构建工农互惠、城乡一体的发展新格局。实施创新驱动发展战略，加大科技投入，加快创新型省份建设，促进经济发展向更多依靠科技进步、劳动者素质提高、管理创新驱动转变。推进金融改革创新，发挥好金融对经济的重要支撑作用。进一步深化改革开放，充分发挥市场在资源配置中的基础性作用，提高我省开放型经济水平。

大力推进文化建设，加快建设文化强省。深入实施文化强省战略，加快推进文化建设“八大工程”。加强社会主义核心价值体系建设，坚持不懈用中国特色社会主义理论体系武装头脑、教育人民，大力弘扬山西精神，全面提高公民道德素质。坚持把社会效益放在首位、社会效益和经济效益相统一，推进重点文化惠民工程，加强重大文化设施建设，完善公共文化服务体系，促进文化事业全面发展。深化文化体制改革，增强公益性文化单位发展活力，完善经营性文化单位法人治理结构，培育壮大文化骨干企业，发展新型文化业态，使文化产业增加值占地区生产总值的比重超过6%，成为我省新的支柱性产业。广泛开展全民健身运动，促进群众体育和竞技体育全面发展。

大力推进社会建设，让人民过上更加幸福美好的生活。坚持教育优先发展，努力办好人民满意的教育，不断提高全民受教育程度和创新人才培养水平。实施就业优先战略和更加积极的就业政策，推动实现更高质量的就业。深化收入分配制度改革，按照我省“十二五”收入倍增计划部署，千方百计增加居民收入，努力实现居民收入增长和经济发展同步、劳动报酬增长和劳动生产率提高同步，2017年城乡居民收入分别达到3.3万元、1.1万元以上。坚持为人民健康服务的方向，大力发展医疗卫生事业，建立健全基本医疗卫生制度，为群众提供安全、有效、方便、价廉的公共卫生和基本医疗服务。坚持全覆盖、保基本、多层次、可持续的方针，全面建成覆盖城乡居民的社会保障体系。

加快推进保障性住房建设，基本形成住房保障体系。在巩固提升过去两轮“五个全覆盖”成果的基础上，投入400亿元，为农民再办五件实事，即全面完成农村困难家庭危房改造、特困群众易地搬迁、行政村街道亮化、村级幼儿园改扩建和乡村清洁工程。毫不放松地抓好安全生产，加强和创新社会管理，维护社会和谐稳定。推进军民融合式发展。

大力推进生态文明建设，努力建设美丽山西。以建设国家循环经济和生态试点省为抓手，着力推进绿色发展、循环发展、低碳发展。加快实施主体功能区战略，优化国土空间开发格局。深入实施绿色生态工程，积极发展清洁能源，大力发展循环经济，促进节能降耗和污染减排。加大环境保护和生态治理力度，实施水生态系统保护修复工程、水土保持工程和造林绿化工程，每年营造林400万亩以上，力争森林覆盖率每年提高1个百分点，持续改善生态环境。

大力推进民主法制建设，促进社会公平正义。认真执行人大及其常委会的决议、决定，支持人民政协履行职能，自觉接受人大和政协的监督。健全协商民主制度。支持各民主党派、工商联、无党派人士和工会、共青团、妇联等开展工作。落实党的民族宗教政策。完善基层民主制度。全面推进“法治山西”建设，加强政府法制工作，支持人民法院、检察院依法独立公正行使职权，深入开展“六五”普法，继续做好法律服务和法律援助工作。深化行政体制改革，加强政府自身建设，推动政府职能向创造良好发展环境、提供优质公共服务、维护社会公平正义转变。

各位代表，未来五年，新一届政府决心与全省人民一道共同努力，推动转型跨越发展再上新台阶，转型综改试验区建设取得重大进展，全面小康实现程度达到全国平均水平。届时，一个经济发展、文化繁荣、社会和谐、人民幸福、山川秀美的新山西一定会展现在世人面前！

三、2013年工作

2013年是全面贯彻落实党的十八大精神的开局之年，是实施“十二五”规划承前启后的关键一年，也是全面推进转型综改试验区建设的重要一年。

按照稳中求进的总基调，综合考虑各方面的因素，2013年我省经济社会发展的主要预期指标是：地区生产总值增长10%左右，全社会固定资产投资增长22%，社会消费品零售总额增长15%，财政总收入和一般预算收入均增长12%，城镇居民人均可支配收入、农民人均纯收入分别增长10%、10%以上，城镇新增就业岗位50万个，城镇登记失业率控制在4.2%以内，居民消费价格涨幅控制在3.5%左右。

约束性指标是：万元地区生产总值综合能耗下降3.5%，万元地区生产总值二氧化碳排放量下降3.7%，二氧化硫、化学需氧量、氨氮、氮氧化物排放量完成国家下达任务，烟尘、粉尘排放量均下降2%，万元工业增加值用水量下降5.2%。

今年，要在全面做好各项工作的同时，重点抓好以下几个方面的工作：

（一）着力促进经济持续健康发展。

千方百计扩大消费。扩大有效消费需求，改善居民消费预期。积极发展连锁经营、物流配送等新型业态，规范发展网络消费，倡导节能环保等绿色消费，促进家政、养老、文化、娱乐等服务消费，鼓励汽车、家电、住房装修等大宗消费，培育新的消费增长点。深化流通体制改革，加强城乡流通基础设施和市场体系建设，打造城市15分钟便民商圈，实施骨干流通企业“515”工程，抓好10个农产品产地集配中心建设，畅通农产品进城、工业品下乡渠道。大力整顿和规范市场秩序，加强信用体系建设，让群众安全消费、满意消费。

保持投资合理增长。深入开展“项目推进年”活动。选准方向，优化结构，注重效率，提高效益，进一步扩大投资规模。加强重点领域投资，基础设施投资1000亿元，产业开发投资5500亿元，民生社会事业投资2000亿元，城镇化和生态环保投资1000亿元。实行“六位一体”工作机制，大力推进重点工程建设。加快建设大西客运专线、中南部大通道等铁路项目，新建续建高速公路685公里，改造国省干线公路500公里、农村公路1000公里，加快建设吕梁、五台山和临汾机场；继续抓好中部引黄、东山供水等大水网骨干工程及配套工程建设；积极推进智能电网、燃气管网等建设，抓好通信等新型信息技术类基础设施建设。充分发挥政府投资“四两拨千斤”的作用，多种渠道、多种方式筹措资金，确保今年全社会固定资产投资完成1.1万亿元。

大力发展实体经济。加快推进大企业“双千亿”工程建设，完善治理结构，创新经营机制，提高管理水平，推动更多大企业进入全国百强、进军世界500强。积极推进煤销集团重组山西国际电力、晋煤集团重组太原煤气化，加快阳煤集团重组搬迁改造太化。加大对中型企业产品开发、品牌创建、市场开拓的支持力度，培育更多销售收入超亿元的企业。落实支持小微企业发展的政策措施，加强融资担保、创业辅导、企业孵化、人才培训等公共服务。

（二）着力加快转变经济发展方式。

改造提升传统产业。巩固发展煤炭资源整合煤矿兼并重组成果，完成整合矿井改造任务，加快建设一批现代化矿井。加大煤炭转化利用力度，不断延伸煤电铝、煤焦化、煤建材等煤基产业链。促进煤电联营，落实电煤价格改革措施，构建和谐煤电关系。新建续建电力装机800万千瓦、投产430万千瓦，进一步提高外送电能力。完成焦化行业整合重组任务，推进化工行业整合提升。整合中小钢铁企业，培育发展大型现代化钢铁联合企业。全面提升传统产业信息化水平。严格控制产能过剩行业新上项目，通过消化、转移、整合、淘汰等方式，有效化解产能过剩矛盾，今年再淘汰300万吨焦化、300万吨水泥、160万吨钢铁等一批落后产能。

培育壮大新兴产业。大力实施“512”工程，进一步做大煤炭机械、重型机械等优势制造产品，抓紧培育高速列车设备、新能源汽车等高端制造产品；大力推进潞安集团煤基多联产、同煤集团煤制天然气、焦煤集团甲醇制烯烃等现代煤化工项目；加快推进不锈钢、铝镁深加工等新型材料项目；积极发展节能环保、新一代信息技术、生物、新能源等其他新兴产业。大力实施品牌创新战略，增强我省产品的市场竞争力。

加快发展服务业。大力实施“1511”工程，统筹推进各类服务业发展。着力打造“晋善晋美”整体品牌形象，加快五台山、云冈石窟、平遥古城等重点景区改造提升，打造精品线路，开发特色产品，培育骨干企业，完善配套设施，做大做强旅游业。以煤炭、焦炭等大宗货物为依托，建设大型物流园区，大力发展第三方物流；加强中国（太原）煤炭交易中心建设，发展煤炭现货期货交易。加快发展金融、现代通讯等其他生产性服务业。

强化科技和人才支撑。加快构建以企业为主体、市场为导向、产学研用相结合的技术创新体系。支持骨干企业、科研院所、高等院校相互合作，推进协同创新。加快推进太榆科技创新城和11个市的科技创新园建设，打造科技创新平台，促进科技成果转化。围绕煤炭高效清洁利用、煤层气开发利用、先进装备制造及新材料、节能环保、现代农业和社会民生等领域，布局实施一批科技重大专项和示范工程。坚持培养引进并举，以项目为载体，实施高端创新创业人才“三百计划”和“千人百县”专家服务基层计划。

（三）着力做好“三农”工作。

不断加大强农惠农富农力度。在全面执行国家和我省已有的各项强农惠农富农政策的基础上，再出台10项新的扶持政策，新增补贴资金10亿元，确保农民务农种粮有效益、不吃亏、得实惠。加强农业基础设施建设。抓好1000万亩旱涝保收农田、山老区“一村一井”、病险水库除险加固、山洪灾害防治等工程建设，大力推进农业科技创新和农业机械化，促进粮食稳产增产，确保粮食安全和重要农产品有效供给。大力发展特色现代农业。深入推进现代农业示范区和雁门关生态畜牧经济区建设，加快发展“一村一品”、“一县一业”，启动七大产业振兴和翻番工程，大力实施“513”工程，做大汾酒、老陈醋、乳制品等特色食品产业，培育大型农业企业集团，治理开发“四荒地”，积极推进板块式产业开发。扎实推进新农村建设。推动城乡发展“五个一体化”，再启动100个新农村集中连片示范区和3000个重点村建设。完成新一轮农村电网改造。今年改造农村困难家庭危房10万户，易地搬迁农村特困人口11万人，完成1.7万个行政村街道亮化任务，改扩建村级幼儿园500个，实施乡村清洁工程。切实抓好新一轮扶贫开发。以吕梁山、太行山两大连片特困地区为主战场，扎实推进移民搬迁、产业开发、劳动力素质提升等重点工作，启动大型企业产业扶贫开发工程，实施扶贫龙头企业“百企带万户”增收工程，资助万名大中专贫困生完成学业，深入开展干部下乡住村、领导干部包村增收活动和机关单位定点扶贫工作，力争再有47万贫困人口脱贫。

我省农业基础薄弱、农村人口众多，做好“三农”工作事关全面建成小康社会大局。我们要千方百计增加农民收入，让农业强起来、农村美起来、农民富起来！

（四）着力推进城镇化进程。

大力推进城镇建设。支持太原率先发展，加快南部新区建设和老城区改造，推进轨道交通建设，改善环境质量。加快太原晋中同城化，抓好共建区和公用设施建设。继续推进晋北、晋南、晋东南三大城镇群建设，加快推进长治上党城镇群、临汾百里汾河新型经济带、孝汾平介灵等城镇组群发展。深入实施“大县城”战略，推进县城和中心镇扩容提质，统筹各项政策措施，加快产业和人口向县城、中心镇集聚，打造统筹城乡发展的桥头堡。

提升城镇化质量和水平。继续推进城镇建设“十大工程”，加快改造棚户区、城中村、老旧街区，完善市政设施和公共服务条件，优先发展城市公交，增加公共绿地和活动场所，提高居民生活便利度和舒适度。进一步提升城市管理水平，有效解决交通拥堵、环境脏乱等突出问题。研究出台户籍制度改革实施意见，推行居住证制度，解决好社会保障、子女上学、保障性住房等问题，有序推进农业转移人口市民化，使农民既能进得来，又能留得住，更能发展好！

（五）着力抓好安全生产。

全面贯彻安全第一、预防为主、综合治理的方针，进一步强化政府的安全监管责任，严格落实企业的安全生产主体责任。深入开展专项整治，加强安全隐患排查治理，扎实推进“打非治违”行动，严厉打击违法非法建设、生产、经营活动，严厉打击私挖滥采行为。严格落实安全生产制度和规定，建立健全安全生产长效机制。不断加大安全投入，推进科技兴安、安全质量标准化建设和管理，抓好企业基础和现场管理，强化职工安全培训。严肃查处各类安全生产事故，依法追究相关责任人的责任。落实安全生产目标责任考核“一票否决制”。坚决遏制重特大事故、减少一般性事故、杜绝瞒报迟报现象，促进全省安全生产形势由明显好转向稳定好转坚实迈进。

各位代表，安全生产责任重于泰山。近期发生的几起事故警示我们，必须始终怀着敬畏生命、敬畏责任、敬畏制度之心，毫不放松地抓好安全生产工作，以安全生产的扎实成效维护山西发展大局、保障人民幸福安康！

（六）着力推进文化改革发展。

践行社会主义核心价值观，引深精神文明创建活动，推进公民道德建设工程。深化文化体制改革，巩固经营性文化单位改革成果，完善转制企业法人治理结构，在公益性文化事业单位推行全员聘用制和岗位责任制，探索国有文化资产管理体制，促进国有文化资产保值增值。

大力发展文化事业，实施“百县强基”、“万村千乡”文化工程，推进山西广电中心等重点文化工程建设，抓好山西大剧院、图书馆等文体设施的管理和运营，实施文化信息资源共享、农村电影放映和送书送戏下乡等工程，丰富群众精神文化生活。加强文化遗产保护。鼓励文化精品创作，实施哲学社会科学创新工程，发展新闻出版、广播影视、文学艺术事业。依托十大文化产业集团等骨干文化企业，加快发展文化产业，积极发展文化创意、动漫游戏等新兴文化业态。

三晋文化灿烂辉煌。我们要像挖掘煤炭资源一样挖掘文化资源，像抓经济建设一样抓文化建设，早日建成文化强省，让多姿多彩、博大精深的文化资源造福人民、繁荣山西！

（七）着力改善民生和发展社会事业。

积极扩大就业。统筹做好农村转移劳动力、城镇困难人员和退役军人就业工作，重点做好高校毕业生等青年就业工作。大力发展劳动密集型产业和小型微型企业，加强职业技能培训，完善公共就业服务体系，落实好各项就业扶持政策，积极开展创业型城市和农村劳动力转移就业示范县“双创建”活动，深入实施创业扶持计划，以创业带动就业，实现全年城镇新增就业50万人的目标。

做好社会保障工作。城镇职工基本养老、医疗、失业、工伤、生育保险参保率全部达到95%以上。城乡居民基础养老金再提高10元、达到65元。企业退休人员基本养老金提高10%。城镇居民医保和新农合财政补助标准提高40元、达到每人每年280元。城乡低保保障标准每人每月分别提高30元、24元，达到338元、172元。稳步提高统筹层次和保障水平，完善城乡养老保险制度衔接和关系转移接续办法，健全被征地农民社会保障制度，探索建立重特大疾病保障机制，做好残疾人社会保障和服务工作，切实做好孤儿保障工作，不断完善社会救助体系。

加快推进保障性住房建设。在抓好续建工程的基础上，今年再开工建设城镇保障性住房18万套、建成18万套，完成城市和国有工矿集中连片棚户区改造任务，启动农村住房抗震改建试点。全面落实保障性住房建设、分配、运营和退出等管理办法，推动公共租赁住房和廉租住房制度并轨运行。认真落实房地产市场调控政策，促进房地产业健康发展。

全面发展各级各类教育。新建改扩建200所标准化公办幼儿园。实施中小学标准化建设工程和农村义务教育薄弱学校改造计划，促进义务教育均衡发展。普及高中阶段教育，加快发展现代职业教育。重视发展特殊教育。优化高校专业和学科设置，推动高等教育内涵式发展。完成高校新校区建设任务，确保师生按期入住。全面推进素质教育，加强教师队伍建设，着力提高教育质量。

大力发展医疗卫生事业。继续深化医药卫生体制改革，扩大县级公立医院改革试点，同步推进县域医药卫生一体化综合改革，在试点县全部实行药品零差率销售，推动基本药物制度向非政府办基层医疗机构延伸，实施好国家公共卫生服务项目，健全农村和城市社区卫生服务体系，启动建设山西省儿童医院。加强中医药工作。稳定低生育水平，提高出生人口素质。

加强和创新社会管理。建立完善重大决策社会稳定风险评估机制，畅通和规范群众诉求表达、利益协调、权益保障渠道，健全基层社会管理和服务体系，创新流动人口、特殊人群、非公有制经济组织和新社会组织的服务管理，加强网络社会管理。强化食品药品安全监管，确保人民群众饮食安全、用药安全。深化“平安山西”建设，完善社会治安防控体系和公共安全体系，依法打击各种违法犯罪行为。加强公路治超工作。强化防灾减灾能力建设和应急管理，妥善应对各类突发事件。支持国防和军队建设，做好双拥、优抚安置和人防工作。发展妇女儿童、老龄和红十字会等事业。做好外事、侨务、港澳、对台等工作。

各位代表，为人民服务永无止境，改善民生永不停步。我们要时刻把群众的安危冷暖放在心上，时刻把改善民生的工作抓在手上，努力让人民群众过上更加幸福美好的生活！

（八）着力推进生态文明建设。

抓好节能降耗。全面开展能效对标活动，狠抓六大重点行业和千户重点企业节能工作，加强交通运输、公共机构、居民生活等领域节能工作，再完成750万平方米建筑节能改造任务。积极发展煤层气等清洁能源。推广应用节能、节地、节水、节材的产品、技术和设备，探索开展节能量和水权交易。严格保护耕地，强化建设用地考核，促进土地节约集约利用。

抓好减排治污。推进非电行业脱硫和火电、水泥行业脱硝，开展燃煤电厂和冶金、水泥等行业除尘改造。加强PM2.5监测，加大汽车尾气、燃煤烟尘、扬尘等治理力度。加强污水处理管网、垃圾无害化处理设施建设，确保环保设施有效运转。推进排污权交易，积极探索碳排放权交易。

抓好循环经济发展。在加快构建循环型农业和循环型服务业体系的同时，着力构建循环型工业体系，推进华润中铝吕梁兴县循环经济产业园、华能太原东山低碳工业园等建设。加强共生伴生矿产资源回收利用，积极开展低热值煤发电、劣质煤生产煤基合成油、煤焦油深加工、焦炉煤气综合利用，抓好煤矸石、粉煤灰等大宗工业固废资源化利用。积极倡导低碳消费模式。

抓好造林绿化和生态治理恢复。大力推进六大造林绿化重点工程，基本完成高速公路沿线绿化，启动实施吕梁山生态脆弱区植树造林工程，全年营造林450万亩以上。加快推进绿色生态工程、“2+10”生态环境治理修复工程，抓好重点矿区、重点流域生态环境综合治理和农村环境连片整治，加强重点区域水土流失治理，积极开展水生态系统保护与修复试点，严禁超采地下水。

生态文明建设事关全省人民生活质量，事关山西长远发展大计。我们要坚持不懈、综合施策，建设美丽家园！

（九）着力推进转型综改试验区总体方案的实施。

根据我省即将出台的转型综改区实施方案，围绕产业转型、生态修复、城乡统筹、民生改善四大任务和10项配套改革，全面推进转型综改试验区建设，切实发挥其在全省转型跨越发展中的统领作用。增加标杆项目数量，加快标杆项目建设，重点在先行先试和改革创新上取得新的突破。着力创新产业转型促进机制，完善接续替代产业发展支持政策，健全循环经济促进机制、资源型产业与非资源型产业均衡发展机制，建立完善资源性产品价格形成机制，建立公共资源出让收益合理共享机制；进一步放开市场准入，支持民间资本有序进入铁路、公路、金融、能源、电信、市政、教育、医疗等领域；积极推进财税体制改革，巩固省直管县财政改革试点成果，完善国有资本经营预算与收益分享制度，全面落实结构性减税政策，按照国家统一部署开展营业税改增值税、资源税、环境保护税等改革工作；加快金融改革发展，健全多层次资本市场，积极创新融资模式，培育非上市股份公司股权交易市场，做大做强地方金融机构，加快发展民营金融机构，鼓励金融机构向农村延伸服务网络，防范金融风险；创新用地机制。同时，要统筹推进农村综合改革、集体林权制度改革、事业单位分类改革、国有企业和集体企业改革等其他改革。

进一步扩大对外开放。加大招商引资力度，创新招商引资方式，发挥好开发区、各类园区的平台载体作用，推动引资、引技、引智有机结合，提高招商引资的综合优势和总体效益。推进国家外贸转型升级示范基地建设，健全出口信用保险机制，鼓励自主品牌、优势产品和高附加值产品出口，扩大省内紧缺原材料、先进技术、重要装备和关键零部件进口。充分发挥太原武宿综合保税区、侯马方略保税物流中心的作用，完善大通关体系，提高贸易便利化水平。鼓励有实力的企业“走出去”。加强与兄弟省（区、市）的交流合作，对接中原经济区，加快晋陕豫黄河金三角承接产业转移示范区建设。深化与国家部委、高校、科研院所和央企、民企的合作，落实好各项战略合作协议。办好国际太阳能十项全能竞赛和第三届农博会，做好第八届中博会等重大展会参展工作。

各位代表，转型综改试验区建设寄托着党中央、国务院的殷切期望，为山西转型跨越发展提供了难得的机遇。我们要只争朝夕、先行先试，推动转型跨越发展取得新突破！

打铁还需自身硬。新一届政府要以人民满意为目标，努力建设法治政府、服务政府、责任政府、廉洁政府和学习型政府。转变政府职能。改善经济调节和市场监管，加强社会管理和公共服务，深化行政审批制度改革，深入推进扩权强县试点；严格实行首问负责制、限时办结制、服务承诺制、责任追究制，为各类市场主体创造公平的发展环境，为人民群众提供良好的公共服务；推进政府绩效管理，强化目标责任考核，不断提高行政效能。严格依法行政。完善科学民主决策机制，提高决策的科学化民主化水平。进一步规范行政行为，严格依照法定权限和程序行使权力、履行职责，善于运用法治思维和法治方式深化改革、推动发展、化解矛盾、维护稳定。加强监察和审计工作，坚决整治行政不作为、乱作为行为，坚决杜绝吃拿卡要，严厉查处失职、渎职行为。大力推进政务公开，加强电子政务建设，完善信息公开制度，让权力在阳光下运行。加强廉政建设。贯彻落实习近平总书记在十八届中央纪委二次全会上的重要讲话精神，全面落实政府系统党风廉政建设责任制，完善惩治和预防腐败体系。继续推进煤焦领域反腐败工作，深入开展工程建设等领域突出问题专项治理，严肃查处各类违法违纪案件。严格控制“三公”经费，厉行勤俭节约，反对铺张浪费，以为民、务实、清廉的形象取信于民。改进工作作风。严格执行中央关于改进工作作风、密切联系群众的八项规定和实施细则以及我省出台的具体办法，改进文风会风，力戒形式主义、官僚主义，从繁文缛节、迎来送往、文山会海中解脱出来；深入基层调查研究，向群众学习，拜人民为师；夙夜在公、恪尽职守，求真务实、狠抓落实，以实实在在的工作成效向全省人民交一份合格的答卷。

各位代表，山西是华夏文明的重要发祥地，在中华文明发展史上产生了重要影响；山西是著名的革命老区，曾经为民族独立和人民解放付出了巨大牺牲；山西是国家重要的能源基地，为改革开放和现代化建设作出了重大贡献。在绵延不绝的历史长河中，在波澜壮阔的伟大实践中，三晋儿女不仅创造了可歌可泣的辉煌历史，而且孕育了晋商精神、太行精神、吕梁精神、右玉精神等宝贵的精神财富，彰显了“信义、坚韧、创新、图强”的山西精神，这是山西优秀文化的精髓，是我们引以自豪的荣耀，更是激励我们不断前行的动力。我们相信，勤劳智慧、淳朴善良的山西人民一定能够继续创造出无愧于历史、无愧于时代的新业绩，共同开创更加美好灿烂的明天！

各位代表，全面建成小康社会的光明前景鼓舞着我们，全省人民过上美好生活的热切期盼激励着我们。我们要紧密团结在以习近平同志为总书记的党中央周围，高举中国特色社会主义伟大旗帜，全面贯彻落实党的十八大精神，以邓小平理论、“三个代表”重要思想、科学发展观为指导，解放思想、开拓进取，齐心协力、真抓实干，办好“两件大事”，为实现转型跨越发展、再造一个新山西的宏伟目标而努力奋斗！

中共山西省委办公厅
山西省人民政府办公厅
关于深化集体林权制度改革的实施意见

晋办发〔2013〕1号

（2013年1月25日）

我省集体林权制度改革自2008年启动实施以来，各级党委、政府高度重视，相关部门合力推进，农民群众普遍参与，社会各界积极支持，到2011年底基本完成了明晰产权、承包到户的主体改革任务。根据省委、省政府《关于开展集体林权制度改革的意见》（晋发〔2008〕24号）和省委林业工作会议精神，现就全面深化集体林权制度改革提出如下意见。

一、深化集体林权制度改革的指导思想和总体目标

（一）指导思想。高举中国特色社会主义伟大旗帜，以邓小平理论、“三个代表”重要思想、科学发展观为指导，全面贯彻落实党的十八大精神，坚持“生态受保护、农民得实惠”的林改目标，创新林业经营管理体制机制，以明晰产权、承包到户为基础，进一步放活经营权、落实处置权、保障收益权，积极稳妥地推进集体林权制度改革。

（二）总体目标。从2013年开始，用5年左右的时间，建立和完善相关配套政策措施，建立起产权归属明晰、利益保障严格、流转顺畅规范、监管服务有效的现代林业产权制度，实现资源增长、农民增收、生态良好、林区和谐的目标。

二、进一步完善明晰产权工作，夯实改革基础

（一）巩固集体林权制度主体改革成果。坚持集体林地家庭承包经营制度，对家庭承包的林地，任何单位和个人不得随意调整和收回，不得干涉承包方正当的生产经营活动，切实维护林农合法权益；对林改程序不到位的要进一步落实完善，对勘界确权不准确的要重新核实整改；对集体保留、分股不分山等情况，若三分之二以上农户要求承包到户，按林改政策和程序重新分山到户，确保农民权益不受侵害。

（二）强化林权管理。县级以上人民政府要加强林权管理服务机构建设。林权管理服务机构承办同级人民政府交办的林权登记造册、核发证书、档案管理和林权流转、评估、抵押等工作。加强林权交易市场监管，依法规范流转，保障公平交易，防止农民失山失地。加强乡镇林业工作站人员素质建设，充分发挥乡镇林业工作站在林权管理中的重要作用。

（三）加强林权纠纷调处。按照我省《关于加强集体林权制度改革中林权争议调处工作的指导意见》（晋政办发〔2011〕71号），加大林权争议调处工作力度，建立乡村调解、县市仲裁、司法保障的集体林地承包经营纠纷调处体系。

（四）切实做好林改档案管理工作。加强对林改档案管理工作的组织领导，改善林改档案管理条件，规范林改档案管理工作，积极开发林改档案数字化和社会化服务功能，确保林改档案管理质量。

三、加快建立和完善深化集体林权制度改革的政策措施

（一）建立支持集体林业发展的公共财政制度。制定出台《省级生态公益林区划界定和补偿办法（试行）》，完成省级生态公益林区划界定工作，并参照国家公益林补偿标准，纳入省级财政预算。各市、县人民政府要建立健全森林生态效益补偿基金制度，落实造林直补政策，按照经济林、乔木林不低于200元/亩、灌木林不低于120元/亩的标准给予补助。各级财政要对森林防火、林业有害生物防治、林木良种建设、民营林业、农民林业专业合作社给予补贴，并加大对森林抚育、木本粮油、生物质能源林、珍贵树种及大径材培育的扶持力度。

（二）加快建立和完善林业金融支持服务制度。加强林权抵押贷款工作，拓展信贷支农渠道，盘活森林资源资产，增强林业资源转化为资产的能力。县级以上人民政府要逐步建立林业贷款财政贴息制度，尽力减轻农民负担。各地要探索加快公益林国家赎买和林地收储机制,进一步降低林业信贷风险。

（三）积极推进政策性森林保险工作。按照“低保费、

低保额、保成本”和“政府引导、政策支持、市场运作、农民自愿”的原则,积极开展政策性森林保险。建立政策性森林保险补贴制度，落实森林保险保费补贴资金，提高农户抵御自然灾害的能力。将森林保险纳入农业保险统筹安排，引导林业经营单位、林业专业合作组织、林地承包经营农户积极参与森林保险。

（四）加快建立健全林权流转和森林资源资产评估制度。在稳定家庭承包经营制度和不改变林地用途的前提下，农民可以依法采取转包、出租、互换、转让、入股、抵押等方式流转自己的林地承包经营权和林木所有权；鼓励农民和其他经济组织或个人开展合作造林，提倡短期限流转和集体经济组织内部成员间的流转，逐步实现由森林资源向资产的转变。流转的方式、数量和是否评估，由农户自主决定，禁止任何组织或个人强迫或阻碍农民流转林权。加快建立健全林权交易平台，为林权流转提供公开、公平、公正的交易服务；加快建立森林资源资产评估机构，明确中介机构从事森林资源资产评估的条件，完善森林资源资产评估办法和程序，规范评估行为，维护交易双方的合法权益。

（五）加快推进林木采伐管理制度改革。进一步完善森林采伐限额管理制度，编制森林经营方案，改革商品林采伐限额管理，实行林木采伐审批公示制度，简化审批程序，提供便捷服务。生态公益林可依法进行抚育和更新性质的采伐，合理控制采伐强度。县级林业行政主管部门要指导村级经济组织和林业大户编制森林经营方案,逐步实现森林资源由采伐限额管理向经营方案管理的转变,推动森林经营走上可持续发展之路。

（六）加快建立和完善林业社会化服务体系。加快构建公益性服务和经营性服务相结合、专业服务和综合服务相协调的新型林业社会化服务体系。积极引导和扶持农民林业专业合作组织发展，探索林地股份合作改革，创新林地使用管理制度；鼓励发展以专业化、区域化为主要特征的各类林业专业协会，发挥政策咨询、信息服务、科技推广和行业自律等作用；培育林业社会化中介机构，引入市场竞争机制，做好森林资源资产评估、森林经营方案编制、造林作业设计等中介服务。

（七）积极引导农民联合经营、规模经营。积极引导发展农民林业专业合作社、家庭合作林场、股份制林场等农民林业专业合作组织，实现农民林业生产的联合经营、规模经营、标准化经营、品牌化经营。鼓励支持农民林业专业合作组织承担公益林管护、速生丰产林基地建设、木本粮油基地建设等林业工程建设项目。鼓励公司、企业、科技人员、大学生村官等领办农民林业专业合作社。大力开展农民林业专业合作社示范县创建活动，推动农民林业专业合作社标准化建设。各级财政和林业部门要加大对农民林业专业合作组织建设的资金和技术扶持力度，“十二五”期间，创建20个合作社示范县和200个示范社。

（八）大力发展林下经济，增加农民收入。各级人民政府要因地制宜做好林下经济发展规划，合理确定发展规模和方向；出台产业、财政、金融等相关扶持政策，扶持、引导林下经济发展，积极开发林下种植业、养殖业、采集加工业和森林旅游业，提高林地综合利用率和产出率，拓宽农民就业渠道和增收致富空间。积极培育林下经济发展的典型，总结推广一批林下经济发展规模大、带动强、受益面广的典型，推动林下经济规模化、集约化、标准化、品牌化、市场化发展。

四、加强组织领导

各级党委、政府要高度重视和大力推动深化集体林权制度改革工作，进一步加强对林改工作的领导，强化组织协调，为深化集体林权制度改革提供有力保障。要实行目标责任管理，落实深化林改目标责任制，加强监督检查，严格工作考核。各有关部门要各司其职，相互配合，狠抓落实，确保集体林权制度改革各项目标任务如期完成。

在省政协十一届一次会议闭幕大会上的讲话

（2013年1月28日）

袁纯清

各位委员、同志们：

在全体委员和与会同志的共同努力下，省政协十一届一次会议圆满完成各项议程，即将胜利闭幕。会议期间，各位委员以饱满的政治热情和强烈的责任意识，深入讨论政府工作报告、政协常委会工作报告和有关报告，围绕山西转型跨越发展大局积极建言献策；在民主协商的基础上，选举产生新一届省政协领导班子，顺利完成了换届任务。这是一次团结民主、凝聚力量的大会，继往开来、同心奋进的大会。我代表中共山西省委，对会议的圆满成功，对新当选的新一届省政协领导班子，表示热烈祝贺！

过去五年，是山西人民团结拼搏、攻坚克难、创造佳绩的五年。面对国际金融危机严重冲击，我们坚持把稳增长、调结构、惠民生、促和谐有机结合起来，圆满完成“十一五”规划，顺利实现“十二五”良好开局，特别是转型跨越发展从提出思路到全面实践、从项目先行到产业布局、从组织推动到积极自为，带动我省这样的资源型地区在科学发展上迈出坚实步伐，全省经济、政治、文化、社会、生态文明建设取得新进展新突破。这些成绩的取得，凝结着全省各级政协组织和广大政协委员的智慧和心血。在此，我代表中共山西省委，向全省各级政协组织和广大政协委员，向各民主党派、工商联和无党派人士，向所有关心和支持我省改革发展的同志们、朋友们，表示衷心感谢和崇高敬意！

习近平总书记指出，实现中华民族伟大复兴，是中华民族近代以来最伟大的梦想。这一科学论断和深刻把握，道出了全体中华儿女的心声，彰显了我们党对所处历史方位和执政方位的高度自觉，饱含着中国走向美好未来的道路自信、理论自信、制度自信，在新的起点上开启了坚持和发展中国特色社会主义、实现“两个百年”目标的壮丽篇章。中国梦，既是强国梦，也是富民梦，凝聚了近代以来无数仁人志士的探索奋斗，体现了中华民族和中国人民的整体利益。山西是华夏文明的重要发祥地、国家重要的能源基地、具有光荣传统的革命老区，全省人民要满怀信心地汇入全国人民追梦、圆梦的伟大奋斗历程。在办好“两件大事”、加快转型跨越中与全国人民同步全面建成小康社会，在中华民族伟大复兴的鸿篇巨制中写下精彩一页，就是三晋儿女的共同梦想和追求，承载着中央对山西的殷切期望，展现出山西更加广阔的发展前景。

目标凝聚力量，奋斗实现梦想。面对新形势、新机遇、新任务，希望新一届省政协和全省各级政协组织以及广大政协委员，深入学习贯彻中共十八大精神和习近平总书记一系列重要讲话，高举爱国主义、社会主义旗帜，牢牢把握团结和民主两大主题，紧紧围绕省委重大决策部署和全省中心工作，团结一切可以团结的力量，凝聚一切可以凝聚的智慧，激发一切可以激发的活力，创造无愧于时代的业绩。

一、要坚定同心同向、团结奋斗的信念，在深入学习贯彻十八大精神中集聚新能量

坚持正确的政治方向是人民政协事业蓬勃发展的根本保证。毛泽东同志曾经形象地指出：“人民政协是统一战线的总部，神经中枢，各党派的总党部”。要深刻认识中国共产党是中国特色社会主义事业的坚强领导核心，深刻认识中国特色社会主义政治发展道路是团结亿万人民共同奋斗的正确道路，深刻认识人民政协的命运始终与党和人民事业紧密相联，自觉坚持党关于政协工作的一系列方针政策，自觉围绕全省大局谋划工作，始终做到同党委、政府目标上同向、工作上合拍、行动上一致，把坚定的政治信念转化为履职尽责的强大动力和生动实践。

二、要发挥人才荟萃、智力密集的优势，在服务转型跨越中建立新功业

人民政协是名副其实的“人才库”和“智囊团”，政协委员是各行各业的专家、名家、大家。要将履行政治协商、民主监督、参政议政职能的重点放在对经济社会发展趋势的科学把握上，放在对改革发展稳定深层次矛盾的分析化解上，放在对人民群众关注的热点难点问题的研究解决上，放在对海内外同胞参与山西转型跨越发展的渠道拓展上，特别是要围绕建设转型综改试验区、加快产业结构优化升级、推进“四化”一体发展、发展开放型经济等战略重点开展前瞻性思考、动态性研究、综合性分析，为党委、政府制定决策提供科学依据。

三、要践行以人为本、履职为民的宗旨，在增进民生福祉中作出新贡献

人民政协为人民。搞好提案合民愿、反映民意诉民声、投身一线暖民心，就是现实而崇高的“为人民”。要积极协助党委、政府抓好各项民生工程的落实，以务实举措推动学有所教、劳有所得、病有所医、老有所养、住有所居持续取得进展，切实增强群众“幸福感”、扩大群众“幸福面”、提升群众“幸福度”。要高度重视困难群体、弱势群体、特殊群体生产生活，广泛开展结对帮扶、访贫问寒、爱心援助等公益活动，使每个社会成员都能享受到改革发展的成果。

四、要立足联系面广、包容性强的特点，在维护社会和谐稳定中展现新作为

人民政协是社情民意的“蓄水池”、维护稳定的“预警器”、凝聚人心的“粘合剂”。要坚持以对话求理解，以共识求团结，以包容求和谐，努力促进政党关系、民族关系、宗教关系、阶层关系、海内外同胞关系的和谐。要发挥好各界别的渠道作用，及时反映各方面利益诉求，最大限度增加和谐因素，最大限度减少不和谐因素。要积极倡导社会主义核心价值体系，大力弘扬、带头践行“信义、坚韧、创新、图强”为核心的山西精神，以信义之品彰显正气，以坚韧之心顽强拼搏，以创新之胆开拓进取，以图强之为建功立业，营造奋发向上、干事创业、和谐共进的社会氛围。

五、要增强积极进取、勇创一流的意识，在人民政协事业发展中树立新形象

人民政协是薪火相传的事业，也是常抓常新的事业。各级政协组织要适应发展社会主义协商民主的新要求，牢牢把握时代脉搏，始终保持蓬勃朝气，切实做到政治协商有方、民主监督有力、参政议政有为，不断开创工作新局面。广大政协委员要牢记光荣使命、珍惜机遇荣誉，忠实履行职责、努力开拓创新，为国家和人民作出应有贡献，为人生书写宝贵经历。

各级党委要进一步加强和改善对人民政协的领导，支持政协依照章程履行职能，切实把政治协商纳入决策程序，充分发挥人民政协在民主决策、科学决策中的重要作用。要推进协商民主广泛、多层、制度化发展，畅通民主监督渠道，积极采纳政协提出的真知灼见，真正使政协履行职能的过程成为集中民智、凝聚共识、改进工作的重要途径。要积极为政协履行职能、开展工作营造氛围、创造条件，及时研究解决政协工作中的重要问题。

同志们，转型跨越前景灿烂，人民政协大有可为。让我们紧密团结在以习近平同志为总书记的中共中央周围，高举中国特色社会主义伟大旗帜，以邓小平理论、“三个代表”重要思想、科学发展观为指导，深入学习贯彻十八大精神，凝心聚力，团结奋进，开创三晋大地更加美好的未来！

中共山西省委办公厅
山西省人民政府办公厅
印发《关于厉行勤俭节约、反对铺张浪费的实施办法》的通知

晋办发〔2013〕2号

各市、县委，各市、县人民政府，省委各部委，省直各委、办、厅、局，各人民团体：

《关于厉行勤俭节约、反对铺张浪费的实施办法》已经省委、省政府同意，现印发给你们，请认真贯彻执行。

中共山西省委办公厅

山西省人民政府办公厅

2013年1月29日

关于厉行勤俭节约、反对铺张浪费的实施办法

为进一步贯彻落实中央政治局八项规定和习近平总书记重要批示精神，建立厉行勤俭节约、反对铺张浪费长效机制，形成勤俭办一切事情的良好风气，根据《中共中央办公厅印发习近平同志关于厉行勤俭节约反对铺张浪费重要批示的通知》（中办发电〔2013〕3号）及我省贯彻中办发电〔2013〕3号文件的通知要求（晋办发电〔2013〕5号），制定本实施办法。

一、按照简约、务实、高效的原则组织各类会议，压

缩会议规模，精简参会人员，节约会议开支。凡可在本机关举行的会议，一律不安排在宾馆和其他经营性场所。

二、参加会议和到基层调研需住宿的领导干部，安排在内部宾馆、招待所或定点饭店。省级领导住普通套间，厅局级干部住单间，处级以下工作人员（含处级）住标间，本地人员不安排住宿。住宿不专门配发生活用品和洗漱用品，不摆放鲜花、香烟和酒水饮品，不摆放高档睡衣、高档拖鞋等生活用品。

三、各类会场布置要简朴，不摆放高级矿泉水、一次性毛巾，会间不安排水果、饮品等茶歇。

四、会议原则上使用纸质文件袋，不配发公文包和高档文具。

五、会议安排自助餐或工作用餐，不安排宴请，不上高档菜肴，不上酒水。减少饭菜品种和数量，每次用餐不超过4种凉菜、6种热菜、3种主食。市县会议不上海鲜。餐桌台面不摆放鲜花和高档工艺品。

六、公务接待不得超标准安排食宿，除重要外事、招商活动，一般不安排宴请，以自助餐为主，用本地酒水，中午一律不上白酒。

七、会议及公务接待严禁组织高消费娱乐、健身活动。

八、不允许以任何形式和名义发放纪念品、礼品、现金、代金券和购物卡。

九、严禁用公款组织同乡会、校友会、战友会等各种联谊活动。

十、各部门、各单位之间严禁用公款相互吃请。

本实施办法适用于全省各级党政机关领导同志及公务人员参加会议、庆典庆祝活动和赴基层调研等各类公务活动。人大、政协和人民团体机关参照执行。

在省十二届人大一次会议闭幕大会上的讲话

（2013年1月30日）

袁纯清

各位代表、同志们：

山西省第十二届人民代表大会第一次会议，在全体代表和与会同志的共同努力下，圆满完成各项议程，即将胜利闭幕。大会始终洋溢着民主、团结、务实的气氛，是一次高举旗帜、坚定信心、继往开来的大会，是一次解放思想、深化转型、共建小康的大会！

会议期间，全体代表和列席会议的同志忠实履行职责，积极建言献策，依法行使权利，展现出良好精神风貌。会议审议通过了政府工作报告、人大常委会工作报告和其他报告，选举产生了新一届省人大、省政府领导班子和省法检两长，选举产生了我省出席十二届全国人大的代表，顺利完成了换届任务。在此，我代表大会主席团和省十二届人大常委会，向大家表示衷心的感谢！

这次大会选举产生了省十二届人大常委会组成人员，并选举我担任省人大常委会主任，这是各位代表和全省人民对我们的信任。我们一定不负重托、不辱使命，尽心竭力、尽责履职。由于年龄原因和工作需要，申联彬、杜玉林、靳善忠、郭海亮、王雅安同志以及一些常委同志不再担任新一届省人大常委会的领导职务。多年来，他们兢兢业业、勤奋工作，为山西发展和人大工作倾注了大量心血，做出了积极贡献，让我们以热烈的掌声向这些老领导、老同志致以崇高的敬意！

各位代表、同志们，每一段新征程的开启，总是让人充满憧憬。党的十八大吹响了向全面建成小康社会进军的号角。放眼全国，为实现中华民族伟大复兴的“中国梦”，各省区市致力于全面建成小康社会、全面深化改革开放，加快完善社会主义市场经济体制、加快转变经济发展方式，出台一系列政策举措，既比拼发展速度、发展质量、发展效益，又比拼发展眼界、发展智慧、发展士气。未来五年，对我省来说，是结构单一向多元支撑演进、高碳增长向绿色发展提升的关键期，是资源依赖向创新驱动转变、基本小康向全面小康跨越的转折期，是围绕办好“两件大事”大有作为的机遇期。时间衡量速度，效率决定发展。机遇在犹豫中丧失，发展在观望中滞后，关键时刻更是慢走一步差之千里，耽误一时落后数年。在全面建成小康社会百舸争流、千帆竞发的大潮流中，山西必须加快赶步子；在全国经济社会发展的大格局中，山西必须科学定位子；在国家综合配套改革的大试验中，山西必须敢于探路子。全省人民要以移山之心力，填海之气概，通过大胆地试、扎实地干，共同建设富强三晋、美丽三晋。

第一，要更多赢得改革“红利”。改革是中国的第二次革命，是发展最大的“红利”，而转型综改试验区建设是我省最大的改革工程。我们要继续解放思想，大胆试点试验，既要用好“拿来主义”，又要提高原创能力，既要善于“摸着石头过河”，又要注重顶层设计，先试不争论，先干不空论，以“侦察兵”的敏锐、“先遣队”的果敢，在先行先试、快行快试、善行善试中创新体制机制，激活各类要素，使改革“红利”转变为实实在在的发展成果。

第二，要深度挖掘转型潜力。山西的跨越基于转型、希望在于转型。谁先转型，谁就能赢得发展先机，谁转得好，谁就能成为发展强者。

要放开眼界、拓宽思路，不断增强转型的心气和胆识，着力拓展转型的深度和广度，使转型成为全省人民的自觉自为，成为我省最重要的增长点。要运用智慧、依靠科技，在更高层次推动以煤为基、以煤兴产、以煤兴业、多元发展，使丰富的地下地上资源衍生、演化、生成更多特色产业、新兴产业和优势产业，使我省产业结构发生脱胎换骨的变化，使循环经济成为基本模式，形成具有山西特点的新的发展方式。要统筹把握、全面推进，坚持“四化”融合互动、同步发展，加快产业转型、城市转型、生态转型、文化转型、体制机制转型，在全方位、系统性的转型中增创新优势、实现新突破。

第三，要全面获取政策能量。政策能量就是发展能量，能够将各种要素聚合起来产生乘数效应。从《关于大力实施促进中部地区崛起战略的若干意见》，到《中原经济区规划》，到晋陕豫黄河金三角承接产业转移示范区，到转型综改试验区建设《总体方案》，加之先前拥有的循环经济试点省、生态建设试点省等试点，国家这么多政策同时集聚，在我省历史上是没有过的，切实用好用足用活政策是当务之急。要深入研究政策，准确把握发展导向、战略方向、资金投向，将政策中蕴藏的新机遇与当地实际结合起来，落实到具体项目上；要主动对接政策，加强与相关方面的沟通、衔接，在先人一步、锲而不舍中赢得主动，使政策的含金量充分释放出来；要积极创新政策，在政策的大框架内做好延伸运用，全方位激活、传递、放大政策能量，在实践中探索新的政策措施。

第四，要着力提高开放水平。开放程度决定发展程度。从很大程度上讲，山西发展的差距主要是开放的差距。大项目从哪里来，新产业从哪里来，高新技术从哪里来，高端人才从哪里来，最便捷最主要的是从开放中来。要牢牢抓住国内外产业梯度转移的契机，增强敏锐性和紧迫感，加快“引进来”、“走出去”，主动融入环渤海，积极对接长三角、珠三角，创造条件走出国门，抢先招商引资、招才引智，做到敢开放、真开放、大开放，畅通人流、物流、信息流，不断提高开放型经济水平。要深刻把握世界正处在新科技革命前夜的战略机遇，大力实施创新驱动战略，以建设太榆科技创新城为契机，加快建设技术创新平台和创新联盟，构建立体化、多层次技术开发体系，走出一条以创新驱动转型、以转型引领创新的新路子。

第五，要切实做到扎实苦干。习近平总书记告诫全党，空谈误国，实干兴邦。山西作为欠发达地区，正处于发展爬坡期，转型任重、跨越维艰，必须比别人多出力、多流汗、多吃苦。今年是项目推进年，要以项目为抓手，在落实上狠下功夫。要领导带头干，充分发挥示范表率作用，团结带领广大群众投入项目建设主战场；要科学高效干，制定最佳的“路线图”和“时间表”，确保各项工作富有成效地推进；要创优环境干，简化审批手续，扶持实体经济，拆掉各类“弹簧门”和“玻璃门”，让省内外的投资者、创业者、建设者放心、舒心地干事创业；要端正导向干，充分发挥考核评价的“指挥棒”和“风向标”作用，奖勤罚懒，扶优汰劣，营造埋头苦干、奋勇争先的浓厚氛围。

各位代表、同志们，人民代表大会制度是中国特色社会主义制度的重要组成部分。过去五年，我省人大工作迈上新的台阶，为全省转型跨越和各项事业发展作出了重要贡献。我们要更加自觉地坚持党的领导、人民当家作主、依法治国有机统一，更好地发挥各级人大及其常委会作为国家权力机关的作用，不断提高人大工作科学化水平。各级各部门要自觉接受人大及其常委会的监督。各级党委要支持人大及其常委会依法履行职责，为人大及其常委会开展工作创造良好条件。

各位代表即将返回工作岗位。希望大家带头贯彻落实会议确定的各项任务，切实做转型跨越的带头人、人民群众的贴心人，立足本职岗位，履行工作职责，创造一流业绩。

新春佳节将到，各级党委、政府和各部门各单位要妥善安排群众特别是困难群众的生产生活，毫不放松抓好安全生产，扎实做好信访和稳定工作，倡导节约光荣、浪费可耻的新风尚,确保全省人民过一个欢乐、祥和、安全、文明的节日。

各位代表、同志们，伟大的时代、崇高的使命、光荣的梦想，为我们提供了广阔空间和难得机遇。让我们紧密团结在以习近平同志为总书记的党中央周围，高举中国特色社会主义伟大旗帜，以邓小平理论、“三个代表”重要思想、科学发展观为指导，大力弘扬“山西精神”，以信义的品格、坚韧的意志、创新的姿态、图强的志向，为加快转型跨越发展、全面建成小康社会不懈奋斗！

在全省党风廉政建设干部大会暨省纪委十届三次全会上的讲话

（2013年2月1日）

袁纯清

这次会议的主要任务是，深入学习贯彻党的十八大精神，认真贯彻落实十八届中央纪委二次全会特别是习近平总书记重要讲话精神，全面落实省委十届四次全会暨全省经济工作会议以及全省“两会”精神，对全省党风廉政建设和反腐败斗争进行总结部署，为推进转型跨越发展提供坚强纪律保证。

1月24日，省委常委会传达学习了习近平总书记在中纪委二次全会上的重要讲话和王岐山同志的工作报告，研究了我省贯彻落实意见。大家一致认为，习近平总书记的重要讲话，从战略和全局的高度，深入分析反腐倡廉建设面临的形势，明确提出加强党风廉政建设和反腐败斗争的新要求，彰显了党要管党、从严治党的坚强决心和加强新形势下反腐倡廉建设的坚定信念，进一步深化了对马克思主义执政党建设规律和反腐败斗争规律的认识，对于指导当前和今后一个时期党风廉政建设和反腐败斗争、保持党的先进性和纯洁性，具有重大而深远的意义。讲话思想深邃、高屋建瓴、振聋发聩，既全面贯彻了十八大精神，又在理论与实践上有新的创新；既深刻汲取历史经验教训，又鲜明而尖锐地针砭时弊；既严明党的纪律特别是政治纪律，又对全面推进党风廉政建设作出部署；既强调严惩腐败，狠抓大案要案，又强调切实解决“舌尖上的浪费”和“特权现象”等不良风气，提出了一系列新思想、新观点、新举措。我们要结合山西实际认真学习贯彻，更加科学有效地惩治和预防腐败，坚定不移把党风廉政建设和反腐败斗争引向深入。为此，我讲以下几点意见。

一、要以对形势和任务的科学把握，增强推进党风廉政建设和反腐败斗争的责任感和紧迫感

省委、省政府高度重视反腐倡廉建设，全力支持各级纪检监察机关依法履职尽责，加快建设具有山西特色的惩治和预防腐败体系，党风廉政建设和反腐败斗争在过去一年又取得新进展新成效。一是根据中央精神，在全国率先部署开展为期半年的保持党的纯洁性学习教育活动，以思想教育、正面教育、自我教育为主，以县级以上领导班子和领导干部为重点，通过“三学、六查、四改”，开展“六个一”活动，实现了提升党性修养、加强基层组织、服务人民群众、促进各项工作的目的。二是认真贯彻落实习近平总书记关于大力弘扬右玉精神的重要批示精神，对引深学习弘扬右玉精神作出新部署，把右玉精神作为加强作风建设的生动教材，集中开展了整治吃拿卡要、创优发展环境专项行动。三是依纪依法查处了一批大案要案，始终保持对腐败分子的高压态势，警示和震慑作用更加明显。四是着力解决人民群众反映强烈的突出问题，引深煤焦领域反腐败专项斗争，整治非法违法采矿、违法违规强制征地拆迁等问题，推广阳光农廉网，全国村务公开民主管理工作会议在我省召开。五是全面落实党风廉政建设责任制，“一岗双责”得到较好落实，党风廉政建设的考核力度进一步加大。六是加快构建山西特色惩防体系，中央《工作规划》和省委《实施办法》部署的159项工作任务全面完成，反腐倡廉建设科学化水平不断提高。一年来，全省广大纪检监察干部牢记宗旨，忠实履职，秉公执纪，为加强反腐倡廉建设、推动转型跨越发展作出了重要贡献。在此，我代表省委、省政府，向全省纪检监察战线的同志们表示亲切问候和衷心感谢！

新的形势下，“四个考验”、“四个危险”更加尖锐地摆在全党面前，党风廉政建设面临许多新情况、新问题、新挑战。习近平总书记指出，当前一些领域消极腐败现象仍然易发多发，一些重大违纪违法案件影响恶劣，反腐败斗争形势依然严峻，人民群众还有许多不满意的地方。我省干部队伍总体是好的，反腐倡廉建设成效是明显的，但面临的问题不容忽视，许多新情况需要引起高度重视。特别要注重把握以下五点：一是形势的严峻性。我省和全国一样，正在经历经济社会的深刻变革。历史经验表明，这一时期往往是腐败高发期，呈现“发案率高、腐败分子级别高、涉案金额大、社会危害性大、查处难度大”等特征。不少领域的体制机制尚不健全，权力监管监督缺位，形形色色的诱惑容易使一些意志薄弱的党员干部心理失衡、底线失守，使腐败行为摆脱法律和道德的束缚，侵蚀到许多领域和环节。我省纪检监察机关每年受理大量群众来信来访，所查处的一些严重违纪违法案件，性质非常恶劣，社会影响很坏，令人触目惊心。廉洁则政兴，腐败则政息，这是历史铁律。我们必须坚定决心、旗帜鲜明，有腐必反、有贪必肃，在反腐败这场严肃的斗争中决不能掉以轻心，

决不能畏难却步，决不能松懈斗志。二是任务的艰巨性。反腐败是世界性难题，我们党的宗旨与腐败行为是水火不容的，但新形势下滋生腐败的土壤依然存在，一些消极腐败现象经过整治又出现反复，反腐败不可能毕其功于一役。尤其是当前腐败的隐蔽性越来越强，一些突出问题的解决需要下更大功夫，一些大案要案的查处需要费更大力气，一些腐败分子的揭露需要更长时间，无论是惩治还是预防腐败都面临艰巨的任务，能力和水平需要进一步提高。我们必须做到反腐倡廉常抓不懈、拒腐防变警钟长鸣，必须做到经常抓、长期抓、深入抓，不断提高攻坚能力、办案能力和防范能力、遏制能力，对腐败行为采取“零容忍”，保持高压态势。三是问题的复杂性。当前腐败形势错综复杂，许多腐败行为从消费型、享乐型向资本积累型发展，表现出期权化、迂回化、智能化甚至国际化趋势。一些腐败分子的手法越来越狡猾、手段越来越隐蔽，有的借分红名义，有的用赌博方式，有的通过亲属受贿，有的任上留清名、退休贪不停，而“裸官”的出现表明，腐败问题有了更为深刻的背景。同时，一些诸如庸庸碌碌、挥霍浪费、政绩工程等隐性腐败问题更为普遍。我们既要高度警惕、坚决打击、严肃查处，又要强化源头治理，发挥惩治、教育、制度、监督、改革、纠风的综合效应。四是地区的特殊性。山西既有全国普遍存在的共性问题，同时由于资源禀赋、产业结构等因素，又形成了一些具有山西特点的问题。尤其是煤焦领域腐败问题较突出，安全生产事故背后，往往隐藏着权钱交易、失职渎职、徇私枉法等腐败问题，一些资源富集地区往往是腐败易发多发地区。反腐倡廉必须突出抓好重要领域和关键部位，有针对性地加大查处力度、预防力度和警示力度。五是工作的敏感性。随着经济体制深刻变革、社会结构深刻变动、利益格局深刻调整，人们思想活动的独立性、选择性、多变性、差异性明显增强，人民群众对腐败问题的反应越来越强烈。一些腐败案件直接损害群众利益，成为引发群体上访的“导火索”；一些腐败行为引起群众公愤，加上其他因素，引发大规模公共危机事件；特别是网络反腐，一方面加大了监督力度，开辟了揭露腐败的重要渠道，一方面由于其放大效应、扩散效应甚至煽情效应，又很容易使腐败问题形成热炒，使情况更为复杂，使腐败和舆情甚至社会稳定直接连在一起，一旦应对不力，就会陷入被动。在网络时代，如何牢牢掌握反腐倡廉工作的主动权，值得我们认真研究。总之，对当前的反腐败斗争形势，看不到取得的显著成绩，就会丧失信心、涣散斗志，看不到问题的严峻性，就会盲目乐观、放松警惕。我们要把思想和行动统一到中纪委二次全会特别是习近平总书记重要讲话精神上来，统一到中央和省委关于党风廉政建设形势的分析判断和决策部署上来，既要增强义不容辞的责任感和使命感，也要增强刻不容缓的危机感和紧迫感，以党风廉政建设和反腐败斗争的实际成效取信于民。

二、要以严明的纪律，增强党的凝聚力和战斗力

党的集中统一是党的力量所在。确保党的集中统一，纪律严明是前提。纪律具有天生的约束性，更具有天然的保护性。在战争年代，“三大纪律八项注意”把军风军纪很好地整肃了起来，把人民群众更好地团结了起来，夺取了一个又一个胜利。从革命党到执政党，我们更需要以严格的政治纪律保证党的高度统一和坚强有力。十八大对加强纪律建设作出重要部署，习近平总书记就严明政治纪律提出明确要求。在当前形势下，中央高度重视严明党的纪律，具有很强的针对性，意义重大。

我们要认识到，严明的纪律是党性的集中体现。党性决定党纪，党纪体现党性。没有严格的政治纪律，则谣言四起、行威俱损；没有严格的组织纪律，则各行其是、一盘散沙；没有严格的群众纪律，则人心难安、社会难稳；没有严格的经济工作纪律，则贿赂滋生、奢侈成风。一个党员如果放松党性修养，就会漠视纪律，放任自流，直至走上违纪违法的自毁之路。我们要加强党的纪律教育，组织党员干部学习党章、遵守党章、维护党章，提升党员干部的党性修养和能力素质，教育党员干部自觉用党章和其他党内法规规范自己的言行，切实把党的纪律内化于心、外化于行。

我们要认识到，严明的纪律关键是在重大问题、政治问题、原则问题上严格要求、毫不含糊。习近平总书记指出，在任何情况下都要做到政治信仰不变、政治立场不移、政治方向不偏。我们党面对来自方方面面的挑战，维护党的政治纪律是一场严肃的政治斗争，在涉及重大政治原则问题上一个无纪律的举止、一个乱纪律的行为、一个违纪律的行动，都会对党的事业、党的形象、党的权威造成巨大损失。必须坚持党的基本理论、基本路线、基本纲领、基本经验、基本要求，提高政治敏锐性和政治鉴别力，始终保持清醒头脑和正确立场，在思想上、政治上、行动上自觉同以习近平同志为总书记的党中央保持高度一致。习近平总书记提出的“三个决不允许”（即决不允许“上有政策、下有对策”，决不允许有令不行、有禁不止，决不允许在贯彻执行中央决策部署上打折扣、做选择、搞变通），既是党的一贯纪律，又有很强的现实针对性，是一种新的要求、新的警示，我们要不折不扣执行。同时，各级领导干部要有担当意识、责任意识、程序意识，该报告的必须报告，该打招呼的必须打招呼，该履行的职责必须履行，该承担的责任必须承担。

我们要认识到，严明的纪律离不开严格的监督。信任不能代替监督。严明的纪律和严格的监督是防止党员干部蜕化变质、维护党的先进性和纯洁性的有力保证，二者相辅相成、缺一不可。各级纪检监察机关要认真履行党章赋予的职责，经常性开展对纪律执行情况的监督检查，特别是要把学习贯彻党的十八大精神作为首要政治任务，加强

监督检查，健全定期检查和专项督查制度。各级领导干部既要以身作则、率先垂范，主动维护党的纪律，又要坚持原则、敢抓敢管，担负起本地区本部门严格执行纪律的领导责任，切实增强纪律的执行力，坚决维护纪律的严肃性和权威性。

我们要认识到，严明的纪律必须有严肃的党内生活。省委坚决反对闲话生非的不良之风、拉拉扯扯的庸俗之风、吃拿卡要的恶劣之风，通过整治也取得一定成效，但是一些地方、一些部门、一些干部“三风”仍然较为突出，这是与党的纪律、与严肃的党内生活不相容的。没有健康的党内生活，没有崇高的事业心和责任感，没有发自内心的互信之情，就很难有正常的同志关系和工作环境。“三风”不除，事业难进，发展难成。要加大工作力度，坚持不懈狠刹“三风”，让拉拉扯扯、吃吃喝喝、互相吹捧、封官许愿的人，让心态浮躁、热衷名利、投机钻营的人，让请客送礼、拉票贿选、权钱交易、买官卖官的人捞不到好处，没有市场，触犯法纪的要严肃处理。

三、要以优良的作风，始终保持与人民群众的血肉联系

党的十八大以来，中央出台了关于改进工作作风、密切联系群众和厉行勤俭节约、反对铺张浪费的一系列规定，中央领导同志身体力行、率先垂范，给全党作出了表率。省委常委会多次研究部署，制定了关于搞好调查研究、精简会议文件、规范新闻报道的三个《实施办法》和厉行勤俭节约、反对铺张浪费的“十条规定”。全省上下积极行动、狠抓落实，收到明显成效，展示出新的气象，得到人民群众的普遍称赞。改进工作作风、厉行勤俭节约，关键是要做到为民、务实、清廉。

为民，是作风建设的根本出发点和落脚点。与群众的关系决定一个政党的性质。人民群众是历史的创造者，是共产党人的力量源泉。我们要坚持为人民服务这个根本宗旨，坚持以人为本、执政为民这个根本理念，切实把密切联系群众作为基本要求、人生情怀、基本功和自觉行为，时刻清醒“我是谁”、“为了谁”、“依靠谁”，多听民生之需，多解民生之忧，多谋民生之利。密切联系群众，就是要像毛泽东同志所说的“同那里的人民结合起来，在人民中间生根、开花”。要把引深干部下乡住村包村活动与“访民生、知民情、解民事”集中走访活动结合起来，每年都要做到省级领导干部要走遍所有县（市、区），市级领导干部要走遍所辖乡（镇、街道），县级领导干部要走遍所辖村（社区），既要到工作开展好的地方总结经验，更要到困难较多、情况复杂、矛盾尖锐的地方了解实情、解决问题。通过召开座谈会、走访调研、谈心谈话、看望慰问等形式，面对面、心贴心地与基层干部群众拉家常、增感情，讲政策、谋发展，为民解忧、为民解困、为民解怨。

务实，是作风建设的重要基点。我们要坚持实事求是的科学精神和求真务实的政治品格，把一切从实际出发、把握客观规律、注重实际成效作为一种基本的哲学观、作风观和事业观，既要察实情，又要说实话，更要办实事，不空谈，不虚夸，不浮躁，让醉心于搞形象工程和政绩工程的人没有奔头，让形式主义和哗众取宠遭到唾弃，始终保持勤勤恳恳、踏踏实实、兢兢业业的工作氛围。省委研究决定，要把右玉作为作风建设的教育基地，把右玉精神纳入党校和行政学院教育课程，新提拔的处以上干部要集中进行右玉精神的学习教育。说一千句务实，不如做一件实事。在我省很多地方，老百姓还有这样那样的困难，有些需要一段时间解决，有些则是刻不容缓的。各级领导干部要把“务实”落实到一件件惠民利民的实事上，切实改善人民群众生产生活条件。要重点在促进农民收入翻番、推进项目落地、加强基层组织建设等方面下功夫，让人民群众得到更多的实惠、感到真切的幸福。

清廉，是作风建设的内在要求和红线底线。我们要把廉洁作为立身之本和从政之基，保持高尚的精神追求和道德情操，时刻警惕权力、金钱、美色的诱惑，洁身自好，光明磊落，一身正气，不断修习精神境界，保洁精神家园，稳得住心神、管得住行为、守得住清白，以坚强党性和纯洁品格书写共产党员的精彩人生。方志敏在《清贫》中写道：“我从事革命斗争，已经十余年了。在这长期的奋斗中，我一向是过着朴素的生活，从没有奢侈过。经手的款项，总在数百万元；但为革命而筹集的金钱，是一点一滴的用之于革命事业。”在这里，勤俭是共产党人对党忠诚的重要体现、克敌制胜的重要法宝。我们还要牢记勤俭节约是中华民族的传统美德，是中华文明的基本底色。明朝人沈思孝在《晋录》中有一段对晋商的描写：“晋中俗习俭朴，有唐虞夏之风，百金之家，夏无布帽，千金之家，冬无长衣，万金之家，食无兼味，故其居奇能饶。”在这里，勤俭是晋商发家致富的“祖传秘方”。今天社会进步了，生活水平提高了，但“俭”与“节”的传统决不能丢。我们始终不能忘记山西还是欠发达地区，还有400多万贫困人口，还有大量贫困村和棚户区。干部吃饭要阔气、坐车要豪气、穿着要贵气，是脱离群众的表现，也是对自己的不负责。有的地方公款吃喝、公款玩乐、公款享受之风屡刹不止，形成畸型的“腐败型经济”。我们要坚持“惟日孜孜，无敢逸豫”的人生理念，弘扬勤俭节约的优良传统，宣传节约光荣、浪费可耻的生活理念，坚持勤俭办一切事业，坚决反对讲排场比阔气，坚决抵制享乐主义和奢靡之风，用勤俭之风纯净和涵养我们的身体、心灵和事业。1月23日人民日报一篇题为《少了酒气、多了锐气》的文章说到，中央军委“禁酒令”下发以来，领导少了酒气，多了纯洁的风气；干部少了酒气，多了带兵的锐气；战士少了酒气，多了训练的虎气；部队少了酒气，多了安全发展的底气。说明只要下力气抓，不良风气就可以刹住，战斗力就会提高。同时要强调，作风建设不能三天打鱼两天晒网，也不能虎头蛇尾见好就收，而要坚持不懈、持之以恒地抓，落实到每一项工作、每一个环节、每一个人，做到常态化、

机制化、长效化。

四、要以有力的监督，让权力在阳光下运行

“权”字在繁体字里写作“權”，“木”字旁指秤杆，草字头指民众，双“口”指民众之口，“隹”就是好，整个字意为老百姓心里有杆秤，只有公平公正，大家都说好，权力才被许可，可见古人造字时就涵盖了用权之道。法国启蒙思想家孟德斯鸠曾有这样一个经典论断：“一切有权力的人都容易滥用权力，这是万古不变的一条经验。有权力的人们使用权力，一直到有界限的地方才休止”。从中可见，对权力必须实行严格的制约和监督。不受监督的权力必然导致腐败。一些领导干部腐败堕落，自身不过硬是根本原因，同时也与监督不力有关。一些地方和单位对领导干部行使权力缺乏监督，即使有监督，也是“牛栏关猫，进出自由”，这是腐败问题频频发生的重要原因。如何让领导干部正确对待和行使权力，如何加强对权力的制约和监督，是反腐倡廉必须破解的重要课题。在我们国家，一切权力属于人民。权力具有根本的公平性、公正性、正义性，除此之外没有其他“特”性。领导干部掌握一定权力，有较大的社会影响，一旦滥用权力，一旦发生腐败，造成的危害也很大。第一重危害，是断送了自己的前程和家人的幸福；第二重危害，是带坏一个单位、一个班子的风气；第三重危害，是影响一个系统、波及整个行业；第四重危害，是影响一个地区的和谐稳定；第五重危害，是损害了党和政府的形象与权威。因此，各级领导干部都要牢记，必须把权力关进制度的笼子里，让权力在阳光下运行，任何人都没有法律之外的绝对权力，任何人行使权力都必须为人民服务、对人民负责并接受人民监督。

一要健全对权力运行的制约和监督体系。以党纪国法为框架，以地方性规章为经纬线，既明确反对什么、不准干什么，又规定如何监督、如何惩处，做到配套衔接，疏而不漏。要学会运用法治的思维和方式反腐防腐，坚持用党章这个总章程管党员、管干部、管权力，规范领导干部的权力与义务；要加强反腐倡廉党内法规制度建设，既要有关“老虎”的大笼子，又要有捕“苍蝇”的小网罩，有效避免法规盲区和制度漏洞；要加大对制度廉洁性的审查力度，尽快出台防止利益冲突的有关规定；要严格执行党和国家关于反腐败的法律法规和各项制度，保证法规制度刚性运行和全面落实。

二要突出制约和监督“一把手”这个重点。要认真解决“上级监督太远、同级监督太软、下级监督太难”的问题，下功夫打破“监督困局”。一方面，要严格执行民主集中制，重大问题要集体研究决策，坚决制止大事小事“一把手”，决策拍板“一言堂”，财政花钱“一支笔”，选人用人“一句话”，决不能让“一把手”成为“一霸手”。另一方面，要认真落实党内监督条例，加强巡视工作，以制度的形式落实对“一把手”的各项监督，定期不定期地敲敲警钟、做做“体检”。

三要完善制约和监督权力运行的手段。适应时代的进步，借助高新技术的力量，增强监督能力，提高监督速率，扩大监督威力，让干部群众更好地发挥监督作用。要总结推广我省“一网六平台”做法，加强网络服务和监管平台建设，引导规范网上监督，不断完善“制度+科技”的反腐防腐机制。

四要形成多种层面制约和监督权力的合力。权力作用于方方面面，监督必须多措并举。要强化党委全会的决策和监督作用，加强纪委对同级党委的有效监督，强化纪检监察派驻机构的作用。要加强民主监督、法律监督和舆论监督，健全施政行为公开制度，加强廉政风险防控，使各级领导干部习惯于在监督下工作和生活，做到为人正、用权慎，为官廉、为民真。

五、要以务实创新的精神，构建具有山西特色的惩防体系

十八大报告提出“建设廉洁政治”和“干部清正、政府清廉、政治清明”的目标任务，展现了推进反腐倡廉的坚定决心。我们要按照中央要求，加快制定我省2013-2017年惩防体系工作规划，综合运用教育、制度、监督、惩处、改革等手段，富有成效地推进反腐倡廉工作。

一要统筹抓大与抓小。老虎虽少却大，足够为害一方；苍蝇虽小却多，足以四处扰民。要严格依法查处重大腐败案件，提高突破大案要案的能力，通过查办大案要案，更好地开展警示教育，完善防范制度。不管涉及什么人，不论权力大小、职务高低，只要触犯党纪国法，都要依纪依法惩处，决不姑息。要加强基层党风廉政建设，深入开展纠风和专项治理，切实解决发生在群众身边的腐败问题，决不让腐败行为吞噬惠民成果。

二要深化改革与创新。搞好反腐倡廉，不能穿旧鞋走新路，要用新办法解决新问题。要加强以党章为核心的党内法规制度体系建设，完善反腐倡廉制度体系，加快推进惩防体系信息网建设。要着力推进重点领域和关键环节改革，深入推进反腐倡廉理论创新、制度创新、工作创新和方法创新，提高改革的推动力、教育的说服力、制度的约束力和监督的制衡力、惩治的威慑力。

三要把握重点与一般。针对领导干部这个重点对象，加强反腐倡廉教育，教育领导干部坚定理想信念，模范执行《廉政准则》，保持高尚品格和廉洁操守，恪守共产党人政治本色，为广大党员干部作出表率。针对权力集中部门和资金、资源密集领域，规范权力行使，形成不敢腐的惩戒机制、不能腐的防范机制、不易腐的保障机制。针对煤焦领域这个重点方面，在巩固前一段成果的基础上，深挖潜藏更深、危害更大的腐败分子。通过抓好重点工作和关键环节，带动面上工作和整体工作，为转型跨越发展营造和谐安定、廉洁清正的环境。

六、要以坚强有力的领导，推动反腐倡廉建设不断取得明显成效

各级党委、政府要切实担负起全面领导党风廉政建设和反腐败工作的政治责任，把反腐倡廉建设融入中国特色社会主义“五位一体”工作布局中，始终作为保持党的先进性和纯洁性的生命工程、办好“两件大事”的保障工程，做到与经济社会发展一起部署、一起落实，一起检查、一起考核。领导班子对本地区本部门的党风廉政建设负全面领导责任，主要负责人负第一责任，其他成员要根据分工对职责范围内的党风廉政建设负领导责任，对因不负责任、不抓不管导致发生重大违纪违法问题的，要严肃追究。各级党委和政府要加强对纪检监察工作的领导，支持纪检监察机关依照党章开展工作，支持纪检监察机关查办大案要案，关心爱护纪检监察干部，为他们开展工作撑腰作主、提供条件。各级纪检监察机关要按照“忠诚可靠、服务人民、刚正不阿、秉公执纪”的“十六字”要求，加强干部队伍建设，提高理论水平、政策水平和业务水平，更好地履行职责。广大纪检监察干部要增强“包公斩包勉、正人先正己”的责任意识和自律意识，严格要求、遵章守法，做严守纪律、改进作风、拒腐防变的表率，树立纪检监察干部可亲、可信、可敬的良好形象。

省委常委一致认为，改进工作作风、建设廉洁政治，是关系转型跨越发展全局、关系全面建成小康社会的重大任务。省委常委会多次研究讨论，大家一致表示，要以对党和人民高度负责的精神，一方面严格履职，一方面严格自律，在反腐倡廉方面给全省广大党员干部作出表率。明天将召开省委常委民主生活会，进一步深化思想认识。2011年1月25日，在全省党风廉政建设干部大会暨省纪委九届六次全会上，我代表省委常委向全省作出“八项廉政承诺”。根据中央和省委的要求，今天，我受省委常委委托，在继续践行“八项廉政承诺”，带头落实我省出台的三个《实施办法》的基础上，就厉行勤俭节约、反对铺张浪费作出五项承诺，请广大党员干部和全省人民监督。

新春佳节将到，要深入开展访贫问寒和送温暖等活动，让人民群众过一个温暖祥和的春节。要狠刹利用节假日收礼送礼、公款吃喝、奢侈娱乐等不良风气，压缩团拜会、联欢会等节庆活动，确保“两节”期间风清气正。要按照中央精神和省委要求，谋划好新的一年的反腐倡廉工作，与经济社会发展结合起来，提出既鼓舞人心又切实可行的思路和目标，确保工作再上一个新的台阶。

让我们紧密团结在以习近平同志为总书记的党中央周围，高举中国特色社会主义伟大旗帜，以邓小平理论、“三个代表”重要思想、科学发展观为指导，全面加强反腐倡廉建设，以严明的纪律、昂扬的斗志和优良的作风，团结带领全省人民，为加快转型跨越发展、全面建成小康社会不懈奋斗！

中共山西省委办公厅
山西省人民政府办公厅
转发《关于加强老年人体育工作的意见》的通知

晋办发〔2013〕4号

各市、县委，各市、县人民政府，省委各部委，省直各委、办、厅、局，各人民团体：

省体育局拟定的《关于加强老年人体育工作的意见》已经省委、省政府同意，现转发给你们，请认真贯彻落实。

中共山西省委办公厅

山西省人民政府办公厅

2013年2月21日

关于加强老年人体育工作的意见

省体育局

为加强全省老年人体育工作，进一步推动我省老龄工作和老年人体育事业健康发展，充分发挥体育在丰富老年人生活和促进社会和谐稳定等方面的重要作用，提出如下意见。

一、充分认识加强老年人体育工作的重要性

老年人体育工作是老龄工作和体育事业的重要组成部分。加强老年人体育工作，引导和组织老年人参加体育健

身活动，增强老年人体质，增进老年人身心健康，是应对人口老龄化、实现“积极老龄化”和“健康老龄化”的重要途径，是尊重老年人、关爱老年人、服务老年人的具体体现，对于维护社会和谐稳定、全面建成小康社会具有十分重要的意义。近年来，各级党委、政府认真贯彻落实中央和我省关于老龄工作和全民健身运动的方针政策，切实加强对老年人体育工作的领导，全省老年人体育工作取得了显著成绩。同时,老年人体育事业发展还不平衡，需要高度重视、认真研究解决。各地各部门要进一步提高思想认识，主动关心、大力支持老年人体育工作，采取有效措施，加大工作力度，切实解决老年人体育工作中出现的新情况、新问题，全面推进我省老年人体育事业健康发展。

二、加强老年人体育组织建设和思想建设

各地各部门要关心老年人体育协会的组织建设和思想建设，抓好乡（镇、街道）和村（社区）老年人体育组织分会（或健身指导站）组建工作，抓好机关、企事业单位老年人体育协会组建工作。要积极为老年人体育组织解决办公场所，改善办公条件，选配好工作人员。基层老年人体育组织可以与其他同类组织在人员和办公场所上综合使用。各级老年人体育协会要按相关规定按时换届，届中可以根据工作需要对组成人员进行充实、调整，以保持老年体育协会组织的活力。各级老年人体育组织要坚持以科学发展观为指导，强化为老年人服务的意识，爱岗敬业、团结奉献、扎实工作，加强调查研究，努力拓展老年人体育工作的新领域、新路子，最大限度地满足老年人科学健身需求。

三、完善老年人体育活动场地和设施建设

探索建立便利老年人健身活动的优惠制度，不断完善老年人体育健身活动场所及设施，改善服务条件。现有的老年人体育活动场所(含活动站)，未经相关部门批准，不得擅自改变其用途。有条件的地方要逐步建立老年人体育健身活动中心。新建的公园、广场、休闲绿地要为老年人提供适当的体育健身活动场地，以适应老年人集体活动需要。老年人体育活动站(点)可实行老年人体育组织与驻地共同管理的制度，站（点）负责人由老年人体育协会与驻地单位协商确定。

四、组织开展形式多样的老年人体育健身活动

加强对老年人健身活动的规划和组织，坚持“就近就地、小型分散、依托站点、因地制宜”的办法，组织开展老年人日常健身活动。按照“重在参与、重在健康、重在快乐”的宗旨，经常举办各种单项的老年体育交流比赛活动，定期举办综合性的老年体育健身大会或运动会。继续坚持办好省体育运动会上设立的老年人项目。举办好每四年一届的省老年人体育健身大会，努力提高运动水平和影响力。利用各种节假日、纪念日、庆典日，组织丰富多彩的老年人健身展示活动，营造热烈欢快的氛围。采取引进吸收和挖掘整理的办法，不断开发适合老年人活动的健身项目。加强老年人体育工作骨干队伍建设，各级体育行政部门和老年人体育协会要有计划地组织培训老年人体育项目指导员、辅导员、裁判员和教练员，符合条件的颁发相应的资格证书，努力做到各种活动项目都有一批指导员、辅导员等技术队伍，各项比赛都有一批水平较高、能胜任工作的裁判员队伍，各级老年人体育协会都有体现自身特色项目的健身示范队伍。开展对老年人体育健身活动的科学指导，做好举办交流比赛活动的安全防范和人身保险工作。建立老年人体育工作激励机制，对发展老年人体育事业成绩显著的单位和个人要给予表彰。

五、多渠道解决老年人体育事业经费

坚持财政为主、社会资助的原则，多渠道筹集老年人体育事业经费。县级以上政府要把老年人体育活动经费作为全民健身事业经费的一部分纳入同级财政预算，并随着国民经济的发展和财政收入的增长逐步增加。参照全民健身活动经费标准，对老年人健身活动适当予以倾斜。体育行政部门和老年人体育协会举办的大型老年健身活动和重大赛事以及根据上级要求派队参加的重要比赛交流活动，要安排专项经费。各级应对老年人体育协会开展工作的经费予以保障，机关、企事业单位等要为离退休人员参加健身活动和老年人体育组织开展工作安排相应的经费。按照《山西省全民健身促进条例》规定，拿出一定比例的体育彩票和福利彩票公益金用于老年人体育事业发展。鼓励机关、企事业单位、社会团体和个人向老年人体育组织赞助和捐赠活动资金。

六、加强对老年人体育工作的组织领导

老年人体育工作是老龄工作的组成部分，各级党委、政府要认真贯彻“党政主导、社会参与、全民关怀”的老龄工作方针，把老年人体育工作纳入经济社会发展总体规划，研究老年人体育工作，帮助解决老年人体育工作中的实际问题。有关部门要关心、支持老年人体育事业的发展，体育行政部门要把老年人体育工作纳入群众体育工作计划，加强业务指导，支持老年人体育协会开展活动；新闻媒体要加大对老年人体育工作的宣传力度，营造良好的社会氛围。

中共山西省委办公厅　山西省人大常委会办公厅 山西省人民政府办公厅　山西省政协办公厅 关于印发《山西省办理政协提案的规定》的通知

晋办发〔2013〕6号

各市、县党委、人大、政府、政协，省委各部委，省直各委、办、厅、局，各人民团体：

现将重新修订后的《山西省办理政协提案的规定》印发给你们，请遵照执行。

中共山西省委办公厅　山西省人大常委会办公厅
山西省人民政府办公厅　山西省政协办公厅
2013年3月25日

山西省办理政协提案的规定

第一章　总　则

第一条　为进一步规范和加强政协提案（以下简称提案）办理工作，更好发挥提案在发扬人民民主、推动科学发展、促进社会和谐中的重要作用，根据中央《关于加强人民政协工作的意见》（中发〔2006〕5号）、《关于进一步加强人民政协提案办理工作的意见》（中办发〔2012〕13号）和我省《贯彻落实〈中共中央关于加强人民政协工作的意见〉的实施意见》（晋发〔2006〕32号）、《中国人民政治协商会议山西省委员会提案工作条例》，制定本规定。

第二条　提案是人民政协履行政治协商、民主监督、参政议政职能的重要方式，是坚持和完善中国共产党领导的多党合作和政治协商制度的重要载体，是发扬中国特色社会主义民主的重要形式，是协助中国共产党和国家机关做好新形势下群众工作，提升决策民主化、科学化水平的重要渠道。

本规定所称提案是指省政协委员和参加省政协的各党派、各人民团体、政协各专门委员会、各界别（以下统称提案者）向省政协全体会议或常务委员会提出的、经提案（审查）委员会审查立案后交承办单位办理的书面意见和建议。

第三条　办理提案是党政机关的重要职责，是提案发挥作用的关键环节。开展提案办理工作，要高举中国特色社会主义伟大旗帜，以邓小平理论、“三个代表”重要思想、科学发展观为指导，坚持围绕中心、服务大局，以增强办理实效为目标，以规范办理程序、完善办理机制为保障，全面提升工作科学化水平，逐步构建职责分明、重点突出、督办有力、落实到位的提案办理工作格局，更好地服务全省转型跨越发展。

第四条　省政协提案（审查）委员会负责提案征集、审查、立案、交办和承办口、承办单位、提案者之间联系沟通、协调服务等工作。

省委办公厅、省政府办公厅在承办属于本厅职责范围提案的同时，负责提案办理的综合协调、指导督促等工作。

第二章　交　办

第五条　提案由省政协提案（审查）委员会根据内容，按照分口交办的原则，分别交由省委办公厅、省人大常委会办公厅、省政府办公厅、省政协办公厅和省军区、省法院、省检察院等有关方面签收办理。

属省委、省政府系统承办的提案，分别由省委办公厅、省政府办公厅统一签收，确定承办单位并交其签收办理。需多部门联合办理的提案，由省委办公厅、省政府办公厅确定主办和协办单位。

第六条　承办单位认为不属于本单位承办的提案或需要调整提案主办和协办单位的，自收到提案之日起五个工作日内向直接交办单位提出意见，不得自行将提案转交其他单位或积压拖延。

对承办单位提出的意见，直接交办单位自收到意见之日起五个工作日内予以回复，承办单位按照回复意见执行。

第三章　办　理

第七条　实行办理工作责任制，承办单位主要负责同志为第一责任人。承办单位指定专门机构并选派业务能力强、经验丰富的专门人员办理提案。

第八条　办理提案要严格遵守法律、法规和有关政策；充分听取提案者的意见和建议，准确理解提案者的意图；对政策性强、涉及面广、办理难度大和涉及社会热点问题的提案，承办单位要与提案者加强协商、达成共识。协同办理时出现分歧意见的，主办单位要与协办单位沟通协调。

第九条 每年第一季度，省政协提案委员会会同省委办公厅、省政府办公厅，遴选省政协全体会议期间的重点提案目录，报经省政协主席会议研究确定后，提请省委、省政府领导批办、领办。对省政协全体会议闭会期间事关全局的重要提案，由省政协提案委员会报省政协主席或分管副主席同意后，省委办公厅、省政府办公厅提请省委、省政府领导批办。

第十条 省委、省政府领导批办、领办提案，由承办单位成立办理小组，制定方案、强化责任、确保实效。

第十一条 对提案提出的问题，应予解决且具备解决条件的，集中力量尽快解决；因条件限制暂时难以解决的，制定计划逐步解决；确实不能解决的，明确答复并做好说明解释工作，将情况和建议留作工作参考。

第四章　督　办

第十二条 省委、省政府领导批办、领办的重点提案，关乎全局、办理难度大和承办单位已经答复采纳建议并承诺列入计划逐步解决问题的重要提案，由省政协提案委员会提请主席会议督办或主席会议成员牵头督办、跟踪督办。

第十三条 省委办公厅、省政府办公厅会同省政协提案委员会对提案者多年反复提交或提案者对办理结果不满意的提案进行专项督办、联合督办。

第十四条 省政协组织委员、提案者采取视察调研、走访座谈等方式对提案办理工作进行督办。

第十五条 对督办提案过程中形成的意见由承办单位按照本规定第十七、十九条的要求落实并回复。

第五章　答　复

第十六条 提案办复期限为三个月，自省政协提案委员会交办之日算起。注明“急案”的要急办。

第十七条 提案答复要符合法律、法规、政策规定，实事求是、明确具体、行文规范。内容包括对提案办理情况，对提案反映问题的解决情况、建议的采纳或处理情况等，对未予采纳的建议，要予以说明。提案答复要写明提案编号和提案者，承办单位在其负责同志和承办人员签名后，以公函答复并送达提案者，同时报送直接交办单位和省政协提案委员会。

对内容相同或相近的提案可并案答复。不得以请示、工作总结等代替答复。

第十八条 由省领导批办、领办和督办的提案办理落实情况，报领导同志审阅后按第十七条规定答复。

协同办理的提案，主办单位负责办复，协办单位配合。

规定期限内未能办结的，及时回复办理进展情况，待有结果后再答复。对规定期限内未办复的，直接交办单位负责催办。

第十九条 承办单位在答复提案之前应与提案者联系、协商和沟通。要以书面形式征求提案者对提案答复的意见，对不合格或提案者不满意的提案答复，直接交办单位责成承办单位在一个月内重新办复并作出书面说明。

第二十条 省政协提案委员会对提案答复进行审查，适宜公开的网上发布。

第二十一条 省委办公厅、省政府办公厅每年向省政协常委会通报本系统提案办理落实情况。

承办单位每年11月底前向交办单位报送本年度提案办理工作情况书面总结。

第六章　考　评

第二十二条 评价提案办理成效的标准是：是否重视提案办理工作，是否与提案者充分沟通协商，是否切实解决提案指出的问题和落实采纳提案提出的合理化建议。

第二十三条 逐步将办理提案工作情况纳入年度目标责任制绩效考核体系。对提案办理工作成绩显著的单位和个人予以表彰，提案办理情况可作为干部考核的依据，对未按规定要求办理的予以批评教育，对因拖延不办造成严重后果的予以责任追究。

第二十四条 强化政协提案办理工作宣传。采取多种形式，大力宣传人民政协运用提案履行职能的有效做法，宣传各地各部门积极办理提案取得的成效，进一步营造全社会广泛关注、积极参与、大力支持提案办理工作的良好氛围。

第七章　附　则

第二十五条 各市、县（市、区）政协提案办理工作参照本规定执行。

全国政协交办的提案，按上级要求办理。

第二十六条 本规定由省政协办公厅负责解释。

第二十七条 本规定自发布之日起施行。此前发布的有关规定，凡与本规定不一致的，以本规定为准。

中共山西省委办公厅
山西省人民政府办公厅
印发《关于加强诚信建设全面推进依法治省的意见》的通知

晋办发〔2013〕8号

各市、县委，各市、县人民政府，省委各部委，省直各委、办、厅、局，各人民团体：

《关于加强诚信建设全面推进依法治省的意见》已经省委、省政府同意，现印发给你们，请认真贯彻落实。

中共山西省委办公厅　山西省人民政府办公厅

2013年4月22日

关于加强诚信建设全面推进依法治省的意见

为切实加强诚信建设，夯实建设法治山西的道德基础，全面推进依法治省，为加快转型跨越发展和全面建成小康社会营造和谐稳定的社会环境，提出如下意见。

一、充分认识加强诚信建设的重要意义

诚信是社会主义核心价值体系的重要组成部分，是发展社会主义市场经济的基本准则，是建设法治山西的重要基石。加强诚信建设、推进依法治省，是全面建成小康社会的重要内容，是促进经济社会转型跨越发展的迫切需要，是加快政府职能转变的基本要求，也是提升区域发展综合竞争力的重要举措。当前，我省正处在转型跨越发展的关键时期，推进工业新型化、农业现代化、市域城镇化、城乡生态化，建设国家资源型地区转型综合配套改革试验区，对诚信建设提出了新的要求。各级党委、政府要深刻认识加强诚信建设的重要性和紧迫性，把诚信建设纳入法治建设的总体规划，采取有力措施，推进依法行政工作，提高依法治省水平，为加快建设法治山西提供坚强的法治保障。

二、加强诚信建设的指导思想、总体目标

（一）指导思想。坚持以邓小平理论、“三个代表”重要思想、科学发展观为指导，深入贯彻落实党的十八大和省第十次党代表大会精神，把诚信建设作为依法治省的基础，大力推进政务诚信、商务诚信、社会诚信和司法公信建设，深入开展诚信法治和道德教育，建立健全覆盖全社会的诚信体系，为促进转型跨越发展、全面建成小康社会提供有力的法治保障。

（二）总体目标。以诚信建设为基础，以法治建设为目标，以市场主体准入、依法纳税、合同履行、产品质量、社会成员信用信息制度建设为重点，全面推进社会诚信体系建设，信用服务行业与市场初具规模，信用产品得到推广应用，社会诚信意识、政府依法行政意识、司法公信力、企业信用度进一步提升，到2020年，基本建立与《“法治山西”建设实施纲要》（晋发〔2010〕18号）目标相一致，与全面建成小康社会相适应的覆盖全社会的征信系统，社会诚信环境明显优化。

三、加强诚信建设的主要任务

（一）推进政务诚信建设，筑牢法治政府建设的基础。以建设法治政府为目标，全面推进依法行政，规范行政行为。严格按照法定权限和程序行使权力、履行职责，自觉接受各方面监督，依法管理经济社会事务，依法调整利益关系，依法解决矛盾和问题。转变政府职能，实现政企分开、政社分开、政事分开，深化行政审批制度改革，简化审批环节，提高行政效率。行政许可、收费、审批等事项按规定进驻公共服务中心办理，落实首问负责制、服务承诺制和限时办结制。扩大政务公开，提高政务透明度和公信力，切实保障人民群众的知情权、参与权和监督权。切实兑现政府对群众的承诺，保持政策的稳定性和连续性。加强政风建设，弘扬廉政文化，提高机关服务效率，树立廉洁公正、务实高效的政府形象。

（二）推进商务诚信建设，创优转型跨越发展的软环境。把企业信用建设作为重点，加强对企业市场准入、生产经营、退出等行为的全程信用监管，引导企业增强信用意识，强化社会责任，自觉遵守法纪，坚持诚信经营，对不讲诚信、恶意欺诈、扰乱市场、损害公众利益的企业，要依法惩处。企业要高度重视自身诚信建设，自觉建立健全内部信用管理制度，完善信用风险防范机制，提高社会信用度。建立企业信用征集系统，加大对企事业单位、社会团体各类信用信息归集和公布力度，形成信用产品，建立完善诚信激励和失信惩戒机制。逐步完善企业信贷、纳

税、合同履约、质量、价格、环境保护、劳动保障、知识产权等方面的诚信体系，坚决查处破坏市场经济秩序的违法犯罪行为，营造诚信市场环境。

（三）推进社会诚信建设，营造崇法守纪的社会氛围。贯彻落实《公民道德建设实施纲要》，强化公民诚信道德建设，提高公民诚信意识，着力培育全体公民的社会主义核心价值观，努力在全社会形成诚实守信的良好风尚。加强诚信教育，普及诚信文化和知识，完善个人诚信管理体系和联合征信制度，以特许行业从业人员、企业法人代表、高级管理人员、国家公职人员、高级专业人员、会计人员以及高等院校在校生等特定对象为重点，建立从业经历、信贷消费、不良记录等为内容的个人诚信信息数据库和信用评价体系。

（四）推进司法公信建设，确保法律的正确实施。深化司法体制和工作机制改革，推进司法公开，扩大司法民主，提高司法效率，规范司法行为，强化对司法、执法工作的监督，有效预防和严厉查处滥用职权、徇私枉法、执法犯法、以权压法等行为。正确把握宽严相济刑事政策，注重保障人权，维护社会稳定。妥善审理事关民生的各类案件，推进解决执行难、涉诉信访化解难等突出问题。完善管理机制，严格把好案件质量关，健全岗位目标考核和违法违纪监督追究制度。积极探索向法官、检察官职业化方向迈进的新路子，打造一支崇尚法律、清正廉洁、精通业务和高效务实的司法队伍，充分发挥司法机关维护社会公平正义的作用。

（五）加快全省信用体系建设，促进行业的守信自律。按照《山西省社会信用体系建设“十二五”规划》的目标要求，行业主管（监管）部门、行政执法部门、司法机关和公共服务机构、行业组织要根据职责分工，在实施社会管理、提供公共服务和行业服务中，完整、准确、及时地记录社会组织和个人在经济社会活动中的信用信息，建立和完善信用档案。在确保国家安全、商业秘密和个人隐私的前提下，加大信用信息公开力度，实现政府部门、金融机构和公共服务机构掌握的信用信息依法公开。切实加大对失信市场主体的惩戒力度，行政执法部门和司法机关要依法履行职责，对违法犯罪的失信者，要依法追究其行政、刑事责任。

四、加强组织领导，确保各项任务落到实处

（一）加强领导。各地各部门要提高思想认识，把推进诚信建设作为重要职责，齐抓共管、相互支持、密切配合，确保诚信建设的各项工作落到实处。要选配思想素质好、责任心强、有一定诚信管理能力的人员参与诚信建设的各项工作，加大业务培训力度，建立一支专兼职相结合的专业工作队伍。

（二）完善制度。逐步建立和完善诚信信息征集和披露、咨询和评价、惩戒和激励以及征信机构管理、信用产品推广应用等方面的法规制度。通过建章立制，明确征信服务的基础性信息标准和信用信息公开范围，规范诚信管理部门、信用服务机构及其从业人员行为，确定政府行政管理和执法部门、企业及个人提供基本诚信信息的义务等，为建立覆盖全社会的诚信体系提供制度保障。

（三）营造氛围。把诚信建设贯穿于法治文化建设中，纳入到政风、行风评议中，落实到诚信社区、诚信单位、诚信家庭等创建载体上，调动人民群众参与的积极性，不断增强诚信宣传教育的社会影响和效果。加强未成年人诚信教育，培育一代新人。牢固树立社会主义荣辱观，着力培育诚信文化，把诚信文化作为社会主义法治文化的重要内容，倡导“重诺守信”的价值取向，通过法治制约和德治建设，不断提高全体公民的道德信用素质，营造全民自我约束和相互监督的良好氛围。

（四）深化教育。广泛开展形式多样、内容丰富的诚信宣传教育活动，培养和树立各种典型，不断增强全社会诚信意识。充分发挥新闻媒体的宣传引导和舆论监督作用，普及诚信知识，宣传诚信建设成果，表彰守信典型。建立科学合理的评估指标体系和诚信建设评比标准，形成组织健全、操作规范、运转协调的评估表彰机制，适时开展诚信建设评比表彰活动。

（五）加强联动。各级政法、工商、质监、食品药品监督等部门要充分利用现有工作平台，负责本部门的诚信信息归集、整理、发布及诚信信息系统平台搭建、日常维护管理、信用信息查询服务，按规定向省信用山西建设领导组报送企业信用信息。及时总结经验，发现问题，改进工作。

（六）严格考核。省委依法治省领导组办公室和省信用山西建设领导组办公室要探索建立有利于推进诚信建设的考核评价体系，遵循客观公正、注重实绩、鼓励先进的原则，采取定量与定性考核相结合、日常工作考核与年度统一考核相结合的方法，把推进诚信建设工作纳入依法治省工作评估的重要内容，加强督促检查，加大考核力度。

各地各部门要根据本《意见》精神，制定具体的工作措施和实施细则，明确职责分工，推动工作落实。

中共山西省委
山西省人民政府
关于创新农业生产经营体制进一步增强农村发展活力的意见

晋发〔2013〕10号

（2013年5月18日）

为认真贯彻落实中共中央、国务院《关于加快发展现代农业进一步增强农村发展活力的若干意见》（中发〔2013〕1号），促进工业化、信息化、城镇化、农业现代化同步发展，着力强化现代农业基础支撑，深入推进社会主义新农村建设，以改革创新精神开创我省“三农”工作新局面，现就创新农业生产经营体制、进一步增强农村发展活力提出如下意见。

一、充分认识创新农业生产经营体制、增强农村发展活力的重要意义

1、重要意义。创新农业生产经营体制，是激发生产经营活力、保障现代农业又好又快发展的动力之源。长期以来,省委、省政府高度重视“三农”工作，积极推进农村科学发展，不断增强农村发展活力，开创了“三农”工作新局面，农业综合生产能力迈上新台阶，粮食产量连续3年创历史新高，农民收入快速增长，连续3年实现两位数增长，农村民生加速改善，两轮“五个全覆盖”任务全面完成，农村改革取得重大进展，城乡分割的体制障碍加快破除，农业农村经济实现了历史性跨越，为全省经济社会发展提供了重要支撑。但也应该看到，伴随工业化、城镇化深入推进，农业农村发展正在进入新的阶段，一方面，农业发展除受高成本、高风险、资源环境约束之外，大量农村劳动力向城镇转移流动，农业兼业化、村庄空心化、人口老龄化趋势明显，谁来种地、地怎么种的问题严峻；另一方面，随着经济社会发展，农村分工分业深化，各类新型经济组织快速发展，农业机械化加快推进，发展农业规模经营的条件日趋成熟，农业生产经营体制创新势在必行。同时，农村社会结构加速转型，城乡发展深度融合，农民利益诉求多元，迫切需要创新农业经营体制，进一步增强农村发展活力。只有创新农业生产经营体制，构建集约化、专业化、组织化、社会化相结合的新型农业经营体系，才能适应现阶段生产力发展的需要。只有加大统筹城乡发展力度，形成以工促农、以城带乡、工农互惠、城乡一体的新型工农城乡关系，才能促进“四化同步”发展，实现我省农村全面建成小康社会的目标。

2、总体要求。全面贯彻落实党的十八大精神和中央关于农业农村工作的总体部署，以邓小平理论、“三个代表”重要思想、科学发展观为指导，按照统筹城乡、“四化同步”的战略部署，以发展现代农业为主线，以促进农民增收为中心，以“一村一品”、“一县一业”为主攻方向，加大改革力度和政策扶持力度，充分发挥农村基本经营制度的优越性，着力构建新型农业经营体系，进一步解放和发展农村生产力，加快推进我省农村全面建成小康社会进程。

二、以七大产业振兴翻番工程为支撑，建立粮食等重要农产品供给保障机制

3、稳定发展现代农业。以“一村一品”、“一县一业”为切入点，从规划引导、示范带动、政策扶持入手，大力发展“一村一品”、“一县一业”基地县和跨县市跨区域产业板块。大力实施粮食高产创建、杂粮产业振兴、畜牧产业翻番、设施农业建设、林果业提质增效、中药材产业翻番、酿造产业提升等七大产业振兴翻番工程，着力推进集中连片的主体功能区建设，优化布局以运城盆地为重点的粮食生产功能区，以忻州地区为重点的杂粮产业功能区，以晋中盆地为重点的设施园艺功能区，以吕梁山区为重点的干鲜果生产加工功能区，以同朔地区牛羊、太原以南地区猪鸡为重点的畜产品加工功能区，以太行山区为重点的道地中药材生产加工功能区，以吕梁平川地区和晋中盆地为重点的酒醋连片功能区，真正把产业建立在比较优势上，做大做强特色现代农业。加强新一轮“米袋子”和“菜篮子”建设，坚持稳定面积、优化结构、主攻单产，推进整乡整县整建制粮食高产创建试点建设，规划建设一批杂粮标准化生产基地和主食产业化开发项目。整合项目资金，在春旱地区和高寒冷凉山区大力推广以地膜覆盖为主的旱作农业技术，实现春播作物适宜区全覆盖，中央和省财政安排专项资金对地膜覆盖技术予以补贴。加快发展机械化保护性耕作。扩大蔬菜、水果等园艺作物标准园和畜禽标准化、机械化养殖示范场创建规模，把晋中盆地打造成

"山西农谷、园艺之都"。继续深入推进雁门关生态畜牧经济区建设，大力发展以公司制、合作制为特征的规模健康养殖，兴建一批现代化大型养殖园区。

4、强化农业物质技术装备。落实和完善最严格的耕地保护制度。加快建设"大水网"，实施大中型灌区节水改造工程，扎实推进1000万亩高标准农田建设、晋中盆地现代设施农业微灌节水、雁同生态畜牧区以喷灌为主的水利配套、吕梁山连片特困地区农业基础设施和产业综合开发、吕梁山南麓果业配套水利、以忻州地区为重点的杂粮和玉米产业配套水利等六大农田水利基本建设工程。抓好"一村一井"、淤地坝、小流域治理和"五小"水利工程，提高防汛抗旱减灾能力。加大财政对小型水库建设和除险加固支持力度。加快实施农田水利基本设施建设、中低产田改造、盐碱地改良项目，大力推进高标准农田建设。全面提高农业机械化水平。加强农业科技创新能力条件建设，推进乡镇农技推广站和村级农技服务点建设。实施科技强农富民工程和种养业良种工程，加强农机农艺融合，加快开展农业技术推广示范行动。抓好大同、晋中、运城三大现代农业示范区，太谷、盐湖、大同南郊等3个国家现代农业示范县和10个省级示范县建设。

5、完善农产品市场流通体系。统筹规划农产品市场流通网络布局，支持大型农产品批发市场和粮食仓储设施改造升级，建设农产品交易公共信息平台和现代物流中心。积极开展直营直供，推进粮油、农副产品购销对接、农超对接、农批对接、农企对接、农校对接，减少农产品流通环节。加强粮油仓储物流和质量检测设施建设，健全覆盖农产品收集、加工、运输、销售各环节的冷链物流体系。严格执行国家鲜活农产品运输"绿色通道"政策。大力培育现代流通方式和新型流通业态，发展农产品网上交易、连锁分销和农民网店。鼓励社会资本投资农产品现代流通产业的物流、加工、配送、连锁经营。健全重要农产品市场监测预警机制和信息统计发布制度，提高农产品调控能力。健全农产品质量安全和食品安全追溯体系，加大基层监管机构建设投入，提升食品安全监管能力和水平。

三、充分保障农民土地承包经营权，正确引导农村土地流转

6、全面开展农村土地确权登记颁证工作。健全农村土地承包经营权登记制度，扩大确权登记试点范围，用5年时间基本完成全省农村土地承包经营权确权登记颁证工作，妥善解决农户承包地块面积不准、四至不清等问题。加快包括农村宅基地在内的农村集体土地所有权和建设用地使用权地籍调查，尽快完成确权登记颁证工作。各级党委和政府要高度重视，有关部门要密切配合，确保按时完成农村土地确权登记颁证工作。深化集体林权制度改革，提高林权证发证率和到户率。推进国有林场改革试点，探索国有林区改革。继续开展我省草地承包试点，加快推进草地承包工作。

7、积极引导农村土地承包经营权有序流转。坚持依法自愿有偿原则，鼓励和支持承包土地向专业大户、家庭农场、农民合作社流转，发展多种形式的适度规模经营。不能限制或强制农民流转承包土地。结合土地承包经营权登记和农田基本建设，鼓励农民采取互利互换方式，解决承包地块细碎化问题。支持探索建立"土地银行"试点，推动土地使用权有序流转，创新农地金融制度。各级政府设立土地流转专项扶持资金，支持土地流转服务组织建设，对规模经营主体给予补助用于流转出土地农户的补偿。规范土地流转程序，健全县、乡、村三级服务网络，强化信息沟通、政策咨询、合同签订、价格评估等流转服务。鼓励和引导工商资本从事开发性农业、扶贫产业和适合企业化经营的种养业，促进农业转型和现代农业生产，同时探索建立严格的工商企业租赁农户承包耕地（林地、草地）准入和监管制度，不支持、不鼓励工商企业长时间、大面积直接租种农户承包地，与农民争夺土地经营权，确保土地流转不损害农民权益、不改变土地用途、不破坏农业综合生产能力。

8、加强农村土地承包经营纠纷调解仲裁体系建设。认真实施农村土地承包经营纠纷调解仲裁法，尽快完善"乡村调解、县市仲裁、司法保障"的农村土地承包经营纠纷调解仲裁体系。各县（市、区）在依法设立仲裁委员会的基础上，要加快建设仲裁基础设施"一庭三室"，建立不少于20人的仲裁员队伍，力争用3年时间完成全省县级仲裁基础设施建设。乡（镇）、村要强化农村土地承包纠纷调解组织建设，每个乡（镇）、村都要有专人负责调解工作。加强农村土地承包经营纠纷调解仲裁人员培训，提高仲裁人员素质和纠纷调处能力。

四、大力培育新型农业生产经营组织，稳步提高农民组织化程度

9、努力提高农户集约经营水平。按照规模化、专业化、标准化发展要求，引导农户采用先进技术和现代生产要素，把现代科技、现代装备与传统精耕细作、养殖经验结合起来，加快转变农业生产经营方式。采取奖励补助等多种办法，鼓励和扶持农户特别是专业大户进行联户经营，组建家庭农场、农民合作社等新型经营主体。充分利用各种培训资源，采取多种培训方式，加大新型经营主体带头人培训力度，提高他们的生产技能和经营管理水平。大力实施百万农民素质提升工程，加强农业职业教育和职业培训，制定新型职业农民持证上岗制度。多渠道统筹和整合资金，对符合条件的中高等学校毕业生、转业退伍军人、返乡农民工务农给予支持。

10、全面提升农民合作社经营服务能力。按照积极发展、逐步规范、强化扶持、提升素质的要求，加大力度、加快步伐发展农民合作社，力争"十二五"末基本实现农民合作社建制村全覆盖，农户入社率达到50%以上。实施"一村一品一社"建设工程，积极引导农民合作社拓宽合作

领域，兴办专业合作和股份合作等多元化、多类型的合作社，发展跨区域、跨产业联合社。加大对合作社发展的支持力度，把农民合作社作为“一村一品”建设的主要载体和项目实施主体。深入推进省、市、县三级示范社建设行动，完善示范社评定机制，建立示范社信息化管理平台，发布示范社名录，把示范社作为政策扶持重点，对示范社建设鲜活农产品仓储物流设施、兴办农产品加工业给予补助，在信用评定基础上对示范社开展联合授信。县级以上政府要将农民合作社的发展纳入国民经济和社会发展计划，增加农民合作社财政专项扶持资金，鼓励有条件的地方对农民合作社予以贷款贴息，支持农民合作社改善生产经营条件，开展统一经营服务，增强经营服务能力；各级涉农部门要支持农民合作社承担农村土地整理、农业综合开发、农田水利建设、农技推广、机械化普及应用等财政支农项目和农业基础设施建设项目，指导合作社建立健全项目资产管护机制，财政投资项目可以直接投向符合条件的示范社，引导国家补助项目形成的资产移交合作社管护。建立合作社带头人人才库和培训基地，引导高校毕业生到合作社工作。坚决制止各种乱收费、乱摊派、乱罚款，减轻合作社负担，推动农民合作社健康发展。

11、培育壮大农业产业化龙头企业。认真贯彻落实国务院《关于支持农业产业化龙头企业发展的意见》（国发〔2012〕10号），以特色农产品产业支撑项目为抓手，按照工业化理念、产业化运作的思路，深入实施农产品加工“513”工程，支持优势龙头企业通过收购、兼并、参控股、产业延伸、品牌联盟等多种形式，组建大型企业集团。加大产业整合力度，推进产业链整合，做大做强我省特色产业。创建农业产业化示范基地，积极培育农产品加工园区，建立农业产业化示范区和农产品加工产业集中区，促进龙头企业集群发展。加大对粮油、杂粮、畜禽、蔬菜、干鲜果、中药材、食用菌、酿造等产业领域的扶持力度，重点支持龙头企业基地、产地粗加工、精深加工、安全检测、市场流通、农业科技园区、休闲观光等项目建设，多渠道整合和统筹支农资金，采取投资、贴息与奖补相结合的办法，对项目建设给予扶持。认真落实龙头企业享受用水、用地、用电和行政性收费等各项政策扶持和税收优惠政策。大力推行“龙头企业+农民合作社+农户”的产业化经营方式，引导龙头企业创办或领办各类合作社，支持农民合作社和农户入股龙头企业，支持农民合作社兴办龙头企业，支持龙头企业为基地农户开展农资供应、农机作业、技术指导、疫病防治、市场信息、信贷资金和产品加工、贮藏、运输、销售等系列化服务，强化龙头企业与农户建立紧密型利益联结机制，采取保底收购、股份分红、利润返还等方式，让农户更多分享加工销售收益，促进龙头企业与农民合作社、基地农户在平等互利的基础上，建立稳定的购销关系，实现深度融合。

12、启动实施“百企千村”产业扶贫开发工程。充分发挥组织、政策、资源优势，发挥大企业在扶贫攻坚中的带动作用，支持引导企业进入农村，把资本、管理、技术、市场优势和农村的土地、劳动力优势以及特色资源优势结合起来，坚持市场化方向、公司化运作，坚持农业现代化和工业化、城镇化、生态化整体推进，实现企业增效和农民增收。

五、大力培育多元服务主体，构建农业社会化服务新机制

13、强化农业公益性服务体系。认真贯彻《农业技术推广法》，深入推进基层农技推广体系改革与建设，基层农技推广机构要按照公益性职能定位的要求，科学核定人员编制，确保有人员、有场所、有设备、有经费。全面提升乡镇农业技术推广、动植物疫病防控、农业综合信息服务等公共服务机构的服务能力。继续实施基层农技推广体系改革与建设项目，建立补助经费与服务绩效挂钩的激励机制。继续实施农业技术推广机构条件建设项目，不断改善推广条件。积极推动村级农技推广服务点建设。大力推进服务模式和手段创新，健全“专家包县、技术指导员包村联户”服务机制。建立完善基层农业、农机站（所）定向定期对专业大户、农民合作社的服务机制。加快用信息化手段创新服务方式，启动金农工程二期，推动农村信息化示范建设。加强乡镇或小流域水利、基层林业公共服务机构、农机作业和安全监理服务机构、抗旱服务组织、防汛机动抢险队伍建设。充分发挥供销社和粮食部门在农业社会化服务中的重要作用。加快推进农村气象信息服务和人工影响天气工作体系与能力建设，建立气象灾害防御、人工影响天气、农业气象服务“三位一体”的农村气象防灾减灾体系，提高农业气象服务和农村气象灾害防御水平。积极推进构建新型农业社会化服务体系试点工作，探索建立以大学和科研院所为依托，农科教、产学研相结合的新型综合农业服务模式，支持省农业科学院、山西农业大学等科研院校通过建设新农村发展研究院、农业综合服务示范基地、派驻科技特派员等方式，面向农村开展农业技术推广。

14、培育农业经营性服务组织。支持农民合作社、专业服务公司、专业技术协会、农民经纪人、涉农企业、农村合作组织联合会等为农业生产经营提供低成本、便利化、全方位的服务，发挥经营性服务组织的生力军作用。采取政府订购、定向委托、奖励补助、招投标等方式，引导经营性服务组织参与公益性服务，大力开展病虫害统防统治、动物疫病防控、机械化作业、农田灌排、地膜覆盖和回收等生产性服务。推进科技特派员农村科技创业行动。培育会计审计、资产评估、政策法律咨询等涉农中介服务组织。对符合条件的农业经营性服务业务免征营业税。鼓励搭建区域性农业社会化服务综合平台，积极推行技物结合、技术承包、全程托管服务，大力开展农村技术承包和农业科技成果转化，促进农业先进适用技术到田到户。

15、加强农村金融服务。加大商业性金融支农力度，

充分发挥政策性金融和合作性金融作用，确保持续加大涉农信贷投放。创新金融产品和服务，优先满足农户信贷需求，加大新型生产经营主体信贷支持力度。加强财税杠杆与金融政策的有效配合，落实县域金融机构涉农贷款增量奖励、农村金融机构定向费用补贴、农户贷款税收优惠、小额担保贷款贴息等政策。继续深化农村信用社改革，支持社会资本参与设立新型农村金融机构。改善农村支付服务条件，畅通支付结算渠道。加强涉农信贷与保险协作配合，创新符合农村特点的抵（质）押担保方式和融资工具，建立多层次、多形式的农业信用担保体系。启动实施农机具抵押贷款试点工作。扩大林权抵押贷款规模，完善林业贷款贴息政策。健全政策性农业保险制度，扩大农村小额保险覆盖范围，完善农业保险保费补贴政策，加大对我省农业保险保费补贴力度。推进建立财政支持的农业保险大灾风险分散机制。探索支农资金建立农业融资再担保公司。支持符合条件的农业产业化龙头企业和各类农业相关企业通过多层次资本市场筹集发展资金。

六、改革农村集体产权制度，保障农民财产权益

16、积极推进农村集体产权制度改革。坚持先行试点、积极推进的原则，开展以“清产核资、资产量化、股权管理”为主要内容的农村集体产权制度改革，逐步建立归属清晰、权能完整、流转顺畅、保护严格的农村集体产权制度。尊重农民进城留乡自主权，依法保障和维护农民的土地承包经营权、宅基地使用权、集体收益分配权。在村改居、城中村、城郊村、矿产资源村开展农村集体产权改革试点，探索集体资产量化、股权设置等内容，研究农村集体经济组织成员资格界定的具体办法，公平公正公开将集体资产折股量化到集体经济组织成员。开展试点的市、县要安排必要的工作经费，对清产核资、产权界定工作给予保障。

17、加快推进征地制度改革。依法征收农民集体所有土地，提高农民在土地增值收益中的分配比例，确保被征地农民生活水平有提高、长远生计有保障。严格征地程序，约束征地行为，补偿资金不落实的不得批准和实施征地。改革和完善农村宅基地制度，加强管理，依法保障农户宅基地使用权。依法推进农村土地综合整治，严格规范城乡建设用地增减挂钩试点和集体经营性建设用地流转。农村集体非经营性建设用地不得进入市场。

18、加强农村集体“三资”管理。以清产核资、资产量化、股权管理为主要内容，加快推进农村集体“三资”管理的制度化、规范化、信息化。全面完成我省农村集体清产核资任务，健全农村集体财务预决算、收入管理、开支审批、资产台账和资源登记等制度，严格农村集体资产承包、租赁、处置和资源开发利用的民主程序，支持建设农村集体“三资”信息化监管平台。鼓励具备条件的地方推进农村集体产权股份合作制改革。加强农村审计监督和农村债权债务管理，落实村级公益事业一事一议财政奖补政策，逐步化解农村公益事业形成的债务，坚决杜绝新的集体债务发生。

七、加快农村公共事业建设发展，完善农村社会管理机制

19、加强农村基础设施建设。在巩固提升过去两轮农村“五个全覆盖”成果的基础上，抓好农村困难家庭危房改造、特困群众易地搬迁、行政村街道亮化、村级幼儿园改扩建和乡村清洁工程等五件实事。加大公共财政对农村基础设施建设的覆盖力度，逐步建立投入保障和运行管护机制。加强县乡公路改造和乡村公路、田间机耕道建设。抓好新一轮农村电网改造升级工程，推进以村为单元的农村沼气集中供气。加快宽带网络等农村信息基础设施建设。科学规划村庄建设，扎实推进新农村集中连片示范区和重点村建设，加大力度保护有历史文化价值的传统村落和民居。

20、大力发展农村社会事业。完善农村学校建设改造长效机制，支持边远山区、贫困地区乡镇办好一批九年一贯制学校。深入实施农村重点文化惠民工程，建立稳定的农村文化投入保障机制。健全县、乡、村三级医疗卫生服务网络，提高新型农村合作医疗政府补助标准。健全新型农村社会养老保险政策体系，加强农村最低生活保障的规范管理，完善农村优抚制度，加快农村社会养老服务体系建设。加大扶贫开发投入，全面实施太行山、吕梁山“两山”连片特困地区区域发展与扶贫攻坚规划。搞好农村人口和计划生育工作。

21、有序推进农业转移人口市民化。加快改革户籍制度，研究出台户籍制度改革实施意见，推行居住证制度，落实放宽中小城市和小城镇落户条件的政策，加强农民工职业培训、社会保障、权益保护，推动农民工平等享有劳动报酬、子女教育、公共卫生、计划生育、住房租购、文化服务等基本权益，努力实现城镇基本公共服务常住人口全覆盖。高度重视农村留守儿童、留守妇女、留守老人问题，加强生产扶持、社会救助、人文关怀，切实保障他们的基本权益和人身安全。

22、推进农村生态文明建设。加强农村生态建设、环境保护和综合整治，努力建设美丽乡村。继续实施以太行山、吕梁山为主战场的“两山”造林工程、以发展干果经济林和速生丰产林为重点的“两林”富民工程等“六大林业”重点工程。推进荒漠化、水土流失综合治理。加强草地建设，充分开发荒滩、盐碱地建设大草场、大牧场。继续开展农产品产地土壤重金属污染综合防治。推进机械化秸秆还田和以秸秆为重点的农业废弃物资源化利用。发展乡村旅游和休闲农业。创建生态文明示范县和示范村镇。开展宜居村镇建设综合技术集成示范。

23、完善乡村治理机制。切实发挥基层党组织战斗堡垒作用，夯实党在农村的执政基础。加强基层党组织带头

人队伍建设。加强农民合作社党建工作，扩大党组织和党建工作覆盖面。健全村级组织公共服务经费保障机制，提升推动农村发展、服务农民群众能力。落实好“领头雁”工程，实施好党建工程联建、联评。加强农村党风廉政建设，完善和拓展阳光农廉网功能。强化农村基层干部教育、管理和监督，坚决查处发生在农民身边的腐败问题。进一步健全村级党组织领导的充满活力的村民自治机制，继续推广“四议两公开”等工作法，充分发挥村务监督委员会作用。有序发展民事调解、文化娱乐、红白喜事理事会等社区性社会组织，发挥农民自我管理、自我服务、自我教育、自我监督的作用。继续加强和创新农村社会管理，消除化解各种矛盾隐患，强化农村社会公共安全保障，维护农村社会稳定。

八、加强组织领导，进一步增强农村发展活力

24、加强对“三农”工作的领导。各级党委和政府要切实加强和改善对“三农”工作的领导，在政策制定、工作部署、财力投入、干部配备上都要体现“重中之重”的战略思想，进一步强化党政齐抓共管、农村工作综合部门组织协调、有关部门各负其责的农村工作领导体制和工作机制，确保劲头不松懈、力度不减弱、力量有加强。要把创新农业生产经营体制作为推进农业现代化的核心和基础，坚持从实际出发，因地制宜，鼓励探索，分类指导，尊重农民首创精神，切实做好农村改革试验工作，及时总结推广各地成功经验。

25、健全完善农业支持保护制度。加大农业补贴力度，在继续贯彻落实中央和我省已有强农惠农富农政策的基础上，根据新型农业经营主体发展及公共服务的实际需求，制定相应的扶持政策，促进其尽快发展壮大并发挥作用。建立完善以煤补农长效机制，按照总量持续增加、比例稳步提高的要求，加大财政资金和煤炭可持续发展基金用于农业农村的份额。引导国有企业参与和支持农业农村发展。鼓励企业以多种投资方式建设农村生产生活基础设施。落实公益性捐赠农村公益事业项目支出所得税前扣除政策。

26、大力发展县域经济。把发展县域经济作为统筹城乡发展、解决“三农”问题的重要举措。围绕富民强县，加快推进工业新型化、农业现代化、市域城镇化和城乡生态化，大力发展有一定技术含量的劳动密集型产业和富有特色的县域服务业，支持劳动密集型产业、农产品加工业向工业园区、县城和中心镇集聚，促进农民就地就近就业创业。把推进人口城镇化特别是农民工在城镇落户作为城镇化的重要任务，加快构建“一核一圈三群”城镇框架，推进“大县城”和重点镇建设，促进产业和人口向县城、中心镇集聚。推进城乡规划、基础设施、产业布局、公共服务、劳动就业一体化，促进城乡要素平等交换和公共资源均衡配置。组织实施好扩权强县试点工作。

27、切实改进工作作风。各级党政领导干部要认真贯彻落实中央和省委关于改进工作作风、密切联系群众的有关规定，把熟悉党的“三农”政策和省情农情作为必修课，把善于做好新时期“三农”工作当作基本功，深入基层开展调查研究，访民生、知民情、解民事，大力弘扬太行精神、吕梁精神和右玉精神，不断提高“三农”工作水平。坚持党政领导班子成员农村工作联系点制度，要将干部下乡住村蹲点等一系列行之有效的做法常态化和制度化，推动工作重心下移。深入开展以为民、务实、清廉为主要内容的党的群众路线教育实践活动，尊重群众首创精神，创新群众工作方法，着力解决群众反映强烈的突出问题，提高各级党组织服务农民群众、做好“三农”工作的能力，以改革创新精神努力推进农村全面建成小康社会进程。

中共山西省委办公厅
关于印发《山西省党内规范性文件备案规定》的通知

晋办发〔2013〕12号

各市、县委，省委各部委：

《山西省党内规范性文件备案规定》已经省委同意，现印发给你们，请认真贯彻执行。

中共山西省委办公厅

2013年6月28日

山西省党内规范性文件备案规定

第一条 为了规范党内规范性文件备案工作，保证规范性文件同党章和党的理论、路线、方针、政策相一致，

同宪法和法律法规相一致,同党内法规相一致，维护党内法规制度体系的统一性和权威性，根据《中国共产党党内法规和规范性文件备案规定》，结合实际，制定本规定。

第二条 本规定适用于省纪律检查委员会、省委各部门和各市委制定的规范性文件的备案工作。

本规定所称规范性文件，是指省纪律检查委员会、省委各部门和各市委在履行职责过程中形成的具有普遍约束力、可以反复适用的决议、决定、意见、通知等文件，包括贯彻执行中央和省委决策部署、指导推动经济社会发展、涉及人民群众切身利益、加强和改进党的建设等方面的重要文件。

下列文件不属于备案范围：

（一）人事调整、内部机构设置、表彰决定方面的文件；

（二）请示、报告、会议活动通知、会议纪要、领导讲话、情况通报、工作要点、工作总结；

（三）机关内部工作制度和工作方案；

（四）其他不具有普遍约束力、不可反复适用的文件。

第三条 规范性文件备案，应当做到有件必备、有备必审、有错必纠。

第四条 依照本规定应当备案的规范性文件，自发布之日起30日内由制定机关报送省委备案，联合发布的规范性文件由主办机关报送省委备案。具体工作由制定机关或者主办机关所属负责文件审核或法规服务工作的机构承担。

第五条 省委办公厅承办规范性文件备案工作，具体事务由省委法规工作机构办理。

依照本规定应当备案的规范性文件，直接送省委法规工作机构。

第六条 报送规范性文件备案，应当提交备案报告、正式文本和制定说明，并装订成册，一式3份，同时通过党内法规专网报送电子文本。

对于不报送或者不按时报送应当备案的规范性文件的，由省委办公厅责令其限期补报。

第七条 省委办公厅对报送省委备案的规范性文件进行审查。主要审查下列内容：

（一）是否同党章和党的理论、路线、方针、政策相抵触；

（二）是否同宪法和法律法规不一致；

（三）是否同党内法规和上位规范性文件相抵触；

（四）是否同其他同位规范性文件对同一事项的规定相冲突；

（五）规定的内容是否明显不当；

（六）是否符合制定权限和程序。

第八条 省委法规工作机构在办理规范性文件备案审查事宜时，需要报送机构说明有关情况的，报送机构应当在规定期限内予以说明。

第九条 省委法规工作机构一般在收到报送备案的规范性文件后30日内完成备案审查。

第十条 审查中发现规范性文件存在第七条所列问题的，省委法规工作机构经批准可以建议制定机关自行纠正，制定机关应当在30日内作出处理并反馈处理情况，逾期不作出处理的，省委办公厅提出予以纠正或者撤销的建议，报请省委决定。

第十一条 经审查属于备案范围且报送材料符合备案要求的规范性文件，予以备案登记，由省委法规工作机构存档备查；属于备案范围但报送材料不符合备案要求的，暂缓备案登记，由报送机构在规定时间内补正；不属于备案范围的，不予备案登记。省委法规工作机构要及时将备案情况通报报送机构，同时公布已备案的规范性文件目录。

第十二条 加强业务指导和督促检查，建立备案工作考核评价制度，对备案工作成绩突出的单位和个人，按照有关规定予以表彰。

对备案情况和在备案审查中发现的规范性文件存在的突出问题，可以在一定范围内通报。

第十三条 每年1月31日前，省纪律检查委员会、省委各部门和各市委应当将上一年度发布的文件目录送省委法规工作机构备查。

第十四条 建立党内规范性文件备案审查与地方性法规、政府规章和规范性文件备案审查衔接联动机制。

第十五条 各市委应当依照本规定精神建立相应的备案制度，按照下备一级原则开展备案工作。

省纪律检查委员会、省委各部门可以根据工作需要，依照本规定精神建立本系统备案制度。

第十六条 本规定由省委办公厅负责解释。

第十七条 本规定自2013年7月1日起施行。

中共山西省委关于印发《山西省党内法规制定细则（试行）》的通知

晋发〔2013〕13号

各市、县委，省委各部委，省直各委、办、厅、局党组（党委），各人民团体党组：

现将《山西省党内法规制定细则（试行）》印发给你们，请遵照执行。

中共山西省委
2013年7月4日

山西省党内法规制定细则（试行）

第一条 为了规范我省党内法规制定工作，提高党内法规制定质量，构建科学完备的党内法规制度体系，保证党的工作和党内生活制度化，提高党的建设科学化水平，根据《中国共产党党内法规制定条例》，结合我省实际，制定本细则。

第二条 本细则所指的党内法规，是指省委依据职权制定的规范全省党组织的工作、活动和党员行为的党内规章制度的总称。

第三条 我省党内法规一般采用省委、省委办公厅文件形式发布，名称为规则、规定、办法、细则，内容应当用条款形式表述。

第四条 党内法规制定工作在省委统一领导下进行，省委办公厅承担党内法规制定的统筹协调工作，省委法规工作机构承办具体事务。

党内法规按其内容一般由省纪律检查委员会、省委各部门起草，综合性党内法规由省委办公厅协调省纪律检查委员会、省委各部门起草或者成立专门起草小组起草。

第五条 制定党内法规应当遵循下列原则：

（一）从党的事业发展需要和党的建设实际出发；

（二）以党章为根本依据，贯彻党的理论和路线、方针、政策；

（三）遵守党必须在宪法和法律范围内活动的规定；

（四）符合科学执政、民主执政、依法执政的要求；

（五）有利于推进党的建设制度化、规范化、程序化；

（六）坚持民主集中制，充分发扬党内民主，维护党的集中统一；

（七）维护党内法规制度体系的统一性和权威性；

（八）注重简明实用，防止繁琐重复。

第六条 制定省委党内法规应当统筹进行，根据中央党内法规制定工作五年规划和年度计划，结合省党代表大会提出的目标任务，从全省党的事业发展需要和党的建设实际出发，科学编制省委党内法规制定工作年度计划，由省委办公厅对省纪律检查委员会、省委各部门和各市委每年年底前提出的下一年度制定建议汇总后拟订，报省委审批。

省委可以根据情况组织制定党内法规五年规划。

第七条 省纪律检查委员会、省委各部门和各市委向省委提出的党内法规制定建议，应当包括党内法规名称、制定必要性、报送时间、起草单位、主要内容等。

第八条 党内法规制定工作规划和计划在执行过程中，省委可以根据实际情况进行调整，或由相关部门和单位提交书面请示，经省委同意后调整。

第九条 党内法规草案一般应当包括下列内容：

（一）名称；

（二）制定目的和依据；

（三）适用范围；

（四）具体规范；

（五）解释机关；

（六）施行日期。

第十条 党内法规应当方向正确，内容明确，逻辑严密，表述准确、规范、简洁，具有可操作性。

第十一条 起草党内法规，应当深入调查研究，全面掌握实际情况，认真总结历史经验和新的实践经验，充分了解各级党组织和广大党员的意见和建议。必要时，调查研究可以吸收相关专家学者参加或者委托专门机构开展。

第十二条 起草党内法规的部门和单位，应当就涉及其他部门和单位工作范围的事项，同有关部门和单位协商一致。经协商未能取得一致意见的，应当在报送党内法规草案时对有关情况作出说明。

第十三条 起草党内法规，应当与中央党内法规和中央纪律检查委员会、中央各部门制定的党内法规相一致，与省委现行党内法规相衔接。对同一事项，如需作出与我省现行党内法规不一致的规定，应当在草案中作出废止或者如何适用现行党内法规的规定，并在报送草案时说明情况和理由。

第十四条 党内法规草案形成后，应当广泛征求意见。征求意见范围根据党内法规草案的具体内容确定，必要时在全省各级党组织范围内征求意见。征求意见时应当注意听取省党代表大会代表和有关专家学者的意见。与群众切身利益密切相关的党内法规草案，应当充分听取群众意见。征求意见可以采取书面形式，也可以采取座谈会、论证会、网上征询等形式。省委法规工作机构可参加重要党内法规草案的座谈和论证。

第十五条 起草部门和单位向省委报送的党内法规草案应由其法规工作机构进行审核，经办公会议集体讨论通过后，由其主要负责人签批并加盖单位公章报送省委。

报送党内法规草案时应当同时报送草案制定说明。制定说明应当包括制定党内法规的必要性、主要内容、起草过程、征求意见情况、同有关部门和单位协商情况等。

第十六条 省委收到党内法规草案后，交由省委法规工作机构进行审核。主要审核下列内容：

（一）是否同党章和党的理论、路线、方针、政策相抵触；

（二）是否同宪法和法律法规不一致；

（三）是否同中央党内法规及中央纪律检查委员会、中央各部门制定的党内法规相抵触；

（四）是否与我省现行党内法规相冲突；

（五）是否就涉及的重大政策措施与相关部门和单位协商；

（六）是否符合制定权限和程序；

（七）其名称、表述形式等是否符合党内法规的特定要求。

对存在问题的党内法规草案，省委法规工作机构可以向起草部门和单位提出修改意见。如起草部门和单位不采纳修改意见，省委办公厅可以向省委提出修改、缓办或者退回的建议。

党内法规草案涉及有关部门职能，起草部门和单位经协商未能取得一致意见时，省委法规工作机构可组织有关部门召开座谈会、协调会等，消除分歧，统一意见。

第十七条 以省委文件形式发布的党内法规，根据具体内容由省委全委会或者省委常委会审议批准；以省委办公厅文件形式发布的党内法规，根据情况由省委常委会审议批准或者按规定程序报送省委主要负责同志签批。

第十八条 党内法规草案需提交省委审议的，必须由省委法规工作机构进行前置审核。审议党内法规草案时，由起草部门和单位作说明并提供相关文字材料，省委法规工作机构负责人列席会议。

第十九条 经审议批准的党内法规草案，由省委法规工作机构核文后按规定程序报请发布。

党内法规经批准后一般应当公开发布。

第二十条 实际工作迫切需要但不够成熟的党内法规，可先试行，在实践中完善后重新发布。

第二十一条 党内法规应当自发布之日起30日内报送中央备案，上报备案工作由省委法规工作机构承办。

第二十二条 省委以及党内法规起草部门和单位可以根据职权对党内法规执行情况、实施效果开展评估。

第二十三条 省委应当每5年组织省纪律检查委员会、省委各部门对党内法规进行一次集中清理，并根据清理情况及时对相关党内法规作出修改、废止等相应处理。

党内法规的原起草部门和单位可以向省委提出修改、废止该党内法规的建议，由省委办公厅组织评估论证，按程序报请省委作出处理。

第二十四条 党内法规的修改、废止，适用本细则。

第二十五条 本细则由省委办公厅负责解释。

第二十六条 本细则自发布之日起施行。

中共山西省委
印发《关于在全省深入开展党的群众路线教育实践活动的实施方案》的通知

晋发〔2013〕11号

各市、县委，省委各部委，省直各委、办、厅、局党组（党委），各人民团体党组，各省属高等院校和国有大型企业党委：

现将《关于在全省深入开展党的群众路线教育实践活动的实施方案》印发给你们，请结合实际认真组织实施。

中共山西省委

2013年7月5日

关于在全省深入开展党的群众路线教育实践活动的实施方案

为认真贯彻落实《中共中央关于在全党深入开展党的群众路线教育实践活动的意见》（中发〔2013〕4号）、中央党的群众路线教育实践活动工作会议和习近平同志重要讲话精神，在全省扎实开展好党的群众路线教育实践活动，制定本实施方案。

一、指导思想、基本原则

开展以为民务实清廉为主要内容的党的群众路线教育实践活动，是以习近平同志为总书记的新一届中央领导集体在新形势下坚持党要管党、从严治党的重大决策；是顺应群众期盼、加强学习型服务型创新型马克思主义政党建设的重大部署，是推进中国特色社会主义的重大举措。中央专门召开党的群众路线教育实践活动工作会议，对活动进行动员和部署。习近平同志发表重要讲话，强调开展党的群众路线教育实践活动，是实现党的十八大确定的奋斗目标的必然要求，是保持党的先进性和纯洁性、巩固党的执政基础和执政地位的必然要求，是解决群众反映强烈的突出问题的必然要求；要求全党同志积极参与到活动中来，以实际行动密切党群干群关系，取得群众满意的成效。

在全省开展党的群众路线教育实践活动，要全面贯彻党的十八大精神，认真落实中央党的群众路线教育实践活动工作会议部署和习近平同志重要讲话精神，高举中国特色社会主义伟大旗帜，坚持以马克思列宁主义、毛泽东思想、邓小平理论、“三个代表”重要思想、科学发展观为指导，紧紧围绕保持党的先进性和纯洁性，以为民务实清廉为主要内容，以县处级以上领导机关、领导班子和领导干部为重点，切实加强全体党员马克思主义群众观点和党的群众路线教育，把贯彻落实中央八项规定精神作为切入点，进一步突出作风建设，坚决反对形式主义、官僚主义、享乐主义和奢靡之风，着力解决人民群众反映强烈的突出问题，提高做好新形势下群众工作的能力，保持党同人民群众的血肉联系，发挥党密切联系群众的优势，为推动全省转型跨越发展和综改试验区建设、全面建成小康社会提供坚强组织保证。

党的群众路线教育实践活动全过程，要贯穿“照镜子、正衣冠、洗洗澡、治治病”的总要求。“照镜子”，主要是以党章为镜，对照党的纪律、群众期盼、先进典型，对照改进作风要求，在宗旨意识、工作作风、廉洁自律上摆问题、找差距、明方向。“正衣冠”，主要是按照为民务实清廉的要求，勇于正视缺点和不足，严明党的纪律特别是政治纪律，敢于触及思想、正视矛盾和问题，从自己做起，从现在改起，端正行为，改进作风，保持共产党人良好形象。“洗洗澡”，主要是以整风精神开展批评和自我批评，深入分析发生问题的原因，清洗思想和行为上的灰尘，既要解决实际问题，更要解决思想问题，保持共产党人政治本色。“治治病”，主要是坚持惩前毖后、治病救人方针，对作风方面存在问题的党员、干部进行教育提醒，对问题严重的进行查处，对不正之风和突出问题进行专项治理。

开展党的群众路线教育实践活动，要着重把握以下基本原则：坚持正面教育为主，引导党员、干部树立宗旨意识、增强群众观念，联系思想实际、改造主观世界，模范践行社会主义核心价值观，坚守共产党人精神追求。坚持以整风精神开展批评和自我批评，以抛开面子、揭短亮丑的勇气，以动真碰硬、敢于交锋的精神，以深挖根源、触动灵魂的态度，开展积极健康的思想斗争，真正让党员、干部思想受到教育、作风得到改进、行为更加规范。坚持讲求实效，努力在解决作风不实、不正和行为不廉上取得实效，在提高群众工作能力、密切党群干群关系、全心全意为人民服务上取得实效。坚持分类指导，针对机关、企事业单位和基层的不同情况，找准各自需要解决的突出问题，提出适合各自特点的目标要求和办法措施。坚持领导带头，上级带下级、主要领导带班子成员、领导干部带一般干部，一级抓一级、层层抓落实。

二、目标要求、方法步骤

在全省开展党的群众路线教育实践活动，主要任务是集中解决形式主义、官僚主义、享乐主义和奢靡之风“四风”问题，主要方法是省委带头、自上而下。通过开展教育实践活动，达到党员干部思想进一步提高、作风进一步转变，党群干群关系进一步密切，为民务实清廉形象进一步树立的目标要求，不断提高党员干部调查研究、掌握实情能力,科学决策、民主决策能力,解决问题、化解矛盾能力,宣传群众、组织群众能力,以作风建设的新成效凝聚起推动转型跨越发展和综改试验区建设的强大力量。在全省开展党的群众路线教育实践活动，要着力抓好3个环节。

（一）学习教育，听取意见。深入开展调查研究。各级领导干部在活动启动时，就要围绕落实中央八项规定情况，领导班子和领导干部在作风方面存在的突出问题，如何深入开展好教育实践活动的意见建议等，采取分层分级和分类分行业相结合、查找问题与听取意见建议相结合、规定项目和自选项目相结合、座谈交流和实地走访相结合的方式，集中深入开展调查研究，虚心听取基层党员群众和服务对象，老党员、离退休干部，党代表、人大代表、政协委员，社会各界人士的意见和建议，摸清底数，找准问题。

采取多种形式开展学习教育。组织党员干部深入学习党章和党的十八大报告、中国特色社会主义理论体系、党的光辉历史和优良传统，开展马克思主义唯物史观和党的群众路线专题讨论。组织党员干部认真学习研读《论群众路线——重要论述摘编》、《党的群众路线教育实践活动学习文件选编》、《厉行节约、反对浪费——重要论述摘编》等学习读本，结合实际，在全省开展习近平同志十八大以来一系列重要讲话精神专题学习讨论，右玉精神专题学习讨论，廉政准则专题学习讨论。通过深入学习讨论，引导全省党员干部进一步坚定理想信念、提高思想认识，不断增强贯彻党的群众路线意识，以高度思想自觉和行动自觉投入到教育实践活动中。

广泛充分征求意见。本地本部门本单位教育实践活动动员大会结束后，要在主会场参会人员范围内征求意见和开展民主评议。活动期间，要结合领导干部“下乡住村、包村增收”活动，组织党员、干部深入基层、贴近群众，通过召开座谈会、个别访谈、发放征求意见表等形式，多渠道、多层次征求群众意见，认真梳理，及时反馈，为对照检查、开展批评和解决问题打好基础。

（二）查摆问题，开展批评。深入查摆问题。围绕为民务实清廉要求，通过群众提、自己找、上级点、互相帮等方式，认真查摆“四风”方面存在的突出问题。深入开展谈心谈话，党委（党组）主要负责同志要与班子成员逐一谈心，班子成员之间要互相谈心。

撰写对照检查材料。每个领导班子和党员领导干部都要根据征求和了解到的意见，对照为民务实清廉要求，全面总结近年来贯彻落实党的群众路线的情况，认真查摆作风方面存在的突出问题，深刻进行党性分析和自我剖析。党员领导干部的对照检查材料要由本人亲自动手撰写，不能由其他人代写。对照检查材料要讲真话、讲实话、讲心里话，既要联系工作实际，又要触及思想灵魂，正视矛盾和问题，正面回应干部群众所提意见，提出实在具体、便于实施的整改措施。党委（党组）主要负责同志要认真审核每位班子成员的对照检查材料，人大、政府、政协班子主要负责同志审阅本班子成员的对照检查材料后报党委主要负责同志审阅。

组织召开高质量的专题民主生活会。坚持时间服从质量，每个班子的民主生活会一般不少于两天，每个成员的发言一般不少于30分钟，主要是以整风精神严肃开展深刻的自我批评和诚恳的相互批评，进行积极健康的思想斗争。开展批评和自我批评，要坚持实事求是、出于公心、与人为善，坚决杜绝马虎敷衍、文过饰非、发泄私愤，更不能用“批评”抵制批评，搞无原则的纷争，切实达到“团结—批评—团结”的目的。民主生活会期间，党员领导干部不安排出差、出访活动。对班子中的非中共党员领导干部，可邀请列席民主生活会，不要求撰写对照检查材料。各级领导干部同时要以普通党员身份参加所在党支部的专题组织生活会。

在规定范围内通报情况和组织民主评议。民主生活会后要组织召开情况通报会，在一定范围内通报民主生活会情况和领导班子及成员的对照检查材料，同时对领导班子和领导干部进行民主评议。

（三）整改落实，建章立制。认真抓好整改。立说立行，先行抓好“访民生、知民情、解民事”活动中发现的突出问题的整改落实。同时，针对活动中查摆出的问题，制定整改方案和整改任务书、时间表，并在一定范围内公示。实行一把手负责制，及时整改、逐项落实。对一些突出问题，要进行集中治理。集中教育实践活动告一段落后，要继续抓好整改措施的落实，巩固扩大活动成果。

强化正风肃纪。对中发〔2013〕4号文件和中央教育实践活动工作会议列出的“四风”方面的突出问题要开展专项治理工作。在反对形式主义方面，重点解决不务实效、急功近利、表里不一的问题，认真清理各类会议、文件、简报、节庆、评比表彰和达标活动；着重治理乱提口号、乱定目标、盲目攀比，搞劳民伤财形象工程的行为；不学无术、文过饰非，断章取义、为我所需等学风不正的行为；对上级重大决策部署阳奉阴违、弄虚作假，搞上有政策、下有对策等作风不实的行为。在反对官僚主义方面，重点解决脱离实际、脱离群众、效能低下的问题，着重治理缺乏事业心，人浮于事、推诿扯皮、消极应付、办事效率低下；缺乏责任感，只想当官、不愿理事、不敢担当，在职不尽责，在岗不办事，遇事能推则推、能拖则拖；缺乏公仆心，不深入基层，不体察民情，对群众疾苦漠不关心；缺乏好作风，行政不作为、乱作为，敷衍塞责、消极应付，拈轻怕重、推诿扯皮，服务意识差，作风粗暴，门难进、脸难看、事难办以及损害群众利益的问题。在反对享乐主义方面，重点解决精神懈怠、不思进取、追名逐利的问题，着重治理不学习、不调研，不干实事，不求有功但求无过；工作怕苦怕累，得过且过，当一天和尚撞一天钟，不愿到艰苦和矛盾多的地方去；违反规定享受工作和生活待遇，违反规定搞公务接待，违反规定占用住房、办公用房和配备车辆，超编制、超标准配备公务用车的问题。在反对奢靡之风方面，重点解决大手大脚、铺张浪费、骄奢淫逸的问题，着重治理思想空虚、精神萎靡，把个人和小团体利益放在首位；为政不廉不俭，违反规定设立“小金库”、违反规定使用“三公”经费，违反规定搞楼堂馆所建设和装修；违反规定持有会员卡，公款大吃大喝，以各种名义公款相互宴请，借开会、调研、考察、检查、培训名义变相旅游；个人生活不检点，讲排场、摆阔气，大操大办婚丧喜庆事宜或借机敛财，贪图享乐、挥霍浪费、追求奢华等问题。

加强制度建设。对贯彻党的群众路线已有制度进行梳理，经实践检验行之有效、群众认可的要长期坚持，对不适应新形势新任务要求的要抓紧修订完善。进一步建立完善党员干部直接联系群众制度和畅通群众诉求反映渠道制度，体现群众意愿的科学民主决策机制，干部作风状况考核评价机制，厉行节约制止浪费制度，公务接待管理规定，公务用车配备使用管理办法，因公出国（境）管理规定，楼堂馆所建设管理制度，会议、培训、活动经费管理办法，党政机关领导干部住房、用车等工作生活待遇制度，金融企业、国有企业负责人职务消费管理办法，公务支出、公款消费审计制度。严格落实制度，强化制度执行力，推动改进工作作风、密切联系群众常态化长效化。坚决纠正有令不行、有禁不止、无视制度的问题。

省四套班子要带头开展好教育实践活动，特别是省委常委会要按照更高标准、更高要求制定活动方案、推动活动开展，常委同志要带头坐下来深入学习思考，带头沉下去调研征求意见，带头摆进去剖析存在问题，开展批评和自我批评，带头转作风抓好整改落实，切实为全省当好表率、作好示范。

按照中央和省委要求，这次教育实践活动不分阶段、不搞转段。各地各部门各单位既要把“规定动作”做到位，坚持3个基本环节不能少、不变通；又要结合各自实际，灵活安排各个环节的工作，在解决问题上下功夫，有什么问题就解决什么问题，什么问题突出就解决什么问题，使“自选动作”有特色。在整个活动中坚持把活动总要求贯穿始终，把反对“四风”贯穿始终，把整风精神贯穿始终，把领导带头贯穿始终，把制度建设贯穿始终，以思想作风建设促进党的各方面建设。

三、组织方式、批次安排

党的群众路线教育实践活动在全省党员中开展，以县处级以上领导机关、领导班子和领导干部为重点，要突出抓好直接联系服务群众的执法监管部门和窗口单位、服务行业的教育实践活动。流动党员在本县（市、区）内流动的，一般应回原单位党组织参加活动；在县（市、区）外流动的，一般应在流入地党组织参加活动。与单位解除劳动关系但尚未转移组织关系、且没有固定工作单位的党员，一般应将组织关系转至其居住地党组织参加活动，暂时不能转移的回原单位党组织参加活动。

全省党的群众路线教育实践活动，从今年下半年开始，按照干部管理权限，自上而下、分批分层、压茬进行。总体分两批开展，每批大体安排半年时间，2014年7月基本结束。具体到每个单位，集中教育时间一般不少于3个月。

第一批参加活动的单位为省四套班子，省直机关、事业单位及其直属单位，省管国有重要骨干企业，省属高校。时间安排为2013年7月至12月，分3个层次压茬进行，7月上旬启动省四套班子教育实践活动，8月上旬启动省直机关、事业单位、省管国有重要骨干企业教育实践活动，9月上旬启动省属高校和省直机关、事业单位的直属单位教育实践活动。暑假期间，省属高校领导班子要开展学习和调研。省直机关、事业单位规模较小、人数较少的直属单位可提前至8月与其同时开展活动。12月，对第一批活动开展情况进行总结。

第二批参加活动的单位为市及市以下各级机关、企事业单位和基层党组织，时间为2014年1月至6月，具体时间另行安排。2014年6月下旬，对全省教育实践活动进行全面总结。各级基层党组织参照县处级以上领导机关、领导班子和领导干部的做法，认真组织每一名党员参加教育实践活动，确保做到全覆盖。运用灵活多样、务实管用的方式，抓好基层党员的学习教育。组织每个党员参加所在党支部或党小组召开的专题组织生活会，针对存在问题提出改进措施和办法，扎实进行整改。注重制度机制建设，使贯彻党的群众路线成为每个党员的长期自觉行动。

省四套班子开展活动期间，第一批开展活动的部门和单位党委（党组）要根据各自实际，提前制定活动实施方案，于活动开展前一周报督导组审阅，并报上一级教育实践活动领导小组备案。在第一批单位开展活动期间，第二批开展活动的市县部门和单位要积极行动起来，不等待、不观望，认真贯彻落实中央八项规定精神，该改的马上改，该做的马上做。同时，结合实际抓紧调查研究，广泛听取意见，为开展教育实践活动做好准备。

建立严格的督导制度。上级党委根据干部管理权限，向所属部门派出教育实践活动督导组，全程督导所负责市、县（市、区）部门和单位的教育实践活动，动态掌握活动进展情况，及时向领导小组办公室反映情况；及时通报督查中发现的问题，分析提出整改建议；及时总结、推广教育实践活动中取得的好经验、形成的好做法，用典型指导工作。督导组要全程参与指导所负责市、县（市、区）部门和单位的民主生活会，及时向党委（党组）主要负责同志和班子成员通报掌握的班子建设情况和存在的突出问题，严格审阅领导班子和党员领导干部的对照检查材料，及时对民主生活会整体情况进行评价和反馈，对没有按照中央和省委要求认真对照检查、民主生活会没有达到预期效果的，要促其改正。

建立领导干部联系点制度。省委常委会成员结合分工建立教育实践活动联系点，对联系点和分管领域的教育实践活动进行指导，示范带动和推进全省的教育实践活动。各级党员领导干部要结合各自工作确定联系点，加强指导，以点带面，推动教育实践活动全面有序扎实开展。

四、加强领导、从严要求

全省党的群众路线教育实践活动在省委常委会领导下开展。为加强对教育实践活动的领导，成立省委党的群众路线教育实践活动领导小组，领导小组下设办公室，负责日常工作。同时，成立省委督导组，抽调党性强、作风正、经验丰富的正厅级干部担任组长、副组长。各级党委要增强责任感和紧迫感，把开展教育实践活动作为当前一项重大政治任务抓紧、抓好、抓实。

（一）明确责任，精心组织。省委常委会要切实加强对全省教育实践活动的领导。各级党委（党组）是抓好本地本部门本单位教育实践活动的责任主体，党委（党组）主要领导同志是第一责任人，要高度重视、认真负责，把活动摆上重要议事日程，周密安排，精心组织，不折不扣落实好中央和省委的部署要求。抓紧成立活动领导小组，尽早开展本地本部门本单位准备工作，同时要按照干部管理权限，指导好下一级部门单位活动。各级教育实践活动领导小组办公室要充分发挥工作枢纽作用，加强调查研究，提出工作建议，畅通信息渠道，搞好上传下达。各级组织、纪检、宣传等相关部门要在抓好自身活动的同时，充分发挥职能作用，齐抓共管、密切配合，切实履行好各自职责。

（二）加强具体指导，确保正确方向。坚持从实际出发，防止“一刀切”。根据不同领域、不同部门、不同层级、不同对象的情况，提出不同的目标要求和办法措施，确保活动“不虚”、“不空”、“不偏”。指导力量要沉下去面对面开展工作，及时发现和解决苗头性、倾向性、潜在性问题。力戒形式主义，不搞文山会海，不滥发资料简报，不搞层层检查评比，确保教育实践活动始终沿着正确轨道深入推进。

（三）紧紧依靠群众，坚持开门搞活动。各级党员领导干部从活动一开始就要扎下去听取群众意见和建议，每个环节都要组织群众有序参与，让群众把脉、受群众监督、由群众评判，切忌“自说自话、自弹自唱”。活动结束前，由上一级活动领导小组对下一级教育实践活动情况进行群众满意度测评，测评结果作为年度目标责任考核重要依据。多数群众不满意的，要及时补课、返工，确保教育实践活动取得让群众看得见、真满意的效果。

（四）坚持统筹兼顾，做到“两手抓、两促进”。把教育实践活动同转型跨越发展和综改试验区建设紧密结合起来，与完成本地本部门本单位各项工作任务紧密结合起来，摆布好时间和精力，使活动的每个环节、每项措施都为中心工作服务，把党员、干部在活动中激发出来的工作热情和进取精神，转化为推进教育文化、医疗卫生事业改革发展，健全城乡社会保障体系，促进就业创业，提高城乡居民收入，关注弱势群体，加强生态文明建设和安全生产，保障人民群众生命财产安全等工作的动力，用推动经济社会发展的成效检验活动成效。

（五）加强宣传引导，营造良好舆论氛围。在报纸、网站、电视台、电台等开设教育实践活动专栏、专题节目，通过新闻报道、言论评论、工作综述、专题专访等多种形式，广泛宣传中央和省委精神，充分反映教育实践活动进展和成效。创新宣传形式和载体，充分发挥新兴媒体的作用。组织开展党的群众路线理论研究，适时召开理论研讨会。重视典型宣传，既宣传正面典型，发挥示范引领作用，又注意剖析反面典型，开展警示教育，促进教育实践活动健康有序开展。

中共山西省委办公厅
山西省人民政府办公厅
关于实施百企千村产业扶贫开发工程的指导意见

晋办发〔2013〕13号

（2013年7月18日）

为集中力量打好新一轮扶贫开发攻坚战，切实加快我省转型跨越发展和全面建成小康社会步伐，省委、省政府决定，抓住转型综改试验区建设重大机遇，在全省贫困地区实施百企千村产业扶贫开发工程。

一、重大意义

百企千村产业扶贫开发工程是以吕梁山、太行山两大连片特困地区为主战场，以促进农民收入翻番为核心，发挥组织、政策和资源优势，支持引导百家以上大中型企业，带动数千个贫困村实施区域化、规模化产业扶贫开发，促进农民增收和企业转型，加快改变贫困地区面貌，推动全省经济实现可持续发展的重大工程。“百企”主要指以省属国有企业为龙头，包括中央驻晋企业、市属国有企业、省内民营骨干企业以及省外企业在内的各级各类规模以上企业。“千村”主要指以吕梁山、太行山两大连片特困地区扶贫攻坚县为重点，贫困人口相对集中、农民人均纯收入低于2300元的贫困村。

实施百企千村产业扶贫开发工程，支持引导各类社会资本、民营资本、工商资本进入贫困地区，能够充分发挥企业资本、管理、技术、市场优势和贫困地区土地、劳动力、特色资源优势，通过实施区域化、规模化的产业扶贫开发，为农民增收提供产业支撑，为扶贫开发提供新的动力，实现农业现代化、工业化、城镇化、生态化一体推进，使企业在“地下”回报“地上”、“黑色”反哺“绿色”中，开拓新的产业，培植新的增长点，形成企业和农村、工业和农业共生共长、相互促进的全面、协调、可持续发展新格局。实施百企千村产业扶贫开发工程，是省委、省政府深入贯彻落实党的十八大精神，加大扶贫开发力度、办好“两件大事”的战略部署；是发挥社会主义制度优越性，支持引导企业履行社会责任、以改革发展成果回报全省人民的重大举措；是发挥地方主体责任和企业促进作用，促进企业和贫困地区优势互补、共同发展，实现企业转型和农民增收的双赢选择。实施好百企千村产业扶贫开发工程，既是一项重大政治任务，也是一项重要经济工作。各级党委、政府必须站在战略和全局高度，加强领导，精心组织，科学部署，扎实推进，努力走出一条资源型地区实现企业转型和扶贫跨越的可持续发展新路子。

二、目标任务

（一）基本原则。围绕促进农民收入翻番核心目标，坚持规划先行，以市场为导向，统筹规划、科学论证、注重效益、项目支撑，高起点规划组织实施产业扶贫开发；坚持因地制宜，立足贫困地区实际，发挥区域比较优势，注重生态修复和环境保护，宜农则农，宜林则林，宜牧则牧，宜工则工，宜开发生态旅游则开发生态旅游，因地制宜布局产业开发项目，科学合理选择企农合作方式，探索创新不同类型的产业扶贫开发模式；坚持确保权益，尊重企业经营决策权，坚持家庭经营为基础的农村基本经营制度等党在农村各项政策，决不允许损害农民合法权益和企业自身利益；坚持政策激励，强化落实各地党委、政府主体责任，加大财政投入力度，支持引导企业履行社会责任，参与产业扶贫开发；坚持互利双赢，尊重市场规律，按照市场规则组织实施产业扶贫开发，建立完善“风险共担、利益共享”的企农联结机制，在促进农民增收的同时，开辟企业转型发展新领域。

（二）目标要求。以促进农民收入翻番和企业转型发展为核心，通过实施百企千村产业扶贫开发工程，在全省形成一批年度投入产业开发资金亿元以上、开发土地面积万亩以上、带动千名以上贫困劳动力就业的大型农业开发企业，促进贫困地区农业现代化、工业化、城镇化和生态化建设一体推进，实现各级各类企业多元发展，农民收入大幅增加。到2015年，企业产业扶贫开发带动贫困村2000个以上，培育发展一批特色优势明显、产业规模集中、带动农民增收效果显著的产业扶贫开发项目，区域内农民人均纯收入年均增幅高于全省平均水平，提前实现翻番目标，产业扶贫开发成为企业转型发展重要领域，全省山庄窝铺的易地扶贫搬迁任务全面完成。到2020年，企业产业扶贫开发带动贫困村5000个以上，支撑农民稳定增收和促进企业转型发展的产业开发体系全面形成，区域内农民人均纯收入达到全省平均水平，企业产业扶贫开发领域的资产总额实现翻番，全省易地扶贫搬迁任务全面完成。

（三）主要任务。实施百企千村产业扶贫开发工程，要采取市场化理念、项目化运作的办法，通过注册成立农业开发公司，注资村镇银行或成立小额贷款公司，依法自愿有偿流转土地，探索创新各种不同类型农企合作机制和产业开发方式。结合各地产业发展规划，按照市场容量大、带动能力强和竞争优势突出的原则，重点围绕以下内容，带动贫困乡村实施区域化、规模化的产业开发。

1、发展现代特色农业。按照全省贫困地区农业特色优势产业开发规划布局，立足各地区域比较优势，通过使用先进实用技术、推广科技创新成果，发展辐射带动能力强、区域特色明显的现代农业。北部贫困地区，注重发展循环生态、畜饲蔬结合、牛羊为主的京津“菜篮子”基地，建设全产业链的杂粮生产加工基地；太行山贫困地区，注重发展道地中药材生产加工基地、干鲜果经济林基地；吕梁山贫困地区，注重发展优质核桃和红枣生产加工基地、果蔬结合的水果生产加工基地。要以“一县一业”、“一村一品”为基本路径，以“企业+合作社+农户”为基本模式，充分发挥农民合作社作用，采取板块推进的方式，因地制宜发展设施农业、特色农业、规模养殖、干鲜果经济林和现代农业园区，创办和参与兴办农业产业化龙头企业，培育壮大农产品流通和市场体系，建设农产品集配中心等物流设施，发展适应现代农业要求的物流产业，带动整村整乡整县农户参与产业开发，促进农业现代化。

2、结合易地扶贫搬迁推进城镇化建设。以生产生活条件恶劣和发展潜力不大的贫困村为重点，利用城乡土地增减挂钩政策，通过土地复垦置换，解决移民搬迁建设用地和产业开发项目用地，推进易地扶贫搬迁工作。结合易地扶贫搬迁，支持贫困群众向县城和重点镇有序转移。按照依法、自愿、有偿原则流转旧村土地，实现土地集中开发利用，产业集中规划实施，彻底改变贫困地区传统农业生产方式和生产内容，确保农民既获得土地流转收益，又获得工资性收入或财产性收入，加快城镇化建设步伐。

3、实施开发性农业建设。针对我省贫困地区荒山、荒沟、荒丘和荒滩等“四荒”地和盐碱地资源丰富、开发利用潜力较大的优势，采取承包、租赁、股份合作、拍卖使用权等方式，取得“四荒”地和盐碱地开发经营权。以生态化建设为重点，通过实施流域治理、坡耕地改造、水土保持、淤地坝建设等治理开发工程，开展土地整理、农业生产和经济林、生态林建设，发展观光农业和生态旅游，打造山、水、田、林、路综合治理示范园区，形成水土保持、土地整理、产业开发和生态建设“四位一体”的开发性农业新格局。

在抓好以上开发任务的同时，依托贫困地区比较优势和企业自身优势，鼓励企业延伸产业链条，兴办为企业生产经营提供初级产品和相关服务的生产服务型产业；积极承接发达地区产业转移，创办发展具有一定技术含量和吸收带动农村劳动力就业的特色加工制造业；结合产业开发，发展观光旅游、休闲旅游等县域产业支撑项目，为当地群众创造就业机会，增强县域经济实力。

三、政策措施

（一）加大企业发展现代特色农业项目支持力度。企业产业扶贫开发实施的现代特色农业项目，可通过农企合作等多种方式，优先享受“一县一业”、“一村一品”、现代农业示范区、规模养殖、设施农业、经济林等各项支农政策和农业综合开发、以工代赈、土地整理等项目支持。允许县级政府在符合国家有关规定情况下，围绕企业产业扶贫开发整合项目建设。

（二）加大企业发展农业产业化龙头企业支持力度。企业投资或参与兴办的农产品加工和流通企业达到一定规模的，享受农产品加工“513”工程龙头企业各项支持政策。从各金融机构取得的贷款，享受特色农产品产业支撑项目贴息政策，对农业高科技项目和产业链关键环节项目，适当提高贴息率。符合条件的企业，享受全省支持中小微企业发展的各项政策措施。

（三）加大易地扶贫搬迁支持力度。企业结合产业开发实施易地扶贫搬迁，除享受各级易地扶贫搬迁补助政策外，省级按照搬迁人口规模配套安排产业开发专项奖补资金。鼓励支持企业参与以工代赈扶贫搬迁、生态移民搬迁，并享受相应的补助政策。县级要按照《山西省人民政府办公厅关于加快推进全省易地扶贫搬迁工作的意见》（晋政办发〔2012〕45号）要求，整合资源搞好基础设施配套建设和移民搬迁组织动员等工作。企业对移民搬迁旧村宅基地进行复垦的，优先列入当地集体建设用地增减挂钩。企业通过土地复垦置换出的土地指标，在满足移民搬迁新村用地后，节余指标可优先用于企业产业扶贫开发项目建设用地及企业其他投资项目建设用地。

（四）加大企业实施开发性农业建设支持力度。企业产业扶贫开发实施的水保治理项目，享受省水保大户治理支持政策。鼓励企业治理开发“四荒”地，允许发展设施农业、规模养殖、经济林，建设现代农业园区，发展农产品加工业及生态旅游观光业等。企业治理范围内的“四荒”地可拿出一定比例按照建设用地进行开发。“四荒”地营造的林木，属于商品林的，允许企业依法自主经营；划定为生态公益林的，实行森林生态效益补偿制度。征收或征用企业治理开发的“四荒”地，应明确补偿标准，给予合理补偿。

（五）加大土地政策支持力度。企业产业扶贫开发项目需要征收或征用土地的，在土地使用计划指标上给予倾斜，城乡建设用地增减挂钩周转指标使用不受500亩上限限制，并在办理审批手续上给予支持。企业实施产业扶贫开发的新增耕地，优先纳入全省耕地占补平衡范围，享受土地开发造地补助；企业自行出资开发的新增耕地，优先用于出资企业新增建设用地的占补平衡，并可纳入全省新增耕地储备库，允许在全省范围内有偿使用。

（六）允许使用矿山环境恢复治理保证金。企业应依法合规使用一定的矿山环境恢复治理保证金，通过实施生态环境治理，发展设施农业、特色种植业、现代农业园区、经济林和生态林等产业扶贫开发项目，实现生态修复。

（七）加大财税支持力度。企业产业扶贫开发项目所得，符合税法规定条件的，可免征、减征企业所得税。企业产业扶贫开发中的捐赠，符合税法规定条件的，可按规定在企业所得税税前扣除。企业直接用于农、林、牧、渔等产业扶贫开发项目建设的生产用地，免征城镇土地使用税。企业直接为农业生产服务的生产设施占用规定农用地的，不征收耕地占用税。企业经批准开发整治的土地和改造的废弃土地，符合税法规定条件的，免征城镇土地使用税5-10年。企业直接投资到贫困村营造的碳汇林，按规定享受碳汇造林政策。

（八）加大金融服务支持力度。发挥农村信用社、农业发展银行在农村金融服务中的主力军作用，鼓励政策性银行、大型商业银行、农村中小金融机构在授信放贷中对企业产业扶贫开发给予重点支持。鼓励符合条件的企业通过参股村镇银行，发起设立小额贷款公司，为农村经营组织和农户实施产业扶贫开发提供融资服务。鼓励探索开展林权、大型农机具等抵（质）押贷款业务，探索开展土地承包经营权抵（质）押贷款业务试点。鼓励保险公司开发适合企业产业扶贫开发项目特点的农业保险产品。培育发展产业扶贫开发融资性担保公司，鼓励符合条件的企业发起设立融资再担保公司。

（九）加大项目审批支持力度。企业产业扶贫开发项目各项审批手续享受扩权强县试点县政策。建立企业参与产业扶贫开发项目审批“绿色通道”，符合产业政策和规定审批条件的，实行优先立项、特事特办、限时办结。重大项目实行联席审批制度。

（十）加大人才支持政策力度。省级成立产业扶贫开发科技专家组，分产业类别聘请首席专家，提供技术管理服务。省级每年安排专项资金，对企业产业扶贫开发经营管理人员进行能力提升培训。企业到贫困村招收农村劳动力并开展岗前培训的，列入年度扶持就业促进计划，按规定从就业专项资金中给予职业培训补贴。参与产业扶贫开发的省属国有企业可在当地吸纳农民合同工，合同期限为1—5年。鼓励支持公职人员为企业提供产业扶贫开发技术和管理服务。鼓励支持高等院校毕业生到企业从事产业扶贫开发。省属国有企业主要领导对企业产业扶贫开发负总责，同时明确一位副职具体负责此项工作。

四、组织领导

（一）加强领导，明确责任。各级党委、政府特别是贫困县县级党委、政府是扶贫开发的领导主体和责任主体，要认真落实党政一把手负总责的扶贫开发责任制，切实加强对企业产业扶贫开发工作的组织领导。省级成立百企千村产业扶贫开发工程领导组，负责协调解决企业产业扶贫开发的有关重大问题。领导组办公室设在省扶贫办，承担百企千村产业扶贫开发工程的组织指导、统筹协调和项目督办。省直有关部门要主动协作，密切配合，结合各自职能分工，制定支持企业产业扶贫开发的政策措施。对企业产业扶贫开发的重点项目，要从立项开始到生产运营全过程，提供高效、优质和便捷的一揽子服务。各行业各有关部门要在产业开发、基础设施、公共服务和生态建设等资金项目上向贫困地区优先安排，重点倾斜。市县两级也要成立相应的领导组，加强统筹协调，采取有效措施，推动工作顺利开展。贫困县县级党委、政府要认真做好县域发展规划和产业扶贫开发项目的准备工作，结合当地实际配套出台支持企业产业扶贫开发的优惠政策措施，积极主动发布项目、招商引资，做好和参与企业的各项工作对接；要协调解决好土地流转、征地拆迁、村务管理、债务处置、集体林权流转和“四荒”地资源利用等工作，为企业实施产业扶贫开发创造良好条件。

（二）分级负责，抓好落实。按照统筹兼顾、分级负责、就近就地、双向选择、分期分批、有序推进的原则，以项目为纽带，落实相关责任。省国资委负责组织落实省属国有企业与连片特困地区扶贫攻坚县和国家扶贫开发工作重点县的联系衔接工作；市级政府负责组织落实市属国有企业、市域内中央驻晋企业和民营骨干企业与所属贫困县的联系衔接工作；贫困县县级政府负责组织落实包括省外企业在内的其他各级各类企业和社会资本与本县及所辖贫困乡、村的联系衔接工作，做到所有贫困县都有企业联系衔接。非贫困县也要组织企业联系衔接插花贫困乡和贫困村。已经实施或正在实施产业扶贫开发的企业，开发内容符合要求、带动贫困村或贫困劳动力就业达到一定规模且继续组织开发的，可视为联系衔接企业。省属14户重点国有企业的联系衔接工作首批启动，市级政府组织落实的第一批企业联系衔接工作于8月底前全部启动。

（三）示范推动，考核激励。建立百企千村产业扶贫开发工程动态监测体系，及时掌握工作进展情况。参照省重点工程建设项目通报排队办法，定期在省级主要媒体公布企业产业扶贫开发进展情况。深入广泛宣传百企千村产业扶贫开发工程的重要意义、实施效果和先进典型，营造良好舆论环境和社会氛围。省市两级要分别抓好若干典型示范企业，以典型示范推动工作。要把农民增收作为百企千村产业扶贫开发的主要考核指标，科学设置考核体系和确定考核办法。从2013年至2015年三年内，省属国有企业投入产业扶贫开发的资金可视作企业当期考核利润，对扶贫开发效果定期评估，评估结果纳入企业年度业绩考核内容。市级政府组织企业参与产业扶贫开发工作要列入省年度目标责任考核体系，县级政府组织企业参与产业扶贫开发工作要作为县域经济考核的重要指标。对在百企千村产业扶贫开发工程实施过程中做出突出贡献的企业、企业干部和党政干部，要进行表彰激励并在享受各类优惠政策、评先评优、选拔任用等方面优先考虑。做出重大贡献的民营企业家，要给予一定的社会荣誉。

（四）注重总结，完善措施。鼓励支持各地各类企业因地制宜、因企制宜，积极探索、先行先试，创造性地组织开展企业产业扶贫开发工作，抓好百企千村产业扶贫开发工程的思路创新、方式创新、机制创新和工作创新。认真抓好调查研究，及时发现和总结企业产业扶贫开发的典型经验、成功做法，通过基层一线的生动实践和良好效果，积极推动企业产业扶贫开发工作的不断完善和创新突破，为促进百企千村产业扶贫开发工程的广泛深入开展提供强大活力和持续动力。

中共山西省委
山西省人民政府
关于深化法治山西建设的实施意见

晋发〔2013〕15号

（2013年7月19日）

为深入贯彻落实党的十八大精神和中央关于加强法治建设的部署要求，全面推进科学立法、严格执法、公正司法、全民守法，提高依法执政、依法行政水平，为加快转型跨越发展、全面建成小康社会提供坚强的法治保障，现就深化法治山西建设提出如下实施意见。

一、提高思想认识，切实增强深化法治山西建设的责任感和紧迫感

党的十八大作出了全面推进依法治国的重大决策和战略部署，对全面推进依法治国提出了更高要求、赋予了更新内涵。近年来，省委、省政府高度重视法治建设，先后作出依法治省、建设法治山西等重要决策部署，各地各部门按照《"法治山西"建设实施纲要》，完善体制机制，深化法治创建，推进依法治理，取得了明显成效。同时，也要清醒地看到，我省法治建设与经济社会发展要求和人民群众期盼还有一定差距，地方立法水平有待进一步提高，执法不严格、不规范、不公正、不文明、不廉洁问题仍不同程度存在，领导干部运用法治思维和法治方式的能力有待进一步增强，全社会法治意识有待进一步提升。当前和今后一个时期，是山西实现转型跨越、全面建成小康社会的重要阶段，也是深化法治山西建设的关键时期。各级党委、政府一定要从落实依法治国基本方略、巩固党的执政地位、实现社会长治久安、保障和促进转型跨越的战略高度，切实增强政治责任感和紧迫感，把深化法治山西建设摆在更加突出的位置，以依法行政、公正司法和法制教育为重点，以创建法治市县为抓手，以强化法治文化建设为支撑，全面提高依法治省水平，推动形成党委依法执政、政府依法行政、司法机关公正司法、企业依法经营、全社会崇法守法的法治局面。

二、着力推进依法执政，切实把党的领导贯彻到依法治省全过程

1、健全依法执政机制。坚持党总揽全局、协调各方的原则，充分发挥党委在同级各种组织中的领导核心作用，进一步规范党委与人大、政府、政协、司法机关以及人民团体的关系，积极支持人大及其常委会依法行使职权，支持政府履行法定职能、依法行政，支持政协围绕团结和民主两大主题履行职能，支持审判机关和检察机关依法独立

公正行使审判权和检察权，支持工会、共青团和妇联等人民团体依照法律和各自章程开展工作。全省各级党组织必须在宪法和法律范围内活动，真正做到党领导立法、保证执法、带头守法。

2、提高依法决策水平。完善依法决策程序，对涉及全省改革开放和经济社会发展全局，影响公民、法人和其他组织权利义务的重大决策以及实践证明行之有效的政策措施，省委适时向省人大或其常委会和省政府提出建议和意见，把党的意志和路线方针政策转化为具有法律约束力的行为规范，落实到经济、政治、文化、社会和生态文明建设的各个方面和各个环节。

3、树立法治思维方式。领导干部要带头厉行法治，带头学习、遵守宪法和法律，切实增强法治意识，自觉做到依法办事、办合法事，做到办事情、想问题、作决策坚持以法治为主要标准，以法治为主要手段，以法治为基本方式，自觉摒弃人治思维，努力形成办事依法、遇事找法、解决问题用法、化解矛盾靠法的良好法治环境，确保在法治轨道上推动各项工作。任何个人和组织都不得有超越宪法和法律的特权，绝不允许以言代法、以权压法、徇私枉法。

4、增强依法执政能力。建立领导干部法律知识学习培训长效机制。党委（党组）中心组要每年集中学法1—2次，省、市、县（市、区）要每年举办1—2次综合性学法报告活动。探索建立和推行任命领导干部任前法律考试和公务员任职法律知识考试制度。各级组织部门要把依法办事、遵守法律情况作为考察识别干部的重要内容，使法治建设真正成为硬标准、硬要求、硬约束，不断提高各级领导干部运用法治思维和法治方式深化改革、推动发展、化解矛盾、维护稳定的能力。

三、着力推进科学立法，切实提高地方立法水平

5、完善地方性法规规章。进一步加强地方立法工作，认真制定实施地方立法规划和计划，建立健全与我省“十二五”规划相配套、与办好“两件大事”相适应的地方法规、规章，重点加强促进经济发展方式转变、推进转型综改试验区建设、保障民生和发展社会事业、加强和创新社会管理、统筹城乡发展、加强科技创新和文化强省建设、推进生态文明建设等方面的立法。

6、健全地方立法工作机制。积极探索坚持党的领导、人民当家作主和依法治国有机统一的运行机制和有效实现形式。建立和完善党委领导、人大主导、专群结合、公众参与的地方立法机制。建立省委提出立法建议、审定立法规划、讨论重要法规规章草案制度，建立地方立法重大事项报告制度。建立和完善立法前论证、向社会公开征集立法项目制度。完善立法听证、专家咨询论证以及公开征求意见、听取和采纳意见情况说明制度。充分发挥人大代表在立法中的作用，保证人民群众的意见和建议得到充分表达，合理诉求、合法利益得到充分体现。

7、加强对法规规章和规范性文件的清理审查。加强地方性法规、规章和规范性文件评估、清理等工作，坚持立、改、废并重，对不符合经济社会发展要求、与上位法相抵触或者相互之间不协调的法规、规章和规范性文件，要及时修改或废止。各级行政机关要严格按照法定权限和程序制定规范性文件，严格执行规范性文件统一登记、统一编号、统一公布制度和有效期制度。加强规章和规范性文件备案审查工作。

四、着力推进严格执法，切实加快法治政府建设

8、依法规范政府职能。深入推进行政体制改革，依法规范各级政府在经济调节、市场监管、社会管理和公共服务等方面的职能，深入推进政企分开、政资分开、政事分开、政社分开，切实减少对微观经济活动的干预。行政机关实施行政管理，应当依照法律、法规、规章的规定进行；没有法律、法规、规章的规定，行政机关不得作出影响公民、法人和其他组织合法权益或者增加公民、法人和其他组织义务的决定。充分发挥市场在资源配置中的基础性作用，充分发挥社会的自我完善功能。除法律另有规定外，凡是公民、法人和其他组织能够自主解决的、市场竞争机制能够调节的、行业组织或者中介机构通过自律能够解决的事项，行政机关不通过行政管理去解决。

9、健全依法决策程序。严格执行重大决策公众参与、专家论证、风险评估、合法性审查、集体讨论决定的程序规定。建立重大决策事项会前交由法制机构进行合法性审查制度，建立政府法律顾问制度。全面实施重大工程项目建设和重大政策制定社会稳定风险评估制度，凡是与人民群众切身利益密切相关、影响面广、容易引发社会不稳定问题的重大决策事项，都要进行社会稳定风险评估。建立决策跟踪评价和责任追究制度，凡超越权限、违反程序的决策行为及决策失误造成严重后果的，依法严肃追究主管部门、单位和相关人员责任，坚决防止因决策不当引发社会矛盾。

10、严格规范执法行为。各级行政机关要自觉在宪法和法律范围内活动，严格依照法定权限和程序行使权力、履行职责。加大行政执法力度，严厉查处各类违法案件。扎实推进行政执法体制改革，合理界定执法权限，明确执法责任，推进综合执法，减少执法层级，切实解决多头执法、多层执法和执法缺位、执法混乱问题。改进和创新执法方式，坚持管理与服务并重、处置与疏导结合，努力实现法律效果与社会效果的统一。扎实推进执法规范化建设，加强制度建设，细化执法流程，明确环节步骤，保障程序公正，规范裁量权限，坚持做到平等对待、适当适度、文明执法。加强行政信息化建设，推行执法流程网上管理、执法活动网上监督、执法效果网上考核，提高执法效率和规范化水平。

11、深入推进政务公开。加大政务信息公开力度，凡是不涉及国家秘密、商业秘密和个人隐私的政府信息，都要主动、及时、准确、具体向社会公开。重点推进财政预算、公共资源配置、重大建设项目批准实施、社会公益事业等领域的政府信息公开。推进办事公开，拓宽公开领域，所有面向社会服务的政府部门都要依法公开办事依据、条件、要求、过程和结果。创新政务公开方式，加强电子政务建设，推行网上电子审批，充分发挥政务网站的信息查询和在线办事功能。规范和监督医院、学校、公交等公共企事业单位的办事公开工作，为人民群众生产生活提供优质、高效、便利的服务。

12、大力加强行政监督。行政机关要自觉接受人大及其常委会的监督、政协的民主监督和司法机关的法律监督，高度重视舆论监督，切实强化行政机关内部层级监督和专门监督，探索建立监督联席会议制度和行政执法人员执法档案制度。全面推行行政执法评议工作，拓展评议范围，完善评议方式，扩大群众参与，提高评议实效。严格行政问责，严肃查处行政不作为、乱作为和失职渎职、滥用职权、损害群众利益等问题，做到有错必究、有责必问。对因违法行政导致发生重大责任事故、事件或者严重违法行政案件的，坚决实施行政问责。

13、依法化解矛盾纠纷。建立健全政府负总责、政府法制机构牵头、各职能部门为主体的行政调解工作体制，充分发挥行政机关在化解行政争议和民事纠纷中的作用。加强和改进行政复议工作，探索开展相对集中行政复议审理工作，扎实推进行政复议委员会试点工作。建立行政机关负责人重大复议案件出席听证制度。健全行政复议机构，完善行政复议与信访的衔接机制。完善行政应诉制度，大力推进行政机关负责人主动出庭应诉制度，不断提高行政机关负责人行政诉讼出庭应诉率。

五、着力推进公正司法，切实维护社会公平正义

14、深化司法改革。认真落实中央深化司法体制机制改革的各项部署，优化司法职权配置，健全司法职权结构和组织体系。完善贯彻落实宽严相济刑事政策的制度和措施。建立健全司法经费保障体制。完善司法救助制度和刑事赔偿制度。进一步规范和完善人民陪审员、人民监督员制度，扩大司法参与。积极稳妥地推进劳动教养制度改革、涉法涉诉信访工作改革和司法权力运行机制改革。健全完善科学、合理的司法权力运行机制，依法理顺政法机关内外、上下、左右关系，确保执法权、司法权高效正确运行，保障司法机关依法独立公正行使职权。

15、维护司法权威。各级党委要带头维护司法权威，各级人大及其常委会要依法实施监督，各级行政机关要依法参与诉讼活动、认真履行协助义务、自觉履行生效裁判。加强司法保障机制建设，建立对非法干预司法活动进行备案登记和查处追究制度，坚决排除地方保护主义和本位主义对司法活动的干扰，规范新闻媒体对司法机关正在办理案件的报道，保障司法机关依法独立公正行使职权。加强司法公信力建设，着力解决人民群众反映强烈的司法不公问题，健全司法纠错机制。加大生效裁判的执行力度，建立健全执行联动威慑机制，有效解决执行难问题。把解决信访问题纳入法治轨道，依法维护公正结论、依法保障合法权益、依法纠正错误裁决，保护合法信访、制止违法闹访，努力实现案结事了、息访罢访，实现维护人民群众合法权益与维护司法权威的统一。

16、规范司法行为。进一步规范办案流程，使所有的司法行为都有章可循，针对容易出问题的环节，要明确权力运行的范围、条件、程序和界限，避免司法随意性。规范执法尺度，完善案例指导制度，及时发布指导性案例，统一类案裁判标准。推进量刑规范化工作，促进量刑公平公正，增强法律适用的统一性。积极引导司法人员正确行使自由裁量权，确保自由裁量合法合情合理，努力让人民群众在每一个司法案件中都能感受到公平正义。

17、提高司法效率。进一步完善案件繁简分流制度，优化配置司法资源，提高诉讼效率，降低司法成本。处理好实事求是、有错必纠与维护司法既判力的关系。进一步完善涉法涉诉案件的终结机制，减少非法上访、无序信访对司法机关人力财力等资源的消耗。加大清理超期羁押案件的力度，严格依法处理，避免久押不决、久拖不决。

18、强化司法监督。强化上级司法机关的监督职能，通过诉讼程序及时纠正下级司法机关错误裁决。充分发挥政法各部门在刑事案件中的监督制约作用，共同保证刑事案件的公正处理。加强党委政法部门的执法监督、人大的权力监督、政协的民主监督、检察机关的法律监督和社会公众的监督，促进公正司法。完善司法机关的内部监督制度，通过案件管理机制改革，提高司法效率和办案质量。

19、推进司法公开。严格落实警务公开、检务公开、审判公开、狱务（所务）公开制度，除法律规定保密的情况外，最大限度地向社会公开执法依据、执法程序、执法时限、执法进度和执法结果，保障当事人和社会公众享有充分的知情权。进一步拓宽公开渠道，将公开载体从传统的公示栏、报刊、宣传册等，拓展到网站、博客、微博客、即时通讯工具等网络新兴媒介，丰富司法公开载体。建立健全新闻发言人和新闻发布例会制度，及时发布司法信息，积极回应社会关切。通过裁判文书上网、邀请群众旁听庭审、推行司法开放日制度等措施，拓展司法公开的广度和深度。

20、提升司法能力。建设一支政治坚定和专业化、职业化水平较高的司法队伍。严把人员进口关，从源头上提高司法人员的素质。加大培训力度，建立学习保障和激励机制。积极推进专题培训和岗位练兵，加强司法人员对法律精神的学习掌握和对司法规律的研究把握，切实提高法律素养、司法能力、办案水平。加强专业化建设，深入开展职业道德教育，建立职业准入、分类管理、职业保障等

制度，研究完善符合司法职业特点的人事管理、人才保障制度，为司法人员提供良好的职业保障，增强司法人员的职业认同感和荣誉感。

六、着力推进全民守法，切实加强法治社会建设

21、全面实施全民普法规划。大力弘扬社会主义法治精神，坚持法制教育与社会主义核心价值体系教育相结合、与社会主义法治理念教育相结合、与公民意识教育相结合，突出抓好以宪法为核心的中国特色社会主义法律体系宣传教育，重点加强对领导干部、公务员、青少年、企事业经营管理人员和农民的法制宣传教育，深入推进法律“六进”及法律宣传日、宣传周、宣传月等普法主题教育活动，不断创新法制宣传教育形式和手段，坚持传统手段与现代宣传方式相结合，切实增强宣传教育的实效性、针对性，推动形成人人知法守法、各方依法办事的良好社会风尚。

22、大力推进法治文化建设。充分发挥法学研究和法学教育机构、行业团体和法律服务中介机构的重要作用，进一步繁荣法学教育和理论研究，促进法学理论与法治实践相结合。着力加强法治文化阵地建设，因地制宜建设一批法治主题公园、文化广场、街区、展馆、农家书屋等法治文化设施，推动法治文化与社会文化有机融合、法治文化设施与公共文化服务设施功能互补。积极推动法治文化作品创作，广泛开展群众喜闻乐见、丰富多彩的法治文化活动，不断满足人民群众对法治文化的需求。

23、深入推进社会管理创新。围绕构建中国特色社会主义社会管理体系，加快形成党委领导、政府负责、社会协同、公众参与、法治保障的社会管理体制，政府主导、覆盖城乡、可持续的基本公共服务体系，政社分开、权责明确、依法自治的现代社会组织体制，源头治理、动态管理、应急处置相结合的社会管理机制。加强基层社会管理服务体系建设，创新流动人口和特殊人群管理服务，强化公共安全体系和企业安全生产基础建设，深化平安建设，完善立体化社会治安防控体系，提高社会管理科学化水平。深入推进社区居民自治，鼓励城乡社区居民积极探索自我管理、自我教育、自我服务的新途径、新办法。加强基层服务型党组织建设，通过转变工作方式、创新管理手段、构建服务平台，切实把基层党组织的政治、组织、制度优势转化为服务和管理优势，充分发挥党组织在加强和创新社会管理中的领导核心作用。

24、广泛开展依法治理。深入开展“依法治理示范单位”创建活动，认真贯彻我省依法治理示范单位创建管理办法，完善实施细则，落实创建措施，发挥创建推动作用，深化地方、行业、基层依法治理，形成省、市、县、乡、村、企“六位一体”联动格局。把推进企业依法经营放在突出位置，依法建立现代企业制度，建立健全企业内部经营管理制度。完善企业法律顾问制度，提高企业防范处理法律风险的能力和依法经营管理水平。依法严厉查处危害食品药品安全、农产品质量安全、生产安全、自然资源和环境保护等方面的违法案件，严厉打击各种破坏市场经济秩序的违法犯罪活动。

25、加强诚信山西建设。认真贯彻落实省委办公厅、省政府办公厅印发的《关于加强诚信建设全面推进依法治省的意见》（晋办发〔2013〕8号），以市场主体准入、依法纳税、合同履行、产品质量、社会成员信用度建设为重点，推进政务诚信、商务诚信、社会诚信、司法公信及信用体系建设，进一步提升社会诚信意识、政府依法行政意识、司法公信力和企业信用度，逐步建立与全面建成小康社会相适应的覆盖全社会的征信系统，确保社会诚信环境明显优化。

26、拓宽公民权利救济渠道。建立健全党和政府主导的维护群众权益机制，完善信访制度，健全人民调解、行政调解、司法调解联动的工作体系，建立专业性、行业性调解组织，畅通和规范群众诉求表达、利益协调、权益保障渠道，着力解决农村土地征用、城镇房屋拆迁、企业改制、涉农利益、教育医疗、社会保障、环境保护、安全生产、食品药品安全、城市管理、涉法涉诉等方面群众反映强烈的突出问题，切实维护群众合法权益。大力实施法治为民工程，进一步提高法律服务和保障水平。

27、深入开展法治创建活动。扎实推进法治城市和法治县（市、区）创建活动，研究制定科学合理的考评指标体系和简便实用的考评办法。广泛开展依法行政、公正司法示范点等行业法治创建活动和法治机关（单位）、诚信守法企业、法治乡（镇、街道）、民主法治示范村（社区）等系列法治创建活动，形成以法治城市和法治县（市、区）创建为引领、以行业法治示范点创建为支撑、以基层法治创建为基础的覆盖全省的法治创建活动体系。推进基层法治服务阵地建设，积极推广在乡（镇、街道）、社区（村）建立“法治服务中心”、“公民法治驿站”、“居民法治之家”等做法，积极引导公民有序参与基层民主法治实践。

七、强化组织领导，切实保证法治建设扎实推进

28、加强组织领导。法治建设在省委的统一领导下进行，省委依法治省领导组作为省委议事协调机构，要定期研究解决法治建设中的重大问题。领导组办公室要履行规划指导、组织协调、督促检查、考核验收、总结评比的职责，推进法治建设各项工作扎实开展。市、县两级要成立相应的领导机构，加强对法治建设的组织领导、科学谋划、统筹协调和督促指导，确保法治建设各项任务落到实处。加大经费保障力度，积极为法治建设创造必要条件。

29、建立工作机制。建立六个专项联席会议机制。一是建立地方立法联席会议机制，由省人大法制委牵头，协调解决地方立法中的重大问题。二是建立依法行政联席会议机制，由省政府法制办牵头，协调推进依法行政。三是建立公正司法联席会议机制，由省委政法委牵头，协调推

进政法机关严格执法、公正司法。四是建立依法经营联席会议机制，由省工商局牵头，协调推进市场主体依法经营。五是建立基层民主法治建设联席会议机制，由省民政厅牵头，组织开展基层民主法治建设工作。六是建立普法和依法治理联席会议机制，由省司法厅牵头，协调推进依法执政、普法教育、法治文化建设及基层法治创建工作。六个专项联席会议要实行项目化管理方式，确定一批带动性强、能够产生累积效应的重点项目，以重点项目的突破带动法治建设整体水平的不断提高。市、县两级要建立相应的协调推进机制，形成上下联动、协调有力、高效运转的工作格局。

30、加强督导考核。省委依法治省领导组办公室要加强对全省法治建设的调研指导，深入基层、深入一线，及时了解掌握基层法治建设的推进情况。确定一批不同层次、不同类型的法治建设试点，按照实践探索、基层突破、试点先行、总结经验的工作思路，坚持典型引路、以点带面，探索形成法治建设工作新范式。研究制定科学合理的法治建设考核评价指标体系，把推进法治山西建设情况作为考核评价工作的一项重要内容，发挥考核评价的杠杆作用。

中共山西省委
山西省人民政府
关于深化科技体制改革加快创新体系建设的实施意见

晋发〔2013〕16号

（2013年 8 月9日）

为深入贯彻落实党的十八大精神和中共中央、国务院《关于深化科技体制改革加快国家创新体系建设的意见》（中发〔2012〕6号），充分发挥科技对经济社会发展的支撑引领作用，有力促进全省转型跨越发展，现就深化科技体制改革、加快创新体系建设提出如下实施意见。

一、深化科技体制改革、加快创新体系建设的总体要求

1、指导思想。高举中国特色社会主义伟大旗帜，以邓小平理论、“三个代表”重要思想、科学发展观为指导，大力实施创新驱动发展战略，以提高自主创新能力为核心，以促进科技与经济社会发展紧密结合为重点，充分发挥科技在转变经济发展方式和调整经济结构中的支撑引领作用，紧紧围绕实现高碳资源低碳发展、黑色煤炭绿色发展、资源型产业循环发展等提供科技支撑，加快创新型山西建设。

2、基本原则。坚持科技引领、创新驱动，发挥科技创新的引领支撑作用，加快实现创新驱动发展；坚持政府引导、企业主体，发挥政府在战略规划、政策法规等方面的引导作用，突出企业技术创新的主体地位，加强市场的导向作用，强化产学研用紧密结合，促进各类创新主体协同创新。

3、主要目标。到2020年，全省建立起比较完善的创新体系，研发经费占地区生产总值比例、科技进步贡献率和每万人发明专利拥有量达到全国平均水平，自主创新能力大幅提高，煤炭与煤层气绿色高效开采及清洁高效利用关键技术与装备达到全国领先水平，创新型山西建设取得成效。

“十二五”时期的主要目标：全省研发经费占地区生产总值2.2%，大中型企业平均研发投入占主营业务收入比例提高到1.5%，行业领军企业逐步实现研发投入占主营业务收入的比例与国际、国内同类先进企业相当，科技进步贡献率达到55%左右，每万名就业人员的研发人力投入达到37 人年，全省公民具备基本科学素质的比例超过5%，煤炭与煤层气绿色高效开采及清洁高效利用关键技术与装备取得重大突破，技术合同交易额比“十一五”末翻一番。

二、强化企业技术创新主体地位，促进科技与经济紧密结合

4、建立企业主导产业技术研发创新的体制机制。一是建立健全企业研发投入机制。凡企业研究开发投入占同年主营业务收入的比例超过3%的，给予通报表彰；省属国有企业研究开发投入占同年主营业务收入的比例低于1%且增幅低于同年主营业务收入增幅的，须在规定期限内补足投入。国有资产管理部门应当将国有企业的研究开发投入、创新人才培养、研发中心建设等纳入企业负责人业绩考核范围。在国有企业目标责任考核时，实行国有企业研究开发投入视同完成企业利润的制度。省级各部门设立的研究开发类和科技创新类计划项目80%须由企业牵头承担，引导企业增加研发投入。二是建立研发机构主要设在企业的机制。积极推进大型企业建立国家级研发机构，支持中小

企业设立多种形式的研发机构；支持民营企业承担或参与工程技术（研究）中心、重点实验室、工程实验室建设；利用政府资金建设的科技基础设施要向民营企业研发机构开放。省级各部门认定的工程技术（研究）中心、企业技术中心等须设在企业或产学研合作的机构。从事生产性的国有大中型企业须建立研发机构，独立设置总工程师岗位，总工程师作为企业领导班子成员主抓技术创新工作。三是建立鼓励企业申请和转化发明专利的机制。加大专利申请资助专项资金投入力度，主要用于发明专利申请资助。企业须安排专项经费用于知识产权的申请、维持、保护和转化，大力推动发明专利的产业化。

5、加强战略性新兴产业发展，着力布局一批科技重大专项。围绕“512”战略性新兴产业发展专项部署创新链，突破技术瓶颈，掌握核心关键技术。到“十二五”末，我省战略性新兴产业增加值占地区生产总值的比重达到7-8%。围绕煤炭高效清洁利用、煤层气开发利用、先进装备制造及新材料、节能环保、现代农业和社会民生等领域，布局实施一批科技重大专项和示范工程。

6、加强农业科技创新力度，提升农业科技服务水平。开展“百千万”科技富民强县工程、农业科技“双百”转化工程和“百万农民素质提升”工程，提升基层农技推广服务能力和水平。加快建立生产、加工、储运、销售等全过程的农业信息综合技术服务平台。实施一批强农富民农业科技成果转化标杆项目。到“十二五”末，打造3-5个“育繁推一体化”现代农作物种业集团。

三、加强统筹部署，提高协同创新能力

7、大力加强协同创新。鼓励科研院所、高等学校与企业共建学科专业和研发机构。启动一批能够调动企业、高校、科研院所各方积极性的重大协同创新项目，解决行业关键共性技术难题。支持行业骨干企业与科研院所、高等学校签订战略合作协议，组建产业技术创新战略联盟。建立以联盟为主体申报、实施项目的机制。建立基础研究、应用研究、成果转化和产业化紧密结合、协调发展机制。充分发挥中央驻晋科研院所在协同创新中的重要作用，对其申报的项目要优先支持。

8、加快推进山西科技创新城建设。按照政府主导、市场运作，开放合作、创新驱动，绿色低碳、生态宜居的建设原则，充分发挥科技创新城集聚、创新、孵化、辐射功能，积极推动大项目落地，将其打造成为全省科技创新的战略支点、产业转型的制高点、太原都市区建设及太榆同城化的突破口、国家综改试验区政策创新的试验田。

四、改革科技管理体制，促进管理科学化和资源高效利用

9、深化科研院所体制改革。结合事业单位改革，建立适应公益类科研机构特点的科技创新机制；完善有利于激发基础类科研机构创新活力、提升原始创新能力的运行机制；加大对基础研究、公益技术研究和服务的支持力度。支持转制科研院所深化产权制度、劳动制度和科研管理制度改革，建立有利于技术类科研机构企业化转制和市场导向的技术创新机制。优化科技资源配置，组建产学研相结合的工业技术研究院，推动科技成果转化和产业化。

10、强化科技资源开放共享。组建科技资源统筹中心，整合各类科技资源，加快大型科学仪器设备、科技文献、科学数据等科技基础条件平台建设，探索能够调动资源所有者和使用者积极性的机制。建立财政资金购置科研仪器设备的查重机制和联合评议机制。对财政资金购置的大型科研仪器设备和科研基础设施，建立统一的管理数据库，依法向社会开放。

11、改革科技项目管理机制。建立健全科技项目决策、执行、评价相对分开、互相监督的运行机制。利用财政资金设立的各类研究开发和成果转化计划项目应当建立健全同行评议和竞争择优制度。创新项目立项评审办法，进一步探索网络和视频评审；项目验收完成后，研究成果的基本信息全面向社会公开，成果社会共享，防止重复立项。建立重大科研项目的预算评审制度。完善科技项目管理的法人责任制。

12、深化科技评价和奖励制度改革。逐步建立基础研究由同行评价、应用研究由用户和专家评价、产业化开发由市场和用户评价的制度。建立评审专家责任制度和信息公开制度，加强对科技项目决策、实施、成果转化的后评估。改革省科技进步奖评审办法，优先奖励产业化的科技成果。从2013年起，在省科技进步奖的获奖项目中企业独立完成的和产学研合作完成的应占绝大多数。

五、完善人才发展机制，激发科技人员积极性创造性

13、坚持培养和引进并举的人才开发模式。以项目为载体，实施高端创新型人才培养引进工程、海外高层次人才引进工程、新兴产业领军人才培育工程、创新人才推进计划、“三晋学者”支持计划和“千人百县”高层次人才服务基层计划。加快培养和造就一批在我省国民经济重点领域能够突破关键技术、带动产业升级或实现成果转化的高层次创新创业科技人才和优秀创新团队。建立全省人才数据库，实行动态管理。

14、鼓励科技人员创新创业。高校、科研院所和国有事业、企业科技人员创办、领办或合办科技型企业的，3年内保留其原有的身份和职称，档案工资正常晋升。鼓励高校、科研院所科研人员到企业兼职，并担任首席专家或首席工程师，解决企业的技术难题。科技人员到企业兼职可以计入专业工作经历，在聘任专业技术职务时优先予以考虑。支持和鼓励企业技术带头人、技术骨干到高校、科研院所担任导师、教授，从事科研和教学任务。允许和鼓励高校、科研院所科研人员在完成本职工作前提下在职创业，其收入归个人所有。允许和鼓励高校、科研院所的科技人

员以其专利技术入股或科研成果参股，科技人员的专利技术或科技成果作价出资最高可占注册资本的70%。

15、加强科学道德和科研诚信建设。建立健全科研信用管理体系。科研项目管理机构应当为申请、执行、评估评审项目的单位和个人建立科研诚信档案，加强对科研不端行为的管理。科研机构和高校应当将科技人员信用状况作为其职务聘任和职称评定中对职业道德要求的重要内容，导师和科研项目负责人等要加强科学道德修养，充分发挥在科研诚信方面的言传身教作用。建立科研不端行为黑名单制度，定期公布。努力在全社会形成尊重知识、尊重劳动、尊重人才、尊重创造的良好风尚。

六、营造良好环境，为科技创新提供有力保障

16、加大财政对科技创新的投入力度。县级以上政府应当将科技经费作为财政预算保障的重点。省级财政用于科技经费的增长幅度应当高于省级财政经常性收入的增长幅度。到"十二五"末，省级财政一般预算支出中科技经费支出所占比例应当达到全国地方平均水平。市、县（市、区）财政科技经费支出在本级财政一般预算支出中所占比例应当达到国家科技进步考核指标要求。各级财政投入的科技经费任何部门都不准挪用、不许截留、不能有名无实，确保专款专用。

17、落实支持企业技术创新的企业所得税优惠政策。企业为开发新技术、新产品、新工艺发生的研究开发费用，未形成无形资产计入当期损益的，在按照规定据实扣除的基础上，按照研究开发费用的50%加计扣除；形成无形资产的，按照无形资产成本的150%摊销。对国家需要重点扶持的高新技术企业，减按15%的税率征收企业所得税。落实企业研发设备加速折旧政策。主管税务机关有异议的，可要求企业提供科技行政部门的鉴定意见书。

18、建立科技和金融的结合机制。扩大省创业投资引导基金规模，鼓励运用落户奖励等方式吸引省外创业投资机构在我省集聚和发展。推动设立科技支行，实行专门的信贷审批机制，开展知识产权质押、股权质押、动产抵押和订单贷款等服务。发展科技融资租赁业务，面向科技型企业设计相应的产品并开展服务。支持我省重点科技型企业发行短期融资券、中期票据、非公开定向债务融资工具、中小企业集合票据，推动我省科技型企业发行中小企业私募债、公司债券和可转换债券。建立对科技型中小企业信用担保的保费补贴机制，扩大贷款担保规模；鼓励太原高新区争取非上市股份公司股份转让试点园区资格，支持具备条件的企业进入全国股份转让系统进行股份公开转让；积极培育并支持高新技术企业上市融资。

19、进一步加强知识产权工作。实施知识产权战略，到"十二五"末，每10万人年专利申请量达到55件。建立健全省、市、县（市、区）知识产权行政管理机构和中介服务体系，在财政预算中增加知识产权事业发展专项经费；加大知识产权保护力度，依法惩治侵犯知识产权的违法犯罪行为。

七、加强组织领导，稳步推进实施

20、加强领导，精心组织。各级党委和政府要把深化科技体制改革、加快创新体系建设工作摆上重要议事日程，把握好改革的节奏和进度，对一些重大改革措施要做好试点工作。进一步发挥县级科技行政管理机构作用，形成推进创新驱动发展的强大合力。

21、明确责任，强化考核。建立健全工作协调机制，成立由分管副省长任组长、相关厅局为成员单位的省科技体制改革和创新体系建设领导小组，细化任务，明确责任，狠抓落实。开展对各地科技进步和创新的目标责任制考核，把科技进步真正作为落实科学发展观和正确政绩观的重要内容，使科技创新推动转型跨越发展落到实处，走出资源型地区绿色发展、低碳发展、可持续发展的新路。

中共山西省委办公厅
山西省人民政府办公厅
转发《关于深入推进企业工资集体协商促进劳动关系和谐稳定的指导意见》的通知

晋办发〔2013〕16号

各市、县委，各市、县人民政府，省委各部委，省直各委、办、厅、局，各人民团体：

省人力资源和社会保障厅、省总工会、省工商联拟定的《关于深入推进企业工资集体协商促进劳动关系和谐稳定的指导意见》已经省委、省政府同意，现转发给你们，请结合实际认真贯彻落实。

中共山西省委办公厅　山西省人民政府办公厅

2013年8月26日

关于深入推进企业工资集体协商促进劳动关系和谐稳定的指导意见

省人力资源和社会保障厅　省总工会　省工商联

为全面贯彻党的十八大精神，落实国务院《关于深化收入分配制度改革若干意见》（国发〔2013〕6号）提出的目标任务，进一步加强企业工资集体协商工作，推动建立健全反映劳动力市场供求关系和企业经济效益的工资决定及正常增长机制，进一步激发广大职工群众的积极性和创造性，促进企业健康持续发展，促进劳动关系和谐稳定，夯实我省转型跨越发展的经济社会基础，现就深入推进企业工资集体协商工作提出如下意见。

一、充分认识推进企业工资集体协商的重要意义

建立工资集体协商制度，是建立企业工资决定及正常增长机制的基本形式，是深化收入分配制度改革的重要举措，是维护职工权益、促进企业健康发展的有效途径，是加强创新社会管理、发展和谐劳动关系的必然要求，是健全完善市场经济体制，推动我省经济社会全面发展、顺利实现转型跨越的基础性工作。工资集体协商作为市场经济条件下协调劳动关系双方利益矛盾的通用做法和基本手段，不仅能引导职工通过制度化、规范化渠道依法有序表达工资诉求，推动企业根据劳动力市场供求关系和企业经济效益合理确定职工工资分配，而且通过集体协商能有效搭建企业与职工沟通交流的平台，加深企业与职工相互间的理解、体谅和信任，增强企业凝聚力，调动广大职工群众的积极性和创造性，促进我省经济社会的健康发展与稳定。近年来，党和国家高度重视建立工资集体协商制度，党的十八大报告明确提出要推行企业工资集体协商制度，国务院《关于深化收入分配制度改革的若干意见》明确要求以非公有制企业为重点、积极稳妥推动工资集体协商和行业性区域性工资集体协商。当前我省工资集体协商工作取得一定成绩，总体上处于不断推进、日趋规范阶段，但还存在思想认识不到位、协商作用不明显、覆盖面不宽广、运作程序不规范等问题，与新形势、新要求还有一定差距。各级各部门要充分认识新形势下深入推进工资集体协商工作的重要性和必要性，切实增强工作的紧迫感和责任感，采取有力措施，扎实推动企业工资集体协商工作全面深入、持续有效地开展。

二、推进企业工资集体协商工作的总体要求、基本原则、工作目标和主要任务

（一）总体要求。以科学发展观为指导，以建立健全企业职工工资协商确定机制、正常增长机制和工资支付保障监督机制为目标，大力推进工资集体协商工作，不断深化企业收入分配制度改革，引导企业与职工协商共事、机制共建、效益共创、利益共享，形成党委领导、政府负责、社会协同、企业和职工参与的工作格局。

（二）基本原则。坚持兼顾国家、企业、劳动者三方利益，遵守国家有关政策法规依法推进的原则；坚持以按劳分配为主体、多种分配方式并存，完善劳动、资本、技术、管理等要素按贡献参与分配的初次分配机制，兼顾效率与公平，提高劳动报酬在初次分配中比重的原则；坚持科学合理、公平公正、平等合作、共建共享的原则；坚持职工实际工资水平与本企业经济效益相适应，根据本企业经营效益调整，劳动报酬增长和劳动生产率提高同步的原则；坚持促进企业发展、维护职工权益的企业工会原则。

（三）工作目标。推动企业依法、有效地开展工资集体协商，对非公有制小型企业比较集中或同行业企业相对集中的市、县（市、区）、乡（镇、街道）等，积极推行区域性、行业性工资集体协商。到2013年底，开展工资集体协商的建立工会的企业要达到80%，2014年达到90%，“十二五”末全省各类建立工会的企业工资集体协商基本实现全覆盖。

（四）主要任务。各地各有关部门要尽快摸清本地区、本系统各类企业的底数，建立台账，因地因企全面推进工资集体协商工作。对尚未建立工资集体协商制度的企业，要认真督促企业经营者响应工会协商要约，建立协商机制，不断扩大覆盖面；对已经建立工资集体协商制度的，要按照国家集体合同规定和我省企业工资集体协商办法等有关规定和要求，把握协商原则，确定协商重点，严格协商程序，增强协商的实效性。通过推进工资集体协商工作，推动建立健全四项机制：一是工资分配协商确定机制。职工方与企业定期就工资分配制度、工资分配形式、工资水平、工资支付及调整办法等进行协商。二是工资合理增长（调整）机制。通过工资集体协商，使职工工资收入能够随着企业经济效益的增长而增长，随着企业经营状况、政府工资指导线和城镇居民消费价格指数的变化而调整。三是建立工资按时足额发放机制。企业工资分配、工资支付和工资集体协商履行情况等向职代会报告，并通过厂务公开等形式公开，接受职工民主监督。四是建立健全农民工欠薪治理机制。各地要在坚持建筑行业全面落实农民工工资保证金制度的同时，加强对农民工用工多、民间借贷多的企业的工资发放监管，研究扩大工资保证金制度覆盖范围，保障农民工工资按时足额发放，有效解决农民工工资拖欠问题。

三、多措并举，完善推进工资集体协商工作的体制机制

（一）坚持“主动要约”和“主动约谈”。各级总工会要加强对企业工会和行业、区域工会的指导，帮助他们依法主动行使要约权，规范启动要约程序。各地各部门要支持基层工会提出要约，督促企业响应要约。对拒不开展工资协商的企业，各级协调劳动关系三方委员会的成员单位要及时协调推动，成员单位负责人要主动约谈企业负责人。在工会提出协商要约后，企业方不按期回应或拒绝进行集体协商的，上级工会要依法提出整改建议；对逾期不整改的企业，工会要提请人力资源和社会保障部门责令限期改正，直至追究其法律责任。

（二）坚持分类指导。各地各部门要从实际出发，因地因企，加强对工资集体协商工作的指导。实行工资总额控制的国有企业，工资集体协商中要注重管理层与一线职工，长期工与短期工、农民工、劳务派遣工之间劳动报酬的平衡，推动落实同工同酬。非公有制企业要注重通过工资集体协商建立企业与职工有效联系沟通的平台，畅通职工理性表达诉求渠道，促进健全规范企业工资分配制度办法，解决一线职工劳动报酬偏低的问题。对尚未建立工会或职代会制度而职工提出工资集体协商的，由上级工会依据《劳动合同法》等法律规定指导职工选举产生协商代表，指导通过召开职工大会等形式审议工资集体合同草案，开展工资集体协商。生产经营和效益增长稳定的企业，协商条款应尽量细化、量化，向标准化、长效化发展，积极探索劳动报酬与经营成本、经营利润之间的合理比例，建立工资合理增长和调整的标准化长效机制，保证职工共享企业改革发展成果。生产经营比较困难或效益增长不太稳定的企业，要注重通过集体协商促进企业工资管理制度的健全完善，采取措施保障职工工资的正常发放和社会保险费的正常缴纳，以工资集体协商为平台，进一步健全职工诉求理性表达渠道，充分发挥集体协商在增进职工与企业相互沟通理解方面的作用，通过集体协商理顺职工情绪，稳定职工队伍，携手共渡难关。对小企业相对集聚的地区和行业，要指导开展区域性、行业性工资集体协商，规范本区域本行业最低工资标准、行业同类工种劳动定额、工时工价等，规范本区域本行业劳动报酬分配，稳定职工队伍，促进企业健康发展。

（三）坚持督促检查。建立健全工资集体协商督促检查制度。充分发挥各级人大的法律监督和工作监督、政协的民主监督、人力资源和社会保障部门的行政监督和工会劳动保障法律监督的作用，积极推动签订和履行工资集体合同。由省人力资源和社会保障厅牵头，国资委、总工会、工商联、企业联合会（企业家协会）等部门（单位）配合，定期不定期地对各地开展工资集体协商工作情况进行督促检查。各市县也要建立相应的督促检查制度，对本地工资集体协商工作情况进行督促检查。各地要杜绝把最低工资标准作为职工工资标准的问题，严肃查处车间、班组二次分配中随意克扣、截留职工工资的行为，认真研究解决短期合同工、劳务派遣工与其他职工同工不同酬的问题。对不积极开展工资集体协商、协商程序不规范、协商条款不规范、工资专项集体合同履约不到位的，要督促限期整改。对拒不开展工资集体协商、不签订工资专项集体合同的企业要列为劳动保障监察重点对象，依据《劳动保障监察条例》的规定作出相应的处理。宣传部门和新闻单位要加大对工资集体协商工作的宣传推广力度，为开展工资集体协商营造良好的氛围。

四、加强组织领导

各级党委、政府要高度重视工资集体协商工作，把创建劳动关系和谐企业活动与推进工资集体协商工作结合起来，依托劳动关系三方协调机构做好工资集体协商的具体组织和协调工作。各级协调劳动关系三方委员会要制定工作计划，明确各方职责，完善考核标准，加强协调配合，及时协调解决推进工资集体协商工作中出现的新情况、新问题。对工资集体协商过程中发生的争议，本级劳动关系三方机构要及时协调解决，必要时可申请劳动仲裁委员会根据政府发布的工资指导线裁决。在企业、行业和区域工资集体协商工作中培养选树一批先进典型，发挥好典型示范引导作用。人力资源和社会保障部门要加强对企业工资分配的宏观调控，定期发布工资指导线、劳动力市场工资指导价位和行业人工成本等相关信息，坚持将工资集体协商纳入劳动保障日常监察和书面审查，依法进行监督检查。各级总工会要加强工会组建特别是行业性、区域性工会组织建设工作，指导基层工会及时了解和掌握职工对工资分配的意见和建议，帮助企业工会在调查研究的基础上，提出符合本企业实际的协商要约。支持工资集体协商专职指导员队伍建设。国有资产管理部门和商务部门要积极配合推进国有及国有控股企业和外资、港澳台资特别是世界500强在晋投资企业的工资集体协商工作。工商联、企业联合会等组织要加强行业、区域组织建设工作，加强对企业经营者的教育和培训，解决好行业、区域工资集体协商中企业代表组织缺位的问题。非公经济组织工委要检查指导非公有制企业党组织积极支持本企业工会工作，共同推进工资集体协商建制工作。

各级党委、政府要将企业职工工资集体协商作为提高普通劳动者收入、保障和改善民生的重要举措，建立健全考核激励机制，细化、量化工资集体协商工作考核目标任务，强化目标责任，逐级检查考核。对开展工资集体协商成绩显著、普通职工收入增长明显、劳动关系和谐稳定的地区和企业，由协调劳动关系三方会同相关部门进行表彰奖励。凡未开展工资集体协商、未签订工资专项集体合同的企业，不得参与县级以上“劳动关系和谐企业”、“职工之家”等先进单位的评选，其经营管理者不得参与市级以上“劳动模范”和“五一劳动奖章”的评选。

在全省宣传思想工作会议上的讲话

（2013年9月22日）

袁纯清

这次全省宣传思想工作会议，是传达贯彻全国宣传思想工作会议精神，安排部署我省宣传思想工作的一次重要会议。习近平总书记8月19日在全国宣传思想工作会议上发表重要讲话，站在党和国家事业发展全局的高度，运用马克思主义立场、观点和方法，深刻阐述了事关宣传思想工作长远发展的一系列重大理论和实践问题，进一步明确了新形势下宣传思想工作的方向目标、重点任务和基本遵循。习近平总书记的重要讲话，旗帜鲜明、思想深刻，统揽全局、求真务实，蕴含着一系列新思想、新观点、新要求，具有很强的战略性、前瞻性和针对性，是指导新时期宣传思想工作的纲领性文献。

8月23日，省委常委会传达学习全国宣传思想工作会议特别是习近平总书记重要讲话精神，对全省宣传思想工作进行研究部署。9月9日，省委召开了宣传思想工作座谈会，就如何做好宣传思想工作进行了深入的讨论。9月13日，省委常委会又专门研究了《中共山西省委关于加强宣传思想工作的若干意见》。今天会议的主要任务，就是要把思想和行动统一到全国宣传思想工作会议特别是习近平总书记重要讲话精神上来，紧紧围绕党的工作大局和我省的中心工作，奋力开创我省宣传思想工作新局面。下面，我讲三点意见。

一、抓住机遇、迎接挑战，肩负起做好宣传思想工作的政治责任

贯彻落实习近平总书记重要讲话精神，做好新时期宣传思想工作，需要我们树立宽广视野、加强战略思维，做到因时而谋、应势而动、顺势而为。要深入分析当前形势，总结经验、发现不足、正视挑战，对今后工作有一个清醒的把握和科学的定位。

全省宣传思想工作主要的成绩是，认真贯彻落实党的十八大精神和省第十次党代表大会精神，围绕中心、服务大局，为转型跨越发展提供了强有力的思想保障、舆论环境、智力支持和文化条件。一是理论武装得到新加强。省委中心组创造的学以致用、学用结合的“六学六用”模式得到中央肯定；组织“五进”宣讲团深入基层等形式，深化了党的十八大精神和习近平总书记一系列重要讲话精神的学习贯彻；深入开展社会主义核心价值体系宣传教育，总结提炼出以“信义、坚韧、创新、图强”为核心内容的山西精神。二是舆论引导取得新实效。充分发挥山西日报、山西广播电视台、山西新闻网等主流媒体的作用，营造出积极向上的舆论氛围；以解疑释惑、理顺情绪、化解矛盾、凝心聚力为目标，健全了网上舆情监控机制，积极应对突发性事件。三是对外宣传彰显新亮点。通过组织第六届网络媒体山西行、香港大公报等9家媒体采访团山西行、海内外媒体“转型跨越、中部崛起”六省巡回采访、“魅力山西”国际电视展映年等一系列活动，树立了转型山西、美丽山西、人文山西的良好形象。四是文化强省迈出新步伐。通过实施“五大”战略，文化产业增加值连年保持25%以上的增速，成功举办首届山西文化产业博览交易会，连续四年获得“全国文化体制改革先进地区”的称号；说唱剧《解放》、话剧《立春》、舞剧《粉墨春秋》、情景体验剧《又见平遥》等文化精品，在国内外引起积极反响。可以说，山西宣传思想工作形势总体是好的，宣传思想工作队伍是忠于党和人民、有战斗力、能打硬仗的，作出的成绩也是大家有目共睹的。

同时，我们应当清醒的认识到，伴随着世情国情省情的深刻变化，宣传思想工作也面临许多新的考验，任务越来越重、难度越来越大。从国际看，随着中国日益开放和走向世界，与外部世界的利益摩擦、舆论交锋更加频繁，西方国家加紧对我国进行战略围堵和牵制遏制，如何有效维护我政治安全和意识形态安全，任务十分艰巨。从国内看，经济社会的深刻变革对人们的思想观念产生了巨大影响，协调利益关系、凝聚社会共识、稳定社会心理、维护社会和谐的难度日益加大。从省内看，面对复杂的舆情形势，面对一些突发性事件，面对有的媒体尤其是网络的炒作，或是及时发声不够，或是被动应对，或是主导性声音不大不强，这些问题必须引起高度重视。

当前，伴随着党和国家事业发展进步、伴随着我省全面转型和深化转型，山西宣传思想工作站在了一个新的历史起点上。我们必须以高度的历史使命感和政治责任感，在宣传思想工作上拿出新举措、展现新气象、打开新局面。

在工作导向上，要不断强化“意识形态意识”。从山西情况看，中央提醒全党高度关注的七个方面的错误思潮和主张及活动，也不同程度存在。面对西方反华势力对我国

进行西化分化和“颜色革命”的现实危险，我们绝不能掉以轻心、麻痹大意，更不能置身事外、漠不关心。意识形态工作是党的一项极端重要的工作，事关党的前途命运、事关国家长治久安、事关民族凝聚力和向心力。历史和现实反复证明，一个政权的瓦解往往是从思想领域开始的，政治动荡、政权更迭可能在一夜之间发生，思想防线被攻破了，其他防线就很难守住。宣传思想工作的环境、对象、范围、方式发生了很大变化，但宣传思想工作的根本任务没有变，也不能变，这就是要巩固马克思主义在意识形态领域的指导地位，巩固全党全国人民团结奋斗的共同思想基础。因此，做好宣传思想工作，必须时刻绷紧政治这个弦，不断强化“意识形态意识”，一刻也不能放松意识形态工作。即便是我们作为地方宣传思想工作者，也应有“马克思主义政治家”的自觉担当，牢固树立马克思主义新闻观，把“意识形态意识”贯穿到宣传思想工作的方方面面。

在工作标准上，要进一步做到“硬起来、强起来、亮起来、实起来”。这“四个起来”，就是对当前宣传思想工作的重要要求。硬起来，就是要敢于坚持马克思主义在意识形态领域的指导地位，弘扬主旋律、传播正能量，对错的俗的要批评、对邪的歪的要抵制、对黑的恶的要铲除，确保道路不偏、信仰不失、颜色不变，真正做到物质文明和精神文明“两手抓、两手都要硬”。强起来，就是抓好宣传思想战线的班子、队伍、素质和机制建设，培养和造就一批有影响的大牌记者、作家队伍、理论团队、网络大V、精品节目、文化重大项目和龙头企业，每年都要打几场关键性宣传战役，拿出几个叫响全国的大制作。亮起来，就是塑造好、维护好、发展好山西的正面形象，使“晋善晋美”内涵不断扩大、品牌不断叫响。要深入深化太行精神、吕梁精神、右玉精神的实质并不断赋予时代内涵，让山西精神不断深入人心，既要讲好“古代山西故事”，更要讲好“当代山西故事”，大力塑造“美丽山西”的新形象。实起来，就是“虚功实做”，以更加求真务实的态度，掌握新媒体时代宣传思想工作的规律，用改革创新的办法切实研究抓好各项工作的落实。

我要特别强调的是，意识形态领域历来是一个没有硝烟的战场。苏东剧变，一个重要教训是主动放弃了意识形态领域的领导权，放任反马克思主义、反社会主义、反共产党的言行泛滥。我们党向来高度重视意识形态领域的领导权问题，毛泽东同志曾提出“掌握思想领导是掌握一切领导的第一位”。当前，地方党委“一把手”必须牢固树立政治意识、责任意识、忧患意识，强化“意识形态意识”，以舍我其谁的担当意识，主动置身舆论斗争最前沿，牢牢掌握舆论斗争的领导权、管理权和主动权，在大是大非问题上要果断出手、敢于亮剑。这就要求对各种错误思潮和主张决不能沉默失语、听之任之，也不能含混不清、躲躲闪闪，更不能退避三舍、独善其身。在大是大非问题上，各级各部门“一把手”更要主将出马、身先士卒，不能让别人先上，给自己留余地搞缓冲。对错误思潮要针尖对麦芒，让东风压倒西风，决不能东西摇摆、左右迎合。要增强话语的针对性，早预断、早发声，先声夺人，掌控好舆论走向、控制好局面，还舆论一个清朗的天空。

我还要警示的是，当前有的党员干部纪律观念淡薄，什么话都敢说、什么事都敢干，对此必须坚决整治。要严明政治纪律，坚定自觉地同以习近平同志为总书记的党中央保持高度一致，决不允许散布违背党的理论和路线方针政策的意见，决不允许公开发表违背中央决定的言论，决不允许制造传播政治谣言及丑化党和国家形象的言论。政治纪律一点不能含糊，对违反政治纪律的一点不能手软。

二、真抓善管、夯实基础，在“四个建设”上下功夫

宣传思想工作能不能做好，必须要抓住关键环节、围绕重点领域，结合省情不断夯实工作基础。

（一）扎实推进理论武装建设，在统一思想、坚定信念上下功夫。革命理想高于天。但要看到，在我们党创立92年、执政64年的历史中，没有哪个党员的崇高信仰和坚定信念是从天而降、自发产生的，都必须用科学理论武装头脑。当前，要重点把握以下五点。一是把学习贯彻习近平总书记一系列重要讲话精神作为一项长期政治任务。要把学习贯彻习近平总书记一系列重要讲话长期化、制度化，集中学、经常学，只有逗号没有句号，只有进行时没有完成时。要深刻领会讲话中蕴含的崇高的共产主义理想信念，坚定的道路自信、理论自信、制度自信，深刻的战略思维、辩证思维和底线思维，做到讲话精神真学真懂、群众路线真信真走、突出问题真抓真改、长效机制真建真用。抓好意识形态工作，更要加强学习，把掌握马克思主义基本理论作为看家本领。明天，省管主要领导干部深入学习习近平总书记一系列重要讲话精神专题研讨班就要开班了，在座的不少同志就要再次走进课堂，希望你们珍惜这个学习机会，确保学有所获、学有所成、学有所进，炼就“金刚不坏之身”。二是结合实际开展好中国特色社会主义的宣传教育。各级党报党刊、广播电视、主流网站要设立专栏，加强中国特色社会主义理论宣传。各类图书馆、文化馆、博物馆、纪念馆要设立党的基本理论、党史国史、国情省情专柜和展区。出版单位要加大理论类图书的出版发行力度，各类社科理论学术刊物都要体现和贯穿中国特色社会主义理论。要努力使党的理论和社会主义核心价值渗透到影视节目、文艺演出、文化活动、节庆会展当中，在潜移默化中启发人教育人。要在全省深入开展“共筑中国梦，建功在三晋”实践活动，使社会主义核心价值观家喻户晓、人人皆知。三是深入推进学习型党组织建设。要严格落实党委（党组）中心组学习制度，把中国特色社会主义理论体系作为必修课，每年集体学习不得少于12天。各级领导干部要加强自学，新任职的领导干部和年轻干部尤其要抓好理论学习，切实学会用马克思主义立场、观点、方法观察和解决问题。各级党校、行政学院在干部培训中要把坚

定理想信念、提高思想政治素质放在首位。高等院校要加强和改进思想政治教育，推进中国特色社会主义理论和党史国史进教材、进课堂、进头脑。四是加大马克思主义学科建设和重大课题研究。整合党校、高校、社科院等学术资源，加强中国特色社会主义理论学科建设，培育一批在全国有影响的研究团队和学科带头人。大力实施哲学社会科学创新工程，进一步发挥省哲学社会科学规划课题、省社会科学研究优秀成果、省精神文明建设“五个一”优秀理论文章的引领作用，动员全省哲学社会科学研究机构和广大理论工作者，加强对马克思主义基本理论和中国化最新成果以及中国梦的丰富内涵，对山西转型跨越等重大理论和实践问题的研究，拿出一批有说服力、影响力的成果。要加大对哲学社会科学研究的投入，对进入国家选题，或者在国内外产生积极影响的，要给予大力扶持和奖励。五是加强山西宝贵精神财富的发掘与研究。诞生于山西这片红色土地上的太行精神、吕梁精神、右玉精神，是我们最可宝贵的精神财富，也是全省人民共同的价值追求和精神家园，党校、行政学院、社科院等部门要建立相应的研究机构，加强理论研究，提供更大的理论支撑。要建好武乡、兴县、右玉等地的宣传教育和培训基地，深刻挖掘这些精神的丰富内涵，更好地推动当代山西转型跨越的伟大实践。

（二）扎实推进队伍建设，在建强班子、提升素质上下功夫。宣传思想工作业务性很强，需要构建宣传文化系统领导干部队伍、新闻媒体工作队伍、社科理论研究工作队伍、思想政治工作队伍、基层文化工作队伍、“网上晋军”队伍。这六支队伍，是我们开展工作最重要的组织力量。特别需要指出的是，构建一支强有力的“网上晋军”，是我们赢得网上舆论斗争胜利的关键力量。要加快培育一大批懂技术懂政策又懂“网言网语”的人才，特别是80后90后人才，进一步做好“网上的宣传思想工作”。建好这六支高素质人才队伍，关键是抓好三点。一是选好班子。要按照习近平总书记“宣传思想工作部门工作要强起来，首先是领导干部要强起来，班子要强起来”的要求，把各级领导班子建设成为具有很强创新意识和开拓精神、善于驾驭复杂局面的领导集体。要积极试行市委常委、宣传部长兼任同级政府党组成员，县（市、区）党委常委、宣传部长兼任副县（市、区）长的领导机制，文化大市、大县可首先推行。二是培育骨干。只有在理论上、笔头上、口才上或在其他专长上有“几把刷子”，才能成为让人信服的行家里手。要加大培养力度，对于好的苗子在交流学习、岗位锻炼上加大力度，使他们既能够在政治上保持清醒和坚定，又能够在业务上有建树；既能够以指挥员的气魄驾驭复杂局面，又能够以战斗员的劲头全力投人工作一线，成为兼具较高政治素质和专业本领的复合型人才。要重视高层次文化人才的培养和使用，充分尊重文艺和理论工作者的创造性劳动，与广大作家、艺术家、理论家多交朋友，继续实施好文化名家暨“四个一批”人才培养工程，表彰奖励有突出贡献的文化工作者。三是用好干部。要树立崇尚实干的用人导向，大胆使用讲政治、懂宣传、作风正、有担当的干部，保护敢作敢为、敢于碰硬的干部，形成肯干事、敢于事、干成事的良好风气。在宣传思想战线干部配备上，不能只考虑干部资历等因素，要更多考虑岗位素质需要，按水平、按专长配干部，对不适合、不适应、不胜任宣传思想工作的要及时调整。更多关注农村、社区、企业、学校等基层工作队伍建设，充实队伍力量，改善工作条件，使基层宣传思想工作薄弱的状况尽快改观。加大宣传思想系统干部内外之间、上下之间的交流力度，使干部增加阅历，增长才干，形成人才辈出、人尽其才的生动局面。

（三）扎实推进阵地建设，在整合资源、规范管理上下功夫。宣传思想阵地永远不会成为真空地带，我们不去占领，人家就会去占领。要强化“阵地意识”、“关口意识”，守牢主阵地，把好各关口。守土把关能否做到万无一失，关键是改进和创新管理方式，在最大限度整合资源的基础上，做到依法管理、科学管理、有效管理。一要加强主流媒体阵地建设。要坚持政治家办报、办刊、办台、办新闻网站，从政治、内容、程序、技术等各个方面把好关口，确保新闻媒体始终掌握在同以习近平同志为总书记的党中央保持一致的人手中，绝不给宣传所谓“宪政民主”、“普世价值”等错误思潮和主张的自由化分子提供舆论渠道。要抓好党校、行政学院、社科院、高校的学科建设和课题审核，绝不给传播错误观点、错误言论提供平台。要加强对各类讲座论坛、报告会、研究会、出版物和高校课堂的管理，对于疏于管理的要追究责任。二要加强网络阵地建设。要加强网络管理机构建设，强化网管力量，加强和改进网络内容建设，大力发展积极健康向上的网络文化，理直气壮地唱响网上主旋律。积极推进网络依法规范有序运行，实现从被动管理向主动治理转变，从着眼末端向着眼全网转变，严格按照“七条底线”管理网络和网民，坚决打击网络谣言。加强对网络灰色地带的管理，用中华民族伟大复兴的中国梦、转型跨越的生动实践和美好前景引导舆论，使其转化为红色地带，防止其向黑色地带蜕变。加强各种门户网站建设，加快实施政务微博全覆盖工程，把“三晋发布”打造成反映地方党和政府声音的权威渠道。三要加强山西特色阵地建设。作为文化资源大省，山西的各类遗迹遗址、景点景区、文化风情是中华文明的重要组成部分，是三晋文化传承的历史见证，特别是革命遗址、红色遗存，积淀着三晋儿女最积极的精神追求，是引领当代山西人民奋发进取的精神富矿。要充分挖掘这些历史资源，引导群众感受历史的悠久和辉煌，感受文化的雄浑和磅礴，感受转型的艰巨和成绩，进一步增强推进转型跨越的精神力量。要选择山西文物、名胜、民歌等具有广泛吸引力的文化和旅游资源，通过微博客、微电影等各种形式，进一步强化“人说山西好风光”的感性力量。要鼓励山西的世界500强企业带头树立晋商新形象，为企业做软广告，为山西做正品牌。

（四）扎实推进机制建设，在增强活力、提高实效上下功夫。意识形态工作，也要以改革创新的精神，建立起科学规范、运行有效的体制机制。一是建立舆情快速反应机制。要坚持“黄金四小时”法则，对重大舆情要快速摸清情况，在第一时间表明态度，努力做到先声夺人，防止造成涟漪效应、发酵效应、爆炸效应。对于重大舆情，当地党政主要领导和宣传部长要亲自上手、统一指挥，协调有关部门和力量进行紧急处置，并及时向上级报告。面对突发事件，要准确发布权威信息，有效引导舆论的走向。要在舆情处理过程中，做到回应要“快”，不给歪曲报道与谣传以浑水摸鱼的机会；调查要“实”，尽快摸清真相、提出意见，不要拖成雾里看花的“烂尾新闻”；表态要“准”，情况通报必须严肃严谨，情况和数字要准确，不能随意表态；用词要“慎”，重要情况要字斟句酌，容易引起误解的话不说，容易造成歧义的词不用，以免授人以柄，造成继发性舆情。二是建立社科研究协同作战机制。目前，党报党刊、电视台、广播电台、新闻网站，在大的宣传战役上配合较多，也取得了不错的成效。但在社科研究方面，党校、社科院、高校等研究机构相互交流不多、联合作战不够。相关研究机构要建立灵活的沟通合作机制，通过论坛、研讨会、科研项目等平台加强交流，关键时刻要协同作战，不能躲进小楼、闭门造车。三是建立政府购买公共文化服务机制。要以实现公共文化服务均等化为目标，以人民群众共享艺术成果为宗旨，优化公共文化资源配置，完善政府采购制度，通过政府购买服务、项目补贴、以奖代补等方式购买公共文化服务，不断丰富群众文化生活。文化大市、文化大县要先行一步，转变政府财政投入方式，支持民营文化企业的产品和服务进入采购目录，逐步建立适应市场的运转机制。四是建立文化资源流动机制。近年来，我省实施“五大战略”，文化产业进一步壮大、文化资源进一步盘活。下一步，要通过经济、法律和必要的行政手段，进一步加强文化资产流动，加快做大做强十大文化产业集团，实现文化、旅游等产业的融合发展。

三、加强领导、齐抓共管，为做好宣传思想工作提供坚强保障

加强宣传思想工作是党委之责、书记之责、宣传部长之责，也是全党之责。做好宣传思想工作，关键是强化和落实领导责任。各级党委要切实提高对宣传思想工作的驾驭能力，增强工作的主动性、创造性，以强烈的责任感和事业心，管好阵地、管好导向、管好队伍。

（一）党委“一把手”要高度重视，切实做到“四个带头”。“一把手”履行肩负的政治使命，一个极端重要的方面就是真正把意识形态工作牢牢抓在手上，对重大问题亲自过问、严格把关。要深刻认识到，经济工作搞不好要出大问题，意识形态工作搞不好也要出大问题；不重视宣传思想工作的“一把手”，不能说政治上是成熟的，头脑是清醒的，能力是全面的。“一把手”必须身入心入、敢抓善管，带头抓意识形态工作、带头阅看本地区本部门主要媒体的内容、带头把住本地区本部门媒体的导向、带头批评错误观点和错误倾向，在遇到敏感事件、难点问题时，要迅速分析、表明立场，对错误的做法和倾向不能听之任之、放任不管，对那些敢于碰硬、敢于批评、做得正确的同志，要及时给予撑腰和支持。最近省委决定，要把意识形态领域工作列入常委会重要议程，每半年对意识形态领域情况进行分析研究，对重大问题及时听取汇报，像掌握经济发展形势一样掌握舆论动向。希望各级各部门也要仿效这个做法，真正把意识形态工作放到心中、抓在手上。

（二）宣传思想部门要切实负起责任，做到守土有责、守土负责、守土尽责。最近省委要求，各级党委宣传部长要把三分之二的精力和时间用在抓媒体、抓新闻和引导舆论上。省委定这样一个很具体的数量要求，就是希望各级宣传思想部门把时间和精力更多放到抓意识形态工作上，狠抓“六大工程”建设，真正成为让人信服的行家里手，真正做到守土有责、守土负责、守土尽责。守土有责，就是要巩固马克思主义在意识形态领域的指导地位，营造良好舆论氛围；守土负责，就是要在其位、谋其职，针对一些热点舆情，及时向党委报告情况、提出建议，在舆论斗争中勇于置身第一线，敢于亮剑；守土尽责，就是要适应新形势，在理念创新、手段创新、基层工作创新上苦下真功，确保“城池”万无一失。当前，结合群众路线教育实践活动，宣传思想文化战线要进一步思考自身工作中存在的一些问题，找到差距和不足，提出整改落实措施。要坚决反对“四风”，坚持理论结合实际，着力解决学与做相脱节、知与行相脱离的问题，把“走转改”、“访知解”等活动常态化、长期抓，努力以作风建设新成效开创工作新局面。

（三）有关部门要加强协同配合，加快形成“大宣传”的工作格局。宣传思想工作是一项事关全局的工作，仅靠宣传思想部门一家是不够的，必须全党动手。要树立“大宣传”的工作理念，各部门在制定政策、出台措施、开展工作时，都要考虑对社会思想文化的影响。经济、教育、科技、政法以及其他承担社会管理职能的部门，要加强同宣传思想部门的沟通；工会、共青团、妇联等人民团体要动员社会力量支持参与宣传思想工作；组织人事、财政税收、发展改革、行政执法等部门要根据工作职责，认真落实和完善对宣传思想工作的支持措施。当前，要尽快建立宣传思想工作领导小组，要针对网络舆情管理等热点和难点问题设立联席会议，明确各部门职责，整合相关资源，打破各自为政、单打独斗的状况，实现资源共享、协同互动。

宣传思想工作责任重于泰山、使命艰巨光荣。让我们紧密团结在以习近平同志为总书记的党中央周围，高举旗帜、奋发进取，不断开创宣传思想工作新局面，为推进转型跨越、办好“两件大事”，为实现中华民族伟大复兴的中国梦作出更大的贡献！

中共山西省委办公厅
山西省人民政府办公厅
关于印发《全省建立健全重大决策社会稳定风险评估机制的实施意见（试行）》的通知

晋办发〔2013〕20号

各市、县委，各市、县人民政府，省委各部委，省直各委、办、厅、局，各人民团体：

《全省建立健全重大决策社会稳定风险评估机制的实施意见（试行）》已经省委、省政府同意，现印发给你们，请结合实际认真贯彻落实。

中共山西省委办公厅
山西省人民政府办公厅
2013年9月30日

全省建立健全重大决策社会稳定风险评估机制的实施意见（试行）

为深入贯彻中央办公厅、国务院办公厅印发的《关于建立健全重大决策社会稳定风险评估机制的指导意见（试行)》（中办发〔2012〕2号）和省委、省政府有关文件精神，进一步规范和全面推进我省重大决策社会稳定风险评估工作，促进全省社会大局和谐稳定，结合我省实际，现就建立健全重大决策社会稳定风险评估机制提出如下实施意见。

一、指导思想和基本要求

（一）指导思想。全面贯彻落实党的十八大精神，以邓小平理论、“三个代表”重要思想、科学发展观为指导，深化平安山西、法治山西建设，坚持以人为本、执政为民、依法行政，把实现好、维护好、发展好最广大人民根本利益作为决策的出发点和落脚点，正确处理改革、发展、稳定的关系，着力从源头上预防和化解社会矛盾，最大限度减少不和谐因素，最大限度增加和谐因素，为我省率先走出资源型地区转型跨越发展新路，加快实现全面建成小康社会目标创造良好的社会环境。

（二）基本要求。开展重大决策社会稳定风险评估，必须坚持实事求是，一切从实际出发，确保取得实效。

应评尽评。凡是按规定应当进行社会稳定风险评估的重大决策事项，未经评估不得作出决策。

全面客观。充分发扬民主，深入调查研究，广泛听取意见，全面分析论证，科学客观评估，实事求是反映决策可能引发的各种社会稳定风险及其影响程度。

查防并重。既全面查找决策可能引发的社会稳定风险，又针对性地采取措施加强解释引导，预防和化解社会矛盾。

统筹兼顾。把评估结果作为决策的重要依据，统筹考虑发展与稳定、整体与局部以及不同利益和各方面的关系，审慎作出决策。

二、评估范围和内容

（三）评估范围。凡是直接关系人民群众切身利益且涉及面广、容易引发社会稳定问题的重大决策事项，党政机关最初决策前都要进行社会稳定风险评估。重大决策事项主要包括：

1、社会保障、劳动就业、公用事业、医疗卫生、教育、住房、“三农”等涉及民生问题的重大决策。

2、社会发展、社会管理方面广泛涉及人民群众切身利益的重大决策。

3、国有、集体企业和事业单位的产权转让、职工身份转换、员工安置等涉及重大利益调整的改革改制举措。

4、征地拆迁、环境保护、资源开发利用等关系群众切身利益的重大规划和重点工程建设项目。

5、涉及面较广的有关产业、行业的政策调整。

6、涉及较大群体利益诉求的重大政策制定或调整。

7、涉及公共安全方面重大活动的组织实施等。

8、其他涉及群众利益和社会稳定需要进行社会稳定风险评估的重大决策事项。

重大工程项目建设需要进行社会稳定风险评估的，应当把社会稳定风险评估作为工程项目可行性研究的重要内容，不再另行评估。

（四）评估内容。对需要进行社会稳定风险评估的重大决策事项，重点从以下几个方面进行评估。

合法性。决策机关是否享有相应的决策权并在权限范围内进行决策，决策内容和程序是否符合有关法律法规和政策规定。

合理性。决策事项是否符合大多数群众的利益，是否兼顾了群众的现实利益和长远利益，会不会给群众带来过重的经济负担或者对群众的生产生活造成过多不便，会不会引发不同地区、行业、群体间的攀比。拟采取的措施和手段是否必要、适当，是否尽最大可能维护了所涉及群众的合法权益。政策调整、利益调节的对象和范围界定是否准确，拟给予的补偿、安置或者救助是否合理公平及时。

可行性。决策事项是否与本地经济社会发展水平相适应，实施是否具备相应的人力物力财力，相关配套措施是否经过科学严谨周密论证，出台时机和条件是否成熟。决策方案是否考虑了群众的接受程度，是否超出大多数群众的承受能力，是否得到大多数群众的支持。

可控性。决策事项是否存在公共安全隐患，会不会引发群体性事件、集体上访，会不会引发社会负面舆论、恶意炒作以及其他影响社会稳定的问题。决策可能引发的社会稳定风险是否可控，能否得到有效防范和化解；是否制定了社会矛盾预防和化解措施以及相应的应急处置预案，宣传解释和舆论引导工作是否充分。

三、评估主体和程序

（五）评估主体。重大决策社会稳定风险评估工作由评估主体组织实施。当地党委和政府作出决策的，由党委和政府指定的部门作为评估主体。党委和政府有关部门作出决策的，由该部门或者牵头部门商其他有关部门指定的机构作为评估主体。需要多级党政机关作出决策的，由初次决策的机关指定评估主体，不重复评估。根据工作需要，评估主体可以组成由政法、综治、维稳、法制、信访等有关部门，有关社会组织、专业机构、专家学者，以及决策所涉及群众代表等参加的评估小组进行评估。评估主体也可以按照相关规定根据需要委托社会中介组织作为第三方开展社会稳定风险评估，评估主体应做好跟踪指导、监督检查工作，确保评估实效。

（六）评估程序

1、充分听取意见。根据实际情况，可以采取公示、问卷调查、实地走访和召开座谈会、听证会等多种方式，就决策事项听取各方面意见。对受决策影响较大的群众、有特殊困难的家庭要重点走访，当面听取意见。听取意见要注意对象的广泛性和代表性，讲清决策的法律和政策依据、决策方案、决策可能产生的影响，以便群众了解真实情况、表达真实意见。

2、全面分析论证。分门别类梳理各方意见和情况，对决策方案的合法性、合理性、可行性和风险可控性进行全面深入研究，查找社会稳定风险点。对所有风险点逐一进行分析，参考相同或类似决策引发的社会稳定风险情况，预测研判风险发生概率，可能引发矛盾纠纷的激烈程度和持续时间、涉及人员数量，可能产生的各种负面影响，以及相关风险的可控程度。

3、确定风险等级。根据分析论证情况，按照决策实施后可能对社会稳定造成的影响程度确定风险等级。风险等级分为高风险、中风险和低风险3类，大部分群众有意见、反应特别强烈，可能引发大规模群体性事件的，为高风险；部分群众有意见、反应强烈，可能引发矛盾冲突的，为中风险；多数群众理解支持但少部分有意见的，为低风险。风险等级的具体划分标准由各市、各有关部门结合自身实际予以明确。

4、提出评估报告。评估报告应当包括评估事项和评估过程，各方意见及其采纳情况，决策可能引发的社会稳定风险，风险评估结论和对策建议，风险防范和化解措施以及应急处置预案等内容。评估报告由评估主体主要负责人签字后报送决策机关，需要多级党政机关决策的要逐级上报，并抄送决策实施部门和政法、综治、维稳、法制、信访等有关部门。

四、评估结果运用和决策实施跟踪

（七）评估结果运用。各级党委常委会议、政府常务会议和各部门、单位党组（党委）要把社会稳定风险评估作为研究重大事项的必经程序，重大事项未提出社会稳定风险评估报告的，一律不上会研究，社会稳定风险评估结论要作为决策机关领导班子会议集体讨论重大决策的重要依据。评估报告认为决策事项存在高风险的，应当区别情况作出不实施的决策，或者调整决策方案、降低风险等级后再行决策；存在中风险的，待采取有效的防范、化解风险措施后，再作出实施的决策；存在低风险的，可以作出实施的决策，但要做好解释说服工作，妥善处理相关群众的合理诉求。作出决策后，决策机关要将评估报告送同级维稳部门备案。决策机关和有关部门及工作人员要遵守工作纪律，对社会稳定风险评估报告和会议讨论情况严格保密。

（八）决策实施跟踪。决策机关要跟踪了解重大决策实施情况，实施过程中出现社会不稳定因素的，要及时组织决策实施部门有针对性地做好宣传解释和说服工作，采取措施预防和化解社会矛盾；对群众合理诉求要妥善处理，对确实存在困难的群众要给予帮扶，对不明真相的群众要耐心解释，对无理取闹制造事端的不法分子要坚决依法处理。政法、综治、维稳、信访等有关部门也要跟踪决策实施情况，协助做好矛盾纠纷排查调处和化解工作。决策实施引发影响社会稳定重大问题的，决策机关要暂停实施；需要对决策进行调整的，要及时调整。

五、责任追究

（九）评估责任追究。评估主体不按规定的程序和要求进行评估导致决策失误，给党、国家和人民利益以及公共财产造成较大或者重大损失等后果的，依照《中华人民共和国公务员法》的有关规定和《行政机关公务员处分条例》第二十条的规定，对责任人给予相应处分；依照《中国共产党纪律处分条例》第一百二十七条的规定，对责任人中的共产党员给予相应处分。评估主体隐瞒真实情况或者弄虚作假，给党、国家和人民利益以及公共财产造成较大或者重大损失等后果的，依照《中华人民共和国公务员法》的有关规定和《行政机关公务员处分条例》第二十二条的规定，对责任人给予相应处分；依照《中国共产党纪律处分条例》第一百三十一条的规定，对责任人中的共产党员给予相应处分。需要对责任人中的党政领导干部实行问责的，依照《关于实行党政领导干部问责的暂行规定》的有关规定处理。

（十）决策责任追究。决策机关不根据重大决策社会稳定风险评估结论、无视社会稳定风险作出实施有关事项决策，给党、国家和人民利益以及公共财产造成较大或者重大损失等后果的，依照《中华人民共和国公务员法》的有关规定和《行政机关公务员处分条例》第二十条的规定，对责任人给予相应处分；依照《中国共产党纪律处分条例》第一百二十七条的规定，对责任人中的共产党员给予相应处分。决策机关在决策实施引发影响社会稳定重大问题时不暂停决策实施或者及时调整决策，给党、国家和人民利益以及公共财产造成较大或者重大损失等后果的，依照《中华人民共和国公务员法》的有关规定和《行政机关公务员处分条例》第二十条的规定，对责任人给予相应处分；依照《中国共产党纪律处分条例》第一百三十一条的规定，对责任人中的共产党员给予相应处分。需要对责任人中的党政领导干部实行问责的，依照《关于实行党政领导干部问责的暂行规定》的有关规定处理。

六、组织领导

（十一）提高思想认识。开展社会稳定风险评估，是防范社会风险、维护改革发展稳定的现实需要，是推动科学发展、促进社会和谐的内在要求，是推进科学决策、民主决策的制度保障。同时，在具体工作中，必须正确把握风险评估和经济建设的关系，一定要牢固树立服务意识、大局意识，在推动风险评估工作中要始终贯穿服务理念。

（十二）完善工作机制。各级党委、政府主要负责人是当地维护社会稳定工作的第一责任人，要高度重视重大决策社会稳定风险评估工作，建立健全主要负责人负总责，分管负责人直接抓，政法、综治、维稳、纪检监察、法制、信访等相关部门负责人参加的社会稳定风险评估工作领导机制，及时研究解决工作中遇到的困难和问题。

（十三）推进工作落实。各级党委、政府及有关部门要高度重视此项工作，根据中央和省委、省政府的有关精神，尽快研究制定配套性、系统性、规范性措施，将本地已制定出台的重大决策、重大工程项目风险评估实施办法落到实处。各级政法、维稳部门要进一步加强与有关责任单位特别是发改、住建、人社、教育、民政、国土、环保、交通、银监等部门的沟通和协调，掌握本地重大决策项目的底数，积极推动评估工作的开展。加强对各市、县级主要负责人的培训，增强开展此项工作的主动性和自觉性。

（十四）加强监督检查。各级党委、政府要切实加强对重大决策社会稳定风险评估工作的监督检查。要把建立健全社会稳定风险评估机制、推行社会稳定风险评估工作情况纳入维稳、综治工作年度考核或者专项考核内容，考核结果作为党政领导班子和领导干部综合考核评价的重要依据。

中共山西省委
关于印发《2013—2017年全省干部教育培训规划》的通知

晋发〔2013〕19号

各市、县委，省委各部委，省直各委、办、厅、局党组（党委），各人民团体党组，各高等院校和大型企业党委：

省委同意《2013—2017年全省干部教育培训规划》，现印发给你们，请结合实际认真组织实施。

中共山西省委

2013年12月5日

2013—2017年全省干部教育培训规划

为深入贯彻落实党的十八大精神，进一步加强和改进全省干部教育培训工作，培养造就高素质执政骨干队伍，根据中共中央印发的《2013—2017年全国干部教育培训规划》（中发〔2013〕8号），结合我省实际，制定本规划。

一、总体要求

（一）围绕中心、服务大局。围绕党和国家工作大局，围绕山西转型跨越发展和综改试验区建设，坚持党和国家事业发展需要什么就培训什么，干部履职尽责和健康成长需要什么就培训什么，努力培养造就一支党和人民事业需要、山西转型跨越发展需要的高素质干部队伍。

（二）改革创新、注重实效。全面深化干部教育培训改革，充分尊重基层和群众首创精神，切实解决干部教育培训工作的重点难点问题。坚持联系实际、学以致用，以问题为导向、以正在做的事情为中心开展教育培训，提高干部运用所学理论和知识指导实践、解决问题、推动工作的能力。

（三）全员培训、提升质量。持续推进大规模培训干部、大幅度提高干部素质的战略任务，既要实现各级各类干部教育培训的全覆盖，又要全面提升干部教育培训质量，确保数量与质量、规模与效益相统一。加强脱产培训，保证不同类别干部每年达到一定的调训率、参训率和人均脱产培训学时数。

（四）开门办学、开放办学。坚持内外并举，推动干部教育培训开门开放。发挥党校（行政学院）主渠道、主阵地作用，有效利用部门和行业培训机构、高等院校、社会培训机构资源，稳妥利用境外培训机构资源，为干部教育培训服务。

二、重点内容

（一）马克思主义基本原理的学习培训。组织广大干部深入学习马克思列宁主义、毛泽东思想，原原本本研读经典著作，深入理解精神实质和思想精髓，掌握基本原理和科学体系，坚定对马克思主义的信仰、对社会主义和共产主义的信念，不断增强运用马克思主义立场、观点、方法分析解决问题的能力。

（二）中国特色社会主义理论体系的学习培训。组织广大干部深入学习邓小平理论、“三个代表”重要思想、科学发展观,要把深入学习习近平同志系列讲话精神，作为干部教育培训的必修课，深刻领会、全面掌握其丰富内涵、精神实质和实践要求，增强中国特色社会主义道路自信、理论自信、制度自信，矢志不渝为中国特色社会主义共同理想奋斗。加强社会主义核心价值观教育，大力开展民族精神和时代精神教育，自觉践行“信义、坚韧、创新、图强”的山西精神，引导干部为实现中华民族伟大复兴的中国梦而奋斗。

（三）党性党风党纪和党史国史教育。加强党章学习培训，引导党员干部把党章作为加强党性修养的根本准则；加强党的纪律特别是政治纪律教育，引导干部同以习近平同志为总书记的党中央保持高度一致；加强党的群众路线教育，引导干部增强宗旨意识，践行群众路线；加强反腐倡廉教育，引导干部筑牢拒腐防变思想防线，提高抵御腐败风险的能力；加强党史国史教育，引导干部为党分忧、为国尽责、为民奉献。

（四）转型跨越发展能力素质培训。大力开展工业新型化、农业现代化、市域城镇化、城乡生态化等方面的培训，提高干部加快转变经济发展方式的本领；大力开展社会主义民主与法治等方面的培训，提高干部科学执政、民主执政、依法执政的本领；大力开展建设文化强省、应对媒体和网络舆情等方面的培训，提高干部推进社会主义文化建设的本领；大力开展改善民生和创新社会管理等方面的培训，提高干部推进社会主义和谐社会建设的本领；大力开展生态文明建设等方面的培训，提高干部推进美丽山西建设的本领。

三、对象要求

（一）党政干部。

1、领导干部。（1）省管领导干部。省委每年就全省经济社会发展和党的建设中的重大理论和现实问题，举办由市、县（市、区）和省直部门党政主要领导参加的专题研讨班；省委组织部每年安排300名左右省管领导干部到国家级和省级干部教育培训机构培训，积极完成中央调训任务，举办好省管领导干部进修班；会同省纪委举办省管纪检领导干部专题培训班，会同省高校工委适时举办省管高等院校主要领导干部研修班。（2）县（市、区）党政领导班子成员和市直属部门单位领导班子成员。全省每年安排不少于1/5的正县处级领导班子成员到省级干部教育培训机构培训。省委组织部定期安排县（市、区）委书记、县（市、区）长参加领导干部进修班培训。各市抓好其他县处级领导班子成员的教育培训。（3）省委组织部统筹规划、各级组织部门组织实施，开展各级党政领导班子成员提升转型跨越发展能力素质培训。（4）市、县（市、区）组织部门要按照全省统一规划和干部管理权限，统筹制定年度脱产培训计划，保证每名领导班子成员每2年至少参加1次脱产学习培训。（5）各级组织部、统战部要加强对领导班子成员中非中共党员干部的教育培训。各级组织部、政法委要加强对政法干部的教育培训。

2、中青年干部。（1）省委组织部每年安排200名左右中青年领导干部到省委党校等省级干部教育培训机构培训，举办好中青年领导干部培训班。（2）各地各部门要有计划地安排中青年干部到党校、行政学院和省内外干部教育基地接受系统的理论培训和严格的党性锻炼。（3）积极开展中青年干部个性化定制培训，结合我省年轻干部成长工程，举办年轻干部理想信念教育读书班。

3、基层干部。省委组织部制定基层干部培训方案并抓好示范培训，5年内将全省乡（镇）党委书记和街道党工委书记轮训一遍。各市委组织部也要制定相应的基层干部培训方案，搞好培训。各县（市、区）委组织部要按照职责落实好基层干部的常规培训，每年年初组织实施好农村（社区）“领头雁”培训计划。大力开展“送教下基层、网络全覆盖”活动。开展送教下乡、分类送学活动，推动优质教育培训资源向基层延伸倾斜；利用在线学院、远程教育、广播电视等信息化手段开展教育培训，努力实现基层干部培训的全覆盖。

4、妇女干部、党外干部。根据各级领导班子建设的需要，省委组织部会同省直有关部门举办妇女干部、党外干部培训班。社会主义学院要认真开展党外干部的教育培训。各地各部门在选调学员时，要注意安排妇女干部、党外干部参加培训。

5、其他公务员。（1）省级公务员主管部门对处级及以下干部开展示范培训，每年安排200名左右处级干部到省委党校（行政学院）培训，每年安排600名左右省直机关处级干部到省直机关党校（行政学院）培训。（2）省直各单位组织人事部门对本单位（系统）处级及以下干部开展全员培训。（3）省委组织部会同省直有关部门每年安排1/5左右机关干部参加干部选学。（4）省级公务员主管部门组织实施公务员职业道德教育计划，5年内将所有公务员和参照公务员法管理的人员轮训一遍。（5）各市和县（市、区）直属部门单位分别抓好机关科级及以下干部的培训。各级公务员主管部门要督促指导同级各部门各单位内设机构公务员的教育培训工作，抓好初任培训、任职培训、专门业务培训、在职培训等。各部门各单位党组（党委）要将机关公务员培训列入年度工作计划，组织人事部门要抓好落实。

（二）企业经营管理人员。

（1）省委组织部有计划地安排省管重要骨干企业领导班子成员，到国家级和省级干部教育培训机构培训；会同省国资委等有关部门，举办省管国有企业主要负责人专题研究班，组织实施企业领军人才培训计划。（2）省委统战部组织全省工商联领导班子成员中的民营企业负责人进行培训，举办民营重点骨干企业主要负责人专题研究班；省非公有制经济组织工委组织开展全省非公有制企业党组织书记的示范培训。（3）各市委组织部和国有企业主管部门，结合本地本部门实际，有针对性地开展企业经营管理人员培训。（4）各企业要结合实际对本企业经营管理人员开展分类分级自主培训。

（三）专业技术人员。

（1）省人力资源和社会保障厅组织实施全省专业技术人员继续教育，指导省直各单位组织人事部门、各市人力资源和社会保障部门开展专业技术人员培训；牵头组织实施全省专业技术人才知识更新工程。（2）省委组织部会同有关部门，每年安排150名左右省委直接联系高级专家到国家级和省级干部教育培训机构培训。各市、县两级组织部门负责各自联系专家的培训。（3）省委宣传部会同有关部门，每年选派200名左右哲学社会科学教学科研骨干和一定数量的新闻宣传、文化系统干部，到国家级和省级干部教育培训机构进行培训。各市、县（市、区）负责抓好本地区哲学社会科学教学科研骨干和新闻宣传、文化系统骨干的培训。（4）非公有制经济组织和社会组织专业技术人员的教育培训，由省非公有制经济组织工委、省民政厅会同有关部门提出任务、明确目标，由各市非公有制经济组织工委、市民政局会同有关部门组织实施。

四、体制机制

（一）深化办学体制改革。创新党校（行政学院）办学体制。积极推进市、县两级党校（行政学院）办学体制改革，统筹培训计划、培训资源和组织实施，提高市、县两级党校（行政学院）办学水平。发挥省内外优质培训资源优势。巩固和拓展我省与中央“一校五院”的省校（院）干部培训资源共享机制，继续发挥好省内外干部教育培训基地的作用。调动职能部门参与培训的积极性，加大联合培训力度。全面推进干部选学。加强组织指导和工作统筹，加大地区和部门自主办班力度，完善干部选学经费使用和管理机制。改进境外培训工作。按照“以我为主、为我所用、趋利避害、注重实效”的方针，提升境外培训质量。

（二）深化运行机制改革。全面推行需求调研制度，2014年前健全以需求为导向的培训计划生成机制。探索建立项目管理制度，完善竞争择优机制，对知识能力类培训逐步推行项目招投标。完善组织调训制度，严格执行调训计划申报制度，对主要领导干部、重点岗位干部要有计划地安排调训。2017年前普遍建立组织调训为主、干部选学为辅的参训机制。健全考核评价机制，完善干部培训情况考核、登记、跟踪管理等制度，2015年前形成规范有效的干部学习培训考核评价机制。推行教学质量评估制度，研究制定科学的教学质量评估办法，加强对各级各类培训机构的评估。

（三）深化内容方式改革。创新培训方式方法。根据各类干部岗位职责、共性要求和个性特点，改进培训班次设置，加大按干部类别培训力度。利用山西干部在线学院平台，探索建立领导干部核心胜任力培训模式。健全培训内容更新机制。推动马克思主义理论中国化最新成果进教材。研发一批传统教育和作风教育精品课程。建立教学实践基地。以弘扬“太行精神”、“右玉精神”等为主线，开发建设教学实践基地，提升品质和内涵。改进教学方式方法。建立案例教学库，加大案例教学比重。深化拓展网络培训。加强功能建设，提升服务水平，逐步建立资源共享、各具特色的学习中心。

五、保障措施

（一）加强学风建设。大力弘扬理论联系实际的马克思主义学风。干部要坚持带着问题参训，联系实际学习。教师要把理论联系实际的要求贯穿于教学全过程。培训机构要把理论联系实际的能力作为考核教师教学水平的重要内容。坚持从严治校、从严治教、从严治学，严肃培训纪律，加强督促检查。建立健全干部教育培训激励约束机制。把干部教育培训纳入全省年度目标责任考核内容。干部教育培训主管部门和干部所在单位要对干部学习情况进行严格管理，完善干部学习培训档案，加大干部学习考核力度。健全培训与使用相结合的制度。组织人事部门要把参学情况、理论素养、学习能力作为干部选拔任用的重要依据，将干部学习态度、参与程度、学习成果作为学风评价的重要内容。

（二）加强师资队伍建设。加强对党校师资的培养力度。继续选调干部教育培训师资到国家级培训机构学习培训和到基层挂职锻炼。省委党校（行政学院）5年内将市、县两级党校（行政学院）教师轮训一遍。加强兼职师资队伍建设。大力推进领导干部、先进典型、优秀基层干部等上讲台，2015年前建立健全领导干部上讲台制度。选聘优秀企业家、知名专家学者担任兼职教师，2017年前建立省级干部教育培训师资库。完善师资队伍评价体系。探索建立符合干部教育培训特点的师资考核评价体系和职称评定、岗位聘任制度。

（三）加强经费保障。各级政府要将干部教育培训经费列入年度财政预算，保证工作需要。省财政每年继续单列干部选学专项经费，支持省直单位干部选学。省发展改革委每年继续单列县级党校建设专项补助经费，进一步加强和改善县级党校基础设施建设。地方各级党委留存的党费要对基层党员干部教育培训给予适当补贴。各级党委（党组）要把干部教育培训工作纳入本地区经济社会发展规划或本部门工作规划，统筹安排，整体部署。各级干部教育工作领导组要及时研究培训的重大问题和重要政策，协调推进干部教育培训工作。各级党委组织部门要切实履行主管职能，抓好宏观指导、统筹协调和督促检查。各相关职能部门要按照职责分工落实相关任务，形成各司其职、各尽其责、密切配合、齐抓共管的工作格局。

省委组织部要做好对本规划实施情况的督促检查。各地各部门要根据本规划的要求，结合实际，制定各自的干部教育培训计划或措施。

中共山西省委办公厅
山西省人民政府办公厅
关于贯彻执行《党政主要领导干部和国有企业领导人员经济责任审计规定》的实施意见

（晋办发〔2013〕24号）

（2013年12月14日）

为认真贯彻执行中央办公厅、国务院办公厅印发的《党政主要领导干部和国有企业领导人员经济责任审计规定》（中办发〔2010〕32号，以下简称《规定》），健全和完善经济责任审计制度，加强对党政主要领导干部和国有企业领导人员（以下简称领导干部）的监督管理，促进领导干部全面履行经济职责，推进党风廉政建设，提出如下意见。

一、充分认识经济责任审计工作的重要意义

经济责任审计是一项具有中国特色的审计监督制度。经济责任审计制度的建立，把组织监督、纪检监督和审计监督有机结合起来，对于完善干部管理监督制度，加强对权力运行的监督和制约，促进领导干部守法守纪守规尽责，有效惩治和预防腐败具有重要作用。《规定》的颁布施行，对于加强经济责任审计法规制度建设、规范经济责任审计行为、促进经济责任审计工作科学发展，增强领导干部依法履行经济责任意识、完善领导干部管理和监督机制、促进惩治和预防腐败体系建设具有重要意义。各级党委、政府要从健全社会主义民主法治，提高党的建设科学化水平的高度，切实增强做好经济责任审计工作的责任感和自觉性。

二、领导干部履行经济责任情况要依法接受审计监督

我省各级审计机关依法对领导干部履行经济责任情况开展审计监督，对象包括：省级以下（不含省级）党委、政府和审判机关、检察机关的正职领导干部或者主持工作一年以上的副职领导干部；各级党政工作部门、事业单位和人民团体等单位的正职领导干部或者主持工作一年以上的副职领导干部；上级领导干部兼任部门、单位的正职领导干部，且不实际履行经济责任时，实际负责本部门、本单位常务工作的副职领导干部；国有和国有控股企业（含国有和国有控股金融企业）的法定代表人或者实际负责本单位工作一年以上的副职领导人员。

领导干部的经济责任审计，依照干部管理权限确定，由各级审计机关分级组织实施。根据干部监督管理的需要，

可以在领导干部任职期间进行任中经济责任审计，或在领导干部不再担任所任职务时进行离任经济责任审计。

省级党政工作部门、事业单位、人民团体等单位的领导干部，市级党委、政府、审判机关、检察机关领导干部，县（市、区）委书记的经济责任审计，由省审计厅组织实施。

市级党政工作部门、事业单位、人民团体等单位的领导干部，县级政府、审判机关、检察机关领导干部的经济责任审计，由市级审计机关组织实施。

县级党政工作部门、事业单位、人民团体等单位的领导干部，乡（镇）党委、政府领导干部的经济责任审计，由县级审计机关组织实施。

国有和国有控股企业领导人员的经济责任审计，按干部管理权限，由各级审计机关分别组织实施。

市、县（市、区）审计机关领导干部的经济责任审计，由本级党委与上一级审计机关协商后，由上一级审计机关组织实施。

遇有干部管理权限与被审计领导干部所在单位的财政财务隶属关系、国有资产监督管理关系不一致时，应当按照干部管理权限，由同级审计机关采取自行组织实施、统一组织下级审计机关实施或者授权下级审计机关实施等方式进行。

审计机关依法独立实施经济责任审计，任何组织和个人不得拒绝、阻碍、干涉，不得打击报复审计人员。审计机关和审计人员对经济责任审计工作中知悉的国家秘密、商业秘密，负有保密义务。各级党委和政府应当保证审计机关履行经济责任审计职责所必需的机构和人员。对领导干部经济责任审计所需经费列入同级审计机关专项业务经费预算，由同级财政予以保证。

三、注重发挥各级经济责任审计联席会议或领导组作用

各级党委和政府要加强对经济责任审计工作的领导，建立健全经济责任审计工作联席会议或经济责任审计领导组制度。联席会议或领导组由纪检、组织、审计、监察、人力资源社会保障和国有资产监督管理等部门组成，主要职责是：研究决定经济责任审计工作中的重大事项，制定经济责任审计规章制度，监督检查、交流通报经济责任审计工作情况，安排部署经济责任审计工作，协调解决与经济责任审计有关的重要事项。领导组组长由本级政府行政首长担任。联席会议或领导组组成人员为各成员单位主要负责同志。联席会议或领导组每年至少召开一次全体会议，也可以根据工作需要随时召开。

联席会议或领导组办公室设在同级审计机关，主要职责是：研究起草有关经济责任审计的制度、规定，研究提出年度经济责任审计计划草案，督促落实联席会议或领导组决定的有关事项，开展调查研究和组织理论研讨，办理有关领导和联席会议或领导组交办的其他工作，负责承办联席会议或领导组日常工作。联席会议或领导组办公室主任为同级审计机关的副职或者同职级领导。

四、科学制定经济责任审计计划

经济责任审计应当有计划地进行，每年制定审计计划。审计计划要按照“突出重点，以任中审计为主，积极开展党政领导干部同步审计”的原则进行。党政领导干部、综合经济管理部门领导干部和重点国有企业领导人员任期内应当至少安排一次经济责任审计。离任一年以上的领导干部和离任前两年内接受过经济责任审计的领导干部一般不再列入经济责任审计计划。组织部门每年提出下一年度经济责任审计委托建议，经联席会议或领导组办公室研究后提出经济责任审计计划草案，由审计机关报请本级政府行政首长审定后，纳入审计机关年度审计工作计划并组织实施。如有特殊情况，组织部门可在年度计划下达后，向审计机关追加审计委托建议。

五、准确把握经济责任审计内容

经济责任审计应当以促进领导干部推动本地区、本部门（系统）、本单位科学发展为目标，以领导干部守法、守纪、守规、尽责情况为重点，以领导干部任职期间本地区、本部门（系统）、本单位财政收支、财务收支以及有关经济活动的真实、合法和效益为基础，严格依法界定审计内容。

党委和政府领导干部经济责任审计主要内容包括：本地区财政收支的真实、合法和效益情况；国有资产的管理和使用情况；政府性债务举借、管理和使用情况；政府投资和以政府投资为主的重要项目的建设和管理情况；对直接分管部门预算执行和其他财政收支、财务收支以及有关经济活动的管理和监督情况；其他需要审计的内容。

党政工作部门、审判机关、检察机关、事业单位和人民团体等单位主要领导干部经济责任审计主要内容包括：本部门（系统）、本单位预算执行和其他财政收支、财务收支的真实、合法和效益情况；重要投资项目的建设和管理情况；重要经济事项管理制度的建立和执行情况；对下属单位财政收支、财务收支以及有关经济活动的管理和监督情况；其他需要审计的内容。

国有和国有控股企业领导人员经济责任审计主要内容：本企业财务收支的真实、合法和效益情况；有关内部控制制度的建立和执行情况；履行国有资产出资人经济管理和监督职责情况；其他需要审计的内容。

在审计以上内容时，应当关注领导干部在履行经济责任过程中的下列情况：贯彻落实科学发展观，推动经济社会科学发展情况；遵守有关经济法律法规、贯彻执行党和国家有关经济工作的方针政策和决策部署情况；制定和执行重大经济决策情况；与领导干部履行经济责任有关的管理、决策等活动的经济效益、社会效益和环境效益情况；遵守有关廉洁从政（从业）规定情况等。

六、严格组织实施审计

审计机关应当根据年度经济责任审计计划，组成审计组并实施审计。审计机关应当在实施审计3日前，向被审计领导干部及其所在单位或者原任职单位送达审计通知书，同时抄送有关联席会议或领导组成员单位。遇有特殊情况，经本级政府批准，审计机关可以直接持审计通知书实施经济责任审计。审计机关实施经济责任审计时，应当召开有审计组主要成员、被审计领导干部及其所在单位有关人员参加的会议，听取被审计领导干部的述职报告，安排审计工作事项。联席会议或领导组有关成员单位根据工作需要可以派人参加。审计机关在实施经济责任审计过程中，应当听取本级党委、政府和被审计领导干部所在单位有关领导同志，以及本级联席会议或领导组有关成员单位的意见。审计机关实施经济责任审计应当进行审计公示。可以根据工作需要采取书面、谈话等形式就被审计领导干部履行经济责任情况，向有关单位和个人进行调查了解。

被审计领导干部及其所在单位，以及其他有关单位应当提供与被审计领导干部履行经济责任情况有关资料，主要内容包括：财政收支、财务收支相关资料；工作计划、工作总结、会议记录、会议纪要、经济合同、考核检查结果、业务档案等相关资料；被审计领导干部履行经济责任情况的述职报告；其他应当说明的情况。被审计领导干部及其所在单位应当对所提供资料的真实性、完整性负责，并作出书面承诺。

审计组实施审计后，应当将审计组的审计报告书面征求被审计领导干部及其所在单位的意见。根据工作需要可以征求本级党委、政府有关领导同志，以及本级联席会议或领导组有关成员单位的意见。被审计领导干部及其所在单位应当自接到审计组的审计报告之日起10日内提出书面意见；10日内未提出书面意见的，视同无异议。

审计机关按照《中华人民共和国审计法》及相关法律法规规定的程序，对审计组的审计报告进行审议，出具审计机关的经济责任审计报告和审计结果报告。审计机关应当将经济责任审计报告送达被审计领导干部及其所在单位。审计机关应当将经济责任审计结果报告等结论性文书报送本级政府行政首长，必要时报送本级党委主要负责同志；提交委托审计的组织部门；抄送联席会议或领导组有关成员单位。审计机关履行经济责任审计职责时，可以依法提请有关部门和单位予以协助，有关部门和单位应当予以配合。

被审计领导干部所在单位存在违反国家规定的财政收支、财务收支行为，依法应当给予处理、处罚的，由审计机关在法定职权范围内作出审计决定。审计机关在经济责任审计中发现的应当由其他部门处理的问题，依法移送有关部门处理。被审计领导干部对审计机关出具的经济责任审计报告有异议的，可以自收到审计报告之日起30日内向出具审计报告的审计机关申诉，审计机关应当自收到申诉之日起30日内作出复查决定；被审计领导干部对复查决定仍有异议的，可以自收到复查决定之日起30日内向上一级审计机关申请复核，上一级审计机关应当自收到复核申请之日起60日内作出复核决定。上一级审计机关的复核决定为审计机关的最终决定。

七、做好经济责任审计评价

审计机关应当根据审计查证或者认定的事实，依照法律法规、国家有关规定和政策，以及责任制考核目标和行业标准等，在法定职权范围内，对被审计领导干部履行经济责任情况作出客观公正、实事求是的评价。审计评价应当与审计内容相统一，评价结论应当有充分的审计证据支持。审计机关对被审计领导干部履行经济责任过程中存在问题所应当承担的直接责任、主管责任、领导责任，应当区别不同情况作出界定。

直接责任是指领导干部直接违反法律法规、国家有关规定和单位内部管理规定的行为；授意、指使、强令、纵容、包庇下属人员违反法律法规、国家有关规定和单位内部管理规定的行为；未经民主决策、相关会议讨论而直接决定、批准、组织实施重大经济事项，并造成重大经济损失浪费、国有资产（资金、资源）流失等严重后果的行为；主持相关会议讨论或者以其他方式研究，但是在多数人不同意的情况下直接决定、批准、组织实施重大经济事项，由于决策不当或者决策失误造成重大经济损失浪费、国有资产（资金、资源）流失等严重后果的行为；其他应当承担直接责任的行为。

主管责任是指除直接责任外，领导干部对其直接分管的工作不履行或者不正确履行经济责任的行为；主持相关会议讨论或者以其他方式研究，并且在多数人同意的情况下决定、批准、组织实施重大经济事项，由于决策不当或者决策失误造成重大经济损失浪费、国有资产（资金、资源）流失等严重后果的行为；其他应当承担主管责任的行为。

领导责任是指除直接责任和主管责任外，领导干部对其不履行或者不正确履行经济责任的其他行为应当承担的责任。

八、加强审计问题整改和审计结果运用工作

各级党委、政府应当建立健全经济责任审计情况通报、审计整改以及责任追究等结果运用制度，逐步探索和推行经济责任审计结果公告制度。被审计领导干部及其所在单位应当在党政领导班子或董事会内通报审计结果。对审计部门依法作出的处理处罚决定，应当在规定期限内执行完毕，对审计机关提出的审计意见和建议应当及时予以落实。组织人事部门应当根据干部管理监督工作的有关规定，将经济责任审计纳入干部管理监督机制，将审计结果作为考核、任免、奖惩被审计领导干部的重要依据。经济责任审计结果报告应当归入被审计领导干部本人档案。纪检监察

机关应当对经济责任审计查实的违纪违规问题，按照规定对领导干部给予党纪政纪处分或其他处理。经济责任审计结果报告应当归入被审计领导干部廉政档案。国有资产监督管理部门应当将经济责任审计结果作为企业经营业绩考评和被审计领导人员考核、奖惩、任免的重要依据，在制定企业改组改制等方案和国有产权处置中有效运用审计结果，督促有关企业落实审计决定和整改要求，根据审计结果完善有关国有资产监督管理制度和有关考核奖惩制度。审计机关应当对经济责任审计发现的倾向性、普遍性问题加强分析研究，向本级党委、政府作出专题报告，提出审计建议，并对审计发现问题的整改情况进行监督检查。按照有关规定，要在一定范围内通报审计结果，或者以适当形式对审计结果和审计发现问题的整改情况向社会公告。

中共山西省委办公厅印发《关于规范精简会议的“五个严格控制”》等四个制度性文件的通知

晋办发〔2013〕28号

各市、县委，省委各部委，省直各委、办、厅、局党组(党委)，各人民团体党组：

《关于规范精简会议的“五个严格控制”》、《关于改进文风的“八项措施”》、《关于组织开展调研活动的“二十条要求”》和《关于规范省级领导办公用房和公务用车管理的“五个严禁超标准”》等四个制度性文件已经省委同意，现印发给你们，请认真贯彻执行。

中共山西省委办公厅

2013年12月28日

关于规范精简会议的“五个严格控制”

为深入贯彻落实中央八项规定和我省实施办法，切实做好会议精简工作，着眼于严检点、严规范、严落实，现对全省性会议进一步提出“五个严格控制”的要求。

1、严格控制会议规模。省委、省政府召开的全省性会议（省党代会、省委全会除外），与会人员不超过250人；部门召开的全省性会议，与会人员不超过150人；减少陪会人员、跟会随员和工作人员，在省委、省政府机关召开的会议，副省级领导不带秘书等随员，会务工作人员不超过5人。

2、严格控制会议时间。省委、省政府召开的全省性会议（省党代会、省委全会除外），会期不超过1天；部门召开的全省性会议，会期一般半天；电视电话会议，时间不超过90分钟；大会交流发言，每次不超过4人，每人不超过10分钟。

3、严格控制会议数量。切实控制各部门报请拟以省委、省政府名义召开的全省性会议，2013年会议数量在上年基础上精简1/4。每年至少确定10个“无会周”。省直部门召开的全省性会议，须经省委办公厅、省政府办公厅审核后报批，每年原则上1次。建立并会套开制度，对于时间相近、主题相近、参会范围相近的若干会议，一律实行并会套开。全省性会议尽可能采用电视电话会议形式召开，减少市县负责同志特别是党政主要负责同志到省集中开会次数。

4、严格控制会议议程。简化会议议程，提高会议效率，精心设置议题，提高讨论深度，坚决取消没有实质性内容的议程。除部署全局性工作的会议外，其他全省性会议只安排1位省领导讲话。省领导出席本省会议和活动时，主持人不逐一介绍出席的省领导。

5、严格控制会议经费。会议经费按财政部门规定列支。各种会议一律不制作、不发放纪念品和文件包。笔记本、笔等会议文具不统一发放，实行按需领取。用餐形式为自助餐，一律不饮酒，一律吃本地菜，就餐标准每人每天不得超过150元。会议不安排文艺表演。机关内部会议场所能满足会议要求的，不在宾馆召开。

关于改进文风的“八项措施”

为切实改进文风、转变作风，针对文风方面存在的突出问题，现提出以下八项整改措施。

1、精简文件数量和篇幅。行文应当确有必要，讲求实效，注重针对性和可操作性。2013年省委文件同比减少10%，以后文件数量只减不增。文件要主题突出、观点鲜明、结构严谨、内容简洁，一般不超过4000字，各地各部门报送省委的请示一般不超过1500字、报告一般不超过3000字。

2、严禁重复发文。凡国家法律法规和党内法规已作出明确规定的，一律不再发文。凡照搬或重复、重申已有政策条文，没有结合实际提出新的政策措施的，一律不发文。现行文件规定仍然适用的，不再重新发文。已标注公开发布的省委文件，各地各部门一律不翻印、不转发。

3、减少印发领导讲话。省委领导同志的讲话，除代表省委对全省工作作出重大部署外，一般不发文件；已发会议文件或已通过媒体公开发布的，不再印发文件；在基层和部门调研时的讲话，除了对全局性工作具有指导意义的，不发文件；在座谈会、协调会上的讲话，一律不发文件。

4、提高文稿质量。加强调查研究，增强理论政策水平，加强对省情特点和工作规律的研究把握，把中央精神和我省实际紧密结合起来，提高文稿的思想性、理论性、指导性和可操作性。坚持讲短话、讲新话、讲管用的话，提倡脱稿讲话。

5、严格行文规则。省委文件要突出党委工作特点，部门发文或部门联合发文能够解决问题的，不以省委或省委办公厅名义发文。尽量减少党政联合行文，需省委研究批准的重要政务类工作，经省委批准后，可由省政府或省政府有关部门行文。

6、规范简报资料报送。对报送省委的简报实行审批制度，报送单位不得自行确定报送简报的种类、格式及分送范围。报送省委的其他信息、资料和研究报告等，视同简报进行审批管理。

7、控制简报种类和篇幅。各部门报送省委的简报种类一律不超过1种，篇幅一律不超过2000字，内容要客观反映情况，既要报喜更要报忧，减少一般性工作情况汇报，反映问题的简报要占到一半以上。参考资料和研究报告一般不超过4000字，超过的要附内容摘要。

8、大力推行电子公文。充分利用党委系统信息化平台，实现文件和简报资料的网络传输和网上办理，减少纸质文件，降低运行成本，提高办文效率。

关于组织开展调研活动的“二十条要求”

为深入贯彻落实中央八项规定和我省实施办法，确保调研活动从严从俭、务实高效，现制定如下要求。

1、确定好调研主题，实事求是地安排调研内容。

2、抓好蹲点调研，注重到困难较多、情况复杂、矛盾尖锐的地方去调研解决问题。

3、安排随机调研，增加自主内容，力求准确、全面、深入了解情况。

4、统筹安排调研，不集中或轮番到一个地方、一个点、一条线路去调研。

5、汇报工作时要讲真话、报实情。

6、文字材料一律简易印刷，不作过度装帧。

7、不安排没有实质性进展的项目，不做没有实质意义的展板，不能为迎接调研装修布置，沿途不搞粉刷。

8、调研点不悬挂欢迎标语条幅和气球，不插红旗，不铺地毯，一律不摆放水果茶点等。

9、所到市县一律不到交界处迎送，不组织列队迎送，无关人员不随行陪同。

10、一般不安排接见合影，不组织文艺演出。

11、除工作需要外，不安排到名胜古迹、风景区参观。

12、坚持轻车简从，调研人数较多时，集中乘坐中巴车。

13、沿途不封路，不清场，不安排警车开道。

14、就餐从简，一律安排自助餐，一律吃本地菜，一律不饮酒。

15、住宿安排在内部宾馆、招待所或定点酒店，不住豪华酒店。

16、省级领导安排普通套间，厅级干部安排单间，处级以下工作人员安排标间。

17、房间内不专门配发生活用品和洗漱用品，一律不摆放鲜花、水果等。

18、不得以任何名义发放纪念品。

19、重要调研要及时撰写调研报告，做好汇报和反馈工作。

20、对调研中发现的问题，要抓好事后督办，有效加以解决。

关于规范省级领导办公用房和公务用车管理的“五个严禁超标准”

为进一步深入贯彻落实中央八项规定，严格执行中央关于清理办公用房和公务用车管理的规定，现就规范省级领导办公用房和公务用车管理问题，提出“五个严禁超标准”。

1、严禁超标准配置办公用房。严格按照《党政机关办公用房建设标准》规定配置办公用房。省级领导1人只分配使用1处办公用房，在不同部门同时任职的，由主要工作部门安排办公用房，其他任职部门（兼职部门）不再安排办公用房；不得在宾馆、培训中心等场所占用办公用房；工作调动和已办理离退休手续的，原单位的办公用房要及时腾退。

2、严禁超标准装修办公用房。办公用房装修应简朴庄重、经济适用，装修材料要使用省内和国内材料，不得选用进口材料及高档材料，严禁豪华装修。办公用房5年内不得重复装修，不更换和添置办公家具。按照经济适用原则配备办公设备，不配备与办公无关的设施设备。

3、严禁超标准配备公务用车。省级领导按照规定1人配备1辆公务用车，不得换用、借用、占用下属单位或其他单位和个人的车辆，越野车和警卫车不得作为个人固定用车。现有越野车一律改为公用车，在工作需要时，由车辆管理部门调配安排。

4、严禁超标准装饰公务用车。不得为公务用车增加高档配置和豪华内饰，3年内不得重新装潢。

5、严禁超标准使用公务用车。废止省级领导公务用车设“晋A·V小号码”民用专段号牌的规定。非公检法部门领导的公务用车不得使用警牌、警报、警灯，非部队领导的公务用车不得使用军牌，不得使用公车进行非公务活动。

中共山西省委办公厅
关于印发《省委常委、副省长定期直接接待群众来访制度》的通知

晋办发〔2013〕29号

各市、县委，省委各部委，省直各委、办、厅、局党组（党委），各人民团体党组：

《省委常委、副省长定期直接接待群众来访制度》已经省委、省政府同意，现印发给你们，请认真贯彻落实。

中共山西省委办公厅

2013年12月28日

省委常委、副省长定期直接接待群众来访制度

为进一步转变工作作风，拓宽省委常委、副省长直接联系群众渠道，推进信访突出问题的解决，密切党和政府同人民群众的血肉联系，制定本制度。

一、工作原则

坚持以人为本、人民至上，坚持协调指导和督促调研相结合，坚持解决问题和疏导教育相结合，坚持畅通渠道和规范秩序相结合，注重运用法治思维和法治方式妥善解决涉及群众切身利益的矛盾和问题。

二、接访方式

省委常委、副省长每人每半年至少直接接待来访群众1次，结合实际情况，采取预约接访、带案下访和专题接访等方式进行。省委常委、副省长对所接待群众反映的诉求进行包联，一督到底，跟踪问效。

（一）预约接访。对一些疑难复杂信访问题，约请信访群众或信访群众代表到信访接待场所或指定地点反映诉求，依法按政策妥善解决。

（二）带案下访。带着群众反映的突出问题，深入到问题多、矛盾集中的地方实地接待群众，面对面听取诉求，并协调处理。

（三）专题接访。对群众反映的涉及政策性的共性问题，专题接待信访群众代表，并召集有关部门研究，提出处理意见，督促落实。

三、组织实施

（一）省信访局根据省委常委、副省长分工和群众信访内容，拟定直接接待事项，在初步核查的基础上提出工作建议，经领导同志同意后，省委办公厅或省政府办公厅进行工作安排，省信访局协助。

（二）尽可能在基层或信访部门接待信访群众，也可根据实际情况安排在其他地点。

（三）需要有关部门负责同志参加接待协调的，可由省委办公厅或省政府办公厅负责通知。

四、督促落实

（一）处理信访案件责任单位要在领导同志接访后15日内向省信访局报告处理落实情况或进展情况。省信访局负责对处理落实情况进行核查，并向负责接待的领导同志反馈。

（二）对处理落实情况不符合要求的，省信访局提出意见，报有关领导同志批示后，责成处理信访案件责任单位重新处理，省委督查室、省政府办公厅督查室会同省信访局跟踪督办。

中共山西省委办公厅
山西省人民政府办公厅
印发《关于进一步规范省级领导干部公务接待活动的规定》的通知

晋办发〔2013〕30号

各市委，省直有关部门党组（党委）：

《关于进一步规范省级领导干部公务接待活动的规定》已经省委、省政府同意，现印发给你们，请认真贯彻执行。

中共山西省委办公厅
山西省人民政府办公厅
2013年12月28日

关于进一步规范省级领导干部公务接待活动的规定

为严格执行中央八项规定，进一步规范我省公务接待活动，厉行勤俭节约，反对铺张浪费，根据《党政机关厉行节约反对浪费条例》和《党政机关国内公务接待管理规定》，现对省级领导干部参加公务接待活动作以下规定。

一、严格控制公务接待范围

公务接待主要包括以下公务活动相关人员：中央领导来晋视察，中央机关、企事业单位和兄弟省（区、市）领导和有关人员来晋考察，中央机关派出的工作组和兄弟省（区、市）代表团来晋考察，曾担任过副省级以上职务的离退休老同志来晋考察，港澳台高层代表团来晋参访考察，重要外宾团组来访等。不得将休假、探亲、旅游等非公务活动纳入公务接待范围。

二、严格执行公务接待报批、登记制度

建立完善公务接待报批及登记制度。凡属接待范围的来宾，由接待单位拟定相应接待方案并报有关领导审批，按规定安排接待活动。对无公函或者无实质内容的公务活动不予接待。接待任务完成后，如实填写反映接待对象单位、姓名、职务和公务活动项目、时间、场所、费用等内容的接待清单，由相关负责人审签，登记备案。

三、严格执行住宿标准

公务接待一般安排在定点饭店或者机关内部接待场所，不得安排在私人会所和高消费豪华场所。严格执行住宿标准，省部级领导安排普通套间，厅局级领导安排单间，处级以下人员安排标准间。除宾馆按惯例摆放的房间用品外，不专门配送其他生活用品。同城接待不安排住宿。普通套间一般不超过600元/天，单间和标间一般不超过400元/天。

四、严格执行餐饮标准

原则上，15人以上安排自助餐，品种不超过6种凉菜、6种热菜、4种主食。早餐不超过30元/位，午餐不超过60元/位，晚餐不超过60元/位。对15人以下、不具备自助餐条件的安排桌餐。确因工作需要，接待单位可以安排工作餐一次，实行“四菜一汤”，主食不超过2种。严格控制陪餐人数，接待对象在10人以内的，陪餐人数不超过3人；超过10人的，陪餐人数不得超过接待对象人数的三分之一。饭菜应当供应家常菜，突出地方特色，不安排高档菜肴，不提供香烟和高档酒水。接待酒水使用本地产品，中午不上白酒。省领导下基层调研用餐一律不上酒。

五、严格执行用车标准

根据活动内容、活动日程、乘车人数等合理安排接待车辆，6人以上安排集体乘坐中巴或大巴车，乘坐小车的车队不超过3辆。严格控制车队规模，沿途不得增加随行车辆。车上不摆放果品。

六、严格执行警卫标准

严格按照有关规定使用警车，不得违反规定实行交通管控。确因安全需要安排警卫的，应当按照规定的警卫界限、警卫规格执行，合理安排警力，尽可能缩小警戒范围，不得清场闭馆。

七、严格执行礼品管理规定

不得以任何名义赠送礼金、有价证券、纪念品和土特产品等。外事活动确需赠送礼品的，尽量选择本省具有特色的纪念品、传统手工艺品或实用物品。

八、严格控制工作人员人数

减少接待工作人员和随行人员数量。副省级领导原则上不带秘书。一般任务只安排1名接待工作人员，三级以上任务接待工作人员不超过4人。

九、严格控制接待费预算总额

不得在接待费中列支应当由接待对象承担的差旅、会议、培训等费用，不得以举办会议、培训为名列支、转移、隐匿接待费开支。积极推进公务接待服务社会化改革，有效利用社会资源为公务接待提供住宿、用餐、用车等服务，降低接待成本，减少接待费用。

2013年8月22日，省委举办党的群众路线教育实践活动先进事迹报告会，邀请省交通厅定点扶贫队队长张为民，大同市大同县林业局党支部书记、局长赵德清，晋城市泽州县犁川镇崔河村党支部书记崔晓满，长治市第一职业高级中学校党总支书记、校长张素珍作先进事迹报告。

省委工作部门工作概况

省委办公厅工作概况

2013年，在省委的正确领导下，办公厅深入学习贯彻党的十八大、十八届三中全会精神和习近平总书记一系列重要讲话精神，贯彻落实中央和省委的重大决策部署，扎实开展党的群众路线教育实践活动，自觉加强作风建设和党风廉政建设，圆满完成了省委交给的各项工作任务，得到了省委和各方的充分肯定。

一、深入学习贯彻习近平总书记一系列重要讲话和党的十八届三中全会精神，不断提高思想政治水平

办公厅组织召开了全省党委秘书长会议，传达贯彻全国党委秘书长会议精神，按照省委常委会决定，对全省各级各部门深入学习贯彻习近平总书记一系列重要讲话精神进行安排部署。坚持把深入学习贯彻习近平总书记一系列重要讲话精神作为首要政治任务，与学习贯彻党的十八大精神结合起来，与学习贯彻党的十八届三中全会精神结合起来，与开展党的群众路线教育实践活动结合起来，努力做到真学真懂、真信真用。一是坚持集中学。秘书长班子学习省委常委的好做法，集中起来、坐下来，不接电话、不批文件，先后集中学习了5个整天；各处室坚持每周二、五下午集中学习，学习时间普遍都在10个整天以上。二是组织专题学。中心组依托“学习大讲堂”整合学习资源，围绕中国特色社会主义理论精选专题，邀请专家学者进行宣讲，营造浓厚的学习氛围。三是鼓励自主学。开展第二届“党员干部读书月”活动，发放学习书籍16类3000余册，组织答题活动3次，参加文源讲坛20余人次，让大家在收获荣誉的同时收获一份知识和自信。四是跟着专家领导学。通过“山西干部在线学院”收看专家学者的精准解读；认真学习袁书记所作的《转型跨越中务必保持艰苦奋斗作风》，进一步强化党的意识、责任意识和忧患意识。五是深入基层调研学。党组把深入开展调研、当好参谋助手作为2013年的一项重点工作来抓。秘书长班子成员通过各种形式，开展调研活动13次、下乡住村3次、形成调研报告12篇。在学习中，进一步坚定了“三个自信”，增强了服务转型跨越发展的行动自觉。

二、扎实开展党的群众路线教育实践活动，继续当好作风建设的“排头兵”

在党的群众路线教育实践活动中，按照袁纯清书记“走前头、做表率”的要求，继续发扬优良传统，带头做示范，率先抓落实。一是带头抓好学习。通过形式多样、内容丰富的学习活动，统一思想、提高认识，增强反对“四风”、改进作风的自觉性。二是带头征求意见建议。先后召开省、市、县座谈会，深入窗口单位、基层一线征求意见建议；班子成员通过登门拜访、谈话谈心等形式征求离退休老领导、分管处室的意见建议。同时，还依托群众咨询监督组，在秘书长班子与干部群众之间架起一座沟通的“桥梁”。三是带头查摆问题。秘书长班子成员通过自己找、群众提、上级点、互相帮，深入查摆“四风”问题122条。按照省委督导组组长郭贵仁同志的话说，就是“问题查找的准、原因剖析的深，确实达到了‘像、深、准、诚’的要求”。四是带头开展批评与自我批评。秘书长班子成员之间开展谈话谈心148人次，开展相互批评56人次，提出批评意见87条。大家开门见山、直截了当，相互“把脉”、不遮不掩，达到了“团结—批评—团结”的目的。五是带头抓好整改。针对查摆出的20条突出问题，研究制定了《整改工作方案》、《专项整治工作方案》和《制度建设计划》，明确整改的任务书、路线图和时间表，由秘书长班子成员牵头负责，抓好落实。在这次教育实践活动中，秘书长班子带头垂范，处级班子担当主力，党员干部主动看齐。一级带一级，一级做给一级看，全厅做给全省看，有效发挥了示范表率作用，进一步密切了党群干群关系。

三、圆满完成各项工作任务，自觉做好省委的“坚强前哨”和“巩固后院”

一是参谋助手作用进一步发挥。在深入调研的基础上，起草了《关于深入贯彻党的十八届三中全会精神 加快推进转型综改试验区建设的若干意见》，为全省贯彻落实党的十八届三中全会精神、全面深化改革提供了高质量的参谋服务。开展了“文山会海”的深度调研，形成了一些“削山填海”的制度性成果。起草、修改各类文稿650余篇，成稿400余万字，编发《工作研究与交流》33期，圆满完成了省委全委会、全省经济工作会等重要会议的文稿起草任务。加强信息综合提炼，畅通信息应急渠道，编发《山西信息》《每日要情》3000余期，向中办报送信息1600余篇，被中办采用150余篇，有14篇信息得到了李克强、刘云山、王岐山、张高丽等中央领导同志的批示。

二是综合协调效率进一步提高。健全完善四大班子办公厅之间、与省委各部门之间的沟通协调机制，为省四大班子和谐高效运转提供坚强保障。全年共组织全省性大中型会议130余次，组织省委常委活动350余次，其中，省委常委会议52次，全体常委参加的大型活动80余次。圆满完成了张高丽、李长春、孙春兰、郭金龙等党和国家领导人来晋视察任务。坚持“指挥统一、反应灵敏、协调有力、运转高效”的原则，健全、完善应急值班工作体系，在应急处理中发挥重要作用。不断深化干部下乡住村和领导干部包村增收活动，扎实做好扶贫工作。统筹做好《中共山西省委志》省委和省委办公厅工作部分的编纂工作。

三是督查工作力度进一步加强。成立省委督查工作领导小组，加强对重大督查活动的统筹协调。围绕学习贯彻党的十八大精神、贯彻落实中央八项规定、停建清理楼堂馆所等重大决策开展督查14次。办理中央领导、省委领导批示86件，按时办结率达到100%，得到了袁纯清书记等省领导的充分肯定。58件政协提案全部按时办复。加大对互联网等新兴媒体的舆情收集、上报、办理工作力度，受理网民留言1.5万余件，网上回应2500余件，落实反馈1235件。其中，“运城市倾听网友呼声 确保群众出行安全”上榜人民网“2013网络问政十大案例”。

四是公文办理工作进一步规范。完善办文制度，提高办文质量，扎实做好党内法规审核制定和文件备案审查工作。审核处理省委和省委办公厅文件280余件，向中央报备党内法规和规范性文件31件，清理文件1013件，传递、办理文件资料5600余件、178万余份。加大文件保密管理力度，做好文件集中清理工作，确保公文运转处理周密高效。扎实开展全国机要交通职能转变和业务信息化建设试点工作，实现了连续21年无业务事故差错的好成绩。提高文件印刷质量，规范档案资料管理工作，继续保持《中办通讯》工作在全国的领先水平。

五是服务保障功能进一步健全。教育实践活动中，办公厅按照边查边改的原则，办了6件实事。综合服务楼顺利投入使用，机关食堂改造工程已经完工，幼儿园加固改造基本完成，桥东宿舍区改造顺利推进，机要专网通讯楼也已基本完工，后勤保障的硬件得到了有效改善。在此基础上，还不断加强大院安全保卫和应急处突工作，加强经费管理，营造整洁的办公环境，维护机关正常的办公秩序。探索开展个性化、多样化、亲情化的老干部服务工作。同时，车辆保障、餐饮服务、物业保洁、幼儿教育、维修服务、卫生保健等各方面的工作都取得了长足的进步，为省委正常运转提供了坚强保障。

四、落实党风廉政建设责任制，全力营造风清气正、扎实工作的浓厚氛围

办公厅组织100多名副处级以上党员干部赴河北省西柏坡，实地学习感受老一辈无产阶级革命家艰苦奋斗、一心为民的崇高品德，主动扎牢廉洁自律的思想防线。一是按照省委的统一部署，先后开展了会员卡专项清退、奢侈浪费不正之风专项整治、吃喝不正之风专项整治、违规用车专项清退、“衙门作风”专项整治等五个专项活动，严明党的纪律，维护中央和省委的权威。二是认真落实党风廉政建设责任制，建立健全领导干部作风状况评价机制，健全完善领导干部廉政档案制度、诫勉制度，认真落实党员领导干部报告个人重大事项及办理婚嫁、丧葬事宜报告等制度。加强惩防和预防腐败体系建设，不断提高反腐倡廉建设科学化水平。继续推进党务公开。三是扎实推进社会主义核心价值体系教育，引深精神文明创建活动，开展群众性文明创建活动，推动廉政文化进机关。深化“六五”普法。四是坚持民主集中制原则，确保领导班子团结协作、坚强有力、奋发有为。深化干部人事制度改革，大力提倡实干精神，规范和优化人才发展环境，精心打造省委办公厅“金字招牌”，牢固树立“为民、务实、高效、廉洁”的对外形象。

（刘智钢）

附：省委秘书长、常务副秘书长、副秘书长名单

省委常委、秘书长：杜善学（1月离职）
聂春玉（1月任职）

常务副秘书长：姜新文

省委副秘书长、省委农村工作领导组专职副组长：
张克强

省委副秘书长、省委政研室主任：张瑞鹏（3月离职）
邹天敬（3月任职，8月离职）

省委副秘书长、省信访局局长：李体柱

省委副秘书长、省防范和处理邪教问题领导小组办公室主任：冯建平（3月离职） 冯　征（3月任职）

省委副秘书长：王进喜

省委副秘书长：孙　毅

省委副秘书长：王利波（4月任职）

省委组织部工作概况

省委组织部部长　汤　涛

2013年，省委组织部紧扣中央、省委部署，狠抓重点工作落实；聚焦存在问题，狠抓整改创新；着眼长效机制，狠抓建章立制，不断提高组织工作科学化水平。努力为山西转型综改区建设提供坚强组织保证。

一、学习贯彻习近平总书记系列重要讲话精神，用中国特色社会主义理论最新成果武装头脑、指导实践

紧紧抓住理想信念教育这个龙头，教育干部坚定理想信念，增强政治定力，炼就“金刚不坏之身”，“永不动摇信仰”。一是圆满完成十八大精神集中轮训任务。对2400多名省管领导干部和县（市、区）长进行集中轮训；组织骨干力量开展82场十八大精神宣讲；推行“干部上讲台、培训到基层、网络全覆盖”，把十八大精神送到基层一线。二是深入学习贯彻习近平总书记系列重要讲话精神。全国组织工作会议召开之后，部务会成员集中3天时间，原原本本学习总书记讲话原文，3次召开专题学习会，并进行深入研讨。按照中组部部署，就全省组织系统和县处级以上领导干部学习贯彻习近平总书记系列重要讲话精神作出安排。年前举办2期省管领导干部专题研讨班，1期全省组织系统专题研讨班。三是深化和拓展“三位一体”教育培训格局。出台《2013–2017年全省干部教育培训规划》，研究制定《关于在干部教育培训中进一步加强理想信念教育的意见》。围绕提高服务转型综改能力，依托山西干部在线学院，大力开展网上学习培训。探索建立基于领导核心胜任力培训模式，推进干部教育培训工作创新。

二、指导推动党的群众路线教育实践活动深入开展，形成一批认识成果、实践成果、制度成果

按照“照镜子、正衣冠、洗洗澡、治治病”总要求，认真履行教育实践活动双重职责。精心组织163个部门单位，1386名厅级以上领导干部、24763名县处级领导干部、37.4万余名党员参加第一批教育实践活动。一是在学习教育、听取意见环节，紧紧抓住学习教育、深度调研、征求意见三个重点。各活动单位领导班子集中学习时间平均达到8天以上，“一把手”讲党课285人次，征求各类意见建议8.59万条。二是在查摆问题、开展批评环节，紧紧抓住问题查摆、谈心谈话、专题民主生活会三个重点。各活动单位查摆“四风”方面突出问题6997个，各级领导干部开展谈心谈话2.88万人次，各部门（单位）召开了高质量的专题民主生活会。三是在整改落实、建章立制环节，紧紧抓住立说立行立改、制定整改方案、拟定制度建设计划三个重点。各活动单位立改具体问题3731个，确定整改项目4277个，计划建立健全制度规定4240个，已制定制度规定1806个。广大党员干部思想自觉和行动自觉进一步增强，群众反映强烈的“四风”问题得到有效解决，作风建设的新成效促进了经济社会新发展。

三、出台《关于干部工作“八从严”的意见》，确保从严治党、从严治吏要求落到实处

全国组织工作会议之后，为响应习近平总书记干部工作从严指示，向基层传递干部工作从严信号，省委组织部制定了《关于干部工作“八从严”的意见》，要求从严坚持原则、从严把握标准、从严教育培养、从严识别干部、从严班子选配、从严破格提拔、从严监督管理、从严整治风气，用坚决态度积极回应总书记重要讲话精神，在指导干部工作实践上明确提出必须坚持什么、反对什么、着力解决哪些突出问题。中央政治局委员、书记处书记、中组部部长赵乐际同志专门作出批示给予肯定。省委书记袁纯清同志要求，各级领导干部特别是省委常委带头贯彻执行干部工作“八从严”规定。

四、在转型综改区建设主战场培养选拔干部，树立正确的用人导向

严格按照好干部标准，紧紧围绕转型综改中心任务搭配班子、选好干部，在全省上下形成正确的用人导向。一是选优配强各级领导班子。适应转型综改区建设需要，采取全委会定向推荐和非定向推荐、“两推两议两差额”、领导署名推荐与民主推荐相结合等办法，选配一批市厅级领导干部，补充空缺职位。坚持重视基层的用人导向，选拔330名优秀大学生村官到乡镇任副职，充实乡镇领导班子。加强换届后领导班子思想政治建设，认真贯彻执行民主集中制，严格党内生活，保证各级领导班子坚强有力。二是实施年轻干部成长工程。以理想信念教育为主题，对50名中青年领导干部进行集中培训。从省、市、县直属机关选派近千名年轻干部到农村担任“第一书记”。选派41名中青年干部到综改试点县、省信访局、省证监局挂职锻炼。组织省直单位、本科高校与地方、国有企业开展年轻干部双向挂职。三是认真解决干部制度改革中出现的新情况新问题。转发中组部《关于完善竞争性选拔干部方式的指导意见》，对不符合、不适应的做法，该纠正的纠正，该完善的完善。制定了《领导班子综合分析研判工作办

法》，强化领导班子建设基础性工作；制定了《关于进一步加强和改进干部谈心谈话的意见》，要求大范围近距离观察了解干部；制定了《干部考察组人员管理办法》，进一步严格干部考察工作。四是加强干部管理监督。集中开展了买官卖官、跑官要官、档案造假、违规破格提拔等问题集中整治工作，省、市两级组织部门建立了“跑官要官”行为登记制度；整治“工作秩序涣散、人事管理松懈”行为，开展全省各级机关事业单位借用人员专项清理工作；治理党政领导干部“走读”现象，解决干部作风漂浮、责任心不强的问题；开展干部人事档案专项清理，实现省管干部电子档案数字化；把省管重要骨干企业的总经理纳入省委直接管理范围；研究制定省级领导秘书配备、管理、安排暂行规定。

五、深化党委书记抓党建工作机制，强化基层党组织政治堡垒作用，夯实党的执政基础

牢固树立大抓基层的鲜明导向，推动基层党组织建设全面进步、全面过硬。一是全面加强各领域基层党组织建设工作。深化“联述联评联考”工作机制，落实各级党委书记抓基层党建工作责任制。完成农村（社区）“领头雁”培训延伸计划，培训农村（社区）“两委”干部和骨干党员24万余名。开展乡镇党代会年会制、党代表工作室和在职党员到社区党组织报到试点工作。统筹推进机关、社区、企业、高校等各领域基层党建工作。二是加强和改进党员队伍建设。印发《2013年山西省发展党员工作指导意见》，坚持严把入口、畅通出口，合理确定党员发展数量，重视从青年工人、农民、知识分子中发展党员；探索处置不合格党员机制，保持党员队伍的纯洁性。发挥“三晋红e”网站和远程教育网络的作用，广泛宣传先进典型，着力抓好党员教育。认真开展困难党员帮扶工作，做好“12371”党员服务电话接听受理工作，切实维护党员权益。三是强化大学生村官管理工作。在全省大学生村官中开展践行党的群众路线“六个一”活动，提高大学生村官服务群众的能力。改进选聘方式，继续选聘470名大学生村官。实施创业行动计划，举办第三届中国（山西）特色农博会大学生村官创业展。

六、组织开展“访民生、知民情、解民忧”活动，引导党员干部在服务群众中转变作风

2月至4月集中开展了以“访民生、知民情、解民事”为主要内容的领导干部集中走访活动。各级领导干部深入田间地头、农家院落、企业车间，通过召开座谈会、走访调研、谈心谈话等形式，真访民生、深知民情、力解民事，实现了省市县四大班子全员参加，县乡村三级全面覆盖。35名省级领导干部走访覆盖了所有县（市、区），376名市级领导干部走访覆盖了所有乡镇（街道），3812名县级领导干部走访覆盖了所有村（社区）。全省各级领导干部走访农户147624户、召开座谈会31088次，收集意见建议72449条，帮助当地解决实际困难34186个、提出合理化建议44307条。为巩固活动成果，省委制定了《领导干部“访民生、知民情、解民事”集中走访制度》，推动领导干部直接联系群众、服务群众工作常态化。

七、深入实施重大人才工程，加速推进人才强省战略

积极推进人才强省战略，坚持高端引领、以用为本，深入实施十项重大人才工程，选拔出14名院士后备人选和202名学术技术带头人，命名首批“三晋学者”16人，引进两院院士18名，引进海外留学人才及“985”院校毕业生1600余人，领军人才、企业人才、农村实用人才、社会工作专业人才等各类人才队伍建设呈现竞相发展局面。加速实施“百人计划”，引进海外高层次人才62名，2人入选中央“千人计划”，省委书记袁纯清同志为引进人才代表颁证；成立山西“百人计划”专家联谊会，组织专家围绕山西转型跨越发展建言献策。开展“千人百县”高层次人才服务基层活动，652名高层次人才下基层开展服务活动1776次。

八、积极适应新形势、新任务、新要求，健全完善年度目标责任考核体系，树立正确的政绩观

认真贯彻执行中组部《关于改进地方党政领导班子和领导干部政绩考核工作的通知》，健全完善考核评价制度。一是完善考核指标。将考核基本指标调整为产业转型、生态修复、城乡统筹、民生改善4大类，另设特色工作、综合改革2个类别指标，取消了GDP超额完成任务加分事项，着力突出转型综改导向。二是加强过程管理。考核指标下达后，指导省直各单位对目标任务细化分解，对创新工作指标实施项目化管理，对综改任务进展情况的加强监督检查。三是坚持“民生优先、民评为主”。进一步完善省委全委会评价、“两代表一委员”评议、社会公众和服务对象民意调查、省市互评、内部民主测评“五评一体”的考核评价体系；将开展群众路线教育实践活动情况作为考核评价的重要内容；采用“短信问答平台”进行民意调查；将“五个全覆盖”回头看整改工作和高校毕业生就业等涉及民生的重点工作纳入考核。目前，正在研究制定《山西省年度目标责任考核试行办法》，推动考核工作先试先改，更好地发挥考核“指挥棒”、“风向标”作用。

九、以开展“四带头、四过硬”活动为载体，建设“讲政治、重公道、业务精、作风好”模范部门

在全省各级组织部门集中开展了以“带头服务大局，做政治过硬组工干部；带头求真务实，做作风过硬组工干部；带头学习实践，做能力过硬组工干部；带头严格要求，做纪律过硬组工干部”为主要内容的“四带头、四过硬”活动，统筹抓好各级组织部门的自身建设。一是加强党性锻炼。积极引深党的十八大、十八届三中全会精神和习近平总书记一系列重要讲话精神学习，汤涛同志为部机关全体党员干部讲授党课，开展“忠诚守纪”集中教育活动，围绕“为了谁、依靠谁、我是

谁”进行专题讨论。二是狠抓学习提高。大力建设学习型、创新型、服务型机关。部机关组织中心组暨干部理论学习17次，各支部有计划地组织开展集中学习。举办“部机关年轻干部培训班”，扎实做好传帮带。举办部机关“五项全能”竞赛，不断深化学习活动。三是切实改进作风。深入开展部机关教育实践活动，制定《关于改进工作作风密切联系群众的实施细则》、《关于厉行勤俭节约反对铺张浪费的实施细则》。2013年，部机关召开会议次数减少42.1%；会议费用降幅达60.6%；印发文件数量减少40.6%；简报数量下降32.7%。四是健全工作制度。对各项规章制度进行梳理完善，建立“跑官要官”行为登记制度等6项工作制度，修订完善部机关文件制发、会议管理等6项工作制度，新建领导班子综合研判工作办法等6项规章制度，积极建立符合组织工作实际、相互配套衔接的制度体系。

十、以“走进省委组织部”主题开放日活动为契机，简政放权，树立开明开放形象，提升服务水平

举办三项“走进省委组织部”主题开放日活动，邀请来自基层一线的党的十八大代表、省党代会代表，高级专家人才和离退休老同志走进省委组织部，了解机构职能和重点工作，考察山西干部在线学院学习平台、三晋红e网、山西人才工作网、“12380”举报受理平台、干部选拔任用纪实监督系统运行工作，并就部机关如何开展好党的群众路线教育实践活动，推进组织工作创新发展建言献策。在此基础上，省委组织部把虚心听取意见、真诚接受监督作为改进作风、改进工作的契机，树立群众观点、践行群众路线，简政放权、服务基层，将党的组织关系接转、省管干部因公出国(境)政审和离退休省管市厅级干部因私出国出境三项审批权限下放，简化办事程序，提高服务水平，树立良好形象。

(荆　沛)

附：省委组织部部长、常务副部长、副部长、部务委员名单

省委常委、组织部部长：汤　涛

常务副部长：朱先奇(1月离职)　张高宏(3月任职)

副　部　长：张　健　陈跃钢　张　葆(女)　陈学东(4月任职)

部务委员：赵建华　罗　民(4月任职)

省委宣传部工作概况

省委宣传部部长　胡苏平

2013年，全省宣传思想文化战线紧紧围绕中央和省委省政府的中心工作，认真落实“两个巩固”的根本任务，大力推进“六大工程”，解放思想，改革创新，求真务实，各项工作都取得了显著成效，为我省全面深化改革和转型跨越发展做出了重要贡献。

一、集中精力，突出重点，办了五件大事

1、狠抓党的十八大、十八届三中全会和习近平总书记系列讲话精神的学习。2013年，是党和国家事业开新局、树新风的一年，也是党的理论创新取得重要突破的一年。按照中央和省委的要求，全省宣传思想文化战线紧紧围绕党的十八大、十八届三中全会和习近平总书记系列讲话精神，围绕中国特色社会主义和中国梦，深入推进党委(党组)中心组学习和学习型党组织建设，精心组织省管领导干部学习习近平总书记系列重要讲话，广泛开展党的十八大、十八届三中全会精神宣讲活动，加强科学理论的宣传普及和研究阐释工作，进一步增强广大干部群众的道路自信、理论自信和制度自信。

2、成功组织召开省文联、省作协、省社科联、省记协换届大会。省文联、省作协、省记协距上次换届已经10多年，省社科联成立以来26年没有换届，换届工作的难度很大，任务也很艰巨。在省委特别是袁纯清书记的高度重视和关怀指导下，在各有关方面的支持配合下，广泛征求意见、充分协商讨论、精心组织准备，在去年5月和6月分别召开了四个团体的换届大会。袁纯清书记、李小鹏省长等省领导出席换届大会，袁纯清书记作重要讲话，李小鹏省长作了我省经济形势的报告，极大地鼓舞了全体参会代表。四个换届大会取得圆满成功，顺利实现了领导班子的新老交替，绘制了我省文艺事业、社科理论事业、新闻事业繁荣发展的新蓝图，激发了广大文化工作者的创造热情，为我省文化大发展大繁荣奠定了坚实的基础。

3、成功举办了首届山西文化产业博览交易会。为加快推进文化产业健康发展，搭建一个文化交流、产品推介的平台，在省委省政府高度重视下，在袁纯清书记、李小鹏省长的关心指导下，于2013年6月29日至7月3日，在太原成功举

办了我省首届文博会。中央、国家有关部门以及兄弟省市的领导同志、出席全国文化厅局长座谈会的全体代表，观摩了这次文博会，给予了高度评价。法国、俄罗斯等14个国家及香港、台湾地区，25个省市及我省的1000多家文化企业和单位、1万多种文化产品参展，观众达到了20多万人次，境内外85家媒体600余名记者进行了集中报道，社会反响强烈，广受好评。展会现场交易1亿元左右，签约项目161个，签约金额735亿元，目前大部分签约项目已经落地并开工建设，实现了社会效益和经济效益双丰收，为增强我省文化企业的竞争活力、推动文化可持续发展创造了良好条件。

4、深入开展了党的群众路线教育实践活动。按照中央和省委要求，从2013年8月份开始，省委宣传部、省直宣传文化系统各单位深入开展了党的群众路线教育实践活动。严格落实"照镜子、正衣冠、洗洗澡、治治病"的总要求，深入开展调查研究，广泛听取意见建议，认真撰写对照检查材料，严肃开展批评与自我批评，认真查摆"四风"方面存在的突出问题，强化整改落实和建章立制工作。广大党员干部的宗旨意识、党性观念有了明显增强，形成了一批规范性的制度。在改进文风会风、严格公务接待、改进新闻报道、规范节庆活动、加强调查研究等方面都取得了积极成效。同时，还配合全省的教育实践活动，做了大量卓有成效的工作，有力推动了活动的开展。

5、成功组织召开了全省宣传思想工作会议。2013年8月，党中央召开全国宣传思想工作会议，习近平总书记在会上发表重要讲话。省委对贯彻落实会议精神高度重视，袁纯清书记多次作出指示，并亲自修改审定省委《关于加强宣传思想工作的若干意见》。9月22日，省委在太原召开了全省宣传思想工作会议。袁纯清书记出席会议并作重要讲话，明确要求不断强化"意识形态意识"，扎实推进"四个建设"，努力使宣传思想文化工作"硬起来、强起来、亮起来、实起来"。会议安排部署工作，提出了实施"六大工程"的工作思路。这次会议是省委站在新的历史起点上，加强宣传思想文化工作的一次重要会议，为做好宣传工作指明了方向，提供了重要遵循，给予了政策保障，对开创宣传思想文化工作新局面具有十分重要的意义。

二、改革创新，求真务实，加强了六方面工作

1、思想理论建设得到了新加强。一是全面推广省委中心组"六学六用"经验，加强学习型党组织建设，组织全省党员干部深入学习党的基本理论和中央省委重大决策部署。省委中心组全年共组织学习14次，袁纯清书记亲自点题、推荐学习书目，省委常委带头讲课，学讲结合、以讲促学，取得了良好效果，带动了全省的学习。二是组织各种层次的宣讲团深入基层、深入群众进行广泛宣讲，各级新闻单位开展一系列主题宣传活动，推动了科学理论的普及。三是深入实施哲学社会科学创新工程和社科研究"百部（篇）工程"，推出了《2013年山西经济社会发展蓝皮书》、《山西工业新型化对策研究》等优秀成果。省社科规划办共申请国家社科基金资助项目50项，资助金额达936万元。

2、舆论引导能力有了新提高。一是围绕中央和省委重大决策部署，精心组织"共筑中国梦、建功在三晋"、"践行群众路线、弘扬右玉精神"、"最美基层干部"、"项目推进年和转型综改试验区建设"、"山西品牌中华行"等宣传战役，精心组织全国全省"两会"、首届山西文博会等重点报道，组织香港知名媒体高层参访团来晋采风，组织"美丽山西休闲游"香港站推介活动，协调中央主要媒体刊发反映山西的稿件1万余篇（条），凝聚起了促进转型跨越发展的强大正能量。二是及时开展长治苯胺泄露、曲亭水库垮塌等突发事件和社会热点的舆论引导，加强对各类舆情的搜集报送、分析研判，加大对错误思想观点的批驳力度，维护了社会稳定、促进了社会和谐。省委宣传部被中宣部评为舆情信息工作先进单位。三是推动各级新闻媒体加强阵地建设，创新栏目节目内容，规范新闻采访秩序，取得了积极进展。山西日报荣获全国"百强报刊"称号。山西广播电视台安全播出工作受到了国家新闻出版广电总局的通报表彰。

3、网络舆论生态有了新改善。一是组织黄河新闻网、山西新闻网、山西网络广播电视台、山西日报官方微博微信等网络媒体，深入开展"同心共筑中国梦"、"党的群众路线教育实践活动"、"转型综改进行时"、"微博民生服务活动日"等网上主题宣传活动，组织开展全国网络媒体山西行活动，唱响了网上主旋律。二是壮大舆情信息员、网络评论员、新闻发言人队伍，积极开展涉晋网络舆论引导工作，有效应对多个热点问题及突发事件，全年累计发布引导性内容近50万条，较好地掌握了网上舆论引导的主导权。网络评论工作多次受到国家网信办表扬。三是指导推动各市加快组建互联网信息管理机构，健全互联网领导体制和管理机制，组织互联网新闻信息服务资质年检，加强对属地各类网站的日常监管，着力规范网络传播秩序，确保属地网站可管可控。

4、社会主义核心价值体系建设取得了新进展。一是大力开展"三个倡导"的宣传教育，社会主义核心价值观的知晓率和认同度明显提高。通过制作电视宣传片、编写学习读本、举办专题研讨会、开展主题教育活动、建设展览馆等多种形式，进一步弘扬了"山西精神"和"右玉精神"。二是广泛开展"讲文明树新风"活动、学雷锋活动、志愿服务活动、公益广告宣传活动和"我们的节日"主题活动，广泛开展"感动山西"、"山西好人"等道德模范推荐评选活动，大力推进道德讲堂建设和未成年人思想道德建设，认真治理食品行业、窗口行业和公共服务等领域的道德诚信问题，加强了公民道德建设，弘扬了社会新风正气。三是出台了新的创建活动管理办法，推动群众性精神文明创建活动蓬勃开展，促进了城乡文明程度的提高。

5、文化改革发展取得了新成果。一是文化体制改革不断深化。大力推动转企改制单位建立规范的现代企业制度，继续深化非时政类报刊出版单位改革，出台了省属文化企业宏观管理制度，积极探索建立政府购买公共文化服务机制。在6月份召开的全国文化体制改革工作座谈会上，我省作为典

型，进行了大会发言。二是公共文化服务水平明显提升。通过去年底的督查调研，大家感到，我省的公共文化服务设施建设有了很大进展。市级“五馆一院”的建成率和开工率分别达到50%和32%，县级“三馆一院”的建成率和开工率分别达到63%和17%。总的来看，太原、大同、忻州等市“五馆一院”建设的起点比较高、进展比较快，晋中市县级“三馆一院”的建成率比较高，长治市县级图书馆、文化馆达标率比较高。山西广电中心等省级重点工程建设进展顺利，省图书馆新馆正式开馆，山西大剧院得到充分利用，初步形成了我省高水平文艺活动的大舞台，文化惠民活动大幅增加，较好保障了群众的基本文化权益。长治市国家级公共文化服务体系示范区建设和太原市“文化精品惠民基层行”国家级示范项目通过了文化部的验收。实施五台山寺庙群修缮等七大文物保护工程，开展应县木塔、关圣文化建筑群申遗等工作，发掘了忻州九原岗北朝壁画墓。举办了“关公圣像”台湾巡游活动，促进晋台文化交流，与文化部签署战略合作框架协议，为文化强省建设提供了新动力。三是文化产业健康发展。用新标准统计，2012年我省文化产业增加值411.3亿元，增幅22.2%，明显高于全国文化产业和我省GDP的增幅。省属六大文化集团实力进一步壮大，体育、旅游、文博、工美等四大文化集团组建工作进展顺利，文化与旅游、科技、体育等产业融合发展步伐加快，涌现出一批重点文化产业园区和新型文化业态。组团参加深圳文博会，获得“优秀组织奖”和“优秀展示奖”。在2013年度中国省市文化产业发展指数和中国文化消费指数排名中，我省的文化消费满意度居全国第一，创新驱动力指数居全国第五。四是文化创作生产成果丰硕。舞剧《粉墨春秋》荣获第14届“文华大奖”，说唱剧《解放》荣获“文华优秀剧目奖”，晋剧《刘胡兰》荣获“文华剧目奖”，晋剧《巴尔思御史》、《上马街》荣获第13届中国戏剧节“优秀剧目奖”，话剧《立春》荣获话剧艺术学术最高奖“全国学院奖”，蒲剧《山村母亲》荣获中国现代戏研究会“特殊贡献奖”，景雪变荣膺“二度梅”，蒲剧《还债局长》、歌舞剧《山里娃》反映时代精神，弘扬高尚道德，受到好评。《八路军》等6件作品荣获第四届中华优秀出版物奖，《三体Ⅲ——死神永生》荣获第九届全国优秀儿童文学奖，电影《落经山》在全国各大院线上映，电视剧《幸福生活万年长》在央视八套播出，左权花戏歌舞剧《太行奶娘》在国家大剧院上演，“彩墨情韵——李夜冰中国画展”在京举办，反响热烈。

队伍建设有了新推进。一是强化了对省属文化企业领导班子的考核监管，举办了基层宣传部长、哲学社会科学教学科研骨干、新闻发言人、舆情信息员、政工专业人员等一系列培训班，在新闻战线深入开展马克思主义新闻观全员培训，组织省直新闻单位青年编辑记者赴乡镇实践锻炼，有效提高了队伍素质。二是对全省首批“四个一批”人才进行了评选表彰，完成第二批“四个一批”人才的推荐选拔工作，加强同理论界、社科界、新闻界、出版界、文艺界等领域知识分子的联系，营造了尊重人才、重视人才、用好人才的良好氛围。三是在全战线广泛开展大调研活动和“走转改”活动，动员广大宣传文化工作者深入基层、深入群众、深入实际，了解情况、发现问题、研究工作、改进作风，全战线的工作质量明显提升。

（冯向宇）

附：省委宣传部部长、常务副部长、副部长名单

省委常委、宣传部部长： 胡苏平（女）

常务副部长、省社科联主席： 李高山

副部长、省委外宣办主任： 郭玉福（3月离职）

郭　健（5月任职）

副部长、省文明办主任： 王　蕾（4月任职）

副部长、省作协主席： 杜学文

副部长： 尹天五

省委统战部工作概况

2013年，在省委的正确领导和中央统战部的具体指导下，省委统战部坚持以邓小平理论、“三个代表”重要思想、科学发展观为指导，认真学习贯彻党的十八大、十八届三中全会和习近平总书记系列重要讲话精神，紧紧围绕全省转型跨越发展和综改试验区建设大局，切实加强各领域统战工作，目标明确，思路清晰，开拓创新，奋发有为，圆满完成了各项任务，许多方面有亮点、有创新、有突破。

一、深入学习贯彻党的十八大精神，进一步巩固统一战线共同思想基础

以党的十八大及十八届三中全会精神，特别是习近平总书记系列重要讲话为重点内容，开展了一系列扎实有效的学习贯彻活动。一是举办全省统一战线学习习近平总书记系列重要讲话专题培训班，省统一战线党员干部和党外代表人士200余人参加学习，这种以部门名义举办的培训班在省委党校是第一家。二是开展统一战线“坚持和发展中国特色社会主义”主题教育活动，重点抓了“五个一”活动：组织党外代表人士赴西柏坡进行“重温历史、坚定信念”学习教育；分别召开“坚持和发展中国特色社会主义”理论报告会和专题座谈会；举办“中国梦·我的梦”主题征文活动和“高扬的旗帜、共同的梦想”书画摄影展。三是在全省3万多名非公经济人士中开展“争当新晋商，转型做贡献”理想信念教育活动，帮助他们坚定对中国特色社会主义的信念，增进对党和政府的信任，提振对自身企业发展的信心。四是分别组织召开各民主党派、无党派人士、新社会组织、非公经济人士、归国留学人员等学习贯彻十八届三中全会精神座谈会。通过形式多样、内容丰富的学习教育活动，统一战线成员进一步坚定了坚持中国共产党领导、走中国特色社会主义道路、全面深化改革、服务转型跨越的信念和决心。

二、充分发挥统一战线优势，为促进全省转型跨越发展做出积极贡献

围绕中心、服务大局，积极组织引导统一战线成员为全省转型跨越发展献计出力。一是深入调查研究，积极建言献策。确定18个重点课题，由部领导班子和统一战线成员分别领题调研，全部高质量完成。在调研基础上代省委、省政府起草了《关于加快民营经济转型跨越发展的意见》；组织各民主党派、工商联和无党派人士，到太原、晋中进行"转型跨越新成就"集中调研考察，围绕转型跨越发展和综改试验区建设进行专题调研，形成8份调研成果，省委、省政府专门听取汇报，予以高度评价和积极采纳。二是协助省委召开大会，推动非公经济发展。12月23日，省委、省政府召开全省民营经济转型跨越发展促进大会，四大班子主要领导出席，表彰了第三批48名优秀中国特色社会主义事业建设者和24名"山西省民营经济发展突出贡献奖"获得者，极大地鼓舞了非公经济人士抓住契机、转型升级、放手发展的积极性。三是牵线招商引资，促进合作交流。在上海举办优秀中青年民营企业家投资恳谈会，向长三角地区推出1000多个重点招商项目，签约合作意向19个，总投资494亿余元。发挥海联会优势，与31个海(境)外社团进行交流互访，争取到李兆基基金会捐赠100万元人民币资助我省新建20所农村卫生室。四是引导扶贫助困，服务社会民生。根据省委、省政府"百企千村产业扶贫开发"战略部署，召开非公企业产业扶贫开发座谈会，推动非公企业强化责任、积极参与，省委书记袁纯清给予批示肯定。动员引导非公企业通过捐资、认种、义务植树等形式参与生态文明建设，省直商会捐款600余万元，在全省起到了良好的示范作用。支持各民主党派、无党派人士广泛开展科技咨询、下乡义诊、捐资助教等公益活动，筹集投入资金1300余万元。

三、督查落实中央4号、省委8号文件，党外代表人士队伍建设进一步加强

把党外代表人士队伍建设作为统一战线的战略性、基础性工程来抓，强力推进中央4号文件和省委8号文件的落实。一是加大选配力度。省委带头落实有关政策，上半年有12名党外人士被选配到厅级重要领导岗位上，是近10年来力度最大的一次。二是广泛联系交友。制定出台了联系交友制度，协调19名省级党政领导和省委统战部9名班子成员与83名党外人士结对交友。建立完善与民主党派和无党派人士联系沟通的7项制度，进一步密切了党与党外人士的联系。三是加强培养教育。在中央社院、上海交通大学、省委党校等地组织举办各类培训班13个班(次)，培训统一战线各领域代表人士1200人(次)，党外代表人士队伍整体素质得到进一步提高。四是健全管理体系。坚持"五个一"工作机制，对党外市厅级干部进行了集中走访，召开了党外市厅级干部履职交流会，选择太原、晋中2市6县开展了党外代表人士综合评价试点工作。五是强化督查推进落实。12月4日至13日，省委督查工作领导组下发文件、抽调人员，省委统战部班子成员带队，对11个市和省直有关部门贯彻4号文件和8号文件情况进行了督查，有力地强化了各级党委的认识，极大地推进了党外代表人士的发现、培养、使用和管理。去年以来全省新增配厅级党外干部17名，新增配党外处级干部294名，均占到党外厅级和处级干部的15%以上。

四、扎实开展群众路线教育实践活动，统战干部思想工作作风明显转变

贯彻中央、省委部署，认真完成规定动作，抓好"四型"机关建设等特色自选动作，推进党的群众路线教育实践活动取得明显成效。一是加强理论学习，坚定理想信念。组织中心组学习7次、机关党员干部集体学习20多次，组织学习交流6次，举办各种辅导讲座7次，上党课3次，办班培训1次，分两批组织机关干部到中山大学、哈尔滨工业大学自主选学。2013年是近年来机关干部学习时间最长、投入精力最多、取得成效最大的一年。二是深入调查研究，密切联系群众。部领导班子成员和机关干部也主动深入扶贫联系点，研究解决群众生产生活中遇到的困难和问题，深入统一战线成员和基层统战部门，研究解决新情况新问题。组织调研走访50多次，收集各类意见建议500多条。三是主动查找问题，开好民主生活会。在广泛开展谈心、深入交流思想的基础上，召开部领导班子民主生活会，针对"四风"方面存在的问题，开展严肃认真的批评与自我批评，是一次多年来少见的、高质量的、成功的生活会，充分体现了党内生活、作风建设的新气象，得到省委督导组充分肯定。四是落实"八项规定"，积极转变作风。部机关扎实开展了"学习型、服务型、创新型、和谐型"机关建设，认真进行了精简会议和文件简报、清车、清房、清退会员卡、清理"小金库"等专项整治工作，下乡调研、公务活动中严格执行中央"八项规定"和省委四个"实施办法"，厉行节约、反对浪费、勤政为民、务实清廉，在机关干部中蔚然成风。五是建立长效机制，推动整改落实。把落实整改措施和落实党风廉政建设责任制、加强机关效能建设结合起来，目前已建立健全了30项制度规范，进一步巩固了党风廉政建设齐抓共管的工作格局和机关效能建设的整体成效。

五、加强民主党派、无党派人士工作，推动多党合作事业持续健康发展

一是坚持多党合作相关制度。组织召开协商会、通报会、座谈会15次，组织开展集中专题调研、考察新型产业和科技创新企业各1次。各民主党派、无党派人士围绕省委、省政府中心工作，先后提交政协集体提案141件、委员提案360件、调研报告14份，为省委、省政府决策提供了重要参考。二是协助各民主党派加强自身建设。在各民主党派省委会机关开展"转变作风，加强自身建设年"活动，协助修订完善领导班子建设的十项制度，形成《各民主党派省委会关于加强领导班子制度建设座谈会纪要》，开展领导班子谈心、述职评议和履职交流，在沟通思想、增进团结的基础上，进一步增强了领

导班子成员的责任感、事业心和自律性。三是积极改善民主党派办公生活条件。坚持照顾同盟者利益的原则，充分发挥管理、服务、保障、协调等功能，协助民主党派大楼加强日常管理、安全防范等工作，帮助解决民主党派工商联宿舍遗留问题，为各民主党派机关干部创造了较好的工作生活条件。

六、扎实开展民族宗教领域工作，为全省改革、发展、稳定营造团结和谐氛围

民族工作。一是建立少数民族干部、高级知识分子、企业家数据库，加强对少数民族代表人士的动态管理，进一步夯实统一战线工作基础。二是深入少数民族聚居村调研，走访吕梁、运城、临汾回民聚居村和少数民族产品定点企业，有效促进了少数民族经济的持续健康发展。三是会同省委宣传部、省民委推动民族团结进步创建活动，命名表彰了一批民族团结进步创建示范单位，有力促进了我省各民族共同团结奋斗、共同繁荣发展。四是狠抓民族领域矛盾纠纷排查调处工作，妥善处理20起涉及少数民族流动人口的纠纷，较好促进了各民族群众的和谐相处。

宗教工作。一是协助省委对省宗教工作协调小组、省天主教工作领导小组进行调整，并召开3次会议，加强了对宗教工作的分析研判和领导协调。二是推动和谐寺观教堂创建活动深入开展，我省10个场所和10名个人受到中央统战部、国家宗教局表彰。三是推动佛道教开展讲经交流活动，教风建设明显加强。四是指导省伊斯兰教协会圆满完成朝觐工作，受到广大穆斯林的赞誉。五是成功选举天主教长治教区助理主教，天主教选圣工作取得重大突破。六是研究治理基督教私设聚会点问题取得明显成效，坚决抵御“达洼宣教”渗透，有力维护了全省宗教界和谐稳定。

七、加大港澳台海外统战工作力度，为促进我省转型跨越发展广泛凝聚力量

一是深化联谊交流，邀请香港山西商会访问团、黄埔军校同学会知名亲属考察团等12个团组、223人来晋参访考察，举办“台胞青年千人夏令营山西分营”、“台湾教师古文化之旅”等品牌活动，联谊交友规模不断扩大，层次更加丰富，影响力显著提高。二是在2013年省海联会换届的基础上，组织召开常务理事扩大会，成功举办港澳海外理事国情、省情培训班，增进了港澳海外理事对山西省情实际、历史文化的了解，增强了大家为山西转型跨越牵线搭桥、内引外联的责任感和使命感。三是贯彻“大海联”工作思路，加大海外新生代、中产专业、行业协会等方面资源的拓展力度。推动成立了香港山西商会，支持开展了俄罗斯、英国山西商会的注册、筹备工作，港澳台海外统战工作触角得到进一步延伸。四是组织召开全省统战系统对台工作会议，牵头举办台海形势专题报告会，组织开展“扶贫助困、情动三晋”走进海联新农村卫生室活动，指导省侨联、省台联举办社会管理机制创新工作会议、开展省台联成立30周年纪念大会等重大活动，锻炼了干部队伍，扩大了社会影响。

八、注重开展党外知识分子和新的社会阶层人士工作，努力延伸统一战线工作的覆盖面

一是组织开展专题调研走访活动。深入部分律师事务所，就有关工作政策、方式方法，听取新的社会阶层人士意见和建议。摸清底数、掌握情况，分析问题、研究对策，形成了《我省新的社会阶层人士状况调研报告》，为进一步做好新的社会阶层人士工作奠定了良好基础。二是深入开展“同心·律师服务团”志愿活动。帮助基层政府部门依法行政、化解突出矛盾和问题，为政府重大项目提供法律服务，帮助企业解决生产经营中遇到的法律方面的难题，帮助基层干部群众学习法律知识、增强法律意识。我省2名律师受到中央统战部表彰。三是加强归国留学人员队伍建设。邀请省人才办、省发改委等9家单位负责人召开座谈会，对我省留学人员工作情况进行摸底交流；协助省委成立山西“百人计划”专家联谊会，将我省引进的197名海外高层次人才纳入联谊会工作范围，山西欧美同学会·归国留学人员联谊会工作得到进一步加强。

九、加强统战基础工作和统战部门自身建设，不断提高新形势下统一战线工作科学化水平

一是统战理论调研，完成中央统战部下达的理论创新研究课题，经过认真初评，筛选上报中央统战部论文5篇，1篇论文获二等奖，2篇论文获三等奖。二是统战宣传工作，紧紧围绕党的统战方针政策、统一战线重要会议活动等开展宣传报道，先后在中央媒体和省内主流媒体发表宣传报道文章、信息800多条，被中央统战部评为“中国统一战线宣传工作先进单位”。三是统战信息工作，及时发现和总结全省统一战线工作中的新情况、新问题、新经验，全年被中央统战部和省委采用70余条，省委统战部信息工作获全国二等奖。四是大力加强机关精神文明创建，关心干部职工生活，丰富机关文化，努力改善机关办公条件，热心为离退休老干部提供服务，积极开展干部下乡、扶贫、慰问等工作，机关凝聚力、执行力不断增强。

（隋欣哲）

附：省委统战部部长、常务副部长、副部长名单

省委常委、统战部部长：白　云（女）

常务副部长：马天荣（3月离职）　郭海刚（3月任职）

副部长、省工商联党组书记：杨临生

副部长、省社会主义学院常务副院长：王建新

副部长、省宗教（民委）局局长（主任）：

郭海刚（3月离职）　高　键（3月任职）

省委政法委工作概况

省委政法委书记　王建明

2013年，在省委的正确领导下，省委政法委领导班子紧紧围绕中央和省委的决策部署，深入推进平安山西建设、法治山西建设和政法队伍建设，积极服务和保障转型综改试验区建设，着力加强党委政法委自身建设，圆满完成了年初确定和省委交办的各项任务。

一、深入推进平安建设

2013年，省政法委立足工作实际，提出了以打好“六场硬仗”、强化“六项整治”、推进“六网覆盖”、化解“六类矛盾”、管好“六类人群”、开展“六安联创”为主要内容的“六六创安”工程，科学规划、分步推进，以项目化管理推动工作落实。

1、强化顶层设计。起草了《平安山西建设五年规划》并以省委、省政府两办文件印发全省，分阶段、分领域、分层次对全省各级各部门提出了明确目标和工作要求；制定了2013年的《行动计划》，确定了50个重点项目，形成了高起点谋划、项目化推进的工作格局。

2、逐项安排部署。围绕“六六创安”工程的总体要求，分别出台“六场硬仗”、“六项整治”、“六网覆盖”、“六类矛盾”、“六类人群”、“六安联创”实施方案，并召开一系列会议进行安排部署。在长治市召开深化平安山西建设工作会议，对平安山西建设进行了系统部署；陆续召开电视电话会议、现场推进会，对“六项整治”、“六网覆盖”等专项工作进行了再动员、再部署，各项工作有序开展。

3、夯实基层基础。召开全省部分市基层社会服务管理体系建设座谈会，大力推进第二批、第三批推进县基层社会服务管理平台建设。目前，全省119个县(市、区)全部完成硬件设施和信息平台建设任务，率先在全国实现基层社会服务管理平台省域全面覆盖。组织编写《基层综治工作者手册》，并以此为教材举办了全省两期基层社会服务管理专题培训班，对各市的师资力量和业务骨干进行了培训。

4、开展全面宣传。与省委宣传部联合下发《关于开展“平安山西2013”集中宣传活动的通知》，组成记者团分赴全省进行集中采访，充分利用报纸、电视、网络等媒体开设专栏、专题节目和微博，集中宣传平安山西建设经验做法，共刊发稿件3100余篇。

二、积极服务和保障转型综改试验区建设

1、形成制度体系。政法机关服务和保障转型综改试验区建设是省政法委2013年考核的创新项目。省政法委制定出台了《关于政法机关服务和保障转型综改试验区建设的指导意见》，在此基础上，省法、检、公、司四部门分别出台配套实施办法，形成了全省政法机关服务转型综改“1＋4”制度体系。又与省工商联共同制定了政法机关服务和保障非公经济发展的20条意见。服务保障转型综改工作得到了省委、省政府领导同志的充分肯定。省委书记袁纯清同志批示：“政法委围绕全省大局制定指导性意见并形成配套性文件，表明服务大局意识强，工作着力点抓得对，希望能抓好落实。”省长李小鹏同志批示：“省委政法委围绕中心、服务大局，制定服务综改区建设的1＋4文件体系，很有必要，很好，应抓好落实并不断完善。”

2、保障省委决策。围绕今年全省“项目推进年”活动的要求，专门下发了《关于在全省政法机关服务和保障“项目推进年”工作的通知》，进一步细化工作要求，更加贴近项目推进的需要。

3、开展督查调研。对全省11个市政法机关服务和保障转型综改试验区建设工作进行了一次全面的督查调研，通过走访、座谈、专题汇报等形式，对各市政法机关服务保障工作进行了全面了解，对推动工作落实进行了督促指导，并形成调研报告。

4、做好宣传报道。按照《2013年山西省政法综治宣传工作要点》，围绕服务保障转型综改建设在《山西法制》报上进行了全方位、多角度的报道。制作了“政法机关服务和保障转型综改试验区建设”专题讲座，在“山西干部在线学院”供大家学习。

5、及时总结经验。召开了全省政法机关服务和保障转型综改试验区建设电视电话会议，王建明书记作重要讲话。会议交流了工作经验，提出了工作要求，明确了工作抓手。全年共编发10期政法动态推广各市服务保障工作典型经验。

三、大力推进法治建设

1、完善领导机制和工作体制。经省委常委会专题研究通过，王建明书记担任依法治省领导组常务副组长，增补政府分管法制的副省长、人大分管立法的副主任为副组长，并对领导组副组长和成员单位进行了调整。同时，依法治省领导组办公室增配省委政法委分管副书记、省人大法制委主任委员、省政府法制办主任为兼职副主任，选拔一名政法工作经验丰富的县委书记担任了专职副主任。同时，建立了推进法治建设的地方立法、依法行政、公正司法、依法经营、基层民主法治建设、普法和依法治理等六个联席会议机制，形成依法治省办与六个联席会议“1+6”工作体系，构建起党委统一领导、政法委组织推动、依法治省办协调指导、各职能部门分工协作、共同推进的领导体制和工作机制。

2、制定实施意见和工作重点。围绕党的十八大对法治建设提出的新要求、新部署，制定了《关于深化法治山西建设的实施意见》并以省委文件印发全省。围绕《实施意见》的落实，省政法委召开深化法治山西建设专题工作会议，就深入推进法治山西建设作了重点强调部署。6个联席会议分别研究制定了工作实施方案，确定了2013年法治山西建设的88个重点项目，明确了时间表、工作任务和责任人，以项目推进工作落实。

3、突出公正司法和司法体制改革。第一，推进执法公开。组织省政法各部门认真总结近年来推进阳光执法的工作情况和成功经验，起草了《全省政法机关深化法治山西建设推进公正司法行动方案》和《关于在全省政法系统实施“阳光司法”工程五年工作规划》，详细规定推进司法公开的时间表、路线图和工作任务。第二，健全配套制度。组织省政法各部门制定了与新《刑事诉讼法》配套的16个文件，编辑出版了《山西省办理刑事案件实用手册》，并下发到一线办案干警手中。第三，推进司法改革。召开了全省涉法、涉诉、信访改革试点工作启动会议，举办了专题培训班，在对涉法、涉诉、信访信件的阅办、研判的基础上，开展了重点案件督办、协调和评查工作，并从群众来信来访中选取了5件上级机关多次交办、政法机关反复办理、当事人长期缠访闹访的典型案件交省检察院进行评查，发现执法问题，纠正错案瑕疵。

4、开展重点课题调研。与省委办公厅、省民政厅组成调研小组，对当前我省学会、协会存在问题进行调研，并形成《关于我省学会、协会存在问题和对策的调研报告》；围绕完善现代社会组织体制，召开由各级民政部门和社会组织参加的座谈会，并形成调研报告。

四、继续推进政法队伍建设

一是制定政法人才五年规划，提出了政法人才队伍建设的五大机制和五项工程，并召开会议进行了安排部署。二是加强中青年领导干部培养，开展中青年领导干部集中轮训，举办专题培训班，提升能力素质。同时，组织省政法各部门普遍开展重点岗位、相关人员的业务轮训，共培训干警10000多人次。三是强化纪律作风教育整顿。以省检察院副检察长文晓平严重违纪问题为反面教材，召开全省政法系统加强纪律作风建设电视、电话会议，提出了“四个从严”、“五个严禁”等工作要求，在全省政法机关组织开展了为期一个月的纪律作风整顿活动。省政法委抽调人员深入全省11个市41个县（市、区）进行了专项督察和明查暗访，共发现各类问题155个，并对大同、运城、忻州等地基层干警违纪问题进行了全省通报。积极开展正面宣传教育，向全省政法干警做出了向见义勇为的高文彬同志学习的决定，并编印了《全省政法系统纪律作风建设禁令汇编》。四是在全省政法干警中广泛开展双十佳评选工作，对基层一线的优秀杰出政法干警和先进集体进行了表彰。

五、加强和改进党委、政法委建设

1、加强干部教育培训。制定《2013—2015年全省党委政法委（综治办）系统干部能力素质提升教育培训规划》，组织了全省政法系统中青年干部领导能力提升、执法监督业务专题、基层社会服务管理专题及新疆建设兵团农6师基层综治干部社会管理专题等5个培训班，共培训750人次。

2、发挥干部协管职能。对省政法各部门正处以上干部和各市政法部门班子成员情况进行了摸底，建立了政法系统正处以上领导干部库。参与省委组织部对部分政法领导干部调整工作的考察。

3、推进政法系统党风廉政和惩防体系建设。加大对违法违纪干警的惩处力度，对9起反映干警违法违纪案件线索进行了交办督办，其中5起已经取得重大进展；对在纪律作风检查中发现的违法违纪人员进行惩处，给予免职1人、行政警告8人、辞退18人、通报批评21人次、书面检查34人、诫勉谈话9人。

六、机关领导班子和干部队伍建设

1、加强学习型机关建设。紧紧围绕全省改革发展大局，结合党的群众路线教育实践活动，采取政治理论学习、专题理论讲座、读书交流会、参观教育基地等多种方式，组织领导班子成员和机关干部认真学习党的十八大、十八届三中全会精神和省委重大决策部署，全年共组织委机关领导班子中心组学习7次，全体机关干部政治理论学习12次，支部学习讨论21次，观看专题讲座10次。

2、加强班子思想政治建设。在工作中，坚持按民主集中制原则办事，坚持落实《省委政法委员会全体会议制度》，重大问题一律集体研究决定。结合党的群众路线教育实践活动，领导班子成员间认真开展谈心谈话，召开专题民主生活会，积极开展批评与自我批评，在领导班子中形成了相互信任、相互支持、团结协作的良好风气。

3、认真开展群众路线教育实践活动。按照党的群众路线教育实践活动的安排部署，认真开展学习教育，切实深化思想认识，通过领题调研、集中调研、住村调研以及发放调查问卷等方式，广泛征求各方面意见，认真查找了机关领导班子“四风”方面存在的突出问题。在认真撰写对照材料、深入开展交心谈心的基础上，召开委机关领导班子专题民主生活会和各支部组织生活会，开展了严肃认真的批评与自我批评。

4、切实转变工作作风。坚决贯彻落实中央八项规定和省委四个实施办法，针对查摆出的“四风”方面的问题，认真开展专项治理，制定整改方案，逐项进行整改。出台了省委、政法委改进工作作风的实施办法，就精简会议简报、改进文风会风、加强调查研究、狠抓工作落实，制定了具体办法，对严格会议审批程序、提高文件质量、简化公务接待、开展下乡住村、深入基层调研作出了严格详细的规定。2013年1至12月，机关会议次数、会议支出同比分别下降了56.3%和64%，文件、简报的数量同比分别下降20.2%和75%，调研次数和下乡住村天数同比分别增加99%、22.6%。制定了机关公务接待制度、固定资产管理办法、低值易耗办公用品管理办法、机关公务用车加油管理规定等一系列厉行节约、规范管理的规章制度，严格控制"三公"经费支出，超规格配备公务用车、办公用房等问题得到了认真整改。自觉规范出行与接待活动，反对讲排场比阔气，坚持轻车简从、减少陪同、简化接待，不接受地方土特产和宴请，树立了省委政法委机关公正、高效、务实、廉洁的良好形象。

5、落实机关党建责任制。根据机关机构调整，机关党支部由原来的4个支部调整为15个，处室负责人担任党支部书记，实现了"一职双责"，切实加强了对党员的教育管理。将社会主义核心价值观教育、党的群众路线教育活动和纪律作风教育相结合，深入推进机关文明和谐创建工作，有力地促进了各项政法工作的开展。

七、机关党风廉政建设

制定出台了《关于2013年反腐倡廉工作省委政法委牵头任务的分解意见》，对17项工作进行了责任分工。同时，制定了《关于对全省政法队伍纪律作风进行联合督察的暂行办法》，强化对政法队伍纪律作风的现场联合督察。重点推进司法公开，制定出台《关于在全省政法系统实施"阳光司法"工程五年工作规划》，以公开促廉洁。加强政法舆论宣传和网络建设，统筹整合政法各部门资源，形成了政法舆论宣传工作协调、联动、引导和统一宣传机制。

（史竹涛）

附：省委政法委书记、常务副书记、副书记、秘书长、政治部主任、综治办副主任、副巡视员名单

省委常委、政法委书记：王建明

常务副书记：边晋南（3月任职）

副书记：边晋南（3月离职） 李苏平（4月任职） 薛永辉 闫喜春（4月任职）

秘书长：苗 伟（4月离职） 邓彩彪（5月任职）

政治部主任：袁振旭（4月任职）

综治办副主任：闫喜春（4月离职） 姚鸿波（4月任职） 刘永生（4月任职）

副巡视员：张耀仁 何炳文（4月任职）

省委政策研究室工作概况

省委政策研究室主任 邹天敬

2013年，在省委的正确领导下，室领导班子团结带领机关干部职工，认真学习贯彻党的十八大精神，深入开展党的群众路线教育实践活动，紧紧围绕省委中心工作，充分发挥职能作用，圆满完成了年初确定的和省委交办的各项工作任务。

一、工作任务推进落实情况

（一）深入贯彻落实党的十八大精神，认真组织开展了群众路线教育实践活动。2013年，政研室坚持把学习贯彻党的十八大和十八届三中全会精神作为头等大事，根据中央关于"照镜子、正衣冠、洗洗澡、治治病"的总要求和省委安排部署，分阶段、按步骤认真紧抓学习教育、查摆问题和建章立制工作。其中学习教育阶段，制定了《实施方案》，成立了领导组和办公室，召开了动员大会，进行了民主测评，与中央政研室和有关部门联系，及时购买下发了学习资料，采取集中与分散相结合方式，认真组织学习。同时，组织机关人员赴西柏坡进行革命传统教育，赴晋中市实地考察，组织了集中讨论和知识竞赛。此外，向省直各部门及有关单位发放了《征求意见函》，设立了意见箱，采取多种形式广泛征求意见，并进行了认真梳理。查摆问题阶段，根据督导组反馈意见，紧紧围绕"四风"问题进行了再发动，共征求到各方面意见建议362条，并按照"四风"问题进行分类，形成了《征求意见梳理情况》的书面材料。室领导班子成员之间、班子成员与各处室干部之间开展了谈心交心，领导带头认真撰写个人对照检查材料，组织召开了室领导班子专题民主生活会，围绕"四风"问题进行认真对照检查，坚持把自己摆进去，找准"四风"方面存在的突出问题，并分别从理想信念、宗旨意识、党性修养和价值观等方面，查找了"四风"问题存在的原因，本着实事求是和严肃认真的态度，从立整立改、边整边改、建章立制三个方面认真抓整改和"回头看"。比如针对大家反映外出学习培训欠缺问题，及时与省委组织部联系，于2013年11月下旬至12月上旬，分三批组织机关18名干部参加了浙江大学、武汉大学的集中选学；又如针对大家反映机关硬件设施建设不适应形势发展，影响调研质量问题，在原有基础上为各处室增配了台式和笔记本电脑；还有针对大家反映调研不深入的问题，由室领导带队领题，转变作风、深入基层，开展了大型专项调研活动。建章立制阶段，认真抓了专项整治和各项制度的建立，结合工作实际制定了任务书、时间表和路线图，按照中央集中整治7个方面的重点，着重从精简文件会议、治理“庸懒散”、奢侈浪费和多占办公用房等四个方面进行了整治。同时，对原有的55项规章制度进行了全面清理，形成了较为完整的制度体系，为今后实施规范化管理奠定了扎实基础。

（二）围绕省委中心工作，深入开展调查研究。2013年，全室共形成调研报告40个，其中专项报告6个，《调查与分析》20个，《调查与分析》增刊8个，《情况与建议》6个。专项报告是根据省委主要领导工作精神，主要有《关于对2012年度部分县（市、区）委书记政务环境和县域企业经营环境情况调查的报告》《关于党委及主要负责同志抓意识形态工作的问题和建议》《新绛县农村土地流转的调查与思考》《作一篇“四化”一体推进的大文章》等。这一类专项报告时间紧、要求高，时效性强，领导批示多，进入决策快。如政研室根据袁纯清书记指示撰写的《关于对2012年度部分县（市、区）委书记政务环境和县域企业经营环境情况调查的报告》，袁纯清书记批示：“总报告可送小鹏、道铭、汤涛、兆前同志阅，分报告可分送有关主管省级领导同志”。《关于党委及主要负责同志抓意识形态工作的问题和建议》，袁纯清书记批示：“此件可白头印各市（县）书记、市（县）长、各厅局长”。省委常委、省委宣传部部长胡苏平批示：“文章写的很好，有分析，有建议，有深度，针对性强，建议省委办公厅发至市县两级，认真阅研”。《作一篇“四化”一体推进的大文章》，袁纯清书记批示：“此两件具有现实性意见，先请小鹏、道铭、迎光同志参阅，以利更好决策。”《调查与分析》主要是围绕省委中心工作进行的，主要有《关于科技创新城的几个问题》《发挥好流通业的先导作用是加快我省转型跨越发展的重大战略》《转变作风重在抓好落实》《省领导“访民生、知民情、解民事”集中走访活动所反映问题报告》等。这些调研报告，有不少省委、省政府领导作了重要批示，有的已进入决策，为省委领导了解和掌握情况，指导和推动工作发挥了重要作用。对各级各部门反映的一些问题，政研室采取编发《情况与建议》的方式，及时向省委领导反映，促进了问题的解决。

2013年的调研工作，较之往年凸显两大亮点：一是加大了对综改区建设的调研力度，先后形成了《加强综改试验区建设的积极探索》《我省综改区建设的三大问题和对策建议》等调研报告，编发了《山西省转型综改试验区建设资料汇编》，协助完成了阳泉市郊区《2013—2015综改实施方案》和《2013综改行动计划》，为在全省加强综改试验区建设进行了积极探索，取得了有益经验。二是在创新工作方面进行了积极探索，主要体现在四个方面：首先，改变传统的思维方式，对一些倾向性问题，采取专题专报形式，直接报送省委领导，简化程序，缩短时间，提高效率，促进了问题的及时解决。比如近年来随着互联网络的快速发展，在宣传舆论方面不时出现一些不切实际的负面报道，为尽快扭转这种被动局面，政研室及时起草了《关于尽快扭转舆情被动局面，维护和树立山西好形象的若干思考》，以专题专报形式直接报送省委领导。袁书记报示：“请苏平同志阅，此文是我所见值得认真研处的，若干建议有针对性，可以采纳，我认为先强化领导小组，形成一个工作性意见，包括平台建设、整合职能、职责分工与责任、工作流程（专职和社会性），届时可由我、小鹏及相关常委研究确定。请你和春玉同志先行研究。”其次，对重点课题采取大屏幕方式集体讨论，集思广益、博采众长，不仅提升了工作效率，而且在互动中查缺补漏，实现了共同提高。第三，应用好信息资料平台，建立并形成了集权威性、真实性、综合性、专题性、研究性于一体的信息资料平台，实现了资源共享。第四，对调研成果转化进行跟踪反馈，改变了过去“报告写完不再过问”的现象，效果比较明显。

（三）根据省委部署，完成了一批重要文稿的起草。主要有省委关于《深入贯彻十八届三中全会精神，加快推进转型综改试验区建设的若干意见》及省领导的发言提纲和讲话。此外，还起草了中办督查汇报材料《关于学习宣传贯彻党的十八大精神情况的汇报提纲》、中组部《关于开展群众路线教育实践活动的建议》《为实现中华民族伟大复兴的中国梦谱写山西华章》等重要文稿。

（四）做好内部资料编发，为省委科学决策提供有效服务。2013年，共编发《动态参阅》40期，其中对一些重大问题，如全省经济工作会议后及时编发了《关注各省经济工作会议》专题，十八届三中全会后编发了《十八届三中全会精神》专题，之后还分别对新经济模式、新科技革命、新城市运动、新商业革命、新金融模式、新能源革命等进行了聚焦式反映，为省委领导及时了解各方面动态信息提供了有效服务。此外还紧紧围绕省委中心工作，先后编发了《党的群众路线教育实践活动学习读本》《山西省优秀调研成果选》《山西文化产业发展情况》以及太榆一体化建设资料，为基层下一步做好工作奠定基础，提供了方便。

（五）建立信息平台，提高机关工作信息化水平。为适应形势发展要求，年内投资60万元，建立了信息资料平台、信息资料库和信息内网，在内网设置了20多个栏目，收录各类资料6000余篇5000余万字，为机关起草重要文件、撰写研究报告提供了有效服务，实现了资源共享，提高了机关工作信息化水平。

（六）坚持正确的舆论导向，努力办好《山西工作》。2013年，政研室坚持把宣传政策、引导舆论、指导工作、服务大局、促进发展作为办好《山西工作》的立足点，努力在办刊形式、刊物特色、栏目设置、图片报导等方面进行积极探索，全年共编发12期，刊登文章180余篇近200万字，及时总结宣传了一批先进典型，起到了较好的舆论引导和推动作用，成为省委机关具有影响的重要舆论阵地、理论探讨园地、工作交流平台、基层展示窗口。和谐社会建设继续向广度深度拓展，在指导基层工作、促进经济发展方面发挥了积极作用。

此外，根据中央和省委部署，认真抓了落实八项规定、加强作风建设和专项治理工作，完成了干部人事《三龄两历一身份》清查整理和《省委志》的修改，机关内部建设在原来基础上得到进一步加强。

二、领导班子和干部队伍建设情况

（一）确立明确的指导思想和工作重点。根据工作职能，年初经室主任办公会议研究，确立了2013年工作的指导思想和工作重点。同时将各项工作任务逐项分解，落实了目标责任分工，明确要求一切都必须紧紧围绕省委中心工作，服从服务于全省转型跨越发展大局，瞄准服务省委决策的角色定位，强化责任意识，创新工作思路，改进工作作风，提升工作水平，并以晋研发〔2013〕1号文件下发执行，认真抓了落实。

（二）推进学习型机关建设。认真学习贯彻党的十八大和十八届三中全会精神，中心组先后6次集中组织了学习，并适时将范围扩大到处级干部。此外在机关倡导每人至少读2 本书，认真抓了干部自主选学、在线学习、在职培训和学历教育。

（三）坚持民主集中制原则。室内重大事项，必须经主任办公会议研究决定，实施规范运作。在遵守政治纪律，加强思想建设，坚持民主集中制方面，班子成员对自己严格要求，团结共事，彼此之间坦诚相见，大事讲原则，小事讲风格，在干部职工中树立了较高威信。

（四）机关制度化建设得到进一步加强。加强机关制度建设，是提高工作效率的重要措施。年内结合教育实践活动建章立制，对往年形成的各项制度进行了认真清理，并根据新形势发展要求，增加了保密工作规范、内部资料征订办法、在职学习若干规定、调查研究制度等项内容，形成了一整套较为完善的制度体系。

（五）落实党建工作责任制。2013年，政研室坚持把提高干部职工责任意识、履责能力作为重点，以建立长效机制为目标，认真抓党建工作责任制的落实。室主要领导对党建工作负总责，其他班子成员分工抓好落实。各党支部书记按照“一岗双责”原则，抓好所在处室党建工作。同时，在机关开展了“三强党建”活动，创先争优进一步常态化、长效化。干部下乡住村活动，室领导多次带领机关干部下乡蹲点，深入贫困户访贫问寒，召开座谈会共商脱贫大计，受到群众欢迎。

三、推进惩防体系和落实党风廉政建设责任制情况

（一）推进惩防体系建设。年初，制定了《党风廉政工作要点》，落实了党政“一把手”责任制，坚持谁分管谁负责，形成了分工明确、各负其责的党风廉政建设责任制格局，做到了年初有部署，年中有检查，年底有考核。各处室处长认真履行“一岗双责”职责，按照党风廉政建设要求，认真抓了党风廉政建设各项工作的落实。

（二）反腐倡廉工作效果明显。为了严明政治纪律，把反腐倡廉工作真正落在实处，做到防微杜渐，及时制定了《关于加强作风建设创优发展环境长效机制》，机关党委、纪委加强教育监督，年内未发生任何违纪问题。

（三）提升干部群众对党风廉政建设的满意度。根据有关要求，班子成员认真贯彻落实党内监督条例，自觉执行中央和省委关于领导干部廉洁自律的各项规定，管好配偶、子女和其他亲属，从严要求自己，以过硬的作风为大家作出了表率。尽管政研室工作清苦，但大家对自己要求很高，都能够立足本职，勤奋工作，全室人员没有发生任何违纪违法问题，保持了良好的作风和形象。

一年来，在省委的正确领导下，政研室围绕中心，服务大局，圆满完成了各项工作任务。新的一年，将继续努力，再接再厉，以实际行动为实现十八大和三中全会提出的奋斗目标，做出新的更大成绩。

（贺高明）

附：省委政策研究室主任、副主任名单

省委副秘书长、省委政策研究室主任：张瑞鹏（3月离职）

邹天敬（3月任职，8月离职）

副主任：霍甫安（3月离职）　杨绪全（主持工作）

王利波（4月离职）　马文革

安　洋（5月离职）　梁若皓（5月任职）

省直机关工委工作概况

省直机关工委书记　王铁选

2013年，省直工委认真贯彻党的十八大精神和省委决策部署，紧紧围绕全省转型跨越发展工作大局，充分发挥机关党组织协助监督职能和服务保证作用，推动重点工作取得明显成效，圆满完成年度各项工作任务。

一、以学习贯彻十八大精神为主线，扎实推进理论武装工作取得新成效

（一）创新学习方式方法。在进一步引深“党员干部大

讨论、理论骨干大宣讲、党组书记大调研、机关干部大培训”的基础上，探索实行“菜单式宣讲、专题式答疑、研讨式交流、展示式演讲、竞赛式答题、自省式净化”学习模式，增强学习的吸引力和实效性。先后在省直机关举办十八大精神宣讲报告130场，3万多名党员干部参加报告会。开展十八大精神学习和党员经常性教育问卷调查，邀请省委党校、省社科院专家教授，围绕22个热点难点问题答疑释惑。召开学习党的十八大和习近平总书记重要讲话精神研讨交流会，总结推广9个部门党组（党委）中心组理论学习经验，编发《中心组理论学习动态》6期。依托省直党校举办十八大精神专题培训班27期，省直机关5210名干部参加学习培训。

（二）拓展学习载体平台。以“浓厚读书氛围、提升能力素质”为主题，举办第二届省直机关“读书月”活动。办好“文源讲坛”、“厅局长报告会”，围绕经济转型、综改试验区建设等重大问题，举行专题讲座5场，1500余名党员领导干部听取讲座。组织开展以公文写作、电脑操作、语言表达、党的知识和健步走为主要内容的机关干部“五项全能”比赛，其中党的知识竞赛共有6万余名党员参与，为省直机关干部学习和展示搭建了新的平台。袁纯清书记率省四大班子领导出席颁奖仪式，并专门作出重要批示：这样的活动有意义，既拓展了机关党的活动空间，又实际、实效、实用。新华网、山西日报等省内外多家媒体作了报道。

（三）加强机关党建研究。围绕年初确定的13个课题，深入实际，调查研究，其中“建设学习型服务型创新型机关党组织问题研究”等3个重点课题调研成果，分别在全国机关党建理论研讨会上作交流发言。召开全省机关党建工作经验交流暨理论研讨会，协助全国党建研究会机关专委会，承办并完成“全国提高机关党建研究水平培训班”培训任务。研究起草省直工委对市直工委党建工作指导意见。

二、扎实开展党的群众路线教育实践活动，着力解决“四风”方面存在的突出问题

在省委第11督导组精心指导下，省直工委教育实践活动贯穿总要求、抓住聚焦点，在完成各项“规定动作”的同时，注重在“自选动作”上形成特色。一是学习教育贯穿始终。在抓好中心组和支部学习的基础上，组织开展“双考促学”活动，举行研讨互动式专题党课，组织班子成员和支部书记赴八路军太行纪念馆接受传统教育，举办支部小讲座，定期编发专题《简报》，为教育活动奠定了坚实的思想理论基础。二是查摆问题贯穿始终。采取“两上两下”的办法广泛征求各方面意见和建议，归纳梳理出19个“四风”方面的问题。在此基础上，按照“三个深度”要求，把面对面谈与背靠背提结合起来，进行二次聚焦，确定了“发文多、会议多、活动多”等10个方面突出问题。特别是专题民主生活会，认真贯彻整风精神，批评与自我批评直奔主题、直面问题，做到了见人、见事、见思想。张明亮组长给予较高评价。三是边查边改贯穿始终。研究提出工委领导班子9个重点整改问题，分别明确了责任领导、责任部门。对干部报批、财务管理等6个问题，坚持立说立改，目前已出台相应措施；对涉及工作全局、短期内难以落实的3个问题，明确时间表任务书，限期整改落实，推动形成一批制度性成果。

三、以贯彻落实《条例》为重点，扎实推进基层组织建设，增强新活力

（一）抓好《条例》和省委《实施意见》专项督查。根据省委组织部要求，上半年重点对21所高职高专院校落实《高校基层组织工作条例》情况进行了专项检查，并在高校探索建立业余党校，组织对1700余名大学生入党积极分子进行培训。从12月上旬开始，集中对省直机关贯彻落实《条例》和省委《实施意见》情况进行专项督查。

（二）抓好经常性、基础性工作落实。指导7个厅局机关党委按期完成换届选举，批准新成立党委及机关党委11个，调整机关党委、纪委负责人60人次。举办2期党务干部培训班，对省直机关143名专职党务干部和新任党务干部进行集中培训。组织147个厅局分5个组召开“联述联考联评”专项述职大会，30名厅局机关党委书记在大会上进行基层党建工作述职。制定出台《关于加强机关党支部建设的意见》。

（三）抓好党的工作责任制考核。制定下发省直机关党的工作责任制《考核方案》和《考核细则》，对54个中央驻晋单位和省直企事业单位2012年度落实党的工作责任制情况进行考核。

四、以为民务实清廉为目标，扎实推进机关作风和反腐倡廉建设得到新加强

一是狠抓中央八项规定执行。组织开展“密切联系群众、改进工作作风”专题督查调研，派出5个督查组对25个省直部门贯彻落实中央八项规定和省委“四个实施办法”情况进行检查。集中开展违规用车和会员卡清理专项整治，省直单位共清退违规用车598辆，10万余名在编干部职工人人填写了《个人会员卡零持有报告》。

二是坚持工作重心下移。组织省直机关部分专职党务干部，赴省重点工程建设工地和基层一线单位，开展“访民生、知民情、解民事”集中走访和慰问调研活动；开展“提倡艰苦奋斗、反对铺张浪费”主题教育和“严守政治纪律、永葆优良作风”倡议活动；引深领导包村增收、干部下乡住村“六个一”活动，促进机关干部作风明显好转。

三是加强机关廉政文化建设。召开省直机关廉政文化建设经验交流会，首批建立廉政文化示范单位10个。组织省直机关8000多名党员干部参观全省廉政文化书画展，观看廉政题材优秀影视片。

四是进一步加大案件查办力度。全年受理群众举报193件，其中省纪委要结果11件，已办结6件；向省直有关单位要结果26件，已办结15件；初步核实案件11案12人，查结8

案9人，处分违纪处级党员干部14人，挽回经济损失6000余万元。

五、以社会主义核心价值体系为引领，扎实推进文明和谐创建工作实现新跃升

（一）开展多种形式的主题实践活动。举办社会主义核心价值体系建设有奖征文，召开公民道德建设“五个一”活动现场推进会，组织道德模范志愿服务先进事迹巡讲，开展“我推荐我评议身边好人”、学雷锋志愿服务活动。对省直机关第一届道德模范、第六批十佳文明窗口、2012年度优秀志愿服务组织和优秀志愿者进行表彰。

（二）强化创建工作日常管理。召开省直文明委全委会，制定出台《省直机关文明单位动态管理暂行办法》，修订完善省直文明单位创建管理规定和考评指标体系。组织对2012年度省直文明单位进行检查验收，完成2013年度省直系统申报省级文明单位的评选推荐。办好省直文明网，创办《山西画报·省直文明创建专刊》。

（三）重视活跃机关文化生活。6月26日至28日举办了山西省直机关第九套广播体操比赛，65个厅局代表队，3000余名干部职工参加了两天的比赛，袁纯清书记率省四大班子领导出席颁奖仪式。9月24至26日，举办了迎国庆“我的中国梦”优秀文艺节目展演，省直机关30多个单位的600余名机关干部，40多个优秀节目分三个专场进行了演出，组织参加老年人书画展和“中华魂”主题读书活动，观看歌舞剧《太行奶娘》等优秀剧目。

六、以围绕中心发挥职能作用为根本，扎实推进统战、群团和其他各项工作取得新进展

深入推进统一战线“同心”行动，开展“重温历史、坚定信念”优良传统教育、坚持和发展中国特色社会主义主题教育，建立和完善党外代表人士、人才信息库。召开省直机关工会工作会议，表彰54个模范单位和集体、111名劳动模范，为461名困难和大病职工发放救助金60.6万元。学习贯彻共青团十七大精神，在机关团组织中开展“三观、三热爱”主题教育和征文活动，对131个先进团组织、160名优秀团干部、240名优秀团员进行表彰。突出节假日、敏感日和重大活动期间维稳防范工作，为全省社会稳定做出应有贡献。扎实推进定点扶贫工作，在资金争取、项目落实上取得成效。加强机关党建信息化建设，探索建立省直机关“党务云”系统。改版山西机关党建网，完成《党的生活》12期编辑发行任务，印发《省直党建信息》24期。

七、扎实推进惩防体系建设和落实党风廉政建设责任制

制定了《2013年省直工委党风廉政建设任务分解意见》，召开工委机关党风廉政建设干部大会，工委领导与18个处室和省直党校负责人签订责任书，年度党风廉政建设和反腐败各项任务全部完成，机关和所属事业单位没有发生任何违规违纪问题。组织《党章》、《廉政准则》等党纪条规学习，开展“厉行节约、反对浪费”教育和两项治理活动。扩大党务公开覆盖面，工委会议议定事项及决议及时向机关干部职工公开，全年召开工委会议25次，印发工委会议纪要16期。

（阎鹏飞）

附：省直机关工委书记、副书记、委员名单

书　记：王铁选

副书记：郭忠实　冯进成　王建成

委　员：卫建友　尹桂郁

省委党校工作概况

2013年是贯彻落实党的十八大精神的开局之年，是十八届三中全会召开之年，是全党深入开展群众路线教育实践活动之年，也是省委党校、行政学院事业呈现良好发展态势的一年。

一、认真学习贯彻党的十八大、十八届三中全会和习近平总书记系列重要讲话精神，各项工作取得新成绩

（一）教学培训工作有序推进。全年校院共举办各类干部培训班次（不含基层送学）117期，累计培训1.1万余人次。一是圆满完成省管领导干部学习贯彻党的十八大精神集中轮训班、省管主要领导干部学习习近平总书记重要讲话精神专题研讨班以及省直单位青年干部理想信念教育培训班等重点培训任务。二是全力办好常规班次，举办省管领导干部进修班4期，中青年领导干部培训班2期以及正处级公务员任职培训班等常规班次。三是对外培训采取“引进来、送出去、办下去”的方式，举办了多层次、多类型的专题培训班次76个，取得较好成效和反响。四是扎实推进干部选学和送学培训，为部分省直厅局举办了干部选学班次20个，并组织教师深入全省各县、市开展送学培训21个专题共133场次，培训对象近3万人次，较往年有大幅增加。五是加大马克思主义原著、中国特色社会主义理论体系、习近平总书记重要讲话精神、理想信念教育和党性锻炼、转型综改试验区建设、右玉精神等教学比重。六是注重提高教学案例和“2+1”互动教学的质量和效果，开展延伸培训、体验式教学、警示教育等活动，教学针对性、实效性逐步提高。七是制订出台《进一步加强学员管理的若干规定》，全面加强各班次尤其是常规班次的学员管理，取得了明显成效。八是在职本科生、研究生等干部继续教育和国民教育加强管理，办学质量得到提高。顺利

完成历时24年的全省党校函授教育收尾工作。

（二）科研基础作用有效发挥。课题立项、决策建议、理论成果丰硕，效果明显。一是全年有2项国家级课题、24项省部级课题及10项校院级课题立项、3项国家级课题结项、鉴定1项“优秀”、2项“良好”。二是成立决策咨询部，全年编报10期《决策建议报告》，其中第9期得到袁纯清书记等省领导批示。三是以校院理论研究中心名义在省以上党报党刊发表文章8篇。全校教研人员在省以上出版社、报刊出版发表各项科研成果共计200余部（篇），其中在国家级重要报刊和列入校科研奖励范围的其他报刊发表60余篇。四是2项科研成果获山西省第十届精神文明建设“五个一工程”奖，并获省社科联重点课题评奖一等奖2项、三等奖1项，优秀奖4项。五是继续编印《山西省情资料手册》，成为领导干部了解掌握省情的品牌工具书。六是《理论探索》继续保持全国中文核心期刊和CSSCI来源期刊地位。《山西党校报》和《山西省委党校学报》创新栏目、改进文风，成为领导干部的学习导报导刊。

（三）领导班子和干部队伍建设不断推进。校院领导班子和教学科研、行政后勤等方面人才队伍建设进一步加强。一是在省委、省政府高度重视下，2013年5月从校院推荐任用了1名副校院长、1名副巡视员和2名校委委员，其中新配备两位校委委员是校院历史上的首次。二是选派15批63名教学、研究人员分别到中央党校、国家行政学院、干部学院和重点高校进修学习。选派6名中青年教师赴县企挂职锻炼。选派1名教师赴新疆对口援教。三是扎实搞好处级干部选任工作。全年选拔任用8名正处级干部，交流调整5名正处级和10名副处级干部。在正处级干部选任工作中，严格执行《党政领导干部选拔任用工作条例》的有关规定和程序，整个选任工作组织严谨、公开民主、规范有序，干部职工评价反映较高，进一步提升了干部选任工作的公信度。四是推荐2名同志为公务员培训兼职教师暨公共管理硕士（MPA）校外导师师资库人选、3位同志为山西省学术技术带头人人选、2名同志为全省宣传文化系统“四个一批”人才人选，科研处处长田忠宝经中宣部推荐成为享受国务院特殊津贴专家。

（四）管理和后勤工作稳步提升。坚持以改善办学条件、提高管理效能和服务水平为重点，加强行政管理和后勤工作。一是从落实目标责任制和提高执行力入手，年初将校院工作要点细化分解到各部门和人员，在全校公布接受群众监督。对校院公务用车、办公用房及法定节假日值班工作进行规范。各部门每月工作以大事记形式报校院考核办，校院对重点工作及时跟踪督促，促进了各部门效能意识的增强和工作作风的改进，保证了各项工作部署的落实。二是建设启用加热加压站，主校区全部纳入太原市集中供热，结束了几十年自备锅炉供暖的历史。校园路网改造工程基本完成，危房改造工程住宅和学生公寓竣工交房，教研部门、大学生顺利搬迁、入住。三是大力推进生态校园建设，完成了校园中水站启用、绿色照明、既有建筑和变配电室节能改造等重点工程，通过国务院第一批节约型公共机构示范单位评价验收。四是后勤服务突出精细化、人性化，完善服务标准、规范服务流程，努力提高满意度。五是制订固定资产、公务用车“三定”等管理制度，进一步规范财务基础管理工作。六是安全保卫、老干部服务、定点扶贫等工作取得了新成绩。获得省直单位定点扶贫工作先进单位、省直机关首批“敬老文明号”单位、省城社会管理综合治理先进集体等荣誉称号。

（五）业务指导工作继续深化。一是制定出台校院委领导市县党校联系点制度。二是协调省有关部门将县级党校基本建设补助资金增加到3000万元，并规范其使用程序。三是校院领导多次到基层党校调研，协助解决具体办学问题。四是努力推进县级党校办学体制改革，正在起草完善《县级党校评估体系》。五是《山西党校通讯》的办刊宗旨进一步贴近基层，及时反映交流了一批好的经验做法。

二、扎实开展党的群众路线教育实践活动，思想、作风建设取得新成效

按照中央和省委统一安排部署，校院参加了第一批党的群众路线教育实践活动。在省委督导组指导下，校院教育实践活动规范有序地开展。

（一）学习教育、听取意见开局良好。认真组织党员干部学习中央、省委有关文件精神，进行充分思想动员。班子成员带头学习，组织开展校院领导讲、专家教授讲、一线模范讲、挂职干部讲等多种形式的集体学习教育活动，通过多种渠道广泛征求意见建议。

（二）查摆问题、开展批评收效明显。校处两级干部广泛开展谈心活动、认真查摆“四风”问题，反复修改撰写对照检查材料，高质量地召开了班子专题民主生活会和组织生活会。校院领导班子对照检查材料和个人对照检查材料反复修改、数易其稿。民主生活会上共查摆了班子18个方面的“四风”具体问题，班子成员互提批评意见72条。

（三）整改落实、建章立制务求实效。校处两级党员领导干部坚持带头整改、开门整改、立说立改，扎实深入开展整改落实工作，并针对教职工反映的突出问题开展专项治理。建章立制工作在健全和完善重点制度的同时，正在全面开展各类制度和规范性文件修、改、立、废，确保形成符合校院功能定位、保证常抓不懈的有效执行机制。

三、加强党风廉政建设、弘扬良好学风校风，机关党建和文明和谐创建取得新进展

（一）积极开展“三型”机关党组织建设。以教育实践活动为契机，推进学习型党组织建设，组织党员干部开展读书、荐书、赠书和知识测试等活动，深入学习领会党的十八大、新党章和习近平总书记系列重要讲话精神，提高了机关党组织创新工作、服务群众的意识和能力。

（二）不断加强党风廉政建设力度。落实中央八项规定和省委实施办法，制定改进校院工作作风的规定。加强对校院重大建设事项的监查力度，认真开展治理“吃喝不正之风”、办公

用房和公务用车清理等项工作。校院党风廉政及惩防体系建设工作在92个参加考核的省直单位中的排名大幅提升。

(三)大力推进文明和谐创建工作。结合教育实践活动,稳步推进省级文明和谐单位创建和申报工作,2013年度省委党校继续保持省直文明和谐单位标兵称号。孟东风同志被评为"山西省第四届道德模范"和"省直机关第一届敬业奉献道德模范",开展"弘扬雷锋精神学习道德模范"活动和系列文体比赛,营造良好的文明和谐氛围。

(张耀东)

附:省委党校校长、常务副校长、副校长名单

校　　长:金道铭

常务副校长:李福明

副 校 长:高健生　王联辉　郭成文　潘　峰　刘明星(5月任职)

山西行政学院院长、副院长名单

院　　长:李小鹏(2月离职)　高建民(2月任职)

副 院 长:李福明　高健生　王联辉　郭成文　潘　峰　刘明星(6月任职)

省委党史办公室工作概况

省委党史办公室主任　于若洁

2013年,在中央党史研究室的具体指导下和省委的正确领导下,省委党史办公室和党史工作者深入贯彻落实党的十八大和习近平总书记一系列重要讲话精神,继续贯彻落实中发〔2010〕10号文件精神,按照十八大对党史工作提出的新任务新要求,全面落实党史工作以史鉴今的根本任务,推动党史研究、党史宣传教育、党史资料征编、革命遗址保护和党史资源利用等各项工作取得了新进展。

一、认真贯彻落实中央和省委关于党史工作的部署要求

2013年5月27日,召开了全省党史研究室主任会议,会议传达贯彻全国党史研究室主任会议精神,中央领导同志关于党史工作的重要讲话精神,中央党史研究室对党史工作任务的部署,就2013年全省党史工作作出安排。会议对贯彻落实中央精神,全面做好党史工作,加快我省由党史资源大省向党史工作强省迈进提出明确要求。省委党史办公室主任于若洁就全年党史工作各项任务作了具体安排。会议的召开和各项工作任务的落实,推动了党史工作实现新的发展进步。会上,颁发了我省获中央党史研究室党史优秀成果论文类、著作类、资政成果类、影视音像制品类一等奖4个、二等奖4个、三等奖3个荣誉证书。

2013年9月、10月间,省委首次组成党史工作督查组,由省委党史办公室领导带队,对全省11个市及部分县区进行了党史工作专项督查调研,进一步掌握情况,发现问题,调研指导,推动继续深入贯彻落实中发〔2010〕10号文件、晋发〔2010〕29号文件精神,实现党史工作新进展。同时,省委党史办公室进行了自查总结。通过督查调研工作,推动了全省党史工作迈上一个新台阶。

按照中央开展党的群众路线教育实践活动的部署和省委的要求,省委党史办公室认真开展教育实践活动,围绕反对"四风"深入调研,查摆表现,找准原因,着力整改,全面抓好班子自身思想、组织、作风、反腐倡廉和制度建设,抓班子带队伍,切实转变作风,严格内部管理,建立健全制度,做到管理规范化。省委党史办以开展党的群众路线教育实践活动为契机,推动全面工作,特别在加强领导班子和干部队伍建设,努力改进作风,加强内部管理和建立完善规章制度方面取得了明显成效。机关工作人员精神面貌有了明显变化,新出台了38项规章制度,推动了科研工作上水平、出成果。2013年目标责任考核由近年来排位靠后进到良好等次。

二、党史研究工作取得新成果

推进党史基本著作编写工作,在已编写出版《中国共产党山西历史》新民主主义革命时期第一卷、社会主义革命和建设时期第二卷、改革开放和社会主义现代化建设新时期第三卷的基础上,推进编写出版《中国共产党山西简史》(简明读本)和《中国共产党山西历史大事记》(简本),作为配套的党史基本著作系列,为学习、了解山西地方党史提供普及性教材。

推进完成全国党史部门统一部署的课题,编撰出版了《抗日战争时期山西省人口伤亡和财产损失》调研课题省卷(资料卷)、运城市卷、忻州市卷。至此"抗损"课题省卷和11个市市卷编撰出版任务全部完成。《山西省革命遗址通览》课题,编撰出版了吕梁市卷,完成朔州市卷送审稿,到2013年年底已有省卷和7部市卷编撰出版。完成了《科学发展 成就辉煌——从党的十七到十八大》山西卷撰写任务,研究编写成果上报中央党史研究室。研究确定《改革开放实录》山西部分编写方案和专题内容,上报中央党史研究室。

深化专题研究,完成了《山西革命根据地的文化建设》初稿,选编档案文献资料85篇、回忆文章41篇,组织撰写分专题的概述研究类文章39篇,总计100万字,取得根据地文化建设研究的阶段性成果。党史人物研究方面,完成了《李雪峰传》送审稿。

做好重要文献资料征集编辑工作,由省委党史办承担具体编辑任务,以中央文献研究室和中共山西省委名义共同编

辑出版《毛泽东山西工作文稿》一书，这是我省编辑领袖著作的首例。

全年还推进《华国锋在山西》《齐云在太行》《陶鲁笳文集》等重要课题的史料征集和研究编写工作。年底启动了牵头编纂《吕梁山革命斗争史史料汇编》、参与编纂《太行山革命斗争史史料汇编》相关工作。即时跟进历史，组织编写了《2013 年山西党史大事记》。

2013 年是取得党史研究丰硕成果的一年。共编撰出版和编辑出版著作类、资料征编类图书 12 部，共 900 余万字，并推进一批重点课题完成送审稿和初稿。

三、党史宣传教育有了新扩展

组织开展了评选首批山西省党史教育基地工作，省委党史办公室对全省 47 处党史教育基地进行命名挂牌，增添了全省党史教育、革命传统教育活动阵地。通过挂牌要以党史教育基地为阵地，加强党史教育，要发掘党史教育基地所承载的历史内涵，做好党史教育工作，加强党的优良作风、光荣革命传统教育。

组织开展党史学习活动。《中国共产党山西历史》3 卷本出版后，省委组织部和省委党史办公室联合召开《中国共产党山西历史》出版座谈会。省委常委、组织部长汤涛主持会议并讲话。省委领导要求全省广大党员干部群众深入学习党史，从历史自信中坚定坚持和发展中国特色社会主义的信心，推动山西转型跨越发展。省委组织部、省委宣传部、省委党史办公室联合发出《关于认真组织学习宣传 < 中国共产党山西历史 >(1–3 卷增订版)的通知》。认真组织发行宣传，发行 8000 多套。

做好党史研究成果的转化利用工作，运用多种手段扩大党史宣传。与山西电视台等联合摄制了电视文献片《毛泽东在山西》，共两集，分别为《抗日前奏》和《走向胜利》，进一步宣传红色山西历史，宣传毛泽东踏上山西黄土地留下的光辉足迹，建立的伟大功绩。围绕全面贯彻落实党的十八大精神，回顾以毛泽东同志为核心的党的第一代中央领导集体带领全党全国各族人民奋斗前进创立的历史伟业，学习毛泽东同志等老一辈革命家精神风范，组织征集学术论文 180 余篇。积极发挥党史宣传教育优势，组织编纂了《群众路线参考资料》，编写出版了《党员干部党史学习读本》，为配合全省开展党的群众路线教育实践活动提供党史教育材料。

进一步办好党史期刊和党史年鉴，《党史文汇》突出“可信、可读、可鉴、可存”办刊特色，扩大了党史宣传覆盖面；《中共山西年鉴》积极发挥了记载总结现实实践、做好资政服务的作用。

筹建山西党史网，借助互联网扩大党史宣传。公开招标确定了山西党史网建设制作单位，对山西党史网内容设计进行了论证并展开各项准备工作。

四、纪念场馆及红色旅游工作取得新进展

推进筹建中国共产党山西省党史馆（山西革命博物馆）工作，编制了《项目可行性研究报告》报送省发改委；组织室内有关专家和研究人员，修改编制了《展览陈列内容大纲》。同时，积极推进项目选址，落实建设用地等相关工作。

下属单位彭真生平暨中共太原支部旧址纪念馆，积极发挥党史教育基地和革命传统教育基地、爱国主义教育基地的作用，被国务院公布为第七批全国重点文物保护单位。

积极参与《“十二五”山西省红色旅游发展规划纲要》编制方案工作，根据党史部门掌握的革命遗址普查成果、红色资源情况，提出具体建议。与省旅游局联合发出《关于组织编撰山西省红色旅游指南》系列丛书的通知，制定编撰方案并启动了编撰工作。

五、领导班子和干部队伍建设呈现新气象

加强领导班子建设。2013 年 5 月，省委调整党史办公室班子，原晋城市委副书记于若洁调任省委党史办公室主任，原曲沃县委书记张越轶调任省委党史办公室副主任，充实加强了省委党史办的领导力量。室领导班子全面加强思想、组织、作风建设，反腐倡廉建设和制度建设，班子全面建设的水平有了新提高。

抓好干部队伍的培训学习，全年安排到省委党校、省直分校培训学习的省管干部、处级和处级以下干部 35 人。参加中央党史研究室安排的到井冈山干部学院、延安干部学院培训学习的处级干部 3 人、赴德国培训学习的处级干部 1 人。全室组织了对年轻干部、研究人员的培训工作，由党史专家进行山西党史专题讲座，以老带新，促进年轻研究人员业务水平的提高。

搞好干部队伍的理论武装，进一步提高思想政治素质。用党的十八大精神和习近平总书记一系列重要讲话精神统一大家的思想和行动，干部队伍思想、作风、能力全面建设有了新的进步。

（杨子晋）

附：省委党史办公室主任、副主任、副巡视员名单

主　　任： 张铁锁（4 月离职）　于若洁（4 月任职）
副 主 任： 粟金凤（12 月离职）　牛崇辉（2 月离职）
张越轶（4 月任职）
副巡视员： 杨玉堂

省委老干部局工作概况

省委老干部局局长 陈跃钢

2013年，全省各级老干部工作部门紧扣学习贯彻十八大精神和践行群众路线两条工作主线，按照全国老干部局长会议和全省老干部工作会议部署，贯彻落实省委、省政府主要领导的批示和指示精神，突出重点，扎实工作，在各个方面都取得了新进展、新成效。省委老干部局连续两年被表彰为全省年度目标责任考核优秀省直单位。

一、加强离退休干部思想政治建设，进一步凝聚了广大离退休干部促进社会和谐发展的正能量

（一）加强离退休干部政治理论学习，夯实思想认识基础。及时对组织离退休干部学习贯彻十八大精神、习近平总书记系列重要讲话精神和十八届三中全会精神作出安排，提出要求。开展了全省离退休干部学习贯彻党的十八大精神知识竞赛，10万余名老同志参加了活动。举办了两次省直离退休干部理论学习专题报告会和1次综改试验区建设情况通报会。市县两级老干部工作部门共举办各类老干部理论学习报告会、辅导讲座、学习座谈会等2583场次；全省共组织1536名老干部理论骨干，进行了1739场老干部理论学习专题宣讲。协调省四大班子办公厅，健全了省级老同志经常性学习教育机制。通过多形式、多层次、多方位的学习，进一步用十八大精神凝聚了广大离退休干部的共识。

（二）加强离退休干部党支部建设，着力夯实组织基础。省委组织部从省管党费中划拨15.6万元，为全省5192个离退休干部党支部订阅了《学习参考》。编印了《同心共筑中国梦学习资料》，发放给全省离退休干部党支部。督促落实了省直行政事业单位和7个市直单位、92个县（市、区）的离退休干部党支部工作经费。省委老干部局举办了两期省直离退休干部党支部书记学习十八大精神示范培训班，市县两级共举办248期老干部党支部书记培训班，参训人员8376人次，加强了离退休干部党员骨干队伍的培训教育。

（三）以“薪火传承葆本色，转型跨越立新功”和“同心共筑中国梦”主题实践活动为载体，引导离退休干部服务社会、发挥余热。各级老干部工作部门结合本地本部门实际，组织离退休干部开展“我为建设美丽山西献一策”活动、“走进转型综改试验区采风”活动、“种一棵树、留一片绿”活动、“学习解黎明见行动”志愿服务活动、“讲历史、讲传统、讲作风”、“离退休干部与大学生村官牵手”活动等“八个一”活动1192次，使主题实践活动呈现出载体多样、内容充实、有声有色、参与广泛等特点。召开了全省离退休干部发挥作用工作专题会议，交流工作经验，现场观摩吕梁市两个离退休干部发挥作用先进典型的事迹，选树了14名老干部发挥作用的新典型，部署了下一步工作。成立了首支省一级的老干部志愿者队伍，辐射带动全省老年志愿服务活动。目前，全省有1600余个老年社团组织、30多万名离退休干部以不同形式参与到经济社会发展实践中，为推动山西综改试验区建设、加快全省转型跨越发展发挥积极作用。

二、提高老干部生活待遇保障和服务管理水平，进一步让广大离退休干部共享了改革发展成果

（一）老干部生活待遇标准得到较大幅度提高。协调省财政厅、人社厅出台文件，将全省离休干部护理费、已故离休干部无工作配偶生活困难补助在原标准上增加了300元；提高了省属企业离休干部冬季取暖补贴标准，使之与机关、事业单位补贴标准相同。

（二）完善省属困难企事业单位离休干部生活待遇保障机制。协调省财政厅将运城国家粮食储备库等4户困难企业的72名离休干部和77名建国前老工人的生活补贴纳入了财政支持范围。下拨财政专项资金，解决了省直驻并外困难企事业单位2012年离休干部的医药费、2013年省属困难企业和自收自支事业单位离休人员生活补贴共3300余万元。与省国资委就省属企业离休干部医药费和生活补贴保障机制进行了全面调研，提出可行性建议和解决方案。经省政府研究决定，省财政拨出专项资金一次性解决了部分省属改制破产企业离休干部医药费、生活补贴的历史拖欠1900余万元。

（三）进一步深化、细化离退休干部服务工作。在太原市召开了全省利用社区资源服务离退休干部工作推进会，着手起草我省利用社区资源为离退休干部服务的实施意见。指导各市县和省直单位因地制宜创建示范点。目前，全省已有102个县、626个社区开展了试点工作，43个县开展了示范点创建工作。省委组织部部长汤涛主持召开了加强和改进省级老同志服务管理工作座谈会，研究了若干重要问题，就规范省级老同志的服务管理工作提出了具体意见。组织医务人员对16名80岁以上的省级老同志进行了上门巡诊访视，并制定了相关制度，实现巡诊访视常态化。投入资金66万元，为省级老同志住宅的过道和卫生间安装了扶手，对入户台阶进行“梯改坡”改造。

（四）进一步加强离退休干部困难帮扶和信访督办工作。建立了省级特困离退休干部帮扶机制。省委老干部局

登门看望慰问了10名高龄和因病生活困难的省级老同志，对省直单位1937年7月6日以前参加工作的离休干部和遗孀，以及其他20名省属企业困难离休干部进行了帮扶。各市县年内共帮扶困难老干部5014人，帮扶资金766.35万元。进一步加大了信访督办力度。省委老干部局共受理老干部来信131件，局班子成员两次带案下访，督办解决了离休人员生活补贴拖欠问题等35个重点难点信访问题。市县两级老干部部门共办理离退休干部信访214件，协助有关部门解决涉及老干部的信访223件。

三、加强老干部学习活动阵地建设，进一步促进了“文化养老”事业发展

（一）继续加大老干部活动阵地建设力度，开展活动中心达标创优考评和老年大学“示范校”创建工作。对19个困难县老干部活动中心建设的622万元补助资金于年初落实到位，年内10个县（市、区）新建了老干部活动中心，共投入建设资金3570万元。全省又有4个老干部活动中心（室）被评为先进，5个评为达标，4所老年大学被评为示范校。省委老干部局召开了“省直老干部活动阵地建设观摩座谈会”。就理顺老年大学管理体制进行了专题调研。

（二）积极倡导“文化养老”理念，丰富老同志精神文化生活。省委老干部局举办了全省离退休干部“同心共筑中国梦”书画展、省城离退休干部大型文体活动展演和第四届省城老干部合唱节、老年文艺演出等系列活动。市县两级依托老干部活动中心和老年大学，举办各类老干部文体活动3100多场次，参加老同志达35.7万人次。省老年大学迁入新校区后，新增23个教学班，教学班达到53个，共设10个专业，在校学员增加到3075人。各地老年大学继续深化课程内容改革，调整和创新专业设置、积极创建特色专业、学科，打造教学品牌。

四、加强自身建设，进一步增强了老干部部门工作活力

（一）贯彻八项规定，切实转变工作作风。省委老干部局完善有关规章制度，大力倡导节俭风尚和务实作风。召开全省性会议较去年减少20%，下发文件数量较去年下降28%，机关办公经费较去年减少了19%，公务接待费减少53%，全省性会议和大型活动的经费开支减少54%。取消了全省利用社区资源服务离退休干部示范点挂牌命名。认真开展了“吃喝之风”、违规用车和清退会员卡等专项整治。2013年底被评为省直机关首批廉政文化示范单位。

（二）深入开展群众路线教育实践活动。省委老干部局围绕为民务实清廉主题，以“与老干部心连心、同心共筑中国梦”活动为抓手，有序推进教育实践活动各项任务。坚持开门纳谏，向市县和部分省直单位、省级老领导发放征求意见函，设立征求意见箱，召开36次基层工作人员座谈会和老干部座谈会。征求意见建议235条，梳理归并为4类、62条意见和建议，经过多次聚焦，查摆出班子“四风”方面的12个问题。坚持立说立行、即知即改，完成了提高老干部生活待遇、上门巡诊访视省级老同志、机关职工午餐等15项整改任务。

（三）提升干部能力素质，激发工作活力。开展“四带头、四过硬”活动，实施干部能力素质提升工程和年轻干部成长工程。在武汉大学连续举办了两期全省老干部局处长培训班。邀请中组部老干部局领导来做专题业务讲座。举办了局系统年轻干部业务培训班、处级干部学习习近平总书记讲话和三中全会精神专题培训班。开展了第二届“读书月”活动。局领导和机关干部共56人次深入平顺县中五井乡，开展“访、知、解”活动、干部下乡住村和包村增收工作，年内落实扶贫项目10个，争取扶贫资金416万元，加快了当地农民脱贫致富的步伐。开展了“联企帮困送温暖活动”。

（四）加强宣传调研信息和督查工作。召开全省老干部工作部门宣传调研信息工作会议，组建了宣传调研特约撰稿员队伍。年内开展了两次市县老干部工作综合督查调研和针对社区离退休干部工作、离退休干部发挥作用的两次专题督查调研。开展了全省离退休干部服务管理状况问卷调查，发放调查问卷1300份，针对25个问题100余个选项进行了随机抽样调查，撰写并上报了《山西省离退休干部思想状况和服务管理工作问卷调查分析报告》。开展了全省老干部工作部门重点课题调研活动。局领导班子成员深入11个市、43个县（区）和5家企业调研和督查，领题完成了6项业务工作重点调研课题和7项改进工作作风方面的深度调研课题。我省提交的《有效发挥离退休干部在全面建成小康社会中积极作用》调研报告在全国调研课题成果交流会上做发言交流，并被中组部表彰为2013年度组织工作获奖调研成果优秀奖。

（王　宏）

附：省委老干部局局长、副局长名单

省委组织部副部长、老干部局局长：陈跃钢

副局长：郭世卿　郑兰珍　岳卫东（5月任职）

省委省政府信访局工作概况

省委省政府信访局局长 李体柱

2013年是信访工作的转型提升之年。信访局认真贯彻落实中央对信访工作的一系列改革举措，按照省委省政府、省信访联席会议的决策部署，牢牢把握“突出规范化、回归法治化”这个总方向，紧紧围绕“建立完善一整套科学管用的体制机制”这个总目标，积极探索新形势下用群众工作理念抓信访工作的具体方法，推动全省信访工作在创新中发展、在规范中提升、在压力下奋进，圆满完成各项目标任务。保持了全省信访形势持续向好、平稳可控的态势。特别是全国“两会”和十八届三中全会期间经受住了考验，发挥了“首都护城河”作用，受到中央联席办、国家信访局和军委办公厅、总政办公厅，以及中央巡视组、中央督导组的表扬。我省创新群众工作方法、解决信访突出问题的做法，受到中央政法委孟建柱书记的充分肯定，批示总结经验，在全国推广。中央联席会议第23、39、40期简报刊发了我省经验做法。《人民信访》刊登我省经验文章15篇。

一、以“省委常委、副省长定期直接接待群众来访”为引领，深入推进领导干部接访、下访，使大量矛盾和问题在市县层面得到解决

党的群众路线教育实践活动开展以来，信访局把教育实践活动作为提升信访工作水平的重大契机，及时向省委提出了把领导干部抓信访工作情况纳入教育实践活动的建议，并积极推动建立了“省委常委、副省长定期直接接待群众来访制度”。在袁纯清书记、李小鹏省长的示范带动下，掀起了几十名省级领导、几百名市级领导、几千名县级领导接访、下访、化解难题热潮。形成了信访工作从源头做、全过程做、靠大家做的格局和各部门协调配合的强大合力。把大量信访群众吸附在了基层、大量信访问题解决在了属地。

二、以“钉钉子”精神为法宝，深入推进疑难信访问题攻坚，最大限度减少了信访存量、控制了信访增量

2013年通过党的群众路线教育实践活动、书记点评会、百日双千案攻坚战、省政府前半年信访通报会、疑难信访问题再攻坚等方式，交办化解了3450件疑难信访事项。各市县也从实际出发，排查化解了一大批信访案件。长治市在办好省交办的96个案件基础上，又自加压力排查出900多个案件，开展了“万人化千案”活动，推行“十人包一案”做法。忻州市引入第三方力量，参与疑难案件化解。壶关、长治等县完善了公开听证会制度，发挥“依法治理”的权威作用，促使信访人息访。安泽、左权等县发挥乡村两级调解组织作用，随时随地处置各类矛盾纠纷。同时，健全了常态化督导机制，成立了由省信访局领导班子成员和挂职厅级督查专员带队的包市督导组，对11个市进行定点对接、包市督导、带案督办。连续不断的交办督促，推动了疑难信访问题解决，特别是“百日双千案攻坚战活动”成效十分明显，办结率达99%，息诉息访率达93%。全省信访存量明显减少，今年新发生的信访问题98%以上得到了有效处理、妥善化解。

三、以“四项规范、四项追究”为着力点，深入推进信访秩序规范，有效维护了群众的合法权益

严格依照《信访条例》，对信访工作行为、信访人的信访行为、解决信访问题的责任者和信访事项制造者行为进行全面规范。一是召开了全省规范化建设运城现场会，学习交流先进经验，全面启动规范化建设工作。二是圆满完成了集中劝返和化解进京非访“专项行动”任务，在中央联席办召开的“专项行动”总结会上作了交流发言。三是开展省委、省政府“门前好起来”专项治理，理顺了思路，出台了处置预案，完善了处置机制，省委、省政府门前及周边信访秩序明显好转。四是全面放开网上投诉受理，进一步畅通信访渠道，减少群众“访累”。五是探索完善考核通报制度，制订了市级信访工作、部分省直部门企业和信访工作重点县等3个考核办法，改变简单以信访数量考核和过度考核的做法。六是出台了《督查工作规则》，完善限期办结制度，实行挂牌督办、带案督导。七是完善了来访接待工作规则和信访事项三级终结制度，确保群众苦有诉处、话有人听、事有人办。八是推动健全社会稳定风险评估机制，把充分听取信访部门的意见作为“前置程序”。九是学习贯彻国家信访局《关于机关干部纪律作风约法三章》，对信访工作中的“拦卡堵截”等问题，严厉查处，追究责任。十是落实《山西省党员领导干部信访工作责任追究暂行办法》，严格追究信访矛盾制造者的责任，增强了各级干部抓信访工作的责任感。

四、以“信访系统大调研”为契机，深入推进改革创新，探索完善用群众工作理念抓信访工作的新办法新机制

在大调研活动中形成调研文章41篇，提炼出了一批务实管用的实践成果，并以制度形式固化下来。一是健全了信访问题“联包联调”机制。完善县、乡、村三级信访工作网络，发动群

众排查矛盾隐患,随时随地处置各类矛盾纠纷,预防和推动解决问题能力明显提升。二是健全了"双交办、双包案"机制。对"三跨三分离"事项,同时交由属地责任单位主要领导和问题所属省直单位主要领导包案,从条块两个渠道共同推动问题化解。"百日双千案攻坚战"活动中,共"双交双包"疑难信访事项102件,化解率达到了100%。三是健全了"开门办信访"机制。借助第三方力量参与信访工作,变一元调处为多元调处,用柔性调处补充刚性调处,注重运用道德、习俗、伦理的力量调节关系,引入人大代表、政协委员、专家学者、法律工作者和居住地群众等力量化解纠纷。推广"十人包一案"的做法,用更加灵活的调解方式,促进了难题的解决。四是健全了信访老户教育转化机制。把解决实际问题与解决思想问题结合起来,省财政投入700万元,带动各市加大对疑难事项化解的资金投入,通过项目上筛选、手续上帮办、资金上帮助,救助帮扶120余名信访老户解决了生活困难、实现了创业致富,树立了自尊自信、理性平和的心态,自觉维护社会稳定。五是健全了正面宣传和舆论引导机制。与山西电视台合作开办了直击信访现场的纪实类节目《民生大接访》,播出90多期,让群众了解了信访部门的职能和作用,了解了依法信访的办法和渠道,促进公众正确认识、有序参与合法信访,在全社会形成了大力支持信访工作、共同做好群众工作的良好氛围。

五、以开展党的群众路线教育实践活动为抓手,深入推进党风廉政建设,树立了信访干部可亲可敬、信访部门可信可靠的良好形象

年初在全省信访系统开展了"走群众路线、解百姓忧难、树信访新风"为主题的活动,作为信访工作对接党的群众路线教育实践活动的结合点和切入点。局领导班子带头深入基层调研走访,省委副秘书长、省信访局长李体柱走访了6个市13个县区20多个乡镇(街办)30多个村,其他班子成员深入市、县、乡、村平均在50次以上。同时,培树了6个市级、14个县级"用群众工作统揽信访工作创新项目"的典型。教育实践活动开展以来,信访局把教育实践活动作为加强党风廉政建设与提升信访工作水平的双重机遇,一手抓思想政治建设、业务能力建设和纪律作风建设,一手抓创新群众工作方法、解决信访突出问题,实现了教育实践活动与信访业务工作"两手抓、两促进"。通过活动进一步改进了信访系统干部作风,强化了基层基础建设工作,市县信访接待大厅覆盖率达到了90%,基层信访服务体系逐步健全,初信初访办理率达到100%,重信重访控制在了20%以内。活动中,还举办了"全省信访系统党的群众路线教育暨业务能力提升培训班",选拔了18名县级信访局长担任副处长级督查专员,进一步提升了信访部门做好群众工作的职能作用。中央督导组到信访局突击检查指导教育实践活动,对信访局"反四风"、转作风、树新风的成效给予充分肯定。信访局教育实践活动在第一批153个单位中成效突出,省委活动办第27期简报刊发了信访局经验做法,12月9日信访局作为2个典型之一在省委教育实践活动整改座谈会上做了交流发言。

2014年是全面贯彻落实党的十八届三中全会精神的开局之年,也是信访制度和信访工作的改革创新之年。初步的思路是:认真贯彻党的十八届三中全会精神和习近平总书记对"枫桥经验"指示精神,坚持"两个理念",实施"五个创新",推进"四项规范",实现"三个确保"。

——坚持"两个理念":一是群众工作的理念:注重运用群众工作的理念和方法推进信访工作,让信访群众在每一个信访事项的办理中都能感受到党和政府的温暖,让群众的信任之访成为满意之访。

二是依法办访的理念:法治是破解信访难题的根本出路,《信访条例》是信访工作的主要法律依据。必须把《信访条例》贯彻落实到信访工作各个环节。

——实施"五个创新"一是创新"阳光信访"机制。加强对全国信访信息系统的应用管理,建立健全便捷高效、公开透明、便于监督的网上信访运行机制。完善民生热线、视频接访、绿色邮政、信访代理等做法,更加重视群众来信尤其是初次来信的办理,在市、县两级全部实行联合接访,做到"件件有回音、事事有着落"。二是创新"责任压实"机制。压实领导责任,坚持"书记面对面点评信访工作"、"省委常委、副省长定期直接接待群众来访"等制度,市县两级在教育实践活动中要完善领导干部包联信访事项制度,不断加大领导干部接访、下访的力度和密度,督促"一把手"担当信访工作责任制;压实职能部门责任,发挥好信访联席会议作用,探索建立群众工作部,督促各职能部门承担起预防和解决信访问题的主体责任;压实基层属地责任,实行责任倒查,各级对本地的信访疑难问题,应主动上手,多做矛盾的"终点站",不做"中转站",坚决纠正上交矛盾的现象。三是创新"事要解决"机制。落实"一案十人"、"第三方参与"、"双交双包"、"听证息访"等措施,形成攻坚克难的强大合力。对新产生的信访事项,化解率必须达到100%。做到"旧账还清、不欠新账"。四是创新"督查督办"机制。严格落实新修订的《山西信访工作督查规则》,对信访事项进行强有力的督察督办,力求调动各职能部门的积极性,形成解决信访问题的合力。对社会关注度高的重大疑难信访问题,要列入党委政府督查机构的工作范围。五是创新"科学考核"机制。严格按照这次修订的考核办法进行考核,把主要精力引导到加强基层基础、抓好源头预防上,引导到有效化解矛盾纠纷上。根据国家信访局《信访事项办理群众满意度评价工作暂行办法》,进行满意度评价。

——推进"四项规范":一是规范信访工作行为:一方面,严格执行《信访条例》规定的程序。根据这次修订的《接待群众来访规则》,在期限内认真登记、受理、办理、复查、复核信访事项,并及时答复信访人。另一方面,严格信访工作人员责任追究。学习贯彻国家信访局《关于机关干部纪律作风约法三章》,

对信访工作中的“销号”、“拦卡堵截”等问题，严厉查处，追究责任。二是规范解决信访问题责任者：一方面完善信访事项限期办结制度，实行挂牌督办、带案督导。另一方面，根据《信访条例》第38条，对在信访工作中推诿、敷衍、拖延、弄虚作假造成严重后果的工作人员，向有关行政机关提出给予行政处分的建议。三是规范信访事项制造者：一方面强化源头预防，健全社会稳定风险评估机制，把充分听取信访部门的意见作为“前置程序”和“刚性门槛”。另一方面强化矛盾产生责任倒查，落实《山西省党员领导干部信访工作责任追究暂行办法》，对不作为、乱作为和作风简单粗暴引发信访问题的严肃追究责任。四是规范信访人信访行为：一手抓引导群众依法逐级反映诉求，使群众合理合法的诉求都能在政策和法律的框架内得到切实回应；一手抓信访活动中违法行为的查处，使闹访滋事等违法行为都能得到依法处理。

——“三个确保”：确保不发生因信访问题引发重大群体性事件和极端恶性事件；确保不发生因信访问题引发媒体炒作事件；确保进京非正常上访退出全国排名前十位。

（杨卫兵）

附：省委省政府信访局局长、副局长名单

省委副秘书长、省信访局局长：李体柱

副局长：梁雨润　张福祥（12月离职）　王进军　张建平

2013年8月3日，中共山西省委党史办公室召开党的群众路线教育实践活动动员大会。

省人大常委会党组工作概况

党组书记　袁纯清

2013年是省十二届人大常委会履职第一年。一年来，在省委领导下，常委会党组高举中国特色社会主义伟大旗帜，深入贯彻落实党的十八大和十八届二中、三中全会精神，紧紧围绕省委中心工作和省人大及其常委会总体工作部署，继续推进新时期党的建设伟大工程，为省人大及其常委会依法履职提供了有力保证，为推山西省经济、政治、文化、社会和生态文明建设，作出了新的更大贡献。

一、充分发挥领导核心作用，圆满完成常委会年度工作任务

一年来，党组组织和领导常委会召开常委会会议7次、审议议题87项，制定、修改和废止地方性法规9件，审查批准太原、大同两市地方性法规9件，审查报备规范性文件32件，听取审议省“一府两院”专项工作报告17项，就法律法规实施情况开展执法检查2项，就重大事项作出决议、决定16 项，任免国家机关工作人员188人次,新一届常委会实现良好开局。

一是坚持围绕中心、服务大局，着力推动转型跨越，增强经济发展后劲。着眼发展壮大新兴产业，听取审议信息化建设情况报告，出台信息化促进条例、发展中医药条例。着眼增强宏观调控实效，听取审议计划、预算执行情况报告和审计工作报告、“十二五”规划纲要实施情况中期评估报告，就2013年省本级预算调整方案、“十二五”规划纲要部分指标调整方案作出决议。着眼促进转型升级，听取审议省本级财政资金支持企业转型发展情况报告，听取审议财政科技经费投入使用情况报告并开展专题询问，就财政资金安排企业支出项目绩效、财政专项资金管理使用情况专题调研。着眼推动现代农业发展，听取审议农机工作情况报告，对全省“一村一品”“一县一业”建设实施情况开展工作调研，就气象法律法规实施情况、防洪法和抗旱条例实施情况开展执法调研。

二是坚持以人为本、关注民生，着力促进社会公平正义，增进人民福祉。督促和支持政府全面发展医疗卫生、文化体育、社会保障、就学就业等民生事业，积极推进覆盖城乡、设施完善、均衡均等的公共服务体系建设。开展安全生产法执法检查，听取审议保障饮用水安全工作情况报告，督促政府进一步保障人民群众生命财产安全。就中长期教育改革发展规划纲要实施情况视察，听取审议纲要实施情况报告并进行满意度测评，配合全国人大常委会开展义务教育法执法检查，督促政府进一步办好人民满意的教育。听取审议民族工作情况报告，就清真食品监督管理条例实施情况开展执法调研，督促政府不断改善少数民族群众生产生活条件。制定森林公园条例，继续开展“三晋环保行”活动，督促政府打造良好生态环境。

三是坚持促进和谐、维护稳定，着力推进社会治理改革发展，深化法治山西建设。制定志愿服务条例、国防动员法实施办法，修改高速公路管理条例、道路交通安全法实施办法、人民防空工程建设条例，废止暂住人口治安管理条例。开展省预防职务犯罪工作条例执法检查，听取审议行政复议法实施情况报告、公安机关执法规范化建设工作情况报告。受理人民群众来信来访7409件次、10590人次，推动一批处置不当或久拖不决的案件得到较好解决。

四是坚持完善措施、强化服务，着力保证代表主体地位，充分发挥代表作用。省十二届人大一次会议期间代表提出的8 件议案全部办结，5件议案涉及的5个立法项目列入五年立法规划。代表提出的865件建议所提问题90%得到较好解决。对全体省人大代表进行初任培训，对158名代表、70名代表小组召集人进行专题培训，组织部分省人大代表开展集中视察和专题调研。邀请68名代表列席常委会会议、120余人次参加常委会及相关机构的立法调研和执法检查。首次对41名省人大代表履职情况进行了通报，通过典型示

范激励全体代表更好履职。特别是就加强省人大代表与人民群众联系、组成人员分工联系省人大代表、加强和改进省人大代表工作制定3个意见，就代表密切联系群众、组成人员密切联系代表、常委会及相关机构提升代表工作效能作出明确规范。

二、密切联系人大工作和党员干部思想实际，扎实开展党的群众路线教育实践活动

按照中央、省委统一部署，牢牢把握“照镜子、正衣冠、洗洗澡、治治病”的总要求，按照袁纯清书记“规定动作不走样、自选动作有特色、班子成员作表率”的指示，利用半年多时间，党组和机关深入开展了党的群众路线教育实践活动，达到了预期目标。

一是贯彻群众路线的自觉性进一步增强。党员干部进一步认识到，群众路线是党的生命线和根本工作路线，密切联系群众是我们党的优良传统和政治优势。做好新形势下的人大工作，必须始终坚持和完善人民代表大会制度，切实保障人民管理国家事务和社会事务、管理经济和文化事业的权利；必须把维护和发展最广大人民群众的根本利益作为一切工作的出发点和落脚点，找准依法履职与服务中心的结合点；必须顺应人民群众对人大工作的新期盼新要求，不断创新工作思路和方法，使人大工作更好地体察民情、反映民意、集中民智、化解民忧。

二是制度化建设进一步推进。结合干部群众及各方面提出的意见建议，对常委会及机关各项运行机制和制度作了全面梳理，对涉及常委会履职和机关运行的73项会务、事务、公文档案、内部管理、党建等方面的制度作了修订完善，其中，新制定19项，修改、充实54项，基本形成了涵盖机关管理各个方面，靠制度办文、办会、办事，靠制度管人、管事、管物，靠制度加强工作协调、提高工作效率的更加科学管用的制度体系。

三是中央“八项规定”进一步落实。中央党政机关厉行节约反对浪费条例、党政机关国内公务接待管理规定颁布后，机关迅速成立了领导小组，认真抓好学习贯彻，第一时间制定了贯彻落实的配套细则。机关工会和团委分别发出了“厉行节约、反对浪费”倡议书。特别是坚持勤俭办会，与往年同期相比，机关会议活动减少30多次，常委会会期平均压缩1天以上，会议简报规模压缩40%，省十二届人大一次会议工作人员减少近30%、节约经费127万元；“三公”经费支出较去年同期减少17%、118万元；公务接待、外事出访大幅减少，原计划的6个出访团压缩为3个实际成行1个，公务接待较去年减少85批次、660人次。

四是履职科学化水平进一步提高。针对活动中查找出的立法质量不高、监督实效不强、代表作用发挥不充分等工作中存在的突出问题，在充分调研的基础上研究制定了一系列改进和提高的创新举措。如，地方立法上，出台创新立法工作提高立法质量的意见，形成比较规范的科学立法、民主立法机制；突出创制性立法，全年新制定的5部法规中，3部是根据我省实际先行制定，受到全国人大和有关部委高度评价。监督工作上，加强对“一府两院”人代会报告落实情况的监督，专题询问和专项工作报告满意度测评形成常态，通过运用审计结果、强化跟踪问效和反馈评价、上下人大联动及公开监督等措施，监督深度不断拓展。代表工作上，充分利用现代信息技术手段开展远程视频培训，积极探索代表跨选举单位交叉视察，探索网上交办、网上办理代表建议的模式，探索建立代表述职制度，健全代表履职监督制度，拓展代表对常委会会议和重要活动的参与。加强工作督办，成立了办公厅督查处，进一步加大对各类会议审议意见和议定事项的督查督办力度。修订了机关年度目标责任考核办法，有效发挥了考核对机关工作的推动作用。

五是群众切身利益问题得到进一步解决。通过采取切实管用的措施，有效解决了机关食堂增容改造、提高干部职工体检标准、延长机关班车线路、延长空调开放时间、加强家属院物业管理、在机关东侧增设公共自行车租放点等干部职工反映的突出问题。特别是在推进解决历史遗留问题上，班子成员分工负责，出面与有关方面沟通，广泛征求干部职工意见，多次召开协调会进行研究，措施有力，进展顺利，让干部职工感受到了教育实践活动实实在在的成效。

三、大力加强班子和干部队伍建设，为常委会依法履职提供坚实组织保证

党组始终把加强班子和队伍建设摆在重要位置，进一步增强班子和党员领导干部的政治意识、大局观念和领导能力，有力保证了党的路线、方针、政策和省委决策部署在人大工作中的贯彻落实。

一是不断加强理论武装。党组中心组集中学习15次10天，邀请专家学者围绕国家经济形势、国防建设、政府与市场关系等时政热点举办专题讲座6次。安排相关机构和部门组织对2011年以来机关及事业单位24名新进人员进行了集中培训，组织54名机关干部赴浙江大学进行了学习培训，继续抓好“支部书记讲党课”活动，进一步夯实了机关做好新形势下人大工作的思想基础和素质基础。

二是认真贯彻民主集中制。常委会年度工作要点制定，立法、监督等重要任务部署，机关干部任免等重大事项，全部提交领导班子集体研究决定。每位班子成员都对口联系和分管一个或多个机构和部门，各负其责又紧密配合，机关运行顺畅高效，工作推进有序有力。常委会领导班子、秘书长班子和各机构班子共召开各种形式的民主生活会30余次，常委会领导班子成员还分别参加了所在党支部的组织生活会，进一步增强了各级班子的凝聚力、战斗力。

三是始终坚持正确用人导向。党组坚持“信念坚定、为民服务、勤政务实、敢于担当、清正廉洁”的干部选任标准，先后配合省委组织部选拔厅级干部2名，选拔任用正

处级领导职务6名、调研员职务8名、正处级秘书职务2名、副处级领导职务9名，对2名正处级领导干部进行了岗位交流，完成21名处级领导干部任职试用期满考核和6名科级干部考核晋升，为干部队伍注入了生机和活力。

四是深入基层调研形成常态。紧紧围绕常委会会议议题及关系全省改革发展稳定大局、人民群众普遍关注的问题，党组成员带队开展调研40余次。特别是结合群众路线教育实践活动中查找出的突出问题，分别领题，开展“1+6”专题调研，形成一批高质量的调研成果，为提高常委会议事质量，也为省委科学决策、“一府两院”改进工作发挥了积极作用。同时，组织完善了机关调研工作机制，要求各机构每年要围绕常委会工作自选1至3项课题深入基层调研。

五是牢固树立亲民为民作风。深入开展“访民生、知民情、解民事”集中走访活动，领导班子成员先后深入各自“访知解”联系县（市、区）调研33人次，察看农村、社区、企业，帮助基层协调解决问题。持续引深“下乡住村、包村增收”活动，常委会领导班子成员共29人次、机关共142人次深入扶贫包点村，落实扶贫项目26个，争取扶贫资金1300万元，圆满完成“六个一”要求和包扶村年度增收目标。

四、大力夯实党建基础，常委会机关基层党群组织建设继续加强

党的基层组织是党的全部工作和战斗力的基础。切实增强基层党组织的创造力、凝聚力和战斗力，是常委会党组加强机关党的建设的重要内容。一年来，常委会党组进一步加强基层党组织和群团组织建设，主要体现在：

一是基层党组织建设得到增强。按照党章要求，完成了机关党委、纪委及党支部的换届选举，产生了机关新一届基层党组织。新一届机关党委，由常委会秘书长兼任党委书记。新产生的11名党委委员中，9名为各专委、工委主要领导；有7名同志连任，妇女委员由上届的1名增至2名。19名党支部书记中，5名为厅级干部，其他均为部门、处室主要负责人。

二是基层党组织的战斗堡垒作用得到增强。突出体现在党的群众路线教育实践活动中，机关党委组织全体党员开展专题辅导4次、观看专题片6次、实地教育8次，编发学习资料2000余册，开展了网上答题、主题演讲、领导干部讲党课等活动。19个党支部组织开展集中学习83次，498天，实地教育50余次，发放征求意见表1500余份，召开座谈会78个，赴基层实地调研76次，走访农村、社区、党政机关、企事业单位330个，还在活动方式上不断探索创新，为机关教育实践活动的顺利推进发挥了重要作用。

三是群团组织建设得到增强。先后完成了机关党委、纪委、工会、妇委会和各党支部的换届工作，成立了机关团委，进一步健全了组织，壮大了力量。各群团组织组织干部职工参加了省直工委举办的第九套广播操比赛和省直机关干部五项全能比赛，并获个人奖，在广大党员干部中开展了“比学习、比党性、比服务、比创新、比业绩、争先进”活动，举办了庆祝十八届三中全会召开拔河比赛和纪念毛泽东诞辰120周年诗词朗诵会，组织干部职工“送温暖、献爱心”捐款54900元，有效发挥了党群组织积极作用。在大家的共同努力下，常委会机关2013年继续保持了省级文明单位称号。

五、以推进惩防体系建设为重点，不断加强机关反腐倡廉建设

2013年，党组以落实党风廉政建设责任制为基础，持续推进党风廉政建设，为常委会履职提供坚实政治保证和纪律保证。

一是通过制度规范确保党风廉政建设责任制落实。2月，首次召开机关党风廉政建设干部大会，党组与各部门签订了党风廉政建设责任书，明确了领导班子和领导干部责任，对年度党风廉政建设工作和贯彻落实中央“八项规定”和省委“四个实施办法”进行了部署安排，进一步统一了思想认识。10月，党组研究通过了新修订的《机关党风廉政建设责任制实施办法》，形成了坚持党组领导决策、机关党委牵头抓总、部门各负其责、机关纪委组织协调、党员干部共同参与的领导体制和工作机制。

二是通过依法行使监督职权推进惩防体系建设任务落实。常委会机关作为省惩治与预防腐败体系建设牵头单位，一年来，通过听取和审议省“一府两院”专项工作报告，开展预防职务犯罪工作条例和安全生产法执法检查，加强代表议案、建议办理跟踪督办，较好地履行了对“一府两院”的监督职责；加强对预防职务犯罪工作的领导，举办了预防职务犯罪工作专题讲座，制定了机关预防职务犯罪实施办法。对干部选拔任用、信息中心人员招录和机关采购工作实行全过程监督，保证权力正确行使。

三是通过深入开展专项治理狠刹歪风陋习。根据省纪委和省直纪工委的统一部署，先后在机关开展了会员卡专项清退、专项治理“吃喝不正之风”、违规用车专项清退、清退借用人员等活动；向各党支部转发了省纪委监察厅致全省党员干部公开信，明确了中秋、国庆节期间“五不准”要求；制发了严禁公款购买印制寄送贺年卡等物品和严禁元旦春节期间公款购买赠送烟花爆竹等年货节礼的通知，开展了对省人代会和常委会会议落实中央八项规定情况的监督检查，有效预防了问题发生。

四是通过正反两面宣传教育促使廉政意识深入人心。2月，组织各党支部开展了学习新党章和廉政准则活动，发放了廉政准则释义和案例分析读本，使党员干部充分理解廉政准则的精神实质和重要意义。8月，组织机关党员干部观看了专题教育片《严守党的纪律》，特别是认真总结身边的教训，强化了机关干部的纪律观念。9月，组织机关党员干部观看了专题教育片《苏联亡党亡国20年祭》，增强了党员的忧患意识。

（张　健）

附：省人大常委会党组书记、副书记、成员名单

书　记：袁纯清（1月任职）　申联彬（1月离职）

副书记：杜玉林（1月离职）　李政文

牛仁亮（1月任职）　靳善忠（1月离职）

成　员：安焕晓（女）　郭海亮（1月离职）

王雅安（1月离职）　张茂才（1月任职）

田喜荣（1月任职）　李仁和

2013年1月31日省十二届人大一次会议胜利闭幕

省政府党组工作概况

党组书记　李小鹏

2013年，省政府党组认真贯彻落实党的十八大、十八届二中、三中全会和习近平总书记一系列重要讲话精神，深入贯彻落实科学发展观，坚持以改革创新精神推进党的建设，以求真务实作风推动政府各项工作，紧紧围绕省政府的中心工作开展党的建设，经济社会发展和党的建设都取得了新的成绩。

一、认真落实党建工作责任制和党风廉政建设责任制，自身建设不断加强

2013年，省政府党组围绕建设法治政府、服务政府、责任政府、廉洁政府和学习型政府，认真落实党建工作责任制和党风廉政建设责任制，自身建设不断加强，领导和推动科学发展的能力和水平进一步提高。

一是加强理论学习。坚持用党的最新理论武装头脑，党组成员都能够自觉学习中国特色社会主义理论体系，学习中央的大政方针、决策部署和国家法律法规，学习党的十八届二中、三中全会和习近平总书记一系列重要讲话精神，学习经济、政治、文化、社会等各方面知识。坚持理论联系实际，学以致用、用以促学，进一步提高了运用科学理论解决实际问题的能力。

二是坚持依法行政。不断完善重大事项公众参与、专家咨询论证和政府集体决策相结合的制度，促进科学民主决策。严格规范行政执法，强化行政执法监督，加强行政监察和审计监督，进一步提高了政府的公信力和执行力。大力深化行政审批制度改革，共承接国务院下放的行政审批项目33项，取消、下放和调整省级行政审批项目435项，行政效率进一步提高，政府职能加快转变。

三是坚持群众路线。省政府党组成员自觉把保障和改善民生作为出发点和落脚点，组织实施了以为农民新办五件实事为重点的一大批民生工程，深入到各自联系点开展下乡住村活动，促进农民增收。扎实开展党的群众路线教育实践活动，政府作风焕发新气象。按照中央部署和省委安排，严格执行中央八项规定和我省实施办法，坚决反对“四风”，着力解决人民群众反映强烈的突出问题，赢得了人民群众的拥护和支持。

四是改进工作作风。省政府党组成员带头开展调查研究，深入基层和生产一线，掌握实情、解决问题。大力弘扬求真务实、真抓实干的作风，力戒形式主义、官僚主义。出台改进文风会风、压缩“三公”经费等规定，省政府领导带头执行，各类会议、文件大幅度减少，庆典、论坛得到了严格控制。不断加强绩效管理，强化督促考核，有力地确保了各项工作部署都落到实处、收到实效。

五是推进反腐倡廉建设。建立健全惩治和预防腐败体系，认真开展重点领域渎职侵权问题专项整治，严肃查处各类违法违纪案件。加强政风行风建设。省政府党组成员带头执行廉洁从政规定，严格要求自己的家属、子女和身边工作人员，始终保持廉洁自律的本色。大力提倡和忠实践行艰苦奋斗的优良传统，厉行节约，勤俭办事，维护了党和政府清正廉明的良好形象。

二、经济发展取得新成效，转型跨越迈出新步伐

2013年，省政府党组坚持主题主线和稳中求进工作总基调，攻坚克难，开拓创新，全省经济持续健康发展，社会保持和谐稳定，人民生活水平不断提高，各项工作稳中有为、稳中有进，实现了良好开局。

一是经济发展取得新成效。充分发挥政策措施的保障作用，认真落实中央宏观调控政策和各项决策部署，结合省情实际，远近结合、综合施策，制定实施了一系列稳增长政策措施。比如，针对煤炭工业近年来少有的运行困难，

及时出台了促进煤炭经济转变发展方式和持续健康发展的近期、中期、长期共20条措施；国家正式授权我省核准低热值煤发电项目后，及时出台了低热值煤发电项目核准20条措施，明确了“10准入”、“10优先”的核准条件；为推动煤层气产业健康发展，及时出台了加快推进煤层气产业发展的20条意见。这一系列政策措施的出台和实施，对稳定全省经济大局、促进经济持续健康发展发挥了重要作用。统筹掌控“三驾马车”，发挥好投资的关键作用、消费的基础作用，持续加大投资力度，努力扩大社会消费，稳定和拓展外需，大力支持实体经济发展，经济保持平稳较快发展，质量和效益明显提升。2013年全省地区生产总值完成12602亿元、增长8.9%，全社会固定资产投资11200亿元、增长22.1%，社会消费品零售总额4988亿元、增长14%，公共财政预算收入1700亿元、增长12.1%，城镇居民人均可支配收入22456元、增长10%，农民人均纯收入7154元、增长12.5%，经济在克服困难中实现平稳健康发展。

二是转型发展迈出新步伐。大力改造提升传统产业，全省煤炭产量达到9.6亿吨、外运量达到6.2亿吨，焦化行业兼并重组基本完成，户均产能由70万吨提高到200万吨。加快培育壮大新兴产业，先进装备制造业、现代煤化工、新型材料工业、特色食品工业等发展势头强劲，装备制造业跃升为工业第三大支柱行业，占工业增加值比重达到8.3%。工业投资中非传统产业占比达到54.3%，首次超过传统产业。旅游总收入达到2305亿元、增长27.2%，服务业占地区生产总值的比重达到40%。积极推进节能减排和生态建设，大力推进以细颗粒物为重点的大气污染防治，主要污染物减排任务全部完成。强化科技和人才支撑，科技创新城筹建工作正式启动，“千人百县”服务基层活动取得新成效。

三是农业农村面貌发生新变化。不断加大强农惠农富农力度，在认真落实国家各项补贴政策的基础上，又新实施10项强农惠农富农政策，资金总规模达到60亿元。粮食总产量达到131.3亿公斤，连续4年创历史新高。实施七大产业振兴和翻番工程，设施蔬菜、水果、中药材等特色产业蓬勃发展，农产品加工龙头企业销售收入突破千亿元。启动百企千村产业扶贫开发工程，扎实推进连片特困地区扶贫攻坚，又有47万贫困人口实现脱贫。农民人均纯收入连续6年保持两位数增长、增速连续3年高于城镇居民，贫困地区农民收入增速连续3年高于全省农民。为农民兄弟新办“五件实事”，改造农村困难家庭危房10万户，易地搬迁特困群众11万人，改扩建村级幼儿园546所，为农村配备保洁人员7.2万名、垃圾清运车3.6万台，为1.8万个村安装太阳能路灯36.8万盏，行政村街道亮化任务全面完成。

四是人民生活水平有了新提高。把财政支出总量和增量的八成以上用于民生及相关事业。全年新建、改扩建标准化公办幼儿园216所，进城务工人员随迁子女实现在就读地参加中考，9所高校近7万名师生入住高校新校区。县级公立医院改革试点扩大到83个县，试点医院实行药品“零差率”销售。实施“百县强基”、“万村千乡”等文化惠民工程，省图书馆、科技馆正式投用。全年城镇新增就业51.5万人，转移农村劳动力37万人。城镇职工基本养老、医疗、失业、工伤、生育5项保险实现制度全覆盖。全年新开工城镇保障性住房24.2万套、基本建成22.1万套，完成农村住房抗震改建1万户、受灾群众住房改建1.86万户。

五是安全生产工作取得新成绩。坚持把安全生产作为最大的民生工程，始终坚持决不能过高估计安全生产形势、决不能过高估计干部群众对安全生产重要性的认识、决不能过高估计各级政府和企业安全生产的能力和水平，敬畏生命、敬畏责任、敬畏制度，坚决落实政府监管责任，坚决落实企业安全生产主体责任，加强对安全生产的领导，明确16个行业领域的安全监管责任；深入开展安全生产大检查和“回头看”活动，对重点领域的6.2万户企业进行拉网式排查，关闭非法违法企业1238家。全省生产经营性事故起数和死亡人数分别下降7.3%、9.1%，煤炭百万吨死亡率0.077、下降15.4%，安全生产形势持续明显好转，为全省经济社会发展奠定了坚实基础。

六是转型综改区建设实现新突破。坚持以转型综改区建设为统领，制定实施“十二五”后三年实施方案和2013年行动计划，转型综改区建设进入实质性推进阶段。积极争取国家赋权三项重大改革，获准授权低热值煤发电项目核准权，煤炭和煤层气矿业权审批改革试点稳步推进，动力煤期货交易试点前期工作进展顺利。构建和谐煤电关系成效明显，同煤集团成功重组漳泽电力，晋能公司成立运营，全省34户省调主力火电企业有26户实现煤电联营，省内七大煤炭企业分别与有关发电企业签署中长期电煤购销协议。现代煤炭交易体系初步形成，煤炭销售全部实现网上交易，成功发布太原煤炭交易价格指数。同时，土地管理体制改革深入推进，金融创新步伐加快，财税体制改革、“飞地经济”发展等积极推进。转型综改试验区建设取得了实实在在的成效，为经济社会发展注入了强大的动力和活力。

(柏亚华)

附：省政府党组书记、副书记、成员名单

书　记：李小鹏

副书记：高建民（1月任职）

成　员：牛仁亮（1月离职）　杜善学（1月任职）
张　平（1月离职）　张建欣（女）
任润厚　郭迎光　王一新（1月任职）
陈永奇（2月离职）　廉毅敏（2月任职）
刘　杰

省政协党组工作概况

党组书记　薛延忠

2013 年，省政协机关在省政协组织和主席班子领导下，围绕中心，服务大局，重点做了以下三项工作。

一、关于领导班子和干部队伍的建设情况

（一）明确工作任务、细化落实责任，进一步增强了秘书长班子和干部队伍的责任意识。

省政协十一届一次全会明确提出了“五个着力”，全面推进新一届政协工作的总体要求。省政协十一届一次常委会议审议通过了《2013 年常委会工作要点》。省政协第二次主席会议讨论通过了《主要工作责任制》。秘书长班子协助制定了《主要工作活动一览表》，把目标任务及时分解到部门、具体到项目、落实到岗位、量化到个人，形成一级抓一级、层层有任务、人人有压力、事事有着落的工作格局。

（二）加强理论学习、坚定理想信念，进一步提升了秘书长班子和干部队伍的政治意识。

一是按照中央和省委的统一部署，集中开展了以为民务实清廉为主要内容的党的群众路线教育实践活动。活动期间，在个人自学的基础上，秘书长班子共集中 6 天时间进行 8 次封闭式学习，各党支部共进行了 48 次集中学习交流；共召开座谈会 45 次，征求意见 517 人次，征集到意见和建议 238 条；查找出秘书长班子“四风”方面的突出问题有 13 条，召开了高质量的民主生活会，针对性地制定了《整改方案》；立说立行，对 9 个方面的问题进行了整改。整个学习教育实践活动，扎实深入，富有成效。二是认真开展了以学习贯彻党的十八大、全国“两会”和十八届三中全会精神为主题的学习活动。组织收看了省宣讲团十八大精神报告会，邀请全国政协卞晋平对新一届省政协委员进行十八大精神专题辅导，举办了全省县（市、区）政协主席十八大精神专题培训班，组织机关干部深入学习十八届三中全会《中共中央关于全面深化改革若干重大问题的决定》、《中国共产党十八届三中全会公报》。三是结合政协实际，举办了三个培训班、四次专题辅导。在省政协机关举办了机关干部学习十八大精神培训班，在省委党校举办了新一届政协委员首期培训班，在武汉大学举办了机关干部综合能力提升培训班；邀请省政府发展研究中心主任李劲民、省委党校副校长高健生、省社科院副院长贾桂梓分别作了“围绕中心工作，搞好调查研究”、“中国共产党章程”、“十八届三中全会精神”和“简政放权与扩权强县”专题辅导。四是组织开展了“干部上讲坛、群众作点评”学习交流活动，有 27 名处级干部公开述职，有 17 名干部进行了“我的中国 我的梦”现场讲述，有 6 名厅处级干部进行大会学习交流。

（三）贯彻落实八项规定、切实转变工作作风，进一步坚定了秘书长班子和干部队伍的宗旨意识。

一是认真学习贯彻中央“八项规定”和省委“四个实施办法”。今年全会期间，带头倡导“四个减少”、做到“八个没有”，受到社会各界的好评。一年来，省政协会议数量精简 12%、费用节约 27%，简报精简 38.6%，公务接待批次减少 45.8%、费用节约 35%，公务用车费用节约 20%。二是建立转变工作作风的长效机制。制定出台了《关于改进工作作风的实施办法》，修订完成了省政协机关《年度考核办法》等 8 项制度，新订出台机关《来宾接待实施办法》等 13 项制度。三是深入开展了以反对“四风”为主要内容的“六不、六好、六节约”活动。及时挖掘活动典型，总结活动经验，配发了六篇评论、三个综述，不断引深活动开展。四是妥善解决了干部职工关注的改善机关办公环境、提高财务审批时效，以及房产证更换、宿舍区改造、子女就近入学等问题。

根据干部选拔任用的有关规定，在调整干部中以发展论优劣、凭实绩用干部、靠德才定位子。今年，协助党组共调整处级干部 17 名，其中，提拔正处实职 6 名。

二、关于党建及党风廉政建设的情况

一是全面加强党的组织建设。根据机关党员变化情况，及时调整和充实了党支部，成立了离退休干部党总支；及时调整和充实了机关党风廉政建设领导组。二是加强党的思想建设。认真执行民主集中制和“三会一课”制度，严格党内组织生活；先后赴交城、平顺开展现场教育。三是加强党的廉政建设。研究制定了省政协机关《2013—2017惩治和预防腐败体系实施方案》，严格执行省政协机关《2013年党风廉政建设责任制》；组织观看了《巴尔斯御史》、《苏联亡党亡国20年祭》等警示教育片，收看了张为民等先进事迹报告会，参加了全省“六五”普法知识考试。四是积极开展精神文明创建活动。举办了“迎七一革命歌曲演唱会”，开展了“读书月”、“送温暖、献爱心”捐助等活动。五是集中开展专项治理活动。按照省委统一部署，集中开展了以整治文山会海、吃喝风等为主要内容的专项治理活动，确保了政协机关干部风气清新、政治清明。

三、关于重点工作任务落实和效能建设的情况

2013年，以抓铁有痕、踏石留印的精神，狠抓工作落实，一些重点工作取得新的进展。

（一）发挥人才荟萃、智力密集的优势，在建言献策方面取得了新进展。

一是按照省委的统一部署，积极协助完成了省政协十一届一次全会的筹备、选举、会务等各项工作，确保了换届工作顺利圆满、风清气正。二是协助召开了三次专题常委会议，向省委、省政府报送了《关于进一步破解难题，加快非公有制经济发展的建议》、《关于大力推进转型综改试验区建设的建议案》和《关于引导社会资本投资特色现代农业的建议》，受到了省委、省政府的重视和采纳。三是召开了“改进工作作风、密切联系群众”和“健全社会保障体系”两次专题议政会，袁纯清、金道铭、聂春玉等领导同志对议政会《专题报告》作出重要批示。四是开展了专题调研活动。紧紧围绕我省加快产业结构优化升级、推进“四化”一体发展等战略重点，共组织各种调研活动13次，报送《关于我省国有企业应对经济风险的建议》等20余件。五是开展了视察督查活动。按照省委、省政府“项目推进年”的部署，就重大转型项目推进情况开展专项视察；组织委员，赴省民政厅、煤炭厅等7个单位开展政风行风面对面活动；赴省监察厅、商务厅、质监局开展了专题视察监督；赴省物价局开展了政风行风听证会。六是开展了重点提案督办活动。今年审查立案的799件提案，由省领导领办督办的8类98件重点提案，已全部办理完毕。七是加强对内对外合作交流。先后接待了以卢展工等8位副主席为团长的全国政协专题考察团，接待了39批兄弟省市政协考察团，就生态建设等40多个课题进行合作交流，举办了港澳委员座谈会，积极为我省经济社会发展增智力、出实力、引外力。

（二）践行以人为本、履职为民的宗旨，在增进民生福祉方面展现了新作为。

一年来，始终坚持履职为民理念，积极协助党和政府促进民生改善。一是进一步做好社情民意信息工作。聘请340位全国、省、市、县四级委员为社情民意信息特约委员，在政协门户网站开通了“委员心声”平台，共搜集社情民意信息7000余篇，编印专刊78期，其中，被全国政协办公厅采用27篇、被中央和省委领导批示12篇，中共中央政治局常委、国务院副总理张高丽同志对《建议减轻煤炭企业税费负担》作出了重要批示。二是积极开展“察情建言惠民行”活动。组织各级政协和委员开展送科技、送文化、送医药、送法律到基层18次，惠及全省11个市、17个县（区）、5万多名基层群众；深入开展“助老送光明工程”，对太原市108名退休贫困白内障患者实施了免费救治。三是组织委员深入开展“岗位奉献转型跨越”主题活动。动员和激励委员立足本职岗位，积极投身改革开放和现代化建设。四是扎实推进干部下乡住村、领导干部包村增收活动。今年又为偏关县筹措落实资金700多万元，帮助打井、造地、养羊、栽树，有力地推动了当地产业发展和农民增收。五是积极开展法治山西建设等专题协商，及时反映社会各界的意见和建议，推动“法治山西”和“平安三晋”建设。

（三）增强奋发进取、勇创一流的意识，在提升工作科学化水平方面迈上了新台阶。

按照创建“学习型、服务型、创新型、和谐型”机关的要求，一年来，先后参加了全国政协文史工作会议、政协理论研究会议，认真学习和借鉴各地政协工作的有益经验；组织召开了党派工商联秘书长座谈会、省市政协秘书长工作会、政协系统信息培训会，形成了一批指导性强、创新性强的理论成果和实践共识；协助省委完成了《中共山西省委政治协商规程》的起草任务，建立健全机关20多项规章制度，确保了政协工作有章法、行为有准则。在工作中，下大工夫抓落实、抓服务、抓队伍。

第一、注重抓落实，全面提高政协工作的执行力。一是立说立行抓落实。中央《八项规定》下发后，首先从政协全会抓起，做到了“四个减少”、“八个没有”，受到了社会各界的好评。二是专项整治抓落实。群众路线教育实践活动期间，针对性地开展了以反对“四风”为主要内容的“六不、六好、六节约”专项整治活动；根据省委的统一部署，集中开展了整治文山会海、吃喝风等专项活动，取得了很好成效。三是动真碰硬抓落实。抓住不落实的事、追究不落实的人，形成了以发展论优劣、凭实绩用干部、靠德才定位子的良好导向。

第二、注重抓服务，全面提高政协工作的影响力。一年来，紧紧围绕省委的工作重心，围绕山西发展的难点、热点问题，围绕委员和基层政协所盼的事、干部和职工所需的事，把搞好服务作为一种责任、一种追求，团结和依靠大家，千方百计搞服务、齐心协力搞服务，为今年各项工作的圆满完成做出了积极的贡献。

第三、注重抓队伍，全面提高政协干部的战斗力。这方面的工作主要是：拓展视野抓队伍。根据党组加强机关干部队伍建设的总体要求，第一次提出了“上挂下派、外引内培”的

干部队伍建设创新思路，已推荐一名科级干部到全国政协学习锻炼，推荐一名处级干部到基层挂职锻炼；已制定方案，计划通过公开遴选的方式，从基层选拔优秀人才，充实政协机关干部队伍。提升素质抓队伍。第一次大规模组织机关干部开展省外选学活动，今年5月组织50多名机关干部赴武汉大学进行学习培训。搭建舞台抓队伍。第一次集中组织开展了“干部上讲坛、群众作点评”的学习交流活动，搭建起了干部展示才华的舞台。知心暖心抓队伍。秘书长班子成员多层次、全方位地开展了同干部职工的谈心谈话活动，切实解决了一些干部职工关注的房子、孩子、车子等实际问题。

一年来，机关各项工作取得了一定成绩，受到了省政协党组的充分肯定，机关再次获得省直文明单位标兵称号，年度目标责任制考核连续获得优秀称号，省政协社情民意工作再度名列前茅。今后，政协将以习近平总书记的一系列重要讲话精神为指导，进一步改革创新，在改进作风、求真务实上下功夫，为开创政协工作新局面，更好服务全省转型跨越发展、全面建成小康社会增强正能量、作出新贡献。

（王丽梅）

附：省政协党组书记、副书记、成员名单

书　记：薛延忠

副书记：郭良孝（1月离职）　李雁红（1月任职）

成　员：令政策　李潭生（1月离职）
张茂才（1月离职）　朱先奇（1月任职）
李悦娥（1月任职）　阎根生

1月30日下午，山西省第十二届人民代表大会第一次会议圆满完成各项议程后在太原胜利闭幕。

省纪委（监察厅）工作概况

省纪委书记　李兆前

2013年是贯彻落实党的十八大精神的开局之年。党中央把党风廉政建设和反腐败斗争提到新高度，作出重要部署。省委坚决贯彻中央要求，结合山西实际，对党风廉政建设和反腐败工作提出了一系列新要求、新思路、新举措，做出全面安排部署。省委常委会多次听取党风廉政建设和反腐败工作汇报，研究部署有关工作，审议通过我省《建立健全惩治和预防腐败体系2013—2017年实施办法》和省纪委常委会的工作报告。省委书记袁纯清同志，省委副书记、省长李小鹏同志作出一系列重要指示，强调党要管党、从严治党，严明党的纪律，特别是政治纪律，坚定不移改进作风，坚决惩治腐败。

2013年，在中央纪委和省委的坚强领导下，全省各级纪检监察机关认真学习贯彻党的十八大和十八届二中、三中全会精神。特别是习近平总书记系列讲话精神，坚持以中央新的要求统一思想、指导实践；坚决贯彻中央纪委二次全会和全省党风廉政建设干部大会的部署，认真履行党章和行政监察法赋予的职责，聚焦党风廉政建设和反腐败斗争，积极转职能、转方式、转作风，调整工作布局，攥紧查办案件和执纪监督“两只拳头”，坚持“老虎”、“苍蝇”一起打，加大对党员领导干部违反党纪政纪、涉嫌违法行为的审查和处置力度，始终保持惩治腐败的高压态势，保证党风廉政建设和反腐败工作取得新进展、新成效。

一年来的工作表明，党风廉政建设和反腐败斗争必须在党中央、中央纪委和省委的坚强领导下，紧紧依靠各级党组织和广大人民群众，形成全党、全社会一起抓的强大合力。无论是干部作风，还是腐败问题，都必须抓重点、抓具体，从看得见摸得着、群众反映强烈的具体问题入手，以改革创新精神和抓铁有痕、踏石留印的作风，善始善终、善做善成；必须准确把握纪检监察机关职责定位，聚焦主业，突出案件查处，坚决遏制腐败蔓延势头，为治本赢得时间。

一、严明党的纪律特别是政治纪律，维护团结统一、政令畅通的良好局面

全省各级纪委坚持把维护党的纪律放在首位，加强对党的各项纪律的执纪检查，坚决维护中央和省委权威。加强党的纪律特别是政治纪律教育，强化党员组织意识和纪律观念。严肃查处违反政治纪律的行为，推动各级党组织和广大党员干部严格遵守党章和党内其他法规，坚定不移地执行好习近平总书记提出的“三个决不允许”、“五个不允许”的政治要求，在思想上政治上行动上同党中央保持高度一致。加强对选人、用人的监督，严肃查处了一批违反组织人事纪律的案件；加强对中央和省委、省政府重大决策部署贯彻落实情况的监督检查，坚决纠正有令不行、有禁不止、阳奉阴违等行为，保障了政令畅通。

二、狠抓中央八项规定精神和省委“四个实施办法”落实，干部作风明显改进

全省各级纪检监察机关把落实中央八项规定精神和省委“四个实施办法”作为改进作风的重要措施，针对群众反映强烈的各种作风“顽疾”，强化监督、铁面执纪、严肃问责，对违反规定的踩“红线”、闯“雷区”行为“零容忍”，发现一起、查处一起，及时通报曝光，层层传导压力，着力形成震慑。全省共查处违反中央八项规定精神和省委“四个实施办法”问题1115个，处理违规违纪人员1263人。

认真履行“协助党委抓党风”的职责，按照省委部署，结合党的群众路线教育实践活动，扎实开展“四风”问题专项治理。全省纪检监察系统率先开展清退会员卡工作，并将清卡活动延伸到全省机关团体及事业单位，实现了全覆盖。采用明察暗访、调阅账目、实地走访、听取汇报等

多种方式，重点查纠公款吃喝、私客公待、机关干部相互宴请等“吃喝不正之风”。会同有关部门开展清理违规用车、停建楼堂馆所和清理办公用房工作，1368个单位、2244人纠正了违规用车，清退违规车辆3160辆；全省290个在建楼堂馆所项目全部停工，清退超标办公用房64.8万平方米。抓住中秋、国庆、元旦等重要时间节点，狠刹公款送节礼、公款旅游、铺张浪费等不正之风。通过纠建并举，“吃喝不正之风”明显消退、公车私用现象大幅减少、奢侈浪费等不正之风得到有效遏制、干部作风明显改进。

三、坚决查处大要案件和发生在群众身边的腐败问题，形成强大震慑

全省各级纪检监察机关认真贯彻党要管党、从严治党方针，把惩治腐败放在突出位置，坚持有腐必惩、有贪必肃，始终保持了惩治腐败的高压态势。坚持“老虎”、“苍蝇”一起打，既坚决查处领导干部违纪违法案件，又切实解决发生在群众身边的不正之风和腐败问题。全年立查县处级以上干部案件316件，处理地厅级干部26人、县处级干部336人。查办发生在农村、国土资源、司法、教育、医疗等方面损害群众切身利益的案件7000余起，处分7000余人。2013年，全省各级纪检监察机关共初核问题线索9922件，立案10890件，结案10879件，给予党纪政纪处分11879人。

积极改进办案思路和方式。加强案件线索管理，对各种渠道反映的干部问题线索认真核查，对反映失实的予以澄清，对发现的一般性问题及时提醒警示，抓早抓小，建立健全早发现、早处置机制。2013年，共函询1239人，谈话1200人次。完善省、市、县三级反腐败组织协调机构，指导重大案件查办，会商解决疑难问题，协调办案力量和资源。探索优质高效协同的办案模式，省纪委监察厅建立了与法院、检察、公安、审计等相关部门信息沟通、线索共享、手段互补、案件移送等协作机制，提高办案质量和效率。强化派驻机构联组办案职能，派驻机构的办案积极性和办案能力大幅度提升，排查案件线索和查办案件数量分别是联组成立前的5.6倍和7.2倍。加强案件监督管理和审理工作，办案程序进一步规范，依纪依法、安全文明办案得到进一步加强。充分发挥查办案件治本功能，认真落实“一案两报告”制度，深入剖析典型案件形成的主客观因素及行业领域利益冲突规律性问题，提出治本对策和建议，建章立制、堵塞漏洞，加强警示教育。

四、强化监督手段，监督实效进一步增强

加强和改进巡视工作，强化巡视监督。按照中央和省委要求，紧紧围绕党风廉政建设和反腐败斗争，把发现问题、形成震慑作为主要任务。着力强化对领导班子及其成员特别是主要负责人的监督，着力发现在党风廉政建设、反腐败工作、落实中央八项规定精神、执行政治纪律、选人用人等方面存在的突出问题。牢固树立对重大问题应该发现而没有发现就是失职、发现问题没有如实报告就是渎职的观念，落实监督责任。完成了2批对11个单位的巡视，正在开展对6个市24个县（区、市）的巡视，发现问题和案件线索230条。对巡视中发现的案件线索全部安排进行了核查，对其他问题督促相关部门和单位进行整改，提高了巡视效率和水平。

认真落实《中央惩治和预防腐败体系2013—2017年工作规划》，起草我省《实施办法》，扎实推进惩治和预防腐败体系建设。加强廉洁从政教育，扎实开展示范教育、警示教育和岗位廉政教育，开展丰富多彩的廉政文化创建活动，制定出台了一系列制度和措施，加强对权力运行的制约与监督。充分发挥科技在防治腐败中的积极作用，深入推进惩防体系信息网建设，“一网六平台”正式联通试运行。深化派驻机构联组管理，指导推进临汾、阳泉、晋中、吕梁联组管理试点。联组与派驻机构优势互补、相互促进的工作机制进一步强化，对驻在部门的监督进一步加强。严格落实党风廉政建设责任制，对11个市、92个省直单位进行了党风廉政建设责任制专项检查考核。

五、加强基层党风廉政建设，损害群众利益的不正之风得到有效治理

坚持教育、制度、监督、惩治多管齐下，不断深化农村、城市社区、国有企业、高等学校和公用事业单位党风廉政建设。强化阳光农廉网功能，积极推行惠农补贴资金国库集中支付，全面建立村务监督委员会，促进农村基层干部廉洁履职；加强对国有企业“三重一大”决策制度执行情况及企业领导人员、关键岗位管理人员的监督，加强对工程建设、物资采购、招标投标和资金管理使用等重点环节存在问题的专项治理，严肃查处违纪违法案件；山西企廉网建设取得积极进展。推进高等学校和科研院所党风廉政建设，认真解决高校园区建设、招生录取、基本建设、物资采购、学术诚信、科研经费等方面的突出问题。推进公用事业单位、城市社区党风廉政建设。探索非公有制经济组织和新社会组织反腐倡廉建设。

认真解决损害群众利益的突出问题。深入调查安全生产事故及背后的腐败问题，加大责任追究力度。严肃查处食品药品、生态环境、教育卫生领域不正之风及乱收费、乱罚款、乱摊派等损害群众利益的案件，切实维护群众合法权益；及时受理和处理效能投诉。民主评议政风行风工作进一步加强。委厅领导班子带头，全省纪检监察机关开展了以查处案件、反对“四风”为主要内容的“带案下访解民忧”专项工作，集中解决1138件涉纪信访突出问题和涉及“四风”的案件或事项，已办结1060件，查实983件，处分党员干部1575人，移送司法机关98人。

六、扎实开展党的群众路线教育实践活动，纪检监察机关自身建设进一步加强

省纪委监察厅机关深入开展党的群众路线教育实践活动，切实纠正“四风”。厅领导班子查找出13个突出问题，

制定了16项整改措施，细化为59项具体整改任务、21项专项整治任务、29项制度建设任务。认真落实中央八项规定精神、《党政机关厉行节约反对浪费条例》和省委“四个实施办法”，大力精简会议和文件简报，厉行勤俭节约，以实际行动正文风、改会风、转作风、树新风。

着力加强纪检监察机关自身建设。省纪委常委会严格执行民主集中制，认真落实《省纪委常委会议事规则》，发扬党内民主，完善决策机制。整合优化内设机构，进一步加强办案力量。落实“打铁还需自身硬”、“信任不能代替监督”的要求，对纪检监察干部严格要求、严格教育、严格管理、严格监督。启动开展“净化队伍”行动，对纪检监察干部的违纪行为上提一级查处，立查案件114件，处理128人。选优、配强各级纪检监察领导班子，完善派驻机构干部交流选任平台。组织培训纪检监察干部30期、3318人，提高了纪检监察干部政治素质和业务能力。

（牛彦方）

附：一、省纪律检查委员会书记、副书记、常委名单

省委常委、省纪委书记：李兆前

副书记：杨森林（常务副书记）　冯改朵　贾毓杰
辛旭光（7月任职）

常　委：荀志坚　张秀萍（女，7月离职）　康建成
孟　萧　因新中（7月离职）
李吉山（7月任职）　孙兴武
郝　权（7月任职）

二、省监察厅厅长、副厅长名单

厅　长：冯改朵

副厅长：刘蓉华（女）　因新中（兼，7月离职）
李吉山（兼）　刘予强（4月离职）
何　青（4月任职）　谢克敏（7月任职）

2013年2月1日上午，全省党风廉政建设干部大会暨省纪委十届三次全会在太原举行。

省高级人民法院党组工作概况

党组书记 左世忠

山西省高级人民法院现有党员477名，1个党总支，35个党支部。2013年，省高院认真学习贯彻党的十八大精神，紧紧围绕推进精进、赶超、创优“三大战略”，打造审判质效、队伍素质、基础保障“三项工程”，以确保社会公平正义为目标，以维护人民利益为根本，忠实履行宪法法律赋予的职责，积极服务和保障我省转型跨越发展，各项工作取得新进展。

一、深入开展党的理论学习，不断强化理论武装

一年来，省高院以理论学习、改造思想为先导，以创建学习型机关、学习型党组织、学习型部门、学习型领导班子为目标，引导干警自觉强化“学无止境、学用相融”、“没有终点、只有终身”的学习理念，坚持不懈地自觉抓好思想武装。一是认真学习贯彻党的十八大和习近平总书记一系列重要讲话精神。为各党支部和每位党员干警配发了《十八大报告》、《十八大文件汇编》等辅导读本，组织专题报告会3场，中心组专题学习4次，学习心得交流1次，使广大干警不断增强对中国特色社会主义的道路自信、理论自信、制度自信，始终保持政治上的坚定、思想上的清醒、方向上的正确、行动上的自觉；二是认真组织学习党章。在各党支部利用组织活动日学习的基础上，还集体组织了党章知识函考，有效增强了广大党员干警的党章意识、党员意识；三是认真学习科学发展观、社会主义核心价值体系等政治理论。年初以学习计划的形式，指定党员干警必读篇目并要求有学习必须有笔记、必有学习心得，截止年底，各党支部共提交学习心得440余份；四是加强对法官自觉提升法律素养的引导，通过学习研究法律专业知识和其他相关知识，不断提高驾驭法律的综合素质和综合能力；五是加强对廉政纪律和各种管理制度的学习，提高纪律意识和廉洁意识，做到全面熟悉并自觉遵守各项规章制度；六是开展了“每月一看”活动。每月在院局域网上指定一部专题教育片，由各党支部组织观看后每个党员干警写出观后感；七是认真搞好学习保障。为各党支部和全体干警购买下发了《政法干警核心价值观教育读本》、《论文化建设》等党员干部读本和学习资料12种2300余册，按照集体组织和个人自学分类做出详细的学习计划，并通过举办讲座、专题辅导等增强学习效果；八是全面落实各项学习制度。在落实中心组学习制度、周二、五下午集体学习制度、学习计划制度、读书笔记制度、个人自学制度、学习交流制度等现有制度的基础上，进一步完善学习考核制度、重点培训制度等，形成用制度促进学习的长效机制，用严格、健全、落实的制度促进学习质量的提高。做到学习有计划、人人有笔记、重点内容有心得。全年共有89名干警参加了省直分校、省委党校、国家法官学院等专业培训机构的培训；九是坚持领导干部带头学习。以领导干部的模范行动，带动全体党员干警形成注重学习的良好风气，努力建设学习型机关、学习型部门、学习型组织、学习型领导班子。中层以上领导干部撰写的心得体会和理论文章126篇，有39篇结集汇编成《法院干警学习资料汇编》印发全院干警学习；十是注重充分发挥党员教育基地、廉政教育基地、警示教育基地和局域网络的平台作用增强学习效果。通过学习破除了不合时宜的旧观念，树立了新理念，为公正司法、廉洁司法、为民司法扫清思想障碍。

二、认真组织教育实践活动，全面加强作风建设

中央“八项规定”和省委“实施办法”出台后，省高院在第一时间进行了专题研究，结合全省法院实际就进一步改进全省法院司法作风，更好地为大局服务、为人民司法出台具体措施：拟发了“关于2013年两节期间严格执行改进作风

和加强廉洁自律各项规定的通知”，就有关事项作出具体规定；制定了“关于进一步改进司法作风的十项措施”，就全面落实便民诉讼措施、自觉接受各方监督、切实加强民意沟通、精简控制会议活动、深入开展调查研究、全力恭行真抓实干、切实厉行勤俭节约、严格执行各项规定、全面规范检查评比等作出具体规定，真正把思想和行动统一到中央、省委“关于厉行勤俭节约，反对铺张浪费”的决策部署上来，使全院的思想作风、工作作风焕然一新。下半年，根据中央、省委的统一部署，扎实开展了党的群众路线教育实践活动，通过学习调研、征求意见、查摆问题等共梳理出意见建议83条，并有的放矢健全完善各项制度机制，修改制度14项，新建制度12项，广大党员干警的大局意识、服务意识、群众意识普遍增强。

三、充分发挥领导核心作用，大力加强组织建设

支部建在庭、处一级是省高院党组织建设的一个鲜明特点，在各项工作中发挥了很好的核心堡垒作用。今年以来，省高院针对极个别党支部功能作用发挥得不够好，组织生活不规范、不经常，对党员干警的教育不够、管理不严、监督不力等问题，从坚持和完善各项制度入手，突出抓好学习、培训，通过学习提高驾驭全局和履行岗位职责的能力，切实发挥领导核心作用。认真落实“一岗双责”制度，确保各部门“一把手”既抓审判业务又抓党建工作，加强对党员干警的教育、管理和监督。严格落实以民主集中制为重点的组织生活制度，认真开展“三会一课”、党日活动、党员评议等工作，做到有部署、有检查、有落实、有效果，特别是上半年和11月底的两次专题民主生活会质量高、效果好，激发了党员队伍的活力，切实对增强党组织的凝聚力和战斗力起到了很好的促进作用。

四、继续强化权力监督机制，推进反腐倡廉建设

省高院按照“利剑工程”《实施意见》部署的各项任务，组织协调全院各部门积极配合，对院机关的相关制度进行了全方位的废、改、立，修订制度14项，新建11项、废止2项，将岗位权力防控监督制度、审判管理监督制度、行政管理监督制度和各部门的内部运行管理监督制度四个部分210多项制度汇编成《山西省高级人民法院岗位权力风险防控“利剑工程”制度手册》。并出台了“利剑工程”《实施细则》，形成了用制度管人，按制度办事，依制度追责的良好氛围，反腐倡廉制度体系更加完善。同时，进一步强化监督。认真落实《党内监督工作条例》，严格民主集中、集体研究、会议决定，加强对重大事项的监督；围绕加强对审判权、执行权、司法行政管理权的监督制约，严格审判流程管理，严格电脑随机分案，发放随案跟踪“监督卡”、业务庭室派驻廉政监察员、严格合议制度、案件研究组制度和“人情干扰登记留痕”制度等，加强对司法审判过程的内部监督。做到阳光司法、阳光用权，杜绝暗箱操作，确保法官清正，法院清廉，司法清明。在司法作风建设方面，重点开展了整治“吃拿卡要”、领导干部廉洁自律、纪律作风专项督查等专项治理活动，院机关作风建设得到进一步加强。

五、积极组织各种文化活动，增强党建工作活力

省高院以服务大局，服务审判，服务干警为目的，拓展工作思路，创新工作方法，充分发挥院机关主导作用和工会、青年团、妇工委联系服务群众的优势，积极开展内容丰富、形式多样、健康有益的活动，提升法官形象，提高法官素养，丰富法官文化生活，增强机关党建工作的活力。成功举办了院机关庆祝建党92周年“颂歌献给党文艺汇演”，机关各党支部和工、青、妇组织自编自演文艺节目41个，从中精选了19个进行了汇演，院团委选送的节目《音乐快板》还被推荐参加了省直机关的文艺节目展演；院机关连续第八年举行了“春季健步走运动会”，有580余人参与，活动内容逐年丰富，体现了很好的群众基础；组织了院机关第九套广播体操比赛。并组队参加了省直机关的比赛；组织了以乒乓球、羽毛球、拔河等为主要内容的院机关春季运动会，11个部门、29名个人获得名次，有效推动了群众性健身运动的开展。各项群众性文化活动的开展，有力地促进了广大干警爱院、爱岗、敬业、奉献精神的培养。

（马云跃）

附：省高级人民法院党组书记、副书记、成员名单

书　记：左世忠

副书记：朱　明　刘冀民

成　员：吴秋霞（女）　张　炜　王志刚

赵有珍（5月离职）　王　珍（5月任职）

张学俊　冯　强

省人民检察院党组工作概况

党组书记　杨　司

2013年，省人民检察院党组团结带领全省检察机关深入学习贯彻党的十八大和十八届三中全会精神，紧紧围绕服务转型跨越发展、保障人民群众权益、维护社会公平正义，忠实履行宪法和法律赋予的职责，强化法律监督、强化自身监督、强化队伍建设，较好地完成了2013年度目标责任考核任务。

一、加强领导班子和干部队伍建设

始终把领导班子和干部队伍建设作为检察工作的重要任务来抓，牢固树立勇于担当、敢抓敢管的理念，努力打造强有力的领导班子和高素质的检察队伍。

（一）深入开展党的群众路线教育实践活动。按照中央、省委的统一部署，扎实开展以“为民、务实、清廉”为主要内容的党的群众路线教育实践活动。班子成员聚焦“四风”，带队深入基层征求意见，召开座谈会30次，发出征求意见函和调查问卷448份，共征求意见和建议289条。班子成员之间、班子成员与分管部门同志之间开展谈心谈话248人次。在此基础上，班子成员针对征求到的意见和建议，结合自己的思想、工作、生活实际，深入查摆问题，剖析原因，认真撰写对照检查材料，并严格按照“像、深、准、诚”的要求，进行了多次修改。在党组专题民主生活会上，杨司同志代表省院领导班子作了全面对照检查，总结了遵守党的政治纪律和贯彻中央“八项规定”的情况，深入查摆了在“四风”方面存在的14个突出问题，党组成员逐一进行了个人对照检查，开展批评45人次，提出意见73条。省院党组在群众路线教育实践活动中坚持边学边改、边查边改，结合征求到的意见建议，制定了《省检察院领导班子整改方案》《省检察院制度建设计划》《省检察院专项整治方案》，健全长效工作机制，确定了6项专项整治工作和18项整改措施。在搞好党的群众路线教育实践活动的同时，省院党组高度重视自身建设，以党组中心组学习引领全院机关的政治理论学习，全年共组织党组中心组学习10次12天。认真贯彻民主集中制原则，严格执行《党组议事规则》《检察委员会议事规则》，对“三重一大”事项做到集体研究、集体决定。

（二）大力加强领导班子建设。坚持把领导班子建设作为检察政治工作的重要任务来抓，不断加大干部协管力度，加强对市、县两级院领导班子和领导干部的监督和管理。完成了对全省12个市、分院检察长和领导班子及其他成员的年度考核工作，配合有关市委对部分市院共12名班子成员进行了调整。认真落实下级院检察长到上级院述职、述廉报告工作制度，组织召开市分院检察长2012年度述职、述廉报告大会并组织省院正处实职以上干部对市分院检察长进行了民主测评。坚持上级院参加下级院民主生活会制度，开展基层院检察长届中测评工作，加大对领导班子及领导干部履行职责、执行廉洁从检纪律等情况的监督检查，有力促进了市、县两级院领导班子建设。

（三）加强高素质检察队伍建设。召开全省检察机关队伍建设工作会议，对今后一个时期提出了“加强三项建设，提高两个水平，把握好两个重点”的队伍建设总体思路和要求。将第三批130名中央政法专项编制全部分配到基层检察院，为基层检察院新招录公务员205名，基层办案力量得到进一步充实。以领导干部和执法办案一线检察人员为重点，推进大规模正规化岗位培训，完成全省基层检察人员轮训工作。通过自主选学，在线学院、检校合作、双向挂职等方式，促进人才成长，省检察院有2人被评为全国检察业务专家，检察队伍素质进一步提高。不断深化“创先争优”活动，组织开展党课教育、读书月、读党章学党史等活动，对省院机关两年来在开展创先争优活动中涌现出的60名先进典型代表进行了表彰，组织了全省“十大杰出检察官”评选，表彰了一批先进基层院，检察队伍凝聚力进一步提升。

二、大力加强党风廉政建设，努力促进公正廉洁执法

省检察院党组始终把党风廉政建设作为一项基础性工作来抓，全面落实反腐倡廉各项任务要求，积极推进检察机关惩治和预防腐败体系建设，有力促进了公正廉洁执法。

（一）深入落实党风廉政建设责任制。坚持把党风廉政建设摆上重要位置，不断强化各级院党组及“一把手”对党风廉政建设工作的组织领导。年初组织召开全省检察机关党风廉政建设会议，传达学习了全国检察机关反腐倡廉建设工作会议和全省党风廉政建设干部大会精神，部署全年主要任务。全省各级检察机关能够根据院领导班子成员的调整情况，及时调整完善党风廉政建设工作领导小组，并按领导班子成员的工作分工，制定党风廉政建设责任制分解意见，层层抓落实，逐级签订责任书。在全省检察机关党风廉政建设会议上，杨司检察长与各市分院检察长签订了《党风廉政建设责任书》。

（二）大力开展检务督察工作。省院在全国检察机关率先成立了检务督察局，创新工作机制和方法，切实加大检务督察力度。在国庆、中秋期间，对公务用车、节假日值班执勤等情况进行了专项督察。协助高检院对省院机关和部分基层院贯彻落实中央八项规定和高检院实施办法、厉行勤俭节约、公务用车使用管理、执行“禁酒令”、落实扣押冻结款物规定等五个方面进行了督察。针对督察发现的问题，在全省检察机关集中开展为期三个月整改活动。11至12月份，以省院督察委员会委员为组长，组成13个督察组对省院机关和12个市级院机关纪律作风、年度工作任务完成情况开展了为期一个月的综合督察。

（三）严肃查办检察人员违纪违法案件。深入贯彻中央“八项规定”和省委“四个实施办法”，制定落实检察机关改进工作作风“十个严禁”、检察人员八小时之外“五条禁令”等规定，为切实掌握全省检察人员违纪违法情况，增强省院宏观指导和对重大事件的应对处理能力，切实做好社情和舆论引导工作，下发了《关于及时报告检察人员违纪违法有关情况的通知》。坚持从严治检，查处检察人员违纪违法案件9件12人。针对个别领导干部发生的严重违纪问题，部署开展纪律作风专项教育整顿活动，着力纠正特权思想、霸道作风、奢靡之风等突出问题。

三、认真落实年度目标责任考核工作任务指标

省检察院党组始终自觉把检察工作纳入转型跨越发展大局中去谋划和推进，充分发挥检察职能作用，不断加大服务保障力度，全面完成年度目标任务，为我省经济社会发展创造良好环境。

（一）查办危害转型跨越发展的犯罪，积极服务和保障综改试验区建设。认真落实“全省检察机关服务保障综改试验区建设的12条意见”，积极参与“项目推进年”活动，严肃查办商业贿赂犯罪，严厉打击破坏土地资源、生态环境等犯罪，依法妥善处理涉及企业的案件，查办侵害国有企业资产职务犯罪153件236人。围绕重点工程建设项目，开展职务犯罪专项预防410件，针对国有资产流失的问题，部署开展督促起诉专项活动，依法督促清收国有资产14亿元，及时向有关单位及其上级主管部门发出检察建议411份，帮助完善监管制度。针对农村教育培训、扶贫、林业等领域职务犯罪多发易发的特点，组织开展“小专项”行动，查办职务犯罪258件369人。

（二）全力维护社会稳定，促进平安山西建设。着眼于增强人民群众安全感，以危害公共安全犯罪、严重暴力犯罪和多发性侵财犯罪为重点，深化打黑除恶专项斗争，批准逮捕各类刑事犯罪嫌疑人16262人，提起公诉25958人，批准逮捕准确率达99.9%，提起公诉案件有罪判决率达到99.99%。认真落实宽严相济刑事政策，加强逮捕、羁押必要性审查，对轻微刑事犯罪依法决定不批捕1456人，决定不起诉836人，提出变更强制措施1091人，最大限度地减少社会对抗。学习借鉴“枫桥经验”，完善检调对接、和解息诉机制，积极开展社区矫正监督工作，依法纠正脱管漏管736人次。提起刑事被害人救助1007人，实际发放救助金721.27万元。办理轻微刑事和解案件666件，民事申诉和解案件679件。认真落实办案风险评估预警机制，建立法律文书说理制度，探索建立诉访分离机制，完善12309举报电话、网上信访、来信、来访“四位一体”的诉求表达机制，坚持检察长接待制度，落实巡访下访、联合接访、公开听证等制度，处理群众举报、控告、申诉信访8537件次，检察长接待信访2666件5269人。

（三）加大查办职务犯罪力度。充分发挥侦查一体化机制作用，建立大要案侦查预审和质量追踪督导机制，确保办案质量，职务犯罪案件有罪判决率达到100%。今年以来，以社会影响恶劣、群众反映强烈的职务犯罪为重点，共查办各类职务犯罪1339件1819人，追缴赃款3.5亿元。查办贪污贿赂犯罪876件1271人，其中大案697件，县处级以上领导干部要案80人（其中厅局级7人），大要案增幅居全国前列。加大惩治行贿犯罪力度，对87名行贿人依法追究刑事责任。查办渎职侵权犯罪463件548人，其中大案205件，县处级以上领导干部要案11人。扎实开展查办发生在群众身边、损害群众利益职务犯罪专项工作，查办此类职务犯罪916件1212人。同步介入矿难、溃坝、爆炸等重大安全责任事故调查，查办事故背后的渎职犯罪89人。全省检察机关贪污贿赂犯罪案件侦结率达到92.48%，起诉率达到96.38%，渎职侵权犯罪案件侦结率达到92.78%，起诉率达到91.99%。

（四）突出抓好职务犯罪预防工作。认真贯彻习近平总书记“预防职务犯罪出生产力”的重要论述，深入推进《山西省预防职务犯罪工作条例》落实。在党委统一领导

下，整合预防资源，加强警示教育基地建设，将预防教育纳入干部培训课程，推进警示教育常态化、制度化、规范化，使国家工作人员每年至少接受一次警示教育。省检察院成立预防职务犯罪宣讲团，针对煤焦、国企、金融、工程建设等6个行业领域的职务犯罪特点，主动进机关、农村、企业、社区、学校巡回宣讲，受众达10万余人次。针对我省今年发生的多起重大安全责任事故，开展“查办和预防渎职犯罪，促进安全生产”警示教育活动，制作《责任重于泰山》警示教育片，在党政机关和大中型企业播放，观众达80万人次。

（五）强化对诉讼活动的法律监督。全面实施修改后刑诉法、严格执行“两高”等六部门实施刑诉法若干问题的规定和《人民检察院刑事诉讼规则》，与其他相关部门共同出台了16个规范性文件。加大对侦查活动的监督力度，全面推行案件首办责任制，在部分市县开展介入命案现场勘验检查试点工作，建立检察官“出现场”制度，从源头上防止瑕疵案件进入检察环节。开展危害民生刑事犯罪专项立案监督活动，监督行政执法机关移送涉嫌犯罪案件67件92人，监督侦查机关立案58件71人。开展对公安派出所执法办案情况专项检查等活动，监督侦查机关立案1633件、撤案1359件、追捕916人、追诉1009人。加强刑事审判监督，对认为确有错误的刑事裁判提出抗诉399件。加大刑罚执行和监管活动监督力度，纠正减刑、假释、暂予监外执行不当442人，清理久押不决94人，纠正超期羁押17人，监督交付监狱执行刑罚648人。探索建立保障修改后民诉法实施的18项工作机制，在晋中召开全省检察机关推进民事诉讼法实施现场会，推广试点经验，加强民事行政诉讼监督，全年受理各类案件6342件，对确有错误的民事行政裁判提出抗诉213件，发出再审检察建议320件，纠正民事行政审判活动违法行为1265次，办理督促起诉案件3237件，办理执行监督案件2215件，促进“执行难”问题的解决。

（尹桂珍）

附：省人民检察院党组书记、副书记、成员名单

书　记：杨　司

副书记：文晓平（9月离职）　荣　彰

成　员：严奴国　秦文峰　武传慧　胡克勤　王国宏　王海林

1月17日，全省检察长会议在太原市召开。

省政府各厅局党组（委）工作概况

省政府办公厅党组工作概况

党组书记　廉毅敏

2013年以来，在省委、省政府的坚强领导下，省政府办公厅党组团结带领全厅干部职工，围绕办好“两件大事”，以建设转型综改试验区为统领，忠实履行“三服务”职责，切实发挥参谋助手作用，扎实推进各项目标任务，取得了明显成效。

一、深入开展党的群众路线教育实践活动，全面加强机关自身建设

党组以党的群众路线教育实践活动为契机，坚持教育实践和日常工作“两手抓、两促进”，按照为民务实清廉要求，以锐意改革的精神狠抓机关作风转变和效能提升，切实加强领导班子和干部队伍建设，严格落实党风廉政建设责任制，厅机关呈现出积极进取、奋发有为、干事创业的良好局面。

（一）深入开展党的群众路线教育实践活动，集中解决“四风”问题。按照中央和省委的统一部署，把“照镜子、正衣冠、洗洗澡、治治病”的总要求贯穿活动始终，扎扎实实抓好每个环节，坚持立说立行立改，集中解决“四风”方面存在的突出问题。通过党组会、集中学习、分组讨论的形式，重点学习关于群众路线的重要论述文摘和习总书记系列重要讲话精神，集体学习观看省委袁纯清书记的党课录像，深刻领会精神实质和具体要求，进一步统一思想、提高认识。通过群众提、自己找、上级点、互相帮，征求到对厅党组工作的意见和建议128条，查摆出“四风”方面的问题17个，在此基础上起草形成班子对照检查材料。通过整改落实、建章立制，对“四风”方面存在的突出问题边查边改、效果明显；对需要深入整改的问题，深挖根源，制定整改方案，明确了整改措施和努力方向。通过群众路线教育实践活动，“三服务”水平尤其是服务群众的理念素质有了新增强，办文、办会、办事效率有了新提高。

（二）将学习贯彻党的十八大和十八届二中、三中全会和习近平总书记系列讲话精神作为重要政治任务，大力开展干部教育培训工作。运用组织调训、干部选学、在线学习“三位一体”的干部教育培训机制，采取集中学习、开辟专栏、网络视频、答题活动、参观展览等方式，广泛深入开展党的十八大、十八届二中、三中全会和习近平总书记讲话学习贯彻活动，组织全体干部学习袁纯清书记讲话、李小鹏省长重要讲话。组织开展省管干部学习贯彻十八大精神集中轮训工作；邀请省直机关宣讲团进行宣讲；组织处级干部赴省直党校进行十八大培训56人次；组织选调干部参加“省管干部进修班”、“54期中青年领导干部培训班”和“省直机关正处级公务员任职轮训班”；在清华大学自主举办为期一周的干部选学培训班；开设5期“梅山课堂”，邀请国内知名专家、学者、厅局主要负责人进行专题授课；组织完成了办公厅网上组班工作，进行为期两个月的“贯彻十八大精神”专题在线学习，采取检查通报等形式有效促进在线学习工作落实。

（三）严格干部选拔任用机制，加强干部管理监督。全面实施干部考察预告制、党组票决制、任前公示制、任职试用期制，认真做好干部选拔任用工作。年度推荐1名正厅级领导干部，协助完成2名副厅级领导干部试用期满考察；完成北京办事处5名正处级干部选拔任用工作，协助运城市委组织部推荐考察副处级干部1名。完成办公厅19名处级领导干部试用期满的考核任用事宜。组织完成了237名处以上领导干部个人有关事项报告工作；完成了对干部“三龄两历一身份”等基本信息重新进行了认定工作。

（四）严格落实中央八项规定等一系列要求，全面推进党

风廉政建设。从自身和点滴做起,切实改进调查研究,精简会议活动和文件简报,严格公务接待,规范出访活动,严格文稿发表,自觉执行新闻报道规定,严格廉政纪律,没有违反办公用房、住房、公务用车、职务和人情消费等规定的行为。在办文方面:下大力气精减文件、加快公文处理节奏、严格规范公文办理程序、提高公文质量等方面取得明显成效。“文山”问题有了明显改观。2013年省政府、省政府办公厅名义发布的各类公文总量同比下降10.2%左右。在办会方面:坚持必需、节俭、高效的原则,大力改进会风,进一步从严控制会议数量、经费、规模,少开会、开小会、开短会,规范会议审批管理、改进会议形式、提高会议效率。全年各类会议数量同比下降35%。在政务接待方面:按照《党政机关厉行节约反对浪费条例》和《党政机关国内公务接待管理规定》要求,认真执行中央八项规定及省里出台的相关接待工作制度办法,并制定《省政府公务接待办法》,严格接待标准,简化接待程序,同比批次下降30%,人数减少54%。积极推进反腐倡廉工作和惩防体系建设,认真落实“一岗双责”要求,对牵头和配合的反腐倡廉工作任务进行分解,明确到每位班子成员、细化到分管处室,形成党政齐抓共管、全厅共同参与、共同推动的局面。

(五)以制度建设促进机关效能建设。结合教育实践活动中发现问题的整改,对办公厅现行各项制度进行了全面梳理,特别是对会议办理、公文处理、调查研究、信息公开、督促检查、应急管理、公务接待、公车管理等方面的38项制度,具体分政务类、行政保障类、党建人事类三大类,进行系统修订和完善,确保办公厅各项工作有章可循,纳入规范化、制度化轨道。通过完善制度、落实制度,健全效能建设长效机制,进一步激发全厅干部职工的工作积极性和主动性,提升凝聚力和战斗力。

二、加强综合协调,忠实履行决策参谋助手职责

党组紧密围绕省委、省政府工作大局,主动、超前、多方协调,有力推动了中央和省委、省政府决策部署的贯彻落实。

(一)围绕促进经济持续健康发展进行综合协调。一是加强经济运行监测调节。面对经济下行压力加大的不利形势,主动作为,协调组织召开省政府常务会、省长专题会、月度经济形势分析会,科学研判经济形势,加强经济运行监测预警,研究出台煤炭、电力等多个领域的政策措施,促进重点行业、企业的正常运行。二是加强对重大项目、重点工程和实体经济的协调服务。研究起草重点工程相关政策规定,健全完善重点工程工作制度,有效加快了全省重点工程建设。制定出台金融支持实体经济发展的一系列政策。三是大力推进开放型经济发展。积极扶持省级外贸示范基地升级改造,加快完善企业促进、管理、服务、保障体系,完善晋非经贸合作区领导体制、工作机制和园区规划,推动开发区管理运行模式创新、承载功能提升。四是积极完善扩大消费的政策措施。大力推进城乡流通体系建设,加强市场运行监测调控,积极构建公平有序的营商环境。

(二)围绕转变经济发展方式进行综合协调。一是加快推进煤炭工业可持续发展。组织起草出台并跟踪推动“煤炭20条”,顺利完成5条近期措施,全面启动15条中长期措施;协调制定实施煤层气发展政策和低热值煤发电下放我省审批的办法;积极推动建立和谐煤电关系,初步形成电煤购销新模式;组织制定出台煤炭工业发展“六个标准”文件,同步推进现代化矿井建设与非煤产业发展壮大。二是积极推进焦化兼并重组。组织制定实施全省焦化行业兼并重组分类推进政策和行动方案,焦化行业集中度明显提高。三是加快发展服务业。围绕打造“晋善晋美”整体品牌形象,研究出台“美丽山西休闲游”若干措施。大力加强旅游宣传推介,有效提升山西旅游品牌影响力。协调推动煤炭交易中心建设,努力争取动力煤期货交易获批。

(三)围绕三农工作进行综合协调。组织出台《关于创新农业生产经营体制进一步增强农村发展活力的意见》,制定落实新10项强农惠农富农政策,深入推进“一县一业”、“一村一品”建设,协调完成两大连片特困地区扶贫攻坚《实施规划》,启动百企千村产业扶贫开发工程,大力推进农产品加工龙头企业“513”工程;研究编制《山西省改善农村人居环境推进美丽乡村建设规划纲要》,推动完成1.7万个行政村街道亮化工程;推动引黄工程融入大水网、分质供水体制机制建设、小型水库更新建设和病险水库除险加固工程;协调启动吕梁山生态脆弱地区林业生态建设工程,推动绿化山西建设。

(四)围绕民生和社会事业进行综合协调。一是研究解决教育热点难点问题。解决了进城务工子女和外省随迁子女当地参加中、高考问题。加快推进高校新校区建设和部分学校升本工作。二是积极推进文化改革发展。推动实施文化信息资源共享和送戏下乡等工程,促进老区农村文化场所实现“全覆盖”。三是深入推进医药卫生体制改革。统筹推进县级公立医院综合改革,不断巩固完善基本药物制度,对基本公共卫生服务实行网格化管理;积极协调明确了老年乡村医生补助政策和村卫生室运行补助政策。四是加强对老龄、残疾人、社会救助、救灾救济、军转安置和创新社会管理等工作的研究,出台了关于提高我省城乡居民收入水平的政策和深化收入分配制度改革的实施意见。五是着力抓好安全生产,全省安全生产状况持续明显好转。

(五)围绕生态文明建设进行综合协调。一是推动节能降耗和淘汰落后产能。所有行业均提前完成年度淘汰任务。二是加快推进大气污染防治工作。起草出台了山西省防治大气污染的系列文件,组织召开了全省大气污染防治工作会议。三是积极抓好省城环境改善工作。积极协调落实《2013年全面改善省城环境质量工作实施方案》。四是督促有关部门认真落实国家主要污染物减排目标任务。积极督促多领域减排重点工程,抓好减排目标责任书项目的落实。五是协调推进全省乡村清洁工程。建立了较完备的乡村清洁工程工作体系。

(六)围绕转型综改试验区建设进行综合协调。积极开展系列专题调研座谈,全程参与组织制定总体方案、实施方案、年度行动计划,全程协调推进重大改革、重点项目、重要课题。会同省综改办督促各市、试点县细化落实实施方案和行动计划,协调督促、积极推进行政审批、财税金融等多项改革,省直部门牵头的123项重点任务取得突破性进展。

三、深入调查研究,为省政府科学决策提供高效服务

针对2013年以来经济运行的新变化和事关人民群众切身利益的热点问题,协助省长、各位副省长集中调研,深入研究,形成了涉及5个方面12项课题的高质量的调研报告。协助省领导就气化山西、大气污染防治、医药卫生等12项工作开展专题调研,提高了制定政策措施的针对性、操作性。

文稿起草是办公厅服务省政府领导的重要工作内容之一。按照既高又实、既准又新的要求,全年组织起草了《政府工作报告》、各类发言材料、汇报材料、新闻稿等文稿100余万字,以文辅政的作用得到充分发挥。

四、强化督促检查,促进政令畅通和政府执行力提高

围绕《政府工作报告》的目标任务开展全面督查。将《政府工作报告》分解的306项工作目标任务到11个市政府和72个牵头单位,对各单位目标责任完成情况实施网上动态跟踪,确定53项重点工作列入专项督查计划,以点带面推动工作落实。对2013年省政府重点工作目标责任、转型综改试验区建设、"六位一体"推进重点项目等三大重要工作的完成情况开展认真督查核查,涉及11个市、12户国有企业,抽查26个县级政府,近200个项目,有力促进了任务完成。

围绕重点、难点和热点工作开展综合督查。通过日常催办、定期督查、动态报告,先后共对31次省政府常务会议研究决定的"五件实事"、安全生产、医药卫生体制改革等9方面67项事项逐一进行了督查,确保政令畅通和决策落实。与省委督查室联合就全省贯彻落实《中央八项规定》和省4个实施办法的情况对11个单位进行了督查,协助省委对各单位停止新建楼堂馆所和清理办公用房情况进行实地督促检查。

围绕领导批示开展专项督查。本着"批必查、查必果、果必报","快办快结"的原则,做好省政府领导批示件的督查落实工作。对"煤炭20条"政策措施落实情况、打造"15分钟便民商圈"示范工程、省卫生厅推进单病种收费制度建设情况、中北大学研究生培养收费问题、太原科技大学排洪渠项目竞标问题、省投资规划院招才引智政策落实情况、第二轮《山西省志》编纂工作进行了督办。对"省长信箱"中群众反映两轮"五个全覆盖"存在问题较集中的29项工程逐一进行实地核查督查,解决问题并回复群众。对省长包联的3件多年未能解决的信访事项加强督办,最终使3件信访事项圆满结案。

五、自觉接受监督,认真办理人大代表建议和政协提案

积极创新工作机制,改进工作方式,加强与省人大、省政协的沟通联系,狠抓人大代表建议、政协提案办理工作,为人大依法监督、政协民主监督提供了服务保障。2013年省政府系统共组织交办、督促指导办理人大代表建议827件,办理政协提案748件。在对建议提案进行集中交办的同时,规范办理程序,明确工作标准,实施承办单位领导班子成员领办建议制和代表面商沟通量化制等新举措,进一步提高了建议提案办理水平。

六、完善应急管理体系,突发事件预防和处置能力进一步提高

坚持以人为本、依法规范、突出重点、狠抓落实的原则,以保障人民群众生命财产安全为核心,以提高预防和处置突发事件能力为重点,扎实推进应急管理的各项工作。

一是科学有效处置突发事件296起。包括"12·31"潞安天脊集团苯胺泄漏事故、"1·7"阳煤集团寺家庄煤矿瓦斯爆炸事故、"2·15"洪洞县曲亭水库塌陷事故等。二是通过总结事故经验教训完善工作措施。结合重大事故处理经验教训,认真分析研究,形成整改措施,起草下发了《省政府应急办2012年工作总结和2013年工作要点》。三是加强应急管理基础工作。如:采取自主、集中和专题宣传相结合,多形式宣传贯彻《山西省突发事件应对条例》;全面加强基层应急管理工作;完善交流协作机制等等。

七、推进政务信息公开,加强电子政务建设

大力推进政务公开,健全政府新闻发布和信息公开制度,加强政府网站和电子政务建设,充分发挥政府公报和新闻媒体作用,为群众提供快捷方便的服务。

在信息公开方面,进一步完善信息公开制度。制定下发了《关于贯彻落实国务院办公厅当前政府信息公开重点工作安排的通知》,重新修订了《政府信息公开工作制度》、《山西省政府信息公开指南》、《山西省政府信息依申请公开制度》,起草制定了《政府信息公开依申请说明》、《网民留言办理工作办法(试行)》和《关于进一步加强政府信息公开回应社会关切提升政府公信力的实施意见》。加强政府信息公开指导和监督工作,不断规范信息公开的内容、程序和方式,政府信息公开水平得到提升。在政务信息和网络舆情监测方面,充分发挥政务信息主渠道功能,编报《上报国办信息》193期、《晋政信息》220期,编制了《网络舆情监测关键词库》,共5510个关键词组,监测到网络舆情43万条,经梳理筛选、分析研判,编报《舆情日报》57期、《舆情特报》31期。在电子政务建设方面,组织开展政府系统电子政务的网络扩容、政府门户网站优化、信息资源共享安全保密、终端维护等工作。对现有网络进行扩容、增加节点,连通51个省直部门和11个市、119个县的网络链接;加快推进惩防体系信息网"一网六

平台"建设,为全省行政审批电子监察系统运行提供有力的保障;协调11个市的武警支队,实现省武警总队的应急指挥调度;开发会议短信通知系统,完善了移动办公平台等。

(黄祥树)

附: 省政府办公厅党组书记、成员名单

书　记: 陈永奇(2月离职)　廉毅敏(2月任职)

成　员: 巨宪华　韩和平(3月离职)

崔国红(3月离职)　白秀平

马彦平(3月任职)　盛佃清

王　纯(3月离职)　余瑞卿　郭　立

张广勇(3月任职)

省发展和改革委员会党组工作概况

党组书记　王　赋

2013年，省发改委党组始终以邓小平理论、"三个代表"重要思想、科学发展观为指导，全面贯彻落实党的十八大、十八届三中全会精神，按照省委、省政府的安排部署，坚持主题主线和稳中求进的工作总基调，围绕办好"两件大事"，解放思想、统筹谋划、狠抓落实、勇于担当，集中精力谋项目、强作风、提效能，发展改革各项工作取得新的进展。

一、不断加强领导班子和干部队伍建设，提升服务全省转型跨越发展的能力和水平

(一)扎实开展群众路线教育实践活动。作为省委主要领导的联系单位，省发改委按照"照镜子、正衣冠、洗洗澡、治治病"的总要求和书记提出的加快"两个转变"、提升"四个发展"能力的指示精神，在省委督导组的指导下，紧紧结合工作职能，扎实开展群众路线教育实践活动，做到了"规定动作做到位、自选动作有特色"。自6月底启动群众路线教育实践活动，通过多渠道广泛征求各方面意见，收集到"四风"方面的意见154条，原汁原味整理了21个突出问题及"四个发展"能力不足问题。为做好整改落实阶段工作，委党组制定了"两方案、一计划"(整改方案、专项整治方案，制度建设计划)，针对可立即整改的问题，采取16项措施立整立改，由"一把手"总负责，分管领导具体抓，均已整改到位;针对不具备立整立改条件的问题，采取10项措施建立长效机制，切实解决了制度"缺位"问题。同时，全委坚持认真领会"四个发展"丰富内涵，全面深化群众路线教育实践活动，10月28日至29日，委党组集中三个半天时间召开了专题民主生活会，省委主要领导参加并给予了充分肯定。

(二)提升行政效能。一是下放投资审批权限。摒弃部门意识，下放市、县投资项目审批权限8项，审批流程2项，涉及全委审批事项等工作量60%以上，省级政府投资审批等领域达到80%以上，力度之大，前所未有，省政府以晋政发[2013]35号印发全省执行。二是优化审批流程。对《山西省固定资产投资项目管理流程图》进行了优化，优化后流程图从5张减少为3张;审批制流程图前置条件由6项减少为3项，核准制流程图前置条件由6项减少为4项;审批环节由26项减少为12项，核准环节由18项减少为9项，备案环节由15项减少为4项;增加并联环节，实现了管理流程扁平化。三是落实目标责任制。对省政府下达的38项目标任务、省考核办下达的23项目标任务，逐项落实时间进度和关键节点，由一把手总负责，分管领导、责任处室和责任人具体推进，实时跟踪推进情况，定期检点督促，目前各项任务均已完成。四是完善监督机制。项目审批事项办理情况全部上网实行实时监控，启动"重大项目稽察监管信息系统"建设，着手起草重大项目稽察条例，从制度上进一步完善监督机制，确保项目实施依法合规、安全高效。五是强化工作作风。认真落实中央八项规定和省委四个实施办法;细化并严格执行首办负责制、限时办结制、一次性告知制等六项行政审批工作制度;严格执行机关工作人员80字接待守则;严格执行"3个24小时直通车制度"，全委作风建设进一步加强，干事创业的氛围越来越浓厚。

(三)加强干部队伍建设。严格干部选拔任用，认真执行"一审核，两方案、三上会、两公示(告)"的干部选任程序，着力形成"任人唯贤、注重实绩"的选人用人导向，将优秀干部选任到适合的岗位上去。全年，委机关共选任正处级干部20名、副处级干部9名。委属事业单位选任正处级干部5名、副处级干部14名。按照组织部要求，选派3名同志到市县、省管企业挂职，选派2名同志参加援疆工作。同时，为进一步充实机关公务员队伍，公开考录20名公务员，目前已全部到位工作。制定年度《干部教育培训计划》，认真组织开展多种形式的培训，有效提升了机关干部的能力素质，全年累计集中培训人数约3000人次。

二、全面落实党风廉政建设责任制，努力形成风清气正的良好环境

(一)强化组织领导。委党组始终把贯彻落实党风廉政责任制作为重要工作摆上议事日程，制定下发《山西省发展和改革委员会落实2013年反腐倡廉工作任务的责任分解意见》，将工作任务逐项分解，统筹反腐倡廉和业务工作，做到同部

署、同落实、同检查。

（二）加强廉政教育。通过组织学习《领导干部廉洁从政教育读本》、《工作规划》，举办全省发改系统党风廉政教育培训班，观看廉政教育警示纪录片等方式，教育党员干部常修为政之德，常怀律已之心，常思贪欲之害，使大家真正从思想深处提高廉洁自律、廉洁从政的自觉性，打牢"不想贪"、"不能贪"、"不敢贪"的思想基础。

（三）推进反腐倡廉长效机制建设。召开党风廉政建设干部大会，积极开展整治庸懒散奢专项行动，出台《山西省发展改革委优化投资管理流程实施意见》《重大社会决策、重大工程项目社会稳定风险评估办法》，会同有关部门出台《山西省招标投标协调机制暂行办法》和《招标投标违法行为记录公告暂行办法》等一系列管理制度，进一步健全了拒腐防变的长效机制。

三、着力提升党的建设科学化水平，充分发挥党组织战斗堡垒作用和共产党员的先锋模范作用

（一）深入开展党的十八大精神学习。积极营造学习宣传贯彻党的十八大的浓厚氛围，制定了《省发改委党组中心组学习党的十八大精神实施方案》和《2013 年党组（党委）中心组和干部理论学习安排意见》，印发了《学习党的十八大报告辅导资料的通知》，全委认真研读学习了党的十八大文件、报告、党章和十八届一中、二中全会以来习近平总书记的重要讲话精神，全面理解和准确把握党的十八大精神实质。同时，紧密结合发改工作实际，组织开展了一系列有关党的十八大精神和新党章知识竞赛、演讲比赛、座谈会、征文活动、读书会、文艺展演等主题活动，进一步深化干部群众对党的十八大精神的学习和理解。

党的十八届三中全会召开后，委党组根据省委的部署要求，及时下发《关于认真学习宣传贯彻党的十八届三中全会精神的通知》，对委机关及所属事业单位抓好十八届三中全会的学习宣传教育进行安排部署。委领导干部充分发挥带头作用，先学一步，领会精髓；全委各级党组织和广大党员干部迅速行动，通过多种形式，努力学深学透、学以致用，掌握精神实质。全委上下紧紧围绕省委、省政府提出的各项工作目标，扎实工作、求真务实，确保党的十八届三中全会精神真正落到实处。

（二）认真开展了党员队伍建设调研检查。抽调相关处室工作人员组成联合调研检查组，采取听取汇报、查阅资料、实地察看、座谈了解等方式，逐一对机关各支部和委属基层党组织在党员教育管理、发展党员工作和党费管理上进行了调研检查，有效的促进了党员队伍建设和规章制度的规范落实。

（三）扎实推进学习型党组织建设。以提高党员思想政治素养为基本目标，制定并下发《2013 年党组（党委）中心组和干部理论学习安排意见》，严格按照《意见》要求，抓好党员干部理论学习；通过开展"五项全能比赛"和党员年度民主评议、处级党员队伍培训和纪念建党 92 周年等活动，着力提高党员的能力素质和实践能力，提升党性修养。

（四）不断夯实各级党组织基础。及时理顺机关各支部组织结构，不断调整充实基层党组织。全年发展新党员 8 名，确定入党积极分子 600 余名，对全委 15 个先进基层党组织、44 名优秀共产党员、18 名优秀党务工作者进行了表彰，在全委营造了"学先进、赶先进、当先进"的良好氛围。

（五）持续加强精神文明建设。积极组织参加了省直文明委举办纪念省直机关开展精神文明创建工作 30 周年系列活动。组织了"华北四省市发改系统"摄影作品平遥展，组织开展走访慰问、参观专题展览等各项活动，通过各类活动进一步增强全委凝聚力。

四、高效履行经济综合部门职能，全力保持全省经济平稳较快增长

（一）保持投资平稳较快增长。一是全力扩大投资规模。针对重大基础设施投资计划减少等不利因素，在年初提出 9600 亿元大项目单子的基础上，年中及时新增投资计划 300 亿元，并全力组织实施。二是加快项目审批进度和投资下达速度。共审批（核准、备案）项目共 1668 项，涉及总投资 10035 亿元，未发生一起拖延、超时审批现象。三是抓好项目储备增量提质。省级储备项目 2 万多个，总投资 20 万亿元以上，其中，新兴产业项目投资占比达到 60%。激发民间投资活力。及时在网上发布投资信息，鼓励和引导民间投资健康发展，全省民间投资完成 6089 亿元，增长 33.8%，占全省投资的 54.4%，同比提高 4.8 个百分点。四是充分发挥重大项目带动作用。电力建设方面，10 个在建燃煤发电项目（装机 563.5 万千瓦），已有 3 个项目建成投产，装机 147 万千瓦。11 个电力"路条"项目（装机 1482 万千瓦），已有 3 个项目获得核准并开工建设，装机 125 万千瓦。分两批发放 10 个低热值煤发电项目的"路条"，装机容量合计 812 万千瓦。铁路建设方面，大西客专完成投资 104.9 亿元、中南铁路完成投资 61 亿元，朔州至准格尔铁路、太原枢纽西南环线等其他 9 个省部合资铁路项目进展顺利，中南部铁路等战略装车点和地方铁路有序推进。重大物流项目方面，太原武宿综合保税区已正式封关运行，山西煤炭物流配送体系省内建设项目中已有 8 个项目基本建成并试运营。现代煤化工方面，重点抓好焦煤、同煤、潞安三个现代煤化工项目，潞安煤制油项目累计完成投资 76.2 亿元，部分设备正在安装；焦煤煤制烯烃项目累计完成投资 6.3 亿元，开始长周期设备订货准备和征地拆迁工作；同煤煤制天然气项目已完成临建场地"四通一平"。抓紧编制利用朔州盐碱地建设新型煤化工基地的发展规划。新能源产业方面，新增装机 170 万千瓦，达到 777 万千瓦，增长 28%，占全省电力装机 12.7%。高端装备制造方面，太重高速列车轮轴国产化项目二期工程等一批重大项目竣工投产。大运重卡扩建项目、金鼎煤机等一批带动性强的重大项目全面开工、进展顺利。太原锅炉集团循环硫化床锅炉、长治易通低温余热发电等节能环保装备项目加快布局实

施。同时,组织编制了《山西科技创新城建设产业发展规划》。

(二)全面推进转型综改试验区建设。一是顶层设计逐步完善。“总体方案—实施方案—行动计划”的推进模式得以确定,2013-2015年“5111”实施方案和2013年“1235”行动计划正式出台,省直各部门及各市、试点县、试点企业也制定了相应的改革方案,综改试验区建设进入实质性推进阶段。二是“1235”行动计划完成年度目标任务。10项重大改革和20项重大事项中,16项已经完成,14项取得阶段性进展。30项重大项目完成年度投资计划,3个项目建成投产,15个项目部分建成投产。5项重大课题形成研究成果。重点领域改革创新取得明显进展。促进能源产业发展、城镇化发展、生态环境保护治理的体制机制改革进一步深化,金融机制和金融产品创新效果明显,招商引资和招才引智进一步加强,海关通关模式创新取得积极进展,人才政策体系进一步完善。三是基层首创取得一批成果。鼓励发扬基层首创精神,总结和推广基层经验,太原行政审批制度改革、朔州工业固废综合利用、阳泉“飞地经济”、11个综改试点县金融创新改革等顺应发展趋势、具有山西特色的改革范式逐步形成。四是省部合作取得重要进展。与国家有关部委、金融机构、央企等签署了30多个合作协议或备忘录。

(三)积极争取重大政策、资金和项目支持。政策方面:争取到三大政策赋权,分别是:国家委托山西省核准“十二五”1920万千瓦低热值煤发电项目,基本同意将我省作为煤层气矿业权下放管理试点,支持中国(太原)煤炭交易中心开展动力煤期货交易。这些重大政策对我省转型发展具有重要意义。项目方面:争取国家批复煤炭、电力、煤化工、新能源等项目(包括路条和计划)共56项,总投资1398.45亿元。资金方面:争取中央投资100.3亿元,继续保持在百亿元以上的高水平。争取国家核准山西省发行企业债券216亿元,首次突破200亿元大关,比上年增长110%,超额完成了全年预定的150亿元目标。

(四)加强事关全局的重大政策研究。加强经济形势分析。按月组织召开经济形势分析联席会议,加强对重点难点问题的深度分析,及时提出针对性强的政策建议报省政府,省领导多次进行批示。开展“十二五”规划《纲要》中期评估。完成11个市级规划《纲要》和73个省级专项规划评估报告,对42项指标实现程度进行预测分析,起草了《评估报告》,提出对地区生产总值等指标的调整意见。省十二届人大常委会第6次会议审议通过。开展相关领域重大政策研究。牵头研究出台了“低热值煤发电20条”和“煤层气20条”,形成了强劲的政策效应,提振了信心、稳定了预期,取得了明显效果。牵头制定并报请省政府出台了《关于加快发展节能环保产业实施方案》《关于化解钢铁、焦化、水泥、电解铝行业产能严重过剩矛盾的实施意见》《加快社会信用体系建设的指导意见》等多项重大政策。

(五)积极推进节能减排和循环经济发展。加大环境治理力度。重点支持太原市城市环境综合整治工程,加快污水处理厂升级改造和配套管网建设,全省污水处理、垃圾无害化处理率提前完成“十二五”目标。大力发展循环经济。修编完成《兴县循环经济园区规划》,争取将太原市不锈钢产业园区列为国家循环化改造示范试点。强化节能工作。对固定资产投资项目全部实行了节能评估审查或节能登记备案,完成1000万支高效照明产品的推广任务。积极推进低碳经济试点。争取国家发改委批复同意《晋城市低碳城市试点工作实施方案》,并启动试点工作;布局了全国首个覆盖全省主要城市的温室气体观测网络。

(六)做好保障和改善民生各项工作。牵头提出并加快推进“农村五件实事”,及时筹措下达行政村街道亮化工程投资5亿元,争取国家新增计划支持山西省2013年易地搬迁农村贫困人口1万人,超额完成村级幼儿园改扩建工程年度计划任务。落实《百企千村产业扶贫开发工程的指导意见》,提出下放审批权限、建立“绿色通道”、简化前置条件等10条服务措施。深化医药卫生体制改革,全省城乡居民参保(合)率达到98%和99.3%,基本实现了人人享有基本医保。大病医保实施方案和大病保险招标投标管理办法已经正式出台并试点,县级公立医院改革深入推进,新增试点县49个,改革试点扩大到83个县区。加大对保障性住房的支持力度。审批城镇保障性住房项目340个,共计23万套,争取国家投资28.9亿元。加大对教育、养老等社会事业的支持力度。继续实施农村初中校舍改造工程、中小学标准化建设、中等职业学校的教学和实验用房建设,重点支持高校新区基础设施建设,全面加快养老、卫生、就业等公共服务设施建设。同时,积极实施援疆项目。2013年确定的23项工程已全部完工,2.32亿元援助资金拨付到位。

(石　峰)

附:省发展和改革委员会党组书记、成员名单

书　记:王　赋

成　员:李永平　王　成(3月任职)　赵友亭　程泽业　王晓胜　刘　锋　徐安崇　邢文奇　胡景善　王野彬

省经济和信息化委员会党组工作概况

党组书记　张华龙

2013年，省经信委在省委、省政府的正确领导下，经信委党组认真贯彻党的十八大和十八届三中全会精神，积极落实中央和全省经济工作会、全国工业和信息化工作会议各项部署，坚持稳中求进工作总基调，积极应对经济下行压力，科学务实、勇于突破，全省工业经济转型升级取得新成效，领导班子和干部队伍建设焕发新面貌，党风廉政建设水平实现新提升。

一、先行先试，开拓进取，工业经济保持平稳健康发展

（一）强化运行调控，工业经济实现平稳健康发展。一是加强经济运行监测调度。建立了省市县三级目标责任体系，按季公布各市增长目标预警指数，引导各市及时采取措施稳增长。完善300户重点企业运行监测制度，对全省240个预增收入亿元以上工业项目进行跟踪监测，推动全省工业经济平稳健康发展。二是强化企业生产要素保障。加强煤电油气运生产要素的综合协调，贯彻落实省委省政府“煤炭20条”，鼓励电力企业清洁高效就近用煤，组织召开全省北煤南运衔接专题会议，扩大了省内电煤的销售。积极推动煤电联营和大用户直供电工作，确保了重点工程项目用电。加大铁路运输协调，保证了重点物资、重点企业运输需求。三是加大政策指导协调力度。针对大宗商品销售低迷的问题，研究制定了《促进省内工业产品销售的政策措施》，帮助企业缓解经营困难；制定加快发展工业节能环保产业行动方案和计划，着力培育新的经济增长点。

（二）狠抓结构调整，工业经济整体素质大幅提升。一是加快转型项目建设。重点推进1180个工业转型升级项目建设，400余个项目建成投产或部分投产。全省新兴产业投资达到2502.2亿元，增长37.3%，占全部工业投资的比重达到52.9%，首次超过传统产业投资。二是扎实推进兼并重组。全省焦化企业数量从2010年的223户减少到80户左右，前6位焦化企业产能占比由2012年的13.6%提高到21.1%；前6位钢铁企业粗钢产能占比由2012年的39.6%提高到45.5%；前6位水泥企业产能占比由2012年的34.9%提高到50%。三是淘汰落后生产能力。全年累计关停淘汰落后焦化756万吨、水泥350万吨、钢铁204万吨、电力21.2万千瓦、电石30.9万吨、铁合金12.29万吨、造纸9.1万吨、印染6745万米，超额完成了国家下达的目标任务。四是强化企业自主创新能力。新增国家级企业技术中心4户，新认定省级企业技术中心31户，全省总数分别达到26户和180户。太钢和太重技术中心在全国分别排名第4位和第9位。五是提升产业集聚水平。21个国家级、省级新型工业化产业示范基地的增加值和利润分别占到全省工业的20%和40%以上，成为推动工业转型升级的重要支撑。

（三）推进节能降耗，工业可持续发展能力明显增强。一是全力抓好节能降耗。在六大高耗能行业和千家企业实施节能重点工程，1024项节能改造项目已完工913个，形成年节能能力1800万吨标准煤。对90多个高耗能项目进行了节能评估和审查，从源头上控制能耗增长。在33户水泥企业开展能效对标活动，发布了13项地方节能标准，积极推进合同能源管理，15家节能服务公司通过国家备案，全省总数达到92家。二是强化工业固废综合利用。支持朔州建设全国一流工业固废综合利用示范基地，与朔州市政府联合组织召开亚洲粉煤灰及副产石膏处理与利用技术国际交流大会。积极推进晋能集团年产400万平方米粉煤灰硅酸钙板生产线等57个重点项目建设，全省大宗工业固废综合利用率达到60.8%。

（四）突出技术引领，全省信息化水平稳步提高。一是推动两化深度融合。完成了《山西省信息化促进条例》的立法工作，制定了推进两化深度融合指导意见。3户企业获批国家两化深度融合示范企业，7个项目列入国家电子商务集成创新试点工程，工业领域信息化水平持续提升。二是加快三网融合步伐。推动“宽带山西”建设，全省新增宽带用户71.16万户，普及率达14.25%，居全国第9位。在全省重点公共场所分批次启动实施免费Wi-Fi覆盖，加快太原市三网融合试点，支持太原、阳泉、长治、朔州智慧城市试点建设，推动太原、晋中电信并网升位，开展信息安全检查，全省三网融合取得积极进展。三是促进电子信息制造和软件服务业发展。加快推进全省云计算、互联网、大数据、LED等新一代产业发展。加强系统集成和“双软”认定。全省电子信息制造业完成销售收入530亿元，增长15.2%；软件服务业主营业务收入达75亿元，增长35%。

（五）坚持协调发展，工业经济综合实力显著提升。一是支持大企业大集团做大做强。全省有9户工业企业进入全国500强，其中7户企业进入100强，大企业大集团引领作用明显增强。二是扶持中小企业快速成长。全省中小微企业增加值同比增长17%左右，成为促进全省经济稳定增长的重要支撑。三是推动军民融合发展。全省军工企业增加值全年增长12%，军工经济与地方经济实现有机融合、优势互补，军民融合式发展水平全面提升。

（六）勇于破解难题，工业领域转型综改取得重大突破。一是大力推进煤电协调发展。全省有26户主力发电企业实现煤电联营，占主力火电企业装机容量的73%；18户主力火

电企业与煤炭企业签订了电煤供应长协合同,占主力火电企业总容量的57.4%。二是稳步提升中国(太原)煤炭交易中心功能。完善"一核三系四中心"综合服务体系,发布中国(太原)煤炭交易价格指数,引导境内煤炭进入平台交易。 三是扎实推动大用户直供电试点工作。全省共有22户用电企业实现大用户直供,交易电量76.1亿度,降低企业用电成本6000余万元。

二、转变作风,提升素质,打造奋发有为的领导班子和干部队伍

(一)深入开展群众路线教育实践活动。把教育实践活动作为重要政治任务,全面完成规定学习内容,组织机关党员干部实地学习右玉精神,进一步强化久久为功、服务群众的政绩观。广泛征求基层和企业意见,组织委领导班子成员分11个组深入市县、园区、企业调研,发放征求意见表460余份,召开各类座谈会32次,征集意见建议250余条。深入查摆问题,梳理出14个四风方面的具有经信委特点的突出问题,明确整改工作重点。认真撰写对照检查材料,召开民主生活会,深入开展批评和自我批评,结合"进工地、解难题"活动,反复研判梳理出37个需要整改的问题,明确整改要求和时限,狠抓整改落实,做到了责任到人、措施有力,真正使教育实践活动取得了基层和企业满意的效果。

(二)全面推进学习型机关建设。健全党组中心组和党员干部学习制度,组织党员干部认真学习党的十八大、十八届三中全会精神、习近平总书记一系列重要讲话以及工业新型化、宏观经济形势等方面的业务知识,举办了青年干部五项全能竞赛,在全委开展读书月主题活动,组织各类学习、讲座、辅导18次,选派72名干部参加了中组部、工信部、省委组织部、省人社厅的调训,463名干部参加了自主选学培训班,干部在线学习平均完成学时数达到98.8课时,有力提升了干部队伍的政治素质和业务能力。

(三)努力打造团结奋进的领导班子。加强中心组理论学习,围绕贯彻十八大、十八届三中全会精神和群众路线教育实践活动进行了12次集中学习。认真开好民主生活会,11月8日至9日委党组利用3个半天的时间召开专题民主生活会,查摆"四风"问题,开展批评和自我批评,有效增进了班子团结。完善民主决策机制,班子成员分工明确、团结协作,密切配合,对人事调整、资金统筹、项目安排等重要事项,坚持集体讨论、科学决策,增强了班子的凝聚力和战斗力。

(四)建立科学选人用人机制。分类别分层次对委机关、行业办及所属事业单位人事进行补充调整,推动干部队伍由局部微调、单个调整走向交流轮岗、科学调配,配合省委组织部完成了委总工程师、省无线电管理局局长的选任工作,调整选任干部29名,为机关和行业办招考10名公务员,选派两名同志分别赴省证监局和高平市挂职,为直属单位新配党委书记3名,调整党务干部10名,有效提升了干部队伍建设水平。

(五)做好后勤服务保障和包村增收工作。制定专项资金统筹管理办法,提高了资金使用效益。认真配合做好全委各类资金的专项审计,及时整改存在问题。强化后勤保障,完成了办公网络改造、系统升级,补助21个困难下属单位在老干部医药费、维护供暖设备费用的缺口,解决了医药行办无办公地点问题。认真落实老干部阅文、政治学习等制度,坚持节庆假日、老干部生日走访探望制度,组织老干部开展健身走步、书画展等12次大型活动,丰富老同志的晚年生活。加强领导干部下乡住村工作,先后组织5位委领导带领20名处级干部深入岚县普明镇普明村,实地调研指导包村增收工作,为农民增收提供有效帮助。

三、建章立制,强化监督,打造廉洁高效的服务型机关

(一)严明党的政治纪律。按照中央和省委严明党的政治纪律有关要求,从强化党章学习教育入手,组织全体党员干部认真学习新《党章》和习近平总书记在中纪委十八届二次全会上的讲话,严格遵守党的政治纪律,自觉维护中央和省委权威,决不允许"上有政策、下有对策"、"有令不行、有禁不止",坚定不移地按照中央和省委的要求推动山西工业经济转型升级。

(二)全面落实党风廉政建设责任制。认真做好惩防体系建设,在年初全省经信工作会上,把党风廉政建设与业务工作同安排、同部署,将年度反腐倡廉工作任务分解为41项,落实到委党组成员和有关业务处室。委党组与机关处室、行业办和直属单位签订党风廉政建设目标责任状,切实做到"一岗双责"。加强《廉政准则》专题教育,先后5次传达中纪委和省纪委对一批违反中央八项规定典型案件和其他典型案件的通报,组织全体机关干部观看了《蜕变的权力》《失德之害》等廉政警示教育片,进一步提升了党员领导干部廉政意识。

(三)加强重点工作的监督检查。按照省纪委加强对重大决策、重要工作、重大工程监督检查的要求,强化对各类资金管理、项目审批过程的监督检查,在项目上报、审核、论证等环节上主动介入,有效杜绝人情关系、违规批拨和套取项目资金等问题的发生。对2012年项目资金管理使用情况进行抽查,现场查看全省103户企业,127个资助项目,抽查率达21%,对发现的问题,及时督促纠正,确保了项目落地、资金安全、干部廉洁。

(四)认真开展专项治理工作。严格执行中央八项规定和省委四个实施办法,扎实推进专项治理"吃喝不正之风"工作,将全委10余种简报统一编成电子版的《工作动态》,压缩会议次数和开支,全年会议经费同比减少24%,会议减少11次。认真开展会员卡、违规用车、办公用房和清廉过节等专项治理工作,全委系统干部职工全部作了个人会员卡零持有报告,填写了"个人报告承诺书"。按照厉行节约的要求,压缩各项开支、核减各类经费406万元。认真整改省委巡视组的反馈意见,制定方案、明确措施,确保整改工作落到实处。扎实做好举报信访工作,对收到的7件信访案件,及时进行核实处理。

(五)强化机关效能建设。全面实施绩效管理,初步建立

了类别明晰、职责到位的机关内部绩效管理机制，激发了全委干部工作主动性和责任感。对全委行政许可项目和非行政许可审批项目做到“六公开”，提升了依法行政水平。完善行政审批电子监察系统，对审批事项进行全程监察，严控审批时限。将投资额在5亿元(不含)以下的企业投资项目和节能审批事项下放到市经信委备案，取消了行业协会年检初审。对扩权强县试点县、省级转型综改试点县赋予市经信委同等权限。认真开展民主评议政风行风工作，委领导带队参加山西广播电台《政风行风热线》栏目，积极接受广大企业监督，展示了经信委良好社会形象。

（乔丽刚）

附：省经济和信息化委员会党组书记、成员名单

书　记： 胡玉亭(7月离职)　张华龙(7月任职)

成　员： 刘致远(3月离职)　张兵生(4月任职)　朱　鹏　冀明德　陈官虎　胡荣华　高　云(3月任职)　周礼仁　温元伟　杨永辉(6月任职)　薛忠晋(4月离职)

省教育厅党组工作概况

党组书记　张文栋

2013年，在省委、省政府坚强领导下，在教育部的大力指导下，省教育厅党组、高校工委认真学习贯彻党的十八大和十八届二中、三中全会、习近平总书记系列重要讲话精神，深入开展党的群众路线教育实践活动，围绕服务山西省转型综改试验区建设需求，科学谋划，扎实工作，推动全省教育事业取得了长足发展。

一、深入学习贯彻党的十八大和十八届二中、三中全会、习近平总书记系列重要讲话精神，全省教育系统掀起学习热潮

深入学习贯彻党的十八大和十八届二中、三中全会、习近平总书记系列重要讲话精神。年初，省高校工委与省委组织部、省委党校联合举办了两期山西省省管领导干部学习贯彻党的十八大精神集中轮训班，省属高校领导班子成员230余人参加了培训。省高校工委1月下旬举办了高校领导干部学习贯彻党的十八大精神培训班，各高校、厅直中专学校120余人参加了专题培训。邀请省直工委十八大宣讲团来厅机关进行宣讲，并邀请教育部专家作了专题报告，安排120多名处级干部到省直分校参加党的十八大精神专题培训。

二、认真开展第一批群众路线教育实践活动，努力加强机关作风建设

按照中央和省委的统一部署，在省委党的群众路线教育实践活动领导小组和第三督导组的精心指导下，省高校工委、省教育厅党组坚持学习教育为先、坚持开门搞活动、坚持边学边整边改、坚持领导带头，在厅机关和17个直属事业单位、9所高职高专学校、3所民办高校和3所中专学校中开展了教育实践活动，活动涉及1个党组、16个党委、90个党总支、278个党支部，共7421名党员。省高校工委、教育厅把开展教育实践活动作为加强机关自身建设和推进全省教育事业科学发展的难得机遇，高度重视，精心组织，在认真完成规定动作的同时，结合实际创新举措，努力使整个活动取得实实在在的效果。各直属单位、高职高专、民办高校结合实际设计主题，既有规范动作，又有创新动作，顺利完成群众路线教育实践活动三个环节各项目标任务。全体党员、干部的思想认识进一步提高，作风进一步转变，有效地推动了全年各项工作任务的顺利完成。中央第八督导组对教育厅开展党的群众路线教育实践活动给予了充分肯定。省属本科高校和其他省直部门所属高职高专院校共40所也参加了第一批党的群众路线教育实践活动。

三、全面加强山西省高校党建工作，努力提升党建科学化水平

5月13日，省委组织部、省委宣传部、省高校工委联合召开全省高校党的建设工作会议，传达第21次全国高校党建工作会议精神，提出山西省贯彻落实的意见，安排部署今年高校党建重点工作任务。

加强高校干部队伍建设。制定印发了《省高校工委管理的高职高专院校副校级领导干部选拔任免办法（试行）》，对高职高专院校副校级领导干部选拔任免的基本原则、选拔任用条件、程序以及免职作出了明确具体的规定。5月下旬到6月，集中对所属6所高职高专学校副校级领导干部进行了调整补充，共提任了11名副校级领导干部。

加强高校基层党组织建设，对全省66所高校贯彻落实《中国共产党普通高等学校基层组织工作条例》情况进行了专项检查，促进了《条例》在高校的贯彻实施。

加强高校党员队伍建设，重视新成立本科高校和高职高专学校的党员发展工作，重点做好在大学生和青年骨干教师中发展党员工作。

四、深入推进大学生思想政治教育工作和中小学生德育，全省教育系统保持了安全稳定

启动大学生思想政治教育工作测评体系自测工作。深化高校思想政治理论课教学改革工作。在湖南大学、上海大学

建立高校思想政治教育师资培训基地,举办全省高校思政部主任论坛暨素质能力提升研讨会、《中国近现代史纲要》教师高级研修班。完成2013年度山西省高校教学改革项目(思想政治理论课)评审工作,共评选重点项目4项、一般项目12项。制定完成了山西省普通高等学校思想政治理论课教师队伍培养实施方案(2013—2017年)。会同有关部门在全省建立65个青年师生社会志愿服务基地。举办首届辅导员职业能力大赛。成立高校辅导员工作委员会,建立全省高校辅导员培训基地,制订2013-2017辅导员全员培训计划。加强大学生心理健康教育,创建山西省学生心理健康教育网站,聘请10名专家开展网上心理咨询辅导活动。开展第七届全国高校校园文化优秀成果评选活动。开展首届大学生"创业梦大学梦中国梦"微电影大赛活动。建立了高校大学生思想状况观测机制,确定了20个观测单位。

深入推进社会主义核心价值体系建设,把社会主义核心价值体系融入中小学教育全过程。推进"爱学习爱劳动爱祖国"教育活动。开展第二届美德少年评选活动,共评选60名美德少年。组织开展优秀童谣征集活动、加强中小学幼儿园节约教育,开展"爱粮食"征文活动。加强学校心理健康教育工作,组织全省中小学心理健康教育和家校共育调研工作,支持建设11所高中心理健康教育示范校。推进青少年校外教育工作,实施青少年校外活动场所能力建设项目申报工作,争取省财政3247万元的支持资金;开展航海航天模型优秀项目评选活动;举办新建校外活动场所主任培训班;分别召开青少年校外教育太原、晋中、吕梁片区工作会和大同、朔州、忻州片区工作会。

全面加强学校安全能力建设,省政府办公厅下发了《关于加强中小学幼儿园安全能力建设的意见》,省教育厅制定了《在全省中小学幼儿园开展"珍爱生命,规避危险"安全能力建设的实施方案》,提出了工作目标和要求。在太原、晋中、阳泉三市30所小学、28所初中进行《安全》教材试用,编写了以"十防"为主要内容的《学校安全培训与演练指导手册》,成立了山西省学校安全教育中心。10月底教育部在山西省召开了第七届全国中小学安全工作经验交流会,对山西省做法和成绩予以充分肯定。进一步深化"平安校园"建设,全省平安校园覆盖率由2012年的41.7%提高到52.87%。扎实推进学校及周边综合治理专项整治工作,印发了《关于在全省教育系统继续深入开展学校安全专项整治工作的通知》,开展了专项整治活动。加强学校食堂规范化管理,与省食药局联合印发《山西省食堂餐饮安全规范化管理的实施方案》,全面提升学校食堂餐饮安全保障水平。进一步强化安全培训工作,组织全省高校食堂管理人员进行了食品安全培训。做好重点时段和敏感时期学校安全稳定工作,教育系统保持和谐稳定局面。

五、教育事业取得新进展

教育厅党组坚持把教育工作放在全省经济社会发展全局中来思考和谋划,摆在山西经济社会转型跨越发展中来部署和安排,努力提升教育服务山西省转型综改的能力。

在基础教育方面,全省新建、改扩建216所城镇公办标准化幼儿园和546所农村幼儿园,新增学位5万余个,学前三年毛入园率达到80.4%,学前教育三年行动计划任务圆满完成。又有35个县完成农村义务教育薄弱学校改造任务,39个县通过义务教育学校标准化建设省级检查验收,太原市迎泽区通过义务教育发展基本均衡国家认定。27个县级标准化教研室通过省级督导评估验收。全省高中阶段毛入学率达到91%。

在职业教育方面,建成11所国家级中等职业教育改革发展示范校、27个国家级实训基地和60个省级实训基地,3个县级职教中心通过省级督导评估验收。取消14所不合格职业学校的办学资质。进一步优化高职院校专业设置,撤销71个需求不旺的专业点,新增41个紧缺专业点,遴选出56个省高职品牌专业,涌现出一批国家级和省级精品课程。举办了省职业技能大赛,参加全国大赛取得好成绩。

在高等教育方面,强力推进新校区建设,秋季开学9所高校近7万名师生如期入驻。积极实施"131领军人才计划",全省高校聘请了43名院士,遴选出207名知名学者、学术带头人和469名中青年骨干人才,有力促进了办学水平提高。优化布局,适应以煤为基、多元发展的需要,大力推进山西能源学院筹建工作,推动中北大学、太原科技大学分别在朔州市和晋城市建立校区,实现了普通本科教育设区市全覆盖。围绕山西省支柱产业和产业转型升级,优化学科专业布局,重点支持高校加强建设煤炭能源类和煤层气等特色专业。新获批15个国家本科专业综合改革试点专业、6门国家级精品资源共享课、14个国家级大学生校外实践教育基地,确定了一批省级特色专业、教学改革项目和大学生创新创业训练项目,确定太原理工大学等4所高校的采矿工程等6个专业为服务转型综改试验区专项特色专业建设项目。新增太原师范学院为硕士学位授予单位、长治医学院为培养专业硕士试点单位。建设培育20个高校创新基地。高校承担国家自然基金和国家社科基金的项目数、项目经费均占全省的92%以上。高等教育毛入学率达到34%。

在教师队伍建设方面,招聘特岗教师1916名,安排到758所农村学校任教。培训中小学教师5万名。启动"山西省中小学教学名师培养计划",首批培养150名专家型名师。深化中小学教师职称制度改革,评选出首批中小学正高级教师23名。积极开展并启动教师资格考试改革与定期注册试点工作。

六、积极解决教育热点难点问题,大力促进教育公平

出台规范学校办学行为12条规定,有效解决中小学"择校"和"大班额"现象。推广晋中经验,促进均衡发展,教育部在我省召开全国义务教育均衡发展现场会。关注弱势群体受教育权益,实现了农民工子女在流入地参加中考。严格实施高考"阳光招生",将平行志愿扩大到二本,得到人民群众的

认可。启动实施了"1+3"毕业生就业工作方案,全省高校毕业生初次就业率达到70%。

（薛　敏）

附：省教育厅党组书记、成员名单

书　记：李东福(3月离职)　张文栋(3月任职)

成　员：吴俊清(4月离职)　贾坚毅(12月离职)
张卓玉　王李金(4月离职)　赵庆华
王　云　李秋柱(12月离职)　张培良

省科技厅党组工作概况

党组书记　贺天才

2013年,省科技厅党组认真学习贯彻党的十八大和十八届三种全会精神,在省委、省政府的坚强领导下,以转型综改试验区建设为统领,在"以煤为基多元发展"的重点科技政策激励、重大技术创新、重要服务支撑能力的建设等方面都取得了新的突破和提高,圆满完成了省政府各项重点工作目标任务。根据科技部的科技进步综合水平报告,山西省居第19位,比上年度前进了一位。尤其是科技促进经济社会发展进入13位,提高了4位。争取科技部项目经费5亿元,专利申请量比上年同期增长13.7%。全省R&D经费投入总额132.3亿元,比上年增长16.7%,R&D占GDP的比例达到1.09%。

一、重点工作情况

(一)编制完成了《山西科技创新城建设总体方案》。与太原市、晋中市及省有关部门通力合作,充分调研,就国内外创新城、创新园区的体制机制、政策环境以及建设路径,进行了对比研究,征集科技需求,形成了总体方案。开展了如《山西科技创新城科技发展规划》、《山西科技创新城科技综合服务平台建设方案》等编制工作。

(二)狠抓了高新技术产业开发区的建设。推动太原国家级高新区扩区,由8平方公里增加到20.9平方公里。通过"以升促建",加快长治高新区扩区升级步伐,科技部专门进行了认定前的考察。积极培育省级高新区,阳泉、晋城、吕梁的园区各有特色。中北国家大学科技园顺利通过复审,"多校一园,一园多区"的建设模式得到科技部的肯定。吕梁军民融合协同创新研究院,开展的微小卫星、无人机系统、能源互联网、高性能云计算等四个项目池建设顺利。逐步构建起山西省特色的高新技术产业基地和企业集群。

(三)大力推进科技与经济的密切结合。着力搭建产学研合作的桥梁,6月份,与太原市联合开展了中科院系统的"百所对百企"项目对接活动。11月份,面向全省开展了"百校百企"科技合作与项目对接活动,提供项目2260个,参与企业470家,累计签约项目117个,项目投资额度8.4亿元。

(四)强化科技政策的落实培训。省委省政府出台了《关于深化科技体制改革加快创新体系建设的实施意见》,其中包含21条创新激励政策。为了把这些创新政策真正落地和取得实效,厅党组开展了一系列培训活动。一是高新技术企业上市培训,105家企业参加；二是中小企业技术创新基金培训132个项目8490万基金获批,比2012年翻了一番还多。三是高新技术企业认定培训,新认定90家,有41家已经通过科技部备案。四是国家新药创制专项培训,4个项目获批国家重大专项。

(五)创新科技投融资机制。调动大型骨干企业技术创新的积极性,与晋煤集团联合每年共同出资1000万元,组建了"煤层气联合研究基金",与振东药业、山西中医学院联合组建了振东基金,基金总额1800万元。配合省金融办制定出台了《山西省科技金融改革创新试点方案》。大力推进科技保险工作,试点推出"高新技术企业财产保险一切险"、"高新技术企业产品责任保险"、"高新技术企业团体人身意外伤害保险"等险种。省科技担保基金公司正式成立,投入1亿启动资金。省创业风险投资引导基金全面运作。经省政府批准由国信集团承办成立山西省股权交易中心,帮助中小企业实现股权交易,解决融资难题。

(六)精心凝练实施了科技重大专项,核心关键技术有了新的突破。煤层气技术创新上,U型井的钻井和排采技术、液氮压裂增产工艺等多项关键技术取得成功。研制出煤层气脱氧催化剂,开辟了含氧煤层气综合利用新途径。煤炭绿色高效转化上,阳煤集团世界首台商业规模水煤浆水冷壁气化炉开发成功,解决了气化的问题。顺酐加氢连续生产丁二酸酐相关催化剂及催化工艺打破了可降解塑料方面的技术垄断,3000吨级放大中试工艺包编制完成并通过专家审查,为延长煤化工产业链创造了条件。固废物综合利用创新上,吕梁森泽煤矸石综合利用项目打通了氧化铝提取工艺改通道进,目前已进入连续试生产阶段。朔州市在粉煤灰的利用上,开辟了新的工艺路线,为粉煤灰利用的产业化提供了新的可能。太钢与美国哈斯科公司共同投资建设的150万吨钢渣综合利用项目已在太原市阳曲县落地。山西省成为全国仅有的三个节能减排科技示范省之一。装备制造技术创新上,太重集团75立方大型矿用挖掘机、长治双循环全流低温发电机组成功下线。此外,在新产业的培育上,基于新一代显示技术的激光投影机开发成功,高容量动力锂离子电池实现了试生产等。全省20个转型综改项目,有9个是科技重大专项前期支持培育的。

(七)农村农业科技创新成效显著。国家科技支撑计划"F

型三系杂交小麦研究与应用"项目全面启动,有关院士专程考察指导并给予高度评价。晋汾白猪新品种培育与应用取得突破,并在全省8个地市21个县区推广。实施了省"百千万"科技富民强县和成果转化标杆项目150项,"杂粮高效生产关键技术研究与示范"进入国家科技支撑计划;叶面营养防控枣裂果技术研究取得阶段成果,形成了枣丰宝防控枣裂果技术体系。覆盖全省的现代农业示范园体系基本形成。运城国家农业科技园区建设工作有序推进,入驻企业20家。晋中农业科技园区通过评估专家组评估,在26个在建国家农业科技园区评估中排名第8位,被科技部列为"国家科技特派员农业科技创业基地"。吕梁农业科技园区获批第五批国家农业科技园区。14家省级农业科技园区建设特色明显,入驻企业100余家,示范带动作用显著。

(八)科技惠民工作涌现出新的亮点。在全国率先设立了省级科技惠民计划,成功跻身首批3个国家科技惠民试点省行列。首批2项国家级和5项省级项目开始实施,总投入达1.76亿元,其中国家、省级财政支持总额达到3949万元,直接受益人群达100万人。促成国际第四代基因诊断技术落户山西,并正在建立新生儿出生缺陷防控体系试点。可持续发展实验区建设取得新突破,国家可持续发展实验区数量达到7家,省级可持续发展实验区15家。

(九)大力创新科技组织模式。加大部省会商力度,省政府有关领导亲赴科技部商定了山西科技创新城建设、气化山西、低碳经济、新能源汽车四方面的议题。加强与国内外各层次的科技合作,分别与山东、安徽、天津及中科院、中国工程院、中国航天科工集团签署了战略合作框架协议。组织成立了全省重点实验室联盟,设立了"山西省青年科学论坛"。"高粱产业技术创新战略联盟"获批国家技术创新战略联盟,"黄芪产业技术创新战略联盟"获批国家产业技术创新战略重点培育联盟。新组建成立煤机装备、新能源锂电、桑产业等3个省级产业技术创新战略联盟(试点)。太原不锈钢产业集群和榆次液压产业集群被认定为国家创新型产业集群试点等。3家国家科技企业孵化器获批。围绕重点产业、战略性新兴产业、特色优势学科领域新成立25个省科技创新团队,团队总数达到50个。

二、领导班子和干部队伍建设情况

(一)大力加强党支部和党员队伍建设。全年新组建2个党支部,对机关和直属单位的4个支部进行了调整充实。以建立学习型机关为途径,坚持一年至少6次中心组学习的制度化、规范化。全年共召开党组中心组学习会11次。继续组织干部理论在线学习。组织机关公务员、直属单位处级干部赴浙大进行"创新驱动与转型跨越"进行科技创新培训。组织了机关干部五项全能比赛。有2名同志参加了全省决赛,其中1名同志获得了党的知识竞赛单项第四名的好成绩。

(二)切实提高广大党员干部思想建设。厅党组对厅系统深入学习宣传贯彻党的十八大精神进行具体部署。组织各直属党委和支部深入学习领会十八大报告、新党章和习近平总书记一系列重要讲话精神。组织厅系统党员到山西博物院集体参观了"永远的旗帜——中共一大至十八大专题展览"。尤其是积极组织开展领导干部讲党课、一会三课和写学习心得体会等活动。厅党组成员在厅机关全体党员大会上上了党课。15个直属单位支部分别组织了党课教育活动。积极开展党的群众路线教育实践活动,做好学习、调研、查摆"四风问题"和整改立制等规定动作。同时,让每一个党员真正参与进来,真正把党的群众路线教育实践活动落在实处。在中秋和国庆节,组织了处级干部和直属单位党政"一把手"开展接地气、知民情大调研活动,利用回乡、出游、访友等空隙时间,广泛深入群众一线,面对面听取群众意见,了解群众所需所盼增强了党员干部"为民务实清廉"的理念。

(三)大力开展精神文明建设。按照省直工委要求,积极开展了科技厅系统第二届"读书月"活动。以提高全厅党员干部素质为目标,围绕"读、写、讲、用"四个环节,组织全系统干部职工读好书,培养好读书的良好习惯,取得了预期效果。组织参加了省直机关第九套广播体操比赛,获得优秀奖。积极组织党员干部参与社会公益活动,开展了"博爱一日捐"、"送温暖、献爱心""慈善情暖万家"等社会捐助活动,共捐款36000元。在汾西县永安镇马沟村继续进行持续驻村帮扶,一些科技厅对口帮扶项目均取得好的进展。

(四)进一步加强政风行风作风建设。印发了《山西省科技厅机关工作人员行为规范》、《"吃拿卡要"专项治理宣传页》,通过制度规范,流程再造,促进了科技管理、服务环境的大力改善。致力于科技管理部门作风的进一步转变,坚持领导班子、领导干部带头,从我做起、从细节做起,在践行为民服务宗旨,加强廉洁自律上自觉行动,在深入基层调查研究,解决实际问题上收到效果,把一切为了科技创新,一切为了转型跨越发展真正落在实处。在全省目标责任考核中,科技厅连续四年获得省直单位优秀称号。

(蔡颖鑫)

附:省科技厅党组书记、成员名单

书　记:贺天才

成　员:张新伟　王　宏　郭春林

专项行动和“客运安全年”活动，确保了全省道路交通安全畅通。

省公安厅党委工作概况

党委书记 刘 杰

2013年，省公安厅在省委、省政府和公安部的正确领导下，厅党委认真贯彻落实党的十八大和十八届三中全会精神，团结带领全省公安机关和广大公安民警，紧紧围绕全省工作大局，坚持“五个一”工作思路，以建设平安山西、法治山西为目标，以“五大体系”建设为抓手，大力推进民生警务、亲民公安建设，有力维护了全省社会和谐稳定，进一步提升了公安工作和队伍建设水平。

一、充分发挥职能作用，全力维护社会稳定

（一）全力确保社会政治稳定。切实加强情报信息搜集研判工作，全面落实管控措施，统筹推进反渗透反颠覆反分裂反恐怖斗争，严密防范、严厉打击了境内外敌对势力、敌对分子和法轮功等邪教组织的渗透破坏活动。

（二）深入开展矛盾纠纷排查调处工作。围绕重点利益诉求群体积极开展矛盾纠纷排查调处和重点人稳控工作，及时化解和劝阻赴省进京集体访。建立重大事件、重大事故应急处置预案库和专家库，强化应急处置工作，妥善处置了172起因人民内部矛盾引发的群体性事件，没有发生因处置不当而激化矛盾的问题。以“抓源头、打基础、强机制、促规范”活动为抓手，重点围绕源头治理、基础建设、体制机制和组织协调四个方面，集中解决信访突出问题。全年，上级交办的81起重点信访案件已结案70起，结案率为86.9%。

（三）有效维护社会治安大局稳定。大力实施“六六创安”工程，全面开展侦破命案、打黑除恶、破案追逃等“六大战役”，始终保持对严重刑事犯罪的高压态势，共打掉黑社会性质犯罪组织4个、恶势力犯罪集团127个；现行命案侦破率达到96.43%；抓获各类逃犯12319名。特别是成功侦破汾西县“8·24”恶性伤害儿童案件、太原市“11.06”爆炸案件等重特大案件，有效遏制了刑事犯罪高发的势头。组织开展社会治安“六项整治”，消除了一大批治安隐患。深入开展治爆缉枪和清爆攻坚专项行动，收缴了大批非法爆炸物品，爆炸事故起数、死亡人数同比分别下降66.7%和72.7%。扎实开展消防安全大检查，努力消除火灾隐患，有效遏制了群死群伤等重特大火灾事故的发生。紧紧围绕“防事故、保安全、保畅通”目标，积极开展“大排查、大教育、大整治”货车违法行为专项行动和“客运安全年”活动，确保了全省道路交通安全畅通。

二、积极推进民生警务，主动服务人民群众

坚持以民意引领警务，把群众的安全感和满意度作为衡量和检验公安工作的根本标准，扎实推进民生警务、亲民公安建设。在组织开展“走基层、察民情、解民忧、创满意”大走访活动的同时，充分利用科技信息化手段，在互联网上开通了省、市、县三级公安机关统一设置标准、统一工作规范、统一服务要求的上下互通的综合性便民服务网站群——山西公安便民服务在线，形成了全国规模最大的公安便民服务网站群。山西公安便民服务在线集亲民热线、短信平台、互联网门户网站、3G手机版四位于一体，由信息发布、业务办理、交流互动、考核评测四大板块20多个栏目组成，为群众提供信息查询、咨询投诉、交流互动、网上预约、在线申办等服务。访问量累计1970万人（次），受理、办结人民群众提交的各类业务34787件，回复各类咨询求助5万余件，通过便民公告、案件快递等栏目发布信息1万余条，亲民热线共接到群众咨询求助来电9990余次，平台为群众发送信息告知300余万条，群众在网上留下好评8万余条，网上满意率达98.9%。年底，又在全省公安机关组织开展了以“转变观念、转变作风、转变态度”、“送服务到企业、送服务到社区、送服务到农村”、“提升打防管控能力、提升服务质量和效率、提升公安机关形象”为主要内容的“三转变三服务三提升”民生警务实践活动，进一步推进民生警务的深入开展。全省公安机关推进民生警务、亲民公安建设的做法，得到了公安部和省委、省政府有关领导的充分肯定，并先后作出重要批示。省厅政务微博分别入围全国“十大公安系统机构微博”和“百大政法微博”。忻州市公安局荣获全国第八届“人民满意的公务员集体”。

三、大力加强基层基础建设，夯实公安工作根基

（一）深入推进信息化建设。以“金盾工程”二期建设为契机，加强顶层设计，组织实施了“警务云”系统建设，搞好统筹协调，深化实战应用，注重安全防护，加快推进纵向贯通、横向集成、互联互通、安全可靠的信息化体系。全面落实基层民警信息采集责任，加强实时采集和动态录入，不断提高动态化、信息化条件下基层基础工作的层次和水平。

（二）深入推进执法规范化建设。出台《关于大力开展五个推进活动进一步加强执法规范化体系建设的意见》，建立民警学法激励机制，规范现场执法和场所执法活动，落实执法质量考评制度，组织专项执法检查和执法问题整改，加强民警执法规范化培训，有力推进了执法规范化建设，提升了公安机关的执法公信力，在全国公安机关法制员业务技能竞赛中，获得总成绩第三名和竞赛二等奖。

（三）继续深化派出所和城乡社区警务建设。认真落实《关于进一步加强新形势下公安派出所和社区警务工作的意见》，加强对全省派出所和社区警务工作的督导，从警务机

制、警力配置、执法办案、基层保障、内务管理、群众满意度等方面进行考核，确保按时按标准完成各项任务目标。

(四)切实加强实有人口服务管理工作。省政府出台《山西省流动人口服务管理办法》，按照“以房管人，以业管人”的原则，推进流动人口服务与管理工作社会化，积极稳妥推行居住证制度，发放纸质居住证8.8万余本、IC卡居住证60余万张。积极推进户籍制度改革，省政府办公厅印发了《关于积极稳妥推进我省户籍管理制度改革的通知》，省公安厅制定了《山西省常住户口登记管理规定》，进一步规范全省户口登记管理工作，保障公民合法权益，为推进转型综改试验区建设发挥了积极作用。

(五)全面推进“六网覆盖”工程。科学规划视频监控建设，及时跟进科技防控手段，加快实施以视频监控为主线的“六网覆盖”工程，全省新增视频监控13000余处，正在建设的有3万余处，新建治安、交通卡口2000余个，努力构建打防管控一体化的社会治安防控格局，积极预防违法犯罪活动。

四、狠抓公安队伍建设，不断提升整体素质

(一)扎实开展教育实践活动。按照中央和省委的统一部署，在省公安厅扎实开展党的群众路线教育实践活动，按照“照镜子、正衣冠、洗洗澡、治治病”的总要求，以为民务实清廉为主题，以反对“四风”为重点，以改作风、创满意、保平安为目标，立足“聚焦作风建设、解决突出问题”，坚持学习教育突出主题，征求意见广开言路，领导带头注重实践，立行立改建章立制，力求规定动作不折不扣，自选动作富有特色，确保了教育实践活动的健康发展。同时，在全省公安机关组织开展“三个怎么办”和“为何从警，如何做警，为谁用警”大讨论活动，使广大公安民警进一步增强了宗旨意识和群众观念，牢固树立了民生警务的理念。

(二)认真做好干部选拔任用工作。4月份，厅党委按照干部管理规定和程序，对厅机关193名科级干部进行了职级调整。为确保干部选拔任用工作的公平公正，厅党委坚持公开公正、注重实绩的原则，认真谋划，精心组织，确保了选拔任用工作程序严谨，监督到位，纪律严明，调动了机关干部的工作积极性。

(三)大力加强纪律作风建设。坚持从严治警，标本兼治，建立队伍管理长效机制，努力实现群众满意度不断提高、民警违法违纪率逐年下降的“一高一低”目标。先后制定出台《关于加强党委班子建设的意见》《关于改进工作作风的九项规定》《党员领导干部廉洁从警若干规定》《关于严格查处公安民警“七涉”等违法违纪问题的规定》，并在全省公安机关部署开展争创“无违法违纪单位”、“尊重红绿灯、警车做标兵”和以整治领导作风“软懒散”、队伍纪律“稀拉松”、服务群众“冷硬横”、内务管理“脏乱差”为主要内容的“四项整治”活动。同时以“零容忍”的态度，严查队伍中违法违纪案件。

(四)着力构建和谐警营。坚持“带兵要狠、爱兵要深”的管理理念，深入推进“双联双建”活动，认真落实从优待警各项措施，着力构建“快乐工作，幸福生活”的和谐警营。部署开展政工“暖警”活动，在全省公安机关启动实施了异地分居民警夫妻“团圆计划”，解决了100余名民警的异地分居问题。在公安信息网上开通了“厅长信箱”、“服务之窗”和“政工直通车”等栏目，切实了解基层情况、倾听民警心声、解决民警困难，努力激发广大公安民警的内在动力和工作热情。

(李晶辉)

附：省公安厅党委书记、副书记、委员名单

书　记：刘　杰

副书记：任鸿太(4月离职)　成振林(4月任职)　李玉生(4月任职)

委　员：雷党辰　边智慧　张立刚(5月任职)　周培斌(5月任职)　李喜春　段绪忠　贾继武　李亚力(1月免职)

省民政厅党组工作概况

党组书记　薛维栋

2013年，省民政厅在省委、省政府的坚强领导和有关部门的大力支持下，厅党组深入学习贯彻党的十八大和十八届二中、三中全会精神，坚持以科学发展观为统领，紧紧围绕全省转型跨越发展和国家综改区建设的战略部署，认真践行“以人为本、为民解困、为民服务”的工作宗旨，全面加强思想建设、组织建设、作风建设和制度建设，不断增强党的凝聚力和战斗力，注重发挥广大党员的先锋模范作用，努力开创党建工作新局面，有力地促进了年度各项目标任务的圆满完成，为全省经济社会协调发展做出了积极贡献。

一、深入开展党的群众路线教育实践活动，转变工作作风，提升服务能力，机关建设开创新局面

按照中央和省委的统一部署，省民政厅党的群众路线教育实践活动于8月2日正式启动。在省委教育实践活动办和省委第五督导组的关怀帮助和严格督导下，省民政厅党组紧扣为民务实清廉主题，聚焦作风建设，坚持吃透政策原则，把握进度节奏，严格执行标准，突出民政特色；坚持“一把手”亲

自抓，领导干部做表率，注重发挥示范引领作用；坚持从严要求，强化督导，精心组织；坚持"开门"搞活动，充分依靠群众，主动接受群众监督，着力解决形式主义、官僚主义、享乐主义和奢靡之风"四风"问题，严格按照"学习教育、听取意见，查摆问题、开展批评，整改落实、建章立制"三个环节，围绕十二项具体任务，一个环节一个环节推进，一项任务一项任务落实，坚持做好规定动作，努力创新自选动作，教育实践活动实现预期目的，收到明显成效。

（一）更加深刻地认识到"四风"危害性，改进作风的责任感和紧迫感进一步增强。通过学习教育，全厅党员干部对"四风"的具体表现有了更清晰的把握，对"四风"问题严重损害党在人民群众中的形象、严重损害党群干群关系有了更加清醒的认识，一致认为党风关系党的形象、关系人心向背、关系党和国家生死存亡，反对"四风"、弘扬正气一丝都不能放松、一刻都不能停顿，践行群众路线、切实转变作风的自觉性和积极性显著增强。

（二）在认真查摆、深刻剖析"四风"突出问题中，党性得到进一步锤炼。在教育实践活动中，全体党员真正把自己"摆"进去，对照理论理想、党章党纪、民心民声、先进先辈"四面镜子"，深刻检查在"四风"方面存在的突出问题，认真剖析在理想信念、党性修养、宗旨意识以及纪律观念方面存在的差距，以整风的精神开展批评和自我批评。大家普遍反映这次教育实践活动是一次严肃的党内生活，是一次自我净化、自我完善、自我革新、自我提高，通过"照镜子、正衣冠、洗洗澡、治治病"，党性得到了增强、思想得到了升华、灵魂受到了触动，更加明确了作为一名党员领导干部、作为一名党员的责任、义务和担当，更加坚定了共产主义理想信念。通过活动，凝聚了人心，促进了团结，树立了正气，广大干部职工精神风貌有了明显变化，机关氛围有了新气象。

（三）从"四风"最突出问题抓起，为民务实清廉的良好作风进一步形成。始终坚持边学边改、边查边改、立说立行，有什么问题就解决什么问题，什么问题突出就解决什么问题，做到即知即改、小有小改、大有大改，作风明显改变。针对为基层办实事不够的问题，部署在全省开展了为优抚对象巡诊服务活动，1200名优抚对象受益，推进建设了1217所农村老年人日间照料中心。针对文件多、会议多等问题，及时修订制度，下力气精简，发文、会议分别比2012年减少120件、61个。针对服务效率有待提高的问题，简化了基金会审批手续，缩短了审批时限。针对重工作部署、轻督促落实的问题，及时组织开展了对有关重要文件和重要工作的督促检查。针对有超标准配备办公用房、用车现象的问题，及时清退违规和超面积占用办公用房以及18辆违规公务用车，在省直机关中做到了早安排、早动员、早行动、早落实、早见效。针对对干部职工生活关心不够的问题，厅党组从方便饮水、调剂伙食、搞好环境卫生等一件件小事入手，努力为干部职工创造良好的工作生活环境。

（四）修订完善相关制度，作风建设长效机制进一步健全。围绕解决"四风"方面突出问题，致力于建立长效机制，在对原有制度进行认真梳理的基础上，按照于法周延、于事简便的原则，制定修订了厅党组中心组学习、调查研究、督查督办、行政过错责任追究、领导干部谈心谈话、厅领导接待群众上访、重大决策调研论证、业务会议费和公用经费管理等25项制度，基本形成便于遵循、便于落实、便于检查的制度体系，努力建设反对形式主义、官僚主义、享乐主义、奢靡之风的长效机制。

（五）深化和巩固活动成果，党风廉政建设深入推进。厅党组把教育实践活动作为加强党风廉政建设的一个新起点，认真落实党风廉政建设责任制，不断健全反腐倡廉责任体系。开展了孤儿保障、优抚、流浪乞讨人员救助管理等政策落实及资金使用情况的执法检查。会同省高检出台《关于加强民政系统预防职务犯罪工作的实施意见》。严格落实中央"八项规定"和省委四个"实施办法"，认真组织专项治理工作，深入开展民主评议政风行风活动，积极推进政务公开，自觉接受社会监督。

二、明确责任，狠抓落实，圆满完成年度各项目标任务

厅党组坚持把教育实践活动与完成年度各项工作目标任务相结合，两手抓、两促进，把全体党员、干部在活动中激发出来的工作热情和进取精神转化为做好工作的动力，努力提高城乡社会救助水平，有效开展救灾减灾，全面加强优抚安置双拥工作，深入推进城乡社区建设，大力发展社会福利事业，积极创新社会组织管理，稳妥推进行政区划调整，切实加强专项社会事务管理，统筹推进各项工作，全面履行了保障民生、落实民权、维护民利的核心职责，纳入省目标责任考核的创新工作、转型综改的四项任务和全年各项民政工作任务全面完成，实现了教育实践活动与业务工作的两不误、两促进。教育实践活动促进了作风转变，作风转变促进了各项工作开展，全年优异的工作成绩彰显了教育实践活动的成果。

（一）勇于探索，开拓进取，创新工作和转型综改任务取得显著成绩。一是创新城乡低保工作，困难群众救助水平大幅提升。城市和农村低保人均月保障标准提高了30元、24元，分别达到了351元、181元，保障城乡低保对象87.4万人、151万人。认真贯彻落实国发45号文件，积极争取省政府出台了《关于切实加强和改进最低生活保障工作的意见》《低收入家庭经济状况核对办法》《低收入家庭认定办法》。推动阳泉、大同等6市开展了收入核对试点工作，超额完成30%以上市建立核对机制的任务，达到了55%。二是创新社会组织管理体制，四类社会组织直接登记和社区社会组织备案登记制度全面展开。会同省综治办下发《创新社会组织登记管理的意见》《社区社会组织备案登记管理暂行办法》，全面建立了行业协会商会类、科技类、公益慈善类、城乡社区服务类四类社会组织直接登记和社区社会组织备案登记制度，分3期对330名社会组织及登记管理工作人员进行了培训，召开两次专题会议对直接登记和备案登记进行宣传引导。全

年省级新登记设立各类社会组织50家,共有1185家社会组织参加年检,年检率达88%。三是创新农村养老服务模式,农村社区老年人日间照料中心建设任务超额完成。大力推广运城市盐湖区和平陆县经验,全省新建1217个农村老年人日间照料中心,“新建500个”的任务超额完成143%。这项工作在民政部、财政部联合召开的中央彩票公益金支持农村幸福院工作视频会上进行了经验交流。新建的10个县级福利服务中心全部完工。深入开展了个人和民办机构收留孤儿大排查,集中和散居孤儿每月1000元和600元的生活费标准全部落实,1.6万名孤残儿童的合法权益得到有效保障。四是积极服务全省转型综改区建设,行政区划调整工作稳妥推进。重新启动停滞近10年的县级以上行政区划调整工作,指导完成了大同市中心城区的城、郊、矿区行政区划调整,运城市临猗县撤县设区,怀仁县、襄垣县、灵石县撤县设市行政区划调整请示和社会稳定风险评估的报告,并及时完成了相关审理工作。起草完成《山西省设镇暂行标准》。此项工作被省综改办筛选为9项拟加快推进、总结提炼,并逐步在全省推广的典型。

(二)全面履行职责,突出重点,统筹推进,工作任务指标全面完成。一是自然灾害救助扎实有效。积极应对低温冷冻、干旱、洪涝、风雹等自然灾害,下拨救灾资金3.84亿元,救助受灾群众345万人次。特别是7月份我省发生特大洪涝灾害后,及时报请民政部启动四级响应,争取救助资金9000万元,有效保障了灾民基本生活。制定出台了《山西省自然灾害生活救助资金管理使用办法》,广泛开展了“防灾减灾日”宣传和综合减灾示范社区创建工作,大力推进了各级救灾物资储备库建设。二是双拥优抚安置工作成效明显。落实资金1.87亿元,维修改造21426座零散烈士墓、1141座烈士纪念设施。连续7年大幅提高部分优抚对象抚恤、生活补助以及护理费标准。下拨各类优抚经费10.92亿元,保障重点优抚对象20.8万人。优抚对象信息系统实现部、省、市、县四级联网。大力推进退役士兵安置改革,自主就业退役士兵职业教育和技能培训工作全面落实,8119名自主就业退役士兵有5098人入校参训、4700人获取资格证书、4119人就业,政策知晓率达100%、参训率达63%、获证率达92%、就业率达81%。721名第五批军队无军籍退休职工接收安置任务全部完成。以纪念延安双拥运动70周年为契机,广泛开展了双拥宣传教育和双拥共建活动,促进了军民融合式发展。三是基层政权和社区建设深入推进。深化村务公开民主监督,完善村务公开目录,普遍开展了“村务公开日”活动。深入推进社区“网格化”、“三有一化”建设,社区基础设施和干部工资分别比上年提高23.7%和24.2%,创新指导社区换届、社工招聘及培训,启动社区文化节活动。选择6个县举办6次全省农村社区观摩式现场推进培训会,平陆等四县被民政部命名为全国农村社区全覆盖示范单位。四是地名和界线管理工作进一步加强。《政区大典》编撰工作进展顺利。开展申报地名文化遗产认定评选活动,对申报“千年古县”的沁水县进行了审核上报、阳曲县进行了调研指导、平定县进行了资料审核。完成1条省级、4条市级、42条县级界线的联检任务。五是专项社会事务管理服务更加规范。殡葬改革取得重要突破,对1984年划定的全省火葬区进行了调整,由原来19个县(市、区)扩大为93个县(市、区)。出台免除城乡困难群众基本殡葬服务费的惠民政策。组织完成了清明祭扫工作和“行风建设月”活动。深入开展“流浪孩子回校园”专项行动,全年救助流浪乞讨人员7万多人次。全年办理婚姻登记约38万对、涉外婚姻登记120对、涉外送养登记152例。

(王文广)

附:省民政厅党组书记、成员名单

书　记:周明定(3月离职)　薛维栋(3月任职)

成　员:王卫东　何耀光(3月离职)　何子义　游　炜　许富昌　李太平　王进龙

省司法厅党委工作概况

党委书记　崔国红

2013年,省司法厅党委深入贯彻落实党的十八大、十八届三中全会和习近平总书记一系列重要讲话精神,紧紧围绕省委中心工作部署,以开展党的群众路线教育实践活动为载体,认真贯彻落实中央“八项规定”,实事求是、与时俱进,以改革创新的精神推进全省司法行政系统党建工作,为各项任务完成提供了坚强有力的思想政治保证和组织保证。

一、坚持党对司法行政工作的领导

(一)组织广大司法行政工作者深入学习中国特色社会主义理论体系,深入学习社会主义法治理念,自觉培育和践行社会主义核心价值观,牢固树立共产主义远大理想和中国特色社会主义信念。自觉增强政治敏锐性和政治鉴别力,始终保持政治上的清醒和坚定,确保司法行政工作社会主义政治方向。坚决贯彻执行党的有关路线、方针和政策,决不允许上有政策、下有对策,有令不行、有禁不止。建立健全了重大事项向党委报告制度、党委在执法司法中发挥政治核心作用制度等,确保了政令畅通,形成了上下步调一致、奋发进取的强大力量。

(二)积极创新律师行业党的领导体制和工作机制,全面加强党对律师工作领导。一是管方向,确保律师中国特色社会主义法律工作者的本质属性和律师工作正确的政治方向;

二是管全局,负责律师工作发展的中长期规划;三是管大事,管理指导律师行业发展重大事项、重要人事安排;四是管党建,加强党建工作和党风廉政建设。这一做法,得到了省委省政府充分肯定。各市司法局也结合各自实际,加强了党对律师工作的领导。

二、扎实开展党的群众路线教育实践活动

(一)厅党委将开展群众路线教育实践活动作为重大政治任务,紧扣"为民务实清廉"活动主题,以贯彻落实中央八项规定为切入点,聚焦解决"四风"问题,充分发挥主要领导"六个带头"作用,扎实推进各个环节工作:在学习教育上,坚持"九个突出"要求,把学习教育贯穿活动始终,不断增强党性宗旨意识;在征求意见上,坚持开门搞活动,通过召开各类座谈会、下基层调研、开设意见箱和网上邮箱等多种方式,广泛征求群众意见建议;在问题查摆上,厅领导带头揭短亮丑,召开了高质量的专题民主生活会,认真开展批评和自我批评;在问题整改上,坚持边学边查边改,立行立改解决"四风"突出问题,部署开展了法律援助便民专项行动等"5+3"自选动作,推动解决了一批难点、热点工作问题;在建章立制上,废、改、立相结合,在清理规章制度的同时,新制定了一批转变工作作风、密切联系群众的规章制度。通过活动开展,带动工作作风进一步转变,干群关系进一步密切,为民务实清廉形象进一步树立。

(二)通过近半年扎实认真的教育实践活动,全省司法行政工作更加务实,各级干部群众工作能力和水平不断提高,作风更加扎实,党群关系更加密切。在完成确定的14项立整立改问题外,以贯彻落实中央"八项规定"为切入点,从维护党的政治纪律高度出发,采取有力措施,切实做到了令行禁止:倡议压缩会议活动,节俭朴素办会。精简会议次数和规模,压缩会议日程和内容,召开会议活动比去年同期下降了40%。控制文件简报,压缩数量和数字。深入基层调研,掌握实情民意。轻车简从下基层开展检查调研,现场帮助解决基层困难和实际问题,倾听群众意见和建议,下基层时间比去年同期增加了45%,工作更加务实。去除繁文缛节,简化公务接待。严格公务接待标准和范围,带头杜绝超标准接待,业务招待费用比去年同期下降了50%以上。规范车辆使用,改进警车管理。组织开展警车专项整治行动,领导带头遵守公务车辆使用规定,有效制止了违规使用公务车辆行为。带头清退超标准办公用房。厅机关9位班子成员带头退出超面积占用公务用房180多平方米。

三、全面推进队伍建设"基础工程"

(一)加强思想政治建设。通过党委中心组学习,支部学习,邀请省委党校教授、十八大党代表辅导,厅领导上党课等多种形式,帮助干警深刻领会党的十八大、十八届三中全会精神,用中国特色社会主义理论体系武装头脑,坚定政治立场。

(二)加强业务能力建设。以提升监所民警和社区矫正工作者执法能力为重点,组织开展了多层次的教育培训活动和经常性岗位练兵活动,深入推进了执法规范化、标准化建设,队伍专业化、职业化、正规化水平进一步提升。

(三)加强作风建设。扎实开展党的群众路线教育实践活动,积极为群众解难事、办好事、做实事,为民务实清廉的工作作风得到了进一步树立。深入开展了领导干部包村增收扶贫工作,帮助包扶村制定落实了"五好村庄"的发展规划,人均收入5000元的目标提前实现。

(四)加强干部选拔培养。省厅选派了厅机关3名处级干部、13名科级干部到基层挂职锻炼,组织处级干部赴浙大参加综合素质提升班学习,2次举办了机关干部"学习周"活动。按照德才兼备和公开、公平、公正原则,指导全系统处级干部选拔任用工作,新提拔处级领导干部61人,优化了领导班子年龄、知识、专业结构,增强了班子凝聚力和战斗力。

四、深入开展党风廉政建设和反腐败工作

(一)落实党风廉政建设责任制,强化反腐倡廉宣传教育。全系统各级各单位把党风廉政建设责任制作为推进反腐倡廉工作的一项根本制度,坚持把反腐倡廉工作与司法行政工作一起部署、一起落实、一起检查,层层签订责任书,切实履行"一岗双责"。厅党委书记履职尽责,亲自部署开展纪律作风整顿,亲自研究处理重大问题,对新任处级干部进行了集体廉政谈话;省监狱管理局党委专题听取纪检监察工作汇报,党委书记与所有的监狱长及有关人员就廉政建设进行约谈;省戒毒局党委书记亲自进行诫勉谈话,确保党风廉政建设和反腐败各项工作任务的落实。省厅网站党风廉政网页全新改版。全系统领导干部讲廉政党课351人次,开展反腐倡廉专题教育265次,廉政文化活动59次,任前廉政谈话593人次,诫勉谈话34人次,各监狱为系统内外进行警示教育1.6万余人次。

(二)不断加强监督检查,开展专项治理活动。积极发挥职能作用,不断加大监督检查力度,对重大事项和重点工作开展了监督检查。一是由厅领导带队深入各市县司法局、监狱、戒毒单位,对学习贯彻落实中央八项规定、改进工作作风和厉行勤俭节约的情况进行了督促检查。二是组织开展了落实八项规定、治理"吃喝不正之风"、坚决刹住中秋国庆期间公款送礼等不正之风、停止新建楼堂馆所和清理办公用房、整治"庸懒散奢"、整治"衙门作风"、整治涉法涉诉中损害群众利益行为等专项治理活动,在全系统纪检干部中开展了清退会员卡专项活动,有效地遏制和解决了存在的一些不正之风和腐败问题。三是对全系统警车公车使用情况进行了专项治理,对违纪行为给予了纪律处分。四是积极开展了预防职务犯罪工作,制定了《山西省司法厅预防职务犯罪工作方案》,迎接了省人大《预防职务犯罪工作条例》执法检查。通过监督检查,进一步推进重点任务落实,促进惩治和预防腐败体系建设,确保司法行政系统党员干部队伍廉洁从政、风清气正。

(三)加强信访举报办理,查办案件的威慑力得到发挥。

通过来信、来访、电话、网络加大信访举报受理,对每一个信访举报件都认真处理,根据反映问题的内容、性质和管理权限进行核实办理,排查案件线索,对敏感问题和重大案件线索及时进行查处。全年办理信访举报件73件,涉及53人23个单位。1人党内警告,1人撤职留党察看一年,6人受到行政记大过处分,1人给予开除处分,进一步增强了查办案件的威慑力。省监狱管理局编发了《监狱系统岗位廉政教育读本》,省戒毒局编印了《警示教育案例选编》教育干警。

(四)提升政风行风建设水平,政风行风警风持续好转。年初提出了确保群众满意率不降低、评议位次不下滑,省市县三级司法行政机关全部进入上中游行列,继续保持在执法监督部门领先的工作目标。重点针对法律服务行业职业道德和职业规范、执业纪律等方面的问题,深入推进行风建设。通过开展“法律服务伴你行”活动、参加“政风行风热线”节目、召开听证对话会、政风行风监督员座谈会、明察暗访和政风行风问题调查等形式,进一步深入推进政风行风问题的有效解决,有效发挥了法律服务“送温暖、解民忧、服务民生”的正能量,促进政风行风不断好转。组织召开了全系统民主评议政风行风工作电视电话会议,对各市、县考核排名情况进行了通报,对考核排名第一的10个单位予以表彰奖励。

(张　霏)

附:省司法厅党委书记、委员名单

书　记:王水成(3月离职)　崔国红(3月任职)

委　员:李满胜　王化清(5月任职)　苏　浩　周培斌(5月离职)　张玉良　句轶旺　张晓玲(女)　翟新山　周　涛(5月任职)　王　伟(8月任职)

省财政厅党组工作概况

党组书记　武　涛

2013省财政厅党组团结带领直属各基层党组织和广大党员,紧紧围绕“服务中心、建设队伍”两大核心任务,认真学习贯彻党的十八大、十八届三中全会和习近平总书记系列重要讲话精神,扎实开展党的群众路线教育实践活动,以改革创新精神和求真务实作风不断推进机关党的思想、组织、作风、反腐倡廉和制度建设,为促进财政事业科学发展提供了坚强保证。

一、坚持理论武装,认真学习贯彻党的十八大、十八届三中全会精神和习近平总书记系列重要讲话精神

(一)加强领导,统筹安排。年初,厅党组结合工作实际,以晋财党[2013]7号文下发了《山西省财政厅2013年党组中心组暨干部理论学习安排意见》,对全年的政治理论学习进行了安排部署,始终坚持把政治理论学习放在党建工作首位。

(二)对处级党员干部进行集中轮训。按照省委组织部《关于做好县处级以上领导干部学习贯彻党的十八大精神集中轮训工作的通知》要求和厅党组的统一部署,机关党委分33期安排100名处级干部到省直党校进行了集中轮训。参训学员认真研读规定学习材料,原原本本地学习党的十八大报告、党章和习近平总书记在党的十八届一中全会上的重要讲话精神,紧密联系改革开放和社会主义现代化建设实际,联系财政改革和各单位业务工作实际,联系思想实际深入进行学习研讨。参训学员对学习贯彻十八大精神重大意义的认识更加清醒,对十八大精神的理解和把握更加全面准确,对财政工作如何贯彻落实十八大精神的思路更加清晰。

(三)认真抓好党的群众路线教育实践活动学习宣传工作。一是认真做好厅党组的学习服务工作。2013年度新的党组班子十分重视党组成员的集体学习,全年共组织了12次集体集中学习,1次集体学习交流,学习与交流活动是历年来次数最多、人员最齐、效果最好的一年,有力地促进了厅党组的思想政治建设。二是发挥好党支部书记队伍的学习带动作用。9月份,组织了支部书记谈群众路线教育实践活动的心得体会交流。11月份,组织支部书记与厅党组成员一起听取了省委组织的党的十八届三中全会精神宣讲报告会,较好地发挥了党支部书记的带头辐射作用。三是通过多种形式提高普通党员的学习效果。为确保学习效果,为全体党员下发了党的群众路线教育实践活动和党的十八届三中全会的学习辅导书籍。9月6日,组织全体党员观看了电影《周恩来的四个昼夜》,有力地提高了学习效果。

(四)扎实开展2013年度法制宣传教育。一是在年初以晋财党[2013]3号文,制定下发了《山西省财政厅2013年度法制宣传教育工作要点》,明确了2013年全年的四项法制宣传教育基础工作、五项弘扬法治精神活动以及两项法律法规培训工作。二是11月中旬,组织全厅所有党员参加了山西省“六五”普法中期无纸化考试,取得了平均分95.09的好成绩。三是12月4日“法制宣传日”组织相关处室人员在厅机关门口进行了财政法律法规的宣传,重点宣传了财政系统的法律法规。

二、规范和加强机关党建基础性经常性工作

(一)进一步加强基层党组织建设。认真贯彻执行《中国共产党和国家机关基层组织工作条例》,进一步落实党支部建在处室(单位),领导干部“一岗双责”制度,及时召开机

关党委会议，对直属3个支部进行了支委补选改选工作，确保了基层党组织组织健全，领导有力。

（二）进一步规范了发展党员和党员管理工作。认真贯彻中共中央办公厅《关于加强新形势下发展党员和党员管理工作的意见》（中办发[2013]4号）精神，按照“严格坚持标准、提高发展党员质量”要求，对发展党员的程序做了进一步规范。认真制定和落实了党员发展规范，全年共选派4名入党积极分子参加省直分校培训，全年发展新党员4名，预备党员按期转正10名。进一步加强对党员的党籍管理，确保党员工作到哪里，党组织关系就到哪里，全年共接转组织关系42人次。

（三）走访慰问老党员和特困党员。根据省直工委《关于在春节期间开展走访慰问生活困难党员和老党员活动的通知》（晋直组字[2014]4号），“春节”前夕，在并厅领导在机关党委工作人员陪同下分别走访慰问了17名老党员和生活困难的党员，发放慰问金1.7万元。

（四）全面提升机关精神文明创建水平。一是开办“财苑文化大讲堂”，以更新知识、提升素质为目标，邀请专家学者为干部职工举办了4期知识讲座。二是开展“读书月”活动，在各处室、单位建立了51个“财苑书屋”，购发图书4000余册。三是认真组织干部职工“五项全能”比赛。在先期开展选拔赛的基础上，组队参加了省直工委组织的省直机关干部职工“五项全能”比赛，荣获“优秀组织奖”。四是继续深入推进机关精神文明建设活动，进一步加大文明和谐单位创建工作力度，厅机关连续三年保持山西省文明和谐单位标兵、连续十年保持省直文明和谐单位标兵称号。厅属15个单位中有12个为省直文明和谐单位标兵，1个为省直文明和谐单位。

（五）组织开好厅党组专题民主生活会和党支部专题组织生活会。按照群众路线教育实践活动方案的要求，组织召开了厅党组专题民主生活会和51个党支部的专题组织生活会。厅党组和党组成员率先垂范，敢于揭短亮丑，不回避、不掩饰，紧密结合征求到的意见建议，针对“四风”查摆问题，剖析原因，开展批评与自我批评。省委第一督导组对厅党组专题民主生活会给予了充分肯定，各基层党支部按照具体要求，组织全体党员参加专题组织生活会，积极开展批评和自我批评，使每个党员都受到了教育，有效增强了党组织的凝聚力、战斗力，促进了财政业务工作。机关党委派人参加了51个党支部的专题组织生活会，做到了全覆盖，9名厅领导分头参加了21个分管处室党支部的专题组织生活会。

三、认真贯彻落实中央八项规定，进一步推进反腐倡廉建设

（一）认真开展专项清退活动。省纪委《关于在全省党政机关中开展违规用车专项清退活动的通知》（晋纪发[2013]8号）下发后，厅党组高度重视，先后两次召开会议学习文件，统一思想，提高认识，对清退活动作出具体安排部署。按照省直工委的统一部署和厅党组的具体要求，厅机关党委会同相关处室进行认真研究，按照坚决彻底、不留死角的原则，在全厅范围内组织开展了落实省纪委清车八项规定对照检查，全厅上下认真自查、严肃承诺、主动清理。（二）认真组织了会员卡零持有的清查活动，全厅661名干部职工全部承诺会员卡零持有。（三）集中组织全厅党员观看了两次廉政教育专题片。观看后，每名党员撰写并提交观后感，各支部集体学习讨论做好学习记录，切实坚定了理想信念、加强了党性修养。

四、进一步发挥群团组织的优势和作用

（一）开展特色活动，助推机关文化建设。一是厅工会积极履行竞赛职能，圆满完成了各项评选表彰工作。3月份，在省直工会开展的“五一”劳动竞赛中，有关处室及个人分别获得了“全国模范职工小家”、“五一劳动奖章”、“优质服务标兵”荣誉。二是积极组织全厅干部职工开展各类文体活动，在增强职工健康体魄的同时，通过参加比赛争得了荣誉。6月份，厅工会组织了第九套广播体操比赛，并组队参加了省直机关第九套广播体操比赛，以92.66分的优异成绩喜获金奖。8月份，组队参加省总财贸轻纺烟草工会举办的首届职工乒乓球比赛，获得了团体第一名和男子单打第一名的好成绩。三是积极倡导干部职工参与社会公益事业，动员大家踊跃承担社会责任。12月份组织开展了“送温暖、献爱心”捐助活动，全厅597名干部职工参加了捐助，共捐助现金38520元整。四是坚持“三必访”制度，一年中看望生育、生病住院职工3人次。

（二）展示风采，为财政事业增添青春动力。一是在五四期间举办青年文化日活动。5月3日，厅团委组织团员青年赴武乡县八路军太行纪念馆开展了革命传统教育活动，激发了财政青年为实现中华民族的伟大复兴，实现“中国梦”而努力奋斗的工作热情。二是实施青年人才工程。厅团委严格履行程序，经过基层团组织层层推荐，向厅机关党委推荐厅培训中心的1名同志作为2013年优秀团员青年加入党组织重点培养对象。三是积极开展“号、手”联创活动。年初，厅团委组织财政系统2013年度省级青年文明号新申报集体的7名负责人参加了省组委会的培训班。6月份，由财政系统推荐的吕梁市集中收费管理中心大厅收费科荣获“国家级青年文明号”。11月，牵头组队完成了2012年度省级以上青年文明号集体的复核和2013年新申报集体的检查验收工作。截至年底，全省省级青年文明号有61个，国家级青年文明号有11个。四是筹备财政厅学雷锋志愿者服务队。服务队围绕“财政为民、友爱互助、公益帮扶”，以“常态化”、“专业化”、“集中化”形式开展活动。筹备活动得到了广大青年干部的积极响应，首批15名青年申请为会员。

（三）积极关爱女性职工工作生活，倾情服务“半边天”。一是以庆祝“三八”国际妇女节为契机，推动“巾帼文明”活动深入开展。3月8日，厅妇委会举办了“职场女性心理健康”专题讲座。二是积极选树典型，大力开展“巾帼建功”活动。推荐企业处、国际处和资产处各1名同志参加“巾帼建功标兵”的评选表彰；推荐机关党委1名同志参加了省妇联“山西省三八红旗手”的评比表彰。

（王鹏程）

附：省财政厅党组书记、副书记、成员名单

书　记：郑建国(3月离职)　武　涛(3月任职)

副书记：石常明

成　员：胡双明　张五胜　张　韬(4月离职)
常国华　高向新　黄　庙

省人力资源和社会保障厅党组工作概况

党组书记　张　健

2013年，省人力资源社会保障系统按照年初确定的在提高就业质量、提高社会保障水平、提高收入水平上要有新举措，在人事制度改革和人才体制机制创新上要有新进展，在构建和谐劳动关系上要有新成效的部署，开拓进取，扎实工作，各项任务圆满完成。

一、实施三大民生若干新举措，就业质量、社保水平、收入水平均有新提高

一是实施"就业16条"，着力提高就业水平。突出抓高校毕业生就业，发挥市场就业决定性作用，积极开发就业岗位，密集组织举办针对高校毕业生的公共就业服务进校园、就业服务月、网络招聘周、中小微企业金秋招聘会、山西太原人才智力交流大会等活动，推进国有企业公开招聘工作，加大就业见习规模，落实实名制跟踪服务，17.6万名应届高校毕业生实现就业，就业率91%。创业型城市创建活动深入开展，推广晋城创建经验，创业孵化基地覆盖80%的县，新增个体工商户10.3万户，带动就业30余万人，全省创业就业12.9万人，完成计划的129%。30个农村劳动力转移就业示范县创建工作扎实有效，转移农村劳动力37万人。大力开展就业技能培训、岗位技能提升培训和创业培训，各类职业培训93万人次，就业质量有新提升。各级公共就业服务机构组织各类招聘活动1190场次，提供岗位90余万个。坚持开展"就业援助月"专项活动，帮助4.1万名就业困难人员实现就业。全年城镇新增就业51.5万人，完成计划的103%，城镇登记失业率3.3%，控制4.2%的计划目标内。二是实施"增收15条"，着力提高居民收入。加强部门协调、实地督查和劳动监察执法，对11个市城乡居民增收情况进行排名通报，多措并举促进居民增收。提高最低工资标准、发布企业工资指导线、提高一线工人高温津贴和煤矿井下艰苦岗位津贴、督促县区兑现机关津补贴和事业单位绩效工资、提高各项社保待遇水平、落实全省机关事业单位带薪年休假制度、提高全省机关企事业单位冬季取暖补贴标准以及为企业退休志愿军老战士和建国前参加革命工作老工人增发生活和医疗补助等增收措施基本上得到落实，全年城镇居民人均可支配收入达到22453元，增长10%。三是创新社保管理服务方式，着力提高服务水平。推行五项社会保险费一票征缴、一站式服务，大同、朔州、晋中、晋城、临汾、运城等市已经取得实质性进展，全年城镇职工基本养老、城镇基本医疗、失业、工伤、生育保险参保人数分别达667、1079、400、541、443万人，分别完成全年任务的100.1%、101.3%、100%、101.2%、100%，五项社会保险参保率分别为99%、98.1%、98.2%、96.2%、95.7%，全部超额完成目标任务。全省城镇基本养老保险、新型农村社会养老保险、城镇职工基本医疗保险、失业保险、工伤保险、生育保险基金征缴收入分别达到491.21、16.18、157.08、31.23、28.2、7.85亿元，总额比2012年度增长12%。积极推进新农保和城居保合并实施工作，46个市县实行了统一的城乡居民养老保险制度。太原、大同、朔州、忻州、晋中、晋城、临汾、运城等8个市实现了医保异地就医和即时结算。社保卡应用工作全面展开，省市两级数据中心和覆盖城乡的社保信息专网启动运行，制发社保卡达到2100万张，服务终端覆盖了80%的县，晋城市实现了城乡居民养老保险数字化管理，朔州市实现了社保卡服务网点全覆盖。推行社保基金非现场监督，基金安全完整。

二、推进两项改革，人才人事体制机制创新有新进展

积极实施四大人才工程，坚持高端引领，国家"百千万人才工程"人选、三晋学者、省级学术技术带头人、新兴产业领军人才、三晋技术能手、省特贴高级技师等两高人才选拔培养工作成效显著。柔性引进院士15名，引进博士300名、外国专家700名。新建院士工作站14个，新设博士后科研工作站4个。实施"千人百县"高层次人才服务基层计划，1145名专家走向基层，为县域经济发展助力。7所高级技校晋升为技师学院，高技能人才培训基地和技能大师工作室建设有新发展。开展"引智工作三晋行"活动，入选"外专百人计划"9人，建立国家级、省级引智示范推广基地18个。全年新增高层次专技人才8228名、高技能人才6.4万名。全省创业培训人数4.08万人，城镇失业人员再就业培训18.69万人，技能人才培养(技能鉴定)33.66万人，农村劳动力技能就业培训23.82万人，新成长劳动力培训12.68万人，新增高技能人才人数6.41万人。积极推进人事制度改革，开展贫困地区基层公务员定向招录工作，推进公开遴选和聘用制公务员试点工作，公务员分类管理、考核奖励、教育培训等工作都取得新成效，3名个人、2个集体被授予全国"人民满意的公务员（集

体)”称号。全面推行各级各类事业单位新进人员公开招聘制度,修订了专业技术岗位结构比例控制标准,事业单位公开招聘、人员聘用、岗位管理、绩效工资等四项制度全面入轨,事业单位聘用合同签订率达到99.3%。落实“四公开两统一一监督”办法,顺利完成651名军转干部安置任务,安置工作公平公正。坚持源头治理、动态管理,企业军转干部保持稳定。

三、开展党的群众路线教育实践活动,作风改进和服务能力取得新成效

坚决落实中央八项规定和省委四个实施办法,切实转变工作作风,密切联系群众,积极开展治理吃喝不正之风、清理办公用房、清理违规用车、清理会员卡四项工作,坚持依法行政,规范权力运行监督。着力优化窗口服务,创新活动载体,在全系统部署开展“服务提升年”活动,突出“转作风、强服务、办实事、惠民生”特色主题,规范建设和服务标准,10类优质服务窗口创建活动深入开展,编印《应知应会600题》,分级培训人社干部,省社会保险局和省医疗保险管理服务中心启用了电子叫号排队等候系统、自助查询服务和电子信息显示屏,实行综合柜员制,服务质量和效率明显提升。切实维护劳动者合法权益,劳动用工实现动态监管,劳务派遣用工管理进一步加强,企业集体合同覆盖率、劳动合同签订率保持较高水平,全省企业劳动合同签订率达到98.6%,企业集体合同签订率达到94.7%。劳动保障监察“两网化”管理地级城市覆盖率达到81.8%,“两网化”建设更趋规范,治理欠薪工作机制进一步健全,专项执法检查常态化,为劳动者追发工资、督缴社保费等7.6亿元,劳动保障监察投诉案件结案率达到99.82%。积极开展矛盾排查,化解信访积案,劳动人事争议调解仲裁扎实有效,结案率达到90.56%。

(张 琼)

附:省人力资源和社会保障厅党组书记、成员名单

书 记:张 健

成 员:杨培岳 李文慧 李建刚 王云龙 王建文 姚 逊 安尼瓦尔·买买提(挂职)

省国土资源厅党组工作概况

2013年,全省国土资源系统认真贯彻省委、省政府的决策部署,围绕“项目推进年”,坚持“依法合规,严格程序,强力执法,廉洁高效”的总体要求,统筹保护资源与保障发展,稳步推进矿产资源管理改革,为全省转型跨越发展提供了有力的资源保障。

一、在服务转型跨越中奋力作为,取得了显著成效

(一)加强用地管理,拓展用地空间38.15万亩,有力地保障了经济社会发展用地需求。一是大力拓展用地空间。全年争取国家下达和奖励山西计划指标16.75万亩,安排重点工程使用国家控制的计划指标12.2万亩,使用新增用地计划指标28.95万亩。深入推进城乡建设用地增减挂钩、露天采矿用地改革、矿业存量土地整合利用、批而未用计划指标调剂使用等用地新机制,拓展用地空间9.2万亩。共提供建设用地38.15万亩,为历史最高。报请省政府批复了4市14县工矿废弃地复垦调整利用专项规划,批复了潞城等13个县复垦项目设计,验收了山阴、泽州、高平等3个县工矿废弃地复垦项目。二是加强宏观调控,保障重点项目及时落地。继续推行用地计划指标上半年“笼子”管理,下半年集中收回剩余指标实行项目先报先批。推行省级重点项目用地预报制,为重点项目“戴帽”下达计划,有效避免了下达计划指标闲置的问题,保障了重点项目及时落地。全年共批准建设用地822(宗)批、34.38万亩,供应土地26.09万亩,保障了全省重点项目、民生项目及时落地。三是推进节约集约用地。报请省政府办公厅印发了《山西省建设用地节约集约利用考核办法》,将节约集约用地纳入了全省年度目标责任考核体系,今后每年向社会公布考核结果;出台了闲置和低效用地清理处置政策下发各市执行;在运城、晋城开展了农村集体建设用地使用权流转调研,确定了永济等15个条件较好的县(市、区)作为试点。

(二)严格保护耕地,大力实施30万亩造地工程,守住了6075万亩耕地红线。省、市、县、乡、村层层签订了耕地保护目标责任状,全面分解落实了耕地保护责任。规范运行30亿元耕地开发专项资金,大力开发、全面落实了30万亩造地任务,守住了6075万亩耕地红线、解决了重点工程占补平衡难题。省级新立造地项目85个,可新增耕地15.3万亩;市级占补平衡项目立项886个,可新增耕地21.06万亩;省、市共验收855个项目,新增耕地入库21.2万亩。大力加强耕地质量建设,确定了37个高标准基本农田建设示范县、重点县,建设高标准基本农田204万亩,有效地提高了耕地综合生产能

力。

(三)大力改革创新,积极推进煤和煤层气矿业权审批制度改革,有力促进了综改试验区建设。在省领导的亲自参与和指导下,多次赴国土资源部协调沟通,促成省、部共识,获得了以“部控省批”的方式将煤和煤层气矿业权审批权,试点矿种由最初单一煤层气扩大为煤、煤层气两个矿种,试点范围由沁水盆地扩大到全省,实现了对煤和煤层气的统筹管理,也与综改试验区范围一致起来。

(四)推进地质找矿,新增一批资源储量,矿产资源管理水平进一步提升。安排地质勘查经费5.6亿元,批准立项找矿项目95个;验收往年地质勘查项目75个,新增煤炭资源量30.88亿吨,铁矿、铝土矿、冶镁白云岩、石墨等矿种新增了一批资源量。扎实推进矿产资源规范化、精细化、信息化管理,坚持“于法周延,于事简便”的原则,集中解决了历史遗留的兼并重组煤矿换证和非煤资源整合置换难点问题;全面完成了12个首批国家煤炭规划矿区矿业权设置方案修编,编制了省、市级发证矿山矿业权设置方案;全面清理规范了矿政管理制度,集中规范整理了2000年以来的2万余宗矿政档案,进一步夯实了矿产资源管理基础。

(五)全力保障民生,认真抓好地质灾害防治,积极维护人民群众生命财产安全。厅党组多次带队赴各市督导检查,在组织基层防治人员严防死守的同时,加大巡查检查力度、强化预警预报。发布地质灾害气象风险预警56次,成功避让地质灾害9起,转移安置445人,避免人员伤亡135人,避免直接经济损失717万元,基本做到了大汛面前无大灾。实施了8个省级地质环境治理项目、30个地质灾害治理项目;完成了全省采矿破坏村庄现状调查。

(六)强化执法监察,严厉打击违法占地、非法违法采矿行为,维护了正常的国土资源开发利用秩序。认真开展2012年度土地矿产卫片执法检查工作,公开曝光重大国土资源违法案件12宗、挂牌督办13宗。常年保持高压态势,严厉打击各种涉地涉矿违法行为,全省共出动执法巡查人数9.44万人次,排查关闭矿井6346处,查处越界开采15起、非法采矿51起,炸毁和填埋非法坑点465处,有效维护了正常的国土资源开发利用秩序。

(七)夯实基础基层,加强制度建设,国土资源管理水平进一步提升。全省集体土地所有权颁证率96.5%,农村宅基地和集体建设用地使用权颁证有序推进。开展了基层国土所争星创优活动,全省评定“五星级”国土所86个,推进了基层国土所规范化建设。优化完善国土资源“一张图”,基本实现了网上直报、网上审批、网上监管。出台了一系列制度办法,规范了耕地开发、土地整治、地质灾害、地质环境治理项目管理。征缴矿产资源价款300.02亿元,实现土地出让价款634.6亿元,全省国土收益达934.62亿元。

(八)践行为民务实清廉要求,扎实开展党的群众路线教育实践活动,全系统工作作风明显好转。一是根据中央和省委的部署,厅党组按照“照镜子、正衣冠、洗洗澡、治治病”的总要求,扎实开展了学习教育、听取意见,查摆问题、开展批评,整改落实、建章立制三个环节的工作。深入基层调研征求意见,聚焦“四风”认真查摆自身问题;坚持领导带头,开展批评与自我批评;坚持开门搞活动,广泛动员群众参与;坚持立说立改,集中整改了用地报批速度不快、矿业权审批不规范、部分信访案件久拖不决等问题。二是针对“四风”问题,出台了一批管理制度;精减了会议文件数量,压缩了“三公”经费;集中整治了“五子”问题。严肃查处各类违纪行为,给予16人党纪政纪处分。

二、聚焦中心任务、落实监督责任,为全省国土资源管理改革发展保驾护航

(一)加强监督检查,确保政令畅通。坚持把维护党的纪律放在首位,加强对党的各项纪律的执纪监督,健全定期检查和专项检查制度,开展了“学党章、转作风”专题监督检查活动,推动各级党员干部严格遵守党章和党内其他法规,坚决维护中央、省委省政府和厅党组权威。驻厅纪检组坚持把廉政监督贯穿于国土资源管理全过程,强化对建设用地的审批和批后监管,确保全省经济社会发展用地需求。加强对矿产资源开发秩序的监督检查,参与监督矿业权出让7宗,成交金额1.78亿元;转让鉴证11宗,转让金额93.87亿元。对全省34个土地整治项目巡视抽查,保证项目规范实施和资金安全。加强对地灾防治项目的跟踪督查,与监察厅、公安厅等部门联合开展打击土地矿产违法行为,有效遏制国土资源领域违法违规行为,推动了省厅各项重大决策部署的有效落实。

(二)落实八项规定,作风明显改进。一是以党的群众路线教育实践活动为契机,聚焦“四风”问题,把落实中央八项规定和省委“四个实施办法”列为检查考核的重点内容,下发了《关于进一步改进工作作风、密切联系群众的若干规定》,从7个方面制定了24条措施,班子成员从严要求,带头贯彻执行。深入开展建设节约型机关活动,会议次数同比减少41%,会议经费减少68%;公务接待费用下降36.97%。出台了《党员干部生活作风十不准》,把监督管理延伸到八小时之外。紧紧抓住春节、中秋等关键时间节点,重点围绕公款吃喝、过节送礼、滥发钱物、跑官拉票等不正之风,开展明察暗访和专项检查,组织检查30余次,检查单位107个,查纠问题73个,处理21人。临汾市局领导班子深入基层调研次数同比上升25.49%,下乡驻村天数上升26.86%;晋中市局对落实作风建设规定不力的介休市局通报批评,处理9人。二是以落实中央八项规定为切入点,强力推进专项治理。部署了征地拆迁中损害群众利益、厉行节约反对浪费、“衙门作风”等9个专项整治行动。省厅633名干部全部参与专项清退会员卡活动并作出“零持有”承诺,自行纠正、清理违规车辆9部,查处“吃喝不正之风”问题5起,集中整改了用地报批速度不快、矿业权审批不规范等突出问题,修订了8类33项制度,从全面整改、专项督办、制度建设等方面同步推进,机关作风明显好转。

(三)加大办案力度,发挥震慑作用。认真贯彻“党要管

党、从严治党”方针，把惩治腐败放在突出位置，重点查处了一批违反八项规定和在土地、矿产资源管理中权钱交易、损害群众利益的违纪违法案件。晋城市局严肃查处阳城县局主要负责人借乔迁新居敛财案，给予当事人留党察看一年、行政撤职处分，对班子成员9人诫勉谈话，同时对该局招待费、会议费超支问题调查处理，给予党政纪处分3人。全年全系统共有173人受到党政纪处分及刑事处罚。省厅纪检组受理来信来访40件（次），直接查办8件，转办32件，办结率100%。

（四）突出特色教育，增强监督实效。一是加强反腐倡廉教育，扎实开展示范教育、警示教育和岗位廉政教育，编印了《警示教育案例》，用身边事教育身边人；在晋中、阳泉、朔州等市规划创建廉政教育基地，5000余人次接受教育；对429名科级以上新任干部进行廉政谈话。扎实推进廉政文化建设，征集优秀廉政作品84幅举办《反腐倡廉漫画巡回展》，编印《图说廉政准则“52”个不准》等宣传书籍。朔州市局自筹资金300余万元，规划建设高标准“党风廉政教育基地”；长治市局编印《行业廉政读本》，建立媒体谈廉政互动平台；吕梁市局举办廉政书画摄影比赛，创建廉政文化墙，深入推进廉政文化进机关活动。二是各级纪检监察部门坚持把国土资源权力监管的薄弱环节作为监督重点，积极探索建立全方位监督体系。强化制度监督，制定了《规范行政执法人员行为规定》《国土资源工作人员防止利益冲突办法》等制度，积极营造制度、教育与监督并重的管理模式。下发了《处级领导干部监督办法》《述廉评议考核工作办法》，切实加强对“一把手”的监督制约。实施干部交流轮岗制度，推行一把手和纪检组长任职交流，交流处级干部21名。对9名处级干部任期、离任审计进行监督。严格执行述职述廉、诫勉谈话等制度，359名科级以上干部主动报告个人有关事项，纠正49人，诫勉谈话32人。晋城市局完善“一个体系、五个制度、两个办法”的制度体系，实施月报告、季例会、半年检查、年终巡查的党风廉政建设动态监管机制；阳泉市局和检察院联合推行《预防职务犯罪联系制度》；大同市局在土地开发整理中实施国土部门、基层政府、工程监理和乡村群众共同监督制度，把用制度管权管事管人落到实处。三是依托科技监督，按照全省行政审批电子监察系统的要求，开发了电子监察数据报送系统，在关键环节设置监察点，对权力运行和工作效能实时监管。在太原试点建立国土资源网上挂牌交易在线实时监管系统，监管土地交易66宗，涉及金额121.15亿元。四是加强和改进巡视监督。与省委巡视办联合出台《建立巡视工作协作机制的意见》，加大对土地矿产资源等重点工作的联合调研，强化指导监督。制定了《巡视工作办法》，成立了3个巡视小组，对7个市、18个县（市、区）局在党风廉政建设、落实中央八项规定、执行政治纪律、选人用人等方面开展专项巡视检查。专项巡视共发现问题134个，提出整改建议14类。

（五）推动管理改革，维护群众利益。大力推动职能转变和简政放权，不断深化行政审批制度改革，厅本级的行政审批事项由原来的22项缩减到8项，精简比例达64%。深化扩权强县试点工作，向27个试点县（市）调整简化15项审批事项。加强对重大项目和民生项目用地服务保障的抽查监督，落实一次告知、首问负责、限时办结、回访监督等制度。参加全省“政风行风热线”栏目3次，答复解决群众问题28个。开展厅长公开承诺活动，建立了千人评议代表数据库，组织召开政风行风对话会，及时回应社会关注，主动接受社会监督，行风民意显著提升。深入开展庸懒散奢专项治理，邀请人大代表、政协委员、行风监督员和管理服务对象代表，多次对基层站所及窗口单位明察暗访。坚持厅领导信访接待日制度，接待来访86批次、268人，办结73件，解决了一批损害群众权益的突出问题。忻州市局对土地督察北京局例行督察中发现的7类591件土地违法违规问题主动整改，整改到位578件，整改率97.8%。运城市局以“严格依法征地拆迁、切实保护农民利益”为主题召开民主听证对话会，邀请社会各界代表到重点项目建设现场实地考核，现场汇报项目服务保障情况，受到群众好评。

（六）加强廉政培训，推进纪检工作。加大培训力度，把反腐倡廉教育纳入干部培训规划，完善分层分类施教机制，组织260名干部赴清华大学领导干部进修班学习，举办了为期3天的纪检监察业务培训，特别邀请国土资源部有关领导亲自授课，提升了领导干部履行“一岗双责”的责任意识。优化纪检监察队伍结构，交流调整4名市局纪检组长。在厅门户网站开设反腐倡廉网页，加强工作指导和交流。注重反腐倡廉理论研究，组织基层纪检监察干部和业务处室人员就反腐倡廉难点热点座谈讨论，深入挖掘亮点经验，及时破解工作难点，增强工作的系统性和可操作性。

（张　峰）

附：省国土资源厅党组书记、成员名单

书　记：李建功

成　员：高　博　郭英杰　彭东晓　李成先　杨志强　周际鹏　葛建生　张宝玉

省环保厅党组工作概况

党组书记 郭长青

2013年,省环境保护厅在省委、省政府的正确领导下,厅党组坚持以邓小平理论、“三个代表”重要思想、科学发展观为指导,全面贯彻落实党的十八大精神,深入开展党的群众路线教育实践活动,紧紧围绕省委、省政府转型跨越发展再造一个新山西的战略部署,以加强党的执政能力建设、作风建设为主线,以建设学习型党组织为目标,不断提升党员干部的思想政治素质和工作业务能力,为确保全年环保工作圆满完成提供坚强的政治和组织保证。

一、以开展党的群众路线教育实践活动为契机,不断提升党员干部为民服务水平

(一)学习教育突出一个“实”字。按照省委要求,厅党组中心组开展了封闭学习,分别举办了厅领导、处级干部、科级干部3期学习心得交流活动,邀请省委党校教授为全厅人员作了辅导讲座,围绕“坚持群众路线”组织开展了专题大讨论和主题教育活动。

(二)听取意见做到一个“广”字。采取厅领导深入基层单位征求意见,走访离退休老干部,与机关处室干部进行“面对面”单独谈话。设立意见箱和电子信箱,向社会各界发放930余份征求意见函等多种方式,听取各方面对厅领导班子成员的意见和建议。

(三)查摆问题坚持一个“准”字。通过自己找、群众提、上级点、互相帮、集中议等方式深入查摆问题86个,认真梳理,分类归纳,最终形成了反映领导班子“四风”方面的15个突出问题。

(四)开展批评贯穿一个“真”字。深入诚恳地开展谈心谈话,用真情、说真话、动真格,提出相互批评意见29条,达到了“团结——批评——团结”的目的。

(五)边整边改注重一个“快”字。减少文山会海。省厅全年发文数量和召开大型会议数量同比大幅下降;提倡厉行节约。开展清理“小金库”和制止奢侈浪费专项活动;在中秋、国庆两节之前,厅党组专题研究并下发文件,提出“六个不准”;严格公车管理。领导班子成员带头在双休日和节假日期间封存公务用车,同时倡导机关干部绿色出行;厅机关按规定清理超标办公用房450平方米;对多年来形成的43项环保业务管理类事项进行了全面清理规范。对市级环保部门有能力监管的予以下放;对不适应当前形势发展需要的予以取消;对程序复杂的进行简化;对人事、财务、公文处理等10项机关工作制度进行了修订完善;重视基层能力建设,全年用于基层环境执法和各地市PM2.5自动监测能力建设的资金达到1亿元。在边整边改的同时,研究制定了《整改方案》和《专项整治方案》,对各项整改整治任务提出了目标要求,明确了责任人和时间表。

(六)建章立制讲求一个“长”字。围绕解决“四风”方面的突出问题,按照“长期管用、长效可行”的原则加强制度建设。研究提出制度建设计划,并将加强对制度建设情况的督促检查,确保各项制度落到实处。

二、以落实党建工作责任制为统领,进一步发挥党组织战斗堡垒作用

(一)进一步加强基层党组织自身建设,不断提高党员干部政治理论水平。坚持厅党组中心组学习制度,印发了《关于2013年山西省环境保护厅党组中心组暨干部理论学习的安排意见》,厅党组中心组每月集中学习讨论,深入学习政治理论,在学习中坚持理论联系实际,学以致用,认真学习了《党的群众路线教育实践活动学习文件选编》《论群众路线》《厉行节约 反对浪费》等书籍,并对中心组成员学习在位情况进行了检查,出勤率达到100%。按照教育实践活动要求,组织召开了群众路线专题民主生活会,全厅15个党支部均召开了群众路线专题民主生活会;为保证党支部生活规范化,严格落实“三会一课”等工作制度,建立了领导干部带头上党课制度,对机关党员参加党组织生活情况实行考勤制度。落实领导干部“一岗双责”制度,根据直属单位设置和党员调整的情况,新增了2个党支部,全年共选派3名入党积极分子参加省直分校培训,新发展党员 3 名。

(二)严格规范党费收缴管理工作,确保党费使用规范、透明、高效。厅机关党委印发了《关于调整2013年度党费收缴标准的通知》,全体党员能按规定比例及时、足额缴纳党费。

(三)积极发挥党建引领作用,扎实做好工青妇幼等群团组织工作。逐步形成“以党建带工建团建妇建,以工建团建妇建促党建”和谐发展的良性格局。

三、以落实党风廉政责任制为突破口,持续有力推动机关作风大转变

严格贯彻落实《关于实行党风廉政建设责任制的规定》,按照省纪委十届三次全会和全省党风廉政建设干部大会的部署,省厅严格落实中央《八项规定》,印发了《中共山西省环境保护厅党组关于贴近群众改进工作作风的有关规定》《省环保厅关于坚决刹住节日期间公款送礼等不正之风的通知》等文件;开辟了学习党的十八大精神,落实中央《八项规定》宣传栏,严格按照省纪委、省直纪工委的相关要求在全厅系统开展了清车、清房、清卡专项行动;进一步加强考勤考纪整顿工作,

从而进一步匡正机关作风，持续有力推进机关作风建设。

四、以深化精神文明建设为载体，极大丰富干部职工的业余文化生活

认真贯彻《社会主义核心价值体系建设实施纲要》，抓好社会主义核心价值体系的学习教育，并以创建省级文明单位为动力，广泛开展公民道德建设“五个一活动”；认真组织“纪念省直机关开展精神文明创建工作30周年系列活动”；参加了省直机关“第九套广播体操比赛”、“五项全能比赛”等活动，并获得了第九套广播体操金奖（第五名）、五项全能个人综合成绩第8名、公文写作单项第1名的好成绩；以纪念中国共产党成立92周年为节点，组织开展了赴长治市黎城县慰问老党员、参观太原支部历史纪念馆、“深入学习十八大精神、新党章”知识竞赛、“基层环境执法”座谈会、“党在我心中红色短信”等系列活动；以教育实践活动为契机，在全厅范围内广泛开展了“牢记党的宗旨、坚持群众路线”主题教育活动，组织党员分三批前往清徐县廉政教育基地、武乡八路军太行山纪念馆、左权麻田八路军总部纪念馆进行了参观。组织开展了“博爱一日捐”募捐活动，保障厅系统因大病致困职工的基本生活水平，厅机关工会向省红十字会捐赠9210元。通过开展以上活动，极大的丰富了干部职工的业余文化生活，形成精神文明建设的合力，推动了环保系统精神文明建设工作健康发展。

五、以大气污染防治工作为重点，大力改善全省环境质量

（一）狠抓大气污染防治。一是实施大气污染防治行动计划。科学编制全省大气污染防治《实施方案》《2013年行动计划》等文件，并提请省政府常务会议进行研究。省政府成立了领导组，并迅即召开全省大气污染防治工作会议，向11个市政府和省直有关部门下达了目标责任书和工作任务。二是率先完成PM2.5监测全覆盖。全省11个省辖市PM2.5自动监测系统全部建成投运，在全国率先实现了所有省辖市环境空气质量新标准实时监测“全指标、全覆盖、全发布”。三是全面开展颗粒物源解析工作。为增强重污染天气条件下大气污染防治预警工作的针对性和有效性，全省11个省辖市全面组织实施PM2.5源解析工作，太原等市的PM2.5源解析报告已经完成。四是加强重污染天气监测预警。与省气象局联合制定了《山西省重污染天气监测预报预警方案》，明确了重污染天气的预警等级、预警信息内容及预警发布工作程序。完成省、市两级重污染天气应急预案编制工作，并通过政府发布。五是实施中北部城市群大气污染联防联控。将太原、大同、朔州、忻州四市以山西中北部城市群名义纳入国家《重点区域大气污染防治“十二五”规划》，并将太原作为全省联防联控的重点区域。

（二）全力抓好污染减排。一是科学编制减排计划。明确污染减排责任书重点治理项目和燃煤火电机组脱硫设施烟气旁路拆除计划，全面布局污染减排工作。二是通过实施调度预警、警示约谈、现场督查等强有力的措施。突出抓好减排目标责任书项目的落实和火电、水泥行业脱硝、钢铁烧结机脱硫、机动车尾气控制等减排重点工程。75项责任书重点项目全部完成。三是积极落实机动车氮氧化物减排措施。协同公安部门，积极推进老旧机动车淘汰。全年完成淘汰黄标车和老旧车辆8.0223万辆，完成年度任务的243%。协同商务部门，积极推进油品升级工作。四是加强规模化畜禽养殖场和小区污染治理。联合省农业厅联合组织召开畜禽养殖减排现场会，形成部门联合、上下联动的局面。

（三）强化水污染防治。一是强化饮用水源地保护。组织对汾河水库生态环境保护试点项目建设进行了现场督查检查；完成了全省840个乡镇水源地保护区划定工作。二是开展地下水污染防治专项检查。积极组织开展地下水污染专项检查，全面排查辖区内工业企业废水排放去向和污染物达标排放情况，确保地下水环境安全。三是加快重点流域生态环境综合治理。制定了《加快重点河流生态环境综合治理工程建设实施方案》和《重点河流生态环境治理工程建设方案编制大纲》，组织各市政府开展了重点河流周边相应污染源的排查工作。四是严格实施跨界断面水质考核。将22个扩权强县试点县纳入地表水跨界断面水质考核范围，在全国率先实行了跨县域断面水质考核生态补偿。建立了梯次扣缴和奖励激励机制，形成了具有山西特色的水污染防治工作体系。

（四）大力改善省城环境质量。科学指导太原市制定改善环境质量年度工作方案，督促推进“五五”战略工程落实。全年太原市已关停市区内144家污染企业，拔掉城中村黑烟囱1万根，完成510台采暖燃煤锅炉拆除、227台燃煤锅炉清洁能源替代和“两河两渠”截污整治。

（五）推进农村连片整治和生态修复治理。一是深入做好农村环境连片整治示范工作。狠抓示范项目实施，召开了全省现场推进会。622个村已开展勘查设计和招投标，其中243个村庄开工建设。二是深入开展生态创建。下发了《关于深入开展生态建设示范工作的通知》，加快实施城乡生态环境修复与治理，推进农村生态环境质量的全面改善。三是持续推进矿山生态环境恢复治理工作。不断完善矿山生态环境保护与恢复治理监督管理制度，编制完成了《平朔矿区生态修复绿色示范区建设战略规划》及三年行动方案；批复了190家矿山企业生态环境保护与恢复治理方案；启动了《山西省矿产资源开发生态环境补偿办法》的立法，有效推动了矿山生态环境恢复治理。

（六）严格环境执法，确保环境安全。一是开展多项环保专项执法检查。开展了整治违法排污企业保障群众健康环保专项行动、全省城市河流集中式饮用水水源地专项执法检查、扬尘污染专项执法检查、全省重点污染源专项执法检查。二是对焦化、钢铁、化工等行业进行集中整治。结合大气污染防治专项检查工作，对重点环境违法问题和环境违法行为进行专项交叉执法检查。三是开展了环境安全隐患大排查。按照“突出重点区域、重点企业、重点内容和关键岗位、关键设

备"的要求,在全省范围内开展环境安全隐患大排查,共检查企业1460户,整改隐患286处。四是加强环境应急处置能力建设。实行企业环境应急预案备案制度,督促企业编制环境应急预案、加强环境应急演练,进一步增强企业应对突发环境事件的能力。五是强化环境安全防范。指导昔阳县和平定县完成11.67万吨历史遗留铬渣治理。

(七)扎实推进综改工作。以综改工作为统领,编制年度工作实施方案,分解落实"1315"10项工作,并按月调度,按季通报,半年总结上报;排污权交易在全国率先实现了"全指标、全行业、全省域"的"三覆盖"目标;环保物联网项目被国家发改委、财政部确定为世行贷款重点示范项目。

(八)加大审批权限下放力度。积极争取环保部下放了120万吨/年煤矿和不新增产能的焦化项目审批权;同时,省厅将13项行政审批事项精简为9项,下放20类53项建设项目环评、试生产、竣工验收审批权。对44项环保业务管理类事项进行了全面清理规范,剥离19项,取消5项,下放2项,合并4项,规范14项。

(张　帅)

附:省环保厅党组书记、成员名单

书　记:刘向东(4月离职)　郭长青(3月任职)

成　员:阎安虹　刘　军(1月任职)　王学东

刘大山　赵　义(4月任职)

省住房和城乡建设厅党组工作概况

党组书记　李栋梁

2013年,省住房和城乡建设厅在省委、省政府的正确领导下,经过全系统广大干部职工的共同努力,厅党组明确思路,精心组织,突出重点,创新举措,扎实推进各项工作,城镇化率达到52.76%,城镇化质量进一步提高;保障性住房新开工、建成、投资任务均顺利完成;重点工程建设项目储备、签约、落地、开工、建设、投产任务均超额完成,房地产业、建筑业持续健康发展,乡村清洁工程、农村困难家庭危房改造两件实事积极推进,建筑节能和城镇生活减排等约束性指标圆满完成,住房公积金缴存使用同步增长,建筑工程质量、安全生产和信访维稳形势总体平稳,各项年度目标任务圆满完成,为促进全省经济社会发展作出了重要贡献,被省委、省政府评为年度目标责任考核优秀单位,也受到住房城乡建设部的充分肯定。

一、完成省委省政府部署工作情况

(一)城镇化加快推进,充分发挥了拉动经济社会发展的引擎作用。按照"一核一圈三群"总体布局,以城镇市政基础设施、公共服务设施和产业园区建设为抓手,积极推进太原都市圈、城镇组群、区域中心城市、大县城和重点镇建设,城镇化取得新的进展。全省城镇化率比2012年提高1.5个百分点,达到52.76%,与全国平均水平的差距进一步缩小。

(二)城乡规划建设管理全面加强,城镇综合承载和辐射带动能力进一步提升。按照城镇化推进要求,编制了城镇群、城镇组群、城镇总体规划、城镇控制性详规等各类规划,并认真组织实施,充分发挥了对城镇化的引领作用。围绕建设"气化山西"、"净化山西",加强城镇燃气、供热、污水和垃圾处理等市政基础设施建设和运营管理,城镇燃气普及率达到84.78%,集中供热普及率达到81.5%,污水处理率达到84%,生活垃圾处理率达到65%,同比分别提高0.21、2.4、0.1、7.45个百分点;削减COD24.1万吨、氨氮2.21万吨,圆满完成了减排任务。围绕生态文明建设,加大了城市园林绿化力度,新增绿地面积1612公顷,城市建成区绿化覆盖率达到37.1%、绿地率达到31.67%,同比分别提高0.63、0.13个百分点,人均公园绿地面积达到10.7平方米,同比提高0.18平方米。大同、朔州、黎城、长子、灵石、古县6个市县被命名为国家园林城市(县城),汾阳、和顺、长治县被命名为省级园林城市(县城)。

(三)城镇保障性住房建设超额完成年度任务,进一步改善了城镇困难家庭的住房条件。国家下达山西省任务为新开工18万套,建成17万套。为了加快改善城镇低收入家庭住房条件,拉动投资增长,山西省将任务调整为新开工23万套,建成21万套,计划投资392亿元。全省实际新开工24.2万套,建成22.1万套,分别超出国家下达任务34.5和30个百分点;完成投资542.85亿元,超出年度计划38.5个百分点。同时,率先在全国开展了全省域的住房调查,进一步摸清了住房底数,得到了住建部的充分肯定。积极推进住房保障立法工作,《山西省住房保障条例》已进入省人大审议程序。

(四)重点工程建设强力推进,大幅拉动了投资增长。按照省政府"六位一体、统筹推进"工作部署,围绕开展"项目推进年"活动,坚持和完善"月调度、月考核、月排名"推进机制,建立了省市县三级领导联系重点工程、领导组成员单位包干联系推进省重点工程项目和央企投资重点工程24小时直通车等工作制度,开展了"进工地,解难题"活动,重点抓好计划新开工项目和30亿元以上重大项目,及时协调解决项目建设的困难和问题,"六位一体"各项工作顺利推进。2013年,全省项目储备投资额227095.69亿元,完成年度计划224.10%;签约项目投资额26342.70亿元,完成年度计划175.06%;落地项目投资额16173.94亿元,完成年度计划107.83%;开工项目投资额11929.43亿元,完成年度计划

119.29%;省市重点工程建设投资额11281.29亿元,完成年度计划112.77%,其中,省重点工程建设投资额4870.36亿元,完成年度计划110.01%;投产项目投资额10801.24亿元,完成年度计划108.01%,充分发挥了重点工程促进产业结构调整、拉动投资增长的火车头、主力军和排头兵作用。大西客运专线、中南部大通道和五台山、临汾机场建设加快推进,四个项目均已完成年度投资计划,工程形象进度达到建设工期要求。

(五)建筑业和房地产业持续健康发展,为推动全省经济发展发挥了重要作用。加强建筑业、房地产业发展形势分析,对行业运行进行跟踪监测和指导,切实强化市场监管,积极创造良好环境,促进了"两业"较快发展。全年完成建筑业产值2980亿元,同比增长11.7%;实现增加值750亿元,占GDP的比重达到6%,继续发挥了支柱产业作用。房地产开发投资完成1300亿元,同比增长28%,占固定资产投资比重达到11.6%。

(六)建筑节能稳步推进,绿色建筑发展取得积极进展。积极贯彻落实国家"绿色建筑行动方案",着力抓好新建建筑节能监管、既有建筑节能改造、可再生能源建筑推广应用等工作,新增绿色建筑面积171万平方米,圆满完成年度目标任务。

(七)住房公积金缴存使用同步增长,发挥了支持住房建设和住房消费的重要作用。全省新增缴存职工26.66万人;新增缴存额210亿元、同比增长5.23%,提取77.07亿元、同比增长18.28%;发放个人住房贷款76.73亿元、同比增长41.75%;实现增值收益15.55亿元、同比增长40.7%。

(八)积极推进乡村清洁工程和农村危房改造,进一步改善了农村面貌和困难家庭住房条件。实施乡村清洁工程和农村困难家庭危房改造,是省政府确定今后五年为农民群众办的五件实事中的两件。在全系统的共同努力下,全省2.82万个行政村全部启动了乡村清洁工程,共落实资金11.57亿元,配备清扫保洁和监管人员7.8万名、垃圾收运车辆3.59万台,初步建立起较为完备的清运保洁体系,农村环境面貌发生明显变化。农村困难家庭危房改造10万户任务圆满完成;1万户农村住房抗震改建试点全部开工,其中9035户已经竣工。按照省政府安排,完成了1.86万户受灾群众住房改造任务。

(九)全面加强党风廉政和精神文明建设,为各项工作推进提供了坚强保证。一是严明党的政治纪律。把省委、省政府关于城镇化、住房保障、重点工程建设和房地产市场调控等重大决策部署的贯彻执行,作为维护党的政治纪律的重要内容,并纳入厅机关和全系统党风廉政建设责任制,定期组织研究,加强监督检查,有力地促进和保证了省委、省政府重大决策部署在省住建厅的贯彻落实。二是认真落实党风廉政建设责任制。厅党组召开了全系统党风廉政建设会议,制定下发了《2013年全省住房城乡建设系统反腐倡廉建设工作要点》和《2013年党风廉政建设和反腐败工作任务分解意见》,将年度党风廉政建设工作细化为50项具体任务,逐一明确到各处室、直属单位,定期监督检查,落实"一岗双责",年终作出专题报告,进一步完善了党风廉政建设责任制。深入开展专项治理。严肃认真开展整治"吃喝不正之风"专项治理和会员卡、办公用房、公务用车专项清理,认真解决发生在群众身边的腐败问题。深入推进廉政风险防控工作。针对行政审批、行政执法、项目安排、专项资金使用、干部选任等事项,在厅机关开展了制度清理和废、改、立工作,强化以制度管人管事;在全系统突出了城乡规划管理、公积金监管、保障性住房建设管理三个重点领域权力运行规范,指导各地开展了廉政风险排查防控工作,积极探索综合运用科技手段规范权力运行,不断提高反腐倡廉建设科学化水平。

厅党组认真贯彻落实中央"八项规定"和省委四个"实施办法",制定出台了实施意见。班子成员领题开展调查研究,写出了5篇高质量的调研报告;扎实开展下乡住村包村活动,厅领导带队先后8批次组织60余人深入到厅扶贫点河曲县唐家会村和坪泉村帮扶助农增收,并向村委和学校捐赠了电脑和书籍;改进会风文风,会议活动和发文数量均较大幅度减少;腾退办公用房11间,建筑面积306.5平方米;减少"三公"经费支出,公务接待支出同比下降59%,会议活动支出同比下降70%。

结合2013年的新形势、新要求,制定了全系统民主评议政风行风工作指导意见。厅党组主要领导就国有土地上房屋征收与补偿、保障性住房建设等工作向全社会作出公开承诺。组织参加了10次政风行风热线节目,召开了2次政风行风评议对话会,围绕物业管理、房屋征收补偿、保障性住房建设、物业管理等问题,认真听取服务对象代表和人大代表、政协委员的意见,认真办理和反馈群众反映的问题。

同时,协调推进综改试验、建筑工程质量安全监管、标准定额、招标投标、风景名胜等各项工作,均取得了新的成绩。厅直各单位和厅属各社团紧紧围绕中心工作,圆满完成了承担的各项任务,为行业发展作出了积极贡献

二、厅机关党的建设工作

(一)加强思想建设,提高党员干部的政治理论水平和党性修养。一是学习宣传贯彻党的十八大精神,加强学习型机关建设。组织开展了大讨论、大调研、大宣讲、大培训系列学习十八大精神专题活动,厅直机关副处级以上干部全部参加了学习培训。及时传达学习中央和省委的重大决策部署、习总书记的系列重要讲话精神、党的群众路线教育实践活动的有关要求等,厅党组中心组集中学习13次。组织开展形式多样的学习活动,对机关各支部的学习情况和党员的学习笔记、学习心得体会进行了检查评比通报。二是认真做好党的群众路线教育实践活动的学习教育和宣传工作。围绕"为民务实清廉"主题,按照"照镜子、正衣冠、洗洗澡、治治病"的总要求,按照厅党的群众路线教育实践活动领导小组的安排,制定了学习、教育和宣传工作方案,扎实做好各个环节的相关工作。认真做好教育实践活动的前期准备工作,组织开展调研,对征求到的意见进行了梳理汇总。加强学习教育,购买

学习读本，编印《学习参考》，下发学习资料，举办了"党的群众路线的形成发展及实践意义"专题讲座和学习心得交流大会，观看了廉政警示教育片等。认真开展群众路线教育实践活动。在广泛征求意见的基础上查找出了班子和每位领导干部"四风"方面存在的问题，并针对性地制定了整改措施和整改方案，处级以上干部全部写出了比较深刻的剖析材料，厅党组和各个支部全部召开了民主生活会和组织生活会。在整改落实、建章立制环节，对确定的15项整改任务进行认真整改，即行整改的5项任务限期完成，近期整改的10项任务有序推进。同时，加强建章立制工作，坚持执行125项现有制度，废止2项制度，修订或建立35项制度。通过开展教育实践活动，全厅党员、干部进一步增强了维护和遵守党的政治纪律的思想自觉和行动自觉，"四风"问题得到显著改进，解决了一批人民群众反映强烈的突出问题，推动了全省住房城乡建设事业健康持续发展。

（二）开展服务型、创新型党组织建设，增强基层党组织的战斗堡垒作用。一是加强基层党组织建设。对厅属各级党组织工作进行了一次全面的调研检查，摸清了底数，理顺了关系，掌握了基层党组织和党员队伍的基本情况，进一步完善了党支部工作考核办法。做好党员发展工作，完善党员发展程序，开展了"健全发展党员制度，提高发展党员质量"专题调研活动。加强基层党组织建设，加强党员教育管理，对支部开展民主评议党员、"三会一课"等组织生活制度进行检查督导，机关各支部召开了高质量的组织生活会，7名厅领导在支部进行了讲党课。二是加强领导班子民主集中制建设。厅直各单位全部召开了领导班子民主生活会，机关各支部召开了专题组织生活会，厅领导指导了联系单位的党的群众路线教育活动，厅领导在支部讲党课，以普通党员身份参加所在组织生活会并进行了点评，对厅直单位的教育实践活动进行了全程督导。

（三）加强作风建设，积极开展反对"四风"问题专项活动。一是加强机关廉政教育和廉政文化建设。认真抓好中央"八项规定"和省委"四个实施办法"的贯彻落实，召开了机关作风建设工作会，组织对机关工作纪律进行了检查。加强反腐倡廉教育，组织党员深入开展理想信念、党风党纪和思想道德教育，组织观看了《领导干部从政道德启示录》《苏共亡党亡国20年祭》《周恩来的四个昼夜》等专题教育片。加强廉政文化建设，组织厅直机关干部职工观看《巴尔思御史》廉政文化建设专场，开展了厅直机关廉政文化建设经验交流。组织开展了会员卡和公务用车专项清退活动。2228名清卡对象写出了零报告；共纠正清退14台借用车辆，1418名清车对象写出了个人承诺报告。二是继续做好干部下乡住村包村增收工作。厅领导多次研究部署包村增收和扶贫工作任务，继续加大帮扶力度，落实帮扶措施。一是厅领导多次深入到河曲县文笔镇指导帮助包村增收工作和扶贫工作开展，察看帮扶项目进度，扎实开展帮扶调研和助农增收活动。目前已组织8批，60余人次深入到包村点积极开展工作。二是积极协调做好资金筹措和产业扶贫项目论证落地工作，已落实帮扶资金近200万元，唐家会村蛋鸡养殖基地建设正在积极推进，南园村水泥硬化路两旁绿化工程和坪泉村前石河滩排洪渠沟改造工程已完成，包扶村的人均年收入保持了20%以上的增幅。三是开展文化帮扶活动，"六一"节前向唐家会村小学捐赠了学习文具和课外读物，向坪泉村文化大院捐赠了9台电脑和价值3000余元的农村实用科技书。四是结合党的群众路线教育活动，在包扶村开展了调研和征求意见活动。

（四）加强精神文明建设，营造干事创业的良好氛围。一是加强行业精神文明建设。继续推进全省住房城乡建设系统道德领域突出问题专项教育和治理活动的深入开展。在临汾召开了全省建设系统精神文明工作会议，举办了青年文明号培训，对全省建设系统模范集体和个人进行了表彰。10月24日，全国住房城乡建设系统第六届企业文化建设论坛暨推广太原市城乡管委会"市政公用服务进社区"经验现场会在山西省召开，在全国推广了太原市的这一经验做法。近日，又深入到全省住建系统40多个单位调研精神文明建设工作，对年度考核指标的完成情况进行了检查，并对一些先进典型和事迹进行了筛选和总结。继续加强行业青年文明号管理工作，70个省级青年文明号单位进行了复核检查，对2013年新争创的6个省级青年文明号进行了评选和报送。二是深化创建文明和谐单位活动。加强社会主义核心价值体系教育，深化省直文明和谐单位创建工作。组织举办了三次道德模范志愿服务先进事迹宣讲，开展了公益设计比赛、专课题研究等精神文明建设30周年系列活动。启动了道德讲堂、学雷锋志愿服务队、道德提示牌、文明餐桌和文明传播小组"五个一活动"。荣获"省直文明和谐单位标兵"称号。三是注重发挥统战和工青妇群团组织的作用。举办了厅直机关工会干部培训，开展了厅直机关公文写作、语言表达、党史知识、电脑操作、健步走五项全能选拔比赛，举办了第五届厅直系统"城建杯"篮球友谊赛、乒乓球比赛等文体活动。组织开展了"博爱一日捐"、"慈善情暖万家"等捐款活动，机关共捐款1.5万元；对厅直机关大病救助职工进行了摸底，开展了困难职工救助。厅机关团支部进行了换届选举，完善了组织机构，成立了青年工作小组。继续做好统战、双拥、反邪教、计划生育、落实"十二五"妇女儿童发展纲要等有关工作。

（李国红　米玉婷）

附：省住房和城乡建设厅党组书记、成员名单

书　记：李俊明（2月离职）　李栋梁（2月任职）

成　员：闫晨曦　郝耀平　郭燕平

郝培亮（4月离职）　李锦生

翟顺河（2月任职）　张学锋（2月任职）

省交通运输厅党组工作概况

党组书记 李正印

2013年，全省交通运输系统深入贯彻落实党的十八大精神和省委、省政府决策部署，稳步推进公路建养、安全生产和运输发展。厅领导班子调整以来，从“班子要强起来、队伍要稳下来、工作要推起来、规矩要立起来、改革要抓起来、作风要硬起来、形象要树起来”七个方面着力推进工作，切实加强班子和队伍建设，保持了全系统干部职工队伍稳定和工作平稳发展。

一、党的群众路线教育实践活动扎实开展

在省委督导组有力指导下，厅党组按照“照镜子、正衣冠、洗洗澡、治治病”的总要求，加强领导，精心组织，统筹推进厅机关和第一批26个厅直单位党的群众路线教育实践活动，较好完成了学习教育与听取意见、查摆问题与开展批评、整改落实与建章立制三个环节的任务。在扎实做好“规定动作”的同时，结合实际开展了“党风廉政宣传教育月”活动，有针对性地组织了专题学习、廉政讨论、警示教育、廉政党课、排查风险、撰写体会、提交建议“七个一”专项活动，以身边事教育身边人，广大党员干部受到了一次深刻的廉政教育。及时召开了重点公路建设安全质量廉政工作会议，统一思想、落实责任，保证工程建设不停顿，避免出现大的起伏。

厅领导班子从政绩观、宗旨意识、体制机制、管理监督、作风建设等方面深入查找“四风”方面存在的突出问题和制约行业科学发展的主要矛盾，剖析根源，立整立改，研究制定了厅领导班子整改方案、“四风” 突出问题专项整治方案、治理“四风”制度建设计划，目前已完成了10项整改任务，制定相关制度23项，正在修订完善32项。在厅党组的领导和带动下，第一批党的群众路线教育实践活动组织有序、顺利开展，保持了队伍稳定和工作秩序正常，认真查找了交通运输系统存在的突出问题，理清了发展思路，明确了改革方向，规范了管理，严肃了纪律，为推动交通运输科学发展奠定了基础。

二、交通基础设施建设稳步推进

编制并报省政府批准了“三纵十二横十二环”高速公路网规划调整方案。交通基础设施建设完成投资379.2亿元，为计划的126%。高速公路在建里程达到1250公里，长治至平顺、王庄堡至繁峙、广灵至浑源3条高速公路通车运营。国省干线公路新改建工程开工924公里，完工599公里，晋城至高平一级公路改造工程竣工通车。农村公路新改建工程开工2290公里，完工2005公里。一是集中连片特困地区交通扶贫战略启动。落实交通运输部投资18亿元，完成国省干线公路9个项目189公里，开工建设重要县乡公路改造23个项目329公里。二是运输枢纽及站场建设加快。续建新建一级汽车客运站6个、二级汽车客运站17个，晋城客运东站、运城客运东站建成并投入运营。三是重点工程建设质量稳步提高。在建高速公路项目实体工程抽检合格率达到93.3%，关键指标抽检合格率达到96.1%，比上年分别提高0.6个、3.3个百分点。

三、公路管理养护与治超工作继续加强

高速公路建立了特大桥梁技术状况定期检测制度与特长隧道联防机制，全年实施养护专项工程180项，检测桥梁1289座。普通公路完成大中修工程328公里、安全保障工程1625公里、危桥改造152座，108国道改造示范工程通过交通运输部验收。全年，高速公路、国省干线公路、县乡公路优良路率分别达到99.8%、81.48%、75%。全省收取车辆通行费152亿元，比上年增长17%，并为197万辆鲜活农产品运输车辆和1208万辆小客车减免通行费8亿元。晋中市龙城高速公路实行养护托管的模式，既降低了养护成本，又保证了养护质量。晋中公路分局依靠地方政府实行干线公路路政共管机制，委托沿线县、乡政府和村委会对路域环境综合治理，有效解决了过村镇路段脏、乱、差的问题。吕梁市、临汾市持续加大农村公路管养经费投入，长治市集中实施农村公路安保工程，农村公路服务水平明显提升。

治超长效机制建设加快推进。全省一半以上的公路超限检测站实现了标准化、永久化、规范化，源头治超远程监控平台实现省、市、站三级联网，投入运行的公路超限检测站和高速公路匝道入口全部实现了不停车检测。建立了源头治超“黑名单”制度。全年共检测货运车辆9568.4万辆，查处非法超限车辆996辆，卸载3925.4吨，非法超限超载率稳定控制在0.2%以内，继续保持全国领先水平。

四、高速公路公共服务水平明显提高

把提升高速公路公共服务列入山西省综改试验区建设2013年专项行动计划，着力推动科技进步、管理创新、服务提升。一是不停车收费系统(ETC)建设取得重大进展。ETC专用车道覆盖率达到42%，服务网点达到718个，ETC用户达到9.16万个，军车ETC投入运行，山西省与京津冀鲁四省市实现了高速公路不停车收费跨省联网。二是服务区标准化建设成效明显。完成了13个服务区服务设施的升级改造，在71个收费站建设了综合性便民服务大厅、便民服务候车亭。实施了服务区“温馨工程”，开展了服务环境整治，服务区环境面貌和服务水平大大提高。三是信息服务系统得到完善。

建立了以省市交通台、96500出行热线、12122紧急救援专线和沿线可变情报板为主干的高速公路综合信息系统。四是高速公路标志完善工程全面完成。

五、城乡公交发展迈出新步伐

一是城市公交优先发展战略全面实施。全省新增更新城市公交车辆1318台，总运力达到9772辆，全年运送旅客14.6亿人次,同比增长6.6%。太原市创建国家“公交都市”示范城市取得重大进展，公交出行分担率由2012年的18%提高到29%。大同市、阳泉市城市公交分担率达到20%以上，晋中市11个县(区、市)全部开通了城市公交。朔州市、运城市实施了城市公交国有化改造。忻州市政府投资100万元建成了公交智能化管理系统。太原市、晋城市公共自行车系统基本建成。二是城际公交、农村客运公交化改造步伐加快。山西高校新校区至太原、晋中公交网基本建成、运行良好。全省镇村公交线路达到323条,28.5%的乡镇、21%的建制村通了农村公交。临汾市、晋城市出租汽车“电召”“网召”服务系统投入运营。

六、道路运输转型发展取得新进展

省交通运输物流公共信息平台投入运行,并与国家交通运输物流公共信息平台对接。全省物流企业达到362家,年产值18亿元;货运站达到72个,年吞吐量652万吨。甩挂运输企业达到21户,甩挂车辆达到2218辆,年运输量788万吨。汽车租赁业发展提速。2013年,全省公路客运量及旅客周转量分别完成3.47亿人次和237.8亿人公里,同比分别增长3.1%；公路货运量及货物周转量分别完成7.75亿吨和1280亿吨公里,同比分别增长5%、6.5%。

七、行业安全生产形势稳中向好

以道路运输、水上交通、公路施工、人员密集场所为重点,认真组织开展了“道路客运安全年”活动和“百日安全生产大检查”等专项整治行动，共排查安全隐患11057项,除28项正在整改外,其余全部得到整改。全系统未发生重大及以上安全生产事故,各项指标均在省政府下达的控制指标之内。加快构建军民融合、平战结合、平急结合的应急体系。开展了长大隧道危化品运输车辆事故、水上应急救援、工地防汛抢险、人员密集场所消防疏散等专项应急演练,成功实施了临汾曲亭水库溃坝事故滞留旅客疏散和中储棉侯马仓库火灾事故物资应急抢运。

八、科技教育和节能减排成效明显

“高等级公路大纵坡路段沥青路面结构与材料研究”等9项成果获省、部科技进步奖,《高速公路交通安全设施设计指南》等3项交通运输地方标准发布施行,在全国率先开展了高速公路货车不停车收费系统研究与试验。省交通科研院坚持科技研发、成果转化与高新技术产业化一体推进,走出了一条创新驱动发展的新路子。交通教育质量不断提高,山西交通职业技术学院新校区投入使用,省交通技师学院国家级示范校建设积极推进,省交通干部学校干部培训与成人教育规模逐年扩大。“车、船、路、港”千家企业低碳交通运输专项行动不断深入，全行业23个单位获交通运输部节能减排项目专项资金1724万元。交通运输部、国家发改委重点支持项目雁门关隧道节能照明改造工程和晋中、河津服务区节能环保改造工程竣工投入运营,交通运输部重点支持的全国第一个省级交通环境监测项目山西省交通环境监测网络基本建成,省政府下达的油罐车油气治理年度任务完成。新建高速公路服务区全部规划了加气站。运输市场老旧车辆“三年淘汰计划”圆满完成,共淘汰老旧车辆1.68万辆。全省城际客运和货运物流燃气汽车总量达到3万辆,晋城市每年增加燃气公交车100辆。

九、法制建设和行政效能建设不断深入

省人大常委会通过了新修订的《山西省高速公路管理条例》《太原市客运出租汽车服务管理条例》经省人大常委会批准,以地方法规发布。建立了交通建设贯彻国防要求协商会议制度。完成了对全系统270个单位的行政执法评议考核。交通运输执法标志标识、执法证件、执法服装实现全省统一。深入开展“路政管理规范年”活动,基层基础建设明显加强,路政队伍素质明显提高。深化行政审批制度改革,省级行政审批(许可)事项由20项精简为8项,全部纳入厅综合政务大厅集中管理,实现了“一条龙作业、一个窗口办理”。

十、党的建设和行业文明建设得到加强

厅党组从发生在厅机关和系统内的案件中深刻汲取教训,举一反三、引以为戒,把加强班子、队伍建设与反腐倡廉建设作为首要的政治任务来抓,带头落实中心组理论学习制度,深入学习党的十八大、十八届三中全会精神和习近平总书记系列重要讲话以及省部领导重要指示批示,用中国特色社会主义理论体系武装头脑。认真贯彻执行民主集中制,讲政治、讲团结、讲大局,深入研究行业科学发展、安全生产、深化改革、科技创新、服务提升、债务重组及干部使用管理监督等问题,制定了《关于切实加强安全生产推进“平安交通”建设的意见》《关于改进提升交通运输服务的意见》《关于科技创新推动交通运输转型发展的指导意见》等一系列重要文件。研究起草了我省高速公路建设管理体制改革方案。深化行业文明建设与文化建设,山西高速“畅享三晋”服务品牌入选全国交通运输系统十大文化品牌,厅直系统有9人入选省直机关第一届道德模范,长治市有1名出租车司机荣获第十届“全国见义勇为英雄司机”称号。

(梁锦华)

附：省交通运输厅党组书记、副书记、成员名单

书　记：段建国(9月离职)　李正印(9月任职)

副书记：张　润

成　员：王志民(3月离职)　戴　飞
唐　晋(4月任职)　韩日裕
郜玉兰(女)　张德仪　张勤学(1月任职)
郭贵平

省水利厅党组工作概况

党组书记　潘军峰

2013年，在省委省政府的正确领导下，省水利厅紧紧围绕全省水利中心工作，认真贯彻落实党的十八大和十八届三中全会精神，狠抓水利系统基层党的思想、组织、作风、反腐倡廉和制度建设，大力夯实党建工作基础，扎实开展党的群众路线教育实践活动，以改革创新精神全面推进基层党的建设，不断提高基层党的建设科学化水平，较好地完成了各项工作任务。

一、强力推进学习型党组织建设

2013年，厅党组始终把加强理论学习作为提高党员干部工作能力的有效途径。

一是建立学习制度。在厅机关建立了党组中心组学习、个人自学、教育培训、读书笔记、理论辅导、交流讨论、“三会一课”、专题研讨、学习考勤、检查通报等10项学习制度。提出学习时间、内容、效果等要求，真正把学习列入重要议事日程。建立学习情况与评优挂钩、与年度考核挂钩、与干部选拔任用挂钩的考核制度。凡全年无故不参加集中学习活动超过3次者，年内不得评为优秀党员、先进工作者。

二是突出学习教育重点。2013年厅党组以党的十八大精神、十八届三中全会、中国共产党章程、党风廉政建设、党的群众路线教育实践活动等内容为重点，通过聘请专家和厅领导上党课、专题辅导、集中学习、分组讨论等形式，认真组织党组中心组及全厅党员干部学习。全年共组织集中学习18天，专题辅导8次。党员干部撰写心得体会2600多篇，形成专题调研报告35份。组织厅直机关300名处级以上党员干部参加了省直分校十八大精神的学习。在教育实践活动期间，特邀省委党校教授作了题为《十八大党章新亮点》的专题讲座。

三是大力开展社会主义核心价值观教育。加强社会主义价值观培育，把开展“中国梦”宣传教育和核心价值观相结合，深入开展“读书月”活动，为机关人员办理读书卡。通过“右玉精神”、“我的梦·中国梦”的征文和演讲比赛活动，塑造干部职工社会主义价值观。水利厅派代表参加“全国水利系统社会主义核心价值体系知识竞赛”，在57个参赛单位中取得了第2名的好成绩。

二、做好基层党建各项工作

按照“围绕中心抓党建”的工作思路，安排部署机关党建工作，做到年初有计划、中期有督查、年终有考核，及时制定下发各类工作方案。

一是抓好安排部署，各项工作有序开展。2013年初，召开了厅直机关党的工作会议，明确了年度学习任务和计划，对各项工作提出了具体目标和要求，强调了年度工作重点，使基层党建工作有章可循、有据可依，为年度工作顺利开展奠定了基础。为了保证工作的实施效果，结合其他工作，采取直属单位和厅机关报送完成情况和实地检查的方式，多次对有关单位进行了督促检查。

二是狠抓组织建设，进一步健全党的基层组织机构。完成了4个单位的基层党委、15个党支部组建工作，组织19个基层党组织的改选换届工作。按照程序，选配65名入党积极分子参加培训，发展为预备党员。

三是狠抓工作载体，探索党建工作的新路子。结合工作实际开展创先争优，在全厅开展以提升能力、推动工作为重点的各项活动。2013年，省直工委首次举办以电脑操作、公文写作、语言表达、党的知识和健步走为主要内容的机关干部“五项全能”比赛，水利厅采取了“预赛选拔、集中培训、再赛选拔”能力提升措施，收到了较好效果。在省直机关五项全能决赛中，水利厅获得优秀组织奖，有2名同志获三等奖，并由省直劳动竞赛委员会记三等功。省水利厅在省直第九套广播体操比赛中获得银奖。举办了全省水利系统“东山杯”和“漳河杯”篮球比赛、“水利勘测设计杯”羽毛球比赛及“汾河水库杯”乒乓球比赛。举办了厅直单位“迎七一”合唱比赛、庆“七一”棋牌、乒乓球、羽毛球等系列体育比赛；选送《晋水之梦》文艺节目参加了省直机关文艺汇演，受到上级领导和兄弟单位一致好评。参加十二届全国水利系统桥牌比赛荣获第八名。

四是积极开展活动，推进文明和谐单位创建。大力开展社会主义核心价值体系教育、践行社会主义荣辱观、加强社会主义公德、职业道德、家庭美德教育。举办“道德讲堂”，积极推进“一堂一队一牌一桌一组”活动，设置文化墙，规范机关大院管理秩序，加强综合治理，通过开展形式多样的活动，努力创建文明和谐单位、文明机关、文明处室。对省中部引黄工程建设管理局、东山供水工程建设管理局、西山提黄灌溉工程建设管理中心、省汾河中下游水务管理局等单位的文明和谐单位创建工作进行了系统指导；从机关中分设出厅省经济事业管理中心、省水土保持生态环境建设中心两个精神文明单位；组织指导汾河水库申报了省级文明和谐单位。2013年40个厅直单位参加了省直以上文明和谐单位的创建活动，山西水利网申报了“首批十佳文明网站”，文明单位占到了厅直单位总数的70%以上。组织举办了纪念精神文明创建

30周年系列活动，组织参加省直文明办举办的“广汽黄河杯”纪念省直机关开展精神文明创建工作30周年知识竞赛、征文比赛、“讲文明树新风”公益广告设计比赛。

三、全面提升工、青、妇等工作

充分发挥工青妇等群团组织的桥梁纽带作用，加强统战工作，开展了丰富多彩的活动。

一是厅工会深入开展了扶贫济困送温暖活动，厅机关通过捐款筹集资金40余万元慰问困难职工，在“博爱一日捐”和“送温暖献爱心”活动中，厅直机关共捐助10多万元。慰问38名困难党员近2万元；在大水网部分单位施工一线开展了“送清凉”慰问活动；对困难企业337名困难职工建立了帮扶电子档案。

二是围绕大水网建设在厅直单位开展“转型我争先、跨越我奉献、当好主力军、建功十二五”劳动竞赛活动，联合举办了大水网单位职业技能大赛，40多名选手获得了表彰奖励。省汾河二库管理局被省总工会命名为“省职业道德建设标兵单位”，并授予“省五一劳动奖杯”。厅基建处被省劳动竞赛委员会授予“工人先锋号”荣誉称号。

三是厅直各级团组织围绕主题实践活动，继续开展“青年文明号”创建、青年志愿者活动，全省水利系统省级青年文明号单位达到22个。

四是积极开展妇女工作，着力提升妇女综合素质，激发妇女创业创新活力，在全省城乡妇女岗位建功先进个人评选表彰活动中，省水利厅两位同志被授予“山西省巾帼建功标兵”荣誉称号。水利大厦申报了“三八红旗先进集体”。

四、狠抓各级党风廉政建设

一是严肃政治纪律。认真贯彻中央《关于实行党风廉政建设责任制的决定》、省委《实施办法》和中央八项规定，深入开展纪律教育，教育党员干部自觉与党中央、省委保持高度一致，严禁党员干部发表同党的理论和路线方针政策、中央省委决定精神相违背的言论，坚决纠正有令不行、有禁不止的行为，确保政令畅通。对在曲亭水库事故中负有责任的有关人员给予了党纪处分。圆满完成了机关“会员卡零报告”工作。

二是加强党风廉政文化建设。通过建立廉政室和廉政文化长廊，营造风清气正的良好氛围。年初，作为廉政建设先进单位，参加了省直单位党风廉政建设经验交流会，介绍了水利厅党风廉政建设的先进经验。漳泽水库和汾河水库被评为省直廉政文化建设先进单位，通过了省直工委的验收。12月，汾河水库在省直机关廉政文化建设经验交流会上代表先进单位进行了发言。

三是开展警示教育。认真落实《廉政准则》各项规定，组织观看《失德之害》《王燕阳警示录》等警示教育片，开展“文晓平等六人顶风违纪问题”警示教育，以制度约束和党性党风党纪教育、廉洁从政教育，加强了廉政文化建设，培育弘扬廉洁价值理念。

五、扎实开展党的群众路线教育实践活动

7月份以来，水利厅按照省委对教育实践活动的总体部署，在省教育实践活动第三督导组的有力督导下，充分结合水利工作实际，认真组织开展了以“为民、务实、清廉”为主要内容的教育实践活动。

一是认真组织学习教育，广泛听取各方意见。按照学习计划，组织开展集中学习13天，专题讨论18次，专题辅导8次，观看教育片8次。组织学习了《党章》《党的十八大报告》《十八大以来习近平同志重要讲话》《厉行节约、反对浪费——重要论述摘编》《损害群众利益典型案例剖析》等学习书目；举办了《十八大党章新亮点》专题讲座；组织观看了《不变的信念》《周恩来的四个昼夜》《失德之害》袁纯清书记《转型跨越中务必保持艰苦奋斗作风》党课和《苏联亡党亡国20年祭——俄罗斯人在诉说》等多部专题教育片；编印了《省水利厅党的群众路线教育实践活动基本知识100题》，组织全体公务员进行了知识测试。同时，还在山西水利网站开设了教育实践活动专栏。制定了《水利厅教育实践活动工作流程图》，进一步明确了活动目标要求和方法步骤。

采取发放征求意见表、万人问卷调查、召开座谈会和设置专用意见箱、“三上三下”集中调研等方式，广泛征求各方面意见1000余条次，形成调研报告23份，共编印简报11期。

二是深入查摆问题，认真开展批评。对照省委常委领题调研6个专题10个方面内容，紧密结合实际，反复征求意见，深入查找“四风”方面的突出问题。通过认真归纳梳理及厅党组讨论分析，查摆出厅领导班子在“四风”方面存在的问题。及时下发了《关于做好深化学习教育，深入查摆问题工作的通知》《在党的群众路线教育实践活动中开好专题民主生活会的通知》和《关于审核把关各单位领导班子及班子成员对照检查材料有关要求的通知》系列文件；下发了《关于开展谈心谈话的通知》，用近20天的时间开展了谈心谈话活动。11月7日，组织召开了水利厅专题民主生活会，会上，省委第三督导组对我厅教育实践活动给予了较高评价。

三是按照中央和省委要求，逐项对照进行“回头看”。专题民主生活会后，按照中央、省委要求，从学习教育是否扎实、查摆问题是否聚焦、自我剖析是否深刻、谈心交心是否充分、开展批评是否认真、边查边改是否见效六个方面，对教育实践活动前两个环节的工作进行了“回头看”，形成自查报告上报省委督导组。通过对每项工作认真梳理、严格对照、全面检查，总体认为，能够按照中央部署和省委要求扎实开展教育实践活动前两个环节的工作，做到了“规定动作”要求高、不走样，“自选动作”有创新。

四是建章立制，积极整改。对查摆出来的“四风”问题及剖析的原因，逐项分解，认真制定了整改方案及《整改任务分解表》，明确了责任领导、责任单位和整改时限。围绕中央确定的专项整治七项重点任务、制度建设三项任务，结合我省开展的专项整治，制定了专项整治方案、制度建设计划及《专

项整治重点任务表》和《制度建设责任分解表》，做到每一项专项整治和制度建设工作都有专门领导负责，都有专门班子落实，都有具体人员完成。下发《关于做好教育实践活动整改落实、建章立制环节工作的通知》《关于开展“四风”突出问题专项整治和加强制度建设的通知》，对厅直单位“回头看”、整改落实、建章立制、专项整治、制度建设作了明确要求。

五是整理资料，及时归档。为了便于教育实践活动成果查考、经验借鉴、规律探寻，在每个环节完成后都对相关资料进行及时整理汇总，对文件、简报、学习资料、对照检查材料、整改方案等编制成册。下发《关于做好党的群众路线教育实践活动文件材料收集归档工作的通知》，对厅直单位做好材料收集归档工作，从相关文件、会议记录、录像照片、实施方案、情况报告，以及其他具有保存、利用价值的文件材料整理归档作了明确规定。

（王秀芳）

附：省水利厅党组书记、成员名单

书　记：潘军峰

成　员：奥雨迎　郭正义　张　健　李　力　解放庆　孟希雄（12月任职）　常书铭　张江汀　张建中

省农业厅党组工作概况

党组书记　李平社

2013年，省农业厅在省委、省政府正确领导和各级农业部门共同努力下，全省农业农村经济战胜了冬春连旱、春寒冻害、暴雨洪涝以及病虫灾害等不利因素影响，继续保持了平稳发展态势，成为全省经济社会发展的突出亮点，得到了省委、省政府充分肯定和社会各界广泛好评。

一、农业农村经济持续稳定发展

2013年，各级农业部门迎难而上促发展、坚持不懈抓落实，实现了农业农村经济稳中有进、稳中向好。省委、省政府下达的12项责任目标全面完成，各项量化指标均超额完成，实现了粮食生产、农民收入、农产品加工销售收入“三个重大突破”，农产品质量安全、重大动物疫病防控“两个没有发生”。

（一）强农惠农富农政策力度不断加大。在认真落实中央、省委和省政府已有政策的基础上，建议省政府出台了新的10项强农惠农富农政策，新增补贴资金10亿元，重点支持种养大户、家庭农场、农民合作社等新型农业生产经营主体和设施蔬菜、水果、中药材等特色产业发展。同时，改革拨付办法，加强资金监管，加快下达速度，确保了政策不缩水、不走样，及早发挥作用。

（二）粮食生产再创历史新高。2013年粮食总产量达到131.28亿公斤，比去年增长3%，再创历史新高，实现了连续4年超百亿公斤、连续4年创历史新高的最好成绩。一是抗击多重自然灾害。面对干旱、低温、洪涝等灾害，主动设防、有效应对，牢牢把握农业生产主动权。扎实开展“一抗两保”，组织万名农技人员一线指导抗灾，最大限度减少灾情带来的损失。二是突出抓了“以秋补夏”。在夏粮减产的情况下，努力扩大夏播面积，切实加强大秋作物田间管理，秋粮产量达到108.1亿公斤，比上年增长6.7%。三是深入推进粮食高产创建。狠抓万亩示范片和整建制推进试点，全年建设部级和省级粮棉高产创建示范片305个，粮食平均单产267公斤/亩，创历史新高。

（三）农民收入突破7000元大关。全省上下通过产业增收、劳务增收、政策增收、干部包村增收，千方百计增加农民家庭经营性收入、工资性收入、财产性收入和转移性收入。大力支持服务全省“百企千村”产业扶贫工程，积极抓好机关定点扶贫和包村增收工作，促进贫困地区农民增收，努力缩小收入差距。全省农民人均纯收入达到7154元，比上年增长12.5%，高于全国平均增幅，连续第三年超过城镇居民收入增速。

（四）农产品加工销售收入突破1000亿元。2013年，全省农产品加工企业销售收入1056亿元，比上年增长29%，提前两年完成“十二五”目标。18家银行与龙头企业签订了贷款协议，落实贷款338亿元。

（五）特色现代农业发展成效显著。以“一村一品”、“一县一业”为主攻方向，大力实施粮食高产创建、杂粮产业振兴、畜牧产业翻番、设施农业建设、果业提质增效、中药材产业崛起、酿造产业提升等七大产业振兴翻番工程。加快推进雁门关生态经济畜牧区、晋中盆地设施农业示范区等优势产业区建设。全年扶持发展“一村一品”专业村6000个，“一县一业”基地县60个，建设各类现代农业产业园区1193个。新增设施蔬菜28万亩，改造老果园和发展新果园35万亩。大同、晋中、运城三大现代农业示范区按计划完成项目建设。

（六）街道亮化工程圆满完成。行政村街道亮化工程作为省政府确定“五件实事”之一，由省厅负责，当年实施，当年完成。工程总投资20亿元，涉及行政村18427个，共安装太阳能路灯36万多盏。同时，按照产业连片、设施连通、服务配套、管理有序的思路，组织实施了3000个新农村重点村和104个连片示范区建设。牵头开展了全省改善农村人居环境大调查活动，提出了《山西省改善农村人居环境 推进美丽乡村建设纲要》，为全省改善农村人居环境做了前期工作。

（七）农业经营体制创新步伐加快。以省委省政府名义制定出台了《关于创新农业生产经营体制 进一步增强农村发展活力的意见》,大力培育种养大户、家庭农场、农民合作社和农业产业化龙头企业等新型农业生产经营主体。制定出台了全省家庭农场认定办法。大力发展农民合作社,开展"358"示范社建设行动,全省注册登记的农民合作社数量6.3万家,位居全国前列。认真组织开展了土地确权登记试点工作,依法积极稳妥推进土地流转,全省土地流转面积670万亩,占家庭承包经营面积的13.9%,比去年增加2个百分点。

(八)农产品质量安全监管和动物疫病防控扎实有效。深入开展了农药及农药使用、"瘦肉精"、生鲜乳违禁物质、兽药、农资打假五大专项整治行动,狠抓监管体系建设和监管责任落实。大力发展"三品一标",在全国农产品质量安全监管工作会议上介绍了经验。连续多年没有发生重大农产品质量安全事件。制定出台了《山西省中长期动物疫病防治规划(2013—2020年)》,扎实开展了春秋两季集中免疫,有效应对了H7N9禽流感疫情隐患。

(九)农业合作交流取得重大进展。省政府与农业部签署了"共同推进山西特色现代农业发展战略合作备忘录",与北京市、天津市签署了农产品产销合作框架协议。按照"节俭、务实、高效"的原则,成功举办了第三届中国(山西)特色农产品交易博览会。大力实施农产品"走出去"战略和出口基地建设,积极推动农超对接、农批对接和农产品电子商务,引进了新西兰恒天然、中粮集团、天津宝迪、广东温氏等知名企业来晋投资,全省社会资本投资现代农业项目达到840个。

二、领导班子和干部队伍建设全面加强

2013年,深入扎实开展党的群众路线教育实践活动,狠抓领导班子和干部队伍建设,进一步提升了领导干部驾驭全局、破解难题、改革创新能力和服务基层、服务群众、服务"三农"工作水平。

(一)加强领导班子建设。深入开展党的群众路线教育实践活动,按照"照镜子、正衣冠、洗洗澡、治治病"的总要求,紧紧围绕领导班子在"四风"方面存在的突出问题,厅班子成员带头学习,党组中心组集体学习13次。领导班子对照检查材料4次提交厅党组会议讨论研究,查摆问题23条。组织召开了质量较高的专题民主生活会,梳理完善了10项规章制度。结合厅里实际,以"心贴心"、"面对面"、"手把手"活动为主要内容,深入开展了"三农"工作零距离行动,班子成员联县包村,青年干部进村入户实行"三同",科技人员下基层开展"五送"活动(送政策、送科技、送信息、送农资、送书籍)。全厅在学习党的群众路线教育实践活动中取得的成绩得到了省委督导组的肯定,全厅各级领导班子的凝聚力、战斗力大大增强。

(二)加强干部队伍建设。严格按照《党政领导干部选拔任用工作条例》选人用人,按照"公开、平等、竞争、择优"原则,面向社会公开招考事业单位工作人员18名,转正考核处级干部31名。规范干部管理,开展了以"三龄两历一身份"为主题的干部档案清查工作。加强干部培训,全年共组织培训干部4371人次。

(三)加强机关精神文明建设。在全厅开展了思想道德建设"五个一"品牌活动,在省直机关率先开展了五项全能比赛。从4月份到11月份在全厅开展了"爱读书、读好书"活动,在省总工会引起了强烈反响。各类活动的开展极大地丰富了职工文化生活,进一步凝聚了人心,活跃了气氛,促进了工作。2013年,共创建省直文明标兵单位15个,省直文明单位14个,省农产品质检中心被全国总工会授予"巾帼标兵岗"荣誉称号。

三、党风廉政建设和效能建设扎实推进

(一)大力加强党风廉政建设。厅党组和班子成员严格执行党风廉政建设责任制,落实"一岗双责",责任制确定的43项任务全面完成。认真贯彻中央八项规定、厉行节约反对浪费和省委"四个实施办法"精神,以厅党组名义下发了《山西省农业厅关于改进工作作风、密切联系群众的实施办法》,对精简会议活动、规范出国出访等作出了明确规定,并严格抓好监督检查。全年"三公"经费同比减少30.3%,其中因公出国经费同比减少80.7%,公务用车经费同比减少16.9%,公务接待经费同比减少55.6%。以聚焦"四风"为重点,强化领导干部作风建设,深入开展了中秋国庆期间"五不准"、纠正"吃喝不正之风"、整治违规用车等专项治理,对办公用房进行了全面清理。

(二)大力加强效能建设。深化行政审批改革,将行政审批18个端口全部纳入电子监察网络,将26项行政审批项目减少调整为10项。进一步规范行政审批流程,缩短办事时限,提高行政效能。整治文山会海,切实改进文风会风,办公自动化平台高效运行,实现了厅内无纸化办公,全厅编发文件数量同比减少40.9%,会议数量和经费分别较上年减少37.3%、52.8%。加强对重点工作的监督检查,10月份由厅领导带队,抽调60余人组成督查调研组对11市的农业农村重点工作进行了全面检查,有效促进了重点工作落实。

(马小波)

附:省农业厅党组书记、成员名单

书 记:李平社

成 员:刘志杰(7月任职) 陈明昌(6月任职) 董希德 赵志杰(5月任职) 左义河(3月离职) 王高勇 关建勋(6月离职) 雷郭堂 张红星 贾明进 穆锦清 李 广

省林业厅党组工作概况

党组书记　李永林

2013 年，省林业厅党组认真贯彻落实党的十八大和十八届三中全会精神，扎实开展党的群众路线教育实践活动，围绕“绿化山西、生态兴省”的战略目标，结合转型综改试验区建设，全面推进林业六大工程，党的建设和党风廉政建设成效显著，干部队伍管理进一步加强，确保了省委省政府重大决策部署落到实处、全年各项林业目标任务全面完成，生态林业、民生林业取得新的成绩。

一、抓住历史机遇，科学合理筹划，圆满完成年度目标任务

厅党组按照“山上治本、身边增绿、产业富民、林业增效”的林业建设总基调，合理规划、真抓实干、严格管理、狠抓落实，全面推进林业厅六大工程，圆满完成了年度目标任务。

（一）圆满完成全年营造林任务。全省完成造林 454 万亩，占年度任务 450 万亩的 100.9%。其中，“两山”造林工程完成 198 万亩；“两网”绿化工程完成 92 万亩；“两林”富民工程完成 100 万亩；“两区”增绿工程完成 34 万亩；“双百”精品工程完成 30 万亩。

（二）资源管护成效显著。落实管护责任、完善管护办法、强化管护措施，森林资源得到有效保护。全省森林火灾受害率 0.15‰，大大低于省政府确定的 0.5‰的控制目标，未发生重大森林火灾。全省查处涉火肇事者 213 人，追究相关责任人 380 人。重点实施林业有害生物防治 193 万亩，成灾率控制在 1.4‰，远低于 4.3‰的指标。开展专项整治行动，严厉打击涉林犯罪行为，共查处森林和野生动物案件 3350 起，林政处罚 5585 人次，挽回直接经济损失 2000 余万元。

（三）集体林权改革完成阶段性目标。林权发证基本完成，加快推进配套改革，制定出台《山西省集体林权流转办法》，森林保险试点已通过财政部审批。林权配套改革有序推进，林改工作稳步向纵深推进，出台了林权抵押贷款、林权流转管理、森林保险等政策措施，印发了《关于深化集体林权制度改革的实施意见》，安排专项资金 900 万元扶持林业专业合作社建设。

（四）林业产业发展稳步推进。新完成经济林近 100 万亩。育苗 100.1 万亩，占全年任务的 125.1%，其中新育苗完成 37.7 万亩，占全年新育苗任务的 150.8%。森林旅游人数达到 1104.68 万人次，门票收入 1.86 亿元。林业总产值超过 360 亿元，年增长率达到 15%以上。

（五）多模式发展林下经济，促进农民增收。采用林菌、林药、林养等模式和“公司 + 基地 + 农户”的发展机制发展林下经济，2013 年底全省林下经济经营面积达到 551 万亩，实现产值 16.5 亿元，其中种植业 12.9 亿元，养殖业 3.6 亿元，连接近 11 万农户。

（六）注重夯实基础，强化法制建设。对全省野生动植物资源及湿地进行了调查，编制完成《山西省野生动物野外调查识别图鉴》《山西省重点保护植物图鉴》，批建省级湿地公园 7 处，申报国家级湿地公园试点 2 处。省人大 2013 年 10 月 1 日颁布实施了《山西省森林公园条例》。

二、不断深化改革，创新工作思路，全年工作亮点较多

全省林业干部职工，按照厅党组提出的"忠诚、敬业、创优、奉献”的队伍建设要求，以开展党的群众路线教育实践活动为契机，不断改进工作方法，提高服务水平，亮点较多。

（一）机制创新效果凸显，进一步激发了林业发展活力。9 月 30 日，《人民日报》头版头条刊登《山西黄土地披上绿衣裳》文章，从造林机制、精神引领、兴林富民等方面进行了报道。2013 年以来，省林业厅大力推广太原市开发式造林、煤炭资源型市县以煤补林、省直林区与市县合作造林等造林机制，产生了良好效果。太原市引入开发式造林机制，在东西两山建成 12 个总面积 8 万亩的城郊森林公园，使省城周边生态环境在较短时间内实现了华丽转身。晋城市采取政府下计划、煤矿企业出资实施的办法，完成企业造林 2.8 万亩。高平市 35 家煤矿完成 80 个村庄的绿化工程。忻州市 9 县 30 多家企业共投资 1.9 亿元建设“企业林”。五台林局、黑茶林局、关帝林局合作造林均在万亩以上。

（二）两大标杆项目顺利启动，规模推进、区域突破有序开展。高速公路通道绿化和吕梁山生态脆弱区林业生态建设是省政府确定实施的两大林业标杆项目，也是全省林业生态建设实行规模推进、区域突破的重点工程。为启动实施好两大工程，省林业厅完成了项目摸底调查、工程布局、技术措施等前期工作，编制了两大工程《实施方案》，选派技术人员深入工程一线，进行政策宣讲、技术培训、跟踪服务。各地沿高速公路两侧、生态脆弱集中区域连片布局实施造林绿化工程。煤炭部门将矿区造林重点布局在高速公路沿线，任务超额完成。全省共完成高速公路沿线通道绿化 706 公里，占近年内建成的可绿化里程 982 公里的 72%。吕梁山生态脆弱区林业生态建设工程按照区域突破的思路，多措并举、全力推进。省政府召开了工程启动会议，省政府相关领导作出重要批示，并对工程建设进行了安排部署。省政府拿出 6000 万元用于示范工程建设，提高了造林标准。有关市县也将两大工程作为建设重点，投巨资实施。截至 2013 年底，吕梁山生态脆弱区共完成造林 146 万亩，效果明显好于往年。

(三)整章建制、立说立行,干部队伍作风建设取得新成绩。为切实改进工作作风、强化行政效能建设,林业厅党组先后制定了改进工作作风、加强行政效能建设《十项制度》《十项规定》。年初,省林业厅又印发了《关于违反"双十"规定(制度)的追究处理办法》。11月,结合党的群众路线教育实践活动整改落实,又制定了林业厅转作风、提效率《十项办法》,努力形成管人、管事、管资金的制度体系。春秋两季分别对11个市115个县和省直9大林局38个林场的造林和森林抚育工程进行了集体督查,做到了改进作风、了解实情、不扰基层。认真贯彻省委、省政府集中走访活动精神,林业厅领导干部下基层到一线做到了"三个全覆盖",即厅领导深入146个省直林场调研指导工作全覆盖,厅领导深入115个农业县实地指导重点工程全覆盖,县处级林业领导干部深入372个管护点调研指导全覆盖。

三、坚持多措并举,完善制度建设,党风廉政建设成效显著

坚持标本兼治、综合治理、惩防并举、注重预防的方针,紧紧围绕生态林业和民生林业发展的总体要求,扎实推进党风廉政建设和反腐败斗争,取得了明显成效,为全省林业改革和发展提供了有力保证。

(一)抓任务分解,确保党风廉政建设责任制全面落实。全省林业系统坚持"一岗双责"的原则,全面部署党风廉政建设和反腐败工作,对党风廉政建设和反腐败工作进行了责任分解,并把具体任务落实到班子成员、有关部门和责任人,做到了党风廉政建设与业务工作一起部署、一起落实、一起检查、一起考核,形成了一级抓一级,层层抓落实的良好局面。

(二)抓专项稽查,促进全省林业又好又快发展。集中时间,整合力量,重点对11市30县开展资金稽查,稽查总额5.7亿元;对9大省直林局和18个驻并单位进行内部审计,内审总额7.6亿元。针对发现的问题,提出了整改意见,并约谈了相关负责人,签订了整改责任书。

(三)抓专项治理,创优林业发展环境。根据省纪委印发的《专项治理"吃喝不正之风"工作方案》,采取社会监督、明查暗访、重点检查、案件查办和建章立制等形式,重点对党员干部、公职人员违规宴请、公款吃喝、大操大办婚丧喜庆事宜等8个方面进行了有效治理。全系统控制公务接待费用成效明显,全年公款违规吃喝"零发现"。在办公用房清退、会员卡清理等专项活动中,根据上级要求,认真研究部署了清理、清退工作。

(四)抓行风评议,提升林业地位和形象。政风行风建设工作以"转变作风、提高效率"为目标,重点抓了以行风热线为载体,解决群众热点问题、以听证对话会为平台,共谋林业发展大业、以明查暗访为依托,加强行政效能建设三个方面的工作。集中时间对全省33个森林公安派出所、21个木材检查站、24个乡镇林业工作站和4个林权服务中心进行了明查暗访,大大地增强了基层规范行政的意识,达到了提高行政效能的目的。

(孙 光)

附:省林业厅党组书记、成员名单

书 记:李永林

成 员:霍转业 常光明 谢 璞 任建中 张云龙 刘虎山 李 更

省商务厅党组工作概况

党组书记 孙跃进

2013年,省商务厅在省委、省政府的正确领导下,厅党组坚持以邓小平理论和"三个代表"重要思想为指导,深入贯彻落实科学发展观,紧紧围绕商务事业发展,认真贯彻落实党的十八大和十八届三中全会精神,扎实开展党的群众路线教育实践活动,狠抓基层党的思想、组织、作风、反腐倡廉和制度建设,以改革创新精神全面推进基层党的建设,不断提高基层党的建设科学化水平,为全省商务事业科学发展提供坚强的政治保证和组织保证。

一、主要工作

(一)深入开展以为民务实清廉为主要内容的党的群众路线教育实践活动。一是与学习型党组织建设有机结合,开展了集中学习。以中心组理论学习和支部集中学习为载体,组织党员干部认真学习了党的十八大以来习近平总书记一系列重要讲话,学习了《党章》和党的十八大报告等重要文献,并在广泛学习的基础上进行了学习交流,强化了党员干部的群众路线观念,增强了做好群众工作的自觉性。二是开展主题鲜明的专题讨论。结合影片《周恩来的四个昼夜》,机关各支部围绕"为了谁、依靠谁、我是谁"这个主题开展专题讨论。每名党员结合自身工作实际,重点从着力提高思想认识,强化群众观念进行发言,展开了热情洋溢的大讨论。三是开展务实管用的专题教育活动。首先是组织厅领导班子成员及全厅党员干部分别赴西柏坡、左权县麻团八路军总部纪念馆进行了参观学习,实地体会当年革命的艰苦和胜利的来之不易,重温两个务必,深刻领会西柏坡精神,激发大家进一步投身商务工作的激情。其次是组织厅机关党员干部观看了《公安厅长的蜕变》《周恩来的四个昼夜》和《巴顿将军》等教育片,提醒每名党员领导干部要始终保持清醒头脑和高度警

党，让大家认真学习深刻领悟如何去“照镜子、正衣冠、洗洗澡、治治病”，如何去解决“四风”问题，如何去更好地实现为民务实清廉。再次是邀请省委党校有关教授作了题为“十八大党章学习辅导”的专题讲座，系统讲述了党章的发展史，阐述了学习、遵守、贯彻、维护党章的重大意义。四是厅党组每位成员深入基层，通过召开座谈会、组织生活会、个别访谈、面对面的沟通、心贴心的交流，对征求到的意见和建议进行了梳理、汇总归纳为45条。五是深入基层，扎实调研。按照厅党组教育实践活动方案的安排，针对前期征求意见过程中整理汇总出的问题，紧紧围绕商务系统实际，进行了深入调研，对照“四风”进行了“二次聚焦”。首先是确定调研课题，带着问题进行了调研。对照结合省委常委“六个专题”调研内容，从重点查找带有商贸行业特点的突出问题出发，有针对性地确定了《如何进一步加强商贸行业规划工作，服务市场发展》等8个课题，由厅领导带队进行深入调研，从而保证调研任务落实，有序开展。其次是丰富调研方式、确保调研效果。厅领导班子成员结合领导干部下乡住村包村增收活动、日常工作检查、专题调研等方式分别带队到太原市各县市区基层进行深度调研。再次是形成了务实的调研报告。每个调研组根据自身的调研课题，紧扣“四风”问题，聚焦商贸行业规划、县级商务机构设置、会展业、食品安全等突出问题，提出了具体的意见和建议，做到了有情况、有分析、有对策、可操作。六是聚焦“四风”，查摆问题。对征求到的意见和建议，厅党组高度重视，反复研究，聚焦“四风”，认真查摆，归纳梳理出了“四风”方面的问题17个。在此基础上，厅党组召开了高质量的民主生活会。会上，厅党组班子成员本着“团结——批评——团结”的原则，聚焦“四风”问题，开展了言辞诚恳、深刻透彻的批评和自我批评，取得了良好的效果。七是建章立制，积极整改。针对民主生活会上查摆出的问题，厅党组认真进行了分析研究，明确了整改意见，结合实际，按照立整立改、限期整改、逐步整改三个阶段分步实施，针对查摆出的问题，制定了13项整改措施。通过整改，进一步提高了工作效率，进一步转变了机关作风，进一步提升了服务水平，增强了商务工作的主动性、针对性、前瞻性和科学性，有效推进了全省商务工作的科学发展。

（二）以学习贯彻党的十八大和十八届三中全会精神为引领，扎实推进学习型党组织建设。一是深入学习贯彻党的十八大精神。厅党组思想上高度重视，行动上高度自觉，始终把深入学习宣传贯彻党的十八大精神作为首要政治任务。党组中心组成员以身作则，率先垂范，带头学习，利用“商务大讲堂”积极宣讲；厅机关干部通过支部集中学习和自学，深刻学习领会十八大报告，强化思想信念，筑牢思想防线，增强宗旨意识，不断加强理论武装。二是紧密结合商务工作和干部职工思想实际，定期举办“商务大讲堂”。邀请厅领导、专家学者就廉政工作、金融创新、十八大报告、十八届三中全会精神等重点、热点问题进行了深入解读，每次讲座信息量大，深入浅出，形象生动，既有理论高度又有水平深度，对于厅机关进一步转变工作作风、创新工作机制、提高工作水平，促进商务工作发展具有很强指导意义。三是认真落实“每月一本书”活动，并受到省直工委的肯定。按照《省商务厅党组（中心组）及机关党员干部理论学习月计划》的要求，已安排厅机关干部阅读《大数据》、《苏共亡党二十年祭》等11本书籍，每名党员干部认真撰写读书心得体会，共计1000余篇。四是组织厅机关处级干部参加十八大精神培训班。根据省直工委的安排，组织厅直系统100名处级干部和7名统一战线成员，参加省直机关学习贯彻党的十八大精神轮训班。通过认真研读党的十八大文件，原原本本学习党的十八大报告和党章，使广大党员干部能进一步深刻领会党的十八大精神，准备把握商务工作发展方向，有力促进了商务工作发展。

（三）加强基层组织建设，夯实基层党建基础。一是完成了厅机关内设党支部的换届工作，及时调整健全厅直属单位党组织，进一步夯实了基层党组织基础，开创了基层党建工作新局面，为商务工作发展提供了有力的政治保证和组织保证。二是扎实推进年度发展党员工作。全年共发展党员36名，其中职工党员12名，学生党员24名。三是完成了厅机关工会换届工作。在充分发扬民主的基础上，以无记名投票的方式选举产生了新一届工会委员会、经费审查委员会、女职工委员会，进一步推进新时期工会工作再上新台阶。

（四）促进基层党建制度化，不断提高党建工作水平。一是改进机关作风，加强党的建设。为了贯彻落实好中央和省委、省政府的有关文件精神，按照厅党组的要求，认真研究制定了改进厅机关工作作风、加强全厅党的建设的8条意见。二是为创新党建工作，扎实开展基层党组织建设，建立健全四项制度。第一，建立支部书记履行基层党建责任专项述职工作制度，将党建工作列入年度考核内容。第二，建立党建工作例会制度，党建工作比着抓。第三，建立督查制度，党建工作务实抓。第四，健全党建责任制，党建工作长效抓。三是严格落实组织生活会制度，提高组织生活会质量。每月的第一个星期一下午，全厅各支部都要召开支部组织生活会，并作为一项制度长期坚持。四是制定学习制度，扎实推进学习型党组织建设。每月下发《党组（中心组）及机关党员干部理论学习月计划》，选取重大政策、重要讲话等重点、热点内容，及时组织安排学习。

（五）加强拓展教育，开展各类主题实践活动。一是组织“学习贯彻十八大精神，问计基层，服务企业”主题活动。为深入学习贯彻党的十八大精神，组织厅机关70余名干部职工赴榆次泽榆畜牧业开发有限公司和田森中央厨房参观学习。二是组织厅机关党员干部30余人赴省博物馆参观“永远的旗帜——中共一大至十八大专题展”。三是组织17名厅机关干部赴井冈山进行革命历史传统教育，重温党的光辉历史、感受革命斗争精神，实地接受了生动地革命历史传统教育。四是举办了“庆七一”党建知识竞赛和“庆七一”文艺汇演，不断活跃机关气氛，凝聚人心、鼓舞干劲、激发斗志，有力地提升了商务工作的社会影响力。

（六）以党建促创建，精神文明建设工作稳步推进。一是制定《2013年度山西省商务厅精神文明建设工作要点》，引领全年精神文明建设工作。二是精神文明建设工作喜结硕果。厅机关连续13年荣获省直文明和谐单位标兵;省经贸学校被转评为省直文明和谐单位标兵;华苑宾馆被晋升为省直文明和谐单位标兵;省投资促进局被新评为省直文明和谐单位。三是参加省直文明办组织的纪念省直机关开展精神文明创建工作30周年系列活动。积极组织厅直属各党组织参加了"广汽黄河杯"纪念省直机关开展精神文明创建工作30周年知识竞赛、征文比赛和"讲文明树新风"公益广告设计比赛,进一步提高了厅直系统广大党员干部职工的思想道德素质和科学文化素养,改进了机关工作作风,推动了群众路线教育实践活动的深入开展。

二、工作成效

(一)扩消费对经济增长的拉动作用进一步增强。大力发展电子商务,建成侯马国家级电子商务示范基地,推动淘宝"特色中国·山西馆"顺利开馆,促成唐久与京东商城合作开设网上大卖场,贡天下特产网将总部迁回山西与"1号店"开展合作。深入开展三大促消费活动,"山西品牌中华行"活动签订供货合同突破10亿元,200余个品牌产品进入全国知名连锁企业供应链。"晋人晋菜晋味道"活动有力推动了全省高端餐饮向大众化餐饮转型发展,"幸福暖家"活动为全省1万余户保障性住房家庭购买家具建材产品让利4000多万元。加快完善现代流通体系,建成120个县域配送中心,对5000个农家店进行了信息化改造,建成30个"15分钟便民商圈"、15个中央厨房和500多个早餐网点,居民消费更加便利实惠。努力优化消费环境,行政执法和刑事司法"两法"衔接信息共享平台建设进展顺利,单用途商业预付卡发卡服务行为得到有效规范,商贸流通企业用水用电用气用热专项督查切实减轻了流通企业负担,太原市肉菜流通追溯体系基本建成,汽车、成品油、酒类市场整顿促进了安全消费。

(二)外经贸对产业转型的推动作用进一步提升。积极扶持42家外贸示范基地升级改造,利用广交会、亚欧博览会、东盟博览会等平台推动企业开拓新兴市场,妥善应对贸易摩擦,巩固传统市场,扩大稀缺资源、先进技术设备和关键零部件进口。积极开展"外资企业服务年"活动,为在晋世界500强提供"一对一"个性化服务,全省世界500强投资项目达到46个。推动企业"走出去"发展优势产业,太重煤机、东辉煤焦化、山西天硕公司并购国外先进制造或资源型企业,趟出了开拓国际市场的新路子。合理调整毛里求斯晋非合作区规划,启动了重点企业入区招商工作,项目定位基本确认。全年累计对外投资3.5亿美元,对外承包工程完成营业额7亿美元。

(三)招商引资与区域合作成效进一步显现。创新招商引资方式,充分发挥商协会的桥梁作用以及展会的载体作用,通过园区招商、产业链招商、网络招商、委托招商、小分队招商等多种形式,利用中博会、津洽会、投洽会、兰洽会和西博会等展会平台,加强与中西部地区、环渤海地区、长三角、珠三角地区的合作互动,深入开展定点式、跟进式、持续式精细化招商引资活动。以晋京协议为创新模式,积极推进全省与上海、浙江、天津等8个省(区、市)框架合作协议的落实,在项目对接、能源供应、金融支持、开发区合作、人才培养、文化交流等方面广泛开展交流合作。全年签约招商引资项目2302个,总投资额2.6万亿元,大幅度超额完成全年1.5万亿的目标,实际到位资金7028亿元,同比增长34.3%。

(四)开发区对经济发展的带动作用进一步凸显。全面加强开发区基础管理,建立开发区统计考核制度,修编开发区发展规划,对全省196家各类园区统筹规划布局,提出了整合处置意见。创新开发区体制机制,推动运城理顺了四个省级开发区管理体制,在孝义、祁县、侯马等经济开发区探索体制机制创新。推动开发区创新发展模式,运城、晋城、阳泉三市摸索出"政府主导、市场运作、互利共赢、组合发展"的"飞地经济"发展路子,作为转型综改成功经验向全省推广,太原武宿综合保税区通过国家验收并正式运营。开发区发展活力进一步增强,产业集聚效应进一步显现,成为全省转型发展重要增长极。

(五)商务系统干部职工工作作风进一步改进。扎实开展群众路线教育实践活动,严格落实中央八项规定、省委四个实施办法,认真召开高质量的专题民主生活会,开展多个层面的谈心交心活动,广泛听取基层党员、干部、群众和服务对象的意见建议。按照要求完善项目资金、办公经费、用车用房等各项管理制度,组织开展会员卡清理清退、专项治理吃喝不正之风,整改文山会海、展会多滥奢等17个突出问题,下放3项行政审批项目,厅机关发文数量比上年减少16%,会议次数减少9.2%。全省商务系统干部职工进一步增强了责任担当意识,凝聚起推动商务事业发展的合力。

(要宏锋)

附:省商务厅党组书记、副书记、成员名单

书　记: 孙跃进

副书记: 张跃建

成　员: 张　文　牛榆生　刘　进　王来平
李志胜(1月任职)　赵贵全(1月任职)

省文化厅党组工作概况

党组书记　张瑞鹏

2013 年，省文化厅在省委、省政府正确领导下，厅党组认真贯彻落实党的十八大、十八届三中全会精神和省委、省政府工作部署，认真落实目标责任，着力服务转型跨越、服务人民群众、服务基层、服务文化人，各项工作取得新成效。

一、关于全力完成工作任务

（一）承办全国文化厅局长座谈会并为签署部省合作协议搞好服务。7 月份，全国文化厅局长座谈会在太原举行，山西省文化厅在会上作了典型发言。会议期间，省政府主要领导与文化部到会领导签署协议，省委主要领导出席签约仪式。协议涵盖 9 个方面内容，为山西与文化部合作提供了路线图，而且含金量较高，是全省文化建设中的一件大事。

（二）抓好省级文化设施三大工程。推进山西大剧院与保利文化集团的战略合作。合作成功并举行首演，全年演出 66 场；8 月 30 日启动"长风之夜"周末惠民演出，赢得各界好评。省图书馆新馆 7 月 1 日按期开馆运营，开馆以来日均接待读者万余人次，创造了全国图书馆界的奇迹。山西晋剧艺术中心 10 月 30 日奠基开工，并化解一系列历史遗留问题，妥善安置 72 户职工。

（三）加强公共文化服务体系建设。制定"省市县三级公益文化设施达标率"，对做好农村文化活动场所全覆盖工程后期维护及日常开放工作作出安排，对 98 个公共图书馆评估定级；落实中央及省级年度建设资金 1 亿元，完成标准化建设项目 20 个；落实中央及省级年度"三馆一站"免费开放及设备购置专项资金 1 亿元，并为县级两馆配送流动图书（文化）服务车 140 辆，为全省艺术院团配送流动舞台车 81 辆；落实中央及省级年度农村文化建设资金 1.4 亿元，为全省每个村级文化活动室补贴 5000 元。组织长治市及太原市通过国家级公共文化服务示范区创建工作验收，组织朔州市及晋中市、大同市申报成为第二批国家级示范区和示范项目。

（四）加快推进文化产业发展。省文化厅与保利文化集团和建设银行山西省分行分别签署合作协议，在文化保税区、山西文化广场等项目上达成合作意向，使山西省文化厅在与知名文化企业和金融机构的合作上迈出新步伐。配合省委宣传部成功举办首届文化产业博览会，招商项目 360 个，签约金额 735 亿元，积极参加第九届深圳文化产业博览会、第八届北京国际文化创意产业博览会，为文化产业发展注入活力。启动了山西省民营文化企业协会的组建工作。

（五）深化文化体制改革。积极与财政部门沟通，制定《山西省购买公共演出服务实施方案》，并已进入决策程序，以公益性定位、分层次购买、竞争性参与、普惠性服务的理念，推动省、市、县三级政府建立购买公共演出服务机制。认真落实文化部、中宣部等九部门文件精神，积极支持转企改制文艺院团改革发展。对省直五院团和学院两个舞剧团以及部分市县院团尽力给予资助，帮助它们提升发展能力，促进国有、集体和民营院团竞相发展局面的形成。事业单位的内部管理机制进一步完善。

（六）扎实开展文化惠民活动。落实中央资源共享工程建设资金 350 万元、"数字图书馆"建设资金 75 万元、电子阅览室建设资金 893 万元，建设全省联合书目数据库图书馆 100 个。与省财政厅联合印发《山西省美术馆、公共图书馆、文化馆（站）免费开放工作实施方案》《山西省乡镇综合文化站建设实施方案》，对老区文化建设给予倾斜。举办第二届农民工歌手大赛、第四届少年儿童粉笔画大赛、第五届网络摄影大赛、"手牵手·让梦想成真"等系列公益活动，开展"三下乡"、"四进社区"活动。省直院团深入基层为群众演出超过 1000 场。圆满完成"春雨工程"——新疆行文化交流活动。

（七）取得文艺创作和文化交流的新成绩。在第十届中国艺术节和第十三届中国戏剧节上我省取得历史最好成绩。《粉墨春秋》《解放》《刘胡兰》3 台优秀剧目全部获奖，其中《粉墨春秋》荣膺"文华大奖"，全国只有 9 个省市区获此奖项；14 个节目获"群星奖"，与浙江省并列全国第三；《巴尔思御史》和《上马街》荣获第十三届中国戏剧节优秀剧目奖，获得 2 个以上优秀奖的只有 3 个省；在"梅花奖"和"小梅花"比赛中均获得好成绩，大小"梅花"总数居全国榜首。重点打造《立春》《巴尔思御史》《紫袍记》等舞台艺术作品。开展以"美丽山西"为主题的系列美术创作活动。召开全省艺术创作会议，对实现中国梦、讲好山西故事作出部署。精心组织"山西—乌兰巴托中国文化中心合作项目"，顺利实施"山西文化进台湾"项目，提升了山西文化影响力。

（八）加大人才队伍建设力度。加快"三区"人才培养工作，举办省直文化系统领导干部、全省艺术院校舞蹈教师素质提升等 21 个培训班，培训各类文化专业人才 1000 多名。与省人社厅联合承办全国文化生态保护区建设非遗保护高级研修班，与省建行联合举办"文化金融大讲堂"，与北京舞蹈学院联合举办高级舞蹈研修班，与上海戏剧学院联办高级编导研修班。山西戏剧职业学院与中国戏曲学院联办晋剧本科班进入关键阶段，提高学员补助，创排剧目 40 余部，实践演出 5 场。

（九）抓好综改区"一厅一专项"改革任务落实。以晋中文化生态保护区建设为试点，探索非遗整体性保护体制机制，开展4个选题调研,推进8个综合传习中心建设和4个濒危项目抢救保护工作。落实中央非物质文化遗产保护资金4000余万元。完成第四批国家级项目报审和省级评审工作,新报国家级保护单位50个。组织参加第四届成都国际非遗节等展览展演活动,组织开展"文化遗产日"宣传活动。

二、关于班子队伍建设和教育实践活动

(一)坚持搞好理论武装。厅党组将理论学习摆在突出位置,全年集中学习20次,重点学习党的十八大、十八届三中全会和习近平总书记重要讲话精神以及省委、省政府重要会议、重要文件精神,始终保持政治上的清醒和坚定。75个基层党组织举办专题讲座、专题党课120次。厅机关完成在线学习5835个学时,学习型机关建设取得新进展,政治定力进一步增强,破解改革发展难题能力进一步提高。

(二)认真执行民主集中制。厅党组坚持重大问题,认真讨论、集体决策;中心任务,全力以赴、形成合力;日常工作,分工负责、相互配合。对工作部署、人事项目等重要事项,充分沟通讨论,民主决策、科学决策。党组成员自觉维护班子团结和形象,顾全大局,相互协调,脚踏实地,做到了同心同向同力。省图书馆搬迁是建馆50多年来首次搬迁,头绪多、时间紧、任务重,厅里抽调2位厅领导、8名处室负责人集中在图书馆工作,确保目标实现。在干部调整任用上,严格执行有关程序,坚持人事跟着事业走,体现工作导向,体现机关与基层交流、事业与事业循环,体现对干部的关怀。

(三)扎实开展党的群众路线教育实践活动。一是认真组织学习教育。举办报告会、党课、交流会以及集体观看专题片6次,到革命老区、住村点学习调研3次。二是聚焦"四风"查摆问题。坚持党组带头与各单位普遍开展相结合,查摆"四风"问题与查摆文化领域问题相结合,开展教育实践活动与落实中央"八项规定"相结合,解决"四风"突出问题与解决干部职工具体困难相结合,召开各类座谈会15次,开展专题调研30次,征求意见和建议206条,党组查找"四风"突出问题18项,成员查找140条。特别是对群众反映强烈的豪华办晚会等问题进行了重点查找。三是严肃开展批评和自我批评,灵魂深处受到触动。班子成员之间,厅领导与机关处室、厅属单位负责人之间累计谈心300余次,其中厅主要负责同志与班子成员进行两轮谈心,并与机关处室、直属单位负责人谈心50人次。民主生活会上,开门见山、直奔主题,自我揭短不怕丑,批评他人不转弯抹角,61人次提出批评意见97条。四是积极整改,注重实效。党组做出10项承诺,重点抓好作风和工作方面整改任务24项,重点解决涉及干部职工工作生活的整改任务5项,重点完善相关制度8项,达到了"照镜子、正衣冠、洗洗澡、治治病"的目的。

三、关于惩防体系和党风廉政建设

(一)引深反腐倡廉宣传教育。通过开辟网络专栏、组织专题教育、观看警示教育片等形式,开展理想信念教育、道德修养教育和反腐倡廉法规制度教育,牢固树立秉公用权、廉洁从政的价值理念。推动全省廉政文化阵地建设,长治市图书馆、八路军太行纪念馆被文化部评为廉政文化教育基地。通过文源讲坛、廉政文化讲座,扩大廉政文化的影响范围。配合党的群众路线教育实践活动,组织《太行奶娘》等6台剧目进行展演,营造了廉政文化氛围。

(二)建立和完善工作制度。形成"党组统一领导、党政齐抓共管、纪检监察组织协调、处室单位各尽其责"的工作机制。下发《2013年党风廉政建设工作要点》《2013年党风廉政建设责任制工作任务分解意见》等文件,规范厅机关行政行为。认真落实中央和省委、省政府反对"四风"的部署和要求,结合实际制定了具体措施,对各类节庆论坛展会进行了清理,清退各类会员卡,清理违规用车和超标办公用房,共腾退办公用房103平方米,退回机关占用厅属单位小轿车2辆,公务接待费用减少64%。

(三)加强对"三重一大"等重要事项的监督检查。对省级非物质文化遗产代表性项目名录评审、"群星奖"选拔赛、人员录用、职称评定等重要工作加强监督,纪检监察部门全程介入,建立起日常监督的长效机制。对14件信访问题认真做了核实、处理。

四、关于行政效能建设

(一)深化行政审批制度改革。认真贯彻执行《行政许可法》和国务院、省政府的部署,将省厅9项审批事项缩减为4项,5项下放基层,放开网吧审批,简化审批流程和环节,解决审批繁、审批杂、审批难的问题。组织开展"文化市场综合行政执法岗位大练兵大比武"活动,全面提升文化市场综合执法规范化专业化水平。以明查暗访为主要手段,集中开展文化市场的专项整治,全省共出动检查人员53185人次,检查网吧、歌厅等文化娱乐场所20918家,责令整改1471家,立案182家,警告521家,有效净化了社会文化环境。

(二)大力推行政务公开。参加政风行风热线3次,召开行风评议会2次;严格首问负责制、一次办结制、错办追究制,在政务审批大厅,通过电子公告板、现场咨询、电话咨询等方式向群众提供有关文化政策与文化审批项目的咨询解答;在文化厅网站设立政务公开专栏,编制行政职权运行流程图和政务公开目录,发布有关政务信息,将办事项目、办事指南、表格下载、网上受理、审批查询等在网上公开;公布监督投诉电话和电子信箱,指定专人受理、回复,方便广大群众对文化工作建言献策和监督指导。

(三)高度重视人大代表建议和政协委员提案。着力抓好"承接、分办、审核、答复、反馈"五个环节,办理好每一项意见和建议。全年共受理省十二届人大一次会议代表建议19份、省政协十一届一次会议政协委员提案25份。先后联系人大代表和政协委员50余人次,深入社区、机关、学校40余次,广泛听取群众的呼声,在办理答复的同时,将具有战略意义和可操作性的建议、提案落实到了文化工作之中。

(杨　渊)

附：省文化厅党组书记、成员名单

书　记：张明亮（3月离职）　张瑞鹏（3月任职）

成　员：张　健　李　歆　赵银邦　窦明生　王舒袖　贾新田　李　力　李培勇　李荣钢（5月任职）

省卫生厅党组工作概况

党组书记　杨增武

一、医药卫生体制改革

2013年，新农合参合率达99.33%，住院最高支付限额达15万元，均创历史新高；将20类重大疾病实际补偿比例提高到70%，在阳泉、运城两市开展了重特大疾病新农合购买大病保险试点工作。在部分非政府办社区卫生服务机构开展了基本药物制度试点工作，药品“零差率”销售覆盖所有实施综合改革的县级公立医院。在全国第4家制订了省级2013版基本药物补充品种目录，基本药物招标采购工作在国务院医改办会议上作了经验交流。县级公立医院综合改革范围由34个县（市、区）扩大到83个，占全省总县数的70%，超过国家50%的要求。城市公立医院改革试点积极推进。建立了乡村医生养老退出政府补助机制和村卫生室信息化运行补助机制，太原市建立乡村医生进退流转机制的做法受到刘延东副总理的批示肯定。人均基本公共卫生服务经费由25元提高到30元，服务项目由10类41项扩展到11类43项，基本公共卫生服务网格化管理、家庭医生制和团队负责制的服务模式得到国家卫生计生委充分肯定，重大公共卫生项目任务全部完成。

二、医疗服务能力建设

全省医疗卫生机构诊疗人次数、出院人数、住院病人手术人次分别达到1.24亿、368.12万和80.42万，分别比上年同比增长4.45%、5.61%和7.69%。投入14亿元，新建和改扩建医疗卫生机构259个。省儿童医院新院区建设项目进展顺利，新增社区卫生服务机构95所，5所机构被评为国家级示范机构。积极鼓励社会力量办医，将民营医院纳入医院等级评审范围，为民营医疗机构培训管理和专业人员2千人次。在40所医院开展了护士岗位管理试点工作。启动实施了16项京晋地区医疗卫生领域合作项目，受到省委有关领导的充分肯定；完成各类基层卫生人才培训4.7万人次。4个专科被评为国家临床重点专科建设项目，我省国家临床重点专科总数居中部省份前列。申报获批国家级和省级卫生科技攻关研究项目192项，其中，资助额度千万元以上的国家级重大项目2项。安排38所三级医院对口支援95个县级医院，组织630名二级以上医疗卫生机构主治医师以上医生对口支援210个乡镇卫生院。

三、疾病预防控制和卫生应急工作

扩大免疫规划疫苗报告接种率达98%以上，艾滋病等重大传染病得到有效防控，大骨节病等地方病防治成果得到巩固，烟草控制大众传播活动获全国优秀组织奖，科学有序有效开展了人感染H7N9禽流感防控工作。为50余万名妇女进行了宫颈癌、乳腺癌检查，为贫困县儿童发放600余万营养包，全省孕产妇住院分娩率达99.86%，孕产妇死亡率、婴儿死亡率分别为15.97/10万、7.57‰。建设和改造无害化卫生厕所16.68万户，11个县城和6个乡镇荣获国家卫生县城（镇）称号，是创建成功最多的一年。完成了组建国家紧急医学救援队伍的任务，完成了突发事件医疗卫生救援任务16起，救治伤员624人。成功救治了汾西矿业“9.28”透水事故2名被困11天矿工，创造了医疗救治奇迹。

四、卫生监督执法和食品安全风险监测工作

举办了三期医院院长依法执业专题培训，组织开展了整顿医疗秩序专项行动、医疗质量万里行、抗菌药物临床应用专项整治、“健康校园”创建和饮用水卫生安全监管等活动，共监督检查医疗卫生机构和公共场所6.6万户，查处案件3643件，取缔无证行医“黑诊所”789户次，监督覆盖率位居全国第一，案件查处数居全国第五，省厅在全国进一步整顿医疗秩序打击非法行医专项行动电视电话会议上作了发言。加强食品安全风险监测，构建了省市县乡四级食源性疾病监测网络，食品中污染物和有害因素监测网络覆盖全省60%以上的县，高于国家50%的指标，食源性疾病事件监测实现了县级全覆盖。

五、中医药工作

修订颁布了《山西省发展中医药条例》，出台了《山西省人民政府关于扶持和促进中医药事业发展的意见》，为加快发展中医药事业提供了法制保障。启动了基层中医药服务能力提升工程，创建了12个省级基层中医药工作先进单位、39个省级中医药特色社区卫生服务中心、126个省级中医药特色乡镇卫生院。3所医院被评为全国综合医院中医药工作示范单位，7个专科被评为中医专业国家临床重点专科。中药资源普查进展顺利，总体进度排全国第二。

六、政风行风和医德医风建设

扎实开展第一批党的群众路线教育实践活动，在纠正“四风”、着力解决人民群众反映强烈的突出问题上取得扎实成效，省卫生厅的教育实践活动受到中央督导组高度评价。

坚持依法行政的经验,在省委依法治省领导组依法行政联席会议暨依法行政经验交流会上作了交流。开通了12320卫生热线。深化行政审批制度改革,行政审批项目由31项精简为8项。广泛开展患者满意度调查、出院患者回访和医德查房工作,回访率达到出院病人的80%以上,省厅的做法被国家卫生计生委在全国推广。加大先进典型宣传力度,联合媒体开展了"走基层·寻找身边好医生"宣传活动。对90所医疗机构进行了医德医风明查暗访,开展了收受"红包"、药品回扣专项整治。省卫生厅被授予预防职务犯罪先进单位荣誉称号,被评为全省政风行风建设社会管理部门先进单位。

七、廉政教育

在内部网站上建立了"廉政教育平台",开辟《廉政提示栏目》,推动廉政文化建设。在门户网站上制作"纪检监察工作网页",宣传廉政工作,接受群众监督。在《山西青年报》《健康报》开辟医德专栏,向社会推出以席忠义为代表的360名医德好、受群众爱戴的医生,用先进典型的示范作用引领正气,弘扬新风。开展《医疗机构从业人员行为规范》宣传教育活动,大力弘扬以"尊重生命、服务健康、崇尚医德、精益求精"为主要内容的山西医疗卫生职业精神。组织观看警示教育片,通报发生在身边的典型案例,教育党员干部自警自励。以短信形式向机关党员干部发出清廉过节的温馨提示,营造清廉文明和谐向上的氛围。积极开展医疗机构内部分配制度改革试点,探索"开正门、堵后门"的反腐倡廉新机制。在全省卫生机关强化廉政风险防控长效机制建设,在直属系统开展以"政(院)务公开"和"三重一大项目"监管为重点的网络建设试点工作,在基层医疗机构实施以"院务、党务、财务"公开为主要内容的廉洁风险防控工作。

(刘 翔)

附:省卫生厅党组书记、副书记、成员名单

书 记: 高国顺(3月离职) 杨增武(3月任职)

副书记: 李书凯

成 员: 李凤岐 李双才 梁明虎 王 峻 赵光国

省人口和计划生育委员会党组工作概况

党组书记 杨增武

2013年,省人口计生委党组以科学发展观为指导,深入贯彻党的十八大、十八届三中全会精神,紧紧围绕全省转型跨越发展大局,认真落实省委、省政府各项决策部署,扎实工作,创新进取,推动人口计生工作健康发展。

一、扎实开展党的群众路线教育实践活动,形成了为民务实清廉的良好风气

(一)按照中央和省委的部署要求,委党组高度重视,精心组织,深入开展了党的群众路线教育实践活动,取得了明显成效。在学习教育、听取意见环节,认真组织集中学习,采取请上来听、走下去访、面对面谈、背对背提、发表格征、网络上搜等多种形式,先后征集党员、群众的意见建议共381条,梳理归纳"四风"方面的突出问题14条。在查摆问题、开展批评环节,领导班子集体和个人认真撰写了对照检查材料,组织召开了高质量的民主生活会,班子成员严肃认真地开展批评与自我批评,提出的批评和自我批评意见多达85条,受到省委督导组的高度评价。在整改落实、建章立制环节,制定了委领导班子整改方案,明确了整改任务、措施和时间表。下发了《治理"四风"制度建设计划》,对全委已有的各项规章制度加以梳理,原有18项制度继续保留,拟制定的12项新的制度已经出台5个。

(二)始终坚持立说立行,边整边改,一些工作取得明显成效。如目标责任制考核,省里只进行抽查,考核项目、时间、人员大大压缩,减轻了基层负担。在解决群众办证难方面,对人口计生外网升级提速,由原来的100兆提高到400兆,提高了基层办证效率,方便群众。在落实中央八项规定、厉行节约反对浪费方面,坚决执行中央和省委一系列规定,开展治理"庸懒散奢"、治理"吃喝不正之风"、清退违规公务用车、清理楼堂馆所、清退会员卡等专项活动,严格按标准腾退办公用房;严格控制和压缩"三公"经费,减少"车轮上的铺张",杜绝"人情消费"和职务消费,坚决防止和纠正各种不正之风和

奢侈浪费行为，取得明显成效。全年“三公”经费下降40.8%，全省性会议和重大活动精简71.6%，机关文件简报精简25.5%。深化干部下乡住村活动，委领导带头多次深入扶贫点调研帮扶、包村致富，深入基层走访慰问计生困难家庭，形成了为民务实清廉的良好风气。

二、加强领导班子和干部队伍建设，推动党风廉政和效能建设取得新成效

（一）加强领导班子和干部队伍建设，不断提高领导水平和执政能力。加强理论武装，推进学习型党组织建设。认真学习党的十八大和十八届三中全会精神，学习新《党章》和习近平总书记一系列重要讲话精神，坚定政治立场，强化群众观念。全年委党组中心组学习12次，举办专题讲座9次，集中封闭式学习5天。注重学以致用，成果转化，围绕人口计生重大问题，委领导带头深入基层调查研究，撰写7个专题调研报告。坚持民主集中制原则，“三重一大”事项集体研究、集体决策。坚持严格党内生活，落实“三会一课”制度，召开党员干部大会，及时通报领导班子民主生活会情况和重大事项。党组书记带头讲党课，组织班子成员自觉过好双重组织生活，形成了党内民主的良好氛围。加强干部队伍建设，推进干部自主选学，举办“领导干部能力素质提升”专题讲座，完成在线学习3140个学时，干部队伍能力素质进一步提高。

（二）落实党风廉政建设责任制，推进惩防体系建设。按照“一岗双责”要求，党组书记与班子成员、分管领导与各处室、单位签订了党风廉政建设责任书。制定《2013年党风廉政建设和反腐败工作要点》，召开人口计生系统反腐倡廉工作会议，将“制度＋科技”融入制度设计和工作流程，构建廉政风险防控长效机制。认真抓好廉政文化建设，开展党性党风党纪警示教育，引导全体党员干部打牢以艰苦奋斗为荣的思想基础，带头倡导勤俭办事厉行节约，提升党员干部思想政治素质。加强人、财、物及重点岗位、关键环节和重大活动的监督，确保权力规范运行，监督保障到位。全委没有发生一起违法违纪问题。

（三）加强政风行风和效能建设，树立良好形象。年初与各市人口计生委签订了政风行风责任书，向社会作出五项公开承诺。及时组织召开民主评议政风行风听证对话会，参加政风行风热线，注重发挥12356阳光计生服务热线作用，听取群众意见建议。推进依法行政和政务公开，运用人口计生证件打印系统办理各类计生证件341057件，提高了行政效能。继续开展基层文明执法、窗口单位为民服务创先争优活动，创建依法行政示范乡镇（街道）239个（累计：省级370个、国家级50个），群众自治示范村（居）204个（累计：省级704个、国家级241个）。继续开展请农民兄弟姐妹评计生等五项评议和“万人评计生”活动，发放调查问卷46739份，群众满意度达97.18%。推进阳光计生和诚信计生行动，开展明察暗访，重点治理乱收费、乱罚款和“吃拿卡要”等突出问题，认真解决来信来访，维护群众利益，树立了良好形象。委机关连续4年被评为全省政风行风建设免评部门，连续7年受到省政府表彰。

三、圆满完成年度各项目标任务，推动人口计生工作创新发展

（一）坚持计划生育基本国策，低生育水平保持稳定。加强组织领导，召开全省人口计生工作会议和人口计生领导小组扩大会议，与各市和省直相关部门签订了目标责任书。加强任务落实，对年度重点工作进行细化分解，每季度制定工作计划予以推进。加强目标责任考核，制定《考核细则》，运用考核平台对市、县进行网上考核，对11个县进行半年督查，对11个市、30个县进行年终抽查考核。加强干部提拔、评先评优计划生育审核，全省共审核单位和个人9895个，否决18个。加强孕前管理服务，严格社会抚养费征收，开展利益引导和服务关怀，引导群众自觉实行计划生育。根据统计公报，全年全省人口出生率为10.87‰，自然增长率为5.24‰，低生育水平继续保持稳定。

（二）深入推进优质服务，免费孕前优生健康检查项目全面完成。继续推进人口计生服务网络、优质服务和孕前优生咨询指导“三个全覆盖”。加强基层服务网络标准化、规范化、信息化建设，安排乡级服务中心建设项目27个，建成73个数字化服务站。继续开展优质服务先进单位创建活动，创建9个国家级和17个省级优质服务先进单位。继续推进优生促进工程，运用孕前优生咨询指导系统，开展免费孕前风险评估48.3万例。积极推进国家免费孕前优生健康检查项目，实现县级全覆盖；全年共检查275114人（目标人群255000人），目标人群覆盖率达108%，超出国家规定28个百分点，建起了预防出生缺陷、提高出生人口素质的重要防线。

（三）加强流动人口服务管理创新，推进计划生育基本公共服务均等化。加强顶层设计，将流动人口计生工作纳入全省加强和创新社会管理全局予以推进。巩固完善“一盘棋”工作机制，建立了环渤海10省区市，省内太原、晋南晋东南、晋北三大区和南同蒲沿线，毗邻省市、县区，省级相关部门四个层级的协作框架。推进乡镇（街道）流动人口“四统一”一站式服务管理。开发流动人口网上预约办证平台，实行一次性告知、首接负责制、限时办结制、特殊情况“承诺制”等措施，解决流动人口办证难问题。加快推进服务均等化，开展免费技术服务、免费发放避孕药具和“爱在流动”服务家庭系列活动，试点县扩大到所有县（市、区）。加强流动人口信息化建设，实现与全国流动人口信息交换平台的链接，异地查询、交换流动人口个案信息45621人，反馈率达95%以上。加强流动人口统计监测和重要课题研究，在全省建立5000多个样本点，调查流动人口1.5万多人；完成了《2013年山西省流动人口生存和发展研究报告》等4个课题。

（四）加强人口文化建设，综合治理出生人口性别比偏高问题。深化“一市一品牌、一县一特色”创建活动，推进人口文化传播阵地建设，创建13个省级人口文化建设示范基地。深化婚育新风进万家活动，太原、长治被命名为全国婚育新风进万家活动示范市。启动“圆梦女孩志愿行动”，与卫生、药

监、妇联等部门召开联席会议,对重点县进行督查,集中打击“两非”,形成关爱女孩和综合治理出生人口性别比的良好局面。

(五)推进人口信息化建设,人口管理服务信息系统实现全覆盖。继续完善“四网一库”为架构、九大应用系统为支撑的人口信息化体系。加强人口数据质量建设,全员人口信息库汇集了全省3650.8317万常住人口的个案信息,实现了集中管理、动态更新;常住人口入库率达99.13%,身份证号码准确率达到99.53%。加强人口数据分析运用,编发《山西人口动态》和《人口发展研究资讯》,人口信息辅助决策的能力大大提升。积极推进以全员人口信息库为基础的人口管理服务信息系统建设,试点县从2012年的21个扩大到全省119个县(市、区),建立了基层人口综合管理服务新模式。该信息平台既为人口计生工作服务,更成为全省基层社会服务管理信息平台,被中央综治委充分肯定和推广。

(六)全面推进“三晋康家”工程,增强计生家庭民生福祉。认真实施《“三晋康家”工程2013年推进计划》,在长治召开了工作推进会。开展“幸福家庭”创建活动,2255户计生家庭被推选为“幸福家庭”。认真落实“4+2”奖励扶助政策,全省共发放奖励扶助资金63982.35万元,惠及计生群众979268人(户);发放特别扶助金2336.95万元,扶助4625人。全省有144678户计生家庭在集体林权改革、扶贫移民搬迁、集体收益分配中,多领到1人份补助;349088户计生家庭在新农合和新农保中享受优先优惠;12835名农村独生子女中考加分被录取。继续开展生育关怀行动,各级计生协共投入740余万元,救助和慰问基层计生工作者和困难群众7491人,筹资748万元为24.9万户计生家庭办理意外伤害保险。“三晋康家”工程使更多的计生家庭走上了文明、健康、富裕、幸福的小康之路,《中国人口报》头版先后4次报道,引起积极反响。

(张晋军)

附:省人口和计划生育委员会党组书记、成员名单

书　记:杨增武

成　员:杨恩建　王祥瑞　杨建勇　赵新民　李跃珍(女)

省审计厅党组工作概况

党组书记　王　亚

2013年,省审计厅党组团结带领全体党员和干部职工,坚持以邓小平理论、“三个代表”重要思想、科学发展观为指导,深入学习贯彻落实党的十八大精神,认真开展党的群众路线教育实践活动,努力创建学习型、服务型、创新型党组织,开展机关精神文明创建活动,提升机关党建科学化水平,为审计工作的顺利开展提供了有力的思想政治保障。全年全省各级审计机关共审计和审计调查单位6471个单位,查出违法违规金额1497.37亿元,损失浪费金额3.54亿元,促进增收节支和挽回损失501.37亿元。移送案件线索526件277人,移送处理金额40.83亿元。提交报告信息3213篇,提出审计建议12443条,促进建立健全规章制度109项,发布审计结果公告90多篇。

一、明确工作思路,以创新精神围绕中心抓党建

在工作思路上,坚持做到“三个始终”:厅党组始终把加强和改进机关党的建设放到审计中心工作大格局中,准确把握党的十八大精神,全面抓好贯彻落实;始终坚持注重“抓教育、打基础”工作,以建设学习型、服务型、创新型党组织为目标,以开展党的群众路线教育实践活动为载体,进一步加强基层党组织、党员干部队伍的思想、组织、作风、制度和廉政建设;始终围绕审计工作为转型跨越发展服务的大局,把党建工作和审计业务工作相结合,统筹部署,一起落实、一起检查,整体推进,形成合力。

在措施方法上,着力推进和落实机关基层党组织“围绕中心、建设队伍”的两大核心任务。一是主要领导和厅党组注重加强对机关党建工作的具体指导。厅领导定期听取机关党委关于开展党建工作和文明和谐创建工作的情况汇报,多次对基层党组织工作提出具体指导意见。提出要凝聚“四气”精神,即“鼓足蓬勃向上的朝气、凝聚团结进取的锐气、激发改革创新的勇气、强化敢于负责的底气”,加强领导班子建设和党员队伍建设。二是加强组织建设,夯实工作基础。充分发挥党支部设在每个处室和事业单位这种形式的优势,使党的基层组织建设同行政管理、业务建设更好地结合起来,融为一体,有效地发挥党支部的战斗堡垒作用和共产党员的先锋模

范作用。为基层党支部组织学习、开展活动,加强管理奠定了坚实基础。三是党建关口前移,发挥临时党组织的战斗堡垒作用。坚持实行在审计组设立临时党小组的工作制度,做到审计到哪里,党组织就建立在哪里,为高效、廉洁完成审计任务提供了坚强有力政治保证和组织基础。近年来,审计组临时党组织加强理论学习,定期报送临时党组织工作情况报告,形成制度化、常态化格局。

二、紧密结合审计工作实际学习贯彻党的十八大精神

以学习贯彻落实党的十八大精神为主线,部署了2013年机关党建工作要点和理论学习安排。始终把学习《审计法》、党的十八大精神、党的十八届三中全会《关于全面深化改革若干重大问题的决定》、习近平总书记一系列重要讲话作为经常性学习内容,先后组织开展了“创优软环境、岗位做奉献”主题活动,党员干部“寄语十八大”征集活动,采取中心组集体学习的方式组织收听收看审计署党组学习十八大精神在线直播,组织全厅党员干部收听收看中央宣讲团十八大精神专场报告会现场直播,为广大机关党员干部职工发放学习书籍资料,组织参加全省学习十八大精神网上知识竞赛,组织厅机关70名副处级以上干部参加省直机关党校“学习贯彻十八大精神理论”培训,邀请省委党校有关教授来厅里作《坚定中国特色社会主义道路自信、理论自信、制度自信》专题报告。各党支部采取多种形式深入开展学习交流活动,处级党员干部撰写学习体会文章等,利用宣传栏、电子屏幕、在审计厅网站设立学习专栏进行宣传,引导干部群众牢固树立中国特色社会主义道路自信、理论自信、制度自信,进一步坚定理想信念,增强推动审计工作科学发展,充分发挥审计服务国家治理的信心和决心。

三、深入开展党的群众路线教育实践宣传活动

组织党员干部认真学习《论群众路线—重要论述摘编》《厉行节约反对浪费—重要论述摘编》《党的群众路线教育实践活动读本》《理性看齐心办—理论热点面对面》等6本学习书籍。印发了山西省审计厅党的群众路线教育实践活动学习专册资料,推动群众路线教育实践活动的深入开展。

认真收集和梳理群众意见。将厅机关广大党员干部群众对厅领导班子及成员在“四风”方面存在问题、对审计工作的意见和建议,进行收集梳理汇总,为厅机关查找存在的问题,解决问题提供依据。

做好教育实践活动宣传工作。利用电子屏幕、宣传展板和审计网站等多种方式,深入宣传党的十八大精神、习近平总书记一系列重要讲话精神、中央和省委关于党的群众路线教育实践活动的部署;宣传厅党组关于教育实践活动工作动态情况。引导党员干部阅览共产党员网,参与群众路线教育的网上答题活动和互动节目,把握宣传阵地,推动教育实践活动深入开展。组织召开专题组织生活会,为增强党组织的凝聚力、战斗力,为建立为民务实清廉机关打下坚实的基础。

四、加强反腐倡廉教育,推进廉政文化进机关活动深入开展

推进廉政文化进机关活动。倡导党员干部研读一本好书,写一篇体会,撰写一句廉政警言;组织一次廉政警示教育活动,编发一组廉政短信等“十个一”活动,营造“以廉为荣、以贪为耻”的道德风尚。

在全省审计机关开展“审计精神”征集修改意见活动,向全省审计机关征集审计干部子女廉政寄语209条,凝聚审计人员共识,宣传审计精神,增强了审计人员的自豪感和责任感,推进廉政文化进机关活动取得实效。

坚持抓好正反两方面的典型教育,大力开展警示教育活动。在党的群众路线教育实践活动中,开设“道德讲堂”,请省直机关道德模范代表作先进事迹报告,教育党员干部“学雷锋、树新风”,树立正确的权力观、地位观、利益观,引导党员干部学习模范、宣传模范、争当模范。组织党员干部职工观看中纪委编制的拒腐防变电教片《狠刹浪费之风》《管好“身边人”》,领导干部从政道德警示录《失德之害》和《苏联亡党亡国20年祭》,警示党员干部坚定理想信念,自觉遵守各项廉政规定,模范遵守廉政准则,坚决抵制各种不良风气和腐败现象。通过正反两方面典型教育活动,增强了党员干部自觉遵纪守法的意识,维护了审计机关良好的社会形象。

通过反腐倡廉教育活动,倡导审计人员努力践行“责任、忠诚、清廉、依法、独立、奉献”的核心价值观,倡导和落实“实、高、新、严、细”的工作作风要求,杜绝“四风”,切实把爱岗敬业、务实奉献的精神体现到各项工作中,维护审计机关良好形象。

五、加强精神文明创建,推进文明和谐机关建设

加强组织领导,大力开展精神文明创建宣传活动。一是按工作变化调整了厅机关精神文明建设指导委员会领导组成员,积极谋划创建活动方案,主动申报2013年“精神文明和谐单位标兵”。二是大力开展精神文明创建活动宣传工作,在省直机关《山西画报》省直文明创建专刊中,刊登“突出审计创新与实践,打造文明和谐学习型机关”文章,全面介绍单位创建活动取得的丰硕成果。三是参加纪念省直机关开展精神文明创建工作三十周年系列活动。组织全厅230党员干部参加精神文明建设知识竞赛活动,获优秀组织奖;开展公益广告设计活动,上报3篇公益广告设计图案。

开展丰富多彩的一系列群众喜闻乐见、寓教于乐的群众性审计文化活动。一是开展了纪念审计机关成立三十周年系列审计文化建设活动,活跃机关文化生活,营造风清气正和谐机关。先后举办“山西省审计厅纪念审计机关成立三十周年暨迎新春文化活动”;职工乒乓球比赛;摄影展活动,展出优秀作品88幅。“我与审计”主题征文活动,共收集稿件165篇稿件,拟印制征文集进行宣传。二是组织参加省直工委举

办的文体活动,展示机关活力和审计形象。组织厅机关代表队参加省直机关庆“三八”健身操舞比赛;选派2名干部参加“五项全能”决赛和第九套广播体操比赛,获得优秀奖;组织“审计之声”合唱团参加了迎国庆“我的中国梦”优秀文艺节目展演,演唱了具有审计机关特点的自编自唱的《审计人之歌》,赢得广泛好评。

开展社会公益活动,帮扶济困,为困难职工排忧解难。全年厅党组看望和慰问干部职工14人,对机关15名困难职工和困难党员进行了救助,经费支出52560元。组织星级职工食堂申报,获得五星级职工食堂荣誉。组织厅机关干部职工开展“送温暖、献爱心”社会捐助公益活动,干部职工表达爱心,共向社会捐款36450元。

(郑钰卿)

附:省审计厅党组书记、成员名单

书 记:郝志远(3月离职) 王 亚(3月任职)

成 员:郝素珍(女) 高爱平 杨光照 任建平

省政府外事侨务办公室党组工作概况

党组书记 张志川

2013年,在省委、省政府的正确领导下,在外交部、国侨办等上级部门的指导下,省外侨办深入贯彻党的十八大、十八届三中全会、中央周边外交座谈会和省委十届五次全会精神,坚持群众路线,以科学发展观为统领,围绕“开放、创新、服务、安全”的主题,对外交往健康发展,外事侨务管理规范有序,涉外环境持续改善,为国家总体外交大局和我省转型跨越发展作出积极贡献。在重大涉外活动中做出了突出的贡献,多次受到外交部等部门表扬。

一、规范因公出国(境)管理

全面加强因公出国(境)政策指导和管理协调。中央八项规定下发后,根据省委、省政府安排部署,结合我省对外开放和综改试验区建设实际,省委外事工作领导组办公室、省外侨办出台了规范我省国家工作人员因公临时出国的文件。随后,省外侨办下发了《关于改进因公出国(境)审批工作的通知》。阳泉、长治两市率先出台因公临时出国(境)管理办法。全面加强了对因公出国(境)工作的管理。

实行严格的计划管理。严控党政领导干部无实质性内容出访,严禁公款出国(境)旅游。全年因公出国、赴港澳团组比上年大幅度减少;鼓励和扶助市场主体扩大对外交流合作,经贸类出访所占比例比上年有所提高。其中,太钢、同煤、太重等几家大型国有企业因公出国人数就占经贸类的39.82%。积极支持我省人员赴南极科考、赴哈佛等名牌大学深造,全年科教文卫类出访所占比例比上年提高7.43%。出访人员结构进一步优化,出访热点国家团组在一定程度上得到控制,出访亚洲周边和发展中国家从事商务贸易、文化交流等有实质性任务团组增多。加强行前纪律和涉外礼仪培训,参训率达100%,全省因公出国(境)人员在境外没有发生违反外事纪律的行为。

二、加强对外合作及友好交流

精心组织高层出访。协调办理省领导和各市领导出访40多个国家和地区,推动了我省和往访国在能源、经贸、科技、医疗、农业、住房、环保等领域的务实合作,签署了多项合作协议和意向。省领导访问哥斯达黎加,与往访国签订了友好交流协议,开辟了我省和中美洲交往的新渠道。访问毛里求斯,通过和毛副总理磋商并达成共识,把晋非合作区的定位由制造业加工园区转变为以旅游业为核心的现代服务中心,为晋非合作区的科学发展奠定了基础。运城市主要领导访问新加坡,签订了全面加强城市规划建设合作的多项协议。

礼宾接待更为科学规范。进一步规范和改进我省外事礼宾工作,全面加强全省礼宾接待工作的指导。接待国际奥委会主席罗格等67个国家和地区代表团90批次、3040人次。其中国宾级1批次,副部长级以上团组16批次,外国驻华使节22批次,世界500强企业高管5批次,安排省领导及外交部领导外事活动30次。

努力搭建新的国际合作平台。承办“第三届中西(班牙)市长对话会”,“中意友好交流座谈会”,积极拓展对外渠道。大同市成功举办“国际太阳能十项全能大赛”,来自13个国家400多位外国学生和外宾参加竞赛。举办“第七届世界养生大会”,19个国家的专家学者齐聚大同,探索养生之道和养生经济、健康产业发展;长治市以国际自行车骑游文化周为契机,开展绿色低碳产业招商引资,签约投资66亿元;朔州市举办亚洲粉煤灰及副产品石膏处理与利用技术国际交流大会,签署合作项目56项、意向资金138亿元;吕梁市举办第七届世界核桃大会,实现交易额580万元,订购意向2280万元。

扩大友城交往和区域合作。友城交往提质增量,全年新增友城3对,新签友城意向6对,全省友城数量已达39对。朔州市与美国波莫纳市、吕梁市与法国塞米尔芒德市正式结为友好城市。我省与俄罗斯斯维尔德罗夫斯克州、俄罗斯科米共和国、美国夏威夷州,大同市与瑞典俄勒布鲁市,吕梁市与哥斯达黎加埃雷迪亚市,长治市与法国洛林大区孚日省圣迪耶市签订友城意向书。通过友城渠道，开展互访互动，在能源、信息技术、装备制造、港口运输、教育文化、医疗、旅游等多领域开展务实合作。我省与匈牙利索尔诺克州实现高层互访，在教育、医疗卫生、旅游、农业、经贸等领域达成合作共识，开展务实交流。太原市与德国开姆尼茨市开展高层互访，与两家医院、三家企业签署了合作协议(意向)；晋城市与南非卡卡杜市在水果和马海毛深加工、特色产品在南非市场推广等领域达成一系列合作；长治市与韩国光州广域市共同举办了盛况空前的“2013 中韩传统文化交流演出”。

扩大对外宣传。积极配合有关部门组织境外华文媒体山西行。指导参与组织香港知名媒体高层采访团山西行、2013 世界华文媒体高层山西行、国际在线(CRI)山西行等活动，协助举办晋蒙文化交流活动。拓展了山西多语种网站群应用，推出微信服务平台，提供签证和领事认证办理、境外经贸资源等信息服务。晋城市以“六福客栈”为突破口，积极扩大对外宣传，出版五种语言的《走进晋城》宣传资料。临汾市精心制作的英文宣传片已成为出访人员必带的宣传资料。

加强与港澳地区合作。配合省旅游局在香港召开“晋善晋美·美丽山西休闲游”大型旅游推介会。选派我省 22 名涉港澳事务干部到香港进行培训。接待香港特区政府高级公务员来我省研修和考察。

三、深度服务综改试验区建设

积极支持“请进来”“走出去”。组织“对外合作促进经济转型发展”培训班赴英美培训。全力支持我省重大对外合作、产业转型、生态修复、社会治理等项目，如太钢、晋煤集团、阳煤集团、国际能源集团、格盟公司等企业的对外合作项目等。全省外事侨务资源向上述项目倾斜。实施多项举措，全力扶持企业“引进来”“走出去”。加大 APEC 商务旅行卡推介力度，申办 30 多张。晋中、长治、临汾市不断优化服务企业举措，主动走访重点企业，上门送政策送信息，促成建邦集团、福润家具等多家企业与外企成功合作。朔州市引进新西兰恒天然集团投资 15 亿元牧场群项目。运城市积极拓展外派劳务渠道和对外经济技术合作，争取韩国衣恋集团为运城山区中小学生捐赠价值 500 万元衣物、文具等。

举办全省外事专办员培训班。再次优化因公出国(境)审批流程，简化审批手续，缩短审批时间，下放身份证查验权，实行邀请函担保制度，实行告知制度和信息公示制度，寓出国管理于服务之中。

加强领事保护和涉外案件处理，全年共处理领保及涉外案件 10 多件。加强邀请外国人来华管理工作。代办领事认证 1700 多份，同比增长 28%。

四、扎实做好侨务工作

加强与重点华侨华人、侨领侨社和侨资企业联系，服务我省对外交流合作和经济发展。引进澳大利亚企业在朔州、忻州兴办赛马、肉牛项目，总投资约 1.5 亿元。组织“广东侨商企业山西行”活动。推荐我省 47 个项目参加“2013 华侨华人创业发展洽谈会”。运城市获得第十一届世界关氏恳亲大会举办权。争取 6 个海外侨胞慈善基金会实施捐赠项目 15 个，折合人民币 1400 多万元，援建卫生院 4 所，学校 4 所，助学金项目 3 个，为 1000 名聋哑人捐赠助听设备。

加大政策扶侨助侨力度。会同九部门印发《关于做好散居困难归侨侨眷扶贫救助工作的意见》。争取 45 万元资金开展困难归侨侨眷扶贫救济慰问活动。组织开展“关爱工程——归侨侨眷职业技能培训班”。协调处理涉侨信访案件 108 件。各市开展了多种多样的为侨服务活动。太原市成立“涉侨法律援助工作站”。朔州市弘扬归侨李林烈士事迹，打造凝侨、聚侨品牌。阳泉市成立华侨商会，搭建侨资企业平台。晋城市发挥侨界政协委员作用，反映侨界呼声，推动维侨护侨工作。推进社区侨务工作，太原市小店区坞城街办等四社区分别被国务院侨办确定为挂牌联系的侨法宣传角和全国社区侨务工作示范单位。

积极开展侨务外宣和华文教育。在忻州举办 2013 年中国寻根之旅夏令营“晋善晋美山西营”活动。选派 20 多名华文教师赴泰国、菲律宾任教。

五、扎实开展群众路线教育实践活动

按照省委统一部署，扎实开展群众路线教育实践活动。省外侨办作为第一批群众路线教育实践活动单位，在省委第五督导组的精心指导、严格督导下，深化学习教育，举办学习研讨 37 次；广泛征求意见，查摆出批评和建议 87 条；积极开展批评与自我批评，班子成员相互提出意见 49 条；全面整改落实，对 20 项“四风”问题逐一整改；强化建章立制，新建和修订制度 17 项。省外侨办机关文件、简报同比减少 41%、62%；省级外宾团组接待费比上年减少 20%左右；公务接待、因公出国费用同比分别减少 28.6%、18%。通过教育实践活动。班子的凝聚力向心力战斗力进一步增强，明确了外事大省建设长远目标与近期任务的关系，形成了政通人和、风清气正、干事创业、和谐稳定的良好局面，得到省委第五督导组的充分肯定和高度评价。一是着力加强党的纪律建设、党风廉政建设和反腐败斗争，着力完善惩防体系建设。各级外侨办党组(党委)切实担负起党风廉政的主体责任，纪委(纪检组)要承担起监督责任，健全责任分解、检查监督、倒查追究的工作责任制，把严明政治纪律放在首位。坚决维护中央和省委权威，把党的纪律作为约束干部言行的“紧箍咒”、规范行为的“高压线”，做到令行禁止、政令畅通。坚持标本兼治、综合治理、惩防并举、注重预防的方针，以党风廉政建设、反腐倡廉建设和作风建设为重点，全面提高政治素养。二是着力加强作风建设。按照上级部署，强力推进“四风”问题专项整治行动，扎实认真地一项一项整治，一个一个突破。针对省外侨办实际，继续狠刹闲话生非的不良风气、拉拉扯扯的庸俗风气、不敢担当的恶劣风气，进一步优化发展环境。进一步优化工作流程，把专项整治与建章立制相结合，围绕解决“四风”突出问题，按照于法周延、于事简便的原则，建立健全制度机制，特别是制定禁止性规定，以制度规范干部和权力运行,以制度固化专项整治成果,切实把教育活动成果转化为“两个服务”的能力。 三是着力提高干部素质。进一步增强外事侨务干部知识恐慌、本领危机的意识,加强干部教育培养,打造外事精英团队。在干部队伍中全面推进“工作学习化”和“学习工作化”的理念,深学理论知识,精学外事知识,广学时代知识,努力使非业务干部业务化,外语干部复合化,把外事侨务干部培养成为语言好、懂经济、懂外贸的复合型人才。积极拓宽涉外培训对象,加强与组织部、综治办、党校等部门沟通协调,将外事管理与涉外应急管理纳入党政领导干部和社会综合治理培训内容。进一步加强各级基层外事和涉外干部普训轮训工作,增强外事纪律观念和涉外工作素养,提高工作能力。

六、深入开展文明创建活动

省外侨办以省直文明和谐单位的六条标准为依据,以形式多样的创建活动为载体,按照“抓班子、强队伍,抓学习、强素质,抓思想、强作风,抓基础、上台阶”的工作思路,深入扎实地开展群众性的文明单位创建活动,全办干部职工政治理论、思想觉悟、文化素质显著提高,外事为民、团结奉献的精神得到充分发扬。2013 年,共组织省外侨办机关干部职工英语培训 25 课次。安排业务精通、经验丰富的资深处长进行外事侨务业务知识系列讲座,聘请有关专家举办消防、保密等专题讲座,都取得了理想效果。办机关被评为文明单位标兵,下属企事业单位中对外交流中心、国际文化交流中心连续多年被评为文明单位。加强对统战和工、青、妇等组织的领导,按照章程开展工作。指导工、青、妇组织利用重大节日、纪念日加强对职工进行爱国主义、集体主义、社会主义和道德教育。开展形式多样、丰富多彩的文体活动,认真贯彻执行《工会法》,健全和完善工会工作的各项制度,积极开展扶贫帮困、送温暖活动。全年,共组织各种捐赠 3 次。中秋节、春节前到联企帮困联系点太化有机化工厂慰问了 6 户特困户,给他们送去了慰问金和关怀。

2013 年,省外侨办紧密结合当前国际国内形势和我省经济社会发展实际,在外交部和省委、省政府的领导下,认真开展群众路线教育,不断加强作风建设,不断深化对外交往、扩大对外开放,为国家总体外交和山西转型跨越发展作出了积极贡献。

(武志明)

附:省政府外事侨务办公室党组书记、成员名单

书　记:张志川

成　员:武绍忠　高玉厚　田亦军　鞠　振

省煤炭工业厅党组工作概况

2013 年,省煤炭厅党组认真学习贯彻习近平总书记一系列重要讲话精神和党的十八大、十八届一中、二中、三中全会精神,深入开展党的群众路线教育实践活动,围绕中心,服务大局,党建工作水平有了新提高,煤炭工业转型跨越取得新进步。

一、深入学习贯彻习近平总书记系列讲话精神,进一步强化思想建设和干部队伍建设

厅党组把学习习近平总书记系列讲话作为中心组学习的重中之重,同学习马克思列宁主义、毛泽东思想、邓小平理论、“三个代表”重要思想、科学发展观结合起来,同学习贯彻党的十八大和十八届一中、二中、三中全会精神结合起来,推动学习贯彻不断深入。

(一)结合山西煤炭工作实际,制定了学习计划,明确学习目标和要求,全年中心组集中学习 21 次,及时传达学习党中央、国务院和省委、省政府领导讲话和有关文件精神。厅机关和所属基层党组织都明确了学习重点,结合我省煤炭工业转型跨越发展的实践和煤炭行业管理的实践组织学习讨论。

(二)班子成员特别是主要负责同志坚持带头学习,把学习贯彻习近平总书记讲话精神作为政治责任、政治要求,努力在学习上深一步、认识上高一筹、实践上先一着,做到了真学、真懂、真信、真用。

(三)丰富学习形式,加强学习交流。运用集体研讨、专题调研、个人自学、辅导报告、教育培训等形式,完善学习制度,加强学习管理,提高学习实效。

(四)坚持理论联系实际,运用学习成果推动山西煤炭工作。着眼加强转型跨越发展,围绕习近平总书记关于安全生产的有关指示精神,同研究解决山西煤炭安全发展的迫切问题结合起来,同研究解决党的建设的突出问题结合起来,完善发展思路、破解发展难题,把学习成果转化为推动山西煤炭转型跨越的新动力。

二、扎实开展党的群众路线教育实践活动,进一步增强勤政为民意识和服务基层水平

(一)注重组织,加强领导。制定了教育实践活动实施方案,明确时间节点,制定详细日程安排,形成全厅上下协调联动的工作格局。

（二）注重学习，强化认识。把学习贯穿于教育实践活动的每一个环节，领导班子带头学、个人联系实际学、集中组织交流学、进行专题辅导学、加强宣传引导学，增强学习的自觉性和主动性，营造浓厚的舆论氛围。

（三）注重调研，开门纳谏。厅领导班子成员分赴11个市、7大重点煤炭集团，深入到联系点煤矿的班组、区队、井口开展"手拉手、面对面、心贴心"基层调研活动，从稳定煤炭经济运行、煤矿安全、煤炭生产、煤炭经营、煤矿劳动用工、作风建设6个方面开展了集中调研。

（四）聚焦"四风"，深入查摆。厅党组多次集体研究班子对照检查材料，深刻剖析在"四风"方面存在的问题和思想根源。班子成员以及全厅党员干部按照"对准号，像自己，有深度"的要求，广泛开展谈心谈话，沟通思想，全面查找自身问题，认真撰写个人对照检查材料。

（五）注重实效，认真开展批评与自我批评。在领导班子专题民主生活会上，班子成员联系思想实际和工作实际，以"真亮丑、真揭短、真整改、真落实、真见效"为目标，认真开展批评与自我批评，进一步沟通了思想，增进了团结。

（六）注重整改，打造群众满意工程。认真制定整改方案，明确了4个方面25条整改措施和5条保障制度，并制定了专项整治方案。把加强制度建设作为教育实践活动的重要内容和基础环节，制定了《十要十不准》制度，出台了《加强党员教育管理的措施和办法》等17项规章制度，严格规范领导干部和机关工作人员的行为。通过深入开展群众路线教育实践活动，广大党员树立了"群众路线是煤炭工作的传家宝、生命线、力量源"的意识，理想信念、宗旨意识明显增强，深入基层、贴近群众、转变作风成为一种理念、一种常态、一种追求，以热情饱满的状态干工作、以求真务实的作风抓落实的浓厚氛围正在形成。

三、落实党风廉政建设责任制，进一步加强惩治和预防腐败体系建设

（一）加强组织领导，坚持"一把手"负总责，全面落实党风廉政建设责任制。明确工作重点，细化工作内容，制定了《党风廉政建设和反腐败工作任务分解意见》，与厅直属单位签订了党风廉政建设和反腐败工作责任书，层层分解、责任到人。

（二）加强廉政教育，增强拒腐防变的思想道德防线。坚持把廉政文化建设作为重要载体，通过开设纪检监察专网、设立党风廉政建设网络宣传专栏、举办学习园地、开展警示教育活动等形式，增强了教育的针对性、实效性，营造了崇廉学廉的氛围。

（三）深入贯彻落实中央"八项规定"和省委"四个实施办法"，专项治理效果明显。制定了"九项二十三条"实施细则，从深入基层调查研究、改进文风会风、厉行勤俭节约、提高办事效率等方面进行了规范。认真开展清退会员卡、清理违规用车、清理办公用房、整治"吃喝不正之风"和廉洁过节五个专项治理，严明纪律，强化管理，整治"四风"扎实有效。

（四）强化督促检查，努力发挥监督保障作用。始终把纪检监察工作贯穿于煤炭工作重大决策、重要活动、重要资金使用及人事任免的全过程，切实加强对领导干部执行民主集中制、政治纪律、组织纪律、工作纪律等情况的监督。针对煤炭行政审批、煤矿安全执法、安全检查、矿井改造建设等工作，建立完善防控机制；采取发放廉政监督卡、严肃"十要十不准"工作纪律等，对工作人员进行了有效的监督。

（五）积极推进电子政务，行政效能建设稳步提高。充分利用政务网络、电子监察系统等信息化资源，推进了电子化政务服务平台、权力运行监控平台建设，不断改善政务大厅服务环境，行政审批事项形成了"一站式办公"的工作模式，切实强化了行政效能建设，提高了机关行政效率。

（六）深化政风行风建设，行业管理部门形象不断提升。积极参加政风行风热线活动，就山西"煤炭20条"、低收入农户冬季取暖用煤及煤矿伤残人员工伤保险待遇调整等内容与广大听友进行了政策解析、互动交流。召开政风行风评议对话会，对政风行风监督员和服务对象提出的6个方面16条的意见和建议进行了整改落实。煤炭工作更加贴近民生、更加贴近公众，全面塑造了煤炭管理部门的良好形象。

四、加强组织建设和精神文明建设，培育和践行社会主义核心价值观

深化思想道德建设，聘请省委党校教授开展了领导干部专题讲座。切实加强基层党组织建设，厅机关调整了支部并进行了换届选举，批复成立了山西省煤炭建设监理公司党委。在发展党员的工作上，严格遵循"坚持标准、保证质量、改善结构、慎重发展"的方针，继续加强对入党积极分子、预备党员队伍的动态管理和培养教育力度，严把"入口关"，强化落实发展对象集中培训制、发展党员预审制、政审制、"四表"登记制、公示制、团组织"推优"工作制和责任追究制等七项制度，全年发展党员276名。认真做好干部下乡住村包村增收工作，厅领导班子成员和处室负责人共下乡住村120天，和农民同吃同住同劳动，支持包村点发展；落实扶贫款120万元，新建蔬菜大棚25个；在有关部门大力支持下为扶贫点争取农村连片环境整治资金1739万元，截止年底土方工程已完成70%。积极争取民政资金，已经落实下雨塌房补助10万元，其它救灾款也陆续到位。支持工会、共青团、妇联开展工作，扎实开展争创"文明和谐单位"活动，举办丰富多彩、健康向上的群众性文体活动，占领文化阵地，抵御邪教的渗透，融洽干群关系，促进思想交流，形成了团结和谐、朝气蓬勃、昂扬向上的良好氛围。对有急难重病困难职工家庭开展了送温暖慰问活动。厅直机关4名选手通过选拔参加了省直工委举办的省直机关干部五项全能决赛并取得了较好的成绩。"七一"前夕组织开展了学习党的知识答题活动。厅机关30多名干部在学雷锋献爱心活动中进行了无偿献血。3716名同志参加了"送温暖、献爱心"社会募捐和"慈善一日捐"活动，共捐赠167125元。

五、积极进取，锐意创新，进一步提升煤炭工业科学发展水平

(一)推进落实"煤炭20条"措施，积极应对煤炭形势变化。按照省政府的总体部署，深入调查研究，站在促进煤炭企业健康发展的角度，站在促进全省煤炭经济转变发展方式的高度，代省政府起草了《山西省人民政府关于印发进一步促进全省煤炭经济转变发展方式实现可持续增长措施的通知》，制定了近期、中期、远期20条措施。省厅不仅积极推进和圆满完成具体承担的5项任务，而且牵头负责和全面推进20条的落实工作，近期的5项措施已经全部落实到位，中长期15项措施正在有序积极推进。"煤炭20条"政策的落实，既从当前扭转了煤炭市场下行的趋势，又从长远促进了煤炭经济的可持续增长，不仅激发和调动了做好煤炭经济工作的动力和活力，而且也影响了全国煤炭行业，为促进全国煤炭经济平稳发展进行了有效的探索，做出了政策样板。

(二)进一步完善煤炭现代化标准体系。出台了《六个标准贯彻落实评价考核实施办法》，完成了全省办矿企业首次等级审核评定，制定了《露天煤矿管理标准》。全省煤炭行业用标准定位、用标准引领、用标准推进，抓住了煤炭工业发展的方向，抓住了煤炭工业提升的根本，抓住了煤炭行业管理的核心，找到了煤炭现代化发展的抓手和路径。

(三)积极推进煤炭基本建设。完成煤炭固定资产投资1718亿元，建成现代化矿井54座，重组整合矿井竣工验收82座；批复82座矿井生产能力核定，合理增加产能4590万吨/年。

(四)积极推进综改试验区项目建设。制定了2013年行动计划4个专项《实施方案》，实行厅领导、职能处室包干联系转型重点项目和非煤项目制度，先后53次到重点项目联系点进行对接和调研指导，加快建设进度。107个在建非煤转型项目全年完成非煤固定资产投资610亿元，全行业实现非煤收入10154.09亿元，增幅为26.45%。

(五)加大煤矿安全生产督查检查力度，着力加强安全基础管理，安全生产形势进一步好转。辩证处理基层企业安全生产和政府部门安全督查检查的关系，月月有重点、时时抓安全，开展了5次全省性、集中性、持续性的督查检查。敢于动真碰硬，不定时间、不定地点，开展突击执法检查。累计督查矿井2251矿次，责令停产停建矿井237座，责令停采、停掘工作面125个，有力打击非法违法煤炭生产建设行为。突出建设矿井安全管理，进一步严格落实建设、施工、监理三方责任，有效防止了煤矿建设重特大事故；突出"治瓦斯、摸清水"两个重点，出台了瓦斯防治八项规定，严格水害防治；以整合改造建设矿井为重点，集中开展隐蔽性致灾因素"大会诊"，水文地质会诊954矿次，瓦斯会诊865矿次。建成292座安全质量标准化矿井，国家安监总局对我省煤矿安全质量标准化建设给予了高度评价并在全国推广。全省煤炭百万吨死亡率为0.077，同比减少0.014，比全国平均水平低0.211。

(六)进一步推进煤炭科技工作，大力提升从业人员素质。全行业有68项科技成果获得中国煤炭科学技术奖，举办了第二届"同煤杯"职工职业技能大赛，培训各类从业人员23.03万人次，全年变招工为招生2.9万人。

(七)煤炭经济运行质量进一步提高。煤炭产量完成9.62亿吨，增幅为5.3%；出省销量完成6.2亿吨，增幅为5.88%；销售收入完成14178.22亿元，增幅为17.40%；实现税费1149.95亿元。煤炭对全省规模以上工业经济增长的贡献率为57.6%，拉动全省规模以上工业增加值6.1个百分点。

(杨震宇)

附：省煤炭工业厅党组书记、成员名单

书　记：吴永平

成　员：杨茂林　牛建明　武建森　胡万升　何　青(4月离职)　王宇魁　李　方(4月任职)　李成先(1月离职)　苗还利(4月任职)　戴子平　徐忠和

省国资委党委工作概况

党委书记　朱晓明

2013年，省国资委党委以党的十八大及历次全会精神为统领，贯彻落实省委、省政府决策部署，完善国资监管，深化企业改革，调整布局结构，带领省属企业实施"十二五"规划，强化创新驱动，提升管理水平，同时围绕中心任务，加强党的建设，各项工作取得新的进展。截至年底，全省国资委系统监管企业全年累计实现营业收入1.72万亿元，同比增长17.6%；实现利润129.2亿元，同比下降49.8%；上交税金782.5亿元，同比下降14.2%。营业收入和利润总额分别列全国第2和16位。营业收入、利润总额、增加值、职工薪酬四项指标分别列全国省级国资委监管企业第2、13、2、1位。6户省属企业入围世界500强，其中7户跻身全国百强。焦煤集团和晋能集团营业收入跨入两千亿级别。

一、经济运行整体平稳

1—4月份，省属企业利润降幅持续扩大，4月份降幅扩大至同比减少65.9%。省国资委党委采取措施，四次召开经济运行分析会议，指导省属企业落实省政府"煤炭20条"、"煤层气20条"等稳增长政策，与中央5大电力集团和浙能

集团等地方发电企业签署中长期煤炭购销协议，停建缓建部分整合矿井，着力扭亏减亏，推进降本增效，从5月份到年底，省属企业利润总额连续8个月降幅收窄。全年焦煤集团、同煤集团等企业煤炭销量实现逆势增长，太重集团成套订货、国际订货大幅增长，建工集团签约一批重大项目，焦煤集团的焦化产业、山煤集团的贸易产业、中条山集团的炼铜产业亏损趋势得到控制。同煤集团、太钢集团组建财务公司，资金成本控制能力增强。晋煤集团推进集中采购，降低采购成本数亿元。太钢集团降本增效17亿元。焦煤集团商品煤综合成本同比下降15.6%，山煤集团吨煤完全成本控制到260元。

二、转型发展扎实推进

省属企业全年完成投资2076亿元，创历史新高。其中，开工建设重点项目116个，完成投资1210亿元，竣工投产18个。省属企业承担的8个省级重大项目全年完成投资271亿元。11户省属大企业全年完成落地投资额2300亿元。太钢集团中频感应炉、太重集团煤机成套装备制造、同煤集团60万吨甲醇、中条山集团50万吨多金属矿综合捕集回收技术改造、晋能集团18个物流节点及王家岭煤矿等一批项目基本建成。焦煤集团60万吨烯烃项目，晋煤集团高硫煤洁净利用循环经济工业园化电热一体化项目，阳煤集团“九大园区、十大项目”等项目开工建设。潞安180万吨高硫煤清洁利用油化电热一体化项目，交投集团总长150公里的3个高速公路项目在推进当中。一批千万吨矿井建成投产，385个资源整合保留矿井，在产或进入联合试运转107座，在建241座，释放产能8485万吨。晋煤集团总氨产量超过1400万吨，阳煤集团化工实物产量近千万吨，创历史新高。太钢集团不锈钢年产销量继续领跑世界，全年出口不锈钢近50万吨，创历史最好水平。国际能源、同煤集团、焦煤集团、晋能集团在运、在建的控股装机容量新增约600万千瓦，总量达到2800万千瓦。晋煤集团、国新能源、国际能源、晋能集团等企业全年完成煤层气抽采25亿立方米，新建长输管线近1000公里，长输管线总长度达到5000公里。

三、国企改革深入推进

截至年底，省属企业混合所有制企业比重达到64.44%，控股上市公司16家，上市公司中非国有股权比例达到48.8%。2013年，国新能源上市获证监会批准。省直机关所属企业脱钩改革进入中期，清产核资、产权变更进行过半。妥善解决历史遗留问题，起草了《山西省厂办大集体改革实施意见》并上报国家部委。8户企业破产计划下达，全省5270名国企职教幼教退休教师按期领取到生活补贴。煤电、煤化一体化取得突破，煤销集团与国际电力合并重组为晋能集团，40座煤矿+9座电厂打捆项目启动建设；焦煤集团重组大唐集团460万千瓦发电机组项目启动，重组运城盐化和焦炭集团项目完成；潞安集团与国际能源煤电联营、交叉持股工作启动，整合电力装机1202万千瓦、煤矿产能3030万吨；晋煤集团全年内部消化无烟煤1730万吨，煤炭内部转化率40%。省国资委监管企业户数全年减少2户，调整到19户。

四、社会责任坚决履行

省属企业“百企千村产业扶贫开发工程”启动实施。“14·46·36·500”产业扶贫方案发布，省属企业与省农信社300亿元信贷支持战略合作框架协议签订。省属企业下属47个农业开发公司成立，在36个贫困县的59个项目启动，规划投资总额218.9亿元，同煤集团现代农业产业园区、阳煤集团万吨羊肉屠宰加工等12个项目开工建设，完成投资25.9亿元。省属企业免费供应低收入农户取暖用煤700余万吨，让利110余亿元。全年新增就业岗位3.4万个。同煤集团、晋煤集团、阳煤集团数万户职工喜迁新居。太钢集团技术改造，为太原市14万个家庭提供冬季取暖热源。“百日双千案攻坚战”和“学习枫桥经验、及时就地化解矛盾纠纷”等活动在省属企业广泛开展。

五、推动企业科技创新

2013年，14户省属企业进驻山西科技创新城，计划投资约100亿元，规划建设29个研发、工程中心。省属企业全年科技活动经费累计支出497亿元，约占营业收入的3%。全省首家企业类国家重点实验室在太钢集团建成。潞安集团与中科院上海高研院、山西煤化所等机构合作的产学研一体化高端创新合作平台取得成果。首台国产自主研发的高海拔极低温海陆两用5兆瓦风电机组在太重集团下线。省属企业省级技术中心新增9个，国家级技术中心新增2个，国家创新型企业新增3户。太钢集团、太重集团技术中心当年进入全国十强，潞安天脊技术中心进入全国百强。晋煤集团、焦煤集团推荐的项目和汾酒承担的课题分别获得2013年国家科技进步奖二等奖和国家技术发明奖二等奖。太钢集团荣获首届中国政府质量奖提名奖。建工集团获得詹天佑奖、鲁班奖、国家优质工程奖三个国家级大奖。

六、国资监管水平提高

省国资委进行了国资监管立法探索，全面清理国资监管规范性文件。直接监管和委托监管并行的监管模式进一步完善，5个事项的审核审批权限被精简下放到企业或取消。省属企业业绩考核办法进行调整，考核导向作用更加突出。划转到省国资委系统的省直厅局脱钩企业纳入国资委常规监管。国资委参与股权多元化企业的股东会决策，出资人职能进一步落实。企业管理、债务风险方面的监事会专项监督进一步加强，薪酬管理力度加大。全省国有企业按照新的产权登记办法进行了产权重新登记。省国资委加强对市县国资监管机构的指导，阳泉市国资委全面清理规范性文件，考核办法进一步改进；太原市国资委监事会监督加强；运城市国资委收取国有资本收益试点工作启动；大同市国资委资产处置进场交易加强。

七、开展群众路线教育

按照中央和省委统一部署,省国资委机关群众路线教育实践活动于8月5日正式启动。省国资委党委高度重视,制定了紧贴机关实际、活动载体丰富的活动实施方案;班子成员带头学习,扎实抓好集中学习,“一把手”带头讲党课;开展2轮专题调研,深入基层听取意见,与近900人次进行座谈,汇总意见建议233条,梳理归纳意见建议81条,召开专题会议7次,查找突出问题16条、34项,查找具有行业领域特点的突出问题共计5个方面;领导班子和主要领导的对照检查材料两次经委党委会议专题讨论,两次征求意见,四次报省长、省委督导组审阅、听取指导意见,前后十易其稿,获得通过;召开教育实践活动专题民主生活会,委党委班子成员逐一查摆“四风”方面的突出问题和具体表现,深刻剖析存在问题的思想根源,明确提出整改方向和主要措施,相互之间提出批评意见104条;委机关24个党(总)支部专题组织生活会先后召开,在职的174名党员全部参加;针对征求意见中各省属企业和机关各处室、直属单位反映出的9个方面、近20项具体事项,制定整改任务书,3次召开督办推进会,已办结16项;针对委领导班子对照检查材料和专题民主生活会上查摆出来的问题,确立了20项整改任务、34个具体措施,完成14项23个具体措施的整改工作;针对查摆出的“四风”突出问题和职工群众反映的热点问题,在全委部署开展16个专项、63个方面具体内容的专项整治工作,已完成10个专项47个具体内容的专项整治;将省属企业“14·46·36·500”产业扶贫开发工程、开展困难企业重点帮扶工作和解决信访积案做为解决民生问题的重点工作着力推进,取得显著工作成效;对党委制发的规范性文件和规章制度进行全面梳理,废止42个不合时宜的制度文件,确立24项制度建设计划,已制定出台16项制度规定;对党委《整改方案》《专项整治方案》《制度建设计划》中涉及18个牵头处室、50项专项任务、126个具体任务,实行“台账式”管理,建立整改落实进展情况定期报告制度,整改结果定期公布,主动接受群众的监督。召开整改工作督办会议,从严对各处室和直属单位的整改工作进行督导把关。

八、加强党的建设

省属企业组织部(党工部)“四带头、四过硬”活动和基层党建联述联评联考工作扎实开展。省市国资委对企业领导班子建设和领导人员的考核管理进一步加强,监管企业班子结构持续优化,领导人员的素质和能力不断提高。人才工作全面加强,省国资委《关于加强省属企业高技能人才队伍建设的意见》出台,对企业人才工作的考核持续开展,焦煤集团“干部上讲台,培训到现场”典型经验在全系统推广,并得到省委组织部和中组部的高度肯定。加强新闻宣传和舆论引导,广泛报道国企改革发展成就,树立国企良好形象,凝聚了支持国企发展正能量。加强反腐倡廉宣传教育和制度建设,山西企廉网建成投入运行,对“三重一大”决策制度执行情况的监督力度加大,效能监察深入开展,一批违纪违法案件被坚决查处。全省国资委系统认真贯彻落实中央“八项规定”和省委四个实施办法,大兴求真务实之风,开展专项整治活动,倡导厉行节约,工作作风明显转变。

(郎卫平)

附:省国资委党委书记、常务副书记、副书记、委员名单

书　记:朱晓明

常务副书记:渠性轩

副书记:李天太　田国仁

委　员:李宝文(4月离职)　朱成基(12月离职)
崔联会(4月离职)　狄重阳(4月任职)
曹慧昌　马　进　张宏永
宋世华(4月任职)

省地税局党组工作概况

党组书记　卢晓中

2013年,省地方税务局在省委、省政府和国家税务总局的正确领导下,全系统认真贯彻党的十八大和十八届三中全会精神,全面落实“十二五”时期“1436”工作思路,紧紧围绕“落实一个工作主题,服务山西两件大事”的总体要求,坚持求真务实,不断改革创新,各项工作取得了新的进展,得到了省委省政府和总局的充分肯定。

一、深入开展党的群众路线教育实践活动,服务山西“两件大事”的能力有了新提高

省局党组按照中央要求和省委统一部署,认真落实“照镜子、正衣冠、洗洗澡、治治病”的总要求,以为民务实清廉为主要内容,以处级以上领导干部为重点,以整治形式主义、官僚主义、享乐主义和奢靡之风为切入点,开展了党的群众路线教育实践活动。省政府有关领导多次深入省局进行具体指导,省委第五督导组全程严格督导。省局党组高度重视、认真组织、严格落实,注重抓好学习教育,确保思想基础打得“牢”;注重开门搞好活动,确保各方意见听得“真”;注重深入查摆问题,确保突出问题找得“准”;注重开展谈心活动,确保批评武器用得“好”;注重从严对照检查,确保思想灵魂触得“深”;注重聚焦“四风”问题,确保整改工作落得“实”。特别是

省局党组专题民主生活会,大家通过批评与自我批评,确实起到了找准问题、触动灵魂、增进团结、鼓舞干劲的效果,得到了省委第五督导组的充分肯定和高度评价。通过教育实践活动,省局班子查找突出问题20个,以5个专项行动、7个方面的专项整治和加强制度建设为抓手,对13项即时整改事项和13项近期整改事项组织开展了整改工作。通过教育实践活动,党员干部的宗旨意识和群众观点普遍增强,全系统政风行风和干部作风明显转变,地税部门服务山西"两件大事"的执行力和创造力得到全面提升。

二、税收规模首次突破千亿大关,组织收入工作迈上新台阶

2013年,全系统累计完成各项收入1381.21亿元,增长10.41%,增收130.24亿元。地税部门组织的地方公共财政收入累计完成824.92亿元,增长17.1%,增收120.43亿元,完成年度目标的100.23%。全年面对全省经济下行压力依然较大、国家减税政策不断推出的复杂局面,全系统牢固树立科学组织收入理念,深处着力、精准发力,采取了一系列创新性措施。省局全面加强收入质量考核评价,严格收入进度均衡性考核,按月通报收入运行情况,按季召开经济税收分析会,在组织收入关键节点开展了两次大规模督查调研;各级各部门始终坚持组织收入原则,认真落实《进一步深化税收征管工作的意见》,不断完善强征管、堵漏洞、挖潜力的制度措施。特别是用4个半月时间对2010年以来的税费票证和资金情况进行了全面检查,整改问题100多个,进一步夯实了组织收入基础,确保了收入任务圆满完成。

三、金税三期核心业务在全国率先上线,科技支撑平台实现新跨越

作为全国金税三期首批试点单位,10月份,核心业务顺利上线,标志着试点工作实现重大突破。金税三期顺利上线,得益于多年来省委、省政府和国家税务总局的大力支持,特别是在上线攻坚阶段,总局和省政府有关领导分别亲临现场办公、给予具体指导,极大地激发了全体干部的信心;金税三期顺利上线,也得益于全系统各级各部门的高度重视,省局党组始终把试点工作紧紧抓在手上,上线期间,局领导坚持现场指挥,相关负责人坚持一线驻守,各市县局领导深入基层实地解决问题,保证了上线工作有序推进;金税三期顺利上线,更得益于上线团队的团结拼搏,省局抽调87名专业人员组成核心团队,全系统数千名相关人员夜以继日、辛勤工作,确保了上线任务如期完成和上线后系统平稳运行。金税三期成功上线,标志着全省地税进入了"大数据"时代,不仅将大幅提高征管质量、规范执法行为,而且有利于优化纳税服务、降低税收成本,对全省地税长远发展必将带来深刻影响,也为全国税务系统信息化建设提供了经验、树立了样板。

四、税收管理创新稳步推进,征管质效实现新提升

重点税源监控体系逐步完善,数据分析决策应用平台试点稳步推进,风险管理工作模式初步形成。财产行为税税源监控平台应用逐步深化,监控比对成效明显。营业税征管不断加强,车船税管理经验在全国推广,土地增值税征管清算进一步强化,城镇土地使用税"以地控税"试点稳步推进。跨境税源管理及时跟进,国际税收管理不断加强。企业所得税分行业分事项管理不断深化,汇算清缴成效明显。金税三期个人所得税管理系统顺利上线,年所得12万元以上自行纳税申报人数持续增长,为132万人开具完税证明。契耕"两税"及房地产税收一体化管理不断加强,统一规范执法标准、完善巩固评估机制、深化拓展项目管理、清理市场违规行为、化解社会纠纷矛盾取得新的进展。规范简并规费票据,实施税费信息比对,规费管理成效明显。煤炭可持续发展基金管理全面加强,查验补征监管力度不断加大。征管状况监控分析、税源专业化管理、纳税评估、大企业税收管理等重点工作深入推进。网上申报和财税库银横向联网电子缴税继续完善,POS机刷卡缴税全面开通,机打发票覆盖面稳步扩大。信息安全与运维体系建设不断加强,广域网络改造扎实推进,数据中心全面建成。

五、纳税服务体系不断完善,服务大局展现新作为

积极跟进转型综改试验区建设,广泛开展税收科研和税收政策研究,认真落实地税专项行动方案,积极争取有利于全省的税收政策。扎实推进"营改增"试点工作,确认试点纳税人2.28万户。降低娱乐业营业税税率,落实税收优惠政策,全年为纳税人减免税收116.89亿元。按照要求取消部分税务发票工本费,减轻纳税人负担6717万元。开展纳税人涉税需求征集分析响应,出台优化纳税服务的实施意见,制定分解细化的具体措施。加强办税窗口建设和办税服务工作,开展办税服务厅标准化建设督查验收,实施办税服务厅绩效和星级管理。推进12366服务热线升级改造,开通应用热线短信平台,完善网站功能。建立税法宣传咨询常态化机制,第22个税收宣传月和"公益微税收"宣传活动取得良好成效。"两个操作示范"修订完善工作全面启动。

六、依法行政深入推进,法治地税建设取得新进展

加强法制宣传教育,强化规范性文件管理,开展执法督察和优惠政策执行情况检查,推进行政复议规范化建设,健全法律顾问制度。加强涉税政策把关审核,192条意见建议被省政府及有关部门采纳。稽查体制更加完善,稽查质效明显提高,全年查补收入11亿元,查处百万元以上案件24件,查处违法受票企业1144户,查处非法发票9981份。完善目标责任考核体系,在全省目标责任考核中连续三年被评为优

秀单位。开展政务基础工作检查,加强政务管理制度建设,公文运转、安全保密、信访工作不断强化。量入为出、勤俭节约、科学理财,经费收支、基本建设、固定资产管理和政府采购更加规范,后勤管理服务保障能力持续提升。

七、干部队伍建设进一步加强,党风廉政建设取得新成效

认真学习党的十八大、十八届三中全会和习近平总书记一系列重要讲话精神,开辟学习专栏,开展省市县三级班子成员大宣讲、百名党务干部及全体处级干部大培训、千名领导大调研、万名税干大宣传活动和"贯彻落实十八大、立足岗位作贡献"系列活动。加强干部教育培训,新选拔104名省级业务能手,推进干部自主选学和在线学习,全系统共举办各类培训班1433期,培训干部5.63万人次。推进干部竞争性选拔、交流轮岗和公务员招录遴选,公开招录274名公务员,为省局遴选30名干部。深化机构编制管理和事业单位改革,加强离退休人员工作。推进文明创建活动,选树6名先进模范人物,开展"双十佳"评选表彰,全系统185个单位和51名个人获省部级以上荣誉称号。加强地税文化建设,推进地税志编撰工作。建成山西税收文化博物馆,被省委省政府命名为"爱国主义教育基地"。深入开展巡视工作,完成了对8个县局的巡视。认真落实党风廉政建设责任制,完善廉政风险防控体系,加强预防腐败长效机制建设,开展廉洁从税网络评价试点,推进"访企查廉"活动,加大案件查办力度,贯彻中央八项规定和省委"四个实施办法",出台改进作风系列制度,加强监督检查,开展专项整治,整风肃纪取得明显成效。

在干部选拔任用工作中,省局党组认真执行党的干部路线方针政策,按照习近平总书记提出的新时期好干部的标准,严格履行干部选任程序,努力扩大选任工作的知情度、关联度,充分体现民主推荐的广泛性、代表性,切实将政治过硬、作风扎实、踏实肯干、业绩突出、廉洁自律、群众公认的好干部选出来用起来,在全系统进一步树立了正确的导向,提高了选人用人公信度,优化了处级干部队伍结构,全系统共选拔任用22名处级干部,为做好各项工作提供了强有力的保证。

(徐　鸿)

附:省地税局党组书记、成员名单

书　记:卢晓中

成　员:张跃建 (1月离职) 刘建光 张澎湧 马爱锋 薛延孝 张亥生

省工商局党组工作概况

党组书记　周明定

2013年,省工商局按照创建学习型、服务型、创新型机关党组织为目标,以党的十八大精神为指导,以建设高素质干部队伍为重点,以党的群众路线教育实践活动为抓手,牢牢把握加强党的执政能力建设、先进性和纯洁性建设主线,紧紧围绕"服务中心、建设队伍"两大核心任务,不断提高机关党建工作科学化水平,进一步开创了全省工商行政管理工作新局面。

一、以加强执政能力建设为主线,进一步深化理论武装工作,全面提升党员综合素质

(一)强化党建理论研究,加强政治理论学习。认真组织学习党的十八大精神和十八届三中全会精神,深刻领会并准确把握全面提高党的建设科学化水平的精神实质。认真学习了《党章》《条例》。围绕党的十八大提出的新思想、新观点、新论断和新要求,围绕机关党建在服务转型跨越发展,围绕转变队伍作风、提高党员综合素质,围绕解放思想、为民务实清廉机关建设等方面开展研讨,提高党员干部的政治素养和理论水平。一是下发《深入开展学习宣传贯彻党的十八大精神的通知》《深入学习宣传贯彻党的十八届三中全会精神的通知》《党组中心组和干部理论学习安排意见》等指导性文件。二是组织局党组中心组学习讨论27次,组织各支部学习讨论30次。三是开展四项活动(党员干部大讨论活动,领导干部大调研活动,机关干部大培训活动,班子成员大宣讲活动)。

(二)开展理想信念教育,加强山西精神学习。教育引导广大党员干部进一步坚定理想信念,坚守共产党人精神追求,认真组织中国特色社会主义理论体系学习和理想信念教育,进一步坚定道路自信、理论自信、制度自信,牢固树立马克思主义的世界观、人生观、价值观,坚定走中国特色社会主义道路理想信念。强化以"信义、坚韧、创新、图强"为内容的"山西精神"的学习,大力培育"山西精神",使之成为提升工商系统文化软实力、增强综合实力的有效途径。大力培育"山西精神",使之成为引领广大干部职工奋勇前进的号角,为服务转型跨越发展提供强大的精神动力、智力支持和思想保证。大力培育"山西精神",使其真正成为工商人的标识,从而

增强工商形象的识别度，为服务全省新一轮发展创造良好的环境。

二、以加强党员队伍建设为重点，进一步深化三型组织建设，全面提高行政履职水平

（一）统筹开展学习型、服务型、创新型党组织建设。一是创新学习模式，重点在党组中心组和干部理论学习上采用"五学五用"模式（"自主学，用以打开思想大门；专题学，用以推动科学决策；调研学，用以总结新鲜经验；研讨学，用以破解发展难题；干中学，用以指导实践进程"）。二是引深学习型党组织建设，把学习型党组织建设作为建设学习型机关的"基础工程"，作为加强基层组织建设的"创新工程"，作为提高执政能力的"系统工程"，作为推动党建科学发展的"升级工程"，提升各级党组织自我完善提高的能力，提升各级党组织理论指导实践的能力。三是增强党员身份意识，进一步完善党组认真抓党建、书记带头抓党建责任制和机关党组织书记履行党建工作具体责任人的相关制度，创新"三会一课"开展形式，强化党员身份意识教育，教育引导广大党员坚定理想信念，增强党员身份意识，保持党员队伍的先进性和纯洁性，推动党员先锋模范作用和基层党组织战斗堡垒作用的发挥。

（二）加强党员干部作风建设，提高机关效能。认真落实中央"八项规定"和省委"三个实施办法"要求，坚持和完善机关党员干部联系群众 、服务基层活动，加强机关效能建设，率先改会风、转文风、整作风、树新风，带头厉行节约、廉洁从政，把中央和省委部署开展的"为民、务实、清廉"教育实践活动和省直机关开展的"访民生、知民情、解民意"活动结合起来，创新活动载体，实行"四联"工作责任制（领导联市县局、处室联科股、干部联企业、党员联群众），着力整治机关庸懒散奢等不良风气，为群众办实事、办好事，树立人民公仆好形象。

（三）深入开展"三走进三学三送三服务"活动。组织机关党员干部走进基层、走进社区、走进企业，向基层学习、向群众学习、向实践学习，为基层送政策、为一线送服务、为群众送关怀，服务消费者和监管对象、服务基层执法、服务转型跨越发展的实践活动，继续开展"服务零距离，满意在工商"活动，切实解决人民群众反映强烈的问题和党员干部工作作风上的突出问题，不断提高做好新形势下群众工作的能力。

（四）扎实开展党的群众路线主题实践教育活动。紧密联系机关党员干部队伍建设现状，围绕"为民、务实、清廉"主题，紧扣"照镜子、正衣冠、洗洗澡、治治病"总要求，聚焦"四风"突出问题，扎扎实实转变作风，确保教育实践活动实效。一是学习教育，真学真懂。省局为每个支部及党员发放理论学习书籍1424册（本）。坚持中心组学习与支部学习相结合、集中辅导与自习相结合，坚持全员参与，学习原著原汁原味，编发简报35期。二是听取意见，开门纳谏。局领导亲下基层调研、座谈，共征求到意见建议253条。三是务实为民，突出特色。省局领导班子成员两次下基层驻所蹲点，机关各支部书记深入基层工商所下乡住所，同吃同住共同协商解决实际问题。四是开展批评，勇于解剖。局领导班子召开了专题民主生活会，开诚布公地开展批评与自我批评，机关各支部召开了组织生活会。五是整改落实，建章立制。针对基层或群众反映的"四风"问题，制定了具体的整改方案。六是立整立改，转变作风。牵头对机关392名党员干部违反规定使用车辆和会员卡的清查清退工作。

三、以加强党风廉政建设为保障，进一步深化惩防体系建设，全面提高廉洁从政水平

（一）开展提倡节约、反对铺张浪费主题教育活动，践行省委"八项廉政承诺"和厉行勤俭节约、反对铺张浪费五项承诺，认真解决工作平庸、懒政怠政、作风漂浮、自由散漫、奢侈浪费等突出问题；组织开展学习弘扬右玉精神、党员干部下乡住村、包村增收活动。

（二）加强党性党风党纪教育和从政道德教育，以"为民、务实、清廉"为主题，以清风系列活动为载体，开展生动活泼的廉政主题实践和廉政文化活动；开展党性党风党纪教育和从政道德教育，加强执法监察、效能监察、廉政监察，提高工作效率；加强廉政文化进机关"示范点"创建。

（三）抓好党风廉政建设责任制的落实和惩防体系建设。认真贯彻落实《山西省工商行政管理系统党风廉政建设责任制工作要点》，并按照分级要求做好落实工作；认真贯彻落实中央和省纪委全会精神，层层落实党风廉政建设目标责任，完善和落实廉政教育、联系群众、党内监督等系列制度，切实提高党员干部贯彻执行《廉政准则》的自觉性；推进机关党务公开，开展党员评议党组织、领导班子和党员领导干部工作，增强全体党员干部主动接受监督的自觉性。

（四）推进党务公开，落实党风廉政建设责任制，鼓励更多的党员民主参与党内事务，保障党员民主权利，落实反腐倡廉各项任务，抓好廉政风险点的防范工作；开展警示教育，筑牢党员干部拒腐防变的思想防线；加强对重点部门、重点岗位的监督，促进党风廉政建设各项规定的贯彻落实，推动党风廉政建设取得新成果。

四、以加强核心价值体系为引领，进一步深化思想道德建设，全面提高文明创建水平

坚持贴近实际、贴近生活、贴近群众，提升干部的文明素质和工商系统文明程度。深入学习宣传贯彻党的十八大精神，扎实开展中国特色社会主义宣传教育，着重深化对全面建成小康社会的认识。加大社会主义核心价值体系宣传，在全系统倡导富强、民主、文明、和谐，倡导自由、平等、公正、法治，倡导爱国、敬业、诚信、友善，积极培育和践行社会主义核心价值观，把社会主义核心价值体系融入到干部教育、精神文明建设和党的建设全过程，开展"崇尚科学、反对邪教"教育，开展"诚信山西"主题实践教育；深化群众性精神文明创建活动，切实加强"五个一"建设。开展"做人民满意公务员"活动，推动"公开承诺、亲切服务、依法行政、文明办事"活动，

实现"忠诚奉献、务实创新、廉洁高效"的共同价值追求。抓好了道德领域建设,工商文化建设,作风思想建设。开展了"讲文明树新风"公益广告宣传活动,"山西精神"学习宣传教育一系列活动。实施了"服务优化工程"、"和谐惠民工程"、"窗口擦亮工程"、"形象亮化工程"、"素质提升工程",提高党性观念和宗旨意识,开展岗位练兵、技能比武等,提高监管执法、消费维权等技能,开展微笑服务、"零距离"服务、阳光服务、廉洁服务、优质服务,改善为民服务态度、改进工作作风,以工作业绩展现为民服务的实效。

五、以转变干部队伍作风为抓手,进一步深化为民务实举措,全面提高整体服务水平

局党组充分利用开展群众路线教育实践活动有利时机,扎实抓好学习教育,坚持边学、边查、边改,改进了机关作风,提升了工作效能。

(一)开展走访慰问。深入太化集团橡胶一厂、省局困难老党员以及扶贫点的贫困生进行了走访慰问,送去慰问金和物品,共计 202.1 万元。

(二)现场办公助活力。省局企业处、省民协有关人员深入到介休市青云航空产业园等民营企业,进行了现场办公,为企业解难题,出谋划。省局基层教育处认真开展访基层、知实情、重实效调研活动,不断加强教育培训工作的实际效果,精心策划"山西工商文化大讲堂"方案和在线群众路线教育学习活动。省个协以创业、创新、创造为主题,组织 70 余名会员在清华大学举行为期三天的研修班,为会员搭建平台。

(三)促进市场主体发展。全年新登记私营企业 11625 户、个体工商户 54319 户、农民专业合作组织 5877 户,帮助中小企业和个体工商户融资 409 亿元。

(四)"品牌兴省"促繁荣。举办第七届山西品牌节宣传展示活动,开展"一村一品一商标、一县一业一品牌"活动,营造了"品牌兴省、品牌兴企、品牌兴农"的浓厚氛围。

(五)推进广告产业发展。推进国家级广告(文化)产业创意园区项目在山西省的落地,发挥其在提高广告业集约化、专业化水平方面的重要作用。

(六)强化信用山西建设。编制印发了《山西省社会信用体系建设"十二五"规划》,归集发布项目信息 40 万条,信用信息 159 万条,归集发布 7712 户中介组织及其 2.1 万人从业人员的信用信息。

(七)加大消费维权力度。全年,全省 12315 机构共受理消费者咨询 80563 件,办结申诉案件 10996 件,成功调解纠纷 7678 起,处理举报案件 3385 件,为消费者挽回经济损失 1611 万元;发布消费提示和消费警示 439 条。开展了清理整顿格式合同执法行动,公布 5 个领域 29 种不公平格式条款和合同违法典型案例,规范了行业行为。

(八)开展市场专项整治。查处限制竞争案件 13 起,查处商业贿赂案件 22 起,查处不正当竞争案件 151 起,其中"傍名牌"案件 99 起;查处广告违法案件 261 件;查处合同违法案件 170 件;查处传销案件 4 起,捣毁传销窝点 53 个,开展打击合同欺诈、查处无照经营、治理"黑网吧"等专项行动。

(郭明生　曹廷殿)

附:省工商局党组书记、成员名单

书　记: 王虎胜(3 月离职)　周明定(3 月任职)

成　员: 马联社　王亦兵(4 月任职)

薛维栋(4 月离职)　王振宁(4 月离职)

马春生　胡凤莲(女)　吕蕙兰(女,3 月任职)

省质量技术监督局党组工作概况

党组书记　常高才

2013年,省质监局党组在国家机构改革和政府职能转变的大形势下,认真贯彻落实省委、省政府和国家质检总局的一系列部署要求,全力配合、圆满完成了省级食品生产加工质量安全监管职能和相关人员资产划转工作;高标准贯彻执行中央八项规定精神和省委四个"实施办法",以大抓作风转变的良好形象和务实行动,加大力度抓质量,毫不松懈保安全,千方百计促发展,重心下移强基础,服务全省转型跨越发展的能力、水平和成效得到进一步提升。特别是下半年,按照中央和省委的统一部署,扎实开展党的群众路线教育实践活动,取得预期成效。

一、强化班子队伍建设,增强履职尽责能力

(一)抓学习提高素质。坚持学习制度,共组织开展党组中心组和机关干部集中学习 26 次,专家辅导、理论宣讲、专题培训和交流讨论 19 次,其中重点突出了党的群众路线教育实践活动学习教育环节工作落实和党的十八大、十八届二中、三中全会精神的学习宣传贯彻;完成 7 期共 460 人的质监业务培训,在北京大学举办 2 期共 140 人参加的处级干部和业务骨干培训班。

(二)转作风推动落实。根据中央"八项规定"和省委"四个实施办法",结合全系统实际,制定了 6 个方面 25 条改进作风提高效率狠抓落实的具体要求,并于年初以党组 1 号文件印发全系统执行。经过贯彻实施,收到明显成效。

(三)重民主科学决策。贯彻落实民主集中制原则,坚持党组会、局务会、局长办公会、周例会制度,对"三重一大"事项和其他需协调解决的重要问题,严格按照"集体领导、民主集中、个别酝酿、会议决定"的议事方针进行决策。

(四)用干部选贤任能。认真执行干部政策法规和组织人

事纪律，坚持正确用人导向，严格标准程序，努力选拔“信念坚定、为民服务、勤政务实、敢于担当、清正廉洁”的好干部，为质监工作提供组织保障和干部支撑。

（五）强党建创先争优。重新改选、设立机关各支部，由过去多个处（室）一个支部调整为一个处（室）为一个支部；开展党性党风党史教育，邀请省委党校专家举办党史专题讲座；组织开展社会主义核心价值体系征文、道德模范评选和“我的中国梦”文艺节目、机关干部五项全能、广播体操比赛，并荣获相关表彰和奖励；强化文明和谐创建工作，省局机关连续6年被评为“省级文明和谐单位”；注重发挥工青妇作用，重视老干部工作。

二、深化党风廉政建设，提高服务社会水平

（一）严格责任落实。制定出台《2013年全系统党风廉政建设和反腐败工作要点及责任分解意见》，提出5个方面36项主要工作任务；召开全系统党风廉政建设会议，各级签订目标责任书；先后2次进行监督检查。

（二）深化教育引导。及时传达学习中纪委、省纪委关于违反中央“八项规定”精神的典型问题通报，深入开展廉政教育和警示教育；向全系统处级以上干部发放《领导干部廉洁从政若干准则释义及案例》读本，大力推进廉政文化建设；积极开展以“为民务实清廉”为主要内容的纪律教育月活动。

（三）加强监督检查。对干部提拔任用、公务员及事业人员招考、综合检验检测园区建设和全系统技术机构仪器设备招投标等“三重一大”事项，认真予以监督，严防违规违纪；围绕贯彻执行密切联系群众、改进工作作风、厉行勤俭节约等有关规定，认真组织开展自查自纠；加大举报投诉受理和案件查处力度，23件群众来信来访一一核实处理，8名党员干部受到党纪政纪处分。

（四）创优政风行风。调整充实民主评议政风行风工作领导组，制定工作实施方案，全面明确民主评议的范围、内容、方法和要求；作出4项公开承诺，确定3个集中解决的重点问题，2次开展听证对话活动，6次参加、10余次作客“政风行风热线”节目。

（五）加强效能建设。建立健全机关绩效管理制度，加强“五项机制”、“三个规定”落实情况监督检查；加强行政审批电子监察平台联网建设；加大政府信息公开和依申请公开力度，通过门户网站公开各类政务信息577条，61条局长信箱来信件件有回复，事事有回音。

三、开展教育实践活动，取得实实在在效果

（一）精心组织学习。通过党组带头学、支部集中学、机关集体学、干部自己学等方式，深入学习习近平总书记系列讲话精神和各类规定篇目；局领导班子先后集中19天时间开展了6次封闭式和20次党组中心组（扩大）学习讨论，6位班子成员与机关全体党员干部共同交流了学习体会，机关各支部分别集中开展了5次以上集中学习和交流讨论；全体党员干部认真学习规定的篇目和材料，并撰写学习笔记；省局在省直单位网站中首家开通教育实践活动专栏，发布文字、图片和视频信息80条，编发专题信息简报24期，设置专题版面4幅。

（二）广泛征求意见。采取面对面、背靠背、三上三下等方式，通过开展3轮集中调研，组织召开40次累计近1000人参加的各类座谈会，发放6579份征求意见表（函），设置意见箱，开通专线电话，设立网上邮箱，利用下乡驻村扶贫、参加山西广播《政风行风热线》节目、召开各类全系统会议等时机，征求到系统内外各类意见建议249条。

（三）切实找准问题。在认真梳理各类意见建议的基础上，局党组通过“自己找、集体议”的方式，反复对照中央和省委指出的“四风”问题表现，充分吸收省政府有关领导和省委第12督导组反馈的意见建议，多次召开党组会专题研究，进一步找准了“四风”突出问题。

（四）认真对照检查。研究制定了局党组专题民主生活会方案；各位班子成员自己动手撰写并反复修改个人对照检查材料，对存在的“四风”问题进行了深入查摆和自我剖析；11月8日，省局党组召开了专题民主生活会，严肃认真地开展批评与自我批评，共计查摆出班子在“四风”和其他方面问题18条，党组成员个人“四风”问题88条，相互提出35条批评意见，机关各支部随后召开专题组织生活会，开展批评与自我批评。

（五）狠抓整改落实。制定出台了《山西省质监系统对监管事项中首次轻微违法行为不予罚款工作制度》，减轻企业特别是中小微企业的负担；省计量院由过去坐等送检转变为定期赴各市集中校验，对部分偏远山区的县局实施直接上门服务；建立了省局领导班子成员和机关处（室）基层联系点制度，实行点对点帮扶；会风、文风明显改进，公务接待费用同比减少75%；省质监综合检验检测园区建设项目开工不搞仪式，朴素进行；针对“四风”问题，建立完善了包括工作、管理、监督检查、作风考核等方面的22项规章制度，切实解决重点问题。

四、加强质量宏观管理，提升质量发展水平

（一）推进质量强省。起草出台了全省《关于质量发展纲要的实施意见》和2013年行动计划，召开全省质量工作会议，对质量强省建设工作进行了全面部署；积极向总局推荐4家企业申报首届中国质量奖，在全国2000多家不分行业的各类企业和组织的激烈竞争中太钢不锈钢脱颖而出，位列第3名；组织晋城等地申报创建“全国质量强市示范城市”，辐射带动各地质量强市建设；向总局推荐2家企业申报创建国家中小学质量教育社会实践基地，全面启动省级基地创建，在阳泉等地试点开展市级基地创建；建立了省、市级政府质量奖励制度；初步完成全省企业质量信用档案数据库建设；组织开展山西省质量信誉企业评定，854家企业获评A级以上质量信誉企业；扎实推进质量统计分析工作，认真开展全省产品质量合格率调查统计，全省各地均编制完成2013年产品质量状况分析报告。

(二)推动名牌发展。大力推进“全国知名品牌创建示范区”建设,指导已批筹的汾阳市白酒集中产区、祁县玻璃器皿产业集中发展区和大同云冈旅游示范区扎实开展创建工作,太原经济技术开发区获总局批准筹建全国能源装备产业知名品牌创建示范区。科学规划名牌发展路径,认真组织开展2013年山西省名牌产品推选,302个产品获山西省名牌产品称号,与省商务厅联合在北上广等地广泛开展“山西品牌中华行”宣传活动,积极扩大我省地理标志保护产品数量,并向总局申报。

(三)加快质量提升。深入开展建筑扣件、儿童用品等9类重点产品质量提升行动;不断加大证后监督力度,重点对电线电缆、防爆电器等4类产品的170余家生产企业进行监督检查;扎实推进工业产品和检验机构质量分类监管,获证企业分类监管率达100%;对16家承担国抽、省抽和工业产品发证检验任务的技术机构进行了现场考核和分类评价,对25家机动车安检机构进行了监督抽查。

(四)严打质量违法。深入开展农资、建材等5项“质监利剑行动”和“双打”专项行动,共出动执法人员14.7万人次,查处各类违法案件3000余起,查获假劣产品货值9100余万元,捣毁制假售假窝点110余个;强化产品质量监督抽查,共抽查39类6105批次产品,合格率为88.6%。

五、严格质量安全监管,安全形势稳定趋好

(一)圆满完成食品安全监管任务。根据国家和山西省关于整合食品安全监管职能的部署要求,省级食品生产加工环节质量安全监管职能和相关机构人员于8月12日正式移交省食药监局。积极开展食品安全宣传周,举办“食品安全大家行”和“食品检验机构开放日”活动,与省监察厅联合制作完成了《民以食为天》宣传警示教育片。

(二)大力加强特种设备安全监察。积极探索资质管理、监督检查、安全监察、检验检测和行政执法“五位一体”监管模式,在安全监察机构中实行“定人、定位、定岗、定责”。召开了全省特种设备安全工作会议,与11个市和19个省直部门签订《特种设备安全目标责任书》;全面开展特种设备安全大检查大整治活动,重点突出燃气安全、小型锅炉和快开门式压力容器、冶金工贸以及危化企业使用特种设备、液氨生产使用单位、电梯安全使用等方面,共出动监察、执法和检验人员62568人次,发现和整改安全隐患21632个,下达监察指令书4273份,立案697件。督促生产使用单位严格落实主体责任,共约谈企业1万余家。着力提升检验检测能力,新增检验项目12项、安全阀自校机构2家、气瓶检验机构6家。广泛宣传《特种设备安全法》,邀请专家对《特种设备安全法》作专题讲座,向行业管理部门和所有生产使用单位“送法上门”,免费发放法律单行本6万余册,对企业管理和操作人员进行专题培训;在山西电视台7个频道集中2周时间每天5次滚动播放电梯安全使用公益广告。2013年,全省特种设备安全方面零死亡、零事故,达到历年来最好水平。

六、发挥技术基础作用,服务转型跨越发展

(一)深入推进标准化工作。大力加强节能减排、循环经济、特色农业、高速公路建设、旅游、社会服务等重点领域标准体系建设,连续3年公开征集地方标准制修订项目,全年共征集项目201项,立项、审查、发布106项,地方标准发布数量首次突破百项。制定了《山西省质量技术监督局2013年度转型综改任务暨山西省创新循环经济标准体系实施方案》,发布了4项循环经济体系标准和5项循环经济认证评价标准,指导4个国家级试点城市制定了4项市域循环经济体系标准;承担的总局科研项目《基于认证技术的循环经济评价应用基础研究》达到国际先进水平;第七批16个国家级农业标准化示范区建设任务圆满完成,30个省级示范区完成年度建设任务;4个循环经济标准化试点城市建设工作得到国家标准委和国家发改委专家的一致肯定;晋中市国家级旅游服务业标准化试点城市建设顺利通过国标委验收;与省发改委、省财政厅共同形成了加强国家级服务业标准化试点项目管理和推动落实社会治理、公共服务标准化工作机制。

(二)扎实开展计量工作。积极组织开展《计量发展规划》学习宣传贯彻活动,出台了《山西省贯彻落实国务院计量发展规划实施意见》;组织开展月饼等食品包装计量监督检查,加大限制商品过度包装计量监管力度;计量惠民七件实事全部落实:加油机受检率、集贸市场公平秤配备率、煤矿用安全计量器具受检率均达到100%,出租车计价器实现零差错,免费提供家用日常计量器具检定服务,民用“四表”首检做到全覆盖,诚信计量示范活动深入推进。

(三)不断加强认证认可工作。推行3C产品联合监管模式和区域监管责任制,在阳泉市试点开展了3C产品和自愿性认证体系“双项”全覆盖拉网式检查;对全省11个市8个领域的100家实验室进行抽查检查,对177家实验室开展了3个参数的能力验证活动;部署开展强制性认证产品质量安全专项整治活动,抽检17个生产企业23家经销商的50批次样品,合格率为100%。

(四)着力提升依法行政水平。2013年,共办理各类案件3100余起,无一发生行政诉讼或行政复议;审理重大案件24起,妥善处置17起上级批转行政复议案件,及时处理25起基层食品安全行政复议案件;全面开展案卷评查,着力推进依法行政示范单位创建活动,组织开展全系统执法打假大比武活动;全面清理整顿质监执法人员,共清理3890人。深化行政审批制度改革,将原有的24项行政许可项目压缩为11项,并缩短时限,减少环节,再造流程,整体审批时限平均缩短46%,各项审批流程被列入《山西省本级行政审批项目办事指南》;优化审批窗口服务,受理企业各类申请2060件,按时办结率100%。

(五)大力推动技术机构发展。对已批准筹建的6个国家质检中心进行专项督导,国家能源安全计量器具质检中心获准正式运行;对全省18个已授权、4个已批准筹建和7个拟申报的省级质检中心(站)进行督导和考察,新批准筹建省级

中心2个，另有三个省级中心列入省局规划；占地100亩、建筑面积10万平方米、总投资5亿元的质监综合检验检测园区各类手续全部办齐，已正式开工建设。

（六）积极营造良好社会氛围。充分利用3.15国际消费者权益日、世界标准日、计量日、认可日和质量月等时机，广泛开展主题突出、贴近群众、形式多样的宣传服务活动，在省内外主流媒体刊发新闻稿件1500余篇（条）、图片200余幅，在省直部门网站中首家开设了视频新闻栏目，努力提高全社会的质量意识，彰显质监部门良好形象。

（李　昆）

附：省质量技术监督局党组书记、成员名单

书　记：常高才

成　员：张岐云　王国强　高　航（1月任职）　尹乃明　田永明

省广播电影电视局党组工作概况

党组书记　齐　峰

2013年，局机关党委按照省直机关党建工作的全面安排，结合全局实际，以党的十八大精神为指导，以服务全局六个方面的转型发展为目标，以建设学习型、服务型、创新型机关党组织为突破口，牢牢把握加强党的执政能力建设、先进性和纯洁性建设这条主线，紧紧围绕服务中心、建设队伍两大核心任务，全面提升机关党的建设科学化水平，全力配合局群众路线教育实践活动领导组办公室抓好群众路线教育实践活动督导工作，圆满完成全年各项目标任务。

一、以深化学习贯彻党的十八大精神为首要政治任务，进一步深化理论武装工作

（一）以贯彻十八大精神为主要内容抓好中心组学习。局机关党委下发了《关于2013年山西省广播电影电视局党组（党委、总支）中心组理论学习安排》对中心组学习进行了安排部署。全年，局党组中心组共学习15次，集中学习4次。中心组学习为全局开展学习型机关建设起到了示范带头作用，中心组成员在学习时多次撰写并发表个人心得体会，为全局干部职工作出了表率，在全局形成了以学习为导向的浓厚氛围。

（二）开展第二届“读书月”活动。4月，局机关党委安排部署了全局第二届“读书月”活动，为党员干部选购多本好书，开展了读书经验交流活动，党员干部撰写了心得体会，无线管理中心进行新进人员岗位学习培训、局工会组织“读书经验交流暨健排舞展示活动”、全局开展学习十八大党史知识竞赛活动。

（三）开展党建理论研究。围绕党的十八大提出的新思想、新观点、新要求，围绕党建工作服务转型跨越发展，重点研究解决机关党建工作中存在的突出问题，局机关党委牵头十多个兄弟省份的相关单位积极研究党建工作，撰写党建课题，一篇党建论文获总局表彰二等奖。

（四）加强干部教育培训工作。认真贯彻落实省《2010—2020年干部教育培训改革实施意见》充分发挥省委党校和省直分校在干部教育培训中的主渠道、主阵地作用。局机关党委安排部署并完成了处级干部在省直分校组织开办的十八大学习培训工作，局机关处以上干部全部完成培训并结业。做好党员发展培训工作，6月份，机关党委研究通过了3名预备党员转正工作，新发展4名预备党员。

二、以建设学习型、服务型、创新型党组织为目标，进一步提高基层党组织建设水平

（一）开展学习型、服务型、创新型党组织建设。局机关党委组织老干部总支第一支部进行换届；成建制转出了山西省电影公司、山西省电影制片厂党组织关系，并向影视集团发出《关于将山西省电影公司党总支、山西省电影制片厂（有限公司）党支部成建制划转至山西影视集团党委的函》；批准成立了中波台管理中心党总支。按照省直工委组织部要求对近年来党员教育培训进行了统计，并上报工委组织部《2009—2013年党员教育培训统计表》。

（二）加强党员队伍建设。4至6月，局机关党委对党员队伍建设进行了自查，并向省直工委组织部上报《关于加强党员队伍建设的情况报告》。对党员档案进行电子化管理，充分利用党员管理系统软件，对党员进行规范管理。同时，向全局下发《山西省广播电影电视局关于进行党员实力统计的通知》，收集整理党员资料并完成电子录入管理。规范了党费的使用管理，下发《关于规范党费收缴情况的通知》（晋广党直字〔2013〕1号），进一步规范党费的缴纳、使用、管理。

三、以落实“八项规定”为重点，进一步加强机关作风建设

（一）抓好“八项规定”的贯彻落实，开展提倡艰苦奋斗、反对铺张浪费主题教育活动，着力改进文风会风调研之风。按照省纪委、省直纪工委要求，局机关党委组织机关纪委委员和直属单位纪检干部进行会员卡清退工作并上报。9月，机关党委还组织全局开展干部职工公务用车专项承诺和清退活动，95名处以上干部作出承诺，1391名干部群众作出承诺。

（二）开展党的群众路线教育实践活动，为营造开展党的

群众路线的浓厚氛围,局机关党委及时制作活动展板,积极宣传全局开展党的群众路线教育活动的内容,宣传全局六个方面转型的重要论述。配合群众路线教育实践活动领导组办公室做好直属单位的群众路线督导工作。8月,对直属单位进行党的群众路线教育活动的动员大会进行督导,进行调查评议和个别谈话,汇总意见建议并上报局党组。11月,对局无线管理中心、后勤服务中心、广播电影电视学校开展专题民主生活会进行全程督导。

(三)抓好下乡住村包村增收的落实。局机关党委认真组织开展党员干部下乡住村和领导干部包村增收活动,为当地学生和村民捐赠10万元图书和价值5万元的服装。

四、以践行社会主义核心价值观为引领,进一步推动思想道德建设和精神文明建设

(一)推进机关文化建设。全局组建了健排舞队,组织开展了健排舞展示活动;在全局职工中开展了第九套广播体操的普及活动,参加了省直工委和体育局组织的体操比赛;开展了“五项全能”健步走活动,为全局机关文化建设营造了良好的氛围。

(二)开展精神文明创建工作。局党组研究调整了局精神文明委员会,并下发《中共山西省广播电影电视局党组关于调整精神文明建设委员会的通知》;会同省发改委、宗教局、旅游局对太化进行了春节、中秋联企帮困慰问活动,开展了“元旦、春节”走访慰问生活困难党员和老党员活动;开展了“山西精神”宣传展示工作。2013年,局机关和无线管理中心荣获山西省直精神文明和谐单位标兵称号。

(三)重视做好群团工作。局团委组织了全省广播影视系统“青年文明号授牌仪式”。局机关和局直单位开展了“弘扬雷锋精神”活动、“五四”青年节走进养老院活动、庆祝“六一”儿童节活动和“三八”妇女节活动。安排部署全局五项全能比赛初赛,4月到6月组织选拔、培训并进行了“五项全能”初赛,从20名选手中选拔出2名同志参加了省直五项全能决赛。6月份,组织参加了省直工委和体育局组织的第九套广播体操比赛,并获得金奖。团委组织了全省广播影视系统“青年文明号授版仪式”。参加省直工委宣传部组织的迎国庆“我的中国梦”节目展演。

(王　斑　杨松吟)

附:省广播电影电视局党组书记、成员名单

书　记: 梁志祥(3月离职)　齐　峰(3月任职)

成　员: 董育中(3月离职)　李光明　王建中　董晓林　薛　荣　李和林

省新闻出版局党组工作概况

党组书记　林玉平

省新闻出版局党委下设机关党委1个,党支部8个,全局党员共有120名。

2013年,省新闻出版局党组团结带领全省新闻出版战线全体人员高举旗帜、围绕大局、服务人民、改革创新的总要求,结合党的群众路线教育实践活动,贯彻落实中央和省委省政府重大决策部署,在强化导向引领、深化改革发展、创新公共服务、严格依法行政、积极转变作风等方面,取得了新进展新突破。

一、积极转变作风,围绕中心工作发挥职能作用

(一)认真贯彻落实中央八项规定、省委“四个实施办法”和省政府有关精神,厉行勤俭节约。切实加强制度建设,局党组及时制定印发了全省新闻出版系统贯彻落实中央八项规定的实施意见,相继出台了《精简公文简报实施细则》《办文办事限时制度》等相关制度。改进文风会风,加强调查研究,反对铺张浪费,全年各类会议经费支出同比减少56%;文件精简率13.8%,简报精简率40%;局领导班子成员带头轻车简从,多次深入基层开展调研活动;“三公”经费大幅缩减,因公出国(境)、公务用车、公务接待费用同比分别减少81%、46%、71%。

(二)深入开展党的群众路线教育实践活动,查摆整改“四风”问题。作为首批参加单位,局党组按照“领导带头、及早谋划,边查边改、立说立行”的整体思路,于6月中旬及时部署,8月1日全面开展,着力解决“四风”方面突出问题。其间,组织集中学习教育4天、专题研究讨论3次、交流心得体会1次、观看专题教育片4种;召开各类座谈会10余次,收集各类问题、意见、建议110余条,形成深度调研课题16个、立说立改问题10个,对照查摆出局领导班子在“四风”方面的12个突出问题;10月31日全天召开局党组专题民主生活会,领导班子及班子成员个人围绕“四风”问题进行了深刻的对照检查。局领导班子整改方案、专项整治方案、制度建设方案完成制定并进入落实阶段。

二、服务大局、服务人民,圆满完成三项重点工作

(一)抓创新,全面扩大全民阅读活动影响范围。以山西

省第三届"全民阅读月"活动为龙头，各类主题阅读活动精彩纷呈。以"服务群众、优惠售书"为主题举办历时9天的全民阅读优惠售书活动，全省30个家庭入选全国"书香之家"，《正能量》等成功入选山西省"我最喜爱的10本好书"。组织开展"送书下乡"工作，依托农家书屋引领农村阅读风尚，向全省828个优秀书屋选配更新出版物636732册(张)。开展"文化年货带回家"、农家书屋主题宣讲、"读书之星"评选等创新性工作，市县乡村各级读书活动逐步兴起。

(二)抓落实，如期完成市县两级政府机关软件正版化工作任务。截至11月底，全省市、县两级政府机关使用正版软件工作全部完成。全省11个市的市级政府机关、127个县(含开发区)的县级政府机关共投入6000多万元采购各类软件许可数11万余个，个别县超额完成了乡镇级政府机关使用正版软件工作。抽查验收结果显示：各抽检市县实现了软件安装、制度建设、工作落实的"三到位"，达到了预期目标。

(三)抓发展，顺利完成全省新闻出版业"十二五"规划中期评估工作。从自查情况看，全省新闻出版战线围绕"加速发展"的工作主线和"五年争三"的发展目标，积极推进《规划》实施，各主要规划指标、重点任务、保障措施等都得到了较好落实。

三、牢记政治责任，强化导向引领

(一)加强主题出版宣传和发行工作。引导组织省内各类出版媒体深入开展党的十八大精神、中国梦、落实中央八项规定、党的群众路线教育实践活动、讲文明树新风、山西精神等宣传阐释工作，形成了强大声势，有力配合了党委政府工作大局。《中国共产党文风建设论》《我在春天等你》两种选题入选全国深入学习宣传贯彻党的十八大精神主题出版重点选题。年度内为全省28339个农家书屋配送十八大辅导读物4种计113356册，为省内8000个行政村书屋配送十八届三中全会读本4种计32000册。

(二)加强选题管理和出版物审读工作。全年重点审读报纸44种、期刊43种，编发《审读快报》48期，《专项审读报告》2期；核发书号2900余个，审批图书选题5600余种，批复备案音像电子选题320种，审核备案游戏产品1款；确定年度重点选题84种，发布优秀晋版图书书目共4期336种。由于出版方向把握正确、审批办法执行严格、审读制度长效坚持，省内出版物未出现政治性差错。

(三)深入实施晋版精品战略。《八路军》荣获第四届中华优秀出版物(电子出版物)奖，《林毅夫自选集》《襄垣鼓书》等5种出版物获得相应类别的提名奖；《中国教育文化研究丛书(4册)》等3种图书入选第四届"三个一百"原创图书出版工程；《山西日报》《新型炭材料》《日用化学品科学》3种报刊被评为全国"百强报刊"；《讲给孩子的中国科学》《流动的花朵》《儿童安全自救早知道》等优秀出版物成功入选多项国家级重点出版物推荐名单。组织推荐59种出版项目、3家单位和4名个人参评第三届中国出版政府奖。

四、深化改革发展，做强做大新闻出版主业

(一)非时政类报刊体制改革后续工作平稳推进。全省非时政类报刊出版单位核销事业编制、注销事业单位法人工作基本完成，社会保险关系接续的基础性工作初步完成。围绕转企改制6条标准，开展全省非时政类报刊改革情况督查调研。从督查情况看，全省组建5大报刊传媒集团和6家专业报刊传媒中心等转企改制工作，给各非时政类报刊出版单位带来了勃勃生机，改革成效初显。

(二)项目带动战略深入实施。年内共有6个项目入选全国新闻出版改革发展项目库；23个项目入选"十二五"国家重点图书出版物规划项目；《语文报》社有限责任公司、《新课程》杂志社有限责任公司入选全国首批"数字出版转型示范单位"。积极争取国家出版基金支持，《中华佛教史》等6个项目获得2013年国家出版基金项目资助资金500余万元，组织《五台山佛教文化遗产档案》等17个项目申报2014年国家出版基金项目。全省共有6家出版物印刷企业已通过绿色印刷认证。

(三)"走出去"战略成效显著。组织省内8个出版社的6000余种图书参加第二十三届全国图书交易博览会，其中新版图书达1000余种，展示成效得到国家新闻出版广电总局的高度评价。组织省内77种报纸、200种期刊参加中国(武汉)期刊交易博览会，省局获得刊博会优秀组织奖称号。第八届北京国际印刷技术展览会、上海国际印刷周、中国·稷山第二届包装印刷洽谈会等参展工作圆满完成。版权输出取得新成果，在第二十届北京国际图书博览会上，共签订版权输出协议22项，达成版权输出意向53项、引进版权意向15项，连续7年实现版贸顺差；《中国思想地图：老子》等3种图书入选"第十二届输出版优秀图书"。

五、创新公共服务，更好保障群众基本文化权益

(一)继续夯实农家书屋建设成果。探索农家书屋管理和使用的长效机制，制定下发《关于加强农家书屋管理 实现长效可持续发展的意见》，完善《山西省农家书屋管理办法》，保证农家书屋的正常运行。组织开展全省农家书屋"回头看"验收工作，对吕梁、晋中等地农家书屋进行实地抽查，从反馈情况看，全省各市农家书屋总体运转情况良好。完成卫星数字农家书屋项目建设的专题调研。

(二)主动加强社会服务。与团省委联合开展向全省青少年推荐优秀图书活动，《乍放的玫瑰》《流动的花朵》等54种图书入选推荐书目，并在全省各大新华书店设立专柜专架予以展示展销，丰富青少年阅读世界。组织34家省内主流报刊围绕"讲文明树新风"等主题开展公益广告宣传。

六、落实简政放权，全面营造良好的出版物市场环境和文化环境

(一)落实简政放权，加强行政管理。新调整保留9项行

政审批事项(主动取消 2 项、下放 1 项、合并 2 项,承接新闻出版广电总局下放 4 项)。组织开展全省新闻出版行政审批专项检查,切实做好行政审批项目下放调整后的后续监管、落实和衔接工作。各新闻出版行业单位年检核验工作全部完成。少儿图书专项质量抽查、第十八轮图书编校质量检查、报刊违法虚假广告专项治理、“3·15”中小学教科书绿色印刷、月饼包装装潢印刷品质量监督检查等专项行动收到良好成效。

(二)全面加强版权执法和监管,认真做好版权工作。以“实施知识产权战略,支撑创新驱动发展”为主题,开展“4·26知识产权宣传周”活动,全省共发放各类宣传资料约 17 万余件,销毁各类侵权盗版制品 60 余万件,活动直接受众达到 23 万余人。认真开展“双打”“剑网”等活动,年内主动监管网站 100 余个,查办各类侵权盗版案件 97 起,重点查办了“YY456 音乐网”侵犯著作权等案件。继续做好企业软件正版化工作,全年 100 家企业实现软件正版化的工作目标基本完成。

(三)保持“扫黄打非”高压态势,积极净化社会环境。以查堵政治性非法出版物、扫除淫秽色情等文化垃圾、打击侵权盗版行为重点,组织开展了“净网”“清源”“秋风”等专项行动,全省“扫黄打非”工作形势良好。全年全省共查办各类“扫黄打非”案件 185 起,收缴非法出版物 62 万件,删除、屏蔽网络有害信息 2500 多条。

(潘 焱)

附:省新闻出版局党组书记、成员名单

书 记:林玉平

成 员:梁宝印(4月离职) 王吉敏 田奇越 吴体刚 安 洋(7月任职)

省体育局党组工作概况

党组书记 苏亚君

2013 年,省体育局探索公共体育服务实现方式和途径,逐步建立符合实际的公共体育服务体系,全力打好第十二届全运会,体育产业发挥规模效益。

一、推动党建工作迈上新台阶

(一)扎实开展党的群众路线教育实践活动。局党组带头学习,深入调研,聚焦查找问题,把整改工作贯穿教育实践活动始终,研究制定总体整改方案、专项治理方案和制度建设计划,着力解决全运会参赛运动员提高营养标准、省级体育场馆免费开放、改善离退休人员活动场地、运动员伤病康复等突出问题。

(二)加强党的建设。全年中心组分四个专题完成 6 次 15 天学习任务,继续创建学习型机关、学习型党组织,把学习贯彻新《党章》、党的十八大和十八届三中全会精神不断引向深入。组织运动队思想政治专题讲座,发展党员 19 名,33 个基层党组织和 900 多名党员参加新《党章》知识竞赛。省局被授予首批“省直机关廉政文化建设示范单位”、省直机关“五项全能”比赛优秀组织奖。省射击射箭运动管理中心获得精神文明和谐标兵单位,省体育馆和省体操运动管理中心获得精神文明和谐单位。

二、各项工作取得全面进步

(一)全省体育事业取得全面进步。公共体育服务体系不断完善,各级各类社会体育组织开展丰富多彩的全民健身活动。新建乡镇全民健身广场 441 个,形成覆盖村–乡(镇)–县–市电子档案网络化管理。11 个市、76 个县成立体育总会,培训社会体育指导员 5324 名,全省注册社会体育指导员总数达到 4.4 万名。举办全国青少年户外体育活动、全国阳光体育校园行山西站活动和一系列全省青少年比赛。

(二)竞技体育竞争实力不断增强。227 名运动员参加第十二届全运会 16 个大项、116 个小项的比赛,取得 10 枚金牌、8 枚银牌、6 枚铜牌和总分 557 分,排名第 15 位。射击、游泳、乒乓球、拳击、击剑等项目实现重大突破。山西代表团在全运会上出色表现被评为 2013 年山西十大新闻事件,1 名运动员入选“感动山西”十大新闻人物。山西兴瑞篮球俱乐部夺得 2012—2013 赛季全国女子篮球甲级联赛冠军,获 2013“感动山西”特别大奖;大同雁北宾馆乒乓球俱乐部和吕梁大土河乒乓球俱乐部并列中国女子乒超联赛第三名;太原国际马拉松赛被评为“金牌赛事”。

(三)体育产业和体育场馆建设积极推进。完成组建山西省体育产业集团前期准备工作。山西体育中心运行良好,举办赛事活动、促进全民健身、专业运动训练、体育产业开发、旅游景点观瞻、应急避险场所的六大主体功能基本得到体现。体育彩票销售 15.6 亿元,较上年增长 53.8%,超额完成省政府下达的 10 亿元目标考核任务。航空体育开展飞播造林、防火灭虫、人工增雨等通航服务,扩大服务领域和范围,创造良好的经济和社会效益。

(王宏德)

附:省体育局党组书记、成员名单

书 记:苏亚君

成 员:杨凤楼 李振生 郝晓峰 李世杰 杜 荣(女)

省统计局党组工作概况

党组书记　翟振新

2013年，省统计局在省委、省政府的正确领导下，局党组认真学习贯彻党的十八大和十八届二中、三中全会精神，以科学发展观为统领，坚持围绕中心抓党建、抓好党建促发展，实现了“抓党建”与“促发展”的互促互动，进一步提升了统计工作科学化水平，为全省转型跨越发展提供了有力的统计保障。

一、坚持“围绕中心抓党建、抓好党建促发展”，以科学的机制推动基层党组织建设

（一）在思想认识上，坚持把加强基层党组织建设放在统计发展战略目标的大背景下去思考和把握，使基层党组织建设着眼于发展、有利于发展；把增强党的意识和增强中心意识高度统一起来，把加强基层党组织的自身建设与完成统计的各项工作任务高度统一起来，坚持中心不动摇，围绕中心抓党建，更好地服务和推动全局中心工作。

（二）在领导职能上，坚持把完成中心任务，作为党建工作的出发点和落脚点，作为衡量机关党建成效的基本标准。主要体现在“五个机制”上：一是完善落实党组负总责、“一把手”亲自抓、分管领导具体抓的领导机制。局党组始终把机关党的建设作为局党组整体工作的一个重要组成部分，列入重要议事日程。党组书记、局长经常过问、指导机关党建工作，局党组经常听取机关党委的工作汇报，并给予大力支持，经常征求机关党委对全局性工作的意见和建议；把理论学习、机关党建等列入干部述职的重要内容；局党组每年定期或不定期地研究机关党建，认真研究机关党的思想、组织、作风建设等重要问题，及时研究和帮助解决了许多工作中的困难和问题。二是强化“一岗双责”机制。在推进机关党的建设中，局领导班子成员都能够率先垂范，积极参与并支持全局性的或所在支部、分管单位的党建工作，在机关党建工作中发挥了表率作用；所有处室、单位的“一把手”都是党支部书记或副书记，切实做到了“两手抓、两促进”。三是总揽全局、调动各方、履职尽责的协调机制。局党组十分注重指导和引导机关党委不断拓宽工作领域，放手开展工作。协助局党组加强机关及直属单位领导班子、领导干部的思想政治建设，加强对党员领导干部的管理；协助党组召开民主生活会、组织中心组理论学习，推进党员和干部职工的思想政治工作；局党组讨论干部任免、考核和奖惩等问题，不仅事先注意听取机关党委的意见和建议，而且安排机关党委参与对干部考察和干部年度考核、民主评议、民主推荐等具体工作。与此同时，积极为机关党委开展活动提供宽松环境和必要条件，凡组织重大活动都拨付专项经费，给予全力支持保障。四是凭实绩考核班子、选贤任能、奖优罚劣的评价机制。局党组不断加大力度，强化责任，认真落实机关党的工作目标责任制。局党组与机关党委签订目标责任书，量化考核党支部工作，并将机关党建列入各处室（单位）工作目标责任制中。五是对统计发展常议常抓、把关定向、抓要解难的议事机制，在促进统计科学发展中切实发挥党组织的核心领导和战斗堡垒作用。局党组始终要求机关党委参与推进全局性重大工作。

（三）在工作思路上，始终坚持一手抓机关党建，一手抓统计业务，把机关党建与统计业务、中心任务同部署，同检查，同落实。特别是努力把提高抓机关党建的能力，与提高抓中心工作的能力统一起来，以党建工作推动中心任务，以中心任务促进党的建设，拧成“一股绳”，合成“一股劲”，形成“一盘棋”。

（四）在机关党委、机关纪委班子建设上，局党组十分重视加强机关党委、纪委班子建设，还把退休后的正处级副书记返聘回来，发挥优势和作用。党委委员由有关处室单位“一把手”兼任委员。

二、坚持理论武装、提高素质，不断加强学习型党组织建设

（一）建立了每月处级以上干部集中学习制度。除坚持支部、小组每星期二、五下午组织学习外，月度处级以上干部集中学习成为品牌。

（二）中心组率先垂范。进一步完善了中心组学习制度；全年中心组学习16次，《省直机关中心组理论学习动态》曾多次专题报道，在省直工委召开的省直机关中心组学习座谈会上作典型发言。

（三）坚持请进来、走出去推动能力提升。利用统计创新讲坛这个平台，邀请国家局领导、知名专家来局作报告；另一方面局、处领导走进省委党校领导干部培训班、省直机关十八大宣讲团、公选干部报告会、文源讲坛，下到市县作经济形势报告等。

（四）认真组织自主选学和在线学习。强化纪律约束与鼓励自觉学习并举，全局干部在自主选学和在线学习中表现出旺盛的劲头，取得明显效果。

（五）着眼拓展视野、提升素质，创新育人模式。在推进名校培训系统业务骨干和优秀青年的基础上，创新方式，讲求效果，邀请国家局专家授课，成功举办省市县三级统计局长培训班。

（六）围绕中央和省委、省政府重大方针政策创新学习形式。围绕贯彻十八大、十八届二中、三中全会精神和习近平总

书记一系列重要讲话,以及省党代会精神等,以集中学习、宣讲活动、研究班、经验交流、成果观摩会、座谈会等形式,不断引深学习效果,深化党员干部思想认识,把上级的精神和要求切实落实在行动中,体现在工作上。

(七)扎实开展"读书月"活动。通过推荐好书、购买经典书、专题讲座、学习交流等,营造崇尚学习、坚持学习的浓厚氛围。

三、坚持充分发挥党组织的战斗堡垒和党员的先锋模范作用,不断加强党员队伍建设

(一)以创新党员干部培养和人才成长机制为手段,靠有效的激励引领党员干部。局党组始终坚持造就大批高端人才是实现统计新作为根本选择的理念,构建量化考核、专家评选、创先争优、引领青年等机制,引领党员在推动发展中争创一流、体现作为。一是着力创新人才成长机制。以公开竞争的方式选拔处级干部,用人导向更加鲜明;在全省统计系统遴选推荐的基础上,有2个单位、1名同志分别被国家人社部、国家统计局授予全国先进集体、全国先进工作者,5名同志荣获全国统计系统先进个人,成为全系统学习的榜样。二是奋力创先争优。首先是完善"亮牌"活动,党员先锋岗桌牌使党员时刻铭记"五带头",同时扎实推进党支部分类晋级,顺利完成三个党支部补选工作,基层党组织得到强化。其次是扎实推进"创优软环境、喜迎十八大"主题系列活动。再次是激励争先进位。以"七一"表彰为平台,表彰先进党组织和优秀个人;开展争创一流处室活动,将机关党建纳入其中,实现了"创"有载体、"争"有目标,营造出奋发向上、比学赶超的浓厚氛围。三是重视培养青年。坚持以党建带团建,把平台给青年,把机会给青年,加快青年成长成才。联合团省委在全系统开展"山西青年五四奖状"、"山西青年五四奖章"、"山西青年岗位能手"评选活动。

(二)以改进作风为抓手,弘扬新风正气,为推动统计发展提供保障。一是推进行风建设。深入开展以践行统计核心价值观为主要内容的行风建设,把数据质量作为工作的安全底线,以党风促行风,以行风带作风,内练素质,外塑形象,得到国家统计局和省纪委监察厅的高度认可。二是强化生活会制度。围绕为民务实清廉,成功召开局领导班子民主生活会,省委有关领导亲临指导、高度评价;群众路线教育实践活动民主生活会圆满成功,省委督导组充分肯定。三是坚持量化考核。局党组与各处室(单位)签订年度目标责任考核书,以责任制的方式和例会制度等督促各单位落实任务,机关党建列为重要内容。四是认真抓好党员民主评议。通过个人自查与民主互评相结合,集体评议与组织评定相结合,增强了党组织对党员教育、管理和监督的职能。五是严把党员"入口关"。进一步完善了发展党员制度,坚持成熟一个发展一个,严格发展程序,强化对入党积极分子的培养,强化对预备党员的教育,审慎研究党员转正,在发展党员中充分体现了党组织和党员的纯洁性要求。六是强化正风肃纪。坚决贯彻落实中央"八项规定"和省委"四个实施办法",出台"进一步改进工作作风的若干规定",印发"专项治理工作方案",文风会风、调查研究、工作作风明显改进,接待费用、出访活动、领导活动报道有效控制,公务接待、公车管理进一步规范,班子成员和处长办公用房严格整改。七是扎实开展群众路线教育实践活动。坚持高标准、严要求,实打实查摆突出问题,面对面开展批评和自我批评,硬碰硬推进整改落实。首先是坚持静心学"不走神"。局党组组织学习座谈29次、专题讨论15次。班子成员深入所在党支部讲党课,编印活动手册,切实抓好学习教育。其次是坚持真心查"不散焦"。通过信函、座谈会和多层次谈心活动等征求到意见建议,查摆出局领导班子"四风"方面存在的15个突出问题。再次是坚持诚心改"不打折"。明确即行整改、整改29项任务,18项专项整治任务,20项制度建设计划任务。党员干部思想进一步提高、作风进一步转变,党群干群关系进一步密切,为民务实清廉形象进一步树立。

(三)以文明和谐创建为平台,积极开展丰富多彩的文体活动,为干部职工奋力作为创优环境。局党组始终注重保护好发挥好干部职工的积极性,把组织的关心、理解和帮助体现在每个干部身上;始终注重充分发挥工青妇等群团组织的力量,开展干部职工乐于接受、丰富多彩的文体活动,让干部职工看得见、摸的着。连续15年荣获省级文明和谐单位。一是提升公信力,以统计诚信塑造人。坚持统计职业道德教育常抓不懈,通过全国法律宣传日、统计法律宣传月、统计开放日等,强化依法统计意识;通过内网专栏宣传、道德标牌提醒、青年上岗培训等,引导和教育统计人守住职业底线,维护统计形象。二是多办实事打造民心工程,以贴心的关爱凝聚人。组织干部职工体检,职工午餐、宿舍集中供热等问题得到解决,督促落实团购住房施工进度和质量,为大家排忧解难。三是以多元化的文体活动愉悦人。首先是举办了"九九重阳节"老干部座谈会、健身登山活动,举办了"山西统计风"书法摄影展活动。其次是积极组织参加省直机关一称列健身行活动。再次是实地感悟延安精神等爱国主义基地接受传统教育等,寓教于乐,效果明显;组织参观文化产业交易博览会,体验文化魅力;编印《统计岗位上的军人风采》,组织复转军人赴岢岚卫星发射基地接受教育;组织干部职工到岢岚扶贫点创建"统计林",与群众同吃同住同劳动;认真开展公民道德建设"五个一"品牌活动,发出文明用餐倡议,制作道德提示标牌;积极组织参与省直机关文明创建30周年知识竞赛、征文比赛和公益广告设计,获得多项大奖。

(程建平)

附:省统计局党组书记、成员名单

书　记: 杨文章(8月离职)　翟振新(8月任职)

成　员: 卢建明　赵占明　荆红社　张建华

省安全生产监督管理局党组工作概况

党组书记　霍红义

2013年，省安监局党组以贯彻落实党的十八大、十八届三中全会精神为主线，以党中央、国务院关于加强安全生产的一系列重要指示要求为指导，按照省委、省政府决策部署，紧紧围绕"安全生产责任落实年"，持续深化安全生产专项整治，认真开展安全生产大检查，不断夯实安全生产基层基础，全省安全生产形势继续保持了明显好转的态势。

2013年全省全面完成国家下达的安全生产控制指标，实现了"六个下降"。一是各类安全生产事故死亡人数同比继续下降。各类事故死亡2327人，同比死亡人数减少192人，下降7.62%。二是各类生产经营性事故起数、死亡人数同比继续呈现双下降。同比事故起数减少167起，下降7.29%；死亡人数减少115人，下降9.05%。三是一次死亡3人以上事故起数、死亡人数同比继续呈现双下降。全省发生一次死亡3人以上事故46起，死亡175人，同比事故起数减少9起，下降16.36%；死亡人数减少76人，下降30.28%。其中：一次死亡3人以上生产经营性事故17起，死亡76人，同比事故起数减少7起，下降29.17%；死亡人数减少41人，下降35.04%。四是发生一次死亡10人以上事故起数、死亡人数同比呈现双下降。同比事故起数减少2起，下降66.67%；死亡人数减少30人，下降75.00%。五是部分重点行业领域事故起数、死亡人数同比呈现双下降。道路交通事故起数、死亡人数同比分别下降5.08%、7.02%。其中，生产经营性道路交通事故起数、死亡人数同比分别下降9.67%、8.21%；冶金等工贸行业事故起数、死亡人数同比分别下降36.36%、46.67%。特种设备事故起数、死亡人数同比分别都下降50.00%；工商贸其他行业事故起数、死亡人数同比分别下降41.18%、55.56%。六是四项相对指标继续下降。煤矿百万吨死亡率、亿元GDP死亡率、道路交通万车死亡率、工矿商贸就业人员10万人死亡率下降幅度都超过10%。

一、深入学习贯彻重要指示，牢固树立安全发展理念

2013年以来，省委、省政府多次召开会议，专题组织传达学习习近平总书记、李克强总理等中央领导关于加强安全生产的重要指示精神，制定下发《山西省人民政府办公厅关于贯彻落实习近平总书记重要讲话精神切实加强当前全省安全生产工作的通知》等文件，对传达学习做出具体安排部署。各级、各部门和各企业认真学习贯彻落实党中央、国务院指示精神，根据省委、省政府决策部署，以"三个敬畏"（敬畏生命、敬畏责任、敬畏制度）的态度，按照"三个绝不能过高估计"（绝不能过高估计全省安全生产形势，绝不能过高估计干部群众对安全生产重要性的认识，绝不能过高估计各级各部门各企业安全生产能力和水平）的要求，较好地统一了抓好年度安全生产工作的思想认识。通过举办"安全生产月"、"三晋安全行"、新闻发布会等系列宣教活动，广泛宣传安全发展理念和安全生产各项政策措施，动员全社会支持安全生产工作，形成了安全标准更高、安全管理更严、安全责任更细、安全措施更实的齐抓共管氛围。

二、明确年度任务，强化监管责任落实

年初，省政府召开安委会，并以晋政发〔2013〕1号文件下发《山西省人民政府关于做好2013年安全生产工作的通知》，确定2013年为安全生产"责任落实年"，对全省安全生产工作进行了全面安排部署。针对部分行业领域职责不清的问题，制定下发《关于进一步明确部分行业领域安全生产监管职责的通知》，对16个行业领域安全监管责任进行细化分解。以安全生产目标责任考核为抓手，制定《山西省人民政府办公厅关于印发山西省安全生产考核指标和考核办法的通知》，重新修订11个市政府、33个省直部门和11个市安监局、16个大型企业的年度安全目标责任书，并组织逐个签订，强化目标责任落实。认真执行安全生产"三落实"、安全生产挂牌责任制、安全监管五人包保等制度，省政府下发明电，从工作实际出发，对煤矿安全生产挂牌责任制实施落实规定进行了修订，确定每位挂牌责任人挂牌煤矿数原则上不超过12座。

三、彻底开展安全生产大检查，及时消除事故隐患

根据国务院统一部署，从6月10日到9月30日，按照"全覆盖、零容忍、严执法、重实效"要求，在全省开展了彻底的安全生产大检查，之后，又进行了一个半月的大检查"回头看"。省政府成立以李小鹏省长为组长、各位副省长为副组长，省直各有关部门负责人为成员的全省安全生产大检查领导组。各级、各部门都成立了以"一把手"为组长的领导机构，制定了大检查方案，在全面检查的同时，针对我省事故多发行业领域，突出重点，边查边改，排查治理安全隐患20.2万处，纠正违规违章行为78万起。在日常巡查、交叉检查、异地检查、专项督查、联合执法等多种方式的基础上，采取突查夜查、有奖举报、直插基层、直奔现场等方式开展检查。省政府安委办组织成立4个督导组，对全省11个市和省直各部门大检查工作情况开展不间断的督导，各市、县区和省直各厅局都对下级政府及其部门进行督查检查。大检查期间，全省共组织督查、检查组9454个，其中，暗查、突击督查组3174

个,交叉检查组1612个,出动检查人员20万人次,检查企事业单位和场所19.8万家(次);责令改正、限期整改、停止违法行为103102起;责令停产、停业、停止建设4475家;暂扣或吊销有关许可证、职业资格236个;关闭非法违法企业1238家;处罚罚款8034万元。通过大检查工作,促进了全省安全生产形势持续好转。

四、强化重点行业领域监管,有效防范重特大事故

把煤矿安全作为全省安全生产工作的重中之重,深入落实《煤矿矿长保护矿工生命安全"七条规定"》,扎实推进"七大攻坚举措",推行瓦斯防治"20条"针对性措施;3月21日–22日,在西山煤电集团组织召开宣贯会,对1004名矿长和281名董事长、总经理进行宣贯,当场签订承诺书,现场组织考试;开展"百日煤矿安全集中整治行动"和煤矿安全生产突查行动,扎实排查治理安全隐患;进一步加强教育培训工作,实施煤矿从业人员素质提升工程,变招工为招生,先培训、后上岗,煤矿安全保障水平明显提升。

积极推进金属非金属矿山整顿关闭工作,列入关闭计划的119座尾矿库,目前已闭库115座。针对露天矿山防范高陡边坡排土场垮塌、地下矿山中毒窒息和片帮冒顶、尾矿库洪水漫顶和溃坝等事故风险,分别开展了专项整治。突出防汛、度汛工作,专门下发安全度汛通知,对非煤矿山和尾矿库逐一进行排查,落实监管责任,通过短信平台,及时发布气象信息,对重点库实施专人盯守。7月12日,国家总局在代县召开全国重点地区金属非金属矿山安全生产工作座谈会,充分肯定了我省整顿关闭的成绩,在全国推广了我省尾砂综合利用方面的经验。大同市坚持一矿一库的政策,尾矿库数量由560座压减到21座。

积极推进危险化学品安全监管,加强建设项目安全设施"三同时"管理。组织开展了提升危险化学品领域本质安全水平专项行动,积极推进涉及第二批重点监管危险化工工艺自动化改造和未经正规设计危险化学品生产储存在役装置诊断工作,涉及首批"两重点一重大"(重点监管的危险化学品、重点监管的化工工艺、重大危险源)危化企业自动化改造基本完成,对排查出的应搬迁的13户企业,已有7户搬迁或停产,其余6户2015年底完成搬迁整治工作。

积极推进冶金等工贸行业煤气区域、交叉检修、有限空间、高温液态金属吊运、粉尘爆炸、餐饮场所燃气等较大安全风险作业和场所的专项治理,在全省12家试点冶金企业开展了自动报警与安全联锁专项改造,提升了煤气安全管理水平。

积极推进职业危害申报工作,全省累计申报存在职业危害的企业9684家;以焦化、水泥、石材加工等行业为重点,深入开展职业危害专项治理,责令停产整顿39家,提请关闭41家。

积极推进道路安全生命防护工程,开展了"道路客运安全年"活动和集中整治客货运车辆交通违法行为等专项行动。狠抓事故多发点、易发段整改,对全省11个市、58个县区的159处国省道交通事故多发点、易发段,逐一制定了整治方案,对5处省级事故多发路段进行联合复核和挂牌督办。深入实施"文明交通行动计划",有效提高了全民交通安全意识。

另外,建筑施工、燃气、民爆、教育、水利、消防、特种设备、电力、农机等行业领域主管部门都采取针对性措施,扎实开展安全生产工作,较好地确保了本行业领域的安全生产。

五、从严查处安全生产事故,用事故教训推动工作

认真汲取国内外典型事故教训,2013年元旦,省长召集各市、各有关部门和企业负责人在中铁隧道集团瞒报事故现场召开会议,剖析事故原因,汲取事故教训。将我省连续发生的几起典型事故制作成警示教育片,在全省安全生产工作会议上播放和点评,并下发各级、各部门和各企业组织观看。针对美国德州化肥公司硝铵爆炸、山东保利民爆、吉林禽业火灾等事故,省政府安委办召开会议,下发通知,组织开展长输管道、液氨、民爆、燃气、化工、仓储等行业的专项治理。青岛"11·22"输油管线爆燃事故发生后,李小鹏省长带队到阳煤化工企业检查调研,并安排四位省领导立即带队深入到油气管网进行突查,努力做到"别人犯过的错我们不能再犯,自己犯过的错我们不能重犯"。对瞒报事故实行"零容忍",对"12·25"中铁隧道集团爆炸事故、"12·31"潞安天脊苯胺泄漏等瞒报、迟报事故,提高事故调查等级,由省级调查处理。省政府安委办对17起生产经营性较大事故进行了挂牌督办。严格约谈制度,省政府安委会主任对连续发生较大事故的阳泉市政府、潞安集团等单位负责人进行了约谈,省政府安委办对太钢负责人进行了约谈。为规范事故报告工作,省政府办公厅下发《关于进一步做好生产安全事故报告工作的通知》,规范了事故报告主体、报告程序和内容。严格事故责任追究,2013年全省各级安全监管监察部门共查处各类事故55起,结案48起,给予党纪政纪处分336人,移送司法机关追究刑事责任29人。

六、加强安全生产基层基础,提高安全生产保障能力

在全省广泛组织开展了以"知责、履责"为主题的安全生产无事故竞赛活动,各级、各部门、各企业都制定了方案,进行了部署,各企业都进行了安全承诺,组织了岗位达标活动。朔州市组织6个督查组,督导全市100多个企业开展"知责、履责"竞赛活动,发放奖金60多万元,活动成效比较明显。按照省政府118条规定,各级对企业落实领导现场带班制度、煤矿"六大员"、非煤矿山"五大员"等进行了认真督导,有效促进了企业安全管理。在全省各行业企业全面开展安全标准化建设,将全年目标层层分解,把达标数量下达到基层,全省生产煤矿矿井全部达标、2100多座非煤矿山和尾矿库、4100多家危险化学品和烟花爆竹企业、2200多家冶金工贸企业达标,有效提高了企业安全生产水平。加强各级各类人员的

教育培训，全年全省培训党政干部400多人，企业从业人员61万人（次），有效提高了各级领导干部和从业人员的安全技能。全省共建成20749个“安全乡村”，占总数的68.23%，全面完成了年度目标。11个市、78个县建立了安全生产应急管理机构，组织开展应急演练3342次，应急管理水平得到了较大提高。

对2013年我省安全生产工作，国家安监总局局长杨栋梁给予了充分肯定，指出：“山西省政府每年的‘一号文件’都是安全生产，政府‘一把手’任安委会主任，考核实行‘一票否决’，这‘几个一’很到位，所以山西是安全第一。”

2013年重大以上安全事故。2013年9月28日3时10分，山西省吕梁市汾阳市境内，山西焦煤集团汾西矿业公司正升煤业公司东翼回风巷发生透水事故，造成10人死亡。

（成　龙）

附：省安全生产监督管理局党组书记、成员名单

书　记：张根虎（1月离职）　霍红义（1月任职）

成　员：狄重阳（6月离职）　王玉成

唐　晋（6月离职）　刘德政

牛建华（4月任职）

省旅游局党组工作概况

党组书记　冯建平

2013年，省旅游局按照省委、省政府的部署，局党组狠抓领导班子建设、干部队伍建设、党风廉政建设、效能建设和产业发展工作，全局上下呈现出班子团结、风清气正、干事创业的良好氛围，在公款消费、集团消费大幅下降和经济下行影响人们出行意愿的情况下，全省旅游经济仍然保持了平稳较快发展。较好发挥了旅游业在推动经济增长，促进社会进步，扩大对外影响的作用。全年全省共接待游客2.48亿人次，同比增长26.47%，实现旅游总收入2305.44亿元，同比增长27.16%，完成年度目标的105.97%。

一、狠抓党的建设，从党组做起，抓好领导班子和干部队伍，带动全省旅游产业转型跨越发展

（一）抓好党的群众路线教育实践活动的开展。根据党中央的要求和省委的部署，局党组认真开展党的群众路线教育实践活动，认真学习领会习近平总书记一系列重要讲话精神和在参加河北省委常委班子专题民主生活会时的重要讲话精神，全面落实中央和省委的要求，在省委第二督导组的指导下，根据省委的统一部署，坚持边学边改，边查边改，立说立行，立整立改，做到了规定动作不漏项，自选动作有新意，确保教育实践活动不虚、不空、不偏、不走过场。联系实际深入查摆问题，实事求是认真开展批评。认真查摆了局领导班子和成员在“四风”方面存在的问题，共计162条，制定出整改落实工作14项。建立健全了73项规章制度。在反形式主义方面。精简文件简报，制定了《山西省旅游局工作规则》，取消了《全省旅游情况内参》《内部学习参阅》等内部刊物的印发。全年全局共印制文件18种，印发文件396个（件）。在严格控制“三公”经费，规范会议、差旅、用车等方面的开支方面，与以往相比，经费下降了50%以上。公务接待费用比去年同期下降69%。既确保了工作、活动效果，又达到了节俭办事情的目的。

（二）推进学习型机关建设和精神文明创建。全局从领导班子到机关各处室、各直属单位，认真学习贯彻党的十八大精神、十八届三中全会精神、以及中央和省里的各项决策部署。全年局党组中心组共组织专题学习6次，累计学习12天。班子成员集中学习4天，党员干部集体学习14次、邀请专家进行了专题辅导；观看了《太行奶娘》《上马街》《不变的信念》《周恩来的四个昼夜》等。组织党员干部参加各类培训及在线学习60余人次。举办了学习交流会，13名党员干部联系本职工作阐述了自己对党的群众路线的认识。组织机关干部到红色老区武乡县和帮扶点壶关县接受革命传统教育。

局党组把社会主义核心价值体系建设融入机关建设之中，认真学习贯彻中央文明委在北京召开的“提升中国公民出境旅游文明素质电话会议”精神，按照省文明委对旅游行业文明推广的要求，加强宣传教育，加强规范约束，加强社会监督，引导和推动国内游客出境后的旅游文明意识，提升文明道德素质，努力避免出现不文明旅游行为，以良好的言谈举止展现文明中国、礼仪之邦的风采。在宣传引导、制度建设、行业自律、合同规范、导游领队、旅游者教育引导六项工作方面，发挥积极作用。大力开展了文明和谐标兵单位建设活动，创建人民群众更加满意的现代服务业，有力地促进了旅游产业的平稳较快发展。

（三）抓好干部队伍建设。充分发扬民主集中制，局党组做到了重大事项一起决策、重点工作一起部署、难点问题一起解决。坚持正确的用人导向，在局机关和直属单位注重培养和选拔优秀干部，在充分发扬民主的基础上，按照《党政领导干部选拔任用工作条例》的规定，经过酝酿、考察、民主测评等程序，提拔了3名副处级领导干部。加强了教育培训，选送11位干部到哈尔滨工业大学、浙江大学和武汉大学等高校进行自主选学培训。制作了《山西旅游资源的审美价值》《山西旅游发展历程与前景》视频课件，供干部网上学习，填补了全省旅游网络视频教学的空白。

二、围绕年度旅游产业发展目标,促进旅游经济快速提升

(一)深入推进省政府《关于推动“美丽山西休闲游”的若干措施》的贯彻落实。一是做好宣传发动。5月份,省旅游局、省政府新闻办联合召开了“美丽山西休闲游”新闻发布会,随后在平遥古城举行了“美丽山西休闲游”启动仪式,国内外近百家主流媒体参加并进行了宣传报道,引起了国内外游客的强烈反响;二是做好调研工作。局党组结合党的群众路线教育实践活动,由局党组班子成员分别带队对全省市、县和景区景点、旅行社贯彻执行情况进行了专题调研,对旅游企业在执行若干措施过程中遇到的困难和问题及时进行了协调解决。出台了《“美丽山西休闲游”奖励办法》《“美丽山西休闲游”奖励办法实施细则》,并对达到条件的旅行社、旅游公司进行奖励兑现;三是党组一班人干中学、学中干,与时俱进,不断增强指导产业发展的能力。局党组利用赴省外宣传推介的契机,与全国的七个省市先后签署了省级之间的旅游战略合作协议,在第八届中部贸易博览会旅游投融资合作洽谈会上,全省共签约项目10个,资金总额达149亿元。全年,全省新增A级景区9家,省级休闲旅游度假区12家,星级饭店9家,旅行社23家,导游员2132名,旅游产业规模进一步扩大;四是抓好市场监管。为了确保旅游景区景点门票实行打折优惠后旅游服务质量不降低,旅游安全无漏洞,局党组下发了《关于做好美丽山西休闲游旅游市场监管工作的通知》,并以省“美丽山西休闲游”协调领导组办公室的名义下发了《关于认真做好“5·19”中国旅游日全省景区景点安全工作的紧急通知》《关于认真做好“9·27”世界旅游日和国庆黄金周全省景区景点安全工作的紧急通知》。会同省宗教局、省文物局对“美丽山西休闲游”实施过程中景区景点的安全工作进行了检查和调研;若干措施启动以来,全省参加打折优惠的景区景点共接待游客2160万人次,同比增长24.5%,实现旅游收入216亿元,同比增长26%。

(二)创新宣传方式,强化品牌塑造,山西旅游知名度和美誉度有了新提升。一是加大广告投入力度进行品牌塑造。2013年,省局加大省、市联动,投入8000多万元,在中央电视台、凤凰卫视等栏目以及纽约时代广场进行了宣传推广,播放山西旅游整体形象宣传片。二是利用互联网等现代传媒进行品牌塑造。与新浪网合作,策划了“晋善晋美·风云三晋旅行侠微任务集结令”专题宣传推广活动,通过省旅游局官方网站、新浪网及新浪微博三大平台,以“旅行者个人出游体验攻略”信息向游客进行宣传推广。省内外参与人数达121余万人;三是通过文化精品和旅游纪念品进行品牌塑造。省局与旅游时代杂志社合办了《旅游时代·山西旅游》,每年出版六期,向国内和港澳地区公开发行,重点宣传山西旅游资源和旅游线路产品。并举办了山西旅游纪念品创意设计大赛和“山西三宝”评选活动,评选出100种山西礼物;四是通过会展、节庆进行品牌塑造。积极参加国际国内各类旅游交易会、博览会。推动文化与旅游深度融合,平遥国际摄影大展、云冈国际文化旅游节、运城关公文化节、洪洞大槐树寻根祭祖节等已成为具有国内外影响力的文化旅游节庆活动;五是通过专题活动进行品牌塑造。组织了“美丽山西休闲游·我为家乡做贡献”首都山西籍大学生大型社会公益宣传活动,参与的高校有21所、学生人数有2035名,发放宣传册10万册,受到了首都市民及外地游客的一致好评。与全国大学生广告艺术大赛合作,参加省外高校活动10场,省内19场,面向大专院校师生,宣传和推广“晋善晋美”品牌。与省农业厅共同组织开展了“最美乡村”评选;六是通过旅游推介进行品牌塑造。7至9月份,由省政府相关领导带队首先在河北进行了“晋善晋美·美丽山西休闲游”开场宣传推介,之后由省局带领各市局、各景区和旅行社、媒体先后在全国6个省区市搞了宣传推介,共有720家旅行社参加了推介、对接、签约,262家主流媒体、新媒体作了集中报道,集中宣传了山西旅游形象、景区景点。11至12月份,省政府相关领导再次带队前往香港、广东搞了宣传推介,共有300家旅行社参加了推介、对接、签约,60余家主流媒体、新媒体作了集中报道。在省局的带动下,各市、各县纷纷到外市、外省和国外进行推介,宣传促销力度之大是历年之最。通过大力度的宣传推广,“晋善晋美”宣传口号知名度比上年度上升了4.8个百分点,被《环球时报》评为全国10个最受欢迎的旅游主题宣传口号之一。

(三)以综改转型项目为重点,大力推进基础配套设施建设和体制机制改革创新。一是根据省综改办的要求,省局还承担了五台山风景名胜区改造提升工程、印象平遥系列文化演艺建设项目、武乡八路军文化产业园区建设项目、榆社云竹湖风景区旅游产业综合开发项目等4个转型综改重大项目和太行山大峡谷景区体制改革与资源整合1个部门专项改革任务的牵头推进工作;二是随着综改试验区的全面启动和煤炭资源整合顺利完成,为资源型企业大规模转型发展旅游业提供了机会,创造了条件。截止年底,全省已有215家资源型企业投资开发旅游景区、星级饭店、休闲度假区和娱乐设施,总投资高达320亿元。资源型企业转型投资旅游业,使全省的旅游业摆脱了长期以来投入不足的困境,呈现出投资规模大、建设标准高的局面;三是太行山大峡谷景区体制改革与资源整合顺利完成,开创了全省旅游体制机制改革创新的先河。太行山旅游发展有限公司由长治市、壶关县旅游发展有限公司和山西常平集团联合组建(占股的分别为:19%,41%,40%),注册资金1亿元。太行山旅游发展有限公司组建后,公司又出资4.14亿元整合了峡谷范围内的10家景区,实现了统一规划、统一管理、统一开发、统一品牌、统一经营,形成了“一个品牌、一个公司、一张门票”的发展模式。4月份,太行山旅游发展有限公司与西安曲江集团托管团队签约,由曲江集团派出10人的管理团队对景区进行经营管理,管理费用为每年300万元。从5月1日起,截止年底,景区累计接待游客超过30万人次,同比增长40%,门票收入超过2100万元,同比增长75%。

(四)以宣传贯彻《旅游法》为契机,提升公共服务水平,

加强旅游标准化建设，进一步整顿旅游市场秩序。一是抓学习培训。按照“全行业参与、全员培训”的原则，7月份，省局在太原举办了全省旅游系统贯彻实施《旅游法》培训班，随后，市、县旅游管理部门以及旅游企业分别组织了《旅游法》培训班，全省参加培训人员达到了1.3万人次；二是抓实施准备。9月份，召开了全省贯彻落实《旅游法》电视电话会议，进一步统一了全行业的思想。及时研究出台了山西省贯彻《旅游法》涉及旅行社有关条款的界定，《<旅游法>涉及旅游购物有关条款的界定》(试行)；三是抓服务水平提升。深入推进游客满意度调查工作，每季度向各市进行通报，引导和督促全省各地改进和提升服务质量。举办了“乌金山杯”全省导游大赛。在全省高速公路入省口设立了11个旅游咨询服务点，为游客提供便利的咨询服务；四是抓标准化建设。全年共完成9处国家A级旅游景区创建工作，12家省级休闲旅游度假区的评定。目前，全省A级景区有122家，省级休闲旅游度假区有25家。平遥作为全国旅游标准化10个试点县之一，通过了终期评估验收初审；五是抓监督检查。省局会同省工商局、省物价局下发了《关于开展旅游市场联合检查的通知》，把每年四月第四周、九月第四周为固定集中检查日。在《旅游法》实施后，省局组织全省11个市旅游局行管、质监部门进行了交叉检查，检查企业105家，对39件涉嫌违规违法问题进行了调查取证和督办整改；六是抓安全工作。省局研究出台了《山西省旅游星级饭店安全管理规范》《山西省旅游星级饭店安全工作考核办法及考核标准》。重点对旅行社、导游、租用旅游客用车辆资质情况进行了检查，对黑社、黑导、黑车进行了大力查处。全年全省开展安全检查2142次，出动人员7585人次，对166家存在安全隐患的旅游企业发出书面整改意见并督促跟进，整改率达到100%。

三、狠抓党风廉政和效能建设，为旅游产业发展优化环境

2013年，局党组全面贯彻落实全省党风廉政建设干部大会、省纪委十届三次全会、全国旅游纪检监察暨行风建设工作会议精神，及时组织召开全行业会议进行了安排部署，制定下发了《反腐倡廉工作任务责任分解实施意见》，与局机关各处室和直属单位签订了党风廉政建设目标责任书。围绕全局中心工作，狠抓效能建设，坚持以制度管人管事，确保政令畅通和各项任务的圆满完成。大力开展会员卡专项清退、整治“吃喝不正之风”、清退违规用车、清理办公用房等工作。按照省行政审批改革领导组办公室的要求，对现有行政审批事项进行了全面梳理，将旅行社设立审批权下放到各市旅游局，方便了服务对象，提高了行政效率。

(一)深入开展旅游政风行风建设和评议工作。局党组先后两次参加“政风行风热线”，与听众直接对话进行现场解答；8月份，省旅游局又在晋中市召开了以“深入群众转作风依法治旅促行风”为主题的省、市、县三级联动民主评议旅游政风行风听证对话会，倾听民生，了解民情，关心民众。

(二)扎实推进《党员领导干部廉洁从政若干准则》和“一岗双职”要求的贯彻落实。局党组班子成员率先垂范、以身作则，带头遵守廉洁自律的各项规定，局纪检监察部门全过程参与、全方位监督旅行社审批、饭店星级评定、旅游景区评级、导游考试定级、项目招标等重大业务活动。

(魏　然　陈春艳)

附：省旅游局党组书记、成员名单

书　记：席小军(2月离职)　冯建平(3月任职)

成　员：王炳武　王文保　姚十保(7月离职)

李　贵　王　琳(4月任职)

省宗教事务局党组工作概况

党组书记　高　键

2013年，全省民族宗教工作在省委、省政府的正确领导下，围绕中心，服务大局，立足团结稳定，依法强化管理，各项工作取得明显进展。全省民族宗教工作呈现稳中求进、稳中向好势头，民族宗教领域保持了团结稳定的良好局面。

一是夯实基层基础，激发工作活力。重点强化对党政领导、民族宗教工作干部、民族宗教代表人士“三支队伍”的教育培训。组织全省民族宗教工作干部学习党的十八大、十八届二中、三中全会和习近平总书记系列重要讲话精神，学习省委、省政府的决策部署，学习党的民族宗教理论和政策。建立了省民族宗教部门与市、县两级党政领导的沟通协调机制。局(委)班子成员与各市及工作重点县(区)党政主要领导面对面交流，研究分析本区域民族宗教方面的重点难点问题，有效推动了工作开展。深入调查研究。通过对11市42县(市、区)200多个民族宗教工作点的全面调研，进一步摸清了民族宗教省情和底数，明确了工作的着力点和突破口。建立了督导工作情况通报制度。组成工作组深入一线，了解情况，讲解政策，培训干部，指导督促基层部门抓好经常性工作，加强工作检查力度，并向当地党委政府通报督导情况，提出推进工作的指导性意见和建议。注重发现、总结基层的好做法、好经验，并及时推广，发挥引领表率作用。完善了机关学习制度和省级宗教团体双月政治学习例会制度，与中国社科院合作举办民族宗教知识系列讲座10期。全年举办各类培训班30余期，培训近3万人次。

二是抓依法行政，促进民族宗教事务纳入规范化管理。认真贯彻《宗教事务条例》和《山西省宗教事务条例》，“两个专项”工作基本完成，宗教教职人员认定备案率达到98%，宗

教活动场所财务监督制度验收达标率达到95%,为实现宗教教职人员队伍和宗教活动场所规范化管理奠定了重要基础。按照国务院行政审批制度改革要求，严格规范审批行为,完善9项审批配套制度,实行"一窗式受理、一站式办结",有效提高了行政效率。严格执法检查,配合各级人大对《山西省清真食品监督管理条例》实施情况进行执法调研。严格宗教活动场所新建、改建和扩建审批程序,依法审批大型宗教活动。按照省领导批示，开展五台山宗教环境和秩序综合整治工作。不断加强清真食品监督管理。依法开展清真食品生产经营单位审核换证工作,组建清真食品监督员队伍。指导、帮助大学城9所高校开设清真餐厅或清真窗口。做好应急处突,加强民族宗教领域的安全培训和隐患排查,完善应急处突领导机制和工作预案,加强敏感节点和节日期间宗教活动安全工作,有力维护了社会稳定。

三是抓改善民生，加大对少数民族和信教群众的服务。进一步引深民族团结进步创建活动,召开全省民族团结进步创建活动经验交流会,命名创建活动示范单位18个。推动发展少数民族经济,投入专项发展资金1030万元帮助29个少数民族贫困村、5个少数民族特色村寨解决基础设施建设。落实全省29家民族特需用品定点生产企业享受流动资金国家优惠利率贴息6900万元。协调省物价局出台了宗教团体和宗教活动场所用水、用热、用气价格执行居民生活价格的政策。这项政策走在了全国前列,得到了国家宗教局的充分肯定。积极推进宗教教职人员参加社保工作,本着自愿原则,帮助3695名宗教教职人员办理了参保手续。

四是抓正面引导,充分发挥宗教界的积极作用。在民族宗教界广泛开展爱国主义教育,开展坚持和发展中国特色社会主义主题教育活动。增强民族自豪感和自信心,坚定热爱祖国、拥护党的领导的信念,坚定走中国特色社会主义道路的信心,自觉做到与党和政府同心同德、同心同向、同心同行。以围绕社会主义核心价值体系为引领,广泛开展讲经讲道交流活动，挖掘宗教教义和宗教文化中有利于社会发展、时代进步和健康文明的内容,从而在引导和推动先进文化建设上发挥作用。支持五大宗教开展"宗教慈善周"活动,弘扬宗教界服务社会、利益人群的优良传统,树立良好社会形象。2013年捐款捐物共计1000万元。

五是抓攻坚克难,推动解决宗教领域难点问题。协调解决天主教、基督教、伊斯兰教领域的重点难点问题,围绕工作重点,采取切实措施,维护了全省民族宗教领域和谐稳定。针对中东局势不稳定和疫情风险,专题进行研究,细化工作措施,精心安排带团班子,对全体朝觐人员进行行前教育,确保了山西代表团66名成员的政治安全和人身安全。此外,还在开展基础理论研究、强化政治引导教育、加强宗教文化建设等方面取得了成绩。

六是抓作风建设,提升工作能力和水平。以党的群众路线教育实践活动为契机,认真贯彻落实中央八项规定和省委一系列部署要求,切实改进工作作风,着力建设四型机关,建立完善各项制度,大力开展社会主义核心价值观和廉政文化进机关活动。通过作风建设,进一步提高了工作效率,凝聚了人心,机关干部服务大局的意识更强了,为少数民族和信教群众服务的态度更主动了,真抓实干的劲头更足了,团结和谐的氛围更浓了。

(解全东)

附：省宗教事务局党组书记、成员名单

书　记：郭海刚(4月离职)　高　键(4月任职)

成　员：卫望军　李广禄　侯文禄

省文物局党组工作概况

党组书记　王建武

2013年，省文物局在省委、省政府的正确领导和国家文物局的大力支持下，围绕中心，认真履责，转变作风，狠抓落实，各项工作取得了新成绩。一年来，先后荣获了山西省政府消防安全先进单位、山西省直机关第九套广播体操比赛金奖、山西省高速公路建设模范单位、山西省直单位文明和谐单位标兵、首届山西文化产业博览交易会优秀展示奖、山西省直机关模范单位、驻平顺先进扶贫工作队等荣誉。直属的山西博物院荣获了"全国最具创新力博物馆"称号，与八路军太行纪念馆双双荣获"全省文化体制改革工作先进单位"称号。在年度全省目标责任考核中，山西省文物局被评为良好等次。

一、关于文物保护工作

2013年，省文物局党组坚持按照既定的工作目标和工作任务，重点在世界文化遗产保护、文物保护重点工程、可移动文物普查、博物馆公共文化服务、文物安全监管等方面进行了有效推进，并取得重大进展。

(一) 世界文化遗产地保护。一是五台山菩萨顶等4处寺庙的维修设计方案编制和维修工程招投标工作完成，菩萨顶碑亭等12项子工程完工。二是云冈石窟五华洞第11—13窟岩体加固工程完工，窟檐建设木构件加工已完成90%，彩塑壁画抢险保护方案已获批复，第9—10窟加固方案已上报国家文物局审批。三是平遥古城6段内墙抢险修缮方案正在审批，3段墙体抢险维修工程正在组织实施，城墙岩土监测开始试运行。四是双林寺、镇国寺等文物保护规划、修缮设计方案报国家文物局审批。

（二）文物保护重点工程。一是山西南部早期建筑保护又有16处项目保护规划编制完成，16处项目维修方案获批复，20处项目开工，11处完工项目进行了验收。截止年底，南部工程105处项目已有56处完工，38处在建，整体进展顺利。二是太原西山文化带文物保护有关晋阳古城考古遗址公园建设正在全力推进。窦大夫祠、净因寺、多福寺、晋祠舍利生生塔等维修工程完工，晋祠堡墙、唐叔虞祠大殿维修工程正在实施。天龙山石窟抢险加固保护工程设计方案、龙山石窟周边环境整治方案及保护加固维修工程设计方案编制完成。三是濒危木构古建筑及古村落保护完成了100余处濒危文物建筑的抢险保护工作。湘峪村列入国家文物局古村落保护利用综合试点，试点工作实施方案已经上报。四是彩塑壁画保护有6处修缮方案完成编制、4处数字化项目顺利立项、2处完成了招投标。五是长城与大遗址保护有关明长城偏关寺沟段、繁峙平型关段保护工程开始施工。蒲津渡与蒲州故城遗址列入第二批国家考古遗址公园项目。陶寺遗址保护规划经省政府批准公布。

（三）可移动文物普查。4月，国务院安排部署了在全国范围内开展国有可移动文物普查工作。普查范围包括我国境内各级党政机关、企事业单位和国有控股企业等各类国有单位收藏保管的可移动文物。时间界限是1949年以前的具有历史、艺术、科学价值的代表性实物。普查时间从2013年1月开始，到2016年12月结束。按照国务院安排部署和国家文物局工作要求，山西省成立了第一次可移动文物普查领导小组及办公室，印发了实施方案，组建了普查专家队伍，落实了普查经费。4月18日召开了山西省第一次全国可移动文物普查电视电话会议。经过举办培训班、摸清全省普查单位情况并与重点收藏单位座谈后，先期在文物系统收藏单位开展了普查工作。截止2013年底，已登录文物4万余件套。

（四）博物馆宣传教育与公共服务。全省各级博物馆本着服务社会大众的理念，共举办各类展览400余个，接待观众2300余万人次。与此同时，山西博物院全年共开展动手体验活动、讲座、文化社区宣讲、小讲解员培训等各类社教活动501次，受众人数达51900余人次。全年共接待观众100余万人次，提供讲解服务5098批次，圆满完成了中央及省部级领导参观接待任务。山西省民俗博物馆开办了国学大讲堂、文庙道德讲堂，为市民讲授国学和精神文明道德规范等方面内容。八路军太行纪念馆被授予了首批“山西省党史教育基地”和全国文化系统“廉政文化教育基地”。侯马晋国古都博物馆、盐湖区博物馆和马邑博物馆晋级为国家三级博物馆。

（五）文物安全监管工作。局党组始终把文物安全工作放在心上，抓在手上，狠抓日常安全管理，狠抓隐患排查治理，狠抓岗位责任制落实。为认真贯彻落实国务院《关于进一步做好旅游等开发建设活动中文物保护工作的意见》，联合山西省旅游局成立了联合检查工作领导小组，组建了联合检查工作组，通过约见当地政府负责人、听取汇报和实地检查相结合的方式，对全省9个市18个县区的16个国保单位、9个省保单位、2个历史文化名镇名村进行了检查，并针对检查中发现的问题提出了整改意见，要求当地政府拿出整改措施，有效履行了文物安全监管职责。全年配合公安机关查处文物犯罪案件6起，进行司法鉴定41起，涉案文物2550件，有效打击了文物犯罪行为。

二、关于党的建设和精神文明创建工作

（一）积极推进基层组织建设工作。局机关及直属系统共转正党员9人，通过预备党员6人，组织6名同志参加了入党积极分子学习培训，增补局直党委委员1名,完成交流中心支部、山西博物院总支和所属支部换届工作，选举产生了局机关第二届工会组织机构和成员。此外，省文物勘测中心被省直工委表彰为劳模先进集体，山西博物院1名同志被表彰为劳模先进个人。省文物局直机关党委还表彰了局直系统先进基层党组织6个、优秀共产党员31名、优秀党务工作者16名。

（二）抓实精神文明创建工作。成功举办了全省文博系统首届书画摄影展；组织了5个文明家庭和2个文明网站申报省直文明委评选活动；参加了“纪念省直机关开展精神文明创建工作30周年”知识竞赛和有奖征文活动；开展了“学雷锋”活动和公民道德建设“五个一”活动；听取了省直机关道德模范志愿服务先进事迹巡讲报告会；开展了“雅安地震抗震救灾”和“博爱一日捐”等募捐活动。

三、关于党风廉政建设和反腐败工作

（一）认真部署反腐倡廉各项工作。一是召开全省文物系统反腐倡廉工作会议，学习传达了十八届中央纪委二次全会、省纪委十届三次全会和全省党风廉政建设干部大会精神，回顾总结了2012年全省文物系统党风廉政建设和反腐败工作，从五个方面对反腐倡廉工作进行了全面部署。二是印发《2013年省文物局纪检监察工作要点》，提出了纪检监察工作的总体要求，明确了学习贯彻会议精神、严明政治纪律、改进工作作风、加强权力运行监督制约、开展专项治理和加强自身建设六项具体的工作任务。三是局党组与局机关各处室、局直属各单位的主要负责人签订《山西省文物局2013年党风廉政建设责任制责任书》，强化了“一岗双责”的责任意识，形成了一级抓一级，层层抓落实的工作机制。

（二）多形式开展学习教育活动。一是以局党组中心组扩大学习会的形式带动全局的学习。先后组织学习了习近平总书记十八大以来一系列重要讲话精神和全省党风廉政建设干部大会暨省纪委十届三次全会精神等，并安排驻局监察室对省直文博系统的贯彻落实情况进行了实地督查，做到了以学习提高干部队伍素质，以案例教育警示系统清正廉洁。二是以党支部为单位认真组织学习。按照中央和省委关于推进学习型党组织建设的要求，组织局直属13个支部开展了形式多样、内容丰富的学习活动和“第二届”

读书月活动等，并撰写“我的中国梦”学习体会进行了交流。组织全体党员对照《党章》八项义务和《廉政准则》“八个严禁52个不准”，认真查找了党性党风党纪方面存在的突出问题，强化了党员干部的党章意识、纪律观念和担当意识。

（三）严格落实中央“八项规定”和省委“四个实施办法”。一是出台了山西省文物局改进工作作风厉行勤俭节约的实施办法。结合全省文博系统工作实际，局党组印发了《关于改进工作作风、厉行勤俭节约的实施办法》，从调查研究、改进会风、应酬活动、文件简报、公务消费、督促检查等方面对改进工作作风，密切联系群众提出了具体要求。二是完善了《山西省文物局工作规则》。根据《山西省人民政府工作规则》，参照《国家文物局工作规则》，修订完善了《山西省文物局工作规则》，为规范机关行政运行秩序提供了制度保证。同时，还印发了《严禁送物送礼的通知》，坚决刹住了中秋国庆期间公款送礼等不正之风；转发了《严禁用公款购买印制寄送贺年卡等物品的通知》，坚决杜绝了元旦春节用公款购买印制寄送贺年卡的行为。

（四）加强权力运行监督制约。一是严格执行“三重一大”事项集体决策机制。局党组认真贯彻民主集中制，严格按照“三重一大”事项备案制度，对“重大决策、重要人事任免、重大项目安排和大额资金使用事项”实行“集体领导、民主集中、个别酝酿、开会决定”的规定，不断加强决策过程的民主化、科学化，确保了权力运行的公开透明。二是全面加强权力运行的监督制约。驻局纪检组监察室积极发挥监督职能，参与了局机关及直属单位多个处级岗位选拔任用全过程的监督，参与了局直属单位招录工作人员的监督，参与了山西南部早期建筑保护工程招标工作的监督。三是积极构建反腐倡廉长效防控机制。在工程管理方面，全面推行了项目法人责任制度、招投标制度、合同管理制度和预算管理制度，先后印发实施了《关于加强文物保护工程招投标管理工作实施意见》等规范性文件或规章制度，用制度把权力关进笼子。财务管理方面，印发了《关于加强文物保护专项经费管理的通知》，对经费的申报和使用进行了规范，并决定对单笔超过100万元的项目，与经费使用单位签订经费使用责任书，明确相关责任。

四、关于党的群众路线教育实践活动

（一）在学习教育听取意见阶段。局党组中心组集中学习19次。党组班子领导讲了《文物工作与群众路线》专题党课。与省纪委、省委宣传部联合主办了《光辉典范—抗战时期中国共产党党风廉政建设展》。初步调研用时20天左右，发放征求意见表200余份，梳理汇总135条意见建议。深度调研收集到意见建议131条，其中“四风”方面存在的突出问题有11条，影响全省文博事业发展的主要问题有4个。

（二）在查摆问题开展批评阶段。一是在深入分析问题环节，局党组召开6次专题会议，对“四风”方面存在的突出问题进行了梳理，确定了整改方向，明确了整改责任。二是在开展谈心活动环节，坚持局主要领导与其他班子成员分别谈、局领导班子成员互相谈、局主要领导与机关公务员和直属单位班子成员分别谈、局其他班子成员与分管处室和直属单位分别谈的方式，同时分别征求两位副厅级人大、政协委员和一位副巡视员意见，完成局领导谈心谈话94次。三是在撰写对照检查材料环节，领导班子对照检查材料由局长主持撰写，经专题研究和班子成员审阅修改，8易其稿审核通过。班子成员对照检查材料都由本人亲自执笔。四是在开展批评与自我批评环节，在专题民主生活会上，班子主要领导代表党组并就个人情况先后作了对照检查，其他班子成员也分别进行了对照检查，相互之间进行了批评与自我批评，提出批评意见32条。

（三）在整改落实建章立制阶段。一是在制定整改方案环节，局领导班子在对照检查材料中从4个方面共18个环节提出了努力方向和整改目标，落实起来具体包括32项即行整改任务和7项近期整改任务，每项任务都明确了责任领导、牵头处室和完成时限。二是在开展专项治理环节，通过成立领导小组、制订实施方案、召开会议专项部署、加强督促检查巩固成果等方式手段，认真开展了制止吃喝不正之风、清理公务用车、停止新建楼堂馆所和清理办公用房等专项治理工作。活动开展以来，共清理超标办公用房面积167.72平方米，精简下放审批项目1项，行政公文比2012年同期减少59%，会议开支大幅度减少，公务接待费比去年同期减少了67%，公务用车维护费减少了31%，公务出国费用为零。在清退会员卡上，做到了全登记、零持有。三是在建章立制环节，共涉及38项规章制度，其中30项需修改完善、8项需重新建立，目前建章立制工作基本完成。四是在总结评议环节，召开了活动总结大会，对教育实践活动进行总结，对党组班子及成员开展教育实践活动情况进行了民主评议。

（王振华）

附：省文物局党组书记、成员名单

书　记：王建武

成　员：刘正辉　宋文斌　黄继忠

省粮食局党组工作概况

党组书记　杨随亭

2013年，省粮食局党组坚持以十八大和十八届三中全会精神为指导，以贯彻《条例》为抓手，以抓好粮食保供稳价、启动实施“粮安工程”和国有粮食企业减量提质增效三大工作任务为目标，深入开展了党的群众路线教育实践活动，党群、干群关系更加密切，作风进一步转变，国家粮食局对山西省建立粮食安全考核机制、应急加工提升改造、储粮新技术推广应用三项工作给予“走在全国前列”的高度评价。

一、以学习贯彻党的十八大精神为首要任务，扎实推进学习型党组织建设

（一）深化十八大和十八届三中全会精神学习。局党组把学习十八大、十八届三中全会和习近平总书记系列讲话精神作为全年理论学习重点，选派干部参加了省委和省直机关党校学习贯彻党的十八大精神轮训班和中青年干部培训班学习，观看了《美国梦的今天跟中国梦的明天》等专题录像讲座，对所属单位党政领导干部学习笔记进行展评。按照党组中心组和干部理论学习意见，抓了中心组和干部理论学习制度的落实，全年中心组学习7次，共计14天。通过把握思想精髓，领会精神实质，把党员干部思想和行动统一到十八大精神上来，统一到中央和省委、省政府的决策部署上来，做到了在大是大非面前立场坚定，不信谣不传谣不造谣。

（二）抓好新党章学习贯彻。利用中心组学习时机，认真学习党章对党员干部提出的要求，增强党员干部学党章、用党章的自觉性。积极参加省直机关工委组织的“学党章、强党性”学习竞赛活动，推动党员干部做自觉学党章、强党性、明党规、守党纪的模范。

（三）转化理论学习成果。把理论转化为实践是学习的落脚点，由6名局党组成员分别带队深入全省11个市粮食局和山西粮油集团公司、各直属事业单位和局机关，对如何“加强直属单位领导班子建设”、“加强省级储备粮管理”、“强化机关干部职责意识”、“加强储备粮轮换监管”、“加快推进省属国有粮食企业改革”、“加强直属单位一把手监管”等六个专题进行了深度调研，写出了符合粮食系统实际、可操作性强的调研报告。

二、以贯彻《条例》和《实施意见》为抓手，用典型事例对党员干部进行教育引导

（一）强化制度约束，促进党建工作规范运作。局党组始终把党的建设与行政业务工作一起部署、一起检查、一起考核、一起总结，制定年度工作要点，签订目标责任指标，落实“三课一会”制度、党组织生活制度、民主评议党员制度、发展党员制度等。为了以点带面宣传全省粮食系统在创先争优活动中的先进单位和优秀个人，根据国家粮食局《关于加强粮食文化建设的指导意见》，党组制定了《山西省粮食局加强粮食文化建设意见》，在晋中市和顺县召开了全省粮食系统文化建设交流会。

（二）推进“阳光工程”，增强党务、政务工作的透明度。根据省直机关工委《关于省直机关基层党组织实行党务公开的意见》，党组注重推进党务、政务公开，建立了党内情况通报制度，凡是党员、群众关注的重大事项，只要不涉及秘密，严格进行公开，扩大党员干部的知情权。

（三）用正反两方面典型事例对党员进行引导。一是宣传了1名“坚守理想信念不动摇、无怨无悔为党工作”的原机关党委专职副书记；二是宣传了1名甘愿在山沟默默奉献的山西绵山粮食储备库副主任；三是宣传在省内各储备粮库普遍亏损的情况下，能够把握市场，实现盈利的风陵渡粮食直属储备库党支部一班人。通过典型引路，校准党员干部人生坐标。在反面典型方面，对照粮食系统发生的10起案件和涉及案件的党员干部，深刻认识好人主义导致官僚主义，官僚主义导致储备粮监管松懈。

三、以为民务实清廉为主要内容，深入开展党的群众路线教育实践活动

（一）精心组织实施，确保教育实践活动扎实有序推进。一是加强组织领导，成立了以班子主要领导任省粮食局教育实践活动领导小组组长。二是制定了省局教育实践活动实施方案，明确了各阶段、各环节的具体工作。三是认真研究部署，先后召开三次专题会议研究局党组对照检查材料、四次专题会议研究整改方案。四是及时请示报告，主动接受省委督导组的指导。五是认真组织督导，确保整体推进。六是加大宣传力度，先后向省委教育实践活动领导组办公室报送活动信息10余条，编发活动简报19期，在省粮食局门户网站发布活动信息6篇。

（二）聚焦“四风”，认真做好教育实践活动各个环节工作。一是认真组织学习教育。学习了《论群众路线—重要论述摘编》和习近平总书记关于教育实践活动一系列重要讲话。二是广泛听取意见，深入查摆问题。先后向国家粮食局、省直有关单位、各市粮食局、局机关各处室和离退休老干部发放了征求意见表、调查问卷和召开座谈会，征求意见建议93条。三是召开领导班子专题民主生活会。省局一把手主持起草了省粮食局领导班子对照检查材料，反复征求意见，其他班子成员起草了个人对照检查材料，省委督导组对省局领导

班子和班子成员的对照检查材料进行了认真审核和具体指导。在开展交心谈心的基础上,11月13日,召开了领导班子专题民主生活会,认真查摆了领导班子和班子成员在"四风"方面存在的突出问题,以整风精神开展了批评与自我批评,共提出意见42条,得到了省委督导组的高度评价。四是抓好整改落实和建章立制。在整个教育实践活动中,党组研究制定了《省粮食局领导班子整改方案》,确定了16个专项、59项整治任务,责任到人,限时整改。

(三)突出问题整改,教育实践活动取得初步成效。坚持把查摆和解决群众关心的热点难点问题作为教育实践活动落脚点。一是"四风"方面存在的问题得到明显改进,文件数量和篇幅比上年减少20%以上;会议数量比上年减少40%以上。二是自查自纠办公室超标现象,局领导主动腾退办公用房117平方米,离职干部腾退58.08平方米。三是严格执行公务用车配备和管理规定,严禁超标配备公务用车,对处室长期借用下属单位公务车辆一律进行了清退。四是修订完善了《省粮食局"三公"经费管理办法》《"三公"经费公开制度》等制度,全年"三公"经费同比下降20%。

(四)贯彻落实执政为民理念,宗旨意识进一步增强。党组始终把群众满意不满意作为衡量教育实践活动的唯一标准。一是对涉及群众利益的问题立即进行整改。二是对职工民生问题高度关注。三是建立重大决策征询群众意见制度。四是完善领导干部联系基层制度和改进调查研究六项措施,规定局领导每年调研时间不少于40天,为基层办实事不少于5件。

四、以弘扬社会主义核心价值观为总要求,抓好文明和谐单位创建工作

大力弘扬"山西精神"和"社会主义核心价值观",对局机关、局直单位和粮油集团公司所属储备库11个文明和谐单位和标兵单位进行了申报和验收,参加了省直文明委社会主义核心价值体系"五个一"征文活动。组织329名干部职工参加了"广汽黄河杯"纪念省直机关开展精神文明创建工作30周年知识竞赛。开展了群众性文体活动,干部职工精神文明素养和职业道德操守得到进一步提升。积极开展走访慰问和扶贫帮困活动,"元旦、春节"期间,筹集近13.5万元对259户困难职工、困难党员和老党员进行了慰问。积极参加社会救助活动,向全省困难群体和困难群众捐款1.725万元。

五、认真落实党风廉政建设有关制度,从源头上加大惩治腐败力度

印发了《省粮食局2013年党风廉政建设和反腐败工作实施意见》《省粮食局2013年党风廉政建设和反腐败工作任务责任分解意见》,确定了党风廉政建设和反腐败工作责任单位、责任人。组织人员对有关信访问题进行了调查。配备了纪检干部,召开了新任纪检干部集体谈话会,提出了要求。先后对局直机关纪委和所属单位22名纪检干部和458名局机关公务员、局直各事业单位干部职工的会员卡进行了清理,全部做出了零持有报告。深入开展违规用车专项清退活动,下发了《关于开展违规用车专项清退活动的通知》,明确了清退对象、时间和规定,局机关、局属事业单位、山西粮油集团公司共343人在规定时间内作出个人不违规承诺。接受了省纪委监察厅关于中秋、国庆期间"五不准"、党员领导干部廉洁过节情况督查,接受了省纪委派出机构第三联组对省局上半年党风廉政建设工作进行的检查。通过加强廉政制度建设,党员干部遵守廉洁自律各项制度的决心更加坚定,对中央惩治腐败高压态势更加充满信心。

六、做好粮食储备和流通工作,确保粮食安全

(一)粮食宏观调控能力进一步增强,保供稳价工作取得新成效。一是精心组织夏、秋两季粮食收购,收购粮食155.4亿斤,占目标任务的182.2%。二是通过公开竞价,向市场投放政策性粮食4.8亿斤,增加市场有效供给。三是引深省际产销合作,产销衔接调入粮食41.3亿斤,有效保障了省内粮食供给。四是充实储备库存,落实新增省级粮油储备。五是加快构建应急加工提升改造,在全省实施4个粮油应急加工提升改造项目,使面粉、大米和小包装食油灌装油日处理能力得到较大攀升。

(二)启动实施"粮安工程",粮食收储供应能力进一步提升。一是制定粮安工程建设规划,重点推进储备库充氮气调储粮新技术应用,从源头上把好食品安全关。二是积极实施粮情测控项目建设,为全省的省级储备粮存储库安装先进的无线粮情测控系统。三是积极实施农户科学储粮工程,为全省农户实施科学储粮配置储粮装置8万套,到"十二五末"完成全省40万户任务,每年可为全省农民减少2400万斤粮食产后损失。

(三)加快国有粮食企业改革,粮食经营形势进一步好转。一是国有粮食企业按照"一县一企","一企多点"的模式进行重组改革的县超过40个,完成目标任务的100%,重组改革工作稳步推进。二是加强粮食企业经营管理,国有粮食企业经营总体向好,省局与各市粮食局和省局各单位签订了扭亏增盈目标责任状,2013年,全省国有粮食企业统算实现利润1669.32万元,保持良好势头。

(四)依法监管粮食市场。一是完成了国家安排的粮食库存检查工作,得到了国家联合检查组的充分肯定。二是做好夏、秋粮收购市场专项检查,共检查从事收购活动经营者和收购主体2547个,累计出动检查人员8225人次。

(李瑞平)

附:省粮食局党组书记、成员名单

书　记:杨随亭

成　员:马　珩　吕苛青　梁　政　薛愿兵　李春泽

省人民防空办公室党组工作概况

党组书记　韩裕峰

2013年，省人民防空办公室在省委、省政府和省军区的正确领导下，办党组团结带领全省人防系统广大干部职工，坚持以邓小平理论、“三个代表”重要思想、科学发展观为指导，深入贯彻落实党的十八大精神，紧紧围绕我省转型跨越发展需要，认真实施人防事业“三三三”推进战略，大力推进人防建设与经济社会融合发展，人防可持续发展能力明显提升，办党的组织、思想、作风、纪律建设和制度建设成效明显，为人防事业各项任务的圆满完成提供了坚强的思想政治和组织保证。

一、深入开展党的群众路线教育实践活动

（一）办党组认真贯彻落实中央及山西省委关于开展党的群众路线教育实践活动的有关精神，在省委第五督导组的有力指导下，在深入学习教育、广泛听取意见的基础上，党组及成员认真对照《党章》、中央八项规定和省委的四个实施办法，查摆出了班子“四风”方面存在的10类25个突出问题，并按照边学边改、边查边改、真转真改的要求，对能够及时整改的突出问题即行即改，取得了明显成效。一是狠抓班子作风建设，并以此为切入点，带动整个人防机关乃至人防系统的作风建设；二是针对涉及人防长远发展、全局发展的大事，积极研究、制定政策，省市共同推进落实；三是针对群众关心的、反映强烈的、与群众利益息息相关的问题，及时整改、及时解决。

（二）教育实践活动中，不搞花架子、不走虚路子，扎扎实实学习、扎扎实实查摆、扎扎实实整改，确实达到了党员思想进一步提高、作风进一步转变、党群干群关系进一步密切、为民务实清廉形象进一步树立的目标要求，切实把作风建设的新成效落脚到了推动工作上，为促进人防事业融合发展，为服务全省经济社会发展做出新成绩。

二、着力破解瓶颈问题，全面促进工作完成

（一）按照山西省人防事业“十二五”期间发展战略纲要和“三三三”推进战略的部署。办党组从解决制约人防发展的瓶颈问题入手，全面促进人防事业健康发展：一是针对县级人防机构不健全、人员不到位、干部队伍不稳定的情况，进一步加强了对县级人防办专职副主任到位情况的检查督促；加强了人防综合考核工作，成立了省人防办考核领导组，专门开发了目标责任考核管理辅助系统，设置了专门的督察员，对各项工作实行全过程考核；完善了人防部门领导干部双重管理等工作机制，协调省委组织部制定了《关于进一步加强人防部门领导干部管理有关问题的通知》，明确了上级人防部门和同级军事机关协助地方党委在人事任免、考察考核等方面管理人防部门领导干部的机制。二是针对《山西省人民防空工程建设条例》实施以来，个别条款与实际工作不相符合的现状，根据全省经济社会发展的新情况和各地防空地下室建设中取得的新经验，经过多次调研，办党组提出了《山西省人民防空工程建设条例》修改方案，在山西省第十二届人民代表大会常务委员会第二次会议上高票通过。三是针对各市、县、区易地建设费征缴工作中的不规范问题，和省监察厅联合，进一步推进防空地下室易地建设费专项检查工作；和省审计厅联合，把防空地下室易地建设费征缴情况纳入审计范围；和省财政厅联合，在全省人防系统内实行非税分成收入自动清分软件与本级财政的对接，共同推进防空地下室易地建设费征缴工作规范化发展。

（二）问题的有效破解，全面促进了工作任务的圆满完成：一是人防特色和品牌打造重点工作年取得明显成效。年初召开了全省人民防空工作会议暨人防特色和品牌打造重点工作年动员大会，对人防特色和品牌打造重点工作年进行部署。会后根据各市结合自身工作实际申报的项目，经过集体研究，全省共确定26项特色和品牌打造重点工作。年中，对各项具体工作进行了督导和检查。二是完成全省结合民用建筑批建防空地下室年度目标任务。截至2013年底，超额完成任务。三是组织完成跨行业多部门应急通信协同演练。演练涉及16个行业、4个地区、18个单位，演练中，电路及信道工作稳定，设备工作正常，参演人员操作熟练，所有视音频信号连接达到100%连通，为积极参与应急管理打下了良好的基础。四是建成省级人防导航定位系统并完成了调试工作。五是完成全国人防光缆通信骨干网入网建设并投入使用。六是推进人防教育“五进”活动。截至年底，全省受教育人数已超过400万人次，超额完成任务。

三、贯彻民主集中制，落实党风廉政责任制，加强干部队伍建设，保障人防事业健康发展

（一）坚持民主决策。办党组全年召开主任办公会议10次，党组会11次，对涉及全省人防发展的六十多项事务进行了集体研究讨论。5月份严格按照《干部选拔任用条例》关于民主推荐、组织考察、党组集体研究的要求，组织提拔、调整了2名处级干部，取得了较好的效果。

（二）切实关注民生。党组一班人精诚团结，多方协调，多次专门研究群众提出的意见和建议，为群众办实事、办好事。组织职工体检、开展节假日慰问、救济困难职工，与老干部座谈，切实关心职工生活；整治办公环境，丰富文体活动，

认真解决团购房建设、大院开发、食堂饭菜质量等问题,尽量为职工提供良好的生活学习条件;开展联企帮困,推进下乡驻村,把党的关怀送到困难群众身边。

(三)注重廉政建设。一是专门召开全省人防党风廉政建设工作会议,结合人防各项工作同步部署廉政任务。二是制定下发了《山西省人防系统党风廉政建设和反腐败工作要点》《山西省人防办机关落实2013年反腐倡廉工作任务的责任分解意见》,明确了每位领导、每个部门在党风廉政建设中的责任。三是严格落实党风廉政建设责任制,以《廉政准则》《山西省人防办党风廉政建设责任制实施细则》为依据,全面落实党风廉政建设责任制和责任追究制度。四是班子集体与新提拔干部进行了任前廉政谈话。五是对在群众路线教育实践活动中梳理出来的"四风"问题,认真整改。

(景　涛)

附:省人民防空办公室党组书记、成员名单

书　记:韩裕峰

成　员:孙　群　刘　涛　张　铭　相里岩

省政府法制办公室党组工作概况

党组书记　王卫星

2013年,省政府法制办在省委、省政府的正确领导下,深入贯彻落实党的十八大精神,紧紧围绕转型跨越发展重大战略部署和"十二五"规划,按照国务院《全面推进依法行政实施纲要》、《国务院关于加强市县政府依法行政的决定》和《国务院关于加强法治政府建设的意见》,以全面推进依法行政、加快建设法治政府和服务保障转型跨综改试验区建设为重点,坚持解放思想、实事求是,打牢基础,突出重点,积极推进政府法制和依法行政工作不断取得新进展、新成效;以深入开展党的群众路线教育实践活动为抓手,切实加强和改进工作作风,大力加强学习型机关建设,着力提高党员干部理论素质和修养,圆满完成年度各项工作任务并取得明显成效。

一、坚持改进政府立法工作,努力提高制度建设质量

2013年,办党组认真总结政府立法工作经验,坚持完善立法工作机制和程序,确立了立法项目遴选三项原则,即政府立法坚持与经济社会发展水平相适应、一切从实际出发、克服部门利益。制定了《地方性法规省政府规章草案征求省直部门意见的规定》,建立了办务会议集体讨论审改立法草案制度。一是圆满完成9件地方性法规项目任务的审查、送审和废止工作,创新性立法迈出坚实步伐。审查制订了《山西省土地整治条例(草案)》;《山西省城镇住房保障条例(草案)》《山西省信息化促进条例(草案)》《山西省森林公园条例》、《山西省志愿服务条例》和《山西省发展中医药条例(修订)》《山西省实施<中华人民共和国国防动员法>办法(草案)》,修订了《山西省高速公路管理条例》,废止了《山西省暂住人口治安管理条例》。二是加强省政府规章立项和项目草案的起草、审查和送审工作。审查制订了《山西省流动人口服务管理办法》《山西省专职消防队伍建设管理办法》。《山西省露天煤矿管理办法(草案)》、《石油天然气管道建设和保护办法(草案)》。

二、加强组织协调和督促指导,牵头推进依法行政工作不断取得新进展

认真贯彻落实党中央、国务院和省委、省政府关于建设法治政府的重要工作部署,积极牵头推进全省依法行政工作。坚持树立"以学习强意识、以活动促行动、以考核增力度、以创新谋突破、以机构保牵头"的工作理念,研究采取新措施,努力发挥牵头推进和督促指导作用。一是加强学习研讨,努力提高领导干部依法行政的意识和能力。5月27日至6月1日,与省委组织部联合在省委党校举办了两期领导干部依法行政专题研讨班,全省政府系统的163人参加了学习研讨。二是加强依法行政宣传,浓厚依法行政社会氛围。8月份,认真组织开展了"依法行政宣传月"活动。在督促指导各市、省直各部门采取多种形式进行广泛深入宣传的基础上,深入到朔州市县级政府和市直部门实地走访调研。三是创新工作机制,加强部门联动,积极开展依法行政经验交流。10月25日,组织召开了省委依法治省领导组依法行政联席会议暨依法行政经验交流会。省直13个部门就推进依法行政工作的经验做法以及建设性意见和建议作了交流发言,促进了部门之间工作方法的学习沟通和经验借鉴。四是加强督促指导和监督检查,积极牵头推进依法行政。12月初,由办领导带队,组成6个工作组,集中开展了依法行政督促检查活动,对11个市、11个县(市、区)和40多个政府执法部门进行了抽查检查。经汇总整理抽查检查的情况和各市、省直部门的书面工作总结,形成了《2013年全省依法行政工作的情况报告》。

三、加强行政执法监督工作,促进行政执法行为规范化

坚持以推行行政执法责任制为基础,以开展行政执法案卷评查、行政执法资格管理、规范行政执法自由裁量权为抓手,不断创新方法,加大行政执法监督力度,促进执

法部门严格、规范、公正、文明执法。牵头分别与省农业厅、林业厅对全省农业、林业系统落实行政执法责任制工作情况进行了抽查检查，进一步规范了农业、林业两个系统的执法行为。坚持组织开展行政执法案卷评查，指导省住建厅、民政厅、烟草专卖局在各自系统开展行政执法案卷评查活动，并进行了检查验收，通过评查静态执法案卷，规范动态执法行为。通过督促指导各地各部门严把资格确认关口，优化改进网上证件管理系统，积极研发“山西省行政执法人员资格认证考务系统”，完善执法证件申领、审核、发放程序，进一步加强了行政执法人员资格管理工作，全年共审查核发行政执法证件4707个。积极推进行政执法体制改革，在充分调查研究、召开座谈会、听取意见的基础上，指导介休市、柳林县在城市管理领域开展了相对集中行政处罚权工作。

四、积极化解社会矛盾和纠纷，努力提升行政复议工作水平

加强行政复议与行政应诉工作，充分发挥行政复议解决行政争议的主渠道作用，坚持把行政争议和矛盾纠纷化解在行政复议阶段，努力做到“案结事了”、“定纷止争”，有力促进社会和谐稳定。年初，对11个市2012年行政复议规范化建设工作进行了考核和通报，督促各市扎实做好行政复议基础工作，总结推广先进经验，着力整改存在的问题。全年共收到行政复议申请134件，其中受理115件，不予受理19件。所受理的案件已办结94件，其中，撤销2件，维持36件，驳回申请11件，以其他方式处理45件。办理了10 起行政应诉案件和2起行政上诉案件，跟踪督办了国务院法制办进行裁决的4个案件。组织开展了“行政复议案件零突破活动”，并针对执法部门存在的执法不规范问题和重要典型复议案件的办理情况，采取了送达行政复议建议书的方式，督促指导下级行政复议机关依法受理行政复议案件，严格规范执法主体行政执法行为，有效提升了行政复议社会影响力和公信度。认真做好省人大常委会对《行政复议法》贯彻实施情况监督检查的有关准备工作，代省政府起草了《山西省人民政府关于行政复议法实施情况的报告》，受省政府领导委托，省政府法制办主要负责人在省人大有关会议上作了工作汇报。坚持走出去交流工作，认真学习借鉴江苏、山东等地相对集中行政复议权工作经验和做法，积极研究探索在我省开展行政复议委员会试点工作。积极主动落实与省高院建立的联席会议制度，加强工作沟通衔接，认真分析总结和研究解决行政复议和行政诉讼中出现的新情况新问题。

五、严格规范性文件审查，认真办理涉法事务

坚持完善规范性文件前置审查、备案审查工作机制和工作程序，加强经验交流和工作指导，着力提高规范性文件审查质量和效率，积极推动加强规范性文件管理工作，促进规范性文件质量不断提高。全年共审核以省政府及省政府办公厅名义发文的规范性文件草案49件，前置审查省直各部门的规范性文件草案99件，对市政府报送的110件规范性文件进行了备案审查。全年办理议案、提案12件，办理国家征求意见稿19件。坚持加强法律顾问工作，积极组织省政府法律顾问参与省政府重要决策和涉法事务咨询、论证。全年组织省政府法律顾问参与咨询、论证涉法事务68人次，为省政府领导决策提出了具有建设性的法律意见和建议，促进了政府决策的科学化、民主化和法制化。

六、高度重视政府法制宣传和教育培训工作，加强政府法制理论研究，不断推进学习型机关建设

充分利用政府法制网站、政府法制杂志、政府法制工作简报等宣传平台，扎实搞好政府法制信息宣传工作。全年共出版政府法制杂志36期、编印政府法制工作简报9期，在政府法制网站刊载信息文章177篇，在晋政信息刊发5篇，推荐到国务院法制办网站刊发26篇，信息报送量逐步增大。重视抓好政府法制教育培训工作，扎实推进学习型机关建设。制定印发了《省政府法制办加强学习型机关建设工作方案》，并从工作实际出发，组织开展了6次“法治讲坛”活动，由办领导和有关处室负责人授课，提升干部队伍的业务能力，加强对年轻同志的传帮带。认真组织干部在线学习，定期通报在线学习情况，加强督促检点，确保学习实效。在浙江大学举办了“行政复议干部更新知识专题研修班”，分两期对全省130余名各级行政复议干部进行了专题培训，努力提高行政复议队伍综合素质。根据省委组织部安排，先后组织七批次共32名同志赴清华大学、北京大学等名校进行专题学习培训，普遍反映效果较好。为加强全省执法队伍建设，切实提高执法队伍整体素质和能力，对全省近3年来行政机关新增行政执法人员进行了摸底调查，制定了详细培训方案，目前已举办了两期培训班，300人接受了法制实务培训。立足政府法制和依法行政工作实践，积极推进政府法制理论研究。积极参加省内外政府法制学术交流，借鉴学习兄弟省区市经验。办领导和业务处室同志全年共撰写发表论文20余篇，参加了环渤海法治论坛，交流了工作经验。同时，组织完成了省政府规章《山西省流动人口服务管理办法》的译审工作。

七、加强机关自身建设，为推进政府法制工作提供坚强组织保障

（一）认真组织，扎实开展党的群众路线教育实践活动。自7月以来，办党组坚持把开展党的群众路线教育实践活动作为一项重大政治任务摆上全办重要工作日程，党组会议专题研究、提前准备、周密部署、精心组织，确保活动取得实实在在的效果。一是坚持学习教育，为党员干部配备了《论群众路线—重要论述摘编》、《十八大以来习近平同志重要讲话》等读本，采取集中自学与辅导领学、理论研讨与交流体会相结合的办法，深化学习效果。邀请省

委党校教授作了“按照《党章》要求，加强党的建设”专题讲座，领导班子成员封闭学习8天，其他党员领导干部集中封闭学习了5天，处级以上领导干部进行了一次专题研讨，组织全体党员干部观看了《苏共亡党亡国20年祭》等教育录像片。二是深入基层、贴近群众，通过召开座谈会、个别访谈、发放征求意见表等多形式、多渠道、多层次征求意见建议。坚持深度调研，切实找准“四风”问题。办领导班子成员围绕“改进工作作风，加强行政执法监督”，“立法工作中关注群众利益问题”，“提高地方立法操作性和适用性”等问题进行了深入调研，撰写了调研报告，提出了有针对性的对策。三是围绕务实清廉目标，组织召开了高质量的专题民主生活会，班子成员之间敞开心扉、坦诚相见，进行批评与自我批评。四是坚持立说立改，狠抓整改，建立长效机制。群众路线教育实践活动的扎实开展，成效明显，办领导班子和全体党员干部的群众观念进一步增强，干部作风得到转变，有力促进了各项政府法制工作的开展。

（二）加强机关党的建设，认真落实党建工作责任制。办党组深入学习贯彻党的十八大和十八届三中全会精神，坚持抓好机关党建工作，认真落实党的责任制。一是加强党组中心组理论学习。结合政府法制工作实际，制定了《省政府法制办2013年度党组中心组理论学习计划和安排意见》，全年进行了8次集体学习。二是大力推进服务型党组织建设，制定了《省政府法制办2013年党建工作要点》。组织开展了第二届“读书月”活动，为机关干部统一购买了《旧制度与大革命》《中国震撼》《中国触动》等优秀书籍。扎实开展精神文明创建工作，积极开展社会主义核心价值体系教育。为活跃干部职工文化生活，组织全办同志参加了省第九套广播体操比赛，获得了金牌。三是积极开展干部下乡驻村活动，扎实做好包村增收联系点的工作。办领导多次带队深入包村增收联系点平陆县常乐镇北留史村住村调研，与村干部和村民共商发展大计，共同研究水利设施、村街道路设施建设，村内绿化等工作，落实扶贫资金20万元，指导和推动落实包村增收计划项目的实施，各项增收计划项目有序推进。

（三）认真落实党风廉政建设责任制，积极推进反腐倡廉工作和机关效能建设。办党组高度重视廉政建设，坚持把反腐倡廉工作列入全办重要议事日程，制定印发了《省政府法制办2013年反腐倡廉工作任务分解意见》和《省政府法制办2013年反腐倡廉工作方案》，办主要领导与机关各处室、各事业单位主要负责人签订了《党风廉政建设责任书》，做到了廉政建设与业务工作同部署、同落实、同检查、同考核。一是加强廉政教育管理，组织党员干部观看了《牢固树立法治理念》、《严守党的纪律》等警示教育片，教育同志们时刻筑牢思想道德防线，保持警钟长鸣。坚持开展过节监督检查，制定印发了《省政府法制办2013年元旦、春节期间改进工作作风加强廉洁自律方案》，并认真开展中秋、国庆期间落实“五不准”的自查工作，确保风清气正、勤俭过节。认真开展了治理“吃喝不正之风”、违规用车、会员卡专项清退等专项治理活动，并要求每个党员写出个人报告承诺书，保证活动开展深入有效。二是根据省转型综改办、省纪委及第五联组工作安排，对阳泉市重点项目推进情况、对联组成员单位党风廉政建设和惩防体系建设情况进行了监督检查。三是完善机关管理制度，优化工作机制，切实加强机关效能建设。制定了《省政府法制办关于落实2013年度效能建设考核指标任务分解的意见》，成立了专门的领导机构，明确了工作职责，提出了具体工作措施，完善了《首问负责制》《服务承诺制》《AB角工作制》《超时默认制》和《考勤及请销假制度》等项制度，开展了庸、懒、散、奢专项整治，保障了机关各项工作的规范运行。

（陈永生　黄菊荣）

附：省政府法制办公室党组书记、成员名单

书　记：崔国红（3月离职）　王卫星（4月任职）

成　员：刘钢柱　傅　平　周计伟

李云涛（4月任职）

省物价局党组工作概况

党组书记　李永平

2013年，物价局在省委、省政府的正确领导下，认真贯彻落实党的十八大精神，坚持围绕中心、服务大局，努力加强政治建设、组织建设、制度建设、反腐倡廉建设、作风建设，为价格工作任务圆满完成和促进山西经济社会转型跨越发展提供了坚强的思想保证和组织保证。

一、加强党组织和干部队伍建设

（一）狠抓学习教育，提高班子素质。思想认识的提高是做好工作的先行。为了全面提高新形势下机关党的各项能力建设水平，制定下发《局党组中心组及党员干部理论学习计划》，在全局认真开展学习型党组织建设活动，以政治理论学习、业务知识学习、法律法规学习为重点，组织全体干部职工进行了深入地学习教育。局党组中心组以学习研究如何通过充分发挥价格管理职能为经济结构调整、构建资源节约型和环境友好型社会、服务山西经济社会转型跨越发展为主要内容，以解决价格领域存在的问题、提高价格工作的质量和水平、促进物价部门科学发展为重点，按照规定的时间、人员、方法、程序和要求，组织了6个专题的学习。在认真学习贯彻十八大精神和十八届三中全会精神的基础上，按照省委组织部和省直工委的要求，安排7名局领导参加了省委党校的集中培训，参加了省委组织部组织的干部自主选学和网上在线学习，在教育实践活动期间，利用3天时间集中学习了领导讲话及相关文件资料；安排60名处级干部参加省直分校的分批轮训。

（二）坚持民主集中制，发挥班子整体优势。严格按照集体领导、民主集中、个别酝酿、会议决定的原则，认真落实各项民主制度，始终站在全局的角度分析和决策问题，注重发挥班子整体优势。对于人事安排、大额度资金使用和重要价费调定等，都能做到事先征求每位班子成员、相关业务处室意见，然后由党组会研究决定，确保做到科学决策、民主决策和依法决策，使局党组提高了决策水平，增强了凝聚力和号召力。1月30日，组织召开了局党组民主生活会；11月14日，召开了群众路线教育实践活动专题民主生活会，会前，局党组研究确定了生活会的主题；并采取深入市县调研、召开服务对象座谈会、印发征求意见表等形式广泛征求意见，深入查找了局党组及成员在"四风"方面存在的突出问题，并认真汇总原汁原味反馈给每名党组成员；局党组成员在吸取意见、总结工作、相互谈心的基础上形成书面发言材料，在党组会上诚恳地进行了批评与自我批评；会后，还向处以上干部进行了情况通报和无记名评议，大家反映民主生活会开得十分成功，用实际行动贯彻了十八大精神、坚持了群众路线。

（三）认真落实党建工作责任制，深化"创先争优"活动。机关党委进一步加强了各级党组织建设，年初认真研究制定了《2013年机关党的建设工作要点》，并督促抓好落实。为加强管理，修订完善了各项机关党建的工作制度，在工作中，严格按照制度逐条逐项落实。党组、机关党委、党支部三级党组织能够切实履行好各自的职责，认真组织党员落实各项工作制度。安排了"七一"评比表彰活动，对评选出的先进基层党组织、优秀共产党员、优秀党务工作者、党风廉政建设先进工作者、文明和谐个人给予通报表彰。在全局范围内，由各支部组织开展的"五项全能"比赛，并推荐两名优秀选手参加了省直工委组织了省直机关比赛；组织了广播体操的训练、比赛。

（四）深入开展党的群众路线教育实践活动。局党组精心组织、合理安排，在督导一组的指导帮助下，顺利完成了教育实践活动的各项工作。一是成立了活动领导小组及办公室，制定了《党的群众路线教育实践活动领导小组工作规则》，明确了职责。二是组织起草了活动实施方案，明确了教育实践活动的指导思想、目标要求、工作原则、时间安排、方法步骤、组织领导。三是召开了动员大会，对活动进行了安排部署，各支部进行了再动员和再部署，并通过简报、板报、横幅、山西价格网开设宣传专栏等方式，大力开展宣传教育，营造良好的活动氛围。四是认真组织了学习教育，制定下发了《省物价局教育实践活动学习计划》，采取集中学习、个人自学、专题辅导、局领导辅导、组织讨论、撰写心得等方式进行学习，组织全体党员认真学习了中央和省委领导讲话精神、文件精神和相关学习资料，观看了《钱学森》《周恩来的四个昼夜》等教育影片。五是深入查找问题，通过深入基层调研、发放征求意见表、召开服务对象座谈会等形式，查摆了局党组及其成员在"四风"方面存在的突出问题，在督导组的认真审核、严格把关下，经过多次修改，局领导主持起草了局党组对照检查材料，各位党组成员自己动手撰写了对照检查材料。六是组织召开了专题民主生活会，班子成员按照"照镜子、正衣冠、洗洗澡、治治病"的总要求，联系自己的思想实际、岗位职责和工作经历，聚焦"四风"深刻进行对照检查，先由党组成员个人进行自我批评，然后由其他党组成员对其开展批评帮助。会后，研究制定了党组班子及成员的整改方案和省物价局建立长效机制的制度建设计划。

二、加强党风廉政建设

（一）认真落实党风廉政建设责任制。根据省纪委《省直部门落实2013年反腐倡廉工作任务的责任分解意见》，局党组研究制定了《山西省物价局关于落实2013年反腐倡廉工作任务责任分解的通知》，明确了全年党风廉政建设的工作重点及要求。把党风廉政建设责任细化、分解到每名党组成员和各个处室，共列六个方面32项具体任务，对全局每一个单位、每位领导成员、每名工作人员继续实施了"一岗双责"，使党风廉政建设责任制的各项目标内容都落到实处。4月27日，召开了全省物价系统党风廉政建设及纪检监察工作会议，各市物价局局长、纪检组长、监察室主任及省局全体干部职工参加了会议。在会上，传达学习了中央纪委二次全会、国家发改委纪检监察工作会议、全省党风廉政建设干部大会暨省纪委十届三次全会精神，对去年的工作进行了总结回顾，对2013年党风廉政建设及反腐败工作进行了安排部署。

（二）加强反腐倡廉教育。严格落实制定的《山西省物价局廉政教育制度》和《山西省物价局廉政教育计划》，把反腐倡廉教育作为党组中心组和党员干部理论学习的重要内容，坚持学习全覆盖；组织广大党员干部认真学习了中央纪委二次全会、国家发改委纪检监察工作会议、全省党风廉政建设干部大会暨省纪委十届三次全会精神；给处以上干部下发了《廉政准则释文及案例》，组织全局干部职工认真学习贯彻《廉政准则》，并加强对《廉政准则》贯彻执行情况的监督检查，促进党员领导干部以身作则，严于律己、忠于职守，始终保持职务行为的廉洁性；深入开展了党的纪律尤其是政治纪律教育、理想信念教育和廉洁自律教育等主题教育活动，奠定了反腐倡廉建设的思想基础。

（三）严格执行中央八项规定和省委有关实施办法，改进工作作风。认真贯彻落实中纪委二次全会特别是习近平总书记重要讲话精神，全面落实省委、省政府、省纪委改进工作作风的一系列规定，进一步加强作风建设，改进文风、会风，推进厉行节约，省物价局结合自身实际，于1月9日，制定印发了《关于进一步改进工作作风的实施办法》。一是改进会风，提高会议效率。本着务实高效的原则，严格清理、切实减少各类会议，严格会议活动审批程序，能不开的坚决不开，可以合并的坚决合并。二是改进文风,精减文件简报。减少发文数量,控制发文规格,严格行文规则,提高文件和简报质量。三是厉行节约,杜绝奢侈浪费。会议经费跟上年度相比,节约50%以上。公务接待费用跟上年度相比,节约80%以上。四是整治庸懒散奢,优化发展环境。大力学习弘扬右玉精神活动,坚持典型示范、正面引导与刹风整纪相结合,着力解决党员干部在思想作风、学风、工作作风、领导作风和生活作风方面存在的庸俗风气、不良风气、恶劣风气。对吃拿卡要、纪律松驰、效能低下、铺张浪费等四个方面的问题进行了着力整治,把治理"庸、懒、散、奢"作为转变机关作风的突破口,以治庸提能力、以治懒增效率、以治散正风气。全局上下都结合部门职能向社会作出了工作承诺。五是开展专项整治,狠刹不正之风。认真贯彻落实省纪委提出的"五不准"规定,深入开展了治理吃喝不正之风、清退违规用车、会员卡清退、清理办公用房等专项治理工作,先后印发了《山西省物价局关于做好会员卡专项清退活动的通知》《山西省物价局 < 关于贯彻落实省直机关"违规用车"专项清退活动的通知 > 的通知》《山西省物价局专项治理"吃喝不正之风"工作方案的通知》等工作方案,对"专项治理"的内容进行了深入的自查和整治,刹住了享乐主义和奢靡之风等不正之风。

三、加强行政效能建设

(一)加强效能建设,提高办事效率。局党组能够不断巩固行政效能建设的成果,严格落实省局制定的首办负责、限时办结、服务承诺等各项制度,价格行政审批事项一律实行政务大厅"一站式"服务制度,行政审批事项"内转外不转",做到"大厅之外无审批",从收文到发文,从受理到办理,从来局办事人员到公文流转,实现"一个窗口对外,一条龙服务",减少办事的环节,使整个办事时限较法定时限平均缩短了约1/3,使物价机关能够更高效、有序地为办事人提供优质服务,为全面优化价格政务环境迈出了坚实的一步。

(二)加强政风行风建设。一是加强组织领导。调整充实了全省物价系统民主评议政风行风工作领导组,省局党组书记任组长,党组成员任副组长,相关处室和各市局局长为领导组成员。制定了民主评议政风行风工作领导组和政风行风建设实施方案,明确了任务、责任、方法、目标。形成了领导有力、组织严谨、计划周密、人人参与、各负其责的工作机制。二是广泛深入地开展调研活动,并加强对各市局行风建设的监督。局党组深入各基层单位调查研究、征求各服务单位及人民群众意见作为改进与加强物价部门作风、提高行政效能等内容,作为政风行风建设的重要步骤和手段来抓,对各市物价局的政风行风建设工作展开监督检查。三是全系统聘请政风行风评议代表719名,聘请72名政风行风监督员。注重发挥政风行风监督员、评议代表的桥梁和纽带作用,专门组织召开政风行风监督员代表座谈会。并组织监督员下市县去督察调研和明察暗访,针对全省物价工作发展、政风行风建设情况,政风行风监督员提出了不少好的意见和建议。四是深入开展自查自纠活动。省局组织相关人员深入征求服务对象、行风监督员、社会各界人士和基层物价部门的意见,采取自己找、部门帮、群众提、领导点等办法,把深入查找物价工作各个环节、各个方面的问题作为政风行风建设的重要工作来抓。通过自查自纠活动,进一步规范了管理,转变了作风,提高了行政效能。五是积极支持配合行风热线栏目。7月4日,纪检组长带领相关处室负责人参加山西广播电视台综合广播的《政风行风热线》直播节目,解答涉及当地物价部门的问题。在节目中,有群众举报山西益源大药房违规销售静注人体免疫球蛋白。省物价局在第一时间做出反映,局领导作了指示,研究案件案情,制定检查方案,迅速组成专项检查组,以为群众高度负责的态度,以事实为根据,以法定秩序为准则,在较短的时间内妥善处理此事,维护了正常的医药市场价格秩序,维护了消费者权益,得到群众的认可和好评。

四、加强文明和谐建设

省局是省直连续六年的文明和谐标兵单位。局党组始终坚持领导重视、纳入日程、统筹规划、分段实施、任务明确、责任清楚的方式。修订了《年度文明和谐创建计划》,进一步明确了创建工作为"一把手"工程,建立文明和谐创建与其他工作结合起来一起布置、一起检查、一起考核、一起奖惩,形成一岗双责、齐抓共管的创建体系。一是向省直工委上报了2013年省直机关文明和谐单位标兵申请材料;二是调整了文明和谐单位创建领导小组成员;三是大力开展了社会公益活动,年前"送温暖、献爱心"捐款13250元,"联企帮困"捐款6000元,农村扶贫慰问9000元,老干部、老党员慰问2万多元。四是大力开展了农村扶贫和领导包村增收活动,局领导和扶贫队员曾多次深入村户,共同研究扶贫计划,积极引进投资。五是继续开展了"人人都是软环境,公仆先是好公民"活动,号召大家立足物价岗位,全心全意服务全省转型跨越发展,争当文明个人、文明处室、标兵单位,进一步提升物价形象和社会地位。

五、促进单位全面建设

(一)稳定价格总水平工作取得新经验。全年我省CPI累计上涨3.1%,这一工作成效来之不易。受国际国内多种因素的影响,由于农产品价格、服务价格上涨,推动价格总水平上涨,给群众生活带来一定的影响。加上全省CPI已经连续三年低于全国平均水平,调控物价的工作难度、压力相当大。面对艰巨繁重的稳定价格总水平工作任务,全省物价系统按照稳中求进的宏观调控总基调,充分发挥职能作用,统筹兼顾、综合施策,不断创新调控手段,努力稳定价格总水平。一是注重防范,提高预警预报能力。进一步加强与群众生活密切相关的商品和服务价格监测,提高监测质量和效率,完善应急监测制度。加强居民生活必需品价格监测、加强重要节假日和重点时段价格监测,提高应急反应能力、提高监测分析能力;及时分析监测数据和监测情况,及时预警预报,有效防范价格异常波动。二是突出重点,稳定蔬菜价格。下半年由于蔬菜等价格上涨,带动全省CPI上涨,影响到群众生活。在深入调查、反复研究的基础上，提出了“两稳一平”的稳价措施，就是稳定关键时段蔬菜价格、稳定关键环节蔬菜价格，推出平价蔬菜销售试点等措施。首批确定的试点是各市人民政府所在地的城区，以及浑源等11个县(市)。采取“定价格、定品种、定时段、定销点”的“四定”办法，稳定蔬菜价格。三是上下联动，抓好稳价措施落实。按照省里的统一安排，省直有关部门和各市行动迅速，采取有针对性的措施稳定价格，特别是稳定蔬菜价格。全省物价系统上下联动，齐心协力，行动迅速有力，收到了良好的社会效果。四是严格征管，充分发挥价格调节基金作用。全省征收价格调节基金16.37亿元，其中省本级收入3.99亿元。在加强征管的同时，各级各地注重发挥基金调节作用，安排近5亿元价格调节基金，用于支持副食品基地建设、政府重要商品储备、稳定重大节日市场价格、平价商店建设等，为稳定市场物价发挥了重要作用。

(二)运用价格杠杆，推进转型发展取得新进展。一是全面推进燃煤电厂脱硝脱硫除尘加价。进一步加大脱硝加价的力度，每千瓦时加价提高到1分钱。二是争取国家支持，适当少降低山西省火电上网电价。为落实国务院《大气污染防治行动计划》，国家发改委于9月份统一调低全国火电企业上网电价，腾出电价空间用于节能环保。此次调整，山西省上网电价每千瓦时降低0.9分钱，少降0.31分钱，少降幅度26%，省内燃煤电厂年少降价总额约4.07亿元；网对网送京津唐、河北南网电价降低0.7分钱，少降0.51分钱，少降幅度42%，年少降价约0.76亿元；按照山西省点对网上网电价同步少降0.31分钱测算，年少降价约1.48亿元。上述三项合计，实际为全省火电企业增收6.31亿元。三是积极研究测算山西省电网输配电价，推进大用户直供电电价改革。为进一步完善电价形成机制，引入竞争，扩大火电用户选择权，积极研究测算山西省电网输配电价，推进大用户直供电电价改革工作。经国家批复确认，山西省大用户直供电电网输配电价为0.078元/千瓦时，其中：110千伏用户为0.064元/千瓦时，220千伏用户为0.05元/千瓦时。

(三)采取取消、降低、减免等综合措施，减轻社会负担推出新措施。一是取消部分涉企行政事业性收费。取消和免征部分行政事业收费62项，其中取消51项，免征11项。二是降低部分行政事业性收费。降低机动车抵押登记费等20项行政事业性收费标准。总计一年可减轻各方面负担286.58万元。三是继续实施有关收费减免措施。继续落实支持小微企业发展的政策措施，对小微型企业以及从事个体经营的失业人员、残疾人、退役士兵以及毕业2年以内的普通高校毕业生实行减免政策，进一步鼓励各类劳动者创办微型企业，促进小微型企业健康发展。继续实施重大节日小型轿车免收通行费和绿色通道政策。累计免费车辆874.68万辆，免收车辆通行费2.3亿元。绿色通道减免车辆187万多辆，减免通行费5.2亿元。继续贯彻执行焦炭生产排污费收费减免政策，累计减轻企业负担11亿多元。四是着力规范教育收费。大力规范部分考试收费标准；从严核定中小学教材教辅材料价格；制定出台幼儿园收费管理暂行办法：首先是统一明确全省各级各类幼儿园的收费项目、标准和定价权限；其次是明确财政补贴比例，规定各级政府要加大对学前教育的财政投入，生均财政拨款标准不低于生均保育教育成本的50%，保教费标准不高于保育教育成本的50%。五是规范和降低部分经营服务性收费标准。首先是规范气象专业服务收费。减少项目，降低收费标准。其次是清理和规范部分经营服务性收费。清理规范进出口环节经营服务性收费、省图书馆非基本服务收费、司法系统部分服务收费、殡葬服务收费。再次是降低太原武宿国际机场停车收费和公证服务收费以及停止收取机动车治安网络信息服务费

(四)加强民生价格监管取得新突破。一是推进农副产品平价商店建设。认真贯彻落实国家发改委《关于充分发挥价格职能作用进一步推进农副产品平价商店建设的指导意见》精神，在全省各地市开展平价商店建设，积极搭建街办社区与农副产品生产企业合作平台，通过产销对接，减少流通环节，降低成本费用，确保平价蔬菜价格低于当地同类市场均价15%以上，平价粮油肉蛋类价格低于当地同类市场均价5%以上。充分发挥了稳价惠民的积极作用，保障了群众的基本生活。二是降低部分药品价格。调整和降低呼吸解热镇痛和专科特殊用药等药品价格，涉及400多个品种，1460个剂型规格，平均降价幅度约15%，调整降低奥美拉唑等4种单独定价药品最高零售限价，平均降幅约20%。三是实施部分旅游景点门票优惠价格措施。根据国家发改委、省政府有关规定要求，实施重大法定节假日旅游景点门票价格优惠措施，涉及80多家重要景点。

(五)推进资源性产品价格改革，促进我省支柱产业发展推出新举措。一是推进水价改革，完善改革方案。为充分发挥价格杠杆在促进节约用水、优化水源结构中的重要作用，按照省政府要求，积极开展水价改革研究论证，形成推进水价改革、理顺比价关系的初步意见《关于推进水价改革 理顺水源比价关系 全面实施阶梯式水价的指导意见》。二是认真落实省政府“煤炭二十条”政策，制定出台配套措施。认真贯彻落实《山西省人民政府关于印发进一步促进全省煤炭经济转变发展方式 实现可持续增长措施的通知》，及时出台配套的细化措施。减半收取煤炭交易费，减轻煤炭企业和用户负担。降低中国(太原)煤炭交易中心煤炭交易费。由向买卖双方各收取0.10元/吨，暂降为向买卖双方各收取0.05元/吨。煤炭交易费新标准执行以来，累计为煤炭生产企业和用户减负2215.81万元。三是认真落实省政府“煤层气二十条”，研究相关配套措施。落实《山西省人民政府关于加快推进煤层气产业发展的若干意见》，研究探索煤层气价格形成机制。在广泛调研、部门研讨基础上，形成《关于推进我省煤层气价格形成机制改革的指导意见(初稿)》。

(六)着力规范市场价格秩序取得新成果。价格监督检查和反垄断工作针对新问题、适应新形势、采取新方法，更加注重价格秩序监管、更加注重民生价格监管、更加注重优化经济发展环境价格监管。着力规范市场价格秩序，不断加大执法力度，在强化日常监管和节日市场监管的同时，开展了涉

农收费、服务行业水电气热价格、旅游行业价格、教育收费和涉企收费等专项检查工作。配合国家检查组完成了对建设银行、中信银行等商业银行的重点检查工作。全省查处价格违法案件1748件,实施经济制裁1.3亿元。受理价格举报案件23515件,办结率达到99.6%。煤炭价格稽查工作顺利开展,上缴财政管理费5800万元,水资源费156万元。

(七)各项基础工作进展顺利取得新进步。农产品成本调查在完成常规调查工作的同时,开展专项调查和研究,走在全国前列。对10多个行业定价成本实施了监审,核减不合理费用约17.9亿元。价格认证工作稳步推进。涉案价格鉴定、复核裁定案件、价格认证等标的总额1092.8万元。价格法制工作取得新进展。“六五”普法、法律“六进”、法制培训、立法项目建设、规范性文件审查都取得了新成效。价格研究工作紧密联系实际,《山西省南北区域火电成本差异上网电价研究》和《山西省煤炭成本构成及水平分析》两项课题研究取得新成果。出台了《山西省价格信用体系建设行动方案(试行)》,进一步推进价格信用体系建设,规范市场价格秩序,维护公平的市场竞争环境。价格信息咨询工作,开展广泛的多层次的价格咨询服务。充分利用报纸、电台、电视、网络,开展价格宣传,新华社、《人民日报》、中央电视台等对我省规范价格秩序、平价商店建设等作了宣传报道,为稳定价格预期发挥了重要作用。

(八)群众路线教育活动和机关建设取得新成效。党的群众路线教育实践活动扎实开展,着力查找领导班子和机关存在的突出问题,在整改上下功夫,在建章立制上下功夫,在切实解决问题上下功夫,取得了突出的成效;党风廉政建设和政风行风建设取得明显成效,坚决贯彻落实中央“八项规定”和省委“四个实施办法”,建立健全长效机制。干部培训力度进一步加大,中青干部培训、任职培训、持证培训等有序开展。

认真贯彻十八届三中全会精神,贯彻省委省政府的有关要求,推进职能转变和行政审批制度改革。采取取消行政审批项目、降低收费标准、下放管理层级、放开部分管理权限和管理项目等多种措施,进一步简化审批程序,优化行政审批环境。

(崔海兵)

附:省物价局党组书记、成员名单

书　记:李福龙(3月离职)　李永平(3月任职)

成　员:王克信　庞金龙　祁晓虎　武振功　王春庆

省国防科学技术工业办公室党委工作概况

党委书记　朱　鹏

2013年,省国防科学技术工业办公室党委认真贯彻中央和省委部署要求,以学习贯彻党的十八大和十八届三中全会精神为主线,以开展党的群众路线教育实践活动为契机,以建设高效的党建工作运行机制、高标准的基层党组织和高素质的党员队伍为目标,全力推进党的思想建设、组织建设、作风建设、反腐倡廉建设和制度建设,党组织的创造力、凝聚力和战斗力进一步提高,为推动全省国防科技工业转型跨越发展提供了有力政治保证。

一、扎实开展教育实践活动,干部思想作风不断改进

省国防科技工业党委将党的群众路线教育实践活动作为一项重要的政治任务,按照中央和省委“照镜子、正衣冠、洗洗澡、治治病”的总要求,认真开展三个环节的各项工作,加强对基层党委教育实践活动的参与和指导,取得了明显成效。一是通过理论学习,使党员干部思想认识不断提高,理想信念更加坚定,三个自信不断增强,“为民务实清廉”思想意识不断深化;二是通过查找问题,梳理出军工建设发展中需要与地方政府协商解决的43个问题,制定了《关于全省军民结合产业项目推进的意见》,推动我省国防科技工业改革发展工作的质量和水平进一步提升;三是通过整改落实,认真落实“两方案一计划”,制定和完善20项制度,作风实现进一步转变,群众反映最突出的问题得到进一步解决,教育实践活动长效机制进一步建立。

着力加强各级领导班子和干部队伍思想政治建设,紧紧围绕学习贯彻习近平总书记系列讲话和十八届三中全会精神,印发《关于认真学习领会习近平总书记在中央政治局专门会议上的重要讲话精神的通知》,举办三期学习贯彻十八大和十八届三中全会精神培训班。同时,以开展学习型党组织建设为契机,充分发挥党委中心组的示范带头作用,坚持集中学习与个人学习相结合,使领导干部综合素质和胜任力进一步提高。加强和规范基层党委中心组理论学习,完善参学督学制度,重点参加晋西工业集团有限责任公司、山西汾西重工有限

责任公司、太原航空仪表有限公司等基层党委中心组学习，督导学习贯彻省政府晋政发〔2013〕19号文件，有效地促进基层党委中心组在理论学习上落实“真学、真懂、真信、真用”总要求，让理论学习真正起到武装头脑、指导实践、推动工作作风，为加快全省国防科技工业转型跨越、融入山西综改试验区建设发展提供了坚强保障。

二、狠抓基层党建工作，党组织战斗力不断提高

坚持以科学发展观为统领，把军工放到全省转型跨越发展的大局中去谋划、部署和安排，切实加强领导班子和干部队伍建设，不断提高服务军工发展的能力和水平。一是基层党组织建设在创新中加强。巩固基层党组织“集成升级”成果，山西汾西重工有限责任公司“党建园地进现场”、中国电子科技集团公司第二研究所“党员示范精品工程”、北方通用动力集团有限公司616厂“党员创新工程”、太原航空仪表有限公司“支部星级管理考核”各具特色，效果明显。积极探索和总结试点长治清华机械厂党代会年会制和党代表提案制，指导和推动8个基层党委进行换届，参与5家军工单位干部调整考察工作，调整领导干部23人，全年发展新党员584名。二是完善三位一体的党建责任制考核。制定印发《关于进一步加强党建责任制考核的意见》，完善了考核目标体系，进一步强化过程管理。通过开展重点工作专项督查活动、召开基层党委书记抓党建工作专项述职会议，对党建责任制完成情况集中考核，基本实现了对全系统落实党建责任制工作的系统规范，全省军工党的建设科学化水平有了新的提高。三是深化干部人事制度改革，加大竞争性选拔干部力度，选任省国防科工办机关处级领导干部38名，优化了干部队伍结构。四是强化责任落实，提升工作执行力。制订年度目标责任考核实施办法和工作推进手册，建立周志、月查、季报的日常管理考核办法，把重点工作和目标责任落实到部门、到人头，形成人人有事干、事事有人管。通过开展基层企事业单位评议机关活动，奖优罚劣，全面推动工作开展。

三、落实党风廉政责任，惩防体系建设不断推进

全省国防科技工业以落实中央八项规定、改进工作作风为抓手，以建立健全风险防控机制为切入点，以惩治和预防腐败体系建设为重点，进一步加大对党员领导干部违反党纪行为的审查和处置力度，党风廉政责任和反腐败工作取得新进展，为全系统平稳健康发展提供了有力保证。一是狠抓中央八项规定精神落实，加强干部作风建设。及时制定《关于改进工作作风、提高工作效率的意见》，细化13项具体落实措施。以厉行节约、反对铺张浪费为突破口，强化责任意识，完善规章制度，明确工作要求，有效遏制了文山会海，进一步规范了业务接待工作。全系统发文数量同比下降12.2%，简报、信息同比下降17%，会议数量同比下降15.7%，业务招待费同比下降24%。二是加大执纪办案力度，坚决惩治腐败。全年受理群众信访举报67件，排查案件线索27件，立案3件，处分党员4人。三是深入开展反腐倡廉教育，增强廉洁从业意识。围绕普通党员、中层以上干部、关键岗位人员三个层次开展廉洁从业教育；紧紧抓住领导干部、重点岗位人员这个重点，深入开展案例教育和警示教育；以“为民务实清廉，廉洁从业”为主题，扎实开展反腐倡廉“宣传月”活动。四是围绕中心工作，扎实开展效能监察工作。印发《效能监察备案制度》，完善效能监察实施办法，规范工作流程，健全工作机制，围绕生产经营管理、重大工程项目和职工群众反映的热点问题，科学选题立项，效能监察取得明显成效。全系统共立项134个，提出效能监察建议249条，避免和挽回经济损失1.17亿元。通过物资采购比价，共节约采购资金6448万元。五是关注难点热点，风险防控工作取得新进展。全系统按照“抓重点、创亮点、重实效”的工作思路，围绕职工群众关心的热点、生产经营的难点、党风廉政建设的重点，按照“找、防、控”的总体要求，进一步引深风险防控工作。建立和完善了信息收集、考核评估和预警处置等廉洁风险管理制度，初步构建了科学、严谨、有效的廉洁风险防控体系，形成了以岗位为点、以程序为线、以制度为面的廉政风险防控机制。

四、加强军工文化建设，和谐军工不断夯实

认真贯彻落实《国防科工委关于加强军工文化建设的指导意见》和《关于加强我省军工文化建设的实施意见》，进一步凝炼和建设具有军工特色的企业文化、院所文化，认真调研论证黄崖洞兵工厂遗址项目建设，指导淮海工业集团有限公司等5家单位开展军工文化建设，重点推进淮海工业集团有限公司“刘伯承兵工厂展览馆”项目建设，山西汾西重工有限责任公司展览馆被授予“军工文化教育基地”称号，晋西工业集团有限责任公司艺术团和中北大学艺术团分别被授予“中国军工文化艺术团”称号。继续加强精神文明建设，积极开展全系统文明创建活动，修订完善《山西省国防科技工业文明和谐单位创建考评指标体系》，申报2012-2013年度“省级文明单位”3个和“省级文明单位标兵”4个，先后组织开展“我推荐、我评议身边好人”、“学雷锋志愿服务”和“第四届全国道德模范”推荐评选活动，为建设和谐军工创造了良好的环境，为推动全省军工转型跨越发展奠定了坚实的思想基础。

全系统各级党组织认真践行群众路线，不断提高新形势下群众工作的能力，着力解决人民群众反映强烈的突出问题，把矛盾纠纷排查、领导干部接访下访、信访积案化解作为改进工作作风，解决信访突出问题，保持职工队伍稳定的重要举措。认真贯彻落实省委防范办各项工作部署和要求，严格执行“包保转”责任制，深入开展摸排、回访、帮教工作，全面完成了省委防范办下达的摸排、宣传、教育转化任务。全系统政治安定，职工队伍稳定，和谐军工建设不断推进。

五、围绕中心抓党建，全省军工经济实现新发展

一是军工经济保持较快增长。2013 年，全年实现销售收入 360.9 亿元，同比增长 12.6%；完成增加值 77.09 亿元，同比增长 13.69%；实现利润 12.57 亿元，同比增长 47.21%；职工年均收入 41536 元，同比增长 6.53%。

二是武器装备科研生产任务全面完成。技术创新成果显著，全系统获得国家科学技术进步奖一等奖 1 项、二等奖 1 项、国防专项奖 23 项，获得山西省国防科技工业科技创新奖 23 项，获授权专利 400 余项，晋西工业集团有限责任公司技术中心被认定为国家级技术中心，军工核心能力建设水平取得新的进展。

三是军民结合产业取得新进展。加强顶层设计和政策引领，促进出台《关于加快推进军民结合产业发展的意见》，并制定相应三个配套措施，为军民结合产业实现创新发展和规模发展创造了政策环境。狠抓项目推进和对接签约，全省军工共储备军民结合产业项目 119 项，新签约 5 项，落地 8 项，开工 11 项，建设 12 项，投产 8 项，累计完成投资 46 亿元。山西北方机械制造有限责任公司“高效节能电机”通过工信部节能鉴定，处于国际领先水平。创建中电科光伏及电子信息等 5 个军民结合产业示范园，12 个重点项目入园落地，实现聚集化发展。大力推进军民融合体制机制创新，在总结与太原市、大同市协调机制的基础上，与临汾市、长治市、晋城市和晋中市加强协同，在建立军民融合发展协调推进机制达成共识，形成框架性意见。组织 18 户军工单位与晋中市政府进行全面对接。高精度铜板带、电机产品生产线升级改造、100MW 太阳能电池硅片及成套装备等一批具有先进技术和市场潜力的民品项目建设投产，成为新的经济增长点。

四是行业监管服务水平不断提高。坚持依法行政，认真做好军工科研生产许可审查、保密认证、质量监管、国防计量和民爆生产经营许可等方面工作。加大安全生产监管力度，推动安全生产标准化建设，开展专项检查和“打非治违”，连续 8 年高标准完成省政府的考核指标。落实反奸防谍和保密责任制，不断强化安全保密工作基础，全年未发生泄密案件。

五是民爆行业保持平稳发展。产品结构进一步优化，全省新增现场混装炸药产能 7.2 万吨至 31.5 万吨，占全省炸药总产能的 57%，率先实现国家民爆“十二五”规划的 50% 目标。“两化”融合取得新进展，建立和完善了民爆行业生产经营动态监控信息系统，现场混装炸药车全部实现视频监控，关键设备实现安全联锁控制。全年实现销售收入 34.76 亿元，同比增长 65.89%；实现利润 2.66 亿元；生产工业炸药 41.8 万吨，同比增长 11.8 %；生产工业雷管 1.25 亿发，同比增长 17.9%。

（赵云刚）

附：省国防科学技术工业办公室党委书记、副书记、委员名单

书　记：张华龙（8 月离职）　朱　鹏（8 月任职）
副书记：安雅文　史国兵
委　员：温国贵　王树峰　李章贺　齐建伟　段万乐

省中小企业局党组工作概况

党组书记　胡荣华

2013 年，省中小企业局在省委、省政府的正确领导下，局党组领导班子团结带领广大干部职工，认真贯彻落实党的十八大、十八届三中全会精神，把深入开展党的群众路线教育实践活动与促进中小微企业发展工作紧密结合起来，统筹兼顾、综合施策，扎实工作、积极作为，有力促进了全省中小企业持续健康发展。

一、坚持求真务实，奋力开拓进取，全面完成2013 年度各项目标任务

（一）强化政策引导，优化中小微企业发展环境。一是省政府把“大力扶持中小微企业发展”确定为全年的一项重点工作；先后两次研究出台财政“15 条”、金融“12 条”专项政策措施，针对性强、含金量高。各级各部门先后出台了一系列配套政策，在推进技术创新、改善融资服务、开展人才培训、加强品牌建设等各个方面，都有了具体的、实实在在的扶持措施。二是帮助广大中小微企业用足用好政策，局党组开展了全方位、高强度的集中宣传报道和多形式、多角度的政策宣讲解读。多家新闻媒体刊发评论、专稿等 1157 条。全省中小企业系统以“扶持小微、助力成长”为主题，累计开展“三送活动”百余场次，受益企业近万家。社会各界对中小微企业扶持政策的知晓率进一步提高。

（二）强化综合协调，促进全省中小微企业稳增长。局党组积极应对经济下行压力，不断完善覆盖 13 个行业、21 个特色产业集群、1500 户重点企业的中小微企业运行监测制度，及时了解发展动态，全面掌握运行情况，强化预测预警分析，为各级各部门指导中小微企业发展提供决策依据。全年中小微企业增加值同比增长 17%，高于 GDP 同期增速 8.1 个百分点；在 GDP 中的占比同比提高 1 个百分点、达到 44.2%。

（三）坚持多措并举，努力缓解中小微企业融资困难。一是完善客户推介机制。累计向金融机构推荐中小微企业 2800 多户，帮助落实贷款 195 亿元。二是深化“政银企保”合作机制。进一步拓展合作内容、创新合作方式，融资服务更加务实有效。三是设立总规模 20 亿元、全国首家省级中小企业

创业投资基金。落实中小微企业担保优惠政策。四是建立中小微企业股权融资市场化服务平台。发挥山西省股权交易中心作用，推荐876家中小微企业进行挂牌展示；联合晋中市政府设立天津股权交易所山西运营中心，为全省中小微企业提供股权挂牌和融资服务。五是推动金融机构改善对中小微企业的服务。截止年底，全省小微企业贷款余额3323.49亿元，较年初增加793.72亿元。

（四）坚持分类指导，助推中小微企业快速成长。一是实施"星火"培育工程。简化工商登记，降低创业门槛，进一步掀起创业兴业热潮。全省累计培训创业者3万人次以上，新创办小微企业3.57万户，为全省经济发展注入了新活力。二是实施"小升规"成长工程。支持小微企业专营一个领域、专攻一门技术、专注一个产品，走"专精特新"发展之路。全省有217户小微企业进入规模以上工业企业行列，成为全省工业经济发展的新骨干。三是实施"小巨人"提升工程。加强规划引导，制定梯队培育计划，完善定点帮扶机制。全省新培育销售收入超亿元的非煤工业企业"小巨人"120户。全省"小巨人"企业总户数突破900户，成为全省中小微企业发展的新龙头。

（五）加快结构调整，推进中小微企业转型升级。一是着力推进产业转型。加强对中小微企业转型发展的分类指导，支持中小微企业改造升级和科技创新，引导新兴产业发展。二是着力推进技术创新。新认定省级中小企业技术中心41个。积极开展产学研合作，签订校企合作项目47个。三是着力推进协作配套。以铸造行业为重点，搭建协作配套服务平台，累计为200户左右中小微企业发布产品供需信息，帮助100余户中小微企业与省内外大企业建立了稳定的协作关系。

（六）推动管理创新，提升中小微企业整体素质。一是实施管理素质提升计划。发挥管理咨询机构的专业优势，广泛开展管理咨询服务。在装备制造、特色食品等中小微企业相对集中的行业中，树立管理标杆企业30个，开展对标示范。二是切实加强人才培训。实施"3个1"经营者素质提升工程。分两批组织100名优秀小微企业家，在清华大学举办两期管理创新高级研修班；分三批组织1000名有发展潜力的小微企业家，参加创业能力提升培训；分地域组织1万名小微企业管理人员，参加专题培训。全省累计组织415名企业家参加各类高端培训，1350名企业经营管理人员参加"银河培训"，4.12万人次参加各类专业技术培训。三是鼓励实施品牌发展战略。首次对全省中小微企业中159件新认定的和201件重新认定的山西省著名商标进行奖励，对企业在省级以上主流媒体开展的品牌推广活动进行资金补助。

（七）创新服务机制、拓宽服务渠道，不断完善中小企业公共服务体系。一是推动平台网络建设。全省中小企业公共服务平台网络建设有序推进，省级综合枢纽平台基本完工，8个窗口平台与省平台实现互联互通，16个专业应用平台全面上线测试。二是组建中小企业服务联盟。首批筛选500余家专业性服务机构，组建山西省中小企业服务联盟。通过政府购买服务方式，引导服务机构为中小微企业提供全方位专业性服务。三是建设小微企业服务站。整合现有资源，新建小微企业服务站120个，为各类创业人群提供创业辅导、政策咨询、策划指导等一站式、面对面的免费服务，为广大小微企业提供人才、技术、项目、管理、信息等专业性公益服务。四是建设小微企业创业基地。在晋源区开工建设占地面积3300亩的山西省中小企业创业示范基地。新认定省级中小企业创业基地26个，省级中小企业创业基地达55个，厂房面积1730万平方米，带动投资32.8亿元，入驻企业2000多户，吸纳就业近2万人。五是举办"2013山西中小微企业高校毕业生千企万人金秋招聘会"。组织装备制造、特色食品、生物制药、高新技术等20多个行业、1304家成长型中小微企业参会，提供就业岗位2.5万个，达成就业意向1.56万人次。六是帮助中小微企业开拓市场。组织200多家中小微企业参加"百度·翔"计划，通过互联网免费进行产品推广，拓宽了企业发展空间。先后组织175家中小微企业参加第十届中博会、上海中小企业精品展、苏州铸造博览会等大型展会，累计签订合同、协议30余项，资金总额48亿元。七是启动山西省中小企业发展研究院。完成了《山西中小微企业发展与城镇化建设研究》《山西中小微企业用工问题研究》《山西省中小微企业服务需求调查数据分析报告》等5个课题。八是积极探索政府购买服务有效形式。筹措1100万元，根据为中小微企业提供专利申请、法律维权、质量认证等专业性服务的具体业务量，对39家中小企业服务联盟成员单位率先实行政府购买服务；在全省筛选确定50家工程咨询单位，为小微企业申报国家和省级中小企业发展资金免费编制项目资金申请书。

二、强化作风建设，提升能力素质，全面加强领导班子和干部队伍建设

（一）领导班子建设方面。一是加强理论武装。认真学习贯彻党的十八大、十八届三中全会和习近平总书记一系列重要讲话精神，进一步坚定了道路自信、理论自信和制度自信，增强了在省委省政府领导下、推进中小微企业持续健康发展的信心和能力。二是严格遵守党的各项纪律。严格按照党的组织原则和党内政治生活准则办事，重大事项、重大决策、重要人事任免，都经集体讨论决定，民主决策、科学决策水平进一步提高。三是扎实开展党的群众路线教育实践活动。不断深化学习教育，局党组先后组织各类集中学习29次，时间达15天；广泛征求群众意见，先后召开各类座谈会53次，发放征求意见表901份，征集到问题建议370条。认真查摆"四风"突出问题，开展严肃认真的批评与自我批评。狠抓整改落实，注重建章立制，按照省委的"范式"，研究制定"1+2"整改方案，积极开展专项整治活动，修订完善制度规定20余件。

（二）干部队伍建设方面。一是强化教育培训。组织41名机关干部参加了省委组织部在北大、清华、浙大等名校举办的自主选学；举办清华大学管理创新研修班，组织全系统60名业务骨干参加培训，提升了能力素质；干部在线学习平均194小时，名列省直机关第二。二是强化处室建设。进一步梳理整合处室职能，优化配置行政资源，巩固提升原有业务，努力拓展创新业务，着力打造核心业务。三是强化作风建设。认

真落实中央八项规定和省委的四个实施办法,制定《关于改进工作作风密切联系群众的实施意见》,修订完善工作制度,规范优化工作流程。四是严把干部选任关,进一步激发了干部队伍的活力。

(三)在机关文化建设方面。一是完善工作协同机制。强调职务服从、业务服从"两个服从",工作资源共享、工作成果共享"两个共享",局机关系统围绕中心、服务大局的良性工作机制得到进一步加强。二是提升工作标准。深化对标一流、争先进位,实施精细化管理,努力做到工作精心、数据精准、过程精细、成果精品。三是建设和谐文化。提倡友善包容,注重团结和谐,着力打造以人为本、健康向上、团结协作、充满活力的机关文化,树立"敬业、务实、清廉"的部门形象。

(四)在机关党建方面。一是认真落实党建工作责任制,坚持把党建工作与业务工作一同研究、一同布置、一同检查、一同落实。二是深入开展创先争优,表彰先进党支部3个,优秀党务工作者5人,优秀党员78人。三是认真开展下乡住村活动,筹资56.4万元,帮助扶贫点村民购买树苗、化肥、建设文化大院等。

三、坚持标本兼治,强化监督检查,全面提高党风廉政建设和机关效能建设水平

(一)强化组织领导,认真落实党风廉政建设责任制。深入贯彻落实中纪委、省纪委全会和全省党风廉政建设干部大会精神,以局党组1号文件细化分解党风廉政建设工作任务。班子成员带头遵守廉政规定,严格履行"一岗双责"。切实加强日常监管,积极开展党性党风党纪教育,有效防止了违法违纪问题的发生。

(二)聚焦重点领域,扎实开展专项治理。认真开展"庸懒散奢"专项治理、落实"五不准"廉洁过两节、吃喝不正之风专项治理、会员卡专项清理、违规用车专项清理、停止新建楼堂馆所和清理办公用房、机关事业单位借用人员清退等专项整治。局机关系统干部职工全部作出了个人会员卡零持有报告;没有超编、超标车辆,没有借用、占用下属单位或其他单位车辆等情况。

(三)狠抓风险防控,不断深化监督机制。进一步规范扶持项目申报审批程序,对项目资金管理实行全过程、全覆盖监督,确保了专项资金优质、安全、高效和专款专用,有效预防了在专项资金的申报、推荐、论证、审批和使用等各个环节违规现象的发生。

(四)改进政风行风,努力提高行政效能。制定细化工作方案,向社会作出五项公开承诺,召开民主评议政风行风座谈会、听证对话会,不断提高政风行风建设水平。加强机关绩效管理,全面推进政务公开,完善机关行政效能建设九项制度,增强办事透明度,不断提高机关行政效能。

(杜红伟)

附:省中小企业局党组书记、成员名单

书　记: 胡荣华

成　员: 赵志杰　闫龙江　武晨阳(女)

省食品药品监督管理局党组工作概况

党组书记　赵光国

2013年,是山西省食品药品监督管理系统面临重大考验和严峻挑战的一年,全省上下一手抓体制改革,积极推进食品药品监管职能调整;一手抓安全监管,抓住重点,突破难点,有效解决了一些影响食品药品安全的突出问题,全省食品药品安全形势持续稳定向好,各项工作都取得了明显成效。

一、监管体制改革

按照国务院和省政府的决策部署,山西省食品药品监督管理局抓住改革这个重大历史机遇,统筹谋划,顶层设计,大力度推动食品药品监管体制改革。积极争取各方面的重视和支持,与省编办加强沟通,共同外出学习考察,深入市县、乡镇调研分析,联合召开座谈会10余次,共同研究起草改革方案和实施意见,架构了全新的行政管理、监督执法、技术支撑"三位一体"监督体系,构建了省、市、县、乡、村五级工作体系。省政府出台的体制改革实施意见,重点明确了市、县、乡三级机构编制数量、人员来源,使实施意见更具指导性,更具操作性。国家食品药品监管总局专门刊发了山西的做法,要求各地借鉴。目前,省市两级改革已经到位,县乡改革正在推进之中。全省体制改革到位后,省级食药监部门增加行政编制19名、事业编制49名,市级增加行政编制93名、事业编制198名,县级增加行政编制454名、事业编制950名,乡镇设食品药品监管站888个、增加事业编制6024名,全省增加编制约7800余名,增幅达192.3%,全省食药监系统队伍将达到11876人,占到全省人口的0.35‰,其中,县、乡两级监管队伍占到全系统的82%,真正形成省、市、县、乡四级正金字塔式的队伍规模。

二、食品安全监管

加强高风险聚集性餐饮单位监管。提出加强聚集性就餐单位监管的15条意见和措施,强化对学校食堂、建筑工地食堂以及大型餐饮单位的监督检查和规范管理。全省共检查学校食堂6362所,责令整改1844所,立案查处191起,学校食堂量化分级率达到92.8%,管理水平有了明显提高。全省约谈餐饮单位负责人310人,责成省城江南餐饮集团、星河湾

酒店、金港大酒店等15家大型饭店向社会作出公开承诺。

集中开展保健食品专项整治。针对保健食品非法生产、非法经营、非法添加和非法宣传等突出问题，在全省部署开展了“打四非”专项行动，采取摸底排查、检验筛查、公开曝光等方式，严厉打击各种违法违规行为。全省共立案查处850起，罚没款306万元，移送公安14起。邀请省内外主流媒体召开新闻发布会，对查处的129种违法保健食品和21起典型案件予以曝光，警示消费，引起社会强烈反响。2013年10月25日，国家食品药品监管总局在全国“打四非”总结会议上对山西取得的成效予以通报表扬。

强化食品生产源头质量监管。承接食品生产环节监管职能后，山西省食品药品监督管理局立即抓住婴幼儿奶粉、中秋月饼等重点品种，采取专项检查、监督抽验、警示公告等手段，加强食品生产企业监督管理，重点监督检查了2家婴幼儿配方乳粉生产企业和17家乳制品生产企业，对发现的17个问题隐患，督促企业立即整改，严把食品源头质量关。对监督抽检中发现的10批次不合格月饼，及时以监管公告的形式向社会公布，发出安全警示。用管理药品的方式对婴幼儿配方乳粉实施严格管理，在全国第一家制定出台了《药店专柜销售婴幼儿配方乳粉管理办法(试行)》，并在全省范围内遴选了70家药店，开展了专柜销售婴幼儿配方乳粉试点工作，得到社会广泛好评。

三、药品、医疗器械监管

深入开展药品“两打两建”专项行动。在全省开展了严厉打击药品违法生产和经营行为，加强药品生产经营规范建设和监管机制建设的专项行动，重点对生产企业原辅料购进把关不严格、擅自变更工艺流程、检验检测不真实、不按质量规范操作，经营企业购进渠道不规范、储存条件不达标以及异地设库、出租证照、挂靠销售等问题进行了集中整治。全省共责令整改1671家，停产停业9家，收回GMP证书1张，净化了药品市场环境，有效防范了药害事件的发生。

集中开展中药质量专项整治。组织行政执法人员和中药专家组成专项工作组，采取督查检查、监督抽验、严查重处等措施，重点整治中药材、中药饮片增重染色、掺杂使假、重金属超标等问题，共抽验中药材510种688批次，发现39个品种47批次不合格，责令改正437家，立案201起，罚没款65.97万元。

加快推进实施GMP、GSP药品质量规范。加强药品生产企业实施GMP、药品经营企业实施GSP情况跟踪检查，全省跟踪药品生产企业156家、经营企业1985家，对49家存在问题的企业责令限期整改。把推动制药企业实施新版GMP认证，作为促进企业兼并重组、转型升级的重要途径，对14家逾期未通过新版GMP认证的药品生产企业，全部责令停产，实施严密管控。

强化医疗器械薄弱环节质量监管。抓住医疗器械企业质量管理基础薄弱的问题，重点整治医疗器械注册审批不严格、生产质量管理体系不落实、购销记录不真实、使用行为不规范等问题，全省共查办医疗器械案件631件、罚没款276万元，同比分别增长37.2%、36.7%。

四、监管方式创新

山西省食品药品监督管理局在全系统实行了“网格化监管、格式化检查、痕迹化管理”的“三化”监管模式，网格化监管解决责任到人、监管覆盖无空白的问题，格式化检查解决监管到位、检查项目无遗漏的问题，痕迹化管理解决行为规范、监管问责有依据的问题。在此基础上，提出“三化”向“四化”迈进，把监管信息化建设提升到战略层面，在全系统大力推进“责任网格化、检查格式化、管理痕迹化、监管信息化”监管模式。目前，省级监管信息化平台已经建成，系统构架了一个基础信息库和六大应用系统(网格监管、行政执法、动态监管、应急管理、政务公开、投诉举报)。省局率先推进实施保健食品化妆品监管信息化工作，基本实现了全系统保化监管信息化，全省11个市、119个县(市、区)应用信息化监管系统实施保化监督检查达到53159家次。吕梁市初步实现了对“四品一械”的信息化监管，纳入信息化监管的企业占到总数的63.8%。省政府在吕梁召开现场会，要求推广学习该局监管信息化经验。12月26日，在全国工作会议上作了经验交流。

五、案件查办

山西省食品药品监督管理局把检验检测作为行政监督的重要支撑，充分运用技术检测手段，及时发现和处置安全隐患和问题，去年对食品、药品、保健食品、医疗器械开展监督抽验和风险监测16155批次，做到了问题早发现、早查处。在全省11个市、119个县开通了“12331”举报投诉电话，建立了无休日、全天候投诉举报受理平台，及时受理投诉举报，要求省市两级下沉一线，发挥带动推动作用，带头查办大要案件。加强与公安部门打假联控联防，与省高院、省高检、省公安厅联合制定了《办理食品药品涉刑案件物证检验鉴定工作规定》，开辟了涉刑案件快速检验鉴定的绿色通道，对制假售假案件及时移送，追根溯源，查流向、捣窝点。2013年，全系统共查处各类案件11331起，罚没款3129万元，捣毁各类制假窝点106个，移送公安涉刑案件145起，查办案件数、移送案件数是系统组建以来最多的一年。

六、医药产业发展

山西省食品药品监督管理局抓住国家实施药品生产新标准这一机遇，采取“五个加强”推进措施，加强外引内联、加强银企合作、加强政策引导、加强责任落实、加强跟踪服务，推动省内一批企业兼并重组，推动国药集团、华润集团、石药集团等国内优势企业来山西投资合作，推动资源整合和转型升级，目前已有38家制药企业实施了资源整合，提高了产业集中度，增强了山西制药企业的核心竞争力。选择交通银行、民生银行作为战略合作伙伴，引导金融机构把医药产业作为重点投资领域。通过一系列措施，加快了我省制药企业认证进程，目前已有38家企业209条生产线率先通过新版GMP

认证,全省医药产业呈现出转型发展、快速发展的势头,近年来平均增幅在20%以上。

七、党风廉政和队伍建设

山西省食品药品监督管理局坚持党风廉政建设与监管工作同部署、同安排、同检查、同考核,严格落实一岗双责工作制度,不断加强廉政教育和监督,深入开展从政道德和警示教育,集中整治庸懒散奢、公款吃喝等不正之风,严格开展会员卡清退、违规用车清理工作。坚持执法监督与行政监察同步开展、行政执法与案件评查同步推进,进一步强化行政审批、执法检查、专项资金使用、基础设施建设、招标投标以及干部任免等方面的行政监察和纪律检查,切实把党风廉政建设的要求落实到监管工作的全过程。扎实开展党的群众路线教育实践活动,通过畅通投诉举报渠道、深入一线走访座谈等方式了解群众诉求,开展了食品药品安全方面损害群众利益专项整治,下大力气整改解决群众反映的突出问题,用实际行动让人民群众看到活动带来的新变化。认真执行中央“八项规定”、省委、省政府四个“实施办法”和食品药品监管工作人员“八条禁令”等规定要求,全年会议、文件和接待费比上年分别减少了40%、27%和69.8%。教育实践活动取得了阶段性成效,回应了社会关切和群众呼声,得到了省委督导组的充分肯定。

(高　翔)

附:省食品药品监督管理局党组书记、成员名单

书　记: 赵光国

成　员: 任晋斌　贠亚明　徐跃华　刘建国

省监狱管理局党委工作概况

党委书记　句轶旺

2013年,省监狱管理局在省委、省政府和省司法厅的正确领导下,深入贯彻落实党的十八大精神,深入开展党的群众路线教育实践活动,转变作风,真抓实干,着力推进创建平安监狱,各项工作取得了新的成绩。全省监狱工作连续第七年实现“四无”目标(无脱逃、无重大狱内案件、无重大疫情、无较大安全生产事故)。省监狱管理局在省政府目标责任考核中被评为优秀等次。

一、深入学习贯彻党的十八大精神,认真开展党的群众路线教育实践活动,不断增强监狱工作的政治引领

(一)深入学习贯彻党的十八大精神。结合全省监狱工作实际,制定了全系统党的十八大精神教育培训实施方案,以干部上讲台、培训到基层、网络全覆盖和外出培训、集中辅导、专题培训、全员轮训等方式,推进党员、干部全员培训工作,有力提升了民警队伍政治素养。组织召开“学习贯彻十八大精神,坚持为民务实清廉,推动平安监狱建设”主题民主生活会,深化了十八大精神的学习。通过学习,引导广大党员干部把思想和行动统一到监狱安全稳定和社会和谐稳定的大局上来,同时为群众路线教育实践活动的开展打下了坚实基础。

(二)认真开展党的群众路线教育实践活动。局党委坚决贯彻中央和省委的部署,认真学习习近平总书记一系列重要讲话精神,把开展党的群众路线教育实践活动作为重大政治任务,高度重视、加强领导、精心组织,推动活动深入扎实开展。坚持把学习教育贯彻始终,坚定党员干部理想信念;坚持领导带头,召开高质量的专题民主生活会,认真开展批评与自我批评;坚持开门搞活动,广泛征求基层党员、群众意见建议;坚持边学边查边改,聚焦“四风”,查摆问题,立行立改,局党委制定了整改方案,明确了23项整改内容,通过专项整顿,狠抓整改落实。全局上下“四风”问题明显得到纠正,特别是“三公”经费大幅度下降,比去年减少60%,省委督导组给予了充分肯定。

二、强化安全稳定措施,不断夯实创建平安监狱基础

(一)监管安全继续保持平稳,实现了“无脱逃、无重大狱内案件、无重大疫情”目标。一是在全系统开展了为期2个月的“监管改造秩序专项整顿”活动。配合活动的开展,出台了《罪犯违规违纪行为处罚办法》和《罪犯检举揭发制止违规违纪行为的奖励办法》,重拳出击,重奖重罚,有效净化了监管秩序。共开展清监活动600余次。二是引深规范化管理和基层基础建设。完成了监狱信息化一期工程预定任务,提高了监狱工作科技含量;按照“急要、必要、需要”的急缓程度,对重大安防设施进行了集中整治,解决了一些重点单位的安全隐患;认真落实领导进监区带班、民警直接管理、民警一日管理规范以及监控、安检、外协、罪犯出入监管理等管理制度,修订了罪犯日常考核办法,制定出台了《监管安全隐患突查办法》,依靠制度推进规范管理和安全防范工作。三是积极开展应急处突能力建设。定期召开全省狱情分析会,强化狱情分析研判,及时发现和侦破狱内预谋案件。进一步完善应急预案,加强与武警部队的联合演练,有效提升了监狱处置突发事件的能力和水平。

(二)安全生产继续保持平稳,实现“无较大安全生产事故”目标。一是进一步完善了安全生产制度。编制了《山西省

监狱单位领导深入生产现场管理规定》《全省监狱系统安全生产重大隐患举报奖励办法》《山西省监狱系统彩钢板建筑物管理办法》《山西省监狱系统消防安全管理制度》和《关于进一步明确全省监狱系统行业领域安全生产监管职责的通知》。二是积极开展隐患排查治理。按照司法部、省政府以及省司法厅的要求，开展了为期4个月的安全生产大检查活动，强化了对各类安全隐患的整治。三是强化安全生产教育培训。对各单位监狱领导和中层管理人员进行强制性安全知识培训和消防培训，组织开展了各类主题实践活动，营造了良好安全氛围。四是不断提高安全生产保障能力。积极完善安全生产组织网络，严格生产加工项目准入制度，落实安全生产投入保障制度，实行劳动现场定置管理，推行了安全巡视员制度、"7S"管理，确保了各项制度措施落到实处。

（三）信访工作继续保持平稳，没有发生影响较大的信访案件。一是在全面摸排的基础上，对省局重点督办案件逐案进行"四定"（定化解措施、定化解时限、定包案领导、定责任部门），取得积极成效。二是积极化解。围绕"案结事了"，因案施策，一案一策，多措并举，有效化解了一批信访案件，实现了"两会"期间进京"双零"和"四个坚决防止"，得到了司法部和省联席会议的充分肯定和表彰。

三、深入开展教育质量年活动，规范监狱执法，不断提升创建平安监狱的水平

按照司法部教育质量年活动的要求，着力打造教育改造工作亮点，实现教育改造工作新突破。一是实现了罪犯九年制义务教育的突破。省司法厅、省教育厅、省财政厅、省监狱管理局联合下发了《关于在全省罪犯中实施相应文化教育的意见》，标志着我省罪犯文化教育正式纳入所在地区教育规划。二是实现罪犯职业技能培训的突破。省财政厅批复同意"罪犯职业技能培训和鉴定费"，实现了培训经费由省监狱局自筹到省财政预算拨款的突破。同时，抓好其他各项改造工作。开展了以党的十八大精神为主要内容的主题教育，组织了法制道德教育统考；稳步推进"一监一品"建设，监区文化品牌建设初见成效；大力发展监狱加工业，为有劳动能力的罪犯提供了劳动岗位，提高了罪犯劳动改造水平；依法严格办理罪犯减刑、假释、保外就医，特别是针对新刑法和新刑诉法的贯彻执行，联合省法检司出台了《关于贯彻执行〈最高人民法院关于办理减刑、假释案件具体应用法律若干问题的规定〉的实施意见》《拟呈报假释罪犯再犯罪危险评估办法》以及《罪犯交付执行工作规范》，规范了刑罚执行工作。

四、大力加强民警队伍建设，不断强化创建平安监狱的人才保障

始终坚持狠抓民警政治业务学习和纪律作风整顿，要求自上至下两手抓、两手硬，不断强化民警队伍建设。在学习方面，坚持素质强警，组织118名处级干部、理论和业务骨干参加了省委党校和北京大学研修班学习，继续开展干部在线自主选学活动，9000余名民警全部参加轮训，进一步提高了广大民警的政治素质。进一步充实基层一线警力，开展监狱机关机构改革，加大警力调配工作力度，引导机关民警向监区一线流动。与加强学习同步，局党委抓住纪律作风这个重要环节，开展了两次民警纪律作风整顿活动，以转变作风、落实制度、强化纪律为手段，不断加强队伍建设，民警队伍的作风面貌进一步转变。在活动开展过程中，出台了《关于改进工作作风加强民警队伍纪律作风建设的六项规定》等一系列针对性强、操作性强的制度规定和实施方案，确保整顿取得实效。同时，制定了《关于改进工作作风密切联系群众十项规定》，着力在坚持公正执法、减少事务活动、加强调查研究、改进公务接待、改进会风文风、规范考察培训、控制检查评比、认真接待来访和严格廉洁自律等方面定措施、见成效。

（李青林）

附：省监狱管理局党委书记、副书记、委员名单

书　记：句轶旺

副书记：王　伟（5月离职）　李效民（5月任职）

委　员：王华艳　李扁顿　高　奇　高建公　石玉泉　吴峻山

省扶贫开发办公室党组工作概况

党组书记　王立伟

2013年，省扶贫开发办公室在省委、省政府的坚强领导下，党组班子团结带领机关和全省扶贫系统干部，认真贯彻党的十八大、十八届三中全会、中央经济工作会议、中央城镇化建设会议精神，紧跟山西转型综改实验区建设发展，解放思想，开拓进取，创先争优，攻坚克难，深入推进扶贫开发一系列重大决策部署，各项工作取得明显成绩。

一、围绕中心工作，统筹协调推进各项目标任务完成

（一）坚持市场化改革方向，百企千村产业扶贫开发工程卓有成效。启动实施百企千村产业扶贫开发工程，是省委、省政府从全省转型综改试验区大局的高度做出的重大战略部署；是全省扶贫开发的重大转折。在组织形式上，改变以往政府主导、农民主体的扶贫开发机制，建立了政府、企业、农民三方联动的新机制，运用市场化理念、项目化运作的办法，向

农村输送现代生产要素和经营模式,实现了企业转型、农民增收互利双赢。走出了山西特色的扶贫开发新路子,为全国扶贫开发提供了范式。4月份以来,党组按照省委、省政府决策部署和《指导意见》,精心谋划,环环相扣,主动对接企业洽谈项目,出台支持政策措施,创优环境搞好服务,支持引导省属、民营、省外企业参与产业扶贫开发,取得良好开局。截止2013年底,58个贫困县正在实施和开工建设的项目达到209个,涉及总投资690多亿元,已经投资130亿元,可吸纳带动贫困村劳动力就业10万人以上。其中总投资亿元以上的项目达到119个,开发、流转土地或带动基地建设万亩以上的项目达到32个。部分达产达效,已经成为带动和促进贫困地区农民收入翻番的重要力量。

(二)坚持城镇化建设重点,推进贫困农户易地扶贫搬迁安居乐业。全省按照易地扶贫搬迁与产业开发、城镇化建设、旧村开发利用、完善社会保障相结合的原则,坚持以城镇化安置为重点,因地制宜采取城镇化集中安置、城郊或中心镇建设移民新村配套发展产业安置、中心村安置和分散移民等多种方式,着力解决好用地、设施配套、资金筹措等困难,加大力度推进,确保搬迁群众搬得出、稳得住、能发展、可致富,使贫困户走出山庄窝铺,走向现代文明,既安居又乐业,生活水平提档升级。全年建设新村94个,安置贫困户1.69万户、4.99万人,占搬迁总人口的50%,其中90%以上搬迁新村建在城郊或中心镇。在县城附近安置贫困人口3.2万人,占搬迁总任务的32%;140个中心村接纳和安置贫困户0.5万户、1、77万人,占搬迁总数的17.7%。

(三)坚持规模化标准,主导产业支撑作用优势明显。一是以两大连片特困地区扶贫攻坚规划为平台,继续安排财政扶贫资金2亿元,发展壮大区域特色优势产业,已经形成了一批设施蔬菜、核桃、苹果、马铃薯基地;绒山羊养殖园区。项目涉及12.8万户、39.6万人,其中贫困户7.3万户、22.2万人。二是以“一村一品”整村推进和“一县一业”片区开发为抓手。安排财政扶贫资金2.05亿元,扶持418个贫困村实施产业开发为主的整村推进;安排财政扶贫资金2.2亿元,扶持783个贫困村发展核桃经济林、设施农业、特色种养业等优势产业,有13.2万贫困人口受益。三是对扶贫龙头企业和特色农产品战略支撑项目给以贴息支持,开展无公害农产品、绿色食品、有机农产品“三品”认证绿色扶贫工作。对筛选认证的16个企业、合作社、30个产品安排帮扶资金100万元。四是扎实推进亚行贷款山西河川流域农业综合开发项目,通过发展良种畜禽养殖、建设特色经济作物基地和温室大棚、实施旱作农业工程、扶持农产品加工企业,带动项目区农户生产增收,完成投资2.23亿元。五是为和顺、平陆、右玉、中阳、武乡、宁武、河曲、保德8个革命老区县下达主要用于优势产业开发的1亿元彩票公益项目资金。通过整合多渠道扶贫资源,集中力量推进扶贫产业区域化、规模化发展,贫困地区优势产业开发的叠加效应更加突出,特色更为鲜明。

(四)坚持制度化保障,领导干部包村干部下乡住村增收活动有力。2013年,结合省市县三级换届,领导干部调整变动较大的实际,对全省领导干部包村增收活动包扶的6010个村情况进行了摸底统计;对6个市、26个县的243个包扶村进行了调整。以产业开发为主攻方向,围绕发展“一村一品”“一县一业”,加大资金投入,加快项目建设,全年共规划实施项目1.5万多个,年内新开工项目7848个。省、市、县三级共抽调31601名机关单位干部组成9410支农村工作队,对14849个行政村进行定点帮扶。全年共帮助新上项目5954个,投入和引进资金10.62亿元,帮助引进人才1573人,资助贫困学生1.9万人。各级领导到扶贫点现场办公2.23万余人次,副厅级以上领导现场办公878人次。中央单位驻晋定点帮扶单位,2013年由原来的16家增加到23家,实现中央单位对36个国家扶贫开发重点县帮扶全覆盖。

二、抓班子、带队伍,促进全办整体建设上水平

(一)加强学习型领导班子建设,着力提高能力水平。一是学习科学理论,提升政治素养。坚持把党组中心组学习作为提高执政能力和领导水平的重要途径,年初制定计划,严密组织。采取中心组学习与专家辅导相结合、交流学习成果与专题研讨相结合、网上学习与调查研究相结合、组织院校培训与吸收处级干部参加相结合等形式,认真学习了党的十八大、十八届三中全会和中央农村工作会议精神等国家重大方针政策;习近平总书记一系列重要讲话;国务院扶贫办工作会议精神;省委、省政府促进转型跨越发展和推进扶贫开发一系列重大战略部署内容。通过学习,使班子成员进一步认清形势任务;进一步认清扶贫开发责任使命;进一步认清贫困地区情况,着眼于在扶贫工作思路和政策体系上实现改革创新;着眼于解决扶贫工作中的制约瓶颈;着眼于把学习成果转化为谋划决策和推动贫困地区发展的本领。全年中心组集体学习12次,参加干部在线自学平均超过220课时。二是深入调查研究,提升决策能力。没有调查权就没有发言权,也没有决策权,工作就缺乏针对性有效性。基于这种认识,班子成员带头大兴调查研究之风,采取深入贫困乡村农户实地考察、召开不同类型座谈会、赴湖北、广东、西部4省外出考察学习等多种方式,“解剖麻雀”、分析研究、完善措施、推进工作。全年班子成员深入基层调研的时间都在3个月以上。全年班子成员领题调研形成较高质量报告23篇。在百企千村产业扶贫工程启动前,组织省市县三级进行了3个月的大调研,为省委、省政府出台政策提供了重要依据。在完成百企千村产业扶贫推进机制、精准扶贫、改革劳动力培训模式、推进易地扶贫搬迁、金融扶贫、完善领导干部包村增收和机关单位定点扶贫考核等六项重点调研的基础上,提出的创新性扶贫开发10大机制,在2013年12月省委常委会上受到省委、省政府主要领导的充分肯定。三是注重典型引路,提升工作层次。注重发挥典型的示范引路作用,使点上经验成为面上结果。在百企千村产业扶贫工程中,下力推广基地带农户实施全产业链开发的山西潞宝模式;开发利用易地扶贫搬迁“空壳村”土地资源,发展生产、生态、旅游为一体的庄园经济

的晋中左权模式；通过招商引资引进省外企业创办农业园区实施一体化开发的阳曲宝迪模式，开展土地整理改善生产条件进行开发性农业建设的繁峙安家山模式；与当地扶贫龙头企业股份合作共同开发区域特色优势资源的右玉阳煤模式等各具特色的产业开发实践。推广国有企业的主力军作用。同时，还召开了易地扶贫搬迁观摩会。

（二）贯彻落实民主集中制，着力增强班子的凝聚力。一是坚持整风精神强班子。把团结协作作为领导班子建设的第一生命，像爱护眼睛一样珍惜班子的团结，共同维护集体领导的权威，共同维护集体单位的荣誉。在群众路线教育实践活动中，认真做好民主生活会各个环节的工作，开门搞活动，班子成员多次组织分管处室征求意见，与各处站中心主要负责同志分成15个小组20多次深入贫困地区进行调研，发出征求意见表260份，召开座谈会12次，征求到意见建议68条。确保班子成员自我批评敢于揭短亮丑，互相批评开诚布公。坚持立整立改。查找出班子队伍在“四风”方面存在的17个的突出问题，确定了22条整改任务，并由班子成员牵头落实整改。大家反映，这是多年来少有的高质量的民主生活会，为各支部民主生活会做出了榜样。平时工作中，班子成员做到思想多交流，工作勤碰头，不足常提醒。二是坚持集体领导下分工负责制。班子成员自觉摆正个人与组织、个人与集体关系，党组书记带头搞好团结、发扬民主、维护决议、接受监督；班子成员顾大局、识大体，团结合作、和谐共事、风正气顺。党组“一班人”按照各自分工认真履行职责，主动关心、补台和支持全局工作，有效发挥了核心领导作用。坚持实行民主决策，凡是涉及重点项目和大额资金安排等重大决策，集体讨论研究决定，不搞个人说了算，做到了决策管理的民主化和规范化。三是坚持正确用人育人导向。完善、建立规范的选拔任用干部机制，坚持营造凭德才兼备、凭工作实绩、凭群众认可提拔使用干部的良好氛围，干事创业导向，不断提高选人用人公信度；实行民主推荐结果和工作实绩考核相结合。注重强化后续跟踪考察，帮助新提拔使用干部发挥才干，交任务压担子，培养锻炼成长。

（三）加强干部队伍建设，着力转变工作作风。一是加强学习教育。以周二集体学习、在线学习等方式，促进干部学习的常态化和规范化。安排38名干部参加了山西干部在线学院学习，人均学习超过198课时，参学率达到100%，名列省直机关第一。组织76名干部参加无纸化“六五”普法在线学习，90分以上占考试总人数92%。二是培训提高能力。全年组织干部职工参加党校和有关部门举办的各类培训42人次，在浙江大学组织33名干部职工举办能力素质提升培训班。形成了处级、科级、科员多层次，政治理论、政策法规、业务知识、文化素养多内容，党校培训、专家讲座、专题交流、基层调查、参观见学、挂职锻炼多形式的教育培训工作，着力提高干部科学指导能力、调查研究能力、协调落实能力，将大幅度提高干部素质的任务落到实处。三是切实转变工作作风。发挥骨干带头作用，各处站长、中心主任带头转变思想作风、工作作风；带头组织落实工作；带头加班加点。全体干部队伍争先恐后、干劲十足；朴实朴素，拥有良好风气，精神状态昂扬。领导抓、抓领导，以抓铁有痕、踏石留印的作风，推动工作有力落实，聚精会神谋发展、一心一意干工作，有力提高了工作效能。

（四）大力开展创先争优活动，着力促进文明和谐建设。一是开展党性教育活动。开展“党的十八大报告和党章知识”竞赛，邀请省委党校、社科院专家以“群众路线和十八届三中全会精神”为专题进行辅导讲座，组织机关12名党支部书记开展群众路线大讨论，深入开展创先争优活动。“七一”期间，全办对22名优秀党员和党务工作者、4个先进党支部和党风廉政建设先进集体进行了表彰。推荐表彰1名同志获得省直机关五一劳动奖章、1名同志被评为生态山西建设标兵，2名同志评为农林水系统优秀工会工作者，机关工会和外资中心工会被评为模范职工之家、模范职工小家。二是文明和谐创建。年初，召开创建文明和谐活动党员大会，主要领导和各单位签订创建活动责任书，全年各项群众性创建活动丰富多彩，卓有成效。参加农林水系统的登山比赛和省直机关体操比赛；组织观看《周恩来的四个昼夜》等优秀电影作品，机关工会进行了换届选举。开展送温暖、“博爱一日捐”活动，筹资、捐款17万余元。三是宣传鼓舞。在中央和省级报道271篇，其中中央级报11篇、省报105篇、山西电视台46条、国家网109篇；为各类媒体提供文字素材20余万字；完成拍摄报道46条。比去年多80篇，其中国家级70篇。建立完善山西扶贫网站；创办扶贫开发工作动态。

三、坚持把党风廉政建设作为工作总要求，推进党风廉政建设和机关效能工作

（一）加强领导落实责任。年初对反腐倡廉工作和机关效能建设进行安排部署。明确分工、责任，严格落实党员领导干部报告个人事项和廉政谈话，机关规范管理等各项制度，确保了党风廉政建设和机关效能建设责任制有效落实。

（二）强化廉政警示教育。组织学习中纪委十八届二次全会、全省党风廉政建设干部大会暨省纪委十届三次全会精神，传达通报省委对有关人员顶风违纪问题处理决定、省纪委关于6起违反中央“八项规定”精神和省委有关实施办法要求典型案件的通报和关于5起违反中央八项规定精神典型问题的通报，组织观看《苏联亡党亡国20年祭》警示录像，听取了山西省预防职务犯罪巡回宣讲。有1名同志被评为全省预防职务犯罪先进工作者。

（三）完善机制强化监督。对连片特困地区扶贫攻坚试点项目评审会、中药材产业扶贫项目评审会和科教扶贫项目评审会等相关会议，纪检部门进行全程监督。组织开展惠民资金专项检查，对部分贫困县财政专项扶贫资金自查自纠情况进行抽查。围绕“扶贫廉政风险防控管理体系建设”课题进行专题调研，扶贫办预防职务犯罪工作经验被《山西预防职务犯罪》杂志刊发。

（四）深入开展专项整治。对全办108名干部持有的会员卡进行清退，实现会员卡“零持有”。制定出台《公务车辆及驾

驶员管理办法》,对违规用车进行专项清理,开展停止新建楼堂馆所和清理办公用房工作自查自纠,对超面积办公用房进行整改。没有违反"八项规定"行为。

(刘世峰)

附:省扶贫开发办公室党组书记、成员名单

书　记:刘昆明(3月离职)　王立伟(3月任职)

成　员:郎作仕　王汉有(11月离职)　张晓红(女)　柴全管　张伟勤(11月任职)

省公安厅交通管理局党委工作概况

省公安厅交通管理局党委下设党总支5个,党支部63个,全局党员共有862名。

2013年,省公安厅交通管理局在省委、省政府和省公安厅、公安部交管局的坚强领导下,局党委团结带领全省公安交警认真贯彻落实党的十八大和十八届三中全会精神,按照"围绕一个中心,守住两条底线,抓好三项重点工作"的总体思路,全面加强公安交警队伍建设,扎实开展各项交通管理工作,圆满完成省委、省政府下达的各项年度目标考核任务,有力保障了全省道路交通安全畅通,为全省综改试验区建设和转型跨越发展做出了积极的贡献。

一、全力以赴防事故、保安全、保畅通,努力创造良好道路交通环境

(一)充分发挥省道路交通安全领导小组办公室职能作用,推动出台了贯彻落实《国务院关于加强道路交通安全工作的意见》等政策规定,切实加强指导、协调、考核和推动,组织各地、各部门扎实开展道路交通安全工作。

(二)认真做好春运、"两会"、"十一"长假重要节假日、重要时段的交通安全保卫工作,确保了广大群众平安出行和重要活动的顺利进行。

(三)扎实开展"大排查、大教育、大整治"货车违法行为专项行动,累计查处货车交通违法行为88万余起,全省货运车辆引发的交通事故同比下降5.09%。

(四)深入开展"道路客运安全年"活动,消除安全隐患,客车事故得到有效遏制。

(五)开展道路交通安全隐患整治,全省公安交警共排查出事故多发点段116处,完成整改85处。

(六)扎实开展道路交通安全大检查,集中排查整治道路、重点车辆、企业、重点驾驶人等各类交通安全隐患。

(七)大力推进公路交通安全防控体系建设。全省共建设卡口890个,299个交通安全服务站全部连入公安网,路面管控能力显著增强。

(八)深入实施"文明交通行动计划"。推动下发了2013-2015年实施方案,部署各部门开展活动,弘扬文明交通理念,提升全民文明交通素质。

(九)积极支持省城太原率先发展。积极响应省委、省政府号召,出台《支持省城太原率先发展若干措施》,发动局机关民警134人站高峰岗,组织全省交警1300余人次支援省城大规模道路施工改造。全年,全省共发生涉及人员伤亡的道路交通事故5303起,死亡2133人,同比分别下降5.08%、7.02%。

二、创新管理机制,提升服务水平,不断满足人民群众新期待新要求

(一)大力拓展网络服务。依托"山西公安便民服务在线"和门户网站"山西公安交警网"平台,可办理45项交管业务,开展了网上车检预约等多项服务。

(二)大力拓展便民服务新举措。各级公安交警在社会公共场所设置自助业务服务机,积极推进县级车管所业务下放,全省90%以上的县级车管所开办车驾管业务。

(三)大力化解道路交通事故矛盾纠纷。推动17个厅局联合出台加强道路交通事故社会矛盾化解工作的意见,举办全省道路交通事故社会救助基金培训,完善矛盾纠纷调解机制,推进道路交通事故社会基金救助工作。全省公安交警联合中华少年儿童慈善救助基金会,积极开展交通事故致孤、致残、致贫少儿救助活动,广泛募集并累计发放救助金30余万元,救助47人。

(四)大力推进交通事故快处快赔工作。与山西保监局联合下发了《关于依托社会力量建立道路交通事故快速理赔服务中心的指导意见(试行)》。

(五)大力加强交通肇事逃逸案件侦破。先后组织开展了集中侦破案件行动、百案专项侦破会战,全年,全省共侦破交通肇事逃逸案件390起,侦破率97.74%,造成人员伤亡的逃逸案件侦破率达98.71%,有力维护了受害人的合法权益。

三、夯实基层基础,提升管理水平,扎实推进各项公安交管业务工作

(一)狠抓交通管理基础信息完善。对全省大、中队及民警基础信息、车辆、道路、驾驶人、安全设施、危化企业等台帐、信息等进行了详细摸底统计。

(二)狠抓应急处置工作机制完善。先后制定出台了《山西省公安机关处置危险化学品运输车辆道路交通事故应急预案》等多项工作预案,并组织经常性应急演练。

(三)狠抓路面规范化管理。大力开展交通信号、交通技术监控设备、交通设施排查治理工作,扎实推进文明交通示范公路创建活动。

(四)狠抓车辆和驾驶人源头管理。严把车辆检验关和驾驶人考试关,部署开展了全省校车、面包车车身喷涂核载人数和举报电话工作,要求全省混凝土运输车全部安装车外盲

区监控系统，严格了半挂车注册登记政策规定。组织全省开展集中整治报废车专项行动，共报废注销机动车7.9万余辆。

（五）狠抓执法规范化建设。推动省人大对《山西省实施<道路交通安全法>办法》进行了大范围修正，在全省开展三批次送法下基层活动，组织全省公安交警法制员开展全员培训和法律知识竞赛。

（六）狠抓科技信息化建设。大力推进350M数字集群通信系统建设，投资2.2亿元，建成294套通信基站，为全省交警配备5000多部数字对讲手台和500余部车载台，推进高清视频指挥调度系统、交警警用地理信息系统建设，与中国移动山西分公司合作，开展山西道路动态综合管控系统建设。

（七）狠抓交通安全宣传教育。进一步强化主流媒体宣传，开通交警直播室、交警连线、车管在线、局长热线等多个栏目，通过“声、屏、报、网”等各类媒体、各种形式，大力开展交通安全宣传教育活动，在央视发稿量同比增加50%，在山西卫视发稿量居全省52个记者站之首。依托专业团队建设开发山西公安交警网，日均访问量突破9万人次。全省各级公安交警全部开通政务微博，太原、临汾、吕梁、阳泉交警支队建成交通安全主题宣传教育基地。交管局还在全省公安交警中广泛开展当好管理员、服务员、文明交通宣传员“三员”交警活动。

四、加强队伍建设，狠抓作风转变，努力为交管工作有效开展提供坚强的组织保障

（一）加强思想政治建设。局党委以开展党的群众路线教育实践活动为契机，对全省交警支、大队领导干部进行“为民、务实、清廉”专题培训，组织全省公安交警开展“争当三员交警、争创民生警务”活动等，让全省公安交警真正明白“权从何来、为谁所用”，夯实“以人为本、执法为民”理念。

（二）加强领导干部建设。率先在全省公安系统大胆改革用人制度。实行高速交警大队长竞争上岗和聘任制，大队长和民警双向选择，增强队伍活力和工作积极性，高速公路交通事故下降了14%。

（三）狠抓纪律作风建设。出台《改进工作作风反对铺张浪费十项规定》《山西省公安厅交管局工作规则》等，直接向社会公布了29部总队长、支队长和纪委书记手机，加大违法违纪案件查办力度，全年查处案件141起，队伍风气和形象明显好转。

（四）加强基层服务保障。推动省公安厅、省财政厅、省人社厅联合出台《山西省交通协管员管理暂行办法》。多次与相关部门协商，迅速推进21个高速交警大队营房建设。

（五）加强从优待警各项措施。交管局先后制定了民警强制休假制度、高速交警“团圆计划”，为全省7000余名交警和1.3万余名交通协管员办理了人身意外伤害保险，同时加大了对因公牺牲、致残、因病致贫民警或家属抚恤、慰问力度。组织全省公安交警系统参加了第二届羽毛球比赛、乒乓球比赛、篮球比赛、“唱响中国梦、交警好声音”歌手大赛等，丰富全省公安交警业余文化生活，进一步凝聚警心，鼓舞士气。

（张利荣）

附：省公安厅交通管理局党委书记、副书记、委员名单

书　记：尹喜平

副书记：马玉川

委　员：李新生　张顺喜　杨有才

省直属事业单位党组(委)工作概况

山西日报报业集团党委工作概况

党委书记　郭玉福

2013年,山西日报报业集团党委紧紧围绕省委、省政府的中心工作,认真学习宣传贯彻党的十八大、十八届三中全会精神和习近平总书记系列讲话精神,深入开展党的群众路线教育实践活动,认真贯彻落实党的工作责任制,以改革创新精神全面推进党的建设新的伟大工程,进一步增强了基层党组织的凝聚力和战斗力,充分发挥了广大党员的先锋模范作用,有力地推动了新闻宣传工作,为加快我省转型跨越发展提供坚强有力的舆论保障。

一、围绕大局,把握导向,全力以赴做好宣传工作

(一)牢牢把握正确舆论导向,做大做强中心工作报道,是党报首屈一指的政治责任。2013年,《山西日报》紧紧围绕中央和省委、省政府的大事、要事、重大决策部署,全力以赴做好宣传报道,陆续推出:全省"两会"报道;全国"两会"报道;贯彻中共中央政治局"八项规定",厉行勤俭节约、反对铺张浪费的报道;领导干部"访民生、知民情、解民事"集中走访活动的报道;"项目落地年"的报道;转型综改报道;全力支持中小微企业的报道;"共筑中国梦、建功在三晋"的报道;我省首届文博会的报道;我省首批党的群众路线教育实践活动的报道;右玉精神的宣传报道;山西煤炭20条的宣传报道;百企千村产业扶贫宣传报道;领导干部住村包村宣传报道;五件实事的宣传报道;全省宣传思想工作会议的宣传报道;学习习近平总书记的一系列重要讲话精神的宣传报道;省委、省政府对11市观摩检查的宣传报道;平遥国际摄影大展的宣传报道;第三届中国(山西)农博会的宣传报道;党的十八届三中全会精神的宣传报道等20多个重大主题、重大战役性报道。集团各媒体也根据各自特点开设深入学习习近平总书记系列讲话精神、党的群众路线教育实践活动和党的十八届三中全会报道的专栏、专访,全面系统地宣传报道我省上下学习宣传贯彻落实习近平总书记系列讲话精神的热潮,认真解读了习近平总书记系列讲话精神,为全省转型跨越和实现中华民族伟大复兴----中国梦的宏伟目标创造了良好的舆论氛围。

(二)从9月29日开始,山西日报全体采编人员参加了集团党委组织的马克思主义新闻观培训活动。培训班开班当天,集团党委书记、社长郭玉福作了动员讲话,集团党委副书记、总编辑兰炎平传达了习近平总书记的重要讲话精神,传达了省委书记袁纯清、省委常委宣传部长胡苏平的讲话精神。培训采用集中授课、分组讨论、撰写心得体会等形式进行,要求全体编采人员把学习全省宣传思想工作会议精神与解决集团当前新闻宣传中的问题和不足结合起来,做到教学相长、学用结合,重点在五个方面进行深入思考和认真把握:一是进一步明确什么是"政治家办报",如何坚持"政治家办报";二是如何始终坚持正确的舆论导向,始终弘扬主旋律、传播正能量;三是如何坚持"三贴近",切实改进新闻宣传,做到理念创新、手段创新和内容创新;四是如何进一步增强服务意识,始终围绕中心、服务山西工作大局;五是如何进一步严格遵守党的新闻纪律,树立党报集团新闻工作者的良好形象。集团所属各媒体也都相继进行了采编人员学习马克思主义新闻观培训活动。

(三)集团党委非常重视新闻队伍建设,从今年4月份开始,山西日报开展了"提升业务内功年""新闻报道精品年""两年活动",力抓"提内功"6个项目和"创精品"9个实务环节。比如,围绕"两年活动",编辑部每月举行一次政治业务讲

座，16个部门轮流开展“业务沙龙”研讨，实施编辑记者交叉体验锻炼，开展周精品、月精品、年精品评选等等，大大调动了编采人员学习政治业务、深入基层采访、写好稿、创精品的积极性。通过活动，使广大编辑记者增强了党性，业务水平有了很大提高。

二、抓好党委中心组学习，拓展学习领域，丰富学习内容，创新学习方式

集团党委中心组认真按照党的十八大提出的“建设学习型、服务型、创新型的马克思主义执政党”要求，结合集团工作实际和在全党开展的党的群众路线教育实践活动，不断拓展学习领域，丰富学习内容，创新学习方式，增强党员领导干部的理论素养、决策水平和工作本领，提高解决复杂矛盾和问题的能力。

（一）坚持发挥党委中心组学习的表率带动作用。集团党委中心组成员把坚持理论学习的自觉性作为提高自身素质和加强自身能力建设的首要任务。借鉴省委中心组首创的“六学六用”的学习模式，带头参加各类学习，采取自主学、专题学、调研学、研讨学、观摩学、干中学等有效形式，认真做好读书笔记，撰写学习体会或调研文章，真正使理论学习做到经常化、规范化，起到认真学习、勤于思考、勇于实践的表率作用。

（二）坚持集中学习与个人自学相结合，党委中心组坚持全年集中学习时间不少于12天，中心组成员每年撰写1篇调研报告或学习体会。结合集团开展党的群众路线教育实践活动，集团党委班子成员深入基层，进行专题调研。集团党委书记、社长郭玉福带头听取意见和建议，带头深入基层调研，认真撰写了《强化阵地意识 服务工作大局》的理论文章，在省委党校学习习近平总书记重要讲话专题研讨班做了交流发言；郭玉福同志还亲自主持撰写了《发挥党报优势，加强舆论监督》的理论文章，以集团党委中心组名义在山西日报上发表。2013年集团党委组织了多次中心组的专题理论学习：

7月16日，召开集团党委中心组扩大会议，传达了中央、省委开展党的群众路线教育实践活动的精神和习近平总书记在中央组织工作会议上的重要讲话。

8月14日，集团党委中心组召开理论学习会，集团党委领导班子成员参加学习研讨。集团党委领导班子成员首先学习了习近平总书记在中央政治局会议上的重要讲话，学习了《厉行节约——反对浪费》一书的重要论述。班子成员结合学习习近平总书记重要讲话精神，贯彻落实中央八项规定，以及学习《厉行节约——反对浪费》一书的体会，进行了研讨交流。

8月23日，召开集团党委中心组扩大会，传达全国宣传思想工作会议精神。

（三）党委中心组成员在做好自身学习的同时，还担负起联系点单位讲授党课、形势教育报告和理论学习辅导的任务，特别是在集团开展教育实践活动以来，每位党委班子成员都到各自分管的部门和单位对开展教育实践活动进行调研和指导。在各党总支、党支部召开组织生活会期间，集团党委班子成员，全部到自己所在的党支部以普通党员的身份参加组织生活会，并对处级党员领导干部在组织生活会上的对照检查材料进行了认真的点评发言。

三、深入学习宣传贯彻党的十八大精神和习近平总书记系列讲话精神

（一）集团党委十分重视集团党员干部理论学习，年初就制定了集团党委中心组和党员干部理论学习计划，各党总支、党支部结合各自的工作实际和学习计划，认真学习了党的十八大文件和新修改的党章，学习了习近平总书记一系列重要讲话精神。通过学习进一步深刻理解党的十八大的鲜明主题、坚持和发展中国特色社会主义这条主线、科学发展观的历史地位和指导意义，着重深化对全面建成小康社会和实现中华民族伟大复兴“中国梦”的认识，深化对全面提高党的建设科学化水平的认识，进一步坚定道路自信、理论自信、制度自信。

（二）为了方便党员干部学习，集团机关党委组织刊出学习党的十八大精神和十八届三中全会精神图片专栏2期，学习党的十八大精神和十八届三中全会精神党员干部心得体会专栏2期。为各党支部和广大党员干部下发党的群众路线教育实践活动理论读本2000余册。向各党总支、党支部下发《集团党委中心组以及党员干部深入学习习近平总书记系列讲话精神专题学习计划》和学习十八届三中全会精神的辅导读物，迅速在集团掀起学习十八届三中全会精神的热潮。

四、深入开展集团党的群众路线教育实践活动

（一）集团作为全省第一批教育实践活动的单位之一，以高度的政治责任感和使命感积极参与其中。为加强对教育实践活动的领导，成立了集团党的群众路线教育实践活动领导小组，集团党委书记、社长郭玉福任组长，集团党委副书记、总编辑兰炎平任副组长，集团党委委员为领导组成员。领导小组下设办公室，集团党委委员、纪委书记席永明兼任办公室主任，领导小组办公室设在集团机关党委，负责开展教育实践活动的具体工作。

在集团教育实践活动中，始终坚持“照镜子、正衣冠、洗洗澡、治治病”的总要求，严格按照省委和督导组的要求，以集团党委领导班子、处级以上党员干部为重点，集团全体党员全程参加。教育实践活动的主题鲜明、组织严密、重点突出，做到了规定动作不走样，自选动作有特色。集团教育实践活动领导小组安排举办了3次专题理论学习会，结合工作实际讨论如何破解发展难题；组织召开不同层面的征求意见会5次；面向基层发放了300多份民主评议表；在基层设置意见箱2个；认真梳理基层单位和群众对集团班子提出的意见、建议共5个方面95条；起草《集团开展党的群众路线教育实践活动实施方案》《党委领导班子成员调研工作方案》

《集团党的群众路线教育实践活动领导小组组成人员和内设机构及主要工作职责》等方案、通知、讲话、情况汇报、简报等;安排领导小组办公室成员参加各党支部召开的组织生活会并进行点评。通过大量的组织协调工作,有力地促进了集团教育实践活动的深入开展。

(二)在11月4日至5日,集团党委班子成员集中一天半的时间召开专题民主生活会,会前做了大量细致的准备工作。集团党委班子成员集中谈话3次,互相谈话85次;集团党委书记、社长郭玉福同志主持起草了集团党委领导班子对照检查材料,班子成员自己动手撰写个人对照检查材料,进行了触及思想和灵魂的自我剖析,并按要求反复多次修改;省委督导组对集团班子和个人对照检查材料认真审核把关;这些都为开好专题民主生活会打牢了基础。省委第十五督导组副组长李宝文和督导组成员全程参加并进行督导。每个班子成员都结合本人的工作、思想和生活实际,并且联系自己的成长经历,围绕遵守党的政治纪律和贯彻落实中央八项规定、转变作风方面的基本情况、"四风"方面存在的突出问题、产生问题的原因分析、今后的努力方向和改进措施等方面都做了对照检查。民主生活会不仅是对大家存在的作风之弊、行为之垢的一次大检查、大扫除,更是一次触及思想和灵魂的党性教育,是一次高质量民主生活会。主要特点:一是主要领导责任落实紧抓不放,班子成员对照认真剖析深刻。二是会前准备充分细致。三是查摆问题全面具体。四是剖析原因认真深刻。五是开展批评和自我批评坦率真诚。六是整改措施对症可行。

(三)在集团党委班子成员召开专题民主生活会后,各党支部相继召开了组织生活会,在此之前处级干部都认真撰写了对照检查材料,多次反复进行修改,真正做到触及灵魂,深刻反思。会上相互之间诚恳地批评和自我批评,集团督导组对各党支部组织生活会进行了全程督导和点评。

(四)为了使集团教育实践活动扎实有效地顺利开展,认真组织了形式多样的学习教育活动。8月14日聘请省委党校副教授张宏华为党员干部做了"贯彻党的群众路线 保持党同群众的血肉联系"的专题辅导报告,集团党委领导班子成员和全体副处级以上干部、各党支部委员,共计200余人聆听了报告会。8月28日组织副处级以上领导干部观看录像片《周恩来的四个昼夜》。10月15日组织集团领导班子成员和副处级以上领导干部收看《苏联亡党亡国20年祭》,并组织党员干部进行专题讨论。12月18日,在集团举办了深入学习习近平总书记系列讲话精神专题学习报告会,邀请了省委党校副校长、山西行政学院副院长高健生教授作了学习习近平总书记系列讲话精神和党的十八届三中全会精神专题辅导。参加报告会的有集团党委班子成员,各部门、各单位副处级以上党员干部近200人。

(五)集团教育实践活动初见成效。集团教育实践活动以来,始终坚持边学边整边改,着力解决群众反映的突出问题。对于查摆问题过程中大家反映的一些突出问题,都做了重点回应和解决。

制订出集团党委领导班子整改方案和集团制度建设计划。在整改方案中需要落实工作共22项,按照完成的时间顺序为7项即行即改任务、6项近期整改任务、9项中长期整改任务;在制度建设计划中,需要废止的制度7个,需要重新修订的制度15个,需要新出台的制度14个。

五、开展道德模范评选、推荐、宣讲活动,推动精神文明建设

报业集团积极参加由省直工委组织开展的省直机关第一届道德模范评选表彰活动,集团有4人获得省直机关第一届道德模范,分别是:山西日报高级编辑阎俊仙被评为孝老爱亲道德模范;三晋都市报摄影记者贾军杰被评为见义勇为道德模范;山西晚报办公室副主任张满红被评为诚实守信模范;集团报业研究中心职工张育红被评为助人为乐模范。

根据省直工委、省直文明办的要求,由报业集团机关党委、集团文明办牵头,于10月29日组织了首场省直道德模范巡讲报告会,在省科协举办了"道德讲堂——省直机关道德模范先进事迹巡讲报告会"。在报告会上,山西晚报张满红、三晋都市报贾军杰等道德模范分别就个人的先进事迹进行了演讲。他们以自己的实际行动,讲述了最真实、最感人的"故事",集中体现了中华民族传统美德,生动诠释了共产党人的崇尚使命。报告会虽然时间短,但是与会的同志们都全神贯注、认真聆听,不时地有人擦眼泪,在场的人被感动着,作为活动牵头组织者也被深深地感染着、激励着,更加深入广泛地开展精神文明创建活动。

六、努力提高党建工作新水平

(一)集团党委非常重视党建工作,认真落实党的工作责任制,一级抓一级,主要领导经常听取机关党委的工作汇报,确定一名集团领导担任机关党委书记,分管机关党委工作,确保机关党委各项工作高质高效完成。特别是2013年以来,通过认真学习党的十八大会议精神和开展党的群众路线教育实践活动,使广大党员和入党积极分子深化了思想认识、改进了工作作风、提升了党性修养,党员的先锋模范作用得到了进一步发挥。

(二)2013年机关党委确定了33名入党积极分子参加省直党校的培训,积极指导各党支部做好发展新党员的工作。基本做到了认真培训,热心帮助,积极培养,慎重发展,使入党积极分子在政治素质和思想觉悟上,尽快成长为一名合格的共产党员。12月各党支部分别召开支部大会,发展33名入党积极分子为中共预备党员。

(三)6月26日集团隆重召开了纪念中国共产党成立92周年暨表彰先进大会,集团党委成员和集团全体党员参加大会,会上对在集团各项事业中涌现出的一大批先进集体和先进个人进行了隆重表彰;对获得省直机关的2个模范集体和4名劳动模范予以表彰;对获得集团先进集体的10个单位、获得集团先进工作者的70名个人予以表彰;对12个集团先进基层党组织、67名优秀共产党员、42名优秀党务工作者予

以表彰。通过表彰先进,在集团进一步掀起创先争优活动的热潮;向先进学习,学习他们解放思想、勇于创新的开拓精神,学习他们坚持宗旨、服务群众的奉献精神,学习他们立足本职、埋头苦干的敬业精神,把各项工作做的更好。

七、认真贯彻落实中央八项规定,加强党风廉政建设

集团党委把贯彻落实中央八项规定和省委四个实施办法作为切入点,结合集团党的群众路线教育实践活动,进一步突出作风建设,坚决反对形式主义、官僚主义、享乐主义和奢靡之风,按照省纪委《关于专项治理“吃喝不正之风”工作方案 > 的通知》精神和省纪委《关于开展违规用车专项清退活动的通知》精神,结合集团实际,开展了专项治理“吃喝不正之风”工作和违规用车专项清退活动。

(一)加强组织领导。专项治理工作从 8 月中旬开始,在集团教育实践活动领导组的领导下开展,纳入到集团教育实践活动当中,统一部署、统一安排。成立集团专项治理“吃喝不正之风”工作领导小组,负责指导协调集团专项治理工作,下发了《山西日报报业集团专项治理“吃喝不正之风”工作方案》。

(二)建立工作机制。集团所属单位的党总支、党支部对本单位的专项治理“吃喝不正之风”工作全面负责。集团纪委立足于解决问题、改进作风,认真抓好明察暗访、重点检查、案件查办等工作,集团各职能部门切实发挥好职能作用,形成合力。

(三)确保治理效果。集团专项治理“吃喝不正之风”工作按照省里统一安排,扎实推进各方面的工作。广泛宣传中央、省委厉行节约、反对铺张浪费、狠刹吃喝不正之风的政策规定,积极营造社会氛围;领导干部要做厉行勤俭节约、反对铺张浪费的表率。党员领导干部特别是各单位、各部门“一把手”要以身作则、率先垂范,认真贯彻落实中央“八项规定”,带头执行中央和省委、省政府及集团的有关规定,严格查处用公款招待非公务接待范围人员,以及用公款进行超标准公务接待;严格查处党员干部接受可能影响公正履行职责的宴请;严格查处上级单位部门接受下级单位部门的宴请以及各单位部门之间的相互宴请;严格查处借开会、考察、检查等名义,公款大吃大喝以及借各种名义举办或参加宴请、聚会等行为;严格查处大操大办婚丧喜庆事宜。

(四)集团纪委根据省纪委的要求,集中解决接受会员卡的问题,组织集团在职职工开展会员卡专项清退活动,这次活动是持之以恒地抓好中央“八项规定”和省委四个实施意见的具体措施,包括集团领导在内的 549 名在职职工,全部填写了《个人会员卡零持有报告》。

(五)集团纪委对 2013 年以来,通过公开竞争上岗的处级领导干部进行了任前廉政谈话。

(六)在开展违规用车专项清退活动中,下发了《关于开展违规用车专项清退活动的通知》,经过对各部门、各单位使用车辆进行摸底排查,对违规借用、调用、换用、占用的 4 辆公车进行了清退,清退率达到了 100%,对集团所属车辆进行了严格登记。在完成清退工作后,397 名党员干部按照清退活动要求填写了《个人报告承诺书》,并在集团内进行了公示。

(七)在集团内对处级以上领导干部的办公用房进行了清理,共清退违规占用办公用房 277.4 平方米,对所清退的办公用房进行了重新调整和安排。

八、获得上级表彰

山西日报获首届文化产业博览交易会突出贡献奖。山西经济日报获中国报业经营管理奖。集团档案室被授予全省档案管理先进集体。山西日报和生活文摘报获省直模范集体。

(王利红)

附:山西日报报业集团党委书记、副书记、委员名单

书　记:袁升德(3 月离职)　郭玉福(3 月任职)

副书记:兰炎平

委　员:杜天威　李蜀昌　张　宁　冯爱民　胡　果　杨小宁(9 月离职)　丁伟跃　席永明(3 月任职)　李志刚　李　伟

省政府发展研究中心党组工作概况

党组书记　李劲民

山西省人民政府发展研究中心(以下简称“中心”)主要职责是:紧紧围绕省委、省人民政府的工作部署,着重研究经济和社会发展的重大问题,突出宏观性、战略性、政策性和预见性,直接为省委、省人民政府决策服务。一年来,“中心”按照省委、省政府的统一部署,多层次、多角度对我省经济社会发展过程中的重大问题展开研究,为省委、省政府提供了一定的决策咨询服务。

一、全面完成省政府重点工作目标责任任务

依照《政府工作报告》目标责任分解,中心牵头负责两项省政府重点工作目标责任任务,一是建立完善重大决策社会稳定风险评估机制;二是完善科学民主决策机制,提高决策科学化民主化水平。配合任务一项,即参与转型综改试验区

领导组的相关工作。上述三项工作均全部完成。

一是建立完善重大决策社会稳定风险评估机制。中心组织了专门的课题组,在调研的基础上,对国内外有关重大决策社会稳定风险评估的理论、趋势和政策等进行了系统研究,形成30万字的研究报告,报送省政府。

二是完善科学民主决策机制,提高决策科学化民主化水平。根据工作任务,主要是围绕省委、省政府的重大关注和影响山西发展的重大问题召开座谈会,比较大的咨询活动有5次,分别为:两次专家《政府工作报告》意见征询会、资源型经济转型战略目标研讨会、资源型经济转型与改革咨询会和原平市转型综改座谈会、十八届三中全会与山西综改,形成会议纪要,报送省政府。统筹推进重大决策咨询课题管理工作,分批次对2013年重大决策咨询课题开展验收工作,并对2014年课题组织发布。积极推进通联工作,撰写专稿提交全国省区市决策咨询工作联席会议。德援项目二期合作顺利进行,成功组织德援项目2013年出国考察并举办“转型变革在山西”主题摄影展,国际交流合作继续深入。

三是参与转型综改试验区领导组的相关工作。主要有:全面参与完成综改《2013-2015实施方案》和《2013行动计划》的修改建议和文件修改;参加“一市一板块”专家讨论会,提出相关建议;组织对“十二五”规划纲要中期评估报告进行讨论;受邀在省管干部习近平总书记系列讲话精神专题研讨班等进行专题讲座。

二、认真完成省领导交办的工作和重要文件、文稿起草撰写工作

全年完成省领导交办的重大事项7项,文件起草和修改8项,文稿起草与修改11项。

省领导交办工作。完成省委、省政府领导安排的“LED产业发展情况调研”、“对我省发展情况的进一步分析和对策建议”、“扶贫攻坚达小康调研”、“民营经济发展指导意见”、“开发区调研”等7项重大事项,在政策咨询上发挥了积极的作用。

参与文件起草。主要成果有:起草了省委2013年1号文件社会民生和生态建设两部分;参与起草“煤炭新政20条”;参与编制《落实大气污染物防治行动计划实施方案》、《太原煤气化“气化山西”实施方案》、《关于进一步加快旅游业发展的实施意见》;领衔编制完成《山西省政府关于促进社会信用体系建设的指导意见》;编制《山西科技创新城规划思路要点》,编制完成《太榆科技城政策要点》等。

参与文稿起草与修改。主要工作有:省领导全面深化改革的发言材料和有关全面深化改革政策建议稿,并完成《深入贯彻十八大精神 全面深化改革》汇报材料;完成《加强组织领导 创新体制机制 攻坚克难 奋力拼搏 实现山西交通运输的跨越式发展》、《当前经济运行分析情况和建议》、《山西省“四位一体”建设基层农技推广体系的实践》、《山西省农业科技创新和推广应用情况报告》文稿;对《关于加快推进煤层气产业发展的若干意见》、《“十二五”规划纲要中期评估报告》、《“晋汾低碳谷”建设总体方案》、《第八届中部博览会山西省展区展览提纲》等一些政策建议提出修改意见。

三、加强调查研究,办好《省长专阅》和《调查研究报告》

2013年以来,中心把加强调查研究作为推进工作的一个重要抓手,要求中心领导调研时间不少于60天,处级不少于30天,一般人员不少于15天。全年组织开展调研活动24批98人次,比去年增加60%,各类研究成果得到省领导批示25件次。

《省长专阅》完成30期,其中专题报告18期,综合信息12期。《调查研究报告》出刊77期。

四、组织开展重大课题研究

为贯彻十八大精神,经省政府同意,中心全力开展了10项重大课题研究,主要有《山西实施创新驱动战略的路径选择与政策设计》、《以改善民生为重点的社会建设研究》、《山西资源型经济转型政策研究》、《山西生态文明建设研究》、《资源型产业转型升级研究》、《山西全面建成小康社会—重点、难点、对策》、《提高煤炭资源就地转化》、《山西新型城镇化战略与对策研究》、《重大决策社会稳定风险评估》等,课题已全部结题,形成10本专著,公开出版。

此外,受晋中、晋城市等委托,承担了《晋中“108综合发展廊带”发展规划》、《晋城开发区“竞逐中原”战略研究》、《山西国有大中型企业投融资能力评价》等影响区域发展的重大课题。

在《中国经济时报》、《山西日报》等主流媒体上发表《对我省当前综改试验若干重大问题的认识与思考》、《在农地改革和身份改变上重点突破》、《专家解读“煤炭20条”山西打造煤炭经济升级版》、《矿产地煤炭现货储备刍议》等20余篇。多项成果分获中国发展研究奖三等奖、山西省社会科学研究“百部(篇)工程”三等奖等。此外,中心数次受邀在山西电视台新闻联播节目中进行形势、政策解读。

五、扎实加强机关自身建设

一是加强班子和队伍建设。组织15次中心组学习,推进理论武装工程。组织干部选拔任用,部分处长轮岗,科级干部晋升,干部队伍的积极性显著增强。二是扎实进行党的群众路线教育实践活动。按照《实施方案》,组织集中学习,深入开展征求意见工作,并进行汇总梳理,对照检查、剖析“四风”方面存在的问题,研究整改落实措施。组织了领导班子专题民主生活会和各支部专题组织生活会,及时上报有关材料。三是严格落实中央八项规定。认真进行公务用车清理,全体干部都填写了《个人用车报告承诺书》,并由机关纪委公示;清理了领导干部办公用房;清理了个人欠款。四是加强制度建设。对以往的制度进行了修订,进一步规范了中心的研究管理工作,初步实现了依托制度管事、制度管人。五是扶贫工作有序展开。按省委统一部署,组建扶贫工作队,中心领导带队

开展下乡住村活动，多次研究讨论发展计划和工作方案，申请扶贫资金20万元，培育特色产业母枣种植，得到当地村民的好评。六是精神文明建设有序展开。调整机关文明委员会，组织和参加系列创建活动，及时报送有关材料，通过验收获得文明和谐单位标兵荣誉。

（王展波）

附：省政府发展研究中心党组书记、成员名单

书　记：李劲民

成　员：董宇明　王亦兵（5月离职）　王岳红　王凤鸿（5月任职）

省地方志办公室党组工作概况

党组书记　李茂盛

2013年是全面贯彻落实党的十八大精神的开局之年，是实施"十二五"规划承前启后的关键一年。一年来，山西省地方志办公室党组在中国地方志指导小组的指导下，在山西省委、省政府的领导下，坚持以邓小平理论、"三个代表"重要思想和科学发展观为指导，深入学习习近平总书记的一系列重要讲话，围绕中心，服务大局，积极履行部门工作职责，不断探索地方志工作科学发展的新思路、新举措，努力营造地方志编纂的新环境、新氛围，有力地加快了地方志工作的转型跨越发展，为我省经济和社会发展做出了积极贡献。主要工作有以下六方面：

一、以"十二五"规划为指导，优质高效完成年度目标考核任务

按照《山西省地方志"十二五"工作规划》，年初省地方志办公室根据《山西省年度目标责任考核试行办法》，研究制定了《落实2013年度目标责任工作实施细则》（晋志发〔2013〕16号），提出了切实可行的工作方案、推进措施，并将目标责任分解到各处，逐项落实到人，为年度目标责任工作的完成提供了制度保障。

（一）全力推进省志的编纂出版。为推进省志编纂工作，省地方志办公室一方面积极组织发动，坚持提前介入、全程服务，对已启动的承编单位进行业务培训和指导，帮助框架设计等，对已编纂出的志稿进行编辑加工；另一方面对部分工作进展缓慢的单位以省政府名义进行督促检查。8月30日召开了有省经信委等24个部门负责人参加的督办会议，收到了明显的成效。经过省志一处、省志二处编纂人员的努力，圆满完成了《山西省志·劳动和社会保障志》《山西省志·气象志》《山西省志·古建筑志》《山西省志·发展改革志》《山西省志·财政志》《山西省志·纺织工业志》6部省志的编纂任务，共798余万字，由中华书局出版发行。

（二）不断加强对市县地方志工作的发动、组织、督促、指导。全年先后评审了《长治市志》《阳泉矿区志》《左权县志》《繁峙县志》《阳泉市郊区志》《霍州市志》《芮城县志》《昔阳县志》《平遥县志》9部市县志，超额3部。审核了《临汾市志》《宁武县志》《新绛县志》《蒲县志》《榆社县志》《夏县志》《阳城县志》《原平市志》8部市县志。指导出版了《乡宁县志》《交城县志》《宁武县志》《临汾市志》4部市县志。

（三）着力推进古志整理和抢救工作。完成清康熙版《山西通志》点校送审稿。

（四）加大服务省委、省政府中心工作的力度，专志编纂进展顺利。为全面客观记述我省近年来重点工程建设，省地方志办公室启动的一年一册的重点工程大事志，在连续三年编撰出版三册的基础上，《2012山西重点工程大事志》12月由山西人民出版社出版发行。

全面记述省委、省政府重大民生工程的《山西省"五个全覆盖"工程志》，经过专志处与省教育厅、交通厅、水利厅、卫生厅、广电局5个承编单位的共同努力，顺利完成编纂工作，12月由方志出版社出版发行。

（五）不断提高年鉴和期刊质量。为充分发挥《山西年鉴》的时效性，及时服务经济和社会发展，先后召开了《山西年鉴》组稿会、推进会和评审会，并聘用专家审核，《山西年鉴》（2013）于11月由方志出版社正式出版，收到了良好的社会效益。《山西年鉴》（2012）版也荣获第七届全国年鉴编校质量检查评比特等奖。

在全面完成上述年度目标责任考核任务的基础上，还组织出版了3部书：

（一）全面记述省委、省政府推进资源型地区转型跨越发展重大举措的《山西省煤炭资源整合志》，经过省志二处与承编单位省煤炭厅的共同努力，顺利完成编纂工作，6月由方志出版社出版发行。

（二）为了讲好山西故事，传播山西好声音，用山西历史教育干部和青年，省地方志办公室组织专家编写了《华北抗战史》（上下），于4月由山西人民出版社出版发行。

（三）为传承三晋文化，省地方志办公室启动的《山右丛书初编》，共9函100册，由中华书局影印出版；并启动了《潞安府志》《汾州府志》的影印工作。

二、以资政为目的，积极主动开展创新性研究

紧紧围绕省委、省政府的中心工作，启动开展了"山西'综改区'建设与社会管理体制创新研究"，既是积极探索创新资政工作的一种尝试，也是方志工作的一项创新。党的十八大明确提出"五位一体"建设中国特色社会主义的总布局，

强调要加强和创新社会管理，提高社会管理的科学化水平。为此，课题组运用多学科的研究方法，从历史与现实、理论与实际、国内外比较的视角，经过广泛征集资料、深入调研，反复研讨，数易其稿，对“综改区”建设条件下山西社会管理体制创新问题进行深入系统的分析研究，从顶层设计的高度，完成了“山西‘综改区’建设与社会管理体制创新研究”报告，提出在“综改区”建设的条件下创新山西社会管理体制的理念、思路和政策建议，为省委、省政府和有关部门科学决策提供了有价值的参考。

三、以班子建设为抓手，狠抓干部队伍建设

党组以加强领导班子建设为重点，着力提高干部队伍的整体素质，努力建设一支政治强、业务精、作风正的地方志干部队伍。

(一)理论武装得到新加强。革命理想高于天。地方志本身是个文化单位，学习是工作的前提条件，学习既是充电，又是工作，既是手段，又是目的，党组特别强调大家要好好学习、系统学习、连续学习，学中干、干中学，为编好志书提供智力支撑。一年来，采取了多种方式组织大家学习，有分散学习、集中学习、室内学习、考察学习。

一是进一步引深学习贯彻党的十八大精神。根据中央和省委关于把学习贯彻党的十八大精神活动引向深入的要求，和省直工委《关于进一步引深学习贯彻党的十八大精神的通知》(晋直发[2013]8 号)精神，组织 28 名处级干部参加了省直机关党校党的十八大精神培训班学习(占处级干部总数的 100%)，2 名省管干部参加省委党校的学习。经过引深学习，广大干部对党的十八大意义认识有了新提高，进一步深刻理解了党的十八大的鲜明主题、坚持和发展中国特色社会主义的主线、科学发展观的历史地位和指导意义，进一步增强了对中国特色社会主义的道路自信、理论自信、制度自信。

二是深入学习习近平总书记一系列重要讲话精神。通过多种形式组织学习习总书记重要讲话中蕴含的崇高理想信念，坚定广大党员干部的理想信念和为人民服务的宗旨意识，进一步增强了理论自觉和行动自觉。

三是组织党性教育专题培训。为了让全体干部实地感受中国共产党的光辉历史和改革开放以来的巨大变化，坚定走中国特色社会主义道路的信念。7 月 5 日至 9 日，组织党员赴中国井冈山干部学院进行党性教育专题培训，重温入党誓词，坚定理想信念，为即将开展的党的群众路线教育实践活动作了思想和理论准备。

(二)干部队伍建设迈出新步伐。为优化干部结构，经组织考察，向省委组织部推荐了一名副巡视员，并调整了 7 名中层干部。同时，经省人社厅批准公开遴选了 2 名硕士研究生学历的公务员，充实了编研队伍，优化了业务人员的知识结构和年龄结构。同时，树立崇尚实干的用人导向，使用讲政治、懂业务、作风正、有担当的干部，保护敢作敢为的干部，形成肯干事、敢干事、干成事的良好风气。

(三)作风建设取得新实效。人民是我们党生存的根本、力量的根源、执政的根基。通过开展党的群众路线教育实践活动，以革除机关作风、官僚作风，保持与人民群众的血肉联系。按照省委的安排，组织开展学习弘扬右玉精神活动，教育领导干部树立正确政绩观。党组成员和处级干部深入扶贫点，了解“三农”情况和社会底层人民的疾苦，增强干部对群众的感情，从而促进干部工作作风的转变。

四、认真落实“八项规定”，不断推进惩防体系建设和落实党风廉政建设责任制

党的纪律是党的各级组织和全体党员必须遵守的行为规则，是维护党的团结统一、完成党的任务的保证。党风廉政建设责任制是加强反腐倡廉建设的重要举措。室党组坚持标本兼治、综合治理、惩防并举、注重预防的方针，全面推进，不断推进惩治和预防腐败体系建设。

(一)落实党风廉政建设责任制。年初，党组会议研究部署了党风廉政建设责任制工作和惩防体系建设工作。随后，召开全体干部大会，要求领导干部自觉讲党性、重品行、作表率，严格执行《廉政准则》等规定，勤政为民，公道为政，廉洁为官，决不放任和纵容任何消极腐败现象。纪检组长郑小豹同志高度负责，就落实“一岗双责”，同各处长进行了廉政谈话，要求处长管好部下，并对党风廉政建设责任制作出承诺。9 月 26 日，向省委党风廉政建设责任办上报了落实《党风廉政建设责任制的规定》情况汇报。

(二)认真落实中央“八项规定”和我省四个实施办法，开展专项治理。清理“会员卡”、整治“吃喝不正之风”、刹住中秋国庆期间公款送礼、违规用车清退、停止新建楼堂馆所和清理办公用房、严禁用公款购买印刷寄送贺年卡、严禁元旦春节期间用公款购买赠送烟花爆竹等年货节礼专项治理活动，进一步优化了发展环境。

(三)加强制度建设。在《山西省地方志办公室制度汇编》的基础上，研究制定了《纪检工作职责》《主任办公制度》《干部选拔任用制度》《稿酬管理办法》，修订了《财务管理办法》《考勤及休假、请假(暂行)规定》。

(四)加强思想政治工作。通过多种形式，广泛听取群众意见，做深入细致的思想政治工作，积极帮助解决了一些年青同志思想上的认识问题，强化了党风廉政建设正面教育的效果。

(五)加强重点领域的预防与监督。在加强正面教育与典型案件警示教育的基础上，通过纪检组长与综合处、人事处处长约谈等方式，加强重点领域的预防。

五、以社会主义核心价值体系建设为目标，不断推进文明单位创建工作

社会主义核心价值体系建设，是文明和谐建设的根本目标。室文明委从组织、制度等多方面入手，全力抓这项工作，进一步提高了创建水平。

(一)加强组织领导。年初，党组就听取室文明办工作汇报，研究部署本年度的文明和谐创建工作。室文明委根据《山

西省直文明和谐单位创建管理规定》和《山西省直文明和谐单位考评指标体系》，结合实际以文件形式向省直文明委提出了《山西省地方志办公室2013年度省直文明和谐单位标兵创建计划》，并以此为方案全力推动文明创建工作。

（二）不断创新载体。根据省直文明委要求，研究制定了《关于纪念精神文明创建30周年活动的实施方案》，采用理论征文、文体活动等喜闻乐见的形式，进一步激发了广大干部职工的工作热情。参加省直工委组织的省直机关以电脑操作、公文写作、语言表达、党的知识和健步走为主要内容的五项全能比赛活动。第一次组团参加省直机关第九套广播体操比赛等活动，彰显了方志人的精神风貌。9月，向省直工委报送了《精神文明创建工作回眸》和图片48张。按照省直工委《与机关党员干部谈心》编写工作方案，组织撰写了《深化政治体制改革，建设社会主义民主政治》一文，报省直文明办。

（三）号召广泛参与创建活动。在室文明委领导下，文明办通过机关党委、党支部、机关工会等组织，广泛组织群众参与，充分发挥了党组织、党员以及工青妇在文明创建工作中的作用。除每天组织职工做第九套广播体操外，开展丰富多彩的和谐文明创建工作，引导广大干部职工积极践行社会主义核心价值观，汇聚起为实现中国梦奋斗的正能量。

（四）积极为困难群众捐款。根据省委、省政府要求，11月中旬发动广大干部职工自愿为我省困难群众"送温暖、献爱心"捐款9056元，受到省社会捐助事务管理中心的表彰。

正是由于室党组以奋发有为的精神状态、求真务实的工作作风，带领全室干部职工真抓实干，攻坚克难，为实现中华民族的复兴梦，三晋人民的转型梦，以及方志同仁的发展梦，做出了新的贡献。在全省2013年度目标责任考核中被评为"良好"等次，并被省直文明委评为2013年度省直文明单位标兵。

（杨建中）

附：省地方志办公室党组书记、成员名单

书　记：李茂盛

成　员：赵群虎　刘益龄　郑小豹　张晓光

省农科院党委工作概况

党委书记　关建勋

2013年，农科院党委在省委、省政府的正确领导下，坚持以邓小平理论、"三个代表"重要思想和科学发展观为指导，深入贯彻落实党的十八大、十八届三中全会精神，以深入开展党的群众路线教育活动为动力，大力加强党的建设、科研文化建设和精神文明建设工作，全面提升了农科院党的建设和党风廉政建设新水平，为推动农科院转型跨越发展提供了强有力的思想、政治、组织保证。

一、坚持中心组学习制度，加强思想政治建设

思想理论建设是党的根本建设。院党委以学习宣传贯彻党的十八大及十八大以来习近平总书记的系列讲话精神为重点，大力加强理论学习，突出抓了以下几方面的工作：

（一）认真学习宣传贯彻党的十八届三中全会精神。十八届三中全会召开后，党委中心组率先带头学习十八届三中全会精神，及时下发了学习通知，真正做到了有安排、有记录、有专题、有检查。

（二）切实推进学习型党组织建设。一是加强干部理论学习。下发了全院党委（总支、支部）中心组和党员干部理论安排意见。二是组织开展"第二届读书月"活动。组织全院党员干部积极参加第二届"读书月"活动。全院共撰写学习体会102篇。通过活动的开展，促进了院学习型党组织建设。

（三）坚持党委中心组学习制度。院党委中心组全年集中学习13次累计14天。通过学习，全院各级领导班子和党员领导干部进一步坚定了理想信念，树立了"立党为公，执政为民"的人生观、权力观。

二、扎实开展党的群众路线教育实践活动

省委群众路线教育实践活动动员会之后，院党委高度重视，成立了领导小组，制定了《山西省农科院深入开展党的群众路线教育实践活动实施方案》，召开了党的群众路线教育实践活动动员大会。全院教育实践活动开展以来，院党委都能认真执行规定程序、完成规定动作、学习规定篇目、确保了全院群众路线教育实践活动健康有序进行。

在学习教育、听取意见环节，党委中心组先后集中学习12次，邀请专家举办专题辅导报告4场，组织观看各类影视

片和先进事迹报告会录像6次。先后召开了20多次不同类型的座谈会，认真查找领导班子及其成员存在的“四风”问题。

在查摆问题、开展批评环节，院党委通过群众提、自己找、上级点、互相帮、集体议等方式，进一步找准领导班子集体存在的“四风”问题，坚持不以工作问题代替“四风”问题、不以班子问题代替个人问题、不以共性问题代替具体问题、不以形式主义和官僚主义问题代替享乐主义和奢靡之风问题。在谈话方式上，坚持“五个必谈”，即主要领导之间、正职与副职之间、班子成员之间、领导与下属之间、领导与基层干部群众之间必谈。在谈话内容上，坚持“三谈三不谈”，即谈问题、不谈成绩，谈主观、不谈客观，谈实话、不谈虚话，把话讲在当面、把问题摆上桌面，通过谈话班子成员取得了思想上共振、感情上共鸣、行动上共进的效果 。

在整改落实、建章立制环节，院主要领导亲力亲为、多次研究整改方案，讨论整改措施，确保了整改工作不走过场。

从征求意见到查摆问题，院党委班子先后深挖梳理出农科院存在科技创新抓得不力、科研工作急功近利等突出问题，共收集基层意见建议156条，梳理汇总归纳出41条。共查摆出领导班子在“四风”方面存在的突出问题19个。

11月7日，院党委集中一天时间召开了专题民主生活会。生活会上，党委书记代表院党委领导班子作了对照检查发言，总结了在遵守党的政治纪律、贯彻中央“八项规定”和省委“四个实施办法”、转变作风方面的情况，针对存在的突出问题，从理想信念、党性观念、宗旨观念、纪律观念4个方面深刻剖析了思想根源，提出了7个方面的努力方向和改进措施。

党委班子成员也查找了个人存在的“四风”问题，剖析了原因，提出了努力方向，制定了整改措施。书记、院长给每个班子成员分别提了2–3条意见建议，副职之间互相提了1–2条意见建议，提出批评意见60多条。通过这次民主生活会达到了强化党性、化解矛盾、促进团结的目的。

省委第17督导组副组长朱晓明对农科院党委班子专题民主生活会给予了充分肯定。11月28日，在全院处以上干部大会上对召开专题民主生活情况进行了通报。

从农科院的实际出发，制定了《山西省农科院整改方案》，明确了19项整改任务，并将整改任务逐项分解落实到每个班子成员和职能部门，明确了具体措施和完成时限。在制定《整改方案》的基础上制定了《山西省农科院专项整治方案》，开展了以整治文风会风、机关作风、公款送礼和公款吃喝、超标配备公车和多占办公用房、“三公”经费开支过大等专项整治工作，一些“舌尖上的浪费”“车轮上的铺张”“公款消费中的腐败”等不正之风得到了有效遏制，取得了明显成效。

在整改落实中，狠抓了建章立制。重新出台和修改完善了23项制度。

为加强全院党的群众路线教育实践活动的指导，院党委向参加第一批活动的30个下属单位派出 5 个督导组，对基层单位的教育实践活动进行了重点督导和指导。召开推进协调会6次，编发简报8期，有力地推动了教育实践活动健康深入开展。

三、加强党的基层组织建设，发挥党员先锋模范作用

党的基层组织是党执政的组织基础。院党委充分发挥基层党组织的作用，保证了全院各项事业健康快速发展。

(一)加强领导班子建设，提高干部队伍素质。一是进一步加强干部培训工作。全院58名处以上干部(3名院领导)赴复旦大学进行了为期一周的学习教育培训，79名处级干部参加了省直机关学习贯彻党的十八大精神培训班的轮训学习，有6名处级干部参加了省直机关党校组织的处级干部培训班学习。二是调整充实处级领导班子。选拔任用了32名处级领导干部，其中：正处级15名，副处级17名。新提拔正处级干部10名，副处级干部16名；平级调整正处级干部3名、副处级干部1名；明确一兼双职的正处级干部2名。进一步健全了机关和研究所的领导班子，为更好地开展工作提供了有力的组织保障。三是加强干部年度考核。对院属26个研究所、3个试验站、1个院属国有企业和机关职能处室进行了干部年度考核工作，全院160多名处级干部参加了述职述廉。四是全面加强对领导干部的管理监督。所有的副处级以上党员干部都认真填写了《2013年度领导干部个人有关事项报告表》。

(二)加强党的民主建设。一是坚持民主集中制原则，院党委和领导班子成员按照分管各处室、联系研究所的工作制度，积极为职工办实事、解难事。二是建立健全党内民主生活制度。院党委按期召开民主生活会，党委成员都能自觉开展批评与自我批评。三是建立和完善议事决策制度。废除了不适应形势要求的规章制度8个，新建立的23项中有18项制度基本成熟，已经出台下发和正在出台。还有《关于所处级领导干部交流轮岗暂行办法》《关于不同岗位人员考核评价实施办法》《人才培养引进提高发展规划》《关于进一步加强科研文化建设的实施意见》和《山西省农科院文明公约》等5项规章制度正在制定，待完善后2014年正式出台。规定了党委会、党政联席会、职代会的议事范围和程序。坚持重大事项、重大决策都要经过党委会或党政联席会集体研究决定；对专业性、技术性较强的重要议题，充分听取学术委员会和专家的意见，对涉及职工的议题，充分听取职工意见或提交职工投票决定。通过加强党的民主建设，从根本上防止了决策的失误。

(三)加强党员队伍建设。全年组织培训8名入党积极分子，并转为预备党员，8名同志转为中共正式党员。建立党员帮扶机制，农科院有15名党员受到省直工委的慰问。春节前农科院还从留存党费中向生活困难的党员每人发放慰问金300元。

(四)认真开展处级干部档案专项清理工作。按照晋组通字[2012]107号《关于在全省开展干部人事档案专项清理工

作的通知》文件精神，从 2013 年 3 月份开始，对全院 163 名处级干部(包括待遇)的人事档案进行了逐一审核。对《干部档案审核情况登记表》的登记项目，由专人进行了核对、登记，切实确保处级干部人事档案信息的真实准确。

四、加强党风廉政建设，为全院深化改革、创新发展创造良好环境

2013 年，农科院按照中央和省委关于加强党风廉政建设的决策部署，以党的群众路线教育实践活动为契机，大力加强廉政教育。

(一)狠抓落实中央八项规定精神和省委“四个实施办法”。农科院把落实中央八项规定精神和省委“四个实施办法”作为改进作风的重要举措，集中解决形式主义、官僚主义、享乐主义和奢靡之风问题，并针对自身存在的突出问题进行了整改落实。

(二)深入开展反腐倡廉教育。认真组织学习习近平总书记的系列重要讲话精神，组织观看了袁纯清书记《转型跨越中务必保持艰苦奋斗作风》党课录像和《周恩来的四个昼夜》《杨善洲》等录像，大力营造读书思廉氛围。

(三)加大执纪监督力度。开展了违规用车专项清退、办公用房专项清退、会员卡专项清退工作，开展了工作纪律专项检查。

(四)强化审计监督工作。2013 年是农科院监察审计处成立的第一年。提出了《山西省农业科学院 2013 年至 2015 年内部监督审计工作规划》，制定了《山西省农业科学院内部审计工作规定》《山西省农业科学院内部委托审计管理办法》。建立了全院监察和审计两个工作体系，明确了各单位监察审计的领导人。协助和配合审计厅做好院长履行经济责任审计的各项工作，对院属 31 个预算单位全部进行了延伸审计，就有关单位和部门存在的突出问题，作出了相应的处理、处罚、通报批评和责令改正。

(五)党务政务公开工作实现全覆盖。根据农科院《关于在全院党的基层组织实行党务公开的实施方案》要求，在党务公开方面，对干部任用人选、入党人选、先进基层党组织和模范单位、先进工作者的表彰、公开选拔副所级领导干部、人才申报等工作进行了公开。在政务公开方面，对科研项目申报、科技进步奖评选、人事制度改革、公开招聘人员、工程建设招标等情况进行了公开。

(六)全面贯彻党风廉政建设责任制。把党风廉政建设的要求落实到全院各项工作的方方面面，明确责任主体、责任内容、责任目标和责任追究，切实做到了有主体、有责任、有考核、有追究。

五、大力加强精神文明建设和统战群团工作，充分调动各方面的积极性

一年来，农科院不断拓展党建工作的覆盖面，以创建文明和谐单位为抓手，加大对群团和统战工作的领导和支持力度，促进了全院“三个文明”的协调发展。

(一)稳步开展文明和谐单位创建工作。农科院充分认识文明创建工作的重要性，将文明和谐单位创建工作列入党政工作的重要议程。第一，加强组织领导。调整了院文明委，成立了文明办，做到了组织落实、任务落实、经费落实。第二，建立长效机制。建立健全了创建工作责任制。第三，完善创建制度。按照文明和谐单位的“六好”标准，明确提出创建目标和任务。把创建工作列为单位和部门年度考核的重要内容。

(二)加强对群团工作的领导，深入开展文明创建活动。鼓励工会、共青团、妇女等群团组织发挥自身职能，独立自主开展工作。2013 年，院妇工委和院团委顺利完成了新老班子交接。组织开展了“五项全能比赛”“送温暖、献爱心”捐助活动，开办首届道德讲堂。2013 年度农科院荣获山西省五一劳动奖状。通过党政工团齐抓共建，推动全院文明单位创建活动扎实有效开展。

(三)关心职工生活，改善工作生活环境。组织在职和离退休职工进行体检，对生活困难的职工进行慰问，近 5 年发放慰问金 6 万余元。先后投入 200 多万元，扩建了老干部活动中心和职工活动中心，增加了健身器材，院内绿化率达 30%以上。

(四)积极参加社会公益活动。一是开展送温暖、献爱心和联企帮困活动。每年的中秋节和春节，都要前往院联系的太原橡胶厂看望和慰问困难职工。二是组织职工向生活困难的群众、雪灾、地震灾区捐款。2013 年，全院党员干部捐款 10.199 万元。

(五)丰富职工文化生活。连续 17 年举办元宵节系列活动。每年举办职工乒乓球运动会。组织妇女参加庆“三八”活动。组织青年开展纪念“五四”青年节活动，丰富了职工的文化生活，增强了全院职工的凝聚力。

六、坚持党的工作和科研工作两手抓，两手都要硬

2013 年，全院获奖成果 20 项，通过国家和省级农作物新品种审(认)定 56 个，获国家植物新品种权 8 个，获国家授权专利 69 个；发表论文 378 篇，推广新品种 235 个，集成 260 项，配套 32 项高产高效技术模式，推广面积 260 万亩，增加经济效益 12.5 亿元，在全省实施的粮食作物科技支撑计划和杂粮科技振兴计划中，全院组织 180 名科技人员在全省 20 个市(县)实施了 18 个项目，示范 2.1 万亩，辐射带动 34 万亩，创农作物全省高产纪录 18 项。

(赵玉莲)

附：省农科院党委书记、副书记、委员名单

书　记： 关建勋(5 月任职)
副书记： 刘惠民　戴文斌　邢亚静(女)
委　员： 陈明昌(6 月离职)　张敬平(女，6 月离职)

省社会科学院党组工作概况

党组书记　李中元

山西省社会科学院是中共山西省委、山西省人民政府直属的全额拨款事业单位，是全省唯一的综合性哲学社会科学研究机构。

2013年，在省委、省政府正确领导下，在省委组织部、省委宣传部和省直有关部门大力支持下，院党组团结带领全院干部职工，围绕中心，服务大局，改革创新，奋力拼搏，坚持守土有责、守土负责、守土尽责，积极为省委、省政府决策服务，为推动我省经济发展和社会全面进步服务，为推动综改试验转型跨越发展服务，努力建设省内一流、国内知名的社会主义新智库，完成年初确定的年度目标任务。

一是坚定正确的政治方向，坚持马克思主义在哲学社会科学中的指导地位，注重思想政治建设和理论学习，院党组和全院干部职工保持了良好的精神状态。党组深刻认识到，在社会主义现代化建设理论和实践的双重探索中，在治党治国和建设中国特色社会主义事业中，必须始终坚持以马克思主义为指导，在思想行动上与党中央保持高度一致，才能保持社会科学研究的正确方向，发挥其重要作用。2013年，特别是党的群众路线教育实践活动开展以来，社会科学院始终把思想政治建设和理论学习放在突出位置，高度重视理论学习，采取党组中心组学习、集中学习、党组成员带头作辅导报告和个人学习等多种形式，认真学习马克思列宁主义、毛泽东思想、邓小平理论和中国特色社会主义理论，学习习近平总书记一系列重要讲话等。通过学习，全院广大科研人员和干部职工理论自信、道路自信和制度自信得到进一步增强，思想理论素质得到进一步提高，大局意识、责任意识、整体意识得到进一步提升，服务决策、服务社会、服务基层的主动性、自觉性得到进一步增强。

二是坚持解放思想、与时俱进，注重以改革创新精神凝聚动力、激发活力，率先启动实施哲学社会科学创新工程。事业单位改革和岗位竞聘是社科院去年全力推动的中心工作之一，全院完成了研究员二、三、四级进岗，副高及中级以下专业技术岗位竞聘等工作。通过一系列创新举措，进一步凝聚了社科院发展的动力，激发了全院科研人员的活力。按照晋政发［2013]7号文确定的省政府目标责任分解任务，2013年社科院牵头承担启动实施全省哲学社会科学创新工程。为保证创新工程在全省顺利启动，圆满完成目标责任分解任务，社科院成立了哲学社会科学创新工程领导组和办公室，对中国社科院与其他地方社科院推进哲学社会科学创新工程工作中的典型做法、推进模式、有效措施等进行了资料收集、汇总，对在全院率先实施创新工程进行了摸底调研，初步理清了思路。社科院参加了全国地方社会科学院院长座谈会，听取了中国社科院创新工程整体建设情况以及上海、北京市社科院推进创新工程的经验介绍，与全国其他省、市、自治区社科院负责同志就结合本地实际推进创新工程进行了学习交流。在广泛调研、深入摸底基础上，按照创新工程和群众路线教育实践活动要求，在学科创新上，社科院设立了青年课题，并积极推进创新岗位设置，特优学科带头人选拔、培养，老中青传帮带等工作；在人才创新上，确定选派优秀科研人员到中央宣传部门和国内著名高校、科研机构学习工作深造，加强与国内高端研究机构合作，提升研究能力和水平；在制度创新上，对近年来制定的各项规章制度进行了汇总和梳理，并在此基础上继续出台一系列推动改革、推进创新的新制度。

三是坚持把学科建设放在突出位置，注重培养院党组科学决策能力、组织领导和管理协调能力，不断提升整体科研水平。以学科建设为主干、以学科带头人为抓手、以科研量化考核为保障，不断加强马克思主义理论研究基地建设，不断发挥能源经济学、语汇学、谱牒学等传统优势学科的影响和作用，同时着力培育五台山学、案例学、反腐倡廉惩防体系等新兴学科。举行了《2013年山西经济社会发展蓝皮书》发布会，向省“两会”代表、委员赠送蓝皮书，赢得广泛好评。结合我省转型跨越、综改区建设、小康社会建设、文化强省建设等中心工作，发布了“2013年山西经济社会发展重大课题”和“2013年省社科院课题指南”，要求科研人员深入实际、深入基层，转变作风，端正学风，改变文风，拿出切实可行、富有真知灼见的决策咨询成果和科研成果。服务决策直通车——《综改参考》、《决策专报》、《咨政览要》，推出了一批有影响、有见地的科研成果，得到了省委、省政府主要领导的充分肯定和市、厅领导干部的好评。针对群众路线教育实践活动中群众提出的意见、建议，社科院实施了基础研究资助计划，给予每个研究所7—10万元的专项经费资助基础研究，给予院内四个期刊共32万元专项经费用来约请名家名稿。与此同时，通过“开门办院”、“连天接地”等多项举措，在省内部分综改试验县和企业建立了研究基地，加强了与北京大学、中国社会科学院、国家行政学院、中央党史办及国内著名高校、科研机构的学术联系和交往，提升了社科院在全国的地位和影响。

四是坚持以人为本，注重解决实际问题，努力维护好、实现好、发展好社科人的整体利益，大力改善职工生活和工作条件。春节、重阳节等节日前，院党组成员走访慰问院内老党员、老科研人员和困难职工，送去党的温暖和组织关怀。结合群众路线教育实践活动，社科院坚持重大事项、重大决策主动与干部、职工进行及时通报，敞开沟通渠道，悉心听取意见、建议。积极推动旧院改造和新院建设工作，着力改善职工生活和工作条件，院新建职工4、5号住宅楼已经具备入住条件，部分科研人员和干部职工已喜迁新居，新院土地划拨决定书已经下达，新院建设已正式开工，预计2013年秋季即可搬入新院办公，社科院“负重奋进，再铸辉煌”的基础性工作取得突破性进展。

五是坚持党的领导，注重干部队伍建设、党风廉政建设和作风建设，群众路线教育实践活动取得阶段性成果。社科院按照党和国家对哲学社会科学研究工作的新定位、新要求，不断加强党的建设，重视发挥广大科研人员作用。坚持党管干部原则和党的知识分子政策，管好人、用好人，善于在完成各项工作任务的实践中考验干部。注重团结和建设，坚持对党组成员高标准、严要求，班子的凝聚力、战斗力、向心力得到进一步提升。不断加强党风廉政建设，年初与各所、处、中心负责人签订的党风廉政责任书确定的目标任务圆满完成。坚持以党建促和谐文明单位创建，组织部分科研人员和职工参加了省直工委组织的省直机关五项全能比赛、广播操比赛，组织了志愿者服务活动等，手机党校和文明创建短信平台持续发挥了积极作用。在和谐文明单位创建验收过程中，各级干部积极带头，广大科研人员和职工踊跃参与，院容院貌和精神风貌有了根本转变。通过近半年的群众路线教育实践活动，全院党员领导干部理想信念进一步坚定，宗旨意识进一步增强，集体主义的荣誉感进一步显现，文风、学风、作风进一步转变。全院没有发生一起违反中央“八项规定”和省委“四个实施办法”及省纪委各项专项治理的行为。社科院研究制定了“省社科院党员领导干部五遵守五严禁十不准”，制订和完善了公务接待制度、公车管理规定、财务管理制度、经费支出管理办法等，致力于从制度层面预防和遏制不正之风发生。社科院研究制定了《山西省社会科学院领导班子整改方案》和《省社科院党的群众路线教育实践活动专项整治方案》，截止2014年1月30日，“整改方案”中即行整改任务13项中已完成9项（加强理论学习，提高思想认识；改进会风文风；改进调查研究方式；严格执行会议和公务活动接待标准；规范领导干部用车；严格控制“三公”经费支出；加强基础研究；加强青年科研人员培养；改进工作作风），其他各项整改工作和专项整治工作都在积极推进中，确保群众路线教育实践活动善始善终，善做善成。

2013年，社科院虽然取得了令人可喜的成绩，但与省委、省政府的要求，与全院干部、职工的期盼还有一定距离。在今后的工作中，社科院必须继续深入学习马克思主义、列宁主义、毛泽东思想、邓小平理论和“三个代表”重要思想，深入贯彻落实科学发展观，以党的十八大和习近平总书记一系列重要讲话精神为指针，以深入开展党的群众路线教育实践活动为契机，紧紧围绕保持党的先进性和纯洁性，不断加强理想信念、宗旨意识，不断提升理论水平、党性修养，牢牢树立群众观点，切实改进工作作风，坚决反对形式主义、官僚主义、享乐主义和奢靡之风，着力解决突出问题，继续坚持以改革创新精神解决发展前进中的困难和问题，加快建设省级一流、国内知名现代新型智库，为推动全省经济社会发展、推动哲学社会科学繁荣不懈奋斗。

（杨亚琳）

附：省社会科学院党组书记、成员名单

书　记：李中元

成　员：贯桂梓（女）　潘　云　孟艾芳　杨茂林　景世民　宋建平　张建武

山西社会主义学院党委工作概况

党委书记　王宝生

2013年，山西社会主义学院党委以党的十八大精神为指导，牢牢把握加强党的执政能力、先进性和纯洁性建设这条主线，紧紧围绕高质量完成省委省政府下达的年度目标任务和建设高素质的干部教师队伍两大重要任务，以建设学习型、服务型、创新型党组织为目标，全面提升学院党的建设的科学化水平，为服务全省转型跨越发展、圆满完成学院全年各项目标任务提供了坚强保证。

一、把深化学习贯彻党的十八大精神作为首要政治任务，不断提高学院党建工作水平

一是加强领导班子和全体党员干部职工的理论学习。2013年以来，山西社会主义学院继续深入推进学习型、创新型、服务型党组织建设，深化社会主义核心价值体系教育。学院坚持党委中心组学习制度，充分发挥党委中心组示范带动作用，通过中心组集中学习、领导干部讲党课、支部处室学习讨论、个人自学、专题学习讨论会、外派研修轮训、跟班听课、在线学习等形式，先后重点学习了党的十八大精神、十八届三中全会精神、《中国共产党章程》、习近平总书记一系列重要讲话、党的群众路线理论、社会主义核心价值观等，党委中心组完成规定的6次12天集中学习任务，保证了每季度一次的集中研讨。全体干部完成了在线学习任务，学习质量又有新的提高。省管干部和处级干部全部完成了省委党校、省直党校轮训任务。在党委中心组学习过程中，加大中心组对学院建设发展具有战略意义的“社院姓社”、正规化建设、主阵地作用的发挥、教学布局建设等专题研讨，把中心组学习和学院的职能紧密结合，和学院的科学发展紧密结合，不断增强党员干部道路自信、理论自信、制度自信。学院按照省直工委关于深入学习贯彻十八大精神的部署安排，采取请进来和派出去的办法，一方面请党政机关、高等院校的领导和知

名学者,针对统一战线成员的学习需求设培训班进行菜单式宣讲,学院党员干部利用培训班的授课机会随班听讲;另一方面充分利用学院的教学培训资源,确定教师确定专题,在院内进行学习宣讲;同时根据各市统战部门的需要和邀请,及时派出教授或学院有关领导赴基层进行宣讲。2013 年以来,学院先后派出多人次赴市县统战部门和民主党派进行十八大精神的宣讲,基层统战部门和党外人士反映很好。二是继续引深精神文明创建活动。以科学发展观统领文明和谐创建工作,积极开展"中国梦"主题宣传教育活动和"山西精神"宣传活动,积极参加省直工委组织"读书月"、机关干部"五项"全能比赛、广播操比赛等的各种活动。突出社会主义学院党外代表人士教育培训工作职能创建重点,围绕为党外代表人士教育培训工作服务的创建主线,积极部署开展公民道德建设"五个一"活动,搭好全年 6 期党外代表人士培训班次这一活动载体,开设"道德讲堂",学院教师组织学雷锋志愿服务队,培训班倡导文明餐桌,丰富党外代表人士在院学习期间和教职工日常精神文化生活,不断提高党员干部职工的思想素质和科学文化素养,建立起创建文明和谐单位的长效机制。同时,把党建工作融进学院党外代表人士教育培训工作中,积极发挥保证作用。把政治标准作为衡量党员干部岗位工作的重要内容,把党外代表人士来院学习收获大不大、满意不满意作为评价党员干部工作的重要标准,用党外代表人士教育培训的满意度来检验学院文明和谐单位创建的成效,教育教职工牢固树立统战观念,饱含深情地开展工作,在教学办班中多做聚人心、暖人心、稳人心、得人心的好事实事,努力把统一战线教育培训工作做得具体实在,富有亲和力、感染力和吸引力。三是加强领导班子思想政治建设。一年来,学院党委严格执行民主集中制,保持领导班子团结协调、坚强有力、奋发有为,牢牢把握社会主义学院的办学方向。学院严格政治纪律和组织人事纪律,按照《干部选拔任用条例》的有关规定,通过实施民主测评、民主推荐、个别谈话和综合测评等环节,进行了干部的选拔任用,优化了干部队伍结构,激发了干部队伍的整体活力。2013 年,根据省干部下乡住村活动联席会议,办公室安排党委书记王宝生同志在神池县龙泉镇后村开展了包村增收活动。经调研论证,计划重点实施羔羊集约化养殖项目。选派优秀处级干部完成了学院定点扶贫任务。组织全院职工开展了送温暖献爱心捐助活动。四是落实党建工作责任制。按照省委和省直工委关于年度党建工作的部署精神,年初院党委印发了全年党建工作要点,认真落实党建工作责任制。紧紧抓住学院各党支部的思想、组织、作风建设,大力巩固和发展"集成升级"行动,使学院党支部的自身建设又有了新的推进。院党员队伍比例较大,院党委十分注重加强和改进党员的教育管理,利用教学优势条件,跟随培训班学习听课,严格党员教育培训制度,切实保障党员主体地位,落实党员民主权利。加强学院工会工作和离退休干部党支部的建设。五是开展教育实践活动,建立转变作风长效机制。群众路线教育实践活动开展以来,学院认真开展学习教育,深入进行调查研究,广泛征求群众意见,查找突出问题,开好领导班子专题民主生活会。院党委聚焦"四风"问题,查找出领导班子在"四风"方面存在的突出问题,深刻剖析问题产生的原因,制定出学院整改落实方案和制度建设计划。在教育实践活动中,学院特别注重立说立行和限时整改,按照反对"四风"的要求,新增、修订了 16 项关于加强民主集中制建设、控制三公经费开支、加强学员管理、办文办会、院办企业管理等规章制度,是教育实践活动的直接成果。根据全省第一批教育实践活动安排,结合学院实际,进行了五项专项治理工作。在贯彻中央关于停建楼堂馆所和清理办公用房精神过程中,严格按照标准进行了清退,受到了督察组的肯定。

二、认真落实党风廉政建设责任制,推进学院的效能建设

2013 年,按照省纪委对全省党风廉政建设和反腐败工作的总体部署,院党委认真贯彻落实全省党风廉政建设干部大会和省纪委二次全会精神,对学院党风廉政建设责任制领导组进行了调整,对学院党风廉政建设责任制、推进惩治和预防腐败工作任务进行了分解。院党委承担反腐倡廉建设主体责任,把反腐倡廉纳入学院建设发展的总体规划,摆上重要日程,同 2013 年学院的党外代表人士教育培训、统一战线理论研究、干部教师队伍建设、办学条件改善、中华文化学院等工作一同部署、一同落实、一同检查。在院内主要进行了以下工作:一是严明党的政治纪律,坚决维护中央和省委的权威,确保政令畅通。在处以上党员干部中深入开展理想信念教育、廉洁从政教育和警示教育,组织党员干部学习党章和廉政准则等党内法规和国家法律法规,教育党员干部自觉遵守党的政治纪律、组织纪律和群众工作纪律,切实保障中央和省委省政府重大决策部署的贯彻落实。二是加强革命光荣传统的学习教育。全年安排了反腐倡廉理论和廉政准则的专题学习,党委书记为全体党员讲廉政党课,在学院新任处级干部中进行廉政谈话。根据统战院校职能特点,院党委组织党员干部赴重庆参观多党合作纪念馆,进行统一战线多党合作光荣历史教育。赴贵州遵义参观遵义会议会址,进行革命传统教育。这些重要的统一战线光荣传统和革命传统教育活动,是一次难得的精神洗礼之旅。通过实地学习参观、踏寻伟人足迹、重温革命历史,学习老一辈革命家艰苦奋斗的革命精神,学习老一辈民主党派领导人的风范,对照革命传统和统一战线光荣传统寻差距、明方向,铸造灵魂,锤炼信念,全院党员干部的思想得到升华,心智得到启迪,灵魂得到净化,为学院作风建设奠定了坚实的思想基础。三是严格执行中央八项规定和省委四个实施办法。三月份以来,先后出台了改进工作作风、厉行勤俭节约、反对铺张浪费、进一步加强学员管理和严格控制"三公经费"支出等规定。全年学院"三公"经费大幅降低。群众路线教育实践活动中,对学院日常工作和培训办班中与中央省委规定不相符合的事项逐一清理纠正,进一步推动学院廉政建设,初步建立起厉行节约、转变作风的长效机制。四是开展专项治理活动。在群众路线教育实践

活动中，结合学院实际，立说立行，制定工作方案，开展庸懒散、公务用车、公务接待、办公用房、公款吃喝、一般性学习考察或公务活动问题等专项治理工作。重点解决一些工作人员工作平庸、作风漂浮、自由散漫等突出问题，严禁借开会、调研、考察等名义变相旅游。五是加强反腐倡廉宣传教育。反腐倡廉宣传教育主要开展了以下工作:在学院处以上党员干部中，主要以党委中心组扩大学习、各党支部学习、各处室学习以及学院网站、学报、展板和组织观看警示教育片等形式进行，开展了丰富多彩的廉政文化创建活动，使干部职工在活动中受到深刻教育。在培训班、研讨班等主体班次中，主要以教师授课的形式插入反腐倡廉的宣传教育，很受广大学员的欢迎。效能建设方面:学院紧密联系工作实际，认真组织实施作风效能建设活动，多措并举促使活动有效开展，使学院教育培训、科研水平和环境建设不断提升。一是落实精细化管理，明确责任。学院召开专门会议并成立责任制领导工作小组，将学院总体目标分解到各个阶段，落实到每一个人，将各种管理精细化。二是健全制度管理。建立了一整套规范细致的管理制度，使各项工作有规可循、有章可依，增强了作风效能建设的针对性、操作性和长效性。三是加强督促检查。不定时对学院的责任制目标进行检查。将检查过程中发现的问题进行记录通报并反馈给相关责任人和处室负责人，限时整改并检查整改情况。通过作风效能建设活动的开展，进一步明确了各处室责任，进一步规范了学院教职工的行为，为创建和谐的教育培训环境奠定了良好的基础。

三、围绕考核目标任务，扎实推进学院正规化建设，主动自觉地为实现我省转型跨越发展发挥积极作用

2013 年，山西社会主义学院党委牢牢把握办学方向，以坚定走中国特色社会主义道路为主题，以不断增强政治共识教育为核心，以全面提高培训质量为重点，把中国特色社会主义理论体系、社会主义核心价值体系教育作为理论培训的首要任务，把开放教学作为重要的教学方式，积极完善“一个主题、五个方面”（以坚定走中国特色社会主义道路为主题，以基础理论、政治素养、统战政策、法律知识、能力培养为主要内容）的教学布局。全年举办培训班 10 期，其中党外代表人士培训班 6 个，分别是农工民主党省直党员培训班、非公经济代表人士培训班、民建太原市委“坚持和发展中国特色社会主义”理论培训班、民盟山西省委直属基层组织新盟员培训班、九三学社山西省委新社员培训班、山西省台胞骨干培训班。与太原、大同、朔州、吕梁等地统战部门、基层民主党派联合举办培训班次 4 个，共培训学员 943 人次。按照省委省政府下达的党外代表人士培训班 4 个的任务，学院超额完成 2 个。这些主体班次对于深入贯彻学习十八大精神，加强民主党派自身建设，巩固共同思想基础，努力建设一支数量充足、结构合理、质量优良、作用突出的党外代表人士队伍，推动我省统一战线和多党合作事业蓬勃发展发挥了积极的作用。在培训中，一是学习贯彻落实党的十八大精神，开展主题教育活动。4 月中旬举办的面向私营企业、小微企业的非公经济代表人士培训班，是学院实施项目化管理的创新型指标，目的在于进一步推动党的十八大精神进基层、进社区，积累培训新经验，探索办班新路径。学院在培训前开展调研，认真制定教学计划；培训中除理论政策的授课宣讲，还组织了问卷调查；培训结束进行总结，撰写调研报告。通过培训掌握小微企业的现状与存在的问题，提出分析意见、政策性建议，并上报到省委有关部门。二是根据省委组织部《关于在全省干部教育培训工作中加强党的群众路线教育的通知》精神，将群众路线教育实践活动纳入培训工作，取得了明显的效果。三是围绕中心，服务大局，在培训班中设置具有促进山西转型跨越发展、办好两件大事的特色课程，为山西转型跨越发展献策出力。四是积极发挥山西中华文化学院的平台作用，开展山西特色文化交流、培训、传播工作。在太原、石楼县等地主办“山西省首届优秀传统文化公益论坛”“石楼道德讲堂”等活动，听众近万人，受到省内外有关各方一致好评。培训工作的开展，有力推动了党外代表人士队伍的自身建设，凸显了社会主义学院统一战线教育培训主阵地作用，也是学院对《纲要》要求的“一个主题、五个方面”的有效实践。科研方面，完成了 2013 年度中央社会主义学院《社会主义核心价值体系与民主党派思想建设研究》课题 1 项，组织完成了 2013 年度山西社院重点课题《关于宗教界代表人士队伍建设问题的思考》和《山西非公有制经济调查研究》;“党外人士教育培训质量评估体系研究”“社会主义核心价值观与当代中国政党制度建设”及“山西民主党派发展历程研究”等科研课题已取得阶段性成果。在省级刊物上发表中国特色社会主义协商民主、社会主义核心价值体系、民主党派建设等多篇论文。由院领导和教务处同志各自撰写的论文分别获中央社院科研成果一等奖一项、三等奖两项。《山西社会主义学院学报》坚持把好政治性、理论性、学术性硬关口，发挥社会主义学院学报统战理论研究和方针政策宣传重要作用，按时完成了四期的出版，连续三年跻身山西省一级期刊行列，并继续保持良好发展势头。教学科研部门编印了内部交流资料《教学科研资讯》11 期，学院网站编发了大量统战信息和教学科研培训信息。社会主义学院积极推动落实新校区的建设，从审批立项到征地拆迁，进行了大量的前期准备工作。总务部门 2013 年完成了教学办公楼管道的安装更新和校园的整理美化，发挥后勤保障作用。

（冯进军）

附：山西社会主义学院党委书记、副书记、委员名单

书　记：王宝生

副书记：王建新

委　员：李祥熙　王解峰（7 月离职）
王绍青（7 月离职）

省档案局(馆)党组工作概况

党组书记　阎默彧

一、以深入学习宣传贯彻党的十八大精神和习近平总书记系列重要讲话为抓手，加强学习型机关建设

2013年，省档案局把学习党的十八大精神和习近平总书记一系列重要讲话作为当前和今后一个时期全省档案系统的重要政治任务，局党组（中心组）集体学习9次，同时开展系列学习活动：一是举办深入学习贯彻党的十八大精神专题辅导。从6月5日开始，用7周的时间，每周一次请省委党校老师为全体干部职工讲授“坚定中国特色社会主义道路自信、理论自信、制度自信”等12个专题课程。二是先后组织3次学习党的十八大精神知识竞赛。三是邀请省直机关十八大精神宣讲团来省档案局为全体干部职工作报告。省直机关党的十八大精神宣讲团第五组成员在省直工委副巡视员张婵萍带领下来机关进行党的十八大精神大宣讲。2013年，通过不间断的学习，全体干部职工用党的十八大精神武装了头脑、指导了实践、推动了工作。

二、 开展党的群众路线教育实践活动

一是精心组织学习。运用自学、中心组学习、集中培训、专家辅导、先进事迹报告会、知识竞赛等形式，加强学习。集中学习期间，根据档案工作发展的实际，确定五个专题，以处室为单位进行学习讨论，把学习贯穿整个活动的始终。二是广泛征求意见。通过设立征求意见箱、发放征求意见表、网上征求意见、召开座谈会、走访访谈、“面对面”、“背靠背”、“走出去”、“请进来”等方式，认真征求机关全体党员干部、基层档案部门和档案工作者、服务对象对局机关领导班子和领导干部在作风方面存在的意见，认真查找制约山西档案事业科学快速发展的突出问题，聚焦出机关在“四风”方面存在8个方面的突出问题。三是开展深度调研。党组成员分头下基层，开展“四进”、“两访”、“三调研”活动，认真征求服务对象和基层群众对档案工作的意见建议。四是开展谈心。党组成员之间，党组成员与全体干部职工之间普遍开展谈心交心活动，大家敞开心扉，沟通思想，交换意见，增进了解，化解矛盾，消除隔阂，形成共识。五是进行深刻的查摆剖析。处级以上党员领导干部认真撰写了对照检查材料，多次修改，进行了认真查摆。六是召开高质量的民主生活会。经省委督导组同意，召开领导干部专题民主生活会，受到省委第15督导组的充分肯定；机关4个党支部也分别召开支部民主生活会，处级以上党员领导干部在会上做了认真对照检查，党组成员以普通党员身份参加所在支部的民主生活会。七是认真进行整改。根据聚焦出的问题和督导组反馈意见，确定整改落实工作共11项，分为即行整改任务和近期整改任务两个部分，通过明确责任、细化措施、狠抓落实，逐一解决问题。

在此次教育实践活动中，档案局把开展好党的群众路线教育实践活动与促进机关作风改变，促进全省档案事业的快速发展紧密结合，保证了全年重点目标考核任务的圆满完成，在落实为民务实清廉上见实效，真正做到了两不误、两促进，得到省委督导组的充分肯定。

三、以落实“八项规定”为重点，不断推进惩防体系建设和落实党风廉政建设责任制

一是落实党风廉政建设责任制。机关纪工委与监察室密切配合，协助党组研究部署机关党风廉政建设责任制工作和惩防体系建设工作，完善各类反腐倡廉工作制度，促进惩防体系建设。二是认真落实中央“八项规定”和我省四个实施办法，进一步加强纪律作风建设，开展专项治理。开展清理“会员卡”、整治“吃喝不正之风”等专项治理活动，全体职工做出《个人会员卡零持有报告》。三是加强重点领域的预防与监督。在加强正面教育与典型案件警示教育的基础上，通过仔细查找岗位、机关及行业廉政风险点，制定廉政防控措施，进一步强化干部职工的宗旨、责任、法治和廉政意识。四是以社会主义核心价值体系建设为目标，认真开展文明创建活动。通过邀请全省档案系统先进典型李国忠、郑春仙为全局干部职工做档案工作先进事迹报告会，省优秀学雷锋志愿者蒋爱宝、王瑞为全局干部职工介绍学雷锋服务的先进事迹，观看《全省党的群众路线教育实践活动先进事迹报告会》，在机关办公楼内设立道德提示牌，开展文明餐桌行动等对全体干部职工开展中国特色社会主义宣传教育，大力弘扬社会主义核心价值观，扎实推进公民道德建设。

四、综合工作概况

（一）档案资源体系建设。

一是抓好国家档案局8号令、9号令的贯彻落实。省档案局选取晋城市作为9号令宣贯试点，指导晋城市编制出市、县两级《档案馆收集档案范围实施细则》《档案馆接收档案单位名单》（第一批）和《档案馆贯彻国家档案局第9号令全宗管理名册》，并以市委、市政府两办名义正式下发。9月，在晋城召开全省档案馆工作暨贯彻国家档案局9号令推进会，交流贯彻9号令的经验和做法。二是积极开

展10号令宣贯和落实工作。省档案局与省国资委联合下发了《关于深入学习贯彻国家档案局10号令的通知》，对全省国有企业10号令的宣贯工作做了安排部署，19家省属国企已全面开展了《文件材料归档范围和档案保管期限表》的编制和报审工作。三是开展农村档案规范化建设。省档案局选取长治县、潞城市、孝义市作为试点，出台《山西省(国家)农村土地承包经营权登记档案管理办法》。四是全省社会主义新农村档案工作示范县创建活动取得新成绩。在完成霍州市通过国家档案局社会主义新农村档案工作示范县验收的基础上，省档案局继续帮助柳林县规划并实施社会主义新农村档案工作示范县创建工作，并顺利通过国家验收。省委常委、常务副省长高建民对此作出“要大力推广霍州、柳林经验，加大宣传力度”的重要批示。五是加强对全省重大建设项目档案工作的监管力度。省局下发《关于报送重大建设项目档案工作情况的通知》，全面加强对全省重大建设项目档案工作的监管，省局完成18个省级重大建设项目档案专项验收工作。六是继续加大力度丰富馆藏。2013年，省局共计接收10个单位13424卷和1893 件档案进馆，接收政府公开信息8866件进馆。七是积极抓好重大活动档案整理接收进馆。省局接收了第六届中博会、能博会形成的档案进馆。八是加强全省档案法制建设。省局与省监察厅、省人社厅联合印发《关于学习宣传贯彻<档案管理违法违纪行为处分规定>的通知》，联合省人大常委会教科文卫委、省政府法制办对太原市、晋城市和长治市开展档案法律法规执行情况调研。

(二) 档案安全体系建设。

一是档案馆新馆建设取得了阶段性成果。在山西省委、省政府和有关部门的重视支持下，山西省档案馆新馆筹建工作快速推进，《山西省档案馆新馆项目建议书》编制完成，并通过省发改委批准。规划中的新馆占地为65亩，设计规模近8万平方米，将满足未来50年馆藏增长的需求，初步预算投资为4亿，预计2017年投入使用。二是完成档案馆安全专项督查。省档案局对盂县、阳泉郊区、孝义等21个县级国家综合档案馆进行了安全专项督查，就督查中发现的问题提出整改意见，并向各市、县（市、区）人民政府发出《山西省档案局关于档案馆安全专项督查情况的通报》。三是注重档案实体的安全防护和修复保管。省档案馆对馆库进行全面的清理，共缩微、装订档案15000页，修裱破损档案2000余件，完成馆藏破损地契档案的修复、复制工作。四是注重档案划控工作。省档案馆制定《档案划控办法》，编制《档案划控工作原始记录表》等，对参与划控工作人员建立工作记录档案，确保工作质量，积极稳妥地推进档案数字化工作。

(三) 档案利用体系建设。

一是做好接待查阅利用工作。2013年，全省各级档案馆共接待涉及民生等问题查档上万人次，利用档案4万余卷(件)。二是积极开发档案信息资源，宣传党的历史，宣传社会经济发展史。启动了《山西省志·档案志》编纂工作；与《新晋商》杂志合作，在2013年第10期策划制作“大太原”蓝图专栏；制作出版《山西省历届劳模会议简介》；与《山西晚报》联合出版17期《档案揭秘》专刊。三是积极开展“国际档案日”宣传工作。2013年6月9日是我国第一个全国性的档案部门集中活动日，省档案局围绕“档案在你身边”主题，开展图片展览、知识讲座、赠阅书籍等系列宣传活动。四是持续推进档案信息化和数字化建设。省档案局在档案信息数字化硬件、软件建设方面双管齐下，完成山西省档案馆中心机房建设和门户网站项目技术需求的编制工作；《面向移动终端发布的档案编研平台的研究与应用》列入国家档案局2013年国家档案科技计划任务；积极筹备建立起档案数字化加工中心，计划用5年左右时间完成馆藏重要档案的数字化工作。

(王　斌)

附：省档案局(馆)党组书记、成员名单

书　记：阎默彧

成　员：王保国　刑利民　孔凡春（4月任职）

省万家寨引黄工程管理局党委工作概况

党委书记　王　纯

2013年，在省委、省政府的正确领导下，省引黄局党委坚持以邓小平理论、“三个代表”重要思想和科学发展观为指导，深入贯彻党的十八大和十八届三中全会精神，以学习习近平总书记系列重要讲话精神为重点，以提高党的建设科学化水平为目标，以服务全省转型跨越发展为着力点，扎实开展党的群众路线教育实践活动，不断加强思想、组织、作风、反腐倡廉和制度建设，党的建设取得新成效，引黄事业取得新进展，为我省转型跨越发展提供了有力的水源支撑。

一、坚决反对四风，扎实开展党的群众路线教育实践活动

一是突出学习教育，做到准备充分。局党委带头抓好集中学习，带领全局党员认真学习习近平总书记一系列重要讲话精神、中央党的群众路线教育实践活动工作会议精神和《人民日报》刊发的《始终保持与人民的血肉联系》的社论，以及中央和省委有关开展教育实践活动的相关文件，为开展活

动奠定了思想和理论基础。随后,按照省委要求,成立了党的群众路线教育实践活动领导小组,召开了党的群众路线教育实践活动动员大会,同时利用引黄工程网站、《引黄工程》报及内部《快报》等媒介加大宣传力度,为活动开展营造了浓厚氛围,切实增强了全局党员贯彻执行党的群众路线的思想自觉和行动自觉,为活动开展作了充分的准备。

二是认真听取意见,做到开门纳谏。局党委坚持把学习教育、听取意见与开门搞活动相结合。党委中心组安排了5次集中学习,组织了群众路线专题讨论、"为了谁、依靠谁、我是谁"大讨论和省直机关第一届道德模范宣讲活动,党委书记、局长王纯为全局党员干部作了《引黄干部要有良好作风》的党课报告。在深入学习和动员的基础上,坚持开门纳谏、广泛听取意见。党委通过召开座谈会、设置征求意见箱、开通征求意见电话等多种方式征求干部职工和群众意见;班子成员分别深入14个联系点,面对面征求群众意见和建议,并确定了5个专题进行了深度调研,参加征求意见干部群众812人次,发放并收回调查问卷346份。由于党委"面对面"座谈听取意见、"心贴心"上门听取意见、"背靠背"书面听取意见,态度坚决,做法诚恳,为群众讲真话、讲实话、讲心里话创造了条件,职工群众如实反映各类意见建议达到154条,并为引黄发展提出了很多好点子、好主意。8月18日,引黄局作为5个开展活动较好单位之一,在省委第一批教育实践活动座谈会上作了典型发言。

三是深入查摆问题,做到触动灵魂。局党委坚持聚焦"四风"不散光,通过"群众提、自己找、上级点、互相帮",深入查摆"四风"突出问题,确保查摆问题全面准确。班子成员彼此掏心见胆、交换意见,制定了谈话时间表,坚持"四个必谈"、"三谈三不谈",敞开心扉,坦诚相见,该提醒提醒,该批评批评,有话讲在当面,问题摆在桌面。在充分谈心交心和查摆问题基础上,班子成员按照规定格式内容,坚持衡量尺子严、查摆问题准、原因分析深、整改措施实的标准,认真撰写了对照检查材料,力求做到深查深摆,很多同志数易其稿,真正做到了"像、深、准、诚"。班子对照检查材料由党委书记、局长王纯同志主持起草,充分征求意见,先后5次修改。班子及局领导的对照检查材料,紧扣"四风",结合实际,全面深刻,特别是对"人情消费"、办公用房超标等情况进行了深入查摆,切实做到了触动灵魂。

四是严肃开展批评,做到红脸出汗。11月14日,局党委利用1天时间召开班子专题民主生活会,查摆四风突出问题,开展批评与自我批评。党委班子共查摆出"四风"方面的问题12个,制定了5条改进措施;6位班子成员共查摆出个人"四风"方面的问题41个,制定了29条改进措施。班子成员之间以整风精神开展批评和自我批评,相互之间当面提出各类意见37条,确确实实做到了"红红脸、出出汗",达到了增进团结的目的,得到了省委督导组的充分肯定。局属30个党支部分别召开专题组织生活会,坚持做到自我批评深刻到位,相互批评直奔主题,达到了"团结—批评—团结"的目的。

五是狠抓整改落实,做到即知即改。根据查摆的问题,局党委研究制定了《班子整改方案》,确定了10项近期和4项长期整改任务;制定了《专项整治方案》,确定了7个方面、15个专项整治任务。班子成员制定个人整改措施46条。按照"即知即改即行"的原则,局党委坚持以实际行动见到整改实效,通过大力整改,2013年引黄局在纠正"四风"上成效显著,全局性会议同比减少22.2%,费用降低34.3%;文件简报同比减少24.1%,费用降低24.2%;三公经费同比减少28.7%;公务接待批次、人次、经费同比分别减少33.3%、36.1%和37.5%;按规定退还外单位车辆2台;清腾出生产管理用房12间约310平方米。特别是针对职工群众提出"领导干部对地处深山的一线生产单位重视不够、对生产一线职工的疾苦关心不够"等群众最关心的问题,局领导深入泵站、阀室生产一线,进行深度调研,提出完善我局(总公司)收入分配制度的思路,先后经过4次讨论、2次书面征求意见和8次修改,《一线生产单位岗位效能工资实施办法》已于2014年1月1日起实行,凸显了倾斜一线、以人为本的理念,激励广大干部职工更加热爱本职,安心一线。

六是强化制度建设,做到标本兼治。按照"精简、高效"原则,研究制定了《制度建设管理办法》,先后两次对2009年以来管理制度和规范性文件进行了全面清理,共清理各类管理制度164项,废止了28项,修订了43项,继续执行73项,还有20项新建制度正在起草过程中。通过建章立制,教育实践活动中形成的认识成果、实践成果上升为制度机制成果,"职能清晰、权责明确、行为规范、运行顺畅、领导有力、廉洁高效"的制度体系正在建立。

二、丰富活动载体,不断深化精神文明创建活动

一是深入推进公民道德建设"五个一活动"。组织开展"一堂一队一牌一桌一组"活动,建立道德讲堂,组织了省直机关第一届道德模范宣讲活动;局机关组建了47人的学雷锋志愿服务队,不定期开展志愿服务活动;开展"文明餐桌"行动,大力普及文明就餐知识,推广文明餐饮礼仪和文明用语,倡导节约用餐行为;由局文明委成员单位抽调人员,组成文明传播小组,广泛开展精神文明建设和公民道德建设的宣传工作。

二是组织开展丰富多彩的活动。组织职工参加纪念省直机关精神文明创建工作30周年系列活动,获得知识竞赛"优秀组织奖",12名同志分获一等奖、三等奖和优秀奖。组织纪念建党92周年活动,召开纪念"七一"党风廉政建设专题报告会,组织"迎七一健身操舞"比赛和"右玉精神"、"引黄发展史"专题报告会。组织参加省直机关"五项全能比赛",两名选手获得优秀奖。组队参加省直机关第九套广播体操比赛,荣获银奖。组织参加省直工委"我的中国梦"文艺展演活动,获得"优秀表演奖"和"优秀创作奖"。开展"爱的小桔灯,儿童关爱行动",将全局职工捐赠的1800余册图书,捐赠给文水县武陵村希望小学的孩子们,建起了"爱心书屋"。组织开展社会捐助活动,在"博爱一日捐"、"慈善情暖万家"献爱心和"送

温暖、献爱心”三项爱心捐助活动中，为灾区困难群众、弱势群体捐款39540元。

三、服务转型跨越，奋力推动引黄事业向前发展

一是供水运行安全稳定。全局上下围绕“十二五”期间供水能力和供水量“双翻番”目标，投入694.4万元大修、技改，提高设备设施运行可靠性，全年供水2.85亿方，其中，生态供水1.54亿方，生活和工业供水1.31亿方，全年安全稳定无事故，供水水质符合国家标准，为我省转型跨越发展提供了有力的水源支撑。

二是在建工程进展顺利。全年完成基本建设投资12.6亿元。呼延调蓄工程全部完工，完成蓄水安全鉴定。北干线15个标段均已完成合同完工验收和工程结算。大同黄河原水直供配水支线工程，完成14.5公里管道铺设。

三是后续项目有序推进。清徐原水直供工程、左云供水工程和总干线、南干线泵站二期扩机工程，前期程序报批工作取得了实质性进展。忻州宁武、神池、五寨、岢岚四县供水、阳曲供水、平鲁北坪工业园区供水、晋祠难老泉恢复、引黄沿线水源地保护等一批新项目正在积极推进。

四是经营实体破土而出。筹备、组建了山西黄河水文化有限公司、山西晋祠泉域生态供水有限公司、山西黄河水利设计公司、大同黄河原水直供公司等一批经营实体，进一步发挥引黄优势，优化资源配置，增强内生动力，拓展经营市场。

引黄局党委将继续坚持党要管党、从严治党的方针，以党的十八大和十八届三中全会精神为指引，继续推动党建工作创新，努力为加快转型跨越，办好“两件大事”作出新的更大贡献。

（温　捷）

附：省万家寨引黄工程管理局党委书记、副书记、委员名单

书　记： 管二拴（3月离职）　王　纯（3月任职）

副书记： 朱春耀（4月离职）

委　员： 崔富春　张俊杰（5月离职）　樊安顺　贾伟智　苏连元　雷天才　呼运平

省煤炭地质局党委工作概况

党委书记　潘增武

2013年，在省委、省直工委正确领导下，山西省煤炭地质局党委紧紧围绕全面贯彻落实党的十八大精神这一主线，深入开展党的群众路线教育实践活动，为提升全局党员干部作风建设水平、凝聚转型发展合力、推进富民强局新跨越提供了坚强保证。

一、深入开展党的群众路线教育实践活动，全局党员干部作风建设成效显著

“作风建设年”活动奠定坚实基础。局党委把2013年定为“作风建设年”，出台了关于改进工作作风、密切联系群众“十项规定”，制定了详细的活动实施方案，组织了专项调研。活动开展半年，全局党员干部在作风改进上有了显著进展，为教育实践活动的组织开展奠定了坚实基础。教育实践活动开始后，“作风建设年”活动与教育实践活动并轨，同推进，同考核。

教育实践活动成果丰富。从2013年8月5日群众路线教育实践活动全局启动，到各院总结大会全部召开完毕，全局教育实践活动共历时7个多月。各级党组织和广大党员按照“照镜子、正衣冠、洗洗澡、治治病”的总要求，紧紧围绕三个规定环节，聚焦作风建设，突出反对“四风”，把“为民务实清廉”落实在为职工群众办实事、推进富民强局新跨越的具体实践上。活动期间，全局党员干部下基层、到钻机，共征集职工群众意见建议近1800条，确定158项领导班子整改任务；明确建立（修订）189项制度；总计开展了包括8大项23小项、195方面具体措施的专项整治工作。截止2013年底，全局96项即行整改任务全部落实，制度建设计划完成96个，专项整治持续进行。定点扶贫工作得到省领导表扬，并获得省扶贫工作先进单位称号。公务用车管理全面加强，腾退超标办公用房652平方米，“三公”经费支出同比下降29.6%，会议支出同比下降47.8%，全年审计核减基本建设等支出176万元，会风、文风、学风显著改善，党员干部队伍作风建设水平整体向好发展，有效密切了党群干群关系，夯实了转型跨越发展的群众基础。

教育实践活动经验宝贵。经过集中教育实践，全局党员干部深刻认识到：必须坚持党的领导，更加自觉地站稳政治

立场,在思想和行动上始终与党中央保持高度一致;要坚持发扬批评和自我批评的优良传统,旗帜鲜明地反对“四风”;要树立底线思维,把权力关进制度的笼子,永葆党的先进性和纯洁性,确保党始终成为我们各项事业的坚强领导核心。必须密切联系群众,坚持领导带头,一级带着一级干、一级做给一级看,齐心协力,同向同行;要始终绷紧“问题意识”这根弦,集民智、聚民力、解民忧,服务职工群众、服务转型发展;要扩大群众参与和群众监督,反逼各项工作逐渐步入制度化轨道。必须坚持实干兴局,善于创造和利用机遇,敢于动真碰硬、迎难而上,不断争取发展主动权;要强化制度执行力,让制度真正成为干部职工日常行为的刚性约束;要驰而不息清除作风之弊、行为之垢,赢得职工群众的信任和支持。这些宝贵经验,有效夯实了发展的思想基础。

二、完善基层组织和队伍建设,为全局发展提供坚强的组织保证和人才支撑

加强基层党组织建设。在局属 9 个院,按规定补任了 21 名党委(总支)委员,补选了 2 名总支委员;调整并新增 3 个党支部;对局机关 11 个支部的支委成员进行了改选、补选,全局基层党组织力量进一步加强。局党委积极倡导“党务工作大观摩”交流模式,引导各基层组织逐步培育特色党建工作品牌。目前,局机关《地勘讲坛》,物测院、114 院和 148 院“道德讲堂”,物测院“党代表工作室”,在系统内外已经具有一定影响力,起到了应有的凝聚和引领作用。品牌创建使“创先争优”成为全局共识,基层党组织的向心力和战斗力不断提升。

强化党员干部队伍建设。坚持党管干部原则,在干部选任和考核工作中加大群众评价力度,全年调整处级干部 17 人,全局 32 名正处级干部大会公开述职,88 名副处级以上干部接受干部职工民主评议;针对局野外作业、一线党组织力量薄弱和编制外职工多的现状,局党委全年发展 41 名党员,技术骨干和生产一线职工占到 27 名,进一步扩大了党的工作在野外一线的覆盖面。按照局党委统一部署,各党支部积极引导党员立足单位发展需要、自身和岗位实际,不断完善“即时承诺”和“年度承诺”,将党员公开承诺与改作风、办实事、促转型相结合,使全局党员干部服务发展、服务群众的意识显著提升。

强化人才队伍建设。针对野外技术人员短缺、一线留人难、职工子女就业难的矛盾,全局协调安排 23 名地质勘查类专业的职工子弟上岗;通过选拔,委托太原理工大学代培 100 名职工子弟,待毕业后充实到野外一线。加大对在岗职工的教育培训和基层锻炼力度,2013 年共组织 5 次 330 余人参加了专业技能培训;局属各院分别采用走出去、请进来、本单位技术能手作“主讲人”等方式,对职工进行教育培训;局机关 11 名新进人员到局属单位进行为期 3-6 个月的锻炼;局属多个单位开展了机关干部下钻机活动;加大了人才引进力度,全局全年公开招聘、校园招聘共 71 人,人才对全局科学发展的智力支撑作用正在逐步显现。

三、强化宣传和思想舆论引导,为全局转型跨越发展汇聚起正能量

明确教育方向。局党委以中心组学习为龙头,引深十八大和十八届三中全会精神的学习贯彻;将“一季一讲座”正式命名为《地勘讲坛》,通过亮牌子、自我加压,进一步强化了“一周一学习,一月一报告,一季一讲座,半年一演讲”制度的落实;通过增加局党员活动室的职工阅览功能、充实野外一线流动书箱等方式,营造全员学习氛围,积极建设学习型队伍。全年共组织局党委中心组学习 32 次,专题讲座 4 次,地勘讲坛 3 次,局院两级党组织普遍开展了党委书记讲党课活动。

强化舆论引导。局党委通过强化基层通讯员网络建设,全面加大对重点项目、重要工作、先进典型的宣传力度。除传统的《中煤地质报》外,开辟了十余家宣传阵地,全年刊发各类宣传报道 406 篇次,较 2012 年增长 34.9%,在扩大地质局社会形象同时,有效增强了全局干部职工职业自信心和自豪感。在内部宣传引导方面,《晋煤地勘通讯》每月反映基层一线的内容达到 60%以上;局党委还通过“道德讲堂”,道德模范先进事迹报告会,“最美劳动者”、“最美共产党员”、“最美支部书记”评选及《晋煤地勘通讯》展示等形式,用职工群众身边的人、身边的事感染、教育和引导职工群众,有效增进了职工群众共识,凝聚了转型发展合力。

引深文明和谐创建。局党委以文明和谐单位创建工作为平台,充分发挥群团组织优势,通过青年志愿者服务、慈善捐助、“爱心超市” 建设等平台,引导职工群众积极参与共建。2013 年,省煤炭地质局投入困难职工帮扶和慰问金 20.6 万元,慈善捐助 25.1 万元,捐赠衣物 1484 件(套),无偿献血 45800 毫升,参与抢险救援 2 次;制定了局信访工作办法,畅通职工表达渠道,落实解决了 4 件信访诉求。全局现有 1 个省级“文明和谐单位”和“模范单位”,3 个省直和 1 个太原市文明和谐单位标兵,3 个省直文明和谐单位。局属 2 个院分别申报晋级省直文明和谐单位标兵和省直文明和谐单位。

四、防范廉政风险,为全局转型跨越营造清正清明的发展环境

积极构建干部自律、组织监管、群众监督为一体的特色惩防体系。2013 年,局党委突出廉政关口前移,防患于未然。在严格执行局“六个不准”规定基础上,局对院、院对下属实体、重要岗位层层签订廉政责任书,将廉政责任分解到岗到人;坚持对负有经济责任的处级以上干部进行审计,全年完成 7 次离任(离岗)审计和 1 次任中审计;纪检监察部门进一步加大了对重要工作、重点项目的介入和效能监察力度,排查廉政风险;持续加大专项整治、警示教育和工作公开力度,使党员干部切实做到了自警自律、清正廉洁。

在肯定成绩同时,全局党的建设仍然存在不少缺点和不足:局属各单位之间党建工作发展还不均衡;“四风”问题还不同程度存在;基层组织建设还有待进一步加强;党员干部谋长远、抓落实、求实效的功夫下得还不够。全局党员干部积

极正视这些问题，在局党委的带领下，以对山西煤炭地质事业高度负责的态度，事不避难，勇于担当，奋力开创全局党建工作新局面！

（赵晓彦）

附：省煤炭地质局党委书记、副书记、委员名单

书　记：潘增武

副书记：王学军　王宏伟

委　员：黄岑丽　李兴武（5月任职）　张晓峰　宋　儒（1月任职）

省地质勘查局党委工作概况

党委书记　康有全

2013年，在省委、省政府的坚强领导下，局党委认真贯彻党的十八大和十八届三中全会精神，围绕中心，服务大局，地勘经济跨上新台阶，“创先争优”取得新成效，群众路线教育实践活动深入开展，干部作风有了新转变，关注民生、和谐稳定取得新进展，开创了党建工作的新局面，为全局转型跨越发展提供了坚强的思想、政治和组织保证。全局现有基层党组织143个（包括13个直属党委、3个直属党总支和支部、127个党支部）。党员2600余人，在职党员1350人。

一、以地质主业为中心，促进地勘经济稳步发展

积极发挥地质工作主力军作用，全年共组织实施中央和省财政各类地质勘查项目147项，累计完成钻探工作量42.6万米，开展地质调查15.9万平方公里，新发现资源储量煤94.1亿吨、铝土矿3.9亿吨、铁矿7.3亿吨、铜矿4.07万吨、钼矿4.96万吨、冶镁白云岩6.5亿吨、石墨3533万吨，较好地实现了找矿突破战略行动三年有重大进展的目标，为山西省经济发展做出了积极贡献。面对煤炭市场低迷、经济下行压力不断增大的严峻形势，新一届局领导班子加强了对经济工作的领导和对形势的研判，坚持把发展作为第一要务，确立了全局产业经济“1234”发展思路和“四做”目标，多策并举，主动作为，密切了与国土资源部、中国地质调查局、省国土厅等业务管理部门和有关涉外公司的关系，明晰了局机关职能部门和局属单位的工作定位，为全局发展营造了良好的内外环境。召开了全局产业经济发展及海外工作专题会议，从政策引导、资金投向等方面积极推进产业结构调整。安排专项资金扶持地勘单位进行土地资源开发，投资3000多万引进大型煤层气钻机，着力培育新的经济增长点。按照两个开发、三个拓展的思路，加大了市场经营力度，国内市场承揽实施矿产资源勘查、地质灾害评估治理、工勘施工等各类社会地质项目3500多个，共实现经营收入21.1亿元，同比增长8.12%；境外市场在巩固水井施工、供水工程和工勘施工市场的同时，积极拓展矿产资源勘查开发领域，全局经济发展总体保持了稳中有进、稳中向好的态势。

二、领导班子和干部队伍建设不断加强

领导班子得到加强。去年5月份省委对局主要领导职务调整后，新领导班子以全新的观念、清晰的思路、更多的举措开展了系列工作，班子成员精诚合作，自觉维护班子的权威，使班子整体能力不断提高。各单位注重加强班子自身建设，召开了专题民主生活会，大家开诚布公、对照检查、相互批评、提高认识。调整充实了部分队级领导班子，分两批对6个单位10名队级领导进行了调整补充和交流，实现了新老班子成员的交替，改善了班子的梯次结构，增强了班子的活力，提高了战斗力。

群众路线教育实践活动成效明显。按照中央的部署和省委的安排，全局教育实践活动采取局队统一部署、压茬推进的方式进行，11个基层党委、125个党支部参加了活动。通过教育实践活动，各级领导班子和党员领导干部政治信念进一步坚定，解决“四风”问题取得了显著成效，解决了一批群众反映强烈的突出问题，进一步提升了做好群众工作的能力，初步形成了23项党的建设和作风建设的制度成果。广大干部群众普遍反映，活动以来，会议文件少了，抓落实力度大了，领导干部“官气”少了，接“地气”多了，讲排场、比阔气的少了，埋头苦干做事业的多了，能够以更多精力专注工作了。据统计，广大干部职工对全局教育实践活动开展情况表示“满意”和“基本满意”的占到95%以上。

三、基层党组织建设扎实推进

基层党组织建设不断加强。认真落实党建责任制，扩大党组织和党的工作覆盖面，以党的基层组织带动工会组织、共青团组织和妇女组织建设。印发了2013年全局思想政治工作要点，对全局政治工作做出了具体部署和安排。开展了全局基层党组织建设情况专题检查，对发现的问题，积极寻找对策，提出整改意见，进一步巩固了基层党组织集成升级行动。加强了党员干部理想信念教育，引导党员干部为实现“地勘事业跨越发展”而努力奋斗。各级党组织遵循发展党员“十六字”方针，注重在优秀年轻干部和一线生产技术骨干中发展党员，新发展党员35名，党员队伍结构进一步优化。

学习型党组织建设深入推进。坚持抓好党委中心组学习，局党委全年集体学习15次。对机关处级干部提出了干部在线学习的检查考核措施，落实了75名处级干部十八大培训班轮训学习的计划。举办了地质、水文、审计等各类业务培训班10余个，参加培训职工近千人。开展了公文写作、党的

知识、电脑操作、语言表达、健步走五项全能比赛,参与干部职工 4000 余人,推进了全局学习型、服务型、创新型党组织建设,促进了广大干部职工综合素质的提升。

积极开展纪念建党 92 周年活动。"七一"前,局党委安排了选树先进、慰问老党员、重温入党誓词系列活动。局属各单位根据实际,制定了活动方案,确保纪念活动有序开展。活动中,局党委表彰了近年来涌现出的 23 个先进基层党组织、130 名优秀共产党员,各单位慰问老党员、困难党员 120 名,上报各类征文 510 篇、书法作品 300 幅、摄影作品 120 幅,参加党的知识竞赛、接受传统教育、重温入党誓词人数超过 3800 人次。通过形式多样的群众性纪念活动,歌颂了党的丰功伟绩,宣传了地勘行业的先进典型,营造了积极向上的良好氛围。

四、文明和谐工作取得新成绩

文明和谐创建扎实开展。以创建文明和谐单位为载体,不断提升职工队伍建设质量和水平,坚持开展创建文明机台、文明班组、文明家庭等活动,推进了群众性精神文明建设的开展。3 家地勘单位被新评为"省直文明和谐单位标兵",9 家单位被评为"省直文明和谐单位",局机关连续 17 年被评为文明和谐标兵单位。开展"信义、坚韧、创新、图强"山西精神的宣传活动,制作各类宣传板块、横幅 73 个。开展纪念省直机关文明创建工作 30 周年活动,下发了活动方案,开展了知识竞赛等六项活动,获两个组织奖,32 人在知识竞赛中获奖,9 篇论文在征文中获奖。开展了两年一次的局级文明和谐单位评比,对 2012—2013 年度局级 3 个文明和谐单位标兵和 7 个文明和谐单位进行表彰奖励。

宣传思想工作成效显著。围绕全局中心工作,开展了社会主义核心价值体系教育,实施了公民道德建设工程。开展了向全国五一劳动奖章获得者魏荣珠同志学习活动,省主要媒体集中刊发了他的先进事迹;《中国国土资源报》《山西工作》《山西画报》对省地质勘查局各方面取得的成就和今后的发展思路给予了大篇幅报道,在社会上产生了广泛影响。据统计,全年对外发表各类新闻稿件 800 余篇次,在局网站刊发各类报道 300 余篇,图片 1600 余幅,为不断提高省地质勘查局社会知名度发挥了积极作用。

工团组织作用进一步发挥。坚持开展以职代会为主要形式的职工民主管理、民主监督,大力推行队务公开,使职工知情权、参与权和监督权得到有效保障。开展"五一"评选表彰活动,地调院魏荣珠同志获全国"五一劳动奖章",2 个集体、3 名个人获省总直属基层工会"五一劳动奖状"和"五一劳动奖章"。加大了全局特困职工帮扶工作力度,建立了 118 名困难职工档案,推进了帮扶工作的常态化、长效化。坚持开展全局"送温暖"活动,发放慰问金 80 余万元。重视共青团工作,开展了学雷锋志愿服务活动。

离退休工作不断加强。局党委重视老干部工作,认真落实离退休人员的政治和生活待遇。组织开展丰富多彩的文化体育活动,开展了全局离退休职工乒乓球比赛,对异地安置的离退休人员进行慰问,努力营造弘扬优良传统、尊老敬老的氛围。局离退休管理工作受到省直老龄委表彰。

五、党风廉政建设深入开展

党风廉政建设责任制落实到位。局党委把反腐倡廉建设摆在更加突出的位置,纳入领导班子、领导干部目标管理,与经济建设、文明和谐建设紧密结合,同部署、同落实。年初局党委以贯彻落实中央《关于实行党风廉政责任制的规定》为契机,进一步明确"一岗双责"。印发了《山西省地勘局党风廉政建设责任制分解意见》,把任务分解落实到人。同经济责任制目标考核一道,对全局党风廉政建设责任制进行了考核。建立健全了《干部廉政谈话制度》等四个党风廉政建设方面的工作制度。

惩防体系建设不断推进。通过多种形式加强对党员干部的反腐倡廉和廉政警示教育活动,及时传达贯彻中纪委、省纪委有关文件,增强领导干部廉洁自律的自觉性。对新任改任的 7 名队级干部进行了集体廉政谈话,签订了廉政承诺书。安排部署完成了清退会员卡、停止建设楼堂馆所和办公用房清理、省直机关违规用车专项清退、违纪人员处理执行情况摸底上报,专项整治"庸懒散奢"5 项专项整治工作。

(李耿为)

附:省地质勘查局党委书记、副书记、委员名单

书　记:康有全

副书记:安俊生　(5 月离职)　翁金明(5 月任职)
赵得权

委　员:韩晋生　武　胜　潘海燕　卫继周

省农机局党组工作概况

党组书记　左义河

2013 年,山西省农机局在省委、省政府的高度重视和正确领导下,全省各级农机部门以"稳中求进"为总基调,以"抓补贴促发展、抓服务增效益、抓科技强支撑、抓监管保安全"为基本工作思路,积极开拓创新,狠抓任务落实,全省党风廉政建设、反腐败和农机化各项业务工作继续保持良好发展态势。

一、全省农机化发展和农机化工作情况

2013 年,全省各级农机部门认真贯彻落实国家和省强

农惠农政策，精心组织重要农时季节农机作业，大力推进农机社会化服务体系建设，狠抓农机安全生产，全省农机化事业呈现全面、持续、健康发展态势。主要表现在：一是农机装备水平大幅提高。全省农机总动力达到3183.3万千瓦，比上年增加127.2万千瓦，增幅4.16%。其中，大中型拖拉机保有量达到10.7万台，玉米联合收割机达到1.44万台，分别比上年增加9345台和3887台，增幅分别为9.6%和37%。同时，畜牧、设施农业、林果及农产品加工机械均快速发展，全省农机装备结构得到有效调整。二是农机作业水平稳步提升。全省机耕、机播、机收面积分别完成260万公顷、252万公顷、170万公顷，机耕、机播、机收水平分别达到71.3%、64.7%、43.8%，与上年相比分别提高了1.5个、2个和4.9个百分点。全省主要作物机械化综合水平达到61.07%，比上年提高2.7个百分点，超出全国平均水平2个百分点。三是农机化经营效益持续增加。全省农机化经营总收入达到121.9亿元，比上年增加6.81亿元，增幅5.92%。其中，农机户经营纯收入达到58.13亿元，比上年增加1.15亿元，增幅2%。四是农机安全生产形势稳中向好。全省共发生17起一般性农机事故，农机事故千台重伤率0.052，未发生一次死亡3人以上的农机事故。事故起数、伤亡人数和每千台重伤率均低于省政府下达的农机安全生产考核指标，且分别比上年下降6%、25%和13%。

概括起来，主要抓了以下六个方面工作：

（一）改革补贴方式，规范高效落实农机购置补贴政策。全省共落实农机购置补贴资金7.262亿元，其中中央补贴资金7亿元，比上年增加3000万元，省财政投入2620万元，共补贴8.24万户农民购买各类机具12.08万台，带动全省农机经销企业销售额达到24亿余元。在全省推行了“全价购机、资金到县、直补到卡”补贴方式，进一步规范了工作流程，保证了资金安全，保护了群众利益；认真落实了“主要领导负总责、分管领导负全责、工作人员直接负责”和“谁办理、谁负责，谁核实、谁负责”的责任制度，做到了目标到岗、责任到人；构建了农机购置补贴互动平台，适时公开农机补贴信息，广泛接受社会各界监督。2013年，山西省农机局被农业部评为2012年度农机购置补贴政策延伸绩效考核试点工作优秀单位。

（二）突出薄弱环节，精心组织农机化生产。春耕春播期间，全省投入各类机具45.3万台件，完成机械化耕整地187万公顷、机械播种154万公顷。在春季干旱、土壤失墒影响严重，农机作业较往年推迟10天的情况下，各地准备充分、组织得力、机具调度合理，大部分市县5天就完成了春耕生产。“三夏”期间，投入各类作业机具43万台件，其中联合收割机1.2万台，完成小麦机收面积66万公顷，机收水平达到98%，比上年提高2.9个百分点；秋粮机械复播面积41万公顷，比上年增加3.2万公顷，机械复播率达到92%，创历史新高。“三秋”期间，投入各类农业机械31.8万台件，安排玉米机收、马铃薯机收和机械化柠条平茬等作业补贴资金1.03亿元，完成玉米机收面积85.8万公顷，机收水平达到50.5%，比上年提高13.3个百分点，超出全国平均水平1.5个百分点；完成薯类机收面积11.5万公顷，机收水平达到43%，较上年提高7个百分点；完成柠条机械化平茬面积1万公顷。

（三）强化分类指导，稳步推进保护性耕作发展。全省新增保护性耕作面积12.6万公顷，累计实施面积达到99.3万公顷，受益农民近1100万人，增产粮食7.4亿公斤，节约生产成本4.4亿元，总节本增效20.68亿元。在没有专项补贴资金的情况下，全省完成农机深松整地面积18.5万公顷。在实际工作中，重点抓了以下四方面工作：一是制定了《2013年山西省保护性耕作项目实施方案》，为全省更好地发展保护性耕作技术提供了操作性很强的实施指南。二是组织举办了保护性耕作工程建设项目管理专题培训班，培训项目县局长、项目管理及财务管理人员等120余人，有效提高了项目县项目实施综合能力。三是培育了保护性耕作适度规模经营典型。到2013年年底，全省保护性耕作适度规模经营农场达到60个，累计实施面积达到0.6万公顷，占经营土地面积的96%；增产粮食455万公斤，节约生产成本413万元。四是强化了国家保护性耕作工程建设项目监管。对屯留、尧都两个2010年度项目进行了验收，对2011年度和2012年度项目县工程进展情况进行了督查，组织20个县申报了2013年度保护性耕作基本建设计划任务。

（四）坚持因地制宜，强化农机科研和示范推广。围绕全省农业产业结构调整，推介实施玉米机收、马铃薯机收等20项主推技术，示范推广新装备8000余台(件)，完成机具“三性”试验考核130余项；新建示范基地133个、省级现代农机化示范区4个，新建改建56个农村油坊磨坊、农产品加工示范点76个。成功举办了第三届中国(山西)特色农产品交易博览会农机展，展示省内外80余个农机生产企业生产的700多种农机产品，组织了农机贸易项目签约、农机新技术新机具推介、农机化法律法规及有关政策知识竞答、农机化发展成就新闻发布等系列活动，受到了广大农民和社会各界的广泛关注。各地普遍结合当地农业生产需求，适时开展了农机化新技术新机具示范演示。据统计，全省共举办农机化新技术新机具现场演示展示会300余场次、各类专题技术培训班150余次，培训农机推广人员和业务骨干8000余人次、农民10万余人次。在农机科研方面，“穴播式铺膜播种机的研究”等7项科技攻关项目通过结题验收；“废弃秸秆沼气集中供气工程机电一体化装备和控制技术研究”等4项农机科研成果通过省级科技成果鉴定，均达到国际先进水平；《马铃薯全程机械化生产技术示范推广》项目获2012年山西省农村技术承包奖一等奖；《4YZ-3多功能自走式玉米收获机》项目获山西省科技进步二等奖。

（五）狠抓扶持规范，着力构建新型农机社会化服务体系。全省新发展农机合作社286个、农机大户1138个，农机合作社和农机大户分别达到1884个和5773个。2013年，省农机局与山西省总工会农林水工会联合组织开展了全省农机化生产“三大作业”劳动竞赛，在全省营造出了良好的生产氛围。建设50个全国农机合作社示范社，其中榆次区康源农机合作社社长被评为全国20佳农机合作社理事长之一。制定实施了《关于规范推进农机合作社发展的意见》和《山西省农机维修网点规范化建设标准》，有效规范了农机合作社和农机维修业发展秩序。狠抓了农机专业合作社社长培训和农机维修人员技术培训，共培训农机专业合作社社长600人，核发维修工职业技能鉴定证书400个。探索了企社共建模式，指导信联集团和文水县刘胡兰村宝丰农机合作社联合共建了“文水县刘胡兰村信联农机合作社”；为五征集团与农机合作社共建牵线搭桥，五征集团已经与大同、朔州部分县达成共建意向。在全国农机社会化服务体系现场会和农机维修管理工作会上，省局先后做了《政策先导 多措并举 全力推进农机社会化服务又好又快发展》和《实施“一坚持五加强”措施 推进农机维修业持续健康发展》的典型经验交流。

(六)加强依法行政，狠抓农机安全生产。在农机安全生产监理方面，按照“全覆盖、零容忍、严执法、重实效”的总要求，集中开展了农机安全生产隐患大排查、百日农机安全生产、农机安全执法检查和农机安全生产大检查等专项行动，农机安全生产形势持续向好。全省新注册登记拖拉机、联合收割机2.14万台，检验机车9.03万台，新训新考驾驶员1.33万人；深入开展“平安农机”和“为民服务创先争优”示范窗口创建活动，襄汾等4县被农业部、国家安监总局评为全国“平安农机”示范县，襄垣等4县农机监理站、吴波等8名监理人员被评为全国示范窗口和示范岗位标兵。2013年8月，山西省农机局被国务院安委办、中宣传部等七部委评为“2013年安全生产月”先进单位。再农机产品质量监管方面，在全省组织开展了“消费安全”315农机质量维权宣传活动，印发宣传资料23万余份，接受群众咨询2.5万人次；联合工商、质监等部门，查处伪劣农机具及配件4749件，受理农机质量投诉案件20起、结案18起，结案率为90%，为农民挽回经济损失38万元；对19个企业、211台玉米收获机产品进行了质量调查，对74家经销企业质量保障能力进行了督导检查，进一步规范了补贴产品市场秩序；完成省部级推广鉴定127项、各类监督检验425项；制定了《山西省支持推广的农业机械产品目录》，向农业部推荐4家企业3类5个型号产品进入《2012-2014年国家支持推广的农业机械产品目录》。

二、党风廉政建设工作情况

(一)认真落实党风廉政建设责任制。制定了《山西省农机局关于2013年党风廉政建设和反腐败工作任务的分解意见》，按照“一岗双责”和“谁主管谁负责”原则，把全年31项党风廉政建设和反腐败工作任务，分解到各党组成员和职能部门，进一步明确了党组成员和职能部门的责任，完善了局直系统“一把手”抓班子成员、班子成员抓分管部门、一级抓一级、层层抓落实的责任体系，为落实党风廉政建设责任制、推进惩治和预防腐败体系建设工作提供了组织保证。

(二)深入开展群众路线教育实践活动。按照省委的部署要求，精心组织、周密安排，扎实工作，取得显著成效，受到省委督导组的好评。一是结合农机工作实际，由局班子成员牵头深入基层开展深度调研，撰写出7份有情况、有分析、有指导意义的调研报告，对推进全省农机化工作起到了积极作用；二是坚持边学边改、边查边改的原则，对群众反映突出的、具备解决条件的10个方面的问题进行了整改，确实让群众看到了群众路线教育实践活动带来的实际成效；三是对局机关现有的30多项管理制度进行了清理修订，目前，已修订20项、废除1项，新制定10项。

(三)积极开展警示教育和专项治理行动。组织全局党员干部认真学习了十八大及十八届三中全会、习近平总书记系列讲话、国务院《厉行节约 反对浪费条例》、中央经济工作会议、省委袁纯清书记有关讲话等精神，观看了《苏联亡党亡国20年祭》警示教育片和我省先进模范事迹报告会录像，开展了治理吃喝不正之风、会员卡专项清退、违规用车专项清退、清理办公用房等专项治理活动，教育广大干部筑牢反腐倡廉防线，严守党纪国法。

(四)全面加强监督检查。对局直各单位党风廉政建设责任制和推进惩治预防腐败体系建设执行情况进行了监督检查；对各地农机政策项目执行情况进行了专项督察，确保了项目安全、资金安全和干部安全。结合全省廉政风险防控体系建设，认真排查廉政风险防控点，完善廉政风险防控工作措施，坚决抵制和预防严重违纪违法问题发生。

(秦永红)

附：省农机局党组书记、成员名单

书　记：王立伟(3月离职)　左义河(3月任职)

成　员：姚建忠　许继光　张培增　张乃晨　侯振全

中国煤炭博物馆党委工作概况

党委书记　李希海

2013年，中国煤炭博物馆党委认真贯彻党的十八大和十八届三中全会精神，以科学发展观为指导，围绕馆第三个五年发展规划战略和年度目标任务，不断推进党的建设，为文博主业、生产经营和精神文明创建工作的开展提供了坚强的政治、思想和组织保证。

一、围绕中心，狠抓落实，不断夯实党建工作

(一)加强理论学习 提高干部职工政治素养和综合素质。

2013年，馆党委始终把提高党员干部的思想理论水平摆上重要位置，认真计划、科学安排、突出效果。

一是制定学习计划，完善学习制度。馆党委坚持以落实中

心组学习为重点，以处级干部学习为龙头，以此带动广大干部职工的理论学习。年初，制定并下发了《关于2013年中国煤炭博物馆党委中心组和党员干部职工理论学习安排的通知》，使学习活动明确具体，切实可行，并把理论学习作为年度考核和述职述廉的重要内容。

二是丰富学习内容，创新学习载体。2013年，为各支部发放了《中共中央关于全面深化改革若干重大问题的决定》《党的十八届三中全会<决定>学习辅导百问》《各地联系服务群众经验做法选编》《损害群众利益典型案例剖析》《论群众路线——重要论述摘编》《厉行节约 反对浪费——重要论述摘编》等辅导读本。同时根据学习内容的不同特点，采取灵活多样的学习方式。2013年，采取集体学习与个人自学相结合的方式进行重点学习，举办了理论学习讲座，组织观看了警示片，到教育基地参观学习，有效地提高了学习效率。

（二）加强组织建设 增强党支部战斗堡垒和党员先锋模范作用。

一是认真开好领导班子民主生活会。会前，班子成员进行了认真学习，进一步统一思想，提高认识，并根据征求到的意见建议撰写发言提纲，深刻剖析问题根源，开展批评与自我批评，对能解决的矛盾与问题立即解决，对不能解决的提出了整改措施。

二是加强支部班子建设。根据各支部工作需要，对部分支部进行了调整，重新选配了支部书记和支部委员，增强了支部的凝聚力和战斗力。

三是做好积极分子的培养和组织发展工作。2013年，严格按照“坚持标准，保证质量，改善结构，慎重发展”的方针，发展新党员4名，为2名预备党员办理了转正手续，为党组织补充了新鲜血液。

（三）认真开展纪念建党92周年系列活动。

一是认真组织答题活动。组织在岗党员及入党积极分子进行“学习党的十八大精神”答题活动。通过活动，使在岗党员和入党积极分子对党的理论知识有了更全面、更深刻的认识，进一步增强了责任意识。

二是参加卡拉OK比赛。组织职工参加了省煤炭厅举办的纪念建党92周年《我的梦 中国梦》卡拉OK比赛。来自煤炭厅25个单位42名选手参加了比赛，经过紧张激烈的比赛，煤炭博物馆两位同志分获二等奖和优秀奖。

三是开展了“创先争优”活动。评选表彰了3个先进党支部、3名优秀党务工作者、26名优秀共产党员，并组织先进人物和支部委员到平顺县西沟村参观学习，聆听全国著名劳动模范、全国唯一的一至十二届人大代表申纪兰的亲切教诲，接受了一次深刻的革命传统主义教育。

（四）加强宣传力度 营造和谐发展氛围。

一是加强馆内宣传力度。充分利用《政工简报》、板报、网络等宣传工具，对煤博馆的重大决策与部署、文博主业动态、经营工作分析、身边的好人好事、上级领导的关怀、兄弟单位的来访等事件进行宣传报道。

二是加强馆外宣传力度。2013年除向山西省委主办的大型党史工具书《中共山西年鉴》、山西省地方志编辑出版的《山西年鉴》提供有关图片和文字资料外，还向山西省直文明委、山西煤炭信息网、中国自然科学博物馆协会、中国博物馆协会报送我馆开展活动的有关报道，积极向社会和公众介绍煤博馆在党建、精神文明、文博主业等方面取得的成绩。

二、加大监督，完善制度，扎实推进反腐倡廉建设

2013年，馆党委严格贯彻落实党中央关于改进工作作风、密切联系群众的八项规定、厉行节约反对浪费的“六项禁令”、省纪委“五不准”、省煤炭厅“十要十不准”的要求，引导党员干部和全体职工牢固树立宗旨意识，切实反对“形式主义、官僚主义、享乐主义、奢靡之风”，自觉树立健康向上、积极进步的良好形象，主动自觉地对办公用房及公务车辆进行了自查自纠。2013年，中国煤炭博物馆在新上重大项目、做出重要决策、使用大额资金以及签订各种重要经济合同、经营协议之前，都依照有关法律法规、党纪党规进行认真研究、审核把关，尽量把矛盾纠纷化解在萌芽状态，做到了未雨绸缪，保证了各项工作的顺利进行。

三、传播文明，共建和谐，推进精神文明创建工作

2013年，中国煤炭博物馆的文明和谐创建工作紧紧围绕“提高职工思想道德水准，提升企业文明和谐程度”的工作思路，以开展公民道德建设“五个一”活动为契机，开展理想信念、社会主义核心价值体系教育，全力营造轻松和谐的工作氛围，对推动博物馆各项工作的发展起到了积极的作用。

（一）加强领导健全创建机制。馆党委非常重视文明和谐创建工作，每年初签订目标责任书时，将文明和谐创建工作覆盖到全馆各项工作中去，做到精神文明建设工作与党建、文博主业和经营工作同部署、同检查、同考核、同奖罚。馆精神文明建设委员会负责全馆精神文明创建的全面工作，从而形成领导有力、责任明确、运转有序、保障到位的管理机制，全面贯彻落实文明和谐创建工作。

（二）加强公民道德建设。2013年，馆积极开展了省直机关公民道德建设“五个一”活动。一是举办专题讲座。通过邀请省委党校郭华红教授做学习贯彻十八大精神专题讲座等形式，不断加强广大干部职工社会公德、职业道德、家庭美德和个人品德建设。二是组建学雷锋志愿服务队，号召干部职工积极参与志愿服务活动，树立“学习雷锋、奉献他人、提升自己”的理念。三是在办公楼大厅醒目位置制作了“托起中国梦”“煤炭精神”宣传栏，在“煤海探秘”景区入口制作了“山西精神”电子显示屏，加强了公民道德宣传。四是坚决贯彻中央八项规定的要求，号召大家在外出就餐时养成文明就餐的习惯，形成节约风尚。五是成立文明传播小组，积极向省直文明网进行投稿，宣传本单位精神文明建设和公民道德建设情况。

（三）丰富创建载体。一是举办迎新年联欢会。职工们用自编自演的歌曲、舞蹈、诗朗诵等节目迎接蛇年新春，抒发对

煤博馆的热爱及对美好生活的向往和憧憬。

二是在“三八”节来临之际举办女职工跳棋比赛,使女职工在属于自己的节日里放松心情、增进交流、陶冶情操。

三是承办2013年太原市第五届学生风采大赛“爱家乡”主题活动。来自全市73所大中小学校的82支代表队900余名师生参加了此项活动。活动得到了太原市教育局的充分肯定和广大师生的高度赞扬,极大地提升了博物馆在全市中小学生心目中的知名度。

四是在5月19日(中国旅游日)和9月27日(世界旅游日)免费开放“煤海探秘”景区。两日接待游客1万余人,有效提升了博物馆的社会形象。

五是组织职工到常家庄园,领略大院文化。参观过程中,职工们深刻体会到大院中渗透出来的一代晋商文化精髓,更加意识到发展文博主业、传播煤炭文化的责任感和重要性。

六是组织选派职工参加山西省煤炭厅机关及直属单位第三届职工乒乓球比赛,职工们在赛场上所表现出的勇于拼搏精神得到了对手和观众的尊敬和好评。

七是举办了“2013年度走进中国煤炭博物馆暑期夏令营暨志愿者活动”。来自太原市19所学校的近百名师生参加了活动。本次活动,大大丰富了太原市中小学生的暑期生活,增强了太原市中小学生对煤炭知识的了解,感受了煤炭文化的魅力,激发了同学们热爱家乡、建设家乡的热情和激情。同时,也为热心社会公益事业,热爱博物馆事业的志愿者朋友搭建了一个学习与交流的平台。

八是承办2013山西第七届老年健康产业博览会。博览会历时4天,参展企业122家,参展产品数量4000余种,涉及老年人吃、住、行以及家庭护理服务、健康休养等多项内容。

九是博物馆科普志愿者团队参加了山西省2013年“全国科普日”暨第十届“科普三晋”主题宣传活动,向大众普及煤炭知识,传播煤炭文化。

十是组织职工参加山西煤炭系统职工第五届书法美术摄影比赛,一名职工荣获“美术十佳”称号。

十一是举办了汉字听写大赛。全馆17支代表队的51名选手参加了比赛,经过紧张激烈的角逐,有6支代表队分获一、二、三等奖,四名选手获得汉字能手奖。活动的开展,进一步推动了博物馆企业文化建设,营造出学习汉字、书写汉字、传承汉字的良好氛围。

(四)开展爱心捐助活动。

一是开展慰问困难职工活动。元旦、春节期间,馆党委对困难职工家庭进行不同程度的补助,并亲自上门看望慰问困难职工。

二是开展“送温暖　献爱心”和“慈善一日捐”活动。2013年,全馆职工积极为洪涝灾害、贫困人群、孤寡老人进行了募捐,博物馆将捐款及时送到相关部门,还将捐助者名单予以表彰,将捐助金额予以公示,自觉接受监督。

三是开展了“爱的小桔灯　点亮新希望”为贫困小学捐赠活动。收到课外读物、辅导教材、文体用品等2000余件。与太原音乐广播电台“爱的小桔灯·儿童关爱行动”栏目组携手,将图书、篮球以及博物馆为每一个孩子新购置的116册《新华字典》,送到太原市尖草坪区西堰乡西高庄中心校孩子们手中。校方向博物馆赠送了“情系教育 热心公益”的锦旗。

四是开展为患重病职工家属捐款活动。博物馆职工武安民的爱人于2012年确诊为结肠癌,由于治疗费用巨大,个人能力远不能承受。经馆领导同意,馆工会发出捐款倡议,200余名职工积极奉献爱心,为武安民解了燃眉之急。

(五)开展评比表彰活动。2013年底,评选表彰了先进集体、优秀中层干部和优秀员工;还评选出了金牌和银牌标兵,并予以奖励;“五四”期间,评选表彰了优秀团员、优秀团干和优秀青年。同时对2013年为博物馆赢得各种荣誉的职工进行不同数额的物质奖励,进一步激励职工对博物馆精神文明创建工作的积极性。

(六)切实为职工办实事。2013年,馆党委为身患重病的职工办理了大病医疗保险;为部分退休职工发放了独生子女一次性奖励金;在“三八”妇女节、“六一”儿童节、“八一”建军节,分别为女职工、职工的孩子们、复转军人送上节日的慰问;组织职工健康体检,并邀请省中医学院、天津中医药大学的研究生,为职工们就如何预防一些常见疾病进行讲解和咨询。

(七)美化馆区,营造舒适环境。

一是搞好环境卫生。每天对环境卫生进行清扫保洁,定期对各种垃圾进行清运,并根据卫生防疫需要对相关设施进行消毒,办理相关卫生检疫手续,为全馆职工提供可靠的后勤保障。

二是搞好环境绿化。2013年,及时对草坪绿篱进行浇灌和修剪,并补种了1900株胶东卫茅、300株爬墙虎,馆区的绿化工作在万柏林区保持较好水平,职工们工作生活的环境更加舒适。

三是做好各种安全防范工作。2013年,在防汛安全、交通安全、食品卫生安全、人身安全、消防安全、治安安全等各方面,精细管理、规范作业、常抓不懈,确保了职工人身与财产安全。

四、活动凝聚,示范引领,充分发挥工会和共青团的作用

2013年,馆党委坚持党建带群建,注重发挥工会、共青团的优势和作用,引导工会、共青团围绕中心工作履行自身职责,发挥自身优势。2013年,工会和团委开展了形式多样、内容向上的文体活动,不仅丰富了职工的生活,陶冶了情操,还有效地增强了工会和团委的组织凝聚力,激发了职工们的活力和激情。

(张晓玲)

附:中国煤炭博物馆党委书记、委员名单

书　记:李希海

委　员:陈胜军　胡高伟　王　晋(6月离职)
马召源(6月任职)

省城镇集体工业联合社党组工作概况

党组书记　李荣钢

2013年省城联社党组坚持以邓小平理论和“三个代表”重要思想和科学发展观为指导，认真贯彻落实党的十八大、十八届三中全会精神，紧紧围绕全省转型跨越发展大局，以加强党的先进性和纯洁性建设为主线，认真贯彻落实中央“八项规定”，以贯彻《党和国家机关基层组织工作条例》和省委《实施意见》为重点，牢牢把握服务中心，建设队伍两大任务，扎实推进学习型党组织建设，以改革创新的精神，努力推进全省城镇集体工业经济的改革和转型跨越，呈现了稳定的发展态势。2013年全省城联系统完成工业总产值157亿元，工业增加值71亿元，销售收入145亿元，上交利税43亿元，利润21亿元。

一、党组重视党建工作，坚持党要管党、从严治党的方针

（一）认真组织开展党的十八大、十八届三中全会精神专题学习活动。省城联社党组认真贯彻省委和省直工委的要求，把学习宣传贯彻十八大、十八届三中全会精神作为机关党建的重大任务来抓，机关上下兴起学习宣传贯彻的热潮。制定下发了有关通知，对学习十八大精神作出了部署，明确学习内容和要求，积极组织党员干部及时收听、收看大会实况。传达学习党的十八大和十八届三中全会精神，重点学习领会习近平总书记的重要讲话和《中共中央关于全面深化改革若干重大问题的决定》。十八届三中全会召开后，城联社及时邀请中央党校教授为全社职工进行了专题讲座。通过党组中心组学习、专题讲座、专题辅导等形式，引导党员干部紧密结合实际开展学习。

（二）完善党建工作机制，加强对党建工作的领导。一是建立一级抓一级、层层抓落实的工作机制，明确了党组为党建工作的责任主体，对党建工作负领导责任，机关党委具体抓，各级党组织书记为本级党组织党建工作第一责任人。二是为认真学习贯彻落实党的十八大精神，根据省直工委的安排，开展了党组书记大调研，并把调研情况及时上报省直工委。三是制定党建工作要点，统筹规划，整体布局。党组坚持把党建工作纳入联社工作的整体规划，进行通盘考虑。2013年，主持召开机关党委会议5次，专题研究党建工作。同时，经常听取机关党委的工作汇报，对党建工作的重要事项和问题及时进行指导和研究，做到了将党建工作与其他业务工作同安排、同落实、同考核。四是党组书记和党组成员自觉参加双重生活会；对分管处室和直属单位的党建工作进行督查、指导；建立了党员干部工作联系点，并经常深入联系点进行调解，帮助解决群众关心的热点、难点问题。五是党组书记带头讲党课和担任“道德讲堂”的主持人。六是从人、财、物等多方面支持党建工作，为机关党委积极履行职责，拓展党建工作，提升党建工作水平创造了良好的条件。

（三）党组认真贯彻落实《中国共产党党和国家机关基层组织工作条例》和省委的《实施意见》。多年来，党组坚持安排机关党委专职副书记列席党组会，尤其是研究业务工作、直属单位改革改制、讨论干部任免奖惩等重大事项时，都要听取机关党委的意见，并参与推荐、考察干部等环节的具体工作。

（四）认真落实党的群众路线教育活动。一是抓好学习党组中心组（扩大）集体学习，专题学习了习近平总书记在党的群众路线教育实践活动工作会议上的讲话、省委袁纯清书记在全省党的群众路线教育实践活动动员大会上的讲话、省委党的群众路线教育实践活动领导小组文件；二是健全组织机构。下发了“关于成立省城联社贯彻落实党的群众路线教育实践活动领导小组的通知（晋城联党组[2013]20号）和开展教育实践活动学习目录；三是采取多种形式征求意见，深入基层调研。下发了“关于开展党的群众路线教育实践活动进行调研广泛征求意见的通知”（晋城联党组[2013]21号）。在深入学习的基础上，通过召开座谈会、发放了调查问卷、走访基层干部和服务对象等方式，广泛征求听取了各方面的意见和建议。由党组成员带队，分三个组赴太原、忻州、阳泉、晋中、长治等市、县城联社和27个企业走访调研，征求意见。发放了《省城联社领导班子作风建设情况民主评议表》、《对省城联社领导班子开展党的群众路线教育实践活动调查问卷》105份，提出共征求意见和建议25条。四是2013年9月16日结合党的群众路线教育实践活动，组织各市城联社主任、机关各处处长、直属单位主要负责人赴壶关化工集团有限公司进行观摩，对山西太行锯条厂项目进行实地调研，到平顺西沟村学习考察。特别是聆听了申纪兰同志讲话，使大家受到一次深刻的爱党、爱社会主义、爱伟大祖国的思想教育。五是2013年9月25日党组召开了学习“纪兰”精神，整治“四风”座谈会。六是传达学习了省委、省政府《关于认真学习宣传贯彻<党政机关厉行节约反对浪费条例>的通知》。2013年12月4日召开了党组扩大会议，成立了省城联社厉行节约反对浪费工作领导小组及办公室，下发了会议纪要，把任务落实到各处室。

二、坚持理论武装，努力推进学习型党组织建设

省城联社党组坚持用中国特色社会主义理论体系武装

头脑，指导实践，一是做好党组中心组的学习工作。按照省直工委的统一部署，制定了《省城联社和党组中心组干部理论学习的安排》，明确了学习重点、学习方法和时间要求。党组中心组学习做到了有中心议题、有考勤、有记录。二是组织党组中心组集体学习13次15天。三是组织参加了“文源讲坛”和“厅局长报告会”。通过高层讲坛增长了知识，提高了党组中心组成员指导实践工作的能力。四是对机关和直属单位党员干部进行了学习党的十八大精神知识竞答，意在更深入细致的学习党的十八大报告、党章和习近平总书记一系列重要讲话精神。五是组织23名机关和直属单位处级党员干部参加了省直机关学习贯彻党的十八大精神培训班。六是购买了《中国共产党山西历史》作为党员领导干部学习党史的基本教材，纳入党组织中心组学习的主要内容。七是用党费为直属单位党组织订购了党报、党刊，使企事业单位职工及时了解到党和国家的方针政策；十八届三中全会召开后，省联社及时购买了党的十八届三中全会《决定》学习辅导百问、《十八届三中全会文件汇编》，为机关和直属单位干部职工学习党的十八届三中全会精神提供了学习资料。

三、落实党的工作责任制，努力加强党的基层组织和党员队伍建设，增强党组织凝聚力

根据省直工委的安排，按照年初制定的工作要点，将抓好基层组织建设作为党建工作的重点。一是认真学习贯彻落实《党和国家机关基层组织工作条例》、省委的《实施意见》和习近平总书记一系列讲话精神。二是对新成员单位进行全面的考察，及时组建了党工团组织，加强了基层组织建设。三是认真做好党员发展工作。严格程序，认真落实发展党员公示制度，加强入口管理，确保党员质量。按照省直工委的安排，结合省联社实际，印发了《关于2013年度发展党员工作通知》，全年选送3名入党积极分子参加了省直党校的培训，对3名发展对象进行了公示，发展新党员3名，增加了公开性和透明度。四是认真做好党费收缴、使用和管理工作。认真贯彻落实中组部《关于中国共产党党费收缴、使用和管理的规定》要求，按时按标准缴纳党费，按比例规定上缴省直工委。同时，在年初对上年度党费收缴使用情况进行公示，做到了党费使用管理公开透明、安全规范。

四、反腐倡廉教育作为党建工作的重点，树立和发扬良好风气

廉政文化建设是新时期党风廉政建设和反腐败斗争中的一项重大任务。一是深入学习广泛宣传，进一步规范领导干部廉洁自律。坚持把政治理论学习和党风廉政建设结合起来。在领导干部中积极倡导五种风气(讲学习善思考的风气；讲原则守纪律的风气；说实话办实事的风气；高标准严要求的风气；保清廉树品德的风气)。二是把学习贯彻落实十八届三中全会精神和习近平总书记在河北调研指导党的群众路线教育实践活动时讲话作为政治任务，认真学习，加深思考，狠抓落实，增强贯彻执行党的群众路线方针政策的坚定性和自觉性。三是坚持营造良好的氛围，办公楼内廉政格言警句上墙，增强了廉政文化建设的渗透性；充分利用电子显示屏、山西城联网、山西工美网等载体开展廉政文化宣传教育，搭建长期有效、节约可行的宣传平台。四是组织观看《杨善洲》、《忠诚与背叛》、《没有规划好的人生》、《信仰》等教育影片，促进干部廉洁自律。五是召开省城联社党风廉政建设干部大会，印发《省城联社2013年党风廉政建设和反腐倡廉建设工作安排》，把党员干部的思想和行动统一到省城联社党组的工作部署上来。六是深入开展纪律作风整顿。按照省纪委下发的《关于在全省党政机关中开展违规用车专项清退活动的通知》精神，迅速开展清退工作，印制《个人报告承诺书》230份，将填报统计情况进行汇总，并在本单位进行了公示，共有230人做出承诺，需要纠正的人数为0；按照晋纪发[2013]5号文件，迅速开展清收和统计工作，省城联社机关和直属事业单位符合清退条件的干部职工108人，填报个人会员卡零持有报告108人；根据省委办公厅、省政府办公厅《关于全省党政机关停止新建楼堂馆所和清理办公用房的通知》精神和动员会议的要求，党组在听取汇报后专题进行研究部署，并制定了自查整改方案。通过各项整顿工作，使党员干部树立起了廉洁意识、法律意识和制度意识。

五、创新工作载体，文明和谐创建工作取得成效

2013年文明和谐创建工作稳步推进。一是年初经省直文明委考核验收，被评为文明和谐单位标兵。二是以“扶贫济困、送温暖、献爱心”活动载体，培养干部职工的奉献精神。组织了为直属困难企业捐助活动，共捐款10万元；组织参加了省委、省政府开展的“送温暖、献爱心”捐助活动，捐款5835元。三是开展关怀老党员活动，做好党内帮扶救助工作。“七一”前对2名特困党员进行了慰问，把组织的关心和温暖及时送达到每一名困难党员的身边；召开了省城联社老党员、老领导“七一”座谈会，充分听取了他们的意见和建议。四是按照省直文明委《关于推进省直机关公民道德建设“五个一活动”的通知》精神，成立了“省城联社青年志愿者服务队”；3月19日组织召开了学习雷锋道德模范志愿服务先进事迹报告会。五是结合文明创建工作，重新制作了办公楼的宣传板，内容包括“中国梦”、“山西精神”、“密切联系群众、改进工作作风”等。六是开展“文明餐桌”活动。城联社机关食堂经省财贸轻纺烟草工会委员会考核组验收，经竞赛领导组审核，被命名为“四星级职工食堂”。七是以全民健身活动为载体，倡导文明生活方式。组织在职职工和离退休老同志利用乒乓球、羽毛球馆开展健身活动。同时组织参加全省处级干部羽毛球比赛，获得较好的成绩和主办单位颁发的“优秀组织奖”。八是组织参加了纪念省直机关开展精神文明创建工作30周年系列活动，包括知识竞赛、“讲文明树新风”公益广告设计比赛，写了《树立正确的思维方式 培养科学的思维能力》一文，从共产党员应具备正确的思维方式和思维能力进行分析。九是推荐参加了省直机关第一届道德模范评选，外

贸公司经理吴国臻被评为“诚实守信”道德模范。十是开办了“道德讲堂”。党组书记、主任李荣钢以“道德与礼仪”为题，从十六个方面深刻阐述了道德、礼仪、修养三者的关系，为到会人员上了一堂文明礼貌、助人为乐的社会公德教育课。

六、以群团组织建设为抓手，加强对群团工作的领导，充分发挥群团组织的积极作用

能充分发挥群团组织的作用，把做好工青妇工作与开展特色活动紧密结合起来。一是机关工会在制度建设、发挥工会作用、维护职工合法权益上下功夫，加大对困难职工救助力度。二是进一步加强基层工会组织建设。指导新成员单位组建了工会组织，健全了各级组织机构。三是机关团委积极发挥共青团组织的先锋作用。为了贯彻落实实施年轻干部成长工程，召开了五四青年节座谈会；开展了“与青春同行、好书相伴”的主题演讲；组织两个节目参加了省直工委“我的中国梦”优秀文艺汇演，获得了“优秀表演奖”和“优秀创作奖”；在直属团组织中继续开展了“创建文明号”活动。四是注重女职工身体健康，定期为机关全体女职工进行体检。五是认真落实计划生育政策，积极开展宣传教育活动。2013 年与老军营街道办事处签订了《人口与计划生育工作目标责任书》，完成了所规定的各项指标，经验收，评为合格单位。

七、突出两条主线建设，推进城镇集体经济和工艺美术行业快速发展

以山西省集体合作经济协会、山西省工艺美术协会为平台，以全省集体合作经济和全省工艺美术行业为主线，做强两大行业，做大山西城联资产管理投资（集团）有限公司和山西工艺美术集团有限公司两大集团，实施《山西省城镇集体经济“十二五”规划》、《山西省工艺美术“十二五”规划》两个规划，实现集体资产的保值增值和行业的二次振兴两个目标。

（一）2013 年 4 月 11 日“全省城镇集体企业改革会议暨山西省集体合作经济协会第二届会员代表大会” 在太原召开，来自全省各类集体（合作）经济组织会员单位代表、省内外集体（合作）经济有关专家、学者等 280 余名代表出席了大会。选举产生了新一届协会领导机构。860 名会员涵盖了我省城镇集体、乡镇集体、供销社集体、农信社集体、农村集体、大型国企厂办大集体以及部分民营股份制企业。

会议提出了下一步重点任务为深入调查研究当前集体经济、合作经济改革和发展中存在的问题，提出切实可行的对策，向政府反映会员情况和意见，为政府决策提供建议，争取政府政策支持，为集体经济改革发展创造良好的环境，为企业转型发展出谋划策，积极引导各类集体合作经济组织适应新形势，大力发展新型集体经济，推动优势企业、名牌产品做大做强，为山西经济社会发展做出新贡献。

（二）2013 年 4 月 12 日，全省工艺美术大会暨山西省工艺美术协会第五届会员代表大会在太原召开。全省工艺美术大师、企业家等 600 余人参加了会议，省委宣传部胡苏平部长莅临会议并作重要讲话。会议选举产生了新一届领导机构，纪馨芳任名誉理事长，李荣钢任理事长，张中青任秘书长。

会议表彰了四代会以来山西省工艺美术先进单位、先进工作者、工艺美术论著优秀作者；2012 唐都·晋艺杯首届山西省工艺美术精品奖获奖作者；2012 首届山西省工艺美术职业技能（陶瓷、漆器）大赛获奖选手；2008—2012 年度山西省工艺美术作品荣获国家级“百花杯”奖、“金凤凰”奖作者等百余名近年来山西工美行业在全省文化产业大发展大繁荣的进程中，在山西省文化强省的建设中，为实现传统手工业向工艺美术、文化旅游产业的转型跨越发展中，引领全省工艺美术企业及工作者在传统技艺传承和发展、人才培养、行业合作交流等方面贯彻实施大作品表现、大集团运作、大景点支撑、大服务引领、大会展聚集战略中涌现出的一批工艺美术先进单位和个人。

（三）2013 年 4 月 12 日，省工美馆举行了揭牌仪式，正式开业。来自省内外的兄弟工美馆、画院，省内的国家级、省级工艺美术大师、非物质文化遗产手工技艺传承人，省内工艺美术企业和手工艺人、专家、领导等 600 余人齐聚一堂，共同见证了这令人欣喜的一刻。工美馆向 200 余件精品捐赠作者颁发了馆藏证书。

山西省工艺美术馆历经三年筹备、建设和试运行，累计投资 2000 余万元，建成了目前由大院“三晋·三雕文化墙”、一层“中国工美珍宝馆太原店”、大院“活动中心剪纸厅”、二层“山西黄河画院画廊”、七层“山西工艺美术精品”组成，总面积达 5000 平方米，是山西省工艺美术传承、保护、研发、教育、展览、咨询、培训、交易、观光的公共服务平台，目前在全国省级行业中规模最大、展品最全、售价最优，是山西省传统手工技艺与地域文化传承的载体。试运行以来，作为山西工艺美术交流平台接待参观者近 3 万人。

山西省工艺美术馆先后被命名为山西省工艺美术产品研发展示基地、山西省青少年特色文化教育基地、山西省公共文化服务先进单位、山西省科普教育基地、山西省爱国主义教育基地、山西省文化体制改革工作先进单位等。

八、推进百强项目建设，打造全省城联系统和工美行业的百强企业

（一）2013 年 2 月省城联社对全省城联系统的项目建设情况进行统计、汇总、分析并建立项目库。同时收集国家和省各部门及金融机构对中小微企业、轻工行业、工美行业及相关产业和科技的融合扶持政策，对工艺美术、一村一品、特色农产品等方方面面的扶持政策和资金管理办法，以及对物流仓储配送、生产加工、信息平台建设、人员培训、投融资（贴息）、进出口、劳务输出、出国办展等扶持优惠政策，为政府扶持政策和企业项目对接提供信息服务和协调支持。

（二）为全面贯彻落实省政府 2013 年出台的一系列支持中小微企业发展的政策措施，促进全省城联系统和工美行业中小微企业健康发展，根据省领导 2013 年 5 月 6 日“城联社工作成效明显，应充分肯定，近期可组织一次调研座谈会等活动”的批示精神，省城联社于 9 月 16 日至 17 日在太原和

长治两地召开了"全省城联系统和工美行业贯彻落实省政府支持中小微企业发展政策座谈会"。会议期间省城联系统50强企业赴壶关化工(集团)有限公司进行现场观摩,对直属企业山西省太行锯条厂废旧家电拆解项目、长治市区域性大型再生资源回收利用基地项目、海鸥中小微企业创业基地进行实地调研,结合党的群众路线教育实践活动赴平顺县西沟村学习考察。座谈会各有关厅局领导和来自全省城联系统和工美行业的企业代表就中小微企业政策落实的经验、困难和问题进行交流座谈,最后省领导就政策落实的重要性及可操作性作了重要讲话。

(三)为提升山西中小微企业经营者的综合素质,提高我省企业创新和发展能力。根据省政府领导9月17日在"全省城联系统和工美行业贯彻落实省政府支持中小微企业发展政策座谈会"上的讲话精神和"山西省中小微企业经营者素质和创业能力提升培训方案"精神,由省城联社和省工美协会2013年组织了两个系列培训班:(1)与省中小企业局合作,10月25日在太原举办了全省城联系统和工美行业中小微企业政策落实培训班。(2)11月9日—15日作为第八届中国北京文化创意博览会山西团一项重要活动,在北京大学举办了文化市场拓展山西工艺美术文化企业高管及高级创作人才研修班。

九、工作重心要转型,机关必须先转身先行先试先作为,先在直属单位先试点

首先,提出"依法治社,以德兴业",经营管理服务"三位一体"的治社理念和主导思想,并对机关干部提出适应转型发展需要的一系列要求:增强"五种能力":组织协调能力;文字口语表达和办文办事办会能力;调查研究指导实施工作能力;经营管理服务三位一体能力;不同岗位履职能力。争做"三清"干部:"政治上清醒,经济上清楚,作风上清白",并制定了机关议事、决策、审批、监管的《运行准则》。

先行先试先作为,先在直属单位先试点。提出"依法治社,以德兴业",制定了《加强省城联社直属单位管理制度30条》;对直属单位领导干部提出"增强五种能力"。增强五种能力是:增强经营、管理、服务三位一体的能力;增强组织、协调、策划、驾驭市场竞争,开拓单位生存空间的能力;增强挖掘自身潜力,争取外部支持,解决单位实际困难的能力;增强自主创新、创品牌、树诚信、争佳绩的能力;增强应用新技术、新理念、新知识、新政策解决本单位实际问题的能力。先从解决企业的"老有所养,病有所医,失而有救,最低工资和最低生活费"等职工的基本保障权益入手。对有发展前景的企业,在改革中坚持"四权"原则:"抓住所有权,放活经营权,强化监督权,提升收益权";属经营型企业股权改革的原则是"参股不控股,不持大股,"属资产经营型企业股权改革的原则是"控股持大股"。对直属企事业单位的改革与发展,省城联社坚持因地制宜、分类改革、创新发展的原则,10强直属单位建设初见成效。

(贯爱珍)

附:省城镇集体工业联合社党组书记、成员名单

书　记:李荣钢

成　员:杨晋才　杨润梅(女,4月任职)

省供销合作社联合社党组工作概况

党组书记　高　瑋

2013年,在省委、省政府和全国总社的正确领导下,在党的群众路线教育实践活动的大力推动下,全省供销社紧紧围绕"充分发挥供销合作社在农业社会化服务和农村流通中的重要作用"的中心任务,全面深化社企和基层社改革,着力推动经营创新和产业转型升级,忠实践行服务农民和维护群众利益办社宗旨,改革发展势头强劲,经济运行提速加快,教育实践活动成效显著,各项工作取得了比往年更好的成绩。

一、各项任务的总体完成情况

(一)全面超额完成了本年度目标责任考核指标。实现了六项超额,一项圆满。

1、规范提升农村便民连锁商店324个,占任务数200个的162%;

2、改造基层供销社63个,占任务数50个的126%;

3、建设改造农资配送中心33个,占任务数25个的132%;

4、建设改造日用消费品配送中心48个,占任务数38个的126%;

5、创办农村综合服务社14个,占任务数10个的140%;

6、建设改造开展开库直销和测土配方施肥的农资配送中心8个,占任务数8个的100%;

7、碘盐覆盖率、合格碘盐食用率达到99.2%和98.34%,分别超任务指标4.2和8.34个百分点。

(二)主要经济指标连续三年两位数大幅增长。2013年,通过克服经济下行压力,不断巩固传统业务,积极拓展新型业务,主要经济指标较2010年实现全面翻番,经营业绩在全国供销合作社系统排位由原来的第21位跃居为现在的第16位。

2013年,全系统购进总额完成325.9亿元,同比增长

24%，较2010年增长99%；销售总额完成353.5亿元，同比增长24.6%，较2010年增长92%；汇总实现利润1.6亿元，同比增长26%，较2010年增长135%。

（三）基层基础工作扎实推进。

1、农村便民连锁店建设全国领先。用两年时间，在全省宜建行政村建立农村便民连锁店24530个，实现了山西农村便民连锁店"全覆盖"。受到了省委、省政府的多次表扬和社会的广泛赞誉，这项工作走在全国最前列，受到全国总社领导多次表扬。

2、基层组织建设全国总社予以高度评价。按照"空白抓重组、薄弱抓改造、较强抓提升"的原则和"提升一批、巩固一批、重组一批"的思路，全省乡级供销社建设取得突破。截至目前，全省1245个基层社中盈利社623个，占总数的51%；持平社498个，占总数的38%；亏损社124个，占总数的11%。此项工作多次受到全国总社表扬，在《光明日报》和总社创办的《中华合作时报》《中国合作经济》等刊物上以大量的篇幅和1/3的页码予以报道表扬，王侠主任亲自写按语予以肯定和推广。

3、农村流通基础实施建设取得重大突破。全省新农村现代流通网络建设日趋成熟。全系统共建设农资配送中心174个，日用消费品配送中心152个，经营网络覆盖全省；集中力量推进中国太原农产品国际物流园及长治、运城等重点市、县现代农产品物流园区建设，有力促进了我省商贸物流业发展；建立功能齐全、便民惠民的综合服务社6807个，服务内容包括农民生活消费、农资供应、科技服务、产品购销、网络信息、文体娱乐、图书音像、医疗卫生、邮电通信、红白理事、餐饮住宿、劳动就业等十几项。

（四）新兴产业项目推进效果显现。

1、房地产开发项目将获重大成效。目前在太原市、运城市有三个大型项目全面铺开，总投资近40亿元，到2015年预计实现利润15亿元以上。

2、煤层气项目全面铺开。和有关部门合作共铺开10个项目，目前有5个已经由省发改委批准建设，全部项目完成预计投资5亿元，每年可实现利润1亿元以上。

3、废旧汽电回收拆解体系积极推进。报废汽电项目申请已经相关部门进行了申报核准，预计投资4亿元。目前，以太原为中心覆盖全省11个市及重点县上下贯通的回收体系建设项目正在积极推进。

4、独立大学发展再登新高。强化山大商务学院建设和教学管理，学校教学质量和招生数量每年大幅提升。在全国300多所同等学院排行榜中，综合指标名列第6名，成为山西省独立学院中唯一进入中国前100名的高校，明年将加大投入，解决400亩土地，实现国家教委检查验收合格，使学校质量再登新高。

5、全省大型农产品物流体系项目统筹发展已列入全省"十二五"规划。计划近年全系统着力推进省、市、县三级综合物流配送体系建设。目前，筹备工作正在积极进行。

（五）整改"四风"方面突出问题取得实效。

在省委第五督导组的精心指导下，省供销社深入开展党的群众路线教育实践活动，精心组织，严密实施，认真查摆"四风"方面突出问题，聚集重点，立查立改，19个突出问题目前已经整改18个，占94.7%；正在整改的1个，占5.3%。

（六）完成共性指标任务成效显著。

党的群众路线教育实践活动得到省委第五督导组的充分肯定，党建工作受到省直工委的多次表彰；贯彻落实中央八项规定和省委有关要求态度坚决、行动迅速，"车子、房子、盘子、位子、票子"问题全部进行了个人与单位整改，省社机关"三公"费用同比下降40%以上；民主评议政风行风工作扎实开展，领导班子和干部队伍建设、党风廉政建设均取得较好成果。目前，省、市、县各级供销社班子团结和谐，凝聚力、战斗力大幅提振，全系统干部队伍素质显著提高，人心思上，人心思进，士气振奋。

二、采取的主要措施及工作亮点

（一）加快转变经济增长方式，基层基础组织体系建设扎实推进。一是规范提升便民店工作开始实现县域性突破。根据省政府工作安排，全省各级供销社认真开展"五个全覆盖""回头看"整改工作，认真研究农村便民连锁商店管理运行中存在的突出矛盾和问题，切实制定长效管理机制，在确保做好农资和日用消费品业务的基础上，努力向多种服务方向拓展，全省涌现出一大批各具特色的规范提升便民店的先进典型。襄垣县335个便民店全部提升了服务功能，安泽县106个标准化便民店纳入了"政府工程"，平定县260个便民店实现了连锁信息化网络。二是基层社改造力度明显加大。按照"提升做大一批、巩固发展一批、重组激活一批"的总体要求，全系统基层供销社运用兼并、重组、加盟等方式，大力进行改造重组和资源整合。潞城市微子镇、阳城县台头、榆次区乌金山等基层供销社重点改造了一批集仓储、配送、批零于一体的综合经营场所，规模化、多元化服务的特点更加明显。三是创办农村综合服务社迈向标准化。各地供销社创新完善了标准化、一体化、全程化的综合服务基础设施。泽州县大阳综合服务中心使农民享受到了"一站式"购物的便利，襄垣县东[illegible]头村综合服务社集纳了购销、信息、图书、话费代缴等多种服务，灵丘县上寨综合服务社既实现了农资和日用消费品配送、农产品和烟花爆竹统一经营，还开办了住宿、餐饮等社会化服务。

（二）加大区域配送中心基础设施建设，新农村现代流通网络建设日趋成熟。一是农资配送覆盖率进一步提升。全系统按照"政府引导、企业承办、市场运作"的原则不断完善农资配送中心建设。吕梁市政府制定出台了农资服务网络建设实施方案，市财政支持100万元，带动社会投资500万元，扶持建设了15个县级农资配送中心、100个乡镇农资供应站、1000个村级农资供应点。壶关县农资配送中心带动发展乡级农资连锁便民店13个，村级农资连锁便民店100个。闻喜县泽丰农资连锁有限公司已建成150个农资便民店。二是开库直销和测土配方施肥等农化服务创新了服务标准。山西农资集团在怀仁、朔州、忻州、原平、清徐、晋中、临汾、运城 8 个分公司进一步强化分公司 + 农资配送中心 + 销售站 + 直营店的开库直供网络,同时在 8 个配送中心建立了符合标准化要求的专业农化服务室，配备专职服务人员和各种服务设施，为农民免费提供测土配方施肥和测土配方施肥建议图、土壤养分结构分布图、农业种植结构图等,改变了农民种植观念。三是日用消费品配送中心建设实现了整体推进。各县供销社不断提升县级日用消费品配送中心的连锁配送功能,并采取控股、参股、入股等多种合作形式加快建设和运行步伐。汾阳市供销社日用消费品配送中心对全市 390 个便民店的配送覆盖率已达 100%,商品统一配送率达到 60%;河津市新网工程配送中心的经营项目已涵盖配送、加工、仓储和冷链等系列化服务;高平市供销社已成功实施二级日用消费品配送中心建设,现代经营管理模式大大提高了效率。四是食盐供应确保了市场稳定。省盐务局和盐业公司全面实施国家推行的绿色食品食用盐检测方法，确保了碘盐质量安全,今年共出动盐政执法人员 34454 人次开展专项整治行动,查获案件 483 起。全省共创建食盐安全示范县 14 个、示范乡 78 个、示范村 1747 个,免费发放各种食盐 5350 吨,惠及 200 多万农村人口。

(三)创新经营服务体制,努力成为落实强农惠农富农政策的有效载体。一是经营创新和产业转型步伐全面加快。全省供销社瞄准我省升级产业、衍生产业、民生产业和创意产业,不断做大做强传统主营业务。长治市供销社在全国最大的知名网络购物平台“淘宝网”开设了“网上供销社”——好实惠商城山西特产店;阳城县润城供销社为方便当地农民群众购物推出了 VIP 卡业务；省盐业公司煤层气业务有 10 个项目正在与县政府加快对接落地；山西农资集团种业经营、粮食购销以及水肥一体化经营总量进一步提高;省社供销锦源房地产开发公司加大了土地挂牌、住户拆迁等工作力度;省物资回收公司报废汽车回收拆解中心项目加快推进。二是农产品物流园区建设已见成效。全系统着力推进省级农产品综合物流园、市级区域性农产品批发交易市场、县级综合物流配送中心建设,中国太原农产品国际物流园、朔州东部新区农副土特产品交易市场、运城黄河国际农产品综合物流中心、长治金鑫瓜果市场等建设步伐加快,已见成效,有力促进了我省商贸物流业发展。三是社企改革激活正能量。经过改革改制,全系统一批体制全新、机制灵活、管理先进、竞争有力的社有企业功能显现,社有资产进一步优化,为农服务实力不断增强。四是农村合作经济组织与农民建立了更加紧密的利益联结机制。省社共落实全国总社农业综合开发项目 16 个,金额达 2100 万元,其中专业合作社项目 15 个,金额达 1200 万元。2013 年全系统共培育专业合作社示范社 168 个,创办领办专业合作社总数达到 1421 个;新成立各类协会 36 个,总数达到 248 个。

(四)深入开展党的群众路线教育实践活动,立查立改行动迅速效果好。活动开展以来,省社党组始终坚持广泛征求群众意见,聚焦查摆“四风”突出问题,把开门整风贯穿始终,做到边查边改立说立行,坚持“六抓”促进作风转变，即通过深化改革抓整改,按照群众意愿抓整改,联系专项整治抓整改,结合建章立制抓整改,坚持统筹兼顾抓整改,用钉钉子精神抓整改。

(五)牢牢把握党建工作主线,领导班子和干部队伍建设不断加强。省社党组按照努力使供销社成为中国特色农村工作体系和农村服务体系重要组成部分的基本要求,紧紧围绕我省转型跨越发展总体战略,全面实施了“五大工程”,确保了省委、省政府安排的重点工作任务圆满完成;按照十八大精神要求,积极开展学习型、服务型、创新型组织和机关创建活动,省社机关党的各项工作一直走在省直单位的前列;按照中央“八项规定”和省委“四个实施办法”,制定了 26 条实施细则,立说立行,加强督查,全力推进作风转变,省社领导下乡调研 140 人次,撰写调研报告 40 余篇,促进了工作开展;严格执行党建工作责任制,推进服务型党组织建设,加强对党员干部的教育培训,提高了综合素质,增强了服务意识,做到了为民务实清廉。

(六)坚持一岗双责惩防并举,党风廉政建设和效能建设深入推进。省社领导班子严格执行党风廉政建设责任制,严守政治纪律,深入开展专项治理,坚决维护中央和省委的权威,切实保证政令畅通;狠抓反腐倡廉各项工作,监事会和纪检监察部门加大了监督检查和案件查办力度;严格按规定清理公务用车和办公用房,机关工作效能不断提高,社务公开工作进展扎实,省行评办第十一考核组对省供销合作联合社行评工作给予“三个结合与一个重视”的充分肯定。

(张　明)

附：省供销合作社联合社党组书记、成员名单

书　记：高　璋

成　员：王义升　李俊德(7 月离职)　袁清茂
李　海　张稳科　王彤宇

群团组织党组工作概况

省总工会党组工作概况

党组书记　田喜荣

2013年，在省委和全总领导下，省总领导班子以党的十八大精神为指引，认真贯彻习近平总书记“4·28”“10·23”讲话精神，全面落实中国工会十六大精神，始终坚持围绕中心、服务大局，始终贯穿“继承、完善、创新、提高”的总体思路，务实创新、埋头苦干，各项工作取得新的成效。

一、把党的路线方针政策认真落实到工会工作实践之中

省总班子坚定信心，毫不懈怠，定措施、提要求，严督导、抓过程，促进各项指标全面、超额完成。

一是紧扣转型跨越主题，创新工作载体，进一步激发了职工的创造活力。推动山西省转型综改试验区建设劳动竞赛上升到国家层面，列为全国示范性劳动竞赛，全总每年为这一专项竞赛增加5个全国五一劳动奖状、8个全国五一劳动奖章和15个全国工人先锋号指标。制定《山西省转型综改试验区建设全国示范性劳动竞赛方案(2013-2015)》，启动全省转型综改试验区建设全国示范性劳动竞赛，推动建功立业活动不断深化。简朴、隆重组织“五一”表彰，全省292个先进单位、个人、集体受到表彰，7个单位、30名个人、26个集体分获全国五一劳动奖状、五一劳动奖章和全国工人先锋号。申纪兰等4名劳模出席全国劳模座谈会，受到了习近平总书记的亲切接见。深入宣传劳模精神，“劳模精神在一线、转型跨越勇争先”在11个市同步举行，省总组织100名劳模深入企业，为广大职工送去技术、文化、医疗、法律。突出抓好提升职工素质这一事关转变发展方式的基础工程，全省选树了10名技术带头人，表彰了10项职工优秀技术创新成果，4项成果在全国获奖，普遍开展了行业职工职业技能大赛，在打造有智慧、有技术、能发明、会创造的技术工人队伍上迈出新步子。

二是围绕践行社会主义核心价值观，唱响时代旋律，进一步凝聚了职工的思想共识。开展“中国梦·劳动美”主题宣传活动，组织主要新闻媒体对19个先进典型进行实地采访，集中报道。通过媒体、网络公示、职工投票等方式，评选了“榜样山西·最美劳动者”，全省参与投票职工达到200万人次。举办首届职工读书节，3大系列8项活动激发职工“阅读强素质·共筑中国梦”热潮。积极探索职工书屋创建模式，创建、命名全省“职工电子书屋”示范点暨山西省图书馆数字分馆，全年新建职工书屋337个，圆满完成全年任务。

三是着眼健全服务职工工作体系，增强维权意识，进一步发展、维护了职工合法权益。大力推进集体合同制度、工资集体协商制度建设，工资集体协商覆盖企业93545家，增长22%，覆盖职工4745318人；选聘专职工资集体协商指导员145人，累计培训工资集体协商指导员10736人次。不断引深“安康杯”竞赛活动，组织班组安全建设成果展示、班组安全文化宣传展板比赛和“安全生产月”活动，推广工会参与职业病防治工作模式，切实维护了职工安全健康权益。做大做强送温暖、金秋助学等帮扶品牌，送温暖活动共筹资1.2亿元，慰问困难企业3514家、困难职工27.22万人；金秋助学活动共筹集资金3574.35万元，发放助学款3457.79万元，资助困难职工和困难农民工子女15036人。

四是立足发展和谐劳动关系，强化机制建设，进一步促进了职工队伍稳定和社会和谐。健全完善以职工代表大会为基本形式的企事业单位民主管理制度，以非公企业和中小型

企业为重点，开展厂务公开、职代会建制专项行动，推动扩面提质，非公有制企业厂务公开、职工代表大会建制率均在全国排名第一。加强劳动关系矛盾调解组织建设，职工200人以上企业建立劳动争议调解组织建制率增长17.8%。加大执法检查和法律援助力度，参与全省劳动用工、工资协商等法律监督检查和农民工工资支付情况专项检查，为农民工追讨欠薪1.7亿元，实施法律服务和援助案件48件。

五是把握建设职工之家这一根本，夯实工作基础，进一步加强了工会组织建设。调查研究年有声有色，围绕10个方面的课题，市、县总工会副职以上领导干部、省总工会副处以上领导干部、省总工会各位委员积极行动，深入基层抓热点、解难题，人人动手撰写调研报告，目前，已推荐、筛选出89篇参加优秀调研成果评选。工会组建更加扎实，以运用网格化、实现全覆盖为主要内容，开展“工会组建月”活动，有力促进了各类企业和“两新组织”组建工会、发展会员，全年新增建会企业21316个，新发展会员293737人。

同时，工会财务、经审、女职工、工运研究、资产监管、对外交流、职工物价监督、产业工会等工作进一步加强。袁纯清书记对我省工会工作给予肯定，就工会组建工作获全国一等奖作出重要批示。全总在长治市召开全国工会推进企业民主管理工作会议，推广了首钢、长钢公司职工代表民主评价会经验。省总获得了全国推动厂务公开民主管理先进单位、全国维护妇女儿童权益先进集体等多项省部级以上荣誉，在全国非公企业劳动竞赛推进会、全国工会参与社会管理暨职工法律援助维权服务工作推进会、全国工会推进企业民主管理工作会议、全国工会劳动保障工作会议、全国工会经审工作经验交流现场会议上作了经验介绍。

在各项工作取得新进展的同时，省总工会党组也清醒看到，工会服务职工、维护职工合法权益、满足职工多样化需求的工作力度还需进一步加大，加强分类指导、激发基层工会活力上还需进一步加强，工会干部的作风还需进一步改进。省总工会将在今后工作中高度重视，认真解决，不断开创工会工作新局面。

二、省总领导班子和干部队伍建设情况

一是坚决贯彻执行中央和省委、省政府的决策部署，保持工会工作正确方向。及时传达贯彻省委省政府和全总决策部署，在省总十二届五次全会上提出继承、完善、创新、提高的未来五年工作思路，部署了调查研究年、依法维权年、组织建设年、素质提升年、总结提高年五个主题年活动。召开专题会议，学习传达贯彻习近平总书记“4·28”“10·23”重要讲话精神、十八届三中全会精神和中国工会十六大精神，党组中心组带头学习，深入基层进行宣讲。为职工发放三中全会和工会十六大辅导读本等图书，组织集体学习，邀请专家辅导，掀起学习宣传贯彻热潮。

二是扎实开展群众路线教育实践活动，密切与职工群众联系。在省委第十一督导组认真督查指导下，坚持把“照镜子、正衣冠、洗洗澡、治治病”的总要求和整风精神贯彻始终，认真抓好学习教育、听取意见，查摆问题、开展批评，整改落实、建章立制三个环节，高质量开好党组民主生活会，坚持做到立说立行，立整立改，领导班子成员带头深入所联系市、县，赴基层调研指导共计107天，为基层工会和职工排忧解难。制定整改方案，从加强领导班子自身建设、深化专项整治、形成长效机制等三个方面，提出20条整改措施，建立领导班子成员分工主抓负责制，以踏石留印、抓铁有痕的劲头和钉钉子精神抓好落实。认真开展下乡驻村活动，田喜荣、郭新民同志多次深入岢岚县联系村驻村帮扶，帮助制订规划，提高了村民收入。

三是认真贯彻民主集中制，切实增强领导班子的凝聚力。省总领导干部带头讲政治、讲民主、讲纪律、讲团结，重大事项集体研究，日常运转规范有序，班子有凝聚力，队伍有战斗力，社会有影响力。认真贯彻落实十八大、十八届三中全会精神和习近平总书记系列重要讲话精神、中国工会十六大精神，制定措施，抓好落实。省总领导班子政治上听党话、跟党走，班子成员热爱工运事业，有事业心、责任感，不越红线、不破底线。

四是努力建设学习型、创新型、服务型机关，增强服务转型跨越能力和水平。全年党组中心组集体学习12次，发挥了领导干部示范引领作用。坚持每月一次集体讲座、送一本好书，定期通报“山西干部在线学院”学习情况，组织机关处级以下干部业务培训和考试，在复旦大学举办高级研讨班，开展全省工会干部工会知识大竞赛，组织竞赛比赛300多场(次)，30多万名工会干部和职工参加，进一步提升了干部职工的政策理论水平和综合素质。切实加强干部人事管理，实行内部目标责任考核、严格请销假和考勤签到制度，5名处级干部进行了轮岗。认真落实党建工作责任制，慰问困难党员，组织机关干部参加大病医疗互助，重点发展一线优秀青年党员。着力推进“面对面、心贴心、实打实服务职工在基层”活动，帮助职工群众解决实际问题。

三、党风廉政建设情况

省总党组始终将反腐倡廉和业务工作同部署、同落实、同考核，形成层层落实责任、齐抓共管的局面。坚决贯彻中央改进工作作风、密切联系群众“八项规定”和省委“四个实施办法”，开展力行勤俭节约、反对铺张浪费活动，会议活动、文件数量分别比去年减少8次、30件，简报种类同比减少7种、数量减少92期，省总机关本级经费开支下降20%以上，杜绝了层层陪同、超标准接待等现象。加强反腐倡廉教育和廉政文化建设，落实廉政谈话制度，对下属事业单位目标责任和党风廉政建设实行百分制考核。加强经费使用监督，大额经费使用全部经过大额采购办公室和审计部门审查监督。广泛开展廉政文化创建活动，认真处理职工来信来访举报及有关部门转来的举报信件，不断推动党风廉政建设和反腐败工作深入开展。积极推进机关绩效管理，强化考核考评工作，在各级工会开展工作竞赛，确保各项工作在全国处于领先及较好水平。深入开展“选对手、找差距、争先进”对标争优创建

“星级工会”活动，引入第三方评价体系，提高基层工会规范化建设水平。持续深化“双亮双争双评”活动，落实会员“四权”，观摩、交流了山西医科大等6家单位的经验做法。依托省总网站，用好电子屏公示栏，及时对重要事务和机关信息进行公开。深入调研，破解难题，进一步完善、规范会员评家制度，深化职工之家建设活动，5个基层单位被全总评为全国会员评家先进单位。在晋中市召开专题会议，与财税部门积极沟通，制定措施，推进县级财政统一划拨工会经费取得新进展。（宋海兵）

附：省总工会党组书记、副书记、成员名单

书　记：郭海亮（1月离职）　田喜荣（2月任职）

副书记：郭新民

成　员：王兴旺　梁若洁（8月离职）　梁克昌　王　荣（女）　赵沂旸（4月离职）　李江龙　张亚琳（8月任职）

共青团山西省委党组工作概况

党组书记　赵雁峰

共青团山西省委机关系统共有3个党委，1个党总支，29个党支部，288名党员。2013年，在省委的正确领导下，团省委党组全面贯彻落实党的十八大精神，紧紧围绕我省转型跨越发展和国家综改试验区建设战略部署，认真履行共青团组织青年、引导青年、服务青年、代表和维护青少年合法权益等职能，着力加强党的建设，团结带领全省团员青年在实现转型跨越发展的“山西梦”和中华民族伟大复兴的“中国梦”的实践中发挥生力军和突击队作用，各项工作取得了明显成效。

一、全面贯彻落实党的十八大精神，团省委机关党建科学化水平得到进一步提升

团省委党组始终坚持党要管党、从严治党，坚持不懈抓学习，严格管理抓队伍，融入青年抓作风，不断加强党的执政能力和先进性建设，在提升机关党建科学化水平的同时，为党做好青年群众的工作，使他们的能力和素质得到进一步提升。

（一）党的群众路线教育实践活动扎实深入，团组织党建工作取得实效。团省委党组把群众路线教育实践活动作为全年党建工作的重中之重，精心准备、全面动员、认真组织、扎实推进，整个活动做到了“六个坚持贯穿始终”。

1、坚持把理论学习贯穿始终，增强了贯彻实践党的群众路线的自觉性和坚定性。一是把各种学习内容相融合。注重把学习三本通读材料与学习党的十八大精神结合起来，与学习习近平总书记系列讲话精神结合起来，与学习中央和省委相关文件精神结合起来，加深了全体党员干部对党的群众路线的实践基础、科学内涵、精神实质和历史地位的认识和理解，找准了联系工作实际，践行群众路线的结合点和切入点。二是把各种学习形式相融合。采取自学与集中学习相结合、支部讨论与大会交流相结合、专题报告与重点辅导相结合、理论学习与社会实践相结合的多种形式，卓有成效地开展了丰富多彩的学习教育活动，使全体党员把党的“从群众中来，到群众中去”的宗旨真正入心入脑，把“一切为了群众，一切依靠群众”的本质要求作为做事的行动指南，把竭诚为青年群众服务作为一切工作的出发点和落脚点，进一步增强了贯彻党的群众路线、改进工作作风的自觉性和坚定性。三是把各种学习措施相融合。严格进行集中学习签到制度，并定期和不定期地检查党员学习笔记，抽查支部教育学习情况，确保学习有笔记、会议有考勤、讨论有记录、学后有心得。

2、坚持把发扬民主贯穿始终，努力使教育实践活动成为青年满意工程。坚持把查摆问题作为开展教育实践活动的关键环节，重点抓了“两个结合”：一是广泛征求意见与民主评议相结合。运用发放征求意见表、召开征求意见座谈会、个别谈话、网上征求意见等多种形式，在全省各级团组织和广大团员青年中广泛开展征求意见活动，真正达到了集思广益、群策群力为改进团省委班子建设、进一步推动全省共青团发展出谋献策的目的。同时，班子成员紧密结合“转变作风、下乡驻村”工作，分别带队深入到各市、各领域基层团组织和青年群众中间，扎实开展“走进青年、转变作风、改进工作”深度大调研活动，通过与青年同吃同住同劳动，再次面对面向基层团组织和广大青年谈心谈话、征求意见。特别是通过专题民主生活会，班子成员对照要求认真查摆问题，深刻解剖自己，开展了严肃认真的批评与自我批评，达到了增进团结、共同提高、促进工作的目的。二是整改落实与群众监督相结合。为增强整改工作的针对性和可行性，班子及班子成员对征求到的意见与建议进行认真梳理，对照问题和民主生活会大家的意见，认真制定了整改方案，并按要求上报督导组和分管省委领导审核把关。

3、坚持把发挥领导干部示范带头作用贯穿始终，推动教育实践活动各环节工作深入开展。坚持把领导干部带头作为推动教育实践活动取得实效的重要保证，班子成员在身体力行上做到了“三个带头”：一是在学习提高上带头。班子成员自觉以普通党员身份与党员群众一起参与思想发动，一起参与组织学习，一起接受实践教育，为整个教育活动的扎实开展起到了良好的表率和导向作用。二是在查摆问题上带头。班子成员不仅自觉征求群众意见、亲自撰写对照检查材料、积极开展批评与自我批评，而且对照《党章》和新时期群众路

线的基本要求，实事求是地认识和评价自己，并结合大家的意见和建议，找准存在问题，明确整改方向。特别是在班子专题民主生活会上，班子成员充分发扬党内民主作风，认真开展了批评与自我批评。三是在整改落实上带头。班子成员自觉认真地制定班子整改方案和个人整改措施，对群众提出的意见，条件具备的即时整改；条件不具备的，订出可行计划，分步整改完成。班子成员的带头示范，不仅有力地推动了团省委机关整个教育实践活动的顺利开展，而且进一步增强了班子的凝聚力和战斗力，集中体现了班子在全省共青团事业发展中的核心领导作用。

4、坚持把解决“四风”方面突出问题贯穿始终，使干部群众切实感受到开展党的群众路线教育实践活动发生的新变化。坚持把解决班子及班子成员“四风”方面突出问题作为确保群众路线教育实践活动取得实效的有力抓手，重点做了六方面工作。一是实施“双心双实”工程。要求全省各级团机关干部要深入基层，融入青年，与基层团干部心贴心、与基层青年群众心贴心，进一步夯实基层组织建设，抓实青年就业创业工作。以实际行动践行群众路线，密切与青年的联系，增进与青年的感情，增强为青年服务的意识。二是深化“走进青年、转变作风、改进工作”大调研活动。要求紧紧围绕“七个一”活动要求，全身心融入广大普通青年，问需于青年，问计于青年，切实找到加强共青团工作和服务青少年成长成才的最好办法。三是大力精简会议、文件，严格控制会议数量时间，各类文稿力求简明扼要。严格发文程序，充分利用全省共青团电子管理服务综合应用平台，团内文件、简报、信息全部通过网络发布。四是先后修订出台了重点工作月通报、市级团委年中、年底两次述职、团省委机关周一例会等相关制度，有力推动了各项工作的过程管理和跟踪落实。五是出台了《关于进一步加强团干部作风建设的意见》，明确要求全省各级团干部要做到“五不准”(即：不准在工作日的中午饮酒；不准工作时间上网打牌、聊天，不准刁难基层；不准到基层吃、拿、卡、要、报；不准迟到、早退、无故缺勤、擅自离岗，工作时不准推诿扯皮、敷衍塞责，贻误工作)。六是按要求从严控制公务接待，严格标准，节约从简。严格按照干部办公用房面积要求，认真清退超标面积。

5、坚持把加强组织领导贯穿始终，确保教育活动顺利推进。坚持把开展教育实践活动作为团干部加强党性、改造思想、提高觉悟、改进作风的难得机遇，做到了“四个到位”：一是思想到位。及时传达贯彻中央和省委关于教育实践活动的有关精神，统一了思想认识，明确了活动要求。二是组织到位。专门成立了活动组织机构，制订了活动实施方案，强化了活动的督促检查，形成了“一把手”负总责、一级抓一级、层层抓落实的工作格局，确保了活动组织领导坚强有力；三是宣传到位。一方面运用传统媒体及时上报下发教育实践活动工作简报52期，随时报道活动的开展情况。另一方面充分发挥网络新媒体作用，在团省委网站开设“党的群众路线教育实践活动”专栏，广泛宣传活动的进展与成效。四是部署到位。要求直属事业单位结合实际同步开展教育实践活动，并责成机关各部门对直属事业单位的活动开展进行“一对一”的督导。

6、坚持把统筹兼顾、推动工作贯穿始终，切实做到“两不误、两促进”。坚持把教育实践活动与推进工作有机结合、统筹兼顾，相互促进，具体表现在四个方面：一是坚持不懈开展青少年思想政治教育，引导广大青少年坚定跟党走中国特色社会主义道路的理想信念。二是持续推进基层组织建设和基层工作，基层工作活力增强。三是多措并举支持青年就业创业，青年自主就业创业成效明显。四是通过“共青团与人大代表、政协委员面对面”活动、预防青少年违法犯罪和12355维权服务等工作，青少年维权机制逐步健全。

(二)“建设学习型组织、培养研究型干部”活动深入推进，团干部队伍素质整体提升。一是组织广大党员干部及时学习中央和省委重大会议精神，分别邀请省委党校、山西大学等专家教授进行专题辅导，全年共组织开展集体学习讨论33次。并为机关干部购买配发了《论群众路线—重要论述摘编》、《中国共产党党员领导干部廉政从政若干准则释义及案例》等学习资料。二是组织机关全体干部赴文水刘胡兰纪念馆、右玉精神发源地进行实地参观学习。三是先后组织6名省管干部参加学习习近平总书记系列重要讲话精神专题培训班。选派16名干部参加中央党校、国家行政学院、省委党校、省直分校等组织的各类专题培训班。四是按照省委组织部的统一要求，及时开通干部在线学习系统，为机关系统全体干部专门办理了网络学习帐号，利用网络平台推动干部学习，全年61人参加干部网上在线学习。

(三)贯彻落实党风廉政建设责任制，干部队伍建设不断加强。按要求对机关党委、纪委进行换届，进一步夯实组织建设。坚持团要管团，从严治团，把落实党风廉政建设责任制工作纳入党组的中心工作，精心部署，狠抓落实。通过组织警示教育报告会、观看警示教育片、专题民主生活会、年度述职述廉、廉政谈话等，引导党员干部严格遵守党纪，时刻保持警醒，自觉抵制各种错误思想和不良风气的侵蚀。党组成员经常与所分管部门干部交流谈心，对苗头性问题和不良作风及时纠正。

(四)开展精神文明创建，文明和谐机关建设深入推进。以和谐文明创建活动为载体，积极开展争创文明部室、争当文明干部等群众性文明创建活动，着力推进文明和谐机关建设。通过慈善捐赠、扶贫帮困、健康筛查、主体团日、植树造林、球类比赛等活动，丰富了机关文化建设，增强了集体凝聚力，提升了机关精神文明创建水平。团省委机关连续14年被评为省直文明和谐单位。

二、认真履行团的职能，全省共青团事业科学发展

团省委党组紧紧围绕党对共青团和青年工作的新要求，紧紧围绕我省转型跨越发展战略，认真履行组织青年、引导青年、服务青年、代表和维护青少年合法权益等四项基本职能，团的吸引力和凝聚力进一步提高，团的工作有效覆盖面

不断扩大。

(一)服务转型跨越举措有力。举办"山西青年大讲堂"形势政策宣讲1257场，全省青年服务转型跨越发展的思想行动进一步统一。组织各条战线54个项目参加"梦想引领未来"青年创业创新展示会，开展"投身转型跨越、奉献美丽山西"主题系列活动和服务安全生产"五个一"活动，广大青年以实际行动推动转型跨越发展。

(二)青少年思想教育扎实深入。围绕党的十八大精神学习宣传，开展宣讲816场，发表微博2.36万条，编发手机报186期，青少年坚持发展中国特色社会主义的理想信念更加坚定。开展"我的中国梦"主题团日活动4.36万场，"红领巾梦想园"系列活动覆盖全体少先队员，青少年对中国梦凝心聚力的伟大意义更加认同。开展"山西精神"和中华优秀传统文化宣讲832场，青少年投身转型跨越发展的责任感、使命感进一步增强。通过"青春建功中国梦"主题微视频征集和"最美青工"评选，广泛传递"劳动、创造、奋斗"的青春正能量。青年报宣传山西青年英雄谱等各类典型1000多人，激励青少年践行社会主义核心价值观，自觉养成良好道德素质。深化青年马克思主义者培养工程，共有2.32万名青年骨干参加培训。

(三)基层组织和基层工作活力增强。市县两级全部召开党建带团建会议并下发制度文件。圆满完成县乡村三级团组织和省市县三级少工委集中换届。乡镇大团委初步形成活动开展、经费保障、工作考核等长效机制。成立省行业协会团建指导委员会，建立市级非公团工委8个、县级37个，新建非公企业团组织3627个。驻京、驻广东团工委工作开展良好，建立市级驻外团工委4个，县级31个。通过分级分类方式完成团干部全员培训。选派省市两级团干部56人赴县级团委驻点，建立跟踪考核制度，及时了解驻点工作。选派30名高校团干部赴县级团委挂职，通过定期督导和阶段性总结，挂职干部能力和所在团委工作实现"双提升"。

(四)促进青年创业就业成效明显。为3.14万个农村青年创业项目发放小额贷款25.16亿元，带动4.75万名青年实现就业。为城市青年创业发放贷款4860笔。培训农村青年和进城务工人员5.47万人。规范"青年就业创业见习基地"建设，帮助2.61万名青年上岗见习。

(五)代表和维护青少年合法权益工作不断深化。省市县三级开展"共青团与人大代表、政协委员面对面"活动257次，有效畅通青少年利益诉求渠道。发挥预防青少年违法犯罪专项组组长单位作用，召开会议3次，深入调研摸清五类重点青少年群体底数和信息，并进行针对性的服务与管理。开展12355公益大讲堂246场，为青少年提供服务1.55万人次。

(六)品牌工作有序推进。关爱农民工子女志愿服务共结对农民工子女19.91万对，提供服务1.39万人次，参与志愿者5.61万名。"一张纸、一份爱"志愿公益活动创收善款25.26万元。希望工程推出"一元捐"活动，各类筹资1148万元，资助贫困学生2149名，援建希望小学5所，希望图书室、体育园地等21个。青年文明号开展"岗位学雷锋，行业树新风"主题系列活动，进一步提升社会影响力。保护母亲河行动实施"美丽山西、微力行动"主题环保公益活动，以青少年的微言微行，传播环保理念，倡导生态文明。大学生"挑战杯"竞赛向全国组委会推荐作品35件，获奖25件。大中专学生"三下乡"活动以"践行山西精神、推动转型跨越"为主题，组织3.98万名大中专学生直接参与。对外派遣212名青少年出访学习、交流、接洽109名外籍青少年来访。

(刘晓晖)

附：共青团山西省委党组书记、成员名单

书　记：赵雁峰

成　员：安　华　任　忠　李云峰(5月离职)
马皖东　刘　娟(女)　马慧健(5月任职)

省妇女联合会党组工作概况

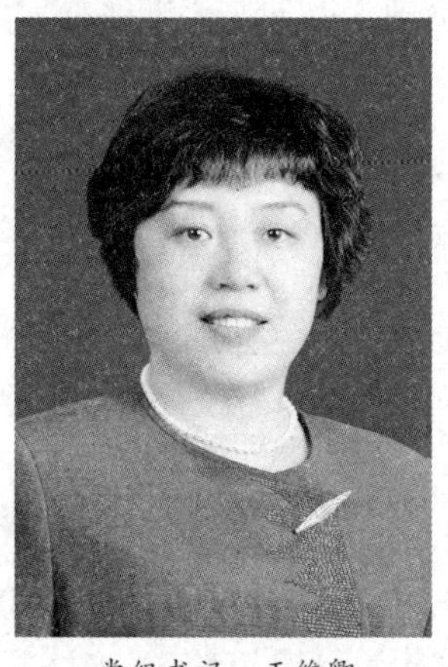
党组书记　王维卿

2013年，在省委的坚强领导下，省妇联党组认真学习贯彻党的十八大、十八届三中全会和习近平总书记系列讲话精神，围绕中心、服务大局，解放思想、改革创新，团结带领广大妇女为加快转型跨越发展、全面建成小康社会发挥了重要作用。

一、抓班子带队伍，领导班子和干部队伍建设不断推进

(一)以领导班子建设为核心，提高妇联工作科学化水平。

一是加强思想建设。坚决贯彻中央和省委、省政府的决策部署，把握正确方向。及时传达贯彻省委省政府和全国妇联决策部署，明确工作思路和工作重点。围绕学习党的十八届三中全会和习近平总书记系列重要讲话精神以及中央、省委重大部署，多次举办了党组专题学习研讨会。全年组织了11次集体学习，班子成员通过参加理论学习、自主选学、在线学习等，坚持用科学发展观、党的十八大和习近平总书记系列重要讲话精神武装头脑，切实把党的路线方针政策贯彻落实到妇联工作各方面。领导班子驾驭全局的能力明显提高，班子成员谋划工作、破解难题的本领显著增强。

二是加强作风建设。深入开展以为民务实清廉为主要内容的党的群众路线教育实践活动，坚持高标准、严要求，每个

环节都精心组织，针对“四风”问题，制定了切实可行的整改方案，建章立制，认真落实。制定《省妇联关于改进工作作风、密切联系群众的实施办法》，深入基层办实事，开展“全面建成小康社会与妇女发展”、“山西革命老区妇女生存发展状况”等调查研究工作，努力倾听基层妇女呼声，坚持边学边查边改，推动解决妇女儿童切身利益问题。班子成员全年在扶贫点现场办公16人次，共计22天，争取扶贫项目资金610万元，办实事12件，特别是发起成立“山西省妇联科技扶贫专家指导服务站”，组织专家以省妇联扶贫点为基地开展实用技术培训，籽粒苋种植带动畜牧养殖等产业发展的扶贫项目得到了忻州市委的肯定和推广。

三是加强制度建设。坚持民主集中制，坚持定时召开党组民主生活会，健全完善领导班子工作责任机制、重大事项决策、廉洁自律等各项规定，对于重大事项、人事任免等都能坚持集体讨论、集体研究、集体决定。认真落实中央八项规定和省委“四个实施办法”，针对评比表彰、文风会风、出差下乡、经费支出方面存在的问题，制定机关厉行节约反对浪费等规定，修订完善机关会议、接待、财务、车辆、资产等行政管理制度，精简各类文件简报，倡导绿色办公、创建节约型机关，机关作风呈现新面貌。

（二）以干部队伍建设为重点，提高妇联工作整体水平。一是加强干部教育培训和管理。以党支部集中学习和干部自学相结合，组织好干部理论学习，安排26人次处科级干部参加了省直党校十八大精神培训班和干部轮训班。开展读书月活动，给每个干部发放理论书籍11本，组织干部参观《复兴之路》大型展览，赴右玉学习接受右玉精神教育，引导大家进一步坚定中国特色社会主义理想信念，坚定不移听党话、跟党走，不断增强中国特色社会主义道路自信、理论自信、制度自信。针对庸懒散奢等不良风气，出台《关于加强机关作风纪律建设的规定》，严格考勤制度，机关作风纪律明显加强。二是坚持选人用人的正确导向。2013年对3个直属单位领导班子进行了调整，均严格按照干部选拔任用条例的规定履行程序。

二、抓教育建机制，党风廉政建设工作扎实有效

认真落实中央、省委关于加强党风廉政建设相关规定，严格落实“一岗双责”。认真贯彻《中国共产党党员领导干部廉洁从政若干准则》，开展政治纪律及廉洁从政教育。向全体党员发出严守政治纪律、永葆优良作风、厉行勤俭节约的倡议，建立并不断完善机关工作例会制度。推进廉政风险防控工作，开展会员卡、违规用车专项清退和办公用房专项清理整顿，对节庆活动进行专题清理，加强对妇联系统项目资金的监管工作。完善部门目标管理责任制，按月对部门工作任务完成情况进行督导。落实岗位责任制，严格实行责任追究，不断提高党员干部的党性意识、廉政意识，增强抵御风险、经受考验的能力。

三、抓党建、促工作，省妇联各项工作取得新成绩

（一）把握时代主题，在筑牢妇女思想道德基础上取得新成效。围绕美丽山西建设，创新开展“美在山西”巾帼主题实践活动。以“我与中国梦”和“共建美丽家园行动”为主题，号召妇女建设生态美、追求生活美、倡导健康美、崇尚精神美。组织妇女参加植绿、护绿、美化庭院建设，创建县级以上“三八绿色工程”示范基地770个，妇女领办或创办林业专业合作社211个，植树造林373万余株。开展“拒绝白色污染”、“建立低碳小台账”活动，引导广大妇女和家庭节能减排，共建美丽山西。以“践行雷锋精神·百万巾帼志愿者在行动”为载体，深化巾帼志愿服务，23万志愿者积极服务空巢老人、帮扶困难妇女和家庭。以德孝文化建设为载体，深化文明和谐家庭创建，选树省级文明和谐家庭300户。以“七家共建”为载体，深化“平安家庭”创建，选树省级平安示范家庭100户。以家庭教育为重点，深化未成年人思想道德建设，实施家庭教育五年规划，开展百所“家校桥”示范校创建活动，家庭教育大篷车全省巡讲1382场。

（二）紧扣省委部署，在组织妇女投身转型跨越发展中发挥新作用。实施“巾帼励志行动”，动员各条战线妇女“全面建小康、巾帼立新功”。以先进典型励志引航，培树省级三八红旗手252名、集体121个，省级巾帼文明岗100个、巾帼建功标兵100名。以技能培训提升发展能力，创建省级巾帼家政培训、手工编织示范基地74个，新建各级巾帼创业基地506个、女大学生创业实践基地336个，组织10万余名农村妇女参加各类实用技术培训。以帮扶服务支持妇女创业就业，举办“春风行动”女性专场招聘会104场，推动落实妇女小额担保财政贴息贷款政策，465名妇女获贷2888万元，帮助更多妇女实现创业就业梦想。

（三）参与社会管理，在维护妇女儿童合法权益中取得新进展。加强普法维权。围绕“六安联创”，创新“法律七进”载体，推动妇联系统“六五”普法工作迈上新台阶；加强信访维权。推行信访代理制，发挥12338维权服务热线、基层妇女维权站、维权合议庭等渠道和阵地的作用，有效维护妇女儿童合法权益。全年接待来信来访来电7328件，完成法律援助案件392件，落实援助资金14.5万元，为受援人挽回经济损失3150万元；加强个案维权。针对侵害儿童案件频发现象，发起“保护我们的孩子——绿丝带行动”，各级妇联上下联动，组织座谈会和签名活动、发出呼吁书，对严重侵害妇女儿童权益的违法犯罪行为，有力发出妇联维权之声。加强民生工作。关注特殊妇女儿童群体，实施了一大批惠及妇女儿童的公益慈善项目。“春蕾桥—爱心家庭派对”活动，筹集款物360万元，为4129名孤残儿童找到结对家庭；救助“两癌”贫困妇女198名，每人给予一次性救助1万元；首次设立特困妇女救助金；“母亲健康快车”累计发放79辆，惠及130多万妇女儿童，发放“母亲邮包”4346个，价值40余万元；“水印计划”争取资金48.9万元，用于项目县三所学校改水改厕及

师生健康教育；中国儿基会“关爱留守流动女童健康成长项目”独家落地山西。累计落实各级各类项目资金2000多万元，惠及更多的妇女儿童，把党和政府的温暖送到妇女群众中。

（四）贯彻基本国策，在实施两纲两规促进妇女儿童发展上取得新成绩。推动性别意识纳入决策主流。加大男女平等基本国策宣传力度，举办国策培训班，开展征文活动、组织研讨会。认真实施两纲两规，组织开展“十二五”中期评估，对各地市和示范县进行了督导检查，推进重点目标任务的完成。进一步引深一法、两纲两规示范创建，召开全省示范工作会议，命名20个省级示范县，深化示范村、社区、乡镇、县区域性连片创建。实施“推动中国妇女参政项目”，组织开展2次“与党委组织部、民政部门和人大就妇女参政进行政策对话”活动，在试点县、村举办“2县4村”监测评审座谈会，有效提高了妇女参政议政的意识和能力。

（五）坚持强基固本，在提升妇联工作水平上实现新进步。加强基层组织建设，与省委组织部联合下文，启动市、县、乡三级妇联换届工作，并圆满完成换届任务。继续推进“妇女之家”建设，创建省级示范点400个。在各级妇联组织中开展“下基层、访妇情、办实事”活动。加强妇女干部队伍建设，在中华女子学院举办省妇女干部理论培训班；组织全省8名副厅级女干部参加中华女子学院“司局级女干部领导能力提升研修班”。加强妇女工作理论研究，完成“新时期山西妇女社会地位研究”课题，编撰完成《聚焦山西妇女社会地位》，推动妇女理论研究不断取得新成果。（李　敏）

附：省妇女联合会党组书记、成员名单

书　记：李悦娥（女，1月离职）　王维卿（女，3月任职）

成　员：郑　红（女，4月离职）　顾青圻（女，11月离职）　韩　红（女）　张敬平（女，5月任职）

省作家协会党组工作概况

党组书记　张明旺

2013年，省作家协会在省委、省政府和省委宣传部的的正确领导下，认真履行“联络、协调、服务”的工作职能，团结带领全省广大作家和文学工作者，高举旗帜、围绕中心、服务大局、改革创新，各项工作都取得了新的进展，呈现出开拓进取、真抓实干、风清气正、团结和谐的良好局面。

一、认真学习贯彻党的十八大、十八届三中全会和习近平总书记一系列讲话精神，进一步统一思想、凝聚共识

（一）以中心组为表率，全体机关人员学习热情高涨。作协把政治理论学习作为贯穿全年的重要任务，以党的十八大、十八届三中全会和习近平总书记一系列讲话精神为重点，把中心组学习和各支部学习结合起来，把专家辅导和个人自学结合起来，把组织参加各类培训和干部在线学习结合起来，班子领导带头学，干部群众深入学，全会上下形成了认真学习的良好氛围。2013年，中心组集中学习16次，各支部学习12次，2位作协班子成员参加了省委组织的厅级干部轮训班和培训班的学习，邀请山西省直机关党校的10位老师在作协举行了为期1周的专题理论辅导，并有19位机关干部参加了省直工委组织的各类培训学习活动，全体党员干部积极参加干部在线学习，在线学习时间全省排名第五。

（二）健全完善学习制度，用制度规范学习活动。为了巩固和扩大学习成果，党组进一步健全完善学习制度，制定出台了《省作协党组中心组学习制度》、《省作协机关干部学习教育制度》，用制度规范学习活动，做到了学习有计划、有档案、有检查、有总结。同时将学习作为考核干部的一项内容，作为提拔升迁的一个依据。通过这一系列的学习教育活动，有效提高了党员干部的政治理论素质，把广大干部群众的思想和行动进一步统一到中央和省委的决策部署上来。

二、深入开展了党的群众路线教育实践活动，进一步改进了作风，推进了工作

（一）精心组织形式多样的学习活动。按照省委统一部署，省作协从去年7月中旬开始，扎实开展党的群众路线教育实践活动，把此项教育活动作为强化宗旨意识、转变工作作风、提升服务质量、推动文学繁荣的重要抓手，严格落实“照镜子、正衣冠、洗洗澡、治治病”的总要求，认真完成省委教育实践活动领导小组安排的各项规定动作和具有作协特点的自选动作，取得了明显成效。在教育实践活动中，党组坚持把学习贯穿始终，结合干部群众思想实际，集中进行了16次学习、2次专题辅导、6次交流讨论，并到右玉、山阴口子梁村、中共太原支部旧址、赵树理故居、汾阳贾家庄马烽故居参观学习。

（二）深入基层、走访调研。在抓好学习的同时，安排党组成员带队深入到全省11个市和3个企业作协进行领题走访调研，并通过发放征求意见表、设置意见征集箱、召开座谈会、发函等多种形式向基层作家和社会各界征求意见和建议。党组针对“四风”方面存在的突出问题，逐条研究整改措施，出台了涉及加强学习、改进调查研究、加快人才培养、加强为作家服务等方面的14条整改措施。从10月中旬开始，通过开展深入的谈心谈话活动，进一步聚焦领导班子及其成员自身存在的主要问题，并撰写领导班子和个人对照检查材料。

（三）召开民主生活会、开展批评与自我批评。在此基础上，召开了以为民务实清廉为主题的专题民主生活会，开展了严肃认真的批评和自我批评。同时，根据查找出的问题，党组多次研究制定了整改方案，逐条逐项进行整改落实，并建立了一整套相关工作制度，健全完善了作风建设的长效机制。通过活动的开展，使省作协在改进文风会风、严格公务接待、加强调查研究、提升服务质量、培养文学人才、促进创作繁荣等方面都取得了明显效果，受到了省委督导组的表扬和鼓励。

三、努力抓住“出人才、出作品”这个中心，进一步推进山西文学事业繁荣发展

（一）成功召开了山西省作协第六次代表大会，顺利完成换届工作。2013 年初，省作协成立了换届筹备组，制定了详细的换届工作方案，经过半年时间的认真筹备，6 月 13 日至 15 日，省作协六次作代会在太原市隆重召开，袁纯清书记、李小鹏省长、胡苏平部长和省委四大班子领导出席了开幕式，并发表了重要讲话。会议审议通过了《工作报告》和《山西省作家协会章程》，选举产生了山西省作协新一届领导机构，顺利完成了各项议程。六次作代会圆满成功，在社会各界产生了积极而广泛的影响，受到省委、省政府领导的充分肯定，也得到了全省作家和文学工作者的一致好评。

（二）组织实施了“2010—2012 年度赵树理文学奖”评奖工作，向社会交出一份满意答卷。作协积极对 3 年一届的“赵树理文学奖”的评奖机制和程序进行改革，坚持公开、公平、公正的原则，成立评奖纪律监督组，设立评奖意见箱和专用邮箱，并在《山西日报》、山西作家网等媒体公示每一轮评奖结果，将整个评奖过程完全置于全社会的监督之下，确保了评奖工作的风清气正。经过 3 个多月的努力工作，最终评选出了具有深刻思想内涵和丰厚审美意蕴的 10 类 24 篇优秀作品、2 名文学新人、3 名优秀编辑，有效地发挥了评奖引导和激励创作的重要作用。

（三）健全完善各项工作制度，不断加强作家队伍建设。2013 年，作协启动了“山西省作家协会优秀人才引进工程”，逐步充实专业作家队伍，加强山西作家的梯队建设。

为了加强文学骨干的培养，省作协制定出台了《重点作家联系工作制度》，在全省 2500 多名会员中确定了 300 多位重点联系作家，建立了重点作家档案，安排专人负责联系、走访，及时掌握他们的创作动态，并从中评选出了 10 位重点扶持的作家，将集中推出他们的作品，出版《山西作家文丛》第一辑。

制定出台了《青年作家签约管理制度》，加强对签约作家的管理和培养。2013 年，有 13 位第 3 届签约作家的 100 余篇优秀作品在《十月》《当代》等刊物发表，一批优秀作品被《小说选刊》《小说月报》《中华文学选刊》等刊物转载。

健全完善了《中青年作家培训工作制度》。先后在太原举办了山西诗歌研讨班、山西省作家影视文学创作研修班。选送 4 位青年作家参加了鲁迅文学院高级研修班的学习培训。对全省的网络作家进行了调查摸底，加强了对网络作家的联系和培养，建立了网络作家档案，并邀请一部分较有影响的网络作家加入了省作协。

健全完善了《举办作家作品研讨会制度》，与中国作协创联部联合举办了葛水平定点深入生活座谈会暨《河水带走两岸》作品研讨会，组织举办了哲夫、寓真、郭万新、黄树芳、陈亚珍、印远、郭虎、阎文盛等老中青作家和诗人的 10 多个作家作品研讨会，邀请专家、评论家对作家作品进行了严肃认真的分析评价，为作者拓展创作空间、提高艺术水平提供了有效的帮助。

积极探索深入生活与创作需要紧密对接的有效途径，重点组织了“山西作家看朔州”、“援疆采风”、“山西公路治超专访”、“签约作家长治行”等主题采访采风活动。我省 30 几位老中青作家分赴朔州、山西对口支援的新疆昌吉市进行了深入细致的采访，推出了《“山西作家看朔州”采风活动作品〈黄河〉专辑》和《山西文学·援疆号》；3 位作家走遍全省各个治超点进行采访，创作了长篇报告文学《大国难题》，即将出版发行；10 位签约作家多次到长治市郊区进行定点采风，创作完成了《长治市郊区·山水文丛》10 卷本，正在编辑出版过程中。组织作家参加了“马烽纪念馆揭牌仪式暨山西作家深入基层、服务转型文学创作座谈会”、“纪念赵树理《小二黑结婚》发表 70 周年座谈会”等大型活动。

四、不断加强自身建设，进一步提升了服务能力

（一）优化办公环境，营造全心全意为作家服务、团结和谐、敬业务实的工作氛围。2013 年，省作协努力加强领导班子建设和干部队伍建设，着力营造全心全意为作家服务、团结和谐、敬业务实的工作氛围，在党组的正确领导和同志们的努力下，党风廉政建设、目标责任制考核、机关文明单位标兵创建、老干部工作等多项工作取得了明显成效。积极争取资金，对作协现在的办公场所进行绿化、美化和维修改造，建设完成了黄河杂志社旁边的二层图书室，建立了局域网机房，并更换了部分办公设备，优化了办公环境。完善了单位院内监控设备的点和面，形成了人防、技防的联防网络。在有关部门的关心支持下，“全国文学创作山西中心”在太原市南内环西街华夏公园南部确定了项目选址地块，并通过了省停清办的审核，正在扎实推进。

（二）做好下乡驻村工作，帮助包扶村尽快脱贫致富。积极响应省委号召，继续做好下乡驻村工作，2013 年为桑梓村落实扶贫资金 37 万元，用于大棚建设、瓜菜嫁接、科技扶贫等项目。经过几年的努力，该村农民人均纯收入已经达到 1.03 万元。帮助桑梓村在省工商局注册商标“玉露春”，拓展了品牌的市场化效应。编辑出版了《隰行漫记》，将省市县作家创作的关于隰县的 200 余篇散文、诗词、曲艺作品结集出版，有力地宣传了隰县人民在改革开放、转型跨越、全面建成小康社会中取

得的成绩。

总体上看,2013 年省作协各项工作均取得了明显成绩,同时,党组也清醒地认识到,工作还存在着许多差距和不足。在今后的工作中,一定要继续加强学习,认真贯彻党的十八大精神,紧紧围绕省委、省政府转型跨越发展战略,积极抓住全国文化大发展大繁荣和山西文化强省建设的机遇,以更高的标准要求自己、督促自己、努力进取、积极作为,为推进山西文学事业的繁荣发展做出自己应有的贡献!

(吕轶芳)

附:省作家协会党组书记、副书记、成员名单

书　记:张明旺

副书记:杨占平　罗向东(2 月任职)

成　员:张锐锋　赵建平

省科学技术协会党组工作概况

党组书记　杨伟民

一、坚持用党的十八大和十八届三中全会精神指导党建工作,不断提升党建工作质量

山西省科学技术协会,是一个联系全省100余万科技工作者的人民团体,是党和政府联系科技工作者的桥梁和纽带。2013年以来,山西省科协坚持用党的十八大和十八届三中全会精神指导党建工作,不断提升党建工作质量,深入贯彻落实省委、省政府对科协工作的一系列指示精神,有力地推动了科协工作的全面创新和科学发展。

(一)坚持理想信念教育,用科学理论武装头脑,不断提升党员的思想政治素质。2013年,省科协围绕理论学习服务于科协工作全局这条主线,全面贯彻党的十八大、十八届三中全会精神,始终着眼于提高党员思想政治素质这个目标,坚持把理论学习与业务工作有机结合起来,使理论学习常抓常新。组织广大党员干部重点学习了党的十八大和十八届三中全会精神、《中国共产党党员领导干部廉洁从政若干准则》、认真学习中央《关于实行党风廉政建设责任制的规定》和省委《实施办法》,《科学道德与学风建设宣讲参考大纲》;继续深入学习贯彻《中国共产党党和国家机关基层组织工作条例》和省委《实施意见》,加强机关党组织自身建设。全面理解和准确把握《条例》内容,牢固树立《条例》意识,用《条例》规范新形势下机关党的建设工作。

(二)加强党的组织建设,充分发挥广大党员的先锋模范作用。一年来,根据省委和省直工委的要求和工作部署,省科协主动适应形势变化,积极探索新时期党的基层组织建设和党员管理工作的新机制、新方法,狠抓党支部班子建设、党支部战斗堡垒作用、党员的先锋模范作用三个环节,省科协党的组织建设出现了三个明显变化:一是基层党的组织建设得到了加强。省科协现有两个基层党委和十个基层党支部,各基层党组织健全、党的基层组织作用发挥明显,能很好贯彻党的路线、方针政策。二是党员队伍得到了发展。2013年,省科协严格按照党员发展的“十六字”方针,积极做好入党积极分子培养和党员发展工作,坚持吸收政治素质高、工作能力强的优秀入党积极分子,突出新时期党员标准的时代特征,做到成熟一个发展一个。省科协现有党员235名,2013年发展了4名。三是党员的先锋作用得到了进一步发挥。在2013年的各项工作中,省科协的广大党员干部在各自的工作岗位上较好地发挥了党员的先锋模范作用,为推动科协事业的发展做出了积极贡献。2013年七一前夕,省科协通报表彰了4个先进基层党组织和26名优秀党员。

(三)党风廉政建设工作扎实有效。2013年,省科协紧紧围绕中央和省委关于廉政建设和惩防体系建设工作的安排部署,坚持标本兼治、综合治理、惩防并举、注重预防,全面完成各项工作任务。

省科协先后出台党风廉政建设责任制实施办法、整治“吃拿卡要”问题创优发展环境实施方案等文件,把反腐倡廉工作与科协业务工作紧密结合起来,对责任进行层层分解和落实,从组织和领导上保证了党风廉政建设工作的有序开展。

省科协认真落实《山西省科协基层党组织党务公开实施方案》,加强党内监督,做到党务公开、政务公开。面向科协系统发放《整治“吃拿卡要”征求意见函》,与各部门、各单位负责人签订《抵制“吃拿卡要”公开承诺书》,强化班子内部监督,并自觉接受群众监督。

把党风廉政教育工作放在重要位置,通过发放学习资料、组织专题讲座、在科协网站设置专栏、发送手机短信等多种方式,对广大干部进行不间断的廉政教育,做到警钟长鸣,取得了很好的教育效果,大大增强了领导干部自警自励、拒腐防变能力。一年来,省科协未发生违法违纪现象。

二、抓党建促工作,省科协各方面工作取得新成绩

(一)推动建立长效工作机制,全民科学素质建设走在全国前列。经积极推动,我省将全民科学素质建设纳入到省委、省政府对各市、省直部门的年度目标责任考核体系,

省政府与11个市签订了《山西省全民科学素质建设目标责任状》。省科协牵头，会同有关部门制定了科学素质工作考核办法和考核评价指标体系。发挥领导小组成员单位作用，组织开展了"全省安全生产论坛"等10项特色活动。贯彻落实李小鹏省长提出的按时开馆、全部开馆、免费开馆的要求，省科技馆新馆经过不懈奋战，终于在10月1日建成开馆。新馆集科普展览、科教影视、科技培训等多项功能于一体，仅国庆期间就接待观众9.62万人次。全省11个市有忻州、阳泉、运城、朔州等7个市级科技馆启动建设。山西科技新闻出版传媒集团于年初组建成立，《科学导报》等报刊全新改版，科技手机报全年编发9000多期，大今网、三农网络电视等数字媒体上线，《科普大篷车》电视节目在40多个市县开播，开发挂图、图书、光盘等科普资源130套（件），全年为农民、青少年、城镇居民等重点人群提供科普服务60多万人次。

（二）组织实施"科普惠农计划"，服务新农村建设。在原有科普惠农兴村计划项目储备库基础上，升级为基层科普计划项目储备库，进一步升级为山西省科普示范体系综合管理系统。开展基层科普行动计划，共有103个先进单位、14个带头人受到国家和省级表彰。实施科普惠农服务站试点工作，采取"资助合作、联合共建、长效发展"方式，首批建立5个试点。建设科普惠农优质农产品示范基地52个，中科云媒（一站一屏一员）建成301个试点，累计培训农民10万人次，被国家新闻出版广电总局评为全国城乡公共阅报屏示范项目。组织开展科普惠农实用技术培训487场，专家进村入户指导5200余人次，受益群众5.9万人次。为全省13997名大学生村官编制并赠送科技手机报156期，"农科110"和"健康365"服务群众3.4万人次。开展下乡住村工作，帮助方山县郝家庄村制定了以脱毒马铃薯种植、使役兼肉用牛养殖为主，小杂粮为辅的农业产业发展规划，马铃薯项目连续两年大丰收。

（三）组织实施"科普益民计划"，提高城镇劳动人口和社区居民科学素质。围绕"保护生态环境、建设美丽中国"主题，牵头省直有关单位开展了山西省2013年"全国科普日"暨第10届"科普三晋"系列活动，重点策划组织了省城主场活动、第二届中国科普摄影大赛、科普教育基地联动等活动。全省各级科协积极行动，共举办科普报告、培训、展览、咨询等7340余场次，发放科普资料206.2万份，受众100余万人次。山西有12个单位和4项特色活动受到中国科协表彰。建设省级科普示范社区50个，充分发挥辐射带动作用。省城公交楼宇电视科普工程编播科普宣传片50期，同时实施科普动漫进县区、进企业活动，助力县域经济发展。

（四）组织实施"科普强企计划"，服务创新驱动发展。面向企业开展"讲理想、比贡献"竞赛活动，完成技术改造创新立项和合理化建议1250项。成立山西省创新方法培训基地，为汾机、太重等企业培训1400多人，解决了上百个技术难题，产生5项专利成果。大力推广美国和欧盟在中国没有申请授权又失去保护的关键技术、共性技术、核心技术信息，在太原、晋中等地建立推送节点16个，培训专利应用人员500名，初步形成省级专利技术推送网络。"金桥工程"项目完成42项，实现经济效益48347万元，节约资金5493万元。面向高新区和经开区加强科协组织建设，已有太原高新区、长治高新区、晋中经开区、阳泉经开区建立了科协组织。与省中小企业局签署战略合作协议，为太重煤机等企业的20个项目与有关院士专家达成合作意向，集聚多方力量促进产学研用紧密结合。

（五）组织实施"科普助教计划"，努力培养科技创新后备人才。精心组织了第28届全省青少年科技创新大赛、第十三届青少年机器人竞赛、第九届宋庆龄少年儿童发明奖等赛事，深入开展了青少年高校科学营、青少年科学调查体验、"航天科技连着你和我——院士专家校园行"等众多活动，大大激发了广大青少年的创造活力。其中，中小学科普"双百"工程共举办科普报告118场，参与学校100多所，受众10万人次。

（六）推动学术交流繁荣发展，为转型跨越发展献智出力。围绕经济社会发展的重点、热点、难点问题，举办了一系列高端前沿学术交流活动。10月12—14日，中国数学会主办、省科协和山西大学承办的"中国数学会2013学术年会"在并召开，12位院士及国内外的400多名数学专家与会，90多位专家在会上作了学术报告，11位院士专家分赴太原理工大学、山西师范大学、太原五中等学校开展学术交流、专题报告和科普讲座。支持省级学会先后举办精品学术活动20场，主要有全国玉米遗传育种学术研讨会、山西省第十七届眼科学术年会等，促进学科繁荣发展，服务创新驱动发展。深入开展学会基础建设、组织建设、学术建设和能力建设等方面研究，制定《山西省科协学会能力提升计划》，致力于增强学会的学术影响力、会员凝聚力、社会公信力和自主发展能力。"星期日知识讲座"面向机关、企业、学校、社区等送"课"上门，共举办43场，受众近两万人次，并收集精彩讲稿编辑出版了《在科技馆听讲座》一书，对科普知识给予有效延伸。

（七）深入开展科技人才工作，为推动人才强省与社会和谐服务。山西省首次科技工作者状况调查是省科协2013年目标责任考核的创新工作，既填补了我省科技工作的一项空白，也是执行群众路线、建设科技智库的重要举措。精心制定调查工作方案，组建专业团队，结合山西实际设计问卷，合理布局抽样站点，到目前问卷调查和数据处理工作已完成。预计于2014年完成调查研究全部工作，出版《山西省科技工作者状况调查》蓝皮书。

深入开展了第七届山西省优秀科技工作者、2013年度山西省科技奉献奖、第二届山西省科技传播奖等奖项的评选表彰，积极开展了中国青年科技奖、中国青年女科学家奖等奖项的遴选举荐，推选出了一大批长期奋战在科技一线的优秀科技工作者。举办科学道德和学风建设宣讲报告会7场，面向新入学的研究生和新入职的科技人员开展宣讲教育。组织开展了海峡两岸新农村建设研讨会、海峡两岸青年学子科技交流活动、以色列培训项目等工作，为促进海峡两岸和国际民间科技交流、引智服务转型发展发挥了积极作用。

（李朝胜）

附：省科学技术协会党组书记、成员名单

书　记：杨伟民

成　员：侯晋川　王德贵　崔　忠　郝建新

省文学艺术界联合会党组工作概况

党组书记　张根虎

2013年，山西文联在省委的坚强领导下，在省委宣传部的正确指导下，高扬“中国梦”的时代主旋律，充分发挥党和政府联系文艺工作者的桥梁和纽带作用，认真履行“联络、协调、指导、服务”的职能，努力推进文艺事业大发展、大繁荣，为加快实现文化强省战略，实现全省转型跨越做出了独特贡献。

一、关于落实党风廉政建设责任制情况

（一）深入开展党的群众路线教育实践活动，为文联工作提供坚强的政治保障。按照省委统一部署，山西文联为第一批开展党的群众路线教育实践活动的单位，根据《中共山西省委关于在我省深入开展党的群众路线教育实践活动的实施意见》及全省党的群众路线教育实践活动工作会议精神，结合文联实际，省文联党组统一安排、制定方案，深入开展了省文联党的群众路线教育实践活动。

第一，成立了山西文联党的群众路线教育实践活动领导小组及组织机构。第二，召开了省文联全体干部职工动员大会，就教育实践活动的目的意义、总体要求、主要内容、方法步骤做了具体部署。第三，广泛深入地开展调查研究，查找在“四风”方面存在的突出的问题，并深刻剖析思想根源。

在教育实践活动中，大家统一思想、提高认识，一致认为省文联党员干部的党性、党风总体是好的，但也不同程度地存在一些问题，突出地表现在“四风”方面：一是在形式主义方面表现为活动多，但效果还不够明显；形式多，但质量还不够高；要求多，但落实还不够扎实；部署多，但检查还不够细致等。二是在官僚主义方面表现为联系基层少，联系会员少，尊重文艺家还不够主动热情，服务的意识还不够强，服务的渠道还不够广，服务的水平还不够高等。三是在享乐主义方面表现为贪图清闲，安于现状，上班不作为，工作不担当，甚至有些人长期不上班，仍领工资、仍领福利等。四是在奢靡方面表现为铺张浪费，一些活动、展览、庆典摆排场、讲阔气，搞不必要的庞大剪彩开幕仪式等。

在深刻剖析思想根源中，广大党员干部一致认为问题产生的原因主要有以下几个方面：一是理论学习不够及时，不够深入，政治修养不够高；二是对党的群众路线认识不深，执行不力，宗旨观念有所淡化；三是制度建设不够完善，执行制度不够严格；四是团结协作意识不到位，不同程度地存在“个人自扫门前雪”，甚至有相互推诿现象，没有形成分工不分家，上下一盘棋的良好局面；五是创新意识淡化，开创进取精神不足，还缺乏研究新形势、新情况、新变化，缺乏深入探讨并尝试新思路、新方法、新举措，创造性地开展工作；六是党风廉政建设工作抓得还不够扎实，在分解任务，落实责任，督查力度上还需要进一步明确和加强责任感。

文联整改措施是：一是下功夫抓好学习教育，不愿学、不真学的坚决不放过；二是下功夫继续查摆问题，不具体、不深入的坚决不放过；三是下功夫不断征求意见，不扎实、不到位的坚决不放过；四是下功夫开好民主生活会，不挖根源、不触及灵魂的坚决不放过；五是下功夫抓好具体落实，得过且过、蒙混过关的坚决不放过。

第二，召开专题民主生活会，进行批评与自我批评，达到团结——批评——团结的目的。

在教育实践活动中，通过“照镜子”，对照党章，查找差距；“正衣冠”，正视问题，改正缺点；“洗洗澡”，听取意见，开展批评与自我批评；“治治病”，对症下药，治病救人，达到了进一步增强党的宗旨意识，切实转变工作作风，密切联系群众的目的。

第三，制定了“整治文山会海，检查评比泛滥；整治‘门难进、脸难看、事难办’；整治公款送礼、公款吃喝、奢侈浪费；整治超标配备公车、多占办公用房，滥建楼堂馆所；整治‘三公’经费开支过大；整治‘形象工程’和‘政绩工程’；整治侵害群众利益的行为”的“七项整治方案”，狠抓整改落实。

第四，将22项整改内容进行了责任分解，分别由党组成员、书记处书记牵头落实。研究并制定具体落实整改方案，真正使群众路线教育实践活动扎实有效。

第五，开展党的群众路线教育实践活动“回头看”。省文联以“六看”为切入点：一看学习教育是否扎实；二看查摆问题是否聚焦；三看自我剖析是否深刻；四看谈心交

心是否充分；五看开展批评是否认真；六看边查边改是否见效。通过扎实开展“回头看”活动，进一步巩固了省文联教育实践活动的成果，加大了整改“四风”的力度，体现了制度建设的长效机制。

省文联党的群众路线教育实践活动，以钉钉子的精神，抓铁有痕的态度，坚持严的标准、严的措施、严的纪律，动真格、出实招、真正改、彻底改，取得了扎实有效的成果，为推动我省的文艺工作和文联工作提供了坚强的政治保障。

（二）狠抓党风廉政建设，为文联工作提供坚强的思想保障。组织党员干部原原本本地学习贯彻落实中央“八项规定”和省委“四个实施办法”。牢固树立正确的人生观、世界观、价值观、权力观、事业观，警钟长鸣，筑牢思想道德防线，强化反腐倡廉建设。狠抓基层党支部建设，充分发挥支部的战斗“堡垒”作用。

（三）狠抓干部队伍建设，为文联工作提供坚强的组织保障。2013年，省文联党组对省文联机关、协会和所属单位进行了部分干部调整交流，同时选拔任用了在德能勤绩廉各方面表现优秀的部分干部。

这次调整干部主要是解决岗位空缺、领导干部兼职以及交叉问题。在这过程中，党组严格执行《公务员法》和《干部选拔任用条例》，充分发扬民主，坚持民主集中制，坚持公开、平等、竞争、择优，任人唯贤、德才兼备，注重实绩的原则。充分发挥群众的知情权、参与权、选择权和监督权。严格履行组织程序，照章办事。坚决制止跑官、要官、说情徇私、拉票串联的不正之风。一旦发现有不正当的行为，定追究责任，严肃处理。

二、关于2013年工作情况

（一）开展丰富多彩的文艺活动，为转型跨越再造一个新山西提供强大的文化支撑。在省委、省政府的亲切关怀下，山西省文联第八次文代会于2013年6月13日隆重召开，中国文联党组书记、副主席赵实，省委书记、省人大常委会主任袁纯清，省委副书记、省长李小鹏出席开幕式并做了重要讲话。

大会审议通过了《山西省文联第七届委员会工作报告》、《山西省文联章程》，选举产生了山西省文联第八届主席团，推举了书记处。这是一次高举旗帜、民主团结、务实创新、继往开来的大会，必将对进一步推动山西文艺的大发展大繁荣产生重大而深远的影响。

2013年是全面落实省八次文代会提出的《山西省文联五年发展规划纲要》的开局之年。在2013年，党组紧紧围绕着力出人才、出精品，着力推出我省文艺领军人物，着力培育优势团队，着力改革体制和创新机制，着力发挥文联组织在社会管理和服务中的重要作用，开展了一系列形式多样、丰富多彩的文艺活动，主要有：

一是国际性文艺活动——为了大力实施“请进来，走出去”的文化战略，宣传山西新形象，广泛进行对外文化艺术交流，在柬埔寨举办了中国山西世界文化遗产和非物质文化遗产摄影展。山西曲艺唱响巴黎，我省曲艺家赴法国参加了“巴黎中国艺术节”，并演出了具有山西地域文化特色的精彩节目。我省美术家赴巴林，参加了“水墨聚焦”——2013年走进联合国公共行政日庆典暨中国书画艺术交流展。在山西举办了中国平遥国际摄影节，五台山国际摄影大展，中国芮城永乐宫第六届国际书画艺术节暨全国‘魏晋风度’新锐书法作品展。

二是国家级文艺活动——承办了全国第三届草书作品展，举办了汾州裕源杯全国摄影大赛、第二届中国科普摄影大赛、金桃园杯全国摄影大赛、“光大杯”全国摄影大赛。

三是省级文艺活动——举办了“今朝更好看”——纪念毛泽东同志诞辰120周年书画展，“山西精神”海内外三晋儿女书画摄影剪纸大型展览，“美丽山西”右玉精神书画摄影邀请展，山西省第十四届“杏花奖”评比演出，第九届中国音乐“金钟奖”二胡比赛山西选拔赛，第四届山西省花鸟画作品展，并出版了画册，山西省第二届风景名胜摄影展，山西省第九届书法篆刻展，第七届“小荷风彩”全国少儿舞蹈展演山西选拔赛，第二届山西杂技“金菊奖”空竹大赛，“美丽山西”中国梦朗诵音乐会，“我要当主播”山西电视主持人大赛暨第七届全国“校园金话筒”山西选拔活动，并共同承办了中部六省曲艺大赛。

（二）百花盛开，涌现出一批文艺领军人物、文艺人才、文艺精品。在中国戏剧“梅花奖”比赛中，我省贾菊兰荣获中国戏剧“梅花奖”，景雪变荣获中国戏剧“二度梅梅花奖”，史佳花参与创作并主演的晋剧《大红灯笼》荣获中国戏剧“文化奖”，在中国戏剧节上，省晋剧院演出的《巴尔思御史》，太原市实验晋剧院演出的《上马街》荣获第十三届中国戏剧节优秀剧目奖；在全国各类美术展览中，我省共有14件美术作品荣获国家级美展优秀奖；在第24届全国摄影艺术展上，我省摄影家分别荣获金质收藏奖1个，银质收藏奖1个，评委推荐奖2个，优质奖16个；在第四届中国书法“兰亭奖”评比中，我省王国柱荣获“佳作奖”，杨文斌荣获“理论奖”；山西广播电视台肖彦芳荣获第八届全国德艺双馨电视艺术工作者称号；在中国曲协举办的“马街书会”上，由马小平创作，弓瑞、耿麟合说的相声《山西好声音》荣获一等奖，张月军撰写的论文《建设‘中国曲艺之乡’品牌的思考》被评为第二届中国曲艺之乡“岳池论坛”优秀论文奖；在第七届“小荷风采”全国少儿舞蹈展演中，我省选送的舞蹈《‘筷’乐欢歌》、《大红公鸡毛毛腿》荣获“小荷之星”金奖，《长大我要当矿工》等三个节目荣获银奖；在中国首届民间工艺美术展中，我省10位民间文艺家分别荣获金奖3个，银奖7个等。文联杨志刚编剧的电影《耿二有点二》在2013中国百部农村电影工程中排名第一。中国电影家协会在京召开了《耿二有点二》研讨会并给予一定的资金扶持，力争将该片拍成叫好又叫座的优秀电影作品。协会崔莹玺、樊丽红分别撰写的论文《农村电影嬗变之旅》、《坚守文艺评论的良知——当前文艺评论的问题与思考》荣获山西省第十届精神文明建设“五个一工程”优秀理论文章奖。

（三）“送文化、种文化、育文化”，为人民群众提供丰富的精神食粮。为打造“文化山西”品牌，省文联在中国（太原）煤炭交易中心隆重举办了两次“山西文化大讲堂”学术报告会，邀请我国的一些著名学者、专家、教授做了精彩演讲，省城和各市县文艺界代表、大专院校、驻晋部队、企业厂矿、艺术院团等单位近千人到场聆听。“山西文化大讲堂”受到了社会各界的热烈欢迎和一致好评。

为打造“欢乐山西”品牌，省文联组织了大型“消夏”文艺惠民广场演出。组织了画家、书法家分别赴太原警备区、太原陆军预备役高炮旅，为官兵举行书画创作、笔会活动，赴农村、厂矿、军营为群众书写春联2000余幅。在太原儿童福利院举行了“公益影像·爱心档案”活动启动仪式，参加活动的近百名摄影家纷纷捐款、捐物，折合人民币2万多元。赴平顺县西沟村为农民送去“西沟人家”家庭影像摄影作品。坚持每周六为广大摄影爱好者免费举办摄影讲座，对基层摄影者的作品进行点评、辅导。“送欢乐、下基层”山西摄影家走进“双合成”系列活动。进社区进行杂技常态化辅导，举办“抖空竹·闹元宵”进社区慰问演出。

特别值得一提的是，一方有难，八方支援，四川雅安发生地震后，我省文艺界迅速开展了献爱心活动，省文联举办了“情系雅安—山西百名书画家赈灾义捐”活动，206位书画家精心创作，捐赠了187幅书画作品，共拍出书画作品187幅，总价款141万元，所得善款经公证处公证后，全部用于支援雅安地震灾区，义建一所“晋义学校”。省委书记袁纯清高度评价义捐活动，专门做出批示“此举抓得早，很有意义，体现了我省书画家的大爱情怀”。四川雅安市给山西文联发来了情深意切的感谢信。

2013年省文联的工作重点突出，整体推进，各项工作都取得了新突破。

一是大力创建学习型文联。年初制定了党员干部2013年理论学习计划。完成了省直工委安排协会处级干部学习贯彻党的十八大精神的培训任务。抓紧抓好干部在线学习，达到了学习培训目标。

二是大力创建服务型文联。对离退休老干部始终坚持一年一度的春节慰问、“重阳节”座谈会。组织老干部、老艺术家赴太钢采风。组织离退休人员体检，由以往每隔两年变为今后年年体检。为办理了独生子女证的离退休人员发放一次性奖金。

为给全省的文艺创作、文艺评论、文艺活动提供强有力的经济支撑，省文联成立了“山西晋艺嘉和文化艺术基金会”，已正式核准登记，基金会的工作卓有成效地积极推进。省美协、省书协、省音协、省摄协、省影协、省民协、省舞协、省曲协、省杂协纷纷创建了“创作基地”，为全省文艺工作者深入生活、进行创作提供了良好的条件。开办了省文联机关职工食堂，并给予福利性生活补助。启动了《山西文艺网》。《火花》杂志刊登封面人物，着重于宣传山西本土的名人大家，为推出我省文艺领军人物提供了一个很好的展示平台。进一步完善了“山西文学艺术家著作权保障委员会”机制。对文艺大厦进行了大楼顶层防水层、管道设备、消防器材、电梯的更新与维修。“赵树理故居”广泛收集赵树理文学创作的有关史料，新收集有关文物30余件，全年免费接待游客8万多人。晋宝斋举办了春季、秋季“艺术品拍卖会”，为书画家的作品走向市场牵线搭桥。

三是大力创建创新型文联。起草、反复讨论、修改了《关于加强与改进新形势下文联工作的意见》稿。对协会所属社团提出了新的管理要求，制定下发了《山西省文联挂靠社会团体管理办法》（征求意见稿）。在平遥县召开了全省基层文联工作会议，会议隆重表彰了全省基层文联工作先进集体：太原市文联、阳泉市文联、忻州市文联、运城市文联、长治市文联。平遥县文联、晋城市文联做了大会典型发言。大会还印发了《全省基层文联工作会议材料汇编》，相互交流了经验，对今后文联工作的新思路进行了深入的探讨，对全省基层文联开展争先创优工作具有巨大的推动作用。

（樊丽红）

附：省文学艺术界联合会党组书记、副书记、成员名单

书　记：宋新柱（1月离职）　张根虎（1月任职）

副书记：李太阳　石跃峰

成　员：刘廷明　李和平　靳　忠　李剑斌

省工商业联合会党组工作概况

党组书记　杨临生

2013年，在省委、省政府的正确领导下，在全国工商联和省委统战部的有力指导下，省工商联党组团结全体干部职工，围绕“服务转型跨越和综改试验区建设”主线，把握“两个健康”工作主题，深入贯彻党的十八大、十八届三中全会精神，认真履行职能，努力开拓创新，积极主动作为，促进了全省非公有制经济健康发展和非公有制经济人士健康成长，为转型跨越发展做出了积极贡献。

一、组织开展非公有制经济人士理想信念教育实践活动

按照中央统战部、全国工商联部署和省委常委会议确定的“争当新晋商，转型做贡献”实践主题，2012年5月开始，围绕“民营企业与中国梦”，在全省开展了以增强非公有制经济人士对中国特色社会主义的信念、对党和政府的信任、对企业发展的信心为主要内容的理想信念教育实践活动，进一步增强了非公有制经济人士思想政治工作的成效。

（一）深化“发扬晋商精神，提升晋企形象”主题教育活动。组织全省非公经济人士理想信念报告会，编发《当代晋商追梦之旅》和报告会光盘，树立宣传了一批先进典型。组织22家骨干会员企业发布社会责任报告，并撰写《2012年度山西民营企业社会责任报告》。开展“关爱员工、实现双赢”评选表彰活动，与省总工会联合表彰优秀民营企业家和优秀员工。

（二）开展“解读政策，提升素质”宣讲培训活动。开创自主学习品牌——“晋商大讲堂”，先后举办政策解读等五期专题讲座。在上海交大举办学习培训、观摩考察、座谈交流、项目对接“四位一体”的优秀中青年民营企业家学习培训和项目对接恳谈活动，对1000名有发展潜力的优秀小微企业主分三期进行了培训。

（三）组织民营企业开展“产业扶贫，携手发展，共同致富”活动。在吕梁组织召开了民营企业参与全省“百企千村”产业扶贫动员和现场观摩交流活动，推动民营企业贯彻落实省委提出的企业帮扶农村发展、促进农民增收的战略部署。据不完全统计，截止2013年底，全省民营企业参与产业扶贫开发项目已达300个左右，规划总投资600多亿元。

（四）开展“绿化国土，感恩奉献”光彩公益活动。与省委统战部、省光彩事业促进会、省绿化委联合开展了民营企业建设“新晋商光彩林”活动。全省140多家民营企业投身光彩林建设，建立义务植树基地120个，植树11.6万亩，捐助绿化费4.64亿元，认种认养绿地14.9万亩、树木1482万株。

市县工商联和商会组织精心设计载体和方式，提出各具特色的实践主题，组织开展了形式多样的学习教育活动。全省共有6万多名非公经济人士发挥主体作用，积极参加学习实践活动。全国政协副主席、全国工商联主席王钦敏在全联十一届二次执委会议工作报告中肯定了我省培训优秀小微企业主的做法；中央统战部副部长、全国工商联党组书记全哲洙，副主席庄聪生、李路先后来我省调研，对山西开展活动在各阶段给予了具体的工作指导。省委书记袁纯清对“产业扶贫，携手发展，共同致富”活动和山西与长三角民营企业投资对接恳谈等活动作出了肯定批示。同时，袁书记对民营企业投资农业产业和新农村建设发挥的积极作用，给予了充分的肯定和表扬。

二、组织开展营造民营经济转型跨越发展良好氛围大调研活动

围绕贯彻落实党的十八大“三个平等”精神，针对制约民营经济发展的突出问题，联合9个省直单位组成6个调研组赴全省各市、重点县区和100多家民营企业，以及6个省市区开展了大调研活动。调研活动和形成的系列成果得到袁纯清书记和李小鹏省长的充分肯定，做出了重要批示。

（一）调研形成的系列成果得到重视和采纳。形成了报送省委、省政府的促进民营经济转型跨越发展调研报告和7个专题报告，意见和建议被省委、省政府出台的《关于深入贯彻党的十八届三中全会精神，加快推进转型综改区建设的若干意见》采纳；与省政法委联合制定出台了《政法机关服务和保障非公有制经济发展的实施意见》；编印出版了《2012年山西民营经济发展报告》一书。

（二）调研成果运用到全省民营经济转型跨越发展促进大会中。与省委统战部、省工商联共同牵头承办了、省委、省政府召开的全省民营经济转型跨越发展促进大会。省委书记袁纯清、省长李小鹏出席会议，省委常委、常务副省长高建民代表省委、省政府讲话，对推动全省贯彻落实党的十八届三中全会精神，营造鼓励支持浓厚氛围进行了安排部署。会议对在转型跨越发展中作出突出贡献的72名优秀民营企业家和优秀建设者进行了表彰。

（三）建立民营经济运行情况观察点。在民营经济占主体的煤炭、焦化、冶金、新兴产业、商贸服务业5个行业，建立了100家代表性民营企业“点对点”运行情况观察点，并对资产、营销收入10亿元以上的150家重点民营企业建立了数据库，进行定点观察、长期跟踪服务。

三、搭建推动民营企业转型升级经济服务平台

（一）积极参政议政。向省政协全会提交了9件团体提案和2 份大会发言材料，3件提案被列入重点提案，由省领导亲自督办。为省委、省政府和有关部门完成《关于综改区金融体制创新，解决小微企业融资难的思路和对策》、《在山西综改试验区建设中商会的定位与作用研究》等调研报告。

（二）提供金融科技法律服务。举办了金融服务中小企业发展银企对接洽谈会；组织省科协有关部门和法律工作者送科技、送法律进民企；共同推进我省民营企业参加全国科技进步奖、军民两用评审、星火计划等评审活动；举办民营企业法律风险防范培训班，为省直商会和民营企业提供了法律维权服务。

（三）不断增强对外交流合作能力。组团参加了第12届世界华商大会和区域间经贸洽谈活动。带领民营企业走出去，与长三角地区民营企业合作签约新兴产业项目19个，总投资额494亿元。建立160多家晋商组织、2200多名世界晋商代表数据库，与全球晋商组织加强了联系。

四、抓好新形势、新任务、新条件下工商联干部队伍和基层组织建设

（一）加强基层组织建设。举办全省市县工商联和商会组织负责人培训班，开展省工商联驻会领导联系市县级工商联和县级工商联示范点创建活动，对县级工商联建设进行了调研摸底和专项督导，全省县级工商联基本达到了“一个设立、五个有”的标准。截至2013年底，新发展会员62080个，会员总数达到165853个。孝义市、长治县工商联被全国工商联命名为“全国‘五好’县级工商联建设示范点”。孝义市工商联被全国工商联授予“全国工商联系统先进集体”荣誉称号。

（二）加强对商会组织的指导。协调成立了山西鞋业商会、山西省汽车流通商会，新发展13家商会为省工商联团体会员，指导推动省外成立11家晋商组织。帮助直属商会和直属会员企业开展党建工作。2013年建立3个党组织，发展新党员30名。

（三）加强机关自身建设。省工商联机关开展和谐文明标兵单位创建活动，认真推行目标责任制，强化内部管理，建立健全各项规章制度，开展厉行节约“八个一”活动，努力建设节约型机关，2013年被省直工委评为和谐文明标兵单位。

五、组织开展党的群众路线教育实践活动

贯彻落实中央、省委部署，会党组和驻会领导班子围绕发挥工商联职能作用，促进“两个健康”主题，以坚决反对“四风”为聚焦点，扎实开展了以为民务实清廉为主要内容的党的群众路线教育实践活动，机关思想作风转变取得明显成效。一是强化理论学习，坚定理想信念。2013年是近年来机关干部学习时间最长、投入精力最多、取得成效最大的一年。二是坚持群众路线，广泛征求意见。会领导深入基层工商联、商会、民营企业和扶贫联系点征求干部群众意见，收集各类意见建议410条。下乡住村4次，到中阳县张家沟村慰问贫苦户，落实重点项目，解决扶贫资金款项120多万元。三是主动查找问题，召开班子专题民主生活会。驻会领导班子成员认真开展批评与自我批评，得到省委督导组充分肯定。四是落实八项规定，积极转变作风。就改进调查研究、会风文风、节约经费等制定了实施细则，进行了清车、清房、清退会员卡、清理“小金库”等专项整治工作，在机关干部中形成了厉行节约、反对浪费、勤政为民、务实清廉的风气。五是建立长效机制，推动整改落实。目前，已建立健全27项规章制度，确保把教育实践活动成果转化为促进“两个健康”、服务转型跨越发展的动力。

（冯学亮）

附：省工商业联合会党组书记、成员名单

书　记： 杨临生

成　员： 樊秀清　王建华　郎宝山　赵淑芊　高志勇

省残疾人联合会党组工作概况

党组书记　李亚明

2013年，省残联新一届党组紧紧围绕全省中心工作，以党的十八大和十八届三中全会精神为指导，牢牢把握加强党的执政能力建设、先进性和纯洁性建设这条主线，积极贯彻落实7月19日省委常委会会议、12月3日省政府常务会议、中国残联和省残联“六代会”精神，加快推进残疾人社会保障和服务体系建设，扎实开展党的群众路线教育实践活动，不断加强领导班子和干部队伍建设、党风廉政建设，努力提高机关效能，圆满完成年度各项工作任务。

一、圆满完成残联换届任务，组织建设取得新成绩

7月19日，省委常委会召开会议专门听取了省残联党组书记李亚明关于省残联第六次代表大会筹备情况的汇报，省委书记、省人大常委会主任袁纯清，省委副书记、省长李小鹏分别作了重要指示。省委常委、常务副省长高建民，省委常委、组织部长汤涛分别对残联换届工作作出重要批示，并亲自进行指导协调。省残联党组高度重视换届工作，在精心安排部署省残联换届工作的同时，对各市的换届工作进行了指导。省残联领导带队专门到换届工作进展较慢的6个市进行督导，使市级残联按时完成换届任务，大同市残联结束了20年没有换届的历史。

8月6日，省残联第六次代表大会在太原隆重召开，省委书记、省人大常委会主任袁纯清，省委副书记、省长李小鹏等四大班子领导和中国残联副主席、中国残疾人福利基金会理事长汤小泉等9位省部级领导出席大会开幕式，接见全体代表并合影留念。省委常委、常务副省长高建民代表省委、省政府在开、闭幕式上作了重要讲话。会议审议通过了李亚明同志所作的题为《加快残疾人事业科学发展步伐　为实现残疾人全面小康而奋斗》的工作报告，选举产生了省残联第六届主席团，省委常委、常务副省长高建民当选为省残联第六届主席团主席，省残联党组书记李亚明被推举为省残联第六届执行理事会理事长。大会的胜利召开得到了全体代表和社会各界的广泛好评，同时也得到了中国残联的充分肯定。

二、建立"两个补贴"特惠政策，残疾人社会保障实现新突破

制定重度残疾人护理补贴和贫困残疾人生活补贴制度（简称"两个补贴"制度）是完善残疾人社会保障体系，改善残疾人生活状况的迫切需求。基于我省残疾人工作实际，省残联新一届党组、理事会及时将此项工作作为残疾人社会保障和服务体系建设的突破来抓，此举也赢得了省委、省政府和有关部门的支持和帮助。省委书记、省人大常委会主任袁纯清要求，要加强对残疾人的社会救助，健全社会保障体系，随着经济社会的发展进步，逐步提高相应补助标准，积极为残疾人办实事、办好事。省委副书记、省长李小鹏和省委常委、常务副省长高建民对我省建立"两个补贴"制度作出重要批示，高建民常务副省长和省政府马彦平副秘书长多次召集省直有关部门进行协调。

省残联党组、理事会将建立"两个补贴"制度摆在重要议事日程，多次专题研究部署，主要领导亲自挂帅，机关各部（室）密切配合、分工协作，收集了解兄弟省市"两个补贴"落实情况；深入基层，了解残疾人实际需求；对全省各县一级重度残疾人实际人数、持证一级残疾人纳入低保人数、残疾人分类施保情况进行摸底调查，为制定补贴方案提供依据；实时统计持证残疾人数，针对不同受助范围，先后测算、拟订出20多种补贴方案备选；多次向分管省领导进行汇报，与省财政厅、民政厅、人社厅、卫计委、扶贫办等相关委办厅局沟通协调，研究确定符合我省实际的"两个补贴"发放方案。

12月3日，省委副书记、省长李小鹏主持召开省政府第31次常务会议，在听取了省残联的汇报后，李小鹏省长作了重要指示。会议决定：从2014年起建立全省重度残疾人护理补贴和贫困残疾人生活补贴制度，对未纳入城乡低保的一级重度残疾人每人每年发放护理补贴480元，对纳入城乡低保的贫困一级重度残疾人在享受低保的基础上每人每年再给予生活补贴480元。我省成为中国残联"六代会"后第一家、中部第一个建立"两个补贴"制度的省份。中国残联主席张海迪对此作出批示："最近山西等地不断报来消息，令人鼓舞和欣慰，我们明确了工作思路，全心全意帮助残疾人解脱困难，摆脱困境，与全国人民一道迈入小康社会才有希望。请相关部门认真统计各方数据，为进一步改善残疾人生活打下基础。"

三、多措并举，攻坚克难，解决历史遗留问题有了新进展

省残联位于龙城大街的职工宿舍楼和省残疾人综合康复就业中心于2004年开始筹建，2006年主体封顶，但由于种种原因7年多来未能投入使用，广大干部职工反映强烈。为此，省残联新一届党组、理事会多次召开会议研究解决方案。省残联党组书记、理事长李亚明在深入调查研究、充分听取相关部门意见建议的基础上，提出了解决历史遗留问题的10条具体办法。省残联党组研究决定：由副理事长郭新志牵头解决职工宿舍楼的遗留问题，党组成员、副理事长温万一负责省残疾人综合康复就业中心的遗留问题，党组成员、副理事长刘晔负责省残疾人劳动就业服务大厅建设手续的办理工作。会领导分别组织有关部（室）、直属单位工作人员进行专题调研，实地查验，征询有关部门和专家的意见，形成了调研报告，拿出了解决问题的可行性方案。

在省残联党组、理事会的高度重视和强力推动下，机关各部（室）、各直属事业单位积极配合，所有工作人员共同努力，本着花钱少、办好事的原则，精打细算，全力推进。到冬季供暖前，7栋职工宿舍楼屋面防水施工全部完成，大面积漏水问题得到了解决；所有落水管全部修复，彻底解决了墙面漏水问题；原来缺失或被损坏的窗户玻璃全部重新安装完成；100多户室内和楼道的暖气片都已经安装到位，并完成了热水打压测试；天然气主管道与分户管道对接完成，入户管道、分户计量表等安装完成，并通过打压测试；以管道天然气为热源的供暖设备配套完成，并通过试运行。历史遗留问题基本得到解决，职工宿舍楼已经具备入住条件。省残疾人综合康复就业中心项目为中央空调增添主机、打回水井，电梯机房增添设备、维修线路，消防工程安装防火门、改造玻璃幕墙等工程项目逐一完成，消防工程正在抓紧验收，已基本具备了搬迁条件。省残疾人劳动就业服务大厅项目相关建设手续办理工作取得阶段性成果，在太原市城乡规划局将《建设项目选址意见书》延期审批手续办理完毕，协调省发改委将该项目由"楼、堂、馆、所"项目转为技术业务用房建设项目，协调太原市国土资源局土地测绘中心完成了项目建设用地地籍测绘，审批手续办理取得了阶段性成果。

四、积极推进"两个体系"建设，业务工作开创新局面

康复工作有效推进。组织实施国家"七彩梦行动计划"、"国家彩票公益金"和省彩票公益金贫困残疾人康复救助项目，投入经费6000万元，对2.5万名贫困残疾人实施康复救助。培训社区康复协调员、管理干部和专业人员6611名。3个市、32个县（市、区）被授予"全国白内障无障碍市、县（市、区）"称号。特殊教育得到加强。特殊教育义务教育阶段入学率达到76.4%。217名达线残疾高考学生全部被录取。对660名残疾高中生、大学生、研究生和残疾人家庭子女大学生资助214万元。劳动就业工作扎实开展。对16500名农村残疾人和8422名城镇残疾人进行生产实用技术和职业技能培训。全省征收残疾人就业保障金约3.1亿元。帮助1642名残疾人实现就业、1510名残疾人落实专项扶持政策。社会保障覆盖面不断扩大。30.5万名残疾人纳入城乡低保；10.2万名残疾人参加城镇职工社会保险；20.1万名残疾人参加城镇居民社会养老保险，22.7万名残疾人参加城镇居民医疗保险；74.1万名残疾人参加新农保，142万名残疾人参加新农合。扶贫工作效果明显。为11市52县的1710户农村贫困残疾人进行危房改造。继续实施"农村基层党组织助残扶贫工程"，省财政每户补贴1000元，完成对2000户农村贫困残疾

人家庭的帮扶任务。落实残疾人康复扶贫贷款4400万元，贴息291万元。维护残疾人合法权益。妥善处理残疾人信访6200人件次。356名符合条件的残疾人领到汽车驾照。4个市出台残疾人免费乘坐市内公交车的政策。对216个残疾人法律救助案件补助64万元。为16000名残疾人机动轮椅车车主发放燃油补贴420万元。加强残疾人文体工作。与省电台合作播出40期《同在蓝天下》残疾人专题节目，在山西公共频道《非常事件》栏目开播电视手语节目。参加全国第八届残疾人艺术汇演北京赛区比赛，举办省第四届特殊奥林匹克运动会，254名特奥运动员参加了9个大项的比赛。建设20个“自强健身示范点”，培训260名残疾人体育健身指导员，组织开展了残疾人健身周、特奥日活动。

五、扎实开展党的群众路线教育实践活动，作风建设呈现新气象

省残联作为第一批开展党的群众路线教育实践活动单位，紧紧围绕保持党的先进性和纯洁性，以为民务实清廉为主要内容，以反对形式主义、官僚主义、享乐主义和奢靡之风，解决人民群众和广大残疾人反映强烈的突出问题为主要任务，深入开展党的群众路线教育实践活动。按照“照镜子、正衣冠、洗洗澡、治治病”的总要求，省残联党组先后17次专题研究安排部署教育实践活动各项工作，提出“五个围绕”和“五个贯穿始终”。

在省委党的群众路线教育实践活动第十督导组的悉心指导和热情帮助下，党组组织开展了内容丰富、形式多样的学习教育活动。认真梳理“四风”方面和工作方面存在的问题，立整立改，较好地完成了学习教育、听取意见，查摆问题、开展批评，整改落实、建章立制三个环节的各项任务。组织开展“大调研、大改革、大服务”，“出思路、出制度、出效果”的“三大三出”系列活动。深入调查研究，多渠道、多层次征询群众意见建议。发放924份调查问卷，就39个课题深入调研，征求到意见建议758条。在省残联党组专题民主生活会上，省残联党组书记、理事长李亚明和班子成员认真开展批评与自我批评，深入查找问题，明确整改措施，受到省委第十督导组的充分肯定。大力整顿机关工作纪律，治理“庸懒散”，从严格遵守上下班时间、履行请销假手续、加强项目管理、规范办事程序等方面入手，建立健全26项工作制度，机关作风明显改变。

六、建设学习型、服务型、创新型党组织，党建工作水平有了新提高

（一）推进机关和基层文化建设。深入开展以“信义、坚韧、创新、图强”为主题的山西精神学习教育活动。转发省直文明办《关于做好“山西精神”宣传展示工作的通知》，在机关专门制作展板进行宣传。加强对党员干部德育培养，大力培养社会公德、职业道德、家庭美德、个人品德，按照省直机关开展公民道德建设“五个一”、省直机关第一届道德模范表彰、“我推荐我评议身边好人”等活动要求，做好相关工作。组织参加省直机关公民道德建设“五个一活动”现场推进会议。

（二）深化干部人事制度改革。认真执行干部选拔任用制度，严格按照程序对新提拔干部进行考核、任命。按规定通过干部选拔任用纪实监督系统向省委组织部报告干部选任情况，及时办理到龄干部退休审批手续。以审核确认干部“三龄两历一身份”为重点，开展干部人事档案专项清理工作。加快推进直属事业单位岗位聘用工作。进行编外用工情况检查，清退借用人员。认真落实职工带薪休假政策。

（三）落实党建工作责任制，坚持依法行政。加强《党章》学习。开展基层党组织和党员公开承诺活动。做好党员发展和管理工作，9名党员按期转正。对党员队伍建设等情况进行调研并形成调研报告。组织参加省直机关干部五项全能比赛。组织《山西省实施〈无障碍环境建设条例〉办法》立法调研座谈会。开展“六五”普法相关工作。

（四）开展群众性文明创建工作。注重培育知荣辱、讲正气、做奉献、促和谐的良好风尚，努力创建文明和谐单位。组织2名厅级干部、6名处级干部参加党校轮训。开展第二届“读书月”活动。机关49名干部和直属事业单位18名副处以上干部在线学习共计完成6518.39个学时，22名干部分6批参加了自主选学培训。年初到对口帮扶企业太原溶剂厂走访慰问，春节前走访慰问本单位生活困难党员和老党员。开展“送温暖、献爱心”社会捐助活动。

七、落实党风廉政建设责任制，反腐倡廉工作取得新成效

（一）认真落实党风廉政建设责任制。印发了《机关纪委2013年工作安排》、《2013年党风廉政建设和反腐败工作任务分解意见》、《党风廉政建设有关规定》。层层分解党风廉政建设年度工作任务，明确各级领导、机关各部（室）、各直属事业单位的职责。党组书记对重点工作亲自部署、重大问题亲自过问、重点环节亲自协调、重要事项亲自督办。班子其他成员根据分工，认真抓好分管部（室）、单位的党风廉政建设工作，落实“一岗双责”。

（二）严格执行中央“八项规定”和省委“实施办法”。认真贯彻落实中央“八项规定”和省委“实施办法”，省残联主席团会以及工作会参会人数和经费支出均减少一半，省残联第六次代表大会会期压缩为2天，文件数量、公务接待费用、因公出国出境费用较去年同期分别下降21.6%、57%和63%，机关精神面貌焕然一新。完成楼堂馆所和办公用房自查自纠工作，向省停清办报告省残联办公用房出租、出借和租用情况。组织“会员卡专项清退”活动、“违规用车专项清退”活动。分别向省直纪工委报告开展活动情况和“零报告”。

（三）切实抓好反腐倡廉各项工作。以《廉政准则》为重点加强廉政教育。在解决省残疾人综合康复就业中心、职工宿舍遗留问题的过程中进行纪检监督。开展机关违规用车、会员卡专项清退活动。机关各部（室）、各直属事业单位按照去年出台的《山西省残疾人联合会重点工作关键岗位廉政风险

点及防控措施工作流程图》，针对廉政风险点落实防控措施并完善领导干部的廉政档案。

（王凤萍　张欣荣　陈贺峰）

附：省残疾人联合会党组书记、成员名单

书　记：郭贵仁（6月离职）　李亚明（6月任职）

成　员：温万一　刘　晔（6月任职）

省社会科学界联合会党组工作概况

党组书记　侯秀娟

2013年度，在省委省政府的正确领导下，省社科联认真学习宣传习近平总书记的一系列重要讲话精神，深入贯彻落实党的十八大和十八届三中全会精神，以开展党的群众路线教育实践活动为重要抓手，加强机关党的政治建设、思想建设、组织建设、作风建设、制度建设、反腐倡廉建设，促进了社科联各项工作的全面发展。

一、抓好班子、带好队伍，创建学习型、研究型、团结型、服务型、廉洁型组织

一是强化思想政治建设，坚持马克思主义指导地位不动摇。面对意识形态领域的复杂形势，省社科联党组始终保持清醒的政治头脑。在新成立学会审批时，特别注意抓好学会“举旗人”的问题；学术活动实行申报制，根据中央精神加强对各种讲座、研讨会、报告会的监督管理；评审成果时注意严把政治关，严格执行“研究无禁区、宣传有纪律”的总要求。这些年没有出现任何政治性问题，学会活动没有出现一例违法行为，真正发挥了社科联管理、指导的职能。

二是强化组织建设，配齐配强省社科联领导班子。2013年，在省委的高度重视支持下，召开了第二次代表大会，配齐了领导班子，推荐提拔了两名副厅级领导干部，提拔任用了一名正处级干部，完成了机关党委成立换届工作，选举产生了新一届机关党委委员，为我省社科事业的发展奠定了坚实的组织基础。

三是强化能力建设，不断提升领导能力。为提高党员干部特别是领导成员的能力建设，全体机关干部参加了哈尔滨工业大学《领导干部领导能力提升培训班》、《资源型地区转型跨越发展培训班》的学习，领导班子成员带头开展课题研究，深入开展领导干部联系学会调研活动，使领导班子及机关干部的工作能力得到较大的提高。

四是认真执行党的民主集中制原则。在工作中做到了依法决策、民主决策和科学决策，重大问题集体讨论决定。在选拔任用干部时严格按照党政干部条例和省委有关规定，坚决执行党的组织纪律，形成政治上团结一致，思想上交流沟通，领导班子具有较强的凝聚力和战斗力。

五是强化作风建设，密切与群众的联系。开展了领导干部下乡住村活动。省社科联班子成员前往垣曲县古城镇南堡头村入农户、访民情、察民意，了解各项政策规定在基层的执行落实情况，送去了帮扶资金，启动了扶贫项目。2013年，领导班子成员深入基层及学会90多人次，机关副处以上的干部深入学会150余人次，与学会征求意见、沟通思想、交流研讨、分析困难，帮助指导学会工作。

六是强化文明和谐单位建设，促进机关全面发展。社科联把文明和谐创建作为推动机关全面工作的重要抓手，连续五年被评为省直文明和谐单位，2012年被评为省直文明和谐标兵单位，2010年获得目标责任考核优秀单位，2011年、2012年获得目标责任考核良好单位。

二、严格要求，率先垂范，扎实推进党风廉政建设

一是严格执行中央的“八项规定”，带头廉洁自律，党风廉政建设取得明显成效。年初就制定了《省社科联机关党风廉政建设责任制》，并与机关各部室和相关责任人签订《党风廉政建设责任书》。党中央作出八项规定和省委下发“四个实施办法”以来，社科联认真学习领会，狠抓贯彻落实。第一，严格控制一般性经费支出，厉行勤俭节约。在办公用品、用水、用电等方面厉行节约，办公室按有关规定进行了调整，党组书记侯秀娟带头从原来的大办公室调整到19平方米的小办公室。严格执行出差报批制度，从严安排出差，控制差旅费支出。第二，严格控制公务接待和节庆活动，取消了原计划举办的省社科联成立25周年纪念活动，取消了春节联谊活动。第三，严格规范公务用车，细化了油耗、维修、违章等方面的管理。节假日公车封存，杜绝公车私用的情况。第四，改进调查研究，群众路线教育活动中，几次调研都轻车简从、扎扎实实，不给基层增加负担。第五，精简压缩会议，改进会风。能不开的会尽量不开，必须开的会议坚决开短会、讲短话，力戒空话、套话，会议都尽量在机关会议室举行。全省第八次大评奖没像过去那样开动员大会和初评会，但申报和初评工作顺利进行。2013年6月省社科联召开第二次代表大会时，会议一切从简，勤俭办会，会场选择在省委党校，机关十几名工作人员承担了400多人会议的所有工作，会议节俭高效，风清气正，社科界反映很好。第六，改进学风文风，精简了文件，机关文件、报告、总结等材料开门见山，言简意赅，言之有物，有的放矢。

二是以为民务实清廉为主题，党的群众路线教育实践活

动效果明显。作为党的群众路线教育实践活动第一批单位，省社科联坚持“完成规定动作，创新自选动作，坚持实践特色，着力改进作风”的原则，在反对“四风”、提高思想认识和作风转变等方面取得了明显的成效。

1、突出学习教育，强化理论武装。省社科联作为群众路线教育实践活动的第一批单位，始终把学习教育作为首要任务，贯彻教育实践活动始终。一是突出重点认真学习中央规定的有关内容。召开了28次党组中心组学习（扩大）会议，认真组织党员干部深入学习中国特色社会主义理论体系，学习党章和党的十八大报告，学习习近平总书记等中央领导同志关于加强作风建设的一系列重要讲话精神，学习党的光辉历史和优良传统，认真研读《论群众路线——重要论述摘编》、《党的群众路线教育实践活动学习文件选编》、《厉行节约 反对浪费—— 重要论述摘编》等学习材料。二是切实增强反对“四风”的思想自觉和行动自觉。教育实践活动之初，有一些党员干部存在观望心理、担心情绪等，通过扎实开展学习教育，广大党员干部充分认识深入开展教育实践活动的必要性、紧迫性，坚决把思想统一到中央决策部署上来，切实增强了反对“四风”的思想自觉和行动自觉。不仅消除了思想认识上的误区，杜绝了轻视的思想、观望的心态、敷衍的态度，增强了参与教育实践活动的积极性和主动性，还加深了对马克思主义群众路线观点和党的群众路线的理解和把握。

2、广泛征求意见，认真聚焦“四风”存在的问题。教育实践活动中，针对机关内部、服务对象、基层单位和下乡住村点等四个层次，征求意见建议。从8月上旬开始，党组班子成员带队，相关领导及各部室相关人员参加，深入党校、高校、市社科联、部分学会研究会，与基层单位主要负责人、工作人员、专家学者，退休老领导、老干部，相关学会负责人等，共召开14次座谈会，参加座谈会的人员达400余人。共征求到80条意见建议，归纳梳理出了10个方面的意见建议。

3、深入贯彻整风精神，积极开展批评与自我批评。专题民主生活会上，党组书记侯秀娟首先代表班子进行了对照检查，领导班子成员采取“一个一个过”的方式，每位班子成员对照检查开展自我批评后，其他班子成员对其提出批评意见。整个民主生活会认真贯彻整风精神，开展了积极健康的思想斗争。自我批评勇于揭短亮丑，相互批评勇于动真碰硬，大家对待批评意见都能态度诚恳、虚心接受。相互批评自始至终充满严肃、和谐、团结的氛围，做到了“红红脸、出出汗、排排毒”，达到了“洗洗澡、治治病”的效果和团结—批评—团结的目的。

4、突出实践特色，边查边改初见成效。认真落实党的群众路线教育实践活动“边学边改、边查边改”的要求，对分析查找出来的问题，立行立改，第一批整改落实了《关于改进工作作风加强学会联系人制度的意见》，改进评奖工作和课题立项工作，改进调研工作方式和作风，清理整顿领导干部办公用房，清理规范公务车辆管理，强化学术活动审批申报等6个方面工作已初见成效。研究制定“两方案、一计划”，形成14个方面的党组班子整改方案、20项专项整治方案和20项制度建设计划，并明确责任领导、牵头部门及负责人、配合部门及负责人和时限要求。各班子成员按照联系实际、群众满意、解决问题、改进工作的目标要求，都分别制定了个人整改措施。目前，正在抓紧制定、修订《省社科联领导干部廉洁从政规定》、《省社科联关于进一步加强机关作风建设的意见》、《省社科联学会联系人制度》、《省社科联关于贯彻落实惩治与预防腐败体系的实施办法》、《省社科联财务管理规定》、《省社科联接待工作规定》、《省社科联公务用车管理规定》、《省社科联机关固定资产管理办法》等20项制度。

三、以党的建设为基础，推动社科联各项工作的全面发展

1、成功召开了山西省社科联第二次代表大会。按照省委的要求和省委组织部、省委宣传部的安排，从年初社科联就开展了紧张有序的筹备工作。20多个人承担了近400人代表大会的工作任务。从代表、委员候选人的推选，报告、章程和讲话的起草修改，到会上的两轮选举，再到所有的会务工作、会前会后的宣传报道等，大家加班加点，夜以继日，同心协力，精干高效。6月12日至14日，山西省社科联第二次代表大会在太原召开，来自全省各地、各高等院校、科研院所、学会研究会和有关单位的社科专家学者和骨干355人出席了大会。省委在并的常委及省人大、省政府、省政协的领导出席大会开幕式。省委书记、省人大主任袁纯清同志在开幕式上发表了重要讲话，省委副书记、省长李小鹏同志作了经济形势报告。省委常委、宣传部长胡苏平同志出席了大会并发表了重要讲话。与会代表审议通过了省社科联党组书记侯秀娟同志代表省社科联第一届委员会所做的工作报告，审议通过了修改后的《山西省社科联章程》，选举产生了163位委员、26名常委，圆满完成了省社科联第二次代表大会的任务，实现了我省社科界26年来的新老交替，为我省社会科学事业的繁荣发展奠定了良好的组织基础。

2、科学公正组织了山西省第八次社会科学研究优秀成果评审工作。经省委、省政府批准，2013年由省社科联组织实施了第八次全省社科研究优秀成果评奖活动。本次申报的成果共1120项，经资格审查，712项成果符合参评资格。经过初评共推出入选成果449项，在此基础上，学科组进行了集中评审，共推荐284项优秀成果。接下来将进行第八次评奖工作的评委会审定工作，然后进行公示、颁奖。这次评奖中，一是始终坚持了正确导向。坚持马克思主义在意识形态领域的指导地位，对涉及政治、民族、宗教问题的成果慎之又慎。二是坚持理论联系实际，注意克服过去理论研究“空对空”的问题，评出的成果应用性较强，应用性成果占45%。三是注意合理向基层倾斜，初评下放。在党的群众路线教育实践活动推动下，广泛听取社科界意见，初评工作放在了基层科研院所和市级社科联，充分发挥了基层的作用。这次评奖的获奖项目申报人工作单位不在省城高校和科研院所的占到15%，比历届评奖的比例都高。四是程序严密，纪律严明，完善了“五不准”的评审纪律、严格的回避制度，而且省纪检

委进行了全程监督，评审风清气正，确保了评审结果的公平公正。

3、围绕我省经济社会发展战略，组织社科专家开展重点课题研究，发挥好思想库作用。2013年，圆满完成118项重点课题，超额完成了年度预计的50项重点课题任务。领导班子成员带头开展课题研究，省社科联机关干部直接承担完成9项重点课题。这些课题就山西节能减排、农村城镇化发展、工业新型化的对策等重大问题进行了深入研究，提出有效对策，有的已经被省委省政府或有关部门采纳。圆满完成了2013年重点课题立项评审工作。与此同时，组织带领社科专家进行“走转改”，深入到大同、朔州、应县等进行现场调研，掌握了第一手资料，一改过去坐在家里搞研讨的作风。还与朔州市就如何开展边塞文化研究进行了交流探讨。

4、主动占领宣传阵地，扎实推进中国特色社会主义的宣传教育。全年高质量、高标准完成了6期近百万字《学术论丛》和6期20万字《山西社科联》的编辑发行工作，编辑出版了120万字的《山西社科研究与普及书系》4册，山西社科网提供了方便快捷的服务，强化了网上舆论引导，用“中国梦”凝聚社科界力量，传播党的思想理论。同时，通过讲坛、论坛、讲堂等形式，充分发挥学会、研究会主办的43种报刊杂志主阵地作用，弘扬正能量，唱响主旋律，坚持正确办刊方向。

5、严格学会管理，不断提升学会管理水平。学会管理是社科联的一项基本职责。圆满完成了对全省132个学会的组织建设、学术活动、课题研究、财务收支以及遵纪守法等方面情况的审查年检及管理工作。

6、完成了“百部(篇)工程”评奖工作。今年评出2012年度获奖成果159项。其中：荣誉奖1项，一等奖24项，二等奖52项，三等奖82项，同时评出组织奖11个。与社科大评奖相比，“百部篇工程”更突出群众性学术活动的特点，促进学术繁荣和人才成长。

7、建立健全社科专家人才库，加强对社科人才的培养和管理工作。调整充实了由419人组成的全省社科专家人才库，其中涉及17个社科类学科及新兴交叉学科，所有人员全部为正高级职称，是我省开展社科研究的中坚力量和基础。与此同时，积极参与我省优秀青年拔尖人才的选拔评选工作，为优秀青年人才的成长培养，发挥了很好的作用。

总体上讲，2013年是社科联各项工作取得丰硕成果的一年。这些成果的取得，既是省委、省政府及省委宣传部正确领导的结果，也是省社科联与全省广大社会科学工作者团结一致共同努力的结果。社科联将继续高举中国特色社会主义伟大旗帜，把握正确方向，锐意改革创新，推出更多精品佳作和优秀成果，努力为我省的转型跨越发展和全面建成小康社会提供强大的思想保证、精神动力、智力支持和文化条件，努力为实现伟大的中国梦和再造一个新山西的宏伟目标再创佳绩、再立新功！

(王纪山　杜伟琴)

附：省社会科学界联合会党组书记、副书记、成员名单

书　记： 侯秀娟(女)
副书记： 王纪山
成　员： 王志超　王崇德

省归国华侨联合会党组工作概况

党组书记　王立业

2013年，省侨联党组在中共山西省委的坚强领导和中国侨联具体指导下，认真学习贯彻党的十八大、十八届三中全会和习近平总书记一系列重要讲话精神，以开展党的群众路线教育实践活动为契机，着力加强班子和机关自身建设，充分发挥侨联组织独特优势，紧紧围绕省委省政府中心工作，积极开展主题活动，助力服务我省经济社会全面发展，圆满完成了年初确定的工作任务。

一、贯彻“照镜子、正衣冠、洗洗澡、治治病”的总要求，扎实开展党的群众路线教育实践活动

按照中央要求和省委安排部署，认真制定了《省侨联党的群众路线教育实践活动实施方案》，以树立群众观点、解决突出问题、改进工作作风、建立长效机制为重点，扎实开展教育实践活动。深入调查研究、广泛征求意见，开展谈心谈话活动、认真查摆“四风”方面存在的突出问题。深刻进行自我剖析，按照“衡量尺子严、查摆问题准、原因分析深、整改措施实”的要求，认真撰写对照检查材料。组织召开党组专题民主生活会和党支部专题组织生活会，开展严肃认真的批评与自我批评。坚持立说立改、边学边改，针对“四风”方面存在的突出问题认真整改、建章立制。教育实践活动的深入开展，强化了全体党员干部的理想信念、群众观点和宗旨意识，增进了与侨界群众的感情，切实发挥了侨联服务中心、服务大局、服务侨界群众的重要作用，为助力我省经济社会发展提了供坚强的思想保证。

二、发挥独特优势，不断拓展联谊工作和新侨工作，积极开展主题活动，助力我省经济发展

1、积极拓展新侨工作和联谊工作，建立侨情资料库，不断涵养侨务资源。首次在全省范围内开展了新侨摸底工作，撰写了《山西省新侨及留学生群体调查报告》，首次建立了全

省归侨、新侨(含留学人员)、各级侨联联系的海外侨团和海外重点人士、侨界科技、文化人才及侨界各有关社团成员等侨情资料库。开展了“晋奥侨界联谊座谈会”、“山西省侨界第二届书画摄影展”、“三晋名家唐诗书法展”和以“亲情乡情友情和关爱”为主题的第二届“山西在港人员联谊会”年会等联谊活动。

2、开展以“联才、联智、联商”为主题的“华侨华人三晋年会”系列活动。先后组团赴广东、北京、河北、浙江等地开展学习考察交流和邀客邀商活动,向海内外侨团、侨商推介山西、宣传山西。邀请广东国际华商会组团到晋中、忻州两市进行项目投资考察,确定在忻州建立占地10000亩的工业园区,在祁县建立占地2000亩的商贸物流园区。提出了在山西科技创新城建设占地10平方千米的华侨专属园的建议。引进台湾陈福荣教授与山西路鑫能源集团签定了“电致色变节能玻璃项目”、“台式电子显微镜项目”和协助引进高新技术、产业、人才合作协议。举办了“第二届华人华侨三晋年会暨海外人才回国创业项目山西推介会”,共推出涉及新材料、新能源、节能环保等六大类共1500个项目;举办了“山西——新西兰侨界企业家商贸投资交流座谈会”;协助举办了“中国工程院LED产业化及应用国际高层研讨会”。

3、开展“促转型、助发展”省侨联特聘专家和侨界政协委员建言献策活动。充分发挥省侨联特聘专家、各级侨界人大代表、政协委员及各级侨联机关干部作用,广泛开展了“促转型、助发展”建言献策活动。整个活动,共收到论文和意见建议125篇。内容涵盖文化、教育、医疗、卫生、环境、能源、新材料等各个方面。省侨联将分类分送有关单位供参考。

三、认真履行职责,竭诚为侨服务,维护侨界和谐稳定

1、按照省委“访知解”活动要求,积极开展“走基层、访侨户、凝心聚力助发展”走访调研活动。通过入户走访、慰问、座谈等形式,全省共走访归侨700余人次,各级侨联共采访侨界代表人士106人,收集史料、图片338件,撰写人物采访传记106篇计36.2万余字;征求到意见建议近46条,提交调研报告共14篇。活动中,对侨界群众集中多年反映的困难归侨生活补助事宜,在充分论证的基础上,向省政府提出《关于为老年归侨发放补贴的建议》,得到了省政府领导的高度重视和积极支持,并会同省外侨办、人社厅、财政厅共同协起草并会签了《关于为我省困难归侨发放生活补助的通知》,就五类困难归侨提出补助意见,文件已讨论通过并上报省政府。发放困难归侨生活补助体现了省委、省政府对侨界群众的关心,解决了侨界群众多年呼吁的一件大事,为我省归侨办了一件实事。

2、积极开展为侨服务工作。一是积极开展“送温暖、献爱心”活动。各级侨联共慰问困难归侨侨眷和侨界代表人士718户,发放慰问金45余万元。二是积极开展公益活动。在浙江新华爱心基金会支持下,在右玉一中、长治二中各增办1个珍珠班,目前我省共有4所高中8个“珍珠班”400名特优特困生,每年接受捐赠生活补助100万元,享受减免学杂费100万元;组队参加金鑫2013“侨心杯”全国少年足球邀请赛。三是认真做好维护侨益工作。协助解决浙江侨眷柴勤芳夫妇2000余万元工程款拖欠等3起涉侨纠纷,完成了南侨机工资料的收集整理工作。

3、积极探索侨联组织参与社会管理工作的机制和模式。制定出台了《关于进一步加强我省侨联组织参与社会管理的意见》;在晋城召开了“山西省侨联参与社会管理机制创新工作会议”,对晋城等市侨联建立的协同机制和解决侨界“空巢”家庭问题的工作模式进行了总结和推广,中国侨联副主席乔卫出席会议并给予充分肯定。按照省委政法委要求,积极开展专项调研活动,认真撰写了省侨联《完善现代社会组织体制,激发社会组织活力》调研报告。

四、加强侨联组织自身建设,不断夯实侨联事业发展基础

1、召开了省侨联九届五次全委会议,完成省侨联九届委员会的届中调整工作。为了进一步扩大侨联组织的覆盖面和影响力,提高新侨在侨联组织中的比例,在3月份召开的省侨联九届五次全委会议上对省侨联九届委员会进行了届中调整,改选和增补了省侨联委员、常委、秘书长、副主席。

2、积极开展贯彻省两办《关于加强和改进新形势下侨联工作的意见》情况调研活动。为全面了解掌握全省侨联组织学习、贯彻两办《意见》情况,进一步促进《意见》精神的落实,省侨联在全省范围内开展了贯彻省两办《意见》情况调研活动。大同、运城两市侨联顺利完成了换届工作。

3、协助做好中国侨联换届的筹备工作。按照中国侨联换届工作安排,侨会协助完成了《章程》修改意见征集上报工作,推荐上报了各类先进组织和先进个人,为起草大会报告收集整理了有关资料,选举产生了我省出席第九次全国归侨侨眷代表大会的代表,组织16名代表参加了第九次全国归侨侨眷代表大会,太原市侨联等5个集体和伍永安等17名个人受到表彰。会后认真做好大会精神的汇报、传达和贯彻工作。

4、进一步加强机关规范化、制度化建设。积极探索符合侨联特点的工作机制,建立健全月工作安排部署和落实检查制度、《省侨联工作流程》、《省侨联机关请休假制度》和《省侨联改进工作作风具体措施》等规章制度,进一步改进工作作风和文风会风、精简会议活动和文件简报,规范机关工作程序,提高工作效率。完成了省侨联网站的升级改版工作,不断提高各级侨联报送信息质量,全年共编辑上报中国侨联《侨情专报》14期。积极开展下乡住村活动、扎实做好农民增收工作,党组书记王立业和和副主席范安龙先后5次带领机关人员前往三角庄村,深入了解并帮助解决干部群众的实际问题。

五、加强制度建设,确保清正廉洁,努力建设开拓创新、团结干事的领导集体和机关干部队伍

省侨联党组高度重视自身建设,认真执行民主集中制,

建立并坚持了党组书记为第一责任人的党风廉政建设责任制，坚持把反腐倡廉建设纳入工作总体规划，建立了党风廉政建设和反腐倡廉教育制度，严格落实信访工作首问负责制，侨界没有越级上访现象。严格外事纪律，维护集体形象。坚决贯彻执行中央八项规定和我省四个实施办法，制定《省侨联改进工作作风具体措施》和《省侨联机关关于严格禁止"大吃大喝"的规定》。没有"车轮上的铺张"、"人情消费"、职务消费、违规占用住房等现象。没有以个人名义接受馈赠礼品，没有公款出国(境)旅游等事项，没有私设小金库。

认真贯彻四项监督制度和其它有关干部制度，认真贯彻全省组织工作会议精神，加强机关干部队伍建设，积极选派年轻干部到柳林县贺昌村担任第一书记。侨联连续三年"一报告两评议"结果四项指标都是100%，受到了省委组织部好评。

（张志龙）

附：省归国华侨联合会党组书记、成员名单

书　记：王立业

成　员：许并社

省红十字会党组工作概况

2013年，省红十字会认真按照中国红十字会九届四次理事会议精神和2013年全省红十字会系统工作会议对全年各项人道救助工作作出的部署，坚持围绕全省红十字事业改革与发展工作大局，坚持党建工作与业务工作相结合，突出重点，狠抓落实，注重成效，全面加强全会机关党建工作，在党的思想、组织、作风、反腐倡廉、制度建设上成效明显。同时，团结和带领全会同志紧紧围绕红十字会"三救三献"工作职能，团结奋进，扎实工作，开拓创新，积极参与加强和创新社会管理，切实保障和改善民生，在促进全省红十字事业健康发展的同时，积极发挥红十字会在构建和谐社会中的应有作用。

一、以学习宣传贯彻党的群众路线为载体，全面加强党的建设，为促进全省红十字事业发展提供有力的政治保证

（一）狠抓党的工作责任制落实。加强政治理论学习。2013年，会党组将学习宣传贯彻党的十八大和十八届三中全会精神、《党员领导干部廉洁从政若干准则》、《中共党史》、《中国共产党党和国家机关基层组织工作条例》、中央和省委关于深入开展党的群众路线教育实践活动学习资料等作为年度理论学习的重点进行了安排部署，制定了《山西省红十字会2013年度中心组和干部理论学习计划》，对全会干部理论学习工作进行了认真的安排部署。在中北大学举办了全省红十字会系统2013年干部选学培训班，对全省红十字会系统专职干部进行了提升领导干部能力素养、应对突发事件及创新基层社会管理等内容的培训。安排处级干部参加了党的十八大精神专题培训。组织党员干部通过干部在线学院专题学习党的十八大精神。通过自学、组织集中学习和参加省直机关"读书月"活动、省直机关领导干部"思想讲坛"报告会、举办领导干部讲党课等活动，多方面提高自身理论素养和知识水平，不断增强全会党员干部学习的积极性和主动性。

在红十字会开展的党的群众路线教育实践活动中，通过采取集中学习、支部学习和自学相结合的方式深入开展专题学习，先后组织开展了9次全会党员干部集中学习活动，认真学习了习近平总书记关于在全党深入开展党的群众路线教育实践活动一系列重要讲话精神和指导河北省委常委会班子专题民主生活会的重要讲话精神、中央关于教育实践活动系列学习材料等，以及省委、省纪委关于专项治理"吃喝不正之风"工作方案、文晓平等人顶风违纪情况通报等，集中观看学习了袁纯清书记为全省党员领导干部进行的党课辅导《转型跨越中务必保持艰苦奋斗的作风》实况和《苏联亡党亡国20年祭》教育纪录片。在支部学习的同时，按照督导组的部署，围绕开展教育实践活动的重大意义、总要求、对解决"四风"问题的理解、建立为民务实清廉的长效机制等问题进行了专题讨论，党员干部结合工作实际认真准备、积极发言，谈认识、谈感受、谈问题，切实通过开展教育实践活动，努力营造有利于红十字事业发展的良好环境。

加强党的组织建设。根据省委统一部署，深入开展了党的群众路线教育实践活动，领导班子及成员先后赴太原、晋中、大同、朔州、榆次、浑源、榆社等市县红十字会以及包扶村榆社县西马村，就进一步贯彻落实《国务院关于促进红十字事业发展的意见》、进一步加强基层红十字会组织建设、完善发展红十字事业的政策机制、扎实推进全省人道救助工作有效开展，特别是在认真落实"博爱家园"救助项目、开展"博爱一日捐"募捐工作等方面进行深入调研。赴红十字冠名医院（山医大二院），就在开展人道救助工作中，对所募集救助资金在管理使用过程中如何做到公平公正、公开透明等问题进行深入调研。

活动中，会领导班子认真听取意见，在查摆问题上开门纳谏，多种渠道广泛征求领导班子及成员在"四风"方面的意见和建议，力求找到问题，找准问题。通过进一步开展谈心活动，从遵守党的政治纪律、贯彻"中央八项规定"和"省委四个实施办法"、"四风"方面存在的突出问题、产生问题的原因分析以及今后的努力方向和改进措施等方面进行了深刻剖析，认真撰写对照检查材料。在专题民主生活会上，领导班子进行对照检查，认真查摆在"四风"方面存在的突出问题，紧紧围绕理想信念、群众观念、宗旨观念、政治理论修养以及对改造世界观、人生观、价值观的重要性认识等，紧密联系个人思想和工作实际，带

头作批评与自我批评，带头查摆问题，进行深刻的党性分析和自我剖析。会领导班子及成员密切结合红十字会工作实际，全力以赴搞好整改落实，着力制定工作方案，明确整治责任、进度、时限和标准要求，积极推进制度创新，确保各项人道救助工作更加符合科学发展的要求。

加强干部作风建设。继续深入推进干部下乡住村活动，通过在干部下乡住村活动包扶村——榆社县西马村举行“红十字博爱送万家”救助物资慰问发放活动，深入包扶村对在该村实施2013年包扶项目进行工作调研，稳步推进省红十字会在包扶村榆社县西马村实施的“博爱家园”项目，实地调研“博爱家园”护地坝工程建设、水果土豆种植以及卫生站运行等情况，结合党的群众路线教育实践活动深入包扶村与村民一起劳动、实地察看“博爱家园”项目、与乡村领导及部分村民进行座谈交流并进行十八大精神宣讲、虚心征求领导班子及成员的突出问题和对开展教育实践活动的意见建议等活动，使全会干部在下乡住村与村民同吃同住同劳动的过程中，注重调查研究，不断转变工作作风，切实能够抓住工作重心，按照服务民生的工作宗旨，做到为民、务实、清廉。

（二）全面加强党风廉政建设工作。会党组高度重视全会党风廉政建设工作，认真按照中央、省委、省纪委的统一部署和要求，严格执行中央《关于实行党风廉政建设责任制的规定》和我省《实施办法》，根据全省党风廉政建设干部大会暨省纪委十届三次全会精神和《省直机关2013年党风廉政建设工作要点》，制定并下发了《山西省红十字会2013年党风廉政建设工作安排》、《山西省红十字会2013年党风廉政建设和反腐败工作任务分解意见》，按照“一岗双责”制度，对2013年党风廉政建设工作进行了安排部署，对2013年全会党风廉政建设和反腐败工作任务进行了分解。根据中央印发的《建立健全惩治和预防腐败体系2013—2017年工作规划》以及省纪委、省直纪工委关于推进惩治和预防腐败体系建设的统一部署和要求，红十字会制定出台了《山西省红十字会贯彻落实〈建立健全惩治和预防腐败体系2013—2017年工作规划〉的实施意见》，并结合红十字会工作实际，成立了山西省红十字会贯彻落实《建立健全惩治和预防腐败体系2013—2017年工作规划》领导组，进一步推动和深化红十字会党风廉政建设和反腐败工作，扎实推进惩治和预防腐败体系建设。

认真按照省委党的群众路线教育实践活动领导小组统一部署，深入开展以“为民务实清廉”为主要内容、以反对“四风”问题为抓手的党的群众路线教育实践活动，进一步改进工作作风，落实党风廉政建设责任制。召开了会员卡专项清退工作会议，对全会会员卡清退工作作出部署；认真组织全会党员干部集中学习关于印发《山西省专项治理“吃喝不正之风”工作方案》的通知；根据省纪委《关于在全省党政机关中开展违规用车专项清退活动的通知》要求，在全会范围内开展了违规用车专项清退工作，红十字会未发现违规用车现象，全体党员干部职工按照要求作出个人报告承诺；根据省委办公厅、省政府办公厅联合下发的《关于全省党政机关停止新建楼堂馆所和清理办公用房的通知》要求，红十字会经过自查，机关及下属两个事业单位不存在新建办公楼以及维修改造问题，会机关和事业单位对超标准、超面积的领导干部办公用房及时进行了腾退和搬迁。

对2013年部门预算情况进行网上信息公开。继续深入开展“吃拿卡要”专项治理、“三公”经费治理和公款大吃大喝等行为的治理活动。继续深入推进“小金库”和公务用车专项治理。

（三）充分发挥党员主体作用和工会等组织作用，有效推动精神文明创建工作。红十字会高度重视精神文明创建工作，着力加强创建活动的组织领导，保证机构、人员、经费到位。创建工作有计划、有制度、有内容、有总结，使创建文明和谐单位的工作有了良好的运行机制；积极开展以社会主义核心价值体系为重点的公民思想道德建设和学习型党组织建设活动，深入开展学习雷锋志愿服务活动，通过开展丰富多彩的群众性文化活动，不断陶冶情操，活跃文化氛围，积极推进精神文明建设。2013年，红十字会被省直文明委再次评定为“文明和谐单位标兵”。

二、认真按照年度计划稳步推进人道救助工作任务完成，切实发挥好红十字会人道救助职能

（一）积极开展“博爱一日捐”、博爱助医和博爱助困等各项救助活动，认真做好备灾救灾工作，省内人体器官捐献工作全面铺开。

1、认真做好备灾救灾工作。举办灾害应急管理培训班3期，对全省部分基层红十字会领导和赈灾专干进行了救灾专项培训；对现有库存各类应急物资进行了全面普查，及时补充了部分备灾物资，对大同、吕梁、长治等市的部分受灾县进行灾害援助，紧急调拨救灾面粉55吨救灾棉被5000床，用于缓解灾区临时安置人员的生活燃眉之急；积极开展芦山地震救援募捐工作，接收社会捐赠款物770余万元，其中省本级接收捐款142.81万元，捐赠灾区价值103.4万元救灾物资，募捐款已全部上交总会，用于地震灾区救灾及重建工作；完成了对芦山地震救援募捐款的专项审计工作，无截留、挤占、侵占及套取资金情况；继续组织举办了全省“红十字博爱送万家”活动，发放价值700多万元的救助物资。

2、继续开展全省“博爱一日捐”募捐工作。全省红十字会系统全年接收“博爱一日捐”捐款近1400万元，其中省本级85万元。编发“博爱一日捐”快讯6期。

3、继续开展“博爱助医工程”救助项目。年内共救治贫困先天性足内翻患儿55名，救助金额为16.5万元；小天使基金共接收全省贫困家庭14周岁以下白血病患儿130人份申请材料，救助46人，救助资金145万元；天使阳光基金

共接收全省贫困家庭14周岁以下先天性心脏病患儿150人份申请材料，救助59人，救助资金107.5万元；开展省直因病致困职工救助80人，发放救助金22.8万元；临时救助12名特困人员，救助金额114450元。

2013年拓展的人道救助项目是分别在长治和晋城两项目市开展的耐多药／复治结核病预防与救助项目，80个贫困家庭患者受益；援建2所“博爱卫生（院）站”；山西省博爱家园项目获得总会157万元资金支持，援建博爱卫生综合服务站4个、博爱逃生路1条、博爱家园居民红十字文体活动中心2个、博爱文化活动广场1个，博爱护地坝1座。全年总计救助332人次，发放医疗救助金379.47万元。

4、积极推动人体器官、角膜捐献与无偿献血工作。山西省人体器官捐献工作全面铺开，3月，省红十字会与省卫生厅联合在太原召开山西省人体器官捐献工作启动会议暨协调员培训班，总结和研究部署进一步推动人体器官捐献工作；2013年，组织了各市器官捐献协调员30余人，参加了中国人体器官捐献管理中心组织的培训与考试，其中有10余人获得了全国人体器官捐献协调员资质；分别在太原、吕梁成功完成人体器官捐献2例，受益人数5人；完成角膜捐献3例，受益人数6人；截止目前，累计完成人体器官捐献6 人，受益15人。

（二）进一步加强对省直注册志愿者的登记管理和培训工作，推动红十字志愿服务活动社会化、常态化，积极筹划红十字青少年活动，全面推进全省红十字青少年工作。

加强对省直注册志愿者的登记管理和培训工作。2013年，省直新增注册登记红十字志愿者670人，省直注册登记志愿者2028 人。

组织和指导红十字志愿者广泛开展红十字志愿服务活动，扩大人道理念宣传；在山西红十字福润长寿院建立了山西省红十字志愿服务基地，使志愿服务活动常态化；省直红十字志愿者开展志愿服务1332人次，志愿服务时间5612小时。

2013年7月，举办了主题为“携手人道，超越梦想”的2013年全省红十字青少年夏令营活动，派员先后参加了分别在香港和韩国首尔召开的东亚红十字青年峰会、第二届红十字会与红新月会国际联合会(IFRC）模拟大会。

（三）积极推进山西省造血干细胞捐献者资料库管理中心的各项工作，成功举办山西省分库采样培训班。

山西省分库保质保量完成了中华骨髓库安排山西省分库2013 年5000人份入库任务，成功捐献造血干细胞21例，其中为一名韩国白血病患儿进行捐献。2013年是山西省红十字会建立造血干细胞捐献者资料库以来造血干细胞捐献者最多的一年，创历史新高。截止目前，累计向中华骨髓库管理中心传输志愿者HLA(人类白细胞抗原)分型数据7.1万人份，捐献造血干细胞98例，挽救了多名白血病患者的生命。

（四）继续加大救护培训力度，加强救护知识的宣传与普及，救护培训工作成效显著。

省红十字会备灾救护中心继续加强与高危行业的合作，并不断向新领域拓展。陆续为我省铁路、煤炭、航空、教育等50家单位及企业进行了现场救护知识培训。举办了两期彩票公益金救护师资培训班，培训合格救护师资70人。省本级对市民、学生、志愿者及企业职工救护知识的宣传与普及7.2万人次。省本级共开展应急救护培训84期，培训初级急救员3681人次。

（侯晓俊）

附：省红十字会党组书记、成员名单

书　记：（空缺）

成　员：冯晋生　白　冰（女）

省管国有企业党委工作概况

山西焦煤集团有限责任公司党委工作概况

党委书记　任福耀

2013年，山西焦煤生产原煤1.03亿吨、精煤4601万吨、焦炭977万吨，发电量174亿度，实现商品煤总销量1.32亿吨、销售收入2360亿元，上交税费139亿元，保持了逆势增长、平稳较快的发展态势，企业规模跃居山西省第一位。

山西焦煤实行三级党委管理，集团公司党委主要承担党建工作的领导和管理责任，子分公司党委主要承担党建工作的工作主体责任，矿（厂）党委主要承担党建工作的实施主体责任。截至2013年底，党员总数达48794名，占到职工总人数的24.37%，建立党委123个，党总支312个、党支部2741个。

一、党建工作

（一）引领发展方向。山西焦煤党委坚持用党的最新理论成果指导企业发展，结合企业现状，谋划了"安全焦煤"、"百年焦煤"、"十强焦煤"、"美丽焦煤"的战略定位，提出了打造产业"升级版"的具体内涵，为大集团发展指明了目标和方向。不断强化广大党员领导干部的思想建设，在各级班子中层层开展谈心活动，广泛征求意见，各级班子的凝聚力、向心力、战斗力切实强化。狠抓党组织在安全生产方面的导向作用，强化"三必须"、"四熟悉"、"走动管理"等工作制度，干部职工安全生产的意识和工作力度全面加强。深入研究影响企业健康发展的全局性问题，集中力量解决主要矛盾，适时推进了深化运销体制改革和焦化产业扭亏工作，煤炭产品定价机制更加灵活，焦化产业扭亏脱困工作取得突破。

（二）推进组织建设。山西焦煤党委积极适应产业扩张、结构调整、快速发展的现实要求，不断加强基层组织建设，先后成立了山焦飞虹、山焦金土地等6个党委（总支、支部），做到了"经济组织发展到哪里党建工作就跟进到哪里"。严肃干部选任标准和纪律，全面推进"干部选拔任用"和"后备干部队伍建设"意见实施，2013年共为子／分公司选拔配备干部88人，交流干部91人，推荐后备干部248人，保持了各级领导班子和干部队伍的活力。注重从生产一线、业务骨干、技术能手和优秀青年合同工中发展党员，全年发展一线党员983名，占发展党员总数的54.6%，有计划、分批次、分重点减少了157个党员空白班组。不断完善拓展"干部上讲台，培训到现场"工作，15046名干部参与现场包保培训，每名干部人均包保8名职工，促进了矿区安全生产、和谐稳定。"干部上讲台，培训到现场"得到了上级党组织的充分肯定，作为基层管理经验广泛推广。

（三）加强宣传教育。山西焦煤党委认真开展党委中心组学习，及时贯彻十八届三中全会、中央经济工作会议等相关内容，引导广大党员干部增强发展自信，积极转变作风，努力改革创新，不断提升发展的质量和效益。广泛开展"安全第一、生产第二是原则更是纪律"大讨论，干部职工安全理念得到了强化，安全素质得到了提升。充分运用《山西焦煤报》、电视台、网站等各类自有媒体，集中开展了安全普查整治、群众路线教育、产业扭亏等宣传活动，阶段性舆论攻势有效形成，促进工作顺利开展。及时指导并购单位开展宣传工作，推进焦煤文化落地，用统一的文化理念、制度引领职工，广大干部职工热爱焦煤、建设焦煤的意识日益增强，干部职工精神状态明显提升。

（四）强化作风建设。山西焦煤党委坚定不移贯彻中央八项规定及山西省相关实施办法，先后制订出台了12项制度，切实精简会议，精简文件简报，改进调查研究，缩减"三公"支出，规范约束干部行为，全年业务招待费同比下降34%，会议费同比下降 47%，差旅费同比下降 16%，改进作风、厉行节约初见成效。加强重点项目推进、重要工作部署的督查督办，促进了重大决策部署的贯彻落实，强化了各级干部抓落实的力度。积极开展办公用房、公务用车专项治理，清退违规车辆 52 辆，摸底登记了 14128 名副科级以上干部办公用房情况，干部职务消费行为得到规范。加强效能监察工作力度，集团公司立项 4 项，子／分公司立项 47 项，矿厂立项 220 项，提高了发展的质量效益。

（五）增强群团活力。山西焦煤党委充分发挥各级工、青、妇群众组织优势，引导广大干部职工开展了丰富多彩的实践活动。成功举办了第三届劳模大会和第七届职工技能运动会，培养选拔了近 1000 名安全教练员和 2000 名高技能员工，"教练式培训"成果丰硕。广泛开展素质工程和文化工程建设，征集评选了 27 篇优秀安全生产工作先进操作（管理）法，培育了职工的首创精神。以"面对面、心贴心、实打实"活动为抓手，扎实推进服务基层、服务职工、服务社区等工作，全年走访慰问救济 81603 人次，发放慰问救济金 3606.71 万元；金秋助学 1599 人，发放助学金 371 万元；组织 178791 名职工参加大病医疗互助，为 1459 名大病及住院职工领取互助金 322.929 万元。在团员青年中广泛开展"我与企业同发展、我与企业共命运"形势任务教育，引导广大青年热爱企业、岗位成才，增强了团员青年的归属感。

（六）深化文明创建。山西焦煤党委把实现群众对美好生活的期盼作为重要使命，做到发展为了职工，发展惠及职工。在煤炭市场下滑、货款回收不畅的形势下，优先保障一线职工收入水平，确保了困难时期人心稳定、士气高昂。继续加大后勤事业、环境整治投入，职工住宅小区改造投入 2500 万元，两堂（塘）一舍改造投入 3800 万元，矿区绿化投入 7400 万元，职工生产生活环境持续改善。有序推进各类保障性住房建设，全年竣工 114.2 万平方米、10409 户，一大批职工家属喜迁新居。扎实开展社区综合治理，努力做好治安、消防、民爆、交通、网络信息安全等工作，推进了平安矿区建设。关注职工群众来信来访，全年办结信访事项 1359 件，办结率 92%。以"三型机关"建设为抓手，坚持不懈加强企业形象建设，对内务实高效、干事创业，对外诚实守信、和蔼可亲的风气进一步养成。

二、其他方面工作

（一）安全生产总体平稳。2013 年，山西焦煤围绕"敬畏生命、敬畏责任、敬畏制度"和"三个不能过高估计"的理念，突出"零"容忍要求，强化了各级领导干部如履薄冰、如临深渊的安全责任意识。认真落实矿长保护矿工生命安全"七条规定"，明确了矿长在安全工作中的主体地位和作用。继续加强安全挂牌督导，集中精力抓了高瓦斯煤矿的采掘生产强度控制，低瓦斯煤矿防治水、防灭火、提升运输等隐蔽致灾因素的调查，全年排查安全隐患 7131 条，对其中 41 条重大隐患进行了挂牌督办并已整改销 16 条。组织开展对焦化、电力、机械、建筑等地面生产单位的安全整顿，提出临时作业"三必须"、防范"卷、挤、坠、滑"、推行走动管理制度等的工作要求，65 个单位 166 名车间干部取消了办公室。一年来，山西焦煤安全形势总体平稳：煤矿安全百万吨死亡率 0.116 人，低于全国 0.269 人的水平；西山煤电、投资公司消灭了人身伤亡事故，连续两年实现安全生产；霍州煤电消灭了煤矿井下伤亡事故；华晋焦煤完成了安全考核指标；电力、建筑等产业实现安全生产。

汾西矿业正升煤矿"9·28"透水事故死亡 10 人，是 2013 年全省唯一的重大事故，影响恶劣、损失惨重。事故发生后，山西焦煤立即开展了百日安全反思整顿活动，提出了落实煤矿 10 条整顿标准的要求，并把"9·28"事故变成刮骨疗毒、治病疗伤，切实提高安全生产能力的新起点，全面促进安全管理水平的提高。

（二）生产经营工作稳中有进。2013 年全国煤焦消费总量负增长，煤炭企业形成三分之一微利、三分之一持平、三分之一亏损的困难格局。在困难和压力面前，山西焦煤各级领导班子信念坚定、主动出击、积极应对，收到了较好效果：销售收入完成 2360 亿元，顺利跨越 2000 亿元大关，实现了两年翻番的奋斗目标；利润总额 13.6 亿元，在煤炭价格两年下跌 42%的情况下，保持了微利运行局面；工业增加值 423 亿元，同比增长 13.38%，圆满完成上级考核指标；在岗职工工资 76500 元，同比增长 1.8%，保持了一定的增长比例。

一是坚持"扩大产销、禁止赊销、价格随行就市"、"让利不让市场，让价不让回款"策略，实施月、旬、周价格调整制度，大力推进优势品种组合销售。煤炭总销量累计完成 13175 万吨，同比增长 41.5%，首度突破年度销量亿吨大关，为各生产企业降低成本保持秩序创造了基础条件。

二是围绕提高产能利用率、组织达产达效、合理集中生产、推进技术改造扩能等开展工作，持续降低成本，提高市场竞争力。商品煤成本同比降低 101.91 元／吨，消化价格损失百亿元；焦炭成本同比降低 380.36 元／吨，消化价格损失近 40 亿元。

三是通过对标先进、解剖典型，找到了焦化产业各级干部精神状态、工作方法、管理方式上的差距，针对"产、供、销、耗"四大环节中暴露出的问题一一组织根治。连续六年亏损的焦化产业从 9 月份开始减亏止亏，与 2012 年亏损 13.38 亿元比较，年度减亏 6.55 亿元。

四是把"抱团取暖"与封闭内部市场结合起来，大力支持非煤产业加速发展。电力产业同比增长 25.66%，生产生活服务和贸易产业同比增长 56.12%，建筑建材产业同比增长 15.56%，机械电气制造业同比增长 156%，缓解了两大主导产品价格大幅度下降带来的压力。

五是高度重视资金风险防控，从四季度开始推进整合煤矿规模与能力再平衡，同步压缩自营煤矿建设总规模，明确"安全无保障，投资无效益，管理不规范"的项目一律停建缓建，防范了盲目扩张导致的经营风险，确保了企业正常的生产经营秩序。

（三）转型跨越发展快速推进。

一是固定资产投资完成207亿元，重点工程投资完成133亿元，其中省级重点工程投资完成78.3亿元，完成计划的104.5%。霍州煤电临县庞庞塔千万吨级煤电材循环经济园区中的煤矿、洗煤厂接近投产，电厂顺利开工；华晋焦煤沙曲矿“一变二”扩能500万吨/年项目基本建成，进入国家核准程序；临汾70万吨/年甲醇制烯烃项目完成前期工作和现场“五通一平”，具备全面开工条件。

二是重大项目推进22项，其中西山煤电斜沟煤矿取得国家能源局核准，70万吨/年甲醇制烯烃、汾西矿业荣欣矿区铁路专用线、霍州煤电庞庞塔铁路专用线项目已取得省发改委核准，西山煤电古交电厂三期2×60兆瓦项目取得低热值煤发电项目“路条”批复。重大项目落地16项，落地金额220.2亿元，圆满完成省政府下达的落地指标。

三是重组大唐电力460万千瓦发电机组项目签署框架协议，进入实质调研和业务对接阶段；重组唐山佳华330万吨/年焦化项目开始协议和章程的起草；山西焦炭6月份完成重组进入焦煤序列，全年贡献销售收入290亿元；山焦盐化先后完成了对安徽、江苏、四川等同类企业的股权并购，行业产能比例达到30%以上；金土地公司7月份组建，目前已在稷山县展开了农业项目重组；机械电气公司顺利组建，引进资金开始逐步到位；与中节能集团组建节能环保公司项目完成了协议谈判。

四是引资规模和融资能力稳步提高，全年对外争取资金18亿元，通过集团公司融资平台融资314亿元，综合融资成本5.39%，每年可节约财务费用约3亿元。投资公司与中广核二期产业投资基金结成战略合作伙伴，一次性引进15亿元资金，为公司的发展注入了活力。

（马海虹）

附：山西焦煤集团公司党委书记、副书记、常委名单

书　记：任福耀
副书记：高斌旗　邓保平　李堂锁
常　委：金智新　李建胜　杨根贵　游　浩
　　　　薛道成　李贵生

太原钢铁(集团)有限公司党委工作概况

党委书记　杨海贵

太钢党委下属基层党委39个，直属党总支5个，直属党支部9个，基层党总支26个，基层党支部537个。全公司共有党员总数23952名，在岗党员总数11151名。

2013年，太钢各级党组织以党的十八大和十八届三中全会精神为统领，紧紧围绕中心工作，以改革创新的精神，全面提高党的建设科学化水平，充分发挥政治核心作用，促进了生产经营建设和改革发展稳定各项任务的完成，为太钢转型跨越发展提供了坚强的思想、政治和组织保证。一年来经营稳健运行，全年产钢998.93万吨，比上年下降1.36%，其中不锈钢322.56万吨，比上年增长3.85%。实现营业收入1460.18亿元，比上年增长3.88%；实现利润 5.02亿元，比上年增长24.88%；实现税金20.97亿元，比上年增长2.39%。

一、群众路线教育实践活动扎实开展

太钢是全省首批开展教育实践活动的单位，是由省委常委直接联系的大型企业。太钢党委结合实际，把握要领，规范引导，扎实推进教育实践活动。确立了“以活动促进为民务实清廉，以实事彰显为民务实清廉，以制度保障为民务实清廉”的工作思路；制定了三阶段18个环节的活动实施方案，突出重点，环环相扣，务实有效推进。先后召开各类座谈会50余次，组织个别谈话750人次，发放调查问卷980份，征集意见建议4061条。太钢中心组成员赴渣山公园和袁家村铁矿参观学习、深入研讨。召开各级领导班子民主生活会，认真开展批评与自我批评，并将会议情况向职工群众通报，接受职工群众监督。太钢领导班子认真查摆了12个方面的突出问题，制定了整改方案，提出了18个整改落实项目，逐项落实负责人、承办单位和完成时限，以重点突破推动作风整体好转。公司集中开展了文山会海、机关作风、超标配车等7类专项整治，查处了个别领导干部顶风违纪案件，清退公车6辆，“三公”经费支出同比下降18.94%。加强制度建设，落实中央八项规定，规范干部婚丧喜庆事宜，已经出台和正在修订的制度达18项。对涉及群众利益的事，能改即改、立说立行，提高职工群众满意度。公司教育实践活动的做法和成效得到省委和督导组的充分肯定。

二、宣传思想工作和精神文明建设特色鲜明

认真学习宣传党的十八大和十八届三中全会精神，举办了十八大报告和党章知识竞赛等活动。大力开展形势任务宣传教育，以“重点工程聚焦”“增强危机感，强化对标找差”“道德素养大家谈”“安全大家谈”等为主题，开展各层级的学习讨论活动。结合“安全生产月”“世界环境日”“质量月”等开展形式多样的主题宣传教育活动，增强了全员的危机意识和责任意识。坚持不懈地开展典型宣传，培育和挖掘身边的“闪光点”和典型事例，持续开展“感动太钢人物”评选活动，宣传了一大批优秀团队和先进个人的感人事迹和可贵精神，弘扬了积极、健康、向上的道德风尚。对外宣传力度进一步加大，新兴媒体建设有了新的加强，职工和社会关切得到积极回应，为太钢改革发展营造了良好的外部环境。全年创建文明单位280个，3个单位成为省级文明单位，《太钢日报》连续五年入选山西省一级报纸，公司获“全省思想政治工作优秀单位”荣誉。

三、领导班子和干部队伍建设成效显著

两级党委中心组集中学习5次，太钢党委中心组专题学习11次，加强对政治理论和党的路线方针政策的学习。李晓波董事长先后两次为两级党委中心组成员作专题辅导报告，统一了思想、凝聚了人心。举办了4期党员领导干部理论培训班，组织完成省管干部调训和在线网络学习，提升干部队伍的综合素质。强化预算落实的监督检查，督促领导干部提高预算执行力。开展“干部上讲台、培训到现场”活动，提高领导干部的履职能力。改进基层单位综合考评办法，对各级领导班子和干部开展多维度评价，为选人用人提供真实依据。坚持德才兼备、以德为先、注重实绩、群众公认的原则，调整中层以上领导干部29人次，干部队伍结构不断优化。推进干部选拔任用“一报告两评议”工作，规范干部任用管理。组织职工代表民主评议领导干部，中层以上干部优秀和称职率达99%。开展干部人事档案专项清理审核登记，审核认定了1190名干部的“三龄两历一身份”信息。

四、基层组织和党员队伍建设不断加强

按照设计载体、跟踪评价、互动交流、案例表彰的工作步骤，深化“三个转化”创新实践活动，各级党组织建立活动载体815个，形成典型案例103个，吸引广大党员积极参与，推动公司管理提升。开展党员标兵“选育树”活动，优化党员标兵发现选拔、培养提升的长效机制。开展党委书记履行党建责任“联述联评联考”工作，评价结果纳入绩效考评体系。实施党员争优计划，促进党员队伍素质提升。全年培训党员4500人，圆满完成“万名党员轮训工程”。按照“双向培养”的思路，发展新党员212名。开展职工民主评议各级党组织和全体党员工作，处理不合格党员5名。开展困难党员救助帮扶工作，组织慰问老党员和生活困难党员131名，发放慰问救助金11.3万元。开展组工干部“四带头、四过硬”活动，组织队伍建设得到加强。

五、党风建设和反腐倡廉工作稳步推进

认真落实党风廉政建设责任制，加强反腐倡廉警示教育，开展“廉洁从业、从我做起”主题宣传月活动，增强干部职工的廉洁自律意识。深化廉洁风险排查防控工作，出台廉洁风险预警和处置办法，建立了覆盖全公司的三级防控网络，有效监督权力运行。围绕公司中心工作开展效能立项监察，为提高效率、改进管理、挖潜增效做出了突出贡献；招投标监察制止违规招标40次，监标率100%；围绕重点工程项目、备品备件管理、单身公寓清退整治、退伍军人分配、拖欠农民工工资等事项进行专项监察，进一步规范了管理、健全了制度。加大对原燃材料系统的稽查力度，取消供应商资格7个，追缴和挽回经济损失3188.4万元。对12个单位进行巡视督察，发现各类问题84项，提出整改意见189条。坚决查处违纪违法案件，全年共受党纪政纪处分53人，组织处理118人。深入推进检企共建，加大预防和打击犯罪的力度。“山西企廉网太钢子网”上线运行，搭建了企业信息公开的新平台。

六、企业文化和职工队伍建设取得新成果

引入国际先进理念和方法，结合实际，扎实开展敬业度评估工作，引导各单位找准突出问题，深入查找原因，制定整改措施，成为有效提升单位和职工整体素质的重要抓手。开展“我们身边的闪光点”“太钢人画太钢”“向基层送文化”等主题活动，推动文化落地。发布社会责任报告和可持续发展报告，树立了太钢良好的社会形象。并获“改革开放35周年企业文化竞争力30强”称号。组织开展形式多样的劳动竞赛活动，激发职工的积极性和创造性。开展“金点子杯”合理化建议活动，征集经济技术新成果751项。职工创新工作室总数达到21个，完成创新课题214项。全公司2.5万名职工参加了189个工种的技术比武活动，1017名职工完成了“闯关竞赛”网络自主学习，岗位练兵、岗位成才蔚然成风。以巡回报告团、报告文学等多种形式大力宣传劳模先进事迹，用身边先进典型引导和带动职工。举办首届乒羽联赛、全民健身和文艺汇演、慰问演出等文体活动，丰富了职工文化生活。各级共青团组织深入开展思想状况调研、标准化操作演练和英语知识竞赛等活动，培养青年职工成长。

七、和谐稳定工作有了新进步

加强对稳定工作的领导和指导，畅通信访渠道，全年接待来访176批次、853人次。组织8次领导干部民主接待日活动，对职工群众反映的70个问题全部予以答复处理。跟踪督办195条职代会提案，答复处理率100%。组织线材公司职工依法审议企业破产预案和职工安置方案，切实维护职工权益。坚持开展困难职工帮扶和“金秋助学”活动，发放救助金2023万元。组织太原市首个“环保组织开放日”，持续开展“公众开放日”活动，9000余名社会各界人士走进太钢感受变化，提高了公司的知名度和美誉度。统战、离退休、医疗卫

生、治安保卫、民兵武装等方面都结合自身特点开展工作，取得明显成效，为公司生产经营、和谐稳定发挥了积极作用。

“十二五”期间，太钢将深入贯彻落实党的十八大和十八届三中全会精神，围绕公司生产经营建设和改革发展稳定中心任务，以全面深化改革为统领，巩固和发展教育实践活动成果，持续推进党建工作的体系化和长效化建设，加快提升党的建设科学化水平，传递市场压力，增强干部动力，激发全员活力，为公司加快转型跨越发展提供坚强的思想、政治和组织保证。

（张小虎）

附：太原钢铁(集团)有限公司党委书记、副书记、委员名单

书　记：杨海贵

副书记：王新平　韩瑞平

委　员：李晓波　高祥明　侯进平　周宜洲　张志方　王继光

晋能有限责任公司党委工作概况

晋能有限责任公司是2013年2月25日经山西省人民政府批准，由省国资委和11个市国资委出资，在山西煤炭运销集团有限公司与山西国际电力集团有限公司的基础上合并重组的以煤炭生产、电力、贸易物流、焦化、新能源、燃气、多元等产业为一体的现代化综合能源集团。4月24日，在山西省工商局企业注册登记，领取了营业执照；5月24日，经省委组织部批复同意，成立晋能有限责任公司党委，隶属于省国资委党委，同时撤销山西煤炭运销集团有限公司党委和山西国际电力集团有限公司党委；5月25日，举行了晋能有限责任公司揭牌仪式。

2013年是晋能集团大重组、大转型、大投入、大发展的关键时期，是践行煤电一体化战略、建设综合能源集团的重要起步年。集团公司党委以深入开展党的群众路线教育实践活动为契机，立足于集团发展战略，建设“三型企业”、培育“三种作风”，努力提高集团党建工作科学化水平。

一、坚持围绕中心，科学谋划党建工作，强化党委政治核心作用

1、立足转型抓党建，促进企业健康发展。2013年是集团公司转型重组的重要一年，集团公司党委围绕集团煤电一体化战略，着力强化党委的政治核心作用，突出“三型企业”建设，积极打造学习型企业、创新型企业、服务型企业，有力推动了企业安全生产和经营管理各项工作的顺利开展，把党的政治优势转化为企业的竞争优势。2013年，晋能集团在省国资委监管的11家大型企业集团中，利润排名第一，营业收入排名第二，净资产额排名第二，资产总额排名第四。

2、加强党委自身建设，营造良好党建氛围。坚持把党委班子建设作为党建工作的首要任务来抓。突出党委常委的核心和表率作用，切实加强班子的政治理论学习，努力提高班子成员的政治思想素质；建立健全党委班子议事规则，严格执行民主集中制；建立了集团班子成员联系点制度，对联系点实行动态管理，及时研究解决突出问题，构建起上下同心齐抓党建的良好运行机制。班子成员之间工作相互配合、相互支持，形成了领导班子“合心、合拍、合力”和“风清、气正、劲足”的良好氛围。

3、健全党建责任机制，推进党建科学化水平。认真落实党建工作责任制，把党委书记抓党建情况作为年度考核的重要内容，每年年初签订目标责任书，每季度进行业绩考核，年底根据目标责任书兑现绩效奖金，推动了集团公司重大决策部署的有效贯彻落实。定期召开集团二级党委书记座谈会，形成了集思广益抓党建、谋发展的工作机制，形成了抓党建的强大合力。

二、坚持以人为本，抓班子带队伍，为企业转型提供人才支撑

1、配强配优各级班子，激发班子活力。坚持结构合理、人岗匹配、通盘考虑的原则，注重各级班子的年轻化、知识化、专业化，不断优化领导班子结构。集团二级单位班子成员中，70后青年干部和煤炭主体专业干部的比重明显提高，本科及以上学历达到68%，煤炭专业人才占到三分之一强。同时，集团在条件成熟的企业积极推行领导班子成员组阁制、任期制和流动制，激发了各级班子的活力。

2、推进干部机制创新，提升干部活力。公司党委始终坚持正确的选人用人导向，建立符合现代企业制度的选人用人机制，继续深化干部人事制度改革和创新，不断完善选拔任用机制，进一步规范选拔任用流程，实行干部民主推荐制、任职回避制、任免票决制、任前档案审核制、任前公示制和德的考核制度，积极推行二级单位主要负责人履行干部选拔任用工作职责离任检查，2013年对原大同公司经理、吕梁公司经理分别进行了离任检查。

3、立足转型跨越发展，加快各类人才储备。积极探索“人才+项目”引才育才模式，吸引了入选国家“千人计划”的杨立友博士及其带领的光伏专家研发生产团队，引进了煤化工博士2名、教授级高级工程师2名、电力高级管理人员13名。变招工为招生，今年分批招聘了1000余名煤矿主体专业毕业生和近1000名财务、物流、多元等专业毕业生充实到生产一线工作。切实加强“青年人才库”建设，清华大学培训的148名后备高级管理人员60%走上领导岗位，223名青干班学员中60多名调整到重要岗位，成为企业发展的骨干。建立了人力资源信息化管理系统，进一步提高人才信息化管理水平。

4、围绕煤电一体化战略，推进全员素质提升。着眼构建“大教育、大培训、大体系、大提升”的教育培训格局，2013年大力推进员工素质提升工程，仅集团层面就组织各类培训

22次，共1504课时，培训人数达2683人次。对集团学习培训资源进行整合优化，建立了8个教育培训基地，搭建了集团公司远程教育网和集团教育信息网两个教育平台。在集团构建了集团公司、市煤业公司、煤矿三级安全培训体系，深入开展“干部上讲台、培训到现场”工作，举办了“煤矿技术业务交流大讲堂”由各市公司总工程师主讲，集团5000余人参与，使培训更贴近工作，贴近基层。积极开展校企合作培养人才，2013年有600余人参加在职高等学历教育。加强职工资格认证培训工作，目前，集团共有高级物流师38人、中级物流师428人、助理物流师133人、采购师26人。

三、坚持“五深入、五确保”，聚焦四风问题，扎实开展党的群众路线教育实践活动

按照省委安排部署，集团公司党委自8月9日正式启动教育实践活动。集团党委高度重视、认真研究、积极部署、扎实推进，得到省委督导组的好评。主要特点概括来讲为“五深入、五确保”：

一是深入学习，确保理想信念坚定。集团班子带头，认真组织学习习近平总书记的一系列重要讲话精神，学习十八大和十八届三中全会精神，学习中央八项规定及省委四个实施意见。集团层面先后组织了4次党委中心组专题学习、3场专家教授讲座，发放了7类5000余册学习资料，组织班子成员和中层干部赴右玉干部教育基地接受教育，并组织班子全封闭开展学习谈心。集团各级党组织集中学习累计510天，开展专题讨论共计347次，组织专题辅导共计237次，观看各类影视片共计224次。通过不断深入学习，集团上下深化了对“道路自信、理论自信、制度自信”的认识，进一步坚定了理想信念，强化了宗旨意识。

二是深入调研，确保查摆问题准确。集团领导班子成员于7月底和11月底开展了两次共计20天的集中调研活动，广泛征求各个层面的意见建议300余条。在此基础上，班子成员带着问题深入基层，现场研究解决问题。8月份以来，班子成员开展专题调研150人次。全系统组织开展集中调研活动共计867人次，走访党员干部、基层职工近2万人次，广泛征求各个层面的意见建议3345条，其中“四风”方面的意见建议920条。

三是深入谈心，确保班子思想统一。集团班子成员相互之间开展了深入细致的谈心谈话，并在谈话过程中亲自作谈话记录，谈心之后相互签字确认。党委书记带头与45人进行了谈心，集团党委常委相互谈心49人次，班子成员谈心220人次。在个别约谈的基础上，全体班子成员先后分四个组开展谈心。全系统领导干部谈心谈话达4632人次，查找“四风”方面的问题1013个。通过反复谈心谈话，切实达到了找准问题、增进团结、达成共识、共同提高的目的。

四是深入剖析，确保批评与自我批评深刻到位。通过认真筹备，集团召开了一次高质量的专题民主生活会。班子查摆出“四风”方面10个突出问题，党委书记带头查摆出个人“四风”方面12个突出问题，班子成员查找“四风”问题共计270个。党委书记对班子成员逐一作了点评，大家坦诚相见、推心置腹，相互之间提出批评意见180条。在此基础上，集团公司领导和5个督导组对各自联系的二级单位民主生活会准备情况进行了认真严格的审核把关，并参加了各单位的专题民主生活会，二级单位班子成员之间提出批评意见2830条，基本达到了“出出汗”“治治病”的效果。

五是深入整改，确保活动取得实效。集团聚焦“四风”，针对群众反映强烈的问题以及其它制约集团转型发展的问题，确立了“五位一体”“六个专项”的整改思路。“五位一体”从强化理论学习、规范运行机制、加强干部管理、强化廉政建设、密切联系群众五个方面明确了28项整改落实任务，“六个专项”着眼“机关办事效率”“公款吃喝、铺张浪费”“违规用车”“吃空饷”“办公用房超标”“违规使用公房”6个方面集中开展专项治理。分别由党委书记和总经理总负责，由各分管领导具体负责，确保责任到人。截至目前，全系统已清退违规用车232辆，集团本部和直属公司清理15套违规办公用房，1至10月，集团会议费、招待费、办公费比年初预算减少9000多万元。集团各二级单位确立整改项目850个，其中专项整治项目共计253个，目前已完成整改项目357个，活动取得了初步成效。

四、着眼内部风险管控，狠抓党风廉政建设，营造风清气正发展环境

1、全面落实党风廉政建设责任制。坚持党风廉政建设与经营业务工作同部署、同落实、同检查、同考核。切实落实班子成员“一岗双责”制，形成书记负总责、一级抓一级、一级对一级负责的工作机制。加大监督检查力度，通过调研、巡视及时纠偏，并将落实责任制情况纳入目标考核，奖优罚劣，确保党风廉政建设责任制落到实处。

2、切实加大监督检查力度。加强了集团整合矿井改造、重大项目审批、安全生产、信访和矛盾排查化解等重点工作落实情况的监督检查和效能监察；切实加大审计、监察、巡视工作力度，防范企业管理和经营决策风险，2013年开展了第4轮的巡视工作。截止目前，完成了对所属11个市公司和部分直属企业的巡视任务，已督促整改问题166项。

3、切实加大案件查处力度。有效运用组织处理和经济处罚手段的惩戒作用，严肃查处违纪违法案件，注重发挥查办案件的惩戒和震慑作用。集团本部2013年已初核案件13件，立案查处6件，对10人给予党纪政纪处分。

4、积极推进企廉网建设。经过大量前期基础性工作，集团企廉网已经开始进入测试阶段，信息发布量在省属企业中排名前三，得到省纪委和省国资委纪委的肯定。出台了《企廉网信息公开实施办法》，并将该工作纳入绩效考核，着力构建“制度+科技”、“人控+技控”风险防控机制。加大了设备、人员投入，及时受理、整理网上举报并处理有关问题，初步发挥了企廉网在党风廉政建设和反腐败工作中的预防、引导、示范作用。

五、坚持贴近群众，打造“幸福晋能”，为集团转型跨越营造良好发展环境

1、扎实推进企业民主管理。积极筹备晋能集团一届一次职代会，推进集团职代会工作制度化、规范化、日常化，推进企业民主管理，落实好职工民主决策、民主管理、民主监督的各项权利。不断拓展企务公开的内容，设立网上企务公开和职工论坛，企务公开的效果和质量得到提升。扎实推进职工素质提升、工会组织建设、职工权益保障、职工文化建设“四大工程”的落实。开展了以“建会创星为抓手，民主管理上台阶”为主题的星级职代会达标竞赛活动，评出了19个五星级职代会。

2、深入开展劳动竞赛活动。组织开展了“安康杯”竞赛活动、“技术创新显身手，岗位建功当标兵”职工业务技能大赛、第二届手指口述安全工作法竞赛活动，并首次开展集团劳模评选活动，集团上下形成了学先进、比贡献、创一流的浓厚氛围，集团荣获1个“全国文明单位”、2个“全国精神文明建设工作先进单位”、2个省级先进基层党组织，涌现出省五一劳动奖章获得者1名，全省煤炭系统特级劳模2名、劳模17名。

3、积极构建帮扶工作机制。以“扶贫济困解难事，温暖和谐进万家”为主题，以“面对面、心贴心、实打实服务职工在基层”为工作要求，积极开展与困难职工“结对子”帮扶活动，对特困、贫困职工、离退休职工和军转干部等进行慰问，为其解决实际困难，推动解决困难职工子女上学难、就业难等问题。通过开展各类主题帮扶救助活动，逐步构建起了救助、维权、服务三位一体的帮扶工作新机制。

总的来讲，晋能集团组建以来，集团党委准确把握转型重组的新形势和新要求，发挥优势、主动作为，以扎实有效的工作促进健康可持续发展，较好地发挥了党委的政治核心作用。相信在省委、省政府和省国资委的正确领导下，全体干部职工团结一致，积极进取，集团公司一定能够早日实现建设煤电一体化综合能源集团的战略和目标！

（高　燕）

附：晋能有限责任公司党委书记、副书记、常委名单

书　记：刘建中

副书记：曹耀丰　王建设　王廉敏

常　委：曹　冬　刘世文　韩振贵

大同煤矿集团有限责任公司党委工作概况

党委书记　张有喜

同煤集团公司党委充分发挥政治引领作用，把全面加强基层党建工作作为强基固本、凝心聚力的基础工程，谋全局、把方向、出思路、强保障，紧扣“建设新同煤，打造新生活”“两新”战略，突出依靠各级组织、依靠各级干部、依靠广大员工“三个依靠”。致力于营造一个公平正义、风清气正的工作环境；建设一支团结务实、勇于担当的干部队伍，形成一套管理创新、决策民主的运行机制；创建一个廉洁奉公、和谐稳定的良好局面，坚持一条关爱员工、惠及民生的根本宗旨。在创先争优上谋思路，在转变干部作风上出实招，在提升企业软实力上求突破，在促进企业科学发展上下功夫，使党建工作和企业经济工作同频共振，努力把党的政治优势转化为企业的竞争优势、发展优势，为企业转型跨越发展提供了有力保障。

一、抓基层、强基础，激发基层党建创造活力

强化基层党建是增强党的战斗力的基础，只有夯实基层基础，才能产生凝聚效应。

一是不断扩大党的工作覆盖面。做到了新建项目延伸到哪里，党的组织机构就设在哪里，党的优势就发挥到哪里。目前，同煤集团拥有128个基层党委，242个党总支和2562个党支部，党员总数达到5.48万名，实现了党的工作全覆盖。

二是不断强化基层组织建设。结合煤电一体化发展实际，制定实施了漳泽电力重组运行方案，对各电力企业领导班子进行了充实。出台了《严肃干部管理的“五不准”规定》，完成了16487册干部人事档案的清理工作，干部队伍宏观管理进一步强化。

三是开展专项活动激发党建活力。广泛开展“身边最美党员”推荐活动，开展了“怎样当好党委书记”研讨及“转作风、强素质、树形象”研讨活动等，录制“责任·价值”党员风采访谈，并制作光碟下发到各基层单位，发挥了典型示范作用。

四是全面落实党建工作责任制。在同煤集团2600多个基层党组织中开展了以“组织设置有形化、队伍建设有形化、活动载体有形化”为主题的基层党建工作有形化建设。实现了党建工作量化考核，巩固和提高了基层党组织的战斗堡垒作用。

五是不断深化党建课题研究。《建立健全党的作风建设日常工作管理机制研究》荣获中组部2013年度重点调研课题一等奖;《一站两会一中心构建惠民大工程》荣获中国延安干部学院、人民日报、人民网举办的群众工作典型案例一等奖;《发挥政治优势全面提高国有企业党建工作科学化水平》荣获全国研究会2013年度调研课题优秀成果优秀奖、山西省党建研究会2013重点课题研究优秀成果一等奖。同时,同煤集团被中央党校、全国党建研究会命名为全国党建研究教学基地。

二、抓作风、树形象,群众路线贯彻始终

干部作风硬、则企风正、民风纯。新班子组建后,同煤集团党委就明确提出了要着力改进"三风",倡导"十多十少",把作风建设提升到了企业战略高度,真正做到讲实话、办实事、求实效。在同煤集团各级领导人员中深入开展了以"转作风、强素质、树形象"为主题的"四个大讨论",通过讨论,从思想层面上解决了企业属于谁,党委书记抓什么,企业发展依靠谁、为了谁等根本性问题,使各级领导人员找准了工作定位,进一步强化了大局意识和责任意识。

特别是党的群众路线教育实践活动开展以来,同煤集团始终把查摆解决"四风"问题作为核心内容,立查立整立改,务求实效。一是按照中央八项规定和省四个实施办法,制定实施了"双十项"规定及65条具体措施。二是坚持"三个三分之一工作法"和"一线工作法",深入基层"接地气"。班子成员带头深入基层调研、常委带头领题深度调研、带头撰写心得体会和调研报告,带头开展批评与自我批评,班子成员建立联系点23个,召开座谈会42个,开展调研走访65次,征集的意见建议全部做到了定人员、定责任、定措施、定目标、定时限"五定"落实。三是组成16个督导组,对89个二级党组织进行全过程督导,精心做好"三个十"自选动作,以务实为重,抓好"干部上讲台、培训到现场"等十项活动;以扎实为要,兑现了年初职代会提出的为员工群众办的十件好事实事;以落实为先,完善了党群联系、党内民主生活、党员干部业绩考核、群众监督等十项机制,确保活动取得了实效。通过开展活动,各级领导人员和广大党员学习的自觉性更强了,工作劲头更足了,作风更实了,服务质量更高了,企业发展更快了。

三、抓创建促转变,提升企业竞争软实力

一是着力打造特色企业文化。按照社会主义核心价值观的要求,构建了同煤核心价值体系。探索和实施大集团与子公司及不同产业之间的企业文化融合的有效途径,促进了大集团企业文化融合。同煤集团荣获全国企业文化建设优秀单位称号。

二是道德引领,典型示范。以"百里煤海文明大创建活动"为统领,扎实推进思想聚力、素质提升、典型领航、创建进位、行业新风、矿山秀美六大工程。强化形势任务教育,凝聚力量;抓基层、打基础、练好基本功,提升队伍素质;创文明单位,抓文明窗口,树行业新风,探索出了一条集生态环境建设、文化建设、群众性文明和谐创建活动于一体的创新新路。涌现出全国道德模范欧学联,15位"感动中国的矿工",13名山西省"道德模范",35人荣登"中国好人榜",集团公司两次荣获"中华慈善奖",荣膺"全国文明单位"。企业的社会影响力大幅提升。

四、抓维权增才智,激发员工创造活力

一是坚持企业民主管理。各级工会充分发挥参与、维护、建设、教育四项职能,坚持职工代表巡视制度,职代会提案落实率达到100%。坚持党务公开和企务公开,企业重大事项、重要制度、涉及职工群众的重要问题工会全程参与,更好地从源头上代表和维护了职工群众的合法权益,成为职工信任的"娘家人"。

二是广泛开展劳动竞赛。持续开展了"同力杯"劳动竞赛,完成群众性经济技术创新项目979项,获国家专利11项,"雷雨工作室"等三个工作室被命名为首批山西省"高技能人才创新工作室"。组织了第二届员工运动会、全国煤矿"乌金同煤杯"篮球赛等重大比赛,提高了广大员工的参与热情。

三是丰富群众文化生活。本着"群众文化群众办"的原则,启动了"活力同煤·文化同煤"首届职工文化艺术博览会,举办了"同煤人·同煤情"基层文化交流巡游活动,丰富了广大职工家属的文化生活。开展了形式多样的读书活动。目前,全公司"职工书屋"达到571个,藏书百万册,极大地丰富了员工群众的文化生活。

四是积极开展扶贫帮困。成立了困难职工帮扶中心,每年用于帮扶困难职工、患大病职工、考入大学的困难职工子女等群体的资金1000多万元,两节慰问困难职工家庭1000万元,让困难家庭充分感受到了大企业的关怀和温暖。

同煤集团先后获得了全国厂务公开民主管理示范单位,全国"安康杯"竞赛活动优胜单位等多项荣誉。同煤集团工会先后被全总、省总评为"模范职工之家"、"山西省十佳基层工会"、"山西省五一劳动奖状"等称号。2013年荣获了全国"五一劳动奖状"。

五、抓特色重创新,打造"青"字品牌

同煤集团坚持以党建带团建,以团建促党建,不断增强党建后备力量,夯实党建基础。近10万名团青遍布全集团,创造了"青"字品牌,成为企业发展的重要力量和坚强后盾。

一是"十万青工保安全"8年传承。安全工作"党政工团齐抓共管"是同煤在全国的安全品牌。2006年以来,同煤集团团委持续开展了"十万青工保安全"大行动,方式上不断创新,制度上不断完善,成为同煤青年抓安全工作的有效成果。先后有两个集体被命名为全国青年安全生产示范岗、24个集体被命名为省级青年安全生产示范岗。为企业安全发展做出了积极的贡献。

二是帮扶青年就业创业16年。引导待业青年转变择业

观念，广泛开展就业创业技能培训，千方百计拓宽就业渠道，先后与北京、天津、山东等八地市十多家大型企业建立了劳务关系，累计输送待业青年25741名，有效地缓解了集团公司的就业压力。连续四年被团中央、国家劳动和社会保障部表彰为“中国青年创业行动”优秀组织单位。多次被授予全省“青年就业特色工作团组织”称号。

三是积极开展“青年感恩大行动”。倡导感恩文化，近6000名团青广泛参与，100支“学联精神践行”青年志愿者服务队活跃在百里煤海，常年开展扶贫帮困、大型便民服务、清脏治污美化环境、敬老爱老慰问、青年解说志愿者服务等各项志愿者服务活动。特别是对棚户区改造工程——恒安新区困难孤寡老人进行了一对一的长期包保。这项活动成为同煤青年弘扬新风的大平台，打造了富有时代特色的团建新品牌。

四是广泛开展“青字号”节约创效行动。建立了青年人才库，以青年文明号、青年突击队、青年效益立功组织、QC小组、青年志愿者服务队、青年岗位能手、矿山青年标兵等为载体，通过多种形式，节约挖潜、创新创效，累计为企业创造价值300多万元。有3个集体被命名为国家级青年文明号、18个集体被命名为省级青年文明号，先后涌现出了一大批“全国十大杰出岗位能手”、“全国青年岗位能手”、“省新长征突击手”、“省优秀创新能手”、“省十大杰出青年”。

六、抓民生促稳定，营造和谐安定的发展环境

在市场形势严峻的情况下，同煤集团牢记惠民宗旨，2013年员工工资兑现了职代会的承诺，还增长了1.11%；为员工家属和离退休老同志承诺的“双十件”实事也全部兑现；“两区”三期住房全部分配到户，“党政工团大行动，环境治理献爱心”持续开展，“五网四化一监控”改造大见成效，员工群众生活质量持续改善。

在此基础上，同煤集团成立了维稳中心和网络舆情中心，设立了党委书记信箱，开通了24小时社情民意通道，增设了社情民意通道网页，同煤集团党委书记亲自批示群众来信来访，定时间、定人员、定任务进行落实，及时给群众以满意答复。严格落实信访稳定“五包一”制度，深入开展领导大接访活动，着力排查化解矛盾纠纷，强化重点稳控，严格做到矛盾排查、领导包案、问题解决、稳控措施、督查督办、责任追究“六到位”，妥善化解了福建大批人员聚集、村企纠纷等事件，形成了党政工团齐抓共管的维稳大格局。同时，实施了“天眼工程”，加大社会治安综合治理，维护了一方平安，开创了和谐稳定发展的新局面。

（樊卫斌）

附：大同煤矿集团有限责任公司党委书记、副书记、常委名单

书　记：张有喜

副书记：刘　敬

常　委：郭金刚　吴跃平　王　宏　靳　华　陈旭忠

山西潞安矿业（集团）有限责任公司党委工作概况

党委书记　李晋平

2013年以来，面对严峻的市场形势，潞安集团党委认真贯彻党的十八大精神，紧紧围绕建设具有国际竞争力能源品牌企业的中心任务，以扎实开展党的群众路线教育实践活动为重点，以党建绩效管理为抓手，以“德、新、和”建设为内容，狠抓工作落实，有效应对危机，以党建工作的新成绩，保证了企业健康稳定发展。集团全年完成煤炭产量8878万吨，营业收入1985亿元，实现利润6.02亿元。

一、扎实开展党的群众路线教育实践活动，干部作风建设和精神面貌呈现新气象

2013年，潞安集团按照中央和省委的要求，作为省属第一批单位深入开展了以“为民、务实、清廉”为主要内容的党的群众路线教育实践活动。活动从8月5日启动，到2014年1月底基本结束。活动中，集团班子坚持“学习教育、一把手带头、开门搞活动、整风精神、边查边改、分类指导严格督导、统筹兼顾”贯穿始终，48个基层单位、60个机关处室认真贯彻落实中央和省委领导重要讲话精神，紧扣活动主题，按照活动总要求，对照“理论理想、党章党纪、民心民声、先辈先进”四面镜子，补精神之钙、除四风之害、祛行为之垢、立为民之制，使活动成为“职工群众满意工程”。活动期间，潞安集团突出潞安特色，做好结合文章，实施了“三个三”为主要内容的自选动作，即，打造道德、创新和制度“三个高地”，抓大事、解难事、办实事“三个事”，接地气、树正气、有朝气“三个气”，并分别确定具体内容，实现了活动开展和企业发展的“两不误、两促进”。活动的开展，形成了一批认识成果、制度成果、实践成果、发展成果；党员干部从思想到行动都接受了一次群众路线的洗礼，作风得到明显转变，党群干群关系进一步密切；集团制定了治理“四风”问题的17项制度，解决了一批职工群众关心关注的热点、焦点问题，职工群众满意度进一步提升，转型跨越发展合力进一步增强，推动企业实现了新转型、新跨越。

二、党建工作绩效管理得到新提升

集团党委以中央领导重要批示为动力，进一步健全指标

导引制度。把“德、新、和”的具体要求量化为评价指标，充实了《潞安集团党建工作绩效管理评价体系》。进一步健全动态评价制度，充分利用信息网络技术，开展了实时动态评价，实现了评价手段数字化。进一步健全结果运用制度，实行评价结果后三名公示约谈制度，对20名基层党委书记进行了约谈。通过强化党政一体化推进和健全指标导引、动态评价、结果运用制度，进一步提升了党建工作绩效，更好地彰显了党建工作的重要作用。

三、以德治企拓展新境界

2013年，潞安集团突出价值引领和使命管理，重点涵养“善良、勤俭、感恩”三种美德，培养“诚信、实干、担当”三种品德。制定德的评价标准，创新干部德的考核评价制度，建立考德积分制度，加强德的考评结果运用，使德的考评有据可依。在省属企业中第一家开办道德大讲堂，崇德、尚德成为矿区新时尚。石圪节煤业试点道德银行建设，余吾煤业搭建学习践行《弟子规》可视化管理平台，道德建设异彩纷呈。2013年，省国资委召开现场会，推广了潞安集团开办道德大讲堂的经验，集团涌现出“中国好人”陈秋花、“山西好人”郭雪飞等一批道德楷模。同时，潞安集团启动全国文明单位创建，重新修订《一流文明矿区建设细则》，文明建设取得新突破。特别是针对严峻的经济形势，深化石圪节精神研究，开展“降本增效，我怎么办”主题讨论活动，引导干部职工树牢了“过紧日子”思想；坚持安全第一不动摇，强化安全宣传，促进了安全责任的落实；坚持创优环境，主动服务，推动了项目建设。

四、组织建设开创新局面

加强学习型党组织建设。潞安集团深化读“十本好书”活动，召开学习型党组织建设推进会，学习型党组织建设实现常态化；对全集团589名基层支部书记、670名处级干部进行集中封闭培训，进一步提升了干部素质；对接山西干部在线学院平台资源，在全省企业首家建立学习中心，拓展了干部学习平台。加强服务型党组织建设。潞安集团建立党员干部联系群众制度，机关党委开展“首办负责、微笑服务、承诺服务”，余吾煤业推行服务型机关“四零”工作法，提升了党组织服务水平。加强创新型党组织建设。坚持集团和基层两级领导班子成员跟踪一个重点创新项目，每个基层党组织、党支部抓三个以上创新项目，每名党员参与一项技术创新，党建创新风气日趋浓厚。进一步完善《党委创新工作成果评审办法》，评选出五阳矿帮扶“一站式”服务、王庄矿“两述”工作法、常村矿手机报等60项党建创新成果；大力建设数字党建，全新改版了潞安集团官网，开通OA办公快捷通道、宣传微信平台等，创新氛围日渐形成，各级党组织和党员逐步成为创新发展的引领者、推动者、示范者。加强整合矿井党建工作。集团班子定期深入整合矿井联系点，石圪节煤业推行“三化联动、三队齐建、三阵共为”整合矿井工作法，司马煤业探索主体矿井与整合矿井人才交流培养新途径，推进了整合矿井党组织建设。

五、党风廉政建设实现新突破

一年来，潞安集团更加注重警示教育和廉洁文化建设，扎实开展反腐倡廉教育宣传月，集团反腐倡廉教育基地被最高检察院授予“全国百优警示教育基地”。更加注重制度完善与落实，陆续出台《关于改进工作作风密切联系群众的若干规定》、《公务接待管理办法》等一系列制度文件，开展经常性的作风检查督查活动，推进“吃喝不正之风”、违规用车等专项治理活动，严惩各类违规行为，为企业营造了风清气正的发展环境。紧紧围绕潞安集团重大决策部署，深度推进安全管理、整合矿井规范化管理、重点工程项目和经营管控等项目化管理监督检查，构建了具有潞安特色的监督检查新机制。全年初核了结案件18起，共处分35人，规范了企业经营管理，保证了潞安集团重大决策部署的贯彻落实。更加注重综合监督。以效能监察为抓手，共发现7方面、317个问题，提高了经营质效；以党务企务公开为抓手，把党员群众关注的“热点”、“难点”转化成党务企务公开的“亮点”，实现了“阳光监督”；以科技应用为抓手，深入推进“山西企廉网·潞安子网”建设，拓展了监督平台；以监督招标为抓手，监督招标747次，完成商务谈判180次440项，节约金额1.57亿元，严肃了招投标市场管理。

六、文化兴企提升新品味

潞安集团大力践行潞安核心价值理念，深入开展职工话与画、理念小故事征集活动，“为人至诚、为业至精”等潞安理念进一步内化于心，外化于行。优化6S管理，有机整合6S管理与精益化管理、平衡计分卡等先进管理方法，提升了6S管理运行的质量。加强文化融合传播。派工作组到天脊集团开展文化传播，郭庄煤业拓展6S推进面，司马煤业建立整合矿井文化建设“点点对接、队队覆盖”工作机制，潞安文化进一步在新建单位、新加盟企业和整合矿井生根发芽。扎实开展各种文化活动。文联开展“德新和”书画美术作品巡回展，太极拳、广播操等全民健身活动蔚然成风，工程公司建立流动文化服务站，推进了文化活动的蓬勃开展。2013年，集团五阳煤矿等单位被评为“全国企业文化建设十佳贡献单位”，漳村矿被推荐为“全国安全文化建设示范企业”。

七、幸福潞安建设取得新成效

潞安集团把社区和安全社区建设作为幸福潞安建设的主要载体，全面推进了“五和”、“六型”幸福社区建设步伐。社区管理精益化。全面推行社区网格化管理，将居民住宅楼、驻区单位、商业网点和公共场所等纳入网格范围，划分网格25个，形成了“一格四员、一员多能”的管理模式，提升了社区管理水平。社区服务精细化。成立“潞安集团文明调度”，全年接受居民投诉以及热线电话反映问题293条，并全部落实；建立“温馨家园”服务社，专门为整合矿井及边远单位员工家庭成员提供跟进服务，使整合矿井及边远单位员工家庭成员实现“老有所靠、少有所帮、病有所治、心有所依、事有所照、困有所助”。社区文化生动化。按照“精品＋特色”思路，大力繁荣社区文化，举办首届文化艺术节，开展“幸福见证随手拍”活动，进一步唱响了幸福潞安新乐章。安全促进工作持续化。安全社区在高质量通过国家和世卫组织验收后，进一步加强精品项目建设，全年确定事故和伤害预防项目 22 个，在 6 个新建矿井和新兴企业开展安全促进试点工作，安全社区建设得到扎实推进。2013 年，潞安集团被国家民政部确定为全国煤炭系统唯一一家“全国企业社会工作试点单位”；所属石圪节煤业、漳村矿获得“全国和谐社区建设示范社区”、“全国服务先进社区”，王庄矿获得“国家地震安全示范社区”。

八、群团组织建设取得新成果

潞安集团各级工会组织围绕企业转型跨越发展开展建功立业、表彰宣传劳模先进等活动，进一步调动了广大职工群众的积极性、主动性、创造性；推行基层科队工会主席“公推直选”，15 位科队工会主席通过选举走上岗位；扎实开展“送温暖”、“金秋助学”、“职工大病医疗互助” 三大品牌活动和“四季送”活动，为 1244 人次发放大病医疗互助金 244 万元，为 74 名家庭困难学生资助 31.4 万元，困难职工家庭收入标准由月人均收入 390 元以下调整为 480 元，为 13 户困难职工家属子女安置就业，实现了帮扶工作全覆盖、长效化。潞安集团工会获得全国“女职工岗位创新技能大赛特别贡献奖”。常村矿、余吾煤业获得“全国五一劳动奖状”。五阳矿南丰工区女子提升机班、漳村矿职工公寓获得“全国五一标兵岗”。共青团、老干、武装、保卫、新闻、保密等部门也分别立足各自工作特点，开展各具特色的活动，各项工作都取得了新进展，为企业发展做出了新贡献。潞安集团团委获得全国煤炭行业“五四红旗团委”称号，3 名青年荣膺“全煤百名优秀青年矿工”。

（平晓明）

附：山西潞安矿业(集团)有限责任公司党委书记、副书记、常委名单

书　记： 李晋平

副书记： 王俊彦(3 月离职)　王志清　张丛林　孙宏波

常　委： 翟　红　王光彪

山西晋城无烟煤矿业集团有限责任公司党委工作概况

党委书记　武华太

2013 年，山西晋城无烟煤矿业集团有限责任公司以党的十八大和十八届三中全会精神为统领，以开展党的群众路线教育实践活动为主线充分发挥政治引领、把关定向、凝心聚力、服务保障作用，为企业转型跨越发展提供了坚强保证。

一、以党的群众路线教育实践活动为主线，坚持在边学、边查、边整、边改上下功夫，党建工作实现新突破

扎实开展党的群众路线教育实践活动。按照山西省委统一要求，围绕“为民务实清廉”主题，狠抓三个环节推进，并创造性的落实了“五查五落实五提升”和“转作风、树形象五个一”自选动作，被《山西新闻联播》及多家媒体进行了宣传报道。在学习教育、听取意见环节，企业领导班子进行了 4 天集中学习、10 次专题讨论、12 次专题辅导。通过集中调研座谈、发放征求意见表、劳动一线体验等途径，先后 5 轮征求意见建议 124 条。在查摆问题、开展批评环节，晋煤集团领导班子及成员结合各方意见建议，认真查摆“四风”问题，并在此基础上，亲自撰写对照检查材料，认真参加专题民主生活会，切实达到“照镜子、正衣冠、洗洗澡、治治病”的效果。在整改落实、建章立制环节，组织制定了“两方案、一计划”，涉及具体事项 109 项，并将任务分解到人，确保整改落到实处。通过活动的开展，健全完善了 20 条规定以及公务用车、职务消费等一批规章制度，会议数量、发文数量、接待费用、车辆运行管理综合费用同比下降 50.5%、13.6%、46.1%、33.7%，各级领导干部到基层调研次数同比增加 17.8%。

狠抓党建“四五六八”创建。面对市场形势的深刻变化，组织开展了“当前市场形势怎么看、企业职工怎么办”大讨论活动，聘请煤炭行业资深分析师作了 5 场形势报告，编印了《提高发展质量和效益读本》。全面推行党员承诺、践诺、评诺制度，开展“四带头、四过硬”活动，在窗口单位、服务部门开展“三亮三比三评”竞赛。组建党建工作调研组，评选出党建工作十大创新项目和十大推荐项目。其中，《国有煤炭企业党建科

学化问题研究》获山西省党建研究二等奖。推动干部人事制度改革，加强岗位人员交流，选派挂职干部锻炼，通过人事调整加大对托管公司的管控力度，选人用人公信度不断提升。开展“联企包点”活动，强化作风建设、服务质量突查，落实服务承诺制、首问负责制和限时办结制，干部作风持续好转。不断筑牢党建八项基础工作根基，党建工作科学化、规范化水平进一步提升。

狠抓人才队伍建设。成立了人才工作办公室，制定了《人才工作考核办法(试行)》等制度。以“干部上讲台、培训到现场”为载体，召开素质提升工程新闻发布会，组织全员业务知识考试，举办政工专业人员、党委秘书、新闻发言人等培训班。以发挥和放大技能大师团队综合优势为手段，全面推动职业培训、技能鉴定、技能资源利用、技能人才培养等工作，张晨光、原文瑞、牛文兵、宋大胖、李鹏飞被中国煤炭工业协会授予“煤炭行业技能大师”称号，各自领衔的创新工作室均被命名为“煤炭行业技能大师工作室”。深入开展群众性科技创新“五小”暨“金点子”活动，命名成果100余项。

二、以建设廉洁晋煤为重点，坚持在标本兼治、综合治理、惩防并举、注重预防上下功夫，党风廉政建设取得新成效

全面深化廉洁晋煤建设。坚持把反腐倡廉建设融入生产经营管理各环节，以建设“廉洁晋煤”为重点，按照“5321”工作思路要求，以完善“563”惩防体系为载体，以推行“干事干净”管理法为抓手，科学构建“5+1”教育模式、十二个单元制度体系、十位一体监督网络，成为山西省唯一一家被中纪委授予“党风廉政建设工作先进联系点”的单位。以“反腐倡廉教育宣传月”为依托，开展学习、警示、宣传、反思四个主题教育周活动，建成党风廉政教育基地网上展馆，举办预防职务犯罪警示教育报告会，对提拔的新任干部进行任前廉政谈话，做到了教育在先、防范在先。制定《2013年党风廉政建设责任制分解意见》，细化分解为10大项37小项，向73个基层党组织颁发党风廉政责任状，切实把责任分解到每个岗位、制度渗透到关键环节。同时，巩固专项治理成果，重点开展了“会员卡”清退、“吃喝不正之风”和“违规用车”等专项活动。

全面优化业务流程和规章制度。在完善“十二个单元”制度体系的基础上，结合管理职责、组织结构、规章制度、管理模式以及操作要求，形成《管理部门职能定位手册》和《流程管理手册》。开展“制度落实回头看”活动，共废止制度文件93项，修订完善118项。以“省企廉网”建设为契机，探索运用“制度+科技”手段，努力把信息技术融入到制度执行和监督工作之中，并在山西省国资委“企廉网建设推进会”上作了经验交流，起到示范作用。

全面整合完善监督机制。在健全完善“十位一体”监督网络的基础上，制定了《关于建立完善联合督查督导工作机制的指导意见》，整合监督资源，提升管控水平。在巡视督察方面，召开加强巡视督察、完善公司治理交流会，开展6轮巡视督察，发现并督促整改问题1100条。在效能监察方面，围绕重点工程、重大项目，共立效能监察项目199项，挽回和避免经济损失4372万元，增加和创造效益1.83亿元。在法律监督方面，以探索构建“1·2·3·4·5”法律事务工作体系为目标，开展法律监督。共出具法律意见书338份，审核合同974份，防止违法违规经营行为的发生。在审计监督方面，加强风险事件管控，完成审计项目48项，查处纠正违纪违规金额15.28亿元，促进提高经济效益6158.23万元。在案件查处方面，共受理信访件62件，办结61件；立案17件，党纪政纪处分103人。同时，对近五年来案件工作情况进行汇总，对涉刑人员给予党纪政纪处分情况开展自查和清理工作。

三、以构建大宣教格局为手段，坚持在凝人心、鼓士气、聚合力上下功夫，宣传思想文化工作呈现新气象

加强舆论宣传引导。紧跟发展新形势，借助重要媒体，狠抓形势任务教育、“两会”精神宣贯、对外宣传报道。特别是，中国煤炭报刊发的《晋煤集团瓦斯防治和抽采利用的实践》、《晋煤集团建设山西省首个瓦斯提浓实验项目》等，广受业界好评。制定《关于建立健全梯级新闻发言人机制，加强企业舆论风险防控工作的意见》，组织16家单位参加国务院国资委主办的“新国企·中国梦”摄影及微电影大赛。充分利用全国煤矿瓦斯抽采利用与通风安全技术现场会等有利时机，全面展示企业转型跨越发展成果。

加强企业文化建设。深入开展文化实践探索，制定《现代化矿井企业文化建设管理办法》，加强驻外公司对晋煤集团企业文化的规范传播，促进了母子文化融合。以强化责任落实为主线，推动安全宣传教育工作向基层延伸。制定《2013年安全宣传教育工作要点及检查标准》、《关于进一步做好“纠三违”工作，充分发挥党群部门在安全生产中作用的通知》，开展“三个敬畏”大讨论、动态督导与专项会诊，举办7场“安全形势宣传与典型案例巡回宣讲活动”。组建安全心理咨询师队伍，对72名骨干人员进行心理咨询专业培训。编纂《晋煤集团年鉴》(2013卷)，较好地发挥存史、资政的作用。

加强职工思想信息网络建设。为提升三级职工思想信息网络的运行效果，对思想信息网络、预警机制建立情况进行督导，对职工思想状况进行问卷调查，形成专题报告。狠抓课题研究，在山西省2012年度思想政治工作研究成果评审中，推荐的六项成果分别获得二等奖和三等奖；在中国煤炭职工思想政治工作研究会九届二次理事会暨2013年年会上，被授予“中国煤炭工业思想政治工作2011—2012年度先进集体”称号；晋煤集团政研会会刊《思想工作与企业文化》内部刊物被评为“晋城市优秀内刊”。

四、以文明和谐单位创建为载体，坚持在讲文明、树新风、弘正气上下功夫，文明和谐创建得到新提升

扎实开展文明创建工作。开展“晋煤典型人物”征集和宣传活动，启动“道德讲堂”。宏圣公司张瑞入选“中国好人榜”候选人，赵庄二号井焦晋东主动捐献造血干细胞和淋巴细胞，被《新华网》《黄河新闻网》等媒体广泛赞誉。开办《感受最热职业》新闻栏目，客观记录一线职工工作瞬间，以身边的事教育身边的人。晋煤集团援外医疗队发扬救死扶伤的人道主义精神，圆满完成两年援非医疗任务。发挥老年大学阵地的辐射作用，举行社区特困老年人生活服务站启动仪式，开展“重阳节”尊老敬老系列活动，先后被山西省委省政府和煤炭系统评为“老干部工作先进集体”和“先进党组织”。积极申报省属企业精神文明创建先进集体，古书院矿、凤凰山矿等6家单位以及太原煤气化下属的10家单位获“省属企业文明单位标兵”，赵庄煤业等12家单位获“省属企业文明单位”，成庄矿通过首批“全国煤炭系统和谐社区建设示范区”验收。

积极参与扶贫工作。成立产业扶贫领导组和办公室，与对口扶贫县左权对接，形成框架协议。落实扶贫资金，指导沁县扶贫点发展高效农业项目，并与当地县、乡、村三级干部座谈讨论，共商企地合作、振兴“三农”等事宜。参与晋城市领导干部驻村包村工作，完成低保煤供应工作，加强与晋城市企地共建，企业社会形象极大提升。

五、以实现“六个不发生”为目标，坚持在夯基固本、打防并举、群防群治上下功夫，综治维稳工作迈上新台阶

狠抓综治维稳工作。坚持露头就打，果断出击，快侦快破，先后开展打击“两抢一盗”、电信诈骗等专项行动，实现了刑事、治安、可防性案件发案数同比分别下降37.9%、41.6%、55.6%，刑事案件破案率同比提高11%的良好成绩。开展了“除火患、保平安”冬春专项行动、“铁拳”零点行动等，强化了“四个能力”达标建设，全年消防事故同比下降33.3%。坚持教育预防、专项整治和督导检查相结合，全年公有车辆责任交通事故同比下降3%，无重特大交通事故发生。扎实开展保密工作“调查研究年”和保密普查工作，对网络保密管理情况进行摸底统计，做到底数清、情况明。

狠抓信访工作。深入开展“走、解、树”和“百日百案信访事项化解专题”活动，按照“一类案件、一名领导、一套班子、一个方案、一抓到底”的原则，实现百天化解百件信访存案的目标。按照“抓早、抓小、抓苗头”原则，全面摸排资源整合矿井、征地拆迁、重点项目建设引发的不稳定因素，妥善处置一系列涉法涉诉案件。全年接待群众来访1405人次，同比下降19.3%；受理群众来信9件，全部结案；受理上级交办案52件，结案50件；向基层转办18件，全部结案。成立了员工法律援助中心，举办了“12·4”全国法制宣传日活动，开展普法活动40余次。

狠抓安全社区建设。始终贯彻“人人都平等地享有安全和健康的权利”理念，利用“屏、栏、墙”等媒体，不断提升职工家属的知晓率和参与度。围绕安全健康管控难点，10个社区策划实施了10大类43个安全促进项目。经国家安监总局授权，国家职业健康协会命名晋煤集团社区为“全国安全社区”。立足现有平台，巩固创建成果，确定“1·3·4·6”工作思路，将11个专项促进组进行有机整合，组建生产安全、治安稳定、后勤服务、伤害监测与健康推广4个专项办公室，拓展工作的广度与深度，为争创国际安全社区奠定基础。

六、以党建带工建、团建，坚持在党群联动、互补共促、提供正能量上下功夫，群众组织展现新活力

各级工会组织以“工作制度落实年”为主线，突出“制度落实、数字考核、品牌打造”三个重点，展现了新作为。以“安康杯”竞赛活动为载体，狠抓班组建设，召开了井口工作站建设现场推进会，夯实了群监工作基础，连续四年荣获全国“安康杯”竞赛优胜单位称号。深化困难职工帮扶，全年共慰问救助3.2万人次，“金秋助学”186名学生，“爱心帮扶”11户重病家庭，大病医疗补偿1402名职工。推进企业民主管理，完善企务公开制度，组织职工代表赴太钢集团等学习增收节支先进经验。大力弘扬“中国梦·劳动美”主旋律，举办首届职工读书节、“奋斗历程·激情梦想”网络征文活动，开展“文化下基层”慰问演出活动，策划、创作大型舞台剧《煤镇的故事》，打造了企业职工特色文化品牌。

各级团组织以“青春向上、建功晋煤”为主题，以服务中心、强化育人、打造品牌为重点，引深“六为”团组织创建。完成6个品牌矩阵、44个品牌项目、若干个品牌活动，形成了网格化团建品牌工作体系。成庄矿综掘三队生产三班、寺河矿综采一队被共青团中央、国家安监总局认定为2011–2012年度全国青年安全生产示范岗，完成19家省级青年文明号复查验收。积极开展了“奋斗的青春最美丽”“我眼中的美丽晋煤”手机摄影博客展和“晋煤有爱 青春闪光”志愿服务等主题活动，举办了“我们是奋斗的晋煤人”青年人才论坛及“我与信仰对话 梦想成就未来”“做主人翁 献金点子”等主题团日活动。古书院矿团委、长平公司团委被评为全国煤炭行业“五四红旗团委”。

（张永林）

附：山西晋城无烟煤矿业集团有限责任公司党委书记、常务副书记、副书记、常委名单

书　　记： 武华太（12月离职）　贺天才（12月任职）
常务副书记： 贾国华（3月离职）　王良彦（3月任职）
副 书 记： 胡耀庭　张虎龙
常　　委： 李鸿双　郗新建　王　毅　王茂盛

太原重型机械集团有限公司党委工作概况

党委书记　王创民

2013 年，太重集团公司党委在省委、省国资委的正确领导下，按照“围绕一个主题、突出一条主线、抓好五个重点”的工作思路，全面贯彻党的十八大和十八届三中全会精神，深入践行社会主义核心价值观，认真开展党的群众路线教育实践活动，积极推进干部队伍建设和人才强企战略，为集团公司持续健康发展和营业收入迈上 200 亿元台阶提供了坚强的政治保证、组织保证、思想保证、纪律保证和人才支撑。

一、深入学习贯彻党的十八大、十八届三中全会精神和习近平总书记一系列重要讲话精神，统一思想，凝聚力量

认真组织全体干部、党员学习贯彻党的十八大、十八届三中全会精神和习近平总书记一系列重要讲话精神。聘请省委党校教授为直接管理的领导干部和 40 岁以下后备干部进行了专题辅导，并组织公司理论教师对基层党员进行了深入宣讲。太重集团党委中心组先后进行八次集中学习，二级党委中心组累计组织学习 200 次以上。全年为基层党组织和党员发放十八大、十八届三中全会等相关书籍 2 万余册。同时结合企业实际，组织了学习贯彻党的十八大精神主题征文活动，共征集到论文 100 多篇，其中 21 篇论文获得太重集团公司表彰，6 篇论文获得省国资委表彰，营造了浓厚的理论学习氛围。

二、认真开展党的群众路线教育实践活动，切实转变作风，为职工群众办实事、办好事

按照中央、省委的统一安排，太重集团参加了第一批党的群众路线教育实践活动。在近 6 个月的时间里，太重党委严格按照“照镜子、正衣冠、洗洗澡、治治病”的总要求，认真抓好“三个环节”各项工作，突出解决“形式主义、官僚主义、享乐主义、奢靡之风”的“四风”问题和职工群众反映的突出问题，坚持早动手、严要求、求实效，在思想上高度重视，在推进上精心组织，各项工作都达到了省委要求，得到了省委督导组的高度评价，赢得了广大职工群众的充分肯定和认同。

太重集团公司党委坚持领导带头、层层示范，坚持敞开大门、接受批评，坚持建章立制、善作善成，始终做到群众路线教育实践活动与贯彻中央“八项规定”和促进生产经营中心工作充分结合；从严做到“学习教育、领导带头、开门搞活动、问题导向、整风精神、边整边改”贯穿始终。在抓好“学习教育，听取意见；查摆问题，开展批评；整改落实，建章立制”三个环节 13 项“规定动作”的同时，认真组织党员赴右玉接受教育、召开战略研讨会、举办国庆演唱会三项自选动作，通过召开战略研讨会，进一步明确了“十二五”发展目标和产品定位，统一了思想，坚定了信心。重点制(修)订了 27 项规章制度，建立了《关于领导干部服务职工“四必知、三必访、三必帮”的实施意见》等 10 项长效机制。积极为职工群众办实事、办好事，实现了北区 24 小时供水，宿舍楼外墙保温改造 38 万平方米，建成了小长城菜市场，“15 分钟便民商圈”建设初见成效。下大力气解决了职工年休假落实不到位、前进路玉河街交通拥堵等一大批职工群众反映强烈的突出问题，得到了职工群众普遍好评。

通过教育实践活动的开展，太重集团在“四风”方面的问题得到有力解决，大力精简各类仪式和活动，有的被彻底取消，有的进行了改进。会议数量同比减少 129 次，会议质量得到明显提高，文风也得到了较大改进。“三公”经费同比下降 300 多万元，非生产性支出同比降低 2600 余万元。各级领导干部的工作作风有了明显转变，群众观念进一步树立，思想自觉、行动自觉明显增强，党群干群关系进一步密切，形成了上下同心谋发展的良好环境。

三、全面加强基层党组织和党员队伍建设，提升党建工作科学化水平

深入组织开展“两创”活动，并对各单位的活动开展情况进行了检查、评比、表彰，对“两创”活动中存在差距的单位督促其进行整改。创新了党建工作调研方式，采取按板块、分类、小规模调研的形式，既提高了效率又促进了各单位抓党建工作的积极性。围绕企业中心工作，在全体党员中开展了“四带头、四过硬”活动，组织各基层党组织开展了“增强党性、凝聚人心、攻坚克难、争创佳绩”的主题竞赛。太重煤机有限公司以“亮明身份当先锋，降本增效创佳绩”为主题，太重榆液以“订货创纪录，研发见实效，生产上规模，管理增效益”为主题，山西煤机以“做三件实事，显表率作用”为主题，起重机分公司以“开拓市场攻关键，求精创新保目标”为主题，开展了各具特色的竞赛活动，掀起了大战热潮，促进了生产经营工作的开展和全年任务的圆满完成。组织指导到届基层党组织换届选举工作，圆满完成了太重榆液、轨道交通、起重机、煤化工等党组织的组建、换届工作。认真做好组织发展工作，充实、调整了组织员队伍，全年新发展党员 99 人。为了进一步加强学习型党组织建设，完善党务干部培养机制，在技术中心等 7 个党组织设立了党建工作辅导室。全年发放群众路线相关书籍 1.7 万余本。山西煤机党委结合党支部工作实际，完善工作考核机制，实行了《党支部目标动态管理考核制

度》，使党支部建设工作更加具体、明晰。

四、积极推进干部、人才队伍建设，为企业持续健康发展提供强有力的人才支撑

不断加强干部教育培训和管理工作。举办了两期中层以上领导干部和40岁以下后备干部培训班。认真实施并积极推动“干部上讲台、培训到现场”工作。太重煤机扎实开展干部培训工作，为全体二级单位干部开通了网络商学院学习平台。完善干部考核内容，年终考核增加了基层党组织书记履行党建工作述职、测评环节。规范干部人事档案，清理完成247名集团中层领导干部和40岁以下后备干部的档案。进一步完善中层领导干部个人重大事项报告制度，并建立了电子信息档案。

进一步规范人才管理，多渠道引进人才。制订下发了《关于进一步加强党管人才工作的意见》和《中长期人才发展规划纲要（2013—2020年）》。建立了以用为本的高端人才引进机制，形成“不求所有，但求所用”的智力共享柔性引进模式。不断加强“山西省海外高层次人才创新创业基地”建设，柔性引进的海洋工程专家白勇教授入选山西省“百人计划”，有5人获得了山西省学术技术带头人称号，1人获得了山西省新兴产业领军人才称号，同时有3人申报为“百千万人才工程”国家级人选，1人申报为山西省青年拔尖人才，全年争取相关政策支持200多万元。不断加大企业人才政策宣传力度，强化人才工作交流，促进人才工作科学化水平提升，在省国资委年终考核中排名前列。

五、不断提高舆论引导力，紧紧围绕企业中心工作，营造良好舆论氛围

按照“围绕中心、服务大局、鼓舞士气、提升形象”的总体要求，认真组织重要会议、重点工作、重大项目、标志性产品和党的群众路线教育实践活动等大的宣传战役，努力营造“树典型、学先进”的浓厚氛围，提振了广大干部职工的士气。全年广播新闻和专题播发2000余条次，电视新闻和专题播发1400余条次；《太重新闻》出版54期。全年对外宣传800余篇（次），其中主流媒体报道、深度报道达到160篇（次），创历史新高，人民网等新型媒体对太重的报道200余篇（次）。中央电视台1套在《晚间新闻》播发5兆瓦风力发电设备成功吊装的消息，山西电视台新闻联播在一个星期内对太重集团转型跨越发展情况连续进行三次密集报道，提升了太重集团的知名度和社会影响力。

六、大力加强企业文化、精神文明建设和思想政治工作，不断增强企业向心力和软实力

积极组织开展社会主义核心价值观、山西精神和太重核心价值取向的宣传活动，举办了以“践行核心价值观、我为企业创佳绩”为主题的诗歌朗诵比赛。起草完成《太重软实力评价体系》和《太重企业文化三年推进纲要》。深入组织职工思想状况问卷调查，分别撰写了46份《调研分析报告》。编辑发行《太重文化》4期。在组织评选“百佳文明太重人”的基础上，创新性地进行了10名2013年度“感动用户——售后服务标兵”的评选。《抓住创新驱动这个关键、实现转型跨越新突破》等4项理论成果被评为全国机械行业2011～2012年度优秀研究成果一等奖，《转型跨越·面对面——当前职工关注的理论热点36问》等2项成果被评为山西省思想政治工作优秀研究成果一等奖。

七、扎实做好纪检监察和反腐倡廉工作，为企业持续健康发展提供坚强的纪律保证

纪检监察工作以“标本兼治、综合治理、惩防并举、注重预防”为方针，全力推进惩防体系建设。不断丰富反腐倡廉宣传教育的内容和方式，积极探索通过太重集团企廉网等开展教育的新途径。对领导干部的权力实行严格制约和监督，年底对各单位执行“三重一大”等情况进行了检查、通报；针对群众路线活动中查找出的突出问题，制订下发了《关于治理吃喝不正之风的规定》。对1743名科级干部和廉政风险点岗位人员进行了廉洁从业测评。

八、积极维护企业稳定大局，促进和谐美好太重建设

太重集团公司党委积极开展“百日双千案攻坚战”和“双交办、双包案”等专项行动，加大了领导干部接访、下访力度。太矿佳园小区居民因出行道路被违章建筑占据而引发两年多的集体信访案件得到彻底化解；省政府交办的一起近两年的特殊疑难信访案件取得突破性进展；榆液集团积极稳妥地做好相关企业的破产和拆迁工作，维护了职工利益和企业稳定。制订了集团公司《关于加强信访（稳定）工作的实施办法》，进一步规范了企业信访工作。全年共受理信访事项39件，接待来信、来电及来访人员398人次，完成了7件上级交办信访积案，促进了企业和谐稳定发展。

（徐永健）

附：太原重型机械集团有限公司党委书记、副书记、常委名单

书　记：王创民

副书记：丁永平

常　委：张志德　王春明　王　敏　张克斌　林　经

山西省国信投资(集团)公司党委工作概况

党委书记　杨小勇

2013 年,集团公司党委在省委和省直工委的正确领导下,在集团系统各级党组织和全体党员的共同努力下,深入贯彻落实党的十八大和十八届三中全会精神,以保持党的群众路线教育实践活动为重点和主要内容,进一步加强党的基层组织建设和党员队伍建设,着力提高党的建设科学化水平,为公司各项工作的开展提供了强有力的政治保证。

一、精心组织,扎实开展党的群众路线教育实践活动

2013 年 7 月份开始,在省委活动领导小组的正确领导、省委第六督导组的精心指导和帮助下,山西国信投资集团党委坚持高标准、严要求,精心组织,周密安排,按照"照镜子、正衣冠、洗洗澡、治治病"的总要求,认真抓好学习教育、深入调研、听取意见、谈心谈话、对照检查、整改落实等各项工作,扎实开展了党的群众路线教育实践活动,活动取得了良好成效。

活动中,集团公司党委领导班子坚持带头示范、带头开展调研、带头进行学习、带头讲党课做宣讲、带头强化作风建设、带头贯彻党的群众路线、带头开展批评和自我批评、带头进行整改落实,带头转变作风,发挥了良好的示范带头作用。

集团公司系统坚持深入学习。集团上下通过中心组集中学、支部专题学、专家授课、领导干部讲党课、知识竞赛、个人自学等多种形式,反复研读习近平总书记一系列重要讲话、党的群众路线有关文件和读本等,深刻理解党的群众路线的深刻内涵和重要意义,思想上受到了触动。

集团公司党委始终坚持开门搞活动,坚持把干部职工满意不满意作为评价活动成败的关键。集团公司党委领导班子成员多次深入基层、深入施工现场、深入支部、深入营业网点,同干部职工交流谈心,听取干部职工的意见建议,共查找和收集涉及"四风"方面的意见建议 210 条。

集团公司党委及各公司党组织除认真完成规定动作外,还紧密结合实际开展自选动作。如:信托公司引深学习教育,举办党建知识竞赛,组织党员干部赴延安进行革命传统教育。证券公司突出抓好成本管理,进一步规范各项费用支出,明确费用报销范围,细化完善《山西证券股份有限公司费用支出管理办法》。国贸中心组织摄影展、技能比赛、演讲比赛、员工才艺展示等活动,组织党团员到三桥社区慰问孤寡老人,为员工公寓安装无线网络系统、购买洗衣机等,提高了员工的工作积极性。光信公司修订工作流程,强化工作考核和问责,进一步提高了工作效率;并结合实际认真落实休假和加班工作制度,重阳节对员工双亲进行慰问,以人性化关怀提高了员工的归属感。担保公司调整值班制度、举办书法摄影展、提高员工出差伙食费标准、组织员工体检、组织健康专题讲座,扎扎实实为员工办实事好事。产权交易中心改善员工办公环境和休息环境,为员工营造舒适的工作氛围;邀请高级顾问、资深专家进行职业技能培训,提高了员工工作素养。博爱医院打造网站、专栏、宣传栏为主的立体化宣传网络,营造了浓厚的活动氛围;认真落实员工带薪休假制度,逐步完善内部管理,创新服务,增加收入,使员工切实感受到了活动的成效。

集团公司党委始终坚持边查边改,能够解决的立即进行解决,不能立即解决的也要创造条件采取措施进行解决。经统计,自开展教育实践活动以来,与 2012 年同期相比,集团系统共减少了会议 85 个,精简了文件 149 份,减少了"三公"活动经费 500 多万元;清理了超标办公用房 250 多平米。同时,教育实践活动的开展对集团公司各项工作起到了积极的推动作用。截至 2013 年底,山西国信投资集团公司系统资产总额达 269 亿元,比上年增长 29.32%;净资产 112.8 亿元,增长 12.4%;管理和托管资产总额 2494 亿元,增长 12.29%;完成收入 23.32 亿元,增长 22.11%;实现利润 7.62 亿元,增长 50%。

目前,山西国信投资集团公司党委正按照中央和省委要求,结合省委督导组和巡视组提出的整改意见,根据集团公司党委《群众路线教育实践活动整改方案》,着眼长远,进一步完善适应公司发展的体制机制,突出建章立制和强化有效监督,坚决堵塞漏洞,从根本上理顺制约公司发展的体制机制,以制度建设推进作风建设的常态化长效化。

二、严格执行党委中心组学习制度,不断加强和改进中心组学习

2013 年,党委中心组共集中学习 15 次(其中一次采取扩大报告会形式),学习内容包括党的十八届三中全会精神、习近平总书记一系列重要讲话精神,中央经济工作会议精神,中纪委全会精神,中央《关于中央企业党委在现代企业制度下充分发挥政治核心作用的意见》,河北省委常委会召开高质量专题民主生活会简报,《论群众路线——重要论述摘编》《党的群众路线教育实践活动学习文件选编》《厉行节约反对浪费——重要论述摘编》,袁纯清、李小鹏同志在省属重点国有企业负责人座谈会上的讲话,以及全省干部大会精神等。通过学习,班子成员及时领会了中央、省委有关重大政策,对中央精神、党的理论和宏观经济形势有了较深刻的认

识，提高了决策水平，促进了班子领导能力建设。

三、以整风精神开展批评和自我批评，开好教育实践活动专题民主生活会

在教育实践活动中，经省委督导组批准，山西国信投资集团公司党委于11月7日召开了专题民主生活会，以整风精神开展批评和自我批评，进行积极健康的思想斗争。党委班子成员紧密联系个人思想认识、工作实际和成长经历，从工作中找差距，从四风上找问题，从思想根源上找不足，深刻查找自身存在的突出问题，认真开展自我批评，触及了思想。相互批评时，党委班子成员坚持讲党性、讲原则，敞开心扉，坦诚相待，直面问题和矛盾，不遮掩、不回避，既指出问题的表现和症结，又提出解决问题的合理化建议，做到了红红脸、出出汗。会上，党委班子成员共查找出突出问题55条，相互批评20人次，相互提出了32条批评的意见建议。大家一致表示，对于批评意见，一定虚心认领、认真对待、积极回应，通过挖掘思想深处根源，找到努力方向及时改正缺点，实现自我净化、自我完善、自我革新、自我提高的目标。这次专题民主生活会自始至终处于“团结、批评、向上”的良好氛围，做到了“知无不言，言无不尽，言者无罪，闻者足戒”，会议开得既严肃，又认真，切实收到了预期成效，是高质量的民主生活会，得到了省委督导组的充分肯定。

四、加强廉政教育，强化监督管理，扎实推进党风廉政建设

长期以来，集团公司党委坚持把党风廉政建设摆在重要议事日程，常抓不懈，不断加强惩治和预防腐败体系建设。一是认真传达学习中纪委全会精神，落实中央八项规定和党风廉政建设各项措施，全面部署党风廉政建设工作。二是集团公司党委和各公司党组织签订《党建工作目标责任书》，并和集团管理干部集体廉政谈话、签订《廉洁从业承诺书》和《家庭保廉承诺书》。各子公司党组织也都组织其中层干部进行廉政谈话，签订《廉洁从业承诺书》，上下连动，并已坚持多年，形成了一项行之有效的党风廉政建设长效机制。三是组织党员观看《苏联亡党亡国20周年祭—俄罗斯人在述说》教育片，“文晓平等六人顶风违纪问题”警示教育片，警钟长鸣。四是严格要求，强化监督，督促党员干部严格执行中央八项规定和省委四个实施办法等制度，严格执行办公用房制度，杜绝奢侈浪费现象。五是严格执行党风廉政建设目标责任制，并结合年中工作、教育实践活动对责任制完成情况进行了指导检查，使各项要求落到了实处。通过这些工作，营造了良好的廉洁氛围，为公司健康发展提供了保证。

五、加强党员队伍建设和基层党组织建设，强化组织关怀，夯实党建工作基础

一是加强党员队伍建设。认真贯彻“坚持标准，保证质量，改善结构，慎重发展”的原则，严把党员发展质量关，坚持做到成熟一个，发展一个，特别重视空白点、一线和重要岗位的党员发展工作。2013年，共发展新党员25名，推选了30名入党积极分子参加省直工委组织的入党培训。

二是高度重视基层党组织建设。2013年，集团公司党委根据光信公司发展实际和支部组织现状，设立了光信党总支，总支下设两个支部，进一步夯实了基层党建工作基础。

三是持续开展学雷锋活动，强化组织关怀。2013年9月，山西国贸中心安全保卫部员工马骉的女儿马芯蕊因患右侧小脑半球肿瘤，急需手术，但家庭困难无力支付手术费用。集团公司党委得知这一情况后，立即发出捐款倡议，集团系统广大党员和员工积极响应，共捐款15万元，使孩子得到了及时救治。

（刘琦伟）

附：山西省国信投资（集团）公司党委书记、副书记、委员名单

书　　记：杨小勇

副 书 记：张广慧

委　　员：赵润廷　郭晋普　曹　煜

山西出版传媒集团有限责任公司党委工作概况

党委书记　王宇鸿

2013年是山西出版传媒集团发展历史上极为重要的一年，大事多，考验多，压力大。省委于5月初对集团党委班子进行调整，新一届领导班子开始承担起带领集团再创新局面的光荣使命。7月，山西出版传媒集团作为党的群众路线教育实践活动第一批单位，开始在全系统同步开展教育实践活动。10月，党的十八届三中全会召开，深化改革的东风润泽了三晋大地，鼓荡着山西出版人推进改革、发展、转型的信心和决心。

一年来，在集团公司新一届党委班子的带领下，全体干部职工求真务实，创新实干，努力抓好党建工作，全面落实党的工作责任制，为科学发展、转型发展、跨越发展提供强有力的政治保证、组织保证，使山西出版传媒集团持续保持山西文化产业领军地位。

一、经济效益再创新高

2013年，山西出版传媒集团公司经济效益达到了历史

最好水平，全年完成营业总收入106亿元，比上年度增长了13亿元，实现利润总额4.6亿元，比上年度增长2000多万元，提前两年完成了“十二五”规划的各项发展目标。

二、社会效益成绩卓著

2013年，集团公司共有30余种图书获得省部级以上奖励。其中，山西春秋电子音像出版社的《八路军》《襄垣鼓书襄垣秧歌》、山西人民出版社的《物联网》、山西教育出版社和三晋出版社联合出版的《中国戏曲文物通论》、山西经济出版社的《林毅夫自选集》等6件作品获得第四届中华优秀出版物奖；山西春秋电子音像出版社的《八路军》、山西教育出版社的《山西文化资源地图》等3件作品获得中国出版政府奖。山西教育出版社的《中国教育文化研究丛书》《中国古代手工业工程技术史》、希望出版社的《讲给孩子的世界科学》、北岳文艺出版社的《红色账簿》4种图书入选第四届“三个一百”原创出版工程，山西教育出版社已连续四届获得此项殊荣。在报刊评奖评级方面，《编辑之友》的学术影响力不断提升，被评为北大、南大、中国社科院三核心期刊，全年有21篇文章被《新华文摘》、人大报刊复印资料等全文转载，转载率比上年增长40%。在人物评奖方面，薛海斌获得中国出版政府奖优秀出版人物奖，田文生、苏亚勇荣获山西省五一劳动奖章，姚军、刘立平、苏亚勇、孟绍勇入选全省宣传文化系统“四个一批”人才。在第四届“韬奋杯”全国出版社青年编校大赛上，解瑞、霍艳分别获编辑优秀奖和校对优秀奖；在首届全国汉字输入大赛中，学习报社荣获团体冠军。

三、群众路线教育实践活动扎实开展

2013年，按照省委统一部署，集团在全系统深入开展了党的群众路线教育实践活动。集团公司党委高度重视，精心组织，活动取得了突出成效，受到了省委督导组的充分肯定。同时，集团将路线教育活动与党的思想建设、作风建设、文明和谐创建工作结合起来，开创了党建工作的新局面。在思想建设方面，集团公司党委围绕习近平总书记和袁纯清书记的一系列重要讲话精神，以开设讲座、观看影片、组织讨论、撰写心得等方式，推动学习活动不断深化，使党员思想认识不断提高。在作风建设方面，集团党委紧紧抓住反对“四风”的主要任务，深入调查研究、倾听群众意见，开展批评与自我批评，使党员干部进一步树立了为民、务实、清廉的优良作风。在文明和谐创建方面，集团公司党委深入践行群众路线，设计了多种群众喜闻乐见的创建形式，组织职工跳绳、踢毽子比赛，春节团拜会等活动，吸引广大干部职工参与，推进了企业文化建设。同时，继续开展滴水助学活动，向62名困难职工子女，资助23万余元助学基金，使他们获得了继续就学的机会，解决了他们的实际困难。

四、管理水平进一步提升

一年来，为推动集团管理水平进一步提升，集团新一届领导班子针对管理中存在的漏洞和短板研究制定了一系列管理制度。在出版管理方面，针对编辑工作中“三审制度”执行不到位的问题，集团制定了《三审责任制度管理办法》，进一步完善了集团出版物的编发流程和审稿制度。在经营管理方面，针对日常经营和财务管控中的风险问题，集团制定了《成员单位经营风险和财务风险防范制度》，强化了对成员单位项目投资、经营运作等方面的监督管理。在人力管理方面，针对一些成员单位存在的机构设置随意、编制管理松懈，职数配备超标等问题，集团制定了《关于成员单位内设机构设置及中层干部聘用管理办法》，推动集团干部人事管理进一步科学化、制度化和规范化。

五、集团竞争力不断提高

集团公司党委在教育实践活动中，紧密围绕山西省出版业转型跨越发展的目标任务，从调整发展思路、破解发展难题入手，进一步理清了今后科学发展的总思路，就是要正确处理好“六个关系”。在“六个关系”的战略指引下，集团及各成员单位的实力和竞争力有了进一步提高。2013年，集团经济规模综合排名全国第13位。在全国550家图书出版单位中，教育社在地方图书出版社总体经济规模综合排名中列第9位，教育社、希望社、人民社、科技社全部跻身地方专业社十强。山西新华书店集团在全国发行集团总体经济规模综合排名11位，比上年提升了1位，销售额排名全国第6位。在集团16家成员单位中，有省(部)级文明和谐单位3家，省直文明和谐单位标兵5家，省直文明和谐单位7家，基本实现了文明单位的“全覆盖”。

(郭文礼)

附：山西出版传媒集团有限责任公司党委书记、副书记、委员名单

书　记：齐　峰(5月离职)　王宇鸿(5月任职)
副书记：王宇鸿(5月离职)　梁宝印(5月任职)
邓国帅
委　员：安小慧　崔元和　琚林勇　李文芳
荆作栋(5月任职)　吕建新(5月任职)

中条山有色金属集团有限公司党委工作概况

党委书记 王树琪

2013年是集团公司改革发展的攻坚之年，也是历史上富有成效的一年。一年来，集团公司党委深入贯彻党的十八大和十八届三中全会精神，以转型跨越发展为目标，全面加强和创新党建工作，大力推进精神文明和企业文化创建活动，号召并动员全体职工，团结一心，攻坚克难，战胜了诸多困难和挑战，确保了企业生产经营任务和重点工程建设的顺利进行，取得了2013年各项工作任务的良好成果。

一、以十八大精神为统领，推进企业转型跨越发展

集团公司党委将学习贯彻落实党的十八大精神作为各级党组织首要的政治任务，做出规划和部署。先后举办十八大精神学习培训班和中条山集团第三次党代会精神等培训班200余场次，使广大干部职工的思想统一到十八大精神上来，并用党的十八大精神自觉指导工作，全面提高了集团公司预判形势、执行政策、科学决策和应对复杂局面的能力和水平。

坚持正确的舆论导向，加强宣传思想工作。大力宣传集团公司党代会、职代会关于企业改革发展的顶层设计和发展方略。广泛宣传省委、省政府领导对企业的关怀与支持及企业发展的新成就，进一步激发了广大员工的使命感和责任感。各级党组织持续开展了“创先争优”“创新增效”等活动，大力开展增收节支、节本降耗活动，促进了企业的转型跨越发展。2013年集团公司实现营业收入140亿元、资产总额102亿元，职工年人均收入3.8万元，矿山产能、投资总额等多项重要指标均创历史新高。集团公司的转型发展登上了一个新的平台。

二、成功召开集团公司第三次党代会，为企业发展指明方向

10月9日成功召开了集团公司第三次党代会，完成了换届选举，产生了新一届两委班子。大会总结了五年来的发展成就和十年来的基本经验，制定了到2020年的奋斗目标，即“到2020年营业收入突破500亿元，职工收入在2010年基础上翻一番；实现企业结构和企业效率匹配最优化，企业规模和企业效益匹配最优化，发展速度和发展质量匹配最优化；资源综合利用水平显著提升、企业竞争力显著提升、社会影响力显著提升；全面建成“美丽中条、小康中条”。明确了“做强铜业，开发镁业，拓展多元，延伸发展”的战略定位，制定了深化改革、资源扩张、产业延伸、科技兴企、管理提升、安全环保、人才强企、文化建设、创新党建等一系列实现“美丽中条、小康中条”的战略保障措施，为企业未来转型跨越发展指明了方向。

三、强化干部管理工作，领导班子和干部队伍素质普遍提升

召开了基层党代会，完成了换届选举，健全党的基层组织体系，配强了党建领导干部。按程序选拔调整了一批中层管理人员，新提拔提升中层管理人员44人，调整干部28人，改善了领导班子年龄梯次和知识结构。开展了“一报告两评议”工作。认真执行重大事项报告制度、干部诫勉谈话约谈制度和干部离任审计制度，完成了干部人事档案专项清理工作，强化了干部的日常管理工作；以民主集中制为核心，认真执行了党委会、董事会、经理层和“三重一大”议事规则；完善了中心组学习制度，坚持了民主生活会制度，增进了班子的团结和凝聚力。

突出抓了作风建设。按照中央要求，落实“八项规定”，反对“四风”。大力倡导开短会、行短文、讲短话，大幅压缩文件、会议、活动，进一步规范了企业接待标准，出台了文艺演出、庆典活动、节日禁礼、婚丧嫁娶事宜等规定，加大了舆论监督、群众监督、制度监督力度，开设领导干部作风问题举报箱、举报电话和网络监督。加强了领导干部政策、法纪、法规的学习，实施了领导干部的诫勉教育和警示教育，广大干部的工作、学习和生活作风有了明显的改善。

四、巩固完善管理模式，提升党建工作科学化水平

完善了党群工作目标责任制和党群工作计划管理，全年党群部门和基层单位四个季度累计工作项目1007项，绝大多数项目得以完成。党群工作一体化模式愈加成熟，既发挥了合力优势，又扩展了系统功能，从而提升了党群工作整体效能。

持续推进了五好支部建设。基层党组织能够普遍坚持以“创五好”支部为龙头，着力打造和选树红旗支部、特色支部、亮点支部，广泛开展了“创先争优”活动。基层党支部工作能够与中心工作一起纳入计划、一体考核、结果量化，使基层党支部工作在融入中心、进入管理中，充分发挥战斗堡垒作用。

坚持“双向培养”，重视做好在关键岗位、生产经营一线和青年职工中发展党员工作，2013年共发展新党员80名。

2013年集团公司党委“七一”表彰颁奖大会，对5个红旗党委、27个红旗党支部（总支）、4名模范共产党员、27名优秀党务工作者、44名优秀共产党员进行了表彰，起到了表

彰先进，鞭策后进的作用。

五、搭建人才建设平台，为企业引才聚才创造良好环境

加大了人才引进工作力度。一是通过网站、电视台、报纸和毕业生"双选会"广泛发布招聘信息。二是分派多个工作组分赴各有关院校开展招聘工作，与大学生直接见面座谈，引导大学生服务企业。三是邀请大学生到企业实地考察，以企业发展前景、较好的工作生活待遇、省城落户和自身职业规划吸引大学生到中条山发展。全年共招聘大学生 90 名。

加大了人才的培养工作。根据省国资委开展"干部上讲台，培训到现场"的要求，在篦子沟矿业公司进行了试点工作，在总结经验、交流学习的基础上，在集团公司全面推开。广泛开展内培外培，全年共举办培训班 373 个，人数达 35230 人次，较好地满足了企业发展的需求。

强化了激励机制。一是集团公司出台了科级干部兼高级职称不再占用高级职称岗位政策，扩大了高级职务聘用数量，提高了专业技术人员学习提职的积极性。二是各单位广泛开展了"优秀工程师""优秀工人技师"的评选工作，丰富了评选的内涵，增加了评选数量。三是广泛开展技术革新及 QC 活动，制定《技术进步挖潜增效奖励办法》，加大了项目成果的奖励，激发了广大职工的创造热情。

六、在提升软实力上下功夫，持续开展精神文明和企业文化建设

2013 年 3 月，集团公司铜矿峪矿等 7 个单位被省国资委文明委授予 2011—2012 年度省属企业文明单位标兵称号，机电设备安装公司等 4 个单位省国资委文明委授予 2011—2012 年度被省属企业文明单位称号，侯马冶炼厂社区被省国资委文明委授予 2011—2012 年度省属企业文明社区称号。另外，12 月份物资设备部通过了山西省 2012—2013 年度省级文明单位验收。

不断深化和完善 6S 管理。在新建、改造项目上，从源头上实施 6S 管理，使之真正成为企业管理文化和行为素养。加强了制度文化建设，编印出版了 200 多万字四卷本的《中条山集团规章制度汇编》，促进了集团公司企业管理制度化、规范化、标准化。按照"六五"普法规划的要求，认真开展法制宣传教育。

七、大力推进民生工程建设，努力构建和谐中条

加大住房建设力度，2013 年，完成了 1090 套 8.71 万平方米住宅楼的出售安置工作，进一步改善了职工的住房条件。在社区配套设施完善上，新建成了洗浴中心、游泳馆、大楼区商业服务点，加固了中心幼儿园主楼，完成了东峰山社区"天眼工程"，开展了"美丽中条、清洁家园"百日活动，提高了集团公司职工冬季取暖费补贴标准，为广大职工及家属提供了便捷服务和良好的生活环境。

坚持开展党员志愿服务、走访慰问、一帮一等活动，帮助职工群众解决生产生活中的实际问题。设立"爱心助学基金"，形成了扶贫帮困的长效机制。对建国前老党员、生活困难党员进行了走访慰问，共发放慰问金 7.2 万元。社区、卫生、医疗、环境等关乎群众生活质量等基础设施建设都取得显著进步。

八、高度重视稳定工作，优化企业发展环境

重视企业稳定工作，加大了矛盾纠纷排查力度。全年共排查出矛盾纠纷 43 起，调处 39 起，调处成功率 90.5％。围绕"百日双千案攻坚战"活动和"走群众路线、解职工忧难、树信访新风"主题活动，着力解决了一批案情复杂、久拖未决的疑难案件。加大了重点人员的稳控力度。大力做好邪教专项整治。着力构筑"大防控"格局，提高了驾驭治安局势的能力，优化了企业发展环境。

九、不断完善反腐倡廉工作制度，党风廉政建设成效明显

认真制定年度党风建设目标责任制。开展了反腐倡廉教育月活动及预防职务犯罪教育、新任干部诫勉教育。加强了"三级分配"工作监督检查。加大效能监察工作力度。严肃案件查办工作。继续推进"阳光工程"建设。积极推进反腐倡廉网站建设。不断完善反腐倡廉工作制度。坚决贯彻中央"八项规定"精神，反对"四风"，认真开展专项活动，推动八项规定的落实，下发了一系列有关作风建设的文件，强化节假日监督检查，坚决反对奢靡之风，力度之大，实属空前，有效地匡正了风气。

（吴少鸿）

附：中条山有色金属集团有限公司党委书记、副书记、委员名单

书　记：王树琪

副书记：刘正国

委　员：刘广耀　何小青　董效林　许新强　刘东奎

山西能源交通投资有限公司党委工作概况

党委书记　武　强

截至2013年底，山西能投公司共有基层党组织412个，其中基层党委27个、总支部31个、支部354个；其中能投公司党委有直属基层党委6个、直属党支部3个。现有党员7578名。

2013年，山西能投党委及各基层党组织团结带领广大党员干部，紧紧围绕公司“123556”发展战略，以深入开展党的群众路线教育实践活动为抓手，以围绕中心、服务大局为宗旨，按照年度党建工作目标要求，不断加强和改进公司党的建设，党委的政治核心作用、党支部的战斗堡垒作用和党员先锋模范作用得到进一步彰显，有力推动了公司转型跨越发展，主要指标均创历史新高，各项工作均取得新成绩。

一、主要经济指标完成情况

1、营业收入指标快速增长：实现营业收入242亿元，同比增长30%，完成省国资委下达指标171.74亿元的140.9%，提前两个月完成全年目标。

2、利润总额指标稳中有升：实现利润总额3.7亿元，同比增长7.6%，完成省国资委下达指标2.35亿元的157.45%，提前3个月完成全年目标。

3、增加值指标平稳增长：实现增加值21.85亿元，同比增长0.24%，基本完成省国资委下达21.8亿元的指标。

4、项目投资任务圆满完成。完成项目投资159.54亿元，完成省国资委下达指标137亿元的116.04%。

5、项目落地工作扎实有序。全系统共有23个项目落地，完成落地投资额155.06亿元，完成省国资委下达指标150亿元的103.38%。

6、融资任务提前超额完成。实现市场化融资102亿元，超额完成省国资委下达的40亿元融资指标。

二、党委工作情况

（一）抓工作机制创新，建立党建工作联动共管机制。

一是统筹安排，全系统推行党建工作目标责任制。按照年初党建总体部署，细化制定目标责任书和考核细则，从领导班子建设、党员队伍管理、党建工作机制等6个方面细化指标，明确目标任务和责任人。并层层细化签订目标责任书，实现了党建工作目标责任考核全覆盖。

二是建立督促检查工作机制，注重过程跟踪检查。实行半年检查，年终同步考核，使党建工作目标同经营、安全、党风廉政工作目标同部署、同检查、同考核、同落实。

三是落实党委会议事规则、党委工作条例和党委中心组学习制度，定期研究部署系统党建工作。通过定期汇报、不定期调研检查基层工作，及时发现解决问题，形成党委统一领导、党委工作部门各司其责、一级抓一级的党建工作格局。

四是严格党员发展程序，完善发展党员表决制、党员培养教育机制，改善党员结构，提升党员素质，强化党员意识。2013年全系统共发展新党员125名，其中35岁以下党员106名、具备大专及以上学历119名、一线工人23名。

（二）抓作风转变，促进公司转型跨越发展初见成效。

一是弘扬马克思主义学风和实事求是思想作风，学习型党组织建设有新进展。通过业余时间自学、集中时间研讨学、专家教授辅导学、结合工作深入学等方式，组织党员干部学习研读党章和党的十八大、十八届三中全会精神、习近平总书记、省委袁书记一系列重要讲话精神等，交流心得体会。全年邀请国内知名院校专家教授开展10余次专题学习培训，对公司200余名中层干部进行集中轮训。认真执行“三会一课”制度，制定干部教育培训计划，通过上党课、专题讨论、专家讲坛、组织廉政教育、先进模范事迹报告会等加强理论武装，提高党性修养和综合素质。以点带面，推进“干部上讲台、培训到现场”工作。编排计划和教案，公司领导率先在不同场合登台讲课。以汽运集团为试点，在总体方案基础上制定《活动实施方案》，明确领导包保单位，细化各类工作表格，建立工作台账，在操作现场开展“口授指传”，规范标准流程。一年来，已有166名干部上讲台授课，现场培训6800余人次。

二是深抓“四好”领导班子创建，领导作风有新转变。实施“大集团”战略布局，及时选齐配强各级领导班子。认真开展两级领导班子“一报告两评议”工作，严格年度考核，促进基层班子晋级达标。坚持班子民主生活会制度，广泛开展相互谈心和批评与自我批评，完善和发扬民主集中制，增强班子凝聚力。

三是抓建章立制、深入调研，促进领导班子工作作风进一步转变。对已出台18项党建制度进行再梳理，修订完善5项，新订出台7项。落实党委联系点制度，开展基层党组织书记抓党建“联述联评联考”，提高基层班子的执行力和战斗力。继续推进基层党组织“集成升级”，开展分析评议、分类打分定级。深入基层搞调研，现场办公解难题，适时撰写调研报告，提出对策和建议，抓好落实。目前，公司领导班子已带头结合新能源LNG世行项目、经建投参股企业项目、铁路集运站建设项目和百企千村产业对口扶贫项目，开展多次调研会商，加快推进项目规划设计和项目建设。

四是狠抓工作生活作风转变，党风廉政建设取得新进展。出台了落实八项规定三个实施细则，严格检查执行情况，从源头治理,有效遏制铺张浪费行为,提升党员干部形象。加强党纪政纪条规教育,开展反腐倡廉教育宣传月“六个一”活动,举办预防职务犯罪大讲堂,廉洁自律意识入脑入心。实施了责任目标考核,完善《招投标监督管理办法》和《中介机构管理办法》,重大项目实施效能监察,全系统立项 64 个,实行动态跟踪管控。健全了风险防控体系,加强专项治理。全年受理来信来访 15 件次,初核 7 件,立案 1 件,在查 1 件,对个别干部进行了诫勉谈话。

(三)扎实开展党的群众路线教育实践活动,进一步增强了班子队伍的凝聚力。

作为全省第一批开展党的群众路线教育实践活动单位之一,公司党委坚持活动“规定动作”不走样,自选动作有特色。

一是加强学习教育,广泛听取意见。领导班子先后召开 5 次领导小组会议、集中 10 个半天学习交流,强化“三个自信”。通过召开座谈会、个别访谈、问卷调查、设置意见箱等形式,征集各类意见建议 233 条。

二是践行群众路线,聚焦“四风”问题。通过自己找、群众提、上级点、互相帮、集体议,层层深入,聚焦“四风”问题,共梳理归纳四个方面 14 个突出问题。

三是立说立行,立整立改。针对重点转型项目推进缓慢问题,建立三级班子成员“包保制”;针对应收预付账款出现增长趋势,下达清理考核任务;针对超标公务用车问题,实行限期清退和公开承诺,清退公车 4 辆,10732 人作出承诺;针对办公用房问题,班子成员占用两处以上办公用房的全部清理,清理办公用房 290 平方米;针对工作效率低和浪费严重问题,启动 OA 办公系统,实行预算管理,压缩“三公”经费 278.86 万元,同比下降 73%;针对部分老干部待遇遗留问题,主动变上访为下访,主要领导亲赴基层现场解决。

四是严肃认真,深入对照检查。坚持开门搞活动,找准突出问题,深挖思想根源,提出切实可行整改措施。认真撰写、反复修改了班子和个人对照检查材料,高质量召开了专题民主生活会。开展 5 项专项集中整治,实施 20 项整改措施,新出台修订 64 个规章制度。

五是突出自选动作,提高特色水平。结合改革发展和党的建设确定 22 个讨论题目,组织开展集体学习讨论。开展“一把手”上党课活动。深入项目单位开展集中调研,形成 8 篇调研报告。围绕离退休人员管理、建立完善职代会制度和民意表达机制、制定完善“厉行节约、反对浪费”规章制度等三个课题开展领题调研。

(四)抓干部人才队伍建设,干部人才队伍素质有新提高。

一是严格执行制度,规范程序,树立正确用人导向。全面实行干部任免票决制、一报告两评议制度,将干部选拔工作置于上级和群众的有效监督之下。

二是修订完善公司人才工作中长期规划。对公司“三支队伍”的状况进行调研统计,摸清了底数,为今后全面谋划人才工作、推进人才队伍建设打下了坚实基础。

三是加强子公司领导班子建设。2013 年,通过系统内部民主推荐、外部选调等方式,调整、充实部分子公司领导班子人员 25 人,进一步强化了子公司领导班子的履职能力。

四是因企制宜,竞争择优,多渠道选人用人。一方面面向社会,通过市场化选聘,先后引进高级经营管理人才、高级专业技术人才 36 人。其中,9 人按照干部任用程序,分别担任子公司和本部部门领导职务,发挥了专业领域带头人作用;另一方面,充分挖掘内部人才资源,通过民主推荐、沟通酝酿、组织考察、公示等环节,择优选用 5 名年轻干部充实到子公司的领导班子。全年选调、提拔任用 10 名本部中层干部,核准批复 57 名子公司中层正职任免职。集团中层干部的知识结构、年龄结构日趋合理,切实做到优中选优、强中选强。

五是加强教育培训,提升干部人才队伍素质能力。聘请清华大学、青岛科技大学、山西大学以及省委党校和政府有关部门的教授、专家学者,分两批对集团中层以上管理干部 230 余人次进行了综合素质提升培训。安监局邀请山西省安全生产管理专家为集团各单位安全生产管理从业人员 120 余人次就安全生产管理和应急处置预案等进行了专题培训。信息化管理部为 OA 系统上线,组织 280 余人次的集中培训。

(五)紧抓群众和精神文明建设工作,维护公司和谐稳定局面。

一是积极筹备工会组建。召开工作协调会,推进工会筹建工作;开展专题调研,就职代会制度和民意征求机制进行专项调研报告;新成立子公司工会选举已全部完成,部分到届的子公司工会进行了换届改选。

二是开展主题活动引领干部职工凝心聚力谋发展。组织本部党员和入党积极分子开展观革命事迹、重温入党誓词活动,加强党的先进性和纯洁性教育,宣扬艰苦奋斗革命精神。团委组织开展“我的梦·能投梦·中国梦”主题演讲比赛及下基层巡回演讲活动。全系统广大青年职工踊跃参与,感受身边人的感人事迹,凝聚干事创业的正能量。

三是积极推进精神文明单位创建活动。积极发挥精神文明活动办公室的宏观指导作用,积极开展各级文明单位创建活动,全系统共有 15 家获评省属企业文明单位和标兵、2 家获评省级文明单位。

四是广泛开展扶贫济困。“两节”期间公司统筹 57.69 万元慰问困难党员、老党员、老干部和困难职工。子公司筹集 200 余万元开展帮扶救助、职工大病医疗互助等,解决职工实际困难。

一年来,山西能投党委始终保持“争创一流、求真务实、团结协作、廉洁高效”作风,充分发挥党委的政治核心作用,协调推进铁路建设投融资和现代物流旗舰企业建设两大战略任务,力促转型重点项目和综改试验区试点建设,公司目前与整合前相比,取得了收入翻番、利润增长 2 倍、资产总量增长 6 倍的业绩。2013 年实现了收入、利润指标“双增长”,提前 3 个月完成全年利润指标,提前 2 个月完成全年销售收入指标,全系统职工人均收入同比增涨 15.5%,实现了职工收入与企业经济效益同步增长。

（周海波）

附：山西能源交通投资有限公司党委书记、副书记、委员名单

书　记：武　强

副书记：刘　波　张广明

委　员：于喜东　梁润德　荣建民　邢海洋　潘来喜　赵敏崎

山西省农村信用社联合社党委工作概况

党委书记　崔联会

山西省农村信用社是由省委、省政府直接领导和管理的地方性金融机构，目前已成为全省发展历史最久、机构员工最多、业务规模最大、覆盖范围最广、支农力度最强、金融服务最方便快捷的银行业机构。

2013年，省联社新一任党委班子团结和带领全省农信社，在省委、省政府的坚强领导下，在各级监管部门的科学监管下，围绕建设“现代金融企业集群”这一主题，进一步抓改革、促转型，严管理、控风险，强服务、惠三农，实现了各项工作稳中有进、稳中有为。特别是借助党的群众路线教育实践活动，结合农信系统实际，扎实开展“比学习促整改、比作风促经营、比业绩促转型”主题竞赛活动，统一思想抓改革，齐心协力促转型，集中精力谋发展，转变作风聚合力，推动改革发展取得了新进展、新突破、新业绩。

一、以业务发展为要务，坚持科学发展

坚持正确处理规模、质量、效益的关系，不断提质增效，推动业务发展，不仅实现了各项主营业务快速稳定增长，而且提高了收入水平和经营效益。

——资产总额接近8000亿元，总额达到7957亿元，较年初增加了1484亿元，同比增长23%。

——各项存款突破5000亿元，余额5015.24亿元，比年初净增695.6亿元，增长16.11%，同比多增78.24亿元。

——各项贷款突破3000亿元，余额3134.99亿元，比年初净增468.9亿元，比年初提高0.79个百分点。涉农贷款余额2621亿元，同比增加371亿元，增速17%，高于各项贷款平均增速1.02个百分点。

——不良贷款有效控制。借助信贷管理系统全面上线之机，基本调实了不良贷款形态，有效夯实了信贷资产质量。在此基础上，全年累计清收不良贷款108亿元。

——经营效益不断提升。实现各项收入427亿元，同比增长16%；经营利润127亿元，同比增长12%，经营效益进一步提升。

二、以服务“三农”为宗旨，全力支持地方经济

全省农村信用社紧紧围绕省委、省政府“四化”发展规划，牢记服务“三农”的根本宗旨，把准“百姓银行”的市场定位，发扬“背包银行”的优良传统，扎实开展“山西信合强农兴社金融服务工程”，深入实施阳光信贷、富民惠农金融创新、金融服务进村入社区“三大工程”，进一步提升服务“三农”、服务客户、服务群众、服务地方经济的能力和水平，更加积极、主动地融入到全省转型跨越发展大局当中。

加大服务“三农”力度。启动实施“强农兴社金融服务工程”，加大对农业龙头企业、农民合作社、家庭农场、专业大户、联户经营等新型经营主体的支持力度。截止2013年末，全省信用村总数达6804个，信用农户总数达290万户，巩固和扩大支持农业龙头企业1206个，支持“513”农产品加工企业221个、农民合作社1861个；设施蔬菜产业贷款余额达到42.82亿元，较年初新增7.59亿元；支持大同、晋中、运城等市县的684个特色优势种（养）基地（园区），扶持辖内部分区域形成了“一村一品”、“一县一业”的生产格局；投放贷款32.17亿元，支持了44188名农村青年创业。累计发行信合通卡1549.82万张，建设自助网点1271个，安装取款机1145台、存取一体机493台、多媒体终端54台，布放POS机具28120台，发展特约商户25401户，拓展银行卡助农取款服务点15991个，91个县级机构开通网银业务，为400余万农户提供了金融服务。

全力支持小微企业发展。依托省金融办“山西金融服务平台”，积极支持已发布重点项目，成功对接679户，签订合同并总融资意向为108.26亿元，投放贷款56.53亿元。同时，积极构建小微贷款绿色通道，探索创建小微企业金融服务专营机构，推出了“小微贷”、“土地经营权抵押贷款”、“存货质押贷款”、“林权抵押贷款”等专属产品。截至2013年末，农信社支持的小微企业达7.6万户，较上年增加1.4万户，贷款余额达到1442亿元，较年初净增324亿元。

积极对接全省重点工程。根据省委、省政府“百企千村产业扶贫开发工程”安排，与省国资委签订战略合作协议，主动融入，快速跟进；先后与省商务厅、省人社厅、汾酒集团、省农机局、中国出口信用保险公司山西分公司、省煤炭资源交易中心等签订战略合作协议，加快建设全省农村商贸流通体系，有效解决全省中小企业融资担保难问题，支持发展原粮基地、饲料加工以及肉食品深加工产业发展；根据省政府下发的2013年全省重点工程项目，将信贷资源优先向有政策支持、有产业优势、信用良好的企业（项目）倾斜配置。支持了

兰花集团、煤销集团、同煤集团、天然气集团、春天时尚家居广场等省内大型优质企业,有力推动了地方经济转型跨越发展。

三、以规范管理为重点,促进合规稳健经营

省联社新一任党委班子从提升全系统管理水平入手,加强制度建设,强化内控管理,增强规范化、系统化、科技化管理能力,推动全省农信社合规稳健经营。

加强内控制度建设。进一步增强内控制度的适应性和覆盖面,全年订立24项,修订38项,废止规范性文件10项。截至目前,省联社现行有效的制度为297项,基本形成了覆盖各项业务、各个环节的制度体系。

加强信贷管理。研发上线新一代信贷管理系统,年底已有8个市上线;开发完成个人和企业征信管理系统,动态监测大额贷款风险,试行办事处(市联社)权限内咨询贷款报备审核制度,深入推进阳光信贷,支持实体经济发展,调整信贷结构,拓展新型农业主体,加快小微企业专营服务进程,提升金融服务水平。

加强财务管理。全面实行新的监管标准,加快《商业银行资本管理办法》实施步伐,强化资本约束机制;积极推进远程授权、事后监督及风险预警管理三大系统上线运行;组织开展了代保管抵(质)押品、存款风险、服务收费自律制度执行情况等多项检查,全面提升财务管理和会计营运水平。

加强风险资产管理。进一步建立健全不良贷款听证问责制度,细化不良贷款激励机制,着力清理已诉讼贷款,加大表外不良贷款以及抵债资产的清收力度,借助信贷管理系统上线之机,全面摸清了不良贷款底数,不断提高了信贷资产质量。

加强人力资源管理。省联社新一任党委提出并坚持"重品行、重业绩、重民意、重程序"的"四重"原则,选拔任用干部,积极引进高级管理、科技、营销等方面的专业人才,大力培养后备人才梯队,狠刹跑官要官、请客送礼的不正之风,杜绝找门子、拉关系、人情风等不良现象,发挥好考核的"指挥棒"和"风向标"作用,采取多种形式强化员工培训,全年累计培训达23万人次,进一步提高了全员综合素质。

四、以科技建设为引擎,提升核心竞争力

省联社新一任党委高度重视党的群众路线教育实践活动中反映强烈的科技支撑力不足问题,多次进行专题研究,坚持前瞻性、先进性、兼容性、高效性的原则,加强顶层设计,加快推进步伐。

在省联社党委的统一领导下,专门成立了科技信息系统建设工作组、人才招聘工作组,负责省联社综合业务系统的升级改造和数据中心、灾备中心建设、科技信息人才招聘等工作,引进科技信息专业人才6人,招聘科技信息人才12人,加快科技信息化建设工作进度,确保建成省内一流、全国领先的系统,为全系统提供先进的科技支撑。

至年底,省、市、县三级视频会议系统已经启用,办公自动化系统也正在试运行;并加紧人行二代支付系统、农信银二代支付清算系统、反洗钱信息系统等应用系统建设进度;IC卡系统已上线试运行,信贷管理系统、远程授权、事后监督及风险预警管理系统已经在8个市上线;完成了集中财税库银、全省非税业务系统、银企直连、外汇及保险代理业务系统及多项地市特色业务系统建设工作。

五、以风险防控为底线,确保安全稳健发展

全省各级农信社充分认识风险防控工作的系统性、复杂性、长期性和艰巨性,始终牢记案件防控为第一责任,树立全面、全员、全程防控风险理念,采取动态、差别、立体式防控风险办法,坚持人防与机防、内防与外防、全面防与重点防相结合,进一步强化责任落实、强化检查整改、强化责任追究。充分发挥各级、各条线、各部门的职能作用,有效借助政府、社会、司法等多方面力量,建立起上下联动、纵横交错、内外互动的风险防控体系,进一步加大稽核检查及业务条线检查力度,加大对查出问题、监管意见的督导整改力度,加大对直接和间接责任人的处罚和处理力度,有效解决了屡查屡犯、查而不改、重查轻处等问题,最大限度地发现风险苗头、堵塞隐患漏洞,确保全系统安全稳健经营。

一年来,全省农村信用社持续推动风险管理机制建设,深入开展了代保管抵(质)押品、存款操作、已核销贷款、银行卡、债券业务以及理财、信托和贵金属业务大检查;组织开展了突发事件应急处置预案演练;扎实开展"两打一防"专项活动,切实做到社社不漏、人人过关;出台了《员工违规行为处罚办法》,并组织全员培训,进一步增强全员遵规守纪意识、合规操作意识和安全经营意识;继续推动案防长效机制建设,充分运用序时稽核、突击稽核、专项稽核、接管稽核、非现稽核、集中稽核"六种手段",引深开展内控评价、管理评价、整改评价"三个评价",统筹提升队伍履职、信息沟通、落实执行、作风建设、组织领导"五种能力";强化安保工作,全面推进安全保卫工作标准化建设,全面提升安全保卫工作管理水平;积极开展廉政文化建设,加大案件查办力度,做好信访维稳工作,为全省农村信用社转型跨越发展创造良好环境。

六、以体制改革为引领,建设现代金融企业集群

省联社新一任党委针对农商行改制进度较慢的问题,确立了"抓标杆社、抓高风险社、带中间社;大带小、好帮差、强扶弱"的原则,加快工作进度,扎实深入推进。截止2013年末,全省110家县级法人机构,向省联社提出改制的58家,省联社批复同意的51家,已挂牌成立开业或已召开创立大会的20家。

稳步推进改制工作。进一步转变观念,调整思路,加快推进农商行改制步伐,特别是对改制中的"老、大、难"问题,多策并举、稳步推进。对已改制的农商行,树立标杆、示范引领、帮扶带动;对同业竞争激烈、具有金融辐射周边效应的市辖城区联社,加快推进改制进程;对经济发展潜力大、二三产业

占比高、城镇化建设快的县市联社，抢抓机遇、尽快启动；对已批复重组改制的高风险联社，市县两级合力攻坚，力求成功。2013 年，运城、清徐、长子、黎都（长治县）等 4 家农商行挂牌开业，忻府区、平遥联社召开创立大会，太原农信社改制已经省政府批复同意，朔州等市城区机构积极筹备启动组建农商行程序。

积极处置高风险社。继续实行省联社领导包片负责制，督促推进高风险社化解处置工作。在省联社改革领导组的领导下，争取相关政策，指导监督高风险社相关风险指标进度情况，协调推进并购重组工作。坚持“自救式化险和市场化重组”两个轮子一齐转的思路，按照监管引领、政府主导、自身努力、行管支持、多方参与的“五位一体”工作模式，采取引进战略投资、政府扶持、增资扩股、股东购买不良资产等措施，内化外促尽快化解处置高风险机构。截止 2013 年末，共有 26 家高风险社提出筹建农商行申请，获省联社筹建批复 24 家，其中挂牌开业 4 家，长治潞城农商行成为全国同行业化解高风险社的典型。

完善法人治理机制。继续按照《山西省农村信用社县级联社理（董）事会尽职指引》三个管理办法，进一步指导县级联社完善法人治理结构，建立健全法人治理管理制度，促进县级联社逐步形成形神兼备的现代金融企业的法人治理体系，为实现转型跨越发展提供组织保障。

七、以企业文化为载体，构建核心价值体系

推进企业文化建设，大力推进核心体系建设，起草了《山西省农村信用社企业文化手册》大纲，开展了第二届“读书月”活动、“小故事大服务”征文活动、“山西精神”宣传展示活动、“改革开放 35 周年企业文化竞争力优秀单位和先进工作者”评选推荐活动，进一步凝聚了工作合力、树立了社会形象。

加快精神文明制度化建设，制定下发了《山西省农村信用社精神文明建设委员会工作规则》《山西省农村信用社精神文明建设工作实务手册》等制度，完成了 2013 年度山西省和省直文明和谐单位申报、自查工作。

开展优质服务竞赛活动，推进“营业网点服务标准建设年”、开展“明星大堂经理”评选、“普及金融知识万里行”等活动，通过强化服务标准建设、树立文明服务先进典型、有效普及金融服务知识，进一步提高了服务水平和服务质量。

发挥“一报一刊一网站”的舆论引导作用，不断加大宣传力度。截止 2013 年末，共编发报纸 52 期、杂志 12 期、《舆情信息内部参考》24 期、《内情参阅》4 期，制作电子内刊 132 期。

八、以作风建设为保障，营造良好工作氛围

省联社新一任党委结合系统实际，扎实深入开展党的群众路线教育实践活动，认真剖析全系统“四风”方面存在的突出问题，狠抓落实整改，转变工作作风。

一年来，全省各级农信社严格遵守党的各项工作纪律，严格执行领导干部廉洁从业若干准则，严格落实系统内反腐倡廉建设的各项规定要求，及时出台下发《关于进一步加强作风建设狠刹不良风气的通知》《关于厉行勤俭节约、反对铺张浪费的通知》《机构负责人公务用车管理暂行办法》《机构负责人职务消费管理暂行办法》等办法，严格固定资产购建、公务用车、招待费等管理。同时，严格按照规定标准清理办公用房、清退违规用车；大力整治大吃大喝、大操大办、铺张浪费行为，加大对重点领域、重点岗位、重点环节、重点人员的管理力度。对比 2012 年，全省农信社“三公”经费呈现大幅下降趋势。

（聂宏伟　雷鹏锋）

附：山西省农村信用社联合社党委书记、副书记、委员名单

书　记：王　亚（4 月离职）　崔联会（4 月任职）

副书记：王再升

委　员：邢亮喜　张转芳（女）　蒋桂荣（女，7 月离职）
高之岩　王忠泽　王俊飚（4 月离职）

太原钢铁（集团）有限公司

中央部属单位党组(委)工作概况

省气象局党组工作概况

党组书记　杜顺义

2013年,在中国气象局和山西省委、省政府的领导下,山西省气象部门各级党组织认真学习贯彻党的十八大,十八届三中全会精神,以深入开展党的群众路线教育实践活动为载体,以加强党风廉政建设为保障,以抓好基础性、经常性工作为着眼点,大力加强基层党组织建设和作风建设,努力推进气象现代化建设,为地方经济、政治和社会发展的服务质量明显提高,确保了省委、省政府和中国气象局目标任务及各项工作任务的圆满完成。

一、深入扎实开展党的群众路线教育实践活动

在中国气象局第4督导组的认真指导下,气象局党组按照"照镜子、正衣冠、洗洗澡、治治病"的总要求,紧紧围绕"发扬传统、远离'四风'、务实清廉、争做表率"的活动主线,扎实开展党的群众路线教育实践活动,党员领导干部带头认真学习习近平总书记系列重要讲话和中央有关文件精神,坚持广泛听取意见,深入查找问题,深刻剖析根源。群众路线教育实践活动期间,共召开征求意见座谈会29个,党组成员个别访谈81人次。征集到意见建议652条,其中涉及"四风"方面的意见经归纳整理为51条,并及时进行了公示。围绕反对"四风",对照检查了15个方面的问题,形成《党的群众路线教育实践活动整改落实方案》和《山西省气象局党组开展"四风"突出问题专项整治方案》,修订、制定各种规章制度36项。召开了山西省气象局党组专题民主生活会,受到中国气象局第4督导组和山西省直机关工委的充分肯定。

二、加强作风建设,不断提高反腐倡廉建设科学化水平

省局党组将贯彻落实八项规定精神与深入开展党的群众路线教育实践活动有机结合,及时组织制定了《中共山西省气象局党组关于改进工作作风、密切联系群众的实施意见》和《实施细则》,开展了针对文件、会议、公务消费、公务用车、办公用房等治理和清理核查工作,并先后制定完善了19项涉及"四风"方面的制度规定。认真践行《廉政准则》,提出了"十项廉政承诺"和厉行勤俭节约、反对铺张浪费"五项承诺",自觉接受干部群众监督。积极改进文风、会风,精简文件、简报和会议活动,严格执行新闻报道制度。厉行勤俭节约,严控"三公"经费,大力节约会议费、差旅费、车辆使用费,严格执行中央出国(境)规定。2013年与2012年同期相比会议费减少68.96%,差旅费减少43.5%,接待费减少55.5%,公务用车燃油支出减少39%,因公出国(境)继续保持零增长。全省各级气象部门对116个单位贯彻落实八项规定以及落实党风廉政建设责任制、推进廉政风险防控工作情况进行监督检查,及时发现和纠正了工作中存在的问题,有力促进了中央和中国气象局党组重大决策部署的贯彻落实,确保了政令畅通。

三、防灾减灾和公共气象服务能力进一步提高

气象应急服务和决策气象服务成绩突出。在"2·15"洪洞县曲亭水库灌溉输水洞洞顶垮塌、"3·9" 乡宁县关王庙乡丁盘村森林火灾、"7·1" 山西省棉麻公司侯马采供站火灾等突发事件现场救援过程中,省、市、县三级气象部门按照预案要求,及时启动应急响应,第一时间进入现场开展工作,圆满完

成了每次应急救援与服务保障任务。

气象防灾减灾组织体系不断完善,省市县三级全部出台气象灾害应急预案,42个县组织编制了乡镇应急预案,7个市、103个县编制出台本级气象灾害防御规划,95个县（市、区)开展了乡镇(社区)气象灾害应急准备认证工作,4个市、29个县将气象防灾减灾工作纳入政府绩效考评内容。针对全省出现的20多次重大天气过程,均做到准确监测、及时预警、快速发布，全省各级气象部门合计发布各类预警信号3246次,气象预警短信受众达9900万人次。应急气象服务工作准确及时,全年共启动5次气象灾害应急响应。气象为农服务“两个体系”建设扎实推进，建成乡镇气象工作站1062个,覆盖90%以上乡镇;村级气象信息服务站6325个,覆盖25%的行政村;农村电子显示屏1451块,覆盖95%的乡镇;农村大喇叭广播系统10962套,覆盖30%的行政村;气象信息员队伍30518人,实现乡村100%全覆盖。“专业化直通式”农业气象服务已覆盖873个种粮大户、318个涉农企业、3972个农业生产合作社、937个乡镇政府。人影工作成效明显，全年增雨总量30.33亿立方米。圆满完成了风云三号C星发射等多次重大活动气象保障,得到各级领导和社会各界的普遍赞誉。全年制作发布各类决策气象服务材料1291期,其中重要气象报告44期。中国天气网山西站日均访问量17万人次,全年发布信息515篇,居全国第8位;省局新浪官方微博听众数超过50万人,居全国第5位。全省气象服务公众满意度为88.2%,全国排名第9。

四、现代气象业务体系建设取得新进展

基础业务质量稳中有升，各类气象资料传输率平均为99.76%,其中城镇预报、区域站、雷达、GPS/MET站、土壤水分站资料传输率居全国前5名。继续优化和完善覆盖乡镇和城市社区的气象观测网,推进高速公路、旅游、环境、山洪地质灾害等专业气象观测网建设,2013年升级改造乡镇和城市社区自动气象监测站128个,新建中小河流和山洪地质灾害自动雨量站248个,新建PM1.0、PM2.5、PM10气溶胶质量浓度环境监测站2个,新建高速公路8要素交通气象观测站10个;完成10个旅游景区观测系统的项目建设方案,目前已建乡镇、城市社区、山洪自动气象站1632个。五台山中台国家级无人气象站建设完成投入运行,吕梁新一代天气雷达和五台山风廓线雷达基础设施建设完成。继续推进航空遥感与地面监测相结合的灾害监测和灾情快速评估系统建设。信息网络工作不断加强,开发完成集合预报可视化产品;全国综合气象信息共享平台投入业务试运行;基于北斗卫星的边远通信系统投入业务使用，建成一个中心控制站和10个边远站;升级业务内网,实现多种资料的集成实时共享。气象预测预报能力不断提高,2013年全省24小时晴雨、最高、最低气温预报准确率分别提高到91.63%、75.21%、75.28%,且晴雨、最高、最低气温和暴雨暴雪预报准确率均为正订正;组织开展省市县精细化气象监测预报预警业务系统研发,实现多级用户共享、多项业务流程融合;成立了气象灾害数值模拟实验室；开展了24小时内逐6小时大城市精细化气象要素预报、雨强预报、空气污染气象条件预报、城市空气质量预报等业务。加强极端天气气候事件监测、气候信息处理与分析系统和多模式气候预测产品解释应用等系统的气候业务应用,逐步开展了分县气温、降水趋势预测业务和延伸期预报业务，月降水气候趋势分县预测准确率为70.6%，气温趋势72.7%,均超过目标考核要求。

五、保障生态文明,环境气象和应对气候变化工作成效明显

积极参与大气污染联防联控工作,与省发改委、环保厅联合起草了《山西省改善环境空气质量减少灰霾天气实施方案》，上报省政府常务会议讨论；与环保厅联合制定下发了《山西省重污染天气监测预报预警方案》;按照省委省政府指示要求,省局制定了《山西省环境气象服务业务建设方案》。省局上报的《气象条件对大气污染影响研究》得到省领导高度重视,列为省重点课题。与环保部门共享全省55个环境监测站资料,每日定时进行环境空气质量预报会商,定时在内网发布环境质量预报产品,适时通过各类媒体发布重污染天气预警。与周边省市联合开展人工消减雾霾的有益尝试。加快推进全省温室气体观测站网建设,一期3个观测站已正式投入业务运行,成为首个全省布网在线监测环境温室气体浓度的省份,二期工程目前正在加紧实施,该项目也被国家考核组确认为山西省政府应对气候变化加分项目。开展了温室气体清单编制工作,完成了全省农业、土地利用变化和林业领域2005年、2010年温室气体清单。有效推进应对气候变化决策咨询和气候可行性论证工作,开展了风能、太阳能等气候资源普查、分析和影响评估工作。定期编制山西省温室气体监测月报、季报和年报,为省政府提供了《山西省风能资源评估及开发利用建议》、《气候变化背景下的山西省太阳能资源潜力分析及利用前景》和《气候变化及其影响分析》3份高质量决策报告,为政府制定应对气候变化政策、完成减排目标提供决策依据。重点开展了电力尤其是风能资源开发、输变电线路、发电厂空冷气象条件分析、城市规划气候可行性论证,其中“岢岚30兆瓦光伏发电项目太阳能资源评估”为新拓展领域。

六、优化发展环境,气象工作政府化不断深入

全面推进气象现代化建设工作进展顺利,省政府印发了《关于率先基本实现气象现代化的实施意见》。明确了我省基本实现气象现代化的指导思想和发展目标，提出6项主要任务,确立7项重点工程。省领导专程赴中国气象局调研,会见中国气象局领导，双方就推进山西气象现代化建设、提高山西应对气候变化和气象防灾减灾能力等问题进行商讨,形成共识。省局还与长治、太原、省科协签署合作协议,共同推进气象现代化。省委省政府将省气象局纳入目标考核体系,从8个方面进行考核,省局圆满完成所有任务,被确定为优秀单位;气象法制建设得到加强,省局配合省人大农工委深入

市县就《气象法》实施情况进行执法检查;省政府将《山西省气象设施和气象探测环境保护办法》列入2014年省政府立法计划;全省气象部门共进行探测环境和设施、雷电防护、气象信息发布等各类执法检查2600次。稳妥推进基层气象机构综合改革,按照中国气象局的总体部署,完成县级气象管理机构和业务机构设置,370名事业身份人员完成参公登记;积极争取地方气象事业机构及编制,县级地方机构达到27个。突发事件预警信息发布系统建设取得新突破,省编办正式批复了省预警信息发布中心的正处级事业单位编制,核定全额事业编制17名。

七、统筹协调发展,和谐部门建设迈上新台阶

积极推进科技创新体系建设。承担国家级行业专项课题1项、中国气象局项目4项、省科技厅技术发展项目7项。2013年各类科研经费共计459万元。省科技厅课题鉴定2项,省局课题验收30项,国家级课题均按期完成。与中国科学院大气物理研究所共同成立大气物理联合实验室。大力实施人才强局战略。重点抓好学科带头人、业务科研人才队伍建设,年内用于支持领军人才科研专项经费130万元。气象人才队伍学历层次不断提高,本科以上学历人员占到68.6%。不断加强教育培训和业务科技人员交流,举办各类培训班20期,851人次参加了培训,参加中国气象局各类培训172人次。安全生产工作连续5年被省政府评为先进单位。积极开展文明单位创建活动,全省126个应创单位全部建成文明单位。成立了10个文体协会,进一步活跃了职工文化生活。继续重视和关心老干部工作,老干部思想稳定,积极发挥余热。积极开展气象防灾减灾和科普知识"五进"宣传活动,举办各类科普活动407场,受众近百万人。学会、工会、青年、妇女、后勤保障等各项工作均取得新成果。

(李增友)

附:省气象局党组书记、成员名单

书　记:杜顺义

成　员:张洪涛　梁亚春　申　敏

省地震局党组工作概况

党组书记　樊　琦

2013年,省地震局党组认真贯彻落实党的十八大、十八届三中全会精神和中央八项规定,围绕贯彻落实省委、省政府和中国地震局各项工作部署,以党的群众路线教育实践活动为契机,积极探索党建工作运行模式,不断增强全局广大干部职工的创先争优意识,弘扬"开拓创新、求真务实、攻坚克难、坚守奉献"的防震减灾行业精神。在党建工作方面取得了新成效。

一、思想建设

(一)开展学习贯彻十八大精神系列主题活动。组织开展"学习贯彻十八大精神,凝心聚力中国梦"征文、十八大精神知识竞赛、五项全能比赛等活动,激发干部职工立足岗位创先争优的强烈责任感、使命感,将其凝聚成推进防震减灾事业发展,服务山西经济社会大局的强大精神能量。(二)抓好党的路线、方针、政策的学习贯彻。全年局党组中心组专题学习8次、党支部学习30余次、举办了专题辅导讲座3次、讨论会3次、知识答题1次、知识竞赛2次,组织观看《右玉精神》《雨中的树》等电影、视频3次,检查党支部书记学习笔记3次、部门主要负责人学习笔记2次,学习教育覆盖率达95%以上。(三)注重学习成果转化。为开展好党的群众路线教育实践活动,党组成员先后深入32个基层单位,召开各类座谈会23次、参会人员200余人次,征求各类意见建议199条。并根据收集到的建议意见,制定了专项整治方案、整改方案和制度建设计划。

二、组织建设

(一)加强基层台站党建工作的指导。到昔阳地震台、五台地震科技中心进行工作调研,并对党建工作做出安排。(二)开展换位体验活动。针对部分机关干部缺乏基层工作经验实际,组织局机关无台站工作经验的副处以上领导干部开展换位体验活动,与台站职工同吃、同住、同观测。(三)对长期工作在艰苦台站的专业技术人员职称评审给予政策倾斜,增加台站、预报中心、监测中心、应急中心值班人员节假日及夜班补助。

三、作风建设

认真贯彻落实中央八项规定，以作风建设成效促进防震减灾科学发展。突出抓好加强调查研究、精简会议活动、精简文件信息、厉行勤俭节约四方面工作。全年处以上领导干部撰写各类调研报告27篇。压缩合并会议8项。仅合并全省地震系统工作会议及党风廉政建设工作会议一项就节省费用3万余元。在年度经费预算时削减了会议、接待、用车等相关费用26.42万元。公务接待均安排在食堂就餐，严格控制陪餐人数，严禁饮酒。充分利用局内网办公系统，减少纸质文件印制数量，全年共减少印刷费用20余万元。各单位(部门)承担的38项重点目标全部完成，一般目标108项完成102项，完成率95%。全局共获得省部级、司局级集体表彰18项，工作项目奖21项，个人表彰9项。

四、制度建设

(一)对全局141项规章制度进行了系统清理，提出需要保留、废止、修订和新建的计划目录。建设完成后，共有制度87项。(二)宣讲职工普遍关注的出差报销审核、社保医保、机关事业单位工资制度和专业技术人员职称评审、地震安全性评价等相关制度。为职工了解掌握政策，熟悉办事程序、维护自身利益，促进机关作风的转变起到了积极促进作用。

五、防震减灾文化建设

按照中国地震局的要求，组织了争做最美地震人典型人物、典型事迹征集活动。选推了近年来表现突出的大同中心地震台、大同市地震局、太原基准地震台测震室、地震工程勘察研究院学雷锋志愿服务等4个单位和个人在中国地震局网站和中国地震局机关进行了展示。召开了庆祝建党92周年暨创先争优总结表彰大会，安排先进集体和个人宣讲先进事迹，用身边的人、身边的事感染、教育和引导群众。参加省直机关文明创建三十年系列活动，撰写的“与党员干部谈心”、“文明创建三十年回眸”入选征文汇编，组织职工参加“广汽黄河杯知识竞赛”获得二等奖、三等奖各1项，并获得优秀组织奖。

六、文明创建活动

围绕防震减灾中心工作，开展了一系列群众性文明和谐创建主题活动。成立了山西省地震局志愿者服务队。开展“学模范 重道德”交流讨论会、组织右玉精神学习讨论、全省地震系统道德模范评选和先进事迹宣讲及观测质量、地震速报、科普宣传、服务基层等系列创先争优活动。扎实推进“正风肃纪、创优环境”活动，集中治理庸懒散等不良风气。开展“转作风 促廉洁”知识竞赛活动。为全省防震减灾事业的科学发展创造了良好环境。

七、党风廉政建设

(一)廉政风险防控机制建设更加完善。全年分3个阶段深化12项重点职权事项，印发《重点职权事项廉政风险防控手册》，推行了重要工作记实制度。机关5个职能部门联合举办“转作风促廉洁”知识竞赛。二是专项治理和审计监督效果明显。加强重大项目的联网审计跟踪，建立审计联网日志，确定了“先审后提，先审后离”的关口前移审计办法，全年共完成审计任务16项，审计金额3亿2千余万元。三是党风廉政建设责任制得到进一步落实。强化干部监督，做到任前谈话、任中监督，经常谈心，建立54份处级领导廉政档案。全局各单位(部门)层层签订廉政责任书，党风廉政建设工作有力促进了防震减灾工作的发展。

八、工作成效方面

局党组以群众路线教育实践活动为契机，围绕防震减灾中心工作，推进事业全面发展。(一)健全完善省、市两级防震减灾目标考核体系。2013年，省局纳入中央驻晋6个目标考核试点单位之一。争取省考核办支持，进一步强化了省委省政府对11个市级政府防震减灾工作的目标考核。(二)落实省部合作。6月份，推进山西省地震局与中国地震局共同签署了《中国地震局　山西省人民政府共同加强山西防震减灾能力建设合作协议》，并落实实施方案。(三)强化震情短临跟踪。及时召开年中、年度会商会及晋冀蒙、晋陕联合会商会，会同中国地震局地球物理研究所、北京大学、河北省地震局、内蒙古自治区地震局联合开展晋冀蒙交界地区地震短临强化跟踪，把握震情趋势发展。(四)加强科技合作。与中国地震局地球物理研究所、地质研究所、中国地震台网中心签署了科技与人才交流合作共建协议，与应急搜救中心达成合作意向。(五)强化抗震设防，主动融入山西经济社会发展，为省低热值煤等重大项目开通了绿色通道。做好了农村住房抗震改建试点、国省干线改造与新建续建高速公路及高校新校区建设等有关工作。(六)全省应急工作取得明显进展。《山西省地震应急预案》修订印发，调整省防震减灾领导组组成人员，加强地震应急演练，完善应急救援队协调调用机制，积极推进应急避难场所建设。

（车海兵）

附：省地震局党组书记、成员名单

书　记：樊　琦(女)

成　员：郭跃宏　郭君杰　郭星全　史宝森　田　勇

省国家税务局党组工作概况

党组书记　王学东

2013年，省国家税务局在省委、省政府和国家税务总局的正确领导下，局党组认真学习贯彻党的十八大和十八届三中全会精神，紧紧围绕工作主题，凝心聚力、砥砺奋进，夯实基础、改革创新，为全省经济社会发展作出了积极贡献。

一、强化学习、转变作风，不断增强领导班子履职能力

(一) 加强思想政治建设。严格执行党组中心组学习制度，科学制定学习规划，大力丰富学习方式、方法和载体，紧紧围绕党的十八大和十八届三中全会精神，中央、省委省政府、国家税务总局领导的重要讲话、重要文件精神以及党政机关厉行节约反对浪费条例、税务系统领导班子和领导干部监督管理办法实施细则等内容，精心确定学习主题，拓展学习内容，增强学习效果。将理论学习成果同国税工作的实际紧密结合，积极研究制定推进全省国税事业科学发展的新举措。先后组织了以学习十八届三中全会精神为主要内容的处级干部轮训班、处级领导干部学习十八届三中全会精神研讨班暨山西省国税局党组第八期中心组(扩大) 学习会等，全年共组织8次党组中心组学习，为推进国税事业科学发展提供了有力的思想保证。

(二) 深入开展党的群众路线教育实践活动。加强学习教育，活动期间，先后组织3次党组中心组（扩大）理论学习，学习人次达到了500余人次。坚持开门搞活动，深入纳税人、基层干部、省局机关干部以及离退休干部中间开展调查研究，共征求到意见建议385条。精心组织召开专题民主生活会，以反对“四风”为重点，以整风精神开展批评和自我批评，全面查找根源，深刻自我反思，切实达到“红红脸、出出汗”的效果。抓好问题整改，针对“四风”问题开展专项整改，初步建立起及时发现问题、及时整改落实的良性机制。制定落实措施，围绕国家税务总局提出的“三个服务、三个实在、三个禁止”要求，紧密联系实际，研究制定了40条落实措施，切实将上级要求固化在制度中、落实在行动中。开展教育实践活动以来，省局共整改问题23项，精简会议15个，压缩“三公”经费80多万元，清理腾退办公用房40间，清理面积达1258.45平方米。

(三) 认真贯彻党的民主集中制原则。严格执行“集体领导、民主集中、个别酝酿、会议决定”的原则和程序，对涉及重大决策、机构改革、干部选拔任用、人员录用调动和奖惩、大额资金安排和使用、工程建设项目以及其它全局性的重要问题，坚持召开党组会议或局长办公会议集体研究决定。班子成员之间注重团结配合，不仅按照分工认真抓好自己职责范围内的工作，而且积极配合其他各项工作，对推进各项改革任务、完成各项税收工作切实起到了领导核心作用。

(四) 积极转变工作作风。认真落实中央八项规定，结合实际研究制定了《关于进一步改进作风的实施意见》，提出调查研究扎实深入、会议活动务求实效、文件简报精简规范、勤俭节约严格到位、工作纪律从严执行等具体要求，为全系统深入贯彻落实规定要求，加强和改进作风建设提供了有力指导。牢固树立群众观点，认真开展走访慰问活动，深入基层一线、老干部和困难职工之中，切实解决实际问题；积极开展干部“下乡住村”活动，深入扶贫点吕梁市石楼县龙交乡，想方设法帮助村民增收致富。积极服务基层，加大对基层的资金下拨力度，做到资金向基层倾斜、向征管一线倾斜、向困难地区倾斜。深入基层调研，自觉落实领导干部基层联系点制度，主动深入到基层和重点税源企业调研，广泛听取意见建议，加强工作指导。减轻基层和纳税人负担，积极整合现有资源，统筹安排巡视、内审、执法监察工作，统筹开展纳税评估、税务检查和调查，归并各部门对基层的各类考核。

二、围绕中心、服务大局，全力推进各项重点工作

(一) 依法组织税收收入。以组织收入工作为中心，强化税源调查、督导检查等基础工作，大力推进税收分析、收入预测和税源监控等重点工作。严格依法征税，大力堵漏增收，加大评估稽查、欠税清缴力度，促进了应收尽收。2013年，全省国税收入1158亿元，实现公共财政收入299亿元，圆满完成了国家税务总局和省政府确定的收入目标。

(二) 全力服务经济社会发展大局。不折不扣落实结构性减税政策和税收优惠政策，全年共办理减免抵退税138亿元。认真抓好“营改增”试点，让改革红利惠及企业，全省89%的试点纳税人税负下降。大力扶持小微企业发展，免征增值税超过3000万元。积极服务我省转型综改建设，为省争取到黄河饮用水有关税收优惠政策，支持太原武宿综合保税区顺利通过国家验收。结合全省实际，围绕减轻煤炭企业税费负担、促进全省转型综改试验区建设等方面，积极提出政策建议，为上级决策服务。

(三) 大力加强税收管理。推进税源专业化管理，进一步完善管理职能、工作流程、运行平台和实施步骤。夯实

征管基础，规范普通发票管理，强化征管质量考核。提升税源控管能力，认真落实海关进口增值税专用缴款书“先比对后抵扣”管理办法，推行车购税新征管模式，加强所得税税前审核、总分支机构管理。强化国际税收管理，查办了全国最大一起反避税案，税额达2亿元。

（四）稳步推进税收改革。坚持简政放权，取消12项税务行政审批项目，将纳税人依申请事项由138项压缩为125项。推进法治建设，规范税务行政处罚裁量权实施办法和执行基准。深化征管改革，加强税收风险管理，明确省市两级风险分析监控机制，推行税务稽查体制改革，探索大企业税收专业化管理改革。围绕金税三期工程上线试点，集全系统之力，做了大量工作，保证了上线圆满成功，为全国积累了宝贵经验。

（五）持续优化纳税服务。积极探索涉税审批前移、纸质资料简并报送、“一窗通办”等工作，在147个办税服务厅全部实现标准化。进一步丰富多元化办税方式，全省一般纳税人有5.8万户实行网上申报，自助办税终端完成业务44.5万份。广泛开展税法宣传服务，依托税务网站、12366纳税服务热线、纳税人之家等载体，为纳税人释疑解惑。积极维护纳税人合法权益，畅通监督渠道，着力解决纳税人反映的问题，提高了纳税人满意度。

（六）不断加强干部队伍建设。加强干部管理，严格执行干部教育培训学分制管理办法，开展领导班子和领导干部综合考核评价。做好干部选拔任用工作，制定出台《山西省国家税务局系统处级干部选拔任用工作暂行办法》及配套的4个实施方案，为全省国税系统处级干部的选拔任用提供了制度保障。强化指导监督，在全系统深入开展干部选拔任用“一报告两评议”工作。加强离任检查，对提拔调整的各级党组书记，及时安排组织离任检查和经济责任审计。强化教育培训，认真开展业务标兵竞赛，组织小企业会计准则抽考，切实提高干部队伍素质。

三、正风肃纪、强化管理，全面加强党风廉政建设

（一）抓好工作部署，落实领导责任。召开全省国税系统党风廉政建设工作会议，研究部署全系统党风廉政工作，省局与各市局签订了党风廉政建设工作目标责任书，将全年重点工作分解为落实“一岗两责”、领导干部廉洁自律、案件查处和执法监察等16项具体工作，纳入到年度工作目标责任制中进行考核。

（二）强化监督制约，开展集中整治。认真开展对中央八项规定及省局党组重要工作落实情况的督查调研，组织开展全省国税系统执法监察和效能监察工作，对税收执法权和行政管理权重点岗位和关键环节加强监督。结合党的群众路线教育实践活动，开展对“衙门”作风和“权力寻租”行为的专项整治以及以察访“门难进、脸难看、事难办”等问题，察访不依法行政、办事效率低下等问题，察访“吃拿卡要报”等问题为重点的“三察”专项整治工作，有力推动了反腐倡廉工作不断深入。

（三）严以律己，率先垂范。局党组成员始终牢记“两个务必”，带头执行廉洁从政规定，强化自律意识，增强自控能力，认真执行领导干部个人有关事项报告制度，切实做到为民务实清廉，以自身的表率作用引导和教育广大干部职工，正确认识和运用党和人民赋予的权力，秉公用权，廉洁从税。认真落实“为民服务、创先争优”的要求，大力推进政风行风建设，狠刹损害纳税人利益不正之风，全省国税系统连续十年被省政府评为政风行风评议先进集体。

（安　耀）

附：省国家税务局党组书记、副书记、成员名单

书　记：王学东

副书记：王德平

成　员：贯志坚　张有乾　范扎根　王宏晋　牛新文

国家统计局山西调查总队党组工作概况

党组书记　刁满庆

2013年，国家统计局山西调查总队党组团结带领全省调查队系统广大干部职工，以科学发展观为指导，以党的群众路线教育实践活动为动力，深入贯彻党的十八大和十八届三中全会精神，紧紧围绕国家统计局的工作部署和山西省委省政府的中心工作，牢固树立“两个意识”，努力践行“三个提高”，强化基础，优化服务，创新机制，改进作风，各项工作取得了新的成绩。

一、整体工作部署周密务实

立足全省调查工作实际，从统计调查事业长远发展的角度出发，适应经济社会发展的新要求，统筹安排部署全年工作。一方面，引领全省各级调查队深入学习党的十八大和十八届三中全会精神，准确把握党中央、国务院和国家统计局确立的工作方针和指导思想，把思想统一到党的十八大和十八届三中全会精神要求上，把精力统一到坚持“两个意识”、建设服务型统计上，把行动统一到抓好工作落实上；另一方面，总队党组集中智慧力量，准确分析研判形势，查找制约发展的主要问题，提出了“立足服务，

狠抓落实，为经济社会科学发展作出新贡献”的总体要求，部署了六项重点工作，明确了八项重点业务。各市县调查队和总队各处室，在贯彻落实总队工作部署上，务实进取，积极努力，形成了推动工作发展的强大合力，确保了各项工作的扎实开展和深入推进。

二、调查工作管理规范有序

坚持在系统内部推进规范化、科学化和人性化管理。全省统计调查工作会议上，与各市县队和各处室签订了工作目标责任书，各市县队和各处室根据年度工作目标和要求，将任务和职责分解到人，明确了每位同志的职责。与此同时，各市县队和各处室紧紧围绕各项重大工作任务，通过跟踪检查、阶段性督查，及时掌握各项工作进展情况，及时发现执行过程中的问题，使制度落实到各项工作的细小环节，将管理渗透到调查工作的全过程，使机关政务管理实现了制度执行职责化、工作程序规范化、行政记录明晰化，形成了以制度管人、按制度办事的责任与约束联动机制。

三、保障数据质量措施得力

坚持把提高数据质量摆在首位，严格组织检查考核，不断强化基层基础工作，保障了调查数据的真实可靠。一是以“三个严格”的工作标准为指导，严格按照年度综合考评办法的规定，严肃认真地完成了2012年度市县队和总队机关考核评比工作，起到了促进工作和调动积极性的目的。二是总队与市级队两级联动，统一考核标准，市级队全面检查，总队重点抽查，客观对比评估，圆满完成了对县级队的规范化考核工作，考核结果得到了县级队的普遍认可，受到了国家统计局的肯定。三是与国家统计局核查人员密切配合、与省统计局联合组织对采购经理调查、住户收支调查等专业进行了数据质量检查，促进了基层调查工作的扎实开展。四是认真贯彻落实国家统计调查制度和统计调查标准，通过创新普法宣传，加强执法检查，完善统计调查项目管理，进一步强化了统计调查法制建设。全年，全省调查队系统执法检查企业数达372家，发现违法行为65起，立案39起，警告28起，警告并处罚款11起，共处罚14万元。依法行政、依法调查取得新进展。五是根据国家统计局新修订的各专业考核办法，结合山西统计调查工作实际情况，认真修订完善了年度考核办法，为提高考核工作的科学性奠定了基础。六是把加强基层基础建设作为全盘工作的根本，在经费支持上向基层倾斜，努力改善办公设备和条件；组织业务部门深入基层，加强调研指导，解决实际问题，多措并举规范数据采集、审核、汇总、评估、上报各个环节，以规范的业务流程确保了源头数据质量，夯实了基层基础根基。

四、各项业务工作扎实推进

始终把业务建设作为中心工作，狠抓重点业务不放松，提升了整体工作水平。一是城乡住户一体化工作稳步推进。根据全国城乡住户调查一体化工作的开展和需要，总队党组对住户类专业内设机构和人员进行了调整，将原农村住户调查处和城镇住户调查处合并成立了居民收支调查处，组织开展全省城乡住户调查一体化工作。同时，成立了住户专项调查处，组织开展贫困监测、退耕还林监测、农民工监测等调查工作。面对样本量加大、新旧指标衔接、新旧数据对接等新问题、新困难、新压力，全省调查队系统加强了对调查样本的管理，加大了访户力度，强化了检查指导，突出了科学分析评估，确保了城乡居民收支数据真实可靠，确保了分省样本和分市、县样本在总体水平和发展速度上的衔接，得到国家统计局的肯定。二是各项业务工作和常规报表进展顺利。总队党组高度重视，加强组织领导，明确责任分工，强化工作措施，注重提高数据质量，生产投资价格调查、居民消费价格调查、粮食产量调查、规模以下工业调查、规模以下服务业调查、采购经理调查等工作科学规范、严谨有序，得到了国家局的认可。三是畜禽监测、贫困监测、农民工监测、退耕还林监测等专项调查工作，部署周密、协调有力，措施得当、落实有效，数据采集处理能力和源头数据质量不断提高。四是圆满完成了农产品中间消耗调查、生产者价格调查样本入库工作以及2013年主要农产品中间消耗样本轮换工作，确保了新样本的有效性和代表性。五是“四大工程”建设不断拓展。在采购经理和小微企业调查实行联网直报的基础上，工业生产者价格调查被纳入企业一套表实施范围，按照国家统计局有关要求，总队在科学研究部署、加大协调力度的同时，积极组织力量强化分类指导、核实摸清企业信息，为一套表在生产价格调查领域推行做好了准备。六是认真组织了全国固定资产投资统计制度改革试点工作，得到了国家局的好评。七是顺利推进了山西煤炭企业景气指数编制工作，向省政府报告了2013年三季度和全年数据，得到了省政府领导的认可。

五、调查服务水平再攀新高

以“三个面向”为基点，着力打造现代化服务型统计调查，优质服务水平再攀新高。一是以“两个收入”、“两个价格”、粮食产量为拳头产品，主动及时向地方党委政府提供决策咨询服务。二是编辑发行了《山西调查信息》《山西统计调查资料手册》等进度数据资料、公开出版了《2000—2011年山西统计调查》大型资料书，主动向省委省政府、有关部门和社会公众提供便捷服务。三是组织开展了《加快提高山西城乡居民收入水平对策研究》《山西城镇化发展进程研究》《山西产业结构优化发展对策研究》《山西全面建成小康社会战略研究》等重大课题研究，为破解我省转型跨越难题、促进产业结构调整、提高人民生活水平、加快城镇化建设、全面建成小康社会、推进经济社会发展提供了决策参考依据。四是围绕经济社会发展过程中的新情况、新问题，组织约稿调查、开展分析研究，撰写了大量有情况、有分析、有建议的调查报告，为各级领导和有关部门进行科学决策提供了丰富的一手资料。全年共编写经济类信息、分析3762篇。

六、外部工作环境继续向好

紧紧围绕省委省政府中心工作，积极服务地方经济社会发展，统计调查研究成果直接参与了党政决策，统计调查服务取得了显著成效，统计调查外部环境继续向好。一是总队每月参加省政府经济形势分析联席会议以及有关专题会议，所提供的相关文字材料和数据图表得到省政府领导和联席单位的好评。二是有关省领导数次专题约见总队主要领导，就山西经济均衡发展、加快提高城乡居民收入等问题进行研究探讨，希望总队为山西快速发展多提建设性意见和建议；三是总队首次被山西省考核办列为年度服务地方社会经济发展目标综合评价单位，年终考核结果为优秀，充分说明总队积极服务地方社会经济发展的成果得到了认可。四是省发改委、省人社厅、煤炭厅、省农业厅、省物价局、省扶贫办等单位多次邀请总队就收入问题、物价问题、煤炭生产问题、农业生产形势进行座谈交流，部门之间的沟通联系进一步加强；五是省政府办公厅、研究室先后5次紧急安排总队就煤炭生产形势进行重点约稿调研，高度肯定了总队的工作，上报国办后均被采用。

七、干部队伍建设成效明显

在积极推进调查业务建设的同时，干部队伍建设也取得了明显成效。一是总队党组从调查事业长远发展和班子建设大局出发，经过审慎研究，通盘考虑，严格按组织程序对5个市队的主要领导进行了调整交流，改善了知识结构和年龄结构。二是通过民主推荐、党组研究、考察公示等程序，选拔了一批年富力强的处级干部，增强了干部的活力。三是严肃认真地组织了新公务员招录工作，为统计调查事业的持续发展提供了人才保证。四是按照分级负责、逐级培训、注重实用的原则，开展了一线调查人员培训，并分批组织基层队业务骨干参加了国家统计局举办的培训。

八、群众路线教育活动扎实开展

严格按照中央和国家统计局的部署和要求，认真组织学习，广泛征求意见，查摆突出问题，深入剖析原因，积极进行整改，推进了机关学风、文风、会风的转变。一是精简文件通知，务实俭仆办会，提高了机关行政效能；二是深入基层广泛开展调研，切实解决群众关心的突出问题，密切了与群众的联系，提高了做好群众工作的能力；三是健全完善管理制度，推进了制度化、规范化建设；四是严格遵守中央“八项规定”，促进党风廉政建设取得了新成效；五是党的群众路线教育实践活动与调查工作做到了两不误、两促进，推动了山西调查工作的科学发展。

（师荣贵）

附：国家统计局山西调查总队党组书记、成员名单

书　记：刁满庆

成　员：陈并生　包超英　程海营　王续孔

中国东方航空股份有限公司山西分公司党委工作概况

党委书记　高　峰

中国东方航空股份有限公司山西分公司（简称东航山西分公司）党委现下设二级党委5个，二级党总支5个，党支部49个，现有党员1280人，其中在职党员895人，离退休党员385人。

东航山西分公司在营飞机18架，分别为波音737-700飞机8架，波音737-800飞机10架，共执飞太原、长治、大同、运城、临汾机场始发的省内、国内及国际、地区30余条航线，为山西省唯一且规模最大的驻基地航空公司。

2013年，东航山西分公司党委在省委、省政府大力支持悉心指导下全面贯彻落实党的群众路线教育实践活动，紧密围绕中心生产任务，坚持“起承转合”四字方针以及“三个结合”的工作思路，继承和发扬队伍传统优势，围绕“为民务实清廉”的主题要求，切实改进工作作风,发挥党群合力，职工队伍和谐稳定，实现了安全飞行21周年，文明创建和服务水平持续提高，为山西省转型跨越发展以及对外开放做出了积极贡献。

一、全面贯彻群众路线，服务大局，创新党建，凝聚队伍

（一）扎实践行群众路线，积极转变工作作风。作为党的群众路线教育活动第一批实践单位，东航山西分公司立即行动，全面部署动员。2013年7月8日，分公司召开党的群众路线教育实践活动专题会，会议重点学习了习近平总书记的系列讲话、群众路线教育实践活动的总体要求及《东航深入开展党的群众路线教育实践活动实施方案》，并讨论研究山西分公司对于深入开展该项活动的具体方案。7月12日，在分公司第二季度党群联席会上，山西分公司教育实践活动领导小组办公室公布了《东航山西分公司深入开展党的群众路线教育实践活动实施方案》。7月18日，分公司召开党的群众路线教育实践活动动员大会。分公司领

导、M2A以上管理人员参加会议。会议还特别邀请了已退休的分公司领导代表、先进员工代表以及非党员代表列席，标志着分公司党的群众路线教育工作全面展开。

按照总体部署，山西分公司精心组织，不断加强作风建设。在学习教育、听取意见环节，山西分公司党委以“三项活动”、“三个结合”为抓手，即“领导带队下基层、党员带头转作风、机关带头上一线”和“与上级要求相结合、与岗位特点相结合、与企业传统和文化相结合”，确保教育实践活动起好步、开好头；以“访员工、知实情、解矛盾”专题调研活动和领导旺季下基层为载体，广泛收集意见和建议，共征集意见和建议170余条，同时制作《山西分公司机关部门解决问题汇总表》下发机关各部门，定期上报解决问题的进程和结果；9月9日，分公司举办“学习大寨精神　践行群众路线”实地学习活动，组织63名M2A以上党员干部认真撰写学习心得并汇编成册等形式，真正使教育实践活动入脑、入心；以开辟网上《活动感悟专栏》与编发教育实践活动简报的方式搭建学习教育平台。在查摆问题、开展批评环节，东航山西分公司党委围绕“为民务实清廉”的主题，聚焦“四风”问题，认真开好民主生活会。在会议准备阶段，反复多次修改对照检查材料，班子共查摆了14项突出问题。11月26日，分公司召开民主生活会。分公司专题民主生活会紧扣主题、重点突出，班子成员深挖根源自我剖析、坦诚交流开展批评。会后按照活动要求，分公司党委及时组织召开了民主生活的情况通报会。在整改落实、建章立制环节，山西分公司党委针对查摆出的14个突出问题分别从14个方面制定了42条整改措施，修订和新建制度共计10条。整改措施明确了具体的责任部门、责任领导和整改期限，为确保学习转化奠定基础。

随着教育实践活动的不断深入，分公司党委通过学习教育和查摆问题深刻认识到了“四风”的危害性及反对“四风”的紧迫性，进一步树立了“为民务实清廉”的群众观念。尤其是通过坦诚交流开展批评，班子成员直面自身问题，巩固大局观念，有效提升了班子的战斗力和凝聚力。

(二) 持续深化班子引领作用，不断夯实基层建设，激发党员活力。2013年7月8日，东航山西分公司党委被授予中国东方航空集团公司创建“四好”领导班子先进集体荣誉称号，这是分公司连续4年2届获得该荣誉。东航山西分公司以此为动力，积极发挥“领头羊”的示范作用，始终将建设学习型领导班子作为工作重心，努力提升干部队伍统揽全局、分析问题和解决问题的能力。始终坚持“三重一大”制度，坚持“集体领导、民主集中、个别酝酿、会议决定”的原则。班子成员都牢固树立大局意识和发展意识，形成了互相补台、彼此信任的良好氛围。坚持领导干部下基层,深入一线了解基层信息，对基层单位多名领导干部实施岗位交流，进一步拓宽干部交流渠道，全面调动了干部工作热情。

持续增强基层组织建设和党员教育培训，坚持开展党支部结对共建主题活动和“爱在东航”志愿活动,达到了服务基层双促进的效果。分公司开展“爱在东航”志愿活动近5年来，900余人次参与到候机楼的志愿服务当中。2013年的春运和暑运的高峰期间，200余人次主动报名投身到客运服务第一线，有效缓解了一线地面服务的压力，体现了机关服务基层，转变工作作风的活动宗旨。同时将“党员旺季争先锋”作为推动教育实践活动的重要载体之一，号召近900名在职党员干部职工在旺季生产中积极发挥模范表率作用。

(三) 以科技防腐为抓手，推动企业健康发展。2013年，山西分公司纪委在分公司党委的领导下，通过体系建设，以制度的形式，将分公司安全、生产、经营等工作都纳入其中。继续完善立体预防腐败工作体系建设，有针对性地加强了对关键岗位和权力人的管理，坚持将执行党风廉政建设责任制作为深入推进党风廉政建设的“龙头”工作。分公司党委书记高峰与各二级单位党委书记签订了《党风廉政建设责任书》。成立山西分公司《“文化+制度+科技”立体预防腐败工作方案》领导小组，制定下发了分公司《“文化+制度+科技”立体预防腐败工作方案》。共查找廉洁风险点181个，制定防控措施274条，规范重大事项17项，完善业务流程22项，编制业务流程图或风险防控图41份，建立了山西分公司“文化+制度+科技”立体预防腐败风险信息库。

(四) 立足基层弘扬正气，大力营造和谐氛围。东航山西分公司宣传工作以宣穿企业形势，传导正能量为主线，积极推进企业文化建设和品牌建设，对内团结鼓劲，对外提升形象。积极组织“五星机长”的宣传工作，对外挑选多名机长代表接受媒体专访，并刊登大篇幅人物通讯；以“党员旺季争先锋”活动为背景，组编《激情燃烧的时光》为题的系列报道；“八一”建军节推出《安全之路上那些曾经的军人们》，“十一”国庆节推出《多彩民族花 绚丽东航梦》等系列报道；举办“四新”展示会暨朔州市战略合作签约仪式，全面展示东航企业形象；进一步巩固与媒体合作关系，维护品牌，传导正气。

(五) 发挥群团合力，构筑桥梁纽带。山西分公司工会以创新创效为目标，着力助推合理化建议工作，共收到职工提交的合理化建议866条，其中有效提案671条，采纳实施的合理化建议325条，共有285人获得合理化建议的各类表彰；开展“推进安全文化、建设幸福东航”主题系列活动，举办了分公司“点燃激情，唱响幸福”职工歌唱比赛、开展阳光课堂、读书征文、维权知识竞赛、爱在东航等活动；发挥职代会主体作用，提升厂务公开民主管理水平，2013年被评为全国“厂务公开民主管理”先进单位。

山西分公司团委以“动起来 活起来 转起来”为工作指导思想，围绕中心、服务中心。“企业文化魅力青年行”、“画中有‘话’雷锋精神传递等活动的举办让青年思想引导工作生动起来；与省里10所高校联手推出“校企共建”主题项目、“飞行员、签派员、管制员、现场协调员”三方四工种交流活动的推进与中国移动、太原铁路局等单位共同启动“青春盟动”合作项目；结合群众路线教育实践活动开展“访员工 知实情 解矛盾”青年调研座谈会；飞行部一中队“壮志凌云组”荣获山西省青年文明号、地面服务部被授予“山西省青年五四奖状”的光荣称号。

二、以安全为基础，加强品牌营销，服务地方经济

2013年东航山西分公司共安全飞行56677小时，29493架次，3200.34万公里，飞行事故征候万时率为0，圆满实现了安全飞行21周年。完成运输总周转量35890.93万吨公里；运输旅客3100311人次，货物邮件21929.20吨，客座率和载运率分别为79.3%、72.7%。

（一）夯实安全基础。2013年，东航山西分公司始终坚持“安全第一，预防为主”方针，践行安全文化“四个一”理念即“带一支能接受各种考验的队伍、坚持一个安全为根的准则、树立一种全员奉行的诚信态度和创造一个服务安全的良好氛围”，夯实安全基础管理，有序组织SMS体系下基层，着力提升业务骨干掌握风险管理方法的能力。持续强化QAR译码监控，注重飞行品质提升，全年QAR水平保持在3.8，实现近年来最好水平，位列东航737机队前列。实现部分太原基地过夜飞机候机楼桥位过夜，优化了运行保障环境；通过建立以MCC为中心的航线运行模式，在停机坪设立新的维修控制中心，达到全面了解信息，迅速技术支援，安全维修放行的目的。代表东航圆满完成温州龙湾国际机场新跑道验证飞行，获得温州机场方面的高度评价；以“五星机长”评选为契机，严肃作风、狠抓训练，促进沟通、规范管理，分公司共有14位飞行员获得东航“五星机长”荣誉。

（二）强化生产经营。2013年，东航山西分公司不断优化航线结构，石家庄基地调整后，运力改放虹桥和浦东两场，开飞上海至暹粒、胡志明、济州航线；抓住旺季，开飞南昌=太原=大连、太原=青岛、太原=杭州=汕头、太原=西宁=银川以及太原=海拉尔航线；抓住昆明机场放量机会，加密太原昆明航线，开通太原=西双版纳航线，取得了市场主导权。对太原、长治、大同、运城、临汾五个省内机场运力持续补充，9月11日，分公司开通大同—香港航线，丰富航线产品创造地方市场销售业绩。大力发展常旅客，在山西地区33家上市公司中，完成19家两方集团客户签约。积极进行运力引进工作，11月16日、11月24日，分公司分别引进的B-5858号、B-5857号两架波音737-800型飞机从美国西雅图飞抵太原，并于第2日投入生产运行，至此东航山西分公司机队规模已达到18架，成为山西航空市场运输的主力军。

（三）提升服务品质。大力开展“服务文化建设年”活动，根据节日特点，在航班上开展了“凌燕献瑞，喜迎新春”“倡议环保、爱护地球”“万里云端庆六一”等机上特色主题服务。相继开展了服务心语征集、楼宇文化建设、管理干部交流会、新员工服务意识提升等系列活动。打造硬件服务平台，在同山西机场集团公司的沟通和总部支持的基础上，山西分公司在太原机场建立的东航自营贵宾室于9月26日正式投入运营，此外，在太原机场候机楼新安装了6台东航专用自助值机设备，有效的缓解了服务保障压力。2013年“山西凌燕乘务组”荣获全国“工人先锋号”并获得“凌燕十佳标杆组”荣誉称号。地服部荣获东航2012年服务工作先进集体称号。

（四）塑造品牌形象。5月27日，东航山西分公司举行了新航线、新产品、新服务、新形象“四新”展示会暨朔州市战略合作签约仪式，隆重推介东航营销、服务和信息产品，同时结合新制服的推出，全面展示东航“精细、精致、精准和精彩”的“四精”服务形象。会上邀请了政府官员、航空代理、旅行社代表、东航金卡旅客代表以及新闻媒体等80余人，省市各大媒体对活动进行了全方位报道，受到山西航空市场以及旅客的广泛关注。与朔州市委宣传部签署战略合作协议，初步实现地方品牌的嫁接与航空下游资源的对接，获得朔州市政府免费提供的地方特色农产品作为分公司太原出港航班的头等舱餐食，受到了旅客的好评。同时成功举办“高尔夫”山西赛区巡回赛、助力“兴瑞”女篮，更多尝试与媒体开展深度合作，“小记者航空体验日”活动等受到社会关注，在品牌价值和塑造方面有了新的进步。分公司以社会责任为出发点，扶危助困展示企业形象。4月24日，分公司举行“爱在东航，情系雅安”捐款活动，共1553人参与捐助，共募集爱心款206960元。6月19日，东航山西分公司党委领导带领优秀党员代表一行50人，在扶贫定点单位大同广灵县望狐乡参加“东航希望林”揭牌仪式，为山西分公司捐赠的4公里长的将近4000余棵树苗的希望林培土、浇水，以期为当地绿色脱贫、绿色发展献出绵薄之力。此项举措彰显了东航山西分公司主动承担社会责任的形象，也积极扩大宣传了企业品牌。

（李　彦）

附：中国东方航空股份有限公司山西分公司党委书记、副书记、委员名单

书　记： 高　峰

副书记： 姜　疆（兼）　柴　舸（兼，2月离职）
付　强（兼，6月任职）

委　员： 于　强（2月离职）　谢鹏军　姚常春
谢富荣（3月任职）

审计署驻太原特派员办事处党组工作概况

党组书记　朱登云

2013年，太原特派员办事处在省委、省政府和审计署党组的正确领导下，深入学习贯彻党的十八大、十八届二中、三中全会精神，按照中央经济工作会议和全国审计工作会议的部署，紧扣主题主线，围绕提高经济增长的质量和效益这个中心，全面履行审计监督职责，努力加强自身建设，以扎实推进教育实践活动为统领，以强化思想政治工作和班子建设为核心，以强化目标管理考核为抓手，统一思想，完善制度，形成激励，真抓实干，审计质量和水平得到进一步提升，审计成效明显提高，较好地发挥了审计"免疫系统"功能，为推动中央政策措施的贯彻落实和国家治理的完善做出了积极贡献。

一、认真贯彻落实十八大精神，全面履行审计监督职责

2013年，审计署共下达太原办审计项目26个，均已按审计署规定时间完成并上报了审计报告。审计（调查）查出的主要问题涉及金额2002.83亿元（违规564.31亿元，管理不规范1438.02亿元，损失浪费0.49亿元）。通过审计挽回损失3224万元，直接促进国家财政增收节支31.84亿元，推动制定整改措施15项，促进完善制度5项。移送司法、纪检监察机关处理案件涉及人员2人；移送其他部门处理案件12起，涉及金额7.28亿元。

（一）认真组织实施财政收支审计项目，促进中央重大经济政策和宏观调控措施贯彻落实。根据审计署安排，组织审计了河北省2011年至2012年财政收支情况，审计共查出23大类91个具体问题。审计查出1起案件经审计署推荐，中央电视台焦点访谈节目予以报道，查处涉案人员8名，其中追究刑事责任2名，追究党纪政纪责任6名。审计发现的河北省石家庄市政府拒不执行审计决定继续扣发被征地农民安置补偿费问题，被审计署以署领导批转函形式转送河北省委省政府，河北省委相关主要领导作出重要批示，10626个农户的31984.89万元安置补偿费全部已返还被征地农民。

（二）加大对资源节约和环境保护情况的审计力度，促进生态文明建设。按照审计署的工作安排，办党组对山西省2011年至2012年矿产资源的开发利用保护、矿产资源相关资金的征管情况进行了审计。山西省有关领导对山西省矿产资源审计工作进行了全面部署。审计查出违法违规问题5类16个问题。针对审计发现的问题，提出了应严格执行相关法律规章制度，加强安全生产监督管理工作，积极解决好煤炭资源整合、矿山企业兼并重组遗留问题，加大资金征管力度，确保专项资金收入完整并发挥应有效益等审计建议。向审计署上报的《利用电子数据缩小范围，筛选重大问题线索》计算机审计方法，在全国矿产资源审计视频培训会上作为经验进行了交流和推广。

（三）加大对经济社会运行中的突出矛盾和潜在风险的揭示力度，维护国家经济社会安全。组织实施了山西、河北两省的债务审计，查实了两省政府性债务审计的总体规模、债务类型、举债方式及债务资金的投放和使用情况。组织实施了山西省外商直接投资情况专项审计调查项目，山西省人民政府高度重视本次审计调查，相关领导对审计工作提出明确要求。对审计发现的问题，也高度重视。山西省政府办公厅对有关单位发出整改通知，要求各单位正视问题，立即整改，及时纠正利用外资工作中的不足并举一反三，全面自查，认真清理不符合国家规定的各类招商引资优惠政策。

二、不断加强思想政治建设和廉政建设，提高审计队伍的凝聚力和战斗力

（一）扎实开展"查找不足、整改提高"活动，切实解决存在的问题。按照署党组的统一部署，办党组扎实地开展了"查找不足、整改提高"专项活动，认真查找影响和制约特派办进步发展的突出问题，深刻剖析原因，并制定了切实可行的整改措施，专项活动取得显著成效。凝聚了精神，统一了思想，激发了干劲。全面推行了审计工作目标管理考核，形成了激励机制。进一步建立完善制度，形成长效机制。

（二）认真查找，深刻剖析，推动群众路线教育实践活动深入开展。在署教育实践活动领导小组的领导下，在署督导组的帮助指导下，办党组对教育实践活动高度重视，认真扎实地开展教育实践活动的各项工作。紧密结合思想和工作作风实际，在深入学习的基础上，广泛听取意见，深入开展谈心，聚焦"四风"查摆问题，认真查摆存在的突出问题。办党组共查摆出16个问题。领导班子成员共查摆问题83个。从7个方面，提出了23条具体整改措施。办党组坚持将整改贯穿始终，做到边学边改、边查边改、边整边改。教育实践活动期间，列出17项重点整改事项，已完成7个方面11项具体工作整改。起草了《太原特派办党组群众路线教育实践活动整改落实方案》，从加强党组自身建设、加强机关党建和思想政治工作、规范机关事务管理等各方面，对整改工作进行了细化安排，并提出了推进整改的保障措施。

（三）分解落实党风廉政建设责任制，筑牢反腐败斗争建设的坚固防线。一是创新思路，拓展廉政教育形式和范围。建立了“以处级为主体、关注青年干部、强化全员意识”的廉政教育模式，突出处级领导干部这个重要群体，加强对青年干部的教育引导，强化全员廉政意识；开展审计人员家属书写廉政寄语的活动。二是把握廉政建设重点，强化审计现场监督管理。对每个审计项目均以办党组名义制发通知，对加强审计项目廉政工作进行具体部署，进一步明确廉政责任。三是民主监督倡廉，让权力在阳光下运行。对重大事项的决策，都按照提出方案、征求意见、集体研究决策、办理结果公示的程序进行。同时办党组还利用办内网等党务公开平台，加大对领导干部收入等情况的公开力度，拓宽监督渠道。

三、强化机关管理，提高管理水平，为审计工作提供有力保障

（一）深化建章立制工作，完善和强化机关内部管理。办党组将健全完善各项规章制度作为确保《审计署太原特派办2011至2015年工作发展目标》实现的重要措施，力争通过建章立制工作，实现审计业务工作和机关管理的科学化和规范化。全年共计新制定和修订完善各项制度11项。通过深化建章立制工作，使审计业务管理制度、审计成果考核制度、财务管理制度、人事管理制度等得到进一步完善，初步建成了能够推动审计事业持续健康发展的完整制度体系，为实现太原办审计工作全面发展奠定了坚实基础。

（二）科学组织审计项目管理，审计业务精细化管理迈出新的步伐。针对大项目的特点，办党组积极推行“精细化管理”措施，强化大项目的现场审计组织管理。制定了《审计现场管理办法》，强化审计现场管理。针对大项目对内对外协调任务重的特点，建立协调机制，及时调整审计项目内容、时间以及人力资源，提高工作效率；同时，积极推行和实施审计项目三级审计方案指导制、倒计时管理制度等，特别是各小组要进一步细化审计重点内容和方法步骤，制定现场审计操作方案，并对各审计事项逐一明确时间要求，确保了审计质量，提高了工作效率。

（三）积极探索计算机审计，审计业务信息化水平不断提高。办党组创新性的提出了“数据分析先行”的工作思路和理念，增强了计算机技术对审计工作的支撑能力，有效提高了数据分析审计成果的转化率。一是建立以业务需求为导向，计算机技术为支撑的“三级数据分析平台”；二是积极开展计算机技术分析，及时发现问题线索，为揭露和查处大案要案提供精准目标；三是全面加强机关信息化管理工作。充分利用腾讯通、AO系统和OA系统中项目管理平台等多种信息化软件平台，加强机关与审计组之间的信息交流。

（四）树立精品意识，以优秀审计项目评选促进审计成果和审计规范化水平全面提升。为进一步提升审计成果，提高审计工作的规范化水平，办党组三个方面入手，对审计项目全面加强管理，努力打造优秀审计项目。一是要求每个审计人员要牢固树立精品意识，要以打造优秀审计项目的标准实施审计，确保审计质量；二是对组织实施的审计项目全面开展了现场跟踪审理，真正实现了审计质量控制关口前移。三是在审计项目评选阶段，坚持“四结合”优秀审计项目评选方法，组织开展优秀审计项目评选工作。

（郎少萍）

附：审计署驻太原特派员办事处党组书记、副书记、成员名单

书　记：朱登云

副书记：王铁英（12年11月离职）

成　员：卢华胜　王爱梅（女）　杨卫东（5月任职）　王　华（5月任职）　朱伟定

太原铁路局党委工作概况

党委书记　张义平

2013年，太原铁路局党委认真贯彻党的十八大和十八届三中全会精神，深入落实省委、省政府和铁路总公司党组的重大战略部署，以开展党的群众路线教育实践活动为动力，以推进“安全风险管理年、运输组织改革年、体制机制转化年、党风廉政建设年”为主线,以实施政治工作与中心任务一体化等级考评为抓手，融入安全增量，服务改革发展，为顺利完成全年任务提供了坚强有力的政治保证。铁路局先后荣获“全国企业文化建设百佳单位”“全国厂务公开民主管理先进单位”，连续七年被评为省政风行风评议先进单位，连续八次夺取全国“安康杯”竞赛优胜企业。全局上下呈现出思想硬、安全好、风气正、队伍稳、业绩优的良好态势。

一、扎实推进党的群众路线教育实践活动，为民务实清廉的思想力持续增强

（一）抓学习提认识。以党的十八大、十八届三中全会精神和习近平总书记系列讲话为重点，组织局领导班子集中学习讨论6次，专题研讨4次，举办专题报告会，观看专题教育片，各级干部的群众观念、宗旨意识不断强化。

（二）查“四风”找问题。面对面、背靠背、请进来、走出去征求意见建议6698条，局班子成员带头分片展开集

中调研，真心听取意见，认真查摆了“四风”方面的19个突出问题，高质量召开专题民主生活会，红脸出汗，触及灵魂，体现了整风精神，强化了党性锻炼。

（三）严整改建机制。坚持边学边查边改，构建以局领导班子整改方案为统领、42个机关部门整改方案为支撑的整改落实体系，建立问题库，严格“三公示”，逐项明确线路图、任务书和时间表，推进8个专项整治，用立行立改、建章立制的成效取信于民。

（四）重特色务实效。扎实推进“领导班子清正、领导人员清廉”“保质量、保进度”“旅客满意、货主满意”“走基层、访家庭、促和谐”“职工群众满意”五个主题实践活动，做到了两不误、两促进。

二、始终突出两级班子龙头作用，领导班子的驾驭力持续增强

（一）着力规范“三重一大”决策。召开党政联席会18次，研究事项122件，督导8项配套制度落实情况，通报问题383个，促进了科学民主决策。

（二）着力优化基层班子结构。竞争性选拔15名党群领导干部，分7批次在路局信访办挂职锻炼，组织非运输企业、辅助单位领导班子综合调研评估。全年调整领导干部438人次、交流143人次、追责84人。

（三）着力加大岗位履职考核。落实中央八项规定和总公司实施办法，出台45条实施细则，开展4次“作风·质量·安全”百分赛，优化安全绩效考核模型，表彰81人、训诫46人。路局、站段两级班子成员深入联系点9150次，解决问题16259件，破解集体课题107项、个人课题955项，形成了重现场、凭实绩、务实效的作风导向。

三、分层展开大宣讲大讨论大谈心，推进改革发展的内动力持续增强

（一）大宣讲覆盖全员。“以学习贯彻党的十八大精神、推进铁路科学发展”为主题，围绕铁路管理体制改革，局班子成员网上讲学，两级中心组扩大联学，报告团巡回宣讲15场，各级干部宣讲3560场，形成了“生存源于安全、收入源于市场、质量源于责任、品牌源于服务、动力源于创新、发展源于改革”的共识。

（二）大讨论贯穿全年。围绕货运改革，紧扣“四个转变”，分层开展“走向市场大讨论”，组织高端讲坛、电视论坛，“十个怎么看”引导干部职工转观念、闯市场，大讨论经验做法在全路交流。

（三）大谈心直通岗位。深推“安全风险管理大家谈”，领导干部谈难题破解，各级干部谈管理卡控，一线职工谈岗位防范，安全大检查谈心10414人次，解决问题9580件。

四、深入推进党支部标准化建设，基层党组织和党员队伍的战斗力持续增强

（一）着力党建基础。紧扣“六化”目标，实施晋位升级，分类定级4755个党支部，101个薄弱党支部如期转化，党支部标准化建设现场会推动了“一家一品牌”建设；开展基层党委工作群众满意度测评，同步调整新建和货改单位党组织，促进了党建工作质量提升。

（二）着力提素强能。规范《党支部书记实用手册》，开展“双百双十”党课评比，实施新任专职党支部书记审核备案、局级标杆党支部书记调整审批制度，培训党支部书记468人。8名优秀党总支书记走上领导岗位。

（三）着力岗位创优。引深“四带头、四争当”活动，完成局级立项攻关课题68项，6项列入局科研计划，“三优共创”、路港联创、太中银联建共创着力破解工程质量、卸车疏港、新线新站建设等瓶颈难题，太原北站“王建和营销法”、太兴铁路深化“两保”等一批典型经验引领全员创先争优。路局党建研究会完成全路重点课题2项、局级课题17个。局党委在货改中“全方位引领、全过程融入、全员化创优”的做法在全路交流。

五、全面实施人才发展规划，人才队伍的支撑力持续增强

（一）高站位谋划。召开全局人才科技工作会，实施三年规划，设立百万专项奖励基金，表彰优秀人才28人次，聘任高级技术人员47名，重奖专业技术人员136.8万元，激发了成才动力。

（二）高密度融入。预应高铁开通，提前介入人员培训11期，培训了383人。落实“百硕千主”计划，为太原南站选调人才36名，与哈铁高职学院定向培养200人，重载高铁单位大学生分配比例达到44.2%，满足了现场需求。

（三）高质量服务。举办“紧重强”培训181期，培训了12740人次，拓展“数字知识支持平台、远程教育培训平台、信息化培训考试平台”，组织学习24万人次，校企联合举办经营管理、组织人事、财务会计、纪检监察等专职干部培训班9期530人。为局机关289名管理人员考聘专业技术职务，334名专业技术人员提职提级，公开招聘188人，11个单位推进缺岗竞聘，297名一线职工选拔到管理岗位，搭建了成长平台。

六、广泛开展最美职工评选，企业文化建设的导向力持续增强

（一）奏响最美强音，开展“寻找最美职工、展示美丽太铁”活动，组织职工安全文化艺术节，集中展示10类49名“最美太铁人”。举办全国最美青工事迹报告会，选树宣传客运十大品牌、货运十大典型、十大党内优质品牌、十大攻关成果，组织劳模先进班组行，传递了“安全幸福、奉献光荣、职工最美”的正能量。

（二）丰厚重载底蕴。建成大秦重载教育基地，展示大秦重载历程，感受太铁发展，传承重载文化。

（三）温暖职场环境。通过家属访岗日、笑脸墙、劳模街、“亲情树”、文化走廊等载体，把管理力、岗位责、慈

母心、夫妻爱、儿女情融为一体，营造了亲情激励的“暖氛围”。

七、不断引深党风廉政建设年，风清气正的保障力持续增强

（一）细化任务分解。把75项党风廉政建设任务分解到13名班子成员和机关34个部门，强化正职“四亲自”和副职“四个一”责任，促进党风廉政建设责任制落实。

（二）深推“两清”活动。组织廉政专题党课，开展预防职务犯罪专题宣讲，领导干部考廉350人，7人因不合格受到考核通报；编印小金库、物资采购系统典型案例，开展“小金库”、检查“三公”经费和物资设备采购检查，推进廉洁自律突出问题自查自纠，局廉政账户达到284.69万元。

（三）完善内控机制。针对货运改革新变化，梳理业务流程，排查廉政风险，构建货运电子商务、物资网上招标等五大监控网络，推动权力阳光运行。

（四）加强监督检查，严格执法监察，强化路风卡控，751名车间纪检委员、3395名班组监督员延伸了监督触角。全局立案45件，查处49人，其中大要案17件，是建局以来办案力度最大的一年。

八、统筹做好新闻宣传工作，舆论环境的引领力持续增强

（一）严格网格化管理。定期走访地方政府和主流媒体，围绕春暑运、南同蒲水害、集中修会战等关键节点，组织专题策划，打好新闻宣传主动仗。“五一”期间，央视《新闻联播》头条报道大秦集中修。

（二）加强实时性调控。主动协调网络媒体，利用微博微信微大厅强化正面发声，“直击暑运一线”、“微观大秦集中修”、“秦晋大V看货改”等网络微行动，掀起了全媒体、立体式的宣传热潮。路局新浪官方微博被评为山西省政务微博第一名。

（三）开展互动式宣传。组织“媒体开放日”，开展新闻宣传竞赛，在中央主要传统媒体刊稿2000余篇，主要网站刊稿1.8万余篇，《人民铁道》刊稿2018篇、头版头条14个，名列全路第一。

九、大力推进“八小”工程建设，和谐发展的凝聚力持续增强

（一）发挥工团组织优势。创建星级职代会，深推“主人翁保安全”劳动竞赛和“一站到底”青工技能赛，局团委“双创立功”活动在全路介绍经验。

（二）改善生产生活条件。投资1.17亿元新建、整治以“小伙食团”、“小单身宿舍”、“小浴室”、“小庭院（小菜园）”、“小互助会”、“小文化室（小书屋）”、“小活动场”、“小药箱”为主要内容的“八小”设施。帮扶救助困难职工1.9万人次。保障性住房在建17892户，交房3184户。择优调剂远离家居地职工927人。

（三）组织名医名家沿线巡诊。全年职工休养14870人、体检65096人。优化路外安全环境，开展爱路护路宣传教育12场次，受众10万人次。局团委护路宣传漫画被团中央采用，向全国推广。

（四）抓好沿线通道绿化。沿线绿化率达到74.9%。加强领导干部接访、机关干部下访和信访积案化解工作，路局连续四年保持部信访重点项目考核零扣分。局离退、文联、保密、武装、关工委等部门强化职能作用，凝聚起了推进改革发展的攻坚合力。

（王全虎　宋雪莲）

附：太原铁路局党委书记、副书记、委员名单

书　记： 张义平
副书记： 杨绍清　杨月江　郭家宏
委　员： 杨国秀　张锁明　刘　俊（12月离职）
丁永民（12月任职）

省煤矿安全监察局党组工作概况

党组书记　杜建荣

2013年，省煤矿安全监察局党组高举中国特色社会主义伟大旗帜，以邓小平理论、“三个代表”重要思想、科学发展观为指导，深入学习党的十八大和十八届二中、三中全会精神，扎实开展党的群众路线教育实践活动，坚持“以人为本、安全发展”理念，认真贯彻国家安全监管总局国家煤矿安监局和省委省政府关于安全生产工作的重大决策部署，深入贯彻落实煤矿安全治本攻坚“双七条”，以切实增强本安能力和推动安全发展为重点，以遏制防范煤矿重特大事故为核心，咬定目标、落实责任，完善机制、强化监察，有力地促进了全省煤矿安全生产形势持续稳定好转，为全省综改试验区建设和经济社会转型跨越发展提供了坚实的安全保障。

一、强化理论武装和思想建设，不断提高观大势谋大事的能力

（一）抓政治理论学习。以建设学习型机关为载体，把学习作为提高党员干部素质的首要任务，倡导工作化学习

和学习化工作，营造浓厚氛围，强化理论武装，坚定理想信念。深入学习党的十八大和十八届三中全会精神，参加了国家安全监管总局组织的视频集中辅导和省直工委组织的专题集中培训，开展了集体学习、知识竞答、视频研讨、论文征集、专家讲座等形式多样、内容丰富的活动。注重加强党的方针政策和中国特色社会主义理论体系学习，不断提高理论功底和政策水平，树立正确的世界观和方法论。按照党组中心组和机关干部2013年理论学习计划，全年党组中心组学习24次，机关干部坚持每周二集中学习。

（二）抓党建责任落实。建立一级抓一级，层层抓落实的党建工作机制，局党组为党建工作的责任主体，对党建工作负领导责任，机关党委具体抓，各党支部书记为本支部党建工作第一责任人，认真落实“一岗双责”制度，使党建和业务工作两不误。对各直属单位、各分局（站）明确下达了党建工作和党风廉政建设目标任务，把党建工作、廉政建设作为目标责任考核的重要内容，确保党建工作和党风廉政建设工作的有效落实。

（三）抓宣传文化建设。开展了《煤矿矿长保护矿工生命安全七条规定》的宣传贯彻，组织对全省1022个煤矿和173个主体企业的1305名主要负责人（董事长、总经理、矿长）进行了集中宣讲、现场考试、公开承诺，通过专题培训、调研督导，制定实施细则，开展专项监察、交叉监察、摸底调查，促进煤矿企业扎实开展“保护矿工生命，矿长守规尽责”主题实践和“敬畏生命”大讨论活动。围绕“强化安全基础、推动安全发展”主题，突出警示教育、应急演练、文化建设三个重点，开展了“安全生产月”期间的七项集中宣教活动。举办煤矿安全文化建设专题培训，完善创建办法、召开推进会议、开展论文征集、举行专家讲座、组织现场考评等，推进示范创建和文化建设。利用培训平台、现场检查、情况通报、知识竞赛、案例宣讲、技术培训等阵地和载体，宣传法律法规和方针政策，营造良好氛围、凝聚思想共识、推动安全发展。

（四）严守政治纪律。局领导班子把严守政治纪律作为班子建设的首要任务，认真贯彻执行党的路线方针政策，在思想上、行动上同党中央保持高度一致，自觉维护中央权威，坚持政治信仰不动摇、政治立场不含糊、政治方向不偏移，在大是大非问题上做到了思想敏锐、头脑清醒、旗帜鲜明。认真学习和自觉遵守党章，按照党的组织原则和党内政治生活准则办事，切实做到法律面前人人平等、制度面前没有特权、制度约束没有例外。认真贯彻党中央国务院和国家安全监管总局党组关于煤矿安全生产工作的决策部署，坚决维护国家安全监管总局党组的权威，坚持有令必行、有禁必止。

二、坚持民主集中和集体领导，着力提升科学民主决策的水平

（一）优化决策机制。坚持和完善党组领导，不断改进党组领导方式，充分发挥省局党组在全系统工作中总揽全局、协调各方的核心作用，安排修订党组工作规则和行政工作规则，科学界定党组会、局长办公会的决策范围，明晰决策程序，落实工作责任，提高决策水平。坚持和完善党组集体领导和个人分工负责相结合的制度，凡属重大决策事项、重要干部任免、重要项目安排和大额度资金使用，都要按照集体领导、民主集中、个别酝酿、会议决定的原则，由党组或领导班子集体讨论，做出决定，班子成员根据集体决定和分工，切实履行自己的职责，及时执行。

（二）坚持民主集中。局党组坚持求真务实、敢抓敢管、作风民主，领导班子成员分工明确、顾全大局、相互协调，整体作用发挥良好。主要负责人充分尊重局领导班子成员的主体地位，切实保障其民主权利，积极推进党务政务公开，大力营造党组内部、成员之间民主讨论环境。领导班子始终坚持民主集中制原则，注重在党的生活中走群众路线，注重在“三重一大”决策中发挥集体智慧，制定了监察分局（站）“三重一大”事项集体决策若干规定，注重在领导监察执法中提升科学化水平。领导班子始终坚持有议有决，多谋善断，全年共召开党组会21次，讨论议定重大事项121项；召开局长办公会议17次，讨论研究有关事项63项。

（三）加强政务督办。重视对党组和领导班子做出的重大决策和重要部署、省局文件、决定事项、班子成员批示事项等贯彻落实情况进行督办，有效防止执行过程中的偏差懈怠，及时纠正执行过程中的扯皮推诿，主动加强执行过程中的沟通协调，提高了领导班子决策的执行力。特别是采取明察暗访、走访座谈等方式，着重发现监察执法过宽、处罚畸轻畸重和不作为、乱作为等问题，严防违规行使自由裁量权、随意实施处罚、擅自变更处罚等问题和失职渎职行为。

（四）开展执法监察。一是结合全省煤监系统实际，开展了自查工作，安排各监察分局（站）和机关执法处室，对2012年以来所有执法活动进行了普遍自查，逐件查阅两年来的监察执法、行政许可和事故调查文书，重点自查行政处罚尤其是重大处罚、自由裁量权使用、许可程序。二是单位和处室内部互查互评，对煤矿进行走访和问卷调查，通过自查发现53个问题并进行了边查边改。三是开展了对10个监察分局（站）进行执法监察专项检查，共检查执法案卷100套，交流了经验、点评了做法、发现了存在的问题、进一步强化了监察执法意识。

三、注重党政同责和队伍建设，积极提供煤监执法的组织保障

（一）实行党政同责。局党组在多次重要场合，明确各监察分局（站）局站长是监察执法第一责任人、书记是执法监督主要负责人，促进形成齐抓共管煤矿安全监察执法的内生动力。组织参加“五项全能”比赛，提振队伍士气。建立罚款收缴月报制度，开展安全许可网上办理和限时办结试点，奠定监督基础。加强执法监督、规范执法行为，

推行执法闭合和“两书一卡”，开展了文书内审、案卷评查、处罚备案活动。注重制度创新、增强执法活力，制定了突出矿井、瓦斯抽采达标、防治水、安全设备、安全费用、建设项目安全设施“三同时”等专项监察办法和现场检查方案编制办法,组织监察员到露天矿观摩学习现场检查技术要领，提高实战本领。

（二）强化队伍建设。研究制定了践行群众路线加强队伍建设的意见，不断提高监察队伍的思想政治素质和依法行政能力，教育引导广大党员干部进一步坚定理想信念，强化宗旨意识，增强群众观念，树立良好的执法形象。始终坚持德才兼备、以德为先的用人标准和民主、竞争、择优的原则，严格按照国家安全监管总局党组“五看”标准考察和评价干部，认真做好机关、各监察分局（站）空缺岗位干部的选拔任用工作。在保持领导班子相对稳定的前提下，统筹考虑领导干部的调整和交流，立足于优化领导班子结构的需要，适时对干部进行了调整交流，认真做好公务员招录工作。

（三）提升能力素质。制定了《关于加强干部教育培训提高队伍素质的实施意见》，加大对干部队伍培训力度，提高监察人员的业务水平和执法能力。坚持以用为本，认真落实培训计划，继续多渠道、多形式培训干部，组织选送15名监察分局（站）负责人和35名监察员参加了国家安全监管总局举办的监察分局负责人培训和业务培训，9名监察员参加国家安全监管总局的执法资格培训，4名处级领导参加了国家安全监管总局党校的学习培训，认真组织参加国家安全监管总局举办的视频专题讲座6次，参加人数900人次。

（四）夯实执法基础。开展事故应对评估、应急预案修订、救援队伍达标、应急预案演练，提高处置水平。组织档案知识竞赛、征文评比、专项检查，强化档案意识、规范档案管理。编制了山西煤矿职业卫生统计分析报告，开展了煤矿职业卫生技术培训、技术服务机构资质认可，建立了专家库。编印了防治煤矿瓦斯突出手册、开展矿井防突研讨和设备技术培训，提高了监察实效，部分监察分局（站）还编印了辖区煤矿分布图册，反映灾害特点和基本情况，有效指导监察执法实践。

四、狠抓作风转变和廉政建设，持续夯实公正廉洁从政的根基

（一）贯彻中央“八项规定”精神。结合实际制定了贯彻“八项规定”精神实施办法，陆续制定或修订完善了局会议管理制度、文件管理制度、经费审批管理制度、领导干部联系点制度等制度规定，明确、细化了有关的规定要求和检查标准，增强了针对性和可操作性。认真开展重点问题治理，重点抓了“三个严禁”和“三个下降”，加强思想教育和监督检查，促进了抵制公款吃喝、厉行倡俭治奢的风气形成。全系统年度召开会议同比下降43.75%，会议费同比降低30.1%；制发文件数同比下降27%；“三公”经费同比压缩17.80%；招待费支出同比下降73.96%。

（二）继续深化反腐倡廉建设。认真开展警示教育，组织学习了本系统腐败现象分析通报和警示教育案例选编，深入剖析全省煤监队伍发生的腐败案件，以身边事教育身边人。开展了清退会员卡活动和违规用车清退活动。开展了专项检查工作，检查出低限处罚较多等6个方面的问题，逐项提出整改纠正意见并进行了公开通报。开展了事业单位制度廉洁性评估工作，对78项制度提出评估意见106条，对评估结果进行了公开通报，各单位按照要求逐项进行了整改。立足及时发现和纠正苗头性问题，制定了廉政风险防控管理办法，扎实推进和深化风险防控工作。

（三）认真开展教育实践活动。以为民务实清廉为主要内容，以领导班子和处级以上领导干部为重点，扎实开展学习教育、听取意见，查摆问题、开展批评，整改落实、建章立制三个环节的活动，聚焦形式主义、官僚主义、享乐主义和奢靡之风问题，查摆出领导班子在“四风”方面的21个突出问题，班子成员个人在“四风”方面的114个问题，有针对性地制定了班子整改方案、专项治理方案、制度建设计划和个人整改措施，并扎实抓好各分局（站）、直属单位和机关处室的教育实践活动。

五、突出严格执法和严肃问责，大力促进落实企业主体和安全监管两个责任

（一）健全完善行政执法责任体系。召开全省煤矿安全监察工作会议，回顾总结、分析形势，安排部署了2013年的总体工作，明确了“三个继续下降”的总目标，确立了八项重点任务。完善目标责任考核办法，更加突出安全指标控制、下井现场检查、执法行为规范、执法力度加大、党风廉政建设，对责任目标完成情况实行每月分析、按季滚动、半年考核、全年总评。逐步建立了以监察员综合考核为基础，以三个评估为切入点，以三个目标责任考核办法为载体的网络式监控监察机制。严格编审年度和月度执法计划，责任分解到各执法小组和各执法人员，每周汇报进展情况，确保执法计划完成的严肃性。

（二）紧紧抓住突出问题强化监督。开展了全省煤矿安全隐患集中整改百日专项行动省级督查，由五个局领导带队，分别深入五个辖区煤矿现场抽查，查处的隐患和问题按分级监管权限，分别移交市县煤矿安全监管部门或五大煤炭集团公司限期复查、监督整改。开展了煤矿安全突击检查、联合执法，按照安全生产“打非治违”工作实现“四个结合”、实行“四个一律”、坚持“五落实”要求，严肃查处非法违法和违规违章生产建设行为。开展了煤矿安全大检查省级督查，坚持“四不两直”原则，对全省市县政府及其煤矿安全监管部门、主体企业、保留煤矿开展的为期四个月大检查情况进行了随机抽查。

（三）始终围绕隐患整改提高效率。提高现场检查的针对性，合理确定监察重点、有效工日、执法力量、监察定额、矿次统计，将“三项监察”执法计划制版上墙，推进

有序实施。实行计划完成奖惩激励，强调计划编制、执行的严肃性，超工日100％以上者考核减分，超矿次加分上不封顶，鼓励下井检查和精细监察。推进“三项监察”点、线、面有机结合，对高瓦斯矿、突出矿、事故矿、水文地质类型复杂矿重点监察，对建设项目安全设施、矿井防治水、矿领导带班下井、安全费用、安全培训、斜井人车等专项监察，对重大隐患治理跟踪定期监察。

（四）着力提升安全生产保障能力。严格安全准入,建设项目安全设施设计审批和竣工验收到现场，确保与主体工程“三同时”；对申领、换发安全生产许可证的煤矿进行现场检查，达不到安全生产条件的，不予发放申请书。大力推进井下紧急避险系统建设，要求制定规划、限期承诺、按时完成，实行定期报表制度，及时掌握工作动态。开展了安全评价机构年度考核和典型案例分析，实行评价报告网上公开；制定安全检测机构检验目录，培训检测人员、规范检测行为，充分发挥中介机构技术支撑作用。召开了煤矿安全科技论坛暨新技术新产品推介会、科技工作座谈会，下发了2013版山西煤矿安全先进适用技术成果和新型适用装备产品指导目录28项。加强矿山救护队资质认可和安全培训机构建设，开展了应急知识普及、教师岗位培训和继续教育、安全培训机构专项监察。

（五）严肃追究事故企业主体责任。严格执行“四不放过”和“依法依规、实事求是、科学严谨、注重实效”的原则，严肃查处每一起事故，对典型事故提高调查组规格。实行事故查处审议制，一般事故审议备案、较大事故审议批复、重大事故审议上报，不仅查找造成事故的直接、主要原因，还要查找事故中暴露出的重大隐患和迟报、瞒报行为，实行上限处罚，规范事故查处行为，提高事故查处质量。严格按照2006年省安办52号文件规定，督促隐瞒事故举报的核查。更加注重提高结案时效，严格执行省政府办公厅2012年34号文件规定，多种追究方式并用，对事故矿井吊销矿长两证、限期停产整顿，2013年已结案36起事故，追究了513人的责任。

（王云爱）

附：省煤矿安全监察局党组书记、成员名单

书　记：杜建荣

成　员：梁云祥　徐占成　薛勇军　赵文才　杨谦禄

中华人民共和国太原海关党组工作概况

党组书记　吕伟红

2013年，太原海关党组认真学习贯彻党的十八大精神，积极落实“把好国门、做好服务、防好风险、带好队伍”的“四好”总体要求，切实加强学习型、服务型、法治型、创新型、廉洁型“五型”海关建设，坚持求真务实、锐意进取，从全省经济社会发展实际出发，不断优化监管服务，着力推进各项建设，整体工作继续保持平稳健康发展的良好态势。

一、业务运行概况

全年完成税收入库48.02亿元，同比增长0.36%，再创历史新高；监管货运量2442万吨，同比增长27.2%；货值49.3亿美元，同比增长15.2%；监管进出境飞机2886架次，同比增长26.3%；监管进出境人员33.2万人次，同比增长41.6%。

二、支持全省外贸发展

把服务山西转型跨越发展作为自身的重要职责，较好地促进了开放型经济的稳定发展，全省外贸进出口呈现稳中有进、稳中向好的局面，全年进出口总值再创历史新高，外贸发展的质量和效益得到进一步提升。据太原海关统计，2013年山西省进出口总值980.6亿元人民币（折合158亿美元），扣除汇率因素（下同）同比增长5%，进出口总值居全国第24位，增速居第26位。其中：出口496.1亿元人民币（折合80亿美元），增长14%，出口总值居全国第23位，增速居第14位；进口484.5亿元人民币（折合78亿美元），下降2.8%，进口总值居全国第25位，增速居第27位；全年实现贸易顺差11.6亿元人民币（折合2亿美元）。

三、认真开展党的群众路线教育实践活动

按照中共中央、海关总署和山西省委的安排部署，紧紧围绕保持党的先进性和纯洁性，严格遵循“照镜子、正衣冠、洗洗澡、治治病”的总要求，以“为民、务实、清廉”为主要内容，以坚决反对形式主义、官僚主义、享乐主义和奢靡之风为聚焦点，深入开展党的群众路线教育实

践活动。在海关总署有关领导和第16督导组的指导下，坚持执行“规定动作”标准不走样、履行程序不变通和学习教育时间不压缩，紧密结合省情关情，灵活安排各项“自选动作”，采取多种方式开展学习教育、多层面听取意见、全方位落实整改，取得明显成效。11月11日–12日召开党组专题民主生活会，之后各单位（部门）党支部认真召开了专题组织生活会，关党组成员以普通党员身份参加所在党支部的会议。通过认真开展批评与自我批评，处级以上领导干部实事求是地对自身思想和工作上的不足进行了深刻剖析，查找原因深刻到位，制定整改措施确实可行，生活会达到了预期目的。活动期间，通过发放征求意见表、面对面交流、设立意见箱、12360热线等方式，征求海关干部群众、进出口企业、党政机关的意见建议，共收集意见110条。在整改环节，关党组6次研究整改落实工作，并制定了整改落实、建章立制整改方案、“四风”突出问题专项整治工作方案和制度建设计划，截止年底前整改的项目已经全部兑现承诺，整改率达100%。

四、太原武宿综合保税区通过国家验收

把支持太原武宿综保合保税区建设作为一项重要工作，成立了由班子主要领导任组长的专项工作组，指定专人对接综保区指挥部，积极参与相关工作，从综保区规划选址、基础建设、监管设施、产业项目、管理机构机制、政策解读等方面提出政策建议，并帮助指挥部开展规划、设计、招商等工作。8月20日，太原海关牵头联合省内10个厅局单位对综保区进行了预验收。经积极协调，9月16日海关总署牵头组织国家十部委来晋进行正式验收，并颁发了验收合格证书。12月27日，太原武宿综保区正式开始办理海关业务。

五、真诚服务各级政府和企业

关领导多次赴省内各市调研，会见当地党政领导，并深入到有关进出口企业进行实地考察，帮助地方政府和企业解决外贸发展中的困难。班子主要领导到朔州、运城、长治等市组织的专题会议上开展政策宣讲，对有关部门和企业作了海关政策专题讲座。关区各业务部门也结合实际组织进出口企业培训，深入企业送政策上门，积极帮助相关人员了解掌握海关规定。认真研究、改进和完善统计预警分析工作，坚持定期和不定期向省、市政府和商务部门提供海关统计数据和进出口贸易重点商品的进出口情况分析，积极为各级领导科学决策提供依据。畅通“12360”海关服务热线，统一受理社会各界向海关提出的服务需求，进一步增进了海关与服务对象间的沟通与联系。以便利企业为核心，6月正式启动通关作业无纸化改革试点工作，有效提高了通关效率。与外贸企业建立紧密合作伙伴关系，继续落实大客户服务制度，指定专人具体服务重点企业，及时解决通关过程中遇到的问题。在人力紧张的情况下，科学配置管理资源，为省内增加的国际航班做好监管服务，有效支持了全省的对外开放工作。进一步加强与省内市政府和重点企业的联系沟通，全年先后与运城、朔州2市签订合作备忘录，明确了海关支持各地和重点企业发展的具体措施，建立了沟通顺畅的紧密合作机制。目前太原海关已与省内7市、3个兄弟单位和5个大型企业签订合作备忘录。

六、打击走私取得新突破

认真贯彻全国打击走私工作会议精神，开展打击走私专项斗争和联合行动，确定了打击“洋垃圾”走私、毒品走私、武器弹药走私、重点涉税商品走私、濒危野生动植物走私、违法携带货币等物品进出境行为等6个工作重点，会同省公安厅、环保厅等单位联合制定出台5个专项行动方案。立案调查行政违规案件54起，案值4803.02万元，办结37起，案值3992.39万元。立案侦办走私犯罪案件6起，其中走私进口废塑料案4起，查证涉嫌走私进境废塑料23162.88吨，案值约9265.15万元；立案侦办邮递渠道走私进境象牙案1起，查扣涉案象牙84.65千克，估值352.71万元人民币，实现了关区侦办固体废物走私、珍稀动物制品走私案件零的突破。全年，太原海关共查获超量携带货币现钞进出境案件9起，其中违规携带1300万元进境案件是全年全国最大的1起该类案件，中央和省内多家媒体进行了报道。

七、依法拍卖没收走私车辆

太原海关先后于3月22日、3月29日、12月27日组织3次公开拍卖活动，对2009年侦办的“10.10”走私汽车案33辆没收走私车进行拍卖。3次拍卖成交额1314.5万元，比拍卖底价高出652万元，溢价率98.42%，实现了国有资产的保值增值。中央和省内媒体集中报道了走私汽车公开拍卖活动，对太原海关严格依法行政、公开透明处理罚没车辆的做法予以积极评价。

八、干部队伍建设稳步推进

坚持德才兼备、以德为先的用人标准，从培养、选拔、交流等各个环节抓好队伍建设。完成13名处、科级干部选拔任用和5名正处级干部的交流任职工作，将新招录的26名关员和调入的3名同志全部安排到基层一线工作，从基层选调10名年轻业务骨干充实机关，有效缓解了人力资源紧张的问题，干部队伍梯次更加合理，结构进一步优化。加强兼职教师培训，协调安排参加总署及地方举办的各类培训班共141期、218人次，关内组织各类培训122期、参训2009人次，干部队伍的整体素质得到进一步提升。

九、着力加强作风建设

严格执行中央“八项规定”和海关总署党组的相关措施，制定出台本关的具体实施细则。关党组坚持率先垂范，带头执行有关规定，以解决突出问题为切入点，以密切联系群众为核心、以人民群众满意为标准，真正转变作风。

一年来，严控文件简报数量和会议的数量与规模，严格遵守不摆鲜花、不挂条幅等规定。严格公务接待和会议审批，公务接待均在关招待所安排食宿。制订领导干部联系基层单位制度和严格规范办公秩序的制度，着力整治庸懒散奢等不良风气。认真开展内涵学军，关警员作风纪律养成明显增强。

十、反腐倡廉工作不断深化

围绕廉洁型海关建设目标，扎实推进党风廉政建设和反腐倡廉工作。坚持每月廉政教育日制度、节假日廉政提醒制度，开展为期一个月的领导干部从政道德教育活动，组织观看“海关工作人员六项禁令”廉政情景剧，扩大了廉政文化影响效应。制定加强权力运行和监督制度建设的具体方案，突出执法领域和非执法领域中涉及人、财、物管理的权力监督，结合行政审批权、自由裁量权等摸底工作，开展关区清权确权工作。有效落实党风廉政建设责任制，各级领导干部责任主体意识和履行“一岗双责”能力有新的提高，各部门反腐倡廉教育、廉政建设例会、业务监控检查工作常态化、制度化。关区党风廉政建设整体水平大幅提升，全年未发现不廉洁问题，为各项事业全面健康发展提供了有力保证。

十一、精神文明建设成果丰硕

充分发挥机关党委的职能作用、党支部的战斗堡垒作用和党员的先锋模范作用。把“四好”单位争创作为带队伍、抓管理、促业务的有力抓手，深入开展精神文明创建活动。总关机关连续12年蝉联省直文明和谐单位标兵，机场海关连续8年蝉联“全国青年文明号”，侯马海关和现场业务处被评为“山西省青年文明号”；缉私局直属队获全国海关系统先进集体，统计处获2012年度全国海关“四好”单位，审单处被评为山西省巾帼文明岗。组队参加直机关第九套广播体操比赛获得金奖。

（张新年）

附：中华人民共和国太原海关党组书记、成员名单

书　记：吕伟红（女）

成　员：韩　渡（9月离职）　高志凯　岳玉敏（女）　许乾峰　牟军海

太原铁路公安局党委工作概况

党委书记　董跃峰

2013年，太原铁路公安局在省委、省政府和太原铁路局的正确领导下，全局公安机关坚持以党的十八大、十八届三中全会精神为指针，围绕“平安山西、和谐铁路”的总体目标，坚持“抓班子、带队伍、重基层、强基础、保平安、创一流”的工作思路，始终秉承“规范、创新、提升”发展理念，充分发挥“打击、防范、服务”职能作用，公安工作和队伍建设得到了长足发展，圆满完成了各项安全保卫任务，管内政治治安保持了持续稳定。所属大同公安处被公安部授予“全国优秀公安局”、太原公安处特警队被授予“全国优秀公安基层单位”，公安局党委连续8年被评为太原铁路局“先进党委”、“党风廉政建设先进单位”。

一、坚持转变作风，创新实干，锤炼过硬的领导班子

坚持把加强局、处两级班子建设作为公安工作的龙头，围绕引领力强、号召力强、凝聚力强、执行力强的“四强”标准，着力在提升领导班子的民主决策、科学决策水平上下功夫。

（一）强化学风建设。深入开展学习型领导班子创建活动，在领导班子中大兴学习之风。全年局处两级中心组共集中学习研讨163次540余课时，班子成员撰写心得体会及调研文章112篇。

（二）转变工作作风。出台《关于改进工作作风的规定》，领导班子成员下基层轻车简从，注重发现和帮助基层解决问题，日常工作中开短会、讲短话，精减各类会议50个，减少各类文件80个。常态落实“领导联系、专门督导、逐级负责、对口落实”责任机制，出台《领导干部联系点制度》和《领导干部破解难题制度》，开展局机关干部“当一天民警”活动，局领导班子成员按照分工包保全部沉入一线，组织指挥、检查督导。

（三）创新干部管理。坚持“用好的作风选作风好的干部”，建立健全适应公务员管理模式和铁路公安工作实际的干部选拔任用、考核管理机制，出台了《所队领导干部竞争上岗办法》《领导干部择优选配办法》，坚持“民主、公

开、竞争、择优”的原则，对重新核定机构后空缺的93个基层所队副职岗位实施竞争上岗，择优选配干部16名。

（四）严格廉洁自律。认真落实民主集中制，坚持“三重一大”问题集体决策，在基层所队房舍整修、信息化建设和网上办案设备购置，车辆购置等大额支出，全部实行了招投标和政府网集中采购。

二、坚持以人为本，科学管理，打造一流的民警队伍

始终把队伍建设作为公安工作的根本，坚持“靠制度管人”、“用制度管事”，出台“三个决定、三年规划、一项规则和九个办法”，完善工作标准、绩效考评、奖惩激励“三大体系”，以科学的理念、科学的方法，以警为尊，严爱相济，凝聚了民警队伍的正能量，提升了公安机关的战斗力。

（一）深入开展立功创模。坚持在重点任务中选树载体，公安主战场选树典型，基层民警中挖掘亮点，先后开展选树“十大岗位标兵能手”竞赛活动和“六比六看”活动。有2个集体荣立二等功、89个集体、59名个人荣立三等功，32个集体、85名个人荣立嘉奖；以史恩礼命名的“恩礼列车治安服务法”入选路局十大客运服务优质品牌，1人荣获中华铁路总工会“火车头奖章”，5人被铁路公安局评为“百名岗位能手”。全年共在各级媒体刊稿9115篇，收到良好社会效应。

（二）全面加强教育训练。积极探索信息化、数字化、智能化形势下实战练兵新路子，全面加强了民警训练支队硬件建设。全年公安局、处组织办班培训了59期，参加人数达4336人次，特别是组织全局213名所、队长分两批在中国人民公安大学进行了深造，为建局以来首次。在全路公安机关警务实战比武竞赛中公安局警务实战代表队取得了4米墙攀爬第一的好成绩；有2名民警自学考取北京大学软件工程系硕士研究生；1名技术人员被铁路公安局聘任为刑事技术专家，5名同志入选铁路公安局刑事技术青年人才库。

（三）大力弘扬警察文化。牢固树立“公安文化是警力、是战斗力”的理念，突出环境文化熏陶、精神文化激励、地域文化感染，按照“一处一特色、一所一品牌”的思路，健全文体活动制度，完善文体活动设施，开展了“兴文化之风，建和谐警营”六个一系列活动，举办了首届“卫士杯”乒乓球、羽毛球及篮球比赛，推出了全局警营文化建设示范点10个。

（四）落实从优待警措施。认真落实“三确保一积极”，制定爱警惠警9个办法，想方设法解决实际问题。积极争取政策支持，提高工资福利待遇，深入开展经常性“送温暖”活动，加强基层所队“八小工程”建设，认真开展助医助困助学工作。先后为全局民警安排体检和健康休养，办理了团体人身意外伤害保险续保工作，实施子女考入大学本科及公安专科学校“励志奖学金”，积极帮扶重特困民警。

（五）始终坚持从严治警。牢固树立“严是爱、松是害”的思想，关口前移、防范在先，强抓民警队伍纪律作风教育，围绕枪、酒、车、赌以及执法执纪、勤务落实等持续开展明查暗访，专项督查。制定出台《领导干部责任考核（问责）暂行规定》，落实“六查一追究”制度，对工作不力、失职失察等行政问责，全年杜绝了违法违纪问题。

三、坚持基础取胜，警务前倾，筑牢有力的发展根基

把加强基层基础建设置于公安工作优先发展的战略地位，坚持“人往基层走、物往基层流、钱往基层花”，加大基层所队警务保障，努力改善基层一线工作生活条件，强化公安业务基础工作，理顺了基层基础建设“正金字塔形”结构。

（一）不断加大基层投入。大力推行警力下沉，精简机关充实基层，最大限度地将警力充实到一线警务区。推进公安信息化建设，加快公安网扩容改造和视频监控建设，信息平台建设，实现局、处、所队、警务区四级信息网络对接连通。加强执法规范化建设，开展社会主义法治理念教育，严格规范执法行为，严把执法办案质量。本着“需必配、配必用、用必会”的原则，逐步配齐配全基层警务装备，努力改善基层所队“八小工程”基本设施，满足基层工作生活需要，全力营造拴心留人的工作环境。

（二）规范落实“三定”责任制。修订了局、处两级班子、两级职能部门、基层所队的“定人定岗定责”的“三定”责任制，全局干部民警除少数人员身体疾病等特殊原因外，全部规范细化了标准化作业程序，着力解决岗位“谁来干、干什么、怎么干、干到什么程度，达到什么样的体系标准”的问题。

（三）提前介入新线基础工作。全年管内在建新建铁路项目8个、全线长1720.69公里，陆续进入建设攻坚阶段和收官阶段，公安局专门成立新线办，全面介入物防、技防、消防、公安用房等工作。严把安防标准，发现物防技防不达标问题350余件，专项督办整改31件；推进公安用房建设的对接协调，组织召开路地协调会议40余次，确保了新线建设安全稳定。

四、坚持打防并举，综合治理，争创一流的公安业绩

坚持把确保铁路运输生产及旅客群众生命财产安全作为公安工作的中心任务，着力在发挥“打击、防范、服务”职能定位，保安全、保稳定、保畅通的大局中去思考和谋划工作，牢固树立风险管理意识，着力加强站车线治安保障体系建设，围绕不同时期各项任务，持续开展了治安专项整治，稳步推进各项安全防范措施。全年持续开展“绿色通道”、“平安站车”创建活动，大力开展群联群治，综合治理，在铁路党政、单位以及地方公安、政法、综治、

护路等支持配合下，各项公安工作取得了良好的成绩，全年实现了“五个突破”。

（一）安检查危实现新突破。创新安检管理机制，实行社招安检队员模式，查获各类危险、违禁品148550起，同比上升110%，特别是通过人身安检查获毒品195起，重量为6065.17克。

（二）侦查破案实现新突破。始终保持打流窜、打货盗割盗拆盗高压态势，破获刑事案件620起，同比增加142起，上升29.7%；抓获犯罪嫌疑人307名，同比增加104人，打掉犯罪团伙20个，同比增加12个。

（三）站车查缉实现新突破。全年贯穿站车查缉专项行动，站车查缉抓获网上逃犯807名，同比增加541名，上升203.4%，破获毒品案件183起。

（四）安全防范实现新突破。坚持依法行政，依法治消，排查消防隐患9513件，消防行政处罚354起，同比上升863%；排查内部安全隐患1498件，办理内部行政案件71件；内部单位发案同比下降60%。

（五）线路管控实现新突破。及时发现7起重大行车隐患，发现、处置洪洞曲亭水库溃坝、路基塌陷、护坡塌方等事故21起，确保了铁路运输安全畅通。

（武建新）

附：太原铁路公安局党委书记、副书记、委员名单

书　记：董跃峰

副书记：关六斤

委　员：段建生　马跃进　张文魁　贾功耀　刘来有　刘建兵　张国顺

太原铁路公安局召开总结表彰大会

驻晋部队党委工作概况

省军区党委工作概况

党委书记　张少华

2013年，在北京军区党委和省委、省政府的正确领导下，省军区党委团结带领全区官兵，坚决贯彻落实党的十八大、十八届三中全会精神和习主席一系列重要指示，紧紧围绕党在新形势下的强军目标，突出听党指挥、履行使命、安全稳定三个重点，持续用力重打基础，改进作风真抓实干，以军区人武部和预备役部队建设工作会议在山西召开为标志，各项工作任务成果丰硕，部队全面建设取得新的发展进步。

固本强魂工作更加富有成效。坚持强军先强"魂"，大力加强思想政治建设。按照"军队努力走在前列"要求，把深入学习贯彻党的十八大精神和习主席系列讲话作为首要政治任务贯穿全年，省军区常委先后16次组织专题学习，及时形成纪要下发指导部队，第一时间用习主席重要指示统一思想和行动。注重区分团以上党委机关、基层官兵和离退休干部，划分专题、上下结合认真抓好各级各类人员学习。十八届三中全会召开后，及时跟进传达学习、集中教育、宣讲辅导，迅速兴起学习贯彻热潮，官兵进一步坚定了改革自信，增进了对党的信赖。长治军分区采取大学生村官宣讲、开展百连千人知识竞赛等措施，推进了基层创新理论武装。突出强军目标学习贯彻，与部队"坚定信念、铸牢军魂"主题教育活动渗透融合，利用理论集训、干部轮训等时机不断深化理解，多形式开展大宣讲、大讨论活动，使强军目标重大战略思想深入人心，凝聚了自觉贯彻落实的强大合力。预备役83师、大同军分区结合自身特点，积极探索有益做法，高质量完成了全军、军区主题教育试点任务。运城军分区倡导提出"三当一创"强武兴武目标，组织开展"七个一"创建活动，激发了官兵投身强军实践的热情。重视做好意识形态工作，紧盯特殊时期和热点敏感问题搞好教育引导，深入开展隐蔽斗争和"四反"教育，全面加强网络舆情监测，确保了部队政治坚定和纯洁巩固。

军事斗争准备向实战化迈出扎实步伐。紧贴"屏护首都、稳定山西"核心使命，持续深化西部责任区综合防卫军事斗争准备。狠抓日常战备规范化建设，专题召开会议深化推进，筹资960万元为5支省级应急专业力量配装万余件，组建起1017人的省级民兵预备役应急大队，指导各级抓实建强174支重点应急队伍，逐步形成与遂行任务相匹配的省、市、县三级应急力量体系，出色完成火灾扑救、事故救援等急难险重任务上百起。临汾军分区、预备役249团在曲亭水库抢险中发挥重要作用，为开创国内大中型水库溃坝事故无伤亡先例作出积极贡献。加速推进信息化建设，军师团三级完成155台应急指挥车建设，军区部团展开光缆传输扩容，集中组织信息化建设达标考评，有力促进了建设成果向实践应用转化。大力强化实战化训练研练，紧紧围绕"三联三防"使命课题，参加军区"铸盾—2013"系列战役集训演习，形成多个战法成果。大同军分区《民兵应急分队制止平息骚乱行动》参加了全军战法创新观摩。坚持依法按纲施训，自下而上展开各类集训比武，从难从严组织冬季适应性训练和年度战备训练抽考，开展军事训练考核专项整治，训风、考风、演风进一步纯正。省军区机要骨干参加军区考核取得综合第三的好成绩，预备役高炮旅参加总部预备役部队军事业务培训被评为"优秀防空群"。

各级党委班子和干部队伍作风建设取得显著成果。坚决贯彻中央八项规定、军委十项规定精神和军区二十二条措施，省军区党委制定加强自身作风建设二十条措施，各级普遍提出贯彻落实办法，坚持以上率下、立言立行，保持了大抓作风建设的强劲态势。巩固深化风气建设成果，扎实开展“转作风、重实干”思想作风教育整顿，在全区凝聚起真抓实干的正能量。省军区连续五年大抓作风建设的经验做法被总政、军区总结推广。按照全军统一部署，上半年在团以上党委机关开展“学习贯彻党章、弘扬优良作风”教育活动，党员干部普遍受到深刻教育。下半年省军区机关全面展开第一批党的群众路线教育实践活动，省军区党委高度重视，认真组织，集中学习教育，开门广泛征求各类意见建议 252 条，对照军委明确的九个方面，严肃召开常委专题对照检查会，较真碰硬扎实推进八个方面专项整治、“五用一履行”清理整治和军职离退休干部住房、用车、公勤人员清理工作，纠治“四风”取得重要阶段性成果，为民思想、务实作风得到进一步升华和改进。2013 年，省军区共减少会议活动 25 个、文电 90 份、评比表彰 13 项，清理超编超配干部 16 名、不合理住房 32 套，清退离退休军职干部住房 11 套、公勤人员 8 名、不合理车辆 9 台，压减预算 383 万元，行政消耗性开支下降 24.5%、接待费下降 43.1%。各级坚持未学先改、未整先改，不等不靠，积极推进问题解决。朔州军分区结合实际开展“走在前列学右玉”实践活动，为驻地群众办实事、解难题受到好评。倡导兴实干之风、用实干之人，积极稳妥对师、团级班子进行调整，对 12 名未通过考核的取消提升资格，严密组织师旅级党委班子考核讲评，党委班子和干部队伍结构进一步优化。阳泉军分区新班子调整以来，注重从建章立制入手，规范党委领导工作，提升班子建设质量。严格落实党风廉政建设责任制，积极推进巡视移交问题整改，深入抓好领导干部经济责任审计，有效保证了部队作风持续向好。全区各级班子比较整齐，部队上下奋发作为、争创一流氛围浓厚。

国防动员和后备力量建设得到较大提升。继续走开走活具有山西特色的军民融合式发展路子，紧紧扭住党管武装这个“牛鼻子”，纳入省委巡视范畴全面展开巡视，“八一”组织军分区（警备区）党委第一书记述职，对 6 项重点指标量化、细化讲评，有力地推动了党管武装工作落实。认真落实中发 9 号文件，出台《山西省实施〈国防动员法〉办法》和《关于加强和改进民兵工作的实施意见》，为新形势下加强国防动员和后备力量建设提供了重要遵循。深入推进民兵调整改革，指导各级拓展在高新产业、科研院所的编组规模，优化调整 175 支基干民兵分队，持续开展基层阵地规范化建设达标活动，民兵营连达标率达 75%。继续推进国防教育“百千万”工程，新命名 20 个国防教育基地，国防教育“山西模式”影响力进一步扩大。晋中军分区国防教育“四注重、四形成”做法被国家国教办推广，牵头协调左权县花戏歌舞剧《太行奶娘》赴京演出，在军内外引起较大反响。针对征兵时间提前，早着手早筹划，扎实开展依法征兵试点，圆满完成 15950 名征集任务。持续开展“十个带头”活动，在植树造林、捐资助学、平安创建等方面做出积极贡献。

安全稳定形势持续向好。着眼部队保持安全平稳时间越长、压力越大的实际，紧盯问题做工作，坚持从零做起、分段取胜，打好安全稳定“组合拳”。持续强化安全意识，广泛开展“六年‘双无’怎么看、六年之后怎么办”大讨论，“安全工作无止境、每天都是零起点”的理念在官兵头脑中深深扎根。深入开展“学法规、用法规、守法规”活动，对全区部团 900 余名官兵职工进行抽考，参加军区考核 3 名干部进入前 10 名。扎实开展隐患排查，集中组织军车专项整治、私存枪支弹药清缴、安全保密清查等活动，共收回地方使用军车号牌 12 副、封存停运无牌车辆 530 余台，收缴小口径步枪 8 支、子弹 377 发，有效消除了不稳定因素。

后装综合保障能力明显增强。紧紧围绕服务中心，不断提升后勤核心保障能力，全年共投入 1.5 亿元用于军事训练、信息系统、配套设施建设和改善官兵生活。全面深化后勤改革创新，以临汾地区为试点，探索了远离保障体系单位医疗保障社会化的方法路子，顺利换发“2012 式”军车号牌，完成 200 套军官公寓房建设任务，平稳推进原红星制药厂职工等遗留棘手问题解决，后勤服务保障质量进一步提升。大力推进省军区大型装备库房建设和市县两级民兵武器装备仓库安防建设，严密组织民兵预备役部队武器装备普查，高标准完成军区“装备动员机构规范化建设”试点任务。及时申请配备新式装备 1138 台套，搞好通用装备综合保养整治，有效保障了部队战备训练和建设需要。

部队其他各项工作成效显著。新闻报道在省级以上报刊杂志刊稿 2908 余篇；其中中央电视台新闻联播 5 条；机要工作和保密档案工作连续实现 41 年安全保密无事故；移交老干部 83 名，连续 4 年超额完成军区下达任务；圆满完成 45 万名学生军训和 411 名国防生招收分配；军史馆全年迎接军内外各类人士 6300 余人次参观学习；协调省教育厅落实 277 名官兵子女享受加分优待；计划生育连续 14 年无超生。此外，干部转业、史料编纂、绿化美化等工作都取得明显成效。

（杜占甫）

附：省军区党委第一书记、书记、副书记、常委名单

第一书记：袁纯清
书　　记：张少华
副 书 记：刘云海（12 月离职）　冷杰松（12 任职）
常　　委：贠自博　喻　军　徐洪生（9 月离职）
吴国志（9 月任职）　李　竞　谢新宁

武警山西省总队党委工作概况

党委书记　刘振所

2013年，武警山西省总队党委认真学习贯彻习主席系列重要指示，坚持以强军目标为统领，按照明确的总体思路，团结带领广大官兵，聚精会神搞建设，全力以赴抓落实，圆满完成以执勤处突为中心的各项任务，部队整体建设稳步推进、巩固提高，安全工作经历波折、经受考验。

一、思想政治建设有新加强

按照“五得”要求，推行“1+3+1”授课模式，抓好“四教”落实，主题教育效果明显。借助承办武警部队基层文化工作会议，研发政治工作一体化平台，规范10个文化场所，培养9类400名文体骨干，提升部队文化软实力。注重打好意识形态领域主动仗，扎实抓好任务中政治工作，稳妥处置涉警敏感事件，落实“月教育、周预警、日提示”预防工作机制，过细做好经常性思想工作，扎实推进心理疏导、法律服务工作，严密组织新兵“三查一除”，确保了官兵绝对忠诚、绝对纯洁、绝对可靠。

二、遂行任务能力有新提升

狠抓正规化执勤，扎实开展勤务教育整训和执勤隐患“六查”活动，完成33处规定外目标勤务撤收和分队部署调整，解决8大类174项突出问题。落实常态化战备，推动11个地市兵力预置点建设，组织敏感期维稳备勤和检验性拉动演练，侦察、通信、机要等军事保障有力有效。突出实战化训练，借鉴外军先进训练理念和模式，举办反恐特战队员集训，结合“卫士一13”演习，组织成建制大规模对抗演练和机动分队比武竞赛活动，抓好新兵教育训练和岗前培训，部队战斗力明显提升。全年累计用兵46880人次，出色完成临汾市洪洞曲亭水库溃坝抢险、大同维稳、太原连环爆炸案处置、赴疆武装押解及山林灭火等重大任务926起，有力维护社会稳定。

三、部队正规化建设有新进步

认真贯彻“辽宁会议”、“高岭集训”精神，按照“全精新实”要求，进一步巩固扩大“两项达标”验收成果。深入开展作风纪律整顿和正规化管理研讨活动，加大警备纠察力度，官兵行为养成日趋规范；严密组织士官专业培训、集中整训和职业技能鉴定，开展“百名优秀士官评选”活动，促进能力素质提升；以迎接全军安全大检查为契机，持续深化“五个重点问题”治理，加强经常性督导检查，扎实开展汲取10·4案件教训系列警示教育活动，组织安全大检查，影响部队安全稳定的重难点问题得到有效纠治。

四、基层整体建设有新变化

依据武警党委文件要求，对一线指挥部实施宏观指导，支队按照《三十条》对基层进行面对面指导，对照《按纲建队计划》狠抓经常性工作落实，按纲抓建秩序更加规范；分期组织686名大、中队军政主官和司务长进行《纲要》集中培训，对15个支队级单位、85个基层中队进行考察帮建、蹲点指导，培养按纲抓建的明白人、实干家；按照试点先行、全面展开、逐步深化的思路，大力推行“小滚动、大闭合、压茬式”考评帮建模式，坚持以考促建，在压茬解决问题中提高建设质量。

五、综合保障效能有新增强

认真贯彻“天津会议”精神，全面深化“山西会议”试点成果，加快后勤战备体系建设，调整编配两级应急保障力量，补充更新战备物资，应急保障能力在遂行任务中得到检验；加强后勤精细化管理，研究制定《厉行勤俭节约，严格经费管理实施细则》等系列措施办法，突出抓好预算执行、物资采购、经费审计，伙食管理，进一步提高综合保障效益；加大基础设施建设力度，积极推进经济适用房、总队医院迁建、干部士官公寓房等重点工程建设，完成15个基本达标中队整改任务，有效解决104个中队冬季洗澡问题，官兵工作生活条件进一步改善。

六、党委班子建设水平有新提高

按照建设学习型党组织要求，严格落实党委中心组和个人自学制度，坚持集中办班学理论，聘请专家作辅导，带着课题搞调研，领导部队科学发展的能力有效提高。持续开展民主集中制理论学习研讨，研究制定《关于加强总队党委建设的意见》《总队党委常委会议事决策细则》，对涉及部队建设方向性、全局性的重大问题，坚持党委集体讨论、集体把关，保证党委决策的民主性、正确性、科学性。认真贯彻习主席“三个着眼”、“三个见到成效”和“标准更高、走在前列”的政治要求，把开展党的群众路线教育实践活动作为一项重大政治任务来抓，建立月统筹、周计划、日碰头等运行机制，加强舆论宣传和思想发动，形成大事大抓的强劲态势；聚焦反对“四风”，采取集中教育、专项整治等方式解决倾向性问题，确保党委成员思想上始终清醒、政治上始终坚定、作风上始终务实。制定了《提高风气建设质量的意见》《四项设施建设十条廉政措施》等制度措施，积极畅通民主渠道，加大党内、群众和纪委监督力度，严密组织领导干部经济责任审计，不断规范领导用权行为，党委班子更加坚强有力。

（邱俊伟）

附：武警山西省总队党委第一书记、书记、副书记、常委名单

第一书记：刘　杰

书　　记：刘振所

副书记：仲　轩

常　　委：杨建国　夏家亮　王树海
胡占林(6月离职)
史金福(6月任职,8月离职)
侯德祺(8月任职)　李善勇　张喜文
穆瑞国

省公安消防总队党委工作概况

党委书记　陈子浩

2013年,山西省公安消防总队在消防安全形势异常严峻、尤其是上半年火灾指数迅速攀升、多地相继发生社会关注火灾的情况下,全省官兵上下一心、克难勇进,紧盯火灾高危单位以及重点、薄弱环节,持续开展"除火患、保平安"、"清剿火患"等集中整治行动,保持排查整治火灾隐患的高压态势,推动12万家单位、13.7万处火灾隐患得到整改,有效改善了全省消防安全环境,稳控了火灾形势,杜绝了重特大火灾。全省全年发生火灾8230起,死亡22人,受伤41人,直接财产损失1.5亿元,实现了30年未发生群死群伤恶性火灾事故。

一、突破难点,提升部队攻坚克难能力

强化铁军中队建设。总队加大经费投入,全省40个基层中队均被部消防局命名为一星级铁军中队。制定下发《指挥员能力考评实施细则》,全面推行指挥员指挥能力考评工作。强化搜救犬队伍建设,累计投入专项资金300余万元,全省消防部队搜救犬数量达到66只,并在2013年全国消防部队第二届搜救犬技术比武竞赛中荣获团体第8名的优秀成绩,受到部局的表彰奖励。强化灭火救援专家队伍建设。组织全省灭火救援高工组建成立总队级灭火救援专家组,针对不同类型灾害事故进行深入研究,战时为现场指挥部提供强有力的技术支撑。强化综合性应急救援队伍建设。省政府依托总队成立了山西省应急救援总队,全省11个市依托当地消防支队成立了综合性应急救援支队,119个县(市、区)依托当地消防大队成立了综合性应急救援大队,逐步建立全省、市、县三级联动的综合性应急救援力量体系。信息化建设取得明显实效。今年,总队机关信息化建设累计投资超过500万元,各支队投资总额超过4000万元,全面确保了信息化各项建设任务按期完成。总队被列为全国语音综合集成项目建设试点总队,组织成立全省应急通信保障大队、分队、小组,全面建立各级应急保障队伍。灭火救援各项任务圆满完成,特别是成功处置了临汾洪洞"2.15"水库坝体坍塌抢险救援、长治市"2.17"金威超市火灾、大同市"6.4"茂丰家政服务公司火灾、侯马"7.1"中储棉麻仓库火灾等,得到了各级党委政府、领导群众的充分肯定和高度赞扬。多种形式消防队伍稳定发展。省政府出台《山西省专职消防队伍建设管理办法》,以加强队伍建设为指标,明确队站建设和人员征召任务。顺利完成了350名政府专职消防队员和130名消防文员征召任务,新建12个乡镇专职消防站。开创性举办全省专职消防队伍职业技能大赛。全省11支政府专职代表队、11支企业专职代表队共176名队员参加比武。此举全国尚属首次,省劳动竞赛委员会为参赛专职消防队员记功,受到了部局的充分肯定。

二、坚持政治建警,队伍能力建设水平提升

强化党委班子自身建设。优化班子结构,对部分支队主官进行了调整,配齐配强了支队主官。严格落实党委统一的集体领导下的首长分工负责制,扎实推进支队级以下单位政治主官任书记制度,开展大队级党委落实"双主官"专题调研,以营、团职干部调配为契机,将能力强、业务精、熟悉党务工作干部选任到政治主官岗位。13个支队级单位党委班子全部配齐配强,基本形成了公平选拔、科学配备、合理流动的干部管理机制,11个支队级单位全部召开了第一次党员代表大会,加强了党委集体领导、扩大了党内民主、规范了组织制度。从严干部队伍管理,在干部选拔任用上落实"双考"选拔制度,共调整配备66名团职干部;选拔调整178名营职干部;公开选调总队机关干部16人,组织总队机关12名团职以上领导干部开展了当兵锻炼。抓经常性思想工作。开展了"为何从警、如何做警、为谁用警"大讨论活动;组织开展了"坚定信念、铸牢警魂"主题教育,开展了党的十八届三中全会、最美消防员和优良传统、拥政爱民等专题教育和反腐倡廉集中警示教育,提升了部队凝聚力;加强部队文化建设,确立5个示范性中队队史馆及专款经费;明确了廉政文化创建标准。扎实开展创先争优活动,对320个集体、2230名官兵进行了表彰奖励,13家单位、82人先后受到中央政法委、部消防局、省公安厅等表彰奖励,特别是涌现出了朔州支队特勤中队、阳军烈士等重大典型,充分展示了全省消防部队的良好形象。

加强作风建设,践行群众路线。在广泛深入开展党的群众路线教育实践活动中,各级党组织和广大官兵围绕"为何从警、如何做警、为谁用警",自觉接受教育,深刻查摆问题,认真剖析原因,坚定了理想信念,筑牢了思想根基,狠抓了作风建设,排查解决了50余项突出问题,建立完善了值班备

勤、办文办会、作战安全、干部管理、车辆管理、资产审批等19项规章制度，精简会议35个，精简文件33个，清理评比表彰项目5个，压缩“三公”经费39.5万元，90余名团职领导干部下基层当兵锻炼，各级党组织召开了民主生活会，规范了党委议事规则和党组织生活制度，11个支队级单位召开了第一次党员代表大会，13家单位、82人先后受到中央政法委、部消防局等表彰奖励，阳军同志入选“特别关注消防员”和“感动山西十大人物”，刘胡兰女子消防队、太钢消防大队、雷振瑛荣获全国首届119消防奖。

三、政府重视，基层基础保障能力增强

各级部队主动协调政府推进消防工作，省领导多次就消防工作作出批示指示，省政府6次召开专题会议研究、推进消防工作，出台了《山西省消防工作考核办法》，省政府常务会审议通过了《专职消防队伍建设管理办法》，11个市、119个县全部建立了政府消防安全责任体系，健全了消防安全领导小组、消防工作联席会议等工作机制，出台了《消防工作考核办法》，晋城市先行先试率先实施了《多种形式消防队伍建设发展意见》，消防法制建设、制度建设、政策保障全面上台阶。全省业务经费增幅达17%，其中太原、大同、临汾年内消防业务经费突破了亿元；太原、朔州、吕梁消防业务经费预算全部达到了《山西省消防业务经费保障标准》；新增消防车辆总数达200台，新增个人防护及抢险救援器材7.3万件套；完成维修营房改造任务为38个，新建了应急物资储备库，基层基础建设实现了新一轮大发展。

四、社会消防管理创新稳步推进

全面推行网格化、户籍化管理，全省已建立了85210个网格，落实了5500余个网格管理员，各市各乡、镇、街道已全部建立相应的消防安全组织，9736家消防安全重点单位，9425家已建立消防安全“户籍化”网上管理档案，比重达96.8%，实现了消防安全在基层有人管、有人抓；推动消防物联网一级、二级平台建设，实现了试点单位消防监督动态化、智能化；建成了“山西公安消防便民服务在线”平台，5项消防业务实现了网上预办理，群众满意率达到了99.6%；全面加强执法规范化建设，推行建设工程消防设计审核技术审查与行政审批分离制度，制定出台《派出所消防监督工作指导制度》等多项规范性文件，连续组织了2期全省防火监督干部培训班，进一步完善了执法体系、强化了执法监督、提升了执法能力。完善了火灾隐患举报投诉机制，制定出台了《山西省火灾隐患举报投诉奖励办法》《消防安全不良行为公布制度实施办法》，处理投诉举报1757件，奖励人数192名，发放奖励金额48550元，在互联网网站、《山西法制报》等媒体向社会公布，已公布不良行为1050条、个人不良行为信息321条。加强执法监督和警务公开工作。组织执法质量考评工作，实行一票否决；全面应用消防监督管理系统，建立完善了社会单位消防安全管理信息数据库和消防监督执法数据库；全面应用互联网消防办事大厅，实现了消防行政许可、建设工程备案抽查网上办理。加强使用领域消防产品监督管理工作，与省科技厅、住建厅、工商局、质监局联合下发《关于加强消防产品联合监督工作的通知》、《关于进一步明确建筑外墙保温材料监督管理有关要求的通知》等指导性文件，联合开展了为期三年的消防产品专项整治工作，对于改善消防产品市场环境收到了良好的效果；以公安厅名义下发了《山西省建设工程消防质量终身负责制实施办法》，强化消防安全源头管控。推进消防管理创新。太原支队研发开通了国内首个“行业消防知识在线学习平台”，推动市政府出台了《物业消防安全管理办法》，在消防教育培训、居民小区火灾防范等方面探索出了新路子；临汾支队依托职业学院开设消防管理专业，培养消防控制室专业人员，在消防重点单位、重点部位管理难题上迈出了新步伐；晋中、运城支队在“三合一”、“九小”场所消防安全等方面创新思路；忻州支队在古建筑群火灾防控方面成效显著，全市连续4年无火灾伤亡，五台山风景区连续23年无火灾。

五、拓宽渠道，消防宣传教育工作成效明显

联合宣传、教育、民政、卫生、文化等部门，积极发动各行业系统、各界群众，组织开展以逃生自救为主要内容的系列宣贯《纲要》活动；联合省委宣传部组织开展“百名媒体记者联手百名村官生命通道体验活动”，组织新闻记者、村官成立体验生命通道体验活动特色队伍，开展针对性的宣传活动；联合省公安厅、省教育厅督促各地教育部门和公安部门履行职责，进一步加强学校消防安全教育工作，在全省创建96所省级“消防安全教育示范学校”。聚焦弱势群体，延伸消防宣传触角。在“119”消防日宣传活动中，深入太原市聋人学校开展了消防产品知识专题宣传活动，完善聋人学校的消防安全设施，成立我省首批聋人消防志愿者队伍，编创首套消防手语操，并选派聋人志愿者代表在全省推广。组织山西省电视台、山西法制报和生活晨报等媒体成立媒体暗访曝光组，对火灾隐患大排查大整治期间各地工作开展情况及社会单位存在的问题进行暗访曝光。加大与各级新闻媒体之间的合作力度，深入宣传报道全省各地“纲要”颁布两周年、“119”消防日宣传活动及今冬明春火灾防控工作等新闻。全年先后在中央及省级主流媒体刊发新闻稿件3500余条(篇)，在省级主流媒体开设新闻专栏8个，各地广播、电视台播发消防公益广告、消防安全提示等内容510万余次。

(张静琮)

附：省公安消防总队党委书记、副书记、委员名单

书　记：陈子浩

副书记：孟应新

委　员：赵　鹏　赵江畔　王建平　刘振山　刘孟龙　李俊丰(7月任职)　戴芝荣(1月离职)　李红斌(7月任职)　胡海生(11月任职)　唐国忠　王　政

高等院校党委工作概况

山西大学党委工作概况

党委书记　师　帅

2013年，是山西大学认真学习贯彻落实党的十八届三中全会精神，深入推进"十二五"规划，不断提高党建科学化水平，全面提升综合实力的关键之年。一年来，在省委、省政府的正确领导下，在高校工委、教育厅的直接指导下，校党委团结带领全校师生员工，坚持以邓小平理论、"三个代表"重要思想和科学发展观为指导，深入贯彻落实十八大、十八届三中全会精神，牢牢把握高等教育发展规律，坚持社会主义办学方向，不断加强和改善党的领导，扎实开展党的群众路线教育实践活动，为促进和推动学校各项事业又好又快发展，提供了强大的精神动力和坚强的政治保障。

一、学习宣传贯彻党的十八大、十八届三中全会精神，强化思想建设和理论学习，深入推进学习型党组织建设

校党委始终把思想建设放在首要位置，将学习宣传贯彻党的十八大和十八届三中全会精神、习近平总书记一系列讲话精神作为当前和今后一个时期的首要任务，坚持用马列主义、毛泽东思想、邓小平理论、"三个代表"重要思想和科学发展观武装全校师生特别是党员领导干部，力争将广大师生对社会主义核心价值体系"内化于心、外化于行"，不断提高校院两级领导干部的思想政治和政策理论水平，为坚持社会主义办学方向提供重要的思想保证。

校党委把理论建设摆在重要位置，紧紧扭住党委中心组学习这个"龙头"，以提高学校各级党组织学习能力为目标，开展了系列学习活动，取得良好的效果。在群众路线教育实践活动中，校党委中心组先后组织了6次主题鲜明的集中学习，围绕中国梦、群众路线、"四风"问题、艰苦奋斗精神、意识形态建设、十八届三中全会精神等主题进行了专题学习。面向全校党员干部，举办了5场系列专题报告会，内容涉及习近平总书记系列重要讲话内涵解读、群众路线的历史沿革和现实意义、世界一流大学的办学启示、建设高水平地方大学的思考和实践、山西大学提升综合实力的战略选择等。通过校党委"集中学"和全体干部"普遍学"，学校各级党组织既学习了党的最新理论，又结合学校发展实际，放眼国内外高等教育规律研究，立足学校改革发展开展有针对性的学习思考，取得了良好效果。

校党委紧紧抓住马克思主义在意识形态方面的主动权，坚持用科学理论武装头脑，通过党委会、党委扩大会、领导干部民主生活会等形式，依托校院两级中心组理论学习，不断增强运用马克思主义立场观点方法加强学校党的建设、指导改革发展的能力。组织编印了《习近平总书记系列讲话集》，制作了《习近平总书记系列讲话视频资料》，作为校院两级中心组集中学习和党员干部自学的重要辅导材料。通过组织校院两级中心组集体学习和形式多样的自学，进一步增强了党员领导干部自觉坚持中国特色社会主义的"三个自信"。

二、全面开展党的群众路线教育实践活动，围绕党的先进性和纯洁性，牢固树立群众观念，切实改进工作作风

山西大学作为全省第一批单位开展了党的群众路线教育实践活动。在省委领导小组和督导组的精心指导下，确定了"凝心聚力谋发展，真抓实干促振兴"的活动主题；成立了

山西大学党的群众路线教育实践活动领导小组；制定了《山西大学深入开展党的群众路线教育实践活动的实施方案》，召开了动员大会，全校25个分党委、直属党支部，238个支部的4382名党员全部参加了教育实践活动。

在学习教育、听取意见环节中，校党委一是坚持把学习贯穿活动始终。校党委中心组先后集中学习6次，举办全校性大型专题报告5场。为全校各级党员干部发放相关学习读物和专用学习笔记本，重点学习党章、十八大报告、习近平总书记一系列重要讲话精神，通过个人自学和集中学习相结合，进一步增强了党员领导干部宗旨意识和群众观念。二是广泛开展调研活动。聚焦“四风”问题，运用围绕主题、设计专题、领题调研的“三题调研法”，采取集中座谈、基层走访和网络征集等形式，多渠道、多层次、多角度征求各方面意见建议。先后召开了干部、教师代表、民主党派代表、老干部代表、教代会代表、学生代表等各类座谈会26个，走访群众510人次。共征集各类意见建议6类141条，撰写调研报告10篇。三是广泛开展谈心活动。校党政班子成员结合征求意见建议反馈情况，广泛开展谈心活动，做到“五个必谈”和“三谈三不谈”。通过谈话谈心活动，达到交流思想、相互沟通、增进了解、查找问题、化解矛盾、促进团结、共同提高的目的。

在查摆问题、开展批评环节中，校院两级领导干部通过群众提、自己找、上级点、互相帮等方式，认真查摆“四风”方面存在的问题，进行自我分析检查，撰写个人和班子对照检查材料。在11月15日、18日召开的校级领导班子专题民主生活会中，学校领导班子每位成员都以整风的精神，进行深刻的自我批评，成员之间进行诚恳的相互批评。在做好立行立改工作的基础上，以校级领导班子专题民主生活会为范式，抓好院级领导班子专题民主生活会和支部专题组织生活会，使全校党员干部受到了一次深刻的群众路线教育。

在整改落实、建章立制环节中，校级领导班子、中层领导班子及党员领导干部认真梳理整改落实项目，在“实事求是、有效管用、可操作性”总原则的指导下，制定了《山西大学党政班子整改方案》《山西大学党的群众路线教育实践活动专项整治方案》《山西大学党的群众路线教育实践活动制度设计方案》等制度办法。学校于2014年2月26日召开了教育实践活动总结大会，总结经验，表彰先进，及时组织“回头看”，不断巩固扩大活动成果。

三、确定学校科学发展的战略思路，大力实施“三步走”发展战略，为实现山西大学的全面振兴明确了发展思路

学校以进入国家“中西部高等教育振兴计划”和启动“一省一校”建设项目为标志，迈上了一个新的发展平台。面对新形势新任务，学校党委结合党的群众路线教育实践活动，经过集体认真讨论研究，提出了“山西大学全面振兴”的宏伟目标和“三步走”发展战略。即第一步，从现在开始到2015年，大力实施综合实力提升工程，全面提高办学水平和教育质量；第二步，从2016年到2020年，制定和实施好“十三五”规划，力争主要办学指标与2012年相比实现翻番，基本建成区域特色鲜明的高水平研究型大学；第三步，在此基础上，再经过二、三十年的努力，到建校150周年之际，把山西大学建成国内高水平、国际有影响的研究型大学，实现山西大学的全面振兴。清晰的发展战略和奋斗目标，统一了全校的思想，提高了认识，学校呈现出人心思干、人心思进、努力工作的良好局面。

四、坚持党管干部、党管人才原则，全面推进干部和人才队伍建设，为学校科学发展提供组织保障和智力支持

校党委坚持任人唯贤、唯德、唯才，全面准确贯彻民主、公开、竞争、择优方针，实行公示制度、试用期制度和干部交流制度，采用同级调整和有限性竞争上岗相结合的方式，进行了中层干部集中调整工作。共调整中层正职51人、副职41人，其中新提任中层正职16人、副职18人。健全领导班子和干部考核办法，实施分类考核，以年度工作任务完成情况为重点，对干部履职履责、抓基层党建、党风廉政建设、平安校园建设、群众路线教育等实行综合考核。坚持定量定性考核相结合，综合评定考核结果，突出工作亮点、标志性成果、创新举措等。开展干部档案清理工作，实施了“三查四审制”，审核登记校内中层干部档案303卷、科级干部171卷。推进干部选学培训，突出办学特色和教学优势，举办专题培训1100人次。

在坚持规范党员发展程序，提升党员发展质量的基础上，全年举办学生入党积极分子培训3期、教工积极分子培训1期，共培训入党积极分子1506名，发展党员850名，审查新生党员468名，转移毕业生党员956名；完善党内帮扶机制，对生活困难党员进行了慰问；深入贯彻基层组织工作条例，出台贯彻《条例》的实施意见，注重把学习贯彻《条例》与学校中心工作结合起来，促进党建工作围绕中心服务大局；健全基层党支部书记队伍，发挥党支部的战斗堡垒作用，下拨党费22万元，支持基层开展党建活动。评选表彰先进党支部25个、优秀共产党员217名。向高校工委推荐表彰先进基层党组织3个、优秀共产党员2名；组织校本部、商务学院、工程学院及党校学生党员参与大学生村官选拔工作，共向各地市推荐121名学生党员，有32名同学成为大学生村官。

大力实施“人才强校”战略。通过省院士工作站、省“百人计划”工程等，柔性引进4名院士、40余名海外高层次人才充实教师队伍。引进“百人计划”海外高层次人才27人，成为山西省引进高层次人才最多的高校。加大优秀博士引进力度，聘用引进博士73人，其中，海外优秀博士5人、国内知名高校博士63人。实施“协议制”和“年薪制”，先后引进了国内外15位高级专家到校工作。在省“131人才工程”建设方面贡献突出。同时，探索引进了以“杰青”为带头人的无机化学

材料和复杂系统科学研究2个学术团队，进一步提升了相关学科的学术梯队水平。

五、严格执行党风廉政建设责任制，大力实施阳光治校，推进校园廉政文化建设，为学校改革发展提供有力政治保障

2013年，校党委紧紧围绕学校中心工作，以党风廉政建设责任制为抓手，大力实施阳光治校，着力加强党的纪律、作风和反腐倡廉建设，确保了学校各项工作的稳步推进。

校党委高度重视学校反腐倡廉建设，召开了全校党风廉政建设工作会议，制定出台了《二〇一三年党风廉政建设工作要点》、《二〇一三年党风廉政建设和反腐败工作责任分解实施意见》《关于改进工作作风密切联系群众的实施办法》《关于落实〈关于改进工作作风密切联系群众的实施办法〉的工作方案》等文件，加强领导，落实责任，协调推进党风廉政建设工作。

以党的群众路线教育实践活动为契机，集中开展了公务用车清理、会员卡清理、干部办公用房清理和专项治理吃喝不正之风等工作。今年1—11月，公务接待费用同比下降50%；车辆运行费同比下降40%；出国费用同比下降8%。全体党员领导干部按时上交会员卡“零持有”报告。全面开展办公用房清退整合工作，全校共清退办公用房3294.7平方米，其中学院清退的1515.23平方米全部用于教师工作室，改善了广大教师的办公环境，机关一栋1779.47平方米的办公楼已经腾空并调整作为文科综合实验楼使用。同时，学校制定了《山西大学管理干部用房与办公设施配置标准暂行规定》，建立起公用房分配使用管理机制，进一步完善公用房管理制度。把监督执行八项规定和四个实施办法作为改进党风政风的一项经常性工作来抓，把执行情况纳入干部管理和考核，加大对考核结果的反馈，对全校各单位执行情况进行2次集中督查，有力地促进了中央八项规定和省委四个实施办法的落实。

进一步规范科研经费管理和基建、维修、采购等方面的招标行为。出台了《关于科研经费财务报销注意事项的通知》、《关于预借科研经费发票（收据）注意事项的通知》、《关于科研项目经费入账和上报项目资金使用计划的通知》等科研经费管理制度。继续深化工程建设领域突出问题专项治理工作，积极参与新校区建设的前期准备工作。着重加强对基建工程招标、修缮工程招标、招生考试、物资设备采购、教育收费等重点领域和关键环节的监督力度，全年各类监督监察95项（次）。

扎实开展反腐倡廉宣传教育，不断推进校园廉政文化建设。邀请省审计厅科技文化处调研员张建生作了题为“加强科研项目预算管理，提高科研资金使用效益”的专题讲座。邀请学校基建处处长杜建民作了招投标业务知识专题讲座。组织学校相关部门负责人参加了省高校新校区廉监办举办的工程建设招投标监督及项目管理培训和高校工程建设资金决算及竣工验收管理培训。组织美术学院师生创作了十三件作品，积极参加教育部举办的第二届全国高校廉政文化作品大赛。

六、践行“育人为本、德育为先”理念，以大学生思想政治建设和道德建设为抓手，繁荣校园文化，建设文明校园

充分发挥马克思主义理论学科优势，加强思想政治理论课建设，把党的十八大、十八届三中全会精神，党的群众路线教育作为思想政治教育和课堂教学的重要内容，深化教学改革，增强思想政治教育的针对性、时效性、前瞻性。加强辅导员队伍建设，着力提高业务素养和工作能力，创新工作方法，提升了思想政治工作队伍的能力和素质。2013年，山西大学辅导员参加全省“首届高校辅导员职业技能大赛”，并代表山西省参加了全国决赛。一名专职辅导员在“全国高校辅导员年度人物”评选中，获得提名奖（全国共50名）。组织了2次研究生思想政治动态问卷调查，撰写了调研报告，及时准确和把握了学生思想动态。

以青年马克思主义者培养工程等品牌活动为重点，举办理论专题讲座7次，实务专题讲座8次，分层次培训学生骨干200名；以“践行山西精神、激扬青春壮志、成就我的中国梦”为主题，组织开展为期两个月的暑期社会实践活动。开展2013年度“汾酒公益自强之星”寻访活动，编辑出版了《励志青春　自强人生——山西大学“汾酒公益　自强之星”风采录》。公开招募13名优秀学生加入第十六届研究生支教团，全年举办志愿服务活动76次，参与人数达9392人。举办第十四届“青年与社会”辩论赛、“青春　梦想　起航”2013届本科生毕业典礼专场演出、“高雅艺术进校园——中国歌剧舞剧院走进山西大学”大型演出、“祝福祖国”第二十届百花奖文艺汇演。强化科技创新创业教育，在第十三届“挑战杯”中，荣获2项一等奖，2项二等奖、1项三等奖和1项交叉创新奖，获得“挑战杯”校级优秀组织奖。开展希望杯、栋梁杯、阳光杯等8大校园赛事，丰富了学生的课外生活，繁荣了校园文化。

坚持公平、公正、公开原则，奖、困、贷、助、补工作取得实效。2013年经努力共争取到社会助学金达150余万元，其中“香港海鸥助学金”连续4年资助山西大学300名本科生，今年的86万余元已全部到位。争取到北京兴大助学金56万元，共资助我校112名本科生。此外，还争取到其他各类助学金共计近10万元。认真组织研究生国家奖学金和山西大学研究生学业奖学金评审工作，有23名博士、107名硕士获得研究生国家奖学金，有830名硕士获得了硕士学业奖学金。以人为本，完善毕业生教育、管理、服务以及用人单位招聘服务体系，举办了春季、冬季两场常规大型毕业生就业双选会，4场中型双选会，提供需求岗位3111个；举办60场专场招聘会，提供需求岗位1200余个。全年大、中、小型招聘会的参会单位共计449家，提供需求岗位11000余个，就业信息网发布招聘信息400余条，实施“农村教师特岗”、“大学生村官”、“三支一扶”、“西部计划”等就业项目，开展了对困难群体的就业援助，全校本科毕业生升学率32.2%，一次派遣就

业率达 80%,研究生一次派遣就业率达 81.5%。

七、以大安全观为统领,强化校园安全管理,创建和谐平安校园,安全稳定工作卓有成效

2013 年,校党委召开党委会、党务工作会和稳定安全工作会议达 22 次,其中安全稳定专项工作会议 4 次,坚持政治、治安、消防安全与就业安全、心理健康安全、网络安全、防恐和反恐安全有机统一的大安全观念,建立健全相关工作机制体制,坚持"教育与防范"并举的原则,坚持信息研判制度和重大事件 24 小时值班制度、网络舆情监控制度,报送研判信息 10 余次。进一步完善安全工作会议记录和稳定安全工作台帐制度,加强节假日防控和隐患排查,完善带班值班制度,实行严格的责任追究制度,对外来务工人员审核登记备案,与用工单位签订治安责任保证书。全面排查整治发现安全隐患和薄弱环节,坚持全天 24 小时巡逻、巡查,消防安全常抓不懈,更新工作理念,创新管理措施,对消防监控系统建立"前期预测"的维保体系,创建了消防安全检测系统。

八、围绕中心工作,服务发展大局,以提升学校综合竞争力为出发点和落脚点,凝聚发展正能量,开创工作新局面

校党委始终坚持马克思主义在意识形态领域的指导地位,大力开展宣传引导工作和精神文明建设。完成了省高校文明单位标兵和省文明单位标兵的申报并通过了评估和验收。通过开设教育实践活动专题网站、编发 40 期简报、举办宣传展览、《山西日报》连续刊发 3 篇文章等方式及时反映了学校群众路线教育实践活动的阶段性成效。充分发挥"两台一报一网一屏"传媒平台作用,增强舆论引导能力,传递正能量,引领新风尚。《人民日报》《光明日报》《前进》杂志、《山西日报》、山西电视台等多家媒体聚焦我校改革发展成绩。编印了《山西大学外宣报道汇编(2012 年 12 月—2013 年 12 月)》,展示了学校对外宣传的成果。

高度重视统战工作。围绕中心工作,开展了山西大学"统一战线大课堂"活动,对学校党外代表人士和统战干部开展集中培训;创造条件支持党外代表人士参加各类培训;首次开展各民主党派履职交流,积极探索完善党外代表人士管理办法和机制。加强党外代表人士队伍建设,建立完善党外人士"人才数据库",统一战线工作呈现出和谐奋进的良好局面。

开展丰富多彩的教职工业余文化活动,增进教职工的身心健康。组织教职工参加了"扑克'双升'比赛"、教职工乒乓球比赛、2013 年秋季田径运动会。坚持体检制度,进行了在职职工两年一次的体格检查。组织开展"三育人"评选表彰活动,大力弘扬劳模先进精神,为雅安地震灾区捐款 21 万余元。开展调查,深化理论研究,论文《浅析劳务派遣在高校用工中的应用》荣获山西省教科文卫体工会优秀调研成果评选论文类一等奖,组织撰写出版了 36 万字的《山西大学工会发展史》。

高度重视离退休党建工作,开展多种形式学习教育活动。组织 230 余名老党员参观了太原市新落成的十大建筑和万亩生态园,组织部分支部老书记赴自己曾下乡的农村观看变化,组织各支部书记和支委参观了山西大学新图书馆。通过这些活动,引导广大离退休党员"政治坚定、思想常新、理想永存、离休不离党,退休不退党,坚定不移跟党走。"丰富了老干部的精神文化生活。2013 年荣获"全国五好基层机关工委先进集体"、"老龄人才开发先进集体"荣誉称号。

以申请军工保密资格审查认证工作为重点,狠抓保密制度建设、保密教育培训、保密硬件建设、保密宣传教育。编撰《山西大学保密工作手册》,修订和完善各类保密制度 33 项;开展涉密人员培训专题教育 2 场、保密知识考试 3 次;完成保密普查、网络保密管理情况统计、国家考试试卷保密室年检等工作,对学校各项国家考试进行保密督导;加强对保密要害部门部位的物理防护和技术防护,为学校顺利通过军工保密资格认证奠定扎实的基础。

校党委将高举中国特色社会主义伟大旗帜,振奋精神,凝神聚力,紧抓千载难逢的发展机遇,以高度的使命感和责任感,扎实落实"一省一校"建设规划,加快提升学校整体综合办学实力,为早日建成区域特色鲜明的高水平研究型大学而努力奋斗。

(徐冠华)

附:山西大学党委书记、副书记、委员名单

书　记:秦良玉(5 月离职)
　　　　王李金(5 月任职,9 月离职)
　　　　师　帅(9 月任职)
副书记:贾锁堂　张汉静　李忠人
委　员:赵怀洲　党志峰　丁耀武　王世杰

太原理工大学党委工作概况

党委书记　吴俊清

太原理工大学现有校党委常委 4 名;27 个基层党委(含 1 个直属党总支),18 个党总支(教工总支 7 个,学生总支 11 个);327 个党支部(教工支部 189 个,学生支部 138 个)。全校党员共计 6876 名。

2013 年,太原理工大学党委在党的十八大精神指引下,在省委、省政府的正确领导下,紧紧围绕"重返国家队、再铸新辉煌、建设服务山西转型跨越发展

领军高校”的发展目标,务实作为,认真落实并圆满完成各项任务,推动学校各项事业取得了新的发展和进步。

一、学校主要工作和任务全面完成

(一)校级班子成员调整,承继发展基础,提升战略目标。4月,张文栋同志调任省高校工委书记、省教育厅厅长、党组书记。5月,姚芝楼同志调任山西省人大常委会教育科学文化卫生工作委员会副主任。同月,吴俊清同志任太原理工大学党委书记,吕明同志任太原理工大学党委副书记、校长。6月,刘玉平同志任太原理工大学党委副书记、纪委书记(正校级)。12月,戴晋明同志任学校副校长。新一届校领导班子审时度势、认真调研、形成共识:太原理工大学作为有着百余年历史传承的“211”工程院校,在山西转型跨越发展的大环境下,更要勇于担责,敢于担当,为山西的经济社会发展建设做出自己应有的贡献。借鉴往届班子宝贵经验,基于时代要求和现实情况,新一届校领导班子确定“重返国家队,再铸新辉煌,建设服务山西转型跨越发展领军高校”作为学校今后一个时期发展建设战略目标。

(二)教育实践活动扎实开展,特色明显。7月以来,太原理工大学紧扣中央精神和省委部署,牢牢把握“为民务实清廉”的主题,严格按照总要求,在学校全体党员和党组织中全面、深入地开展了党的群众路线教育实践活动。在市领导和省委第八督导组的精心指导下,依托“理论辅导面对面”、“调研成果半月谈”和“立说立行时时看”等活动抓手,贯彻“抓住一个关键,推进六项工程”的活动思路扎实推进活动,取得了一系列的认识成果、实践成果和制度成果。全校参加教育实践活动的党员有6327名,党组织373个,其中处级干部274名、厅级干部11名。37名副处级以上的非党干部也参加了学习教育、听取意见、查摆问题、整改落实等主要环节的活动并列席了专题民主生活会。活动开展以来,发放征求意见表8001张,征求到意见、建议3558条;清理超标办公用房5084平米,压缩“三公”经费104.57万元,相比去年同期精简会议28个;12位省管干部、310位处级干部据实填报了《个人会员卡零持有报告》;确定校级整改项目57个,清理废止制度9项,拟建立健全制度78项。在全体党员干部和教职员工的共同努力下,学校群众路线教育实践活动体现出“方案制定细、推进措施实,学习开展早、听取意见广,揭短亮丑实、聚焦“四风”准,整改措施硬、即知即改快,督促指导严、基层亮点多”等特点。学校创新载体、明确抓手,贯彻“六个抓”的工作原则,落实“六个贯穿始终”的工作措施,通过开展活动,使党员、干部的思想认识进一步提高,群众观点进一步牢固;解决了存在于太原理工大学党员、干部中“四风”方面的突出问题,解决了一批师生关注的热点难点问题,为民务实清廉形象进一步树立;找到了问题,理清了思路,形成了共识,增进了团结,学校各级班子的凝聚力、战斗力进一步提升,得到了全校师生员工的认可和社会各界的广泛关注,受到了市委领导和省委第八督导组的高度评价。

(三)主要工作同步推进,卓有成效。干部选任工作。自群众路线教育实践活动开展以来,校党委对通过各种形式征求到的意见进行认真梳理,查找出在干部队伍建设中,机械照搬上级文件,不能紧密结合学校和工作实际,干部选任工作趋于简单模式化,存在“逢岗必竞”、“一竞定位”等问题。太原理工大学党委按照中共山西省委印发的关于《山西省推荐领导干部工作规定》、省委组织部转发中共中央组织部《关于完善竞争性选拔干部方式的指导意见》及学校新修订的《党政领导干部选拔任用工作条例》等文件要求,创新工作举措,努力改进干部选任方式,呈现出“体现政策准、程序节奏严、民主程度高、选任办法新”的亮点,主要做法包括:一是综合分析研判,力求准确识别和使用好干部。学校在报名环节除自荐外,增加了教职工举荐和单位推荐。在演讲评议环节扩大了学术委员会委员、教授、学者的评议权。在拟定考察人选环节,增大了班子成员尤其是分管领导的考评内容,以更多体现民主、顺应民意。校党委主动俯下身来,把权力下放、重心下移,重视基层的呼声,看重人选的勇于担当、主动作为和对工作的投入,把真正受到群众拥护、有较强事业心和责任感的干部放到领导岗位上;二是严格干部组织考察,努力为干部准确“画像”。由校党委组成考察组对考察对象在德、能、勤、绩、廉等方面的表现进行综合考评,同时由组织部书面征求纪检(监察)部门意见或统战部门意见;三是对新任人选实行任期责任制管理。在选任程序上增加了“签订任期目标责任书”环节,聘期届满后,对完不成任期目标的干部将解除聘任,免去现任职务,转入教师系列,不再保留处级干部身份。此做法已在省委组织部核心刊物《晋组信息》中进行刊发。

干部考核工作。校党委努力从履职过程中考察识别干部,通过了解干部实绩、民主测评、校领导重点测评等方式,增强考核的全面性和准确性,特别是强化了考核结果的运用。明确规定处级干部述职述廉报告要简明扼要、开门见山、直奔主题。既要有定性描述,也要有定量分析,既要明确年度计划和承诺的完成情况,也要说清存在的问题和努力方向。既要认真总结创新成果,也要注意用硬指标的变动情况来体现工作成绩,同时将考核结果作为选拔使用干部的重要依据。

精神文明建设及宣传工作。以巩固“全国文明单位”建设成果为目标,深入开展学习右玉精神、加强道德建设、学雷锋活动等,全面推动学校精神文明建设向纵深发展,2013年,太原理工大学通过了“省高校文明和谐单位标兵”的检查验收,并获得了“省文明和谐单位标兵”称号;人民网、《光明日报》《中国青年报》《中国教育报》《中国科学报》等国家级主流媒体和山西日报、山西电视台等各级各类主流媒体报道我校发展建设的消息、通讯、专题、专访等达到150余篇次;学校多年被山西高等教育学会评为“先进通讯单位”,连续三年新闻稿件采用量居全省高校第一。这些宣传报道体现了太原理工大学作为百年老校厚重的文化底蕴,展现了太原理工大学的科技水平和办学实力,宣传了太原理工大学的办学特色和办学理念,扩大了社会影响,得到了社会各级的广泛认可和肯定。

招才引智工作。人才是学校发展的基石，是干事创业的保证。截止目前，已拥有中央联系的高级专家10余名、省委联系的高级专家60余名、省高校工委联系的高级专家70余名以及太原理工大学党委联系的专家人才110余名。2013年，太原理工大学共引进海内外优秀博士毕业生135名，22名海内外专家学者被聘为太原理工大学客座教授和名誉教授，董晋湘、寇子明两位教授入选百千万人才工程国家级人选，董晋湘、宋建成、寇子明、梁卫国四位教授成功入选山西省"三晋学者"特聘教授，许并社、宋建成、赵阳升三位教授入选山西省院士后备人选，刘建成等13名海外高层次人才获批山西省第六批"百人计划"。2013年，太原理工大学组织了高校131领军人才工程三个层次人选的申报工作，共成功申报第一层次（院士）人选12人，获得政府债券资金资助1600万元；第二层次（知名学者、学术带头人）人选49人，获得政府债券资金资助3050万元；第三层次（优秀拔尖创新人才）68人，获得政府债券资金资助340万元。受资助人数总计129人，获得资助总计4990万元。

生涯导航教育和大学生思政教育工作。校党委多次组织召开生涯导航教育计划实施的汇报会、研讨会，在调查研究的基础上，结合党的十八大精神和学校整体工作的要求，进一步全面推进《全面实施生涯导航教育计划的意见》，进一步明确育人理念，完善体制、机制，增强具体措施，推动生涯导航教育计划切实得到贯彻落实，提升人才培养质量。《光明日报》、《中国教育报》、《中国青年报》等国家级媒体都在显著版面对太原理工大学生涯导航教育计划的开展进行了详细报道。"清泽心雨"专题网站始终保持了各大版块内容的持续更新，与学生生活、学习和实际结合的更加紧密，形式更加多样。年底太原理工大学作为常务理事单位参加了全国高校网站联盟第一次会议，太原理工大学首次入会即直接晋级常务理事单位，而且是山西唯一高校，清泽心雨网站建设得到兄弟院校和全国大学生在线以及主管上级部门的肯定。2013年，学校组织参加A类竞赛项目14项、B类竞赛项目34项，共获得3项全国特等奖、28项全国一等奖、68项全国二等奖、52项全国三等奖，全年A、B、C类竞赛共获得国家级、省级奖498项。

安全稳定和综合治理工作。太原理工大学党政领导始终高度重视安全稳定工作，切实建立健全党政齐抓共管的工作体制，成立了政治稳定、校园管理综合治理等专门工作机构，建立了安全稳定工作应急预案，多次召开会议对全年不同时期的敏感、热点问题进行专题分析和研究。各级专门组织分工负责，密切合作，有效保证了校园的安全稳定。学校每年年初召开的综合治理工作专题会议，各级领导层层签订责任书，使校园安全防范管理体系得到了进一步加强。每年通过检查考核评选出综治标兵单位、综治先进单位和综治红旗单位若干，拿出15万元的专项经费进行表彰奖励。每年将综治标兵单位的先进事迹材料在校报上刊登，交流经验，推广综治工作的新经验、新思路和新办法。连续三年太原理工大学被授予"平安和谐校园"的荣誉称号。

统战工作。截止2013年底，太原理工大学现有六个民主党派基层组织，总人数达590人，校级党外干部1名，正处级干部16名，副处级干部20名（党外干部担任部门正职13人），党外处级干部占所有处级干部比例为14.9%，总体来说统战工作有范围广、对象多、任务重、责任大、社会影响也大的特点。校党委坚持每年召开两次的学校工作情况通报会，每次会议都由校党委书记向民主党派基层组织的负责人、无党派代表人士、人大代表、政协委员等通报学校的建设与发展情况。在民盟中央主办的全国民盟组织工作会议上，民盟太原理工大学委员会被民盟中央授予组织发展工作先进集体。在学校推荐下，无党派代表人士李瑞丰当选十二届全国人大代表。

群团工作。3月，太原理工大学召开第三届教职工代表大会暨工会会员代表大会第二次会议（简称"双代会"），圆满完成了大会预定的各项任务。三届二次双代会共收到提案93份，正式立案93份，做到了每件提案有答复、答复提案有落实、落实提案有追踪，使提案的办复率达到了百分之百；教职工活动异彩纷呈。组织开展健排舞比赛、"全民健身活动月"、教职工田径运动会等丰富多彩的文体活动，营造健康和谐的校园文化氛围；投入40余万元为各基层工会的"职工之家"配备了跑步机、台球案、乒乓球案等体育活动器材。共青团在带领团员青年肩负使命、勇担重任、服务青年成长上亮点频现。组织团干部与福建闽江学院团干部交流学习、赴孝义市团市委、临汾古县团县委、井冈山革命根据地、广东外语外贸大学等地交流学习。组织召开"中国梦·青年梦"共青讲坛暨团学工作研讨会，发挥集体能量，促进团工作创新发展。爱心包裹劝募工作总成绩名列全国第三。13个师生志愿服务基地被省委宣传部、省文明办、教育厅、民政厅、共青团山西省委、省残联联合命名为山西省首批师生志愿者服务基地。

二、党风廉政建设工作取得新的进步

抓好党风廉政建设是太原理工大学各项工作取得成效的基础和保障。对此，校党委有着十分清醒而深刻的认识。学校的党风廉政建设和反腐败工作搞得好不好，关系到学校的改革、发展和稳定的大局，关系到和谐校园的建设，也关系到干部的成长和队伍的建设。它能够影响一个学校的风气，也能够影响到学校事业的发展。党委一贯非常重视党风廉政建设和反腐倡廉工作，党风廉政建设和反腐败工作始终都是党委的工作重点，并坚持抓好落实。

一是加强党风廉政建设的宣传教育。为全面贯彻落实党的十八大和十八届三中全会精神，进一步提高全校党员干部的拒腐防变意识，推进太原理工大学反腐倡廉建设的深入开展，学校在认真抓好党员干部日常廉政教育的基础上，特别邀请省纪委常委孙兴武等专家为全校处级干部及重点部门、重点岗位的科级干部作党风廉政建设专题培训。通过全面分析和深入剖析山西及高校腐败案件发生的深层原因，进一步明确了今后反腐倡廉工作的发展进程和目标，使得全校广大党员干部普遍接受了一次全面深刻的反腐倡廉教育；6月，校党委书记、纪委书记与同职级调整的十名处级干部进行任前集体谈话，要求新任干部要严于律己，自觉遵守关于党风廉政建设的相关规定；5月至6月，学校举办了第二期和第三期反腐倡廉巡回展；同时坚持每周向党员干部发送廉政短信，并扩大发送范围，向处级以上领导干部、学院三办主任、重点岗位的科级干部、党务校务兼职监督员等共250多人每周发送一条廉政短信，全年共发送廉政短信约8000多人次。

二是突出"预防为主、关口前移"的理念，加强对重点工作的监督检查。太原理工大学在加强对干部任用、人事聘任、职称评聘、财务审计、基建工程、物资采购、校办产业等人财物管理使用和关键岗位监督的同时，不断加大对大宗物资采购招投标的监督检查力度，纪检审计部门提前介入，进行前期市场询价调研，并且严格招投标程序，进行全程监督。一年来对132项招标和采购项目进行了全程监督，涉及金额13亿多元，节约资金1800余万元。同时在中秋国庆、元旦春节等节日前，下发专门文件，设置专项举报电话和电子邮箱，坚决刹住节日期间公款送节礼、公款吃喝和奢侈浪费等不正之风，严肃查处各类顶风违纪行为。

三是认真完成专项治理工作，继续加强新校区建设廉政监督工作。太原理工大学党委多次召开专题会议，研究部署会员卡清退活动、清理违规公务用车专项活动、停建楼堂馆所和清理腾退办公用房等专项治理工作。对各项清退政策严格把关，不打折扣、不搞变通、不留死角，圆满完成了各项工作任务。同时严格按照省委省政府、高校纪工委、高校新校区工程建设廉监办的要求进一步加强新校区建设廉政监督工作。结合4月、5月和11月上级部门的三次检查，及时发现问题，认真整改落实，进一步补充完善相关手续，切实做好新校区后期工程验收工作。

四是太原理工大学党委高度重视党风廉政建设工作。党委书记作为全校党风廉政建设的总负责人，对党风廉政建设和纪委提交校党委的事项从不拖延，在第一时间批阅信访案件，并注重督促办理。积极组织班子成员研讨反腐倡廉工作，提出指导性意见，努力调动班子成员齐抓党风廉政建设的主动性和积极性，形成反腐倡廉的整体合力。校级领导班子成员都能够按照年初党委的要求和部署，以强烈的责任感和紧迫感真抓实干，一手抓学校的改革发展，一手抓反腐倡廉，真正做到两手抓、两手硬。一年来，班子成员都能够根据廉洁从政的要求规范自己，在工作中自觉遵守党风廉政建设的各项规定，及时纠正分管部门发生违反廉洁自律规定的行为，一年来班子成员没有任何违规违纪行为。

（李济民）

附：太原理工大学党委书记、副书记名单

书　记： 姚芝楼(5月离职)　吴俊清(5月任职)

副书记： 吕　明(5月任职)　张文栋(4月离职)　刘玉平(6月任职)　安川金(11月离职)　张惠元

山西农业大学党委工作概况

党委书记　石扬令

中共山西农业大学委员会下设18个基层党委、3个党总支和135个党支部，共有党员3133名。一年来，学校先后荣获"全省高校文明和谐单位标兵"、"全省文明和谐单位"、"全国绿化模范单位"等荣誉称号，"山西铭贤学校旧址"列入全国重点文物保护单位。我校党建经验材料《点燃青年学子创业激情，放飞服务三农青春梦想》，入选全国高等学校党的建设工作会议经验交流材料。

一、以"为民、务实、清廉"为主要内容，扎实开展党的群众路线教育实践活动

一是规定动作不走样。先后组织了9次集体学习会，3次外出学习考察活动、9次集体补课活动；学校班子成员组织各类座谈会、谈心会30多场次，收集到原汁原味的意见和建议400多条；学校领导班子专题民主生活会、38个处级领导班子专题民主生活会、126个支部专题组织生活会，全部高质量召开；目前，校院两级整改方案、专项整治方案、重要制度建设规划均已出台，并且明确了责任人和时间表，要以钉钉子的精神，一个一个解决，一件一件落实，确保教育实践活动取得实实在在的效果。

二是自选动作有特色。组织了访贫问苦活动，8位校领导、150多名处级干部，深入到全省20多个贫困县、1600多户贫困家庭当中，接地气、查民情、体民风；延伸办公用房清理工作，统筹了全校办公用房和教学实验用房，为269位教师解决了办公场所问题，实验室和大型仪器设备基本实现共享；坚持分类整改，通过校领导分工整改、成立领导组联合整改、借力清理办公用房东风扩大整改、与地方政府协同整改，已解决师生迫切需要的各类问题78项。12月26日，山西日报以《山西农大分类整改师生受益》为题对山西农业大学教育实践活动进行了报道。

三是长效机制有抓手。把规范管理年活动作为教育实践活动的重要抓手，完善作风制度的同时，把全校的规章制度和规范性文件进行了清理，继续保留使用165项，废止和宣布失效66项，正在修订或重新制定101项，制定了《2013—2014年重要制度建设规划》；处级领导班子和领导干部的考

核、工作责任制考核逐步科学化；校园网规范化建设取得一定成效；完善服务流程、明确工作规范等工作稳步推进。

二、以“理想信念教育”为核心，切实加强党的思想政治建设

一是党员干部的理想信念进一步坚定。坚持校院两级中心组学习制度；学习研讨了习近平总书记系列讲话精神；学习传达了全国全省宣传思想工作会议精神、组织工作会议精神；举办了学习十八届三中全会培训班；成立了党建研究会；邀请中央党校教授戴焰军和省委党校教授高健生做了专题报告；组织干部到右玉和农博会参观学习。通过坐下来、请进来、走出去的学习方式，进一步坚定了干部的理想信念。

二是立德树人的根本任务进一步落实。坚持党在意识形态工作中的领导作用，切实加强课堂主渠道和校园文化主阵地建设；积极探索“三下乡”活动课程化设置、社会化运作、规模化服务的有效途径；坚持实施“校友导航——成功者之路”教育工程；坚持举办青年人文素质大讲堂；坚持实施青年马克思主义者培养工程；组织开展了辅导员培训和班团干部培训工作；为2.4万人次学生颁发约2180万元各类奖学金、助学金；建立了全国“大学生KAB创业教育基地”，在太谷县创建了500亩“大学生创业园”，多层次开展农业梦、创业梦和中国梦教育，涌现出了一大批创业典型，多次被中央电视台、中国青年报、山西日报等省内外媒体宣传报道。

三是和谐校园建设步伐进一步加快。扎实推进校园文明创建活动，开展了第三届道德模范评选表彰活动、“文明礼貌月”志愿者服务活动，推动学雷锋活动常态化；开展了校园文明、餐厅文明、宿舍文明、课堂文明、考场文明的“五项文明”创建活动；开展了以“拓展青年综合素质，构建和谐校园文化”为主题，以“释放青春正能量”为口号，8个系列30项主题的系列校园文化活动。

三、以“成立专项领导组”为保证，切实推动重点目标任务的完成

一是人才培养工作取得新进展。2013年共招收本科生5845人，博士研究生43人、硕士研究生554人，成人高考生355人，招生规模和质量稳中有升；软件学院被省政府正式批准；新增5个本科专业；新增1个国家级实验教学示范中心、1个国家级大学生校外实践教育基地、1门国家精品资源共享课；继续加强学科建设，省、校投入经费超过了1000万元，出台了山西农业大学研究生教育改革政策；推进继续教育改革，新增自考本科专业1个，实现了与高职院校课程对接；继续推进与台湾、波兰等地大学的交换生工作。

二是科技创新工作实现新突破。2013年新增项目合同经费9269万元，比上年增长46.9%，到位科研经费6553万元，比上年增长9.2%；189个项目列入各级各类科技计划，主持公益性行业项目和“863计划”项目上有了新的突破；164个项目通过结题验收，获省科学技术奖一等奖1项，“晋汾白猪”通过国家现场审定，专利授权达26个，比上年增长30%，13项成果通过省级鉴定，其中2项达到国际领先水平；新增一批省级创新重点团队和平台；学报综合影响稳步上升。

三是人才队伍建设取得新进步。岗位设置工作顺利完成；引进“百人计划”专家3人，目前总数达到16人；柔性引进“131人才工程”第一层次人才院士6名，第二层次知名学者和学术带头人33名；出台引进博士的优惠政策，吸引27名博士来校工作；启动了2014年优秀紧缺人才招聘工作；职称评审工作中有8人晋升教授，39人晋升副教授。

四是服务保障工作取得新成就。完成棚户区改造工程，解决了300余名教职工的住房问题；学生公寓楼、生物工程综合实验楼、教学中心、现代智能日光温室等重点工程进展顺利；平安校园建设效果明显；千方百计保证学生食堂饭菜价格平稳和食品安全；学校财务基本保持收支平衡，争取到3875万元地方政府债券资金、1700万元中央财政专项资金；加强内部经济责任审计，完成审计及审签项目160个。

四、以服务“三农”为己任，切实提高对新农村建设和现代农业发展的贡献率

一是协同合作全面铺开。新农村发展研究院获得科技部、教育部批准，先后与晋城、晋中、运城等地市的泽州、祁县、榆次、盂县等10个市县签订了特色现代农业科技合作协议；与太谷县、巨鑫伟业签署三方协议，共建现代农业科技创新园区；与武乡鑫四海、洪洞天泽、太原康培等现代农业企业共建示范园区；与太重、潞安等国有大型企业进行了合作对接。

二是项目培训实现突破。“一村一品，一县一业”科技服务专项行动，新增17个项目共获得资助经费500万元；13个项目列入“山西省构建新型农业社会化服务体系试点项目”，获得资助经费920万元；积极筹划科技扶贫“百团大战”专项行动；在长治、临汾、大同等7个地市的28个县开展了34场分类送学专题讲座，培训干部学员9570多人；继续举办阳光工程新型职业农民创业培训班，今年共培训400余人。

三是服务质量广受赞誉。在服务现代农业和新农村建设过程中，我校的服务质量得到社会各界的广泛好评。袁纯清书记、郭迎光副省长、张复明副省长等省领导，在多种场合对山西农业大学的社会服务工作给予了肯定和表扬。一大批专家教授受到地方政府和有关厅局的表彰和奖励，晋城市专门到学校给专家教授颁奖，大同县委、县政府给学校寄来了感谢信。

（闫海冰）

附：山西农业大学党委书记、副书记、委员名单

书　记： 石扬令

副书记： 赵春明　滑云龙

委　员： 周富国　张虎芳　邢保荣

姚考文（10月离职）

山西医科大学党委工作概况

党委书记　李凤岐

中共山西医科大学委员会下设7个二级党委，14个党总支，3个直属党支部和243个党支部，共有党员5424名。

2013年，学校高举中国特色社会主义伟大旗帜，坚持以邓小平理论、“三个代表”重要思想和科学发展观为指导，认真学习贯彻落实党的十八大和十八届三中全会精神，紧紧围绕教学研究型医科大学的要求，按照学校“十二五”事业发展规划的整体部署，围绕年度工作要点，全面推进各项工作，取得了新成绩，在新校区建设、教育教学质量、医学人文学科建设、人才海外培养、科技重点项目、校企协同创新、教研基地建设等方面实现了新突破。认真贯彻落实《中国共产党普通高等学校基层组织工作条例》精神，全面加强和改进党的建设，学校党组织的创造力、凝聚力、战斗力不断增强。

一、党的十八大、十八届三中全会及习近平总书记系列重要讲话精神学习贯彻活动深入开展

学校切实把深入学习贯彻党的十八大、十八届三中全会及习近平总书记系列重要讲话精神作为重要政治任务和教育教学的重要内容，结合教学科研医疗工作实际和广大师生、医护人员思想实际，坚持领导干部带头学，注重理论联系实际学，精心组织开展专题学，分层次、分类别、分批次开展了学习贯彻活动，切实把全体师生员工的思想和行动统一到了会议和讲话精神上来，以会议和讲话精神来武装头脑、指导实践、推动工作。

二、党的群众路线教育实践活动开展扎实有效

严格按照省委的安排与部署，在省委第八督导组的精心指导下，全校深入开展了党的群众路线教育实践活动。教育实践活动中，坚持紧盯“四风”聚焦点，坚持把学习教育、听取意见、整改落实贯彻始终，压茬推进了学习教育、听取意见，查摆问题、开展批评，整改落实、建章立制三个环节的工作，做到了准备充分、部署周密、措施得力、推进有序，取得了实效。广大党员特别是处级及以上党员干部的宗旨意识和群众观点进一步增强，党内政治生活和组织生活质量进一步提高，群众反映的部分突出问题得到有效解决，各项工作得到有力促进。

三、干部队伍建设切实加强

在省委省政府、省高校工委省教育厅的高度重视下，先后调整、补充了6名校级党政领导班子成员。学校党委根据学校处级、科级干部岗位空缺情况和实际工作需要，对45名处级干部、121名管理岗位科级干部进行了任免和交流。推荐1名科级干部赴太原市中心医院任职，推荐1名副处级干部赴地方挂职锻炼，选派6名干部外出参加培训。完成了干部人事档案专项清理工作，确保了干部人事档案信息真实准确、材料齐全完整、管理规范严谨。为太原市委所属14个单位的中层领导举办干部选学班，培训55人次，共32学时；为全省10个县区组织开展分类送学11场次，培训干部2200余名。

四、基层党建工作有序推进

全年培训入党积极分子920名，发展党员588名，审批预备党员转正606名，办理组织关系接转手续1455人次，党员队伍进一步壮大。认真开展了党员承诺践诺评诺活动，实行党员承诺践诺评诺活动常规化，切实把党员承诺践诺评诺活动与促进本单位改革发展稳定工作融为一体，引导党员认真践行党的根本宗旨，不断提高服务群众的工作能力和水平。

五、统战工作进一步强化

2013年，学校将统战部重新单独设立并且加强了资源配置，进一步细化了各基层党组织的统战工作职责，把统战工作开展情况列入干部年终考核内容；完成了九三学社山西医科大学基层委员会和民盟山西医科大学基层委员会的换届，帮助学校民建成员积极开展民建山西医科大学直属支部的筹建，现已获得民建山西省委的批准；2013年8月，学校承办了省政协“察情建言惠民行”柳林县送医疗下基层活动，多名医学专家分别围绕医疗纠纷处置、护理学、外科学、内科学、全科医疗等为柳林县医疗卫生工作者进行了专题培训实践，积极搭建了统战工作参加学术社会实践活动平台。

六、反腐倡廉建设持续深化

坚持标本兼治、综合治理、惩防并举、注重预防的方针，聚焦党风廉政建设和反腐败斗争，全面落实党风廉政建设责任制，认真贯彻落实中央八项规定，加强了对基建（修缮）工程、物资（设备）采购、招生考试、干部选拔任用等重点领域和重点环节的监督，认真开展了治理吃喝不正之风、清理会员卡、清理违规用车和办公用房、治理公款送月饼送节礼、严禁公款吃喝及奢侈浪费、停止新建楼堂馆所等专项治理工作，积极推进党务公开、校务公开，认真办理群众来信来访，深入

推进校园廉洁文化建设，为学校科学发展营造了风清气正的育人环境和办学氛围。全年共接待来电来访90人(次)，查办信访案件25件，会议同比减少了17.8%，接待费用同比减少率达47.2%，未发生公款吃喝、公款送月饼送节礼、公款购买印制寄送贺年卡等违规行为。

（成星亮）

附：山西医科大学党委书记、副书记、委员名单

书　记：师　帅(9月离职)　李凤岐(9月任职)

副书记：段志光　董　峰(1月任职)

郭巍伟(1月离职)

委　员：顾昭明　闫肖卿(1月任职)　李汝德

王斌全　王　军(1月任职)　刘越泽(女)

山西师范大学党委工作概况

党委书记　倪生唐

2013年是全面贯彻十八大精神的开局之年，是学校推动落实“十二五”规划的重要一年。2013年，山西师范大学团结和带领广大师生，高举中国特色社会主义伟大旗帜，以邓小平理论、“三个代表”重要思想、科学发展观为指导，深入贯彻落实十八大、十八届三中全会精神，以学生成长成才为中心，全面提高教学质量、学科水平、管理效率和服务社会的能力，各方面工作都取得了长足进展。

一、深化教育教学改革，提高教育质量，着力推动学校内涵式发展

2013年，校党委紧紧围绕十八大、十八届三中全会提出的新任务、新要求，进一步明确办学定位、理清办学思路，坚定不移地走内涵发展道路，坚定不移地推进体制机制综合改革，坚定不移地依靠师生力量办学，较好地完成了年初既定的各项任务。

1、人才培养质量稳步提升。人才培养模式改革经验入选由教育部部长袁贵仁主编的《教育改革典型案例》。本科教学质量工程建设取得新成效，国家级、省级项目持续增加。深化研究生教育综合改革，积极开展研究生教育改革项目和创新项目申报工作，研究生培养质量进一步提高。

2、科研水平进一步提升。获国家级项目立项24项，获资助总经费同期相比增长51%，创历年新高；获863计划子项目1项，国家软科学研究计划项目1项；获省部级项目立项91项，较去年增长了14%，其中教育部人文社科项目资助7项，居山西各高校之首。全年教师共发表SCI二区以上论文25篇，文科1A级高水平论文5篇。

3、重点学科建设取得新进展。化学学科排名进入国际基本科学指标数据库(ESI)前1%行列，生物学科一个实验室成为省高校重点建设实验室。启动校级协同创新中心建设，其中“基础教育质量提升协同创新中心”入选山西省“2011计划”重点建设项目。

4、各类人才队伍建设统筹推进。全年引进优秀博士27人，学成返校博士21人。成功申报131领军人才46人。入选国家“中青年科技创新领军人才”1人、山西省“百人计划”1人、山西省科技创新团队1个。3位教授当选为2013-2017年教育部高等学校教学指导委员会委员。招聘本科、硕士毕业生55人，充实了管理人员队伍和专职辅导员队伍。

5、体制机制不断完善。修订学院、机关年度工作考核办法，有力地调动了学院、机关部门的积极性和竞争意识。修订《山西师范大学章程》，现代大学制度建设迈出新步伐。制订《“一院一策”实施办法》，将为学院凝练发展特色、提升发展质量提供制度支持。特别是通过群众路线教育实践活动，对学校1993以来的490项制度规定进行全面清理，确定废止162项、修订完善121项、新制定22项，以制度管人管事的长效机制将更加健全。

6、新校园建设取得突破。新校园按3万学生规模、2039亩地、80万㎡建筑面积批建，被列为省重点工程；立项、规划、土地预审等前期工作已完成，第一批500亩地的手续已办完；完成了总体规划设计和单体设计调研，组建了项目指挥部，完成了地质勘察，正在进行总规设计招标，2014年上半年将动工建设。

7、改善民生又有新进展。补发2011年1月至2013年5月绩效工资增资额和退休人员生活补贴的提高部分，2013年岗教职工津贴在岗位分级时制定的岗位津贴标准的基础上提高20%，划拨学院的教学业绩津贴文理科分别提高1.2个百分点，科研成果奖励提高20%，实现了教职工收入稳步增加；投入专项资金，和医保中心签订协议，从2014年1月开始，全校教职工实行公务员医疗补助政策，由过去报销合理费用的65%提高到90%；扎实推进住房货币化补贴工作，并纳入2014年发放计划；继续开展为贫困教职工“送温暖”工作，进一步激发了教职工爱岗爱校热情。

8、“文明和谐单位”建设扎实推进。继续加强校园文化建设，以建校55周年为契机，开展“中国梦·师大情”主题校园文化活动，继续开展大师论坛、诺奖论坛等学术活动以及大学生社会实践，积极推进高雅艺术进校园，有效地发挥了校园文化感染人、激励人、教育人的作用。继续推进依法治校、民主治校，坚持按照规章制度办事，坚持依靠广大师生员工力量办学，进一步完善党务、校务公开工作机制，认真落实教代会、工作通报会、校领导接待日等制度；大兴调查研究之风，充分尊重广大师生员工的知情权、参与权、表达权、监督

权,依法治校、民主治校水平进一步提升。继续实行安全稳定工作责任制,坚持行政例会每月研究一次安全工作,加大安全隐患排查力度和综合治理力度,启用车辆进出入管理系统,校园内工作生活秩序良好,周边环境得到有效改善,顺利通过了平安校园专项检查。2013年,学校继续保持了“山西省文明和谐标兵单位”荣誉称号。

此外,学校其他方面工作也取得了可喜成绩,校园环境和教学条件进一步改善,校园数字化水平大幅提升,节约型校园建设扎实推进,开源节流、增收节支成效鲜明。

二、围绕务实为民清廉主题,扎实开展党的群众路线教育实践活动

群众路线教育实践活动开展以来,校党委紧密围绕为民务实清廉主题,按照“照镜子、正衣冠、洗洗澡、治治病”的总要求,聚焦领导班子“四风”方面的突出问题,紧贴师生,立说立行,边整边改,确保了活动各个环节健康、有序推进。学习教育环节,通过学校党委一次专题培训、各级领导班子抓好一轮集中学习、基层党委书记讲一次党课、党员领导干部每人撰写一篇学习心得,深化了对群众观点、群众路线、反对“四风”的理性认识。征求意见、边整边改阶段,通过征求意见不留死角、调查研究不走过场、反馈情况不打折扣、立行立改不放空炮,使得活动取得了实实在在的成效。截至目前,校党委确定的54项“立行立改”工作已经顺利完成,各中层领导班子确定的95项“立行立改”工作已经完成了89项,解决了一些多年来未解决的问题,得到了全校师生赞同。校领导班子召开的专题民主生活会,得到督导组高度评价,认为班子和成员态度端正、认识到位,真正把自己摆进去,触及灵魂、触及实质,达到了统一思想、增进共识、促进团结的目的。随后,将民主生活会情况向全校进行了通报,制定了“班子整改方案”、“专项整治方案”、“制度建设计划”,部分整改任务已经完成,其余部分正在按计划落实之中。此外,按照督导组要求,山西师范大学对整个活动进行了“回头看”,确保活动善始善终。

总体上说,通过教育实践活动,进一步密切了党群关系、增进了共识、促进了团结,增强了贯彻群众路线的自觉性和坚定性,明确了整改任务和今后努力方向,切实达到了改善党群关系、改进思想作风、工作作风和服务师生员工的效果。

三、以十八大、十八届三中全会精神为指引,加强和改进党的建设,努力提高党建工作科学化水平

2013年,校党委以学习贯彻落实十八大和十八届三中全会精神为重点,以群众路线教育实践活动为契机,全面落实全国、全省高校党建工作会议精神,不断加强和改进学校党的建设,提高党建工作科学化水平。

(一)以十八大、十八届三中全会精神和习近平总书记系列讲话为主要内容,扎实开展理论学习工作。加强思想理论武装,紧跟党的理论创新步伐,是永葆学校党建工作生机活力、推动学校科学发展的必然要求。校党委将学习贯彻十八大精神作为很长一个时期的常规工作,继续开展了一系列主题学习活动,进一步引深了对十八大精神的学习。十八届三中全会召开以来,通过收听、收看会议报道、专家讲解、集中培训、中心组学习等形式,在全校掀起了学习十八届三中全会精神的热潮。在学习过程中,同志们都能密切联系学校实际和各自的工作,深入思考、出谋献策,达到了武装头脑、提高本领、指导实践的目的,为进一步学习贯彻三中全会奠定了良好的基础。2013年,党建理论研究方面也有新的收获,发表了《坚持人民主体地位的第一基本要求》、《认清严峻挑战 强化思政教育》等论文;在纪念毛泽东诞辰120周年征文活动中,共收到稿件160余篇,评出一等奖5名、二等奖10名、三等奖20名。

(二)以反对“四风”为抓手,加强党的作风建设。党的作风攸关人心背向,关乎党的生死存亡。中央出台“八项规定”和省委出台“四个实施办法”以来,山西师范大学党委制定了“密切联系群众、改进工作作风的实施办法”,从改进文风会风、厉行勤俭节约、克服繁文缛节、密切联系师生、加强检查落实等5个方面提出了15条具体举措;开展密切联系群众、改进工作作风专题督查调研,通过座谈会、调查问卷共收集意见和建议900余条次。校领导班子带头学习、落实中央“八项规定”、省委“四个实施办法”,带头查找“四风”方面存在的问题并落实整改,带头腾退办公用房,为全校师生员工做出了示范和表率。通过一年时间的努力,学校的作风和面貌有了很大改观:会议、文件、简报数量明显减少,会议规模和会期明显压缩,迎来送往、庆典仪式中的繁文缛节明显简化,接待费用和“三公”经费大幅下降,领导联系师生员工更加频繁、更加深入,各级领导干部的精神面貌焕然一新,形成了风清气正、干事创业的良好氛围。

(三)以先进性和能力建设为重点,继续加强领导班子和干部队伍建设。能否实现学校科学发展、和谐发展,领导班子的能力强不强是关键。校党委坚持把班子建设作为头等大事来抓,坚决贯彻民主集中制,严格执行党委领导下的校长负责制和“三重一大”决策议事制度,不断完善集体领导和分工负责相结合的体制机制,积极在班子内倡导健康、民主、清正的风气,班子成员都能做到讲大局、讲原则、讲奉献、讲和谐,相互支持、相互配合、相互补台。特别是在教育实践活动中,各级领导班子通过真诚的谈心、批评与自我批评,进一步增进了共识、促进了团结,提高了班子的凝聚力和战斗力。

2013年,校党委严格执行《干部任用条例》等法规性文件,充分尊重教职工的民主权利,在做好民主推荐工作的同时,坚持“重德”导向,让德成为干部选任的“硬杠杠”,注重选任党性强、品行好、纪律严、作风实的同志;坚持“业绩”导向,注重选任想干事、能干事、会干事、干成事的同志;坚持“一线”导向,注重选任爱岗敬业、埋头苦干、实绩突出的干部;坚持“清廉”导向,注重选任淡泊名利、廉洁从政、公道正派的同志;坚持标准条件,遵循选用程序,不迁就照顾、不降格以求,

保证了干部选任工作公开公正、规范有序。2013年共提任、调整16名中层干部和24名科级干部，没有接到教职工的疑义。完成了干部档案清理工作，并建起了干部信息电子档案，为做好干部选任工作、加强干部日常管理创造了条件。此外，山西师范大学还加大了干部培训力度，被国家教育行政学院授予“中国教育干部网络学院优秀站点”称号。主要做法是抓“在线学习平台”这条“长线”，放长时间、充实内容、明确要求，确保了学习效果；抓集中培训这条“短线”，围绕群众路线教育、十八届三中全会开展集中培训，深化了对热点问题、重大理论的认识；抓学习成效考核，增加了研修成果方面的考核，每位中层干部都提交了1份研修报告，进一步提升了干部的理论素养。

（四）以服务大局、服务群众为主要任务，着力推进服务型党组织建设。建设服务型党组织，是党的十八大对强化基层党组织服务功能提出的行动指向，是全国高校党建工作会议提出的新要求。坚持党务工作会议制度和学院的党政联席会议制度；校党委多次专题研究如何推动学校内涵式发展这一重大课题，将建立创新人才成长的动力机制、探索全面发展与个性发展相结合的培养机制、完善高层次人才脱颖而出的激励机制等问题作为2013年落实党的十八大精神的主要抓手，保证学校正确的办学方向。围绕学校这个工作大局，对各级领导班子和党组织提出发挥两个作用既“围绕大局抓党建，抓好党建促发展”的要求，并作出了具体工作安排。针对基层党组织经费不足的问题，校党委将学院基层组织活动经费增加至1万元、学团活动每年生均经费增加至10元，辅导员每月生均津贴增加至4元，形成了更为完善的基层党建保障机制。全年校领导班子成员到各学院师生中间专题调研37次、深入课堂182次，对师生反映强烈的76项问题即知即办，凡具备解决条件的均已落实；学院党委重点在丰富“三会一课”内容，改进党员教育方式，推进教育改革、搞好教书育人、加强师德师风建设等方面发挥了政治核心作用；建立在顶岗实习一线的13个临时学生党支部，以十八大精神、十八届三中全会决定宣讲、社区文化建设、基础教育改革为主要内容开展志愿服务119次，收到良好的社会反响。

此外，2013年山西师范大学还完善了学生党员发展工作机制，保证了发展党员质量。主要做法是：一是按照“谁审核、谁负责”的要求，形成了党支部书记对政治标准审核把关、院学工组长对综合测评审核把关、教学办公室主任对学业成绩审核把关的“三级把关”制度。二是完善了发展党员公示制度，变“一公示”为“两公示”，在公示发展对象情况的同时，首次将预备期满的预备党员情况也在全校进行了公示；变“学院公示”为“校院联合公示”，增强了发展党员工作的公开透明度。

（五）以服务学生健康成长为目的，继续加强大学生思想政治教育工作。着力推进“阳光招生”工程，面向全国24个省、市、自治区录取新生6589人，其中免费师范生482人，生源质量进一步提升；着力推进“就业创业”工程，普通本科毕业生就业率为85.3%，第三批本科毕业生就业率为76.5%，专科毕业生就业率为74.9%，维持了较高的就业率；着力推进“思政创新”工程，围绕十八大精神的学习，广泛开展社会主义核心价值体系教育，大力弘扬山西精神，提高了思想政治教育的针对性和实效性；着力推进“队伍强化”工程，提高了辅导员津贴标准，为8名专职辅导员落实了副科待遇，另外还新招聘4名专职辅导员，增强了辅导员队伍力量；着力推进“健康心灵”工程，积极做好学生心理健康状况普查、教育、咨询、援助等工作，及早对一些存在心理困惑或患有心理疾病的学生给予帮助，促进了学生健康成长；着力推进“帮困励志”工程，帮助1006名新生通过“绿色通道”顺利入学，发放3121余万元贷款和奖助学金，惠及学生20292人次，有效发挥了资助工作助学育人功能。

四、扎实推进党风廉政建设和反腐败工作，为学校发展提供坚强保障

2013年，校党委坚持把反腐倡廉建设放在学校事业发展的重要位置，坚持和完善“党委统一领导、党政齐抓共管、纪委组织协调、部门各负其责、依靠群众参与”的工作机制，以党风廉政建设责任制为重要抓手，认真贯彻落实《廉政准则》，不断健全体制机制，提高反腐倡廉建设工作的科学化水平。

（一）认真落实党风廉政责任制。坚持事业发展和党风廉政建设工作同安排，同部署，同检查，同落实，把廉政建设列入学校年度工作要点。年初对党风廉政建设及反腐败工作任务逐一进行分解，落实到具体班子成员、主管部门和责任人，同时加强监督、检查和廉政考核，使党风廉政建设工作呈现整体推进的态势。一年来，各级领导班子和领导干部都能够严以律己，认真抓好职责范围内的反腐倡廉工作，进一步增强了勤政廉政的自觉性。

（二）建立健全惩治和预防腐败体系。加强廉政教育特别是政治纪律教育，以《廉政准则》、典型案例为主要内容，结合群众路线教育进行正面引导教育和反面警示教育，牢固筑起拒腐防变的思想道德防线。加强廉政制度建设，制定实施《反腐倡廉网络舆情信息工作方案》等规范性文件。加强对重大决策、干部任用、招聘、招生、考试、招投标等重点部位和重要环节的监督，有效地预防了腐败案件的发生。

（三）坚决查处违法违纪案件。按照中纪委“当前以治标为主”的反腐新思路，开展“庸懒散奢”、“吃喝不正之风”专项整治、会员卡、公务用车、办公用房专项清理等工作，营造了风清气正的育人环境。全年共受理信访8件，需办结的6件全部办结，办结率100%。

此外，山西师范大学还注重以党风带校风，加强校风建设。2013重点加强了学术道德建设，开展了科研经费管理专项检查工作，进一步营造了风清气正的育人环境。

（郭李鹏）

附：山西师范大学党委书记、副书记、委员名单

书　记：倪生唐

副书记：武海顺　王心平
委　员：李德龙　卫建国　高　峰

山西财经大学党委工作概况

党委书记　杨怀恩

2013年，在省委和省高校工委的正确领导下，在省委第八督导组认真指导下，山西财经大学严格按照中央部署和省委安排，以"为民务实清廉"为主要内容，扎实推进党的群众路线教育实践活动各环节工作。坚持立说立行、边查边改，党员干部党性得到了锻炼，文风会风明显改进，"三公"消费有效遏制，办公用房全面清理。坚持标本兼治、重在治本，全面推进领导班子整改和专项整治工作，全面修订完善规章制度，刹住了"四风"势头，作风、教风、学风和校风整体好转，贯彻群众路线的长效机制和刚性约束初步形成。

教育实践活动之所以能够取得阶段性成果，主要是山西财经大学坚持加强党的领导，坚持党员干部带头，坚持开门搞活动，坚持以整改问题为导向、以整改问题开局亮相、以整改问题注入活力、以整改问题交出答卷，严格标准、严格把关、不断拧紧螺丝上紧发条，保证活动不走过场。教育实践活动带来的新变化新气象，广大师生充分认可。

一、加强组织领导，统一思想行动，确保教育实践活动有序开展

（一）精心组织，系统安排部署。在中央动员会之后，山西财经大学党委就专题研究部署了教育实践活动的前期工作，成立了领导小组及工作机构，实行了党委书记和校长双组长制，抽调人员组成7个督导小组和3个工作小组。各分党委认真贯彻落实校党委制定的《实施方案》，把工作和责任落实到每个党员、每个干部。各基层党组织和广大党员干部以转变工作作风、提高工作质量为着力点，为深入开展教育实践活动奠定了良好的组织基础。

（二）强化认识，增强宗旨意识。通过系列教育实践活动，广大党员干部深刻剖析自身存在的问题，走基层、接地气、转作风，知道了"我是谁"、明确了"为了谁"、弄懂了"依靠谁"。各级基层党组织，利用专题简报、主题网站等形式，宣传典型，扩大影响，固化成果，为深入开展教育实践活动奠定了良好的舆论基础。

（三）承诺践诺，发挥表率作用。全校党员领导干部坚持在提高理论素养上做表率，让理论学习成果进思想、进决策、进实践；坚持在增强政治定力上作表率，以师生进步和学校发展为价值导向；坚持在践行根本宗旨上作表率，尊重科学、遵循规律，解放思想、服务发展；坚持在务实进取上作表率，知行合一，解决问题、推进工作；坚持在树立担当意识上作表率，落实岗位职责，发挥引领作用；坚持在强化自省自律上作表率，着眼大事，尽职尽责，为深入开展教育实践活动奠定了良好的思想基础。

（四）全员参与，聚合推动力量。全校党员干部坚持把教育实践活动与"五支团队"建设、学校重点工作、目标责任制、岗位职责相结合，转变工作作风、端正工作态度、提高工作效率；坚持以活动的实际成效推动各项工作有效开展，为深入开展教育实践活动奠定了良好的群众基础。

（五）上下协同，激发工作活力。从山西财经大学党委到各基层党支部，各级党组织思想统一、标准划一；各分党委精心设计特色鲜明的活动项目，激发党员的活力，确保活动富有成效；各党支部围绕工作职责和中心任务，把提高服务质量贯穿始终，为深入开展教育实践活动奠定了良好的工作基础。

（六）一严贯之，确保活动实效。各级党组织以整风精神，坚持高标准、严要求，督查求真、指导求实，积极回应群众关注的热点问题；广大党员能把自己摆进去，查问题比较深，挖根源比较实，整改措施比较具体，责任落实比较明确，为深入开展教育实践活动奠定了良好的制度基础。

二、明确重点任务，加强环节监督，确保教育实践活动扎实开展

（一）坚持把理论学习贯彻始终。时间上"求早"，提前进入，早安排、早动员，集中时间，突出重点，对习近平总书记系列讲话精神，深入学习、提高认识。方法上"求新"，规定动作与自选动作相结合，深度开展党建研究，创设视频大讲堂，邀请专家进行专题讲座，到右玉等地实践教育，到廉政基地警示教育。效果上"求实"，把理论学习融入中心工作、岗位职责、制度创新、作风建设，推进讲话精神"三进"工作，党员干部的政治信念和素养进一步提升，基层党组织的政治核心和战斗堡垒作用进一步发挥，领导班子的执政能力和执政水平进一步提高。

（二）坚持把征求意见贯彻始终。通过"四上四下、四步走"，学校领导班子共征求到意见建议258条。通过深度调研，征求到意见建议105条。通过民主评议，征求到意见建议19条。通过6次集体研判，对征求到的群众意见进行认真梳理，深入查找存在的突出问题。

（三）坚持把查找问题贯彻始终。党委班子查摆突出问题14个方面，行政方面查摆突出问题17个方面，班子成员查摆突出问题110项。结合落实十大类73项实际工作，班子成员领衔整改105项重点任务。结合落实中央"八项规定"，整顿文风会风，整治铺张浪费，努力使全校师生对活动成效"觉得到、看得见、摸得着"。

（四）坚持把谈心谈话贯彻始终。校级领导班子成员之间、党员校领导与基层干部群众之间进行访谈达400多人次。坚持“五个必谈”、“三谈三不谈”，谈通谈透、取得共识，达到了“团结—批评—团结”的良好效果。

（五）坚持把对照检查贯彻始终。认真撰写对照检查材料，领导班子和党政主要领导的对照检查材料经过19次修改后报省委活动领导组和省委第八督导组审查；其他成员的对照检查材料数易其稿后报校党委审阅；处级干部的对照检查材料几经复审由学校领导小组审定。经过“三上三下”，全校各级领导班子及成员的对照检查材料基本上达到了直奔主题、聚焦“四风”、重点突出、剖析深刻、整改措施可行的要求。

（六）坚持把批评与自我批评贯彻始终。专题民主生活会前，校党委认真制定方案，严格工作要求和程序，确保会议质量。学校领导班子民主生活会分两个阶段进行。第一阶段，由党委书记代表党委班子从14个方面进行对照检查，泽光同志代表行政班子从17个方面进行对照检查。第二阶段，由班子成员逐一聚焦“四风”对照检查，提出批评意见129条。全校52个处级领导班子利用22天时间召开了民主生活会。187个党支部利用15天时间召开了专题组织生活会。党员校领导和督导组全程参与。

省教育厅副厅级督学李秋柱代表省高校工委在点评中指出：这次民主生活会开得非常好，突出了“为民务实清廉”的主题，落实了“照镜子、正衣冠、洗洗澡、治治病”的总要求，收到了“出出汗、排排毒、加加油、鼓鼓劲”的效果，达到了“团结—批评—团结”的目的，是一次严肃认真、高质量的民主生活会。

省委第八督导组组长韩和平同志代表督导组做点评时指出：财大的教育实践活动，一是领导带头好，重视程度高，真正把责任扛在肩上，把中央和省委的要求落到实处；二是征求意见广，“四风”聚焦准，对照检查材料达到了上级要求；三是动作讲规范，落实有创新，活动有章有序推进；四是密切联系群众，立说立行效果好，让广大党员、群众切实看到了活动带来的实际效果；五是剖析深刻，批评严肃，民主生活会开得质量高，达到了目的。大家的发言有四个方面值得充分肯定，一是没有“空对空”，而是把自己摆进去，体现了担当；二是没有“浅尝辄止”，而是触及思想、触及灵魂；三是没有“隔靴搔痒”，而是触及实质；四是没有“各说各话”，而是思想交锋。

学校领导班子专题民主生活会后，按照要求在规定范围内进行了通报。各分党委在召开民主生活会后，向学校领导小组办公室报送了民主生活会专题报告。

（七）坚持把整改落实、建章立制贯彻始终。校党委牢牢把握围绕中心工作抓整改的原则，与实际工作相结合，制定了《教育实践活动整改落实、建章立制环节工作安排》，形成了《校级领导班子整改方案》、《专项整治工作方案》和《制度建设工作方案》。班子整改工作共31大项112小项，专项整治工作共4个方面28项，制度建设工作将新出台制度56个、修订完善制度48个、废止制度13个。在此基础上，实施了三级整改任务分解落实责任制。

三、边查边整边改，求真求严求实，确保教育实践活动有效开展

（一）基层组织和干部队伍建设进一步加强。坚持党委领导下的校长负责制，对重大事项充分征求意见、集体研究决策，正确处理民主与集中、集体领导与个人分工负责等关系。加强选任工作机制建设，全年选任处级干部22名。选优配强基层党组织队伍，党支部书记中，学科带头人、教学科研骨干、优秀辅导员达114名。严把发展党员质量关，全年发展党员396名。增加基层党委专项经费，设置了党支部活动室。落实《党员经常性教育实施意见》，加强干部学习教育监督考核。

（二）党风廉政建设进一步规范。严格执行领导干部重大事项报告、年度述职述廉和廉政谈话等制度。对干部选任、教师招聘、工程建设、物资采购、招生考试等80多项重点工作实施了全程监督，对22名新任处级干部进行了集体廉政谈话。加强党务、校务公开力度，规范群众来信来访接待工作，办结率达100%。加强专项整治，实施了清理办公用房专项行动，共清理出办公用房62间、约1488平方米；实施了公务接待、公务用车、工程建设领域、庆典研讨会和“小金库”专项治理；实施了整治庸懒散奢专项活动。

（三）统战、群团和离退休人员工作进一步拓展。服务离退休老同志的“敬老爱生服务站”和“健康咨询服务站”全面启动，组织120余人赴干部教育基地学习参观。举办教职工文化活动13项，开展慈善活动5项，筹集善款70605元。开展主题教育、科技文化和志愿服务活动达39项次。民主党派参政议政作用充分发挥，6份提案被列为2013年省领导重点督办提案。

（四）教学质量进一步提高。成功申报了3个本科专业，修订59个本科专业人才培养方案，获得省级教学成果奖9项、省级特色专业1项。完成42个教学团队年度考核，3名教师被评为省级教学名师。“经济管理实验教学中心”获得“国家级实验教学示范中心”建设单位称号。立项省级教改项目6个，完成校级项目58个。圆满完成了课堂教学检查整改验收工作。制订了《深化研究生教育改革实施方案》，开展了导师遴选调整工作，新增校内博士、硕士生导师136名。2个研究生“创新中心”被评为省级创新中心。MBA继续被评为“中国最具影响力的MBA”。MPA顺利通过国务院学位办教学合格评估。华商学院运行机制进一步理顺，保持了考研率、数学建模和ERP竞赛在全省的优势地位。

（五）科研水平进一步提升。完善了科研管理制度和目标责任考核体系。发表CSSCI、CSCD来源期刊以上论文123篇，较上年增加44.7%以上。科研立项144个，国家级项目16个，再创历史新高。以孙国强为首的科研团队入选省高校优秀创新团队。丁蕾、张红兵入选省高校优秀青年学术带头人。统计研究院获批省高校人文社科重点研究基地。资源型经济研究中心获批省创新基地建设项目。晋商研究院通过教育厅

评估。我校学报在1120种人文社会科学期刊中以第87名入选"中国国际影响力优秀学术期刊"。

(六)学科建设进一步推进。应用经济学重点学科建设项目通过绩效考评和结项验收,并连续两年获得省财政资助120万元。《山西省生态环境监测与评价》项目获省政府债券资金资助150万元。实施了《学术文库出版管理办法》,资助中青年学者出版学术专著17本。开展了首届中青年学术骨干教师专业能力提升工程。完成了4个硕士一级学科评估工作。出台了《博士后科研流动站管理办法》,应用经济学博士后科研流动站正式挂牌,首批博士后招收工作完成。

(七)协同创新平台进一步夯实。组建了资源型经济转型、中小企业发展和民营企业管理等三个协同创新中心。继续承担了教育部系列发展报告项目《山西资源型经济转型国家综合配套改革试验区发展报告(2013)》、山西财经大学大学生小微企业创业实训基地、振东大讲堂和振东管理实验班等建设项目。

(八)素质教育进一步落实。获得国家实践基地项目1项、创新创业训练项目9项。加快大学生创业基地建设,20余个学生创业团队入驻。举办就业招聘会219场,就业率达88.6%,位居全省前列。在大学生学术科技竞赛中获得国家级奖项11个。组织《立秋》在三个地市公演3场,观众近万人,受到社会广泛好评。做好奖贷助困补勤工作,发放资助金1600余万元。

(九)师资队伍建设进一步完善。引进博士研究生20名,完成76名博士经费兑现工作。25名青年教师考取博士,是近年来最多一年。申报"百人计划"的2名教授顺利通过学术答辩。成功申报省学术技术带头人3人、"131人才工程"32人。44名教师通过教授、副教授、讲师和实验师任职资格评审,通过率100%。

(十)办学环境进一步优化。实施了《财务预算管理办法》,完成了2012年中央财政专项资金分配和2013—2015年中央财政专项资金项目建设规划,争取政府债券投资1150万元、中央财政资金1700万元和省财政专项资金1000万元。新建教学楼和学生公寓投入使用,增加办公和教学面积近2万平米,增加学生宿舍429间,增加床位2340个。东山新校区规划1360余亩土地已经获批。在晋商公园新建图书馆项目已列入国家中西部高校基础能力建设支持项目,争取到国家财政专项资金一亿多元。完成了坞城校区集中供热、平阳校区综合治理、食堂天燃气引入、公寓管理信息化平台建设、迎泽校区高层底商租赁、教职工住宅楼宇防盗门安装、河渠覆盖及部分住户房产证办理等40余项改善师生工作学习生活条件的实事项目。完善了门卫管理、交通管理、五管要害和消防安全重点单位工作职责。健全了网络监控体系,建立了校园网实名开户制,完成了网络线路改造。

(十一)国际交流与合作进一步增强。与堪萨斯大学签署了合作协议,与台湾亚洲大学签订了学术交流备忘录。成功举办了"第三届中欧社会生态与法律比较论坛"和"第四届中韩财税法国际研讨会"。4名教师参加了省筹公派访问学者项目,8名教师获国家公派"地方合作项目",约占全省文科类名额50%。成立了教育发展基金会,首批捐赠金额达2230万元。

在省委、省高校工委的正确领导下,通过全校各级党组织、领导干部及全体党员的共同努力,山西财经大学的教育实践活动取得了一定的成效,学校党员干部的思想境界进一步提高,工作作风进一步转变,党群干群关系进一步密切,为民务实清廉的形象进一步树立。但辩证地看,仍然存在一些不容忽视的问题。"行百里者半九十"。敬终如始,鲜有败事,虎头蛇尾,决难成事。我们有信心也有决心,借着活动形成的发展势头,继续坚持严的标准、严的措施、严的纪律,聚集发展能量,健全长效机制,更好地推动学校的稳定、健康、快速发展。

(马晓娟)

附:山西财经大学党委书记、副书记、常委名单

书　记:杨怀恩

副书记:郭泽光　刘玉平(5月离职)　薛文治　刘中朝(5月任职)

常　委:李富明　赵国浩

中北大学党委工作概况

党委书记　陶功定

2013年,中北大学党委在省委、省政府的正确领导下,认真贯彻落实科学发展观和党的十八大、十八届三中全会精神,紧紧围绕我省转型跨越发展战略,团结带领广大教职员工,顽强拼搏,奋力进取,扎实推进学校内涵发展、转型发展、特色发展,各项重点工作推进成效明显,顺利完成了年度工作任务,保持了学校安全稳定的和谐局面和健康持续发展的良好态势。

一、谋全局、抓大事,重点工作取得新突破

(一)扎实开展党的群众路线教育实践活动。按照中央和省委安排,精心组织扎实开展了党的群众路线教育实践活动,找准了"四风"方面存在的问题,开好了民主生活会,特别是结合学校实际,制定了切实可行的整改方案,明确了整改任务41项、措施105条,建立健全制度45项,并将责任落实到分管领导和单位部门,整改工作成效初步显现。

(二)积极构建学科建设机制。以彰显学术权力作用、促

进学科发展为目的，创新建立了以学科管理部为基础的校院二级管理体系。学科管理部由基层学术组织和基层教学组织构成，分别明确了主要组成和工作职责，完成了基层学术组织改革，为学校长远发展奠定了基础。

（三）调整学院及机构设置。以学科门类为基础，新设仪器与电子等3个学院，完成了以一级学科建院的工作；同时结合提升质量的内在要求，对学校党政部门管理机构进行了调整，新设立了统战部（人才工作办公室）、教师教育发展中心、仪器设备处等3个部门。学院及部门调整到位以来，各学院、各部门工作应势而上，迅速打开了工作局面。

（四）完成干部队伍调整充实。根据《中北大学处级干部选拔任用管理规定》，经省委组织部批准，在中北大学党委统一部署下，平稳完成了处级领导干部换届调整工作，新选拔处级干部50名，科级干部也相应调整到位，并完成了9名处级干部和14名科级干部试用期满考核转正工作，管理队伍进一步充实，为学校发展提供了坚强的队伍保证。

（五）开拓办学育人空间。学校与朔州市人民政府共建了中北大学朔州校区，今年校区在校生已达千名，未来全日制在校生规模将逐步达到5000人以上。目前，在推进产学研合作、共建实验室等方面已经取得了积极进展，开辟了服务地方的新途径。

二、以改革创新精神，全面加强党建和思想政治工作

（一）领导班子建设工作。在省委配齐学校领导班子后，在工作中不断加强领导班子的建设，明确了班子成员分工。特别是经过群众路线教育实践活动，班子成员认真研究学校重大事项，进一步统一了思想，明确了方向。坚持中心组理论学习制度，组织党委中心组集中学习和报告10次，不断加强班子的思想政治建设。坚持党委领导下的校长负责制，贯彻执行民主集中制，学校的重大问题和重要事项都要经过集体充分讨论决定，健全完善了决策程序、工作交流、民主管理监督等机制。

（二）基层组织建设工作。推进基层党建工作创新，开展了基层党组织立项活动，其中“基层党组织课题立项”27项和“基层党组织活动立项”84项，着力解决基层党组织建设中的突出问题。新发展学生党员1284名、教工党员5名。完成了全校科级以上干部人事档案专项清理工作。

（三）宣传思想工作。采用多种形式，深入学习宣传党的十八大精神以及十八届三中全会精神。率先召开了全校宣传思想工作会议，出台了学校构建大宣传工作格局征求意见稿。稳步推进《以“太行精神”为核心的品牌校园文化建设工程》，精心打造基层教师典型访谈栏目“师范”。全年社会各大媒体宣传报道学校110余次，使学校的社会影响力和知名度得到提升。哲学社会科学研究立项100余项，9项成果获得山西省社科联“百部篇工程”优秀成果奖。

（四）党风廉政建设工作。全面落实党风廉政建设责任制和“一岗双责”，将工作任务分解实施，签订了党风廉政建设责任承诺书，推进了惩治和预防腐败体系建设。严格执行党的政治纪律，保障了中央和省委重大决策部署的贯彻落实。密切联系群众，改进工作作风，集中开展了反对“四风”、治理吃喝不正之风等专项治理工作。完成了行政办公用房清理调整工作。支持纪委工作，围绕重点环节，不断加强对“三招（招生、招聘、招标）、两费（教育事业收费、科研经费）”的监督检查工作。坚持教育、预防为主的方针，构建了党风廉政教育大宣教格局，创新党风廉政教育载体。严肃查处案件，坚决惩治腐败，处理信访及各类案件14件。

（五）安全稳定工作。高度重视安全稳定工作，逐级签订了年度《安全管理目标责任书》。加强了安全宣传教育和培训，开展了安全隐患排查活动，改善了校园消防安全条件，加强了校内交通安全管理。面对重大节假日及重大事件、重要时刻的考验，有针对性地开展思想政治工作，保持了学校安全稳定的局面。

学校将全面贯彻党的十八大和十八届三中全会精神，巩固深化党的群众路线教育实践活动成果，坚持推进以质量为核心的内涵发展，继续围绕全面提升教育教学质量和科技创新能力两大主题，进一步推进长期发展规划、人才强校战略、民生工程三项重点工作，加强制度建设，完善考评体系，健全监督激励机制，推进精细化管理，推动基层党建的规范化和制度化，进一步加强领导班子的思想政治建设，不断提高班子成员的办学治校水平和科学发展能力，为把学校建设成为一所具有鲜明特色和重要影响的高水平教学研究型大学而努力奋斗。

（张小明）

附：中北大学党委书记、副书记、委员名单

书　记：陶功定

副书记：刘有智　张惠选　常晓宝（5月离职）

委　员：安建平　肖忠良　韩　焱　潘晋孝　苏铁熊　王俊元

长治医学院党委工作概况

党委书记　申建设

长治医学院共有基层党组织80个，其中党委4个，党总支8个，党支部68个，共有党员2086名。

2013年是长治医学院深入实施“十二五”规划，全面推进校内改革，各项事业进入新的发展时期并取得新成绩的一年。一年来，在省委、省政府、省高校工委、省教育厅的正确领导下，全院师生员工以科学发展观为统领，以教学、医疗、科研为中心，深入贯彻落实党的十八大、十八届三中全会精神，以改革增强活力，以创新引领发展，各项工作跃上了新的台阶。学院荣获“山西省五一劳动奖状”、“山西省民族团结进步创建活动示范学校”、“山西省高校平安校园创建先进单位”等荣誉称号。

一、教学工作与人才培养

1、办学层次取得历史性突破。2013年，学院迎来首届20名临床医学硕士专业学位研究生入学，改写了长治医学院没有研究生教育的历史。

2、专业建设迈出新步伐。临床医学专业成为教育部第一批本科专业综合改革试点专业；医学影像学专业成为省级特色专业；新增医学实验技术和预防医学两个新专业并开始首届招生；积极申报精神医学、传播学（健康传媒方向）和眼视光医学三个新专业，专业口径得到进一步拓宽。

3、教学管理进一步加强。召开第六届教学工作会议，深入贯彻落实教育部全面提高高等教育质量的30条意见和教育部认证专家组的整改意见。修订并实施2013版本科人才培养方案和教学大纲。认真落实学院领导、督导专家、系部领导及同行和教学管理职能部门四听课制度，以及学生、教师、教学管理干部“三评课”制度。

4、教学改革进一步深化。积极组织申报山西省高等教育质量水平提升工程项目，共获得4项山西省高等学校教学改革项目和16项山西省高等学校大学生创新创业训练项目，其中，有5个项目被教育部确定为2013年度国家级大学生创新创业训练计划项目。1名教师在首届全国高校微课教学总决赛中获得优秀奖，学院获得优秀组织奖。

5、课程建设取得新成果。《内科学》成为国家级精品资源共享课；《药理学》、《人体解剖学》、《基础护理学》为省级精品资源共享课。制定出台《长治医学院课程体系改革方案》和《全校性公共选修课管理办法》，开设人文教育、应用技术、素质培养、艺术赏析4大类全校性公选课24门。全面启动了新生课。

6、师资队伍建设成绩突出。2名教师当选教育部高等学校教学指导委员会委员。2名获得省级教学名师称号，学院省级教学名师达到8人。通过公开招聘优秀应届硕士研究生23人、本科生19人。与中南大学联合举办在职博士研究生课程班，有86名中青年教师参加学习。加强师德师风建设，在全院评选“十种最受学生欢迎和最不受学生欢迎的大学教师行为”。第一临床学院内科学教研室荣获山西省第十二届“育人杯”先进集体，1名教师荣获“育人杯”先进个人。

7、实践教学持续加强。加强实践教学基地建设，实行OSCE考试和轮转实习，推进实验室向本科生开放，不断提高临床教学水平和学生动手能力。临床技能虚拟仿真实验教学中心被省教育厅评为省级虚拟仿真实验教学中心。组队参加第四届全国高等医学院校大学生临床技能竞赛，第三次夺得华北赛区一等奖，并进入全国总决赛荣获三等奖。

8、素质教育取得新成果。进一步完善“三维结构”素质教育体系，努力营造全面发展的良好环境，不断提高学生的综合素质和人文素养。3名学生荣获“中国大学生自强之星”提名奖；1项学生作品获第五届“兴晋挑战杯”大学生创业计划竞赛银奖。在全国大学生电子设计竞赛、全国高校电子信息类实践创新作品评选、华北五省及港澳台大学生计算机应用大赛、全国英语演讲大赛等赛事中，获一等奖6项，二等奖11项，三等奖9项。在山西省大、中、小学生游泳锦标赛上，继2012年后再次夺得大学组团体总分第三名。长治医学院的艾滋病防治工作得到了张建欣副省长、卫小春厅长等省市领导的高度评价。

二、医疗工作与社会服务

1、长治医学院附属和平医院。全年开展自体干细胞移植治疗多发性骨髓瘤、冠状动脉内压力测定、椎管内肿瘤的微创手术等新技术、新项目71项。其中，血液内科与北京307医院合作开展的造血干细胞微移植术成功率达百分之百，填补了省内空白。获得各类科研项目20项，科技成果奖6项，发表学术论文110篇，其中SCI收录4篇，出版学术著作57部。主办“中国腹腔镜新技术高峰论坛”、“山西省医师协会高血压专业委员会第三届年会”等一批高水平学术会议。

长治医学院附属和平医院成为山西省首批护理岗位管理试点医院、山西省首家全国微移植协作组定点医院、省城唯一一家新农合重大疾病省级定点医院。医院先后荣获国家级“心理学普及先进集体”，山西省“规范化司法鉴定机构”，长治市“新农合工作先进集体”等多项荣誉。

2013年，医院门急诊64.16万人次，出院病人4.76万人次，平均住院日11.87天，床位使用率118.55%，继续保持了长治周边地区医疗行业领头雁的优势和地位。

2、长治医学院附属和济医院。全年开展新生儿高胆红素血症换血治疗、口腔种植修复技术等新技术、新项目20余项。申报各级各类科研项目13项，获资助项目2项，发表科研论文 69 篇，其中 SCI 收录 1 篇，参编教材 12 部。医学影像综合楼建成竣工，一批先进的设备入驻并投入使用。医院荣获“山西省高校文明和谐标兵单位”、“长治市卫生工作先进单位”、“长治市支农工作先进单位”等荣誉称号。

2013 年，长治医学院和济医院门急诊量 21.4 万余人次，出院人数 1.68 万人次，病床使用率 102.07%，平均住院日 11.40 天，保持了健康快速发展的良好态势。

三、科技工作与学科建设

1、召开第四届科技工作会议。总结长治医学院近年来的科技工作取得的成绩，并对在科技工作中取得优异成绩的先进个人进行了表彰，提出了下阶段科技工作的思路和举措，以科技工作的新跨越，支撑学院事业的新发展。

2、重点学科建设取得新成绩。长治医学院和平医院血液科被省卫生厅评为山西省医学重点建设学科。血脂代谢与血液病实验室被评为山西省高校重点实验室。重点学科全年共获研究经费 150 万元。

3、人才队伍建设取得新突破。学院 3 人入选“山西省高等学校 131 领军人才工程”第二层次人才，其中 1 人为学院国家级教学名师，另外两人为柔性引进的国家杰出青年基金获得者；7 人入选“131 领军人才工程”第三层次人才。

4、科研实力进一步增强。申报各级各类项目 56 项，获资助项目 11 项，获资助经费 123 万元。其中国家自然基金项目（青年基金）2 项，山西省自然基金项目 3 项。魏武教授的“shRNA 介导的 β-catenin 基因沉默对食管癌细胞生物学行为的影响及其机制”获山西省自然科学奖一等奖。

四、党建和思想政治工作

1、深入学习贯彻党的十八大和十八届三中全会精神。一是制订工作方案，精心组织实施，抓好院系两级党委中心组学习，坚持领导干部先学一步、多学一点、学深一些。二是把学习宣传十八届三中全会精神作为学生思想政治教育和课堂教学的重要内容。三是充分利用校报、广播、电视、网络等校内媒体，大力宣传党的十八大以来的新局面、新风气，宣传学院学习贯彻十八届三中全会精神的新举措、新成绩，营造浓厚学习氛围。四是举办“党的十八大精神进校园”专题报告会，抓好理论宣讲和研讨。

2、深入扎实开展党的群众路线教育实践活动。根据省委部署，2013 年学院作为省属高校列入第一批深入开展党的群众路线教育实践活动单位。成立了教育实践活动领导小组及办公室，制定了实施方案，并于 9 月 2 日召开了动员大会。按照“照镜子、正衣冠、洗洗澡、治治病”的总要求，学院领导班子在认真学习相关资料、深入开展调查研究、广泛征集群众意见的基础上，召开了高质量的专题民主生活会。院级领导班子民主生活会后，各附属医院党委、学院各党总支相继召开专题民主生活会。同时，进行了院级民主生活会议情况通报，并制定了班子及成员个人的整改方案和专项整治方案、制度建设计划。活动中，学院领导坚持边查边改、立说立行，清腾办公用房 150.4 平方米；公务接待费比去年同期减少 43.6%；会议、文件和简报有了明显减少；启动了校内绩效工资改革，较大幅度提高了教职工的收入水平；对老干部进行了体验；加强了干部队伍建设。认真抓好整改落实、建章立制，建立密切联系群众、改进工作作风的长效机制。

3、推进党的基层组织建设，夯实党建工作基础。一是全面加强基层组织建设，健全基层组织，深入实施党支部“54321 凝聚工程”和“创先争优”活动，扎实开展民主评议党员活动，并评选表彰了 12 个先进基层党组织、16 名优秀党务工作者和 145 名优秀共产党员。二是迎接省委组织部、省高校工委《中国共产党普通高等学校基层组织工作条例》贯彻落实情况的联合检查。三是做好党员发展、管理和服务工作。认真贯彻落实全国和山西省党员发展和管理工作会议精神，坚持十六字方针，严格发展程序，发展优秀青年教师和学生党员 350 名，培训入党积极分子 1000 多名。四是以“三龄两历一身份”为重点，扎实开展干部人事档案专项清理工作，完成了全院处级、科级近 200 份人事档案的清理登记和审核认定。

4、加强领导班子和干部队伍建设，提高各级干部的政治素质。一是认真贯彻党的民主集中制原则，领导班子团结干事，党政主要负责同志经常沟通交流，重大问题提交党委会集体研究决定，确保各项决策的民主化、科学化。二是严格程序和标准，对新增和空缺的副处级干部岗位，通过院内公开竞聘的方式进行调整充实，提拔任用了 50 名同志到副处级领导岗位上来，为推动学院又好又快发展提供组织保证。三是为提高管理干部队伍的整体素质，学院与中南大学合作举办了医学教育高级管理研修班，分两批对全院 84 名管理干部进行集中培训。

5、加强思想政治教育，深入开展精神文明创建工作。一是充分发挥课堂教学主渠道作用，深化思想政治理论课教学改革，强化实践教学，增强思想政治教育的说服力、感染力。二是扎实推进思想政治教育进“三进”工作，认真落实辅导员进公寓制度，及时了解学生思想动态。加大对大学生思想政治教育主题网站和心理咨询网站的建设力度，建立全方位覆盖、全过程渗透的网络德育实施体系。三是组织全体党员观看党内专题教育片《苏联亡党亡国 20 年祭》。四是在纪念建党 92 周年之际，举办“我的中国梦”主题教育系列活动。五是深入开展诚信教育、励志教育、感恩教育，多角度促进大学生健康成长。

6、进一步加强群团、统战和老干部工作。一是召开第三届教代会暨第二届工代会，审议通过了院长工作报告、《“十二五”事业发展规划及 2025 年远景发展目标纲要》修订稿、《长治医学院章程（草案）》等重要文件，选举产生了新一届工会委员会，充分保障教职工参与民主决策、民主管理、民主监督的权力。二是积极开展“三育人”活动，促进教职工队伍职业道德素质、科学文化素养和业务能力的提高。三是坚持开展扶贫帮困送温暖活动，为家庭困难职工、生病住院的职工和部分老同志，送去慰问金共计 1.55 万元。四是发挥共青团党的助手和后备军作用，组织大学生实施青年马克思主义者培养工程，开展创业计划竞赛、暑期社会实践、青年志愿者服务、学生社团等活动。教工团总支获得“山西省五四红旗团委”称号，2人荣获“山西省优秀共青团员”称号。五是加强统战工作，维护民族团结，促进校园和谐，建立党外知识分子信息库，较好地发挥民主党派和无党派人士参政议政的作用。六是全面落实老干部的政治、生活待遇，组织老干部参加全省学习十八大精神知识竞赛，节日走访慰问老干部，为离退休老干部进行健康体检，积极开展老年文化体育活动。

7、落实党风廉政建设责任制，构建反腐倡廉长效机制。一是召开了2013年党风廉政建设工作会议，学习贯彻十八届中纪委二次全会、省纪委十届三次全会和省高校工委、省教育厅党风廉政建设和反腐败工作会议精神，对2013年学院党风廉政建设和反腐败工作进行了安排部署和任务分解。二是对全院的二级单位及正副处级干部落实党风廉政建设责任制情况进行了廉政考核和民主测评。三是发挥学院纪委在干部选拔任用、招生考试、人员招聘、物资采购、基建项目等工作中的监督职责，保证了反腐倡廉工作的深入开展。四是对各级领导干部进行反腐倡廉示范教育、警示教育和岗位廉政教育，对新提拔的处级干部进行了廉政谈话。五是制定出台《实施党员领导干部廉政谈话和函询的暂行办法》、《关于执行党风廉政建设责任制的实施办法》，进一步加强党风廉政制度建设。六是认真做好信访件处理、案件查办和涉刑人员处分情况的自查纠正等工作。

（邢育宏）

附：长治医学院党委书记、副书记、委员名单

书　记：申建设

副书记：王庸晋　冯向先　李富德

委　员：李玉冰　赵中夫　陈忠义　尚进平　陈广斌

山西中医学院党委工作概况

党委书记　张俊龙

山西中医学院现有91个基层党组织，其中党委4个（包括3个基层党委），党总支9个，党支部79个（包括直属支部7个），其中在职教工党支部52个，离退休人员党支部3个，学生党支部18个。共有党员1847名。

2013年，山西中医学院认真学习贯彻党的十八大和十八届三中全会精神，全面贯彻落实全省教育、卫生工作会议的总体部署，贯彻落实中央八项规定、厉行节约反对浪费的有关要求，深入开展党的群众路线教育实践活动，紧密围绕学校“十二五”事业发展规划，较好地完成了全年的工作任务。

一、以贯彻落实十八届三中全会精神为契机，全面加强党的建设

1、深入开展党的群众路线教育实践活动。成立了领导小组及具体工作机构，组织了内容丰富的学习教育活动。活动期间，坚持边学边改，边查边改，立行立改，研究制定了整改方案和专项整治方案以及制度建设计划，圆满完成三个环节的任务。

2、加强党的思想建设。深入学习贯彻党的十八大、十八届三中全会精神以及习近平总书记系列重要讲话精神，坚持党委中心组（扩大）学习制度，在全校深入开展多层次和富有创造性的精神文明先进单位创建活动。2013年山西中医学院被省高校工委评为文明和谐单位。

3、加强党的组织建设。举办了学习贯彻党的十八大精神处级干部培训班。开展了处级干部交流评议工作，有41名正处级进行了交流述职。深入开展学生党支部建在班级试点工作。举办了两期入党积极分子培训班。认真开展了干部档案专项清理工作。

4、加强党风廉政建设。召开了党风廉政建设工作会议，出台了《党风廉政建设和反腐败工作任务责任分解意见》。通过廉政教育专题会、集体廉政谈话和观看警示教育片等活动，开展反腐倡廉教育，增强党员领导干部拒腐防变意识。

5、加强党的作风建设。深入开展停止新建楼堂馆所和清理办公用房，治理吃喝不正之风、清理会员卡、违规使用公务车专项清理等专项整治工作。继续加强对新校区建设的监督和风险防控，强化对干部选任等重点部位和关键环节的监督，开展效能监察工作。

6、加强工会及扶贫下乡工作。认真贯彻落实《学校教职工代表大会规定》，推进教职工健康、温暖和解忧三大工程。大力开展对口扶贫工作，与和顺县人民医院签署了医疗合作协议，举办了乡村医生培训班，开展了大型义诊活动，协助当地政府开展黄芩规范化种植，对和顺县实施了造血式援助。

7、加强统战和老干部工作。积极开展同心系列品牌活动，多次召开党外人士座谈会，组织民主党派人士赴阳城县开展义诊活动。加强老干部工作，把家属区幼儿园改造为老干部活动室并实现顺利搬迁。

8、努力做好安全稳定工作。深入开展学校安全专项整治及综合治理工作，建立新校区内外防护体系，加快“三防”建设，组织开展了应急逃生演练活动，顺利通过了“平安校园”验收检查。

二、以推进新校区建设与搬迁为目标，晋医学堂新面貌日益显现

1、加快推进新校区建设步伐。学校党政领导高度重视

新校区建设工作，适时协调推进组、建设领导组和召开现场办公会议，研究解决建设过程中的具体问题。紧紧围绕6月首批入驻、9月新生报到等时间节点，加快工程进度，确保了入驻区域的如期完工、试运行和正常运转。

2、顺利完成实现首批搬迁和新生入驻。依据学校制定的《新校区首批搬迁工作方案》，先后召开7次搬迁工作协调会，确保了首批600余名师生的顺利入住。为全面做好新生开学等各项工作，及时出台了相关措施，保障了新生按时报到及新校区入住区域的正常运行。推进新校区搬迁步伐，确保2014年寒假前，既定搬迁任务的顺利完成。

3、高度重视建设安全与质量工作。新校区建设指挥部先后制定多项管理制度，截至目前已召开指挥部办公会79次，研究部署建设过程中的具体问题。根据要求，对入驻区域和施工区域进行了隔离。切实加强对参与建设施工单位的安全教育，组织开展入住区域单体建筑的验收工作，先后通过了质量安全检查等多项检查。

三、以中医学专业认证启动为抓手，着力提高教育教学质量

1、全面启动专业认证工作。成立了中医学专业认证工作领导小组和具体工作机构，出台了中医学专业认证工作任务分解，召开了专题辅导报告暨动员大会。完成了第二批教学改革项目的结题验收工作，确立了第三批教学改革项目35个，完成了教学改革实验班教材校稿、刊印工作，共计刊印96个知识门类、258册教材。

2、教学管理日趋规范。举办了首届教案设计大赛，开展了教学质量活动月。修订完成了2013版人才培养方案，已在2013级学生中实施。启动了教学大纲的修订工作，目前已交付排版。11门课程获批省级精品资源共享课程。分站式召开了2013年临床教学工作会议，与大同市中医院签署了临床教学医院合作协议书，合理安排教学任务，加强教学管理，确保新老校区教学工作正常运行。

3、大力推进教学质量工程建设。积极开展质量工程建设工作，针灸推拿学专业获批省级特色专业，6个教学改革项目获批立项。两人获批山西省教学名师。中医学专业获批教育部第一批本科综合改革试点项目。制定了《十二五专业建设规划》，新增3个专业。积极组织申报2个新专业和2个专业方向。中医临床技能实训中心获批山西省“十二五”高等学校实验教学示范中心，脑藏象学实验室获批山西省高等学校重点实验室。

4、师资队伍得到改善。创新引进人才方式，圆满完成引进50人的计划。三人完成攻读博士学业返校工作，今年又送出6人攻读博士。开展教学名师、骨干教师评选工作，评选出5名校级教学名师、26名骨干教师。积极选派教师参加国家级教学基本功竞赛，有3人次获奖。组织40名教师参加了“十二五”规划教材第二批教材主编、副主编、编委申报工作。

四、以国际合作与交流为切入点，推动科研与研究生教育快速发展

1、加强高层次人才引进力度。先后引进院士1人，山西省“百人计划”2人、“傅山学者”3人。设立了脑病学院士工作站。获批山西省高校131领军人才15人。4名教授被评选为学术技术带头人。2名教师荣获省高等学校优秀青年学术带头人。启动了11个中医学优势治疗技术创新团队。“脑病中医防治和新药创制创新团队”获得省科技厅批准。

2、科研实力大幅提升。成立了山西省中药 & 药食两用中药产业技术协同创新中心，获批山西省重点协同创新基地。全年共立项33项，获得纵向科研经费578万元。结题验收项目共30项，科技成果鉴定项目共3项，获得发明专利1项、省部级以上奖励4项。举办走进中医药和现代医学进展系列学术讲座20余场次。

3、国际合作日益频繁。聘任阿德莱德大学前校长麦克华教授为山西中医学院荣誉教授。澳大利亚驻华大使孙传芳、澳大利亚阿德莱德大学、日本大阪医科大学先后来校交流访问。承办了为期两个月的第15期国际针灸推拿技术培训班，获批招收港澳台本科生资格。

4、积极推进研究生教育。举办傅山国医大讲堂6次，出台了《研究生教育改革实施方案》。联合山西振东股份有限公司等6家企业，组建了山西省中医药研究生教育创新中心，并通过省学位办的认定。

五、以开展学风建设为重点，提升学生管理与服务水平

1、深入开展大学生思想政治教育。推进学风建设、文明修身、心理健康素质提升“三大”工程，开展了“诚信考试”、“规范课堂纪律”、“学习经验交流会”等系列活动，在全校学生中开展中国梦主题教育活动和“三爱三节”活动，进一步加强大学生思想政治工作。

2、推进第二课堂素质教育体系建设。举办了大学生思想政治教育研讨会。推进学生工作二级管理体制改革，深化处级干部、高级职称联系班级制度。修正和完善了《第二课堂素质教育大纲》和《大学生素质成长手册》，并在2013级全体新生中实施。组织参加大学生创新创业项目的申报，16个项目获审批立项。

3、强化学生日常管理。在新校区实行集中办公和“半军事化”管理，在实施“贫困生营养鸡蛋工程”的基础上，实施“贫困生免费主食关爱工程”，为360名家庭经济困难学生每天免费提供一份主食。设立了千子莲扶贫帮困助学金。

4、推进大学生就业创业工作。举办了2013年毕业就业教育系列活动和毕业生就业招聘会，做好未就业毕业生离校前后实名信息衔接和服务接续。建立长期跟踪电子信息库。全力做好毕业生就业服务工作，截至目前就业率达到73.37%。

六、以加快大学章程建设为起点，深化学校管理体制改革

1、大学创建工作。通过组织考察学习、邀请专家辅导报告、召开专题学习会等形式，明晰更名大学的指标体系，明确任务分工，推进更名大学工作的有序开展。

2、推进省局共建工作。积极争取国家中医药管理局、省卫生厅、省教育厅等有关厅局的大力支持，起草了共建协议征求有关厅局意见，共建工作有序推进。

3、推进章程修订工作。依据教育部、省教育厅的要求，深入开展章程修订的学习研讨，顺利通过高校章程制定工作督查组的检查，深入学习教育部首批核准的六所高校章程，扎实开展章程修订工作。

4、开展大学文化建设。出台《“十二五”大学文化建设规划纲要》，隆重召开了大学文化建设大会暨践行“艰且益坚，持重笃行”先进表彰大会，制定了《大学文化建设 2013 年建设重点及任务分解》，出版了《媒体中的山西中医学院—2013》，扎实推进年度文化建设。

七、以提升教辅后勤服务水平为主题，新旧校区管理运行良好

1、加快数字化校园建设步伐。与中国建设银行、中国移动股份有限公司签署战略合作协议。在新校区开通校园一卡通服务，设立了图书及电子阅览室。实现新校区“智能一卡通”考勤系统的投入使用。

2、做好新校区运行管理工作。率先在入驻高校园区的高校中制定了《新校区教职工交通和误餐补贴实施办法（试行）》，研究制定了《服务用房管理办法》。新校区各入驻商户及配套服务设施运行正常。合理制定教职工通勤车运行办法，建立三级联动 24 小时值班制度。

3、提高后勤服务水平。高质量高标准完成新校区启用前准备工作。餐饮服务实现了由分散承包经营向集中规模化经营转变，新校区食堂被评为“山西省高等学校标准化食堂”。卫生保洁和物业管理实现了社会化服务。启动了家属区节能改造工程，进一步改善了职工居住条件。

4、清产清查和审计工作。制定了《新校区搬迁仪器清点排查工作方案》，组织开展了全校性仪器设备资产清点、排查工作。全力做好新校区建设工程审计工作，开展全过程跟踪审计工作。

（郭宏鹏）

附：山西中医学院党委书记、副书记、委员名单

书　记：张俊龙

副书记：马存根　冯　海

委　员：郭文平（4 月任职）　冯前进　杨　波

太原师范学院党委工作概况

党委书记　王尚义

2013 年，在省委、省政府、省教育厅、省高校工委的正确领导下，院党委、院行政带领全院教职员工，高举中国特色社会主义伟大旗帜，认真学习习近平总书记的一系列重要讲话精神，贯彻落实十八届三中全会精神，扎实开展党的群众路线教育实践活动，全院师生团结拼搏、开拓进取，各项工作取得了突破性进展。2013 年是太原师范学院历史上发展最快的一年。在合并工程、教学工程完成后，顺利完成申硕工程，获得硕士学位授予权。新校区即将全面建成，教学和科研成果显著，院党委审时度势在 2013 年全面启动了“发展提升工程”，为学院的发展描绘了宏伟的蓝图。

一、稳步推进群众路线教育实践活动

按照“照镜子、正衣冠、洗洗澡、治治病”的总要求，以为民务实清廉为主题，太原师范学院从 9 月开始，深入开展了党的群众路线教育实践活动。精心制定了《中共太原师范学院委员会开展党的群众路线教育实践活动实施方案》，院领导班子成员召开各类座谈会 42 个，征求到对院领导班子及成员意见 126 条，进行谈心谈话 191 次，院领导班子及成员认真撰写了对照检查材料，11 月 29 日成功召开了院领导班子专题民主生活会并在 12 月 16 日对民主生活会召开情况进行了通报；对在活动中“立行立改”的四个问题进行了公示，制定了《关于进一步加强干部作风的意见》；出台了《党政领导班子整改方案》，明确了 18 项整改落实任务。具体指导了全院 58 个处级单位召开了处级干部专题民主生活会，146 个党支部召开了组织生活会。在活动开展期间，督导组与在校的正处级以上干部 93 人谈话。并对太原师范学院开展活动的情况给予充分肯定。

二、切实加强党建工作

一是持续加强基层党组织建设。一年来，进一步加强和改进基层党组织的建设。各党总支深入学习了《中国共产党普通高校基层组织工作条例》，进一步落实了院系党政联席会议制度，切实发挥院系党组织的政治核心作用。调整了党支部设置，推进党支部进新校区、进学生班级，不断加强基层

组织建设。二是积极稳妥开展组织发展工作。一年来,共发展学生党员502名,教工党员6名,转正学生预备党员483名,转正教工预备党员4名。举办了第57、58两期入党积极分子党课培训,共培训积极分子1258名。三是坚持做好党员的教育管理工作。继续对全院党员进行民主评议,各基层组织按照自我总结评价、民主评议、支部鉴定、总支审核汇总的程序,认真组织了评议。七一前夕对各总支推选出的125名院级优秀共产党员和10名优秀党务工作者进行了表彰。四是加强了干部队伍建设。2013年对缺岗部门的中层干部进行了补充和调整,新提任处级干部53人,到龄离任或免职17人,平调19人。在干部选任上严格按照干部选任基本程序,创新选任方式,使太原师范学院的干部队伍结构更趋于合理。拓宽干部培训的渠道。2013年,学院与国家教育行政学院中国教育干部培训网合作建立"太原师范学院干部在线学习中心",开展远程在线学习。共有254名处级和科级干部参加了2013年首期培训,加强了对干部的考核管理。在新提任干部的考察过程中,首次进行了"德"正反向测评,进一步树立"以德为先"的用人导向,突出"德"在干部考核中的优先地位和主导作用。做好了科级以上干部的档案专项清理工作。根据省委组织部、省高校工委的有关要求,对全院科级以上干部的"三龄两历一身份"进行了集中专项清理。

三、以思想政治工作为抓手扎实推进师德师风建设

一是不断强化青年教师职业理想和职业道德教育。2013年,在广泛征求意见基础上,以理想信念教育为核心,以师德教育为重点,以社会实践教育为载体,以解决实际问题为切入点,制订了太原师范学院《关于加强和改进高校青年教师思想政治工作实施意见》。《意见》对今后几年青年教师思想政治教育工作进行了全面部署。学院加强对新入职教师的岗前培训,把开展学陶师陶活动、学习《高等学校教师职业道德规范》作为培训的重要内容,纳入教师考核体系,教育引导青年教师树立高尚师德。定期开展"师德标兵"评选、"三育人"先进个人评选、青年教师基本功大赛、青年教师公开教学、青年教师教学研讨等活动,选树青年师德标兵和教学技能标兵等,激励青年教师爱岗敬业,乐于奉献。二是完善青年教师师德考核机制。将青年教师师德表现作为年度考核、岗位聘任、职称评审、评优奖励的首要标准,健全完善青年教师师德考核档案,实行师德"一票否决制";健全学术不端行为预防查处机制,对师德表现不良的,及时劝诫、督促整改;对师德失范的,依法依规严肃处理。

四、学团工作取得新的成效

加强对学生的管理和引导。进行了大学生思想政治状况调查,撰写了太原师范学院大学生思想状况调查情况报告,开展大学生爱国主义教育实践,赴牛驼寨烈士陵园祭扫革命先烈,弘扬爱国情怀,活动受到新闻媒体的关注和好评。组织学风督查委员会主要学生干部组成"中国梦·追寻红色记忆之旅,弘扬爱国主义精神"实践团,赴山西省荣军医院对老战士们进行了为期五天的采访活动。组织大学生参加高校学生诚信教育主题活动,两位同学获二等奖。出台《太原师范学院毕业生文明离校规定》,积极营造和倡导毕业生文明离校的良好氛围,严肃处理不文明行为,不良风气有较大扭转。下发《关于加强各二级院系学风督查委员会工作的意见》,建立完善二级院系学督委21个,并组织培训两次。开展山西省优秀毕业生、太原师范学院2011年度优秀学生干部评选推荐工作,为32名山西省优秀大学毕业生、501名院优秀学生干部颁发了证书和奖品、奖金,累计五万元。组织2012—2013年普高学生综合测评工作。评选红旗班集体4个,先进班集体23个,优秀班主任27人,十佳文明寝室15个,文明寝室63个,三好学生标兵15人,三好学生927人。颁发非师范类和师范类各类奖学金2511人。为3746名贫困生成功办理贷款,合计金额19674618元。完成2013年国家奖助学金评定工作,受助学生3512人,资助金额999.2万元。评选出符合资助条件的新建学籍学生27名,发放专款资助经费3.45万元。推荐上报山西省优秀少数民族学生1人。

团学工作主题教育活动效果显著,开展"我的中国梦"主题教育活动充分有效发挥主题团活动作为大学生思想政治教育阵地的重要作用。

强化团组织自身建设,召开了共青团太原师范学院第二次代表大会,选举产生了院团委书记和副书记。一年来,评选出优秀团员737人,优秀团干7人和优秀团支部32个,"十佳优秀团员标兵"6名,并向党组织培育输送了276名优秀团员青年,切实加强了团员青年的自身建设。

举办了团校第九期团干培训班暨"青年马克思主义者培养工程"第五期大学生骨干培训班,共计500余人参加。开展了"研习陶行知论著,颂唱陶行知诗歌"的活动,传承行知文化,营造浓厚的"学陶师陶"校园氛围,彰显办学特色。举办了以"我的教师梦"为主题的第八届"师魂颂"演讲比赛、第四届"陶行知诗歌烛光诵读会";开展了2013年大学生科技创新基金立项工作,确定立项项目14项。对46件大学生科技创新作品中表现突出的17件作品和26名个人予以了表彰,其中,获得国家级奖励的作品1件,获得省级奖励作品16件。联合太原理工大学、山西医科大学、中北大学等省城高校发起了"心系雅安,为灾区祈福"活动;邀请了80后青年作家张悦然做了题为"与书私奔"的专题讲座;举办了第七届女生风采大赛、第九届校园歌手大赛、"自我发现,自我成长"心理健康讲座、校园宿舍文化节、校园吉尼斯趣味运动会、第二届"同心杯"拔河比赛、中国象棋、五子棋、跳棋比赛等活动。

暑期组织开展了以"青春勇担当、共圆中国梦"为主题的2013年暑期"三下乡"社会实践活动。在校党委的正确领导下,院团委共组建了15支团队190人分赴运城、晋中等8个市县,整个实践活动覆盖9762名团员青年,收回实践报告9153份。对15支优秀团队、16名优秀指导教师、285名优秀实践个人、90篇优秀社会实践论文予以表彰。

2013年,创建青年家园,延伸志愿服务总队触角。

五、统战、老干部和工会工作取得新进展

2013年，学院独立设置成立了党委统战部，调任专职工作人员负责全院统战工作，建立健全院、系党总支统战工作机制。召开了2013年统战工作会议，认真传达学习贯彻落实全国、全省统战部长工作会议精神，对太原师范学院的统战工作进行了全面安排部署，建立完善了重大事项征求民主党派和党外人士意见制度、工作情况通报制度，加强合作，促进学校发展。注重培养使用党外干部，现共有25名党外人士工作在教学、科研及管理的处级岗位上，担任部门、二级院系行政正职的有7人。2013年，获得省委统战部新疆籍学生管理“真情关爱民族学生 共创团结和谐校园”为创建民族团结进步示范单位称号。

认真落实好离退休人员的“两个待遇”。一年来，组织425名老同志进行了健康体检。“七一”前夕，走访慰问部分老党员、困难党员，组织党员赴河北冉庄地道、太行山八路军纪念馆参观学习；组织172名离退休人员进行了健康疗养活动。开展了两次趣味活动比赛。上门慰问离休、厅局级、原校级、九十岁以上的老人和生活困难、住院的老同志约486人次。在我国第一个法定“老年节”之际，给太原师范学院545位60岁以上的离退休人员发放慰问金10.9万元。党的群众路线教育实践活动以来，学院开展了“送温暖”活动，慰问60余名困难党员和老党员。组织安排230名离退休人员参观了新校区。

积极推进学院民主建设，主动维护教职工合法权利。进一步落实二届三次教代会代表提案，院长办公会议就提案的落实，进行了认真讨论并提出明确要求。2013年，学院开展2011–2013年度“三育人”先进集体和先进个人的评选表彰活动，表彰“三育人”先进集体14个，先进个人49名。组织全院1126名教职工进行了体检。上半年为因大病导致生活特困的8名教职工每人发放补助1000元，17名困难职工每人发放补助500元；对突发不幸事件、重病住院的教职工每人发放300元慰问金。一年来慰问因病住院教职工40余人次。组织了各类文体活动，丰富了广大教职员工的工作生活。

六、安全稳定工作常抓不懈

学院高度重视安全稳定工作。深入调查研究，及时掌握动态，做好政保工作。新老生入住新校区后，加大信息员的信息联络，积极开展了学生心理健康教育活动，让学生迅速适应新环境、新生活，尽快进入学习状态。以构建“和谐平安校园”为目标积极开展第二个全省学校安全工作百日大检查专项行动，排查隐患22处，排查校园周边环境类隐患5处，彻底整改一般隐患13处。一年来，通过签订《维护政治稳定工作责任书》《社会治安综合治理责任书》《消防安全责任书》《消防安全应急预案》，落实责任制，进一步强化综合治理工作。强化了消防安全工作，积极开展消防演习活动，提高全校师生的消防意识。参加“高校新区第一届消防知识竞赛和消防技能运动会”，太原师范学院代表队取得了团体第一名的好成绩。开展安全教育进课堂活动，在全校进行入情入理的安全教育，使学生熟悉掌握各种安全知识，有效预防各类事故的发生，自觉遵守法律法规，牢固树立安全第一的思想，进一步增强了师生安全意识。

七、党风廉政建设稳步推进

学院下发了《2013年党风廉政建设和反腐败工作要点》，按照党风廉政建设责任制规定和领导干部“一岗双责”的要求，出台了《2013年党风廉政建设和反腐败工作任务责任分解意见》。2013年3月组织全院各党总支、职能处室签订了2013年党风廉政建设责任书。把廉政教育与群众路线学习教育实践活动有机结合，组织全院科级以上干部、辅导员集中收看教育片、专题报告录像、全省党的群众路线教育实践活动先进事迹报告会。实行“阳光工程”，加大新校区建设、基建、后勤、资产管理、图书、教材、网络中心等招标的监督力度，加大对新校区建设中重点环节的监督管理。积极开展反对“四风”与相关专项治理，下发了《关于认真执行中央“八项规定”改进工作作风的通知》和《关于认真学习〈中国共产党党员领导干部廉洁从政若干准则〉》的通知》，要求各部门各单位加强政风行风建设和收费管理工作。认真开展了治理“吃喝不正之风”、违规用车专项清退、办公用房整改清退、会员卡清退等活动。

八、注重发挥新型媒体的作用，进一步做好宣传舆论工作

2013年学院党委把宣传平台的重心转移到网络上来，更加注重发挥校园网“校园新闻”栏目在反映学院动态、展示学院形象、推动促进工作方面的积极作用。将新闻发布权限和对二级院系所发新闻的审核权限下放到宣传部，做到了校园新闻的采、编、审、发布一体化运行，理顺了管理和运行机制。在宣传部下设专门网络编辑，加强了网上宣传力量和宣传力度。《奠基师院，引领发展——太原师院十三年“六项发展目标、十个一工程”实施纪实》在外网发布，对过去13年发展成就进行了全景式回顾。新华网山西频道、山西日报、山西新闻网、高校工委网对我院申硕成功进行了报道，山西经济日报头版头条对太原师范学院新校区办学条件进行了报道，山西日报对太原师范学院与建行签订战略合作协议进行了报道。

（侯学文）

附：太原师范学院党委书记、副书记、委员名单

书　记： 王尚义

副书记： 梁吉业　王敬泽　王亦农

委　员： 吴生彦　张瑞君　王川龙　侯学文　薛建武

晋中学院党委工作概况

党委书记 解根法

2013 年，晋中学院全面贯彻党的十八大、十八届三中全会精神，深入开展党的群众路线教育实践活动，紧紧围绕新校区建设和迎接本科教学合格评估两大中心任务，切实加强党的建设和思想政治工作，全面推进学院各项事业蓬勃发展。

一、年度目标完成情况

根据学校“十二五”发展规划和 2013 年度工作要点，一年来，教学、科研工作取得重大进展。构建了学校教学质量标准和监控体系，开展了首次校内教学工作评估；获批省级“质量工程”项目 5 项、校级“质量工程”项目 15 项、校级教改项目 26 项，获经费支持 67 万元，大学生创业创新项目国家级立项 3 项，省级 7 项，校级 30 项，项目经费达 11 万元。2013 年学校获批国家社科基金项目 2 项，省部级科研项目 30 项，发表论文 216 篇，出版著作 21 部，各项科研经费突破 1000 万元。图书、实验室建设取得重大突破。学校投入 280 万元、申请政府债券资金 100 万元，当年新增图书 23.8 万册，藏书总量达到 88 万册，初步达到教育部本科评估指标要求；新校区实验室建设新增投入将近 5000 万元。参与各种赛事捷报频传、社会影响力和综合竞争力提高。学校发挥专业人才优势，积极参加各种赛事，毽球队获第七届世界毽球锦标赛男单金牌、第三届全国绿色运动健身大会冠军两项和承办的第三届全国大学生毽球锦标赛四项冠军；学院教职工代表队在 2013 年全国健身操、舞大赛总决赛上获青年组徒手套路特等奖和青年组民族健身舞一等奖；学生在 2013“外研社杯”全国英语写作大赛和第六届全国三维数字化创新设计大赛总决赛上分别荣获二等奖。

在此基础上，学院重点做了以下几项工作：

一是新校区建设取得全面胜利。新校区占地面积 1173.9 亩，规划建筑面积 48 万平方米，总投资 22 亿元。目前经省发改委批准立项建设单体 59 个，总建筑面积 43.9 万平方米，预计投资总额约 18.54 亿元；其中有 54 个单体现已投入使用，共计 33 万平方米；图书馆、体育馆等 5 个单体已封顶，建筑面积约 10 万平方米，已完成投资额 17.11 亿元。目前学校水暖电气正常运转，操场投入使用，施工区与教学区实行隔离，道路全线贯通，绿化基本完成。

二是如期整体搬入新校区。从 4 月 9 日学校首批师生入住，到 10 月 16 日新生开学典礼暨新校区全面启用，学校分 4 次逐步实现了 19 个教学学院、26 个职能部门、15600 余名师生全面入住，在高校新校区 10 所高校中率先实现了整体搬迁的目标，实现了晋中学院发展史上第二个里程碑。

三是开展党的群众路线教育实践活动。根据中央、省委的统一部署，在省委 18 督导组的直接指导下，通过集中学习、专题调研、召开座谈会、专题讲座、谈心谈话、征集意见、查摆问题、对照检查、召开专题民主生活会、开展批评与自我批评、制定整改方案、开展专项整治、建立制度计划等丰富多彩、形式多样的教育实践活动，保质保量地完成了“学习教育、听取意见，查摆问题、开展批评，整改落实、建章立制”三个环节的各项工作任务。全校党员干部思想认识进一步提高，宗旨意识进一步增强，努力方向进一步明确，工作作风进一步转变，达到了教育实践活动的预定目标，受到督导组的好评。

四是加强党的建设。2013 年，举办入党积极分子培训 4 期，党委书记亲自讲授党课 1 次，参训师生达 1100 余人；全年共发展党员 430 名，其中学生党员 420 名，青年硕士生教师党员 10 名；预备党员转正 132 名。着力加强基层组织建设，教工党支部按教研室或部门设立，学生党支部按专业或班级建立，切实做到党的基层组织全覆盖。

五是全面启动本科教学合格评估工作。本科教学合格评估是学院发展史上第三个具有里程碑意义的大事。2013 年 1 月 17 日，学院召开迎评工作安排会，对自评阶段工作任务进行了分解；5 月 11 日，学院召开首届科研工作会议，全面总结了升本以来学院科研工作，对荣获科研工作先进集体、科研成果优秀奖、科技服务地方优秀奖、学术活动优秀奖的学院和教师进行了表彰；7 月 20 日，学院召开首届教学工作会议，立足本科教学合格评估体系，对学院人才培养目标、教学制度建设、教学质量标准、教学改革与基本建设、办学特色等进行了全面科学的规划部署。

六是贯彻落实八项规定。学院公务接待得到有效控制，接待费同比去年下降 60%；清理出 3000 平方米办公用房用于教学科研一线；清退了新校区建设期间借用施工单位 50 座大车 2 辆，7 座以下小车 3 辆。制定实施了《晋中学院关于厉行勤俭节约、反对铺张浪费的若干规定》、《关于严格执行“党政机关办公用房标准”合理分配学院办公用房的通知》、《关于开展专项治理“吃喝不正之风”工作的通知》和《晋中学院公务接待管理办法》、《晋中学院公务车辆管理办法》、《晋中学院差旅费管理办法》等一系列规章制度，从规范党员干部一言一行和转变工作作风抓起，努力在全校形成风清气正的育人环境。

七是加强党风廉政建设。切实履行党委反腐倡廉建设主体责任，根据校级领导分工变动，及时调整了学院党风廉政建设领导组，制定了《晋中学院 2013 年党风廉政建设和反腐败工作任务分解意见》，与中层部门负责人签订了《党风廉政建设责任书》；强化廉政宣传教育，召开了廉政学习会议，专题学习了中纪委十八届有关会议精神、中央八项规定和党员领导干部廉洁从政若干准则;组织全校处级以上领导干部和重点部门、重点岗位人员赴晋中市预防职务犯罪警示教育基地参观学习,接受廉政警示教育;组织开展了"党风廉政教育宣传月",大力推进廉政文化"三进"工作;学院纪委还坚持每月给处级以上干部发一条廉政短信,做到警钟长鸣,时时警醒干部遵守规定,廉洁从政;全力支持纪检监察部门做好违规用车、办公用房、"吃喝不正之风"、会员卡、"两节"期间不正之风等的专项治理工作,加强招生、招聘、考试、收费、干部考核、大宗物资采购等重点领域的廉政监督工作。

除以上常规工作外,学院还采取预防为先、教育为主、制度约束、监督到位的工作方法,着重加强新校区廉政监督工作。主要做法是:"六到位,一公开"。六到位是:人员到位。抽调院纪委副书记、监察室主任常驻新校区建设办公室,具体负责廉政工作。机构到位。成立新校区建设监督和预防职务犯罪工作领导组,加强对新校区建设廉政工作的组织领导。制度到位。制定实行《晋中学院新校区建设工作人员廉洁自律规定》等9项制度,做到用制度管权,用制度管事,用制度管人。教育到位。委派分管领导和纪检、审计、财务、新校区建设等办公室负责人参加省纪委举办的高校干部廉政培训班,组织新校区建设人员集中学习了《廉政准则》和廉政教育学习资料,签订了廉政责任书和廉政承诺书。预防到位。成立了职务犯罪预防工作领导组,制订了工作方案,编制了风险点分析图、权力流程图,确定了预防工作的重点环节,并制定出具体措施加以落实。监督到位。纪检监察审计人员全过程参与新校区建设规划、设计、勘察、施工等项目的招投标工作,着重在完备招标手续、严格招标程序、规范招标行为上下功夫,确保各项招投标工作的公正透明。一公开是:新校区建设信息公开。通过网站、简报等形式,全面、及时地公开新校区建设情况和有关规划、招投标、公告通知等内容,充分保障广大师生知情权、参与权和监督权。

二、采取的主要措施

2013年,学院党政认真履行工作职责,顺利完成了学院发展的各项工作任务,主要采取了以下措施:

一是通过省委省政府、市委市政府、省教育厅的政策资金支持,实现新校区一次规划、一次设计、一次建成、整体搬迁。

二是集全校之力。为保证新校区建设顺利完成,从全校19个部门抽调25名同志组成新校区建设办公室,书记、院长、主管副院长和新校办的同志们一同深入施工一线,实行按楼包干责任制,经过三年日夜奋战,克服种种困难,终于如期高效地完成了新校区建设任务。

三是调动全校师生的积极性。新校区建设期间,全校师生立足本职岗位,做好本职工作,以实际行动支持新校区建设;搬入新校区后,全校师生从学院大局出发,自觉克服交通、就餐、休息和设施不完善带来的种种困难,全力保障学院正常运转。

四是发挥基层组织和广大党员示范作用。无论是在教学、科研、管理、服务,还是新校区建设中,处处体现基层党组织和共产党员的战斗堡垒作用和先锋模范作用,他们以实际行动影响和带动全校师生自觉投身到学院的建设发展中来。

三、存在的问题及原因

一是新校区建设资金缺口大,已完成投资约17亿元,欠款9亿元,形成不稳定因素。二是新校区虽已正常运转,但还需完善。三是新校区没有教职工住宅,对学生的管理服务无法持续,影响到学院的安全稳定。四是教育实践活动成果有待进一步巩固扩大,作风建设系统化、制度化、常态化的长效机制有待进一步完善。五是对干部考核未形成有效机制,干部作风有待进一步改变。六是整体管理水平有待提高,厉行节约、反对浪费亟待加强。七是廉政宣传教育的针对性、实效性有待加强,预防腐败、堵塞漏洞的机制体制有待完善。以上问题的产生,一部分是由于新校区建设和入驻新校区后新的环境、新的形势带来的,一部分是党政班子和成员履职尽责做得不够,工作积极性主动性创造性发挥得不够造成的。

(王　栋)

附:晋中学院党委书记、副书记、委员名单

书　记:解根法

副书记:孙建中　李大公

委　员:南志珍　杨高才　卫二平

市、县（市、区）委工作概况

中共太原市委工作概况

2013年，中共太原市委深入贯彻党的十八大精神，在省委的正确领导下，坚持主题主线，坚持稳中求进，坚持“四化”同步，加快率先转型跨越发展，全年地区生产总值增长9%，规模以上工业增加值增长10.8%，固定资产投资增长25%，公共财政收入增长13%；城镇居民人均可支配收入增长11%，农民人均纯收入增长11%以上，一流省会城市建设取得了新的进展。

一、加快推进一流省会城市建设

（一）全面建设一流的新兴产业基地。坚持以高端化、循环化、园区化、集群化和信息化为路径，加快构建以信息产业和高端装备制造业、高新技术产业、现代服务业、现代都市农业为重点的现代产业新体系。新兴产业支撑引领作用进一步增强，实施工业振兴计划，全市工业投资增长35%，新兴接替产业投资和增加值双超传统产业，成为拉动工业经济增长的主要力量。高端碳纤维、中天信安防等项目建成投产。现代服务业发展态势良好，国内首个反映产地煤炭市场价格的“太原指数”正式上线，汾酒、华润煤业等总部落户本市。出台《关于加快金融业发展的实施意见》。太原茂业天地等项目进展顺利，食品街等传统商圈完成改造升级。2013年8月，太原市被国家商务部、财政部确定为全国首批15个城市共同配送试点城市之一。现代都市农业加快发展，突出“一村一品”“一县一业”，坚持以工业化推进农业现代化，出台《关于加快都市现代农业发展的若干意见》，全年农业产业化销售收入增长39.2%。天津宝迪、九牛牧业等产业化项目进展顺利，十大现代农业主题产业园初见规模。积极开展百企千村产业扶贫开发工程，储备项目164个，落地企业46家。在推进产业转型中，一是注重招商引资，围绕打造北京“副中心”，主动向京津地区全面对接，全年利用外资9亿美元，引进境内资金837.3亿元，分别增长15.1%和68.8%。二是注重园区经济，全市开发区引进亿元以上项目53个，项目总投资787.2亿元。太原阳曲产业新区成为工业发展的重要平台，对全市优化产业布局和城市格局意义重大。三是注重民营经济，开工建设国家级中小企业创业示范基地，全年民营经济增加值增长11.5%，上缴税金占到全市财政总收入一半以上，吸纳就业超过75%。四是扎实推进转型综改试验先导区建设，编制出台实施方案和行动计划，北车铁路装备制造基地等22个重大项目列入省行动计划，太原武宿综合保税区通过国家验收，正式通关运行。同时，积极配合省里做好山西科技创新城建设工作。

（二）全面建设一流的自主创新基地。以提高自主创新能力、推进产学研结合为重点，加快构建区域创新体系，努力实现资源驱动、资本驱动向创新驱动转变。强化企业自主创新主体地位，支持企业围绕新兴产业发展方向实施重大专项，全年专利申请、授权量增长6.8%和20.6%，太钢不锈钢科技创新服务中心成为国家级专业科技企业孵化器。积极推进产学研合作，加强与中科院、中关村以及国内重点高校的战略合作，组织开展“百院百企”“百校百企”科技合作对接活动，签约合作项目86个。优化科技创新环境，全社会研发经费投入增长12%，占到GDP的3.1%；落实国家和省项目资金增长30.5%；63家科技型企业获得银行贷款14.8亿元，增长31%；再度荣获全国科技进步考核先进市称号。

（三）全面建设一流的现代宜居城市。按照全省“一核一圈三群”的部署，坚持新城引领下的“五城”联动，充分发挥规划的引导性，按照国际一流标准，编制完成了汾东新区、晋阳新区等30余项规划，制定出台《关于进一步加强城乡规划管理的意见》，严厉打击和控制违法违规建设。着力推进城市建设，全年完成投资272.69亿元。轨道交通2号线一期工程首开段正式开工，主线全长48.46公里的城市中环路当年开工、当年通车，全市进入立体交通时代，新建、改造完成府东府西街、并州路等道路桥梁项目;实施重点企业目录库管理,全年50个城中村实施改造,11个城中村完成整村拆除。提升城市精细化管理水平,加快"数字城市"向"智慧城市"的转型升级,跻身首批国家智慧城市试点;推进国家"公交都市"示范城市建设,新增公交专用道40公里、公共自行车服务点628个,投放自行车2.2万辆;加快创建国家卫生城市,城乡清洁工程取得新成效。全力抓好省城环境综合治理,继续实施"五大工程"和"五项整治",集中供热扩网面积新增2100万平方米,新增加气站4座,公交车、出租车实现气化全覆盖,拔掉黑烟囱1万余根,冬季采暖燃煤减少35%,对232家污染企业实施了关停、淘汰和搬迁;进一步加快绿化太原建设,东西两山21个城郊森林公园完成投资22.15亿元,全市造林35.93万亩,城区绿化覆盖率、绿地率分别提高0.81和0.79个百分点,省城环境质量改善工作实现了"两年明显改善"的目标。

二、大力加强宣传思想工作和文化建设

全面抓好党的十八大、十八届三中全会和习近平总书记一系列重要讲话精神的学习宣传贯彻。坚持把学习宣传工作作为首要政治任务,及时传达、安排部署;市委常委和副市长领题调研18个课题,形成《关于全面深化改革,加快建设一流省会城市的若干意见》,组建宣讲团,宣讲覆盖干部群众20余万人次。进一步加强思想道德建设,培育和践行社会主义核心价值观,倡导太原"三个核心价值观",在全市范围内开办道德讲堂,社会志愿服务工作取得新成绩。文化事业有了新发展,城乡公共文化基础设施建设进一步加强,太原美术馆建成投入使用;组织开展"文化精品惠民基层行"活动,农村公益电影放映实现全覆盖;积极推进文化精品创作,纪录片《太原五千年》持续热播,进一步打响了"唐风晋韵·锦绣龙城·清凉太原"的城市形象品牌。文化产业整体实力有了新提升,充分发挥文化园区和基地的承载带动作用,高新区创意产业园、清徐醋文化博览园等文化园区建设顺利,文化创意等新型业态发展良好,太原市成为国家级文化和科技融合示范基地;旅游总收入实现430.9亿元,增长21.2%。

三、着力加强社会治理和保障改善民生

加快效能政府建设,巩固深化"两集中,两到位"改革,完善"一核三联动"固定资产投资项目联合审批服务流程,流程再造向县(市、区)、开发区延伸。进一步构筑"源头治理、动态管理、应急处置"三道防线,建立完善矛盾纠纷联调机制,依法稳妥处置突发事件,"天网"治安防控体系基本形成,社区星级警务室建设加快推进,全市县、乡、村三级全部建立社会服务管理平台。把保障和改善民生作为工作落脚点,百校兴学新改扩建项目学校55所、幼儿园33所,新农合"先住院后付费"模式受益群众进一步增加,城镇登记失业率控制在3.35%,企业退休人员养老金在中部省会城市继续保持领先,保障性住房建成2.96万套,增长214%,设立社区惠民项目资金1.1亿,为每个社区提供惠民资金20万元,"一元菜"稳价惠民活动赢得群众好评,居民消费价格指数控制在3.5%以内。严格落实"两个主体"责任,引深安全隐患有奖举报活动,核定安全隐患2700余件,奖励金额30余万元,全年未发生重大以上安全生产事故。

四、进一步提升党的建设科学化水平

扎实推进理论武装工作,加强党校和行政学院主阵地作用,全面构建组织调训、干部选学和在线学习"三位一体"教育培训格局,先后组织96期培训班,1.2万余名干部参加了培训。全面推进领导班子和干部队伍建设,调整配备121名优秀干部充实到县(市、区)和市直部门单位,推选出92名年轻正科级干部进入市管副县级领导干部选拔范围。认真抓好基层党组织建设,建立县(市、区)委书记履行基层党建工作责任专项述职制度,组织开展星级社区、星级农村党组织创建活动,135个"较差"支部全部晋位升级,选派76名优秀年轻干部到村担任"第一书记",完成了全市社区党组织换届工作,组建社区网格党组织2416个。深入开展党风廉政建设和反腐败斗争。把落实八项规定与践行党的群众路线紧密结合,市四大班子成员基层调研次数增长45.1%,下乡住村天数增长12.7%;全市性会议、文件分别减少18%、9.2%,各类会议活动报道减少20%,严肃查究了一批违规违纪人员。认真落实党风廉政建设责任制,市委常委带队对各县(市、区)和市直部门党风廉政建设情况进行考核检查,具有太原特色的惩防体系加快形成。组织开展领导干部住村包企、"访民生、知民情、解民事""向人民汇报、请人民评议"、窗口单位行业"贴近群众、服务群众"等活动,广大党员干部的工作作风明显转变,精神面貌焕然一新,党群干群关系明显改善,树立了党政机关为民务实清廉的良好形象。

(贾　凡)

附:中共太原市委书记、副书记、常委名单

书　记:陈川平

副书记:廉毅敏(2月离职)　耿彦波(2月任职)　荣　彤

常　委:邹天敬(5月离职)　李志江　弓　跃　任在刚　高　键(4月离职)　张春根　柳遂记　王建生(12月任职)　刘海芸　张金旺(12月离职)　陈河才(4月任职)　蒋　鹿

中共小店区委工作概况

区委书记　车建华

2013年，在中共太原市委的正确领导下，小店区委以邓小平理论、“三个代表”重要思想、科学发展观为指导，认真学习贯彻党的十八大、十八届三中全会和市委十届五次全会暨经济工作会议精神，围绕建设一流城区、三晋首区目标，团结带领全区广大党员干部群众，坚定信心、对标一流，勇于担当、攻坚克难，全区经济社会继续保持稳定发展势头。全区共荣获全国县市科技进步考核先进区等国家级荣誉30项、山西省实施“十二五”妇女儿童发展规划示范区等省级荣誉70项、依法行政示范区等市级荣誉31项，再次跻身中国市辖区综合实力百强。

一、经济平稳较快发展

全年地区生产总值完成311.8亿元，增长6.0%；服务业增加值完成219.8亿元，增长4.7%；规模以上工业增加值完成16.2亿元，增长8.4%；固定资产投资完成366.3亿元，增长28.5%；社会消费品零售总额完成388.7亿元，增长12.9%；财政总收入完成43.3亿元，增长22.5%；公共财政预算收入完成22.1亿元，增长21.4%。城镇居民人均可支配收入完成25207元，增长11.6%，农民人均纯收入完成15414元，增长12.8%。固定资产投资额、社会消费品零售总额、财政总收入、公共财政预算收入等综合指标总量列太原市各县（市、区）第一。

二、产业发展更具规模

16个省级重点工程、58个市级重点工程共完成实际投资233亿元，完成额居全市第一。推进产业结构调整，以长治路、亲贤北街、长风大街为核心的现代服务业发展聚集区更具规模和魅力。以嘉节燃气热电联产等重大项目为代表的新兴产业项目扎实推进。坚持都市现代农业发展方向，华辰农耕园等一批现代农业观光园蓬勃发展。全面落实“两集中、两到位”制度，实施流程再造，清理行政审批和服务事项，真正实现“一口进出”、限时办结，政务服务效率和水平大幅度提升。创新招商引资思路，全区入统项目实际引进资金85.3亿元，名列全市各县（市、区）第一。

三、城乡建设加快推进

以攻坚克难的担当和勇气全力推进承担的13条市政道路拆迁任务，圆满完成近60万平方米的拆迁任务。区级财政投资1.87亿元，完成电子街、富康街、人民路3条道路建设和15条小街巷改造任务。累计投资1.9亿元完成公路建设里程57公里，全区公路密度达324公里/百平方公里，位列全省第一。重点推进新庄、许东、龙保3个城中村整村拆除，拆除面积20.8万平方米。新庄社区成为全区第一个真正意义上实现整村拆除的城中村。探索制定《太原市小店区城中村改造过渡期规范管理办法（试行）》和一系列配套制度，为城中村改造提速提质、有效破解各类管理难题提供了有效的制度保证。高标准开展城乡清洁“四位一体”专项行动，全面启动星级单元创建，开展清洁示范创建，城乡清洁工程考核全市第一。

四、生态环境更加宜人

加快推进东山五龙城郊森林公园建设，高标准绿化4300余亩、栽植各类苗木100余万株、修建道路15.8公里，启动景观湖和登山步道建设，高标准建成槐香园、百花园等6个观摩景点，接受了全省、全市造林现场会观摩，为群众打造了又一处生态休闲新空间。扎实推进以燃煤锅炉拆除及清洁能源替代、污染企业关停、工地扬尘污染管控为重点的大气环境整治行动，拆除分散燃煤采暖锅炉202台，45台常年运行燃煤锅炉实现清洁能源替代，拔掉城中村黑烟囱1155根，关停搬迁工业污染企业10家，加强建筑工地治理，对重点区域扬尘污染严格管控，实施财政补贴，组织秸秆还田，全区大气环境质量进一步改善。

五、社会环境和谐稳定

深入推进社会治安“六项整治”和“五大场所”专项整治，在全市率先启动“平安商场”等级化管理和多部门联合整治，在全市率先实现“护校安园”视频监控网络化管理。小店城镇“三纵三横”公共安全视频监控系统安装完成并投入使用，群众安全感和满意度进一步提升。深入推进“带案下访解民忧”专项工作，重点抓好信访突出问题和群体性事件隐患化解，率先在全省开通网上信访投诉平台，在农村扎实推进“四议两公开”工作法和农村工作九项制度规范落实，以财务和村务管理为主的农村信访矛盾大幅下降。严格生产经营单位安全生产主体责任和政府部门安全监管责任，扎实开展安全生产大检查活动和全方位、多层次、宽领域的安全生产专项整治，全年未发生较大以上安全生产责任事故、较大食品安全和农产品质量安全事故，安全生产形势平稳有序。

六、民生事业进一步发展

进一步强化政府公共服务职能，有效保障和改善民生福祉，持续扩大对城市建设、城乡就业、公共教育、医疗卫生、社会保障等民生事业的财力投入，重点解决就学难、就业难、就医难、养老难等群众最关心、最直接、最现实的问题,发展成果更多更公平地惠及民生。区财政累计投入惠民资金占财政总支出的80%以上,成为全省县区级财政中民生投入总量最大、比例最高、惠民政策落实最好的县区之一。进一步推进社区建设,区财政投入1亿元,多渠道、多形式推进社区300平方米办公场所达标建设,推进标准化星级社区创建工程,在配套740万城乡提档升级惠民资金基础上,又安排专项惠民资金740万元,扩大项目覆盖面,推动实事普惠群众。同时,立足实际制定社区换届方案,明确候选人资格条件,加强组织领导,严格换届纪律,圆满完成了第五届社区换届任务。

七、党的建设持续加强

全面抓好党的十八大、十八届三中全会和习近平总书记系列讲话精神的学习宣传贯彻,及时安排部署,组织全区副科级以上干部参加市委宣讲团十八届三中全会精神专题培训,把全区党员干部群众的思想统一到中央、省、市的决策部署上。加强基层组织建设,开展星级党组织创建活动,推进"书记创新引领工程"、新兴领域党的组织和工作双覆盖工程,率先组建小店区社会组织工委,新组建社会组织党组织28个,青龙集团、英特斯等10多个党组织在"党员双重管理、文化凝聚发展"方面走出新路子。认真执行中央八项规定,严格落实区委二十条规定,坚决反对"四风"。深入开展领导干部"访民生、知民情、解民事"、"向人民汇报、请人民评议"、"窗口单位行业'贴近群众、服务群众'作风建设"等活动,进一步树立了党政机关为民、务实、清廉的良好形象。

(攸 堃)

附:一、中共小店区委书记、副书记、常委名单

书　记:张金旺(5月离职)　车建华(5月任职)
副书记:杨继承　高筱燕(3月任职)
常　委:李恩星　冯原平(6月离职)　宋晓丽　张建平　刘永华　边军红　任效杰(3月任职)

二、乡镇(街道)党委(党工委)书记、副书记名单

坞城街道
书　记:李素梅
副书记:常增荣(5月离职)　那利强(5月任职)　邢　炜　原密云　郭改琴

营盘街道
书　记:李天亮(5月离职)　魏志刚(5月任职)
副书记:姚卫民　任宝中(5月离职)　侯建民(5月任职)　李凤山　王定国

北营街道
书　记:张志中
副书记:魏志刚(5月离职)　张渊学(5月任职)　王卫民(5月离职)　赵　珺(5月任职)　许文阁(5月离职)　曹永尚(5月任职)　张　震

平阳路街道
书　记:王成周
副书记:张俊兵(5月离职)　常增荣(5月任职)　任贵贵　张志杰(5月离职)　孙玉萍(5月任职)　杨晋霞

黄陵街道
书　记:侯继保
副书记:李明全　尚红宝　吴德胜(5月离职)　霍丽梅(5月任职)　肖桂峰

小店街道
书　记:李经魁(5月离职)　荣杰峰(5月任职)
副书记:米贵文　刘仙梅　温喜昌(5月离职)　阎三牛(5月任职)　高云兵

龙城街道
书　记:樊胜利
副书记:杨玺荣(5月任职)　任朝华　焦继华(5月离职)　刘子英　李　倩(5月任职)

西温庄乡
书　记:陈晨明(5月离职)　张俊兵(5月任职)
副书记:张惠梅　石红玉(5月任职)

刘家堡乡
书　记:荣杰峰(5月离职)　荣银会(5月任职)
副书记:王保文　郑德勇

北格镇
书　记:雍志斌
副书记:郭国权　田忠军(5月离职)　韩建红(5月任职)

中共迎泽区委工作概况

区委书记　刘文华

2013年是贯彻落实党的十八大精神的开局之年,也是迎泽率先转型跨越发展各项工作全面提升之年。一年来,迎泽区委在市委、市政府的坚强领导下,全面贯彻党的十八大、十八届三中全会精神,紧紧围绕主题主线,团结带领全区广大党员干部群众,抢抓机遇,主动作为,攻坚克难,全区经济、政治、文化、社会、生态文明建设和党的建设实现了新提升和新发展。

一、经济增长势头稳中有进，支柱产业档次明显提升

全面完成食品街升级改造和西城服装城、御都服装城等一批大型商厦的改扩建。苏宁易购太原频道、服装城集团电子商务平台建成投运，中海油能源公司、渣打银行等一批知名企业区域总部落户迎泽，全年完成投资4.5亿元。招商引资签约项目8个，引资155亿元，4个省重点项目和60个市重点项目完成投资97.8亿元。全面启动现代农业十大工程，累计完成投资2.3亿元，孟家井润东农业科技博览园建成全省都市现代农业样板。主要经济指标增幅均高于全市平均水平，位次居十县（市区）前列，为全市率先转型跨越发展做出了贡献。全区地区生产总值完成454.06亿元，增长8.1％；服务业增加值完成390.36亿元，增长7.4％；规模以上工业增加值完成36.06亿元，增长11.3%；固定资产投资完成138.79亿元，增长34.7％；社会消费品零售总额完成307.52亿元，增长17.1％；财政总收入完成28.97亿元，增长20.2％；公共财政预算收入完成14.98亿元，增长34.5%。

二、一体化建设步伐加快，城市综合承载力明显提升

完成铁路三项枢纽、太行路、长风东街东延延长段、并州路等省市重点工程房屋征收80.82万平方米；大力度推进青年东街、幸福巷、铁道里等8个老旧房和棚户区改造，累计征收7000余户、53万平方米，在全市率先实现了500户以上棚户区改造全覆盖；大力度推进满洲坟等老旧片区及小街巷环境整治，累计拆除违建10.14万平方米，硬化道路2.3万平方米，立面整饰24万平方米；大力推进重点区域整治，成立火车站、朝阳街管委会，建立统一调度、部门协同的综合治理长效机制，完善城管执勤、清扫保洁、治安管理24小时工作制。改造和维修5条县乡公路，完成南沙河水库下游大坝加固和二次管网接入工程，完成3个村的饮水安全工程，6个村的整村拆除步伐加快。通过大力度推进城乡建设，加快城市化步伐，城市综合承载力有了新提升。

三、环境治理有效推进，城乡生态宜居度明显提升

关停、搬迁东方红制漆有限公司等一批污染企业，拆除城中村、棚户区黑烟囱、土小燃煤设施3200余台，完成清洁能源替代改造分散采暖燃煤锅炉65台和常年运行燃煤锅炉35台。提档升级花卉街15条，建成小游园3个。全面完成东山旅游观光通道绿化、宜林荒山全覆盖和小山沟城郊森林公园三大工程，通道绿化28公里，新造林1.33万亩，治理破损面35.65万平方米。城乡生态环境质量有了新改善。

四、民生保障持续改善，公共服务水平明显提升

投入2.1亿元，全面完成20件惠民实事，新增就业1.97万人，社会散居孤儿养育金标准达到全省最高，新农合补贴标准、低保老人高龄保健津贴全市最高，财政全额为1.46万名在园幼儿办理了校方责任险，各项保障水平全省领先；为6043名困难群众发放医疗救助金277.37万元，实施“一站式”医疗救助，对低保户原发性高血压和二型糖尿病患者提供免费基础用药治疗；为249户残疾人家庭进行无障碍设施改造和住房修缮，老军营等3个街办实现居家养老服务全覆盖，庙前海边街社区在全市率先开设老年餐桌。开工建设保障性住房3080套。在全市率先实现校校标准化，成为我省首个通过国家教育督导检查组评估的义务教育发展基本均衡区。在全省率先开展社区灾情速报及震后应急处置桌面推演和创建百户防震减灾家庭活动。人口自然增长率控制在6.17‰以内。实施健康饮水工程，3.5万名在校学生和在园幼儿喝上优质达标的放心水。更新安装健身路径20条，建成社区图书室30个并实现与省、市图书馆通借通还。投资1000余万元，打造18个高标准示范社区，社区“两项经费”由去年的2361万元提高到4613万元。坚持“大民生细服务”理念，进一步提升了民生社会事业标准和水平。

五、和谐文化建设不断加强，区域文化软实力明显提升

在全区多渠道多形式广泛组织开展了党的十八大、十八届三中全会精神的学习宣讲，不断凝聚了全区广大人民群众实现中国梦，加快转型发展的精神动力；不断加大新闻宣传力度，全年在各级媒体发稿5936条，与《太原日报》合作推出四期“花开和谐满迎泽”专版和三期“让我们感受泥土的芬芳迎泽篇”文学专刊，制作了《锦绣迎泽美如画》、《可持续发展的迎泽区》两部专题片以及反映棚改的纪录片《圆百姓安居梦》；以构建社会主义核心价值体系为重点，广泛开展了“我们的节日”、学雷锋志愿服务、讲文明树新风、道德讲堂、网络文明传播等精神文明创建活动，进一步夯实了文化建设的思想根基；以实体物象和动漫情景相结合的方式，制作了迎泽区明清行政区域复古沙盘及动漫影视，再现老街巷、老字号以及文化遗存，启动了皇庙、书业诚、皇华馆等文物景点恢复性整治工作，在挖掘区域文化旅游品牌上迈出新步伐。

六、和谐稳定局面日益巩固，人民群众安全感明显提升

扎实开展安全生产责任落实年活动，将重大安全隐患有奖举报工作向企业内部引伸，检查生产经营单位近3万家（次），关闭取缔94家，消除各类隐患1.5万余条，全年没有发生较大以上安全事故。开展大接访活动21次，化解省市交办信访积案34件，圆满完成十八届三中全会期间信访维稳任务。深入开展社会治安“六项整治”和“五大场所”专项整治，打击处理等5项排名及综合排名名列全市六个城区第一。

七、党的建设全面加强，领导转型发展的能力明显提升

着力加强思想建设，不断深化对十八大、十八届三中全

会以及习近平总书记系列重要讲话精神的学习领会,进一步强化了全区广大党员干部的道路自信、理论自信和制度自信。选派4批次116名机关干部,参与太行路、并州路、棚户区拆迁改造等重点工程一线工作,提升了干部解决实际问题,做好群众工作的能力。加大年轻干部培养选拔力度,提拔8名30岁以下优秀年轻干部担任街镇团委书记和团区委书记,选派7名年轻干部到村担任"第一书记"。着力夯实党建基础,圆满完成第五届社区换届,在社区实行"5+X"的大总支模式,全面推行"三进一巡、四问四看"网格化管理服务工作法,区域化党建新格局初步形成。党代会常任制工作扎实开展,建立11个党代表工作室,帮助党员群众解决实际问题131个。各街镇建立非公党建办公室,下派361名党建指导员深入非公企业开展工作,非公党建迈上新台阶。规范农村"四议两公开"工作,将"四议"拓展为"七议",创建100个星级社区和农村党组织,落实激励资金110余万元。全面推进惩防体系建设,狠抓党风廉政建设责任制的落实。完成了对全区70个中层党政领导班子和429名领导干部履行党风廉政建设责任制情况的全面考核。对进驻区政务大厅的26个部门推行行政审批"两集中、两到位",区级行政审批服务时限压缩50%以上,按时办结率、群众满意率达100%。全年立案查处各类违纪案件34起,给予23人党纪政纪处分。压缩"三公经费",清退违规车辆35辆,清退办公面积1470.3平方米,在全区窗口单位行业深入开展"贴近群众、服务群众"作风建设专项活动,严格问责22人,其中行政处分6人,诫勉谈话16人,全区干部纪律作风有了明显变化。

(赵永刚)

附:一、中共迎泽区委书记、副书记、常委名单

书　记:邹天敖(5月离职)　刘文华(5月任职)

副书记:刘文华(6月离职)　阎生华　冯原平(6月任职)

常　委:侯富田　张志勤　梁宏宇　秦　琦　刘锦春(女)　曹　炬(3月任职)　尹亮君(7月任职)　孟永宁(7月离职)

二、街道、乡(镇)党委书记、副书记名单

迎泽街道

书　记:张健康

副书记:高宪强　徐丽珍(女)　骆耀红(女)　康一春　刘　峥(女)

桥东街道

书　记:薛晓明

副书记:刘俊刚　张勇生　李会忠　赵喜梅(女)　王跃芹(女)

文庙街道

书　记:孟晋忠

副书记:樊世勋　马东明　任文英(女)　冯清莲(女)　王爱香(女)

庙前街道

书　记:秦宇星

副书记:田　华(女)　高瑞萍(女)　马笑宣(女)　史秀萍(女)　张海斌

柳巷街道

书　记:刘锦春(女,兼任)

副书记:王孝兵　于以江　梁晓燕(女)　高丽丽(女)　郑慧霞(女)

老军营街道

书　记:闫晓琴(女)

副书记:叶　涛　梁丽鸿　李青枝(女)　钱桂萍(女)　田　芬(女)

郝庄镇

书　记:尹晓平

副书记:刘　丰　陈祚斌

中共杏花岭区委工作概况

区委书记　魏　民

2013年,中共杏花岭区委高举中国特色社会主义伟大旗帜,以邓小平理论、"三个代表"重要思想、科学发展观为指导,深入学习贯彻党的十八大和十八届二中、三中全会精神,在市委的正确领导下,团结带领全区干部群众,按照建设一流省会城市的总要求,紧紧围绕"创宜居环境、建和谐城区"目标,转变作风,狠抓落实,全面推进经济、政治、文化、社会以及生态文明建设和党的建设,全区经济社会保持了平稳较快发展。

全年全区地区生产总值完成419.75亿元,增长10.2%;服务业增加值完成327.33亿元,增长9.6%;规模以上工业增加值完成18.54亿元,下降6.8%;社会固定资产投资完成198.29亿元,增长29%;社会消费品零售总额完成139.71亿元,增长16.3%;财政总收入完成29.35亿元,增长11.5%;公共财政预算收入完成16.23亿元,增长35%;农民人均纯收入完成13335元,增长12.8%。荣获全国科技进步先进区、全省政风行风先进区等荣誉称号。

一、着力推进东山生态建设,大力发展现代都市农业

一是持续推进东山生态建设。重点完善了牛驼、长沟、杨

家峪、榆林坪"四大万亩片区",全年完成绿化2.7万亩,通道绿化44.3公里,栽植各类苗木212万株,新修生态旅游道路8.77公里,高标准建成锦林、山庄头、长沟等5个生态观光园。坚持生态建设与改善省城环境质量相结合,加大东山环境治理力度,对生态旅游道路沿线227处废旧厂房、污染企业、违章建筑等进行了彻底整治,拆除建筑9.3万平方米,恢复绿地3000余亩,建成了全长32.6公里的东山生态旅游路网。

二是大力发展现代都市农业。坚持"生态建设产业化、产业发展生态化",继续推动花卉苗木"四大基地"建设。在长沟村新建高档智能温室2万平方米,在水沟村新建高档智能温室1200平方米,在后沟村、麦坪村新建标准化日光节能温室1万平方米。全区高档智能温室发展到13万平方米,标准化日光节能温室发展到10万平方米,东山地区现代设施农业初具规模。

二、大力加强城市管理和建设,不断提升城市品位和承载力

一是积极推进棚户区、城中村改造工程。启动实施了东站货场、职工新村、晋东等15个棚户区改造项目,共拆迁5766户、31.38万平方米。积极推进保障性住房建设,新开工7919套,为市下达任务的185%。启动实施了享堂、道场沟、小枣沟3个城中村改造项目,完成拆迁1523户、23.92万平方米。其中,享堂村于2013年6月在全市率先完成整村拆迁。

二是不断引深城乡清洁工程。积极推进星级单元创建活动,全区星级单元达到132个。持续推进小街巷连片综合整治。实施了府东街、东仓巷、小东门、旱西关、迎春苑5个片区综合整治工程,改造小街巷44条,整饰楼院202个,惠及居民1.8万户、5.88万人。在全市率先推行城乡清洁网格化管理,投入1000万元,对3328名一线人员实行"活力曲线"绩效考核。在全市季度综合考核评比中,取得一次排名第一,三次排名第二的成绩。

三是全力推进5条道路建设的房屋征收工作。实施了太行路、北中环街、府东府西街、敦化南北路、大西客运专线等5条道路改造建设在本区段的房屋征收工作,完成太行路、北中环街、敦化南北路等3条道路全线及府东府西街主干道的拆迁,共动迁8208户、80.47万平方米。

三、着力保障和改善民生,促进经济社会协调发展

一是全面提高社会保障水平。大力推进创业就业工作,全区城镇新增就业1.94万人,下岗失业人员再就业7400人,城镇登记失业率控制在3%。完善覆盖城乡的社会保障体系,五大社会保险参保人数均超额完成年度目标任务,新型农村合作医疗参合率达100%。累计发放各类社会保障资金6.55亿元,有效保障了城乡困难群众的基本生活。

二是大力发展教育、卫生等社会事业。着力推动教育均衡发展,全面完成建设北路小学、柏杨树街小学、享堂南街小学、胜利东街幼儿园、卧虎山路小学附属幼儿园新改扩建项目,积极推进51所中小学义务教育标准化学校建设,不断扩大优质教育资源,办学环境进一步优化。大力发展卫生事业,不断健全城乡卫生服务网络,社区卫生服务实现全覆盖。

三是深入开展星级社区创建工作。以提升整体服务水平为目标,重点围绕"美化环境、强化队伍、优化服务"三项内容,推进星级创建工作,全年创建五星级社区12个,四星级社区33个,三星级社区51个。投入资金1060万元,启动实施了328个社区惠民项目,打造了一批社区特色服务品牌。

四是进一步加强安全生产和创新社会管理。认真做好安全生产工作,严格落实政府监管职能,强化企业主体责任,狠抓重点行业和重点领域的安全管理,消除隐患7120个,打击非法违法生产经营单位122家。扎实开展安全隐患有奖举报工作。全年共受理群众举报224件,办结204件,办结率91.1%。切实加大信访和维稳工作力度,制定出台了《关于进一步加强信访工作的意见》,狠抓矛盾排查和积案化解,解决重点疑难信访案件56件。深入推进平安创建活动,认真开展社会治安重点整治和专项行动,严厉打击各类违法犯罪,社会治安持续稳定,群众安全满意度持续提升。加强和创新社会管理,成立了区、街(乡)、社区(村)三级社会服务管理中心,建立了全区三级社会服务管理信息平台,社会管理的科学化、精细化水平明显提高。

五是全力办好惠民实事。深入开展了"访民生、知民情、解民事"和"办实事、解难事"活动,区级领导带头进村入户,问需于民、问计于民,帮助解决涉及群众切身利益的实际困难161个,全区75个部门为人民群众办实事好事520件。2013年区委、区政府为全区人民兴办的最低生活保障"城乡一体化"、文化惠民等十件惠民实事全面完成。

四、着力提升党的建设科学化水平,为推进全区转型跨越发展提供坚强保证

一是全面抓好党的十八大、十八届三中全会和习近平总书记一系列重要讲话精神的学习宣传贯彻。坚持把学习宣传贯彻工作作为首要政治任务,及时召开区委常委会和中心组学习会,传达学习讲话精神和大会精神,安排部署相关工作。区级领导带头深入基层宣讲,组建宣讲团巡回宣讲150余场,覆盖干部群众9000余人。全区各级各部门加强对学习宣传贯彻工作的组织领导,引导干部群众统一思想,努力把学习成效转化为推动工作的强大动力,全区上下形成了对标一流、争先创优的良好氛围。

二是深入贯彻落实中央八项规定。坚持把落实八项规定与践行党的群众路线紧密结合,严格执行《党政机关厉行节约反对浪费条例》、省市实施办法,研究制定了《改进工作作风、密切联系群众的十项规定》。区四大班子带头,全区各级各部门削减办公经费20%。深入开展了清理违规用车、清理办公用房、会员卡清退、治理吃喝不正之风等专项工作,对全区各级各部门的工作纪律情况进行常态化明查暗访,对违反

工作纪律的13人进行公开曝光和通报批评，对公车私用的2人分别给予党政纪处分和组织处理。组织开展了“向人民汇报，请人民评议”、窗口单位行业“贴近群众、服务群众”等系列活动，广大党员干部的工作作风明显转变，精神面貌焕然一新，党群干群关系明显改善，树立了党政机关为民务实清廉的良好形象。

三是切实加强干部队伍建设。实施干部一线培养工程，对基层一线11名35岁以下的优秀年轻干部进行了提拔使用。采取公开提名推荐、公开考试选拔的方式，遴选储备科级后备干部15名。以干部业绩档案和作风档案为抓手，对所有副科以上干部、社区(村)“两委”干部工作实绩和作风进行动态考核，不断完善干部科学考核评价机制。

四是认真抓好基层党组织建设。全面规范引深“四议两公开”工作，明确了“七议六不议”的决策内容，全区38个行政村、6个村改居“四议两公开”执行率达到100%。拓宽基层党组织负责人来源渠道，选派5名优秀年轻干部到村担任“第一书记”。圆满完成社区党组织换届工作，“一肩挑”比例达到100%。积极推进基层干部“领头雁”培训工程，培训街乡干部、农村(社区)两委干部、非公有制企业和新社会组织党组织书记等共1000余人。

五是深入开展党风廉政建设和反腐败斗争。坚持党要管党、从严治党，以落实党风廉政建设责任制为龙头，抓好反腐倡廉的各项工作。不断深化党风廉政宣传教育，加强廉政文化建设，引导党员干部筑牢拒腐防变的思想防线。围绕重点工程、重点项目和重点工作的推进与落实，加大监督检查力度，有效保证了政令畅通。积极探索社区党风廉政建设新途径，实施社区“网格促廉”工程，建立起区、街道、社区、网格的城市社区党风廉政建设四级工作格局。加大违纪违法案件查办力度，全年立查案件42件，办结40件，给予党纪处分34人，切实维护了党纪政纪的严肃性。

(连建星)

附：一、中共杏花岭区委书记、副书记、常委名单

书　记：魏　民

副书记：李　浓(女)　杨俊民(6月离职)

常　委：程有录　王晋章　施国立　张振国　武润生　杨天玉　李领国

二、乡镇(街道)党委(党工委)书记、副书记名单

三桥街道

书　记：郭亚君(女)

副书记：付彦军　张瑞敏　吴　敏(女)　李瑞萍(女)

敦化坊街道

书　记：王建生

副书记：刘霜红(女)　贾汝萍(女)　焦　斌

巨轮街道

书　记：赵联庆

副书记：冯立君　徐卫丽(女)　张　钢

涧河街道

书　记：田　景

副书记：李洁亮　王守明　王东军

鼓楼街道

书　记：李　晶(女)

副书记：苏常青　陈海林　王金华(女)

杏花岭街道

书　记：任文忠

副书记：王天娇(女)　刘庆生　孟庆林

坝陵桥街道

书　记：姚静忠

副书记：张爱兰(女)　苏广生　王启元

大东关街道

书　记：陈向琰(女)

副书记：冯志刚　韩书萍(女)　史芝茹(女)　赵小萍(女)

职工新街街道

书　记：张荣义(女)

副书记：张毓民　郭　坚(4月去世)　成雪原(女)

杨家峪街道

书　记：连会银

副书记：常　青　梁计恭　李彩霞(女)　冯存栓

中涧河乡

书　记：刘玉辉

副书记：宋永柱　张雁冰

小返乡党委

书　记：尹　骏

副书记：成建鱼　李　蕊(女)

中共尖草坪区委工作概况

区委书记　郭建发

2013年，是尖草坪区委攻坚克难、拼搏进取的一年。一年来，全区紧紧围绕贯彻落实党的十八大和十八届三中全会精神，紧密结合本区实际，狠抓省级转型综改试点区建设这条主线，千方百计推进转型，全力以赴确保重点，狠抓党建转变作风，主要经济指标全部完成了既定任务。

地区生产总值完成261.1亿元，增长9.8%。规模以上工业增加值完成170.24亿元,增长12.8%。服务业增加值完成48.16亿元,增长0.2%。固定资产投资完成192.54亿元(含园区24.03亿元,太钢113.4亿元),增长61.3%。社会消费品零售总额完成63.26亿元,增长10.1%。公共财政预算收入完成5.9亿元,增长18.5%。城镇居民可支配收入完成2.51万元,增长11%。农民人均纯收入完成1.08万元,增长12.2%。

一、勇创新、添动力,努力破解发展瓶颈

一是全力构建金融服务平台，破解了中小企业信贷难题。与区信用联社开展了“政银合作、帮扶共赢”活动,2013年,联社为区内100多个中小企业放贷10亿多元。同时,还与建设银行河西支行建立了“助保贷”金融业务平台,下达助保贷资金1600万元。

二是大胆推进土地流转,实现了生态修复和农民增收的双赢。以委托租赁的形式将农民零散的土地集中起来,连片利用，破解了土地流转难题。为森林公园流转土地4400多亩,保障了西山绿化开发。土地流转还促进了农民增收,不仅土地收益直接增加了60%,而且农民还可以外出务工,有了第二份收入,实现了生态效益和农民收入的双赢。

此外,还深入推进了扩权强县工作,如区发改局需报省发改委的事项由逐级上报改为直报。工商尖草坪分局在全市首家实行了100万元以下的“认缴制”改革,转型综改试点和扩权强县试点工作进展良好。

二、上项目、激活力,努力提升发展潜力

按照“六位一体”的工作机制,开展了两方面的工作。

一是招强引优选项目。在强化服务、推进项目建设的同时,继续下功夫引进了一批规模大、带动力强的项目,如恒大、国药、海尔、华润、义乌小商品市场等项目。在以往的基础上,全年共确定了总投资千亿元的53个项目。

二是优化环境促项目。牢固树立了“抓服务就是抓项目、抓发展”的理念,双管齐下抓服务。一方面“集中松绑”,加快审批。深入落实“两集中、两到位”制度,将全区27个单位的91个审批事项全部集中到大厅，行政审批事项和公共服务事项的审批时限分别下降了48%和44%。另一方面“跟踪服务”,确保进度。继续实施周工作责任制,将全区重点项目全部纳入周工作推进。2013年,省重点工程完成额和完成率位居全市第一。

三、抓转型、强产业,努力做大发展盘子

以工业新型化、农业现代化、三产特色化为主导,大力推动传统产业的转型升级。

第一,工业培优培新促转型。推进了三方面的工作。

一是全力服务驻地企业调产转型。大力优化环境,主动服务,为驻地企业完成拆迁7万平方米,保证了驻地企业项目的顺利推进。

二是联手推动园区做大做强。按照工业向园区集中的理念,将优势资源不断向园区集聚,为园区征地581亩,有力支持了园区做大做强。

三是大力扶持“小巨人”,民营经济成为顶梁柱。按照太原市“民营经济四十条”等政策法规,积极争取,使11家企业进入了太原市“小巨人”培育名单,5个项目获得省级中小企业发展专项资金。全区民营企业上缴税金8.96亿元,占到了全区财政收入的69.7%。

第二,农业做大做强增后劲。以农民增收为目标,狠抓了三项工作。

一是不断扩大观赏型种植业规模。积极变滞洪区劣势为特色种植优势,引导传统种植业向观赏型种植业转化。美丽湾种植园项目培育了百亩“花田”。同时,为众成累计流转土地1700多亩,举办了春节花卉园艺博览会和秋季花展。

二是大力发展生态型养殖业。突出养牛、养猪两大重点。一方面,为九牛牧业项目新流转土地1000多亩,九牛牧业被农业部授予“奶牛标准化示范场”称号。另一方面,大力推行了养猪养殖标准入户、标准化技术培训指导入户的新模式,全区11家500头以上的规模养殖场(户)均达到了标准化养殖要求。

三是重点打造休闲型农家乐。紧紧抓住西山城郊森林公园和崛围山等优势,大力发展农家乐。庄头农家乐改造项目已基本完工。提升改造了宇文农家乐。

第三，服务业调整格局再崛起。主要做了两个方面的工作：

一是改造升级专业市场。从三个方面着手改造提升。首先是实行老市场改造升级提档工程,保留推进了晋东小商品市场的改造。将旧机动车交易市场规划到下兰村,已开工建设。其次是实施现有优势市场再扩大工程,滨西二期项目已开工建设。再次是实施新兴市场引入工程,引进了义乌小商品市场和润恒农副产品(冷链)物流产业园项目,这些项目的建设,将从根本上调整三产格局,再造北部商业新城。

二是大力发展文物旅游业。全力打造以历史文化、山水风光和都市农业为主的3条北线旅游精品线路。全年各景区共接待游客42万人（次），旅游创收4000万元，分别增长18.7%和29%。

四、抓改造、求突破,努力推进城建工作

一是圆满完成了征地拆迁任务。2013年是尖草坪区有史以来拆迁量最大、结合实际、奋力攻坚,最艰巨的一年,全区征地2000多亩,拆迁150多万平方米。区委通过整合全区资源,分片分类,重点突破,按时完成了任务。

二是借力发展,大力推进基础设施建设。抓住太原市向北发展的机遇,积极争取,启动了汾西路南段改造工程,完成了北中环桥、北中环街、金桥北街、西渠路、千峰北路北段、阳兴大道和新兰路等“一桥六路”的建设。

三是全面推进城乡清洁工程。全年投入9000多万元,新(改)建公厕10座,完成了丰颂片区的综合整治。对沿河沿路农村四堆、无证废品回收站点等进行集中清理整治,清运垃圾84万立方米。星级单元达标21个,超额完成了市下达任务。

五、抓生态、严整治，努力打造宜居环境

在生态建设上，西山六大城郊森林公园全年完成绿化2.5万亩，北山完成绿化2100亩，通道绿化11.3公里。同时，还实施了阳曲公园和千峰北路游园、新兰路和千峰北路“两园两路”的绿化建设。

在五大工程中，关停了16家污染企业，淘汰了4个企业的5台水泥磨机，拆除了44台燃煤锅炉和常年运行锅炉，拔掉了1461根土小烟囱。同时，深入推进了五项整治，2013年，尖草坪区空气质量排名全市第一。此外，区委还全面推进了“气化尖草坪”工作，完成了阳曲段燃气管道6公里的铺设任务，这项工作得到了市里的充分肯定，将在全市推广。

六、重服务、保民生，努力汇聚发展能量

始终把关注点、着力点放在民生方面，大力推进了五方面的工作。

一是多渠道谋划就业，严管理保障民工权益。把提供就业岗位作为新引进项目的重要评价指标，全年新增就业岗位1.1万个。实施了农民工工资保证金制度，收取保证金740万元，清理拖欠工资1370万元，全年因农民工工资引发的信访案件明显下降。

二是大投入夯实基础，敢为先推进教学改革。在基础设施建设方面，完成了4所“百校兴学”项目学校和6所公办(村级)幼儿园的建设任务。在名校引进方面，太原外国语学校落户尖草坪区，已办理了选址规划意见书。在教学改革创新方面，区一中“1+1”课改模式得到了各方认可，全年接受了11个省市4000多人60余次的观摩。一中一本达线率提高了19个百分点，展示了教学改革的成果。

三是提标准扎实惠民，上水平改善医疗环境。首先，将新农合参合农民人均筹资标准提高了51元。其次，全面完成了区属公立医院改革工作。区中西医结合医院顺利通过了省级二甲医院的复审，尖草坪社区卫生服务中心被评为全国社区卫生服务示范中心。再次，新引进了两所医院，华晋骨科医院正在办理手续，省人民医院也已规划到尖草坪区。

四是下基层服务群众，多活动繁荣基层文化。重点开展了三方面的工作。首先是完善了4个社区文化中心，更新了61个社区的体育路径，打造了10个精品村级体育健身广场。其次是培树了20支基层文艺骨干队伍，送戏送电影下乡1200余场。再次是成功举办了9大系列文体活动。

五是下决心狠抓安全，解难题促进和谐稳定。全年组织开展了6次全区性的安全生产大检查，全年未发生重特大安全生产事故。破获各类刑事案件609起，确保了社会安全。化解各类信访疑难案件201件，实现了进京“零非访”和赴省“零集体访”。

七、强党建、转作风，努力激发发展干劲

一是强化学习，坚定信念提能量。认真学习了习近平总书记十八大以来的一系列重要讲话和十八届三中全会精神，观看了警示教育片，学习了刘建红见义勇为、兰辉爱民敬业等先进事迹，凝聚了人心，弘扬了正能量。

二是健全保障，发挥作用鼓干劲。投入党建经费1000多万元，保证了党建工作的正常运行。新建了10处3000平方米的党建办公场所。同时，还严格程序，调整使用干部3批5次91人，充实了队伍，激发了干劲。

三是创新载体，激发动力办好事。创新实施了“两簿一卡”实绩公示制度，全区共建党组织实绩簿和党员光荣簿各479个、干部服务卡725个，记录公示实事好事2万余件，赢得了群众的广泛好评。

四是贴近群众，扑下身子抓服务。创新开展了“千名干部进万家，宣讲党的十八大”、“党员志愿服务周”、“万人问卷大调查”、“八包、三问、一解决”等活动，密切了干群关系，形成了团结发展的良好氛围。

五是落实制度，惩防并举转作风。全面落实了“八项规定”等制度，并制定了“27个不准”，对21名违反规定的党员干部作出了相应处理。同时，清退违规车辆4辆，清理办公用房2237平方米，全年三公经费支出同比减少35%。一年来，全区共立案45件，挽回经济损失46.4万元，处分、处理党员干部41人。此外，继续实施“结对查账”活动，共查处整改问题35个。

区委高度重视和支持人大、政协工作。一年来，共收到人大代表建议和意见149件、政协提案194件，都认真进行了答复办理。2013年，尖草坪区先后荣获国家级荣誉9个，省级荣誉26个，市级荣誉19个。

(赵　翔)

附：一、中共尖草坪区委书记、副书记、常委名单

书　记：郭建发

副书记：李贵增　李　颖(女)　郭九林(9月离职)

常　委：张　霞(女)　王春龙　金林平
景德奎　裴耀军　梁宏国(7月任职)
贾慕权(6月离职)　徐国强(7月离职)

二、乡镇(街道)党委(党工委)书记、副书记名单

柴村街道

书　记：李　蓉(女)

副书记：姚新顺　孙　艳(女)　张宇波

上兰街道

书　记：史瑞泉

副书记：江志军　乔荣槐　武海峰

新城街道

书　记：李　汇

副书记：宋国旺　段晓燕(女)　刘素珍(女)

南寨街道

书　记：阴建中

副书记：古秀娥(女)　史宝儒　张满惠

尖草坪街道

书　记：田　娟（女）
副书记：王玉贵　王　丽（女）　高晋平
迎新街街道
书　记：孙晋成
副书记：史海俊　李春录　王　彤
光社街道
书　记：刘　智
副书记：赵　杰　吕建新　王建法
古城街道
书　记：赵晓红（女）
副书记：田永胜　王保东　史瑞卿（女）
汇丰街道
书　记：侯　岳
副书记：白建新　张进芳（女）　梁炳龙
马头水乡
书　记：刘永诚
副书记：郝晓中　卢素琴（女）
柏板乡
书　记：李风义
副书记：刘　飞（3月离职）　王　鹏
西焉乡
书　记：王为民
副书记：张建宏　温瑞芬（女）
向阳镇
书　记：魏新红
副书记：焦　勇　赵海平
阳曲镇
书　记：张玉和
副书记：李瑞清　袁美兰（女）

中共万柏林区委工作概况

区委书记　张齐山

2013年是全面贯彻落实党的十八大精神、实施“十二五”规划承前启后的关键一年。一年来，中共万柏林区委深入贯彻党的十八大精神和省、市全委会精神，在市委的正确领导下，坚持科学发展，遵循“一事一表”工作法，加强党的建设和作风建设，以产业、生态、宜居三大建设为重点，稳中求进，各项工作取得了新的成绩。

一、加快产业转型，推动跨越发展

一是淘汰落后和过剩产能。关停西山水泥、金键洗煤厂等企业31家，年压缩煤炭洗选能力1200万吨；和平老工业区搬迁改造实施方案进入批复阶段。全区逐步实现了产业的方向性净化。

二是扶持传统产业产品升级。重机、晋机、西山煤电等一批国有大型骨干企业完成近20项重大技术和产品改造并投产，东峰煤业技改扩建基本完成，狮头水泥搬迁重建主体完工。

三是发展培育新型产业。北车铁路装备制造基地投资达60亿元，三益电子科技创新园部分项目投入使用。民营企业快速发展，注册总数达3684家。全区三产税收12.9亿元，占财政总收入的65.5%，三次产业结构比重为0.2:68.6:31.2，转型发展效果积极显著。

四是壮大现代服务业。具有标志性的公元时代城、迎泽世纪城、信达国际金融中心等总投资215亿元、总建筑面积320万平方米的10大综合建筑开工；万科蓝山、富力城、金域阅山等35个优质商住地产项目成片拔地而起；滨河西路大王、后王地块以每亩2050万元竞拍价出让，华润置地、绿地集团的落户，显示出本区强大的投资吸引力。

五是打造生态旅游产业。龙泉寺、迎西文化美食城、万豪丽景大酒店、北京致远风鹏文化创意园、偏桥沟“风情小镇”、西部山区古村落文化遗存与生态园、狼坡景区、桃花沟景区、王封生态修复区、一线天景区，实现了生态和建筑、自然和人工的相互交融，形成了西山生态文化旅游走廊的架构。

六是严格遵循"一事一表"要求,牢牢把总投资769.5亿元的全区54项重点工作、重点工程项目抓在手上,项目开工53个,开工率98%。全区地区生产总值(GDP)全年完成336.2亿元,增长3.6%;规模以上工业增加值完成179亿元,增长2.8%;服务业增加值完成94.5亿元,增长3%;固定资产投资完成261.7亿元,增长32.6%;社会消费品零售总额完成193.3亿元,增长16%;公共财政预算收入10.6亿元,增长15.7%。农民人均纯收入达到15852元,增长11.9%。节能减排和能耗控制完成市下达指标。

二、加快城市建设步伐,推动城乡统筹

一是全力推进城中村改造。坚持通过城中村改造求取城市提质、改善城市形象、赢得发展空间的理念,把城中村改造作为全区一号工程攻坚克难。下元、南寒、枣尖梁启动整村拆除后的全面建设,前北屯等3个村基本完成整村拆除,东社等3个村完成拆迁50%以上,城中村总计拆除203万平方米,各村拆除、建设、规划、引资引项、"五改"等工作多位一体同步进行。

二是基本完成沉陷区村民搬迁安置工作。移民搬迁九院安置小区一、二期住房全部分配完毕。采煤沉陷区、地质灾害区及受影响区5个乡街28个村2万多受灾村民乔迁新居,标志着历经十年、浩大复杂的沉陷区搬迁工作基本完成,大力推动了本区城市化进程。

三是城市道路基础设施建设更趋完善。重点完成了西中环等四条主干道的拆迁工作,拆除量100.5万平方米,四条道路全部通车,"九纵八横"主干道路网络完全形成。实施了西苑南路、义井西里等6条小街巷、微循环道路的打通改造。此外,全长46公里的生态连接线5个局段道路完工,西山生态旅游路全线贯通,实现了城市空间向山区的拓展外延。

四是"三河"城区段治理效果突出。玉门河等三条边山支河河道治理美化及"两河一渠"截污共39公里全部完工,"三河"流域面貌发生了根本性变化。

三、加快生态文明建设,推动区域环境改善

一是西山生态修复和建设取得重大成果。紧紧围绕依西山傍汾水的区域特点,超额完成了全年4.1万亩造林绿化任务,完成了消灭西山荒山荒坡的重大历史使命。整个西山呈现乔灌草相结合、生态和经济相兼顾、增景和增绿一体化的美丽景致,成为全省林业现场会的观摩点,形成捍卫太原生态安全的西部绿色屏障。

二是大气环境质量持续改善。大力推进"五大工程"和"五项整治",关停、取缔、治理、控制、清洁替代等措施综合运用,共拆除各类燃煤锅炉116台,拔掉黑烟囱2798根,城中村集中供热238.62万平方米,关停、治理污染企业63家,涉煤行业全部退出主城区。大气环境质量连续数月在全市排名前三位。

三是城市形象发生新的变化。深入推进城乡清洁工程,以"片区改造、星级创建、乱象整治、城管创新"为四大重点,全面加强城市管理和环境治理。健全了基层城管队伍,增配了环卫机械和设施,启用了视频城管、网格管理等城管信息化、精细化新手段;和平南路、生态园入口等10大片区改造工作涉及建成区面积8.23平方公里,完成彻底、效果突出;拆除违建、临建49.7万平方米,下元商贸城周边等多个环境问题突出区域得到根治;规范升级专业市场11个,建成综合菜市场8个;完成了千峰游园二期、高家河水景公园等7个游园及8项道路绿化工程,新增园林绿地39万平方米。实施了和平公园、南寒体育主题公园的动迁和征地工作,做好了公园建设的全部前期工作。以"追梦"为主题的千峰游园大型雕塑成为该区的地域性新标志。

四、全面发展社会事业,推动民生持续改善

一是坚持教育优先发展。进一步改善办学条件,新建续建3所学校,5所学校操场及附属设施建设投入使用。统筹全区教师、教育资源,实施教育均衡公平;重视师德建设和学生素质教育,积极探索语言、艺术、养成等特色教育实践。在学校硬件改善和教育体制优化的同时,教学质量也得到实质性提升,2013年中考成绩在全市排名第5位,较上年前进2位。

二是大力繁荣文化事业。把广泛开展群众性精神文明创建作为文化建设之本,开展"奉献在基层,党旗永飘扬"演讲比赛、巡回演讲报告会和"道德讲堂"等活动;注重文体活动的基层性和群众性,社区文体设施实现全覆盖,各类文体场馆全部免费开放,群众性书画展、摄影展、广场文化活动既丰富多彩又呈常态化。区美术馆开工建设,农民书画协会、道教书画院成立。举办了"生态环保健步行"活动和"校园迎芳菲"文艺晚会,协办了"纵情西边山"西山生态主题舞蹈晚会。同时,全面加强网络舆情信息工作;出刊6期《今日万柏林》,创办了《万柏林文艺》,全面宣传展示经济社会发展和文明和谐创建成果。

三是深入推进医疗事业发展。财政投入1000万元用于公立医院补贴,实现药品无加价医疗,新农合参合率继续保持100%,并创新性地引入大病商业保险,为农民群众的就医减轻了负担,提高了抗大病的保障能力;同时"先看病后付费"的医疗保险制度得到巩固。继续完善三级卫生医疗体系建设,3个社区卫生服务中心相继投入使用。疾控中心成功应对了辖区高校突发疫情事件。

四是进一步健全完善社会保障体系。就业形势保持稳定,全区城镇登记失业率为3.2%。突出抓好社保"全覆盖"工程,城乡居民养老保险覆盖面达到99.8%以上。强化劳动执法和监察,有效处置了238起农民工劳资纠纷,维护了农民工权益。进一步完善社会救助体系和城乡居民最低生活保障制度,改进低保审批办法,继续实施城乡低保标准一体化,医疗救助、"二老、孤保"关爱工程等各项惠民政策提标落实到位。18个保障房项目开工10399套,完成目标任务的132.1%;新改扩建的17个标准化社区中,3个投入使用,12个主体完工,社区的为民服务综合功能进一步加强。大力发

展残疾人事业、慈善事业和人口计生工作，积极应对人口老龄化问题，切实保障妇女、未成年人的合法权益。统计、审计、档案、物价、防震减灾、人民防空、政府法制、地方志等工作都有新的进步。

五是继续开展为人民群众“办实事、解难事”活动。区级10项承诺事项全部完成，乡街部门承诺的146项基本完成，涉及环境改善、教育、医疗等人民群众迫切期望解决的问题，投入资金5.5亿元，受益群众50余万人。

五、加强社会管理，推动社会和谐稳定

一是强化安全生产管理。牢固树立“安全第一”的发展理念，建立隐患排查制度、安全预防控制和应急体系。严格主体和监管两个责任的落实，深入开展“责任落实年”专项行动和挂牌责任制，彻底排查治理安全生产隐患，全社会全领域不留盲区地抓安全，以零容忍的态度处置安全事件，办结群众举报重大安全隐患206件，以丝毫不松懈、不麻痹、不侥幸、不乐观的态度和行动，推进安全工作长效机制的落实，全区安全生产形势保持平稳。

二是全力化解社会矛盾。深化“稳定是第一责任”的意识，坚持开展大接访活动，不走形式，讲求接访事项办结率，化解各类信访积案29件，办结率100%；高度重视初信初访，对新发生的33个重点信访案件进行了快速处理，初访解决率达到98%，确保不发生新的积案；注重巩固办结案件，对已化解的问题也进行逐案后续跟踪和稳控，防止反复和反弹。坚决依法处置非法上访案件，扭转信访秩序和不当行为。确保信访稳控经费足额到位，加强信访处置力量，有效应对突发问题。圆满完成了全国“两会”和党的“十八届三中全会”期间的维稳工作。

三是创新社会管理理念和手段。坚定依法治区的方向，把对各类社会问题的解决尽可能地向法制化轨道引导，违法的不妥协，违背原则的不让步，严格依法行政，在各种诉求面前体现公平正义，在法制的前提下，实现社会和谐；加强平安社会建设，严厉打击各类违法犯罪活动，实施“五大场所”专项整治，加强流动人口的有序管理，强化特殊群体的帮教管理和重点部位、行业的管理，社会治安管控良好，日刑事警情下降至20起左右；注重开展和谐示范社区、单位创建活动，结合“六五”普法，广泛开展公民法制教育、素质培育、道德规范等活动，发掘和谐的源泉；拓宽社情民意表达渠道，加大矛盾纠纷排查调处工作力度，全面学习“枫桥经验”，创新化解矛盾的办法，充分依靠群众，把问题解决在当地和基层，成功调解各类矛盾纠纷3698起，其中重大矛盾纠纷13件；建成了信息全面、功能完备、视频和数据综合的三级现代社会服务管理指挥中心，加强了科技手段在社会管理中的运用，得到中央、省市政法系统高度评价；进一步健全完善应急管理体制，有效应对各类突发事件。全区社会环境整体上和谐、进步、稳定。

六、加强党的建设，推动执政能力和水平的提高

一是强化民主政治建设。积极为人大代表、政协委员知情知政、履行职责创造条件，人大代表、政协委员视察、监督、评议评价、提案建议等各项工作深入而务实，庄严履行了监督和参政议政的神圣职责。深入推进“同心发展系列工程”，加强同民主党派和无党派人士的团结合作，积极扶持民营经济发展壮大。加强党对农村工作的领导，农村、社区的基层民主管理制度得到进一步健全和完善。共青团组织、妇联、残联换届完成，妇儿工作荣列全省“十二五”时期实施妇女儿童“两纲两规”示范区，建国前老党员、在乡老复转军人、退伍兵等优抚优待政策落实到位。工会、科协、工商联、民族宗教、对台和侨联等工作都有新的提高。

二是强化思想理论武装。以理论武装为先导、以建设学习型党组织为抓手，紧紧围绕中心工作，深入学习宣传贯彻党的十八大、十八届三中全会和习近平总书记一系列重要讲话精神、太原市三个核心价值观等，开展党的十八届三中全会精神巡回宣讲等活动，全区各级干部群众的理想信念进一步坚定，宗旨意识进一步强化，锐意进取、奋发有为的精神面貌进一步呈现，抢抓机遇、先行先试的创新意识进一步增强，敢闯敢为、争创一流的进取理念进一步形成，全区上下求真务实、真抓实干的干事创业氛围日益浓厚，发展软环境逐步优化，为全区转型跨越发展奠定了思想基础。

三是强化组织和干部队伍建设。以信念坚定、为民服务、勤政务实、敢于担当、清正廉洁为标准，严格执行《党政领导干部选拔任用工作条例》和干部政策法规，全年分3批调整干部225名；按照市委要求，推荐市管后备干部3名，正、副科级后备干部15名；选派8名优秀年轻干部担任农村第一书记，17名年轻干部到基层一线锻炼，努力造就具有“政治过硬，适应发展，崇尚实干，攻坚克难”特质鲜明的万柏林区干部队伍。同时，特别注重重点工作展开前的干部队伍准备工作，为重点工作的顺利推进提供决定性的组织保障。坚持党管人才原则，创新干部教育培训模式，健全完善领导干部年度考核制度，努力营造风清气正的选人用人环境。在基层组织中，全面推行“四议两公开”工作法，大力实施“领头雁”延伸培训计划，积极开展农村、社区星级党组织创建工作，基层组织“双百强基”工程得到巩固提高。全区84个社区顺利完成“两委”换届选举工作，全部实现了党政“一肩挑”。在非公企业中推广“四个一”工作法，非公党建工作实现有形覆盖向有效覆盖的转变。不断提高质量、优化结构，加强基层党员队伍和大学生村官队伍建设。健全完善“联述联评联考”制度，进一步落实基层党建工作责任。

四是强化作风建设。深入贯彻党的群众路线教育实践活动“为民、务实、清廉”的要求和中央八项规定精神，认真纠正“四风”问题，开展了清退会员卡、清理违规公务用车、清理腾退办公用房及治理“吃喝不正之风”等专项工作，狠抓机关纪律作风建设，严格执行“五个不准”、“八条禁令”，对全区党员

干部进行“树立公仆意识,强化从政道德”等纪律作风专题教育。各级干部深入基层、深入群众,在同群众朝夕相处中增进对群众的思想感情,把为民办事、化解矛盾、解决问题、推动工作转化为党员干部的自觉行动。将窗口单位行业“贴近群众、服务群众”作风建设活动与“向人民汇报、请人民评议”、为人民群众“办实事,解难事”专项活动结合起来,实行“两集中、两到位”,推进审批流程再造,深化行政审批制度改革,不断加强服务型政府建设;实行领导干部“一面多点”联系制度,把工作从面上的乡街、村、社区延伸到重点项目、非公企业、攻坚任务和信访案件化解等点上,使各级党员干部任务饱满、全面锻炼,发挥先锋模范作用。通过集中走访调研、召开座谈会、广泛征求意见建议,帮助解决实际困难1549件,处理难点问题51个。

五是强化反腐倡廉建设。对全区500余名副科以上领导干部集中开展了3次党风廉政警示教育活动,加强理想信念、从政道德、党风党纪教育,促进干部勤政廉洁、干净做事。以落实党风廉政建设责任制为“龙头”,大力实施廉政监督、防腐提效、纠风治乱、能力提升“四大工程”,严格规范权力运行和监督机制,严肃查处滥用职权、谋取私利、作风懈怠等违法违纪案件,立结案47件,处理党员干部47人(次)。加强对各级重大决策部署及全区54项重点工程项目落实情况的监督检查,纠正影响效能行为30件,问责党员干部21人(次)。各项措施的有序实施,有力地推进了全区惩治和预防腐败体系建设。

(张锐锋)

附:一、中共万柏林区委书记、副书记、常委名单

书　记: 张齐山
副书记: 王立刚(6月离职)　杨俊民(6月任职)　马金安
常　委: 袁尔铭　杨宏林　郭海燕(女)　张　新(挂职)　戴　刚(7月任职)　李晓玉(女)

二、乡镇(街道)党委(党工委)书记、副书记名单

王封乡
书　记: 闫晋宏
副书记: 张永利　郭晋玲(女,2月离职)　侯淑强(2月离职)　罗丽国(3月任职)

小井峪街道
书　记: 王立学
副书记: 王爱军(2月离职)　王建强(2月离职)　冯海军(2月任职)　刘　英(女)　尚　武　冯　伟(3月任职)

西铭街道
书　记: 武中全(2月离职)　王爱军(3月任职)
副书记: 蔡增辉　马保平(3月离职)　安炳文(2月离职)　王占平(3月离职)　王石林(2月离职)　贾瑞卿(3月离职)　呼　勇(2月任职)　李星照(2月任职)　胡天平(3月任职)

化客头街道
书　记: 让志亮
副书记: 裴治晋(2月离职)　王丽保(2月离职)　王建强(2月任职)　耿彦忠　侯淑强(2月任职)　程明生

东社街道
书　记: 李润敖(2月离职)　王　辉(2月任职)
副书记: 张改翠(女,2月离职)　杜广迁(2月离职)　尤爱聪(2月任职)　毛瑞芳(女)　李龙喜(2月任职)　王红云(女)

千峰街道
书　记: 王丽芬(女)
副书记: 李志强(2月离职)　李新文(2月离职)　芦志强(2月任职)　赵伟强　孙雪燕(女,3月任职)

下元街道
书　记: 高建军
副书记: 张立奇　韩忠杰　任晓春(2月任职)　张月亮(3月离职)　宋　征

和平街道
书　记: 田晋明
副书记: 乐丽梅(女)　刘校青(2月任职)　郭瑞良　侯力红(3月离职)　敦卫红(女,3月离职)　郭建林(3月任职)

兴华街道
书　记: 梁红根
副书记: 张立权　刘丽君(女,2月离职)　周振才　刘　莉(女)　张　杰

万柏林街道
书　记: 王五义(2月离职)　李润敖(2月任职)
副书记: 闫　斌(女,2月离职)　呼　勇(2月离职)　朱丽珍(女,2月离职)　刘丽荣(女)　张改翠(女,2月任职)　安炳文(2月任职)　杨相庆(2月任职)

南寒街道
书　记: 陈永哲
副书记: 翟建武(2月离职)　张月卿(女,2月离职)　张根正(2月离职)　张建铁(2月任职)　梁晋杰(2月任职)　卜金梅(女)

杜儿坪街道
书　记: 张文会
副书记: 王晋发　郑　旭(女)　王爱萍(女)

白家庄街道
书　记: 柳丽辉
副书记: 侯永清(2月离职)　武爱娟(女,3月离职)

毛焕珍(女,2月离职) 张俊峰(2月任职)
李培英(2月任职) 赵元新(2月任职)
孙 杰

长风西街街道

书 记: 王俊仙(女,2月离职) 翟建武(2月任职)

副书记: 王广平(2月离职) 毕文莲(女,2月离职)
张晋萍(女,3月离职) 裴治晋(2月任职)
孙秀文(2月任职) 张金忠(2月任职)
王宏卫

神堂沟街道

书 记: 张 莹(女)

副书记: 李晋寿(2月离职) 王金生(2月离职)
李志强(2月任职) 贺拴科(2月任职)
韩少峰

中共晋源区委工作概况

区委书记 王立刚

2013年,在市委、市政府的正确领导下,中共晋源区委坚持以科学发展观为统领,全面贯彻十八大和十八届三中全会精神,认真落实省、市各项决策部署,抢抓机遇,对标一流,真抓实干,奋力赶超,经济发展成效显著,社会事业全面进步,发展环境持续优化,党的建设不断加强,转型跨越发展迈出了坚实步伐。

一、以“三区”建设为引领,转型发展取得新成效

(一)经济运行压力加大,深度转型特征凸显。紧紧围绕“三区”建设,大力推进结构转型,努力提升经济发展质效。全年固定资产投资完成104亿元,同比增长33%;社会消费品零售总额完成24.4亿元,同比增长16.1%;财政总收入(不含两权)完成8.62亿元,同比增长26.1%;公共财政预算收入(不含两权)完成4.84亿元,同比增长25%;农民人均纯收入完成10488元,同比增长12%。

受太化、一电厂、晋阳发电、天工电力等国有大中型企业政策性关停、搬迁、限产和太原药业、前进变压器、海泉印刷等民营企业配合省市重点工程拆迁停产的双重影响,规模以上工业增加值完成5.04亿元,同比下降57.3%。受该指标下拉影响,地区生产总值完成46亿元,同比下降20.3%;服务业增加值增速放缓,完成26.7亿元,同比增长0.5%。这种变化,反映了产业结构深度调整的实际情况,符合产业转型升级过程的阶段性特征。

(二)项目建设力度加大,发展后劲不断增强。加大招商引资力度,推进项目落地建设,完成签约项目总投资195亿元。30项区级重点项目中8项已完工,18项完成年度投资计划。以项目建设构建新的产业基础,促进科学发展的效果日趋明显。

现代服务业快速发展。山西新九洲家具城投产达效,实现年产值2亿元,阳光城国际广场、怡佳·天一城等项目进展顺利,阳光汾河湾13座、阳光翡丽湾46座楼盘全部封顶,引领全区商贸产业的长风·国贸第六馆启动运营,晋阳·万国汽车文化博览园选址已经确定。锦绣龙城的时尚都市建设顺利展开。打造15分钟便民商圈2个、农村社区综合服务中心2个,对40个农村便民连锁店进行信息化改造,20个便民连锁店提档升级,便民商贸服务覆盖城乡。

文化旅游项目推进顺利。编制《晋源区文化生态旅游产业发展战略规划》。全面启动明太原县城保护开发,累计拆迁各类建筑108处、13.75万平方米,重要景点复建开工16处、完成9处,修复、新建面积4085平方米,完成投资1300余万元。晋阳古城遗址21处考古勘探点已经确定,西城墙590米本体保护加固工程已完成招标,主线3780米展示方案已上报国家文物局。修复中共清太县委旧址,开辟红色旅游基地。开展可移动文物普查。店头历史传统村落正式挂牌。蒙山大佛景区管理运营日趋成熟,全年接待游客超60万人次。

都市农业稳步提升。全年农林牧渔业总产值完成6.5亿元,农产品加工“513”工程销售收入完成5.2亿元。完成农业投资3.37亿元。7个新型农业项目稳步推进,康培现代设施农业科技示范园、梅芝园艺花卉产业园列入太原市十大农业园区,北河下蔬菜基地成为全市农业发展新标杆,“晋农之窗”农业文化博览园即将启动建设,农产品质量检测中心投入使用。《山西新农村·晋源专刊》编撰刊发。晋祠大米品牌逐步恢复,品质不断提升。完成小型农田水利工程9处,农田实灌面积6.3万亩。发展新农村重点推进村8个。完成33个行政村亮化工程。农民收入和生活质量、水平不断提高。

新型工业园区化发展。培育引进新兴产业,转型升级传统产业,持续淘汰落后产能。共落实工业项目53个,总投资53亿元,完成工业投资22亿元,其中新型产业完成投资12.2亿元。山西(姚村)国家级中小企业创业示范园奠基启动,首批拆迁已经结束,新型工业园区化取得实质性进展。此外,美佳矿业年产200台掘进机项目、北方重工年产100套开卷机二期扩建等标志性工业调产项目均投产达效。

二、大力推进环境整治,城乡面貌得到新改善

深入推进城乡清洁工程。按照“5S”标准,精心组织,多方筹资1.2亿元,深入推进城乡清洁工程。创建星级单元10

个,启动片区综合整治6个,对12条主要通道进行清理整治。集中取缔大型机械占道经营60余处,砌筑景观墙1.5万米,硬化路面、便道8.3万平方米,粉刷立面65万余平方米,更换门头牌匾1.5万平方米,补栽各类行道树近万株,集中开展校园周边环境、无固定场所占道经营小餐店专项整治,城乡面貌焕然一新。

扎实推进生态建设工程。圆满完成市下达的2.4万亩造林总任务。七大城郊森林公园建设快速推进,完成投资21.4亿元,完成绿化面积近2.3万亩。作为全省造林绿化现场会参观点,康培城郊森林公园成为全市城郊森林公园建设的典范。积极推进柳子沙河河道综合治理,完成店头水生态修复工程,治理水土流失面积4900亩。

加大环境保护力度。改善省城环境质量"五大工程"、"五项治理"任务全面完成。拆除锅炉88台,关停、搬迁污染企业74家,拔掉黑烟囱2395根,超额完成市下达任务,淘汰落后产能工作受到省级表彰。开展取缔土小燃煤设施、工地扬尘整治、垃圾秸秆禁烧控制等六大行动,冬季大气污染防控工作成效明显。

三、持续强化社会管理,人民群众幸福感、满意度得到新提升

全面发展民生事业。在财力有限的情况下,优先保障民生支出,全年民生类支出达4.02亿元,同比增长15.5%。为民办的"十件实事"、为人民群众"办实事、解难事"32件承诺事项全面完成。坚持教育优先理念,"百校兴学"工程全部完工。新(改、扩)建村级幼儿园8所。8所义务教育学校通过市标准化验收。区教研室通过省标准化验收。"两通"(宽带网络校校通、优质资源班班通)学校达到100%。成成中学、市二外落户本区。对全区十佳教师、十佳班主任、十佳校长记功表彰。医疗服务体系进一步健全,镇村两级医疗机构100%达标。清理整顿医疗市场,组织192个区属医疗机构年检校验。新城社区卫生服务站改造投用。对15个村卫生室改造提档。落实乡村医生退养政策,在全市率先铺开乡村医生签约服务试点工作。拓展延伸新农合制度,实施农民大病医保,新农合参合率达99.2%,受益水平进一步提高。省儿童医院、市人民医院与区人民医院合作共建项目进展顺利。全面落实"三晋康家"工程,"美丽晋源,健康人家"计生服务便民惠民。科技创新成效突出,国家科技富民强县项目通过验收。5项科技成果通过省级鉴定,2项达到国际领先水平。创建科技示范基地(点)40个,开展农民实用技术培训2万余人次。建设农村文体活动广场20个,区文化馆、图书馆投入运行。筹创《晋之源》季刊,印制《三晋之源》画册,《晋源五千年》完成初稿,举办"晋之源"群众文化艺术周、"美丽晋源"惠民演出等形式多样的文化活动,提振了信心,凝聚了人心,丰富了群众的文化生活。

完善社会保障体系。就业形势保持稳定,城镇登记失业率控制在3.1%。各类社会保险覆盖面继续扩大,补助标准进一步提高,社会救助体系和最低生活保障制度进一步完善。保障房建设超额完成市下达任务。为2166名农民工解决拖欠工资2500万元。按时足额为低收入农户发放冬季取暖用煤4万余吨。残疾人事业、慈善事业等各项工作都有新进步。

规范农村社会管理。出台农村"三资"管理"两办法一制度"(《农村集体资金资产资源监督管理办法》、《村级印章管理和使用办法》、《农村集体经济合同三级联审制度》);在镇(街)设立"一委一办三中心"、实施村级印章双人双锁、电子监控、村镇(街)监管,财务集中办理,合同三级联审,在农村建立"村级为民服务站",实施村务公开,开展便民服务。这样做,密切了干群关系,规范了经济运行,预防了矛盾问题,夯实了执政基础、廉政基础和组织基础,同时为明年农村"两委"换届做好准备。

加大信访维稳力度。落实信访制度,明确信访责任,强化源头预防,实现信访总量,赴省、赴市集体访,重复访"四个下降"。加大矛盾排查,引深积案化解,强化法制思维,运用法制办法,化解各类矛盾纠纷37件,省市交办的30件重点案件100%结案。信访形势持续好转,信访秩序得到进一步规范。

强化安全综治工作。牢固树立安全第一的理念,深入开展安全生产专项整治、"打非治违"、安全大检查及"回头看"专项行动,全区安全形势持续稳定,全年共发生死亡事故10起,全部为交通事故,死亡人数同比下降11人。特别是集中开展了关闭矿专项整治行动,拆除清理28座、近2万平方米废弃矿井工业广场,私挖盗采势头得到有效遏制。道路安全管理水平大幅提升,全国公路局长现场会、全国加强公路交通安全防控体系建设山西现场会在该区召开。三级社会服务管理指导中心建成投用,实现全区网格化管理。继续推进"平安晋源"建设,深化"打黑除恶"专项斗争,引深"六项整治",服务保障重点工程,社会治安进一步好转,有效提升了人民群众安全感和社会秩序满意度。

四、积极推进民主法治,依法治区取得新进步

一是充分发挥人大、政协作用,形成推进发展的强大合力。在立足本职工作的基础上,通过实行区四大班子领导包联镇(街)、包联村(社区)、包重点工作、重点项目等制度,创造性地实化两大班子工作任务,赋予人大、政协更多工作内容。人大工作水平不断提高,人大常委会听取和审议专项工作报告35个,做出决定、决议3个,组织各类视察、检查10次,提出书面审议意见35条,依法任免干部14名,组织33名干部开展履职承诺,收到代表意见建议58份,办复率100%。区政协把握团结民主两大主题,加强与各民主党派、团体和各界人士的合作共事,积极开展调研视察,提出意见建议30余条,136件委员提案全部办结,社情民意工作在全市排名第一,政治协商、民主监督、参政议政职能得到充分发挥。扎实开展"双拥"工作,强化对宗教事务的管理,完善侨联机构,充分发挥统一战线在服务发展、促进和谐、维护稳定中的积极作用和工青妇、科协、工商联等群团组织的桥梁纽带作用,凝心聚力推进发展。

二是强化依法行政,提高政府效能。深入推进"六五"普

法工作,积极开展法制宣传教育。狠抓依法行政,规范执法行为,强化执法监督,推进"法治晋源"建设进程。全力推进"两集中、两到位",流程再造。政务服务"四大平台"全年受理各类事项1万余件,办结率100%。

五、全面加强和改进党的建设,统揽全局、推进转型跨越发展的能力得到新提高

强化思想教育,坚定理想信念。把理论武装摆在首位,不断深化学习型党组织和学习型机关建设。全年共开展中心组学习14次,举办各类培训班10期,培训党员、干部1580余人次。组织四大班子领导开展全区大调研,形成调研理论文章50余篇。开展太原市"三个核心价值观"学习实践活动,开设文明单位"道德讲堂",开展群众性精神文明创建活动,提升文明城区创建工作水平。

落实党建责任,夯实基层基础。全面落实党建第一责任人职责,抓好书记队伍、"领头雁"队伍和农村工作队伍建设。规范制度程序,强化党员管理服务,突出抓好社区换届,推进基层党建工作制度化,促进非公经济组织、社会组织党建工作规范化。抓好农村党员活动场所、社区办公场所建设。树先整后,开展星级创建,召开全区基层党建工作现场观摩会,推动基层党组织晋位升级,提升党建工作整体水平。

强化干部队伍建设,提高干部选任科学化水平。认真贯彻《干部选拔任用工作条例》,不断深化干部人事制度改革,严格执行常委会任免干部票决制,突出抓好全程监督,进一步细化、规范工作程序,切实提高干部选任的公信度。按照德才兼备,以德为先的标准,"赛场选马",动态管理,注重从基层一线、城中村改造一线、重点工程建设一线培养选拔干部,先后调整干部8批次20人,从优秀中青年干部中选派农村工作指导员14名、农经特派员13名、第一书记5名,激发了全区干部干事创业的活力。奖优罚劣,弘扬正气,兑现2012年度考核奖金120余万元,考核工作指挥棒、风向标作用得以充分发挥。

深入转变作风,提升干部执行力。深入开展"访民生、知民情、解民事"集中走访,走访农村(社区)109个、农户近4万户,解决困难问题568件。召开常委班子民主生活会,深入开展批评与自我批评。召开全区干部大会、全区肃纪整风大会,开展肃纪整风专项活动,深入贯彻中央"八项规定",强化对"四风"问题特别是享乐主义、奢靡之风的整治,着力解决干部队伍中存在的混日子、讲条件、推诿扯皮、闲话是非、享乐奢靡五大作风问题。以"靓丽星期五"卫生清洁为切入点,以"树立公仆意识、强化从政道德"警示教育、"向人民汇报、请人民评议"、窗口单位行业"贴近群众、服务群众"等一系列活动为载体,提升全区干部立说立行,令行禁止的纪律性、执行力和战斗力,树立起为民、务实、清廉的干部队伍形象。

加强反腐倡廉建设,提高拒腐防变能力。落实党风廉政建设责任制,加强反腐倡廉教育,推进惩防体系建设。认真开展停止新建楼堂馆所和清理办公用房、清退违规用车专项行动。强化政治纪律、工作纪律,开展专项督查及明查暗访19次,约谈单位负责人10人,诫勉谈话15人。加大案件查办力度,查办案件39件,处分党员干部43人,对5名顶风违纪的干部进行了严肃处理,将涉及违法的5名村干部移送司法机关,有力维护了党纪国法的严肃性。

(杜俊霞)

附:一、中共晋源区委书记、副书记、常委名单

书　记: 赵伟东(6月离职)　王立刚(6月任职)
副书记: 尤天拴　张奇峰
常　委: 张　彤　高二虎　李志民　李卫平　纪　元　葛德高

二、乡镇(街道)党委(党工委)书记、副书记名单

义井街道
书　记: 温志勇
副书记: 董笑龙　孙天贵

罗城街道
书　记: 程焕金
副书记: 刘太文　韩福贵

晋源街道
书　记: 张　仕
副书记: 朱永军　贾建刚

金胜镇
书　记: 江金魁
副书记: 马志宏　常建强

晋祠镇
书　记: 郝志会
副书记: 武志刚　张建勇

姚村镇
书　记: 李建华(女)
副书记: 钮宝林　路国萍(女)

中共古交市委工作概况

市委书记 常 青

2013年,中共古交市委以邓小平理论、“三个代表”重要思想和科学发展观为指导,深入贯彻落实党的十八大、十八届三中全会精神,团结带领全市党员干部和群众,创新思路谋发展、攻坚克难求突破、强化服务惠民生,促进了古交经济社会协调健康发展,各项工作都取得了新成效、新进展。

一、创新载体抓党建,全面提升党建科学化水平

古交市委现有直属党(工)委28个,其中乡镇党委10个,街道党工委4个,机关党工委7个,系统党委3个,机关党委1个,国有企业党委1个,民营企业党委2个。共有11个党组、2个二级党委,22个党总支,590个党支部,10790名党员。

一是强化思想政治建设。继续引深学习型党组织建设,坚持集中学习和个人自学相结合,坚持“请进来”与“走出去”相结合,进一步强化市委常委会、市乡两级中心组理论学习,由市级领导带队深入各基层党(工)委宣讲党的十八大和十八届三中全会精神,开办手机短信党课36期,培训轮训市乡村干部及优秀人才4600余人次、党员3500余人次,选派干部外出学习115人次,不断提高全市党员干部的思想政治素质和能力水平。

二是强化干部队伍建设。严格执行《干部选拔任用条例》和相关政策规定,对市直中学领导班子和部分机关科级干部进行了合理调整,任免干部133人次,其中平职交流56人、提拔64人,向太原市推荐副县级优秀年轻后备干部3名。全面落实离退休干部“两个待遇”,充分发挥老干部在推进经济发展、促进社会和谐稳定中的作用。工会、共青团、妇联和社区“两委”班子换届按时圆满完成。

三是强化基层组织建设。深入开展“组织工作提升年”等活动,扎实推进“双百强基”工程,大力推行“文建明工作法”,全面强化基层党组织建设,创建四星级以上农村党组织63个、社区15个、社区服务管理网格157个,创建“双强六好”非公有制经济组织和社会组织党组织33个,实现了党建工作由有形覆盖向有效覆盖转变。充分发挥基层党组织联系群众、服务群众、凝聚群众、造福群众的功能,基层党组织的凝聚力、战斗力和创造力进一步增强。

四是强化作风建设。严格落实中央“八项规定”、《党政机关厉行节约反对浪费条例》和古交市委加强作风建设的“22条”措施。取消了元宵节焰火晚会,集中开展群众喜闻乐见的文体活动。提倡少开会、开短会、讲短话,将市委部门工作会议“六会合一”;市政府召开全体会议全面部署工作;市人大、政协“两会”会期各压缩为一天。全市性大型会议同比下降30%、下发文件同比下降25%、对市级领导的新闻报道量同比下降20%、公务接待支出同比下降39.8%、公务用车支出同比下降0.9%;集中清理和腾退机关办公用房8200多平方米;开展了13次整治“四风”明察暗访,对纪律作风存在问题的5个单位10人进行了通报批评,查处了2起违规操办婚丧喜庆的案件,促进了全市干部作风的转变。深入开展干部下乡住村“六个一”、“办实事、解难事”、“贴近群众、服务群众”、“向人民汇报、请人民评议”等活动,特别是在“访民生、知民情、解民事”活动中,实现了“两个全覆盖”,帮助解决问题2905件,规划包村增收项目208个,总投资1.2亿元,为开展第二批党的群众路线教育实践活动奠定了基础。

五是强化反腐倡廉建设。健全完善教育、制度、监督并重的惩治和预防腐败体系,深入开展警示教育和廉政文化建设,以农村党风廉政建设和煤焦领域、工程建设领域反腐败工作为重点强化反腐倡廉工作,严格执行党风廉政建设责任制和责任追究制,加大违纪违法案件查处力度,处理违纪党员干部65人。深入推进党务、政务、村务、企务“四公开”,并将监督延伸到八小时以外,净化干部的工作圈、生活圈、交际圈,促进干部清正、政府清廉、政治清明,为推进转型跨越发展提供了重要保障。

二、坚定不移调结构,经济转型迈出实质性步伐

面对国内外经济下行压力和古交资源型经济受煤焦市场疲软冲击的影响,市委常委会审时度势,牢牢把握稳中求进的总基调,利用市场倒逼机制,抓投资、上项目、促转型,工业深度调整,农业、服务业蓬勃发展,一、三产投资再创历史新高,经济结构渐趋合理,转型速度和规模明显提升。全年完成地区生产总值27.5亿元,固定资产投资69.4亿元,财政总收入13.4亿元,城镇人均可支配收入23262元,农民人均纯收入11109元。

一是把方向谋全局,科学制定发展思路。在深入调查研究、广泛征求意见的基础上,通过召开市委七届六次全会确立了全年工作总体思路,以科学发展观为指导,以转型跨越发展为主线,以提高经济增长质量和效益为中心,以建设“四个一流”为目标,坚持改革开放和稳中求进,大力实施“35510”产业发展战略和“2112”项目推进工程,着力打造“六大功能区”,切实加强经济、政治、文化、社会、生态文明建设和党的建设,全力保障和改善民生,促进了古交经济稳中有升、稳中提质、稳中向好,社会和谐稳定,人民安居乐业。

二是抓试点带整体，不断增强发展活力。在扩权强县工作上，对省里给予的85项政策和太原市106项政策，主动对口对接，推行并联审批，加快了项目审批、落地和建设步伐。在转型综改工作上，出台了《古交市资源型城市转型综合配套改革试验方案》，突出在产业转型、生态修复、城乡统筹、民生改善四大领域先行先试、重点突破，促进了经济社会又好又快发展。同时，为解决中小企业融资难问题，制定出台了古交市《小微企业助保金贷款融资平台实施方案》和《重点小微企业助保金业务暂行管理办法》，在太原市率先推出助保金贷款业务，为科华公司等16户企业发放助保金贷款1.28亿元，帮助小微企业融资7亿元，激发了中小企业发展活力。

三是抓项目促转型，做强做大县域经济。实施项目牵动战略，按照项目"六位一体"推进机制，全年完成项目储备1460亿元、项目签约230亿元、项目落地211.06亿元、项目开工52.02亿元、项目建设74.78亿元、项目投产74.98亿元，各项指标都超额完成了太原市下达任务。在全面实施"2112"项目推进工程的基础上，大力推进33个重点项目，完成年度投资计划的158%，加快了古交经济转型步伐。

四是抓环境招大商，增强经济发展后劲。大力推进效能政府建设和简政放权，深化审批制度改革，推进"两集中、两到位"，集中清理规范行政审批事项，实行流程再造，努力提高办事效率，方便人民群众。同时，全方位推进招商引资工作，与中铝矿产、山西更进、国新能源、北京君发等大型企业集团签署了合作协议，签约资金230.5亿元，到位资金47.6亿元。

五是抓安全保发展，提升经济运行质量。牢固树立安全发展理念，将安全工作作为重中之重来抓，实行市级领导包乡、包矿、包企业、包项目"四包"责任制，严格落实"两个主体"责任，全年安全投入达1.6亿元，出动巡查2万余人次，实现了重特大事故"零"目标。

三、加快城乡一体化，着力打造一流现代宜居城市

一是强化三农工作，加快发展现代农业。坚持"工业反哺农业、城市支持乡村"和"多予、少取、放活"的方针，在巩固提升新农村建设和农村两轮"五个全覆盖"成果的基础上，完成7处节水灌溉工程，治理水土流失面积6.18万亩，完成饮水安全工程42处，农业农村基础设施提档升级。大力发展特色农业，20个现代农业园建设稳步推进，建成10个省级"一村一品"专业村，"粟磊"面粉、"净苑"蔬菜、"狐爷山"岩茶等品牌荣获山西省著名商标，农产品加工企业实现销售收入3亿元。全面落实支农惠农政策，发放粮食直补、农资综合补贴822万元，补贴购置农机具179万元，为"三农"工作提供了保障和支持。

二是坚持建管并重，不断提升城市品质。抓规划，初步完成了《城市总体规划》修编，编制了《东部新城火山修建性详细规划》、十大片区详规和"两乡两镇"镇域总体规划，切实增强规划的前瞻性、引导性、科学性。抓建设，重点实施了金牛大厦、丽景花苑、优景美郡、凤凰苑、福康苑二期等旧城改造项目和东部新城火山片区回迁安置小区、御景华府、幸福家园、北苑小区等项目，汽车客运站搬迁改造和新建第二污水处理厂、屯村至太克线等基础设施建设项目正在办理前期手续。抓管理，深入开展"城乡清洁工程"，加强城乡一体化数字管理，不断提高精细化、网格化管理水平，城市的综合服务功能和承载能力得到增强。

三是加强生态建设，打造美丽宜居古交。全面实施"三环生态圈"战略，全年造林绿化8万亩，完成太原市下达任务的115%，建成区绿化覆盖率比2012年提高0.5个百分点。加强环境治理，强化电力、焦化、洗煤等行业污染治理，清理废旧场址8处，取缔非法企业176家，生态环境质量明显改善，全年市区优良天数达332天，优良率91%，未出现雾霾天气。

四、以人为本惠民生，让人民群众共享改革发展成果

加大民生投入，为民办的"十件实事"全部兑现，新改扩建5所幼儿园，完成学校标准化建设19所，运用转化科技成果37项，推广农业新技术和先进适用技术11项，完善了三级文化网络服务体系建设，发布了《中国"忠"文化之源——太原古交》考证资料，启动了文化中心、殡仪馆及公墓规划建设，建设了14所标准化村级卫生所，新农合推行"先住院后付费"政策，筹资标准由295元提高到346元，发放城乡低保金2875万元、城乡大病救助金609万元。新增城镇就业岗位6960个，登记失业率为3.4%，城镇养老、医疗、失业、工伤、生育五大保险参保范围不断扩大，新农保参保率达99.7%，新农保和城居保基础养老金标准进一步提高。特别是加强采煤沉陷综合治理工作，全年投入380万元做好避险工作，加快国统矿沉陷区居民安置工程建设，2925户沉陷区居民正陆续迁入新居。古交市列入全省采煤沉陷治理"十二五"末先期实施试点县（市）。

五、多措并举促和谐，努力营造和谐稳定的社会环境

一是加强精神文明建设，凝聚转型发展正能量。强化党的十八大、十八届三中全会和习近平总书记一系列重要讲话精神的学习宣传和贯彻落实，举办了知识竞赛、消夏系列活动和文化科技卫生"三下乡"及"践行十八大、放飞中国梦"主题成就展等活动。加大社会主义核心价值体系宣传力度，深入开展理想信念教育、形势政策教育，加强公民道德、未成年人思想道德建设，开展"星级美德少年"评选活动，践行"三个核心价值观"，为推进转型跨越发展提供了精神动力。

二是加强民主法制建设，推进依法治市进程。坚持党的领导、人民当家做主和依法治市的有机统一，充分发挥市委统揽全局、协调各方的作用，全力支持人大、政府、政协开展工作。加强"六五"普法教育，推进依法执政、依法行政、依法治市进程，着力建设法治古交。加强统战工作，强化市级党员领导与党外人士的联系，积极与各民主党派、工商联、无党派

人士交友谈心、沟通协商,同时抓好民族宗教事务和对台工作,不断巩固和扩大爱国统一战线。

三是创新社会管理机制,提升社会服务水平。深入开展“平安古交”创建活动,严格落实维稳领导责任制,学习借鉴“枫桥经验”,加大矛盾纠纷排查化解力度,狠抓社会治安综合治理,严厉打击违法犯罪行为,全年破获刑事案件269起,查处治安案件940起。建立并启动运行市乡村三级社会服务管理中心信息平台,完成“四街三镇两乡”流动人口和租赁房屋服务信息采集摸底登记,对1.46万座楼院房屋进行了编码,采集各类房屋特别是出租房屋信息10万套,登记出租房屋6820户、流动人口1.66万人,社会服务管理水平进一步提高。

四是积极化解信访矛盾,维护社会和谐稳定。将信访工作纳入全市领导班子和领导干部考核评价体系中,大力推行市级领导包案、领导带案下访、新提拔副科干部挂职信访锻炼等制度,在一月两次大接访基础上增加接访次数,市级领导工作日轮流接访、随机接访,做到有访必接、有接必办。全年共接待群众3602人次,解决信访案件354案,省、太原市交办案件全部办结。

五是深入开展“双拥共建”,推动军民融合深度发展。强化党管武装工作,投资160万元推进人武部信息化建设,典型经验在省军区相关单位推广。广泛开展全民国防教育,狠抓预备役部队日常战备和训练,提高了遂行作战能力。加强“双拥共建”,充分发挥民兵预备役部队在经济建设、护林防火、抢险救灾和打击私挖盗采等方面的示范带头作用,营造了民拥军、军爱民的浓厚氛围,巩固了双拥模范城“六连冠”创建成果。

2013年,古交市相继被评为全国科技进步考核先进县(市)、全民健身活动先进单位;全省“数字县市”第一县、老龄工作示范县(市)、治超工作先进县(市)、林业“六大”工程建设先进单位等,在全省卫生城市考核中名列第二;荣获太原市基层医药卫生体制改革先进县(市)、农产品质量安全监管先进县(市)、水务工作优秀县(市)、“安全生产目标责任制考核模范单位”等荣誉称号,全市各项工作受到国家级表彰3项,受到省级表彰22项,受到太原市级表彰70余项。

(芦爱明)

附:一、中共古交市委书记、副书记、常委名单

书　记: 常　青

副书记: 贾慕权(6月任职)　韩良会(6月离职)　程顺旺

常　委: 孙劲松　王富强　高保民(10月离职)　郝淑贞(女)　牛全英　王　镭　陈晋忠　丁晓旭(10月任职)

二、乡镇(街道)党委(党工委)书记、副书记名单

河口镇

书　记: 吕四虎

副书记: 雷剑刚　李瑞平

镇城底镇

书　记: 弓梅梅(女)

副书记: 程兴旺　范发亮　王二娃(挂职)

马兰镇

书　记: 阎　伟

副书记: 李勇存　阴文旺

加乐泉乡

书　记: 贾维龙

副书记: 李丽光　丁雷海

梭峪乡

书　记: 高　鹏

副书记: 武三小　李晓红

岔口乡

书　记: 武卫伟

副书记: 覃宇泉

常安乡

书　记: 张全荣

副书记: 弓文慧　高福海

原相乡

书　记: 裴宏瑞

副书记: 邢树明　杨炳亮

邢家社乡

书　记: 姜　玉

副书记: 王焰宇　郝学成

阁上乡

书　记: 邢武晓

副书记: 李开明　郑惠平

东曲街道

书　记: 王志刚

副书记: 张　敏　任永刚　李兰英(女)

西曲街道

书　记: 张吉明

副书记: 闫秀梅(女)　阎存旺　阴亮珍(女)

桃园街道

书　记: 张宏印

副书记: 周保平　李秀忠　冀学贵

屯兰街道

书　记: 周爱勇

副书记: 程巨发　阎亮平　刘俊武

中共清徐县委工作概况

县委书记　韩良会

2013年，中共清徐县委高举中国特色社会主义伟大旗帜，以邓小平理论、“三个代表”重要思想、科学发展观为指导，认真贯彻落实党的十八大、十八届三中全会精神，团结带领全县广大干部群众，积极应对形势，强力转变作风，奋力攻坚克难，全县地区生产总值、规模以上工业增加值、服务业增加值、社会消费品零售总额、农民人均纯收入等稳中有升、稳中有进，荣获国家级荣誉6个、省级荣誉8个、市级荣誉60多个。

一、学习宣传贯彻党的十八大、十八届三中全会和习近平总书记一系列重要讲话精神

（一）大力解放思想。坚持县委中心组学习制度，聘请中央、省、市专家学者、教授作专题授课。围绕深化改革确立了12个课题，由县委常委和副县长领题调研。组建由县四大班子和专职人员组成的宣讲团，分赴全县宣讲近百场，参学干部群众2万余人（次）。开通了《清徐手机报》，覆盖县乡副科以上干部、村（社区）“两委”和“两新”组织成员近万人。荣获全省思想政治工作优秀单位。

（二）落实“八项规定”。从办公用房、公务用车、公务活动、公款吃喝等群众反映强烈的问题入手，厉行勤俭节约，反对铺张浪费。全县公务用车费用减少33%，公务接待费用降低45%，廉洁奉公、勤俭节约的风气逐步形成。

（三）深化转型综改。扎实推进扩权强县试点工作，全面推行“两集中、两到位”工作，全县审批事项减少为133项，压缩51%。县级36个部门264项服务及审批事项全部进入行政服务中心，并在全市率先组建了公共资源交易平台。调整充实了经济开发区筹备组班子，积极申报机构编制，规划“一区三园一带”产业布局。成立了招商局，努力构建全县招商引资大格局。

（四）规划发展思路。聘请国家发改委宏观经济研究院和中国建筑规划设计院，紧密对接太原市总体规划修编，编制全县产业和城镇发展规划。确定了“城乡统筹发展，大企业引领、大项目带动、大园区承载，推进产业向园区集中，引导农民向城镇和新型社区集中，推动土地向规模经营集中，实现一二三产联动发展，努力打造全省综合实力一流强县”的发展思路。

二、应对挑战，开拓进取，转型跨越发展实现新突破

（一）项目推进，招商引资，经济增长后劲增强。确定86项重点项目，建立了项目“六位一体”、“十项制度”推进机制，省、市重点工程全部开工，19个项目投产见效。引进了通用航空产业园、国控工业园等一批大项目，全县项目储备达到154个、预计投资额近2500亿元，为县域经济发展积蓄了强大后劲和潜力。

（二）提档升级，培育优势，工业经济质量提升。加快煤矿复工复产，7个煤矿技改扩建项目高标准、安全有序推进。全面启动焦化工业集中区建设和暖气片行业改造，技改升级工程进展顺利。阳煤化工新材料园、三高能源汽车链接铸件等一批重点新型产业项目加快推进。

（三）特色支撑，园区承载，现代农业初现成效。大力发展“一村一品”，农民专业合作社达到668家，形成了5大特色生产基地和10大主题农业产业园、50个现代农业示范园区。12个食品重点项目完成投资8.74亿元。加强与中科院、农科院、清华、山西农大等科研院校合作，设立了博士工作站。代耕代种模式和农技服务经验在全国农业厅（局）长会议上观摩推广。

（四）立足优势，双管齐下，现代服务业加快发展。推进太中银铁路战略装车点、美特好农产品加工配送中心、江凯仓储物流、元跃物流等重点项目，大力发展现代物流业。农村社区综合服务中心和农村日用消费品配送中心建设进入实施阶段。培育了西边山、汾河沿岸、208国道沿线三条精品旅游线路，全年接待游客120万人（次），总收入11亿元，开辟了农民增收新渠道。

（五）抓住重点，破解瓶颈，改革创新活力释放。出台了《清徐县扶持中小微企业措施》、《清徐县中小企业发展专项资金管理办法》，设立了中小企业发展专项资金，向8家企业提供贷款支持4000万元。完成了6886亩土地的征收补偿工作。完成集体土地所有权确权登记发证，开展集体建设用地和宅基地使用权确权登记。

三、规划引领，狠抓落实，美丽清徐取得新进展

（一）加强基础设施建设，城镇承载能力明显提升。太小线建成通车，完成农村公路改造28.8公里，实施了西关大街南延、森泰大街、拥军路、花园街等市政道路建设工程。县城污水、防洪工程开工建设，完成了部分供热、供水管网和老旧片区改造工程。继续加大“百镇建设”力度，徐沟镇完成金川路配套、民乐路等八项重点工程，孟封镇积极创建“国家级生态乡镇”。

（二）改善农村人居环境，新农村建设稳步推进。创建西范庄等24个省级新农村重点村，总数达到131个。申报西谷

乡、王答乡2个新农村建设示范区。筛选116个行政村实施街巷亮化工程。

(三)加强环境保护恢复,生态文明深入人心。完成了省级园林县城初步验收,加快推动葡峰森林公园、荒山造林绿化等工程,完成造林任务27500亩。加强生态修复与治理,地下水位止降回升,治理水土流失面积7500亩,耕地保护面积43.38万亩。实施了乡镇排退水渠的清淤疏浚和河道治理工程。深入开展冬季大气污染防控专项行动。全年主要污染物排放量低于环保部2012年对本县主要污染物的核定值,按照新的环境空气质量考核标准,全年二级以上天数达到202天。

四、执政为民,维护稳定,社会事业跨入新高度

(一)社会事业成果显著。高标准地完成了供热三站扩建等为民兴办的一批实事。加大义务教育阶段学校标准化建设力度,中等职业教育全免费覆盖率达到100%。全面完成公立医院改革,在全省率先推行大病商业补充医疗保险,国家卫计委给予高度评价。完成清华苑三期及徐沟同济苑限价房分配工作,保障房、农村危房改造完成市下达的任务。新增城镇就业人数4792人,城镇登记失业率为3.01%。解决了马峪、孟封、柳杜8000余人的饮水安全问题。

(二)文化事业亮点突出。积极践行"三个核心价值观",扎实创建全国(省级)文明和谐县城。央视《新闻联播》对徐沟背铁棍、老陈醋传统酿造工艺、干部"下乡住村、包村增收"活动进行了专题报道。农博会上举办了醋文化节和葡萄文化艺术节,实现由政府主办向企业主办转变。募集民间资金500余万元参与文物修复建设。县文化馆被评为第五届全国服务农民、服务基层文化建设先进集体。县图书馆成为全省唯一的全国县级一级馆,被命名为全国"全民阅读先进单位"。

(三)安全生产形势持续好转。强化政府安全监管责任和企业安全生产主体责任,引深"查安全隐患,请人民监督"活动,加强对特种行业的监管、检查,命名安全乡村(社区)76个,全年未发生重特大安全事故。

(四)社会综合治理扎实有效。积极构建网格化社会服务管理体系,选聘了网格长,完成县乡村网格四级信息平台建设。全县可防性刑事案件同比下降11.3%,治安案件同比下降20.4%,荣获"全国平安建设先进县"称号。继续推行大接访制度,完善"1+3"矛盾联调机制,共调处矛盾纠纷3910件,调处成功率达96.2%,社会总体和谐稳定。

五、统揽全局,协调各方,民主建设凝聚新合力

完善党政联席会等议事制度,对事关改革发展稳定的重大事项和干部任免等工作,严格按照议事规则和程序办理。支持县人大依法履行职责,注重发挥人大监督权和重大事项决定权。支持县政协发挥政治协商、民主监督、参政议政职能。重视和支持工会、共青团、妇联、科协、残联等群团组织建设。注重发挥统一战线优势,引导非公经济人士树立发展和责任意识,进一步推动非公经济"两个健康"发展。全面落实党管武装工作制度,北京军区人民武装部和预备役团建设现场会在清徐县召开,县人武部获北京军区先进人武部等6项荣誉。

六、固本强基,清正廉洁,党的建设迈上新水平

(一)始终把夯实基础作为重点,抓实了基层组织建设。19个农村党支部被评为市级"五星级农村党组织"。对"3·15"、"7·15"村务公开、党务公开、"四议两公开"情况进行抽查。推进"文建明工作法"本土化,乡镇实行了集中理财。圆满完成第五届社区"两委"换届选举工作。民政部领导对县农村社区建设工作给予高度评价,命名为"全国农村社区建设实验全覆盖示范单位"。

(二)始终把人才培养贯穿始终,狠抓了干部队伍建设。全面落实《干部选拔任用工作条例》,全年累计调整交流领导干部4批110人(次)。多形式、多渠道培训党员干部5000余人(次)。完成第二批县级优秀人才评选的单位推荐、梳理汇总、资料审查等工作。开展了"村官+农户"、"村官+企业"等多种形式的村官创业活动。

(三)始终把从严治党抓在手上,加强了党风廉政建设。开展整治"吃空饷"专项治理,对78个单位存在的问题进行全面整改。清理新建楼堂馆所和办公用房,停建项目4个,腾退超标准用房3.9万余平方米。开展离任经济审核、违规用车清退、会员卡清退等六项专项治理行动,问责干部50人(次)。认真开展"向人民汇报、请人民评议"、窗口单位"贴近群众、服务群众"作风建设等专项行动。"带案下访解民忧"专项行动经验得到省纪委肯定。全年共受理信访举报121件(次),处分党员干部84人,其中科级干部15人。

(杨　帆)

附:一、中共清徐县委书记、副书记、常委名单

书　记:车建华(5月离职)　韩良会(5月任职)
副书记:王琳玉　白晋虎
常　委:杨保恒　王耀武　郭云贞　张桂芝(女)
田文浩　邢蕴武　杨登科(8月离职)
黄　涛(8月任职)　张文华(1月任职)

二、乡镇(街道)党委(党工委)书记、副书记名单

清源镇

书　记:李晓辉(11月离职)　王国庆(11月任职)
副书记:岳建强(4月离职)　王富喜(11月任职)
孟晋兵(4月任职)　边晋明

马峪乡

书　记:靳秀发
副书记:武晓俊(4月离职)　荆培辉
申彩萍(女,4月任职)

东于镇

书　记：郭　彬

副书记：岳兔立（4月离职）　蔺志新（4月任职）　张建新

柳杜乡

书　记：陈晓勇（4月离职）　贾宏俊（4月任职）

副书记：连利强（4月离职）　张卯军（4月任职）　王振刚

西谷乡

书　记：陈俊峰

副书记：陈　晋　阎孝勇

孟封镇

书　记：贾宏俊（3月离职）　岳兔立（4月任职）

副书记：郭建平（11月离职）　齐国庆（11月任职）　王瑞清（女）

王答乡

书　记：李凤梅（4月离职）　陈晓勇（4月任职）

副书记：郭建平（11月任职）　王卫民（11月离职）

徐沟镇

书　记：孟连柱（4月离职）　武晓俊（4月任职）

副书记：王富喜（11月离职）　贾　环（女，4月离职）　韩晓东（11月任职）

集义乡

书　记：董隽杰

副书记：韩晓东（11月离职）　潘巨发（8月离职）　王朝伟（11月任职）

东湖街道

书　记：罗学功（11月离职）　赵四顺（11月任职）

副书记：齐国庆（11月离职）　王卫民（11月任职）　王玉和　王贵河

中共阳曲县委工作概况

县委书记　吕　荣

2013年是“十二五”的关键之年，也是阳曲县全面实施“弯道超车”，大力推进转型跨越发展不平凡的一年。一年来，全县干部群众团结一致，齐心协力，认真贯彻落实党的十八大和十八届三中全会精神，按照市委、市政府创建一流省会城市的要求，坚持对标一流，认真实施“三保一促”发展方针，“四化三区”发展战略，坚定走工业强县、农业富民、城镇化提高幸福感的发展道路，全县经济社会发展呈现出大局平稳、提速加快、要素集聚，基础设施逐步完善、新城建设开始启动、转型跨越效果显著的新局面。市下达的主要经济指标全面完成，预计全县地区生产总值增长12%，规模以上工业增加值增长20%；社会消费品零售额增长14%，财政总收入增长22.05%，公共财政预算收入增长29.15%，固定资产投资增长59%，服务业增加值增长4%，城镇居民人均可支配收入增长15%，农民人均纯收入增长20%。以上主要经济指标中，五项指标增幅名列全市前茅。特别是财政总收入提前两年实现了翻番，公共财政预算收入提前两年超额完成了“十二五”期间的目标任务。

一、加强理论武装，夯实基层基础，党的核心领导作用得到充分发挥

一是加强政治思想建设，发挥引领示范作用。健全县委中心组及各级中心组学习制度，各级领导带头，勤于学习，敏于求知，善于思考，通过学习坚定政治立场，推进思想解放、观念更新。用群众创造出来的经验去丰富和指导实践。各级组织自加压力、负重前进，树立起了只有敢想才有空间，只有敢干才有作为的强烈责任意识，主动走出去学习考察、对接商谈，开阔眼界，在谋求突破中采用目标管理，全面完成市下达的各项任务和县确定的各项重点工作。县委常委会牢牢把握意识形态的领导权、管理权、话语权，不断加强思想道德建设，做好舆论引导工作。同时，大力倡导“三苦四特”阳曲精神，为县域经济“弯道超车”和转型跨越发展提供正能量。坚持在各级组织开展“为民、务实、清廉”为主题的教育活动，普遍进行党性教育，全县8000余名党员集中学习了十八大报告、十八届三中全会报告精神以及党内法规，用“三个核心价值观”，强化党员和党员干部的使命感和责任感。

二是加强自身建设，发挥统揽全局、协调各方的作用。常委会认真执行中央和省市有关规定，坚持重大问题集体研究、民主决策，党委抓总，凝聚共识，共谋发展，不断提高自身的执行能力和整合社会力量的聚合能力，把县委贯彻市委的决策部署变成各级各部门的自觉行动。坚持县级领导分包乡镇和联系重点项目制度，实行一名领导负责、一个单位承办、一条龙跟踪的方式，有力推进了转型发展产业园区、城东新区和美丽家园等重点工程建设，为改进工作方法，提高办事效率，整体推进工作发挥了领导作用。

三是加强基层党建，发挥党组织战斗堡垒作用。县委常委会坚持以党建为统领，抓班子、带队伍、把方向、管全局，发挥党组织战斗堡垒作用。首先，发挥基层组织主导作用，选派123名年轻的机关干部，任（社区）农村第一书记，有效提升了基层党组织的影响力和凝聚力，在基层党建方面发挥了积极作用。其次，丰富党建内容，机关以创建“五型”支部为载体，开展晋位升级；社区以网格管理为重点，开展“七彩”服务；农村以星级创建为引领，开展“双述双评”活动，不断增强基层组织的战斗力和向心力。再次，优化干部结构，坚持重德

重绩的用人导向，采取非定向预推的方法，调整干部9批316名，提拔干部162名，调整一把手31名，储备干部191名。同时，面向社会公开招聘中学校长、医务工作者和行政事业人员98名，招聘过程公开透明，获得了良好的社会声誉。

二、突出工作重点，协调三产发展，转型跨越的步伐进一步加快

一是高标准设计，大力度投入，在完善园区承载能力中推进转型发展。按照"规划引领、产城同步、基础先行"的思路，狠抓以高新项目引领的产业布局，突出以骨干路网建设为主的基础设施综合配套；以美化亮化为主的道路两侧绿化工程提档升级；以政府引导和市场运作为主的融资创新，进一步加快了园区建设。累计完成投资7.9亿元，建成管委会大楼，启动了总部大楼建设，完成了国省道路改造和美丽家园工程建设，21.4公里的园区道路形成了"三纵四横"骨干路网，给排水、强弱电、天然气和"七通一平"基本完成。

二是合理布局产业，发挥集聚效益，在打造三大产业片区中实现跨越发展。东铝循环经济片区，利用电解铝余热、低廉电价和公辅设备，集聚铝加工行业和机械加工行业，目前已有16家企业落地；高端印刷产业片区，集聚省内4家大型印刷企业组团投资15亿元，建设印刷、包装、物流、设计为一体的产业片区；国防科技产业片区，以太钢碳纤维项目为代表的十几家企业已经落地和正在落地。园区共有项目78个，其中新建项目53个，续建项目26个，总投资达242亿元，已完成年度投资32亿元。"十二五"期末，园区固定资产将达到300亿元，产值将突破500亿元。

三是坚持项目引领，在促进生产要素优化和规模经营中实现农业高效发展。召开县域农业项目招商洽谈会，引进宝迪食品、双合成食品、老香村食品等一批农产品加工项目。特别是宝迪项目投资大，产业链和生态链优，对区域经济有极强的带动作用。太钢泥屯生态园建设已成为"百企千村工程"的龙头企业。15家总投资53.8亿元的扶贫项目，已有6.7亿元落地，阳曲农业的现代化正在发生着深刻的变化。

四是规划先行，分步实施，在逐步拉大的发展框架中推进城镇化建设。启动占地4.3平方公里的东部新城建设。控制性详规和修建性详规经过专家评审和政府批准，由县人大以立法形式予以固化，成为今后城市建设的法律依据。投资1.3亿元的新城道路建设和下穿铁路工程已经竣工，完成与民营区工业新区的土地划界、项目移交、社会事业移交等工作，为新城发展奠定了良好基础。

恢复兴建青龙古镇，打造阳曲文化旅游新名片。以军事文化、关隘文化、农耕文化、古驿道等为主景区的青龙古镇修复工程全面启动，预计2014年10月向社会开放。

五是坚持生态支撑，在促进生产、生活、生态一体化发展的田园乡村中实现绿色发展。大力推进泥屯生态示范区建设，高标准完成太佳线通道绿化工程和泥屯镇生态绿化工程。"十二五"末，利用林木直补政策，打造该区域森林覆盖和林木覆盖的双高示范区，以此带动全县森林覆盖率达到23%和林木覆盖率达到60%以上。

三、以人为本，改善民生，在扎实有效的服务中提升社会管理水平

一是创新社会管理，开展平安创建，群众的安全感有了新提升。在全市率先提出以"六六创安"工程为载体，确定10个体系和42项管理内容，建设县、乡、村三级"五安"网络管理模式，组织开展"平安使者千人行动"，加强全社会的联防联控能力，强化对社会面的控制。全县没有发生重特大刑事案件；没有发生有影响的治安案件；没有发生群体事件；没有发生有影响的越级上访事件。2013年赴省市越级上访分别下降了62％和43%，中央和省、市交办的信访案件全部办结，网络舆情得到及时研判和有效化解。在全市综治工作社会调查中，阳曲县满意度为98，全市排名第一；安全感为92，全市排名第二。全省公安系统开展的群众安全感和满意度调查工作中，阳曲县的群众安全感和满意度分别比上年提高了3.39%和4.69%，群众安全感和满意度均为全市第一。

二是在实现新的"五个全覆盖"的基础上，新增"六个全覆盖"。即：在全市率先实现了县域公交全覆盖；寄宿制学校澡堂全覆盖；山区教师公交免费全覆盖；农村低保提标扩面应保尽保，新增受益群众3000余人，实现了农村低保全覆盖；全县安全饮水全覆盖。与此同时，继续推进万人脱贫大行动，落实单位包扶、政策扶持、产业脱贫等办法，用"四加一"模式，两年累计脱贫2.58万人，向"十二五"期间稳定脱贫4万人扎实迈进。

三是"两集中，两到位"优化政务环境，提升效能政府的服务形象。23个行政单位，集中审批涉及127项行政审批事项和60项公共服务项目，规范了审批流程，减化了审批程序，全部实现了一口进出，限时办结，一站服务，审批时限平均缩短了35%以上。

四、整风肃纪，勤政廉洁，在不断强化的教育监督中促进各级干部作风转变

认真贯彻执行党风廉政建设责任制。围绕落实"八项规定"、整治"四风"，以严纪律、改作风、树精神为抓手，开展警示教育，倡导"干部作风肯艰苦、干部生活能吃苦、大干快上不叫苦；特别有思想，特别能奉献，特别有本领，特别能作为"的"三苦四特"阳曲精神，出台了《二十七条》、《八个不准》和《廉政六条》。一年来，查处违纪案件33件，处分违纪干部44人，整肃纪律，重树党风，以党风带政风促民风。

大力改进作风，塑造干部为民务实形象。以"访、知、解"活动、"贴近群众、服务群众"和为群众"办实事、解难事"等活动为载体，县领导驻村下乡，抓住难点，解决热点。县委、县政府办公楼全部挂设办公标牌和领导去向提示，工作人员全部挂牌上岗，开通县委书记、县长热线电话和信箱，及时受理群众反映的问题。坚持开门接访，在大楼门厅滚动播放县领导分工信息和接访名单，保证每天有一名县领导接待群众，赴省市越级上访分别下降了62％和43%，进一步增强了干部

作风的转变和服务水平的提高。

创新监督机制，提升工作水平。县政府班子成员带头“向人民汇报，请人民评议”，10个乡镇和12个部门深入基层接受评议，参评群众达10万余人(次)。在农村实行“五项监督”和坚持“四议两公开”做法。全县农村“四议两公开”决策1283件(次)，涉及金额8000余万元。

2013年，阳曲县荣获全国农村土地仲裁工作先进县、全国群众体育先进县、全国法律援助便民示范窗口县、全国农村“三资”管理示范县，还荣获山西省农产品安全监管工作先进县、山西省重大动物疫病防控工作先进县等荣誉称号。

(王并生)

附：一、中共阳曲县委书记、副书记、常委名单

书　记：吕　荣

副书记：刘晋萍(女)

常　委：韩　勇　刘国伟　何爱萍(女)
高保民(9月任职)　薛运中
李文权(9月离职)　乔文清
姚丽蓉(女，3月任职)
杜建亮(挂职，11月任职)

二、乡镇(街道)党委(党工委)书记、副书记名单

黄寨镇

书　记：王志勇(4月离职)　王秀生(4月任职)

副书记：王秀生(4月离职)　王向正(7月离职)
王建兵(7月任职)　刘玉文(3月任职)

泥屯镇

书　记：王凯明(1月离职)
赵东明(3月任职，12月离职)
荣素青(12月任职)

副书记：赵东明(3月离职)　马有利(3月任职)
郑常胜(3月任职)

东黄水镇

书　记：王福刚(1月任职)

副书记：王福刚(1月离职)
白　洁(女，1月任职)　黄根锁(3月任职)

侯村乡

书　记：刘国伟(1月离职)
李保明(1月任职，7月离职)
王向正(7月任职)

副书记：李保明(1月离职)
高金贵(1月任职，7月离职)
游胜文(7月任职)　王丽琴(女，3月离职)
薛宇斌(3月任职)

大盂镇

书　记：岳　波

副书记：赵　斌(7月离职)　李旭升(3月任职)
梁永胜(3月离职)　康理锋(7月任职)

高村乡

书　记：侯爱英(女)

副书记：荣素青(7月离职)　白　洁(1月离职)
王秀文(7月任职)　杨建军(3月任职)

凌井店乡

书　记：孙国锋(1月任职)

副书记：孙国锋(1月离职)　庞美文(1月任职)
薛宇斌(3月离职)　郭爱军(3月任职)

杨兴乡

书　记：王庆丰

副书记：王建兵(7月离职)　田　琦(7月任职)
张新文(3月离职)　义培鸿(3月任职)

西凌井乡

书　记：陈永胜(7月离职)　赵　斌(7月任职)

副书记：张俏林　徐新华(女，3月离职)
刘拴旺(3月任职)

北小店乡

书　记：闫文革(1月任职)

副书记：闫文革(1月离职)　刘紫霞(3月任职)
王爱军(3月任职)

中共娄烦县委工作概况

县委书记　薛东晓

2013年，中共娄烦县委坚持稳中求进总基调，按照“转型跨越、奋力赶超、对标一流、率先翻番”总要求，深入实施生态环保、产业发展、宜居县城、招商引资、和谐稳定“五大战略”，扎实推进工业新型化、农业现代化、县域城镇化、城乡生态化“四化建设”，圆满完成了全年各项目标任务。全年地区生产总值完成18亿元，增长15%；规模以上工业增加值8亿元，增长16%；财政总收入11亿元，增长14%；公共财政预算收入6亿元，增长13%；固定资产投资13.5亿元，增长107%；社会消费品零售总额3.4亿元，增长16%；服务业增加值7.7亿元，增长13%；农民人均纯收入4806元，增长18%。

一、加快优化升级，全力推进县域经济发展

重点项目进展顺利。坚定不移抓大项目、上好项目，一事一表管理项目，调度例会推进项目。静静铁路、龙泉能源、煤

运集团技改项目三项省重点工程完成投资14亿元，完成任务的119%。涧河人工湿地水质改善工程、龙泉能源铁路专用线两项市重点工程完成投资2.5亿元,完成任务的112%。县60项重点工程完工49项,在建11项,完成投资49亿元。重点项目储备、签约、落地、开工率四项指标全市排名第一。天池店、马家岩煤业完成投资5.7亿元。总投资100亿元的龙泉循环工业园完成投资33亿元,矿井和选煤厂联合试产,仅此每年上缴税金3亿元。低热值煤电厂完成选址和总体方案报批。

现代农业快速发展。“一县一业”强力推进。建成了四个体系,一是脱毒种薯繁育体系。投资5100万元,建成了集科研科普、试验示范于一体的惠农马铃薯科技园。建成了茎尖剥离中心、智能温控室、1500吨贮藏库、1万亩种薯繁育基地。二是技术服务体系。四项措施夯基础、五个品种提品质、六项技术增产量的“456”技术服务全面应用。三是示范推广体系。通过公司+合作社+大户方式,建成了20个基地村、2个万亩基地、10个千亩基地、100个百亩基地。四是加工转化体系。建成了1000万公斤的马铃薯鲜薯深加工生产线。全年全县马铃薯播种8万亩,总产值2.5亿元,直接拉动农民人均纯收入1700元，占农民人均纯收入的37.2%，比2011年增长近1倍。“一村一品”加快发展。围绕小杂粮、干果经济林、生态养殖、有机绿色蔬菜等特色农业,新发展“一村一品”村16个,全县“一村一品”村达35个。农户和农民实现了三个1/3,即“一村一品”村覆盖全县农户的1/3,产值占农村经济总收入的1/3,农民平均收入增长1/3。农业生产能力有效提升。建成了日光节能温室大棚261栋,蔬菜大棚394栋,种植露地蔬菜6100亩。完成6个村节水灌溉工程,基本农田保护面积28万亩。建成8个乡镇农技服务推广站。实施测土配方15万亩,12个品种两万亩农产品通过有机绿色认证。全年粮食总产1467万公斤,同比增长5.7%。4家“513”龙头企业销售收入完成2.42亿元,完成市下达任务100%。产业扶贫动力强劲。紧抓全省“百企千村”产业扶贫开发工程契机,太钢、晋煤、国际能源等3家国企成立农业开发公司,实施8个特色农业项目。在此基础上,积极引进外地企业和支持本地企业转型,12家企业投资近5亿元,流转土地和购买“四荒”5.6万亩,实施开发性农业建设。

二、坚持保水富民,着力推进生态娄烦建设

造林绿化强势推进。投资1.4亿元,重点实施了“三山一线两出口”绿化工程,栽植各类树木198万株,完成营造林8万亩,育苗1万亩,通道绿化75公里,治理水土流失面积8.9万亩,全县森林覆盖率32%,绿化率55%。水库周边第一山脊内2.6万亩荒山成林带,库东10万亩生态园连成片,县城北山6万亩植物园有景观,基本形成了生态园、绿化带、风景线的绿化网络,实现了水不乱流,土不下山,点线有景,绿美一体。10月份荣获“全省林业生态县”。

水源保护持续加强。投资5.7亿元的全国湖泊生态环境治理保护汾河水库试点项目顺利实施,19公里水源地防护网工程完工,危化品车辆监控工程投入使用,涧河人工湿地水质改善工程基本竣工,日处理能力将提高到2万立方。扎实开展环保专项整治,污水处理达到一级A类标准,城镇生活污水收集率和中水回用率均达100%。化学需氧量、二氧化硫、氨氮、氮氧化物、烟尘、工业粉尘全部超额完成市下达任务。万元GDP能耗下降6.3%,万元工业增加值用水量降幅7.79%。地下水位止降回升1.01米。县城空气质量保持二级以上。地表水均达到三类水标准。

生态经济效应凸显。在推进大地增绿、城乡增景的基础上,通过政府引导建基地、扶持个人办苗圃、企业转型扩规模,引进康培、华城等龙头企业,采取公司+农户方式,流转土地1.3万亩,建成了万亩油松育苗基地,实现了农民打工有“薪金”,土地流转有“租金”,70岁以上老人有“养老金”,项目区年人均增收1500元。坚持“造林和造景”同步,依托“一山一水一人物”资源优势,积极培育生态旅游服务业,投资5500万元,建设了高君宇故居红色旅游景区,已接待游客8000余人次。汾河水库国家级水利风景区基本建成。花果山风景区列入太原市重点旅游规划。东山生态园、石峡沟景区、北山采摘园和天池店生态园休闲旅游初具规模。

三、着力惠民利民,切实推进和谐社会建设

各项社会事业进一步发展。教育事业全面推进。学前三年毛入园率88.09%,高考二本以上达线151人,完成了7所幼儿园改扩建,建成了28所标准化学校,新建娄烦二中综合楼投入使用。卫生医疗不断完善。6所标准化卫生院投入使用,新改建村级卫生室23所。投资1.3亿元的县城综合性医院办公楼和门诊楼主体完工。新农合参合率达100%,连续4年实现“筹资全免费、参合全覆盖”,新农合报销比例高出其他县(区)10%,群众看病实现“先住院后付费”。文化、科技、计生工作不断加强。顺利承办了“环汾河水库”公路自行车赛事。荣获“全国科技进步先进县”。人口自然增长率4.41‰,“三晋康家”品牌工程稳步推进,人口网格化管理服务模式得到了国家计生委高度肯定并推广。城镇职工养老保险、基本医疗保险、城乡居民养老保险全部完成市下达任务。新增就业岗位2600个,城镇登记失业率1.79%。城镇居民人均可支配收入和20%低收入城镇居民收入可支配增幅均达13%。农村老人日间照料中心、乡村垃圾填埋厂等118件实事全部办结。

安全稳定局面进一步巩固。扎实开展重大安全隐患和打击私挖乱采有奖举报活动,不断强化煤矿、非煤矿山、危化品、食药品等重点行业和领域的安全生产专项治理,全年没有发生安全事故。严格落实信访工作责任制,省市交办案件办结率100%,连续三年实现了非正常进京上访“零指标”控制。深入开展“平安娄烦”建设,全面加强和创新社会管理,95%以上的村庄社区实现了“零发案”,群众社会安全满意度日益提高。

四、全面加强党的建设工作

(一)加强学习型党组织建设。围绕学习宣传贯彻十八

大、十八届三中全会以及习近平总书记一系列重要讲话精神，坚持每月两次的县委中心组集体学习制度，采取领导带头学、集体组织学、个人自主学等形式，积极引导广大党员干部在领会实质、吃透精髓上下功夫，在指导实践、推动工作上下功夫。健全组织调训、干部选学、在线学习“三位一体”的教育培训格局，先后组织各类业务知识培训3268人，794人参加了在线学习，501名干部完成了20所高校136个专题选学，广大党员领导干部学习积极性、主动性和自觉性有效提高。

（二）加强领导班子和干部队伍建设。积极推进民主集中制建设，健全和规范县委议事规则和决策程序，认真执行常委分工负责制，坚持重要事项、重大问题集体讨论决定。围绕重点工作、重大项目，实行四大班子领导包联企业、包扶农村、包抓项目、包解矛盾“四包”制度，领导班子成员人人有担子、个个有指标，班子凝聚力战斗力明显增强。全面贯彻《党政领导干部选拔任用条例》，注重在发展一线培养和选用干部，先后6次调整干部112名，风清气正，选人用人公信度明显提高。

（三）加强基层组织和党员队伍建设。进一步完善党建工作目标管理机制，扎实实施“领头雁”工程、“一定三有”工程、“晋位升级”和精品阵地建设工程。全县90%以上的乡镇党委成为“五个好”乡镇党委，85%以上的村党支部成为“五个好”村党支部。基层党建“五个全覆盖”全面完成，非公经济组织组建率达100%。社区“三有一化”建设得到加强，城东社区星级创建经验在全市推广。认真推广文建明工作法，乡镇工作效能有效提高。新发展党员106名，全县党员达到6469名。

（四）加强反腐倡廉建设。一是强化作风转变。认真执行中央“八项规定”和省、市“三个实施办法”，严肃整治“四风”，扎实开展办公用房清理、楼堂馆所停建、公务卡清退、公务用车清缴集中治理行动，会议数量、会议费用、公务接待分别同比下降30%、10%、12.7%，清退办公用房621平方米，上缴超标违规车辆14台，公务用车节假日全部封存。在认真开展“向人民汇报、请人民评议”、“办实事、解难事”、“贴近群众、服务群众”等六大活动的基础上，扎实开展了“下乡住村、帮扶增收”、“千名干部进万户、三问六民转作风”大走访、大回访、大下访系列活动，实现了干部进村、入户走访“两个全覆盖”，作风转变、助民增收“两个全推进”，县、乡干部共征求意见1213条、政策宣讲454场次、化解矛盾68件、结成帮扶对子616对、投入帮扶资金6620万元、办实事好事282件。建立了县级领导定乡镇定联系村、科级干部定目标定时住村、一般干部定户走访的“三定”长效机制。二是强化监督检查。围绕纪律作风、安全生产、重点工程、效能建设、民生热点、信访稳定等，强化常态化监督检查和问责，认真开展“整治吃拿卡要、创优发展环境”、“治理吃喝不正之风”、“厉行节约、反对浪费”专项行动，加强“三务”公开检查，深入治理公路“三乱”、教育乱收费等损害群众利益的问题。全年开展重点督查40余次，立查案件38件，审结34件，移送司法机关5人，处分各类违纪党员干部44人，其中科级以上干部7人。三是推进制度建设。坚持把制度建设的重点放在对权力运行的规范上，全面梳理现有91项制度，规范完善各类制度263项，形成了惩防体系“3+6”基本框架和预防腐败24项机制。加大对重点领域、重点部门、重点项目的审计监督力度，做好延伸审计，扩大审计覆盖面。强化农村会计委托代理服务中心、阳光农廉网、村务公开栏“三平台”规范运作，有效规范农村“三资”管理。加强机关效能建设，“两集中、两到位”顺利推进，“三大服务平台”上线运行，107项审批事项、78项服务事项实现流程再造，压缩工作日147个。

（李爱民）

附：一、中共娄烦县委书记、副书记、常委名单

书　记：薛东晓

副书记：张　磊　刘振华（1月离职）
程顺安（4月任职）

常　委：赵树文（4月任职）　李贵军（4月任职）
任同珍　王剑峰　纪根有　刘贵江（3月任职）
冯永魁（4月任职）

二、乡镇党委书记、副书记名单

娄烦镇

书　记：强国生

副书记：段尚军　苏建峰

静游镇

书　记：高　林（4月离职）※

副书记：褚铖斐（4月离职）　王建文

杜交曲

书　记：雷爱蝉

副书记：曹文杰　韩永生　强　俊

马家庄乡

书　记：郭建生

副书记：郝爱国　梁俊峰

天池店乡

副书记：闫乃存　苏效忠　王丽军

米峪镇乡

书　记：王先奎

副书记：刘志生　褚美生

庙湾乡

书　记：孙晋生

副书记：曹锦斐　李青华

盖家庄乡

书　记：刘俊奎

副书记：李亚晋　段会军

※：静游镇高林、褚铖斐于2013年4月被免去职务后，由段润义、郝爱春分别任静游镇工作组组长、副组长。

中共大同市委工作概况

2013年，大同市委常委会认真贯彻党的十八大和十八届三中全会精神，在坚持“转型发展，绿色崛起”发展战略的基础上，又进一步提出“争先进位，负重赶超”的总要求和坚持以转型综改试验区建设为统领，抓好增强经济实力、提高城乡居民收入、办好国际太阳能赛事“三件大事”，打好产业转型、项目攻坚、县域经济、城市建设“四大硬仗”，实施名城复兴、百企强市、百园立农、百校兴教、城镇提质、安居保障、收入倍增、生态建设、城乡清洁、平安创建“十大工程”的总体部署。

一、围绕转变经济发展方式，全力优化经济结构，产业转型和项目建设迈出坚实步伐

出台了《大同市国家资源型经济转型综合配套改革试验实施方案（2013—2015年）》和《大同市国家资源型经济转型综合配套改革试验2013年行动计划》，全市转型综改40项重大项目总投资1306亿元，2013年计划投资133.73亿元，实际已完成投资150亿元。

围绕产业转型，加快推动新能源示范基地建设和新兴产业发展。同煤集团跻身世界500强企业，5座地方煤矿矿井基本建成进入联合试运转，新增产能630万吨；同煤塔山2×60万千瓦、国电电力大同湖东2×100万千瓦发电项目、大唐御东2×35万千瓦热电项目积极推进，同煤大唐二期2×33万千瓦供热机组获得核准，煤电联营、煤电一体化格局正在形成；风电建设有序推进，新增风力发电装机40万千瓦；协和新能源光伏项目已完成40MW电站项目，二期60MW电站项目开工建设；中海油煤制天然气项目前期工作全面推进，同煤60万吨甲醇项目试生产。万昌仓储物流、新发地农产品物流及配送、东小城现代商业地产、庞大汽车城等商贸物流项目，累计完成投资60多亿元。园区建设进一步加强，装备、医药、塔山、龙泉等八大产业园区2013年完成投资45亿元，累计达358亿元。努力提高招商引资规模和质量，成功引进威科姆公司IT国际产业园、山西国信云计算中心、苏宁商业地产开发等项目。

大力推动煤气厂工业遗址、音乐艺术文化创意园区、文化科技产业基地建设。成功举办2013中国（大同）云冈文化旅游节、中国（大同）国际汽车文化展、中国（大同）国际雕塑双年展、第七届世界养生大会、大同古都灯会等一系列文化活动。加大对“古都、煤都、夏都、佛都、艺都”大同的推介力度，积极推动大同旅游融入首都旅游经济圈。2013年共接待国内外游客2355.83万人次，旅游总收入突破200亿元大关，达到200.33亿元，同比增长23.04%。大同被中国住交会和全国64家媒体评为“中国最具旅游文化发展潜力的城市”。

二、围绕发展现代特色农业，全面推动“三农”工作，农村经济社会呈现出良好的发展局面

召开了全市加快发展民营经济大会，出台了《关于大力发展中小微企业和民营经济的实施意见》，将招商引资任务具体分解到各县区，制定了《县域经济发展考核办法》。2013年全市7县经济总量达127.34亿元，占全市比重提高0.44个百分点。

全面规划和实施了百园立农工程。全市农业系统建立了“五位一体”帮扶责任制，2013年69个重点园区全部开工建设，完成投资29亿元。新建设施农业3万多亩，总面积突破20万亩。新建、扩建规模养殖小区186个，累计达631个。

全市新建、改扩建产业化龙头企业项目75个，完成总投资68.47亿元。全市转产引资项目46个。签订招商引资金额168.5亿元，引进了中粮集团30亿元的200万头生猪养殖、总投资37.3亿元的南郊高效特色玫瑰生态园等项目。大力推进“一村一品”“一县一业”战略，2013年新增专业村142个，全市共有464个村列入省级“一村一品”专业村，从事“一村一品”劳动力7.6万人，户数3.2万户，带动收入9.2亿元，占农户家庭经营总收入19.5亿元的47.2%。

围绕企业转型、农村脱贫和全面建成小康社会的宏伟目标，把百企千村产业扶贫同百园立农、百企强市、收入倍增三大工程相结合，制定出台了《大同市百企千村产业扶贫开发工程实施方案》，完成了组建工作机构、筛选产业项目等一系列工作，确定可开发储备项目46个。同煤、山煤、晋能3个省属企业分别与6个贫困县对接，58家市属企业与贫困县区的乡镇对接，项目规划全面推进。

三、围绕建设区域性中心城市，加快城镇化建设步伐，城市形象和品位有了显著提升

精心实施历史文化名城、名镇、名村、风景名胜区“四名”保护修复工作。西城墙修复大部完工，展览馆平移进展顺利，南城墙景观工程基本完成。古城内四牌楼、魁星楼、纯阳宫广场修复工程完工，古城内环路贯通，和阳街、清远街改造完成，代王府修复工程完成年初目标。御东新区基础设施建设进一步完善，新区框架基本形成，六大场馆及公共活动走廊景观建设进展顺利。

以实施城镇提质工程为抓手，通过加大县城旧区综合整治，加快路、水、气、热等市政基础设施建设，已经累计完成投资148亿元。天镇新平堡镇、灵丘县东河南镇等省定示范镇建设加快推进。城区被住建部批准为103个国家智慧城市（区）试点。

大西客运专线建设顺利，大张高铁前期工作加快推进，有望明年开工建设。天大、广灵—浑源高速建成通车，浑源王

庄堡—大营高速公路基本建成，京新高速公路（大同段）前期工作有序推进。机场新航站楼投入使用，开放临时航空口岸，开通大同—香港航线。投资33.4亿元新建改造城市道路58条90余公里。

四、围绕生态文明建设，狠抓节能环保工作，生态环境有了明显改善

狠抓节能降耗和污染减排，城市集中供热、污水处理、天然气置换和城市垃圾无害化处理基本实现全覆盖。城市新增绿化面积173.6万平方米，建成区绿化覆盖率、绿地率、人均公共绿地分别达到41.7%、36.88%、13.12平方米，三项指标均高于全国平均水平。2013年，市区二级以上天数达到322天，排名全省第二。综合污染指数1.87，节能减排工作受到省政府通报表扬。完成造林绿化工程31.4万亩，成功实现省级环保模范城市和省级园林城市创建目标。

五、围绕服务全市中心工作，积极营造良好舆论氛围，宣传思想文化工作科学化水平不断提高

组织开展了革命历史传统教育和社会公德、职业道德、家庭美德、个人品德“四德”教育，深入开展整治互联网低俗之风，规范网吧经营、净化荧屏声频、综合治理校园周边环境等专项行动，组织开展了“爱我大同、净化大同”活动，评选出市级精神文明各类先进集体472个，先进个人306人。

精心组织开展战役性宣传，策划组织了“共筑中国梦、争先兴大同”的宣传报道。“光照天下、大同世界”图片及“汗水浇绿荒山”在《人民日报》头版刊发，“天镇生态修复治理走出一条好路”等在《山西日报》头版头条刊登，“树痴赵德清”获中国好新闻提名奖。纪录片《长城—中国的故事》《历史的拐点》等多部影片在大同市取景。

加强网络舆情监管，认真做好舆情逐级上报审批工作。强化网络舆情引导，建立了舆情信息员、网络发言人、网评员队伍。严格网上舆情进行24小时监控，加强舆情分析研判，认真做好对重大舆情事件的应对引导。

深入开展各类文化惠民活动，全市9个农业县区，99个乡镇已建成94个乡镇文化站，累计建成农家书屋1014个，配送图书122万册，村村通广播电视工程实现了全覆盖。举办了第三届“全民阅读月”活动，举办了12期市民大讲堂系列讲座，开展了“金秋百场大戏千场电影万卷图书文化惠民行”活动，送戏、送电影下乡2万多场次。加强文艺精品创作，拍摄了《恒山月光》《黄花女人》《烈火凤凰》《云冈》等电影、电视剧和纪录片，组织编印了《大同史略》《大同老照片》《大同方言》《云冈石窟》等图书、像集。

六、围绕和谐大同建设，全力保障和改善民生，各项社会事业有新的突破

2013年，全市新增城镇就业岗位6.03万个，城镇登记失业率2.9%，农村劳动力转移就业2.8万人。城镇职工养老、医疗、生育、工伤及农村社保等各类保险政策得到有效落实。城市低保制度不断完善，9个农业县区全部实现了农村低保资金社会化发放。2013年，全市共开工保障性住房2.06万套，建成4.4万套，完成投资118.6亿元（含续建）。大力实施百校兴教工程，大同一中南校区、五中、十二中等学校投入使用；新建30所标准化幼儿园，完工26所，改扩建42所村级幼儿园；铁一中、市职业教育中心、大同师范、大同艺校正在进行主体施工和装修；左云、阳高、浑源等县职教中心建设正在推进。市中医院御东新院、六医院、一医院御东新院、五医院御东新院相继建成投入使用。加强社会治安综合治理，严厉打击各种违法犯罪行为，建设社区警务室227个，设立城市警务工作站110个。高度重视信访工作，对各种不安定、不稳定、不确定因素及时研究、有效化解。全力抓好安全生产工作，严格落实两个主体责任，全年未发生重特大安全生产事故，全市安全生产形势呈现出稳中趋好的局面。

七、围绕提高各级领导班子的执政能力，全面推进党的建设，党建科学化水平不断提升

开展了“亮服务品牌，建满意窗口，当服务发展先锋”和“四争四创”争做人民满意公务员主题实践活动；深入开展了机关党建“走在前头”活动和国有企业争创“四强”党组织、争做“四优”共产党员活动。在农村，推行了“三联五解”工作模式。全市340名市、县领导干部联系走访了142个乡镇（街道）、2236个村（社区），731个市、县机关的1.2万名干部联系了1462个村3.16万农户，帮助基层解决困难3276项，落实增收项目902个。在社区，创造性地开展了“三亮三服务一奉献”在职党员到社区报到活动，采取了“五化五破解”工作法。全市有近6万名在职党员已到居住地社区报到，108个市直单位与社区结成共建对子。采取领导挂点建、专班具体建、条块结合建、定期督促建等多种措施，实现了非公企业党的组织和党的工作“两个全覆盖”目标。

在干部选配上，采取“两推两议两差额一演讲”办法选拔调整了9名县区长，其中新任4名，调整交流5名；根据全国、全省组织工作会议精神，已完成360多名处级干部的调整选配，做到了组织、干部、群众“三满意”。在人才队伍建设上，研究制定加强年轻干部培养选拔的《实施意见》等4个文件，实施“五个一批”年轻干部培养工程；研究制定《大同市高层次人才引进办法》。在干部考核上，实行“1+3”目标责任考核机制，出台了《大同市干部德的考核考察办法（试行）》，对各级党委书记的“三级联述联评联考”进行了“三个延伸”。

八、围绕团结和民主两大主题，积极推进依法治市工作，社会主义民主政治建设得到进一步加强

加强对人大工作的领导，积极支持市人大及其常委会依法行使各项职权，加强和改进立法，依法开展监督工作。积极

支持市政协履行职能,支持政协围绕全市工作大局和中心工作开展专题调研、积极建言献策、实行民主监督。充分发挥统战优势,精心组织参加各类招商大会,招商引资成果丰硕。加强民族宗教工作,爱国宗教团体建设进一步加强。加强和改进侨务工作。扎实开展普法宣传教育,加强"法治大同"建设。支持工会、共青团、妇联等人民团体充分发挥作用。积极做好对台工作。坚持党管武装原则,完善军地齐抓共管国防后备力量建设机制,提高国防动员能力,实现军民融合式发展。深入开展双拥共建活动。

九、围绕党风廉政建设,认真贯彻落实中央八项规定和狠刹"四风"要求,干部作风有了明显改观

各级纪检监察机关加强对党风廉政建设责任制落实的监督检查,加强责任追究,2013 年对落实责任制不力的 98 人进行了责任追究。研究制定了《关于解放思想充分履职全力服务保障转型跨越发展的意见》《关于对加强转变经济发展方式促进转型跨越发展监督检查的实施方案》《关于充分履行职能保障落实市委十四届四次全会暨全市经济工作会议和重点项目推进会议精神的意见》等一系列措施。

认真贯彻落实中央八项规定和省委四个实施办法,市委常委会带头就厉行节俭节约、反对铺张浪费作出五项承诺,全市各级各部门领导班子和领导干部积极落实。在全市集中开展"吃喝不正"之风、大操大办婚庆事宜专项治理,专项监督检查 172 次,明查暗访 263 次,给予党政纪处分 25 人,大操大办借机敛财和公款吃喝等不正之风得到遏制。扎实开展党政机关停止新建楼堂馆所和清理办公用房工作,全市已批建的楼堂馆所已全部停工,腾退办公用房面积 20962.88 平方米。开展清退违规用车工作,清退 78 部车。开展清退会员卡工作,全市各单位在编干部 94703 人作出会员卡"零持有、零报告"。

全市各级纪检监察机关共受理群众来信来访 1338 件(次),初核 774 件,立案 870 件,结案 870 件,处分违纪党员干部 908 人,其中,县处级干部 28 人,乡科级干部 212 人,一般干部和其他人员 668 人。加强廉政文化建设,《廉政教育读本》(中学版)免费为 12 万中学生发放。加强党内监督,开展廉政谈话 764 次、诫勉谈话 152 次。

行政审批制度改革工作走在全省前列;市直和驻地单位对 40 项贴近民生权力服务事项进一步优化流程,形成最优制度设计;圆满完成惩防体系信息网"一网七平台"建设任务,推进市、县政务服务中心和乡镇便民服务中心规范化建设;开展"电视问政",重点对教育、民政、卫生等 24 个市属部门,医院、银行、电信等服务行业和低保中心、养老所等基层站所进行问政评议。

(王树鑫)

附:中共大同市委书记、副书记、常委名单

书　记: 丰立祥

副书记: 耿彦波(2 月离职)　李俊明(2 月任职)
柴树彬(6 月离职)　刘国庆(4 月任职)

常　委: 李世杰(女)　王克建　姚生平
李俊敏(4 月离职)　赵向东　马　斌
郜向华(4 月任职)　卫洪平　卫　国
杨广雨(8 月离职)　操学诚
孙利仁(8 月任职)

中共大同市城区区委工作概况

区委书记　祁学峰

2013 年,在市委、市政府的正确领导下,城区区委坚持以科学发展观为指导,以转型跨越发展为主题,以全市"一个统领、三件大事、四大硬仗、十大工程"的战略部署为工作重心,团结和带领全区各级党政组织和干部群众,开拓创新、迎难而上,努力克服各种挑战和困难,推动了经济社会快速健康发展。

一、落实百企强市工程,招商引资增税行动成效斐然

经济保持平稳增长。全年预计地区生产总值完成 124 亿元,同比增长 4.48%;规模以上工业增加值完成 20 亿元,同比增长 7%;社会消费品零售总额完成 189.08 亿元,增长速度为 15.3%;固定资产投资完成 217 亿元,同比增长 11%;财政总收入完成 37.61 亿元,同比增长 14.08%;一般预算收入完成 3.69 亿元,同比增长 19.53%。

全力开展"十、百、千"招商引资增税行动。截至 10 月底,十引领,10 家商贸流通企业发展较顺利,预计实现销售收入和投资额达 131 亿元,比去年同期增长 9%;百提质,100 家企业已实现销售收入 130 亿元,同比增长 10.1%;千扩容,全区新增商户 2250 户,已超额完成年度新增 1000 家个体工商户目标任务。

重点项目和招商引资强力推进。全年重点工程在建项目共 54 项,其中 7 项为省级重点工程,47 项为市级重点工程,总投资 340.98 亿元。截至 10 月底,项目建设累计完成投资额 207.94 亿元,完成年任务的 102.09%。项目落地累计投资额 54.36 亿元,完成年任务的 85.07%。全年招商引资项目 6 个,签约项目投资总额 111 亿元。

二、落实城乡清洁、城镇提质、生态建设工程，城市管理提质提效

32座垃圾压缩站在市区范围内建设；购置24辆大型垃圾挤压车、23辆收集车、3000个果皮箱、22个扫刷及配套车辆设备；为古城购置6台机扫设备；为辖区内146个无物业管理小区配备清洁人员349人、垃圾桶2800多个、三轮收集车230辆。招募环卫志愿者1700多名。共清运垃圾约11.46万吨，清理野广告5.6万余条，整治占道经营1700余次，对157条主次干道的34万平方米墙面进行清洗、同色覆盖。垃圾无害化处理率达到100%，清扫保洁覆盖率达100%。清洁工程实施以来，数字城管立案率达到98%以上，结案率始终保持在90%以上。

三、落实百校兴教工程，教育五大工程凸现成效

为10所示范学校装备了多媒体教室、学生用计算机教室和视频监控。14校龙园校区作为全市教学一体机使用试点校。继续遴选67名优秀校长、副校长和教导主任，分批赴北京海淀区和太原杏花岭区优质校挂职锻炼；组织37名政教主任、班主任赴忻州参加了“中小学细节德育模式创新暨良好习惯养成教育”大型现场报告会；组织60位骨干教师进行了“城区课改带头人”选拔；成功举办了“城区首届教师文化周”活动，累计15032人次参与了107项活动。组织全区45岁以下2046名教师进行了“学习新课标、实践新课程”专业水平与能力测评。深入开展“平安校园”创建活动，从城管队伍抽调30余名责任心强、业务素质高的工作人员进驻学校和幼儿园。完成了10校、47校两所学校教学楼建设。完成了8校、14校开源校区、14校魏都校区等10所学校及体育场塑胶场地建设工作。完成了5所学校新建或改建水冲式厕所建设，为6所学校更换暖气和电线线路。新建的太阳城18校校区、枫林怡景23校校区已竣工并交付。

四、落实平安创建工程，社会管理日臻完善

“1331”项目稳步实施。投资300多万元完成了社会管理“三级中心、四级网络”基础建设任务，加快向阳里、北关、振华南街、南关街道整街道推进力度。30个社会管理创新示范社区将辖区内“人、地、物、情、事、组织”全部纳入网格进行管理。接收社区办公用房13处，新增社区办公用房面积3480平方米左右。

严厉打击“两抢一盗”、吸毒贩毒、黑恶势力等违法犯罪行为，前三季度，全区发刑事案件3032起，破案2530起，破案率为83.4%。深化信访维稳和矛盾调处工作，坚持领导干部接访，畅通群众诉求渠道，依法规范信访秩序。

先后开展了全区商贸领域人员密集场所安全生产大检查、“两节”“两会”期间安全生产隐患排查治理专项行动等专项检查活动。组织开展了城区整顿和规范医疗服务市场秩序，监督医疗机构321户，对区管辖的64家中小学、79处公共场所、8家职业卫生机构及社区卫生服务店进行监督管理，监督覆盖率100%。全年无任何安全生产事故发生。

五、落实名城复兴、城乡安居工程，房屋征收安置稳步推进

全年涉及征收古城保护、道路建设、净地出让、安置区建设等41个项目，截至11月底，全区共计征收3390户，约30万平方米。其中，征收住宅类房屋3328户，征收商铺2户，征收车库43间，征收公建类17处。2013年在同泉路、岳翠园等安置区安置住户房屋2000余套。为2012年度符合廉租住房保障条件的27109户家庭发放了廉租补贴；对29109户符合廉租住房保障条件的家庭进行了复核；现场分配实物配租房源共计282套，总面积约12690平方米。

六、落实收入倍增工程，民生事业统筹发展

全年城镇新增就业人数3403人，全年召开招聘会30多场，提供有效就业岗位10620个，安置“零就业家庭”公益岗位人员数200多名；安置就业困难高校毕业生公益岗位人员180名。劳动监察共检查用人单位3200户，受理群众举报投诉8起，立案8起，结案8起，结案率100%，涉及劳动者18人，追发劳动者工资49849元。开展创业培训5期150人；创业带动就业425人；城镇登记失业率控制在4.2%以内。截至11月底，全区共有低保对象26766户，66981人，占城区城市人口的9.3 %。提高低保标准每人每月30元，共发放低保资金1.6亿元、医疗救助低保户1509人次389.9万元。城镇职工基本养老保险参保人数为19922，城乡居民社会养老保险参保人数为24681人，城镇职工基本医疗保险参保人数为18218人。

七、转变作风促发展，全力推进党建工作上水平

不断加强和改进全区基层党建工作，率先在东街龙园社区、向阳里街柳港园社区、新华街卧虎湾社区和振华南街惠民里社区开展区域化党建试点工作。切实抓好非公有制经济组织党建工作，进一步完善了非公党务骨干内“培”、外“聘”、下“派”机制；成立了15个基层党建指导站，向10047家企业派驻了166名党建指导员。根据工作需要和实际情况，全年全区共调整科级干部218人（其中，平调57人，提拔128人，免职33人）。城区被省委组织部确定为“全省干部人事档案专项清理审核工作示点县区”，对全区4812份档案进行全面清理规范，认定4351份。组织15个街道党工委书记赴晋中市榆次区和大同市周边县区，就党代表工作室的先进经验做法进行了参观学习。在全区范围内制定下发了《大同市城区党代表工作室建设实施意见》。

全区车辆购置及运行费用、公务接待费用、用车用油用水费用及会议费用大幅下降。在全区范围内开展了超标办公用房清退工作。加大查办案件力度。重点解决群众投诉问题，严厉查处“吃、拿、卡、要”等损害群众利益的行为。在全区28

家行政执法单位组织开展以“全面提升行政执法水平、大力优化城区发展环境”为主题的自查自纠活动。

(贵宇飞)

附:一、中共大同市城区区委书记、副书记、常委名单

书　记:祁学峰

副书记:薛明耀　来　彦

常　委:唐　胜　王建成　闫　军(9月离职)　董建中　李润军(9月任职)　曹葆春　罗士彬　李振福

二、街道党工委书记、副书记名单

东街

书　记:魏　军(9月离职)　胡　民(9月任职)

副书记:曹　春(9月任职)　周建强(4月任职)　王　治(9月离职)　郭慧东(4月离职)

西街

书　记:刘翰龙

副书记:王　治(9月任职)　左红英(女)　王元东　赵志强(9月离职)

南街

书　记:王殿武

副书记:岳　峰　马永胜

北街

书　记:任根德

副书记:常占库　李云龙(4月任职)　孙晓明　卢泽辉(4月离职)

南关街

书　记:崔　峰(9月任职)　郝连志(9月离职)

副书记:杨根旺　郝兴堂(9月任职)　曹　春(9月离职)

北关街

书　记:郭进宝

副书记:李文杰(女)　马瑞萍(女)　许　盛

新建南路

书　记:刘　顺

副书记:吴顺利　孟生泓　朱烨霞(女)

新建北路

书　记:田德禹

副书记:韩守国　穆志敏　项　东

振华南街

书　记:白静玲(女)

副书记:马　腾　白志华(4月任职)　王　岗(4月离职)

新华街

书　记:王　强

副书记:王建军　鲍　琤　尹晓清(女)

向阳里

书　记:王　巨

副书记:刘清湖　马存市

大庆路

书　记:夏　强

副书记:石晨东　刘建业　姚晓鹏

西花园

书　记:王鸿宾

副书记:邱秀娟(女)　樊素萍(女)

老平旺

书　记:王红峰

副书记:姚　斌　高海滨　边国泉

开源街

书　记:杨亚锋

副书记:王　岗　裴　研

中共大同市矿区区委工作概况

区委书记　门开发

2013年,大同矿区在市委、市政府的正确领导下,全面贯彻落实党的十八大、十八届二中、三中全会精神,牢固树立和落实科学发展观,紧紧围绕加快转变经济发展方式、提高人民群众幸福感和满意度这一目标,团结带领全区广大干部群众转变作风,求真务实,攻坚克难,艰苦奋斗,圆满完成全年各项工作任务。全区地区生产总值完成212355万元,完成年计划的103.3%,较上年增长9.3%;规模以上企业增加值完成7203万元,完成年计划的94.9%,较上年增长11.4%;社会消费品零售总额完成727347万元,完成年计划的102.4%,较上年增长13.7%。公共财政收入完成14977万元,完成年计划的102.5%,较上年增长49.73%。

一、以建设学习型、服务型、创新型执政党为抓手,不断提高党建科学化水平

加强思想政治建设。坚持中心组学习、党校培训学习制度,认真组织开展学习宣传党的十八大、十八届二中、三中全会和习近平总书记系列讲话精神活动,组织理论宣讲团宣讲135场、各类专题培训11期,参加学习培训8万人次。加强班子建设和队伍建设。全年共调整干部83人,采取公开招聘、外聘等多种方式,面向基层公务员公开选拔5名组工干部,面向社会公开招考60名事业单位人员。

加强基层组织建设。区委、区政府下发《关于进一步加强和改进城市社区居民委员会建设工作的实施意见》，下拨社区“三有一化”党建经费400余万，对全区640多名街道党政干部、大学生村官、社区党支部书记和主任、社区“两委”干部进行社区领头雁培训。开展在职党员到社区报到活动，全区2837名在职党员有2757名已到社区报到，报到率97.8%，全区106个社区党组织全部建立起在职党员管理台账。全区各级党员领导干部开展帮扶活动1000余次。

推进党风廉政建设。落实“三谈两述”和领导干部重大事项申报制度，全区各党政负责人谈话63人次，领导干部任前廉政谈话69人次，诫勉谈话46人次，领导干部述职述廉156人次，全区科级干部重大事项申报16项、93人次；落实中央“八项规定”和省委“四个实施办法”，下发改进作风的“三个实施办法”和《关于厉行勤俭节约、反对铺张浪费的通知》；全年为群众咨询各类事项1146件，导办144件，代办5584件；全年受理群众信访举报21件次，查处违纪违法案件51件，给予党纪处分26人、政纪处分30人。

二、以转变发展方式和调整经济结构为目标，稳中有进发展经济

传统工业可持续发展力进一步增强。总投资3500万元的富达昌刮板运输机项目、投资1000万元的百易通防爆组合开关项目投入运营，新发展云冈机械、多宝煤机、裕隆朝航光电3家企业，煤机企业总数达到14家。投资4.76亿元的同煤防爆电机、同煤胶带运输机、同煤同力三期改扩建等5个项目全部投入生产，煤机企业全年实现产值3.2亿元，上缴税收2000万元。

商贸服务业的规模和档次进一步提升。总投资3.85亿元的嘉禾众美商厦、平喜路商业中心项目投入运营；佳家玛综合商贸中心和城市棚户区改造项目正在建设中；总投资20亿元的新发地农副产品批发冷链项目，累计完成12亿元投资，完成蔬菜、水果、粮油等12个农产品交易大厅及客户生活服务区16栋住宅楼主体工程建设。

非公经济实力健康快速发展。全年新发展民营企业和个体工商户1300户，新增注册资金1.6亿元，新增从业人员3500人。

三、以保障和改善民生为重点，全面推进社会各项事业

民主法制建设迈出新步伐。全年共办理人大代表、政协委员提案、建议、意见98件，办复率100%。制定《行政决策等十项制度》，对259项行政审批服务项目流程优化，对2107项行政处罚自由裁量权标准细化，保留行政审批项目100项，进驻大厅79项，即办项目达到80%，承诺件办理时间由15天缩短到3天以内，全年共受理各种审批事项48000多件，办结率为99.9%，群众满意率达99.8%，日均接待群众300余人。制定下发《2013年依法治区工作要点》，开展“法律五进”活动和“12.4”法制宣传活动。

文化建设扎实推进。为29个基层文化活动站点配置总额17万元的文体器材，为28个街道购买了书籍和电脑；组织100多支文体队开展文艺表演、书法绘画展览等各类群众性文化活动近60场；全区有“职工书屋”全国示范点1个，省级示范点4个，市级示范点4个；拨付专款15.5万元，聘任12名文物监督员保护31处重点文物；全区有2个单位被授予省级文明和谐单位荣誉称号，有1个社区被授予省级文明和谐社区荣誉称号。

民生状况不断改善。2013年城镇新增就业3685人，城镇登记失业率控制在4.2%以内。征缴各类保险金1.2亿多元，支出2.1亿多元，为3.4万名城镇居民办理了养老保险，为13万名城镇居民办理了医疗保险，全区企业参保率达到98%，离退休人员养老金社会化发放率达到100%；全区有6.4万多人享受低保待遇，累计发放低保金1.7亿多元，最低生活保障标准每人每月提高30元，对低保对象发放电费补贴57.6万元；对符合大病医疗救助政策的2422人（次）累计发放救助金198.9万元，对符合特困家庭子女教育救助条件的151人累计发放救助金25.8万元。被评为全国社区卫生示范中心，国家级中心达到4个，省级社区卫生服务中心达到9个，省级中医药特色社区卫生服务中心达到3个。

教育事业蓬勃发展。投资6436万元，实施“1125”工程，打造一所示范高中、一所示范小学、两所示范幼儿园、五所标准化幼儿园，其中投资2860万元新建实验小学教学楼、改扩建实验小学幼儿园，新建恒安二中食堂，投资980万元为实验小学、恒安二中新建体育场。在恒安新区规划建设4所学校，投资493万元为实验小学、恒安一中、恒安二中增添信息化设施设备，投资308万元为恒安一中配备了高中教育技术设备。2013年恒安一中首届高考取得重大突破，287名毕业生达二本B类以上47人，达线率13.59%。实验小学被省政府教育督导室授予“山西素质教育示范学校”；新胜一小被中国教育学会评为“中国作文教育影响力名校”，同时荣获“山西省文明学校”“山西省现代教育技术实验学校”称号；全区教育系统共获得国家、省级集体荣誉24项，市级荣誉10项。社会稳定切实加强。全年共调处各类纠纷71起，调解率达95%以上。全年破获各类刑事案件929起，打掉各类犯罪团伙16个，抓获刑事犯罪成员233人。连续5年没有伤亡事故，圆满完成全国两会、中国国际太阳能十项全能竞赛和十八届三中全会信访维稳工作，群众来访同比下降54%，连续4年没有进京非正常和赴省集体访，连续4年在市考核中获“一类”好成绩。

社会管理扎实有效。出资300多万元构筑由社区管理指导中心、28个街道服务中心、106个社区服务中心、633个网格组成的四级社会服务出资300多万元构筑由社区管理指导中心、28个街道服务中心、106个社区服务中心四级社会服务管理体系，开展“打黄扫非”专项行动，处罚违规网吧13家。全年清理违规摊点及商铺4248个。

（武新田）

附:一、中共大同市矿区区委书记、副书记、常委名单

书　记:门开发

副书记:刘勇军　马曙光

常　委:幸学武　苏　海　赵　雄　石　忠

李　飞(5月离职)　马晓峰(女)

陈晓琳(女)　董建平(5月任职)

二、街道党工委书记、副书记名单

煤峪口街道

书　记:李佃士(4月任职)

副书记:李佃士(4月离职)　郑　富(4月任职)

张建新

永定庄街道

书　记:范爱君

副书记:张　伟(4月离职)　宋　桢(9月任职)

付　胜

同家梁街道

书　记:王有成

副书记:丁丽英(女)

四老沟街道

书　记:王　权

副书记:许治堂

忻州窑街道

书　记:李延军

副书记:张　瑞　刘宝玉

白洞街道

书　记:张万祥

副书记:孟　括

雁崖街道

书　记:于亚铭

副书记:娄旭东

挖金湾街道

书　记:刘　健

副书记:渠田盛

晋华宫街道

书　记:白继明

副书记:张志军

马脊梁街道

书　记:陶　飞

副书记:曹元宝

大斗沟街道

书　记:付　启

副书记:郑　富(4月离职)　王翠萍(女,9月任职)

王村街道

书　记:郭　金

副书记:武　侠

姜家湾街道

书　记:王　俊

副书记:卢永平　张德民

四台街道

书　记:杨圣河

副书记:庞明财　郭　璧

燕子山街道

书　记:幺宏利

副书记:汪　洋

青磁窑街道

书　记:宋　河

副书记:黄进贤　王　进

马口街道

书　记:李晓东

副书记:曹增忠

杏儿沟街道

书　记:董　青

副书记:王金春(4月离职)　张　磊(9月任职)

口泉街道

书　记:李　刚

副书记:乔　江　王春江

新泉街道

书　记:李松吾

副书记:李建宏　邓仙梅(女)

平泉街道

书　记:孟青锋

副书记:陈桂英(女)

新平旺街道

书　记:王丽娟(女)

副书记:孙有贵(4月离职)　王金春(4月任职)

席志祥(4月离职)

新胜街道

书　记:赵　耀

副书记:程小平　杨　贵

民胜街道

书　记:力日才

副书记:王　业　米俊琴(女,2月离职)

和顺街道

书　记:董占成

副书记:魏　广

和瑞街道

书　记:李长春

副书记:樊海龙

平盛路街道

书　记:王军文

副书记:张霁彤

清泉街街道

书　记：高　鹏

副书记：薛海军（3月离职）　贯　鹏（9月任职）

中共大同市南郊区委工作概况

区委书记　杨勤荣

2013年，区委团结带领广大干部群众，攻坚克难，真抓实干，全区经济社会发展等各个方面都取得了新进展新成效。全区财政总收入完成82.9亿元，位居全省县区之首；公共财政预算收入完成8.3亿元，同比增长1.1%；城镇居民人均可支配收入完成19479元，同比增长10.1%；农民人均纯收入完成10476元，同比增长6%。全区共有基层党组织684个，其中党（工）委15个，党总支34个，党支部635个，县一级设党组7个，党员13186名。

一、以项目建设为抓手，在"以煤为基，多元发展"上有新业绩

全区新上、续建项目75项，总投资1042.03亿元，2013年投资189.38亿元，其中省级重点项目11项，项目建设到位资金168.6亿元。

大力发展煤化工、煤电一体化等产业，不断提升煤炭附加值，努力实现煤炭就地加工转化。投资36亿元的60万吨甲醇、投资30亿元的2×33万千瓦热电联产、投资11.8亿元的10万吨煤基活性炭项目已经建成；投资100亿元的60万吨烯烃、投资50亿元的2×66万千瓦大唐塔山电厂二期工程正在建设。引进了总投资15.4亿元的山西和正环保新型建材项目。项目一期工程已经投产，项目全部建成后可以把大同二电厂的400万吨粉煤灰全部消化；投资2.68亿元的高岭土综合利用项目基本建成。为配套60万吨甲醇项目，引进了投资10亿元的法国液化空气项目，已经建成投产。积极引进太阳能、风能、LED等新能源、新材料项目。与同煤合作的投资2.5亿元的2万千瓦太阳能光伏发电项目已经开工，投资10亿元的大唐风电、华能风电项目正在做前期工作。除了已经建成的投资20亿元的庞大汽车文化园林广场、投资18亿元的云中物流园区、投资4亿元的温州商贸城等项目，正在建设的有投资32亿元的和泰物流园区、投资10亿元的亿丰世贸中心一期工程等项目。

二、以现代农业为重点，在"农村发展，农民增收"上有新起色

新建、扩建86个农业特色园区，计划投资4.2亿元，完成投资4.78亿元，重点推进南郊区玫瑰产业园区、杨家窑特色种植及规模养殖示范园区、西韩岭万亩设施农业示范园区、大同华晟果蔬现代农业综合示范园区等8个市级重点园区，完成投资3.99亿元。

在巩固提升西韩岭万栋设施农业园区和大路辛庄、辛寨等23个乡级设施农业园区的基础上，新建日光温室大棚495栋。全区温棚总栋数达到10458栋，设施农业总面积达到1.8万亩。新建、扩建19个标准化肉羊养殖园区，扩建四方高科、新世纪、冠鼎等15个规模奶牛养殖园区。全区奶牛存栏2.4万头，肉羊存栏17万只，农民人均畜牧业纯收入达到1800元。积极扶持夏进乳业、华晟果蔬等农业龙头企业规模扩张。全区共发展各类农业龙头企业15家，年实现销售收入20.3亿元，创利税7000万元，可带动农户6万户，安排就业1.3万人，农民从产业经营中增加的收入达到4.6亿元，户均增收820元。全力实施全国小型水利重点县项目，完成高效节水灌溉工程2万亩。农机工作走在了全省、全市前列，荣获了"全国平安农机示范县区"荣誉称号。

三、以改善民生为目标，在"安民利民，富民惠民"上有新作为

继续推进采煤沉陷区治理，续建区采煤沉陷区治理搬迁一期工程、平旺乡煤峪口安置区、口泉乡永同嘉苑和四方佳苑安置区等工程，主体工程全部完工，可安置受灾村民9000多户，有11个受灾村、3322户受灾村民与同煤集团签订了搬迁协议。全区采煤沉陷区治理共涉及5个乡镇、71个村、24068户，已经搬迁5745户。继续推进城市棚户区改造工程，启动实施了时庄、下皇庄改造工程，全区32个村实施城市棚户区改造，4个村改造全部完成。

投资1.6亿元的口泉一中已办理相关手续，全面开工；投资9700万元的西韩岭学校续建工程主体已经完工；新组建了大同市实验小学分校、南郊区御东第一小学。实现了农村小学幼儿园全覆盖目标。

全年创业带动就业510人，转移农村劳动力1200人，城镇新增就业人员3460人，城镇登记失业率控制在4.2%以下。进一步健全完善社会保障体系，全区企事业单位离退休人员养老金增幅达到10%，新型农村养老保险、城镇居民养老保险实现全覆盖，新型农村合作医疗参合率达到99.1%，城市居民最低生活保障每人每月提高30元，农村居民最低生活保障每人每月提高24元。

四、以城乡统筹为突破，在"城镇提质，环境整治"上有新提升

继续推进口泉中心区建设，开工建设了"四纵两横"6条

道路,水、电、气、暖等配套工程全部与市区城市管网连接;建筑面积26万平方米的时庄棚户区安置工程、建筑面积5500平方米的区民兵训练中心已全面开工。继续推进城市棚户区改造,共完成房屋征收12425户、118万平方米。投资2000万元,实施了五一街改造工程,提升了南郊的美誉度和影响力。全区累计投入资金8700万元,清运垃圾65.2万吨,清理农村四堆4.2万堆。重点抓了13万亩的玫瑰生态种植工程、7万亩的红桃山生态修复工程、1万亩的七峰山生态林建设工程,完成京津风沙源治理工程2.5万亩,现代农业示范园区绿化建设22个,绿化样板村提档升级16个。

五、以平安南郊为载体,在“维护稳定、促进和谐”上有新成效

严格落实政府安全监管责任和企业安全生产主体责任,在煤矿、非煤矿山、民爆物品、交通、建筑施工、危险化学品、消防、食品药品等重点行业和领域,扎实开展专项整治,全区安全生产形势持续稳定向好。对群众反映强烈的土地征用、房屋拆迁、地质灾害、涉法涉诉等热点、难点问题,主动上手,妥善解决;坚持区级领导轮流接访、各单位主要领导开门接访,严格区级领导包案、信访稳定风险评估、信访联席会议等制度,畅通信访渠道,规范信访秩序,巩固良好局面。将全区190个行政村划分为849个网格,基本实现了“综治全覆盖、服务零距离”。全区累计投入3000余万元,用于以“三级平台、四级网格”为框架的社会服务管理体系建设。南郊区荣获了全国平安建设先进县(区)称号。

六、以改进作风为根本,在“执政能力,党的建设”上有新加强

区委专门组建十八届三中全会精神宣讲报告团,分赴基层深入开展宣讲;充分发挥区乡党校和农村党员之家的阵地作用,对各级领导干部和基层党员进行集中培训;积极邀请专家教授,进行有针对性的专题辅导。同时,通过电视、广播、《南郊周报》等,广泛深入宣传十八届三中全会精神,在全区上下形成了学习宣传贯彻十八届三中全会精神的热潮。在全区190个农村全面推行“1356”工作法;在非公企业扎实开展创建“双强六好”党组织活动,在机关事业单位开展在职党员“三亮三服务一奉献”进社区服务活动。先后抽调240名新提拔干部和年轻干部参加全区招商引资、信访维稳、口泉中心区建设、城建拆迁等中心工作。严格按照干部选拔任用规定,对个别单位的空缺领导干部进行补充调整。

严格执行中央“八项规定”,制定出台了《关于改进工作作风、搞好调查研究、精简会议和文件简报、规范新闻报道的实施办法》,专门下发了《关于厉行勤俭节约、反对铺张浪费的通知》。扎实开展干部下乡住村和领导干部包村增收活动、领导干部“访民情、知民生、解民事”集中走访活动和“三联五解”主题实践活动,区、乡领导引进项目56个,各级党员干部深入农村走访5000多人次,联系贫困户、困难户、低保户2600多户,为群众解读惠民政策、解决实际困难、化解矛盾纠纷3000多件次。切实抓好停止新建楼堂馆所和清理办公用房工作。

将全年反腐倡廉工作任务细化为7大项67小项,明确了责任领导和责任人。突出案件查办,共受理群众信访举报105件次,立案调查案件53件,结案53件,查结率达到100%。围绕安全生产、“吃喝不正之风”、公务用车等认真开展了专项治理工作。深入推进优化发展环境工作,投入100多万元用于“一网六平台”惩防体系信息网建设。投资10多万元创作了《廉政之歌》等廉政剧目,投资100万元在口泉乡杨家窑村建成了农村“两委”干部警示教育基地,开展了“金星村”创评工作。

(池文斌)

附:一、中共大同市南郊区委书记、副书记、常委名单

书　记:杨勤荣
副书记:李广林(4月任职)　张　团
常　委:李有清　明海君　王　玺　张建军　周　灏
　　　　王义萍(女)　张　军　冯彦春(5月任职)
　　　　张兴平(5月离职)

二、乡镇党委书记、副书记名单

新旺乡
书　记:刘中文
副书记:高彦东　张　海(3月任职)
　　　　樊德武(3月任职)

马军营乡
书　记:李鹏飞
副书记:庞有文　李　武(3月任职)
　　　　田建中(3月任职)

水泊寺乡
书　记:杨建中
副书记:刘翰启　齐卫东　刘　刚

平旺乡
书　记:李森林
副书记:李秉军　杜　军(3月离职)

口泉乡
书　记:张一多
副书记:刘　熹　孙　毅(3月任职)

西韩岭乡
书　记:乔正南
副书记:杜　安　梁　春(3月任职)

鸦儿崖乡
书　记:李　徽
副书记:李培荣　张日政(3月任职)
　　　　梁　春(3月离职)

云冈镇
书　记:杜　军(3月任职)
副书记:高　煜　杨志杰(3月任职)
　　　　李　武(3月离职)

古店镇

书　记： 苗泽田

副书记： 韩光华　孟善高

高山镇

书　记： 魏毓思

副书记： 徐尚刚　宋首升(3月任职)

董　平(3月离职)

中共新荣区委工作概况

区委书记　董志刚

2013年，新荣区以邓小平理论、“三个代表”重要思想和科学发展观为指导，全面贯彻党的十八大、十八届三中全会和习总书记系列重要讲话精神，按照市委、市政府“坚持一个统领，抓好三件大事，打好四大硬仗，实施十大工程”的总要求，团结带领全区干部群众凝心聚力、真抓实干，不仅实现了经济建设稳中有进，而且在社会建设、生态建设、党的建设等方面都取得了较好的成绩。

一、围绕目标求发展，经济实现稳中有进

新荣区委始终按照市委、市政府“争先进位、负重赶超”和“对标一流定目标，一事一表做计划，按月调度抓落实，活力曲线抓考核”的要求，凝心聚力应对困难，齐心协力推进发展，确保了经济发展稳中有进。全年完成地区生产总值254938万元，同比增长9.5%；规模以上工业增加值94206万元，同比增长13.6%；财政总收入50000万元；公共财政预算收入20000万元，同比增长27.3%；全社会固定资产投资总额497389万元，同比增长57.8%；农林牧渔业总产值66841.7万元，同比增长5.9%；社会消费品零售总额78149.3万元，同比增长13.5%；城镇居民人均可支配收入17983元，同比增长10.1%；农村居民人均现金收入6389元，同比增长12.8%。

二、突出转型抓项目，项目建设成效显著

在工业上，唐山沟、甘庄煤矿安全稳产的同时，小梁沟、上深涧、北辛窑通过验收成为正式生产矿井。投资4.54亿元的小窑山风电二期、投资1.2亿元的明星门窗、投资0.5亿元的康泽机械等建成投产，投资12.5亿元的东昀石墨深加工项目开工建设，初步形成煤、石墨、炭素、装备、电力、建材多元产业格局。在农业上，初步建成以新康公司带动的22万亩杂粮基地和以微型种薯场、华进薯业带动的8万亩脱毒马铃薯基地，形成了从种薯到加工的全产业链条。在畜牧养殖方面，在稳定26万只肉羊、2.5万头肉牛养殖的基础上，引进建设了伊磊万头奶牛、森康3000万只生态肉鸡、中粮100万头生猪等项目，初步形成养殖+沼气池+沼液还田+有机杂粮的生态循环。

三、注重城乡统筹发展，民生事业稳步推进

人居环境明显改善。圆满完成了区域城镇体系规划和区址城市规划编修工作，全面启动了智慧城市创建的规划编修、信息化平台建设、数字化城管建设、城市集中供热项目工作和大县城战略项目及中心镇建设项目，并投资7780万元完成了市政设施建设、滨河南北路1.8公里建设和迎宾路、长城街“两条样板街”整治任务。成功举办了全市城乡清洁工程现场会。

社会保障扎实有力。全年实现新增就业1355人，农村劳动力输出与转移595人，下岗失业人员再就业205人，城镇登记失业率控制在4.2%以内。城乡低保实现应保尽保。投资2041万元新建城镇保障性住房108套，完成农村危房改造1000户。继续为低收入农户免费发放一吨取暖煤；全区新农合以村为单位覆盖率达到100%，参合农民总数达7.6万人，参合率为96.1%。全年新农合补偿资金支付2109.02万元，受益人群达114923人次。

民生事业全面发展。投资4502万元完成了新荣中学、二中、二小的信息化和体育场建设，改扩建或建设标准化幼儿园5所。积极推进区乡村三级卫生服务体系建设，重点完成了投资1490万元的区医院住院楼、医技楼和污水处理系统设施等新、改扩建工程；投资185万元的区医院急救中心建设工程。投资400万元，切实解决和完成了14个村、8000人、1479头大牲畜的饮水安全问题。新发展农民专业合作社18个，总数达到175个，培育农民经纪人100人。

四、创新管理抓落实，平安建设卓有成效

社会治安综治取得实效。扎实推进治安防控体系建设，初步建成了基层社会服务管理“三级平台、四级网络”体系。深入开展“平安新荣”创建活动，严厉打击各类违法犯罪活动，全年共查处治安案件1173起，破获刑事案件65起。

信访维稳工作卓有成效。深入开展“大接访、大下访”活动，全年全区共接待群众来访138批1138人次，其中，区级领导参加接访活动72人次，接待群众来访65批564人次，成功化解了一批历史遗留和信访疑难问题，全区信访形势呈现出“四下降一好转”的良好态势。

安全生产工作切实增强。深入开展“安全生产年”活动，认真落实“一岗双责”和安全生产挂牌管理责任制等制度，对全区5座煤矿、14座非煤矿山、6座尾矿库全部实行了区长、

副区长、区长助理和安监部门负责人安全生产挂牌责任制。加大对建筑施工工地、公共聚集场所、危化品生产经营企业等重点单位、重点行业的安全生产监督检查力度。

五、保护与建设并重，生态建设深入推进

节能减排强势推进。切实抓好行业环境准入和技术改造，积极倡导绿色消费，严厉打击各类破坏环境的违法行为，圆满完成了省、市下达的节能减排等约束性指标。二级以上良好天数达到了355天。

植树造林再掀高潮。全面启动了规划面积20万亩的新世纪京津风沙源治理生态工程建设项目，全年完成投资6200万元，造林2万亩；通道绿化19公里，四旁植树80万株。

水土保持力度加大。全年完成投资4287万元，流域治理面积6000亩，生态保护基础建设得到了进一步巩固提升。

六、明确责任转作风，党建水平显著提升

思想政治建设扎实有效。认真学习贯彻党的十八大、十八届三中全会和习总书记一系列重要讲话精神，全年共举办十八大精神培训班4期，培训科级干部、农村"两委"主干和大学生村干部850多人；开设学习习近平总书记重要讲话专题培训班，培训领导干部200多人。

教育实践活动准备充分。区级党员领导走访农户570户，召开座谈会135次，收集到意见和建议260多条，帮助解决实际困难和问题121个；731名区乡干部、村干部和大学生村官，走访农户18502户，帮助解决实际困难381个，提出合理化建议263条。详细了解140个村的村情概况、班子建设、资源优势等，并编印了1400本《新荣区各乡镇、村基本情况》手册。下发《关于在全区开展党的群众路线教育实践活动前期调研工作的通知》，区四套班子领导深入联系点开展调研，形成调研报告26份，查找突出问题34个。

民主法制建设扎实推进。区委注意改进和加强对人大、政协工作的领导，支持人大及其常委会依法履行职能，保障人大代表依法履行职权，先后7次组织人大代表对全区重点建设项目进行专题视察。支持政协围绕团结和民主两大主题，履行职能、发挥作用，全年政协委员共提案51个，已全部办结完毕。持续加强党管武装工作，大力支持各民主党派、工商联、群团组织和老干部工作。

干部队伍建设不断加强。大胆选拔任用优秀年轻干部，全年提拔35周岁以下年轻科级干部4名。全年共交流科级干部5名。认真执行《干部选拔任用工作条例》，全面推行常委会、全委会票决干部制度，全年区委常委会票决科级干部2批32人次。建立健全举报约束机制，严格执行谈话诫勉、函询和经济责任审计等制度，全年对提拔干部集体谈话2批32人次，对5名科级干部进行任中、离任审计。

基层组织建设不断巩固。制定了《关于进一步加强基层服务型党组织建设的实施方案》和《新荣区基层服务型党组织建设推进计划表》，在全区设立"党员先锋岗"80多个，"党员责任区"69个，建立了21个村级便民服务点。开展了以"三亮三服务一奉献"为主要内容的"在职党员到社区报到"活动和以"六联六共"为主要内容的"单位党组织与社区党组织结对共建"活动，1841名在职党员到居住地社区报到，认领服务岗位1871个；115个单位党组织与5个社区居委会党组织、39个社区网格结对共建。继续落实"三级联述联评联考"制度，在乡镇、农村、机关、企业基层党组织全面推行"一定两述三评"制度。成功举办了全市首次党建工作例会。

党风廉政建设不断深化。认真贯彻落实中央"八项规定"，及时出台关于改进调查研究、文风会风、工作作风和《新荣区公务接待管理办法》等一系列具体办法，全年公务接待费用支出170万元，与去年相比下降32.2%。大力开展"吃喝不正之风"专项治理活动，全年组织专项检查及明察暗访135余次，查处违反"八项规定"案件12起，给予党政纪处分12人。进一步加大案件查处力度，全年立案查处各类违法违纪案件85件，给予党政纪处分85人。

（杨文彦）

附：一、中共大同市新荣区委书记、副书记、常委名单

书　记：董志刚

副书记：王东升(4月离职)　解廷师(4月任职)　郝守农

常　委：姚夏冬　靳文军　景　珍　樊　菁　张培文

二、乡镇党委书记、副书记名单

新荣镇

书　记：兰　敏

副书记：王志清　张永宏

破鲁堡乡

书　记：王利军

副书记：王永刚　李茂强

上深涧乡

书　记：张志军

副书记：康春强　王占春

郭家窑乡

书　记：张建国

副书记：安　杰　王　东

西村乡

书　记：王永军

副书记：周　品　刘文国

花园屯乡

书　记：郭钰晶

副书记：王晓媛(女)　张　军(7月离职)　赵越雄　赵昌宁(8月任职)

堡子湾乡

书　记：冀　勇

副书记：高　泽　王守权(8月任职)　王文晖(7月离职)

中共阳高县委工作概况

2013年，中共阳高县委在市委、市政府的正确领导下，深入贯彻落实党的十八大及十八届三中全会精神，围绕提高党的执政能力这条主线，切实加强对党建工作的领导，建制度、强基层、抓队伍，搭建服务载体，把党的政治优势转化为推动转型发展的强大力量、转化为富民强县的核心支持，较好地实现了经济社会的平稳持续发展。

一、坚持科学决策和民主决策衔接的理念，增强班子的凝聚力和执行力

一是坚持贯彻民主集中制，提高决策效率。在事关全县发展的重大事项上，召开党政联席会，事前沟通协商，会议审议决定，提高县委决策的科学化、民主化水平。按照总揽全局、统筹各方的要求，进一步完善沟通协调的长效机制，定期与人大、政府、政协领导同志开展广泛的座谈交流，注重发挥四套班子整体的积极性和主动性，保证各项决策的有效性和实践性。

二是充分发扬党内民主，营造实干氛围。在制定决策和推动工作落实时，一切从阳高事业出发，把一言一行定位在推动阳高更好更快发展上。努力营造讲实话、办实事、求实效的党内生活氛围，通过召开专题民主生活会，班子成员之间坦诚相见，开展及时的批评与自我批评。

三是严肃党的纪律，维护班子团结。县委中心组集中学习了党的十八大报告、党章、习近平总书记的重要讲话以及十八届三中全会精神等。严格遵守《党内监管条例》，严明组织纪律，始终恪守“团结不结团、自律不自夸、吃苦不叫苦、谋事不谋人”的信条，确保班子的团结和纯洁。

二、坚持服务型和创新型共建的理念，提升党建科学化水平

一是突出特色重实效，开展主题实践活动。县委班子成员带头深入一线、深入基层接地气、摸实情，县乡村三级干部联系走访农户，帮助解决实际困难3700多件。实践向主体服务贴近，开展了“三联五解”主题实践活动。服务向基层社会延伸，开展了在职党员到社区报到工作。全县2388名在职党员全部进社区报到，97个县直机关党组织与10个社区党组织结对，结合在职党员特长，设立政策法规宣传、环境卫生保洁等10个岗位，组建服务团队90个，已走访群众2300多户，为群众办实事328件次，认真实践“三亮三服务一奉献”。

二是创新载体强服务，推进基层组织建设。在县城，建设了政务审批大厅，提高办事效率。在乡镇，设立了社会事务办和便民服务中心等机构，建立了公开议事制、联系群众制、岗位承诺制、目标责任制等制度。在农村，推行“四议一审两公开”等工作法，形成“村民代表—党员代表—村民委员会—支部委员会”的组织机构。在乡镇和农村党组织中创建了“两访一记五解”和“一落两卡三台账”工作法；在县直机关党组织中开展了“双联双服务”工作，在窗口单位开展了“三亮三比三评”工作法，在涉农涉法单位组建了“三农之家”、成立了流动车队；在社区党组织中开展了“一卡双服务”活动；在非公党组织中开展了创建“双强六好”和“四个一”工作法。

三是围绕中心抓队伍，提高党员建设水平。按照“两推一定”发展党员工作思路，坚持“两优先、三突出”，发展农村党员66名。充分发挥大学生村官的积极作用，开展了“六个一”、“组团服务”等活动，组建十支专业服务队，开展服务活动53次。选派优秀机关干部到村任第一书记，6名优秀村“两委”干部通过层层选拔，考取了公务员和事业单位工作人员。开展支部书记培训，采取“地头送学”“炕头讲学”等方式，举办各类轮训班23次。落实了“一定三有”激励保障机制，为297名农村“两委”主要干部发放了岗位报酬，办理了养老保险，为795名离任村干部发放了生活补贴。

四是优化结构配班子，提高干部创新能力。严格坚持“民主推荐、组织考察、集体决定”三个基本程序，选拔调整了一批优秀干部，11名优秀青年干部走上领导岗位。认真开展“一报告两评议”，做好诫勉谈话、述职述廉、离任审计等干部日常管理监督工作，促使全县各级领导干部秉公用权、廉洁从政。

三、坚持以人为本和为民谋利结合的理念，增强社会发展活力

一是增强守土意识，加强舆论引导。开展群众喜闻乐见的理论普及活动，结合实际通俗宣讲党的十八大及十八届三中全会精神等。组织道德模范评比，弘扬社会正气、凝聚社会正能量。组织对外宣传和区域文化交流，打造“四季瓜果乡、养生长寿地、人文荟萃城”形象品牌，用“大泉山精神”、阳和文化凝聚人心。

二是促进文化认同，创新社会治理。创建社区党建网格化管理模式，成立了社区管理工作领导组，扎实推进基层社会服务体系建设，实行“横向到边、纵向到底”的无盲区管理，及时协调解决群众各方面利益诉求。完善群防群治立体化的社会公共安全体系，依法打击危害社会的各种违法犯罪行为，严格落实安全生产责任制，严厉打击非法建设经营活动，确保各个领域的安全稳定。

三是推进事要解决，做好信访工作。坚持领导接访下访长期化、矛盾排查化解常态化、积案化解制度化，实行副县级以上领导逐日接访制，接访领导全天守候、对信访事项亲自部署、亲自过问，按照“共性靠政策、个性讲感情、处置走程序”的原则，积案专办，全力化解信访问题。开展网上信访、电话信访等多种形式，畅通和拓宽群众诉求表达渠道，全力做好息诉罢访工作。

四、坚持路线教育与实践载体互融的理念，营造良好的政治生态

一是牢固树立宗旨意识，始终做到勤政为民。在发展思路制定和各项决策出台过程中，始终做到“八个为民”。即：战略为民，把握好一个地方发展大方向，维护人民群众的利益；决策为民，重民意、用民智，主动带头接地气，向群众请教，让群众广泛参与事前决策；就业为民，在招商引资上项目上，更多地考虑将来企业能带来多少社会效益，能带来多少就业岗位；安全为民，把安全作为第一责任，切实保障人民群众生命财产安全；环境为民，保护好生态环境，坚持经济、社会、生态三个效益一起抓，给子孙后代留下蓝天碧水；程序为民，再造流程、简化程序以及强化技术监督，解决群众办事难的问题；效率为民，提高办事效率，让群众满意；实惠为民，以民意为工作导向，多为群众办实事，维护和实现好群众的根本利益。

二是不断改进工作作风，始终做到求真务实。严格落实中央八项规定。采取减会、并会等多种形式，大幅缩减常规性会议。推行“无纸化”办公，节约了办公费用。出台了《关于厉行勤俭节约，反对铺张浪费的实施意见》，开展违规公务用车用房清退活动。狠刹“吃喝不正之风”上，印发了《阳高县专项治理“吃喝不正之风”工作实施方案》，通过了《关于制止大操大办的纪律要求》，印制了便携式提醒卡，强化了“无盲区、不定期”检查，检查各类饭店 30 余家，查及操办婚庆事宜 28 家。

三是深入推进反腐倡廉，始终做到清正廉洁。通过标本兼治，教育惩治相结合的方式，深入推进反腐倡廉建设。及时将中央“八项规定”等有关内容印制成册，发放到各单位，各乡镇、各单位学习了中央、省、市委通报的有关违反“八项规定”的相关案例。抓查处惩治，严肃查处损害群众利益的相关人物和事件。

四是围绕经济抓党建，抓好党建促经济，面对错综复杂的外部宏观经济形势，全县立足县情实际，紧抓转型综改和扩权强县两大政策机遇，经济总量与发展质量并重，企业增效与群众增收同步。全年完成地区生产总值 25.65 亿元，同比增长 6.2%；完成财政总收入 18397 万元；完成一般预算收入 9422 万元，同比增长 8.77%；城镇居民可支配收入 1.58 万元，同比增长 9.3%；农民人均纯收入 5186 元，同比增长 13%。从主要经济运行数据看，基本达到序时进度，从总量和可控看，全县经济总体保持了提效益、稳增长、稳推进的良性发展态势。

（张守武）

附：一、中共阳高县委书记、副书记、常委名单

书　记： 解先文

副书记： 邢　斌(4 月任职)　李晓红(女)

常　委： 白　宝　袁润德　王成武　李东升　孟德昌　王进波

二、乡镇党委书记、副书记名单

龙泉镇

书　记： 闫志文

副书记： 荆建林　庞利江(4 月离职)　徐德明(4 月任职)

罗文皂镇

书　记： 孙富纯

副书记： 闫东斌　任　利(12 月离职)　王春青(12 月任职)

王官屯镇

书　记： 高　文

副书记： 李建军　杜宏伟(12 月离职)　贾高峰(12 月任职)

北徐屯乡

书　记： 吕福军

副书记： 王文虎　刘淑芳(女)

大白登镇

书　记： 徐碧洋

副书记： 王　镇　郝秉亚(5 月离职)　杜利明(5 月任职)

狮子屯乡

书　记： 孟永泉

副书记： 田占国(4 月离职)　庞利江(4 月任职)　兰　德(12 月离职)　杨宏伟(12 月任职)

长城乡

书　记： 张智文

副书记： 张　广　何广清(12 月离职)　杨永胜(12 月任职)

下深井乡

书　记： 李建新

副书记： 何昌海　贾高峰(12 月离职)　高炳龙(12 月任职)

东小村镇

书　记： 何昌利

副书记： 杨兴斌　张文忠(12 月离职)　曹　飞(12 月任职)

马家皂乡

书　记： 李　刚

副书记： 吴海军　王俊林(12 月离职)　武　卫(12 月任职)

古城镇

书　记： 王德军

副书记： 吴廷录　谢　彪(12 月离职)　王俊林(12 月任职)

鳌石乡

书　记： 余天东

副书记： 闫进德　高炳龙(12 月离职)　杨才昌(12 月任职)

友宰镇

书　记： 孙　福

副书记：尉武华　徐德明(4月离职)
袁海军(12月任职)

中共天镇县委工作概况

县委书记　姚振华

2013年，天镇县委在省市委的正确领导下，坚持以邓小平理论、"三个代表"重要思想、科学发展观为指导，全面贯彻落实党的十八大精神，以转型综改试验区建设为统领，紧扣省市转型跨越发展总体战略部署，坚持一切想着天镇、一切为了人民、一切服务发展"三个一切"，大力弘扬艰苦奋斗、求真务实、勇于创新"三种精神"，突出抓好生态建设、绿色农产品基地、县域城镇化、招商引资项目建设"四项重点工作"，经济社会发展呈现良好势头。完成地区生产总值19.3亿元，同比增12.6%；规模以上工业增加值3.2亿元，同比增15.8%；固定资产投资48.7亿元，同比增54.4%；社会消费品零售总额7.5亿元，同比增15.3%；财政总收入1.398亿元，同比增16.5%；一般预算收入7027万元，同比增27.6%；城镇居民人均可支配收入1.66万元，同比增12.4%；农民人均纯收入4882元，同比增16%。

一、坚定不移抓好经济建设，转型跨越发展取得新突破

以打造"美丽天镇"为目标，全力推进生态建设。投资8000万元，实施了万亩仁用杏基地建设、天大高速和马走线两侧绿化、出境口景观绿化，以及荒山绿化、村庄绿化、田间林网等8项绿化工程，绿化总面积6.8万亩。同时，对私挖滥采进行严厉打击，从源头上杜绝了非法采矿行为。制订了《天镇县生态修复工程2012—2017年规划》，按照"降低高度、放缓坡度、扩大宽度、尽可成田"的原则，实施了逯家湾镇万亩生态修复治理工程，完成治理面积6600亩，实现占补平衡造耕地2210亩，造林地3590亩。

以打造"绿色天镇"为目标，扎实推进绿色农产品基地建设。新建设施大棚5100栋，蔬菜大棚总数达2.3万栋。实施了同煤天镇现代农业园区项目，规划总投资15亿元；规模养殖小区发展到189个，猪、牛、羊、鸡饲养量分别达到35万头、3.8万头、27.1万只、40万只，成功引进北京中地万头奶牛、5000头肉牛育繁项目，规划投资7.2亿元。农业产业化龙头企业发展至26家，9家列入全省"513"工程，年加工销售收入5亿元。新增110个专业合作社经济组织，带动农民近4万人。依托北京东城区直营门店的窗口优势，天镇粉条、豆腐干、小杂粮等产品已注册"玉泉满江红"品牌，成功打入北京市场。

以打造"魅力天镇"为目标，扎实推进县域城镇化建设。积极争取县城外环路建设工程，概算投资1.56亿元。天大高速公路即将全线贯通。投资1.08亿元，完成迎宾路、武宁街两街改造和迎宾大桥建设，铺设柏油路面3.1公里，铺设管网3.2万米。集中供热供气覆盖新区和旧城30%的社区。开工建设宜鑫园、瑞新花园、滨江花园、现代城等5个住宅小区，总建筑面积44.62万平方米。投资4168万元，实施新平堡重点镇建设。投资800万元完成慈云寺保护修缮工程。新增保洁人员851人，配备保洁车辆366台，新建一个垃圾填埋厂，实现垃圾当日清运填埋。

以打造"实力天镇"为目标，扎实推进招商引资项目建设。引进华能、国华等新能源项目，总投资48.7亿元。规划投资6000万元，兴建一个1万平方米的大型商贸超市，可带动400人就业。弘百发公司水泵、棚膜、变电站项目，总投资额37亿元，可解决540人就业。华润神头山100MW风电场完成升压站主体工程，山西国际电力水磨口70MW光伏发电项目已开工建设，华能武家山、华润大梁山两个风电项目以及大唐天镇环翠山光伏发电实现并网发电。博诚蔬菜公司5千吨脱水蔬菜项目完工投产。同乐化工技改项目完成投资8053万元，新裕隆金属镁扩建项目完成投资1.2亿元。

二、全力以赴促进民生改善，和谐社会建设取得新进展

始终把保障和改善民生作为全部工作的出发点和落脚点，千方百计推进民生项目，竭尽所能促进民生改善。引深文明创建，涌现出5个市级文明乡镇、12个文明单位、4个文明村。大力推进以"崇德、守信、勤俭、文明"为主题的弘德教育工程。积极开展群众性体育和文化"三下乡"活动。总投资1.5亿元的新城中学，教学楼、实验楼、图书办公楼主体已完工。建设9所幼儿园，实施了两所中学的食堂改扩建和三所乡镇教师周转宿舍建设。新建三所敬老院，解决400—500名农村孤寡老人的生活出路。启动实施农村土窑洞危房改造，投资9403万元，新建住房4856间，合并17个受灾严重村，集中新建8个新村。全面启动城镇居民基本养老保险工作。新农保参保率100%，新农合参合率98.5%。结合企业改制，逐步解决国有企业退休职工的抵垫集体部分养老金。全县纳入城乡低保和五保供养对象3.2万人，发放救灾款物1223万元。成立全县推进劳务输出工作领导组，开展农民技能培训1.1万人。打响天镇保姆品牌，650余名农村妇女在京成功就业，人均年收入3.5万元。开展残疾人培训就业工作，月收入在4000元左右。新增城镇就业1450人，劳务输出2.2万人，年创收3.5亿元。

三、坚持不懈推进作风转变,党的自身建设得到新加强

思想政治建设不断加强,理论水平进一步提升。深入学习贯彻党的十八大、十八届三中全会精神,以及习近平总书记系列讲话精神,扎实推进学习型党组织建设。严格执行"集体领导、民主集中、个别酝酿、会议决定"的议事规则和决策程序,民主集中制建设长抓不懈。深入宣讲十八大和十八届三中全会精神,组织宣讲150余次,2万余名党员群众参加听讲。

基层组织建设不断加强,基层活力进一步激发。严格落实"一定三有",建立完善"四议两公开"、"三会一课"等制度,选派优秀年轻干部担任"第一书记"。开展乡镇党代会年会制试点,实现党代表工作室(站)全覆盖。落实党委书记履行基层党建工作责任制。制定了《天镇县加强干部日常管理监督的实施方案》,创造性提出了"五转变三延伸"典型做法。

干部队伍建设不断加强,发展能力进一步增强。举办9期干部培训班,邀请多位专家授课,参训干部达5000余人次。对94名新任领导干部和50名30岁以下青年干部进行专题培训。组织全县955名干部参加在线学习。实施农村两委主干"领头雁"培训。严格干部选任标准,重道德品质、重能力业绩,提拔干部69人,平调26人,免职4人。推进大学生村官创业,建立创业示范合作社3个,示范基地3个。

干部作风建设不断加强,工作效能进一步提升。严格落实中央"八项规定",严厉整治吃喝送礼不正之风,深入开展违规公务用车清退和办公用房清理活动。加强权力运行、审批服务、电子监察等"六大平台"建设,清理审批处罚权事项523个、优化流程248项。深入开展"改进作风走基层、深入群众办实事""三联五解""访知解"等活动,全面引深干部下乡住村包村增收活动,帮助农村制定发展规划1122个,提供帮扶资金2575万元,解决困难8496件。

反腐倡廉建设不断加强,为民形象进一步展现。全面落实督查倒逼问效、包联责任、重点挂牌督办等制度规定,加强对重点工作的监督检查,保障了全县重大决策部署的贯彻落实。严肃查处腐败案件,初核案件50件,立查案件48件50人。给予党内警告26人,党内严重警告处分10人,留党察看3人,撤销党内职务处分4人,行政警告处分4人,行政记过4人,行政记大过1人,行政开除2人。推进农村党风廉政建设。对25项惠农政策资金进行专项检查,出台《规范和加强农村监督委员工作的实施方案》,提高了村务管理公开化、民主监督科学化水平。推进廉政教育"六进",开展党内监督和任前廉政谈话,签订廉政承诺责任书95份,诫勉谈话7人次,领导干部述职述廉542人次。

(刘 佳)

附:一、中共天镇县委书记、副书记、常委名单

书　记: 姚振华

副书记: 刘川楠(4月任职)　解廷师(4月离职)　范振凯

常　委: 姜　荣(9月任职)　冯　尚　赵　亮　王　伟　梁　军　王剑辉(挂职)　杜文顺(4月任职)　李润军(9月离职)　陈学春(4月离职)

二、乡镇党委书记、副书记名单

玉泉镇

书　记: 田　炯(7月任职)　杨　智(7月离职)

副书记: 原存柱　安志宏

谷前堡镇

书　记: 郝世国

副书记: 宋君太　苗国栋

卅里铺乡

书　记: 王　林(7月任职)　田　炯(7月离职)

副书记: 刘振云　孙　亮

南河堡乡

书　记: 安和仁

副书记: 吴志峰　张　河

米薪关镇

书　记: 宋　奕

副书记: 庞　捌　马国辉

贾家屯乡

书　记: 郑佃文

副书记: 李建利　刘瑞林

赵家沟乡

书　记: 高学东(7月任职)　姜　高(7月离职)

副书记: 安建清　张小平

南高崖乡

书　记: 杨宝英

副书记: 唐广平　韩永泰

张西河乡

书　记: 杨景利(女)

副书记: 高　顺　曹　权

逯家湾镇

书　记: 姜　高(7月任职)　王　林(7月离职)

副书记: 高平福　郝秀芹(女)

新平堡镇

书　记: 张建明

副书记: 杨　忠　范　忠

中共大同县委工作概况

县委书记　王凤瑞

2013年，大同县委按照“一三四十”工作部署和“争先进位，负重赶超”总要求，解放思想，真抓实干，圆满完成了全年各项目标任务，“现代城郊型新大同县”建设取得明显成效，全县呈现出经济快速发展、社会和谐稳定、人民安居乐业的喜人局面。

一、坚持将“争先进位”贯穿全年工作，各项目标任务全面完成

2013年，全县地区生产总值22.7亿元，同比增长12.1%；农村牧渔业增加值预计7.1亿元，同比增长5.6%；社会消费品零售总额12.4亿元，同比增长15.2%；固定资产投资额预计69.3亿元，同比增长39.7%；规模以上工业增加值预计3.6亿元，同比增长15.4%；财政总收入完成3.4亿元，同比增长0.78%；公共财政预算收入完成1.6亿元，同比增长16%。城镇居民人均可支配收入14883元，同比增长13%；农民人均纯收入6364元，同比增长15.7%。

与此同时，全力推进“六位一体”项目建设，项目储备年度目标任务1000亿元，全年完成2447.42亿元，占年度任务的244.74%；签约项目年度目标任务160亿元，完成244.01亿元，占年度任务的152.01%；落地项目年度目标任务226.8亿元，完成114.02亿元，占年度任务的50.27%；开工项目年度目标任务22.35亿元，完成31.69亿元，占年度任务的141.76%；重点工程建设年度目标任务50.3亿元，完成55.94亿元，占年度任务的111.21%。

二、坚持以“十大工程”引领工作全局，经济社会转型跨越发展步伐明显加快

（一）围绕名城复兴工程，大打生态文化品牌，建设休闲宜游目的地。2013年重点实施了大同火山群风景名胜区和落阵营民居维修保护2个项目，特别是火山群风景名胜区打造成一个响亮的旅游品牌，吸引了大量旅客。

（二）围绕百企强市工程，狠抓项目建设，加快产业转型。全年共确立、推进重点产业项目19个。其中，前期项目7个，总投资276亿元；续建项目8个，总投资64.6亿元，完成投资26.7亿元，新上项目4个，总投资5.7亿元，完成投资3.1亿元。12个项目中，万昌物流园区、保利协鑫光伏电站、“中国大同论坛”生态体育公园、汽车综合服务园、栋梁铝型材二期、同华矿机二期、玉鑫农牧食用酒精、山西惠瑞药业、恒岳重工二期9个项目已竣工投产或即将投产。

（三）围绕百园立农工程，大力发展规模农业，加快推进农业产业化。按照“十二五”全县农民人均1亩黄花、1亩菜、1亩果的目标，大力推进城郊型现代农业，有效增加农民收入。全年新植黄花2万亩，总面积达到8万亩，形成6个万亩黄花种植片区。全县蔬菜达到8万亩；杏果经济林达到9万亩。全面加快特色农业园区建设，三年共规划园区17个，2013年有效推进了11个，计划投资3亿元，完成投资4.3亿元。

（四）围绕百校兴教工程，加强教育基础设施建设，努力提高办学水平。投资4600多万元实施了县一中、城镇一小标准化建设，职业中学扩建和两所幼儿园建设5项工程，投资500万元完成了校安工程扫尾工作。今年高考二本以上达线184人。

（五）围绕城镇提质工程，大力实施大县城战略，打造宜居易居乐园。聘请省规划院编制完善了县域发展规划、县城总体规划、新区建设规划和工业园区建设规划。投资8500万元高标准完成了县城城南街改造工程，与机场快车道连成一线；投资6300万元建成了县城公园；投资3430万元新建县城体育馆。

（六）围绕城乡安居工程，坚持改、建并举，全面提升城乡住房保障水平。投资1.5亿元实施了西坪村棚户区安居改造工程，已完成4幢楼的主体建设；完成了760套廉租房建设工程，即将投入使用；投资9000万元实施永业怡园二期工程，三幢13层楼房主体已完工；投资5600万元在全县10个乡镇开展了农村危房改造工程。

（七）围绕收入倍增工程，坚持增收与保障两手抓，着力改善民生。全县新增城镇就业1353人，转移农村劳动力2433人，参保人数分别达到12281人、20300人和68776人。2013年全县参加新农合的农民达到12.6万人，参合率97%，人均筹资水平由2012年的290元提高到340元。

（八）围绕生态建设工程，加强生态建设与环境保护，着力改善环境质量。全年投资8000万元，造林4万多亩，绿化村庄10个，义务植树32万株，高标准完成县城到机场城际路、同源高速公路绿化52.1公里，被评为“全国绿化模范县”。投资5644万元实施了5项企业节能减排工程和2项河流治理工程，全县环境质量明显改善，空气质量二级以上天数达到322天。

（九）围绕城乡清洁工程，大力开展城乡环境综合整治，合力营造优美环境。全县累计投入资金2191万元，投入劳力2.35万人，清理各类垃圾35100立方米，清理野广告31450条。在县城整治乱摆摊点1750个，治理车辆乱停2410辆次，新设置垃圾箱100个，配备清扫、清洗、清雪车各一辆，野广告清洗机2台。乡村共整治清理“四堆”31450堆，配备垃圾

清运车辆250辆,建设简易垃圾处理场175个,墙体美化3万平方米。

(十)围绕平安创建工程,加强安全生产和信访维稳,确保社会稳定。扎实抓好信访工作,深入开展了领导干部接访下访和积案化解活动,有效化解了一批案件。坚持打防结合,完成了城乡社会服务管理"三级平台、四级网络"体系建设,组织公安机关开展了"平安大同一号""打盗抢保民安""民爆物品集中整治""破案会战"等一系列严打整治专项活动。

三、坚持将党建工作放在核心地位,党的建设科学化水平明显增强

(一)注重思想建设,形成了加快发展的理论基础。重点围绕学习贯彻党的十八大、十八届三中全会精神,习近平总书记一系列重要讲话,采取中心组学习、党校培训、专题辅导、理论骨干下村入户宣讲、新闻媒体解读等多种形式,深入进行了学习宣传。结合省市安排部署,深入开展了"解放思想,加快发展"大讨论活动,并组织干部走出去,赴河北省石家庄,黑龙江省漠河、五大连池等市县考察学习先进地区经验。

(二)狠抓班子建设,形成了坚强有力的战斗堡垒。全县396个党支部达到"好""较好"标准的375个,占支部总数的94.7%。对12个工作疲沓的村支部书记进行了调整。从全县机关、事业单位在职干部,企业家,退职退休干部中择优选派了13名优秀人才到贫困村和部分产业发展重点村任"第一书记"。扎实抓好党代表工作室(站)建设,在乡镇、系统高标准建设党代表工作室17个,村党代表工作站9个,党代表联络点6个,党代表个人工作室1个。截至年底,开展接待日190余次,接待党员群众400多人次。

(三)改进工作作风,形成了干事创业的良好氛围。认真学习贯彻落实中央和省市委改进工作作风各项规定,制定出台了5个方面26条具体实施办法。在全县范围内组织开展了机关纪律作风整顿活动和"弘扬赵德清精神,千名干部下乡包村促发展"活动;结合党的群众路线教育实践活动,组织开展了县级领导干部"访民生、知民情、解民事"活动、"三联五解六促进"活动和结对共建活动。活动开展以来,共走访农户843户,发放调查问卷4000余份,召开座谈会、研讨会120多次,梳理意见建议267条,形成调研报告119篇,帮助群众解决难题226件,受到了群众的一致好评。认真抓好在职党员服务社区活动,全县共有2536名在职党员到社区报到,已服务社区群众3000多人,联系困难群众477人,办好事实事219件。

(四)紧抓廉政建设,形成了良好的党风政风环境。高标准完成了惩防体系信息网"一网六平台"建设,实现省、市、县、乡互联互通;全面推进县、乡政务服务中心标准化建设,在全县形成了以县政务服务中心为核心,以县工商、国税、地税等8个单位为支撑,以10个乡镇便民服务中心为主体,延伸到143个村级便民服务站的县、乡、村三级便民服务网络;扎实开展"吃喝不正之风"专项治理、党政机关违规用车专项清退、清理办公用房和会员卡专项清退活动;加大查办违纪违法案件力度,2013年,共受理群众来信来访来电63件(次),初步核实案件线索95件,立案109件,结案109件,给予党政纪处分112人,其中乡科级干部8人。

(焦新东)

附:一、中共大同县委书记、副书记、常委名单

书　记:王凤瑞

副书记:邢　斌(4月离职)　周聚德(4月任职)　杨近源

常　委:李立平(女,4月离职)　闫　军(9月任职)　刘红斌　冯学中　赫　瑞　于　君　董建平(5月离职)　魏百勇(5月任职,11月离职)　臧建军(11月任职)

二、乡镇(街道)党委(党工委)书记、副书记名单

倍加造镇

书　记:闫合山

副书记:刘海平　白　刚

党留庄乡

书　记:曹　亮

副书记:朱　华　张一鑫

周士庄镇

书　记:张建中

副书记:门开应　田　恒

杜庄乡

书　记:徐　军

副书记:赵建宝　张玉龙

许堡乡

书　记:孙　政

副书记:田军山

西坪镇

书　记:薛彦斌

副书记:郭进忠　康强仁

瓜园乡

书　记:李一忠

副书记:薛志军　李月英(女)

峰峪乡

书　记:张文娟(女)

副书记:闫　红　赵向东

吉家庄乡

书　记:马　斌

副书记:李海江　刘应斌

巨乐乡

书　记:刘喜斌

副书记:吴志明　常　金

中共浑源县委工作概况

县委书记 张清河

2013年，浑源县委、县政府在市委、市政府的正确领导下，以转变发展方式为主线，以落实十大工程为抓手，突出招商引资，夯实两大富民工程，培育五个产业增长极，筑牢四大基础保障，在经济转型跨越发展、社会和谐稳定发展、绿色生态持续发展、党的建设科学发展上取得了长足进步。年内，全县地区生产总值完成38.52亿元，同比增长7.7%；规模以上工业增加值完成13.43亿元，同比增长9.8%；公共财政预算收入完成2.957亿元，占市下达任务1.8592亿元的118.10%；社会消费品零售总额完成24.25亿元，同比增长14.1%；全社会固定资产投资完成80.37亿元，同比增长71.9%；城镇居民人均可支配收入达到16617元，同比增长10.5%；农民人均纯收入达到5143元，同比增长13.1%。

一、以循环经济为路径，工业升级步伐加快

煤炭产业规范趋稳，百川煤业矿井整合改造项目竣工验收并恢复生产，同煤集团2×350MW煤电一体、热电联产项目，华电山西能源有限公司浑源2×100万千瓦煤电基地项目积极推进，年内，复垦土地4173亩，完成原煤产量722万吨，上缴税费1.39亿元。进一步加大“芝麻白”花岗岩开发力度，与30多家企业达成合作意向，总投资1.3亿元的北岳日月“山西黑”石雕版画创作项目，总投资66.4亿元的太原锦华能源公司废弃矿渣及土地综合开发利用项目进展顺利。全县民营企业总数达到577户，个体工商户达到4680户，实现工业增加值13.07亿元，上缴税金3亿元，占全县财政收入的81%。

二、以产业化经营为方向，现代农业提质增效

新建扩建的8个现代农业示范园区和农业示范加工企业做大做强，完成总投资3.47亿元，新增设施蔬菜面积1200亩，黄芪规范化种植和仁用杏种植均达到10万亩，新建扩建标准化养殖小区15个，完成“一县一业”肉羊基地县棚舍建设1.9万平方米，肉牛、奶牛、猪、羊饲养量分别达到5.11万头、1.02万头、42.42万头、86.16万只，其中黄芪羊存栏量达到30万只；投资2569万元推进实施了玉米丰产方地膜覆盖、旱作农业示范基地建设等农业科技项目，改善恢复灌溉面积3.5万亩，完成高标准农田建设示范工程1万亩，改造中低产田3000亩，完成中小河流治理10.5公里；全县农民专业合作社达到431个，注册资金4.25亿元，发展家庭农场35家，农村承包土地流转面积9.4万亩，100亩以上规模经营的农业企业、专业大户、专业合作社、家庭农场达到64家。

三、以恒山大景区建设为依托，旅游产业内涵扩张

投资720万元推进实施了历史文化街区修缮建设等工程，投资5904万元实施完成了悬空寺停车场建设、岳门湾古建塑像和恒山索道迁建等工程，推进实施了总投资1660.59万元的岳门湾古建修缮配套工程和岳门湾停车场建设工程，神溪湿地景区投资500万元实施了古建修复工程，千佛岭景区完成投资2000万元；总投资2419万元的春润农业观光园游客服务中心建设完成，并积极开展国家级农业旅游示范点申报工作；全县已形成60余种融合文化内涵和旅游特色的纪念品。全年景区门票收入完成5503万元，接待游客90.3万人次，完成旅游综合收入3.7亿元，同比分别增长9.88%、9.19%、5.7%。

四、以“四城同创”为承载，城乡建设统筹发展

《浑源县城市总体规划（2010—2020）》《历史文化名城保护规划》基本成型，《新区3平方公里重点地段控制性详细规划》和《旧城区7个改造片区的修建性详细规划》全部完成；启动实施了总投资近70亿元的旧城区7大片区综合改造工程和总投资9亿元的历史文化商业街区综合体项目；投资1.89亿元推进实施了县城道路建设、供水管网改造、城市报警监控工程，全县城镇化率达到36.12%；广源、王城高速实现通车，全县形成了总里程125公里的大十字形高速公路交通框架；完成营造林面积6.02万亩，栽植各种苗木900余万株；集中供热覆盖率、燃气普及率、污水处理率分别达到34%、26.23%、80.9%；全年县城二级以上天数达到327天；积极推进了总投资1619万元的国家农村环境连片整治示范项目，投入资金1613万元购置了环卫设施设备，为142个“五类村”配备了乡村保洁人员840名，142个“五类村”全部通过县市验收。

五、以文化强县为引领，精神文明创建亮点频现

组织开展了首届浑源县道德模范人物评选活动，4人成功入围首届大同市道德模范人物候选人名单，1人入选“山西好人”行列；开展了群众性街头文艺汇演、“走进千佛岭”书画展等文体活动，举办了“百村百场”文化下乡演出活动；中央电视台10套《地理中国》栏目、中央电视台3套《文化大百科》栏目、中央电视台7套《文明密码·七大奇特古建》栏目先后多次播放北岳恒山专题片；北岳日月超薄型花岗岩雕刻板

画在全省首届文博会上获三等奖,在北京国际文化创意博览会获得最佳创意奖;县文化馆、图书馆、乡镇文化站、村文化活动室实行全免费向公众开放;浑源被评为"省级文物保护先进县"。

六、以保障民生为宗旨,社会大局和谐稳定

全年用于民生事业的支出达7.9亿元,占地方公共财政支出的62.2%。成功引进了总投资2.5亿元的民办中学——浑源县第七中学,并投入使用,投资2741万元实施了校园标准化、信息化建设工程,全县高考二本B类以上达线532人;深入推进了县中医医院综合改革、城乡医疗卫生基础设施建设,认真落实各项计生政策,为计划生育家庭配套发放奖励资金200余万元;加强全省推动"一站式"医疗救助试点县建设;为在职和离退休人员遗属发放取暖补贴139万元;新增城镇就业人员1355人,转移农村劳动力5023人;首批472户保障家庭顺利入住廉租、公租房;投资1700多万元的社会福利中心建设项目进展顺利;推进实施了大仁庄乡3500人易地搬迁工程,投资6600万元完成了3000户农村危房改造工程和220个行政村街道亮化工程,400户农村住房抗震改建试点任务全部完成;严厉打击各类违法犯罪行为,严格落实安全生产主体责任,深入开展矛盾纠纷大排查、大调处活动。

七、以强基固本为重心,党的建设全面加强

全县共有23个党委,10个党组,29个党总支,675个党支部。全县党员总数14293人。坚持把深入学习贯彻落实党的十八大、十八届三中全会和习近平总书记一系列重要讲话精神作为首要政治任务,县委中心组共举行18次集中(扩大)学习,举办了全县科级以上领导干部集中培训班、青年干部集中培训班、农村"领头雁"延伸培训班及巡回演讲团送培下乡等活动,并依托山西干部在线学院网络资源和农村远程教育终端,着力扩大各级党员干部的学习覆盖面。制定了《浑源县干部德的考核考察办法(试行)》,建立干部任前档案审查、八小时外延伸考察和社区考察制度,对提交县委常委会决定任免的干部进行票决。制定了浑源县搞好调查研究、精简会议活动和文件简报、规范新闻报道及规范公务接待工作的实施办法。深入开展了"访知解"集中走访活动、"分民忧、济民困、解民难"暖心活动、机关企事业单位在职党员到社区报到服务活动。在全县18个乡镇全面推行乡镇党代会年会,实现了社会组织党的工作全覆盖。将保留的108项行政审批项目精简为86项。全年共立查案件92件,处分违纪党员、干部94人。

(刘东升)

附:一、中共浑源县委书记、副书记、常委名单

书　记:张清河
副书记:赵亚雄(4月任职)　李凤冉
常　委:姚志强　杨志文　文晓东　郭普跃
李继忠(10月离职)　孟玉香
陈小广(5月离职)　李　好(5月任职)
杨　文(8月离职)　李立东(8月任职)

二、乡镇党委书记、副书记名单

永安镇
书　记:张权军(12月离职)　付元进(12月任职)
副书记:李仲元　左　玉
东坊城乡
书　记:武建文
副书记:顾国锋　王　飞
裴村乡
书　记:于海滨(12月离职)
副书记:张　军　姚建新(12月任职)
西坊城镇
书　记:曹启龙
副书记:郭　华　郝兴东
驼峰乡
书　记:杨　庆
副书记:范淑慧(女)　顾必武
西留乡
书　记:雷迎春
副书记:李子君　范　文
下韩村乡
书　记:屈永亮
副书记:张东皞　张　军(12月任职)
蔡村镇
书　记:付元进(11月离职)
副书记:乔　普　郭　松
南榆林乡
书　记:裴雁巍
副书记:韩飞鹏(12月离职)　刘　达
吴城乡
书　记:宋桂珍(女)
副书记:张国华　张志丹
沙圪坨镇
书　记:李启忠
副书记:段治国　孟　祥
大仁庄乡
书　记:陈利军
副书记:王　杲　晋举科
黄花滩乡
书　记:左世明
副书记:杨永安　侯文权
大磁窑镇
书　记:熊开明
副书记:陈月祥　刘　峥
青磁窑镇

书　记：李兴宇
副书记：郝希涛　李文学
千佛岭乡
书　记：高　飞
副书记：任志强　顾　春(12月任职)
官儿乡
书　记：贺韶东
副书记：李建圣　赵志远
王庄堡镇
书　记：杨振仁
副书记：许建国　李　荣

中共灵丘县委工作概况

县委书记　张　强

2013年，在市委、市政府的正确领导下，灵丘县委深入学习贯彻落实党的十八大和十八届三中全会精神，按照“抓五点，促七化”的发展思路，解放思想，改革创新，攻坚克难，全县呈现出经济发展稳中有进、社会事业全面发展、人民群众安居乐业的良好局面。全县有党委24个，党总支41个，党支部613个，党员13521名。

一、深入贯彻落实党的十八大精神，党的建设不断加强

思想建设成效显著。县委多次组织召开县委中心组成员会议，专题学习党的十八大、十八届三中全会精神特别是习近平总书记系列重要讲话，并专门聘请中国农业大学、省委党校教授作专题辅导。全年共举办专题培训班26期，培训党员干部2619人次，举办常规性党员培训班56期，培训党员4562人次。依托团中央扶贫工作队外联优势，选派10名乡镇和机关优秀干部赴广东、江苏、浙江等经济发达地区进行了为期三个月的挂职锻炼学习。

组织建设稳步推进。不断深化人事制度改革，制定了《科级干部选任综合量化确定考察对象实施办法(试行)》，先后3次调整、补充县直群团、事业单位干部38名。扎实开展“访民生、知民情、解民事”“三联五解”和党员与困难群众结对帮扶活动，为群众解决实际困难2100多件。通过开展农村党支部书记“标杆”评选活动，选树出1名乡镇书记标兵、12名农村党支部书记“标杆”。年内发展新党员175名。

作风建设全面加强。认真贯彻落实中央“八项规定”，查处婚丧嫁娶大操大办问题8件、违规使用公车问题13件，处理37人；全年各类会议减少40%，文件简报精简23%，会务接待下降30%，节约资金300多万元。116个党组织1500多名党员干部按照“四个对照”要求，查摆梳理问题340条，为群众办实事900多件。投资1200多万元建设了电子政务平台，12个乡镇建起了便民服务中心，41个中心村建起了便民服务站，254个行政村设立了免费代办流动窗口。

党风廉政建设不断深入。全年立案67件，查结67件，处分67人，其中乡科级20人，挽回经济损失130多万元。查处土地违法案件24宗，拆除违法建筑面积5349平方米；查处清明期间森林防火失职行为案件2件，处分8人。在全县村监会统一推行了“12345”操作规程，运用阳光农廉网平台设置了村务监督系统；开展了强农惠农政策落实和资金分配情况专项督查，排查问题线索5件，立案3件，处分3人。

二、加快推进转型跨越发展步伐，经济运行稳中有进

以项目推进年为抓手，促进工业经济平稳运行。全年共储备项目317个，总投资2131亿元。实施重点项目48项，其中省级重点项目2项，市级重点项目46项，总投资181.57亿元，计划投资54.87亿元，完成投资62.44亿元。组团参加了中博会和文博会，成功签约招金集团黄金深加工项目和北京建工集团平型关军事主题园项目。规划建设占地10平方公里的非煤产业园区。通过金融创新实施“助保金”和“个人助业”贷款等业务帮助民营企业成功融资1.1亿多元；尾矿库用地管理模式、就地城镇化和产业扶贫的探索创新等工作，受到了省市领导的好评和认可。全县扩权事项总数达到116项。

以发展有机农业为契机，推进“三农”工作再上新台阶。聘请中国农业大学等来自全国16个单位的69名专家，编制完成了《山西灵丘有机农业园区实施规划》，规划总投资50亿元，涉及南山区5个乡镇，总面积1185平方公里。累计投资4.97亿元建设农产品加工产业园区、现代农业观光示范园区、南山核桃产业园区、荣昌健康养殖产业园区、佳农肉牛养殖园区等。为155个行政村安装太阳能路灯3100盏；投资240万元推广玉米丰产方地膜覆盖8万亩；投资468万元完成饮水安全工程16处，完成了35个“一村一品”专业村建设任务。投资1.2亿元建设了11个畜禽标准化养殖小区；全县大牲畜饲养量达到12.65万头，禽饲养量达到100万只，肉、蛋、奶产量分别达到15350吨、5900吨、4940吨。

加快发展文化旅游业，聘请易兰规划设计事务所编制了旅游总体规划。在山西省首届文博会上，与北京建工集团成功签约了平型关军事文化园项目，北京建工集团将投入6亿元，在平型关大捷遗址建设一个集教育、体验、休闲、娱乐为一体的军事文化创意产业园区。全年各景点、景区共接待游客116.55万人次，实现旅游综合收入8.47亿元。

三、全力保障改善民生，社会大局和谐稳定

基础设施建设逐步完善。组织成立了灵丘县城乡规划委员会，聘请中国城市规划设计研究院对县城规划进行了调整编制。全年共投入各类城市建设资金19.72亿元。交通网络建设有力推进。县境内外客运线路增加到79条，拥有客运车辆377台，行政村实现了村村通客车。

生态环境得到有效改善。全年投资6.3亿元实施生态建设项目18个。重点实施生态修复标杆项目——总投资1.12亿元的独峪乡矿山生态环境治理建设工程。开展通道绿化53公里，栽植干果经济林1.3万亩，规划实施了20万亩生态环境林建设工程；完成了荣乌高速(灵丘段)两侧主林带绿化和1万亩荒山绿化工程。淘汰关停了银龙公司氧化锌项目，依法取缔拆除了2家土法炼铅点、1个塑料加工点，关闭了7家土法煤矸石窑，投资960万元分期实施了6家企业重金属治理项目，县城二级以上天数达到328天。投资2820万元对县城“五乱”、农村“四堆”现象进行了治理，评比推选出明星村4个、示范村18个，申报达标村142个。加快唐河湿地项目建设，整个项目初步计划投资6亿元，占地16.5平方公里。

平安建设工作深入推进。投资800多万元完成了县、乡、村、网格四级社会服务管理指导中心信息平台建设，配置网格管理人员930人，网格长501人。投入350万元实施“天眼工程”；完成了110指挥中心内部建设和12个派出所基础升级工程以及各警务区和农村警务室专职社区民警的配备。严打专项斗争方面，全县刑事案件发151起，破106起；民爆物品专项清查方面，整改涉爆单位22家，抓获涉爆逃犯4名；交通秩序专项整治方面，查处各类交通违法行为36436起，行政拘留79人；禁毒专项斗争方面，破获贩卖毒品案件8起，查获吸食毒品人员66人。深入开展百日安全专项整治和“群众参与查隐患、奖惩并举保安全”活动，共接到安全隐患举报62件，督办62件。全年共排查受理各类矛盾纠纷1109起，调处率为98%。继续深入开展“县四套班子领导大接访”活动，全年接待来访群众336批1725人次。

社会保障体系日臻完善。城镇新增就业1363人，创业带动就业366人，下岗失业再就业215人，就业困难人员实现就业102人，农村劳动力转移3496人。为3833名城市低保、17056名农村低保、3787名农村五保供养对象发放保障金5485万元；发放医疗救助、教育救助、特困救助等救助金376万元。为188名孤儿发放生活补助金137.4万元。改造农村危房1137户，为5000多户住房困难家庭发放了廉租房补贴，完成了第三期1000套廉租房续建工程，完成了5个乡镇9个村1000人的移民搬迁任务。为82376户低收入农户发放了冬季取暖用煤，为204名环卫工人发放早餐补助24.3万元。

文教卫生等事业全面发展。总投资670万元为9所学校建设了食堂，总投资2010万元新建了两所标准化幼儿园；年内高考本科达线595人。举办了第九届平型关文化旅游节、两轮中国乒乓球俱乐部超级联赛——灵丘平型关赛区比赛，全年送电影、送戏下乡3137场，以“全国模范法官”何云霞为原型创作编排了大型现代戏《乡村法官》。白崖台乡张玉清荣获全国道德模范(孝老爱亲)提名奖，葛才贵被推荐为第四届全省道德模范候选人。卫生监督所办公楼工程、东河南和白崖台两个乡镇中心卫生院改扩建工程基本完工；实行药品零差率销售，年让利患者337万元，发放住院、门诊统筹补偿金4668万元；扎实开展食品药品安全专项整治工作，监督检查餐饮服务单位518家次，责令整改13家，检查涉药单位392家，责令整改12家。

(王彦峰)

附：一、中共灵丘县委书记、副书记、常委名单

书　记：张　强

副书记：赵亚雄(4月离职)　罗永山

常　委：方　旭　索根生　赵　宇　张　田　郭尚元
郭　鹏(挂职，4月离职)
尹　婋(女，挂职，4月任职)
史万才(5月离职)　高志明(5月任职)

二、乡镇党委书记、副书记名单

武灵镇

书　记：胡桂森

副书记：王永绘　曹金明

东河南镇

书　记：勾海德

副书记：王　峰　郭　雷

上寨镇

书　记：曹全先

副书记：刘忠良　姚建新

落水河乡

书　记：李守明

副书记：张海英　李春元

赵北乡

书　记：徐振宇

副书记：刘向东　邓备战

独峪乡

书　记：王怀忠

副书记：赵　斌　支永新

下关乡

书　记：王东伟

副书记：臧福升　陈文革

白崖台乡

书　记：邓　榛

副书记：刘贵君　陈良玉

石家田乡

书　记：李灵杰

副书记：李文鑫　刘慧聪

柳科乡

书　记： 张进明

副书记： 尹素荣(女)　杜志栋

史庄乡

书　记： 李　春

副书记： 赵优文

红石塄乡

书　记： 张秀丽(女)

副书记： 刘志田　邢喆翀

中共广灵县委工作概况

县委书记　郭占宝

2013年,中共广灵县委深入贯彻党的十八大和十八届三中全会精神,紧紧围绕建设富裕民主文明和谐宜居新广灵的主题,加快转型跨越发展步伐,团结带领全县人民攻坚克难,创新进取,经济社会事业和党的建设都取得了新的重大进展。全县现有基层党(工)委17个,总支17个,支部440个。截至2013年底,全县党员9905名,其中女党员1746名,农民党员4855名。

一、抓基层,强基础,党的建设不断加强

一是干部教育培训工作深入推进。将学习党的十八大精神作为重要的政治任务,通过发放辅导书籍、建立狼虎坪村和榆沟村两个红色教育基地、举办专题培训班等形式不断加大对全县党员的教育培训力度。制定了《干部在线学习管理制度》,全县科级及科级以下干部、大学生村官共906人登录"山西干部在线学院"参加在线学习。

二是服务型党组织建设扎实推进。以县、乡、村党组织为单位,建立了198个党代表工作室,实现了党代表工作室全覆盖。探索建立了领导包乡、单位包村、乡镇驻点、干部联户的"四位一体"干部住村帮扶机制,县委书记郭占宝作为大同市唯一的县区代表在2013年12月2日召开的全省农村基层党组织建设座谈会上做了交流发言,广灵延伸"四位一体"帮扶机制的做法和经验得到上级领导的肯定。

三是党风廉政建设成效明显。不断加大政风行风评议力度,扎实开展"企业评议机关"活动,全力抓好民主评议政风行风工作,严厉查处影响发展环境的典型案件。坚持防治结合,全面开展专项治理、纠风治乱工作,加强农村惩防体系建设,创新信访工作机制,加大查处力度,全面推开党务公开工作,强力推进行政审批制度改革,进一步加强乡镇纪检监察组织建设。

二、抓转型,谋跨越,经济建设迈上新台阶

一是现代农业发展水平不断提升。全年确定的"百园立农"工程项目共17个,计划完成投资20880万元,截至11月底已完成投资21216万元。其中市重点项目5个,现已完成投资16236万元,顺利通过了市百园立农验收组的考核验收。园区销售收入达到7.2亿元。"513"工程深入实施,实现龙头企业销售收入7.4亿元,发展订单种养面积4.7万亩。"一村一品,一县一业"建设稳步推进,新增"一村一品"专业村12个,培育"一村一品"主导产业7大类12个,发展"一村一品"专业村总数达到54个,其中"一村一品"示范村14个。生产菌袋7800万袋、食用菌产品2.1万吨,实现产值2.3亿元。大牲畜饲养量和存栏量分别增长3.8%和3.1%,广灵画眉驴获农业部2013年地理标志认证证书。

二是环保工业体系不断完善。风电、生物质能发电、新型干法水泥、煤炭资源整合等重点产业项目建设进展顺利,10户规模以上工业企业预计全年完成销售收入9亿元,同比增长38%;实现利税3500万元。与大同市建行建立中小微企业融资助保贷业务合作关系,初步缓解了小微企业融资困难。认真落实节能减排目标责任制,万元GDP单位能耗同比下降3.5%。万元工业用水同比下降5.8%,地下水位止降回升1米以上,工业废弃物综合利用率达到71%,壶流河出境断面水质控制在国家地表水环境质量Ⅳ类标准以内。截至11月,县城空气质量二级以上天数314天,预计年底达到330天。

三是项目建设扎实推进。全县已储备项目240项,1833.2亿元,占全年任务的305.53%。已完成项目签约13项,总投资138.5亿元,占全年任务的197.86%。完成项目落地30项,总投资63.20亿元,占全年任务的132.00%。完成项目开工21项,总投资41.93亿元,占全年任务的117.88%。实施项目建设36项,完成投资50.81亿元,占任务的150.06%。完成项目投产25项,总投资68.73亿元,占全年任务的100.88%。

四是"大县城"战略全面推进。城镇化率达到25.48%,较年度目标任务高出1.31个百分点,增速2.4%,较目标任务高出0.1个百分点。全市"大县城"现场会于8月底在广灵成功召开。投资2781万元的新建街建设工程、投资316万元的壶泉南路建设工程、投资42341.92万元的13条县城道路建设、绿化工程如期竣工,完成了旧区整治、街道整治提升和县城道路建设目标任务。自来水、天燃气、集中供热、污水处理改造建设工程扎实推进,用水普及率由93%提高到95%,燃气普及率达到10%,集中供热面积达到113万平方米,污水处理率由52%提高到70%。投资1980万元完成了数字化城管建设工程。

三、抓民生,促和谐,社会事业全面进步

一是文化旅游产业蓬勃发展。组织开展了以"梦寻塞上水乡　做客休闲广灵"为主题的文化旅游宣传年活动,开办了中国广灵文化旅游网。组织参加了山西首届文博会、大同文化旅游节等重要展会,举办了"中国百名摄影家走进广灵"活动、文化旅游年湿地文化文艺晚会等系列活动。以剪纸为主的文化产业增加值达到5895万元,占到GDP的4.5%,广灵剪纸文化产业园区被列2013——2014年度国家文化出口重点企业;旅游产业总收入7.4亿元,为年度目标任务的113%,"广灵内画"成功列入省级非物质文化遗产保护名录。先后举办"颂党恩,跟党走,实现中国梦"广场文艺晚会、第二届"唱响飞凤之乡才艺表演大赛"和"泰瑞之夜"消夏文艺晚会,组队代表山西参加全国地掷球锦标赛,取得了大金属球联合赛银牌1枚、个人赛铜牌1枚、塑质球双人赛第四名的好成绩。

二是科教兴县战略深入推进。投资5166万,打造5所示范校,建设标准化公办幼儿园3所;投资2110万元,实施了两所中学和一所小学的教师周转宿舍建设项目及8所幼儿园学前教育推进工程;投资189万元完成5所村级幼儿园改扩建工程;为全县完全小学以上学校配备了图书和教学仪器设备。广灵县被教育部确定为"全国农村学校艺术教育实验县",高考达二本线以上人数320人,一名学生被清华大学录取。

三是"城乡安居"工程深入实施。开工建设城镇保障性住房200套,完成投资0.28亿元;开工建设城镇保障性住房续建工程2000套,完成投资1.19亿元,预计全年可完成2175套的建设任务;完成农村住房抗震改造400户、农村困难家庭危房改造4100户,完成投资1.268亿元。实施了行政村街道亮化工程行政村106个,基本完成17个重点推进村的"四化四改"建设任务。

四是社会保障力度不断加大。新增城镇就业1400人,转移农村劳动力2390人,城镇失业率控制在4.2%以内。城镇职工基本养老保险参保13886人,城乡居民社会养老保险参保89645人,城镇职工基本医疗保险参保19886人。新型农村合作医疗服务不断改善,新农合参保农民13.96万人,参合率达到99.67%。积极巩固国家级计划生育优质服务县创建成果,全县人口出生率7.55‰,人口自然增长率3.39‰。

五是生态环境建设不断加强。总投资1.98亿元,实施了山西壶流河湿地省级自然保护区生态治理与保护工程、广灵县水神堂环境综合整治工程、水神堂公园绿化工程项目。扎实推进太行山绿化、薪炭林建设、高速公路通道绿化、京津风沙源治理等重点绿化工程,县城建成区新增绿化面积38283平方米,绿化覆盖率达35%,完成营造林任务4.46万亩,治理水土流失1.9万亩,森林覆盖率达到25%。

六是城乡环境卫生面貌显著改善。大力实施"城乡清洁工程",累计投入资金1920.9万元(其中县城投入798万元、乡村投入1122.9万元)。配备农村保洁员572名,垃圾清运车辆228台,并新建改建垃圾池、农村简易垃圾填埋场等设施,城市清扫保洁覆盖率达90%,无害化垃圾处理率达92%;121个达标村申报工作全部完成,被评为2013年省级卫生县城。

七是平安广灵建设取得新成效。全面落实安全生产责任制,加强安全隐患排查治理,全年排查单位138个,发现和整改各类隐患问题95项,整改率100%。完成了182个行政村的安全乡村命名工作和"安全生产达标乡镇"命名工作。组织开展严打专项行动,加大对"两抢一盗"、涉枪涉爆和吸毒贩毒三类犯罪的打击力度,同时大力开展矛盾纠纷排查调处工作,切实做好群众的上访接待工作。深入开展了打击"黑出租"整治运输市场秩序专项行动,车辆超限超载率控制在0.15%以内。

(田广源)

附:一、中共广灵县委书记、副书记、常委名单

书　记: 郭占宝

副书记: 李立平(女,5月任职)　张宏东

常　委: 刘宝贵　牛志刚　郭云峰　杜　福　晋子顺(5月离职)　吴华泽(5月任职)　白　洁(女)

二、乡镇党委书记、副书记名单

壶泉镇

书　记: 李贵峰

副书记: 仝循清　王晓震

南村镇

书　记: 魏向军

副书记: 李贯新　王润峰

作疃乡

书　记: 刘玉清(女)

副书记: 魏一光　梁仁杰

加斗乡

书　记: 李尚吉

副书记: 高志华　高　翔

蕉山乡

书　记: 仝在福

副书记: 张胜国　刘众一

宜兴乡

书　记: 王俊军

副书记: 陶　恒　杜　霞(女)

梁庄乡

书　记: 阎熙福

副书记: 苑在勇　牛鸿志

望狐乡

书　记: 张志新

副书记：刘红胜　张霄峰

斗泉乡

书　记：全志华

副书记：班灵军　李洁实

中共左云县委工作概况

2013年，左云县委认真贯彻落实党的十八大和十八届三中全会精神，围绕转型跨越、强县富民总体战略和建设"两地一城"目标，坚持以党的建设引领经济社会发展全局，抓班子、带队伍，抓重点、促全局，带领全县干部群众以转型综改试验区建设为统领，以项目建设为抓手，以城镇化建设为载体，以目标考核为保障，大力推进工业新型化、农业现代化、县域城镇化、城乡生态化，对标一流，奋力攻坚，全县总体工作取得了可喜成绩，呈现出政治稳定、经济发展和社会进步的良好局面。

全县共有基层党委17个，党总支部28个，党支部566个，其中农村党（总）支部227个，机关、企事业单位党支部339个。全县党员7642名，其中农村党员3286名。

一、着眼全局抓党建，党的建设开创新局面

抓好学习培训，提升能力素质。每月组织一次县委中心组学习，每次有两位领导干部谈学习体会。利用省委组织部干部在线学习学院这个平台，每月第一周星期四晚由县委常委轮流主持，组织全县正科实职以上干部集中进行在线学习。设立了"云兴大讲堂"，每月组织全县副科以上干部，聘请国家级专家学者作专题讲座；与清华大学、国家行政学院签订了战略合作培训协议，组织党政领导干部和优秀企业家赴北大、清华学习；组织各乡镇和有关部门负责同志赴广东、云南、江苏、朔州等地考察学习。实施了领头雁培训工程，每年对全县农村党支部书记和村委会主任进行培训。关心教育和培养大学生村官，2006年以来选聘的6批245名大学生村官中，18人考录为公务员，39人招聘进事业单位，30人进入国企，6人通过公开选拔成为乡科级副职。

加强基层党建，增强凝聚力和战斗力。结合左云实际，在农村推行"1123"创建基层服务型党组织工作法，即构建一张服务网络，搭建一个服务平台，建强两支服务队伍，完善三项服务机制。推动农村党组织设置和活动开展网格化、特色化，推行"村干部轮流坐班制"、便民服务全程代办制，建强农村党员干部队伍，选派35名乡镇机关干部到村任职、7名机关优秀年轻干部到村担任"第一书记"，建立党代表——党员中心户——党员——群众互联互通的服务机制，实行农村党建工作"双述三评"制度。144个村实现支部书记、村委主任"一肩挑"。在105家私营企业建立党支部，党组织的覆盖面进一步扩大。在企业党组织和党员中开展"比创业、争先锋""党员责任区""我为企业献一策"等活动，在全县机关中开展了"比奉献、争优秀"活动。

注重服务群众，转变干部作风。在开展干部下乡住村领导干部包村增收活动的基础上，重点开展了"访、知、解"集中走访、在职党员服务社区活动，全县党员干部与困难群众结成帮扶对子6000余个。各级干部共到点走访调研8784次，人均住村7天以上，开展基层组织活动1813次，形成调研报告382个，制定完善发展规划228个，实施增收项目107个，投入资金1000余万元，帮助解决困难问题1100个；在服务社区活动中，全县在职党员报到2057名，认领公益岗位2181个，组建在职党员志愿者服务队20支，结成"一对一"帮扶对子192个，为贫困户送去米面慰问物品174袋，开展义诊、法律宣传、扶老助残、安全知识宣传等志愿者活动13场次，服务居民1980人次。

完善党建制度，确保工作落实。召开县委常委会议、四套班子联席会议、党政联席会议，传达学习中央和省、市委关于基层党建工作的有关会议和文件精神，专门对全县基层党建工作进行研究部署。建立了县委常委党建工作分工负责制和四套班子党员领导干部党建工作联系点制度，完善了党建工作"一岗双责"制，县乡村层层签定党建目标责任书。制定实行了科级领导班子和领导干部动态绩效考核制度，确定9个乡镇、79个县直单位、25个驻左单位考核指标，将考核结果与干部使用管理挂钩。

突出重点整治，党风廉政和反腐倡廉建设取得实效。严格贯彻落实中央八项规定及省市县实施办法，针对全县各部门、各单位及工作人员公款吃喝、公车私用和违反"五个不准"等问题开展监督检查，进一步解决领导干部廉洁从政方面存在的突出问题，切实纠正损害群众利益的不正之风。坚持老虎苍蝇一起打，始终保持惩处腐败的高压态势，全年共立查案件39件，给予党纪处分36人，政纪处分3人，9名乡科级干部受到处分。

二、以党建促发展，各项事业取得新成效

煤矿建设步伐加快。全力推进以同发东周窑煤业和金庄煤业两座千万吨大矿为龙头，90万吨以上矿井为骨干的现代化矿井建设。全县生产矿井达到5座，2座矿井已完成竣工验收，9座矿井进入联合试运转，煤矿建设累计完成投资152.67亿元，煤炭产量完成525.25万吨。招商引资共签约项目13个，投资总额182亿元。

现代农业发展势头强劲。投资2.6亿元，建设了三兴农牧、京奥马铃薯、圆通泰等6个现代农业园区、20个标准化养羊园区，全县标准化养殖小区发展到86个，养羊达到42万只，养牛达到1.4万头，各类农村专业合作社发展到245个。"一县一业"马铃薯种植面积达到12万亩，小杂粮种植面积达到23万亩，设施农业大棚达到3400亩，带动2万余农户增收致富。向农民发放马铃薯良种补贴、粮食直补、农资综

合补贴等资金2509万元。京津风沙源治理水保工程、首都水资源保护工程完工,治理水土流失面积17万亩。

转型项目发展提速。左云县筛选确定了59项重点建设项目,总投资623.71亿元(其中转型项目投资达到459.7亿元),年度计划完成104.51亿元。其中:续建项目26项,总投资225.3亿元;新建项目33项,总投资398.41亿元。全省转型综改标杆项目——同煤与中海油煤制天然气项目,总投资288亿元、年产40亿立方米煤制天然气,正在开展征地、搬迁工作,各项前期工作有序跟进;投资2.01亿元,新上的山西纠偏古膳要道食品开发、雁门清高苦荞系列产品扩建、金茂源胡麻油加工、京奥马铃薯淀粉加工、圆通泰养殖专业合作社扩建和张果窑育肥羊园区6个农畜产品加工项目即将建成;总投资35亿元的京能集团2×35万千瓦中海油煤制气配套电厂项目、总投资53亿元的京能集团左云低热值煤矸石2×66万千瓦发电,以及总投资26亿元的小京庄10万千瓦风电一期5万千瓦发电、大唐国际10万千瓦光伏发电一期5万千瓦发电项目正在积极推进。

城镇化建设扎实推进。投资2.7亿元,实施了云川路改造、市民广场、政务审批中心及鹊儿山、马道头两个中心集镇建设工程。城乡清洁实现了全县228个行政村全覆盖。突出"三城联创",大力实施生态建设工程。投资3.56亿元,实施了3.4万亩大呼高速公路左云段及互通连接线周边荒山荒坡"满眼绿"工程、环城森林公园及云新大街绿化工程,在全市生态建设工程现场观摩中,左云县综合排名第一。

民生建设全面加强。投资2.98亿元,实施了综合技校迁建工程,一中、东南小学和高中附属工程。投资560万元,实施了3所标准化幼儿园建设工程。加大就业创业工作力度,城镇新增就业1389人,扶持创业110人,转移农村劳动力2360人,城镇登记失业率控制在4%以内。按时足额发放企事业单位养老金,进一步提高城乡低保标准,农村养老保险、城镇居民保险、城乡低保实现应保尽保。开展综合性文化惠民活动2200多场次。改造农村困难家庭危房1100户,改建农村抗震住房900户。加大平安创建工作力度,安全形势稳定好转。严厉打击各类刑事犯罪,强化综合治理,社会治安持续好转。

(张国栋)

附:一、中共左云县委书记、副书记、常委名单

书　记: 徐尚红(女)

副书记: 李广林(4月离职)　王东升(4月任职)　苏　智

常　委: 赵建军　刘志强　常国文　王建平　张立波　张清田(5月离职)　董晓纲(5月任职)

二、乡镇党委书记、副书记名单

管家堡乡

书　记: 冀文富

副书记: 马宏武　贾文斌(8月离职)

鹊儿山镇

书　记: 张志宏

副书记: 赵建军　张兴礼

张家场乡

书　记: 张生贵(11月离职)　王　瑾(11月任职)

副书记: 宋振中　牛世平(8月任职)

三屯乡

书　记: 崔　发(11月离职)　马　杰(11月任职)

副书记: 张晓梅(女)　王生文(12月离职)　陈海权(12月任职)

云兴镇

书　记: 王　瑾(11月离职)　潘志廷(11月任职)

副书记: 李　江　闫　刚(8月任职)

马道头乡

书　记: 马　杰(11月离职)　张生贵(11月任职)

副书记: 贾宏泓　赵瑞春(8月任职,11月离职)　贾文斌(12月任职)

小京庄乡

书　记: 乔永忠

副书记: 张宏龙　陈　彬(8月任职)

店湾镇

书　记: 任　刚

副书记: 韩月儒(11月离职)　赵瑞春(12月任职)　彭　雄(8月任职)

水窑乡

书　记: 潘志廷(11月离职)　韩月儒(11月任职)

副书记: 王树俊　刘　满(8月任职)

中共朔州市委工作概况

市委书记 王安庞

截至2013年底，朔州市共有基层党组织5004个，其中基层党委178个，党总支258个，党支部4568个，有党员81786人，其中2013年新发展党员1180人。

2013年，在省委的坚强领导下，朔州市委紧紧依靠市人大、市政府、市政协班子成员，团结带领全市干部群众，认真贯彻落实党的十八大、十八届三中全会和习近平总书记系列重要讲话精神，按照省委、省政府的决策部署，艰苦奋斗，迎难而上，加快推进经济、政治、社会、文化和生态文明建设，全面加强党的建设，在经济下行压力加大的严峻形势下，不断开创了稳中求进、进中有效的新局面，努力实现了经济社会的新跨越、改革发展的新变化和各项事业的新进展。全年地区生产总值完成1026.4亿元，增长9%；工业增加值完成555亿元，增长11.5%；固定资产投资完成774.7亿元，增长26.9%；公共财政预算收入完成95.3亿元，增长13.1%；社会消费品零售总额完成218.8亿元，增长14.5%；城镇居民人均可支配收入达到24013元，增长9.9%；农民人均纯收入达9040元，增长13%。

一、加快转变发展方式，经济发展质量和效益实现新提升

市委始终把发展作为解决一切问题的基础，加快改革创新，推进区域突破，强化园区承载，建立健全了每季度经济形势分析和领导干部包项目、包企业等工作制度，全力推进重大项目“六位一体”建设，深入推动转型综改试验区大胆破题，不断提升经济发展的质量和效益。

一是大力实施工业新型化。改造提升传统产业，不断提高煤电一体化水平和规模化程度。全市已建成35座安全质量标准化矿井，煤炭洗选能力达到88%。电力装机容量达到717.6万千瓦，另有16个电力项目取得“路条”。全市原煤产量2.21亿吨，增长8.7%；发电量287.8亿千瓦时，增长9.7%。日用瓷产量16.2亿件，增长24.6%，占全省总产量的78%，产品行销全国20多个省市，并出口欧洲、美洲及东南亚等国家和地区。大力发展循环经济，推进煤炭资源深度开发和循环利用，全市已建成粉煤灰综合利用企业50家，年消化粉煤灰330万吨，利用率达到40%。着力培育新兴产业，构建多元支撑的新型工业产业体系，全年铺开食品、化工、医药、装备制造、新材料、新能源等新兴产业项目99项，总投资726.4亿元。

二是强力推进农业现代化。按照省委书记袁纯清同志“以农载牧、以牧富民”的指示要求，以玉米和秸秆全部被畜牧业利用，畜产品全部深加工，牲畜粪便全部生物化处理、资源化利用等“三个全部”为基本路径，力争到“十二五”末实现全市农民户均1个蔬菜大棚、1头牛、人均10只羊的“1110”目标。2013年，全市粮食产量达23.5亿斤，居全省第四位，增幅为9.9%，位居全省第一；全市奶牛存栏18万头，鲜奶产量51.4万吨，肉羊饲养量490万只、出栏量350万只，生猪饲养量82万头，鸡饲养量400万只，人均畜产品占有量135.8公斤。有40家农产品加工企业进入了省“513”工程，有15家被评为省级农业产业化重点龙头企业。新增设施农业百亩以上园区50多处，日光温室和塑料大棚等设施面积达12.5万多亩，产值10亿多元，全市农产品加工产值与农业总产值的比率达到1.2:1，农民人均畜牧业纯收入1300元，进一步拓宽了农民增收渠道。

三是稳步推进市域城镇化。按照“规划引领、完善功能、提升品位、文化塑造、生态支撑”的核心理念，不断强化产业支撑、基础设施支撑、文化设施支撑、社会保障支撑，努力实现城乡居民就业有岗位、文化有设施、居住有条件、生活有保障。《城市建设2013—2030总体规划》修编取得规划中期成果，中心城市、大县城、工业园区、特色镇、新农村建设统筹推进，5个特色镇建设完成投资3.34亿元，100个高标准新农村建设成效初显，以园区经济为承载平台的城乡一体化发展新格局逐步形成。与此同时，加快发展现代服务业，重点推进了北京电子城朔州数码港、中煤总部基地、朔州华联国际物流园、怀仁煤炭物流和金沙滩民俗文化产业项目群及现代服务商贸物流项目群，不断形成了集物流中心、超级市场、星级宾馆、旅游商贸等为一体的现代综合服务体系。

四是扎实推进转型综改试验区建设。制定了《2013—2015实施方案》和《2013行动计划》，围绕实施重大改革、重大事项、重大项目，分别制定了今后三年“235”及2013年“512”工作任务。加快推进“八大工业园区”建设，已建成项目162个，可实现产值345.34亿元，利税45.63亿元。大力发展集群经济，积极实施“双千亿”、“双五百亿”、“双百亿”、“双五十亿”工程建设。加快推进各项改革，建立“四化”同步推进机制，完善接续替代产业发展机制，创新生态治理机制，深化行政审批制度改革，引深户籍制度改革，推进用地制度改革，进一步优化发展环境。

二、加强社会主义民主政治建设，依法治市水平得到新提高

市委始终坚持巩固和发展党的政治优势，坚持党的领导、人民当家作主、依法治国有机统一，积极扩大民主，推进依法治市，不断加强和完善社会主义民主政治建设。支持人

大及其常委会依法履行职能,充分发挥地方国家权力机关的作用。支持人大加强法律监督和工作监督,对"一府两院"依法行政、依法履职情况进行有效监督。高质量办理了代表议案和建议。围绕团结和民主两大主题,支持和保证人民政协履行政治协商、民主监督、参政议政职能。支持总工会、共青团、妇联等人民团体依照法律和章程独立自主开展工作。重视和加强对统一战线工作的领导,为民主党派和无党派人士开展调查研究、参政议政、建言献策创造条件。进一步加强和改进新形势下工商联工作。民族、宗教和外事、对台等工作取得新的进步。大力实施"六五"普法,基层司法所规范化建设进一步加强。深入推进党务公开、政务公开、厂务公开、村务公开和公共企事业单位办事公开。同时,加快推动国防和驻朔部队建设,党管武装得到新的加强,国防后备力量建设水平稳步提升,军民融合式发展成效显著,军地"双服务"和双拥共建工作取得新成绩。

三、大力实施文化强市战略,宣传思想文化工作取得新进展

市委始终把党的宣传思想文化工作摆在突出位置,牢固树立意识形态意识,充分发挥思想引领、舆论推动、精神激励、文化支撑"四个作用",大力推进文化强市建设。一是加强理论武装工作,精心组织开展了党的十八大、十八届三中全会精神进企业、进农村、进机关、进学校、进社区"五进"活动,邀请全国知名专家学者举办了8次名家讲座,利用市图书馆创办了朔州大讲堂,举办了34场(次)专题讲座,全市上下贯彻落实党的路线方针政策、齐心协力建设美好家园的自觉性显著提高。二是加强舆论宣传工作,精心组织了"山西作家看朔州"和"央媒记者看右玉"等一系列集中采风活动,中央电视台、山西电视台、《人民日报》、《光明日报》、《农民日报》、《山西日报》等国家级和省级主流媒体多视角、高密度对朔州市生态建设、畜牧业发展、经济转型等进行了全方位报道,进一步提升了朔州的知名度和影响力。三是加强精神文明创建工作,大力宣传"山西精神",传承弘扬"右玉精神",广泛开展了"我推荐、我评议身边好人"活动、"美德少年"评选活动、朔州道德模范推荐评选工作。平鲁区儿童福利院被中央文明委表彰为全国未成年人思想道德建设工作先进单位。四是加强文化事业和文化产业建设,设立文化产业发展专项资金,积极培育重点文化企业和项目,组织开展送戏下乡、"农家书屋读书活动",成功举办了朔州边塞旅游文化节暨避暑休闲季活动,朔州市入选第二批国家公共文化服务体系示范区创建城市,不断促进了文化大发展大繁荣。

四、大力加强以保障和改善民生为重点的社会建设,和谐稳定大局得到新巩固

市委始终自觉把保障和改善民生作为一切工作的出发点和落脚点,以平安朔州建设为载体,加强和创新社会治理,认真做好关心群众工作,努力营造安全稳定、和谐有序的政治社会氛围。

一是统筹推进各项社会事业。优先发展教育事业。继续实施中小学生"营养奶工程",与中北大学正式签署共建"中北大学朔州校区"协议,朔州师专挂牌成立。加快发展医疗卫生事业。县乡村医疗卫生机构达标率为100%,新农合平均参合率达到99.1%。不断完善社会保障体系。大力开展"社会保障信息综合年"活动,加快推进了社保卡普及应用工作。努力增加城乡居民收入。启动实施了城乡居民增收工程,紧紧抓住争创国家级创业城市的契机,完善提升商贸创业孵化基地和青年创业就业园建设,实施企业定点扶贫和产业扶贫,推动发展高效农业,多渠道促进城乡居民增收。认真做好为民办实事工作。针对全市仍有112个村、4.5万人存在饮水困难的问题,全年投资7539.17万元,集中解决了88个村的饮水困难,剩余24个村要在2014年全部解决到位。投资2600万元,对乡镇卫生院进行升级改造,新建9座标准化乡镇卫生院,边远山区群众"看病难"、"看病远"的问题得到有效解决。配套安排4.8亿元,全面启动农村困难家庭危房改造、特困群众易地搬迁、行政村街道亮化、村级幼儿园改扩建和乡村清洁五项工程,其中14800户农村危房改造任务全部完成,1596户特困群众易地搬迁工程开工率达99%,1103个行政村街道亮化工程全面铺开,20个村级幼儿园改扩建工程和1688个行政村的乡村清洁工程全面启动。"暖心煤"发放工作全部到位。扎实推进保障性住房和城中村改造。保障性住房新开工19125套,开工率136.7%,建成率109.7%,投资完成率113.9%,各项指标在全省均排名靠前。14个城中村改造工程完成投资36亿多元。

二是全力以赴维护社会稳定。制定了《平安建设五年规划》,围绕深化平安建设、服务转型综改试验区建设、推进法治建设、加强政法队伍建设"四件大事",以"六六创安"工程为载体,着力实施基层基础系列工程,朔州市政法机关服务保障转型综改试验项目和园区建设的经验、依法治市等做法在全省得到推广。按照"管住秩序、理顺情绪"的基本要求,建立健全了群众利益协调机制、群众权益保障机制等六大机制,连续六年在全国"两会"、敏感节点、重大活动中实现了进京非正常"零上访",涉法涉诉信访工作和公众安全感调查满意度继续位居全省前列。在深化平安中国建设工作会议上,朔州市被授予全国社会管理综合治理优秀市。

三是毫不放松抓好安全生产。深刻吸取"6·19"事故教训,建立了"责任明确、措施得力、制度具体、执行到位"的工作体系,要求各级领导干部时刻做到"操到心、说到话、跑到腿、顶到人"。年内全市发生生产经营性事故250起,死亡33人,下降36.5%,安全生产形势持续好转。

五、坚持不懈推进生态文明建设,美丽朔州建设展现新形象

市委始终坚持尊重自然、顺应自然、保护自然的生态文明理念,把生态文明建设作为推进"两大任务"的战略支点,加快建设美丽朔州。一是注重治本增绿。圆满完成33万亩营造林任务,超省定考核任务近49个百分点。按照乡村绿化每

年“一乡一条路、一村一片林、人均一棵树”的基本要求，建起环村片林3400多亩。二是注重治水兴水。大力实施朔城区恢河水系整治、平鲁区环城生态水系建设、山阴县桑干河湿地公园建设、怀仁县鹅毛河水系整治、应县塔北水景公园建设、右玉县海子湾水库下游河道生态景观水系、神头泉水源保护与生态修复等水生态建设重点工程，努力打造碧波荡漾、绿水环绕的水生态景观。三是注重环境保护。扎实推进蓝天碧水工程，化学需氧量、氨氮、二氧化硫、氮氧化物、烟尘、粉尘排放均达减排目标进度。坚持开发、治理、修复同步，探索建立采矿企业生态修复治理责任制，完成投资450万元，治理采煤沉陷区面积1600多亩。

六、坚持党要管党、从严治党，党的建设各项工作迈上新台阶

市委牢牢把握加强党的执政能力建设、先进性和纯洁性建设这条主线，坚持党要管党、从严治党，全面加强思想、组织、作风、反腐倡廉和制度建设，不断增强了各级党组织和广大党员干部的凝聚力、战斗力。

一是切实强化党员干部思想政治建设。全面加强和改进市委中心组学习，出台了《关于进一步加强和改进全市党委（党组）中心组学习的实施意见》。坚持不懈推进学习型党组织建设，进一步完善了述学、评学、考学制度和领导干部在线学习等规章制度，举办优秀中青年干部等各类培训班42期，市、县（区）两级追加培训经费160多万元，培训农村（社区）“主干”1975名、“两委”班子成员9629名，党员干部的思想政治素质得到新的提升。

二是全面加强领导班子和干部队伍建设。坚持常态化选配干部，全年共研究调整补充选拔干部157名，干部群众反响良好。各级各部门党组织普遍召开了高质量的“右玉精神在朔州”活动专题民主生活会，查找剖析存在问题，开展批评与自我批评，进一步增强了领导班子战斗力。着力加强后备干部队伍建设，制定出台了《关于加强后备干部队伍建设的实施意见》。大力实施年轻干部成长工程，选派35名优秀年轻干部担任农村“第一书记”。认真执行领导干部任前审查制、公示制度，对拟提拔的99名干部进行了任前审查、公示，确保了干部选任工作的科学性和透明度。

三是扎实推进基层党组织建设创新工作。右玉县在“右玉精神在朔州”活动中，在全市率先试行了乡镇党委会“进村开”的做法。按照袁纯清书记“乡镇党委会‘进村开’是务实之举，是走群众路线的工作创新，可在朔州先行试行”的重要批示精神，及时召开了全市现场推进会，全面推开了乡镇党委会“进村开”的模式。深入开展“访知解”集中走访活动，帮助群众解决困难2522件。市、县、乡三级筹资近2600多万元，在73个乡镇（街道）全部建起了政务服务中心。深入开展了大学生村官“六个一”活动。研究制定进一步加强园区党建工作的对策和措施，组建了非公有制企业党建工作指导组深入园区开展工作，园区和非公有制企业党建工作得到全面加强。建立了“朔州市生活困难党员帮扶基金”，基层党建各项工作都有创新。

四是不断提高反腐倡廉建设科学化水平。严格落实党风廉政建设责任制，制定了《关于2013年全市党风廉政建设和反腐败工作任务的分解意见》。开展了“一月一警示”和“3+1”套餐式廉政教育，对1100余名处级干部进行了集中培训。加强廉政制度建设，健全完善了领导干部廉政约谈、重点岗位关键岗位AB角等制度，制定出台了节日廉洁自律、公车管理使用等行为规范。围绕贯彻落实中央“八项规定”精神，狠抓干部作风建设，全市各级纪检监察机关共派出专项检查组13批共187人，发现并纠正违反中央八项规定精神的问题17件，处理25人。严格执行《党政机关厉行节约反对浪费条例》，全市各级招待费用同比下降31.5%。深入开展会员卡清退、违规用车专项清退、停止新建楼堂馆所和清理办公用房三项活动。深入推进工程建设领域突出问题专项治理，大力整治民生领域专项资金使用、涉农领域损害群众利益的突出问题，以及教育、卫生、金融、电信等公共服务行业中的不正之风，受到了全社会的广泛好评。加大案件查办力度，继续保持惩治腐败的高压态势，全市各级纪检监察机关共受理群众来信、来访、电话举报件504件，立案调查387件，结案387件，处分404人，不断在以廉为荣、以廉为衡、以廉塑形中凝聚了干事创业的正能量。

（舒晓海）

附：中共朔州市委书记、副书记、常委名单

书　记： 王茂设（2月离职）　王安庞（2月任职）
副书记： 李正印（9月离职）　李海渊（9月任职）
马彦平（3月离职）　郑　红（女，4月任职）
常　委： 韩忠荣（11月离职）　雷健坤（女，12月任职）
刘国庆（4月离职）　康吉仁（4月任职）
刘英魁　李　锦　张耀生
董一兵（4月离职）　冯云龙（4月任职）
李根田　黄跃进（11月离职）
王建科（11月任职）

中共朔城区委工作概况

区委书记 郭连厚

朔城区是朔州市委、市政府所在地，全市政治、经济、文化中心。全区总人口51万，行政区划所辖2个镇，9个乡，4个街道办事处，299个行政村。全区共有基层党组织640个，其中基层党委25个，党总支26个，党支部589个，党员11703名，占总人口的2.2%。

一、经济社会发展情况

2013年，在市委、市政府的坚强领导下，朔城区围绕全市优化经济结构、提升发展质量“两大任务”的总体部署，继续推进产业转型、城市功能、社会管理、人文素质“四个升级”，牢牢把握项目推进、设施农业、城市建设、生态治理、民生改善等重点工作，千方百计引进项目，大刀阔斧推进城建，尽心尽力改善民生，不断提升党建水平，全面加快转型跨越发展步伐，积极应对前进道路上的各种困难和挑战，有效克服了经济下行压力增大带来的不利影响，朔城区方方面面的工作又有新的突破，新的提升，经济社会各项事业继续保持了平稳较快的发展态势。全区地区生产总值完成281亿元，增长10.5%；财政总收入完成28.57亿元，增长13.8%；一般预算收入完成13亿元，增长19.4%；全社会固定资产投资完成217.74亿元，增长31%；社会消费品零售总额完成76.8亿元，增长14.4%；城镇居民人均可支配收入达到25074元，增长10.4%；农民人均纯收入达到10394元，增长13%。

一是转型项目顺利推进。2012年5月17日朔州市领导干部大会后，按照全市的工作部署，朔城区委进一步完善发展思路，把发展循环经济和新兴产业作为主攻方向，按照省、市项目建设“六位一体”的要求，加大招商引资力度，实施项目攻坚战略，不断提升煤炭产业循环率和新兴产业占比率。以富甲、东坡、固废等工业园区为依托，全力推进总投资134亿元的平朔粉煤灰综合利用、三元炭素、天朔电动汽车、朔芳亚麻、丰泰铝型材等17个新型项目，加快产业转型升级。兴元工业包装制品、三元炭素二期、丰泰铝型材、朔芳亚麻、煤泥利用5个项目已投产，其他12个项目顺利推进。同时，以总部经济、现代物流和高端服务业为引领，大力发展现代服务业。重点推进了总投资320多亿元的中煤企业总部基地、神华准池铁路总部基地及物流园区、北京电子城·朔州数码港、金沙国际大酒店、北京华联等16个高端地产和服务项目，逐步优化了产业结构，增强了经济发展后劲。

二是设施农业稳步发展。朔城区委立足发展城郊农业的总体定位，大力实施“一县一业、一村一品”工程，加大科技推广，认真落实各项支农惠农政策，全年粮食产量达到6.3亿斤，实现连续10年稳定增长，继续位列全国产粮大县行列。把设施蔬菜和规模养殖作为发展现代农业的重要抓手，重点推进了总投资5.8亿元、总面积7500多亩的新农苑二期、紫金山二期、金土地食用菌科技园、华源农业文化示范园、西山一号等10大农业科技园，新建日光温室大棚3200多栋、连栋智能温室4.3万平方米。建设了新安庄建欣、一半村森华、金沙植物园二期、七里河剑明、紫金山科技园5大花卉育苗中心，总面积达到1000多亩，全区各类花卉育苗达到5000万株。并发展壮大了晟源、天禄、金田园、柏林、马邑大华等10大专业合作社。同时，整合雁门关生态畜牧经济区建设、风沙源治理等项目资金，扶持建设了35个标准化人畜分离养殖小区，进一步提升了规模养殖水平，全区大畜饲养量达到8.7万头，设施农业成为农民增收致富的重要渠道。

三是城市面貌大幅改善。按照全市城市总体规划，紧紧围绕“南延、西拓、中改、北提”战略，坚持老城改造与新区建设同步推进，扩容提质，完善功能，全力实施“五城联创”工程，稳步推进城镇化进程。2013年共铺开城建类项目124项，总投资605亿元，全年开工92项，竣工项目67项，完成投资386亿元。铺开保障性住房建设项目30项，其中续建项目23项，新建项目7项，目前已建成1.74万套，完成省定任务140%。老城改造竣工面积达到33.8万平方米，推进了照什八庄、南泉村、雒儿庄、南张家河等6个城中村、城边村改造，拆迁面积12.2万平方米，新建建筑面积83.6万平方米。同时，进一步强化以绿化、净化、亮化、美化为重点的城市管理，完成古北街、怡东路、怡西路等10条城市道路和怡家苑、厚德园等9个小区绿化达标任务，完成怡家苑广场、豪德广场两大游园广场建设和燕来广场、车站广场等15个广场改造提升工程，完成开发路南出口、张辽路南出口、平朔线朔城区段、富甲工业园区道路四大绿化景观提升工程，全区新增城市绿地面积72.6万平米。完成了总长21.4公里的14条街道人行道铺装改造，完成马邑南路、学院路、老城四大街等12条道路亮化工程，新增路灯1400基，城市基础建设进一步加强，城市功能日趋完善。

四是生态治理力度加大。朔城区委按照朔州市建设生态环境优美、人民生活幸福的美丽朔州的目标，围绕“一山两河一湖”的生态治理格局，坚持生态治理与景观建设相结合，通过连点成线、连线成面，形成生态大循环，不断提升生态文明建设成效。全年实施了总投资38.5亿元的10大生态治理工程，重点推进了8万亩的西山生态六期、1400亩的金沙植物园二期等工程。全区生态治理面积达到130万亩，林草覆盖率达到45%，城市绿化覆盖率达到43.8%，人均公共绿地面积达11.8平方米，空气湿度年均提高8–10个百分点，有效改善了城市环境，荣获国家园林城市和山西省林业生态区称号。

五是民生工程成效显著。朔城区委始终坚持民生至上的理念，努力统筹协调各方利益，不断加大公共财政投入力度，大力推进教育、卫生、文化、社保等各项社会事业。全年投资1亿元，新建、改扩建农村幼儿园14所，新建城镇幼儿园2所。在区新一中周边开工建设九中、职中、十一小，打造城南高标准教育园区。区一医院成功创建为“三级”医院，二医院“二甲”等级医院评审后的服务功能、服务能力得到加强，朔城区成为省级卫生应急综合示范区。启动了老城文化产业园规划和塞北革命烈士纪念馆、崇福寺及崇福广场争创国家4A景区工作，马邑博物馆成功申报国家三级博物馆。全面推进各类社会保险扩面征缴工作，全区参保人数达到36.2万人，各项基金结余3.19亿元，各类保险实现应保尽保，弱势群体得到有效救助，全区各项社会事业全面发展。

二、党的建设情况

一年来，朔城区委始终以提高执政能力和先进性建设为主线，把勤于学习、与时俱进、勇于任事、务实进取、廉洁勤政作为党建工作的基本要求，扎实推进党的思想、组织、作风、制度和反腐倡廉建设，全面提升了党建科学化水平，进一步增强了各级党组织的凝聚力、创造力、战斗力，为推动全区各项事业健康发展提供了坚强有力的政治保障。

一是加强政治思想文化建设。坚持中心组学习经常化、制度化，推行了“读、讲、议、写、用”学习法，全年共组织集中学习12次，提升了中心组成员理论素质。加强干部职工学习培训，举办各类培训班10期，受训人数3000多人次。特别是党的十八大、十八届三中全会召开以来，组织宣讲团深入基层巡回宣讲30多场次，激发了基层党员干部理论学习的热情。不断扩展善阳报、朔城新闻网的影响力，出版报纸121期，网站访问42万人次。继续加大对外宣传力度，在市级以上主流媒体发稿680篇次，在山西电视台、朔州电视台播放有影响的新闻报到200多条，充分发挥了舆论的引导作用。圆满完成全市文明城市创建各项工作，扎实开展了思想道德实践活动，全区公民的思想道德水平不断提升。

二是加强基层组织和干部队伍建设。紧紧围绕创先进、争一流，以建设服务型基层党组织为目标，突出农村抓创新、社区重保障、非公全覆盖的基本思路，不断强化阵地、队伍、活动“三位一体”推进措施，深入开展“访知解”活动、领导干部下乡住村和包村增收活动、大学生村官“六个一”等活动，继续深化“三诺双评一考”和“1+1”目标责任制管理办法，广泛学习推广文建明工作法，使群众切身体会到广大党员干部转变作风的新气象。探索了以推进社会管理创新为核心的社区党建新模式，不断扩大“两新”党组织覆盖面，进一步规范干部选拔任用，切实加强了基层组织建设。认真贯彻执行《干部任用条例》，着力构建培养、选用、考核“三位一体”工作格局，分4批次调整干部163人，选优配强了乡镇街道和区直机关事业单位领导班子，树立了良好的用人导向，激发了广大干部干事创业的热情。

三是加强和创新社会管理。继续深化平安朔城建设，大力加强和创新社会管理，实施了“六六创安”工程，开展了矛盾大排查、大化解活动，排查化解各类社会矛盾纠纷536起，办理法律援助案件235起，办结各类信访案件120多件。加大社区建设力度，探索推行“五化”模式，实行网格化管理，全面推行了“十进”社区服务工作，提高了社区综合服务能力。投入400多万元，建设高标准社区警务室22个，在各重点路段、区域安装视频监控设备350多个，完成380平米高标准社会服务管理指导中心建设，社区体制不断完善，社区建设的影响力不断提升，切实发挥了社区在社会管理中的主阵地作用。

四是加强党风廉政建设。认真贯彻执行党风廉政建设责任制，切实加强对城乡环境综合整治、重大项目落地、农村危房改造、保障性住房建设等重点工作的监督检查，有效保障重大决策执行到位、重要部署实施到位、重点工作落实到位。以“右玉精神在朔州”活动为载体，广泛开展了“转作风、办实事”主题实践活动，全区累计办各种好事、实事1676件，有效增进了干群感情，拉近了干群距离，密切了干群关系。认真贯彻执行中央改进工作作风、密切联系群众“八项规定”和省、市有关规定，全面完成会员卡清退、办公用房清理、公务用车整治等专项工作。加大案件查办力度，全年共立案49件，党纪、政纪和组织处理59人，促进了党风政风和社会风气的进一步好转。

（王治东）

附：一、中共朔城区委书记、副书记、常委名单

书　记：郭连厚

副书记：刘　彪　孟维君

常　委：史宝元　李　杰　董　达　李有平　刘卫东　王建军　蒯　勇

二、乡镇（街道）党委（党工委）书记、副书记名单

北旺庄街道

书　记：陈　钊

副书记：杜　超（3月离职）　郭　瑞（3月任职）　郭宏斌（3月离职）　陈　先（3月任职）

南城街道

书　记：周庆山（3月离职）　杜　超（3月任职）

副书记：谢　刚　尹志刚（3月离职）　李兴龙（3月任职）

北城街道

书　记：李志明

副书记：王秀梅（女）　陈　磊

神电街道

书　记：常武权

副书记：句成生　年永登（8月离职）

下团堡乡

书 记：高 峰

副书记：谭 雄 刘进强

神头镇

书 记：孙 义(3月离职) 林 实(3月任职)

副书记：刘 丰(3月离职) 常 科(3月任职)
周新华(8月离职) 翟志国(8月任职)

小平易乡

书 记：郭向东

副书记：赵斌山 霍秉明(3月离职)
卢 峥(3月任职)

贾庄乡

书 记：王万宇

副书记：解 庆 胡晓昕

滋润乡

书 记：齐宏业

副书记：蔚新义 梁双存

南榆林乡

书 记：林 实(3月离职) 刘 丰(3月任职)

副书记：齐宏亮 陈 先(3月离职)
石耀光(3月任职)

福善庄乡

书 记：赵子平

副书记：赫 云 李 宏

沙塄河乡

书 记：尚志新

副书记：张权喜 高建荣(女,3月离职)
贾大维(3月任职)

窑子头乡

书 记：徐生荣

副书记：刘晓东 李培祎

张蔡庄乡

书 记：梁耀文

副书记：王国文 宿建军

利民镇

书 记：霍永生

副书记：李 林(3月离职) 罗玺平(3月任职)
贾鹏飞

中共平鲁区委工作概况

区委书记 吴晓斌

朔州市平鲁区下辖11个乡2个镇2个工业园区和1个街道办事处，截至2013年区直党委(党组)共有17个，党总支22个,党支部592个，全区共有党员9581人，占全区总人口的5%。

2013年,平鲁区委认真贯彻落实党的十八大、十八届三中全会精神,按照省委、市委的决策部署,牢牢把握“稳定增势、争先进位”的总基调,以转型综改为统揽，全面落实“25922”发展战略,加快推进经济、政治、社会、文化和生态文明建设，全面加强党的建设。全年地区生产总值完成257.6亿元,增长5.7%;固定资产投资完成150.8亿元,增长16%。财政总收入、一般预算收入完成36.4亿元、16.83亿元,分别增长3.98%、6.01%,两项指标全市第一,一般预算收入提前两年完成“十二五”规划目标。

一、紧扣产业转型,经济发展质量和效益实现新提升

煤炭产业方面，全区建成标准化矿井22座,2013年原煤产量1.3亿吨。煤炭洗选能力达到1.4亿吨,入洗原煤1.17亿吨,原煤入洗率达到90%。大力实施“一矿一企”战略,煤炭资本投资或参股非煤产业经济总量超过100亿元,煤炭企业的非煤产值比重超过3%。产业转型方面，园区建设提质增速——两大园区累计完成投资约250亿元,北坪循环经济园区,8个投产项目达产达效,年内实现产值40亿元,利税4.2亿元。东露天循环经济园区,累计完成投资168亿元,实现产值30多亿。电力基地初具规模——电力项目建成240.5万千瓦（火电190万千瓦，风电50万千瓦，光电0.5万千瓦);在建377万千瓦(火电332万千瓦,风电45万千瓦)。循环经济积极推进——全年综合利用工业固体废弃物2514万吨,煤矸石综合利用率达到61.7%,粉煤灰综合利用率达到20%。招商引资成果丰硕——主动承接京津冀、长三角等中东部地区产业转移,成功引进了服装厂、晋能煤制天然气、光电信息产业等大项目,引进一批铸造业、新型水泥、制药加工、内陆港等产业项目。农业产业一体化方面，充分利用移民

搬迁旧址，鼓励和引导农民进城、能人进村、牛羊进圈、林草进山，探索形成了“买下一个村，移民一个村，办一个企业，绿化一片荒山，富裕一方百姓”的生态畜牧发展模式，累计投资5亿元，建成标准化生态肉羊养殖园区30个，标准化肉牛养殖园区3个，培育优质牧草基地2.3万亩。全区羊饲养量达到50万只，牛饲养量达1.6万头。以市场为导向，建立起政策扶持、招商推进、企业运作、大户带头的运作机制，全面推进特色小杂粮种植业，马铃薯、荞麦、胡麻、莜麦四大种植板块连片种植面积达到87万亩，投资8000万元的小杂粮加工园区开工建设，建成了投资3亿元的向阳堡双万亩苗圃。全年全区农产品加工销售收入达到6.3亿元。

二、实施“1430”战略，打造城乡一体化发展新格局

推进投资20多亿元的公共基础设施、路网水系、绿化美化、棚户区改造等25项重点工程，全力实施“五城联创”行动，全年新增城市绿化面积110万平方米，城市人均公共绿地达到14.1平方米，建成区绿化覆盖率达到42%。启动2个新型农村社区建设的前期准备工作，全面完成了农村危房改造、特困群众易地搬迁、行政村街道亮化、乡村幼儿园改扩建和乡村清洁工程五件实事。凤凰城省级重点示范镇建设扎实推进，西易村成功入选“山西最美乡村”。

三、推进生态修复，建设“美丽平鲁”

全年完成大片造林8.6万亩，通道绿化100公里，四旁植树60万株，新育苗4000亩。全区林地面积达到125万亩，森林覆盖率达到28%，林木绿化率达到36%。完成三处集中生活饮用水水源地水质达标监测任务，矿山生态恢复治理项目开工118项，新建居住建筑节能标准施工执行率达到95%。全年环境空气质量二级天数达到330天，综合污染指数1.94。

四、大力改善民生

教育方面，扎实推进与山大附中的全方位战略合作，全面实施“振兴平鲁教育三年行动计划”，推进中小学校标准化建设，推行15年免费教育，新招聘农村寄宿制学校和幼儿教师106名、高中教师37名，教育振兴发展取得可喜成绩。高考李林中学二本以上达线409人，比去年增加93人，增幅达30%。医疗卫生方面，深入推进公立医院和基层医疗卫生机构综合改革，创新理事会法人治理模式，积极推进国家级社区卫生示范中心建设，区中医院被评审为省级二级甲等中医医院，基本药物药价、门诊和住院费用分别下降34.5、33.3、26.3个百分点，全区农民参合率99.9%，人均筹资水平达到348元，比全省高出8元。新农合人均筹资水平、最高报销比例、最高支付限额和人均基本公共服务经费标准都达到全省最高水平。社会保障方面，养老保险实现了全覆盖，企业养老金实现了“九连增”，“全民医保”全面实现，社会保障完成了“一卡通”，五大险种十项制度全部实现了应保尽保。五保户和孤儿实现了集中供养。投资上千万元，实现了城区有线电视、城区公交、党报党刊订阅“三个全免费”。社会管理方面，组建了“智慧平鲁”运维公司，稳步推进城乡管理公共服务平台、地下管网信息系统、无线平鲁、智慧交通和视频治安二期工程，实现了城乡居民基本公共服务“一卡通”。全力推进涉法涉诉信访化解工作，共调处各类矛盾纠纷935起，确保了社会安稳、大局安定。煤矿安全死亡率继续保持零的纪录，安全生产形势持续稳定好转。

五、强力推进文化强区建设

组织开展了党的十八大、十八届三中全会精神“五进”活动，全区上下贯彻落实党的路线方针政策、齐心协力建设美好家园的自觉性显著提高。《平鲁报》出版85期，发稿2000多篇，平鲁电视台编发专题1130条。广泛开展了“我推荐、我评议身边好人”活动和朔州道德模范推荐评选工作。区儿童福利院被中央文明委表彰为全国未成年人思想道德建设工作先进单位。博物馆正式开馆，乡镇文化站、农村文化活动场所、农家书屋实现了全覆盖。大力传承弘扬“改革开放文明”，以第四届旅游文化季为引领的系列活动蓬勃开展，纪念改革开放专题片《平朔·1979》开机拍摄，北固山、乌龙洞、明海湖三大旅游景区面向游人开放。

六、强力推进制度创新，深化改革实现新突破

土地制度创新方面，积极推进露天采矿用地改革和工矿废弃地复垦利用，加快推进平朔矿区采煤沉陷区、采空区、水土流失区、煤矸石山的修复保护工程；积极推进城乡建设用地增减挂钩试点，探索推行“飞地”模式，完善了重点工程征地补偿办法，从制度上彻底消除了农村抢栽抢建根源。金融创新方面，建立了政府、银行、企业长效对接机制，在建设银行开展了保贷业务，搭建起了小微企业融资平台，为企业发展拓宽了融资渠道。城乡一体化建设方面，积极稳妥调整中心集镇和乡村建制区划，积极探索“扩权强乡（镇）”改革，创新棚户区改造模式，以自主改造模式启动了部分棚户区改造。

七、加强党的建设

深入开展“右玉精神在朔州”活动，以“学习贯彻党的十八大精神，弘扬右玉精神，加速推进转型综改试点区建设”为主题，组织300多名科级以上干部赴右玉廉政教育基地进行了为期3天的封闭式教育培训；以“学习贯彻党的十八届三中全会精神”为主题，组织近500名科级干部在市委党校进行了为期5天的两期集中培训。在抓好集中培训的基础上，广泛开展了“新征程、新气象、新作为”大讨论。区委中心组先后11次集中学习，全区举办了3次专题报告会。利用区乡两级培训平台，对区乡3000多名党员干部集中培训，实现了基层党员培训全覆盖。采取“请进来、走出去”的办法，先后邀请中纪委研究室主任、监察部检查员邵景均等专家学者对全区科级以上干部进行了辅导。进一步加强民主法治建设，区委积极支持区人大、政协和各人民团体的工作，自觉接受区人

大及其常委会的法律监督和工作监督,自觉接受区政协和民主党派、工商联、无党派人士的民主监督,高度重视人民群众监督和舆论监督,充分发挥工青妇等群团组织的作用,虚心听取社会各界的意见和建议,民主法治建设得到进一步加强,汇聚起齐心协力推进转型综改的正能量。进一步加强基层组织建设,狠抓基层服务型党组织建设,按照机关党建抓规范、农村党建抓提升、社区党建抓服务、非公党建抓覆盖、园区党建抓组建,分类施策,多管齐下,推行了社区党建网格化管理,设立网格党小组60个,将54个非公企业支部划分为7个区,分区派驻了指导组,设立了北坪、东露天两大园区党工委,将园区范围内的非公企业和村级支部整体划归园区管理,建设区党务中心,在全区形成"区党务中心,乡政务中心,社区综合服务大厅和农村便民服务站点"三级服务体系。进一步加强党员队伍建设,对基层领导班子和领导干部进行了调整,乡镇党政班子成员平均年龄38.9岁,比调整前降了0.9岁,大专以上文化程度比调整前提高了0.8个百分点;区直部门党政班子成员平均年龄43.4岁,比调整前降了3.2岁,大专以上文化程度比调整前提高了4.9个百分点。干部队伍的年龄结构和知识结构明显优化。推行"三抓两联一公示一培训"的做法,高标准培养党员126名,党员质量进一步提高。大力实施招才引智工程,遴选了30名平鲁籍研究生充实到工作一线。进一步加强党风廉政建设,严格执行中央《八项规定》,停建了工商办公楼、粮食办公楼、国税办公楼和智慧大厦四项工程,节约投资约1.7亿元,腾退办公用房4517平方米,清退车辆27辆,严格控制重大项目开工奠基、竣工投产、项目签约、落成剪彩、发贺卡等活动,全年接待经费支出均同比下降了50%以上。严肃查处了一批纪律不严、作风不实的人员,立案66件,处理73人,全区党员干部作风明显好转,形成干部清正、政府清廉、政治清明的良好局面。

(马　军)

附:一、中共平鲁区委书记、副书记、常委名单

书　记: 李　俊(4月离职)　吴晓斌(4月任职)
副书记: 吴晓斌(4月离职)　马占文　刘向东
常　委: 李　权(1月离职)　苑冬梅(女)　卢义平
高耀君　陈永杰　王世杰　张仁英
王　军(1月任职)

二、各乡镇、街道办党委书记、副书记名单

井坪镇党委
书　记: 李玉兰(女)
副书记: 贺永兴(4月离职)
康巨荣(4月任职,9月离职)
张　力(9月任职)　南志义(6月离职)
李海泉(6月任职)

白堂乡党委
书　记: 王　波(4月离职)　李　刚(4月任职)
副书记: 刘华忠(4月离职)　范晗昌(4月任职)
廖德宇(6月离职)　朱耀斌(6月任职)

陶村乡党委
书　记: 王　军(4月离职)　高日平(4月任职)
副书记: 落常春(4月离职)　李泽华(4月任职)
朱步升(6月离职)　郭建礼(6月任职)

下面高乡党委
书　记: 袁　耀(4月离职)　马润平(4月任职)
副书记: 石国玮(4月离职)　梁志强(4月离职)
王树盛(4月任职,10月离职)
王建平(10月任职)　刘卫平(6月离职)
马日优(6月任职)

榆岭乡党委
书　记: 孟廷忠(4月离职)　孟　泽(4月任职)
副书记: 王志平(4月离职)　丁振宇(4月任职)
武尚荣(4月离职)　王　振(4月任职)

向阳堡乡党委
书　记: 赵占祥(4月离职)　黄国栋(4月任职)
副书记: 黄国栋(4月离职)　王丕栋(4月任职)
郑建平(6月离职)　郭　强(6月任职)

西水界乡党委
书　记: 计瑞芝(女,4月离职)
石国玮(4月任职,9月离职)
刘华忠(9月任职)
副书记: 齐永仁(4月离职)　赵　牧(4月任职)
徐　海

凤凰城镇党委
书　记: 张万军(4月离职)
杜　耀(4月任职,10月离职)
贺永兴(10月任职)
副书记: 刘志仁(4月离职)　赵　峰(4月任职)
戎占文(6月离职)　侯翠平(女,6月任职)

高石庄乡党委
书　记: 李和有(4月离职)　赵建新(4月任职)
副书记: 赵建新(4月离职)　高　军(4月任职)
边　谋(6月离职)　齐今强(6月任职)

阻虎乡党委
书　记: 杜　耀(4月离职)　计瑞枝(女,4月任职)
副书记: 贯志强(4月离职)　郭　旺(4月任职)
马　鑫(6月离职)　王建新(6月任职)

双碾乡党委
书　记: 解志远(10月离职)　吴晋平(10月任职)
副书记: 马润平(4月离职)　刘钱元(4月任职)
郭　强(6月离职)　靳　珍(6月任职)

下水头乡党委
书　记: 孟　泽(4月离职)　王志平(4月任职)
副书记: 康巨荣(4月离职)　刘　发(4月任职)
陈建军(6月离职)　贾晓军(6月任职)

下木角乡党委

书　记：张晓青(4月离职)　贾志强(4月任职)
副书记：王树盛(4月离职)　张金凤(女,4月任职)
　　　　马英明(6月离职)　张　良(6月任职)
街道办党工委
书　记：赵占祥
副书记：武尚荣　廖德宇

中共怀仁县委工作概况

县委书记　王智杰

怀仁县辖10个乡（镇），162个行政村。有基层党组织662个，其中党（工）委26个（乡镇党委10个，县直工委1个，陶瓷工委1个，系统党委7个，企业党委3个，非公有制经济组织党委1个，公安局党委1个，一中党委1个，村级党委1个），有党总支66个，党支部570个。党员总数13072名，占总人口的3.44%，其中女党员1832名，农民党员5540名。2013年发展党员126名。

2013年是怀仁县全面贯彻落实党的十八大精神的开局之年，是实施“十二五”规划承前启后的关键一年。一年来，在省委、省政府、市委、市政府的坚强领导下，怀仁县认真贯彻落实党的十八大、十八届三中全会和习近平总书记系列重要讲话精神，围绕办好“两件大事”、推进“两大任务”的总体要求，突出“推动富民强县、建设幸福怀仁”的主题，加快推进经济、政治、社会、文化和生态文明建设，在经济下行压力加大的严峻形势下，开创了稳中求进、进中有效的新局面。

全年完成地区生产总值198.87亿元，增长10.5%；规模以上工业增加值112.53亿元，增长13.6%；固定资产投资112.47亿元，增长29.4%；公共财政预算收入11.26亿元，增长31.9%；社会消费品零售总额49.63亿元，增长14.6%；城镇居民人均可支配收入25510元，增长10.4%；农民人均纯收入11093元，增长12.8%；粮食产量达到4.01亿斤，同比增长28.5%。获得了全国科技进步先进县、国家卫生县城、全国群众体育先进县、全国计划生育优质服务先进县、全国风沙源治理先进集体、“美丽中国·生态旅游”十佳示范县、山西省环境保护模范城、全省农田水利基本建设先进县、全省一县一业建设先进县、全省扩权强县工作优秀县、全省畜牧生产先进县、全省政风行风评议先进县等32项市级以上荣誉，被住建部列为国家“智慧城市”试点县。

一、紧紧围绕“两大任务”的总目标，舞起“四化”一同推进和转型跨越发展的龙头

一是工业新型化稳步推进。深入推进“煤成亿吨”战略。集华兴业300万吨发煤站正式发运，金海洋金沙滩运销站已试产运行，全县煤炭发运能力达到亿吨。深入推进“瓷成精品”战略。成功举办了“金沙滩”杯全省工艺陶瓷美术大赛和全市陶瓷职工技能大赛。全县陶瓷企业达到45家，生产线90条，产量达到11.5亿件。新兴产业快速发展。玉龙精细化工乙撑胺项目、华元医药产业基地项目土建工程全部完工，朔煤电怀仁工业固废循环综合利用项目开始试生产，“以煤为基、多元发展”的格局正在形成。二是县域城镇化成效明显。投资60多亿元，实施城建重点工程35项。金沙滩商业旅游购物项目群、金沙滩民俗文化项目群实施的27个项目主体已完工，美之居家居城建成运营。金沙滩、怀贤、仁福3条商业步行街初具规模。全县服务业增加值达到73.5亿元，同比增长9%。完成了热源厂三期扩建工程，新增供热面积240万平方米。完成北七里水厂、北辛村水厂建设，县城群众吃上了安全放心的引黄水。开通了“12345”市民服务热线，城市管理走上智能化、精细化、长效化道路。以“三拆四改五化”为重点，全面铺开农村环境整治和农村危房改造工程，7个小集镇建设初具规模，高标准打造了15个新农村建设示范村，完成了76个村的街道亮化工程。加快构建以园区经济为承载的城乡一体化发展新格局，全县城市化率达到60.5%。三是农业现代化全面推进。加快全省“一县一业”羔羊示范基地建设。新建羔羊养殖小区328个，新增棚圈面积64万平方米。全县棚圈面积达到117万平方米，羔羊饲养量达到432万只，农民人均养羊纯收入上到5192元，三项指标均比2010年翻了两番多。新建了金沙滩羔羊肉业、清凉山羔羊肉业、瑞誉羊畜产品加工、于永军肠衣加工4家畜产品深加工龙头企业，全县大中型羊产品加工企业达到12家，年屠宰加工能力达500万只。实现了玉米秸秆全消化、羊肉全加工、羊粪全处理。在第十一届中国(武汉)畜牧业博览会上，“怀仁羔羊肉”获得“优质品牌畜牧产品”和“最佳美食”两项大奖。中央电视台《新闻联播》对怀仁羊产业发展进行了专题报道。新建日光节能温室1000个，全县各类大棚累计达到8000个，农民增收致富的渠道进一步拓宽。四是城乡生态化规模空前。投资1亿元，对城市道路、公园、广场进行立体绿化，县城建成区绿化覆盖率达到40.4%，绿地率达到37.2%，人均公园绿地达到11平方米。以金沙滩生态经济园林区为重点的“两山”绿化工程，完成了前四期工程，造林40万亩。全县森林覆盖率达到28%。大力实施兴水战略，鹅毛河湿地公园一期工程、金沙湖、三台湖工程顺利完工，全县水面面积由5500亩增加到5.5万亩。同时，开展了以村庄绿化和庭院绿化为主要内容的“百村”增绿工程，栽植生态树15万株，庭院绿化栽植果树8.46万株。形成了“一城两山三湖七河百村”为主要内容的生态建设格局。

二、加强和完善社会主义民主政治建设，努力提升社会法治水平

县人大深入开展经济运行、社会治理、城市管理及全县重点工程等专项监督、执法检查和执法调研。县政协围绕重点工程项目建设、食品药品安全、农村环境整治、产业结构调整等内容进行了专题调研，出版发行了《无悔人生——老八路余平的革命生涯》一书，完成《三晋石刻大全(怀仁卷)》的编撰工作。成立了煤炭行业协会，全县形成10大行业协会，在促进产业转型和社会事业发展中发挥出特殊作用。工会、共青团、妇联等群团组织的桥梁纽带作用进一步加强。扎实推动国防和驻怀部队建设，双拥共建水平进一步提升。

三、全面加强宣传思想文化工作，加快推动文化事业和文化产业大发展大繁荣

坚持用中国特色社会主义理论体系武装干部群众，教育引导广大干部群众坚定理想信念，推动核心价值内化于心、外化于形，不断增强广大干部群众的凝聚力和创造力。实现了调频广播复播、有线电视全覆盖。建设了图书馆、体育馆、城市规划馆，城市功能和品位进一步提升。在首届山西文博会上，参展作品获得“神工杯”金奖4项、银奖4项、铜奖1项。《千古仁义地、现代幸福城》宣传片在旅游卫视等媒体广泛播出，怀仁的知名度和影响力不断扩大。成功举办了“桃李杯”全国乒乓球大奖赛、“万人快乐健身操”大型活动和“幸福怀仁好声音”歌舞大赛，组织开展了春节、元宵节、清明节、“四月八”大型民俗文艺活动和“科技、文化、卫生”三下乡活动，城乡群众文化日益繁荣，城乡整体文明水平明显提升。

四、有效保障和改善民生，推进社会治理改革发展

一是全力保障和改善民生。全县高考二本B类以上达线5448人，达线率为43.6%，连续22年蝉联全市第一。成立了校车公司，全县高标准校车达到95辆。建成了全省一流的中医院。县乡村三级医疗卫生达标率达100%。新农合参合人数17.07万人，参合率达到99.3%。全县人口自然增长率为4.61‰。五大社会保险基金收入达到2.45亿元，累计结余3.49亿元。城镇登记失业率控制在1.7%以内。继续为县城居民免费延长一个月供暖期，继续试行“政府买票、市民乘车、企业营运”的公交运行模式。二是进一步加强和创新社会治理。“平安怀仁”创建活动扎实开展，严厉打击各类刑事犯罪活动，社会治安形势明显好转。严密监控和打击邪教组织，有力地维护了全县改革、发展、稳定的大局。以群众工作统揽信访工作，深入开展领导干部大下访、大接访，连续三年实现了进京非正常访、赴省集体访“双零”目标，和谐稳定大局持续巩固。三是毫不放松地抓好安全发展。严格落实政府和企业两个主体责任，强化公共安全体系和企业安全生产基础建设。开展安全生产大检查，引深专项整治，推动了全县安全生产形势持续好转。全年未发生一起重大安全生产事故。

五、坚持党要管党、从严治党，党的建设科学化水平全面提升

依托全省一流的干部教育培训基地，举办各类干部培训班63场(次)，培训党员干部12800余人(次)，广大党员干部进一步增强了“三个自信”，增强了富民强县的责任感和使命感。制定出台了《关于加强科级后备干部队伍建设的实施意见》。在全市率先开展了选派农村党组织第一书记工作，选派19名县直机关科级干部到农村任职，选派21名县直机关优秀年轻干部到社区担任党组织书记，进一步强化了班子、锤炼了干部、推动了工作。健全基层组织体系，把党组织建在产业链上，建立各类产业党组织177个，促进党组织建设与产业发展的有机融合。全面推开了乡镇党委会“进村开”的模式。落实“三级联述联评联考”制度，进一步强化基层党建的组织领导。扎实开展基层党组织“帮扶联建”活动，实现了城乡基层党组织优势互补、资源共享、共同发展。严格执行“八项规定”，坚决反对“四风”，大力弘扬“右玉精神”，制定出台了《落实八项规定实施细则》，开展了会员卡、违规用车和超标办公用房专项清理工作，促进了工作作风转变。全县会议数量同比减少35%，文件简报减少55%，会议经费减少25%。深入开展“访、知、解”活动和“下乡住村”活动，各级落实帮扶项目126个，为群众办实事3620件，进一步密切了党群干群关系。同时，加大案件查办力度，全年纪检监察机关共立案查处案件52件，党政纪处分72人。

(师迎春)

附：一、中共怀仁县委书记、副书记、常委名单

书　记：王智杰
副书记：吴秀玲(女)　王彦平(女)
常　委：司永恒　李启军　吴文莉(女)　梁文晓
王万波　陈志刚　常增宝(10月离职)
闫天兵(10月任职)

二、乡镇党委书记、副书记名单

云中镇
书　记：边彦明
副书记：王秀东　曹国强
何家堡乡
书　记：刘　鹏
副书记：刘兴中　贺　英(9月离职)
孟志明(9月任职)
吴家窑镇
书　记：潘亚非(9月离职)　于仲谦(9月任职)
副书记：于仲谦(9月离职)　岳中山(9月任职)
杨小奴
金沙滩镇
书　记：余治山(9月离职)　杨　钰(9月任职)
副书记：杨　钰(9月离职)　张永峰(9月任职)

聂旭仕

新家园镇

书 记：刘宏武（9月离职） 王 福（9月任职）

副书记：王 福（9月离职） 黄 峥（9月任职）
尹高峰

亲和乡

书 记：姜世广

副书记：司永红 李志杰

海北头乡

书 记：张致荣（9月离职） 田 勇（9月任职）

副书记：田 勇（9月离职） 夏寒冰（女，9月任职）
曹 忠

河头乡

书 记：仝晨宇（9月离职） 郭昌龙（9月任职）

副书记：郭昌龙（9月离职） 彭耀武（9月任职）
孟 波（9月离职）

马辛庄乡

书 记：张启荣（9月离职） 谭金花（女，9月任职）

副书记：谭金花（女，9月离职） 张贵荣（9月任职）
王三喜

毛皂镇

书 记：石 晶

副书记：李剑星 田 龙

中共应县县委工作概况

县委书记 兰成国

应县是个传统农业大县，是朔州市唯一的无煤县。截至2013年底，全县共有12个乡镇，有县直党委（党组）6个，基层党委14个，党总支34个，党支部603个，党小组1196个，党员12608名，占全县总人口的4%。

2013年，在市委的坚强领导下，应县县委团结带领广大干部群众，统筹推进各个领域的重点工作，全县经济社会整体保持快速健康发展的良好势头。

一、紧跟省市部署，立足县情实际，转型跨越、负重赶超的思路更加明确

2013年初，应县县委明确提出了“拓展两大优势，做强三大产业，抓好六件大事，强化七种意识”的发展思路。2012年5月17日朔州市领导干部大会后，应县县委紧跟朔州市“两大任务”总体部署，进一步提出了在新型工业、现代农业、文化产业、植绿兴水、均衡发展、民生幸福六个方面“树标杆、做贡献”的战略目标，进一步突出“三区五园”的产业发展定位，着力在全国日用陶瓷生产基地、全国生态畜牧养殖基地、全省特色农产品加工基地和新能源产业发展等方面求突破，进一步找准了应县转型跨越、负重赶超的突破口，激发了农业县的发展潜力。

由于思路正确，措施有力，应县经济保持健康向上的发展势头。2013年，全县地区生产总值完成58.1亿元，同比增10%；服务业增加值完成25.6亿元，同比增10.1%；规模以上工业增加值完成16.06亿元，同比增12.8%；固定资产投资完成48.2亿元，同比增34.3%；社会消费品零售总额完成22.09亿元，同比增14.5%；财政总收入完成3.4046亿元，同比增14.14%；公共财政预算收入完成1.7069亿元，同比增15.56%；城镇居民人均可支配收入18060元，同比增10%；农民人均纯收入7402元。

二、狠抓招商引资，强化项目支撑，“三大产业”的主导地位更加突出

按照“三区五园”的产业发展定位，全面深化招商引资，制定并落实《关于加强招商引资的二十条意见》、《关于加快推进规模以上企业发展的十六条意见》，年内签约项目36个，签约总额280亿元，依托招商引资，铺开重点项目、重点工程120项，总投资520亿元，全年累计完成投资69.57亿元，达年度计划的123.95%。其中，涉及产业项目58个，投资额高达400多亿元。呈现出“三大产业”各具特色、竞相发展的势头。

一是新型工业建设步伐明显加快。全面推进了总投资340多亿元的31个工业项目，年内建成投产项目11个，全县规模以上工业企业达到42家，以“三大基地”为主的新兴产业初具规模。新能源示范基地建设，推进了涉及生物质能、风电、光伏发电、煤层气液化等方面的16个新能源项目。全国工艺化日用瓷生产基地建设，铺开了13个新型高档陶瓷项目，全县陶瓷企业发展到17家24条生产线。应县被确定为全省外贸转型升级专业型示范基地，“应县陶瓷”成功申请中国地理标志。全省特色农产品加工基地建设，黄芪养生酒项目建成试产；中粮糖业、梨花春集团、雅士利乳业完成税收7527万元，稳居全市非煤电企业前列。同时，有力推进以新型化工建材、装备制造为主的赛特电梯、北方汽车产业园等一批新兴产业项目。

二是现代农业规模集群发展的势头更加强劲。按照“以农载牧、以牧养菜、南菜北牧、循环发展”的模式，围绕“农民万元收入计划”目标，着力推进了“南菜北牧”两大项目示范群建设。“南菜”板块现代农业项目示范群，重点推进了南河种5万亩现代农业示范园区建设，完成了和顺苗木二期、天喜农业园一期、乾宝黄芪园一期等一批设施农业项目。启动

了华联集团投资15亿元的"两大基地两大市场"项目;实施了8个蔬菜病害防治试验基地,全县10万亩蔬菜基地通过了2013年度中国质量认证中心"良好农业规范认证"。"北牧"板块现代养殖项目示范群,重点推进了万亩现代养殖示范园区建设,两年累计投入资金2亿多元,完成了园区基础设施建设,9个养殖小区建成投入使用,6个正在建设,年育肥、屠宰肉羊73万只,养殖"和牛"1500头。成功引进了新西兰恒天然集团投资15亿元的奶牛养殖项目。

同时,大力加强农业基础设施建设,完成了总投资1.7亿元的八大水利工程和万亩综合开发工程,被评为"全省农田水利基本建设先进县"。一年新发展农民专业合作社481个,累计达到1057个。全县粮食总产量达6.01亿斤,比上年增18.3%,荣获全省粮食生产先进县称号;蔬菜总产10亿公斤,总收入13亿元;羊饲养量120万只,奶牛存栏3.8万头;全县畜牧业产值达8亿元,同比增12.2%。全县农村经济总收入47.3亿元,比上年增19.2%。

三是文化旅游和商贸物流产业蓄势待发。木塔申遗重点推进了木塔周边环境综合整治工程,完成了木塔周边绿化、应元街改造等工程,推进了总面积1200亩的塔北生态水系综合治理、遗址公园建设等工程。文化旅游产业园重点推进了工艺美术城和乙斑古建一期两个项目。另外,商贸物流产业呈现强劲发展势头,开工建设了总投资21.3亿元的4个项目。

三、突出共建共享,统筹城乡发展,"六件大事"推进有力

一是县域城镇化建设实现上档升级。重点推进大县城、小集镇、新农村建设。按照"城北生态、城中文脉、城南新区"的发展布局和"两年改造、一年提升"的推进步骤,两年铺开49个项目,总投资116亿元,已完工19个。其中,政府投入16个亿,带动社会投资100个亿。全面推进了5个集镇和12个中心村建设工程,成为国家财政部美丽乡村建设试点县。重点推进了总投资16.23亿元的12项城乡道路改造建设工程,生态旅游观光线等4项工程已完工,完成投资近3亿元。

二是木塔申遗工作实现新的突破。软件建设方面,2012年9月,国家文物局再次组织召开木塔二、三层保护加固专家评审会,国家文物局原则同意了《应县木塔严重倾斜部位及严重残损构件的加固方案》,实质性保护加固工程即将启动。

三是园区建设卓有成效。一是狠抓园区基础设施建设。总投资4500万元的新型科技创新园城南核心区基础设施建设全部完工,科技孵化楼投入使用。二是积极创新用地机制。落实重度盐碱地直接变为建设用地优惠政策,全面实施城乡建设用地增减挂钩,大力实施土地开发复垦整理项目。三是创新管理服务机制。组建了两大园区管委会,推行5大园区挂牌保护制度。探索实施了园内项目手续由园区管委会统一代办、监察部门跟踪督办的审批制度。四是加大科技兴园力度,重点推进了陶瓷产业科技创新。

四是民生社会事业全面进步。教育振兴见到实效,全县高考成绩连续三年大幅攀升,2013年全县达二本B类以上人数1152人,同比增210人;铺开了总投资1.2亿元的6项基础设施建设工程。县乡医疗卫生服务体系建设进一步完善,总投资2亿元的县医院迁建、4所乡镇卫生院改扩建工程全面完成。社会保障和救助覆盖面不断扩大,全县发放各类社保资金1.84亿元,发放各类救助资金1.15亿元。科技文体事业繁荣发展,在全省首届文博会上获得19项大奖,清宁公园被评为"全国全民健身优秀公园",祇园广场被评为"全省优秀全民健身广场",应县被评为"全省科普示范县"。

五是生态文明建设成效显著。完成了县城排水综合改造工程,推进了塔北生态水系综合治理和两个生态森林公园建设工程、两条河道治理工程,启动了桑干河湿地公园建设和北楼口水库改造工程;完成了总投资2亿多元的城乡生态绿化工程,绿化规模、档次有了较大提升;积极推进节能减排,二级以上天数达到350天。

六是安全生产形势保持良好状态。严格落实安全生产责任,认真推行"一岗双责"、"包保"责任制,全面落实企业法人主体、政府职能部门的责任。全面推进企业安全生产标准化建设,事故起数、死亡人数、经济损失三项指标大幅下降,实现了生产领域全年无事故,营造了良好的发展环境。

四、努力创优政治、法治和社会环境,进一步凝聚了发展合力

积极支持县人大及其常委会依法履行职责,大力支持人民政协履行政治协商、民主监督、参政议政职能,巩固和发展统一战线,广泛凝聚了发展合力。深入开展"六五"普法,着力实施"六六创安"工程,重点完成了投资3500万元的"平安应县"城市监控系统,成立了"平安应县"建设指挥中心,深入开展严打整治斗争,全县社会管理综合治理取得了良好成绩。严格落实信访工作责任制和领导包案责任制,扎实开展信访积案百日攻坚战,十八届三中全会召开和中央巡视组驻晋期间,未发生一起非正常进京赴省上访案件。

五、全面加强和改善党的建设,为转型跨越提供了有力保障

一是宣传思想政治工作进一步加强。认真贯彻落实和宣传学习了党的十八大和十八届三中全会精神、习近平总书记系列重要讲话精神,扎实开展文明创建活动,进一步弘扬了社会主义核心价值体系;坚持内宣和外宣相结合,有力地发挥了舆论引导、凝聚人心、宣传应县、提升形象的作用;建立了网上舆论引导快速反应机制,改善了网络舆论生态。二是领导班子和干部队伍建设不断加强。县委常委会带头贯彻落实民主集中制,带头执行中央八项规定,深入推行四大班子包重点项目、重点工程责任制,带头落实党风廉政建设责任制,按照公开、透明的原则和德才兼备的干部选任标准,进一步优化了干部队伍结构。三是基层党建基础进一步夯实。不断扩大党组织覆盖面,全县单独组建合作社党支部35个,联

合、挂靠组建合作社党支部102个;扎实开展“访、知、解”活动和领导干部包村增收、下乡驻村活动。筹资1800万元,实施了9个社区党建活动场所升级工程;加大党员培养发展力度,全年发展党员130名,培养入党积极分子260名。四是党风廉政建设不断加强。加大案件查办力度,集中整治“四风”问题,党员干部的作风进一步好转;深入开展专项治理,深化行政审批制度改革,进一步提升了行政审批效能;认真落实党风廉政建设责任,推动了党务、政务(村务)、财务公开,营造出了风清气正的发展氛围。

(胡　广)

附:一、中共应县县委书记、副书记、常委名单

书　记:兰成国

副书记:边润文　王志坚

常　委:谭德宝　张玉儒　唐学仕
张天林(1月离职)　卢生权(2月任职)
白玉堂　高世亮　武春兰(女)

二、乡镇党委书记、副书记名单

金城镇

书　记:张宝峰

副书记:丰礼泽　张巨生

镇子梁乡

书　记:寇永芳

副书记:赵耀峰　赵　胜

义井乡

书　记:方国一

副书记:曹宝骥　唐怀仕

臧寨乡

书　记:刘　竹

副书记:戚耿文　曹帅国

大黄巍乡

书　记:胡文彬

副书记:李德春(10月离职)　寇　超(10月任职)
赵喜全

杏寨乡

书　记:高建广

副书记:贺一凡　王永山

下马峪乡

书　记:程利民

副书记:李昌彩　徐志宏

南泉乡

书　记:李尚宝

副书记:刘学理(女)　张　鹏

南河种镇

书　记:王振兴

副书记:韩成生　赵　生(4月离职)
李加冕(6月任职)

下社镇

书　记:李　宁

副书记:杨名党　米宗泽

大临河乡

书　记:赵利勋

副书记:赵振龙　王德福

白马石乡

书　记:杨良贵

副书记:安喜栋(4月离职)　丁烈征(4月任职)
郭占武(6月离职)　张志胜(6月任职)

中共右玉县委工作概况

县委书记　苏连根

右玉县辖4镇6乡1个旅游区,总人口11.2万。共有基层党委12个,党总支11个,党支部320个,党员7597名,占总人口的6.8%。

2013年,在省委、市委的坚强领导下,右玉县委紧紧依靠四大班子成员,团结带领全县干部群众,围绕推进经济结构优化和发展质量提升“两大任务”的工作主题,按照年初确定的目标任务,攻坚克难、奋力作为,特别是把传承弘扬右玉精神作为深化认知、转变作风、凝聚力量、推动发展的一项战略举措,深入开展了“右玉精神在基层”活动,全面激发了广大干部群众干事创业的热情,全县上下形成了争一流、树标杆、做示范的良好氛围,在宏观环境严峻复杂、经济下行压力较大的形势下,实现了经济社会持续健康发展。2013年,主要经济指标增幅均在两位数以上,多项指标位居全市前列。全年完成地区生产总值52亿元,同比增长10%;规模以上工业增加值24.07亿元,增长12.8%;公共财政预算收入4.2亿元,增长18.7%;固定资产投资73.9亿元,增长25.7%;社会消费品零售总额11.7亿元,增长14.3%;城镇居民可支配收入17252元,增长10%;农民人均纯收入5212元,增长13.3%。2013年,右玉县委荣获第八届全国“人民满意的公务员集体”荣誉称号,获得国家水土保持生态文明县、美丽中国示范县、首批国家餐饮服务食品安全示范县、山西省休闲农业与乡村旅游示范县等省级以上荣誉。

一、加快转变发展方式,经济转型取得新突破

一是转型综改工作扎实推进。制定了转型综改《实施方

案》和《行动计划》。以生态可持续发展为切入点,积极创新生态建设多元投入、生态农业集约发展等机制。全力推进重大项目建设,“六位一体”各项指标均超额完成任务,重点开工建设了教场坪集团铁路运煤专线及800万吨洗煤厂、1200万吨煤炭集运站和玉龙风电二期、国电高家堡风电四期3个5亿元以上转型项目。工业园区新增储备和新开工项目各两个,投产项目5个,产值达27亿元。加大开放引进力度,签约项目17个,引资达352亿元,签约率全市第二。

二是工业转型步伐全面提速。煤炭产业巩固提升。全省第一家全面完成煤矿兼并重组整合,玉龙240万吨洗煤厂投运,京玉长距离输煤皮带基本完工。清洁能源产业持续壮大。新增风电10万千瓦,风电装机容量达50万千瓦。建材化工产业提质升级。惠洁粉煤灰综合利用项目具备试产条件。泉鑫1.5万吨单晶莫来石技改项目投产。农副产品加工业集群发展。西口羊1万吨羊肉加工等项目顺利推进,图远搬迁基本完工。高新技术产业实现突破。永昌LED产业园一期投产,同煤铁峰科技工业园开工建设。

三是现代农业发展成效明显。种植业优化增效。完成总播面积64.6万亩,粮食总产量达7447万斤。燕麦种植面积达10万亩,新打造“一村一品”专业村19个,完成马铃薯种薯基地5500亩。畜牧业健康发展。新建肉羊标准化养殖小区6个,全县羊的饲养量达75万只。山远5万头生猪养殖项目投产。中粮生猪养殖项目签订合作协议。农业产业化进程不断加快。新注册农民专业合作社47家,4家被授予2013年度省级示范社。臣丰食业公司引导农民发展苦荞6万亩。农业基础条件持续改善。治理小流域7.5万亩,新增耕地978亩,完成旱作高效农业3750亩。全县粮食补贴面积达47万亩,补贴资金3481万元,2.46万户农民受益。县级农业投入达9192万元,同比增长31%。

四是生态旅游业稳步发展。旅游规划逐步完善。完成《右玉县旅游总体规划》和《杀虎口景区修建性详规》编制评审。景区景点建设不断加强。开工建设同煤集团杀虎口旅游景区开发项目。实施了右卫老城北门修复、海子湾水库下游湿地公园、大南山显明寺、牛心孕璞等景点修建工程。旅游品牌效应有效体现。成功举办第四届西口风情生态旅游文化节。组织协办十大商帮走西口、百家旅企大联盟等活动。全年接待游客117万多人次,实现旅游收入11.13亿元,同比分别增长11.26%、11.65%。

五是城镇化进程明显加快。规划管控不断强化。加快《县城乡总体规划》、《县城新区及工业园区控制性规划》等规划的编制工作。县城建设全面加快。投资30多亿元,实施路网建设、住房安居等18项重点工程。开工建设安居住房70多万平方米。7条城市道路改扩建工程建成通车。开工建设县城新水厂和天然气项目。新区绿化及人民公园改建全面完成。农村基础条件大为改善。实施了10个村的扶贫整村推进,完成了13个村的安全饮水、243个行政村的街道亮化。完成了35个推进村和15个示范村的新农村建设任务,改造农村危房2200户。道路建设成效明显。大呼高速全线贯通,准池铁路完成铺轨,大呼高速连接线防护工程完工,西纵高速右平段、109绕城改线完成初设评审,通市路改造完工通车。城乡管理水平巩固提升。提升环卫设备,建立健全城市市容市貌管理制度,县城环境卫生管理由粗放、动态向精细、常态转变,大力推进乡村清洁工程,城乡环境面貌明显改善。

二、广泛凝聚发展合力,民主法治建设取得新进展

一是人大工作全面加强。支持县人大及其常委会依照宪法和法律履行职能,围绕全县重大问题等开展工作监督、法律监督,听取和审议“一府两院”工作报告30余项,开展会前视察等10余次,执法检查2次。二是政协作用有效发挥。支持县政协围绕全县重点工作等开展课题调研6次。工商联、无党派人士积极参政议政,上报社情民意186篇,多次被全国、省、市政协采纳。工青妇、民族宗教和老干部等工作得到加强。三是依法治县加快推进。认真开展“六五”普法,大力推进规范执法、公正司法。右玉县建立教育转化基地做好涉邪人员教育转化工作的经验做法,得到中央防范办的充分肯定。四是国防后备力量建设不断巩固。开工建设县人武部民兵训练基地,圆满完成征兵任务。驻地部队和民兵积极参与全县经济社会发展,有力推动了军民融合发展。

三、强化意识形态意识,宣传思想文化工作取得新成效

一是舆论宣传水平再上台阶。坚持对外提升影响力、对内增强凝聚力,积极宣传报道转型跨越发展、传承弘扬右玉精神等方面的新成效,累计在国家、省、市三级主流媒体刊发各类稿件400多件90余万字。二是精神文明建设强力有效。大力推进省级文明和谐县城创建活动,社会主义核心价值观建设扎实推进。右玉展览馆完成布展,成为全省爱国主义教育基地。三是文化产业和文化事业丰富发展。创作完成反映右玉精神的道情现代戏《绿色梦》。积极开发独具特色的书画、剪纸等文化产品。深入开展优秀戏剧、影片进农村、进社区等活动。投资5600万元的右玉剪纸艺术馆建成布展。完成市县广播节目乡村通达工程。

四、牢固树立民本理念,和谐安定局面得到新巩固

一是社会事业发展不断加快。教育事业稳步提升。投资2.5亿元的新一中投用,民福苑小区幼儿园等教育工程完工。狠抓教师队伍建设和教学改革,教育教学质量巩固提升。医疗卫生计生工作扎实推进。县农村急救中心主体完工,医改工作不断提升。人口计生工作综合考核全市第一。科技事业成效明显。全年申报专利73件,成立永昌LED等企业科研中心,宏宇牧业公司科普基地被评为全国“基层科普行动计划”先进单位。二是社会保障水平稳步提升。各项社会保险参保人数达12.27万人,征缴保险费1.23亿元。城镇新增就业3489人,转移农村劳动力2148人。城乡低保、五保对象的保

障和供养标准逐年上调，民政对象各类补贴及时足额发放，社会救助体系不断完善。完成了保障房建设年度任务。三是社会治理工作纵深推进。创新“平安右玉”创建模式，推进社会服务管理项目化建设，推行农村、社区网格化管理，社会治理水平有效提升。积极开展专项整治，社会治安防控体系建设不断加强。认真排查化解矛盾纠纷，信访工作稳定有序。深入开展安全生产大检查、大整治，安全生产工作整体良好。

五、始终高举绿化旗帜，生态文明建设得到新提升

深入开展环境保护“进校园、进农村、进企业”等活动，不断增强公民的环保观念。投资3亿多元，完成荒山造林6万亩、通道绿化216公里、村庄绿化55个、庭院绿化1980户。加快苗木产业发展，全县育苗面积新增1万多亩，总面积达6万亩。编制完成《右玉县突发环境事件应急预案》，扎实开展环保专项行动。二氧化硫、化学需氧量等主要污染物超额完成减排任务。全年空气质量二级以上天数达351天。

六、坚持党要管党、从严治党，党的建设得到新加强

一是思想理论建设进一步加强。深入学习党的十八大、十八届三中全会和习近平总书记系列重要讲话精神等党的最新理论成果。以“右玉精神在基层”活动为抓手，开展绿化劳模、老干部进党校讲党课等活动，深入学习贯彻习总书记对右玉精神重要批示，深化党员干部对右玉精神的理解，增强党性教育的针对性和实效性。二是领导班子和干部队伍建设进一步加强。调整充实了部分机关、企事业单位和乡镇班子。有序推进县委权力公开和党代会常任制试点工作，延伸实行乡镇党代会年会制，以制度建设推进各级班子建设。作为全省加强干部日常监督管理示范县，实施了新任科级领导干部跟踪考察等四项制度，提升了干部管理水平。三是基层组织建设进一步加强。创新开展乡镇党委会“进村开”工作，袁纯清书记、汤涛部长、王安庞书记等作出重要批示，《人民日报》等媒体予以报道，朔州市现场推进会在右玉县召开。投资700多万元，新建和完善了11个乡镇政务服务中心、7个村级组织活动场所，打造党建精品示范点。四是作风建设进一步加强。制定实施细则，严格贯彻执行中央八项规定和党政机关厉行节约反对浪费等规定。扎实开展清房、清车等专项整治。各级领导干部带头开展“右玉精神在基层”等活动，不断完善县领导包乡镇、包企业、包项目，义务植树等制度。2013年右玉县被评为“全市政风行风先进县”。五是反腐倡廉建设进一步加强。配备22名乡镇纪委副书记和专职纪委委员，夯实了基层纪检工作基础。加强对中央八项规定和省、市、县有关规定贯彻执行情况的监督检查。全年共立案查处各类案件54件，处分党员干部54人。

（沈　强　李冬盛）

附：一、中共右玉县委书记、副书记、常委名单

书　记：苏连根
副书记：苏斌如　丁　裕
常　委：李　权　张乐祥　庞明明　李康正
卢世雄　曹建生(10月任职)
田献军(10月离职)

二、乡镇(旅游区)党委书记、副书记名单

新城镇
书　记：韩志强
副书记：赵一虎　康培清(4月任职)

右卫镇
书　记：王志平
副书记：郝建忠(11月离职)　刘继珍(11月任职)
高玉明

威远镇
书　记：宣　勇(4月离职)　田心世(4月任职)
副书记：田心世(4月离职)　唐　贤(4月任职)
韩晓辉(女)

元堡子镇
书　记：王建忠(11月离职)　武振东(11月任职)
副书记：郝　义　王志军

李达窑乡
书　记：蔡灵和
副书记：杨殿清(11月任职)　蔡灵和(11月离职)
孙利军(11月任职)　李志平(11月离职)

高家堡乡
书　记：武振东(11月离职)　郝建忠(11月任职)
副书记：方志纯　刘永旺

牛心乡
书　记：王志文
副书记：刘　儒　傅生瑞

白头里乡
书　记：杨　成
副书记：武海滨　韩　强

杨千河乡
书　记：蔚　瀚
副书记：金　虎　降　君

丁家窑乡
书　记：李鹏泉
副书记：李志平(11月任职)　刘继珍(11月离职)
闫向前

杀虎口旅游区
书　记：樊文智
副书记：王军芳　吴红岩

中共山阴县委工作概况

县委书记　侯　元

山阴县总辖4镇9乡,县直党工委3个、党组8个、基层党委27个、党总支42个、党支部645个,党小组1600个、党员总数10859人,占总人口数的4.5%。

2013年,在市委、市政府的坚强领导下,山阴县委团结带领全县干部群众,认真贯彻落实党的十八大、十八届三中全会和习近平总书记系列重要讲话精神,紧盯全年工作目标,狠抓全年中心任务,瞄准事关经济发展、社会稳定和普惠民生的大事,在应对挑战中抓机遇,在开拓创新中解难题,在推进发展中求突破,进一步拓展了"三色经济"优势,加快了"三区一县"建设进程,实现了经济社会的新跨越、改革发展的新变化和各项事业的新进展。全年全县地区生产总值完成171亿元,增长9.6%;工业增加值增长12.8%;固定资产投资完成121.3亿元,增长27.6%;公共财政预算收入完成12.6亿元,增长18.6%;社会消费品零售总额完成28.1亿元,增长14.5%;城镇居民人均可支配收入达到25046元,增长9.8%;农民人均纯收入达11374元,增长12.5%。

一、着力转变经济发展方式,转型跨越发展的基础更加坚实

坚持以循环发展为路径,以重点项目为支撑,以基地建设为载体,不断提升经济发展的质量和效益。

一是工业新型化全面推进。主攻煤电一体发展,加快工业新型化进程。以中煤金海洋"双500亿"工程为重点,全力做好立足煤、延伸煤、发展煤的项目文章,全力加快玉马现代化矿井、北周庄低碳循环经济、合盛堡新能源产业、西山钙化工、下喇叭风电五大循环工业园区的转型项目建设,进一步延伸了煤炭产－运－洗－销和煤－电－冶－建及固废循环利用产业链。全县煤矿标准化建设和采煤方式等现代化水平有了质的飞跃;原煤洗选、运输已具备洗选配餐、皮带传输"两个全部"的能力;原煤生产在前期受煤炭市场影响的情况下产量依然达到2129万吨,增长了6%。电力能源多元化有了突破性进展,煤电、风电装机容量达到75万千瓦,大型沼气站总量全省第一;中煤金海洋循环经济链条进一步拉长,工业固废利用示范基地建设开辟了新途径。一大批本地煤炭企业家转型投资本地企业,"朔州企业家投资在朔州"活动在山阴县已经显效。

二是特色农业现代化强势推进。立足奶牛养殖优势,坚持以农载牧、以牧富民,以"三个全部"为目标,以古城农产品加工、薛圐圙奶牛养殖基地、半道地现代农业、雁门关现代物流四大循环农业园区为载体,全面实施"四个十万"工程,以白色乳品为特征的特色循环农业进一步巩固拓展,粮－牛－奶、畜－沼－菜产业循环链条进一步延伸。2013年,全县奶牛存栏8.5万头,鲜奶产量28万吨,农民人均畜牧业收入5500元,这三项指标位列全省第一。古城集团销售收入突破10亿元大关,利税达到6368万元。总投资12亿元的现代奶牛产业标准化生产体系9大项目稳步推进。粮食生产再获丰收,达到5.1亿斤,并第一次获得以山阴领衔的全省粮食生产重点县300万元的奖励。"一县一业"、"一村一品"得到了进一步的巩固和拓展。天鹏农牧与雨润、美特好结成产业联盟;同煤鑫邦燕麦5万吨生产加工项目开工建设;宇昊蘑菇2万吨种植项目投入运营。随着循环农业的强势推进,基础设施的大力改善,山阴县成为玉米高产创建县、农机化生产大县、农机化综合示范县三个"省字号"和保护性耕作、玉米生产全程机械化两个"国字号"示范区,为全面提升特色现代农业效益夯实了基础,注入了活力。

三是城乡生态化扎实推进。坚持不懈推进"两山一河"百万亩生态治理工程,全年完成造林5.85万亩、植树800万株。特别是通过开展桑干河湿地修复治理、"一乡一条路、一村一片林"和"右玉精神在朔州"全民造林活动,全县造林绿化面积达到88万亩,林木覆盖率达到37%。其中,桑干河湿地生态修复工程绿化累计完成1.5万亩,植树300万株,形成了十大湖系、3000亩水面,并列入省级湿地公园行列。坚持推进蓝天碧水工程,严格化学需氧量、二氧化硫等各项控制指标要求,城乡生态环境得到进一步提升。

四是县域城镇化整体推进。县城公共基础设施不断完善,热电联供面积达到239万平方米。铺设供水管网32.1公里,县城日供水量新增5000立方米。完成了农村危房改造4500户、抗震加固工程3000户和保障性住房、棚户区改造3370套,城乡居民住房条件明显改善。完成六条县城道路和古马线、虎山线、偏玉线三条省、县级道路改造70.3公里。运煤通道更加便捷通畅,进一步解决了山区人民行路难的问题。广武边塞文化旅游区通过不断完善基础设施,基础功能日渐增强。

五是转型综改试验区建设积极推进。制定了转型综《2013—2015实施方案》和《2013行动计划》,明确了综合化工集聚区配套改革任务。充分利用扩权强县试点县的优势,先行先试,规划建设合盛堡新能源产业园区,并积极争取,成为全省第一家将1万多亩重盐碱地直接转变为工业用地试点县。同时,认真贯彻落实李小鹏省长在山阴调研时,发展煤化工、光伏发电、飞地经济、地下钻探的指示精神,整体规划,

集群发展。积极推进保利协鑫光伏发电的等达成投资意向的项目，并大力争取山西晋北煤建设项目。

二、着力推进社会建设，转型跨越发展的动力更加强劲

始终把民生问题作为最大的政治来抓，努力推进以民生为重点的社会建设。

一是社会事业全面发展。举全县之力大办教育，完成了山阴五中、机关第一、第二幼儿园和8所乡镇幼儿园的建设，教育基础设施有了根本性的改善。连续四年公开择优招聘教师500多名，高考达线人数连续三年成倍攀升，2013年二本达线477人，实现了历史性跨越。全县九项社会保险保障率达到100%，城乡最低生活保障实现了应保尽保。全县新农合医疗参合率达到98%，县人民医院完成主体封顶，13所乡镇卫生院达标建设全面推进，就医难问题得到有效解决。倾力解决山区人畜饮水困难问题，实现了“两年任务一年完”，使34个村、近万人彻底告别了吃水困难历史。县城公交免费乘坐，居民出行更为改善。华联集团新建的该集团在全国县级规模最大的6万平方米商贸综合体投入运营，商贸物流市场空前繁荣。农村街道亮化和乡村清洁工程等“五件实事”全面铺开，“送温暖、献爱心”活动常抓不懈，民生普惠的力度持续加大，城乡居民的幸福感普遍提升。

二是安全工作平稳运行。稳步推进“平安山阴”和“智慧山阴”建设，新建了视频监控中心，安装了高清摄像头，实现了县城视频监控全覆盖。同时始终保持打击违法犯罪分子的高压态势，确保了全县社会治安的平稳安定；牢固树立安全生产是最大民生的理念，坚持落实“操到心、说到话、跑到腿、顶到人”，实现了全县工矿商贸安全事故“零死亡”目标，确保了安全生产持续稳定；牢固树立以群众工作统揽信访工作的理念，对群众反映的热点、难点、焦点问题，坚持从县委常委做起，带着感情、带着责任解决社会矛盾，从乡镇、部门领导抓起，包案负责，定人调处，集中解决了一大批信访积案，信访案件总量下降，信访形势总体平稳，人民群众安全感和满意度进一步提升。

三是和谐文化建设成效明显。山阴县委始终把党的宣传思想文化工作摆在突出位置，全年共举办大型培训11次，受训9356人次。市级以上主流媒体曾多次对山阴县各个方面取得的成绩进行全方位报道，在市级以上主流媒体刊发的稿件410余条。在文化事业和文化产业发展上，实施文化产业带动项目，构建公共文化服务体系，组织开展送戏下乡、“农家书屋读书活动”，为推进转型跨越发展提供了强大的精神动力。

三、着力抓班子带队伍，转型跨越发展的保障更加有力

始终坚持党要管党、从严治党，不断增强各级党组织和广大党员干部的凝聚力、战斗力，为实现转型跨越发展提供了坚强有力的政治保障。

一是强化政治思想建设。高度重视学习贯彻习近平总书记系列讲话精神，在全市首家对全县215名科级干部进行封闭式培训，书记、县长带头讲党课，常委结合工作谈体会，做到了学讲结合、以讲促学。

二是全面启动“一个干部一座桥，架好党群连心桥”为主题的党建“连心桥”活动。通过抓好“五问、五送、五服务、五结合”，力求达到“五个一”的目标，并使全县2000多名党员干部深入基层接地气服务群众，拉近干群距离，架起遍布全县的党群、干群“连心桥”。

三是强化领导班子和干部队伍建设。全年共调整任免干部6批次，涉及干部140名。各级党组织普遍召开了高质量的“右玉精神在朔州”活动专题民主生活会，进一步增强了领导班子战斗力。

四是强化作风建设。严格执行中央八项规定，切实整治“四风”，认真开展专项清理行动，腾退办公用房4523.1平方米，清理违规车辆76辆，公务接待经费减少47.4%；县四大班子领导带头深入基层调查研究，通过开展干部下乡住村、“访民生、知民情、解民事”和“右玉精神在朔州”等活动，弘扬新风正气，以优良的党风带政风促民风，在全县上下形成了干部转变作风、倾听民情、敬业干事，群众拥护党委、相信干部、心齐气顺的良好局面。

五是强化服务型基层组织建设。突出典型带动，深度挖掘“彭云精神”，话剧《好支书彭云》在全省各市巡回演出19场，观看演出的党员干部累计达15000人次，特别是列为省委中心组学习内容，省四大班子领导集体观看了演出，凝聚了正能量，树立和提升了山阴形象。通过加大投入，逐步形成了县有政务大厅、乡有政务服务中心、村有带办站所的服务网络体系。

六是强化反腐倡廉建设。组织开展党风廉政宣传教育系列活动，不断加强廉政制度建设，深入推进工程建设、涉农、民生等领域突出问题专项治理，大力纠正不正之风，受到了全社会的广泛好评。加大案件查办力度，全年共立案40件，结案40件，处分69人，做到了反腐倡廉常抓不懈、拒腐防变警钟常鸣。

（韩承升）

附：一、中共山阴县委书记、副书记、常委名单

书　记：侯　元

副书记：南志中　李全胜

常　委：程育胜（2月离职）　智杰山（2月离职）
程万强（2月任职）　张凯瑞
句爱云（女）　黄永红（女）　闫祖伟
孟福荣（8月离职）　郭兆文
田永清（挂职，4月离职）
王　伟（8月任职）

二、乡镇党委书记、副书记名单

马营乡

书　记：王嘉平
副书记：程　毅　梅树元

玉井镇
书　记：陶占有
副书记：闫志民　李志宏

吴马营乡
书　记：魏雁明
副书记：叶　青　周振国

下喇叭乡
书　记：薛拉格（女，10月离职）　张志斌（10月任职）
副书记：张志斌（10月离职）　肖玉林

北周庄镇
书　记：王碧邦（10月离职）　史俊龙（10月任职）
副书记：史俊龙（10月离职）　樊宇峰

合盛堡乡
书　记：吴玉梅（女）
副书记：张凤清　兰彩云（女）

岱岳镇
书　记：刘德义（10月离职）　马维华（10月任职）
副书记：马维华（10月离职）　邱建忠

安荣乡
书　记：王登峰
副书记：朱志斌　梁艳锋（女）

薛圐圙乡
书　记：赵生富（10月离职）
副书记：郝建明（2月离职）　樊晋阳（4月任职）
　　　　季玉恒

古城镇
书　记：刘世泉
副书记：梁日军　王日东

马营庄乡
书　记：郭金业
副书记：魏玉彪　王玉国

后所乡
书　记：乔新文
副书记：宋　军　高贵林

张家庄乡
书　记：刘文斌
副书记：吕志宇　王继红（4月离职）
　　　　李　峰（4月任职）

中共忻州市委工作概况

2013年，中共忻州市委在省委的坚强领导下，高举中国特色社会主义伟大旗帜，以邓小平理论、“三个代表”重要思想、科学发展观为指导，全面贯彻落实党的十八大和十八届三中全会精神，团结带领广大干部群众，坚持主题、主线，坚持稳中求进，创新实施“3581”发展战略，全面推进经济、政治、文化、社会和生态文明建设，努力提高党的建设科学化水平，各项事业发展取得新成效，继续保持了赶队前行、进位争先的良好势头。

忻州市地区生产总值完成670亿元，同比增长9.5%；规模以上工业增加值同比增长13.5%；全社会固定资产投资完成803.6亿元，同比增长23%；社会消费品零售总额完成248亿元，同比增长15%；公共财政预算收入完成73.7亿元，同比增长13.1%；城镇居民人均可支配收入20150元，同比增长10%；农民人均纯收入5540元，同比增长16%。

一、继续狠抓项目攻坚，更加重视经济建设

抓好项目攻坚，加快工业新型化步伐。市委坚持储备、签约、落地、开工、建设、投产、服务、考核“八位一体”抓项目，坚持“走出去、请进来”，制定出台《忻州市招商引资奖励办法》，进一步拓展招商渠道和引资载体，加大项目攻坚力度。全年全市储备项目4243个，投资额20800亿元，签约项目188个，落地项目843个，投资额1122.3亿元，开工项目579个，投资额867.6亿元，投产项目602个，投资额830.8亿元。认真落实煤炭、煤层气、低热值煤发电三个“20条”，制定10条措施，大力推进以煤为基、多元发展。煤炭企业复工复产、达产达效加快，煤炭产量全年可达6200万吨，同比增长10.4%。

抓好扶贫开发，扎实推进农业现代化。狠抓“百企千村产业扶贫开发工程”，成立农业开发公司11个，在全省率先举办项目推介签约会，达成签约投资意向10个，签约项目4个，总投资13.9亿元。开工建设3.83万人的移民搬迁住房，占全年移民搬迁总数的96%；全市扶贫开发重点县农民人均纯收入可突破5000元，可减贫10.69万人。积极打造“六区六带”特色产业带区，提升五台肉牛、岢岚绒山羊、偏关肉羊等8个省级“一县一业”县的建设水平，新发展“一村一品”示范村273个，新发展温室大棚1.1万亩，建设特色现代农业示范园区111个，新增认证“三品”83个，全市粮食总产33.9亿斤，再创历史新高。

抓好改革创新，大力扶持中小微企业。积极稳妥加快企业改革，钨丝厂改制、云河集团转型、云马焦化破产、

煤机厂破产及棚户区改造顺利推进。认真贯彻落实创新驱动战略，66户企业被认定为市级企业技术中心，12户企业被认定为省级企业技术中心，1户企业被认定为省级行业技术中心，忻州蓝天环保设备有限公司技术中心被认定为国家级技术中心，实现了忻州市国家级技术中心的零突破。原平市荣获“全国科技进步先进县（市）”称号。出台扶持中小微企业发展的14条政策，财政扶持中小企业资金1.24亿元。新发展中小微企业1008个，新培育营业收入超亿元的“小巨人”企业70个，70户企业得到“助保贷”服务。

抓好园区建设，扎实推进综改区建设。坚持先行先试、快行快试，出台三年实施方案和2013年行动计划，一揽子推进工业园区建设，10个市级、20个县（市、区）级循环经济工业园区建设步伐加快。原平市循环经济示范区被列为“省级新型工业化产业示范基地（培育）”，确立了“十二五”大见成效、5年初步建成千亿元产值园区的发展目标。深化行政审批制度改革，审批事项压缩一半，审批时间减少三分之二，行政效能大幅提升。积极推进用地制度改革，宁武县荣获全国“国土资源节约集约模范县”称号。

二、继续狠抓民主法治，更加重视政治建设

坚持民主集中制度。市委支持人大及其常委会依法履行职能，听取审议“一府两院”工作报告，开展“发挥代表作用，推进项目落实”主题活动，加强专项监督，开展专项执法检查，作出相关决定决议，推进依法治市。支持政协围绕“3581”发展战略、大干城建、集成创卫等重大问题开展调研，就地热资源开发、新型农业经营和服务主体培育等课题建言献策，为市委决策发挥了积极作用。扎实推进统一战线工作，充分发挥党外人士参政议政、民主监督作用，为转型跨越发展提供了有力的政治保障和人才支持。积极落实党的民族宗教政策，进一步做好对台工作。发挥工会、共青团、妇联等人民团体作用，党委政府与人民群众的联系更加密切。

扎实推进平安忻州建设。出台“平安忻州”建设五年规划和2013年工作方案，实施“六六创安”工程，严厉打击违法犯罪，深入开展社会治安重点整治，有效化解各类矛盾纠纷，不断强化治安防控体系建设，全面加强特殊人群管控，扎实开展基层平安创建，主动服务重点工程建设，全力维护社会和谐稳定，社会治安持续好转，人民群众的安全感、满意度明显提升。市公安局获得第八届全国“人民满意的公务员集体”荣誉称号。毫不放松加强安全生产，全市各类事故死亡人数低于省控指标34.8%，未发生较大生产安全事故。

切实加强基层民主建设。完善基层民主制度，改进办法，拓宽渠道，创新方式，完善机制，充分发挥党代表、人大代表、政协委员、老党员、老干部和群众代表的监督作用，广大人民群众当家做主的积极性进一步发挥。健全机关干部特别是领导干部直接联系和服务群众制度，完善企事业单位民主管理制度，深入推进党务公开、政务公开、村务公开、企务公开和公用事务公开，切实保障人民群众的知情权、参与权、表达权和监督权。以民主实现公正，靠公正凝聚人心，同心同德谋发展的局面得到进一步巩固和发展。

三、继续狠抓文化产业发展，更加重视文化建设

强化社会主义核心价值体系。加强党委（党组）中心组和党员干部理论学习，认真学习党的十八大、十八届三中全会精神和习近平总书记系列重要讲话精神，全年组织市县两级党委中心组学习195次。组织16场报告会，掀起了向灭火英雄、革命烈士阳军同志学习的热潮，阳军入选感动山西十大新闻人物。积极倡导餐桌文明、交通文明、网络文明，广泛开展“讲文明、树新风”等主题实践活动，继续引深“八争八创”文明城镇群、文明和谐创建活动。

扎实推进文化事业大发展。推进标志性文化基础设施建设，市级“五馆一院”进度加快，规划馆、博物馆、档案馆、科技馆、图书馆主体已封顶；县级“三馆一院”加快推进，预计2015年全部建成。实施“十大文化工程”，编辑出版了《打开心门》、《走进忻州》、《向幸福竞发——从忻州十问到忻州十策》等理论文化通俗读物。广播电视村村通等五大文化惠民工程全覆盖，成效显著。举办第三届“梨花奖”舞台艺术大赛，“周末大戏台”、“乡村大舞台”、“送戏下乡”等群众性文化活动多姿多彩。

加快推进文化产业大开发。积极参加深圳文博会和山西文博会，签约项目13个，签约总额17亿元，多数项目启动在建。大力扶持重点文化项目建设，扶持拍摄戏曲电影《黄河管子声》、数字电影《徐向前》，遗山墓园重修开园，地方历史文化得到彰显。积极扶持20多个种类的文化产业开发，木雕、石刻、剪纸、刺绣等一批文化产品走向海内外市场。

四、继续狠抓民生改善，更加重视社会建设

实施第二个“大干城建年”。中心城市在完成“7451”后续工程基础上，拓宽出入口、建成东环路、贯通中轴线、改造旧街巷、畅通微循环、美化新城区、建设特色街，总长30.7公里、总投资22.9亿元的29条道路工程全部竣工通车；云中河景区工程和9条主干道绿化基本完成，中心城市承载能力和服务功能大幅提升。各县（市、区）加快扩容提质和改造步伐，实施和完成了一大批城市基础设施和保障民生的重大工程。

扎实推进社会保障工程。10.5万城市低保对象、22.6万农村低保对象实现了应保尽保。医疗救助14万人次，重灾救助22万人次，保障重点优抚对象2万余人。全市投入各类社会救助资金达9亿元，覆盖面广、受益人数多，社会保障工作成效明显。坚决落实退役士兵安置的18条规定，超额完成安置任务。新开工各类保障性住房17754套，基本建成12106套，完成投资26.5亿元。3000户农村住房抗震改建工

程基本竣工。全市城镇新增就业完成年度目标任务的102%，城镇登记失业率控制在3.17%，应届毕业生就业率保持在91.7%左右。

统筹城乡社会事业发展。积极推进标准化幼儿园建设，严格规范义务教育学校办学行为，实施普通高中“四化一改”工程，扩大中等职业教育的覆盖面。进一步完善新型农村合作医疗制度，全市新型农村合作医疗参合率达到99.8%，基本药物制度初步健全，基层医疗卫生服务能力不断提升，公共卫生保障能力明显增强。扎实办好农村新的“五件实事”，11720户农村困难家庭危房改造任务全面完成，特困群众易地搬迁按计划加快推进，行政村街道亮化超额完成目标任务，60所村级幼儿园提前3个月全部完工，乡村清洁工程全面实施，2445个村庄完成村容整饰。

五、继续狠抓环境保护，更加重视生态文明建设

打好环境保护攻坚战。深入推进创模工作，市级创模规划已通过环保部评审，2县已获得省政府命名，1县通过验收，2县创模进入验收阶段。积极推进污水垃圾处理、城区集中供热，16座污水处理厂全部达标运行，新建6座垃圾处理场全部完工；新增集中供热面积150万平方米，普及率增加1.16个百分点。大气污染防治取得明显成效，忻州城区二级以上天数全年达到287天，县（市、区）达到5376天，空气质量稳定达到国家二级标准。

全面推进集成创卫。坚持把“创卫”工作作为改变城镇面貌的大抓手、历练干部的新战场、经济社会发展的新牵引，出台《忻州市创建国家卫生城市全覆盖工作方案》，决心用三年时间，实现县城和重点镇创建国家卫生城镇全覆盖。2013年，原平、五台、宁武、保德等4县和砂河、台怀、河边等3镇创卫整体工作已全面完成。年底，通过国家卫计委验收发文的全国卫生城镇山西17个，忻州有10个，创卫工作全省领先。

扎实做好造林绿化。中心城市新增绿化面积208万平方米，绿化覆盖率提高6.5个百分点。实施“两增三建”工程，落实造林绿化资金6.3亿元，推进“两山”造林、“两网”绿化、“两林”富民、“两区”增绿，完成各类营造林面积61.2万亩，全省排名第二，为建设美丽忻州奠定了扎实基础。

六、继续狠抓作风转变，更加重视党的建设

认真贯彻八项规定，改进工作作风。市委出台改进工作作风、密切联系群众的《决定》和《实施意见》，严格落实“9个严禁”，实行“五个不准”，深入开展清退会员卡等“五项治理”，雷厉风行，取得预期效果。市领导以身作则，带头执行八项规定，减少会议活动、迎来送往、“三公消费”、文件简报、领导报道，大兴朴实高效新风。坚持从严要求，对有令不行、有禁不止的严重问题严肃追究责任，全市查处违反“八项规定”问题53个，处理人数86人。加强市、县之间的制度衔接，提高制度的针对性和可操作性。2013年，全市公务接待费用、会议、领导活动新闻报道、简报、文件分别比去年减少31.4%、40.6%、30.7%、29.7%和14.6%。

坚持干事创业导向，加强班子队伍建设。坚持做好“五个表率”、“二十字”素能建设要求，大兴“十个方面”的良好作风。创新干部选用“345”、干部考察“5+2”、干部监督“四位一体”等机制。在“五大攻坚”、大干城建、集成创卫的主战场，按照政策规定选任干部，全年补缺提拔干部100多名，风清气正。加强对青年干部的培养锻炼，出台培养“行动计划”，选派105名机关党员干部到农村担任“第一书记”、选派7批70余名乡科级以上干部到发达地区挂职锻炼，选派优秀年轻干部到北京、新任副处级干部到信访部门挂职锻炼。加强基层服务型党组织建设，推行党员干部全员“四诺”、“一评两监督”等办法，形成了具有地方特色的基层党建品牌。完善联系群众的制度机制，持续开展千名干部进企业、万名干部下农村、领导干部“访、知、解”活动，组织14978名干部住村4893个，落实帮扶资金5.4亿元，办实事9800余件，解决热点难点问题7300余件。

着力加强党风廉政建设，健全完善惩防体系。将全市86项反腐倡廉工作任务逐项分解落实，清理修订完善反腐倡廉相关制度418项。加强监督检查，整改不落实的事，查处不作为的人，确保政令畅通、令行禁止。制定出台优化发展环境《实施意见》，组织开展“十大行动”，扎实开展“给人民汇报、向人民问计、请人民评议”活动，发展环境进一步优化，群众反映的强烈问题得到有效治理。实施廉政风险防控，加强权力制约监督。深化农村党风廉政建设，促进基层权力规范运行，有效维护群众合法权益，促进了农村社会和谐稳定。坚持有案必查、有腐必惩，“老虎、苍蝇一起打”，坚决查办民愤极大、影响极坏、社会反响强烈的典型案，严肃惩处干部队伍中称霸一方的恶人、贪污腐化的罪人、吃拿卡要破坏发展环境的坏人。全市共查办各类违纪违法案件1646件，处分党员干部1616人，其中，县处级干部11人，乡科级干部279人，党纪处分1251人，政纪处分390人，撤职以上重处分169人，移送司法机关14人。

（王　玫）

附：一、中共忻州市委书记、副书记、常委名单

书　记： 董洪运

副书记： 郑连生　张晓峰

常　委： 辛旭光（7月离职）　吉久昌

王　成（3月离职）　董一兵（4月任职）

王士桦　武　德　郝钧藩　阮全进

刘予强（6月任职）　梁　洁

陈义青（女）

中共忻府区委工作概况

区委书记 张钰祥

2013年，中共忻府区委在忻州市委、市政府的坚强领导下，团结带领全区干部群众，全面落实市委“3581”发展战略，以“五区”建设为目标，以推进“三个二十”为抓手，取得了全区经济社会发展新成效。

全区生产总值113.82亿元，增长8.4%；固定资产投资完成95.4亿元，增长27.2%。规模以上工业企业完成收入80.24亿元，增长15%；实现利税8.17亿元，增长74.8%。财政总收入12.23亿元，增长1.7%；地方公共财政预算收入完成4.34亿元，增长19.4%。社会消费品零售总额96.99亿元，增长11%。城镇居民人均可支配收入达到21559元，增长10.6%；农民人均纯收入达到6988元，增长14%。

一、党建工作稳步提升

一是全力推进党员干部教育培训工作，通过举办培训班、参加市区大讲堂、发放资料、在线学习、远程教育等形式，组织开展了党的十八大、十八届三中全会精神及习近平总书记系列讲话精神等方面的学习培训，营造了全员学习的氛围，提高了党员干部的政策理论水平。二是以制度建设为抓手，全面加强各级领导班子和干部队伍建设，研究制定了《区委领导班子内部工作制度》，明确了加强区委领导班子制度建设的目标任务，形成了制度化、科学化的区委工作制度体系。广泛开展党员领导干部“访民生、知民情、解民事”集中走访活动、“千名干部下农村，百名干部进企业”活动、领导干部下乡住村、包村增收以及大学生村官践行党的群众路线“六个一”活动；扎实推进区、乡、村三级“联述联评联考”工作，组织基层党组织、党员和群众代表，对各级党组织书记抓基层党建工作情况进行评议，创新了干部绩效考核机制；通过深入开展党员干部公开“四诺”活动，促进了干部工作作风的转变。三是创新和完善工作机制，探索和完善基层组织建设和党员队伍建设的新思路新途径，夯实了党建工作基础。通过实行“三推两审两公示”，严把党员入口关；认真落实“三维培养”工作法，全面提高基层党员干部素质；出台党员参加党的多重组织生活制度，坚持领导干部上讲台，党员人人讲党课，持续引深党员干部全员再教育“三大工程”，推进干部教育“三进工程”，加强了党员队伍建设；通过开展“十百千”创建活动，选树先进典型，打造典型群体；继续深入开展“机关党建走在前头”活动，创新和完善了乡、村和机关工作机制，强化了基层党组织建设。结合市、区重点工作和农村工作的需要，分期分批对全区20个乡镇办394个行政村及21个社区的“两委”骨干710余名“领头雁”进行了集中培训，对全区2700多名村（居）两委干部进行了延伸培训，实现了领头雁培训工作全覆盖，提高了农村“两委”干部的政治和文化素质。在总结秦城、西张、播明等乡镇实行“四议两公开”工作法过程中加强乡镇监督指导、审核把关做法的基础上，创新提出“一评两监督”工作法，加强了乡镇办党（工）委、政府对村“两委”工作的指导和服务。这一做法受到上级领导的肯定，市委组织部在全市推广，省委组织部在《山西组工通讯》上刊载推介。机关党组织和机关党员“双报到双服务”活动顺利启动，加大了服务型党组织建设的力度。大力推进基层党组织有形化建设。以建设学习型、服务型、创新型党组织为目标，加强各级各类党组织有形化建设，以基层党组织的有形化建设促进党建工作的有效化，提高了基层党建工作的水平，为各项事业的发展提供了组织保障。

二、班子队伍作风建设实现了新提升

一是加强理论武装。通过举办8期专题讲座，推动干部队伍思想的解放；通过组织开展了“推进五区建设，忻府如何赶超跨越”、“转作风，抓落实，见行动”、“党委政府应该为企业做什么”和“三农工作大家谈”大讨论，逐步形成了服务投资客商、创优发展环境、谋划产业开发、促进兴区富民的思想共识。围绕党的群众路线教育实践活动的开展，区委常委会坚持把学习教育贯穿始终，通过集中学习、专家解读、领导讲课、影视教育、互动交流、事迹报告等形式，深入学习党的十八大和十八届三中全会精神，深入学习习近平总书记的系列重要讲话精神，全面落实习总书记提出的“三严三实”要求，按照“照镜子，正衣冠，洗洗澡，治治病”的总要求，自觉坚持“三强三树”，大力加强领导班子思想建设。二是加强班子建设。区委常委会进一步健全集体领导和个人分工负责相结合的制度，进一步完善了全委会、常委会议事规则和决策程序。区委特别注重听取人大、政府、政协、统战、武装、工青妇和老干部等各方面的意见和建议，形成了一心一意谋发展、同心同德促跨越的良好政治局面。严格执行《党政领导干部选拔任用工作条例》和中央、省、市关于干部选拔任用的政策、规定和制度，做到坚持原则不动摇，执行标准不走样，履行程序不变通，遵守纪律不放松，确立了“为发展配备干部”的导向机制、“靠制度选任干部”的选拔机制和“让群众评价干部”的监督机制，进一步扩大了干部群众在干部选拔任用工作中的知情权、参与权、选择权和监督权。三是创新基层党建。积极实施党建工作项目化管理，深入开展基层组织有形化建设，大力推行乡镇“一评两监督”，深化村级“四议两公开”，开展以“工作在机关、服务在社区、奉献双岗位”为内容的“双报到、双服务”活动，受到省委组织部的高度关注，在全省范围内进行了推广。四是推进作风转变。围绕贯彻中央八项规定、省委四个实施办法和市委十项规定，出台了《中共忻府区委关于进一步转变工作作风、密切联系群众的实施意见》和《关于厉行勤俭节约、反对铺张浪费的有关规定》，围绕整治形式主义、官僚主义、享乐主义和奢靡之风的问题，积极采取具体措施，在狠刹公款吃喝、公款送礼、停止新建楼堂馆所、清理腾退办公用房、清理小金库、清退会员卡等方面，都取得了明显成效。忻府区代表忻州市接受了省里组织的三次抽查检查和市委组织的多次督查，均受到充分肯定。为巩固和提升作风建设成果，进一步解决干部队伍中存在的自由散漫、有令不行、无所作为、吃拿卡要等问题，开展了为期三个月的“严明工作纪律、转变工作作风”专项整顿活动，取得明显成效。五是突出从严治党。认真落实党风廉政建设责任制，大力加强专项监督检查、专项治理、效能监察和行业纠风工作，不断加大案件查办工作力度。深入推进惩防体系建设，区行政审批项目由159项精减为93项；编制了《忻府区行政审批项目办事指南》和审批流程图；制定了《忻府区国有（集体）资产监管处置的实施意见》。在全区119个单位全面推进廉政风险防控管理工作，通过拉出权力清单、科学配置权力、规范权力运行，从源头上预防和治理腐败。

三、转型综改项目建设取得新进展

坚持把项目建设作为扩充经济总量、优化经济结构的重点来抓，服务企业的保障机制逐步健全，每月例会制度、四套班子领导包扶重点企业责任制、选派联络员指导帮助机制、组织职能部门对口帮扶等机制得到进一步完善。招商引资深入推进。主动与大企业、大集团对接，招商引资签约项目14个，总投资152.28亿元，重点项目落地64个，完成78.24亿元，重点工程开工项目112个，实际完成129.98亿元，重点工程投产37个，实际完成54.05亿元。在全市项目建设考核观摩中获得“二等奖”，连续5年受到市委、市政府的表彰。

四、“一村一品”特色农业培植了新亮点

粮食实现持续高产，总产可达6.41亿斤，超计划28.2个百分点。张杂谷种植扩大到23362亩，亩均经济效益达到了2200元以上，成为了山区群众增收致富的主要途径。甜瓜种植面积达到1.56万亩，经济效益显著提升，义井甜瓜已申报特色农产品地理标志认证。“两网”绿化、“两林”富民、“两区”增绿和忻保高速通道绿化任务全面完成，荣获全省三北防护林四期工程先进集体。招商太原康培绿化有限公司投资的3000亩苗木基地建设，正在积极推进。新建的16个规模养殖小区全部完工并投入生产，改造完善的24个标准化规模养殖小区顺利达标，运行良好。成功申报了省级养羊重点县，编制了《2013-2020全区羊产业发展规划》，新发展养羊专业合作社15个，与山西农大实行校区合作，以南非“杜泊羊”为父本，本地绵羊为母本，签订了合作培育“秀容肉羊”的战略协议。

五、文化旅游现代服务业发展上了新档次

文化产业抓内涵挖掘。继乾隆59年、同治6年、民国13年（1924年）三次修缮，时隔90年之后，投资1300万元，对元墓进行了规模最大、最完整的修葺，赢得了社会各界的好评。积极筹资新建了程婴文化广场，隆重举行了第六届程婴文化节，启动申报“中国程婴故里文化之乡”，精心排演了反映忻府籍晋国三义士舍身救孤感人义举的大型历史剧《救孤壮歌》，使诚信文化得到了弘扬，使“文化千古秀，忠义天下容”的文化品牌更加响亮。旅游资源抓整合开发。在顿村温泉度假村整合开发方面，认真贯彻落实市委常委会作出的部署，积极招商引资，先后与新加坡中狮集团、西安曲江文化传媒公司、深圳商会、浙江运城海城公司等8家投资公司进行招商洽谈；广泛联系规划设计单位，与中国社科院、中国城市规划设计院、中国旅游地产规划设计院等单位进行了接洽交流。在奇村温泉开发方面，投资2500万元实施了地热资源集中供暖工程，投资700万元完成了集镇街道绿化工程，使奇村创卫成果不断巩固。2013年12月29日，国家卫计委发文正式命名奇村为“全国卫生镇”。

六、兴办实事改善民生取得了新成果

以兴办20件惠民实事为龙头，积极改善保障民生。保障体系更趋完善。就业渠道不断拓宽，城镇新增就业3880人，完成目标任务数3338人的116.2%；城镇登记失业率4.0%，低于4.2%的控制目标；转移农村劳动力完成4720人，完成年度任务3611人的130.7%。保险覆盖面不断提高，社会保险、工伤保险、医疗保险和城乡居民养老保险覆盖范围稳步扩大，新型农村合作医疗参合率稳定在99.9%左右，人均筹资标准提高到340元，全年基金总额达到了10065万元。重大疾病救助范围扩大，列入大额门诊补偿的病种达到了26个，农民医疗保障水平进一步提高。社会事业全面发展。城乡教育均衡发展，中考、高考达线率保持稳定增长，中考600分以上170人，高考二本达线271人。卫生服务体系建设深入推进，三个乡镇中心卫生院污水污物处理、业务用房建设项目全部开工，另三个乡镇的项目已经申报，争取中医院、妇幼保健院2个中央预算内投资项目，预计投资2500万元。惠民实事全部兑现。省政府安排的“五件实事”和区委、区政府确定的20件惠民实事全面完成。农村困难家庭危房改造，惠及1000户农民；移民搬迁工程26栋楼全部完工，该工程总建筑面积23.6万平方米，共有住房2040套，可安置移民7000多人，全市移民搬迁现

场会在我区召开；农村街道亮化工程，通过积极争取上级支持，安装路灯6803盏，比分配计划多安装2153盏；乡村清洁工程，区、乡、村共投入2000余万元，清理垃圾67.93万吨。

（杨国文）

附：一、中共忻府区委书记、副书记、常委名单

书　记：武宪堂（6月离职）　张钰祥（6月任职）

副书记：赵志伟　崔向松

常　委：刘卫东　邢雨花（女）　安亮东

卢维忠　高瑞军　李锁明

二、乡镇（街道）党委（党工委）书记、副书记名单

秀容街道

书　记：史万中

副书记：石志勇（12月任职）　李志军

新建路街道

书　记：刘明祥

副书记：白先明（12月离职）　张晋荣（12月任职）

冯仁旺

长征街街道

书　记：李秀文（11月离职）　周越宏（12月任职）

副书记：王　强　刘为众　王万荣（12月离职）

董村镇

书　记：张炳秀

副书记：侯俊明　刘顺昌

紫岩乡

书　记：丁国仓

副书记：董永胜　赵建平

西张乡

书　记：周越宏（12月离职）　蔚念军（12月任职）

副书记：侯建林　郝宏斌

播明镇

书　记：孙晓磊

副书记：范建斌　王双良

北义井乡

书　记：蔚念军（12月离职）　宗　德（12月任职）

副书记：李　宁（12月离职）　周玉田（12月任职）

付俊敏（女）

东楼乡

书　记：赵剑勘

副书记：宗　德（12月离职）　陈　翀（12月任职）

王云龙

曹张乡

书　记：赵志强

副书记：郭春宝（12月离职）　刘永珍（12月任职）

罗海田

秦城乡

书　记：刘　岗

副书记：刘宏伟　卢建荣

高城乡

书　记：李　勇（12月离职）　白先明（12月任职）

副书记：张晋荣（12月离职）　王万荣（12月任职）

索文华（女）

解原乡

书　记：任明生

副书记：石培银　董海平

奇村镇

书　记：卢红卫

副书记：石志勇（12月离职）　李　宁（12月任职）

刘利文

合索乡

书　记：王　坤

副书记：王素霞（女）　武培明

兰村乡

书　记：安全明

副书记：谢利荣（12月离职）　郭春宝（12月任职）

高贵田

豆罗镇

书　记：戎清元

副书记：于永青　张会元

庄磨镇

书　记：常清华

副书记：郭亮明　张国清

三交镇

书　记：韩瑞强

副书记：张　文　降秀亭

阳坡乡

书　记：郭沛华

副书记：巩文亮　常天荣

中共原平市委工作概况

市委书记　薛根生

2013年，中共原平市委在省委、忻州市委的领导下，全面贯彻落实党的十八大和十八届三中全会精神，紧紧围绕“扭住跨越发展，挺进全国百强”的奋斗目标，继续打好思想大解放、作风大转变、项目大会战、教育大整顿“四大战役”，加快推进创建园区、创卫攻坚、天牙景区、滹沱治理、范亭广场、城南水系、城市畅通、范中振兴“八大工程”，统筹谋划，科学决策，真抓实干，奋勇争先，全市形成了转型跨越发展的强劲态势。

一、以挺进全国百强为目标，加快转型跨越发展步伐

面对全省、忻州市百舸争流、竞相发展的态势，市委立足全市发展实际，大力弘扬“崇文尚武、自强包容”的原平精神，秉承“短期快速、适者先行”的发展理念，强化了只争朝夕、加压奋进的精神状态，2013年，全市地区生产总值完成118.1亿元，固定资产投资完成134.6亿元，财政收入完成8.5亿元，城镇居民可支配收入为21885元，农民人均纯收入达到7321元。全市各项经济指标均保持快速增长，呈现出稳中趋好、稳中有升的良好态势。

（一）夯基蓄势，着力办好两件大事。市委抓紧用好转型综改和扩权强县“双试点”历史机遇，以综改的视角看问题，以综改的办法解决难题，靠创新理思路，靠转化促发展，坚持“产业第一、项目至上、企业为重、环境为先”的理念，保持干劲，强化措施，着力推进循环经济示范区建设和国家级卫生城市创建两件大事。

循环经济示范区作为原平市转型跨越的龙头，总投资12亿元，现有企业26家。按照省委书记袁纯清提出的“要瞄准建设千亿级（产值）园区的目标，要有这个雄心壮志”的要求，我市确立了“十二五”大见成效、5年初步建成千亿园区的发展目标。一年来，路、水、电、气、暖、绿化硬化等基础建设持续完善，污水处理、铁路专线、现代物流等园区配套设施前期工作取得进展；入园项目和投产企业继续增加，目前入园项目已达26个，投产企业总数达12个。示范区的产业集聚效应开始显现，以液压机械、煤矿机械、钢结构等产业为支撑，初步构建了以煤化工、机械制造为核心的两大产业链，特别是现有钢结构产业全部达产达效后年产能可达20万吨，将成为全省最大的钢结构生产基地。

围绕“创国家卫生城市、建美丽文明原平”的目标，市委向广大干部群众发出了“大干一百天，实现新突破”的号召，以实施“三大提升工程”为重点，全面打响创卫攻坚战：实施道路畅通工程，新建、改造城区道路21条，新增街巷硬化面积43万平方米，极大的方便了市民的出行。实施增绿增美工程，新增绿化面积62.9万平方米，整治美化临街立面156万平方米，改善了市民的宜居环境。实施卫生整治工程，整改餐饮店、“五小行业”、食品加工小作坊、药店1000余家，有力地保障了食品卫生安全。整个创卫工程现已全面完成，并顺利通过了国家爱卫会明察暗访，城市功能大幅提升，城乡面貌大为改观。

（二）强抓项目，促进产业集聚发展。坚持把项目建设作为促增长、调结构、壮实力的核心举措，深入开展项目建设攻坚年活动，实现了市域经济总量、质量和效益的同步提升。坚持“八位一体”抓项目，严格落实领导分包、部门领办、专人代办和联合审批、现场办公、定期调度等项目建设推进机制，着力引进建设投资规模大、发展前景好、带动能力强的项目。全年共实施省、忻州市重点项目101个，总投资达369.7亿元。列入省、市重点项目工程累计建设完成投资94.3亿元。全市落地项目116个，落地投资额320亿元；开工项目86个，投资额104.3亿元；投产项目139个，投资额108.8亿元。

（三）升级换档，推进产业结构调整。进一步夯实转型跨越的项目基础，围绕“一产调强，二产调优，三产调精”的思路，着力推进产业结构调整和发展方式转变。加大科技创新力度，以同华电厂总投资56亿元的二期2×660兆瓦机组项目、中电投山西铝业总投资5亿元的50兆瓦太阳能光伏发电项目、河北冠宇总投资60亿元的钒钛合金、钒氮合金、冷轧球团生产线项目、三寿国际总投资218亿元的稀土锂钇、锂硫电池和电动汽车项目为龙头的一批重点项目稳步推进。新建投入使用的日昇家居建材市场、德金农副产品加工贸易园区等项目促进了全市商贸物流业整体实力的提升。豪德汇通文化商贸物流中心、中远新能源汽车产业园和晋原市场开发改造、大修厂职工宿舍改造，均已全面开工建设。

（四）惠农强农，提升产业化水平。全市大力推进“一村一品牌、一乡一特色”建设，设施农业迈出新步伐，农业龙头企业建设进展加快。全市“一村一品”专业村已发展到99个；通过完善提升王家庄农业示范园区、解村北岗设施农业园区和双惠现代农业示范园区，增加名、优、特品种的生产比重，不断丰富产品种类。按照“稳定生猪、振兴家畜、促进牛羊”的思路，大力发展规模健康养殖，建设优质畜产品基地；鼓励引导工商资本投资农业，建立

"公司+基地+农户"的新型产业化组织体系，通过实施"农超对接、农企对接"工程，全面提升了农业产业化水平，全年粮食产量达7.17亿斤，再创历史新高。

二、着力打造和谐宜居家园，加快建设美丽原平

始终坚持以增进民生福祉为出发点，持续办好民生实事，使广大群众共享改革发展成果。

（一）美丽原平画卷初展。按照"东拓南改、三水环城"的城市发展思路，坚持扩容提质与完善功能并重，2012年竣工的天牙山、滹沱河风景区已成为太原、忻州人的旅游目的地之一；投资1.2亿元，建成了占地450亩的清水长流、花草相映、破渣山废水为"一河四湖"的卧牛河生态公园；随着"三水环城"的城市水系基本成型，城市将更加宜居宜业、更具灵气和活力。此外，总投资2.63亿元的范亭广场主体现已竣工，广场内包括图书馆、博物馆、纪念馆（将军馆）、体育馆、训练馆和多功能影剧院"五馆一院"，彻底结束了原平作为一个"市"、却没有相匹配的"场馆"的历史，使城市宜居宜业宜发展。

（二）实事惠民深入人心。全面落实各项惠民政策，扎实推进省政府确定的农村困难家庭危房改造、特困群众易地搬迁等"五件实事"，农村环境得到全面改善；各类社会保障扩面提标，社会救助体系不断完善，实行了养老、医疗、生育、失业、工伤保险"一卡通"；保障性住房建设超额完成投资任务；教育投入持续加大，新建的第四中学、第七小学、城区第三、第四标准化幼儿园已经全部投用；改扩建的4所乡镇中心幼儿园全部竣工；范亭中学标准化建设全部建成，振兴范中大见成效，全市高考达线756人，创下了历史最高纪录。位于中阳乡的慧济寺成功晋级第七批国家级文物保护单位；原平市获得"山西省文化强市"称号，被中国诗歌学会授予"中国诗歌之乡"称号。

（三）维稳尽责促进和谐。全市基层乡镇都打造了"五心合一"的便民综合服务中心，积极整合社会资源与力量，协调解决信访问题，参与化解信访矛盾，实现信访总量稳步下降；探索形成"网格化管理，精细化服务"工作模式，强化应急管理，健全社会预警体系；坚持安全生产常抓不懈，全市安全生产形势持续稳定好转；深入开展"平安原平"创建活动，严厉打击和预防各种刑事犯罪行为，维护了社会和谐稳定，群众满意度进一步提升。全省公安监所建设现场观摩会和全省公安机关执法规范化工作现场会在我市召开，市公安局被公安部授予全国执法示范单位。

三、坚持党建引领，夯实转型跨越的组织基础

着力加强各级领导班子和干部队伍建设，夯实了转型跨越的组织基础。一是走好群众路线。市委严格按照中央、省委和忻州市委的统一部署，致力于干部思想作风建设与群众工作，先后开展了"访民生、知民情、解民事"集中走访、基层服务型党组织创建等活动。全市市级领导干部和机关干部下基层、送政策、办实事、促发展，一年来共走访农户1000余户，帮助解决实际困难600余件，受到群众广泛好评。二是建设骨干队伍。在干部选任的初始提名和用人导向上，市委坚持"四个注重"，即注重群众意见、注重单位一把手意见、注重分管领导意见、注重从基层选拔干部。此外，认真贯彻落实中央干部教育培训改革精神，初步构建起组织调训、干部选学、在线学习"三位一体"的大教育格局。三是创新工作机制。探索形成了"四通、四重、四问"的市委"三四"工作法。进一步加强干部日常管理监督，从干部选拔任用、规范干部借用、规范干部退休办理手续、规范干部档案"三龄两历一身份"、重点工作追踪督查等方面切入，有效破解了7个制度层面的干部日常管理监督难题，被省委组织部确定为全省17个干部日常管理监督示范县之一。四是做实基层党建。认真落实党建工作责任制，实行书记抓、抓书记，扎实推进农村"领头雁"培训、基层党建联述联评联考等集成升级计划；认真做好农村党组织"第一书记"选派工作，同时以"三维培养"计划的落实为目标，高标准做好党员发展工作。五是持续推进党风廉政建设。坚持将落实中央"八项规定"与反对"四风"紧密结合，深入开展了清理违规用车、清理办公用房、治理公款吃喝等"五项治理"工作，出台了领导干部转变工作作风、密切联系群众的31条措施。作为忻州市唯一的省级试点，原平市深入开展廉政风险防控工作、民主直评基层站所活动"五项联动"，受到广大干部群众的普遍赞誉。连续三年被评为"全省政风行风评议先进市"。扎实开展农廉工作，创新实施了农村集体"三资"管理"四五工程"，被中央和省内外新闻媒体宣传报道，多次接受中纪委、省纪委的检查指导，均受到好评。

（邢三强）

附：一、中共原平市委书记、副书记、常委名单

书　记：薛根生

副书记：温建军　白亚军

常　委：马根泉　高秀亭　张清池　葛小树　尹志刚　庞晋源　赵晋富

二、乡镇党委书记、副书记名单

南白乡

书　记：温志亭

副书记：苏怀亮　邢建勇

东社镇

书　记：赵一初

副书记：张志强　续艳峰

子干乡

书　记：陈振田（1月离职）　申国华（1月任职）

副书记：闫晓彬

中阳乡

书　记：张建中（3月离职）　刘海生（3月任职）
副书记：韩海燕（女，3月离职）
赵建荣（3月任职）　杨明勇

苏龙口镇
书　记：张国强
副书记：郝树平　任登科

沿沟乡
书　记：张军胜
副书记：韩飞龙　程海军

崞阳镇
书　记：王　彤（10月离职）
副书记：王　晟　贺利荣

大林乡
书　记：申国华（1月离职）　赵永进（1月任职）
副书记：赵世军

西镇乡
书　记：朱清云
副书记：刘海生（3月离职）　贾　佳（3月任职）
赵水泉

新原乡
书　记：贾文柱
副书记：兰彦勇　张泽峰

王家庄乡
书　记：潘　颖（女）
副书记：高曙东　刘冠星

闫庄镇
书　记：李永生
副书记：马欣荣（10月离职）　赵申文

楼板寨乡
书　记：郝治国
副书记：杜五田　张在田

解村乡
书　记：赵永进（1月离职）　张高中（1月任职）
副书记：王卫东　邸俊峰

大牛店镇
书　记：陈振田（1月任职）
副书记：张高中（1月离职）　张志男（女，1月任职）
岳　畛

长梁沟镇
书　记：刘文柱
副书记：李志强　刘红羽

轩岗镇
书　记：张青林
副书记：邢中平

段家堡乡
书　记：（暂缺）
副书记：解建斌

南城街道
书　记：郑国梁
副书记：罗建军　郝晓华（女）

北城街道
书　记：刘永顺（1月离职）　侯培生（1月任职）
副书记：侯培生（1月离职）　韩海燕（女，5月任职）
苏小钧

轩煤矿区街道
书　记：韩美智
副书记：冀礼云　孙军前

中共定襄县委工作概况

县委书记　张文斌

2013年，在中共忻州市委的坚强领导下，定襄县委全面贯彻落实党的十八大和十八届三中全会精神，团结带领广大干部群众，紧紧围绕市委“3581”发展战略，全面紧扣“解放思想谋转型，创优环境促发展”这一主题，坚持稳中求进，深入实施“强县富民”发展战略，全县各项事业全面协调推进，取得了新的成效。

一、完善发展战略，更加重视项目建设，狠抓落实，推动经济活力持续增强

以质量和效益为中心，不断优化产业结构，加快转变经济发展方式，积极培育新的增长点，进一步增强经济发展的内生动力，全县经济呈现出稳中有进、持续向好、结构渐优的良好态势：

2013年，主要经济指标实现平稳增长。全县生产总值完成42.7亿元，同比增长7.9%；规模以上工业增加值增长10.3%；固定资产投资完成29.6亿元，同比增长31.6%；社会消费品零售总额完成14.2亿元，同比增长16.2%；财政总收入完成4.1亿元，同比增长5.2%；公共财政预算收入完成2亿元，同比增长13%；城镇居民人均可支配收入完成21681元，同比增张9.2%；农民人均现金收入完成9035元，同比增长12.7%。

一是完善发展思路。思路决定出路。县委经过调研和征求各方面的意见，形成了三产联动协调发展的工作思路。一产上是把重点放在现代农业、特色农业上，区域化布局、特色化种植、规模化发展、市场化运作，在效益上做文章，

把定襄农业打造成为全省转型发展的特色农业、现代农业的亮点县。二产上是做强做大，整合提升现在的法兰锻造企业，同时要加大走出去招商引资力度，引进一些大项目好项目，促进二产发展，为今后全县经济转型跨越发展奠定一个良好的基础。三产上是以生态、文化、旅游为重点，大力发展文化旅游业和现代商贸物流业。

二是坚持规划先行。产业要发展，规划是关键。全县规划了芳兰工业园区、河边文化产业园区、庄力外贸转型升级园区、受禄农副产品加工园区、永旺物流园区、机场临空经济开发区6大园区，启动编制了全县农业和受禄设施农业发展规划、凤凰山生态植物园旅游规划、受禄农产品加工园区规划、庄力外贸转型升级园区规划、聚力环保产业园区规划、永旺物流保税园区规划、河边文化产业园区规划、牧马河生态公园规划、滹沱河湿地公园规划、四馆一院规划、文化广场改造方案规划、汽配城规划、奥特莱斯小镇规划、全县"五规合一"规划等十几个规划，并经四套班子联席会议进行充分论证、反复研究，综合考虑各方面因素，拿出更加科学、完整、具体的意见，为定襄县长远发展奠定坚实的基础。

三是制定优惠政策。政策是依靠，也是发展的动力。县委、县政府研究出台了《定襄县招商引资优惠政策及奖励办法》、《定襄县加快民营经济发展的实施意见》、《定襄县加快羊产业发展的实施意见》等政策。其中土地出让金县级留成部分全部用于企业发展，纳税县级所得分年度、按比例奖励企业，引进县外投资按0.5%的比例奖励，干部招商给予1%的工作经费，企业取得著名商标、建立实验室、开拓境外市场、引进高端人才等分别再给予奖励扶持，这个招商引资政策在周边县市是最优惠的。

四是抓好招商引资。招商引资是推动经济发展的有力抓手。县委县政府大力解放思想，集中开展了为期三个月的解放思想大讨论活动，实施"走出去、引进来"战略，推动全县干部群众走出去学习参观考察，开阔眼界和思路，同时引进项目、资金、技术和人才，并于2013年10月14日召开了全县项目建设暨招商引资再动员大会。招商引资成为各部门、各乡镇的首要任务，得到了企业、农村、定襄籍人士的积极响应。全县上下形成了重视招商引资、投身招商引资、服务招商引资的浓厚氛围。扩大宣传招商，打造新的招商引资平台。成功举办首届"魅力定襄"全国业余自行车环城邀请赛，出版了《魅力定襄》画册，拍摄了电视剧《宋丑子传奇》、电影《徐向前与阎锡山》，进一步扩大了定襄的对外影响。加强合作招商，与市开发区联手，以庄力园区为载体，利用"飞地经济"模式，实现两地互利双赢发展。组团外出招商，县委、县政府组团和小分队赴北京、天津、福州、广州、晋中等地外出招商8次。委托企业招商，与泛华集团、汉海拍卖、北京山西商会等达成委托招商的协议。动员会后，签约的重点项目有：中节能总投资20亿元建设200MW的光伏发电项目协议，中电投总投资18亿元建设200MW的受禄风力发电项目，中国旅游投资股份有限公司总投资60亿元的农业文化旅游三产联动发展项目。经过去年的招商引资，正月十七，又在忻州同煤会议中心，隆重举行了定襄县招商引资座谈会暨2014年春季项目集中签约大会，会上签订了28个项目，总投资达到62亿元。其中，华联集团来定襄县将建设4个三产项目，总投资达到34亿元，包括建设奥特莱斯名品折扣店、国际汽配城、四馆一院、文化广场改造。这些项目集商贸物流、旅游、度假、观光、休闲、娱乐为一体，将打造高品位城市综合体，其影响力、辐射力和推动力，对县域经济将会产生巨大的影响。

五是狠抓工作落实。项目建设上，严格落实"八位一体"工作机制，建立健全了领导联系重点工程制度，完善制定了《定襄县项目建设考核办法》。2013年全县共储备项目282个，总投资900亿，占年度计划的128%；有111个项目落地，落地金额71.1亿元，占年度计划的105.6%；有64个项目开工，总投资65.4亿元，占年度计划的104.6%；有58个项目投产，完成投资37.73亿元，占年度计划的109%。难题化解上，西大街拆迁工程接近尾声，河边文化产业园、宏道木雕产业园项目的征地全部完成，对全县63宗违法用地和违法建设进行了查处，全年争取回土地指标1100亩；组织了四次银企座谈会，对接帮助82户企业累计融资2.5亿元，政府注资300万元，利用"助保贷"增信资金为5户企业提供担保，放贷2250万元，成立了华襄农旅、城乡建设两大融资平台公司，成立了中小企业融资担保公司、帝华融资担保公司。一产上，建成了万亩丰产方20个、千亩示范片50个，全县粮食总产量达到3.1亿斤。打造了受禄蔬菜园区、文山高效生态农业示范园区，全县的规模养殖场达到23个。二产上，成立了山西省法兰锻造协会，通过了商务部国家外贸转型升级专业型示范基地的评审，组建省级法兰综合检测中心，124个锻造企业改用天然气，艾斯特耐茨、伟业齿轮、恒跃锻造等企业引进精模锻（模辗）生产线，全年出口创汇达到1.5亿美元。三产上，总投资1.2亿元的凤凰山景区"神汤都乐活园"建设项目已于6月份投入运营，双休日、国庆、春节长假游客爆满，成为忻州、太原等地休闲度假的重要景点。东峪景区的自然风光通过微信等新型平台的传播，慕名前往的游客络绎不绝。山西永旺集团投资35亿元的物流园区和出口保税仓库建设项目已开工建设，五台山机场临空经济开发区也已经规划完毕。

二、坚持执政为民，更加重视民生改善，创优环境，推动社会大局和谐稳定

实现发展成果更多更公平惠及全县人民，解决好人民最关心最直接最现实的利益问题，更好满足人民需要，最大限度增加和谐因素，确保人民安居乐业、社会安定有序。

一是千方百计改善民生。继成功创建国家卫生县城后，又成功创建了总投资9000余万元的河边镇国家卫生镇，并在全县公路沿线的97个重点村开展了乡村清洁整治工程，城乡居住环境得到了进一步改善。拓宽改造了忻阜高速定

襄北和蒋村互通口、环城高速庄力互通口三条连接线，全长33公里的忻宏线改造全部完成，县乡道路改造基本完工。推广使用天然气，城区住户使用面积已达25万平方米。继续实施农村安全饮水工程，解决了21个村、11000人、2300头大畜的安全饮水问题。年初确定的打造一座名镇等20件民生实事得到全面落实，年底补发了2012年和2013年欠发的公务员津补贴和事业单位人员绩效工资1.3亿元。

二是集中精力保证安全。建立健全了安全生产网格化管理体系，全面覆盖了企业主体、部门监管和属地管理等安全生产责任；聘请专家组对企业的安全生产标准化建设进行指导；集中开展了安全生产大检查活动、隐患排查整治活动20余次，组织检查达96次，全年全县未发生一票否决事项。

三是全力以赴强化稳定。进一步建立健全了领导接访制度、县级领导包案制度、信访联席会议制度、基层化解制度、涉法涉诉案件的联合处置制度、问责制度等六项制度，突出抓好了教育引导、矛盾排查、纠纷化解、依法处置、机制创新、联合接访、队伍建设七项工作。全年党政主要领导接待38批次、87人，包案12件，解决12件；乡镇和县直部门领导接待上访235批次、265人。

四是深入推进平安建设。全面加强执法规范建设、治安防控体系建设、信息化建设，实现了基础工作上水平、基础设施上档次、破案攻坚出成效的基本目标，全县社会政治稳定，治安秩序良好，平安建设效果明显。全省公安系统执法视频数据管理现场会在定襄召开，还代表忻州市接受了省综治办的考核检查，荣获了综治先进县称号。全年共侦破刑事案件195起，查处治安案件983起，查获各类违法犯罪嫌疑人1203人，抓获网上逃犯41名，其中抓获两名潜逃11年和14年的命案逃犯。

三、着力解放思想，更加重视自身建设，转变作风，推动执政基础全面加强

切实加强和改善了党的领导，全面提升了党的领导水平和执政能力，增强了全县干部群众的进取意识、机遇意识、责任意识。

一是加强领导班子建设。强化县委领导班子建设，打造坚强的领导核心。坚持中心组理论学习制度，全年组织县委中心组成员集中学习12次，系统学习了党的十八大、十八届三中全会以及习近平总书记系列讲话精神。集中开展了“解放思想”大讨论活动，进行了覆盖全县9个乡镇和县直各单位的30余场次巡回大宣讲，各乡镇、各单位组织集中学习近300次，形成讨论成果140篇，调研报告156篇，出台了定襄县产业规划建议6篇。认真落实民主集中制原则，召开了县委领导班子民主生活会，树立民主集中制意识，不断增强领导班子的凝聚力、战斗力。主动与人大、政协的领导同志交换工作意见、商量工作，及时通报各个时期的工作重点和进展情况。强化科学决策，出台了《中共定襄县委重大事项决策制度》，坚持凡是重大决策、干部任免、重大项目安排和大额度资金使用，都必须由常委会集体研究决定，按规定程序运作。

二是加强干部队伍建设。通过队伍建设，打造勇于进取的干部队伍。始终坚持正确的用人导向，牢牢贯彻“德才兼备、以德为先”用人原则，严格按照《干部选拔任用条例》及相关政策法规选用干部，2013年共调整干部2批63人，其中：平调13人，提拔39人,免职5人，非转实6人。新提拔干部39人中，副科级干部提拔为正科级干部9人（非领导干部8人），一般干部提拔为副科级干部30人（非领导干部5人），对8名试用期满的干部进行了试用期满考核任职。努力提升干部素能，举办各类培训班4期，培训干部900余人，举办“定襄大讲堂”专题讲座1次，出台了《定襄县“年轻干部成长工程”行动方案》，从县直机关选派了10名优秀年轻干部到村担任党组织“第一书记”。加大科学考核力度，对2012年试行的量化考核指标进行科学增减取舍，突出日常考核和结果运用环节，加大对科级领导班子和领导干部的考核力度。

三是加强基层组织建设。通过加强基层党组织建设，夯实党的执政基础。以“52318党建示范工程”为龙头，带动乡镇文建明工作法、社区网络化管理、机关党建走在前头、非公党建“双强六好”等活动向纵深发展。在全县建立“八诺”工作法推行机制，印发了《关于在全县推行“八诺”工作法争创基层服务型党组织的实施方案》。印制了《农村基层组织“五集中”决策办事程序记录簿》，痕迹化管理贯穿决策办事始终。全县9个乡镇为群众办理关心的热点难点问题352个，为群众办实事453件。

四是加强作风效能建设。严格按照上级安排部署，全面贯彻落实中央“八项规定”，推动全县机关干部的作风转变，树立干部亲民、为民的形象。认真开展清退会员卡、整治吃喝风、狠刹送礼风、清退违规用车、清理办公用房等“五项治理”。会议、文件、招待费用分别比去年减少16%、30%、10%。出台了《中共定襄县委、定襄县人民政府关于密切联系群众、改进工作作风的实施意见》、《中共定襄县委关于加强和改进新形势下群众工作的意见》等文件，29名县领导全部安排了走访联系点，全县155个行政村实现了全覆盖。2013年，县级主要领导干部下乡住村累计达到205次、355天。

五是加强党风廉政建设。严肃查处各类违纪违法案件，加大案件查处力度，震慑作用明显增强。全县共立查案件125件，处分党员干部110人，其中乡科级12人。同时加强对党员干部的警示教育，形成了风清气正的发展氛围。坚持查案、教育、制度齐头并进，采取“一案两报告、一案两回访、一座谈”的方式，用“身边事”教育“身边人”，收到了查处一起案件、教育一批干部、完善一套制度、促进一方发展的良好效果。

六是强化党的领导，增强发展合力。坚持党委统揽全局、协调各方的领导制度，进一步发挥县委、人大、政府、政协和群众团体的职能，不断增强发展的合力。全县各行

各业涌现出省工人先锋号1个。加大对弱势青少年群体帮扶力度，全年为困难学生及留守儿童争取各类捐赠21000元。开展妇联系统妇女干部培训班共4期,培训千余人。发挥人大代表和政协委员人才荟萃、智力密集、联系广泛的优势，开展社会服务活动。严格落实市委议军会议精神和“十纳入十统一”要求，广大官兵积极投身县城创卫和各项重点工作。

（崔　昱）

附：一、中共定襄县委书记、副书记、常委名单

书　记：刘婷芳（女，5月离职）　张文斌（5月任职）

副书记：王志东（6月离职）　刘　亮（8月任职）

曲俊安（8月离职）　王殿君（8月任职）

常　委：曹剑文　董晓林（5月离职）

张文生（5月任职）　智志林

姚　朴　曲建成　张生明

二、乡镇党委书记、副书记名单

晋昌镇

书　记：郭俊文（9月离职）　赵泽青（9月任职）

副书记：王文伟（9月离职）　郭会军（9月任职）

陈玉萍（女）

杨芳乡

书　记：曾一平

副书记：徐久伟　卢　帽

南王乡

书　记：郭小凤（女）

副书记：李永安　杨晓光

神山乡

书　记：吴建功

副书记：张先林　张震海

蒋村乡

书　记：武　强

副书记：郭会军（9月离职）　冯志慧（女，9月任职）

魏有旺

河边镇

书　记：殷雪梅（女，12月离职）

副书记：王志强　胡爱平

宏道镇

书　记：刘永清

副书记：赵树恒　徐　勇

季庄乡

书　记：刘俊良

副书记：徐树人　霍培新

受录乡

书　记：赵泽青（9月离职）

副书记：王文伟（9月任职）　李变萍（女）

张国平

中共五台县委工作概况

县委书记　王继明

2013年，是五台改革发展取得新突破、实现新跨越的一年，也是人民生活水平稳步提高、民生福祉更加改善的一年。一年来，县委常委会在省市委的坚强领导下，全面贯彻落实党的十八大和十八届三中全会精神，团结带领广大干部群众，坚持以创卫为抓手，以进位为目标，全力建设宜居宜业宜游美丽新五台，全面推进经济、政治、文化、社会、生态文明和党的建设，各项事业发展取得新进展新成效，继续保持了进位赶超的良好势头。

一、项目建设有力推进，经济保持平稳较快增长

2013年，五台县委认真落实中央和省市稳增长、调结构、促改革的一系列政策措施，牢牢把握经济工作的主动权，持续狠抓项目攻坚，协调推进产业发展，全县经济运行呈现出稳中有进、持续向好、活力增强的良好态势。全年完成地区生产总值37.1亿元，同比增长8.3%；规模以上工业增加值9.2亿元，增长14.5%；全社会固定资产投资36.2亿元，增长39.2%；社会消费品零售总额17.3亿元，增长16.3%；财政总收入6.6亿元，增长28.1%；一般预算收入2.9亿元，增长27%；城镇居民人均可支配收入18886元，增长9.7%；农民人均纯收入4555元，增长13.2%。主要经济指标保持较快增长，尤其是财政收入增幅连续两年稳居全市第一。

项目攻坚持续给力。坚持储备、签约、落地、开工、建设、投产、服务、考核“八位一体”抓项目，不断加大项目攻坚力度。储备项目471个，投资总额1832.48亿元，完成率305.41%；签约项目9个，签约金额75.9亿元，完成率101.2%；自主招商签约项目15个，签约金额55.07亿元，完成率100.13%；落地项目41个，完成投资43.83亿元，完成率110.13%；开工项目24个，完成投资28.03亿元，完成率177.86%；竣工投产项目9个，总投资50.14亿元，完成率125.57%。实施省市重点工程51个，总投资131.7亿元，累计完成投资36.59亿元，完成率108.67%。实施县乡产业化

项目185个，总投资206亿元，完成投资51.6亿元。项目储备、签约、落地、开工、建设、竣工投产六项指标均超额完成市定目标任务。

“五个五台山”建设有序推进。一是五台山改造提升工程全面推进。累计筹资14亿元，重点实施了八大工程：“又见五台山”大型情境体验剧项目，完成投资2.75亿元，剧场已封顶，正进行内装饰，已招聘演员排练节目，预计2014年6月试演；清水河流域环境治理与生态建设项目，投资5亿元，忻阜高速公路通道绿化提升、河道治理和生态修复一期工程均已完工；中心区管网入地道路改造工程，投资1亿元，完成了碧山寺至污水厂6.3公里路段全面改造；“气化五台山”项目，投资1.25亿元，目前已有9家单位正式使用天然气，管道全部通达后，气化率将达到80%；污水处理厂改扩建工程，投资6717万元，日处理污水5000吨，一期污水管网已完工；集中供热项目，投资7640万元，已完成主管线铺设；旅游服务基地中小学校建设，投资4000万元，已完成主体工程；旅游服务基地医院，投资1420万元，已完成主体工程。二是星级高端酒店蓬勃发展。东辉国际度假酒店预计今年营业，栖贤阁宾馆、友谊宾馆完成改造，另有8座星级酒店签订了建设合同和意向，国际水平的旅游接待能力日趋形成。三是大旅游格局加速构建。灵境景区、桃花界景区旅游规划编制完成，阎锡山西汇景区、兰芝山坊度假村旅游规划正在编制，驼梁景区二期开发、兰芝山坊会展中心、石瓮村旅游度假村、信和旅游度假村项目抓紧推进，南梁沟自然风光区已与山西鸿升集团签订合作开发协议。四是五台山招商引资平台效应凸显。五台山成为全市招商引资平台两年来，旅游月招商活动共签约项目32个，签约金额331亿元，五台山的影响力与日俱增。全年接待游客464.12万人次，实现旅游总收入46.15亿元，同比增长18%。

支柱产业持续壮大。一是工业园区加快建设。县工业园区规划面积3690亩，整体布局划分为加工制造、旅游纪念、有色金属、现代物流、装备制造、高新技术6大类产业区。先期实施600亩，已完成场地平整、支流排水改造、主干道路建设、线路入地、河道筑坝改造和综合治理等工程。投资6000万元的智通源红木家具厂已入驻，投资3亿元、年产1万台的德奥电梯制造项目已开工，投资5000万元的浙江木地板项目、北京奥佳服装项目正洽谈入园。二是“煤铁铝镁电”五大产业稳步扩张。天和煤业六证齐全，生产能力由30万吨提高到100万吨，完成投资1.21亿元，同华煤业已取得五证，完成投资12.11亿元，全年生产工程煤122.2万吨，完成销售产值2.53亿元；金宇、亚太等铁选企业扩能技改项目扎实推进；中电投山西矿业铝土矿扩能项目有序实施，投资5亿元的精铝洗选、石油支撑剂项目积极推进；云海镁业镁合金压铸件项目，一期年产2000吨方向盘压铸件已投产；投资5亿元的峨岭风电项目已并网发电，投资9.5亿元的黄花梁风电项目预计今年可开工建设。此外，投资3亿元、年产17.6万吨的农夫山泉矿泉水开发项目正推进开工，五台山化工有限公司投资1400多万元进行了安全、环保隐患整改，去年10月份已启动生产。

“三农”工作稳健运行。一是设施农业初具规模。县财政再投入1000万元补贴“三农”，新增日光温室780亩，全县设施农业突破3000亩，成为农民增收的重要支撑。二是规模养殖势头强劲。建成“一县一业”肉牛示范园区2个、标准化养殖小区9个、规模养殖场10个，各类规模养殖户达到4094个。畜牧总收入5.31亿元，纯收入3.84亿元，人均畜牧收入1423元。三是龙头企业崭露头角。累计发展农民专业合作社980个，农产品加工龙头企业20个。东雷乡农业科技示范园区不断扩展，1000亩苗圃基地、10000头肉猪、500万粒微型薯、500亩蔬菜大棚、12000台农机具——“11551”项目加速推进；总投资1.99亿元的金道物流农产品仓储物流基地项目，集仓储、物流、农产品批发、有机肥料生产、饲料加工、农产品加工为一体，储、运、销一条龙运营，已完成投资8950万元；润福山庄800亩籽粒苋试种成功，全市羊产业发展暨籽粒苋推广五台现场会圆满召开，五台县以籽粒苋为牵引的种养加贸一体化循环发展模式成为全市标杆。四是扶贫开发扎实推进。全力实施连片特困地区扶贫试点、易地扶贫搬迁、教育扶贫、劳动力转移培训和中央彩票公益金项目，抓紧推进“百企千村”产业扶贫开发工程，各项扶贫任务基本完成，全县净减少贫困人口1.05万人。

二、全面加强党建工作

(一) 抓特色、重实效，党内活动出色完成

1、深入推进创先争优活动。扎实组织开展领导干部下乡住村、“访知解”和干部下村进企等活动，深入开展对贫困户、上访户、待业群众、致富能人和党员干部“五访”活动，全县31名县级干部、204个县直单位领导干部、463名乡镇干部、337名大学生村官，实现对全县573个行政村(社区)的帮扶全覆盖，实现群众得实惠、干部受教育、基层增活力的预期目标。分批组织1500余名党员干部作出公开承诺，对全县乡(镇)主要领导进行岗位调整，改革创新干部实绩考核体系，形成创先争优的长效机制。

2、扎实开展学习贯彻十八大精神活动。党的十八大胜利召开后，县委中心组精心组织，周密部署，在全县迅速掀起学习宣传贯彻党的十八大、习近平总书记系列讲话精神、中央八项规定、市委十项规定以及十八届三中全会的热潮。全县1776名干部全部参与了“山西干部在线学院”学习，干部整体素质明显提升。

3、周密做好群众路线教育实践活动前期准备工作。通过组织党员干部学习先进、缅怀先烈、交流心得，教育引导全县党员干部进一步强化党性观念，增强坚持群众路线的荣誉感、使命感和责任感。通过开展问卷调查、集中座谈、个别访谈等形式，重点就群众路线教育实践活动的指导思想、活动内容以及活动方法步骤载体等事项，广泛征求基层党员群众的意见建议，并对意见建议分析汇总，形

成调研报告，作为下一步制定我县教育实践活动方案的重要依据。

4、筑牢拒腐防变的坚固防线。领导班子成员带头廉洁从政，带头做到“自身正、自身净、自身硬”。全面推进惩防体系建设，探索推行廉政风险防控管理机制。着力强化党内情况通报和报告、民主生活会、述职述廉、谈话和诫勉等党内监督制度的落实。深入开展了清退会员卡、清理违规用车、清理办公用房（包括停建楼堂馆所）、治理公款吃喝、纠正两节送礼不正之风“五项治理”工作，形成管用有效的制度体系，建立常态化长效机制。支持纪委监察机关坚决查办违法违纪案件，共立查各类违纪案件164件，处分党员干部134人，涉及乡科级干部39件，实现了查办案件的政治效果、社会效果和法纪效果的统一。同时，县委常委会充分发挥总揽全局、协调各方的领导核心作用，支持县政府和各职能部门按照职责权限依法行政，支持县人大和县政协依法履行职能，支持武装、统战及工青妇等群团组织发挥独特作用，全县形成了风清气正、心齐劲足、和衷共济、共谋发展的良好局面。

（二）抓基层、打基础，组织建设全面加强

1、乡、村两级全面推广典型工作法。在乡一级，普遍推行“文建明工作法”，并把该工作法当做统领乡（镇）工作的总抓手，结合实际，灵活创新，制定了实施方案，做了广泛宣传推广，力求使“文建明工作法”本土化、实用化。在村一级，把“四议两公开”工作法作为有效解决农村改革、发展、稳定中存在的一系列困难和问题，实现党的领导、党内基层民主和村民自治的有效途径。

2、机关党建、非公企业党建和社区网格化建设取得了显著成效。在县直机关各级党组织和广大党员中广泛开展“五化”活动，即：党建目标化、阵地规范化、资料档案化、承诺季度化、工作模范化，全面彰显机关党建的示范引领作用，建立起党员“示范点”、“责任区”、“先锋岗”1500余个，打造出国税、检察院等示范窗口单位6个。挂牌成立五台县非公有制经济组织党工委，有序开展非公经济党组织组建工作。全县登记注册的466户非公企业已全部建立党组织，其中单独建立的77个，联合建立的党组织22个，覆盖率达到100%。全面落实社区管理“三有一化”工作要求，将全县15个社区中的6个城市社区划成31个网格，建立了党组织，配备了相关工作人员，制定了工作制度，社区住户信息台账、居民信息库、党员信息库的信息采集和录入基本完成，初步达到了小事不出网格，大事不出社区的预期效果。

3、农村党员干部队伍建设得到新的加强。2013年，五台县首批8名第一书记已全部到村任职。加强对农村党支部书记的年度考核，激发农村党支部书记的积极性、主动性和创造性。在党支部中开展党员“人人讲党课”活动，在党员中开展履职公开承诺活动，实施“三维培养”工程，构建递进式的系统培养模式。全面落实农村领头雁培训工程，初步实现农村党员干部培训阵地网络化，培训手段多样化，培训效果实用化。加强和完善流动党员“双向两级七一一”动态跟踪管理办法，鼓励党员参加多重组织生活。建成农村党员远程教育站点291个，拓宽了党员教育培训渠道。

（三）谋长远，重培育，人才工作稳步推进

1、深挖在外人才资源。充分发挥五台县较多老干部在外地工作的优势，每年元旦、七一等重要节日，都要向他们发出征求建议函和征求意见短信。2013年，五台县累计收到反馈回来的有价值、可操作性的建议和意见25条。建立五台籍在外人才信息库，以亲情、乡情、友情为纽带，挖掘和发挥在外五台籍人才的优势和潜力。

2、发挥县域人才作用。完善《五台县委联系的优秀专家管理办法》、实施《五台县中长期人才发展规划纲要》，对人才的选拔、管理、教育、培训等进行了全面规范。从教育、卫生、农林等通讯员选拔100名专业技术人才组成专家服务团，为基层提供政策和技术服务。

3、培育本土实用人才。以实施农村领头雁培训工程为契机，组织优秀农村党员赴原平农校进行集中培训；聘请省、市农业科技专家及赴原平农校培训回来的学员专门授课，对未参加市组织集中培训的人才进行专门培训。目前，县乡党委联系的本地专家已达到270名，为五台经济社会转型跨越发展提供了有力的人才支撑。

三、创卫创模同步攻坚，建设美丽新五台亮点纷呈

瞄准“山上山下齐创卫，台怀台城比翼飞”目标，举全县之力、集全民之智，同步冲刺创建国家卫生城镇和省级环保模范县城，圆满完成预定目标任务，创卫创模取得重大成果，县容县貌焕然一新，城市品位大幅提升。

创建国家卫生城镇一举成功。从县城来看，累计投资2.67亿元，主要实施了10项重点工程，即城建“1234”工程。“1”是投资4500万元新建玉轩桥水景工程。“2”是投资2920万元新建迎宾路、学府街两条道路。“3”是实施三项基础工程：休闲场所建设工程，总投资1000万元，新建和改造了文昌山公园、玉轩公园等13处休闲健身广场，总面积约24万平方米，县城人均休闲面积达到6平方米；市场建设工程，总投资328万元，建设4个集贸市场，总面积3507平方米，221个商户全部入场经营；交通设施工程，总投资684万元，建设了7个停车场，完成城区道路划线2.7万平方米，安装了3套信号灯和电子监控，更新设置了71块交通标识标牌。“4”是完成了四项市政工程：垃圾处理厂总投资2983万元，总库容70万立方米，日可处理垃圾95吨，使用年限14.5年；昌源屠宰厂总投资1000万元，建成生猪屠宰车间、大牲畜屠宰车间、业务综合楼等，已投入使用；自来水厂改造工程，总投资350万元，新建了化验室、加氯间、水质检测中心；迎宾路泄洪渠截污治理工程，总投资497万元，修建泄洪渠总长700米。对县城周边实施了绿化、硬化、净化、美化和亮化“五化”工程，县城水面达到106

万平方米，人均26.5平方米；县城绿化面积达到134万平方米，绿化覆盖率达到35.2%，人均33.5平方米，群众对县城卫生状况满意率达94.8%以上。从景区来看，结合五台山改造提升工程，重点实施了10项工程，总投资约6亿元，即中心区道路改造、清水河河道治理、生态修复、桥梁修建、栖贤阁迎宾馆改造、大石线佛城建设、“151”强基为民工程、垃圾处理厂、农村污水改造、星级厕所改造等。一年努力换来喜人巨变，城镇创卫顺利通过验收，取得优化环境、锤炼队伍、凝聚民心、提升素质等多重效果。

创模取得阶段性重大成果。坚持“标本兼治、综合治理”，深入推进“净空、净水、清洁、提质、宁静、减排、创建”七大工程，对工矿企业实施管理减排和结构减排，环保六项约束性指标和节能减排指标全部实现年度市定控制目标。省级环保模范县城创建通过省政府创模办技术验收，并在省环保厅官方网站进行公示，是2013年度全省唯一通过验收的县级单位。全年空气质量二级以上天数达到365天，其中一级天数151天，五台的天更蓝、山更绿、水更清、环境更宜居。

四、实施文化引领战略，软实力和竞争力显著提升

充分发挥文化引领风尚、教育人民、服务社会、推动发展的重要作用，加快实现文化优势向战略优势的提升。干事创业氛围有力营造。围绕学习贯彻落实十八大精神、创建国家级卫生县城、城乡环境综合治理、项目攻坚等重大主题活动，深入开展了系列专题宣传报道。文化事业蓬勃发展。按照公益性、基本性、均等性、便利性的要求，推进公共文化设施建设，全面提升公共文化服务覆盖面、均等化和满意度。加快推进县广电中心大楼建设和县级“三馆一院”的前期建设准备。县图书馆、文化馆已经完成了立项申报和批复，电影公司放映公益电影6200场，县晋剧团送戏下乡135场。基层文化设施建设进一步加强，广场文化在全县城乡蔚然成风。文化产业异军突起。加快五台山佛教文化产业园区、清水河自然生态文化产业园区、般若湖休闲怡情文化产业园区建设、徐帅故居纪念馆的红色文化产业园区、阳白传统文化产业园区建设，促进文化产业成为五台县新的支柱产业。加强文化与旅游、会展、信息、金融等产业深度融合，组织举办了五台山第四届国际文化旅游月、世界遗产五台山书法碑林名家作品邀请展、拍摄制作山西首档大型户外旅游真人秀节目《一路向前进》等相关活动，组团参加了国内外规格高、影响大的各类旅游交易会、“晋善晋美”推介会、博览会和促销会，获得山西省文博会“优秀展示奖”。“又见五台山”是省重点文化产业项目，目前演职人员已招聘完成。文化环境全面净化。扎实开展了文化经营场所环境卫生大检查、校园周边环境集中整治、文化出版物市场集中整治、网吧及网络环境集中整治、扫黄打非专项行动等系列行动，着力解决文化市场经营活动中存在的突出问题和群众反映强烈的违法违规经营问题，形成了净化社会文化环境的长效机制。

（田志宏）

附：一、中共五台县委书记、副书记、常委名单

书　记：王继明

副书记：武新亮　刘炳龙　王　卓（8月离职）
孟宏斌（10月任职）

常　委：刘建坤　孟宏斌　李　泽（10月任职）
杜立新　李秀云　赵永平　王根伟
左百胜（10月任职）

二、乡镇（街道）党委（党工委）书记、副书记名单

东冶镇

书　记：赵补文

副书记：韩泰山（11月任职）　高福康（11月离职）

建安乡

书　记：白　冰（11月任职）　师泽喜（5月离职）

副书记：杨常胜　姚旺盛

阳白乡

书　记：陕爱华（11月离职）　马旭忠（11月任职）

副书记：韩泰山（11月离职）　高建东（11月任职）
刘俊伟

神西乡

书　记：郅建康

副书记：高建东（11月离职）　高福康（11月任职）

台城镇

书　记：张文荣

副书记：白俊清（11月离职）　张跃飞（11月任职）
王建平（5月离职）　刘降莲（女）

沟南乡

书　记：白建康（11月离职）　师泽喜（11月任职）

副书记：韩世愚（11月离职）　姚永杰（11月任职）
闫开元

东雷乡

书　记：刘志勇

副书记：徐玉斌　闫志华

白家庄镇

书　记：毛小平（5月离职）　闫海龙（5月任职）

副书记：金永安（5月离职）　梁　艺（5月任职）

茹村乡

书　记：白海龙（6月离职）　陕爱华（11月任职）

副书记：孟利伟　段鹏高

陈家庄乡

书　记：罗恩波

副书记：朱彩虹（女）　赵俊伟

豆村镇

书　记：刘新宇（11月离职）　刘会平（11月任职）

副书记：闫海龙（5月离职）　卢永昌（11月任职）

丁引根（女）

蒋坊乡

书　记：左拴生

副书记：边俊根（11月离职）　刘　胜（11月任职）
杨维波

灵境乡

书　记：闫玉光（11月离职）　边俊根（11月任职）

副书记：张跃飞（11月离职）　刘俊杰（11月任职）
安军伟

高洪口乡

书　记：刘会平（11月离职）　郝俊杰（11月任职）

副书记：韩林武　安荣华

耿镇镇

书　记：白　冰（11月离职）　白俊清（11月任职）

副书记：姚永杰（11月离职）　苏俊华（11月任职）
王开伟

门限石乡

书　记：姚云萍（女）

副书记：党　杰

石咀乡

书　记：白建伟

副书记：卢永昌（11月离职）　卫湘云（11月任职）
安志高

台怀镇

书　记：戎智信

副书记：李建军（11月任职）　苏国华

金岗库乡

书　记：刘文伟（11月离职）　韩世愚（11月任职）

副书记：边利军（4月离职）　申建鹏（11月任职）
白建堂

驼梁景区

书　记：罗艳军（11月任职）

居民办事处

书　记：武降伟

中共代县县委工作概况

2013年，在忻州市委、市政府的正确领导下，代县县委深入贯彻落实十八大及十八届三中全会精神，创新实施市委、市政府“3581”发展战略，以经济转型、项目推进、产业发展、民生改善为重点，全面实施“三大战略”，奋力推进“五大跨越”，深入开展“大干城建年”、“项目推进年”、“安全生产标准化建设年”活动，全县经济社会保持了平稳较快发展的良好态势。全年地区生产总值完成58.6亿元，同比增长12.3%；社会消费品零售总额完成7.5亿元，同比增长16.1%；规模以上工业增加值同比增长14.8%；固定资产投资完成33.6亿元，同比增长59.6%；全年财政总收入完成13.2亿元，同比增长10.36%；一般预算收入完成5.6亿元，同比增长42.58%；城镇居民人均可支配收入实现19250元，同比增长10.8%；农民人均纯收入实现4098元，同比增长13.2%。

一、农业产业化加速发展

全县粮食总产实现连续增长，全年粮食产量达8010万公斤，同比增产0.8%。围绕农业增效、农民增收，按照“一县一业、一村一品”的发展要求和规模化、特色化、工业化、精细化的发展思路，统筹推进“两带四园八大产业”快速发展。黄酒、水果玉米、辣椒、小杂粮、蔬菜、稻米等八大产业初具规模。干鲜果、畜牧等5个10万亩基地建设取得显著成效。新扶持“一村一品”村18个，标准化养殖小区和示范养殖场达到11个，农民专业合作社达到672个，全县农产品龙头企业达20多家，龙头企业农产品销售预计3.2亿元，同比增长58.8%。全省“百企千村产业扶贫”活动开展以来，代县积极主动，深度对接，太钢集团注册了“太钢代县生态农业开发公司”，计划投资11.8亿元实施以养殖、药材种植、农副产品加工为主的旗舰型产业扶贫开发项目。

二、工业转型升级步伐加快

2013年以来，代县始终把企业复产运营、安全生产、转型升级作为工作的重中之重，在保持现有企业稳产增效的同时，新上优势明显、后劲充足的好项目、大项目，一批对县域经济发展具有长远带动作用的骨干项目取得突破性进展。优化升级方面，200万吨钢铁项目总投资调整为59亿元，完成了股权转让和法人变更，落实了项目选址、变电站建址和80亩用地指标，重新对项目进行了规划设计，将项目建设内容调整为国家鼓励支持类项目。3万亩工业聚集区完成了一期控制性规划，通过了省市专家评审。白峪里等8家铁精矿粉新建、改扩建项目全部完工；精诚、通源铁精矿粉新建项目进展顺利。新型产业方面，200万吨水泥技改扩建项目累计完成投资4.2亿元，基础设施建设基本完工，主要设备全部进场，正在进行设备安装，预计明年投产运营。久力尾砂制砖和加气混凝土砌块项目土建工程、厂房建设全部完工，进入试生产阶段。同时，代县还与江苏三丰光华投资有限公司签订了总投资50亿元的500兆瓦光伏发电项目，与英利集团签订了总投资20亿元的光伏发电项目，与湖北禾溢置业投资发展公司签订了总投资6亿元的国际商贸物流城项目，目前正在着手项目上马的各项前期准备工作。现代物流业快速兴起，兴旺矿业运输队发展到车辆100多辆。安全生产方面，以“安全生产标准化建设年”为主线，深入开展了“打非治违”、“安全生产大检查活动”和“专项整治”等工作，对全县非煤矿山、尾矿库等八大行业进行全面排查，共检查各类企业706家次，发现一般安全隐患549条，整改率达到98%；对全县16家企业的23个外包采掘工队全部实施了备案，并纳入日常监管范围；稳步推进六大系统建设，张仙堡铁矿等3家企业已通过验收，明利铁矿等5家企业正在编制设计；安全生产标准化建设达标企业达到78家，圆满完成市政府下达的目标任务；对所有尾矿库实施了闭库或分类治理，全面提升了尾矿库安全生产水平，全县安全生产形势持续稳定好转，全国重点地区金属非金属矿山安全生产工作座谈会在代县召开。

三、文化旅游产业发展势头强劲

投资2.65亿元实施了雁门关风景区旅游循环公路和生态绿化项目，举办了第三届“中国雁门关国际边塞文化旅游节”。投资1.5亿元的赵杲观旅游开发项目，步道建设完成80%，水系工程完成40%，服务区、景点恢复工程正在加紧建设中。边塞旅游文化体验中心快速推进。积极创新品牌宣传模式，在中央电视台、人民网、凤凰网等各大媒体、热门网站加大宣传力度，在大中城市客源集散区域投放广告，积极参加各种旅游交易会、博览会、推介会；旅游业新增两张名片，代县被命名为“中国特色文化产业示范县”，雁门关及代州古城古建筑群被命名为“中国传统建筑文化旅游目的地”，全面扩大了代县旅游业的知名度和影响力。

四、城市建设全面铺开

新城建设方面，累计完成投资21亿多元，基本完成了市政基础设施建设；总投资1.4亿元的新城体育中心全面开工；总投资1.6亿元的新城供热站完成了一期供热管网铺设，具备了供热条件。旧城保护方面，投资6200万元实施了西门瓮城、西城墙修复工程。年内代县提出同时创建国家级卫生县城、文明县城、平安县城和省级环保模范县城，方案设计全部完成，以雁靖大街综合整治工程为试点的创卫工作全面启动，其它各项创建工作有序展开。

五、项目建设扎实推进

2013年是代县确定的“项目推进年”。为了扩大项目总量、加快推进项目建设，进一步完善了储备、签约、落地、开工、建设、投产、服务、考核“八位一体”工作机制，出台了县委、县政府领导同志对口联系市、县两级重点项目制度，落实了县领导包项责任制，重点项目快速推进。全年项目储备1307.43亿元，完成率130%；项目出库311.8亿元，完成率103.9%；项目签约101亿元，完成率103.1%；项目落地73.97亿元，占年度任务的101%；项目开工44.2亿元，完成率109.4%；41项省市重点项目投资36.24亿元，完成率103.3%；项目投产38.89亿元，占年度任务的103.3%，代县荣获市委、市政府“项目建设攻坚先进县”称号。

六、民生实事全面落实

巩固提升新旧“五个全覆盖”工程建设成果，扎实推进省政府今年确定的五件惠民实事。城镇新增就业3382人，新增公益岗位246个。发放低保金4643万元、五保供养金492.1万元，实施医疗救助872人次258.7万元。巩固提高了“省级计划生育优质服务先进县”建设成果，全面提升了全县计生服务水平，国家幸福工程组委会在代县召开工作会议。积极开展残疾人康复工作，为130例贫困残疾人完成了白内障复明手术。县医院实施改革试点工作，全县范围内全部实行药品零差率销售，基本药物品种达到720个，实现了基本药物网上采购，新农合保障能力得到进一步提高。2084套保障性住房全部开工；续建的250套保障性住房完成了主体工程，正在实施配套工程建设；1200户农村危房改造项目全部完成；800户加固抗震危房项目已基本完工。大运高速路连接线改造工程竣工正式通车，繁大高速公路建设工程全部竣工。滨河移民新区顺利开工建设，完成主体工程的58%。投资2564万元新建、改造完成了县直第二示范幼儿园和68所乡村幼儿园；投资1000万元的县直第三示范幼儿园开工建设。

七、基层党的建设全面加强

始终把党建工作作为全县各项工作的总抓手，完善了党建工作联席会议制度、例会制度、党（工）委书记党建工作述职制度，实行了党建目标管理责任制、限时制、问责制；进一步巩固提升集成升级六项计划；创新开展“五好”党支部创建、农村支部书记竞赛、三级联述联评联考等各种活动；广泛深入地学习十八大、十八届三中全会及习近平总书记重要讲话精神；探索形成了代县县委“2543”四环联动工作法；扎实开展柔性育才引才计划，不断拓宽大学生村干部发展空间，认真做好农村“第一书记”选派工作，加强党员干部队伍建设；紧紧围绕项目建设、干部下乡、创建平安代县等中心工作，党建工作求突破、增活力、创特色。进一步强化了党组织抓党建、促发展的责任意识，形成了领导有力、运转有序的工作机制和“领导带头、部门推动、全员参与”工作氛围，凝聚起了推动基层党建工作的强大合力。

八、党风廉政建设和反腐败工作取得新成果

在全县持续开展机关干部作风大整顿活动，大力弘扬“新时期雁门关精神”。深入开展“三比一树”主题教育活动和“评环境、评机关、评干部、评窗口”四评议活动，组织各个阶层近万人对全县53个职能部门和34个窗口单位和领导干部进行评议。以落实党风廉政建设责任制为龙头，建立了干部作风建设问责制、领导干部作风评价考核机制，进一步加强了对党员领导干部日常行为和工作作风的监督管理。深入贯彻落实中央关于“改进工作作风，密切联系群众”的要求，县委出台《决定》和《实施意见》，认真开展“五项治理”，严格执行中央“八项规定”，狠刹“四风”，严查违规违纪，深入67个单位检查工作40多次，全县会议、文件、简报较上年同期分别降低38.9%、22.1%、79.7%，三公经费同期降低14.77%，清退违规用车15辆，腾退办公用房28间404平方米。加大反腐败工作力度，严肃查处了一些不作为、慢作为、乱作为的人，督促整改了一些进度慢、问题多、效果差的事。全县深入开展“机关干部进农户、走访调研全覆盖”活动，5100多名机关干部走进千家万户，到群众中经受锻炼、接受“洗礼”，为即将开展的党的群众路线教育实践活动“预热”。全县收集群众意见建议5000多条，摸排问题880个，慰问困难户1321户，帮助农村解决困难和问题180多个，机关干部工作作风更加扎实。

（李润玖）

附：一、中共代县县委书记、副书记、常委名单

书　记：霍富荣

副书记：郝江陵（女）　赵继先（女）

常　委：白凤山　牛俊和　韩建保　贯明亮　陈月峰　袁　斌

二、乡镇党委书记、副书记名单

上馆镇

书　记：张东家

副书记：王玉海　周　玮

峨口镇

书　记：陈文秀

副书记：乔建平　王华锋

阳明堡镇

书　记：张英瑞

副书记：郭耀东　任志峰

枣林镇

书　记：李纪东

副书记：刘吉文　赵国恩

聂营镇

书　记：杨建勇

副书记：张国伟　王　峰

滩上镇

书　记：李　诺

副书记：孙耀林　王晓军

新高乡

书　记：宋太平

副书记：梁瑞平　董春敏

峪口乡

书　记：蔚利平

副书记：孙润民　王新才（11月离职）

高　兴（女，11月任职）

磨坊乡

书　记：石高岚（女）

副书记：李海东　白向东

胡峪乡

书　记：高步峰

副书记：杨亮远　张建平

雁门关乡

书　记：杨建东

副书记：张国文　程建文

中共繁峙县委工作概况

县委书记　范波涛

2013年，中共繁峙县委在忻州市委的正确领导下，认真贯彻市委三届四次全会暨全市经济工作会议精神，围绕实施市委“3581”发展战略，紧紧依靠全委会的同志，团结带领全县干部群众，坚持以项目建设为抓手，继续强化“一个理念”，突出抓好“六大战略重点”，以“一区一带十大产业园区”为承载平台，以“稳、培、增”为全年工作总要求，奋力推动全县经济社会转型跨越、进位争先发展，各项事业取得了新的进展和成效。

亮点工作表现在：

一是县域经济逆势上扬。面对钢铁市场疲软的不利因素严重影响，县委、县政府加强对经济形势的分析研判，通过采取一系列有效措施，有力保障了全县工业经济经受住了冲击考验，支撑了全县经济的稳步增长。全年生产总值完成60.12亿元，同比增长9.1%；规模以上工业增加值完成52.50亿元，同比增长13.8%；固定资产投资总额完成61.06亿元，同比增长增长30.1%；社会消费品零售总额完

成9 .07亿元，同比增长16.5%；财政总收入完成8.94亿元，同比增长20.5%；一般预算收入完成3.62亿元，同比增长26.7%；城镇居民可支配收入达到20981元，同比增长10.2%；农民人均纯收入达到5381元，同比增长14.2%。

二是城市品牌打造卓有成效。县委高度重视环境建设，持续巩固、延伸、拓展县城“创卫”、“创模”成果，有序推进“五城联创”。作为全市唯一的争创县，率先开展了省级文明和谐县城创建工作，得到了省文明委考评组的充分肯定。在2012年启动砂河镇创建“国家卫生镇”的基础上，去年进一步加大“创卫”攻坚力度，投资3.2亿元实施了“两水、两气、两路、两站、一场、一园”十大基础设施建设工程，扎实开展了爱国卫生组织管理、健康教育、环境保护、病媒生物防制、卫生监督等工作，镇容镇貌得到整体改善和提升，成功创建了“国家卫生镇”。

三是转型跨越支撑更加有力。为了加快转型跨越发展，县委在挖掘自身潜力的同时，积极抢抓机遇，借力发展，全力打造新平台、培育新引擎。中国人民解放军北京军区空军司令部同意在繁峙县设立临时起降点，为繁峙县通用航空产业的发展赢得了重大政策支持，为转型跨越发展开辟了新的路径。繁峙县滹源水利风景区被国家水利部批准为“国家水利风景区”，将在未来13年内获得不少于40亿元的项目投资机会，将为全县今后发展提供新的平台，注入强劲动力。

围绕事业“五位一体”总布局，县委主要抓了五项工作。

一、坚持稳中有为，加快推动转型跨越发展

一是持续推进项目建设。储备项目249个，总投资2864亿元，超年度任务186%。165亿元的项目签约任务超额完成。项目落地完成76.58亿元，落地率117.45%。项目开工完成77.41亿元，开工率228.82%。项目建设方面，41个省、市重点项目完成投资58.89亿元，占年度计划的117.33%。项目投产完成57.31亿元，完成率105.16%。在全市重点项目考核中，繁峙县获三等奖。

二是扎实做好“三农”工作。重点培育了南关、果园等7个设施农业示范园区，新发展设施农业1000亩。实施了雨润能繁母猪及育肥猪代养项目和“5+1”肉羊养殖及羔羊育肥推广项目。全县规模以上农业产业化龙头企业发展到25家，农产品“513”龙头企业销售收入2.25亿元。全力推进百企千村产业扶贫开发项目，太重集团与繁峙县就7个项目签订合作意向书，拟建年出栏10万只的肉羊养殖项目。

三是大力推进城镇建设。按照“完善大框架、逐年打通微循环”的思路，全力推进城区基础设施建设。投资1.66亿元，实施了滹源街西延伸工程。投资972万元，完成了永丰街西延伸工程。投资250万元完成了光明路南延伸工程。东循环路工程顺利竣工，完成投资近8000万元。南循环路工程完成投资7000万元。砂河镇以“创卫”为契机，建设力度空前，镇区功能渐趋完善。

四是全面创优发展环境。卫生环境方面，实施了城乡清洁工程，建立健全了城乡卫生保洁长效机制。生态环境方面，对燃煤灰尘、工业粉尘等的源头企业进行了集中整治，超额完成“4+2”年度减排任务。扎实抓好造林绿化工作，实施了碧秀公园提升改造工程、砂河镇北坡绿化工程、平型关景区绿化工程。政务环境方面，大力缩减行政审批事项，推进政务公开，第三年被省政府评为“政风行风先进县”。

二、加强民主政治建设，提升依法治县水平

积极支持人大及其常委会依法行使职权。县人大积极履行职能，任命“一府两院”干部19人，共组织了17次调研和执法检查，听取和审议了县政府的12个专项工作报告，加强了对“一府两院”的工作监督。支持政协组织履行各项职能。一年来，县政协组织政协委员围绕发展旅游产业、砂河镇“创卫”、培育新型农业生产经营服务主体等开展调研视察，积极为经济社会发展建言献策。坚持党管武装，积极为人武部进驻新办公楼创造条件，推动军民融合深度发展。加强法制建设，深入推进“六五”普法各项工作，引深法律“六进”活动，推进法治繁峙建设。

三、加强宣传思想工作，促进文化繁荣发展

一是加强舆论宣传。不断创新工作方法、丰富报道形式，在市级媒体共播发559件，在省级媒体共播发49件，为全县经济社会发展营造了良好的舆论环境。

二是加强思想道德建设。举办了“落实十八大精神、做有道德的中国人”中华传统文化报告会，开展了农村“五旗文明户”、文明示范窗口、文明卫生单位等评选活动，开展了“学雷锋”志愿服务活动，培育良好社会风尚。

三是大力发展文化事业。成功举办第二届“三民”舞台艺术大赛和首届“中老年人体育健身比赛”，组织县秧歌剧团和县舞蹈协会开展60场免费“送戏下乡”，完成4824场农村公益数字电影免费放映任务。在农村新建84个农村文体活动室，广播电视“村村通”工程全年新安装4000套卫星接收设备。

四是加快发展文化产业。将文化产业发展基金200万元列入财政预算。在山西省首届文博会中，共达成意向4项，总投资340万元，成功签约1项，总投资2300万元。

四、着力保障和改善民生，加强和创新社会管理

一是全面发展社会事业。优先发展教育事业，高考二本B类以上达线272人，实现翻番；中考成绩由上年的全市第十跃升到第五。加快发展医疗卫生事业，人均基本公共卫生服务经费提高到30元，完成县中医院综合业务大楼主体工程。计生工作基础进一步夯实，综合考核保持全市前列。

二是切实抓好民生保障。落实更加积极的就业政策，城镇新增就业3163人。进一步提高社会保障水平，新农合参合率达99.78%，城镇职工和城乡居民养老保险、医疗保险全部超额完成市年度考核目标。新开工保障性住房2004套，建成1851套。省政府新办的“五件实事”全部完成。

三是加强和创新社会管理。扎实推进社会管理创新项目建设，全力推进“三级平台、四级网络”社会管理服务体系建设，新成立了社会服务管理指导中心。以“六网覆盖”工程为重点，构建了立体化的社会治安防控体系。加强信访工作，省、市交办的21件信访积案全部结案。全县安全生产形势持续稳定。

五、牢记兴党之责，全面提高党的建设科学化水平

一是实施党员干部教育工程，持续引深十八大精神学习贯彻活动。举办了11期科级干部学习贯彻十八大精神轮训班，举办了非公企业党组织书记十八大精神培训班，持续深入学习习近平总书记系列重要讲话和十八届三中全会精神。通过学习培训，使全县党员干部切实用十八大及十八届三中全会精神和党的最新理论成果武装头脑、指导工作。

二是创新工作机制，加强领导班子和干部队伍建设。根据市委组织部关于加强县委班子内部制度建设的有关要求，建立健全了11项工作制度，形成科学高效的“县委工作法”。大力加强干部队伍建设，继续实施“青年干部培养工程”。全年，共调整干部85人，提拔干部57人，选派7名35岁以下优秀年轻干部到县直机关担任领导职务。

三是强化基层基础，加强基层党组织建设。对全县456名农村“两委”主干及2299名“两委”成员进行了培训。继续实施“党的政治生命工程”，共培养入党积极分子858名，发展新党员213名。加强非公经济组织和社区党建工作，全县728个非公有制经济组织单独或联合建立党组织337个，469个农村新型合作经济组织组建党组织65个，社区党建工作与网格化管理同步推进。以“四诺”活动为抓手，扎实推进基层服务型党组织建设。

四是密切联系群众，大力改进工作作风。认真贯彻中央“八项规定”和市委“十项规定”，大力改进会风、文风和调研风气。大力开展专项治理。重点开展了清退会员卡专项行动，全县共有119家单位、5403人作出了零持有报告；开展了清理违规公务用车、办公用房和整治公款送礼、吃喝不正之风专项行动，杜绝了党员干部违反规定行为的发生。

五是坚持从严治党，加强党风廉政建设。认真落实党风廉政建设责任制，推进反腐倡廉工作。全年共查处各类违纪违法案件139件，处分党员干部142人。不断加强农廉网络建设，规范信息公开程序。有效实施了“一网六平台”升级提效扩容工程，提高了廉政风险防控能力。

（赵秋水）

附：一、中共繁峙县委书记、副书记、常委名单

书　记：范波涛

副书记：孔保宝　杨松树　佟　杰（10月离职）

常　委：李宝山　钟文秀　姚力山　刘燕萍（女）　王彦清　郭建中

二、乡镇（街道）党委（党工委）书记、副书记名单

繁城镇

书　记：张龙恩

副书记：赵　斌　马培文　赵振兴

砂河镇

书　记：师天阳

副书记：张利尧　王　青

大营镇

书　记：韩　敏

副书记：闫永祥　刘　海

杏园乡

书　记：王志胜

副书记：张　斌　王治国

光裕堡乡

书　记：张世龙

副书记：刘秀德　郄路彦

下茹越乡

书　记：韩红英（女）

副书记：柴清亮　席应平

集义庄乡

书　记：何卫峰

副书记：陈焱伟　韩　铭

东山乡

书　记：张　巍

副书记：韩海亮　段玉成

金山铺乡

书　记：李　勇

副书记：苏建政　张利军

横涧乡

书　记：方笔计

副书记：李　斐　杨维廷

柏家庄乡

书　记：王　政

副书记：任雨田　张卫龙

神堂堡乡

书　记：乔　哲

副书记：马晓华　高宏波

岩头乡

书　记：张爱中

副书记：乔　磊　刘剑跃

居民办事处

书　记：王国元

中共宁武县委工作概况

县委书记　任宁虎

2013年，面对宏观经济趋紧、经济下行压力加大、改革发展任务繁重的严峻形势，中共宁武县委团结带领全县广大干部群众，认真贯彻党的十八大和十八届三中全会精神，紧紧围绕市委“3581”发展战略，全面落实“4484”总体发展要求，扎实苦干、锐意进取，顽强拼搏、奋力赶超，全县经济社会继续保持了稳中求进、逆势有为的良好发展态势。

一、立足转型跨越发展，着力抓好事关全局的重要工作

（一）强化理论武装，着力提升各级领导班子的执政能力。坚持把理论武装放在第一位，注重学习型党组织建设，注重加强党的先进性和执政能力建设，通过邀请上级有关领导和专家作专题报告和辅导讲座，选派乡镇党政正职到外地挂职锻炼，组织各级领导干部参加各级各类培训，不断强化各级党委中心组理论学习等多种形式，不断加深各级领导干部对科学发展观特别是党的十八大和十八届三中全会精神的理解和把握，进一步增强了各级领导干部的理论水平、政治素养和工作能力。

（二）创新发展思路，着力提高指导科学发展的水平。认真贯彻党的十八大做出的重大战略部署，紧扣全省转型跨越发展大势，深入分析县域发展所面临的瓶颈制约和短板影响，在深入调查研究、广泛征集民意的基础上，对近年来提出的“4374”总体发展要求进行了深化和拓展，形成了内涵更为丰富的“4484”总体发展要求，为促进经济社会转型跨越发展提供了行动指南。

（三）突出项目攻坚，着力夯实转型跨越发展的基础。把项目建设作为调结构、促转型的重要引擎，坚持大、中、小、微同重并举，“八位一体”统筹推进，深入开展“项目推进年”活动。全年储备项目397个，总投资 2180亿元；签约项目8个，总投资75亿元；58个省市重点工程完成投资59.55亿元，完成率113.5%；上马县级重点项目152个，总投资294.08亿元。在全市重点工作观摩检查总结表彰会上，获得了项目建设二等奖的好成绩。

（四）坚持先行先试，着力深化重大领域改革。围绕转型综改路线图，重点创新五项改革。创新行政运行体制，启动运行新政务服务中心，压减行政审批事项60余项。创新土地管理机制，矿业存量用地整合利用、城乡建设用地增减挂钩两项改革试点全部获批，完成拆旧区土地复垦面积558 亩，获得全国国土资源集约节约模范县称号。创新投资融资机制，注资500万元发展“助保贷”，组建了县旅游投资公司和城建投资公司。创新城乡统筹机制，成立农资交易所，在县城开展了村改居、平改楼试点。创新政策引导机制，制定出台《扶持农业产业化发展促进农民增收的实施意见》和《循环经济工业园区招商引资优惠办法》两个政策性文件，极大调动了本地民营企业和外来客商的投资热情。

二、紧扣发展第一要务，全力促进经济平稳较快发展

（一）坚持多元发展，加快推进工业新型化。加快煤矿技能升级改造，24座整合矿井19矿拿到开工报告，18矿开工建设，生产原煤1286万吨，完成投资31.6亿元。全力推进煤电一体化进程，华润2×350MW煤矸石电厂于12月份取得路条，同煤2×660MW煤电一体化项目已上报省发改委。大力发展风电产业，国电谢家坪风电一期并网发电，福光盘道梁风电即将并网发电，余庄光热发电项目已取得国家能源局路条，另有4个风电项目正在争取核准。积极实施煤转化战略，宁煤煤矸石砖厂已进入设备调试阶段。

（二）坚持转型升级，加快推进农业现代化。种植上主攻设施农业，狠抓了化北屯循环农业、怀道千亩食用菌、余庄高源脱毒马铃薯、西马坊农业集约化经营等四大农业科技示范园区的后续建设和体制运营；养殖上培育龙头企业，推进了雨润十万头商品猪养殖、大象清福千万只肉鸡养殖、紫云牧业百万只肉羊精细加工等三大龙头养殖项目；农产品加工上突出本土特色，重点扶持了五谷园、芦芽农夫等七个规模加工企业；产业扶贫上紧抓百企千村产业扶贫机遇，精心筛选6个产业项目，已与相关企业对接，正进入考察论证。

（三）坚持政府主导，加快推进服务社会化。加快发展旅游业。以打造5A景区为目标，聘请广东新空间旅游设计院和中山大学设计院编制完成《芦芽山风景区创建国家5A级景区整体提升规划》等六个规划设计，重点实施了三项生态建设工程，狠抓了三类酒店建设，建成了芦芽山游客服务中心和大型演艺广场，新上马汾源旅游服务特色一条街，全年接待游客72万人次，旅游总收入5.1亿元，分别同比增加10.8%、13.3%。大力发展商贸物流业。总投资5亿元的豪德商贸物流园区，主体全部完工，明年可投入运营；投资 1800万元的阳方口特色农产品物流园区，已开工建设。

（四）坚持城乡统筹，加快推进县域城镇化。大力实施城镇建设重点工程。在全面推进“4442”城镇建设后续工程的基础上，重点上马实施了“一山一环两口”工程。深

入开展创建国家卫生县城活动。以治理脏、乱、差为突破口，投资达3亿多元，重点实施了十大创卫工程，有效改善了县城面貌，提升了城市品位。着力强化城市管理。制定出台《老城区控制性详细规划》、《旧城改造房屋征收补偿方案》，实行县级领导包片、单位部门包街、居民商户保门前、环卫工人全天保洁的卫生责任机制，有效提升了城市管理水平。

（五）坚持绿色发展，加快推进城乡生态化。大力开展“两河”治理攻坚战。投资2926万元，对恢河县城至阳方口段实施了以打坝、清淤、绿化为重点的综合治理；投资6800万元，实施了汾河源头生态保护二期工程。大力开展植树造林攻坚战。全年完成荒山造林、封山育林、通道绿化2.8万亩，发动五大煤炭集团绿化造林1.5万亩。大力开展节能减排攻坚战。全年确定重点工业减排项目2个，保证了县城和东寨污水处理厂的平稳运行，6项主要污染物约束性指标减排效果明显。截止12月底，县城环境空气质量二级以上天数达到365天，综合污染指数平均值1.27，稳定达到国家环境空气质量二级标准。

三、着力保障改善民生，全力保持社会和谐稳定

（一）高度重视安全生产。始终把安全生产作为推动转型跨越的头等大事，进一步完善了全县安全生产考核指标和奖惩办法，重点对道路交通、煤矿、非煤矿山等八大重点行业进行了隐患排查和专项整治，有力推动了全县安全生产形势持续稳定好转。全县累计发生各类生产经营性事故12起，事故起数与去年同比减少12起，下降50%。

（二）狠抓矛盾纠纷化解。建立和完善基层信访负责、领导干部下访、领导包案、信访案件督办、信访工作责任追究等多项制度，严格实行县级领导带头接访制度，对疑难案件一包到底，大力推行“一线工作法”，有力推动了“事要解决、息诉罢访”。全年共受理各类信访案件189批1484人（次），调处率达到100%，省市交办的9件案件全部办结。特别是在全省“两会”和十八届三中全会期间，全面落实三级书记亲自抓、三道防线严密控、三类人员重点防综合措施，圆满实现了进京赴省“零非访”的目标。

（三）着力创新社会管理。扎实推进“六五”普法和依法治县工作，不断完善基层社会服务管理体系，着力加强治安防控体系建设，社会管理综合治理水平显著提升。以平安建设为主线，深入开展“六项整治”，严厉打击“两抢一盗”和八类严重暴力犯罪，共查处各类治安案件1116起，破获各类刑事案件159起，营造了安全稳定的社会环境。

（四）大力兴办惠民实事。在巩固提升两轮“五个全覆盖”的基础上，倾力为群众做实事、办好事，不断提高群众的满意度和幸福指数。省委确定的“五件实事”扎实推进，“村村亮”工程如期完工；“四馆”主体工程全部完工，第二热源厂当年建成并投入使用；县人民医院“五一”投入使用，新高中、新职中“三通一平”基本完成；县城二级中心汽车站主体完工，县城公交正式开通；开工建设各类保障性住房917套，改造农村危房600户；实施人畜饮水和抗旱工程8处，建成山洪地质灾害预警指挥中心；开工建设刘家园移民四期工程，减少贫困人口9000人；落实各项就业扶持政策，新增就业人数2017人，转移农村劳动力2953人。

四、坚持立党为公、执政为民，着力加强党的执政能力建设

（一）高度重视干部队伍建设。坚持正确用人导向，严格干部选用标准，全年共研究调整干部两批次38人。大力实施年轻干部成长工程，确定278名后备干部进行动态管理和跟踪培养，科学选派7名优秀年轻干部到农村担任“第一书记”，全市农村“第一书记”培养管理现场促进会在宁武县召开。加强干部管理，在全市率先建成干部人事档案信息化平台和干部管理数字化系统。注重干部培训教育，组织开展专题讲座、外派培训、分类送学、自主选学共9期，受训党员干部达3200余人次。

（二）认真执行民主集中制。坚持讲党性，讲团结，讲民主，进一步完善了各项工作制度，凡是涉及全局工作和“三重一大”重要事项，都注重听取班子成员和各方面的意见，集体讨论决定，杜绝搞“一言堂”。坚持集体领导和个人分工负责的原则，统筹党政班子分工，正确处理县委、人大、政府、政协之间的关系，切实增强四大班子的合力。坚持以德服人，坦诚待人，班子成员能够相互支持、相互理解，做到大事讲原则，小事讲风格，带头维护班子的团结。

（三）着力加强行政效能建设。着力转变政府职能。正确处理政府与社会、政府与市场的关系，对能够通过市场解决的问题，交给市场，对基层能够自主解决的问题，还政于民，使政府腾出更多的时间、更多的精力用于发展经济、服务民生。着力转变工作作风。班子成员至少有1/3时间深入基层和生产一线，对产业开发、项目建设、民生工程等重点工作，采取现场办公、现场促进、现场观摩的方式，进行督促检查，促进了各项工作任务的高效落实。着力提高工作效率。科学制定《党建和经济社会双千分考核方案》，层层分解落实任务，逐级靠实责任，半年、年底开展检查考核，平时抓好调度督促，年终兑现奖罚，极大地调动了各级干部抓落实的责任心、主动性和积极性。

（四）狠抓党风廉政建设。认真落实“一岗双责”，将全年反腐倡廉工作细化为86项具体任务，分解落实到有关县级领导和37个牵头单位，形成了“横向到边、纵向到底、一级抓一级、层层抓落实”的责任体系。始终保持严惩腐败的高压态势，旗帜鲜明地支持改革创新者、保护干事创业者、惩处违纪违法者，始终保持党组织和党员的先进性和纯洁性，努力营造风清气正、干事创业的发展环境。一年来，共立案查处各类案件135件，重处分3人。

（李　栋）

附：一、中共宁武县委书记、副书记、常委名单

书　记：任宁虎

副书记：边东圣（6月离职）　王　卓（8月任职）　马在岐

常　委：弓凤英　郑建国　任鸿宾　付光政　薛军良　帅学华　贾建宁

二、乡镇党委书记、副书记名单

薛家洼乡

书　记：王志荣

副书记：李文斌　贾小平

阳方口镇

书　记：冀海亮（4月离职）　陈玉峰（4月任职）

副书记：刘成平　陈元金

凤凰镇

书　记：武　强

副书记：冀登科　毕俊红

余庄乡

书　记：丁新生

副书记：郭庆才　贾文才

东寨镇

书　记：谷茂华

副书记：郑志峰（4月离职）　马跃飞（4月任职）　任卯星

涔山乡

书　记：王继宁

副书记：马跃飞（4月离职）　周利功（4月任职）　张　华

化北屯乡

书　记：陈玉峰（4月离职）　冀海亮（4月任职）

副书记：李建平

西马坊乡

书　记：马国贞（4月离职）　李树文（4月任职）

副书记：李树文（4月离职）　董树平（4月任职）　韩文清

石家庄镇

书　记：张建平

副书记：吴拴龙　亢巨保

新堡乡

书　记：胡增海

副书记：杜五凯　王保忠

迭台寺乡

书　记：李茂华

副书记：董树平（4月离职）　王　强（4月任职）　徐朝峰

怀道乡

书　记：王东升

副书记：宗守军　李拥军

圪谬乡

书　记：白云龙

副书记：李　峰

东马坊乡

书　记：闫凯亮

副书记：杨丽琴　武毅峰

中共静乐县委工作概况

县委书记　李德新

2013年，中共静乐县委深入贯彻落实中央、省市的决策部署，牢牢把握稳中求进的总基调，紧紧围绕“扬正气、树新风、创环境、促发展”的工作主线，全力抓发展、惠民生、保稳定，全面推进经济、政治、文化、社会和生态文明建设，努力提高党的建设科学化水平，各项事业取得了新成效，转型跨越迈出了新步伐。

一、围绕主题主线，提升经济实力，发展后劲显著增强

2013年，面对复杂多变的宏观经济形势，面对持续不减的经济下行压力，县委认真落实党中央、省市一系列稳增长、调结构、促改革的政策措施，牢牢把握经济工作的主动权，重点培育以四大特色产业为主体、新型清洁能源产业为接续、现代商贸物流业为引擎的产业发展新体系，全县经济运行呈现出稳中有进、持续向好、活力增强的良好态势。全县生产总值达到21.3亿元，增长12%，位居全市第三，较2012年前进7个位次；固定资产投资达到52.8亿元，增长38%，位居全市第六，较2012年前进7个位次；一般预算收入达到2.34亿元，增长33%，位居全市第二，较2012年下降1个位次；规模以上工业增加值达到6.9亿元，增长15%，位居全市第三，较2012年前进9个位次；社会消费品零售总额达到5.3亿元，增长16.6%，位居全市第二，较2012年前进9个位次;城镇居民人均可支配收入达到1.7万元，增长10.7%，位居全市第三，较2012年前进3个位次；农民人均纯收入达到4566元，增长14.5%，位居全市第一，较2012年前进8个位次。主要经济指标增幅均位居全市前列，环境保护等约束性指标全部完成。

二、培育特色农业，拓宽增收渠道，农村经济稳步发展

始终把产业富民放在实现发展的首要位置，本着切合实际、容易见效、群众接受的原则，总结经验成效，反复讨论研究，全面推进三年内全县农民实现人均1亩水浇地、1亩藜麦、1分大棚、1亩经济林和1亩小杂粮的“五个一”目标。不断扩大“一村一品、一乡一业”，狠抓藜麦、玫瑰、养羊、小杂粮种植加工四大产业。2013年，种植藜麦1万亩，成为全球除原产地外仅次于美国的第二大种植基地。玫瑰种植推广到4800余亩，加工厂一期工程主体完工。借助“百企千村”产业扶贫机遇，与潞安集团主动对接，计划投资2亿元建设藜麦、玫瑰产业园区，目前园区规划编制完成。同时，尊重群众意愿，强化引导扶持，大力发展规模养羊，养羊总量达到27.4万只。发展小杂粮示范区10万亩,培育龙头加工企业14个，农民专业合作社发展到293个，有效推动了特色农业的规模化、产业化、效益化。

三、实施项目攻坚，优化经济结构，工业强县务实有力

不断创优发展环境，始终把扩大招商引资、加快项目建设作为工业强县的重要抓手，坚持“八位一体”抓项目，加大项目攻坚力度。全年共实施省市重点项目42个，完成投资48.3亿元，完成任务的103%，项目储备、签约、落地、开工、投产5项考核指标均排在全市前列。立足促转型、强基础、增后劲，大力推进以煤为基、多元发展。煤炭企业复工复产、达产达效步伐加快。天柱山煤焦化工业园区综改工作初见成效，1830化工项目开始试生产，甲醚、百万吨焦炭扩产等12项延伸项目正在积极推进。天然气入户工程稳步推进，主体工程已完成。以风电为主的清洁能源项目全面兴起，国电5万千瓦风电项目并网发电，成为工业经济增长的新亮点，龙源15万千瓦风电项目、县电厂生物质能发电项目、双路110KV变电站项目有序推进，全县多业支撑的工业发展格局正在形成。

四、强化基础设施，改善生态环境，城乡面貌焕然一新

坚持城市规模扩大与功能完善并举、城乡发展与生态保护同步，规划、建设、管理水平不断提高。积极实施“大县城”战略，持续推进汾河西区综合开发，总投资11.2亿元的汾河西区综合开发一期工程主体全部完工，现已部分投入使用。滨河西路南沿北拓以及次干道建设工程全面实施。县城供水、供热、供气、排污等管道一次性铺设完成。县城垃圾处理厂、污水处理厂二期扩建工程投入运行，杜家村污水处理厂全部完工。人武部办公楼、公安局技侦大楼、交警队技术业务用房均已投入使用。汾水尚苑住宅小区一期工程竣工。静静铁路项目开始征地拆迁，太佳高速连接线项目正在落实资金。全面启动国家级卫生城市、省级园林城市、环保模范城市创建准备工作，深入开展“三项整治”活动，环境卫生、市场管理都取得了显著变化，社会风气明显好转，对外形象大幅提升，为“三城同创”打下坚实基础。以“三山两河”为重点，持续加大生态环境综合治理力度，全年造林4.51万亩，育苗3000亩，水土流失治理4.53万亩，为建设美丽静乐奠定了扎实基础。

五、坚持统筹发展，倾力改善民生，各项事业协调推进

大力实施教育优先发展战略，全面加快教育强县步伐，教育教学质量明显提高，高考成绩再创历史新高，全县二本以上达线174人，应届生达线率位居全市前列。全县广播电视“村村通”工作走在全省前列，县广电中心荣获“全国服务农民、服务基层文化建设先进集体”称号，是全省广播电视系统唯一获此殊荣的单位。全面推进文化体制改革和文化产业开发，剪纸、刺绣等新兴产业逐渐兴起。进一步完善新型农村合作医疗制度，全县新型农村合作医疗参合率达到99.8%，基本药物制度初步健全，基层医疗卫生服务能力不断提升，公共卫生保障能力明显增强。扎实办好农村新的“五件实事”，1000户农村困难家庭危房改造任务全面完成，特困群众易地搬迁按计划加快推进，行政村街道亮化圆满完成目标任务，2所村级幼儿园改扩建全部完工，乡村清洁工程全面实施，381个村庄完成村容整饰。过冬煤提前发放到位。全面落实各类补贴补助、低保五保、救灾救助等惠民政策，开展两轮“五个全覆盖”回头看，及时查漏补缺，惠民效益得到提升。公众安全感和群众满意度调查全市排名第一，人民群众安全感和满意度显著提升。深入开展安全隐患排查治理，高度重视群众来信来访，有效化解了社会矛盾，维护了和谐稳定，保障了经济社会快速发展。

六、加强作风建设，夯实执政基础，党的建设全面提升

认真贯彻执行中央“八项规定”、省委四个“实施办法”和市委“十项规定”，减少会议活动、迎来送往、“三公消费”、文件简报、领导报道，大兴朴实高效新风。加大干部教育培训力度，各级领导班子、党员干部的思想政治素质明显提高；深化干部人事制度改革，完善干部考核选拔机制，干部队伍活力明显增强。全面推行党员干部全员“四诺”、“一评两监督”等办法，基层组织的凝聚力、战斗力不断增强。完善联系群众的制度机制，持续开展以“访、知、解”为主题的“千名干部访万家”活动，广大机关干部下农村、进农户，送温暖、献爱心，办实事、办好事，进一步密切了党群干群关系。深入开展反腐倡廉建设，惩治和预防腐败体系不断健全。统一战线、民族宗教、老干部、国防动员等工作取得新成绩，工会、共青团、妇联等人民团体和社会组织作用得到充分发挥。

（吕文杰）

附：一、中共静乐县委书记、副书记、常委名单

书　记：李德新

副书记：张文斌（6月离职）　王　昕（8月任职）
　　　　宋爱莲（女）　李小博（挂职）

常　委：王利民　梁　康　秦文明
　　　　李　泽（10月离职）　岳建斌（10月任职）
　　　　张宏皋　王树明　王伟峰（挂职，11月任职）

二、乡镇党委书记、副书记名单

鹅城镇

书　记：吴剑珍

副书记：徐鹏举　王亮瞒

杜家村镇

书　记：张玉堂

副书记：王亮中　孙继中

康家会

书　记：郝彦峰

副书记：李子青　李富亮（10月任职）

丰润镇

书　记：黄海君（10月离职）　曹拴珍（10月任职）

副书记：郝成杰　李永栋

堂尔上乡

书　记：张志宇（10月离职）　李俊宏（10月任职）

副书记：王　彦（女）　吕金虎

中庄乡

书　记：李俊宏（10月离职）　张志宇（10月任职）

副书记：赵兰俊　高旭东

双路乡

书　记：杜雪峰

副书记：任亚军　李劲宣（10月离职）
　　　　武彦红（10月任职）

段家寨乡

书　记：曹拴珍（10月离职）　吕志强（10月任职）

副书记：李世泽　王文惠

辛村乡

书　记：段惠卿

副书记：赵艳峰　宋海生

王村乡

书　记：刘怀祖

副书记：解文德　李建峰

神峪沟乡

书　记：梁志平

副书记：吕志强（10月离职）　段璠瑢（女）

娘子神乡

书　记：边四厚

副书记：李俊清　高变荣（女）

娑婆乡

书　记：张哺梅（10月离职）　黄海君（10月任职）

副书记：郝丽军（10月离职）　李　瑞（10月任职）
　　　　李富亮（10月离职）　王新彦（10月任职）

赤泥洼乡

书　记：吕晓敏

副书记：韩志宏　梁跃武

中共神池县委工作概况

县委书记　曹爱民

2013年，中共神池县委在省委、省政府和忻州市委、市政府的坚强领导下，坚持以科学发展为主题，以加快转变经济发展方式为主线，以“项目推进年”为契机，围绕市委“3581”发展战略，紧紧依托丰富的风光资源、土地资源和区位资源，继续推进特色种植和绿色食品工业园区建设，着力打造特色农业强县；继续推进“羊业富民”战略，着力冲刺全省高繁（母）种羊生产基地县；继续推进风电光电等新能源的开发利用，着力构建新型工业体系；继续推进物流业的发展，着力煤炭集散地建设；继续推进民生改善，着力社会事业全面发展；继续推进大县城战略，着力美丽神池建设；继续推进党的建设，着力提高领导科学发展的水平。自加压力，奋力争先，同心同德，创新苦干，全面推进经济建设、政治建设、文化建设、社会建设、生态文明建设和党的建设，各项事业发展取得了新的成效，继续保持了平稳运行、进位争先的良好势头。

一、立足富民强县，狠抓项目建设，努力实现经济平稳较快增长

面对复杂多变的宏观经济形势，面对持续不减的经济下行压力，神池县委认真落实党中央、国务院、省委、省政府和市委、市政府稳增长、调结构、促改革的一系列政策措施，牢牢把握经济工作主动权，大力推进转型跨越步伐，全力实施富民强县战略，全县经济运行呈现出稳中有进、持续向好、活力增强的良好态势。全县地区生产总值完成16.3亿元，比上年增长12.1%；规模以上工业增加值完成1.8亿元，比上年增长13.3%，固定资产投资完成27.2亿元，比上年增长39.7%；社会消费品零售总额完成5.2亿元，比上年增长16.3%；财政总收入完成3.8亿元，比上年增长

8.9%；公共财政预算收入完成2亿元，比上年增长21.9%；城镇居民人均可支配收入完成16754元，比上年增长9.9%；农民人均纯收入完成5353元，比上年增长12.9%。六项主要经济指标实现两位数增长，其中七项指标的增幅高于全市平均水平，环境保护等约束性指标全部完成。

立足强县，狠抓项目建设。始终把项目建设作为保增长、调结构、促转型的重要抓手，坚持储备、签约、落地、开工、建设、投产、服务、考核“八位一体”抓项目，充分发挥比较优势，积极对接国家产业政策，大力发展风电光电和新型建材产业。国电龙源继阳山50兆瓦×3的风电场已于去年6月并网发电。华能新能源山西风电分公司太平庄板井风电场、山西艾特科创风电有限公司五连山风电场、山西国际能源有限公司坝堰梁风电场3个50兆瓦风电场全面开工在建，已完成投资8.29亿元。截止年底，全县建成投产的风电场达到9期45万千瓦，占到全市风电总量的1/3，成为名副其实的三晋风电第一县。此外，神池县与北京瑞宏伟业投资有限公司、大唐国际、山西艾特科创风电有限公司、上海航天汽车机电有限公司和山东青岛润峰集团润恒光能有限公司五大集团签订了62.5万千瓦光电开发协议，目前已取得8万千瓦的路条。年产200万吨新型干法水泥项目已完成投资7亿元，目前正积极推进与华润集团合作，预计今年上半年投产运营。全县34项省市重点工程项目，完成投资37.62亿元，全市排名第八，完成投资计划119.92%，全市排名第二。重点项目落地26项，总投资43.85亿元，全市排名第十一，完成率142.37%，全市排名第三。项目开工34项，总投资51.53亿元，全市排名第六，完成率177.81%，全市排名第六。项目投产16项，总投资47.79亿元，全市排名第九，完成率116.59%，全市排名第五。

着眼富民，大力发展养羊业。按照“畜牧兴县、羊业富民”的发展思路，举全县之力大力发展养羊业，实行了“政府推动、能人拉动、大户带动、单位牵动、干部领动”的五措联动机制。去年县财政拿出1000万元，捆绑各类资金1500万元，重点实施了疫病防控体系建设、优质畜产品基地建设、肉羊良繁体系建设、饲草饲料加工利用、龙头企业培育等八大工程。共新建标准养殖小区7个，建成标准化种羊繁育基地2个、标准化良种扩繁场30个，从山东引进杜泊公羊28只进行品种改良。全县规模养殖户发展到5400户，44个标准化养殖小区投入使用，15个标准化养殖小区跻身于忻州市百强养殖示范场行列，全年羊饲养量达到80.1万只。中央电视台、《山西日报》、《忻州日报》等10多家新闻媒体对神池的养羊业进行了宣传报道。平陆、沁水、静乐、左云、忻府区、娄烦、阳曲、壶关等县区先后组团考察了神池县的养羊业，其养羊工作经验在全省畜牧产业经验交流会上得到示范推广。

突出特色，加快农业产业化。按照市委“两增三建”工作要求，以农民增收为核心，着力在特色农业上做文章，一是加大特色规模种植和示范基地建设。胡麻、燕麦的种植均达到了15万亩以上，“中国亚麻之乡”申报已通过国家审查，神池黑豆、黍子也将获得国家地理标识认证，全县地标认证产品达到6个。6000亩膜下滴灌示范片、6000亩渗水地膜示范区、6000亩起垄马铃薯等三个高产旱作农业示范片受到省农业厅现场观摩会的充分肯定。二是积极培育产业化龙头企业，做强月饼产业。重点扶持了长祥圆等企业入住绿色食品园区，长祥圆年产月饼1500吨、麻花500吨的生产线建设项目已经开工建设。推动战国月饼与双合成食品集团形成了战略合作，战国月饼自主开发的胡麻仁剥离技术获得国家专利，产品市场前景广阔，效益可观。此外，还聘请国家西安食科院研制了万吨胡麻深度加工的可研报告，目前正在和同煤对接具体开发事项。万吨燕麦片加工项目几经周折与西麦集团达成了合作意向，已进入试生产。三是油桃大棚栽植技术的成功引进和推广，为神池解决了设施农业发展的一大难题，全县温室大棚发展到1300亩，油桃占到60%。

依托区位，加速煤炭物流。借助优越的区位优势和便利的交通条件，依托神朔、朔黄、宁岢三条铁路规划建设十个煤台，全面发展煤炭物流产业。目前全县已建成运营的5个煤台，共完成煤炭发运量563.56万吨，上缴税金7598.6万元。其中，同煤塘涧煤炭集运站发运煤炭239.52万吨，上缴税金2371.3万元；同煤神铁联营庄儿上装煤站发运煤炭9.34万吨，上缴税金85万元；山西秋阳煤炭远销公司神池南装煤站发运煤炭41万吨，上缴税金279.3万元；神华贺职煤炭集运有限公司发运煤炭192万吨，上缴税金1743万元；神池县煤炭经销有限公司发运煤炭81.7万吨，上缴税金3120万元。其余5个煤台目前正在积极做前期准备工作，山西晋兴中通能源公司长城梁煤炭集运站，目前工程主体已完工，预计今年上半年进行试运营；山煤华茂煤炭运销有限公司庄儿上煤炭集运站，正在办理各种手续。兴隆煤业年产90万吨矿井和宏远煤业年产90万吨矿井已全面开工并完成投资2.1亿元。

二、加强民主政治，创新社会治理，努力营造稳定和谐充满活力的社会环境

坚持党委统揽全局、协调各方的领导制度。更加注重宏观把握和前瞻布局，加强和改进常委会工作，及时召开常委会议和专题会议，把“五位一体”总体布局要求具体化、地方化，进一步增强了发展合力。支持人大及其常委会依法履行职能，听取审议“一府两院”工作报告，开展“发挥代表作用，推进项目落实”主题活动，加强专项监督，开展专项执法检查，作出相关决定决议，推进依法治县。支持政协围绕转型跨越、富民强县发展战略、大干城建、人畜吃水等重大问题开展调研，就发展养羊业、特色农业、新型工业等课题建言献策，为县委决策发挥了积极作用。扎实推进统一战线工作，充分发挥党外人士参政议政、民主监督作用，为转型跨越发展提供了有力的政治保障和人才支持。积极落实党的民族宗教政策，进一步做好对台工作。发挥工会、共青团、妇联等人民团体作用，党

委政府与人民群众的联系更加密切。围绕“双创建”目标，积极探索党管武装制度化、规范化建设途径，党管武装质量效益持续提升。

扎实推进平安神池建设。坚持依法治国基本方略，加快“法治神池”建设，全面提升依法执政、依法行政、公正司法、依法办事的能力，不断提升法治化水平。出台“平安神池”建设五年规划和2013年工作方案，实施“六六创安”工程，严厉打击违法犯罪，深入开展社会治安重点整治，有效化解各类矛盾纠纷，不断强化治安防控体系建设，全面加强特殊人群管控，扎实开展基层平安创建，主动服务重点工程建设，全力维护社会和谐稳定，社会治安持续好转，人民群众安全感满意度达93.55%，政法综治工作考核全市排名第二，被市委、市政府评为“政法综治工作先进县”。

切实加强基层民主建设。完善基层民主制度，改进办法，拓宽渠道，创新方式，完善机构，充分发挥党代表、人大代表、政协委员、老党员、老干部和群众代表的监督作用，广大人民群众当家作主的积极性进一步发挥。健全机关干部特别是领导干部直接联系和服务群众制度，完善企事业单位民主管理制度，深入推进党务公开、政务公开、村务公开、企务公开和公用事务公开，切实保障人民群众的知情权、参与权、表达权和监督权。以民主实现公正，靠公正凝聚人心，同心同德谋发展的局面得到进一步巩固和发展。

三、坚定理想信念，唱响主旋律，努力推进文化事业繁荣发展

坚持以学习宣传贯彻党的十八大精神为主线，按照中央、省委和市委宣传工作会议的决策部署，出台进一步加强全县宣传思想工作的意见。紧紧围绕全县工作大局，坚持传播为民、创建为民、创作为民、改革为民，唱响主旋律，打好主动仗，为我县加快转型跨越发展、实现富民强县目标提供了强大的精神文化力量。

大力加强理想信念教育。突出时代性，坚持系统性，抓住重点、抓好专题，创新制度、完善措施，加强党委(党组)中心组和党员干部理论学习。认真学习党的十八大、十八届三中全会精神和习近平总书记系列重要讲话精神。全年组织党委中心组学习12次，县委“一班人”撰写理论学术文稿90多篇，县处级领导干部带头学习，带头坚持“三个自信”，进一步坚定了同步达小康、实现中国梦的理想信念。积极倡导餐桌文明、交通文明、网络文明，广泛开展“讲文明、树新风”等主题实践活动，继续引深“美丽家庭”、“八争八创”文明乡村、文明城镇创建活动，省市县文明单位示范作用进一步加强，公民道德素质和社会文明程度进一步提高，从我做起，建设美丽神池的社会氛围更加浓厚。

扎实推进文化事业大繁荣。创办了《神池报》，恢复了《神池季刊》，改版了《神池新闻网》，出版了《神池文化》系列丛书，成立了神池道情文化研究所。组织广场文化系列活动，做到了广场每周有活动，周周有主题，场场有新意。组织开展了送戏下乡巡演活动，历时5个月，演出117场。完善农村文化活动室241个，完成“农家书屋”249个，实现了农村文化场所、“农家书屋”全覆盖。

加快推进文化产业大发展。积极参加山西省首届文化产业博览交易会，选送的神池县自永和食品有限公司创作的大月饼荣获了“山西省文化产业博览交易会神工杯艺术精品奖”金奖，选送的神池县红梅剪纸艺术有限责任公司剪纸作品荣获“山西省文化产业博览交易会神工杯艺术精品奖”银奖，投资200万元的丁家梁圆明观修复工程已全部竣工，进一步提升了神池文化的软实力和竞争力。

四、着力改善民生，统筹城乡发展，努力提高社会保障和公共服务水平

实施第二个“大干城建年”。突出“东扩、南建、西改、北绿”，加快基础设施建设。东扩。投资1.33亿元建成馨乐苑移民小区，417套保障性住房开工建设。投资2100万元对第一供热源进行了迁址扩容改造。投资1.3亿元开工建设神府花园一期工程，总建筑面积9万平方米。南建。自筹资金1.3亿元建设的神池县城南过境公路已通车。投资2730万元，全面改造崞水路，并实施了美化、亮化工程，一改县城南部脏、乱、差问题。投资1000万元，对县城入口处进行美化、亮化，建设涧口坡标志性建筑，展示美丽神池新形象。西改。投资2.2亿元完成了占地160余亩总建筑面积23.5万平方米的旧城改造，完善旧城改造项目的道路排水改造。投资2.05亿元实施县城三条街道和十条小街小巷的路面改造工程全部竣工，管网入地工程进展顺利。投资1000万元的体育场提质工程全面完成。投资90余万元新建水冲式厕所9个，投资80余万元整治牌匾820个，投资500万元安装路灯742盏，投资10万元对自来水管网进行了改造。北绿。筹资1300万元，捆绑各类绿化资金270多万元，在城北环城山绿化6000余亩。创建“国家卫生县城”工作全面铺开，市委书记董洪运作出重要批示给予鼓励支持。

扎实推进创业就业和社会保障工程。全县城镇新增就业完成年度目标任务的101%，城镇登记失业率控制在4%以内，创业带动就业及再就业人员824人，转移农村劳动力1261人，续聘公益性岗位人员331人，择优选用见习岗位66人。扎实开展社会保险、城乡救助、优抚优待、社会福利工作，不断完善城乡社会保障体系和救助体系。城镇职工基本养老保险参保人数达9883人，城镇医疗保险参保人数达15202 人，农村居民养老保险参保人数达5.6万人，社会救助体系进一步完善，发放养老、低保、优抚、救灾、医疗救助等各项资金4000余万元。

统筹城乡社会事业发展。积极推进标准化幼儿园建设，严格规范义务教育学校办学行为，实施普通高中“四化一改”工程，扩大中等职业教育的覆盖面，公平教育、素质教育、成才教育持续推进。进一步完善新型农村合作医疗

制度，全县新型农村合作医疗参合率达到99.5%，基本药物制度初步健全，基层医疗卫生服务能力不断提升，公共卫生保障能力明显增强。扎实办好农村新的“五件实事”，560户农村困难家庭危房改造任务全面完成，特困群众易地搬迁按计划加快推进，行政村街道亮化超额完成目标任务，6所村级幼儿园全部投入使用，乡村清洁工程全面实施，238个村庄完成村容整饰。过冬煤提前发放到位。开展两轮“五个全覆盖”回头看，及时查漏补缺，惠民效益得到提升。

加强安全生产和信访工作。始终把安全生产和信访稳定工作放在重要位置来抓，严格落实信访责任制，及时有效处理和化解各类社会矛盾，信访量持续下降。信访咨询答复率、信访举报查处率、群众对问题解决的满意率都达到99%以上。深入开展安全生产隐患“十排查”和专项整治工作，加大对煤矿、非煤矿山、道路交通、危险化学品、公共场所等领域的安全监管力度，共整改各类安全隐患272处，全年全县没有发生大的安全事故，安全生产形势平稳。

五、着眼美丽神池，保护与建设并重，努力加快生态文明建设

狠抓环境保护。突出“改善环境质量、确保环境安全、服务科学发展”三条主线，把加强环境保护与转方式、调结构、保民生、促和谐有机结合起来，强化源头控制、狠抓过程监管、严格末端把关。全年二氧化硫排放量削减11.71吨；化学需氧量削减10.41吨；氨氮排放量削减6.12吨；氮氧化物排放量削减2.69吨；烟尘排放量削减量4.2吨，粉尘排放量削减量1.26吨；二级以上天数达到365天，其中一级天数达到258天，环境空气质量稳定达到国家二级标准。

狠抓生态治理。完成坡地梯田改造综合治理1万亩；新建瓦窑沟骨干坝一座；坝滩联合整治工程完成沟坝地480亩；完成了雁门关生态配套工程、朱家川河神池县段河道治理工程。

狠抓生态建设。按照“以绿为主、以活为主”的思路和“整合工程、集中连片、规模绿化”的要求，围绕环城山、公路、铁路交通沿线和高速公路两侧，投资2300万元全面实施并完成了环城山绿化6000亩；巩固成果薪炭林2000亩；天保工程2000亩；模拟飞播林1万亩；封沙育林1万亩；市县造林1.1万亩；工程固沙林6000亩。在西海子公园补植金叶榆80株，油松、云杉1200多株，种植丁香6.1万株；街道补植景观云杉408株，种植五彩石竹1570平方米。

六、坚持党要管党，突出干部作风建设，努力增强党的凝聚力和战斗力

坚持把干部作风建设、思想建设、队伍建设、廉政建设作为重点，抓教育、抓管理、抓规范、抓监督，全面提升党的建设科学化水平。

贯彻落实八项规定，推动干部作风大转变。县委出台改进工作作风、密切联系群众的《决定》和《实施意见》，严格落实“九个严禁”，实行“五个不准”，深入开展清退会员卡等“五项治理”，雷厉风行，取得预期效果。县领导以身作则，带头执行八项规定，减少会议活动、迎来送往、“三公消费”、文件简报、领导报道，大兴朴实高效新风。坚持从严要求，对有令不行、有禁不止的严重问题严肃追究责任。加强县、乡之间的制度衔接，提高制度的针对性和可操作性。2013年，全县公务接待费用、会议、领导活动新闻报道、简报、文件分别比去年减少33.4%、17%、48%、32%和20%。

坚持干事创业导向，加强领导班子和干部队伍建设。坚持做好“五个表率”、“二十字”素能建设要求，大兴“十个方面”的良好作风。创新干部选用“345”、干部考察“5+2”、干部监督“四位一体”等机制。在发展养羊业、特色农业、新型工业的主战场，按照政策规定选任干部，全年补缺选拔干部157名，风清气正。加强对青年干部的培养锻炼，出台“3538培养工程”，全面推进“434”大学生村官管理机制，选派5名机关党员干部到农村担任“第一书记”。加强基层党建，农村“领头雁”培训计划提前完成。加强基层服务型党组织建设，推行党员干部全员“四诺”、“一评两监督”等办法，形成了具有地方特色的基层党建品牌。完善联系群众的制度机制，持续开展千名干部进企业、万名干部下农村、领导干部“访、知、解”活动，组织632名干部住村152个，落实帮扶资金401万元，办实事671件，解决热点难点问题876件。

严格落实党风廉政建设责任制，健全完善具有神池特色的惩防体系。将全县159项反腐倡廉工作任务逐项分解落实，清理修订完善反腐倡廉相关制度62项。加强监督检查，整改不落实的事，查处不作为的人，确保政令畅通、令行禁止。制定出台优化发展环境《实施意见》，组织开展了创优发展环境“十大行动”，扎实开展“给人民汇报、向人民问计、请人民评议”活动，发展环境进一步优化，群众反映的强烈问题得到有效治理。实施廉政风险防控，加强权力制约监督。深化农村党风廉政建设，促进基层权力规范运行，有效维护群众合法权益，促进了农村社会和谐稳定。坚持有案必查，有腐必惩，“老虎，苍蝇一起打”，坚决查办民愤极大、影响极坏、社会反响强烈的典型案件，全县共查办各类违纪违法案件125件，查处124人，其中副科以上领导干部16人。

（王永强）

附：一、中共神池县委书记、副书记、常委名单

书　记：曹爱民

副书记：冯晓雷　王建光

常　委：王明福（5月任职）　李生旺

马志强（5月离职）　张明光　贾平华

牛旭伟（5月离职）　乔震宇

吴　宁（5月任职）

二、乡镇党委书记、副书记名单

龙泉镇

书　记：詹海洋（11月离职）　党　勇（11月任职）

副书记：陶　琛　刘　然

义井镇

书　记：李　俊

副书记：马俊强　甄建伟

八角镇

书　记：冯建华

副书记：刘福林（4月离职）　周　强（6月任职）

丁建斌

东湖乡

书　记：乔吉晓（10月离职）周俊保（10月主持工作）

副书记：张　鹏（4月离职）　冯宝平（6月任职）

张仲儒

太平庄乡

书　记：肖　云

副书记：刘　荣（9月离职）　袁　帅（11月任职）

吴兴荣

贺职乡

书　记：王志刚（9月离职）　刘　荣（11月任职）

副书记：许福才（9月离职）　谷海平（11月任职）

宫继军

大严备乡

书　记：党　勇（11月离职）崔永成（11月任职）

副书记：冯宝平（6月离职）　张雁冰（6月任职）

李福林（6月离职）

虎北乡

书　记：田　旺（4月离职）　张　鹏（4月任职）

副书记：周　强（6月离职）　张新全（6月任职）

王　锟

长畛乡

书　记：田江波

副书记：袁　帅（11月离职）

张继清（女，11月任职）　梁丽丽（女）

烈堡乡

书　记：刘志文（4月离职）　刘福林（4月任职）

副书记：张继清（女，11月离职）

王建功（11月任职）　张志凯

中共五寨县委工作概况

县委书记　张　春

2013年，中共五寨县委在省委、市委的正确领导下，团结带领全县广大干部群众，深入贯彻落实党的十八大、十八届三中全会和习近平总书记系列重要讲话精神，按照中央、省委、市委的安排部署，全面加强经济、政治、文化、社会和生态文明建设，全县经济社会持续健康发展。

全面加强党的建设。2013年，全县进一步强化理论武装，党的十八大、十八届三中全会精神不断深入人心，干部群众的理想信念进一步坚定。积极探索形成县委工作法，初步拟定了学习教育、监督管理、干部选用、党风廉政等10个方面的30余项制度。深入开展了“三线一体”网络培训和“4+3”在线学习活动，累计培训干部5000余人次，领导干部的能力素质得到新提高。按照上级党委要求，选拔了5名年轻干部担任农村第一书记。严格执行选任干部“四先四后”有关规定，坚持“四用五不用”用人导向，采用“三三制”干部选任方法，严把“推荐关、考察关、酝酿关、讨论决定关、职数审批关”五个关口，全年共调整干部4批136人，社会反响良好。以“文建明工作法”和“四议两公开”工作法的推广为重点，深入推进了基层工作模式的创新，乡镇、农村普遍建立起了工作学习考勤机制、责任事故问责机制、工作业绩考核机制，基层工作效率得到明显提高。全面开展了党员干部下乡住村、“访、知、解”、结对帮扶、“民情日志”、蹲点调研等活动，全县党员干部累计调研走访群众4万多人，为群众解决困难问题2400余个。认真贯彻落实中央“八项规定”和省委、市委的有关规定，厉行勤俭节约、反对铺张浪费，确实精简文件会议，狠刹“四风”改进干部工作作风，党群干群关系进一步密切，接待费用、会议数量、发文数量分别比去年下降29%、22%、25%。不断加强全县党风廉政建设和反腐败工作。先后开展了会员卡专项清退、治理“吃喝不正之风”和狠刹“两节”期间公款送礼、违规用车专项清退、停止新建楼堂馆所和清理办公用房“五项”工作，均取得预期效果。通过领导带头、加大宣传、监督检查和明查暗访，严格执行省纪委“五个不准”和市纪委“九个严禁”，公款吃喝和奢侈浪费之风得到有效遏制。深入开展反腐败斗争，加大大案、要案的查办力度，全年共查结各类案件102件，处分102人，受党政处分96人，政纪处分7人，副科以上领导干部违法违纪9人，为全县经济社会转型跨越发展营造了良好的环境。

抓党建促经济。全县集中实施了“2235”工程，农业产业化进程快速推进；认真落实“八位一体”项目建设统筹推进战略，工业强县大步迈进；全面实施县城东移北扩战略，城镇化建设扎实推进；突出发展煤炭物流、餐饮服务和生态旅游业，第三产业收入逐渐成为全县财政的重要支柱；统筹发展教育、文化、卫生等各项社会事业，人民群众的幸福指数不断提升；加强和创新社会管理，信访、安全、社会治安形势持续稳定好转。通过加强党的建设，促进了全县经济社会的健康快速发展。全年各项主要经济指标实现大幅增长，全县地区生产总值完成20.7亿元，同比增长7.8%；全社会固定资产投资233201万元，同比增长46.99%；规模以上工业增加值20181万元，同比增长16.2%；一般预算收入18712万元，同比增长5.07%；城镇居民人均可支配收入1.75万元，同比增长9.7%；农民人均纯收入5121元，同比增长13.8%；金融机构各项存款余额53亿元，同比增长11.55%；社会消费品零售总额52764万元，同比增长16%。

总之，一年来通过全县干部群众的团结进取，奋力拼搏，各项工作取得明显的成效，但与上级的要求相比，还存在较大差距，需要我们进一步加强调查研究，创新思路和改进工作作风，不断创造更大的成绩。在今后的工作中，我们要深入贯彻落实党的十八大、十八届三中全会和习近平总书记系列重要讲话精神，团结带领全县干部群众，高举中国特色社会主义伟大旗帜，以更加奋发的精神状态、更加优良的作风，更加扎实的工作，努力做好各项工作，为与全省、全市同步建成小康社会而努力奋斗。

（沈雁冰）

附：一、中共五寨县委书记、副书记、常委名单

书　记：张　春

副书记：张宇光　武革慧（4月任职）

常　委：靳海珍　白效文　左　峰　杨全隆　尹新凤（女）刘建文

二、乡镇党委书记、副书记名单

砚城镇

书　记：苏国平

副书记：彭原峰（4月离职）　白效高（4月任职）　马小东

三岔镇

书　记：周晋堂

副书记：范　波　徐　炜

小河头镇

书　记：郝　伟

副书记：邸云竹　秦建新

前所乡

书　记：刘　维

副书记：王　斌　于文献

李家坪乡

书　记：贾育新

副书记：李广中　陈　强

胡会乡

书　记：李永林

副书记：郭力逢　高　建

新寨乡

书　记：张鹏珍

副书记：任盛宇　张瑞生（3月离职）

韩家楼乡

书　记：刘舜尧

副书记：刘　灏　周　达（6月离职）

孙家坪乡

书　记：张银业

副书记：顾利锋　贺　震

梁家坪乡

书　记：武云飞

副书记：李　斌　樊继忠（3月离职）

东秀庄乡

书　记：周德华（女）

副书记：武建军　史文斌

杏岭子乡

书　记：李秀歧

副书记：路向阳　温兰生

中共岢岚县委工作概况

县委书记　王志东

2013年，中共岢岚县委团结和带领全县人民，抓住转型综改试验区建设和集中连片特困地区扶持机遇，全面贯彻落实市委“3581”发展战略，实施县委“553”工作纲要，统筹推进经济社会各项工作，切实加强领导班子和干部队伍建设，持续深化党风廉政建设，使全县经济社会保持了稳中又快的发展局面。全县地区生产总值完成17.1亿元，增长12%；财政收入完成3.0358亿元；规模以上工业增加值完成4.4亿元，增长15.4%；固定资产投资总额完成33.2亿元，增长35.8%；社会消费品零售总额完成5.9亿元，增长16%；公共预算收入完成1.4亿元，增长15.9%；城镇居民可支配收入达到19135元，增长11%；农民人均纯收入达到4541元，增长14.3%，人口自然增长率为3.19‰。

一、统筹经济社会发展，积极探索转型跨越发展道路

（一）扎实推进项目攻坚，转型跨越势头强劲。认真落实省市“项目推进年”部署，全年规划实施202个项目，总投资273亿元，累计储备项目368个1214亿元。坚持“八位一体”统筹推进原则，实行县领导包重点项目、月调度季通报等工作制度，全部按预期超额完成项目建设目标任务。壮大煤炭物流。鑫隆源、观音堂、福耀3个煤炭集运站改扩建项目基本竣工；鑫宇、同煤、山煤、兴茂、都宝5个铁路专用线项目快速推进；万达煤台与王家岭煤矿、昊东煤台与晋兴能源的合作取得实质性进展。培育新兴产业。晋兴奥隆200万吨新型干法水泥、浩力丰和晋湘石油压裂支撑剂、建隆石材等项目进展迅速；圆10万吨高岭土、鑫宇煤制天燃气等项目正在进行前期工作。开发新型能源。大唐风电燕家村一期已投产发电，大阳坡一期已核准并开工建设，龙源风电一期和220千伏变电站项目具备落地开工条件。推进园区建设。完善胡家滩煤焦镁化工业园区、安塘煤炭运销加工集中区和高家会高科技加工园区，同时规划建设了宋家寨煤炭物流园区和大聚会新型建材园区。

（二）扎实推进品牌战略，增收产业亮点纷呈。注重发展优势产业。以晋岚绒山羊、中华红芸豆、鲁忻蔬菜三大区域品牌为依托，打造现代有机农业示范基地，加快农民增收步伐。一是做大晋岚绒山羊“一县一业”主导产业。推进国家级晋岚绒山羊育种中心续建工程，建设标准化羊舍3000平方米，引进种羊5000只，全县完成绒山羊改良17.3万只，饲养量达到51.2万只。二是打造中华红芸豆“一村一品”国际品牌。全县种植红芸豆13万亩，建设10大类21个科技示范园区1.3万亩；建设“一村一品”示范村11个；实施种子换代全覆盖工程，促进农业稳产增收。三是建设有机绿色蔬菜基地。种植温室大棚1000亩，实施了投资560万元的野生菌菌种资源库项目，试种野生食用菇20亩。四是扎实推进百企千村产业扶贫工程。积极与潞安集团对接，启动“百万只羊”工程。五是加快农业产业化进程。扶持炜岚工贸、普利丰等红芸豆精深加工出口创汇企业，推进山阳药业、乾泽科技、芦芽春等农副加工项目建设，山地阳光、暖神绒毛、芦峰食品、鑫源绿叶等本土加工企业不断发展壮大，全年农产品龙头企业实现销售收入达5.6亿元。

（三）扎实推进城乡统筹，发展基础显著改善。加快推进城市建设。规划实施总投资10亿元的“22883”城建重点工程。广惠园社区道路管网工程全部完成，世纪嘉苑社区主体完工。南山森林公园4个景点和文昌塔公园基本建成。总投资5330万元的振兴路、景观路等8条道路基本完工。集中供热全覆盖工程、供水二期BT项目、兴茂大酒店、旧汽车站改建人民公园等8个引资项目有序推进。完成南山、北山和东山绿化各1万亩。按照“规划先行、完善功能、注重品位、彰显宜居”的原则，聘请山西城乡规划设计院编制完成了《岢岚县县城总体规划（2012—2030年）》。通过高起点规划，高标准建设、高水平管理，着力打造双流合抱、三山拱卫、生态宜居的秀美山城。

（四）扎实推进环境保护，生态建设成效显著。按照“大干林业年”总体部署，组织全县干部进行义务植树，以“八个一”造林工程为引领，完成营造林8.05万亩。抓好农田水利工程，基本农田保护、城乡建设用地增减挂钩、耕地开垦任务全部完成；抓住争创省级环保模范县城这一契机，全面展开创建国家卫生县城的前期工作，在城区范围内开展环境清洁、交通秩序、文明卫生“三项治理”活动，城市环卫水平不断提升。实施了涉及3个乡镇18个村的农村环境连片整治项目；完成农田灌溉1.51万亩、水土流失治理面积5万亩；县城污水处理厂达标运行，垃圾处理厂投入使用，集中供热全覆盖快速推进。空气质量稳定达到国家二级标准，主要污染物化学需氧量排放总量全部实现零增长，环境保护和生态建设取得显著成效。

（五）扎实推进民生保障，社会事业全面进步。始终坚持以人为本的理念，不断加大财政向民生的倾斜力度，以20件惠民实事为重点，努力为群众办实事、做好事、解难事、谋福祉。改善教育基础设施，均衡发展义务教育，全面取消重点班，实行划片、就近入学，实施农村学生营养改善工程，落实“一补政策”为家庭困难学生提供生活补助100余万元；为860余名贫困大学生办理生源地贷款470余万元。推进医药卫生体制改革，全县4个县级医疗机构、12个乡镇卫生院、202个村卫生室全部实行国家基本药物制度，药品零差价覆盖率100%，全县参合农民59311人，参合率99.98%。加强社会保障，新型农村社会养老保险参保40114人，城镇新增就业1451人，创业就业224人，失业人员再就业487人，就业困难人员就业141人，转移农村劳动力1523人。实施城乡低保提标工程，城市低保每人每月提高30元，农村低保每人每月提高24元。推进住房保障，2012年开工的454套保障性住房正在进行内外装饰及附属工程，2013年总投资1700万元的200套保障性住房全面开工。实施文化强县战略，成功举办第二届晋岚绒山羊文化节；全年送戏下乡演出40场，放映电影2424场，送书下乡6000余册。成立了远扬航天旅行社，宋长城旅游开发初具规模，忻州市吴家庄党员干部培训基地开始运营，航天博览城、荷叶坪旅游开发项目正在积极招商。社会安全感满意度93.20%，全年无进京非正常重复访和赴省集体重复访，未发生一起危险化学品、生产安全、消防、食品药品和农产品质量安全事故。

二、强化班子队伍建设，为转型跨越发展提供组织保障

围绕学习型、创新型、服务型组织建设，以集成升级六项计划为重点，以实施党建“五大工程”为抓手，积极探索领导班子和干部队伍建设的新措施、新途径、新机制，取得了实实在在的成效。

一是深化干部学习教育。健全了中心组学习、专题培训和干部大讲堂等制度，开辟了手机短信学习平台，采取集中学习、个人自学、专题讲座、实际调研等多种方式，组织中心组集中学习12次，拓展农村（社区）“领头雁”培训计划点，累计培训基层1065人次，组织异地参观学习220余人次；为县委中心组成员和基层党员干部群发学习短信8次1200余条；发放《学习活页文选》38期和《打开心门》24辑，发放《理性看、齐心办》等书籍和十八届三中全会学习资料3000余册；开展了第二届“全民读书月”和英模事迹报告会等活动；派出班子成员在内的200余名干部参加了省市组织的各类培训；先后组织党员干部到周边11个县市，学习观摩了创卫、市政建设、产业开发等工作；邀请国家统计局新闻发言人盛来运、国防大学教授王宝付等专家，通过“岢岚大讲堂”，对全体中心组成员和广大干部进行了宣讲培训，使广大干部切实开拓了视野、丰富了知识、提升了能力、解放了思想。

二是优化干部队伍结构。大力实施年轻干部培养工程，结合机关事业单位职数空缺情况和岗位职责要求，按照《岢岚县领导干部选拔任用“三结合”初始提名办法》，坚持3+4干部选任制度，采取“切块调整，成熟一批调整一批”的措施,全年调整干部7批，共240人，提拔105人，平调71人，免职61人，遴选村官4人，推动了乡镇和机关干部有序双向流动，进一步优化了干部队伍结构，极大地激发了党员干部干事创业的积极性。同时，立足实际创新开展人才工作，从省农科院引进了豆类、杂粮和经济作物种植研究的3个高端人才团队，为7个事业单位公开招聘了37名工作人员，在优秀大学生村官中选任了4名副科级干部，选拔了一批应届高校毕业生到县龙头企业实践锻炼。

三是强化干部管理。制定出台了《岢岚县干部工作实绩公示制度》和《岢岚县拟提拔干部廉政报告制度》，明确要求拟提拔和调整的干部，必须进行工作实绩公示和廉政情况报告、对干部的考察延伸到了8小时之外，实现了干部管理监督和考核一体化。推行“年度述访”、“一评两监督”、“双向代理代办制”机制，并深入开展干部下乡住村活动，全县各级干部累计下乡住村6927次，召开座谈会1048次，走访农户5547户，办实事1416件，解决热点、难点问题270余件次，落实帮扶资金120余万元。对照中组部和省市有关要求，确定了518份档案为清理对象，重点对“三龄两历一身份”进行核实清理，对31名不合格党员进行了处置。实行大学生村官“星级管理”制度，全县82名大学生村官领“星”273个，建立创业基地5个，年创收180万元。

四是严格贯彻落实民主集中制原则。严格执行《中共岢岚县委工作规则》和《中共岢岚县委常委（扩大）会议事规则》，从年初财政预算到重大工程项目的审定，从机关事业单位人事调整到干部的提拔任用，都由县委常委扩大会或四套班子成员集体讨论决定，很好地凝聚了班子的整体合力。在日常工作中，注重听取人大、政协、统战、武装、工青妇、老干部等方面的意见和建议，形成了一心一意谋发展、同心同德促跨越的良好政治局面。

三、加强反腐倡廉建设，为转型跨越发展创优发展环境

一是以制度建设为引领，推进惩防体系建设。制定出台了《岢岚县建立健全惩治和预防腐败体系2013-2017年实施意见》，完善了党风廉政例行谈话制度、个人重大事项报告等制度，加强班子内部监督管理。特别是中央八项规定全面实施以来，结合实际出台了《贯彻中央八项规定，改进工作作风的“五要、十不准”规定》、《深入贯彻落实中央和省委厉行勤俭节约、反对铺张浪费的通知》等制度。二是以促进干部廉洁从政为目标，狠抓作风建设。采取与兄弟县交叉检查和成立专项督查组的方式，抽调财政、审计、工商、税务等部门的工作人员，加大对执法审批权相对集中部门的“三公经费”支出情况进行的重点检查。一年来，全县3551名干部全部在规定时间做出了会员卡零持有报告，全县在职干部职工3521人和离退休领导干部397人做了公务用车个人报告承诺书，累计清理违规公务用车9辆，清理腾退办公用房1379.13平方米,其中，领导干部清退办公用房73间共313.17平方米；三是以“十大行动”为工作重点，创优发展环境。对行政审批事项进行了梳理规范、流程再造和固化公开，行政审批事项由139项压减为122项，压减率达到12%，提效69%。深入开展庸懒散奢、吃拿卡要突出问题专项治理和严肃查处阻碍项目建设、破坏发展环境典型案件。共查处庸懒散奢、吃拿卡要案件17起，处分违纪人员17人；查办阻碍项目落地、破坏发展环境案件3起，处分违纪人员3人；查处“吃喝不正之风”案件2起，处理2人。四是以查办案件为驱动，加大违纪违规惩处力度。共立案查处案件83起，处分违纪人员83人。其中，党纪处分55人，政纪处分24人，作出监察建议4人；重处分10人，其中开除党籍3人，撤销党内职务2人，留党察看5人；受处分人员中，正科5人，副科6人。五是以加强重点领域专项治理为切入点，解决群众反映强烈的突出问题。深入开展了“三公”经费、煤焦领域、工程建设领域、公路“三乱”和教育“三乱”等专项治理，发现并整改问题24个，追缴各类违规资金23万余元，进一步规范了程序，堵塞了漏洞，遏制了违纪违规行为的发生。

（侯晓峰）

附：一、中共岢岚县委书记、副书记、常委名单

书　记：张钰祥（6月离职）　王志东（6月任职）
副书记：侯俊生　毕晋锋
常　委：武砚斌　牛大业　赵亚峰　闫莉芸
赵国兴　陈陪成　于顺龙

二、乡镇党委书记、副书记名单

岚漪镇
书　记：梁　军
副书记：刘建新　葛爱军

三井镇
书　记：周在田
副书记：武耀斌

神堂坪乡
书　记：胡少平
副书记：王治国　王耀东

宋家沟乡
书　记：张文生
副书记：张国莲（女）王福生

阳坪乡
书　记：刘玉欢
副书记：武砚君　任德众

大涧乡
书　记：刘庆云
副书记：白云贵

高家会乡
书　记：高志远
副书记：朱鹏华　赵庆文

李家沟乡
书　记：高志平
副书记：王文瑞　田曾光

水峪贯乡
书　记：刘　霞（女）
副书记：高永平　张志强

王家岔乡
书　记：吕少东
副书记：韩世飞　杨继明

温泉乡
书　记：白茂生
副书记：冀向萍（女）尹　昕

西豹峪乡
书　记：王　政
副书记：陈小君　夏海峰

中共河曲县委工作概况

县委书记　边东圣

2013年，中共河曲县委全面贯彻落实党的十八大精神，按照中共忻州市委三届四次全会暨全市经济工作会议和“项目推进年”的决策部署，团结带领广大干部群众，坚持主题、主线，坚持稳中求进，围绕目标任务，狠抓落实，强化执行，各项工作都取得了新的成绩。

一、以重点项目建设和农业产业培育为抓手，努力实现经济平稳较快增长

经济运行稳中有进、持续向好、活力增强。2013年，全县地区生产总值完成63.86亿元，同比增长11.8%；规模以上工业增加值完成45.34亿元，同比增长14%；固定资产投资完成81.34亿元，同比增长35.5%；财政总收入完成15.69亿元，同比增长1.83%；一般预算收入完成5.83亿元，同比增长6.67%；社会消费品零售总额完成9.26亿元，增长16%；城镇居民人均可支配收入19497元，同比增长9.7%；农民人均纯收入4535元，同比增长13.8%。2013年7月份，河曲县被省政府评为“全省县域经济发展先进县”，位列C类第二名。

项目推进成效明显。全年项目储备总额3672亿元，储备出库342.17亿元，完成年度任务的103.69%。积极主动与省市对接，有效利用“中博会”“文博会”等各类招商引资机会，完成招商引资项目4个，项目签约92亿元，完成年度任务的102.2%。加强项目协调、调度，及时解决重点项目涉及的征地、拆迁、行政审批等前期工作，有效促进了重点项目落地建设，落地投资额92.06亿元，完成年度任务的199.7%。全年共实施省市重点项目55个，完成投资64.34亿元，完成年度计划的106.65%；项目开工投资额42.98亿元，完成年度任务的135.63%；项目投产投资额56.55亿元，完成年度任务的103.7%。

新型工业稳步发展。神华河曲电厂二期、同德产销爆一体化项目、晋神磁窑沟煤矿建成投产；振钢癸二酸投入试生产；3座井工煤矿实现产能提升；神华神东低热值煤发电一期项目、神达选煤厂及输煤地道和煤运猫儿沟、山煤

旧县、神达梁家碛3座露天煤矿建设速度加快；神华河曲电厂三期（2×100万千瓦）项目被神华集团列为A类实施项目；神华神东低热值煤发电二期（2×66万千瓦）项目、山煤低热煤发电（2×35万千瓦）项目正在积极争取路条；山东信发集团80万吨氢氧化铝项目已在河曲完成工商注册和税务登记，厂址已选定，正在申请资源配置。蚰蜒峁工业园区《总体规划》、《产业发展和布局规划》基本完成，正在组织专家评审。主要工业产品产量稳定增长，全年生产原煤1207万吨，同比增长17%；发电116亿度，同比增长13%；完成工业总产值85亿元，同比增长16%。煤电产业增加值占到全县GDP的一半左右，板块经济逐渐成为县域经济稳定增长、保障后续发展的重要支撑，为转型跨越发展积蓄了力量，奠定了基础。

富民产业和扶贫攻坚取得突破。全面落实市委、市政府“两增三建”要求。引黄灌溉工程正式通水浇地。完成了173 村3.74万人的饮水质量达标工程，完成“一村一井”工程23处。改造中低产田1.6万亩。加大财政补贴、项目支持、企业带动力度，马铃薯种植面积达到8.3万亩，脱毒种薯普及率达到87%；发展日光节能温室280亩、小弓棚蔬菜种植2000亩；种植富有机硒农作物1800亩。全县牛、羊、猪、鸡饲养量分别达到7100头、22.3万只、5.2万头、53万只，新注册养殖专业合作社130家，新建标准化羊舍2.2万平方米，羊存栏净增1万只，蛋鸡存栏净增20万只。发展农民专业合作社71个；“一村一品”专业村47个；完成“三品”认证7个；新打造杂粮名优品牌1个；扶持农产品加工“513”龙头企业3个，实现销售收入2.15亿元；农业生产喜获丰收，农业总产值完成6.07亿元，同比增长8%；粮食总产1.28亿斤，再创历史新高。开展三大造林攻坚战，启动了神河高速通道绿化标杆工程、沿黄经济林富民工程、“两点一线”生态林治本工程。造林绿化3.2万亩，城区绿化800 亩。百企千村产业扶贫山煤河曲乳制品项目破土动工；脱毒种薯片区开发、整村推进等扶贫项目稳步推进；易地扶贫搬迁东兴社区项目主体已完成，北元移民小区续建项目正在进行基础建设，两处可安置移民3120人。

二、以民生改善和社会和谐为目标，全面提升社会公共服务水平

城乡建设扎实推进。2013年12月，国家卫生县城命名挂牌，“创卫”成果得到巩固、完善和拓展，市容环境卫生保洁实现常态化规范管理，农村环境卫生清理整治工作全面启动。完成了长城大街等一批城建项目续建工程，启动城市集中供暖双热源系统改造工程。整顿规范城乡用地秩序、建设秩序。完成污水抽排泵站、管网建设、管线入地等市政工程，城市基础设施建设和管理水平得到新提升。

社会保障更加有力。加大了就业服务力度，召开人才招聘会3次，新增城镇就业2153人，转移农村劳动力2478人。对不符合条件的城乡低保对象进行了清理整顿，规范了城乡低保工作秩序。全年医疗救助1364人次，救助灾民5100 余人，保障重点优抚对象943人。落实了16名退役士官的工作安置问题。全面落实社会保障和新农合“一卡通”制度，新农保参保率99.4%。新开工保障性住房798套，基本建成580套。完成310户农村危房改造任务。

社会事业协调发展。启用河曲中学新校区，新建和改扩建幼儿园4所，完成8所义务教育薄弱学校改造工程，2013年高考二本以上达线349人，创历史之最。深化县域医疗卫生一体化综合改革和县级公立医院改革，充实医务人才队伍，储备医务人员46人。新农合参合率达99.87%，城镇居民医保参保率95%，全民健康档案完成率90%以上。文化体制改革任务全面完成，全县乡镇（街道）综合文化站全部建成并投入使用，农村公益电影放映和“送戏下乡”等群众文化活动深入开展。海潮禅寺庙会、九曲黄河阵灯游会被列入第三批省级非物质文化遗产名录。认真组织两轮“五个全覆盖”回头看工作，出台了长效管理机制。省政府安排部署的“五件实事”年度任务全部完成。

安全生产和信访维稳得到加强。重点强化安全生产的两个主体责任，继续深化隐患排查治理行动，加强露天煤矿规范管理，严厉打击私挖滥采，全年未发生安全生产责任事故和食品、农产品质量安全事故。加强了信访案件督办力度，严格落实信访问责制度，化解了一批突出问题，信访秩序进一步整顿规范，进京赴省到市非正常访和集体访控制在了市下达的目标任务之内。全县基层社会服务管理体系信息平台正常开通运行，社会治安视频监控系统启动建设。开展了“六打六整”创建平安河曲集中行动。全年共查处治安案件1224起，侦破刑事案件188起，调处矛盾纠纷178起，有力地打击了各类违法犯罪行为，社会大局保持和谐稳定。

三、以凝聚合力为方向，全面推进精神文明建设和民主法制建设

社会主义核心价值体系教育不断加强。加强和创新党委（党组）中心组和党员干部理论学习制度，认真学习党的十八大、十八届三中全会精神和习近平总书记系列讲话精神。7次聘请省市专家对科级干部集中轮训，组织120余名理论骨干到省委党校培训学习，县乡领导干部进企业下农村开展宣讲活动。采取举办培训班、组织宣讲团和开办“网络课堂”等形式，对5190名农村基层党员干部进行集中培训和延伸培训。

宣传思想工作不断加强。出台了《进一步加强全县宣传思想工作的实施意见》，印发了《突发公共事件新闻报道工作实施方案》，加强和改进党对意识形态工作的领导，弘扬主旋律，凝聚正能量。继续引深“三爱一创”活动，社会主义核心价值体系教育不断深化。出台《河曲县“八争八创”区域文明城镇群创建实施方案》，深入开展了以“新河曲、新市民、新形象”为主题的群众性精神文明创建活动，公民道德素质和社会文明程度进一步提高。

民主政治和法制建设不断加强。坚持统揽全局、协调

各方的原则，不断增强推动发展的动力、活力和合力。积极支持人大及其常委会依法履行职能，坚持和完善多党合作的政治协商制度。加强基层民主政治建设，积极推进党务公开、政务公开、村务公开。坚持党管武装原则，积极支持县人武部基础设施建设，大力开展双拥共建活动，推动军民融合式发展，县人武部受到北京军区表彰。积极支持工会、共青团、妇联等人民团体按照各自章程开展工作，全面加强民族、宗教和新社会阶层等各个领域统战工作，认真落实老干部的各项政策，充分调动了老干部的积极性，在聚民心、集民智、促发展上取得了实效。深入开展法制宣传教育，稳步推进“六五”普法。坚持依法行政、严格执法、公正司法、全民守法，法治河曲建设迈上新台阶。

四、以改进干部作风为重点，不断提高党的建设科学化水平

坚决贯彻落实中央“八项规定”和市委十项规定，深入整治“四风”。对全县党员领导干部中存在的形式主义、官僚主义、享乐主义和奢靡之风加大了整治力度，健全了规章制度，制定了整改方案，提出了9类34项整改措施。县领导以身作则，带头执行，取得预期效果。公务接待费、车辆运行费、会议活动经费、文件和简报费用分别比上年减少24.8%、33.1%、52.8%、32.1%、50%。

深入开展主题教育活动，推动干部作风大转变。针对全县干部队伍中存在的突出问题，开展了为期四个月的“讲政治、树正气、转作风、创环境”主题教育活动。县四大班子领导带头，全县党员干部重点从“懒、散、软、拖、满、宽、浮、贪”八个方面，进行了认真的剖析和整改。期间，对7个单位通过电视台曝光并责令限期整改，调岗处理5人。查处各类纪律整顿案件29起，处分29人。门难进、脸难看、话难听、人难找、事难办等不良现象明显改观，各级领导班子和干部队伍的思想认识，精神面貌，工作作风明显转变。

坚持干事创业导向，加强领导班子和干部队伍建设。在主题教育活动中，形成了职责性、实体性、程序性和奖惩性“四位一体”县委工作制度，用制度管人，用制度理事。按照习总书记提出的“好干部”标准和市委董洪运书记“20”字素能建设要求，加强了干部的绩效考核和目标责任考核，加强过程管理，定期督查通报，落实责任追究，探索建立“三问责、五反对、五惩治、五重用”干部管理机制，确立干事创业的选人用人导向。

采取全员“四诺”、乡镇“一评两监督”、双向民事代办、双报到双服务等办法，不断加强基层党组织建设。全县552个支部、7436名党员全部参与“四诺”，承诺事项8120条；13个乡镇都推行了“一评两监督”；发放便民服务卡32000多张，代办各类民事680余件；已有35个党组织、95名在职党员向社区报到。选派8名年轻干部到农村担任“第一书记”。实施党员“三维培养工程”。推进“文建明工作法”和“四议两公开”工作法本土化。结合主题教育活动，持续开展“千名干部进企业、万名干部下农村”活动和领导干部“访、知、解”活动，全县干部走访群众4万多户，解决实际困难1000余件。组织抽调名医巡回义诊服务团、种植养殖技术咨询服务组，深入乡村开展上门服务，群众对党员干部的满意度明显提高。

严格落实党风廉政建设责任制，健全完善惩防体系建设。将反腐倡廉的各项任务逐项分解落实，强化“一岗双责”和党政“一把手”第一责任人职责。组织了形式多样的廉政教育和警示教育，进一步增强了全县党员干部的廉洁从政意识。128个单位全面开展廉政风险预警防控工作，27个单位首批实现了重点部门和关键岗位廉政风险排查、预警、化解全覆盖。对重点项目建设、安全生产、教育收费、医疗服务、食品药品安全、强农惠农等政策措施的执行情况，不断加大监督检查力度，确保了政令畅通和政策落实。大幅精简行政审批项目，简化办事程序，县直部门审批项目由168项调整为89项，涉企收费14项统一划归县收费局集中收缴，取消收费项目1项，免收8项。53个行政部门建立“效能档案”，健全了重大项目“绿色通道”和跟踪服务推进机制，完善了首问责任制、限时办结制等13项制度，机关行政效能明显提升。农村“三资”监管中心、便民服务中心和信访接待中心有效运作，“阳光农廉网”实现常态化高效运转。不断强化案件查处，全年共立查案112件，结案112件，其中，乡科级领导干部16件处分16人，撤职以上重处分13人，乡科级8人，切实起到了警示震慑作用。

（黄建林）

附：一、中共河曲县委书记、副书记、常委名单

书　记：王书东（6月离职）　边东圣（6月任职）

副书记：李旭清　田尚麒

常　委：贺贵平　刘东云　丁二明　刘建忠

赵辰隆　宋晓辉

二、乡镇党委书记、副书记名单

文笔镇

书　记：李步成

副书记：刘　军

巡镇镇

书　记：韩　昌

副书记：郇晋波　丁小文

楼子营镇

书　记：菅劲春

副书记：王永锋　周永清

刘家塔镇

书　记：李晓峰

副书记：郝瑞光　赵建军

鹿固乡

书　记：张秀文

副书记：王永胜（12月离职）　王英强

单寨乡

书　记：郭永胜

副书记：薛志荣　管培元

土沟乡

书　记：周　明

副书记：王伯文　刘巨水

前川乡

书　记：贾建忠

副书记：朱玉清（女）　白欢兵

旧县乡

书　记：闫慧军

副书记：王彦东　周永厚

沙坪乡

书　记：王　军

副书记：张　甫

社梁乡

书　记：刘云钦

副书记：钟永瑞　周海林

沙泉乡

副书记：李永智　郭垒厚

赵家沟乡

书　记：邬志明

副书记：李成良　吕富军

中共保德县委工作概况

县委书记　段　新

2013年，中共保德县委全面贯彻落实党的十八大、十八届三中全会精神和省、市决策部署，紧紧围绕建设“三晋新型工业强县、中西部物流集散地、优秀宜居宜业城市”的总体目标，大力实施第二轮“项目推进年、农民增收年、城市建设年、作风转变年”活动，经济社会各项事业保持了平稳均衡发展的良好态势。重点抓了以下三件大事：

一是深入学习宣传贯彻党的十八大、十八届三中全会和习近平总书记系列重要讲话精神，进一步增强了同心同向、同心协力的发展凝聚力。县委把学习宣传贯彻党的十八大、十八届三中全会和习近平总书记系列重要讲话精神作为首要政治任务，组织全县各级党组织开展学习讨论活动970多场次，宣讲团深入基层党组织宣讲270多场次，全县广大党员干部群众切实增强了为推进转型跨越发展贡献力量的责任感和紧迫感，增强了与省市一道全面建成小康社会的信心和决心。

二是突出第一要务，加速转型跨越，县域经济稳步运行。面对经济下行压力等诸多不利因素影响，县委坚持把发展作为第一要务，不断创新工作机制，营造宽松环境，多措并举稳基础、调结构、保增长，经济运行呈现出稳中有进、稳中向好的发展态势。全年地区生产总值同比增长12%；规模以上工业增加值同比增长14%；固定资产投资完成73.3亿元，同比增长24.4%；一般预算收入完成6.77亿元，同比增长11.5%；社会消费品零售总额完成11.38亿元，同比增长15%；城镇居民人均可支配收入21819元，同比增长13%；农民人均纯收入5209元，同比增长14%。节能减排、环境保护等约束性指标全面完成。

三是全党动员凝共识，全民参与聚合力，创建国家卫生县城工作顺利通过达标验收。为优化人居环境，提升城市品位，增进群众福祉，县委把创卫作为最大的民心工程，放在重中之重的位置来抓，全党动员、全民动手、多方联动，大打了一场市容环境综合整治攻坚战，圆满完成了9个大项、52个小项、239项具体工作任务，顺利通过检查验收，获得了“国家卫生县城”荣誉称号。

同时，做了以下八方面主要工作：

（一）项目建设势头强劲，发展后劲显著增强。全面贯彻落实省、市“项目推进年”各项要求，建立“八位一体”工作机制，大力实施涉及工业、农业、基础设施、民生等方面的重点工程项目85项，取得了重大进展。全县项目储备、签约、落地、开工、建设、投产，分别达到200%、101%、123.6%、113.7%、122.9%、102%，超额完成了年度目标任务。全县煤炭产量达到2027.35万吨，同比增长14%；同德氧化铝、中石油煤层气、中机电瓦斯发电、兴保地方铁路等项目稳步推进；王家岭工业园区500万吨矿井建设、吉港冠宇水泥余热发电项目全面完工；泰山隆安、泰安2座矿井正式投产；神达晋保煤业进入联合试运转；保德至三岔煤层气管道项目进入试运行阶段。保德县在全市重点项目建设评比中，荣获了“一等奖”的表彰奖励。

（二）“三农”工作扎实开展，农民增收步伐加快。认真落实中央“一号文件”精神，以农民增收为核心，深入实施农业“六大工程”，全县农作物播种面积42万亩，优种普及率达到96%，粮食总产量达到9500万斤；新发展温室大棚503亩，设施农业总面积达到4000亩；新建标准化养殖小区4个、规模养殖场7个，发展科技养殖示范户20个、农民专业合作社59个；培育农产品购销组织10个、营销经营大户43个；新上投资规模在1000万元以上农业产业化企业2个，形成年销售收入100万元以上的企业41家；培训农民2.1万人次，转移富余劳动力2500人；实施农村饮水安全工程25处，新打机井22眼，铺设管道3.63万米。完成了30个新农村建设及9个村1500人的易地移民搬迁；“乡村清洁工程”扎实开展，“村村亮”工程全面完成。康熙枣园南北大门、红枣展示厅建设完工，繁庄塔高新农业示范园投入运营。同时，认真落实省委、市委产业扶贫的战略部署和决策，积极与潞安集团、同煤集团、晋煤集团、中铁股份有限公司进行了对接和联系，地企双方在保德传统“两红”产业的链条式深度开发、特色产业开发等方面，达成了合作共识。

（三）城市建设全面提速，人居环境持续改善。积极推进“旧城提质、新城扩容”为主要内容的城市建设，新城区“一横四纵”路网及配套设施建设全面完成；同舟广场、兴保塔、飞龙山休闲度假区龙池项目投入使用；职工培训中心、计生综合服务中心完成主体封顶；体育馆、文化活动中心建设积极推进。同时，大力开展造林绿化、污染治理、节能减排三大工程，全年绿化造林6.55万亩，全县森林覆盖率达到10.05%，城区绿化率达到38.2%，被评为全省林业“六大”工程建设先进单位。城区垃圾无害化处理率达到90%以上，污水处理率达到85%以上，气化率达到45%以上，热化率达到72%以上，城区空气质量二级以上天数达到300天以上。省级园林城市各项指标通过了初步验收，省级环保模范城市通过了预验收。

（四）“八项规定”落实到位，狠刹“四风”成效明显。坚决贯彻落实中央“八项规定”和市委“十项规定”，出台了《中共保德县委关于改进工作作风、密切联系群众的实施意见》和《实施办法》等一系列文件制度，组织开展了清退会员卡等五项治理行动，处分违纪党员干部4人，对4个单位进行了通报批评，对9人进行了诫勉谈话。会议活动次数同比下降43%，文件同比精简6%，公务接待费用下降22%，取得了明显的成效。全面贯彻党的群众路线，深入开展了“一联二包三帮扶”和“访知解”大走访、“下基层、知民情、寻问题、转作风”双百问卷调研等活动，全县134个单位与127个行政村、388个企业结成帮扶对子，帮助基层解难题、促发展。在县乡开展了43场“百姓直通车、服务零距离、百场千岗万人评”大型户外政风行风面对面活动，有效解决了群众关心、关注的热点、难点问题。

（五）民生福祉持续增进，社会事业全面进步。公开招聘了193名大中专毕业生，城镇新增就业2364人，城镇登记失业率控制在3.2%以内；免除了高中阶段2751名在校生学费和农村寄宿制学校2978名住校生伙食费；新县人民医院投入运行，县乡村三级卫生机构全部实行了药品零利率销售；节俭举办了正月二十五古会系列活动，开展广场文化周活动36场，“送戏下乡”62场，在农村放映电影4080场，极大地丰富了城乡居民的精神文化生活；发放低保金、临时生活补贴、医疗救助金等各类保障资金4468万元，为低收入农户供煤4.99万吨；建成保障性住房450套。省政府提出的新的五件实事全部按计划落实。深入开展“平安保德”建设活动，严厉打击各类违法犯罪，人民群众的安全感和满意度明显提升。不断创新信访化解工作机制，实现了进京赴省非正常零上访。严格落实安全生产责任制，安全生产形势持续稳定好转。

（六）扩权强县效应凸显，服务职能不断拓展。全年累计使用下放权限281次，直报和办理神华瓦斯发电、彬凯水泥技术改造等投资类项目36项。县乡两级地企协调办公室职能作用得到充分发挥，全年共受理各类村企、村矿矛盾纠纷155起，妥善解决131起，正在调处24起，收到了企业有利益、地方能发展、群众得实惠的良好效果。同时，进一步推进行政审批制度改革，建立了行政审批、公共服务、公共资源交易三大平台，实行了服务事项的网上受理审批，办理时限缩短1/3。全年共受理5620件，办结5502项，办结率达98%。

（七）依法治县积极推进，政治局面安定和谐。县委带头坚持民主集中制，支持人大、政府依法行使职权，保障政协履行职能，四大班子之间做到了同方向、同目标、同声音、同步调。在县委的支持下，县人大组织代表开展执法检查、调研、视察等各类活动11次，听取和审议专项工作报告22项，进一步加强和改进了监督工作。县政协组织开展了中小学生减负、农业产业化、城建和创卫工作的调研10余次，提出议案38件，有效发挥了参政议政、推动发展的积极作用。同时，充分发挥工、青、妇等人民团体的桥梁和纽带作用，切实加强对人民武装工作的领导，高度重视统战、民族和宗教工作，巩固和发展了安定团结的政治局面。不断加强基层民主建设，深入推行党务公开、政务公开、村务公开、企务公开和公用事务公开，切实保障了人民群众的知情权、参与权、表达权和监督权。

（八）党的建设全面加强，执政水平不断提高。县委时刻牢记负总责、带好头的要求，始终坚持把基层党建工作放在突出位置，探索运行了县委“441”工作法，全面贯穿于议事决策、执行落实、约束监督等各个环节，初步形成了用制度管权、按制度办事、靠制度管人的工作格局和运行机制。不断加强服务型基层党组织建设，全面推行了为民服务代理代办制，对涉及群众生产生活的组织关系接转、合作医疗、就业保障、信访维权等20余项事项进行了代理代办服务。认真落实党风廉政建设责任制，积极构建具有保德特色的惩防体系，不断加大对违纪违法案件的查办力度，认真解决发生在群众身边的不正之风和腐败问题，真正做到出实招、动真格、见实效。全年共查办各类案件134件，处理科级干部20人，其他党员干部114人，惩治了腐败，教育了干部，营造了风清气正的干事创业氛围。

（杨　剑）

附：一、中共保德县委书记、副书记、常委名单

书　记：段　新

副书记：郭新生　周书泉

常　委：宁志刚　岳海滨　王培才　张永红

侯俊生（8月离职） 华永军（10月任职）
李迎熙　王爱金（7月离职）
张申良（7月任职）
臧秀进（11月任职，挂职）

二、乡镇党委书记、副书记名单

东关镇
书　记：刘竞才
副书记：郭守义　霍培荣　陈培光

桥头镇
书　记：高彦林
副书记：胡培全　高际东　韩赛昌

义门镇
书　记：张智才
副书记：张海军　王翠珍（女）

杨家湾镇
书　记：郭兴田
副书记：白利军　张　健　冯新波

腰庄乡
书　记：张埃平
副书记：赵　晋　武荣科

窑洼乡
书　记：高彩文（女）
副书记：杨旭春　陈培峰

土崖塔乡
书　记：翟连平
副书记：翟志伟　周　宇

孙家沟乡
书　记：李宝权
副书记：刘埃生　梁　栋

尧圪台乡
书　记：康智新
副书记：郭俊鸣　王焕林（女）

冯家川乡
书　记：王耀光
副书记：孙彦林　王子健

南河沟乡
书　记：白侯平
副书记：霍建新　张宇飞

林遮峪乡
书　记：闫　俊
副书记：王志新　张建慧

韩家川乡
书　记：张振清
副书记：李彦东　郭海召

居民办
书　记：王福全

中共偏关县委工作概况

县委书记　王　源

2013年，中共偏关县委全面贯彻落实党的十八大和十八届三中全会精神，团结带领全县各级党组织、广大党员和干部群众，以“稳中求进”为主题，以“转型跨越”为主线，按照市委“3581”发展战略的整体部署，强势推进实施的“双五”发展战略，在解放思想中砥砺奋进，在改进作风中推动发展，在建章立制中规范行为，在自我加压中稳步跨越，圆满完成了全年各项目标任务。全县地区生产总值完成25.7亿元，增长7.3%；全县财政总收入完成4.1亿元，增长20.2%；城镇居民人均可支配收入16161元，增长10.9%；农民人均纯收入4753元，增长13.5%。

一、项目建设带动有力，发展基础更加坚实

坚持把项目建设作为推动经济发展、促进社会进步、落实民生保障的重要抓手，认真落实“八位一体”工作机制，建立健全并认真实施领导联系重点工程、项目直通车、对口推进服务等一系列制度措施，有效推动了项目建设。全年完成签约项目9个，签约资金达到121亿元；落地项目43个，落地项目投资额32.27亿元，完成年度任务的112.05%；开工项目28个，开工投资额17.26亿元，完成年度任务的162.37%；投产项目14个，投资总额36.84亿元，完成年度任务的174.72%，任务完成率全市排名第一；35项省市重点工程完成投资17.98亿元，完成年度任务的115.2%，完成率全市排名第四。项目建设有效拉动了全县经济社会健康快速发展。

（一）涉煤和新型产业蓬勃发展，支撑能力明显提升。煤炭物流产业体系已具雏形。坚持“无中生有、借势发展”，煤炭物流企业洼地崛起、迅速扩张，落地项目已达20个，其中，煤炭铁路发运企业7个，年设计发运能力3000万吨，已有6个获得铁路部门批准，3个已开工建设；洗选煤项目5个，年设计加工能力1260万吨，已有3个建成投产；配煤中心8个，年设计储售能力420万吨，全部拿到煤炭经营许可证，现有4个投入运营。全县正在形成铁路煤台东西贯通，洗、选、储、售一体化发展的产业体系。新型产业

势头强劲。华能10万千瓦风电项目已建成投产并网发电，分别投资5亿元的大唐5万千瓦、龙源5万千瓦2个风电项目已被省发改委核准，投资48亿元的华润55万千瓦风电合作项目成功签约并已先期上报10万千瓦的路条，全部建成后全县风力发电能力将达到75万千瓦。光伏发电方面，大唐、华能、同煤、中国风电、中电投等5家企业已分别与偏关县签署了共同开发合作协议，发电能力将达到23万千瓦以上。同时，“油页岩168”综合开发项目有了新进展，正在申请探矿权和编制矿产资源利用规划。“煤、电、油”项目的强势推进，成为促进全县财政收入翻番，推动转型综改建设的重要支撑。

（二）特色产业不断壮大，现代农业提质增效。紧紧抓住杂粮种植、设施农业、畜牧产业、经济林业“四大增收产业”不放松，全力打造农民增收致富工程。增收扭住“金谷穗”。“张杂谷子”再次获得增收，谷子总产量占全年粮食总产量1.35亿斤的58%，谷子直接创收1.6亿元左右，农民群众种植的积极性再次提高，进一步打响了“全国种植第一县”招牌。致富抓住“增收棚”。偏关模式日光温室大棚农民人均收入达到了1000元以上，并且实现了电动卷帘机全覆盖和“无公害”蔬菜被农业部认证等5个方面的新突破。同时，偏关县拥有一支60余人技术精湛的专业技术指导队伍，在技术推广和带动致富方面起到了关键作用。助农增收“发羊财”。县委、政府审时度势，将养羊业提高到一定高度进行推动发展，全力打造“晋西北养羊规模县”。制定了养羊规划和奖补办法，养羊业规模化推进，农民人均牧业收入占到人均纯收入的50%以上，养羊业将成为偏关新一轮促进农民常年增收致富的保障性工程。拓宽增收“新渠道”。本着“打造晋西北绿色门户、拓宽农民增收新渠道”的目的，2013年确立了经济林建设“48字”方针，当年在10个乡镇完成以仁用杏为主的经济林2万亩。同时，还完成人工造林4.3万亩，封山育林1.5万亩，尤其是继往开来、推陈出新，适时确立了新时期“一整合、两转变”黄土丘陵干旱区既增收又增绿的生态建设新路子，指引全县林业发展方向。全市林业现场会在我县隆重召开，并推广借鉴偏关经验。从整体上看，偏关农民“春冬增收靠大棚、夏末增收经济林、秋季增收靠杂粮、常年增收靠养羊”的一年四季增收新格局正在形成。

（三）基础设施不断完善，城乡面貌明显改观。城乡规划逐步完善。在县城东部和罗汉坪区域进行城镇建设总体规划，同时完成了新建1—2条与外环路连通的高标准道路规划。城乡基础建设长足发展。全年市政工程完成投资1.1亿元。垃圾处理场、二级汽车站已顺利完工；“一村一井”工程完成投资1600万元，打钻深井38眼；县城西北循环路于去年国庆前建成通车；神河高速路偏关段、县城外环路基本建成，下半年即可通车。城区综合管理水平不断提高。对城区8条主街（路）、27条小街（巷）路、17个居民住宅区进行了命名，安装了新颖别致的街路标识牌。同时深化城区“五项治理”，强化县城环境的管理和维护，加大卫生的监管力度，全力打造宜居化、清洁化、城镇化、生态化县城。

（四）景区建设高点定位，特色旅游亮点频现。实施精品战略，旅游产业不断发展壮大。围绕黄河、长城特色，挖掘提升旅游文化内涵，全力打造“五大景区”，逐步提高旅游知名度。以老牛湾旅游为中心，黄河、长城两条线为主轴，乾坤湾“一区八景”工程已基本完工，护宁寺景区建设顺利推进，水泉红门口“地下长城”景区进行了前期规划设计，老牛湾村被国家财政部、文化部、建设部三部委评为山西唯一的3A级中国传统古村落。强化景区建设，旅游环境进一步改善。在老牛湾新修2.5公里的旅游循环路；在护宁寺景区新建旅游公路和2个停车场；寺沟西口码头和寺沟长城修复工程，全面开工建设；老牛湾大型码头建设项目工可已获省交通厅批复；成立了偏关境内首家旅行社，招聘了一批本科大学生组建了讲解队伍。加大宣传力度，偏关旅游知名度得到提升。在央视、凤凰卫视及省市电视台集中宣传老牛湾景区，中央4台《快乐学汉语》栏目和中央7台《乡土》栏目分别免费制作播放了《黄河老牛湾》和《偏关人家》专题片，2013年《中国国家地理杂志》第四期以图文并茂的形式刊登了老牛湾—“百里长峡中最美的回环”，北京金尊影视文化传播中心在老牛湾和寺沟以黄河为背景拍摄了《黄河管子声》实景剧，进一步提升了偏关旅游景点在国内外的知名度。

二、社会事业全面进步，民生福祉日益改善

教育事业优先发展。提高经费保障水平，全年教育经费投入达到17285万元。新建的196套教师周转房全部投入使用；投资446万元的马家坡移民新区幼儿园暨九年一贯制学校完成主体工程；偏关中学多媒体教学“班班通、堂堂用”工程已完成并投入教学使用；高考二本以上达线人数198人，创历史新高，为此县委、政府为偏中颁发高考专项奖160 万元，奖励额度位居全市前列。卫生计生事业全面推进。进一步改善医疗卫生环境，县人民医院住院综合楼已完成主体工程建设，2个乡镇中心卫生院业务用房改扩建项目已全部完工并投入使用。全力推进新型农村合作医疗工作，参合率达到99.7%。稳步实施基本药物制度，乡、村医疗机构全部实行药品零差率销售。计生工作“五项任务”整体推进，食品药品监管体制改革基本完成。扶贫攻坚成效明显。8个乡镇10个村的整村推进建设任务和3个乡镇10个村的中央专项彩票公益金整村推进任务全部完成。农村“五件实事”全面落实，为1800户农村困难家庭进行危房改造，为170个行政村安装3400盏路灯，各行政村都组建了专门垃圾清扫清运队伍、配备了收运车辆等设施，3所村级幼儿园实现改扩建，马家坡移民新区功能逐步完善，将实现特困群众易地搬迁4500口人以上。信访工作制度更加健全。不断强化信访工作“一把手”责任制，形成了一把手亲自抓，分管领导具体抓，具体工作人员层层落实责任的工作局面。借鉴“枫桥经验”，建立了县级领导、乡镇领导、村

干部以及大学生村官“三级”领导接访、下访、包案长效机制和信访工作联席会议制度，确保社会矛盾纠纷第一时间就地、及时化解。全年信访总量有所减少，集体访、越级访得到有效控制。维稳工作措施更加得力。持续保持高压态势，严厉打击各类违法犯罪活动，全年公安机关共破获各类刑事案件98起。不断创新社会管理，逐步完善社会管理“三级平台、四级网络”建设。投资340余万元完成社会服务管理指导中心机房、LED大屏幕等硬件建设。积极开展“大排查、大调处、大防范”活动，有效化解社会矛盾，全年共排查化解各类矛盾432起,切实维护了社会的稳定和谐。

三、加强班子干部队伍建设，强化规范促发展

党的十八大以来，县委围绕各级领导的重要讲话《精神》，出台的各项《制度》、《条例》、《规定》等内容，全年组织县乡村三级干部参加集中学习3次，参训人员累计达到1000多人次。全县干部在线学习平均完成100学时以上，上线率达到100%。通过集中、自主等多种形式的学习，进一步净化了干部队伍的思想，规范了干部队伍的行为。县委出台了以“三步科学决策和‘三多一全’干部工作法”为主要内容的县委工作法，在推动全县整体工作中发挥了积极作用，并受到市委领导的好评；树立正确的用人导向，全年共选用科级干部3人；强化《干部监督制度》的落实，探索建立了“以德才为基础、以实绩为核心、以考核为手段”的干部考核新机制。全面推行发展党员“三推两审两公示”工作法，全年各级各部门发展党员110名；“领头雁”培训得到延伸，“文建明”和“四议两公开”工作法成为指导基层工作的新机制；全县101名大学生村官和5名农村“第一书记”在帮扶、锻炼、考核等工作中得到强化，进一步优化了农村班子建设；强化党建工作“第一责任人”职责，全面推行《基层党建工作“双向述职评议”制度》。全面完成三级干部集中走访活动，全县28名县级领导干部集中走访了191个村（社区），解决群众实际困难194件；625名乡村干部、101名大学生村官走访了全县253个行政村和社区，解决实际困难6864个。

四、积极开展宣传思想工作，集聚能量促发展

制定出台了《关于进一步加强全县思想宣传工作的意见》，建立完善了党（工）委中心组集体学习制度和新闻作品奖励制度。全县15个党（工）委全部完成2013年度的学习任务。全年在市级以上新闻媒体发稿280余篇，其中头版头条9篇。偏关县的林业、煤炭物流、旅游等亮点工作在大型知名网站、广播电台进行了转载和报道；《种经济林走致富路》等10余部专题片在市电视台进行了集中展播。坚持诋毁消极，激发正能量,对5家不正规网吧进行了处理，其中停业整顿1家。举办了第二届全民健身体育比赛活动和第二届“唱响偏关”舞台艺术大赛，县文化广电体育局被国家体育总局表彰为“全民健身先进单位”。

五、深入推进反腐倡廉建设，优化环境促发展

结合中央《八项规定》精神和省委、市委《决定》，制订出台了《中共偏关县委关于改进工作作风、密切联系群众的决定》和《实施办法》，并在全县上下一以贯之地执行。为切实加强对各项《规定》的贯彻落实，县纪检监察机关加大监督检查力度，全年共查处党员干部不作为、乱作为、慢作为、违反廉洁自律规定等案件136起，处分违纪人员136人。开展的会员卡清退、公款送礼、违规用车等“五项工作”专项治理活动成效显著，从源头上遏制“四风”问题，确保了制度的常态化，进一步促进了党风廉政建设，优化了发展环境。

（李　敏）

附：一、中共偏关县委书记、副书记、常委名单

书　记： 任建华（5月离职）　王　源（5月任职）

副书记： 王　源（5月离职）　王文阁

常　委： 白建国　王映中　徐晓兰（女）　李贵峰　田小平　梁利军

二、乡镇党委书记、副书记名单

新关镇

书　记： 郭秀鸿

副书记： 王卫兵　刘俊平

窑头乡

书　记： 李　瑞

副书记： 闫文俊　赵明君

陈家营乡

书　记： 胡高峰

副书记： 张翠莲（女）　张俊杰

万家寨镇

书　记： 杨占录

副书记： 白生成　梁震宇

天峰坪镇

书　记： 武秀贵

副书记： 高吉生　李生龙

楼沟乡

书　记： 秦庆元

副书记： 闫志忠　张艳军

老营镇

书　记： 马　富（10月离职）

副书记： 李为乐　李志强

水泉乡

书　记： 李　毅

副书记： 张俊峰　李世荣

尚峪乡
书　记：王在英
副书记：王安荣　白永宽
南堡子乡
书　记：郭建忠
副书记：戴永胜　郝丽丽（女）
居委会
书　记：高　权

中共吕梁市委工作概况

市委书记　高卫东

2013年，在省委的正确领导下，高举中国特色社会主义伟大旗帜，以邓小平理论、“三个代表”重要思想、科学发展观为指导，认真贯彻党的十八大、十八届三中全会、习近平总书记系列重要讲话和省委十届四次全会精神，紧紧依靠全委会的同志，团结带领全市党员干部群众，牢牢把握“打基础、利长远、惠民生”总体要求，以转型综改试验区建设为统领，以资源转化和扶贫攻坚为重点，扎实推进经济、政治、文化、社会、生态文明建设和党的建设新的伟大工程，各项工作取得新进展新成效。全年地区生产总值完成1250亿元，增长10%；公共财政预算收入完成164亿元，增长15.5%；城镇居民人均可支配收入达到22406元，增长12%；农村居民人均现金收入达到6168元，增长15%。

一、夯实转型基础，探索转型跨越发展新路

加快传统产业升级改造和新兴产业发展。以兼并重组、技术改造、循环经济为路径，以延长产业链条、加快资源转化为重点，加快传统产业转型。铺开重点项目173个，总投资8813亿元，兴县锦兴能源煤电一体化、临县庞庞塔煤电综合项目、孝义信发铝系综合循环、柳林煤矸石综合利用、中钢1780立方米高炉、岚县2万吨生物基新材料等资源转化项目快速推进或建成投产。规划建设“一城三园”高科技产业基地(即吕梁高科技城和离石、柳林、岚县高科技产业园)，高性能云计算、微小卫星、无人机系统、能源互联网等成为山西转型发展的亮点，得到省委、省政府主要领导高度评价。目前，高性能云计算中心部分机柜安装完成，开始进入推广应用阶段；微小卫星地面站配套建设正在实施，无人机产业基地部分机型研发已经完成，能源互联网技术方案已经确定。汾阳阳城商贸物流经济开发区、离石居然之家和天源物流、孝义义乌商品交易国际博览城和红星美凯龙等商贸项目加快建设。预计非煤产业增加值比重可达32%，服务业增加值比重可达24.5%，转型发展的产业基础进一步夯实。

深入实施“8+2”农业产业化和产业扶贫工程。重视“三农”工作，加大扶贫攻坚力度，把发展农业产业化作为突破口，集中人力、财力大力推进，取得初步成效。市县两级均成立了农业产业化办公室，累计投入专项扶持资金72亿元，实施“8+2”农业产业化工程，大力发展核桃、红枣、杂粮、畜牧、蔬菜、马铃薯、中药材、食用菌等八大产业，加快市场建设和农业产业化龙头企业建设，促进农业生产方式和经营理念转变，初步走出一条产业富民、农民增收的路子。全市建成核桃和红枣标准化管理示范园区35万亩，绿色谷子生产基地23万亩，新发展中药材13万亩、设施蔬菜25万亩，发展窑洞食用菌6015孔，建成一级种薯和绿色商品薯基地各1万亩。全面启动“百企千村”产业扶贫开发工程，50户省市企业与10个贫困县、1000个贫困村结对开发，组建注册农业产业化公司20家，启动各类项目64个，协议投资193亿元。培育“一县一业”基地县9个，“一村一品”专业村237个。加大扶贫攻坚力度，实施片区扶贫开发项目5个，整村推进项目66个，新转移农村剩余劳动力574万人，完成异地扶贫搬迁122万人，127万低收入贫困人口实现了稳定脱贫。

加快推进新型城镇化和基础设施建设。《吕梁市城市总体规划》获省政府正式批复，吕梁新城规划全面完成，63栋安居楼开工建设，路网基本形成，大医院、福利院、便民中心、职业学校、高等师范等民生工程相继开工建设。推进县城扩容提质，加快离石东城、临县南城、文水文东、汾阳文峰等新区建设，全市城镇化率预计提高17个百分点，达到43.24%。立足融入环渤海经济圈和太原都市圈，加快基础设施建设，吕梁机场试飞成功，通过民航华北地区管理局行业验收，近日将正式通航；中南铁路、太兴铁路、吕临铁路分别完成工程量的90%、80%、70%；8个战略装车点开工建设；太佳黄河大桥建成开通，西纵高速、环城高速基本建成，达到通车要求；中部引黄、柏叶口引水和交城、汾阳、文水三座2×30万千瓦低热值煤发电工程加快建设。

进一步深化改革、扩大开放。扎实推进转型综改试验区建设，编制完成2013—2015三年实施方案和2013年行动计划，20个重大项目加快建设，“五规合一”、户籍制度、行政审批制度、中小微企业融资、矿产资源产权交易等五项重大改革顺利推进，涉及扶贫开发、资源转化、生态建设、城镇化建设等方面的十个重大事项全面启动。全面推进行政审批“两集中、两到位”改革，加快简政放权步伐，市级取消、下放和调整减少行政审批事项316项，精简率达70.5%。加强对外交流合作，与哥斯达黎加埃雷迪亚市建立友好城市关系，成功举办第一届吕梁城市转型论证会和第七届世界核桃大会；全

市招商引资到位资金 789 亿元，完成年度目标任务的 131.5%；外贸进出口总额预计实现 78 亿美元，增长 35%。

二、加强民主政治建设，提升依法治市水平

夯实民主政治建设的基础，必须坚持把党的领导、人民当家作主和依法治国有机统一起来，充分调动各方面的积极性、主动性和创造性。坚持和完善人民代表大会制度，进一步提高人大工作水平。加强对人大工作的领导，支持市人大常委会依法加强对“一府两院”的监督，特别是加强对经济工作、重大民生工程的监督和执法检查。市人大常委会先后听取和审议吕梁新城规划、财政收支审计、工业园区建设、农业社会化服务体系建设等专项报告 12 个，开展《产品质量法》《大气污染防治法》等执法检查 4 次，开展扶贫开发、城乡居民养老保险、保障性住房建设等专题调研 7 次，提出工作意见建议 112 条。加强和改进代表工作，推动代表建议办理工作由“答复型”向“落实型”转变。支持和促进人大常委会、专门委员会和人大机关自身建设。

扎实推进法治吕梁建设，进一步加强基层民主政治。调整理顺市法治建设领导体制，研究制定《平安吕梁建设五年规划》，出台《关于深化法治吕梁建设的实施意见》。深入开展法制宣传教育，弘扬法治精神，培育法治文化，促进全社会学法守法用法良好氛围的形成。深入开展“法治县(市、区)”、“法治行业”、“民主法治示范村(社区)”创建活动。坚持和完善基层民主管理制度，建立健全政务、村务公开制度和城乡社区服务体系。支持工会、共青团、妇联、科协等人民团体充分发挥作用，召开市第一次妇女代表大会，县乡团委换届工作圆满完成，群团组织换届不按期、机构不健全、活动不正常问题得到有效解决。

加强国防后备力量建设，进一步提升双拥共建水平。坚持党管武装原则，推进经济建设与国防建设协调发展，党管武装工作受到北京军区表彰。积极支持国防和驻吕部队现代化建设，市县两级议军会议 32 项议定事项全部落实，部队正规化管理持续向好，日常战备建设稳步推进。深化国防动员应急应战准备，加强人民防空建设，扎实推进双拥共建工作。创新军民融合发展模式，与国防科技大学合作建立吕梁市军民融合研究院，成为全国首家军民融合协同创新发展平台，受到中央领导以及省委、省政府的充分肯定。

三、加强宣传思想文化工作，加快文化兴市步伐

加强思想道德建设。广泛开展中国特色社会主义宣传教育，精心组织中央、省委重大决策部署的学习宣传。培育和践行社会主义核心价值观，大力宣传弘扬“山西精神”、“吕梁精神”。深入开展文明城市、文明单位创建活动，命名表彰了当代吕梁英雄、道德模范、吕梁好人等 200 名先进典型，营造知荣辱、讲正气、作奉献、促和谐的良好风尚。加快晋绥革命根据地和蔡家崖历史文化名村等红色资源的保护开发，兴县“四·八”烈士纪念馆基本建成，临县中央后委纪念馆建设启动，创建了 30 个市级爱国主义教育基地。

大力发展文化事业和文化产业。深化文化体制改革，加强公共文化服务设施、基层文化阵地建设，农家书屋、农村文化活动室等文化惠民工程实现全覆盖。加强重点文物保护开发和非物质文化遗产保护传承，新增交城玄中寺、汾阳东龙观宋金墓群等 9 处全国重点文物保护单位。实施“一县一品、一院一剧”文艺精品创作工程，大型晋剧现代戏《刘胡兰》获中国艺术节“文化剧目奖”，电视剧《红军东征》、广播剧《村官梁宝》等 5 件作品获全省精神文明建设“五个一工程”奖。认真落实文化兴市发展战略，杏花村汾酒工业文化旅游产业园区、文水苍儿会生态旅游经济区等“五大园区”和孝义皮影木偶拍摄基地、临县黄河文化影视基地等“六大基地”建成并投入使用。大力发展文化产业，交城刺绣堆锦、中阳剪纸、临县铜器、柳林木版年画、交口山核桃等一批文化产品走出吕梁。首届山西文博会上产品销售近 1000 万元，签约项目 10 个，签约金额 297 亿元。

四、着力保障和改善民生，促进社会和谐稳定

扎实推进民生工程。省“五件实事”和市方便农民“五件实事”扎实推进。全市涉及民生方面的政策 87 项，社会保障、医疗卫生、教育、农业等重大民生政策落实较好。15 项强农惠农生产类补贴政策、23 项强农惠农生活和基础设施类补贴政策、9 项社会保障类民生政策、11 项教育文化类民生政策全部落实到位。加大教育事业投入，大力发展各级各类教育，全市教育投入预算安排 59.19 亿元，同比增长 22.59%。市、县级医疗卫生机构基础设施建设步伐加快，概算投资 16.9 亿元的医疗卫生园区项目建设启动，县级 142 个卫生建设项目顺利推进。13 个县级综合医院全部达到二级甲等标准，8 个县级公立医院取消“以药补医”改革试点圆满完成。“中华医学会—吕梁行”、“中华健康快车—吕梁光明行”等义诊活动有效开展。新型农村合作医疗制度不断巩固，农民参合率达到 98.46%。保障性住房建设超额完成省下达任务。抗灾救灾高效有力，群众生产生活正常，社会秩序保持稳定。

加强就业和社会保障工作。全面落实促进就业各项政策，强化就业公共服务，狠抓创业带动就业，新增城镇就业 5.76 万人，城镇登记失业率为 2.1%。努力扩大社保覆盖范围，加快完善覆盖城乡的社会保障体系。提高养老保险、医疗保险待遇水平，城镇居民医保和新农合财政补助标准提高 40 元。

加强社会管理和信访稳定工作。严格落实维护稳定责任制，扎实推进“六六创安”工程，不断引深平安吕梁创建活动。学习运用“枫桥经验”，完善人民调解、行政调解、司法调解联动工作体系，健全立体化社会治安防控体系和公共安全体系，严厉打击各种违法犯罪活动和黑恶势力。强化各级干部信访工作责任，开展“涉法涉诉信访案件集中清理”、“百日双千案攻坚战”等活动，信访总量、集体访、进京非正常访有所下降。

全面加强安全生产工作。严格落实企业安全生产和政府

安全监管两个主体责任，持续开展安全生产大检查大整治，突出事故预防，夯实基层基础，全市各类安全生产事故起数和死亡人数分别下降2.6%和18.9%，安全生产形势继续趋稳向好。没有发生重大食品安全事故。

五、扎实开展节能减排和造林绿化，改善生态环境

严格落实节能减排目标责任制。加强重点用能企业节能技术改造，最大限度降低能耗水平，全市万元GDP能耗预计下降到1.937吨标准煤，下降3.5%。加快推进重点减排项目，加大落后产能淘汰力度。河流断面水质完成省定任务，六项减排指标均超额完成省时序进度任务。13县市区城区环境空气质量平均优良天数比例达91.8%。吕梁市区PM2.5污染指数1.69，全省排名第二。提高城市污水处理和垃圾无害化处理水平，污水处理率达75.7%，生活垃圾无害化处理率达51.3%。

稳步推进植树造林。健全完善多元投入机制，落实林业建设资金15亿元。狠抓三北防护林、天然林保护和吕梁山生态脆弱区植被恢复工程，大力发展干果经济林，全面推进通道绿化、荒山绿化、环城绿化、村庄绿化、矿区植被恢复等身边增绿工程，完成绿化造林77.4万亩，其中经济林50.9万亩。

加快气化吕梁步伐。7个煤层气勘探区全面作业，建成压缩天然气母站2座，日处理煤层气30万立方米。覆盖勘探区的煤层气管网初步建成，7条煤层气输气管网项目进展顺利，年输气25亿立方米。城区天然气项目实现县域普及，吕梁中心城区燃气覆盖人口达25.2万人，燃气普及率达93.6%。

六、加强和改进党的建设，全面提高党的建设科学化水平

全面推进学习型党组织建设。围绕学习贯彻党的十八大、十八届三中全会和习近平总书记系列重要讲话精神，邀请中央、省有关部门领导和知名学者进行专题辅导，特别是采用一周一学习、常委轮流主讲的方式，取得良好成效。举办77期引深十八大精神学习专题培训班和2期学习习近平总书记系列重要讲话精神专题研讨班，举办5期“吕梁大讲坛”，对市管干部、市直机关科级干部和乡镇书记、乡镇长进行了普遍轮训，对8900余名干部进行了集中培训。以市委名义新命名表彰74个学习型党组织。

切实加强领导班子和干部人才队伍建设。用新时期好干部标准培养选用干部，坚持在转型发展主战场配班子、建队伍，对市直单位领导班子和县市区个别缺额进行了调整配备。继续完善干部任用初始提名办法，全面实行党委常委会任免干部票决制。注重从基层一线选拔干部，提拔使用了14名乡镇书记和2名县信访局长，从优秀大学生村官中选拔了26名乡科级干部。加强干部日常管理监督，扎实开展“一报告两评议”和领导干部报告个人有关事项工作，重新审定近三年新提拔干部的“三龄两历一身份”，全面清理干部队伍中“吃空饷”人员。“12380”举报电话全面开通，形成电话、信访和网络“三位一体”举报体系。加强对党委领导班子内部制度建设情况的监督检查，健全完善领导班子工作运行机制。实施人才引进工程，吕梁军民融合协同创新研究院成功申建院士工作站，引进两院院士5名、高层次人才10名。

扎实推进基层组织和党员队伍建设。全面落实基层党建工作责任制，健全市委常委基层党建联系点制度，实施县市区委书记和党工委书记抓基层党建述职制度，建立市县乡三级联述联评联考制度。狠抓先进基层党组织创建活动，命名表彰了16个“五好”乡镇党委、294个“五星级”农村党支部。扎实开展后进村党组织整顿工作，对183个后进村党组织进行了集中整顿，已有178个实现转化目标。选派91名年轻干部到农村任“第一书记”。大力实施农村“领头雁”培训工程，对5600余名农村“两委”主干、1.8万余名“两委”成员、党员后备干部进行了培训。开通基层党建手机短信平台，创新党员教育管理方式。在流动党员中广泛开展“在当地争先锋、为家乡做贡献”主题实践活动。

深入开展党风廉政建设和反腐败斗争。认真落实党风廉政建设责任制，市委常委带队对各县市区党风廉政建设情况进行考核检查。建立具有吕梁特点的“一网八平台”惩治和预防腐败体系，打造了符合吕梁实际的公共资源交易暨工程廉政监督联合平台，构建了建设工程交易事前、事中、事后全程监督和三备选、三公开、三同签、三分开的“四三防控”、“一站式并联审批”机制。开展“提升服务水平、创优发展环境”和整治“吃拿卡要”专项活动，切实解决人民群众反映强烈的突出问题。提高阳光农廉网运用水平，加强农村集体“三资管理”。加大案件查办力度，全市纪检监察机关查办案件1045件，给予1221人党政纪处分，挽回经济损失473万元。

（薛　斌）

附：中共吕梁市委书记、副书记、常委名单

书　记：高卫东

副书记：丁雪峰　吴志国

常　委：雷建国　吕改莲(女)　张效彪　郝月生
李良森　刘保明(9月离职)　郑中夏
刘云晨　秦怀金(挂职)　张旭光(6月任职)
车瑞金(9月任职)
牛社威(4月离职)　陆崇相(9月离职)

中共交城县委工作概况

县委书记　李志安

2013年，县委坚持以党的十八大、十八届三中全会精神为统领，紧紧围绕转型跨越发展主线，牢牢把握"打基础、利长远、惠民生"总体要求，持续实施"1359振兴工程"，扎实推进产业攻坚、农业产业化、城乡统筹、民生改善等各项工作，全县经济社会呈现出转型发展、跨越发展的良好态势。

一是县域经济发展迈上新台阶。2013年，全县地区生产总值完成70.25亿元，增长7.6%；公共财政收入达到5.74亿元，增长3.2%，占财政总收入的比重由2008年的23.6%上升到53.14%；规模以上工业增加值完成60.6亿元，增长8.3%；全社会固定资产投资完成39.9亿元，增长31.4%；社会消费品零售总额完成17.2亿元，增长13.8%；城镇居民可支配收入达到16416元，增长10.4%；农民人均纯收入达到6897元，增长13.6%。主要经济指标实现逆势而进、平稳增长，经济社会发展实现稳中有进、稳中向好。

二是产业交城建设取得新突破。扎实开展产业攻坚，全年共实施总投资672亿元的重点项目47个，完成立项34个、环评24个、土地25个。坚持"六位一体"统筹推进，全部超额完成市下达任务，省市重点工程投资完成率排名全市第三，投产完成率排名全市第一，综合考核排名全市第五。一批大项目、好项目扎实推进，国锦煤电2×30万千瓦热电联产项目4月份第一台机组点火，从正式开工到投产仅用22个月时间；义望铁合金新上16万吨锰铁合金项目，用1年时间建成投产，新增产能是建厂20多年的总和；华鑫1860项目全部工期仅16个月。通过全县上下久久为功、坚持不懈狠抓项目攻坚，一大批转型项目突破了土地、审批、融资瓶颈，呈现出强势推进、全面见效的良好态势。

三是"三农"工作开创新局面。以全市"8+2"农业产业发展为契机，大力提升特色农业产业化水平，发展设施蔬菜2974亩，核桃经济林面积达到6.1万亩，山区乡镇培育壮大特色养殖、种植、采摘等专业合作社52户。大力实施"百企千村产业扶贫开发工程"，仅会立、庞泉沟、东坡底3个乡镇，就达到牛存栏1.4万头、羊存栏5万只的规模，每头牛可带动农户增收7000余元。大力实施旅游富民战略，全年游客人数突破110万人次，有力带动了农家乐、采摘、特色农产品销售等富民产业发展，旅游业已真正成长为带动农民增收的一项朝阳产业。

四是重点工程建设取得新进展。推进交城人民企盼千年的龙门供水工程，顺利完成了枢纽工程、防洪堤、输水箱涵和倒虹吸工程，开挖隧洞8050米，占全部工程量的85%，平川管线铺设工程完成招投标和地面附着物清理，引水进城指日可待。按照"企业出资、政府补贴"思路，高标准完成了全长14公里的园区路网改造工程，水、电设施一次性配套到位，栽植绿化树种4万余株，园区成立十年来制约发展的瓶颈实现了根本性突破，投资环境旧貌换新颜。仅用两个多月时间完成了投资7280万元的高速引线改建工程，东城区开发迈出新步伐，交城对外形象得到新提升。

五是城市建设取得新成效。以建设"山水园林宜居文化名城"为目标，加快城市化建设步伐，各项重点工程推进有力。总投资5886万元的县城垃圾处理厂库区整体框架完成，2013年下半年可投入使用；投资1200万元的华鑫供热站、南街供热站竣工投用，供热覆盖面达到340万平方米；全面铺开县城供水改扩建及配水管网改造工程，投资160万元高标准完成了龙山大街、迎宾大道等重点区域绿化，县城服务性、功能性得到全面提升。

六是民生福祉得到新提升。总投资5300万元的职中新校园工程主体完工，14所农村幼儿园投入使用，交中高考达线人数突破千人大关，两人考入北京大学，一人考入中央美院，交城教育品牌进一步提升。全面完成县医院"医药分家"改革，县财政每年补助619万元用于药品零差价补贴、医务人员工资保障等，基层医卫人员全部实行了财政供养。开工建设各类保障性住房1376套，圆满完成了新开路中段132户回迁安置任务，完成604套经济适用房、500套棚户区改造房建设任务。扎实推进"方便农民六件实事"，投资2494万元，新建红白理事厅55个、洗澡理发室20个、碾米豆腐坊28个、安装太阳能路灯1460盏、改造农村困难家庭危房197户、改扩建农村幼儿园7所，农民群众幸福指数稳步提高。加大环保整治力度，全年二级以上天数达到356天，城市空气优良率达到97.5%，全县环境质量明显改善。

七是社会治理取得新成绩。全面推进以"三中心一社区一网格一室"为主的社会管理体系建设，扎实开展社会治安专项整治行动，治理治安乱点400余处，成功召开了全国道路交通安全防控体系建设现场观摩会。坚持不懈狠抓安全生产，排查整改各类安全隐患950处，全县安全生产形势持续好转。深入学习"枫桥经验"，建立"三级联动"信访工作机制，扎实开展"百日双千案攻坚战"活动，有效化解各类信访案件125件，全县信访形势整体平稳。

八是党的建设实现新加强。深入学习贯彻党的十八大、十八届三中全会精神和习近平总书记系列讲话精神，各级干部的政治素质和思想境界进一步提升。扎实推进服务型基层党组织创建，新组建10个专业合作社党支部、3个非公企业党支部，转化升级13个后进支部。深化人事制度改革，公开选拔21名副科级干部，全部派遣到乡镇挂职锻炼，进一步优化了干部队伍结构。严格落实“八项规定”,扎实开展“五个专项治理”,腾退办公用房2544.6平方米,干部队伍正风肃纪成效明显。扎实开展“访民生、知民情、解民事”集中走访活动,为群众解决实际问题719件,干部作风明显转变。加大高层次人才引进力度,面向全国公开招聘了154名全日制硕士研究生,全部选派到县直机关、教育、卫生、园区企业等基层一线。积极引进产业转型亟需的高中级技术人才、管理人才613名,努力为全县项目建设、经济发展、社会进步铺设了人才高速路。

附:一、中共交城县委书记、副书记、常委名单

书　记: 李志安

副书记: 乔晓峰(7月离职)　薛凤奎(7月任职)
李义祥

常　委: 曹万新　李忠毅　郭　强　刘小栋　权扣维
武冬祯　谢文波

二、乡镇(街道)党委(党工委)书记、副书记名单

天宁镇

书　记: 张五宁

副书记: 王建军　侯宝明　樊秋平
赵恩光(12月离职)　连光辉(12月任职)
白联瑾(12月离职)

夏家营镇

书　记: 薛耀刚

副书记: 王建福　魏明生(12月离职)　双　飞

西营镇

书　记: 李华斌　双然兴(5月离职)

副书记: 褚占峰(6月任职)　司记才
曹仙刚(6月离职)　闫林忠(12月离职)

洪相乡

书　记: 李志武　韩　说(5月离职)

副书记: 田艳玲(6月任职)　游　芳(女)
连光辉(12月离职)

岭底乡

书　记: 程通彦

副书记: 张学强　杜慧琴(女)

水峪贯镇

书　记: 冀　斌

副书记: 曹仙刚(6月任职)　张　伟(12月任职)
郭志强(6月离职)　马宁祥(12月离职)

西社镇

书　记: 寇拥军

副书记: 高　鹏(6月任职)　张一民

会立乡

书　记: 卞德昌

副书记: 曹志刚(6月任职)　郭志强(6月任职)
李志坚

庞泉沟镇

书　记: 任勤林

副书记: 李建忠(6月任职)　王　伟
郝艳萍(女,3月离职)

东坡底乡

书　记: 赵辉彪(6月任职)

副书记: 赵辉彪(6月离职)　郝锦亮(9月任职)
段剑峰

中共文水县委工作概况

县委书记　孙善文

2013年,在市委的正确领导下,县委团结带领全县广大干部群众,积极应对错综复杂的经济形势,努力克服前进道路上困难,一以贯之实施“三五”战略,坚定不移推进赶超跨越,县域经济社会各项事业取得了一定成绩。全年全县GDP完成58.1亿元;固定资产投资完成18.83亿元;财政收入完成6.015亿元;城镇居民人均可支配收入达到16813元;同比增长15.39%;农民人均纯收入达到7664元,同比增长19.8%;全县粮食总产量达到2.706亿公斤,同比增长4.08%,再创历史新高。

一、抓项目攻坚,促进县域经济持续平稳发展

2013年,在项目建设上稳步推进。金地煤矿采矿证已经国土资源部审议通过,正在办理后续手续;海威公司60万吨/年高速线材项目竣工投产;华一重工项目正式启动开始订购设备;太中银铁路海威专线铺轨在即;投资2.3亿元的海华白酒项目建成投产,白酒产业集聚初具规模。另外,随着华一重工列车轮对项目、晋能集团太阳能电池项目、山西美锦集团不锈钢项目等一批起点高、潜力大、前景广的好项目成功落户文水,产业转化升级步伐进一步加快,县域经济发展后劲增强。

二、抓城镇建设,持续改善城乡基础设施

坚持以城建为主抓手,全面提升县域城镇化水平。城市建设方面,重点推进文东新区建设和旧城区提质改造工程,《文水县县城总体规划》和《县城南片区控制性详细规划》已

编制完成并通过专家审定,"四桥、五街、三路、一广场"新建、扩建工程全部完成,堡子村村民安置小区建成交付使用,新区框架已然成形。改造、新敷供水管网10938米,有效缓解县城居民吃水难题。完成大陵湖广场建设工程,大陵湖周边环境状况得到有效改善。中心集镇建设方面,扎实推进胡兰特色小城镇建设与保贤村集中整治工程,胡兰连片示范区建设取得突破进展,其中,故居文化广场、高标准农田、示范区绿化、肉牛养殖基地等重点项目工程有序推进,中心集镇建设迈出坚实步伐。基础设施建设方面,红色旅游路建设顺利完成,极大改善西韩高速口至胡兰纪念馆道路通行条件。柳开线、义南线、小南线、文峪河东堰、古吴线、段马线的新建和改扩建工程全面完成,区域交通状况得到有效改善。

三、抓"三农"工作,推进城乡统筹协调发展

2013年不断加大"三农"投入,夯实农业大县地位。大力推进农业产业化,根据市"8+2"计划,制定"5+4"农民收入翻番战略,实施各类农业项目55个,争取各类扶持资金3.41亿元,建设完成设施蔬菜600亩、"玉露香"梨树3000亩,全县蔬菜种植面积达到3万亩、果树种植达到11万亩、中药材种植达到5800亩,设施农业规模效益逐步显现。全面加快新农村建设步伐,完成13个重点推进村和8个百村行动计划村的规划编制、实施"四化四改"、"五个一工程",农村人居环境得到明显改善。继续加快150个村"一村一品"建设,圆满完成116个行政村的"便民六件实事"建设任务,新建、改建幼儿园建设44个、理发店82个、洗澡堂63个、磨面坊34个、红白理事厅100个、路灯1680盏。新型农村社会养老保险参保人数达到22万人。农业经济稳步发展,10月份农博会引进投资6.9931亿元,大象农牧、诚信种业、野山坡饮品、汇丰源食品等农业产业化龙头企业项目建设取得重大突破、生产规模不断扩大,市场份额逐步提升。

四、抓民生改善,提高人民群众幸福指数

2013年全县人民企盼多年的新文水中学,克服了方方面面的困难,终于建设完成并交付使用,履行了县委、县政府对全年人民的庄严承诺。另外,在原文中北校区重新组建二中,切实改变文水高中教育文中独大、缺乏良性竞争的局面;西南街学校、城镇第五中学、县特殊教育学校相继投入使用,城区学校班容量过大等问题得到初步缓解,教育大县地位得到进一步巩固。逐步深化医疗体制改革,扩大城乡医疗保险覆盖率和受益面,群众看病难、看病贵的问题得到缓解。就业再就业、社会救助、社会福利、优抚安置等各项工作健康发展,社会保障覆盖面进一步扩大。

五、抓安全稳定,着力创新社会服务管理

坚持把平安建设作为改革发展稳定的基础性工作来抓。深入开展"安全生产大检查大整治"活动,对非煤矿山、私屠滥宰、危化企业、道路交通、食品药品等重点行业、领域进行专项清理整顿。成立公安局刑侦二大队,采用"堵疏结合"的方式,重点对开栅、马西等地的私挖滥采行为予以规范和整改,安全生产形势得到进一步好转。扎实做好十八届三中全会等重要节点的维稳工作,深入开展"百日双千案攻坚战"活动,对"无头案、钉子案、骨头案"等进行重点突破,全年中央、省、市交办信访案件化解率达到96%以上,未发生一起影响重大的进京、赴省集体上访和恶性上访事件。持续开展"平安文水"创建活动,严厉打击"两抢一盗"、黑恶势力和涉毒犯罪,社会治安形势明显好转,社会大局总体保持和谐稳定。

六、抓党的建设,为加快发展提供坚强保障

县委始终把党建工作当作"主业"来抓,以改革创新的精神推进党的建设。一是抓基层,夯基础。坚持"先进创品牌、先进更先进,后进抓转化、后进变先进"的工作思路,抓两头、带中间,整体提升基层组织建设水平。深入开展"学习西韩村先进党支部"活动,发挥示范引领作用,形成比学赶超态势。扎实推进农村"领头雁"培训工程,组织选派优秀年轻干部去后进村担任"第一书记",帮助后进村转化升级,为明年两委换届奠定了坚实基础。县委组织四大班子领导、相关职能部门对13个乡镇的基层党建工作进行观摩评比,发现了一批特色鲜明、富有活力的工作亮点,表彰了工作先进乡镇,督促了后进镇、村,极大地调动了乡镇、农村干部工作的积极性和主动性。二是防腐败、保廉洁。深入开展部门行业行风评议评议活动,切实转变工作作风和服务态度,同时,不断加大对违法违纪行为的查处追究力度。全年共立案查处违法违纪案件139起,涉及科级干部20人,处理党员154人,有效遏制了违法乱纪行为。按照省委、市委部署要求,全面落实"八项规定"、认真清理"四风"问题、扎实开展五个专项治理,全县风清气正、干事创业的氛围日趋浓厚。三是正导向,促实干。县委先后分三批次对乡镇和县直单位干部进行了补缺调整,优化了班子,强化了队伍,激发了活力。在调整中坚持"重实绩、年轻化、敢担当"的用人导向,为干部创造良好的成长环境。

附:一、中共文水县委书记、副书记、常委名单

书　记:孙善文

副书记:王成军　李玉林(1月离职)　郭建刚(7月任职)

常　委:陈兰生　王海蓉　闫启明　白　鹤　许晋文　王立志(5月离职)　闫国聪(5月任职)　周小云(7月任职)

二、乡镇(街道)党委书记、副书记名单

凤城镇

书　记:郭志刚(1月离职)　刘逸清(1月任职)

副书记:陈松杰(1月任职)　张凤亮

开栅镇

书　记:孟颖杰(1月离职)　田怀利(1月任职)

副书记： 齐树亮(1月任职)　韩　鹏

胡兰镇

书　记： 苏德环(1月离职)　张国强(1月任职)

副书记： 程延军(1月任职)　吴国权(4月离职)
武建国(4月任职)

南安镇

书　记： 张志军(1月离职)　马德高(1月任职)

副书记： 李永旺　韩全生(4月离职)
王建祥(4月任职,5月离职)

下曲镇

书　记： 刘　杰

副书记： 刘德志　武建国(4月离职)

孝义镇

书　记： 徐建岗

副书记： 陈松杰(1月离职)
梁文壮(1月任职,11月离职)　马永川

南庄镇

书　记： 张玉和

副书记： 张云峰(1月离职)　郭宏斌(1月任职)
梁玉维(4月离职)　贾瑞芝(4月任职)

西城乡：

书　记： 张国强(1月离职)　王志刚(1月任职)

副书记： 王志刚(1月离职)　霍海亮(1月任职)
张喜财(4月离职)　郝艳红(4月任职)

南武乡

书　记： 武云强

副书记： 吴晨劲　贾瑞芝(4月离职)

北张乡

书　记： 曹会成(1月离职)　赵振军(1月任职)

副书记： 王金钟(8月离职)　郭宏斌(1月离职)
李阳华(4月任职)

西槽头乡

书　记： 段拉银

副书记： 肖　锋　李建环(4月离职)
郭志勇(4月任职)

马西乡

书　记： 李志英

副书记： 文栋梁(1月离职)　高建岗(1月任职)
王加良

苍儿会办事处

书　记： 马德高(1月离职)　文栋梁(8月离职)

副书记： 高建岗(1月离职)　李　君(8月任职)
李国钢

中共汾阳市委工作概况

市委书记　李建国

2013年，市委、市政府团结带领全市各级党组织和广大干部群众，紧紧围绕“打基础、利长远、惠民生”的总体要求，扎实开展“干部作风改进年”、“项目建设推进年”活动，成功举办第七届世界核桃大会，全面加强经济、政治、文化、社会、生态文明和党的建设，取得了明显成效。

“三农”工作跃上新台阶。完成“便民六件实事”和重点村“四化四改”、“五个一工程”任务，实施“8+2”农业产业化振兴三年计划，建成谷子、高粱等五大高产创建示范基地，发展核桃经济林5万亩，年内7户企业被认定为农业产业化省级重点龙头企业，汾州裕源公司被认定为国家级龙头企业。

项目推进取得新进展。全面完成重点项目“六位一体”指标任务，建立完善领导包联项目等六项工作制度，形成了一个项目、一位领导、一套班子、一抓到底的工作机制。全市28个重点项目，已办理立项、征地、环评三大手续68项，开工建设26个，完成投资138.14亿元。

城镇建设呈现新面貌。以市区、杏花村、阳城为重点，在修编城市总体规划、完成5个乡镇区域规划的基础上，完善了市区路、水、电、暖、气等基础设施建设和杏花村新区“四横七纵”路网建设，引深了“五城同创”活动，目前省级园林城市已经命名、省级文明城市通过验收、国家级卫生城市接受了初次暗访。

民生改善迈出新步伐。就业方面，新增城镇就业岗位6701个、转移农村劳动力3762人；养老方面，城乡居民养老参保人数分别达5970人和18万人；医保方面，城镇基本医疗保险参保人数达85623人，农村医疗保险参合率达96.99%；低保方面，城乡低保人数分别达12084人和24092人；住房方面，完成660户农村危房改造和1206套保障房建设任务；社会救助方面，建成市社会福利服务中心；社会治理方面，全面加强信访、安全和综治工作，维护了社会和谐稳定。

文化事业实现新突破。建成投用马烽纪念馆和18个文化活动中心，免费开放文化馆、图书馆、美术馆和乡镇综合文化站，成功召开全市第一次文学艺术工作者代表大会，《情在核桃沟》等三部作品荣获吕梁市“五个一工程”奖，汾阳市被授予“中国诗歌之乡”称号。继续加大教育投入，开工了禹门河小学、幼儿园，招录了120余名教师，同时深化了与中山市教育合作交流，2013年高考升学率高居吕梁市第一。

民主政治建设和党的建设有了新提升。人大、政协依法履职，为市委、市政府决策提出了许多好的意见和建议。统战、人武和工会、妇联等工作不断加强，市乡村三级团组织完成了换届任务。围绕学习党的十八大、十八届三中全会和习近平总书记系列讲话精神，认真落实“八项规定”，扎实开展“五个专项治理”活动，积极实施党建“四抓四提”工程，圆满完成“五项全能”比赛，使各级党组织和党员队伍作风明显改善、形象进一步提升。

附：一、中共汾阳市委书记、副书记、常委名单

书　记：王志强(7月离职)　李建国(7月任职)
副书记：李玉林　白小勤
常　委：谭曰文　李立武　王利强
姚翠萍(女)　达月亮(5月离职)
付子龙(5月任职)　宋志江　麻　娟(女)
刘晓莺(女,3月离职)

二、乡镇(街道)党(党工)委书记、副书记名单

贾家庄镇
书　记：秦广生
副书记：王宝启(2月离职)　薛文栋(2月任职)
刘国星(6月任职)　陈　琼(女,1月任职)

峪道河镇
书　记：游陆明
副书记：靳福斌　武艳勇　赵双龙

杏花镇
书　记：郝耀光
副书记：宋耀斌　王兆龙(2月离职)
丁建耀(5月任职)　李景春(1月任职)

冀村镇
书　记：王海彦
副书记：温懿卿(2月离职)　李吉明(2月任职)
曹志勇(2月离职)　阮云波(2月任职)

肖家庄镇
书　记：任淑宏(女)
副书记：徐新瑞　郭清河(2月离职)
独衍春(1月任职)

演武镇
书　记：吕佩锋(2月离职)　李智平(2月任职)
副书记：田　健(2月任职)　李吉明(2月离职)

阳城乡
书　记：韩秀山(2月离职)　张耀东(2月任职)
副书记：张耀东(2月离职)　王宝启(2月任职)
张向东

三泉镇
书　记：张映楠
副书记：薛开宇　宁　水

石庄镇
书　记：张兴亮
副书记：司海滨　张晓涛

杨家庄镇
书　记：任光耀
副书记：李智平(2月离职)　王绍华(2月任职)
田丽琴(女)　雷鸣鹤(2月离职)
吕汉新(1月任职)

栗家庄
书　记：吕晓全
副书记：张　健　王绍华(2月离职)
曹志勇(2月任职)

西河街道
书　记：董士元(2月离职)　吕佩锋(2月任职)
副书记：渠友林(2月任职)　温懿卿(2月任职)
赵丽燕(女)　张富平(1月任职)

文峰街道
书　记：赵　强
副书记：杨丽春(女)　张　宁(2月离职)
郭清河(2月任职)

太和桥
书　记：冀小明(女)
副书记：栗振斌　王　虎

辰北
书　记：申东高
副书记：马　文　李维宏

南薰
书　记：雷成才
副书记：何　雄　郭贵成

中共孝义市委工作概况

市委书记 张旭光

2013年,在省委和吕梁市委的正确领导下,认真贯彻落实党的十八大、十八届三中全会和习近平总书记系列重要讲话精神,按照省委“转型跨越,再造一个新山西”和吕梁市委“打基础、利长远、惠民生”的总体部署,紧紧围绕资源型城市经济转型和民生幸福型区域中心城市建设“两大战略”,艰苦奋斗,迎难而上,大胆地试、扎实地干,加快推进经济、政治、社会、文化、生态文明建设,全面加强党的建设,在异常严峻的形势下,转型跨越取得了新成效、改革创新催生了新变化、各项事业实现了新发展。

一、综合经济实力继续位居全省前列

全年GDP实现412.3亿元,增长16.1%;公共财政预算收入实现25.2亿元,增长1.5%;规模以上工业增加值完成294.2亿元,增长23.8%;全社会固定资产投资完成280.2亿元,增长26.6%;社会消费品零售总额完成106.5亿元,增长14.1%;城镇居民人均可支配收入达到25582元,增长10.5%;农民人均纯收入达到12244元,增长13.4%。在全省11个省级试点转型综改工作考核中位列第一。

二、转型综改和扩权强县试点工作取得新进展

统筹城乡发展,启动下堡河流域“一镇两乡”、梧桐镇与下栅乡“一镇一乡”一体化综合改革试点,全域一体化改革力度空前。深化政务体制改革,建成公共资源交易中心,规范扩权权限运行,项目审批平均缩短15个工作日。创新地方金融机构发展机制,各项贷款净增104.7亿元,增长57.2%,位居全省和吕梁市前列。创新土地集约节约利用机制,完成增减挂钩拆旧复垦4242亩,争取用地指标6996亩,有效解决项目用地需求。

三、转型项目建设取得新进展

新招商引资重大项目5个,概算投资169.6亿元;储备项目261个,概算投资4505.4亿元;开工亿元以上项目12个,总投资311.7亿元。2010年以来实施的77个总投资1769.7亿元的亿元以上项目,39个完工或部分完工,30个投产或部分投产,重点工程“六位一体”8个完成额、2个完成率单项及综合排名都是吕梁第一。特别是省重点山西信发铝电化综合循环项目一期180万吨氧化铝投产、100万吨液碱主体完工,鹏飞一期130万吨新型焦化、金晖兆隆生物可降解聚酯(PBS)一期建成投产;特别是金州50万吨煤焦油加工及10万吨煤系针状焦一期建成并点火试生产,华夏动力电动汽车驱动电机及锂电池批量生产,整车生产线开始安装;特别是沃尔玛、美特好、华美新天地等现代服务业项目建成运营,吕梁烟草孝义卷烟物流配送中心基本建成,红星美凯龙、义乌商品交易国际博览城、东金商业广场、家乐福等项目快速推进,孝义正向“孝汾平介灵”商贸物流中心阔步迈进。

四、农业产业化实现新突破

按照市委、市政府既定农业产业化思路,结合落实吕梁市“8+2”农业产业化工程,去年新发展核桃经济林6万亩,实现西部山区50万亩宜栽地全覆盖,248公里核桃林路绕穿其中。肉禽养殖总规模达到3600万只,设施蔬菜总面积达到2.2万亩。“一村一品”专业村达到70个,农民专业合作社达到429个。胜溪新村农业标准化示范园区被命名为全国农业标准化优秀示范区,威尔仓储获批农业部蔬菜标准园,高阳现代农业园区升级为国家级农业科技园区。农业增效、农村发展、农民增收的产业基础进一步夯实。

五、城镇化建设有新作为

全面启动城市总体规划修编。建成朝阳街、西许河东景观路等7条总里程11公里主次干道,“八横九纵一环”开放型交通网络进一步完善。新建续建廉租房、公租房1823套,分配保障房1958套。城市棚户区改造人民医院周边片区480套回迁安置房封顶,三贤片区一期开工。完成集中供热投资7900万元,新增1.5万户,普及率95%;完成供气投资7500万元,新增5500余户,普及率89%。特别是梧桐新区基本建成,近6000户农民喜迁新居。下堡、高阳、振兴、大孝堡居民安置区全面开工。城南新区压煤村庄安置区主体完工。全市城镇人口达到35万人,城镇化率超过70%。

六、市域生态化实现新突破

城区二级以上天数达到353天,其中一级天数115天,空气质量持续向好。扎实推进“一湖六河”综合整治,沿线企业全面管控。投资2.3亿元造林8.82万亩,森林覆盖率32.1%。城市园林绿化投资5961万元,园林绿地率38.7%,绿化覆盖率43.5%。特别是胜溪湖湿地公园建成开园,胜溪湖森林公园被评为省级五星级公园。创建国家卫生城市通过全国爱卫办综合评审。

七、文化强市实现新突破

紧紧围绕创建全国文明城市,充分发挥主流媒体作用,春节期间央视1套综合频道《新闻联播》、《新闻30分》、新闻

频道《一年又一年》节目多次报道孝义年俗文化活动。第四届年俗文化节、胜溪湖消夏文艺展演、群众文艺展演、孝义好声腔等活动扎实开展。承办中国吕梁晋中文化生态保护区非物质文化遗产传承展示暨文化产业博览会。新增3处全国重点文物保护单位。曹溪河森林公园被认定为省级旅游休闲度假区。电视剧《皮影人》杀青,碗碗腔小戏《影戏缘》荣获第十届中国艺术节"群星奖",皮影戏《桃花计》获文化部全国传统皮影木偶展演优秀剧目奖。

八、保障和改善民生实现新突破

全年新增就业岗位6258个,养老、城镇医疗、失业、工伤、生育保险参保人数分别达到25.84万人、18.48万人、5.3万人、1.98万人和3.98万人,向"人人享有社会保障"目标迈出坚实一步。筹资1000万元实施"一乡一所规模养老院"工程,9个乡镇养老院实现"五保户"集中供养。高考二本B类以上达线2680人,教育优质内涵发展水平不断提升。高教科技园区正式挂牌,吕梁职业技术学院一期建成使用,三期启动建设。持续深化医药卫生体制改革,新农合参合率达到99.6%。

九、基层党组织和党员队伍建设实现新突破

以建设学习型服务型创新型党组织为目标,建立农村产业党支部8个,村企联合党组织9个,村村联建党总支2个。选树综合性党建示范村50个、"一村一品"党建品牌示范村100个,36个五星级农村基层党组织。市乡两级领导干部住村包联,落实包扶资金1448万元。认真贯彻落实中央八项规定,及省、吕梁市有关规定,出台《孝义市关于改进工作作风、密切联系群众的若干规定》。严查各类腐败案件,为转型跨越提供了坚强纪律保证。

附:一、中共孝义市委书记、副书记、常委名单

书　记:张旭光

副书记:郭保平(4月离职)　王建国(7月任职)　薛虎平

常　委:王锦锋　乔　云　李殿生　田永明　朱周亮(5月离职)　薛厚华　薛向东　韩瑞林(10月离职)　彭仁建(5月任职)

二、乡镇(街道)党(党工)委书记、副书记名单

新义街道

书　记:马锦忠

副书记:郝琼颖(女)　贺英平(12月离职)

兑镇镇

书　记:郭海渊(7月离职)

副书记:张武红(7月任职)　续晓强

阳泉曲镇

书　记:何一帆

副书记:郑洪泉

下堡镇

书　记:杨　团(11月离职)　那学东(11月任职)

副书记:王治攀　赵忠胜(12月离职)

南阳乡

书　记:苏晓明(11月离职)

副书记:郭　峰　刘宝兴(11月任职)

杜村乡

书　记:李旭峰(11月离职)

副书记:刘廷文

西辛庄镇

书　记:王　勇

副书记:杜二牛　张克胜(11月离职)

高阳镇

书　记:李映滨

副书记:马鹏飞　薛新攀(11月离职)

振兴街道

书　记:梁　洪

副书记:刘　健(11月任职)　左燕娜(11月离职)

梧桐镇

书　记:苏光旭

副书记:赵　滨　程晋龙(8月离职)

下栅乡

书　记:左燕娜(女,11月任职)　武锦平(11月离职)

副书记:史东山

柱濮镇

书　记:刘孟升(11月离职)　苏晓明(11月任职)

副书记:史建新

中阳楼街道

书　记:刘书宏

副书记:任永刚

大孝堡乡

书　记:孟兰生(2月离职)

副书记:李雪峰

驿马乡

书　记:张再强

副书记:王茂同(11月离职)　郭逢立(11月任职)

崇文街道

书　记:任承起(11月离职)

副书记:郭　鹏(11月主持工作)　郭俭宏(11月任职)　张晓东(12月离职)

东许街道

书　记:郭绍辉(7月离职)

副书记:郭俭宏(9月离职)

胜溪湖街道

书　记:郭绍辉(9月任职)　戴凤兆(9月离职)

中共交口县委工作概况

县委书记 徐宇平

2013年,交口县委、县政府认真贯彻党的十八大、十八届三中全会、习近平总书记系列重要讲话精神,紧紧依靠全委会的同志,团结带领全县党员干部群众,按照市委"打基础、利长远、惠民生"的总体要求,坚持稳中求进、好中求快、转中求新,扎实推进项目建设、特色农业、城市扩容、基础设施、民生保障、安全稳定、社会管理、党的建设等各项工作,全县经济社会各项事业取得新进展新成效。全县地区生产总值完成44.27亿元,同比增长13.1%;工业增加值完成43.5亿元,同比增长17.6%;固定资产投资完成32.23亿元,同比增长32.62%;社会消费品零售总额完成4.07亿元,同比增长14%;城镇居民人均可支配收入达15029元,同比增长10.1%;农民人均纯收入达5424元,同比增长13.6%;财政总收入完成20.05亿元,同比增长11.3%;公共财政收入完成7.82亿元,同比增长38.3%,各项主要经济指标均保持平稳增长。

一、以重点项目建设为抓手,着力推进转型升级和链条延伸

按照全市"项目推进年"具体要求,坚持以资源换项目、换结构,整合优势资源换大项目、新项目、好项目,以项目的落地建设,推动县域经济总量的增加和质量的提升。全年共实施6大类55个重点工程项目,概算总投资740亿元,年内计划完成投资110亿元。完成立项45个,土地35个,环评40个,41个开工,23个完工或投运。其中:省重点项目2个,全部开工,1个投运;市重点项目7个,3个开工建设。全年完成项目储备2105亿元,完成率301.58%;签约250亿元,完成率131.58%;落地50.49亿元,完成率100.98%;开工172.4亿元,完成率114.93%;投资155.21亿元,完成率114.97%;投产121.42亿元,完成率110.38%。这些项目的建设,进一步优化了全县经济产业结构,为全县经济社会转型跨越发展奠定了基础。

二、以产业扶贫开发为重点,着力推进特色种养和现代农业

坚持以发展特色农业为重点,以农民就业增收为核心,着力推进"一村一品"、"一县一业"、"5+2"农业产业化振兴计划、"百企千村"农业产业扶贫,进一步加快推进农业产业化进程。一是农业基础进一步巩固。完成水保治理7.7万亩,中低产田改造8900亩;推广玉米丰产方5.06万亩,推广测土配方施肥面积16万亩,种植设施蔬菜323亩,建设种薯种植基地1000亩;全年完成农作物播种面积20.5万亩,粮食总产量达3339万公斤。解决饮水安全人口2.3万人。8个新农村建设重点推进村规划编制全部完成。二是特色农业产业不断壮大。建成千亩绿色谷子高产示范片1个,种植面积1296亩;发展中药材种植4868亩;发展530孔窑洞平菇1.5万平方米;新栽核桃经济林3.02万亩,综合管护1万亩;建设标准化放养猪养殖小区7个、标准化舍饲养羊小区6个,全县牛存栏达3200头,羊存栏达5.3万只,猪存栏2.2万头,鸡饲养量168.2万只;组织各类农民培训2.37万人次;申报"一村一品"专业村6个。三是农业龙头项目加快推进。投资2.7亿元新上或扩建5个农业项目;农业龙头企业完成销售收入2.5亿元;以全省"百企千村"产业扶贫为契机,发挥资源型企业的主力军作用,全面启动了十大现代农业科技示范园区建设。全县农业特色化、规模化、产业化发展的基础正得到巩固。

三、以生态文明建设为要务,着力推进造林绿化和产能淘汰

坚持开发、建设和保护并重,突出抓好生态脆弱区、通道、环城、村庄矿区五大造林工程。造林绿化方面,全年完成造林任务4.6万亩,开工县道窑西线绿化工程,完成虎明生态园道路绿化工程,完善提高209国道、孝石线共计57公里的道路绿化工程。淘汰落后产能方面,完成钢宇焦化、兴荣焦化、金象冶炼设施拆除。继续推进节能减排、露采企业环保专项整治、重点企业环保整改、违法排污排查整治和以"净空、净水、减排"为重点的绿色生态工程攻坚等专项行动,新上PM2.5监测设备,县城环境空气质量优良天数达96%,六项环保约束性指标均控制在市规定范围内。

四、以增进民生福祉为宗旨,着力推进社会事业和社保体系

始终把保障和改善民生作为工作的根本出发点和落脚点,全力促进民生事业和经济同步发展。教育方面,坚持优先发展教育战略不动摇,建成各级各类幼儿园10所,全面实施了寄宿生营养餐计划,受助学生达3994人。县教研室通过省督导验收,义务教育通过省标准化验收,小学入学率、巩固率达100%,初中入学率、毕业率达100%,义务教育完成率98.5%,学前三年毛入园率达到95%;成人教育、民办教育健康发展,全年培训各级各类人员1.55万人次。县一中高考二本线以上达218人,职中达本科线46人,教育教学质量稳步提高。选聘24名高素质师范院校毕业生充实到县一中和职中,申报选聘56名农村特岗教师充实到农村中小学教学一线,教师队伍进一步优化。全年完成专利申请21项。文化基

础建设方面，深入推进“文化活县”战略，东征文化广场、会展中心、数字影院等文化基础设施建设工程开工建设；组织戏剧、歌舞演出80余场，送图书下乡1.5万册，农村数字化电影放映1116场；佛教“八音会”被确定为市级非物质文化遗产保护项目，“刺绣工艺艺术”被确定为省级非物质文化遗产保护项目。医药卫生体制改革方面，坚持“保基本、强基层、建机制”的原则，继续巩固基层医改成果，新农合参合率达100%，增补基本药物273种，基药目录达785种，新建村卫生室5所，人均基本公共卫生服务经费提高到30元/人。城乡居民健康档案电子建档率达80%，免疫规划接种率达95%以上，加快推进以县医院为重点的公立医院改革工作。温泉、石口、桃红坡卫生院业务用房建设任务完成，双池中心卫生院门诊楼工程主体完工。计划生育年度目标任务圆满完成，全县人口出生率为9.18‰，人口自然增长率控制在6.06‰，低生育水平保持稳定。社会保障方面，加大保障性住房建设力度，新开工890套，续建787套全部完工，完成农村危房改造700户。全县新增城镇就业3304人，转移农村劳动力3502人，城镇登记失业率控制在2.5%，培养技能人才684人，新农保参保达53600人。提高城乡居民低保标准和补助水平，城市低保每人每月提高30元，农村低保每人每月提高24元，实现动态管理下的应保尽保。实施县康复托养中心项目建设。特困群众、残疾人、五保户、受灾群众等弱势群体得到基本生活保障。“方便农民五件实事”建设任务方面，今年完成65个村的建设任务，共建成幼儿园12所、洗澡室47个、理发室53个、磨面坊50个、红白理事厅65个，目前已全部投入运营；实施了58个村委的街道亮化工程，安装太阳能路灯1107盏，提前1年圆满完成全部建设任务，农村面貌得到较大改观。

五、以作风建设为关键，着力强化基层基础和党建水平

深入开展了“弘扬延安精神，改进工作作风，推进转型跨越”主题实践活动，一些深层次的矛盾和问题得到有效解决，为第二批党的群众路线教育实践活动开展奠定了坚实基础。集中组织各级干部专题培训29期5000余人次；全面推进人事制度改革，全年调整、选拔干部35人，整理规范干部“三龄两历一身份”档案3192卷；扎实开展“三型”党组织创建，在大学生村官中开展了“六个一”活动，在基层党组织中广泛推广“十个一”办实事竞赛活动，村级组织和村组干部管理得到创新和加强；深入开展精神文明创建活动，成功举办首届“最美交口人”颁奖晚会，社会主义核心价值体系建设扎实推进。狠抓党风廉政建设责任制落实，集中开展狠刹“四风”和“五个专项治理”活动，全县136个单位清查腾退办公用房10616平方米；2593名领导干部填写了《个人报告承诺书》，清理违规车辆13辆；清理整治不在岗工作人员67人；全年依纪依法查处各类案件70起81人，挽回经济损失106万元，案件查办的警示教育和震慑作用得到有效发挥。

附：一、中共交口县委书记、副书记、常委名单

书　记：郑明珠(4月离职)　徐宇平(7月任职)

副书记：刘应刚(7月任职)　李子荣

徐宇平(7月离职)

常　委：靳　钧　王京明　李　明

刘晓春(11月离职)　兰彦生(7月离职)

朱和平　杜茂林(7月任职)

刘雁斌(11月任职)

二、乡镇(街道)党(党工)委书记、副书记名单

水头镇

书　记：郑海生(9月离职)　王安前(9月任职)

副书记：尹连生(9月离职)　杜财旺(9月任职)

温海涛

石口乡

书　记：王安前(9月离职)　尹连生(9月任职)

副书记：韩晓红(9月离职)　武银平(9月任职)

杜晓刚

康城镇

书　记：吴文华

副书记：武银平(9月离职)　刘永强

回龙乡

书　记：张晋平

副书记：李建军　张巧珍

双池镇

书　记：李晓钦(女)

副书记：杜财旺(9月离职)　刘俊明(9月任职)

马云福

桃红坡镇

书　记：白玉明(9月任职)　刘青平(1月离职)

副书记：白玉明(9月离职)　刘俊明(9月离职)

韩晓红(9月任职)

温泉乡

书　记：李志勇

副书记：王占河　闫海龙

中共柳林县委工作概况

2013年,县委、县政府以十八大精神为指引,深入贯彻落实科学发展观,紧抓综改试验和扩权强县两大机遇,按照山西省委"以煤为基、多元发展"和吕梁市委"打基础、利长远、惠民生"的战略部署,以争创"三晋一流,全国百强"为奋斗目标,全力构建人民满意的富裕家园、绿色家园、幸福家园,全县经济社会各项事业取得显著成效,先后荣获"全国国土资源节约集约模范县"、"全国社会主义新农村建设档案工作示范县"、"山西省林业生态县"、"省级文明县城"、"全省十佳卫生县城"等60余项国家、省、市级荣誉,继续荣膺2013年度全国最具投资潜力和最具区域带动力中小城市百强县。

一、加快发展方式转变,富裕家园建设步伐稳健

2013年,全县地区生产总值完成252.1亿元,同比增长3%;公共财政预算收入完成30.1亿元,同比增长18.56%;城镇居民人均可支配收入达到23561元,同比增长11%;农民人均纯收入达到8441元,同比增长14%;森林覆盖率达到32.76%,城镇化率达到41.3%。一是产业转型全面升级。全县投产、联合试运转矿井达到20对,原煤产量达到3751万吨。全年共确定重点工程项目81项,开工建设69项,开工率85%,完成投资183.41亿元,占年度计划的118%。其中,400万吨煤矸石提取氧化铝、白炭黑项目完成投资8.2亿元;李家湾光电子产业园卫星通讯楼、4个高科技厂房、数控加工中心、展示大厅主体工程已完工;柳林火车客运南站站前广场台阶建设已完成。二是发展环境全面优化。进一步优化行政审批事项,集中清理行政审批347项,保留行政审批161项,全年共受理审批项目1125件,办结1064件,争取上级资金2.39亿元;受理各类行政审批(服务)事项1.6万件,办结1.56万件,办件率99.9%。通过中博会、山西省首届文博会等签约转型发展项目13个,总投资524.57亿元,特别是森泽煤铝有限公司引进外资772万美元,实现了引进外资零的突破。三是城乡统筹全面推进。认真落实了各项惠农政策,发放粮食直补、农资综合补贴资金2363万元,全县粮食产量再创新高,达到4052万公斤。大力实施"8+2"农业产业化增收工程,柳林被省农业厅列为设施蔬菜生产大县。全县新农村总数达到了169个,"百村行动计划"村达到35个。启动了龙头企业流动资金"助保贷"业务补贴,为农业龙头企业发放贷款近1亿元。积极编制主城区控制性详细规划,目前已完成地形图测绘、20平方公里的控规编制和水、电、气、道路、防洪等专业规划。全县21处棚户区改造项目全部开工建设,已基本建成4244套。留誉、成家庄、孟门、三交、李家湾等中心集镇建设扎实推进,全县城镇化率提升至41.3%。

二、着力优化人居环境,绿色家园建设卓有成效

一是造林绿化扎实推进。全年共完成造林9.4万亩,其中封山育林0.9万亩,荒山绿化2.5万亩,核桃林建设6万亩。高标准完成通道绿化57.8公里,完成45个村庄绿化和5个企业学校景点绿化,全县森林覆盖率达到32.76%。投入1500万元在沿黄5个乡镇建设了3万亩红枣林管护示范区,促进了红枣产业发展。凤凰岭、军渡万亩防护林工程荣获国家林业局"三北防护林体系建设优质工程"奖,伍家沟防护林工程被省林业厅授予"三北防护林建设优质工程"荣誉称号。二是节能减排成效显著。形成了《柳林县资源环境承载力评估》、《绿色GDP核算与煤炭资源开发生态环境污染损失评估》、《柳林县城市总体规划环评》三大课题成果。加强了对全县重点用能企业的节能技术改造,万元GDP能耗下降到1.26吨标准煤,同比下降3.5%。国家科技部首批23个科技惠民计划项目——柳林型煤厂一期工程已竣工,所产型煤已在县城主城区推广使用。柳林被省环保厅授予"整治违法排污企业保障群众健康环保专项行动先进单位"荣誉称号。三是基础设施建设不断夯实。北大街已经投用,供气、供热、供水等各类管网全部竣工;孟门黄河大桥已完成招投标,进入施工阶段;沟岔大桥、龙门会大桥、清河西路(庙湾至杜家湾段)改线工程、八石公路实现通车;聚雅公路实现简易通车;康前公路10.7公里路基工程已经形成;307国道城区段改线工程完成初步设计、施工图及勘察工作。全县"六件实事"共建成洗澡室64个、理发室52个、碾米磨面坊82个、便民理事厅71个、村级幼儿园28个、社会福利中心1个,完成了139个行政村的街道亮化工程。全部完成了农村危房改造任务。四是人居环境明显改善。全县二级以上天气达到357天(其中一级天气88天),综合污染指数1.67,全市排名第三。三川河两河口断面水质达到V类标准,达标率65%。城区污水处理率达到了58%以上,中水回用率达到80%以上。扎实推进了城乡清洁工程,对未纳入城乡清洁工程重点村的180个行政村启动了乡村清洁工程。全县生活垃圾无害化处理率达到90%,城区绿化覆盖率达到34%。

三、致力提升幸福指数,幸福家园建设成绩斐然

一是民生事业得到新提升。全年县财政在教育方面支出4.37亿元,同比增长21.75%。柳林一中标准化操场已投入使用,7所乡镇中学校舍设施全部达标。青龙、鑫飞、庙湾幼儿园投入使用,锄沟、西街幼儿园和19所农村幼儿园全部完工,6所新建标准化乡镇中心幼儿园全部开工。公开招聘了高中和幼儿教师239名。高考达线919人,创历史新高。全县所有公立医院全部实施了基本药物制度。建立了大病医疗救助"一站式"服务,政策范围内住院费用报销比例达到80%。建成投运了120急救中心。全县新农合参合率达99.96%。各

项低保、优抚等救助标准均达到了全市最高水平。城镇登记失业率控制在3.6%以下。保障房建设任务全部完成。二是社会管理开创新局面。深入开展了“六六创安”工程，启动并完成了“天眼工程”升级改造，加大了社会防控体系建设，加强了对流动人口和特殊人群服务管理，有效遏制了各类违法犯罪案件的发生。构建起了县、乡、村、网络四级社会服务管理体系。开展了“走、解、树”、“信访积案大清仓”、“信访案件集中化解月”、“学习贯彻‘枫桥经验’及时就地化解矛盾纠纷”等5个专项活动，全县信访工作呈现出信访总量、复访率明显下降，结案率明显提高，今年未发生因民间借贷纠纷导致的群体性事件。三是安全生产实现新突破。全年煤矿百万吨死亡率降至零，非煤矿山、危化品及八大行业未发生死亡事故。严厉打击违反交通法规的违法行为，交通事故死亡人数同比下降53.8%。实现了校园安全“零”事故。在全市率先实行了食品企业挂牌监管制度，实现了格式化、网格化、痕迹化、信息化的监管新模式。四是文化建设谱写新篇章。开展了寻找“最美柳林人”大型系列活动。清河雕塑园、展览馆、县文化馆及乡镇文化站全部实现了免费开放，县图书馆通过“国家二级馆”初验。市级以上文物保护单位和36处县级重点文物保护单位“四有”工作全部落实。成功举办了第11届盘子文化艺术节和首届广场文化节暨首届美食文化节。在山西省首届文博会上成功举办“柳林主题日”活动，被大会授予“突出贡献奖”。出版了《柳林县非物质遗产荟萃》和《柳林三弦书》。拍摄了电影《枣儿红了》和三集文献片《贺昌》。

四、全面提高执政能力，党的建设科学化水平显著提高

一是深入推进学习型党组织建设。在全县党组织中深入开展了“大学习、大宣传、大调研”活动，党员干部理论水平得到显著提升。全年共举办了22期柳林大讲堂和27期干部专题培训班，累计培训干部达1.04万人次。干部在线学习在线率达100%。二是领导班子和干部人才队伍建设进一步加强。深化干部人事制度改革，完善公开选拔、竞争上岗和差额选拔干部等制度，从优秀大学生村官中公开选拔乡科级副职领导干部2名，选拔“第一书记”6名。全年共调整干部291名。累计引进中国工程院院士2名，高层次人才10名，选聘大学生村官6名。三是基层党组织建设扎实推进。试行了村党支部书记向所在村全体党员、村民代表和向乡镇党委述职，并接受评议，取得了良好效果。高标准落实“一定三有”政策，全县终身享受事业人员工资待遇的农村支部书记达到12人，在职享受事业人员工资待遇的农村支部书记达到3人。先后对462名农村“两委”主干进行了9个专题的集中培训，实现了培训时间保证和培训对象全覆盖；全县20个后进村全部实现转化。四是狠抓干部作风纪律整顿。全年共查处违反“八项规定”典型案件14件14人，清退违规用车35辆，腾退办公用房9795.96平方米。扎实开展了“访民生、知民情、解民事”活动，全县各级干部共走访农户25699户，召开座谈会273次，帮助农民解决实际困难1220个，提出合理化建议827条，慰问困难户840户，发放慰问金267.5万元。五是党风廉政建设和反腐败斗争取得新成效。认真落实党风廉政建设责任制，县委常委带队对全县各乡镇党风廉政建设情况进行了考核检查。创新了行风评议办法，扎实开展了整治“吃拿卡要”和“千人百日百案”专项活动，切实解决了一大批人民群众反映强烈的突出问题。全年共立案查处151件，纪律处分166人，挽回直接经济损失182.66万元。

附：一、中共柳林县委书记、副书记、常委名单

书　记：王　宁
副书记：武跃飞　薛保平　刘建国
常　委：王义平　李双会（10月离职）
贾殿林（10月任职）　王　琴（10月离职）
李根志　贺柱才　薛有宁（10月任职）
薛东升

二、乡镇党委书记、副书记名单

李家湾乡
书　记：侯林俊（女）
副书记：王保国　于锦江（4月任职）
柳林镇
书　记：刘旭平
副书记：郝向东　王开贵
贾家垣乡
书　记：任启斌
副书记：高文斌　李　江（4月任职）
陈家湾乡
书　记：李守勇
副书记：梁　喆　杨忠明（4月离职）
白振中（4月任职）
穆村镇
书　记：贾飞平
副书记：李海斌　李廷光（4月离职）
兰成文（4月任职）
薛村镇
书　记：梁志华
副书记：刘忠旺　车志宏
庄上镇
书　记：杨湖平
副书记：王彦民　雷稳兴
金家庄乡
书　记：王建云
副书记：王利荣　王卫国（4月任职）
留誉镇
书　记：张青年
副书记：王春焕　刘永强
三交镇
书　记：高治安

副书记: 陈秋平　穆晓峰(4月离职)
党锋忠(4月任职)

高家沟乡

书　记: 白艳平(女)

副书记: 柳更生　王秋平(4月任职)

石西乡

书　记: 艾永成

副书记: 刘立生　薛晓峰

成家庄镇

书　记: 贺兴龙

副书记: 康保平　高逢春(4月离职)
李国斌(4月任职)

王家沟乡

书　记: 刘海洪

副书记: 贺建兴　李泽平(4月离职)
陈探兵(4月任职)

孟门镇

书　记: 贾立坚

副书记: 柳海燕　高逢春(4月任职)

中共中阳县委工作概况

县委书记　郭保平

2013年,中阳县委认真贯彻党的十八大、十八届三中全会、习近平总书记系列讲话精神,认真落实省委转型跨越发展和市委"打基础、利长远、惠民生"总体要求,紧紧围绕"三年打基础、五年大跨越"发展思路和战略目标,统筹推进"五位一体"和党的建设,较好完成了各项目标任务。

一、主要经济社会发展指标完成情况

2013年,全县地区生产总值完成70亿元,同比增长12%;规模以上工业增加值62亿元,同比增长17.5%;一般预算收入7.2亿元,同比增长9.5%;固定资产投资36.05亿元,同比增长27.6%;城镇居民人均可支配收入16810元,同比增长10%;农民人均纯收入4997元,同比增长15%;社会消费品零售总额12.09亿元,同比增长16.6%;服务业增加值9亿元,同比增长3.5%。

一是深入开展"中阳大发展、我该怎么办"大讨论和创建"市级文明县城"两项活动,以思想大解放、环境大优化来打开工作局面。活动历时半年,收到预期效果,"三年打基础、五年大跨越"战略已成为全县上下的共识,三年内打什么基础、怎么打基础,五年内哪些方面大跨越、怎么实现大跨越都有了具体内容;"市级文明县城"创建通过初步验收。

二是加大力度招商引资和推进项目建设。全年规划实施重点项目86个,总投资655亿元。其中,中钢一期升级改造、桃园东义200万吨熟料、苏村、鑫隆煤矿等26个建成投产,还有43个开工建设。招商引资取得重大进展,投资300亿元的中泰铝镁合金和投资16亿元的华润20万千瓦风电两大项目成功落户。

三是全面实施农业"8+2"和产业扶贫工程。结合中阳实际,重点发展了五项产业:一是核桃业,由于气候影响几乎绝收,为了保护农民种植积极性,县财政拿出1000万元丰产管理6.3万亩,以奖代补乡镇37万元。二是畜牧业,投资亿元以上的厚通30万头猪和紫云10万只羊两个标杆项目进展顺利,全县畜禽存栏超过60万头(只),实现产值9500万元。三是林下中药材,全县15个村764户农民共发展5010亩。四是设施蔬菜,共建成日光温室和塑料大棚500亩。五是食用菌,全县7个村完成50万支菌棒栽培。产业扶贫将核桃管护作为主攻方向,省定汾酒集团拟投资9500万元,市定8户企业所属13对煤矿拟对68个村委10万亩核桃进行流转和管护。

四是深入推进新农村建设。6个贫困村完成整村推进项目,暖泉1300万元的中央彩票公益金扶贫项目启动,下枣林8000万元的11栋474套移民工程具备入住条件,张子山4.6亿元的移民三期5栋主体建成,其他乡镇还完成3个村近千人的移民;"便民实事"上,福利院完成选址规划,红白理事厅、洗澡堂、理发室、磨面碾米坊新建、改建70个,新安装太阳能路灯362盏;林业建设上,投资4500余万元对国省道、运煤通道、荒山等绿化治理8万余亩,超市任务30个百分点,是全市年度造林最多的县,受到上级通报表扬。

五是努力缓解基础瓶颈制约。针对干部群众反映强烈的"两路两片区一交通枢纽"拆迁改造,集中财力、克服困难、全力实施,两个月顺利完成拆迁403户10.5万平方米。目前,"两路"具备铺油条件、"两片区"正在地基处理和边坡治理、"交通枢纽"完成规划设计。原209国道太高-乔家沟街路一体化改造建成通车,全长20公里、投资3.8亿元的万吴运煤专线路基成型,全长13.7公里、投资3.2亿元的车韩公路完成前期准备,全长近28公里、投资30亿元的东山过境公路得到批复,还投资805万元改造农村路网14公里,全市交通项目推进会在中阳召开。水利上,投资近2000万元,建成农村饮水安全工程10处、千井富民机井7眼、骨干淤地坝2座、购置旱井净水设备1813台,陈家湾净水厂开工建设;电力上,投资9000万元实施农网改造三期,投资6000万元建设下枣林110KV变电站。水、电、路的瓶颈制约得到很大缓解。

六是大力发展各项事业。教育方面,3所村级幼儿园投用、1所建成主体,城区宁兴幼儿园启动建设,为5000多名中小学生发放补助、贷款1500万元,培训教师4200人次,高考二本以上达线478人、中考500分以上585人,均创历史新高。卫生方面,投资5个亿的县医院新建工程正在主体建设,新农合定点补偿的村卫生室达到72.4%,公立医院药品集中采购零差率销售,全年免费诊疗1100余人次。精神文明建设方面,城乡"两馆一站"免费开放,乡镇文化站全部达标,建成乡村电子阅览室40个,开展了剪纸进课堂、送戏送电影下乡等活动,评选表彰了第二届道德模范,创作了一批有影响、受欢迎的文艺作品。社会保障方面,1400套公租房建成、432套廉租房完成主体,新增就业2300人,转移农村劳动力3410人,养老、医疗、低保标准进一步提高,4.6万吨"爱心煤"发放到户,困难群众基本生活得到保障。

七是加强创新社会管理。安全生产,落实了政府、部门、企业负责人挂牌责任制,建成了瓦斯、水防治、机运管理"三个中心",组建了煤炭行业安全检查专家库,将70名煤炭专业毕业生充实进"五人小组"。社会治安,出台了《平安建设五年规划》,开展了各类严打整治行动,启动了治安、交通视频监控和智能管理系统,完成三级平台、四级网络建设。信访稳定方面,完善出台了十多项规章制度,特别是县级领导接访制度得到很好落实,不分节假、每月两天、每天两名。同时严格"三项责任追究",信访形势日趋好转,全市排名由前半年的后三名提升到后半年的前三位,全市信访工作规范化建设现场会在中阳召开。此外,扎实开展了交通、建筑、矿业秩序"三项整治",交通拥堵混乱局面有效改观,城区乱修乱建现象有效遏制,全县非煤矿山由60余户整合为30户,深受群众好评。

二、领导班子和干部队伍建设情况

一是加强思想政治建设。把贯彻落实十八大、十八届三中全会和习近平总书记系列讲话精神作为首要政治任务,先后出台三个《意见》对学习贯彻活动安排部署。县委充分发挥示范引领作用,举办中心组学习14次,仅8月份就4次,平均每周一学。还邀请省市领导、学者专题辅导4次,组织县、乡、企业负责同志70余人赴孝义、岚县学习考察,组织10人考察团赴山东、新疆考察招商。

二是深化干部人事制度改革。健全完善了领导干部谈心谈话制度,清理审核了干部"三龄两历一身份"信息,圆满完成工会、妇联、团委换届。拿出乡镇书记、乡镇长、团委书记等21个重要职位在全县范围公开推选,而且做到阳光操作、程序严格,营造了风清气正的选人用人环境。

三是加强基层党组织建设。县委在充分调研、常委会讨论、全委会表决的基础上,以1号文件出台了加强此项工作的《意见》,全面推行"梯级管理-分级帮联-星级评创"基层党建工作法,建立了县乡企村三级帮联机制,实行了三级书记"联述联评联考"制度,对党组织和党员采取了星级目标管理办法。组织农村"领头雁"延伸培训620人次,开展向中阳籍"山西最美村官"赵水考同志学习活动,采取有效措施对8个后进村进行了整顿和转化。

四是创新目标责任考核工作。坚持"月报告、季考核、年交账"制度,年终目标责任考核由县委常委、政府班子成员带队,被考核单位一把手电视公开述职,接受全县干部群众监督评议。

三、党风廉政建设和效能建设情况

一是认真落实党风廉政建设责任制。按照上级抓下级、谁主管谁负责、管行业必须管行风的"一岗双责"原则,把重点工作任务分解到县委、政府领导成员头上。党委与支部、党委书记与班子成员、分管领导与分管单位层层签订了《目标责任书》,并下发了《党风廉政建设和反腐败工作任务分解》的文件。

二是坚决贯彻执行"八项规定"、狠刹"四风"和"五个专项治理"等方面的要求。对此县委坚决拥护、带头执行,出台专门意见从七个方面提出23项落实措施。精简会议和文件,同比下降21%和24%,公务接待、公务用车同比下降14%和24%,全县清腾超标办公用房3424.61平方米,清退违规车5辆。

三是加大案件查办和问责力度。全县共查办各类违纪违法案件126起,党政纪处分141人。其中县级干部2名、乡科级干部26名,开除党籍9人、撤销党内职务4人、行政开除2人,教育和震慑作用明显。

四是健全完善相关制度。公务用车、办公用房、婚丧嫁娶以及"八项规定"等方面都出台了专门意见和办法,党风廉政建设更加有章可循、更加便于操作。

附:一、中共中阳县委书记、副书记、常委名单

书　记:刘广龙(5月离职)　郭保平(5月任职)
副书记:王建国(7月离职)　乔晓峰(7月任职)
　　　　阴大瑞
常　委:贺兵锁　赵有军　任杰平　薛东升
　　　　张喜旺　翟贺平　王怀平

二、乡镇党委书记、副书记名单

宁乡镇
书　记:姚文郁
副书记:王子荣　王志宏
张子山乡
书　记:杨春海
副书记:车利民
金罗镇
书　记:郭全生
副书记:任四虎
枝柯镇
书　记:郭　安
副书记:张玉泉　张志伟
下枣林乡
书　记:郝志军
副书记:贺建强　刘　伟

武家庄镇

书　记：杨志新

副书记：张玉平　郝志斌

暖泉镇

书　记：张映芝

副书记：张宏伟　白海冰

中共离石区委工作概况

2013年，区委在市委、市政府的坚强领导下，紧紧依靠四大班子密切配合，团结带领全区干部群众，以转型综改为统领，以五大建设为工作路径，在应对挑战中奋力而为，在改革发展中破解难题，做了大量打基础、增后劲、固根本、利长远的工作，全区经济、政治、文化、社会、生态文明和党的建设呈现良好局面。

一、紧紧抓住发展这个第一要务，迎挑战、保底线，增后劲、促转型，区域经济保持平稳，转型综改迈出新步伐

2013年，认真贯彻中央和省市各项政策措施，积极应对主导产业市场疲软、经济下行压力加大的复杂形势，坚持正确处理煤与非煤、经济发展和民生改善、转变经济发展方式与增强内生活力三大关系，加强对经济运行的调控和服务，区域经济总体保持平稳。全区地区生产总值完成85亿元，财政总收入完成27.12亿元，地方公共财政预算收入完成12.16亿元，较上年增收1亿元。

一是农业产业化步伐加快。全面落实省市强农惠农富农政策，大力推进"8+2"农业产业化增收工程，登记注册农业产业化专业合作社27个，全区建成核桃精品园区4个，设施蔬菜总面积达到2820亩，发展黄芩、柴胡等林下中药材8840亩，食用菌累计发展3.8万平方米，新建扩建规模健康养殖场41个，全区肉类产量突破1万吨。创新农业生产经营体制，扎实开展耕地、林地、宅基地三地确权，资金、资源、资产三资清理，党务、村务、财务三务公开，有效解决了村级基础工作薄弱的问题，为土地流转奠定了坚实基础。

二是大园区带动项目建设顺利推进。吕梁高新科技园区累计完成投资4.72亿元，西山经济技术开发区、生态旅游园区、专业市场园区、教育园区、物流园区、省级文化产业创意园区正在编制总体规划，现代农业科技园区"一心三轴四片区"稳步推进。以园区集聚项目发展，以项目推进产业转型。全年在建重点工程28项，累计完成投资50亿元。其中，云计算、无人系统等高科技项目取得明显成效，亿龙水泥、碳酸钙改性环保纸等非煤项目建成投产，30万只蛋鸡规模养殖农业产业化项目投入生产，以金晖荣泰为代表的煤矿兼并重组项目取得积极进展，以天源物流、居然之家为代表的三产服务业项目加快推进，旅游产业总体规划初步完成，千年景区、白马仙洞具备基本接待条件。

三是城乡一体化统筹推进。创新城市建设理念，大力推进大城区建设，把1324平方公里全部纳入城市建设范畴，按照老城、新城、生态科技城三城一体进行空间布局，编制完成了城乡一体化发展规划。积极配合吕梁新城建设，完成房屋征收64万平方米，预收土地9708亩；8个安置小区全面启动建设，40栋安置楼和3所中小学开工建设；吕梁大道、横路、桥梁、河道整治、火车站站前广场、体育中心、便民中心等市重点工程全部无障碍、零干扰推进。以无人系统、云计算、大数据等特色产业为支撑，智慧离石建设全面启动，智慧离石发展规划纲要全面完成。同时，持续改善农村生产生活条件，实施了饮水安全项目和千井富民工程，推进了农村电网改造升级，改建了部分县乡公路和旅游公路。探索推进了企业帮扶、新城吸纳、能人引领、强村带动等城乡一体化模式，信义康家岭成为农村改革的一面旗帜。

二、紧紧抓住惠民这个发展目的，办实事、解难事，夯基础、强保障，社会事业全面进步，生态文明建设扎实起步

一是社会事业统筹推进。全年共组织各类技能培训4698人，提供就业岗位2468个，转移农村劳动力6130人。江阴教育经验持续深化，办学条件大为改善，投资8000余万新建村镇幼儿园19所、改扩建中小校6所，促进教育资源均衡发展。基层医疗机构标准化建设取得实效，城乡居民医疗保障水平持续提升，新农合参合率达99%；注重基本公共卫生服务，强化对水源卫生、公共场所卫生、食品安全等领域监测，建立了公共卫生突发事件应急处置体系。

二是社会保障更加健全。城乡低保范围继续扩大、标准继续提高，统筹救助五保户、贫困户、大病家庭和受灾人员，社会救助体系更加完善。机关住房公积金和事业单位养老保险金全部兑现。保障性住房续建1340套。集中连片改造农村危房700余户。开工建设城区社区服务站、中央厨房。圆满完成惠民五件实事。

三是生态文明建设扎实推进。植树造林力度进一步加大，三北防护林造林8000亩，荒山绿化3000亩，马家沟流域生态脆弱区改造绿化1万亩，通道绿化629亩，新育苗2500亩。水保生态工程取得实效，开工建设淤地坝3座。大力推进绿色发展、循环发展、低碳发展，加强对重点企业的全程跟踪监管，既有建筑节能改造16万平方米，太阳能热水系统覆盖10万平方米，新建建筑全部达到绿色建筑相关标准。截止12月底，市区二级以上天数达到322天，空气优良率88.2%，空气质量达到二级标准。

三、紧紧抓住党建这个第一责任，抓班子、带队伍，抓基层、改作风，干部队伍呈现新面貌，党的建设全面加强

一是理论学习蔚然成风。对全区科级以下干部进行了理论考试，建立了考学评学机制；各级中心组围绕十八届三中全会和习近平总书记系列讲话精神组织了专题报告、集中学习；以党校和村级党员活动室为阵地，区乡村三级书记带头讲党课，全体党员上课，推进了学习型干部、学习型机关、学习型组织建设。

二是干部精神面貌焕然一新。坚持正确用人导向，调整了7名乡镇(街道)党(工)委书记，公开选拔了5名乡镇长、街道办主任，提高了选人用人公信度。坚持从严管理干部，扎实推进全省从严管理干部试点县区工作，健全工作报告、外出报备、舆论监督制度，建立"区乡村三级双向承诺"考核评价机制，33名区级领导、85名单位负责人和193名行政村党支部书记通过报纸、电视、公开栏等平台向全区群众公开承诺。干部干事创业氛围浓烈。

三是基层组织建设得到加强。创新了基层组织建设理论，改变过去就党建抓党建、就组织抓组织、单打一的做法，以突出问题为导向，建立了组织、领导、方法、创新四个体系，回答了谁来抓、抓什么、怎么抓和如何创新抓的重大问题。集中开展了"六三行动"，选配"第一支书"27名，整顿提升后进党组织17个，发展村级专业合作社党组织67个，新建非公企业党组织42个、协会组织16个、文化组织4个，群团组织实现了行政村全覆盖。全面铺开了35个社区建设。基层组织建设在全省作了经验交流，走在全市前列。

四是工作作风切实改进。严格落实中央八项规定，省委"四个实施办法"和市委实施意见，扎实开展"五个"专项治理，清退违规车辆39辆，腾退办公用房5722平方米，狠刹公款吃喝送礼、大办婚丧借机敛财等不正之风，会务费、接待费大大缩减。结合省市领导干部"访民生、知民情、解民事"活动，扎实开展"十个一"活动。坚持白天基层解决实际问题，晚上或节假日开会研究问题，工作作风切实改进。

四、紧紧抓住廉政这个关键，重教育、建制度，严惩治、正风气，强化党的各项纪律，党风廉政建设取得实效

一是加强反腐倡廉教育监督。遵循中央推进反腐倡廉新思路，严明党的各项纪律，加强干部廉政警示教育，广泛开展优秀廉政作品评比，深入挖掘传统廉政文化，增强干部廉洁意识，建立完善了《廉政约谈》、《诫勉谈话》、《任前廉政考试》、《一票否决》等监督制度，加强干部廉洁自律监督检查，提高了各级干部拒腐防变能力。

二是加强执法效能监察。加强对各级各部门履职水平和服务能力监察，扎实推进政风行风建设，切实解决损害群众利益的突出问题，深入开展煤炭统销、教育乱收费、食品安全、廉租房和城市低保办理等专项检查治理，严肃机关工作纪律，37人受到处理，提高了机关效能。

三是深化农村党风廉政建设。扎实推进村务、财务、党务公开，完善农村监督机制，健全责任追究机制，积极推行村级公章集中管理制度，形成用制度管权管事管人的权力运行机制。创新村(居)、社区党风廉政建设，38个社区全部设立了纪检组或纪检员，在188个行政村、23个居委会设立了村(居)务监督委员会，开辟了社区党风廉政建设新途径。

四是狠抓典型案件查处。全年立案92件，党政纪处分127人，其中撤销职务4人，开除党籍10人，移送司法机关8人，严肃了党纪政纪，起到了震慑作用。

附：一、中共离石区委书记、副书记、常委名单

书　记：阎刚平
副书记：吕文平　李溢涛　成志斌
常　委：刘俊禄　王怀清　刘晓勤　李源春　秦　亮
秦贤卿

二、乡镇(街道)党委书记、副书记名单

吴城镇
书　记：李耀星(4月离职)　王月亮(4月任职)
副书记：王惊雷(4月离职)　李治国(6月任职)
雒保廷(1月任职)

信义镇
书　记：王　宇(4月离职)　任利星(4月任职)
副书记：薛晔峰(6月离职)　高新平(6月任职)
张亮斌

坪头乡
书　记：王永福(4月离职)　张致滨(4月任职)
副书记：高娍君(6月离职)　郭晋斌(6月任职)
雷吉平

枣林乡
书　记：李建红(女,4月离职)　李建国(4月任职)
副书记：马小兵(4月离职)　张彩平(女,6月任职)
王迎平

红眼川乡
书　记：张向峰(4月离职)魏玉青(4月任职)
副书记：张彩平(女,6月离职)　薛殿伟(6月任职)
胡新星

滨河街道
书　记：薛凤平(4月离职)　张保国(4月任职)
副书记：魏玉青(4月离职)　吴永锋(6月任职)
刘海军

莲花池街道
书　记：王侯明(4月离职)　李建红(女,4月任职)
副书记：李建国(4月离职)　高娍君(6月任职)
雒建龙

凤山街道
书　记：刘杏平(4月离职)　穆小平(4月任职)

副书记：任利星(4月离职) 马小兵(4月任职)
范金龙

城北街道

书 记：吴 卿(3月离职) 王候明(3月任职)

副书记：李克勤(1月任职) 王卫红(1月任职)

交口街道

书 记：白志荣(3月离职) 吴 卿(3月任职)

副书记：李保云(1月任职) 张平生(1月任职)

田家会街道

书 记：张兴平(3月任职)

副书记：张致滨(4月离职) 薛晔峰(6月任职)
吴永锋(6月离职)

西属巴街道

书 记：张兴平(3月离职) 杜永红(3月任职)

副书记：王月亮(4月离职) 王惊雷(4月任职)
刘建忠(1月任职)

中共方山县委工作概况

县委书记 李少杰

2013年，在省委、省政府和市委、市政府的正确领导和大力支持下，方山县委深入贯彻落实习总书记系列重要讲话和党的十八大、十八届三中全会精神，团结和带领全县广大干部群众，以转型跨越发展为主线，紧紧围绕“打基础、利长远、惠民生”的总体要求，大力实施“五位一体”战略，经济社会步入健康发展轨道，人民生活水平持续提高，党的建设能力不断加强，二次创业取得了重大突破，二次腾飞呈现了良好开局，全县经济社会保持了持续稳定发展的良好态势。全年地区生产总值完成27.2亿元，增长11.9%；财政总收入完成9.4亿元，增长11.1%；公共财政预算收入完成3.6亿元，增长18.9%；社会消费品零售总额完成7.3亿元，增长13.5%；城乡居民人均收入分别达到15910元、3340元，增长9%、13.1%。各项经济指标均创历史新高，发展速度明显加快，发展质量明显提升，综合实力显著增强，为加快实现“五位一体”战略目标奠定了坚实的基础。

一、经济社会全面发展，民生事业统筹推进

一是咬住发展第一要务，项目建设扎实推进。全年完成项目储备778亿元、签约152亿元、落地43亿元、开工50亿元、投资57亿元、投产40亿元。金晖凯川、金晖瑞隆、汇丰新星三个煤矿全部完成竣工验收，中铝恒亚、安华汇丰铝矾土、国电风力发电、宝塔山透闪石粉深加工等项目取得重大突破，持续推动了县域经济的快速健康发展。二是农业提升成效显著，农民收入持续增加。大力发展核桃、马铃薯、蔬菜、食用菌、畜牧、万寿菊、林下经济、育苗“农业八大产业”。全面启动“百企千村”产业扶贫开发工程，17户省市县企业参与方山县产业扶贫开发，协议投资22亿元。实施“六大造林工程”，绿化总面积7万亩，总投资1.1亿元。完成整村推进25个村，异地移民搬迁1500人，全年新减少贫困人口1.1万人。三是基础设施不断夯实，城乡环境更加宜居。紧紧抓住吕梁新区建设带来的发展机遇，积极对接新区建设规划，认真做好规划区拆迁工作，全面铺开安置房建设；着手实施县城城南新区建设和全县四个小城镇建设，不断完善城镇基础设施和城镇综合服务功能，全县城镇化率提高了3个百分点，达到31%。深入开展了“四项整治”工作和“六乱整治”活动，城乡环境进一步美化，城镇的吸纳力和带动力明显增强。四是生态优势更加凸显，旅游开发再上台阶。全面启动“百里绿色走廊”建设，重点围绕太佳高速出口两侧、横泉水库至县城第一山脊线以内、北武当山旅游线路两侧、北川河两岸开展绿化工程，全年共完成植树造林2.96万亩。全方位整合旅游资源要素，培育了“自然景观游、绿色生态游、民俗文化游、休闲娱乐游”四大品牌。五是社会事业统筹推进，民生福祉日益改善。城区集中供热二期工程、天然气入户工程、太佳高速方山连接线、新高中一期工程、北川河综合治理一期工程等多项民生工程稳步推进。新农合人均筹资水平达到340元，新农合参合率达到98%。农家书屋、农村文化活动室等文化惠民工程实现全覆盖。省政府“五件实事”圆满完成任务，市政府“五件实事”高标准完成62个村。六是社会管理日趋完善，幸福指数不断提高。大力开展了信访案件百日攻坚、信访案件集中化解月等活动。深入开展了安全生产专项整治、安全隐患专项排查治理等集中整治活动，全年未发生较大以上安全生产事故。加强社会治安综合治理，深入开展严打整治专项斗争，严厉打击各类刑事犯罪活动，确保了全县人民生命财产安全。

二、党的建设全面加强，执政能力显著提升

一是思想政治建设不断强化。深入开展创建学习型党组织建设活动，坚持各级党委中心组学习、基层干部轮训、在线自学等制度，将学习党的十八大、十八届三中全会和习总书记系列重要讲话精神作为切入点，大兴学习之风。通过学习培训，强化了干部的理想信念和宗旨意识，提高了干部的理论素养和工作能力，增强了干部贯彻党的基本理论、基本路线、基本纲领的坚定性和自觉性。二是民主政治建设不断加

强。进一步加强和改善党对人大、政协工作的领导，始终坚持民主集中决策，积极展开批评与自我批评，虚心接受群众意见，发扬民主，求同存异，推进了决策的科学化、民主化。高度重视党管武装工作，全面贯彻党的民族、宗教和对台政策，着力加强工会、共青团、妇联、工商联等群团组织的工作。三是基层组织建设扎实推进。认真开展"基层组织建设年"活动，建立了基层党委书记"联述联评联考"和农村党支部"双述双评"制度，深入开展了创建"五好"乡镇党委和农村星级支部创建活动，共选树"五好"乡镇党委2个，五星级党支部32个。全面推行了"四议两公开"工作法，切实增强了人民群众的知情权、参与权、决策权和监督权。加强了机关党建工作，引深了"五好"机关党支部创建活动。推进了非公经济党组织建设，实现了非公经济企业和个体工商户"两个全覆盖"。四是干部工作作风明显转变。认真落实中央和省、市有关作风建设的精神，出台了《关于密切联系群众进一步改进工作作风的实施办法》，成立了落实八项规定和五个专项治理工作领导组，领导干部带头执行八项规定，积极主动整改，深入开展了"五个专项治理"和反"四风"活动，扎实开展了县、乡、村三级干部"访民生、知民情、解民事"集中走访活动。全县干部作风得到了根本的转变，干部与群众的联系更加密切。五是领导班子和干部队伍建设显著增强。认真贯彻民主集中制，坚持重大问题集体研究决定，重点问题专门研究，疑难问题反复研究。不断深化干部人事制度改革，出台了《方山县干部工作信息公开办法（试行）》，强化对干部的监督管理，出台了《方山县进一步从严管理干部的意见》和《方山县关于从严管理干部的若干规定》。严格干部考核，实行"季度督查、半年考核、随机检查"考核制度，营造了争先进位、创先争优的工作氛围。六是党风廉政建设和反腐败斗争成效明显。认真落实党风廉政建设责任制，强化了各级领导干部"一岗双责"的责任意识，着力构建了乡镇纪委、村级纪检员为主体，村务监督委员会为补充的监督体系，实现了监督机构"横到边、纵到底、全覆盖"的目标。深入开展了农村三资管理专项活动，扎实开展了整治"吃拿卡要"和"千人百日百案"专项行动，全年共查办案件104件，为国家和集体挽回经济损失10余万元。

附：一、中共方山县委书记、副书记、常委名单

书　记：李少杰

副书记：田安平　孙玉堂

常　委：王喜祥　刘月顺　张建良　侯小将　王爱军　刘大鹏

二、乡镇党委书记、副书记名单

马坊镇

书　记：李文铭（1月离职）　任海涛（1月任职）

副书记：赵玉祥

积翠乡

书　记：刘荣杰（1月离职）　高保平（1月任职）

副书记：张犇云

麻地会乡

书　记：雒雪梅（女，1月离职）　霍丙民（1月任职）

副书记：李玉春（1月离职）　雷元海（1月任职）

圪洞镇

书　记：刘大鹏（4月任职）

副书记：王满顺　田德隆（1月离职）

峪口镇

书　记：高云林（1月离职）　刘云杰（1月任职）

副书记：车三奴　任海涛（1月离职）

大武镇

书　记：杨少峰

副书记：任星星

北武当镇

书　记：赵林平（1月离职）　王海涛

副书记：孙燕飞（1月离职）　李　军

中共临县县委工作概况

县委书记　张建国

2013年，县委、县政府认真贯彻落实党的十八大精神、十八届三中全会精神，按照"大上项目强实力、维护稳定聚合力、转变作风增活力"总体思路，团结带领广大干部群众，全面加强经济、政治、文化、社会、生态建设和党的建设，各项工作取得了明显成效。全县地区生产总值完成40.12亿元，增速11.5%；规模以上工业增加值完成17.42亿元，增速15.3%；固定资产投资完成40.7亿元，增速33.04%；财政总收入完成12.02亿元；公共财政预算收入完成6.24亿元，增速5.22%；社会消费品零售总额完成31.4亿元，增速14.5%；城镇居民人均可支配收入13131元，增速10.7%；农民人均现金收入3488元，增速13.8%。除财政收入外，各项指标均完成了年初确定的目标任务。

一、重点项目强力推进，发展基础进一步夯实

工业项目。霍州煤电吕临能化2×350兆瓦发电厂、铁路专用线已开工，晋煤太钢600万吨矿井正式开工。全年煤炭总产量达820万吨，其中，庞庞塔矿原煤产量达500万吨，上交利税3.5亿元。

农业项目。完成了城北中鹰大红枣、红日子、丰润、枣福

莱等4户红枣深加工项目主体工程,全部投产后,年可转化原枣2.6亿斤,占全县红枣产量的87%。建成了鑫田农业科技马铃薯良种繁育基地,年可供15万亩农田种植,增收1.5亿元,带动10万户农民稳定脱贫。启动了朝阳农牧公司3000头标准化奶牛场建设。

国家、省级重点项目。太佳高速佳临大桥已建成通车,中部引黄工程支洞开挖已启动,中南出海通道、太中银铁路吕临支线、太兴铁路等国家、省重点工程取得新突破。白文、临县北、车赶、林家坪等4个战略装车点已具备开工条件。

二、农业产业化进程加快,农民增收后劲更足

一是实施了"8+2"农业产业振兴计划。建成红枣标准化管理示范园区3000亩,有机红枣基地1000亩,富硒红枣生产试点100亩。新发展核桃林6.5万亩,蔬菜种植面积8.58万亩。建成2000亩绿色谷子集中连片示范区。建成了500亩马铃薯原种基地、1000亩一级种基地、500亩林下马铃薯种植等一批标准化示范基地。通过农业示范园区带动,全县初步形成85万亩红枣、30万亩优质核桃、100万亩优质粮食、180万头(只)养殖、10万亩蔬菜、15万劳务大军为重点的六大特色农业产业格局。

二是启动了"百企千村"产业扶贫工程。参与临县产业扶贫开发的企业共13户,已落实企业12户,启动实施移民搬迁、红枣深加工、核桃种植、畜牧养殖等产业扶贫项目17个,已完成投资1.26亿元,流转土地或建立基地3.8万亩。

三、社会事业全面发展,民生福祉不断提升

教育事业方面。新补充特岗教师60名,幼儿教师75名。对东部12个乡镇的学校进行了布局优化,基本完成全县教育布局优化任务。医疗卫生方面。稳步推进医疗卫生改革,取消了"以药补医",全县公立医院实行了药品"零差率"销售。社会保障方面。全年新增就业13027人,城乡居民养老医疗保险工作稳步推进,城乡低保实现了提标扩面,为全县低收入农户供应暖心煤21万吨。住房保障方面。全年续建廉租房200套、限价房164套;新建成廉租房72套、公租房100套;新建棚户区改造住房1000套、限价商品房1000套,发放廉租房租赁补贴金114万元。生态环境方面。启动实施西纵高速临县段、沿黄干线公路冯家会至柳林段通道绿化工程,完善三曲线通道绿化工程。全年三北防护林工程完成2.54万亩,天然林保护工程完成0.8万亩,退耕还林1.98万亩,荒山造林0.3万亩。加强全县"三废"治理力度,城区空气质量稳中有升,空气质量优良率达89.8%。以岢大线白文至湍水头段为重点,高标准实施了环境卫生集中清理整治,沿路安装了太阳能路灯1200余盏。

四、加强社会管理创新,巩固和谐稳定大局

加强机构建设。为631个行政村选聘了人民调解员;23个乡镇选配了信访专职干部,并吸收基层派出所所长充实到乡镇党委班子;在县级层面抽调了30名疑难信访事项研判员,形成"村有调解员、乡有信访专干、县有研判员"的三级信访队伍网络,解决了有人管事的问题。

完善信访机制。强化支村两委对民事方面信访事项的化解责任,完善了村、乡、县级三级信访调处机制。出台了《临县信访服务中心管理办法(试行)》等制度,健全了信访服务中心一站式接访机制。出台了《信访事项研判机制》等制度,健全了分析研判制度。同时,建立了疑难复杂信访事项专项救助机制。已办结信访案件268件,办结率74%。全年依法处置违法上访人151人,追究信访工作责任人18人次。

五、开展作风大整顿活动,营造了风清气正的发展环境

一是抓点带面促转变。针对机关作风问题,采取以点带面,分层推进的办法,在全县范围内铺开了机关作风大整顿活动,各级各部门围绕树立新风尚、塑造新形象,结合行政审批"两集中、两到位"改革,公开办事程序,精简办事环节,提高办事效率。全县行政审批项目由原来的242项精简为114项。新设了1800平方米的"临县政务服务中心"大厅,38个行政审批和公共服务部门进驻大厅,开设44个服务窗口。通过各级机关作风的大转变,推动了各项工作的全面落实。

二是专项治理促转变。开展了违规用车、婚丧喜庆事宜大操大办等"五个专项治理",共清退违规用车61辆,处分5名违规操办婚丧事宜的干部职工,清理腾退超标办公用房2503平方米,有效遏制了节日期间公款送礼、大吃大喝等不正之风。开展了"项目环境治理年活动",对重点项目实行"一站式"办公和"一条龙"服务,实行挂牌保护,对影响、干扰、破坏项目建设的单位和个人,从严问责,严厉打击,为项目顺利推进营造了良好的环境。

三是监督查处促转变。强化群众监督,组织举办了三次大型的民主评议对话会,征求群众意见460余条,受理投诉180余人次,收集29类170余个问题,对投诉及问题一一办理落实。严肃执法执纪,突出常态化明察暗访和问责,其中,纪检监察机关共开展监督检查17次,查纠违规问题22个,处理干部32名,通报作风建设典型案件17起,警示了党员干部,维护了群众利益,促进了政风行风的转变。

四是抓基层组织大整顿促转变。采取定人员、定方案、定措施、定时限、包转化的"四定一包"工作机制,对全县32个后进农村支部进行了集中整顿。建立了农村"两委"干部坐班办公制度;在631个村建立了"三资"台帐,积极推行农村村务决策流程管理制,624个村建立了村务监督委员会,制定了《临县处置不合格党员试行办法》。

五是抓学习培训、提升素质促转变。围绕学习贯彻十八大精神、十八届三中全会精神、习近平总书记一系列重要讲话精神,先后邀请专家学者对全县乡科级以上干部进行了集中培训,累计培训2073人次。先后分6期对全县农村1081名两委主干和308名大学生村官进行了集中培训,同时,各乡镇对村两委其余党员干部进行了延伸培训,累计培训3900余人次。通过县乡村三级联动抓培训,提升了各级干部

科学决策、服务发展和促进和谐的能力。

六是抓践行群众路线促转变。坚持将问政于民、问计于民与“访民生、知民情、解民事”活动相结合，县四大班子领导带头，深入乡镇、进村入户，搜集各类意见建议3580余条，帮助群众办实事办好事1020余件。在县级领导的带动下，全县各级领导干部按照“带着问题下去、找到原因上来，带着课题下去、形成思路上来”的要求，走出机关，深入基层，推动了活动的深入开展，形成了全县上下共谋发展的良好氛围。

附：一、中共临县县委书记、副书记、常委名单

书　记：刘永平（5月离职）　张建国（5月任职）

副书记：张建国（5月离职）　李双会（8月任职）
高奇英（7月任职）

常　委：王少利　李　琦　游福海　陈　浩
兰彦生（7月任职）　李正奎
高　峰（4月任职）　雍建华（4月离任）

二、乡镇党委书记、副书记名单：

白文镇

书　记：李烽峰

副书记：高宏亮　刘秀荣

城庄镇

书　记：李晓春

副书记：薛增平　王　勇

木瓜坪乡

书　记：郭　原

副书记：刘玉洁　高泽鹏

临泉镇

书　记：王犁青

副书记：李卫平　刘毓剑

安业乡

书　记：薛银贵

副书记：刘元日　杜慧君

玉坪乡

书　记：郝有旺

副书记：赵小峰

大禹乡

书　记：陈小林

副书记：李桃林　辛喜顺

三交镇

书　记：张向阳

副书记：李有喜　刘宏伟

车赶乡

书　记：贺向亮

副书记：张翠珍　李小明

湍水头镇

书　记：李金峰

副书记：张积赞　秦国雄

林家坪镇

书　记：郝振杰

副书记：高文标

招贤镇

书　记：刘新民

副书记：陈侯平　陈　照

碛口镇

书　记：张文全

副书记：郝大山　薛文泽

青凉寺乡

书　记：王廷海

副书记：张永斌　刘勇聪

石白头乡

书　记：闫　平

副书记：高晋明　高建荣

雷家碛乡

书　记：张小明

副书记：白鹏飞　刘海斌

兔坂镇

书　记：曹孝伟

副书记：贺旭峰　郝东连

八堡乡

书　记：秦京亮

副书记：秦继明　高永龙

克虎镇

书　记：高翠文

副书记：李旭峰　李保明

安家庄乡

书　记：成小龙

副书记：柔卫峰　高凤喜

刘家会镇

书　记：陈绍文

副书记：高燕飞　刘继明

丛罗峪镇

书　记：陈　顺

副书记：王　浩　高　荣

曲峪镇

书　记：苗焰银

副书记：刘江海　高玉杰

中共石楼县委工作概况

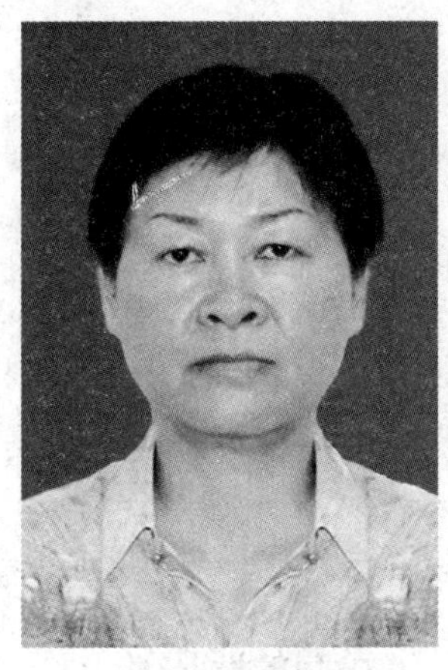
县委书记 闫孝敏

2013年,在省委、市委的正确领导下,石楼县委认真贯彻落实党的十八大、十八届三中全会和习近平总书记系列重要讲话精神,团结带领全县党员干部群众,紧紧围绕"四型发展战略、321发展目标和五个发展能力"的总体工作思路,积极应对宏观经济下行的不利影响,努力克服冻、旱、涝等自然灾害,负重赶超,锐意进取,真抓实干,全县政治、经济、生态、文化、社会各项事业取得了新突破、新成效。

一、攻坚克难,稳中求进,经济实力进一步增长

全县地区生产总值完成7.93亿元,同比增长7.1%;规模以上企业工业增加值完成1.57亿元,同比增长15.3%;固定资产投资完成7.27亿元,同比增长1.48%;财政收入完成1.35亿元,同比增长15.27%;社会消费品零售总额完成1.93亿元,同比增长13.13%;城镇居民人均收入达到10991元,同比增长9.9%;农民人均纯收入达到3212元,同比增长31%。

二、突出重点,狠抓项目,发展活力进一步彰显

全面实行"六位一体"机制,强势推进重点工程项目。300万吨煤炭和120万吨焦化项目完成了资源普查,开展了核准文件获取等前期工作。20亿立方米天然气开发和LNG天然气液化项目、县城天然气综合利用项目启动。2×350兆瓦低热值煤电项目通过可研评审,于去年6月份开工奠基。屈产河城区段综合治理工程完工。黄河第一湾旅游开发、干法水泥、马村220千伏变电站等项目开工建设。红枣基地建设及深加工项目已经投产。重点工程项目对经济发展的支撑拉动作用日益凸显。

三、区域布局,规模发展,农业产业化进程进一步加快

深入实施"8+2"农业产业化工程。红枣产业上,新建了6个精品园,全县红枣管护水平得到提升;核桃产业上,依靠产业扶贫,整合涉农资金,高质量完成了东部三乡镇3万亩的片区开发综合示范园,实现了布局区域化、发展规模化和管护科学化。其它产业上,积极推行"企业+合作社+农户"模式,重点支持长荣妇女蘑菇种植合作社发展壮大,拉动周边900户农民实现"居家就业";以和合乡5000亩谷子生产基地为示范,发展了10万亩小杂粮种植基地,把"小杂粮"做成了"大产业";灵泉镇薛家垣、王村、岔沟三个现代化规模养猪小区开始运营,辐射带动全县养殖业健康发展;发展了4个育苗基地,育苗面积达到5000亩。农民多元增收的格局更加稳固。树德、黄河等5户龙头企业的产品取得国家质量认证中心颁发的有机转换证书,农产品质量认证走在全省前列。

四、规划引领,统筹推进,城乡面貌进一步改善

坚持规划先行,《县城建设总体规划》已经批复,《控制性详规》正在评审。坚持市场化运作,铺开了王府佳苑、福祥苑等六处居民住宅精品工程。坚持质量第一,实施了县城供水、供暖和东征路延伸等城市基础配套工程。县城综合服务功能更加完善。坚持统筹推进,全面加快基础设施建设。完成了"一村一井"年度任务,全力支持坪底水库和中部引黄工程建设,水利事业实现大发展;完成了留村至和合、裴沟至乔子头、裴沟至曹家垣等乡际公路拓宽改造工程,城乡交通网络更加通达。

五、以人为本,改善民生,社会事业进一步发展

稳步推进教育改革,教育教学质量进一步提高。普通高考二本以上达线人数增加22%,达线率稳居山区九县第一。加快发展医疗卫生事业,新建了县人民医院综合大楼,维修扩建两座乡镇中心医院,成立了县中医院。强化各项社会保障,城乡低保标准提高,新农合实现全覆盖,机关事业养老保险和困难企业职工医疗保险启动。廉租房一期基本竣工,二、三期主体完工,1250户困难职工将实现住有所居;农村危房改造任务全部完成,又有1600户农民解决了住房不安全问题。加强社会管理,扎实开展"信访积案百日攻坚"活动,信访形势整体呈现出矛盾总量和信访总量下降、结案率和化解率上升的"两降两升"良好趋势。加强依法治县,深入开展平安石楼创建,保持了全县和谐稳定的良好局面。

六、转变作风,强基固本,党的建设进一步加强

全面落实党风廉政建设责任制,认真贯彻中央《八项规定》,深入开展"五项治理"活动,有效遏制了"四风"。根据岗位需要,按照"六看"标准,分批次调整干部,干部队伍整体结构得到优化,战斗力显著增强。坚持开展"石楼大讲坛"、"领头雁计划"等干部教育培训,干部队伍综合素质进一步提升。创新党代表常任制工作,推行代表提案制,完成了15个党代表工作室建设任务,基层党建科学化水平进一步提高。

附：一、中共石楼县委书记、副书记、常委名单

书　记：闫孝敏(女)

副书记：刘应刚(7月离职)　程晓春(7月任职)
田文军

常　委：潘晓明　张建峰(6月任职)　郑世光
范发宾　刘　云　郭　雄

二、乡镇党委书记、副书记名单

灵泉镇

书　记：宁　煦

副书记：闫瑞平(5月任职)

曹家垣乡

书　记：王　鹏

副书记：高巩彦(5月任职)　呼玉海
吴锋平(4月离职)

裴沟乡

书　记：王立国

副书记：任平儿(5月任职)　刘　琦(4月任职)
冯三应(4月离职)

罗村镇

书　记：郭登文(3月离职)　王延平(3月任职)

副书记：王小平　赵晋民　李小平(3月离职)

义牒镇

书　记：郑宁祥(3月离职)　马晋军

副书记：贺雨生(5月任职)　王立国(5月离职)
冯三应(5月任职)　张　云(3月离职)

和合乡

书　记：温建宏(3月离职)　解利国

副书记：刘小平(5月任职)　闫瑞平(3月离职)
褚计生(4月任职)　辛文平(5月离职)

小蒜镇

书　记：史建平(3月离职)　温建宏

副书记：袁红青(5月任职)　王　鹏(3月离职)
郑建国(6月任职)　郭瑞平(5月离职)

前山乡

书　记：王福平(3月离职)　田建军

副书记：刘　伟　田建军(3月离职)
陈智海(5月任职)　郭登亮(5月离职)

龙交乡

书　记：郭永东

副书记：郭登亮(5月任职)　辛文平(6月任职)
区晋民(5月离职)

中共岚县县委工作概况

县委书记　薄宇新

2013年，在市委、市政府的正确领导下，岚县县委、政府团结带领全县广大干部群众，以科学发展观为指导，以党的建设统领全局，认真贯彻执行中央、省、市各项方针政策和决策部署，全县经济快速发展、社会大局和谐稳定，各项工作取得了新进展、新成效。

一、全力推进经济社会发展，奠定了转型跨越的新基础

(一)以项目建设为抓手，努力建设实力岚县。大力推进项目建设。投资5亿元的大唐风电一期48MW项目、投资8.3亿元的山西中盛达48MW风电项目已经开工建设。项目储备完成234个，规划投资总金额2575亿元；项目签约金额完成305.8亿元；项目落地金额完成20.96亿元；开工项目42个，完成建设投资82.22亿元；投产项目10个，总投资123.67亿元。全县地区生产总值完成18.7亿元(不包括太钢部分)，同比增长14.79%；工业增加值预计完成20.1亿元，同比增长211%；财政总收入根据市统筹要求，完成9.3亿元，同比下降7.27%。狠抓招商引资。成功引进安邦、广东广新、大象农牧等大型企业集团。与安邦集团签定战略合作框架协议，规划总投资303.8亿元，建设集煤矿、洗煤、发电、粉煤灰综合利用、电解铝及相关产业为一体的煤电工业园；与广东广新矿业资源集团有限公司签订了总投资6亿元的合作框架协议；与大象农牧集团签订了总投资7.5亿元的生猪产业化开发项目；近期又与中电投在煤电一体化项目上取得了新进展。全县招商引资额338亿元，完成155亿元的218%。

(二)以农民增收为重点，努力建设富裕岚县。加强农业产业化发展，增加农民收入。全县马铃薯种植面积达到22万亩，完成了20万亩无公害产地认定和30万吨无公害产品认证，申报了岚县马铃薯地理标志产品。康农薯业、宜芳食品、绿禾薯业等农业龙头企业发展壮大。专业合作社达到49家。马铃薯产业初步形成了优种培育、基地建设、加工转化、市场营销的产业体系。油松育苗产业实现规模扩张，总面积达6万亩。推广舍饲养殖，扩大规模养殖，生态养殖产业蓬勃发展。扶持发展小微企业。出台了各项优惠政策，加大政策、资金扶持力度，推进小微企业快速发展。全县中小微企业总数达到237户，从业人员2万余人。

(三)以民生改善为核心,努力建设幸福岚县。加大教育投入力度。总投资3.6亿元的岚县中学(新建)项目主体完工,总投资2亿元的职业教育中心加快建设,全县中小学校舍标准化改造基本完成。加强教师队伍建设,开展了教师脱产培训、暑假培训、网络培训和师德师风建设,教师队伍整体素质有了明显提升。促进基本公共卫生服务均等化。不断改善医疗卫生条件,总投资2亿元的岚县人民医院(新建)项目主体完工。推进基层医改工作,实施了公立医院改革,落实了国家基本药物制度。新型农村合作医疗参合率达到100%,人民群众看病难、看病贵的问题得到有效缓解。便民实事稳步推进。省政府提出的"便民五件实事"开工率达到100%,市政府提出的"5+1"工程年度目标任务全部完成。保障性住房建设进展顺利,190套经济适用房、210套廉租住房正在加快建设。文化建设全面开展。组织开展了"书香岚县"大型书展、"激情盛夏"系列活动,加强乡镇文化站、农家书屋、农村电影放映等文化惠民项目建设,初步建立了覆盖城乡的基本公共文化服务体系,极大地丰富了群众的精神文化生活。

(四)以社会管理为保障,努力建设和谐岚县。创新安全生产监管机制。严格落实企业安全生产的主体责任和部门的监管责任,推进安全生产网格化管理体系建设。狠抓隐患治理,严格检查督办,有效防止了生产安全责任事故的发生。全年煤矿和非煤矿山无伤亡事故,煤矿百万吨死亡率为零。创新社会治安综合治理模式。深入开展"平安岚县"创建活动,整合资源,创新机制,建立服务群众、社会管理、人民调解、公共安全、维护稳定一体化的综治工作新平台。通过组织开展群众问政评议会,畅通党群联系渠道,倾听群众呼声,营造了安定和谐的社会氛围。

二、全面加强党的建设,强化了加快发展的组织保障

加强了思想政治建设。狠抓学习型党组织建设,制定出台《学习型党组织创建标准》。县委中心组集中学习16次,县级领导干部撰写调研文稿70余篇。利用讲党课、岚州大讲坛和在线学习三大平台,强化干部学习教育,三级书记讲党课累计培训党员干部2万余人次。出台了《关于深入学习贯彻习近平总书记系列讲话精神的实施意见》,举办了学习习近平总书记系列讲话和十八届三中全会精神轮训班,分四期对全县科级以上干部、后备干部、村党支部书记和大学生村干部进行了培训。

加强了组织建设。在全县农村全面推行以"五议"、"四有"、"五公开"为主要内容的"545"工作法,加强了党支部领导下的村级民主政治建设,农村党支部和党员队伍的创造力、凝聚力、战斗力不断增强。开展了创建机关"五好"党支部和争当"十星级"党员活动,党组织的战斗堡垒作用和党员的先锋模范作用得到充分发挥。

加强了制度建设。制定出台了《县委工作制度》、《关于密切联系群众进一步改进工作作风的若干规定》、《后备干部管理办法》、《岚县政府投资项目管理办法》等一系列工作制度,促进了各项工作的规范运行,高效运转。

加强了作风建设。深入开展了领导干部"访民生、知民情、解民事"集中走访活动,活动范围扩大到全县科级干部。全县干部共走访群众13500余户,帮助解决实际困难1670余件。全县统一行动、统一时限、统一标准、统一要求,利用周末时间对办公用房进行了摸底排查、腾退整改。清理超标办公用房6528.27平方米;清退违规公务用车18辆,纠正违规用车6辆;重申了严禁婚丧事宜大操大办有关规定,对宴请的次数、宴席的标准、宾朋的数量等都作了明确规定,实行事前申报、事中跟踪检查。所有机关、乡镇(包括村支两委成员)干部操办婚丧事宜一律实行统一申报,同时,县纪委聘请20名婚丧事宜巡查员,对所有婚丧事宜进行跟踪巡查,收到了良好效果。

加大腐败惩治力度。认真落实干部任职前廉政谈话制度、离任经济责任审计制度和《党内监督条例》,强化了对制度落实情况的监督和检查,特别是把规范领导干部的权力行使作为监督的重点,使各项制度真正落到了实处。按照"跟着项目搞服务,跟着投资搞监督,跟着票子查案子"的思路,通过跟踪服务项目,监督检查资金,发现案源,查办案子;通过跟踪大额资金投放发现并查办经济案,通过跟踪问效查办问责案,通过信访举报查办涉纪信访案,全年立查各类违法违纪案件87案,处理党员干部98人。

附:一、中共岚县县委书记、副书记、常委名单

书　记:阎刚平(1月离职)　薄宇新(1月任职)
副书记:油晓峰　程芝生
常　委:程　堂　张海文　李清玉
张新春　杨中宁　刘建树(7月任职)

二、乡镇党委书记、副书记名单

东村镇
书　记:刘瑞峰(12月离职)　杨秋旺(12月任职)
副书记:丁永堂(2月任职)　李永录(11月离职)
王剑光(11月任职)

社科乡
书　记:郭俊生(2012年8月任职)
副书记:贾杰云　李建军(11月离职)
冯永青(11月任职)

普明镇
书　记:牛泉深
副书记:牛俊生　刘和平

梁家庄乡
书　记:梁俊山
副书记:温四生　杨全生

上明乡
书　记:陈文礼
副书记:梁建光　兰海龙

王狮乡

书　记：程智芳（女）
副书记：李书林（11 月任职）　梁贵生

岚城镇
书　记：杨秋旺（12 月离职）
副书记：闫　冬　王志刚

顺会乡
书　记：郭建民
副书记：邸连珍（11 月任职）　李志臻

河口乡
书　记：刘建军
副书记：李建军（11 月任职）　梁杰珍

大蛇头乡
书　记：王春旺
副书记：李永录（11 月任职）　张国庆（11 月离职）　郭晋平（女，11 月任职）

界河口镇
书　记：尹元生
副书记：李锐生（11 月任职）　程富春

土峪乡
书　记：杨亮明
副书记：张国庆（11 月任职）　组亮平

中共兴县县委工作概况

县委书记　郭　颖

2013 年是贯彻党的十八大精神、全面落实“十二五”规划承上启下的关键之年。一年来，在市委、市政府的正确领导下，县委与县人大、县政府、县政协一道，团结带领全县人民，继续实施“五五兴县战略”，全面加强经济、政治、文化、社会、生态和党的建设，圆满完成了年度目标任务，各项工作取得了新进展、新成效。

一、县域经济实力稳中有进，各项重点工程运行良好

全年完成地区生产总值 63 亿元，增长 3%；规模以上工业总产值 52 亿元，增长 1.5%；固定资产投资 48.45 亿元，增长 33.27%；社会消费品零售总额 5.65 亿元，增长 13%；财政总收入 27.05 亿元，增长 7.01%；城镇居民人均可支配收入 16721 元，增长 15 %；农民人均纯收入 3456 元，增长 19%。

兴县华润中铝循环经济产业集群项目。总投资 255.5 亿元，完成投资 40 亿元。200 万吨氧化铝项目一期工程建设完成，进入生产阶段。兴县肖家洼年产 1000 万吨煤矿及配套选煤厂项目。煤矿开始试生产，选煤厂正进行设备安装。蔡家崖至魏家滩一级公路改造项目。总投资 20 亿元，完成投资 13.6 亿元，路基已基本建成。

红色旅游项目进展情况。中共中央晋绥分局旧址（北坡村）历史风貌修复工程。总投资 8000 万元，移民工程已完成，旧址修复工程进展顺利；晋绥烈士陵园完善工程。在保护好县城旧址的同时，投资 1000 余万元，在东会乡征地 120 亩，建设了晋绥烈士陵园凤凰岭墓区，安葬烈士 420 人。目前正筹划开展二期工程；晋绥边区革命纪念馆重新布展项目。已开展前期准备工作；“四·八”烈士纪念馆项目。新馆（主馆）正在征集布展方案；副馆展出的“四·八”失事飞机（C–47 运输机）同型号原机由泰籍侨领陈沙立出资捐助；上山道路正在编制设计方案。

二、农业农村基础不断夯实，“三农”工作开创新局面

县委紧紧围绕“增加农民收入、减少贫困人口”这一目标，通过深入实施产业富民和科技兴农两大战略，着力加快农业产业化建设步伐，全力提高农业综合生产能力，群众生产生活环境有了新的改善。2013 年全县粮油总产为 1.335 亿公斤，油料总产为 0.285 亿公斤，水果总产为 155 万公斤；瓜菜总产为 5200 万公斤。

重点扶持清泉醋业和山花烂漫等农业龙头企业，其中，山花烂漫扩建工程总投资 3432 万元，现已完成投资 2132 万元，产品已取得 QS 认证，已进入生产阶段。清泉醋业新建年产 4 万吨陈醋生产流水线完成投资 5370 万元，已投入使用。“8+2”农业产业化扎实推进。杂粮方面：建设 2013 亩绿色谷子生产基地，总产达到 700 吨；建立绿色谷子轮作基地 1913 亩，全县杂粮种植总面积达到 66 万亩。新发展设施蔬菜 800 亩；政府出资为农户提供 120 万株种苗和 1000 余亩设施蔬菜购买保险。建立 2500 亩的一级种薯基地，全县种植面积达到 15 万亩，总产量达到 19.5 万吨。建成标准化日光大棚 6 栋，占地面积 6600 平方米，年产鲜菇 60 吨，纯收入 30 余万元。在核桃、红枣林地上种植中药材 5000 亩。林业、扶贫开发、农田水利建设步伐加快。完成核桃经济林 5 万亩，生态脆弱区造林 4.87 万亩。异地扶贫搬迁 106 户 403 人，现已完成主体建设。整村推进涉及 7 个村、2703 人，配套核桃经济林、肉禽养殖等项目已完成建设任务。投入劳动力转移培训、科技扶贫和教育扶贫资金 75 万元，涉及贫困人口 1749 人。全县贫困人口由 12.7 万减少到 10.8 万。解决了 21 个村庄的 7000 口人、636 头大畜和 29 所农村学校的 4200 名师生的安全饮水问题；新修梯田 1.25 万亩，修筑生产道路 19.6 公里；投资 791 万元，建设淤地坝 5 座；新增有效灌溉面积 0.82 万亩。

三、各项社会事业全面进步,群众生活环境进一步优化

民生等社会事业稳步发展。建成幼儿园17个,澡堂102个、理发室72个,磨面坊167个,红白事务厅58个,太阳能路灯覆盖278个村;1所社会福利院已建成,即将投入使用。投资8400万元对旧城区实施改造。投资1.28亿元开工建设新区河南片区。总投资1.74亿元的新区河北片道路工程,2013年9月完工。总投资1.51亿元的蔚汾河蓄水工程,2013年春季投入使用。城镇化水平上升到34.3%。自来水普及率达到90.2%,集中供热普及率达到53%,燃气普及率达到66%。"一二〇师学校"总投资2亿元,已开工建设,预计明年秋季投入使用。新区幼儿园总投资1800万元,主体已完成,预计明年秋季投入使用。投资2000万元的西城幼儿园已进入招投标阶段。投资900余万元对各乡镇19所闲置校舍实施幼儿园改造工程。卫生方面。新农合参合人数22.25万人,参合率99.3%,新农合补助标准提高为每人每年280元,最高补偿金额提高到15万元。劳动和就业方面。城镇登记失业率控制在4.2%以内,全年城镇新增就业人员2940人,下岗失业人员再就业852人,转移农村劳动力3752人。低保和社会救助方面。城市低保对象7851人,保障标准为每月235元;农村低保对象29941人,保障标准为每月184元;五保对象2192人,供养标准为每年1800元;重点优抚对象1983人,2012年发放抚恤金852万元。百姓安居工程方面。新建廉租住房200套,公租房150套;新建棚户区改造项目510套,续建棚户区改造项目777套;完成1000户农村困难群众住房改造任务。

四、全力抓好安全稳定工作,和平稳定局面得以巩固

(一)安全生产工作方面。以"强化安全基础,推动安全发展"为主题,以标准化建设为抓手,以安全生产专项整治和安全生产大排查大整治为主要内容,监督68户企业作出安全生产承诺;进行4次隐患排查整治,35户非煤矿山企业,28户加油站完成达标创建工作;组织办理52户企业的工作场所职业危害现状评价,对44户企业进行了工作场所职业危害申报备案;全年培训管理人员486人,一般从业法人350人次;开展三次集中宣传教育活动,发放书籍2000余份,宣传材料15000余份。从源头上杜绝了重大事故的发生,圆满完成监管行业零死亡目标,确保全县的安全生产稳定环境。

(二)信访工作方面。围绕"事要解决、息诉罢访"的工作目标,着力抓好源头预防、领导干部接访、信访积案化解、体制机制创新等关键环节,与2012年相比,上访件数减少28件,批次下降17%,人次下降21%,省交办28件、市交办的45件已全部结案上报,结案率达100%,呈现出重复上访量下降、非正常上访量下降、县外上访下降的良好局面。

(三)政法综治方面。深入贯彻党的十八大和省、市政法工作会议精神,紧紧围绕"护航工程"建设、平安建设、法治建设、政法队伍建设四件大事,开展"六六创安",实行网格化管理,全县划分为418个网格;建立人民调解组织375个,专业性调解组织2个;开展"八项整治"专项行动,破获刑事案件24起,治安案件55起;投资500余万元,完成了140个监控点和1套视频监控指挥平台的建设;立查刑事案件455起,破获264起,刑拘148人,取保候审49人,批捕135人,逮捕131人。

五、党的建设全面进步,执政基础得到加强

(一)深入学习贯彻党的十八大和十八届三中全会精神。邀请中央、省、市专家教授,举办专题讲座5期,培训干部1500余人次。组织10支宣讲团,深入108个村,7000余名干部群众接受了教育。

(二)开展走访调研活动。按照领导分工和联系的乡镇,县四大班子领导、法检两长集中走访376个村,走访群众2255户,召开座谈会260次,征集意见和建议2175条,解决实际困难297个,办实事370余件。全年县级领导走访调研442次,下乡驻村2016天,按要求形成了走访日志、走访总结和调研文章。

(三)加强基层党组织建设。一是集中整顿后进村。把去年未实现转化的后进村作为整顿重点,继续采取齐抓共管的办法:一是县委书记负总责,亲自抓;二是县级干部联系后进村,进村抓;三是县直机关副科级党员干部担任后进村第一书记,具体抓;四是县直单位派驻工作组对口帮扶,帮助抓。全县38个后进村中21个实现晋位升级。二是落实"一定三有"政策。按照每人每年3000元的标准,为521名村干部落实了岗位报酬;为连续五年评为五星级农村党支部的18名支部书记落实了事业人员工资待遇;为建国以来离任的2892名农村主干发放补助190万元。三是推进远程教育终端站点建设。全县共建成县级平台一个,基层终端站点371个,分布在全县17个乡镇的352个行政村。开通了党员干部手机信息平台。配合市委开展了"百村调查"活动。

(四)抓好党风廉政建设。一是落实"八项规定"。把"改进工作作风"确定为今年县委工作会议的主题。开展"五个专项治理"活动,清理超标办公用房1107平方米;清退违规用车14辆,纠正单位19个;全县副科以上干部婚丧事宜全部按规定申报。二是案件查处。注重发挥案件查处的治本功能,全年结案104件,党政纪处分127人,其中撤销党内职务8人,留党察看3人,开除党籍6人;行政降级2人,开除公职2人。三是基层信访、农村党风廉政建设和食品安全监督。年内受理涉纪信访案件65件。围绕14个重点案件,通过开展领导干部"带案下访解民忧"专项行动,结案7件。发挥376个村务监督委员会和阳光农廉网的作用,农村党务、村务进一步公开。加大食品安全监督力度,发现隐患174余处,查处案件5个,责任追究5人。

附:一、中共兴县县委书记、副书记、常委名单

书　记:郭　颖

副书记:梁志锋　王恩泽

常　委：郝继平　刘晓春　白连厚　成　林　杜侯平
　　　　崔雷廷

二、乡镇党委书记、副书记名单

交楼申乡
书　记：王亚荣
副书记：乔文华

恶虎滩乡
书　记：李迎斌
副书记：王改艳　薛探平

奥家湾乡
书　记：白小荣
副书记：梁云云　王志辉

蔚汾镇
书　记：李　茂
副书记：马兴勇　张继伟

蔡家崖乡
书　记：尹新明
副书记：张　敏

高家村镇
书　记：贾晋文
副书记：刘小明　陈小龙

瓦塘镇
书　记：白旭平
副书记：康连平　白瑞春

魏家滩镇
书　记：白宝明
副书记：张贵生　康志勇

康宁镇
书　记：康瑞斌
副书记：孙　轶

固贤乡
书　记：王彬彬
副书记：刘欣谓

东会乡
书　记：高俊君
副书记：张连营　白晋毓

孟家坪乡
书　记：白卫利
副书记：白永军

赵家坪乡
书　记：王利军
副书记：温永明　张商信

贺家会乡
书　记：范新森
副书记：孙俊生

罗峪口镇
书　记：贺相平
副书记：赵旭峰　贾建兵

蔡家会镇
书　记：白宇宏
副书记：刘东海

圪垯上乡
书　记：康建华
副书记：刘东海　袁晋荣

中共晋中市委工作概况

市委书记　张　璞

2013年，中共晋中市委认真贯彻党的十八大，十八届二中、三中全会精神，按照省委、省政府转型跨越发展战略部署，围绕建设全省“四化”率先发展区总目标，紧抓综改试验区建设和太原晋中同城化机遇，以科学发展为主题，以转变发展方式为主线，以解放思想为动力，以项目建设为抓手，全面推进经济、政治、文化、社会、生态文明和党的建设，各项工作都取得新成效。2013年，全市生产总值完成1020.4亿元，比上年增长9.1%；规模以上工业增加值完成472.7亿元，增长13%；固定资产投资完成945.9亿元，增长27.1%；社会消费品零售总额完成429.5亿元，增长13.8%；公共财政预算收入完成115.1亿元，增长16%；城镇居民人均可支配收入23714元，增长9.9%；农村居民人均纯收入8991元，增长13.3%。

一、坚持“四化”引领，加快转型跨越发展

一是推进工业新型化进程。改造提升传统产业。71个煤矿技改项目，有25个竣工或进入联合试运转。焦化行业兼并重组取得实质性进展。大唐路鑫介休低热值煤电厂2×35万千瓦项目列入全省低热值煤发电第一批优选项目名单。玻璃器皿产业通过整合、技改，焕发出新活力。壮大新兴产业。上马新兴产业项目306个，占项目总数44.2%。以太重榆液、青云直升机、北达新能源汽车产业基地等为代表的新型机械制造项目，以平遥煤化光学材料、太钢万邦铬铁等为代表的新材料项目，以中航特种车、汾西瑞泰煤机制造等为代表的装备制造项目，以太原地区货运中心、山西大禾国际建材交易仓储中心为代表的物流项目等加快推进，成为新的增长点。强化园区承载。8大重点工业园区，累计入驻企业482个，完

成全市销售收入40%。灵石中煤循环经济园区、安泰生态示范园区、榆次工业园区销售收入超百亿元。

二是推进农业现代化和扶贫开发。粮食总产18.2亿公斤,再创历史新高。“一村一品、一县一业”新增专业村249个,791个专业村主导产业人均纯收入占到农民人均纯收入72%,打造出蔬菜、养牛等11个精品示范片区。现代农业示范园区建设,实施项目41个,启动农业科技创新基地建设,规划落实42个农业科技成果转化中心、核心示范基地、示范园区、科技型龙头企业,打造全省农产品加工中心城市。规模以上农产品加工流通企业累计达345家,实现销售收入162.7亿元。新型经营主体培育,新发展农民合作社1256家,累计达8070家;发展生态庄园经济、沟域经济,探索家庭农场新模式,培育种植大户140个;全市流转土地112万亩,同比增长29.6%,占总承包土地1/4。实施产业扶贫“双百工程”,开工帮扶项目66个,投入资金21.6亿元。全年又有3.2万人脱贫。

三是推进市域城镇化。同城发展,实施项目38项,完成投资79.3亿元。新增太原晋中双向公交线两路。太原晋中电信本地网升级并网工作取得实质性进展。城镇建设,铺开466项重点工程,当年完成249亿元。其中市城区铺开85项,开工率、完成投资率均在90%以上。完成5项“四名保护”规划、8项保护修复工程、2项传统民居信息系统建设,7个村落入选第2批中国传统村落名录。城市管理,各县(区、市)城市管理全部纳入社会网格化,市城区数字化城管平台基本建成。城乡一体化建设,启动户籍制度改革。汾邢高速左和段、阳黎高速昔左段加快建设。松塔、恋思、石膏山、泽城西安4个新水源工程下闸蓄水;东山供水工程、中部引黄晋中供水工程进展顺利。建成12个电力项目,新增变电容量260万千伏安。供热、供气、垃圾处理等加快向农村延伸。产学研一体化创新高地建设,按照省委、省政府决定,启动了山西科技创新城晋中副中心41.9平方公里的总体规划。与山西高校新校区内10所大学和山西农大签订战略合作协议。鼓励市内企业与中科院工程研究所、南京信息工程大学、天津工业大学结成技术创新战略联盟。全市400家企业与398所高等院校、科研院所建成院士工作站2个,博士后科研流动站1个,国家级企业技术中心2个、省级2个、市级21个。

四是推进城乡生态化。狠抓节能降耗。万元GDP综合能耗同比下降3.6%,工业固体废弃物综合利用率57.9%,淘汰落后产能27万吨。狠抓污染减排。化学需氧量、氨氮、二氧化硫、氮氧化物、烟尘、工业粉尘削减率分别为2.88%、2.85%、4.43%、13.5%、0.62%、0.4%,全部完成省下达任务。全年PM2.5有效监测天数为334天,达标率为46.4%,达到省考核要求。狠抓造林绿化。完成造林52万亩,植树1000万株,新育苗6.8万亩,林木绿化率增加1.2个百分点。园林城市创建,灵石县通过国家初验,祁县、平遥、寿阳、和顺通过省初验。2013年,晋中位列全省城乡生态化水平评选第三。

二、推动思想解放,全面深化改革

面对新形势、新任务,积极开展以“解放思想、抓住机遇、转变作风、推进转型跨越发展”为主题的解放思想大实践,广大党员干部责任意识、机遇意识、创新意识、工作标准、宗旨意识明显增强,上马同城化项目数量、投资额均超上年,催生了飞机制造、光学材料等一批新兴产业,民生投入、民生项目创历史之最。特别是在全省率先出台综改试验区建设《实施方案》和2013年《行动计划》,建起重点任务责任分工、月协调推进会等制度。编制了“108国道综合发展廊带”总体规划和8个专项规划,上马了总投资2569亿元的397个项目,开工395项,完成投资728.4亿元。金融方面,被列为山西省资本市场改革创新示范区,在全省率先设立晋中民间融资登记服务中心,灵石成立了全国首支支持县域经济发展和城镇化建设的综合性私募基金,4户企业在天津股交所正式挂牌。灵石、介休两县(市)扩权强县试点工作不断引深。土地方面,左权在全省首家推出“土地银行”,引导民间资金实施土地开发项目。环境治理方面,设立了排污权交易业务受理窗口。社会治理方面,探索出“以证管人、以房管人、以业管人、以外管外”流动人口管理机制,全市14万流动人口适龄就业人群就业率达76%,劳动合同签订率达45%,社保参保率达46%,适龄子女义务教育入学率100%。启动了城乡联盟和教育集团组建工作,全国教育均衡化现场会在晋中召开。行政体制改革方面,市级审批项目取消23项,调整5项,下放15项,取消行政事业性收费6项。加强审批平台建设,优化流程设置,加强电子监察,实现了提速提效。

三、加强民主政治建设,依法治市、依法行政水平不断提升

坚持推进依法治市和民主政治建设。构建法治晋中建设“1+5”工作机制,全面推进“六五”普法,深入实施“法治护民、法治育民、法治便民”工程,提升依法治市水平。在全省首家开办领导干部法治大讲堂,在全市政法机关开展“千案评查”、“争办精品案件、争当办案能手”活动,推进涉法涉诉信访工作改革,在全省率先开展轻微刑事案件快速办理机制改革试点,有效促进了严格执法、公正司法。以“为民护航”为载体,全力服务转型综改试验区建设,帮助项目企业解决涉法难题1000余件。引深政务、厂务、村务公开和村民自治。加强对工会、共青团和妇联等人民团体的领导,圆满完成县乡村团组织换届、市县乡妇联换届,群团组织工作活力增强。坚持党管武装,定期研究部署国防和后备力量建设,积极为驻地部队办实事,军民融合式发展、双拥共建水平不断提升。

四、实施文化强市战略,加快推进文化晋中建设

围绕加强思想道德建设,大力弘扬山西精神、晋中精神,践行社会主义核心价值观。推进公民道德建设,深化社会主义精神文明创建,开展道德领域突出问题专项教育和治理。开设“市民大讲堂”。实施校园“培德健体”工程,评选“晋中市第四届道德模范”,汾西矿山救护队队长陈永生入选中国好人榜,武警晋中支队宣传干事牛何松获第四届全国道德模范

提名奖,受到习近平总书记接见。加强和改进未成年人思想道德建设,命名表彰了一批德育工作示范学校、优秀校长、模范教师、雷锋式少年。围绕提升舆论引导能力,改进新闻报道,关注基层民生,开通政务微博“晋中发布”,获2013年政务微博全国十佳应用奖。围绕文明城市创建,实施“六项重点工程”,培训12万市民,发放5万余册文明读本,1600家窗口单位开展了服务创优活动,整治交通秩序,开展移风易俗,城市面貌显著改观。围绕文化体制改革,市电影公司、晋剧团等重点经营性单位转企改制取得突破。围绕文化事业繁荣,加快推进市级图书馆、博物院、科技馆、群众文化艺术馆、影(剧)院建设,县级“三馆一院”建设基本实现全覆盖。118个乡镇综合文化站全部建成。推出《太行奶娘》等一批精品力作,成功举办广场文化月活动。围绕壮大文化产业,实施重点项目59个,完成投资25.2亿元。大型实景体验剧《又见平遥》获得成功,介休绵山晋级5A景区,祁县红海玻璃艺术园、平遥唐都推光漆艺文化产业创意园、灵石石膏山风景区等重点项目建设进展顺利。

五、着力保障和改善民生,加强和创新社会治理

在改善民生上,城镇新增就业人员4.8万人,转移农村劳动力4.9万人,城镇登记失业率1.95%,超额完成省定任务。实施学前教育三年行动计划,当年铺开的121所省、市、村三级幼儿园建设全部完工。健全城乡卫生服务体系,基本药物制度全覆盖。推进公立医院改革。新农合参合率达99.37%。保障性住房新开工2.55万套,开工率110.1%;建成2.68万套,完成率116.7%;完成投资48.6亿元,投资完成率121.4%。提高城乡低保、农村五保保障标准。全民健身活动蓬勃开展,竞技体育取得突破性进展。农村“五件实事”,4811户困难家庭危房改造、1532个行政村街道亮化、50个村级幼儿园改扩建全部完工;3760名特困群众易地搬迁,完成年度计划任务;行政村清洁工程全部启动。

在社会治理上,强化网格化综合服务管理体系建设,推动公共安全、社会服务、居民自治工作“网上”融合,受理事件处置率达98.23%。强化“一把手”责任,认真做好来信来访工作,进京非正常重复访、赴省重复集体访,分别为省下达控制指标59%、33%。以“六六创安”为统领,深入开展平安景区、矿区、园区“三区联创”活动,市综治办被评为全国社会管理综合治理先进集体。

在安全发展上,严格落实政府企业两个主体责任,探索试行党政同责制度。坚持每月安全例会、市县行政主官挂牌等制度。扎实开展打非治违、万家企业安全管理专家会诊和企业百日安全无事故竞赛活动,全年共发生各类生产经营性伤亡事故417起;死亡145人,下降14.71%。

六、加强各级领导班子建设,提高总揽全局能力

一是强化理论武装。以学习贯彻党的十八大、十八届三中全会精神和习近平总书记系列重要讲话精神为重点,市委中心组组织了18次集体学习。举办县处级领导干部专题研讨班,依托各级党委中心组、市委党校、邓小平理论学院、山西干部在线学院、晋中干部网络培训学院“五位一体”平台,推进理论宣讲进机关、进社区、进农村、进学校、进企业。组织各级领导干部参加宣讲报告,多次邀请专家解读《决定》,组建市委宣讲团深入基层宣讲。结合晋中实际,确定了14个课题,由市委常委和副市长领题调研,提出了晋中关于全面深化改革加快全省“四化”率先发展区建设的实施意见。

二是深入贯彻中央“八项规定”。根据中央“八项规定”和省委“三个实施办法”精神,出台了晋中的实施办法。从领导干部抓起,以踏石留印、抓铁有痕劲头狠抓落实。文风会风明显改进,党风政风明显好转。市级会议活动下降61.6%,文件减少15.7%,简报减少31.3%;公务接待人数和费用分别减少50.9%和47%;节会庆典减少18.2%。干部职工全部作出会员卡“零持有报告”;清理办公用房14.28万平方米;清理纠正204人违规用车,清退违规车辆366辆;查处违反中央“八项规定”精神的典型案件35起,给予党政纪处分35人。

三是贯彻党的群众路线。党的群众路线教育实践活动启动后,市委提出与全省第一批教育实践活动思想认识、学习教育、转变作风、解决问题“四同步”要求。市委常委带头走进基层、深入群众,深入调查研究,掌握一手资料,把握工作主动权。派出8个调研组,深入各县(区、市)和市直单位,征求到市、县两级领导班子“四风”方面问题6218条、建议751条,立说立行、即查即改。市委常委互相谈心谈话,认真撰写对照检查材料,在专题民主生活会上,开展了批评与自我批评。将征求到的意见和建议分解到常委班子成员头上,整改落实。在常委会带动下,各级干部结合下乡住村包村增收活动、“访民生、知民情、解民事”集中走访活动、“解民忧、办实事”活动等,深入基层洗脑子、照镜子,接地气、增底气,办实事、解难题,带动了全市干部作风转变。

七、坚持党要管党、从严治党,全面提高党的建设科学化水平

全面加强党风廉政建设。市委常委带头落实党风廉政建设责任制、《党章》、《廉政准则》和省委、市委廉洁从政各项规定,带头执行《关于加强对各级各部门“一把手”监督管理的暂行办法》、个人有关事项报告、礼品登记等制度,把权力关在制度的笼子里;反对“四风”,改进作风。加强考核检查,认真落实党风廉政建设“一岗双责”责任制。严明党的政治纪律,推动各级党组织和广大党员干部严格遵守党章和党内其他法规,认真落实“三个决不允许”、“五个不允许”政治要求,在思想上政治上行动上同党中央保持高度一致。加强对中央和省市重大决策部署的监督检查,持续引深执法监察,严处“不作为”行为,对行政审批制度改革进行全程督查。坚持“老虎”、“苍蝇”一起打,保持查办案件的高压态势。共立查案件1145件,结案1130件,处分违纪党员干部1101人,挽回经济损失1785.85万元。强化对党员干部的教育监督。加强廉政教育和廉政文化

建设,对新任市管干部进行集体廉政谈话。加强对党内民主生活会督促指导。深入开展预防职务犯罪教育活动。开展县委权力公开试点工作,坚持党务公开与政务、企务、医务、村务、校务、团务公开结合,形成"一务带六务、七务全公开"格局。提升科技防腐能力水平。推进惩防体系信息网"一网九平台"建设,网络舆情监督平台、食品安全责任监督网格化信息平台和安全生产责任监督网格化信息平台建设走在全省前列。认真解决人民群众反映强烈的突出问题。开展"带案下访",集中办结153个重点涉纪信访案件。深化农廉工作,组织开展以"百村土地补偿费大审计、百项涉农项目资金大审核、百村集体资产大审查"行动。专项检查了2011年以来扶贫资金的管理使用情况。规范了农村"三资"管理。深入纠风治乱。对连续两年被评为"群众不满意的基层站所"或当年排名末位且发生违法违纪案件的单位主要负责人给予免职处理。立案查处食品安全方面违法违规问题272起。查办涉农资金、公路"三乱"、教育乱收费、医药购销和医疗服务中不正之风案件103件。

(王秀峰)

附:中共晋中市委书记、副书记、常委名单

书　记: 张　璞

副书记: 胡玉亭(7月任职)　吴清海(7月离职)
张秀萍(4月任职)　刘润民(2月离职)
程锡景(4月离职)

常　委: 王　琦　李苏平(4月离职)　刘志宏
畅志仁　丁文禄　苗　伟(4月任职)
黄耀春　孙光堂　王建忠
王　威(12月离职)　孙宪春(12月任职)

中共榆次区委工作概况

区委书记　贡　琦

2013年,中共榆次区委团结带领全区人民,深入贯彻落实党的十八大和十八届三中全会精神,围绕全省转型跨越和全市率先发展总体目标,抢抓转型综改区、太原晋中同城化等战略机遇,突出统筹发展,全面解放思想,切实转变作风,务求工作实效。全年地区生产总值208亿元,增长9.1%;一般预算收入10.8亿元,增长10.5%;规模以上工业增加值71.8亿元,增长14.2%;固定资产投资总额194.4亿元,增长37.7%;社会消费品零售总额136亿元,增长13.7%;外贸出口额7637万美元,增长23%;城镇居民人均可支配收入24960元,增长10.6%;农民人均纯收入12129元,增长14.1%。

一、注重班子建设,执政能力全面提升

充分发挥理论武装作用,认真学习贯彻十八大和十八届三中全会精神,自觉在思想上、政治上、行动上与中央、省、市保持高度一致。围绕落实习总书记系列讲话精神、省委袁纯清书记在榆次调研讲话精神以及省市重点工程观摩点评会精神,推进学习型领导班子建设,组织区委中心组理论学习13场次,开展十八大、中国梦等专题宣讲102场次,进一步转变和提升了全区广大领导干部的思想观念、思维方式、工作方法。充分发挥区委常委会的领导核心作用,坚持把好方向、抓好大事、协调各方、凝聚力量,全年共召开11次常委会,分别就作风建设、项目建设、招商引资、信访维稳、民生事业以及人事任免等重大问题作出决定和部署,为贯彻落实中央和省市精神提供了强有力的政治和纪律保障。

二、优化经济结构,综合实力显著增强

紧紧围绕省高校园区、108综合经济廊带建设,科学谋划全区产业布局,坚持"传统产业优化、优势产业做强",不断提升区域综合实力。坚持都市农业发展方向,蔬菜、果品、养殖、苗木四大主导产业实现规模扩张,设施蔬菜总量达到11.6万亩,连续21年全省首位;北田、庄子"三横两纵"水果生态经济林发展框架基本形成;养殖依托金粮、得天缘等龙头企业,抓两头带中间,形成上下游产业链;苗木产业引进康培集团,6乡25村5300户农户调地2.3万亩,建成1.5万亩,全区森林覆盖率提高4个百分点,获批全省休闲农业与乡村旅游示范县,被农业部确定为全国新型职业农民培育试点县。坚持新型工业发展路径,围绕纺机、液压、冶金、食品四大优势产业,引进配套项目,延伸产业链条,强化科技创新,打造特色鲜明、优势明显的产业集群。特别是成立液压研究院和液压院士工作站,先后被科技部火炬中心列为国内液压行业唯一创新型产业集群试点(培育),被中国液压工业协会认定为国家液压产业集群示范基地,为区委产业集群发展增强了新动力;完善园区基础设施,入园企业达到272家,实现产值160亿元,税金5亿元。现代服务业持续繁荣,粮食、太铁、中储、经纬等物流项目进展顺利,汇隆农副产品交易市场建成运营,乌金山国家森林公园、明乐庄园等景点全面升级,全区综合实力显著增强。

三、夯实项目基础,发展后劲加速集聚

按照全省"项目推进年"各项安排部署,围绕现有产业基础配套,充分发挥工业园区主战场作用,积极谋划项目、布局项目、引进项目,新签约13项,总投资221亿元,超额完成年度目标任务。年初确定的56项重点工程,开工55项,完成投资173亿元,超额完成年度投资任务,银河电子、戴尔蒙德、

恒天经纬被确定为省级重点项目，形成了跨越发展的有力支撑。特别是“一院、一室、一站、三中心”建设取得突破，为企业转型发展奠定了坚实的基础。积极破解项目建设瓶颈，利用增减挂钩解决土地指标1160亩，强化项目水、电、路、气保障，确保项目及时落地。

四、抢抓发展先机，城乡统筹步伐加快

统筹谋划，主动作为，解决了迎宾街东延、沃尔玛等一系列历史遗留问题，配合晋中市46项市政重点工程征地8837亩、拆迁42万平方米；启动了小东关、南沟、北关等10个城中村改造，榆次电缆厂北宿舍和原电子仪器厂、榆次酒厂职工宿舍危楼等棚户区改造项目有序推进；完成小南庄村456户整村拆迁任务，启动了大学园区服务区建设，西堝服务区一期改造项目主体工程已完工，寇村服务区项目村民拆迁协议签订已超过七成；重点实施了伽西、张胡、牛村三个新农村建设试点，得到省市领导的肯定。坚决打击违法用地，拆除“两违”建筑304宗13.5万平方米，维护了全区建设秩序和社会秩序。

五、着力改善民生，和谐建设成效明显

七成财力投向民生，“十件实事”全部兑现。教育基础工程基本完成，教学质量进一步提升，义务教育均衡发展全国领先。推进城乡居民养老保险工作，深化医药卫生体制改革，落实卫生惠民政策，成功创建省级农村和社区中医药工作先进单位。文化产业发展迅速，宏艺珠宝、福源昌等项目全面推进。人口计生工作继续走在全省前列。引深平安创建，落实安全生产责任。规范网格化社会服务管理，引深文明城市创建。信访服务中心竣工，赴京非正常访、越级集体访大幅下降。党管武装和民兵预备役工作得到新加强，国防基础设施保障水平明显提升。街道社区、地震、档案、史志、老龄、残联和工青妇等工作迈上新台阶。

六、凝聚发展共识，民主政治不断深化

严格落实民主集中制，坚持重大问题集体讨论、集体决定，组织召开专题民主生活会3次，班子成员认真进行了批评与自我批评。加强党委对人大、政协的领导，积极支持人大、政协开展工作。高度重视统战工作，建立了党外代表人士季度座谈会制度，民族、宗教、非公经济人士、侨务、对台和新社会阶层人士工作得到加强。落实行政执法责任制，法治政府建设步伐加快。全面推进“六五”普法，全民法制意识和法律素质显著提高。

七、强化制度落实，反腐倡廉取得实效

落实党风廉政建设责任制，严格遵守“八项规定”，狠刹“四风”，扎实开展治理吃喝不正之风、领导干部大办婚嫁丧葬等活动，停止新建楼堂馆所2处，腾退办公用房3800平方米，纠正违规用车8辆，进一步优化了全区发展环境。认真践行党的群众路线，扎实开展“双规范双提升”和带案下访活动，维护了党委政府良好形象。创新廉政教育渠道，开展廉政教育“七进”活动，选树范妹锁、李天福、孔宪心等五名勤廉双优先进典型，有效推进了全区党员干部作风转变；强化机关效能建设，保持对违法违纪案件高压态势，立查案件126件，党政纪处分126人，取得了反腐倡廉阶段性成效。

八、夯实执政基础，党的建设富有成效

围绕“三基”建设要求，落实党建工作责任和联述联评联考制度，区域化党建格局逐步完善。落实党管人才制度，树立正确的选人用人导向，坚持向基层倾斜、一线倾斜，尊重基层党委的决策和意见，共调整干部184人，提拔70人，选派44名年轻干部到乡镇、农村、信访以及重点工程第一线挂职锻炼，提高农村、社区基层干部薪酬待遇，人才队伍更趋优化。强化基层组织建设，集中整顿了26个后进村，10个乡镇全部建立农村党员干部培训中心，“网格＋党小组”的社区党建工作模式逐渐成熟，星级党组织创建活动成效明显，非公党建服务发展能力明显提升，党员发展机制更加科学健全。党建试点工作成效显著，全面推开乡镇党代会年会制，全省试点开展了党代表工作室建设，带动全区党员干部为群众办好事实事1.1万余件，得到省市领导的高度评价。注重党员作用发挥，开展“访知解”和“解民忧、办实事”活动，推动百机关百企帮百村，在小南庄拆迁，牛村、张胡村旧村改造，康培苗木基地调地等急难险重任务中，以党代表和党员干部组成的攻坚队伍都发挥了重要作用。

（郝继光）

附：一、中共榆次区委书记、副书记、常委名单

书　记： 贡　琦

副书记： 张祖祁（3月任职）　赵瑞昌（12月离职）
李鹏飞（12月任职）

常　委： 邢如彪　张祖祁　李鹏飞
刘国宏（12月任职）　原士旭
冀得政（12月离职）　冀　杰
王思利（10月离职）　卫建星（10月任职）
石　勇（12月任职）　李　军（12月任职）

二、乡镇（街道）党（党工）委书记、副书记名单

郭家堡乡

书　记： 赵凌中（12月离职）　马志宏（12月兼任）

副书记： 屈瑞明　郑荣辉（5月离职）
孙　健（5月离职，挂职）
张永亮（5月任职）
王　波（5月任职，12月离职）
张权卫（7月任职，挂职）

乌金山镇

书　记： 梁英俊

副书记： 郝枫筝　王文玉（5月离职）
焦志刚（5月离职）　张文生（5月任职）

杨林杰(5月任职)

张庆乡

书　记：田晓宇

副书记：刘　明　李福柱　王利珍(女,5月离职)
孙　健(5月任职)

修文镇

书　记：张志峰

副书记：姬亚东　赵海卿(5月离职)　齐　涛
张永刚(5月任职)

东阳镇

书　记：郝志明

副书记：张秀珍(女,12月离职)　韩晓峰
李　源(5月任职)
郑永艳(女,8月任职,挂职)

北田镇

书　记：范耀明(12月离职)　张秀珍(女,12月任职)

副书记：崔宴杰　褚　峰　王建宏(5月离职)
郑丽伟(5月任职,11月离职)
柳志华(8月任职,挂职)

长凝镇

书　记：籍永利(女,11月离职)　郭　强(12月任职)

副书记：郭　强(12月离职)　赵志远(12月任职)
李秀平　翟秀国(5月离职)
桑利民(5月任职)

庄子乡

书　记：许润生

副书记：赵志远(12月离职)　王　波(12月任职)
张永亮(5月离职)　王利珍(女,5月任职)
宁艳琴(女)

东赵乡

书　记：杜吉平

副书记：安小红　赵彩珍(女,5月离职)
毕继萍(女,5月任职)　胡耀峰

什贴镇

书　记：马　宏

副书记：孙　军　师国珍(5月离职)
翟秀国(5月任职)　李国梁

晋华街道

书　记：王建政

副书记：马桂萍(女)　程　秀

经纬街道

书　记：郭翠枝(女)

副书记：郭金书

锦纶街道

书　记：陈彩林

副书记：原丽花(女)　成俊虎

北关街道

书　记：常春俊

副书记：刘文枝(女)

新建街道

书　记：畅玉光

副书记：程雪瑾(女)

新华街道

书　记：张奇志(女)

副书记：李　伟
高富维(11月离职)

路西街道

书　记：武丽芯(女)

副书记：王建华　张巧顺

安宁街道

书　记：李转萍(女)

副书记：张　峰　王拴成

西南街道

书　记：余民山

副书记：王金秀(女)

中共太谷县委工作概况

县委书记　郝向明

2013年，太谷县委全面贯彻党的十八大、十八届三中全会和省市县党代会精神,团结带领全县人民,紧紧围绕富民强县的总目标,以加强组织建设为主题,以加快项目推进为主线,实施了五大类234个项目,经济建设和社会发展呈现健康运行、稳定增长的良好态势。主要表现在以下两个方面：

一、全面加强组织建设,各级组织的凝聚力、战斗力、创造力不断增强

2013年,县委把党的建设与小康建设同步推动,通过开展“1+3”行动,强班子、带队伍,抓发展、保稳定,有效地把党建优势转化成了发展优势，把组织资源转化成了发展资源。思想建设取得了新进展。通过开展“大教育、大培训”活动,提高了党员干部的理论修养和政治素质,增强了贯彻执行方针政策的自觉性、坚定性。通过采取“走出去、请进来”的措施,使广大党员干部看清了不足,找准了差距,增强了工作的紧迫感、危机感。通过采取“大胆试、大胆创”的做法,破解了发展难题,创新了发展理念,营造了敢想敢干、大干实干的浓厚

氛围。

班子建设得到了新加强。通过实行一岗双责、领导包项等制度，推行一线工作、倒排工期等办法，保证了四套班子步调一致、协调统一。通过整合四套班子力量，成立六大工作组，实行县委常委、副县长牵头抓总，人大、政协协调配合的机制，打破了四套班子"一线"、"二线"的思维定势，使每个县级干部人人肩上有重担、个个身上有压力。

队伍建设迈出了新步伐。通过开展"1+3"专项行动，把教育培训贯穿始终，实施创先争优、后进村提升、联系群众百千万三大工程，取得了明显效果。大培训促进了大统一。举办大小培训100多场3.7万人次，将干部群众的思想认识统一到了县委政府的决策部署上，将率先发展的要求转化成了群众的自觉行动。大调整激发了大干劲。坚持重德、一线、业绩、清廉的原则，实行了"干好的一直干、干不好随时换"，形成了作风大转变、干劲大提升、工作争一流的生动局面。大竞赛创造了大速度。把12个乡镇区分成3组，开展工作竞赛，月汇报、月督查、月排队，营造了你追我赶、竞相发展的良好局面。

作风建设呈现了新风貌。认真落实中央"八项规定"、省市反对"四风"各项规定。通过清理违规占房、公务用车、人情消费等问题，使广大群众看到了实实在在的成效和变化。通过采取公开承诺、明查暗访等多种办法，加强了经济管理、行政执法等单位的民主评议，全县政风行风明显好转。通过落实党风廉政建设责任制，开展治理"懒庸散奢"专项行动，推进工程领域专项治理，查办涉纪涉腐案件98起，有力保障了全县改革发展稳定大局。人心思进、人心思变，团结干事、风清气正的氛围日益浓厚。

二、全面加快项目推进，县域经济的关注度、知名度、美誉度持续扩大

一年来，县委把项目推进贯穿于各项工作中，大上项目、上大项目，六位一体考核超额完成任务，各项社会事业实现全面发展。

县域经济健康发展。抓住加快发展这个要务，积极破解经济发展难题，推动了全县经济平稳、健康发展。2013年，全县生产总值完成65.99亿元，同比增长8.8%。工业增加值15.54亿元，增长14.2%；固定资产投资48.37亿元，增长38.1%。社会消费品零售额26.96亿元，增长14.2%。财政收入8亿元，增长11.2%。城镇人均可支配收入22102元，增幅10.3%。农民人均纯收入12463元，增幅13.8%。其中：农业现代化进程全面加快。2012年成为全国52个示范区之后，2013年纳入全国21个现代农业改革试点县，为打造农业强县注入了新的活力。工业园区化态势持续增强。四大工业园初具规模，企业入园、行业集聚迅速增强，园区财政贡献度达到40%，提供就业岗位3.8万个。三产多元化特征日益明显。生态旅游、商贸物流、交通运输等现代服务业蓬勃发展，特别是旅游与农业、与文化、与生态相融并进，观光游、采摘游日益兴旺。

城乡建设突飞猛进。按照"打造大县城、发展特色镇、建设中心村"的思路，重点抓了拉大框架、完善功能、机制创新3项工作。拉大框架上，开展了北部新城建设，形成了"三带、三轴、四大中心"的空间布局。同时将县城周边15个村，纳入城市范围，规划建成区面积扩大到24平方公里。完善功能上，实施了60项城建工程，金谷广场建成运营，凤凰山森林公园、乌马河滨河公园开工建设，使精品城市特征日益明显。机制创新上，建立了一镇三区的管理体制，制定了户籍制度改革、失地农民安置等改革政策，加快了村改居、农改非、资转股步伐。此外，胡村、范村分别开展了省级示范镇、市级重点镇建设，水秀乡撤村建居工程初见成效，29个中心村建设顺利推进。全县城镇化率提高了2个百分点，达到50.6%。

综改试验成效显著。抓住全省综改区的机遇，先行先试、大胆创新，有效地破解了一些制约因素。推行政府奖励银行政策，开展银企对接，融资近6亿元。实行"政府聘用、企业使用"的用人政策，为经济发展增添了新的活力。推进土地增减挂钩试点，完成了两个500亩项目验收，启动了新的项目，有效地保障了项目用地。

社会事业持续改善。坚持民生优先，财政用于民生领域的支出占到了总支出的90%。产学研、政校企合作深入推进，研发中心、院士工作站迅速发展。中考、高考成绩稳居省市前列，义务教育均衡发展的经验在全国推广。建设了2个乡镇卫生院，10个村级卫生室，充实了乡镇卫生队伍，被评为全国中医药工作先进县。整合了食品监管职能，加强了隐患整治，全县安全形势稳定好转。太谷秧歌动漫电影《孟母三迁》精品剧在省级以上媒体演出，社区健身圈提前一年完成，被评为全国全民体育健身先进县。免费乘座公交车、发放老龄补贴等惠民政策全面落实。社会秩序明显好转，综合治理位居省市前列。此外，就业创业、社会保险、城乡救助、慈善事业等日益完善，城乡居民幸福感、满意度明显提高。

（曹建呼）

附：一、中共太谷县委书记、副书记、常委名单

书　记：杨建平（1月离职）　郝向明（2月任职）

副书记：郝向明（2月离职）　武晓花（女，2月任职）　刘　伟

常　委：雷秦国　游大庆（12月离职）　李军荣（女，12月离职）　刘凯宇　李王俊　王　鹏　刘进文（12月任职）

二、乡镇党委书记、副书记名单

明星镇

书　记：党翠花（女，3月离职）　赵瑞旭（3月任职）

副书记：王有忠（3月离职）　贾世煜（3月任职）　胡巧生（3月离职）　蔺永强（3月任职）

胡村镇

书　记：赵瑞旭（3月离职）　王迎庆（3月任职）

副书记：庞瑞宾（3月离职）　史安国（3月任职）　聂光启（3月离职）　宋艳斌（3月任职）

水秀乡

书　记：程锡威

副书记：孙俊杰　史安国（3月离职）
贾晨亮（3月任职）

侯城乡

书　记：王志强（3月离职）　武正梅（女，3月任职）

副书记：白建军（3月离职）　郭　栋（3月任职）
王　刚（3月离职）　杨　俊（3月任职）

北汪乡

书　记：池丽萍（女）

副书记：白建利　杨巨文（3月离职）
李　鹏（3月任职）

阳邑乡

书　记：夏文利（3月离职）　韩卫政（3月任职）

副书记：韩卫政（3月离职）　原　林（3月任职）
石问鼎（3月离职）　肖　伟（3月任职）

小白乡

书　记：郑　炜（3月离职）　庞瑞宾（3月任职）

副书记：贾俊杰　白文钢（3月离职）
牛海兵（3月任职）

任村乡

书　记：武正梅（女，3月离职）　李　波（3月任职）

副书记：李　波（3月离职）　王　刚（3月任职）
杜诗茂（3月离职）　王　艳（女，3月任职）

范村镇

书　记：郭志强

副书记：梁建隆　杜惠民（3月离职）
牛明远（3月任职）

北城区

书　记：张玉忠（3月任职）

副书记：陈新年（3月任职）　张世亮（3月任职）

白塔区

书　记：王有忠（3月任职）

副书记：杜惠民（3月任职）　赵元美（女，3月任职）

南城区

书　记：白建军（3月任职）

副书记：聂光启（3月任职）　郝新刚（3月任职）

中共祁县县委工作概况

县委书记　吴文胜

2013年，在省委、市委的正确领导下，县委认真贯彻党的十八大和十八届三中全会精神，团结带领全县各级党组织和广大党员干部群众，以转型综改为统领，全面推进经济、政治、文化、社会、生态文明建设，扎实推进党的建设新的伟大工程，各项工作取得新成效，美丽祁县建设实现良好开局。全县地区生产总值完成58.2亿元，同比增长5%；财政总收入完成5.57亿元，同比增长8.9%；规模以上工业增加值完成12.69亿元，同比增长3.4%；固定资产投资完成44.65亿元，同比增长35.2%；社会消费品零售总额完成30.47亿元，同比增长13.5%；城镇居民人均可支配收入完成23400元，同比增长9.5%；农村居民人均纯收入完成11507元，同比增长13.6%。

一、着力"四化"率先发展，奋力推进转型跨越

一是扎实推进转型综改建设。按照省、市转型综改总体部署，出台了《祁县经济转型综合配套改革试验总体方案》和《祁县2013年转型综改试验行动方案》，围绕产业转型、生态修复、城乡统筹、民生改善四大任务，确定重大改革课题27项，重大事项36项，重大项目30项。总投资88.7亿元的乔家大院千朝农谷、顺发生物质发电、统一饮品方便面、古城东侧综合改造等10个综改标杆项目全部开工建设，当年完成投资24.5亿元。按照"建设全省无矿产资源县经济转型综改试点县"的要求，规划了北接清徐、东联太谷、西到汾河、南到东观镇区占地150平方公里的无矿产资源县经济转型综改试点县项目区，纳入全省108综合廊带，全力打造祁县转型综改试验田。

二是改造提升传统产业。出台《关于扶持玻璃器皿产业发展的若干意见》，县财政出资500万元支持企业拓展市场、技术创新、兼并重组。美国纽约玻璃器皿营销海外中心投入运营，长风商务区祁县玻璃器皿体验店开张，积极筹备上海自贸区祁县玻璃器皿展销中心，国家质检总局批准筹建"全国玻璃器皿知名品牌创建示范区"。水泵业实施国家科技项目3项，天波公司新增发明专利4项，2种新产品填补了国内空白。天波和三益强磁公司荣获省级"高新技术企业"称号。

三是加快发展现代农业。加大强农惠农支农政策力度，全年补贴资金2.9亿元，增长10%。新发展水果1.2万亩、干果经济林2.29万亩、设施蔬菜6011亩，粮食总产达到2.23亿公斤。抓住伊利液态奶项目落户祁县机遇，大力发展养牛业，制定《牛业发展规划》和《奶业发展规划》，签约九牛公司2万头奶牛和科尔沁公司5000头高品质肉牛项目，牛饲养量达到15.8万头，成为国家级肉牛标准化生产示范县。实施现代农业示范园区项目5个，完成投资3730万元。千朝农谷建成200亩连栋温室大棚，全省首家引进澳大利亚安格斯种牛500头，成为全省现代农业龙头项目。加快现代农业经营体系建设，新发展农业专业合作社104户，“一村一品”专业村达到124个，省、市级农业龙头企业达到48户，农产品加工企业销售收入达到19亿元。3个农产品品种获得欧盟出口认证和有机认证，30种农产品通过无公害产品认证，20万亩农产品通过无公害基地认证，完成酥梨GAP认证1.2万亩，农产品质量不断提高。被水利部选定为全国小型水利工程管理体制改革示范县。

四是积极推进城镇化建设。按照“一轴两区四线”大县城框架和“一城四镇”城镇体系框架，景城一体、产城一体、城乡一体，推进县域城镇化。《祁县县域总体规划》和县城东部片区、西北片区控制性详规初审编定。出台《推进县域城镇化建设实施方案》，从创新规划、户籍、土地、投融资等体制机制探索城镇化推进办法。景城一体打造县城区，实施了投资17亿元的十大市政重点工程和投资4.1亿元的十大交通建设工程，垃圾处理项目投入运营，集中供热项目增加供热面积20万平方米，汽车客运站、中医院、人武部办公楼完成主体建设，温峤路、体育路、紫金路建设完工，丰西线、谷任线、祁晓线全线贯通，祁方线完成路基建设和部分路面硬化工程。以古城东侧拆迁完成和田森商务区开工建设为标志，拉开了祁县城镇化建设的序幕。城乡一体推进“四线”改造，对108、208、祁方线、东夏线统一规划设计，从环境卫生清洁工程入手，推动“四线”综合整治。启动“美丽乡村”建设，被省财政厅确定为美丽乡村建设试点县。会善村、乔家堡村“村改居”工作顺利完成。

二、深入推动文化强县建设，提高文化创造活力

营造良好舆论氛围。推行每月新闻通气会制度，壮大新闻网络宣传队伍。建立“祁县发布”微博互动平台，开办电视专题专栏宣传120期，发行《今日祁县》50期，依托市以上媒体、网络刊发新闻1878条，县级媒体全部建立电子版在祁县县委政府网同步发布。健全重大舆情报送制度，强化网络监管。加强外宣工作，与香港卫视合作完成3D版《发现－祁县》拍摄制作。

推进文化事业繁荣发展。深入开展“六个文化”建设活动。建立县图书馆数据库，村级文化活动场所和农家书屋实现全覆盖。成立名人文化研究会、祁县诗词协会，举办了“名城·名家·名人”笔会。启动晋剧百部剧目整理工程。大型历史剧《祁奚还乡》完成剧本修订。乔家堡村、谷恋村成功申报国家历史文化名村。加强文化市场监管。推进文化下乡活动，组织农村电影公益放映1920场，组织“两节”、农民艺术节、全民健身等群众文化活动。

推动文化产业发展。突出推进晋商文化、名人文化、民俗文化、古城文化、玻璃文化、生态文化六大板块，围绕古城、古院、古街、古人、古树、古书挖掘文化内涵，重点实施红海玻璃文化艺术园、乔家大院升级5A景区、晋商游学之旅3个项目，完成投资2.4亿元。红海玻璃文化艺术园被命名为山西省第二批文化产业示范基地。争取省、市文产发展专项资金位列全市前茅。

三、大力保障和改善民生，不断提高社会治理水平

改善民生方面。县政府承诺实事全部完成。落实就业各项政策，新增就业人数4783人，登记失业率控制在0.86%。低保、医保、社保实现应保尽保，发放标准逐步提高。设立农村居民大病救助基金200万元。以提高质量和促进公平为重点，加快教育事业发展，昌源新区小学开工建设，3所标准化幼儿园投入使用，义务教育标准化建设通过省市验收。健全城乡卫生服务体系，推进基本公共卫生服务均等化，居民健康档案建档率达到97.97%，扩大基本药物制度实施范围，新农合参合率达到99.65%。推进15分钟便民商圈、500米健身圈建设。关注困难群体，落实救助项目。实施扶贫移民工程。开展关爱残疾人活动。基本建成各类保障性住房3275套，完成农村危房改造477户。低收入农户冬季取暖用煤全部发放。

社会治理方面。健全网格化社会治理体系，受理事件处理率达到98%。健全矛盾纠纷排查调处体系，构建人民调解、行政调解、司法调解、社会组织调解“3+1”大调解格局。推进十大平安体系建设，开展“为民护航”行动，优化社会治安环境。认真接待信访群众，建立领导包案、带案下访等制度，切实解决群众反映的问题，推进涉法涉诉信访改革，规范信访秩序，信访形势稳步好转。进京非正常重复上访、初次上访、集体上访全部为“零”登记，获得市驻京信访工作组表扬。安全发展方面。牢固树立安全是第一要务、安全是最基本民生的理念。坚持领导干部安全生产“一岗双责”，落实安全生产党政同责制度。扎实开展安全生产“三责”教育，加大事故隐患排查整改力度，深入开展专项整治，强化企业主体责任。全年没有发生较大以上安全事故。省级药品安全示范县通过验收。

四、坚持党要管党，从严治党，全面提高党的建设科学化水平

创新基层党组织建设。省、市、县三级选派了10名机关干部到农村担任“第一书记”，对14个后进村安排工作组进行专项整顿，开展“县直机关下乡、百人百企进村”活动，包党建包增收包发展。组织了“星级党组织”创建和“百名党员之

星”选树活动，授牌命名13个五星级党组织、25个四星级党组织；举办了“星耀党旗红，共筑中国梦”党员先进事迹报告会，选树推广刘振常、王承旺等91名先进典型。深入开展“三有一化”社区党建活动。推广“刘振常党建办公室”工作法，加强非公党组织建设。

强化党风廉政建设。严格贯彻执行中央“八项规定”，县委出台了改进工作作风“四个实施办法”，细化了调查研究、文风会风、新闻报道、公务接待等相关规定。深入开展作风整顿，部署开展“四风”问题专项治理8次，6584名公职人员作出会员卡“零持有”承诺，清退违规车辆5辆，腾退办公用房2531平方米。加强对中央“八项规定”贯彻执行情况的监督检查，开展督查活动40余次，处理违规违纪党员干部9人。文风会风明显改进，党风政风明显好转。全县会议数量减少17.6%，文件减少7.8%，简报减少54.5%，会议经费减少30.7%，公务接待人数和费用分别减少49%和35.4%。严格贯彻执行《党政机关厉行节约反对浪费条例》，倡导节俭之风，反对奢靡浪费。

加强廉洁从政教育，开展示范教育、警示教育和岗位廉政教育。构建“五位一体”行风评议工作机制，查处政风行风问题案件6起。对县级重点项目服务督查192次，开展重点时段、重点领域监督检查40次。开展食品安全大检查，深化纠风专项整治。加强阳光农廉网平台建设。严格落实党风廉政建设责任制和一岗双责。坚决查办腐败案件，处分违纪党员干部85人，移送司法机关4人，保持了惩治腐败的高压态势。（李卫东　郭俊生）

附：一、中共祁县县委书记、副书记、常委名单

书　记：段燕翔(2月离职)　吴文胜(2月任职)
副书记：张　鹏　侯文亮(12月任职)
　　　　沈和定(4月离职)
常　委：郝昭仁(12月任职)　史　洁(女，12月离职)
　　　　李郁明(12月任职)　刘进文(12月离职)
　　　　李军荣(女，12月任职)　张宝贵(12月离职)
　　　　闫锡忠(12月任职)　权　冰(12月离职)
　　　　王　辉(10月任职)　王兆俊(10月离职)
　　　　冀得政(12月任职)　张曲波(12月离职)

二、乡镇(街道)党委(党工委)书记、副书记名单

昭馀镇
书　记：李耀强
副书记：李志勇　杨治敏
东观镇
书　记：杜惠敏
副书记：马　勇　梁利斌
古县镇
书　记：贾玉川
副书记：张英杰　闫素绘(女)
城赵镇
书　记：崔　俊
副书记：赵宏海　李　浩
贾令镇
书　记：高子彪
副书记：张　琼(8月任职)　刘晓峰
　　　　刘学昌
西六支乡
书　记：郭俊杰
副书记：王雪花(女)　马　勇
峪口乡
书　记：梁安贵
副书记：范春瑞　卢勇龙
来远镇
书　记：王海旺
副书记：霍哲慧(8月任职)　许威旺(8月离职)
　　　　刘奇彪
昌源城区
书　记：薛瑞刚
副书记：武宏亮　杨承雄
丹枫城区
书　记：温　豪
副书记：李　禄　唐保珍
麓台城区
书　记：李增耀
副书记：郭雪萍(女)　张维忠
经济开发区
书　记：杜惠敏
副书记：董永兴　许映洲　高　耀(挂职)

中共平遥县委工作概况

县委书记　卫明喜

2013年，平遥县委以邓小平理论、“三个代表”重要思想和科学发展观为指导，深入贯彻落实党的十八大、十八届三中全会精神，围绕“平遥梦”、“黄金期”总目标，带领县四大班子凝聚智慧谋略，团结广大干部群众蕴含艰辛汗水，同心协力，攻坚克难，奋力转型，办成了一件件大事，攻克了一件件难事，经济运行逆势有为，稳中有进；城乡建设风生水起，亮点频现;民生事业欣欣向荣,持续推进;党建工作夯基创新,扎实有效,确保把古城做新做靓,让平遥更富更强。全年财政总收入完成125090万元,增长3.84%;其中一般预算收入61960万元,增长13.79%。地区生产总值完成97亿元,增长9.8%;规模以上工业增加值33.1亿元,增长12.5%;固定资产投资68.3亿元,增长33.8%;社会消费品零售总额44亿元,增长12.5%;城镇居民可支配收入22316元,增长11%;农民人均纯收入9560元,增长14%。

一、经济社会各项事业全面协调持续健康发展

农业稳中有增。粮食总产27.9万吨,单产479.3公斤,实现十连增。投入资金1256万元,新增水果经济林1万亩、干果经济林1.2万亩,新建健康规模养殖小区(场)24个。实施龙头企业技改扩建项目20余个,规模以上农业龙头企业实现销售收入增加至28亿元。投资8781万元,实施5大类水利工程;改造、建设高标准农田近2万亩。新增土地流转面积2.9万亩,累计达15.6万亩。

工业转型升级。全年铺开20项重点工程,其中11项投产或试运行,新增投资37.41亿元。煤化新型光学材料产业园一期项目进入量产阶段,石头造纸项目主体完工;峰岩铸造集聚区熔炉项目将投入运行;中科鸿基生物产业园一期项目试运行。温家沟煤矿达到省级二级标准化矿井,木家庄煤矿和金众煤业通过竣工验收,全县煤炭产量达到208万吨,增长10%。纳税超亿元企业2户,超千万元企业9户,37户规模以上工业企业纳税5.14亿元,占财政总收入的41.12%。旅游业稳步迈进。国内首部大型室内情境体验剧"又见平遥"正式上演,共计演出562场,观演人数24.8万人,门票收入3279万元。5A景区创建通过国家旅游局景区景观质量评审,旅游标准化试点县通过国家终期评估验收。央视曝光非法营运客运三轮车和黑景点欺客宰客问题后,顶住压力,破除阻力,清理取缔非法营运三轮客运车898辆、黑景点7处,阻碍旅游发展的两大顽症得到有效破解。建成游客接待服务中心。温泉项目正式落地。成功举办了平遥中国年、平遥国际摄影大展等文化活动,平遥古城荣获"2014年全球百大优价旅游目的地"、中国十大魅力小城等殊荣。全年接待游客550.5万人次,增长31.9%;旅游综合收入54.2亿元,增长34.2%;门票收入1.18亿元,下降21.3%。

城乡建设风生水起。针对平遥的城镇化率低于全省、全市平均水平的状况,县委、县政府把"十二五"后三年确定为平遥的"城市建设年",按照"中部神龟灵动、两翼凤凰展翅"的城建布局理念,2013年共启动实施了总投资80亿元的城市扩容提质项目50余项。按照"办多少事找多少钱"的理念,采取BT、BOT融资模式解决资金难题。对双林大道、文景大道等8条城市道路进行了新改扩建,这两条道路是平遥历史上档次最高、投资最大、里程最长的城市道路。投资2.3亿元的惠济河城区段综合治理工程基本完工。投资3.28亿元的热电联产集中供热工程扎实推进。完成房屋征收拆迁30万平方米。新增城市绿地10.9万平方米,城区绿化覆盖率达到38%,通过省级园林县城初审。完成古城内14条重点街巷、5700余户住户的电力管网和线路改造。完成造林绿化3.82万亩,被评为全省造林绿化六大工程先进县。187个行政村安装太阳能路灯2891盏;新建改造农村公路7条。拆除城区违法建筑147处、3.5万平方米;集中整治沿街商铺广告牌匾1000余户、1.5万平方米。增加300万元财政资金用于环卫事业。完成《平遥县县城总体规划》纲要编制。拆除农村违法占地9宗,面积3500平方米,被评为全国国土资源节约集约模范县。

民生事业持续推进,在全县财政收支困难空前、矛盾加剧的情况下,民生投入就达12.24亿元,占公共财政预算支出的63.46%。二幼、二中教学楼、实验中学教辅楼及配套项目投入使用,新改建11所标准化幼儿园,10所农村中小学和5个教学点新建项目基本完工。基本建成保障性住房3263套,超额完成市下达任务。企业退休人员人均月增养老金218元;城乡居民月增基础养老金10元;发放五大社保资金3.81亿元。在洪善、段村、宁固、东泉新建4所乡镇敬老院。县人民医院住院楼主体完工,新农合补偿53.47万人次,补偿金额1.18亿元,被确定为全省唯一的中医药发展综合改革试点县和全国中医药预防保健及康复与临床服务能力建设项目试点县。3D、7D数字院线影城开始运营,新增有线数字电视用户1.26万户。

社会建设扎实推进。县委纪委、政法等部门牵头抓总,相继开展了打非治违、安全生产大检查、百日除隐患保安全活动,全县安全生产态势稳步好转。进一步畅通信访渠道,落实接待制度,强化案件办理,解决了一批疑难信访突出问题,被评为全省积案化解先进单位。"平安平遥"、"法治平遥"建设扎实推进,社会服务管理和治安防控水平进一步提升,人民群众安全感指数达到95.48%,被评为全省社会管理综合治理标兵单位。开通"平遥发布"政务微博,政民互动渠道进一步畅通。在四川成都举办"平遥古城经济发展及投资环境论坛",首开省外宣传推介之先河,全年签约项目16个,总投资238.88亿元,超额完成市下达任务。县财政注入风险补偿金500万元,为中小企业发放"助保贷"贷款5000万元。商业大厦实现资产变现,减速器厂改制基本完成。古城管委会启动运行。

二、加强党的建设,不断提高执政能力和科学化水平

2013年县委以加强"三基"建设为统领,紧紧围绕"基层组织建设提升年"活动任务,有力地提高了党建工作科学化水平。

抓机制创新,干部队伍建设实现新提升。紧扣领导班子和领导干部建设这一主线,干部调整实现常态化,县委书记带头深入基层领导班子开展"一对一"大谈心活动,共谈心谈话1100余人。坚持动态调整干部原则进行干部大调配,共调整干部9批332人次。在超前培养干部拓宽大视野,县委出

台《关于公开选拔年轻正、副科级后备干部办法》,经公开报名、资格审查、笔试、面试等程序,公开选拔出5名正科级后备干部,25名副科级后备干部,已有4名副科级后备干部得到提拔。目标责任考核制度化,下达全市考核指标任务,科学制定方案,开展全县乡科级领导班子的年度综合考核工作。

抓干部培训,干部教育工作探出新路子。制定《平遥县2013年干部教育培训计划》,管理山西干部在线学院和晋中干部培训网络学院,对183名新任副科级以上领导干部进行任职培训,聘请山西理工大学教授举办专题培训班。组织市管领导干部十八大精神轮训班、新任处级领导干部任职培训班、县处级干部轮训班和中青年(后备)干部培训班等四个选调班。在北京和浙江分六期举办五大专题研修班,覆盖到全县正科实职以上领导干部。举办农村(社区)干部“领头雁”培训班。

抓目标责任,各领域基层党建迈出新步伐。在全县基层党组织和党员干部队伍中深入开展加强“三基”建设,抽调135名领导干部进驻27个班子软弱涣散后进村进行整顿;积极推进“三型”党组织建设,围绕服务型党组织建设开展双联共建包村增收活动,围绕学习型党组织建设抓好机关党员干部学习党的十八大报告和十八届三中全会精神,七一期间,组织机关干部开展以“释放正能量,共筑平遥梦”为主题的一系列活动。完成基层党组织书记履行党建职责专项述职。

按照市委“四个同步”要求,统筹开展了“全心全意解民忧、尽职尽责办实事”、“两级机关下乡、千人千企进村”、“访知解”、“大走访、大承诺、大服务”三个集中行动、“记日志、晒日志、评日志、学日志”和大学生村官“六个一”活动,进一步促进各级党员干部接地气、转作风,为开展党的群众教育实践活动奠定了良好的基础。全县党代表工作室10月底全部揭牌启动运行,共建党代表工作室21个,参加党代表355名,公开了开放接待日期,规范了制度,实现了党代表联系群众和开展工作的全覆盖,统一印制了工作室标牌、版面、证件资料等。

反腐倡廉力度进一步加大,纪检监察机关充分发挥职能作用,贯彻落实中央八项规定,查处2起顶风违纪大操大办婚丧喜庆、4起公车私用、16名违反工作纪律等案件,组织1034名领导干部抵制吃喝不正之风承诺书,督促10369名在职人员做出会员卡零持有、零报告承诺,100个单位10778名干部做到个人清车承诺,清理腾退3520.7平方米超标办公用房。全年受理群众来信来访电话举报68件,办结63件,立查各类案件91件,审结91件,处分干部89人,挽回经济损失51.9万元。

(王德锋)

附:一、中共平遥县委书记、副书记、常委名单

书　记: 卫明喜(2月任职)

副书记: 曹治胜(3月任职)　雷新平

常　委: 韩　军(12月任职)　郭午生(12月离职)　王金宝　刘晶朋　张贵青(女)　刘国宏(12月离职)　张志宏　毕新荣(12月任职)　杨晓隆(12月任职)　郭玉兰(女,6月离职)

二、乡镇党委书记、副书记名单

古陶镇

书　记: 邓继杰(12月任职)　张锦东(12月离职)

副书记: 宋锡瑾(11月任职)　师新坚(11月离职)　梁风旺

岳壁乡

书　记: 郭锦全

副书记: 梁绍晋　霍跃俊

南政乡

书　记: 闫洪泽

副书记: 郭晓云(11月任职)　刘　雄(11月离职)　冀成柱

中都乡

书　记: 刘向东

副书记: 郝远胜(11月任职)　左晓俊(11月离职)　吴旭海

洪善镇

书　记: 郑仰兴

副书记: 成美玲(女)　耿洪汉

襄垣乡

书　记: 刘国斌

副书记: 王建明(11月任职)　宋锡瑾(11月离职)　任修龙

朱坑乡

书　记: 刘　雄(11月任职)　刘光明(11月离职)

副书记: 牛登山　冯晓梅(女)

东泉镇

书　记: 郝金福(11月任职)　王本荣(11月离职)

副书记: 雷　军　廉玉强

孟山乡

书　记: 李英伟(11月离职)

副书记: 裴　义　乔文林

卜宜乡

书　记: 左晓俊(11月任职)　许银武(11月离职)

副书记: 范志明　闫兵辉

段村镇

书　记: 师新坚(12月任职)　邓继杰(12月离职)

副书记: 裴畅科　张思茂

宁固镇

书　记: 李　文

副书记: 马　峰(11月任职)　郝金福(11月离职)　郝凤华(女)

香乐乡

书　记: 王忠华

副书记：闫昕潮　安德国（3月任职）

刘德光（3月离职）

杜家庄乡

书　记：乔增利

副书记：王桂梅（女）　赵　栋

城东街道

书　记：武凯山

副书记：贾月森

城西街道

书　记：闫俊蕊（女）

副书记：郭文玉　史锦云

古城街道

书　记：张灵明

副书记：马景龙

中共介休市委工作概况

市委书记　王继堂

2013年，在省委、晋中市委的正确领导下，介休市委坚持以科学发展观为指导，深入贯彻党的十八大、十八届三中全会精神，团结带领全市干部群众围绕晋中建设全省“四化”率先发展区总目标，紧抓转型综改和扩权强县试点两大机遇，以转变发展方式为主线，以项目建设为抓手，以加强作风建设为保障，全面推进经济、政治、文化、社会、生态文明建设和党的建设，各项工作都取得新的成效。

一、积极应对挑战，多措并举保增长

一是创优金融环境。积极推进中小企业助保贷业务，为中小企业缓解融资困难。积极支持信用联社改制商业银行，推动凯嘉集团上市。积极搭建银企对话合作平台，多层次召开政银企座谈会，贷款签约达44亿元，协调金融机构不断创新金融产品，并建立辅导企业制度，主动帮助企业融资。全年金融机构贷款余额达172亿元，比年初增长12%。二是创优政务环境。进一步清理和精简审批事项，规范审批流程。高标准建设集网上审批、电子监察于一体的电子政务审批服务中心。对全市行政部门进行信息化提升改造，逐步实现一站式办公，全面联网，信息公开，政务公开，推进行政审批快速提效。严格落实企业帮扶责任制，定期通报帮企情况。开展涉企收费、罚款和各种摊派专项检查行动，有效遏制了涉企“三乱”行为。三是创优市场环境。针对市场疲软、销售受阻问题，积极为企业牵线搭桥、提供信息、开拓市场，帮助企业守住老市场、开辟新市场。全市工业产品产销率达到95%以上。积极帮助企业强化内部管理，多种形式降低成本、节能降耗、挖潜增效。全市规模以上亏损企业比去年减少13个，同比减少25.5%，亏损总额比去年减少2.12亿元，同比减少17.64%。通过以上措施，除财政收入外，其他各项经济指标均实现平稳增长。

二、加快转型发展，增强后劲促跨越

项目建设扎实推进。始终坚持把项目作为转型跨越发展的强大引擎，不松劲、不懈怠，抓住不放、扎实推进。出台了《关于开展项目推进攻坚年的实施意见》和《重点工程项目六位一体目标任务考核办法》，统一协调、加强调度，全年完成重大项目储备158个，金额2969亿元；签约项目10个，金额253亿元；落地项目74个，金额156.47亿元；开工项目52个，投资133.3亿元；省、市重点工程建设投资完成134.91亿元；投产项目66个，投资115亿元，“六位一体”目标任务全部超额完成。青云航空产业园、中加大型锻件、路鑫成品油库等项目顺利推进；安晟泡沫陶瓷保温材料、三佳炭电极等一批项目建成投产；大唐路鑫低热值煤发电成为山西首批获得“路条”的低热值煤发电项目。

产业转型步伐加快。积极推动煤矿企业改造提升，焦化行业兼并重组以及其他传统产业转型升级。同时，大力发展高端制造业、新材料、高新技术等产业。财政在极为困难情况下挤出6000万元支持重点转型项目建设，2013年确定的24个重点工业项目中青云直升飞机、中加大型锻件、博创纳米氧化锌等新兴产业项目占到项目总投资的70%以上；扎实推进三产服务业，不断完善吃、住、行、游、购、娱旅游产业体系，全年共接待游客446.5万人次，同比增长10.1%，旅游总收入44.63亿元，同比增长25.7%。

园区建设成效显著。把工业园区建设作为转型跨越发展的广阔平台。全力推进义安循环经济、装备制造、新材料、通用航空四大工业园区基础设施建设，园区承载能力大大提升，今年新入园企业达19个，以园区为平台推动招商引资和项目建设的经济模式已初步形成。

城乡建设统筹实施。扎实推进新型城镇化建设，全市城镇化率比去年提升2个百分点，达62.6%。全面铺开总投资110亿元的80个重点工程，新建文化艺术中心主体完工，博物馆、三贤广场和祆神楼广场等重点项目投入使用，路网建设、天然气工程、集中供热、污水处理等基础设施进一步完善，城市辐射带动能力进一步增强；创建国家卫生城市工作积极推进，顺利通过了国家爱卫办的暗访验收。启动了数字城管、智能城管建设，城市管理日趋规范；着力加大中心镇、重点村建设，铺开“12路3桥43公里”农村、镇区道路交通建设，促进城乡一体化发展。扎实开展乡村清洁工程，垃圾围城围村现象得到明显遏制，城乡卫生状态明显好转。

生态环境持续改善。以百里河道治理为核心,汾河介休段综合治理完成一期工程,樊王河、龙凤河等河道治理稳步推进,开工汾河五坝和兴地引水世行项目工程;实施邢汾高速通道绿化、矿区绿化、连福张兰万亩核桃林等十大造林工程,新建成北坛游园、新城公园等城市公园,开工绵山公园,城市公园园艺水平逐步提升;全面启动省级环保模范城市创建,对规模以上企业实施能效对标,落实节能技改项目合同能源管理,加快关闭城市规划区内污染企业,万元地区生产总值能耗下降3.6%,各项污染物减排目标任务全部超额完成,全年二级以上天数达354天,一级天数达134天,生态环境得到了质的提升。

三、突出思想建设,繁荣文化增实力

大力实施精神文明创建工程。切实加强公民道德宣传教育,把社会主义核心价值体系融入精神文明创建全过程,全市各单位以弘扬社会正气和倡导良好社会风尚为鲜明主题,举办"道德讲堂"50余场。举办了影响介休体育30人、首届道德模范人物等评选活动,成功推荐张华滨入选山西省第四届道德模范、陈永生入围"山西好人"候选名单。在全市范围内开展了"讲文明、树新风"公益广告作品巡展。开展了首届"美德少年"评选活动,推选表彰宣传了一批可亲可敬可信可学的未成年人思想道德建设先进典型。

大力发展文化事业和文化产业。成功举办了"2013介休慈孝文化周"系列活动,成立了全国首家慈孝文化研究院,"慈孝之都"创建活动顺利推进。以"慈孝之都、放飞梦想"为主题的第九届广场文化节、"文化惠民、幸福介休"系列文化下乡活动等群众性活动满足了不同领域、不同层次、不同人群的文化需求。持续打造"绵山、张壁古堡、历史文化街区、张兰古玩城、天峻山"五张文化名片。绵山风景区成功创建国家级5A景区,为全省第四个、晋中首家。历史文化街区保护修复一期工程全面竣工,张兰民间工艺品市场项目成功签约,签约金额达2.5亿元。

四、大力改善民生,人民群众得实惠

市委始终把人民群众的利益作为一切工作的出发点和落脚点,坚持把改善民生放在突出位置,注重抓好各项社会事业统筹建设,努力让全市人民得到更多实惠,使社会发展大局更加和谐稳定。优先发展教育卫生事业。推进"八十校兴学、四十园兴幼"工程建设,加快43所幼儿园建设和中小学标准化建设,狠抓校长、教师、教研三支队伍建设,教育教学水平大大提升;实施"十院兴医"工程。总投资3.2亿元的新建人民医院主体工程基本完工,3个乡镇卫生院已投入使用。深化医药卫生体制改革,基本形成了市级公立医院为龙头、乡镇卫生院为前沿、村卫生室为基础的医疗卫生服务机制。推进食品药品监督管理体制改革,将职能、机构、队伍、技术等有效整合,实现了对食品药品安全问题的无缝监管。努力提升住房保障水平。出台介休市保障性住房建设管理实施办法及五个实施细则,保障房准入、退出、管理机制逐步完善,2013年保障房开工2850套,建成4389套,完成配租配售1017套,完成50户农村困难家庭危房维修改造。着力完善社会保障体系。全面落实更加积极的就业政策。全年城镇新增就业人数6770人,下岗失业人员再就业2249人,就业困难对象再就业564人,转移农村劳动力4020人,城镇登记失业率控制在2%,各项指标均超额完成。认真落实收入分配制度改革政策,按规定提高最低工资标准,社会救助体系覆盖城乡,城市低保标准和农村低保标准每月分别提高了30元和24元,农村五保对象实现了应养尽养,集中供养和分散供养标准分别提高1600元和600元。新农合参合率达99.8%,位列晋中市第一。

五、创新社会管理,维护稳定保和谐

市委始终把全市的安全稳定放在重要位置,以基层基础建设为重点,不断加强和创新社会管理。深入推进以四区联创为重点的"平安介休"创建工作,以公共安全视频监控系统建设为龙头,打造多维动态防控体系。扎实开展社会治安"六项整治"专项行动,形成市、乡、村(居)社会联动、上下联动的排查整治格局,有效净化了社会治安环境。基层依法治理广泛开展,全社会的法治意识进一步增强。全年刑事案件同比下降3.4%,治安案件同比下降22%。介休市被晋中市委、政府表彰为2013年度社会治理平安建设先进市,并被命名为晋中首批平安县(市),北关、西南被命名为平安街道。

六、着眼固本强基,标本兼治强党建

切实加强基层党组织建设。立足基层党建科学化,打造"八化"工作升级版。实行党建工作项目化,进一步完善党建考评体系,使基层党建"软任务"变成"硬指标";实行社区党建集约化,进一步提升"五个十分钟服务圈"建设档次,构建富有介休特色的社区党建新格局,晋中市社区"三有一化"建设现场推进会在介休召开,充分肯定了介休社区党建发展模式;实行"两新"党建标准化,积极推动"系统化引领、专职化队伍、品牌化活动、功能化阵地、制度化保障、绩效化管理""六个标准化"建设,推动党的组织覆盖向工作覆盖转变。

全面加强党风廉政建设。认真落实党风廉政建设责任制,牢固树立"一岗双责"责任意识,坚持不懈地抓好反腐倡廉工作。严格按照中央"八项规定"、狠刹"四风"、省市四个实施办法,以及晋中市关于开展群众路线教育实践活动"四同步"要求,深入开展狠刹"四风"整治"四违"专项行动,立查案件33起。全市市级发文同比下降14%,会议同比下降40%,接待费用同比下降44%,公车费用同比下降15%;坚持教育为先,预防为主,对党员干部廉政教育常抓不懈,专门召开"三责"教育和党风廉政警示大会,进行安排布署。对70余名新任领导干部进行任前廉政谈话,全部签订了《廉政承诺书》。广大党员干部认真履职尽责的责任心和为民务实清廉的自觉性明显增强。专门排练了以贯彻落实党的群众路线为主题的现代晋剧《村魂》,组织党员领导干部集中观看,起到了积极的警示教育作用;创新监督模式,将行政审批、食品安全、农廉网、安全生产、工程建设领域等5个电子信息平台与全市社会管理网格化平台整合为惩防体系信息网“一网多平台”，实现了对重点领域和关键环节权力运行的网上实时监控；扎实开展了涉纪重信重访及上访老户专项治理和“带案下访解民忧、源头息访保长效”专项活动，有效促进了全市稳定和谐；深化纠风专项治理。对教育乱收费、教师违规补课、城市低保审批不规范、社区工作人员乱作为等群众反映强烈的突出问题进行了专项整治。全年共查办纠风案件25件；坚持以惩的手段达到治的目的，一手抓大要案件，一手抓发生在群众身边的腐败问题，始终保持了反腐高压态势。2013年，全市纪检监察机关共立案查处各类违纪案件87件，处分党员干部88人，挽回经济损失300余万元。

（李卫林）

附：一、中共介休市委书记、副书记、常委名单

书　记：秦太明（1月离任）　王继堂（1月任职）

副书记：王怀民　王双寿（12月离任）
张晋平（12月任职）

常　委：赵　宇　杜云成（12月离职）
张晋平（12月离职）　林全胜　张　鑫
苟富杰（12月任职）　张宝贵（12月任职）
寇建文　李成海（12月离职）
王宁照（12月任职）

二、乡镇党委书记、副书记名单

义安镇

书　记：乔洪治

副书记：鹿人杰　田俊杰　郝震前
秦嘉磊（6月任职）

张兰镇

书　记：刘冠英

副书记：冀鹏俊　贾晓江　宋　杰（6月任职）

连福镇

书　记：李克虎

副书记：张德云　李增寿

义棠镇

书　记：冀晓军

副书记：郭建武　王建芳

绵山镇

书　记：段燕瑞

副书记：孟锡政　闫兰云

龙凤镇

书　记：黄金山

副书记：武铁军　于朝阳

洪山镇

书　记：韩彦青

副书记：李俊萍　武晓俊

宋古乡

书　记：侯建文

副书记：赵　辉　刘建军

城关乡

书　记：杨东辉

副书记：杨宝民　郎发炜

三佳乡

书　记：马　军

副书记：降士瑜　石　斌　常　凯（6月任职）

北关街道办事处

书　记：张俊龙

副书记：赵岚云　张清涛（女）

西南街道办事处

书　记：董德红

副书记：张岩峰　王秀芳（女）

西关街道办事处

书　记：李守信

副书记：董润华（女）

东南街道办事处

书　记：朱明智

副书记：范玲玲（女）

北坛街道办事处

书　记：乔忠民

副书记：曹　华（女）　孔庆霞（女）

中共灵石县委工作概况

县委书记　段燕翔

2013年，县委十三届三次全会以来，在中央和省委、市委的正确领导下，县委认真贯彻党的十八大和省、市、县党代会精神，坚持主题主线，紧紧依靠全体委员，团结带领全县干部群众，抓住转型综改、扩权强县两大政策机遇，解放思想，真抓实干，攻坚克难，全面推进经济、政治、文化、社会、生态文明建设和党的建设，各项工作取得新进展新成效。

一、紧紧抓住发展主题，奋力推进转型跨越

2013年，县委立足县域实际、完善工作思路、科学谋划布局，把工业新型化、农业现代化、县域城镇化、城乡生态化

作为加快转型跨越发展的主要路径,强化协同,统筹推进,转型发展呈现出良好态势。全年GDP完成194.9亿元,同比增长12%;规模以上工业增加值完成129.5亿元,增长12%;固定资产投资完成132亿元,增长30%;公共财政预算收入完成15.9亿元,增长14.9%;社会消费品零售总额完成53.8亿元,增长16%;城镇居民人均可支配收入完成27945元,增长11%;农民人均纯收入完成11988元,增长14%。

一是以传统产业升级改造和新兴产业培育为核心,打造工业经济"升级版"。以技术改造、循环经济为主要途径,加快传统产业优化升级。煤矿技改工程完成投资23.5亿元,8座煤矿竣工投产,4座进入联合试运转,全县生产矿井数量达到16座,全年累计生产原煤2187万吨。坚持把发展新兴产业作为转型的重中之重,新兴产业进入加快发展的时期。中煤1830项目竣工投产,东方希望铝项目积极推进。北斗导航智慧应用云计算、聚义煤矸石制纤维等项目进展顺利。启光2×350MW低热值煤发电项目取得省发改委"路条"。启动中煤循环经济园区产业规划和控制性详规的编制工作,加快完善电力、道路、供气等基础设施,园区承载能力进一步加强。三大工业园区累计入驻企业74个,实现产值193亿元,上缴税收12.2亿元。

二是以"一村一品"为引导,加快发展现代农业。落实惠农政策,共发放各类惠农资金1.67亿元。全年粮食收获面积22.3万亩,总产5600万公斤。加快推进"一村一品、一县一业",新发展专业村76个,累计发展268个,建成省级专业村35个,国家级专业村1个,打造了15个精品示范片区。核桃林面积稳定在26万亩,挂果面积达16万亩,建成核桃示范基地13个。新发展设施蔬菜1040亩,累计发展4600亩,总产1.92万吨。全县各类养殖小区发展到58个,肉蛋奶总产量2.2万吨。小杂粮面积达到3.5万亩,"石膏山小杂粮"品牌打响。培育新型经营主体,新发展农民专业合作社106个,累计达676个。"农民增收明白卡"覆盖全县行政村和全部农户。全县探索流转土地11万亩,占总承包土地的29%。扎实推进百企千村产业扶贫工程,昕益农业观光园完工投入运营,通宇冰葡萄酒项目新发展葡萄基地1000亩,酒厂已封顶。

三是以"化地"、"化人"双轮驱动,全力推进新型城镇化。坚持"强化中心、空间集聚、城乡一体",双轮驱动新型城镇化进程。加快"化地",突出土地集约、人口集聚,着力发展大县城、中心镇和特色村三大板块。按照"一城、四镇、60个集中居住点"的总体布局,着手编制全县城乡一体化规划。与北京首创集团签订合作协议,静升新区城乡一体化项目迈出实质性步伐。启动地质灾害村、工业企业避让村、占地村等的跨乡镇、跨区域搬迁,完成14个村、7000余人的搬迁任务。突出"化人",着力解决进城农民"融合"问题。完成翠峰镇城关居委"村改居"试点工作。配套出台了户籍制度改革《实施办法》,累计办结"农转非"506人。预计全县城镇化率突破50%,比上年提高4个百分点。着力提升城镇承载能力,县城区集中供热、供气普及率分别达到96.7%、97%。

四是以"蓝天、碧水、绿地"系统协调推进为重点,构建城乡生态化新格局。狠抓节能降耗和治污减排,预计全县万元GDP能耗下降3.85%,化学需氧量、氨氮、二氧化硫、氮氧化物、烟尘、工业粉尘削减量均超额完成市下达任务。突出改善汾河水质,完成汾河沿线10户企业搬迁,静升河流域综合治理全面启动。张家庄、南关河西区污水处理厂主体完工,静升污水处理厂建设进展顺利。全方位推进造林绿化,新造林8.24万亩,村庄绿化15个,改造城区公共绿地22块,绿化覆盖率达到43%。完成1个省级生态乡镇、2个省级生态村、1个市级生态乡镇、2个市级生态村创建工作。成功创建国家卫生县城和国家园林县城。

二、实施文化强县战略,加快推进文化灵石建设

一是思想道德建设扎实推进。启动"灵石好人"评选活动,积极推选"晋中市道德模范人物",在晋中市率先成立了志愿者联合会。

二是舆论引导能力显著提升。围绕县委、政府工作重心,拓宽宣传渠道,大力传播灵石"好声音"。加强对网络舆情的规范引导,完善突发事件新闻报道的快速反应和应急协调机制,建立健全了新闻发言人制度。开通由"灵石发布"和40家重点县直单位新浪微博共同组成的政务微博群,粉丝量居全市官方微博第二位。

三是文化事业实现新繁荣。实施"411"工程,完成4个标准乡镇文化站、100个标准村文化活动室和100个标准农家书屋创建。深入推进"六个文化建设"活动,推动全县群众文化繁荣发展。成功举办第四届文化旅游月、"美丽灵石"微电影比赛、首届石膏山国际摄影大赛等活动,文化旅游品牌影响力进一步提升。

四是文化产业不断壮大。设立1000万元的文化产业发展专项资金,对重点文化旅游项目进行支持。石膏山景区、红崖沟景区、崇宁堡酒店等7个文化旅游项目,完成投资8.6亿元。全年共接待游客438万人次,实现综合收入36.63亿元,分别增长57.4%和57.5%。

三、办好民生实事,加快社会建设

一是社会事业统筹推进。县财政用于民生支出达12.7亿元,同比增长17.3%。薄弱校改造、中小学塑胶硬化等教育工程圆满完成。公立医院改革深入推进,7所乡镇卫生院建设进展顺利,42所农村卫生所新、改扩建工程全部完工。提高城乡低保、城乡居民养老金保障标准。新农合参合率达到99.4%,城镇职工"五项保险"参保率均达到95%以上。落实创业就业各项政策,城镇新增就业5273人,转移农村劳动力4377人,城镇登记失业率1.02%。开工保障性住房2785套,完成670套经济适用房、286套廉租房分配。扎实办好农村"五件实事",440户困难家庭危房改造、193个行政村街道亮化、5所村级幼儿园改扩建三项工程全部完工;400名特困群众易地搬迁,完成年度任务;291个行政村乡村清洁工程全

部启动。

二是安全形势稳定好转。着力强化"三责"教育，累计举办培训班67期，培训7914人。稳步推进企业标准化建设和"安全乡村"创建，全县"安全乡村(居委)"达312个，安全基础进一步夯实。深入开展安全生产大检查和"两行动一活动"，全方位推进隐患排查治理，全县事故起数、死亡人数同比下降15.1%和13.8%。

三是社会和谐稳定局面持续巩固。严格落实信访工作责任，扎实推进领导干部大接访、信访积案化解、加强源头预防等工作。全面推行社会服务管理网格化，创新流动人口服务管理、重大决策社会稳定风险评估工作，全市平安建设"三区联创"现场会在灵石召开。

四、强化组织保障，提高党建科学化水平

一是落实三级书记党建责任制。完善了联述联评联考等制度，健全了党建责任落实机制。

二是全面加强干部队伍建设。坚持以"德才兼备、以德为先"和"六个优先"为导向，完善干部选拔任用机制，努力打造高素质的党员干部队伍。县委全年共调整干部57人次。针对政法系统特别是检察院、法院干警多年来职级待遇偏低的问题，研究落实了干警职级待遇，极大地激发了干部队伍的活力。实施年轻干部成长工程，开展了下派干部挂职村党组织"第一书记"，选派干部到市直单位挂职、到项目一线和信访部门锻炼，从大学生村官中遴选副科级干部等工作。加强干部监督管理，完成省级"干部日常管理监督示范县"创建。

三是全面推进党风廉政建设。严格落实党风廉政建设责任制，建立健全"一把手"监督管理的暂行办法、个人有关事项报告、礼品登记等制度并狠抓落实。严格执行中央"八项规定"和省、市实施办法，坚决反对"四风"，深入开展"清房、清车、治理吃喝不正之风"三项活动，取得阶段性成果。特别是在办公用房清理工作中，全县共清退办公用房1.6万平方米，年节约租赁费1900万元。深化"带案下访"，圆满清结16个省、市纪委交办的涉纪信访案件。将全县47个县直单位纪检监察机构分类划片联组统一管理，组建成4个纪工委、监察分局，反腐倡廉规范化、制度化水平全面提升。全年立查案件81件，处分党员、监察对象81人，挽回经济损失200余万元。

（刘志刚）

附：一、中共灵石县委书记、副书记、常委名单

书　记：段燕翔(2月任职)

副书记：刘　璇(3月任职)　岳　泰(12月任职)
吴文胜(2月离职)　骞锋兵(12月离职)

常　委：刘北亚　王世强　卫虎周(12月任职)
张李虎　郭玉锁(12月任职)　成建英
吴学意　郭春林(12月离职)

二、乡镇党委书记、副书记名单

翠峰镇

书　记：靳亚龙

副书记：张志亮　张建旺

静升镇

书　记：李文亮

副书记：陈晋廷　郝　燕(女)

南关镇

书　记：赵贞平

副书记：温德伟　刘斌奇

两渡镇

书　记：弓建勇

副书记：侯文斌　降永前

段纯镇

书　记：苏晋华

副书记：王志琴(女)　武海瑞

夏门镇

书　记：温耀勤

副书记：许云峰　燕小军

马和乡

书　记：梁　诚

副书记：王海忠　王瑞峰

英武乡

书　记：张金亮

副书记：李俊丽(女)　崔建明

坛镇乡

书　记：陶长义

副书记：钮　明　李玉祥

交口乡

书　记：王　轩

副书记：尹彦强　张能震

梁家焉乡

书　记：赵林旺

副书记：温郎鹏　赵德生

王禹乡

书　记：赵　裕(女)

副书记：王建卫　贺瑞勋

中共榆社县委工作概况

县委书记 梁路阳

榆社县共有基层党组织538个,其中党委19个,党总支16个,党支部503个(其中:农村255个),全县党员11140名,其中农村党员6186名。

2013年,在省市各级部门的正确领导下,县委、县政府领导班子领导全县党员干部深入贯彻党的十八大和十八届三中全会精神,紧紧围绕省、市转型综改率先发展要求,坚持以科学发展观为指导,深入实施"农业富县、工业强县、商贸活县,科教兴县"四大战略,凝聚起求转型、谋跨越、促和谐的强大动力,巩固和深化基层党组织建设,认真落实中央"八项规定"和狠抓"四风"为重点推进作风建设,推进反腐倡廉建设,全县党员干部进一步加强自身建设,开拓创新、求真务实,开创了榆社工作新局面。

经济社会各项事业全面协调健康发展。全县地区生产总值完成23.8亿元,同比增长1.9%,财政总收入3.82亿元,增长17.9%,其中公共财政预算收入1.71亿元,增长20.3%,规模以上工业增加值完成10.2亿元,下降1.8%,全社会固定资产投资9.88亿元,增长31.7%,社会消费品零售总额9.16亿元,增长13.4%;城镇居民人均可支配收入16773元,增长9.2%;农民人均纯收入3774元,增长12.8%。其中财政收入、固定资产投资等富民强县主要指标大幅增长。

认真落实惠农政策,加大特色农业建设,统筹4000万元财政专项扶持资金,加大了核桃种植,设施蔬菜,笨鸡养殖三项产业。本年,新增核桃经济林3.65万亩,累计达到11.03万亩,提前完成"十二五"目标任务,新增蔬菜3618亩,累计达到7469亩;新增笨鸡65.5万只,年存栏数达到200万只。粮食总产量再创新高,达到6879万公斤,建成省级"一村一品"专业村48个,市级40个。214个行政村完成街道亮化工程。柳泉煤电工业园年产600万吨煤矿项目为省政府探矿权协议出让批复,东方红制漆公司3万吨特种涂料项目、榆化公司精细化工项目、丰晔新型建材项目投入试产。广生公司100亿粒植物胶囊项目6条生产线投入试产,天生公司6000吨中成药投改项目主体完工。

城建文化、教育社会各项事业。城乡建设体系更加完善,顺利实施1082套保障性住房工程,改造农房1061户,完成县城迎春南路、城区绿化、4条小巷的亮化工程,高考达线579人,应届达线率居晋中市第一,榆社三中综合楼等工程建成使用,石勒文化等4个非文化遗产项目列为省级保护名录,新农村合作医疗参合率99.4%,农村卫生室达标率95%。发放各类救助资金2672.4万元。

一、实施"教育培训",加强党组织建设和"星级创建工程"

按照"强组织、提功能、固本强基争一流"的目标要求,以党的十大精神为主线,开展基层组织建设"提升年"活动,对1600余名村干部和大学生村官进行培训,县委四大班子领导对联系的乡(镇)村进行慰问,并组织了6个宣讲团,深入基层宣讲活动,举办知识竞赛活动,同时,县级领导开展"记民生、知民情、解民事"走访活动,县科以下党员干部开展"全心全意解民忧,尽职尽责办实事"活动,并组织征文活动,创新开展"组织双帮促发展,党员双扶办实事"活动。"写日志、晒日记、评日记、学日志"等活动。出台了《关于进一步引深星级党组织创建活动的实施意见》,分系统制定星级党组织考核标准,涌现出法院等一批党建工作典型,并组织法院等赴市公路局、国税局观摩学习,同时,召开了建党92周年暨县直单位党组织创建总结表彰大会,对16个五星级党组织、30个四星级党组织进行表彰。建立16个党代表工作室,帮助58个村完善阵地建设。

二、重点推进干部工作新局面

按照《中共榆社县委关于实施人才强县战略的若干意见》要求,制定出台《党政人才队伍建设实施意见》、《乡镇党政正职队伍建设的意见》,严格遵守中央"八项规定",加强干部管理,印发"12380"智晓卡、开通"12380"干部举报电话,加大《关于加强对各单位"一把手"监督管理的暂行办法》等。对团委、妇联、公安等6个单位37名领导班子中层干部调整配备。

创建"榆社讲坛",邀请了专家学者开展讲座8次,全县4243名党员干部完成了山西干部在线学习任务。选派9个乡(镇)书记赴北京清华大学进行农业专题培训等,90个单位"一把手"在榆社电视台和《新榆社》报刊上公开承诺工作目标。《山西组织工作》专刊7期报道;榆社"一诺三评"成功经验,同时出台了《榆社县挂职干部管理考核办法》,县机关招聘6名公务员,乡(镇)招聘9名公务员和9名事业人员,选派16名年轻干部到市直单位挂职锻炼。16名到县信访局挂职,28名到党政事业单位,6名干部到大村(云簇村、河峪村、讲堂村、仰天村、南庄村、麻池垴村)挂职担任第一书记。

以县委书记、县长名誉向70余名在外企业工作的榆社人寄去公开信,实现在外能人与县域经济发展对接,田玉成、吴奋明等5名返乡创业,同时《晋中日报》、《山西市场导报》刊登了《"正能量"催生"正效应"——榆社县能人返乡创业工程开花结果》典型做法。

榆社组织部的五抓五强(抓教育、强思想;抓学习,强素质;抓作风,强形象;抓宣传,强影响;抓机制,强效能)得到了山西省《三晋红 E》网和晋中市《组工信息》的肯定和认可。

三、加强反腐倡廉,改进工作作风

根据中央、省、市关于反腐倡廉的决策部署,加强对全县干部教育,利用电视、《新榆社》报、阳光农廉网、《清风榆社》专刊等形式广泛宣传中央“八项规定”、反对“四风”和有关文件精神,出台了《榆社县党政机关公务用车使用管理规定》、对超编车认真排查、核定车辆编制、会议活动、控制文件简报数量、公务接待制度,分别下降 32.46%、38.25%、28.67%。基层调研活动提升 74.23%,继续引深“吃拿卡要”问题专项行动。对企业、项目、实施工地、个体工商户进行明查暗访 7 次,督查机关工作纪律 12 次,对 29 名违反纪律工作人员进行责任追究。全县 122 个单位 738 名副科级以上党员干部签订了“吃喝不正之风”承诺书,党政机关腾出办公用房面积 1992.05 平方米,清退违规公务用车 12 辆。

2013 年纪检监察机关共查违法案件 91 件(其中纪委直办案件 43 件,科级以上 14 件),挽回经济损失 57.73 万元。全县 245 个行政村开通了阳光农廉网,覆盖率达 90.07%。26 名工作人员“带案下访”,290 天 305 次,406 户 600 余人(次),化解矛盾 26 件,为群众办实事 15 件,全县党员干部纪律观念、工作作风走上了规范化制度。

(常彩萍)

附:一、中共榆社县委书记、副书记、常委名单

书　记:梁潞阳

副书记:贯尚明　侯文亮(12 月离职)
许利伟(12 月任职)

常　委:刘艳萍(女)　郭晓红　赵　宏(12 月离职)
高榆红(12 月任职)　郭志平　卢永红
王宏昌(12 月离职)　赵凌中(12 月任职)

二、乡镇党委书记、副书记名单

箕城镇

书　记:田志银

副书记:杨林海　王俊青(12 月离职)
岳　毅(12 月任职)　张晓峰

云竹镇

书　记:贾旭峰

副书记:裴庆林　赵俊平(12 月离职)
景建峰(12 月任职)

郝北镇

书　记:徐春江

副书记:陈　军　贾旭军(12 月离职)
苗　枫(12 月任职)

社城镇

书　记:白建勋

副书记:王　芳(女)　李　莲(女)

河峪乡

书　记:张建军

副书记:石余忠　杨秀龙(12 月离职)
张义宏(12 月任职)

西马乡

书　记:马　俊

副书记:赵培良　崔　凯

北寨乡

书　记:闫跃文

副书记:程艳花(女)　李水清(12 月离职)
申　艳(女,12 月任职)

兰峪乡

书　记:田　飞

副书记:李星海　张晓波

讲堂乡

书　记:贾永胜

副书记:王俊飞　申　艳(女,12 月离职)
赵晋芳(女,12 月任职)

城管委

书　记:李天亮

副书记:赵宏峰　张卫军

中共左权县委工作概况

县委书记　王　兵

2013 年,左权县委认真贯彻落实党的十八大和十八届三中全会精神,紧紧围绕市委、市政府“四化率先”总体战略,牢牢盯住老区崛起目标,坚持抓好“五个重点建设”不动摇,全县经济社会呈现出良好的发展态势。

一、坚持能源工业强区建设不动摇,培育新兴产业、推动转型升级,工业经济层次明显提升

2013 年确定能源工业强区类项目 20 个,开工 17 项,完成投资 32.3 亿元,工业经济运行质量和效益稳步提升。一是千方百计保运行。面对经济下行压力,创新经济运行调度模式,推进“煤电一体化”战略,“一企一策”帮助企业解决实际

困难。全年原煤产量 351.4 万吨;洗精煤产量 36.2 万吨,同比增长 143.5%;铁精粉产量 32.2 万吨,同比增长 8.1%;发电量 68.2 亿度,同比增长 5%。二是毫不松懈抓招商。充分发挥驻左大型集团企业资金、技术、人才优势,全年招商引资 154 亿元,完成市下达任务的 118.5%,为全县经济发展增添了新动力。三是不遗余力促转型。大力发展非煤项目,中豪镍业、德源晟变频器、金隅水泥、鑫宏源煤化、赞扬煤层气、杨德集团低浓度瓦斯发电等 8 个项目建成投产,推动全县煤与非煤比值由 3:1 变为 1:2,产业结构得到进一步优化。

二、坚持核桃产业大县建设不动摇,构筑“四大板块”、推进“十大园区”,农业特色产业逐步做强做大

统筹规划东南核桃、中北杂粮、沿河蔬菜、西部养殖“四大板块”,积极推进“十大园区”、“十大工程”建设,年初确定核桃产业大县类项目 10 个,全部开工,完成投资 2.4 亿元。主要特点有:一是核桃产业步子大。全年新建千亩以上核桃园 4 个,栽植核桃树 2.3 万亩,总栽植面积达 31.8 万亩。“左权绵核桃”在第七届世界核桃大会上被评为“中国优良核桃品种”。二是杂粮基地雏形显。在寒王、龙泉、桐峪等乡镇发展优质杂粮 2.14 万亩,带动全县种植杂粮近 9 万亩。三是设施蔬菜进展快。全县累计种植设施蔬菜 4820 亩,其中节水莲菜 2450 亩,亩均收入突破 1 万元。麻田清漳河优质节水莲菜种植示范园被列为农业部部级设施蔬菜标准园创建工程。四是生态庄园精品多。新发展 5000 亩以上庄园 4 处,建设精品庄园 20 处,新增投资 5000 万元,庄园总数达到 247 处。五是“土地银行”经验新。在全省率先组建“土地银行”,全年完成土地流转 10500 亩。

三、坚持山水宜居名城建设不动摇,打造大县城、建设新农村,美丽左权正由蓝图变为现实

全年铺排城建重点工程 5 大类 28 项,开工 22 项,完工 14 项,累计完成投资 10 亿元,县城面貌焕然一新,县城品位显著提升。一是成功创建“国家卫生县城”。坚持把创卫作为打造城市形象的重要载体,加强市政基础设施建设,强化县城环境卫生整治,聚全民之智,举全县之力推进,终于将“国家卫生县城”殊荣收入囊中。二是不断完善县城综合功能。重点实施城市道路、街巷硬化、沙河治理、园林绿化等项目建设,完成了辽山路改造、北大街改造、三柳线和县城北出口改造,完成了芸山公园和鳌峰公园建设,完成了县城主要街道的绿化、硬化、美化工作,县城综合承载力进一步提升。城镇化率提高 2 个百分点,达到 47%。三是扎实推进“美丽乡村”建设。按照中央“美丽乡村”建设要求,狠抓“一改四化三入户”,在全县共安装太阳能路灯 2499 盏,新推广节能吊炕 3240 户,建设特色美丽乡村示范村 2 个、重点村 10 个、推进村 30 个,农村居民生产生活条件得到极大改善。

四、坚持特色旅游胜地建设不动摇,精品剧目带动、景区加快建设,文化旅游产业呈现旺盛活力

年初确定特色旅游胜地类项目 3 个,全部开工,完成投资 1.2 亿元,文化旅游产业得到深度开发。一是《太行奶娘》声名远扬。大型花戏歌舞剧《太行奶娘》先后参加“美丽山西,文化惠民”全省优秀剧目展演和山西省群众性教育优秀剧目展演等各类演出 80 余场,9 月份在国家大剧院成功演出,受到文化界专家和观众高度评价,12 月份再次进京在北京军区和战友文工团汇报演出。二是景区建设扎实推进。母子山、太行龙泉风景区综合开发,西河头 129 师司令部旧址修复,麻田八路军总部纪念馆布展等各项工程均取得新的进展。全年接待游客 92.5 万人次,旅游综合收入 8.2 亿元。三是传统艺术得到传承。积极推进“桃花红、杏花白”传承基地建设项目,累计投资 1106 万元,完成了民歌演出广场的场地平整,旧窑洞修复和民歌传习培训中心、接待中心等工程的初期建设,左权传统民间文化得到进一步传承和保护。

五、坚持和谐幸福家园建设不动摇,推进民生工程、繁荣社会事业,群众幸福感得到新的提高

将 10 件实事作为利民惠民的突破口,持续扩大群众受益面和受益度,年初确定和谐幸福家园项目 8 个,开工 6 项,完成投资 1088 万元。养老助老方面,为 80 周岁以上老年人发放高龄补贴,对特困老年人实行救助;义务教育方面,免费为农村义务教育寄宿生每人每天提供“1 杯豆浆、1 颗鸡蛋”;社会管理方面,不断加强人民调解、行政调解、司法调解的“三调”衔接联动,构建大调解工作体系,初步形成了具有左权特色的“集束调解”工作模式。

六、坚持党的执政能力建设不动摇,深化改革创新、夯实基层组织,党建工作科学化水平全面提升

以党的十八大和十八届三中全会精神为指导,积极改革创新,健全党建机制,进一步激发基层组织和党员队伍活力。一是强基础、筑堡垒。建成 18 个党代表工作室,接待党员群众 960 人次,收集意见建议 500 余条;在 2 个社区、20 个行政村试行建设党支部阳光便民工作室,服务群众 2000 余人次;创新“五帮一顾问”疗法,合理推进后进村转化进步;加强非公党建工作的无缝化、信息化、特色化、示范化建设,建成 20 个非公党建远程教育站点。二是强班子、带队伍。试行农村党员资格年检办法,采取百分制测评党员;运用“加减乘除”法,抓紧、抓实领头雁培训工作;采取实地观摩、点上述职、集中点评等方式,精心组织开展联述联评联考工作;全面推行党组织书记工作目标承诺制度,乡镇、部门党委书记公开承诺 1200 余件工作事项。三是强责任,转作风。扎实推开县委权力公开透明运行工作,以明确职权、规范程序为核心,

严格党内监督、党外监督和社会监督，开通了县委权力公开透明运行网，设立了32块大型公开宣传栏和3块电子显示屏，成立了新闻发布中心，有力推动了县委权力公开透明运行，进而转变了领导干部工作作风。

七、坚持加强党风廉政建设不动摇，完善惩防体系、坚决反对“四风”，县委领导班子树立为民务实清廉新风尚

坚持标本兼治、综合治理、惩防并举、注重预防，严格执行党风廉政建设责任制和“八项规定”，为改革发展稳定提供坚强保证。一是强化主体责任。认真贯彻落实“一岗双责”，将77项党风廉政建设任务分解落实到12名县级党政领导班子成员和39个牵头责任单位头上，并由县委常委带队对责任制落实情况进行了考核。二是专项整治“四风”。4358名在编干部职工全部作出会员卡零持有报告，708名乡科级以上干部作出自觉抵制“吃喝不正之风”书面承诺，清退13个单位违规公车44辆，清理腾退办公用房2961.5平方米，反对“四风”、厉行节约在全县蔚然成风。三是加强监督检查。先后对创建国家卫生县城、地质灾害治理等700余项具体工作开展监督检查，下发督查情况通报42期。开展了保护土地矿产资源、森林防火、财政性资金投资项目等多项执法监察，追究有关责任人75人，经济处罚286万元。四是严查违法案件。全年共立查各类违纪案件133件，结案133件，党政纪处分131人，其他组织处理2人。挽回各类经济损失47.78万元。五是开展廉政教育。在麻田八路军总部纪念馆旧址建成左权县廉政教育展馆，组织全县116个单位2400余名党员干部参观学习，接受教育。

（李　花）

附：一、中共左权县委书记、副书记、常委名单

书　记： 王　兵

副书记： 刘　娟（女，1月离职）　赵宏钟　郭午生（12月任职）

常　委： 郑春华　程俊斌　马成毅（12月任职）　韩　军（12月离职）　苟富杰（12月离职）　王宏昌（12月任职）　郭建雄　张永东

二、乡镇党委书记、副书记名单

寒王乡

书　记： 王东光（3月离职）张雪平（4月任职）

副书记： 王　飞　张东庆

辽阳镇

书　记： 张生桥（4月离职）　张彦红（4月任职）

副书记： 张俊恩　侯军华

石匣乡

书　记： 陈建国

副书记： 程利宏　冯聪斌

龙泉乡

书　记： 吕爱鸿

副书记： 赵治宏　赵淑萍（女）

桐峪镇

书　记： 张文伟

副书记： 秦国英（4月离职）　冯瑞斌（4月任职）　李　海

麻田镇

书　记： 崔　波

副书记： 巨晓华（4月离职）　王少华（4月任职）　李振国

粟城乡

书　记： 裴丽华

副书记： 申继红　樊智国

芹泉镇

书　记： 张彦红（4月离职）　秦国英（女，4月任职）

副书记： 张　勇　禹俊新

羊角乡

书　记： 张雪东（4月离职）　巨晓华（4月任职）

副书记： 王云田（4月离职）　路俊华（4月任职）　刘德荣

拐儿镇

书　记： 张雪平（4月离职）　张雪东（4月任职）

副书记： 程振华　张建强

城区

书　记： 郝建国

副书记： 杜长青　曹轶芳（女，1月任职）

中共和顺县委工作概况

县委书记　孙永胜

中共和顺县委下辖15个党委，3个工委，20个党总支，607个党支部。共有党员11136名。

2013年，经济增长稳中有升。全年完成地区生产总值42亿元，同比增长10%，公共财政预算收入6.3亿元，同比增长18.5%，城镇居民人均可支配收入17771元，同比增长11%，农民人均纯收入4366元，同比增长14%。

转型步伐明显加快，招商引资和重点项目建设成效显著。2013年煤炭市场持续低

迷,部分地方煤矿长期停产,原煤产量1326万吨,煤矿技改投资完成7.4亿元。山西都宝集团天池瓦斯电厂实现并网发电。华耀300万吨煤炭物流超市项目达产达效并被列为晋中市转型物流园。佰裕东日产1000吨面粉生产线项目投产运行。阳煤华鑫煤机维修制造项目一期工程竣工投产。山西新光复杂难处理含金物料资源综合利用项目进入试生产阶段。工业园区完成投资3000万元。

粮食生产喜获丰收,总产达到6056万公斤,同比增长22%。双孢菇菇床面积达到26万平方米,成为农民增收的新支柱。建成标准化养牛园区88个,农民人均养牛收入达到1593元。培育省、市级"一村一品"专业村41个。发展农民专业合作社779个,带动农户1.7万个。造林绿化5.8万亩。完成旅游项目投资4844万元,接待游客41.8万人次,旅游综合收入3.52亿元。

2013年,全年新签约项目5个,签约资金达258.7亿元,完成市下达任务的235%,到位资金10.97亿元,项目储备65个。全年实施市级重点项目56个,开工率100%,完成投资82.9亿元,投资完成率102.7%,竣工项目35个。

城乡建设亮点纷呈。开通了南北内环,西外环路,九纵九横城市道路框架基本形成,串村新区、泰和湿地公园、新热源工程、城区综合整治工程、文昌塔、文体中心和城市规划展览馆等一批城建项目进展顺利,拉开了城市框架,改善了市容市貌。旧城改造与城区自主改造相结合,有效破解了城市拆迁难题,探索出了符合和顺城市改造实际的模式。通过了省级园林县城验收,成为当年全市唯一一个通过省级园林县城验收的县份。和榆高速平松—喂马、松烟—许村两条连接线桥梁、路基工程全部完工。筹资10亿元组建了和邢铁路投资公司。恋思水库工程实现下闸蓄水,配套管网工程铺开建设。社会民生和谐稳定。2013年县财政用于民生的投入达到7.57亿元,同比增长15.02%,占财政总支出的55.97%。城乡居民社会养老保险率达到97.2%,新农合参合率达到98.7%,城镇新增就业2151人,转移农村劳动力2841人,开发公益性岗位111个。1.4万名城乡低保和五保供养对象实现应保尽保。4.3万低收入农户享受到每户1吨免费取暖煤。投资4.2亿元,建设保障性住房1553套。改造农村危房300户。和顺一中高考达线421人。投资310万元,为1.2万余名义务教育阶段中小学免费提供营养奶。投资900万元,实施了标准化幼儿园附属工程。投资1829万元,新改扩建38所中小学校。实行药品"零差价"销售,全年减少乡村群众医药费用166万元。投资126万元,新建15所村级卫生室。新建中医院投入使用。安全生产专项整治行动取得明显效果,全年安全生产运行平稳。

组织工作坚持"和民心、顺民意"理念,围绕中心,服务大局,在中心工作上抓质量,在重点工作上求突破,求真务实,奋力开拓,健全机制,创新实践,不断提高组织工作科学化水平,为和顺"五地两区"和山西"东大门"建设提供了坚强的组织保证。

创新方式,把党员干部的思想和行动统一到党的十八大精神上来。领导干部带头学习宣讲、住村干部上门服务指导,党员干部集中学习交流,新闻媒体开辟专栏解读,深刻领会十八大精神的实质和内涵。一方面精心部署,迅速掀起学习宣传贯彻十八届三中全会精神热潮。全县各级党组织把学习贯彻十八届三中全会精神和"全心全意解民忧,尽职尽责办实事","三联五帮"和"500名科级干部下基层"等活动紧密结合起来,以学习推进工作,以行动体现学习效果。另一方面集中轮训,切实提高党政领导干部的政治素养和理论水平。4月和11月,举办了两期全县科级干部集中培训班,560余名科级干部全部参训,培训内容涉及十八大以来习近平总书记一系列重要讲话精神、十八届三中全会精神、党章、"三责"教育,反对"四风"教育,加强党风廉政建设等,提高了全县领导干部的党性修养,理论水平和履职能力,加强了领导干部的作风建设,为推进全县经济社会发展提供了坚强的领导和思想保证。

加强领导班子建设和干部队伍管理。将"500名科级干部下基层帮农促增收"活动和"科级干部工作日志制度"不断引向深入。着力抓好115名"第一书记"和390名驻村科级干部的驻村工作,开展了两次政府广场"晒日志"活动,2000余名干部群众至现场进行了参观评议。加大力度,严格要求,强化了干部管理工作。认真落实公务员管理配套法规,做好公务员的调任、审批、登记等相关工作,把好工资审批、退休审批、数据统计上报等关口,严格干部档案管理。规范程序,科学选任,推进了干部人事制度改革。探索并完善全县"两推、两测、一考、三看、三审、两票决"选配干部和"两考一推一票决"竞争性选拔干部的做法,继续探索实践了党委会、全委会"两票决"干部办法,进一步提高选人用人公信度。创新方式,注重实效,优化了干部教育培训工作。对全县550余名科级干部进行了十八大,两会精神和学习习近平总书记一系列重要讲话精神集中培训。加强网络在线培训,全县1000余名公务员、参照公务员、大学生村干部在"山西干部在线学院"登记注册学习,3000余名事业干部全部在"晋中干部培训网络学院"进行了登记注册。

提升基层党建科学化水平,以"三基"建设为重点,推进基层组织建设。固本强基,大力加强农村干部队伍建设。深入开展"旗帜示范党组织"竞赛活动,为农村"两委"主干发放"旗帜示范"奖励金58.36万元,收到了旗帜示范整体提升的效果。开展"领头雁"延伸培训,组织举办了农村"领头雁"培训班,各乡镇分类分批对农村"两委"其他干部和骨干党员,大学生村官进行了培训。继续实行"两保一奖三考核"机制,开展村级党组织书记"一定双述双评双考",根据双评和考核结果,发放农村干部实绩补贴355.7万元。精心部署,扎实开展后进村集中整顿专项行动,解决遗留问题70多个,化解信访案件30多起。规范制度,创新做好党员管理服务工作。规定每个月的第一个星期五为党员集中活动日,每次活动的内容主题都统一进行安排,并进行督察,确保了活动效果。拓展提升,不断加强非公经济组织和社会组织党建工作。在非公党组织中开展了"百人百企进村"、"寒冬送温暖、结对解民忧"、"争先锋、促发展"、"党员意识教育月"、"学雷锋月"等活动。在社会组织党组织建设方面，积极做好党组织的建立工作，实现了社会组织党组织全覆盖。创优服务，着力构建社区党建网格化新格局，在48个网格上建立了党小组，通过招聘配齐了48名网格长，积极构建契约化共建的党建格局，注重精细化、个性化、人性化风格管理，由单位的"管人"向"管事"转变，由"要我服务"向"我要服务"转变，干部更加融洽，人与人更加和谐。创新举措，健全完善党建工作机制。健全落实了述职、评价、考核三位一体，县、乡、村三级联动的党建责任机制，构建了"书记抓党建、层层抓落实"的工作格局。认真落实"联述联评联考"制度，每半年县委书记亲自听取一次各党（工）委党建工作情况汇报。

围绕人才强县战略，以发挥人才作用为重点，加强对优秀、拔尖人才的管理、服务和使用。加强"人才强县"战略的宣传和执行力度，加强了县级领导干部与各行业优秀人才的联系，认真落实好《县乡党委联系专家制度》。通过不同渠道，搜集整理和顺籍在外人才信息130余人。

围绕"和民心、顺民意"理念，以服务基层、服务群众为重点，开展"全心全意解民忧，尽职尽责办实事"活动。县四大领导班子及各部门、各单位负责人主动深入一线带头联系困难群众、带头征求群众意见、带头解决实事难事，为广大党员干部做出了表率，发挥了引领作用。

（马志清）

附：一、中共和顺县委书记、副书记、常委名单

书　记：孙永胜

副书记：马海军　赵成武

常　委：刘素英（女）　李保安（12月离职）　韩祥书　陈建平　田忠贵　张海荣（12月任职）　任拥东　高中华（挂职）

二、乡镇党委书记、副书记名单

义兴镇

书　记：李敬忠（11月离职）　刘彦云（2月任职）

副书记：郝瑞斌（7月离职）　王　勇（7月任职）　乔　勇

李阳镇

书　记：翟树森

副书记：徐晓林　吴　鹏

松烟镇

书　记：奚爱忠

副书记：王爱斌（7月离职）　李　虎（7月任职）　赵世明

青城镇

书　记：李　明

副书记：王　勇（7月离职）　王永胜

横岭镇

书　记：师秀文

副书记：张晓瑞　赵建国

平松乡

书　记：李中瑞

副书记：李　虎（7月离职）　白　妍（女，7月任职）　郑耀文

喂马乡

书　记：刘彦云（2月离职）　柳建斌（2月任职）

副书记：郭　庆　刘海鹏

牛川乡

书　记：柳建斌（2月离职）　韩永军（2月任职）

副书记：薛卯庆（7月离职）　徐力峰

马坊乡

书　记：韩永军（2月离职）　张志坚（7月任职）

副书记：白　妍（女，7月离职）　王爱斌（7月任职）　牛　振

阳光占乡

书　记：田　芳（女）

副书记：唐志斌　周建红

中共昔阳县委工作概况

县委书记　丁雪钦

2013年，昔阳县委在市委、市政府的正确领导下，坚持以党的十八大精神为指引，按照年初三干会上确立的大动作、大发展、大变化，建设美丽、平安、幸福新昔阳的总体部署，集中精力抓产业，集中优势上项目，集中财力办大事，集中力量惠民生，全县经济社会继续保持了健康平稳较快的发展势头。

一、经济发展平稳向好，综合实力持续增强

经济欠发达是昔阳的基本县情。一年来，县委、县政府始终把加快经济发展，扩大经济总量，作为执政兴县的第一要务，咬定目标，敢想敢试，艰苦拼打，合力攻坚，较好的完成了各项主要经济指标。全年全县财政收入完成14.36亿元，同比增长13%，；其中一般预算收入完成5.42亿元，同比增长30%；全社会固定资产投资完成81.8亿元，同比增长37.3%；规模以上工业增加值完成23.95亿元，同比增长5.7%；地区生产总值完成50.2亿元，同比增长6.8%；社会消费品零售总额完成18.78亿元，同比增长13.9%；城镇居民人均可支配

收入完成18616元，同比增长10%；农民人均纯收入完成6065元,同比增长13%。综合实力的持续增强,为昔阳的经济社会转型跨越发展奠定了坚实的基础。

二、产业结构不断优化,转型升级明显加快

大力推进工业新型化。坚持“以煤为基、多元发展”的思路,依托资源禀赋,重点打造煤炭、电石、煤层气、电力四大支柱产业，着力构建赵壁煤化工和巴州气化两大工业园区,形成了四业并举、两园同驱的块状经济格局。目前除寺家庄500万吨矿井、阳煤40万吨电石、漾泉蓝焰煤层气、山西瑞阳煤层气液化等项目进驻园区正式投产外，投资20亿元的铁氧体项目正在加紧建设，投资80亿元的晋煤集团金属镁及镁基合金项目已完成前期准备工作，在昔阳注册公司,注册资本金1亿元正式启动;投260亿的阳煤化工综合性循环经济项目签订了战略合作意向,一期投资24.5亿元的22万吨烧碱和25万吨特种树脂等化工项目已启动实施，实现了当年签约、当年立项、当年开工的“昔阳速度”。大力推进旅游品牌化。构建以大寨旅游为龙头,崇家岭、石马寺、水磨头为中心的“一点三线”的旅游新布局,不断加大旅游开发力度,完善旅游基础设施,开拓旅游文化市场,努力发展乡村旅游,打造周末经济，昔阳正在成为了周边城市周末假日休闲的“后花园”。2013年，全县共接待游客65.6万人，同比增长19.27%,完成综合收入7.21亿元,同比增长14.42%。

三、投资规模继续扩大,项目建设取得突破

一年来,昔阳县以开展项目推进年为契机,按照项目储备、签约、落地、开工、建设、投产“六位一体”工作机制,强化领导干部包重点工程责任制,县四套班子分工不分家,合力抓推进,不断优化发展环境,大力推进项目建设。全县重点项目储备206项,总投资3445亿元,完成目标任务1200亿元的287.15%。签约项目总投资219.6亿元，完成年目标任务130亿元的168.92%。项目落地49项,落地总投资139.73亿元,完成目标任务120亿元的116.44%。项目开工53项,开工项目总投资80.42亿元，完成目标任务80亿元的100.53%。2013年,全县共实施重点工程68项,总投资184.04亿元,年计划投资75.03亿元。项目实现全部开工,开工率100%,累计完成投资77亿元,完成年计划的102.8%,其中省重点项目3项，共完成投资26.92亿元，完成目标任务23.85亿元的112.87%。项目投产61项,投产金额110亿元,完成目标任务100亿元的110%。项目建设取得了丰硕成果。

四、城乡建设强力推进,城乡面貌大为改观

坚持“主攻城市、辐射农村、城乡一体、全面推进”的城镇化发展思路,高起点规划,大力度实施,城乡基础设施力度空前,城乡面貌大为改观。打造宜居新县城。2013年共投资34多亿元,实施城建重点工程54项,建成了松溪大道和大寨景观路,打通了迎宾街,拓宽了厚庄路,改造了小西外环和10条县城背街小巷，形成了三纵三横加环城道路的城市路网,城市框架不断拉大。建成了公安刑侦大楼、煤销大楼、会展中心、民兵训练基地等一批市政工程,开工了新城广厦、留庄新村、晨熙顺景等一批保障性住房,城市功能日趋完善。新建墺垴山森林公园和10余处街心公园绿地,新增绿地面积27万平方米,人均公园绿地面积达到20平方米,城市绿化覆盖率达到40.36%;高标准治理了12公里的环城河道,城市环境更加优美。探索城镇化发展新路径。坚持“产城共融、以产兴城”的发展理念,启动实施了巴洲城镇化示范园区建设。目前,已完成投资3260万元,流转土地1000余亩,农业观光采摘园初具规模,卫生院主体完工,乐平镇政府迁入园区,配套建设了瑶湾、巴洲两处公园。突出城市精细化管理。积极推进了城中村“村转居”工程,将县城周边13个城中村纳入县城,进行统一规划、建设和管理。成立了城市管理委员会,出台了《城市精细化管理办法》,重点从环境卫生、社会秩序、门前“五包”、施工工地等几方面进行城市的规范管理。组建了100人的城市特警,加强对市容环境秩序监督管理、县城治安巡逻和突发事件应急处置。投资6000多万元,开展了城乡环境综合整治和市场秩序整顿活动,有力地维护了城乡环境与秩序。完善基础设施建设。实施了城乡亮化和清洁两大工程。投资1800余万元,完成220个行政村的街道亮化工程,全面启动了335个行政村乡村清洁。投资3.2亿元的松溪供水工程进展顺利,主体工程完工。投资1.9亿元,实施了水利“双百”重点工程11项。全年新增公路通车里程20.78公里,全县第一条高速公里阳左高速顺利通车,晋衡高速昔阳段完成前期勘察设计工作,阳泉北至大寨高铁项目预可研已编制完成并已获省发改委批复,2014年开工建设。

五、民生投入大幅增加,群众生活日益改善

2013年昔阳县用于民生方面资金多达7亿多元，县政府承诺的十件大事顺利推进,改革发展成果最大限度地惠及于民。推进社会事业发展。年初确定的“十件实事”全部落实。教育上,投资4820万元,新建和改扩建14所幼儿园;投资880万元,对22所中小学校进行了维修改造。启动了圆梦大学助学工程,对28名家庭贫困的大学生进行了援助。创业就业上,继续推进促进就业政策,全县新增就业岗位2129个,城镇登记失业率控制在1.6%。社会保障上,落实救灾救济、城乡低保、医疗救助等各类保障资金4800余万元。投资1亿多元,采用民办公助的形式,建设了全省高标准的千人养老院。医疗卫生上,加快县乡村三级医疗卫生体系建设,投资100多万元,新建和改扩建村级卫生室36个。解决困难群众住房上,新开工保障性住房1364套,建成1092套,分配廉租房和经济实用房304套。完成农村困难家庭危房改造200户。注重精神文化建设。启动了省级文明县城的创建。成立好人事业促进会,县财政拿出1000万元建立好人基金,对昔阳好人给予表彰奖励。成立文化事业促进会,促进文化事业的繁荣发展。在县城的主要路段砌筑了文化墙,张贴了公益广告宣传画。成功举办中古、中澳国际女篮对抗赛,丰富了群众的体育文化生活。实施“3215”民心工程。建设了30个公

共停车场、200个廉租摊位、10个群众免费活动阅览室、50个街心公园和十多项免费工程,使群众得到了实实在在地实惠。全力改善生态环境。狠抓节能减排,万元地区生产总值能耗降幅3.6%;工业固体废弃物综合利用率79%,全面完成"4+2"年度减排任务,狠抓造林绿化,全年造林4万多亩,全县森林覆盖率达到20.6%,空气质量二级以上天数达到310天,一级天数94天。做好信访维稳和安全生产。出台了《关于进一步加强信访工作管理办法(试行)》,推进了信访工作的规范化建设。严格落实一岗双责,安全生产形势持续平稳,全面加强社会治安综合治理,社会治安状况进一步好转,群众对社会安全的满意度稳步提升。

六、党的建设不断加强,执政基础更加夯实

一年来,昔阳县委以践行党的群众路线实践教育活动为统领,围绕夯实"三基"建设,坚持抓基层,打基础,全面加强和改进党的建设,不断提高各级党组织和党员干部创造力和战斗力。优化基层干部队伍结构。认真落实了"三级联述联评联考"制度,实现考评结果与干部调整提拔使用和奖惩相挂钩。从农村选拔30名优秀干部担任乡镇党委委员或乡镇长助理,从县直单位选派优秀干部到农村担任"第一书记",提升了基层干部队伍活力。强化基层党组织战斗力。创新了"363"工作法,市级挂牌督导整顿的5个后进村已经全部实现进位升级。结合腾退办公用房,将清理办公用房改建为党代表工作室和免费活动阅览室,搭建了干群沟通感情、融洽关系的新平台。建立非公党组织85个,非公经济组织达到了全覆盖。推动了社区"三有一化"建设,进一步提升了社区党建和管理服务水平。提升基层工作基本功。县委综合将"访民生、知民情、解民事"、"全心全意解民忧、尽职尽责办实事"、"两级机关下乡、千人千企进村"、领导干部住村包扶、双联共建、村企共建新农村等六个活动有机结合,深化活动主题,组织开展了"三进四扶五突破两满意"活动,积极培树典型,注重示范带动,有效提高干部的认识和能力。全面推进反腐倡廉建设。严格落实党风廉政建设责任制,建设了惩防体系信息网"一网九平台"。对教育乱收费、公路"三乱"、金融、电信领域侵害消费者权益问题、农资生产经营、征地拆迁及民生资金使用管理情况开展专项检查和治理。探索建立"三三三"监管模式,提升农廉工作水平。认真开展"带案下访"重点村财务审计,对6个重点村财务情况进行全面审计。加大对重点工程项目的督促检查力度,发现和解决了一批实际问题,确保了项目建设和资金运行的安全。大力开展反腐倡廉宣传教育,建立了廉政影像资料库,利用"一网九平台"发布反腐倡廉工作动态6000余条。继续保持惩治腐败的高压势头,全年,纪检监察机关共受理群众来信来访21件,立案105件,党政纪处分105人,挽回经济损失122.9万元。党的建设的不断改善和加强,为全县经济社会发展提供了有力的组织保障。

(赵珍珠)

附:一、中共昔阳县委书记、副书记、常委名单

书 记:刘润民(2月离职) 丁雪钦(3月任职)
副书记:丁雪钦(2月离职) 王根元(4月任职)
冯耀黎(12月离职) 张 弛(12月任职)
常 委:孔爱科 张 弛(11月离职)
郭丰慧 马成毅(12月离职)
杜占生(12月离职) 刘玉红
李 军(12月任职) 郭春林(12月任职)
马建军(12月任职)

二、乡镇党委书记、副书记名单:

乐平镇
书 记:赵海斌
副书记:程海华 王怀庆(6月离职)

大寨镇
书 记:孔爱科
副书记:张向明

李家庄乡
书 记:郭立平(4月离职) 魏朋耀(4月任职)
副书记:张东峰(4月离职) 张彦成(4月任职)
吴燕兵

三都乡
书 记:王永胜
副书记:魏朋耀(4月离职) 李晓东(4月任职)
申瑞红

皋落镇
书 记:赵继胜
副书记:杨东晗 张庆军

东冶头镇
书 记:张胜利
副书记:裴李青 侯庆荣

赵壁乡
书 记:王志刚
副书记:陈振林(6月离职) 冀保元(6月任职)

闫庄乡
书 记:翟世清
副书记:李晓冬(4月离职) 刘育峰(4月任职)
乔爱青

界都乡
书 记:张月清(女)
副书记:周江平

孔氏乡
书 记:赵 鹏
副书记:李东生 耿怀德

沾尚镇
书 记:张 军
副书记:李越胜 郭恩录

西寨乡

书　记：王江平
副书记：张兴华　庞锁怀

中共寿阳县委工作概况

县委书记　杨建平

2013年，寿阳县委在省委、市委的正确领导下，以党的十八大精神为指导，按照县委十二届三次全会提出的目标、任务和要求，全面加强经济、政治、文化、社会、生态文明建设和党的建设，取得良好成效，为全面建成小康社会奠定了基础。全县地区生产总值完成98.7亿元，同比增长4.4%；规模以上工业增加值完成55.4亿元，同比增长4.1%；全社会固定资产投资完成84.5亿元，同比增长7.1%；财政总收入完成20.6亿元，同比减少34.6%；公共财政预算收入完成7.7亿元，同比减少22.2%；社会消费品零售总额完成20.1亿元，同比增长13.6%；城镇居民人均可支配收入达到25616元，同比增长10.2%；农民人均纯收入达到9397元，同比增长13.4%。

一、县域经济建设在艰难中转型奋进

（一）抓主业，稳增长。积极应对煤炭市场变化，对症制定落实缓减免、贴奖补政策，蹲点驻矿督促技改保产能，引导企业增收节支提效益，开展产销秩序专项整治，相继有6个矿井竣工进入生产阶段，推动全县新一轮矿井建设接近尾声，全年生产原煤2033万吨，同比增长2.1%。

（二）抓综改，上项目。明确主体任务，三项重大改革、五个重大事项、“一主四新五园区”建设取得阶段性成果，成功引进能源化工项目2个、大型物流项目3个，总投资656亿元，7个新能源、新材料项目建设进展加快，在建工业转型项目达到31个，六位一体完成额居全市前列，完成投资137亿元，新产业投资增速达到79%，工业园区增加值增长64%、利润增长57%。

（三）抓民营，激活力。加快建设省级中小企业创业基地和小微企业孵化基地，开展企业规范化管理提升行动，争取专项资金，建立融资平台，推进助保贷合作，发放小额贴息贷款，全县金融机构贷款余额增长15%，新发展各类企业149户，新登记个体工商户1199户，民营经济增加值增长25%、税金增长20%，成为县域经济繁荣的新标志。

（四）抓调产，促增收。大力发展资本农业、公司农业和科技农业，财政安排3000万元一村一品奖补资金，实施玉米丰产方21个，新建温室大棚2000亩、养殖小区15个，建成高标准园区基地10个，示范推广新品种302个、新技术26项，新发展专业合作社79家，培育景康、田益、金粮等龙头企业和家庭农场25个，认证有机食品6个，豆腐干申报成功国家地理标志保护产品。全县粮食总产6.6亿斤，蔬菜总产93.7万吨，肉蛋产量增长13%和4%。

（五）抓城建，聚人气。强化承载辐射功能，进一步完善县城总体规划，围绕路网体系、景观美化、公共设施等基础建设，铺开城建工程七大类30项，白马河综合治理、地下管网、供气供热供水、街巷硬化、道路延伸等完成投资2.8亿元。同时强化细节管理，开展县城环境及市容市貌整治行动，推进乡村环境卫生清洁工程，人居环境得到有效改善，省级园林城市通过专家评审。

（六）抓人才，重科技。充分发挥人才政策的杠杆功能，设立大学生村官创业资金，公开招聘事业单位工作人员和合同制人员214名，组团参加“大连海创周”和上海“海外学人夏季创新创业推荐会”，重点支持12个企业建设研发中心。全县专利申请总量达到73项，自主研发的5个新产品达到国内先进水平，连续6次通过国家科技进步考核。

二、宣传文化建设在创建中走向繁荣

按照唱响主旋律，打好主动仗的要求，积极开展丰富多彩的创建工作，产生弘扬新风尚、传递正能量的良好效应。从基础设施抓起，实施地面无线数字电视基站建设，启动广播电台恢复工作，改造升级县城数字电视网络；从舆论引导抓起，出版发行《寿阳报》84期，在市级以上媒体发表稿件323篇，推出《新农村》、《大家谈》等一批新电视栏目，开通县政务微博官网，建立了新闻发言人、新闻特约通讯员、舆情信息员、微博管理员和网络评论员5支队伍；从文明建设抓起，开设道德讲堂，评选“寿阳好人”，组织青年文明号、巾帼建功、金秋助学活动，选树常慧珍同志入选全国“孝亲敬老之星”和“中国好人榜”，改编拍摄了同名数字电影；从服务群众抓起，建成乡镇综合文化站15家、村级文化广场87个，提前一年完成农家书屋全覆盖；从产业开发抓起，5项工程列为全市重点文化产业项目，炭雕工艺、土布织锦等旅游产品丰富了福寿文化的要素和形态。从传承保护抓起，对国保、省保单位开展整体维修，对非物质文化遗产进行全面普查，“爱社”列为国家级文化生态保护区重点项目。

三、社会民生建设在统筹中全面推进

本着普惠制、全覆盖、保平安的原则，努力使发展成果为全民共享，确保群众生活安康。实施创业带动就业工程，积极举办民营企业招聘周、县级人才交流会，搭建双向选择平台，全面推进就业援助，城镇登记失业率低于市控目标3.3个百分点，就业形势保持稳定。实施教育均衡发展工程，学前教育三年行动计划有序推进，义务教育阶段就近入学、随机编班、师资交流和网络教学富有成效，新建寿阳一中校区投入使用，职业中学对口就业率达到76%，全面实现基础教育12年免学费工作。实施医疗卫生提质工程，全面推进医药卫生体制综合改革，县乡村三级医疗机构基础建设任务如期完成，第二人民医院正式运营，人民医院通过二甲医院市级评审，寿阳通过国家卫生应急综合示范县验收。实施基础保障覆盖工程，城乡居民医疗保险最高支付限额大幅抬升，可报销病种大幅增加，城乡低保、农村五保、优抚对象补助标准继续提高，残疾人社保、服务体系建设更加健全，全县人口自然增长率2‰，农民健身工程、老龄工作获得国家级表彰。实施城乡住房圆梦工程，建成各类保障房1865套，首次实行廉租房实物配租，143户低收入家庭经公开摇号实现住房梦，完成农村危房改造500户。实施平安寿阳守护工程，狠抓信访联席会议机制建设和责任落实，全年上访人数同比减少15%；以为民护航活动为主体，完善网格化社会服务管理三级平台，推进人防、物防、技防高效整合，全年未发生重特大案件事件；严格落实两个主体责任，整合食品安全和药品管理职责，狠抓"两行动一活动"成效，煤矿、非煤矿山、危险化学品等行业安全无事故。

四、生态环境建设在探索中实现双赢

恪守"既要金山银山，又要绿水青山"的发展底线，大力实施"蓝天碧水"工程，狠抓企业节能减排、污染治理，坚决打击私挖滥采。全县工业固体废弃物综合利用率52%，产值能耗为每万元0.18吨标准煤，万元工业增加值耗水量降幅3%，六项污染物全部完成减排任务，城区二级以上天数达到360天，地下水止降返升1.42米。同时，充分利用矿山生态恢复治理保证金，开展大规模植树造林，实施温家庄万亩矿区绿化项目，实施路南环松塔水库10万亩干果经济林廊带和玉露香梨示范基地建设，全年造林7.2万亩，是市下达任务的两倍，经济林在全县一村一品中所占比重提高10个百分点，初步呈现生态保护和产业开发的互利共赢。

五、党的建设在夯实基础中推陈出新

以为民、务实、清廉为主题，突出党的执政能力建设，推动县委工作重心下移，为转型跨越提供了保证。

（一）加强思想理论武装。县委中心组年内安排活动13次，重点学习了十八大和十八届三中全会精神、习近平同志重要讲话及系列专题讲座，结合群众路线教育实践活动和访民生、知民情、解民忧走访活动，动员各级领导干部深入基层调研，发挥党校培训的主渠道作用，举办"中国梦"巡回宣讲，推动了思想解放、观念更新。

（二）加强基层组织建设。从完善责任体系入手，全面落实三级书记联述联评联考制度，推出"四抓四化"工作措施，指导95户非公企业组建党组织，整顿转化后进支部20个，建成党代表工作室19个、工作站51个，形成党建与中心工作有机结合、同步安排、合并考核的运行机制。

（三）加强服务能力提升。设身处地为基层解难题、办实事，将党建经费全部列入财政预算，村级两委主干岗位报酬提高35.8%，扎实开展村级活动场所星级创建，初步完成社区党建"三有一化"建设任务，引导100个企业与行政村结对帮扶，探索"五步契约共建模式"，有效改善了村企关系。

（四）加强干部队伍管理。确立鲜明的选人用人导向，大力开展"三亮四比五评"活动，不断拓展延伸双推优范围，加快储备村级干部，着力培养年轻干部、党外干部和女干部，推进干部上挂下派双向交流，启动干部日常管理监督示范县创建工作，全年调整干部7批33人，提拔14人、交流13人、免职6人。

（五）加强纪律作风约束。从讲规矩做起，严格贯彻执行中央八项规定精神和省市四个实施办法，深入查找"四风"问题，清退办公用房2540平方米、公务用车52辆，全县性会议减少50%、发文减少40%，三公费用减少35%。狠抓党风廉政建设五项重点工作，完成"一岗双责"培训，有效提升"一网九平台"应用水平，开展"两千两类"、"三百三审"行动，全年立查案件101件，结案100件，受党政纪处分100人。

（陈　栋）

附：一、中共寿阳县委书记、副书记、常委名单

书　记：王继堂（1月离职）　杨建平（1月任职）

副书记：郝鹏鸿　刘　旋（3月离职）

常　委：侯成元（1月任职）　张峻德　刘军池

陈德刚（1月任职）　傅艳红（女）

范亮珍（1月任职）　张保平（1月任职）

冯耀洲　张俊文　傅贵亨　卫虎周

二、乡镇党（党工）委书记、副书记名单

朝阳镇

书　记：赵　弘

副书记：荣爱民　武瑞明

南燕竹镇

书　记：常拴林

副书记：潘慧琴（女）　王海明

马首乡

书　记：张海平

副书记：王瑞军　张素萍（女）

宗艾镇

书　记：吴志明

副书记：李莉峰（女）　张慧兵

平舒乡

书　记：张江涛

副书记：赵东青　付晓柱

解愁乡

书　记：孙金钟

副书记：郭丽君　郭志胜

温家庄乡

书　记：李　雪（女）

副书记：王云虎　张俊峰

平头镇

书　记：李志义

副书记：刘维斌　付学宏

松塔镇

书　记：宋润平

副书记：罗晋山　马海文

景尚乡

书　记：史敬海

副书记：李玉峰　王瑞琴(女)

上湖乡

书　记：岳俊文

副书记：曹长青　宋海新

羊头崖乡

书　记：杨海军

副书记：张海亮　赵全成

西洛镇

书　记：冀俊武

副书记：张永宏

尹灵芝镇

书　记：姜明亮

副书记：柳宝平　李改珍(女)

丹凤管委会

书　记：付建民

副书记：王利民

中共阳泉市委工作概况

市委书记　洪发科

2013年，中共阳泉市委团结带领全市干部群众，牢牢把握稳中求进总基调和转变经济发展方式主线，深入实施工业强市、文化兴市、扩城阔市和生态靓市“四大战略”，统筹推进经济、政治、文化、社会、生态文明和党的建设，各项工作都取得了新进展、新成效。全市地区生产总值完成611.8亿元，同比增长7%；规模以上工业增加值完成290.3亿元，同比增长7.5%；公共财政预算收入完成47.9亿元，同比下降15.7%；全社会固定资产投资完成485.5亿元，同比增长24.1%；社会消费品零售总额实现246.7亿元，同比增长13.4%；城镇居民人均可支配收入23238元，增长9.7%；农民人均纯收入为9742元，增长12.2%；居民消费价格指数全年为103.0%；万元GDP能耗下降3.5%。实现了平稳较快发展。

一、着力推动转型跨越，提升经济发展质量效益

一是巩固提升优势产业。出台了《关于促进当前煤炭工业健康发展的意见》，推动煤炭产业结构调整，确保煤炭工业稳定运行。河坡发电2×35万千瓦“上大压小”、山西国际能源裕光煤电2×100万千瓦、阳煤远盛电厂2×35万千瓦“上大压小”项目、南煤集团西上庄2×60万千瓦、盂县鑫磊2×35万千瓦等项目有序推进。阳煤集团盂县化工“24.40”尿素项目建成投产，平定年产60万吨乙二醇项目建设加快推进。创新体制机制，加快资源整合，破解电力成本过高的问题，开发下游产品，做大做强铝工业。着手推进铝矾土资源整合和耐火企业重组，鼓励支持耐火企业技术创新，发展高端产品。

二是发展壮大新兴产业。坚持把培育新兴产业作为重中之重。百度云计算、春明激光器、吉天利科技、天元绿色家电等一大批新兴产业项目顺利推进。在实施的重点项目中，产业结构调整类项目总投资额占到了41%。一、二、三产业投资分别完成17.8亿元、210.8亿元、257亿元，其中第三产业对投资的贡献率达72%，成为拉动全市投资快速增长的主力。

三是强力推进农业现代化。积极发展“一县一业”、“一村一品”，全市新发展专业村160个，累计达到247个。新建设施蔬菜1060亩，栽植干果经济林4.43万亩，新种植中药材1.3万亩。扎实推进产业扶贫开发工作，认真搞好104个新农村建设重点推进村、3个集中连片示范区建设，农村生产生活条件进一步改善。粮食总产量创历史新高，达2.9亿公斤。

四是全面加快“扩城阔市”步伐。统筹推进旧城改造和新城开发。在旧城改造方面，重点推进总投资达15.87亿元的8个旧城改造项目，实施了一批“城中村”改造工程。大力实施道路畅通工程，逐步形成了城市道路的大循环、中循环和小循环路网结构。继续推进大县城和中心镇建设，完成投资5.09亿元。在生态新城建设方面，成立了生态新城建设领导组和管委会，搭建了新城开发投融资平台，开工建设6个基础设施项目，完成投资11亿元。合理布局产业园区，重点推进中小企业产业园建设，有序推进科技创新园、装备制造园、信息产业园“三园合一”，努力实现产城融合。成为全国智慧城市试点市，市区和县城主要公共场所实现无线互联网免费全覆盖。城镇化率达到64.01%，居全省第二位。

五是深化改革扩大开放。转型综改试验区建设成效明显，各项重大改革、事项、项目和课题有序推进。行政审批实现了“两集中、两到位”，对现有拟保留的审批项目实行流程再造，审批总时间限定在38个工作日以内。实行“3个24小时”项目直通车制度，全面提升行政效能，优化重点项目建设环境。稳妥推进事业单位、国有企业等各类改革。大力发展“飞地经济”，出台了《指导意见》和《政策措施》，取得初步成效。大力开展招商引资，修订完善了招商引资优惠奖励办法。在北京、广州建立了代理招商工作站。组团参加中博会、科博

会、软博会等大型招商引资活动和项目洽谈会。组织开展了“海外博士阳泉行”活动,13位海外博士与14家企业签署了合作意向。全市共签订合作项目193个,总投资达1202.7亿元,到位资金317.5亿元,同比增长27.1%。

二、加强社会主义民主政治建设,不断提升依法治市水平

坚持和完善人民代表大会制度,支持人大及其常委会围绕全市中心工作依法行使职责,加强对“一府两院”工作的监督,加强和改进代表工作,完善代表联系群众制度。坚持和完善中国共产党领导的多党合作和政治协商制度,支持和保证人民政协履行政治协商、民主监督、参政议政职能。巩固和发展最广泛的爱国统一战线,切实加强与各民主党派、工商联和无党派人士的团结合作。注重党外代表人士队伍建设。加强宗教和民族工作。做好侨务和对台工作。高度重视基层党组织领导的基层群众自治建设,健全完善基层民主建设各项制度和企事业单位民主管理制度。注重发挥工会、共青团、妇联等人民团体作用。加快推进依法治市进程,扎实开展“六五”普法,中期考评全省领先。高度重视国防和驻地部队建设,军地“双服务”工作迈上新台阶,军政军民团结的良好局面进一步巩固。

三、实施“文化兴市”战略,切实加强宣传思想文化工作

不断加强理论武装和精神文明建设。制定下发了《中共阳泉市委关于贯彻落实党的十八大精神,加快转型跨越发展的意见》、《关于深入学习贯彻习近平总书记一系列重要讲话精神的意见》,采取多种形式,多层面引深理论学习。市级主要领导带头宣讲,以实际行动带动全市学习。培育和践行社会主义核心价值观,启动了“漾泉大讲堂”,开展了“五进”宣讲活动和“九个一”活动,评选了“十佳爱国主义教育基地”,扎实推进未成年人思想道德建设。深化精神文明创建活动,组织第四届道德模范评选表彰活动和学雷锋系列宣传活动,启动了全市文明单位道德讲堂活动。

牢牢掌握舆论引导和宣传工作主动权。高度重视意识形态工作,加强主流媒体阵地建设、社会热点问题正面引导和舆论监督,做好重大突发事件新闻报道。加强对新兴媒体的管理和网络舆论的引导,成立了阳泉网络媒体协会。加强对外宣传,加大阳泉对外推介力度。圆满完成市文联换届任务。

大力发展文化产业。发掘特色文化资源和旅游资源,打造“中共第一城、中国版画城、中国刻花瓷、百团大战主战场、赵氏孤儿发源地、北方水乡娘子关”六大文化品牌。大力开发煤雕、刻花瓷等工艺精品。积极参加全省文博会,签约重点文化产业项目9个,签约总额达38.18亿元。圆满完成文化体制改革任务,有效促进了宣传文化工作管人、管事、管资产、管导向的统一。

全面实施文化惠民工程。开展“群星风采”广场文化活动和文化科技卫生“三下乡”活动,大力推进文化基础设施建设,农家书屋等五大文化惠民工程实现全覆盖,文化创意园区即将建成。着力推出精品力作,拍摄了《伏击》、《大宋》等文艺作品。开展全民健身运动,竞技体育成绩突出,阳泉市选手王智伟、武杨在国际国内大赛中屡创佳绩。

四、切实改善和保障民生,维护社会和谐稳定

全力推进各项民生事业。学前教育、农村教育、职业教育、特殊教育和高等教育全面推进。国家级创业型城市工作进展顺利。认真落实省促进城乡居民收入的15条政策措施,出台稳定物价十条措施。实施城乡居民医疗大病保险,全市社会保险综合覆盖率达97.26%。全市保障性住房超额完成目标任务。娘子关供水二期续建工程开工。阳大铁路项目前期工作顺利推进。向全市人民承诺的十件实事和省委、省政府要求为农民办好的五件实事全部完成,全省农村亮化工程现场会在阳泉市召开。

全力维护社会和谐稳定。深入推进“平安阳泉”建设,全力实施“六六创安”工程,严密防范和打击各类违法犯罪活动,严重刑事案件发案率大幅下降,群众安全感满意度达到90%以上。建立健全群众利益协调、权益保障、社会矛盾调处、稳定风险评估等机制,积极推进基层社会服务管理体系建设,“621”工程成效明显。深化与“法轮功”等邪教的斗争。加大信访积案化解力度,依法及时处理人民群众来信来访,社会保持和谐稳定。

狠抓安全生产工作。出台了打击私挖滥采和盗采国家资源专项行动《意见》和《实施方案》,对煤炭生产中存在的安全隐患进行专项安全整治,统筹抓好非煤矿山、道路交通、食品药品、森林防火、学校等领域、行业的安全工作。全市各类生产经营性安全事故起数和死亡人数同比分别下降20%和26.23%。

五、实施“生态靓市”战略,加强生态文明建设

加大节能减排、扬尘污染和机动车尾气治理力度,PM2.5监测发布工作稳步推进,水环境质量稳步提升。积极创建国家环保模范城市,重点推进发电、水泥等重点行业脱硝和脱硫改造升级。2013年全市化学需氧量、氨氮、二氧化硫、氮氧化物、烟尘和粉尘六项减排指标同比分别下降0.67%、0.46%、4.86%、6.80%、7.62%、3.89%。空气优良天数达到329天,优良率为90.1%。综合污染指数2.49,环境空气质量稳定达到国家二级标准。巩固国家园林城市创建成果,积极创建国家森林城市。全市完成各类造林14.14万亩,占省下达任务11.21万亩的126%。成为“全国造林绿化模范城市”。

六、努力提升党的建设科学化水平,为转型跨越发展提供坚强保证

加强思想政治建设。健全完善党委中心组学习制度,推动理论学习制度化。市委中心组举行8次集体学习,举办学习贯彻习总书记系列重要讲话精神暨加快实施“四大战略”县级干部培训班,先后在中央党校、井冈山干部学院、浦东干

部学院、清华大学等院校举办县级领导和优秀中青年干部培训班20余期。以网络在线培训、送教上门培训、干部讲坛培训为载体,先后培训各类干部2万余人次。

加强领导班子和干部队伍建设。注重优化班子功能,分11批次对248名县处级干部进行调配。实施"5213"年轻干部培养选拔计划和竞争上岗制度。从优秀大学生村官中公开遴选乡镇副职13名,选派40名市县直机关优秀年轻干部到农村担任"第一书记",选派10名新提拔副县级干部到信访部门挂职锻炼,选拔干部对口援疆。建立县级干部道德品行测评系统,组织进行试点工作。加强党员、干部理论培训和党性教育,在高等院校举办县级领导和优秀中青年干部培训班20余期。以网络在线培训、送教上门培训、干部讲坛培训为载体,先后培训各类干部2万余人次。

加强基层组织建设。完善基层党建责任机制,实施"三级联述联评联考"及其延伸计划,实现述评考在各级党组织的"全覆盖"。落实基层党组织"晋位升级"长效机制,实施基层党组织"星级管理"工作,出台发展党员"二三六"工作法,启动党员党性分析试点工作,探索不合格党员退出机制。建立健全"民情日记"、"工作台账"等工作制度。延伸"领头雁"培训计划,落实基层党组织书记轮训制。积极探索服务型党组织建设新路,涌现出"联村党委"、"民事代办"、扁平化管理和"艳荣工作室"等一批具有特色、群众基础广泛的服务型党组织先进品牌。积极做好党的群众路线教育实践活动前期准备工作。

加强作风建设。建立领导干部直接联系群众制度,深入开展下乡住村增收和"访、知、解"活动。大力转变文风、会风,全市会议数量同比减少30%,文件同比减少19%,会议和领导活动新闻报道同比减少30%。从简安排各种活动,严格控制"三公经费",严禁用公款搞走访、送礼、宴请、旅游等。对全市纪律作风情况进行明察暗访,给予105名违纪党员干部党政纪处分或组织处理,对涉及的47个单位负责人进行了约谈。深入开展党政机关停止新建楼堂馆所、清理办公用房和违规用车专项清退工作,全市清理腾退办公用房面积共计9850.26平米,清退违规车辆79辆。

加强党风廉政建设。严格落实党风廉政建设责任制,市委常委带队对各县区党风廉政建设责任制落实情况进行考核检查。扎实开展廉政警示教育,培训干部12批次3000多人。深入开展领导干部廉洁从政"八个一"活动和廉政文化"七进"活动。加强农村党风廉政建设,逐步建立起责权明晰、衔接配套、运转有效的村级民主监督机制。以"一网七平台"建设为重点,成立市惩防体系信息网监督中心。严肃查办违纪违法案件,全年共立查案件160件,处分违纪党员干部267人,同比上升20.2%,为国家和集体挽回经济损失以及收缴违规资金3310.82万元。 (齐高伟)

附:中共阳泉市委书记、副书记、常委名单

书　记: 洪发科

副书记: 李栋梁(2月离职)　陈永奇(2月任职)
郭长青(3月离职)　王旭明(4月任职)

常　委: 王　民　杨永生　王湜洲　李利生
许　霞(女,4月离职)　方庆灵(11月离职)
刘　星(4月任职)　李云峰(4月任职)
李定武　密国林(11月任职)

中共阳泉市城区区委工作概况

2013年,在省委、市委的正确领导下,阳泉城区区委全面贯彻落实党的十八大和十八届三中全会精神,牢牢把握稳中求进总基调,以转变经济发展方式为主线,大力实施小康城区、美丽城区、智慧城区、幸福城区"四大城区"建设发展战略,统筹推进经济、政治、文化、社会和生态文明建设,扎实推进党的建设新的伟大工程,各项工作都取得了新进展、新成效。

一、加大改革创新力度,党建科学化水平有了新提升

大力加强学习型党组织建设。整合区委中心组学习、干部教育培训、文化建设等学习培训资源,创新推出"城区梦·大学堂"。全年共举办18讲,有8名区级领导、6名科级干部、1名非公有制经济人士登台荐书,全国精细化管理专家汪中求等16名国内知名专家教授应邀作了讲座,培训干部2500余人次。在上海举行的"感动中国·十大公益项目"表彰中,区委、区政府和区民政局被评为最佳支持公益教育培训政府奖,"城区梦·大学堂"获得了中国最佳公益教育组织奖。大力加强服务型党组织建设。创设了以党的十八大代表、小阳泉南社区党支部书记、社区主任杨艳荣个人名字领衔命名的"艳荣工作室"。以"艳荣工作室"为引领,积极推进全区党代表工作室建设。常委会专题研究制定了全区党代表工作室建设实施方案,设计了标识。全区建立了覆盖各社区和行业领域的41个党代表工作室,出台了"两代表一委员"驻室服务等制度,成为全市唯一的一家全省党代表工作室建设试点。

大力加强领导班子和干部队伍建设。认真贯彻《党政领导干部选拔任用工作条例》,制定了《阳泉市城区科级干部选拔任用工作流程》《城区关于建立科级领导班子后备干部队伍的实施办法(试行)》等制度,积极推行干部任免票决制,严格落实任前公示制、任前廉政谈话制、干部审计制,规范和完善了科级领导干部的考核、管理和监督机制,全年调整干部37人,其中提拔干部10人。

大力加强基层党组织建设。出台星级党组织评定考核办法,推行党建工作项目化管理。选优配强社区"两委"班子,选派了两级第一书记,完善了机关党组织和社区结对共建长效

机制。实行党员分类管理,开展党员党性分析试点活动,探索不合格党员退出机制。召开了区直各党(工)委书记抓基层党建工作述职大会和基层党建工作现场观摩点评会。探索实施“兼职委员制”,创新成立社区大党委或区域联合党委。

大力加强作风建设。积极践行中央八项规定和省委、市委的具体规定,出台了城区改进工作作风、密切联系群众的36条。狠刹“四风”,开展了整治“庸懒散奢”和治理“吃喝不正之风”专项行动,开展了党政机关停止新建楼堂馆所、清理办公用房、违规用车问题专项清退、会员卡专项清理等工作。深入开展“访民生、知民情、解民事”集中走访活动,为基层群众解决实际困难1846个。

大力加强反腐倡廉建设。严格落实党风廉政建设责任制,统筹推进教育、制度、监督、改革、纠风等预防腐败工作。深入开展廉洁从政“八个一”活动和廉政文化“六进”活动示范点创建活动。继续引深党务公开工作,实行党政主要领导公开述廉。健全案件查办工作机制,加大案件查办力度,保持了惩治腐败的高压态势。

二、加快结构调整,经济发展逆势而为、实现新跨越

经济保持平稳较快发展。全区生产总值140亿元,增长6.2%;规模以上工业增加值9.5亿元,下降14%;服务业增加值115.6亿元,增长8.5%;全社会固定资产投资66.9亿元,增长20.2%;社会消费品零售总额135亿元,增长13.6%;财政总收入52562万元,增长5.9%,其中:公共财政预算收入29749万元,增长10.1%;城镇居民人均可支配收入24081元,增长10%。

结构调整优化升级。改造提升商贸餐饮、文化娱乐等传统服务业,加快发展现代物流业、信息服务业、创意产业等生产性服务业,创新发展电子商务、社区服务、健康服务业等新兴服务业,探索实行政府购买公共服务,启动了全市首个社区居家养老服务项目,大力发展“飞地经济”。

项目建设成绩喜人。全年项目储备动态保持在353个,总投资2001亿元左右,为年任务的170.88%;落地项目53个,累计完成投资82.65亿元,为年任务的116.41%;开工项目29个,累计完成投资47.41亿元,为年任务的128.14%;重点工程建设累计完成投资73.41亿元,为年任务的120.34%;投产项目累计完成投资49.66亿元,为年任务的105.66%。“6+1”完成情况综合排名位居全市第三。

开放引进步伐加快。参加了首届山西文博会、第八届中博会等招商活动,与深圳山西商会、广东物流行业协会就“广货北上·晋货南下”项目达成了合作协议,赴厦门洽谈了电子商务项目建设,全年招商项目储备69个,总投资359亿元;签约项目34个,总投资141亿元,为年任务的117.5%,完成率全市第一;实际到位资金30.68亿元,为年目标的109.57%。

三、扎实推进民主政治建设,依法治区工作开创新局面

坚持和完善人民代表大会制度,人大及其常委会作用有效发挥。支持和保证人民政协履行和发挥政治协商、民主监督、参政议政职能。深入开展了人大代表、政协委员进社区接待群众、服务群众工作。顺利完成了团区委、区残联的换届工作,获得了“山西省科普示范县区”称号。工会“面对面、心贴心、实打实”服务职工在基层活动,得到了全总的高度肯定。不断加快“法治城区”建设,荣获了“全国法制县(市、区)创建活动先进单位”称号。坚持和发展最广泛的爱国统一战线,深入实施统战网格化管理,切实加强民族宗教、侨务对台等各个领域统战工作。积极支持国防和预备役部队建设,高标准建成了新的国防动员指挥中心。

四、大力加强宣传思想文化工作,文化强区推出新举措

加强社会主义核心价值体系建设。充分运用各种传播手段、宣传阵地和精神文化产品,大力开展“三个倡导”的核心价值体系的宣传教育。充分发挥党史资政育人作用,完成了《阳泉市城区年鉴(2006-2010)》编纂任务。召开全区精神文明建设大会,评选表彰了22名“最美”系列人物。

牢牢掌握舆论引导和宣传工作主动权。围绕学习贯彻落实十八大、十八届三中全会精神和习近平总书记系列重要讲话精神,开展了一系列大型宣传活动。选树道德模范,宣传凡人善举,4人入选“中国好人榜”候选人,3人入选“山西好人”候选人,1人被评为“山西助人为乐好人”。

丰富群众精神文化生活。全力推进“两馆”免费开放工作,创设了社区图书流动站,开展了形式多样的群众性文体活动。成立了全市首家网络文学学会,拍摄完成了全市第一部数字电影《伏击》。公共文化服务体系达标率100%,位居全省第一。

推动文化产业提质发展。推动非物质文化遗产产业化进程,组织具有地方特色的面塑和剪纸参加了首届省文博会,签约重点文化产业项目1个,总投资3000万元。

五、高度重视保障和改善民生,社会建设凸显新亮点

各项社会事业全面发展。大力压缩一般性支出和“三公经费”,加大民生领域投入,民生支出33342万元,占到总支出的66.17%,增长14.63%。扎实推进教育现代化发展的“五个五”工程,荣获“山西省实施‘学前三年行动计划’先进县区”称号。统筹推进城镇居民基本养老、基本医疗等扩面工作,全区社会保险综合覆盖率96.43%。不断加大城镇保障性住房建设力度,1642户4518人的居住条件得到大幅改善。获得了“全省人口计生工作目标责任制考核先进县(市、区)”称号。

城市管理水平不断提高。全区新增绿化面积6.5万平方米,绿化覆盖率36.92%,绿地率33.35%,人均公共绿地面积

16.73平方米;全区2级以上优良天数329天,空气质量稳定达到国家二级标准;连续18年蝉联省级"卫生城区"称号。社会治理进一步加强和创新。健全三级社会服务管理中心,形成了具有城区特点的社会管理创新模式。围绕"平安城区"建设,全力实施"六六创安"工程,获得了全市"社会管理综合治理达标县区"称号。坚持用群众工作统揽信访工作,信访形势总体平稳有序。安全生产目标责任考核工作位列全市前茅。

"幸福社区"创建成果突出。努力打造以"11245"为主要内容的社区建设"阳泉城区模式"。成立了社区建设管理局,出台了社区建设"1+1+5"指导性文件。开展了文化、医疗、法律、党代表工作室等"十进社区"活动,提高了社区干部岗位报酬,每人每月增加了150元。

(邵瑞鹏)

附:一、中共阳泉市城区区委书记、副书记、常委名单

书　记:康晓剑

副书记:武　雪(女)　任时杰

常　委:李保存　杨献斌　李昱平　刘志军　胡秀毅　田　青　王志伟

二、街道党工委书记、副书记名单

上站街道

书　记:高　鹏

副书记:白俊平　陈拥军　郭小丽(女)

下站街道

书　记:温敏芬(女)

副书记:冯利民　程葆华(女)　穆志强

北大街街道

书　记:宋燕明

副书记:苏红霞(女)　郝田庆(6月离职)　王素敏(女)

南山路街道

书　记:赵志勇(6月离职)　刘广顺(6月任职)

副书记:刘广顺(6月离职)　荆　鑫(6月任职)　贾树林　卫　玲(女)

义井街道

书　记:李荣贵(6月离职)　李丽萍(女,6月任职)

副书记:李丽萍(女,6月离职)　段德强(6月任职)　赵文燕　刘广利(6月离职)

坡底街道

书　记:路永青

副书记:王海军

中共阳泉市矿区区委工作概况

2013年,阳泉市矿区认真贯彻党的十八大和十八届三中全会精神,在省委、市委的正确领导下,围绕"发展总部经济、培育第三产业、创新社会管理、构建和谐矿区"总体工作思路,全面推进和加强党的建设,为促进转型跨越发展、实现"经济发展首富之区,资源转型首创之区,社会和谐首善之区"的建设目标,提供了坚强的政治保证和组织保证。

一、关于班子建设

深入学习贯彻党的十八大、十八届三中全会精神。区委理论中心组专题学习8次,举办专题培训2次,组织40余名领导干部赴清华大学学习,形成学习心得40余篇。开展下基层送教、"九个一"活动、"干部上讲台、培训到基层、网络全覆盖"培训等。

带头执行中央"八项规定"、坚决反对"四风"。全年会议活动同比精简53%,发文下降11.3%,公务接待费用下降42.5%,公务用车运行费用下降15.9%,政府采购节约资金195.8万元。整治腾退办公用房1211平方米。开通了政风行风网上评议平台。全区各级领导干部深入基层调研走访4300余次,解决群众关心的热点、难点问题1600余件。

准确把握区域经济发展方向。深化与阳煤集团企地良好沟通、建立共识、互助共赢机制,出台了《关于进一步促进总部经济发展的实施意见》等政策,协调67户原材料供应商落户辖区,实现利税较去年翻了一番。北京易盟集团成立矿区分公司,填补了全市专业化家庭服务的空白。洪城河文化产品一条街初具规模,煤雕、剪纸等特色文化产品实现规模化经营;阳泉市首次承担的国家级服务业标准化试点项目"矿区基层文化园区服务业标准化试点"通过国家验收。2013年全年财政总收入完成7.06亿元,增长13.76%,增幅连续3年位居全市之首。地区生产总值完成163.9亿元,增长4%;规模以上工业增加值完成135.6亿元,增长3.2%;固定资产投资完成93.8亿元,增长20%;公共财政预算收入完成3.2亿元,增长6.4%;社会消费零售总额完成18.73亿元,增长10.9%;城镇居民人均可支配收入完成23950元,增长9.4%。第三产业增加值预计完成20亿元,增长9%,比重达14.1%。继续加强和创新社会管理。不断深化社区"一委一居一中心"管理模式,完善了三级社会服务管理平台建设,形成了"一网多面"的网格精细化管理新模式。全年上报涉及居民生产生活的各类急难问题5120件,办结率98.5%。特困帮扶基金会救助困难群众3847人次540余万元;矛盾调处中心调处各类民商事纠纷553起。

主动探索区直管社区工作新模式。探索实施了区直管社区“扁平化”管理综合体制改革。在工作层面上试点撤销桥头街道办事处，将7个社区整合为5个，试行了“区—社区”直管体制，在财政支出不增加、工作人员不增加、办公场所不扩建的前提下，社区工作经费翻了一番，人员增加了近一倍，居民活动场地平均增加了300平方米。

二、关于党的建设

干部教育坚持不懈。共举办各类十八大政策宣讲156场，370名科级干部、400余名社区干部、4642名党员接受了教育；举办社区干部领头雁全员培训2次，区级培训11次，市级培训3次，省级以上培训1次，国家级重点院校培训1次，参训学员达2430人次；组织392名干部职工参加了山西网络在线学习。

队伍建设成效显著。探索采取大会推荐，独立填票，现场计票、当场公布的方式民主推选干部，全年先后分5批调整配备干部94人；试用期满考核转正干部58人；向农业县区选派“第一书记”3人，在大学生社区干部中公选副科级领导干部3名，接受全市调整7人。

人才队伍优先发展。789名社会工作人才接受了培训，3名专业技术人员入选阳泉市首届工艺美术大师，3名教师入选第四届享受市政府特殊津贴拔尖人才，评选省级特级教师1人、省级学科带头人14人、省级骨干教师28人，全省中小学幼儿教师课堂教学技能大赛特等奖获得者2名。

基层组织不断夯实。新增非公党组织7个；加强了社区党组织带头人建设，下派书记27人；组建“580”我帮您等党员志愿者服务队伍38支；在全市县(区)委书记抓党建专项述职中综合排名第一；采取“123456”工作法发展党员80名。管理创新大胆先行。全年共收集网格员上报事件5420件，处理办结5240件，办结率97%。区委“一委一居一中心”模式和蔡洼街道“一库二化三服务”模式2个项目被评为全市优秀项目。“区直管社区”扁平化管理和离退休干部服务进社区工作在全省进行了经验交流。

专项活动深入开展。先后建立了区级领导干部结对走访社区、包点联系学校、定点服务企业，机关干部下基层等一系列制度。认真组织召开了各级领导班子专题民主生活会138次，切实解决“四风”方面存在的突出问题1742项。社区“两委”，团委、残联、妇联、工会圆满完成换届工作任务。

三、关于党风廉政和反腐败工作

党员干部作风明显好转。开展中央“八项规定”和“庸懒散奢”专项治理活动，对违反作风纪律的9个单位10名工作人员给予作风告诫。文风、会风得到进一步改进，对违反纪律的2名领导干部给予通报批评。全区精简会议次数同比下降53%，精简文件数量同比下降11.3%，领导活动新闻报道数量同比下降8.1%。严格执行干部审计制度，对11名离任科级领导干部进行了经济责任审计，对83项基建工程项目进行结算审计，核减率16.67%。全年政府采购业务节约资金195.8万元，综合节支率达到11.81%。

党风廉政建设落实到位。将党风廉政建设责任制的落实纳入全年目标责任考核管理当中，分解到14位区委、区政府领导以及各牵头单位和配合单位，并对全区64个单位进行考核检查。大力深化党务公开，加强与阳煤集团共驻共建交流合作，编印了《阳泉市矿区党务公开工作手册》。矿区被阳泉市确定为开展县（区）委权力公开透明运行试点单位，沙坪街道党工委、里沙坪社区被确定为山西省城市社区党风廉政建设工作联系点和全市基层组织党务公开示范点。

廉政教育工作成效凸显。组织全区党员干部观看教育片和警示片2场次；先后对社区主任、机关党员干部、党支部书记进行了“勤政廉政”专题讲座；组织38名领导干部进行任职前廉政考试。制定出台廉洁从政“八个一”系列活动方案，组织并参加市纪委举办的“学党章用党章”知识竞赛活动，区公安分局干警侯明华被评为市勤廉榜样，并被推荐为全省勤廉榜样。

惩治腐败力度有所增强。全年共接待受理信访举报12件，立案调查11件，结案12件。处分违纪党员干部17人，其中科级干部9人，一般干部5人，其他人员3人。党纪处分16人，政纪处分5人，4名乡科级干部受到党纪、政纪双重处分，1名党员受到留党察看的重处，为国家和集体挽回经济损失并收缴违纪金额70余万元。查办“带案下访解民忧”专项案件3件。建立“办案人才信息库”，吸纳经验丰富、政治坚定的办案人才23名，“两规”“两指”陪护人员6名。

群众切身利益得到保障。召开参评部门政风行风听证对话会40场，召开了150余人参加的政风行风面对面专场活动，解决实际问题527个。建成并全面开通“矿区政风行风网上评议系统”。创造性地开展“矿区2013年治理公路‘三乱’排雷行动”。全年共开展网上、网下食品安全监察18次，发现问题607个。制定出台《阳泉市矿区行政效能监察实施细则》，34个单位建立投诉机构，创建了矿区12388投诉平台，共受理各类投诉5件，办结率为100%。

专项治理工作效果明显。全力抓好煤焦和工程领域反腐败斗争专项整治工作，对21处47个私挖坑口的填埋、封堵过程进行了全程督导。对2011年以来新增工程建设项目进行排查治理。全力抓好“小金库”专项治理工作，对政府非税收入的征收、解缴情况，政府非税票据申领、使用、管理、缴销等进行了监督检查，对存在问题提出了整改建议。公务用车共清退违规用车2辆。

（刘　鹏）

附：一、中共阳泉市矿区区委书记、副书记、常委名单

书　记： 刘德跃

副书记： 刘乙佑　冉志伟

常　委： 侯彦军　王宝新　吴亚非　高海明　史晓文　王晓丽(女)　史连海(6月离职)　张世庆

二、街道党工委书记、副书记名单

沙坪街道

书　记：李俊萍(女)

副书记：彭　平(12月离职)　杨海林(12月任职)
邓小琴(女)　王宝银　刘　健

赛鱼街道

书　记：李新宇(12月离职)彭　平(12月任职)

副书记：韩瑞辉　李永新　弓存义　王永刚

蔡洼街道

书　记：郑满柱(11月离职)　刘　恒(12月任职)

副书记：刘　恒(12月离职)　张　鹏(12月任职)
李志清　韩晋明　胡宏庆

桥头街道

书　记：刘世平(11月离职)　李新宇(12月任职)

副书记：杨海林(12月离职)　牛春杰(12月任职)
王计平　李非柱(6月离职)　张少华

平潭街街道

书　记：周拉弟(女)

副书记：张志明　杨宝生　刘喜平　张贵军

贵石沟街道

书　记：王德珍(女)

副书记：乔　勇　刘喜亭　韩石润　刘新桥

中共阳泉市郊区区委工作概况

区委书记　苏秀瑞

2013年，阳泉郊区区委以科学发展观为指导，紧扣转型跨越发展主题，统筹抓好经济、政治、文化、社会、生态文明建设和党的建设，各项工作都取得新进展。全区生产总值完成78.3亿元，增长11.2%；公共财政预算收入完成5.2亿元，增长1.94%；规模以上工业增加值完成27.1亿元，增长15.3%；固定资产投资完成70.7亿元，增长26%；城镇居民人均可支配收入达到19360元，增长10.3%；农民人均纯收入达到10289元，增长11.89%。

一、立足郊区实际，大胆创新机制，进一步激发推进转型跨越发展的动力

狠抓机制创新。针对偏远山村交通落后，群众出行难、办事难的现状，在旧街乡试点推进“党员干部民事代办”工作机制的基础上，在全区设立了193个民事代办中心（或代办点），通过定点代办、上门代办、应急代办三种方式，为群众代办惠民实事2350件，累计为群众节省交通、误工费30余万元。其经验被《山西日报》和《阳泉日报》广泛报道。以平坦镇为试点，建立了区域发展型、社会管理型和村企和谐型三类联村党委；成立了西南舁乡果农联合党委、河底镇河底联合党委、旧街乡枣园联合党委,其经验被《山西新闻联播》、《山西日报》大篇幅宣传，在《晋组信息》(第24期正刊）专题刊载。

强化干部队伍建设。首次在教育系统竞争性选拔6名副校长，在全区公务员中竞争选拔了10名乡镇副科级干部。实施了“年轻干部成长工程”。选派副科级干部到信访部门进行为期3–6个月的锻炼，到护林防火、重点工程等一线锻炼，选拔15名优秀年轻干部任农村第一书记。作为全市党代表常任制试点，在8个乡镇召开了党代会年会，由5年一次的定期换届变为每年一次的民主议事会。

深入开展廉洁乡村创建活动。按照“六个好”和“十星级”的建设标准，积极开展“廉洁乡村”创建活动，下拨农廉经费30多万元，赠送廉政书籍500多册，印发典型材料100多份，选树14个农廉先进示范点，进行挂牌表彰。通过培养20个可以晋级的推进村，使其尽快成为示范村。针对“三资”管理任务重的村，成立工作组，通过“听、看、访、议、查”等方式，制定整改措施，有效化解信访案件。

二、突出工作重点，严格规范程序，大力夯实基层组织建设

加强思想政治建设。把学习贯彻党的十八大、十八届三中全会和习总书记系列重要讲话精神作为首要政治任务，以区委中心组为龙头，以区委“四进”宣讲团为骨干，采取专题报告会、干部教育大讲堂等多种形式，共举办各级各类培训班300余场次，培训党员干部1万余名。

开展党组织“星级管理”活动。将农村、机关事业单位、企业党组织进行分类，按照自评、申报、定星、公示、挂牌、整改6个步骤，通过党员互评、群众测评、领导点评、组织考评、评定星级的“四评一定”的方式对党组织进行星级评定。共评出四星以上党组织194个，占总数的60.3%。

严格党建责任考核。通过召开全区基层党建述职大会，各乡镇党委书记进行了党建工作专项述职。各乡镇对农村主干，各村对村“两委”成员，分别以召开专项述职会议、工作推进会、民主生活会等形式开展述职评议。对农村“两委”主干重点开展“十评十看”，对班子成员重点开展“五评五看”，评议结果与村干部工资挂钩。严格执行村级民主管理决策“四议两公开”和“十项制度”。

加大农村党员干部培训力度。组织290余名农村主干、560余名农村"两委"班子成员、7840余名农村党员开展民主、法制、廉政三项教育和党的十八大精神培训。组织部分农村两委主干到汾阳县贾家庄、平坦镇桃林沟等先进典型村学习取经。依托农村党员干部现代远程教育网络开展学习。

三、坚持多措并举，狠抓作风建设，全面塑造领导干部新形象

认真落实中央"八项规定"，制定出台了转变作风、密切联系群众的"九项规定"，修订完善了领导干部婚丧嫁娶申报审批制度、公务接待制度、节假日公务用车定点停放申请备案制度。开展了清理会员卡、整治"吃喝不正之风"、清理违规公务用车、清理超标办公用房和狠刹两节违规请客送礼等专项治理活动。共清退违规用车3辆，清退超标办公用房2202.2平方米，取消农村庙会公款招待活动，节约资金500万，2013年全区"三公"经费同比下降28.3%。

积极开展"三项活动"，各级党员干部共深入走访村230余次、农户15000余户，涉及群众15万人次，帮助走访村谋划了86个发展规划、120多个致富项目，为民办实事好事1300余件，梳理解答260多条群众意见，化解43个信访积案。深入开展"下乡住村包增收"活动，共抽调100余名机关干部组成了第24批工作队，全区干部下乡走访群众4800多人，联系困难家庭460余户，解决实际问题220多个，为民办实事、好事420多件。针对全区20个重点项目，同步成立了项目指挥部和项目党组织，使党建和经济实现互促双赢。

四、加大反腐力度，狠抓廉政建设，扎实推进全区党风廉政建设和反腐败工作

全年共对6名失职渎职的党员领导干部进行了责任追究；组织全区6500余名党员干部参加了《党章》知识答题、观看廉政系列影片和全市廉政书画展等活动。打造廉政文化长廊、廉政教育基地、农民廉政文化广场等文化场所15个。选树了2个廉政个人先进典型和8个廉政文化示范点。

对全区涉及煤、矾石的11个私挖滥采案件进行了调查，对涉案9名党员领导干部进行了处分；共累计排查建筑工程项目31个，查结案件15起。对全区7个乡镇、29个区直单位共78名工作人员的违纪违规行为进行了处理。全年共查办案件40件，同比增长29%，其中大案要案12件。给予党政纪处分58人，其中科级9人，移送司法机关处理8案13人，直接挽回经济损失80余万元。

五、抢抓发展机遇，建设"三型"郊区，全面推进全区转型跨越发展

产业转型迈出新步伐。全年共实施重点项目100项，开工87项，完工41项，完成投资45.8亿元。全区全年生产原煤282万吨，洗配煤118万吨，实现税收1.52亿元。全区生产水泥262万吨，增长68%。河底6000万块煤矸石空心砖、益汇10万方和百通30万方混凝土生产线等项目建成投产。广凯机械制造等项目达产达效，增长15%。河坡电厂2×350兆瓦发电机组项目全面开工，阳泉垃圾焚烧发电项目稳步推进。在平坦镇307复线打造小微企业集聚平台3000亩，先后有丰裕、神华、赛诺、惠通等7个项目入驻。

"三农"工作取得新进展。10个规模养殖小区新建任务全部完工，11个村进入省级"一村一品"专业村行列。"一区四园"建设稳步实施。农业产业化龙头企业进一步壮大。

城镇化建设实现新突破。荫营城区"五网"入地、河坡电厂热力管网和自来水管网铺设基本完工。全年治理水土流失面积32.7平方公里，森林覆盖率达到25.83%，6项环境约束性指标全部完成。荫营镇被省环保厅评为"省级生态乡镇"称号。

综改试验凸显新成效。以实施"六创六破"为抓手，大胆创新土地利用模式；积极创新金融服务机制，通过"助保金贷款"模式，共为全区企业融资3000余万元；招商引资强力推进，全年引进百万元以上经济技术合作项目66项。

民生事业再上新台阶。为村级卫生所配备的医疗设备发放到位，区人民医院实行参合农民免交住院押金制度，开通与北京301医院远程诊疗系统，群众看病难问题得到有效解决；公开招聘40名公办幼儿教师和50名小学教师，提高了幼儿教师工资待遇，5所标准化幼儿园投入使用，评选出10名"最美乡村幼儿教师"。

（石俊林）

附：一、中共阳泉市郊区区委书记、副书记、常委名单

书　记：王永珍（9月离职）　苏秀瑞（9月任职）
副书记：苏秀瑞（9月离职）　韩加政（11月任职）
　　　　杨艳红　侯向军（10月任职，挂职）
常　委：郭　斌（2月离职）　孙　毅　王振杰
　　　　田进勇（2月任职）　王建华　周新革
　　　　刘瑞生（2月离职）　薛安廷（10月离职，挂职）
　　　　张斌武（4月任职）

二、乡镇党委书记、副书记名单

荫营镇
书　记：张斌武
副书记：武永庆　侯秉戬（2月离职）
　　　　杨浩宇（2月任职）

河底镇
书　记：杨兆明（2月离职）　段拥军（2月任职）
副书记：王红卫（2月离职）　任晋忠（2月离职）
　　　　任志刚（2月任职）　张海刚（2月任职）

平坦镇
书　记：李胜英（2月离职）　郭智英（2月任职）
副书记：郭智英（2月离职）　黄瑞刚（2月任职）
　　　　刘守宇（4月离职）　刘文峥（4月任职）

义井镇

书　记：段拥军(2月离职)　韩晓东(2月任职)

副书记：任志刚(2月离职)　朱建芳(女,5月任职)
史丽娟(女,5月离职)　光　华(2月任职)

李家庄乡

书　记：郭志强(2月离职)　王永平(5月任职)

副书记：常　征　王　勇(4月任职)
张魁福(2月离职)

西南舁乡

书　记：韩晓东(2月离职)　王红卫(2月任职)

副书记：黄瑞刚(2月离职)　侯秉戬(2月任职)
张建存

杨家庄乡

书　记：马大刚(5月离职)　史丽娟(女,5月任职)

副书记：朱建芳(女,5月离职)　要秀宇(5月任职)
程惠文

旧街乡

书　记：李仁照

副书记：闫立宏　王守刚(4月离职)
张永广(4月任职)

中共平定县委工作概况

2013年,平定县委团结和带领全县干部群众,深入学习贯彻党的十八大和十八届二中、三中全会精神,围绕“两大”目标,打造“三大”基地,推进“四县”建设,各项工作都取得了新进展。全年地区生产总值完成81.95亿元,公共预算收入完成4.74亿元,农民人均纯收入完成9240元。主要指标中,地区生产总值、规模以上工业增加值、社会消费品零售总额、农民人均纯收入增幅全市排名第一,固定资产投资排名第二。

一、攻坚克难、稳中求进,转型跨越迈出坚实步伐

全力实施项目攻坚。以10大标杆及20大重点工程为引领,全年确定了94项重点项目,实行“一个项目、一笔经费、一位领导、一套班子、一抓到底”的工作机制,制定了“六位一体”推进管理办法、领导包保重点工程、审批绿色通道、台账监管、督查考核等制度措施,有力推进了工程项目建设。全面完成了“六位一体”年度目标任务,综合排名全市第一。招商引资到位资金75亿元。

大力发展新型工业。坚持以煤为基、多元发展。全年完成煤炭产量247.87万吨,同比增长22.73%;阳煤乙二醇、兆丰铝材、春明激光器、贝特瑞碳素新材料、亚美优质刚玉等项目进展顺利,扬德煤层气瓦斯发电一期、鼎正环保建材加气砌块和板材等项目竣工。着力打造“一带三园”发展平台,王家庄新区基础设施建设完成投资1.8亿元;积极构建政、银、企、保合作平台,通过“助保贷”,为中小企业发放贷款1亿元。

加快推进现代农业。全力推进以猪、鸡养殖为主的现代畜牧业,以福润禽业、大正伟业为龙头的肉鸡禽蛋加工业,以万和油脂为龙头的核桃产业,以泰东农业、华通生态园为龙头的现代高效农业,以西回小杂粮、富硒小米为龙头的特色种植业。粮食生产实现“十连增”,总产量达到1.25亿公斤;生猪、蛋鸡、肉鸡饲养量分别达到21.6万头、134.6万只和150万只;“513”农产品加工龙头企业实现销售收入4.33亿元,增长21.6%。新发展省市级“一村一品”特色专业村49个,总数达到78个。

培育壮大三产服务业。编制了县域旅游发展总体规划,娘子关、冠山、刻花瓷和砂器四个旅游文化园区基础配套设施建设加快推进。壮大物流产业,农资配送物流园、冠亚建材等商贸物流项目进展顺利。升级完善“万村千乡市场工程”、“新网工程”等城乡市场流通网络。整合交通行业资源,组建山西新东方交通集团有限公司。服务业增加值完成23.44亿元,占到GDP的38.79%。

积极推动改革创新。全面铺开转型综改和扩权强县各项工作。编制了综改试验《2013–2015年实施方案》和《2013年行动计划》,各项重大改革、重大事项、重大课题积极推进。有序推进扩权强县工作,对85项扩大县级经济社会管理权限事项制定了落实办法。深化行政审批和财政资金管理制度改革,建成了行政审批电子服务和电子监察系统,审批事项由原来的43个单位320项,清理精简为32个单位120项。

二、心系群众、以人为本,民生福祉得到持续改善

建设幸福家园。全年用于民生方面的投入达到9.4亿元,占财政总支出的62%。寄宿制中小学生实现了公交校车免费接送,7所村级幼儿园改扩建完工。冠山书院等3处国保单位申报成功。高标准建设100个村卫生室,成功创建省级慢性病综合防控示范县和省级农村中医药宣传教育基地。全县新增就业人数4251人,转移农村劳动力3200人,城镇登记失业率控制在3.91%。覆盖城乡的养老、医疗等社会保障体系和低保、五保等社会救助体系不断完善,企业离退休职工养老金实现“九连调”;城乡居民基础养老金每人每月分别提高10元,城乡低保标准每人每月分别提高30元和24元。年内又有254户住房困难群众喜迁嘉山一期廉租房,完成农村困难群众危房改造200户。省、市、县三级政府为民兴办的17件实事圆满完成。

建设美丽家园。主要污染物减排指标和能源节约指标全部完成省市下达任务,县城二级以上天数达到349天。有序开展省级园林县城、省级环保模范城市、国家级卫生县城“三城联创”工作,重点实施县城“五纵五横”路网建设工程、“一街十巷”旧区提质工程、“五园三河”道路、绿地、给排水等基

础设施建设，投资超过2亿元。围绕“两路两河三圈”生态绿化，全年营林造林2.6万亩。

建设宜居家园。修编了县域体系规划、县城总体规划，形成“以大县城为核心、小城镇为支撑、中心村为基础”覆盖城乡的规划体系。县城建成区面积达到10平方公里，冠山、娘子关、冶西3镇已通过省级评审，正在申报全国重点镇，张庄、锁簧、巨城、东回等省市重点镇建设快速推进，涌现出甘泉井、鹊山、宋家庄、西岭等一批因地制宜、各具特色的新农村。

建设和谐家园。领导干部接访、下访、包案等实现制度化、常态化，推动了一批信访疑难案件有效解决。进一步巩固“全国平安建设先进县”建设成果，建立健全各种安全和突发事件预警应急机制，严厉打击各种违法犯罪活动。严格落实企业安全生产主体责任和政府部门监管主体责任，积极开展安全生产专项整治、大检查大督查、打非治违行动。

2013年，先后荣获了全国农村中医药工作先进单位，全省农田水利基本建设先进县、畜牧业生产先进县、“一县一业”先进县、城乡清洁工程先进县、人口计划生育工作目标责任考核先进县等荣誉称号。

三、科学执政、依法治县，民主法治和精神文明建设深入推进

加强民主建设。支持人大及其常委会围绕全县中心工作依法行使职责。支持和保证人民政协履行政治协商、民主监督、参政议政职能，巩固和发展最广泛的爱国统一战线。做好民族、宗教、侨务和对台工作。进一步完善村民自治和基层民主建设各项制度，推行政务、企务、村务公开。重视和发挥工、青、妇等群团组织的作用，加强党管武装，国防动员指挥中心投入使用。

加强依法治县。推进审判机关、检察机关依法独立公正行使审判权、检察权，促进司法公正。加强法律援助工作。深入开展法制宣传教育，牢固树立社会主义法治理念。健全权力运行制约和监督体系，加强党内监督、民主监督、法律监督、舆论监督。

加强精神文明建设。组织开展“平定好人”评选、学雷锋志愿者服务、文明单位道德讲堂等活动。深化精神文明创建，着力加强道德领域突出问题专项教育和治理，扎实推进未成年人思想道德建设。

四、改进作风、凝心聚力，党的建设不断加强

深入学习贯彻党的十八大和十八届二中、三中全会精神。制定下发了《关于贯彻落实党的十八大精神，加快转型跨越发展的意见》。县委常委带头学习、亲自辅导，各级领导上讲台、下基层，县委宣讲团巡回宣讲、深度解读。以领导干部和领导班子为重点，开展专题培训。

加强基层组织建设。实行党建目标项目化推进机制，延伸“三级联述联评联考”，开展党员党性分析试点活动。在农村继续深化“四议两公开三落实”工作法，整顿“软散懒”党组织；在非公组织中开展“双强十好”创建活动；成立了东城、西城社区办事处。

认真做好干部选任工作。坚持用科学的机制评价干部，用规范的程序选拔干部。落实干部任职试用期制度，加强干部日常管理监督、任前教育、工作考评，扎实推进干部人事制度改革。各级领导班子结构进一步优化，干部队伍年轻化、知识化、专业化水平进一步提高。

严格落实“八项规定”。及时出台《实施办法》，厉行勤俭节约、反对铺张浪费，从简安排各种活动。扎实开展“访、知、解”领导干部集中走访活动和“干部下乡住村”活动。深入开展党政机关停止新建楼堂馆所和清理办公用房工作，对党政机关违规用车进行了专项清退。

大力推进党风廉政建设。深入开展专项治理，重点领域腐败易发多发势头得到有效遏制。深入开展政风行风评议，加强效能建设。农廉工作走在全市前列。加大案件查办力度，立案41件，结案40件，给予党政纪处分64人，涉及科级干部19人，挽回直接经济损失350.6万元。

(陶世俊)

附：一、中共平定县委书记、副书记、常委名单

书　记：王银旺
副书记：任晓华　郭爱聪
常　委：高锦孝　李宏革　郝建国　赵文骥　梁海昌
朱继明(6月离职)　王卫东
武　艺(6月任职)

二、乡镇党委书记、副书记名单

冠山镇
书　记：梁海昌(1月离职)　闫立彪(2月任职)
副书记：闫立彪(2月离职)　路海平(2月任职)
王　强

冶西镇
书　记：苏秀莲(5月离职)　梁宝元(6月任职)
副书记：侯成军(2月离职)　石光源(2月任职)
张　忠

石门口乡
书　记：梁宝元(6月离职)　赵贵恩(6月任职)
副书记：张丽荣　苏宝莲

锁簧镇
书　记：张石明
副书记：冀虎平(2月离职)　王俊杰(2月任职)
霍振宏(4月离职)　贾智弘(4月任职)

张庄镇
书　记：李鸿斌
副书记：程秀宏(2月离职)　冀虎平(2月任职)
武子房

柏井镇
书　记：路海平(2月离职)　侯成军(2月任职)

副书记： 王俊杰(2月离职)　邵永贵
李喜军(4月任职)

东回镇

书　记： 赵贵恩(6月离职)　王植彬(6月任职)

副书记： 王植彬(6月离职)　冯俊青(6月任职)
魏建平(4月任职)

娘子关镇

书　记： 李有义(1月离职)　刘顺彬(1月任职)

副书记： 潘爱斌(3月离职)　李小三(3月任职)
冯俊青(6月离职)　张永祥(11月任职)

巨城镇

书　记： 刘顺彬(1月离职)　程秀宏(2月任职)

副书记： 赵　帅　岳　晖(4月离职)
赵玉成(4月任职)

岔口乡

书　记： 田怀所

副书记： 侯永庆(2月离职)　尹素明
郭完庆(4月任职)

中共盂县县委工作概况

县委书记　张玉斌

2013年,盂县县委始终坚持以科学发展观统领全县工作,提出紧紧围绕“率先转型跨越、率先建成小康”两大目标,牢固树立“发展为要、民生为本、稳定为基、安全为天”四大理念,全力实施“项目强县、生态立县、扩城靓县、文化塑县”四大战略,突出抓好“思想解放,作风转变”两大保障的“二四四二”总体思路,推动县域经济社会平稳发展。

一、坚持稳中求进总基调,经济建设稳步推进

实施“项目强县”战略。全县共确定重点工程项目106项,完成投资126.6亿元;储备项目297个,签约36个,投产71个。煤炭产能提升至1170万吨;耐材、焦化年产量分别达到100万吨、60万吨;基本形成火电、风电、水电、瓦斯电等门类齐全电力产业。全县设施农业发展到37家,种植面积达到3000亩;养殖园区发展到20家,发展农民专业合作社1008个,“一村一品”示范村271个。重点实施了投资10亿元的梁家寨温泉国际旅游景区、投资5.4亿元的藏山风景区、投资2亿元的水神山旅游景区三大旅游板块开发项目。

实施“生态立县”战略。实施“1235”林业生态建设工程,累计投入资金8000万元,造林规模达7万亩,县城建成区绿化面积达到118万平方米,绿地率达到34.4%,绿化覆盖率达到38.4%。拆除燃煤竖窑、土灰窑84座,关停4家耐火企业和1条30万吨水泥生产线,否决“两高一资”建设项目4个。投资3300万元实施了县城污水处理厂提标改造及再生水回用工程,投资800万元完善了生活垃圾填埋场后续工程。县城集中供热面积达到160万平方米,天然气用户达到1.6万户。完成农村改厕1000个。

实施“扩城靓县”战略。县城规划区面积由4.9平方公里扩展到22平方公里;建成县城第四实验小学、第四中学、孙家庄中学、青少年活动中心、工会职工活动中心等一批市政工程。把秀水镇、孙家庄镇等纳入县城总体规划建设,南娄镇和西烟镇被列入全省“百镇”建设首批示范镇。

实施“文化塑县”战略。加强“忠义盂县”、“仇犹古国”、“进士之乡”、“长虹故里”等文化宣传,培育塑造“崇文、忠义、包容、争先”的“盂县精神”。经常性开展文化节、文化展等群众性文化交流活动,成功申报全国楹联文化县。

二、坚持民生优先不动摇,社会事业长足发展

促进改革发展成果由人民群众共享。中小学现代远程教育实现全覆盖,提高高中阶段困难学生生活补贴标准,面向社会公开招聘53名大学毕业生充实到教学一线;乡镇卫生院全部财政全额供养,基本药物实现零差率销售;新增就业人员4110个,城镇登记失业率控制在3.92%;提高城乡低保标准和企业退休职工基本养老金,农村五保集中供养率达到12%;城乡居民医疗大病保险,新农合、城镇居民医保财政补助标准分别提高32元、40元,参保率分别达到99.8%、100%。累计开工建设廉租房、公租房和经济适用住房2850套25万平方米。

切实改善民生。全县共筹集资金4200多万元,确保省里要求的五件实事和市里要求的十件实事落到实处。完成900户农村困难家庭危房改造任务;投资885万元改扩建7000多平方米的7所村级幼儿园;完成329个行政村街道亮化任务,配备乡村保洁员750人、清运车辆200台,清运农村积存垃圾2万多吨。投资400余万元实施了仙人旱井水质净化工程和梁家寨集中供水工程;实施县城二期供水工程,完成4眼水源井及水源地1300米管网建设;对18个行政村的农村电网进行了升级改造;实施城乡公交一体化工程,新增天然气客车47台;

确保安全生产。深入开展煤矿、非煤矿山、交通运输、食品药品等重点领域安全隐患排查治理和严厉打击私挖滥采盗采国家资源专项行动;认真落实安全生产责任制,严格实行“五人包矿”制度;坚决叫停各类涉煤涉矿工程项目。全年排查工矿企业各类隐患1600多条、历史非法违法采矿坑点

173 处，立查非法采矿案件 5 件，没有发生重特大生产安全事故。

切实维护稳定。投资 4000 余万元建成了“天网工程”，投资 200 余万元在全县范围内建设了 100 个基层警务室；投资 1000 万元建成县乡村三级社会服务管理中心；深入开展社会治安重点整治“三项战役”、“六项整治”，全年破获刑事案件 228 起，查处治安案件 497 起，打击处理各类非法犯罪分子 468 人。严格落实县级领导包案制度、集中接待日工作制度，共化解矛盾纠纷 100 余起，攻坚信访积案 39 件。

三、坚持党的建设不松懈，执政能力显著提升

着力加强领导班子建设。建立健全了中心组学习制度，修订完善了常委会、全委会议事规则；加强四套班子的团结协调，积极支持人大、政府、政协及人民团体依照法律和章程规定，认真履行各自职能，努力开展工作；加强基层领导班子建设，统一安排县级各群团组织进行换届。

着力加强干部队伍建设。先后举办了新任科级干部“领导力”提升专题培训班、农村领头雁“双育”培训班和“盂县讲坛”等，培训干部 800 余人次；组织 119 名三干会劳模分赴晋城、长治、朔州考察学习；充分利用“山西干部在线学院”网络培训平台，160 名科级干部和 262 名大学生村官注册选学。认真执行干部任免票决制，选拔 53 人充实到正科岗位、74 人充实到副科岗位，206 人平调调整；提拔妇女干部 33 人，党外干部 12 人。开通 12380 干部监督举报电话。

着力加强基层组织建设。深入开展创先争优、保持党的纯洁性教育和基层组织建设年活动，涌现出南村“一支部一产业一中心”党建促发展模式、温池“三定两服务一满意”工作机制、河西“三办”工作法、郭家坪后进变先进等典型经验，人民网、中国共产党员网和三晋红 E 网进行了深度报道。建立 4 个联村党总支，选派 12 名优秀年轻干部担任村党支部“第一书记”，213 名大学生村官全部进入村支“两委”班子，领办合办农民专业合作社 11 个；发展新党员 460 名。

着力加强干部作风建设。走访群众 5000 余人次，建立便民服务点 279 个，为群众办实事 220 余件，与困难群众结对帮扶 3100 余个。深入落实中央“八项规定”，清退违规车辆 12 辆，腾退办公用房 1497 平方米，审查并监督科级以上领导干部婚丧嫁娶事宜 53 件。坚持不懈地开展纪律作风整顿，对违反工作纪律的 18 人进行了查处，23 人在媒体进行了曝光，17 人进行了批评教育，17 家涉事单位一把手进行了诫勉谈话。

着力加强反腐倡廉建设。建立了科级领导干部公开述廉评议制度，完善了廉政建设责任追究制和督查考核制。深入开展煤焦领域、工程建设领域反腐败专项斗争，加强以“四资”管理为重点的农廉工作，严肃查处各类违法违纪行为。全年共查结案件 40 件，处分党员干部 86 人，给予党纪处分 70 人，政纪处分 19 人，双重处分 3 人，撤职开除 5 人，挽回经济损失 618 万元。

（闫建国）

附：一、中共盂县县委书记、副书记、常委名单

书　记：张玉斌

副书记：杜平华　武润珍

常　委：王　刚　韩加政（11 月离职）　靳毅刚
王海珠　刘淑英（女）
牛　芳（女，挂职，8 月离职）
李　春（1 月任职）　闫庶民（1 月任职）

二、乡镇党委书记、副书记名单

秀水镇

书　记：李海忠（3 月离职）　高尚明（3 月任职）

副书记：韩德健（3 月离职）　李佩斯（3 月任职）
李　杰（3 月离职）　崔陈平（女，3 月任职）

孙家庄镇

书　记：郭爱东

副书记：李东亮（3 月离职）　赵建涛（3 月任职）
闫东慧（3 月任职）

路家村镇

书　记：王建华（3 月任职）　李瑞峰（3 月任职）

副书记：李瑞峰（3 月离职）　刘智华（3 月任职）
韩志坚（3 月离职）　胡　波（3 月任职）

南娄镇

书　记：张炳福

副书记：杨献东（3 月离职）　杨志强（3 月任职）
田晋中（3 月离职）　张林元（3 月任职）

牛村镇

书　记：刘家才（3 月离职）　郭　华（3 月任职）

副书记：郭　华（3 月离职）　闫福善（3 月任职）
王建军（3 月离职）　张进军（3 月任职）

仙人乡

书　记：王建明（3 月离职）　闫东红（3 月任职）

副书记：闫东红（3 月离职）　李华青（3 月任职）
武俊志（3 月离职）　李忠勇（3 月任职）

北下庄乡

书　记：聂玉明（3 月离职）　王玉红（3 月任职）

副书记：杨晓卫（1 月离职）　贾庭志（3 月任职）
高献瑞（3 月离职）　刘达伟（3 月任职）

苌池镇

书　记：张五泰（3 月离职）　韩志勇（3 月任职）

副书记：赵红卫（3 月离职）　韩秀山（3 月任职）
任忠银（3 月离职）　胡慧军（3 月任职）

上社镇

书　记：王俊德

副书记：赵保红（3 月离职）　刘继红（3 月任职）
梁会平（3 月离职）　罗东明（3 月任职）

下社乡

书　记：韩志勇（1 月离职）　杨晓卫（1 月任职）

副书记：侯秀英(女，1月离职) 韩安昌(1月任职)
张永计(3月离职) 王军海(3月任职)

梁家寨乡

书 记：郭方恺

副书记：张利兵(3月离职) 贾宝青(3月任职)
韩俊宏(3月离职) 郑云峰(3月任职)

西潘乡

书 记：高尚明(3月离职) 侯秀英(女，3月任职)

副书记：赵建涛(3月离职) 张利峰(3月任职)
代建华(3月离职) 韩国宝(3月任职)

西烟镇

书 记：高彦青

副书记：郝志强(3月离职) 李国华(3月任职)
韩新生(3月离职) 王光明(3月任职)

东梁乡

书 记：刘淑英(女，月离职) 李东亮(3月任职)

副书记：刘智华(3月离职) 武香平(女，3月任职)
庾保德(3月离职) 李新宇(3月任职)

中共长治市委工作概况

市委书记 马天荣

2013年，在省委的领导下，中共长治市委深入贯彻落实党的十八届三中全会精神和省委、省政府召开的一系列重要会议精神、作出的一系列重大决策部署，牢记袁纯清书记对长治提出的“四个率先”指示要求，团结带领全市干部群众，锐意进取，攻坚克难，深入实施“五五战略”，着力推动经济社会持续健康发展,确保了省委、省政府决策部署在长治的坚决贯彻、全面落实。

2013年，全市地区生产总值完成1333.7亿元，增长8.5%；规模以上工业增加值完成843.7亿元，增长10.5%；固定资产投资1086.8亿元，增长25.4%；社会消费品零售总额完成425.8亿元，比上年增长14.3%；公共财政预算收入148.7亿元，增长11.4%；城乡居民收入分别达到22803元和9119元，增长9.9%和12.3%，农民人均纯收入的增幅持续高于城镇居民人均可支配收入增幅。

一、深入学习贯彻习近平总书记系列重要讲话和党的十八届三中全会精神，切实把全市上下的思想和行动统一到中央、省委的决策部署上来

市委把学习贯彻习近平总书记一系列重要讲话精神作为首要政治任务，下发学习通知，提出学习贯彻落实意见，在全市兴起学习贯彻热潮。市委举办全市领导干部学习习近平总书记系列重要讲话专题研讨班，一并将全省转型综改试验区建设动员大会、项目推进年动员大会、百企千村产业扶贫开发工程动员大会、党的群众路线教育实践活动动员大会、7·29全省领导干部大会和省观摩检查组点评会议精神列入授课内容，系统学习，深入研讨，主要领导带头讲党课、畅谈学习体会，对165名县处级党员领导干部和109名中青年干部进行了培训。党的十八届三中全会召开后，按照省委部署，及时下发《关于认真学习宣传贯彻党的十八届三中全会精神的通知》，组织14支宣讲队伍深入基层巡回宣讲，切实把全市干部群众思想行动统一到党的十八届三中全会和习近平总书记系列重要讲话精神上来。

二、紧紧牵住项目建设牛鼻子，资源型经济转型迈出新步伐

牢固树立并始终坚持发展是第一要务的思想，坚持以煤为基、多元发展，以转型综改试验区建设为统领，以项目建设为主抓手，以提高经济发展质量和效益为中心，加快新型工业化、信息化、城镇化、农业现代化进程，着力推动资源型经济转型。

一是完善经济社会发展思路。市委立足于全面落实省委、省政府转型跨越发展的一系列重大部署，在深入调查研究、广泛听取意见的基础上，及时作出实施“五五战略”、加快转型跨越、率先全面小康的发展思路和总体部署，得到全市广大干部群众的普遍赞同和一致认可，凝聚了人心，形成了立志大干、埋头苦干、真抓实干、奋勇争先的强大合力。

二是多措并举缓解经济下行压力。面对去年一季度长治市煤炭、化工两大行业全面停产整顿、主要经济指标增幅大幅回落的巨大压力，市委加强对经济工作的领导，主动作为，综合施策，精准发力，通过部署开展煤炭、化工两大行业的验收和复工复产工作，组织开展百企督促帮扶、煤矿安全生产隐患整治、煤炭促销“三个百日大会战”，扎实推进整顿规范市场秩序“五大专项战役”，率先在全省出台煤电互保政策，积极应对几十年不遇的洪涝灾害，确保了全市经济企稳回升、逆势而进、稳中有为。

三是大力推进转型综改试验区建设。认真贯彻全省转型综改试验区建设大会精神，出台全市转型综改三年实施方案和《2013年行动计划》。着力深化行政审批制度改革，取消行政审批事项43项，下放管理层级33项。大力推动金

融创新，引进中信、晋商两家股份制银行，长治商业银行改制为长治银行；制定出台《长治市转型发展基金组建方案》，一期募集资金10亿元；成功举办金融支持千企百强银企洽谈会，签署贷款意向158亿元。积极推动科技人才创新，在全省率先形成“政校（院所）企联合、产学研一体”发展模式，先后与清华大学、天津大学、中科院煤化所等161所国内外知名院校和科研院所建立合作关系，全市承担国家和省市科技创新项目77项，低温余热发电机组、碳光玻璃板、生物雪莲等18个项目28类系列产品填补省内、国内空白，30余项工艺技术达到国内领先、国际一流。

四是扎实开展“项目推进年”活动。按照省委、省政府“项目推进年”总体部署和“六位一体”推进机制要求，全市共铺开重点项目1349项，总投资6043亿元，年度完成投资1500亿元，项目储备、签约、落地、开工、建设、投产全部超额完成省定目标任务。坚持创优环境上项目。建立实施领导联系项目、部门包联对口推进服务、3个24小时项目直通车和重点项目月调度、月汇报、月考核、月排名等一系列制度措施，开展项目观摩检查活动，召开全市项目建设现场促进会，不断掀起项目建设热潮。坚持瞄准高端引项目。扎实开展“招商引资月”活动，组织党政代表团赴鲁苏浙三省八市考察招商，先后引进中冶集团高性能取向硅钢、山力合成橡胶新型复合材料、中技金谷预制轻钢轻板建筑材料、华垣清华大学电动汽车等一批具有世界一流技术的高端绿色转型项目。全年招商引资落地资金725亿元，增长125%。进出口总额10.14亿美元，全省排名第三。坚持建设园区聚项目。共发展各类特色工业园区31个，入园企业400余户，工业园区总产值占到工业经济总量的60%以上。大力实施“千企百强”培育工程，筛选千企企业1085户，其中百强企业140户，涉及207个项目，通过县级抓千企、市级抓百强，扶持企业做强做大。

五是积极推动产业结构调整。倾力打造现代煤化工、先进装备制造、新能源新材料、现代生物医药、现代物流、文化旅游、特色农产品生产加工七大新兴产业，新兴产业进入加快发展期。一是围绕延伸抓循环，规划建设总面积200多平方公里的现代煤化工循环产业集聚区，推动形成以煤焦化、煤液化、煤气化、煤电化为主产业链的发展格局，五年内现代煤化工产品种类可望达到80多个，总产值、销售收入可望实现双千亿元。二是围绕转型上高端，加快推进易通低温发电机组、成功无级变速箱、捷成数控机械、惠丰特种汽车等一批高科技项目，重点发展汽车制造、煤机装备、新能源装备、节能环保装备和数控装备，着力培育先进装备制造产业集群。三是围绕弥补服务业发展“短板”，推动文化旅游、现代物流等现代服务业快速发展，旅游总收入比上年增长26.7%，公路货运量、货物周转量分别比上年增长14.6%和15.8%。全年新兴产业投资同比增长50%，高于全省增速12.2个百分点，占工业投资总量的67.2%。

六是切实抓好农业现代化和扶贫攻坚。农业综合生产能力稳步提高，粮食产量达16.2亿公斤，创历史新高。扎实推进“一县一业”、“一村一品”，大力实施“双十”增收富民工程，10大特色种养殖加工品牌基地和10大旗舰型农业产业化龙头企业建设加快推进，全市新增设施蔬菜10.2万亩，新发展水果干果18万亩、中药材14.7万亩，“一县一业”示范基地县达到6个，新增省级“一村一品”专业村226个，总数达到650个。按照袁纯清书记2013年4月到武乡县调研扶贫开发工作时提出的新要求，坚持一手抓移民扶贫，一手抓产业扶贫，努力探索走出贫困地区脱贫与企业转型发展互促共进、互利双赢的新路子。在5个贫困县百人以下村实施移民搬迁1万人，6个插花贫困县300人以下村实施移民搬迁2429人，当年新建住房全部开工，主体完工率达到88.7%。制定出台《关于大力实施百企千村产业扶贫开发工程的意见》，鼓励引导国有企业和大型民营企业参与扶贫开发，全市参与扶贫开发工程的企业达到48家，实施项目54个。完善领导干部和机关单位定点帮扶机制，在全省率先实现了全市1419个贫困重点村定点帮扶全覆盖。

三、加强社会主义民主政治建设，依法治市工作取得新进展

支持市人大及其常委会围绕全市中心工作依法行使职责，依法加强对“一府两院”工作的监督。支持市政协及其专门委员会围绕重大问题进行调研，积极建言献策。加强执法司法公信建设，深入开展法治县（市、区）、法治行业、民主法治示范村创建活动，扎实开展“六五”普法，加强企事业单位民主管理，健全职工代表大会制度，推进政务公开、村务公开、厂务公开和公共企事业单位办事公开。坚持完善军地齐抓共管国防后备力量建设机制，大力支持部队战备训练工作，全面提高市县乡三级民兵应急队伍建设质量，深化军民融合式发展，巩固了军政军民团结的良好局面。

四、全面推进文明提升工程，宣传思想文化工作迸发新活力

一是大力加强核心价值体系建设。广泛开展弘扬太行精神、学习纪兰精神系列活动。加强志愿者服务体系建设，全国保护太行山志愿服务活动启动仪式在长治举行。全市涌现出全国道德模范及提名奖5人，省级道德模范24人，中国好人26名，“好人城市”品牌叫响全国。扎实开展道德讲堂、网络文明等10项重点创建工作，193个精神文明建设先进典型受到全国、全省表彰。

二是加强舆论引导能力建设。加大对外宣传力度，高度重视互联网宣传管理，对全市网络舆情信息资源进行整合，有效应对网上突发公共事件，探索总结了“健全五项机制、实现五化运行”工作经验并在全省推广。

三是大力加强公共文化服务体系建设。大力实施文化“低保”、图书流动服务车进社区、农村公益电影放映、农

家书屋、周末大剧院等文化惠民工程，“送戏惠民直通车”活动获全国文化志愿基层服务年示范项目。3部作品获第十届中国艺术节“群星奖”，6部作品获全省“五个一”工程奖。积极开展对外文化交流，组织上党地方戏曲、歌舞、杂技、曲艺等节目赴奥地利维也纳、法国巴黎、韩国光州等地演出，上党文化走出国门、走向世界。

四是加快文化旅游产业发展。围绕培育红色旅游、峡谷山水、古建文化、神话故事四大品牌，加快建设武乡“两园一剧”、平顺通天峡等41个文化旅游重点项目，完成太行山大峡谷资源整合工作，举办八路军文化旅游节、中华祈福文化旅游节、端午民俗文化节、太行红山国际自行车骑游文化活动周等节庆活动，推动文化旅游产业步入转型跨越发展快车道。组织参加全省首届文博会，签约项目和金额名列全省前茅。

五、加快推进以改善民生为重点的社会建设，人民生活有了新改善

一是统筹推进各项民生和社会事业。省委、省政府部署的农村新“五件实事”均超额完成。城镇新增就业5万人，转移农村劳动力5.1万人，城镇登记失业率1.65%，低于省控目标。加大教育经费投人，103所村级幼儿园改扩建和18 所公办标准化幼儿园建设全面完成，义务教育学校标准化改造工程和农村义务教育薄弱学校改造计划深入实施，办学条件明显改善。开展“进村接地气，入户送健康”下乡挂职卫生支农活动，使农村居民就地享受城市优质医疗服务，农村卫生机构能就地接受较高水平培训。新开工建设保障性住房2万多套，建成1.8万套，超额完成任务。

二是扎实做好社会管理和维护稳定工作。以“六六创安”为载体，突出抓好平安长治、法治长治建设。2013年7月，全省深化平安山西建设工作会议在长治召开，推广了长治市经验。大力推广城区、长子、屯留网格化管理新模式，深入开展矛盾纠纷排查化解工作，长子县建立民间自我和解机制的创新做法在全国介绍了经验,城区网格化管理被评为“全国基层党建理论创新与实践”优秀案例。切实加强社会治安防控体系建设，影响群众安全感的八类案件发案率同比下降18.5%，社会治安形势进一步好转。突出重大矛盾纠纷排查化解，开展“万人化千案”、“百日百案化解攻坚”和领导干部“下访接地气、矛盾大排查”百日行动等信访事项集中排查调处工作，集中时间、集中力量化解涉法涉诉信访问题。中央、省交办的249件信访积案全部办结，赴省进京上访同比明显下降。

三是大刀阔斧推进主城区改造建设。按照省委、省政府“一核一圈三群”总体布局，结合长治实际，加快推进以“一核双圈”为构架的上党城镇群建设。顺应群众意愿，把主城区改造建设作为“提升一核、带动双圈”的龙头工程来抓，首先从解决人民群众反映最强烈的问题入手，集中力量开展了主城区交通、卫生、市容“三项治理”双月行动。在广泛听取和征求社会各方面意见的基础上，提出“旧城改造和新区建设并举、旧城改造先行”的思路，完善了近期和中长期改造建设规划，重点实施总投资50亿元的九大城建工程，投资规模之大、拆迁难度之大、建设强度之大均前所未有。目前，完成拆迁55万平方米，15条市政道路、5座市政桥梁、30条背街小巷改造、8座人行过街天桥建设全面完成，3座铁路立交桥和20多公里的2条城际连接线今年上半年竣工通车。以主城区建设为龙头,统筹推进大县城、重点镇和中心村建设，加快城乡一体化发展步伐。全市城镇化率比上年提高2.36个百分点。城镇化建设的有序推进，美了城市，赢得了人心，提升了市委、市政府的公信力和凝聚力。

四是坚持不懈狠抓安全生产工作。进一步强化党委、政府安全责任意识，落实安全生产责任制，坚持党政同责、一岗双责、齐抓共管，加强公共安全体系和企业安全生产基础建设。先后组织开展了百日安全集中整治大督查、安全生产隐患排查治理“双月”行动等专项活动，排查隐患，堵塞漏洞。生产经营性安全事故起数同比下降9.8%，死亡人数同比下降10.3%，地方煤矿百万吨死亡率为0.09，低于省控目标。

六、加快生态长治建设步伐，生态修复治理得到新加强

全面加强林业生态建设。大力实施太行山和太岳山“两山”造林工程、干果经济林和灌木经济林“两林富民”工程，全年造林44万亩，森林覆盖率提高1个百分点，达到30.9%，比全省高12.9个百分点，比全国高10.6个百分点。

加大生态修复和污染治理力度。全面推进地方煤矿采煤沉陷区、采空区、水土流失区、煤矸石山的生态环境治理修复工作。加大矿山地质环境恢复治理。大力实施长治湿地、水源地保护和沁河、浊漳河涵养工程。扎实开展“蓝天行动”十大污染整治，全市空气质量明显好转。

坚决打好节能减排攻坚战。全力推进燃煤锅炉改造、余热余压利用、能量系统优化等十大节能工程，加快节能技术在煤、焦、冶、电、水泥等重点领域的推广。淘汰落后产能85.3万吨，整合焦炭产能600余万吨，节能降耗指标全省领先。突出抓好重点领域、重点行业的节能减排，六项主要污染物总量指标下降比例均完成省下达任务。

七、坚持党要管党、从严治党，党的建设科学化水平实现新提升

一是扎实推进学习型党组织建设。市委中心组先后组织集中学习21次，听取专家学者专题讲座 13次，组织市委中心组成员开展领题调研，召开全市落实“四个率先、五五战略”务虚会，形成一系列理论和制度成果。出台《关于建设宜学长治的实施意见》，在全市大兴学习之风，有效提升了全市广大党员干部的党性修养和理论素养。

二是加强领导班子和干部队伍建设。制定《市委常委会议事规则》，对“三重一大”事项全部实行集体讨论、会

议决策，进一步规范议事决策程序。坚持讲政治、重品行、有能力、敢担当、群众公认、实绩突出的用人导向，对市直单位和县市区领导班子部分缺额进行了调整配备，圆满完成残联、妇联、少工委等群团组织换届。先后调整处级干部3批45人，其中，提拔干部20人（正处级5人，副处级15人），平职调整25人（正处级5人，副处级20人），免职1人，得到了广大干部群众的普遍认同和好评，各级班子结构进一步优化。加强干部日常管理监督，深入开展“一报告两评议”工作，全面开通“12380”举报电话，建立干部通报约谈机制、日常考核机制、能上能下管理机制，进一步激发了干部队伍活力。全面实施人才强市战略，加强院士博士工作站建设，收集整理长治籍在外人才信息，建立信息库，党委联系专家达1143名，人才支撑能力进一步提升。

三是加强基层党建工作。深入开展“百佳党支部书记”表彰和“百佳党建工作案例”评选活动，涌现出一大批先进典型。襄垣县王桥镇返底村党支部书记段爱平荣膺“感动山西”十大人物和“全国最美村官”称号。在农村开展“三联帮建”活动，通过“先进联后进、富裕联贫困、机关联农村”，有效推动扶贫攻坚工作。实施“大学生村官创业行动计划”，受到中组部和省委组织部的充分肯定。去年9月承办了瀛公益基金会、中国青年创业促进会组织的“创业公益行”活动，是北京、上海等8个承办城市中唯一的地级市，并获批大学生村官创业扶持资金840万元，占全国1/3。

四是全面加强反腐倡廉建设。强化源头预防治理，扎实推进预防职务犯罪“免疫工程”，开展“预防腐败、廉洁从政”警示教育月活动，组织预防教育“百场报告会”，干部廉洁从政意识进一步增强。加大案件查办力度，全年共立查案件997件，处分违纪党员干部1097人，其中处级干部30人，乡科级干部188人，保持了惩治腐败的高压态势。认真解决人民群众反映强烈的突出问题，深化工程建设领域突出问题专项治理，继续开展煤焦领域反腐败专项斗争，全面推进农村党风廉政建设。

五是着力转变工作作风。按照中央八项规定、六条禁令和省委常委会八条廉政承诺、反对铺张浪费五项承诺等有关要求，结合长治实际，制定出台了一系列改进作风的制度措施，成立重点工作督察问责办公室，强化监督检查，促进了党风政风和社会风气进一步好转。抓基本约束，明确提出各级干部上班要在岗、在岗要履职、履职要尽责，工作日午餐禁酒，领导干部外出报备等工作纪律；要求党员干部严守政治纪律，做到“三个决不允许”，确保中央、省委省政府和市委市政府政令畅通。抓领导带头，开展两轮领导干部包县督查大行动，建立党员领导干部“五位一体”包联工作制、领导干部定点扶贫全覆盖等工作制度和机制。抓典型示范，结合开展党的群众路线教育实践活动，市委下发《关于深入开展学习纪兰精神、进一步加强作风建设的意见》，做出《向段爱平同志学习的决定》，在各行各业选树了一批先进典型，用身边先进事例教育身边党员干部。抓责任落实，明确要求各级党员干部按照责任到岗、责任到人、责任到底，定职责、定任务、定标准、定时限的“三责四定”要求，以踏石留印、抓铁有痕的劲头，从严抓工作落实。抓专项整治，清退违规使用公务用车217辆，各级领导干部清理腾退办公用房3.69万平方米。认真贯彻执行《党政机关厉行节约反对浪费条例》，市本级党政机关工作人员因公出国（境）费用下降66.8%，公务接待费下降63.3%，公务用车购置及运行费用下降27.2%。抓文风会风转变，确定每月中旬为无会旬，全市会议数量同比减少40.3%，文件减少37.5%，简报减少37.8%，会议经费减少45.3%，新闻节目对领导活动报道减少12%，有效遏制了“四风”，推动了工作落实。

（靳彬彬）

附：中共长治市委书记、副书记、常委名单

书　记： 田喜荣（2月离职）　马天荣（2月任职）

副书记： 张　保（2月离职）　席小军（2月任职）　董　岩

常　委： 李国隆　尚宪芳　潘贤掌　王维卿（女，3月离职）　李东峰　高建国　许　霞（女，4月任职）　郭康锋　王玉圣　李志平

中共长治市城区区委工作概况

区委书记　孙刘琳

2013年，城区区委认真贯彻落实党的十八大、十八届三中全会精神，紧紧围绕“实施‘五五’战略、率先全面小康”的总体部署，先行先试、攻坚克难，立志大干，加速快跑，全面推进新一轮转型跨越发展，全年全区地区生产总值完成164亿元，比上年增长7%；实现社会消费品零售总额245.8亿元，比上年增长14.2%；规模以上工业增加值完成86.3亿元，比上年增长0.9%；全年城镇以上固定资产投资完成134.5亿元，比上年增长24.6%；财政总收入完成24.6亿元，比上年增长20.3%；一般预算收入完成4.7亿元，比上年增长9.6%；城镇居民人均可支配收入24849元，比上年增长

10.2%。农村居民人均纯收入10470元，比上年增长11.7%。三次产业比例达到0.42:23.98:75.6，全区经济社会继续保持了健康快速发展态势。

一、集中精力抓好三项重点工作

一是打响项目建设“攻坚战”。按照“五大攻坚”要求，把项目建设作为“攻坚”中的攻坚，大力实施项目带动战略，构建了“以‘五大园区’为载体，以总投资达352亿元的100个重点项目为支撑，以‘四定四包两直通’等10项服务措施为保障，以‘六位一体’任务为目标”的“5116”项目推进机制，激发了转型跨越发展的活力。重点培育的39家龙头企业中，有14家列入全市百强，全年产值和销售收入达到100亿元，初步形成了“百强企业三大方阵”。二是掀起路网征迁“大会战”。认真落实“大干城建年”部署，把路网征迁作为“大干”中的大干，实行“一条征迁道路、一名区级领导、一个牵头部门、一个征迁工作组”的道路征迁分包责任制度，12条道路全部成立了征迁一线指挥部，用130余天拆迁建筑面积38万多平方米（其中私建18.2万平方米，公建近20万平方米），征用土地460亩，搬迁282户居民和6个较大规模的养殖场，实现了“无纠纷、无上访、无强拆、无事故”的“四无”和谐拆迁。三是打好社会管理“创新战”。准确把握“社会管理创新”的本质要求，探索出了具有城区特色的“363”社会管理模式。“党的建设、社会管理、公共服务”“三位一体”网格化社会管理信息平台，累计解决了近15万件的群众诉求；在全区51个社区、28个农村开展的“六星示范”社区（农村）创建活动，解决了15个社区的办公用房问题，办公面积在100平方米以上的社区增加到29个，达到了57%；区级领导、民族宗教人士、法律工作者“三个层面”的“一岗双责”社会管理履职活动妥善化解56件疑难信访积案，顺利调解600余件社会矛盾和纠纷。这一社会管理模式2013年被列入全省首批启动的7个科技惠民计划项目和“国家科技部科技惠民计划”，并成为中央党校党建研究实践基地，先后被中央电视台、《人民内参》等100多家媒体宣传报道。

二、集群发展，着力推进传统产业和新兴产业同步升级

在招商引资方面，结合赴东南沿海学习考察经验，转变招商理念，成立8支招商小分队，邀请王府井、大润发、中建集团、英吉投资等一批国内外投资集团来城区考察投资。2013年，全区招商引资签约项目19个，签约总额达到219.4亿元，完成年度目标任务104.5%。在产业板块方面，着力壮大以太行药业、康宝药业等企业为龙头的生物医药板块；以清华机械厂、淮海工业集团、潞安合力等企业为龙头的现代装备制造板块；以高科投公司LED垂直一体化产业链为主体的新能源、新材料板块；以紫坊农贸、凯丰物贸、泰舸汽贸、万博装饰城等企业为骨干的现代物流板块，这四大产业板块2013年产值和销售收入达到70亿元，2015年将达到200亿元。在千企百强方面，重点培育了LED高科投、中德型材、博源工贸、凯丰物贸等20家骨干企业为主的百强企业方阵，其中工业企业7家，商贸企业7家，专业流通市场6家，百强企业方阵年底产值和销售收入达100亿元，2015年预计产值和销售收入达150亿元。

三、重服务，提高群众的幸福指数

强化功能定位，加大工作力度，把更多精力投入到提升城市品位和方便市民生活上，切实提高群众的幸福指数。在文明城市创建上，积极发挥主战场、主力军作用，开展各类志愿服务活动2400余次，持续开展了“道德楷模评选”、“窗口行业服务提升”、“讲文明树新风”等文明创建活动，顺利迎接了新一轮全国文明城市76项公共文明指数的测评。在完善城市功能上，着力构建“10分钟便民服务圈”，启动了“便民服务网点进社区”工程。2013年，已设立了54个早餐点和蔬菜瓜果平价直销点。规范和改建了33所公厕、82个便民市场、120个公共澡堂和177个便民服务网点，科学布局“平价菜店”，加大“一元菜”落实力度，初步绘制出一张布局科学、服务多元的“便民服务地图”。在民生改善上，重点推进了幼儿园建设、中小学改扩建、老年公寓建设、社区办公用房等总投资1.1亿元的9个民生工程。八一路小学附属幼儿园主体完工，滨河幼儿园、西南关幼儿园有序推进，区域教育综合排名全市第一；城镇新增就业3850人，创业带动就业1200人，全区失业率控制在1.26%；全面普及基本公共卫生服务，建立居民健康档案37.3万份，新农合参保率持续保持100%；完善领导监察网格化管理，劳动关系规范有序、和谐稳定。同时，顺利推进涵盖教育、就业、养老、文化、卫生、社区建设等领域的10件惠民实事，民生事业投入占到财政预算支出的68%以上。

四、抓管理，提升城市品位

着力提升城管水平、改善居住环境，努力建设环境宜人、安居乐业的宜居城市。一是全员上阵开展“三项治理”。动员机关干部、社会志愿者、社区居民、驻区单位职工10万人次，开展群体性整治卫生死角百余次，精心打造了100个亮点单位、100个精品小区和100条整洁小巷，形成了“洁、亮、美、安”的整治效果。二是稳步推进城中村改造。按照市委、市政府关于统筹实施城中村改造的具体部署，围绕“六变”“四有”目标，制定了《城区城中村综合改造三年推进计划（2014-2016）》，科学划分了城中村改造10大片区，在全市率先完成了城中村基础信息登记，“一户一档”管理率达90%。三是精心改造背街小巷。严密组织，高效施工，用3个月时间完成了30条背街小巷硬化改造的基础工程（长度12.3公里，面积约8.17万平方米），实施了道路的亮化、绿化、美化、白化以及“文化上墙”等工程。

五、创特色，打造特色文化旅游品牌

深入挖掘文化旅游资源，大力发展文化产业，积极推进要素集聚，努力形成具有上党特色的文化品牌。一是积极创建“国家公共文化服务体系示范区”，在10个街道全部建立了300平方米以上的多功能文化站，在全市率先完成了农村（社区）农家书屋全覆盖工作。编撰出版了《上党历史与民俗文化丛书》，举办了第五届社区（农村）文化艺术节。二是完善了《长治市城区东山旅游服务区（东山七村）规划》，对刘伯承工厂、抗日五专署等红色旅游资源进行了前期规划和布展评审。三是借助市政路网拆迁改造的契机，聘请专业机构规划设计庙道巷文化古玩一条街、解放东街特色餐饮一条街，努力促进休闲旅游与民俗文化融合发展，打造城市休闲旅游新亮点。

六、强化责任落实，确保安全稳定

按照“重监管、强队伍、除隐患、严追究”的原则，认真执行市委、市政府“双十条”措施，开展了“个十百千”工程（重点整治一百个重大安全隐患，实施千人网格员排查管理），共排查企业6446个，排查出安全隐患7640处，当场整改743处，限期整改6897处；深入开展本质安全企业及本质安全街道社区“两个创建”工作，全区11家企业和32个社区通过市政府验收，75个社区（村）通过安全乡村命名，安全生产基础工作不断夯实，安全生产形势持续向好。

七、筑堡垒、提素质、转作风，营造清廉为民的创业环境

一是贯彻落实中央八项规定和省、市委各项禁令，出台了《转变工作作风密切联系群众》29条规定，严格执行办公用房、公务用车等各项规定，不断健全各项议事规则、强化权力公开透明运行，认真落实党风廉政建设责任制。二是开设“专家讲座”、“处级干部大讲堂”和“社区（农村）党员干部领头雁培训，着力提升党员干部队伍的创新力和执行力。三是大力支持人大及其常委会依法行使职权，支持人民政协依章履行职能，全面发挥工会、共青团、妇联等组织在联系群众、服务社会、保障权益等方面的积极作用。

（张少蓉）

附：一、中共长治市城区区委书记、副书记、常委名单

书　记：孙刘琳（女）
副书记：胡　坚（7月离职）　李国强（8月任职）
宋福庭
常　委：王沁平　王现敏（8月离职）　牛文庭
秦玉琪　李　峰　付云波　崔云峰

二、街道党工委书记、副书记名单

常青街道
书　记：牛庆红
五马街道
书　记：秦航宇
副书记：武国宏
东街街道
书　记：张　琼（女）
副书记：李　诚
西街街道
书　记：焦明珍（女）
副书记：马俊林
太行东街街道
书　记：王宇红
副书记：魏理伟
太行西街街道
书　记：侯　敏（女）
副书记：樊义忠
英雄中路街道
书　记：田向红
副书记：杨卫中
英雄南路街道
书　记：王路敏
副书记：张　玲（女，9月离职）
紫金街道
书　记：栗　玮
副书记：张玉斌
延安南路街道
书　记：郜治平
副书记：郝庆华

中共长治市郊区区委工作概况

区委书记　王辅刚

2013年，郊区区委认真学习贯彻党的十八大和十八届二中、三中全会精神，全面落实省委转型跨越和市委“五五”战略的决策部署，深入实施“三四四五”发展战略，实现了经济社会发展逆势有进、稳中有为、向快向好的目标，各项工作都取得了令人鼓舞的成绩。

一是深入学习贯彻习近平总书记系列重要讲话和党

的十八届三中全会精神。对学习贯彻习近平总书记系列重要讲话和党的十八届三中全会精神作出全面部署，多次召开区委常委会、全区干部大会，认真传达贯彻主要精神。全年共组织中心组集中学习12次，举办两期副科级以上干部专题培训班，5次邀请省、市专家进行专题辅导，组织宣讲团下基层深入宣讲，全区党员、干部和群众进一步增强了中国特色社会主义的道路自信、理论自信、制度自信，坚定了全面深化改革创新，建设“美丽郊区”的信心和决心。

二是全面贯彻落实市委“五五”发展战略。区委、区政府组织召开各种会议，把全区干部群众的思想和行动统一到了全面贯彻落实市委十届五次全会精神、认真实施市委确定的“五五”发展战略上来。在此基础上，紧密结合区情实际和阶段性发展特征，进一步丰富完善了“三四四五”发展战略，确立了打造“千亿郊区”、率先在全市全面建成小康社会的奋斗目标，建立了“核心在转型、重点在项目、关键在领导、根本在落实”的工作推进机制，保证了省、市委的决策部署在郊区的贯彻执行。

三是严格执行中央“八项规定”和市委“十条纪律”。围绕贯彻执行中央“八项规定”和市委“十条纪律”，制定出台了《关于改进工作作风，密切联系群众的若干规定》及一系列规章制度和执行措施。区委、区政府班子成员带头作出“五项承诺”，带头开展领导干部“访民生、知民情、解民事”集中走访活动，下基层调研天数平均在100天以上。加大对文风、会风的整治，区委、区政府全年召开的各种会议同比减少30%以上，文件和简报同比减少20%以上，领导活动新闻报道同比减少40%以上。严格执行省市委《五个严格控制》、《五个严禁超标准》等制度，集中开展了清退会员卡、专项治理吃喝不正之风、违规用车专项清理、清理办公用房、清廉过“两节”等“五个专项治理”。在全区开展了“学习纪兰精神，加强作风建设”主题实践活动，开展了改进工作作风百日大会战，专项督查50余次，查处违反“八项规定”问题36人次，给予党政纪处分3人，全区各级干部的工作和生活作风进一步转变。

四是全力确保经济稳中有进、逆势增长。认真贯彻落实中央和省市稳增长、促发展的各项政策措施，全区经济实现了逆势有进、稳中有为、向快向好的目标。全年完成地区生产总值182亿元，同比增长13.1%；规模以上工业增加值143亿元，同比增长16.1%；社会消费品零售总额35.9亿元，同比增长14.8%；完成财政总收入30.9亿元，同比增长0.6%；一般预算收入6.2亿元，同比增长5.2%，在占全市2%的国土面积上，创造了占全市近15%的地区生产总值、近20%的工业增加值、10%以上的财政收入。特别是固定资产投资，去年完成150.2亿元，增幅30.8%，占全市固投总额的14%，在全市名列榜首。城镇居民人均可支配收入达到29045元，农民人均纯收入达到12461元，两项指标持续保持全市第一。

五是在完成市重点工作任务上发挥了先锋作用。“三项治理”百日行动中，累计投入资金近亿元，动用车辆8万多台次，出动人力32.5万人次，对全区的环境面貌进行了彻底整治，“美丽乡村”建设取得明显成效。“两违”整治专项行动中，全区共拆除违法建筑67处，清理违法占地303亩，拆除违法面积、清理违法占地均为全市最多。市重点工程征地拆迁工作中，全市九大城建工程涉及郊区的七条城市主干道总长23.3公里，需征地1068亩，拆迁2.2万平米；襄垣连接线贯穿郊区3.2公里、需征地340亩、拆迁7300平方米。郊区在规定时间内全部完成了任务，为建设“五宜”长治做出了应有的贡献。

在贯彻落实市委“五五”发展战略中，重抓了八个方面的工作：

（一）狠抓招商引资和项目建设，为转型跨越积蓄了后劲和活力。把招商引资和项目建设作为立区之本、强区之策，力度越来越大，成效越来越明显。招商引资方面，先后组织开展了“招商引资月”、“2013年驻长治商会郊区恳谈会”等活动，参加了第八届中部投资博览会、“鲁、苏、浙”招商引资项目签约和“中国—东盟自由贸易博览会”、市党政代表团赴江南考察集中签约等招商引资活动；坚持园区招商、产业链招商、小分队招商，全年共组织7个招商小分队外出招商15次；抓住东部沿海产业转移机遇，同深圳山西商会签订了《招商引资合作协议》，创立了委托招商、中介招商、“借力”招商的新模式。全年共完成招商引资签约项目73个，总投资754.2亿元，引资688.8亿元；到位资金96.47亿元，是全市唯一进入全省招商引资20强的县区。项目建设方面，按照省市实施“项目推进年”的决策部署，通过完善“四个一”、“三六九”工作法，开展“项目集中审批办结月”、项目观摩检查专项行动等一系列有效措施，全年共开工建设重点项目206个，总投资678.51亿元，其中95个项目顺利竣工投产，完成投资141.4亿元，超额完成了市里下达的项目储备、签约、落地、开工、建设、投产“六位一体”任务。

（二）加快产业结构全面转型、深度转型，提升经济发展质量和效益。按照全市打造“五大产业集聚区”和“七大新型产业板块”的总体布局，狠抓传统产业改造升级和新兴产业发展壮大，初步形成了以南耀集团昌晋苑煤化工、霍家工业公司PVC三期及水合肼为主体的煤化工循环经济；以海森生物制药、中宝制药为代表的生物医药；以澳瑞特、南垂飞虹煤机为标志的先进装备制造；以潞安光伏、晨洋光伏、东明太阳能为引领的新能源新材料；以漳山、漳电两个2×1000MW发电机组为依托的煤电一体化；以长治物流中心、老顶山商贸物流园、长北物流园为范式的现代物流；以“东山西水”和炎帝文化、潞商文化、红色文化、绿色文化为基础的文化旅游；以亨日新食品、雄风养殖屠宰为标杆的特色农产品加工等“八大新型产业板块”，发展质量和效益进一步提高。2013年，非煤产业工业增加值完成48.65亿元，占到全区工业增加值的35%；新兴产业完成产值86.76亿元，同比增长7.1%；工业增加值17.2亿元，同比增长16.3%；实现税收1.15亿元，同比增长5.5%。

（三）同步推进“四化”建设，全面统筹城乡一体化发展。在加快推进工业化的同时，同步推进农业现代化、市域城镇化和城乡生态化。推进农业现代方面，按照市委、市政府“双十”工程的安排部署，以资本引进、技术推广和装备投入为重点，出台了十项强农惠农政策，将主干道两侧、老顶山片区等列为农业调产重点，掀起了新一轮设施农业建设高潮。全区流转土地1.76万亩，新上了具有高新技术含量和较好发展前景的2500亩潞安太阳能光伏科技大棚项目，发展高标准农业园区10个，新建和扩建设施农业项目20个，培育千万元以上农业龙头企业10家，为增收富农开辟了新渠道。推进市域城镇化方面，围绕全市“1+6”上党城镇群建设总体布局，持续推进“三城、四镇、20个中心村”建设。故县新钢城、漳泽新型工业城、老顶山旅游城“三城”建设有序推进；“四个中心集镇”有3个开工建设；“20个中心村”建设开工9个，市政府确定首批改造的15个“城中村”有7个进入实质性施工阶段，涌现出了南村、霍家沟、湛上等一批城乡一体化建设典型。2013年，全区城镇化率达到68%，比2012年提高了4.78个百分点。推进城乡生态化方面，按照市委建设“五宜”长治和“美丽长治”的要求，以节能降耗和治污减排为突破口，坚持环境治理和保护不动摇，2013年全区二级以上天数达到347天，主要污染物减排量全部控制在市控指标之内。狠抓过境通道增绿提档、农田林网和干果经济林建设，大力推进园林村庄、园林单位、园林企业创建工作。全民动员、全面落实市委提出的“三项治理”百日行动计划，进一步深化“生态文明建设百村竞赛”活动，开展了“美丽乡村”创建活动，为长治市打造了一个绿色、卫生、整洁、秀美的周边环境。

（四）加强社会主义民主政治建设，提高依法治区水平。加强党对人大、政府、政协工作的领导，大力支持区人大及其常委会依法履行监督职能，支持政府及其部门按照职责权限依法管理日常工作，支持和保证人民政协履行政治协商、民主监督、参政议政职能，政府的履职力、执行力、服务力、保障力、公信力和人大的依法监督、政协的民主监督水平全面提高。大力支持公、检、法、司加强制度化建设和执法规范化建设。深入开展“六五”普法、大力推进法律“六进”活动，区委、区政府班子成员带头学法用法，科学决策，依法执政、依法行政水平进一步提高。加强党管武装、民兵预备役建设和拥军优属工作，深化军民融合式发展，军地“双服务”迈上新台阶。巩固最广泛的爱国统一战线，加强同民主党派和无党派人士的合作，加强工商联、侨联、对台和新社会阶层人士工作。注重发挥工会、共青团、妇联等人民团体在联系群众、服务群众、教育群众、维护群众合法权益方面的作用，形成了推进工作的强大合力。

（五）加强宣传思想工作，加快文化强区步伐。切实加强理论武装工作，广泛开展中国特色社会主义理论宣传教育。加强社会主义核心价值观教育，在各行各业广泛开展了多种形式的树立远大理想、提高思想道德、践行文明礼仪活动，在全区上下形成健康向上的良好道德风尚。认真开展多种形式的精神文明创建活动，为巩固文明城市创建成果做出了积极贡献。牢牢把握新闻舆论工作的主导权，紧紧围绕全区发展大局和中心工作造势鼓劲、凝心聚力，加大全区转型跨越发展成果和先进典型的对内、对外宣传力度，在全区上下形成了正确的舆论导向，扩大了郊区的知名度和美誉度。全面完成了创建公共文化服务体系示范区和创建全国全民健身示范城工作，形成了区、乡、村三级公共文化服务网络。坚持“建、管、用”相结合，“两馆一站”、农家书屋等群众性文化活动阵地的运营、管理、服务水平进一步提高，区图书馆被文化部授予“三级图书馆达标单位”。积极开展文化、科技、卫生“三下乡”活动和农村文化惠民工程，为广大农民提供了丰富的科技知识、精神食粮和先进观念。大力推进文化产业发展，在山西省首届文化产业博览会上，老顶山特色休闲健身体验区、休闲旅游度假区、师旷文化园等三个项目成功签约71.5亿元，位列全市第一。

（六）千方百计抓好民生工程，加强和创新社会管理。加大各项民生工程投入和建设力度，在全市率先完成了省市确定的两轮“五个全覆盖”和“五件实事”民生工程任务。扎实推进多项惠民举措，总投资289万元的郊区幼儿园改扩建和8所新建村级幼儿园开工建设；投资2.8亿元的新建郊区医院主体完工；新农合和城镇医疗保险、新农保和城居保、基础养老金、城乡低保等月均财政保障标准较往年分别提高了20至40元；新建480套经济适用房、回购60套廉租房全部分发到中低收入住房困难家庭。围绕群众权益维护、公共安全保障、社会管理服务等关键环节，进一步完善了社会管理“三五”机制，全面整合区、乡、村三级社会管理资源，建立社会管理服务工作平台，强化社会管理“六大职能”，社会管理水平进一步提高。建立了区、镇、村、网格“四级”联动信息网络，在全省率先实现社会管理信息化全覆盖。

（七）高度重视信访稳定和安全生产工作，安全稳定形势持续好转。在全区开展了“化解信访积案、创建和谐乡村”专项活动、“走群众路线、解百姓忧难、树信访新风”和“下访接地气、矛盾大排查”主题活动，进一步深化“强基层、理民事、保稳定、促发展”干部大下乡活动，组织800多名机关干部包乡住村，帮助支村“两委”理思路、强党建、促发展、保稳定，解决了一批群众关心的热点、难点问题。建立完善了区四套班子信访值班制度、包重点信访案件制度、新提拔干部到信访部门挂职锻炼制度，全力破解信访难题、解决了一批突出信访问题。建立党政一把手抓安全、保稳定双向责任工作机制，进一步强化企业的主体责任和政府的监管责任，以重点行业和重点时期的安全生产为重点，加强公共安全体系和企业安全生产基础建设，确保了安全生产形势持续好转。

（八）坚持党要管党、从严治党，全面提高党的建设科学化水平。全面加强党的思想、组织、作风、反腐倡廉和制度建设，着力提高各级党组织和党员干部的学习力、创新力、执行力、引领力、凝聚力。一是加强学习型党组织建设。进一步建立完善了区委常委及各级领导班子述学、评学、考学、督学制度，建立了“一档四账”，形成了规范管理和严格约束的学习机制。深入实施“服务转型跨越发展能力素质提升工程”，与浙江大学联合举办了“引资上项目、转型促发展”专题研修班，全区50余名正科级干部通过到先进地区学习，开阔了视野，更新了观念，提升了水平。二是加强干部队伍建设。扎实推进年轻干部成长工程，为乡镇充实了一批30岁以下的具有全日制本科学历的副乡镇长，选拔一批年轻干部进入区直单位领导班子，选派3名机关干部挂职担任农村“第一书记”、120名优秀年轻干部到农村担任挂职副书记、50名新提拔科级干部和后备干部参与全市“三项治理”双月活动、9名新提拔副科级干部到信访局挂职锻炼，以及近千名干部深入基层开展“六进六帮”干部下乡活动，全区党员领导干部的素质、能力和作风得到进一步提高。三是加强基层党组织建设。大力实施“凝心聚力”党建工程，在农村顺利完成了“领头雁”培训延伸计划，对全区196名农村支部书记、村委主任进行了培训，全区“五好”党支部占到90%以上；在非公企业，围绕创建“双强六好”党组织，开展了“五抓五促”活动，非公党建工作得到新加强；在机关开展了“转作风、树形象、推进文明机关建设”和“五型”机关创建活动；在社区开展了“五化”建设，创建文明和谐社区活动；在全区大学生村官中开展了践行党的群众路线“六个一”活动和“老干部牵手大学生村官”主题实践活动，基层党组织的创造力、凝聚力、战斗力进一步提高。四是加强党风廉政建设。严格落实党风廉政建设责任制，着力构建教育、制度、监督并重的惩治和预防腐败体系。认真解决群众反映强烈的突出问题,加强了对公路“三乱”、教育乱收费、强农惠农政策、食品药品监管等领域的监督检查，加强煤焦领域和工程建设领域突出问题专项治理。加大对权力的监督和制约力度，创新党务公开暨“四位一体”权力公开透明运行工作。加大查处腐败工作力度，共查办各类案件35件，处分43人，党纪处分35人，政纪处分8人。五是加强制度建设。坚持和完善“一个核心、三个党组、多个口子”的领导格局，进一步完善了党委领导经济和社会管理工作的体制机制，完善了区委常委会的议事程序和决策程序，制定出台了学习培训、科学决策、干部选任、联系群众、监督制约等14项决策议事和监督制度。进一步完善了年度目标责任制考核办法，完善了层级负责制、区直机关“保五争三”、乡镇“百分制”考核机制，为全区转型跨越发展提供了制度保障。

2013年，郊区坚定不移地贯彻执行市委、市政府的“五五”发展战略，在逆境中拼搏，在困难中奋进，转型跨越迈出了新步伐，各项工作取得了新成绩，为“十二五”规划目标的实现打下了又一坚实基础。

（王丽芳）

附：一、中共长治市郊区区委书记、副书记、常委名单

书　记：王辅刚

副书记：金所军　张耀华

常　委：李维祥　赵九大　卢展中　牛晨霞（女）
王跃林　王喜富　何庆红　于　猛(挂职)

二、乡镇（街道、旅游开发区）党委（党工委）书记、副书记名单

西白兔乡

书　记：龙玉民

副书记：原青山（10月离职）　任小宁（10月任职）

黄碾镇

书　记：尹秀丽（女）

副书记：曹高峰（2月离职）　赵建宏（2月任职）

马厂镇

书　记：李彩虹

副书记：郝利兵

大辛庄镇

书　记：李保增

副书记：张　龙（2月离职）　马旭青（2月任职）

堠北庄镇

书　记：王　峰

副书记：田　力

老顶山镇

书　记：常峰旭

副书记：许卫泓（3月离职）　张高敏（3月任职）

故县街道

书　记：原　勇

副书记：李　健

长北街道

书　记：杨　明

副书记：赵慧军

老顶山旅游开发区

书　记：崔士钧

副书记：王跃进　王国文

中共长治县委工作概况

县委书记 裴少飞

2013年，长治县在市委、市政府的正确领导下，牢牢抓住全省综改试验和扩权强县历史机遇，按照实施“五五”战略、率先全面建成小康的总要求，面对宏观经济下行、煤炭市场持续低迷的双重困难，始终坚持“四个发展”，进一步解放思想，坚定信念，危中寻机，攻坚克难，全县经济社会及各项事业实现健康平稳发展。

一、全县上下攻坚克难，经济形势企稳向好

在经历了煤炭市场的“黄金十年”后，受国家宏观调控和国际国内市场的影响，煤炭市场进入产业调整期。作为产煤大县，长治县积极应对，多措并举，及时调整发展策略和目标，以项目建设为抓手，加大非煤转型项目建设力度，构建多元支撑的产业化发展格局，努力将煤炭市场的不利影响降到最低。新型城镇化稳步推进，产业支撑多点开花，事关全县人民切实利益的教育、卫生、就业等民生事业蓬勃发展，县域经济发展更加科学、扎实和稳定。2013年，地方公共财政预算收入完成22.1亿元，同比增长10.5%；固定资产投资108亿元，同比增长29%。在宏观经济下行的巨大压力下，长治县农民人均纯收入、城镇居民人均可支配收入稳中有升，同比分别增长18%和11.5%。

二、园区承载全面加强，项目建设扎实推进

为在全国煤炭市场低迷的大环境中保证县域经济的“软着陆”、稳推进，长治县积极应对，按照“以煤为基，多元发展”的产业转型总部署，以煤炭产业为基础，以园区为载体，以投产达效为目标，按照项目建设“六位一体”要求，着力完善“三大企业方阵”，大力推进项目建设。

一是转变思维，煤炭产业逆境突围。全县矿井现代化技改加快推进，煤炭生产规模扩大、产能提升、效益提高，在一季度全县所有煤矿停产整顿的情况下，全年实际生产原煤1340万吨（不含高河、司马煤矿）。同时，为积极应对煤市疲软的不利局面，长治县委多措并举，稳定煤炭收入。抽调主干力量，专抓煤炭销售，采取降价保市措施，换取竞争优势。主动走出去，与山东淄博等地签订销售协议，举办了“山西长治·山东淄博煤企战略合作洽谈会”，抢占市场份额。通过煤炭生产质价联合、产销一体，实现了煤炭产业效益最大化。

二是园区承载，高效推进转型项目建设。长治县充分发挥园区承载作用，大力推进产业集聚式发展。

科工贸产业聚集区一批项目投产达效。成功汽车投入批量生产，全年生产各种类型汽车8000余辆，成功出口南美市场，对口援助新疆阜康市汽车15辆，二期无极变速箱项目开工上马。易通低温余热发电机组，产品技术填补国内空白，生产样机11台，在天津、山东等省市建成6个示范工程，与中石化、华北油田等达成意向订单近5亿元。6月20日，袁纯清书记为日盛达太阳能光伏玻璃投产点火，全年生产高品质光伏玻璃150万平方米，产品供不应求，年内实现产值3000万元。晟龙碳光玻璃板项目，实现批量生产，产品远销俄罗斯等地。

太行山农产品物流园区实现快速发展。基建工程和各功能区累计完成投资16.9亿元，肉蛋、粮油等15个功能区完工量达到80%以上，2014年5月可全部投入运营。全年综合农产品交易量25.8万吨，交易额16亿元。其中，蔬菜交易量22万吨，交易额11亿元，带动全县新上设施农业1.6万余亩，直接和间接带动就业近万人。与全国第一电商阿里巴巴合作，探索建立全国最大的农产品网络交易平台，推动农产品交易方式质的转变。

振东医药产业园区建设加快。2013年，振东集团实现总产值45.9亿元，上交税金2.2亿元。振东中医药博览园项目进展顺利，振东集团与泸州老窖强强联手，新上养生酒项目；延伸中药链条，新上家庭保健洗涤用品项目，产品领域得到新拓展。振东集团入选“中国医药工业百强”和“国家技术创新示范企业”名单，成为山西医药行业领军企业。

新型工业创业园区，基建工程逐步完善，入园企业加速项目建设。年产1000万平方米的雅瑞地毯项目和年产200万盏无极荧光灯管项目，正在进行设备安装，2014年3月实现调试运行，5月份实现投产达效。

三是瞄准“两高”，招商引资力度不断加大。在全力做好项目建设“六位一体”的基础上，继续加大与天津大学、华南理工大学等全国知名院校合作，围绕高科技和高就业“两高”方向，加大招商引资力度，一批投资额大、带动力强、潜力明显的大项目、好项目落户长治县，全年共实现项目招商543亿元，超额完成市下达目标。12月18日，中德集团与北汽股份开展战略合作，本县企业加盟北京汽车轻量化研发团队。全年新引进LOW-E低辐射玻璃项目、万汇达商贸广场项目等投资超10亿元的大项目，累计投资额会达到140亿元以上，为县域经济持续健康发展注入了不竭动力。

三、城乡统筹一体发展，新型城镇化提档加速

长治县委把全县483平方公里当作一座城来规划建设，

充分发挥本县区位优势、产业优势和资源优势，大力推进城乡一体化建设。

一是“一轴两区三带”主体功能区形成。总投资6.5亿元双向六车道的“县城—荫城”城际快速通道建成通车，打通了贯穿县境南北的主轴线。北部城市区“五纵十横”道路框架搭建完成，太行CBD国际中心、信义生活区、棚户区改造等工程有序开展，撤村并区工作稳步推进，城市要素聚集、产城融合发展、区域活力增强的特点充分显现。南部城镇区，旅游环线公路辐射带动作用明显，荫城、南宋、西火、振兴新区连为一体，呈现生态保护良好、旅游资源共享、乡镇组团发展的特点。

二是新型城镇化示范点加紧快速推进。科工贸产业聚集区，“撤村并区”工作进展顺利，开工楼盘43栋，12栋楼房封顶，配套设施全面开工。西申家庄村，给排水、集中供暖、通信等基础设施与县城实现联网，连接县区与市区的纽带作用明显。“大县城”建设，城中村改造工程全部启动，县城“三项治理”成效明显，新客运站主体建成，道路设施更加完善，新市街、向阳街道路东延工程主工道建成通车，天下潞商主题雕塑按期完工，县城建设实现提质扩容。荫城镇“次中心城镇”，基础设施逐步配套，人口规模膨胀扩大，旅游、商贸、产业等城市要素加快集聚。振兴新区“就地城镇化”，公共服务配备完善，红色旅游、设施农业等产业发展壮大，村民实现就地转化，“就地模式”优势凸显。

三是生态环境更加宜居。总投资30亿元的陶清河生态治理工程，分段施工，有序推进，一期工程北宋水库、李坊段水韵灵动，二期工程进展顺利。节能减排指标全面完成，空气质量稳定达到国家二级标准。植树造林任务全部完成，全县城镇绿化覆盖率达到45%，人均公园绿地面积21平方米，全省31个“美丽乡村”长治县独占两席，成功创建“省级园林县城”。刘家山磺矿生态修复工程、塌陷区治理等，作为全年重点项目和惠民实事，治理成效明显，县域生态环境更加优美，天蓝地绿、水清气爽的长治县魅力得到彰显。

四、文化事业扎实推进，文化软实力不断提升

文化事业蓬勃开展。广泛开展“五在农家”好人和全市道德模范评选活动，精神文明先进典型不断涌现，全县学先进、讲文明、树新风氛围浓厚，顺利通过“全国文明县城”复审。县乡村三级文化体育设施运行良好，数字电视实现城乡全覆盖，深入基层送文化活动近4000余场，文化惠民实事活动成效显著，荣获“全国群众体育先进县”称号，成为首批“国家公共文化服务体系示范区”。积极开展文化遗产传承保护工作，一批濒危木结构古建筑得到修缮，“八义红绿彩”等13个项目入选省市非遗目录。潞安大鼓《割肉还娘》，走出国门，登上法国舞台。文化曲艺成绩显著，摘得“中国曲艺之乡”桂冠。

文化产业加快发展。建立完善发展体制机制，“长治县旅游产业发展有限公司”前期筹建基本结束；五谷山神农中医文化博览园、八义红绿彩陶瓷民俗文化园、南呈地道旅游区等项目开工上马，引领全县文化产业快速发展；积极参加首届山西文化产业博览交易会，成功签约“大雄山国家生态文化休闲旅游度假区欢乐谷项目”；成功举办第四届“中华祈福文化旅游节”，加速整合县域南部旅游资源，南部文化旅游圈已经形成。

五、以人为本共建和谐，民生保障完善有力

坚持“民生优先”执政理念，着力保障和改善民生，切实维护群众利益，千方百计增进民生福祉，全县人民生活更有保障、更有尊严、更加幸福。

一是“四个全民”纵深推进。全民教育工程，教育园区、青少年活动中心主体完工，正在完善配套设施。4所农村寄宿制学校续建工程、14所标准化中心幼儿园续（改）建工程基本完工。学生“蛋奶营养餐”等惠民实事全部落实，20岁前的适龄青少年都能享受优质教育资源。全民就业工程，落实扶持创业补贴、小额贷款贴息等政策，鼓励和扶持全民创业，以创业带动就业，2013年全县解决城镇居民就业5100人，转移农村劳动力3500人，城镇登记失业率低于全市指标，20岁至60岁的城乡居民实现充分就业。全民养老工程，2013年除16周岁以下人群，养老参保人数达到20.5万人，覆盖全县城乡居民，城镇职工养老金待遇连续9年调高，新农保和城居保养老金标准在全国处于领先水平，全县60周岁以上老人实现无忧养老。全民医保工程，启动公立医院改革，全面落实基本药物制度。县大医院、中医院等重点项目加快建设。全县城乡医保居民住院2.8万人次，医疗补偿共支出1.3亿元，全县城乡一生享有医保。2013年直接用于民生事业的财政支出达到10亿元，占到全县一般预算支出的35%以上，全县民生保障工作始终处于全市、全省乃至全国的领先水平。

二是社会管理创新成效显著。创新推进“六六创安”工程，初步构建起县域立体治安防控体系。对违法犯罪活动保持高压态势，刑事案件、治安案件发案率大幅下降，人民群众的安全感进一步增强，社会安全感满意度达到99.5%。深入开展领导干部下访接访活动，一批信访积案得到化解，赴省、到市上访人数控制在指标以内，无进京非正常上访。十八届三中全会期间实现进京零非访、零滞留和“四个坚决防止”工作目标，全县大局保持和谐稳定。

三是安全生产加强监管。重点开展了安全生产领域专项整治活动，实行重点行业挂牌责任制，持续开展日常监管，彻底整改安全隐患。全年安全生产事故，死亡总人数控制在年度指标以内。“10·10”森林火险发生后，严肃追究了相关领导责任，全面加强森林防火、食品卫生、交通运输等生活领域安全监管，全县安全形势保持良好。

六、先行先试大胆突破，综改试验取得进展

充分发挥转型综改和扩权强县“双试点”政策优势，结合县情实际，先行先试、大胆突破，创新实践，着力土地、资金、人才制约因素，县域发展活力显著增强。

一是多渠道破解融资难题。强化资本市场培育力度，加速县域企业上市步伐，山西日益康食品股份有限公司在香港OTC挂牌，开创了全市企业境外场外交易市场挂牌的先河。截至年底，全县上市、挂牌企业有3家，在山西股权交易中心挂牌展示企业14家，位居全市第一。召开了第二届政银企洽谈会，达成融资意向金额45亿元，现场签约12个项目，签约金额达19.5亿元。与远东国际租赁公司合作，实现融资5200万元。政府出资6亿元，控股组建黎都村镇银行。

二是多方式破解土地难题。制定出台农村土地承包经营权流转《管理办法》和《工作流程》，初步建立了“村有站点、乡镇有中心、县有市场”的土地流转服务体系。全年完成规模以上（50亩）土地流转面积1.2万亩，涉及农户5249户。此外，通过撤村并区、城乡建设用地增减挂钩等办法，土地供给量有效增加。

三是多途径破解人才难题。高端对接高校，与天津大学签订全面合作协议，形成了县校企、产学研相结合的科技项目引进一体化格局。实施“万名人才引进”战略，设立院士、博士、研究生工作站，累计引进全国高端人才180余名，高技术专业人才2500余名。加大培训力度，18个培训基地，累计培训50批3000余人，校企定向培育实用型专业人才3500余名。

七、积极创新打造亮点，党的建设得到加强

一是继续推进思想解放。认真学习十八大、十八届二中、三中全会精神，认真学习了习近平总书记一系列讲话，县委中心组集体学习13次，撰写学习心得和调研报告60余篇。特别是十八届三中全会召开之后，及时组织收看中央宣讲团的报告，并就十八大召开之后，中央出台的一系列规章制度进行了封闭学习。邀请中央党校曾业松教授、国务院发展研究中心徐小青部长等资深专家来长治县，举办高规格的专题报告会。组织科级干部主动“走出去”，在浙江大学举办了“长治县转型发展高端研修班”；到襄垣、郊区等周边快速发展的县区参观学习。通过学习，全县领导干部的政治素养、理论水平、分析问题及总揽全局的领导能力有了明显提高，谋发展、促发展的眼界更加开阔，思想更加解放，信心更加增强。

二是领导班子和干部队伍建设得到加强。推行全委会、常委会领导干部选拔票决制，一批埋头苦干、基层工作经验丰富的干部走上领导岗位，选人用人的公信度和满意度得到极大提高。围绕全县重点工作制定考核指标，强化目标责任考核，充分发挥考核在激励、约束干部等方面的作用，各级领导干部的履职能力全面提升。

三是基层党组织建设扎实推进。深入推进党建“六提”工程，50余个后进支部实现提档晋位，非公企业党建工作更加规范，85个村级活动场所改造升级。认真实施“领头雁”和“新党员”工程，4600余名农村两委干部、农村骨干党员，以及新党员的能力素养得到提高，全县党员结构更加优化，基层党组织的战斗堡垒更加坚固。

四是认真贯彻中央八项规定和党政机关厉行节约反对浪费条例，工作作风得到切实改变。认真贯彻落实中央八项规定、党政机关厉行节约反对浪费条例、以及省市委出台的转变作风各项规定制度，制定出台一系列改进作风的制度措施，强化监督检查，促进党风政风和社会风气进一步好转。认真开展清理会员卡、停止新建楼堂馆所、清理办公用房等专项活动。认真开展领导干部“访知解”集中走访活动，一批困扰企业、群众的生产生活难题得到解决。持续开展“吃拿卡要”专项整治活动，机关事业、乡镇工作人员作风明显好转。继续实施“项目集中审批制”，一周时间全部办结重点工程审批项目。加强行政服务中心电子监察系统监管，行政窗口服务单位效能大幅提高，88.1万件（项）事项全部在规定时限内办结。

五是党风廉政建设责任全面落实。党风廉政建设责任制分解落实，主要职能部门和各乡镇党委负责人作出“一岗双责”承诺，接受社会监督。整体推进县委权力公开、政府履职公开、基层党务公开“三个公开”，全县712个党组织实现党务公开全覆盖，权力运行规范健康。深入开展民主评议政风行风工作，共受理举报163起，处理157起，处理率达到97%；严肃查处违纪案件，全县共查处违纪案件68 起，109名党员干部受到党政纪处分，确保了全县党员干部正确履职、廉洁履职。

（李伟峰）

附：一、中共长治县委书记、副书记、常委名单

书　记：裴少飞

副书记：李文兵　张向东

常　委：杨立宏　王建良　魏俊英（女）　郑成钢　杨志飞　张宏山　陈文广

二、乡镇(园区、新区)党委书记、副书记名单

韩店镇

书　记：宋文斌

副书记：王　瑛

荫城镇

书　记：张慧军

苏店镇

书　记：侯立峰

副书记：张建国

西火镇

书　记：杨　斌（12月离职）　张五清（12月任职）

副书记：刘　江

八义镇

书　记：宋立刚

贾掌镇

书　记：陈华丽

郝家庄乡

书　记：李　翔

副书记：郭建勇（12月离职）

北呈乡

书　记：郭建勇（12月任职）

东和乡

书　记：原泽英

副书记：刘显勇

西池乡

书　记：和　伟

南宋乡

书　记：秦岩伟

工业园区

书　记：李志文

副书记：常琪亮

振兴新区

书　记：牛扎根

副书记：张会军

中共潞城市委工作概况

市委书记　唐立浩

2013年，潞城市认真落实长治市“五五战略”的总体部署，完善了“以转型综改为统领，引深实施‘三三’战略，强力推进六化建设，以立志大干的决心和先行先试的勇气加速冲刺全省二十强”的总体思路，努力克服天脊苯胺泄漏事故、焦化危化企业停产整顿以及夏季特大洪涝灾害带来的严重影响，保增长、上项目、抓转型、惠民生，经济社会发展取得了新成效。

一、全力以赴创环境，项目建设保持强劲势头

把项目建设作为全市工作的第一抓手，实施了一系列行之有效的制度和措施。一是制定完善了创优环境、招商引资引智的各项政策和办法；二是提升了政务大厅功能，职能部门全部进驻，实现了“内转外不转”；三是搭建了园区承载、技术支撑、信息共享、金融服务、土地保障“五大平台”；四是建立了招商引资项目库、企业库、人才库、客商库和招商网“四库一网”；五是实施了“双十机制”，即包项目责任制、首席代表制、挂牌保护制、倒排工期公示制、督查通报制十项制度和成立经济环境保护委员会、查处不落实的人和事、开展对农民“四知两有”教育活动、开展向韩长安同志学习活动、开展对照职责找差距活动十项措施，创造了良好的发展环境。2013年全市新建、续建重点项目共143个，总投资440亿元，全部投产后，可新增年产值500亿元、税金30亿元，就业岗位2万个，截至目前已有76个项目建成或投产。

二、坚定不移促转型，三大集聚区建设取得新的进展

（一）以延伸抓循环为路径，加快建设现代煤化工循环经济集聚区。《潞城市现代煤化工工业园区产业发展规划和总体规划》于10月11日通过省经信委批复，潞城现代煤化工工业园区成为长治市第一个被省批复的区域性工业园区，正在申报煤化工循环经济开发区。潞宝园区规划环评经省环保厅批复，成为长治市第一家取得区域环评“绿卡”的化工园区。2013年四大园区开工了总投资130亿元的11个现代煤化工项目。

潞宝园区：潞宝集团2013年投资98亿元开工建设了5个项目：2座6.3米大焦炉已建成；2座6.7米大焦炉9月开工，2014年底投产，将实现年产特级铸造焦500万吨；30万吨已内酰胺一期八套装置2013年底将全部建成并联动试车，2014年5月投产；两套干熄焦项目预计2014年4月投产；20万吨乙二醇项目预计2014年底投产。5个项目全部投产后可新增年产值250亿元、税金13亿元、就业岗位3000个。

潞安园区：潞安集团投资10亿元对亚晋、隆源两个焦化厂兼并重组，盘活总投资25亿元的30万吨甲醇项目，投资7.7亿元建设了具有自主知识产权的钴基合成油项目，项目全部投产后可新增年产值30亿元、税金2.5亿元、就业岗位1500个。

天脊园区：天脊集团2013年投资7亿元建设了27万吨硝酸、2×15万吨碳酸钙渣综合利用、苯胺和硝基苯固废再生资源处理3个项目，预计2014年5月建成，全部投产后可新增年产值11亿元、税金1亿元、就业岗位700个。27万吨硝酸投产后，将形成108万吨硝酸产能，成为世界最大的硝酸生产基地。

史回园区：正在进行铁路物流交割库的前期准备工作。项目计划投资2.6亿元，建成后将成为年吞吐量600万吨、集装卸、储运、期货交易于一体的物流中心。

（二）以长治市次中心城市为定位，加快建设现代服务业集聚区。编制了城南新区规划，将城际线两侧500米范围内土地实行总控，统一规划、统筹开发，开工了总投资33亿元的汽车大世界、家电大世界、凯丰物流仓储、金威超

市潞城店、禾溢生态颐居健康谷、卢医山庄、金源新天地等12个现代服务业项目，其中金威超市潞城店、卢医山庄、金源新天地3个项目主体建成。规划了占地1000亩、总投资50亿元、建筑面积200万平方米的城西新区，建设了颐龙湾、水岸春城、公园尊邸、昌运嘉苑、浅水湾等商住小区。

（三）以转型上高端为方向，加快建设现代高新技术产业集聚区。出台《进一步加强科技创新大力发展高新技术产业的意见》，重点引进符合国家产业和环保政策、科技含量高、发展潜力大的项目，焦化苯制己内酰胺、钴基催化合成油等29项技术国内领先。1–10月完成新兴产业投资43亿元，增长36.3%。

三、先行先试抓综改，机制创新取得新的突破

抢抓转型综改和扩权强县试点大好机遇，解放思想，先行先试，在金融、土地、人才等机制创新上进行了大胆探索。

金融机制改革方面：建立了政银企合作长效机制，开通了金融网，实现了政府、金融机构与企业间的信息沟通和项目对接。完成高风险农村信用联社改制农商银行，引进德国IPC公司咨询团队和微贷技术组建了小微专营银行，整合建材行业组建建材产业支行。针对民生金融租赁公司向潞宝己内酰胺项目融资租赁借款10亿元，潞城市政府以贴息形式补助民生租赁1200万元，有效解决项目融资难题。

土地管理制度改革方面：开展了集体土地预征收、工矿废弃地复垦利用、二次开发利用存量土地、矿业用地整合利用、露天采矿用地和点式用地、城乡建设用地增减挂钩、省级千亩土地开发、农村集体建设用地流转8项土地管理制度改革，预征收集体土地1340亩、复垦工矿废弃地2159亩，有效保证了重点项目建设用地。

人才机制创新方面：出台了《加强人才工作的实施意见》、《引进高层次人才暂行办法》，建立了潞宝煤化工、卓越水泥、航空航天新材料3个博士后工作站，引进国际电除尘学会秘书长闫克平教授所率的国家“863”科技攻关课题组，以及煤化工专家尹华清，水泥专家周明凯，航空航天专家武哲、马云鹏等人才，为转型发展提供了智力和技术支撑。

四、坚持不懈惠民生，各项社会事业统筹发展

（一）推进农业现代化，加快富民增收步伐。新发展核桃经济林2万亩，全市达到9万亩；新发展设施蔬菜6000亩，新（扩）建标准化规模养殖场5个，畜禽总饲养量达到220万头（只）；成立大葱产业协会，种植大葱9240亩，较去年增加4000亩；“一村一品”特色种植达5.1万亩，带动农民人均增收1089元；引进核桃深加工、豆制品生产线、明阜苑等项目，龙头企业实现销售收入5.7亿元，增长10%。

（二）推进市域城镇化，不断提升城镇化水平。总投资2亿元加强城乡基础设施建设，城南新区供水和污水处理工程正加紧实施，南华街延伸工程、东华路延伸工程北段建成通车，南段正在施工，长襄城际线潞城段开工建设，天然气置换全部完成。加快城中村改造步伐，拆迁改造总面积164亩，西南山棚户区改造被列入省标杆项目，一期工程建成，红旗小区改造开工建设，府前广场片区拆迁和规划设计完成，东关、卢医山片区城中村改造启动。加快4个中心集镇和21个中心村建设，店上镇被命名为全省“百镇建设”示范镇。建成区面积达10.5平方公里，市区人口达9万人，城镇化率提升2.3个百分点，达52.94%。

（三）推进城乡生态化，加快建设生态潞城。新造林5万亩，森林覆盖率达21.6%，林木覆盖率达28.9%，均提高2个百分点，被评为全国绿化模范县；工业企业万元增加值能耗降幅5.9%，二氧化硫等各项减排任务全部完成；辛安泉泉源出露区生态修复、浊漳河南源店上段河道治理加快推进；市区空气质量稳定达到二级以上标准。

（四）推进社会和谐化，大力发展民生事业。向群众承诺的总投资2.8亿元的集中供热扩容、南华街和东华路延伸、乡村医生养老保险全覆盖、农村卫生厕所改造、数字电视进农户、饮水安全、三中综合楼和新（扩）建农村幼儿园、为卫生教育农业等单位招聘专业技术人员、文化馆建设、保障性住房建设10件惠民实事全部兑现。加强精神文明创建，通过第四届省文明城市验收。大力发展文化事业，舞蹈《海英和她的妈妈们》荣获第十届中国艺术节群星奖。建立安全生产信息化平台，招聘60名驻企安监员，深入开展集中整治专项行动，安全生产形势总体平稳；严格落实各项信访制度，深入开展“下访接地气、矛盾大排查”百日行动，有效化解矛盾隐患，妥善解决信访积案，维护了社会和谐稳定大局。

五、全面加强党的建设，营造干事创业的浓厚氛围

加强学习型党组织建设，市委中心组集中学习13次，举办解放思想论坛7场，组织乡村干部到大寨参加十八大精神培训班。加强对干部教育、管理和监督，被省委组织部确定为干部日常监督管理示范市。落实中央八项规定及长治市“三责四定”要求，制定了改进工作作风25条规定和一系列制度，深入开展整风肃纪活动，明察暗访76次，对违反作风建设规定的11名干部给予党政纪处分。举报查处不落实的人和事，查处破坏发展环境行为为6起，对5个单位16名工作人员进行了责任追究。开展“弘扬纪兰精神、践行群众路线”活动、向韩长安同志学习的活动和“对照职责找差距”活动，广大干部的思想作风、工作作风进一步好转。

（魏钰恒）

附：一、中共潞城市委书记、副书记、常委名单

书　记：唐立浩
副书记：张　斌（8月任职）
常　委：陈轶群　连碧鹏（8月离职）
关晓光（10月任职）　孙彩虹　李　媛
元文波　王国勤　李杜平

二、乡镇（街道）党委（党工委）书记、副书记名单

店上镇
书　记：靳忠玲
副书记：牛裕民

翟店镇
书　记：李　明
副书记：许　巍

微子镇
书　记：申永刚
副书记：秦　波

辛安泉镇
书　记：李健一
副书记：魏江波

史回乡
书　记：曹　枫（女）
副书记：白彦军

合室乡
书　记：靳林琦
副书记：郭　亮

黄牛蹄乡
书　记：米一波
副书记：薛满春

潞华街道
书　记：桑爱斌
副书记：王振宁

成家川街道
书　记：韩旭军
副书记：张鹏斌

中共屯留县委工作概况

县委书记　郭泽兵

屯留县委下辖基层党组织664个，其中党委25个，党总支19个，党支部620个。共有党员13303名。

2013年以来，屯留县委在省委、市委的正确领导下，深入贯彻落实党的十八届三中全会精神，团结带领全县干部群众，坚持稳步构建和谐，同步推进四化，快步促进转型，跑步争上项目，推动全县经济、政治、文化、社会、生态文明和党的建设迈上新台阶。先后迎接中央省市领导调研和现场会20多次，荣获全国科技进步先进县、国家园林县城、全国群众体育先进单位和全省社会管理综合治理先进县、农机化生产先进县、市级创建国家公共文化服务体系示范区先进县等荣誉。

一、狠抓内涵发展，各项指标实现“三超”

2013年，县委面对经济下行压力持续加大的情况，进一步加强对经济工作的领导，积极作为，综合施策，注重外延上项目，提升内涵抓效益，把更多精力用在帮扶企业提高发展质量和效益上，鼓励企业按照“五抓一降三提高”（“五抓”就是抓环境、抓人才、抓培训、抓管理、抓转型；“一降”就是降成本；“三提高”就是提高员工素质、提高产品质量、提高企业效益）的要求，主动增强内生动力，实现了经济增长由主要依靠增加物质资源消耗向主要依靠科技进步、管理创新和劳动者素质的提高转变，走出了一条“政校企联合、产学研一体”内涵发展之路。屯玉种业与中国农大、中国农科院、山东农科院合作，建立了生物技术博士工作站；郭庄煤业与太原理工大学联合办学对企业员工进行专业培训。金泽生物赖氨酸产品出口到土耳其、以色列、哥伦比亚等国家。通过狠抓内涵发展，各项经济指标均实现了超同期、超历史、超计划。全年地区生产总值完成125亿元；同比增长12%；财政收入完成20.03亿元，同比增长24.81%，突破20亿元大关；一般预算收入完成6.61亿元，同比增长21.06%；规模以上工业增加值完成95亿元，同比增长15.2%；固定资产投资完成99亿元，同比增

长29.4%；社会消费品零售总额完成11.7亿元，同比增长16%；城镇居民人均可支配收入达到20269元，同比增长12%；农村居民人均可支配收入达到11054元，同比增长15.4%。市委、市政府下达的51项目标责任考核指标全部完成，有30项超额完成；“五五”战略考核指标全部完成，有49项超额完成。

二、创优发展环境，全力攻坚项目建设

按照“项目推进年”的要求，始终坚持“三不两零四个一”原则，积极推行“项目单位和六部门双承诺”工作法，强力度推进项目建设。成立了县级行政服务、企业服务和县乡村三级便民服务三个中心，进一步简化审批程序，提高工作效率。特别是县级行政服务中心全面实行职能部门集中办公、并联审批、一站式服务，为项目审批开辟了绿色通道。成立了五个招商小分队，进行一对一招商。对重点项目建设定期不定期进行督查，严肃查处“吃拿卡要”现象。2013年共实施重点项目82个，总投资450.1亿元，其中新建项目40个，续建项目42个。储备项目总投资4048.7亿元，占任务的337.4%；签约项目总投资132.6亿元，占任务的132.6%；落地项目总投资95亿元，占任务的105.6%；新开工项目总投资133.6亿元，占任务的247.4%；重点建设项目完成投资121.85亿元，占任务的112.8%；投产项目总投资135.6亿元，占任务的101.9%；“六位一体”推进项目建设任务全部超额完成。

三、紧抓综改机遇，同步推进四化建设

在工业新型化上，坚持三轮驱动，强力推动产业升级。一是园区带动，加快建设“一路两带六园”。加快推进城际路两侧和以康庄—李高—西贾、渔泽—路村—余吾为主轴的南北两条经济带建设，突出抓好康庄高新、金泽玉米深加工、王村煤化工、余吾煤油、渔泽煤化工、古城煤电等六大工业园建设。目前，入驻园区企业68户，其中规模以上企业27户，产值占到全县的86%。二是板块推动，抓好重点产业发展。加快古城煤矿和古城电厂等项目建设，推进兴旺、祥瑞等焦化行业兼并重组，形成了以余吾煤电油园区和四大焦化集团为主的现代煤化工循环产业板块；潞安多晶硅、聚氯乙烯、清华钢结构、安泰防护装备等项目顺利推进，新能源新材料板块已成规模；太行、振东等项目稳步推进，生物医药产业板块不断壮大；金泽生物不断延伸产业链，产品向多元化发展，成为引领长治地区特色农产品深加工产业板块发展的高效益企业；同时以老爷山、巍山、抗大一分校为主体的特色旅游板块正在形成。三是企业牵动，抓好“千企百强”工程。大力发展实体经济，推动三大企业方阵建设，金泽生物、太行药业等7个企业进入全市百强范围。出台《扶持中小微企业发展壮大的实施意见》，县财政牵头成立信财担保公司，设立3000万元的中小微企业帮扶基金，形成了以政府有限资金撬动社会资金参与的融资新模式。

在农业现代化上，坚持五动并进，合力促进农民增收。坚持龙头带动、产业驱动、科技推动、竞争拉动、机制促动“五动齐头并进”，全面推进“双十”增收工程和“百企千村”产业扶贫工程。共实施“一村一品”产业扶贫项目18个，完成投资1200余万元，建成省级“一乡一业”特色乡镇5个，“一村一品”特色产业村57个，编制完成35个省级重点推进村主导产业和李高乡新农村连片示范区规划。全县粮食总产量达到2.42亿公斤，位居全市第一。助民、本源等10个农业特色生态园建设进展顺利。全国一流、山西最大的瑞康源禽业20万套蛋种鸡项目正在加快建设，金泽生物、民康中药等5家企业入选农业产业化省级重点龙头企业。

在市域城镇化上，坚持城乡统筹，着力打造宜居屯留。大县城建设方面，随着禹王路、久安路等14条道路的全部竣工通车，县城“七横七纵一环”的道路框架基本形成。公安局技侦楼、仿古商业街、看守所和消防队迁建等一批项目完成主体或竣工投入使用。潞安颐龙湾、麟绛佳园等20余个房地产项目正在加快建设。扎实开展道路市容卫生“三项整治”双月行动，进一步巩固了国家卫生城、省级文明城创建成果。小城镇和中心村建设方面，编制完成上村、余吾、张店、丰宜、渔泽5个小城镇和岭上等20个中心村建设规划，上村大集镇建设工作全面铺开，全县城镇化率达到37.3%。

在城乡生态化上，坚持改善环境，努力建设绿色家园。以“美丽”屯留建设为目标，扎实开展了荒山、城镇、道路等六大造林绿化工程，全县森林覆盖率达到30%，县城绿地率达到39.6%。积极推进企业节能降耗和治污减排工作，对20家规模企业进行全面节能执法监察。投资2亿元的热电联供集中供热工程投入运行，供热面积达到220万平方米；“燃气入屯”工程全面实施，完成了30公里管道铺设和1000户安装任务。

四、加强民主政治建设，提高依法治县水平

坚持和完善人民代表大会制度。加强对人大工作的领导，支持人大及其常委会依法履行职责。依法加强对“一府两院”工作的监督，特别是加强对经济工作和重大民生工程的监督。共听取和审议专项工作报告13个。加强和改进代表工作，完善代表联系群众制度，认真办理代表议案和建议。积极支持人大常委会和人大机关自身建设。

坚持和完善中国共产党领导的多党合作和政治协商制度。把政治协商纳入决策程序，支持和保证人民政协履行政治协商、民主监督、参政议政职能，组织政协委员积极开展视察调研。切实做好民族宗教工作，党外代表人士积极投身转型跨越发展。

扎实推进法治屯留建设。支持政府依法决策、依法管理、依法办事，加快法治政府建设。加强执法、司法公信力建设，促进司法机关公正执法、文明执法。坚持党管武装原则，大力开展双拥共建活动，2013年8月北京军区5省

市首长对国防动员指挥中心进行了观摩，并给予了高度评价。扎实开展“六五”普法活动，加强企事业单位民主管理，推进政务公开、村务公开、厂务公开。支持工会、共青团、妇联等人民团体依照法律和章程独立自主开展工作，圆满完成妇联、共青团换届工作。

五、加强社会建设，全力保障和改善民生

农村新五件惠民实事全部落实。改造农村危房1300户，易地扶贫搬迁完成139户500人，街道亮化工程完成212个行政村4240盏太阳能灯安装任务，8所新改扩建村级幼儿园投入使用，城乡清洁工程实现全覆盖。

民生保障和社会事业不断加强。加大教育投入和管理力度，教育教学质量显著提升，高考二本以上达线人数706人，创历史新高；新建县直启智幼儿园投入使用。深入推进县级公立医院综合改革，余吾、李高中心卫生院等改扩建工程顺利完工，新农合参合率达到100%。坚持发展带动就业，加大职业技能培训，城镇新增就业3730人，转移农村劳动力4209人，公开招聘公益性岗位幼儿教师26人，城镇登记失业率控制在1.21%。加大保障性住房建设力度，开工建设保障性住房1549套。积极落实各项社会保障政策,城乡各类困难群体实现应保尽保。

“平安屯留”创建成效明显。严格落实安全生产和护林防火责任制，全县未发生一起重特大事故。坚持以群众工作统揽社会管理创新工作，严格实行领导包案责任制，组织开展“下访接地气，矛盾大排查”活动，一批信访积案得到解决。积极开展平安创建活动，形成了强基固本筑平安、综合治理保平安、打防结合护平安、建好队伍强平安的“四位一体”创安新模式。2013年7月，成功迎接了全省深化平安建设现场会。

六、加强宣传思想文化工作，精神文明建设成效明显

重点抓好理论武装和宣传舆论引导工作。县委理论中心组认真学习党的十八大、十八届三中全会和习近平总书记以及省市委的一系列重要讲话精神，进一步统一了思想，凝聚了共识，增强了转型跨越发展的自觉和自信。中心组共集中学习12次，全县共邀请各类专家、学者、教授举办各类讲座和宣讲活动5次。大力加强网上舆论引导工作，加大对网络有害信息的整治力度，营造了积极向上的舆论环境。进一步加大对外宣传力度，为招商引资搭建了良好的平台，提升了屯留的对外形象。

积极开展品德教育和精神文明创建工作。全面加强社会公德、职业道德、家庭美德、个人品德教育，形成了覆盖全县的思想品德教育网络。组织开展了“文明交通、文明引导、文明餐桌和文明传播”四项行动。县公安局干警连永春同志荣获“第四届长治市道德模范”。顺利通过省级文明和谐县城复检验收。

大力发展文体事业和文化产业。设立了1000万元文化产业发展奖励扶持基金，建设达标乡镇文化站11个，改造升级村文化室、农家书屋80个。农民体育健身工程覆盖率达到100%，成功举办了中韩文化交流之夜文艺演出活动和全县首届全民健身运动会。承办了2013年山西省青少年射箭比赛暨第十四届省运会资格赛，代表长治市顺利通过全国全民健身示范城市考核验收。总投资3800万元的老爷山上党战役纪念馆主体工程基本完工。抗大一分校女生队旧址完成了总体规划。

七、全面加强党的建设，执政能力有效提升

扎实抓好理想信念教育。始终把思想政治建设摆在党的建设首要位置，坚持用中国特色社会主义理论体系武装头脑，引导全县广大党员干部牢固树立正确的世界观、人生观、价值观。开展了以“为民务实清廉”为主题的理想信念教育，组织观看了《苏联亡党亡国20年祭》《较量--正在进行》等专题片，使全县广大党员进一步坚定了理想信念，在思想上、政治上、行动上始终与党中央保持高度一致。

重点抓好基层组织建设。以“5+2”强基创先工程为载体，调整充实23个党组织书记，选派9名优秀年轻干部到村担任“第一书记”。认真实施农村“领头雁”培训延伸计划，培训农村“两委”干部和骨干党员2000多名，为全县1852名农村离退职村干部发放补助200万元。探索推行非公经济组织党建“六小工作法”，拓展了党组织的覆盖面。实施大学生村官创业富民行动，共扶持创业项目12个、帮扶创业资金150万元。

切实抓好干部队伍建设。不断深化干部人事制度改革，进一步完善了重品行、重基层、重实绩、重民意、重文化的“五重”选人用人方案，形成了一个干部能上能下、能进能出、充满活力的用人机制。2013年共调整干部20人，其中提拔了4名，平调了16名。

突出抓好干部作风建设。认真执行中央《八项规定》和省市关于改进作风的一系列部署要求，出台改变工作作风30条，带头开展领导干部“访民生、知民情、解民事”集中走访活动，加大对文风、会风的整治。扎实开展干部下乡住村“六个一”活动和“学纪兰、转作风”活动。特别是面对倒春寒、玉米病虫害和50年不遇的洪涝自然灾害，广大党员干部身先士卒，深入一线，组织群众抢险救灾，恢复生产，共为群众筹集帮扶资金1000余万元，解决各种实际困难600多件。

持续抓好反腐倡廉建设。认真落实党风廉政建设责任制，进一步完善了领导带头、班子带动、全员发动的反腐倡廉工作格局。严格执行《党政机关厉行节约反对浪费条例》《党政机关国内公务接待管理规定》等中央和省市出台的一系列文件要求，集中开展了清退会员卡、清理办公用房等“五个专项治理”。加大案件查办力度，今年共立案67件，64人受到党政纪处分。

(牛小彦　张海军)

附：一、中共屯留县委书记、副书记、常委名单

书　记：郭泽兵

副书记：段树新　李晓峰

常　委：马国勤　李常青　翟卫华　秦建宇　冯贵兴

王忠强　秦世芳

二、乡镇（开发区）党委书记、副书记名单

麟绛镇

书　记：李书红

渔泽镇

书　记：王长胜

副书记：王　辉

上村镇

书　记：马东斌

副书记：申云鹏

张店镇

书　记：杨　斌

副书记：赵丽君

丰宜镇

书　记：高志岗

副书记：刘文茂

余吾镇

书　记：刘志敏

吾元镇

书　记：西立公

副书记：宋　军

李高乡

书　记：李俊清

副书记：郭迎红

河神庙乡

书　记：倪　敏

副书记：郭银萍

路村乡

书　记：张红斌

西贾乡

书　记：连晓燕

副书记：郭　炜（1月任职，3月离职）

康庄开发区

书　记：崔　青

副书记：秦曙斌（1月任职）

上莲开发区

书　记：郭乐慧

副书记：杨　青

西流寨开发区

书　记：刘艳丽

中共长子县委工作概况

县委书记　张　圣

2013年，是全面贯彻落实党的十八大精神的开局之年，也是市委实施“五五”战略的起步之年。一年来，在省市委的正确领导下，长子县委团结带领全县干部群众，心无旁骛，奋勇争先，促进了全县经济社会各项事业平稳较快发展。

一、县域经济指标固本提升

全年工业增加值完成70.8亿元，增长16%；固定资产投资完成88.3亿元，增长33.7%；一般预算收入完成10.1亿元，增长15.2%；社会消费品零售总额完成13.6亿元，增长14.3%；城镇居民人均可支配收入达到21122元，增长11%；农民人均纯收入达到9752元，增长12%。地区生产总值首次突破百亿元大关，达到104.1亿元，增长11.9%；财政收入达到30.37亿元，增长0.27%，县域经济综合实力跃上了一个新台阶。

二、项目建设稳步跟进，产业结构合理优化

工业方面　坚持把项目建设和招商引资作为加快经济发展、优化产业结构的第一抓手，强势推进了总投资458亿元的重点项目122个，签约引进了总投资161.64亿元的项目20个，项目建“六位一体”持续排名全市前列。重点推进了康宝生物雪莲及体外生物系列诊断试剂、轩阳科技北冬虫夏草、山河中矿矿山装备制造、潞酒厂迁建、禾能秸秆电厂等一批成长性好、辐射带动性强、资源转化率高的项目，全县以煤为基、多元发展的工业转型步伐进一步加快。

农业方面　继续实施设施蔬菜“双二十”、2000万只（头）畜禽规模健康养殖、万亩优质烤烟生产三大工程，全县蔬菜种植面积达到20万亩，设施蔬菜面积突破10万亩，畜禽饲养量达到1430万只（头），烤烟种植面积稳定在8900亩。实施龙头带动战略，加快推进了雨润集团10万头种猪、方兴蔬菜检测加工及物流配送、浩润脱水蔬菜、绿生源双孢菇、绿森出口番茄酱等重点项目，顺利引进了广东温氏集团100万头肉猪一体化养殖项目。全县农业龙头企业达到20家，销售收入13.8亿元，农民专业合作社达到955家，农

产品加工转化率达到45%。

第三产业方面 抢抓中南铁路横贯全县和沿线最大编组站建在长子县的历史机遇，邀请工信部赛迪研究院高标准规划了面积20.7平方公里的大型物流港，加快推进了总投资46亿元的山煤、能交投、新易达三大物流园区。大力发展金融、电子商务等现代服务业，在全省第一家签约阿里巴巴产业带项目，为全县企业拓展市场、做大做强以及发展能源板块、农副产品等大宗商品网上交易搭建了平台。进一步叫响美容美发品牌，长子县被上海吉尼斯总部授予“中国美发之乡”荣誉称号。加大文化旅游开发力度，在加快推进树化石群二期、发鸠山景区、崇庆寺景区等旅游项目的同时，成功引进总投资50亿元的尧王古城项目，着力打造国家4A级文化旅游景区。全县以“大物流、大商贸、大旅游”为主的第三产业加速发展。

三、城镇建设扩容提质，古县长子更加宜居

县城扩容方面 全年共新建住宅小区8个、楼房27幢2466套，可容纳城镇人口1万多人；邀请浙江大学城乡规划设计研究院初步编制完成了县城总规，重点规划建设东湖新区和南湖新区两大新区，全面建成后县城面积将由现在的9 平方公里扩张到21.5平方公里，总人口将由10万扩张到18万。

精品工程方面 重点推进了潞安花园东区、长子会堂、五星级大酒店、霍尔辛赫30层公寓楼、城市规划展览等一批风格独特、魅力彰显的标志性工程，进一步提高了县城品位。

配套功能方面 全面完成西环路拓宽改造、鹿谷大街延伸线、集中供热二期、县城供水管网改造等重点工程，进一步完善了集中供气、污水处理、垃圾处理等城市配套功能，加快推进了城中村和棚户区改造，极大改善了县城居民生活环境。

四、民生事业长足进步，人民生活更加幸福

坚持把群众利益放在首位，持续加大保障力度，全力办好民生实事，使全县群众更多更好地共享了改革发展成果。着力强化政策保障，投入近亿元，实施了县城公交车免费、幼儿园教育免费、县办医院挂号免费、规模种养补贴等20多项惠民政策；扎实推进了行政村街道亮化、特困群众异地搬迁等农村新的五件惠民实事，极大提高了全县人民的幸福指数。统筹推进社会事业，在连续择优招录1625名大学生基础上，又公开招聘120名充实到教育卫生等基层一线。狠抓教育质量提升，普通高考二本B类以上达线人数达到891人，实现连续6年稳步增长。加大卫生事业投入力度，县医院12层住院综合大楼建设稳步推进，120急救中心主体建成。积极打造文化亮点，常张乡综合文化站被评为第五届全国“服务农民、服务基层”文化建设先进集体，长子鼓书《常回家看看》荣获第十届中国艺术节“群星奖”，编排的健身秧歌《心韵生香》荣获“2013年全国健身秧歌大赛”一等奖，长子诗人陈小素的诗集《素诗》荣获2010—2012年度赵树理文学奖。全力优化生态环境,大力实施造林绿化、城乡清洁、市容市貌整治三大工程，全年共栽植各类苗木400多万株，新增绿化面积3.1万亩，全县森林覆盖率达到28%，县城空气质量实现2009年以来连续5 年天天都是二级以上目标，荣获国家园林县城和美丽中国示范县两项殊荣。

五、社会治理叫响全国，和谐局面更加稳固

选聘了一批专职民调员，推行了农村（社区）网格化管理，使一大批矛盾纠纷在茶余饭后、田间地头就得到有效解决，实现了小事不出村、矛盾不上交，纠纷不激化、民事不转刑。积极推行政府职能下沉，将与群众利益密切相关的26个职能部门的78项职能下沉到乡镇，16个职能部门的43项职能下沉到农村，由乡村两级为群众提供代理代办服务，有效解决了目前普遍存在的“机构很多，办事太拖”、“干部不少，有事难找”的问题，形成了零距离服务群众的长效机制。全县创新社会治理、深化平安建设的做法在全国基层综合服务管理工作座谈会上做了交流，受到中央综治办领导充分肯定。与此同时，严格落实安全生产“两个主体”责任，持续加大对煤矿生产、道路交通、食品药品、易燃易爆、森林防火等重点行业和重点领域的安全监管力度；扎实开展“千人化百案”和“下访接地气、矛盾大排查”活动，着力解决信访突出问题，促进了全县安全稳定形势持续好转。

六、党的建设全面加强，组织保障更加有力

深入学习宣传党的十八大、十八届二中、三中全会和习近平总书记一系列重要讲话精神，进一步提高了各级领导班子和广大党员干部的创造力、凝聚力和战斗力。认真贯彻落实中央八项规定和整治“四风”要求，大力改进调查研究、会风文风和新闻报道，扎实开展了清理会员卡、清理违规公务用车、清理办公用房等专项活动，促进了全县干部作风明显好转。持续深化干部下乡住村和选派“第一书记”工作，加快基层党组织晋位升级，实现了“帮扶支部与锻炼干部”双位提升。认真落实党风廉政建设责任制，积极推进“阳光农廉”工程，赢得全市“勤廉为民、百村示范”工作推进会在长子召开。继续大力弘扬见红旗就扛、逢第一就争的进取精神，促进了全县各项事业亮点纷呈，先后荣获国家园林县城、美丽中国示范县、全国科技进步先进县、全省社会管理综合治理先进县、全省百日双千案攻坚战先进县、全省农村中医药工作先进县等一大批省级以上荣誉；相继有全省平安建设推进会、全省农业标准化示范区建设现场会、全省现代化矿井建设现场会等多个省级以上现场会在长子召开或观摩。全县上下形成了万众一心谋跨越、众志成城奔小康的喜人发展局面。

（王俊平）

附：一、中共长子县委书记、副书记、常委名单

书　记：张　圣

副书记：卢展明（4月离职）　马先明（9月任职）
丁向东（女）

常　委：牛恩毅　杨　隽　王成枝　高玉飞　杨国华
姬　文　尚治安

二、乡镇（林区、景区）党委书记、副书记名单

丹朱镇

书　记：吴　斌

副书记：李亚军　张　磊（3月任职）

石哲镇

书　记：师　宏（3月离职）　暴巍弘（3月任职）

副书记：师向东

色头镇

书　记：王华庆

副书记：冀慧峰（1月任职）

慈林镇

书　记：王志宏

副书记：王建军

大堡头镇

书　记：申丽光

副书记：王曙军

南漳镇

书　记：李　帅

副书记：常绍伟　宋亚飞（1月挂职）

鲍店镇

书　记：张　明（3月离职）
郜卫华（3月—5月主持工作）
王　敏（5月任职）

副书记：郜卫华（1月任职）

碾展乡

书　记：赵海斌（5月离职）张宇峰（5月任职）

副书记：和　军

南陈乡

书　记：王鹏飞

副书记：常　凯

常张乡

书　记：暴巍宏（5月离职）　张　明（5月任职）

副书记：陈黎明

宋村乡

书　记：申宛成

副书记：高振文

岚水乡

书　记：秦红霞

副书记：陈志宏

横水林区

书　记：张宇峰（5月离职）　王慧刚（5月任职）

王峪景区

书　记：王　敏（5月离职）　张建刚（5月任职）

副书记：张志刚

中共壶关县委工作概况

县委书记　李全心

2013年，中共壶关县委团结带领全县广大干部群众，以转型跨越为主线，以项目建设为抓手，以安全稳定为前提，以改进作风为保证，攻坚克难，拼搏进取，县域经济社会呈现出稳中求进、稳中有为、稳中向好的发展态势，为全面建成小康社会奠定了坚实基础。

项目建设成效明显。年初确定的总投资181亿元、总数量112个的“双百”重点工程推进顺利，项目建设“六位一体”提前3个月超额完成全年任务。工业方面，常平集团坚持产业转型、多元发展，30万吨矿渣纤维保温材料项目开始试生产，入股投资太行山大峡谷旅游开发，实现了资源型企业向可持续发展的华丽转身。壶化集团致力打造爆破服务产业，80万公斤起爆具项目完成设备安装，自主研发的数码电子雷管在我国最大露天煤矿神华集团黑岱沟露天矿成功实施抛掷爆破，被省科技厅确定为“国际科技合作基地”。煤矿技改扩能项目进展顺利，全年煤炭产量达到120万吨。邦仕得制药项目全部完工开始试生产。钕铁硼、光纤接入、煤机制造、医疗器械等一批新引进项目正在抓紧建设。农业方面，紫团公司调理食品项目正式投产，被农业部认定为全国主食加工示范企业。郭氏食品“郭国芳”商标被认定为“中国驰名商标”，郭氏羊汤荣获“山西省十大传统名吃”。辛寨醋业“辛世芳”商标被认定为“山西省著名商标”。大象集团24万吨饲料加工主厂房和长林、下好牢2个肉鸡养殖基地主体建成。成功举办首届旱地西红柿采摘节，旱地西红柿种植面积达到4万亩，覆盖5个乡镇120余个村。城建方面，总投资16亿元的玉壶广场、文体馆、常平凤凰城、壶化银座城、神山公园高旺阁、国防动员指挥中心、垃圾填埋场等十大城建重点工程全部完工或主体完工，集中开展打击违法占地、违法建设“两违”整治专项行动和县城道路交通、环境卫生、市容市貌“三项整治”活动，顺利通过国家卫生县城和省级文明县城复查验收。招商引资方面，积极参加中博会、东博会、文博会、农博会、鲁苏浙等招商活动，

成功引进世界500强华润燃气、潞安旱地西红柿加工和晋通公司钕铁硼等22个项目，签约资金103.7亿元，其中落地13个，开工7个，大大增强了壶关县的发展后劲

旅游综改大步跨越。突出资源整合，出资4.1亿元协议买断了十个景区的投资经营权，引进西安曲江文旅集团对大峡谷进行高水平托管经营，真正形成了“统一规划、统一管理、统一开发、统一经营、统一品牌”的“五统一”旅游新格局，同时积极争取将原省道川荫线改为县道和旅游专用公路，彻底解决了制约大峡谷旅游发展的体制机制和交通瓶颈问题，在全省率先走出一条旅游资源整合和综改试验的新路子。创新宣传促销，开展了“长治人游大峡谷”、“七夕情人节”、“中秋联谊会”等活动，举办了由全国230余家大型旅行社参加的旅游推介会，出台了针对旅行社的门票优惠政策和奖励政策，在央视和山西卫视播出了大峡谷广告宣传片，特别是联合山西卫视举办了全国首档实景山水闯关电视节目“冲关大峡谷”，大大提高了太行山大峡谷的知名度和影响力。着力开发建设，总投资18亿元，高标准实施大峡谷景区开发建设工程，目前，大峡谷王牌景区八泉峡、游客中心、观光电梯、旅游栈道、游船码头、候车厅、大型索道、生态厕所等基础设施建设工程正在顺利推进。全年接待游客、门票收入、旅游社会总收入同比分别增长38.7%、50%、35.1%，各项指标创历史之最。

扶贫攻坚闯出新路。实行“五个结合”抓移民、“六种模式”搞搬迁，因村而宜、因户而宜、因财力而宜，宜大则大，宜小则小，完成了55个自然村834户3004口人的移民搬迁任务。积极探索移民搬迁、产业扶贫多元致富新机制，集店乡岭东村、百尺镇河西村和五龙山乡刘寨村3个移民新村与4个旱地西红柿种植大户、专业合作社签订土地流转、规模经营种植协议，共流转土地710亩，确保了贫困村老百姓搬得出、稳得住、能致富。通过移民扶贫和产业扶贫，贫困村变成了新农村、小康村和小集镇，率先走出了一条贫困山区加快脱贫建小康和城镇化建设的新路子，受到省委书记袁纯清和市委书记马天荣的充分肯定。市委书记马天荣称赞壶关县在落实“五五”战略、着力扶贫攻坚中力度大、速度快、措施新、效果显著，探索出了不少好的路径和办法。9月29日，全市在壶关县召开现场推进会，大力推广经验做法。

社会局面和谐稳定。致力保障改善民生，在巨大的财政压力下，千方百计筹措资金为全县近万名干部职工增发取暖费、公务员津贴补贴和事业人员绩效工资，年初县委、县政府向全县人民承诺的十件实事全部兑现。优先发展教育事业，总投资3000万元的城南幼儿园建成竣工，33所项目校“三通两平台”建设基本完成。投资1450万元全面推进公立医院改革，县乡村三级医疗机构全部实行药品零差率销售，投资2700万元的县医院病房大楼建成投用，20种重大疾病提高了报销比例。加快保障性住房建设，共建设各类保障性住房761套，完成农村困难家庭危房改造800户，解决了城乡困难家庭住房难问题。投资3225万元完成涉及全县284个行政村5680盏太阳能路灯安装任务，成为全省首家完成行政村街道亮化工程的项目县。科学应对各类自然灾害，投资1000余万元对冷冻、干旱、洪涝和房屋倒塌等进行救助，投资2800余万元完成县乡村公路水毁修复和道路安保工程。全力维护安全稳定，集中开展隐患排查治理、行业整治、“打非治违”等专项行动，全年没有发生一起安全责任事故。深入开展“千人化百案”活动、“矛盾纠纷大排查、信访积案大化解”百日行动，全国、全省“两会”和党的十八届三中全会期间实现了赴省进京“零上访”。大力推进平安壶关、法治壶关建设，投资300余万元建成了县乡村三级社会服务管理信息平台，集中开展“六六创安”活动，严厉打击“两抢一盗”和“黄赌毒”违法犯罪，群众的安全感和满意度大大提升。

整体工作创先争优。认真学习宣传党的十八大、十八届三中全会精神和习近平总书记一系列重要讲话精神，统一了干部思想，武装了干部头脑。认真执行中央“八项规定”和省、市作风建设要求，出台了改进作风做到“六不准”、工作落实坚持“三个三”的30条规定，集中开展“三清一控”专项治理，铺张浪费、公款吃喝、公款旅游、请客送礼、文山会海、大操大办、赌博奢靡等“四风”问题得到有效遏制。建立县级领导和县直部门科级干部包联重点镇（乡）、中心村（行政村）、千企百强企业、重点贫困村和下访接地气、矛盾大排查“五位一体”包联制度，33名县处级领导和357名科级干部深入基层一线开展包联工作。集中开展“班子团结战斗、权力规范运行”专题活动，增强了基层党组织的创造力、凝聚力和战斗力。加大干部公选力度，公开选拔壶关一中校长、20名旅游管理人员和6名电视台采播人员，进一步激发了干部活力。认真落实党风廉政建设责任制，全面推进惩防体系建设，深入实施预防职务犯罪免疫工程，严肃查办了一批违纪违法案件。2013年，先后有全省安全生产管理现场会、全省特色办学现场会、全市易地扶贫搬迁暨百企千村产业扶贫现场推进会、全市综治培训暨基层社会服务管理信息平台规范化运行现场会、全市行政村街道亮化现场推进会、全市森林防火暨林缘秸秆清理工作推进会等现场会在壶关县召开，相继荣获“全国最美健康养生旅游名县”、“全国最佳生态宜居旅游名县”、“全省百日双千案攻坚战先进县”、“全省治超工作先进县”、“全省学前教育模范县”等荣誉称号。创建全省中医药先进县和代表长治市创建国家公共文化服务体系示范区、创建国家森林城市检查验收顺利通过。央视十台专门对壶关县黄山乡陈醋、陶瓷、野猪、山羊、蜜蜂等特色产业发展进行了深度报道。太行山大峡谷被评为全国首批、山西惟一的中国最美地质公园，被确定为清华大学中国画实景写生基地。

（王林茂）

附：一、中共壶关县委书记、副书记、常委名单

书　记：李全心

副书记： 崔江华　马先明（9月离职）
常　委： 卫　明　段尧刚　张　剑　徐思江
张月飞

二、乡镇（办事处 管理区）党委（党工委）书记、副书记名单

龙泉镇
书　记： 王文斌
副书记： 李志强
百尺镇
书　记： 贾凤鸣（3月离职）　张君平（3月任职）
副书记： 秦志岩（3月离职）　黑树军（10月任职）
店上镇
书　记： 闫志斌
副书记： 雷学波
晋庄镇
书　记： 宋　波（3月离职）　秦志岩（5月任职）
副书记： 赵申岗（10月离职）　张　昱（10月任职）
树掌镇
书　记： 张红伟
副书记： 冯小红
集店乡
书　记： 李立堂
副书记： 牛加强
东井岭乡
书　记： 闫晓陵
副书记： 张海江（5月离职）　赵申刚（10月任职）
黄山乡
书　记： 李建宏
副书记： 张　昱（10月离职）牛文斌（10月任职）
五龙山乡
书　记： 徐云开
副书记： 张斌君
石坡乡
书　记： 张君平（3月离职）　高福生（3月任职）
副书记： 吴凤林
桥上乡
书　记： 苏建红
副书记： 王红伟
鹅屋乡
书　记： 高福生（3月离职）张海江（6月任职）
副书记： 苏军方
常平办事处
书　记： 陈忠孝
副书记： 陈　阳　弓书霞　程开先
太行山大峡谷旅游开发管理区
总支书记： 靳海棠
副 书 记： 王迷芳　牛坚华

中共平顺县委工作概况

县委书记　吴小华

中共平顺县委设13个基层党委，29个党组，18个党总支，529个党支部，共有10702名党员。

2013年，中共平顺县委在市委、市政府的坚强领导下，按照全市实施“五五”战略、率先全面小康的战略部署，团结带领全县干部群众，解放思想，抢抓机遇，务实进取，奋勇争先，全面实施建设“一地两区”、打造“三宜”美丽平顺发展战略，转型跨越思路更加清晰，脱贫攻坚步伐不断加快，民生社会事业协调推进，党的建设全面加强，各项工作取得新进展、新成效。

一、深入学习贯彻党的十八大、十八届三中全会和习近平总书记一系列重要讲话精神，坚定理想信念，保持政治定力

中共平顺县委多次召开县委常委扩大会议和理论中心组集体学习会议集中学习党的十八大精神，带头贯彻落实并下发通知，要求以党员领导干部为重点，在全县兴起学习贯彻热潮。各级各部门采用多种形式引深学习活动，力求在学习理解上深化、宣传阐释上深化、贯彻落实上深化，做到了学以致用、学用相长。党的十八届三中全会召开后，县委及时下发了《关于认真学习宣传贯彻党的十八届三中全会精神的通知》，组织收听收看了中央省市三级宣讲团宣讲报告，深入乡镇、学校、机关宣讲16次，教育引导干部群众增强中国特色社会主义道路自信、理论自信、制度自信，增强全面深化改革、实现中国梦的责任感和使命感，切实把思想和行动统一到党的十八大、十八届三中全会和习近平总书记一系列重要讲话精神上来，使其成为指导全县加快新一轮转型跨越发展的强大思想武器。

二、强化项目支撑和投资拉动，多措并举稳增长

2013年，面对宏观经济下行压力加大的严峻挑战，县委始终把发展作为第一要务，加强对经济工作的领导，多

次召集相关部门对项目建设进行综合分析，深入项目一线现场办公，解决实际问题，加快项目建设步伐。全县86个重点项目，新建项目开工率达到97%，项目投成率全市排名第一，市委、市政府下达的“六位一体”各项目标任务全部完成或超额完成。在项目建设和投资拉动作用下，全县经济保持了平稳向好的势头。全年地区生产总值完成21.96亿元，同比增长8.8%；规模以上工业企业增加值完成11.09亿元，同比增长15.02%；全社会固定资产投资完成26.95亿元，同比增长31.4%；社会消费品零售总额完成6.54亿元，同比增长14.9%；城镇居民人均可支配收入达到16954元，同比增长9.5%；农民人均纯收入达到4155元，同比增长13%；公共财政预算收入完成7459万元，同比增长3.5%。

三、大打招商引资攻坚战，为转型跨越发展积聚新动力

2013年，县委全方位实施开放引进战略，县党政主要领导亲自挂帅，主动出击，先后组团赴北京、山东、福建、江苏等地考察洽谈项目；各职能部门主动上手，大力改善投资环境，对重大项目全程代理，提供“保姆式”服务，招商引资成果丰硕。全年新引进落地项目10个，总投资81.1亿元。特别是风力发电、光伏发电、中国汽车零部件工业公司整车制造等一批高科技项目为平顺县可持续发展注入了新的活力。

四、认真贯彻执行中央“八项规定”和党政机关厉行节约反对浪费条例，切实改进工作作风

县委把作风建设作为推动工作落实的有力抓手，认真贯彻落实中央“八项规定”、《党政机关厉行节约反对浪费条例》、“六条禁令”和省委、市委出台的改进作风各项规定，制定出台了《改进工作作风密切联系群众二十条实施意见》，全年各级领导干部通过深入基层、走访群众，共收集意见建议1800余条，帮助新上发展项目400余个，解决帮扶资金1000余万元，协调解决实际问题1000个，党群干群关系更加密切。严格控制三公经费开支，对公务接待、办文办会、持有会员卡、新建楼堂馆所、办公用房用车等方面存在的不正之风进行了集中清理整治。清退违规使用公务用车3辆，各级领导干部清理腾退办公用房833. 5平方米。全县会议数量同比减少28%，文件简报同比减少46%，新闻节目对领导活动报道同比减少35%，接待费同比下降24%，有效遏制了“四风”问题，加快了工作节奏，推动了工作落实。

五、积极回应重大民生关切体现民生关怀，倾力增强群众幸福感

冬季取暖、住房保障和干部增资是多年来平顺县干部群众最关心、反映最强烈的热点民生问题。一年来，县委坚持勤俭办一切事情，集中财力办实事、千方百计惠民生，把有限的财力更多投向了民生事业，年初的各项民生承诺全部如期兑现，其中总投资1.3亿元的集中供热项目，完成首期供热面积60万平方米，成为群众心目中多年来的头号暖心工程，平顺县也成为全市首个实现集中供热的无煤县。总投资2.35亿元的保障性住房项目，全年共开工建设921套，已建成587套，并顺利完成首批经济适用房配售工作，赢得群众好评。在干部待遇上，近两年通过3次增资，国家和省市出台的所有工资政策全部兑现到位，干部职工人均月增资1200多元，实现了足额发放。

六、主攻“一地两区”建设，着力增强经济发展后劲

优先做大做强旅游产业。县委对照建设全国一流旅游目的地的目标定位，坚持把打造龙头核心景区作为建设一流旅游目的地的主抓手，持续加大精品景区开发、品牌宣传推介和服务质量提升力度。总投资5.2亿元的通天峡景区一期工程全面完工并对外开放，成为推动平顺旅游产业发展的龙头品牌。太行新天地旅游风情小镇落地开工，客都、利家两个大型购物超市投入使用，通天峡大酒店主体全部完工，天脊山旅游公路全线竣工，西沟红色旅游公路批准立项，旅游配套设施更加完善。中央电视台、山西卫视等主流媒体纷纷走进平顺、宣传平顺，平顺旅游的品牌影响力进一步提升，被评为“山西省休闲农业与乡村旅游示范县”。一年来，全县各旅游景区累计接待游客188.73万人次，同比增长30%。加大力度发展新型工业。集中精力加大航天工业园和高新技术产业园“两大”高端产业孵化器的建设力度。航天工业园一期工程建成投产，二期工程顺利开工，2015年可竣工并形成全方位配套能力。高新技术产业园区软硬件配套工程基本完成，已经入驻的3个项目中，文正卓越一期汽车新能源发动机、起动机项目点火试产，并建成平顺首个博士工作站；弘泰化工4×4万千伏安环保电石炉项目一期投产，二期项目正在进行前期准备；西沟龙鼎6万吨加固材料生产项目正在进行基础设施建设。与此同时，大唐风力发电、溯头水电站等项目推进顺利，全年新兴产业投资同比增长70%，增速快于传统产业87.6个百分点，新型产业进入加快发展新时期。综合开发给力生态建设。全年完成森林绿化任务7.12万亩，全县生态环境优质良好，环境保护6项减排指标超额完成，空气质量二级以上天数达到362天。生态产业和高效农业稳步推进，全年完成干果经济林、灌木经济林3.5万亩，成功申报全省“一县一业”中药材基地县，加快实施中小药材和花椒芽菜两个“一县一业”项目；振东集团中药饮片加工项目，储存加工车间建成完工，中药材种植基地达到19.54万亩；大红袍公司农副产品配送中心及香菇丝系列产品加工扩建项目建成投产；37个“一村一品”产业扶持项目全部完成，被省委、省政府表彰为“全省一县一业先进县”。

七、打造“三宜”美丽平顺，着力创造群众幸福生活

扶贫攻坚力度加大。抢抓省市扶贫攻坚的政策机遇，积极与省定、市定“百企千村”产业扶贫开发进行政策对接。省定企业晋能集团开发花椒芽菜和光伏发电项目稳步推进，市定企业振东集团，在平顺成立道地连翘公司和党参开发公司，投资5.5亿元建设50万亩中药材种植GAP基地。同时，新规划的24个移民小区全部完工，完成了市定移民搬迁任务。大力实施“双十”增收富民工程，小杂粮种植、旱地蔬菜、干果园、水果园等项目均超额完成市定目标任务，全县农业种植结构不断优化，扶贫攻坚的基础进一步夯实。区位优势日益彰显。长平高速全线通车，中南铁路快速推进，国道平顺至长治二级公路推进顺利，国道341线县城至河南林州段规划上马，平顺东进西出、北上南下的快速通道正在被打通，地处晋、冀、豫三省交界，北靠环渤海经济圈、南邻中原经济区、西接上党城镇群的独特区位优势更加凸显。社会事业全面进步。省政府确定的“五件实事”有序推进，县委、县政府承诺的“十件实事”全部兑现。教育教学水平不断提升，中考600分以上优生率全市第三，高考二本以上达线人数再创新高，达到320人。虹梯关提水工程建成投入使用，解决了4个乡镇，5万多口人的生产生活用水需求。辛安泉供水改扩建工程开工建设，污水处理提标改造建设项目完工，青羊、东寺头等4个乡镇新建卫生院竣工投入使用。全县新增就业1830人，新型农村社会养老保险参保人数达到8.2万人，就业和社会保障服务体系更加完善。和谐稳定局面良好。全面开展了以加强安全生产、维护社会稳定为主要内容的专项行动，严厉打击非法违法生产经营建设行为，2013年全县未发生一起重特大安全生产事故。继续推行县处级以上领导轮流接待群众来访制，实行了县级领导包乡镇、乡镇领导包片、一般干部包村的矛盾纠纷逐级包保制度，畅通诉求渠道，推动信访积案化解，全县社会大局和谐稳定。

八、加强宣传思想文化工作，着力繁荣城乡文化生活

2013年，县委牢牢把握正确的舆论导向，狠抓精神文明建设，积极开展省级文明县城先进县创建工作，得到省验收组的充分肯定；开通运行全国第一家劳模文化网站“平顺劳模文化网”，出版发行了劳模文化精神系列丛书《平顺劳模故事》，申纪兰同志被评为山西省特级社会责任人物；大力推进国家公共文化服务体系示范区建设，图书馆、文化馆、乡镇文化村、文化室等公共文化场所全部实现县乡村三级覆盖；新增4处国家级文物保护单位，国保数量全市第一；奥治、虹霓两村入选中国传统村落名录，三项民俗入选全市非物质文化遗产名录；群众性文化活动精彩纷呈，文化市场繁荣健康。

九、坚持民主法治理念，着力提升依法治县水平

高度重视政治文明建设，重大决策坚持听取人大、政协及社会各界的意见和建议，始终做到统筹全局，集思广益，协调各方，凝聚合力。积极支持县人大及其常委会围绕全县中心工作进行监督，确保人大在决定重大事项、工作评议、人事任免等方面发挥权力机关的作用；坚持县政协深入开展调查研究，广泛征集社情民意，积极建言献策，发挥政治协商、民主监督、参政议政的作用；坚持党管武装原则，大力开展双拥共建活动，军政军民紧密团结、相互支持；认真做好新形势下民族、宗教、对台和新社会阶层等各个领域的统一战线工作，充分发挥他们的自身优势，为招商引资、推动转型跨越献计出力；规范司法行为，维护司法权威，确保司法权力的专门性、独立性、公正性；重视和支持工会、共青团、妇联等群团组织依照相关法律和各自章程开展工作。全县上下进一步形成了齐心协力抓发展、同心同德干事业的良好局面。

十、全面加强党的建设，着力增强党员干部执政能力

全面加强党的思想、组织、作风、制度和反腐倡廉建设，不断提升党组织和干部队伍的战斗力、执行力、创新力和净化力。一年来，县委中心组先后组织专题学习10次，聘请全国著名旅游专家杨力民教授、市委党校温建敏等专家前来讲学，组织县委中心组成员领题调研，形成了一批调研成果，为完善发展思路，促进全县经济社会发展提供了科学决策依据；积极探路群众路线教育实践活动，先期开展了“弘扬纪兰精神、践行群众路线”主题活动，为全县开展群众路线教育实践活动奠定基础；全面实施基层党建“扩面提质”工程，促进党建和经济社会发展有效融合，提升了基层党建工作科学化水平；坚持“德能勤绩廉”与社会口碑并重的用人导向，积极探索差额选任办法，全年共调整科级干部3批35名，群众反映良好；严格执行党风廉政建设责任制，扎实推进惩治和预防腐败体系建设，不断提高反腐倡廉能力和水平，全年共立案查处违纪案件73件，查结73件，其中大要案件17件，处分违纪党员干部76人，其中乡科级干部15人，为全县转型跨越发展提供了强有力的政治和纪律保证。

（付玉珍）

附：一、中共平顺县委书记、副书记、常委名单

书　记：吴小华

副书记：秦　军

常　委：孙　伟　宋忠义　宋玉清　张宏方　李玉忠　郭红平(4月离职)　翟建光（4月任职）

二、乡镇党委书记、副书记名单

青羊镇

书　记：刘沁梅（女，1月离职）　张秀斌（1月任职）

副书记：翟双全

西沟乡

书　记：牛海江

副书记：张永杰

龙溪镇

书　记：张秀斌（1月离职）　刘忠虎（1月任职）

副书记：张云红（女，2月离职）

杏城镇

书　记：申涌泉

副书记：郝淦林

东寺头乡

书　记：吴月红（1月离职）　原保根（1月任职）

副书记：王建慧（女，2月离职）

吴　瑛（女，2月任职）

虹梯关乡

书　记：黄世贤（1月离职）　杨　光（1月任职）

副书记：吕秋林

中五井乡

书　记：张浩波

副书记：李忠贤

北耽车乡

书　记：原保根（1月离职）　程丽荣（女，1月任职）

副书记：杨伟红（2月离职）

阳高乡

书　记：李建青（1月离职）　桑宏亮（1月任职）

副书记：张高军

石城镇

书　记：段开松

北社乡

书　记：何　军（1月离职）　关苏平（1月任职）

副书记：许淑芳（女）

苗庄镇

书　记：刘忠虎（1月离职）　李建青（1月任职）

副书记：程丽荣（女，1月离职）

中共黎城县委工作概况

县委书记　郜双庆

2013年，黎城县委、县政府深入贯彻落实市委“五五”战略，以打造中国硅都、世界红山、宜居古城为引领，坚定信念，奋发作为，经济、政治、文化、社会、生态和党的建设等方方面面工作都取得了长足进步，转型跨越发展迈出了坚实的步伐。

2013年全县地区生产总值完成32.8亿元，较去年同期增长9%；财政总收入完成3.5亿元，同比下降10.3%；全社会固定资产投资总额完成37.7亿元，同比增长26%；社会消费品零售总额完成10.2亿元，同比增长13.5%；城镇居民人均可支配收入达到13921元，同比增长11.3 %；农民人均现金收入完成6096元，同比增长12.5%。

一、围绕项目建设，全力推进经济发展

2013年，县委按照省市“项目推进年”的工作部署，严格实行“一个项目、一位领导、一套人马、一抓到底”工作机制，四套班子成员分包重点项目，联审联办联跑审批手续，重点工作严格督查问责，确保了各重点项目建设的高效有序推进。

（一）建设三大园区，工业转型强力推进。新材料工业园方面，引进山西中技集团，研发生产新型永久建筑建造体系HQL轻钢轻混凝土结构体系。该体系为国内首创，具有自主知识产权，列入了“十二五”国家科技支撑计划“标准化绿色建筑研究与工程示范”、国家住建部2013年科学技术项目计划、国家发改委2013年高新技术产业发展项目计划及投资计划，建设全国最大的低碳建筑产业化生产基地。生产基地建设总投资10亿元，一期工程已经建成投产。蓝天燃气煤高效洁净转化项目，为国内首家引进美国比克比能源系统公司专利，国内唯一以低热值煤为原料生产活性炭和洁净煤气，4项技术正在申报国家专利，总投资12亿元，现已建成一期3万吨活性炭生产线。青春玻璃深加工、晋道生态酒庄、万瑞达三醋酸甘油酯等项目进展顺利。新能源产业园方面，引进国际绿色环保能源领域领军企业协鑫集团，在黎城县建设总规模250兆瓦的太阳能光伏发电项目，一期工程已完成选址和项目规划。物流园区方面，

建设了华驰500万吨物流、鑫源200万吨物流和国新能源150万吨物流项目，打造千万吨级的铁路物流园区。

（二）做大特色产业，现代农业规模壮大。以“两园区一片区”为重点，加快打造农业现代化龙头。现代农业示范园区总投资3.5亿元，完成投资5500万元，建成连栋温室2栋、连栋拱棚3栋、温室50座。生态农业科技产业园区总投资12.24亿元，是集农产品种植、养殖、加工、贮存、交易、物流配送于一体的综合性园区，打造从种植、养殖到农产品加工、配送、销售的全产业链条。实施核桃产业片区开发项目，今年新发展优质核桃树2万亩，全县核桃树总量达到13万亩、370万株，基本实现农业人口人均一亩核桃树的目标。把原生态精品农业作为农业发展的方向，2013年新发展23个村、2万亩原生态农业，生产绿色、健康的农产品。

（三）打造宜居古城，城镇建设日新月异。2013年黎城县共铺开市域城镇化项目43个，总投资82亿元，是近年来数量最多、投资最大的一年。黎侯古城建设方面，一期总投资3.5亿元，目前样板展示区已经建成开街，一期工程完成主体建设；印象小区总投资2亿元，24栋高标准住宅楼完成主体工程。新区建设方面，投资2.8亿元，铺开了新区主框架道路、城北街道路拓宽改造、鼓楼街和城西路综合改造、教育西街建设、古城西环路（一期）工程等县城范围内的主次道路建设工程，部分路段已经建成通车，有效改善了县城交通条件；投资1500万元实施污水管网配套工程，新铺管网6.2公里；投资1000多万元，县城建成区绿化面积达到182万平方米，绿化覆盖率40.9%，人均公共绿地10.86平方米。

（四）叫响红山品牌，文化旅游成效显现。以山水游、红色游、生态游为重点，规划建设了700平方公里太行红山景区，打造全国一流的旅游目的地,目前已建成500公里旅游路。黄崖洞景区成功申报国家4A级景区，洗耳河景区、四方山景区、广志山景区、杨岐山景区建成一期工程。相继在长治、邯郸、太原、北京等地举办高层次、高品位、高质量的太行红山摄影展。9月26日至30日，与天津自行车电动车行业协会、中国自行车骑行文化华北促进中心联合，成功举办了“中国黎城太行红山国际自行车骑游文化活动周”，扩大了黎城的知名度和影响力。

二、着力改善民生，推动社会事业进步

2013年黎城县共实施民生工程21项，总投资12亿元，一大批涉及群众切身利益的问题得到有效解决。加快实施县城集中供热项目，总投资1.77亿元，供热面积160万平方米，目前正在进行基础施工和主管网铺设。认真做好灾后重建安置工作，全县共设立了5个集中安置点。其中上遥镇东社村集中安置点采用“轻钢轻混凝土新型建材永久性建筑体系”技术，年底前受灾群众可搬入新居。同时，全力推进各项社会事业，投资2000万元，新建改建8所村级幼儿园；农村困难群众危房改造工程300户完成主体工程；行政村街道亮化工程完成164个村；乡村清洁工程完成6个村。投资1000万元，完成西井、黄崖洞、东阳关、程家山4所乡镇卫生院改造；投资500万元的县急救中心项目建成主体。多方筹集资金，新开工各类保障性住房1769套，基本建成144套。城镇新增就业2183人，城乡低保基本实现应保尽保。

三、强化社会管理，促进社会和谐稳定

安全生产方面，严格落实了政府和企业“两个”主体责任，深入开展了安全生产大检查和集中整治活动，对各个领域、各个行业，特别是矿山企业、危化企业和护林防火进行了全方位、地毯式排查，对存在安全隐患的企业一律停产整顿，黎城县被国家森林防火指挥部、国家林业局评为“全国森林防火工作先进单位”。同时，实施了新提拔的科级干部到企业挂职、对企业一把手进行安全约谈等一系列措施，确保全县安全生产形势的稳定好转。面对7月份百年不遇的强降雨过程，严格落实了四套班子包乡镇、县直单位和乡镇干部包村、村党员和干部包户工作制度，全方位排查隐患，紧急排除险情，做好受灾群众安置和救助，确保了汛期安全。信访维稳方面，坚持领导干部深入基层调查研究、听取民意、发现问题、解决问题。坚持各级领导公开接访、领导包案、带案下访等制度，扎扎实实解决信访问题。2013年，解决了一大批信访案件，维护了全县的和谐稳定。

四、加强作风建设，提高党建工作水平

全面加强各级党组织和广大党员干部的思想、组织、作风、制度和反腐倡廉建设，不断提高党的执政能力和执政水平，为经济社会的发展提供坚强的政治和组织保证。严格执行中央八项规定、厉行节约反对浪费条例以及省、市相关的一系列制度措施，各级领导干部率先垂范，以实际行动影响和带动全县党员干部，切实改进工作作风、密切联系群众、树立良好形象。加强党委（党组）中心组学习，制定完善了相关制度，推进理论学习制度化、规范化。通过实施社区网格化管理、选派非公党建指导员、开展“十好”创建、农村“领头雁”培训等活动，各领域党建工作扎实推进，党员队伍进一步年轻化、专业化、知识化，服务能力和水平不断提高。深入开展领导干部“访、知、解”活动和大学生村官“六个一”活动，密切了党群干群关系。坚持警钟长鸣强化反腐倡廉，严肃查处了一批损害党的纯洁性、破坏经济发展环境、侵害群众切身利益的违纪违法案件。

（杨尚军）

附：一、中共黎城县委书记、副书记、常委名单

书　记：郜双庆

副书记：郝献民　牛玉书

常　委：程　琦　常　庆　刘永清（女）　郭卫斌　段联刚　袁素军

二、乡镇党委书记、副书记名单

黎侯镇
书　记：岳保谷
副书记：康海江
西井镇
书　记：岳红宜
副书记：郭晋东
黄崖洞镇
书　记：谢永强
副书记：郭联豪
上遥镇
书　记：王瑞岗
副书记：申展芳
东阳关镇
书　记：郭力毅
副书记：郭少军
西仵乡
书　记：王永刚
副书记：王勇波
停河铺乡
书　记：魏晓伟
副书记：丰云飞
程家山乡
书　记：江永兴
副书记：李　炜
洪井乡
书　记：任文忠
副书记：龚文勇

中共襄垣县委工作概况

县委书记　田志明

概述　2013年，中共襄垣县委深入贯彻落实党的十八大、十八届三中全会精神，严格按照省、市委要求，坚定不移推进“四新”襄垣建设，各项建设事业稳步推进。

主要经济指标完成情况　2013年，全县生产总值完成214.68亿元，同比增长7.2%，总量全市第一，增幅全市第七；公共财政预算收入完成22.4亿元，同比增长30.7%，总量居全市第一、全省第三；固定资产投资完成151.38亿元，增长44.1%，总量与增幅全市第一；规模以上工业增加值完成164.9亿元，同比增长6.92%；城镇居民人均可支配收入25854元，同比增长11.2%；农民人均纯收入10657元，同比增长13.2%。

项目建设　2013年，全县确定重点工程40项，概算总投资1060亿元。其中，新建35项，续建5项，累计完成投资173.1亿元。项目建设“六位一体”扎实推进。项目储备，全年计划任务1350亿元，完成储备总投资4725亿元，占全年任务的350%；项目签约，全年计划任务330亿元，完成签约总投资741.4亿元，占全年任务的225%；项目落地，全年计划任务480亿元，完成落地项目投资330.9亿元，占全年任务的69%；项目开工，全年计划开工213亿元，开工项目金额315.3亿元，占全年任务的148%；项目建设，全年计划完成投资172亿元，完成投资173.1亿元，占全年任务的100.6%；项目投产，全年计划投产金额135亿元，投产项目金额135.1亿元，占全年任务的100%。

工业转型　2013年，以打造中国新能源新材料基地为目标，坚持“以煤为基、多元发展、全循环、上高端”的理念，编制了现代煤化工产业发展规划并获省级批复，列入全省、全市产业发展布局。规划建设以精细煤化工为基础的大型工业园区150平方公里，年底面积达88平方公里，入园企业（项目）63个，开通园区主干道16公里，配套建设深水井6座、引水工程1处、蓄水工程1处及重点项目变电站3个，架设电力专线1条。先后引进中冶集团、新加坡胜科集团、美国AP公司等5个世界500强企业和华电集团、上海惠生集团、中信集团等8个中国500强企业，首批启动建设总投资1128亿元的十大标杆项目，累计完成投资134亿元。推进政院企联合、产学研一体，清华大学、天津大学、山西大学、九三学社专家组、北京橡胶研究院等18所学校院所在襄垣设立研发中心，引进高级技术人才80余名，新上项目核心技术国际领先31项、亚洲第一3项、全国一流16项，填补山西空白5项。

“三农”工作　2013年，全县投入“三农”扶持资金1.35亿元。制定《农业产业发展五年规划》，出台《扶持农业产业化发展办法》、《推进设施蔬菜和农业龙头企业发展实施意见》、《农村土地承包经营权流转引导发展适度规模经营的意见》，鼓励农民将耕地和整村搬迁复垦后的土地一并流转给农业龙头企业或合作社、大户，实行规模化经营。全县形成“合作社+基地+农户”、“公司+农户”等多种产业化模式，共流转土地8.2万亩，新建林盛果业、天下襄、绿龙养殖、康润农林牧、油籽牡丹等16户投资在3000万元以上的龙头企业，发展设施蔬菜园区128个、经济林4.7万亩，促进农业增效、农民增收，推动农业产业化发展。

旅游开发　2013年，科学编制发展规划，聘请中央文化管理干部学院课题组，制定全县文化旅游产业发展规划，以“春秋故城、能源新都、百里漳江、晋美襄垣”为形象定位。打造精品工程，投资10亿余元，在仙堂山旅游区建设法显纪念馆、财神庙、法显八国佛教馆等工程，铸造

“仙堂佛国 法显故里”品牌；投资3亿元的仙堂山旅游专线全面开通；续建宝峰寺修复工程，实施环湖绿化，完成游客服务中心、宝峰寺牌楼、欢乐采摘园等工程；续建森林公园，完成兴福寺修复“三殿”工程，推进凉楼恢复重建前期工作；在县城东湖建设湖畔别墅、书法广场、文昌阁等工程，旅游功能逐步增强；新建襄子湖、民俗风情购物商场、主入口广场、生态园等一期工程。

城乡建设 2013年，坚持产城结合、以产兴城、依城促产，规划“一城三区五镇六十六中心村”新格局。按照“政府主导、规范操作，企业负责、整村搬迁，分期实施、财政托底”的思路，启动采煤塌陷村和压煤村搬迁工程，夏店镇池岩村、九庄村等3个村新建搬迁安置房21幢684套9.3万平方米。坚持“政策引导、群众自愿”的原则，实施百人以下村庄“下山出沟”工程，共开工新建镇村集中安置区21处、住宅楼235幢，建筑面积320万平方米，年底基本建成 50幢71万平方米。坚持城镇化与农业产业化同步推进，加快土地流转，促进规模经营，“合作社+基地+农户”、“公司+农户”等产业化发展模式有效带动农民增收、促进劳动力解放，城镇化建设步伐进一步加快。

民生事业 2013年，以“修路、栽树、兴水、重教”为重点，重点建设民生工程40项。修路方面，投资29亿元，以城市框架线、城际连接线、县乡主干道为重点，新建、续建公路34条204公里，其中，新建21条140公里，续建13条64 公里；栽树方面，投资1.2亿元，完成造林绿化6.78万亩，栽植各类苗木356万株，林木绿化率新增3.8个百分点；兴水方面，投资1.6亿元，在漳河干流及主要支流重点河段开工建设兴水拦蓄工程10项，水库清淤加固工程4项，可新增供水能力1944万立方；重教方面，投资8亿元，完成教育园区3所学校主体建筑、14所农村幼儿园改扩建及学府南路新建幼儿园工程，落实高中阶段教育免费政策，公开招聘优秀教师52名，与华北机电学院合作办学积极推进。同时，投资5.7亿元，新建续建保障房3660套31万平方米，分配到户660 套；筹资9000万元，开工新建社会福利服务中心和老年公寓；投资1000万元，开通县城免费公交，方便群众出行。提高城乡低保标准和城乡居民大病救助封顶线，实现应保尽保；成功创建国家公共文化服务体系示范区，实现农村文化场所、有线电视全覆盖；计生、体育、环保、慈善等各项事业全面推进，人民幸福指数明显提升。

安全稳定 2013年，严格按照安全底线要求，坚持把安全稳定放在做好各项工作的首要位置。安全生产方面，建立县级领导联系煤矿和危化企业、夜查突查、“三违人员”强制培训等安全制度；扎实开展安全生产大检查和隐患排查“双月”行动、打非治违等系列专项行动；组织开展全县煤矿“八长”专业素质提升教育培训、煤矿关键岗位和重要工种人员业务素质提升再教育。全县未发生一起死亡3人及其以上重特大事故，煤矿、非煤矿山、危化、烟花爆竹、建筑、有色、民爆、机械等行业实现安全生产事故“零死亡”。信访维稳方面，严格实行四套班子领导包保重点信访案件、信息日报研判、信访联席会议议事解决等制度，以解决民生民盼为重点，创新和加强社会管理，完善信访服务机制，对排查出的54件信访隐患，全面落实“五包保”“四包一”措施，确保信访隐患得到落实解决。

机制创新 2013年，在推进“四新”襄垣建设过程中，先行先试，创新配套政策、体制机制，初步形成创新成果12项。融资方面，成立漳江、城投、襄银等国有资产运营公司，组建全国第一只城镇建设私募基金。土地方面，建立县乡两级土地收储平台和收储制度，形成“复垦一块、收储一块、安置一块、开发一块”的良性循环。人才方面，建立县委政府决策咨询专家库，常年聘请国内相关领域权威专家81名；出台优秀人才奖励和科研经费补贴办法，建成博士工作站2个，引进博士9名。管理体制方面，依托13个城中村和6个社区，组建县城区党工委，成立社区管理服务中心；将城建涉及企事业单位统一整合，组建城建系统党委，理顺县城管理体制。

党的建设 2013年，严格执行中央“八项规定”和省市有关要求，制定出台关于厉行勤俭节约、反对铺张浪费、规范公务活动的一系列规定措施，大幅减少“三公”经费、会议、文件，清理违规车辆52辆，腾退办公用房7400平方米；制定完善10项党委权力公开运行流程图，全面强化党务公开；“三重一大”事项，全部实行集体讨论、会议决策；新组建县城区党工委和城建系统党委，在非公领域成立非公企业党支部9个；成立县党建研究会，开办“名校理论班”，组织全县科级干部分期分批赴厦门大学、武汉大学、中山大学、延安党校等地学习充电；举办“周末大讲堂”，邀请国内有关领域知名专家教授为全县党政干部和重点企业管理人员现场传经；组织1万2千余名党员干部深入全县323个行政村和6个社区开展“访民生、知民情、解民事”活动，增进党群干群关系；推进“农村党员引领致富、机关党员引领服务、企业党员引领安全”活动，将荣获“全国十大最美村官”和“感动中国十大人物”的好支书段爱平同志作为典型进行学习。

（张韶丹）

附：一、中共襄垣县委书记、副书记、常委名单

书　记：田志明
副书记：张志刚　琚海鹏　徐建军
常　委：王守国　桑爱平（女）孙泽强　贺思宇
崔玉彪　边军强

二、乡镇（园区）党委（党工委）书记、副书记名单

古韩镇
书　记：史红宾
副书记：赵艳斌　赵俊杰（8月任职）
王桥镇
书　记：王勇伟（8月离职）　刘立斌（8月任职）
副书记：孙明利（8月离职）　郭瑞成（8月任职）

夏店镇
书　记：侯慧萍（女）
侯堡镇
书　记：王　威
副书记：张素珍（女）
虒亭镇
书　记：牛志强（8月离职）　付　健（8月任职）
副书记：张登科
西营镇
书　记：申建锋
副书记：刘红飞
下良镇
书　记：李晓飞
副书记：刘立斌（8月离职）　郭瑞华（8月任职）
王村镇
书　记：王宝立（8月离职）　赵　勇（8月任职）
副书记：付　健（8月离职）
善福乡
书　记：冯丽华
副书记：刘海斌
北底乡
书　记：宋喜红
副书记：赵　勇（8月离职）
上马乡
书　记：李卫伟
副书记：王国旺
富阳工业园区
书　记：史志刚
县城区
书　记：牛志强
副书记：赵　波

中共武乡县委工作概况

县委书记　胡　坚

2013年，武乡县紧紧围绕省委转型跨越发展战略部署和办好“两件大事”的奋斗目标，抢抓综改试验区建设机遇，坚定转型不动摇、加快转型不松劲、戮力转型不懈怠，以加快转型跨越、全面脱贫翻番为目标，坚定信心、迎难而上、扎实工作，全县经济社会各项事业保持平稳健康发展。

一、认真落实“7·29”重要讲话精神，不断完善转型跨越发展思路

认真学习贯彻省委袁纯清书记“7.29”重要讲话精神，特别是袁书记在武乡调研一系列重要讲话和指示精神，按照袁书记对武乡红色文化资源、煤镁资源和特色农业资源“三个资源一起抓”的定位，县委确立了“文化引领、强基固本”的经济发展思路。文化引领，就是紧紧抓住八路军文化这一独一无二的大品牌，高举文化旗，走好转型路，打响全国红色旅游第一品牌，做大做强文化旅游产业，带动第三产业蓬勃发展，引领全县转型跨越发展。强基固本，就是要牢固树立“工业强县、农业富民”的科学发展观念，以工业为基，大力发展煤基新兴产业，走新型工业循环化、高端化发展之路，全面振兴县域工业经济；以“三农”为本，加强农业基本建设，巩固农业基础地位，增加农民收入，走特色农业规模化、产业化发展之路，实现农业增收、农村发展、农民致富。

二、抢抓转型综改试验区建设机遇，加快三次产业转型升级

以全省转型综改试验区建设为统领，创新理念，先行先试，大力推进产业转型、结构调整，不断加快三次产业转型升级。三产方面，按照“做大在文化、拓展在旅游”的思路，以建设全国著名的红色旅游基地、全国最大的八路军文化基地、全国知名的红色文化产业基地为目标，采取提档升级、整合资源、深度挖掘、营造氛围、品牌营销“五大措施”，完成了“两园一剧”升级改造，启动了“两园一路”建设，太行山影视文化创意产业园项目备案立项、可研、创意设计、建筑单体设计已完成，八路军烈士陵园

项目设计方案、土地预审、烈士英名录编撰完成，红色旅游公路一期北社—砖壁段正在紧张建设，成功举办了第三届八路军文化旅游节，2013年共接待游客225万人次，同比增长24%，文化旅游产业逆势上扬，带动了第三产业迅猛发展。工业方面，坚持以煤为基、多元发展，按照多联产、全循环、抓高端的要求，立足煤、延伸煤、超越煤，以蟠洪循环经济工业园区、和信电力工业园区为承载，加快推进7座煤矿技改扩建、武乡西山电厂二期、五矿轻量化新材料产业集群、武乡山水水泥熟料等项目，全力打造全省煤电一体循环经济产业基地和全国镁铝合金新材料产业基地。认真落实全省煤炭“20条”，采取“拓市场、降成本、强管理、保安全”措施，积极应对煤炭市场不利形势，东庄、槐安2座煤矿完成技改扩建，全县共生产原煤508万吨；武乡西山电厂二期于2013年8月16日通过省发改委批复并上报国家能源局；五矿轻量化新材料产业集群项目总规于2013年11月正式批复，一期1万吨金属镁、3万吨镁合金项目扎实推进；武乡山水日产3000吨水泥熟料项目投入试生产。农业方面，牢牢扭住农民增收、脱贫翻番这一核心任务，以“一县一业、一村一品”为抓手，以“政校企联合、产学研一体”为支撑，采取“龙头+基地（合作社）+农户”发展模式，实施“个十百千万”工程，加快发展规模养殖、特色种植、农产品深加工产业，全面拓宽农民增收渠道，带动千家万户实现增收致富目标。鑫四海生猪石北种猪基地引进美国PIC种猪2400头，存栏父母代种猪12000头；绿农农牧肉鸡项目北涅水、松庄、玉品、大寨养殖基地投入生产；大山禽业12万套父母代种鸡项目竣工投产，存栏鸡达40万只；多维集团黑头羔羊项目建成羊舍93栋，存栏优种湖羊2000余只，其“一亩秸秆两只羊”养殖模式得到了省委袁书记的充分肯定和高度评价。

三、以“项目推进年”为抓手，加快推进重点项目建设

认真落实全省“项目推进年”部署，把项目建设作为发展之基，招商引资作为发展之源，以“四化建设”为承载，严格按照“六位一体”推进要求，及时对全县重点项目进行科学论证、认真筛选，强化措施、重点突破。一是县委、县政府主要领导亲自带队，多次赴国家、省、市有关部门就重点项目建设进行对接协调、争取支持，先后争取省国土厅700亩规划用地指标、省财政厅财政资金8000多万元、省民政厅八路军烈士陵园项目资金2000余万元，省水利厅支持帮助资金1.4亿元。二是赴山东枣庄市台儿庄、东平县水浒城、浙江横店影视城、山东信发集团进行考察学习和项目对接，进一步解放了思想、开阔了视野，增强了项目建设的推动力。三是积极开展项目攻坚行动，用一个月时间对项目手续进行集中办理，实行重点项目“四三三”推进机制和“3个24小时”工作机制，加快重点项目推进速度，后半年新增开工项目17个，项目开工完成62.5亿元。四是组织县四大班子领导干部和各乡镇、各有关部门负责同志到长治各兄弟县（市、区）参观学习，对全县重点项目建设和各乡镇重点工作进行了观摩检查，多举措加快项目建设，圆满完成了省、市“六位一体”目标任务。

四、以实施“百企千村”工程为载体，大打扶贫开发攻坚战

抓住全省实施“百企千村”产业扶贫开发工程的机遇，加快推进扶贫开发步伐。一手抓产业扶贫，加强与山西潞安集团、焦煤集团的对接洽谈，确定了具体实施的产业扶贫开发项目。山西潞安集团重点实施油用牡丹种植项目和食用菌项目，计划投资1亿元实施5000亩油用牡丹、10-20个贫困村推广建设500-1000亩双孢菇种植大棚，2013年完成食用菌种植项目土地流转235亩，一期试种油用牡丹900亩。山西焦煤集团主要实施饲料种植加工及肉羊牛养殖加工一体化项目，已与山西多维集团达成初步合作意向，计划投资1亿元实施标准化育肥示范基地、标准化有机蔬菜大棚示范基地、湖羊品种展示中心、万吨生物有机肥加工厂等项目。一手抓移民搬迁，制定出台了《关于全县百人以下山庄窝铺实行移民搬迁的实施方案》，确定3年内完成移民搬迁13626人，以县城、重点镇、中心村安置为主，积极整合各类资金，加大移民搬迁力度，2013年完成搬迁任务3038人。

五、以办好民生“五件实事”为重点，着力提升老区人民幸福指数

着眼于让老区人民共享转型成效，积极落实好“基本民生”、安排好“底线民生”、解决好“热点民生”、抓好“升级民生”。省政府“五件实事”圆满完成：县城新建红星幼儿园和10所村级幼儿园改扩建投入使用；改造农村危房1100户；特困群众易地搬迁任务全面完成；完成行政村街道亮化路灯安装任务5780盏；深入开展乡村清洁工程，人居环境显著改善。民生事业取得明显发展：县级公立医院改革全面启动，新型农村合作医疗参合率达99.5%。创业就业再就业人数达到8006人，城镇登记失业率1.78%。建成保障性住房358套，县城热电联供2013年11月如期供暖，低收入农户“暖心煤”全部发放到位。社会大局保持和谐稳定：严格落实“党政同责”、“一岗双责”要求，深入开展百日安全生产集中整治、安全生产隐患排查治理“双月”行动，安全生产形势稳定好转，未发生一起重大安全事故；深入开展机关干部“大下访、大接访”、打击“黄赌毒”和黑恶势力等专项活动，重点解决了一批涉法涉诉、拖欠农民工工资等信访疑难案件和群众关注的热点难点问题；深入开展平安武乡建设，县、乡、村三级社会管理服务平台投入使用；大力推进法治建设，建立了“1+6”工作机制，荣获“全国法治创建先进县”称号。

六、以党的群众路线教育实践活动为契机，全面加强党的建设

以中央和全省开展第一批党的群众路线教育实践活动

为契机，以省委袁书记“素质提升、作风转变、能力加强、管理从严”四句话要求为目标，不断引深领导干部“访民生、知民情、解民事”集中走访和干部下乡住村包村增收活动，结合武乡实际开展了为期半年的“严纪律、正作风、强素质、树形象”主题教育活动，着力解决“四风”问题，干部作风有了明显转变，社会环境得到了进一步优化。以作风建设为重点，扎实开展清理会员卡、停止新建楼堂馆所和清理办公用房、违规公务用车、借调人员等专项活动，深入开展整治大吃大喝、大操大办等专项治理，县四大班子领导主动带头、严格要求、贯彻执行，严格落实党风廉政建设责任制，党风、政风、社会风气进一步好转。以打基础、强基层为重点，大力实施科级干部、农村“领头雁”、大学生村官能力提升工程，基层党组织的凝聚力、战斗力进一步增强。高度重视人民武装、统一战线、老干部工作，充分发挥工会、共青团、妇联等群团组织的桥梁纽带作用，形成了推动转型跨越发展的强大合力。

坚定转型是“硬道理”，加快转型是“硬任务”。在省委的坚强领导下，武乡县将以不进则退、慢进也退的危机感，时不我待、只争朝夕的紧迫感，食不甘味、夜不能寐的责任感，以踏石留印、抓铁有痕的精气神，凝心聚力、攻坚克难，奋发图强、奋力拼搏，加快推进武乡老区新一轮转型跨越发展，为率先全面建成小康社会而不懈奋斗！

（李亮亮）

附：一、中共武乡县委书记、副书记、常委名单

书　记：周　涛（7月离职）　胡　坚　（7月任职）

副书记：阎新平　申林科（12月离职）

秦苏良（12月任职）

常　委：魏书文　郭　强　王　霖　郝炳宏

路晓波（12月任职）　张维斌（12月离职）

刘水源　王爱国（3月挂职）

崔　霞（11月挂职）

二、乡镇（开发区）常委（党工委）书记、副书记名单

墨镫乡

书　记：申建斌

副书记：冯　晋

洪水镇

书　记：刘钢平

副书记：张　瑞

蟠龙镇

书　记：李俊田

副书记：张鸿儒

韩北乡

书　记：阎佳珅

监漳镇

书　记：魏宝鸿

副书记：王跃忠

大有乡

书　记：李晓东

副书记：崔红伟

贾豁乡

书　记：王五堂

副书记：贾弘伟

故县乡

书　记：郝建灵

副书记：张彦罡

上司乡

书　记：李朝霞

副书记：解建军

丰州镇

书　记：张国红

副书记：韩海威

石北乡

书　记：郝高宏

副书记：温志刚

涌泉乡

书　记：郝忠平

副书记：石建龙

故城镇

书　记：杜会平

分水岭乡

书　记：郑　丹

副书记：乔建平

石盘开发区

书　记：张　云

副书记：郝树福

中共沁县县委工作概况

县委书记　卢晨明

2013年，面对复杂严峻的经济形势和改革发展的繁重任务，新一届县委紧紧围绕省委转型跨越发展和市委“五五”战略总体部署，以全面加强党的建设为统领，以建设“北方水城、美丽沁州”为目标，以“六条路径”为抓手，全县上下凝聚共识，砥砺奋进，全力推进年度各项工作任务。市委、市政府“双线双百”考核的178个指标和事项均圆满完成，其中57个超额完成，主要经济指标均实现了两位数以上的高幅增长，项目建设“六位一体”均提前超额完成目标任务、名列全市前茅。

一、党的建设得到全面加强

一是加强宣传思想工作。围绕“中央一号文件精神”、“全市领导干部大会讲话精神”、“市、县两会精神”、习近平一系列重要讲话精神等专题，组织县委理论中心组集中学习11次，县委中心组成员到农村调研、召开座谈会32次，形成调研报告30篇；围绕十八大、市委全会、市县两会等精神，进行了声势浩大、形式多样的集中宣讲，共张贴宣传标语300余条，分发宣讲资料8000多份，广播宣传400余次，集中宣讲100余次，受教育党员干部达7500余名，群众上万人；向市文明办推荐了长治道德模范、长治好人50名。向市委宣传部市文明办推荐首届感动上党年度人物2名，安排部署了第四届沁县道德模范、沁州好人推荐评选表彰、学习宣传活动；以“弘扬雷锋精神、开展志愿服务”为主题，在全社会兴起“关爱他人、关爱社会、关爱自然”志愿服务热潮；发展志愿者3600人；扎实推进未成年人思想道德建设，在全县现有8所“乡村学校少年宫”的基础上，2013年又新申报建立2所“乡村学校少年宫”；组织全县中小学校开展了“七个十”创建评选、第二届省市美德少年评选、“我的中国梦”主题教育、“做一个有道德的人”主题教育、水城“护绿小卫士”、“缅怀革命先烈、继承优良传统”、童心向党歌咏等活动，有2所学校的活动视频入选并播发在长治文明网和山西省文明网上，在省级文明单位全部开设了“道德讲堂”。

二是加强基层组织建设。与新提拔干部、交流转任干部、新录用干部等谈心谈话134人次，大规模培训干部1500余名，全县干部在线学习平均完成140多学时，学习率达到100%。全县领导干部思想解放，改革创新意识进一步增强；实施年轻干部成长工程，严格考核选派到沁州黄产业园区等10大重点项目建设一线挂职锻炼的年轻干部27名，将4名实绩突出、群众公认的优秀干部列为重点培养对象，将22名表现良好的干部列为继续挂职锻炼干部，将1名不适合继续挂职的干部退回原单位工作。从县直机关选派5名优秀年轻干部到村担任“第一书记”，选派3名干部到市委组织部上挂学习锻炼，从全市大学生村官中公开遴选了5名乡镇副科级领导干部；继续按照标准专项清理新录用公务员、事业人员、一般干部和离岗领导干部档案474本。圆满完成了620卷电子干部人事档案的数字化制作和运用软件开发工作，为全市建立电子干部人事档案积累了宝贵的经验；认真落实从严治党方针，出台了《关于进一步规范机关事业单位工作人员请假制度的通知》，探索提高干部管理科学化水平方面，全面推行了业绩档案考评办法，开通了“3512380”举报电话，制定了《“12380”工作（值班）制度》，制作“12380”基本知识宣传标语13幅，在县电视台、《沁州新闻》各刊发新闻通稿1篇，向县四套班子领导、各乡镇、各部门发放“12380”知晓卡800份，做到了群众举报不遗漏，受理举报不推诿，查核举报不拖延；对存在思想消极、作风散漫、不能很好胜任领导工作等问题的3名试用期干部进行了谈话提醒，委托县审计局对6名主要领导进行了任中经济责任审计；扎实开展整治“庸懒散奢”和“吃拿卡要”作风建设专项活动，下发督查通报20期，对87名违反工作纪律的和因工作不力导致发生火情等安全隐患的23名干部进行了通报批评，17名干部受到相应的党政纪处分。查结各类违纪案件79件，处分90人（包括科级干部12人），主动清退办公用房1007.59平方米，营造了风清气正的政治生态环境；组织开展了“访民生、知民情、解民事”集中走访，纪念建党92周年，“直面问题、狠扫‘四风’”，党员学雷锋志愿服务，学习段爱平等五项专题活动，全县1900多名党员干部带头走村入户，先后走访群众1万余户，为群众解决实际问题1万余件，收集意见建议3500余条，提出合理化建议1800余条；表彰奖励先进党组织61个、优秀党员167名；作出勤廉守纪和为民服务承诺2000多份5500多条；推进党建项目化管理，确定共性项目和个性项目22个，培养出了段柳乡推行党员活动日、次村乡实施六双工作法、杨安乡党员设岗定星等一批彰显本单位和工作特色的党建工作品牌；健全完善了基层党建工作考评体系，创新开展了“双述”、“双评”、“双考”、“双挂钩”考核评价办法，组织19个党委、20个党总支、551个党支部书记进行述职评议，形成了述职述党建、评议评党建、考核考党建、任用干部看党建的工作导向和“书记抓、抓书记”的基层党建工作格局；严把党员发展关口、优化党员队伍结构、规范党员教育管理。新发展党员146名，其中35岁以下102名。

三是加强党风廉政建设和反腐败工作。组织全县5434名党员领导干部进行了“会员卡”清退和廉政承诺，清退违规用车6辆，开展了财政惠农专项资金检查，深入开展了春节、国庆、中秋等节假日的廉政宣传和督查工作，申报的7个“勤廉为民，百村示范”典型示范村全部达到省、市验收标准，全县19个党委、19个总支、529个支部全部深入规范地开展了党务公开工作；围绕中央“八项规定”的反对“四风”要求，进行专项检查、重点抽查和明察暗访100多次，全年共下发督查通报22期，对97名违反工作纪律和24名工作不力干部进行了通报批评，其中16人受到党政纪处分，查处了5起社会影响恶劣的违反工作纪律典型案件，13人（科级4人）受到了党政纪处分；全年共受理群众信访举报48件，转入初核45件，转入立案20件，给予党政纪处分27人，给予信访告诫教育3人；认真开展了“带案下访解民忧”工作，及时查实、上报了省纪委交办的6件信访案，10人受到党政纪处分，挽回经济损失7.475万元，查实率和查结率均达到100%；全年查结上报各类违纪案件82件。其中：违反政治纪律行为3件，组织人事纪律行为4件，违反廉洁自律规定行为8件，贪污贿赂行为12件，破坏社会主义经济秩序行为5件，违反财经纪律行为20件，失职渎职行为28件，妨害社会管理秩序2件。共处分94人（科级12人），其中：给予党纪处分81人，分别是警告46人，严重警告23人，留党察看4人，开除党籍8人；给予政纪处分13人，分别是警告4人，记过7人，记大过1人，开除1人。立查案件数、处分人数较上年均有大幅度提升。

二、项目建设“六位一体”超额完成目标任务

县委把项目建设和招商引资作为主攻方向，坚持实施了“四五四”项目推进组合拳。即严格落实领导包项目、定期通报、挂牌督办、项目考核四项制度和限时办结、集中办理、帮办手续、审批公示、帮助融资五项措施建项目，同时开展“四式招商”引项目：一是活动招商。把第三季度确定为“招商引资活动季”，全县动员外出招商，就70多个项目进行了对接洽谈，达成23个项目合作意向，拟引资总额84.92亿元；二是定向招商。对一些拟引进的重大项目，由四套班子成员带队，组建招商小分队，主动到康师傅、娃哈哈、保利协鑫、汾酒集团等企业上门拜访并多次进行对接争取。成功邀请到康师傅集团中国区董事长赵慧敬来沁考察，并拟定在全县实施水产品开发项目。汾酒集团董事长李秋喜来沁参加汾酒原粮基地现场会，并与沁县签订生态循环产业项目合作框架协议。成功争取到投资100亿元的保利协鑫电厂项目并报国家发改委审批，现已展开项目前期工作。三是园区招商。对全县三个园区进行高标准的规划设计，特别是聘请农业部专家完成了沁州黄农业产业示范园区的规划设计，将相关项目资金捆绑使用，投入4568万元，全面改造园区内的水、电、路等基础设施，并与碧水源集团达成园区基础设施建设的合作意向，采取BOT模式解决园区建设投入不足的问题。已有16家企业21个项目落户该园区。四是以节招商。以端午民俗文化节为平台，举办项目推介活动，成功签约项目16个，签约资金46亿元。

通过实施“四五四”组合拳，沁县项目“六位一体”全面提前超额完成任务，①项目储备金额5148.7亿元，完成全年任务的936%。②项目签约129.4亿元，完成全年任务的215.7%，签约到位资金45亿元，完成全年任务的125%；③项目落地金额75.3亿元，完成全年任务的125%。④项目开工金额85.1亿元，完成全年任务的257.9%。⑤项目建设累计完成投资59.8亿元，完成全年任务的162.3%；⑥项目投产完成额90.9亿元，完成全年任务的162.3%。

三、“六条路径”推进取得重要成效

一是按照“打造全国有机食品基地”路径，坚持以高端化、标准化、规模化为方向，通过扩基地、壮龙头、创品牌、强服务，加快推进传统农业向现代农业的转变。基地规模不断扩大。全县新发展谷子2万亩、设施蔬菜6000亩、核桃2万亩、小杂粮1万亩、中药材5000亩，畜禽养殖达到589万多头（只），粮食总产量达到1.8亿公斤。农业龙头项目进展顺利。潞宝金和生肉鸡屠宰加工项目于11月投入试生产，万吨沁州黄小米老陈醋项目进入规模试生产、有31个产品面市，协鑫光伏科技观光农业、振东集团中药材种植加工、汾酒集团肉牛养殖、丈河上农业园区、世杰有机农业示范园区等项目均进入实质性推进阶段。沁州黄农业园区建设水平明显提升。已有16家企业入驻、21个项目落地建设，其中有5家企业列入省级农业产业化龙头企业，并与碧水源集团、中科院遗传与发育生物学研究所达成或签定了合作协议。农产品品牌创建工作卓有成效。农产品5大类、34个品种全部获得国家有机产品认证，沁州黄、沁州绿、潞宝金和生等品牌的知名度和影响力进一步提升。

二是按照“打造循环经济和新能源产业”路径，围绕延伸抓循环、转型上高端，加强与国际、国内大集团、大企业的对接与引进，在加速发展工业经济上实现了新的突破。襄矿华安焦化产业链向下延伸，对原有65万吨产能进行提升改造，推进了焦炉煤气和干熄焦的清洁综合利用，实现了产品由焦炭向液化天然气、余热发电的转变。中石化208国道综合服务区项目一期工程已经完工。国新能源物流园区项目正在进行规划设计。协鑫和国新能源下属的4个加气站项目均已开工建设。特别是成功引进了投资220多亿元的协鑫潞安新店3×100万燃煤机组发电项目，目前各项前期准备工作进展顺利，20多个专业评价均已完成招标。随着项目的深入推进，将为沁县打赢翻身仗提供强有力的支撑。

三是按照“发展水产业、打造水经济”路径，充分发挥水优势，做好水文章，拉长水链条，努力发展壮大以水、饮料、酒品、旅游等多元发展的水产业集群。沁园春矿泉

水开发项目已完成进口设备安装，待采矿证办理后，即可大规模生产。唯思可达优质果汁生产线和冬虫夏草饮料生产线项目有序推进。康禾桑果酒品牌市场认可度进一步提高。同时，切实加强与康师傅、娃哈哈、农夫山泉、汾酒集团等大企业、大集团的联系对接，康师傅中国区董事长赵慧敏、汾酒集团董事长李秋喜等企业家率团来沁考察，并初步或已经达成了合作意向。

四是按照"打造休闲养生旅游度假胜地"路径，以"一区一节五线十园"旅游开发工程为载体，以打造精品景区、景点、线路为重点，主动融入省市和周边旅游圈，加快了旅游产业开发步伐。成功举办"北方水城、美丽沁州"2013端午民俗文化节。重点实施了南湖文化园、漳河源头景区、小东岭红色旅游开发、南涅水佛塔景区、沁州民俗文化园等35个文化旅游项目，累计完成投资26亿多元。

五是按照"打造人才强县"路径，注重人才的聚、引、育，建立了沁县籍在外工作人才信息库，新建了博士专家科研中心，康禾有机桑产业博士站首席博士成钟同志成功入选山西省第六批"百人计划"。在省委组织部举办的全省优秀人才工作案例评选中，沁县是全市唯一入选的县区。

六是按照"推进山、水、城一体化，打造美丽沁州"路径，切实抓好城镇化和生态建设。城镇化建设扎实推进。委托浙江大学城市规划研究院对县城总规进行了修编，完成了规划纲要编制和评审工作。狠抓县城基础设施建设，铺开了涉及城市街道、保障性住房、垃圾处理、集中供暖、供气、公共建筑等方面的11个重点城建项目。册村、故县等5个重点镇，郭村镇端村等20个中心村均已完成规划设计。2013年全县新增城镇人口5110人，城镇化率达到37.29%，比2012年增长2.95个百分点。生态建设明显改善。坚持坚决不上污染项目的刚性原则，千方百计加大投入，狠抓造林绿化和水利治理，增加绿量，涵养生态。全年完成营造林合格面积5万亩，其中荒山造林3.6万亩，经济林1.4万亩，建成区绿化覆盖率达到40.6%。水土流失治理完成2.2万亩；积极申报西汤水库建设项目，完成了浊漳河西源保护范围界定、白玉河治理和西湖水库除险加固工程。县城空气质量全年保持在二级以上，一级以上天数达到126天。

四、民生工程全面落实

（一）全面落实省政府确定的"五件实事"。一是农村困难家庭危房改造。目前已完成1000户，正在组织验收。二是特困群众易地搬迁。共涉及100人以下贫困村95户299人，移民住房新建、购置等各项工作正在有序推进。三是行政村街道亮化。投资2387万元，为全县210个行政村安装太阳能路灯4200盏。安装工程已全面完成，进入调试阶段。四是村级幼儿园改扩建。全面完成乔村、羊庄、故县、新住、北河、唐庄、册村、开村8所村级幼儿园改扩建工程，改扩建面积1863平方米，正在申请竣工验收。全部投入使用后可解决600余名幼儿入园问题。五是乡村清洁工程。县、乡两级成立了环境卫生管理中心，村级成立了环境卫生管理站。全县13个乡镇有管理员26名、道路保洁员80名、村庄保洁员449名、垃圾清运员343名。在306个行政村建设垃圾池798个、垃圾简易填埋场315个，配备各类垃圾清运车辆338辆。县财政每月安排乡村清洁工程补助经费15万元。2013年，已建成样板乡镇1个（50%的村达标），其它乡镇10%以上的村建成样板村。

（二）重点实施了五项民生工程。一是教育优先工程。完成8所村级幼儿园改扩建任务。92所薄弱学校改造项目顺利实施。全县404名学生免费接受中等职业教育。县财政投入66万元，为8所农村附属幼儿园改善办学条件。二是就业增收工程。免费培训各类人员3240人，培养"一村一品、一县一业"实用技术人才881人。新增就业人数1825人，新创办小微企业57个，创业带动就业650人，失业人员再就业400人，解决困难人员就业108人，转移农村剩余劳动力3280人。三是保障扩面工程。城乡居民社会养老保险每人每月提升15元；企业退休人员养老金提高10%；城乡低保每人每月分别提高30元、24元；农村"五保"供养户达到1784人，集中供养人数达到893人。四是全民健康工程。基本药物人均采购量、回款率达到全省平均水平；县医院外科大楼、卫生监督所、四所中心卫生院和四所计生服务站等基建项目稳步实施；全民健康免费教育体检工作完成既定目标；新农合财政补助标准提高40元、达到280元，参合率达到99%。五是文化惠民工程。成功举办第五届端午文化节。新建图书馆主体工程竣工。13个乡镇文化站全部配备文化共享、文化服务、文化活动设施设备。农村数字电视整体转换工程完成入户安装2万户。免费为农民群众放映电影近3700场次。

五、安全生产和信访稳定形势总体平稳

安全生产方面：通过严格落实责任、执行制度和全方位的排查整治，全县工矿商贸企业生产经营实现了零事故、零伤亡，人民群众生命财产和生态环境安全得到有效保护。

信访稳定方面：坚持实行县领导接访和包案制度，落实重点人员"四包一"稳控措施，排查矛盾纠纷830余件，解决信访事项174批次，息诉率达到85%。个体上访数量同比大幅度下降，未发生一起赴省、进京上访事件。特别是党的十八届三中全会等敏感时期，全县安全生产和信访稳定上没有出现任何问题，人民群众安全感和幸福指数明显提升。

六、主要经济指标快速增长

2013年，区生产总值完成16.2亿元，同比增长8.1%；规模以上工业增加值完成1.6亿元，同比增长15.1%；社会商品零售总额完成7.5亿元，同比增长13.8%；全社会固定资产投资38.9亿元，同比增长32.8%；城镇居民可支配收入达到14118元，同比增长9.8%；农民人均现金收入达到4325元，同比增长12.7%；财政总收入完成1.46亿元，同比增长

11.3%；一般预算收入完成7241万元，同比增长18.1%。

七、本年度获得国家级荣誉情况

沁州三弦书《笑声飞出刘家坪》在第二届中国曲艺之乡·岳池论坛暨第二届“岳池杯”中国曲艺之乡曲艺大赛中荣获曲艺大赛金奖；汾酒原粮沁县晋汾高粱公司等14家企业和合作社申报的40408.98亩基地、129个区域生产的粮食、蔬菜、林产品、茶产品、酒产品5大类34个品种，全部获得国家认证。

（王建宏　禹耀忠）

附：一、中共沁县县委书记、副书记、常委名单

书　记：卢展明(4月任职)

副书记：张　斌（8月离职）　李国强（8月离职）　王现敏（8月任职）

常　委：裴润山　韩晓红　秦苏良　张立强　郭爱斌　刘光清

二、乡镇党委书记、副书记名单

定昌镇

书　记：杨宏斌

副书记：裴晓凯

漳源镇

书　记：曹二伟

副书记：马国锋

郭村镇

书　记：武虹波

副书记：田新华

新店镇

书　记：张俊峰

副书记：梁世宝

故县镇

书　记：董昊晟

副书记：冯　宇

册村镇

书　记：张　鹏

副书记：王振华

段柳乡

书　记：魏　瑛

副书记：张　伟

松村乡

书　记：李佩璋

副书记：张太宏

次村乡

书　记：王东宏

副书记：刘向阳

南泉乡

书　记：崔艳红

副书记：张　鹏

杨安乡

书　记：张宏伟

副书记：张　瑞

牛寺乡

书　记：温建功

副书记：闫鹏云

南里乡

书　记：刘晓强

副书记：牛宇峰

中共沁源县委工作概况

县委书记　李丁夫

沁源县位于山西省中南部，长治市西北，地处太岳山东麓，系沁河发源之地。全县总面积2548.8平方公里，下辖9乡5镇254个行政村，总人口16.2万人。耕地面积2.256万公顷，主要河流8条。全县共有党群、政府、农业、宣传、政法、经贸、发改、金融8大系统。共有党委27个，党总支17个，基层党组织551个，党员10923名。

2013年，在市委、市政府和县委的正确领导下，在县人大、县政协的监督支持下，县政府紧紧依靠全县人民，认真贯彻落实党的十八大和十八届三中全会精神，紧扣市委、市政府“五五”战略和县委提出的“集中力量办好两件大事、统筹城乡建设美丽家园”的工作思路，着力经济转型、农民增收、城乡统筹三大攻坚，同步推进项目建设、民生改善、安全稳定等各项工作，在不利因素增多的情况下，千方百计保增长、促转型、惠民生，全县经济社会发展保持了稳中有进的良好态势。

一、积极应对风险压力，县域综合实力持续增强

面对复杂严峻的经济形势，及时研判，精准发力，减少不利影响，扭转下滑态势，各项主要经济指标继续实现两位数增长。全县地区生产总值完成101.6亿元，增长10.1%；规模以上工业增加值完成74.5亿元，增长11.1%；固定资产投资完成77.2亿元，增长32.3%，高于全市平均水平6.9个百分点；社会消费品零售总额完成17.5亿元，增长

14.4%；公共财政预算收入完成14.5亿元，增长23.5%，总量和增速均稳居全市前三；城镇居民人均可支配收入和农民人均纯收入分别达到25008元、9677元，增长10.8%和11.9%。

二、致力优化经济结构，产业转型步伐持续加快

以全省转型综改实验区建设为契机，抓住传统产业改造提升重点，实施18个煤矿升级改造项目，南山、新超、太岳3座煤矿转入生产，全年生产原煤714万吨；突破发展新兴产业难点，太岳山风电一期10万千瓦并网发电，蓝天石油压裂支撑剂一期10万吨生产线试运行，元昌5万吨石油压裂支撑剂正式投产，沁新煤电铝循环经济产业项目奠基启动，通洲150万吨综合煤化工项目谋划运作；凸显生态特色农业亮点，成功举办农业产业化暨庄园经济招商推介会，厚德集团10万头肉驴产业项目引进实施，好乐草莓种植规模占到全国夏季草莓种植面积的一半，南石苗木基地规模位居全省前列；培育生态旅游亮点，全县县域交通大循环工程启动实施，北莱沟国际滑雪场完成20公里旅游道路改造和造雪系统、索道招标，灵空山风景区通过国家级示范项目验收。

三、着力壮大特色农业，农民增收渠道持续拓宽

围绕“一县一业”和“一村一品”，推广种植脱毒马铃薯5.5万亩，完成人工种植连翘5万亩；浩兴、沁河缘、坤泰乳业等农业示范园区初具规模，带动发展“一村一品”专业村18个，其中达到国家级示范村1个；加快建设生态庄园23个，新增农民专业合作社98家，重点打造省级示范社3家、市级示范社7家、县级示范社27家，全县流转土地1万余亩。攻坚扶贫开发，制定出台百人以下自然村扶贫移民具体办法，对移民搬迁户除省市每人补助6200元外，县财政每人增补13800元，完成移民搬迁128户428人，稳定脱贫5000人。挂牌成立山西省羊产业技术体系专家工作站，继续开办现代农业农村青年人才专修班，组建农业产业协会6个，以农民专业合作社为基础的产业组织体系更加完善。

四、注重城乡基础统筹，特色城镇建设持续提速

按照规划先行、分步实施、有序建设的原则，修订完善各类发展规划，实施重点城镇化项目22个，安置房小区投入使用，丁城渠景观带一期工程竣工，人民路、胜利南路完成地下管网改造，安泽至沁源天然气通气试运行；档案馆、城建展览馆、文化中心、新天地商业步行街开工建设。积极创建国家级园林县城、卫生县城，市政配套设施实现提档升级；郭道镇纳入全省“百镇”试点小城镇建设。新上3个110千伏变电站，实施163个行政村街巷亮化，改造崔程线等8条乡村道路，完成20个村环境卫生集中连片整治；全面铺开永和水电站建设，建成农村饮水安全工程9处，治理龙头河等河道4条；造林绿化6.3万亩、小流域治理4700亩、非煤矿山生态植被恢复治理817亩，各项环保节能指标均达市控目标要求，城镇化建设的生态宜居特色更为明显。

五、突出项目招商建设，带动发展效应持续显现

引深项目包保、联批联审、对口帮办、考核评价等机制，铺开总投资450亿元的重点项目176个，其中16个省级重点项目和83个市级重点项目当年完成投资120亿元，“六位一体”（包括项目储备、项目签约、项目落地、项目开工、项目建设和项目投产六个指标）考核指标全部超额完成。同时，着眼招商引资工作的针对性和实效性，坚持“科学招商、理性招商、优势招商、定向招商、专业招商”的原则，出台一系列配套方案制度，紧跟形势变化开展小分队招商。7个专业招商办公室和19支招商小分队，依托中博会、文博会、项目洽谈会等平台，充分发挥挖掘、培育县域赋存优势，定点招商、专项出击、跟踪服务，签约重点项目50个，签约资金191亿元，到位资金51亿元，项目不断接续、梯次推进的良性格局基本形成。

六、大力改善民生福祉，群众幸福指数持续提升

新改扩建农村小学（幼儿园）8所、义务教育薄弱学校4所，县体育馆、二中、二院正式投入使用，县中医院主体完工；开工建设公租房1026套，改造农村危房900户，配建廉租房198套。探索实行医疗全程救助“一站式”（指城乡低保、农村五保等救助对象因病入院后，指需提供相关材料，定点医疗机构就可在服务平台上核对，核实身份后直接联网当场结算医疗救助费用）管理，新增基本药物采购154种，20种重大疾病补偿提高到70%，率先在全省建立乡村医生退养机制；积极推进三年教育质量提升工程，中、高考成绩扩量进位，全省第一所红军小学在县实验小学挂牌；创建国家公共文化服务体系示范区，开展一系列群众性文化活动，成功申报省、市非物质文化遗产项目13项，县图书馆被评为国家一级馆。加强就业再就业工作，城镇新增就业3327人，就业困难和失业人员再就业577人，帮扶创业就业659人。继续为全县低收入农户每户提供1.5吨取暖用煤，县城开通免费公交，城乡低保、医疗保险、社会救助、大病互助等惠民政策全面落实，发展成果更多惠及全县人民。

七、加强隐患排查治理，安全稳定形势持续好转

严格落实安全生产责任，全覆盖开展安全生产大检查，试运行县级安全生产综合信息化管理平台，成立煤矿瓦斯治理工程技术研究中心，修订生产经营单位应急预案95个，组织全市突发性泥石流地质灾害等实地演练53次，安全生

产事故起数和死亡人数分别下降55.6%和50%。狠抓治安防控体系建设，开通“沁源公安便民服务在线”，推行多警种联勤、户院联防、专群巡逻机制，严密防范和依法打击各类违法犯罪活动；深入开展人民调解工作，全市首家建立“司法E通”（指中国电信推出的适合司法部门的社区矫正管理系统）电信监管平台，信访案件化解率达到92.2%，全县社会大局和谐稳定。

八、党的建设激发新活力

认真学习贯彻党的十八大、十八届三中全会和习总书记一系列重要讲话精神，落实中央八项规定和省市有关要求，建立健全作风建设长效机制，实施双创双促党建工程，加强惩治和预防腐败体系建设，提振了干部精气神，集聚了发展正能量。2013年底统计全县共有45个单位84项工作受到市局级以上表彰，连续两年蝉联“中国最具投资潜力中小城市百强县”、“中国最具区域带动力中小城市百强县”，荣获“2013年度中国新型城市质量化500强县”，被全国爱卫会命名为“国家卫生县城”。

（宋江华）

附：一、中共沁源县委书记、副书记、常委名单

书　记：李丁夫

副书记：杨红旗　光宇航

常　委：赵永进　王宏斌　逯　江　任国华　石卫兵　孙建政　王旭琴（女）

二、乡镇党委书记、副书记名单

沁河镇

书　记：胡亚明

副书记：王沁斌　董红星

李元镇

书　记：吴永红

副书记：王银刚（5月离职）　刘保林（5月任职）

郭道镇

书　记：崔俊杰（5月离职）　马国威（5月任职）

副书记：刘保林（5月离职）　张建军（5月任职）

灵空山镇

书　记：李书祥

副书记：卫文丽（女）

王和镇

书　记：刘金虎

副书记：张永东

中峪乡

书　记：李建萍（女）

副书记：徐　靖

法中乡

书　记：王东刚（5月离职）　樊培元（5月任职）

副书记：李　飞

交口乡

书　记：李建功

副书记：王　皓（女）

聪子峪乡

书　记：任　璟

副书记：贺奇伟

韩洪乡

书　记：史跃宏

副书记：张留恩

官滩乡

书　记：王　鸿

副书记：崔永红

景凤乡

书　记：王银刚（5月任职）

副书记：刘　丹

赤石桥乡

书　记：阴永明

副书记：何相虎

王陶乡

书　记：马国威（5月离职）　吴海勇（5月任职）

副书记：张云江

中共晋城市委工作概况

市委书记　张九萍

2013年，围绕学习宣传贯彻党的十八大、十八届三中全会和习近平总书记一系列重要讲话精神，按照省委、省政府转型跨越的总体要求，全面实施“一争三快两率先”战略部署，统筹推进调结构、促改革、惠民生等项工作，进一步开创了持续转型、加速跨越、政通人和的良好局面。

一、加快转型升级步伐，在资源型地区科学发展上取得了新进展

瞄准“以煤为基、多元发展”，积极应对经济下行压力，认真贯彻全省出台的三个“20条”和科技创新“21条”政策举措，同步推出了保煤保价10条对策、助推实体经济

12条意见、加快园区建设8项办法、“气化晋城”20条措施，实现了经济发展稳中有进。2013年，全市生产总值达到1031.8亿元，增长9.3%；公共财政预算收入实现94.6亿元，增长14.1%；固定资产投资837.7亿元，增长27.9%；社会消费品零售总额297.1亿元，增长14%；城镇居民人均可支配收入和农民人均纯收入分别为23250元、9026元，增长10%、12.3%。继续提升煤炭行业整体素质，加快煤电化、煤液化、煤气化步伐，努力打造全国煤层气产业基地。大力发展新兴产业，持续推进高新技术、装备制造、商贸物流和文化旅游产业提质提速。连续两年由政府拿出5000余万元用于高新技术项目孵化，加快兰花物流、月星城市广场、金融财富广场为代表的34个重点商贸物流项目建设，特别是加大对文化资源的立体开发和深度挖掘，促进了文化旅游、文化创意产业蓬勃发展。2013年，全市旅游接待人数、总收入、国内旅游收入、外汇收入四项指标增幅均居全省前列。加快园区经济、县域经济、实体经济发展步伐，引导和鼓励各县市区依托资源禀赋和产业优势，因地制宜、错位发展、差异竞争，形成了以开发区高新技术、城区商贸物流、泽州装备制造、阳城陶瓷产业、高平新能源新材料、陵川生态旅游、沁水煤层气清洁能源为代表的集群集聚发展格局，为率先在全省走出资源型地区科学发展新路奠定了基础。

抢抓“两区”融合机遇，积极“争先综改”，主动“竞逐中原”。在“争先综改”方面，按照省市《实施方案》和《行动计划》，在国家低碳城市试点、“飞地经济”两项省规定动作上先行先试，在“气化晋城”、城乡统筹两项市自选动作上率先突破，在“全国循环经济示范城市”创建、“国家固定资产投资统计制度方法改革试点”和巴公镇扩权强镇试点上加快进度。在“竞逐中原”方面，制定了《战略规划》和《实施方案》，加大了与中原城市群的交流对接。特别是瞄准打造中原经济区煤炭化工生产地、清洁能源供应地和休闲度假首选地目标，打通了沁水到博爱的煤层气输运管线，与郑州铁路局就太焦客运、嘉南铁路、北留周村工业园铁路专线建设签订了战略框架协议，建立了旅游开发合作机制，在更大范围、更高层面优化配置了晋城资源。

狠抓“项目推进年”工作，全力创环境，跟踪促进度。把接受一年一度的全省项目观摩作为检验发展的大赛场，认真落实“六位一体”工作机制，强化督促检查、跟踪问责问效。四大班子领导深入一线抓指导，各级各部门多措并举搞服务，为项目建设营造出良好环境。全年项目建设呈现三大亮点：一是履约效率高，当年签约、当年落地超过1/3；二是引进质量优，非资源类占比达85%,10亿元以上项目超过75%；三是完成进度快，签约项目完成率提前3个月完成省下达目标，项目资金到位提前1个月完成全年任务，重点工程“六位一体”完成率和固定资产增速排名均居全省前列。

着眼城乡统筹发展，坚持“五位一体”，同步推进。加快中心城市拓展、改造、提质步伐，实施启动了西北片区、兰花路片区改造和金村新区建设等41项重点工程，总投资近百亿元。把“大县城”战略与扩权强县结合起来，加快高平、阳城、陵川和沁水次中心城市建设，形成了与中心城市优势互补的功能区。围绕六大产业片区科学布局，设立了1亿元专项扶持资金，出台了八项推进政策，以产业集聚带动了人口集聚。围绕加快小城镇建设，加大了用地保障、户籍制度改革力度，狠抓了丹河流域、沁河流域和环城高速周边的重点城镇建设，有序推进了农业转移人口市民化。认真落实各项强农惠农富农政策，加快“一村一品”、“一县一业”发展步伐，实现了粮食生产受灾之年仍获丰收。启动实施了“百企千村产业扶贫开发”和农村清洁工程，加快了现代农业园区、家庭农场等新型经营主体建设，使之成为农业农村发展的新引擎。

立足美丽晋城建设，持续推进环境攻坚、造林绿化、节能减排三大工程，大力开展环境整治“十组拳”专项行动。特别是加大了丹、沁“两河”流域排污企业监管力度，投资1.2亿元完成了丹河人工湿地污水处理工程；新增造林绿化面积15.13万亩，实现了创建国家森林城市目标；围绕节能降耗减排，启动了以“两改六个一”为重点的低碳发展示范工程，申报成功全国新能源汽车示范城市。加大了煤层气推广使用力度，市区新增煤层气用户1万户，农村新增清洁能源用户3万户。

围绕深化改革开放，转变政府职能、推进简政放权，实现了审批事项精简率、审批时限压减率、即办事项提升率全部达到30%。组团参加了中博会、文博会，与长三角、珠三角、环渤海等发达地区和中海油、中石油、恒天集团等进行交流对接，签约引进项目286个，总投资2135.45亿元。成功举办了第二届中国（晋城）太行山文化旅游节，吸引了近百家国内外企业和50多家中外媒体齐聚晋城，提升了晋城的美誉度和影响力。推动开发区升格为国家级开发区，为深化改革开放搭建了更大平台。

二、办好民生实事，确保安全稳定，在加强和创新社会管理上取得了新进步

在改善民生上倾力倾情。扎实办好省委、省政府提出的“五件实事”，对两轮“五个全覆盖”进行了“回头看”。持续推进教育优先、医疗提质和充分就业三大工程，促进了教育的普惠性和教育公平，改善了县乡村医疗基础设施，形成了“以创业带就业”的浓厚氛围。太原科技大学晋城校区正式开学，结束了晋城没有本科院校的历史；城镇登记失业率控制在1.62%以下，成为全省唯一受国务院表彰的全国创业先进城市。与此同时，加快覆盖城乡的社会保障体系建设，实现了城乡居民基础养老金、企业离退休人员基本养老金“九连增”，城镇职工和城镇居民医疗保险最高支付限额、新农合住院报销最高限额居全省前列。加大保障性住房建设力度，首批2359套限价房拿出486套，优先向教育、医疗、卫生、环卫和高科技创业等人员倾斜。向低

收入农户免费供应冬季用煤全部发放到位。

在安全生产上严防强管。认真落实两个主体责任，加强隐患排查治理，建立健全长效机制，保持了安全生产持续稳定态势。全年各类事故死亡230人，同比下降3.4%；工矿商贸企业首次实现3人以上较大事故零发生。

在信访稳定上求深求细。认真开展大排查、大接访、大调解工作，严格落实领导接访和领导包案制度，继续开展信访工作面对面点评，清理化解了一批信访积案。

在社会管理上打防并举。瞄准争创全省社会管理创新先行区、示范区目标，深入严打整治，引深平安创建，加强舆情研判，提高了群众安全感和满意度，连续五届20年荣获全国社会治安综合治理优秀市，三次捧得“长安杯”。

三、加强宣传思想工作，在文化强市建设上取得了新成效

围绕加强思想道德建设，广泛开展了中国特色社会主义宣传教育，精心组织了党的十八大、十八届三中全会和习近平总书记系列重要讲话精神的学习宣传，开展了中央和省委、市委一系列重大决策部署的学习宣传，唱响了主旋律，提振了精气神。以争创全国文明城市为引领，强力实施“五个一”工程，扎实推进未成年人思想道德建设，广泛开展“讲文明树新风”公益广告宣传，提升了群众性精神文明创建实效。

围绕营造良好舆论氛围，加强主流媒体阵地建设，强化舆论引导，规范新闻报道，建立了有奖纠错机制，邀请国内权威机构对市报市台进行业务评估指导，开展了最美新闻人评选活动；在太行报社开办了“问道中原”专题报道、争先竞逐系列评论，在晋城广播电视台开设了“中原来风”、“中原之声”新闻专栏，开通了“晋城发布”政务微博微信平台，全面宣传、推介、展示晋城。加强网上舆情分析研判和应急处理，优化了网络文化环境。

围绕推动文化惠民，加强文化基础设施建设，持续推进文化低保工程，开展了周末大剧场、百姓大舞台等公益文化活动，实施了农村电视数字化升级改造试点工程。坚持思想性、艺术性和观赏性的统一，打造了一批以《善美晋城》、《深山腊梅》为代表的精品力作。上党梆子现代戏《西沟女儿》被确定为群众路线教育实践活动精选剧目向全省党员干部推荐。

围绕增强文化整体实力和竞争力，加强政策引导，推进广电网络整合重组；成立了市属文化企业国有资产监督管理领导小组，进一步规范完善了文化管理体制；以政府的小投入撬动社会资金的大投入，对市级文化产业发展专项资金实行了竞争性分配，新建了珏山文化产业园区，推进了皇城相府、吉利尔潞绸文化产业园区建设，搭建了创意研发、信贷融资、信息物流三个平台，打造了太行山文化品牌，促进了文化与旅游的深度融合。

四、坚持党要管党、从严治党，在加强和改进党的建设上实现了新提升

一是抓中央精神贯彻，汇聚正能量。党的十八大以来，习近平总书记围绕改革发展稳定、内政外交国防、治党治国治军，提出了一系列新思想、新观点、新论断，为市委做好各项工作指明了方向。围绕学习贯彻总书记的一系列重要讲话精神，市委专门下发了通知、出台了文件，先后10多次组织市委中心组成员集中学习，两次开班对全市900多名县处级干部和1200多名正科实职干部进行了集中轮训。结合学习贯彻党的十八届三中全会精神和即将开展的第二批群众路线教育实践活动，结合“一争三快两率先”战略部署的实施，先后邀请多名国内外知名学者进行了专题讲座，在全市各大新闻媒体开辟了多种形式的专栏和专题，在六县市区和各级各部门开展了“千人万场大宣讲”活动。市委常委班子带头讲党课、谈体会，各级各部门主要领导带头抓贯彻、抓落实，把广大干部群众学习讲话精神激发出来的干劲和热情，转化成了迎挑战、破难题的实际行动，转化成了谋转型、促跨越的有效举措，为经济社会发展汇聚了正能量。

二是抓群众路线教育，提振精气神。认真贯彻中央和省委的决策部署，先学早改。先后开展了市四大班子领题调研、包重点工程项目、包信访积案化解、包贫困农村增收等活动，搭建了践行群众路线教育的有效载体。按照“照镜子、正衣冠、洗洗澡、治治病”的总要求，以“为民务实清廉”为主题，聚焦“四风”问题，召开了专题民主生活会，为即将开展的第二批群众路线教育实践活动奠定了基础。

三是抓基层组织建设，构建“服务网”。瞄准城乡党建一体化目标，按照“一定六化”基层党建思路，全面落实党建工作责任制，持续引深创先争优活动，实现了城乡党建网格化管理全覆盖；健全了“承诺、述职、评价、问责”四位一体责任体系，推行了“三级联述联评联考”机制，建立了村干部报酬逐年增长、离职补助、养老保险补贴和困难补助保障机制，为推进基层党组织建设提供了制度保障。特别是围绕建设服务型党组织，重心下移、力量下沉、保障下倾，推行了“一创三联四量化”工作法，建好“一网一中心”，开展了“党员志愿服务在基层”主题活动，实现了党建服务零距离。

四是抓干部队伍建设，树立风向标。坚持在转型跨越第一线、项目建设主战场、改革发展最前沿、长年奉献岗位中看干部、选干部、用干部。先后调整处级干部16批305人次。特别是公开遴选了两名县（市、区）长，选拔了7名市直学校副校长，配备调整交流了58名纪检监察干部，形成了良好的选人用人导向。围绕“争先综改、竞逐中原”，举办了10个专题培训班，带领四大班子分批次到中原经济区和临汾、运城、长治等地学习考察，组织了一批城建专业干部到德国培训，进一步提升了干部队伍的素质和能力。

采用“外挂、上挂、下挂”等形式，选派160余名年轻干部到先进发达地区挂职锻炼，到后进村担任“第一书记”，开辟了多渠道培养年轻干部的新途径。加强对人才工作的支持力度，对10名“晋城特聘专家”和30名“晋城名师”进行了隆重表彰，营造出尊才、引才、育才、兴才的良好环境。

五是抓党风廉政建设，营造好氛围。严格落实党风廉政建设责任制，市委常委带队对各县市区党风廉政建设责任制进行了考核检查。加大警示教育和制度治本力度，实行的《党政正职“五个不直接分管”和“末位表态”工作制度》、《廉政勤政约谈制度》在全省得到推广；加强和改进农廉工作，出台了《廉洁乡村、制度乡村建设实施意见》，立查了100个农村涉纪信访案件，推进了重要村务提前告知、群众诉求定期征询等制度“全覆盖”，建立了100个标准示范村；加大了纠风治理力度，解决了一批损害群众利益的突出问题，被省政府评为全省“政风行风评议先进市”；坚持有腐必反、有贪必肃，对365名违纪干部给予了党纪政纪处分，公开通报了一批党员干部履职不负责、工作不认真、管理不到位的问题，严肃处理了25起农村干部违纪的典型案件，保持了惩治腐败的高压态势；加强纪检干部自身建设，开展了培树“十型”干部、打造反腐铁军行动。严格执行八项规定，解决突出问题，倡导新风正气。制定了改进作风三项规定，建立了“三联一住”长效机制，开展了“访知解”集中走访和“学党章、守纪律、转作风”专题教育月活动；召开了全市条管单位座谈会，对群众反映强烈的问题进行了整改。特别是常委班子带头改进作风，作出了“五项承诺”；带头执行《党政机关厉行节约反对浪费条例》，带头开展整治公款吃喝、公款送礼、违规用车和清理会员卡、楼堂馆所及办公用房专项行动，大力精文简会提效能，深入基层接地气，树立了党员干部的良好形象。

（李　超）

附：中共晋城市委书记、副书记、常委名单

书　记：张九萍（女）

副书记：刘润民（2月任职）　王清宪（2月离职）
李俊敏（4月任职）　于若洁（4月离职）

常　委：原国政　张志仁　范丽霞
武宏文（4月任职）　康吉仁（4月离职）
王树新（5月任职）　冯　征（5月离职）
刘爱军　常国荣　郝崇福

中共晋城市城区区委工作概况

区委书记　张利锋

2013年是全面贯彻落实党的十八大精神的开局之年，是实施“十二五”规划承上启下的重要一年。区委围绕学习宣传贯彻党的十八大、十八届三中全会和习近平总书记系列重要讲话精神，按照全省转型跨越的总体要求以及晋城市“一争三快两率先”的战略部署，上下同心、攻坚克难，统筹推进谋发展、促改革、惠民生等各项工作，进一步开创了经济持续健康发展、社会全面进步的良好局面。

一、坚持主题主线，加快先行先试，转型跨越发展基础进一步夯实

（一）经济发展稳中有进。认真贯彻国家及省市各项调控政策，针对餐饮住宿业效益下滑等情况，及时采取贴息贷款、以奖代补、就业培训等措施，千方百计帮助企业渡过难关，确保了各项指标圆满完成，主要经济指标完成情况均好于全市平均水平。全区生产总值完成215.1亿元，同比增长10.2%；规模以上工业增加值完成11.3亿元，同比增长15.2%；固定资产投资完成226.3亿元，同比增长31.5%；社会消费品零售总额完成155.9亿元，同比增长14.1%；全区财政总收入完成49.4亿元，同比增长13.7%；公共财政预算收入完成9.7亿元，同比增长38.3%；城镇居民人均可支配收入完成24799元，同比增长9.9%；农民人均纯收入完成10174元，同比增长12.4%。在全省县域经济发展综合考评中，区委名列全省23个市辖区第4名，受到了省委、省政府通报表彰。

（二）“争先竞逐”势头强劲。在“争先综改”方面，制定了《2013—2015年实施方案》和《2013年行动计划》；积极做好国家低碳城市试点建设、“气化晋城”等省市规定动作，并围绕城乡统筹和生态修复两项自选动作展开了先行先试；皇城相府城市综合体、金融财富广场等20个重大项目进展顺利；西北片区改造和北石店镇“四化同步”被列入市级综改试点;特别是在市委、市政府的鼎力支持下，市区开始实行“属地征管、比例分享”的财税新体制，国土收益市与区按7:3分成，区委可用财力大幅增长，财政

总收入跃居全市第一。

（三）产业转型步伐加快。坚持以商贸物流业为主导，以三产集群化、二产新型化、一产现代化为方向，抓布局、调结构、上项目，经济发展的质量和效益明显提高。围绕打造区域性商贸物流中心的目标，重点推进了红星美凯龙、兰花国际购物广场等总投资193亿元的34个商贸物流项目，大力扶持金融证券、电子商务等生产性服务业发展，服务业对全区经济的拉动作用进一步增强。积极服务支持晋煤、兰花等驻地企业转型发展，初步培育形成了以装备制造、生物制药、新能源等为支柱的新型工业体系。

（四）重点工程成效显著。扎实开展"项目推进年"活动，以重点工程为抓手，采取四大班子领导包项目、三方台账管理、全程跟踪服务等措施，着力推进91项重点工程，共完成投资120亿元，占年度计划的105%。重点工程"六位一体"完成额和完成率综合排名连续6个月居全市第一，在市委、市政府重点工作观摩检查测评中名列全市第二。

（五）城乡统筹力度加大。根据市委、市政府的决策部署，迅速启动西北片区改造。把景西路北段延伸工程作为开局工程，克服种种困难，举全区之力完成了沿线16万平方米的拆迁任务，道路施工全面铺开；城中村改造有序推进，出台了《关于进一步加强和规范城中村改造工作的通知》，建立了城中村改造开发商名录库，全年共实施项目19个，拆除面积40万平方米，开工楼座126栋，开工建筑面积121万平方米，完成投资26.79亿元。北石店新区加快建设，畅安路建设的拆迁补偿费、征地补偿费等遗留问题得到有效解决，配套设施基本完工，沿线商业开发同步推进。着力推动城乡公共服务均等化，公共财政更多向"三农"倾斜，全年累计投入达2.28亿元。启动实施了农业社区转型转制，使农业社区真正融入城市、农民真正变成市民。

（六）生态环境不断优化。谋划实施五大生态治理工程，着力解决生态欠账和环境污染问题。吴王山城郊森林公园，当年建设当年初见成效，填补了市区西部没有大型公园的缺憾；苇匠生活垃圾填埋场封场整治工程开工建设，将彻底解决因长期大面积堆放垃圾对土壤、大气、地下水等造成的严重污染；白水河治理工程全面铺开。文明城市创建持续引深，低碳城市试点开始启动，节能减排任务圆满完成，城市知名度和美誉度大幅提升。

二、加强宣传思想工作，推进文化事业发展，转型跨越的活力进一步彰显

（一）营造良好舆论氛围。强化新闻宣传报道，在市级以上主流媒体宣传报道频次大幅增加，全方位、广角度、多层面、高密度宣传了城区、展示了城区。强化主流媒体阵地建设，城区广播电视中心顺利实现了从15分钟到两个小时的节目播出，完成了对节目的整体改版包装；城区报、城区网进行了全面升级，优化了对外宣传平台，唱响了主旋律，传播了正能量。

（二）引深精神文明创建。深入推进社会主义核心价值体系建设，加强未成年人思想道德建设，加强志愿服务和诚信建设，提升了群众性精神文明创建实效，顺利完成了全国文明城市指数测评迎检工作。弘扬新风正气，深入开展道德模范推选活动，涌现出一批先进典型。北石店镇南石店村李继林、刘平桂夫妇被评为2013年度"中国好人"、"感动中国"候选人、"感动山西"十大人物。

（三）加快发展文化事业。大力推进文化低保、农村文化基础设施等十项文化项目建设。建成钟家庄、北街、西上庄三个基层文化站，对40个村（社区）文化场所提档升级，成功举办首届社区文化艺术节等一系列文化活动。程颢书院修缮保护工程全面启动。

三、着力办好民生实事，创新社会管理，安全稳定局面进一步巩固

（一）倾力倾情改善民生。坚持"新账不欠，旧账渐补"，全年民生支出达9.2亿元，占公共财政预算支出的62%。年初承诺的9件为民实事全部兑现。教育方面，继续实行划片招生、阳光编班，班容量过大的问题有效缓解；投资2000万元对20所幼儿园改造提升，推动33所民办幼儿园转为普惠性幼儿园；改厕、改暖等"五改"工程全面完成，汇仟小学投入使用，汇仟幼儿园开工建设，第十一中、十二中、白水幼儿园等9所学校新(改、扩)建项目全面启动前期工作；首次以区委、区政府名义召开全区教育工作会，出台《关于进一步加强教育工作的意见》，发动社会各界捐资助学2100万元，在全社会营造了尊师重教的浓厚氛围。就业和社会保障方面，新增就业7380人，农村劳动力输出与转移2825人；加快覆盖城乡的社会保障体系建设，被评为"全省城乡居民养老保险经办管理示范区"，实现了城乡居民基础养老金、企业离退休人员基本养老金"九连增"，城镇职工和城镇居民医疗保险最高支付限额居全省第一。医疗卫生方面，市二院住院楼主体基本完成，新建成三个社区卫生服务中心，基层医疗卫生服务网络基本形成。

（二）党政齐抓落实安全生产。牢固树立安全生产"红线"、"底线"意识，坚持党政同责、一岗双责、齐抓共管，严格落实两个主体责任，深入开展安全隐患专项整治，建立健全长效机制，有效防范和坚决遏制了重大事故发生。

（三）持续加强和创新社会管理。不断深化网格化管理，全区137个村（社区）的网格划分、居民信息采集、队伍组建等基础工作全面完成，高标准完成了10个各具特色的典型试点建设。深入实施"六六创安"工程，持续引深平安城区创建，着力解决影响公共安全的突出问题，群众安全感和满意度进一步提高。

（四）多措并举狠抓信访稳定。完善了四大班子领导定期接访、开门接访、包案化解等十项信访工作制度，进一步规范了信访秩序；深入开展矛盾纠纷排查，强化源头预防和专项治理，完善信访稳定风险评估机制，有效预防了因重点工程和重大项目引发的矛盾问题；全力开展化解信访案件专项活动，攻坚化解了一批信访疑难案件；充分发

挥信访联席会议的职能作用，组织协调处理了16起信访突出问题，有效避免了群体上访事件发生，确保了中央、省、市重要会议、重大活动期间的社会稳定。

四、坚持党要管党、从严治党，党建科学化水平进一步提升

（一）切实推进党的群众路线教育未开先改。认真贯彻中央和省委、市委的决策部署，先学早改。在领导干部“下乡住村、包村增收”基础上，深入开展了以“三深三帮三促”为载体的集中走访活动，各级干部和区直部门共包村（社区）64个，187名包村干部住村天数达到1000余天，开展各项帮扶活动200余次，搭建了践行群众路线教育的有效载体。开展规范化、制度化、科学化建设工作，树立了注重规范、追求品质的工作导向，进一步巩固了作风转变成果。按照“照镜子、正衣冠、洗洗澡、治治病”的总要求，以“为民务实清廉”为主题，聚焦“四风”问题，召开了专题民主生活会，为即将开展的第二批群众路线教育实践活动奠定了基础。按照中央和省、市改进作风各项要求，制定出台相关规定，认真开展精文简会、反对“四风”、清理办公用房、清退违规用车等行动，促进党风、政风、民风有效转变。

（二）切实加强干部和人才队伍建设。坚持德才兼备的用人原则，树立重品行、重实干、重基层、重公论的用人导向，从城区发展实际出发选干部、配班子、建队伍。实施素质能力提升工程，创新干部教育培训方式，构建形成了“三班一线”立体模式，组织开展了“干部大学堂”、“青年干部大课堂”、“基层干部大讲堂”等系列干部教育活动。组织全区230余名中青年干部，分3期赴清华大学公共管理学院进行为期半个月的脱产学习，收到良好效果。实施年轻干部成长工程，召开了年轻干部座谈会，关心关注年轻干部成长。采用“外挂、上挂、下挂”等形式，选派42名年轻干部到西北片区改造等重点工程一线和农村（社区）挂职锻炼，开辟了多渠道培养年轻干部的新途径。实施干部管理提升工程。加大了对干部信息审查和人事档案清理整顿工作，清退党政机关借用人员，促进干部岗位交流，构建起了“三定四有五规范”的干部监督工作格局，被中组部确定为“加强干部日常管理监督示范县（区）”。实施人才集聚工程，召开了全区首次人才工作会议，加强各类人才队伍建设，推荐选拔了100名区委联系的优秀人才，不断完善体制机制，加快形成人尽其才、人才辈出的良好局面。

（三）切实加强基层党组织建设。扎实推进基层党建星级化，按照基层党组织“五个好”的要求，在全区521个基层党组织中开展五星级基层党组织创建活动，累计为群众解决生产生活困难4200余件。持续推进服务群众常态化，深入开展党员志愿服务进基层活动，市、区15000余名党员干部走进社区认领岗位。建立完善了机关党员干部双重管理制度，形成了“工作在单位、服务在社区、奉献双岗位”的工作机制。扎实推进农村（社区）“三资”管理和“三务”公开工作，在非公企业党组织中扎实开展“强堡垒、促发展”活动，收到了良好效果。

（四）切实加强党风廉政建设和反腐败工作。全面贯彻党的十八大提出的“建设廉洁政治”和“干部清正、政府清廉、政治清明”的总体要求，认真落实党风廉政建设责任制，坚持“一岗双责”，综合运用教育、制度、监督、惩处、改革等手段推进反腐倡廉工作。加强对重大决策部署落实情况的监督检查，确保项目落地和重点工程顺利推进。加强和改进农廉工作，深化制度乡村（社区）、廉洁乡村（社区）建设，开展了以清理纠正村（社区）干部违法占地、违章建筑、违规处置集体资产为主要内容的“三违”专项治理。坚持有腐必反，有案必查，全年立查各类案件25件，结案25件，给予33人党纪政纪处分，保持了惩治腐败的高压态势。

（赵　耀　崔晋鹏）

附：一、中共晋城市城区区委书记、副书记、常委名单

书　记：张玉宏（6月离职）　张利锋（6月任职）

副书记：张利锋（6月离职）　王学忠（7月任职）
杜　平

常　委：晋　昕（女）　李子荣　李　炎　高喜全
李永红　霍晋斌　陈明龙（6月离职）
吴宝玉（6月任职）

二、乡镇（街道）党（党工）委书记、副书记名单

北石店镇

书　记：张　宏（女）

副书记：郭瑞林

西上庄街道

书　记：尚东方

副书记：巩　俊

钟家庄街道

书　记：陈黎原

副书记：师红兵

东街街道

书　记：车文莲（女）

副书记：孟　晨

南街街道

书　记：卢坤拽

副书记：李　晋

西街街道

书　记：翟明太

副书记：陈玉霞（女）

北街街道

书　记：庞维敦

副书记：王爱萍（女）

矿区

书　记：田静妮（女）
副书记：李慧斌

中共泽州县委工作概况

县委书记　崔守安

泽州县委下辖基层党组织1282个,其中党委22个，党总支75个,党支部1185个。共有党员25242名，其中，女党员3495名。

2013年，面对经济下行压力持续加大、煤炭生产量价齐跌以及工业企业效益明显下滑等诸多不利因素交织叠加的严峻形势和困难局面，县委、县政府团结带领全县广大干部群众，深入贯彻落实党的十八大和十八届三中全会精神，按照“闯出五条路径、实现三个率先”的总体思路，坚定信心，化压力为动力，精准施策，变不利为有利，较好地完成了全年各项目标任务。全县公共财政预算收入完成13.3亿元，增长6.5%，总量位居全市第一；生产总值完成217.3亿元，增长9.1%；规模以上工业增加值增长10.5%；固定资产投资完成143.8亿元，增长13.1%；社会消费品零售总额完成30.3亿元，增长13.6%；城镇居民人均可支配收入达到23838元，增长9.9%；农民人均纯收入达到10129元，增长12%，全县经济社会发展保持稳中求进的良好态势。

转型综改取得新突破。坚持把转型综改作为全面深化改革的有效途径，围绕重大改革、重大事项、重大项目、重大研究课题，积极争先综改，主动竞逐中原，创新了一批体制机制，为全县经济社会健康持续发展注入了强大的动力和活力。切实把巴公扩权强镇试点作为转型综改的切入点，冲破思想藩篱，打破利益固化，成立了领导组，编制了《实施方案》。目前，全省首座镇级金库正式落户巴公，行政管理体制“五部一办两中心”开始运转，部分行政审批得到省市放权，土地、融资、城乡统筹、园区等机制创新稳步推进，民生路、集中供水等一批重大项目正在建设，“园镇一体”良性互动的发展格局已经形成。

工业新型化迈出新步伐。顶住各种压力，化解各类矛盾，千方百计加快煤矿复工复产，全年煤炭产量完成540万吨。认真落实“六位一体”工作机制，对外开放引项目，环环相扣推项目，壮大园区聚项目，创优环境促项目，以晋煤高硫煤洁净利用、兰花科创己内酰胺为代表的现代煤化工产业蓬勃发展，以清慧高端结构件、天巨重工为代表的装备制造业特色鲜明，以兰花国际物流、月星家居广场为代表的现代服务业势头正旺，以珏山文化产业园、聚寿山为代表的文化旅游产业初具规模，以兰花纳米、硕阳光电为代表的新材料和高新技术产业发展迅猛。大力发展外向型经济，外贸进出口总额完成4.86亿美元，增长17.7%。全县非煤产业对财政的贡献率达到35%以上，初步实现了“一煤独大”到“多元并举”的重大转变。

农业现代化取得新成效。因地制宜抗旱保麦，以秋补夏，大旱之年粮食总产量达到4.56亿斤。主攻“一村一品”、“一县一业”，省市“一村一品”专业村达到198个，生猪出栏达到80.2万。不断深化农村综合改革，全年流转土地1.7万亩，农民专业合作社达到860个，家庭农场正在兴起；彤康、益丰园等现代农业科技示范园区规模不断壮大，辐射效应明显；泽地萃、晋宏等农业龙头企业产业化链条进一步拉长，全年销售收入达到8.4亿元。积极与山西农大联姻，建成了一个小麦高产示范基地，一个核桃产业科技推广站，以及生猪、食用菌、蔬菜、谷子等四个农业科技专家大院，基层农技推广体系改革与示范县建设扎实推进。

城乡一体化取得新进步。丹河龙门湿地公园总规及核心区修建性详规已经完成，外围绿化2000亩，河堤工程正在进行。府城街、丹河西路基本形成路基，青山街、丹川路即将动工。大力推进新型城镇化建设，巴公镇抢抓省级扩权强镇试点机遇，在产城相融、园镇一体上力闯新路，新型城镇彰显特色；南村镇在基础设施、公共服务上扩容提质，新型城镇初具规模；其它15个中心城镇积极加快集中供水、集中供气、集中供暖和新型农民社区建设，新型城镇化建设各有侧重；全县城镇化率达到43.5%。着眼于巩固新农村建设成果，实施百村提升，加快连片发展，南村镇和川底乡分别荣获“省级连片示范区”称号。

县域生态化有了新提升。致力建设健康泽州，加快低碳发展、循环发展，主要污染物减排量完成年度目标任务，全年监测区空气质量二级以上天数达到333天。致力建设绿化泽州，全年营造林7万亩，绿化通道46.8公里，四旁植树150万株，全县森林覆盖率达到36%，绿化率达到49.17%。致力建设气化泽州，新能源用户达到全县的70%，其中煤层气达到3.4万户占到47.2%。致力建设净化泽州，坚持以“一周大见成效、一月根本好转、百日全面提升”活动为契机，全面掀起城乡环境卫生整治热潮，累计投入资金1.056亿元，人力物力财力投入居历年之最，全县卫生环境实现了大改观、大变样、大提升。

民生普惠化取得新成果。全年新创办有效项目120个，新增就业岗位5870个。城镇居民和企业职工五大保险参保范围进一步扩大。新农合和新农保实现全覆盖。李寨中学建设实践教育活动特色校的做法，团中央领导视察指导时给予充分肯定。卫生、交通、文化、科技等各项社会事业取得长足进步。坚持以惠民实事促和谐，以“税企杯”职工篮球赛等活动促和谐，以健全完善惠民服务网络促和谐，以精神文明创建促和谐，各类典型相继涌现。加强和创新社会治理，绷紧安全生产之弦，加大信访维稳之力，社会大局保持和谐稳定。

党建科学化开创新局面。围绕践行群众路线，先行一步强化学习，先行一步征求意见，先行一步边查边改，在思想和行动上提前融入了第二批教育实践活动。择优选派优秀干部挂职锻炼，匡正选人用人风气，领导班子和干部队伍建设得到加强。以“一定六化”为方向，学习型、创新型、服务型党组织创建成效明显。加快建设廉洁乡村、制度乡村，加大案件查办力度，党风廉政建设和反腐败工作势头强劲。严格执行中央八项规定，聚焦“四风”解决突出问题，文山会海、铺张浪费得到有效遏制，“三公”经费大幅下降，党风政风明显好转。

（刘宽利　牛世伟）

附：一、中共泽州县委书记、副书记、常委名单

书　记：崔守安

副书记：常广智　侯贵宝

常　委：张保国　王加林　王　丽（女）　王　涛　李正根　安旭敏　陈志忠

二、乡镇党委书记、副书记名单

下村镇

书　记：杨鸿飞

副书记：李俊文　牛　强

大东沟镇

书　记：许云发

副书记：李瑾卿　宋海东

川底乡

书　记：陈仲会

副书记：樊曙钰　吕　焱

周村镇

书　记：郎军芳

副书记：焦志成　陈前锋

李寨乡

书　记：闫晓阳

副书记：原林林　李会斌

南岭乡

书　记：董建军

副书记：王红军　郭文芳（女）

犁川镇

书　记：原吉雷

副书记：刘小虎　王　冲

山河镇

书　记：车树文

副书记：郭海军　韩燕敏

晋庙铺镇

书　记：樊武斌

副书记：庞晋强

大箕镇

书　记：王江元

副书记：邢剑虹　刘江波

南村镇

书　记：李雪山

副书记：刘晋宇　晋云霞（女）

金村镇

书　记：李池堆

副书记：韩剑英　张志兵

柳树口镇

书　记：赵亮福

副书记：赵毅鹏　毋　忱

高都镇

书　记：牛天明

副书记：史坤国　焦建强

北义城镇

书　记：李云波

副书记：郭华英　王志毅

巴公镇

书　记：郎诗华

副书记：李　斌　田建刚

大阳镇

书　记：刘建云（女）

副书记：刘廷兵　韩安阳

中共高平市委工作概况

市委书记　张玉宏

中共高平市委下辖29个基层党（工）委，其中乡（镇、街道）党（工）委16个，机关事业单位（部门）党委7个，企业党委1个，市直机关事业单位工委5个。共有42个党组、63个党总支（含村级党总支25个）、1084个党支部。党员总数为25587名，其中农村党员14184名。

2013年，在晋城市委、市政府的正确领导下，高平市委深入贯彻党的十八大和十八届三中全会精神，团结带领全市干部群众，以“一争三快两率先”为统领，认真贯彻“456”工作思路，坚持稳中求进工作总基调，全面推进经济、政治、文化、社会和生态文明建设，扎实推进党的建设新的伟大工程，各项工作均取得新突破、新进展、新成效。

一、经济指标平稳增长

2013年，全市地区生产总值完成235亿元，增长8.1%；公共财政预算收入完成12.6亿元，增长6.1%；固定资产投资完成139.7亿元，增长33.4%；城镇居民人均可支配收入达到23883元，增长12%；农民人均纯收入9771元，增长13%。

二、产业转型成效显著

继续提升煤炭行业整体素质，加快推进现代化矿井建设，累计完成投资66亿元，前和、裕兴、南河煤业建成投产，新增煤炭产能300万吨。特别是积极对接晋煤集团，西部煤田开发和煤电气化一体化项目建设取得历史性突破，为高平经济社会发展提供了强有力的支撑。以重点项目百日攻坚大会战为抓手，认真落实“六位一体”工作机制，围绕冶炼铸造、装备制造和新能源、新材料产业发展方向，确立了“开辟三大基地、挺进全国百强”的实现路径，对接恒天集团、对接上海嘉定、壮大泫氏铸造等工作正紧锣密鼓向前推进。凯永养殖、宏圣可建两个项目代表晋城市接受省委、省政府观摩检查，受到高度肯定。

三、乡村建设加快推进

大力实施粮食丰收工程，全年粮食总产2.45亿公斤，再创历史新高。继续推进“一县一业”，加快发展生猪、蔬菜两大主导产业，新建千头以上规模猪场20个；新发展设施蔬菜面积5081亩，百亩以上农业园区达到64个。扎实推进“一村一品”，创建省级专业村35个、市级37个。启动实施了农村集体经济破零攻坚、“廉洁乡村、制度乡村、富裕乡村”建设工程，实施了一批产业扶贫项目，农民群众自我增收致富能力显著提升。

四、城市建设开启新篇

全面实施城市建设百日攻坚大会战，铺开了以“打造丹河景观、建设两条道路、集中绿化四座山、打通城外大循环”为重点的15项城建重点工程，神农路南延、锦华街建设、七佛山绿化提升、城市集中供热等重点工程进展顺利。完善了城市房屋征收安置补偿办法，制定出台了党员领导干部发挥模范作用的意见，城市拆迁改造取得重大突破，顺利完成新北小区拆迁，揭开了高平城市建设新的一页。

五、城乡生态明显改观

围绕“集中绿化四座山”，大力实施造林绿化工程，新增绿化面积1.37万亩，被省政府授予“省级林业生态市”称号。园林绿化取得新进展，城市绿化覆盖率达41.5%。扎实推进节能降耗减排工作，全市综合能耗持续稳定下降。严格落实国家大气污染防治措施，加大重点行业污染治理力度，大气环境质量稳中向好。

六、社会建设实现新进步

着力办好民生实事，积极创建省级创业型城市，城镇新增就业岗位6071个。投资500余万元，实现市区公交车乘坐全免费。开工建设保障性住房3000套。加快推进“双供”工程，扎实开展城乡卫生清洁工程，全面完成农村街巷亮化工程任务，成为山西省农村街道亮化先进县。加强思想道德建设，深化群众性精神文明创建活动。营造良好舆论氛围，全面宣传、展示经济社会发展成果。大力推进文化惠民，持续推进文化低保工程，打造了一批以《西沟女儿》、《深山腊梅》等为代表的精品力作。发展壮大旅游产业，加大炎帝陵修复开发力度，建国以来群众翘首期盼的炎帝陵修复保护工程已经破土动工，年内可基本建成。成功举办了台湾炎帝神农文史学会“中华神农文化寻根之旅”活动。坚持党管武装原则，军民融合式发展成效显著。高度重视安全生产，着力推进十大领域安全整治，建立健全了安全生产长效机制和突发事件应急体系。全力抓好信访稳定，促进了信访工作规范化、科学化、制度化。加快三级社会管理服务中心建设，大力实施“六六创安”工程，深入开展“打黑除恶”专项行动，人民群众安全感和满意度不断增强。统计、档案、市志、民政、残疾人保护等各项社会事业均得到新发展。

七、党的建设得到新加强

学习型党组织建设扎实推进，成功召开市委五届五次全会，制定出台了《中共高平市委十项工作制度》，不断提高市委班子科学决策水平和总揽全局的能力。扎实开展“干部素质提升年”活动，以“高平大讲堂”等为载体，大规模、多层次、专业化培训干部，共培训干部1万余人次。领导班子和干部人才队伍建设得到加强，坚持靠制度管人管事，按照“四项原则、五个导向、六个把关”的要求，扎实推进“六个一批”干部选用工作，采取有限性竞争选拔、公推遴选等方式，选拔了15名乡（镇、街道）党（工）委副书记、10名专业技术岗位科级干部，安排5名干部到省、晋城市对口单位上挂锻炼，选派16名机关干部到农村任“第一书记”。基层组织建设不断提升，着力推进“六个强化、六大工程”，评选五星级党组织86个，培训农村干部6000余人次，机关党建走在前、社区网格化管理、农村集体经济破零攻坚、非公经济组织党建提升等工程破题推进。全面落实党建工作专项述职、联述联评联考制度，形成了“三级书记联动抓党建”的新格局。以一项机制、六项行动为载体，全力加快服务型党组织建设。实施了机关、企事业单位党员到居住地报到制度。充分发挥“远程教育网”的作用，方便了农村党员干部学习。认真落实党风廉政建设责任制，严肃查处违纪违法案件，全年共立查案件62件，其中大要案10件，给予党政纪处分67人，涉及乡科级干部3人，移送司法机关4人，保持了惩治腐败的高压态势，营造了风清气正的政治环境。

（冯乐堆）

附：一、中共高平市委书记、副书记、常委名单

书　记：谢克敏（5月离职）　张玉宏（5月任职）

副书记：杨晓波（女）　闫通宇

常　委：李培安（12月任职）　张俊明　刘海靖
靳水生　秦元法　牛晓明
申军生（5月任职）　李刘苏（女，5月离职）
董小清（12月离职）

二、乡镇（街道）党（工）委书记、副书记名单

东城街道

书　记：王　京

副书记：贺俊峰

南城街道

副书记：冯　硕

北城街道

书　记：毕建明

副书记：徐育玲（女）

米山镇

书　记：郭勇虎

副书记：魏志宏

三甲镇

书　记：张旭强

副书记：吴绪鹏

神农镇

书　记：段晓军

副书记：李　皓

陈区镇

书　记：许宏建

副书记：成立忠

建宁乡

书　记：申中锋

副书记：张　弩

北诗镇

书　记：申忠群（女）

副书记：张小军

石末乡

书　记：王国文

副书记：袁　萍（女）

河西镇

书　记：孟向东

副书记：赵栋庭

马村镇

书　记：王广平

副书记：郑威剑

原村乡

书　记：姬国强

副书记：王志宏

野川镇

书　记：吴华芳（女）

副书记：李树中

寺庄镇

书　记：赵海青

副书记：张群玲（女）

永录乡

书　记：史晓波

副书记：韦魁龙　陈　丽（女）

中共阳城县委工作概况

县委书记　冯志亮

2013年，县委全面贯彻落实中央和省、市一系列重大决策部署，按照县十二届三次党代会的总体安排，团结带领广大干部群众，努力克服不利因素，积极应对压力挑战，抢抓机遇，攻坚克难，推动全县经济社会呈现稳中有进、稳中向好的良好态势。

一、强队伍、夯基础，发展保障力进一步增强

一是强化思想建设。坚持把学习党的十八大、十八届三中全会和习近平总书记系列讲话精神作为重要的政治任务，充分利用“阳城大讲堂”，对领导干部进行专题教育；充分利用县乡党校、培训基地等“固定课堂”，对村两委干部进行集中轮训；充分利用远程教育、在线学习等“网络课堂”，对党员干部进行分类培训，推动学习由一般性理解向系统性掌握引深，主体由领导干部为主向广大基层干部引深，范围由各级党政机关向企业、农村、社区、校园引深，进一步提高了广大党员干部的理论水平和政治素养。二是强化作风建设。认真贯彻落实中央“八项规定”和省、市关于作风建设的相关要求，制定出台《改进工作作风、密切联系群众的实施办法》，从控制会议活动、规范新闻报道、精简文件简报、厉行勤俭节约等方面，进一步规范领导干部从政行为。建立健全公车使用、办公用房、公务接

待等配套制度，集中开展“学党章、守纪律、转作风”专题教育活动，扎实开展党政机关“一停四清”专项治理，全面加强干部日常教育、监督和管理，大力整治形式主义、官僚主义、享乐主义和奢靡之风，促进了干部队伍纪律大加强、作风大转变。三是强化平台建设。引导党员干部开展形式多样的志愿服务，完善县、乡、村三级党员服务网络，努力搭建“上级服务下级、组织服务党员、党员服务群众”的立体化服务平台。持续深化党代会常任制试点工作，全方位推进党代表工作室建设，努力搭建党代表尽责履职平台。广泛开展农村党员户挂牌、窗口单位亮牌服务等活动，不断拓展星级化管理的领域和范围，努力搭建广大党员和基层组织争星晋位平台。选派优秀年轻干部到省外综改试验区、市级综合部门和县内农村基层一线挂职，努力搭建年轻干部锻炼成长平台。四是强化制度建设。建立健全基层党建目标责任制，首次实施党工委“书记项目工程”，持续开展三级书记“联述联评联考”，大力推行党建联系点制度，带动了基层党组织建设全面加强。扎实推进“廉洁乡村、制度乡村”建设，持续引深企业和机关廉政工作，从源头上防治腐败的措施更加完善。全面落实党风廉政建设责任制，健全完善党员干部廉政教育长效机制，大力纠正部门和行业不正之风，突出查处发生在群众身边的腐败案件、领导干部违反“八项规定”的顶风违纪案件，党风政风明显好转，党群干群关系更加密切。

二、兴产业、育特色，发展竞争力进一步增强

一是突出抓陶瓷，工业新型化迈出新步伐。坚持把陶瓷产业作为工业转型的主攻方向，紧紧抓住陶瓷行业产销两旺的契机，按照“资源集约、平台集中、企业集聚、产业集群”的发展要求和“扩大规模、提升档次、拉长链条、带动相关”的工作思路，建成污水处理厂、煤矸石热电联产、铁路集装箱货运站等基础设施配套项目，促进三英、晋陶、舒耐奇等在建项目顺利投产，支持天一、盛世、红太阳等现有项目技改升级，推动山溪、金龙、星光等新兴项目开工建设，“要素集聚化、产业集群化、产品多样化、生产链条化”的产业格局进一步巩固和拓展，整个产业的综合竞争力进一步增强。二是突出抓蚕桑，农业产业化实现新进展。坚持把蚕桑产业作为稳农、安农的标志产业来打造，作为“一县一业、一乡一品”的主导产业来培育。在政策扶持上，加大对生产环节、规模养殖和蚕桑专业合作社的扶持力度，有效调动了农民栽桑养蚕的积极性。在科技推广上，探索推行北方旱地栽桑新方法，积极引进优质丰产桑园新品种，大力推广“小蚕共育”、“一棚两用”新技术，有效降低了劳动强度、提高了蚕茧质量、增加了养蚕效益。在延伸链条上，巩固发展“桑+饮料”、“桑+食用菌”、“桑+茧+丝+被”等产业模式，积极开发桑叶茶、蛹虫草、蚕沙枕头等衍生产品，进一步提高了产业附加值。三是突出抓旅游，三产现代化取得新成效。围绕建设“全国重要旅游目的地”的目标，加快实施“3+1”大旅游战略。皇城景区持续加强基础设施和服务设施建设，着力加强古城堡、古民居保护开发，联手周边景区打造新的特色旅游精品线路，龙头带动和品牌辐射作用进一步发挥。蟒河景区扎实推进明秀苑、桑林书院、卧龙湾度假区等二期工程建设，加快打造食、住、行、游、购、娱等基础链条，景区承载力和吸引力进一步增强。析城山景区在完成总体规划的基础上，启动了“三道路一中心”等基础设施类和配套服务类项目，旅游开发迈出了新的步伐。

三、抓城乡、促统筹，发展承载力进一步增强

着眼于完善城市功能，集中时间、集中人力、集中财力，大搞城市集中供热大会战，顺利完成一期工程，改写了县城没有集中供热的历史。同时，启动实施实验小学、南城幼儿园新建工程，加快推进人民医院迁建工程，大力提升污水处理、垃圾处理能力，不断扩大集中供水、管道供气范围。着眼于美化城市环境，完成新阳街等路面翻修工程，延伸获泽河河道治理，推进滨河东西路延长线建设。特别是高标准建设城市生态绿道，持续提升六大森林公园和获泽河、西小河两条景观轴带，初步搭建起以“两河、六园、一环道”为重点的生态县城框架，使山水园林特色得到进一步彰显。着眼于拉大城市框架，扎实做好演礼、町店、八甲口三条快速通道建设前期工作，积极引导安阳、演礼、西河、町店、八甲口等五大片区按照各自功能定位加快建设，使城市发展空间得到进一步拓展。着眼于促进城乡融合，以“两域、三轴”为重点，加快推进特色城镇建设；以列入全省美丽乡村连片区建设试点县为契机，以“四清一美”为抓手，全面启动示范村、先行区建设，广泛开展乡村环境综合整治，辐射和带动了全县的新农村建设。

四、重协调、创和谐，发展软实力进一步增强

一是尽心竭力惠民生。围绕“基本民生”，协调推进学前教育、义务教育、高中教育和特殊教育，教育事业健康发展。加快推进公立医院改革，稳步推进新农合和城镇医保提标扩面，医疗卫生服务水平有了新提高。深入实施文化惠民、文化下乡、文化扶贫工程，丰富了群众精神文化生活。围绕“底线民生”，加快推进保障性住房建设，深入开展“送温暖、办实事”活动，稳步提升社会保障水平，弱势群体的生活困难得到进一步缓解。围绕“热点民生”，针对性开展就业技能培训，积极搭建创业就业平台，就业工作得到新加强。持续开展植树造林，不断深化节能减排，大力发展循环经济，全面加强环境保护，生态文明建设迈出新步伐。二是全力以赴保民安。深入开展矛盾纠纷大排查，持续开展领导干部大接访，扎实开展信访积案大化解，有效预防和减少了信访问题的发生，基本实现“小事不出村、难事不出乡、大事不出县”。严格落实安全生产责任

制，不断夯实安全生产的制度基础、硬件基础和人力基础，持续强化煤矿安全隐患排查和防范治理，深入开展道路交通、森林防火等重点领域、重点行业的专项整治，实现了又一个安全生产平稳年。加强和创新社会管理，创造性地推行矛盾纠纷化解“一卡通”制度，率先在全省开展政法干警“大走访”活动，依法严厉打击各类违法犯罪，源头预防、隐患排查、信息研判、矛盾化解、严打整治相结合的常态化机制不断完善，社会治理得到新加强。三是持之以恒促民主。深化党务公开和县委权力公开透明运行工作，扩大了党内民主、促进了科学决策。支持县人大及其常委会依法履行职责，实现党的领导、人民当家作主和依法治县的有机统一。充分尊重和支持政府依法行使职权，依法行政水平稳步提升。坚持和完善共产党领导的多党合作和政治协商制度，支持政协充分发挥政治协商、民主监督、参政议政三大职能。加强同各民主党派、工商联和无党派人士合作共事，爱国统一战线进一步巩固和壮大。持续加强武装工作，军民融合式发展迈出新步伐。组织领导团委、妇联、残联顺利完成换届，支持工会等群团组织依照各自章程开展工作。“六五”普法纵深推进，政务、企务、村务公开不断深化，依法治县取得新成效。

（宋跃军）

附：一、中共阳城县委书记、副书记、常委名单

书　记：冯志亮

副书记：王晋峰　窦三马

常　委：许卫星　史小林　霍丽丽（女）　李庆平　商浩辉　任小广　刘　洋（7月任职）　王　毅（7月离职）

二、乡镇（街道）党委书记、副书记名单

凤城镇

书　记：原天信

副书记：王宽红　李敏杰

白桑乡

书　记：梁飞昊

副书记：杨勇军　王江燕（女）

北留镇

书　记：王东胜

副书记：邢学军（7月任职）　赵鸿平（女，7月离职）　潘新强

润城镇

书　记：邢海斌

副书记：邢学军（7月离职）　贯　刚

东城办

书　记：郭景文

副书记：田学锋　张国平

町店镇

书　记：贯敦命

副书记：柴应龙　李红军

寺头乡

书　记：原前卫

副书记：刘王锋　焦阳沁

芹池镇

书　记：赵中怀

副书记：原红海　苏拴虎

西河乡

书　记：李素仙（女）

副书记：张斌兵　郑泽锋

演礼乡

书　记：程苍库

副书记：孔宏伟　张目社

固隆乡

书　记：范常胜

副书记：刘爱萍（女）　栗小红

次营镇

书　记：张国瑞

副书记：杨　浩　张晋芳

董封乡

书　记：崔晓利

副书记：郝录光

横河镇

书　记：陈永军

副书记：王向军　邵玉兵

驾岭乡

书　记：延岳鹏

副书记：吉俊峰　焦向军

河北镇

书　记：李瑞良

副书记：张大晋　韩宪育

蟒河镇

书　记：张万良（12月免职）

副书记：赵鸿平（女，7月任职）　郑晓锋　崔进朝

东冶镇

书　记：白军龙

副书记：赵战兵　邢卫军

中共陵川县委工作概况

县委书记 石云峰

2013年是贯彻落实党的十八大精神的开局之年，也是实施“十二五”规划的关键之年。陵川县委在省、市委的正确领导下，围绕学习宣传贯彻党的十八大、十八届三中全会和习近平总书记系列重要讲话精神，全面落实“围绕一个目标，实施三县战略，突出四项重点，加快五化共进”的总体发展要求，坚定不移走“绿色崛起、多元发展”之路，持续实施“生态立县、工业强县、开放活县”发展战略，积极应对宏观经济下行的严峻考验，团结一心，奋力拼搏，全县经济社会呈现健康平稳、稳中有进的发展态势。2013年，全县地区生产总值完成32.3亿元，增长8%；固定资产投资完成30亿元，增长31%；社会消费品零售总额完成14亿元，增长13.4%；城镇居民人均可支配收入达到14237元，增长9.7%;农民人均纯收入达到6109元，增长12.7%；财政总收入完成4.2亿元，公共财政预算收入完成1.8亿元，增长15.7%。

一、坚定绿色崛起之路，生态旅游持续升温

紧紧围绕“中原地区最具影响的生态休闲旅游健康度假中心”目标，高度重视生态文明建设，新增绿化面积1.6万亩，新争取国家和市级公益林管护面积47万亩。认真落实环境保护基本国策，严格企业污染减排，综合污染指数持续下降，县城环境空气质量二级以上天数达到335天。依托生态资源优势，加快旅游转型升级，编制完成了《陵川县旅游产业发展战略规划》、《陵川县旅游管理委员会筹建方案》。提升景区品味档次，投资2.7亿元，完善了基础配套、服务功能和娱乐设施。丰富旅游文化内涵，启动了“三区两园”创建工作，王莽岭国家地质公园于4月份揭碑开园，省级旅游风景区通过验收，棋子山森林公园晋升为国家级森林公园。精心培育发展龙头，开工建设太行山(国际围棋文化)旅游产业园。加大对外宣传力度，积极参与“晋善晋美·尽在晋城”央视宣传，举办了第四届中国(晋城)棋子山国际围棋文化节等系列节庆活动。全年接待游客275万人次，门票收入完成4750万元，旅游总收入突破6亿元。

二、突出项目支撑作用，发展后劲不断增强

认真贯彻省市“项目建设年”要求，大力实施“六位一体”项目工作机制，全年完成储备项目371个，概算总投资1757.2亿元；签约项目38个，总投资52.5亿元；落地项目40个，落地额47.5亿元；开工项目22个，总投资31.7亿元；实施省市县重点工程项目67项，完成投资25.2亿元；投产项目34个，总投资17.8亿元，“六位一体”指标均超额完成年度目标任务。进一步加大招商引资工作力度，谋划储备招商项目133个，开展各类招商活动40余次，签约项目38个，落地项目12个，项目到位资金18.04亿元，圆满完成预定目标任务。项目建设的扎实推进，为全县经济社会发展提供了有力支撑。

三、坚持质量效益并重，工业经济平稳运行

坚持工业强县，强化政策措施，支持企业节支降耗、以需定产、稳定市场，最大限度减亏增效。规模以上工业增加值同比增长8.8%，重点监控的12种主要工业产品产量呈现“九增三减”态势。行源化工、秦川新型建材等一批续建项目进展顺利，华明酞箐兰、德通电子500万根极细同轴线等一批项目达产达效，非煤和新兴产业得到较快发展，工业结构日趋优化。节能降耗扎实推进，达利机电、阳陵化工、同心化工等化工企业实施了尾气回收项目，金隅水泥、骏通铸管、鑫源冶炼等企业实施了脱硝、高炉富氧喷煤、烧结机脱硫等节能减排项目，节能降耗目标任务全面完成。

四、充分发挥优势特色，农业产业成效显著

高度重视粮食生产，大力实施高产创建、中低产田改造、实用新技术等丰产工程，全年粮食总产量持续稳定在1.2亿公斤。不断扩大特色产业规模，持续推进50个省市“一村一品”专业村建设，全县蔬菜面积达到1.52万亩，食用菌大棚达到826栋，道地中药材种植面积达到30万亩，珍菇坪工厂化食用菌生产线项目一期、正邦5万头原种猪、鸿生10 万头生猪一期工程、佰润普2万头种猪一期工程建成投入运行，汇丰摩根中药材深加工、昶烨年30万头生猪屠宰线项目基本建成，启动了佰润普物流园区项目建设，鸿生生物科技、古陵山食品、马圪当农业开发3家企业进入省级重点龙头企业榜单，“513”龙头企业销售收入完成4.8亿元，农业产业化水平不断提升。

五、强化基础设施配套，城乡建设步伐加快

高度重视县城龙头带动作用，集中力量实施了一批城市建设重点工程。黄围东街建设工程、棋山路建设工程、鸿雁街翻修改造工程10月份建成通车。集中供热供气扩面工程如期完成，新增供热面积32万平方米，新增用气户1500户。保障性住房稳步推进，廉租住房90套竣工、96套

开工，限价商品房200套已配售、244套已开工，洪河城市棚户区改造完成部分拆迁。大力发展乡镇小城镇，全省“百镇建设”礼义镇、市级中心镇平城镇、杨村镇市政基础设施大力改善，示范带动作用充分显现，全县城镇化水平不断提升，城镇化率达到37.02%。统筹推进新农村建设，高效率改造了农村无害化厕所1万座，添置垃圾车辆342台，安装太阳能路灯6300盏，新建潞城、郭家川两个移民新村安置点，全年移民搬迁1500人。同时，继续推进水、电、路等基础建设，不断拉近城乡发展差距。备受全县人民关注的磨河水库顺利开工建设。赵马线棋源山庄至古郊段竣工通车，客运中心主体基本完成。农村电网改造工程全面完成，实施了农村1.5万人饮水安全提升工程，居民用水实现城乡同价。

六、着力改善民生福祉，社会事业全面进步

教育事业均衡发展，完成职业中学学生公寓楼主体，完工6所学校教师周转楼宿舍，建成夺火等3所幼儿园，招聘教师40名，高考首批二本B类以上达线348名，连续6年稳步提升。继续完善国家基本药物制度，药品售价平均下降13%左右。继续开展60岁以上老人免费体检和农村妇女两癌筛查，惠及2万余名老人和5000余名妇女。社保水平不断提高，各项社会保险参保人数达到23.5万人,新农合参合率达到98.91%。新农保基础养老金、企业离退休人员养老金再次提标。稳定城乡就业水平，创业孵化基地一期建设工程项目主体基本完工，创业及技能培训4820人次，新增城镇就业岗位2640个，转移输出富余劳动力10238人，城镇登记失业率控制在3%以内。群众精神生活日益丰富，成功举办了“最美乡村教师”、“最美乡村医生”评选活动，开展了文化下乡演出200余场，县图书馆通过省三级馆评估。更加关注困难群体基本生活，为全县低收入农户免费供煤8万余吨，改造农村危房550户。

七、加强民主法制建设，社会局面和谐稳定

坚持科学民主，自觉接受县人大及其常委会的法律监督、工作监督和县政协的民主监督，主动接受社会监督，全年共办理人大代表建议164件，政协委员提案90件。坚持依法行政，规范行政处罚自由裁量权，深化行政审批制度改革，减少各类审批事项 22项。加强政风行风建设，认真执行中央八项规定，持之以恒纠正“四风”问题，干部作风持续好转。持续狠抓安全生产，安全生产体系进一步健全，安全生产责任制全面落实，全县安全生产形势持续稳定。全力抓好矛盾排查调处工作，启动社会管理创新九大体系建设，社会管理服务水平不断完善，平安陵川、和谐陵川建设再上台阶，人民群众平安幸福指数不断提升。

（赵天和　杨长力）

附：一、中共陵川县委书记、副书记、常委名单

书　记：石云峰

副书记：胡晓刚

常　委：张国文　郭龙龙　张　军　常先勤（女）　王立新　毛秀东

二、乡镇党委书记、副书记名单

崇文镇

书　记：杨志强

副书记：宋志刚　李建华（5月任职）

礼义镇

书　记：都文芳（女）

副书记：靳赵平　徐晓忠（5月任职）

附城镇

书　记：牛中文

副书记：魏明明　武　琼（女，5月任职）

平城镇

书　记：张勇力

副书记：赵　勇　马　鹏（5月任职）

西河底镇

书　记：张文翠（女）

副书记：王志军　张　敏（5月任职）

杨村镇

书　记：赵永胜

副书记：李　青　侯国勇（5月任职）

秦家庄乡

书　记：谢　彬

副书记：原晋毅　赵勇政（5月任职）

潞城镇

书　记：毕增林

副书记：吴春梅（女）　万军红（5月任职）

夺火乡

书　记：武文胜

副书记：苏红岗　李中华（5月任职）

马圪当乡

书　记：张陵芳

副书记：靳碧海　申君良（5月任职）

古郊乡

书　记：马喜平

副书记：李红瑛（女）　毕东风（5月任职）

六泉乡

书　记：郝晋峰

副书记：翟文洪　常砚星（5月任职）

中共沁水县委工作概况

2013年,沁水县委坚决贯彻执行中央的大政方针和省、市的决策部署，紧紧围绕“1356”总体发展战略和“335”年度工作思路，以党的建设统领经济、政治、文化、社会和生态文明建设，着力稳增长、调结构、促改革，全县上下呈现出经济发展、民生改善、干事创业、和谐稳定的良好局面。

一、认真学习贯彻十八届三中全会和习近平总书记一系列重要讲话精神，在全县上下掀起了学习宣传贯彻的新热潮

县委始终把学习贯彻习近平总书记一系列重要讲话精神作为首要政治任务，及时召开会议安排部署，先后多次组织县委常委、县委中心组成员集中学习，切实抓好各级各部门、党员干部的学习贯彻，汇聚了正能量、激发了新干劲。十八届三中全会闭幕后，县委把学习宣传贯彻全会精神紧紧抓在手上，下发了《通知》，出台了文件，先后邀请中央党校、市委党校的专家学者举办专题讲座，在新闻媒体上开辟了多种形式的专栏和专题。同时，县委常委班子成员深入联系乡镇、分管部门带头宣讲、带头贯彻，组建县委宣讲团到各乡镇各单位巡回宣讲，广大党员干部进村入户，积极开展形式多样的学习宣传活动，推动全会精神、讲话精神进机关、进农村、进学校、进社区、进企业，把广大干部群众的思想和行动统一到了习总书记的重要讲话精神上来，统一到了中央、省、市的决策部署上来，统一到了推动全县经济社会发展的生动实践中来。

二、加强和改进党的领导，党建科学化水平得到新提升

一是继续深入开展“下基层、变作风、入民心、惠民生”活动。结合省委集中开展的“访民生、知民情、解民事”和市委开展的“三联一住”活动，继续动员各级党员干部下基层、变作风、入民心、惠民生，倾听群众呼声，了解群众所需，帮助群众解决困难。一年来，全县各级干部积极走访群众，化解各类矛盾纠纷200多件，帮助群众解决各类生产生活问题550多件，送去帮扶资金700余万元，有效地践行了党的群众路线。

二是不断加强领导班子和干部人才队伍建设。组织各级干部到江苏、成都、清华大学等地培训学习，到上海、山东、临汾、长治等地参观考察，分期分批对全县13000名党员干部进行了轮训。采取双向、异地、横向、轮岗等方式调整交流科级干部200余人，采取外挂、上挂、下挂等方式选派11名年轻干部挂职锻炼。建立了电话、网络、信访、来访“四位一体”举报平台，干部监督实现了立体化、常态化。健全县委联系优秀人才制度，实施了“高端人才引进计划”和“一镇（乡）一园”创业工程，发展壮大了人才队伍。

三是扎实推进基层党组织建设。落实基层党建“三级联述联评联考”制度，定期召开基层党建专项述职会议和工作例会。开展了“星级支部”评选活动，评出五星级品牌党支部50个，75个二星级以下党组织实现了整体转化。党员志愿者服务队伍积极围绕中心开展活动，发挥了先锋模范作用。加强基层支部的规范化建设，完善和提升了动力、活力、能力、精力“四力工程”。按照市委“未搞先学，未整先改”的要求，积极“学”、认真“查”、扎实“改”，为开展党的群众路线教育实践活动做好了准备、打好了基础。

四是严格落实党风廉政建设责任制。不折不扣地执行中央八项规定和反对“四风”的有关要求，扎实开展了“学党章、守纪律、转作风”专题教育月活动，开展了会员卡、违规用车和办公用房等专项治理。深入推进政风行风建设，荣获全省“政风行风评议先进县”。加强“廉洁乡村、制度乡村”建设，在夯实基础、健全制度、规范管理、典型培树等方面取得了阶段性成果。进一步加大查办案件力度，保持了反腐的高压态势。

三、采取积极措施应对经济下行带来的挑战，全县经济发展取得稳中有进、稳中有为的新成效

面对全球经济复苏乏力、国内煤炭价格下滑的严峻形势，县委从形势上加强研判、从宏观上加强领导，牢牢把握稳中求进的总基调，突出强化“争”的意识、“转”的导向、“改”的力度，综合施策，主动作为，全县经济保持了稳中有进、稳中有为的发展态势。2013年，全县地区生产总值完成167亿元，增长11.7%；财政总收入完成34.5亿元，增长5.9%；公共财政预算收入完成10.5亿元，增长15.5%；城镇居民人均可支配收入20337元，增长10.7%；农民人均纯收入7932元，增长12.5%。主要经济指标平稳较快增长。

一是加快转型综改，“以煤为基、多元发展”迈出重要步伐。抓住全省综改试验区建设的政策机遇，出台了《实施方案》及《行动计划》，认真贯彻全省三个“20条”、科技创新“21条”和晋城保煤保价10条对策、助推实体经济12 条意见、加快园区建设8项办法、“气化晋城”20条措施，以建设全国煤层气产业总部基地为契机，在规划布局、加强管理、参与开发、协调服务、项目推进等方面先行先试，率先突破，煤、气、电、加工、旅游、物流等产业多元发展，支撑了全县经济的平稳运行。

二是狠抓项目建设，“六位一体”工作机制全面落实。

以"项目推进年"为抓手，积极参加中博会、厦洽会、太行山文化节进行招商推介，全年签约项目42项，投资总额376亿元，引资总额348亿元，到位资金100亿元，超额完成了全年的目标任务。严格落实"六位一体"工作机制，全力创环境、跟踪促进度，全年实施省、市、县三级重点工程70项，年度投资计划和市里下达的重点项目落地任务全部完成。在全省重点项目观摩期间，省委对沁水新能源产业发展给予了高度关注和充分肯定。

三是统筹城乡发展，城乡一体化建设扎实推进。以县城为龙头，嘉峰、郑村、中村三个省级示范镇和一批中心村、重点村建设同步推进。全面落实各项强农惠农富农政策，以苗、菜、畜、菌、蜜等特色产业为依托、"一村一品"为主导的现代农业产业体系正在逐步形成规模，促进了农业增产、农民增收的多元化。持续加大扶贫攻坚力度，年度累计落实扶贫资金1600余万元，偏远山区、贫困人口的脱贫渠道越来越多、步伐越来越快。

四是建设美丽沁水，生态建设和环境保护成效显著。积极创优空气圈、水源圈、土壤圈，大力实施蓝天碧水、造林绿化、节能降耗三大工程，持续开展城乡环境卫生综合整治，全年义务植树48万株、造林7万亩，加大了对沁河流域排污企业的监管力度，扩大了"气化沁水"的覆盖面，全县煤层气用户达1.9万户6万余人。先后荣获"全国生态文明先进县"、"全国绿化模范县"、"全省十佳卫生县城"等荣誉称号。

四、坚持强县与富民并重，人民群众的幸福指数有了新提高

统筹推进各项民生事业。坚持教育优先发展，从幼儿到高中阶段实现了15年教育全免费，全县教育教学水平逐步提高。稳步推进医药卫生体制综合改革，县乡村三级医疗机构实现了药品零差率销售，新农合参合率达99.4%。不断扩大饮水安全、住房保障、乡村亮化等实事项目覆盖面，农村冬季供煤全部足额发放到位，广大群众的健康水平、居住水平、幸福水平都有了新提升。

健全完善社会保障体系。继续加大技能培训、就业援助和创业扶持力度，全年城镇新增就业岗位4900余个，转移农村剩余劳动力8000多人。实行了"社会保障一卡通"，社会保险覆盖率达97.7%，养老、医疗、工伤、生育、失业等各项保险进一步落实。社会救助体系逐步健全，困难群体的生产生活条件不断改善。

着力抓好安全稳定工作。严格落实安全生产责任制，加强对重点行业、重点环节、重点部位和重点场所的安全监管，加大对森林防火、道路交通、食品安全等领域的安全投入，全县安全生产形势总体平稳。狠抓积案化解、领导包案、干部下访等工作，引导群众依法理性表达个人诉求。充分借鉴"枫桥经验"，积极化解矛盾纠纷，深化平安建设，确保了全县和谐稳定、人民安居乐业。

（刘　建）

附：一、中共沁水县委书记、副书记、常委名单

书　记：秦建孝

副书记：范兆森　李玉山

常　委：郭沁林　梁云辉　李培安（12月离职）
李喜红（女）　原　健　霍卫星
李立新（6月离职）　李咏锋（6月任职）

二、乡镇党委书记、副书记名单

龙港镇

书　记：于建斌

副书记：丁坚强　焦广瑞（6月离职）
裴俊堂（6月任职）
郭利军（6月任职，挂职）

樊村河乡

书　记：李书华

副书记：王　锋　何书萍（女，4月任职）

中村镇

书　记：郭　斌

副书记：刘永会　崔　勇

土沃乡

书　记：车功强

副书记：田玉珍　李向东（1月离职）
文勇国（1月任职）

张村乡

书　记：毛兴学

副书记：吴俊霞（女）　田忠胜

郑庄镇

书　记：张永忠

副书记：原国胜　潘晓育

苏庄乡

书　记：原沁霞

副书记：原永强（6月离职）　吴海军（6月任职）
杨国良（6月离职）　田培书（6月任职）

端氏镇

书　记：刘建庭

副书记：王　强　郭富太

嘉峰镇

书　记：牛沁斌

副书记：赵光义　李鑫杰
宋云庆（6月任职，挂职）

郑村镇

书　记：王海军

副书记：牛正太　魏淑芳（女，4月离职）
王　荣（女，4月任职）
贾　佳（6月任职，挂职）

胡底乡

书　记：李振强

副书记：陈跃武　牛海波（1月任职）

固县乡

书　记：韩海亮

副书记：白利平（女）　赵国强

柿庄镇

书　记：常志峰

副书记：丁晓军（4月离职）　原永强（6月任职）
翟志慧（1月离职）　赵建国（1月任职）

十里乡

书　记：樊宽社

副书记：李书孔　刘　海（1月离职）
樊国亮（4月任职）

中共临汾市委工作概况

市委书记　罗清宇

2013年，在省委、省政府的正确领导下，市委高举中国特色社会主义伟大旗帜，坚持以邓小平理论、“三个代表”重要思想、科学发展观为指导，深入贯彻落实党的十八大、十八届三中全会精神，围绕“率先转型、全力跨越，建设文明开放富裕和谐新临汾”的总目标，团结带领全市干部群众，全面推进经济、政治、文化、社会和生态文明建设，扎实推进党的建设，各项工作取得新的成绩。

一、牢牢把握工作关键环节，改革发展稳定总体向好

市委始终坚持管方向、谋全局，议大事、抓关键，总揽全局、协调各方，统揽改革发展稳定各项工作，努力使临汾经济社会发展更稳、更好、更快。

一是抓学习、明方向。市委坚持把理论武装作为坚定理想信念、增强政治定力、鼓舞发展信心的首要任务，深入学习贯彻党的十八大、十八届三中全会和习近平总书记系列讲话精神。加强理论学习，举办了3期县级领导干部轮训班；各级各部门采取多种形式、从多个层面引深学习活动，教育引导党员干部增强道路自信、理论自信、制度自信，不断把学习成果转化为推动转型跨越、全面建成小康的强大动力。

二是谋全局、理思路。按照中央、省委的部署，市委提出要牢固树立发展是第一要务的理念，坚持解放思想，坚持改革开放，以提高经济增长质量和效益为中心，以“百里汾河新型经济带”为龙头，突出“产业转型、城乡统筹、环境提升、社会稳定、责任落实”五大重点，率先转型、全力跨越，建设文明开放富裕和谐新临汾。这一思路符合上级要求，切合临汾实际，顺应群众期盼，有力地统一了思想、凝聚了力量，极大地激发了全市上下谋发展、快发展的历史责任感。

三是树导向、鼓干劲。市委高度重视考核的“指挥棒”作用，根据各县市区产业基础、发展方向、工作重点的不同，科学设置指标权重，创造性地实施了具有临汾特色的“1+1”考核模式，拿出2358万元对年度考核先进单位进行了奖励，使考核工作更具科学性、针对性和实效性，在全市上下进一步树立起真抓实干、干事创业的工作导向。

四是抓投资、上项目。项目建设对一个地区的发展，具有先导性、关键性、基础性的作用。市委坚持把项目建设作为经济工作的总抓手，市委常委会多次对项目建设进行专题研究，组织开展了全市重点工作和重点项目观摩检查，市四大班子人人包联项目，市县两级大力开展招商引资，积极破解土地、资金难题，全年项目储备、签约、落地、开工、建设、投产“六位一体”全部超额完成省定目标。

五是促改革、增活力。市委紧紧围绕转型综改区建设，制定出台了综改试验《实施方案》和《行动计划》，扎实推进深化改革各项工作，取得了初步成果。在推进行政审批制度改革方面，全面清理不合理审批事项，市本级行政审批事项缩减75%、审批时限压缩了2/3；在深化投融资体制改革方面，鼓励引导中小企业在山西股权交易市场挂牌上市，已有100家企业挂牌展示，排在全省前列；在农村土地承包经营权流转方面，建立了全市土地流转服务平台，完善了土地流转的有形市场。

六是强信心、稳增长。面对经济下行压力，坚守底线、保持定力，盯住年初确定的目标不动摇，市委多次对经济运行进行专题研究，狠抓经济运行监测、预测和预警，对各县市区指标完成情况按月排队通报，对完不成任务的县市区主要领导进行约谈。组织开展煤炭产销对接会、铁路运输协调会，出台了“临汾煤炭25条”，不断增强企业信心，减轻企业负担，创优发展环境。预计全年地区生产总值增长8%；规模以上工业增加值增长12.5%；全社会固定资产投资增长25%；社会消费品零售总额增长13%；城镇居民人均可支配收入增长10.5%；农村居民人均纯收入增长13%。

七是转作风、强队伍。认真贯彻落实中央、省委关于改进作风的各项要求，把加强干部作风建设贯穿各项工作始终，在各级干部队伍中大力倡导“坚守使命、勇于担当”的责任意识，忠实践行“立党为公、执政为民”的执政理念，不断弘扬“求真务实、开拓进取”的实干精神，着力转变工作作风。同时，坚持强班子、带队伍，坚持民主集中制原则，切实加强各级领导班子建设，按照“六用六不用”的标准，公平公正选配干部，努力营造人尽其才、才尽其用、风清气正、干事创业的良好氛围。

二、推动“百里汾河新型经济带”建设，区域核心竞争力不断提升

坚定不移地把“百里汾河新型经济带”作为决定临汾未来的战略工程来抓。一是突出规划引领。与国家发改委国际合作中心联合完成了“百里汾河新型经济带”战略规划的编制工作，正在报请省政府批复。二是突出基础建设。汾河河道生态治理和沿汾生态景观工程顺利推进，全部完成建设后，将新增绿地5.4万亩、新增水面1.3万亩。滨河东路建设已完成路基工程，9月底前建成通车。三是突出产业主导。大力推动大项目、好项目向园区集中，新兴产业园区向沿汾集聚。18个工业园区新上项目89个，新上项目投资占到园区总投资的65%，产值占到园区总产值的51%；10个农业园区已有8个形成规模，6个物流园区已有4个开工建设，17个旅游景区已有12个实施开发。四是突出城乡统筹。扎实推进小城镇连片建设和“两区同建”工程，规划的19个小城镇全部启动连片区建设，18个“两区同建”试点已有11个启动实施，每年可拉动全市城镇化率提升1.3个百分点。五是突出开放带动。充分发挥方略保税物流中心的作用，加快建设山西国际陆港园区，大力发展保税加工业。近两年，“百里汾河新型经济带”区域内签约项目金额占到全市的63%；固定资产投资占到全市的49%，“百里汾河新型经济带”在全市转型跨越中的战略引擎作用已经显现。

三、持续推动“四化”战略，转型发展迈出坚实步伐

“四化”战略是转型跨越的根本举措，市委的经济工作始终紧紧围绕“四化”来铺排和展开。

一是推进工业新型化。坚持“存量提升与增量优化”两手抓，着力构建以煤为基、多元发展的产业格局。大力推进传统产业整合重组，31座整合重组矿井竣工达产，28户焦化企业启动实质性重组。大力发展煤基新兴产业，实施了山焦60万吨烯烃等一批现代煤化工和煤电联营项目，新增煤炭一半以上实现就地转化。大力发展非煤新兴产业，侯马经济开发区电子商务产业园、霍州新产业聚集区、甘亭新型工业园区等蓬勃发展，非煤产业对工业增加值的贡献率近50%。大力发展高新技术产业，实施了LED、3D数码、铃木电梯等项目，高新技术产业正朝着集群方向发展。大力发展文化旅游产业，实施了广胜寺、七里峪、仙洞沟等旅游开发项目，旅游总收入持续保持20%以上的增速。大力发展现代物流产业，奥特莱斯“芭蕾雨”商业区一期主体工程已完成；启动实施了山西大宗商品交易中心等大型物流项目，服务业增加值占到全市GDP的33.8%。大力发展循环经济，大宗固体废弃物综合利用率达到63%，高出省定目标3个百分点。

二是推进农业现代化。坚持把“三农”工作放在重中之重的位置，大力推进“12345”工程，农民人均收入增幅连续三年高于城镇居民收入增幅。积极应对严重旱情和冰雪灾害，粮食总产达到49亿斤，同比增长10.3%。大力实施“四个百万亩”工程，新发展水果14万亩、设施蔬菜4.4万亩、干果19.8万亩、中药材11万亩。吉县苹果、永和红枣、隰县玉露香等传统优势产业进一步发展壮大，以尧都区20万亩核桃为代表的新兴特色产业蓬勃发展。扎实推进“一村一品”、“一县一业”，新增专业村232个。继续推进“两平台一通道”建设，新增社会资本投资农业项目61个，金融部门支持农业贷款30亿元。全面改善农业发展条件，实施了“大水网”涉临工程、引沁入汾五马水库等项目。扎实推进吕梁山特困地区集中连片开发，启动了吕梁山百万亩山地有机苹果产业基地建设，实施了“百企千村产业扶贫开发工程”。300个新农村重点村和30个连片区建设全面推进，农村“五件实事”全部完成年度任务。

三是推进市域城镇化。根据“一轴引领、双核带动、三区支撑、四带融合”的总体布局，统筹推进“一城三区”、中心城市、大县城、重点镇和新型农村社区建设，预计全市城镇化率同比提升1.6个百分点。大力推进临汾市区建设，按照“建设河西新城、东部新区，逐步疏散老城区、实现新老融合”的思路，投入近40亿元，重点实施了秦蜀路南延拓宽改造等一批城市骨干道路工程，高铁西客站、图书馆、博物馆等公共设施建设正在推进，城市规划馆、行政服务监察中心完成建设。启动实施了10个城中村、城郊村改造项目，全部完成后改造面积达到500多万平方米。大力推进大县城、小城镇建设，洪洞“六城同创”、霍州霍东新区以及隰县、乡宁等县城建设成效明显，全市17个县城面貌发生了巨大变化。大力推进交通设施建设，临汾民航机场完成航站楼主体工程，建设了中南铁路、大西高铁、霍永高速、长临高速等工程，实施了霍侯一级路城市化改造及农村公路改造等工程，为推进新型城镇化提供了重要支撑。

四是推进城乡生态化。坚持把环境保护和生态建设放在更加突出的位置，以创建国家环保模范城为抓手，努力建设美丽临汾。全面改善市区环境，在全省首家出台了关于加强PM2.5防控的实施方案，启动实施市区天然气置换工程，加大对灰霾天气的防治力度，市区环境空气质量明显改善，17个县市区县城环境空气质量均达到二级标准。强力推进节能减排，实施了结构节能、技术节能、管理节能、社会节能，万元GDP能耗超额完成省定任务。坚持“铁腕治污、高压监控、综合治理”，二氧化硫、氮氧化物等六项减排指标全部完成目标任务。大力实施植树造林，推进“两山”造林等六大造林绿化工程，全市森林覆盖率年均增长1个百分点；加快推进涝洰河生态环境综合治理工程，总治理修复面积达到16.5平方公里。

四、深入开展集中教育整顿活动，不断夯实临汾长治久安的基础

2012年年初，洪洞曲亭水库发生漏水事件，各级党委政府高度重视、组织有力，各级党员干部冲锋在前、敢于担当，广大干部群众全力支持、鱼水情深，各方力量密切配合、协同联动，夺取了抢险工作的胜利，圆满完成了灾后恢复重建，受

到了党中央、国务院领导和省委、省政府的肯定。在抢险和灾后重建工作中,尧都、襄汾、曲沃、侯马等县市区在第一时间紧急疏散撤离群众5.8万人,没有造成一人因灾死亡;紧急调运石料1万多立方,抢打铅丝网5000多平方米,调运编织袋10万多条,投放大型运输车12辆,有效保障了抢险需要;在较短的时间里,恢复水毁农田2000亩,灌溉下游受影响农田8.2万亩,受灾村庄内水、电、气、路、桥和通讯等各项设施得到及时修复,受灾群众赔付全部到位,最大限度地降低了灾害带来的损失。

抢险工作结束后,市委进行了深刻反思,针对临汾市地域广、人口多,公共基础设施欠账多,基层基础相对薄弱等问题,在全市深入开展了"夯实基础管理、落实工作责任"集中教育整顿活动,得到了广大干部群众的积极响应和大力支持。各县市区、各单位深入查找解决影响安全稳定的突出问题,建立起分级负责、层层落实的制度体系和责任体系,为临汾长治久安打下坚实基础。一是广大干部群众的安全稳定意识进一步提高,对安全稳定重要性、紧迫性的认识更加深刻;二是一批影响安全稳定的突出问题得到有效解决,共查找和整改突出问题15210个,先后对332名干部进行了责任追究,切实解决了一批群众关心关注的热点问题;三是安全稳定长效机制建设取得新的成效,全市各级共建立和完善各项工作制度15452项,初步形成了规范化、程序化的制度体系;四是干部作风实现明显好转,广大党员干部和公职人员的宗旨意识、大局意识得到明显增强,工作责任心、事业心明显提升。

五、在改善民生中加强文化和社会建设,社会保持和谐稳定

坚持把保障和改善民生作为一切工作的出发点和落脚点,切实加强民生改善和社会治理工作,确保人民安居乐业、企业安全生产、社会安定有序。

一是文化建设蓬勃发展。围绕思想道德建设,大力推进精神文明创建、志愿者服务、公民道德教育等工作,临汾市荣获"省精神文明建设'五个一工程'优秀组织奖"和"未成年人思想道德建设先进城市"。围绕营造良好舆论氛围,切实加大正面宣传力度,精心组织了"共筑中国梦、建功在临汾"、"重点工程巡礼"等专题报道,邀请20多家国内外知名媒体来临采访考察,举办了"中国梦·大美临汾——百名画家画汾河"活动。围绕提高公共文化服务水平,市级"五馆一院"、县级"三馆一院"建设进展顺利,"三下乡"、"四进社区"等惠民活动持续开展,文化遗产保护工作走在全省前列。围绕提升文化整体实力,深入推进文化体制改革,引导和鼓励民营资本进入文化产业,组织参加了第九届深圳文博会、首届山西文博会,签约金额近50亿元。

二是民生事业扎实推进。统筹推进义务教育、高中教育、职业教育、学前教育协调发展,新建、改扩建学校169所,深入开展"名师、名校、名校长"活动,全市高考再创新高,达线率达到37.8%,比全省平均水平高出12.3%。大力提升医疗卫生水平,完成了6个县级公立医院综合改革试点工作,新农合参合率达到99.12%,基本药物制度实现基层全覆盖。严格落实计划生育基本国策,人口自然增长率控制在5‰。临汾新医院搬迁工作进展顺利,进入运营调试阶段。全面落实促进就业创业的各项政策,新增城镇就业6.3万人,城镇登记失业率2.8%。五大社会保险覆盖面进一步扩大,城乡低保实现应保尽保。开工建设各类保障性住房2.63万套,完成农村危房改造8000户,全部完成省定目标任务。

三是安全生产持续好转。习近平总书记指出,"发展决不能以牺牲人的生命为代价,这必须作为一条不可逾越的红线。"按照总书记的要求和省委、省政府的部署,牢牢抓住认识、责任、作风三个关键环节,深入开展"安全生产大检查"和"安全生产稳定年"活动,实施了安全专项整治行动、打非治违专项行动、隐患排查治理行动,特别是在煤矿安全上,根据煤矿安全信用等级,严格实行分类管理,严格执行"红线"制度,严格从业人员准入制度。同时,加大对非煤矿山、水库、危险化学品、民爆物品、道路交通、食品药品等重点行业、重点领域的安全隐患排查和专项整治。全市共发生各类生产经营性安全事故276起、死亡104人,同比下降132起、减少44人,安全生产形势持续稳定好转。

四是社会保持和谐稳定。认真落实信访工作责任制,召开了市县书记面对面稳定和信访工作点评会,深入开展信访积案"百日攻坚战"活动,全市信访总量、到市集体访、赴省集体访、进京非正常上访人数分别下降15.6%、24.1%、68.1%、46.8%。深入推进"平安临汾"创建,强化社会治安工作,八类危害严重的刑事案件同比下降14.62%。全面启动"百里汾河平安法治带"建设。大力推广安泽县"311"基层服务管理、乡宁县"三化一卡"和侯马市"345"流动人口管理、铁路安全"线格化"管理等经验做法,完成了县乡村三级服务中心"全覆盖"工程。切实加强网络舆情管理,成立了网络舆情应急处置工作领导组,出台了《网络舆情应急管理办法》,建立起网络发言人制度,妥善处置了襄汾2.18爆炸案、中储棉侯马代储库火灾、汾西8·24男童伤害案等突发事件舆情。

六、高度重视民主法治建设,依法治市工作稳步推进

坚持和完善人民代表大会制度,支持人大围绕全市中心工作依法履行职责,对"百里汾河新型经济带"开展了集中视察;就煤炭资源整合、重点工程项目、公路交通建设开展了专题询问;综合运用听取审议报告、执法检查、满意度测评等形式对"一府两院"的15项工作进行监督;完善人民代表联系群众制度,进一步加强和规范了闭会期间人大代表活动。支持政协依法履行职责,对特色农业发展、重点项目建设、职业教育发展等重点课题进行了专题协商,先后组织政协委员就经济社会发展中的重大问题开展专题调研3次、委员视察21次,形成建议报告、调研报告等119件。全面做好统一战线工作,加强同各民主党派和无党派人士的合作,扎实开展"坚持和发展中国特色社会主义"主题教育活动。切实加快商

会组织建设，扎实推进“百里汾河、百家民企、百亿资金”活动，深入开展非公人士理想信念教育，引导非公经济“两个健康”发展。全市民主政治建设取得新的成效。深入实施“六五”普法，出台了《关于深化法治临汾建设的实施意见》，扎实开展法治创建活动，不断深化司法体制机制改革，切实发挥法院、检察院职能作用，努力做到严格执法、公正司法。坚持和完善基层群众自治制度，进一步健全城乡社区服务体系。支持工会、共青团、妇联等人民团体充分发挥作用，圆满完成了工会、团委、妇联换届工作。坚持党管武装原则，深化军民融合式发展，临汾市成为全军医疗体系社会化保障改革试点，军地“双服务”取得新的成绩。

七、坚持党要管党、从严治党，全面提高党建工作科学化水平

牢牢抓住党建工作这个根本，为改革发展稳定各项工作提供政治保障、组织保障和干部保障。

一是不断加强思想政治建设。扎实推进党的十八大、十八届三中全会、习近平总书记系列讲话精神学习宣传活动，邀请知名专家开展专题报告，举办县级干部集中轮训班3期，组织宣讲1000多场、培训人员1万多人。深入贯彻落实全国、全省宣传思想工作会议精神，研究出台了《关于加强宣传思想工作的实施意见》，对加强意识形态领域斗争作出部署，进一步强化了各级领导干部的政治责任。切实加强党员干部理想信念教育，去年“七一”组织开展了“坚守使命、忠实履职”主题党日活动。扎实推进学习型党组织建设，市委中心组坚持每月集中学习一次，依托中央党校、武汉大学等院校举办培训班6期、培训县级干部442人次。

二是不断加强干部队伍建设。深入贯彻全国、全省组织工作会议精神，出台了《关于加强高素质执政骨干队伍建设、服务转型跨越发展的实施意见》，切实改进干部选拔方式，市委选配提拔县处级以上干部47人，各县市区委提拔任用干部1800人，都做到了民主充分、集中到位、风清气正，干部群众普遍认可，社会反响较好。实施年轻干部成长工程，选派106名市县机关优秀干部到村担任“第一书记”。不断加强人才队伍建设，出台了《关于人才工作服务“百里汾河新型经济带”建设的实施意见》，启动了“临汾市第一届突出贡献人才”评选表彰活动，将招商引资与招才引智相结合，实施高端人才招聘活动，搭建招才引智新平台。

三是不断加强基层组织建设。全面落实党建工作责任制，实行市、县、乡、村四级书记“面对面”述评制度，强化了各级党组织书记抓党建工作的“第一责任”。出台了《关于基层党建服务全面建成小康社会的实施意见》，深入开展“基层党建服务年”活动。大力实施农村（社区）“领头雁”延伸培训工程，实现了培训“全覆盖”目标。探索建立农村党组织优秀书记、红旗书记、功勋书记评选递进激励机制，涌现出了一大批优秀党支部书记。在全市各级党组织推行“定查评”工作法，实施后进党组织集中帮扶整顿，基层组织的凝聚力、战斗力和创造力不断增强。

四是不断加强干部作风建设。中央“八项规定”出台后，常委会立即进行了认真学习，并及时研究出台了“25条规定”，市委常委身体力行、率先垂范，各级党员领导干部坚决贯彻、不打折扣，取得明显成效。市委召开的全市性会议减少64%；出台的文件减少38%；市级领导新闻报道时长减少20%。深入开展清理“吃喝之风”、清退会员卡、清退违规用车、清理办公用房、清理节庆送礼“五清”专项治理活动，公务接待费用减少28%；停止新建楼堂馆所23个、12.75万平米；腾退办公用房4.63万平米；纠正违规配备使用车辆287台。深入践行党的群众路线，扎实开展领导干部下乡住村增收和“访民生、知民情、解民事”集中走访活动，新上帮扶项目1368个，累计投入帮扶资金1.88亿元，全市干部包扶村的农民收入同比增长18%。

五是不断加强反腐倡廉建设。严格落实党风廉政建设责任制，市委常委认真履行“一岗双责”，切实加强分管系统和行业的反腐倡廉工作。加强党章和党的纪律特别是政治纪律教育，召开了县市区党政主要领导廉政谈话会。深化廉政文化建设，建成了彭真故居、霍州署衙等24个廉政教育基地。狠抓对权力运行的制约和监督，健全了“四级”监督管理责任机制。推进惩防体系建设，探索“制度+科技”的监督模式，17个县市区全部建成“一网多平台”监管中心，市行政服务监察中心即将投入使用。坚持“老虎苍蝇一起打”，继续保持惩治腐败高压态势，全市纪检监察机关共受理信访举报1851件，立案1633件、结案1632件，处分1632人，营造了风清气正的政治环境。

（陈波轶）

附：中共临汾市委书记、副书记、常委名单

书　记： 罗清宇

副书记： 岳普煜　王文英

常　委： 黄翠莲（女）　赵建民　陈国荣　李东洪　张明星　刘玉温（12月离职）　白建荣　郑中夏（4月离职）　乔建军　陈小洪（4月任职）　王振富（12月任职）

中共尧都区委工作概况

区委书记 赵志坚

2013年,在市委、市政府的正确领导下,区委坚持以中国特色社会主义理论体系为指导,认真学习贯彻党的十八大、十八届三中全会精神和习近平总书记系列讲话精神,团结带领全区各级党组织和广大干部群众,集中精力、埋头苦干,团结拼搏、奋力争先,努力推进全区政治、经济、文化、社会和生态文明建设,全面提高党的建设科学化水平,全区各项事业开创了新的局面,在率先转型、全力跨越的历史进程中迈出了坚实的步伐。

一、基层党建工作稳步提升

尧都区辖16个乡镇、9个街道办事处,372个行政村、50个社区,总人口95万。全区共有基层党组织1360个,其中:党委49个,总支72个,支部1228个,党工委11个。党员29363名。

2013年,按照省、市委"基层组织提升年"活动相关文件要求,着力在抓基层基础上下功夫,在抓重点、抓创新上做文章,基层党建科学化水平进一步提升,为全区经济社会又好又快发展提供了坚强的组织保证。进一步落实了农村主干"一定三有"政策,围绕"干好有希望",在去年选拔了10名功勋书记(农村8名,社区2名)进入乡镇领导班子的基础上,今年给他们全部落实了全额财政工资待遇;进一步加强软弱涣散基层党组织的整改工作,区委专门派出23个职能局,下派了104名干部对软弱涣散村进行帮扶,目前已解决突出问题21件;围绕社区网格化管理提档升级,全区50个社区共划分282个网格;全区共建立非公企业党组织265个,实现了对全区2875户企业和9593户个体工商户党的组织和党的工作"双覆盖";继续开展干部下乡住村包村增收活动,全区27名区级干部、608名科级实职干部,深入254个包扶村,并包联了639家贫困户。

二、经济保持持续平稳发展

2013年,尧都区紧紧抓住发展第一要务,按照中央稳中求进、好中求快的总基调,上项目、调结构、保增长、促转型,全区经济继续保持了良好的发展势头。全年全区生产总值完成243亿元,同比增长6.6%;规模以上工业增加值完成63.7亿元,同比增长10.4%;财政总收入完成36.9亿元,同比增长12.3%;公共财政预算收入完成15.7亿元,增长20.6%;城镇居民人均可支配收入完成21755元,增长14.9%;农民人均纯收入完成9017元,增长17%。全区综合经济实力迈上了新的台阶。

项目建设成效显著。按照省委、省政府"项目推进年"活动的要求,坚持把项目建设作为扩投资、保增长、增后劲的重要抓手,大力实施项目带动和招商引资战略,全面落实区级领导包抓重点项目责任制,确立了一个项目、一位领导、一套班子、一抓到底"四个一"的工作模式,狠抓"储备、签约、落地、开工、建设、投产"六个关键,项目建设稳步推进。2013年,共实施省、市、区重点建设项目68项,当年完成投资171亿元,项目储备完成1700亿元,签约完成263亿元,落地完成183亿元,开工完成177亿元,投产完成137亿元。创新融资方式,成功发行15亿元的企业债券,项目建设资金得到保障。全社会固定资产投资完成239亿元,增长33.8%。

现代农业蓬勃发展。区委紧紧围绕农民增收这一目标,用工业化的理念抓农业,全面加快农业产业化进程。新发展核桃7.4万亩,总面积达到20万亩,成为全省核桃产业发展最快的县区;新增设施蔬菜1.2万亩、优质水果1.1万亩。粮食总产量达到26.1万吨。理顺了尧都生态产业园经营管理体制,乐视控股集团整合接管、葡萄种植及酿酒文化产业基地项目进展顺利。农田水利重点县一期工程、三级联网公路改造等12项工程全面完工,农业农村基础设施有效改善,农村"五件实事"年度任务圆满完成。

工业转型稳步推进。贾得工业园区已经具备入园条件。14公里主干道路、18公里引水工程和展示大厅三项工程基本完成,中煤260万吨焦化及煤化工项目,完成了园区环评、可研报告、产能置换等工作,土地指标已经落实。中国五矿西里北铁矿300万吨综合开采项目,完成前期勘探工作,地质报告通过评审,具备了开工条件。同世达和太原煤气化公司300万吨焦化项目,完成了资产评估和产能置换,签订了重组协议。云鹏药业、宝珠制药、正杰电器、天安电器、北斗导航系统等项目前期工作进展顺利,将陆续入驻园区;三星电子产品生产基地、广州捷能环保建材、山西精铸实业铸件等项目推进顺利,一批产业转型项目陆续入园。

第三产业快速发展。商贸重点项目进展顺利。奥特莱斯芭蕾雨嘉励商城主体工程已经封顶,红星美凯龙大型家居购物广场项目征地拆迁已经启动,恒安新东城美特好项目主体工程竣工,生龙国际商贸城开工建设,建材家居博览城、临汾汽车博览城、新发地农贸市场三个项目前期工作正在进行。中信空港物流园区项目已经省发改委立项批复,一期400亩土地指标已经落实,物流重点项目快速推进。仙洞沟景区开发进入实质性阶段,山西大图置业帝尧文化主题生态公园项目推进顺利。

城乡面貌焕然一新。东城建设扎实推进,涝洰河生态建设工程快速推进。龙湾园节点基本成型,河道治理工程完成年度任务，景观建设、区域路网、跨河桥梁工程规划设计正在完善。东城道路框架进一步拉大。108国道改建城市道路、华州路东延、解放东路拓宽改造工程前期工作已经启动，五一东路拓宽改造道路工程全面完成，北外环、二中路拓宽改造地下管网和路基工程正在实施，东城公共设施进一步完善。尧都公园、东辰公园竣工开放，解放路学校、职业技术学校投入使用，东城医院主体工程完工，东城商业公园、东城城市综合体项目拆迁工作启动实施，全民健身活动中心项目前期工作全面完成。26个城中村改造试点村前期工作全面启动，尧庙镇郭村、西街西关社区、刘村镇涧头村、汾河办盘龙社区等5个村的改造工作全面铺开，城中村改造扎实推进。尧庙镇乔村锦悦城"产城融合"发展模式得到省、市充分肯定。扎实开展春秋大绿化，完成造林4.8万亩，通道绿化140公里，植树114万株，生态环境进一步改善。大力开展城乡环境综合整治，扎实推进大气污染防治工作，全面铺开"美丽尧都"6S行动，城乡面貌明显改观。

社会事业健康发展。全区教育、医疗、文化、科技等各项事业协调发展，社会保障、社会救助、就业指导体系不断完善。五一路学校、6个乡镇卫生院、87所薄弱学校改造工程全面完成，医疗、养老等六大保险参保人数达到60.2万人，1.8万户城乡居民纳入低保范围，6600套保障性住房开工建设，200套农村危房改造全面完成。双拥优抚、国防动员和民兵预备役工作扎实开展，监察、审计、统计、人口计生、妇女儿童等各项工作都取得了新的成绩。

三、干部队伍建设进一步加强

着眼于提高各级干部的执政意识和能力素质，多渠道、多形式开展大规模干部培训，努力建设眼界宽、思路宽、胸襟宽的学习型干部队伍，全年共培训各级干部75批8800余人次。严格按照党管干部要求，认真执行《干部选拔任用条例》，始终坚持从一线选拔，从中心工作和项目建设主战场选拔的原则，按照"区四大班子成员、乡镇(街道)书记谈话提名，区委委员署名推荐，组织部门实地考察，最后由常委会进行表决"的程序，产生最终人选，避免了推荐的盲目性和简单的"以票取人"，匡正了选人用人上的风气，树立了重实绩、重实干的用人导向。去年以来，根据工作需要，配齐配强了乡镇、街道和区直部门的领导班子，为全区转型跨越发展提供了坚强的组织保障。

同时，扎实推进党风廉政建设，认真履行"一岗双责"，切实加强分管系统和行业的反腐倡廉工作。丰富农廉网内容，改革查询点布局，积极构建便民服务体系；加大对行政审批、行政执法和行政检查的监督制约，自主研发以网上受理为主要特点的行政审批电子监察平台，全区科技防腐和源头制腐水平进一步提高。改进廉政教育手段，不断丰富教育内容和形式，全区党员干部队伍廉政建设得到进一步加强。继续保持惩治腐败高压态势，严肃查处党员干部违反规定、滥用职权、谋取私利等违法违纪行为，全年纪检监察机关共受理来信来访129件，收集网络舆情信息40条，共立、结案120起，处分120人。

(王志宇)

附：一、中共尧都区委书记、副书记、常委名单

书　记：赵志坚
副书记：王　震　杨午生　杨保春(挂职)
常　委：李建国　鲁立波　乔飞鸿　牛少白
郭婷慧(女)

二、乡镇(街道)党委书记、副书记名单

尧庙镇
书　记：汤国庆
副书记：孙建强　高向忠(10月任职)

贾得乡
书　记：裴海峰(10月离职)　史大胜(10月任职)
副书记：曹泽峰　刘建明(10月离职)
王迎晖(10月任职)

段店乡
书　记：孔令泽
副书记：王韶辉　左海洋(10月离职)
褚志刚(12月任职)

屯里镇
书　记：吉世平(9月离职)　张　峰(10月任职)
副书记：张　峰(10月离职)　孙新峰(10月任职)
杨文生

乔李镇
书　记：薛向阳
副书记：贾志琦(12月离职)　王　泽(10月离职)
贺　斌(12月任职)

大阳镇
书　记：孙扬毅(9月离职)　洪文斌(10月任职)
副书记：孙学平(10月离职)　武建斌(10月任职)
袁国杰(10月离职)　刘启霞(10月任职)

县底镇
书　记：张卫峰
副书记：刘　峰　苏步青(10月离职)
梁志勇(10月任职)

贺家庄乡
书　记：李　俊
副书记：温济荟(10月任职)　刘忠平

金殿镇
书　记：王　勇
副书记：洪文斌(10月离职)　张宇红(10月任职)
张保民(10月离职)　张建国(12月任职)

刘村镇
书　记：张朝晖
副书记：温少华　温马强(10月离职)
刘靖华(12月任职)

吴村镇
书　记：汤晓燕（女）
副书记：张贵荣　温济荟（10 月离职）
　　孙素杰（10 月任职）
土门镇
书　记：任伟民
副书记：席新红（10 月离职）　杨　炜（10 月任职）
　　梁奎明（10 月离职）　郝钢锁（10 月任职）
魏村镇
书　记：史大胜（10 月离职）　席新红（10 月任职）
副书记：武建斌（10 月离职）　韩　鹏（10 月任职）
　　靳宝忠（10 月任职）
一平垣乡
书　记：徐　玉
副书记：王秉军　刘宝生（10 月离职）
　　侯海滨（10 月任职）
枕头乡
书　记：陈建峰（10 月离职）　赵怀忠（10 月任职）
副书记：赵怀忠（10 月离职）　董　晖（10 月任职）
　　丁春贵（10 月离职）　冯享华（10 月任职）
河底乡
书　记：苏兰记
副书记：李　杰　郃　杨（10 月离职）
　　纪晓勤（10 月任职）
汾河街道
书　记：秦奇杰
副书记：杨　炜（10 月离职）　崔寅龙（10 月任职）
　　靳宝忠（10 月离职）　杨林华
辛寺街街道
书　记：张世杰（10 月离职）　高向阳（10 月任职）
副书记：田向宇（10 月离职）　乔国栋（10 月任职）
　　孙卫东
解放路街道
书　记：殷双峰（10 月离职）　李艳芳（10 月任职）
副书记：郃国强　朱建民
南街街道
书　记：王洪锁
副书记：于　波　席玉玲（8 月离职）
西街街道
书　记：刘　云
副书记：潘齐彪　张金明
水塔街街道
书　记：王千里
副书记：李峥嵘　郭临生　贾国印
车站街街道
书　记：高向阳（10 月离职）　贾志琦（12 月任职）
副书记：鲁建辉　李川杰
铁路东街道
书　记：张福民
副书记：席春记　田姣娥（12 月离职）　孙杰英
乡贤街街道
书　记：赵　炜（10 月离职）　王育红（10 月任职）
副书记：李艳芳（10 月离职）　张海茹（10 月任职）
　　刘生瑞　张文丽（女）

中共侯马市委工作概况

市委书记　李朝旗

2013 年，在省委、省政府和临汾市委、市政府的正确领导下，侯马市委高举邓小平理论、“三个代表”重要思想伟大旗帜，以科学发展观为指导，全面贯彻落实党的十八大、十八届三中全会和习近平总书记系列讲话精神，团结带领全市广大干部群众，解放思想，明晰思路，咬定目标，狠抓落实，全力破解发展难题，努力扭转被动局面，实现了经济社会健康持续快速发展。

一、党建概况

（一）组织概况。2013 年侯马市共有 24 个党委，5 个党工委，2 个工委，52 个党总支，548 个党支部。其中，3 个乡党委，5 个街道办事处党工委，9 个直属党（工）委，11 个二级党委，6 个代管企业、学校党委（总支、支部）。76 个行政村中，7 个村党总支、95 个村党支部。

全市共有党员 13318 名（含预备党员 318 名）。其中，男 10419 名，女 2899 名，少数民族党员 59 名。年龄结构，35 岁以下党员 4256 名，36 岁—54 岁党员 5754 名，55 岁以上党员 3308 名。入党时间，新中国成立前 75 名，1949 年 10 月–1976 年 10 月入党的 2648 名，1976 年 11 月以后入党的 10595 名。文化程度，大专以上党员 5045 名，高中（中专）学历党员 4209 名，初中以下党员 4064 名。

2013 年发展新党员 275 名，其中生产一线 275 名，35 岁以下 207 名，女党员 110 名。全市现有入党积极分子 786 名。

（二）党的建设。坚持把党建作为第一保证来抓，以党建助发展，以党建惠民生，以党建促和谐，全面提升了各级党组织的凝聚力、战斗力和创造力。一是强化学习，提升能力。以加强和改进中心组学习为重点，先后组织市委中心组集中学习11次，扎实推进学习型、创新型、服务型党组织建设。以开展三级培训为抓手，采取点对点、面对面的方式，组织副县级以上领导干部先后深入到京、沪、浙、豫、赣、皖等地参观学习，解放思想，开阔视野，增强引领发展的责任感和紧迫感；组织科级干部分两批到义乌、长治、洪洞等地学习培训，更新观念，创新思路；组织乡村党员干部和加工户、批发商到郑州、安阳、偃师学习培训，合作对接，不断提升党员干部服务发展、引领发展、带动发展的能力。二是锤炼党性，改进作风。认真开展了"基层党建服务年"活动，农村"五好"、社区"五高"、非公"五有"、机关"五强"的基层党建工作取得显著成效；深入开展了"重塑形象、再铸辉煌"专题民主(组织)生活会，进一步凝聚了思想共识，激发了创造活力；扎实开展"夯实基础管理、落实工作责任"集中教育整顿活动，解决了群众反映强烈的影响经济发展、社会稳定和生产安全等突出问题。三是遴选人才，激发活力。认真执行《干部选任条例》和有关规定，先后分3批调整配备科级干部19名，选派9名年轻干部到村担任第一书记，完成了团委、妇联换届工作，进一步加强了各级领导班子和干部队伍建设，广大党员干部服务发展、引领发展、带动发展的能力显著增强。四是严明纪律，匡正风气。严格落实"八项规定"，积极反对"四风"，严厉整治了党员干部利用婚丧嫁娶等事宜大操大办借机敛财行为，狠刹了"吃喝不正之风"，深入开展了会员卡、公务用车、办公用房等专项清理工作以及"三公"经费专项检查，清退车辆13辆，清理腾退办公用房528.7平方米，8479名党员干部填写了会员卡"零持有"报告，公务用车和公务接待费用都比上年减少了30%左右；不断加大科技防腐力度，共立案查处各类违纪违法案件70余件。通过正面教育和严肃惩戒，在全市形成了人人思清廉、个个讲正气的良好社会氛围。

二、重大决策与主要工作

（一）工业经济蓄势勃发。创新、生态两大园区快速启动，成为振兴侯马市工业经济的主战场。创新园区以推动传统产业提档升级为突破口，华强集团、汇丰建材等本土企业的资源综合利用项目竣工投产；对侯马市工业转型升级和财税收入具有重大拉动作用的建邦集团煤化工循环经济项目，完成了产能置换、用地审批、焦炉选型、道路开通等前期工作，具备了开工建设条件；淘汰落后产能任务顺利完成，大利、新利焦化170万吨焦炉依法拆除。生态园区以发展先进制造和清洁能源为主导，汤荣汽配、东鑫铸造、威创动力、中晋机械、众合特钢等关联企业通过行业协会组成松散联合体；同煤集团2×300兆瓦热电联产项目加速推进，完成工程总投资的75%；通盛集团LNG项目、模范铸造异地扩产项目开工建设；中核集团、中节能等几个"国字头"企业与园区达成了投资合作意向。平阳重工、北铜铜业、旺龙药业产业基地扩产改造项目前期开始启动。普天小微创业园的法尔胜光缆扩容改造项目进入设备安装调试阶段，入园企业达到82家，被认定为全省首批中小企业创业示范园区，全市工业经济形成了"两园区、一振兴"的发展格局。

（二）商贸经济加速崛起。传统商贸改造升级步伐加快，城市商业综合体、金钻国际广场、新兴纺织城、原车站商场改造等商贸开发项目取得实质性进展，古玩城项目全面启动；北方轻工城一期加建改造工程完工运营，新增商户1300余户，市场入驻率95%；晋都茶城、海宁皮草、鸿明都家具城等一批专业市场投入运营。现代物流快速成长，方略保税物流3.5万㎡联检办公楼和11万㎡特殊监管仓库的主体工程完工。以服务侯马市商贸市场为支撑、与现代营销模式相适应的电子商务平台建设已筹备就绪，即将启动实施。长期制约侯马市商贸经济做大做强的商贸加工业取得突破性成效，到目前为止，全市有100余户服装、鞋帽、床品加工企业建成投产，具有标杆意义的宏盛鞋业年产100万双生产线项目落地生根，招鸾引凤的5个加工园区初见雏形。

（三）城镇经济活力迸发。城市以盘活存量土地为抓手，采取拆迁清腾、包装打包、公开拍卖的方式，土地资源有了实质性的收益，不仅提升了土地资源的利用效率，充实了地方财力，更重要的是为破解侯马土地资源严重紧缺、土地价格与价值不相匹配的困局，探索出了一条有效的经营路径。同时，积极争取用地指标，对城乡建设用地实行增减挂钩，全年供地1700余亩，确保了全市重点项目需求。农村以加快土地流转为抓手，以发展现代农业为重点，通过积极搭建市乡村三级流转交易平台，全年共流转土地2.1万亩，助推一大批种植大户、农民合作社和农副产品加工企业走向规模化、集约化和专业化经营。全市以蔬菜、苗木和中药材为特色的现代农业种植园区发展到10个，以规模健康养殖、食品加工为主导的龙头企业达到22个，省政府认定的"一村一品"专业村达到19个，各类农民专业合作社组织达到288个，成为带动侯马农业增效、农民增收、农村经济繁荣的重要引擎。

（四）"四城联创"亮点纷呈。全市上下积极响应、广泛参与，"四城联创"工作取得了明显成效。以"一核、三带、四区"为构架的城市总体规划编制已经完成，并通过了评审，东城新区、高铁站区的控制性详细规划也已编制完成；城市基础设施建设力度加大，晋都路立交桥、建工路、呈王路及23条背街小巷和农贸市场等改造工程相继完工，打造了新田路、市府路两条显示城市文明的示范路、样板路；投资1亿多元，在东城新区和路西城区等集中供热空白区域先期启动了管网对接工程；城市供气管网、供水管网进一步向城郊延伸，全市有22个村用上了天然气、41个村接上了自来水；城市道路绿化、小区庭院绿化、浍河湿地生态修复治理、汾河防护林和滩涂林网、紫金山育林造林和农村环境集中连片整治取得明显成效，城市绿化覆盖率和森林覆盖率分别达到43%和21.8%，城乡人居环境得到了进一步改善；组织开展了城市环境卫生大整治、乡村清洁工程和一系列文明创建活动，文明单位创建率达90%以上，文明社区创建率达100%，涌现出了一大批道德模范和优秀文明市民，"自信融合、尚美奋进"正在成为全市人民共同的精神追求。

（五）各项改革深入推进。转型综改试验实施方案编制完成,“6111”行动计划启动实施,六项重大改革、十项重大事项、十个重大项目、一个重大课题取得实质性进展。扩权强县试点工作稳步推进,全年共审批办理投资类事项95项、非投资类事项223项。继续深化行政审批制度改革,审批事项由258项缩减到103项。区域同城化发展取得新进展,与开发区、陆港园区建立招商互动、利益共享机制,与周边5县市实现公交互通,与曲沃实现了有线电视同网。金融创新力度加大,农村商业银行、建设银行、中国银行分别推出了流转土地抵押贷款、小微企业“助保贷”和无抵押、无担保贷款业务,全年各金融机构贷款余额达62.7亿元。积极对接国家政策导向,各级各部门向上级跑要专项扶持资金的工作成效显著,特别是水利部门争取到了全省小型农田水利建设重点县项目8000万元的资金支持;财政部门争取到省级一般转移支付比上年增加7000多万元。

(六)社会事业持续进步。全面实施教育优先发展战略,中、高考成绩在临汾保持领先,完成义务教育阶段学校标准化建设10所,新扩建及附设幼儿园10所;深化卫生体制改革,三级医疗机构达标率98.06%,新农合参合率99.95%,处于临汾领先水平;千方百计促进就业,提供就业岗位15000余个,城镇新增就业人数7611人,城镇登记失业率控制在2%以内;全力保障底线民生,保质保量完成3.4万吨低供煤发放工作;200套棚户区、200户农村危房改造工程全部开工,700套限价商品住房正进行土地收储和建设方案初设工作;公共文化服务体系建设加快实施,城市社区文化活动场所实现全覆盖,东城新区综合文体活动中心建设正在快速推进;大力实施文化惠民工程,全年免费送电影、送戏下乡达1300场次。在财政收支矛盾仍比较突出的情况下,拿出6000多万元,将财政供养人员的津贴、补贴、绩效工资和取暖费提高标准部分全部兑现,实现了工资水平与临汾大市看齐。同时,在保证当年政府投资项目资金按比例足额到位的情况下,还偿还国债资金和历年欠款7145万元。坚持每周二接访制度,进京赴省到临信访总量持续下降。集中进行安全隐患大检查,事故发生起数和死亡人数严格控制在临汾市下达的目标范围内。围绕贯彻中央八项规定、重点项目审批、强农惠农资金使用以及纠风治乱,强化对政风行风的督促监察。加强社会管理创新,实现了市域“天眼工程”全覆盖,侯马市的经验得到省、市的肯定和推广。此外,审计、人防、民族宗教、防震减灾、档案、物价、气象、计生、老龄、残联、双拥、预备役等工作也都围绕中心,取得了新的成效。

(郝　豪)

附:一、中共侯马市委书记、副书记、常委名单

书　记:李朝旗

副书记:李建国(6月离职)　王煦杰(6月任职)　马兴民

常　委:秦海玉　田怀宇　郑育敏　李俊胜　韩　睿　刘国平(6月离职)　李会平(6月任职)

二、乡镇、街道党委书记、副书记名单

新田乡

书　记:郭旭东

副书记:梁效杰　石　磊

高村乡

书　记:郭建伟

副书记:王廷章

凤城乡

书　记:于　乐

副书记:高先文

上马街道

书　记:卢正中(4月离职)

副书记:贺三军　施向阳

张村街道

书　记:白爱华(女)

副书记:郝小强

路东街道

书　记:董新胜

副书记:迟红霞(女)

路西街道

书　记:乔新刚

副书记:袁随义　卫建辉

浍滨街道

书　记:张爱军

副书记:李　健　田月菊

中共霍州市委工作概况

市委书记　陈　纲

霍州市共有党员14141名,女党员2743名,预备党员330名,基层党委11个,党组643个,基层党总支42个,基层党支部583个。其中乡镇党委7个,街道党工委5个,党总支16个,党支部284个,共有党员8440名,建制村有党组织227个,农村党员6415名;市直党委3个,非公党委1个,党总支26个,党支部299个,党员5701名,(其中两新组织党支部33个,党员371名)。

2013年,霍州市委以党的十八大、十八届三中全会精神为指导,强作风、树形象、创业绩,全面加强了党的思想、组织、制度、作风建设，为全市经济社会发展提供了强有力的政治保证。

1、思想政治夯实提升。开设了领导干部大讲坛，邀请省市知名专家学者开坛授课，先后举办了形势政策、国情国防、国家安全、思想道德、信访维稳、农村“两委”干部领头雁延伸培训等专题教育讲座，使广大干部解放了思想，开阔了视野，提高了解决实际问题的能力水平。十八届三中全会胜利闭幕后，全市随即召开了传达贯彻专题会议，抽调精干力量组成宣讲团，深入一线广泛宣讲，迅速掀起了学习热潮。书记、市长分别带头对全市科级干部和农村两委主干进行了专题培训，广大党员干部的执政能力和工作水平得到进一步提升。

2、议事决策更加民主。在重大事项民主决策方面，凡是事关全市经济社会发展的重大决策和重要部署，都通过个别酝酿、集体讨论、民主决策，切实做到了科学执政、民主执政。2013 年实施的 117 项，总投资达 211.4 亿元的重点工程项目，都是经过四大班子、乡镇部门、人大代表、政协委员、老干部等社会各界反复讨论，对其必要性、可行性进行充分论证，形成共识之后，才最终敲定，使决策更加公开透明，更加科学合理，更加体现民意。

3、宗旨意识不断加强。党政班子带头讲政治、讲党性、讲大局，坚决贯彻临汾市委的决策部署，深入践行党的群众路线，扎实开展领导干部下乡驻村增收和“访民生、知民情、解民事”集中走访活动，切实解决群众难题，党政班子思想统一、步调一致，纵览全局、协调各方，凝聚了发展合力，密切了干群关系。

4、选拔干部公平公正。严格按照《干部任用条例》“5+1”文件和省委出台的“四个规定”，创新出台了“三推两考一票决”的干部选拔任用办法，坚持把初始提名权交给基层群众，通过单位推荐、全市科级干部推荐、四大班子推荐、综合素质考试、组织部门考察、常委会票决等程序，公开、公平、公正的选拔干部。2013 年以来，根据霍州干部队伍实际情况，先后对乡镇街道办、市直部门科级干部进行了调整配备，使一批年轻有为、素质较高、能力突出的优秀干部脱颖而出，走上了领导岗位，有效解决了基层干部断层问题，进一步优化了干部队伍结构。同时，通过干部调整真正调出了热情、调出了干劲、调出了人气、调出了团结，为整体率先发展提供了坚实的组织保证和人才支撑。

5、党风廉政建设深入推进。组织各级干部学习了中纪委十八届二次全会精神、中央八项规定、六项禁令等党纪法规精神，用近年来中纪委、省纪委处理的一些典型违纪违规案件和身边事例进行警示教育，进一步增强了各级党员干部的纪律观念。完善了霍州廉政教育网络，设立了廉政短信提醒平台，每周两次向党员干部发送廉政主题信息，已累计发送 4 万余条，充实了廉安霍州的文化内涵。严格落实八项规定，坚决纠正“四风”问题，认真组织开展了党政机关停止新建楼堂馆所和清理办公用房等工作，全市在建或续建的楼堂馆所一律停工，没有新建楼堂馆所情况；党政机关清理腾退办公用房 12180 平方米，合理配置了资源，提高了工作效率；严格控制“三公”经费，公务接待费用较往年下降了 50%；节假日期间严格实行公务用车集中封存制度，有效杜绝了公车私用、违规用车的现象，全市广大党员干部作风进一步好转。特别是在全市创新推行了以“一岗双责三服务、八注重八实现”为主要内容的“12388”工作法，效果明显。突出抓好农廉建设、源头治理、纠风治乱、专项治理、案件查处等重点工作，全年纪检部门核实查处违纪违规案件 131 件，党政纪处分 131 人，其中处分科级干部 15 人；完成上级交办案件 11 件，党政纪处分 12 人。通过查办案件，有力地震慑了腐败分子，教育了干部群众，有力维护了党纪法规的严肃性。

同时，坚持把加强和改进党对人大、政协工作的领导作为市委一项重要工作来抓，人大工作在发挥重大事项决策权、监督权和人事任免权三项职能上迈出新步伐；政协工作努力发挥政治协商、民主监督和参政议政的职能，不断加强监督评议力度，积极进行建言献策，有力推动了全市经济社会稳步健康发展。

2013 年市委团结带领全市人民，紧紧围绕“建设三晋经济强市、实现整体率先发展”宏伟目标，大力弘扬“团结奉献、敢于担当、实干践诺、拼搏争先”的霍州精神，主攻十大重点，夯实百亿工程，推动了经济社会平稳较快发展。2013 年，全市生产总值完成 85.49 亿元；工业增加值完成 56.98 亿元；固定资产投资完成 119.49 亿元，增长 34.1%；社会消费品零售总额完成 25.61 亿元，增长 13.2%；城镇居民人均可支配收入达到 21915 元，增长 10%；农民人均纯收入达到 9840 元，增长 12.2%；财政总收入完成 15.66 亿元，公共财政预算收入完成 7.1 亿元，，呈现出速度加快、质效提升、态势良好、后劲十足的生动局面。

1、强力转变发展方式，产业结构优化升级。工业转型提质增效，新产业聚集区加快推进，霍煤新型工业园区一期基本完成，部分产品投入试生产；液化天然气调峰储气项目总体完工，具备试生产能力；力拓煤业 90 万吨技改、华润风能发电等项目进展顺利，从根本上改变了产业结构，转型升级迈出坚实步伐。现代农业特色凸显，全市新增核桃林 2000 亩，累计超过 2.6 万亩，蔬菜播种面积 4 万亩，规模养殖场达到 260 多个，农业“三大基地”不断壮大。特别是西张垣现代农业生态循环示范园区，建成育苗中心、农技服务中心、生态家园，打通循环路 8 公里，草莓、芦笋等特色产业初见成效，综合示范效应日益凸显。三产发展持续升温，七里峪景区停车场、游客接待中心等工程主体完工，林溪晋茶精品酒店 26 栋别墅基本建成，具备对外营业条件；陶唐峪景区完成总体规划，即将整体开发；成功举办第八届旅游月，游客接待量和门票收入较往年均实现翻番，旅游升级取得重大突破，形成了工业带动、农业促动、三产互动的产业格局，资源枯竭城市转型迈出坚实步伐。

2、不断完善基础设施，城市面貌日新月异。加快旧城改造和新区开发，总拆迁面积 80 万平方米，总建筑面积 230 多万平方米，实施了东关、赵家庄、李诠庄、西街居委会等城中村改造，打造了中镇国际花园、霍州署文化产业示范园、开元小区等样板工程,启动了浙商文化创意园、中镇大道、高铁车站广场、霍东大道配套等项目,城市开发建设规模空前,五大板块整体推进。完成了漪汾路、建材路、科技街改造等工程,打通了新建南路、经二南路两条南北通道,并新建了横跨南涧河的两座大桥,道路交通建设总里程达45.5公里,市区路网结构更加完善,城市综合承载力大幅增强。

3、全面加强生态建设,城乡环境更加宜居。积极推进省级卫生城、特色园林城、环保模范城、文明城"四城联创",着力建设生态霍州、绿色霍州、美丽霍州。大力实施热电联产、天然气扩户等工程,市区集中供热和天然气覆盖率均达到100%,为推进节能减排、实现蓝天碧水提供了有力支撑;持续整治城乡环境,实施了汾河、南涧河治理、二河三路十村绿化、永和公园三期、农村环境连片整治等工程,生态环境进一步改善。特别是坚持疏管并重,针对霍州多年来一直盛行的沿街搭设灵棚、皮卡车游街送灵等不文明殡葬习俗,开展了声势浩大的"移风易俗、文明殡葬"万人签名活动,加大了对党员领导干部问责力度,全面取缔了不文明殡葬行为,人民群众拍手称赞。2013年,市区二级以上天数达到337天,其中一级天数63天,宜居新城更加靓丽。

4、不遗余力改善民生,幸福指数大幅提升。大力发展社会事业,实施了职教中心、实验中学东校区、公办幼儿园、劳动技校扩建、经济适用房等工程,完成了新医院一期、市委党校综合教学楼等项目,推进了农村"五件实事"。高考二本以上达线780人,增幅高达68%,创历史新高。成功举办爱心助学活动,仅现场捐款就达到115万元,五年来累计筹款1000余万元,资助学生9000余人,全市捐资助学蔚然成风。不断扩大社会保障覆盖面,提高了四类困难家庭学生和农村80岁以上老人救助标准,新农合参合率达到97%,新农保参保率达到88%;按照上级政策及时兑现了公职人员烤火费增加部分900万元,补发了行政事业单位人员津补贴4300万元;计划生育优质服务巩固提升,幸福家庭创建活动卓有成效,普通百姓的生活得到更为有力的保障。

5、积极创新社会管理,全市大局和谐稳定。不断强化安全生产,扎实开展了"夯实基础管理、落实工作责任"集中教育整顿和安全隐患排查整治百日大会战等活动,加强了各行业、各领域的隐患排查整治,全年事故起数下降66%,死亡人数下降63%,连续六年荣获临汾市安全生产先进市,安全形势持续好转。全力抓好信访工作,深入开展了百日双千案攻坚战活动,畅通信访渠道,压实信访责任,推动"事要解决",荣获全省百日双千案攻坚战活动先进市。持续引深平安创建,制定出台《平安霍州建设五年规划》,积极推进"六五"普法宣传教育,实施社会网格化管理,完成8个社区规范化建设,严厉打击各类违法犯罪,命案侦破率连续六年保持100%,确保了全市大局和谐稳定。

(薛忠华)

附:一、中共霍州市委书记、副书记、常委名单

书　记: 陈　纲

副书记: 崔山原　樊洪平(7月离职)

常　委: 周文伟　陈占平　郑效锋　黄晓君(女)　王长征(1月离职)　高雅铭　刘国平　晋英俊(1月任职)　肖安邦(挂职,11月任职)

二、乡镇、街道党委书记、副书记名单

辛置镇

书　记: 房文斌

副书记: 张　浩(3月任职)　闫万林

白龙镇

书　记: 郭惠民

副书记: 王建华(3月任职)　崔世娟(女、4月离职)

李曹镇

书　记: 贾亚龙(3月离职)　荀彦龙(3月任职)

副书记: 闫会波(3月离职)　房　鹏(3月任职)　乔宝山(4月离职)

大张镇

书　记: 李晓斌

副书记: 周霍津(3月任职)

陶唐峪乡

书　记: 门保生(3月离职)　张　斌(3月任职)

副书记: 张　浩(3月离职)　张　伟(3月任职)

三教乡

书　记: 郭丽华(8月任职)

副书记: 马魁东(3月任职)　李　明(12月离职)

师庄乡

书　记: 荀彦龙(3月离职)　张文轩(3月任职)

副书记: 张文轩(3月离职)　闫会滨(3月任职)

退沙办

书　记: 杨海林

副书记: 樊记虎

南环办

书　记: 张　斌(3月离职)　闫会波(3月任职)

副书记: 马魁东(3月离职)　徐水林(3月任职)

北环办

书　记: 白　亮

副书记: 郭国彪(3月任职)　杜银全　秦仰军(4月离职)

鼓楼办

书　记: 杜　明

副书记: 王建华(3月离职)　尚海虹(4月任职)　曹继芳(女)　张秀梅(女,4月离职)

开元办

书　记: 段小刚

副书记: 房　鹏(3月离职)　刘亚明(3月任职)　朱江鹏　陈华斌

中共曲沃县委工作概况

县委书记　朱晓东

2013年，在省委、市委的正确领导下，曲沃县委坚持以党的十八大和十八届三中全会精神为指导，认真贯彻落实省委十届四次全会、市委三届四次全会精神，团结带领全县干部群众紧紧围绕“实施三大战略，建设三大基地，推动三个发展”总体战略部署，团结奋进，开拓创新，全县经济建设、政治建设、文化建设、社会建设和党的建设都取得了新成效。

曲沃县共有基层党委19个、党组8个、党总支27个、党支部547个。全县共有党员12005名，其中机关党员2076名，企事业单位管理人员、专业技术人员1585名，农民5910名，工人438名，离退休人员1004名，其他职业992名。

一年来，曲沃县委认真贯彻落实中央、省委和市委的部署要求，全面加强党的执政能力、先进性和纯洁性建设，党建工作科学化水平明显提高。在思想政治建设上，按照“干部上讲台，培训到基层，网络全覆盖”的要求，广泛深入地开展党的十八大、十八届三中全会精神和习近平总书记一系列重要讲话精神学习宣传活动。县四大班子领导带头登台授课，县委组织部、宣传部、党校等部门组团巡回宣讲，在《今日曲沃》、县电视台、政府网站等新闻媒体开辟专栏深入解读，先后举办培训班300余期，培训全县各级干部8000余人次，下乡宣讲200余场次，受众达万余人次。采取“每季一讲”、“党政干部大讲堂”等方式，积极“请进来，走出去”，聘请专家学者授课辅导，组织干部外出考察学习，解放思想、转变观念，全县广大党员干部整体素质有了新提升。在领导班子建设上，坚持德才兼备、以德为先的用人标准，采取“一推双考一票决”的办法，对全县部分科级领导班子进行了调整配备，选拔10名同志到县直重要岗位任职，3名同志担任乡镇党委书记，3名同志担任乡镇长。同时，注重对年轻干部的培养，通过有限性竞争选拔的方式，选出3名品德优良、实绩突出、群众公认的优秀干部，配齐配强了团县委领导班子；从县直单位择优选派6名优秀年轻干部到农村担任“第一书记”，农村“两委”班子活力进一步增强。在干部队伍建设上，组织开展“访民生、知民情、解民事”和“转作风、走基层、抓落实”活动，广大干部深入基层、深入一线、贴近群众，共召开座谈会280余次，征求合理化建议118条，帮助农村解决实际困难384件，进一步密切了党群干群关系。继续推行政绩申报考核制度，7个乡镇、1个城市社区工委和48个部门的负责同志，通过电视直播的方式公开述职，接受了县四大班子和全县干部群众的考核评议，极大地调动了各级干部比学赶超、奋勇争先的积极性和创造性。在基层组织建设上，按照市委基层党建服务年的部署要求，以服务产业发展、服务园区建设、服务和谐稳定为重点，落实了每个农村1万元、社区5万元的党建经费，制定了农村“五好”、机关“五优”、非公企业“五强”的创星晋级标准，实行了百分制量化考评办法。具体工作中，树立了立恒公司党委和磨盘岭合作社党支部两个先进典型，围绕农业产业发展建立党支部，组织34个重点企业党组织与78个周边村开展了“共发展、惠民生”联建活动，基层党组织服务意识不断增强，能力和水平不断提升。在全县7个乡镇和6个系统党(工)委建立党代表工作室，县四大班子领导带头驻室开展工作，倾听群众诉求，合理解释引导，协调解决实际困难和问题300余件。在民主政治建设上，加强对人大、政协、一府两院和工会、共青团、妇联等群团组织的领导，支持他们协调一致、创造性地开展工作。党管武装工作进一步加强，“双拥”共建活动取得明显成效。充分发挥统战工作的积极作用，把社会各界的力量和智慧凝聚到了加快曲沃发展上。在党风廉政建设上，认真落实党风廉政责任制，强化领导干部廉政教育，通过发挥警示教育基地平台作用和精心打造晋国廉政文化教育基地等措施，在全县营造出以廉为荣、以贪为耻的舆论氛围，切实从源头上预防和减少了腐败现象的发生。围绕“项目推进年”活动开展，强化对全县重点工程项目的监督检查，有效保障了县委、县政府重大决策部署的贯彻落实。建立了“廉政曲沃”惩防信息网门户网站，初步搭建了行政审批电子监察、食品责任监督、阳光农廉网、工程建设领域项目信息等十大平台，拓宽了监督范围，延伸了监督触角。创造性的编写了《农廉守则》，着力规范农村干部履职行为，有力促进全县农村党风廉政建设深入开展，全年共核实各类涉农资2463万元，查处农村党员干部违纪案件1件，核实2件，给予党政纪处分3人。扎实推进纠风治乱工作，深入开展了民主评议政风行风工作，对教育乱收费、公路“三乱”、食品药品安全等群众反映强烈的突出问题继续保持了高压态势。不断加大案件查办力度，全年共查处违纪违法案件58件，给予党政纪处分62人，以反腐倡廉的实际成效赢得了群众的信任与支持。

2013年，全县地区生产总值完成108亿元，同比增长12%；规模以上工业增加值完成66亿元，同比增长14%；公共财政预算收入完成2.99亿元，同比增长18.04%；农民人均纯收入达到10260元，同比增长15.2%；城镇居民人均可支配收入达到22516元，同比增长12%。全县经济社会呈现出发展较快、效益较好、运行平稳、实力增强的良好态势。在工业发展上，坚持把打造集约、规模、高效的工业园区作为壮大工业经济的主要途径，全力推进五大“工业园区”建设。千万吨级钢铁工业园区建设稳步推进，通才120吨转炉及配套、污泥球回收、南环路改造和千亩莲池建设等项目均已竣工投入使用;马庄新型装备制造园区实力日益增强,方圆、亚华、盛格特、长林等企业注重科技创新,坚持多元发展,1万吨燃气管道、13亿只瓶盖、20万支太阳能路灯杆等项目相继投产达效;山西国际陆港曲沃项目园区开展了普查、选址和道路规划等前期工作,华电曲沃煤电一体化循环经济产业园区完成了资源详查,紫金山黄金产业开发园区已与山东招金签署了合作协议,三大园区为今后发展提供了更为广阔的空间。除此之外,还分别与山东润峰集团、上海华仪集团签署了光伏发电、风力发电新型产业合作项目,为推进全县工业经济转型升级注入了新的活力。在农业发展上,按照"一县一业"、"一村一品"要求,在全县规划建设了以"晋之源"统一冠名的八大精品农业园区,全市现代农业园区推进会在曲沃县召开,推广经验做法。全县蔬菜大棚发展到7800栋、3.6万亩,亩均效益万元以上,极大地促进了农业增效、农民增收。特别是立恒公司投资2亿元实施的太子滩现代农业观光园区一期3500亩盐碱地治理工程,走出了工业反哺农业的新路子,得到省、市主要领导的充分肯定。畜牧产业发展上,培育建成了各类畜牧养殖小区76个,形成万户根茂肉牛、东张寨绿洁养猪、曲村万只羊等10多个规模较大的养殖园区,全县畜牧业呈现出稳定健康发展的良好局面。实施了小型农田水利重点县、水库除险加固、百里新型经济带曲沃汾河治理与生态修复等基础设施建设工程,全县农业生产基础条件进一步改善。在城乡建设上。以东城新区开发建设为重点,投资18亿元实施了主干道路、行政功能区、公益设施区、商业住宅区等10大系列30项工程,人民医院、新乐昌中学、职业中学一期投入使用,六大住宅区、晋都文化公园、购物广场、星级酒店等一大批项目加紧建设,县城框架逐步拉大,功能日益完善。同时,按照百里汾河新型经济带总体要求和部署,对汾河沿线3个乡镇的资源进行统一整合、统筹规划、合理开发,启动实施了千万吨钢铁工业园区、国际陆港曲沃项目区周边村庄搬迁工作,以大县城为中心,以小城镇为节点的城镇化发展格局正逐步形成。在文化旅游发展上,围绕打造"晋文化"特色品牌,实施了以晋文化为主题的精品文化旅游线路延伸覆盖工程,初步形成了晋国博物馆文化游、磨盘岭农业观光游、浍河自然风景游、景明生态娱乐游、太子滩休闲度假游、桥山黄帝庙根祖文化游"六大"精品旅游区。其中,晋国博物馆完成投资1.4亿元,主体工程全部完工,正在进行装修布展、绿化、美化、亮化等后续工作;制作编排了宣传片《晋国风云》和晋国历史故事情景剧,增加了景区的文化含量和看点。桥山黄帝庙景区投资6000万元,完成了主体工程及部分配套设施。继续推行《古建筑认领保护办法》,吸引民间投资近亿元,对桥山黄帝庙、西海龙王庙、南林交龙泉寺等6处古建筑进行了保护修复,得到了省、市文物部门的充分肯定。在社会事业发展上,不断加大投入力度,着力保障和改善民生,兴办了一批惠民利民实事、好事。完成了曲沃中学生活区一期、曲沃二中办公生活用房及东城幼儿园等工程建设;县乡村三级卫生医疗机构服务设施功能进一步完善,新人民医院附属设施建设工程全面完工;保障性住房加快建设,完成了惠苑小区一期258套廉租房的配租配售工作和二期230套廉租房主体工程建设;对县城公交站点进行了改造,1、2号城市公交线路即将投入试运营;省委、省政府确定的农村"五件实事"全面完成;养老保险、医疗保险、农村低保、大病救助等各类社会保障制度健康运行,覆盖范围不断扩大,保障水平进一步提高。

(祁　磊)

附:一、中共曲沃县委书记、副书记、常委名单

书　记:张越轶(4月离职)　朱晓东(5月任职)

副书记:郭惠勇　崔绍民

常　委:成　功　程世杰　武兰萍(女)　牛春平(女)　刘岐山　费向前　管功克

二、乡镇党委书记、副书记名单

乐昌镇

书　记:李继红

副书记:秦康杰(3月离职)　杨文有(3月任职)

北董乡

书　记:于彩霞(女,3月任职)

副书记:于彩霞(女,3月离职)　樊奇选(3月任职)

史村镇

书　记:魏　波(3月任职)

副书记:魏　波(3月离职)　张艳红(3月任职)

曲村镇

书　记:孟海河

副书记:聂　磊

杨谈乡

书　记:杜　斌

副书记:李俊杰

里村镇

书　记:李建晋(3月离职)

副书记:武勇刚

高显镇

书　记:张永刚(3月离职)　秦康杰(3月任职)

副书记:杨文有(3月离职)　翟　剑(3月任职)

中共翼城县委工作概况

县委书记　郭行杰

翼城县共有党组织630个，其中包括16个党(工)委，6个党组，40个党总支和568个党支部。拥有党员15369名，其中：女党员2378名；少数民族党员72名；机关事业单位在岗职工党员4625名；离退休职工党员2007名；农村党员8017名；其他社会、经济组织中党员720名。一年来，翼城县委以打造引领转型跨越发展的强势引擎、汇聚干事创业正能量为目标，切实加强思想建设、队伍建设、组织建设、作风建设和党风廉政建设，全县党员干部队伍的凝聚力、创造力和战斗力进一步增强，为转型跨越、科学发展提供了坚实的政治保障。

一、狠抓思想政治建设，干事创业热情进一步激发

以统一思想、凝聚合力为目标，将学习贯彻党的十八大、十八届三中全会精神和习总书记一系列重要讲话精神当做首要政治任务来抓，举办领导干部集中轮训班3期，培训乡科级干部600余名；组建县委宣讲团深入乡村、机关、学校、企业做辅导报告50余场次，真正实现了思想上同心、政治上同向、行动上同步。以培育世界眼光、战略思维为目标，邀请中央党校、人大、国防大学、山西财大的知名学者，举办"翼城大讲堂"10期；组织县乡村三级领导干部外出就工业转型、城中村改造、现代农业发展等课题进行考察学习，全县上下干事创业的热情进一步高涨、思想进一步解放、理念进一步创新。

二、狠抓基层组织建设，服务发展能力进一步提升

以党建服务年活动为契机，创新载体，强化保障，全力提升基层组织服务发展的能力和水平。县财政列支640余万元，根据各乡镇总人口、所辖村数量的不同，分50、40、30万元三个标准为乡镇拨付专门工作经费，按每个党组织平均1万元的标准为各行政村、社区、老干部党组织拨付专项党建经费，确保了基层组织有资源、有能力为群众服务。深入开展了"访民生、知民情、解民事"集中走访活动、干部下乡住村包增收活动和结对帮扶活动，协调帮扶资金2600余万元，帮助办实事和解决实际困难1235个。全面推行"定查评"工作法，扎实开展承诺践诺考核、基层组织晋位升级星级管理等活动，基层党组织的战斗堡垒作用得到充分发挥。

三、狠抓干部队伍建设，用人导向进一步明确

紧紧围绕习近平总书记提出的"信念坚定、为民服务、勤政务实、敢于担当、清正廉洁"的好干部标准，坚持在推进科学发展的主战场、最前沿发现干部、识别干部、锻炼干部，严格按照编制、能力、民意选拔干部，县乡团委、妇联、工会换届任务圆满完成，提拔调整科级干部66人，选派15名县直单位优秀年轻副科级干部到乡镇挂职锻炼，选派6名县直机关年轻干部到农村担任党组织"第一书记"，鲜明的政绩导向、正确的用人导向进一步确立，干部队伍建设切实加强。

四、狠抓作风建设，党群干群关系进一步密切

坚持把改进作风作为密切党群、干群关系的重要抓手，按照中央和省委、市委关于改进作风的有关要求，制定了一系列规章制度，对改进工作作风、密切联系群众提出了明确要求。不断加大明查暗访力度，严肃查处违反工作纪律、大操大办、公车私用、公款旅游等行为，有效遏制了铺张浪费现象，确保了八项规定真正落到实处，使广大人民群众切实感受到了作风改进的变化和实效。

五、狠抓党风廉政建设，政治环境更加清明

坚持以党风廉政建设责任制为抓手，以廉政警示教育、风险防控体系建设、腐败案件惩处为重点，全力构筑"不想腐、不能腐、不敢腐"的立体防线。专门邀请省纪委专家开展警示教育专题报告，组织观看了警示教育片《暴风雨中的忏悔》，切实做到了警钟常鸣；组织全县正科级干部家属开展了"家庭助廉"活动，切实把好了家庭"廉洁门"。在各重点领域共查找风险点1758个，制定完善防控措施634项，廉政风险防控体系初步建立。建立完善了制度保障、案源挖掘、发挥综合效应等案件查办机制，全年受理群众来信来访78件，立案98件，结案96件，处分违纪人员96人，在全县形成了干部清正、政府清廉、政治清明的良好氛围。

面对2013年经济下行压力加大的严峻形势，县委按照中央"稳中求进"的总体部署，狠抓项目建设不放松，转变发展方式不懈怠，关注改善民生不动摇，维护社会和谐不松劲，经济社会发展保持了健康平稳运行的发展态势。

一是主要经济指标稳步增长。2013年，全县地区生产总值完成88亿元，同比增长8.4%；规模以上工业增加值完成49.9亿元；固定资产投资完成54.5亿元，同比增长34.3%；社会消费品零售总额完成32.1亿元，同比增长14%；城镇居民人均可支配收入完成21948元，同比增长11%；农民人均纯收入完成8076元，同比增长13.1%；公共财政预算收入完成5.5亿元，同比增长0.6%。

二是项目建设成效明显。城北铸造园区永益公司30万

吨大口径球墨铸管项目建成试产;与华翔集团、日本三菱集团合作的总投资6亿元、年产15万吨铸造及机加项目进入资产评估阶段。与阳煤集团合作建设的煤电化循环经济产业园区项目,园区规划已经省发改委正式批复,合作协议已正式签订,2×350MW电厂项目选址已确定,正加紧审批;整合煤矿改扩建工程7座基本完工,3座达到联合试运转条件。以中博会、农博会以及市政府上海、广州招商会为契机,大力开展项目对接、交流、推介工作,共对外推介项目16个,签约项目15个,县域经济发展后劲进一步增强。

三是现代农业发展扎实推进。制定了现代农业发展、农民收入翻番、苹果产业发展等发展规划,成立了农业专家咨询委员会,增强了农业发展科学化水平。按照“政府扶持、企业主导、设施配套、园区推进”的原则,1000亩设施农业试点任务圆满完成,南梁、南唐、里砦、唐兴、中卫等设施蔬菜园区建设初见成效,为今后扩大规模、提升效益,进而拓宽农民增收渠道奠定了坚实基础。以林果产业壮大加快“一县一业”建设步伐,新发展干鲜果经济林9800亩,创建省级标准化无公害果园5200亩,新增果品贮藏能力9600吨;20个“一村一品”项目专业村建设全面启动,南官庄村被授予“全国一村一品项目示范村”荣誉称号。着力提升畜牧养殖标准化、科技化水平,富民肉羊养殖项目和长汇20万吨饲料加工项目投产运营,富华奶牛养殖改扩建项目、鑫坤肉羊养殖项目完成年度建设任务,同时,完成了15万亩无公害农产品产地和43个无公害农产品认证工作,“翼州黄”小米被评为中国特色商业品牌和2013年中国市民喜爱品牌。

四是城镇一体化进程不断加快。县城总规修编完成并已经县人大常委会审议通过,已报市政府审批;县城道路、供水等专项规划编制完成;控制性规划编制已基本完成,待总规审批通过后,即可进入专家评审程序;5个城中村的改造修建性规划正在加紧编制。北环路竣工通车,唐霸文化公园、城西防洪排水、垃圾处理等工程加快推进,集中供气、供热覆盖面不断扩大,县城规模扩张与配套功能不足的突出矛盾进一步缓解。将城乡环境卫生整治作为城乡公共服务均等化的重要内容,加大财政资金保障力度,建立健全日常维护长效机制,城乡面貌焕然一新;硬化城区背街小巷15万平方米,解决了县城居民多年来出行难的问题;16个新农村建设重点村绿化任务、123个行政村的太阳能路灯安装工作全部完成,南唐乡符册村被农业部确定为“美丽乡村”建设试点村。同时,涉及400人的异地扶贫搬迁工作房屋建设全面完成,搬迁工作有序推进。

五是社会事业全面发展。16所中小学校舍安全工程、县乡幼儿园建设工程和3所高中基础设施提升工程全面完工,投资1000余万元的农村学校基础设施补充配备工作顺利完成,新招聘63名本科、研究生学历教师充实到农村教学一线,中考成绩名列全市第一,高考本专科录取人数达2901人,录取率达到77.24%,创历史新高。积极组织各类群众性文化活动和体育赛事,认真开展免费送戏下乡、送电影下乡活动,翼城琴书剧目《小算盘和大莽汉》获得山西省群星大奖,县文化馆、图书馆实现免费开放,文化惠民、文化精品建设成效显著。中医院正式投入使用,县中心医院建设工程顺利启动,2个乡镇卫生院、4个分院的业务用房建设和危房改造工程顺利完成。城乡居民社会保险和医疗、养老保险覆盖面进一步扩大,60周岁以上老年人基本养老金补助标准进一步提高,城乡低保户、农村五保户和重点优抚对象全部纳入保障范围,社会保障能力逐步增强。

六是安全稳定形势持续好转。以“夯实基础管理、落实工作责任”集中教育整顿活动为抓手,牢牢坚持“主干亲自抓、查找到一线、工作全覆盖”的原则,动员全县上下深入到各个区域进行隐患源、危险源的排查整治,排查整改重点问题302个,构筑起了长治久安的坚强屏障;深入开展安全生产专项整治、“打非治违”行动和第二个百日安全生产活动,加强日常安全监管、联合行政执法和教育培训,全县安全生产形势持续稳定好转,与去年同比事故起数减少4起,死亡人数减少2人,分别下降14.3%和13.3%。县、乡、村三级社会管理服务中心建设完成,群众办事更加便捷,社会治理的体制机制进一步健全,维护社会稳定的基础更加牢固。认真学习“枫桥经验”,继续落实信访联席会议制度、领导轮流接访制度和包案化解制度,各类信访问题的处理更加稳妥有效,中央、省、市督办的22件信访案件全部按时办结。深入开展“争当文明翼城人”活动、“讲文明树新风”志愿服务活动,精心组织公民道德讲堂,广大群众的思想道德素质明显提升,讲文明、树新风、促和谐的观念深入人心。

(高 伟)

附:一、中共翼城县委书记、副书记、常委名单

书 记:郭行杰

副书记:杨春权 张志宏

常 委:卫 勇 杨建军 董跃明 任吉龙 许拥军 孙晋辉 师香丽(女)

二、乡镇党委书记、副书记名单

唐兴镇

书 记:翟力龙

副书记:贾丽娟 吉顺俭 孙鸿龙

南唐乡

书 记:胡国华(女)

副书记:张天柱 张 东 王扬剑

里砦镇

书 记:任延青

副书记:贾永伟 张双燕 高 华 王宏山

王庄乡

书 记:翟铭娟(女)

副书记:杨晓清 冯日会 姜治国 郭 安(12月任职,挂职)

浇底乡

书 记:李学东

副书记：刘志强　张晓辉(女)　徐延平

隆化镇

书　记：李兴智

副书记：王新明　李清华　吕　晶(女)

桥上镇

书　记：单建民(6月任职)

副书记：侯文君　宋海英(女)　刘　明

西闫镇

书　记：刘双辉

副书记：孔祥龙　刘晓峰

中卫乡

书　记：李维跃

副书记：曹俊义　辛树盛　刘　义
　　　　刁　霞(女,12月任职,挂职)

南梁镇

书　记：张新民

副书记：石广武　高　华　周甲寅

中共浮山县委工作概况

县委书记　孙京明

2013年,在中央、省委、市委的正确领导下,中共浮山县委认真贯彻党的十八大、十八届三中全会精神,按照"围绕一个目标,突出三项建设,推动全面发展,打造美丽浮山"的工作思路,团结带领全县干部群众,加快推进转型跨越发展,全县呈现出经济社会健康持续发展的良好态势。全县地区生产总值完成47.43亿元,增长11.0%;规模以上工业增加值完成34.82亿元,增长15.6%;公共财政预算收入完成1.98亿元,增长0.1%;城镇居民人均可支配收入达到21128元,增长9.1%;农民人均纯收入达到6224元,增长11.6%。

一、以作风建设为突破,着力打造一流干部队伍。县委按照实现又好又快发展的要求,努力打造一支想干事、能干事、干成事、不出事的干部队伍

(一)强化教育培训。实施干部能力素质提升工程,全年共组织开展各级各类培训23批4277人次,多次派送科级以上领导干部到省委党校、西安交通大学、武汉大学、清华大学参加高端培训,特别是在清华大学开办了应急与突发事件管理高级研修班,邀请徐殿龙、刘树信等国内知名专家学者对浮山发展进行了把脉会诊,广大干部践行科学发展观的自觉性和坚定性进一步增强,谋发展、促发展的能力进一步提升。

(二)严格监督管理。认真落实中央八项规定,深入开展了"治理庸懒散奢"、整治"吃喝不正之风"、狠刹大操大办歪风、清理公务用车、办公用房和会员卡等系列清理整治活动,共组织明查暗访80余次,清理超标、超编、违规借出公车75辆,清理腾退公务用房1728.76平方米,4393名干部职工作了会员卡零持有承诺,给予党政纪处分91人。

(三)密切联系群众。按照中央开展党的群众路线教育实践活动的安排部署,结合市委"基层党建服务年"要求,县委从解决群众日常冷暖安危、油盐酱醋的家事、小事入手,探索推行了月初"亮"问题、季末"晒"作风、年底"评"优劣的"亮、晒、评"群众工作法,着力解决群众的个性诉求,密切党群干群关系,增强党组织在群众中的影响力、凝聚力。自7月份推行工作法以来,全县共亮出民事诉求信息4858件,已办结3590件,正在办结的1268件。省委、省政府办公厅内参刊物《山西信息》对浮山县的作法专版予以刊发,省委组织部汤涛部长到浮山调研时给予了充分肯定,市委组织部张明星部长作出专门批示。

(四)激发干事热情。县委班子成员坚持以身作则,带头改进作风、狠抓落实;在执行党纪党规方面,坚持高标准、严要求,努力做到带着大家干、做给大家看。全县广大党员干部群众心齐、气顺、劲足,形成了人心思进、人心思干、齐心协力、共谋发展的良好态势。

二、以项目建设为抓手,着力推进转型跨越发展。坚持把项目建设作为经济社会发展的重要载体和支撑,全县项目建设效果明显,在很多方面取得了突破性进展

(一)工业项目方面。中强煤焦电化材一体化园区项目总体规划已取得省发改委批复,焦化产能已获省经信委认可,活性炭项目正在试产。潞安千万吨煤矿已启动前期工作,华润10万千瓦风力发电项目即将进场建设,太平洋年产7000KM矿用(风能)电缆、5000KM特种电缆项目已经试产,尾矿砂综合利用规划已经完成并确定试点企业,正在申报全国尾矿综合利用基地县。

(二)农业和三产项目方面。玉杰现代农业循环经济项目,万吨全价饲料生产线投入生产,万头生猪养殖项目已经建成,到明年底年可出栏生猪3万头,初步形成了集食用菌生产、饲料加工、生猪养殖、玉米种植为一体的全封闭循环链条。"印象田园"生态农业示范园区旅游规划已经确定,投资3000万元完成了园区部分道路、供水、供电、节能温室等基础设施建设,明年将全面启动,到2015年底,将建成集休闲、采摘、游乐为一体的田园旅游区。

(三)民生项目方面。引沁入汾浮山引水工程,已确定引水方案并启动建设,建成后年可解决工农业用水2700万立方米,将彻底改变浮山县工农业用水、项目用水短缺的局面。浮山到临汾的一级路,项目工科方案已定,正在争取同时纳入古县—翼城高速规划。文化中心、示范幼儿园投入使用,新中医院、妇幼保健站、卫生监督所已经竣工,天坛路改造全面完成,集中供热面积50万平方米、集中供气达到3000户,10件惠民实事全面落实,市级文明和谐县城、省级卫生县城、省级环保模范县城创建工作扎实推进。

三、以安全稳定为根本,着力营造和谐安定社会环境。始终把和谐稳定作为硬性任务和第一责任,进一步巩固和发展全县政治社会和谐稳定的良好局面

(一)扎实开展“夯实基础管理、落实工作责任”集中教育整顿活动。紧扣“安全稳定”这一核心,以铁矿、选矿、尾矿库为重点,全方位、多领域、常态化查找和解决影响安全稳定的突出问题,明确整改时限、整改措施和具体责任人,严格按整改计划扎实整改。全县安全生产形势稳步好转,信访量与去年同期相比下降36.4%。

(二)强化在外人员管理服务。针对浮山在外人员和流动党员较多的实际,组建成立在外人员服务中心,并依托服务中心,成立了全县在外人员服务中心党支部和临汾工作站临时党支部。广泛印发了《致在外人员的一封信》,联系浮山籍在外人员5000余人,召开了部分浮山籍在临务工人员座谈会和北京“都一处”名牌文化寻访团座谈会,举办了流动党员党建知识及县情专题培训班,牵头规划建设了“浮山面食文化广场”,帮助解决入党、婚姻、招工、贷款等实际问题60余件。

(三)认真解决群众关注的热点社会问题。一是针对群众反映打“黑彩”泛滥的问题,由公安局牵头,在全县范围内开展集中打击地下“黑彩”专项行动,端掉地下“黑彩”窝点3个,收缴一批打黑彩所用电脑、手机等物品,传唤控制涉案人员20余人,同时加大宣传力度,特邀“中国民间劝赌第一人”尧建云现身说法,教育群众认清危害、远离“黑彩”,全县地下“黑彩”赌博活动得到有效遏制。二是对鑫坤园农业发展有限公司违法占地建猪厂并唆使工人以讨薪为名封堵交通道路的情况,采取果断措施,迅速平息事件,成立专案组进行深入侦查,在查明事实后,依法对犯罪嫌疑人及相关责任人给予了处理,有力维护了全县社会稳定。

四、以改革创新为动力,着力破解制约科学发展难题。坚持问题导向,积极破解影响和制约科学发展的难题,在减少行政审批程序、提高行政效能方面作了有益探索

(一)推行值班领导服务群众责任制。全县36个重点职能部门每天都有一名班子成员为办事群众全程提供引领协调服务,引导办事群众至相关承办科室或承办人,一次性告知办理事项所需材料和办理方法,并限时予以办结。受理事项、办结时限及办理情况在县阳光农廉网公示,接受群众监督。

(二)推进多网合一平台建设。积极整合各类网络资源和行政审批职能,推进多网合一平台建设,规划建设县便民服务中心,开展行政审批项目清理活动,减少审批事项150余项,压缩审批时限2/3,最大限度减少审批环节,缩短审批时限,提升行政效能,让办事群众少跑一趟路、少进一扇门、少找一个人,打造服务高效便民、运行公开透明的政务运行机制。

(周鑫)

附:一、中共浮山县委书记、副书记、常委名单

书　记:孙京民(1月任职)

副书记:张宏志(4月离职)　梁秀娟(女,4月任职)
王煦杰(7月离职)

常　委:尚　彬　任俊杰　张晓晖　刘云生
戴石高(6月任职)　郭瑞强(6月离职)

二、乡镇党委书记、副书记名单

天坛镇

书　记:盖　勇

副书记:康忠强　吉广宇

响水河镇

书　记:杨　哲

副书记:赵玉虎　陈　荣(女)

张庄乡

书　记:丰志华

副书记:李　晶(女)　李学亮

东张乡

书　记:陈波轩

副书记:王　强　郭立恒

槐埝乡

书　记:吉秀红(女)

副书记:侯　海　李学兵

北王乡

书　记:邢　磊

副书记:刘建忠　陈　光

北韩乡

书　记:张克彪

副书记:孙　滨　巢风电

米家垣乡

书　记:张　真

副书记:王二明　陈辽亮

寨圪塔乡

书　记:杨　波

副书记:张　虎

中共襄汾县委工作概况

县委书记　王国平

2013年，在市四套班子的正确领导下，县委一班人团结带领全县广大干部群众，紧紧围绕“转型跨越迈大步，进军中部百强县”赶超目标和全年“一四三十”总体部署，聚精会神谋转型、促跨越，圆满完成了各项目标任务。

一、狠抓发展，力促转型，县域经济发展实现新跨越

坚持把发展作为强县富民的第一要务，坚定不移推进四大转型，县域经济呈现出平稳较快发展的良好态势。一是现代农业基地建设稳步推进。按照“规模化、产业化、品牌化”的发展思路，加快农业现代化进程，围绕发展“一县一业”，建成南贾、襄陵、南辛店3个万头生猪养殖园区和10个千头标准化猪场；围绕发展“一村一品”，建成尧京葡萄、丁村白莲等8个万亩农业示范园区。积极落实各级强农惠农政策，扶持企业做大做强，全县年产值超500万元的龙头企业达到28家。对获得国家、省、市著名商标的农产品予以5—30万元的资金奖励，提高了“三品一标”认证积极性，促进了农业增效和农民增收。二是新型工业强县建设步伐加快。坚持“传统产业新型化、新兴产业规模化、产业发展园区化、经济发展循环化、高碳经济低碳化”的思路，大力发展新型工业。传统产业整合重组取得实质性突破，完成了万鑫达、万鑫原、晋能等规模以上焦化企业的资产重组；促成星原与太钢、鸿达与新兴际华的战略合作。新兴产业发展步伐加快，新上了辉瑞制药、宏峰纸业二期、爱德玛厨具等10个新兴产业类项目。六大工业园区建设初见成效，新兴重工年产60万吨高端铸件、宏源10万吨甲醇、星原100万吨高线盘螺等项目相继入驻园区。按照“多联产、全循环、抓高端”的理念，大力发展循环经济，新上了星原高活性石灰、光大90万吨干熄焦装置及配套发电等10个循环经济类项目。节能减排工作规范运行，对23家企业开展了能源审计，对50个重点企业进行了跟踪监管，对3家淘汰落后产能企业下达了限期关闭令，对13家工业企业和17家养殖企业进行了减排动态管理，GDP综合能耗同比下降3.9％。三是宜居宜业新区建设成效明显。按照全市“一城三区”总体规划和襄汾县“十二五”期间县城20平方公里20万居民的发展目标，坚持“东提西扩北推进”的工作思路，全力加快宜居宜业新区建设。投资6600余万元实施自来水管网、街巷改造等八大工程，大力改造提升河东老城；投资30多亿元实施八音广场、授时广场、滨河公园住宅区、丁陶大道住宅区等十大工程，着力建设河西新区；投资8.8亿元实施滨河东路建设和汾河治理工程，加快县城北推步伐，尽快融入临汾大市区。认真开展全省“百镇工程”建设和“两区同建”试点工作，完成了5个试点村的亮化、净化、美化工程，小城镇辐射和带动能力明显增强。四是根祖文化之乡建设全面提速。认真落实市委、市政府建设文化强市和打造“六大特色文化”的安排部署，按照“文物是基础、发展靠旅游、升华在节庆”工作思路，强力推进文化强县建设。晋作家具、北许锣鼓等10家文化产业公司不断做大做强，大美古韵排演的《丁陶鼍鼓》摘得第十届中国艺术节“群星奖”，滨秀文化一条街、张礼古玩市场、赵康文化产业园三大文化产业工程加快推进。引资26.6亿元对陶寺、丁村等六大景区进行开发，着力打造5个国家4A级景区、1个国家5A级景区，文化旅游业驶入加速发展的快车道。在推进四大转型的过程中，认真贯彻落实全市“项目推进年”活动部署，坚持“六位一体”统筹推进机制，全力抓好项目储备、签约、落地、开工、建设和投产六个环节，完成或超额完成了市定目标。

二、改善民生，构建和谐，社会建设取得新进展

坚持以人为本的执政理念，大力发展社会各项事业，全面加强和创新社会治理，让人民群众更多更公平地享受发展成果。社会事业长足进步。农村10所公立幼儿园改扩建任务全面完工，星原学校建成投入使用。县医院河西新院住院楼开工建设，邓庄、襄陵等5个乡镇卫生院完成改扩建投入使用，“全省计生优质服务先进县”通过验收。新增城镇就业7320人，转移农村富余劳动力7950人，为教育、卫生、畜牧系统招聘52名公职人员。五大保险参保42.8万人，城乡低保和农村五保实现应保尽保，500户农村困难家庭危房改造全面完工。林业生态县建设植树300余万株，造林2.86万亩，全县生态环境得到显著改善，人民群众幸福指数不断攀升。社会治理水平明显提升。建成县乡村三级网格化管理平台，为城乡居民提供了全方位服务。扎实开展“夯实基础管理，落实工作责任”集中教育整顿和“百日双千案攻坚战”活动，集中整治了一批安全隐患，化解了一批信访积案。稳步推进“平安襄汾”建设，严厉打击涉枪涉爆、“两抢一盗”等违法犯罪行为，促进了社会和谐稳定。

三、围绕中心，服务大局，党的建设得到新加强

坚持“围绕发展抓党建、抓好党建促发展”，党的思想、组织、作风和反腐倡廉建设取得新成效。思想建设成效显著。持续开展解放思想大讨论活动和学习型机关、学习型单位、学习型干部创建活动，评选出30名优秀学习型中青年干部，在全县营造了重视学习、崇尚学习的浓厚氛围。聘请国家级专家教授举办了8期干部大讲堂，选派一批科级干部赴广东顺德挂职锻炼，进一步解放了干部思想，提升了工作能力和水

平。组织全县各级党员、干部认真学习党的十八大和十八届三中全会精神以及习近平总书记系列讲话精神,进一步增强了全县党员干部的大局意识、责任意识和创新意识。组织基础进一步夯实。按照市委"忠诚型、公仆型、实干型、创新型、担当型、清廉型"用人导向,对32名干部进行了调整;实施"人才强县"战略,储备各类人才11490名,进一步壮大了企业经管人才、专业技术人才等六支队伍。队伍作风明显改进。认真贯彻落实中央八项规定和省市关于作风建设的各项要求,出台了《关于进一步改进工作作风的实施意见》和《关于厉行勤俭节约、反对铺张浪费的实施办法》。从严开展清车、清房、清卡等工作,狠刹公车私用、公款送礼、大吃大喝、大操大办等不正之风。扎实开展"访民生、知民情、解民事"集中走访活动,积极帮助群众解决实际困难和问题,促进了干部作风转变,密切了党群干群关系。党风廉政建设得到新的加强。加强源头治理,建立"清风丁陶"政务服务平台,打造了网络找政府、平台联万家的网络问政新格局。开展重点领域专项治理,对19个省市重点项目"六位一体"推进情况进行专项检查,对煤焦及非煤矿山领域、公路"三乱"等问题进行专项整治,狠抓大要案查办,立查案件125起、党政纪处分125人,有效遏制了腐败现象的滋生。

(宋 静)

附:一、中共襄汾县委书记、副书记、常委名单

书 记:王国平

副书记:程明温 (4月离职) 张宏志(4月任职) 张瑜庆 扈新起(挂职)

常 委:李青彦 贾安民 苏嘉邦 王志宏 杨建廷 徐红平(7月离职) 范志军 穆书涛(7月任职)

二、乡镇党委书记、副书记名单

新城镇

书 记:杨江滨

副书记:杜振锁 郭海峰

赵康镇

书 记:王世红

副书记:梁高跃 逯海英(女)

永固乡

书 记:聂增勇

副书记:梁 昌 沈震红(女)

南贾镇

书 记:臧俊民

副书记:里培杰 张俊生

汾城镇

书 记:张国强

副书记:马瑞刚 崔毅华

景毛乡

书 记:王彦珍(女)

副书记:苏毅忠 李 斌

南辛店乡

书 记:曹丽娟(女)

副书记:李晓枫 马东俊

邓庄镇

书 记:任治中

副书记:马 健 李增彦

大邓乡

书 记:梁彦明

副书记:吕 军 毛俊鹤

陶寺乡

书 记:李 刚

副书记:韩文跃 王茂发

古城镇

书 记:张 峰

副书记:郝英伟 张 伟

襄陵镇

书 记:张英杰

副书记:史耀刚 张 蓓(女)

西贾乡

书 记:刘学武

副书记:王 瑛(女) 康大刚

中共洪洞县委工作概况

县委书记 王黎明

2013年,在省、市委的正确领导下,洪洞县委坚持以党的十八大和十八届三中全会精神为指导,团结带领全县广大干部群众,牢牢把握"综改试验区"和"扩权强县"两大机遇,不断增强进取意识、机遇意识、责任意识,攻坚克难,勇于创新,经济发展、民生改善、文化建设、社会治理和党的建设取得了丰硕成果。全县生产总值完成165.5亿元;财政收入完成23.5亿元;一般预算收入完成11.5亿元,同比增长21.1%;限额以上工业增加值完成104.8亿元,同比增长13.5%;固定资产投资完成138.9亿元,同比增长37%;城镇居民人均可支配收入达到20096元;农民人均纯收入达到8249元;社会消费品零售总额达到43.8亿元。

一、以转型跨越为主线，强力推进百里汾河新型经济带建设

充分发挥沿汾地带区位、产业、城镇化优势，全面打造新型工业引领区、现代城镇精品区、高效农业示范区和文化旅游核心区，三农工作、招商引资、园区建设、项目建设、旅游开发齐头并进，全县经济实现了平稳较快发展。

“三农”工作全面加强。持续加大对历山农业观光园、大槐树生态农业园和天泽现代农业示范园三大园区的重点扶持力度，发挥示范园区的辐射带动作用，共培育市级龙头企业13家，农产品“513”龙头企业销售收入完成4.35亿元，新发展设施蔬菜5600亩，新发展药材5300亩，改造中低产果园2100余亩。新农村建设扎实推进。投资3000余万元，整修53个重点推进村的残垣断壁500余处，设置垃圾池5000余个；投资4200万元，完成涉及343个村的农村太阳能路灯亮化一期工程，共安装7360盏太阳能路灯；创新实施了以洪洞（天泽）现代农业转型综改示范园为代表的现代农业园区、新型农村社区“两区同建”的示范模式，被列为临汾市2013年“两区同建”转型综改标杆项目，探索出了一条新农村发展建设的新路子。不断加大强农、惠农、富农政策扶持力度，基层农技推广体系建设项目投入404万元，“一村一品”补贴项目投入256万元；不断加大对农民的技能培训，共开办电工、焊工、计算机、营业员、家政服务员等培训班24期，培训学员2532人，有组织地转移农村富余劳动力7300余人，农民收入稳步增长。

项目建设全面开花。深入推进“三个三分之一”招商工作法，实行专业化招商、定向化招商、亲情化招商，采取“走出去”与“引进来”相结合的方式，开展项目推介，吸引外资进入洪洞。通过参加西洽会、中博会及自行签约等方式，全年共签约20个项目，意向投资176亿元，招商引资工作成效显著。深入落实项目建设“六位一体”推进机制，进一步加大项目推进力度。2013年完成储备投资额1473亿元；完成项目落地43个，投资额达171亿元；开工项目29个，完成开工投资额101.9亿元。华翔精密制造三期、飞虹微纳米光电、飞虹高功率激光器、山焦20万吨甲醇、三维3万吨四氢呋喃等项目竣工投产；山焦60万吨烯烃、山水200万吨水泥等项目进展顺利；洪洞大酒店、滨河新区、碳纤维等项目达成合作意向；晨丰饮料、江苏鸿典新型材料、文化旅游商业街等项目已开始前期工作；锦江物流园新能源汽车城项目已入驻甘亭园区。不断完善园区建设，共规划实施了3个农业园区、4个工业园区、2个旅游景区、2个物流园区和1个滨河新区，进一步明确了园区定位，突出了产业特色，延伸了产业链条，形成了集聚效应。园区发展的带动效应不断显现，为顺利实施“2811”转型综改任务提供了坚强保障。

旅游开发继续深入。坚持把文化旅游业作为第三产业发展的龙头引领，全力打造三产发展平台，推动服务产业繁荣发展。先后出版了《话说广胜寺》、《祖槐》等作品，正在编撰《洪洞楹联大全》、《历代皇帝与洪洞》、《洪洞通史》等系列作品，着力打造寻根文化品牌，提升洪洞县旅游文化内涵。积极完善旅游配套服务设施，推进落实景区拓展改造工程。投资406万元，完成了大槐树景区监控、照明工程、燃气工程和消防工程；广胜寺景区长2公里的洪广南路实现竣工通车；以“根祖文化”为核心，规划总面积6000余亩的“汾河之韵”景观区初具雏形。政府大楼平移工程已经完工，旧县衙恢复工程已经启动，旅游链条进一步延伸。2013年以大槐树、苏三监狱、广胜寺为核心的旅游景区，共接待游客372万人次，实现旅游门票收入5200万元。

二、以宜居洪洞为目标，继续引深六城同创

基础设施不断完善。按照“大县城”战略规划，推进扩容提质步伐，汾河生态修复治理与保护二期工程涉及的引河开挖护砌、桥梁工程已经完工，汾河东岸景观工程全部完工，已向市民开放；总投资12亿元的滨河东路贯通工程一、二、三标段基本完工，工程建成后将进一步拉大城市框架，为洪洞融入临汾十五分钟经济生活圈起到积极作用。

生态环境不断优化。通过大力度实施结构、工程、管理和技术四大减排措施，全县万元地区生产总值能耗、工业固体废弃物综合利用率、万元工业增加值用水量降幅、地下水止降回升、二氧化硫排放量、化学需氧量排放量、氨氮排放量、氮氧化物排放量、烟尘粉尘排放量等指标全部完成或超额完成了市下达的目标任务。全县环境质量持续改善，城区二级以上天数达到335天，二级天数优良率达91.8%。

市民素质不断提升。开展国家文明县城创建活动，开展讲文明、树新风公益广告展播，选树了一批好人好事和先进典型；举办“道德讲堂”，加强培育社会主义核心价值体系建设，不断提升市民道德素质；进一步强化未成年人爱国主义教育、思想道德教育，为青少年健康成长营造了良好的成长环境。

品牌效应日益显著。随着洪洞县成功创建国家卫生县城，长治市、晋城市四大班子率领高平、阳城、沁水、泽州等县市的领导班子陆续来洪洞县参观考察，临汾的襄汾、翼城、乡宁、侯马等兄弟市县来参观学习。省委书记袁纯清同志在两次观摩考察中充分肯定了洪洞县搭建“六城同创”平台，创新社会治理的做法；洪洞优美的城市环境、宽松的投资氛围，让各地客商对“华人老家”有了全新的认识和体会，洪洞正品牌效应开始走出山西，走向全国。

三、以城乡统筹为根本，着力推动社会发展

加快发展教育。不断平衡城乡教育发展，加大对农村的教育扶持力度，发挥优质教育资源的辐射作用，完成了苏堡学校、东街小学等10所义务教育标准化学校建设任务；在抓好学前教育、义务教育的基础上，全力发展高中教育，向教育要内涵、要质量，不断提升洪洞教育品牌度。2013年全县高考成绩再创历史新高，二本B类以上达线1783人，达线人数比去年增加200人，高考成绩连续五年呈稳步上升态势。

做好就业工作。把拓宽就业渠道作为民生改善的重要突

破口,采取面向农民工发布用工信息、对农民进行职业技能培训、为大学生提供就业岗位等形式,努力扩大就业,控制失业,确保了全县就业形势的基本稳定。举办各类专项招聘会20余场,发布各类用工信息累计500余条,提供就业岗位9680余个,全年实现就业、再就业人数7505人,创业带动就业996人。

强化社会保障。不断健全城乡社会保障体系,城镇职工居民基本医疗保险、基本养老保险、生育保险和农村新型合作医疗参保覆盖面进一步扩大,基本实现了社会保险全覆盖,城乡低保及农村五保救助水平进一步提高。全县各种社会保险参保人数累计达18万人,征缴基金达2.2亿元;城乡居民社会养老保险参保人数累计达42.6万人,共征缴保费3885万元;发放城乡低保金4529万元,发放农村五保金587万元,发放冬季取暖用煤20.5万吨。

维护社会安定。以创建国家平安县为突破口,积极推行“三级联动、十安联创”,深入开展基层平安创建活动,有力推进了基层社会服务管理体系建设,大力实施网格多元化服务、精细化管理;强力打造百里汾河平安法治带,服务和保障了转型综改试验区建设;合力推进大综治,落实大防控,构筑大平安,强化“重点治理”,完善立体防控,紧紧抓住影响群众安全感的突出治安问题,集中开展了打击违法犯罪“六场硬仗”和社会治安“六项整治”活动,消除了治安盲点,净化了治安环境。妥善处理了曲亭水库漏水事件各项善后工作,受灾群众的生产生活秩序已恢复正常,受到了中央、省、市领导的充分肯定。深化平安临汾建设工作会议在洪洞县召开,标志全县社会治理工作走在了全市的前列。

确保安全生产。严格按照“全覆盖、零容忍、严执法、重实效”的总体要求,紧紧围绕“零违章、零隐患、零事故”工作目标,落实安全生产责任制,全力做好安全生产各项工作,有效防范和遏制了安全事故的发生。全年煤矿、非煤矿山、危险化学品等领域没有发生一次重大责任事故。

狠抓信访稳定。建立健全信访工作机制,继续在全县大力推行事前预警防范、事中处置化解、事后反馈关怀“三段式”信访工作模式,有效化解了各类信访矛盾。新建的信访服务中心投入使用,标志着全县信访工作逐步走向制度化、规范化运行轨道。去年10月,全面落实县级党政领导干部信访接待日工作制度,进一步畅通了群众诉求渠道,维护了群众的合法权益。

四、以十八大和十八届三中全会精神为指导,全面加强党的建设

全面贯彻落实中央精神。党的十八大和十八届三中全会召开以后,县委中心组迅速召开学习会议,集中学习会议精神,组织宣讲团,将中央精神宣传到一线,进一步加深了干部群众对中央精神的理解和掌握。中央出台“八项规定”后,下发了《关于改进工作作风、密切联系群众的若干规定》和《关于厉行勤俭节约、反对铺张浪费的通知》两个文件,迅速在全县掀起贯彻落实中央“八项规定”的热潮。结合“夯实基础管理、落实工作责任”集中教育整顿活动,各级领导带头做表率,带头查找问题,主动剖析不足,集中教育整改,为全县经济社会持续、健康发展创造了良好的环境。中央开展第一批党的群众路线教育实践活动以来,县委认真学习中央以及省市精神,在思想上高度重视,在作风上提前改进,在学习上及早入手,由县级领导带队,深入一线、走进基层,了解群众的困难和需求,为扎实搞好第二批群众路线教育实践活动奠定坚实基础。

稳步推进基层组织建设。坚持开展争创先进、红旗、功勋村级组织活动,激励农村干部全身心投入新农村建设。实行农村干部结构性报酬制度,基础部分、绩效部分各占总额的40%、60%,拉开档次,绩效管理。进一步建立健全基层党组织晋位升级长效机制,继续推行“四议两公开”工作法、文建明工作法,以及“定、查、评”工作法、党员承诺评议、非公经济党组织“双强六好”等行之有效的制度和做法。落实《洪洞县农村党支部和村民委员会工作规范(试行)》,健全完善20余项规章制度,理顺和规范了农村“两委”关系。继续加强干部队伍建设。在选拔培养干部方面,积极探索选人用人新机制,采用民主推荐、能力测述、实绩考核和征求各方面意见等相结合的方式,调整了18名能力强、作风硬的年轻同志到重要岗位任职,加强了乡镇班子建设。选派10名县直单位35周岁以下的年轻副科级干部到信访部门挂职锻炼,选派6名县直单位年轻干部到村担任“第一书记”,让年轻干部“接地气”、长才干。继续深化“一堂二校三化四挂”干部教育培训机制,进一步加大党的十八大和十八届三中全会精神的学习培训力度,在武装头脑、指导实践、推动工作上取得了实效。

持续深化党风廉政建设。坚持把构建惩防体系作为增强各级领导干部廉洁自律意识和拒腐防变能力的基础性工作来抓。以落实中央八项规定为重点,扎实开展纪律作风教育整顿活动,狠刹公车私用、大操大办不正之风,开展专项检查60余次,查处9起违反八项规定精神典型案件;加大案件查办力度,有案必查,有腐必惩,全年共接举报244件,查结上报案件166件,党纪处分106人,政纪处分77人。通过一系列的举措,严厉打击了违法腐败行为,清理整顿了不正之风,全县政治环境进一步风清气正。

不断完善民主政治建设。支持县人大及其常委会依法履行职权,围绕“六城同创”、安全生产等课题开展视察和专题调研;支持县政协积极履行政治协商、民主监督、参政议政职能,紧扣社会治理、民生改善等课题积极开展调查研究、建言献策;巩固和壮大最广泛的爱国统一战线,支持各民主党派、工商联、无党派人士加强自身建设;加强党管武装工作,扎实推进国防教育、民兵预备役和双拥共建工作;加强对工会、共青团、妇联等人民团体的领导,重视并支持老干部工作和关心下一代工作。

(曹　月)

附:一、中共洪洞县委书记、副书记、常委名单

书　记:王黎明

副书记:郑步电(2月任职)　赵双宝　韦　阳(挂职)

常　委：王晓斌(4月离职)　张玉龙　李　竟
　　　　翟建科　乔永生　樊如荣　刘春林

二、乡镇党委书记、副书记名单

大槐树

书　记：敬三平(5月离职)　邱　波(5月任职)

副书记：高红安(5月离职)　李　白
　　　　张炜华(5月离职)　刘向明(5月任职)
　　　　朱　伟(5月任职)

甘亭镇

书　记：乔建红

副书记：樊　玎　马龙娃(5月离职)
　　　　袁红卫(5月任职)

曲亭镇

书　记：刘舒华(女,5月离职)　高红安(5月任职)

副书记：张文俊(5月离职)　黄随军(5月离职)
　　　　张　莉(女、5月任职)　孙海勇(5月任职)

苏堡镇

书　记：杨瑞平(5月离职)　石心强(5月任职)

副书记：何林渊(5月离职)　纪华武(5月任职)
　　　　王　鹍(5月任职)

广胜寺镇

书　记：郭惠军

副书记：石心强(5月离职)　张新海(5月任职)
　　　　乔马刚(5月任职)

明姜镇

书　记：席青松

副书记：张春芳(6月离职)　刘俊刚(5月离职)
　　　　张志君(6月任职)　张建忠(5月任职)

赵城镇

书　记：王秋平

副书记：林北红(5月离职)　史剑锋(5月离职)
　　　　席苏顺(5月离职)　张文俊(5月任职)
　　　　刘志敏(5月任职)

万安镇

书　记：邱　波(5月离职)　郭双平(5月任职)

副书记：周颖峰　石云峰(5月离职)
　　　　郭安生(5月任职)

刘家垣镇

书　记：柳　勇

副书记：贾宏海(5月离职)　朱江平(5月任职)
　　　　冯卫卫

淹底乡

书　记：郭双平(5月离职)
　　　　贾宏海(5月任职,6月离职)
　　　　张春芳(6月任职)

副书记：朱江平(5月离职)　史剑锋(5月任职)
　　　　邢宝记(5月离职)　王　丰(5月任职)

兴唐寺乡

书　记：王　欣(5月离职)　李静丽(女、5月任职)

副书记：蔺华峰(5月离职)　郭志刚
　　　　董　瑜(5月任职)

堤村乡

书　记：张洪宝(5月离职)　刘舒华(女,5月任职)

副书记：乔　强　张旭东(5月离职)
　　　　郭　生(5月任职)

辛村乡

书　记：郭芳芳(女)

副书记：高彦民　乔新明(5月离职)
　　　　高增红(5月任职)

龙马乡

书　记：倪宁慧(5月离职)　杨瑞平(5月任职)

副书记：郭　翔　王洪刚(5月离职)
　　　　王海涛(5月任职)

山头乡

书　记：崔保喜(5月离职)　林北红(5月任职)

副书记：刘向明(5月离职)　李洪峰(5月离职)
　　　　蔺华峰(5月任职)　任文彪(5月任职)

左木乡

书　记：李金龙

副书记：陈云川　王湖锁(5月离职)
　　　　杜延海(5月离职)　张虎娃(5月任职)

中共安泽县委工作概况

县委书记　任秀红

2013年，安泽县委深入贯彻落实党的十八大、十八届三中全会精神，围绕“一创六县三转化三目标”发展战略，以项目推进、产业升级，作风改进、党建升级的“两进两升”为工作重点，团结带领全县干部群众，较好的完成了年初确定的各项目标任务，全县经济社会保持了平稳较快的发展态势。全县地区生产总值完成48.27亿元；规模以上工业增加值36.48亿元；固定资产投资41.64亿元，增长35.1%；社会消费品零售总额6.97亿元，增长14.49%；城镇居民人均可支配收入20256元，增长10.4%；农民人均纯收入6532元，增长13.9%。以上六项指标，在全市的增速排名分别为第5、第8、第7、第1、第7、第

1,公共财政预算收入与去年相比略有增长,总量排名全市第8,综合实力较上年明显提升。

一、项目建设

将项目建设作为经济工作的“总抓手”,县委常委会多次对项目建设进行专题研究,严格推行一个项目、一名领导、一个单位、一套人马、一抓到底“五个一”包联工作机制,不断加大招商引资力度,切实解决项目推进中出现的各类问题和困难,全年项目储备、签约、落地、开工、建设、投产“六位一体”各项指标顺利完成市定任务。总投资52.6亿元,涵盖产业发展、基础设施、社会事业等方面的53项工程项目,完成投资32.95亿元,全部完成序时进度,其中完工34项。

二、工业建设

坚持以煤为基、多元发展,投资5.6亿元,完成玉华、玉和泰、安鑫、登茂通四座煤矿提能改造建设工程;天盛化工15万吨煤焦油深加工异地改造、1.2亿块煤矸石烧结转、120万吨重介洗煤等延伸项目的土建工程;坚持园区引领、循环发展,着力推进唐城煤焦化工业园区建设,园区总体规划和产业规划均已获批复,园区配套设施南湾110千伏变电站项目已完工,并投入试运营。工业园区取水许可审批已上报省水利厅。特别是,针对煤焦价格下滑、销售下降、效益缩水等一系列问题,切实加强对主要工业产品的监测和调控,突出“一企一策,因企施策”,千方百计帮助企业解决原料供应、电力保障、产品运输等要素方面存在的困难和问题。同时,采取减、免、缓等措施优化企业发展环境,对每吨签订购销协议的原煤减免财政收费30元,为企业轻装上阵、加快发展营造了宽松环境。全县原煤产量完成510万吨,同比增长15.5%,焦炭产量完成262万吨,同比增长74.57%。

三、三农工作

纵深推进“农业固县”战略,突出规模化、生态化、品牌化,致力发展绿色生态、规模品牌农业。深入推进“双千万”促农工程,出台17条具体奖补措施,累计发放奖补金额680余万元。全力抓好四大主导产业,以优质玉米为重点,不断强化农业基础设施建设,积极推进现代玉米丰产方建设,巩固扩大优质玉米种植规模,全县玉米总产量稳定在12.7万吨;加快“一县一业”基地县建设,引进基地项目等资金640万元,实施了500亩连翘育苗基地、1.5万亩中药材惠农种植项目,连翘成功通过国家地理标志产品认证,并与康仁堂药业就合作开发中药材达成初步意向;深入开展“核桃管理年”活动,补植补栽核桃35万株,全县优质核桃保存率95%以上的达到1.4万亩;主攻标准化、生态化,加强无害化处理设施建设,发展规模健康养殖,全县规模大户突破200户,全县畜禽存栏总量达到74万头(只)。加快蔬菜产业发展,新建春秋大棚327座,日光温室48座,全县蔬菜播种面积达到1.4万亩。坚持“龙头+基地+合作社+农户”发展模式,着力扶持蔺泉酿酒、润祥农贸等现有农副产品加工企业和各类农民专业合作社发展,成功引进金玉玉米等龙头企业,新发展农民专业合作社62个,全县合作社总量达到363个(省级示范窗口合作社4个),全县农副产品加工企业年产值达7800余万元。

四、生态旅游

以“山上治本、身边增绿”为重点,加大造林绿化力度,扎实推进“两山两林两区”工程,全年完成人工造林1.1万亩,四旁植树65万株。重点实施了劳井至边寨大油松通道绿化和月亮湾植物园工程,打造了交通沿线“绿色风景”和县城绿化“景观园林”。投资2727万元,实施了泗河安泽段河道治理工程,投资300余万元,完成了泗河、沁河庄12平方公里的小流域治理。持续开展“碧水蓝天”工程和节能减排工作,污染物排放控制在市定控制指标以内,全年空气质量二级以上天数达365天,其中一级天数102天。深入挖掘荀子文化底蕴,持续推进荀子文化园建设,以荀子文化为龙头发展旅游产业和物流业,以宜居生态为核心打造临汾后花园,全县累计接待游客15万人次;加快推进物流产业发展,全县9家物流企业,全年营业总额达6900万元。

五、城乡建设

以建设“山水园林城”和“省级文明县城”为总体目标,突出“大交通”、“大城建”理念,编制完成了县城控制性详规等3个总体规划和城市道路交通规划等5个市政专项规划。先后投资2500余万元,完成了马壁张峰水库淹没道路复建工程;投资1000余万元,实施了唐城工业园区外环路工程;投资500余万元,对各乡镇道路、涵洞和桥梁进行了维修,对全县因洪灾损坏的漫水桥进行了修复;投资800余万元,完成了杜村至石槽连通路工程;投资1.39亿元,实施了“一纵一横”旧城改造提升、县城街巷道改造、奥体中心、垃圾处理厂、保障性住房、月亮湾植物园、音乐喷泉等城建重点工程,宜居城市的建设质量进一步提升。围绕“一廊两道七区”建设,高标准实施了第二轮新农村建设工程。投资493万元完成了53个行政村街道亮化,安装太阳能路灯1060盏。投资1491万元完成320户农村困难家庭危房改造工程和147户特困群众易地搬迁任务。投入1167万元深入实施农村环境整治工程,配备保洁员150名,保洁车辆80余台,清理垃圾1.85万方,残垣断壁45处,受惠群众7.5万人。积极推行农村清洁能源应用技术,建造节能型吊炕500户。目前,全县13个城镇化建设村,7个省重点推进村和2个连片区已全部完成建设任务;县定11个新农村建设村,已完成年初自选项目的建设,农村生产生活面貌持续改善。

六、民生改善

坚持以人为本,全力实施“民生和县”战略,加大政策引导、资金扶持力度,有力推动社会各项事业发展。社会保障方面,投入5400余万元,实施住宿生交通补助、农村饮水安全等10件民生实事。其中,取消25项涉民行政审批收费项目,为群众减免费用40余万元；投入330余万元，为全县群众购买了意外伤害保险；投入121.94万元为全县26.8万亩玉米购买了种植保险，农户因受灾获得赔付107万元。全面提高城乡低保标准，城市低保每月增加30元，农村低保每月增加22元。机关事业养老保险参保人数达到5139人，参保率达到93%；企业养老保险参保人数达到6185人，参保率同比增长20%；农村居民社会养老保险参保人数达到27345人，参保率同比增长30%；医疗保险参保人数达到20309人，参保率同比增长15%；工伤保险参保人数达到14556人，参保率同比增长30%，保险覆盖面不断扩大。为全县885名80岁以上老人发放补助金93.9万元。全年新增就业岗位840个，转移农村劳动力1720人，城镇失业人员再就业170人。圆满完成低收入农户冬季取暖用煤工作，免费供应取暖用煤24829吨。文化方面，大力实施文化惠民工程，投资441.7万元，完成了望岳楼安泽史情馆布展工作；重点推进乡镇文化站能力提升工程，全部完成7个乡镇建设任务；积极组织参加市县形象歌曲展演大赛，歌曲《辉煌安泽》被市委、市政府授予二等奖；持续做靓群众文化活动，全年共举办“乐在周五”232期，送文化进农村108场，国家、省、市媒体集中采访报道了全县群众文化活动开展的经验做法，在全省大力推广“安泽经验”。以文明单位、文明县城创建为载体，深入开展道德模范、青年志愿者、未成年人思想道德教育等活动，有效提升了全县文明创建水平。教育方面，投资2000余万元，完成了冀氏幼儿园新建和石槽、北三交村级幼儿园建设任务、完成义务教育标准化设施配套等工程建设，继续实施了“十二年教育全免费”等教育惠民工程；深入开展顶岗支教、“三名”创建等活动，招录教师80名，调配中小学校长28名，教育教学质量全面提升，2013年高考达二本B类以上录取分数线161人，再创历史新高。卫生方面，投资2000余万元，完成了县急救中心、中医院康复中心、和川、良马卫生院及石槽卫生服务站改扩建工程，完善了县医院、中医院医疗设备配备。全面完成公立医院改革任务，实现了药品零差价销售，为群众让利283万元。

七、社会管理

扎实开展“夯实基础管理、落实工作责任”主题实践活动，全面落实主体责任和监管责任，严格执行各项安全生产制度，突出抓好煤矿、森林防火、道路交通等重点领域的安全工作，各项安全指标均在市定控制指标以内，为转型跨越发展营造了安全和谐稳定的发展环境。特别是，去年太岳焦化有限公司脱硫液泄露事件的处置工作，得到了市委主要领导的充分肯定。以“三级中心、一网一格”服务体系为抓手，坚持依法行政，强化执法监督，健全完善矛盾排查调处网络，切实畅通群众诉求渠道，全力化解基层各类矛盾，不断提升群众安全感和满意度，有效确保了社会的平安稳定，2013年全县信访量131件，较2012年下降42.8%，连续四年呈下降趋势，被中央综治委授予“全国平安建设先进县”荣誉称号。

八、党的建设

以作风改进、党建升级为重点，领导班子思想建设、干部队伍建设、基层组织建设和反腐倡廉建设得到全面加强。思想建设全面推进，致力打造学习型党组织，不断加大“一学三培”力度，举办“干部大学堂”14期，培训党员干部5130余人次；开展农村“领头雁”培训2期，培训人数达175人次；举办2期全县科级干部培训班，重点围绕十八届三中全会精神对418名科级干部进行了专题培训；先后选派34名科级以上干部赴中央党校、武汉大学学习充电。强化干部在线学习，注册学员上线率100%，平均学习达86.76个学时。坚持整合培训资源进党校，开展农村党员技能培训、公务员培训等培训54期，参训达6199人次。队伍建设全面强化，严格按照《干部选拔任用工作条例》相关规定，调整提拔科级干部145名，竞争性选拔30岁以下年轻干部11名，公开招录乡镇事业单位人员50名，选派4名公务员或参照公务员到农村担任“第一书记”，圆满完成了“两会”选举和县、乡团委、妇联换届任务。严格落实“一定三有”政策，为全县年满60周岁、任职10年以上的离任“两委”主干每月发放100-200元生活补贴，累计发放24万余元；加大村官创业扶持力度，累计发放创业贴息贷款100万元，引导14名大学生村官参与创业；认真落实“推优制、公示制和票决制”，全年共在优秀青年农民、机关业务骨干、企业生产能手中发展党员94名。服务型党组织建设全面加强，把“服务”作为组织建设的价值取向和功能定位，努力探索建设服务型党组织，以“三级中心、一网一格”为服务平台，制定完善了《农村功勋、红旗支部书记评选办法》等一系列制度，三级中心服务群众的作用得到充分发挥，全年累计解决群众诉求5114件5444人次。引深推进“双引领双服务”活动，全年新增“双引领”示范村7个，新增产业项目49个，总量达到321个，集体经济积累5万元以上的村达39个。深入开展“定、查、评”、“访民生、知民情、解民事”集中走访活动和干部下乡驻村包村增收活动，帮助解决群众实际困难840余件。反腐倡廉全面深化，中央“八项规定”出台后，县委及时研究出台了《安泽县改进工作作风十项规定》，对改文风、改会风，厉行勤俭节约等方面作出了严格细致的要求，县委常委身体力行、率先垂范，各级党员领导干部坚决贯彻、不折不扣，取得明显成效。清理办公用房1379平方米，各类会议同比下降21.74%，文件同比下降10.42%，三公经费支出同比下降20.66%；创新推行《重点项目审批“绿色通道”实施办法》，全县审批项目精简到92项，精简幅度达到54%；强化作风纪律整顿，开展明察暗访80余次，查处违反纪律作风案件48起，给予党政纪处分48人；加大腐败案件查办力度，全年立案80件，结案80件，给予党政纪处分80人，有效维护了党纪政纪的严肃性。

（郝　瑞）

附：一、中共安泽县委书记、副书记、常委名单

书　记：任秀红（女）

副书记： 郑步电(2月离职) 毛跟云(4月任职)
牛庆国

常 委： 陈鹏飞 高成锁 杨玉果(女) 安海清
唐纯军(5月离职) 连忠武
程江平(7月任职)

二、乡镇党委书记、副书记名单

府城镇

书 记： 牛福生

副书记： 张建富 郭有锁(4月离职)
卫建华(4月任职)

唐城镇

书 记： 李世明

副书记： 张福增 王志刚(4月离职)
孟连根(4月任职)

和川镇

书 记： 王朝峰

副书记： 周来群 范成仁(4月离职)
李淑玲(女、4月任职)

冀氏镇

书 记： 张俊生

副书记： 任云智 薛长森(4月离职)
袁翠英(女,4月任职)

杜村乡

书 记： 王新文

副书记： 付 强 张桠杰(4月任职)

马壁乡

书 记： 雷政萍(女)

副书记： 刘建军 张里锁(4月离职)
任德茂(4月任职)

良马乡

书 记： 赵春亮

副书记： 张国强(4月任职) 李栓香(女,4月离职)
孙爱民(4月任职)

中共古县县委工作概况

县委书记 李 菲

古县共有基层党组织313个，其中乡(镇)党委7个，县直机关(系统)党委7个，派出性工委1个(非公经济组织工委)，公安局党委1个，机关党总支3个，公有企业党总支1个，事业单位党总支1个，党支部292个。在党支部中，有农村支部111个，机关支部72个，事业单位支部42个，企业支部62个，民办非企业支部1个，乡镇社区支部4个。全县共有党员6726名，其中农民党员2771名，在岗职工党员3009名，离退休党员599名，其他党员347名。2013年新发展党员193名。

2013年，全年生产总值完成51.4亿元；规模以上工业增加值完成40.2亿元；公共财政预算收入完成4.8亿元，完成任务的105.6%；城镇居民人均可支配收入完成22817元，同比增长11.1%；农民人均纯收入完成7179元，同比增长12.5%，经济社会各项指标均圆满完成既定任务。

一、创新载体，落实责任，着力提高基层党建科学化水平

古县县委按照“围绕发展抓党建，抓好党建促发展”的总体思路，积极创新党建工作载体，探索服务转型跨越领先发展的新路子，基层党建工作科学化水平不断提高。

(一)思想政治建设成效显著。把学习宣传贯彻十八届三中全会精神和习近平总书记一系列重要讲话精神作为首要政治任务，召开全县干部大会进行传达贯彻，县委常委带头到基层联系点和分管领域宣讲辅导，举办培训班和专题讲座，对各级党员干部进行集中轮训。深入贯彻落实全国、省、市宣传思想工作会议精神，研究出台了《关于加强宣传思想工作的实施意见》，对加强意识形态领域斗争作出部署，进一步强化了各级领导干部的政治责任。同时，继续深入开展领导班子思想政治建设“四加强三提升”活动，大力开展“对党忠诚”教育，广泛开展各层次谈心谈话活动，进一步提升了广大党员干部的思想政治水平。

(二)干部队伍建设持续加强。制定《关于加强高素质执政骨干队伍建设，服务转型跨越发展的实施方案》，实施领导班子建设工程、干部能力素质提升工程、年轻干部成长工程

和落实干部日常监督管理的“3+1”工作机制。根据工作需要，调整充实了相关单位领导班子，完成古县三中、城镇小学校长公开选聘工作，一大批年富力强、德才兼备的干部走上领导岗位。选派25名县直优秀年轻干部到村任“第一书记”，按要求从大学生村干部中招录乡镇公务员10名、选拔乡镇副科级领导干部3名。先后举办外向型高端培训班5期、县内培训班2期、专题讲座5场，累计培训党员干部8000余人次，切实提高了各级干部改革创新、服务发展的能力和水平。不断加强干部日常监督，修订完善了《年度目标责任考核奖励办法(试行)》，形成正确导向。

(三)基层党组织建设扎实推进。全面落实党建工作责任制，大力推行“书记抓、抓书记”、“三级联述联评联考”制度，强化了各级党组织书记抓党建工作的“第一责任”。扎实推进“基层党建服务年”活动，出台了《关于基层党建服务全面建成小康社会的实施意见》，探索建立了基层党组织书记“十个一”工作机制，成立了社区党总支和4个社区党支部，初步实现了社区“一格三员”网格化管理；确定了15个农村党支部“增加集体收入、增强服务能力”试点，组织70名农村“两委”主干赴外地考察、引进新兴农业产业项目10余个；其他机关、窗口单位、企业党组织也积极搭建平台，找准服务切入点，形成了各级各类党组织竞相服务的生动局面。大力推广乡(镇)党委“文建明”工作法，探索建立了“三三四”、“五个三”、“五抓两开展一服务”等本土化机制；加大农村“定查评”力度，实施后进党组织集中帮扶整顿，基层组织的凝聚力、战斗力和创造力不断增强。

(四)党风廉政建设长抓不懈。严格落实党风廉政建设责任制，县委常委带头履行“一岗双责”，切实加强分管系统和行业的反腐倡廉工作。深入开展廉政文化“六进”活动，规范建立科级领导干部廉政档案。投资1240万元，扎实推进惩防体系信息化项目及“一网多平台”建设，深入推进各项公开工作。坚持不懈抓好煤焦、工程、教育、医疗、公路、涉农等重点领域的治理，深入推进政风行风建设。扎实开展狠刹吃喝不正之风、制止大操大办、清退会员卡、清理办公用房和公务用车等专项行动，对存在的问题及时予以纠正。坚持有案必查、有腐必惩，狠抓违纪案件查处工作，全年共立查违纪案件63件，给予63人党政纪处分，进一步端正了党风政风。

(五)民主法制建设进程加快。坚持和完善人民代表大会制度、政治协商制度，支持人大、政协围绕全县中心工作依法履行职责，开展询问监督和协商调研。全面做好统一战线工作，加强同各民主党派和无党派人士的合作，扎实开展“坚持和发展中国特色社会主义”主题教育活动。切实加快商会组织建设，深入开展非公人士理想信念教育，引导非公经济健康发展。深入实施“六五”普法，扎实开展法治创建活动，不断深化司法体制机制改革，切实发挥法院、检察院职能作用，努力做到严格执法、公正司法。坚持和完善基层群众自治制度，进一步健全城乡社区服务体系。支持工会、共青团、妇联等人民团体充分发挥作用，圆满完成了县乡工青妇换届工作。坚持党管武装原则，深化军民融合式发展，军地“双服务”取得新的成绩。

二、稳中求进，加快转型，着力促进县域经济持续健康发展

古县县委坚持稳中求进工作总基调，着力稳增长、调结构、促改革，沉着应对各种风险挑战，全面提高了经济增长质量和效益。

(一)农业产业化水平有效提升。千方百计抓好粮食生产，粮食总产量达到5.87万吨，同比增产5%。继续坚持核桃“一业为主”，依托片区开发项目，投资5000余万元完成核桃经济林建设3.3万亩90余万株，县财政投入500万元进行综合管护。以政策优惠和资金补贴，引导农户发展“林药间作”、“林菜间作”，涌现出了陈香、贾寨两个示范点。将连翘作为继核桃之后的又一特色产业加以培植，积极申请连翘中药材GAP认证；投资640万元，发展连翘经济林3860亩。继续加快农业产业化发展步伐，财政贴息200万元予以扶持，巩固提高了8个农业示范园区，创建了1家省级、6家市级、4家县级示范合作社，新建了6个“一村一品”专业村。不断提高农业支持保障水平，选定24家规模企业开展“百企千村”产业扶贫开发工程，支持24个贫困村产业发展；实施机械深松整地2.1万亩、秸秆还田4.5万亩，完成土地开发项目6处、安全饮水工程14处；争取资金900万元，实施了山洪灾害防治非工程措施、水土保持重点工程、巩固退耕还林成果水利项目。

(二)煤焦产业改造升级深入推进。加快煤矿建设步伐，继续投资10亿元实施矿井改造提升工程，完成全年任务的115.6%。目前，全县13座矿井已全部取得开工报告，属地方监管的9座煤矿全部批复生产或建设，全年完成原煤产量514.4万吨，同比增长31.9%。加快推进焦化企业战略重组，《涧河工业园区规划环评》加紧编制，《华宝工业园区规划环评》通过评审；华康200万吨铸造焦项目已完成商业区、生活区、180万吨重介质洗煤厂、机械设备制造等配套工程，正泰120万吨焦化项目已经省经信委批准开展前期工作；全年生产焦炭217.2万吨，同比增长7.9%。切实促进项目“六位一体”统筹推进，利达甲醇项目运行良好，年产甲醇9万余吨，6万吨合成氨项目已经市经信委备案，基建工作全面铺开；国新正泰焦炉煤气制备天然气项目，正在试车；华润新能源25兆瓦风力发电项目，即将全面开工；佳盛30兆瓦光伏发电项目，已签订合作协议。

(三)文化旅游产业蓬勃发展。巩固提升旅游产业发展成果，举办了第六届牡丹文化旅游节；伴森缘休闲度假中心基本完成建设，开始接待游客。进一步加快公共文化服务体系建设，广播电台、数字电视实现全覆盖，县财政出资500万元免除了城乡居民的数字电视收视费。县乡村三级文化场馆坚持免费开放、零门槛进入，启动了县中心体育场建设项目，广泛开展群众性文化体育活动，全年举办各类活动30余次。其他科技文化事业统筹推进，续编《古县志》完成评审，“凌云佛教音乐”被列入省级非物质文化遗产保护名录；成功申报省

市科技项目12项,申请专利30件,顺利通过国家科技进步县考核。

(四)统筹城乡发展步伐坚实。进一步加快"大县城"建设,文昌新区道路系统一期工程基本完工,部分路段投入使用;完成煤气管道延伸安装1500米、集中供热扩容工程4处;进一步加强县城绿化补栽,成功创建"国家园林县城"。扎实推进新农村建设工作,12个新农村重点推进村完成了绿化、硬化、亮化、美化等任务。不断提高基础设施建设水平,投资1335万元,实施古北线油路罩面工程、完成村村通道路改造15公里、对省道323线部分路段两侧3.28万平方米进行硬化;高标准完成了南垣、石壁、永乐三个乡镇的道路安全工程,在危险路段设置安全护栏2236米;中南铁路建设进展顺利,积极协调长临高速公路建设前期工作,古县至翼城高速公路列入全省高速路网建设规划。全面实施城乡环境清洁工程,配备了175名乡村专职保洁清运人员,进一步完善了环境卫生管理机制。围绕创建省级林业生态县,大力实施植树造林和林政资源管理工作,全年共完成各类造林1.01万亩;下拨护林防火专项经费76万元,为21个冬季护林防火站卡配备移动方舱;投入400余万元,成立县森林消防专业大队,招录专业队员100名,全县生态环境持续向好。

三、以人为本,民生优先,全力确保"三个年"活动扎实有效

古县县委始终坚持以人为本,以作风转变年、民生改善年、社会管理提升年"三个年"活动为抓手,持续做好各项群众工作,不断提升服务群众成效,进一步增强了全县广大群众的安全感、信任感、幸福感。

(一)深入开展"作风转变年"活动,干部作风持续好转。严格执行中央八项规定,制定了关于改进工作作风、密切联系群众的30条规定,常委会带头,转文风、改会风,干实事、求实效,全县会议活动明显减少,文件简报大幅精简,"三公"支出有效缩减,楼堂馆所应停尽停,超标用房应退尽退,节会庆典和评比达标全面压缩。同时,建立督促检查工作机制,狠抓不良作风查处,全年共有17人因违反作风建设规定受到严肃查处,起到了明显的震慑作用。与此同时,广大干部把更多的时间和精力用在深入基层上,用在推动发展、改善民生上,以"下乡住村"、"访民生、知民情、解民事"等活动为载体,广泛深入基层、服务群众,共召开座谈会354次,帮助解决困难1243个;以"夯实基础管理、落实工作责任"集中教育整顿活动为契机,进一步强化责任意识、细化岗位职责,共查找整改问题32类196个,建立完善规章制度71个,全县上下形成了创先争优、干事创业的良好氛围。

(二)深入开展"民生改善年"活动,社会事业水平有效提升。不断加大对民生事业的投入力度,努力使广大群众享受到实实在在的发展成果。全面加快教育事业发展,城镇寄宿制学校正式投入使用,投资1725万元实施了义务教育薄弱学校改造以及6所幼儿园新建、改扩建工程;财政出资170万元重奖教育功臣,高考达本科线209人。不断完善卫生服务体系,县医院迁址新建工程基本完工,投资105万元实施了35个村级卫生室提升工程;巩固医药卫生体制改革成果,充实了基层医护力量;公立医院综合改革试点工作通过国务院医改办评估。稳步提高社会保障水平,财政出资280万元,使新农合四级医疗机构报销比例均提高了5%,60周岁以上新农保参保人员每月增加了15元,其他保障项目均超额完成年度任务;住房公积金缴存比例由原来的10%提高到11%,提高1个百分点;发放低保金、困难群众医疗救助金、抚恤金、农村70岁以上老人健康补贴、农村卸职干部和因公致残人员生活补助金等共计2385.64万元,受益群众达1.3万余人。加快推进保障性住房建设,300套农村困难家庭危房改造、500口人特困群众易地搬迁主体工程已竣工;建成两期1.4万平方米廉租房,完成入住120户,其余总计646套各类城市保障性住房正在加紧建设。

(三)深入开展"社会管理提升年"活动,安全稳定局面得到巩固。坚定不移地抓好信访工作,严格执行领导接访和领导包案制,切实加大"事要解决"力度,认真搞好矛盾纠纷排查化解,全县信访总量批数、人数分别下降了6.2%、41.23%,继续保持了信访"四无"县称号,无一例案件列入省、市重点案件。严格落实安全生产责任制,深入开展安全生产大检查和专项整治行动,特别是在煤矿安全上,严格执行"红线"制度,探索实行监理制度,不断提高煤矿安全水平。同时,加大对非煤矿山、危险化学品、民爆物品、道路交通、食品药品等重点行业、重点领域的安全隐患排查和专项整治,安全生产形势持续稳定好转。进一步加强社会管理工作,初步建成了县乡村三级社会管理指导(服务)中心,在115个村(社区)建成230个网格,大力推行"网格化"管理模式,深入推进"六六创安"工程,突出抓好了预防和化解社会矛盾、创新流动人口和特殊人群服务管理、完善立体化社会治安防控体系和公共安全体系,以及综治基层基础建设等工作,营造了和谐稳定的社会环境。

(元福明)

附:一、中共古县县委书记、副书记、常委名单

书　记: 李　菲(女)

副书记: 加天山　(1月离职)　李　强(4月任职)　张金虎

常　委: 张亚斌　田卫东　姜红光　黄海华　白建成　元福明　石焕勤(1月离职)　樊海军(1月任职)

二、乡镇党委书记、副书记名单

北平镇

书　记: 张俊林(11月离职)　刘国强(11月任职)

副书记: 史　澎(11月离职)　张银贵(11月离职)　武　旭(11月任职)　赵林青(11月任职)

古阳镇

书　记: 元福明(11月离职)　柴保林(11月任职)

副书记： 苏红光（11月离职） 杨青保（11月离职）
孔凡军（11月任职） 段国栋（11月任职）

岳阳镇

书　记： 柴保林（11月离职） 杨晋栋（11月任职）

副书记： 刘国强（11月离职） 王雪平（11月离职）
孟繁盛（11月任职） 刘保红（11月任职）

石壁乡

书　记： 杨晋栋（11月离职） 史　澎（11月任职）

副书记： 张秋香（女，11月离职） 牛玉强（11月离职）
贾　辉（11月任职） 范红霞（女，11月任职）

旧县镇

书　记： 李秋生（11月离职） 崔　艳（女，11月任职）

副书记： 武　旭（11月离职） 韩碧文（11月离职）
李　鹏（11月任职）

永乐乡

书　记： 赵贤慧（11月离职） 张秋香（女，11月任职）

副书记： 崔　艳（女，11月离职） 贾　辉（11月离职）
李永刚（11月任职） 韩玉强（11月任职）

南垣乡

书　记： 韩红霞（女，11月离职） 李秋生（11月任职）

副书记： 孔凡军（11月离职） 鲁永记（11月离职）
张　凯（11月任职） 贾　庆（11月任职）

中共汾西县委工作概况

县委书记　任天顺

汾西县共有基层党委9个（8个乡镇党委、1个社区党委），县直机关工委1个，党总支14个，基层党支部306个，其中，农村党支部120个。共有党员7747名，其中，女党员1177名；农村党员4398名，占党员总数56.8%。

一、强化干部管理，改进工作作风，党的建设全面加强

（一）加强理论武装，提高执政能力。以学习贯彻党的十八大、十八届三中全会和习近平总书记系列讲话精神为主线，打造学习型汾西，组织中心组集体学习13次，县级干部开展讨论交流12次，县委中心组成员撰写调研文章30余篇；开展各种形式的专题学习培训20余场（次），组织外出考察培训60余人次。开办《汾西大讲堂》6期，先后邀请中国政法大学薛克鹏教授、中国人民大学金正昆教授、石家庄陆军指挥学院王建华教授、中央党校哲学教研部副主任董振华教授就“资本市场服务城市建设”、“依法践行社会责任共同建设美丽中国”、“十八届三中全会精神解读”等课题开展专题学习讲座，千余名党员干部走进汾西大讲堂，使大家的理论水平、政策水平和执政能力有了明显提高。

（二）强化干部管理，优化队伍结构。落实《中共汾西县委工作制度》、《干部离任交接管理办法》、《新任干部挂职锻炼制度》、《干部培训学习制度》、《干部下乡驻村制度》，进一步规范干部行为，形成职责明确、分工协作的工作格局。扎实开展干部档案专项清理，探索推行“部门联动、两科合审、审管分离”的档案管理新模式。发挥年度考核作用，实行共性指标和重点指标“1+1”考核，推动工作落实。优化选任机制，圆满完成工、青、妇、残联等群团组织换届工作，调整配备副科级以上干部38人，其中平职交流26人，提拔任职12人；重视带头人队伍建设，建立后备干部人才库，选派4名“第一书记”到村任职。

（三）践行群众路线，转变工作作风。大力弘扬密切联系群众、真抓实干、勤政廉政三大作风，把落实中央八项规定情况列入党员干部考核评价范围，出台了《关于改进工作作风、密切联系群众的29条规定》，对调研走访、廉洁从政、厉行节约、举办庆典、考核表彰等要求进一步细化规范。县级领导干部身体力行、率先垂范，各级党员领导干部认真贯彻，取得明显成效。县委召开的全县性会议减少20.5%；出台的文件减少12.1%；县级领导新闻报道时长减少51.7%。县级领导到基层单位调研一律不安排用餐，确需用餐，安排在机关食堂用工作餐，一律不饮酒。落实县级干部包联乡镇、打非、产业发展、重点工程、信访案件“五包”责任制，示范带动，推动工作。深入开展领导干部“访、知、解”活动，县级干部走访农村160余次，调解矛盾纠纷60余起、办实事70余件、解决问题100余件。引深开展“基层党建服务年”活动，把“十个一”目标任务量化细化，全面推行“定查评”工作法，深化拓展“双述双评联考”机制，深入开展两代表一委员“手拉手、心连心”帮扶困难群众活动，形成服务发展、服务群众、服务基层的运行机制。按照“照镜子、正衣冠、洗洗澡、治治病”的要求，深入开展“转变作风、为民服务”主题调研，为开展党的群众路线教育实践活动作了充分准备。

（四）加强廉政建设，优化发展环境。广泛开展“廉洁从政”主题宣传和警示教育，加强重点领域和关键部位领导干部廉政教育，下发警示教育碟片150余套，组织观看警示教育片5次，下发农村基层干部单行读本300余册。加强对中央、省、市、县重大决策部署落实情况的监督检查，扎实开展政风行风评议，深入开展整治吃拿卡要和狠刹“三股歪风”专项整治。加大反腐倡廉力度，努力营造风清气正、务实清廉的发展环境。扎实开展清车清房专项检查，全县核定公务用车241辆，清理腾退领导干部办公用房655㎡。加大案件查办力度，查结违法违纪案件58案61人，其中，副科级以上领导干部7案7人。

二、办好三件大事,发展三大产业,五大战略扎实推进

2013年,汾西县以办好三件大事、发展三大产业为抓手,加快实施五大战略。重点工程建设完成投资45.95亿元,为民利民实事完成投资1.57亿元;全县生产总值完成18.4亿元,增长8.2%;规模以上工业增加值完成5.3亿元,增长13.3%;固定资产投资完成20.9亿元,增长38.8%;财政总收入完成1.65亿元,其中,公共财政预算收入完成1.25亿元,增长8.8%。

(一)安全稳定持续向好。坚持把安全稳定作为最大的民生工程。保持打非高压态势,健全长效工作机制,制定了打击非法采矿举报奖励、责任追究、查扣物品处置等一系列政策措施,引深"拔钉子"专项行动,抓捕非法采矿违法犯罪分子21人,批捕7人。扎实开展"夯实基础管理、落实工作责任"集中教育整顿活动,查找问题675条,整改662条,整改率98%。健全社会治安防控体系,深入开展"打黑除恶"等专项行动。引深安全生产专项整治,全年未发生重大安全事故。坚持周二信访接待日等制度,深入开展信访积案化解"百日攻坚战",化解信访积案121起,群众来信来访批数和人数分别下降37.2%和32%。围绕解决群众上学难、看病难、吃水难、行路难、就业难等问题,落实10件49项利民为民实事。农村"五件实事"扎实推进,实施了200户农村困难家庭危房改造、89个行政村街道亮化工程、5所村级幼儿园改扩建工程,改造农村无害化卫生厕所1060座。城市配套、农村设施、优抚助残、社会保障等工作扎实推进。

(二)城市建设步伐加快。改造旧城、开发新区,南连西扩、拉大框架,抢抓霍永高速建设和省道桃临线改造机遇,架设平安大桥、连通高速引线、拓宽桃临公路、建设汾西大道,县城面积由3.3平方公里扩大到11.3平方公里,"三垣合一"的"A"字型大县城框架已经形成。城区道路改造力度空前,投资1.5亿元的高速引线平安大桥南北贯通;投资4亿元,长5.5公里、红线50米、绿线60米、双向6车道的汾西大道全面开工;投资1亿元的桃临公路、投资2460万元的北环路、北外环路竣工通车。新区开发如火如荼,法院、检察院、武装、档案等办公大楼正在进行内外装修;汾西客运站、就业和社会保障服务中心、仓储物流配送中心、卫生综合业务用房等城市建设项目全面启动。旧城改造方兴未艾,投资8000余万元的县人民医院、移动生产综合楼和垃圾填埋场即将投入使用,北街廉租房顺利回迁。努力打造园林城市,实施了城市绿化、硬化工程,见缝插绿,拆墙透绿,新栽国槐、法桐582棵,绿化空地2000平方米。万元地区生产总值能耗降幅4.2%,县城空气质量二级以上天数达到340天。

(三)工业项目有序推进。县级领导包联、分管县长配合、责任单位实施、项目法人负责,积极推进重大工业项目建设。投资5.26亿元的石膏加工项目、投资6.6亿元的高端铝质耐火材料项目、投资9.7亿元的酸铁联产项目完成立项备案、项目选址等前期工作,正在跟进用地申报和资源审批。投资13.54亿元,开工建设巨同塬煤业矿井、巨开元煤业矿井和110千伏变电站。总投资145.5亿元的铝系产业项目完成立项备案、项目选址工作,土地调规、用地申报、资源配置正在加紧落实。持续加大招商引资力度,参加了广州招商引资推介会,举办了汾西县(北京)招商引资推介会,签约旅游、农产品加工等项目11个191亿元。

(四)特色农业稳步发展。按照"一县一业、一村一品"的要求,建设了4个县级农业示范区、40个"一长一园"示范园和40个"一村一品"专业示范村。积极扶持肉鸡养殖产业发展,出台了《2013年肉鸡养殖产业发展实施意见》,县委、县政府适时补贴洪昌养殖公司200万元,克服"速生鸡"事件和"禽流感"疫情冲击,对完成"两池两室"配套建设的70户,每户补贴了5000元。续建肉鸡大棚72个,新建肉鸡大棚16个,全县肉鸡大棚达到281个,年出栏2200万只,全县农民人均增收730元,被省政府列为"全省一县一业肉鸡养殖重点县"。加大核桃经济林建设力度,组建了核桃研究所,建设了繁育苗圃,新建核桃经济林1.54万亩,全县核桃经济林总面积达到14.1万亩,被省林业厅确定为全省"核桃产业重点县",正在申报"中国核桃之乡"。实施了以工代赈、农业开发、土地整理等坝系农业项目,新增改善基本农田1.2万亩。规划建设了14个新农村建设重点推进村、9个连片区和14个示范亮点村。积极发展小杂粮、蔬菜、扁桃、中药材等特色产业,新建玉露香梨基地5000亩,扩大扁桃栽植1万亩,建设樱桃基地500亩,发展獭兔养殖5万只。

(五)文化旅游彰显活力。投资6000余万元,启动了姑射山景区开发、师家沟文物修缮、阳光体育场改造和综合体育馆建设;投资75万元,修缮了汾西古楼,布置了文物展览,努力打造姑射山、汾西古楼、清代民居"三点一线"的精品旅游线路。创作了汾西县歌,提炼了"坚韧、包容、务实、图强"的汾西精神,举办了"首届十大道德模范"评选活动,开展了"人民满意十大政法干警"评选活动,提振了广大干部群众的精气神,凝聚了加快发展的正能量。由汾西县作家孟黎明创作的长篇小说《古刹枪声》,改编成电影《莲花行动》,由朱时茂执导,陈佩斯、潘阳等主演,在汾西全程拍摄。全面提升教育教学质量,取得高考二本达线145人、中考重高达线112人的历史最好成绩。成功举办了社火节、艺术灯展等群众性文化活动,开展送电影下乡、送戏下乡100余场,举办消夏文艺晚会9场,文化旅游的软实力进一步增强。

(陈华伟)

附:一、中共汾西县委书记、副书记、常委名单

书　记:任天顺

副书记:毛跟云(4月离职)　张安文(4月任职)
张全管

常　委:高　涨　贾文魁　段惠刚
李春雷(6月离职)　傅德明　杨晓舟
张红山(6月任职)

二、乡镇党委书记、副书记名单

永安镇

书　记： 要赴朝(8月离职)　郝国泰(8月任职)

副书记： 王　成　侯俊杰

勍香镇

书　记： 师学斌

副书记： 马华庆　任玉记

对竹镇

书　记： 乔旭兵(8月离职)　郝新华(8月任职)

副书记： 庞良平　赵彦有

僧念镇

书　记： 任贵平

副书记： 曹兴林(8月离职)　刘建军(8月任职)　杨虎龙

和平镇

书　记： 侯明生(8月离职)　范宏艺(8月任职)

副书记： 张俊林　师天龙

佃坪乡

书　记： 王建国

副书记： 苏　涛　李兴利

团柏乡

书　记： 王红林

副书记： 柏庆安　师　锐

邢家要乡

书　记： 李胜利

副书记： 王红伟　陈　军

社区党委

书　记： 刘元建(女)

副书记： 柏红兵　王学义

中共蒲县县委工作概况

县委书记　闫建国

一年来，按照省委、省政府转型跨越发展的战略要求和市委、市政府"率先转型、全力跨越，建设文明开放、富裕和谐新临汾"的总体部署，围绕"十二五"时期"树立三种理念，统筹四个发展，实现五大跨越"的总体工作思路，确定了"突出五项工作，推进转型跨越"的年度工作思路，把工业转型、产业富民、民生改善、生态提升、安全生产"五项工作"作为全年工作的着力点和主攻方向，积极应对宏观经济形势低迷、主导产品市场约束加剧的严峻挑战，攻坚克难、埋头苦干，实现了经济社会各项事业的协调发展、统筹推进。2013年，全县地区生产总值首次突破50亿元大关，达到51.34亿元，同比增长12.6%；规模以上工业增加值完成40.9亿元，增长18.3%；固定资产投资完成36.76亿元，增长47%；公共财政预算收入完成9.01亿元，增长18.65%；城镇居民人均可支配收入达到20219元，增长10.4%；农民人均纯收入达到6277元，增长12.6%，县域经济社会保持了持续较快发展的良好势头。

一、兴一方产业，工业转型开启新征程

传统产业基础更牢，总投资100亿元的24座整合改造矿井完成投资92.7亿元，16座完成基建任务，形成1245万吨产能，全市煤矿基本建设推进现场会在蒲县召开。积极应对煤炭"寒冬"，第一时间出台地方减负促销临时措施，为企业松绑减负，全年原煤产量达到894万吨。转型发展势头更劲，赢晟园铸造投产见效，龙祥干法水泥二期完成土建和部分设备安装；山煤300万吨重介洗煤完成80%的工程量；大唐100MW风电供热、太原煤气化煤机维修制造等项目开工建设；肖家沟现代物流集运站完成前期工作；宏源2×350MW低热值发电项目上报省发改委待批。同时，成功举办武汉招商引资推介会，在煤化工、加工制造、特色农业等领域共签约项目7个，协议资金39.28亿元，县域经济发展的前景更加广阔。

二、富一方百姓，产业富民再上新水平

紧紧咬住核桃、马铃薯"两个十万亩"不放松，新栽植核桃2万亩，高标准建成山中垣万亩核桃示范园和14个百亩示范基地；推广种植脱毒马铃薯5万亩，种薯5000亩，特色薯2000亩，基地建设的规模、档次、水平全面提升。大力培育龙头企业，正茂核桃新扩建的精炼核桃油和多味核桃仁两条生产线正式投产，马铃薯高新技术示范园二期工程全部完成。昕源薯业、龙泉养殖等龙头企业不断发展壮大，设施蔬菜、特色农业蓬勃发展，农民增收渠道不断拓宽。大力发展农民专业合作经济组织，各类合作社达424个。全力改善农业生产条件，新增水浇地11000亩。

三、夯一方根基，城乡建设展开新画卷

城市建设方面，投资14.6亿元，实施24项城建工程，蒲县一中、奥体中心、锦绣大桥、蒲伊街改造等一批城建重点工程建成投用，滨河路二期、全民健康服务中心、锦绣小区、蒲红路改造等项目有序推进，鹿城山水小区(五十孔窑片区)实现和谐拆迁。小城镇建设方面，乔家湾乡"百镇建设"工程拉开框架，投资7855万元，特色宜居示范新区设计超前、品位一流。新农村建设方面，黑龙关屯里坡、阳湾和太林碾沟等一批高标准示范新村呈现崭新面貌。大力推进城乡环境综合整治，城乡面貌发生显著变化，荣获"省级卫生县城"、"全省清洁工程先进县"称号。基础设施建设方面，五鹿山旅游路、曹

午线薛关－山中白家庄段竣工通车;霍永高速连接线征地拆迁基本完成,即将开工;曹午线曹村－薛关段正在加紧施工;洪大高速列入省规划。引黄入蒲完成规划编制,四沟水库即将开工。西坪垣220KV输变电工程主体竣工;11公里城网和90公里农网改造全面完成,路、水、电支撑能力不断增强。

四、润一方民众,民生改善取得新成效

顺应群众过上好日子的新期待,加大公共财政投入力度,全方位提升、拓展、丰富民生社会事业。大力实施教育振兴战略,启动教育振兴三年行动计划,面向全国高薪聘请高中名师14名,公开招聘35名教师充实到教学一线,教育教学质量不断提升。公立医院和基层医疗卫生体制改革稳步推进,群众"健康成本"大幅降低。创建"全国计生优质服务先进县"通过验收,"国家慢性非传染性疾病综合防控示范区"创建进入现场验收阶段。城乡居民养老、医疗保险实现全覆盖;保障性住房一期259套分配入住,二期151套租售到户,三期316套开工建设;农村居民冬季取暖用煤按时足额发放。总投资上亿元的水质提升工程、县城有线电视数字化改造、农村危房改造、学校保安配备等10件实事基本兑现,广大群众的"幸福指数"不断提升。

五、绿一方山川,生态提升焕发新气象

以百里昕水河生态经济走廊建设为龙头,坚持"植绿、清污、治水"三箭齐发,全面推进蓝天碧水工程。高标准推进造林绿化,实施了十大林业工程,全年新增造林面积6.82万亩。严格执行国家产业政策和"三同时"制度,严把新建项目审批关,坚决杜绝高耗能、高污染项目落地。加强对煤矿、焦化、建材、电力等企业环保设施运行在线监测,防止污水、废气超标排放。加快企业污水处理系统升级,所有煤矿、洗煤企业废水排放实现闭路循环。以"堤固、河畅、水清、岸绿"为目标,加快实施东川河、北川河、南川河生态修复,流域初显一川碧水、两岸青山的自然景观。

六、守一方净土,文明创建展示新风采

以争创省级文明县城为引领,以构建社会主义核心价值体系为主线,组织开展知识竞赛、书画展、消夏文艺晚会等富有特色的活动,大力宣传中国特色社会主义和民族复兴"中国梦",凝聚起全社会团结奋进的正能量。开办"道德讲堂",推进未成年人思想道德建设,深入开展文明交通、文明餐桌、文明礼仪等主题活动,全方位、多层次推进"讲文明、树新风"公益广告宣传。评选表彰首届十佳"蒲子好人",展示了当代蒲县人厚道淳朴、诚实守信、团结友爱、敬业奉献的精神风貌,成为彰显价值追求、引领社会风尚的一面旗帜。群众性文明创建活动扎实开展,涌现出国家级文明单位1个,省级文明单位7个,市级文明单位26个。

七、保一方平安,安全生产迈上新台阶

始终把安全生产作为重中之重,以实施"3456"工程为载体,以落实责任为核心,定人、定岗、定责,形成了"网格化、全覆盖、无缝隙"立体责任体系。深入开展安全生产隐患排查治理,各类安全事故比上年同期减少13起,下降38%,煤矿、非煤矿山等重点行业实现安全生产"零伤亡"。深入开展领导干部接访约访下访活动,18件积案要案全部得到有效化解。扎实推进平安创建,建成"三级"社会管理服务中心,推行"网格化"管理,实施"六网覆盖"工程,社会治安综合治理水平全面提升。

八、构一方和谐,民主法治展现新作为

坚持和完善人民代表大会制度,支持人大围绕全县中心工作依法履行职责,对新农村建设、农业调产项目开展了集中视察,对社会保障体系建设情况进行了专题调研,进一步加强和规范了闭会期间人大代表活动。支持政协依法履行职责,对煤炭经济运行、社会管理创新等课题进行了专题视察调研,增强了民主监督的实效性。统战工作富有成效,在促进发展、维护稳定等方面,汇聚了强大力量。深入推进"六五"普法,扎实开展法治创建活动,不断深化司法体制机制改革。坚持和完善基层群众自治制度,进一步健全城乡社区服务体系。圆满完成了工会、团委、妇联换届工作。坚持党管武装原则,民兵队伍在应急抢险、处置突发事件中发挥了重要作用。九、正一方风气,党的建设呈现新局面。以学习、宣传、贯彻党的十八大、十八届三中全会和习近平总书记系列重要讲话精神为重点,邀请省内知名专家教授举办"干部教育大讲堂",全年培训干部13期1300多人次,实现了县、乡、村三级干部"全覆盖"。全市重点项目检查后,组织各级干部赴武汉、重庆、长治、吕梁及周边市县学习考察,分管领导带领有关乡镇、部门负责同志外出就工业转型、农业产业化、城市建设进行专题考察学习,推动思想解放。坚持打牢基础、凝聚力量、服务群众、服务发展,扎实开展"基层党建服务年"活动,基层组织的凝聚力、向心力、号召力进一步增强。注重一线,崇尚实干,对135名干部进行交流调整,做到了公开、公平、公正,民主充分、风清气正,干部队伍结构进一步优化,社会反响良好。实施人才强县战略,引进各类人才100余名。针对干部法治意识不强、办事不讲规矩等突出问题,在全市开展的"夯实基础管理、落实工作责任"集中教育整顿活动中,结合实际,对症下药,增加了"依法依规办事"这一主题内容,不断提升各级干部的法治素质和能力。推行"电视问政",由乡镇党委书记和县直单位"一把手"公开亮相,承诺年度工作任务,答复热点难点问题,接受群众"问政大考",推动工作落实。建立健全符合工作实际的考核评价体系,实行县乡重点工程观摩检查、测评、排队,广大干部干事创业的激情活力竞相迸发。持续引深党风廉政建设和反腐败工作,认真贯彻"八项规定",聚焦整肃"四风",群众反映强烈的铺张浪费、大操大办等问题得到有效遏制。全年共立案132件,结案130件,给予党纪处分28人,政纪处分108人,其中,双重处分6人,涉及乡科级干部16人,充分发挥了警示教育和震慑作用,为转型跨越发展提供了纪律和作风保证。

(刘俊明)

附：一、中共蒲县县委书记、副书记、常委名单

书　记：邓彩彪(5月离职)　闫建国(6月任职)

副书记：闫建国(6月离职)　赵志慧(6月任职)　郭迎明

常　委：陈振华　陈金庄　席建国　高永贤　余作明　尹保峰

二、乡镇党委书记、副书记名单

蒲城镇

书　记：刘俊绒(女)

副书记：张晋峰　常　远(12月任职)

黑龙关镇

书　记：张彦龙

副书记：李俊虎　辛普红(5月离职)　王志坚(12月任职)

薛关镇

书　记：卢志俊

副书记：辛耀恒　范海建(12月离职)　郭勇伟(12月任职)

克城镇

书　记：乔福顺

副书记：赵志峰　庞志刚(5月离职)　景文元(12月任职)

山中乡

书　记：亢鹏飞(8月离职)　张旭东(8月任职)

副书记：曹建生　崔海斌(5月离职)　孔令锋(12月任职)

古县乡

书　记：李永剑(8月离职)　康向红(12月任职)

副书记：席永红　任建龙(12月离职)　孙文善(12月任职)

红道乡

书　记：冯宥铨

副书记：霍岷翰　王丽霞(女，5月离职)　元文忠(12月任职)

乔家湾乡

书　记：张保平

副书记：王宝铭　宫智勇(5月离职)　史晓民(12月任职)

太林乡

书　记：马华剑(8月离职)　亢鹏飞(8月任职)

副书记：康向红(12月离职)　卫　明(12月任职)　毋蒲青(12月离职)　陈彦东(12月任职)

中共乡宁县委工作概况

县委书记　杨安虎

乡宁县辖10个乡镇、182个村委、1113个自然村，共有14个基层党委(其中10个乡镇党委)，456个基层党组织，9029名党员。2013年，中共乡宁县委在省、市委的正确领导下，以邓小平理论、“三个代表”重要思想、科学发展观为指导，深入贯彻落实党的十八大、十八届三中全会精神，团结带领全县干部群众，积极应对复杂局面，着力破解发展难题，切实加强党的建设，经济社会各项事业取得了长足进步。

一、以学习为先导，把握方向，科学谋划，总揽全局

县委把学习党的十八大和十八届三中全会以及习近平总书记系列重要讲话精神作为工作的首要政治任务。一是县委中心组带头学。在自学的基础上，组织集体学习16次，参加上级培训61人次。开展了“每人推荐一本书、每月精读一本书”活动，提高修养，提升能力。二是创造条件让党员干部深入学。请进来，邀请专家举办“干部大讲堂”17场次，培训干部7000余人次；送下去，县委领导深入包联乡镇、分管部门开展宣讲“全覆盖”，同时各职能部门广泛开展送学下乡活动；走出去，组织党员干部到西安交大封闭式培训200余人次，到先进地区考察学习130余人次。三是用学习的成果指导实践。坚持“学思用”提素质，对新理论、新观点、新要求，深入思考，消化吸收，形成推动县域改革发展的新思路、新举措。坚持“走看问”查实情，深入基层一线，了解县情民意，扎实开展“访民生、知民情、解民事”、“夯实基础管理、落实工作责任”主题活动，感知冷暖，接足地气，拉近了干群关系。坚持“高实准”定“盘子”，既高标准落实上级要求，又积极回应群众呼声，还着眼长远确定实施打基础、利长远、惠民生的实事好事。年初，明确了工程项目实事、煤矿复工复产复建等“五个主战场”。各级各部门围绕“主战场”，谋划实施工程项目实事1000余项，推进转型跨越有载体，更有成效。

二、以党建为统领，凝聚力量，锤炼作风，创优环境

紧扣市委提出的“基层党建服务年”主题，坚持用党建

工作统领县域发展全局,以党建工作新成效优化干事创业好环境,凝聚转型跨越正能量。一是强化基层基础。围绕“强化服务”,把党组织建在产业链上,组建了昌宁镇现代农业产业园区党总支、双鹤乡核桃产业园区党总支、云丘山村企联合党总支,促进村企融合发展。立足“创新管理”,让党组织走在城镇化前头,组建了7个城郊村(居)委会党支部,为社区党建“网格化”管理奠定了基础。采取“建、撤、调”等方式调整基层组织38个,采取领导包联、城乡结对、强弱结亲等办法帮后进支部晋位升级。全面推行“定查评”工作法,各级党组织全年共确定实施“定查评”事项1148件,群众得到实惠、看到希望,基层党组织的凝聚力、号召力和战斗力不断增强。二是优化干部队伍。对乡镇县直单位“一把手”,主要从监管入手,探索建立了科级班子和科级干部实绩档案,将工作任务完成情况、干部履职情况等内容公开公示,存档备案,作为评价班子、调整干部的重要依据。对农村支部书记,主要从选配入手,坚持双向培养,把党员培养成致富能手,把致富能手中的党员培养成支部书记。在全县选拔了16名县乡干部到村担任支部书记或兼任“第一书记”。2013年,从干部队伍实际出发,坚持“德才兼备、以德为先”的选人用人标准,采取“四推两考一票决”等办法调整干部11人,进一步优化了各级班子和干部队伍结构。三是加强作风建设。坚持从解决问题入手,从领导干部抓起。研究制定了改进工作作风、密切联系群众的20条规定,县委常委以身作则、率先垂范,基层干部上行下效、对标落实。深入开展清理“吃喝之风”、清退会员卡、清退违规用车、清理办公用房、清理节庆送礼“五清”专项治理活动,特别是在全县推开用红白理事会规范婚丧嫁娶事宜,有效遏制了大操大办、借机敛财行为。对照“为民务实清廉”要求,召开县级班子专题民主生活会,认真查摆“四风”方面存在的问题,明确了整改方向和措施。在着力解决门难进、脸难看、话难听、事难办等问题的同时,重点引导党员干部正确处理生产与安全、干事与风险、说和干、点和面的关系,激发干事热情,提升工作效能。四是狠抓反腐倡廉。县委严格落实党风廉政建设责任制,认真履行“一岗双责”。扎实推进县委权力公开透明运行试点工作,厘清了县委及成员120项职权,制定了7大类72项公开目录,排查出49个廉政风险点并逐一制定防范措施,搭建了县委权力公开透明运行网、明珠广场公开栏和大型电子显示屏“一网一栏一屏”立体公开平台,将群众关注的热点焦点事项予以及时公开,自觉接受群众监督,确保权力在阳光下运行。认真开展廉政教育、警示教育和廉政谈话,教育引导党员干部既干事、又干净。深入开展工程领域、公路“三乱”、吃拿卡要等不正之风专项整治,取得了明显成效。注重运用科技手段防治腐败,大力推进“一网多平台”建设,建成了行政审批、工程建设、涉路执法、大操大办等12个电子监察平台,丰富了监督形式,提升了监督效果。全年共查处违纪违法案件106件,给予党政纪处分106人,营造了风清气正的干事环境。

三、以实干为路径,转型跨越,争创一流,推动发展

面对煤炭“黄金十年”结束给资源型地区带来的巨大压力和挑战,县委坚持以“不变”应“万变”,坚持公开承诺、倒排工期、现场办公等推进机制不变;以“万变”求“不变”,在解放思想、转变观念、改革创新、担当担责、主动作为等方面找活力、寻突破,进而努力完成全年目标任务,年初确定的“五个主战场”捷报频传。一是“三农”工作迈上台阶。加快农业产业化、农村城镇化、农民技能化,促进农业增效、农民增收、农村发展。按照“核桃产业主导、若干特色并进”的产业化路径,新发展精品核桃园区1.4万亩,总量达到13.8万亩,同时因地制宜提升特色产业,目前全县共发展苹果4万亩、花椒3万亩、翅果1万亩、葡萄5000亩,经济林总量达22万亩,农民人均超1亩,持续增收有了保障。在总量提升的同时,培育“一村一品”专业项目村25个、千亩以上特色产业专业村53个。高标准推进了管头工矿商贸连片区、云丘山“两区同建”试点工程和24个重点推进村建设。开展各类技能培训110余场次,引导转移万余人次。高效推进农村“五件实事”,新建改扩建镇、村幼儿园48所,特困群众易地搬迁全面启动,行政村街道亮化和保洁员配备全部到位。二是工程项目强势推进。以“项目推进年”活动为抓手,采取“六位一体”机制,统筹推进工程项目。项目储备、签约、落地、开工、建设、投产均超额完成年度目标任务。特别是27项省市县三级重点工程全部开工建设,其中14项竣工投入使用。县委、县政府年初确定的10项重点工程和10件惠民实事也高效推进。大力实施“内留外引”促转型战略,在落实20条优惠政策的基础上,又研究制定了7条补充意见。在这一政策的撬动下,戎子葡萄酒、云丘山旅游、琪尔康翅果油、双凤祥核桃等产业项目快速崛起,枣岭昱德新农业开发、光华双季米槐、峰岭景区二期、锦桥建材等新兴项目加快推进。三是城镇建设提质上档。坚持以创促建,以城带乡,全面加快县域城镇化。在成功创建省级卫生城的基础上,省级环保模范城、双拥模范城和园林城通过了初步考核验收,文明和谐城接受了市级考核验收。迎旭大街东延工程“三纵九横”路网及附属配套工程全部建成,县城框架三年间拉大一倍,为再造一个新县城提供了条件和空间,创造了“乡宁奇迹”。启动实施了吉河高速引线、过境路改线、鄂河河道治理等一批市政重点工程,临吉高速引线全面建成通车,成为乡宁县城的景观大道、迎宾大道。在实施“大县城”战略的同时,以全省“百镇建设”首批示范镇之一的管头镇为龙头,带动全县小城镇建设提质上档,城乡一体化进程全面提速,人居环境极大改善。四是煤炭产业蓄势勃发。坚持把煤矿复工复产复建作为全县经济工作的“命脉”,多措并举,全力推进。组织开展“煤矿基本建设攻坚年”活动,优化矿井建设方案,加快整合矿井建设步伐,煤炭产业规模化、机械化、清洁化、高效化水平显著提升。针对煤炭市场低迷、企业运转困难的实际,在贯彻落实中央和省、市有关精神的同时,研究制定了煤炭企业减负12条措施,在确保安全的前提

下，最大限度释放产能，保障经济平稳运行。五是安全生产持续好转。坚持“抓住煤矿安全生产这个重点、攻克私挖盗采这个难点、绝不放松大安全”的工作思路，认真落实政府安全监管责任和企业安全生产主体责任，加强常态监管，坚决“打非治违”。紧扣“安全生产年”活动主题，按照“全覆盖、零容忍、严执法、求实效”的总要求，扎实开展了第二个百日安全生产行动、安全生产大检查等专项整治，事故起数、死亡人数实现“双下降”，安全生产形势保持总体稳定。

在抓学习、强党建、促发展的同时，坚持统筹兼顾，综合协调，全面加强民主法治、和谐稳定等工作。一是积极推进民主政治建设。县委带头模范执行民主集中制，支持人大、政协围绕全县中心工作依法履职、民主监督，加强同党外人士合作共事，改进对非公有制经济组织的服务，完善基层群众自治制度，进一步健全城乡社区服务体系，凝聚推动工作的合力。二是不断创新社会治理。深入开展领导干部大接访、大下访活动，扎实推进“六五”普法，科学制定平安乡宁建设五年规划，重点实施“六六创安”主题活动，全力推进县、乡、村三级社会服务管理中心建设，初步构建了模式结构新、管理方法活、矛盾化解快的工作格局。三是大力弘扬文明新风。深入开展社会主义核心价值体系学习教育和精神文明创建活动，践行“中国梦”主题活动和“讲文明、树新风”公益宣传活动成效显著，有效净化了社会风气。牢牢把握正确舆论导向，唱响主旋律，打好主动仗，集聚正能量。深入推进文化体制改革，着力打造云丘山旅游景区、戎子酒庄两大重点文化产业，成功举办元宵节、广场文化消夏月等群众性文化活动，取得了良好的社会效益。

与此同时，文明和谐创建、民兵预备役、双拥等工作全面加强，工、青、妇等群团组织的作用有效发挥，文化、教育、卫生、就业和社会保障等社会事业提标扩面、造福人民。全国人大常委会义务教育法执法检查组到乡宁检查，王晨副委员长给予了高度评价。全县经济社会发展稳中有进，总体向好，主要经济指标均好于预期，转型跨越发展的态势强劲。2013年，地区生产总值完成85.33亿元，同比增长12%；财政总收入完成22.07亿元，同比下降14.89%；固定资产投资完成50.99亿元，同比增长33.5%；城镇居民人均可支配收入完成21160元，同比增长9.8%；农民人均纯收入完成6829元，同比增长13%。

（史怀荣）

附：一、中共乡宁县委书记、副书记、常委名单

书　记：杨安虎

副书记：樊洪平（6月任职）　郝忠祥（6月离职）　范洋平（4月离职）

常　委：栗俊昌　解高民　张建山　陈海平　郭　举　郭玉龙　张红玉（女）

二、乡镇党委书记、副书记名单

枣岭乡

书　记：王海鸣

副书记：樊艳萍（女）　崔　鹏

昌宁镇

书　记：任进科

副书记：李杰明　张世科

管头镇

书　记：闫　鹏

副书记：陈孟发　杨宏伟

台头镇

书　记：郑安民

副书记：卢　冬（女）　赵连明

光华镇

书　记：李宝堂

副书记：李金学　王　力

双鹤乡

书　记：刘玉杰

副书记：师军堂　栗晓鹏

关王庙乡

书　记：贺伟科

副书记：宋达颖　亢新民

尉庄乡

书　记：高建新

副书记：于彦雪　杨晋荣

西交口乡

书　记：王永生

副书记：刘玉平　师泽熙

西坡镇

书　记：赵继宁

副书记：周彦喜　曹战敏

中共吉县县委工作概况

县委书记　郝忠祥

吉县共有乡镇党委8个，县直党委（总支）31个，党支部289个，党员6239名。

2013年是贯彻落实十八大精神的开局之年，是实施“十二五”规划承前启后之年，是吉县经济社会实现又好又快发展的关键之年。一年来，县委在市委的正确领导下，深入贯彻落实党的十八大、十八届三中全会和习

近平总书记系列讲话精神,遵循“横看名次、纵看突破、内看和谐、外看民意”的工作标准,坚持“打基础、利长远,顺民意、惠民生”的工作原则,团结带领全县干部群众,凝心聚力,真抓实干,全力推进“四个发展”,扎实做好“五篇文章”,力争在“六大突破”上跨上新台阶,取得新成效,为全面建成小康社会,圆就“吉县梦”奠定了坚实基础。

一、突出发展要务,转变发展方式,全力保障县域经济平稳运行

2013年,面对新形势、新任务、新要求,县委认真贯彻落实中央、省、市决策部署,积极应对经济下行压力,按照省、市安排部署,围绕年初确定的各项目标任务,坚持转型跨越发展的主旋律,进一步加快转变经济发展方式,着力提高经济发展质量和效益,坚持稳中求进工作总基调,扎实做好经济工作,保障了经济总体平稳运行。据统计,2013年,全县地区生产总值完成17.7亿元,同比增长8.6%;规模以上工业增加值完成8.1亿元,同比增长12.5%;固定资产投资完成22.5亿元,同比增长35.4%;社会消费品零售总额5.38亿元,同比增长13.3%;财政总收入2.46亿元,同比增长0.18%;公共财政预算收入完成1.19亿元,同比增长12.8%;城镇居民人均可支配收入14634元,同比增长9.7%;农村居民人均纯收入3562元,同比增长13.5%,经济运行健康平稳。

一是发展思路持续完善。科学的发展思路是促进经济社会发展的前提。一年来,县委坚定“新官要理旧事”的理念不动摇,紧扣大政方针,客观审视县情,广泛征求民意,提出了符合全县经济社会发展的总体思路,即:继续深入推进“四个发展”,全力做好“五篇文章”,力求在苹果提质升级、旅游彰显优势、工业快速崛起、城建夯实基础、民生稳步改善、依法规范管理上实现新突破,跨上新台阶,圆就民富县强“吉县梦”。今年以来,为了更好地坚持这一发展路径,县委把“不提新口号,但求新突破;不摆花架子,要见新实效”作为对工作思路坚持和推进的保障。为了在落实中求突破,在突破中抓落实,县委提出了“横看名次、纵看突破、内看和谐、外看民意”的16字工作评判标准,有力地促进了重点工作的开展和重点工程的实施。

二是产业发展成效显著。产业转型升级是提升经济总量、增加财政收入、提高人民生活水平的关键。苹果提质升级势头良好。坚持把发展苹果产业作为促进农民增收致富的主攻方向,紧抓国家特困地区连片扶贫攻坚和全省“一县一业”、“一村一品”政策机遇,按照规模化发展、有机化生产、品牌化营销、产业化开发“四化联动”的思路,推动苹果产业转型发展,加快提升果品质量和产业效益,努力打造特而优、精而强的现代果业。依托吕梁山连片特困地区百万亩山地有机苹果项目,积极争取山西焦煤集团、阳煤集团扶持项目及建设资金,加快苹果有机化开发设施配套,建设有机苹果生产示范园和标准化生产技术示范区,推行“企业(公司)+专业合作社+基地+农户”的生产经营模式,新建6个“一村一品”苹果专业村,苹果生产组织化程度、专业化水平进一步提升。投资130余万元,为3个乡镇10000亩果园购买了苹果自然灾害保险。投资7000余万元建设年产40万色令高档包装印刷制品和2000万包装箱生产线项目,顶吉食品、达明一派、彤顺源三家苹果深加工企业入驻深加工园区。目前,顶吉食品已投产上市,达明一派试产成功,全县苹果产业产、供、储、销、深加工一条龙产业链条基本形成。2013年全县苹果总产量15万吨,产值6.27亿元,效益再创新高。旅游彰显优势步伐加快。坚持“长抓开发、短抓服务、始终不渝抓宣传”的工作思路,按照“两区(壶口景区、克难坡景区)、三山(人祖山、管头山、高天山)、一川(蔡家川森林公园)、一滩(柿子滩古人类遗址)”的空间布局,以壶口瀑布为龙头,以克难坡、人祖山为重点,打造了“中华民族源、华夏民族魂”文化旅游品牌,走文化旅游深度融合、高端发展之路。目前,壶口瀑布国家5A级景区创建工作有序推进,引进三家企业投资11.2亿元,开发建设壶口、克难坡景区及配套设施。壶口游客服务中心、停车场、游览步行道、电子门票、监控系统等工程已投入使用,明清一条街、唐庙、索道等建设项目全面启动。人祖山旅游开发项目扎实推进,人祖文化国际大厦、窑洞宾馆主体工程和景区旅游循环公路路基工程建设已基本完成。大型歌舞剧《壶口魂》项目已向省文化厅申报,两集人文历史纪录片《人祖山之悠》开机拍摄,各种宣传活动全面开展,壶口的知名度和影响力得到进一步提升。工业经济稳中有进。以深度开发利用煤炭、煤层气资源为重点,以技术改造、循环发展为基本路径,改造提升传统产业,培育兴办新型产业,促进工业经济多元发展、快速崛起。启动了明珠园区规划编制工作,总投资139.1亿元的霍州煤电桑峨500万吨煤电材一体化项目完成了场地围挡工程、110千伏变电站场地平整、水源井施工、157个勘探孔钻探及勘测划界等工作。中石油煤层气开发项目完成投资2.5亿元,实施了170公里二维地震勘探和260口井自动化建设,明珠集气站投入运营。中油中泰铺设管道10公里,对县城22个居民小区和部分商业用户实现了供气供热。中石化华东分公司投资3.5亿元,完成钻井308口。全县节能减排成效显著,万元GDP综合能耗降幅3.37%,空气质量二级以上天数达363天。

三是项目建设实现突破。按照“项目推进年”活动的要求,立足县域实际,依托产业优势,扎实做好项目“六位一体”工作,充分发挥项目支撑作用,以项目的大建设拉动经济社会的快发展。2013年,全县储备项目73个,总投资1065亿元,完成年任务500亿元的213%;签约项目14个,总投资101.7亿元,完成年任务70亿元的145%;落地项目42个,总投资51亿元,完成年任务35亿元的146%;新开工项目32个,总投资27.71亿元,完成年任务18.07亿元的153%;市县重点建设项目35个,完成投资21.78亿元,完成年任务18.48亿元的118%;投产项目34个,总投资23.57亿元,完成年任务20.64亿元的114%,“六位一体”年度目标任务全面完成。

二、坚持以人为本，立足民生改善，全力提升人民群众幸福指数

民生事业稳步提升。坚持把保障和改善民生作为一切工作的出发点和落脚点，实施了教育提质、医疗健康、文化强县、扩大就业、社会保障五大民生工程。投资8000余万元的吉县新医院已投入使用。实施了15所学校食堂、4所学校宿舍楼和2所新建幼儿园建设项目，免除了全县高中学生学费。新农合、新农保参合参保率达99.5%。农村有线电视数字化改造工程基本完成，79个行政村已有57个开通有线电视，在全市山区县居领先地位。组织开展了文化下乡活动和广场消夏文艺活动，丰富了群众的精神文化生活。三农工作跃上台阶。整合涉农资金1亿元，大力实施农村惠农实事。农村危房改造完成1476户，“以工代赈”易地扶贫搬迁项目已开工314户，42个行政村实施了街道亮化工程，840盏太阳能路灯全面完成安装调试工作，乡村清洁工程全面启动，5所村级幼儿园改扩建项目全部完工。发展特色农业，扶持蔬菜、养殖基地建设，扩大小杂粮种植面积，巩固烤烟生产，提高农业综合效益，有效拓宽农民增收渠道。大力开展农业先进实用技术培训，培养有文化、懂技术、会经营、善管理的新型农民。城乡建设整体推进。按照“政府主导、市场运作、联合开发、让利于民”的思路，以科学规划为统领，以扩容提质为重点，以创新建设管理体制机制为抓手，实施“大县城”战略，开发拓展新城，改造提升老城，努力使城市建设与县域经济发展、产业结构调整紧密衔接，与资源环境承载能力相适应，在人口集聚、产业发展、公用设施配套等方面取得新突破。目前，城市控制性规划编制已完成，并通过评审；新城开发一期工程基本完成，投资2.5亿元的新城开发二期工程有序推进，法院审判庭、武装部等建设项目正在实施，总投资7120.2万元的新城路网工程已完成可行性研究报告编制，其余项目正在加紧完善前期工作。投资2.3亿元的老城区改造工程进展顺利，桥南片区、城关供销社棚户区改造工程主体已基本完成，清水河治理、城市排水管网建设、县城供气供热等工程正在加快实施，光纤入户工程已完成。309国道霖雨桥至前下岭桥段改造工程已全面完工，投资1.4亿元的209国道鲁家河至十里河段改线工程即将完成立项。保障性住房建设项目进展顺利，在建498套，完成规划方案300套。同时，加强市容市貌管理，严厉打击私搭乱建行为，城市综合实力、整体功能及环境面貌都得到了进一步提升。

三、依法规范管理，突出机制创新，全力维护发展大局和谐稳定

坚持依法执政、依法行政、依法办事，深入推进法治吉县建设。加快规范行政行为。坚持依法行政、依法办事，强化行政监察、审计监督，严肃工作纪律，严格责任追究，进一步规范了行政行为。为加快推进行政审批制度改革，简化审批程序，压缩审批时限，创建“绿色通道”，行政效能明显加强，政务环境明显改善。探索“三五”治村模式。“五会”（即村支部委员会、村民代表会、村民委员会、民事纠纷调解会、文明礼仪教化会）管村正行为，规范了管理，转变了作风；“五方”（经办人、村理财小组、村支部书记、村委主任、乡镇会计委托中心）理财正风气，促进了清廉，增进了和谐；“五心”（有良心、有公心、有责任心、有敬畏心、有感恩心）育人正思想，提升了素质，转变了民风。推行网格化社会管理。投资300余万元，全面推行社会服务网格化管理，构建起县乡村三级社会服务管理体系，形成了广覆盖、高效率的民情民意收集网络和协调处理体系，实现了社区管理的扁平化、精细化、信息化，达到了社区服务的全覆盖、全天候、零距离标准，使网格化管理真正成为“为民、惠民、便民”工程。启动“文明吉县”建设。榜样吉县“十大感动吉县人物、百佳文明公民、千好和谐家庭”活动有序进行；开办了102场道德大讲堂，开拍了微电影，将发生在群众身边的好人好事以群众喜闻乐见的形式进行还原，群众说群众，群众演群众，群众看群众，群众学群众，促进了崇德向善的良好社会风尚的形成，涌现出了以全国道德模范提名奖获得者芦来柱为代表的一大批道德模范人物。巩固安全稳定形势。建立完善了安全生产责任体系和各类应急预案，以“夯实基础管理、落实工作责任”集中教育整顿活动为契机，深入开展安全生产大检查、大整治，全面加强煤矿、非煤矿山、危险化学品、森林防火、道路交通、地质灾害、建筑施工、中小学校、食品药品等重点行业和重点领域的隐患排查整治、日常监管，及时彻底消除隐患，坚决遏制了安全生产事故发生。同时，强化信访维稳工作，扎实开展领导干部接访、下访、约访、回访等活动，切实加大“事要解决”力度，真正解决群众合理诉求，有力地维护了全县安全稳定大局。

四、加强党的建设，优化发展环境，全力提高领导水平和执政能力

适应党的十八大以来的新形势、新任务、新要求，扎实推进党的建设各项工作，不断提高领导水平和执政能力。一是干部教育培训扎实开展。开展了学习十八大、十八届三中全会精神和习近平总书记系列讲话精神宣讲活动，以“中国梦”教育人、引导人、感召人、凝聚人，提升党员干部干事创业的精气神；开展了“好干部”大讨论活动，对照“20字标准”，自我画像，正好衣冠，争做为民务实清廉的好干部；开办了17期干部大讲堂，县乡村三级干部人人进课堂、受教育、提素质、正思想。二是干部队伍建设取得新进展。坚持德才兼备、以德为先的用人标准，创新干部选任工作机制，推进干部人事制度改革，确立了“重德、业绩、一线、清廉”的用人导向。公开选拔了37名优秀年轻副科级后备干部，选派了21名年轻党员干部挂任农村党支部“第一书记”，16名优秀年轻干部挂任社区网格组组长，28名年轻干部到县信访局进行了轮岗锻炼。开展了“百名乡土人才、百件服务实事”的“双百”人才服务活动，推进“一才一事、一才一业”工作落到了实处。三是干部作风建设得到新加强。认真贯彻落实中央“八项规定”和习总书记在中央党的群众路线教育实践活动工作会议上的重要讲话精神，力求内化于心、外化于行，从县委常委做

起，带头改进工作作风。引深了干部下乡住村活动，开展了“访民生、知民情、解民事”集中走访活动，各级领导干部758人，走访农户（居民）20771户，召开座谈会1738次，收集意见建议3930条，帮助解决实际困难2051个，提出合理化建议2122条，实现了领导干部走访乡村全覆盖。四是基层党组织建设取得新成效。全面加强了农村基层党组织建设，落实了党建第一责任人制度，开展了书记“面对面”述评会，推行了“四议两公开”、“定、查、评”工作法、文建明工作法，落实了一课三会、一定三有、党建工作例会、党员集中日活动等制度。同时，大幅度提高在任和卸任村“两委”主干工资和补贴，在任村干部工资最高每年可达1万元，极大地提高了农村干部积极性，增强了基层党组织的凝聚力、战斗力。五是党风廉政建设扎实推进。严格执行党风廉政建设责任制，大力开展廉政警示教育，深入推进行政效能监察，整治“庸懒散乱奢”、清理会员卡、清理公务用车、清理办公用房和楼堂馆所、治理“吃喝不正之风”、治理大操大办等专项治理活动。加大违法违纪案件查处力度，全年共受理各类案件65件（次），立案53件，结案53件，给予党政纪处分52人、组织处理1人，始终保持惩治腐败的高压态势，营造了风清气正的发展环境。

（强晓辉　蔡惠忠）

附：一、中共吉县县委书记、副书记、常委名单

书　记：毛益民（4月离职）　郝忠祥（5月任职）
副书记：刘　浩　姚焕章　李灵芝（女）
常　委：李晓民　赵新喜　吴吉红　熊伟星　李永芳　马广礼（1月任职）　李建设（1月离职）

二、乡镇党委书记、副书记名单

吉昌镇
书　记：张增谦
副书记：张宇宏　冯振西（4月离职）

中垛乡
书　记：解力军（4月任职）　杨宗儒（4月离职）
副书记：于彦山（4月任职）　吴俊红（4月离职）　强新芳（女，4月离职）

柏山寺乡
书　记：吴俊红（4月任职）　党建明（4月离职）
副书记：杨　涛　郝军正（4月离职）

屯里镇
书　记：葛耿恕
副书记：李赦升　王吉亮（4月离职）

壶口镇
书　记：段晓娜（女）
副书记：葛吉平　张根瑞（4月任职）　冯建亮（4月离职）

车城乡
书　记：郭东舟
副书记：洛较民　刘　振（4月离职）

东城乡
书　记：李桂萍（女）
副书记：窦昀泽　白占辉（4月离职）

文城乡
书　记：王吉荣
副书记：白晓虎　武淑琴（女，4月离职）

中共大宁县委工作概况

县委书记　刘奎生

大宁县地处吕梁山南端、黄河的东岸、临汾西北部。现辖2镇4乡、84个行政村、309个自然村，总面积967平方公里，总人口6.9万。2013年，大宁县委在省委、市委的正确领导下，以邓小平理论、“三个代表”重要思想、科学发展观为指导，全面贯彻落实党的十八大精神，充分发挥总揽全局、协调各方的领导核心作用，坚持实施“生态立县、林果富民、工业强县”三大战略不动摇，建设三大基地不放松，着力加快工业发展，继续提高生态质量，统筹城乡协调发展，全面强化社会管理，不断提升党建水平，万众一心，奋力赶超，使全县经济建设、政治建设、文化建设、社会建设和党的建设都取得了新的明显进展。

一、加强党的建设，提高执政能力

中共大宁县地方组织共有7个党委，20个党总支，222个党支部，党员4452名。一年来，县委始终坚持以党的建设为龙头，不断提高执政水平和执政能力，为全县经济社会转型跨越提供坚强有力的保障。

（一）加强思想建设。围绕学习贯彻党的十八大、十八届三中全会、习近平总书记一系列重要讲话精神和省市重大决策部署，开展“素质提升年”活动。县委中心组坚持每月集中学习一次，在全县树起了标杆，发挥了带头作用。县理论骨干宣传队分批深入乡镇、农村和县直各单位进行宣讲，县电视台、新闻网络中心开辟专栏进行深入解读。选派党员领导干部参加全市干部自主选学培训；依托清华大学现代远程大宁教学站，举办“领导能力提升培训班”，培训青年后备干部180余人；依托县委党校举办党的十八大精神集中轮训班，轮训科级干部150人；依托干部在线学习平台，加强了700余名党政干部的学习管理。中央开展党的群众路线教育实践活动以来，认真学习贯彻上级精神，县级党员干部全部撰写了心得体会，各乡镇、县直各部门一把手结合实际撰写了个人剖析材料，切实做好群众路线教育实践活动的思想准备工作。

（二）加强组织建设。始终把加强队伍、落实制度、夯实基础作为重点，全面加强组织建设。加大班子建设力度，坚持"德才兼备、以德为先"的用人导向，创新考核评价方法，提拔配备科级干部71名，调整44人，使各级各部门领导班子结构更趋合理，功能显著增强。强化监督管理，加大《领导干部日常管理监督办法（试行）》落实力度；坚持执行领导干部谈话制度，把谈话细化为工作谈话、任免谈话、提醒谈话。强化基层组织，实施了"百名干部进百村"行动计划，抽调84名下乡住村包村单位党员干部到村任职2年担任"第一书记"，84个行政村实现了全覆盖，有效地充实了基层组织力量；出台了《关于对农村离任"两委"主干实行生活补贴的意见》，近300名农村离任"两委"主干享受到了生活补贴。开展了大学生村官"十个一"活动，建立了"一村一档、一户一档"信息库，帮助制定小康建设规划56个，解决实际问题390个，基层队伍服务能力得到进一步提高。

（三）加强作风建设。秉持作风建设只有起点、没有终点的理念，持之以恒强作风、抓落实、促发展。围绕中央"八项规定"和省、市作风建设要求，在全县干部队伍中开展了"讲规矩强责任求实效"主题活动，主动强化干部作风，积极查纠突出问题，经常性地开展督促检查，对违反工作纪律的行为发现一起、查处一起，狠刹形式主义、官僚主义、享乐主义和奢靡之风"四风"问题。主动落实上级规定，开展了"狠刹吃喝不正之风"、公务用车治理、严禁大操大办等活动，实施了精简文件会议、清理办公用房、减少接待费用等专项工作，打造风清气正的政务环境。主动服务基层群众，实施机关干部下乡"六个一"行动，为广大农村群众解难题、办实事、谋致富，共走访群众2万余户，召开座谈会132次，争取扶持项目141个、资金400余万元，办好事实事380余件，在服务群众中历练作风、增强党性。

（四）加强党风廉政建设。坚持按照标本兼治、综合治理、惩防并举、注重预防的方针，不断创新工作方式，努力构建"不能腐"的防范机制。建立了科级党政主要领导讲廉政党课考核制度，并在县电视台开办《廉政视点》栏目，播放廉政公益广告，巩固和扩大了教育宣传覆盖面。制定出台了《关于成立"红白理事会"的通知》，提出了坚持"一切从简、文明办事"的原则。举办了大宁县2013年农村"两委"干部廉政教育培训班，使全县农村财务管理迈向规范化、制度化。开展了学习贯彻《农村基层干部廉洁履行职责若干规定》和阳光农廉网建设运行情况的检查，形成了一级抓一级、层层抓落实的工作机制。规范了教育收费行为，推进了食品安全责任监督网格化信息平台建设，完善了严防公路"三乱"反弹制度，扎实开展了民主评议。对全县30个重点工程建设、主导产业发展和民生保障等情况进行了全程跟踪检查，保证了工作的顺利开展。工作中，共立案34件并全部结案，处分党员干部34人，起到了良好的警示和教育作用。

（五）加强人才队伍建设。针对转型跨越发展需求，统筹推进各类人才队伍建设。开展了大宁籍在外人才调查摸底工作，建立了"大宁县在外优秀人才信息库"，召开了在外人才支持家乡建设恳谈会，邀请在外人才发挥信息、资源、资金、人脉优势支援家乡发展。充分发挥"大宁县农村实用人才协会"的平台优势，协调农业、畜牧、果树等部门设立了技术服务站，实行"菜单式"技术指导。根据农时节令，组织50多名苹果、大棚种植乡土人才深入到各乡镇，对种植户开展了苹果春季修建、疏花蔬果、打药套袋、幼树管护，大棚蔬菜育苗、病虫防治等技术服务，共服务农户1000余户，有效地提高了人才服务发展水平。采取"请进来、送出去"的办法，借助发达地区的优势培育本地人才。先后从产业发达地区聘请大棚蔬菜技术人才、苹果专业人才开展技术培训，常住乡镇担任技术指导；选派100多名苹果种植示范户到吉县参加了有机苹果培训学习，为主导产业发展培养了一批实用技术人才。

二、立足转型跨越，加快发展步伐

一年来，围绕"生态立县、林果富民、工业强县"三大战略，紧扣特色兴产业，依托优势抓开发，强化基础建城乡，全力推进经济社会发展。

（一）经济实力持续增强。立足发展第一要务，全力落实工作任务，坚定不移打造经济"升级版"。2013年，全县生产总值4.4亿元，同比增长6.8%；财政总收入5390万元，同比增长11%；公共财政收入3125万元，同比增长11%；城镇居民人均可支配收入14326元，同比增长9.4%；农民人均纯收入2249元，同比增长11.8%；社会消费品零售总额2.47亿元，同比增长13%；固定资产投资8.2亿元，同比增长35%。

（二）主导产业扎实推进。以促进农民增收为核心，按照特色化、产业化、品牌化发展模式，扩规模，强效益，扶龙头，推进"优质苹果、设施蔬菜、高效养殖"三大基地建设大跨步前进。坚持按照区域布局、连片开发、规模发展的原则，提出"五年任务三年完"，不断扩大苹果种植规模，全年新增苹果经济林3.5万亩，使全县苹果总面积达到8万亩以上，建起了吉宁果蔬物流交易市场，建成了三多乡300吨苹果冷藏库.采取"公司＋农户"的模式，以高效示范园区为龙头，完成了2400座蔬菜大棚的水利配套工程，年产蔬菜6000余吨，带动每户菜农增收8000余元。实施了万头猪场工程，建成近6000平方米的猪舍、饲料房，引进种猪500头，为发展绿色有机苹果、蔬菜产业打下了良好的基础。

（三）工业经济步伐加快。围绕工业新型化目标，大力实施工业强县战略。实行政府搭台、企业唱戏新机制，抢抓"两区同建"项目新机遇，规划园区面积60亩，新建工业园区厂房两座，目前已与鑫辉公司等三家新型电子元件企业签订了入区协议，打造了轻工业发展新亮点。着力提升现有企业，同德化工年产1万吨的乳化炸药生产线已经投产，年实现产值3000万元；辰康公司年产100吨麦绿素生产线已投入生产，为工业经济的发展增添了新的活力。不断加快资源开发，规划了三多循环工业经济园区，完成了三多矿区煤炭详查和煤层气地震勘探工作,探明煤炭资源21亿吨和煤层气、天然气储量500亿立方米,为县工业经济的发展提供了有效的基础保障。

(四)城乡建设成效显著。以县城为依托,实施"大城镇"发展战略,以城带乡,打造美丽大宁新形象。加快城市开发,完成了城南滨河路建设工程,实施了城西路改造、廉租房建设、古乡大桥、旧城改造等城建重点工程,拆除破旧建筑1万多平方米,新增建筑面积3万多平方米。完善城市功能,大力推进天然气利用、供水、供热工程,完成天然气管道铺设2000多米、水管网铺设2500米和10万平方米供热站土地、环评等前期工作,县城日增供水量400吨。加强基础建设,实施了"宁大线"路面改造工程,新建了总投资2.67亿元的220千伏变电站,启动了110千伏变电站建设工程,城乡群众生产生活条件不断改善;全力办好农村五件实事,易地扶贫搬迁工程和农村危房改造工程年底可全部竣工,行政村路灯亮化、村级幼儿园改扩建以及乡村清洁工程已全面完工。

(五)生态环境不断改善。坚持治本与增绿同步,发展与保护并重,兴林与富民并举。实施了三北防护林、天然林保护和巩固退耕还林成果工程,新增造林面积4.35万亩。完成了沿黄提灌一级泵站、水源和提水管道等年度建设任务,实施了坡改梯、以工代赈、农业综合开发等工程,新增机修梯田1万多亩,机耕路15公里,铺设田间管网13公里,修筑小型淤地坝、生产坝35座。安装了两套PM2.5自动监测系统,对大气中有害颗粒物质进行全面监测。大力节能减排,地区能源消费总量同比下降4.8%,单位GDP能耗同比下降3%。

三、重视民生事业,促进社会和谐

坚持立足民生优先、和谐为本的原则,加快社会事业发展,提高社会管理的能力,促进社会和谐稳定。

(一)注重改善民生事业。坚持把解决群众最关心、最直接、最现实的利益问题放在突出位置,真情关注民生,用心改善民生。在全市率先推行了十五年免费教育,免费为学生统一定购了校服,发放了练习册,增设了礼仪课,并为全县所有公民免费缴纳了自然灾害公众责任保险。特殊病种大额门诊扩大到30个病种,乡镇卫生院实行了网络直报工作,推行了报销公示制度,尽力满足农民群众就医需求。全县新农合参合人数达45177人,参合率为99.45%。持续稳定低生育水平,人口自然增长率为4.74‰。社会保障水平不断提高,新增城镇就业512人,城镇职工基本养老保险和医疗保险参保人数分别达9383人、12029人,失业率控制在3.8%以内。全年共发放城乡低保补助金1590.6万元。

(二)注重保障安全稳定。高度重视全县安全稳定。按照市委统一部署,深入开展了"夯实基础管理,落实工作责任"集中教育整顿活动,在全县各行各业进行了全面细致的安全隐患排查整治,对排查出的影响安全稳定的14项重点问题进行了全面整改,并建立健全安全稳定工作制度400多项。切实加强社会管理。扎实推进"平安大宁"创建工作,建成了覆盖全县的社会管理服务中心,初步实现了对基层社会服务管理工作的动态监管;加强了县城、农村治安防控体系建设,群众社会安全感满意度达到90%。倾力化解信访案件。严格执行县级领导定期接待制度,积极办理群众提出的意见和建议,努力把各种矛盾和纠纷化解到最基层,消除在萌芽状态。同时,积极主动搞好防汛和地质灾害防治工作,集中物力、人力、财力对危房户进行了搬迁,确保了汛期群众生命财产安全。

(三)注重推进文化建设。进一步巩固和扩大文明创建成果,开展了"讲文明、树新风"活动、"文明大宁"创建活动、公民思想道德建设活动、未成年人思想道德建设系列活动。进一步加强公共文化基础设施建设,完成了总投资1千万元的塑胶田径场、足球场的土地测绘、规划、立项等工作,对县文化馆和乡镇综合文化站的设施设备进行了配套完善,新增数字电视频道51套,农网有线电视数字化工程已竣工,"村村通"广播电视已通过验收。进一步丰富群众文化生活,举办了元宵节大型社火汇演文化活动,开展了以"美丽大宁、激情夏日"为主题的第二届广场文化消夏月活动,举行了校园艺术节、摄影展、老年健身操比赛等活动。邀请市眉户剧团、青年蒲剧团来宁演出30余场,送电影200余场,深得群众喜爱和好评。

(杨东明)

附:一、中共大宁县委书记、副书记、常委名单

书　记:刘奎生

副书记:樊　宇　吴　滨

常　委:焦宏文　王好收(1月离职)　郝爱民
冯小宁　陈海涛(4月离职)　陈东楷
张新平　程永伦(1月任职)

二、乡镇党委书记、副书记名单

昕水镇

书　记:高广旭

副书记:贺鸿宙　孔祥彬

曲峨镇

书　记:王建平

副书记:王锁平(10月任职)　贺晓龙(10月离职)
张卫宁(11月任职)

太德乡

书　记:高宏旭(10月离职)　任福平(10月任职)

副书记:李　玮(10月离职)　李　栋(10月任职)
王锁平(10月离职)　侯贵民(11月任职)

三多乡

书　记:贺晓东

副书记:许爱琴(女)　李志刚(10月离职)
任玉峰(11月任职)

徐家垛乡

书　记:张鹏华

副书记:张　浩　冯丽艳(女、11月离职)
张双文(11月任职)

太古乡
书　记： 许华伟
副书记： 房小平　冯丽红

中共隰县县委工作概况

县委书记　王天郎

2013年，中共隰县县委紧紧围绕省委、市委的决策部署，坚持以邓小平理论、"三个代表"重要思想和科学发展观为指导，认真贯彻落实党的十八大、十八届三中全会和习近平总书记系列讲话精神，团结带领全县干部群众，围绕"项目崛起、开放转型、特色跨越，建设富裕文明、和谐幸福、山川秀美新隰县"的发展战略，深入开展梨果提质、项目推进、城乡管理、交通建设、作风转变"五个年"活动，全面推进经济、政治、文化、社会和生态文明建设，不断加强党的建设，为全面建成小康隰县奠定了坚实基础。

中共隰县县委，共有党组8个，党工委2个，基层党组织277个，其中党委18个，党总支8个，党支部251个。全县共有党员6222名。

一、更新观念理思路，转型跨越迈出新步伐

一是抓学习、明方向。坚持理论联系实际，认真学习贯彻党的十八大、十八届三中全会和习近平总书记系列讲话精神，自觉用党的最新理论成果统一思想、提高认识，武装头脑、指导实践。同时，采取多种形式、从多个层面引深学习活动，教育引导党员干部增强道路自信、理论自信、制度自信，不断把学习成果转化为推动转型跨越、全面建成小康的强大动力。二是谋全局、理思路。按照中央、省委、市委的部署，坚持解放思想，先行先试，切实加强对形势的研判和对经济工作的指导，集思广益、扬长避短，进一步完善提升了隰县"项目崛起、开放转型、特色跨越，加快建设富裕文明、和谐幸福、山川秀美新隰县"的发展思路。三是抓当前、求长远。把做好"三农"工作的重点放到加快建成小康隰县上，难点调整到传统农业优化升级上，功夫用在农民增收致富上，"主攻玉露香、八年达小康"的战略定位认识更加统一，决心更加坚定，"主攻"力度明显加大，发展速度明显加快。

二、砥砺奋进求突破，县域经济迈上新台阶

坚持以科学发展为主题，以大干跨越为主旋律，深入开展梨果提质、项目推进、城乡管理、交通建设、作风转变"五个年"活动，经济社会发展更稳、更好、更快。一是狠抓梨果产业，玉露香梨担当起全面建成小康隰县的历史重任。立足实际，大胆创新，确立了"主攻玉露香、八年达小康"的奋斗目标，通过长抓"四配套"、短抓"六环节"，梨果品质和产业效益得到大幅提升。全年完成玉露香梨高接换优2.2万亩，新栽3.12万亩，面积达到10万亩，果农收入成倍提高。成功举办了"中国·隰县第三届梨花节"，"中国梨博园"开园迎宾。梨果产业由单一种植业向融旅游、文化、民俗等多元方向迈进，中国"金梨之乡"的知名度和开放度进一步提升。梨果产业已经朝着强势型、科技型、高效型方向发展。二是狠抓项目建设，固定资产投资成为拉动县经济社会发展的第一驾马车。以扩大招商引资、争取国家投资、撬动民间投资为主攻方向，进一步突出项目招商、资源招商、环境招商，深入开展"项目推进年"活动，全年共实施88个重点项目，总投资达161亿元。成为隰县历史上投资规模最大、实施数量最多、发展变化最快的时期之一。同时，坚持"六位一体"推进机制不动摇，强势推进，狠抓落实，项目储备、签约、落地、开工、建设、投产均居全市前列，项目能量逐步释放，项目红利惠及百姓。三是狠抓城乡管理，以人为核心的新型城镇化建设迈出坚实步伐。坚持实施"大县城"战略，按照城乡一体、资源互补、辐射带动、统筹发展的总体思路，城乡规划、建设和管理"三位一体"齐抓共管，成效显著。新建或改造的11条街9座桥13个公园(广场)和15个公厕相继建成投入使用；堆金山森林公园、小西天莲花广场、奥体中心、幼奥乐园、中国梨博园以及西延街、东延街、紫川街、堆金桥、堆银桥、五环吊桥、莲花吊桥等一大批基础设施和民生建设工程陆续竣工投入使用。城镇化率达到40.77%，超额完成目标任务；城镇污水处理厂负荷率提高10个百分点，达到62%；新铺设污水管网6.73千米；垃圾处理率达到100%；新铺设燃气管网12千米，县城集中供热面积达到近100万平方米，实现历史性突破。四是狠抓交通建设，晋西交通枢纽地位日渐突出。扭住"交通建设年"活动目标不松劲，"两高一铁"经过连续几年建设，霍永高速公路过境50.56公里主体全部竣工，即将通车；西纵高速公路过境52.4公里今年启动建设；中南铁路37.72公里路基主体完工。结束了隰县没有铁路、高速公路的历史。截止2013年底，全县公路总里程达到853公里，比2008年690公里，增长了23.6%。通过全力开展"交通建设年"活动，全县基本形成了以铁路、高速、国省道为框架，县乡公路为支撑，大小桥梁为纽带的交通枢纽和区域中心城市交通网络。五是狠抓作风转变，干事创业、争先进位的意识和氛围普遍形成。始终把作风建设放在突出位置，贯穿工作始终，深入开展"作风转变年"活动。中央八项规定出台以后，县委立即进行认真学习，并及时研究出台了"26条规定"，从调查研究、举办会议、精简文件、领导活动、新闻报道、公务接待等方面入手，进行严格规

范。深入开展“访民生、知民情、解民事”集中走访活动,问政于民、问需于民、问计于民,为民解忧、为民解困、为民解怨,全年各级党员干部走访农户10837户,召开座谈会1084次,收集意见建议1839条,帮助解决实际困难1769件。持续开展“问责治庸、问勤治懒、问效治散、问廉治奢”为主要内容的“四问四治”纪律作风专项整治活动,编印了《作风转变年活动手册》,健全完善了一系列作风建设规章制度,形成了作风建设的长效机制。

三、以人为本抓民生,社会事业再创新业绩

民生事业是经济社会永续发展的基石。高度关注民生事业,始终坚持把保障和改善民生作为根本出发点和落脚点,竭尽全力解决人民群众最关心、最直接、最现实的利益问题。教育事业上,以打造“西山教育强县”为目标,坚持教育优先发展,办好人民满意教育。利用国家薄弱校改造项目,为全县中小学配备了10万套图书,1560种实验仪器,1.1万件音体美器材,更换了9150套学生桌椅,为中小学配备电脑1089台,装备了200个多媒体教室。投资1380万元,建成四中塑胶操场,完成12所寄宿制学校食堂和宿舍的改造。大力开展特色学校创建和精细化管理活动,高考二本以上达线人数由2008年的28名提高到118人,中考达线率在东西山排名第一,高考排名第二。医疗卫生上,医改工作稳步推进,新农合参合率稳定在98%,城乡居民住院全年补偿1800多万元。县医院达到“二级甲等”,中医院“二级乙等”综合医院创建工作启动,新建中医院建设项目主体完成。急救中心和下李乡中心卫生院改扩建项目顺利建成并投入使用,单采血浆站业务大楼建设项目和卫生监督所业务用房项目顺利完成。基本药物制度运行情况平稳,药品价格总体下降。社会保障上,千方百计巩固和扩大社会保障覆盖面,全县养老、医疗、失业、工伤、生育五项保险参保总人数达到10.1万人,五项保险征缴支付总额达到2.04亿元;新开工保障性住房、棚户区改造住房2000套任务全部开工建设,完成农村危房改造600户;协调解决劳动争议216人次,清付农民工工资275万元。全年城镇新增就业1665人,完成全年任务的166.5%;城镇失业率控制在4%以内。社会管理上,牢牢抓住认识、责任、作风三个关键环节,结合“夯实基础管理、落实工作责任”集中教育整顿活动,查找安全方面突出问题286个,解决了一批群众关心关注的热点问题,全年没有发生重特大安全事故,安全生产形势持续稳定好转。认真落实信访工作责任制,深入开展信访积案“百日攻坚战”活动,共排查各类矛盾纠纷113起,化解108起,化解率达到95.6%。一批重信重访案件、复杂疑难案件和涉法涉诉案件得到有效解决。进一步完善了社会治安防控体系和公共安全保障体系,坚持严打高压态势,加大社会治安综合治理力度,严厉打击干扰和破坏重点项目建设的违法行为,深入开展平安创建活动,社会治安状况明显改善,人民群众的安全感进一步增强。

四、抓文化强支撑,正能量不断向发展目标聚集

以建设文化强县为目标,出台了《关于加快建设文化强县的实施意见》,通过抓群众文体活动、抓文化阵地建设、抓文化产业发展、抓文化市场管理、抓文学艺术创作,全县文化事业呈现出繁荣发展、蒸蒸日上的喜人局面。创办的报纸《今日隰县》,出版发行99期。《隰行漫记》、《印象梨博园》等文学作品相继问世。积极引导民间文化产业发展,形成了以隰县民间工艺品研发中心为龙头,“一乡一业”、“一村一品”的民间文化产业发展格局。组织开展了文艺、电影、图书“三下乡”活动,深入乡村文艺演出86余场,放映电影1000余场。举办“美丽隰州,欢乐盛夏”文艺展演11场,参演节目200余个,参演人员3000余人,观众达5万余人次。小西天和中国梨博园成功申报国家4A级景区,鼓楼(大观楼)、七里脚石窟分别被国务院授予第七批国家级文物保护单位,与小西天一起,并誉为隰州“三宝”,充分彰显了隰县深厚的历史文化底蕴。精神文明建设再结硕果。县关工委主任解绍亮同志被评为2013年“感动山西十大人物”;8岁女孩冯莉清荣获“山西省首届感动乡村爱心大使”和山西省“美德少年”称号,这是继“全国道德模范”孟佩杰和“英雄司机”来虎平之后,响彻三晋的又两位英模人物,同时,还评选出“感动隰县十大人物”、“最美共产党员”、“最美村官”,五年评选出50名“项目建设十大功臣”,再一次生动诠释了隰县人民崇德向善、艰苦创业的良好风尚,隰县也被誉为“孕育英模的热土”和“好人隰县”。

五、强基固本抓党建,党的建设科学化水平实现新提升

认真贯彻“党要管党、从严治党”方针,坚决落实中央、省、市要求,全面加强党的思想政治、干部队伍、基层组织和反腐倡廉建设,为改革发展稳定提供了有力保障。一是不断加强思想政治建设。坚持“走出去、请进来”相结合,大力推进学习型党组织建设,努力在学习中提高理论水平、促进思想统一。扎实推进党的十八大、十八届三中全会、习近平总书记系列讲话精神学习宣传活动,邀请省证监局权威人士、山西省委党校教授、市委讲师团专家,对全县副科级以上领导干部及全县农村两委主干进行专题培训,各级领导干部的政治素质和业务水平得到新的提高。二是不断加强干部队伍建设。以建设一支“信念坚定、为民服务、勤政务实、敢于担当、清正廉洁”的执政骨干队伍为目标,在全县开展了“五抓五强创五好”活动。先后选派13名县处级干部和9名正科级干部赴西安、武汉参加干部自主选学培训班,选派26名县处级干部参加市委党校习近平总书记系列讲话暨党的十八届三中全会精神轮训班。从大学生村官中公开选拔4名乡镇副职,从高校优秀学生干部中招考录用2名大学生村官。选派第二批52名优秀年轻干部,到村任“第一书记”,住村帮扶。分3批次320余人赴洛川参观学习,邀请洛川8名果业技术人员

深入果园实地培训。制定完善了"四规则一办法"(即:《中共隰县县委工作规则》、《隰县人民政府工作规则》、《隰县第十五届人民代表大会常务委员会议事规则》、《政协隰县委员会常务委员会工作规则》和《关于进一步加强干部日常管理暂行办法》),干部管理工作走上了制度化、规范化的轨道。同时,按照市委"六用六不用"选人用人要求,公平公正选配干部,及时配齐配强各级班子队伍,激活全县干部投身转型跨越的积极性和主动性。一大批年富力强、德才兼备的年轻干部走上了各级领导岗位,成为建设新隰县的主力军。三是不断加强基层组织建设。坚持和完善基层党建第一责任人制度、"定查评"制度和党员承诺评议制度,基层组织的凝聚力、战斗力和创造力不断增强。在经济活跃、矛盾易发的209国道和328省道沿线村,建立起49个党建示范点,通过解剖麻雀、研究规律、总结经验、全县总抓,实现了组织服务场所全覆盖,努力把"党建示范走廊"打造成党建创新带、发展示范带、小康引领带。扎实开展住村任职"第一书记"工作。一年来,共为群众办实事好事473件,帮扶困难群众261户,解决热点难点问题214件。全面落实"定查评"工作,定出经济发展大事499件,改善民生实事389件,解决发展难题311件。四是不断加强党风廉政建设。严格落实党风廉政建设责任制,认真履行"一岗双责",不折不扣执行"八项规定",从严要求、率先垂范、旗帜鲜明反对"四风",切实加强分管系统和行业的反腐倡廉工作。严格实行管工作、管队伍、管安全、管廉政和管信访"五位一体"工作机制,自上而下层层签订了党风廉政建设责任书,健全落实各项廉洁从政制度,形成了强有力的约束机制。领导干部自觉讲党性、重品行、作表率,严格执行《廉政准则》等规定,勤政为民,公道为政,廉洁为官,营造了风清气正的政治环境。

(李　伟)

附:一、中共隰县县委书记、副书记、常委名单

书　记: 王天郎

副书记: 李　强(4月离职)　王晓斌(4月任职)
赵志慧(6月离职)

常　委: 亢大勇　薛小平　任　静(女)　高　涛(女)
王志华　杨跃峰(6月任职)
张　文(6月离职)

二、乡镇党委书记、副书记名单

龙泉镇

书　记: 刘俊平(3月离职)　任志明(3月任职)

副书记: 王　辉　程红霞(女,3月任职)
康印江(6月离职)

城南乡

书　记: 吴红洲(3月离职)　段兰虎(3月任职)

副书记: 卫建军(3月离职)　苏大立(3月任职)
王太平(3月任职)　韩清萍(女,6月离职)

午城镇

书　记: 任志明(3月离职)　任新生(3月任职)

副书记: 刘利明(3月离职)　曹虎虎(3月任职)
杨瑞宏(3月任职)　李力明(6月离职)

黄土镇

书　记: 段兰虎(3月离职)　卫建军(3月任职)

副书记: 史勇辉(3月离职)　康印江(3月任职)
宋志明(3月任职)　郭全喜(6月离职)

下李乡

书　记: 宋元元(3月离职)　贺宏鑫(3月任职)

副书记: 高永平(3月离职)　张宏伟(3月任职)
杨晋伟(3月任职)　苏文龙(6月离职)

寨子乡

书　记: 任新生(3月离职)　王建勤(3月任职)

副书记: 王建勤(3月离职)　王晓辉(3月任职)
崔建业(3月任职)　王　勇(6月离职)

阳头升乡

书　记: 冯晶萍(女,3月离职)　史勇辉(3月任职)

副书记: 曹虎虎(3月离职)　宋永庆(3月任职)
张永明(3月任职)　王　东(6月离职)

陡坡乡

书　记: 贺宏鑫(3月离职)　刘利明(3月任职)

副书记: 苏大立(3月离职)　王绪元(3月任职)
毕小龙(3月任职)　薛艳龙(6月离职)

中共永和县委工作概况

县委书记　加天山

永和县共有党的基层组织229个,其中:1个县直机关工委、1个非公工委、7个乡镇党委、9个县直系统党总支、211个党支部(79个农村党支部,16个乡直机关党支部、50个县直行政机关(群团组织)党支部、41个事业单位党支部、4个公有制企业党支部、17个非公有制企业党支部、4个社区党支部)。截至2013年底,全县共有党员4310名,其中:在岗职工1800名,农牧渔民2011名,离退休党员387名,其它112名。

2013年,县委常委会按照市委、市政府率先转型、全力跨越的总体要求,团结带领全县干部群众,大力实施林果富民、生态立县,转型发展、工业强县,文化引领、旅游兴县,以德为先、依法治县“四大战略”,突出抓好项目建设、优势农业、能源开发、特色旅游、城镇建设、基础设施、民生改善、安全稳定八项重点,全力实施60个重点项目,全县地区生产总值完成6.2亿元,同比增长6.0%;全社会固定资产投资完成7.0亿元,同比增长8.0%;社会消费品零售总额完成3.6亿元,同比增长12.4%;财政收入完成5982万元,同比增长19.04%;城镇居民人均可支配收入完成15495元,同比增长9.2%;农民人均纯收入完成2462元,同比增长11.6%,全县经济社会呈现出持续健康发展的良好势头。

一、实施“林果富民、生态立县”战略,着力推进“美丽永和”建设

坚持以促进农民增收为目标,因地制宜,宜林则林、宜果则果的原则,围绕经济林建设和生态林建设并重的方针,一方面立足以红枣、核桃、苹果为主的林果业,不断扩张规模,完成经济林栽植1.2万亩。以解决红枣霉烂、裂果问题为重点,完成经济林示范管护1.8万亩。同时,为促进农民稳定增收,在农产品精深加工上做文章,共投资9200万元,实施了美特好农产品存储加工配送中心建设、芝河久兴源小杂粮加工和四季鲜3000吨饮料加工项目。另一方面按照坡耕地改造、坝滩联治、经济林栽植、荒山造林、设施改善“五位一体”综合治理模式,不断加强农业基础设施建设,改善生态环境。投资2700余万元,实施了榆林则、白家崖坡耕地水土流失综合治理,芝河、赵家沟小流域坝系治理,乌华沟小流域治理,德成村市级土地出让金农业综合治理等项目,完成机修梯田1.25万亩,新建骨干坝1座、小型淤地坝16座,建设生态林6000亩、经济林3800亩,平田整地2000亩。投资1200余万元,实施了三北防护林2万亩荒山绿化、东征旅游路渡口段7.5公里通道绿化、黄河蛇曲国家地质公园5万平方米景区绿化等工程,全县森林覆盖率达到23.6%,林木绿化率达到40%以上。

二、实施“转型发展、工业强县”战略,全力加快“富裕永和”建设

立足煤层气资源优势,进一步加快勘探开发、加工转化步伐,寻求工业发展新突破,实现产业转型升级。在勘探开发方面,加强与北京中海沃邦能源投资有限公司合作,投资2亿元,完成“7+1”井组的管网和集气站建设,以及2口水平井的钻探,初步探明可采储量为600—700亿立方米;在加工转化方面,坚持把打造新型工业园区作为新型工业化发展的重要载体,作为搭建招商引资平台,培养新的经济增长点的主要抓手,按照“科学合理、依法依规、产业主导、有序推进”的原则,以煤层气资源开发利用为龙头,以下游骨干企业为依托,初步制定出了《永和县坡头新型能源工业园区规划》。同时,积极引进了总投资达22.5亿元的LNG项目3个、CNG加气站项目1个。其中,由山西燃气产业集团投资7.6亿元的LNG项目已核准落地,预计2015年建成投产后,可实现年利税2亿元。完成投资3000万元,实施城市供气项目、城市燃气供热项目,初步实现“气化永和”的目标。

三、实施“文化引领、旅游兴县”战略,切实加强“人文永和”建设

依托红色文化、绿色生态、黄河风情的独特旅游文化资源,坚持走文化与旅游相结合的路子,加大旅游景区景点及配套设施建设力度,着力打造以红军东征纪念馆和黄河乾坤湾为龙头,以生态农业、观光农业为重点的“百里黄河湾旅游经济园区”。邀请荷兰、以色列等外国专家来永和考察,为我县旅游产业发展“把脉会诊”,编制了《永和县精品旅游线路建设三年执行计划》,设计了《红军东征永和纪念馆重新布展方案》。投资4700余万元,重点实施了乾坤湾游客接待中心建设、东征旅游路渡口段通道绿化、黄河蛇曲国家地质公园景区绿化、楼山旅游路路面改造、阁底至地质公园段公路升级改造等景区景点配套设施建设工程,并积极争取霍永高速公路永和西段打石腰境内立交互通。举办了“‘天下永和、大美乾坤’中外百名摄影家看永和”等活动,应邀参加了第四届中国特色镇发展论坛暨美丽中国特色镇主题行活动,多渠道、立体式、全方位宣传推介永和,不断提升永和知名度和对外形象。同时,大力实施“文明素质提升工程”,广泛开展文明单位、文明村镇、文明社区等群众性文明创建活动,举办各类群众性文体活动,不断推动全县文化大发展、大繁荣。

始终坚持民生优先的原则,多谋民生之利,多解民生之忧,努力解决群众关心关注的热点难点问题,不断提高群众满意度和幸福指数。教育事业上,大力发展学前教育,不断改善教育教学条件。城镇第二幼儿园扩建和城镇第一幼儿园改造全部完成并投入使用。教师周转房建设已完成主体工程,永和二中宿舍楼建设项目正在施工中。教育教学质量明显提高,高考达二本线以上55人,中考达重高线42人,创历年来最好成绩。医疗卫生上,继续深化医药卫生一体化综合改革,在全市率先实行了所有药品零差价销售。继续完善县乡村三级卫生服务网络,不断提高医疗服务水平。全县参合率达到99.6%以上,共为参合农民93663人次报销医疗费用1595.83万元。社会保障上,进一步扩大城乡低保覆盖面,加大社会救助力度,发放城乡低保金1232万元、自然灾害救济409万元、城乡医疗救助金387万元。继续引深“温暖工程”,为全县80岁以上的老人每人发放1000元生活补助。1000户农村危房改造任务全部完成。

在党建工作方面:一是以党建工作为龙头,深入开展“四大主题活动”。围绕开展“三德教育”、“四强四建四提升”、“法治下乡”、“城乡共建”等党建工作“四大主题活动”,全面加强党的建设。在“三德教育”活动中,县电视台和网络中心开设了“三德教育”活动、“道德大讲堂”专栏,加强宣传、营造氛围。通过开展“美德少年”、“三好学生”评选,以及红歌赛、演讲赛等活动,加强未成年人思想道德建设。启动了志愿服务行动,全县16支志愿服务队200余名志愿者,深入基层、深入群众,积极开展志愿服务活动。在“四强四建四提升”活动中,县委向各单位主要负责人推荐了《官德》、《公民的诞生》等优秀书目,编制下发了“领导班子建设教育读本目录”,并

开设了干部大讲堂。同时,大力实施"干部能力素质提升"工程,坚持从实际需要出发,以干什么学什么、缺什么补什么为原则,采取"走出去"与"请进来"相结合、在线学习与书本学习相结合、集中学习与巡回培训相结合的办法,多形式、全方位、大规模培训干部,全县共举办各类干部培训 16 期 4000 人次。特别是党的十八届三中全会召开之后,县委成立了宣讲团,分赴 7 个乡镇、9 个县直党总支对党的十八大精神、十八届三中全会精神、习近平总书记一系列重要讲话精神进行了深入宣讲。在"法治下乡"活动中,各下乡工作队发放宣传资料 10 万余册,排查化解各类矛盾纠纷 120 余起,为群众办实事 30 余件。在"城乡共建"活动中,共建单位深入结对村(社区)开展活动 320 次,争取项目 43 个,为民办实事 235 件,解决发展难题 85 件。通过"四大主题活动"的开展,全县广大党员干部能力素质进一步提升,各级领导班子凝聚力和战斗力进一步增强,党群干群关系进一步密切,法治建设进程进一步加快,全县上下风清气正、干事创业的氛围日益浓厚。二是以整治"四风"活动为抓手,着力加强干部作风建设。认真贯彻执行中央"八项规定"、《党政机关厉行节约反对浪费条例》、省委"三个实施办法",市委"25 条规定"。一方面,健全完善各项制度,从根本上杜绝行为之弊、作风之垢。制定出台了《关于改进工作作风、密切联系群众的若干规定》、《关于贯彻落实中央"八项规定"进一步制止奢侈浪费树立良好形象的通知》,制定完善了《中共永和县委工作规则》、《永和县重点项目考核办法》、《中共永和县委关于民主考评领导班子、民主评议党员干部的意见》、《关于信访工作责任追究的实施意见》、《永和县公务接待工作实施办法》等规章制度。另一方面,着力开展整治"四风"专项治理活动,对全县行政事业单位人员的在岗情况、履职履责、工作作风等方面进行明查暗访 28 次,通报批评 4 个单位,诫勉谈话 3 人,书面检查 14 人,行政警告处分 15 人,全县干部作风明显好转。同时,大力开展公务用车配备使用专项检查,查处公车私用案件 1 起,给予当事人党内严重警告处分。组织全县党政机关开展停止新建楼堂馆所和清理办公用房自查自纠工作,清理腾退超过规定标准办公用房 114.15 平方米。三是以维护社会和谐稳定为出发点,切实加强安全生产和社会管理。紧紧抓住全市开展"安全生产稳定好转年"活动的契机,扎实开展了"两个百日安全生产活动",严格落实安全生产各项制度,深入开展非煤矿山、道路交通、食品药品、学校、建筑施工、易燃易爆物品、消防、公共聚集场所等重点行业和领域的安全隐患排查整治,全县安全生产形势稳定向好。加快乡、村两级管理服务中心的建设,真正实现了"三网合一"。按照"属地管理、分级负责,谁主管、谁负责"的原则,严格落实领导接访和领导包案制,健全完善矛盾纠纷排查化解、责任倒查机制等,切实加大"事要解决"力度,坚决把问题解决在基层,消灭在萌芽状态。全年共接待办理群众来信来访 77 件,接待来访群众 390 人次,解决群众反映的问题 75 件,办结率达 97.4%。四是以强化教育和监督检查为重点,深入推进党风廉政建设。严格落实党风廉政建设责任制,教育引导党员干部认真执行《廉政准则》,切实加强党员干部廉洁从政教育和领导干部廉洁自律,举办了"廉政公益广告"、《廉政准则》"画连话"展,开展了廉政文化示范单位评选、廉政文化建设观摩会等活动,在全县树立了一批示范单位、示范村、先进典型,编撰下发了《清风永和》教育册,营造了"崇廉、尚廉"的浓厚氛围;强化监督检查,重点对 19 个单位的涉农资金进行了全面检查,检查涉农资金 2.54 亿元,提出整改建议 14 条,收缴违纪资金 3.3 万元,处分党员干部 6 人;加大案件查处,全年共立案 47 件,处分党员干部 47 人(双重处分 2 人)。其中,党纪处分 13 人,政纪处分 36 人,努力做到干部清正、政府清廉、政治清明。

(王贵忠)

附:一、中共永和县委书记、副书记、常委名单

书　记: 加天山(1 月任职)

副书记: 梁秀娟(女、4 月离职)　范洋平(4 月任职)　马连青

常　委: 苏文龙　廉海平　崔文学　李永升　弓记平　付景军(4 月离职)　代建华(4 月任职)

二、乡镇党委书记、副书记名单

芝河镇

书　记: 冯润元

副书记: 李　旻　段慧斌

桑壁镇

书　记: 李　雄

副书记: 段东红

坡头乡

书　记: 白永明

副书记: 段永林　李　勇

交口乡

书　记: 薛丽红(女)

副书记: 田永峰

阁底乡

书　记: 冯贵生

副书记: 白海艳(女)

打石腰乡

书　记: 王连锁

副书记: 徐引平　李彩宏

南庄乡

书　记: 刘永胜

副书记: 王　涛

中共运城市委工作概况

2013年，在省委的正确领导下，中共运城市委深入学习贯彻党的十八大、十八届三中全会和习近平总书记一系列重要讲话精神，以开展党的群众路线教育实践活动前期准备工作为契机，认真落实省委、省政府加快转型跨越、办好“两件大事”的战略部署，充分发挥区位优越、人文富集、市场广阔、环境美好、资源丰富、交通便利、政策集聚等优势，突出抓好工业新型化、农业现代化、市域城镇化、城乡生态化、文化旅游产业“五大战略重点”，始终坚持强化改革开放、强化社会管理、强化党的建设“三个强化”，大力推行“核心在转型、重点在项目、关键在领导、根本在落实”的工作机制，努力建设“美丽河东、大美运城”，主要经济指标在经济下行压力加大、局面复杂的大背景下实现了逆势增长，保持了平稳较快发展的良好势头。全年完成地区生产总值1150亿元，同比增长9.1%；规模以上工业增加值400.8亿元，增长13.1%；固定资产投资1008.3亿元，增长21.9%；社会消费品零售额551.8亿元，增长14.2%；外贸进出口总额16.5亿美元，增长55.7%；财政总收入91亿元，增长13.6%；公共财政预算收入45亿元，增长8.4%；城镇居民人均可支配收入20347元，增长11.5%；农民人均纯收入7262元，增长13.8%。

一、始终坚持强化领导、精心组织，深入学习贯彻党的十八大、十八届三中全会和习近平总书记一系列重要讲话精神

市委坚持把学习宣传贯彻党的十八大、十八届三中全会和习近平总书记一系列重要讲话精神作为首要政治任务，高度重视、周密部署，及时下发学习《通知》，制定出台《实施意见》，在全市掀起学习贯彻热潮。市委中心组先后开展14次集体学习，深入学习交流，将市级领导学习和调研成果汇编成《学习思考与研究》一书。在全省率先开展集中轮训和学习研讨活动，在市委党校、井冈山干部学院对新任县处级领导干部进行岗前培训和理想信念教育，深入开展《把事情做到最好》读书教育活动，邀请专家学者来运城辅导学习，开设“流动课堂”、送教下乡等活动，市委宣讲团深入基层开展宣讲50余场，举办了22期领导干部集中轮训班、培训干部3300余人次。牢牢掌握意识形态工作的领导权、管理权和话语权，围绕学习贯彻党的十八大、十八届三中全会和习近平总书记一系列重要讲话精神，抓好舆论造势、加大宣传力度，壮大主流媒体、加强网络监管，组织开展全方位、多角度、大范围的战役性宣传，使中央的各项决策部署深入人心、家喻户晓；人民日报、中央电视台、半月谈、香港知名媒体来运采访报道，对内凝聚“运城力量”，对外展示“运城形象”，形成了建设“美丽河东、大美运城”的强大合力。各县（市、区）、各部门紧密联系实际，因地制宜开展了形式多样、丰富多彩的学习宣传贯彻活动，实现了农村、社区、机关、学校、企业等全覆盖。通过学习宣传，进一步强化理论武装、坚定理想信念，增强了广大干部群众贯彻落实中央和省委决策部署的自觉性和坚定性；进一步解放思想、提升理念，完善了发展思路，明确了发展路径、提高了发展境界；进一步坚持学以致用、增强执政本领，提高了各级党员干部发现问题、分析问题、研究问题、解决问题和超前思维、与时俱进、审时度势、举一反三的能力和水平，努力把学习成果转化为改革创新的务实举措、加快发展的生动实践。

二、始终坚持解放思想、先行先试，着力深化改革开放，充分激发转型跨越发展的动力和活力

（一）综改试验区和黄河金三角承接产业转移示范区建设迈出坚实步伐。制定综改试验区建设《实施方案》和《行动计划》，扎实推进“两县两园”试点工作，积极争取同誉铝合金轮毂、中磁科技、平陆锦江氧化铝等10个项目进入省级重大项目名录。研究出台《加快示范区建设意见》，三省四市联席会议成功召开，黄河河道综合治理等重大工程规划已报国家相关部委审批，《区域合作规划》列入国务院2013年审批计划，国家发改委在运城市召开《规划》编制工作会，黄河金三角区域协调发展试验区即将正式上升为国家战略。黄河滩涂开发、生态工程、水利重点工程、环境保护工程等近800亿元的一大批项目将列入国家发展规划。

（二）重点领域和关键环节改革取得新突破。制定出台《关于积极引导农村土地流转促进农业现代化发展的若干意见》、《金融支持农村土地流转试点工作实施方案》，盐湖和新绛试点工作扎实开展，全市累计流转土地122.7万亩，占到家庭承包面积的15.6%。制定出台《关于加快中小微企业转型跨越发展的实施意见》，民营经济发展活力得到充分激发；深入推进文化体制改革，全市文艺院团全部完成转企改制，整体运营良好；市县两级食品药品管理体制改革工作全面完成；制定《关于理顺省级开发区管理体制的意见》，明确了各开发区与所在县（市、区）的管辖范围、行政及财税管理体制，激发了开发区创新创业创造活力。

（三）以集群化招商为重点的开放型经济水平全面提升。围绕32个主攻产业和52个专业化链条，成立163支招商小分队，实施定点式、跟进式、持续式的集群化招商。与中铝、中煤、新兴际华、国电、居然之家、珠水实业、首创集团等央企和杭州锦江、苏宁云商、青海华实、省煤运、同煤、阳煤、四川科创控股、四川波鸿集团、广州碧桂园、深圳家具、深圳包装、深圳中兴、山西天昊集团等大企业签订合作协议，一批战略合作项目加快落地。美国福特公司与我市银光镁业开发镁轮毂、与亚新科公司开发汽车零配件铸造项目达成合作意向。

成功举办“旅游宣传·项目推介”北京恳谈会，影响深远；积极参加西洽会、中博会、哈洽会、文博会、东盟会、高交会等大型展会，签约项目322项、总投资约3013亿元。运城海关和商检大楼建设正式启动。组织考察团赴天津、内蒙、浙江、河南、黑龙江、上海、北京、广东、江西、四川及临汾、晋城、长治等地考察学习，并与法国马尔芒德、伊春、杭州、黑河缔结为友好城市。

（四）经济发展环境进一步优化。学习借鉴太原市行政审批大厅经验，对市直32家审批单位的25个项目实施了流程再造，清理取缔27个收费项目，新建运营性项目审批提速近60%；深入开展“改进干部作风、优化发展环境”专项检查活动，全力打造便捷高效、服务优良的政务环境，公平正义、执法为民的法治环境，诚实守信、公平竞争的市场环境。

三、始终坚持转型跨越、项目为要，着力推进“五大战略重点”协调发展，不断提高经济增长的质量和效益

坚持把项目建设放在推进“五大战略重点”的突出位置，着力发挥重点项目对推动经济社会发展的重大作用，全年共安排实施省、市重点项目267项，总投资3619亿元，“六位一体”各项指标均超额完成省定进度任务。

（一）突出园区化发展，工业新型化步伐不断加快。在传统产业改造提升上，以循环经济为基本模式，推动传统产业实现资源高效节约利用。总投资12.8亿元的五龙集团镁合金和焦化循环、总投资26亿元的北方铜业多金属综合捕集回收、高义钢铁、中信焦化、亚新科铸件、中冶机械铸钢件、海鑫热轧板卷等项目建成投产；王家岭煤矿正式投产，全市12座煤矿复工复产，全年预计产煤800万吨。同煤集团永济2×35万千瓦超临界节能环保热电联产、总投资120亿元的平陆240万吨氧化铝等项目开工建设。河津煤电铝、稷山西社煤焦化、新绛煤化工等项目加快推进。在新兴产业培育壮大上，重点抓好链条延伸、产品升级和市场拓展。同誉铝合金汽车轮毂、永济新时速轨道、粟海铝板带箔冷轧生产线、河津腾升钢帘线、风陵渡嘉生化工乙酰芳胺、际华高档服装、华丰冶炼高速线材、龙行天下铝合金型材加工、华拓铝业铝合金锭及摩托车部件、鑫源家居工业园、宏光医用玻璃管扩建等项目建成投产；大运重卡二期、广海铝业铝型材二期、亚宝药业健康产业园、风陵渡特种纸生产、临猗变压器公司节能降噪变压器、明迈特镍铬合金、青山化工荧光增白剂等项目加快建设。在高新技术产业发展上，突出抓好技术攻关、人才引进和产学研合作。中磁科技、鑫源汽车变速箱、新中宝真空镀铝膜、中海金源新型墙体材料、喜洋洋新能源房屋、鑫中大生物科技、雷迈高速铁路弹条扣件一期等项目建成投产；广丰特种电缆、博鸣木业定制家居、珠水科技树脂油墨、九龙高效节能电机等项目加快建设；中兴寰烁智慧城市运营中心、绛县军民航空工业园、四川科创中医药健康产业园和波鸿威斯卡特北方工业园等项目正在进行前期。在工业园区建设上，出台实施全市《主攻产业园区化发展集群化招商工作方案》，全力推进“5+15”工业园区发展。河津铝工业园、平陆煤电铝一体化工业园、稷山西社工业园、永济铝工业园和机电制造园、新绛煤化产业循环经济示范园、空港汽配产业园、盐湖城西机电工业园初具规模，产业集聚效应逐步显现。制定出台《运城市飞地经济工业园实施方案》，运城义乌国际商贸城安民综合工业园一期已试运营，山西天昊集团与台湾九鼎轩集团、香港商业集团合作投资的“天昊城”、中国运城－深圳家居产业园和中国国际印刷包装城3个项目即将落地开工。在现代服务业发展上，中房、中房建、中国光大、红星美凯龙、上海伟力、江苏欧蓓莎、广州碧桂园、恒大集团等大企业，将分别在我市投资建设大型城市综合体和智能化小区。建国饭店、海泉大酒店、居然之家运城分店正式开业，珠水国际大酒店、诺维兰汽车文化广场即将完工。美特好商超物流配送、夏县润恒现代农副产品冷链物流、盐湖瑞梨鑫果蔬菜物流港、恒隆二期等项目加快建设。交通银行大厦和（鑫源）金融大厦建成后将吸引40余家企业入驻，总部经济加快发展。在区域金融中心建设上，晋商银行河津支行、浦发银行盐湖支行、盐湖农商行开业；中信、光大、晋城银行即将入驻。6家企业参与融资券发行运作，融资52.6亿元。6家企业启动上市工作，73家企业在省股权交易中心挂牌，6家小额贷款公司获得省批复、占全省43%。成功举办银保企洽谈会，协议融资额696.3亿元，履约率96.5%。金融产业实现税收3.32亿元、同比增长59%，在所有产业税收增幅中是最高的一项。被评为中国金融生态示范城市。

（二）突出农业增效、农民增收，农业现代化水平全面提升。牢固树立“大农业”理念，突出抓好设施农业、观光农业、有机农业等新型业态培育。一是全力维护粮食安全。坚持“以秋补夏”，全年粮食总产达到31亿公斤，在高基数、高起点上再创历史新高，超额完成省定目标任务。二是持续加大“一村一品”、“一县一业”推进力度。今年新增“一村一品”专业村288个，主导产业收入占农民人均收入67%。临猗枣树面积20万亩，年产值8亿元；稷山板枣面积15万亩，年产值6.3亿元；以“绛州绿”为代表的特色农产品远销全国20多个省市及美国、日本、俄罗斯、新加坡等国家。三是全面加快现代农业示范区建设。着力打造30个现代农业示范园区，盐湖区国家级现代农业示范区、夏县格瑞特生态农业科技示范园、新绛三泉农民创业示范园、新绛古交丁村现代农业示范园、临猗庙上红枣示范园、稷山现代农业示范园等初具规模。四是集中力量发展壮大农产品加工龙头企业。实施“百强龙头企业培育”工程，粟海肉鸡、忠民油脂、格瑞特葡萄酒、翱翔辣椒油、维之王、晋龙等龙头企业发展良好。晶鑫达方便食品、山西颐源果蔬功能性食品、万荣汇源果蔬汁、新泰恒中药材加工等项目建成投产。五是大力加强农田水利基础设施建设。“三引六扩河库成网”大水系建设稳步推进，小浪底引黄、禹门口灌区东扩、尊村引黄及常硝渠改造等重点工程加快建设，北赵引黄东扩二期、涑水河河道整治工程全面启动，农业综合生产能力有效提升。

（三）突出城乡统筹、互动发展，市域城镇化建设成效显

著。坚持把市域城镇化作为转型跨越发展的新引擎，牢固树立“城市让人民生活更美好，文明让城市更加美丽”的理念，大力推进中心城市、大县城、小城镇、新农村“四位一体”协调发展，努力建设具有“现代、生态、宜居、文化”特色的区域中心城市，市域城镇化建设取得了突破性进展，城镇化率预计提高1.7个百分点、达到43.11%。一是“八区联动、统筹协调、整体推进”，中心城市综合承载功能显著增强。明确提出100万人口、100平方公里建成区面积、100平方公里湿地、100平方公里绿色屏障的“四个100”目标，将中心城区划分为运城经济开发区、空港经济开发区、东部新区、南部生态区、西部关圣旅游景区、北部高新区、中心区、老城区，实施“八区联动、统筹协调、整体推进”，推进“路水林产”四管齐下；启动实施东部文化广场、高铁站前广场、南山环湖生态、工农街跨解放路高架桥等“十大精品工程”。54项重点项目完成投资53.67亿元。突出抓好城市道路、绿化、水源、供热供气、美化、亮化等城建“六大工程”，新修道路74.18公里，11条城市主干道全部打通；生态绿化完成投资3.6亿元，新增绿化面积72万平方米，绿化覆盖率达到38.3%；以“一池、四库、三渠、一河、四滩”及各公园水系贯通为主的城市水系修复项目全面启动。集中开展交通秩序整治和非法营运三轮车专项整治和城市环境综合整治，城市更为干净整洁，市容市貌明显改善。按照袁纯清书记“绿坡、治湖、兴业”的工作要求，统筹运作、强力推进、加快建设生态智慧城，已完成投资7.7亿元；学习借鉴太原东山、西山生态建设经验，运用市场化的机制和手段，吸引企业参与生态修复，绿坡、治湖及垃圾清理工程全线展开，东禁门、中禁门修复保护工程及西禁门湿地公园开工建设，碧桂园高档住宅小区、关公祭祀朝拜区、黑泥养生城、国际园艺植物博览园、河东博物苑等项目正在推进。二是扩张规模、完善功能、优化环境，大县城辐射带动作用充分发挥。临猗县投资80亿元新建的南城新区已初具规模；河津市城市面积将扩展到30平方公里；新绛县坚持古城保护与新城开发并重，县城面积由2.25平方公里扩展到12.5平方公里；垣曲县城面积拉大到25平方公里，增长近1倍；永济、平陆、夏县、绛县、芮城生态县城建设以及万荣、稷山、闻喜等大县城正在加速建设，呈现出亮点纷呈、各具特色、快速推进的良好态势。三是夯实基础、突出特色、发挥优势，小城镇产业集聚效应明显提升。大力开展“五建设两整治”活动，15个重点镇完成投资8.57亿元，稷山翟店、永济蒲州、盐湖解州、闻喜东镇等特色城镇建设水平进一步提升。四是统筹城乡、互动发展、延伸服务，农村自我发展能力进一步提高。以建设美丽乡村为目标，重点抓好连片示范区建设，启动项目35个；330个新农村重点村基本完成“四化四改”、“五个一”工程任务；1928个行政村街道亮化任务全部完成，农村生产生活条件不断改善。

(四)突出资源节约、环境保护，城乡生态化建设稳步推进。深入开展创建国家园林城市、卫生城市、环保模范城市和省级文明和谐城市“四城联创”活动，努力打造外地人羡慕、投资者向往、运城人自豪的幸福新城。一是大力开展造林绿化活动。今年全市林业建设配套资金共13.3亿元，市级财政配套资金在去年的基础上翻了一番，完成造林40.43万亩，森林覆盖率名列全省第二；干果经济林面积达到126万余亩。启动实施通道绿化、工业用材林、园林村建设、校园绿化、企业绿化、城镇绿化六大工程，新增绿化面积672万平方米、投资约9.4亿元，新增面积和投资总额远远超过往年。二是扎实推进水源工程建设。涑水河、汾河环境综合整治稳步实施，化学需氧量、氨氮平均浓度均达省定考核标准。永济伍姓湖和八一、安邑、樊村、西塬水库开发保护等项目加快推进。三是进一步加大节能减排力度。严格落实国家循环经济标准化试点市建设任务，扎实推进40个节能改造项目，全年万元GDP能耗可完成省定任务。持续推进“蓝天碧水”工程，中心城市集中供热面积1811.3万平方米，供热普及率86.3%，全市空气环境质量稳定达到国家二级标准。

(五)突出规模扩张、品牌塑造，文化旅游产业实现快速发展。立足发挥资源优势，认真思考研究破题，制定出台《关于推动文化旅游产业快速发展的实施意见》，不断加快文化强市建设，努力培育经济发展新的增长点。加快推进关圣文化建筑群申遗。成立高规格领导组，聘请专家开展文本编制工作，市人大通过《关于加强关圣文化建筑群保护的决定》，关公街建成通车，景区入口改造、生态停车场及游步道改造工程全部完工，景区基础设施建设、环境治理等工作加快推进。多形式开展对外文化交流与合作，成功举办关公圣像巡游台湾和福建活动，100万人直接朝拜、近400万人间接参加，产生了巨大的轰动效应。加大旅游宣传推介力度。以关公文化、根祖文化、盐文化、德孝文化、善文化为重点，以关帝庙、普救寺、永乐宫、舜帝陵、李家大院、盐湖死海等景区为依托，整合资源、扩大宣传、做亮品牌，在中央电视台、凤凰卫视等新闻媒体播放宣传片，赴上海、杭州、南京、广州、北京等地开展旅游宣传。成功举办第十六届普救寺爱情文化节、中国(芮城)永乐宫第六届国际书画艺术节、第二十四届国际关公文化旅游节、第四届中国运城舜帝德孝文化节；在全市5个重点旅游景点设立主题邮局，正在规划建设新的10个主题邮局和29个便民邮局，有效促进了文化旅游的宣传和交流。大力推动文化旅游产业规模扩张。盐湖文化产业园、新绛文化产业园、夏县宇达青铜文化产业园、翟店印刷包装文化产业园等进一步发展壮大；清尚文化创意基地已有55家文化创意企业、22家高端设计公司和中央美院附属中学入驻基地。在中国第十六届“群星奖”大赛中，运城市选送的3个节目全部获奖；在全省第十届精神文明建设“五个一工程”评审中荣获7项大奖；新增非物质文化遗产25项，总数稳居全省之首。全年文化产业完成增加值占GDP的比重有望突破4.5%，继续位居全省前列。

四、始终坚持发扬民主、依法治市，着力推进社会主义民主政治建设，努力提高全社会法治水平

(一)坚持和完善人民代表大会制度，人大工作水平有了

新提高。支持人大及其常委会依法履行职能,围绕"八区联动"、"5+15"园区建设、涑水河治理等重点工作开展视察调研,围绕《刑事诉讼法》、《安全生产法》执行情况以及"一府两院"依法行政、依法履职情况等实施法律监督,在关圣文化建筑群保护、黄河金三角区域协调发展试验区审批、民生问题解决等方面有效发挥人大作用。

(二)坚持和完善中国共产党领导的多党合作和政治协商制度,政协和统战工作得到新加强。围绕团结和民主两大主题,支持政协履行政治协商、民主监督、参政议政职能,围绕"五大战略重点"推进、城市建设、民生改善等重点工作组织委员开展视察,为政协在全国7个重点城市开展"运城之友"活动提供支持。组织统一战线各界人士对"八区联动"、关圣文化建筑群申遗等重点工作进行调研视察,并积极建言献策。及时向民主党派通报全市经济社会发展情况,进一步完善了同民主党派合作共事机制,充分发挥了民主党派和无党派人士的参谋和智囊作用。

(三)扎实推进法治运城建设,基层民主法治水平实现新提升。深入推进"六五"普法,法制宣传教育、"六安联创"等活动深入开展,引深政法队伍纪律作风整顿活动,依法行政和社会法治化管理水平不断提升。深入推进党务公开、政务公开、厂务公开、村务公开和公共企事业单位办事公开。切实加强对群团工作的领导,妇联、侨联完成换届,工会第二次代表大会即将召开,共青团、民族、宗教、外事、对台等工作取得新的进展。同时,坚持党管武装原则,国防后备力量建设水平稳步提升,双拥共建工作成效显著。人口、计生、科技、体育等工作蓬勃开展。

五、始终坚持以人为本、人民至上,着力改善民生和创新社会管理,全力维护社会和谐稳定的良好局面

(一)在大力开展群众性精神文明创建中构建好"和谐民生"。广泛开展爱党、爱国和社会主义荣辱观宣传教育活动,开展孝老敬老、扶残助残等志愿服务活动,中央电视台全面推广运城市德孝文化建设和关爱老年人工作先进经验,盐湖区被评为全国公益广告发布试点城市。组织开展第二届道德模范评选表彰活动,有6人荣登"中国好人榜",常存灯、胡丙申、荆保山先后荣获"全国道德模范提名奖"。顺利通过省级文明城市检查验收。运城黄河文化博物馆、科技馆等公共文化基础设施建设稳步推进。组织开展"戏曲惠民·欢乐百姓"等活动,群众文化生活不断丰富。

(二)在全力发展社会事业中安排好"基本民生"。深化创业型城市建设,建成孵化基地14个,城镇新增就业、失业人员再就业、转移农村劳动力分别完成省定任务的159%、149%、183%,城镇登记失业率始终控制在省定范围内。教育质量连年提高,高考达线人数实现"十一连增",新建、改扩建97所公办幼儿园。新型农村合作医疗参合率达到99.56%,县级公立医院全部取消以药补医、实行药品零差率销售,全省县级公立医院综合改革现场会在运城召开。符合条件的农村"五保"对象和城乡低保对象实现应保尽保,全省福利工作暨农村老年人日间照料现场推进会在运城召开。社保"一卡通"发放情况全省领先。

(三)在努力解决群众生产生活难题中落实好"底线民生"。全年用于农林水事务、医疗卫生、教育、社会保障和就业等方面的财政支出为历年最高。扎实开展易地扶贫搬迁、片区扶贫开发、雨露计划等扶贫工作,积极推进16家企业与定点扶贫项目和贫困村对接,带动农民增收致富。完成农村危房改造工程11430套。圆满完成全市128万户134万吨"爱心煤"发放任务。新开工建设各类保障性住房21542套、建成14214套,建成率全省领先。

(四)在着力加强和创新社会管理中化解好"热点民生"。制定出台《关于加强和创新社会管理项目建设2013-2017年度实施意见》,全市基本实现基层社会服务管理体系全覆盖。组织开展"平安运城1号行动",严厉打击各类违法犯罪行为,追逃网上逃犯全省第一。抓源头预防、机制创新、事要解决和依法处置,信访工作继续保持"四下降一好转"的良好态势。突出抓好企业主体责任和政府监管责任落实、安全生产大检查、隐患排查治理、重大危险源监管、安全乡村创建、安全教育等工作,事故起数和死亡人数继续下降,安全生产保持了持续稳定好转态势。

六、始终坚持党要管党、从严治党,着力抓好领导班子和干部队伍建设,全面提升党建工作科学化水平

始终坚持党要管党、从严治党的方针,以改革创新的精神,全面加强党的思想、组织、作风、反腐倡廉和制度建设,充分调动广大干部干事创业的积极性、主动性和创造性,为建设"美丽河东、大美运城"提供坚强保证。

(一)严格标准、端正导向,领导班子和干部队伍活力进一步激发。准确把握习近平总书记新时期好干部"五条标准"和袁纯清书记提出的六方面原则,坚持用科学的机制、严格的标准、规范的程序推荐干部、考察干部、选用干部,确保干部选任风清气正。在省委的关心支持下,运城市共有26名市厅级领导和县委书记进行了调整,并对部分空缺的市管领导班子和领导干部进行了调整,共涉及干部270人。坚持在基层一线培养使用干部,选派92名优秀年轻干部到重点企业和重点项目挂职锻炼,提拔14名优秀乡镇书记进入县处级领导班子,公开选拔20名优秀年轻干部到市直单位担任副处级领导干部。通过干部调整,树立了鲜明的用人导向,激励各级干部进一步增强感恩意识和责任意识,自觉把完成挑战性、艰巨性任务作为获得成就感的一种境界,营造了你追我赶、奋勇争先、竞相发展的生动局面。

(二)夯实基础、强化服务,各级党组织的战斗堡垒作用进一步发挥。召开基层党建工作专项述职会,制定出台《关于实施"创星晋位"管理、加强农村服务型党组织建设的意见》,选派88名优秀年轻干部到农村担任"第一书记"。袁纯清书记在省委十届五次全会暨全省经济工作会上,充分肯定了盐

湖区基层党建工作做法及成效。大力实施社区党建"一三一"工程，对全市114个社区的办公场所进行了新建或改扩建。建立非公企业党建工作指导员队伍，组建非公企业党组织1347个。在"5+15"工业园区跟进党组织设置，在农村专业合作社、新社会组织等领域成立调整党组织31个。统筹推进机关、国企、学校、医院、两新组织等领域党建工作，共发展新党员5650名，基层党组织的创造力、凝聚力和战斗力不断增强。

(三)改进作风、严格考核，党员干部的贯彻力、执行力和落实力进一步提高。严格落实中央改进作风《八项规定》和省委《实施意见》，出台30条具体规定，全市同比精简会议35.2%、文件22.2%、简报41.3%、接待费用减少25.8%、领导活动新闻报道减少16.9%。认真开展党的群众路线教育实践活动前期调研准备工作，集中3个月时间，深入查摆、先期整改、督促落实。深入开展干部下乡住村和集中走访活动，解决问题11236个。大力提倡开短会、讲短话，说实话、干实事，大力弘扬立说立行、雷厉风行、狠抓落实的优良作风，坚决杜绝"夸夸其谈、光说不练、答应不办"等不良现象，干部作风和精神面貌明显改善。出台《关于进一步提升各级领导班子和领导干部执行力的意见》，对"美丽河东、大美运城"各项指标进行细化量化，加强督查、严格考核、跟踪问效，确保各项工作扎实推进。

(四)惩防并举、严明纪律，党风廉政和反腐倡廉建设进一步引向深入。严格落实党风廉政建设责任制，在全市构建了横向到边、纵向到底的责任网络。切实加强对中央、省委重大决策部署落实情况的监督检查，清卡、清车、清退违规办公用房取得明显成效。进一步规范完善"一网九平台"运行机制，惩防体系建设继续走在全省前列。累计63.6万人次赴廉政警示教育基地接受教育，有效发挥了源头治腐作用。认真开展"带案下访解民忧"专项活动，及时解决了一批涉纪信访问题。出台《运城市规范涉及企业生产经营和项目建设行政执法检查行为若干规定》，查处各类顶风违纪、破坏发展环境案件198起。保持反腐败高压态势，立查案件830件，党政纪处分892人，反腐倡廉建设取得新成效。

(卫 鹏)

附：中共运城市委书记、副书记、常委名单

书　记：白　云(女，2月离职)　王茂设(2月任职)

副书记：王安庞(2月离职)　王清宪(2月任职)
董鹏翔(12月离职)　陈振亮(12月任职)

常　委：王殿民　赵建平(4月离职)　陈振亮
张润喜(4月任职)　常建忠
王　蕾(女，4月离职)
荆青莲(女，6月任职)　崔克信　于　波
刘桂国(4月离职)　王正风
常社教(4月任职)　韩　宇(7月离职)

中共盐湖区委工作概况

区委书记　王志峰

盐湖区共有基层党组织879个，其中：基层党委30个，党总支31个，党支部818个。2013年度发展新党员209名，党员人数达到17945名，其中农村党员11559名，流动党员421名。2013年，盐湖区委团结带领全区68万人民，以科学发展观为指导，紧紧围绕转型跨越发展这一主线，积极探索经济发展新思路、社会管理新模式、城乡统筹新路径、文化建设新载体和干部管理新机制，全区经济社会发展取得了显著成效。

一、党的建设扎实推进

一是强化政治理论学习。以十八大精神为主题，对全区科级以上干部、农村"两委"干部、大学生村官开展为期半个月集中轮训；在全区开展了以"高举旗帜坚定信念，服务大局转型跨越"为主题的学习党章知识竞赛；在西安交大举办了领导干部素质能力提升暨群众路线教育实践活动专题培训班；在市委党校分两期举办了"学习党的十八届三中全会暨习近平总书记系列重要讲话精神专题培训班"，对全区600余名科级干部进行了集中培训；先后举办了18期河东大讲堂，培训干部3600余人次；邀请专家、讲师到农村一线，开展农科技术、法律知识、惠农政策等方面培训60课，培训党员群众2000余人；各远程教育站点共计学习8000余次，利用率显著提高。

二是配强配好干部队伍。选拔任命干部重实干、重基层、重实绩，新提拔了9名乡镇(街道)党(工)委书记、5名人大主席、7名政协联络组组长全部来自基层，提拔的11名乡镇长(主任)中有9名来自基层，提拔的25名副科级干部中有20名来自基层；在识别干部上，注重群众公认，今年新提拔干部群众推荐比例达到100%，民主推荐率和民主测评优秀率均在95%以上。

三是开展基层服务型党组织创建活动。在农村、社区、非公有制经济组织、区直机关和事业单位分类开展基层服务型党组织"4433"创建活动。在区乡村构建三级三类服务网络，建立各类服务中心及站所1800余个，先后接待办事群众3万余人次，办理各类审批服务事项8200余件。区直机关及事业单位全面推行党员挂牌上岗、首问负责、跟踪服务等工作制度,先后在各村、企业、社区建立联系点、帮扶点140多个,解决基层和群众反映的实际问题670余件,扎实开展"五带头三满意"活动,全区登记社区志愿者1397名,驻区党员认领服务岗位2600余个。

四是狠抓党风廉政建设。为贯彻中央八项规定,就"规范新闻报道"、"厉行节约、反对浪费"、"严格公务用车"、"执行政治纪律"等事项制定出台相关制度。开展专项行动,立案查处公车私用3案5人,对出现公车私用的8个单位进行通报批评。全区各级各部门和领导干部共清退办公用房面积11295平方米。查处大操大办案件7案9人,责任追究2人,没收礼金8.99万元。加强对阳光农廉网上投诉问题的解决,共公开各类信息26172条,受理各类诉求199个,解决147个。依托廉政警示教育基地,组织128批、10280余人次的党员干部、公职人员接受了廉政警示教育。加大查办案件力度,一年来,共受理各类群众举报131件,核结38件,立案查处110案112人(次),重处分26案26人。

二、新型产业体系日趋成熟

按照市委、市政府统筹"五大战略",推进"八区联动",实施"园区化发展、集群化招商"等总体安排部署,全区紧紧依托中心城市优势,确定了构建以现代服务业为主体、以高新技术产业和先进制造业为支撑、以城郊型观光农业为基础的新型产业体系,努力形成三产融合、四化并举、要素聚集、活力迸发的经济发展新格局。

一是科学规划"6+1"产业推进架构。聘请了中国泛华集团、北京大学文化产业研究院、中国农科院等一批规划咨询团队,科学规划了"6+1"的产业推进架构。"6",是六大产业发展平台。盐湖工业园,重点发展生物医药、包装印刷、新型材料、小微企业孵化等"三园一基地";城西机电化工家居产业集聚区,以高效节能电机生产基地为核心,打造城市西部机电、新型化工和现代家居制造物流基地;文化产业园区,以设计创意为核心,打造文化导向型现代服务业集聚区;运城高铁商务区,依托高铁站人流、物流、信息流优势打造运城的城北CBD;关公文化旅游业聚集区,围绕申遗系统工程,按照"山水田园、朝圣古镇"的特色定位,打造关公文化旅游目的地;盐湖现代农业示范园区,以发展绿色有机农业为主线,打造现代都市型观光农业主题公园。"1",是主城区商贸物流。按照建成"十个五星级酒店、十个高档写字楼、十个城市综合体"的要求,启动实施了恒隆二期、东星向上广场、华联二期、福同惠大楼、黄河市场改造等商贸物流项目,加快建设区域性商贸物流中心城市。

二是依托发展平台进行全产业链设计。"6+1"产业架构的规划和实施,实现了企业在空间上聚合,在产业上融合,推动了企业间的联合,延伸了产业链条,增强了对产业的吸附力。以石药银湖为龙头,吸引了亚宝药业、新中宝医药包装、新中大生物制药等13个项目,形成了生物医药产业链。以中磁科技为龙头,汇聚了英利特种陶粒、珠水科技等11家企业,产业集聚效应初步显现。以清尚创意城为龙头,文化产业园区吸引清华、北大、泛华集团、中兴通讯加盟,50多家文化产业相关企业竞相入驻;中兴寰烁智慧城市运营中心、中央工美附中、德孝古镇、嘉年华、水墨河东等一批项目正在加快建设;文化创意,正在为全市乃至黄河金三角区域提供全产业链服务。以九龙机电为龙头,吸引上海电气研究院、香港三金国际投资公司加盟,打造华北地区最大的集研发、生产、物流为一体的节能电机集聚区。以博鸣木业为龙头,吸引了中国建材集团、中国新型房屋集团和企业联姻,招引大明宫、红星美凯龙等家居行业知名企业入驻园区,形成设计生产、展示销售、仓储物流为一体的现代家居生产基地。以现代农业核心示范园区为依托,吸引了绿港、颐源、迎太、黄河金三角果蔬物流港等项目集聚,引领全区农业迈入新的快车道。产业的集聚,形成了强大的带动和孵化效应。

全区围绕"6+1"的产业架构,共确定重点项目84个,总投资778亿元,今年完成投资171.82亿元。全区共储备项目225个,签约项目14个,落地项目98个,开工项目51个,建设项目74个,投产项目87个,均超额完成了全年目标。2013年,全年地区生产总值完成181.3亿元,增长9.3%;规模以上工业增加值完成38.8亿元,增长14.6%;固定资产投资完成219.8亿元,增长22.1%;社会消费品零售总额完成179.4亿元,增长14.3%;财政总收入完成25.17亿元,增长11.9%;公共财政预算收入完成8.56亿元,增长10.7%;外贸进出口总额完成3.23亿美元,增长146.5%;城镇居民人均可支配收入完成21942元,增长11.6%;农民人均纯收入完成8375元,增长13.1%。

三、改革创新激发发展活力

一是注重创新融资模式,加快产业转型升级。在充分发挥传统金融机构作用的基础上,区级财政每年拿出一般预算收入的10%作为劣后投资,同专业公司合作组建了盐湖区城镇化投资、山西兴农风险投资、基础设施建设等基金。第一批扶持的石药银湖,在2012年2900万元税收的基础上,2013年实现税收4000万元;寰烁科技公司,在2012年2亿元产值的基础上,2013年实现产值4亿元。积极推动成立了10余家小额贷款公司,多渠道增加融资能力,累计发放贷款达到31亿元。

二是注重规范农村产权交易,激活各种生产要素。成立盐湖区农村产权交易中心,为农村土地承包经营权、房屋所有权、闲置宅基地等各类产权流转交易提供场所、设施、发布信息、产权交易鉴证等服务,实现农村资产资本化,激活城乡生产要素,使土地、资本、管理、技术等各种生产要素,打破城乡界限,充分自由流动。通过推动土地流转,推动股份制合作,进而推动农业的全产业链发展,形成城镇化发展的强大支撑。全区新增"一村一品"专业村26个,总数达到93个,新发展农业专业合作社127家,加快了农业产业化进程。迎太塑料、颐源乳业、海升果汁等20余家工商企业通过"公司+农户"的模式,为农民开辟了致富新天地。规划了三路里、曹允、陶上、姚孟等十多个村庄的城镇化改造试点,出台了相应的配套政策,5000余户农民转变为市民。

三是注重发展文化创意产业,为各次产业提供全产业链服务。区政府每年拿出1000万元,作为扶持引导基金,撬动文化企业和生产性企业合作,用创意提升传统产业,推动经济转型跨越发展。

四是注重创新社会管理机制,营造良好的经济社会发展环境。畅通干部群众交流渠道,出台了区乡村三级议事例会制度,及时解决群众诉求。全年化解各类初访案209件,解决了王范乡梁某8年来涉法涉诉赴京上访、大渠办寺北村、姚孟办南村因征地集体上访等钉子案11件,全区上访案件同比下降了39%。建立了由"开发区、乡镇政府、建设单位、施工单位、所占地村委会和派出所"组成的六方联席会议制度,进一步规范项目建设秩序,保障失地农民利益,实现项目建设与群众利益的共赢。由村级党组织牵头成立劳务派遣服务公司,解决城镇化过程中失地农民再就业问题,实现了项目建设的和谐推进。

四、社会民生持续有效改善

一是全面推进德孝文化实践活动。以"德政千秋,孝行天下"为主题,成功举办第四届德孝文化节,开展了德孝文化进机关、进学校、进农村、进社区、进企业的"五进五创"主题实践活动。《人民日报》《光明日报》《山西日报》等进行了专题报道。将德政、孝行与社会主义核心价值体系建设紧密结合,与推动社会治理,提升人民幸福指数结合起来。在全区农村和社区发展老年日间照料中心、德孝大讲堂、志愿者服务队、文艺宣传队、农家书屋"五位一体"的德孝文化苑155家,有效地破解了集中养老资源匮乏的难题,解决了5000余名空巢、孤寡老人的养老问题,满足了群众的精神文化需求。先后评选出"十大、百佳"孝顺媳妇,21名"德政楷模",十大"道德楷模",推动社会风气持续向善。

二是积极开展美丽乡村建设。实施"6226"造林绿化工程,即六大园区绿化工程、两大生态修复工程、"双万亩"干果经济林工程和六大通道绿化工程,投资3亿元,完成造林3.6万亩,绿化总里程87公里,植树1000万株,森林覆盖率年增长1.5个百分点。全年新修学院西路、开元大道等园区道路15条,总长34.1公里。新修县乡道路19条,总长82.95公里。扎实开展农村环境连片整治和危房改造工作,为187个村安装3700盏太阳能路灯,新完成800户危房改造任务。对200台城市锅炉进行了改造,有效改善了城市空气质量。强力推进安全专项整治,全区安全生产持续稳定向好。社区网格化管理扎实推进,466个社区网格配齐了网格长和党小组长,配备管理员、助理员、民警、消防等工作力量2108人。大力实施"天眼"工程建设,加强社会治安防控力。区乡(镇、办)105个自然村安装探头3860个,城区内重点场所共安装832个点,探头数量18969个,安装率达到74%。深入开展社会综合治理和严打斗争,社会治安明显好转。

三是努力提高人民幸福指数。始终把保障和改善民生作为政府工作的出发点和落脚点。投资1630万元,对全区18所中小学、16所农村幼儿园进行了改造和扩建。深化医疗卫生体制改革,投资517万元,改善了基层卫生院所医疗条件。为全区近2万名70岁以上老人和2300对符合生育政策的育龄夫妇进行了免费健康检查。全面完成低收入农户户均一吨煤发放任务。坚持"政府买单、农民看戏",为农村送戏150场。成立了秧歌队、花鼓队等社区活动小组60余个。免费为200多位老年人发放了"一键呼"手机。加强就业和社会保障,全年新增城镇就业1.07万人,转移农村劳动力1.92万人,城镇登记失业率控制在0.5%以内。社会保险覆盖面不断扩大,城镇医疗保险参合率达95%以上,新农合参合率达99%以上,人民群众的幸福指数明显提升。

(张 福)

附:一、中共盐湖区委书记、副书记、常委名单

书 记:王志峰

副书记:王吉敏 郭一民

常 委:贺 鑫(10月任职) 陈建国
徐志英(6月离职) 姚广林
靳学武(5月离职) 李建武(6月任职)
钟立伟 常 正
黄亚平(女) 陈富强(5月任职)

二、乡镇(街道)党(工)委书记、副书记名单

席张乡

书 记:李俊龙(8月离职) 仝粉娥(8月任职)

副书记:卫开河(4月离职) 曹 峰(4月任职)
杜自勤(12月离职) 原麦芳(12月任职)

金井乡

书 记:杨宝囤(12月离职) 霍国荣(12月任职)

副书记:霍国荣(12月离职) 王 波(12月任职)
王军杰(5月离职)
王朝晖(5月任职,12月离职)

上郭乡

书 记:牛 睿

副书记:王玉成(8月离职) 赵洪波(8月任职)
曹 峰(4月离职)
裴 勇(5月任职,12月离职)
郭庆庆(12月任职)

上王乡

书 记:吴建华

副书记:高 翔 王迎霞(女,5月离职)
王春晖(5月任职,12月离职)
崔东会(12月任职)

王范乡

书 记:邓永红

副书记:吴肖江(2月离职) 相建军(4月任职)
丁 飞(7月任职,12月离职)

王秀贤（12月任职）

冯村乡

书　记：李　宣

副书记：谷超峰　薛慧康（5月任职）

邵运宏（5月离职）

龙居镇

书　记：苏引萍（12月离职）　王根强（12月任职）

副书记：王根强（12月离职）　王俊杰（12月任职）

李路明（8月离职）　王彩霞（女，12月任职）

李永莉（女）

北相镇

书　记：马福森（4月任职，8月离职）

李俊龙（8月任职）

副书记：朱建有　席永民（5月离职）　赵军智

赵跃辉

泓芝驿镇

书　记：张海滨（2月离职）　郑　甦（2月任职）

副书记：郑　甦（2月离职）　王　军（4月任职）

南庭芳（女）

三路里镇

书　记：叶建军（12月离职）　苏建陇（12月任职）

副书记：苏建陇（12月离职）　裴　勇（12月任职）

王　鹏（12月离职）　王　军（12月任职）

陈晓娟（女，5月离职）

陶村镇

书　记：陈拥军（12月离职）　王杰妮（女，12月任职）

副书记：王杰妮（女，12月离职）　丁　飞（12月任职）

景志才

东郭镇

书　记：雷　刚（2月离职）　吴肖江（2月任职）

副书记：樊春云（女）　相秋喜（5月任职）

解州镇

书　记：靳志球（2月离职）　雷　刚（2月任职）

副书记：李朝霞（女，2月离职）　卫开河（4月任职）

赵洪波（8月离职）　刘常勇（12月任职）

车盘街道

书　记：杨世进（2月离职）　李朝霞（女，2月任职）

副书记：孙　鹏（4月离职）　王春晖（4月任职）

姚孟街道

书　记：邢学渊（2月离职）　马永胜（2月任职）

副书记：徐智勇（4月离职）　赵全喜（4月任职）

石自勇（5月任职，8月离职）

张保国（5月离职）

大渠街道

书　记：徐志英（2月离职）　张海滨（2月任职）

副书记：仝粉娥（女，8月离职）　石自勇（8月任职）

赵登新

安邑街道

书　记：张大虎（8月离职）　赵　屹（8月任职）

副书记：马永胜（2月离职）　张高升（4月任职）

何光华（5月离职）　杨　格（5月任职）

东城街道

书　记：李致峰（8月离职）　徐智勇（8月任职）

副书记：赵志云（4月离职）

徐智勇（4月任职，8月离职）

王玉成（8月任职）　岳国林（12月离职）

郭艳丽（女，12月任职）

西城街道

书　记：赵　屹（8月离职）　何文龙（8月任职）

副书记：何文龙（8月离职）　李路明（8月任职）

闫青云（女）

南城街道

书　记：杨世进（2月任职）

副书记：杨连智（4月离职）　黄相斌（4月任职）

王晓平（女，12月离职）　薛　生（12月任职）

周　荣

北城街道

书　记：谢忠义（2月离职）　淮占胜（2月任职）

副书记：淮占胜（2月离职）　孙　鹏（4月任职）

王　光

中城街道

书　记：武卫民（2月离职）　许俊霞（女，2月任职）

副书记：许俊霞（女，2月离职）　仝　宁（4月任职）

刘建章

中共永济市委工作概况

市委书记　陈　杰

永济市有党总支35个，党支部768个，截止2013年底共有党员16892名，其中2013年新发展党员400名。2013年，在运城市委、市政府的正确领导下，永济市委全面贯彻落实党的十八大和十八届三中全会精神，扎实开展“项目推进年”活动，坚持“五个统领”，大力实施66项重点工程，竭力办好10件民生实事，坚定信心、抢抓机遇、凝聚共识、扎实苦干，全面推进“打造五个永济、建设明星城市”的战略部署。

一、党建情况

按照中央、省市委的统一要求,为切实做好党的群众路线教育实践活动前期准备工作,在全市继续深入推进党建服务民生工作,并集中3个月时间广泛开展以“反对‘四风’、解决问题”为主的“引深党建服务民生工作暨进一步加强党员联系群众工作百日集中行动”,紧扣为民务实清廉要求,分类查摆存在的突出问题,切实把问题查实、找准、找具体、解决好。

一是把听民声作为根本要求,进一步畅通民情民意的收集渠道。严格实行每季度一次的民情恳谈会制度,在民情恳谈会召开3个工作日后,采取电话抽查、实地调研等方式,对各单位召开民情民意恳谈会的情况进行检查,并认真收集民情恳谈会召开情况,对工作拖沓、落实不力的单位和干部采取组织约谈等方式加以督促。在民情恳谈会的基础上,充分发挥“9条渠道”的重要作用,动员市直、镇(街道)、村(社区)、党员示范户(网格长)等形成合力,广泛征求群众的所思、所盼、所愿,力求做到民情上达无阻碍。特别是从10月份百日集中行动开展以来,将民情恳谈会拓展为每月至少召开一次,通过“多走、多看、多听”,加密了民情收集网络。2013年,全市各单位共召开民情民意恳谈会1700余场(次),收集各类民情信息4200余条,涉及产业调整、吃水、用电、行路、村容村貌、惠农政策、科技文化知识等方面。

二是把办实事作为核心任务,集中力量解决一批突出问题。坚持从群众最迫切的需要出发,着力解决群众吃水、出行、住房、就业、教育、医疗等问题,解决创业致富过程中遇到的资金、技术、信息等困难。坚持每季度召开民情交办会,对需要市直职能部门协调解决的实际问题予以交办,并认真加以督促落实,确保每一件交办事项“件件有落实”。特别是百日集中行动开展以来,市委每月召开一次交办会,有力推动了民生事项的落实。2013年,共召开民情交办会5次,交办事项49件,已全部落实。同时,还组织“民生大篷车”组团下基层开展服务,为基层群众送文化、送法律、送医疗、送科技,2013年,各职能单位共为全市265个村和23个社区送去各类惠农、惠民服务400余次,服务群众5万余人次,深受基层群众的欢迎。

三是把转作风作为重要内容,在密切联系群众中树形象。副县级领导干部带头,全市各单位和广大党员干部主动下基层、讲党课、深入调研,开展宣讲活动,察民情、解民难。在做到“五必到、五必助”和“五必看、五必问”的基础上,带着感情与特困户结穷亲,主动为基层和群众送去惠农政策、农科知识、致富信息等与群众密切相关的服务,着力帮助群众解决小事、难事、烦心事,送去党和政府的温暖。2013年,各单位和有帮扶任务的党员干部共走访群众60000余人(次),搜集、化解、解决民情民愿4800余件,深受广大群众好评,树立了党员干部的良好形象。

二、经济发展情况

2013年,全市生产总值完成127.2亿元,同比增长9.1%;规模以上工业增加值完成45.25亿元,同比增长14.1%;财政总收入完成6.8363亿元,同比增长13.8%;一般预算收入完成2.9961亿元,同比增长6.3%;社会消费品零售总额完成44.13亿元,同比增长14.25%;固定资产投资完成81.67亿元,同比增长29.1%;城镇居民人均可支配收入21169元,同比增长10.4%;农民人均纯收入完成9076元,同比增长12.3%。

(一)坚持强工富农活市,实力永济建设迈上新台阶。实力是建设明星城市的基础。市委坚持把强工富农活市作为打造实力永济的重要途径,不断加快经济结构战略性调整。通过狠抓项目建设,强工战略不断推进。始终把项目建设和招商引资作为发展的“重头戏”,实施招商引资项目147个,实际到位资金149.9亿元。先后招引了广亚集团、阳煤集团、同煤集团、贵阳久联等国内知名大型企业落户。特别是总投资30亿元的2×35万千瓦热电联产项目等一批标杆项目的开工建设,为加快永济市转型跨越发展奠定了坚实基础;通过狠抓现代农业,富农步伐不断加快。启动实施了现代农业示范基地建设、千万只肉鸡养殖工程、东北腹地排水、引黄渠系渠道配套工程、高标准农田整理等58项农业重点工程。东北腹地排水工程新建和改造排水渠道338公里,初步解决了东北腹地3个镇街、30个村、25万亩农田的积水问题。引黄渠系配套工程近两年共新建渠道188.83公里,使9.27万亩耕地变成了“井黄两灌”的保浇田。农业发展基础更加坚实,农业产业化步伐进一步加快,全市农民人均纯收入平均增幅始终保持高于全国、全省、全运城市平均水平。特别是山东沃华集团入驻后,用先进的管理模式和经营理念,使土地变为绿色工厂、把农民变成产业工人,流转土地农民人均现金收入大幅增加;通过狠抓商贸流通,活市效应不断显现。围绕建设黄河金三角地区重要商品集散地的目标,大力推进商贸流通业发展。总投资6亿元,启动实施了百大改造扩建、鑫大国际商城、蒲津世贸广场、彩虹汽贸广场、西厢国际等一批商贸流通重点工程,招引了好又多、肯德基、德克士、客乐购等国际国内知名企业连锁店落户永济市,全市基本形成了以舜都市场、百大、鑫大、供销大楼、千秋时代广场为主和以蒲津世贸广场、华联购物中心为主的两大商贸流通圈。2013年全市社会消费品零售总额达到44.1亿元,同比增长14.3%。

(二)推进文化旅游融合,魅力永济建设实现新突破。魅力是建设明星城市的核心。市委始终坚持用文化彰显魅力,用旅游传播魅力,用三产储存魅力,不断加快文化产业和旅游产业融合式发展。基础配套设施不断完善。在原有樱花园、柳园、滨河公园的基础上,启动实施了市文化中心、舜帝山森林公园和蒲园建设工程,在市区形成了“一区五园”(一个核心区和五大公园)的文化载体;在10个镇街道相继建成了功能齐全、设施完善的高标准综合文化站;在全市265个行政村实现了文体活动场所全覆盖。同时,为城区各大广场、镇街道文化站和所有行政村配备了专业文体辅导员,确保了群众文化活动经常化、专业化;文化惠民活动蓬勃开展。大力开展农村公益电影放映、送戏下乡、社火表演、文艺晚会、书画摄影展等丰富多彩的群众文化活动。在舜帝山森林公园开展广场文化惠民周活动，使20余万人次享受到了免费的文化盛宴；每年放映3180场次电影，实现了265个行政村每月免费放映1场电影的目标等等，这些活动的开展，极大地丰富了群众的文化生活；旅游文化产业深度融合。完成了全市旅游发展总规划和鹳雀楼、普救寺、铁牛馆、蒲州故城四大景区专规，进一步理清了市文化旅游产业的发展前景、发展思路、总体定位。先后实施了雪花山和神潭大峡谷旅游开发建设工程，并对鹳雀楼景区和蒲津渡遗址博物馆进行了改造升级和重新布展，进一步提升了景区的文化内涵，延长了游客在景区的游览时间。成功举办了鹳雀楼诗歌文化节、普救寺爱情文化节、五老峰登山文化节等三大地域特色文化活动，极大地提高了永济市的知名度和影响力。通过这些旅游文化重点工程的建设和宣传活动的开展，带动了永济市旅游文化产业的快速发展。

（三）突出现代生态文化，宜居永济建设取得新成果。宜居是建设明星城市的支撑。按照现代、生态、宜居、文化“四型”城市建设要求，不断完善城市功能，着力优化人居环境。城市框架不断拉大。先后投资5.74亿元，启动实施了电机大道西延、中山街东延、富强街西延、东环路、东外环路等城市道路工程，城市框架拉大到50平方公里，提前完成了“十二五”框架目标，建成区面积达到25平方公里；城市功能日臻完善。投资27.05亿元，实施了35项城建重点工程，特别是中心汽车站建设工程，将过去影响观瞻的“烂尾楼”变成了城市新地标。城市供热管网改造工程，一举将城区集中供热能力从原来的140万平方米提高到200万平方米，而且供热效果越来越好。舜帝山森林公园荣获“山西省人居环境范例奖”，昔日的乱石滩变成了永济的亮丽“会客厅”；城市品位大幅提升。先后实施了通道绿化、荒山绿化、城市绿化和城市五大主题公园绿化提升等绿化工程。目前，城市绿化覆盖率和绿地率分别达到了40.32%和33.76%，人均公共绿地面积达到了13.17平方米，高出国家级园林城市要求标准。特别是五大公园的建成，使市民都能享受到休闲健身带来的快乐。

（四）强化社会管理创新，公平永济建设迈出新步伐。公平是建设明星城市的关键。坚持把社会管理创新作为推动社会建设的重要内容，着力构建社会服务管理三大体系：一是通过建立市社会矛盾调解中心，成立医患纠纷、劳资纠纷、交通事故等九大行业调委会，形成了人民调解、司法调解、行政调解“三位一体”的社会矛盾大调解体系。二是通过实施城区“三警”联勤巡逻、农村“无缝隙”联防、视频“全覆盖”监控，形成了打防管控一体化的社会治安大防控体系。特别是2012年以来投资3700余万元，在1208平方公里的市域境内安装视频监控探头10830个，成为全省首家实现视频监控“全覆盖”的县（市）。三是通过整合资源建立市镇村三级社会服务管理机构，推行网格化管理，形成了社会服务大保障体系。要求政法部门对各类违法犯罪始终保持高压态势，坚持命案必破，群体性寻衅滋事严打，强买强卖重处，营造社会治安大整治氛围。全市刑事案件侦破率大幅提升，可防性案件发案率有效降低，实现94天刑事案件“零发案”，社会治安明显好转。

（李　言）

附：一、中共永济市委书记、副书记、常委名单

书　记：陈　杰
副书记：朱晓东（6月离职）　廉广锋（6月任职）
　　　　孙中全（6月任职）
常　委：刘　明　李建武（6月离职）
　　　　史秉团（6月任职）　张廷耀　陈旭光
　　　　杨　勇（6月任职）　付　刚
　　　　李立勇（5月离职）
　　　　聂晓阳（1月任职）　赵建红（5月任职）

二、乡镇（街道）党委（党工委）书记、副书记

城东街道
书　记：韩　波
副书记：李忠东　李兴园
城西街道
书　记：李晓军
副书记：刘晓鹏（6月离职）　李京义（6月任职）
　　　　燕建刚
城北街道
书　记：张转运
副书记：王大风　吕晓斌
虞乡镇
书　记：柴卫国
副书记：许管哲　周百友
卿头镇
书　记：张泽锋
副书记：尚卉泽（女）　姜　鹏
开张镇
书　记：王永明
副书记：李海峰　李行兵
栲栳镇
书　记：孙文伟
副书记：宁　昕　张永辉
张营镇
书　记：史云峰
副书记：杨　杏（女）　展红强
蒲州镇
书　记：麻亚龙
副书记：聂学政　张军峰
韩阳镇
书　记：苏红伟（6月离职）　刘晓鹏（6月任职）
副书记：闫　勇　宁　凯

中共河津市委工作概况

市委书记 胡 宝

2013年，在省市的坚强领导下，市委团结带领全市人民，以科学发展观为指导，深入贯彻落实党的十八大和十八届三中全会精神，按照“三创两提升”总体要求，抢抓山西建设转型综改试验区和运城建设黄河金三角承接产业转移示范区的重大机遇，解放思想，先行先试，各项工作都取得了新成绩。全年完成GDP195.6亿元，同比增长9.4%；规模以上工业增加值105.2亿元，增长15.3%；财政总收入18.27亿元，增长49.5%；公共预算收入6.9亿元，增长10.3%；固定资产投资122.8亿元，增长25.8%；社会消费品零售总额69.9亿元，增长14.2%；城镇居民人均可支配收入21094元，增长10%；农民人均纯收入9660元，增长12%，在运城市目标责任考核中综合排名第一。

一、全市上下活力迸发、充满希望、政通人和

2013年初，市委认真贯彻中央、省、市经济工作会议精神，结合河津实际，科学研判形势，进一步完善了以“三创两提升”为主要内容的工作思路，提出了在运城市目标责任考核中“争一保二不落三”的奋斗目标，制定了“抓好六个重点，实现六个突破”的工作举措，全力推动经济社会转型跨越发展。市四大班子精诚团结、信任支持，各级领导班子齐心协力、开拓进取，各职能部门立足本职、奋勇争先，广大干群埋头苦干、攻坚克难，闯过了经济难关，加快了转型步伐，圆满完成了年初确定的各项目标任务。加强和改善对人大、政协工作的领导，积极为人大、政协依法履职创造良好条件，人大、政协工作科学化水平进一步提升。爱国统一战线不断发展壮大，双拥工作扎实开展，工会、共青团、妇联、科协、工商联等人民团体桥梁纽带作用进一步凸显。全市呈现出政通人和、人心思进、安定有序的大好局面。

二、经济发展产业明晰，转型迈步，乘势而上

按照全省“项目推进年”要求，市委认真落实“六位一体”工作机制，咬定项目建设不动摇，抓住招商引资不放松，全面加快产业转型升级。根据省、市转型综改行动计划，制定《河津市国家资源型经济转型综合配套改革试验2013年行动计划》，扎实推进，圆满完成。实施总投资173亿元的70项重点项目，其中工业项目30个，农业项目10个，基础建设项目30个，截至年底完工24个，在建30个，进行开工准备16个，完成投资81亿元。工业上，确定煤化工和铝工业两大主攻产业，坚持园区化发展集群化招商，推进王家岭循环经济、铝工业、百底煤化工和高新技术四大园区建设，延长产业链条，夯实发展基础。王家岭煤矿、宏达1300立方米高炉等重点项目建成投产；骏达铝轮毂、腾茂科技等新型项目全面达效；津华600吨原料药、远东5万吨薄水铝石等调产项目进展顺利。开展以企招商、产业招商、人脉招商，对接企业63家、科研院所23个。广东华昌5万吨工业型材等42个项目成功落地，到位资金76亿元。农业上，实施僧楼万亩土地整理等十大农业项目，推进阳村等特色农业示范区建设。全力保障粮食生产，粮食播种面积达到49万亩，总产达1.79亿公斤，实现粮食生产“十连丰”。发展一村一品专业村15个、设施蔬菜5000亩，以核桃为主的干鲜果经济林达到6万亩。流转土地3万亩，新增专业合作社70家，扶持建立家庭农场58家，北粮、南果、中菜和山区半山区经济林格局基本形成，农业现代化水平进一步提升。同时，争取到未来三年的全国第五批小型农田水利重点县项目。三产上，邵庄农贸批发市场、迪宝国际购物中心主体完工，好又多超市装修接近尾声，香江二期、诺维兰汽博城等项目有序进行，服务业发展水平得到提升。

三、城乡建设统筹推进、重点突破、面貌改观

牢固树立“大城区、小城镇、中心村”理念，开展“四城联创”活动，推进“一城三区四园”建设，实施了总投资55.79亿元的30个基础设施项目。加快中心城区“南延、北扩、东拓、西展”步伐，南部汽车博览城等项目初具规模，北部万春街北延、紫金街北延、东赵路拓宽改造等工程扎实推进，以九龙大街和东209国道为两翼，东西部新区建设全面加快，城市框架不断拉大，承载能力不断增强，城市功能进一步完善。以僧楼镇和樊村镇为重点，推进小城镇和新型农村社区建设，加强环境综合治理，完成电厂煤灰堆治理一期和新兴小区水土流失综合治理工程，生态环境得到有效改善，城乡面貌发生了很大变化，二级以上天气达到300天。

四、县域财政实力增强、民生改善、成果共享

始终把民生改善作为工作的出发点和落脚点，坚持把有限财力向民生事业倾斜。基础设施日益完善，九龙大街全线贯通，台头庙休闲文化广场等项目建成投用，农网升级改造工程全面完成，城乡集中供水工程稳步推进，新增供热面积30万平方米。民生工程稳步推进。市人民医院新建工程、城市客运站等重点工程稳步推进。馨苑小区二期、康馨花苑限价商品房建设、560户农村危房改造全面完成。陈家岭D级危房改造一期、大小丁家湾搬迁、下院新村二期等山区群众安居工程建成投用。社会事业快速发展。加快推进城区学校

布局调整工程，狠抓教学质量提升，全市高考二本达线1448人，再创历史新高。深化公立医院试点改革，新农合参保人数达28万余人，参合率达到98.8%，受益41万人次。农村养老保险、医疗保险、城镇职工养老保险、医疗保险参保率稳定在98%以上。提高低保补助标准，发放低保2000余万元。全力保障就业，新增城镇就业8279人，转移农村劳动力1.8万余人。文化事业全面发展。大力发展文化产业，健全公共文化服务体系，推进文化惠民工程，文化下乡活动扎实开展，台头庙休闲文化广场建成投用。引深精神文明创建活动，扎实开展社会主义核心价值体系教育，推进公民道德建设，提高全民科学素质。社会管理成效显著。完善市乡村三级调解组织，严格落实信访工作责任制，突出抓好“四访一包”等工作，信访形势持续好转，上访人次和批次均同比下降。深入开展严打整治行动，扎实推进基层“网格化”管理，继续引深“一村一警”工作，加快实施“天眼”工程，平安河津建设不断深化。

五、干群作风求真务实、夯实基础、奋力赶超

强化干部理论武装，创新学习型党组织建设，深入开展党的十八大、十八届三中全会和习近平总书记系列重要讲话精神学习贯彻活动，为加快经济社会发展奠定坚实的思想基础。狠抓干部队伍建设，明确用人导向，优化调整乡镇和市直部门领导班子；加强非党干部的培养、选拔、安排、任用，30名党外干部提拔到领导岗位，干部队伍的凝聚力和战斗力进一步增强。加强各级班子建设，坚持民主集中制原则，充分发扬民主，严格政治纪律和组织纪律，不断提高班子的决策力、执行力、创新力、凝聚力和战斗力。开展“访民生、知民情、解民事”集中走访活动、干部下乡住村、包村增收活动，进一步密切了干群关系。围绕解决基层党建、基层社会发展的突出问题，做到思想到位、作风到位、工作到位，扎实做好党的群众路线教育实践活动前期准备工作。抓好农村“创星晋位”管理工作和“两新”组织党建工作，广大党员干部干事创业的热情和活力进一步激发。开展以创建“三型”机关（学习型、服务型、创新型）、创优“四最”环境（成本最低、效率最高、服务最优、信誉最好）为主要内容的“双创”活动，进一步改进了作风，提升了服务，优化了环境。严格落实党风廉政建设责任制，对公车私用、公款吃喝、大操大办等违规违纪行为进行专项督查，处分17人。加强阳光农廉网建设，实现50家市直单位、9个乡镇、148个行政村的信息公开，为群众解决问题285个。1.5万余名党员干部接受警示教育，实现廉政教育全覆盖。开展会员卡清退、办公用房清理、违规公务用车专项清退等专项检查，13225名在编干部职工作出了会员卡零持有报告，清理腾退超规定使用办公用房7309平方米，处理执法不规范问题13起。狠抓案件查办，立查案件105件，结案102件，处理各类违规违纪人员106人，挽回经济损失52万余元，营造了风清气正的社会环境。

（原红斌　胡军政）

附：一、中共河津市委书记、副书记、常委名单

书　记：胡　宝
副书记：杜中伟　董　耿
常　委：高克敏（6月离职）　胡凯旋
任　刚（6月任职）　李满刚　王同华
赵红权　薛永琦　贺红林

二、乡镇（街道）党委（党工委）书记、副书记名单

城区街道
书　记：卫俊清（4月离职）　吕武荣（4月任职）
副书记：杨敬军（4月离职）
赵红刚（4月任职，8月离职）
马武康（8月任职）　陈美敏（女，4月离职）
阮国珍（女，4月任职）

清涧街道
书　记：吕武荣（4月离职）　杨敬军（4月任职）
副书记：闫新善（4月离职）
王　润（女，4月任职，8月离职）
毋勇敢（8月任职）　赵伟民

樊村镇
书　记：姚文生
副书记：薛将军　杨忠义（12月离职）
毋喜民（12月任职）

僧楼镇
书　记：吕　平
副书记：王高红（4月离职）　董卫红（4月任职）
张景良（5月离职）　何伟良（5月任职）

赵家庄乡
书　记：蔡　斌
副书记：王　润（女，4月离职）　李惠民（4月任职）
阮国珍（女，4月离职）　原伟青（4月任职）

小梁乡
书　记：李赛梅（女，12月离职）　任鹏云（12月任职）
副书记：董卫红（4月离职）　房武斌（4月任职）
王　岩（5月离职）　孙　良（5月任职）

柴家乡
书　记：张　军（4月离职）　闫新善（4月任职）
副书记：许　瑛　何伟良（5月离职）
闫军学（5月任职）

下化乡
书　记：贺正平（4月离职）　王高红（4月任职）
副书记：赵红刚（4月离职）　薛红泽
孙唯翔（4月任职）

阳村乡
书　记：柴虎杰
副书记：任鹏云（12月离职）　杨　赟（女，12月任职）
谭晓华

中共闻喜县委工作概况

县委书记 张汪龙

2013年,闻喜县委坚持以科学发展观统领全局,全面贯彻党的十八大和十八届三中全会精神,高扬转型跨越主旋律,把握稳中求进总基调,紧紧依靠全县的干部和群众,知难而为、迎难而上、克难奋进,圆满完成了年初确定的各项目标任务,全县经济、政治、文化、社会、生态和党的建设进一步增强,继续巩固发展了政治安定、社会稳定、人民安居乐业的良好局面。

特别是县委把做大经济总量,做优发展质量作为首要任务,着力加大重点项目建设力度,着力加快产业转型升级,着力统筹城乡协调发展,着力推进民生事业改善,全县经济运行总体保持稳中有增、稳中有转的发展态势,主要指标实现了规模与速度双赢的跨越增长,继续保持全市前列。全年地区生产总值完成106.9亿元,同比增长10.5%;规模以上工业增加值完成51.5亿元,增长13.5%;财政总收入完成5.95亿元,增长15.5%;固定资产投资完成90亿元,增长23%;社会消费品零售总额完成32.1亿元,增长14%;城镇居民人均可支配收入完成20873元,增长13.5%;农民人均纯收入完成6794.5元,增长14.5%。

一、坚持转型跨越、项目为要,掀起项目建设热潮

县委始终把项目作为全部工作的总抓手,将2013年确定为"项目建设年",全力以赴推进项目建设和招商引资工作,以项目大突破推动经济社会发展大跨越。全年共实施重点建设项目60个(其中省市重点项目10个),总投资215.9亿元。

在项目建设中,深入落实"六位一体"推进机制,完善重点项目包联、项目联席会议、现场办公等工作制度,统筹推进各类项目建设。一是围绕转型升级,充分发挥产业类项目的示范引领作用。实施重点项目25个,总投资178.2亿元。其中,瑞格再生铝合金、宏业天然气池炉、象丰农牧等12个项目建成投产,闻喜工业园二期、大唐风电、银光镁合金轮毂二期、森特技改二期、鑫宇豪塑料容器、金阳光蓄电池二期等13个跨年度项目正在加紧实施。二是围绕打基础、添动力,充分发挥基础设施项目对经济发展的支撑拉动作用。实施重点项目17个,总投资23.7亿元。其中,东镇外环线、城乡电网改造、礼元变电站改造等6个项目建成投用,特别是全县干部群众翘首企盼的涑水河公园开工建设,小浪底引黄、石门引水、桐乡500千伏变电站等一批大项目顺利实施。三是围绕提升人民群众福祉,充分发挥民生项目对经济社会协调发展的支持保障作用。实施重点项目8个,总投资5.5亿元。其中,"天眼"工程、中小学信息化建设等4个项目已经完工,保障性住房、县城安全供水等项目启动实施。四是围绕建设"美丽闻喜",充分发挥生态项目对美丽城市建设的绿色承载作用。实施节能减排、造林绿化、环境整治重点项目10个,总投资8.5亿元。目前,县城至东镇一级路绿化、农村环境连片整治、康培苗木基地等项目建设正在有序推进。

在抓好项目建设的同时,县委按照园区化发展集群化招商工作要求,成立招商引资局,组建12支小分队,立足县情实际,突出主攻产业,瞄准重点区域,全方位、大力度开展招商引资工作。一年来,县委会成员分别带领金属镁、玻璃、装备制造等行业企业外出学习考察、洽谈引资80余次,招商小分队对接26家企业和单位,成功引进了恒达镁业、凡客诚品、红叶风电、海能油库、晶皇玻璃、左邑商贸城、立达信节能灯具等45个重点项目,总投资225.7亿元,到位资金45.8亿元。一年的努力付出,一批提质发展的转型项目先后落地,一批期盼多年的重大项目相继开工,一批奠基长远的重点项目扎实推进,为加快发展奠定了坚实基础,积蓄了强大后劲。

二、坚持突出重点、抓住关键,推进"四化"协调发展

县委坚持把工业新型化、农业现代化、城乡一体化、环境生态化统筹推进作为转型发展的根本举措、跨越发展的主要依托,着力转变县域经济发展方式。

(一)突出结构调整,加快工业强县步伐。面对严峻形势,常委深刻认识到,要实现县域经济跨越式发展,出路在工业,潜力在工业,希望在工业。精确定位主攻产业。把握"企业集聚、产业集群"的工业经济发展规律,立足县资源禀赋、产业现状和比较优势,以闻喜工业园为载体,确定镁铝深加工和高档玻璃器皿加工制造为主攻产业,围绕金属镁深加工,重点发展汽车配件、电子零件、医疗器材等产品;围绕高端玻璃生产,重点发展机制玻璃、工艺玻璃、装饰玻璃等产品。培育壮大新兴产业。加大新兴产业扶持培育力度,鼓励本地企业与外地优势企业、行业龙头企业深入联系,围绕新能源、新材料、生物医药、绿色食品等新兴产业进行研发与合作,实施新兴产业建设项目51个,完成投资56亿元,比上年增长31%,为工业转型打下了坚实基础。积极推动技术创新。全力支持企业加强研发机构建设,帮助企业与高等院校、科研院所组建产学研联盟,加快企业技术创新。华隆、华窑瓷业建立产学研基地,八达镁业、宏业玻璃获得市级企业技术中心认定,银光集团与清华大学合作,研制出海水激活电池板等产品,被市委、市政府评为"十佳创业团队"。不断加强品牌建设。以支

柱产业和特色产业为重点，加快创建拥有核心技术和市场竞争力的知名品牌。在金属镁、玻璃、服装等领域申报各项专利80件，卫嫂、雷师傅2件商标荣获“山西省著名商标”，海鑫牌钢筋、天王台水泥等4种产品被评为“山西省名牌产品”，华隆瓷业跨入全国陶瓷酒瓶制造十强。

（二）突出农业增效，大力发展现代农业。县委认为做好“三农”工作，发展农村经济，增加农民收入，核心在于全面提升现代农业发展水平。实施科技兴农战略。积极发展设施农业，建成7个农业示范园区；全面普及机械化作业，农业生产机械化率达到75%以上；加快推广农业实用技术，农作物良种覆盖率达到100%。夯实粮食生产基础。全力实施抗旱保麦、以秋补夏，粮食总产量达到2.8亿公斤，超市下达任务51%。优化农业产业结构。加快调整“粮食、蔬菜、林木、药材、畜牧”五大产业，形成了以北垣为主的10万亩优质小麦基地，以南垣为主的1万亩蔬菜基地，以涑水河谷为主的3万亩苗木基地，以阳隅、畖底为主的5万亩干果经济林基地，以薛店、礼元为主的8万亩中药材基地，以展鑫、保鑫等186个标准化养殖场为主的畜牧生产基地。提升产业化发展水平。土地流转新增2万亩，达到12万亩；“一村一品”专业村新增26个，达到84个；农民专业合作社增加到638家，市级以上示范社达到46家；农产品加工企业发展到134家，实现产值8.6亿元，比上年增长37%。

（三）突出基础设施建设，推进城乡统筹发展。按照“做美县城、做大集镇、做好农村”工作思路，大力推进“一城四镇百村”战略布局，全县城镇化率增加到44.7%，呈现出城乡同发展共繁荣的良好势头。大县城建设上，用先进理念重新审视县城发展规划，修编完成城市发展总规，合理布局道路贯通、水系建设和绿化美化，重点实施了9项工程，总投资15.2亿元，完成投资7.2亿元。其中县城至东镇一级路绿化、城市靓化等工程基本完工，西湖休闲广场改造、龙海南苑保障性住房等项目启动实施。同时，加强乡村规划建设工作，295个行政村街道亮化、重点镇建设规划、1200户农村危房改造等项目顺利完工。交通建设上，启动总投资1.47亿元的闻合高速连接线工程，完成侯郭线23公里、东镇外环线5.2公里路面改造等5个道路工程建设和县道整修管护工作，全县形成二级路循环圈，道路交通水平进一步提升。水利建设上，白土河防洪应急、坑东水保治理等工程顺利实施，一批河道治理、农田水利建设工程完工投用，完成灌溉24.5万亩，治理水土流失2.4万亩，解决农村饮水安全1.4万人。闻喜县入选高效节水灌溉项目重点县。

（四）突出生态文明，加快建设美丽闻喜。县委牢固树立保护生态环境就是保护生产力、改善生态环境就是发展生产力的理念，更加自觉地推动低碳、循环和绿色发展。强力推进污染减排。完成冀东水泥烟气脱硝、晋丰煤化污水处理等5个重点减排工程和城区71家燃煤锅炉改造，关停“土小”污染企业6家，为新上项目腾出排污指标，预计二氧化硫、氮氧化物等6项减排指标和城区空气PM2.5达标天数、二级以上天数均可超额完成全年任务。大力推进节能降耗。完成八达能源管理中心等节能技改和资源综合利用项目8个，淘汰改造高耗能电机550台，全县工业固废利用率达到80%以上，预计全年单位GDP综合能耗下降3.5%，基本形成全县企业小循环、行业大循环的循环经济格局。扎实推进造林绿化。完成营造林4.85万亩、道路绿化124公里、高速路沿线磨盘岭绿化8座、园林村建设40个，全县森林覆盖率增长到19.52%，县城绿化覆盖率达到34.1%。闻喜县被评为全省林业“六大”工程先进县。

三、坚持依法治县、文化强县，弘扬社会主义精神文明

县委坚持“两手抓、两手都要硬”的方针，在加快经济发展的同时，把精神文明建设摆在十分重要的位置，以人为本，同步推进，建设富有时代特征的社会主义精神文明。

（一）民主政治建设扎实推进。坚持和完善人民代表大会制度，推进人民代表大会制度实践创新，支持人大围绕全县中心工作及维护群众利益等重大问题进行监督。坚持和完善中国共产党领导的多党合作和政治协商制度，支持政协围绕团结和民主两大主题履行职能，加强和改进政协提案、委员视察等工作。支持人大和政协围绕项目建设、招商引资等重点工作开展调研视察和议政建言。坚持军民融合发展，落实党管武装制度，深入开展双拥共建活动，军政军民团结更加巩固。加强民主党派和工商联、无党派工作，开展非公经济人士理想信念和“致富思源、富而思进”教育实践活动，全面推进宗教、对台、新社会阶层等各领域统战工作。做好党建带群团工作，加强对工会、科协、文联工作以及妇联、团委换届的组织领导，支持他们依照法律和章程开展工作，团结凝聚各方力量共谋发展。

（二）依法治县水平不断提高。围绕全县发展大局，深入开展法制宣传教育活动，加强普法阵地建设，“六五”普法工作稳步推进，公民法律意识和法制观念持续提升。支持政府依法行政，推进各项事业依法治理，政府依法决策、依法行政的意识和能力进一步增强，全社会法治化管理水平不断提高。以开展“素质提升年”和“办案质量年”活动为载体，推进政法队伍教育培训，加强执法监督工作，政法干警违法违纪现象明显减少，公正廉洁执法取得新成效。

（三）“文化强县”战略深入实施。坚持正确舆论导向，深入宣传中国特色社会主义理论体系和中央、省市各项决策部署，提振干部群众信心，凝聚发展共识。提升文化服务水平，全县13个乡镇综合文化站、343个农家书屋和县博物馆、图书馆实现免费开放，753套“村村通”直播卫星接收设备安装到位，惠及129个村山区群众，公共文化基础设施更加完善。推进精神文明创建，大力培育文明风尚，广泛开展“身边好人”评选、“三关爱”志愿服务、道德大讲堂等群众性创建活动，文明和谐县城创建通过省级测评验收。推动文化产业发展?，以高档玻璃器皿、陶瓷酒瓶、包装服务等为主的六大支柱产业快速发展，文化产业逐渐发展成为经济增长新亮点。叫响特色文化品牌，《闻喜鼓车》摘取第十届中国艺术节“群

星奖";闻喜花馍搭上连锁快车,走俏市场;剪纸、刺绣、布艺等特色传统文化精品多次参加大型会展,屡获殊荣;文艺事业繁荣兴旺,一批精品力作脱颖而出,获得大奖。加快文化旅游融合发展,根祖文化游、历史文化和自然风光游、红色革命游、工农业观光游四大旅游精品初具雏形,引起了周边县市群众和海内外华人广泛关注,旅游总收入保持了20%的高速增长态势。

四、坚持以人为本、执政为民,增进人民群众福祉

县委坚持"关注民生、重视民生、保障民生、改善民生"执政理念,克服财力紧张困难,加大社会事业投入力度,向社保、就业、医疗、教育等方面投入民生资金8.1亿元,比上年增长13%,切实让发展的成果落实在百姓的日子里,工作的业绩洋溢在群众的笑脸上。

(一)加快发展教育医疗等社会事业。统筹城乡教育均衡发展,完成县幼儿园、东镇南街等5所幼儿园和中小学信息化工程建设;高考两大类达线511人,达线率创历史新高,中考合格率达78%,居全市第二。提升医疗卫生服务水平,有序推进基本公共卫生服务均等化,基层医疗机构全面实施基本药物制度,省级计划生育优质服务先进县创建工作顺利达标;农村新型合作医疗参合率达到99.85%,补偿参合农民91万人次,发放补偿金1.1亿元,农民看病难问题得到有效化解。

(二)扎实推进就业和社会保障工作。实施就业优先战略,城镇新增就业8530人,创业带动就业2060人,城镇失业人员再就业1486人,转移农村劳动力16246人。提高社会保障质量,20028名城乡低保和农村五保供养对象实现应保尽保,23家日间照料中心揭牌运营,养老、医疗、失业等五大社会保险超额完成目标任务,全县发放各类社会救助金920万元,覆盖更广、水平更高的社会保障为广大群众撑起了民生"保护伞"。推进脱贫解困工作,贫困人口人均纯收入达到1681元,比上年增长29%,4100名贫困人口稳定脱贫,9.5万吨"爱心煤"保质足量提前发放,温暖了困难群众的心窝。

(三)切实加强和创新社会管理工作。实抓平安建设,大力开展六项整治、一村一警、百日整治等活动,推进网格化管理,农村"天眼"工程实现全覆盖,查处治安案件1090起,破获刑事案件360起,社会治安形势进一步好转,"平安闻喜"建设扎实推进。细抓信访稳定,认真落实领导包案责任制和带案下访工作方法,深入排查化解重点信访问题,受理群众来访155批553人次,办结149批540人次,其中26批64人次复访案件全部办结,确保了社会和谐稳定。牢抓综合治理,积极推进综治项目建设,社区矫正、基层基础建设两个市级项目和县乡村三级调节、医患纠纷预防处置、农民工权益保障等重点项目扎实推进,涉法涉诉信访矛盾大幅下降,政法综治工作服务和保障重点项目建设取得良好成效。严抓安全监管,严格落实安全生产责任制,加大食品药品监管力度,排查整治重点领域、重点行业安全隐患416条,公众饮食用药安全得到有效保障,安全生产形势继续保持稳定。

五、坚持党要管党、从严治党,加强和改进党的建设

县委按照"围绕发展抓党建,抓好党建促发展,检验党建看发展"的工作思路,全面推进党的建设。狠抓党员干部思想政治建设。依托中心组、桐乡大讲堂等载体,深入学习党的十八届三中全会和习总书记系列重要讲话精神,集中轮训乡科级领导干部、农村干部和大学生村官3449人;创新干部教育培训方式,选派9名优秀干部到福建长泰挂职锻炼,9名年轻干部担任农村"第一书记",深入开展"借鉴长泰先进经验,推动转型跨越发展"讨论宣讲活动,有效激发了党员干部应对挑战、谋划发展、狠抓落实的自觉性和主动性。加强领导班子和干部队伍建设。牢固树立和坚持在一线识别干部、从基层选拔干部、凭实绩使用干部的鲜明导向,对部分乡镇、县直单位空缺的正职领导干部、乡镇组织、宣传、统战委员以及涉及换届单位的正副职领导干部进行了补充调整,共调整66人次,其中:提任正科16人,副科30人,平职调整到乡镇任党政正职3人,其它平职调整17人,班子结构进一步优化。认真落实干部考核评价机制,突出"德"的考核,通过正向评、反向测对涉及调整的干部进行全面考核;突出实绩评价,对4名拟任乡镇党政正职人选的工作实绩进行公示,接受社会各界的评判和监督;突出干部审计,对17名乡镇和县直单位主要负责人进行任中经济责任审计,对13名乡科级领导干部进行离任审计。积极推进"人才强县"工作,引进培育各类优秀人才100名,有效发挥优秀人才对县域经济社会发展的支撑作用。夯实基层组织建设基础。统筹推进各领域党建工作,在农村党组织和党员中开展"双星"争创活动,三星级以上党组织达到327个(其中五星级党组织34个),占到95.3%,三星级以上党员达到8480人(其中五星级党员980人),占到76%。在机关党组织中围绕强素质、激活力、转作风、提效能四个重点,开展"三服务两满意"活动,机关干部精神面貌发生新变化。在非公党组织中开展"亮身份、比贡献、作表率、树形象"主题实践活动,党建服务企业发展能力进一步增强。切实转变党员干部作风。严格落实中央"八项规定"和省、市委实施办法,推进作风建设"113"机制,出台"县委33条"、狠刹大操大办等规定,规范农村红白事宜办理,精简会议和文件,各级党组织办理为民实事2100件,查摆整改"四风"问题124个,纠察吃请问题16个,制止涉嫌党员干部大操大办9起,查处违规违纪党员干部8名;县级领导出席会议和活动同比减少82次,"三公"经费、文件数量分别比上年下降31%和15%。增强目标考核激励导向作用。进一步提升考核工作科学化水平,制定招商引资和项目建设目标责任考核办法和实施细则,开展"亮诺问政"和观摩评议活动4次。同时加强考核结果应用,对24名领导干部,38个年度考核、招商引资和项目建设先进单位进行表彰奖励,对18名领导干部进行诫勉谈话,有力推进了各项指标任务的落实。加大反腐倡廉工作力度。集中开展会员卡清退和机关办公用房

清理工作，全县干部职工会员卡清退自查率达到100%，腾退办公用房3918.36平方米；推进行政体制改革，完善“一网九平台”建设，调整取消审批项目44项，网上发布各类信息8.7万条，行政审批时限缩短20%，行政效率进一步提高；加强党风廉政警示教育，创建廉政文化示范点5处，举办培训班42期，4200名党员干部接受了廉政警示教育；加强纠风治乱工作，以政策落实、项目实施、资金使用、群众利益保障为重点，开展专项治理38次，整改落实问题5个，追缴违规资金132万元；严格责任追究，立案查处各类违纪案件69起，处分违纪违法党员干部72人，其中乡科级干部20人，有效发挥了查办案件的震慑惩戒作用。

同时，县委高度重视自身建设，把学习作为自身建设的首要任务，不断强化理论武装，认真执行民主集中制，做到了重大问题集体讨论、集体决定。一年来，县委中心组邀请知名专家教授8人，举办经济形势分析、服务型机关建设、突发事件应急处置等专题讲座和集体学习活动14次，召开常委会、党政联席会和专题工作会议24次，提高自身素质，传达上级精神，研究部署重点项目、重点工作。特别是面对复杂严峻的经济形势、前所未有的发展压力，县常委会充分集中集体的智慧和力量，对涉及全县的重大事项和工作部署，坚持征求听取各套班子和各人民团体的意见，统一思想、凝聚共识；坚持解放思想、创新思维，提高驾驭全局的能力；坚持为民以信、忠勤任事，着力解决群众关注的热点难点问题，努力在为民、勤政、廉洁上为全县党员干部作出表率。

（郭海生　张　全）

附：一、中共闻喜县委书记、副书记、常委名单

书　记：张汪尤
副书记：张建元　张春吉　逯光耀
常　委：王海生　李清水　潘　鹏　张武学
高俊红（女）　孙　锐

二、乡镇党委书记、副书记名单

桐城镇
书　记：翟东旭
副书记：张阿俭　刘正岩　郭红旭（11月离职）

东镇
书　记：张水忠
副书记：蔺晓普　李金平　赵景娟（女）

河底镇
书　记：梁松彬
副书记：高秀海（11月离职）　任艳萍（女，11月任职）
朱学敏

郭家庄镇
书　记：吉俊伟
副书记：刘红吉　支红梅（女）

凹底镇
书　记：冯峥嵘（11月离职）　徐剑昆（11月任职）
副书记：王海峰（11月离职）　李升龙（11月任职）
陈江武（11月离职）　杨　剑（11月任职）

礼元镇
书　记：张英奇
副书记：刘新吉　薛习飞

侯村乡
书　记：郭亚斌
副书记：吉俊红（女）　焦耀奎

裴社乡
书　记：史学敏
副书记：张文凯　王吉胜　张中宝（挂职）

后宫乡
书　记：薛耀东
副书记：李升龙（11月离职）　王　泽　史巍鹏（挂职）

阳隅乡
书　记：张安红
副书记：任艳萍（女，11月离职）　逯奎生（11月任职）
杨　朝

薛店镇
书　记：李明虎
副书记：张晏平　樊家宏　柴晓明（挂职）

神柏乡
书　记：徐剑昆（11月离职）　高秀海（11月任职）
副书记：赵官民　张刘斌　杨海军（挂职）

石门乡
书　记：付晓霞（女，11月离职）　王红波（11月任职）
副书记：王红波（11月离职）　郭红旭（11月任职）
王英华　王武华（挂职）

中共临猗县委工作概况

县委书记　赵惠民

临猗县共有基层党委25个，基层党总支20个，基层党支部712个，党员19241名。2013年，临猗县委以党的十八大和习近平总书记一系列重要讲话精神为指引，认真贯彻落实省、市转型综改的部署和要求，大力推进农业现代化、工业新型化、县域城镇化，做大做活文化旅游产业，加强基层党建，狠抓干部作风建设。一年来,临猗经济较快增长,社会大局稳定,全县上下政通人和,干群满意度较高。

一、主要经济指标完成良好,综合实力跃上新台阶

2013年主要经济指标完成情况。全县生产总值118亿元,增长9.4%;规模以上工业增加值23.8亿元,增长15.7%;固定资产投资77.5亿元,增长28.5%;财政总收入4.08亿元,增长7.13%;公共财政预算收入2亿元,增长7.86%;社会消费品零售总额48亿元,增长14.4%;外贸进出口总额1.64亿美元,增长49.3%;城镇居民人均可支配收入20355元,增长11.3%;农民人均纯收入8844元,增长13.6%。临猗县荣获全省2013年度目标考核先进县称号。

二、做精苹果产业,加快推进农业现代化

全县150万亩耕地中,林果面积达100万亩以上,其中苹果面积占到70万亩。按照省、市要求,县委一班人立足临猗实际,推进临猗县由传统农业向现代农业转变。科技化引领,提高农业生产效益。通过参观学习、财政补贴、典型示范、干部包点,大力实施果树间伐“阳光工程”,重点建设了13个千亩连片间伐示范区,新增间伐面积9万亩,累计完成间伐面积15万亩,商品率提高20%,劳动成本节约20%。产业化延伸,打破农业经营模式。坚持以果为基、多元发展,积极推广农业合作社,大力发展农副产品加工企业。目前,临猗县有农业专业合作社1086家,农产品加工企业61家,其中龙头企业37家,产值上亿元的企业7家,临猗县被认定为“全国农产品加工示范基地”。品牌化营销,提升服务管理水平。临猗县现有水果商标51个,“临猗苹果”获得国家农业部农产品地理标志。开创了“一乡占一省,一村占一市场”的市场营销模式。

三、加大园区建设,大力实施工业新型化

县委按照省、市工业新型化发展战略,积极走园区化发展、集群化招商之路。加大园区建设。依托209国道打造临猗工业园和楚侯高科技工业园两大园区,入驻企业63家,确定了精细化工、纺织服装、装备制造的主攻产业。在此基础上,与上海鑫垚集团和河北邯郸远洋实业集团达成合作,共投资88亿元建设一个大型农产品现代物流园和一个汽车文化产业园,走出了临猗促转型、调结构的新路子。助推项目落地。组建26个招商小分队,明确主攻产业和重点区域抓招商引项目。2013年全县共储备各类项目462项,签约项目25项,落地项目68项,新开工项目70项,建设项目65项,投产项目43项。优化发展环境。硬件上,对209国道临猗段20公里和河运高速临猗出口进行亮化;投资2亿元实施园区水、电、气、污水处理等基础工程。成立了两个园区派出所和国土资源所,并配备专人负责。软件上,要求干部做到“有胆有识、有责有为”,精简行政审批程序,提供“一站式”办公和“一条龙”的优质服务。

四、实施大县城战略,不断拓展县域城镇化

按照省、市统筹城乡发展要求,县委选择用大县城战略带动县域城镇化发展。在县城建设上,县委主抓提质扩容。提质,主要抓了城市的硬化、亮化、绿化、水化、美化。新建或改造县城道路15条,总里程达67公里,启动了临猗绕城路工程;总投资6000万元,新安装或改造路灯近5000盏;提高了道路、庭院、街头、公园广场等绿化标准,新增绿地面积132.89万平方米,绿地率达33.39%;实施了蓄滞洪渠建设和红旗渠改造工程,规划了环绕县城2500亩的水域面积;在取得县城15条街道街景整治良好效果的基础上,以城市环境秩序长效管理机制巩固整治成效,彻底解决了县城脏、乱、差的问题。扩容,主要推进了全省城镇化标杆项目——南城新区建设,项目总投资80亿元,主要建设十大工程,目前已落地资金27亿元。中央水系公园、潜流湿地、万佳国际购物广场、实验小学建设基本完成;临猗大剧院、滨水休闲商业综合体、丰喜国际广场已经动工;体育馆、新区人民医院正在办理前期手续;保障性住房随新区住房建设每个小区都有配套。目前,南城新区框架已经拉开,工程正在推进,力争通过2至3年把新区建设成为一个集商业住宅、酒店服务、休闲娱乐、医疗教育为一体的具有现代、生态、文化、宜居的县城次中心。

五、狠抓文化旅游产业,促进文化繁荣

临猗是传统文化大县,人文荟萃、禀赋优越、形式多样。诗文书画源远流长、民间艺术丰富多彩。楹联、剪纸、花馍、戏剧、锣鼓杂戏等各具特色。特别是眉户剧《守望》在省城太原圆满调演、陈玉芳为原型的电影《党员妈妈》成功首映,集中展示了临猗县新时期的文化风采。但同时,临猗在文化整理、挖掘、保护上重视不够、力度不大;文化包装、推广、宣传上意识不强、理念不新;文化融合、创新、增值上经验不足、精品不多。县委根据省委文化强省战略和市委文化旅游产业扩张的要求,增强文化创意、旅游带动和经济产业的融合扩张。在南城新区建设包含体育馆、涑水公园、文化主题园等富于文化元素的建筑,其中投资2亿元的大剧院作为临猗文化地标,集戏剧表演、数字放映、现代歌舞功能于一体,目前正在加紧施工;投资1500万元,修复了临晋县衙;制定了妙道寺双塔整治方案,目前正在开展周边拆迁工作;依托黄河30公里沿岸,着力打造黄河风情文化旅游带,2013年已经完成了傅作义故居一期修复、4万亩核桃园、1万亩莲菜种植项目,按照规划下一步重点打造以童子泉、黄河观光大桥主题、张彦远美术馆为主的“四区一道十大景点”旅游项目,以文促产、以产带文。

六、加强基层党建,夯实基层基础

县委在基层党建工作上,注重丰富载体、创新方法、强化提升、夯实基础,最大限度发挥基层党组织作用。

在丰富载体上,注重“书记、班子、队伍”三个层次。一是

抓书记。就是通过"书记抓、抓书记",形成县乡村三级书记抓党建的工作格局。充实了8名年轻乡镇书记,把350名农村优秀的生产经营和致富能手吸纳到村"两委"班子。二是抓班子。严格落实"好干部"标准,狠抓班子的思想建设和政治建设,狠抓班子的凝聚力和战斗力,三类支部比例达到了45:52:3。三是抓队伍。坚持从严治党、从严执纪,保持党员队伍的纯洁性。全年新发展党员480名。

县委通过创新四种方法加大基层党建工作力度。1、典型引路,拍摄了以陈玉芳为原型的电影《党员妈妈》,表彰了120名优秀党员标兵,树立了100名招商引资党员功臣,激发了党员队伍活力。2、加强培训,县委一班人带头加强政治理论学习,并和实际工作紧紧结合起来,解决了果园间伐理论与实践、农村稳定与发展、项目建设的思路与办法。同时,对全县500余名农村"两委"主干进行了综合能力培训。3、提高待遇,每年财政支出200万元,对农村主干和离职主干进行生活补助,调动了基层干部的干事创业激情。4、强化保障,设立了两个工业园区党工委和临猗县驻外党工委,成立了社区党委和9个社区支部,在76家新社会组织建立了党组织,创新形式,把党组织建立在产业链上,实现了党组织全覆盖。同时,财政每年列支100万元,保证基层党组织各项活动的正常开展。

提升农村,临猗是农业大县,农村党员占75%,农村基层党组织占50%以上。农村稳,则临猗稳;农村兴,则临猗兴。县委花大力气加强农村支部建设,像在果园间伐工作中,充分发挥农村基层组织的力量,组织果农赴洛川、白水、日本等地参观考察,推动了工作。提升活力,通过"创先争优"、"创星晋位"活动的开展激发基层组织活力和党员干事创业动力。依托基层党组织,成立了609个农村专业合作社,87名基层支部书记被评为致富带头人,全县1000多座果库中,党员经营户占到八成以上,基层组织、广大党员在引领产业发展、带动农民致富上发挥着巨大的作用。提升形象,主要是提升党员领导干部在群众中的形象。把全县67项重点工程由31名县级领导负责协调、百余名科级干部负责实施,县城15条主要街道的街景整治任务分段包给县级领导、县直部门,并在街头公示责任人,把工作亮到群众中去;在农村,各种协会、各种理事会中党员或党员干部占80%以上,在今年纪检委查处的案件中,涉及党员领导干部案件的比例同比下降20%。可以说,党员在群众中干事创业的形象不断提升。

七、狠刹"四风",加强党员领导干部作风建设

提高工作标准,体现在临猗城市的高起点规划上,体现在临猗标准化设施农业上,体现在临猗社会稳定的各个方面,体现在园区化发展、集群化招商上。大力破除在工作中只会汇报、不会工作,"光说不练假把式"等问题,在党员干部队伍中狠刹形式主义、官僚主义、享乐主义、奢靡之风。

在作风建设上,倡导"能干事、会干事、干成事、不出事"。能干事,就是有能力干事。临猗县的重点项目,80%的包点领导都是党员领导干部;会干事,就是干事有方法。2013年招商引资90%来自于党员领导干部;干成事,就是干事有效果。县委用一年半时间使南城初具规模,用半年时间完成了老城街景整治,用强有力的制度保证了县城主街道无一条野广告,用一年时间推进了果园间伐,全县各项工作无不浸透着基层广大党员干部的心血。不出事,就是在布置干部工作任务的同时,也把廉政教育、警示教育融入其中,做到有权必有廉。在全年工作中,没有发生重特大安全事故,没有发生集体访和越级访,既推进了工作,又促进了干部健康成长。

(史卫泽　李　娜)

附:一、中共临猗县委书记、副书记、常委名单

书　记:赵惠民

副书记:史　凯(6月离职)　李建刚
杨　湜(6月任职)

常　委:杨　湜(6月离职)　仇红学
董学刚(6月离职)　武胜强(1月任职)
王功成　薛学农　张　猛
贠培齐(3月离职)　余　敏(6月任职)
牛永贵(3月任职)

二、乡镇党委书记、副书记名单

猗氏镇

书　记:张勤学(1月离职)　康　辉(1月任职)

副书记:薛文强　王周平(4月离职)
罗　军(7月任职)

牛杜镇

书　记:滑卫红

副书记　李　梅(女)　樊　豫

楚侯乡

书　记:李红阳

副书记:王　戈　畅丽娟(女)

嵋阳镇

书　记:赵仲波(12月离职)

副书记:王青俊　郭民稳

庙上乡

书　记:钱　波

副书记:荆晓丽(女)　侯　宝　荆　晖(7月离职)

临晋镇

书　记:郝晓峰

副书记:张守刚　薛　军

七级镇

书　记:范海英

副书记:谢云飞　宋学儒(7月离职)

东张镇

书　记:王鹏君

副书记:李冬梅(女)　杨建刚(4月离职)
荆　晖(7月任职)

角杯乡

书　记：康　辉
副书记：武　斌　王东波(7月离职)
　　　　宋学儒(7月任职)

孙吉镇
书　记：刘双胜
副书记：王　磊　罗　军(7月离职)
　　　　王东波(7月任职)

耽子镇
书　记：岳匡印
副书记：张志安　樊永康(4月任职)

北辛乡
书　记：王世宏
副书记：张　晓　程立功

北景乡
书　记：管振波
副书记：王海军　张新杰

三管镇
书　记：胡银霞(女,4月离职)　景世军(4月任职)
副书记：尹　飞(4月离职)　张新闻(4月任职)
　　　　王民管(4月离职)　许宏宇(4月任职)

中共稷山县委工作概况

县委书记　乔登州

2013年,县委团结带领全县人民,深入学习贯彻党的十八大、十八届三中全会精神,全面落实省委、市委重大战略部署,持续实施"733"产业升级发展战略,全面加快"四个建设",强力推进"五化"进程,切实加强党的建设,取得了较好成效。

一、深入学习宣传贯彻党的十八大、十八届三中全会精神和习近平总书记一系列重要讲话精神,增强贯彻落实党的方针路线政策的自觉性和坚定性

县委坚持把学习宣传贯彻党的十八大、十八届三中全会和习近平总书记一系列重要讲话精神作为首要政治任务,高度重视、精心组织,及时下发学习《通知》,在全县掀起学习贯彻热潮。县委组织中心组先后开展集体学习22次,学习了《中央政治局八项规定》、《全国、省、市"两会"精神》、习近平总书记系列讲话精神等方面的重要内容;举办了党的十八届三中全会精神培训班10期,对全县500余名科级干部和300余名公务员进行了集中轮训;邀请市委宣讲团宣讲十八届三中全会精神,受听群众包括党员干部、企业家等各个层面;县四大班子成员、县委宣讲团深入到各个单位、各个乡镇和联系点进行宣讲;各乡(镇、办)、各单位加强组织领导,紧密结合落实"五大战略重点"、增加农民收入等内容,开展了形式多样、丰富多彩的学习宣传贯彻活动,使十八届三中全会精神在农村、机关、学校、企业等实现了全覆盖。通过学习宣传,增强了广大干部群众贯彻落实中央和省、市委决策部署的自觉性和坚定性。

二、领会部署、科学决策,推进转型跨越发展的思路和重点更加清晰

一是发展思路更加清晰。2013年2月份以来,市委、市政府连续提出了建设"美丽河东、大美运城"战略构想和"五大战略重点"、"三个强化"、"一项工作机制"和"城市让人民生活更美好,文明让城市更美丽"主题理念以及"把事情做到最好"工作标准。这一系列新思路、新部署,是市委、市政府立足于运城过去基础、现有资源、潜在优势而做出的科学决策。县委认真学习,深刻领会,按照市委、市政府的新要求对稷山发展的目标路径进行了重新审视,提出了"打造稷王文化名城,建设幸福美丽稷山"的奋斗目标,明确了加快"四个建设"、推进五化进程、建设"三基地一名城"的实施路径,使稷山发展的思路更加切合稷山实际。

二是项目建设更加给力。按照市委、市政府项目建设推进会的安排部署,县委紧紧围绕"五大战略重点",科学谋划项目、积极贮备项目、强力推进项目,全年共安排实施全县重大项目95项,其中列入省市县重点项目30项。采取了四大班子和职能部门包项目、"三谈两问一解决"项目建设联席会议等有力举措推进项目建设。全县重点项目完成投资43.1亿元,完成全年目标任务的100.2%;招商引资落地46.3亿元,完成任务占比132.3%。招商引资、固定资产投资、项目建设六位一体各项指标,在全市排名保持前列。

三是追赶信心更加坚定。通过深入开展"六个自问"大讨论活动,各级党员干部充分认识到,发展不足仍然是稷山面临的最大问题,追赶跨越更是稷山科学发展的必然选择。面对县情,县委带领全县干部群众追赶发展不松劲,坚定转型不动摇,以阳煤丰喜"3052"大项目落地、翟店园区转型升级、晋龙集团科技园和百万只蛋鸡养殖项目完成、稷山板枣的品牌提升和科技文化基地打造等为代表,取得了一系列发展新突破。全县上下的同舟共济、重要工作的突破进展、各级领导的充分肯定和大力支持,更加坚定了县委加快发展的信心。

三、突出重点、创新实干,经济增长的质量和效益充分显现

一是奋力建设全省独特的纸包装文化产业园区和西社

新型煤焦化产业园区。县委始终坚持把两大园区建设作为提高经济增长质量和效益的关键所在，不遗余力，强力推进。西社工业园区，各项规划已经批复，“七通一平”等基础设施建设全部到位，12家焦化企业整合为4家。3月份被省政府确定为“新型工业化产业示范基地”。9月份与阳煤丰喜集团签订了总投资192亿元的战略合作框架协议，首期投资19.2亿元的“3052”项目正在加紧建设；翟店纸包装文化产业园区，完成了规划编制，投资6000余万元完成了“七通一平”基础设施建设和园区标志性景观工程。投资2000余万元的园区综合服务中心和投资4200万元的园区标准化厂房建设正在抓紧施工。同时，加大企业技术升级和招商引资力度，与山东华鹏纸业等大企业达成投资意向。7月22日—24日成功举办了“中国黄河金三角稷山翟店第二届包装印刷贸易洽谈会”，签约项目7个，签约资金5.2亿元。两大园区的快速建设和膨胀崛起，为转型跨越发展搭建了平台，为经济增长注入了活力。

二是奋力建设全国一流的特色板枣基地和蛋鸡养殖基地。县委始终坚持把发展以板枣种植和蛋鸡养殖为代表的两大特色基地建设作为促进农民增收的着力点。板枣基地建设上，新增栽植面积1.6万亩，板枣总产量突破5000万公斤，产值突破6亿元。城郊万亩集科技示范、旅游观光、生态保护为一体的板枣示范园建设初见成效。成功举办了“山西稷山板枣科技文化活动周”，使稷山板枣的知名度和影响力进一步扩大。蛋鸡养殖基地建设上，晋龙公司建成了太原、临汾、稷山、运城四个饲料分厂和太阳均和、清河晋华、化峪风柏三个现代农业示范园区及西社三界庄适度规模养殖示范点，科技示范园项目主体工程已经完工，蛋鸡存栏达150万只、集团公司年产值20亿元，养殖规模和技术全国领先。在晋龙公司的龙头带动下，全县蛋鸡养殖达到900万只，产值达到7.2亿元，保持全省前列。

三是奋力建设全市区域医疗卫生服务中心和河东文化科教强县。医疗卫生方面。县医院医疗服务功能进一步完善，启动实施了县级公立医院远程会诊，实施药品“零差价”销售，药品价格平均下降20%。投资过亿元的城东新区医院建设项目破土动工。全县中药材种植面积扩大到5万亩（槐米3万亩，其他药材2万亩）。文化方面。“一轴两带三圈”稷王文化名城建设规划全面完成。翟店纸包装文化产业发展壮大，杨赵灯笼产业园区规划已经完成，太阳乡坞堆仿古螺钿工艺产业园区奠基开工。“四馆一中心”和各乡镇一批文化娱乐场所建成并发挥作用。教育方面。2013年全县高考二本B类达线人数达到796人，实现“五连增”，创历史新高。稷王幼儿园主体完工。公开招聘农村中小学公办教师工作有序进行。

四是奋力建设宜居宜业、生态文明美丽稷山。牢固树立“城市人民生活更美好、文明让城市更美丽”的理念，大力开展了“三城联创”活动，重点实施了20个城建项目。完成了稷王文化名城、滨河公园等建设规划；新修了体育路、文化路，翻修改造了大佛北路、稷王路、康复路；建成了稷山县养老服务社区—颐寿园（包括社会福利中心、稷峰敬老院、康宁护理院）；完成了污水处理厂、县城供水扩容、天然气扩面、垃圾处理厂等一系列民生工程；举办了中国曲协送欢笑下基层文艺晚会等文艺演出20余场；滨河公园和城东水系建设加快实施；县城和乡镇村环境卫生整治力度不断加大，长效机制初步形成。坚持不懈实施森林县城建设，栽植苗木41.7万株，新增绿化面积27.8万平方米，县城绿化覆盖率达到36%。

2013年全县生产总值完成66.9亿元，增长8.3%；财政收入完成4.06亿元，增长7.65%；公共财政预算收入完成1.67亿元，增长12.3%；规模以上工业增加值完成18.8亿元，增长13.1%；外贸进出口总额完成1.48亿美元，增长167.9%；固定资产投资完成53.2亿元，增长22.6%；城镇居民人均可支配收入完成18872元，增长10.2%；农民人均纯收入完成7581元，增长13%；社会消费品零售总额完成21.6亿元，增长14.5%。县级可用财力达到9.5亿元，创历史新高。县域经济社会发展迸发出新的活力。

四、发扬民主、依法治县，社会法治水平不断提升

一是人大工作有了新提高。支持人大及其常委会依法履行职能。对“十二五”总体规划中期评估情况、财源建设情况、园区建设、项目建设以及三城联创等重点工作开展视察调研。对《民事诉讼法》、《道路交通安全法》执行情况以及“一府两院”依法行政、依法履职情况等实施法律监督。对政府工作部门、政府直属执法部门、条管单位进行了工作述职测评，评出了人民满意单位18个，人民满意公仆15个。在招商引资、加快项目建设、解决民生问题等方面有效发挥了人大作用。

二是政协工作得到新加强。围绕团结和民主两大主题，支持政协履行职能。组织委员对项目建设、城镇化建设、民生改善等重点工作开展视察。面向稷山籍在外成功人士招商引资。及时向民主党派通报全县经济社会发展情况，进一步完善同民主党派合作共事机制，充分发挥了民主党派和无党派人士的参政议政作用。

三是依法治县取得新进展。深入推进“六五”普法、法制宣传教育等活动，引深政法队伍纪律作风整顿活动，依法行政和社会法治化管理水平不断提升。深入推进党务公开、政务公开、厂务公开、村务公开和公共企事业单位办事公开。切实加强对群团工作的领导，妇代会、团代会成功召开，宗教、对台等工作取得新的进步。同时，坚持党管武装原则，国防后备力量建设水平稳步提升，双拥共建工作成效显著。人口、计生、科技、体育等工作蓬勃开展。

五、以人为本、关注民生，群众的幸福指数明显提高

一是民生实事全力落实。县财政用于民生方面的投入持续加大，达到8.2亿，增长10%，占到总支出的67%。稷王幼

儿园、保障性住房等10件民生实事8件完成、2件在建。乡村两级承诺的686件为民实事完成676件，完成率达到98.5%。干部职工月均增资700余元。

二是社会保障全面加强。城乡居民养老和医疗保险实现全覆盖，1.8万名城乡低保和五保供养对象实现应保尽保；9.4万户低收入家庭领到每户1吨免费取暖煤；完成25个村3万人畜饮水安全工程；全年新增就业6150人，转移农村劳动力7259人，补贴就业困难大学生586人。

三是文明创建亮点纷呈。以开展省级文明县城创建工作为抓手，弘扬主旋律，传播正能量。发放《文明手册》3100余册、《创建省级文明县城倡议书》5300余份；开展道德讲堂建设，持续宣传邢秋生等模范人物先进事迹，县见义勇为的出租车司机王国杰在第三季度"运城好人"评比中排名第一；支持学雷锋志愿者服务队开展了一系列社会活动，为文明创建工作增添了一道靓丽风景。

四是社会管理创新提升。大力推进社会服务管理体系网格化全覆盖工程。积极开展"平安稷山"创建活动。"天眼工程"走在了全市前列，并做典型发言。认真做好信访工作，妥善解决群众合理诉求。深入开展安全生产大检查，安全生产形势持续稳定好转。

六、强化党建、凝聚合力，干事创业的激情进一步激发

一是强化宣传聚合力。坚持以稷山声音、稷山故事凝聚稷山力量。紧紧围绕党的十八大和十八届三中全会精神、中央省市县委重大决策部署重点宣传，紧紧围绕项目建设、和谐文明县城、稷山特色、稷山发展取得的成绩扩大宣传。《稷山新闻》刊发53期，县电视台采编新闻1000多条，在中央省市新闻媒体发表文字图片稿件250余篇，央视《乡约》节目在稷山录制了专题，面向全国播出，征集枣文化艺术作品2400余篇（幅）。

二是建强队伍聚合力。坚持用科学的机制、严格的标准、规范的程序推荐干部、考察干部、选用干部，确保干部选任风清气正。分两批调整干部164名，充实了48个科级领导班子，进一步改善了领导班子的年龄、知识和经历结构，提升了班子的整体功能，增强了干部活力，点燃了工作激情。同时，县委十分注重优秀人才的培养，支持帮助他们拓展成长空间。一年来，共通过公开选拔方式，使用年轻优秀干部17名，向省市输送干部11名，其中，副县级干部1名，副县级后备干部1名。

三是转变作风聚合力。制定出台了关于改进作风28条具体规定；大力开展了"改进干部作风、创优发展环境"集中整治活动。严肃查办损害经济发展案件24起；重点对大操大办、公款吃喝、工作日午间饮酒、公车私用等情况进行检查，立案查处6起；继续保持反腐败的高压态势，立查案件77件，处分82人，反腐倡廉建设取得新成效。

四是夯实基础聚合力。坚持基层党组织负责人履行党建工作责任制度，各级党组织书记忠诚履职，认真述职。积极做好党的群众路线教育实践活动前期准备工作，县乡村三级党员干部共计走访农户8400多户，收集各方面的意见建议800余条，解决各类实际问题600多件。全年累计发展党员289名。举办了庆七一"党旗飘扬追梦前行"文艺晚会，会上所表彰的120名优秀共产党员全部来自基层一线，弘扬了吃苦实干、拼搏奉献的清风正气，树立了关注基层、关注一线的良好导向，赢得了全县党员的普遍赞誉。持续实施"一把手"素质能力提升工程，培训党员干部1.5万余人次。在89个非公企业党支部开展了"我为发展添光彩"活动，为企业招引资金1.3亿元。组织大学生村官开展了"六个一"活动，为群众代办各项事务800余件。全县23个后进党支部全部实现了晋位升级。

（侯俊峰）

附：一、中共稷山县委书记、副书记、常委名单

书　记：乔登州

副书记：李亚丽（女）　尚国桦

常　委：赵永刚　费克仁　王　钊　孙　斌　姜存师　王云亮（5月离职）　王建武（5月任职）　樊双全（6月离职）　兰金锁（6月任职）

二、乡镇党委书记、副书记名单

稷峰镇

书　记：樊双全（7月离职）　董武云（10月任职）

副书记：董武云（10月离职）　黄福民（10月任职）　张奋前

太阳乡

书　记：梁永林

副书记：姚高华　杨建文

化峪镇

书　记：梁永明

副书记：薛钢善　王文奇（6月离职）

翟店镇

书　记：郝　冰（女）

副书记：翟廷伟　黄继红（6月离职）

清河镇

书　记：兰金锁（6月离职）　赵　鹏（10月任职）

副书记：赵　鹏（10月离职）　杨素婷（女，10月任职）　崔保义

蔡村乡

书　记：张国兴

副书记：王红新　薛高斌

西社镇

书　记：付红安

副书记：韩张斌　杨素婷（10月离职）

中共芮城县委工作概况

县委书记　董旭光

2013年是十二五规划的关键年，是创建国家级生态文明县的重要之年。一年来，在中央、省委、市委的正确领导下，全县上下坚持以科学发展观为统领，以转型跨越为目标，以文化旅游强县为突破口，以招商引资和项目建设为抓手，大力推进"五化"建设，实现了"十二五"的规划目标，谱写了芮城经济社会科学发展、跨越发展、和谐发展的崭新篇章。

一、坚持强化领导，创新形式，深入学习贯彻十八大、十八届三中全会精神和习近平总书记系列重要讲话精神，各级班子干事创业的能力显著提升

围绕党的十八大、十八届三中全会以及习近平总书记系列重要讲话，全年县委中心组开展集中学习14次，中心组成员每人记读书笔记达8万余字。每人撰写心得体会、调研报告3篇。以县委中心组学习为引领，聘请有关专家在全市率先开展了专题培训。分层次对全县707名科级干部及后备干部和250名农村(社区)"两委"主干进行了集中培训，组织理论骨干深入基层开展巡回宣讲180场次。开设了"贯彻十八大精神 共建生态文明新芮城"、"学习贯彻十八届三中全会精神"等20余个专题专栏，开展了全方位、多角度的宣传报道，为学习活动营造了浓厚的氛围，使党的各项决策部署深入人心，家喻户晓。

二、坚持强化举措，狠抓落实，全力推进"五大战略"重点，县域经济发展实力不断增强

2013年7月，新的县委县政府组成后，秉持"功成不必在我，久久为功"的理念，坚持"一张蓝图绘到底"，提出，经过三到五年努力，在2015年建成国家级生态文明县的基础上，进一步巩固完善提高创建成果，建成全国首批国家生态文明先行示范区，直至全面建成小康社会的奋斗目标。围绕这一总体奋斗目标，以招商引资和项目建设为抓手，大力推进"五大战略"，全年共引进资金31.96亿元，超额完成市定目标任务26亿元的22.9%，共实施重点项目68个，全年完成投资39亿元，完成率114.2%。

工业新型化实现新突破。编制完成了《现代医药产业发展规划》和《医药包装产业发展规划》，围绕亚宝药业设计了中药原料药、化学合成药、大健康产品、医药经销、医药包装和兽药产业6条产业链，并组建了6支招商小分队，按照主攻产业发展要求，实行专业招商、集群招商、定点招商。截止目前，园区内入住企业总数达25家，固定资产投资达35亿元，其中医药相关配套企业18家。

农业现代化有了新提升。2013年，全县粮食播种面积稳定在80万亩，总产量突破3.22亿公斤，实现了"十连增"，再次荣获"产粮大县"殊荣。全县新建成现代苹果标准化示范园2000亩、红枣丰产管理示范园3000亩、日光温室大棚蔬菜3000亩、核桃经济林1万亩。全县新建"一村一品"专业村20个，巩固提升"一村一品"专业村54个。

市域城镇化迈上新台阶。2013年，全县城镇化率达到45.45%，比2012年提高了3.1个百分点。交通建设上，运宝高速一级路连接线正式通车；运宝高速中条山隧道工程进展顺利。大县城建设上，全面启动了城北森林公园、寿圣寺中心公园、体育文化公园、县城一级路出入口、城隍庙商业服务区等总投资达23.5亿元的14个城镇化建设工程，明确了新型城镇化建设的时间表和路线图。小城镇建设上，古魏、陌南、阳城三个乡镇申报了全国重点镇项目。阳城、大王、西陌、东垆、永乐5个乡镇总体规划和陌南镇近期建设规划已经全面完成，小城镇建设步伐不断加快。新农村建设上，启动新农村建设重点推进村22个，继续推进阳城镇新农村连片示范区建设，农村基础设施和环境面貌发生了显著变化。

城乡生态化取得新成效。全年完成造林绿化任务3.37万亩，全县林木覆盖率由2012年的41.09%提高到43%，全年空气质量二级以上天数达到365天，其中一级以上天数达到了125天。目前，"四城联创"和国家级生态文明县的149项硬指标，93项已基本完成；国家级卫生城市52项指标，44项均达标准，省级环境保护模范城创建成果进一步巩固。

文化旅游产业迈出新步伐。成功举办了中国(芮城)永乐宫第六届国际书画艺术节暨全国"魏晋风度"新锐书法展，县城书画楹联一条街投入运营。举办了芮城县首届"生态旅游、美食芮城"厨艺大赛，提升了芮城旅游水平。目前，全县各类文化经营单位增加至135家，从业人员达3000余人。2013年全年共接待游客220万人次，同比增长18%，文化旅游综合收入达15.9亿元，同比增长19%，文化旅游产业扎实稳步推进。

通过实施"五大战略"重点，县域经济实力不断壮大。全年县内生产总值完成73.65亿元，可比增长9.1%；财政总收入完成5.13亿元，同比增长19.2%；公共财政预算收入完成1.86亿元，同比增长6%；规模以上工业增加值完成14.4亿元，可比增长14.5%；固定资产投资总额完成51.5亿元，同比增长27.9%；城镇居民人均可支配收入完成20969元，同比增长11.3%；农民人均纯收入完成7667元，同比增长12.6%。

三、坚持发扬民主,依法治县,深入推进“法治芮城”建设,民主政治建设再上新台阶

县委始终坚持党的领导、人民当家做主和依法治县的有机统一,充分发挥统揽全局、协调各方的作用,支持县人大、县政协围绕全县中心工作依法履行职能。一年来,县人大认真听取和审议了19项专题报告,围绕《森林法》、《中华人民共和国民族宗教条例》、《山西省宗教事务条例》、《科技进步法》等法律法规开展了执法检查和调研,开展了县城交通安全管理和环境污染治理工作专题询问,依法履职能力不断提高。县政协履行政治协商、民主监督、参政议政职能,开展了兽药行业安全问题、纯阳上宫修复工程、中小学生人身安全、社区管理、“五大灌区” 更新改造工程等系列调研和视察活动,并对住建、教育、卫生等7家政府职能部门重点提案办理情况进行了评议,参政议政水平不断提高。统战部门充分发挥联系广泛的优势,深入实施“同心”品牌工程,认真落实党的宗教、民族、对台和侨务政策,组织民主党派、无党派人士围绕生态文明建设、重点工程建设开展建言献策,在聚人心、集民智、促发展上取得了实效。坚持党管武装,深化军民融合发展,国防动员能力不断提高,军政军民团结更加巩固。工会、共青团、妇联、科协、文联等群团组织积极发挥联系群众的桥梁纽带作用,引导广大人民群众积极投身创建国家级生态文明县建设。开展“六五”普法宣传教育,依法保障人民群众的知情权、参与权、选举权和监督权,切实维护社会公平正义。在全县推进“四议两公开”工作法,全面推广古魏镇西关村“民主决策户代表”管理模式,扩大基层民主,推进村级重大事项决策制度化、民主化、规范化。

四、坚持弘扬主旋律,凝聚正能量,进一步创新宣传方式,宣传思想工作开创了新局面

思想道德建设卓有成效。以创建省级文明和谐县城为抓手,在全县深入开展了“讲文明、树新风”、“我们的节日”、“学雷锋志愿活动”、“社会主义核心价值观进学校、进课堂”等主题实践活动。举办了“道德之光”——芮城县首届道德模范颁奖晚会,引导广大人民群众自觉弘扬真善美,传递正能量,全县上下和谐稳定的发展大局不断巩固。

舆论宣传引导有力。围绕推进“五大战略”重点、“四城联创”等中心工作,在电视台、芮城信息开设专题、专栏,广泛开展舆论造势,进一步把干部群众的思想统一到县委县政府的各项决策和部署上来,形成了重实干、谋发展、破难题、求创新的工作氛围。

文化事业日益繁荣。举办了全县首届“欢乐广场”群众文化展演活动,“星光合唱团”在全市第二届职工合唱艺术大赛中荣获金奖,群众精神文化生活进一步丰富。全年送戏下乡150场次,放映公益电影2000余场次。特别是新编蒲剧现代戏《“憨”局长还债》,在参加省委宣传部、省文化厅党的群众路线教育实践活动优秀剧目调演中,再次轰动省城。

五、坚持以人为本,维护社会公平,进一步改善民生和加强社会治理,全县和谐稳定发展大局不断巩固

惠民实事扎实推进。省政府确定的“五件实事”扎实推进,全年完成困难家庭危房改造1335户,实施困难群众异地搬迁90户400人,完成了107个建制村街道亮化、6所村级幼儿园改扩建和172个建制村乡村清洁工程。与此同时,总投资600万元的城市公厕改扩建、农村饮水安全提升工程、中心敬老院建设项目、残疾人扶助工程等县委政府年初承诺的“十件为民实事”全部完成。全年民生支出达8.8亿元,占财政总支出的72.6%。

各类社会保障水平不断提高。户均一吨煤发放全部到位。教育均衡发展实现新突破。全县新农合、新农保参保率分别达到99.5%、99.7%。全年发放城镇低保金、农村低保金4000余万元、农村五保供养资金298万元。建成各类保障性住房661套。城镇登记失业率为1.04%,远远低于省、市4%的控制水平,就业形势良好。

安全稳定形势持续好转。全年共接待来访群众377批701人次,化解340件,其中省市交办的33个案件,全部得到化解,实现了省市“两会”和十八届三中全会等重要节点的“零上访”。全年对危险化学品、非煤矿山、烟花爆竹等各类工贸行业和企业排查200余次,发现隐患230处,整改落实到位220处,全年无一例重特大安全事故发生。

六、坚持党要管党、从严治党,进一步抓好党员干部队伍建设,全面提升党的建设科学化水平

思想建设上,不断加强理论武装,强化理想信念教育,广大干部的政治意识、大局意识和责任意识不断增强,贯彻落实市委、市政府以及县委、县政府各项决策部署的自觉性和坚定性进一步提高。

作风建设上, 继续推进年度目标责任分类考核制度,继续开展争做“功臣”“标兵”劳动竞赛和干部下乡住村包村增收活动,创新开展了“四城联创党员先行”和干群“连心卡”活动,全年为群众办实事3360件,扶持致富项目326个。

组织建设上,始终坚持“三个倾斜”用人导向不动摇,强调“好班子产生好干部,好干部来自好班子”,切实加强干部队伍建设。2013年共调整干部3批次, 涉及科级干部181人,没有出现一起不良社会反响,基本实现了组织、社会、本人三满意的效果。同时,严把党员“入口关”,畅通“出口关”,规范流动党员管理,党员队伍整体素质得到进一步提升。

制度建设上,按照中央“八项规定”、反对“四风”要求,进一步完善了《县委工作规则》,制定下发了关于进一步规范会议及活动、公务接待、下乡调研、新闻宣传、公务用车、婚丧喜庆事宜、办公用房等八方面50条的实施细则,建立起了落实“八项规定”、反对“四风”的长效机制。

党风廉政建设上,全年共立查各类违纪案件73件,结案

73件，给予纪律处分129人，涉及副科级以上干部19案26人；给予党纪处分69人，政纪处分64人，受双重处分4人。特别是围绕贯彻落实“八项规定”，县委、政府两办督查室和县纪委组成联合督查组，共开展督查21次，腾退办公用房7千平方米，立案查处大操大办案件3件，纪律处分3人，会议活动大幅压缩，公务接待费用比去年同期下降30%以上，“四风”问题得到有力纠治。

（薛肖飞）

附：一、中共芮城县委书记、副书记、常委名单

书　记：王正风（4月离职）　董旭光（5月任职）
副书记：贾国平　罗宏伟（6月任职）
常　委：姚广升　张建军　赵自成　孟　力
王红梅（女）　杨建庭（6月任职）
王志迎（4月离职）　李全章（4月任职）

二、乡镇党委书记、副书记名单

风陵渡镇
书　记：张建丰
副书记：杨志鹏（12月离职）　谭荣合（10月离职）
孙春燕（女，11月任职）

阳城镇
书　记：王江荣　孙春燕（女，11月离职）
副书记：刘建民　张　琳（11月任职）

永乐镇
书　记：薛红阳（女）
副书记：蔡林权　张振东

大王镇
书　记：王旭鹏
副书记：任建永　范怡兵（12月离职）
张满红（12月任职）

学张乡
书　记：杨小召（11月离职）　张云鹏（11月任职）
副书记：张晓丽（女，12月离职）　张云鹏（11月离职）
封兴财（11月任职）　杨　召（12月任职）

古魏镇
书　记：张　波
副书记：马敬武（11月任职）　赵创国（10月离职）
赵立会

南卫乡
书　记：赵创国（10月任职）　林　波（10月离职）
副书记：封兴财（11月离职）　张鹏军（11月离职）

东垆乡
书　记：李　轩（4月任职）
副书记：刘晶晶（女）　杨安平　闫　飞（12月离职）

西陌镇
书　记：张振江
副书记：姚建鹏（10月离职）　董军越
胡丹英（女，10月任职）

陌南镇
书　记：杜步奇
副书记：胡丹英（女，10月离职）　费建强
单　明（11月任职）

中共绛县县委工作概况

县委书记　卫再学

绛县共有12个基层党委，18个党总支，465个党支部，11483名党员。2013年，在省委、市委的正确领导下，县委坚持以党的十八大和十八届三中全会精神为指导，按照“围绕中心抓党建，抓好党建促发展”的工作思路，提振了加快发展的神，用好了干事创业的人，激发了比学赶超的劲，凝聚了心系群众的情，为全县转型跨越发展提供了坚强保障。

2013年，全县地区生产总值完成56.62亿元，同比增长9.5%；规模以上工业增加值27.26亿元，同比增长15.2%；全社会固定资产投资63.13亿元，同比增长18.5%；社会消费品零售总额18.22亿元，同比增长14.3%；外贸进出口总额1046万美元，完成年度任务；财政总收入2.15亿元，同比增长16.6%；公共财政预算收入9154万元，同比增长23.5%；城镇居民人均可支配收入18545元，同比增长10.8%；农民人均纯收入完成6610元，同比增长12.3%。

一、抓基层、强基础，党建工作科学化水平不断提升

（一）突出抓好信仰建设，提升党员对党的感情和认同感。一是每月举办一次古绛大讲堂，邀请党建及其它方面专家就习近平总书记系列讲话、中央“八项规定”、十八届三中全会等精神进行授课；二是安排80名党员干部利用周末到北大运城MBA班接受培训，提升其理想信念和精神意志；三是开展“绛县大发展，我能做点啥”主题党日活动，通过组织开一次学习会、开展一场讨论、撰写一篇心得体会、组织一次外出参观学习、做出一批业绩、树立一批典型等“六个一活动”，组织基层党员结合自身实际，积极投身发展事业。

（二）切实抓好领导班子和干部队伍建设。严格执行《党政领导干部选拔任用条例》，准确把握习近平总书记新时期

好干部“五条标准”和袁纯清书记提出的六方面原则，推进干部选拔任用工作科学化、民主化、制度化。将一批工作实绩突出、基层工作经验丰富的年轻干部放到了关键岗位上，让有为者有位、有能者有职，在全县树立起比成效、论政绩的用人导向。

(三)夯实基层基础，狠抓基层组织建设。一是对农村党支部实施目标管理。年终对村“两委”班子进行满意度测评。评选出了20个先进农村党支部、10名引领发展支部书记标兵和10名办实事村委主任标兵。农村“两委”班子为“一村一品”建设贷款筹资1.5亿元，组织培训600余场次。二是在农村开展争当“调产富民模范党员”活动。上半年，组织开展了争当“调产富民模范党员”活动，每个村评选推荐5—10名党员带富典型，乡镇党委评选30—50名党员典型，县委从中选拔了60名调产富民模范党员。下半年，以农村支部为单位开展了“调产富民大讨论，助农增收再动员”活动。三是将机关党建与抓项目、抓环境、抓作风“三抓战略”相结合。在机关党支部和党员中开展“服务项目当表率、招商引资促发展”活动，县委评选了15名先进典型，将先进事迹制作成专题片，组织党员干部学习。在全县推行首局负责制、挂牌上岗制、AB角工作制、首问责任制、限时办结制等五项制度改革，优化发展软环境。开展“做方便群众、服务群众的好干部”主题实践活动，对党的群众路线教育实践活动进行了预热。四是固化基层党支部的各项活动。每月开展一次主题党日活动，设置不同主题，解决不同问题。“七一”期间，组织千余名党员开展“服务项目发展”、“改进工作作风”、“美化软硬环境”三个主题党日活动。同时，实施基层党组织“创星晋位”管理机制，对198个农村党支部和其它268个党支部分类测评、评星定级、动态管理，并建立起星级党组织信息库。

(四)深入开展党风廉政和反腐倡廉建设。严格落实八项规定，清理违规使用公车13辆，对6个公车封存不规范单位的“一把手”进行约谈。腾退各类办公用房32间848.17平方米；在县境主要入口设立6块“外地车辆只纠违不罚款”公示举报牌，拆除违规固定测速设备5个。组织行政审批单位股级干部进行民主测评，对差评率较高的30名干部进行了告诫谈话；对全县270名行政审批单位、学校和医院的负责人进行了廉政教育轮训；重视发挥案件查办的社会效果和治本功能，全年共查办各类违纪案件45件55人，其中党纪处分40人、政纪处分16人、移交司法10人；开展党的群众路线教育实践活动预热工作，组织“党的群众路线教育实践活动千人问卷调查”活动，把“四风”方面的问题刨出来，抢前抓早，即刻对症下药、整改落实。

二、以项目建设为抓手，大力实施“五大战略”，全县经济实现平稳较快发展

县委着力发挥重点项目对经济社会发展的带动和承载作用，大力实施工业新型化、农业现代化、县域城镇化、城乡生态化和文化旅游产业“五大战略”。全年引进各类项目30个，签约资金175.4亿元，超全年任务的75.4%。到位资金45.27亿元，超全年任务的29.3%。

(一)突出园区化发展，工业新型化步伐不断加快。一是建设军民结合航空产业园，发展通用航空这一朝阳产业。目前，园区的总体规划正在编制。注册成立了山西莱特航空公司，与德国M&D公司签订了双座轻型机的技术转让合同。该项目的可研已完成，马上进入审批程序。三类通用机场项目已取得华北民航管理总局的筹建认可，场址已选定坐标，设计工作即将完成。完成571亩土地征收，全长5公里的入园一级路正在施工。110KV变电站完成立项。二是发展安峪工业园区，延伸传统产业链条。以龙头企业明迈特为依托，向上游联动发展电力，建设涉及热电、风电、光伏发电、生物质能发电4大领域5个项目的电力大县。生物质能发电已建成投产。天润风电一期33座风塔已建成，年底并网发电。山西晋安通陈村富家山(中国风电)300MW风电项目已开工。2×350MW的大唐电厂有望春节前取得全部核准手续。光伏发电正在申请“路条”。5个项目总装机达1200MW，完全建成到正常纳税期后，税金将超过6亿元。向下游延伸发展新材料，目前上海物贸已达成投资30亿元年产100万吨新材料项目的投资意向，将形成电能—镍铬铁合金—新材料—新材料产品产业链条，实现传统产业的转型跨越发展。

(二)以“一村一品”为抓手、“两个一亩”为目标，推动农民增收，农业现代化水平全面提升。鼓励农民发展大棚樱桃，每年拿出100万元扶持资金，果农新建一个大棚补助1000元，使樱桃种植每年都保持新增1000亩的强劲势头。突出发展山楂产业，狠抓品种更新，与郑州果树研究所联系引进新品种。目前种植面积达10万亩，亩均收入5000元。积极扶持涉农龙头企业，一是促进维之王公司上市，发挥龙头引领作用。二是引进了总投资2.6亿元的隆立康鹿业，发展集养殖繁育、生态农业观光、鹿产品研发加工为一体的综合项目，投产后可有效带动农民就业，推动畜牧业的发展。

县委还着重从提升农民的自我发展能力、改善生产条件入手，提出“人均一亩水浇地”和“人均一亩经济林”“两个一亩”目标。为保障实现“人均一亩水浇地”，县委既抓大水利，又抓小农水。完成7处小农水工程，改善和新增灌溉面积4.04万亩。大水利主要依托小浪底引水工程，引黄入绛之后，可改善和扩浇水浇地18万亩，加上绛县现有的14座中小水库和五大灌区的保浇面积，可实现人均一亩水浇地。绛县的经济林规模超万亩的有四大类，山楂10万亩，大樱桃1万多亩，苗木4.5万亩，中药材3万亩，加上零星的苹果、核桃等，人均接近1亩，近年即可实现人均1亩经济林。

(三)狠抓基础设施建设，县域城镇化建设成效显著。邀请中国国际工程咨询公司对绛县的城市发展进行了初步规划设计。坚持“一轴两区”实施大县城建设，一轴是以一级公路贯穿县城、开发区以及主要工业园区，打造“一刻钟经济圈”。两区就是县城向东扩张、开发区向西扩张，实现区县共建。大县城建设上，主要抓好3方面工作。一是扩建街道，拉大城市框架，全力打造城市四片区。二是创建园林县城。实施“果树进城”工程，力争用三至五年的时间，打造出“四季有

青，三季有果，干净舒适，生态宜居”的“大美花果城”。三是完善配套，打造城市综合体，五星级大酒店和重庆骏业新天地广场已经开始内部装修，浙江汇青新型商业体正在进行准备工作。

（四）抓住重点，城乡生态化建设稳步推进。围绕创建省级园林县城和卫生县城，重点抓好建园、增绿、清洁、治污四方面工作。一是建园，投资1.27亿元建设了77公顷的城西生态公园。二是增绿，投资3000万元，实施了城市街道和机关单位绿化。完成涑水河源头万亩荒坡造林，实施通道绿化122公里，全年造林2.865万亩，森林覆盖率达33.8%。三是清洁，大力整治城市卫生环境和农村生活环境，完成农村改厕10021户；横水镇和郝庄乡农村环境连片整治已建成污水收集管网25公里。四是治污，加大涑水河综合整治力度，清理河道20.3公里，清淤21.3万方，沿河栽树2万余株。全年空气质量二级以上天数达351天。

（五）规划引领、龙头带动，文化旅游产业实现快速发展。编制完成了《绛县旅游发展总体规划》，重点推进了三个文化旅游产业龙头项目。一是依托绛县磨里峪山清水秀的原生态自然风光，投资1亿元开发建设美丽蝴蝶谷旅游区。夏天漂流项目已开始运营。二是立足全国最大的独木卧佛和汉传佛教宝典《赵城金藏》雕印地两大特色，推进太阴寺景区建设。三是以五星级大酒店为重点，在“吃住行娱游购”上完善配套服务，打造休闲娱乐旅游的产业龙头。同时，举办了樱桃采摘文化节，发展休闲农业和乡村旅游，实现特色农业和旅游业融合式发展。

四、坚持发扬民主，推进社会主义民主政治建设

县委始终坚持党的领导、人民当家作主、依法治国有机统一，积极扩大民主，推进依法治县。

一是坚持和完善人民代表大会制度，人大工作水平有了新提高。支持人大及其常委会依法履行职能，对园区建设、重点项目、涑水河治理等重点工作开展视察调研，围绕《土地管理法》、《安全生产法》执行情况以及“一府两院”依法行政、依法履职情况等实施法律监督。完善“届初承诺、届中检查、届末兑现”的任期监督工作机制，对81家职能单位开展届中测评并进行了公开通报。

二是坚持和完善中国共产党领导的多党合作和政治协商制度，政协和统战工作得到新加强。围绕团结和民主两大主题，支持政协履行职能，就“五大战略重点”、“五项制度改革”、教育发展等重点工作开展专题协商讨论。组织部分委员深入德生轮胎、天润风电、恒天镁业等重点企业进行调研视察。开展了金秋助学、党外干部调研、光彩林、感恩绛县等系列“同心”主题活动，凝聚起社会各界的发展能量。

三是扎实推进法治建设，基层民主法治水平实现新提升。深入推进“六五”普法和法制宣传教育，依法行政和社会法治化管理水平不断提升。深入推进党务公开、政务公开、村务公开和公共企事业单位办事公开。加强对群团工作的领导，妇联、团委完成换届。同时，建成由14道LED跨街高清显示屏组成的国防教育一条街，党管武装和国防后备力量建设水平稳步提升。

五、坚持以人为本，民生得到切实改善

县委常委会坚持把一切工作的落脚点放在改善民生上，下大力气抓好民生工程，让人民群众共享发展成果。

一是全力发展社会事业，构建好“和谐民生”。政府幼儿园完成整体搬迁。新招聘中小学教师111名。完成了3所初中扩容改造工程，新改扩建了22所高标准幼儿园。启动了县级公立医院综合改革试点工作，县医院住院大楼完成装修，与北京301医院实现了远程会诊。

二是努力解决群众生产生活难题，安排好“基本民生”。完成“暖房子”工程168万平米、天然气入户5000户。农村“五保”户和城乡低保对象实现应保尽保，优抚对象待遇全部落实。新开工建设经济适用房100套、公共租赁住房50套。改造林业棚户区26户、城市棚户区200套。实施农村危房改造1800户、贫困残疾人危房改造20户。低收入农户冬季取暖用煤发放任务圆满完成。

三是创新社会管理，落实好“底线民生”。天眼工程安装摄像头8106个。严厉打击各类犯罪，有效维护了社会稳定。全年未发生生产安全事故，保持了工矿商贸领域“零事故”、“零死亡”。社会服务管理体系实现无缝隙全覆盖。在医患、交通事故等六大重点领域建立专业性调解组织，不断畅通群众诉求表达、化解渠道。

（郅海军）

附：一、中共绛县县委书记、副书记、常委名单

书　记：裴良杰（5月离职）　卫再学（5月任职）
副书记：卫再学（5月离职）　李百选（6月离职）
秦志洲（6月任职）
常　委：武胜强　马海强（6月离职）
赵建喜（6月离职）　王茂建（5月离职）
闫晓刚（6月任职）　邵建设（6月任职）
孙　晓　李希平　陈　军（5月任职）

二、乡镇党委书记、副书记名单

古绛镇
书　记：徐凌杰
副书记：李玉林　尹兵涛（9月离职）
陈村镇
书　记：马春海（7月离职）　张宏旗（9月任职）
副书记：张宏旗（9月离职）　尹兵涛（9月任职）
白菁杰
大交镇
书　记：赵仙萍（女）
副书记：王海忠　谭会龙
南樊镇

书　记：黄新苏(7月离职)　侯晓东(9月任职)
副书记：侯晓东(9月离职)　于秀丽(9月任职)
　　　　王李军

安峪镇

书　记：王世伟(4月离职)　樊军民(7月任职)
副书记：樊军民(7月离职)　郭晓伟(9月任职)
　　　　苏文云(女)

横水镇

书　记：荆晨波(9月离职)　赵军强(9月任职)
副书记：赵军强(9月离职)　焦红涛(9月任职)
　　　　王李红

郝庄乡

书　记：卫文静(9月离职)　陈刚武(9月任职)
副书记：陈刚武(9月离职)　王　宏(9月任职)
　　　　解　辉(4月离职)

冷口乡

书　记：盖忠良
副书记：李　谦　张永健

磨里镇

书　记：马　辉(女,7月离职)　王　泰(9月任职)
副书记：王　泰(9月离职)　靳俊霞(9月任职)
　　　　王军红

卫庄镇

书　记：李彩霞(女,7月离职)　马春海(7月任职)
副书记：刘新俊　彭　振(4月离职)

中共万荣县委工作概况

县委书记　李尧林

万荣县共有22个党委,15个党总支,537个党支部,15655名党员,占全县人口总数的3.54%。其中农村党支部281个,党员10992名。2013年新发展党员380名。

2013年,在省、市委的正确领导下,县委深入贯彻落实十八大及十八届三中全会精神,扎实开展“大招商、大建设、大发展”活动,团结带领全县干部群众,以转型跨越为目标,以工程项目为载体,点燃激情,真抓实干,年初确定的各项目标任务顺利推进,经济社会平稳较快发展。

一、强化教育管理,基层组织的凝聚力和战斗力不断提高

以干部队伍建设为重点,同步预热教育实践活动,着力打造“学习型、服务型、创新型”基层党组织。

(一)狠抓理论学习,提升干部能力素质。围绕学习贯彻十八届三中全会精神、习近平总书记系列重要讲话精神等,县委中心组先后开展集中学习17次;聘请中央党校教授王红续、新华社战地记者聂晓阳等专家教授,举办大型学术报告会5次;向全县各级党组织推荐《把事情做到最好》等书籍100余本;同时,组织党员干部赴晋城、朔州、邯郸等10余地考察,着力提高党员干部的履职尽责能力。

(二)开展六大行动,预热教育实践活动。深入开展大宣讲、大理顺、大查摆、大统筹、大整改等六大行动,扎实做好教育实践活动准备工作。先后组织学习讨论60余场次,提升了党员干部的群众观念;理顺了8个党组织隶属关系,调整充实了12个基层党组织,为实现活动“全覆盖”奠定了基础;查摆出5大类453个问题,分别建立“一卡、一表、一账”,已解决问题389个。另外,扎实开展了“访知解”活动,共走访农户10万余户,收集各类意见建议1800余条,帮助解决实际困难500多个,为开展教育实践活动打下了群众基础。

(三)坚持从严管理,干部队伍得到加强。坚持“以德为先”,创新实施“干部德行K线图”评价机制,相关经验被《中国组织人事报》宣传推广;在全省首家开通党员干部预警提示系统,加强对党员干部的动态教育、动态管理、动态监督;严格执行“一报告两评议”制度,坚持在发展一线培养、选拔、使用干部,结合年度考核情况和公开评议结果,将部分实绩突出、群众公认的优秀干部调到乡镇正职岗位,并按照“人岗相宜”原则,对部分县直正职进行了交流,实现了干部“能上能下、能进能出”,激发了干部干事创业激情。

(四)实施创建活动,基层党组织建设全面推进。持续引深农村党建“十星百旗”、机关党建“四定一创”、社区党建“四步处事”、非公党建“三个服务”创建活动,加强服务型党组织建设;在大学生村官中开展“知农情、架农桥”活动,收集并发布涉农政策信息2157条,组织技术培训132次,促进群众增收致富。

二、严格落实八项规定,党风廉政建设不断加强

持之以恒落实“八项规定”精神,从严从实纠治“四风”问题,狠抓作风建设,狠抓严明纪律,狠抓惩治腐败,推动党风廉政建设工作深入开展。

(一)聚焦“四风”问题,深入开展专项整治。先后开展了治理吃喝不正之风、会员卡清理、办公用房清理、违规用车清退、整治中秋国庆送礼、狠刹婚丧喜庆大操大办等专项工作,对全县96个单位办公用房进行了清查,共清理超标面积5568平方米;严格执行婚丧喜庆事宜申报制度,加强事前告诫谈话和事中监督检查,促进干部厉行节约,带头弘扬良好

风气。

（二）提升行政效能，持续创优发展环境。大力精简行政审批事项，将275项审批项目精简为98项；开展了“擦亮窗口、提升效能”专项监察活动，发现问题39个，给予行政警告14人，行政记过2人；对24个行政执法单位的执法活动情况进行了专项检查，纠正自由裁量权问题33个，为加快发展提供了良好的作风保障和环境保障。

（三）强化权力制约，加大腐败惩治力度。拓宽廉政警示教育渠道，共组织警示教育活动83期，118个单位3720人接受了教育；规范公共资源交易行为，完成各类交易项目77项，交易总额41358万元，节约资金346万元，增值资金142万元，从源头上减少了腐败现象发生。与此同时，聚焦发生在群众身边、损害群众利益、伤害群众感情的现象，严肃查处违反中央八项规定等一系列有关作风建设的案件，严肃查处各类侵占惠民补贴、土地补偿、民生工程专项资金的案件，让违禁之人为违禁之事付出相应的代价。2013年，共立查案件76件，给予党政纪处分93人，着力营造风清气正的干事创业环境。

三、坚持三产协调并进，县域经济活力不断显现

一年来，瞄准产业高端，积极推进三次产业提档升级，主要经济指标平稳增长，社会各项事业发展较好。

（一）主攻产业集群加速培育。确立了“以果品生产为主的农副产品加工”主攻产业，编制了“3+1”产业链条体系，实施了投资4.2亿元的荣博辣椒产业园、投资4亿元的汇源扩建、投资2亿元的凯丰机采棉等一批项目。主攻产业承接园区——汇源园区，入驻企业由去年的2家达到6家，实现了快速扩张，产业集群效应初步显现。特别是园区龙头企业——汇源公司，累计完成投资12亿元，正在建设该集团“规模最大、链条最全、效益最好”的中心工厂。2013年，全县规模以上工业总产值达到41.5亿元，同比增长17.2%。

（二）有机农业扎实推进。立足生态优势、着眼农民收入翻番，大力发展有机农业，打造“有机苹果”、“有机水产”两大品牌，建设“有机农业基地县”。有机苹果上，按照“提品质、创品牌、走高端”的思路，积极推进果树间伐，推广双套袋技术，建设示范园区，开发有机文化果、艺术果，形成了5000亩精品苹果示范园、20万亩国家级出口水果质量安全示范区，开发的“金陵十二钗”、“八仙过海”等文化果，一个卖到了40多元，极大地提升了万荣苹果品牌；有机水产上，通过招商引资，已完成2万亩滩涂水产开发，出产的“圣母湖”大闸蟹，畅销市场，供不应求。全县共建成有机农业基地25个，认证有机大闸蟹2000亩、有机鲤鱼2000亩、有机小麦900亩、有机苹果200亩，初步叫响了万荣有机农产品品牌。

（三）文化旅游产业健康发展。电视剧《李家大院》拍摄完成，电视剧《快乐的万家村》在山西卫视热播；八龙、银河笑话产品和万荣花鼓参加了省文博会，受到广泛好评；启动李家大院周边开发，规划实施仿清商业街、农业观光园、水上游乐园等项目；积极推进飞云楼修缮，完善了万泉文庙、后土祠配套设施。全年全县共接待游客148万人次，门票收入1450万元，“中华笑城·欢乐万荣”的知名度和影响力不断提升。

2013年，全县地区生产总值完成55.87亿元，同比增长8.5%；财政收入完成27369万元，同比增长11.6%；一般预算收入完成10074万元，同比增长7.1%；规模以上工业增加值完成10.9亿元，同比增长14%；固定资产投资完成54.3亿元，同比增长25.5%；社会消费品零售总额完成23.76亿元，同比增长14.3%；城镇居民人均可支配收入完成18042元，同比增长10.5%；农民人均纯收入完成6369元，同比增长13.8%，社会各项事业均取得了长足发展。

（姚东杰　黄黎阳）

附：一、中共万荣县委书记、副书记、常委名单

书　记：李尧林
副书记：廉广锋（6月离职）　黄梅芳（女，6月离职）　李彩兰（女，7月任职）
常　委：李　峰　李耀宗　刘政光　卫增辉　李鹏凯　谢　澎　刘卫东

二、乡镇党委书记、副书记名单

解店镇
书　记：李东波（7月离职）　裴玉斌（7月任职）
副书记：卫晋生（7月离职）　王文岐（7月任职）　卫国威

西村乡
书　记：薛　峰（7月离职）　张华峰（7月任职）
副书记：张创功（7月离职）　畅晓良（7月任职）　董小娟（女）

里望乡
书　记：丁文玲（女）
副书记：谢　东　张永金

通化镇
书　记：胡慎英
副书记：李永强　刘定明（7月离职）　贾亚楠（7月任职）

南张乡
书　记：杨　强（7月离职）　卫晋生（7月任职）
副书记：张华峰（7月离职）　苏高峰（7月任职）　王国强

裴庄乡
书　记：丁文斌（7月离职）　徐晓凯（7月任职）
副书记：徐晓凯（7月离职）　李红全

光华乡
书　记：杨晓凯
副书记：王世红　张　革

荣河镇
书　记：裴玉斌（7月离职）　解胜刚（7月任职）

副书记：李湘军 吴 雷(7月离职)
王银虎(7月任职)

万泉乡

书 记：王 权(7月离职) 范炎森(7月任职)

副书记：解胜刚(7月离职) 张创功(7月任职)
任晓丽(女,7月离职) 王志鹏(7月任职)

高村乡

书 记：范炎森(7月离职) 闫志宏(7月任职)

副书记：尹艳霞(女,7月离职) 董 凯
孙建峰(7月任职)

贾村乡

书 记：史旭强(12月离职)

副书记：黄 峰 司辉霞(女)

王显乡

书 记：闫志宏(7月离职) 王肖龙(7月任职)

副书记：王肖龙(7月离职) 刘定明(7月任职)
李智勇

汉薛镇

书 记：李明凯

副书记：谢 增(7月离职) 李 宁(7月任职)
赵凯峰(7月离职)

皇甫乡

书 记：孙红伟

副书记：潘海英 孙勇才

中共垣曲县委工作概况

县委书记 史 凯

2013年，在市委、市政府的正确领导下，县委立足垣曲实际，发挥比较优势，坚定不移抓开放、抓发展、抓民生、抓党建，全县呈现出经济平稳较快发展、社会和谐稳定、人民安居乐业的良好局面。全年地区生产总值达到38.9亿元，同比增长10.1%；规模以上工业增加值完成18亿元，同比增长13.41%；固定资产投资完成40.2亿元，同比增长33.7%；财政总收入完成3.2亿元，其中一般性预算收入完成1.3亿元，同比增长7.36%；城镇居民人均可支配收入达到18646元，同比增长10%，农民人均纯收入达到4853元，同比增长15%。

一、坚定不移抓开放，“美丽舜乡、生态垣曲”战略构想初步确立

树立解放思想、与时俱进的理念，按照省委、省政府加快转型跨越、办好“两件大事”的战略部署和市委、市政府建设“美丽河东、大美运城”的总体要求，充分借鉴发达地区和兄弟县市的发展经验，结合垣曲实际，经过反复论证，提出了建设“美丽舜乡、生态垣曲”的战略构想，积极倡导全县人民以孝为先、以仁为本、以善为根、以礼为基、以义为重，把生态文明建设融入经济建设、政治建设、文化建设、社会建设各方面和全过程，形成了新型工业扩张、特色农业培育、文化旅游发展、市域城镇化拓展、城乡生态优化、社会民生改善六大战略重点统筹兼顾、协调推进的总体工作思路，从而激发了干事创业热情，凝聚了改革发展合力，为全面建成垣曲小康社会提供了坚实的思想基础和强大的精神动力。

二、坚定不移抓发展，“美丽舜乡、生态垣曲”建设步伐日益加快

县委不断加强党对经济工作的领导，始终坚持发展第一要务，通过建立健全重大项目县级领导包联协调机制和四套班子领导包项目、包乡镇、包企业、包街道的“四包”工作制度，多措并举狠抓项目建设，多轮驱动推进“六三战略”，使各项工作得到快速发展。转型升级，做大总量，新型工业扩张初见成效。万亩循环经济工业园区，完成了6公里道路硬化和5.9公里路基工程，3家企业入驻。2000亩的中小企业创业基地，5家企业入驻。投资12.8亿元的五龙集团镁合金综合利用项目已正式投产，投资26亿元的中条山有色公司技改项目年内投料试生产，投资10.05亿元的国泰矿业微晶玉石板材项目正抓紧施工。突出特色，塑造品牌，特色农业培育稳步推进。狠抓粮食生产，2013年粮食总产达到9063.6万公斤。突出“一县一业”，核桃林发展到18万亩，被评为“国家级核桃示范基地”。因地制宜发展烟叶、蚕桑、畜牧和蜂业、中药材和食用菌产业，扶持发展山里红核桃深加工、沐风菌业、康源蜂业、燕鑫薯业、泉鑫茧丝绸五家龙头企业，小浪底引黄工程、古城国家级湿地公园建设、绿色能源示范县建设、农业生态开发、易地扶贫移民搬迁五大项目协同推进，农业生产条件有效改善，农民收入持续增加。整合资源，创意包装，文化旅游发展前景看好。投资5亿元的白马山景区开发已启动；规划投资55亿元的小浪底景区正在对外招商；历山景区正在进行资源整合；投资33亿元、占地970亩的帝舜文化苑规划设计已经完成。全县文化旅游总收入近亿元。完善功能，提升品位，市域城镇化拓展成效明显。坚持规划先行，县城面积拉大到25平方公里。投资3亿元实施了城市道路、垃圾处理和天然气入户等市政工程，完成了800米亳清河县城段综合治理项目，“十园十馆”建设稳步推进。实施特色小城镇建设、城乡清洁、乡村亮化，城乡面貌得到较大改观。总投资140亿元的阳运高速公路纳入全省规划，完成了投资58.38亿元的垣渑高速公路前期准备和44公里农村公路修缮，道路建设

步伐明显加快。生态优先,绿色发展,城乡生态优化深入推进。投资6600余万元,实施了街道增绿、河道绿化、亲民园林、庭院绿化、通道提档、路口景点、农村游园、荒山造林、核桃林发展造林绿化九大工程,共种植各类苗木近600万株,新增绿化面积33万平方米,全县森林覆盖率达到46.8%。持续推进"蓝天碧水"工程,河流断面水质保持在3级以上,各项污染物排放不断降低,全年二级以上天数达到318天。

三、坚定不移抓民生,"美丽舜乡、生态垣曲"建设成效开始显现

民生无小事,枝叶总关情。县委始终把人民放在心中最高位置,坚持一切发展为了人民,坚持党的群众路线,坚持人民主体地位,时刻把群众安危冷暖放在心上,全力解决好群众最关心、最直接、最现实的利益问题,争取早日实现吃穿不愁,住房不愁,看病不愁,上学不愁,就业不愁,养老不愁的民生奋斗目标。社会民生不断改善。认真落实省政府"五件实事",城乡环境明显改善。实施"四大民生工程",总投资3亿元的城西学府苑主体完工,教育质量稳步提升,高考二本达线1032人;投资2.5亿元的新医院投入使用,11个乡(镇)卫生院全面达标,"新农合"参合率达99.8%;总投资40亿元的小浪底引黄工程稳步推进;历时8年,投资9760万元的后河水库县城供水工程全面竣工,先进事迹在《山西日报》头版头条予以刊载。高度重视就业社保工作,新增就业6302人,新农保参保14.6万人,城乡低保、农村五保实现应保尽保。社会管理切实加强。扎实推进社会管理创新工作,被授予"全省社会管理综合治理标兵单位"。以"两整"活动为抓手,严厉打击各类违法犯罪活动,扎实推进"平安垣曲"建设,社会治安形势明显好转。高度重视安全生产和信访维稳工作,2013年以来没有发生重特大安全事故,没有发生赴省进京上访案件,全县社会和谐稳定。

四、坚定不移抓党建,"美丽舜乡、生态垣曲"建设基础不断巩固

围绕发展抓党建,抓好党建促发展,全县各级班子和党员干部深入学习宣传贯彻党的十八大、十八届三中全会和习近平总书记一系列重要讲话精神,凝聚了共同奋斗的思想基础。扎实做好党的群众路线教育实践活动前期准备工作,按照中央"八项规定"和省委、市委一系列文件精神,积极创建"五型班子",扎实做好"五个表率",认真落实"五项要求",努力建设学习型、服务型、创新型党组织和党员队伍,解决了一批群众反映强烈的突出问题,党员干部作风进一步转变,党员队伍素质进一步提升。不断完善干部选任和考核机制,调整配备了一批信念坚定、为民服务、勤政务实、敢于担当、清正廉洁的党员干部,为建设"美丽舜乡、生态垣曲"提供了强有力的人才支撑。党风廉政建设和反腐败工作深入推进,不断筑牢拒腐防变的思想防线,深入纠正部门和行业不正之风,解决了一批群众反映强烈的热点、难点问题。坚持有案必查、有腐必反,全年立查各类违纪违法案件118案127人,给予党纪处分78案85人、政纪处分32案32人,涉及乡科级干部14案14人,其中撤职以上重处分4案4人。创新基层党建工作,充分发挥基层党组织的战斗堡垒作用和共产党员的先锋模范作用,为经济社会发展提供了坚强组织保证。

同时,县委始终坚持党的领导、人民当家作主、依法治国有机统一,积极扩大民主,推进依法治县,不断加强和完善社会主义民主政治建设。坚持和完善人民代表大会制度,人大工作水平有了新提高。坚持和完善中国共产党领导的多党合作和政治协商制度,统一战线工作得到新加强。扎实推进法治垣曲建设,基层民主法治水平实现新提升。坚持党管武装原则,人民武装和全民国防教育工作有了新发展。切实加强对群团工作的领导,各项事业取得了新进展。

(毕大明)

附:一、中共垣曲县委书记、副书记、常委名单

书　记:侯伟建(5月离职)　史　凯(6月任职)

副书记:杨彦康　张登庆(6月离职)
尚玉良(6月任职)

常　委:刘社院　李　鹏　李　立　裴斌虎
李永辉(12月离职)　马海强(12月任职)
刘剑平

二、乡镇党委书记、副书记名单

毛家镇

书　记:王　坚

副书记:郭言民　张慧龙

新城镇

书　记:庞卫民

副书记:赵　磊

皋落乡

书　记:王国平

副书记:郭亚明　王双红

长直乡

书　记:樊赵伟

副书记:杨春霞(女)　王朝阳

王茅镇

书　记:王爱东

副书记:李　明　王亮民

解峪乡

书　记:李海勇

副书记:张建玲(女)　刘向东

古城镇

书　记:狄雷霆

副书记:李　雷

华峰乡

书　记:靳　荣

副书记:韩俊辉　单　兵

英言乡

书　记：张艾红(女)

副书记：赵建刚　赵小进

蒲掌乡

书　记：赵王平

副书记：张海岗　王亚军

历山镇

书　记：焦立豹

副书记：郭红云　张俊辉

中共夏县县委工作概况

县委书记　葛作民

夏县共有党(工)委20个，党总支26个，党支部580个，党员14117人。2013年，在中央、省委、市委的正确领导下，县委认真贯彻落实党的十八大和十八届三中全会精神，紧紧围绕市委、市政府"突出抓好五大战略重点，始终坚持三个强化，大力推行一项工作机制，加快建设美丽河东、大美运城"的总体部署，团结带领全县党员干部群众，点燃激情，奋力攻坚，扎实工作，全县经济持续健康发展，社会保持和谐稳定，各项事业呈现新的局面。

一、紧紧围绕项目建设这一重点，强力推进县域经济转型跨越发展

项目建设是科学发展的根本支撑，是转型跨越发展的重要引擎。立足县域经济缺少大企业、大项目带动，加快发展的力度不大、速度不快的现状，县委严格按照省市部署，深入开展"项目推进年"活动，全年实施重点项目55个，总投资145亿元，年度投资任务31.6亿元，实际完成投资40.8亿元。项目储备、签约、落地、开工、建设、投产"六位一体"考核指标，均超额完成市政府下达的目标任务。具体实施中，坚持统筹兼顾，强力推进五大战略重点。

一是加快推进新型工业化。牢固树立"园区化发展、集群化招商"的理念，成立12支招商小分队，实施定点式、跟进式集群化招商，一批战略合作项目顺利落地。全年招商引资到位资金31.4亿元，超市定考核任务7.4亿元。加快水头工业园、裴介商贸物流园和瑶峰轻工业园区建设步伐，翱翔生物辣椒深加工、翔天钢铁复产改造、威龙铁路动车制动盘生产线、宇达青铜文化产业园扩建、晨丰交通设备等项目已建成投产。格瑞特新酒庄和基地建设、味益食品酱制品生产线、常运动力柴油机生产线、深圳华德明胶生产线等项目都正在加紧建设。全县规模以上工业企业产值完成19亿元，同比增长19.6%。

二是加快推进农业现代化。坚持把"一村一品、一县一业"作为发展现代农业的切入点，依托各乡村的农业资源条件，大力发展设施蔬菜、干果经济林、畜牧养殖、中药材等特色产业。2013年，全县新增设施蔬菜5600亩，药材2万亩，规模养殖400户，蔬菜、水果、药材种植等"一村一品"专业村累计达到87个。完成国家农业综合开发土地治理、国家高效节水农业重点县一期工程、蔬菜产业基地县建设、旱作节水农业示范基地建设等项目。

2013年，夏县被评为山西省粮食生产先进县和运城市新农村建设亮化工程先进县。

三是加快推进市域城镇化。完成水头至县城道路改造、西北环城市道路建设、滨河西路建设、白沙河中大桥、康杰路北延工程、209国道庙前段"三改二"路基工程。县城基础设施更加完善，城乡建设水平不断提升，一批小城镇基础设施建设项目，新农村提档升级工程扎实推进。泗交镇被评为全省首批生态园林城镇。

四是加快推进城乡生态化。大力实施通道绿化、城镇绿化、村庄绿化、荒山造林、经济林建设等重点造林工程，完成造林绿化4.6万亩，全县的森林覆盖率提升了两个百分点。完成涑水河综合治理工程、裴介环境连片整治工程，创建省级生态乡镇1个、省级生态村1个、市级生态村1个。

五是加快推进文化旅游产业。按照"资源共享、市场共建、客源互送、利益共赢"的原则，加大文化旅游产业开发，完成晋坪漂流、唐回漂流、架桑漂流道路改造和景点提升工程，文庙大成殿、大洋泰山庙、唐代大将薛嵩墓3处国保单位保护开发工程。全年接待游客108万余人次，增长21.8%；旅游总收入7.8亿元，增长24.5%。

二、紧紧围绕提高幸福指数这一目标，加快推进和谐社会建设

县委坚持以人为本、民生为先，不断强化以民生为导向的财政保障，不断加大对社会事业和公共服务的投入，不断提高发展成果的普惠性，努力让全县人民享受到更好的公共资源、公共管理、公共服务。

一是不断完善社会保障体系。按照"人人享有基本社会保障"的目标，健全城乡社会保障体系，建立多元化优抚机制，积极开展就业帮扶，扎实抓好困难群众帮扶救助。2013年共建成经济适用房116套、廉租房100套；成建制输出劳务4000人，新增就业2436人；城乡低保补助标准每人每月分别提高30元、24元，完成"爱心煤"发放8.39万吨。2013年全县民生支出11.1亿元，比上年增加2.4亿元，增长28%。

二是扎实抓好民生工程。重点完成了省市安排的农村危房改造、行政村街道亮化、农村特困人口易地搬迁、村级幼儿园改造、乡村清洁等"五件实事"，完成农村危房改造工程

990户；完成155个行政村街道亮化工程，实现了全覆盖；完成3个移民村177户移民建房主体工程；新建示范幼儿园1所，改造村级幼儿园6所；乡村清洁工程取得阶段性成效，为86个村配备垃圾筒1.2万个。同时，立足县情实际，启动实施了经济适用房建设、农村饮水安全、山区电网改造等民生工程，解决了一批涉及群众切身利益的问题。

三是努力确保安全稳定。建立健全“党委领导、政府负责、社会协同、公众参与”的社会管理体系，不断完善社会舆情收集分析机制，人民调解、行政调解、司法调解相衔接的大调解工作机制，深入开展领导接访、带案下访等信访活动，确保矛盾在源头控制，纠纷在基层化解、问题在一线解决。深入开展安全生产大检查和食品安全专项检查，切实加强交通、消防、防汛、食品卫生、危险化学品、民爆物品等领域的安全监管，各类安全事故明显下降。扎实推进“平安夏县”创建活动，严厉打击各类违法犯罪，全县社会保持和谐稳定。

三、紧紧围绕加强执政能力这一主线，不断提高党的建设科学化水平

建设美丽幸福新夏县，关键在党。县委牢牢把握加强党的执政能力建设这一主线，全面加强党的思想、组织、作风建设，充分发挥各级党组织和广大党员在转型跨越发展中的领导核心作用。

一是加强基层组织建设，着力构筑坚强有力的战斗堡垒。深入开展学习宣传党的十八大等系列活动，对650余名科级领导干部及科级后备干部、257名农村党支部书记进行了专题培训。扎实做好群众路线教育实践活动前期准备工作，继续做好住村帮扶和访民生、知民情、解民事活动，有效地解决了一批群众反映最为迫切的问题，为教育实践活动深入开展奠定了坚实的基础。切实加强领导班子建设和干部队伍建设，始终坚持德才兼备、以德为先的用人标准，注重选用政治坚定、实绩突出、群众公认的优秀干部，注重选用扎实苦干、认真负责、经验丰富、有真才实学的优秀干部，全年共调整干部152人，其中提拔25人，平职调整96人，为转型跨越发展提供了坚强政治保证。

二是加强精神文明建设，着力夯实“团结拼搏、奋力跨越”的思想基础。坚持抓好社会主义核心价值体系的培育和建设，大力弘扬以爱国主义为核心的民族精神和以改革创新为核心的时代精神，倡导富强、民主、文明、和谐，倡导自由、平等、公正、法治，倡导爱国、敬业、诚信、友善。坚持抓好文明乡村、文明行业、文明单位、文明社区等群众性精神文明活动，引导全县人民共建共享美丽家园，涌现了一批精神文明先进典型。组织开展“文化禹都·美丽夏县”、“菊花杯”、“关公文化节”等一系列书画摄影大赛，展示文化艺术，丰富文化生活，促进全县文化事业的发展。特别是文化馆、图书馆建设受到了国家、省、市文化部门领导的肯定和赞誉。

三是加强党风廉政建设，着力营造风清气正的良好政治生态。严格落实中央“八项规定”，从严整治“四风”，深入开展党员干部纪律作风整顿活动，对公款吃喝、大操大办、纪律涣散以及工作日午间饮酒、上班时间打牌玩乐等问题进行了集中整治，共查办纪律作风问题案件20件，给予党纪政纪处分41人，其中涉及乡科级干部10人。深入开展停建楼堂馆所、清理办公用房和公务用车专项清理工作，严肃查处各类违纪违法案件。2013年县纪委立案调查82起，处理违纪人员79人，全县上下保持了风清气正的良好氛围。

（王文斌）

附：一、中共夏县县委书记、副书记、常委名单

书　记： 张秀武（7月离职）　葛作民（9月任职）
副书记： 葛作民（9月离职）　薛玉马（7月离职）
苏丽红（女，7月任职）
常　委： 任　刚（7月离职）　翟龙飞（7月离职）
黄民建（5月离职）　田成贵　张高学
李　明（7月任职）　李永林
樊双全（7月任职）　刘学诗（5月任职）
管云学（7月任职）

二、乡镇党委书记、副书记名单

瑶峰镇
书　记： 张贵林
副书记： 崔晓国（12月离职）　邢　健（12月任职）
刘　鹏（12月离职）

水头镇
书　记： 吴朝晖
副书记： 臧孟义　刘根龙（12月离职）

庙前镇
书　记： 温建新
副书记： 邢　健（12月离职）　宋晓英（女，12月任职）
张志久（12月离职）

裴介镇
书　记： 裴文荣（11月离职）　刘红庆（11月任职）
副书记： 宁国荣（11月离职）　张志久（12月任职）
李文俊（12月离职）

胡张乡
书　记： 杨　军
副书记： 高天赐（11月离职）　李向东（12月任职）
解利军（12月离职）

禹王乡
书　记： 尚靖宇（12月离职）　崔晓国（12月任职）
副书记： 李向东（12月离职）　韩俊峰（12月任职）
张志荣（12月离职）

尉郭乡
书　记： 张建波
副书记： 张首华

南大里乡：
书　记： 刘红庆（11月离职）　裴文荣（11月任职）
副书记： 张更群（12月离职）　马　峰（12月任职）

埝掌镇

书　记：张瑞芳(女,12月离职)　秦晓军(12月任职)

副书记：马　峰(12月离职)　秦淑娟(女)(12月任职)

王克义(挂职)

泗交镇

书　记：秦晓军(12月离职)　樊艺兵(12月任职)

副书记：宋晓英(女,12月离职)

李怀波(12月任职)　秦晨林(12月离职)

祁家河乡

书　记：樊艺兵(12月离职)　张更群(12月任职)

副书记：韩俊峰(12月离职)　解利军(12月任职)

赵爱芳(女,12月离职)

中共平陆县委工作概况

县委书记　郭　宏

平陆县共有14个党委,25个党总支,560个党支部,13372名党员，占全县总人口5.1%，其中2013年度新发展党员339名。2013年,面对国际、国内经济下行压力不断加大的严峻挑战,面对改革发展稳定的繁重任务,面对广大人民群众加快脱贫致富的迫切要求，县委紧紧依靠县人大、县政府、县政协班子成员,团结带领全县干部群众，在省、市委的正确领导下,深入学习贯彻党的十八大、十八届三中全会和习近平总书记一系列讲话精神,深入实施"一二三四五"经济社会总体发展思路,全面加快平陆转型跨越发展步伐,全县呈现出经济平稳较快增长,社会保持和谐稳定,各项事业全面进步,广大干群团结干事、奋勇争先的良好态势。全县主要经济指标保持了平稳增长,圆满完成了市下达任务,截止年底,完成生产总值33亿元,增长10%;固定资产投资41.5亿元,增长21.8%;规模以上工业增加值5.8亿元，增长14.1%；财政总收入21782万元,完成了调整后的目标任务;公共财政预算收入11407万元,增长7.3%;社会消费品零售总额21亿元,增长15%;城镇居民人均可支配收入17000元,增长12%;农民人均纯收入4800元,增长13.3%;外贸进出口总额5800万美元,增长35.5%。一年来,县委清晰的工作思路、有力的工作举措、扎实的工作作风、昂扬的工作精神、突出的工作实效,赢得了领导以及广大群众的充分肯定和高度赞扬。平陆县制定的"一二三四五"经济社会总体发展思路,符合科学发展观要求,符合省市转型跨越发展的战略部署,符合县情实际,具有很强的前瞻性、指导性和可操作性。

一、狠抓项目建设,"五化"统筹协调推进,县域经济转型跨越步伐明显加快,发展后劲和活力进一步增强

县委始终坚持党对经济工作的领导，坚持农业精品化、工业集群化、三产规模化、城乡一体化、县域生态化"五化"同步推进。坚持发挥重点项目对推动经济社会发展的作用,全年共安排实施工业、农业、民生、生态等项目24个,总投资216亿元，实际完成投资40.6亿元，超出计划投资13.6亿元。一是重点项目取得显著成效。2013年初确定的24个重点项目基本达到预期目标，特别是总投资120亿元的复晟240万吨氧化铝项目,已完成投资15亿元;总投资6.3亿元的平曹路升级改造工程,已完成投资4.07亿元,晋平、普大等6个煤矿的改扩建项目明年将全部完成。一批大项目、大工程的顺利推进,为增强发展后劲,增添发展活力,加快转型步伐奠定了坚实的基础。全年落地15个招商项目，总投资247.7亿元,到位资金31.4亿元,超额完成市定考核任务的31%。二是农民收入持续增加。粮食、蔬菜以及烟叶等主导产业在天气干旱等恶劣条件下实现了小幅增长,特别是县财政连续三年累计拿出资金1250万元，推动果树间伐和"纸+膜"套袋技术,果品质量大幅提升,2.4万多吨苹果走出国门,占到全省苹果出口总量的60%,实现了"政府投入1千万、果农收入超亿元"的"四两拨千斤"效应,全县农民仅果业一项,人均增收450元。先后被授予全省首批"一县一业"先进县、"一村一品"先进县。三是城市品位和承载能力明显提升。编制完成了城区近期建设规划、2个控制性详规以及6个专项规划,使县城规划区面积由36.5平方公里增加到54平方公里。通过改造提升旧城区,实施打通新老城区肠梗阻的"两街一路",建设"两馆一园"、"两个市场"、"六大工程"等15个项目,城市功能进一步完善,城市品位明显提升,城镇化率达到32%。新建图书馆和"六十一个阶级弟兄纪念馆",并向群众开放,体育馆力争春节前投入使用。新农村建设共完成投资860余万元,21个重点推进村建设成效明显。四是生态文明建设迈出新步伐。投资4500万元完成造林绿化、龙门关森林公园提档升级等任务1.8万亩，森林覆盖率达到42.6%,被省政府授予"林业生态县"。严格实行节能减排目标责任制,严厉打击超标超量排污行为，全年二级以上优良天数达到350天以上,空气质量达到二级标准。全面加强城乡环境综合整治,积极实施街道的绿化、美化、亮化工程,城市"十乱"和农村"五堆"现象逐步消除,城乡环境面貌有了明显改观,顺利通过了山西省创建省级文明县城先进县的测评验收。

二、强化精神引领,加快文化产业发展,文化整体实力和竞争力明显提升,对外形象和影响力进一步扩大

县委着力提升舆论引导能力，全面加快文化强县步伐,

不断满足人民群众日益增长的精神文化需求。一是核心价值引领进一步深化。深入开展“三争四创”活动，大力营造“讲文明、树新风”的良好氛围，荆保山同志荣获第四届山西省道德模范和第四届全国道德模范提名奖。三级文化服务体系进一步健全完善，“戏剧惠民、欢乐百姓、送戏下乡”活动深入开展，广大群众文化娱乐活动不断健康丰富，精神生活水平逐步提升。二是主流舆论造势进一步强化。全年在《人民日报》、《山西日报》、中国网《聚焦山西》等主流媒体刊发新闻稿200余篇（幅），并制作《大道通民心畅》、《龙头劲舞大潮涌》等七集大型专题片，鲜明有力地传播了平陆声音，凝聚了平陆力量。中央电视台、山西电视台“飞跃山西·晋善晋美”联合摄制组对县白天鹅、万亩桃园、地窨院等自然人文景观进行了空中远景航拍，全方位展示了平陆县的独特魅力。三是文化产业发展进一步推进。总投资30亿元的黄河大天鹅生态文化风景区项目，目前已完成投资5300万元。投资2.5亿元的龙陡峡景区项目和1.5亿元的黄河大漂流景区项目，正在抓紧实施。黄河石港旅游集团、腾飞文化产业、神郁工艺品、中兴黄河白天鹅生态文化等四大文化龙头企业已初具规模。

三、坚持依法治县，推进民主法治进程，全社会参与发展的积极性明显高涨，建设新平陆的共识进一步凝聚

县委始终坚持按照“科学执政、民主执政、依法执政”的要求，充分发挥人大、政府、政协、各民主党派、工商联以及工、青、妇等群团组织和社会各界的积极作用，形成了民主团结、生动活泼、安定和谐的政治局面。切实加强新形势下人大和人民政协工作，人大、政协的职能作用得到充分发挥，一些重大决策、措施的出台，县委能充分征求、吸纳他们的意见和建议，坚持发扬民主，做到集思广益。县四套班子密切配合，工作积极性高；班子成员意志统一，心情舒畅。进一步引导全县上下准确把握工作定位，客观面对经济社会发展中的困难，深化对县情的再认识，思发展、议发展、谋发展、促发展的氛围日益浓厚，想干事、干成事、好共事、不出事的干部队伍逐步形成，建设经济繁荣、社会和谐、民生殷实、生态优美的新平陆日渐成为全县广大干部群众凝聚共识、砥砺前行、为之不懈奋斗的“平陆梦”。

四、创新社会管理，着力改善民生福祉，平安平陆建设力度明显加大，和谐稳定的良好大局进一步形成

县委始终坚持“发展是硬任务、稳定是硬要求、安全是硬责任”的指导思想，在抓好经济发展的同时，坚持把民生改善和社会管理作为社会建设的两大根本任务，强调让人民过上幸福美好生活是发展的最终目标，加快健全基本公共服务体系，切实为群众谋实事、办好事、解难事，努力让人民群众享受更好的公共资源、公共管理和公共服务。

人民群众幸福感不断提高。认真践行以民为本、为民解困、为民服务，实现了城乡居民保险全覆盖；教育、医疗等重点民生领域取得了新进展，实现高考“十连增”；经济适用房、廉租房和农村危房改造工程，全面完成市里下达的目标任务；提高了全县干部职工津补贴和冬季取暖补贴标准；健全完善城乡养老服务体系，建设老年日间照料中心115个。

信访维稳工作不断加强。严格落实县级领导干部接访下访制度，推行重大疑难案件集体研判制度，深入开展领导干部包乡镇化解突出矛盾活动，确保了在全国“两会”和十八届三中全会期间赴省进京“零上访”。

社会管理工作不断创新。紧紧抓住人、车、屋、网、场、会（组织）等关键环节，大力推进社会管理项目化、网格化、信息化；投资1700余万元，实施“天眼”工程，加强县乡村主要路段、重点场所、关键位置视频监控。深入开展“六安”（家庭、村、单位、矿区、乡镇、县）创建活动、不断引深“平安平陆”建设，维护人民生命财产安全，严厉打击“黑彩”、涉毒、涉赌等违法犯罪活动，营造了平安、和谐、稳定的良好社会环境。

安全生产工作不断强化。切实增强安全生产意识，严格落实政府安全监管和企业安全生产两个主体责任，完善安全生产制度和规程，加强隐患排查治理，建立健全各种突发公共事件处置应急预案，全年没有发生重大安全生产责任事故。

五、转变工作作风，全面提高执政能力，党组织的凝聚力战斗力明显增强，党建科学化水平进一步提升

县委始终坚持以改革创新的精神，全面加强党的思想、组织、作风、反腐倡廉和制度建设，充分调动广大干部干事创业的积极性、主动性和创造性，为全县经济社会转型跨越发展提供坚强组织保证。

（一）党的群众路线教育实践活动前期工作准备充分。深入开展“访民生、知民情、解民事”，下乡住村帮扶，“大走访、大问卷、大讨论、大整改”三大活动，各级党员领导干部深入基层一线，通过座谈、问卷多种形式，听取收集群众反映强烈的突出问题、意见建议539条，深刻分析原因，制定整改方案，着力加强整改，目前已基本整改结束。运城日报分别以《平陆县教育实践活动前期准备工作实打实》、《察民情 办实事 解难题》为题进行了报道。三项活动的深入开展，为即将开展的党的群众路线教育实践活动奠定了坚实基础。

（二）基层党组织建设工作不断创新推进。一是采取“三规范”（规范内容、规范形式、规范程序）措施，将三级“联述联评联考”制度向下延伸到农村支部书记，农村支部书记抓党建、促发展的责任意识和紧迫意识明显增强。二是继续引深党组织和党员公开承诺及主动践诺长效机制，各级党组织和党员干部在定诺践诺过程中，形成了敢于担当、勇于进取的强大合力。三是创新实施流动党员网络化管理项目，建立流动党员网络党支部，为全县315名长期在外的流动党员搭建学习、教育、管理、服务平台，进一步拓展党组织的活动空间和组织工作覆盖面。四是对全县645名卸职“两委”主干发放定额补助579600元，有效解除了在职村干部的后顾之忧，极大地激发了他们的工作积极性。

(三)领导班子和干部队伍进一步优化。配齐配强班子，一年来，县委严格贯彻执行《党政领导干部选拔任用工作条例》,按照“大局稳定，缺额补充;消化矛盾，把握平衡;严格职数，不兼不超;规范程序，先批后任”的调配原则，下大气力解决乡科级干部缺职问题，着力加强领导班子和干部队伍建设。全年共调整科级干部三批、117人。其中，提拔104人，平调8人，免职5人。在选任过程中县委注重用实绩选干部、近距离识干部、宽视野用干部、强考评管干部，坚持做到严格标准、严格程序、严格职数、严格公务员调任规定，完善民主推荐和民主测评，实行考察责任制和选任情况通报制度，坚持开展“一报告两评议”,三年来群众对县委干部选任工作和新选任领导干部民主评议结果均为100%,达到了组织满意、群众满意、社会满意。注重干部锤炼，选派12名新提拔副科级干部在信访部门挂职锤炼，提高密切联系群众，解决实际问题等能力。选派52名年轻干部进村入企结对帮扶，宣传政策，传授技术，协调矛盾，解决困难。强化干部管理，出台《平陆县股级干部管理办法》,在县直部分单位推行了股级干部竞争上岗。构建以“特别监督档案”和干部监督工作联席会议制度为主的干部监督体系，杜绝干部带病提拔、带病上岗的现象发生。

(四)党风廉政建设和反腐败工作不断深入。一是党风廉政建设责任制层层落实。制订《党风廉政建设责任分解意见》,形成层层抓责任、级级抓落实的党风廉政建设责任机制。严格执行领导干部个人重大事项报告、述职述廉等制度。从党员干部及其近亲属、身边工作人员到受处分人员、重点维稳对象，不断加强关键领域、重要岗位、重点人员的廉政警示教育，先后组织43批次轮训，受训人数2580人次。二是落实中央“八项”规定和反对“四风”成效明显。积极开展全县党政机关新建楼堂馆所、维修改造办公用房的全面清理，对1名违规建设责任人免去职务。严格落实公务用车使用管理有关规定，对发现的2起违规使用公车的责任人进行了查处。严格公职人员外出学习参观考察活动审批。出动大操大办刹风检查60余人(次),制止大操大办17起，立案1人，处分1人。对违反工作纪律的行为进行专项检查，立案2人，处理1人，正在查处1人。三是农廉工作顺利推进。狠抓阳光农廉网管理规范、监管和督查，全年共收到网络投诉并回复511件，受理163件，办结反馈151件，办结反馈率92%。

六、狠抓自身建设，提高班子整体水平，团结干事、争创一流精神明显提振，服务发展、引领发展的能力进一步提升

一是加强学习。县委中心组坚持每月一次集体学习不动摇，紧紧围绕党的十八大、十八届三中全会精神和习近平总书记系列讲话精神等内容组织集中学习，力求先学一步、学深学透，并组织副县级以上领导干部深入农村、企业、学校宣讲全会精神，努力做到家喻户晓、妇孺皆知，引领带动全县党员干部形成注重学习的良好风气。加强对基层党委(党组)中心组学习的指导工作，编印习近平总书记112篇系列重要讲话资料，发至县乡党委中心组和县直党组成员，推动中心组学习整体水平不断提高。二是强化责任。包联重点项目四大班子领导严格按照“一个项目、一个领导、一个班子、一套方案、一抓到底”工作机制，进一步明确任务，明确时限，明确标准，责任到人，强化落实，圆满完成了年初确定的目标任务，包项目领导逐一在电视台向全县人民进行年底公开交账。在市容环境整治工作中，县级领导带头包街道，严格落实门前“三包”责任制，强化举措，建立健全市容环境管理长效机制。包联后进支部的党员干部，严格按照“当好一个带头人、建设一个好班子、谋划一个好思路、建立一个好机制、建设一个新农村”的要求，帮助其包联支部晋位升级，全县领导干部抓工作落实，抓工程推进的力度明显增强。三是转变作风。中央“八项规定”出台后，县委及时制定印发了《中共平陆县委关于改进工作作风、搞好调查研究、精简会议文件简报、规范新闻报道和接待活动的实施办法》,大力推行情况在一线了解、工作在一线推进、问题在一线解决的“一线工作法”,县委班子成员以及副县级以上领导干部多次深入基层、深入群众，实地解决群众困难，化解基层矛盾纠纷。四是倾力作为。坚持把讲责任作为履行职责的内在要求，把敢担当作为谋事理政的前提条件，把重实干作为推动工作的重要保证。在复晟240万吨氧化铝项目、平曹路升级改造工程、黄河大天鹅生态文化风景区、“两街一路”改扩建等项目建设中，包项目县级领导和党员干部以敢于担当的勇气，大力发扬“五加二”、“白加黑”的精神，主动融入全县经济建设大局，在转型跨越的主战场上切实发挥了保驾护航和“排头兵”作用。

(赵怀亮)

附：一、中共平陆县委书记、副书记、常委名单

书　记：郭　宏
副书记：李　旸　石铁吨(6月离职)
　　　　吴　宣(6月任职)
常　委：吴　宣(6月离职)　张孝木(6月任职)
　　　　段毅平　郭淑文(女)　庞建军
　　　　王建军(6月离职)　赵建喜(6月任职)
　　　　罗宏伟(6月离职)　裴向红(6月任职)

二、乡镇(开发区)党委书记、副书记名单

曹川镇
书　记：李　波
副书记：马庆国　臧正午
坡底乡
书　记：宋克宽
副书记：苗顺国　陈卫忠
三门镇
书　记：周春安
副书记：王丽萍(女)　吉永杰
圣人涧镇
书　记：张俊涛

副书记： 马永杰　杨泽亮

张店镇

书　记： 梁永杰

副书记： 赵泽红（女）　尚保国

部官乡

书　记： （空缺）

副书记： 石培恒　张晋伟

杜马乡

书　记： 毛锐龙

副书记： 赵拥军　郑大鹏

张村镇

书　记： 郑文红（女）

副书记： 贯全辉　柴红新

常乐镇

书　记： 张福臻

副书记： 马苏义　赵选停

洪池乡

书　记： 何拥军

副书记： 仝华斌　王新刚

茅津开发区

书　记： 员晋杰

副书记： 王玉丰（挂职）　赵红雷

中共新绛县委工作概况

县委书记　邓雁平

新绛县共有22个基层党（工）委、21个基层党总支、500个基层党支部，12431名党员，其中镇（乡、区）党委10个，农村党支部220个，社区党支部9个。在省委、市委的坚强领导下，县委一班人团结带领全县广大干部群众，深入学习贯彻党的十八大、十八届三中全会和习近平总书记一系列重要讲话精神，深刻领会省、市工作思路、指导精神，强力实施“十大产业项目和惠民实事”，克难攻坚，扎实工作，全县经济社会迈上了持续、健康发展的快车道。

一、以加快发展为核心，不断增强县域经济实力

2013年，面对复杂严峻的宏观形势和转型跨越发展的繁重任务，县委团结带领广大干部群众，克服了前进过程中的各种困难和挑战，点燃激情，奋勇争先，埋头苦干，扎实工作，全县上下呈现出经济较快发展、民生持续改善、社会和谐稳定的良好态势。2013年，全县生产总值完成70.5亿元，同比增长8.8%；财政收入完成4.76亿元，同比下降5%；公共财政预算收入完成1.87亿元，同比增长2.7%；固定资产投资完成58.2亿元，同比增长23.8%；规模以上工业增加值完成32.6亿元，同比增长14%；社会消费品零售总额完成32.1亿元，同比增长14.1%；城镇居民人均可支配收入达到19920元，同比增长11%；农民人均纯收入达到7851元，同比增长12.3%。

坚持扩规提质，现代农业蓬勃发展。大力推进产业结构调整，全县形成了菜、粮、果、畜、药五大主导产业。在此基础上，以“一村一品”为引领，以发展设施蔬菜为重点，更加突出了扩规提质。目前，全县共发展省级“一村一品”专业村62个，县级“一村一品”专业村80个，蔬菜专业合作社151家。成功举办第三届新绛“一村一品”展示交流会，现场交易及订单近亿元，签约项目6个，意向投资额56亿元。在此带动下，全县新发展设施蔬菜1.01万亩，蔬菜种植面积达31万亩，产销量达14.2亿公斤，产值超过16亿元；粮食总产量共完成2.31亿公斤，生猪年出栏达到29.4万头，取得了良好的经济效益和社会效益。

坚持园区建设，新型工业实力增强。瞄准煤化工和农副产品加工等主攻产业，依托煤化园、轻纺园、农民创业园三大园区，按照“煤化工业抓循环、传统工业抓提升、小手工业抓规模”的总体思路，大力实施“工业强县”战略。持续推进园区化发展，煤化园以中科院山西煤化研究所为技术依托，围绕“焦炭、钢材、化工、化肥”四个主攻方向，科学规划设计，强化金融支持，集聚产业要素，延伸产业链条。大力开展集群化招商，借助运城被列为黄河金三角承接产业转移示范区等政策机遇，围绕现有产业链条延伸和规模扩张，成立了工业项目、农业项目、文化旅游项目、城市建设项目、社会民生项目等5个招商小组，由分管领导带队，积极与产业集聚地企业进行对接洽谈。强力实施重大项目建设，一年来，全县对接落地的重大项目6个，总投资21亿元；正在洽谈联系的重大项目4项，总投资30亿元，这将为县域经济发展注入强大的活力。

坚持改善提升，民生事业全面发展。始终坚持“量力而行、尽力而为”的原则，统筹推进城乡一体化发展，努力实现公共服务均等化。教育上，去年圆满完成了新绛中学新校区建设及搬迁工程，启动实施了两所标准化幼儿园建设，即将完成西街实验小学的整体搬迁工作。2013年全县高考二本达线2383人，达线率48.61%，达线率连续九年稳居全市榜首。同时，持续优化教育师资力量配置，高标准完成了全县200名中小学教师的公开招聘工作。医疗卫生上，加快县人民医院迁建步伐，目前，住院楼、门诊楼、医技楼主体工程已竣工，现正加紧内部装修。同时，加快推进农村医疗卫生体系建设，全县现有星级卫生室261个，县、乡、村三级医疗卫生机构达标率达100%。社会保障上，大力推进再就业工作，为

群众创造更多就业机会,目前,全县外出务工人员达66079人;农村养老保险、企业养老保险、城镇基本医疗保险等六项保险有序推进,城乡低保实现了应保尽保。安全生产上,明确职责,加强监管,严格落实安全生产责任制,确保全年无重特大安全生产事故发生。基础设施改善上,全面完成了400户农村困难家庭危房改造和2012年启动的600套3万平方米的廉租房建设工程;基本完成了体育场建设工程,全面完成了农村街巷硬化等"五个全覆盖"回头看。特别是在城乡环境卫生整治上,县政府每年拿出280万专项经费,补贴到各镇村,县四大班子每年两次对全县220个村进行观摩,城乡面貌明显改观。

坚持开发保护,名城内涵日益丰富。新绛是国家级历史文化名城,在面积不足2.25平方公里的老城里,集聚生活着12万人,城市综合承载能力远远不能适应需求。为彻底改变这一现状,县委进一步完善"开发建设新城,保护管理古城"的城建总体思路,城建步伐明显加快,县城总面积扩大到12平方公里。在新城建设上,重点突出了"现代、生态、宜居"的特色。新城区规划面积9.76平方公里,截至目前,已完成了"三纵四横"骨干道路的硬化、美化、绿化,实施了冰凌沟大桥、新城水系、凤凰岭生态森林公园建设工程;新绛中学、环保局、交通局等单位迁建工程已全面完成,部分单位已搬迁入驻;丽华苑、龙盛华庭等一批高品位住宅区相继落成,累计建成封顶面积50万平方米。在古城保护上,始终坚持既能承载历史,具有名城的文化符号,又能壮大商贸发展,且便于群众生活的原则,严格实施《名城保护规划》和衙署景区、滨河景区、常家胡同街区、文庙街区、城北历史地段等5大核心片区控制性详细规划,着力增强古城的服务功能。目前,全面完成了正平街、四府街升级改造工程,以及"三楼大堂景区"内旅游路工程,城区新增绿地面积5.88万平方米,建成区绿化覆盖率达到34.7%;同时,恢复建设了城隍庙,正在修复建设衙署景区、常家胡同传统古民居等文物景点。

二、以创新机制为引领,不断提高党建科学化水平

突出"六个重点",全面加强基层党组织和党员队伍建设。通过统筹推进各领域党建工作、加强党员队伍建设、创建基层服务型党组织、落实"一定三有"工作机制、加强远程教育和大学生村干部选聘管理这6个重点工作,开展了"党组织创星晋位"活动,先后对全县498个基层党支部进行了民主评星,通过晋位升级,全县五星级服务型党组织达101个,占20.3%。同时打造出了龙兴镇东木赞村、三泉镇水西村等一批特色鲜明、业绩突出、可看可学的党建示范典型,有效提升了全县基层党建工作水平。

坚持"四个强化",着力建设高素质干部队伍。强化选拔任用。始终坚持德才兼备、以德为先,勤政务实、注重实绩,一心为民、群众公认"三个导向",严把提名关、推荐关、考察关"三关",本着量才使用、人岗相宜的原则,圆满完成了团委、妇联换届工作;先后调整、任免了152名干部,社会各方面反响良好,进一步提高了选人用人公信度,调动了干部工作积极性,为全县经济社会发展提供了坚强组织保障。强化干部考核。加强股级干部管理,先后对23个单位推荐上报的121名股级干部人选进行了资格审查和考察任命;对全县各乡镇、县直单位科级领导班子和领导干部2012年度工作进行了全面考核,并将考核结果向全县通报。强化监督管理。注重干部选用监督工作、任期经济责任制审计、任前廉政教育,坚决杜绝选人用人上的不正之风,切实转变各级领导干部工作作风。强化教育培训。通过集中培训学、明确任务学、实践锻炼学、利用网络学,提升了各级领导班子的执政能力和干部队伍的整体素质。

实施"六化举措",扎实开展党代表工作室建设试点工作。2013年8月份新绛县被确定为全省党代表工作室建设试点县后,严格按照"高标准建设、规范化运行、全方位服务"的工作思路,实施了组织领导网络化、选址布局科学化、阵地建设标准化、制度建设规范化、服务群众人性化、解决问题实效化的"六化举措",扎实推进了党代表工作室建设试点工作,取得了初步成效。同时,在全县继续深入开展"百局包百村"、"万名干部进农户"和"两代表一委员"密切联系群众活动,县委班子成员带头深入群众,访民生、知民情、解民忧。活动开展以来,累计接待群众7100余人次,为群众解难题、办实事3000余件,进一步密切了党群干群关系,锤炼了干部作风,在全县形成了务实干事、为民干事的良好氛围。

创新"三项举措",大力推进人才强企工作。靠政策引"才",制定出台了《新绛县关于吸纳优秀人才的实施办法》和《新绛县关于鼓励支持非公有制企业引进人才的实施办法》等优惠政策。搭平台用"才",对企业所需人才进行调查分类,结合其申报计划,按照企业规模、带动就业人数等五个原则拟定了人才引进计划,现已进行网上信息发布和企业自主申报。用待遇留"才",对引进的优秀人才开辟"绿色通道",实行特事特办,从政治待遇、精神待遇和物质待遇上留住人才。

三、以改进作风为抓手,不断优化发展环境

全力强化作风和效能建设,扎实推进"改进干部作风、创优发展环境"专项检查。强化检查,整顿纪律。抽调40名工作人员组成8个小组,对全县90个行政事业单位上班到岗情况进行突击检查,对25名无故缺岗人员给予了党政纪处分。实地走访,对症下药。围绕全县15个重点工程项目开展针对性调查,召开现场会37次,走访企业78家(次),根据企业及群众请求,解决矛盾纠纷47起。硬化措施,狠刹歪风。制定出台了端正风气"五严禁"、整肃纪律"五不准"和操办宴请"六严格"等规定,2013年,共进行检查26次,出动人员158人(次),检查饭店、酒店、宾馆16家,先后对3起大操大办案件和3起公车私用案件进行了严肃处理,给予党政纪处分6人。

全心化解基层矛盾和纠纷,深入开展"带案下访解民忧"专项工作。抽调40余名纪检监察干部,组成12个工作组,采取建立台账、分解任务、制定计划、定期汇报和健全机制五项

措施，全力化解基层矛盾和纠纷。截至2013年底，全县带案下访干部共46人，下访天数共280天，下访次数共280次。其中，领导干部带案下访共25人，下访天数125天，下访次数125次。县专项工作确定的12起信访案件，共查实9件，已办结8件。

全面拓展服务功能和范围，持续规范"阳光农廉网"运行。规范运行方面，健全工作机构，逐步完善县、乡、村三级阳光农廉服务体系；强化工作保障，确保工作经费、工作装备、人员配置及网络畅通"四到位"；加强督查考核，确保农廉网信息真实准确，数据更新及时，管理正常有序，诉求限期解决。拓展服务方面，通过"阳光农廉网"，创新宣传第三届"一村一品"展示交流会的各种资讯、图片、影像等内容；开展问卷调查，探索村务监督委员会运行机制。截止2013年底，"阳光农廉网"公开信息达到3万余条，累计接受群众信访投诉1666条，全县涉农上访案件同比下降了35%，党政干部通过"阳光农廉网"同群众约谈116余次，采纳群众合理化建议42余条，使全县上下呈现出风正、气顺、心齐、劲足的良好局面。

（张慧明）

附：一、中共新绛县委书记、副书记、常委名单

书　记：邓雁平

副书记：田艺彬（女）　靳国全

常　委：裴良豪　赵高棠　高　力　韩小青
郝红霞（女）　解伟龙　刘晓功

二、乡镇（开发区）党委书记、副书记名单

龙兴镇

书　记：孙贵明

副书记：王晓民（12月离职）　王晓明（12月离职）
成　俊（12月任职）　梁永建（12月任职）

三泉镇

书　记：许宏立（12月离职）　黄山石（12月任职）

副书记：赵　珉　王智海（10月离职）
家　晟（12月任职）

泽掌镇

书　记：王　玉

副书记：吴肖波　朱小龙

北张镇

书　记：董国华（12月离职）　王晓民（12月任职）

副书记：张　芮　行宗泽（12月离职）
孙洪涛（12月任职）

泉掌镇

书　记：王会民（12月离职）　唐　勇（12月任职）

副书记：高　瞻　赵俊亮（12月离职）
赵　涛（12月任职）

古交镇

书　记：杨轶群（12月离职）　王会民（12月任职）

副书记：唐　勇（12月离职）　李小旗（12月离职）
赵俊亮（12月任职）　樊新红（12月任职）

万安镇

书　记：席建功

副书记：卫红鸽　李文龙

阳王镇

书　记：史敏胜

副书记：成　俊（12月离职）　文彩平（10月离职）
赵丽萍（12月任职）

横桥乡

书　记：黄山石（12月离职）　王高林（12月任职）

副书记：王高林（12月离职）　王　全（12月任职）
吉晓民

商贸经济开发区

书　记：李虎杰

副书记：卫奇武　南天明

人 事 变 动

省 委

1月29日　聂春玉同志任省委秘书长

1月29日　免去杜善学同志省委秘书长职务

4月19日　王利波同志任省委副秘书长

8月30日　免去邹天敬同志省委副秘书长、政策研究室主任职务

省人大常委会

1月29日　袁纯清同志任省人大常委会党组书记

1月29日　牛仁亮同志任省人大常委会党组副书记（列李政文同志之后）

1月29日　张茂才、田喜荣同志任省人大常委会党组成员

1月29日　免去申联彬同志省人大常委会党组书记职务

1月29日　免去杜玉林、靳善忠同志省人大常委会党组副书记职务

1月29日　免去郭海亮、王雅安同志省人大常委会党组成员职务

7月16日　申联彬、杜玉林、靳善忠、王雅安同志退休

9月13日　提名撤销李正伦同志省人大常委会副秘书长职务

省人大常委会工作机构

1月17日　提名免去李荣先同志省人大常委会民族宗教侨务外事工作委员会副主任职务

1月17日　省人大李荣先同志退休

3月18日　省人大杨建国同志退休

3月19日　提名何涛同志任省人大常委会副秘书长、省人大常委会研究室主任

3月19日　提名亢官文、李正伦、郇敬文、李渊、宋伟同志任省人大常委会副秘书长

3月19日　提名高国顺同志任省人大常委会法制工作委员会主任

3月19日　提名张铁锁、蔡汾湘、张世文同志任省人大常委会法制工作委员会副主任

3月19日　提名杨波同志任省人大常委会教育科学文化卫生工作委员会主任

3月19日　提名郭贵春、袁升德、宋新柱、张明亮、梁权、安志辉、冯睿同志任省人大常委会教育科学文化卫生工作委员会副主任

3月19日　提名谢海同志任省人大常委会农村工作委员会主任

3月19日　提名董常生、曹晋芳、祁玉林同志任省人大常委会农村工作委员会副主任

3月19日　提名施联秀同志任省人大常委会城乡建设环境保护工作委员会主任

3月19日　提名汤俊权、乔锦瑞、常宝童同志任省人大常委会城乡建设环境保护工作委员会副主任

3月19日　提名刘巩同志任省人大常委会人事代表工作委员会主任

3月19日　提名杨竞赛、霍晓琴同志任省人大常委会人事代表工作委员会副主任

3月19日　提名李东福同志任省人大常委会民族宗教侨务外事工作委员会主任

3月19日　提名赵建平、李洪同志任省人大常委会民族宗教侨务外事工作委员会副主任

3月19日　提名郑建国同志任省人大常委会预算工作委员会主任

3月19日　提名王晓勇、王玉明同志任省人大常委会预算工作委员会副主任

3月19日　提名张抷瑜同志任省人大常委会研究室副主任

3月19日　提名叶增强同志任省人大常委会信访局局长

3月19日　郑秋喜同志任省人大常委会办公室副巡视员

3月19日　刘振福同志任省人大内务司法委员会副巡视员

3月19日 赵建平同志任正厅长级干部

3月19日 提名吴临芳同志任省人大财经委员会副主任委员

3月19日 提名王联英同志任省人大法制委员会副主任委员

3月31日 王联英同志任省人大法制委员会副主任委员

3月31日 吴临芳同志任省人大财政经济委员会副主任委员

3月31日 何涛同志任省人大常委会副秘书长、研究室主任

3月31日 亢官文、李正伦、邬敬文、李渊、宋伟同志任省人大常委会副秘书长

3月31日 高国顺同志任省人大常委会法制工作委员会主任

3月31日 张铁锁、蔡汾湘、张世文同志任省人大常委会法制工作委员会副主任

3月31日 杨波同志任省人大常委会教育科学文化卫生工作委员会主任

3月31日 郭贵春、袁升德、宋新柱、张明亮、梁权、安志辉、冯睿同志任省人大常委会教育科学文化卫生工作委员会副主任

3月31日 谢海同志任省人大常委会农村工作委员会主任

3月31日 董常生、曹晋芳、祁玉林同志任省人大常委会农村工作委员会副主任

3月31日 施联秀同志任省人大常委会城乡建设环境保护工作委员会主任

3月31日 常宝童、汤俊权、乔锦瑞同志任省人大常委会城乡建设环境保护工作委员会副主任

3月31日 刘巩同志任省人大常委会人事代表工作委员会主任

3月31日 杨竞赛、霍晓琴同志任省人大常委会人事代表工作委员会副主任

3月31日 李东福同志任省人大常委会民族宗教侨务外事工作委员会主任

3月31日 赵建平、李洪同志任省人大常委会民族宗教侨务外事工作委员会副主任

3月31日 郑建国同志任省人大常委会预算工作委员会主任

3月31日 王晓勇、王玉明同志任省人大常委会预算工作委员会副主任

3月31日 张拯瑜同志任省人大常委会研究室副主任

3月31日 叶增强同志任省人大常委会信访局局长

4月19日 提名高国顺同志任省人大法制委员会副主任委员

4月19日 提名郑建国同志任省人大财政经济委员会副主任委员

5月24日 提名郭贵仁同志任省人大内务司法委员会副主任委员

5月24日 提名姚芝楼同志任省人大常委会教育科学文化卫生工作委员会副主任

5月24日 提名梁丽山同志任省人大常委会人事代表工作委员会副主任

5月24日 提名秦良玉同志任省人大常委会民族宗教侨务外事工作委员会副主任

5月29日 高国顺同志任省人大法制委员会副主任委员

5月29日 郭贵仁同志任省人大内务司法委员会副主任

5月29日 郑建国同志任省人大财政经济委员会副主任委员

5月29日 姚芝楼同志任省人大常委会教育科学文化卫生工作委员会副主任

5月29日 梁丽山同志任省人大常委会人事代表工作委员会副主任

5月29日 秦良玉同志任省人大常委会民族宗教侨务外事工作委员会副主任

8月30日 提名杨文章同志任省人大常委会农村工作委员会副主任

8月30日 冯鲁生同志任省人大常委会办公厅巡视员

8月30日 张丽同志任省人大常委会教育科技文化卫生工作委员会副巡视员

9月29日 杨文章同志任省人大常委会农村工作委员会副主任

11月26日 免去梁丽英同志省人大常委会人事代表工作委员会副巡视员职务，退休

省政府

1月5日 王一新同志任山西省副省长

1月11日 王一新同志任省政府党组成员

1月29日 高建民同志任省政府党组副书记

1月29日 杜善学同志任省政府党组成员

1月29日 免去牛仁亮同志省政府党组成员职务

1月29日 提名高建民同志任山西行政学院院长

1月29日 提名免去李小鹏同志山西行政学院院长职务

2月5日 高建民同志任山西行政学院院长

2月5日 免去李小鹏同志山西行政学院院长职务

2月6日 廉毅敏同志任省政府党组成员

2月6日 免去陈永奇同志省政府党组成员职务

2月6日 提名廉毅敏同志任省政府秘书长、省政府应急管理办公室主任（兼）

2月6日 提名免去陈永奇同志省政府秘书长、省政府应急管理办公室主任（兼）职务

2月6日 廉毅敏同志任省政府办公厅党组书记

2月6日 免去陈永奇同志省政府办公厅党组书记职务

3月31日 廉毅敏同志任省人民政府秘书长

省政协

1月29日　李雁红同志任省政协党组副书记
1月29日　朱先奇、李悦娥同志任省政协党组成员
1月29日　免去郭良孝同志省政协党组副书记职务
1月29日　免去李潭生、张茂才同志省政协党组成员职务
7月16日　韩儒英、李潭生同志退休
7月19日　刘泽民同志退休

省政协工作机构

1月17日　提名马伟同志任省政协副秘书长、省政协调研室主任
1月17日　提名张建豪、程银锁、刘文秀同志任省政协副秘书长
1月17日　提名孟原生同志任省政协提案委员会主任
1月17日　提名阎贵林、李卫东同志任省政协提案委员会副主任
1月17日　提名王虎胜同志任省政协经济委员会主任
1月17日　提名刘致远、毛金明、李润玺、李岩同志任省政协经济委员会副主任
1月17日　提名菅二拴同志任省政协人口环境资源委员会主任
1月17日　提名郭玉玺、张玉平同志任省政协人口环境资源委员会副主任
1月17日　提名孙连珠同志任省政协农村委员会主任
1月17日　提名吴潭龙、张建忠同志任省政协农村委员会副主任
1月17日　提名杨左卿同志任省政协教科文卫体委员会主任
1月17日　提名田润华、王建国、张建全同志任省政协教科文卫体委员会副主任
1月17日　提名王水成同志任省政协社会法制委员会主任
1月17日　提名傅银瑜同志任省政协社会法制委员会副主任
1月17日　提名李福龙同志任省政协民族和宗教委员会主任
1月17日　提名高凤平、白晓军同志任省政协民族和宗教委员会副主任
1月17日　提名阎润德同志任省政协文史和学习委员会主任
1月17日　提名杨非同志任省政协文史和学习委员会副主任
1月17日　提名梁志祥同志任省政协港澳台侨和外事委员会主任
1月17日　提名郝瑞珍、王阳华同志任省政协港澳台侨和外事委员会副主任
1月17日　提名蒋福新同志任省政协调研室副主任
4月19日　提名免去李润玺同志省政协经济委员会副主任职务
4月19日　李润玺同志任省政协经济委员会巡视员
8月30日　提名免去白晓军同志省政协民族和宗教委员会副主任职务
8月30日　白晓军同志退休
11月26日　免去刘道友同志省政协经济委员会巡视员职务，退休

省纪委

1月17日　免去孔玉林同志省纪律检查委员会副厅级室主任职务，退休
3月19日　张勇同志任省纪律检查委员会副厅级室主任
3月19日　李方同志任省纪律检查委员会副厅级室主任
4月19日　高金喜、吴纪平、王帅红同志任省纪律检查委员会副厅级室主任（试用期一年）
4月19日　王向东同志任省纪律检查委员会副厅级检查员
4月19日　免去王珍、李方同志省纪律检查委员会副厅级室主任职务
4月22日　免去张秀萍同志山西省纪委常委职务
4月22日　免去刘予强同志山西省监察厅副厅长职务
6月21日　免去段和平同志省纪律检查委员会副厅级检查员职务，退休
7月19日　李吉山同志任省纪委常委（列孟萧同志之后）
7月19日　郝权同志任省纪委委员、常委
7月19日　免去张秀萍、因新中同志省纪委常委职务
11月26日　马彪同志任省纪律检查委员会副厅级室主任

省高级人民法院

1月15日　免去孙继东同志省高级人民法院巡视员职务，退休
1月17日　免去李德荣同志省高级人民法院副巡视员职务，退休
2月6日　提名免去张远光同志省高级人民法院审判委员会委员职务
2月6日　免去张远光同志省高级人民法院审判委员会专职委员职务，退休
2月6日　免去杨明宏同志省高级人民法院副巡视员职务，退休
3月19日　免去刘炳发同志省高级人民法院副巡视员职务，退休
3月31日　免去张远光同志省高级人民法院审判委员会委员、审判员职务
3月31日　免去李德荣、杨民宏同志省高级人民法院审判

员职务

4月19日　王珍同志任省高级人民法院党组成员

4月19日　免去赵有珍同志省高级人民法院党组成员职务

4月19日　王珍同志任省纪委驻高级人民法院纪检组组长

4月19日　龚景华同志任省高级人民法院审判管理局局长（副厅长级，试用期一年）

4月19日　葛郅博同志任省高级人民法院审务督察局局长（副厅长级，试用期一年）

4月19日　原占斌同志任省高级人民法院信访局局长（副厅长级，试用期一年）

4月19日　赵有珍同志任省高级人民法院巡视员

4月19日　免去赵有珍同志省纪委驻高级人民法院纪检组组长职务

4月19日　提名免去赵有珍同志省高级人民法院审判委员会委员职务

5月24日　张继荣同志任省高级人民法院审判委员会专职委员

5月24日　仇拉锁同志任省高级人民法院审判委员会专职委员

8月1日　赵永革、唐琳、宋俊伟、段治国同志任省高级人民法院审判员

8月30日　提名张学俊同志任省高级人民法院审判委员会委员职务

9月29日　张学俊同志任省高级人民法院审判委员会委员、审判员

9月29日　王建兴、白迎唐、张艳萍、吴志军、李克恭同志任省高级人民法院审判员

9月29日　免去武晋林同志省高级人民法院审判员职务

11月26日　免去郑召才同志省高级人民法院副巡视员职务，退休

省人民检察院

3月18日　提名王海林同志任省人民检察院检察委员会委员

3月18日　王海林同志任省人民检察院党组成员

3月19日　提名胡克勤同志任省人民检察院副检察长

3月19日　王海林同志任省人民检察院反贪污贿赂局局长（副厅长级，试用期一年）

3月19日　寇先根、黄晋栋同志任省人民检察院副厅级检察员

3月19日　岐李娃同志任省人民检察院副巡视员

3月19日　免去胡克勤同志省人民检察院反贪污贿赂局局长（副厅长级）职务

3月31日　胡克勤同志任省人民检察院副检察长

3月31日　王卫民、李文、任焕山、黄玉洪同志任省人民检察院检察员

3月31日　免去秦勤同志省人民检察院检察员职务

5月29日　王海林同志任省人民检察院检察委员会委员、检察员

5月29日　张仲马同志任省人民检察院检察员

5月29日　免去宇建新同志省人民检察院检察员职务

7月2日　免去寇先根同志省人民检察院副厅级检察员职务，退休

9月13日　提名撤销文晓平同志省人民检察院副检察长、检察委员会委员职务

9月29日　免去寇先根、张旭民同志省人民检察院检察员职务

11月28日　李晓波同志任省人民检察院检察员

省委工作部门

1月29日　免去朱先奇同志省委组织部常务副部长职务

1月29日　白云同志任省委统战部部长

1月29日　免去聂春玉同志省委统战部部长职务

2月6日　免去马天荣同志省委统战部常务副部长职务

2月6日　免去常宝童同志省委巡视组副组长（正厅长级）职务

2月6日　免去韦川东同志省委宣传部副巡视员职务，退休

2月6日　免去郝光荣同志省委政策研究室副巡视员职务，退休

2月6日　免去牛崇辉同志省委党史办公室副主任职务，退休

3月18日　崔国红同志任省委政法委员会委员

3月19日　杨森林同志任中共山西省委巡视工作领导小组成员

3月19日　张高宏同志任省委组织部常务副部长

3月19日　邹天敬、冯征同志任省委副秘书长

3月19日　郭海刚同志任省委统战部常务副部长

3月19日　高键同志任省委统战部副部长

3月19日　边晋南同志任省委政法委员会常务副书记

3月19日　免去张瑞鹏、冯建平同志省委副秘书长职务

3月19日　免去郭玉福同志省委宣传部副部长职务

3月19日　邹天敬同志任省委政策研究室主任

3月19日　免去张瑞鹏同志省委政策研究室主任职务

3月19日　刘向东、邢顺喜同志任省委巡视组组长

3月19日　免去马景龙同志省委巡视组组长职务

3月19日　免去林富强同志省委巡视组副组长（正厅长级）职务

3月19日　赵建平同志任省委巡视工作办公室主任（正厅长级）

3月19日　免去邢顺喜同志省委巡视工作办公室主任（正厅长级）职务

3月19日　免去左义河同志省委农村工作领导组办公室副主任职务
3月19日　闫志强同志任省委巡视工作办公室副主任（副厅长级）
3月19日　罗民同志任省委巡视组副厅长级巡视专员
3月19日　免去刘建义同志省委办公厅副巡视员职务，退休
3月19日　免去霍甫安同志省委政策研究室巡视员职务，退休
3月22日　免去周明定、王水成同志省委政法委员会委员职务
4月19日　喻军、刘振所、薛维栋同志任省委政法委员会委员
4月19日　免去苗伟、曾广超、刘建华同志省委政法委员会委员职务
4月19日　省委统战部王大高同志退休
4月19日　于若洁同志任省委党史办公室主任
4月19日　张越轶同志任省委党史办公室副主任
4月19日　免去张铁锁同志省委党史办公室主任职务
4月19日　李苏平、闫喜春同志任省委政法委员会副书记
4月19日　王蕾同志任省委宣传部副部长
4月19日　罗民同志任省委组织部部务委员
4月19日　免去杨有才同志省委政法委员会副书记（正厅长级）职务
4月19日　免去陈学东同志省委组织部部务委员职务
4月19日　陈学东同志任省委组织部副部长
4月19日　宋涛、毛益民同志任省委办公厅副厅级督查专员（试用期一年）
4月19日　娄淑华同志任省委办公厅副巡视员
4月19日　免去张润喜同志省委办公厅副厅级督查专员职务
4月19日　王建廷同志任省委人才工作领导小组办公室主任（副厅长级，试用期一年）
4月19日　郑秀春、张雪花同志任省委组织部副巡视员
4月19日　免去冯云龙同志省委人才工作领导小组办公室主任（副厅长级）职务
4月19日　韩树勋同志任省委宣传部副巡视员
4月19日　袁振旭同志任省委政法委员会政治部主任（副厅长级，试用期一年）
4月19日　何炳文同志任省委政法委员会副巡视员
4月19日　免去苗伟同志省委政法委员会秘书长职务
4月19日　免去王利波同志省委政策研究室副主任职务
4月19日　张立煌同志任省机构编制委员会办公室副主任（试用期一年）
4月19日　吕双牛同志任省机构编制委员会办公室副巡视员
4月19日　杨有才、牛社威同志任省委巡视组副组长（正厅长级）
4月19日　刘香兰同志任省委巡视组副组长
4月19日　韩瑞林同志任省委巡视组副厅长级巡视专员（试用期一年）
4月19日　免去刘香兰、罗民同志省委巡视组副厅长级巡视专员职务
5月24日　袁振旭、姚鸿波、刘永生、邓彩彪同志任省委政法委员会委员
5月24日　免去周培斌同志省委政法委员会委员职务
5月24日　省委办公厅马景龙同志退休
5月24日　梁若皓同志任省委政策研究室副主任
5月24日　免去安洋同志省委政策研究室副主任职务
5月24日　邓彩彪同志任省委政法委员会秘书长（副厅长级，试用期一年）
5月24日　免去梁丽山同志省委巡视组副组长（正厅长级）职务
5月24日　王建成同志任省直属机关工作委员会副书记
5月24日　免去王章龙同志省机构编制委员会办公室副巡视员职务，退休
6月21日　夏振贵同志任省委统战部副部长
6月21日　因新中同志任省委巡视组副组长
6月21日　免去李锐锋同志省委巡视组组长职务
7月10日　魏爱军同志任省委政策研究室副巡视员
8月30日　王伟同志任省委政法委委员、省司法厅党委委员
8月30日　张云泽同志任省委统战部副部长
8月30日　刘精瑛同志任省委巡视工作办公室副主任（副厅长级）
8月30日　吕海燕同志任省委巡视工作办公室副厅长级巡视专员
8月30日　赵志祥同志任省委巡视工作办公室副厅长级巡视专员
8月30日　免去张雪花同志省委组织部副巡视员职务，退休
8月30日　免去孟安邦同志省委宣传部副巡视员职务，退休
11月26日　杨绪全同志任省委政策研究室巡视员，免去其省委政策研究室副主任职务
11月26日　免去郑秀春同志省委组织部副巡视员职务，退休
12月31日　免去栗金凤同志省委党史办公室副主任职务，退休

省委部门管理机构

1月17日　郭健同志兼任省精神文明建设指导委员会办公室主任
3月19日　冯征同志任省委“610”办公室主任

3月19日　免去冯建平同志省委“610”办公室主任职务

3月19日　免去郭玉福同志省对外宣传领导小组办公室（省政府新闻办）主任（兼）职务

3月19日　免去史保兴同志省委省政府信访局副巡视员职务，退休

4月19日　岳卫东同志任省委老干部局副局长（试用期一年）

4月19日　李树林同志任省委老干部局副巡视员

4月19日　薛建军同志任省委省政府信访局督查专员（副厅长级）

4月19日　免去张利邦同志省委老干部局副巡视员职务，退休

5月24日　郭健同志任省对外宣传办公室（省政府新闻办公室，省互联网信息办公室）主任（兼）

5月24日　王蕾同志任省精神文明建设指导委员会办公室主任（兼）

5月24日　免去郭健同志兼任的省精神文明建设指导委员会办公室主任职务

11月26日　樊雅莉同志任省委“610”办公室副巡视员

省政府组成部门

1月4日　李玉生同志任省公安厅副厅长

1月4日　免去燕和平、李太平同志省公安厅副厅长职务

1月4日　燕和平同志任省公安厅巡视员

1月4日　文联生同志任省公安厅副巡视员

1月4日　李太平同志任省民政厅副厅长

1月4日　李成先同志任省国土资源厅总工程师

1月4日　张海、冯占雄同志任省住房和城乡建设厅副巡视员

1月4日　张勤学同志任省交通运输厅副厅长（兼）

1月4日　张跃建同志任省商务厅副厅长

1月4日　李晋峰同志任省地方税务局副局长

1月4日　免去张根虎同志省安全生产监督管理局局长职务

1月4日　免去李晋峰同志省商务厅副厅长职务

1月4日　免去李成先同志省煤炭工业厅总工程师职务

1月4日　免去张跃建同志省地方税务局副局长职务

1月4日　刘军同志任省环境保护厅副厅长

1月4日　免去刘军同志省质量技术监督局副局长职务

1月4日　免去李玉生同志省国家安全厅副厅长职务

1月4日　李晋怀同志任省政府外事侨务办公室副巡视员

1月17日　提名翟顺河同志任省住房和城乡建设厅总规划师（试用期一年）

1月17日　提名张学锋同志任省住房和城乡建设厅总工程师（试用期一年）

1月17日　提名李志胜同志任省商务厅副厅长（试用期一年）

1月17日　提名赵贵全同志任省商务厅总经济师（试用期一年）

1月17日　提名免去杨俊威同志省交通运输厅副巡视员职务

1月17日　提名免去师佼年同志省农业厅副巡视员职务

1月17日　提名免去李志胜同志省商务厅副巡视员职务

1月17日　提名免去李和平同志省卫生厅副巡视员职务

1月17日　提名免去蒋木勤同志省人口和计划生育委员会副巡视员职务

1月17日　省交通运输厅杨俊威同志退休

1月17日　省农业厅师佼年同志退休

1月17日　省卫生厅李和平同志退休

1月17日　省人口和计划生育委员会蒋木勤同志退休

1月18日　翟顺河、张学锋同志任省住房和城乡建设厅党组成员

1月18日　李志胜、赵贵全同志任省商务厅党组成员

2月5日　翟顺河同志任省住房和城乡建设厅总规划师（试用期一年）

2月5日　张学锋同志任省住房和城乡建设厅总工程师（试用期一年）

2月5日　李志胜同志任省商务厅副厅长（试用期一年）

2月5日　赵贵全同志任省商务厅总经济师（试用期一年）

2月5日　免去杨俊威同志省交通厅副巡视员职务

2月5日　免去师佼年同志省农业厅副巡视员职务

2月5日　免去李志胜同志省商务厅副巡视员职务

2月5日　免去李和平同志省卫生厅副巡视员职务

2月5日　免去蒋木勤同志省人口和计划生育委员会副巡视员职务

2月6日　提名李栋梁同志任省住房和城乡建设厅厅长

2月6日　提名免去李俊明同志省住房和城乡建设厅厅长职务

2月6日　提名免去李京生同志省审计厅副巡视员职务

2月6日　李栋梁同志任省住房和城乡建设厅党组书记

2月6日　免去李俊明同志省住房和城乡建设厅党组书记职务

2月6日　省审计厅李京生同志退休

2月22日　提名师维汉同志任省公安厅副巡视员

3月18日　马彦平、王志民、张广勇同志任省政府办公厅党组成员

3月18日　免去韩和平、崔国红、王纯同志省政府办公厅党组成员职务

3月18日　王成同志任省发展和改革委员会党组成员

3月18日　高云同志任省经济和信息化委员会党组成员

3月18日　免去刘致远同志省经济和信息化委员会党组成员职务

3月18日　免去何耀光同志省民政厅党组成员职务

3月18日　免去王志民同志省交通运输厅党组成员职务

3月18日　免去张广勇同志省环境保护厅党组成员职务
3月18日　免去左义河同志省农业厅党组成员职务
3月18日　省公安厅李连琪同志退休
3月18日　省环保厅关存先同志退休
3月19日　提名王赋同志任省发展和改革委员会主任
3月19日　提名胡玉亭同志任省经济和信息化委员会主任
3月19日　提名张文栋同志任省教育厅厅长
3月19日　提名贺天才同志任省科技厅厅长
3月19日　提名刘杰同志任省公安厅厅长
3月19日　提名李洪同志任省国家安全厅厅长
3月19日　提名冯改朵同志任省监察厅厅长
3月19日　提名薛维栋同志任省民政厅厅长
3月19日　提名崔国红同志任省司法厅厅长
3月19日　提名武涛同志任省财政厅厅长
3月19日　提名张健同志任省人力资源和社会保障厅厅长
3月19日　提名李建功同志任省国土资源厅厅长
3月19日　提名郭长青同志任省环境保护厅厅长
3月19日　提名段建国同志任省交通运输厅厅长
3月19日　提名潘军峰同志任省水利厅厅长
3月19日　提名李平社同志任省农业厅厅长
3月19日　提名李永林同志任省林业厅厅长
3月19日　提名孙跃进同志任省商务厅厅长
3月19日　提名张瑞鹏同志任省文化厅厅长
3月19日　提名卫小春同志任省卫生厅厅长
3月19日　提名杨增武同志任省人口和计划生育委员会主任
3月19日　提名王亚同志任省审计厅厅长
3月19日　提名张志川同志任省政府外事侨务办公室主任
3月19日　提名吴永平同志任省煤炭工业厅厅长
3月19日　提名免去李东福同志省教育厅厅长职务
3月19日　提名免去周明定同志省民政厅厅长职务
3月19日　提名免去王水成同志省司法厅厅长职务
3月19日　提名免去郑建国同志省财政厅厅长职务
3月19日　提名免去刘向东同志省环境保护厅厅长职务
3月19日　提名免去张明亮同志省文化厅厅长职务
3月19日　提名免去高国顺同志省卫生厅厅长职务
3月19日　提名免去郝志远同志省审计厅厅长职务
3月19日　提名马彦平同志任省政府副秘书长、省无线电管理委员会常务副主任（正厅长级）
3月19日　提名王志民、张广勇同志任省政府副秘书长
3月19日　提名王成同志任省发展和改革委员会副主任、省国家资源型经济转型综合配套改革试验区工作领导组办公室专职副主任（正厅长级）
3月19日　提名高云同志任省经济和信息化委员会副主任
3月19日　提名免去韩和平同志省政府副秘书长（正厅长级）职务
3月19日　提名免去崔国红同志省政府副秘书长、法制办公室主任职务
3月19日　提名免去王纯同志省政府副秘书长职务
3月19日　提名免去李福龙同志省发展和改革委员会副主任、省物价局局长（正厅长级）职务
3月19日　提名免去刘致远同志省经济和信息化委员会副主任（正厅长级）职务
3月19日　提名免去何耀光同志省民政厅副厅长职务
3月19日　提名免去赵银德同志省财政厅副巡视员职务
3月19日　提名免去李有诚同志省国家安全厅副巡视员职务
3月19日　提名免去王志民同志省交通运输厅副厅长职务
3月19日　提名免去张广勇同志省环境保护厅副厅长职务
3月19日　提名免去左义河同志省农业厅副厅长职务
3月19日　提名免去侯文锦同志省煤炭工业厅副巡视员职务
3月19日　张文栋同志任省教育厅党组书记、省高校工委书记
3月19日　免去李东福同志省教育厅党组书记、省高校工委书记职务
3月19日　薛维栋同志任省民政厅党组书记
3月19日　免去周明定同志省民政厅党组书记职务
3月19日　崔国红同志任省司法厅党委书记
3月19日　免去王水成同志省司法厅党委书记职务
3月19日　武涛同志任省财政厅党组书记
3月19日　免去郑建国同志省财政厅党组书记职务
3月19日　郭长青同志任省环境保护厅党组书记
3月19日　免去刘向东同志省环境保护厅党组书记职务
3月19日　张瑞鹏同志任省文化厅党组书记
3月19日　免去张明亮同志省文化厅党组书记职务
3月19日　杨增武同志任省卫生厅党组书记
3月19日　免去高国顺同志省卫生厅党组书记职务
3月19日　王亚同志任省审计厅党组书记
3月19日　免去郝志远同志省审计厅党组书记职务
3月19日　省财政厅赵银德同志退休
3月19日　省民政厅何耀光同志退休
3月19日　省国家安全厅李有诚同志退休
3月19日　省煤炭工业厅侯文锦同志退休
3月19日　安凡太同志任省公安厅技术侦察总队总队长（副厅长级）
3月19日　秦富明同志任省公安厅经济犯罪侦查总队总队长（副厅长级）
3月19日　戎劲光同志任省公安厅国内安全保卫总队总队长（副厅长级）
3月19日　王学东同志任省环境保护厅副厅长
3月19日　张培良同志任省高校工委副书记
3月20日　师维汉同志任省公安厅副巡视员
3月28日　王志民、张广勇同志任省政府副秘书长
3月28日　高云同志任省经济和信息化委员会副主任
3月28日　免去韩和平同志省政府副秘书长（正厅长级）

职务
3月28日　免去崔国红同志省政府副秘书长、省政府法制办公室主任职务
3月28日　免去王纯同志省政府副秘书长职务
3月28日　免去李福龙同志省发展和改革委员会副主任、省物价局局长（正厅长级）职务
3月28日　免去刘致远同志省经济和信息化委员会副主任（正厅长级）职务
3月28日　免去何耀光同志省民政厅副厅长职务
3月28日　免去赵银德同志省财政厅副巡视员职务
3月28日　免去李有诚同志省国家安全厅副巡视员职务
3月28日　免去王志民同志省交通厅副厅长职务
3月28日　免去左义河同志省农业厅副厅长职务
3月28日　免去侯文锦同志省煤炭厅副巡视员职务
3月28日　马彦平同志任省政府副秘书长、省无线电管理委员会常务副主任（正厅长级）
3月28日　王成同志任省发展和改革委员会副主任、省国家资源型经济转型综合配套改革试验区工作领导组办公室专职副主任（正厅长级）
3月28日　免去张广勇同志省环境保护厅副厅长职务
3月31日　王赋同志任省发展和改革委员会主任
3月31日　胡玉亭同志任省经济和信息化委员会主任
3月31日　张文栋同志任省教育厅厅长
3月31日　贺天才同志任省科学技术厅厅长
3月31日　刘杰同志任省公安厅厅长
3月31日　李洪同志任省国家安全厅厅长
3月31日　冯改朵同志任省检察厅厅长
3月31日　薛维栋同志任省民政厅厅长
3月31日　崔国红同志任省司法厅厅长
3月31日　武涛同志任省财政厅厅长
3月31日　张健同志任省人力资源和社会保障厅厅长
3月31日　李建功同志任省国土资源厅厅长
3月31日　郭长青同志任省环境保护厅厅长
3月31日　李栋梁同志任省住房和城乡建设厅厅长
3月31日　段建国同志任省交通运输厅厅长
3月31日　潘军峰同志任省水利厅厅长
3月31日　李平杜同志任省农业厅厅长
3月31日　李永林同志任省林业厅厅长
3月31日　孙跃进同志任省商务厅厅长
3月31日　张瑞鹏同志任省文化厅厅长
3月31日　卫小春同志任省卫生厅厅长
3月31日　杨增武同志任省人口和计划生育委员会主任
3月31日　王亚同志任省审计厅厅长
3月31日　张志川同志任省政府外事侨务办公室主任
3月31日　吴永平同志任省煤炭工业厅厅长
4月19日　张兵生同志任省经济和信息化委员会党组成员
4月19日　免去薛忠晋同志省经济和信息化委员会党组成员职务
4月19日　免去吴俊清、王李金同志省教育厅党组成员职务
4月19日　免去张韬同志省财政厅党组成员职务
4月19日　李亚平、高晋义同志任省国家安全厅党委委员
4月19日　免去郝培亮同志省住房和城乡建设厅党组成员职务
4月19日　赵义同志任省环境保护厅党组成员
4月19日　唐晋同志任省交通运输厅党组成员
4月19日　赵志杰同志任省农业厅党组成员
4月19日　李方、苗还利同志任省煤炭工业厅党组成员
4月19日　免去何青同志省煤炭工业厅党组成员职务
4月19日　省卫生厅李俊峰同志退休
4月19日　提名杨大涛同志任省发展和改革委员会副巡视员
4月19日　提名张兵生同志任省经济和信息化委员会副主任（正厅长级）
4月19日　提名成振林同志任省公安厅常务副厅长（正厅长级）
4月19日　提名刘玉平、刘金祥、李国元同志任省公安厅副巡视员
4月19日　提名李亚平、高晋义同志任省国家安全厅副厅长（试用期一年）
4月19日　提名何青同志任省监察厅副厅长
4月19日　提名常国华同志任省财政厅副厅长
4月19日　提名唐晋同志任省交通运输厅副厅长
4月19日　提名刘大山同志任省环境保护厅副厅长
4月19日　提名赵义同志任省环境保护厅总工程师（试用期一年）
4月19日　提名赵志杰同志任省农业厅副厅长
4月19日　提名苗还利同志任省煤炭工业厅总工程师（试用期一年）
4月19日　提名白淑艳、张兴元同志任省煤炭工业厅副巡视员
4月19日　免去薛忠晋同志省经济和信息化委员会总工程师职务
4月19日　免去王李金同志省教育厅副厅长职务
4月19日　免去赵世卫同志省科学技术厅副巡视员职务
4月19日　免去戎劲光同志省公安厅国内安全保卫总队总队长（副厅长级）职务
4月19日　免去刘予强同志省监察厅副厅长职务
4月19日　免去张韬同志省财政厅副厅长职务
4月19日　免去常国华同志省财政厅总会计师职务
4月19日　免去温建新同志省人力资源和社会保障厅副巡视员职务
4月19日　免去郝培亮同志省住房和城乡建设厅副厅长职务
4月19日　免去刘大山同志省环境保护厅总工程师职务
4月19日　成振林、李玉生同志任省公安厅党委副书记

4月19日 免去任鸿太同志省公安厅党委副书记、纪委书记职务
4月19日 免去吴俊清同志省高校工委副书记（正厅长级）职务
4月19日 郝素珍同志任省审计厅党组副书记
4月19日 李方同志任省纪委驻煤炭工业厅纪检组组长
4月19日 免去何青同志省纪委驻煤炭工业厅纪检组组长职务
4月19日 省公安厅任鸿太同志退休
4月19日 省科技厅赵世卫同志退休
4月19日 省人社厅温建新同志退休
4月22日 何青同志任山西省监察厅副厅长
4月28日 杨大涛同志任省发展和改革委员会副巡视员
4月28日 张兵生同志任省经济和信息化委员会副主任（正厅长级）
4月28日 刘玉平、刘金祥、李国元同志任省公安厅副巡视员
4月28日 常国华同志任省财政厅副厅长
4月28日 唐晋同志任省交通运输厅副厅长
4月28日 赵义同志任省环境保护厅总工程师（试用期一年）
4月28日 赵志杰同志任省农业厅副厅长
4月28日 苗还利同志任省煤炭工业厅总工程师（试用期一年）
4月28日 白淑艳、张兴元同志任省煤炭工业厅副巡视员
4月28日 成振林同志任省公安厅常务副厅长（正厅长级）
4月28日 李亚平、高晋义同志任省国家安全厅副厅长（试用期一年）
4月28日 何青同志任省监察厅副厅长
4月28日 免去刘予强同志省监察厅副厅长职务
4月28日 刘大山同志任省环境保护厅副厅长
5月24日 陈明昌同志任省农业厅党组成员
5月24日 免去关建勋同志省农业厅党组成员职务
5月24日 李如林同志任省国家安全厅党委委员
5月24日 免去王化清同志省国家安全厅党委委员职务
5月24日 王化清、周涛同志任省司法厅党委委员
5月24日 免去周培斌同志省司法厅党委委员职务
5月24日 杨永辉同志任省经济和信息化委员会党组成员
5月24日 周培斌、张立刚同志任省公安厅党委委员
5月24日 提名杨永辉同志任省经济和信息化委员会总工程师（试用期一年）
5月24日 提名李青山同志任省教育厅副厅长（试用期一年）
5月24日 提名张立刚同志任省公安厅副厅长（挂职）
5月24日 提名王化清同志任省司法厅副厅长（排李满胜同志之后）
5月24日 提名张玉良同志任省司法厅副厅长
5月24日 提名周际鹏同志任省国土资源厅副厅长
5月24日 提名陈明昌同志任省农业厅副厅长
5月24日 提名尉文龙同志任省林业厅副巡视员
5月24日 提名冉莉萍同志任省政府外事侨务办公室副主任（试用期一年）
5月24日 免去关建勋同志省农业厅副厅长职务
5月24日 免去温普德同志省林业厅副巡视员职务
5月24日 因职务名称调整，周际鹏同志的省国土资源厅总经济师职务自行免去
5月24日 张华龙同志任省经信委正厅长级干部
5月24日 周培斌同志任省公安厅纪委书记
5月24日 李如林同志任省国家安全厅纪委书记
5月24日 免去王化清同志省国家安全厅纪委书记职务
5月24日 省林业厅温普德同志退休
6月4日 杨永辉同志任省经济和信息化委员会总工程师（试用期一年）
6月4日 李青山同志任省教育厅副厅长（试用期一年）
6月4日 陈昌明同志任省农业厅副厅长
6月4日 尉文龙同志任省林业厅副巡视员
6月4日 张立刚同志任省公安厅副厅长（挂职）
6月4日 王化清同志任省司法厅副厅长（排李满胜同志之后）
6月4日 张玉良同志任省司法厅副厅长
6月4日 免去周培斌同志省司法厅副厅长职务
6月4日 周际鹏同志任省国土资源厅副厅长
6月19日 张宝玉同志任省国土资源厅党组成员
6月21日 提名谢克敏同志任省监察厅副厅长（试用期一年）
6月21日 提名刘志杰同志任省农业厅副厅长（排李平社同志之后）
6月21日 免去因新中同志省监察厅副厅长职务
6月21日 免去赵光国同志兼任的省卫生厅副厅长职务
6月21日 免去李贵同志省卫生厅副巡视员职务
6月21日 刘志杰同志任省农业厅党组成员
6月21日 免去赵光国同志省卫生厅党组成员职务
6月21日 王舒袖同志任省纪委驻文化厅纪检组组长
6月21日 李扁屯同志任省监狱管理局副局长（副厅长级）
6月21日 省卫生厅李贵同志退休
7月2日 提名免去畅日宝同志省教育厅巡视员职务，退休
7月2日 刘志杰同志任省农业厅副厅长（排李平杜同志之后）
7月2日 谢克敏同志任省监察厅副厅长（试用期一年）
7月2日 省政府办公厅邢建国同志退休
7月10日 提名张华龙同志任省经济和信息化委员会主任
7月10日 提名免去胡玉亭同志省经济和信息化委员会主任职务
7月10日 张华龙同志任省经济和信息化委员会党组书记
7月10日 免去胡玉亭同志省经济和信息化委员会党组书

记职务
7月16日　免去畅日宝同志省教育厅巡视员职务
8月1日　免去胡玉亭同志省经济和信息化委员会主任职务
8月1日　张华龙同志任省经济和信息化委员会主任
8月30日　免去奥雨迎同志省水利厅党组成员职务
8月30日　免去李双才同志省卫生厅党组成员职务
8月30日　免去杨恩健同志省人口和计划生育委员会党组成员职务
8月30日　省林业厅耿怀英同志退休
8月30日　免去李凤岐同志省卫生厅党组成员职务
8月30日　提名赵培禄、史月红同志任省国土资源厅副巡视员
8月30日　提名奥雨迎同志任省水利厅巡视员
8月30日　提名李双才同志任省卫生厅巡视员
8月30日　提名王国平、李福恩同志任省卫生厅副巡视员
8月30日　提名杨恩健同志任省人口和计划生育委员会巡视员
8月30日　提名安晓莉同志任省人口和计划生育委员会副巡视员
8月30日　免去杨凤英同志省司法厅巡视员职务
8月30日　免去沙凤英同志省国土资源厅副巡视员职务
8月30日　免去孙兆岚同志省商务厅巡视员职务
8月30日　免去夏平同志省文化厅副巡视员职务
8月30日　免去杨恩健同志省人口和计划生育委员会副主任职务
8月30日　省司法厅杨凤英同志退休
8月30日　省国土资源厅沙凤英同志退休
8月30日　省商务厅孙兆岚同志退休
8月30日　省文化厅夏平同志退休
8月30日　提名免去李凤岐同志省卫生厅副厅长（正厅长级）职务
8月30日　免去奥雨迎同志省纪委驻水利厅纪检组组长职务
8月30日　免去李双才同志省纪委驻卫生厅纪检组组长职务
8月30日　翟振新同志任省统计局党组书记
8月30日　免去杨文章同志省统计局党组书记职务
8月30日　李书平同志任省国家安全厅对外情报局局长（副厅长级）
8月30日　刘虎山同志任省林业厅总工程师
8月30日　王宇魁同志任省煤炭工业厅副厅长
9月24日　李正印同志任省交通运输厅党组书记
9月24日　免去段建国同志省交通运输厅党组书记职务
9月24日　提名李正印同志任省交通运输厅厅长
9月24日　免去段建国同志省交通运输厅厅长职务
9月25日　赵培禄、史月红同志任省国土资源厅副巡视员
9月25日　奥雨迎同志任省水利厅巡视员
9月25日　李双才同志任省卫生厅巡视员
9月25日　王国平、李福恩同志任省卫生厅副巡视员
9月25日　杨恩健同志任省人口和计划生育委员会巡视员
9月25日　安晓莉同志任省人口和计划生育委员会副巡视员
9月29日　李正印同志任省交通运输厅厅长
11月5日　免去李凤岐同志省卫生厅副厅长（正厅长级）职务
11月25日　免去李立业同志省国家安全厅党委委员职务
11月26日　免去彭建生同志省政府办公厅副巡视员职务
11月26日　免去刘玉平同志省公安厅副巡视员职务
11月26日　免去李立业、姚志飏同志省国家安全厅副巡视员职务
11月26日　免去白怀茂、杨云光同志省国土资源厅副巡视员职务
11月26日　免去冯占雄同志省住房和城乡建设厅副巡视员职务
11月26日　免去乔亮生同志省商务厅巡视员职务
11月26日　省政府办公厅彭建生同志退休
11月26日　省公安厅刘玉平同志退休
11月26日　省国家安全厅李立业、姚志飏同志退休
11月26日　省国土资源厅白怀茂、杨云光同志退休
11月26日　省住房和城乡建设厅冯占雄同志退休
11月26日　省商务厅乔亮生同志退休
11月26日　省交通运输厅张晋鹏同志退休
11月26日　张建中同志任省水利厅总工程师
11月26日　李更同志任省森林公安局局长（副厅长级）

省政府直属特设机构

1月17日　提名免去王靖凯同志省政府国有资产监督管理委员会巡视员职务
1月17日　省国资委陈建鹰同志退休
2月5日　免去王靖凯同志省政府国有资产监督管理委员会巡视员职务
4月19日　狄重阳、宋世华同志任省政府国有资产监督管理委员会党委委员
4月19日　免去李宝文、崔联会同志省政府国有资产监督管理委员会党委委员职务
4月19日　省政府国有资产监督管理委员会张崇慧、郭玉才同志退休
4月19日　提名狄重阳同志任省政府国有资产监督管理委员会副主任（正厅长级）
4月19日　提名宋世华同志任省政府国有资产监督管理委员会副主任
4月19日　提名李宝文同志任省政府国有资产监督管理委员会巡视员

4月19日　提名王明屯、李健民同志任省政府国有资产监督管理委员会副巡视员
4月19日　免去李宝文、崔联会同志省国有资产监督管理委员会副主任职务
4月28日　狄重阳同志任省政府国有资产监督管理委员会副主任（正厅长级）
4月28日　宋世华同志任省政府国有资产监督管理委员会副主任
4月28日　李宝文同志任省政府国有资产监督管理委员会巡视员
11月25日　免去朱成基同志省政府国有资产监督管理委员会党委委员职务
11月26日　免去朱成基同志省政府国有资产监督管理委员会副主任职务
11月26日　省政府国有资产监督管理委员会朱成基同志退休

省政府直属机构

1月17日　提名高航同志任省质量技术监督局副局长（试用期一年）
1月17日　提名免去陈建鹰同志省管国有企业监事会主席职务
1月17日　提名免去高航同志省质量技术监督局副巡视员职务
1月18日　高航同志任省质量技术监督局党组成员
2月5日　高航同志任省质量技术监督局副局长（试用期一年）
2月5日　免去高航同志省质量技术监督局副巡视员职务
2月6日　免去席小军同志省旅游局党组书记职务
2月6日　提名免去席小军同志省旅游局局长职务
3月18日　免去薛维栋同志省工商行政管理局党组成员职务
3月18日　省广电局董育中同志退休
3月19日　免去崔国红同志省政府法制办公室党组书记职务
3月19日　周明定同志任省工商行政管理局党组书记、省非公有制经济组织工委书记（兼）
3月19日　免去王虎胜同志省工商行政管理局党组书记、省非公有制经济组织工委书记（兼）职务
3月19日　齐峰同志任省广播电影电视局党组书记
3月19日　免去梁志祥同志省广播电影电视局党组书记职务
3月19日　高键同志任省宗教事务局（省民族委员会）党组书记
3月19日　免去郭海刚同志省宗教事务局（省民族委员会）党组书记职务
3月19日　冯建平同志任省旅游局党组书记
3月19日　提名周明定同志任省工商行政管理局局长
3月19日　提名高键同志任省宗教事务局（省民族事务委员会）局长（主任）
3月19日　提名齐峰同志任省广播电影电视局局长
3月19日　提名冯建平同志任省旅游局局长
3月19日　提名李永平同志任省物价局局长（正厅长级）
3月19日　提名王立伟同志任省扶贫开发办公室主任（正厅长级）
3月19日　提名免去王虎胜同志省工商行政管理局局长职务
3月19日　提名免去薛维栋同志省工商行政管理局副局长职务
3月19日　提名免去梁志祥同志省广播电影电视局局长职务
3月19日　提名免去郭海刚同志省宗教事务局（省民族事务委员会）局长（主任）职务
3月19日　提名免去刘昆明同志省扶贫开发办公室主任职务
3月19日　李春泽同志任省纪委驻粮食局纪检组组长
3月19日　吴体刚同志任省新闻出版局（版权局）副局长
3月28日　齐峰同志任省广播电影电视局局长
3月28日　免去梁志祥同志省广播电影电视局局长职务
3月28日　免去郭海刚同志省宗教事务局（省民族事务委员会）局长（主任）职务
3月28日　周明定同志任省工商行政管理局局长
3月28日　免去王虎胜同志省工商行政管理局局长职务
3月28日　免去薛维栋同志省工商行政管理局副局长职务
3月28日　高键同志任省宗教事务局（省民族事务委员会）局长（主任）
4月19日　提名王亦兵同志任省工商行政管理局副局长
4月19日　提名牛建华同志任省安全生产监督管理局副局长（试用期一年）
4月19日　提名李高平同志任省安全生产监督管理局副巡视员
4月19日　提名王琳同志任省旅游局副局长
4月19日　提名李国蓉同志任省政府机关事务管理局副巡视员
4月19日　提名王卫星同志任省政府法制办公室主任
4月19日　王亦兵同志任省工商行政管理局党组成员
4月19日　免去王振宇同志省工商行政管理局党组成员职务
4月19日　牛建华同志任省安全生产监督管理局党组成员
4月19日　免去狄重阳、唐晋同志省安全生产监督管理局党组成员职务
4月19日　王琳同志任省旅游局党组成员
4月19日　免去宋世华同志省国有企业监事会主席职务
4月19日　免去王振宇同志省工商行政管理局副局长职务

4月19日　免去唐晋同志省安全生产监督管理局副局长职务

4月19日　免去狄重阳同志省安全生产监督管理局副局长兼总工程师（正厅长级）职务

4月19日　免去牛建华同志省安全生产监督管理局副巡视员职务

4月19日　免去梁宝印同志省新闻出版局（版权局）副局长职务

4月19日　免去牛银虎同志省粮食局巡视员职务

4月19日　王卫星同志任省政府法制办公室党组书记

4月19日　省粮食局牛银虎同志退休

4月28日　牛建华同志任省安全生产监督管理局副局长（试用期一年）

4月28日　李高平同志任省安全生产监督管理局副巡视员

4月28日　王琳同志任省旅游局副局长

4月28日　李国蓉同志任省政府机关事务管理局副巡视员

4月28日　王卫星同志任省政府法制办公室主任

5月24日　李云涛同志任省政府法制办公室党组成员

5月24日　任建华同志任省政府机关事务管理局党委委员

5月24日　免去梁若皓同志省政府机关事务管理局党委委员职务

5月24日　提名李志强同志任省质量技术监督局副局长（试用期一年）

5月24日　提名安洋同志任省新闻出版局（版权局）副局长

5月24日　提名常庆和同志任省文物局副巡视员

5月24日　提名李云涛同志任省政府法制办公室副主任（试用期一年）

5月24日　提名韩卫星同志任省政府法制办公室副巡视员

5月24日　提名任建华同志任省政府机关事务管理局副局长（试用期一年）

5月24日　免去涂国强同志省工商行政管理局巡视员职务

5月24日　免去梁若皓同志省政府机关事务管理局副局长职务

5月24日　陈学东同志任省非公有制经济组织工作委员会副书记（兼）

5月24日　免去赵建华同志省非公有制经济组织工作委员会副书记（兼）职务

5月24日　省工商局涂国强同志退休

6月4日　安洋同志任省新闻出版局（版权局）副局长

6月4日　常庆和同志任省文物局副巡视员

6月4日　李云涛同志任省政府法制办公室副主任（试用期一年）

6月4日　韩卫星同志任省政府法制办公室副巡视员

6月4日　任建华同志任省政府机关事务管理局副局长（试用期一年）

6月4日　李志强同志任省质量技术监督局副局长（试用期一年）

6月21日　省新闻出版局（版权局）李锐锋同志退休

7月2日　提名免去庞剑波同志省广播电影电视局副巡视员职务

7月2日　省广播电影电视局庞剑波同志退休

7月16日　免去庞剑波同志省广播电影电视局副巡视员职务

8月30日　提名翟振新同志任省统计局局长

8月30日　免去杨文章同志省统计局局长职务

9月25日　翟振新同志任省统计局局长

11月26日　田永明同志任省纪委驻质量技术监督局纪检组组长

省政府部门管理机构

1月4日　免去石缠荣同志省中小企业局副巡视员职务

1月16日　免去张亚平同志省招生考试管理中心副主任职务

1月16日　齐建伟同志任省国防科技工业办公室副主任（试用期一年）

1月17日　提名免去王丕谟同志省公安厅交通管理局（省交通警察总队）副巡视员职务

1月17日　省公安厅交通管理局（省交通警察总队）王丕谟同志退休

1月17日　提名王斌同志任省中小企业局副巡视员

1月17日　提名免去张洪福同志省监狱管理局副巡视员职务

1月17日　省监狱管理局张洪福同志退休

2月5日　王斌同志任省中小企业局副巡视员

2月5日　免去张洪福同志省监狱管理局副巡视员职务

2月5日　许继光同志任省农机局副巡视员

2月5日　免去王丕谟同志省公安厅交通管理局（省交通警察总队）副巡视员职务

2月24日　免去许继光同志省农机局（省农业机械发展中心）副局长（副主任）职务

3月19日　崔国红同志任省监狱管理局第一政委

3月19日　免去王水成同志省监狱管理局第一政委职务

3月19日　李永平同志任省物价局党组书记（正厅长级）

3月19日　免去李福龙同志省物价局党组书记（正厅长级）职务

3月19日　王立伟同志任省扶贫开发办公室党组书记

3月19日　免去刘昆明同志省扶贫开发办公室党组书记职务

3月19日　尹喜平同志任省公安厅交通管理局（省交通警察总队）局长（总队长）、党委书记

3月19日　赵建生同志任省农业综合开发办公室主任（副厅长级）

3月28日　李永平同志任省物价局局长（正厅长级）

3月28日 王立伟同志任省扶贫开发办公室主任（正厅长级）
3月28日 免去刘昆明同志省扶贫开发办公室主任职务
4月19日 免去赵志杰同志省中小企业局党组成员职务
4月19日 免去赵志杰同志省中小企业局副局长（副厅长级）职务
4月28日 王卫星同志任省政府法制办公室主任
5月24日 提名闫龙江同志任省中小企业局副局长
5月24日 李效民同志任省监狱管理局党委副书记
5月24日 免去王伟同志省监狱管理局党委副书记职务
5月24日 免去闫龙江同志省纪委驻中小企业局纪检组组长职务
5月24日 李效民同志任省监狱管理局政委
5月24日 免去王伟同志省监狱管理局政委职务
6月4日 王伟同志任省劳动教养管理局（省强制隔离戒毒管理局）局长（副厅长级）
6月4日 免去周培斌同志省劳动教养管理局（省强制隔离戒毒管理局）局长（副厅长级）职务
6月13日 闫龙江同志任省中小企业局副局长
6月21日 任晋斌、贠亚明、刘建国、徐跃华同志任省食品药品监督管理局党组成员
6月21日 提名赵光国同志任省食品药品监督管理局局长
6月21日 提名任晋斌、贠亚明同志任省食品药品监督管理局副局长
6月21日 免去刘昆明同志省扶贫开发办公室巡视员职务
6月21日 赵光国同志任省食品药品监督管理局党组书记
6月21日 省扶贫办刘昆明同志退休
7月2日 赵光国同志任省食品药品监督管理局局长
7月2日 任晋斌、贠亚明同志任省食品药品监督管理局副局长
8月30日 提名朱鹏同志任省国防科学技术工业办公室主任
8月30日 免去张华龙同志省国防科学技术工业办公室主任职务
8月30日 免去马晋文同志省监狱管理局副巡视员职务
8月30日 朱鹏同志任省国防科技工业党委书记
8月30日 免去张华龙同志省国防科技工业党委书记职务
8月30日 省监狱管理局马晋文同志退休
9月25日 朱鹏同志任省国防科学技术工业办公室主任
11月15日 提名张伟勤同志任省扶贫开发办公室副主任
11月15日 张伟勤同志任省扶贫开发办公室党组成员
11月25日 提名免去王汉有同志省扶贫开发办公室副主任职务
11月25日 免去王汉有同志省扶贫开发办公室党组成员职务
11月26日 提名王汉有同志任省扶贫开发办公室副巡视员
11月26日 免去张幸英同志省国防科学技术工业办公室副巡视员职务
11月26日 省国防科学技术工业办公室张幸英同志退休
12月7日 张伟勤同志任省扶贫开发办公室副主任
12月24日 王汉有同志任省扶贫开发办公室副巡视员

省直属事业单位

1月4日 李志勤同志任太原科技大学正校级调研员
1月4日 闫肖卿同志任山西医科大学副校长
1月4日 宋儒同志任省煤炭地质局总工程师
1月4日 张彦杰同志任省档案局（档案馆）巡视员
1月4日 免去董峰同志太原科技大学副校长职务
1月4日 免去张飞同志山西医科大学副校长职务
1月4日 免去王瑞芬同志山西广播电视大学副校长职务
1月4日 免去张彦杰同志省档案局（档案馆）副局长（副馆长）职务
1月4日 免去任根珠同志省地方志办公室副巡视员职务
1月4日 张亚平同志任省招生考试管理中心副巡视员
1月16日 孙西欢同志任山西水利职业技术学院院长
1月16日 王军同志任山西医科大学汾阳学院院长
1月16日 免去闫肖卿同志山西医科大学汾阳学院院长职务
1月16日 免去李振兴同志山西水利职业技术学院院长职务
1月16日 免去安正明同志山西交通职业技术学院正院级调研员职务
1月17日 提名霍世平同志任太原工业学院院长
1月17日 提名许继光同志任省农机局副巡视员
1月17日 提名免去胡柏彦同志太原理工大学副校级调研员职务
1月17日 免去常晓宝同志中北大学党委副书记职务，退休
1月18日 免去许继光同志省农机局（省农业机械发展中心）副局长（副主任）职务
1月18日 免去解爱国同志山西水利职业技术学院正院级调研员职务
1月18日 免去常晓宝同志中北大学党委委员职务
1月18日 免去许继光同志省农机局（省农业机械发展中心）党组成员职务
1月18日 山西水利职业技术学院解爱国同志退休
2月5日 霍世平同志任太原工业学院院长
2月5日 许继光同志任省农机局副巡视员
2月5日 免去胡柏彦同志太原理工大学副校级调研员职务
2月6日 免去谢步林同志煤炭工业太原设计研究院党委委员职务
2月6日 免去韩国昌同志晋中职业技术学院党委书记职务，退休

2月6日　免去李守富同志山西建筑职业技术学院纪委书记、党委委员职务，退休
2月6日　山西省人民医院张汉伟同志退休
2月6日　免去谢步林同志煤炭工业太原设计研究院纪委书记职务，退休
2月22日　李喜春同志兼任山西警官高等专科学校党委书记
2月22日　免去师维汉同志山西警官高等专科学校党委书记职务
2月22日　免去梁家瑞同志山西警官高等专科学校纪委书记职务
2月24日　免去解爱国同志山西水利职业技术学院正院级调研员职务
3月18日　提名免去吴立春同志山西运城农业职业技术学院院长职务，退休
3月18日　免去王刘明同志山西师范大学临汾学院党委书记职务，退休
3月18日　免去段治强同志省机械设备成套局党组成员职务，退休
3月18日　免去张文栋同志太原理工大学党委常委职务
3月19日　提名王纯同志任省万家寨引黄工程总公司（管理局）经理（局长）
3月19日　提名左义河同志任省农机局（省农业机械发展中心）局长（主任）
3月19日　提名免去张文栋同志太原理工大学校长职务
3月19日　提名免去菅二拴同志省万家寨引黄工程总公司（管理局）经理（局长）职务
3月19日　提名免去王立伟同志省农机局（省农业机械发展中心）局长（主任）职务
3月19日　提名免去郑建伟同志山西医科大学副校长职务
3月19日　提名免去傅双喜同志山西行政学院副巡视员职务
3月19日　提名免去段治强同志省机械设备成套局副局长职务
3月19日　左义河同志任省农机局（省农业机械发展中心）党组书记
3月19日　免去王立伟同志省农机局（省农业机械发展中心）党组书记职务
3月19日　免去张文栋同志太原理工大学党委副书记职务
3月19日　免去傅双喜同志省委党校副巡视员职务，退休
3月19日　山西医科大学郑建伟同志退休
3月19日　王纯同志任省万家寨引黄工程总公司（管理局）党委书记
3月19日　免去菅二拴同志省万家寨引黄工程总公司（管理局）党委书记职务
3月19日　张稳科同志任省供销合作社联合社纪检组长
4月19日　崔满红同志任山西金融职业学院院长
4月19日　王平川、杜明汉同志任山西金融职业技术学院正院级调研员
4月19日　邹本贵同志任山西药科职业学院副院长
4月19日　杨润梅同志任省城镇集体工业联合社副主任
4月19日　提名免去杜明汉同志山西金融职业学院院长职务
4月19日　提名免去牛白琳同志山西财贸职业技术学院院长职务
4月19日　提名免去于建刚同志省测绘地理信息局副局长职务
4月19日　王李金同志任山西大学党委委员
4月19日　免去秦良玉同志山西大学党委委员职务
4月19日　吴俊清同志任太原理工大学党委常委
4月19日　免去姚芝楼同志太原理工大学党委常委职务
4月19日　郭文平同志任山西中医学院党委委员
4月19日　郭永同志任山西大同大学党委委员
4月19日　免去王晋湘同志山西大同大学党委委员职务
4月19日　孔凡春同志任省档案局（档案馆）党组成员
4月19日　李树庭、刘晓勇、徐德峰同志任煤炭工业太原设计研究院党委委员
4月19日　谭炳耕同志任山西建筑职业技术学院纪委书记、党委委员
4月19日　田培乔同志任山西煤炭职业技术学院纪委书记、党委委员
4月19日　免去李茂林同志山西煤炭职业技术学院纪委书记职务
4月19日　邹本贵同志任山西药科职业学院党委委员
4月19日　李兵义同志任山西青年职业学院党委委员、副书记、纪委书记
4月19日　王小云同志任山西金融职业学院党委书记
4月19日　免去王平川同志山西金融职业学院党委书记职务
4月19日　免去于建刚同志省测绘地理信息局党组成员职务
4月19日　武晋同志任山西医科大学第二医院党委副书记
4月19日　免去李荣山同志山西医科大学第二医院党委副书记职务
4月19日　免去柴建芳同志太原电力高等专科学校党委书记职务
4月19日　杨润梅同志任省城镇集体工业联合社党组成员
4月19日　免去王亦兵同志省政府发展研究中心党组成员职务
4月19日　省社科院李留澜同志退休
4月19日　省民航机场集团公司（管理局）李战志同志退休
4月19日　牛白琳同志任山西广播电视大学党委委员
4月19日　王李金同志任山西大学党委书记
4月19日　免去秦良玉同志山西大学党委书记职务
4月19日　吴俊清同志任太原理工大学党委书记

4月19日　吕明同志任太原理工大学党委副书记
4月19日　免去姚芝楼同志太原理工大学党委书记职务
4月19日　冯海同志任山西中医学院党委副书记
4月19日　郭文平同志任山西中医学院纪委书记
4月19日　免去冯海同志山西中医学院纪委书记职务
4月19日　免去王晋湘同志山西大同大学纪委书记职务
4月19日　免去朱春耀同志省万家寨引黄工程总公司（管理局）党委副书记职务
4月19日　翁金明同志任省地质勘查局党委副书记
4月19日　免去安俊生同志省地质勘查局党委副书记职务
4月19日　徐德峰同志任煤炭工业太原设计研究院纪委书记
4月19日　李荣山同志任省人民医院党委书记
4月19日　免去武晋同志省人民医院党委书记职务
4月19日　提名吕明同志任太原理工大学校长
4月19日　提名柴建芳同志任山西大学副校级调研员
4月19日　提名贺培凤、郑建中同志任山西医科大学副校长
4月19日　提名薛智、白培康同志任中北大学副校长
4月19日　提名王晋湘同志任山西大同大学正校级调研员
4月19日　提名程锡景同志任晋中学院正院级调研员
4月19日　提名牛白琳同志任山西广播电视大学副校长
4月19日　提名梁力民同志任省地方志办公室副巡视员
4月19日　提名孔凡春同志任省档案局（档案馆）副局长（副馆长）
4月19日　提名董佩华同志任省档案局（档案馆）副巡视员
4月19日　提名朱春耀同志任省万家寨引黄工程总公司（管理局）巡视员
4月19日　提名翁金明同志任省地质勘查局局长
4月19日　提名刘晓勇同志任煤炭工业太原设计研究院副院长
4月19日　提名于建刚同志任省测绘地理信息局副巡视员
4月19日　提名武晋同志任山西医科大学第二医院院长
4月19日　提名免去朱春耀同志省万家寨引黄工程总公司（管理局）副经理（副局长）职务
4月19日　提名免去安俊生同志省地质勘查局局长职务
4月19日　提名免去陈睿同志省测绘地理信息局副巡视员职务
4月19日　提名免去卫小春同志山西医科大学第二医院院长（兼）职务
4月19日　提名免去李荣山同志山西医科大学第二医院常务副院长（副厅长级）职务
4月19日　提名免去王亦兵同志省政府发展研究中心副主任职务
4月19日　提名叶奎同志任省无线电管理局局长（副厅长级，试用期一年）
4月28日　吕明同志任太原理工大学校长
4月28日　柴建芳同志任山西大学副校级调研员
4月28日　贺培凤、郑建中同志任山西医科大学副校长
4月28日　薛智、白培康同志任中北大学副校长
4月28日　王晋湘同志任山西大同大学正校级调研员
4月28日　程锡景同志任晋中学院正院级调研员
4月28日　牛白琳同志任山西广播电视大学副校长
4月28日　梁力民同志任省地方志办公室副巡视员
4月28日　孔凡春同志任省档案局（档案馆）副局长（副馆长）
4月28日　董佩华同志任省档案局（档案馆）副巡视员
4月28日　朱春耀同志任省万家寨引黄工程总公司（管理局）巡视员
4月28日　免去朱春耀同志省万家寨引黄工程总公司（管理局）副经理（副局长）职务
4月28日　翁金明同志任省地质勘查局局长
4月28日　刘晓勇同志任煤炭工业太原设计研究院副院长
4月28日　于建刚同志任省测绘地理信息局副巡视员
4月28日　武晋同志任山西医科大学第二医院院长
4月28日　免去王亦兵同志省政府发展研究中心副主任职务
4月28日　免去朱春耀同志省万家寨引黄工程总公司（管理局）副经理（副局长）职务
4月28日　免去安俊生同志省地质勘查局局长职务
4月28日　免去陈睿同志省测绘地理信息局副巡视员职务
4月28日　免去卫小春同志山西医科大学第二医院院长（兼）职务
4月28日　免去李荣山同志山西医科大学第二医院常务副院长（副厅级）职务
5月17日　崔满红同志任山西金融职业学院院长
5月17日　王平川、杜明汉同志任山西金融职业技术学院正院级调研员
5月17日　免去杜明汉同志山西金融职业学院院长职务
5月17日　免去牛白琳同志山西财贸职业技术学院院长职务
5月17日　免去于建刚同志省测绘地理信息局副局长职务
5月24日　提名刘月红同志任晋中职业技术学院院长
5月24日　提名马召源同志任中国煤炭博物馆副馆长
5月24日　提名免去李思进同志山西医科大学第一医院副院长职务
5月24日　提名免去韩晋乐同志省直机关行政学院副院长职务
5月24日　提名免去程太生同志晋中职业技术学院院长职务
5月24日　刘玉平同志任太原理工大学党委委员、常委
5月24日　免去刘玉平同志山西财经大学党委常委、委员职务
5月24日　刘明星、田忠宝、郭彩同志任省委党校校委委员

5月24日　王凤鸿同志任省政府发展研究中心党组成员
5月24日　聂安全、乔雄悟同志任省农科院党委委员
5月24日　免去陈明昌、张敬平同志省农科院党委委员职务
5月24日　李兴武同志任省煤炭地质局党委委员
5月24日　免去李兴武同志太原工业学院党委委员职务
5月24日　免去韩晋乐同志省直机关党校副校长、校委委员职务
5月24日　程太生同志任晋中职业技术学院党委书记
5月24日　朱莉同志任晋城职业技术学院党委书记
5月24日　马召源同志任中国煤炭博物馆党委委员
5月24日　免去王晋同志中国煤炭博物馆党委委员职务
5月24日　王晋同志任省投资咨询和发展规划院纪检组长、党组成员
5月24日　免去张俊杰同志省万家寨引黄工程总公司（管理局）党委委员职务
5月24日　免去成洪才同志长治学院党委委员职务
5月24日　提名杨有振同志任山西财经大学副校长
5月24日　提名李思进同志任山西医科大学副校长
5月24日　提名邢国明同志任山西农业大学副校长
5月24日　提名李俊林同志任太原科技大学副校长
5月24日　提名熊继军同志任中北大学副校长
5月24日　提名张芳萍同志任长治医学院副院长
5月24日　提名李桂平同志任山西煤炭管理干部学院副院长
5月24日　提名刘明星同志任山西行政学院副院长
5月24日　提名赵继光同志任山西行政学院副巡视员
5月24日　提名王凤鸿、焦斌龙同志任省政府发展研究中心副主任
5月24日　提名温凤麟同志任省政府发展研究中心副巡视员
5月24日　提名关建勋、王娟玲同志任省农科院副院长
5月24日　提名韩晋乐同志任省直机关行政学院副巡视员
5月24日　提名免去刘中朝同志山西财经大学副校长职务
5月24日　提名免去张俊杰同志省万家寨引黄工程总公司（管理局）副经理（副局长）职务
5月24日　提名免去陈明昌、张敬平同志省农科院副院长职务
5月24日　刘玉平同志任太原理工大学党委副书记、纪委书记（正校级）
5月24日　刘中朝同志任山西财经大学党委副书记
5月24日　免去刘玉平同志山西财经大学党委副书记（正校级）职务
5月24日　孙玮同志任太原工业学院党委副书记
5月24日　免去李兴武同志太原工业学院党委副书记职务
5月24日　免去孙玮同志太原工业学院纪委书记职务
5月24日　刘明星同志任省委党校副校长
5月24日　赵继光同志任省委党校副巡视员
5月24日　关建勋同志任省农科院党委书记
5月24日　李兴武同志任省煤炭地质局纪委书记
5月24日　提名李俊德同志任省供销合作社联合社副主任
5月24日　免去李亚明同志省供销合作社联合社副主任职务
5月24日　免去李俊德同志省供销合作社联合社总会计师职务
5月24日　免去李亚明同志省供销合作社联合社党组成员职务
5月24日　韩晋乐同志任省直机关党校副巡视员
5月24日　免去成洪才同志长治学院党委副书记职务
6月4日　杨有振同志任山西财经大学副校长
6月4日　李思进同志任山西医科大学副校长
6月4日　邢国明同志任山西农业大学副校长
6月4日　李俊林同志任太原科技大学副校长
6月4日　熊继军同志任中北大学副校长
6月4日　张芳萍同志任长治医学院副院长
6月4日　李桂平同志任山西煤炭管理干部学院副院长
6月4日　刘明星同志任山西行政学院副院长
6月4日　赵继光同志任山西行政学院副巡视员
6月4日　王凤鸿、焦斌龙同志任省政府发展研究中心副主任
6月4日　温凤麟同志任省政府发展研究中心副巡视员
6月4日　关建勋、王娟玲同志任省农科院副院长
6月4日　韩晋乐同志任省直机关行政学院副巡视员
6月4日　免去刘中朝同志山西财经大学副校长职务
6月4日　免去陈明昌、张敬平同志省农科院副院长职务
6月4日　免去张俊杰同志省万家寨引黄工程总公司（管理局）副经理（副局长）职务
6月13日　刘月红同志任晋中职业技术学院院长
6月13日　马召源同志任中国煤炭博物馆馆长
6月13日　免去李思进同志山西医科大学第一医院副院长职务
6月13日　免去韩晋乐同志省直机关行政学院副院长职务
6月13日　免去程太升同志晋中职业技术学院院长职务
7月2日　提名郝本廉同志任山西传媒学院院长
7月2日　提名王建国、王新塘、武升平同志任山西传媒学院副院长
7月2日　提名朱晓明同志任山西传媒学院正院级调研员
7月2日　提名免去刘滇生同志山西大学副校长职务
7月2日　提名免去马福昌同志太原理工大学正校级调研员职务
7月2日　提名免去赵凯同志省直机关行政学院副巡视员职务
7月2日　李远程同志任山西传媒学院党委书记
7月2日　郝本廉、王俊刚同志任山西传媒学院党委副书记
7月2日　梁云阶同志任山西传媒学院纪委书记

7月2日 太原理工大学马福昌同志退休
7月2日 提名免去杨勇翔同志山西管理职业学院院长职务
7月2日 提名免去郝本廉同志广播影视职业学院院长职务
7月2日 免去王解峰、王绍青同志山西社会主义学院党委委员职务
7月2日 免去杨勇翔同志山西管理职业学院党委副书记、委员职务，退休
7月2日 免去王解峰同志山西社会主义学院副院长职务，退休
7月2日 免去王绍青同志山西社会主义学院纪委书记职务，退休
7月2日 免去赵凯同志省直机关党校副巡视员职务，退休
7月2日 太原理工大学胡柏彦同志退休
7月10日 王书东同志任太原工业学院党委委员、纪委书记
7月16日 郝本廉同志任山西传媒学院院长
7月16日 王建国、王新塘、武升平同志任山西传媒学院副院长
7月16日 朱晓明同志任山西传媒学院正院级调研员
7月16日 免去刘滇生同志山西大学副校长职务
7月16日 免去马福昌同志太原理工大学正校级调研员职务
7月16日 免去赵凯同志省直机关行政学院副巡视员职务
7月18日 免去杨勇翔同志山西管理职业学院院长职务
7月18日 免去郝本廉同志广播影视职业学院院长职务
8月30日 提名免去王平川同志山西金融职业学院正院级调研员职务
8月30日 提名免去李兆灵同志山西青年职业学院正院级调研员职务
8月30日 提名免去方贵忠同志太原师范专科学校筹备组组长职务
8月30日 山西金融职业学院王平川同志退休
8月30日 山西青年职业学院李兆灵同志退休
8月30日 太原理工大学王秀珍同志退休
8月30日 师帅同志任山西大学党委书记
8月30日 免去王李金同志山西大学党委书记职务
8月30日 提名免去王秀珍同志太原理工大学正校级调研员职务
8月30日 免去齐玉梅同志省供销合作社联合社巡视员职务，退休
9月13日 李凤岐同志任山西医科大学党委书记
9月13日 免去师帅同志山西医科大学党委书记职务
9月13日 师帅同志任山西大学党委委员
9月13日 免去王李金同志山西大学党委委员职务
9月13日 李凤岐同志任山西医科大学党委委员
9月13日 免去师帅同志山西医科大学党委委员职务
9月13日 免去王平川同志山西金融职业学院正院级调研员职务
9月13日 免去李兆灵同志山西青年职业学院正院级调研员职务
9月13日 免去方贵忠同志太原师范专科学校筹备组组长职务
9月25日 免去王秀珍同志太原理工大学正校级调研员职务
11月15日 提名李晋平同志任山西财贸职业技术学院院长
11月15日 提名张润喜同志任晋中师范高等专科学校校长
11月15日 提名闫顺茂同志任山西运城农业职业技术学院院长
11月15日 提名张汉语同志任运城师范高等专科学校校长
11月15日 提名张红洲同志任运城护理职业学院院长
11月15日 提名许秀銮同志任省公路局副局长
11月15日 提名免去李太生同志山西建筑职业技术学院副院级调研员职务
11月15日 邓光辉同志任山西财贸职业技术学院党委书记
11月15日 免去李晋平同志山西财贸职业技术学院党委书记职务
11月15日 梁崇太同志任山西师范大学临汾学院党委书记
11月15日 苏耀中同志任晋中师范高等专科学校党委书记
11月15日 李晋杰同志任运城师范高等专科学校党委书记
11月15日 许秀鸾同志任省公路局党委委员
11月15日 山西建筑职业技术学院李太生同志退休
11月15日 提名孔康民同志任山西师范大学临汾学院院长
11月15日 提名免去梁崇太同志山西师范大学临汾学院院长职务
11月25日 提名免去戴晋明同志太原理工大学轻纺工艺美术学院院长职务
11月25日 免去滑云龙同志山西农业大学党委委员职务
11月25日 免去安川金同志太原理工大学党委常委职务
11月25日 免去张翠梅同志太原工业学院党委委员职务
11月26日 提名戴晋明同志任太原理工大学副校长
11月26日 提名滑云龙同志任山西农业大学正校级调研员
11月26日 提名免去张官禄同志山西财经大学正校级调研员职务
11月26日 提名免去郭巍伟同志山西医科大学正校级调研员职务
11月26日 提名免去王俊东同志山西农业大学正校级调研员职务
11月26日 提名免去王敬瑞同志晋中学院正院级调研员职务
11月26日 提名免去张翠梅同志太原工业学院副院长职务
11月26日 提名免去傅月晟同志山西广播电视大学正校级调研员职务
11月26日 提名免去靳援军同志省地质勘查局巡视员职务

11 月26日 提名免去张奎元同志中国煤炭博物馆副巡视员职务
11 月26日 提名免去张晋鹏同志省交通运输执法局局长（副厅级）职务
11 月26日 免去滑云龙同志山西农业大学党委副书记职务
11 月26日 免去安川金同志太原理工大学党委副书记职务，退休
11 月26日 山西财经大学张官禄同志退休
11 月26日 山西医科大学郭巍伟同志退休
11 月26日 晋中学院王敬瑞同志退休
11 月26日 太原工业学院张翠梅同志退休
11 月26日 山西广播电视大学傅月晟同志退休
11 月26日 省地质勘查局靳援军同志退休
11 月26日 中国煤炭博物馆张奎元同志退休
11 月26日 王宇彤同志任省供销合作社联合社副主任
12 月14日 李晋平同志任山西财贸职业技术学院院长
12 月14日 张润喜同志任晋中师范高等专科学校校长
12 月14日 张汉语同志任运城师范高等专科学校校长
12 月14日 许秀銮同志任省公路局副局长
12 月14日 免去李太生同志山西建筑职业技术学院副院级调研员职务
12 月20日 免去戴晋明同志太原理工大学轻纺工艺美术学院院长职务
12 月24日 孔康民同志任山西师范大学临汾学院院长
12 月24日 免去梁崇太同志山西师范大学临汾学院院长职务
12 月24日 戴晋明同志任太原理工大学副校长
12 月24日 滑云龙同志任山西农业大学正校级调研员
12 月24日 免去张官禄同志山西财经大学正校级调研员职务
12 月24日 免去郭巍伟同志山西医科大学正校级调研员职务
12 月24日 免去王俊东同志山西农业大学正校级调研员职务
12 月24日 免去王敬瑞同志晋中学院正院级调研员职务
12 月24日 免去张翠梅同志太原工业学院副院长职务
12 月24日 免去傅月晟同志山西广播电视大学正校级调研员职务
12 月24日 免去靳援军同志省地质勘查局巡视员职务
12 月24日 免去张奎元同志中国煤炭博物馆副巡视员职务
12 月31日 提名免去李俊同志山西建筑职业技术学院正院级调研员职务
12 月31日 提名免去刘丽华同志山西艺术职业学院正院级调研员职务
12 月31日 免去高志明同志省发展研究中心党组成员职务
12 月31日 免去郭成文同志省委党校校委委员职务
12 月31日 山西建筑职业技术学院李俊同志退休
12 月31日 山西艺术职业学院刘丽华同志退休
12 月31日 提名郭健同志任山西广播电视台台长、总编
12 月31日 提名免去郭成文同志山西行政学院副院长职务
12 月31日 提名免去高志明同志省发展研究中心副主任职务
12 月31日 提名免去李华中同志省交通运输管理局局长（副厅级）职务
12 月31日 郭健同志任山西广播电视台党委书记
12 月31日 免去郭成文同志省委党校副校长职务，退休

驻外办事处

3 月19日 提名免去郭海仙同志省政府驻北京办事处副巡视员职务
3 月19日 省政府驻北京办事处郭海仙同志退休
4 月19日 董飚同志任省政府驻北京办事处党组成员
4 月19日 提名董飚同志任省政府驻北京办事处副主任
4 月28日 董飚同志任省政府驻北京办事处副主任
7 月2日 提名免去邢建国同志省政府驻沈阳办事处副主任职务，退休
7 月18日 免去邢建国同志省政府驻沈阳办事处副主任职务

群团组织

1 月29日 免去郭海亮同志省总工会党组书记职务
1 月29日 提名田喜荣同志任省总工会主席
2 月22日 田喜荣同志任省总工会党组书记
2 月22日 罗向东同志任省作家协会党组副书记（试用期一年）
3 月18日 省妇联张烈珍同志退休
3 月19日 提名王维卿同志任省妇女联合会主席
3 月19日 提名免去李悦娥同志省妇女联合会主席职务
3 月19日 免去李悦娥同志省妇女联合会党组书记职务
3 月19日 李江龙同志任省总工会纪检组长
4 月19日 免去赵沂旸同志省总工会党组成员职务
4 月19日 免去李云峰同志共青团山西省委党组成员职务
4 月19日 免去郑红同志省妇女联合会党组成员职务
4 月19日 提名免去赵沂旸同志省总工会经费审查委员会主任（副厅长级）职务
4 月19日 提名免去郑红同志省妇女联合会副主席职务
4 月19日 免去李云峰同志省少先队工作委员会主任（副厅长级）职务
5 月24日 提名张根虎同志为山西省文学艺术界联合会第八届委员会主席团主席候选人
5 月24日 提名李太阳同志为山西省文学艺术界联合会第八届委员会主席团常务副主席（驻会）候选人
5 月24日 提名石跃峰同志为山西省文学艺术界联合会第

八届委员会主席团副主席（驻会）候选人

5月24日　提名李和平、刘廷明、郭新民、王爱琴、高晓江、赵建平、史佳华、谢涛、王学辉、马小平、聂还贵、王富山同志为山西省文学艺术界联合会第八届委员会主席团副主席候选人

5月24日　提名杜学文同志为山西省作家协会第六届委员会主席团主席候选人

5月24日　提名张明旺同志为山西省作家协会第六届委员会主席团常务副主席（驻会）候选人

5月24日　提名杨占平、张锐锋同志为山西省作家协会第六届委员会主席团副主席（驻会）候选人

5月24日　提名孙志坚（哲夫）、吕新、赵瑜、王祥夫、蒋韵、葛水平、杨璐生、李杜、秦溱、晋原平、李骏虎同志为山西省作家协会第六届委员会主席团副主席候选人

5月24日　提名李高山同志为山西省社会科学界联合会第二届委员会主席候选人

5月24日　提名侯秀娟同志为山西省社会科学界联合会第二届委员会常务副主席（驻会）候选人

5月24日　提名王志超同志为山西省社会科学界联合会第二届委员会副主席（驻会）候选人

5月24日　提名李中元、李劲民、高健生、张卓玉、王李金、吴俊清、郭泽光、王尚义同志为山西省社会科学界联合会第二届委员会副主席候选人

5月24日　提名张敬平同志任省妇女联合会副主席

5月24日　提名李亚明同志为山西省第六届残疾人联合会执行理事会理事长候选人

5月24日　提名郭新志、温万一、刘晔同志为山西省第六届残疾人联合会执行理事会副理事长候选人

5月24日　李亚明同志任省残疾人联合会党组书记

5月24日　免去郭贵仁同志省残疾人联合会党组书记职务

5月24日　马慧健同志任省少先队工作委员会主任（副厅长级，试用期一年）

5月24日　王纪山同志任省社会科学界联合会党组副书记（副厅长级，试用期一年）

5月24日　王国强同志任省供销合作社联合社副巡视员

5月24日　刘晔同志任省残疾人联合会党组成员

5月24日　马慧健同志任共青团山西省委党组成员

5月24日　张敬平同志任省妇女联合会党组成员

6月20日　张茂才同志兼任山西省交通运输协会会长

6月21日　免去王世平同志省残疾人联合会副巡视员职务，退休

8月30日　张亚琳同志任省总工会党组成员

8月30日　免去梁若洁同志省总工会党组成员职务

8月30日　提名张亚琳同志任省总工会经费审查委员会主任（副厅长级，试用期一年）

8月30日　免去梁若洁同志省总工会副主席职务

8月30日　梁若洁同志任省总工会巡视员

9月3日　李亚明同志任省第六届残疾人联合会执行理事会理事长

9月3日　郭新志、温万一、刘晔同志任省第六届残疾人联合会执行理事会副理事长

11月25日　免去顾青圻同志省妇女联合会党组成员职务

11月26日　李太阳同志任省文学艺术界联合会党组书记

11月26日　免去张根虎同志省文学艺术界联合会党组书记职务

11月26日　提名免去顾青圻同志省妇女联合会副主席职务

11月26日　免去张莉清同志省妇女联合会副巡视员职务，退休

11月26日　省妇女联合会顾青圻同志退休

省委直接管理的重要骨干企业

1月17日　提名吕福贞同志为晋商银行股份有限公司监事长候选人（副职待遇）

1月17日　提名免去吕福贞同志晋商银行股份有限公司副监事长职务

2月5日　吕福贞同志任晋商银行股份有限公司监事长候选人（副职待遇）

2月5日　免去吕福贞同志晋商银行股份有限公司副监事长职务

2月22日　提名荆作栋、吕建新同志任山西出版传媒集团有限责任公司董事、为副总经理人选

3月19日　提名李占鳌同志任山西广播电视传媒（集团）有限责任公司董事长（兼）

3月19日　提名免去王亚同志省农村信用社联合社理事长职务

3月19日　提名免去齐峰同志山西出版传媒集团有限责任公司董事长职务

3月19日　李占鳌同志任山西广播电视传媒（集团）有限责任公司党委书记（兼）

3月19日　免去王亚同志省农村信用社联合社党委书记职务

3月19日　免去齐峰同志山西出版传媒集团有限责任公司党委书记职务

3月19日　郭玉福同志任山西日报报业集团党委书记、社长

3月19日　免去袁升德同志山西日报报业集团党委书记、社长职务

3月19日　席永明同志任山西日报报业集团纪委书记

4月19日　免去王俊飚同志省农村信用社联合社党委委员职务

4月19日　免去王琳同志山西水务投资集团有限公司党委委员职务

4月19日　阳泉煤业（集团）有限责任公司石盛奎同志退

休

4月19日 崔联会同志任省农村信用社联合社党委书记

4月19日 王宇鸿同志任山西出版传媒集团有限责任公司党委书记

4月19日 梁宝印同志任山西出版传媒集团有限责任公司党委副书记

4月19日 提名王宇鸿同志任山西出版传媒集团有限责任公司董事长

4月19日 提名梁宝印同志任山西出版传媒集团有限责任公司董事、总经理

4月19日 提名免去王宇鸿同志山西出版传媒集团有限责任公司总经理职务

4月19日 提名免去王琳同志山西水务投资集团有限公司副董事长、总经理职务

4月19日 提名崔联会同志为省农村信用社联合社理事长候选人

4月19日 提名免去王俊飚同志省农村信用社联合社副主任职务

4月28日 崔联会同志任省农村信用社联合社理事长候选人

4月28日 王宇鸿同志任山西出版传媒集团有限责任公司董事长

4月28日 梁宝印同志任山西出版传媒集团有限责任公司董事、总经理

4月28日 免去王宇鸿同志山西出版传媒集团有限责任公司总经理职务

4月28日 免去王俊飚同志省农村信用社联合社副主任职务

5月17日 免去王琳同志山西水务投资集团有限公司副董事长、总经理职务

5月24日 提名刘建中同志为晋能有限责任公司董事长人选

5月24日 提名曹耀丰同志为晋能有限责任公司总经理人选

5月24日 提名曹冬、王建设同志为晋能有限责任公司正职待遇

5月24日 刘建中同志任晋能有限责任公司党委书记

7月2日 免去杨小宁同志山西日报报业集团副总编职务，退休

8月30日 赵志明同志任省国信投资（集团）公司党委委员

8月30日 提名赵志明同志任省国信投资（集团）公司副总经理

9月24日 免去李海渊同志山西广电信息网络（集团）有限责任公司党委书记职务

9月24日 免去李海渊同志山西广播电视台台长、总编，山西广电信息网络（集团）有限责任公司董事长职务

9月25日 赵志明同志任省国信投资（集团）公司副总经理

11月26日 免去杜天威同志山西日报报业集团巡视员职务，退休

12月31日 提名武华太同志任山西焦煤集团有限责任公司董事长

12月31日 提名免去任福耀同志山西焦煤集团有限责任公司董事长职务

12月31日 提名贺天才同志任山西晋城无烟煤矿业集团有限责任公司董事长

12月31日 提名免去武华太同志山西晋城无烟煤矿业集团有限责任公司董事长职务

12月31日 武华太同志任山西焦煤集团有限责任公司党委书记

12月31日 免去任福耀同志山西焦煤集团有限责任公司党委书记职务

12月31日 贺天才同志任山西晋城无烟煤矿业集团有限责任公司党委书记

12月31日 免去武华太同志山西晋城无烟煤矿业集团有限责任公司党委书记职务

各　市

太原市

1月17日 提名柳遂记同志为太原市公安局局长人选

1月17日 袁实同志退休

2月6日 耿彦波同志任太原市委委员、常委、副书记

2月6日 免去廉毅敏同志太原市委副书记、常委、委员职务

2月6日 提名耿彦波同志为太原市市长候选人

2月6日 提名廉毅敏同志不再担任太原市市长职务

2月22日 提名寿伟光同志为太原市副市长人选（挂职，期限二年）

3月18日 赵安灵同志退休

3月19日 免去邹天敬同志太原市委常委、委员和太原市迎泽区委书记职务

3月19日 免去高键同志太原市委常委、委员职务

4月19日 陈河才同志任太原市委常委（列张金旺同志之后）

4月19日 提名薛忠晋同志为太原市副市长人选

4月19日 提名免去陈河才同志太原市副市长职务

5月24日 张波同志任太原市民营经济开发区管委会主任

5月24日 车建华同志任太原市小店区委书记，免去其清徐县委书记职务

5月24日 提名刘文华同志任太原市迎泽区委书记

5月24日 提名王立刚同志任太原市晋源区委书记
5月24日 提名韩良会同志任清徐县委书记
5月24日 免去张金旺同志太原市小店区委书记职务
5月24日 免去赵伟东同志太原市晋源区委书记职务
6月21日 张玉兰同志退休
8月30日 方贵忠同志退休
11月25日 姬和平、李毓玲同志退休
11月26日 免去邵秋枫同志太原经济技术开发区党工委书记职务，退休

大同市

2月6日 提名耿彦波同志不再担任大同市市长职务
2月6日 李俊明同志任大同市委委员、常委、副书记
2月6日 免去耿彦波同志大同市委副书记、常委、委员职务
2月6日 提名李俊明同志为大同市市长候选人
2月22日 提名王武道同志为大同市公安局局长人选
2月22日 提名免去李如林同志大同市公安局局长职务
4月19日 刘国庆同志任大同市委委员、常委、副书记
4月19日 郜向华同志任大同市委常委（列马斌同志之后）
4月19日 免去李俊敏同志大同市委常委、委员职务
4月19日 提名柴树彬同志为大同市政协主席候选人
4月19日 提名张韬同志为大同市副市长人选（当选后列靳瑞林同志之后）
4月19日 提名免去马福山同志大同市政协主席职务
4月19日 提名免去郜向华同志大同市副市长职务
5月24日 免去柴树彬同志大同市委副书记、常委职务
8月30日 孙利仁同志任大同市委委员、常委
8月30日 免去杨广雨同志大同市委常委、委员职务

朔州市

2月6日 王安庞同志任朔州市委委员、常委、书记
2月6日 免去王茂设同志朔州市委书记、常委、委员职务
3月19日 提名吴晓斌同志任朔州市平鲁区委书记
3月19日 免去马彦同志朔州市委副书记、常委、委员职务
4月19日 郑红同志任朔州市委委员、常委、副书记
4月19日 康吉仁同志任朔州市委委员、常委（列韩忠荣同志之后）和市纪委书记
4月19日 冯云龙同志任朔州市委委员、常委（列张耀生同志之后）
4月19日 免去刘国庆同志朔州市委常委、委员和市纪委书记职务
4月19日 免去董一兵同志朔州市委常委、委员职务
9月24日 李海渊同志任朔州市委委员、常委、副书记
9月24日 免去李正印同志朔州市委副书记、常委、委员职务
9月24日 提名李海渊同志为朔州市市长候选人
9月24日 提名李正印同志不再担任朔州市市长职务
11月26日 王建科同志任朔州市委委员、常委
11月26日 免去韩忠荣、黄跃进同志朔州市委常委、委员职务
11月26日 提名免去韩忠荣同志朔州市副市长职务，退休

忻州市

3月19日 免去王成同志忻州市委常委、委员职务
3月19日 提名免去王成同志忻州市副市长职务
4月19日 董一兵同志任忻州市委委员、常委（列吉久昌同志之后）
4月19日 付剑同志任忻州经济开发区党工委书记，免去其忻州经济开发区管委会主任职务
4月19日 刘婷芳同志任忻州经济开发区管委会主任，免去其定襄县委书记职务
4月19日 提名董一兵同志为忻州市副市长人选
5月24日 张钰祥同志任忻州市忻府区区委书记，免去其岢岚县委书记职务
5月24日 提名边东圣同志任河曲县委书记
5月24日 提名王源同志任偏关县委书记
5月24日 提名张文斌同志任定襄县委书记
5月24日 提名王志东同志任岢岚县委书记
5月24日 免去武宪堂同志忻州市忻府区区委书记职务
5月24日 免去王书东同志河曲县委书记职务
5月24日 免去任建华同志偏关县委书记职务
7月19日 刘予强同志任忻州市委委员、常委（列阮全进同志之后）和市纪委书记职务
7月19日 免去辛旭光同志忻州市委常委、委员和市纪委书记职务
11月25日 刘银栓同志退休

吕梁市

2月22日 提名免去王武道同志吕梁市公安局局长职务
3月19日 提名郑明珠同志为吕梁市人大常委会副主任候选人
3月19日 提名刘永平同志为吕梁市副市长候选人
3月19日 提名刘广龙、王志强同志为吕梁市政协副主席候选人
3月19日 提名宁建新同志为吕梁市人民检察院检察长候选人
4月19日 提名权志高同志为吕梁市公安局局长人选
4月19日 郑中夏同志任吕梁市委委员、常委（列李良森同志之后）

4月19日 张建国同志任临县县委书记
4月19日 徐宇平同志任交口县委书记
4月19日 郭保平同志任中阳县委书记
4月19日 免去牛社威同志吕梁市委常委、委员职务
4月19日 免去郑明珠同志交口县委书记职务
4月19日 免去刘永平同志临县县委书记职务
4月19日 免去刘广龙同志中阳县委书记职务
5月24日 张旭光同志任吕梁市委常委
5月24日 李建国同志任汾阳市委书记
5月24日 免去王志强同志汾阳市委书记职务
5月29日 宇建新同志任吕梁市人民检察院检察长
5月29日 免去张仲马同志吕梁市人民检察院检察长职务
8月30日 车瑞金同志任吕梁市委委员、常委
8月30日 免去陆崇相同志吕梁市委常委、委员职务
11月26日 免去刘保明同志吕梁市委常委、委员职务，退休

晋中市

1月11日 王继堂同志任介休市委书记，免去其寿阳县委书记职务
1月11日 杨建平同志任寿阳县委书记，免去其太谷县委书记职务
2月6日 段燕翔同志任灵石县委书记，免去其祁县县委书记职务
2月6日 提名郝向明同志任太谷县委书记
2月6日 提名吴文胜同志任祁县县委书记
2月6日 提名卫明喜同志任平遥县委书记
2月6日 免去刘润民同志晋中市委副书记、常委、委员和昔阳县委书记职务
3月19日 提名辛琰同志为晋中市副市长人选（当选后列王盛章同志之后），免去其晋中市政协副主席职务
3月19日 郑琪文、秦太明同志为晋中市政协副主席候选人
3月19日 免去郭勇飞同志晋中市副市长职务
3月19日 免去秦太明同志晋中经济开发区党工委书记职务
3月19日 免去郑琪文同志榆次工业园区党工委书记职务
3月19日 提名丁雪钦同志任昔阳县委书记
4月19日 张秀萍同志任晋中市委委员、常委、副书记
4月19日 苗伟同志任晋中市委委员、常委（列丁文禄同志之后）
4月19日 免去程锡景同志晋中市委副书记、常委职务
4月19日 免去李苏平同志晋中市委常委、委员职务
7月10日 胡玉亭同志任晋中市委委员、常委、副书记
7月10日 免去吴清海同志晋中市委副书记、常委、委员职务
7月10日 提名胡玉亭同志为晋中市市长候选人
7月10日 提名吴清海同志不再担任晋中市市长职务
8月30日 赵春雷同志任晋中经济开发区党工委书记
8月30日 张宝中同志任榆次工业园区党工委书记
11月25日 张煌珠同志退休

阳泉市

2月6日 陈永奇同志任阳泉市委委员、常委、副书记
2月6日 免去李栋梁同志阳泉市委副书记、常委、委员职务
2月6日 提名陈永奇同志为阳泉市市长候选人
2月6日 提名李栋梁同志不再担任阳泉市市长职务
3月19日 免去郭长青同志阳泉市委副书记、常委、委员职务
4月19日 段存寿同志退休
4月19日 王旭明同志任阳泉市委副书记
4月19日 刘星同志任阳泉市委常委（列方庆灵同志之后）
4月19日 李云峰同志任阳泉市委委员、常委（列刘星同志之后）
4月19日 免去许霞同志阳泉市委常委、委员职务
4月19日 提名李利生同志为阳泉市副市长人选
4月19日 提名郝培亮同志为阳泉市副市长人选（当选后列李利生同志之后）
4月19日 提名免去王旭明、刘星同志阳泉市副市长职务
8月30日 免去王永珍同志阳泉市郊区区委书记职务
8月30日 提名苏秀瑞同志任阳泉市郊区区委书记
11月26日 密国林同志任阳泉市委委员、常委
11月26日 免去方庆灵同志阳泉市委常委、委员职务

长治市

2月6日 席小军同志任长治市委委员、常委、副书记
2月6日 免去张保同志长治市委副书记、常委、委员职务
2月6日 提名张保同志不再担任长治市市长职务
2月6日 马天荣同志任长治市委委员、常委、书记
2月6日 免去田喜荣同志长治市委书记、常委、委员职务
2月6日 提名席小军同志为长治市市长候选人
3月19日 提名卢展明同志任沁县县委书记
3月19日 免去王维卿同志长治市委常委、委员职务
3月19日 提名免去王维卿同志长治市副市长职务
4月19日 许霞同志任长治市委委员、常委（列高建国同志之后）
4月19日 提名董岩、王玉圣同志为长治市副市长人选
5月24日 提名胡坚同志任武乡县委书记
5月24日 免去周涛同志武乡县委书记职务
8月30日 史加龙同志退休
11月25日 师义昌同志退休

晋城市

2月6日　刘润民同志任晋城市委委员、常委、副书记
2月6日　免去王清宪同志晋城市委副书记、常委、委员职务
2月6日　提名刘润民同志为晋城市市长候选人
2月6日　提名王清宪同志不再担任晋城市市长职务
3月19日　免去冯征同志晋城市委常委、委员职务
3月19日　提名免去冯征同志晋城市副市长职务
4月19日　张满祥同志退休
4月19日　提名赵沂旸同志为晋城市副市长人选（当选后列王树新同志之后）
4月19日　李俊敏同志任晋城市委委员、常委、副书记
4月19日　王树新同志任晋城市委常委（列范丽霞同志之后）
4月19日　武宏文同志任晋城市委委员、常委（列王树新同志之后）和市纪委书记
4月19日　免去于若洁同志晋城市委副书记、常委、委员职务
4月19日　免去康吉仁同志晋城市委常委、委员和市纪委书记职务
5月24日　张玉宏同志任高平市委书记，免去其晋城市城区区委书记职务
5月24日　提名张利锋同志任晋城市城区区委书记
5月24日　免去谢克敏同志高平市委书记职务

临汾市

1月17日　方熔同志退休
4月19日　陈小洪同志任临汾市委委员、常委
4月19日　免去郑中夏同志临汾市委常委、委员职务
4月19日　免去毛益民同志吉县县委书记职务
4月19日　免去张越铁同志曲沃县委书记职务
4月19日　提名王振宇同志为临汾市副市长人选（当选后列谢碧玲同志之后）
4月19日　提名免去陈小洪同志临汾市副市长职务
5月24日　朱晓东同志任曲沃县委书记
5月24日　提名郝忠祥同志任吉县县委书记
5月24日　提名闫建国同志任蒲县县委书记
5月24日　免去邓彩彪同志蒲县县委书记职务
11月26日　免去李山林同志侯马经济技术开发区管委会主任职务，退休

运城市

2月5日　柴瑞霭同志退休
2月6日　王茂设同志任运城市委委员、常委、书记
2月6日　王清宪同志任运城市委委员、常委、副书记
2月6日　免去王安庞同志运城市委副书记、常委、委员职务
2月6日　免去白云同志运城市委书记、常委、委员职务
2月6日　提名王清宪同志为运城市市长候选人
2月6日　提名王安庞同志不再担任运城市市长职务
3月19日　免去赵建平同志运城市委常委、委员和市纪委书记职务
4月19日　吴菊仙同志退休
4月19日　提名王俊飚同志为运城市副市长人选（当选后列王健康同志之后）
4月19日　提名戎劲光同志为运城市公安局局长人选
4月19日　提名免去武宏文同志的运城市副市长人选
4月19日　提名免去权志高同志运城市公安局局长职务
4月19日　张润喜同志任运城市委委员、常委（列陈振亮同志之后）和市纪委书记
4月19日　常社教同志任运城市委委员、常委
4月19日　侯伟建同志任运城空港经济开发区党工委书记，免去其垣曲县委书记职务
4月19日　肖暹东同志任风陵渡经济开发区党工委书记
4月19日　免去王蕾同志运城市委常委、委员职务
4月19日　免去王正风同志风陵渡经济开发区党工委书记和芮城县委书记职务
4月19日　免去刘桂国同志运城市委常委、委员职务
5月24日　荆青莲同志任运城市委委员、常委（列常建忠同志之后）
5月24日　提名史凯同志任垣曲县委书记
5月24日　提名董旭光同志任芮城县委书记
5月24日　提名卫再学同志任绛县县委书记
5月24日　免去裴良杰同志绛县经济开发区党工委书记和绛县县委书记职务
5月24日　提名裴良杰同志为运城市人大常委会副主任候选人
5月24日　提名免去荆青莲同志运城市人大常委会副主任职务
6月21日　免去张秀武同志夏县县委书记职务
7月10日　免去魏爱军同志绛县经济开发区管委会主任职务
8月30日　提名葛作民同志任夏县县委书记
11月25日　毋昆峰同志退休
11月26日　免去董鹏翔同志运城市委副书记、常委、委员职务，退休
11月26日　免去原启宏同志运城经济技术开发区党工委书记职务，退休

其　他

1月4日　免去高生华同志省爱卫会专职副主任（副厅长

级）职务
2月5日　免去陈建鹰同志省管国有企业监事会主席职务
2月22日　免去郑文锋同志省互联网信息办公室专职副主任（副厅长级）职务
3月19日　提名免去李永平同志省国家资源经济转型综合配套改革试验区工作领导组办公室专职副主任（正厅长级）职务
3月19日　提名赵友亭同志任省援疆工作前方指挥部总指挥（正厅长级）
3月19日　提名免去王赋同志省援疆工作前方指挥部总指挥（正厅长级）职务
3月19日　提名免去高云同志省无线电管理局局长（副厅长级）职务
3月19日　姚少峰同志任省重点工程建设办公室主任（副厅长级）
3月19日　陆京同志任省政府金融工作办公室副主任（副厅长级）
3月19日　竟晖同志任省政府金融工作办公室副主任（副厅长级）
3月28日　赵友亭同志任省援疆工作前方指挥部总指挥（正厅长级）
3月28日　免去王赋同志省援疆工作前方指挥部总指挥（正厅长级）职务
3月28日　免去李永平同志省国家资源型经济转型综合配套改革试验区工作领导组办公室专职副主任（正厅长级）职务
3月28日　免去高云同志省无线电管理局局长（副厅长级）职务
4月19日　提名张铁、张建峰同志任省重大项目稽察特派员（副厅长级，试用期一年）
4月19日　朱新才同志任省互联网信息办公室专职副主任（副厅长级，试用期一年）
4月19日　姚鸿波、刘永生同志任省社会管理综合治理委员会办公室副主任（副厅长级，试用期一年）
4月19日　免去闫喜春同志省社会管理综合治理委员会办公室副主任（副厅长级）职务
4月19日　赵志杰同志任省委农村工作领导组办公室副主任
4月19日　提名弋小燕、杨雨公同志任省国有企业监事会主席（试用期一年）
4月28日　张铁、张建峰同志任省重大项目稽察特派员（副厅长级，试用期一年）
4月28日　叶荃同志任省无线电管理局局长（副厅长级，试用期一年）
4月28日　戈小燕、杨雨公同志任省管国有企业监事会主席（试用期一年）
4月28日　免去宋世华同志省管国有企业监事会主席职务
5月24日　提名王伟同志任省劳动教养管理局（省强制隔离戒毒管理局）局长（副厅长级）
5月24日　周涛同志任省委依法治省领导组办公室专职副主任（副厅长级，试用期一年）
5月24日　免去张玉良同志省委依法治省领导组办公室专职副主任（副厅长级）职务
5月24日　免去李效民同志省劳动教养管理局（省强制隔离戒毒管理局）政委（副厅长级）职务
5月24日　陈明昌同志任省委农村工作领导组办公室副主任
5月24日　免去关建勋同志省委农村工作领导组办公室副主任职务
6月21日　刘志杰同志任省委农村工作领导组办公室副主任
12月24日　免去张晋鹏同志省交通运输执法局局长（副厅长级）职务

人 物

一、年度职务变动的省级领导简历

李小鹏

李小鹏

李小鹏，男，汉族，1959年6月生，四川省成都市人，1985年5月加入中国共产党，1982年8月参加工作，大学学历，高级工程师。现任十八届中央候补委员，山西省委副书记、省长、省政府党组书记。

1978年10月至1982年8月，华北电力学院电力工程系发电厂及电力系统专业学习；1982年8月至1989年8月，电力科学研究院系统所技术员、助理工程师、工程师（其间：1987年2月至1988年2月，加拿大安大略水电局、曼尼吐巴直流高压输电研究中心、曼尼吐巴大学进修培训）；1989年8月至1990年8月，电力科学研究院计划经营处副处长；1990年8月至1991年10月，电力科学研究院电力技术经济研究所所长（1989年4月至1991年4月，北京经济函授大学经济管理专业专科班学习）；1991年10月至1993年6月，华能国际电力开发公司总经理助理；1993年6月至1994年6月，华能国际电力开发公司副总经理、分党组成员；1994年6月至1995年10月，华能国际电力开发公司副总经理、分党组成员兼华能国际电力股份有限公司董事、副总经理；1995年10月至1996年3月，华能国际电力开发公司副董事长、总经理、分党组成员兼华能国际电力股份有限公司副董事长、总经理；1996年3月至1999年3月，华能国际电力开发公司副董事长、总经理、党组副书记兼华能国际电力股份有限公司副董事长、总经理；1999年3月至1999年12月，华能国际电力开发公司董事长、总经理、党组书记兼华能国际电力股份有限公司董事长、总经理；1999年12月至2001年12月，中国华能集团公司董事、总经理、党组书记兼华能国际电力开发公司董事长、总经理，华能国际电力股份有限公司董事长、党组书记；2001年12月至2002年12月，国家电力公司副总经理、党组成员兼中国华能集团公司董事长、总经理、党组书记，华能国际电力开发公司董事长、总经理，华能国际电力股份有限公司董事长、党组书记（2001年3月至2002年1月，中央党校一年制中青年干部培训班学习）；2002年12月至2008年5月，中国华能集团公司总经理、党组书记兼华能国际电力开发公司董事长，华能国际电力股份有限公司董事长、党组书记（其间：2006年5月至2006年7月，中央党校省部级干部进修班学习）；2008年5月至2008年6月，山西省委常委；2008年06月至2010年06月，山西省委常委、副省长；2010年6月至2012年12月，山西省委常委、副省长（负责常务工作），省政府党组副书记，山西行政学院院长；2012年12月至2013年1月，山西省委副书记、代省长，省政府党组书记，山西行政学院院长；2013年1月，山西省委副书记、省长、省政府党组书记。

第十八届中央候补委员，第十七大、十八大代表，第十一届全国人大代表。第九届、十届省委委员。

杜善学

杜善学，男，汉族，1956年2月生，山西省临猗县人，1975年3月加入中国共产党，1976年6月参加工作。中央党校研究生学历，哲学硕士学位。

1976年6月至1978年3月，在山西省临猗县财税局办公室、农财股干事；1978年3月至1982年1月，在山西财经大学会计系会计专业学习；1982年1月至1983年6月，山西省财政贸易委员会财政金融处干事；1983年4月至1985年3月，山西省政府办公厅第三办公室干事；1985年3月至1987年4月，任山西省经济开发投资公司副总经理；1987年4月至1990年9月，任山西省财政厅商业企业财务处副处长；1990年9月至1993年2月，任山西省财政厅商业企业财务处处长；1993年2月至2000年5月，任山西省财政厅副厅长（其间：1996年4月至1998年3月，在中国社会科学院研究生院工业经济系企业管理专业研究生课程班学习；2000年5月至2003年1月，任山西省财政厅副厅长、党组副书记（1998年9月至2000年9月，在山西大学科学技术哲学专业研究生课程班学习，获哲学硕士学位；2001年3月至2002年1月，在中共中央党校一年制中青年干部培训班学习）；2003年1月至2003年4月，任山西省长治市委副书记、代市长；2003年4月至2008年2月，任山西省长治市委副书记、市长（2001年3月至2004年1月，在中央党校在职研究生班法学理论专业学习）；2008年2月至2011年1月，任山西省长治市委书记；2011年1月至2011年11月，任山西省吕梁市委书记；2011年11月至2012年1月，任中共山西省委常委、吕梁市委书记；2012年1月至2013年1月，任中共山西省委常委、秘书长。2013年1月，任中共山西省委常委、副省长。

第十一届全国人大代表，第九届、第十届省委委员，第八届省纪委委员。

聂春玉

聂春玉，男，汉族，1955年7月生，山西省侯马市人。1973年8月加入中国共产党，1976年10月参加工作，阜新矿业学院地测系测量专业毕业，研究生学历，研究员。

1973年9月至1976年10月，在阜新矿业学院（现辽宁工程技术大学）地测系测量专业学习。1976年10月至1980年5月，中共侯马市委宣传部干事、中共侯马市委办公室秘书；1980年5月至1981年8月，任共青团侯马市委副书记；1981年8月至1984年3月，任侯马市高村公社党委常委、副主任；1984年3月至1992年9月，任山西省委政研室干事、工业处副处长、地县处处长；1992年9月至1997年1月，任山西省委政研室副主任；1997年1月至2000年10月，任山西省委农村工作领导小组办公室副主任兼产业化办公室主任；2000年10月至2001年5月，任山西省政府经济研究中心主任、党组书记；2001年5月至2003年2月，任山西省政府改革与发展研究中心主任、党组书记；2003年2月至2004年3月，任中共吕梁地委副书记、吕梁地区行政公署专员；2004年3月至2004年7月，任中共吕梁市委副书记、吕梁地区行政公署专员；2004年7月至2006年2月，任中共吕梁市委副书记、吕梁市人民政府市长；2006年2月至2011年1月，任中共吕梁市委书记；2011年1月至2013年1月，任中共山西省委常委、山西省委统战部部长；2013年1月任中共山西省委常委、山西省委秘书长。

白　云

白云，女，1960年12月生，山西省五台县人。1979年12月加入中国共产党，1976年12月参加工作，中国人民大学工商管理学院工商管理专业毕业，硕士研究生学历，工商管理学硕士学位。

1976年12月至1979年5月，国防科委廿基地通讯总站卫生队卫生员；1979年5月至1984年9月，雁北军分区后勤部卫生科卫生员、护士；1984年9月至1986年5月，朔县县委宣传部党教科副科长；1986年5月至1986年9月，平朔矿区工委干事（其间：1984年9月至1986年7月在雁北师范专科学校干部专修科学习）；1986年9月至1988年6月，平朔矿区工委团委书记；1988年6月至1989 年1月，朔州市委筹备组组织组工作；1989年1月至1990年4月，共青团朔州市委负责人；1990年4月至1993年3月，任共青团朔州市委书记；1993年3月至1997年12月，团省委副书记（其间：1994年9月至1997年7月，在中国人民大学工商管理学院工商管理专业在职硕士研究生学习；1996年9月至1997年1月，在中央党校进修二班学习）；1997年12月至2001年2月，任团省委副书记、党组副书记；2001年2月至2003年3月，任团省委书记、党组书记；2003年3月至2003年6月待安排；2003年6月至2004年2月，任吕梁地委副书记（正厅级）；2004年2月至2006年2月，任吕梁市委副书记（正厅级）；2006年2月至2006年4月，任阳泉市委副书记、代市长；2006年4月至2009年4月，任阳泉市委副书记、市长；2009年4月至2012年1月，任阳泉市委书记；2012年1月至2013年1月，任运城市委书记；2013年1月至2013年2月，任山西省委常委、运城市委书记；2013年2月，任山西省委常委、统战部部长。

第九届、十届省委委员，第十届省人大常委，第八届省政协常委。

牛仁亮

牛仁亮

牛仁亮，男，汉族，1953年5月生，山西省万荣县人，1984年12月加入中国共产党，1977年10月参加工作，研究生学历，经济学博士学位。现任山西省委委员、山西省人大常委会副主任。

1974年10月至1977年10月，山西师范学院学习；1977年10月至1980年10月，山西省万荣县里望中学教师；1980年10月至1985年9月，山西师范学院马列教研室教师（其间：1982年3月至1983年2月在福建师范大学《资本论》研讨班学习）；1985年9月至1988年9月，山西师范大学马列所政治经济学专业硕士研究生；1988年9月至1991年8月，中国社会科学院研究生院经济系政治经济学专业博士研究生；1991年8月至1994年12月，任中央办公厅秘书局正处级调研员；1994年12月至1995年11月，任南方证券有限公司发展研究部总经理；1995年11月至1997年7月，任南方证券有限公司沈阳分公司总经理、党委书记（副厅级）；1997年7月至1997年10月，任南方证券有限公司党委副书记；1997年10月至1999年2月，任南方证券有限公司党委副书记、天津分公司总经理（正厅级）；1999年2月至1999年8月，任山西省委副秘书长（正厅级）；1999年8月至2000年5月，任山西省委副秘书长、政策研究室主任；2000年5月至2002年7月，任山西省发展计划委员会主任、党组书记；2002年7月至2013年1月，任山西省副省长；2013年1月，任山西省人大常委会副主任。

第十六大代表，第八届、九届、十届省委委员。

周　然

周　然

周然，男，汉族，1958年7月生，山西省忻州市人，1994年9月加入农工民主党，1976年4月参加工作，研究生学历，医学博士学位，教授，主任医师。现任全国政协委员，山西省人大常委会副主任，农工民主党中央常委、山西省委主委，山西中医学院院长。

1976年4月至1978年3月，内蒙古自治区达茂旗插队；1978年3月至1982年12月，内蒙古医学院中医系中医专业学习；1982年12月至1986年8月，山西省中医学校教师；1986年8月至1989年9月，山西省中医研究所中医方剂专业硕士研究生；1989年9月至1992年10月，山西省中医研究所方剂研究室课题负责人；1992年10月至1997年3月，任山西省中医研究院科技开发部副主任、主任；1997年3月至2000年7月，任山西省中医研究院副院长；2000年7月至2001年5月，任山西省中医研究院副院长，农工民主党省委副主委；2001年5月至2001年12月，任山西省卫生厅副厅长，农工民主党省委副主委；2001年12月至2002年12月，任农工民主党山西省委主委，省卫生厅副厅长（其间：2000年9月至2002年12月，华中科技大学社会医学与卫生事业管理专业在职研究生，获医学博士学位）；2002年12月至2003年1月，任农工民主党中央常委、山西省委主委，省卫生厅副厅长；2003年1月至2005年11月，任山西省政协副主席，农工民主党中央常委、山西省委主委，省卫生厅副厅长；2005年11月至2013年1月，任山西省政协副主席，农工民主党中央常委、山西省委主委，山西中医学院院长；2013年1月，任山西省人大常委会副主任，农工民主党中央常委、山西省委主委，山西中医学院院长。

第十届、十一届全国政协委员，八届省政协常委。

张茂才

张茂才

张茂才，男，汉族，1954年9月生，山西省保德县人，1974年10月加入中国共产党，1970年12月参加工作，现任山西省人大常委会副主任。中央党校研究生学历，高级政工师。

1970年12月至1974年9月，山西省保德县贾家峁公社、桥头公社团委书记，团县委干事；1974年9月至1977年9月，山西师范学院政史系政治专业学习；1977年9月至1979年5月，山西省忻县地委组织部干事；1979年5月至1980年12月，山西省忻县地区教育局干事；1980年12月至1982年9月，山西省忻州地委组织部干事；1982年9月至1985年8月，山西省忻州地委组织部组织科科长；1985年8月至1992年6月，山西省委宣传部干部处处长（其间：1991年3月至1991年7月，省委党校中青年干部培训班学习）1992年6月至1995年12月，任山西省新闻出版局副局长、机关党委书记；1995年12月至1999年2月，任山西省新闻出版局（版权局）副局长（其间：1997年9月至1998年7月，中央党校中青年理论宣传培训班学习）；1999年2月至2000年2月，任山西省临汾地委委员、组织部长；2000年2月至2000年9月，任山西省临汾地委副书记（1997年9月至2000年7月，中央党校在职研究生班法学专业学习）；2000年9月至2001年1月，任山西省临汾市委副书记；2001年1月至2003年2月，任山西省临汾市委副书记、市长；2003年2月至2006年2月，任山西省临汾市委书记；2006年2月至2008年2月，任山西省运城市委书记；2008年2月至2012年1月，任山西省晋城市委书记；2012年1月至2013年1月，任山西省政协副主席；2013年1月，任山西省人大常委会副主任。

第十七大代表,第八、九届省委委员。

田喜荣

田喜荣

田喜荣，男，汉族，1955年11月生，山西省宁武县人，1975年4月加入中国共产党，1973年9月参加工作，中央党校大学学历。现任山西省委委员，山西省人大常委会副主任、省总工会主席。

1973年9月至1975年9月，山西省宁武县东庄公社学校民办教师；1975年9月至1978年8月，在山西财经学院会计系会计学专业学习；1978年8月至1987年3月，山西财经学院会计系教师；1987年3月至1989年12月，任山西经济报社记者、农财编辑部主任；1989年12月至1992年5月，任山西经济报社副社长；1992年5月至1992年12月，任山西经济报社常务副社长（正处级）；1992年12月至1997年8月，任山西经济报社社长；（1992年8月至1994年12月，中央党校领导干部函授班经济管理专业学习）；1997年8月至2000年5月，任山西省经济研究中心副主任、党组成员；2000年5月至2003年1月，任山西省委政策研究室副主任（其间：2002年3月至2002年7月，中央党校培训班学习）；2003年1月至2006年2月，任山西省政协秘书长、党组成员；2006年2月至2006年4月，任山西省朔州市委副书记、代市长；2006年4月至2008年2月，任山西省朔州市委副书记、市长（其间：2007年9月至2007年11月在上海浦东干部学院市长班学习）；2008年2月至2011年1月，任山西省朔州市委书记（其间：2010年9月至2011年1月，在中央党校中青班学习）；2011年1月至2013年1月，任山西省长治市委书记；2013年1月至2013年2月，任山西省人大常委会副主任，长治市委书记；2013年2月，任山西省人大常委会副主任，省总工会主席 。

第十八大代表，第十一届全国人大代表，第九、十届省委委员。

张　平

张　平

张平，男，汉族，1954年11月生，山西省新绛县人，1986年7月加入民盟，1982年8月在山西师范大学获学士学位。现任中国民主同盟第十一届中央委员会副主席、山西省委员会第十届主委、一级文学创作，第十二届全国人大常委、教科文卫委员会副主任，中国作家协会第八届副主席、山西省作家协会主席、山西省电影家协会名誉主席。

1971年10月至1978年7月先后在新绛县西关学校、东街学校任教师。1978年8月至1982年8月在山西师范大学学习，获学士学位。1982年8月至1985年12月在临汾地区文联任编辑、文学科科长。1985年12月至2003年12月在山西省文联工作，历任《火花》杂志副主编、创作委员会副主任、文研室副主任、专职作家、省文联副主席等职。

2003年12月至2013年6月任山西省作家协会主席。

2008年1月至2013年1月任山西省人民政府副省长。2012年12月至今任中国民主同盟中央委员会专职副主席。

曾任第九届全国政协委员，第十、十一届全国政协常委，中国作家协会第六、七届副主席；民盟第八届中央委员、第九、十届中央副主席，民盟山西省委第七、八届副主委、第九届主委。

王一新

王一新

王一新，男，汉族，1965年12月生，湖北省英山县人，1993年6月加入中国共产党，1987年7月参加工作，大学学历，历史学学士学位，高级经济师。现任山西省副省长。

1983年9月至1987年7月，在武汉大学历史系中国史专业学习；1987年7月至1992年10月，任中国海洋石油渤海公司办公室秘书；1992年10月至1993年6月，任中国海洋石油渤海公司办公室秘书科副科长；1993年6月至1996年4月，任中国海洋石油报社采编部主任、记者部主任；1996年4月至1996年10月，任中国海洋石油报社副总编辑；1996年10月至1999年9月，任中国海洋石油总公司办公厅副主任（1996年8月至1998年7月，在中国社科院研究生院企业管理研究生课程班学习）；1999年9月至2001年11月，任中国海洋石油总公司办公厅主任、党组秘书；2001年11月至2003年4月，任中国海洋石油总公司办公厅主任；2003年4月至2004年7月，任中国海洋石油总公司总经理工作部（办公厅）总经理（主任）（2001年11月至2003年10月，挂职四川省泸州市委常委、副市长）；2004年7月至2007年5月，任海南省政府副秘书长、研究室主任；2007年5月至2010年8月，任海南省农垦总局（总公司）局长（总经理）、党委副书记；2010年8月至2011年7月，任海南省农垦总局局长、党委副书记，省农垦集团有限公司董事长、党委书记；2011年7月至2013年1月，任海南省农垦总局党委书记，省农垦集团有限公司董事长、党委书记；2013年1月，任山西省副省长。

第十八大代表，第十一届全国人大代表。

张复明

张复明

张复明，男，1963年9月生，山西省介休市人，无党派，1984年7月参加工作，研究生学历，管理学博士学位，博士生导师。现任山西省副省长、省工商业联合会（总商会）主席。

1980年9月至1984年7月，北京师范大学地理系自然地理专业学习；1984年7月至1986年9月，山西大学黄土高原地理研究所助教；1986年9月至1989年7月，山西大学黄土高原地理研究所区域地理专业硕士研究生；1989年7月至1995年10月，山西大学黄土高原地理研究所研究实习员、讲师；1995年10月至1997年9月，山西大学黄土高原地理研究所副教授，硕士生导师；1997年9月至1998年6月，山西省政府经济研究中心副研究员；1998年6月至2001年4月，山西省政府经济研究中心工业经济处副处长、副研究员、研究员；2001年4月至2004 年6月，任山西省政府发展与改革研究中心发展战略处处长、研究员；2004年6月至2008年5月，任山西省政府经济研究中心副主任、省政府决策咨询委员会办公室主任（其间：2004年9月至2007年7月，在山西大学管理学院管理科学与工程专业在职研究生,获管理学博士学位）；2008年5月至2008年11 月，任山西省政府发展研究中心副主任；2008年11月至2011年12月，任山西省政府发展研究中心主任；2011年12月至2012年4月，任山西省政府发展研究中心主任，省工商业联合会（总商会）主席；2012年4月至2013年1月，任山西省工商业联合会（总商会）主席；2013年1月，任山西省副省长，省工商业联合会（总商会）主席。

第十一届全国人大代表，省十届人大常委会委员。

朱先奇

朱先奇

朱先奇，男，汉族，1954年8月生，山西省定襄县人，1976年6月加入中国共产党，1973年9月参加工作，研究生学历，教育学博士学位，教授，博士生导师。现任省政协副主席。

1973年9月至1978年3月，在太原市北郊区插队，任大队团支部书记、民兵连指导员、企业队队长、革委会副主任、公社团委副书记；1978年3月至1982年1月，在山西矿业学院机械系机械设计专业学习，获工学学士学位； 1982年1月至1984年3月，山西矿业学院机械系教师；1984年3月至1984年10月，任山西矿业学院团委副书记； 1984年10月至1988年3月，任山西矿业学院团委书记兼学生工作办公室副主任； 1988年3月至1989年2月，任团省委学校部副部长(主持工作)兼省学联秘书长；1989年2月至1992年12月，任团省委宣传部部长；1992 年12月至1997年6月，任太原工业大学材料工程学院党委书记（副厅长级）；1997年6 月至1998年6月，任太原理工大学党委副书记兼材料工程学院党委书记 （其间：1998年4月至1998年6月，主持太原理工大学党委工作）；1998年6月至2006年2月，任太原理工大学党委书记（1996年9月至1999年7月，在山西师范大学经济研究所政治经济学专业硕士研究生学习，获经济学硕士学位）；2006年2月至2009年3月，任省委组织部副部长（正厅级）。（2001年9月至2008年6月，在华中科技大学教育科学研究院高等教育管理专业在职博士研究生学习，获教育学博士学位）；2009年3月，任省委组织部常务副部长；2013年1月，任省政协副主席。

第八届、九届省委委员，第十一届省人大常委。

李悦娥

李悦娥

李悦娥，女，汉族，1958年3月生，山西省怀仁县人，1976年5月加入中国共产党，1979年9月参加工作，研究生学历，现代语言学博士学位，教授，博士生导师。现任省委委员，省政协副主席，省妇联主席、党组书记。

1976年12月至1979年9月，在山西师范学院外语系英语专业学习；1979年9月至1980年2月，怀仁县一中教师；1980年2月至1987年7月，山西农业大学基础部外语组教师；1987年7月至1988年8月，在英国里丁大学英语语言学专业硕士研究生学习；1988年8月至1993年7月，在英国阿斯顿大学英语语言学专业博士研究生学习；1993年9月至1994年5月，山西农业大学外语部讲师；1994年5月至1995年8月，任山西大学外语系副教授；1995年8月至1998年8月，任山西大学外语学院副院长、教授；1998年8月至2003年1月，任山西大学副校长；2003年1月至2003年4月，任省外事（侨务）办公室主任、党组书记；2003年4月至2006年4月，任省外事（侨务）办公室主任、党组书记，省政协港澳台侨和外事委副主任(兼)；2006年4月至2006年5月，任省妇联党组书记，省政协港澳台侨和外事委副主任（兼）；2006年5月，任省妇联主席、党组书记；2013年1月，任省政协副主席。

第十一届全国人大代表，第九届、十届省委委员，第十一届省人大常委。

张友君

张友君

张友君，男，汉族，1952年7月生，山西省浑源县人，1970年4月参加工作，在职大专学历，高级工程师，民革成员。现任民革中央常委、山西省委主委、太原市委主委，省政协副主席，太原市勘察测绘研究院副院长。

1970年4月至1973年11月，太原市市政工程公司测绘工人；1973年11月至1984年10月，太原市城市测量队工人、组长；1984年10月至1987年7月，在华北测绘职工大学航空摄影测量专业学习；1987年7月至1988年3月，太原市城市测量队技术干部；1988年3月至1993年3月，太原市测绘处助理工程师；1993年3月至1994年1月，任太原市勘察测绘研究院航内负责人、助理工程师；1994年1月至1996年11月，任太原市勘察测绘研究院地理航测队队长、工程师；1996年11月至1997年8月，任太原市勘察测绘研究院地理信息中心主任；1997年8月至2001年9月，任太原市勘察测绘研究院副院长（其间：1998年9月至2001年4月，在东北财经大学企业管理专业硕士研究生课程班学习)；2001年9月至2007年1月，任民革太原市委副主委，太原市勘察测绘研究院副院长；2007年1月至2007年6月，任民革太原市委主委，太原市勘察测绘研究院副院长；2007年6月至2011年1月，任太原市政协副主席，民革太原市委主委，太原市勘察测绘研究院副院长；2011年1月至2012年4月，任民革山西省委副主委、太原市委主委，太原市政协副主席，太原市勘察测绘研究院副院长；2012年4月至2012年6月，任民革山西省委驻会副主委(主持工作)、太原市委主委，太原市勘察测绘研究院副院长；2012年6月至2012年12月，任民革山西省委主委、太原市委主委，太原市勘察测绘研究院副院长；2012年12月任民革中央常委、山西省委主委、太原市委主委，太原市勘察测绘研究院副院长；2013年1月任省政协副主席。

冷杰松

冷杰松

冷杰松，男，山东省海阳县人，1961年生，1979年入伍，1982年入党，少将军衔。现任山西省军区司令员。

1979年11月至1982年5月，北京卫戍区警卫第三师侦察连战士；1982年5月至1983年6月，北京军区侦察教导大队学员；1983年6月至1984年3月，任北京卫戍区警卫第三师侦察连三排排长；1984年3月至1985年4月，任北京卫戍区警卫第三师司令部侦察科参谋；1985年4月至1986年1月，任北京卫戍区警卫第三师侦察连副连长；1986年1月至1988年6月，任北京卫戍区警卫第三师侦察连连长；1988年6月至1990年11月，任北京卫戍区警卫第三师十三团三营营长；1990年11月至1991年12月，任北京卫戍区警卫第三师十三团特种营营长；1991年12月至1996年6月，任北京卫戍区警卫第三师十三团副团长；1996年6月至1996年12月，任北京卫戍区警卫第三师副参谋长；1996年12月至1998年12月，任北京卫戍区警卫第三师十二团团长；1998年12月至2000年12月，任北京卫戍区警卫第三师十一团团长；2000年12月至2006年5月，任北京卫戍区警卫第三师参谋长；2006年5月至2009年12月，任北京卫戍区警卫第三师师长；2009年12月至2013年12月，任六十五集团军副军长；2013年12月，任山西省军区司令员。

刘云海

刘云海

刘云海，男，河北省青县人，出生于1954年，1973年12月入伍。研究生学历，国防大学军事指挥专业研究生班毕业，军事学硕士。

1973年12月至1976年4月，六十九军二〇六师炮兵团九连战士；1976年4月至1978年2月，任六十九军二〇六师炮兵团指挥连排长；1978年2月至1979年8月，任六十九军二〇六师司令部炮兵科参谋；1979年8月至1982年4月，任六十九军司令部炮兵处参谋；1982年4月至1982年7月，任六十九军二〇六师炮兵团九连连长；1982年7月至1983年6月，任六十九军二〇六师炮兵团司令部侦察股股长；1983年6月至1984年11月，任六十九军二〇六师司令部炮兵科副科长；1984年11月至1985年10月，任六十九军二〇六师司令部炮兵科科长；1985年10月至1990年9月，任二十八集团军炮兵旅副参谋长；1990年9月至1994年6月，任二十八集团军坦克第七师炮兵团团长；1994年6月至1995年8月，任二十八集团军司令部炮兵指挥部主任；1995年8月至1996年5月，任二十八集团军坦克第七师副师长兼参谋长；1996年5月至1996年12月，任二十八集团军坦克第七师副师长；1996年12月至1999年1月，任二十八集团军装备技术部部长；1999年1月至2000年6月，任二十七集团军装备部部长；2000年6月至2003年6月，任二十七集团军后勤部部长；2003年6月至2004年11月，任二十七集团军副军长；2004年11月至2010年8月，任三十八集团军副军长；2010年8月至2013年12月，任山西省军区司令员；2013年12月退休。

二、年度去世的省级领导生平

张健民

中国共产党的优秀党员，原中共山西省委常委、副省长，省委常委、政法委书记，省人大常委会副主任、党组副书记张健民同志因病医治无效，于2013年7月28日8时35分在太原逝世，享年93岁。

张健民同志1920年12月出生于河北省正定县，1938年2月参加工作，同年4月加入中国共产党。参加工作后历任河北省武安县委宣传部长、组织部长，冀西地委宣传部教育科长，赞皇县委组织部长，临城县委书记、县大队政委，沙河县委书记、独立营政委，太行区六地委秘书长、五地委宣传部长兼磁县县委书记，二野九纵队民运部长，豫陕鄂、豫西五地委副书记、五军分区副政委；1949年任河南省委党校党委书记、副校长；1952年任郑州地委书记；1954年任河南省委组织部部长；1956年6月任河南省委常委、组织部部长（1959年9月至1961年12月兼任新乡地委第一书记）；1965年3月任贵州省委书记、组织部长；“文革”中受冲击、被关押；1971年5月任贵州省委常委、革委会副主任；1978年7月任山西省革委会副主任、副省长；1981年10月任山西省委常委、副省长（1982年10月当选十二届中央委员会候补委员）；1983年4月任山西省委常委、政法委书记；1985年5月任山西省人大常委会副主任、省委政法委书记；1991年1月任山西省人大常委会副主任、党组副书记；1995 年12月中央批准离休；2004年3月中央批准享受省长级医疗待遇。

张健民同志早年受进步思想影响，关心国家前途命运，追求光明，投身革命。抗日战争时期，他积极宣传党的政策和爱国抗日主张，建立党支部和工、农、青、妇各救国会、抗日动员委员会等组织，扩军筹款，除奸反特，惩治顽固分子，减租减息，积极参加“百团大战”。抗战后期，组织开展“反蚕食”斗争，粉碎了敌人阴谋，为建立和保卫根据地发挥了重要作用。解放战争时期，放手发动群众，开展土地革命运动，带领民兵参加了解放洛阳和解放开封的战役，坚决肃清残敌，镇压反革命分子，保卫了革命的胜利果实。

新中国成立后在河南省工作期间，积极开展镇压反革命运动，打击国民党潜伏特务、土匪等反动势力，清除了一大批混进政权中的敌对分子和蜕化变质分子。狠抓经济恢复和生产，重视防洪防汛工作，有效保护了人民群众的生命财产安全。坚持实事求是，公道正派，知人善任，对培养选拔年轻干部倾注了大量心血。“文革”受冲击、被关押期间，他始终对党和社会主义事业充满信心，旗帜鲜明，立场坚定，保持了一名共产党人的坚强党性和崇高气节。

党的十一届三中全会后，他坚决拥护党的领导，认真贯彻落实党的路线方针政策。任山西省副省长期间，按照党的“实事求是、有错必纠”的原则，协助完成了全省的拨乱反正、平反冤假错案工作，关心爱护知识分子和科技人员，调动广大干部群众积极性。任山西省委常委、政法委书记期间，秉公办事，雷厉风行，团结带领一班人，在全省范围内开展了“严打”斗争，有力震慑了犯罪分子。加强民主法制建设，健全基层法制机构，建立基层治安组织，注重综合治理，关注武装警察部队建设，协调建立了山西省武警医院和武警指挥学校。任山西省人大常委会副主任、党组副书记期间，他以对人民高度负责的态度，认真履行宪法和法律赋予的职责，重视人大代表工作，加强与人大代表的联系，主持审议了一系列地方性条例，为促进全省经济社会发展和民主法制建设做出了积极贡献。退出领导岗位后，他坚持学习中国特色社会主义理论，关心国内外大事，关注党和国家建设，积极参加各项力所能及的活动，继续为全省改革开放和现代化事业献计献策，贡献余热。

张健民同志的一生是革命的一生，战斗的一生，是为实现社会主义和共产主义理想而奋斗的一生。在革命战争年代，不怕苦、不怕死；在和平建设年代，不图名，不图利。他牢记全心全意为人民服务的宗旨，坚持党的群众路线，密切联系群众，清正廉洁，平易近人，始终保持共产党员和人民公仆的本色。他对党和人民无限忠诚，品德高尚，工作勤奋，政绩显著，把毕生精力献给了民族独立、人民解放和社会主义现代化建设的伟大事业，在广大干部和人民群众中享有崇高的威望，是我省德高望重的老同志，党的好干部，人民群众的好公仆。

路正西

中国共产党的优秀党员，原山西省政协副主席、党组副书记路正西同志因病医治无效，于2013年9月15日22时40分在太原逝世，享年82岁。

路正西同志1932年2月出生于河南省博爱县，1948年5月参加工作，1949年8月加入中国共产党。参加工作后历任太行实业公司华丰工厂团委书记，山西省长治市委工矿办、团地委青工部干事，共青团山西省委干事、副科长、科长、副部长、部长，山西省革委保卫组专案办、省委审干办副组长、组长；1977年任共青团山西省委书记；1983年任山西省阳泉市委副书记；1985年任山西省阳泉市委书记；1988年任山西省委统战部部长；1989年4月任山西省政协副主席、党组成员、省委统战部部长兼山西社会主义学院党委书记；1993年2月任山西省政协副主席、党组副书记；2000年5月中央批准离休。

路正西同志早年刻苦好学，积极上进。太行财经学校毕业后，分配到太行实业公司华丰工厂办公室工作。任基层团干、团委书记期间，充分调动和发挥青年的积极性和创造性，组织广大青年为发展社会生产力，实现国家繁荣富强建功立业，使广大青年在经济建设中的生力军和突击队作用得到充分发挥。在团省委青工部工作期间，积极围绕党的中心工作，大力推进工矿企业的青年班、队、组、岗、手竞赛，开展了轰轰烈烈的建设社会主义青年突击队活动。

任团省委书记期间，团结带领团省委班子，解放思想，开拓前进，坚持共青团工作指导思想上的拨乱反正，狠抓团的自身建设，组织开展了“争当新长征突击手”等活动，带领青年在四化建设中发挥了生力军作用，推动我省共青团工作走上了社会主义现代化建设的新阶段，受到了团中央的表彰。

任阳泉市委副书记、书记期间，认真贯彻党的十一届三中全会的路线、方针、政策，坚决执行省委的决策部署，解放思想，增进团结，凝聚人心，为推动阳泉市实现指导思想上的拨乱反正，全面开创改革开放的新局面做出了重要贡献。

任省委统战部部长期间，充分发挥各民主党派、工商联参政议政的作用，与各民主党派、各界人士肝胆相照，推心置腹，为贯彻落实党的各项统战方针政策，巩固和发展爱国统一战线做出了突出成绩，受到了各界人士的尊敬和爱戴。组建了经济统战处、省工商联党组和山西省海外联谊会，促进了全省非公经济的发展。

任山西省政协副主席、党组副书记期间，认真履行“政治协商、民主监督、参政议政”三项职能，围绕省委、省政府的重大战略部署和人民群众关注的热点问题，组织委员为加快建设新山西积极建言献策。推进政协提案、社情民意信息等各项工作的改革与创新，为履行职能的制度化、规范化、程序化建设打下了良好的基础。

退出领导岗位后，他坚持学习中国特色社会主义理论，关心国内外大事，关注党和国家建设，积极参加各项力所能及的活动，继续为全省改革开放和现代化事业献计献策，贡献余热。

路正西同志参加工作50多年，始终忠于党，忠于人民，积极献身共产主义事业，满腔热情投身社会主义现代化建设。他刻苦学习马克思列宁主义、毛泽东思想、邓小平理论和“三个代表”重要思想，深入贯彻落实科学发展观，坚决执行党的路线方针政策，在大是大非面前，旗帜鲜明，立场坚定，经受住了各种风浪的考验。他坚持解放思想、实事求是，善于统揽全局，虑事周全细致，处理严谨稳妥，具有较高的领导艺术和较强的工作推动力。他模范贯彻执行党的组织路线，公道正派，任人唯贤。他求真务实，作风扎实，经常深入基层调查研究。他刚直不阿、廉洁奉公、勤政为民、一身正气，两袖清风，始终保持了共产党员的本色，在广大干部、知识分子和人民群众中享有很高的威望。

路正西同志的一生，是革命的一生，奋斗的一生，全心全意为人民服务的一生，他对党和人民无限忠诚，品德高尚，工作勤奋，政绩显著，把毕生精力献给了社会主义建设事业。他虽然离开了我们，但他的革命精神和高尚情操永存。

姚奠中

山西省政协原副主席，九三学社山西省委原主委，山西大学教授姚奠中同志，于2013年12月27日5时50分在太原逝世，享年101岁。

姚奠中同志1913年5月出生于山西省稷山县南阳村一个书香门第之家，1949年11月参加工作，曾任贵阳师范学院教授兼系主任、贵州大学教授兼校委；1951年8月回到太原后执教于山西大学五十余载，先后任中文系主任、古典文学研究所所长；1983年2月任九三学社山西省委主委，同年4月任山西省政协副主席；1995年12月中央批准退休，享受国务院特殊津贴，曾担任第六、七届全国政协委员，中国诗词学会和中国韵文学会顾问、中国书法家协会理事、山西省书法家协会名誉主席、山西省古典文学学会会长等职务。

姚奠中同志忠肝义胆，是中国共产党的亲密朋友。他始终坚持中国共产党的领导，坚持走社会主义道路，与中国共产党同心同德、风雨同舟、肝胆相照、荣辱与共，担任山西省政协副主席期间，他认真履行政治协商、参政议政、民主监督职能，为国家经济建设、社会和谐发展和人民群众生活水平的不断提高建言献策，为山西省政协各项事业的全面发展做出了重要贡献，深受各界人士的尊敬和爱戴。他体察国家困难，关心弱势群体，在捐资助学、扶贫济困和抗灾救灾等活动中多次慷慨解囊，表现出了心系祖国、无私奉献的高贵品德。即使从领导岗位上退下来，他仍一如既往地关心国家政治、经济、人民生活等各方面的进步，继续为国家的发展献计献策，充分体现了忧国忧民的高尚品德。他见证、亲历了人民政协的发展历史，为坚持和完善中国共产党领导的多党合作和政治协商制度做出了重要贡献。

姚奠中同志不仅是当代鸿儒和国学大师，而且是著名的学者和教育家。他学兼儒道，术通六艺，出入百家，经世致用；他治学求真，融贯博通，回真向俗，卓见慧识，层出不穷。少年时代，他即以博闻强识、能诗善文闻名乡里。青年时代，他遍览群书，刻苦钻研。他潜心学术，辛勤耕耘，教书育人。他先后结集出版了《姚奠中论文选集》《姚奠中诗文辑存》《姚奠中讲习文集》，发表论文130余篇，出版著作23种，其中获国家级奖多项。他毕生为教育事业鞠躬尽瘁，诲人不倦，桃李芳菲，誉满天下。他始终关心文化艺术事业的发展，将自己的150幅书画作品捐献给了山西大学，捐资一百万元发起成立了“山西省姚奠中国学教育基金会”，用以奖掖后进，弘扬国学。

姚奠中同志还是集诗书画印为一身的著名书法家。他的诗书画印，被业内誉为“四绝”。他以书艺为文化载体，树立正气，明道济世，古为今用，成就斐然，先后出版大型作品集《姚奠中书艺》等十余种，作品被中南海、人民大会堂、中国美术馆等收藏。2009年，他荣获中国书法最高奖——第三届兰亭奖终身成就奖。他还致力于书法艺术传承，在海内外多次举办个人书艺展，2006年举办了纪念章太炎先生逝世70周年“姚奠中书艺展”，2012年举办了“薪火相传、翰墨流光——章太炎·姚奠中师生书艺展”，2013年举办了“登高望远——海峡两岸百岁书画大家姚奠中·张光宾作品展”等，获得高度赞誉。姚奠中同志的一生，是爱国奋斗的一生。他热爱祖国、忠于人民，将个人命运和中华民族的兴衰融为一体。他坚持原则，顾全大局，光明磊落，襟怀坦荡，从不计较个人得失。他严于律己，宽以待人，生命不息，奋斗不止，为人民留下了宝贵的精神财富。

（摘自山西新闻网）

三、缅怀文章

深切怀念薛军同志

李修仁

薛军同志离开我们已经整整三个年头了，使我省失去一位难得的人才。时至今日，他的音容笑貌还时常浮现在我们的眼前。薛军生前在我省担任过重要职务，是一位优秀的领导干部。我刚认识他时，他还在基层工作，几次接触就给我留下了深刻的印象。以后他一步一步地走上了领导岗位，并出色地完成了党交给的各项任务。

他勤于学习，善于思考，一生为党的事业奋力拼搏，是一个纯粹的人

从大学毕业走上工作岗位，多年来，薛军所到之处，不管是从事何种工作，分管哪个部门，都能取得明显成效，这都取决于他勤于学习，善于思考。他能做到学有所思，学有所获，学有所成，学有所用，以至成为某个领域的行家里手。他曾先后担任吕梁地委组织部部长、省统计局局长、朔州市委书记、副省长、省委常委、常务副省长、省人大常委会党组副书记、副主任。他还曾兼任过中国统计学会副会长、中国生产力学会副会长、中国国情研究会副会长、山西焦化行业协会会长、山西省城镇协会会长、世界生产力科学院院士，高级统计师、山西财经大学兼职教授、研究生导师等职务职称。如此众多的头衔足以说明，薛军不仅是一位出色的领导干部，而且是一位具有较高学术素养的专家型官员。

薛军认为，“战略思维应该是对领导素质的基本要求，作为一个领导干部，必须研究和把握重大的战略问题。”“领导干部一定要立大志、顾大局、谋大事，而不是只求做大官。”可以说，他把毕生精力都用在了谋大事、做大事上。

在吕梁地委任组织部部长时，在交错复杂的人事环境里，他不计恩怨，始终坚持以素质论人才、重实绩用人才的导向；坚持党性，任人唯贤、不拘一格，积极推行干部四化建设，选拔调整了一大批德才兼备、年富力强的中青年领导干部，形成了吕梁的支柱，也成了吕梁各项事业的基石；同时认真贯彻党的组织路线，平反了大量冤案、错案，解放了一大批老干部，为吕梁的经济建设发展提供了坚强的组织保障和重要的人力资源，为省委、地委贯彻十一届三中全会路线起了重要的作用。

薛军魄力宏大、胸襟开阔、勤于思考、从不盲从、遇事富有主见，在大是大非面前旗帜鲜明，不人云亦云，不随波逐流。他总是能站在较高的层次上考虑问题，所以对事情能想得深，看得远。他说过：“职务变了，思想变不变？官做大了，本事大不大？职务高了，境界高不高？”他还说过：“思想上的懒汉是最大的懒汉，思想上的贫穷是最大的贫穷；思想上没有闪光点，经济上就没有增长点；思想上没有高层次，行动上就不会有大作为。”他既是这样说的，也是这样做的。

他敢于直言，敢于讲真话，从不隐瞒自己的观点，对改革开放中许多重大的理论和现实问题都有过深入的思考。如计划体制的痼疾、传统模式的弊端、统计的社会功能、中西部发展战略、旅游产业的潜在优势。

早在1993年，作为全国人大代表出席八届全国人大一次会议时，他就提出中西部发展要提上议事日程。要出政策、建机构、搞试点。此后不断探索，直至专著《中西部发展论》出版并提出著名的“非均衡协调发展战略”,从而成为国内较早关注中西部发展问题并在该问题研究上有所建树的

代表人物之一。

他牢记党的宗旨，始终为人民的利益努力奉献，是一个有道德的人

薛军是吕梁老区一个农民的儿子，他从小就志向远大，好学上进，对党和人民充满朴素深厚的感情。这个来自吕梁山上、黄河之滨的孩子，带着深山大河养育出的一种特有的禀赋，在学习了文化和理论后，形成了一种与众不同的风骨。无论是“文革”的经历，还是“文革”后山西拨乱反正前他在政治上的磨难，都未能使他意志消沉，反而是愈挫愈勇，砥砺了他的品质，磨练了他的意志。

他深知民间疾苦，对老百姓有一种天然的同情心。担任领导干部后，他仍能保持一颗平常心，吃饭穿衣很少讲究，勤劳节俭的习惯没有变。他是从人民群众中一步一步走出来的党的干部，他体会过生活的困顿，他的心里有人民。在吕梁地委任组织部部长时，路遇一位妇女抱着生病的孩子求救，他让司机停车，立即把孩子送到医院，使孩子得到及时救治；在朔州任市委书记时，怀仁县的3个孤儿生活无着，上学无望，姐弟3人中最大的只有12岁，给市委书记薛军写了一封求救信。他收到信后事不过夜，立即责成当地政府给以救助与解决。他多次给姐弟3人捐款、捐物，现在他们都长大成人；出任副省长后，他连夜冒雪赴京，争取和组织了“视觉第一中国行动”的“光明扶贫”活动，使山西贫困地区2000多名白内障患者得以重见光明。多年来，薛军始终把人民放在心中的最高位置，任何时候，总是与老百姓的心贴得很近很紧，尽力为老百姓做实事。

正因为他心里有人民，所以在他身居高位、官居要职时，能按党的要求保持人民本色。他轻名利、重名节，襟怀坦荡，刚正不阿；他有胆识、有情义，做人有品位，做事有原则，做官有担当，始终有一种独特的人格魅力。

他思路清晰，勇于开拓，大胆创新，锲而不舍，是一个有益于人民的人

在薛军为党工作的几十年中，特别是担任领导干部以来，无论从事哪项工作，无论是分管哪个部门，他都能独当一面，开拓进取，并凭借其能力和胆识，创造出卓有成效的业绩。在任省统计局长的七年间，他提出了统计“提供决策依据，参与宏观调控，实施监测预警”的新理念并积极实践，使山西的统计工作走在全国前列。他的专著《统计整体功能与综合治理》在全国统计界产生了很大影响。

在朔州主政期间，他提出了“五个大开放，三个大转变”的经济发展战略，大刀阔斧地进行改革，使朔州市在全国187个新建地级市中综合经济实力由建市之初的174位一跃升至71位，1993年全市GDP提前7年翻了两番。一半森林，一半城，城在林中，林在城中的北方园林城市初见端倪。他的“一个思路，十种模式”的中小企业改革方案，著名经济学家马洪认为是为中部发展闯出了一条新路。专著《塞外朔州在崛起》被经济学家孙尚青认为是“为内陆欠发达地区的社会经济发展找到了一种可供选择的战略。”

在担任省级领导的7年多时间里，他主持了“一调二创三提高”的有独到见解的山西经济发展战略。在治理环境污染上，他敢于动真的，碰硬的，取缔了15种污染严重的9292家中小企业，占全国总数的1/7，为实现山西“一控双达标”的治理目标奠定良好基础，为全省环境治理迈出可喜一步。在旅游工作方面，他注重在战略上谋篇布局，立章建制，他提出以五台山为龙头，太原为中心，从大同到运城中轴启动，从太行到吕梁两翼开发的旅游战略思想，推动了山西旅游发展新格局的形成。

1997年，薛军受命分管重点工程，责任重大，为了确保工程顺利进行，资金尽快到位，他一个月内多次向国家计委主任汇报，一个季度就8次赴京争取国家支持。他数次亲临工地检查，以确保工程顺利进行。

薛军说：“阳城电厂是山西的重点战略工程，是实现山西‘煤转电’战略的产业转化升级工程。”他先后11次深入阳城电厂现场办公调研指导，从前期的项目审批、资金筹措，到与国际大公司的合作谈判及中期的工程建设，直到后期的经验总结和运营管理的机制创新，都倾注了他极大的精力和心血。

焦炭产业是山西的支柱产业，出口量占到全球贸易量的半数以上，一度时期，产能严重过剩、无序竞争，导致价格跳水，全行业亏损。时任山西焦炭行业协会会长的薛军，费尽心力，大力协调各个方面，组建“山西焦炭联盟”，制定“价格自律公约”和“生产自律公约”等，使山西焦炭行业2005年当年就走出困境，实现盈利，为山西焦炭产业具有了全国的“话语权”“定价权”，为山西焦炭产业创新商业模式奠定坚实基础。

他勇于实践，勤于理论探索，并能把理论思维变成实践能力；他善于联系实际创新理论，并能用科学理论武装头脑，指导实践，推动工作。在他身上体现出了思想家和实干家的双重品格。

壮志未酬身先去。薛军走了，我们怀念他，就要继承他的遗志，像他那样，开拓进取，大胆创新，一心一意为人民办实事，为党和人民的事业，为中华民族的伟大复兴鞠躬尽瘁，奋斗终生。

（作者为山西省委原副书记）

大事记要

中共山西省委大事记

1　月

4日至10日　省委常委带领省考核组分赴各市，对各市2012年目标责任完成情况进行检查考核并参加市委常委民主生活会。

6日　袁纯清同志在武乡县参加县委常委民主生活会并在砖壁村调研。

7日　省委印发《关于贯彻落实党的十八大精神加快推进转型跨越发展的指导意见》。

9日　袁纯清、李小鹏同志在北京会见国有商业银行负责人，中国工商银行董事长姜建清、中国农业银行董事长蒋超良、中国银行行长李礼辉、中国建设银行董事长王洪章、交通银行董事长胡怀邦、国家开发银行行长郑之杰、中国农业发展银行行长郑辉、中国进出口银行副行长刘连舸出席会见。

同日　山西省——中央企业合作交流对接会在北京召开，袁纯清同志出席并讲话，李小鹏同志主持会议。

10日　省军区召开党委十届二次全体扩大会议,袁纯清同志讲话，张少华同志作工作报告，刘云海同志出席会议。

同日　李小鹏同志在太原市调研，陈川平同志陪同调研。

11日　省委常委（扩大）会传达学习习近平总书记和其他中央领导同志在新进中央委员会委员、候补委员学习贯彻党的十八大精神研讨班上的重要讲话精神。

同日　省委常委会研究讨论贯彻落实全国组织部长会议和全国人才工作座谈会精神等议题。

13日　李小鹏同志在晋中市调研。

15日　省委中心组（扩大）学习报告会举行，邀请北京大学党委常委、副校长刘伟作关于宏观经济形势的报告，袁纯清同志主持报告会并讲话，省四大班子负责同志出席报告会。

16日　省委中心组举行党的十八大精神集体学习研讨会，袁纯清同志主持会议，李小鹏同志出席会议，省委常委、副省长参加会议。

17日　省委常委会研究讨论李小鹏同志在省十二届人大一次会议上所作的《政府工作报告》等议题。

同日　袁纯清、李小鹏同志会见国家质检总局局长、党组书记支树平一行，王一新同志参加会见。

18日　全省宣传工作会议召开，袁纯清、李小鹏同志出席会议并为获奖单位和个人颁奖，胡苏平同志出席会议并讲话。

同日　省委依法治省领导组召开会议，王建明、张建欣等同志出席会议。

同日　李小鹏同志会见武警部队副司令员薛国强、潘昌杰一行，王建明、张建欣同志参加会见。

同日　省委印发《关于推荐省人大、省政府、省法院、省检察院换届候选人的建议》。

同日　省委印发《关于推荐山西省第十二届人民代表大会组成人员人选的建议》。

同日　省委印发《关于推荐政协第十一届山西省委员会主席、副主席、秘书长、常务委员候选人的建议》。

21日　省委印发《中共山西省委常委会2013年工作要点》。

22日　省委常委会传达《中共中央办公厅印发习近平同志关于厉行勤俭节约反对铺张浪费重要批示的通知》。

22日至28日　省政协十一届一次会议在太原召开。

23日　省委常委会研究讨论换届人事安排有关事宜。

同日　省委印发《关于推荐山西省出席第十二届全国人民代表大会代表候选人的建议》。

23日至30日　省十二届人大一次会议在太原召开。

24日　省委常委会传达十八届中央纪委二次全会精神。

25日　省委办公厅、省政府办公厅印发《关于深化集体林权制度改革的实施意见》。

26日 袁纯清同志与中央驻晋新闻单位负责同志座谈，胡苏平等同志参加座谈会。

29日 省委办公厅、省政府办公厅印发《关于厉行勤俭节约、反对铺张浪费的实施办法》。

30日 省委常委会讨论《国务院政府工作报告（征求意见稿）》，研究讨论《省委常委关于厉行勤俭节约反对铺张浪费的承诺》。

同日 李小鹏同志主持召开新一届省政府领导班子与中央驻晋和省内主要新闻单位负责同志座谈会，高建民、张建欣、郭迎光、王一新、张复明等同志出席座谈会。

同日 李小鹏同志会见中煤能源集团公司总经理王安一行，任润厚同志参加会见。

同日 李小鹏同志会见中国气象局局长郑国光一行，郭迎光同志参加会见。

31日 省委召开稳定和信访工作点评会，袁纯清同志出席会议并讲话，高建民、王建明等同志出席会议。

2　月

1日 全省党风廉政建设大会暨省纪委十届三次全会召开，袁纯清同志出席会议并讲话，李小鹏同志主持会议，省委、省人大、省政府、省政协负责同志和省法检两长出席会议。

同日 李小鹏同志会见中国电子科技集团党组书记樊友山一行；同日，李小鹏同志会见三一集团有限公司董事长梁稳根一行。

2日 李小鹏同志会见上海电气（集团）总公司董事长徐建国一行。

4日至6日 省委常委分赴各市走访慰问老劳模、老党员和困难群众。

6日 李小鹏同志会见中国保利集团董事长陈洪生、总经理张振高一行。

7日 省委、省政府举行2013年春节团拜会，袁纯清同志致辞，李小鹏同志主持，省委、省人大、省政府、省政协负责同志和部分省级老同志出席会议。

8日 袁纯清、李小鹏同志分别带队，慰问节日期间坚守一线的干部职工和农民工。

15日 省委办公厅、省政府办公厅印发《全省“项目推进年”工作实施方案》。

17日 省委、省政府召开全省项目推进年动员大会，袁纯清同志出席会议并讲话，李小鹏同志主持会议，省委、省人大、省政府、省政协负责同志出席会议。

18日 国内首部大型情境体验剧《又见平遥》在晋中市平遥县正式上演，胡苏平、安焕晓、王一新、张友君同志观看演出。

19日 袁纯清同志在清徐县走访调研。

20日 李小鹏同志会见中储粮总公司总经理赵双连一行。

同日 李小鹏同志在省发改委调研，高建民等同志陪同调研。

21日 省委议军会议召开，袁纯清同志主持会议并讲话，李小鹏同志讲话，刘云海、张少华、高建民等同志出席会议。

同日 省委办公厅、省政府办公厅转发《关于加强老年人体育工作的意见》。

22日 省委常委会研究讨论贯彻落实第二十一次全国高校党建工作会议精神等议题。

25日 省委、省政府召开2012年度目标责任考核总结表彰大会，袁纯清同志出席并讲话，李小鹏同志主持会议，省委常委，省人大、省政府、省政协有关负责同志和省法检两长出席会议。

3　月

1日 省委常委（扩大）会传达党的十八届二中全会精神，研究山西省贯彻落实意见。

7日 袁纯清、李小鹏同志走访华能集团公司，与华能集团公司总经理曹培玺、党组书记黄永达座谈，高建民同志参加走访和座谈。

8日 李小鹏同志在北京会见法国驻华大使白林女士。

9日 袁纯清、李小鹏同志在北京会见中国铝业公司总经理、党组书记熊维平等一行。

同日 李小鹏同志在北京会见中国大唐集团公司总经理陈进行一行。

11日 山西省与农业部在北京签署共同推进山西特色现代农业发展战略合作备忘录。袁纯清、李小鹏同志，农业部部长韩长赋，党组副书记、副部长余欣荣出席签约仪式。

12日 李小鹏同志走访百度公司总部，并与百度董事长兼CEO李彦宏座谈。

14日 省委办公厅转发《2013年全省宣传思想文化工作要点》。

19日 省委召开传达贯彻全国人大、政协“两会”精神会议。袁纯清同志主持会议并提出贯彻落实意见，李小鹏同志部署当前经济工作，省委常委，省人大、省政府、省政协负责同志和省法检两长出席会议。

同日 省委常委会研究讨论贯彻落实全国统战部长会议精神等议题。

20日 省委召开情况通报会，汤涛同志向省级老同志传达党的十八届二中全会、十二届全国人大一次会议和全国政协十二届一次会议精神。

21日 袁纯清同志在山西大学调研，刘滇生等同志陪同调研。

22日 李小鹏同志在运城市盐湖区、临猗县调研。

25日 省委办公厅、省人大办公厅、省政府办公厅、省政协办公厅印发《山西省办理政协提案的规定》。

26日 省委中心组（扩大）学习活动举行，集体观看话剧《好支书彭云》，省四大班子负责同志观看演出。

27日 李小鹏同志在省煤炭工业厅调研。

同日 全省统战部长会议召开，白云出席会议并讲话。

27日至28日 袁纯清同志在晋中市左权、榆社、平遥、介休等县（市）调研，卫小春等同志陪同调研。

30日 省委、省政府印发《山西省农村扶贫开发总体规划（2011—2020年）》。

4 月

2日 省委中心组举行党的十八大精神集体学习研讨会，袁纯清同志主持会议并发言，李小鹏、张少华、王建明、张建欣等同志发言，省委常委、副省长参加会议。

6日至7日 中共中央政治局常委、国务院副总理张高丽在山西省考察，期间主持召开座谈会听取省委省政府工作情况汇报，袁纯清、李小鹏、高建民等同志分别陪同调研或参加座谈会。

7日 李小鹏同志会见新疆昌吉州州长马雄成一行。

8日 省委常委（扩大）会传达张高丽同志考察山西重要讲话精神，安排部署贯彻落实意见。

8日至10日 中共中央政治局委员、北京市委书记郭金龙，北京市委副书记、市长王安顺率领北京市代表团在山西省考察，期间召开山西省·北京市工作交流座谈会，签署深化落实区域合作框架协议实施意见。袁纯清、李小鹏、胡苏平、高建民同志分别陪同考察，薛延忠、张建欣、王一新、张复明、卫小春等同志参加会见或出席交流座谈会和签约仪式。

11日 袁纯清同志在武乡县调研。

12日 省委召开巡视工作汇报会，袁纯清同志出席会议并讲话，汤涛等同志出席会议，李兆前同志主持会议。

13日 李小鹏同志会见伊利集团董事长兼总裁潘刚一行。

15日 省城党政军民参加义务植树活动，省四大班子负责同志和驻太原部队军政主官参加活动。

同日 省委、省政府、省军区印发《关于加强和改进新形势下民兵工作的实施意见》。

16日至17日 袁纯清同志在“访民生、知民情、解民事”联系县——运城市闻喜县、夏县、芮城县走访调研。

17日 李小鹏同志在中南铁路通道太行山隧道施工现场调研。

同日 省委办公厅、省政府办公厅转发《2013年“扫黄打非”行动方案》。

18日 李小鹏同志会见中国华电集团总经理云公民一行。

19日 省委常委会研究讨论《山西省国家资源型经济转型综合配套改革试验实施方案（2013-2015年）》和《山西省国家资源型经济转型综合配套改革试验2013年行动计划》等议题。

20日 省委、省政府向四川省委、省政府发慰问电，对雅安地震灾区表示慰问。

22日 省委、省政府召开转型综改试验区建设大会，袁纯清同志出席会议并讲话，李小鹏同志主持会议。省委常委，省人大、省政府、省政协负责同志，省军区、省武警总队主要负责同志和省法检两长出席会议。

同日 李小鹏同志会见国家统计局局长马建堂一行。

同日 李小鹏同志在大西铁路客运专线北六铺施工工地调研。

同日 省委办公厅、省政府办公厅印发《关于加强诚信建设全面推进依法治省的意见》。

23日 省委中心组（扩大）学习报告会举行，邀请中央文献研究室主任冷溶作题为“实现中国梦要走中国路”的报告，袁纯清同志主持会议并讲话，省四大班子负责同志出席报告会。

同日 全省防范处理邪教工作会议召开，王建明等同志出席。

24日 省委、省政府召开部分省属重点国有企业负责人座谈会。袁纯清同志出席会议并讲话，李小鹏同志主持会议，高建民、汤涛等同志出席会议。

同日 全省宣传部长座谈会召开，胡苏平同志出席会议并讲话。

25日 省委召开信访工作专题会议，聂春玉出席会议并讲话。

25日至26日 袁纯清同志在吕梁市柳林县、离石区调研。

25日至26日 李小鹏同志在“访民生、知民情、解民事”联系县——大同市天镇县、广灵县、灵丘县走访调研。

27日 省委举行选派省直机关优秀年轻干部到农村担任“第一书记”赴任欢送会，袁纯清同志出席欢送会并讲话，汤涛同志主持会议。

同日 李小鹏同志在太原、晋中两市就太榆科技创新城规划情况调研，陈川平、张复明同志陪同调研。

同日 省委办公厅、省政府办公厅印发《各市和省直部门（单位）2013年度目标责任考核指标》。

28日 山西省“五一”表彰大会召开，袁纯清、李小鹏、薛延忠同志出席会议并为获奖代表颁奖，李政文等同志出席会议，田喜荣同志主持会议。

同日 全省2013年度目标责任考核工作会议召开，高建民、汤涛、李兆前同志出席会议并讲话。

5 月

6日至8日 袁纯清、李小鹏同志率山西省代表团赴安徽省学习考察。考察期间，两省召开工作交流座谈会，签署全面战略合作框架协议。安徽省委书记张宝顺、代省长王学军陪同考察或出席座谈会。

8日至10日 袁纯清、李小鹏同志率山西省代表团赴山东省学习考察。考察期间，两省召开工作交流座谈会，签署深化战略合作指导意见。山东省委书记姜异康、代省长郭树清陪同考察并出席座谈会。

9日 袁纯清同志主持召开山西省代表团赴皖鲁学习考察总结会并讲话，李小鹏同志讲话。

14日 袁纯清同志主持召开"访民生、知民情、解民事"集中走访活动交流会，省委常委，省人大、省政府、省政协负责同志和省法检两长出席会议。

15日 李小鹏同志在太原理工大学调研。

15日至16日 袁纯清同志在晋城市调研。

17日 省委常委会学习《中共中央关于在全党深入开展党的群众路线教育实践活动的意见》（中发〔2013〕4号），对全省开展党的群众路线教育实践活动作出初步安排。

18日 第八届中国中部投资贸易博览会在河南郑州国际会展中心开幕，中共中央政治局委员、国务院副总理汪洋宣布开幕。李小鹏、王一新同志参加开幕式和高峰论坛。

同日 省委、省政府印发《关于创新农业生产经营体制进一步增强农村发展活力的意见》。

20日 省委中心组举行"提高运用媒体能力，推动转型跨越发展"专题学习会，中央驻晋四大媒体负责人作专题发言，袁纯清同志主持会议并讲话，省四大班子负责同志出席报告会。

同日 李小鹏同志会见中信银行行长朱小黄一行，王一新等同志参加会见。

21日至23日 以中共中央政治局委员、天津市委书记孙春兰为团长的天津市党政代表团在我省考察，期间召开山西省·天津市工作交流座谈会，签署合作框架协议。袁纯清、李小鹏、薛延忠、高建民、李兆前等同志陪同或参加座谈会、签约仪式。

22日 袁纯清同志会见中央统战部副部长、全国工商联党组书记、常务副主席全哲洙一行。

23日 山西公路煤炭交易上线暨中国太原煤炭交易价格指数发布仪式举行。李小鹏、高建民同志，新华社副总编慎海雄共同启动指数运行，中国煤炭工业协会副会长姜智敏出席启动仪式。

同日 袁纯清同志在太原、晋中两市就建设太榆科技创新城进行调研并主持召开座谈会，李小鹏、张复明等同志一同调研。

24日 省委常委会研究讨论《中共山西省委关于深化法治山西建设的实施意见》等议题。

28日至6月5日 袁纯清同志率山西省代表团赴美国、哥斯达黎加、加拿大访问。在美国夏威夷、西弗吉尼亚州考察并会见夏威夷州州长尼尔·艾伯克、众议院议长约瑟夫·苏吉，西弗吉尼亚州州长艾尔·汤姆林；在哥斯达黎加圣何塞市、埃雷迪亚市考察并会见圣何塞市代市长桑德拉·加西亚、市政委员会主席索尼娅·萨莫拉，埃雷迪亚市市长何塞·马努埃尔·伍拉德，市议会主任马努埃尔·松巴多；在加拿大渥太华、多伦多考察并会见加拿大联邦参议院议长诺尔·金塞拉、参议员胡子修，通用电气公司（加拿大）总裁艾丽丝·艾伦。

28日至29日 全省民族宗教工作会议召开，白云出席并讲话，国家宗教事务局副局长张乐斌作专题学习辅导报告。

29日至30日 李小鹏同志在临汾市调研。

31日 李小鹏同志在太原市兴华礼仪幼儿园、千峰南路小学，与小朋友们欢度"六一"儿童节，张建欣等同志一起参加活动。

同日 汤涛同志出席全省组织部长座谈会并讲话。

6　月

3日 李小鹏同志在山西毕业生就业市场和山西大学调研，高建民、张复明同志陪同调研。

同日 李小鹏同志会见以匈牙利索尔诺克州州长桑德尔·科瓦奇为团长的匈牙利索尔诺克州代表团一行，王一新、卫小春同志参加会见。

4日 李小鹏同志会见阿里巴巴董事局主席马云等云锋基金会企业家一行，王一新同志参加会见。

6日 李小鹏同志会见中国地震局局长陈建民一行，并共同签署《山西省人民政府、中国地震局共同加强山西防震减灾能力建设合作协议》，高建民同志出席会见和签约仪式。

7日至8日 李小鹏同志在晋城市调研。

13日 省文学艺术界联合会第八次代表大会、省作家协会第六次代表大会、省社会科学界联合会第二次代表大会在太原召开。袁纯清同志出席开幕会并讲话，李小鹏同志为全体代表作全省经济社会发展形势报告，中国文联党组书记、副主席、书记处书记赵实，中国作协党组副书记、副主席钱小芊到会祝贺并致贺词，胡苏平同志主持，高建民、汤涛、李兆前、张少华、王建明、李政文、张复明、李雁红等同志出席开幕会。

同日 李小鹏同志会见中国南车股份有限公司董事长郑昌泓一行。

18日 中央党的群众路线教育实践活动工作会议在北京举行，会议以电视电话会议形式召开，省四大班子负责同志在山西分会场参加第一次全体会议。

同日 省委常委会学习习近平总书记在中央党的群众路线教育实践活动工作会议上的重要讲话，对教育实践活动作出安排部署。

18日至19日 袁纯清同志在武乡县砖壁村下乡住村。

19日 李小鹏同志在山阴县、右玉县调研。

19日至20日 袁纯清同志在长治市调研。

20日 李小鹏同志会见韩国电力公社社长赵焕益一行。

21日 李小鹏同志在太原市主持召开省城环境质量改善指导协调组会议。

同日 省委常委会研究讨论贯彻落实党的群众路线教育实践活动工作会议精神等议题。

同日 省委办公厅、省政府办公厅印发《关于重新组建山西省食品药品监督管理局的通知》。

24日 袁纯清、李小鹏同志在太原会见由香港大公报董事长兼社长、香港新闻工作者联合会主席姜在忠率领的香港知名媒体高层采访团一行。会见前，李小鹏同志与采访团一行进行座谈。胡苏平、张复明同志参加会见或座谈。

25日 李小鹏同志会见中国保利集团公司董事长徐念沙、保利文化集团股份有限公司董事长陈洪生一行，张复明同志参加会见。

25日至26日 袁纯清同志在临汾市调研。

26日 省委常委（扩大）会传达学习中共中央政治局专门会议和习近平总书记重要讲话精神，研究山西省贯彻落实意见。

同日 省委召开情况通报会，汤涛同志向老同志传达中央和省委有关会议精神。

27日 山西省海外高层次人才座谈会暨第六批“山西特聘专家”颁证仪式举行，袁纯清同志出席会议并颁发证书，高建民、汤涛、张茂才、卫小春同志出席会议。

28日 省直机关第九套广播体操比赛及五项全能比赛颁奖仪式举行，袁纯清、安焕晓、张复明、李悦娥同志为获奖单位和个人颁奖。

同日 省委办公厅、省政府办公厅转发《平安山西建设五年规划（2013—2017年）》。

同日 省委办公厅印发《山西省党内规范性文件备案规定》。

29日 首届山西文化产业博览交易会开幕，袁纯清、李小鹏同志，中宣部副部长、文化部部长蔡武，中国社会科学院院长、党组书记王伟光，国家旅游局局长邵琪伟等共同巡馆并开启“文博之门”，胡苏平同志在开幕式致辞，张复明同志主持。

本月 省委常委开展教育实践活动集中调研，就省委常委班子及成员在“四风”方面存在的问题以及山西省开展党的群众路线教育实践活动征求意见和建议。其中，袁纯清同志在太原市、省发改委召开座谈会，征求意见和建议；李小鹏同志在晋中市、省国资委召开座谈会，征求意见和建议。

7 月

1日 省委党的群众路线教育实践活动领导小组召开第一次会议，袁纯清同志主持会议并讲话，李小鹏、高建民、汤涛、李兆前等同志出席会议。

2日 省委专题会议听取省纪委关于贯彻落实中央“八项规定”精神及解决“四风”问题等专题汇报。

同日 袁纯清、李小鹏同志会见国家卫生计生委主任李斌一行，郭迎光、卫小春同志参加会见。

同日 省委常委会研究部署全省深入学习贯彻习近平总书记一系列重要讲话精神的有关工作等议题。

3日 李小鹏同志主持召开座谈会，征求省直部门及驻晋单位代表对省委常委班子及成员在“四风”方面存在的问题以及我省开展党的群众路线教育实践活动的意见和建议。

3日至5日 省委常委分别走访省级老同志，就党的群众路线教育实践活动征求意见。

4日 省委常委（扩大）会传达中央文件（中发电〔2013〕3号）。

同日 袁纯清、李小鹏同志会见全国政协副主席、民革中央常务副主席齐续春一行，李雁红、张友君同志参加会见。

同日 省委印发《关于深入学习贯彻习近平总书记一系列重要讲话精神的通知》。

同日 省委印发《山西省党内法规制定细则（试行）》。

5日 省委印发《关于在全省深入开展党的群众路线教育实践活动的实施意见》。

6日 省委召开全省党的群众路线教育实践活动动员大会，会议以电视电话形式召开。袁纯清同志主持会议并讲话，中央督导组组长金炳华、副组长崔曰臣及督导组全体成员，省委常委，省人大、省政府、省政协负责同志，省法院院长、省检察院检察长，省委委员、候补委员，省纪委副书记，正省级老同志和近5年退出领导岗位的副省级老同志，各民主党派、工商联主要负责人和无党派代表人士以及中央驻晋单位和省、市有关部门负责同志出席会议。

10日 袁纯清、李小鹏同志会见国务院副秘书长、中央联席会议办公室主任、国家信访局局长舒晓琴一行。

同日 省委常委会研究讨论《关于实施百企千村产业扶贫开发工程的指导意见（送审稿）》等议题。

同日 李小鹏同志在省防汛指挥中心调研防汛工作，高建民、郭迎光同志陪同调研。

11日 袁纯清同志在汾河二坝、汾河二库调研防汛工作，郭迎光同志陪同调研。

同日 李小鹏同志会见信发集团董事局主席张学信一行。

同日 李小鹏同志会见中国海洋石油总公司总经理杨华一行，王一新同志参加会见。

12日至13日 省委常委集中学习习近平总书记一系列重要讲话精神，袁纯清同志主持并讲话。

16日 李小鹏同志会见中国北车集团公司总经理崔殿国一行。

16日至17日 袁纯清同志在大同市调研。

17日 李小鹏同志会见中国国电集团公司党组书记、董事长乔保平和总经理陈飞虎一行。

17日至18日 李小鹏同志主持召开煤炭企业主要负责同志座谈会。

18日 省委中心组（扩大）举行学习报告会，邀请中央党校原副校长李君如作题为“以整风精神开展新形势下群众路线教育实践活动”的专题辅导报告，袁纯清同志主持会议并讲话，省四大班子负责同志出席报告会。

同日 省委办公厅、省政府办公厅印发《关于实施百企千村产业扶贫开发工程的指导意见》。

19日 全省百企千村产业扶贫开发工程动员大会召开，袁纯清同志出席会议并讲话，李小鹏同志主持会议，省委常委，省人大、省政府、省政协负责同志和省法检两长出席会议。

同日 省委常委会研究讨论上半年全省经济形势和下半年经济工作等议题。

20日 袁纯清、李小鹏同志会见农业部部长韩长赋一行。

22日 省委、省政府印发《关于深化法治山西建设的实施意见》。

23日 部分省市负责人座谈会在湖北省武汉市召开，中共中央总书记、国家主席、中央军委主席习近平主持会议并作重要讲话。袁纯清同志和湖北省委书记李鸿忠、黑龙江省委书记王宪魁、上海市市长杨雄、浙江省委书记夏宝龙、湖南省委书记徐守盛、武汉市委书记阮成发、东风汽车公司董事长徐平出席会议并发言。

同日 省委、省政府致电慰问甘肃省灾区并捐助500万元。

23日至24日 李小鹏同志在阳泉市调研。

25日 袁纯清、李小鹏同志会见民政部部长李立国一行，高建民、郭迎光同志参加会见。

同日 袁纯清同志会见加拿大联邦参议员胡子修和加拿大密西沙加市市长黑兹尔·麦卡利恩，王一新同志参加会见。

26日 省委常委会传达习近平总书记在部分省市负责人武汉座谈会上的重要讲话精神，研究部署我省贯彻落实意见。

26日至27日 省委常委集中学习《论群众路线》、《厉行节约、反对浪费》重要论述摘编。

29日 全省领导干部大会召开，袁纯清同志讲话，李小鹏同志主持会议并讲话。省委常委，省人大、省政府、省政协负责同志，省法检两长和武警总队负责同志出席会议。

30日 省领导集体赴朔州市右玉县学习右玉精神并召开学习体会交流座谈会，袁纯清同志主持座谈会，省委常委，省人大、省政府、省政协负责同志和省法检两长参加。

30日至31日 袁纯清同志在朔州市调研。

31日 李小鹏同志会见东方电气集团有限公司总经理斯泽夫一行。

同日 省委、省政府分管领导分两路走访慰问老战士、军烈属和伤残军人。

31日至8月2日 李小鹏同志与各市市长谈话，征求对省政府班子及成员在反对“四风”方面的意见。

8 月

1日 袁纯清、李小鹏同志会见国家税务总局党组书记、局长王军，高建民等同志参加会见。

同日 全省党管武装工作述职电视电话会议召开。袁纯清同志出席并讲话，李小鹏等同志出席会议。

1日至2日 袁纯清同志与各市市委书记谈话，征求对省委常委会及班子成员在反对“四风”方面的意见。

2日 省委办公厅、省政府办公厅印发《关于做好2013年军队转业干部安置工作的通知》。

3日 李小鹏同志在运城市调研。

6日 李小鹏同志会见中国建筑材料集团董事长、中国医药集团董事长宋志平一行。

7日 山西省残疾人联合会召开第六次代表大会，袁纯清、李小鹏、高建民、牛仁亮、李雁红等同志出席开幕式，中国残联副主席汤小泉到会祝贺。

8日 全省组织工作会议召开，袁纯清同志出席会议并讲话，汤涛同志主持会议，李兆前等同志出席会议。

同日 袁纯清、李小鹏同志会见中国保监会主席项俊波,王一新同志参加会见。

同日 煤电企业中长期购销协议签约仪式在中国（太原）煤炭交易中心举行。袁纯清、李小鹏等同志，中国华能集团公司党组书记黄永达、中国大唐集团公司董事长陈进行、中国华电集团党组书记李庆奎、中国国电集团公司董事长乔保平、中国电力投资集团公司总经理陆启洲出席。

同日 山西焦煤集团与中国大唐集团合作框架协议签约仪式在太原举行。李小鹏同志、大唐集团董事长陈进行出席签约仪式。

同日 省委办公厅、省政府办公厅转发省转型综改办《2013年上半年全省转型综改工作情况报告》。

9日 省委常委会听取和研究省委常委开展党的群众路线教育实践活动专题调研情况。

同日 李小鹏同志会见中国东方航空集团公司总经理刘绍勇一行，王一新同志参加会见。

同日 李小鹏同志与中国华能集团公司总经理曹培玺、党组书记黄永达座谈，高建民等同志出席座谈会。

同日 省委、省政府印发《关于深化科技体制改革加快创新体系建设的实施意见》。

12日 袁纯清同志在太原市政务服务中心调研，李兆前等同志陪同调研。

13日至14日 袁纯清同志在忻州市调研，周然等同志陪同调研。

13日至14日 李小鹏同志在长治市调研。

15日 省委中心组（扩大）举行学习报告会，邀请中央纪委案件审理室主任耿文清作关于作风建设的辅导报告，袁纯清同志主持会议并讲话，省四大班子负责同志出席报告会。

同日 李小鹏同志会见中国农业发展银行党委书记、行长郑晖一行，王一新同志参加会见。

16日 省委常委会研究讨论贯彻落实习近平总书记重要批示精神、对做好全省意识形态领域工作进行安排部署等议题；集体观看专题片《较量无声》。

18日 省委常委就学习《论群众路线》、《厉行节约、反对浪费》召开学习体会交流座谈会，袁纯清同志主持并讲话，中央督导组组长金炳华、副组长崔曰臣出席座谈会。

20日至21日 李小鹏同志在吕梁市调研。

21日 袁纯清同志在阳泉市调研。

22日 省委举行党的群众路线教育实践活动先进事迹报告会，邀请省交通厅定点扶贫队队长张为民，大同市大同县林业局党支部书记、局长赵德清，晋城市泽州县犁川镇崔河村党支部书记崔晓满，长治市第一职业高级中学校党总支书记、校长张素珍作先进事迹报告，袁纯清同志主持会议并讲话，省四大班子负责同志出席报告会。

同日 省委常委会通报中央督导组关于省级领导班子民主测评情况的反馈意见，研究整改措施。

同日 李小鹏同志会见国土资源部副部长汪民，高建民同志参加会见。

同日 省委督查工作领导小组召开第一次全体会议，聂春玉主持会议并讲话。

23日 省委常委会研究讨论贯彻落实全国宣传思想工作会议精神等议题。

24日 李小鹏同志在太原市调研，高建民等同志陪同调研。

26日 省委办公厅、省政府办公厅转发《关于深入推进企业工资集体协商促进劳动关系和谐稳定的指导意见》。

26日至29日 省委常委、副省长分别深入各个领域窗口单位调研，听取群众意见，解决实际问题，推进作风转变。其中，袁纯清同志在省高校毕业生就业指导中心调研，李小鹏同志在省人社厅窗口单位调研。

28日 袁纯清、李小鹏同志与北京大学党委书记朱善璐会面。

29日 省委召开第一批教育实践活动部门（单位）主要负责人会议，袁纯清同志出席会议并讲话，李小鹏同志主持会议，胡苏平、汤涛等同志出席会议。

同日 省委召开全省第一批党的群众路线教育实践活动督导组组长会议，袁纯清同志出席会议并讲话，汤涛同志主持会议。

同日 省委常委（扩大）会研究讨论贯彻落实刘云山同志在部分省区市党委教育实践活动领导小组负责同志（贵州）座谈会上讲话精神等议题。

30日 省四大班子负责同志集中观看影片《周恩来的四个昼夜》。

本月 袁纯清同志与省委常委班子成员谈心，各位常委之间相互谈心。

9 月

3日 袁纯清、李小鹏同志在太原看望全国政协副主席卢展工一行，薛延忠、张复明、朱先奇同志一同看望。

4日 袁纯清、李小鹏同志会见国家工商总局党组书记、局长张茅一行，张建欣同志参加会见。同日，李小鹏、张建欣同志陪同张茅一行在省工商局调研。

同日 袁纯清同志在省发改委调研指导党的群众路线教育实践活动。

同日 李小鹏同志在省国资委调研指导党的群众路线教育实践活动。

5日 袁纯清同志以“转型跨越中务必保持艰苦奋斗作风”为题给领导干部讲党课。李小鹏同志主持会议，中央督导组组长金炳华、副组长崔曰臣，省委、省人大、省政府、省政协负责同志和省法检两长一同参加党课活动。

同日 全国人大常委会副委员长兼秘书长王晨率领全国人大常委会执法检查组到我省考察并召开座谈会，袁纯清、李政文、周然、张复明同志陪同考察或参加座谈会。

同日 省委办公厅、省政府办公厅印发《关于全省党政机关停止新建楼堂馆所和清理办公用房的通知》。

6日 省委常委会传达全国党委秘书长会议精神，研究山西省贯彻落实意见。

8日 省委办公厅、省政府办公厅印发《关于进一步做好党政机关执行人民法院生效裁判专项积案清理工作的通知》。

9日 袁纯清同志主持召开会议，听取宣传部门工作汇报，胡苏平同志参加会议。

同日 袁纯清同志在山西建筑职业技术学院、太原师范学院慰问教师，张复明同志陪同慰问。

10日 袁纯清同志在太原古交市调研，接待处理包联信访事项。

同日 李小鹏同志在阳曲县慰问教师，张复明同志陪同慰问。

11日至12日 原中共中央政治局常委李长春在临汾、晋中、太原调研，袁纯清、李小鹏等同志陪同调研。

12日至13日 全省造林绿化现场推进会在太原召开，李小鹏、郭迎光等同志出席。

13日 省委常委会研究讨论《中共山西省委关于贯彻落实全国宣传思想工作会议精神的若干意见》等议题。

15日至18日 袁纯清同志带领省观摩检查组对运城、临汾、晋城、长治的重点工作和项目推进情况进行观摩检查，分别召开汇报点评会，听取各市汇报并进行点评，高建民等同志参加观摩检查和点评会。

15日至18日 李小鹏同志带领省观摩检查组对阳泉、忻州、朔州、大同的重点工作和项目推进情况进行观摩检查，分别召开汇报点评会，听取各市汇报并进行点评。

22日 全省宣传思想工作会议召开，袁纯清同志出席会议并讲话，胡苏平同志主持会议，汤涛、李兆前、张少华等同志出席会议。

23日 省管主要领导干部学习习近平总书记重要讲话专题研讨班在省委党校举行开班式，袁纯清同志出席会议并讲话，李小鹏、胡苏平、汤涛等同志出席会议。

同日 省委党的群众路线教育实践活动领导小组召开第二次会议，袁纯清同志主持会议并讲话，李小鹏、薛延忠、胡苏平、汤涛、李兆前等同志出席会议。

24日 省委常委会研究讨论《省委常委班子开展党的群众路线教育实践活动对照检查材料》。

26日 省委常委（扩大）会学习领会习近平总书记在指导河北省委常委班子专题民主生活会时的重要讲话精神，研究部署省级领导班子以及第一批参加教育实践活动单位召开专题民主生活会工作。

同日 省委办公厅、省政府办公厅印发《关于进一步加强新形势下农村精神文明建设工作的实施意见》。

27日 省委常委会反馈中央督导组关于对照检查材料提出的修改意见。

同日 袁纯清同志与我省第四届全国道德模范及提名奖获得者进行座谈，胡苏平同志主持座谈会。

10 月

8日 省委办公厅、省政府办公厅印发《全省建立健全重大决策社会稳定风险评估机制的实施意见（试行）》。

11日 省委常委会学习讨论《习近平同志在参加河北省委常委班子专题民主生活会时的讲话》。

13日 李小鹏同志在太原会见国家烟草专卖局党组书记、局长凌成兴一行。

14日 第二期省管主要领导干部学习习近平总书记重要讲话专题研讨班在省委党校举行开班式，李小鹏同志作专题报告，胡苏平、高建民同志出席。

16日 第三届中国（山西）特色农产品交易博览会开幕，李小鹏、田喜荣、王宁同志，农业部党组成员、总经济师杨绍品，全国供销合作总社副主任戴公兴出席开幕式，郭迎光同志主持并致辞。

18日 省委常委会研究讨论《省委常委班子开展党的群众路线教育实践活动对照检查材料》等议题。

同日 省委党的群众路线教育实践活动领导小组召开第三次会议。袁纯清同志主持会议并讲话，李小鹏、薛延忠、胡苏平、汤涛、李兆前、聂春玉出席会议。

同日 李小鹏同志在太原会见由霍英东集团行政总裁霍震寰、香港菱电发展有限公司主席胡晓明率领的香港山西商会访问团一行。

18日至19日 北京军区人武部和预备役部队建设工作会议在太原召开。总政治部副主任贾廷安，北京军区司令员张仕波、政委刘福连出席会议。袁纯清同志致辞，李小鹏同志介绍山西省加强国防后备力量建设经验，高建民、张少华同志出席会议。

21日至22日 省委常委会召开专题民主生活会，袁纯清同志主持会议并作总结讲话，中央督导组组长金炳华出席会议并讲话，副组长崔曰臣和中央纪委、中央组织部、中央党的群众路线教育实践活动领导小组办公室有关同志莅会指导。

26日 省委印发《关于加强宣传思想工作的若干意见》。

27日 省委常委会学习贯彻刘云山同志在中央教育实践活动领导小组第五次会议上的重要讲话精神，研究部署省委领导班子教育实践活动整改落实和建章立制工作。

28日 省发改委党组召开党的群众路线教育实践活动专题民主生活会，袁纯清同志参加并讲话。

28日至29日 李小鹏同志带领省观摩检查组对吕梁、晋中市重点工作和项目推进情况进行观摩检查，分别召开汇报点评会，听取各市汇报并进行点评。高建民等同志参加观摩检查和点评会。

30日 袁纯清、李小鹏同志带领省观摩检查组对太原市重点工作和项目推进情况进行观摩检查，召开汇报点评会，听取太原市汇报并进行点评。高建民等同志参加观摩检查和点评会。

31日 省委、省政府在太原召开全省观摩检查总结座谈会。袁纯清同志出席会议并讲话，李小鹏同志主持会议并讲话，薛延忠、胡苏平、高建民、汤涛、李政文、郭迎光、王一新、张复明、卫小春等同志出席会议。

同日 中央第六巡视组巡视山西省工作动员会召开。袁纯清同志主持会议并作动员讲话，中央第六巡视组组长叶冬松讲话，中央巡视办副主任玄洪云进行工作部署。中央第六巡视组副组长、副部级巡视专员赵文波及巡视组全体成员，省委、省人大、省政府、省政协领导班子成员和省法检两长出席会议。

11 月

2日 太原地铁2号线一期工程和华能东山燃机热电项目开工仪式举行，李小鹏、高建民、陈川平等同志出席。

2日至3日 李小鹏同志参加省国资委领导班子党的群众路线教育实践活动专题民主生活会。

4日 省委常委会传达中国工会第十六次全国代表大会和中国妇女第十一次全国代表大会精神，研究山西省贯彻落实意见。

同日 省委党的群众路线教育实践活动领导小组召开第四次会议，袁纯清同志主持会议并讲话，李小鹏、薛延忠、高建民、李兆前等同志出席会议。

6日 山西省表彰第十二届全国运动会山西代表团先进集体和个人，袁纯清、李小鹏同志接见并讲话，周然、张复明、李悦娥同志参加。

14日 省委常委（扩大）会传达贯彻党的十八届三中全会精神。

15日 省委常委会讨论《中共中央关于薄熙来严重违纪违法案及其教训的通报》，研究讨论《深入贯彻落实党的十八届三中全会精神，加快推进转型综改区建设调研课题》等议题。

18日 省委召开常委班子专题民主生活会情况通报会，袁纯清同志主持并通报情况，中央督导组组长金炳华，中央第六巡视组组长叶冬松，中央督导组副组长崔曰臣，李小鹏、胡苏平、高建民、汤涛、李兆前、张少华等同志出席会议。

同日 省委办公厅印发《山西省委领导班子整改方案》。

20日 省委印发《关于认真学习贯彻党的十八届三中全会精神的通知》。

20日、21日和27日 袁纯清同志在晋中市寿阳县、榆次区调研。

22日 省委常委会研究讨论山西省"十二五"规划《中期评估报告》和2014年经济社会发展主要指标计划安排等议题；观看反邪教党内参考片《较量——正在进行》。

25日 中央宣讲团党的十八届三中全会精神报告会在太原举行，中央宣讲团成员、财政部副部长王保安作宣讲报告，袁纯清同志主持报告会并讲话，省四大班子负责同志出席报告会。

26日 省委常委会就《十八届中央纪委第三次全会工作报告稿》征求意见，研究讨论其他议题。

同日 李小鹏同志在左权县柏峪村下乡住村。

27日 袁纯清、李小鹏同志在太原会见来晋出席全国工商系统非公党建工作会议的国家工商总局党组书记、局长张茅，中组部部务委员吴玉良一行，汤涛、张建欣同志参加会见。

同日 李小鹏同志在贫困县联系点和顺县调研。

同日 省委办公厅、省政府办公厅印发《关于认真学习宣传贯彻〈党政机关厉行节约反对浪费条例〉的通知》。

28日 中国少年先锋队山西省第六次代表大会在太原开幕，袁纯清、李小鹏、薛延忠、张茂才同志出席开幕式。

28日至29日 袁纯清同志分别与11位县（市、区）委书记进行谈心活动。

29日 省委中心组（扩大）举行学习报告会，胡苏平同志作专题辅导报告，袁纯清同志主持会议并讲话，省四大班子负责同志出席报告会。

本月 省委常委以普通党员身份分别参加所在支部专题组织生活会。其中，22日，袁纯清等同志参加省委办公厅会务处党支部专题组织生活会。同日，李小鹏同志参加省政府办公厅秘书一处党支部专题组织生活会。

12 月

2日 袁纯清同志分别主持召开农村基层党组织建设和社区基层党组织建设座谈会，汤涛同志出席座谈会。

3日 袁纯清同志主持召开部分省直厅局和基层负责同志座谈会。

4日 十届省委换届以来干部选拔任用工作"一报告两评议"会议召开，省四大班子负责同志出席会议。

同日 省委召开2013年市委书记、工（党）委书记抓基层党建工作专项述职会议，袁纯清同志主持会议并讲话，中央督导组组长金炳华，中央组织部组织二局巡视员、副局长曾贤钦出席会议并讲话，中央督导组副组长崔曰臣，胡苏平、汤涛、李兆前等同志出席会议。

5日 省委常委召开群众路线教育实践活动专题思想交流会，袁纯清同志主持会议并讲话，中央督导组组长金炳华、副组长崔曰臣出席会议。

同日 省委党的群众路线教育实践活动领导小组召开第五次会议，袁纯清同志主持会议并讲话，李小鹏、薛延忠、胡苏平、汤涛、李兆前等同志出席会议。

同日 山西转型综改试验区建设全国示范性劳动竞赛在太钢集团公司启动，中华全国总工会党组纪检组长、书记处书记王瑞生出席启动仪式并讲话，田喜荣等同志出席。

同日 省委印发《2013—2017年全省干部教育培训规划》。

6日 袁纯清、李小鹏同志会见全国政协副主席、致公党中央主席、科技部部长万钢一行，薛延忠、张复明同志参加会见。

同日 省委中心组（扩大）举行学习报告会，全国政协副主席、致公党中央主席、科技部部长万钢作题为"深化科技体制改革、加快创新驱动发展"的辅导报告，袁纯清同志主持会议并讲话，省四大班子负责同志出席报告会。

同日 全国政协副主席、致公党中央主席、科技部部长万钢在山西煤化所调研并出席科技部与省政府部省会商会，李小鹏、张复明同志参加。

8日 省委办公厅、省政府办公厅印发《关于进一步规范我省工作人员因公临时出国的实施意见》。

15日 省委常委会研究讨论全省治理"四风"制度建设计划和开展"四风"突出问题专项整治方案等议题。

16日 省委常委（扩大）会传达中央经济工作会议、中央城镇化工作会议精神，研究山西省贯彻落实意见。

17日 袁纯清同志主持召开座谈会，研究讨论《深入贯彻党的十八届三中全会精神，加快推进综改区建设的若干意见》。

同日 省委办公厅、省政府办公厅印发《关于贯彻执行〈党政主要领导干部和国有企业领导人员经济责任审计规定〉的实施意见》。

同日 省委办公厅印发《山西省开展"四风"突出问题专项整治方案》。

同日 省委办公厅印发《山西省治理"四风"的制度建设计划》。

18日至19日 省委召开加快推进转型综改区建设调研课题汇报会，袁纯清同志主持会议并讲话，省委常委、副省长出席会议。

19日 省委常委会研究讨论《山西省人民政府职能转变和机构改革方案》等议题。

20日 袁纯清同志在武乡县调研。

23日 省委常委会研究讨论《中共山西省委常委会工作报告》、《关于深入贯彻党的十八届三中全会精神，加快推进转型综改区建设的若干意见》以及治理“四风”第三批整改制度等议题。

同日 省委、省政府召开全省民营经济转型跨越发展促进大会，袁纯清、李小鹏、薛延忠、牛仁亮同志出席会议并颁奖，高建民同志讲话。

同日 省委召开党外人士座谈会，袁纯清同志主持会议并讲话，李小鹏、薛延忠、高建民等同志出席座谈会。

24日 省委办公厅、省政府办公厅印发《关于命名右玉展览馆等省级爱国主义教育基地的通知》。

26日 省军区召开大会，宣布省军区领导班子调整命令，北京军区副政委黄建国宣布中央军委命令，任命冷杰松为山西省军区司令员，批准刘云海退休。袁纯清同志讲话，刘云海、冷杰松出席并讲话，张少华同志主持会议。

26日至27日 省委十届五次全会暨全省经济工作会议在太原举行。会议由省委常委会主持，袁纯清、李小鹏同志讲话，会议听取和讨论袁纯清同志所作的省委常委会工作报告和李小鹏同志关于经济工作的讲话，讨论《关于深入贯彻党的十八届三中全会精神，加快推进转型综改试验区建设的若干意见》。

28日 省委召开工会工作座谈会，袁纯清同志出席会议并讲话，高建民、汤涛、朱先奇等同志出席，田喜荣同志汇报工会工作。

同日 省委印发《中共山西省委常委会议事规则（试行）》。

同日 省委办公厅印发《关于规范精简会议的“五个严格控制”等四个制度性文件》。

同日 省委办公厅印发《省委常委、副省长定期直接接待群众来访制度》。

30日 省委常委（扩大）会传达中央农村工作会议精神，研究山西省贯彻落实意见。

同日 省委召开妇女工作座谈会，袁纯清同志出席会议并讲话，汤涛、张茂才、李悦娥同志出席，张建欣同志讲话。

同日 省委办公厅、省政府办公厅印发《关于进一步规范省级领导干部公务接待活动的规定》。

同日 省委办公厅、省政府办公厅印发《关于组建山西省卫生和计划生育委员会的通知》。

同日 省委办公厅、省政府办公厅印发《关于组建山西省新闻出版广电局的通知》。

31日 省委中心组（扩大）举行学习报告会，汤涛同志作专题辅导报告，袁纯清同志主持会议并讲话，省四大班子负责同志出席报告会。

同日 省委常委会传达《中共中央办公厅关于湖南衡阳破坏选举案的情况通报》，研究讨论其他议题。

同日 省委印发《关于废止和宣布失效一批党内法规和规范性文件的规定》。

附　录

山西省2013年国民经济和社会发展情况

2013年，在党中央、国务院的正确领导下，山西省委、省政府深入贯彻党的十八大会议精神，坚持主题主线和稳中求进工作总基调，全省经济保持平稳健康发展，社会事业全面进步，人民生活水平不断提高，经济和社会发展取得新进展。

一、综　合

全年全省生产总值12602.2亿元，比上年增长8.9%。其中，第一产业增加值773.8亿元，增长4.5%，占生产总值的比重为6.1%；第二产业增加值6792.7亿元，增长10.2%，占生产总值的比重为53.9%；第三产业增加值5035.8亿元，增长7.5%，占生产总值的比重为40.0%。

人均地区生产总值34813元，按2013年平均汇率计算为5621美元。

全年全省公共财政收入1700.2亿元，增长12.1%。税收收入1135.5亿元，增长8.6%，其中国内增值税、营业税、企业所得税、个人所得税、资源税和城建税共计完成税收956.0亿元，增长3.2%。公共财政支出3030.5亿元，增长9.7%。其中，教育、医疗卫生、社会保障和就业、住房保障、公共交通运输、节能环保、城乡社区事务等民生支出2477.9亿元，同比增长9.9%，增加223.3亿元，民生支出总量占全省公共财政支出的81.8%。

居民消费价格比上年上涨3.1%，其中，食品价格上涨6.2%。商品零售价格上涨1.8%。固定资产投资价格上涨0.5%。工业生产者出厂价格下降9.3%，其中生产资料价格下降9.8%，生活资料价格上涨1.8%。工业生产者购进价格下降4.5%。农业生产资料价格上涨2.5%。

全年全省城镇新增就业51.5万人。转移农村劳动力37万人。年末城镇登记失业率3.3%。

二、农　业

全年全省农作物种植面积3898.3千公顷，比上年增加7.4千公顷。其中，粮食种植面积3274.3千公顷，减少17.2千公顷；油料种植面积140.3千公顷，减少5.5千公顷；棉花种植面积23.4千公顷，减少13.9千公顷。在粮食种植面积中，玉米种植面积1670.0千公顷，增加1.1千公顷；小麦种植面积677.5千公顷，减少11.5千公顷。

全年粮食产量1312.8万吨，增加38.7万吨，增产3.0%。其中，夏粮231.7万吨，减产11.3%；秋粮1081.1万吨，增产6.7%。

全年完成造林303.0千公顷，减少1.4%。其中，荒山荒地造林面积298.8千公顷，减少1.3%。全年木材产量11.9万立方米，减少2.5%。

全年全省猪牛羊肉总产量72.6万吨，增长8.2%。其中，猪肉产量61.2万吨，增长8.6%；牛肉产量5.2万吨，增长6.1%；羊肉产量6.2万吨，增长5.1%。年末生猪存栏502.2万头，生猪出栏786.2万头。牛奶产量86.2万吨，增长7.8%。禽蛋产量79.8万吨，增长6.9%。水产品产量4.6万吨，增长10.6%。

年末全省农业机械总动力3183.2万千瓦，增长4.1%。机械耕地面积2609.0千公顷，增长1.4%；机械播种面积2516.0千公顷，机械收获面积1703.0千公顷，分别增长3.0%和12.4%。全省农机化经营总收入121.8亿元，增长5.9%。

三、工业和建筑业

年末全省规模以上工业企业3946家，增加230家。全年规模以上工业增加值增长10.5%。

全社会原煤产量9.6亿吨，增长5.3%；发电量2625.0亿千瓦时，增长3.6%。规模以上工业企业焦炭产量9076.8万吨，增长7.5%；钢材产量4496.2万吨，增长18.4%。

规模以上工业企业实现主营业务收入18404.7亿元，增长2.0%。其中，煤炭、焦炭、冶金和电力工业分别实现主营业务收入7341.4亿元、1326.1亿元、4146.2亿元和1602.3亿元，分别增长-2.3%、-2.0%、6.4%和6.5%；化学、建材、装备制造、医药和食品工业分别实现主营业务收入844.9亿元、366.4亿元、1640.1亿元、138.2亿元和705.5亿元，分别增长-0.7%、-0.5%、5.1%、20.3%和10.8%。

规模以上工业实现利税1445.8亿元，下降18.3%；实现利润547.9亿元，下降31.4%。

全年全省建筑业实现增加值759.7亿元，比上年增长6.4%。具有建筑业资质等级的总承包和专业承包建筑业企业实现利润80.1亿元，增长15.6%。

四、固定资产投资

全年全社会固定资产投资11200.2亿元，增长22.1%。其中，国有及国有控股投资5031.8亿元，增长11.3%；民间投资6089.0亿元，增长33.8%。

在全社会固定资产投资中，内资企业投资10718.1亿元，增长23.1%；外商及港澳台商企业投资134.5亿元，下降19%；个体经营及农户投资347.7亿元，增长14%。

在全社会固定资产投资中，第一产业投资705.1亿元，增长92.6%；第二产业投资4685.1亿元，增长13.3%；第三产业投资5810.1亿元，增长24.3%。在第二产业中，工业投资4724.9亿元，增长14.4%。其中，煤炭工业投资1165.8亿元，下降13.8%,非煤产业投资3559.0亿元，增长28.1%；传统产业（煤炭、焦炭、冶金、电力）投资合计2222.7亿元，下降3.7%,非传统产业投资合计2502.2亿元，增长37.3%。

全年全省在建固定资产投资项目12688个。其中，亿元以上项目3175个，计划总投资21993.2亿元，完成投资6770.4亿元。

全年房地产开发投资1308.6亿元，增长29.5%。其中，住宅投资958.8亿元，增长30.3%；商业营业用房投资182.6亿元，增长31.1%。

五、能　源

全年全省一次能源生产折标准煤8.2亿吨，增长5.4%；二次能源生产折标准煤4.0亿吨，增长12.0%。

全年全省向省外运输煤炭6.2亿吨，增长5.8%，外运煤炭占原煤产量64.0%。在外运煤炭中，铁路运输4.8亿吨，增长2.7%；公路运输1.4亿吨，增长18.4%。向省外输送电力793.1亿千瓦小时，增长3.1%，外输电量占发电量30.2%；向省外运输焦炭6475.8万吨，增长13.5%，外运焦炭占焦炭产量71.3%。

全年全省全社会用电总量1832.4亿千瓦小时。其中，第一产业用电37.8亿千瓦小时，占全社会用电量2.1%；第二产业用电1497.0亿千瓦小时，占81.7%，其中工业用电1475.5亿千瓦小时；第三产业用电154.6亿千瓦小时，占8.4%；城乡居民生活用电143.0亿千瓦小时，占7.8%。

六、国内贸易

全年全省社会消费品零售总额4988.3亿元，增长14.0%。按经营地统计，城镇消费品零售额4138.5亿元，增长13.9%；乡村消费品零售额849.8亿元，增长14.3%。按消费形态统计，商品零售额4518.6亿元，增长14.1%；餐饮收入额469.7亿元，增长13.3%。

七、对外经济

全年全省海关进出口总额158.0亿美元，增长5.0%。其中，进口额78.0亿美元，下降2.8%；出口额80.0亿美元，增长14.0%。

全年出口煤炭105.2万吨，下降26.7%；出口焦炭54.6万吨，增长36.3%；出口镁及其制品5.6万吨，增长11.1%；出口钢材77.0万吨，下降0.5%，其中不锈钢36.8万吨，增长23.4%。出口机电产品46.5亿美元，增长35.2%；出口高新技术产品32.3亿美元，增长68.0%。

全年进口铁矿砂2344.1万吨，下降0.9%，进口金额29.6亿美元，增长2.6%；进口机电产品21.3亿美元，下降19.3%。

全年全省新设立外商直接投资企业48家；按全口径统计实际使用外商直接投资金额28.1亿美元，增长12.1%。

全年全省对外经济合作新签合同额2.4亿美元，下降63.0%。

八、交通、邮电和旅游

年末全省公路线路里程13.9万公里，其中高速公路5011.1公里，与上年末持平。

年末全省民用汽车保有量415.9万辆（包括三轮汽车和低速货车37.6万辆），比上年末增长12.1%，其中私人汽车326.7万辆，增长16.0%。本年新注册汽车59.8万辆，增长4.6%。年末轿车保有量220.2万辆，增长19.5%，其中私人轿车199.1万辆，增长21.5%。

全年全省完成邮电业务总量359.9亿元，增长6.0%。其中，邮政业务总量34.1亿元，增长12.0%；电信业务总量325.8亿元，增长5.4%。年末移动电话用户3105.5万户，其中，3G移动电话用户952.0万户。全省宽带接入用户521.3万户，增长3.3%。

全年全省接待海外旅游者212.6万人次，接待国内旅游者2.5亿人次，分别增长12.4%和26.6%；旅游外汇收入8.2

亿美元，国内旅游收入2253.7亿元，旅游总收入2305.4亿元，分别增长14.4%、27.6%和27.2%。

九、金　融

年末全省金融机构本外币各项存款余额26269.0亿元，比年初增加2108.4亿元，比年初增长8.7%。各项贷款余额15025.5亿元，比年初增加1807.1亿元，增长13.7%。

年末全省农村金融合作机构（农村信用社、农村合作银行、农村商业银行）人民币贷款余额3135.0亿元，比年初增加468.9亿元，增长17.6%;人民币存款余额5015.2亿元，比年初增加695.6亿元，比年初增长16.1%。

年末全省共有上市公司34家。全省辖区证券市场各类证券成交额12206.4亿元，增长38.4%。其中股票成交额7911.6亿元，增长33.8%；基金成交额222.2亿元，增长138.7%；债券成交额4072.6亿元，增长44.9%。年末投资者资金账户累计开户数165.0万户，增长3.1%。

全年全省保费收入412.4亿元，增长7.2%。其中，寿险业务保费收入239.7亿元，增长2.4%；健康险业务保费收入20.2亿元，增长24.5%；意外险业务保费收入8.0亿元，增长21.6%；财产险业务保费收入144.6亿元，增长13.1%。全年支付各类赔款及给付169.3亿元，增长41.9%。

十、教育和科学技术

年末全省普通高等学校70所，独立设置的成人高等学校12所。全省高等教育毛入学率34%，高中阶段毛入学率91%。成人技术培训学校培训职工和农民共计207.1万人次。

全年全省专利申请量与授权量分别为18859件和8565件，分别增长12.3%和18.3%；其中发明专利申请量与授权量分别为6025件和1332件，分别增长11.2%和1.8%。全年新登记科技成果447项。获得国家科学技术奖5项。国家认定企业技术中心26家。省级企业技术中心180家。按照国家高新技术企业认定办法，年末累计高新技术企业370家。

全省25个经济开发区入区企业14770家，其中500强投资企业94家。区内税收收入161.0亿元，增长10.3%；企业主营业务收入5405.3亿元，增长18.6%。

年末全省共有省、市、县产品质量监督检验和计量检定技术机构124个，国家检测中心2个。监督抽查了3411家企业29类49种6105批次的产品和商品。全年完成强制检定计量器具74万台件。

全省有气象台站121个，全省开展121电话天气自动咨询的台站121个。全省气象系统开展人工影响天气业务的单位116个，防雹、增雨累计受益面积150.52万平方公里，增雨量30.33亿立方米。全省有天气预报服务Intel网站4个，卫星云图接收站15个。

全省有专业综合地震台站10个，省级地震台网中心1个，省级数字测震地震台网1个。全年M3.0—M3.9级地震7次，M4.0—M4.9级地震0次，最大震级M3.6级。

十一、文化、卫生和体育

年末全省共有群众艺术馆12个，文化馆119个，文化站1407个（其中：乡镇综合文化站1197个），农村文化活动场所2.82万个。全省共有专业艺术表演团体155个。全省有公共图书馆126个。2013年全省报纸共出版60种（不含高校校报）、20.2亿份，各类杂志出版198种、3544.1万册，各类图书出版3764种、13960万册。年末全省共有广播电视台113座，广播电台1座，电视台3座，中短波转播发射台15座，调频转播发射台119座，一百瓦以上电视转播发射台148座。广播人口覆盖率96.76%，电视人口覆盖率98.45%，有线电视用户497.9万户。2013年，山西影视集团共发行、生产、创作电影、电视剧、专题片37部。

年末全省共有卫生机构(含诊所)12050个，床位17.3万张。卫生防疫、防治机构134个，妇幼保健院（所、站）132个。全省卫生机构共有卫生技术人员20.3万人，其中医院卫生技术人员13.0万人；卫生院、社区卫生服务中心（站）卫生技术人员3.5万人，其中农村乡镇卫生院2.1万人；防疫、防治与妇幼保健卫生技术人员1.0万人。全省115个县（市、区）开展了新型农村合作医疗工作，有2202万农民参加了合作医疗。

全年我省运动员在国内外重大比赛中获金、银、铜牌分别为56枚、40枚和47枚（包括非奥运项目比赛）。全省销售中国体育彩票15.6亿元，比上年增长53.8%。

十二、人口、人民生活和社会保障

据2013年人口抽样调查，年末全省常住人口为3630万人，比上年末增加19万人。全年全省出生人口39万人，人口出生率为10.81‰；死亡人口20万人，死亡率为5.57‰；自然增长率为5.24‰。出生人口性别比为114.03。

全年城镇居民人均可支配收入22456元，增长10.0%；城镇居民人均消费性支出13166元，增长7.8%。全年农村居民人均纯收入7154元，增长12.5%；农村居民人均生活消费支出6017元，增长8.1%。城镇占调查总户数20%的低收入家庭人均可支配收入9425元，增长10.3%；农村占人口20%的低收入者收入2283元，增长15.6%。城镇居民家庭恩格尔系数（即居民家庭食品消费支出占家庭消费支出的比重）27.9%，农村居民家庭恩格尔系数33.0%。

年末参加城镇基本养老保险766.4万人，增加33.4万人；参加新型农村社会养老保险1439.8万人，增加42.2万人；参加城镇基本医疗保险1086.3万人，增加28.8万人；参加失业保险400.7万人，增加9.8万人；参加工伤保险548.9万人，增加19.4万人，其中农民工166.6万人；参加生育保险445.6万人，增加22.7万人。

全年得到城市最低生活保障救济人数85.0万人，全年共发放城市最低保障资金25.1亿元。16.4万人纳入农村五保供养。

年末全省城镇有各种社区服务设施3069个，其中综合性社区服务中心453个，各类收养性单位床位数67975张，收养人数4.1万人，国家抚恤、补助各类优抚对象18.3万人。全年销售福利彩票29.3亿元，筹集社会福利资金9.0亿元，接受社会捐赠款0.5亿元。

十三、资源、环境和安全生产

年末全省10座大型水库蓄水总量为9.6亿立方米。

年末全省森林面积282.4万公顷，森林覆盖率18.0%。

按《环境空气质量指数（AQI）技术规定（试行）（HJ633-2012）》评价，2013年太原市环境空气优良天数为162天；按《城市空气质量日报（AQI）技术规定》评价，其余10个地级城市环境空气优良天数范围在198-335天之间。

黄河、海河流域山西段共监测100个断面，达到Ⅲ类以上水质标准的断面占46.0%，达到Ⅳ类水质标准的断面占16.0%，达到Ⅴ类水质标准的断面占6.0%，有32.0%的断面超过Ⅴ类水质标准。

全年各类自然灾害造成直接经济损失152.6亿元，较上年增长139.6%；农作物受灾面积181.9万公顷，较上年增长152.6%，其中，绝收面积25.5万公顷，较上年增长189.8%。

全年全省共发生各类生产经营性事故2125起，下降7.3%；死亡1156人，下降9.1%。重大事故发生一起，死亡10人。全年全省煤炭百万吨死亡率0.078。

太原市2013年国民经济和社会发展情况

2013年，在市委、市政府的坚强领导下，全市上下深入贯彻党的十八大精神，认真落实中央和省的各项决策部署，坚持以转型综改试验先导区建设为统领，以提高经济增长质量和效益为中心，全市经济总体呈现出“稳中有进、稳中提质”的运行态势，各项社会事业取得新进展，人民生活水平不断提升，率先转型跨越、一流省会城市建设迈出坚实步伐。

一、综　合

经济增长：全市实现地区生产总值（GDP）2412.87亿元，比上年增长8.1%。其中：第一产业增加值38.73亿元，增长3.2%；第二产业增加值1052.08亿元，增长10.6%；第三产业增加值1322.06亿元，增长6.1%。第三产业中，交通运输、仓储和邮政业增加值180.12亿元，增长8.1%；批发零售和住宿餐饮业增加值465.18亿元，增长6.2%；金融业增加值253.11亿元，增长8.8%。

人均地区生产总值56547元，比上年增长7.6%，按2013年平均汇率计算达到9130美元。

产业结构：三次产业比重为1.6%、43.6%、54.8%，分别拉动经济增长0.1、4.8和3.2个百分点。与上年相比，第一产业比重持平，第二产业比重下降1.2个百分点，第三产业比重提高1.2个百分点。

财政：全市公共财政预算收入247.33亿元，增长14.7%。其中：税收收入207.33亿元，增长20.3%，国内增值税、营业税、企业所得税、个人所得税、资源税和城建税共计完成税收153.84亿元，增长10.7%。

全年公共财政预算支出319.11亿元，比上年增长15.0%。其中教育、医疗卫生、社会保障和就业、住房保障、交通运输、节能环保、城乡社区事务等民生支出264.55亿元，增长16.2%，占全市公共财政预算支出的82.9%。

物价：居民消费价格总水平（CPI）比上年平均上涨3.1%。其中：食品价格上涨5.5%，非食品价格上涨2.0%；消费品价格上涨2.8%，服务项目价格上涨3.7%。商品零售价格总水平平均上涨1.3%。工业生产者出厂价格（PPI）下降8.4%。工业生产者购进价格下降4.8%。

就业：城镇新增就业10.70万人，其中创业带动就业2.49万人。4.77万名下岗失业人员实现再就业，其中就业困难人员再就业1.23万人。年末城镇登记失业率3.35%。

二、农　业

种植面积：全年农作物种植面积107.18千公顷，比上年减少1.70千公顷。粮食种植面积80.48千公顷，比上年减少1.29千公顷。其中：夏粮种植面积0.35千公顷，秋粮种植面积80.13千公顷。蔬菜种植面积21.78千公顷，药材种植面积0.83千公顷。

造林：全年造林面积35.94万亩。零星植树1200万株。新增育苗面积1.68千公顷。

畜禽及水产品产量：年末大牲畜存栏4.13万头，猪出栏41.82万头。肉类产量5.02万吨，禽蛋产量2.73万吨，牛奶产量9.54万吨。水产品养殖面积2.39千公顷，水产品产量2787吨。

农机及化肥施用：年末全市农业机械总动力133.60万千瓦。全年农用化肥施用量（折纯）28966吨。

三、工业和建筑业

工业：规模以上工业企业460家，比上年增加20家。规模以上工业增加值770.94亿元，增长10.1%。

中央企业增加值125.06亿元，增长10.3%；省属企业增加值302.54亿元，增长7.6%；市属及以下企业增加值343.34亿元，增长12.6%。

占全市规模以上工业增加值83.9%的十大行业中，增加值比上年增长的有7个。

新兴接替产业增加值418.52亿元，增长12.4%，占全市规模以上工业增加值的54.3%。其中：装备制造业增加值289.73亿元，增长14.9%，占全市规模以上工业增加值的37.6%。

煤炭、钢铁、炼焦、电力等传统行业增加值352.42亿元，增长7.8%，占全市规模以上工业增加值的45.7%。其中：占比19.2%的钢铁行业增加值增长19.0%，占比17.7%的煤炭行业增加值下降2.6%，占比3.7%的炼焦行业增加值增长5.6%，占比2.2%的电力行业增长6.7%。

规模以上工业主营业务收入3444.77亿元，增长2.8%。利税总额110.63亿元，下降12.1%。利润总额12.13亿元，下降44.0%。亏损企业亏损额50.47亿元，增长1.8%。

建筑业：具有建筑业资质等级的总承包和专业承包建筑业企业总产值1961.17亿元，增长22.5%；利税总额115.83亿元，增长22.4%；利润总额55.87亿元，增长22.4%；上缴税金59.96亿元，增长22.4%。

四、固定资产投资

固定资产投资：全年固定资产投资1670.74亿元，比上年增长26.5%。其中：中央项目投资111.57亿元，下降10.3%；省属项目投资349.03亿元，增长20.2%；市属及以下项目投资1210.14亿元，增长33.6%。

分产业看，第一产业投资25.31亿元，增长44.5%；第二产业投资531.52亿元，增长21.9%。其中：工业投资525.78亿元，增长22.4%；第三产业投资1113.91亿元，增长28.4%。三次产业投资比重为1.5%、31.8%和66.7%。

工业投资中，非煤产业投资428.24亿元，增长26.7%，占工业投资的比重达到81.4%。新兴接替产业投资279.86亿元，增长25.7%，占工业投资的比重达到53.2%。

分经济类型看，国有投资932.30亿元，增长44.9%；非国有投资738.44亿元，增长9.0%，其中：民间投资713.90亿元，增长12.5%。

全年在建固定资产投资项目1335个。其中：5亿元以上项目137个，计划总投资2500.93亿元，完成投资631.93亿元，占全市固定资产投资的比重为37.8%；10亿元以上项目67个，计划总投资2020.43亿元，完成投资496.82亿元，占全市固定资产投资的比重为29.7%。

房地产开发：全年房地产开发投资429.92亿元，比上年增长17.9%。住宅投资309.97亿元，增长19.1%，其中：90平方米以下住房投资73.94亿元，占住宅投资的比重为23.9%；商业营业用房投资50.57亿元，增长23.0%。全年商品房竣工面积226.17万平方米，商品房销售额295.21亿元。

五、能　源

能源生产：全市一次能源生产折标准煤2651.10万吨，比上年增长3.4%；二次能源生产折标准煤4368.20万吨，增长0.7%。

能源投资：能源工业投资172.87亿元，比上年增长9.9%。其中：煤炭工业投资97.54亿元，增长6.5%；焦炭工业投资1.70亿元，下降41.3%；电力工业投资21.15亿元，增长8.1%。

国内首个反映产地煤炭市场价格的“太原指数”正式上线。

用电：全年全社会用电量247.43亿千瓦小时，下降0.2%。其中：农业用电1.74亿千瓦小时，增长2.6%；工业用电（含电厂自用电）175.02亿千瓦小时，下降3.5%；建筑业用电3.46亿千瓦小时，增长4.6%；第三产业用电34.73亿千瓦小时，增长7.8%；城乡居民生活用电28.56亿千瓦小时，增长10.9%，城乡居民人均生活用电667.65千瓦小时。万元GDP电耗1059.79千瓦小时，下降7.7%。

六、国内贸易

消费品零售：全年社会消费品零售总额1281.46亿元，比上年增长13.5%。其中：城镇消费品零售额1255.53亿元，增长13.2%；乡村消费品零售额25.93亿元，增长25.7%。

限额以上贸易企业零售额814.13亿元，比上年增长7.4%，占社会消费品零售总额的63.5%。

七、对外经济

进出口贸易：全年外贸进出口总额91.63亿美元，比上年增长8.2%。其中：出口额52.95亿美元，增长24.8%；进口额38.68亿美元，下降8.5%。

出口商品中，煤炭、焦炭、金属镁分别为1.58亿美元、1.01亿美元、0.90亿美元，占出口额的6.6%。不锈钢材、机电产品分别为8.86亿美元、35.89亿美元，占出口额的84.5%。

有贸易往来的国家和地区151个。年进出口额在千万美元以上的国家和地区52个，比上年增加4个。

招商引资：全年新设立外商投资企业18家。实际利用外商直接投资额9.44亿美元，增长20.7%。武宿综合保税区封关运行。

八、交通、邮电和旅游

交通运输：年末全市公路线路里程累计达到7317公里，其中高速公路288公里。公路密度104.7公里/百平方公里。

年末全市民用汽车保有量89.50万辆，比上年末增长13.5%，其中私人汽车75.65万辆，增长16.5%。本年新注册汽车13.60万辆，增长2.7%。年末轿车保有量53.08万辆，增长17.5%，其中私人轿车47.95万辆，增长19.0%；本年新注册轿车8.58万辆，增长3.0%。

邮电：全年邮电业务总量79.61亿元，比上年增长3.1%，其中：邮政业务总量5.21亿元，下降2.4%；电信业务总量74.40亿元，增长3.5%。年末市话到达120.15万户。

农话到达6.04万户。移动电话用户726.22万户，其中：3G移动电话用户236.76万户。全市固定及移动电话用户总数达到852.41万户。每百人拥有电话199部，其中：固定电话和移动电话普及率分别达到29部/百人和170部/百人。计算机互联网用户143.48万户，净增加8.55万户，其中：宽带网用户133.12万户，增加9.73万户。

旅游：全市接待海内外游客3691.33万人次，比上年增长23.7%。其中：国内游客3644.73万人次，增长23.9%；海外游客46.60万人次，增长10.3%。海外游客中：外国人32.74万人次，香港同胞7.94万人次，澳门同胞0.87万人次，台湾同胞5.05万人次。全年旅游总收入430.90亿元，增长21.2%。其中：国内旅游收入413.52亿元，增长21.7%；旅游外汇收入2.76亿美元，增长12.9%。

九、金融和保险

金融：年末全市金融机构本外币各项存款余额9948.51亿元，比年初增长10.8%；本外币各项贷款余额7222.35亿元，增长11.8%。

人民币各项存款余额9819.68亿元，增长10.3%，其中：个人储蓄存款余额3307.99亿元，增长9.4%；人民币各项贷款余额7111.87亿元，增长11.4%。人民币贷款中，中长期贷款余额4416.14亿元，增长9.2%；短期贷款余额2394.45亿元，增长17.8%。

保险：全年原保险保费收入97.55亿元，增长6.6%。其中：寿险业务保费收入52.91亿元，增长0.4%；健康险业务保费收入6.01亿元，增长19.7%；意外伤害险业务保费收入2.34亿元，增长15.3%；财产险业务保费收入36.28亿元，增长14.2%。

支付各类赔款及给付35.29亿元，增长39.1%。其中：寿险业务给付13.99亿元，增长61.9%；健康险业务赔款及给付2.24亿元，增长43.2%；意外伤害险业务赔款0.57亿元，增长11.2%；财产险业务赔款18.50亿元，增长26.2%。

十、城市建设

基础设施建设：完成汾东新区、晋阳新区、西山生态景观区、城中村和棚户区改造等30余项编制规划，组织完成"一环两路"等城市主要干道综合设计。新建改造府东府西街、并州路、太茅路、西渠路等道路105条，总长196公里。轨道交通2号线一期工程首开段正式开工。城市中环路建成使用，主线全长48.46公里。50个城中村实施改造，11个城中村完成整村拆除。全年城市基础设施建设投资357.27亿元，增长1.4倍。推进城市管理的信息资源整合，建立网格化数字城管系统，列入首批国家智慧试点城市。

年末全市天然气供气总量55438万立方米。集中供热扩网2148 万平方米。扎实推进国家"公交都市"示范城市建设，年末城市公交运营车辆2824辆，其中：公共汽车2691辆，电车133辆。公交运营线路网长度3814公里，年客运量2.13亿人次。新增加气站4座。新增公共自行车服务点628个，投放自行车2.2万辆，单车周转率和单日租车量均居全国第一。

城市绿化：实施中环路、府东府西街、并州路等39项园林绿化重点工程。创建省级园林单位6个，省级园林小区4个，省级园林道路2条，省级星级公园5个。全市共有综合性公园31个，专类公园11个，带状公园4个，街头游园128个，社区游园42个，街旁绿地47块。建成区绿化覆盖面积达到12762公顷，园林绿地面积11190公顷，公园绿地面积3617公顷。建成区绿化覆盖率39.88%，绿地率34.97%，人均公园绿地面积10.96平方米。

十一、教育和科学技术

教育：年末共有普通高等院校44所（其中高职院校23所），普通中等专业学校32所，成人中等专业学校11所，职业高中学校15所，普通中学226所，小学543所，幼儿园608所。

全市学前三年毛入园率95.1%。小学学龄儿童入学率，初中生入学率、巩固率均达到国家标准。2013年太原市高考一本、二本达线率和录取率在全省继续名列前茅。

科学技术：组织开展"百院百企"、"百校百企"科技合作对接活动，全年技术市场共登记技术合同452项，成交金额15.2亿元。研究与试验发展（R&D）经费支出79.5亿元，比上年增长12.0%，占地区生产总值的比重为3.3%。国家认定企业技术中心11家，省级企业技术中心58家。年末累计认定高新技术企业174家。全年鉴定255项科技成果，获得国家科技奖励3项。全年核定申请专利7926件，比上年增加779件。每10万人专利申请数185项，比上年增加17项。规模以上工业高新技术产业增加值264.07亿元，增长6.3%，占地区生产总值的比重为10.9%。

十二、文化、卫生和体育

文化：年末全市共有专业、具备规模的民营艺术表演团体17个。群艺文化馆12个，博物馆11个。公共图书馆馆藏图书659.11万册。国家综合档案馆12个，馆藏档案资料128.70万卷（件、册）。广播节目12套，电视节目18套。有线广播电视用户105.77万户（其中数字电视用户100.47万户），有线电视入户率96.2%。广播人口覆盖率99.9%，电视人口覆盖率100%。城乡公共文化基础设施建设加强，"三馆一站"免费开放，太原美术馆建成投入使用。开展"文化精品惠民基层行"活动，农村公益电影放映实现全覆盖。全年荣获国家级奖30项、省级奖32项，晋剧《傅山进京》荣获第八届全国戏剧文化奖"原创剧目大奖"和"表演大奖"等9个奖项。新编现代晋剧《上马街》荣获山西省"五个一工程"奖。舞蹈《回娘家》荣获第十届中国艺术节"群星奖"。年末共列入国家级非物质文化遗产保护项目16项、省级保护项目67项、市级保护项目115项。

卫生：年末共有卫生机构2638个（不含村卫生室），医疗床位35247张。每千人拥有医疗床位8.2张。各类卫生技术人员47388人，其中：执业（助理）医师18913人，注册护士21056人。每千人拥有医生4.4人。实际参加新型农村合作医疗的农民105.40万人，参合率99.6%。新农合“先住院、后付费”改革经验在全国推广。基本药物制度覆盖到政府办的所有基层医疗卫生机构。

体育：全年太原运动员在国内外大赛中，获得3枚金牌、3枚银牌、4枚铜牌、17个第四至第八名。成功举办2013太原国际马拉松赛、第四届世界大学生龙舟锦标赛、“傅山杯”全国传统武术邀请赛、第十一届全国“篮球城市”交流活动等赛事。其中，“2013太原国际马拉松赛”荣获全国马拉松金牌赛事、体育旅游精品赛事、中国十大优质赛事等称号。

十三、人口、人民生活和社会保障

人口：据2013年人口抽样调查，年末全市常住人口427.77万人，比上年末增加2.14万人。其中：城镇人口359.84万人，增加3.33万人；乡村人口67.93万人，减少1.19万人。城镇化率84.12%，比上年提高0.36个百分点。男性人口216.77万人，女性人口211.00万人，性别比为102.73：100。

全年出生人口3.96万人，人口出生率9.29‰；死亡人口1.82万人，死亡率4.28‰；自然增加人口2.14万人，自然增长率5.01‰。

人民生活：全年城镇居民人均可支配收入24000元，比上年增长11.0%；城镇居民人均生活消费支出14338元。农民人均纯收入11288元，增长12.0%；农民人均生活消费支出7407 元。城乡居民收入比为2.13：1，比上年缩小0.02个百分点。

社会保障：城镇社会保险参保率97.85%。全市企业职工参加养老保险79.15万人，参加城镇基本医疗保险235.13万人，参加失业保险81.57万人，参加工伤保险91.14万人（其中参保农民工17.28万人），参加生育保险94.09万人。年末城市低保覆盖人口4.17万人，农村低保覆盖人口4.82万人，4239 人纳入农村五保供养，全年发放最低保障资金3.53亿元。

全市各类收养类单位39个，床位5038张，收养4242人。救济农村五保户4222户，城市临时救助5132户次，农村临时救助1563户次。

十四、环境保护和安全生产

环境质量：全年市区空气质量二级以上天数162天，达标比率为44.4%。空气污染综合指数8.73%。集中式饮用水源地水质达标率保持100%，地表水环境功能区水质达标率75.0%，娄烦汾河水库列入国家重点支持的15个江河湖泊动态名录。市区区域环境噪声年均值53.0分贝、交通噪声年均值68.0分贝。为推进环境综合整治、改善省城环境，主动关停、搬迁232户重点污染企业，全年PM2.5达标199天，达标比率为54.5%。

气温降水：全年平均气温8.9～12.2℃，降水量437～546mm。地下水水位平均上升1.08米。

安全生产：全年共发生生产经营性事故783起，下降3.8%。未发生重大以上安全生产事故。煤炭百万吨死亡率为0.409。

大同市2013年国民经济和社会发展情况

2013年，面对国内外环境复杂多变的严峻形势，市委、市政府团结带领全市人民，以党的十八大精神为指导，紧紧围绕“转型发展、绿色崛起”发展战略，按照“争先进位、负重赶超”总体部署，统筹兼顾，对标一流，全市经济社会发展在挑战中稳中有进、稳中有为、稳中向好。

一、综　合

经济总量：全年全市实现地区生产总值（GDP）967.5亿元，按可比价格计算，比上年增长8.3%。其中，第一产业增加值54.8亿元，增长4.9%；第二产业增加值455.6亿元，增长8.8%；第三产业增加值457.1亿元，增长8.1%。第一产业增加值占地区生产总值的比重为5.7%，第二产业增加值比重为47.1%，第三产业增加值比重为47.2%。第三产业增加值占比首次超过第二产业。全市人均地区生产总值实现28744元。

价格水平：全年居民消费价格比上年上涨2.7%。其中，食品类价格上涨5.8%，烟酒及用品类上涨1.9%，居住类上涨0.9%，娱乐教育文化用品及服务类下降4.1%，医疗保健及个人用品类上涨1.8%，家庭设备用品及维修服务类上涨1.0%，衣着类上涨3.1%，交通和通讯类下降1.0%。全年商品零售价格比上年上涨1.7%。工业生产者出厂价格比上年下降7.9%。

就业：全年全市城镇新增就业人员5.63万人；下岗失业人员再就业2.52万人；就业困难群体就业0.73万人；转移农村劳动力3.06万人；创业带动就业1.33万人。年末城镇登记失业率为2.80%。

二、农　业

播种面积：全年全市农作物总播面积321.87千公顷，比上年增加0.13千公顷。其中，粮食作物播种面积279.46千公顷，增加0.52千公顷。在粮食作物播种面积中，夏粮播种面积1.27千公顷，减少0.02千公顷；秋粮播种面积278.19千公顷，增加0.55千公顷。全市油料作物种植面积15.68千公顷，比上年减少0.19千公顷；蔬菜面积18.93千公顷，比上年增加0.17千公顷；饲草作物种植面积1.86千公顷，比上年减少0.37千公顷。

粮食产量：全年全市粮食总产量102.55万吨，比上年增加7.65万吨，增长8.06%。其中，夏粮产量0.13万吨，比上年减少18.75%；秋粮产量102.42万吨，比上年增长8.11%。

畜禽产品产量：全年全市生猪出栏92.45万头，比上年增长4.50%；牛出栏7.90万头，增长0.25%；羊出栏117.40万只，增长2.58%；家禽出栏305.17万只,下降0.46%。猪存栏56.67万头，比上年增长3.60%；羊存栏129.94万只，比上年下降1.23%。全市肉类总产量13.10万吨，比上年增长2.34%。其中，猪羊肉产量11.28万吨，比上年增长2.83%。牛奶产量21.36万吨，比上年下降1.39%；禽蛋产量3.96万吨，比上年增长0.76%。

农业机械：全年全市农业机械总动力185.01万千瓦，比上年增长5.09%。机械耕地面积208.23千公顷，增长7.22%；机械播种面积154.15千公顷，机械收获面积70.14千公顷，分别增长10.41%和28.82%。农村用电量3.39亿千瓦小时，比上年增长4.55%；化肥施用量29.99万吨，比上年增长1.25%。

三、工业、建筑业

工业：初步统计，全年规模以上工业企业工业增加值比上年增长10.0%。

全年全市规模以上工业企业实现主营业务收入1712.5亿元，比上年增长5.9%。实现利税77.7亿元，比上年下降28.3%。其中，国有控股工业企业实现利税63.9亿元，下降34.7%。实现利润18.5亿元，比上年下降36.0%。其中，国有控股工业企业实现利润11.5亿元，下降54.9%。

建筑业：全年全市建筑业增加值54.0亿元，比上年增长1.9%。全市具有建筑业资质等级的总承包和专业承包建筑业企业完成建筑业总产值121.1亿元，比上年下降3.3%。房屋建筑施工面积760.1万平方米，比上年增长5.9%；房屋竣工面积420.5万平方米，比上年增长89.6%。

四、固定资产投资

固定资产投资：全年全市全社会固定资产投资完成1036.3亿元，比上年增长24.6%。其中，国有经济单位投资完成466.8亿元，增长3.0%；民间投资完成569.5亿元，增长50.3%。在全社会固定资产投资中，第一产业投资120.5亿元，增长140.3%；第二产业投资279.7亿元，下降13.3%；第三产业投资636.1亿元，增长38.6%。在第二产业中，工业投资279.7亿元，下降13.3%。在全社会固定资产投资中，非煤产业投资704.1亿元，增长28.1%；传统产业投资145.4亿元，下降32.9%。

房地产开发：全年全市房地产业开发投资完成265.0亿元，比上年增长55.3%。其中，住宅投资192.8亿元，增长67.5%。全年全市房地产开发施工面积2129.1万平方米，比上年增长33.9%。其中，住宅施工面积1601.0万平方米，比上年增长20.5%。竣工面积656.2万平方米，比上年增长233.1%。其中，住宅竣工面积524.3万平方米，比上年增长213.7%。商品房屋销售面积120.6万平方米，比上年增长9.5%。

全年全市固定资产投资施工项目1058个，其中新开工827个，全部建成投产项目752个，新增固定资产723.3亿元。

五、能　源

能源生产：全年全市一次能源生产折标准煤0.77亿吨，比上年增长2.67%；二次能源生产折标准煤0.06亿吨，增长3.63%。全年全市原煤销售量8339万吨，比上年下降0.81%。全年外输电力228.61亿千瓦时，比上年增长1.54%。全社会用电量133.90亿千瓦时，比上年下降3.49%。其中，第一产业用电量1.84亿千瓦时，同比下降7.65%；第二产业用电量105.24亿千瓦时，同比下降4.79%；第三产业用电量14.59亿千瓦时，同比增长5.45%；城乡居民生活用电量12.23亿千瓦时，同比增长12.23%。

能源投资：全年全市能源工业投资完成156.0亿元，比上年下降29.1%。其中，煤炭工业投资67.1亿元，下降39.8%；电力工业投资55.8亿元，下降24.0%。

六、国内贸易

消费品零售：全年全市实现社会消费品零售总额471.2亿元，比上年增长14.0%。其中，城镇消费品零售额395.6亿元，增长14.8%；乡村消费品零售额75.6亿元，增长9.8%。分行业看，全年全市批发业实现零售额67.0亿元，增长11.8%；零售业实现零售额353.7亿元，增长14.8%；住宿和餐饮业实现零售额50.5亿元，增长11.2%。

消费结构：全年全市限额以上批发零售贸易企业零售额中，服装鞋帽、针、纺织品类增长 3.5 %；石油及制品类增长 8.9 %；书报杂志类增长63.4 %；汽车类增长 2.9%。

七、对外经济贸易

进出口贸易：全年全市海关进出口总额完成47815万美元,比上年下降5.1%。其中，出口完成21493万美元，下降8.1%；进口完成26322万美元，下降2.5%。

招商引资：全年全市新批外商投资企业2家，追加注册资金1家。全年全市合同利用外资11253万美元，同比下降47.1%；外资实际到位16455万美元，同比下降21.7%。

八、交通、邮电和旅游

交通运输：全年全市公路通车里程达到12537.7公里。其中，高速公路550.5公里。全市公路密度88.9公里/百平方公里。

年末全市民用汽车保有量40.99万辆，比上年增长36.0%。其中，新注册汽车5.73万辆，增长12.4%；私人汽车36.77万辆，增长41.37 %。年末载客小型车保有量25.10万辆，比上年增长18.34%。其中，私人载客小型车达23.08万辆，增长20.59 %。轿车总量17.22万辆，比上年增长19.33 %，其中,个人轿车15.96万辆，增长21.74 %

邮电：全年全市完成邮电业务总量30.69亿元，比上年增长7.91%。其中，电信业务总量28.19亿元，增长8.6%；邮政业务总量2.50亿元，增长13.6%。年末全市固定及移动电话用户总数达到393.83万户，比上年增长2.92%。其中固定电话用户49.37万户，下降13.55%；移动电话用户344.46万户，增长5.82%。计算机互联网络用户达到52.42万户，比上年增长18.87%。3G用户达到86.58万户。全市邮政局所128个，邮路总长度3398公里。订销报纸4310万份，增长3.88%；订销杂志207.2万份额，增长10.33%；国内函件202.5万件，包裹5.18万件。

旅游：全年全市接待国内外游客2355.83万人次，比上年增长22.8%。其中：海外旅游接待31.27万人次，同比增长12.71%；国内旅游接待2324.56万人次，同比增长22.97%。全年全市旅游总收入200.33亿元，同比增长23.04%；旅游外汇收入11781.23万美元，同比增长15.23%；国内旅游收入192.9亿元，同比增长23.5%。

九、财政、金融和保险

财政：全年全市公共财政预算收入完成94.57亿元，比上年增长17.77%。税收收入76.93亿元，增长20.72%，其中，营业税增长44.86%；企业所得税增长37.59%；房产税增长31.08%；国内增值税、个人所得税比上年同期下降23.26%、3.41%；资源税下降2.54%。

全年全市公共财政预算支出执行232.85亿元，比上年增长24.65%。其中，农林水事务支出增长41.56%；科学技术支出增长23.15%；城乡社区事务支出增长76.13%；节能环保支出增长24.40%；文化体育与传媒支出增长7.66%；社会保障与就业支出增长27.14%；医疗卫生支出增长15.22%。

金融：年末全市金融机构各项存款余额2254.36亿元，比年初增加240.43亿元，比上年同期增长11.94%。年末全市金融机构各项贷款余额950.82亿元，比年初增加180.30亿元，比上年同期增长23.40%。

保险：全市共有注册保险机构29家。全年全市保费收入37.2亿元，比上年增长9.0%。其中，寿险业务保费收入22.2亿元，同比增长6.0%；财产险业务保费收入14.9亿元，增长15.0%。全年全市累计支付各类保险赔款及给付17.22亿元，同比增长59.0%。其中，寿险业务给付7.45亿元，同比增长79.0%；财产险业务赔款9.77亿元，增长46.0%。

十、科学技术和教育

科技：全年全市共申请专利810件，比上年增长1 %。其中，发明专利231件、实用新型专利426件、外观设计专利153 件，分别占专利申请总数的28.5%、52.6%和18.9%。全市共授权专利485件。其中，发明48件、实用新型406件、外观设计31件，分别占专利授权总数的9.9%、83.7%和6.4%。

全年共签订各类技术合同34项，技术合同成交总额3129万元，增长89.0%。全年新登记科技成果35项。年末累计高新技术企业13家。

2013年全市成功举办了包括来自中国、美国等13个国家，36 所大学组成的22个参赛队参加的中国国际太阳能十项全能竞赛（简称SD中国）。

教育：全市中等职业教育招生人数1.79万人，在校生人数5.57万人。其中，职业高中招生3748人，在校生人数1.45万人。全市基础教育招生人数14.37万人，在校生人数45.88万人。其中，初中中学招生人数3.58万人，在校生人数10.82万人；普通高中招生数2.42万人，在校生数7.34万人。

年末全市产品质量监督检验和计量检定技术机构14个。监督抽查485家企业6类72种782批次的产品和商品。全年完成强制检定计量器具14.96万台件。全市有气象台站8个。开展121电话天气自动答询的台站8个。开展人工影响天气业务的单位7个。防雹、增雨累计收益面积1.4万平方公里，增雨量0.6亿立方米。全市有天气预报服务网发射Intel网站 1个，卫星云图接收站1个。全年全市降水量388.8毫米，年平均气温7.0摄氏度，无霜期154天。

十一、文化、卫生和体育

文化：2013年中央、省、市三级公共文化服务投入5240万元。成功举办了中国大同云冈文化旅游节、国际汽车文化节、国际雕塑双年展、首届帐篷音乐节、中国古都灯会和第三届春节文化庙会。组织开展了“2013金秋百场大戏、千场电影、万卷图书惠民行”活动。全年全市共有群众文化艺术馆11个，艺术表演团体10个，文化馆11个，公共图书馆12个，博物馆1个，档案馆13个。全市共有广播电视台10座，电视发射、转播台29座，中波发射台1座，调频发射、转播台14座，微波站14座，有线电视网14个。广播人口覆盖率达97.10%，电视人口覆盖率达95.42%，有线电视用户48.64万户，数字电视用户40.29万户。

卫生：全年全市共有卫生机构（含诊所、村卫生室）

2976个，床位17617张。其中，医院112个，卫生院146个，床位15879张；社区卫生服务中心（站）112个；疾病预防控制中心13个；妇幼保健机构13个；专科疾病防治机构1个。年末，全市卫生机构共有卫生技术人员19453人。其中执业医师和执业助理医师8712人，注册护士6971人；疾病预防中心卫生技术人员404人；妇幼保健卫生技术人员265人；农村乡镇卫生院卫生技术人员1189人。

体育：在第十二届全运会上，全市共获得3枚金牌、5枚银牌、1枚铜牌。金牌数、奖牌数、总分数均位列全省第一。在山西省第十四届运动会资格赛19个大项的比赛中，共获得了115枚金牌。全市积极开展体育大拜年、"全民健身日"等有规模、有影响、示范性强、传统性的群众体育活动近60项。承办了2013年全国武术散打冠军赛，承办了中国乒乓球俱乐部超级联赛大同平型关·金地矿业俱乐部九个主场的比赛，更为大同市人民提供了近距离观看乒乓球世界冠军比赛的机会，中央电视台体育频道对大同队的比赛进行了三场直播，提高了大同市的知名度。

十二、环境保护和安全生产

环境保护：全市二级以上良好天数达到322天，全省排名第二。细颗粒物PM2.5达标率84.9%。

全年全市主城区新增供热面积500万平方米，实际集中供热面积4800万平方米，燃煤锅炉集中供热面积92万平方米，城市集中供热率为100%。现有燃气中低压管网1580公里，日供气能力38万立方米，天然气用户56万户，液化气用户5万户，城市气化率98.6%。城市供水管网842公里，城市日供水能力28万立方米，城市供水普及率99.6%，水质合格率100%；市本级污水处理厂共处理生活污水2578万立方米，污水处理率89.2%；中水回用1560万立方米，中水回用率47.0%。市区日处理生活垃圾990吨，城市生活垃圾无害化处理率90.4%。

全年全市建成区新增绿化面积177万平方米。城市建成区绿化覆盖率、绿地率、人均公共绿地分别达到43.3%、38.52%和14.03平方米/人，分别比上年增加了1.64个百分点、1.6个百分点和0.91平方米/人。

2013年大同市荣获国家园林城市称号。

全年全市共完成造林面积21.575千公顷。其中，人工造林完成17.308千公顷，飞播造林面积1.7333千公顷。年末实有封山（沙）育林面积2.5333千公顷。

全年全市各类生产经营性事故96起，死亡49人，低于省控制目标；煤矿百万吨死亡率0.177。部分重点行业领域未发生生产安全事故。

十三、人口、人民生活和社会保障

人口：据2013年人口抽样调查，年末全市常住人口为337.49万人，比上年末增加1.77万人。全年全市出生人口3.66万人，人口出生率为10.9‰；死亡人口1.88万人，死亡率为5.6‰；自然增长率为5.3‰。

人民生活：全年全市城镇居民人均可支配收入21430元，比上年增长10.1%。全年全市农民人均纯收入6365元，比上年增长12.8%。

社会保障：全年全市企业养老保险参保职工人数35.1万人，企业养老保险基金征缴收入21.6亿元。新型农村养老保险参保人数94.1万人，农村养老保险基金征缴收入9412万元。城镇居民养老保险参保人数11.4万人，城镇居民养老保险基金征缴收入1022万元。城镇基本医疗保险参保人数132.3万人，城镇基本医疗保险基金征缴收入15.6亿元。失业保险参保人数44.8万人，失业保险基金征缴3.2亿元。工伤保险参保人数40.7万人，工伤保险基金征缴收入8045万元。生育保险参保人数42.6万人，生育保险基金征缴3042 万元。全市新型农村合作医疗参合农民达到156.5万人，参合率达到98.7%。

全年全市纳入城市最低生活保障的居民8.38万户，共19.10万人，发放城市低保资金5.75亿元，比上年增加0.59亿元；纳入农村最低生活保障的居民13.17万户，共16.08万人，发放农村低保资金2.75亿元，比上年增加0.53亿元。

年末全市各类福利院床位数10572张，收养7147人。城镇建立各种社区服务设施147个。其中，综合性社区服务中心12 个。全年销售社会福利彩票2.14亿元,筹集社会福利资金1980 万元，接收社会捐赠款264.1万元。

朔州市2013年国民经济和社会发展情况

2013年，全市人民在市委、市政府坚强领导下，认真贯彻落实党的十八大精神，大力弘扬右玉精神，紧紧围绕转型跨越发展总体战略部署，牢牢把握稳中求进总基调，砥砺奋进、扎实苦干，强力推进"两大任务"，加快转变经济发展方式，全市经济保持平稳较快发展态势，各项事业取得新进展。

一、综　合

经济增长：全年全市生产总值1026.4亿元，比上年增长9.0%。其中，第一产业增加值61.7亿元，比上年增长5.0%，比重占6.0%；第二产业增加值575.1亿元，增长11.0%，比重占56.0%；第三产业增加值389.6亿元，增长6.1%，比重占38.0%。第三产业中，金融保险业增加值28.1亿元，增长14.7%；批发和零售业增加值88.0亿元，增长5.4%；房地产业增加值21.2亿元，增长4.9%。

人均地区生产总值59003元，按2013年平均汇率计算为9527美元。

价格：全年全市居民消费价格总水平比上年上涨2.9%，其中食品价格上涨5.8%。商品零售价格上涨2.4%。工业生产者出厂价格下降12.9%，其中生产资料价格下降14.3%，生活资料价格上涨7.2%。工业生产者购进价格下降3.2%。

二、农　业

种植面积：全年全市农作物种植面积34.5万公顷，比上年增长1.8% 。其中粮食种植面积27.3万公顷，增长1.9%；油料种植面积2.8万公顷，减少2.6%。在粮食种植面积中，玉米种植面积14.8万公顷，增长2.1%。

粮食产量：全年粮食总产量117.6万吨，比上年增长9.9%。其中，玉米96.1万吨，增长10.5%。

畜禽产量：全年全市肉类总产量6.2万吨，增长6.3%。其中，猪肉产量2.4万吨，增长6.4%；羊肉产量2.7万吨，增长8.2%。牛奶产量51.4万吨，增长9%。禽蛋产量1.72万吨，增长4.9%。

全年生猪出栏25.4万头，存栏23.5万头；牛出栏6.2万头，存栏16.7万头；羊出栏128.0万只，存栏173.7万只。

农业机械：年末全市农业机械总动力233.0万千瓦，比上年末增长4.4%。机械耕地面积25.7万公顷，机械播种面积24.2万公顷，机械收获面积13.4万公顷，分别比上年增长4.5%、6.1%和16.5%。

三、工业和建筑业

工业：年末全市规模以上工业企业267家，比上年增加6家。

全年全市原煤产量2.2亿吨，比上年增长7.6%；洗煤1.5亿吨,增长13.4%。

全年规模以上工业主营业务收入1157.6亿元，比上年增长0.9%。其中，煤炭、电力工业分别实现主营业务收入875.5亿元和92.5亿元，分别增长-0.3%和8.1%；食品和非金属矿物制造业分别实现主营业务收入27.1亿元和41.7亿元，分别增长3.5%和-21.8%；汽车制造业和医药工业分别实现主营业务收入1.2亿元和3.2亿元，分别增长18%和35.7%。

全年规模以上工业实现利税195.1亿元，比上年下降33.4%；实现利润78.2亿元，下降54.2%。

建筑业：全年全市建筑业实现增加值25.1亿元，比上年增长11.8%。

四、固定资产投资

固定资产投资：全年全市固定资产投资774.7亿元，比上年增长26.9%。按产业分，第一产业投资64.2亿元，增长155.2%；第二产业投资345.2亿元，增长20.4%；第三产业投资365.3亿元，增长22.3 %。按登记注册类型分，国有投资438.4亿元，增长6.5%；非国有投资336.3亿元，增长69%。

全年全市在建固定资产投资项目922个，新开工项目545个 。其中亿元以上项目254个，计划总投资1789.8亿元，完成投资587.4亿元，占全市固定资产投资比重75.8 %。

全年城镇固定资产投资建成投产项目491个，项目建成投产率为63.4%；新增固定资产381.1亿元。

房地产开发：全年房地产开发投资90.1亿元，比上年增长94.3%。按工程用途分，商品住宅投资67.2亿元，增长121.8%；商业营业用房投资13.1亿元，增长28.4%。

五、能　源

能源生产：全年全市一次能源生产折标准煤1.58亿吨，比上年增长6.8%；二次能源生产折标准煤0.036亿吨，增长12.4%。

能源外调：全年全市向省外运输煤炭1.17亿吨（含洗精煤），比上年增长11.4%。

能源投资：全年固定资产投资中，能源工业投资205.7亿元，比上年增长1.6%。其中煤炭工业投资118.7亿元，增长0.8%；电力工业投资83.9亿元，下降0.9%。

电力消耗：全年全市全社会用电总量102.44亿千瓦时。其中：第一产业用电1.27亿千瓦时，占全部用电量1.24%；第二产业用电90.68亿千瓦时，占全部用电量88.52%，其中工业用电89.3亿千瓦时；第三产业用电6.77亿千瓦时，占全部用电量6.61%；城乡居民生活用电3.72亿千瓦时，占全部用电量3.63%。

六、国内贸易

消费品零售：全年全市社会消费品零售总额218.8亿元，比上年增长14.5%。其中，城镇零售额168.3亿元，增长14.4%；乡村零售额50.5亿元，增长14.7%。

七、对外经济

进出口贸易：全年全市海关进出口总额11698万美元，比上年下降54.5%。其中，进口额9624万美元，下降60.1%；出口额2074万美元，增长34.3%。

招商引资：全年全市实际使用外商直接投资金额15420万美元，增长15.1%。

八、交通、邮电和旅游

交通运输：全年全市交通运输、仓储和邮政业增加值108.2亿元，比上年增长6.2%。全年新增公路通车里程94.1

公里，新增高级、次高级路面里程122.6公里。年末全市公路通车里程达到10150公里，其中高速公路387.6公里。

邮电：全年全市完成邮电业务总量15.3亿元，比上年增长9.2%。其中邮政业务总量1.1亿元，比上年增长1.2%；电信业务总量14.2亿元，比上年增长9.8%。年末移动电话用户148.8万户，其中3G移动电话用户45.3万户。全市宽带接入用户18.8万户。

旅游：全年全市接待入境游客7.0万人次，接待国内游客886.5万人次，分别增长11.8%和31.3%；旅游外汇收入2537.5万美元，国内旅游收入82.5亿元，旅游总收入84.1亿元，分别增长14.8%、30.2 %和29.8%。

九、财政、金融、证券和保险

财政：全年全市财政总收入216.1亿元，比上年增长2.9%。公共财政收入95.3亿元，增长13.1%。其中，税收收入189.0亿元，增长1.4%。

全年公共财政预算支出154.5亿元，比上年增长11.2%。其中农林水事务支出20.0亿元，增长31.0%；教育支出27.1亿元，下降8.9%；科学技术支出1.4亿元，增长13.1%；社会保障和就业支出12.3亿元，增长15.7%；医疗卫生支出9.2亿元，增长10.5%；节能环保支出6.8亿元，增长33.7%；文化体育与传媒支出3.2亿元，增长7.0%；城乡社区事务支出13.3亿元，增长54.8%；公共安全支出7.6亿元，增长13.1%。

金融：年末全市金融机构本外币各项存款余额1094.2亿元，比年初增加42.1亿元,增长4.0%，其中人民币各项存款余额 1092.8亿元,比年初增加42.0亿元，增长4.0%；全市金融机构本外币各项贷款余额469.7亿元，比年初增加88.3亿元，增长23.2%，其中人民币各项贷款余额467.5亿元，比年初增加92.4亿元，增长24.6%。

证券：全年朔州辖区证券市场各类证券成交额98.6亿元，比上年增长38.5%。其中股票成交额72.3亿元，增长37.9%；债券成交额0.03亿元，下降40%。年末投资者资金账户开户数2.3万户，比上年末增长3.1%。

保险：全年全市保费收入13.3亿元，比上年增长10.7%。其中，寿险业务保费收入6.4亿元，增长8.9%；健康险保费收入0.5亿元，增长43.9%；意外伤害险保费收入0.3亿元，增长25.4%；财产险业务保费收入6.2亿元，增长10.0%。全年赔付支出6.7亿元，增长51.0%。其中，寿险业务给付支出3.1亿元，增长113.7%；健康险业务给付支出1441万元，增长54.9%；意外伤害险业务给付支出555万元，下降7.7%；财产险业务赔款支出3.4亿元，增长20%。

十、教育和科学技术

教育：全年全市中等职业教育学校共招生0.7万人，在校学生达到1.8万人；普通高中共招生2.2万人，在校学生达到6.5万人；初中共招生2.8万人，在校学生达到8.7万人。

科学技术：全年全市共受理各项专利申请量1245件，比上年增长61.7%。全市技术市场共签订技术合同9份，成交金额5760万元。全年有2个项目列入国家各类科技计划，获得国家资助 1110万元。全年全市共取得省级以上6项科技成果。

年末全市有气象台站6个。全市气象系统开展人工影响天气业务的单位6个，防雹、增雨受益覆盖面积四千余平方公里。全市有卫星云图接收站1个。

年末全市有专业综合地震台站2个，省级地震台网中心1个。全年小震活动15次，最大震级3.6级。

十一、文化、卫生和体育

文化：年末全市共有国有艺术表演团体8个，文化馆7个。广播电台5座，电视台3座。有线电视用户13.9万户。广播人口覆盖率96.09 %，电视人口覆盖率98.64%。全市共有公共图书馆7个，馆藏图书42.57万册。

卫生：年末全市共有卫生机构(含乡村诊所) 2061个，其中妇幼保健院（所、站）8个。全市卫生机构共有床位6885张；卫生技术人员6397人。全市新型农村合作医疗参合率达到99.09%。社区卫生服务体系覆盖人口38.2万人。

体育：年末全市拥有群众健身辅导中心、站点125个，体育指导员1800人，全年举办体育比赛活动80次。全年全市销售中国体育彩票3000万元，比上年增长6.5 %。

十二、人口、人民生活和社会保障

人口：据2013年人口抽样调查，年末全市常住人口为174.4万人，比上年末增加9203人。全年全市出生人口19620人，人口出生率为11.3‰；死亡人口9603人，死亡率为5.5‰；人口自然增长率为5.8‰。

人民生活：全年城镇居民人均可支配收入为24013元，比上年增长9.9%；城镇居民人均消费性支出12264元。农村居民人均纯收入9040元，增长13.0%；农村居民人均生活消费支出6779元。城镇占调查总户数20%的低收入家庭人均可支配收入12031元；农村占人口20%的低收入者人均纯收入3455 元。

社会保障：年末全市企业职工养老保险参保人数达到11.7万人；城镇职工基本养老保险参保人数达到18.4万人；新型农村养老保险参保人数达到70.5万人；城镇居民养老保险参保人数达到5.3万人；城镇基本医疗保险参保人数达到39.6万人，工伤保险参保人数达到17.8万人；生育保险参保人数达到17.7万人。

全年全市纳入城市最低生活保障的居民6.6万人，发放城市低保资金1.8亿元；纳入农村最低生活保障的居民9.1万人，发放农村低保资金1.5亿元。

十三、环境和安全生产

环境： 全年市区（不包括平鲁区）空气质量二级以上天数 292天，比上年减少53天，大气综合污染指数由上年的1.80上升到2.64，上升46.7%。

年末市区（不包括平鲁区）污水处理率达到98.5%，提高0.5个百分点；城市生活垃圾无害化处理率达到100%；集中供热面积2077.7万平方米，集中供热普及率达到90%。

安全生产： 全年全市地方企业共发生各类安全生产事故（包括火灾）513起，比上年增加47起，增长10.4%；死亡60 人，比上年减少15人，下降20%。

忻州市2013年国民经济和社会发展情况

2013年，面对国内外复杂多变的经济环境，市委、市政府积极贯彻落实中央和省委、省政府稳增长、调结构、促改革的决策部署，创新实施“3581”发展战略，着力推动转型跨越发展，全市经济发展稳中有进、持续向好，社会事业显著进步，人民生活水平不断提高。

一、综　　合

全年全市生产总值654.7亿元，比上年增长9.0%。其中，第一产业增加值63.6亿元，增长4.1%，占生产总值的比重为9.7%；第二产业增加值327.4亿元，增长12.3%，占生产总值的比重为50.0%；第三产业增加值263.7亿元，增长6.1%，占生产总值的比重为40.3%。

人均地区生产总值21074元，按2013年平均汇率计算为3403美元。

2013年全市公共财政收入73.7亿元，增长13.1%。税收收入47.2亿元，增长8.4%，其中国内增值税、营业税、企业所得税、个人所得税、资源税和城建税共计完成税收44.0亿元，增长14.12%。公共财政支出213.2亿元，增长17.4%。其中农林水事务支出增长32.1%，教育支出增长4.1%，社会保障和就业支出增长18.2%，医疗卫生支出增长16.6%，文化体育与传媒支出增长42.1%，节能环保支出增38.4%。

居民消费价格比上年上涨3.0%，其中，食品价格上涨3.7%。商品零售价格上涨2.0%。工业生产者出厂价格下降7.0%，其中生产资料价格下降7.2%，生活资料价格上涨1.1%。工业生产者购进价格下降2.6%。

全年全市城镇新增就业3.75万人。转移农村劳动力3.87万人。年末城镇登记失业率3.17%。

二、农　　业

全年全市农作物种植面积47.58 万公顷，比上年减少0.02万公顷。其中，粮食种植面积42.72万公顷，增加0.08万公顷，增长0.2%；油料种植面积3.09万公顷，减少0.19万公顷，下降5.79%。在粮食种植面积中，玉米种植面积25.2万公顷，比上年增加0.45万公顷，增长1.82%。

全年粮食产量169.57万吨，增加6.15万吨，增产3.76%。其中，夏粮0.11万吨，增产22.22%；秋粮169.46万吨，增产3.75%。

全年完成造林38.79千公顷，减少4.69%。全年木材产量1.47万立方米，减少4.55%。

全年全市猪牛羊肉总产量9.38万吨，比上年下降4.58%。其中，猪肉产量5.64万吨，下降2.76%；牛肉产量0.71万吨，下降1.39%；羊肉产量3.03万吨，增长5.21%。年末生猪存栏43.90万头，生猪出栏61.28万头。牛奶产量5.52万吨，增长9.1%。禽蛋产量5.47万吨，增长7.89%。水产品产量0.25万吨，增长8.7%。

年末全市农业机械总动力249.65万千瓦，增长5.47%。机械耕地面积30.31万公顷，增长5.94%；机械播种面积28.04万公顷，机械收获面积14.61万公顷，分别增长5.02%和20.45%。全市农机化经营总收入10.32亿元，增长7.95%。

三、工业和建筑业

年末全市规模以上工业企业332家，增加17家。全年规模以上工业增加值增长13.0%。

全社会原煤产量5683.3万吨，增长7.5%；发电量270亿千瓦时，增长4.1%。规模以上工业企业焦炭产量198.4万吨，增长6.6%；钢材产量60万吨，下降21.6%。

规模以上工业企业实现主营业务收入670.3亿元，增长9.9%。其中，煤炭、冶金和电力工业分别实现主营业务收入171.5亿元、250.8亿元和93亿元，分别增长0.1%、11.0%和22.3%；化学、建材、装备制造、医药和食品工业分别实现主营业务收入13.9亿元、12.8亿元、83.6亿元、1.0亿元和7.0亿元，分别增长8.7%、17.4%、24.4%、7.4%和17.7%；焦炭实现主营业务收入27.7亿元，下降8.9%。

规模以上工业实现利税119.4亿元，增长14.1%；实现利润69.8亿元，增长18.0%。

全年全市建筑业实现增加值30.8亿元，比上年增长10.4%。具有建筑业资质等级的总承包和专业承包建筑业企业实现利润3.1亿元，增长102.4%。

四、固定资产投资

全年全社会固定资产投资815.2亿元，增长24.8%。其中，国有及国有控股投资397.9亿元，增长1.3%；民间投资416.3亿元，增长61.7%。

在全社会固定资产投资中，内资企业投资784.9亿元，增长21.9%；外商及港澳台商企业投资5.7亿元，增长190.8%；个体经营及农户投资10.6亿元，增长113.2%。

在全社会固定资产投资中，第一产业投资85.8亿元，增长211.1%；第二产业投资357.1亿元，增长1.9%；第三产业投资372.3亿元，增长35.3%。在第二产业中，工业投资357.1亿元，增长1.9%。其中，煤炭工业投资94.5亿元，下降22.9%,非煤产业投资262.6亿元，增长15.3%;传统产业（煤炭、焦炭、冶金、电力）投资合计200.8亿元，下降22.7%,非传统产业投资合计156.3亿元，增长72.5%。

全年全市在建固定资产投资项目1281个。其中，5亿元以上项目52个，计划总投资1012.1亿元，完成投资222.4亿元。

全年房地产开发投资38.1亿元，增长37.9%。其中，住宅投资31.3亿元，增长66.8%；商业营业用房投资4.3亿元,下降20.1%。

五、能　源

全年全市一次能源生产折标准煤4773.9万吨，增长15.8%；二次能源生产折标准煤1092.1万吨，增长9.6%。

全年全市向市外运输煤炭775.6万吨，增长17.8%，外运煤炭占原煤产量13.6%。在外运煤炭中，铁路运输768.3万吨，增长16.7%；公路运输7.3万吨。

全年全市全社会用电总量111.0亿千瓦小时。其中，第一产业用电1.9亿千瓦小时，占全社会用电量1.7%；第二产业用电77.2亿千瓦小时，占69.5%，其中工业用电75.5亿千瓦小时；第三产业用电23.5亿千瓦小时，占21.2%；城乡居民生活用电8.4亿千瓦小时，占7.6%。

六、国内贸易

全年全市社会消费品零售总额246.0亿元，增长14.2%。按经营地统计，城镇消费品零售额196.8亿元，增长14.7%；乡村消费品零售额49.2亿元，增长12.2%。按消费形态统计，商品零售额211.5亿元，增长12.9%；餐饮收入额34.5亿元，增长23%。

七、对外经济

全年全市海关进出口总额19751万美元，下降9.4%。其中，进口额372万美元，增长4.1倍；出口额19379万美元，下降10.8%。

全年出口镁及其制品242吨，增长1.5倍；出口钢材7.7万吨，下降2.6%；出口机电产品15731万美元，下降3.6%；出口高新技术产品25万美元，下降48.4%。

全年进口机电产品151万美元，增长1.1倍。

全年全市新设立外商直接投资企业1家；按全口径统计实际使用外商直接投资金额494.2万美元。

八、交通、邮电和旅游

年末全市公路线路里程17318公里，其中高速公路730公里。

年末全市民用汽车保有量23.0万辆（包括三轮汽车和低速货车0.4万辆），比上年末增长13.5%，其中私人汽车19.2万辆，增长17.8%。本年新注册汽车3.4万辆，下降2.8%。年末轿车保有量11.6万辆，增长20.6%，其中私人轿车10.6万辆，增长21.8%。

全年全市完成邮电业务总量20.6亿元，增长2.0%。其中，邮政业务总量2.3亿元，增长9.5%；电信业务总量18.3亿元，增长1.1%。年末移动电话用户268.5万户，其中，3G移动电话用户61.9万户。全市宽带接入用户34万户，增长1.2%。

全年全市接待海外旅游者23.1万人次，接待国内旅游者1951.6万人次，分别增长10.9%和28.5%；旅游外汇收入8447.7万美元，国内旅游收入202.6亿元，旅游总收入207.7亿元，分别增长13.0%、28.3%和27.7%。

九、金　融

年末全市金融机构本外币各项存款余额1464.90 亿元，比年初增加153.81亿元，比年初增长11.73%。各项贷款余额583.08 亿元，比年初增加103.26亿元，增长21.52%。

年末全市农村金融合作机构（农村信用社、农村合作银行、农村商业银行）人民币贷款余额251.45亿元，比年初增加40.08亿元，增长18.96%;人民币存款余额454.01亿元，比年初增加65.18亿元，比年初增长16.76%。

全年全市保费收入23.47亿元，增长13.1%。其中，寿险保费收入13.56亿元，增长17.3%；财产保费收入9.91亿元，增长7.83%。全年支付各类赔款及给付10.85亿元，增长49.8%。

十、教育和科学技术

年末全市普通高等学校2所，高中阶段毛入学率90%。

全年全市专利申请量与授权量分别为982件和390件，分别增长32.9% 和59.2%；其中发明专利申请量为263件，增长38.4%，发明授权量为23件，下降36.1%。全年共签订各类技术合同15项，技术合同成交总额5510万元，增长125%。全年新登记科技成果2项。国家认定企业技术中心1家。省级企业技术中心14家。按照国家高新技术企业认定办法，年末累计高新技术企业13家。

年末全市共有市、县产品质量监督检验和计量检定技术机构14个，监督抽查了354家企业12类18种935批次的产品和商品。全年完成强制检定计量器具4.29万台件。

全市有气象台站16个。全市气象系统开展人工影响天气业务的单位16个，防雹、增雨累计受益面积2.5万平方公里，增雨量1.2亿立方米。全市有卫星云图接收站16个。

全市有专业综合地震台站2个。全年M3.0—M3.9级地震2次，最大震级M3.0级。

十一、文化、卫生和体育

年末全市共有群众艺术馆1个，文化馆14个,博物馆12个。全市共有艺术表演团体15个。全市有公共图书馆14个。全市报纸出版1种（不含高校校报），杂志出版1种，图书出版1种。

年末全市共有卫生机构(含诊所、村卫生室) 5127个，床位12187张。妇幼保健院（所、站）15个。全市卫生机构共有卫生技术人员13432人。全市14个农业县（市、区）全部开展了新型农村合作医疗试点工作，有210万农民参加了合作医疗。

全年我市运动员在国内外重大比赛中获金、银、铜牌分别为1枚、1枚和3枚（包括非奥运项目比赛），在省运会获金牌19枚，银牌13枚，铜牌24枚。全市销售中国体育彩票6300万元，比上年增长74%。

十二、人口、人民生活和社会保障

据2013年人口抽样调查，年末全市常住人口为311.44万人，比上年末增加1.51万人。全年全市出生人口3.56万人，人口出生率为11.45‰；死亡人口2.05万人，死亡率为6.59‰；自然增长率为4.85‰。出生人口性别比为106.80。

全年城镇居民人均可支配收入20324元，增长9.9%；城镇居民人均消费性支出10454元，增长3.4%。全年农村居民人均纯收入5426元，增长13.6%；农村居民人均生活消费支出4724元，增长10.1%。城镇占调查总户数20%的低收入家庭人均可支配收入11656元，增长20.9%；农村占人口20%的低收入者收入2096元，增长14.3%。城镇居民家庭恩格尔系数（即居民家庭食品消费支出占家庭消费支出的比重）30.8%，农村居民家庭恩格尔系数36.4%。

年末参加城镇基本养老保险38.79万人，增加1.26万人；参加新型农村社会养老保险152.65万人，增加3.83万人；参加城镇基本医疗保险65.97万人，增加1.17万人；参加失业保险20.78万人，增加0.91万人；参加工伤保险21.4万人，增加0.71万人；参加生育保险24.54万人，比上年增加1.22万人。

全年全市共有城市最低生活保障对象10.34万人、农村最低生活保障对象21.75万人，2.8万人纳入农村五保供养，全年共发放最低保障资金6.3亿元。

年末全市共有各类提供住宿的社会服务机构121个，养老服务机构97个，各类福利院床位数312张，收养193人。城镇各种社区服务设施10个，其中综合性社区服务中心2个。全年销售福利彩票1.6亿元,筹集社会福利资金0.15亿元，接收社会捐赠款0.05亿元。

十三、资源、环境和安全生产

全市水资源总量18.7亿立方米，增长11.3%。平均降水量541.7毫米，与去年相比基本持平。全年总用水量6.36亿立方米，下降3.6%。

按《环境空气质量标准》（GB3095-1996）评价，2013年忻州市区环境空气优良天数为287天；按《环境空气质量标准》（GB3095-1996）评价，其余14个县（市、区）（含五台山风景区）建成区环境空气优良天数范围在359—365天之间。

黄河、海河流域忻州段共监测14断面，达到Ⅲ类以上水质标准的断面占68.3%，达到Ⅳ类水质标准的断面占14.4%，达到Ⅴ类水质标准的断面占17.3%，没有超过Ⅴ类水质标准的断面。

全年共发生各类安全事故350起，上升18.24%；死亡75人，下降53.12%。全年未发生较大及以上生产安全事故。全年全市煤炭百万吨死亡率0.016。

吕梁市2013年国民经济和社会发展情况

2013年，吕梁全市上下认真贯彻落实中央、省委经济工作会议精神，着力破解煤焦主导产业外需不足等经济领域出现的热点问题，强化调控引导措施，全市经济持续健康发展，社会事业显著进步，人民生活稳步提高，经济社会发展取得显著成效。

一、综　　合

全年全市生产总值1228.6亿元，增长9.5%。其中，第一产业增加值65.6亿元，增长4%，占生产总值的比重为5.3%；第二产业增加值866.5亿元，增长10.9%，占生产总值的比重为70.5%；第三产业增加值296.5亿元，增长6.6%，占生产总值的比重为24.2%。

人均地区生产总值32483元，按2013年平均汇率计算为5245美元。

全年公共财政预算收入完成164亿元，同比增长15.5%。税收收入完成89.6亿元，同比增长1%；其中：增值税完成20.3亿元，下降22.9%；营业税完成18.1亿元，增长23.8%；企业所得税完成15.4亿元，下降15.9%；个人所得税完成

2.9亿元，增长11.2%；资源税完成8.8亿元，增长23.9%。

公共财政预算支出执行291.7亿元，增长18.3%。其中：一般公共服务支出28.1亿元，增长3.2%；教育支出61.2亿元，增长0.6%；社会保障和就业支出24.4亿元，增长19.2%；医疗卫生支出21.5亿元，增长14%；节能环保支出8.2亿元，增长8.3%；住房保障支出9亿元，增长1.2倍。

居民消费价格比上年上涨3%，其中，食品价格上涨6.2%。商品零售价格上涨1.7%。工业生产者出厂价格下降9.2%，其中生产资料价格下降9.9%，生活资料价格上涨4.2%。工业生产者购进价格下降4.0%。

全市实现城镇新增就业57606人，创业就业10046人，失业人员再就业14459人，救助困难人员就业3546人，转移农村劳动力54800人。城镇登记失业率为1.9%。

二、农　业

全年全市农作物种植面积39.93万公顷，比上年减少0.2万公顷。其中，粮食种植面积35.28万公顷，减少0.12万公顷；油料种植面积3.3万公顷，减少0.14万公顷；棉花种植面积0.02万公顷，减少0.017万公顷。在粮食种植面积中，玉米种植面积16.93万公顷，增加0.84万公顷；小麦种植面积0.42万公顷，减少0.3万公顷。

全年粮食产量115.86万吨，增加5.31万吨，增产4.8%。其中，夏粮1.41万吨，减产52.6%；秋粮114.44万吨，增产6.39%。

全市农林牧渔业增加值65.6亿元，增长4%。

全年全市猪羊牛肉总产量8.09万吨，增长1.63%。生猪存栏47.4万头，下降7%；累计出栏71.4万头，增长2%；猪肉5.8万吨，增长2.84%。牛存栏14.9万头，增长7%；其中：奶牛存栏4846头，出栏12.3万头，下降6%；牛肉1.61万吨，下降5.29%；牛奶2.3吨，下降3.67%。羊存栏68.8万只，下降3%，其中：山羊44.6万只，累计出栏52.4万只，增长5%；羊肉6726吨，增长8.06%。家禽存栏1557.4万只，增长8%；其中：蛋鸡762.4万只，累计出栏2635.7万只，增长6.3%；禽肉产量31904.1吨，鸡蛋产量9.3万吨。

年末全市机械耕地面积194万亩，机械播种面积152万亩，机械收获面积91万亩（玉米机收75万亩，马铃薯机收16万亩）。机械化保护性耕作新增作业面积15万亩；机械化秸秆还田69.2万亩；跨区机收小麦7.2万亩。新建农机专业合作社17个，总数达到129个；新增农机大户50户，总数达到247户；新增维修网点15个。全市拖拉机发展到15476台，新增玉米收获机249台，马铃薯收获机43台。全市新注册登记拖拉机、联合收割机1280台，新训新考驾驶员968人，年度安全技术检验各类机车5500台；没有发生重大农机安全事故。

全年全市兑现粮食直补、农资综合补贴、良种补贴等惠农资金4亿元、补贴面积536.5万亩。全市财政预算安排“三农”投入17.5亿元，增长32.1%，其中市本级投入增长18.3%。

三、工业和建筑业

年末全市规模以上工业企业592家，增加14家。全年规模以上工业增加值增长12%。

规模以上工业原煤产量11676.1万吨，增长5.2%；洗煤11008.3万吨，增长14.5%；洗精煤7875.9万吨，增长14.5%；焦炭1894.1万吨，增长10.7%；饮料酒104478.1千升，增长2.5%；白酒70984.1千升，下降7.2%；农用化肥5.14万吨，下降3.4%；水泥888.7万吨，增长6.2%；生铁362.5万吨，增长21%；钢材363.3万吨，增长18.7%；发电量为91亿度，下降7.2%。

规模以上工业企业实现主营业务收入1853.8亿元，增长2.2%。其中，煤炭、焦炭、冶金和电力工业分别实现主营业务收入910.3亿元、234.9亿元、270.6亿元和22.4亿元，分别增长-7.05%、-2.02%、29.3%和-2.29%。

全市规模以上工业企业实现营业利润为40.6亿元，同比下降58.2%；亏损企业达247户，占比41.7%，累计亏损额达78.9亿元，同比增长14.5%。

全年全市建筑业实现增加值14.5亿元，比上年增长27.3%。具有建筑业资质等级的总承包和专业承包建筑业企业实现利润2.9亿元，增长11%。建筑业营业税14.1亿元，增长32.1%。

四、固定资产投资、房地产

全年固定资产投资872.9亿元，增长26.4%。其中，国有及国有控股投资315.2亿元，增长30%；民间投资557.7亿元，增长24.5%。

在固定资产投资中，新建项目完成投资240.9亿元，增长22.3%；扩建项目完成投资431.1亿元，增长1倍，改建和技术改造项目完成投资111.7亿元，下降33%。

在固定资产投资中，第一产业投资13.9亿元，增长1倍；第二产业投资559.6亿元，增长19.6%；第三产业投资299.5亿元，增长38.9%。在第二产业中，工业投资559.6亿元，增长19.6%。其中，煤炭工业投资126.2亿元，下降32.5%,非煤产业投资433.4亿元，增长54.3%;传统产业（煤炭、焦炭、冶金、电力）投资合计320.2亿元，增长13.7%，非传统产业投资合计239.4亿元，增长28.5%。

全年全市在建固定资产投资项目732个。其中，5亿元以上项目120个，计划总投资2704.4亿元，完成投资605.2亿元。

全年房地产开发投资32.5亿元，增长10.5%。其中，住宅投资23.8亿元，增长8.1%；商业营业用房投资3.5亿元，增长-6.2%。

五、能　源

全年全市一次能源生产折标准煤0.83亿吨，增长5.06%；其中，原煤1.17亿吨（折标准煤0.83亿吨），增长5.4%.二次能源生产折标准煤1.17亿吨，增长13.63%；其中，洗煤1.1亿吨，增长14.49%；焦炭0.19亿吨，增长10.65%；店里91亿千瓦时，下降7.2%。

全年全市向市外运输煤炭1962.31万吨，增长33.62%，外运煤炭占原煤产量16.77%。在外运煤炭中，铁路运输1926.07万吨，增长38.48%；公路运输36.24万吨，下降53.34%。

全年全市全社会用电总量149.38亿千瓦小时。其中，第一产业用电2.38亿千瓦小时，占全社会用电量1.6%；第二产业用电121.71亿千瓦小时，占全社会用电量81.5%，其中工业用电119.15亿千瓦小时；第三产业用电11.66亿千瓦小时，占全社会用电量7.8%；城乡居民生活用电13.62亿千瓦小时，占全社会用电量9.1%。

六、国内贸易

全年全市社会消费品零售总额344亿元，增长14.2%。其中：城镇零售额273.2亿元，增长14.4%；乡村市场零售额70.8亿元，增长13%。按消费形态统计，商品零售额287.8亿元，增长15.3%；餐饮收入额33.4亿元，增长7.45%。

七、对外经济

全年全市海关进出口总额74846万美元，增长30.1%。其中：出口16393万美元，增长47.3%；进口58452万美元，增长26%。

全年出口焦炭8944吨，下降9.2%；出口镁及其制品1135吨，增长3倍；出口钢材16263吨，下降12.3%；出口机电产品2226万美元，下降3%；出口高新技术产品492万美元，增长10.1%。

全年进口铁矿砂306万吨，增长9.9%，进口金额40840万美元，增长16.1%；进口机电产品957万美元，增长13.2倍。

全年全市新设立外商直接投资企业4家；按全口径统计实际使用外商直接投资金额3.23亿美元，增长0.88%。对外经济合作新签合同额8252亿美元，增长13%。

八、交通、邮电和旅游

年末全市公路线路里程17015.1万公里，其中高速公路533.1公里。全年完成农村公路建设投资28亿元，建成农村公路338公里。

年末全市民用汽车保有量262951辆（包括三轮汽车和低速货车8551辆），比上年末增长14.7%，其中私人汽车225649辆，增长16.6%。本年新注册汽车39524辆，增长5.3%。年末轿车保有量155805辆，增长18.2%，其中私人轿车138805辆，增长18.1%。

全年全市完成邮电业务总量24.98亿元，增长6.9%。其中，邮政业务总量2.2亿元，增长5.7%；电信业务总量22.8亿元，增长7%。年末移动电话用户303.3万户，其中，3G移动电话用户86.3万户。全市宽带接入用户46.5万户，增长8.4%。

全年全市接待海外旅游者5.9万人次，接待国内旅游者1688万人次，分别增长11.1%和26.5%；旅游外汇收入1963.6万美元，国内旅游收入141亿元，旅游总收入142.3亿元，分别增长13.4%、29.5%和29.3%。

九、金融、保险

年末全市金融机构本外币各项存款余额1603.6亿元，比年初增加16.1亿元，增长1%；各项贷款余额803.1亿元，比年初增加41亿元，增长5.4%。

年末全市金融机构人民币各项存款余额1601.9亿元，比年初增加15.7亿元，增长1%;各项贷款余额798.6亿元，比年初增加41.7亿元，增长5.5%。

全年全市保费收入29.3亿元，增长1.7%。其中，财产险保费收入9.9亿元，增长12.5%；寿险保费收入17.8亿元，下降4.8%；意外险保费收入6185万元，增长16.6%；健康险保费收入1亿元，增长27.8%。

十、教育、气象和防震减灾

年末全市共有学校2062所。其中：小学1161所，普通中学311所，幼儿园584所，特殊教育学校6所；教职工5.3万人，专职教师4.2万人，在校学生64.3万人。

全市有气象台站217个，开展人工影响天气业务的单位14个，标准化人工影响天气作业炮点8个。全市有天气预报服务Intel网站14个，卫星云图接收站14个。全市建成6个前兆观测项目，27个宏观观测点，全市监测台站信息节点运行率均在98%以上。区域自动气象站217个，新建自动土壤水份站9个，酸雨观测站1个，称重式固态降水观测站2个。161个乡镇(街道)、3109个行政村(居委会)已建成电子显示屏75块，农村大喇叭系统762套。

吕梁市地震局在全市有专业综合地震台站2个。全市13个县（市、区）均建设了防震减灾科普教育基地，创建防震减灾示范社区26个，农村民居地震安全示范工程16个，防震减灾示范企业6个，省级防震减灾示范学校7所，市级示范学校21所。建成国家Ⅰ类应急避难场所1个、国家Ⅱ类应急避难场所5各，在建国家Ⅰ类应急避难场所2个、Ⅱ类应急避难场所8个、Ⅲ类应急避难场所13个，确定临时应急避险场所127处。全年M3.0—M3.9级地震0次，M4.0—M4.9级地震0次，最大震级M2.7级。

十一、文化、卫生和体育

年末全市共有公用图书馆14个，博物馆4个，群众艺术馆1个，档案馆14个，文化馆13个，广播电台7座，电视台13座。公共图书馆、文化馆、体育馆和数字影院建设步伐进一步加快，乡镇综合文化站、农村文化活动室、农家书屋等向全民开放。

年内组织了中国吕梁晋中文化生态保护区非物质文化遗产博览会，有75个市级以上非遗项目、768名县级以上非遗代表性传承人参加了非遗展示、展演、展销活动，5个非物质文化遗产项目、10个代表性传承人受邀参加首届山西文博会非物质文化遗产展。在第十届中国艺术节上，晋剧现代戏《刘胡兰》喜获“文华剧目奖”，刘胡兰扮演者李莉芳获得“文华表演奖”。

年末全市共有卫生机构(含诊所、村卫生室)3888个，床位1.07万张。妇幼保健院（所、站）14个。全市卫生机构共有卫生技术人员1.37万人。全市有276.3万农民参加了合作医疗，参合率达98.5%。新农合筹资标准从2012年的290元增加到340元。乡级定点医疗机构补偿比达到85%，县级达到75%，市级达到65%，省级达到55%。全市13个县级综合医院全部到达二级甲等医院标准；8个公立医院试点县医院全部实施了药品零差价销售。全市181个医疗机构采用基本药物网上平台采购，涉及药品生产厂家433家，配送企业31家。人均基本公共卫生补助经费增加到30元。

年末参加城镇职工基本养老保险29.5万人，增加6.6万人；参加新型农村社会养老保险170.86万人，增加5.93万人；参加城镇基本医疗保险81.36万人，增加4.22万人；参加失业保险31.73万人，增加19.8万人；参加工伤保险34.18万人，增加2.2万人；参加生育保险33.4万人，比上年增加13.24万人。

全年全市共有城市最低生活保障对象11.2万人、农村最低生活保障对象30.5万人，2.2万人纳入农村五保供养，全年共发放最低保障资金6.794亿元。

年末全市共有各类提供住宿的社会服务机构77个，养老服务机构6个，各类福利院床位数4484张，收养3015人。全年销售福利彩票2.43亿元,接收社会捐赠款210万元。

十二、人口、人民生活和社会保障

据2013年人口抽样调查，年末全市常住人口为379.3万人，比上年末增加2.1万人。全年全市出生人口4.3万人，人口出生率为11.4‰；死亡人口2.2万人，死亡率为5.77‰；自然增长率为5.63‰。人口性别比为109.2。城镇化率达43.11%。

全年城镇居民人均可支配收入20145元，增长9.9%；城镇居民人均消费性支出11012元。全年农村居民人均纯收入6067元，增长13.1%；农村居民人均生活消费支出4837元。城镇占调查总户数20%的低收入家庭人均可支配收入10240元；农村占人口20%的低收入者收入1911元。

全市社会保险共争取上级补贴4.58亿元，累计征缴收入27.6亿元，享受待遇人员77.1万人，累计发放和支出共计25.7亿元，已发放新型社保卡201.3万张。全市筹措各类财政资金570万元，为3043名国有特困企业的职工缴纳了医疗保险和大病保险集体部分。

全市城市低保人均月补差239元，较去年增加41元，农村低保人均月补差116元，较去年增加19元。全年共为11.6万名城市低保对象发放救助金22410万元；为30.2万名农村低保对象发放救助金28168.5万元；为22256名五保对象发放救助金3417.7万元；为2352名城市特困对象发放城市医疗救助资金1206.6万元，并资助41865名特困群众（272.9万元）参加了城镇居民基本医疗保险；共为7517名农村特困对象发放农村医疗救助资金2324.2万元，并资助175815名特困群众（726.9万元）参加了农村新型合作医疗。

全年共争取投入自然灾害生活补助资金2075万元，其中冬春灾民生活救助670万元，应急救助644万元，倒塌房屋恢复重建资金761万元。

全年全市住房公积金新增归集7.5亿元，累计归集37.8亿元，余额30.5亿元；本年为1299户职工发放住房贷款2.2亿元，累计发放住房贷款12亿元，余额6.4亿元。

十三、资源、环境、住房保障和安全生产

全年全市农田实灌面积150.8万亩，万元工业增加值用水量下降7.8%，水土流失治理面积49.5万亩。全市共新增有效灌溉面积7.55万亩，新增节水面积6.6万亩，完成小水电发电890万度。200眼“山区千井灌溉富民工程”的机井建设任务全部完成；解决农村饮水安全人口17.62万人；水产品总产量达到1651吨，渔业经济总产值8560万元，比上年增长10%；地下水位监测设备在线率达到80%以上；各项水利规费征收1.95亿元，其中：水资源费1.1亿元，河维费6000万元，水土保持补偿费2530万元。全年用于水利建设的资金达30多亿元，其中，中央投资1.24亿元，省级投资1.31亿，市县投资3.25亿元，社会投资10.1亿元，北川河治理2.5亿元，中部引黄11.66亿元。

我市在册的27座水库中，列入国家专项规划的24座病险水库的除险加固任务已全部完成，除孝义东安生水库正在做验收准备外，其余23座水库均已通过省水利厅组织的竣工验收。

全市辖区内11条主要河流29个监测断面劣五类水质断面比例为48.5%，其中：国、省控断面14个，劣五类水质断面比例为35%，市控断面15个，劣五类水质断面比例为63%。

市区污水处理率达到91%，全市污水处理率达75.6%。全市城镇生活垃圾无害化处理厂建成并正常运行的有7座；全市垃圾无害化处理率达51.3%。

全年全市新增绿地面积171.91公顷,改建93.71公顷，绿地率30.42%，绿化覆盖率达34.68%，比上年度提高1.48%,人均公园面积8.33平方米。市区绿化带共栽植色带、草坪8.4万平方米，条桧、国槐、油松等各类树4600，株栽植花卉100 余万株。新增绿地面积5.67公顷，绿化覆盖面积达885.37公顷，市区绿化覆盖率达39.3%。

全市耕地保有量823.7万亩，基本农田上图面积647.2万亩，高标准基本农田建设完成11.66万亩。全年全市供应土地248 宗、680公顷，出让价款15.9亿元。其中，市本级供应土地7宗、10.9公顷，出让价款7452万元。

全市保障性住房项目已开工30335套，建成24748套，完成投资44.1亿元。全市（含县城）市政公用设施建设完成投资44.75亿元。全市（含县城）集中供热普及率提高6.6个百分点，达到68.5%；燃气普及率提高5.14个百分点，达到76%。

全年全市完成农村困难家庭危房改造11309户，竣工率100%。全市3128个行政村全部启动乡村清洁工程，全市共配备乡村保洁人员11212人；清扫面积58650万平方米，配备以农用三轮车和平车为主的车辆设备3642台，垃圾箱、垃圾桶等30235个，乡村保洁设施中垃圾场、垃圾点和垃圾池的数量达5610个。清运垃圾146.2万吨，完成集中清理农村“四堆”的村庄2076个，完成村容整饰村庄2075个。全市乡村清洁工程市、县、乡共到位资金13588.656万元。

全市既有建筑节能改造开工71.8万平方米，完工35万平方米。可再生能源应用面积达到106.78万平米，在新建建筑中应用比例达到40%。申报绿色建筑面积13.3万平方米。

全年全市13个县（市、区）城区平均优良天数为335天，平均优良天数比例91.8%；其中，吕梁市区优良天数为322天，优良天数比例88.2%。

全年共发生各类安全事故649起，下降12.5%；死亡168人，下降18.5%。全市未发生一次死亡10人以上重大、特别重大事故。全年全市煤炭百万吨死亡率为零。

晋中市2013年国民经济和社会发展情况

2013年，在市委、市政府的正确领导下，全市围绕建设全省“四化”率先发展区总目标，紧紧抓住转型综改试验和同城化建设两大机遇，坚持开放引领、项目支撑、同城发展、综改推动“四化一体”发展路径，全面推进各项工作，全市经济和社会发展取得新成绩。

一、综　合

全年全市生产总值1020.4亿元，比上年增长9.1%。其中，第一产业增加值95.7亿元，增长4.4%，占生产总值的比重为9.4%；第二产业增加值535.8亿元，增长12.4%，占生产总值的比重为52.5%；第三产业增加值388.9亿元，增长5.3%，占生产总值的比重为38.1%。

人均地区生产总值30960元，按2013年平均汇率计算达到4985 美元。

全年全市公共财政预算收入115.1亿元，比上年增长16.0%。税收收入71.4亿元，增长9.2%，其中国内增值税、营业税、企业所得税、个人所得税、资源税和城市维护建设税共计完成税收55.7亿元，增长3.2%。公共财政支出209.5亿元，增长17.2%。其中,文化体育与传媒支出增长56.7%，节能环保支出增长25.5%，农林水事务支出增长25.4%，医疗卫生支出增长23.9%，教育支出增长4.7%。

全年市区居民消费价格比上年上涨3.0%，其中，食品价格上涨6.4%。市区商品零售价格上涨2.1%。全市工业生产者出厂价格下降10.3%，其中生产资料价格下降11.4%，生活资料价格上涨6.2%。工业生产者购进价格下降6.3%。农业生产资料价格上涨4.0%。

全年全市城镇新增就业4.81万人。年末城镇登记失业率1.95%。

二、农　业

全年全市农作物种植面积322.1千公顷，比上年减少0.9千公顷。其中，粮食种植面积273.1千公顷，减少4.7千公顷；油料种植面积3.4千公顷，减少0.2千公顷；棉花种植面积0.1千公顷，减少0.2千公顷。在粮食种植面积中，玉米种植面积215.8千公顷，增加5.7千公顷；小麦种植面积14.2千公顷，减少6.0千公顷。

全年粮食产量182.4万吨，增产7.6%。其中，夏粮5.9万吨，减产35.4%；秋粮176.5万吨，增产10.1%。

全年完成造林26.1千公顷，增长18.6%。经济林面积11.6千公顷，增长100.0%。全年木材产量1.11万立方米，增长40.5%。

全年全市肉类总产量17.4万吨，比上年增长2.4%。其中，猪肉产量11.5万吨，增长1.8%；牛肉产量1.3万吨，减少3.1%；羊肉产量1.3万吨，增长1.6%；禽肉产量3.2万吨，增长3.3%。年末生猪存栏92.1万头，下降6.4%；生猪出栏133.5万头，增长2.8%。牛奶产量11.4万吨，增长2.5%。禽蛋产量14.1万吨，减少0.8%。水产品产量0.3万吨，增长11.5%。

年末全市农业机械总动力363.4万千瓦，比上年增长3.9%。机械耕地面积27.1万公顷，机械播种面积25.7万公顷，机械收获面积13.1万公顷，分别比上年增长-1.5%、0.4%和12%。全市农机化经营总收入20.1亿元，增长8.1%。

三、工业

年末全市规模以上工业法人企业517家。全年规模以上工业增加值472.7亿元，同比增长13.0%。

全社会原煤产量8455.9万吨，比上年增长10.4%；发电量213.4亿千瓦时，增长7.2%。规模以上工业企业焦炭产量1112.0万吨，增长3.2%；粗钢产量214.7万吨，增长25.0%。

规模以上工业实现主营业务收入1368.1亿元，比上年增长5.5%。其中，煤炭、焦炭、冶金和电力行业分别实现主营业务收入649.9亿元、212.8亿元、166.2亿元和60.5亿元，分别增长-5.0%、15.0%、38.4%和8.6%；新兴产业中，非金属矿制品业、化学行业、装备制造业、医药行业和食品行业分别实现主营业务收入50.1亿元、55.6亿元、82.6亿元、15.4亿元和57.5亿元，分别增长7.9%、12.8%、7.0%、17.9%和8.7%。

规模以上工业实现利税73.2亿元，比上年下降17.3%；实现利润6.6亿元，下降65.3%。

四、固定资产投资

全年全社会固定资产投资945.9亿元，增长27.1%。其中，国有投资327.1亿元，增长14.2%；非国有投资618.8亿元，增长35.2%。

在全社会固定资产投资中，内资企业投资934.1亿元，增长27.2%；外商及港澳台商企业投资9.25亿元，增长23.3%；个体经营投资2.6亿元，增长18.2%。

在全社会固定资产投资中，第一产业投资74.3亿元，增长188.2%；第二产业投资456.8亿元，增长21.2%；第三产业投资414.8亿元，增长21.6%。在第二产业中，工业投资453.7亿元，增长20.7%。其中，煤炭工业投资158.7亿元，下降1.8%；非煤产业投资294.9亿元，增长37.6%。传统产业（煤炭、焦炭、冶金、电力）投资合计215.4亿元，下降0.2%，非传统产业投资合计238.2亿元，增长48.7%。

全年全市在建固定资产投资项目1420个。其中，亿元以上项目492个，计划总投资2467.1亿元，完成投资744.1亿元，占全市固定资产投资的比重78.7%。

全年房地产开发投资76.9亿元，增长9.4%。其中，住宅投资完成53.9亿元，下降2.7%；办公楼投资2.9亿元，增长126.6%；商业营业用房投资11.4亿元，增长61.6%。

五、能　源

全年全市全社会用电总量136.1亿千瓦小时。其中，第一产业用电3.5亿千瓦小时，占全部用电量2.6%；第二产业用电106.7亿千瓦小时，占全部用电量78.4%，其中工业用电103.9亿千瓦小时；第三产业用电12.1亿千瓦小时，占全部用电量8.9%；城乡居民生活用电13.8亿千瓦小时，占全部用电量10.1%。

六、国内贸易

全年全市社会消费品零售总额429.5亿元，比上年增长13.8%。按经营地统计，城镇消费品零售额301.5亿元，增长12.4%；乡村消费品零售额127.9亿元，增长17.2%。按消费形态统计，商品零售额401.4亿元，增长14.1%；餐饮收入额28.1亿元，增长10.7%。

七、对外经济

全年全市海关进出口总额44405万美元，比上年下降10.8%。其中，进口额19702万美元，下降19.7%；出口额24703万美元，下降2.1%。

全年出口焦炭4.1万吨，同比下降71.7%，出口金额1042万美元，下降84.7%；出口玛钢9633吨，增长14.7%，出口金额1850万美元，增长13.1%；出口钢材9.3万吨，增长169.8%，出口金额7072万美元，增长65.3%；出口碳素2.5万吨，增长17.0%，出口金额3523万美元，增长17.7%；出口玻璃器皿3000万美元，下降0.9%；出口机电产品9253万美元，增长1.5%；出口陶瓷1101万美元，增长15.0%。

全年新签项目（合同）数达8个，比上年增加1个；合同利用外资项目投资总额达36124.8万美元，比上年增长3.1倍；当年实际使用外资金额18406.4万美元，增长53.3%。

八、交通、邮电和旅游

年末全市公路通车里程15565.5公里，比上年增加234.9公里，增长1.5%；其中高速公路572公里，与上年末持平。

年末全市民用汽车保有量404352辆（包括三轮汽车和低速货车4668辆），比上年末增长10.5%，其中私人汽车350400辆，增长11.7%。本年新注册汽车62600辆，增长3.7%。年末轿车保有量227340辆，增长17.2%，其中私人轿车211939辆，增长18.1%。

全年全市完成邮电业务总量58.4亿元。其中，邮政业务总量2.0亿元；电信业务总量56.4亿元。全年全市固定电话用户年末达到64.9万户。年末移动电话用户282.1万户,其中，3G移动电话用户75.7万户。年末全市固定及移动电话用户总数达到347.0万户。全市宽带接入用户52.8万户，增长23.4%。

全年全市接待海外旅游者35.1万人次，接待国内旅游者3288.2万人次，分别增长14.9%和34.2%；旅游外汇收入11811.8万美元，国内旅游收入294.0亿元，旅游总收入301.5亿元，分别增长15.6%、40.3%和39.4%。

九、金融和保险

年末全市金融机构本外币各项存款余额1836.7亿元，比年初增加154.9亿元，增长9.2%。各项贷款余额910.3亿元，比年初增加156.7亿元，增长20.8%。

全年全市保费收入43.4亿元，增长7.9%。其中，财产险业务保费收入12.9亿元，增长11.3%；人身险和寿险业务保费收入30.5亿元，增长6.6%。

十、教育和科学技术

年末全市普通高等学校 16所，普通中学223 所，小学692所，幼儿园538 所。

全年全市专利申请受理量为1031件，增长8.6%，其中发明专利申请受理量为241件。全年全市专利授权量为544件，增长14.3%。按照国家高新技术企业认定办法，年末累计认定高新技术企业25家，比上年增加10家，创造高技术产业总产值34.8亿元，增长53.3%。

十一、文化、卫生和体育

年末全市共有群众艺术馆、文化馆12个，艺术表演团体32 个，公共图书馆11个。年末全市公共图书馆图书总藏量达1262.5千册。年末全市共有电视台11座，广播电台节目10 套。有线电视用户42.0万户。广播人口覆盖率96.75%，电视人口覆盖率99.59%。

年末全市共有卫生机构1079个。其中，医院98个，妇幼保健院（所、站）12个，疾病预防控制中心（防疫站）12个。全市卫生机构共有床位13655张，其中医院床位9441张，卫生院床位3414张。全市卫生机构共有卫生技术人员15880人，其中，执业（助理）医师6666人，注册护士5699人。全市11个县（市、区）全部开展了新型农村合作医疗试点工作，219.6万农民参加了合作医疗，参合率99.37%。

年末全市拥有各级体育机关12个，体育运动学校1个。全市共有二级运动员193人，二级裁判员240人。全市体育电脑彩票销售点233个，全年销售中国体育彩票9300万元，增长27.6 %。

十二、人口、人民生活和社会保障

据2013年人口抽样调查初步统计，年末全市常住人口为3304905 人，比上年末增加18112人。全年全市出生人口36458人，人口出生率为11.06‰；死亡人口18339人，死亡率为5.56‰；自然增长率为5.50‰。男女性别比为107.47。

全年城镇居民人均可支配收入23714元，比上年增长9.9%；城镇居民人均消费性支出11826元，增长7.9%。全年农村居民人均纯收入8991元，增长13.3%；农村居民人均生活消费支出6330元，增长6.0%。城镇占调查总户数20%的低收入家庭人均可支配收入9670元，增长10.1%；农村居民占调查总户数20%的低收入家庭人均纯收入2801元，增长16.4%。城镇居民家庭恩格尔系数（即居民家庭食品消费支出占家庭消费支出的比重）30.2%；农村居民家庭恩格尔系数 29.9%。

年末参加城镇基本养老保险的人数49.0万人，比上年末增加5.4万人。其中，参保职工38.47万人，参保居民10.57万人。参加新型农村社会养老保险人数145.7万人，增加0.3万人。参加城镇基本医疗保险人数88.4万人，增加7.7万人，其中，参加城镇职工基本医疗保险人数53.48万人，参加城镇居民基本医疗保险人数34.95万人。参加失业保险的人数32.2万人，增加0.3万人；参加工伤保险人数38.7万人，增加0.5万人；参加生育保险人数34.1万人，增加0.9万人。

全年全市纳入城市最低生活保障的居民54206人，比上年减少2240人；纳入农村最低生活保障的居民112494人，比上年增加2851人；纳入农村五保供养18175人，比上年减少61 人。全年共发放最低保障资金30453.1万元。

年末全市共有各类提供住宿的社会服务机构116个，其中，老年人与残疾人服务机构101个，提供住宿的社会服务机构床位数5874张。全年全市共有福利彩票销售点264个，销售福利彩票20828万元。

十三、资源、环境和安全生产

全年全市耕地保有量374.0千公顷。年末全市森林面积253.6千公顷。全市自然保护区总数5个，自然保护区面积101.5千公顷，占全市国土面积的6.2%。

按照《环境空气质量标准》（GB3095-2012）中规定的六项污染物评价，2013年晋中市榆次区空气质量二级以上天数达到262天，环境空气综合污染指数为9.16；按（GB3095-1996）中规定的三项污染物评价，其余10个县（区、市）环境空气优良天数范围在334-362天之间。

全年全市河流监测的7个断面中，有1个断面受到重度污染（劣Ⅴ类），占监测断面总数的14.3%；水质优良（Ⅰ-Ⅲ类）的断面6个，占监测断面总数的85.7%。其中，水质优（Ⅰ-Ⅱ类）的断面5个，水质良好（Ⅲ类）的断面1个。

年末全市城市污水集中处理率93.7%，比上年提高0.9个百分点，其中市区城市污水集中处理率96.5%；全市城市生活垃圾无害化处理率69.2%，比上年提高15.8个百分点，其中市区城市生活垃圾无害化处理率75.3%。

全年全市安全生产事故死亡145人，煤炭生产安全事故死亡人数2人。全市亿元GDP生产安全事故死亡率0.1421；煤炭生产百万吨死亡率为0.0313；道路交通万车死亡率为5.7；特种设备万台死亡率为0。

阳泉市2013年国民经济和社会发展情况

2013年，面对复杂严峻的经济形势和经济下行的压力，全市上下认真贯彻党的十八大和十八届三中全会精神，坚持稳中求进的工作总基调，大力实施"四大战略"，着力稳增长、调结构、促改革，全市经济基本保持了健康发展态势，社会事业显著进步，人民生活水平不断提高，经济和社会发展取得新进展。

一、综　合

全年实现地区生产总值611.8亿元，比上年增长7.0%。其中，第一产业增加值10.5亿元，增长4.2%，占生产总值的比重为1.7%；第二产业增加值352.9亿元，增长8.2%，占生产总值的比重为57.7%；第三产业增加值248.4亿元，增长5.0%，占生产总值的比重为40.6%。

人均地区生产总值44251元，按2013年平均汇率计算为7147美元。

全年全市财政总收入111.3亿元，下降21.1%。公共财政收入47.9亿元，下降15.7%。税收收入35.8亿元，下降17.9%，其中，国内增值税、营业税、企业所得税、个人所得税、资源税和城建税共计完成税收29.6亿元，下降20.8%。公共财政预算支出86.4亿元，下降2.5%。其中，农林水事务支出下降3.4%，教育支出下降13.7%，社会保障和就业支出增长12.8%，医疗卫生支出增长13.9%，文化体育与传媒支出增长3.6%，节能环保支出增长101.7%。

居民消费价格比上年上涨3.0%，其中，食品价格上涨6.1%。商品零售价格上涨1.8%。工业生产者出厂价格下降6.4%，其中生产资料价格下降6.6%，生活资料价格上涨2.5%。工业生产者购进价格下降3.3%。

全年全市城镇新增就业2.5万人，其中新增残疾人就业533人。转移农村劳动力1.1万人。年末城镇登记失业率3.1%。

二、农　业

全年全市农作物种植面积5. 9万公顷，比上年增加0.02万公顷。其中，粮食种植面积56857公顷，增加189公顷；油料种植面积166公顷，减少14公顷。在粮食种植面积中，玉米种植面积47466公顷，减少372公顷；小麦种植面积118公顷，增加2公顷。

全年粮食产量29.1万吨，比上年增加1.1万吨，增产3.7%。其中，夏粮0.2万吨，增产8.5%；秋粮28.9万吨，增产3.7%。

全年完成造林7.5千公顷，下降8.9%。其中，人工造林面积6.7千公顷，下降1.8%。全年木材产量2401立方米。

全年全市肉类总产量18865.6吨，增长17.7%。其中，猪肉产量15237.5吨，增长13.7%；禽肉产量2680.2吨，增长49.4%。年末生猪存栏142087头，生猪出栏196522头。牛奶产量6563.3吨，增长1.7%。禽蛋产量25751.2吨，增长3.3%。水产品产量0.08万吨，增长11.0%。

年末全市农业机械总动力133.6万千瓦，增长2.5%。机械耕地面积4.4万公顷，增长2.3%；机械播种面积4.1万公顷，机械收获面积0.6万公顷，分别增长2.5%和20.0%。全市农机化经营总收入7.4亿元，增长7.2%。

2013年末，全市有78家涉农企业、30个产品获得农产品质量认证。其中，绿色食品生产企业1家，绿色食品3个；无公害农产品生产企业13家，无公害农产品30个。

年末，全市建成标准化畜禽养殖场33家；蔬菜标准园10家，面积0.17千公顷。全市农业产业化龙头企业55家，农民专业合作社1820家。全市达省级"一村一品"专业村总数达到145个。

三、工业和建筑业

年末全市规模以上工业企业161家，比上年增加25家。全年规模以上工业增加值增长7.5%。

全社会原煤产量6456.9万吨，下降5.5%；发电量114.0亿千瓦时，下降5.8%；焦炭产量42.5万吨，下降9.1%。

规模以上工业企业实现主营业务收入830.1亿元，增长2.3%。其中，煤炭、焦炭、冶金和电力工业分别实现主营业务收入563.3亿元、9.8亿元、64.9亿元和48.6亿元，煤炭工业增长3.8%，焦炭、冶金、电力工业分别下降2.1%、9.4%、0.2%；化学、建材工业分别实现主营业务收入20.7亿元、37.0亿元，分别下降24.0%、13.2%；装备制造、食品工业共实现主营业务收入90.0亿元，分别增长14.3%、8.8%。

规模以上工业实现利税51.42亿元，下降28.9%；实现利润5.82亿元，下降68.5%。

全年全市建筑业实现增加值36.6亿元，按可比价计算，比上年增长11.5%。具有建筑业资质等级的总承包和专业承包建筑业企业实现利润4.6亿元，增长24.3%。

四、固定资产投资

全年全社会固定资产投资485.5亿元，增长24.1%。其中，国有及国有控股投资228.5亿元，增长24.5%；民间投资248.2亿元，增长21.3%。

在全社会固定资产投资中，内资企业投资476.7亿元，增长22.8%；外商及港澳台商企业投资8.8亿元，增长183.9%。

在全社会固定资产投资中，第一产业投资17.7亿元，增长12.9%；第二产业投资210.8亿元，增长13.1%；第三产业投资257.0亿元，增长35.8%。在第二产业中，工业投资210.0亿元，增长14.4%。其中，煤炭工业投资87.1亿元，增长11.1%,非煤工业投资122.9亿元，增长16.9%;传统产业（煤炭、焦炭、冶金、电力）投资合计125.5亿元，上升12.6%,非传统产业投资合计84.5亿元，增长17.4%。

全年全市在建固定资产投资项目706个。其中，计划投资5亿元以上项目45个，计划总投资648.4亿元，完成投资172.1亿元。

全年房地产开发投资72.4亿元，增长27.1%。其中，住宅投资53.5亿元，增长18.9%；商业营业用房投资9.0亿元，增长32.8%。

全年保障性住房建设实际完成投资26.2亿元，开工新建各类保障性住房7035套，基本建成保障性住房及棚户区改造住房10092套。

五、能　　源

全年全市一次能源生产折标准煤0.5亿吨，下降5.5%；二次能源生产折标准煤229万吨，下降4.6%。

全市全社会能源消费量为799.6万吨标准煤，同比增长3.2%。能源消费弹性系数为0.46。全市万元GDP能耗下降3.53%。

全年全社会用电量79.5亿千瓦小时。其中，第一产业用电0.5亿千瓦小时，占全社会用电量0.7%；第二产业用电66.9亿千瓦小时，占84.1%，其中工业用电66.4亿千瓦小时；第三产业用电7.2亿千瓦小时，占9.0%。城乡居民生活用电4.9亿千瓦小时，占6.2%。

六、国内贸易

全年全市社会消费品零售总额246.7亿元，增长13.4%。按经营地统计，城镇消费品零售额229.3亿元，增长13.3%；乡村消费品零售额17.4亿元，增长14.1%。按消费形态统计，商品零售额207.9亿元，增长15.8%；住宿、餐饮收入额38.8亿元，增长1.7%。

七、对外经济

全年全市海关进出口总额2.1亿美元，下降12.4%。其中，进口额0.9亿美元，增长6.6%；出口额1.2亿美元，下降23.0%。

全年全市新设立外商直接投资企业2家；按全口径统计实际使用外商直接投资金额2.65亿美元，增长12.4%。

八、交通、邮电和旅游

年末全市公路（不含高速）线路里程5344公里，比上年末增加20公里。

年末全市民用汽车保有量16.7万辆（包括三轮汽车和低速货车0.5万辆），比上年末增长8.4%，其中私人汽车13.4万辆，增长12.5%。本年新注册汽车2.1万辆，下降14.0%。年末轿车保有量9.4万辆，增长17.5%，其中私人轿车8.3万辆，增长18.7%。

全年全市完成邮电业务总量14.6亿元，增长2.1%。其中，邮政业务总量1.3亿元，增长1.6%；电信业务总量13.3亿元，增长2.5%。年末移动电话用户158.7万户，其中，3G移动电话用户39.2万户。全市宽带接入用户28.1万户，增长23.8%。

全年全市接待海外旅游者4.2万人次，接待国内旅游者1483万人次，分别增长10.5%和25.8%；旅游外汇收入1177.6万美元，国内旅游收入119.9亿元，旅游总收入120.6亿元，分别增长16.6%、26.3%和26.2%。

九、金融和保险

年末全市金融机构本外币各项存款余额1151.0亿元，比年初增加52.6亿元，比年初增长4.8%。各项贷款余额618.6亿元，比年初增加88.4亿元，增长16.7%。

年末全市农村金融合作机构（农村信用社、农村合作银行、农村商业银行）人民币贷款余额177.3亿元，比年初增加23.2亿元，增长15.0%;人民币存款余额302.7亿元，比年初增加43.4亿元，比年初增长16.7%。

全年全市保费收入22.2亿元，增长12.7%。其中，寿险业务保费收入14.5亿元，增长14.5%；健康险业务保费收入2656.4万元，增长86.6%；意外险业务保费收入2387.2万元，增长4.8%；财产险业务保费收入7.2亿元，增长10.3%。全年支付各类赔款及给付8.4亿元，增长20.0%。

十、教育和科学技术

年末全市普通高等学校2所，农民实用技术培训12.2万人次。

全年全市专利申请量与授权量分别为1175件和311件，申请量增长43.3%，授权量下降15.0%；其中发明专利申请量与授权量分别为425件和24件，申请量增长150 %，授权量下降0.04%。全年共签订各类技术合同16项，技术合同成交总额4582万元，增长14.8%。全年新登记科技成果61项。市级企业技术中心28家。按照国家高新技术企业认定办法，年末已有高新技术企业11家。

十一、文化、卫生和体育

年末全市共有群众艺术馆1个，文化馆5个、艺术表演团体6个、公共图书馆5个。年末有线电视用户33.2万户。全年共发行《阳泉日报》680万份。

年末全市共有卫生机构(含诊所) 327个，床位7407张。妇幼保健院（所、站）6个。全市卫生机构共有卫生技术人员8985人。全市3个农业县（区）全部开展了新型农村合作医疗试点工作，有57.4万农民参加了合作医疗。

全年我市运动员在国内外重大比赛中获金、银、铜牌分别为39枚、44枚和45枚（包括非奥运项目比赛）。全市销售中国体育彩票4439万元，比上年增长55.1%。

十二、人口、人民生活和社会保障

据2013年人口抽样调查，年末全市常住人口为138.60万人，比上年末增加0.68万人。其中，城镇人口为88.72万人，城镇化率为64.01%，比上年提高0.97个百分点。全年全市出生人口1.41万人，人口出生率为10.18‰；死亡人口0.73万人，死亡率为5.28‰；自然增长率为4.90‰。

全年城镇居民人均可支配收入23238元，比上年增长9.7%；城镇居民人均生活消费支出13184元，增长5.4%；全年农村居民人均纯收入9742元，增长12.2%；城镇占调查总户数20%的低收入居民人均可支配收入9046元，增长27.8%；农村居民人均生活消费支出7713元，增长29.2%；农村占人口20%的低收入居民收入4170元，增长12.3%。

年末参加城镇职工基本养老保险25.1万人，比上年增加0.6万人；参加新型农村社会养老保险36.8万人，比上年增加1.6万人；参加城镇基本医疗保险62.6万人，比上年增加2.0万人；参加失业保险25万人，比上年增加0.9万人；参加工伤保险24.4万人，比上年增加0.4万人；参加生育保险24.5万人，比上年增加1.7万人。

全市三区两县的最低工资标准均迈入千元大关。城区、矿区、郊区最低工资标准为1290元，平定县、盂县为1090元。

全年全市城市最低生活保障对象4.2万人，比上年减少0.1万人，农村最低生活保障对象4.1万人，比上年减少0.02万人，0.8万人纳入农村五保供养，全年共发放最低保障资金2.2亿元，比上年增加0.3亿元。全市基本社会保险覆盖率为97.79%。

年末全市共有救助站3个。共有各类提供住宿的社会服务机构46个，养老服务机构床位数3571张，各类福利院床位数350张，收养122人。城镇各种社区服务设施97个，其中综合性社区服务中心7个。全年销售福利彩票1.73亿元,筹集社会福利资金1300万元，接收社会捐赠款139.8万元。

十三、资源、环境和安全生产

年末全市有林地面积11.8万公顷，森林覆盖率25.9%。

全年全市空气质量二级以上天数为329天，优良天数比例为90.1%，综合污染指数为2.49，环境空气质量稳定达到国家二级标准。化学需氧量、氨氮、二氧化硫、氮氧化物、烟尘和工业粉尘分别减排0.67%、0.46%、4.86%、6.80%、7.62%、3.89%。

全年各类自然灾害造成直接经济损失0.2亿元；农作物受灾面积1.4万公顷，其中，绝收1520公顷。

全年共发生各类安全事故158起，下降2.47%；死亡68人，下降19.0%。全年全市煤炭百万吨死亡率0.3。

长治市2013年国民经济和社会发展情况

2013年全市人民在市委、市政府的正确领导下，认真贯彻落实中央和省的决策部署，锐意进取，攻坚克难，大力实施“五五”战略，加快转型跨越，全市经济保持平稳健康发展，社会事业全面进步，人民生活水平不断提高，经济和社会发展取得新进展。

一、综　　合

全年全市生产总值1333.7亿元，比上年增长8.5%。其中，第一产业增加值56.6亿元，增长3.9%，占生产总值的比重为4.3%；第二产业增加值867.1亿元，增长9.9%，占生产总值的比重为65.0%；第三产业增加值410.0亿元，增长5.8%，占生产总值的比重为30.7%。第三产业中，金融保险业增加值52.8亿元，增长13.6%；交通运输、仓储和邮政业增加值85.3亿元，增长7.1%；批发和零售业增加值90.1亿元，增长3.0%。

人均地区生产总值39474元，按2013年平均汇率计算为6374美元。

全年全市财政总收入297.9亿元，下降1.4%。公共财政预算收入148.7亿元，增长11.4%。税收收入80.6亿元，增长6.5%，其中国内增值税、营业税、企业所得税、个人所得税、资源税和城建税共计完成税收67.0亿元，增长1.0%。公共财政预算支出245.7亿元，增长21.7%。其中农林水事务支出增长18.6%，教育支出下降8.4%，社会保障和就业支出增长64.4%，医疗卫生支出增长16.2%，文化体育与传媒支出增长19.5%，公共安全支出增长5.2%，节能环保支出增长45.8%。

居民消费价格比上年上涨3.2%，其中，食品价格上涨7.0%。商品零售价格上涨2.1%。工业生产者出厂价格下降8.4%；工业生产者购进价格下降6.9%。

全年全市城镇新增就业5万人。转移农村劳动力5.1万人。年末城镇登记失业率1.65%。

二、农　　业

全年全市粮食种植面积250.3千公顷，比上年减少3.6千公顷；油料种植面积1.5千公顷，与上年持平；棉花种植面积0.04千公顷，减少0.02千公顷。在粮食种植面积中，玉米种植面积205.9千公顷，增加1.4千公顷；小麦种植面积11.5千公顷，减少2.7千公顷。

全年粮食产量160.8万吨，比上年增加1.8万吨，增产1.1%。其中，夏粮3.7万吨，减产27.8%；秋粮157.1万吨，增产2.1%。

全年全市猪牛羊肉总产量7.2万吨，比上年增长2.1%。其中，猪肉产量6.3万吨，增长2.5%；牛肉产量0.3万吨，下降5.6%；羊肉产量0.5万吨，增长2.5%。年末生猪存栏63.5万头，生猪出栏84.5万头。牛奶产量1.7万吨，下降1.1%。禽蛋产量12.5万吨，增长2.1%。

年末全市农业机械总动力208.8万千瓦，增长5.2%。机械耕地面积240.5千公顷，下降1.1%；机械播种面积225.2千公顷，机械收获面积103.1千公顷，分别增长0.6%和12.2%。全市农机化经营总收入11.3亿元，增长6.9%。

三、工业和建筑业

年末全市规模以上工业企业357家。全年规模以上工业增加值843.7亿元，增长10.5%。

全社会原煤产量1.13亿吨，增长7.8%；发电量343.3亿千瓦时，下降2.0%；规模以上工业企业焦炭产量1431.7万吨，增长11.0%；钢材产量610.7万吨，增长10.3%。

规模以上工业企业实现主营业务收入1752.7亿元，下降3.4%。其中，煤炭、焦炭、冶金和电力工业分别实现主营业务收入840.0亿元、190.4亿元、248.4亿元和102.8亿元，分别下降3.8%、7.0%、1.7%和3.2%；化学、建材、装备制造、医药和食品工业分别实现主营业务收入81.5亿元、21.2亿元、101.6亿元、22.1亿元和83.9亿元，分别增长-13.4%、8.9%、-10.3%、12.4%和19.1%。

规模以上工业实现利税197.3亿元，下降17.5%；实现利润101.8亿元，下降23.7%。

全年全市建筑业实现增加值36.9亿元，比上年增长8.3%。

四、固定资产投资

全年固定资产投资1086.8亿元，增长25.4%。其中，国有及国有控股投资411.4亿元，增长14.6%。

分产业看，第一产业投资114.5亿元，增长100.6%；第二产业投资546.3亿元，增长18.9%；第三产业投资426.0亿元，增长21.6%。在第二产业中，工业投资546.3亿元，增长19.1%。其中，煤炭工业投资101.8亿元，下降33.1%。

全年全市在建固定资产投资项目1467个。其中，5亿元以上项目108个，计划总投资1829.6亿元，完成投资397.8亿元，占全市固定资产投资的比重36.6%。

全年房地产开发投资94.2亿元，增长24.1%。其中，住宅投资67.7亿元，增长13.0%；办公楼投资2.7亿元，增长195.0%；商业营业用房投资16.1亿元，增长109.3%。

五、国内贸易

全年全市社会消费品零售总额425.8亿元，增长14.3%。其中，城镇消费品零售额367.6亿元，增长14.2%；乡村消费品零售额58.2亿元，增长14.7%。

六、对外经济

全年全市进出口总额105457万美元，下降8.2%。其中，进口额21716万美元，下降20.3%；出口额83741万美元，下降4.4%。

全年全市新设立外商直接投资企业2家；合同利用外商投资4055.4万美元，下降40.9%；实际利用外商直接投资31262.3万美元，增长11.9%。

七、交通、邮电和旅游

年末全市公路线路里程11248.7公里，其中高速公路295.0公里。

全年民航客运量57.5万人，比上年增长14.5%，公路客运量3487.3万人，增长0.3%，铁路旅客发送量113万人，下降18.7%；全年民航货运量0.29万吨，下降14.7%，公路货运量7390.9万吨，增长14.6%，铁路货物发送量4339.9万吨，下降3.3%。全年公路旅客周转量23.1亿人公里，货物周转量107.2亿吨公里。

年末全市民用汽车保有量34.2万辆（包括三轮汽车和低速货车1.4万辆），比上年末增长10.6%，其中私人汽车28.8万辆，增长13.9%。本年新注册汽车5.5万辆，增长10.1%。年末轿车保有量19.2万辆，比上年末增长21.1%，其中私人轿车17.2万辆，增长23.0%。

全年全市完成邮电业务总量26.6亿元，增长9.5%。其中，邮政业务总量1.8亿元，增长7.8%；电信业务总量24.8亿元，增长9.7%。年末移动电话用户达到287.7万户，其中，3G移动电话用户达到73.3万户。全市互联网接入用户50.0万户，其中，新增互联网用户4.9万户。

全年全市接待海外旅游者14.5万人次，接待国内旅游者2148.6万人次，分别增长13.9%和28.7%；旅游外汇收入3547.9万美元，国内旅游收入209.4亿元，旅游总收入211.7亿元，分别增长18.3%、27.3%和27.2%。

八、金　　融

年末全市金融机构本外币各项存款余额1848.0亿元，比年初增加123.9亿元，比年初增长7.2%。各项贷款余额918.8亿元，增加77.4亿元，增长9.2%。

全年全市保费收入32.1亿元，增长4.6%。其中，寿险业务保费收入18.5亿元，下降5.4%；健康和意外险业务保费收入2.1亿元，增长135.8%；财产险业务保费收入2.1亿元，增长1.3%；车险业务保费收入9.5亿元，增长15.0%。全年支付各类赔款及给付13.6亿元，增长25.0%。其中，寿险业务保费赔付6.7亿元，增长26.6%；健康和意外险业务保费赔付0.8亿元，增长68.3%；财产险业务保费赔付0.9亿元，下降5.3%；车险业务保费赔付5.3亿元，增长24.6%。

九、教育和科学技术

年末全市普通高等学校5所；中等职业学校45所；普通高中46所；初中175所。

全年专利申请量与授权量分别为1646件和830件，分别增长21.2%和20.5%。全年全市科学技术成果112项，其中有54项技术获得省部级以上科学技术成果奖，比上年增加1项。全年全市共签订各类技术合同76项，技术合同成交总额3.1亿元，增长8.3%。

年末全市共有产品质量检验机构3个。全年对58户企业实施了产品认证，对10种产品进行了监督抽查。全市共有法定计量技术机构12个，全年完成强制检定计量器具20.3万台件。

十、文化、卫生和体育

年末全市共有艺术表演团体27个，文化馆14个，公共图书馆14个，公共图书馆藏书量166万册，档案馆15个，已开放各类档案3148卷。全市广播电视台12座，广播、电视综合人口覆盖率分别达到97.4%和98.7%，年末全市有线电视用户达到42.4万户，其中接收数字信号用户36万户。

年末全市共有医疗卫生机构5094个，其中医院、卫生院286个，妇幼保健机构14个，疾病预防控制中心（防疫站）15个，卫生监督机构15个。病床位15301张，其中医院、卫生院14517张。卫生技术人员17513人，其中执业医师和执业助理医师7716人，注册护士7007人，药剂人员883人。乡镇卫生院140个，床位3020张，卫生技术人员2234人。全市新型农村合作医疗覆盖率100%。

全年全市运动员在各类体育比赛中获得世界冠军4个，全国冠军9个，全省冠军76个。

十一、人口、人民生活和社会保障

年末全市总人口为338.78万人，比上年末增加1.8万人。全年全市出生人口3.81万人，人口出生率为11.28‰；死亡人口2.01万人，死亡率为5.96‰；自然增长率为5.32‰。性别比（女=100）为106.16。

全年农村居民人均纯收入9119元，比上年增长12.3%；城镇居民人均可支配收入22803元，比上年增长9.9%。城镇居民家庭恩格尔系数（即居民家庭食品消费支出占家庭消费支出的比重）29.2%，农村居民家庭恩格尔系数40.0%。

年末参加基本养老保险193.8万人，其中企业职工42.7万人，参加新型农村社会养老保险136.3万人；参加城镇基本医疗保险98.7万人。其中，参加城镇职工基本医疗保险55.1万人，参加城镇居民基本医疗保险43.5万人。参加失业保险40.5万人；参加工伤保险50.6万人，其中农民工21.4万人；参加生育保险43.3万人。

全年全市纳入城市最低生活保障的居民4.5万人，发放城市低保资金1.5亿元；纳入农村最低生活保障的居民12.2万人，发放农村低保资金1.9亿元。

年末全市各类福利院床位数1.2万张，收养7365人。城镇各种社区服务设施271个，其中综合性社区服务中心17个。全年销售社会福利彩票2.0亿元，筹集社会福利资金1623.2万元，接收社会捐赠款269.7万元。

十二、城市建设、资源、环境和安全生产

年末全市市区建成区面积5930万平方米，建成区绿化覆盖率45.3%。年末城市交通运营车辆792辆，其中市区公共汽车454辆。出租汽车3110辆，其中市区出租车1801辆。市区有公园4座，总面积127公顷。全年市区供水总量7663.4万吨，人均日生活用水量162.8升。全年液化气供气总量3774吨，天然气供应量3844.4万立方米，其中生活用天然气778.9万立方米。燃气普及率89%，比上年增长4.5个百分点。市区集中供热面积2730万平方米，其中住宅供热面积2063万平方米。市区污水处理能力17.5万吨/日，全年污水处理量5560万吨。生活垃圾年清运量19.0万吨，无害化处理率达到100%。

年末全市森林面积429.6千公顷，森林覆盖率30.9%。本年度检查验收合格造林面积29.3千公顷。全市有自然保护区2个，面积46.9千公顷，占全市总面积的3.4%。

年末全市大中型水库蓄水总量2.6亿立方米，比上年增长9.3%。全年总用水量4.5亿立方米，比上年增长8.8%。其中，生活用水1.05亿立方米，增长1%。

全年全市空气质量Ⅱ级以上天数264天。全市达Ⅲ类水质标准的断面比例64.7%。城市集中式饮用水源地辛安泉水质达标率达到100%。

全市亿元GDP生产安全事故死亡率为0.089，下降49.7%。煤炭百万吨死亡率为0.092，下降60%。全年共发生道路交通事故296起，下降16.9%，造成216人死亡、231人受伤，分别下降0.9%和25.5%。

晋城市2013年国民经济和社会发展情况

2013年，在市委、市政府的正确领导下，全市上下认真贯彻中央和省、市各项政策措施，紧扣主题主线和稳中求进、改革创新的工作总基调，坚定不移地稳增长、调结构、促改革、惠民生，全市经济呈现总体平稳、稳中有进、稳中向好的发展态势，社会事业显著进步，人民生活水平不断提高，经济和社会发展取得新进展。

一、综　　合

全年全市生产总值1031.8亿元，比上年增长9.3%。其中，第一产业增加值43.2亿元，增长1.5%，占生产总值的比重为4.2%；第二产业增加值644.4亿元，增长10.8%，占生产总值的比重为62.4%；第三产业增加值344.2亿元，增长7.3%，占生产总值的比重为33.4%。第三产业中，金融保险业增加值44.1亿元，增长11.8%；交通运输、仓储和邮政业增加值78.7亿元，增长8.1%；批发和零售业增加值64.4亿元，增长6.4%；住宿和餐饮业增加值28.4亿元，增长4.5%；营利性服务业增加值36.6亿元，增长5.2%。人均地区生产总值44940元，按2013年平均汇率计算为7256美元。

全年全市财政总收入223.3亿元，增长4.6%。其中,增值税完成79.6亿元，下降9.7%；企业所得税65.8亿元，增长4.6%；个人所得税11.4亿元，增长45.2%；营业税19.5亿元，增长14.8%；资源税2.9亿元，增长2.3%。公共财政预算收入94.6亿元，增长14.1%。其中,税收收入68.9亿元，增长12.1%。公共财政预算支出157.3亿元，增长21.3%。其中,科学技术支出增长12.7%，教育支出增长3.2%，农林水事务支出增长12.1%，社会保障和就业支出增长17.5%，文化体育与传媒支出增长15.4%，医疗卫生支出增长23.2%，节能环保支出增长88.3%。

居民消费价格比上年上涨3.4%。其中，食品价格上涨6.1%。商品零售价格上涨1.1%。工业生产者出厂价格下降7.5%，工业生产者购进价格下降4.9%。

全年全市城镇新增就业4.23万人。年末城镇登记失业率1.5%。

二、农　　业

全年全市农作物种植面积20.9万公顷，比上年减少0.2万公顷。其中，粮食种植面积19.7万公顷，减少0.3万公顷；油料种植面积0.3万公顷，增长0.1%；棉花种植面积0.03万公顷，下降10.2%。在粮食种植面积中，玉米种植面积9.0万公顷，增加0.4万公顷；小麦种植面积5.9万公顷，减少0.3万公顷。

全年粮食产量90.5万吨，比上年减少6.9万吨，减产7.1%。其中，夏粮17.7万吨，减产35.0%；秋粮72.8万吨，增产3.6%。

全年完成造林面积0.5万公顷，下降45.8%。其中，经济林面积0.07万公顷，下降62.8%。全年木材产量4008立方米，下降47.1%。

全年全市肉类总产量14.0万吨，增长6.5%。全年猪牛羊肉总产量13.9万吨，增长6.3%。其中，猪肉产量12.3万吨，增长3.3%；牛肉产量1572.3吨，下降19.4%；羊肉产量5245.2吨，增长11.3%。年末生猪存栏95.9万头，增长4.1%；生猪出栏165.4万头，增长5.8%。牛奶产量1028.1吨，下降69.9%；禽蛋产量7.3万吨，增长5.9%；水产品产量1800吨，增长9.8%。

全年全市设施蔬菜产量12.1万吨，增长22.1%；食用菌1.7万吨，增长7.6%；蚕茧5689吨，增长0.2%；蜂蜜2151吨，增长12.9%；药材0.9万吨，增长62.8%。

年末全市农业机械总动力244.9万千瓦，增长2.0%。机械耕地面积15.3万公顷，下降2.0%；机械播种面积12.9万公顷，增长1.6%；机械收获面积10.9万公顷，增长2.3%。全市农机化经营总收入13.9亿元，下降8.4%。

三、工业和建筑业

年末全市规模以上工业企业246家。全年规模以上工业增加值比上年增长12.0%。

全年全社会原煤产量8143万吨，下降5.1%；规模以上工业发电232亿千瓦时，增长6.3%；水泥236万吨，增长1.6%；农用化肥（折纯）271万吨，增长6.5%；焦炭93万吨，增长3.1%；钢材产量273万吨，增长1.6%；生铁346万吨，增长2.4%。

全年规模以上工业企业实现主营业务收入1198.5亿元，下降11.1%。其中，煤炭、炼焦、冶铸和电力工业分别实现主营业务收入646.1亿元、12.8亿元、133.3亿元和82.7亿元，分别增长-15.6%、-3.7%、-9.7%和4.4%；煤层气开采、化工、建材、装备制造、医药和食品工业分别实现主营业务收入43.2亿元、120.5亿元、9.7亿元、112.2亿元、3.7亿元和1.1亿元，分别增长8.5%、-8.1%、-12.0%、-10.4%、75.7%和-4.6%。

规模以上工业实现利税177.0亿元，下降36.0%；实现利润97.6亿元，下降46.1%。

年末全市具有资质等级的总承包和专业承包建筑业企业94家，完成总产值66.6亿元，增长16.0%；房屋施工面积380.0万平方米，增长31.8%；签订合同额为121.0亿元，增长25.3%。

四、固定资产投资

全年全市固定资产投资完成837.7亿元，增长27.9%。其中，国有及国有控股投资347.2亿元，增长16.1%；港澳台及外商投资38.9亿元，增长69.8%；民间投资451.6亿元，增长35.6%。

在固定资产投资中，第一产业投资59.4亿元，增长108.3%；第二产业投资391.4亿元，增长7.7%；第三产业投资386.9亿元，增长47.0%。在第二产业中，工业投资390.3亿元，增长8.6%。其中，煤炭工业投资142.3亿元，下降12.5%；非煤产业投资248.0亿元，增长26.1%。传统产业（煤炭、炼焦、冶金、电力）投资合计151.1亿元，下降12.7%；新兴接替产业投资合计239.2亿元，增长28.4%。

全年全市在建固定资产施工项目1314个。其中，5亿元以上项目92个，计划总投资1332.5亿元，完成投资248.8亿元，占全市固定资产投资的比重为29.7%。

全年房地产开发投资50.8亿元，增长12.5%。其中，住宅投资39.0亿元，增长11.9%；办公楼投资0.2亿元，下降62.5%；商业营业用房投资5.4亿元，增长30.1%。

全年房屋新开工面积175.3万平方米，增长25.6%；其中，住宅新开工面积114.2万平方米，增长9.1%。商品房销售面积86.6万平方米，增长21.1%；其中，住宅销售面积78.6万平方米，增长14.8%。商品房销售额38.4亿元，增长44.3%；其中，住宅销售额33.1亿元，增长32.7%。房地产开发企业土地购置面积52.7万平方米，下降5.4%。房地产开发企业本年到位资金47.2亿元，增长32.8%；其中，国内贷款下降8.0%，自筹资金增长70.1%，其他资金增长0.6%。

五、能　源

全年全市一次能源生产折标准煤6007.4万吨，下降5.9%；二次能源生产折标准煤2713.4万吨，下降0.7%。

全年全市向省外运输煤炭5179万吨，下降2.0%，外运煤炭占原煤产量65.9%。向省外输送电力179.2亿千瓦小时，下降2.1%，外输电量占发电量77.2%。

固定资产投资中，能源工业投资完成219.2亿元，下降9.0%。其中，煤炭工业投资142.3亿元，下降12.5%；石油和天然气开采业投资38.6亿元，下降17.8%；石油加工、炼焦及核燃料加工业投资4.3亿元，增长9.1倍；电力的生产和供应业投资20.6亿元，下降19.8%。

全年全市全社会用电总量170.8亿千瓦小时。其中，第一产业用电1.3亿千瓦小时，占全社会用电量的0.8%；第二产业用电153.2亿千瓦小时，占全社会用电量的89.7%，其中，工业用电152.1亿千瓦小时；第三产业用电9.1亿千瓦小时，占全社会用电量的5.3%；城乡居民生活用电7.2亿千瓦小时，占全社会用电量的4.2%。

六、国内贸易

全年全市社会消费品零售总额297.1亿元，增长14.0%。按经营地统计，城镇消费品零售额280.1亿元，增长14.0%；乡村消费品零售额17.0亿元，增长13.6%。

七、对外经济

全年全市海关进出口总额9.19亿美元，下降25.6%。其中，进口额6.60亿美元，下降33.3%；出口额2.59亿美元，增长5.5%。

全年出口煤炭69万美元，增长100.9%；出口钢材3243万美元，下降41.2%；出口机电产品21911万美元，增长19.1%；出口高新技术产品15358万美元，增长23.7%；出口电器及电子产品17054万美元，增长10.0%；出口计算机及通信技术产品13072万美元，增长16.6%。

全年进口铁矿砂47589万美元，增长24.0%；进口机电产品16116万美元，下降72.1%；进口集成电路6180万美元，下降9.7%；进口机械设备2728万美元，下降90.0%；进口电子技术产品7854万美元，下降9.7%；进口计算机集成制造技术产品962万美元，下降97.1%。

全年全市新设立外商直接投资企业0家；按全口径统计实际使用外商直接投资金额28400万美元，增长10.2%。

八、交通、邮电和旅游

年末全市公路线路里程8881.3公里。其中,高速公路318.6公里，比上年末增加0.1公里。

年末全市民用汽车保有量26.6万辆（包括三轮汽车和低速货车2.0万辆），比上年末增长10.4%。其中,私人汽车22.3万辆，增长13.2%。本年新注册汽车4.3万辆，增长7.5%。年末轿车保有量16.4万辆，增长22.4%。其中,私人轿车14.9万辆，增长24.2%。

全年全市完成邮电业务总量19.5亿元，增长9.6%。其中，邮政业务总量1.3亿元，增长8.3%；电信业务总量18.2亿元，增长9.6%。新增移动电话用户39.1万户，年末达到224.1万户。全市宽带接入用户34.9万户，增长9.7%。

年末全市共有成规模的旅游景区（点）43处，其中有1个国家级5A级景区，6个国家级4A级景区,5个2A级景区，7个国家级工农业旅游示范点。共有星级饭店26家，其中五星级1家、四星级11家、三星级9家、二星级5家。全年全市接待海外旅游者10.8万人次，接待国内旅游者2166.3万人次，分别增长12.9%和28.4%；旅游外汇收入5385.9万美元，国内旅游收入195.3亿元，旅游总收入198.7亿元，分别增长18.0%、30.3%和30.0%。

九、 金融、证券和保险

年末全市金融机构本外币各项存款余额1759.5亿元，比年初增加29.9亿元，增长1.7%。各项贷款余额864.8亿元，比年初增加87.8亿元，增长11.3%。

年末全市农村金融合作机构（农村信用社、农村合作银行、农村商业银行）人民币贷款余额222.1亿元，比年初增加26.7亿元，增长13.7%;人民币存款余额388.0亿元，比年初增加51.7亿元，比年初增长15.4%。

年末全市共有证券营业部3家，从业人员72人。累计资金开户数61570户，银证转入资金20.0亿元，增长1.8%，新增资产总额0.9亿元，下降37.8%。全年营业收入5022.8万元，增长37.2%，利润总额2924.1万元，增长58.5%。

全年全市保费收入31.9亿元，增长3.9%。其中，寿险业务保费收入20.9亿元，增长0.5%；财产险业务保费收入11.0亿元，增长11.1%。

十、教育和科学技术

年末全市普通高等学校1所，独立设置的成人高等学校1所。高中阶段毛入学率94.18%。

全年全市组织实施各类科技项目212项（其中国家级7项、省级69项、市级136项）。在国家级项目中，列入国家火炬计划1项，星火计划4项，富民强县计划1项，中小企业创新基金计划1项；在省级项目中，列入国际科技合作项目2项，火炬计划3项，星火计划16项，工业攻关计划3项，农业攻关计划1项，社会发展计划3项，成果推广计划8项，科技创新计划3项，软科学及基础平台建设计划3项，农村技术承包计划23项，强民富农计划4项。全年全市专利申请量1197件。其中，发明专利申请量313件。全年完成省级科技成果鉴定4项。全年有2项新技术获得山西省科技进步二等奖，有2项新技术获得山西省科技进步三等奖。全年新认定国家高新技术企业6家，省级创新企业11家，省级企业技术中心1家。截止2013年末，全市累计国家高新技术企业17家，省级工程技术研究中心3家，省级企业技术中心11家，省级重点实验室2个。

十一、文化、卫生和体育

年末全市共有群众艺术馆1个，文化馆6个,博物馆1个。全市文化系统共有艺术表演团体11个，新创作首演剧目1个；演出场次2648场，演出收入1171万元；全市共有艺术表演场馆2个，群众艺术馆1个，文化馆6个，公共图书馆6个，总藏书46万册。

年末全市共有各级医疗卫生机构3043个，其中妇幼保健院（所、站）7个。医院和卫生院床位9.2千张，卫生专业技术人员1.3万人，每千人拥有病床4.2张，每千人拥有医生数2.5人。全市6县（市、区）全部开展了新型农村合作医疗试点工作，新型农村合作医疗参合率98.5%。村卫生室覆盖率100%、县乡村三级医疗机构达标率（县乡级100%，村级92%）。全年各县（市、区）的儿童“五苗”全程接种率以乡镇为单位均达到了90%以上。碘盐覆盖率达到99.2%，合格碘盐食用率达到96.2%，各种地方病得到了有效控制。全市乡镇卫生监督站覆盖率达到100%。

年末全市拥有各级各类体育场馆4392个，体育锻炼标准达标人数达335533人。全年我市运动员在省级以上重大比赛中获金、银、铜牌分别为56枚、36枚和52枚（包括非奥运项目比赛）。全市销售中国体育彩票10390万元，比上年增长79.5%。

十二、人口、人民生活和社会保障

据2013年人口抽样调查，年末全市常住人口为230.06万人，比上年末增加0.92万人。全年全市出生人口2.10万人，人口出生率为9.14‰；死亡人口1.25万人，死亡率为5.46‰；自然增长率为3.68‰。出生人口性别比为100.47（以女性人口为100）。

全年城镇居民人均可支配收入23250元，比上年增长10.0%；城镇居民人均消费性支出12141元。农村居民人均纯收入9026元，增长12.3%；农村居民人均生活消费支出7115元，增长17.7%。城镇占人口20%的低收入家庭人均可支配收入9738元；农村占人口20%的低收入者收入4848元，增长12.3%。

年末参加城镇职工基本养老保险34.9万人，比上年末增加2.7万人；参加新型农村社会养老保险107.5万人，增加1.7万人；参加城镇基本医疗保险59.9万人，增加2.2万人；参加失业保险28.5万人，增加1.6万人；参加工伤保险48.2万人，增加3.6万人，其中,农民工22.5万人，减少2.4万人；参加生育保险30.4万人，增加3.0万人。全市共有151.6万农民参加了合作医疗。

年末城镇低保人数27396人，减少1367人；农村低保人数76440人，减少3440人；农村集中供养五保户1812人，户数1805户；民政部门资助参加合作医疗79472人。优抚对象15949人，享受定期抚恤1614人，享受定期补助11814人。全年共发放最低保障资金2.5亿元。全市收养性单位62个，增加2个，床位数4194张，年在院77.8万人天。全市社区服务站51个。全市福利企业31个，残疾职工571人。福利彩票发行单位1个，共销售福利彩票2.3亿元。全年直接接收捐赠款668.3万元，受益5256人次。

农村新“五个全覆盖”工程全面完成,农村面貌和生产生活条件显著改善。

十三、资源、环境和安全生产

全市有自然保护区5个，自然保护区面积达到15.6万公顷，占全市土地面积的16.6%；全市国家级生态示范区2个。

全年市区环境空气质量二级以上天数达到198天，其中一级天数3天，减少78天；空气综合污染指数为3.40，较上年上升1.68。

城市污水处理率达到87%；城市生活垃圾无害化处理率达到98%；集中供热普及率达到87%。

全年全市共发生各类生产安全事故921起，同比增加118起，上升14.7%；事故死亡230人，减少8人，下降3.4%。其中，各类生产经营性事故165起，减少9起，下降5.2%；事故死亡73人，增加4人，上升5.8%，占省政府下达我市控制指标87人的83.9%。亿元GDP生产安全事故死亡率0.071（省控指标0.075），工矿商贸就业人员10万人生产安全事故死亡率0.82（省控指标1.69），煤矿百万吨死亡率0.1983（省控指标0.2372），特种设备万台死亡率0（省控指标0.6）。

临汾市2013年国民经济和社会发展情况

2013年，面对极为错综复杂的国内外环境，市委、市政府团结带领全市上下，深入贯彻党的十八大、十八届三中全会精神，牢牢把握“稳增长、调结构、促改革”的总基调，加快推进经济结构转型升级，着力稳增长、调结构、促改革、惠民生，经济社会发展取得新成就。

一、综　合

全年全市生产总值1223.6亿元，比上年增长8.5%。其中，第一产业增加值87亿元，增长4.8%，占生产总值的比重为7.1%；第二产业增加值732.6亿元，增长10.3%，占生产总值的比重为59.9%；第三产业增加值404亿元，增长5.8%，占生产总值的比重为33%。第三产业中，房地产业增加值26.3亿元，增长7.6%；批发和零售业增加值74.2亿元，增长6.5%；交通运输、仓储和邮政业增加值99.4亿元，增长8.2%。

人均地区生产总值27943元，按2013年平均汇率计算为4512美元。

全年全市公共财政预算收入118.2亿元，增长6.7%。税收收入54.1亿元，增长4.9%，其中国内增值税、营业税、企业所得税、个人所得税、资源税和城建税共计完成税收42.8亿元，下降0.2%。公共财政预算支出264.3亿元，增长18.5%。其中农林水事务支出增长36.2%，社会保障和就业支出增长23.1%，医疗卫生支出增长24.6%，文化体育与传媒支出增长19.8%，公共安全支出增长11.7%，节能环保支出增长57.9%。

居民消费价格比上年上涨2.5%，其中，食品价格上涨5.5%。工业生产者出厂价格下降10.1%，其中生产资料价格下降10.3%，生活资料价格上涨2.8%。工业生产者购进价格下降8.4%。

全年全市城镇新增就业6.31万人，转移农村劳动力6.04万人，年末城镇登记失业率2.84%，控制在4.2%的目标范围之内。

二、农　业

全年全市农作物种植面积560.81千公顷，比上年增加0.98千公顷，增长0.2%。其中，粮食种植面积512.81千公顷，增加3.4千公顷；油料种植面积10.61千公顷，减少1.28千公顷；棉花种植面积1.31千公顷，减少1.78千公顷。在粮食种植面积中，玉米种植面积229.2千公顷，增加15.61千公顷；小麦种植面积226.86千公顷，减少8.84千公顷。

全年粮食产量232.3万吨，比上年增加10.1万吨，增产4.5%。其中，夏粮83.9万吨，减产14.6%；秋粮148.5万吨，增产19.7%。

全年完成造林38.38千公顷。其中，荒山荒地造林面积36.94千公顷。经济林面积12.23千公顷。全年木材产量21403立方米，增长81.2%。

全年全市猪牛羊肉总产量10.4万吨，比上年增长5.6%。其中，猪肉产量9.1万吨，增长5.8%；牛肉产量0.6万吨，增长1.8%；羊肉产量0.7万吨，增长5.6%。年末生猪存栏82.9万头，生猪出猪109.5万头。牛奶产量3.8万吨，增长5.8%。禽蛋产量11.4万吨，增长5.8%。水产品产量0.7万吨，增长14.9%。

年末全市农业机械总动力458.4万千瓦，增长4.2%。机械耕地面积363.3千公顷，比上年下降1.1%，机械播种面积393.67千公顷，机械收获面积318.63千公顷，分别比上年增长2.2%和9.5%。全市农机化经营总收入达到12.9亿元，增长4.4%。

三、工业和建筑业

年末全市规模以上工业企业374家。全年规模以上工业增加值增长12.6%。

全社会原煤产量5598.8万吨，增长19.3%；规模以上工业企业发电量191.4亿千瓦时，增长9.0%；焦炭产量2079.9万吨，增长11.4%；钢材产量1320.7万吨，增长10.6%。

规模以上工业企业实现主营业务收入1930.35亿元，下降3.0%。其中，煤炭、焦炭、冶金和电力工业分别实现主营业务收入556.47亿元、331.59亿元、807.97亿元和56.35亿元，分别增长-8.2%、-3.1%、2.4%和10.5%；化学、建材、装备制造、医药和食品工业分别实现主营业务收入79.43亿元、14.52亿元、50.12亿元、6.26亿元和15.66亿元，分别增长-22.6%、-7.5%、-4.1%、2.0%和6.1%。

规模以上工业实现利税106.38亿元，下降12.8%；实现利润27.08亿元，下降23.6%。

全年全市建筑业实现增加值56.9亿元，比上年下降5.8%。具有建筑业资质等级的总承包和专业承包建筑业企业实现利润2.3亿元，下降16.8%。

四、固定资产投资

全年全市固定资产投资完成1036.3亿元，增长26%。其中，国有及国有控股投资完成537.8亿元，增长12.7%。

在全市固定资产投资中，内资企业投资完成1032.5亿元，增长26.2%；外商及港澳台商企业投资2.2亿元，增长1.94倍。

从三次产业看，第一产业投资完成54.1亿元，增长80.6%；第二产业投资完成468.1亿元，增长23.3%；第三产业投资完成514.1亿元，增长24.5%。在第二产业中，工业投资完成467.9亿元，增长23.3%。其中，煤炭工业投资178.4亿元，增长1.3%，非煤产业投资289.5亿元，增长42.3%。传统产业（煤炭、焦炭、冶金、电力）投资合计246.8亿元，增长1.2%，非传统产业（食品、建材、化工、装备制造等）投资合计221.1亿元，增长62.8%。

全年全市在建固定资产投资项目1586个。其中，5亿元以上项目51个，计划总投资632.3亿元，完成投资187.4亿元，占全市固定资产投资的比重为18%。

全年房地产开发投资65.6亿元，增长18%。其中，住宅投资48.4亿元，增长15.7%；商业营业用房投资9.8亿元，增长25.3%。

全年市级重点建设工程394项，计划总投资5268.6亿元，其中当年计划投资977亿元。

五、能　源

全年全市一次能源生产折标准煤4242.06万吨，增长19.47%，二次能源生产折标准煤7460.05万吨，比上年增长15.29%。

全年全市向省外运输煤炭573.94万吨，下降13.9%，外运煤炭占煤炭产量9.66%。

全市能源工业投资完成271.72亿元，增长12.64%。其中，煤炭工业投资168.04亿元，增长8.38%；电力工业投资55.98亿元，增长65.46%；焦化工业投资10.33亿元，下降50.99%。

全年全市全社会用电总量179.85亿千瓦时。其中，第一产业用电4.31亿千瓦时，占全部用电量2.40%；第二产业用电144.23亿千瓦时，占全部用电量80.19%，其中工业用电142.05亿千瓦时；第三产业用电14.03亿千瓦时，占全部用电量7.80%；城乡居民用电17.28亿千瓦时，占全部用电量9.61%。

六、国内贸易

全年全市社会消费品零售总额475.5亿元，增长13.7%。按经营地统计，城镇消费品零售额398.2亿元，增长13.6%；乡村消费品零售额77.3亿元，增长14.3%。按消费形态统计，商品零售额438.1亿元，增长14.4%；餐饮收入额37.4亿元，增长6.5%。

七、对外经济

全年全市海关进出口总额71704万美元，下降13.3%。其中，进口额55491万美元，增长0.9%；出口额16213万美元，下降41.5%。

全年出口焦炭350吨，下降96.9%，出口金额10.5万美元，下降97.6%；出口钢材金额505万美元，下降30.9%，出口机电产品8828万美元，下降29.1%；出口高新技术产品8.3万美元，下降86.3%。

全年进口铁矿砂392.2万吨，下降6.3%，进口金额49015.5万美元，增长2.7%；进口机电产品281万美元，下降82.1%。

全年全市新设立外商直接投资企业3家；按全口径统计实际使用外商直接投资金额13880万美元，增长2.0%。全年全市对外经济合作新签合同额0.8万美元。

八、交通、邮电和旅游

年末全市公路线路里程18025公里，其中高速公路462公里，与上年末持平。

年末全市民用汽车保有量38.4万辆（包括三轮汽车和低速货车1.1万辆），比上年末增长15.1%，其中私人汽车33.5万辆，增长16.6%。本年新注册汽车6万辆，增长9.3%。年末轿车保有量22.6万辆，比上年末增长20.1%，其中私人轿车20.8万辆，增长21.8%。

全年全市完成邮电业务总量36.35亿元，增长9.6%。其中，邮政业务总量2.47亿元，增长2.2%；电信业务总量33.88亿元，增长10.1%。年末全市固定电话53.9万部，减少8.8万部，下降14.1%；新增移动电话用户29.7万户，年末达到393.6万户，其中，3G移动电话用户达到104.07万户。移动电话普及率89.88部/百人。全市宽带接入用户64.37万户，增长21.3%。

全年全市接待海外旅游者16.3万人次，接待国内旅游者2126.4万人次，分别增长12.4%和22.2%；旅游外汇收入3509.5万美元，国内旅游收入192.8亿元，旅游总收入195亿元，分别增长13.2%、22.1%和21.9%。

九、金　融

年末全市金融机构本外币各项存款余额1794亿元，比年初增加137.2亿元，比年初增长8.3%。各项贷款余额845.7亿元，比年初增加96.1亿元，增长12.8%。

年末全市农村合作金融机构（农村信用社、农村合作银行、农村商业银行）人民币贷款余额448.9亿元，比年初增加30.5亿元，增长7.3%;人民币存款余额721.2亿元，比年初增加82.2亿元，增长12.9%。

年末全市共有上市公司2家。全市辖区证券市场各类证券成交额422.6亿元，增长4.7%。年末投资者资金账户累计开户数10.08万户，比上年末增长10.42%。

全年全市保费收入37.1亿元，增长4.7%。其中，寿险业务保费收入24.6亿元，增长0.3%；健康险业务保费收入1.6亿元；意外险业务保费收入0.7亿元；财产险业务保费收入12.5亿元，增长14.6%。全年支付各类赔款及给付13.5亿元，增长33.6%。

十、教育和科学技术

年末全市高等院校达到4所。中小学校舍维修改造项目进展顺利，改造面积22.36万平方米，改造项目学校313所，总投入资金7417万元。

全年全市受理专利申请1190件，比上年增长43.37%。受理发明专利申请359件，比上年增长33.46%。全市累计认定高新技术企业23家；认定省级技术中心19家，市级企业技术中心22家；科技创新型企业56家。

年末全市共有市、县产品质量监督检验所7个，监督抽查了267家企业12类产品和商品。全市共有法定计量技术机构17个，全年完成强制检定计量器具34118台件。

全市有气象台（站）17个，开展121电话天气自动答询台（站）17个。气象系统开展人工影响天气业务的单位17个，防雹、增雨受益覆盖面积2万平方公里。全市有天气预报服务Intel网站2个，卫星云图接收站17个。

全市有专业综合地震台站17个，市级地震台网中心6个，数字测震地震台网1个，数字测震子台7个。

十一、文化、卫生和体育

年末全市共有群众艺术馆1个，文化馆17个，博物馆14个，艺术表演团体13个。广播电视台17座。广播人口覆盖率96.74%，电视人口覆盖率98.73%。全市共有公共图书馆17个，档案馆25个。目前有6个县级图书馆和8个文化馆达到国家三级标准以上。

市群众文化活动丰富多彩，举办了“和谐临汾”春节系列文化活动、广场文化消夏月活动，设立了临汾文化艺术“梨花奖”，成功举办了首届“梨花奖”电视戏曲大赛；洪洞的“魅力百村欢乐行”、安泽的“乐在周五”、吉县的“社区消夏文艺晚会”办的有声有色，成为当地的“星光大道”；翼城《浑身板》角逐央视《我要上春晚》栏目获得好评；襄汾《丁陶鼍鼓》、眉户剧《背着妈妈上大学》在第十届中国艺术节上双双摘得群星奖；我市又摘得1朵小梅花，大小梅花总数增加到57朵，居全国地级市第一。非遗保护工作不断加强，有5个项目申报国家级名录，新增了17个省级项目，我市国家级非遗项目增加到18个，省级项目114个。

年末全市共有卫生机构(含诊所、村卫生室) 4301家，其中妇幼保健院（所、站）18家。全市卫生机构共有床位1.8万张，其中医院床位1.3万张，卫生院床位4230张。卫生技术人员2.2万人。全市299万农民参加了合作医疗，参合率99.12%。

在山西省第十四届运动会资格赛上，我市体育代表团共获得金牌19枚、银牌30枚、铜牌39枚，总分980分，246人进入资格。全年共审批国家二级裁判员590名，审批国家二级运动员139名。全年销售体育彩票1.72亿元。

十二、人口、人民生活和社会保障

据2013年人口抽样调查，年末全市常住人口为439.08万人，比上年末增加2.25万人。全年全市出生人口4.83万人，人口出生率为11.02‰；死亡人口2.47万人，死亡率为5.63‰；自然增长率为5.39‰。人口性别比为106.02。

全年城镇居民人均可支配收入21936元，比上年增长10.3%。全年农村居民人均纯收入7768元，增长12.6%；农村居民人均生活消费支出5119元，增长20.1%。农村占人口20%的低收入者收入3056元，增长13.8%。

年末参加城镇基本养老保险的人数为60.87万人，比上年增加1.43万人；参加农村社会养老保险的人数为182.84万人，比上年增加4.02万人；参加城镇基本医疗保险的人数为103.36万人，比上年增加3.38万人；参加失业保险的人数为34.79万人，比上年增加0.64万人；参加工伤保险的人数为47.69万人，比上年增加3.59万人，其中农民工22.37万人；参加生育保险的人数为38.64万人，比去年增加4.19万人。

全年全市纳入城市最低生活保障的居民7.97万人，发放城市低保资金29916.8万元，比上年增加3333.2万元；纳入农村最低生活保障的居民1.35万人，发放农村低保资金24306.1万元，比上年增加449.13万元。

年末全市各类收养性单位床位数4390张，收养人数2069人。城镇建立各种社区服务机构119个。全年销售社会福利彩票3.2亿元，直接接收社会捐赠款142.9万元。

年末市区建成区新增绿化面积28.06万平方米，绿化覆盖率达到37.9%，人均公共绿地面积10.42平方米。全市建成区新增绿化面积469.96万平方米，绿化覆盖率达到35.65%，人均公共绿地面积9.96平方米。人均道路面积达到11.01平方米。

十三、资源、环境和安全生产

年末耕地保有量761.2万亩。年末全市7座中型水库蓄水总量6245万立方米。全市年平均降水量636毫米，比上年增加133毫米。

年末全市森林面积877.5万亩，森林覆盖率28.9%；全市已建成自然保护区3个，自然保护区面积62.66万亩，占全市国土面积的2.1%。

按《环境空气质量指数（AQI）技术规定（试行）（HJ633-2012）》评价，2013年市区空气质量好于二级以上天数167天，其中一级天数达到18天。

年末全市城市污水处理率82.15%，提高1.03个百分点；市区城市生活垃圾无害化处理率连续三年达到100%；全市集中供热普及率64.65%，提高9.65个百分点。

全年森林火灾受害率控制在0.5‰以内，达到了国家要求标准。林业有害生物成灾率1.4‰，严格控制在国家要求的4.5‰以内。

全年共发生生产经营性安全事故276起，死亡107人，相比2012年减少132起，减少44人。亿元GDP生产安全事故死亡率为0.085，比省下达年度控制指标（0.094）低0.009。煤矿百万吨死亡率为0.0609，比省下达年度控制指标（0.1814）低0.1205。

运城市2013年国民经济和社会发展情况

2013年，市委、市政府团结带领全市人民深入贯彻落实党的十八大和十八届三中全会精神，坚持稳中求进的总基调，抓投资上项目，调结构促转型，惠民生促和谐，全市经济平稳健康发展，社会和谐稳定，民生持续改善。

一、综　　合

经济增长：全年全市生产总值完成1140.1亿元，按可比价格计算，比上年增长9.2%。其中：第一产业增加值195.9亿元，增长4.5%;第二产业增加值505.6亿元，增长11.7%；第三产业增加值438.6亿元，增长8.0%。第三产业中，交通运输、仓储和邮政业102.8亿元，增长8.6%；批发和零售业95.9亿元，增长8.9%；金融业36.6亿元，增长18.2%；房地产业28.8亿元，增长3.5%。第一、第二和第三产业增加值占全市生产总值的比重分别为17.2%、44.3%和38.5%，对经济增长的贡献率分别为7.9%、58.9%和33.2%。

人均地区生产总值21887元，比上年增长8.6%，按2013年平均汇率（6.1932）计算为3534美元。

价格：全年居民消费价格比上年上涨2.7%。其中，食品价格上涨5.0%，非食品价格上涨1.6%。商品零售价格上涨1.6%。工业生产者出厂价格下降6.0%，其中，生产资料价格下降6.4%，生活资料价格下降3.0%。工业生产者购进价格下降4.7%。

就业：全年城镇新增就业人员58755人，城镇下岗失业人员再就业17193人，就业困难人员实现就业0.56万人。年末城镇登记失业率1.54%。

二、农　　业

农业产值：全年农林牧渔服务业总产值为366.2亿元，按可比价计算同比增长4.6%。其中，农业产值282.8亿元，增长3.9%；林业产值5.3亿元，增长15.7%；牧业产值51.7亿元，增长5.8%；渔业产值2.4亿元，增长15.1%；农林牧渔服务业产值23.9亿元，增长5.5%。

种植面积：全年农作物种植面积801.7千公顷，比上年增长1.2%。其中，粮食种植面积686.4千公顷，增长2.9%(小麦342.6千公顷，下降0.2%；秋粮343.8千公顷，增长6.1%；玉米302.5千公顷，增长9.7%)；棉花种植面积21.4千公顷，下降35.2%；油料种植面积11.2千公顷，增长2.6%；蔬菜种植面积57.6千公顷，增长0.5%；果园面积158.8千公顷，增长7.2%（苹果园面积88.6千公顷，增长1.6%）。

农产品产量：全年粮食总产量31.0亿公斤，比上年增加0.6亿公斤，增长2.0%。

畜禽及水产品产量：全年肉类总产量15.9万吨，增长5.5%。其中，猪肉产量11.3万吨，增长7.6%；牛肉产量0.3万吨，下降25.0%；羊肉产量0.72万吨，增长2.9%;禽肉产量3.6万吨，增长5.9%。禽蛋产量21.04万吨，增长5.9%；奶类产量4.5万吨，下降6.3%。水产品产量1.9万吨，增长15.1%。

林业生产：全年全市造林面积26954公顷。其中，退耕造林面积4746公顷。年末全市拥有森林面积39.3万公顷。森林覆盖率28.16%。

农业机械：年末全市农业机械总动力685.7万千瓦，比上年增长4.2%。机械耕地面积48.4万公顷，机械播种面积54.8万公顷，机械收获面积53.6万公顷。全年农机化经营总收入12.45亿元，同比增长8.3%。

三、工业和建筑业

工业：全年全部工业增加值433.0亿元，比上年增长12.4%，在第二产业中所占比重为85.6%，比上年下降0.6个百分点。其中，规模以上工业企业466户，完成工业增加值406.3亿元，比上年增长13.1%。规模以上工业总产值1633.4亿元，同比增长16.2%；销售产值1572.1亿元，增长16.6%；产销率达96.3%，同比增长0.3个百分点。

全部规模以上工业中，五大支柱行业增加值226.3亿元，比上年增长8.6%，其中，黑色金属冶炼和压延加工业增长15.8%，有色金属冶炼和压延加工业增长1.8%，炼焦业增长4.1%，化学原料和化学制品制造业增长6.4%，电力、热力生产和供应业增长2.4%。新型替代产业增加值

159.4亿元，增长11.5%，其中，农副食品加工业增长21.8%，通用设备制造业增长17.4%，纺织业增长14.4%，医药制造业增长13.8%，酒、饮料和精制茶制造业增长9.2%，电气机械和器材制造业增长7.7%，非金属矿物制品业增长6.2%。

全年规模以上工业主营业务收入1597.5亿元，比上年增长10.8%；实现利税98.6亿元，比上年增长48.0%；实现利润54.8亿元，增长81.1%。

建筑业：全年具有资质等级的总承包和专业承包建筑企业159个，其中有工作量的144个，实现增加值72.6亿元，比上年增长6.7%。上缴税金3.3亿元，下降22.4%；实现利润3.3亿元，下降1.2%。

四、固定资产投资

固定资产投资：全年固定资产投资1008.9亿元，比上年增长22.0%。其中，房地产开发完成93.0亿元，增长37.3%。在固定资产投资中，第一产业投资77.1亿元，比上年增长87.5%；第二产业投资581.8亿元，增长11.5%；第三产业投资350.0亿元，增长32.5%。在固定资产投资中，非国有投资完成847.4亿元，同比增长27.4%；国有投资完成161.5亿元，同比持平。

房地产开发：全年房地产开发投资93.0亿元，比上年增长37.3%。其中，住宅投资71.3亿元，增长36.5%；商业营业用房投资14.5亿元，增长67.8%。

五、国内贸易

全年社会消费品零售总额552.1亿元，比上年增长14.3%。按规模统计，限额以上消费品零售额249.2亿元，增长18.3%；限额以下消费品零售额302.9亿元，增长11.1%。按经营地统计，城镇消费品零售额441.7亿元，增长13.8%；乡村消费品零售额110.4亿元，增长16.2%。按行业统计，商品批发业61.8亿元，增长17.6%；商品零售业430.3亿元，增长13.6%；住宿餐饮业60.0亿元，增长15.5%。

六、对外经济

进出口贸易：全年货物进出口总额174567万美元，比上年增长64.0%。其中，进口126310万美元，增长86.9%。出口48257万美元，增长24.2%。

利用外资：全年合同利用外资总额7715万美元，实际利用外资1351万美元。当年新设立外商直接投资企业7家。

七、交通、邮电和旅游

交通运输：年末全市公路线路里程15744公里，其中，国道290.6公里，省道1452.1公里，县道2739.8公里，乡、村道及专用道11261.4公里；高速公路597.1公里。全市公路密度111.01公里/百平方公里。公路客运量5355万人，比上年增长5.0%；公路货运量7448万吨，比上年增长8.9%。公路旅客运输周转量22.6亿人公里，比上年增长2.0%；公路货物运输周转量203.6亿吨公里，比上年增长15.2%。

年末运城机场共开通了运城—北京、广州、上海、成都、深圳、天津、昆明、南京、武汉、厦门、重庆、海口、三亚、杭州、长沙、乌鲁木齐、合肥、贵阳、郑州、太原、大同等22条航线。全年民航客运量101万人，比上年增长9.3%；货运量2811吨，增长15.7%，货物运输周转量448万吨公里。飞机起降12069架次，增长25.2%。

年末全市民用车辆保有量90.7万辆，比上年末增长7.6%。民用汽车保有量达到43.7万辆（包括三轮汽车和低速货车1.6万辆），比上年末增长15.2%。其中，私人汽车37.0万辆，增长17.1%。本年新注册汽车7.5万辆，增长12.1%。年末轿车保有量24.2万辆，比上年末增长22.6%，其中私人轿车22.4万辆，增长24.3%。年末摩托车保有量33.8万辆，比上年末下降0.2%。年末拖拉机保有量11.6万辆，比上年末增长5.2%。

邮电：全年邮电业务总量35.4亿元，比上年增长10.0%。其中，邮政业务总量2.5亿元，增长5.7%；电信业务总量32.9亿元，增长10.3%。年末固定及移动电话用户总数达到481.3万户，比上年末增加16.9万户。其中，固定电话62.3万户，移动电话418.9万户。电话普及率达到92.1部/百人，其中固定电话和移动电话普及率分别达到11.9部/百人和80.2部/百人。全市宽带接入用户达到67.6万户，增长13.0%。

旅游：全年旅游总收入212.6亿元，增长28.1%。其中，国内旅游收入209.7亿元，增长28.4%；旅游外汇收入4571.4万美元，增长13.3%。全年全市接待国内游客2889.4万人次，增长21.5%；接待入境旅游者17.8万人次，增长12.0%。

八、财政、金融、证券和保险

财政：全年财政总收入完成91.1亿元，增长13.8%。公共财政预算收入完成45.4亿元，增长9.3%。在总收入中，税收收入完成78.5亿元，增长16.8%；非税收入完成12.6亿元，同比下降1.8%。

全年公共财政预算支出229.2亿元，增长18.9%。其中，农林水事务支出33.1亿元，增长26.2%；教育支出51.9亿元，增长14.3%；社会保障和就业支出30.9亿元，增长21.9%；医疗卫生支出23.1亿元，增长22.9%；节能环保支出8.5亿元，增长23.4%。

金融：年末全部金融机构本外币各项存款余额1510.3亿元，比年初增长14.4%,其中人民币各项存款余额1507.3亿元,比年初增长14.3%。全部金融机构本外币各项贷款余额838.2亿元，比年初增长17.5%,其中人民币各项贷款余额

829.2亿元,比年初增长17.0%。

年末农村金融机构（农村信用社、农商银行、村镇银行）人民币贷款余额335.0亿元，比年初增长15.5%。

证券：全年运城辖区证券市场各类证券成交额329.8亿元，比上年增长33.5%。其中股票成交额299.4亿元，基金成交额10.3亿元，债券成交额16.8亿元。年末投资者资金账户开户总数10.4万户。

保险：年末全市共有保险公司30家，全年保费收入45.5亿元，比上年增长13.0%。其中，财产险保费收入14.4亿元，增长20.6%；人身险保费收入3.1亿元，增长27.3%；寿险保费收入28.0亿元，增长8.1%。全年支付各类赔款及给付15.3亿元，增长31.9%。

九、教育、科学技术和文化

教育：全年全市高等院校招生15760人，在校生46390人，毕业生9461人。各类中等职业学校招生16553人，在校生38073人，毕业生16962人。普通高中招生46338人，在校生132157人，毕业生50166人。初中招生58876人，在校生182003人，毕业生82942人。普通小学招生48871人，在校生299555人，毕业生66394人。特殊教育招生81人，在校生854人，毕业生143人。在园幼儿数142940人。学前教育毛入学率88.75%。

科学技术：全年受理专利申请1177件，比上年增长13.7%。其中，受理发明专利申请339件，比上年增长23.3%。全市授予专利权699件，其中，授予发明专利权70件。全年有112个项目列入国家、省各类科技计划，获得项目研究资金3344万元。

年末全市共有产品质量监督检验机构4个，法定计量鉴定技术机构13个，省授权行业建立的检验所（站）1个。全年共监督抽查了476家企业14类、28种、839批次的产品和商品。完成强制检定计量器具37552台件。

全市有国家基本气象观测站3个，国家一般气象观测站10个。气象咨询服务12121电话3个运营商。开展人工影响天气业务单位13个，防雹、增雨受益覆盖面积1.0万平方公里。天气预报服务Intel网站1个，卫星云图接收站1个。全年平均气温14.6℃，年平均总降水量455.7毫米，平均总日照时数2080.1小时。

全市有专业综合地震台（站）4个，市级地震台网中心1个，数字测震台网1个，数字测震子台4个，县级地震监测台（站）13个。全年小震活动121次。其中，3级以上地震1次。全年M3.0—M3.9级地震1次，最大震级3.4级。

文化：年末全市共有艺术表演团体16个，群众艺术馆1个，文化馆13个。公共图书馆13个，馆藏图书121.54万册。博物馆20个，档案馆14个。市级以上重点文物保护单位178处，其中国家级90处，省级57处，市级31处。拥有广播电视台13座，有线电视用户58.24万户。广播人口覆盖率95.52%，电视人口覆盖率97.54%。人物电视纪录片《蒲旦宗师王秀兰》拍摄成功。新编古装剧《青丝恨》和现代剧《山村母亲》获中国戏剧梅花奖。《还债局长》获得省“五个一工程奖”。第二届全国优秀保留剧目《山村母亲》在全国巡演。

体育：全年全市运动员在省级重大比赛中获金牌39.5枚、银牌51枚、铜牌50枚。全年销售中国体育彩票1.76亿元，比上年增长39.0%。

十、卫生和社会服务

卫生：年末全市共有医疗卫生机构5338个。其中医院227个，乡镇卫生院142个，社区卫生服务中心（站）80个，诊所（卫生所、医务室）1196个，村卫生室3550个，疾病预防控制中心14个，卫生监督所（中心）14个。卫生技术人员25412人，其中执业医师和执业助理医师11562人，注册护士8198人。医疗卫生机构床位26596张，其中医院17803张，乡镇卫生院5579张。

社会服务：年末全市共有各类提供住宿的社会服务机构133个，床位8960张。其中，老年人与残疾人服务机构119个，床位7006张。年末共有社区服务中心84个，社区服务站136个。年末共有8.9万人纳入城市居民最低生活保障，发放城市低保资金29110万元。18.8万人纳入农村居民最低生活保障，发放农村低保资金29949万元。1.5万人纳入农村五保供养。全年城市临时救济1461户，农村临时救济7633户。全年销售社会福利彩票3.0亿元,接收社会捐赠162万元。

十一、人口、人民生活和社会保障

人口：据2013年人口抽样调查，年末全市常住人口为522.39万人，比上年末增加2.93万人。男女性别比为105.54（女性为100）。全年出生人口5.90万人，出生率为11.33‰；死亡人口2.97万人，死亡率为5.71‰；自然增长率为5.62‰。城镇化率达到43.06%，比上年提高1.65个百分点。

人民生活：全年城镇居民人均可支配收入20718元，比上年增长10.6 %；城镇占调查总户数20%的低收入家庭人均可支配收入7306元，占城镇居民人均可支配收入的35.3%；农村居民人均纯收入7198元，增长12.8%；农村占人口20%的低收入者收入2688元，占农村居民人均纯收入的37.3%。

社会保障：年末全市参加城乡居民社会养老保险282.9万人。参加城镇基本养老保险57.6万人，其中，城镇职工基本养老保险49.4万人，城镇居民基本养老保险8.2万人。参加城镇基本医疗保险85.8万人，参加失业保险33.7万人。参加工伤保险64.9万人。参加生育保险40.0万人。

十二、资源、环境和安全生产

资源：年末全市常用耕地面积557173公顷，其中水浇地290807公顷。全年国有建设用地供应总量1096公顷。其中，工矿仓储用地399.5公顷，房地产用地256.8公顷，商业服务用地169.9公顷，基础设施等其它用地269.9公顷。

全市拥有省级自然保护区1个，自然保护区面积达到86862公顷。

环境：黄河、汾河流域运城段共监测5个断面，达到Ⅲ类以上水质标准的断面比重50%。有25%的断面超过Ⅴ类水质标准。

年末中心城市公园面积达到430.8公顷。绿地面积达到1621公顷，同比增长3.1%。建成区绿化覆盖率达到38.25%；

污水处理率达到92.0%；城市生活垃圾无害化处理率达到95.0%；集中供热普及率达到87.3%。

能耗：全社会能源消费总量2517.86万吨标准煤，比上年增长4.99%。

全年规模以上工业二次能源生产折标准煤2726.81万吨，比上年增长18.62%。消费原煤3245.01万吨，比上年增长18.13%；洗精煤1493.45万吨，比上年增长3.78%；焦炭389.35万吨，比上年增长24.79%；电力232.03亿千瓦时，比上年增长4.33%。

全年全社会用电总量300.5亿千瓦时。其中，第一产业用电17.68亿千瓦时，占全部用电量5.88%；第二产业用电250.36亿千瓦时，占全部用电量83.31%，其中，工业用电248.44亿千瓦时；第三产业用电10.48亿千瓦时，占全部用电量3.49%；城乡居民用电21.98亿千瓦时，占全部用电量7.31%。

安全生产：全年安全生产事故死亡79人，下降1.25%。其中，道路交通事故造成69人死亡，104人受伤，直接经济损失45.5万元。煤矿、危险化学品、道路交通、消防等行业未发生一次死亡10人以上的事故。全年未发生较大及以上食品安全事故。

2013年山西省党组织情况

党的十八大以来，全省各级党组织紧紧围绕加强党的执政能力建设和先进性建设，结合党的群众路线教育实践活动，扎实推进党员队伍建设，党员队伍稳步发展，党员的年龄、文化知识结构和职业分布进一步优化，质量不断提高，为我省转型跨越发展、综改实验区建设注入强劲动力。

党员队伍规模适度。按照“控制总量、优化结构、提高质量、发挥作用”的总要求，结合经济社会发展需要，加强计划指导，实行动态监测，确保发展党员总量调控目标落实到位。截止2013年底，全省党员总数达到237.6万名，比上年度增加4.24万名，其中2013年发展党员5.7万名；基层党组织共有12.52万个，其中基层党委0.46万个，党总支0.68万个，支部11.38万个。

党员队伍结构优化。重视从青年工人、农民、知识分子中发展党员，特别是在非公有制企业和优秀农民工中发展党员，把各方面的先进分子和优秀人才吸收到党组织。截止2013年底，女党员占21.2%；大专以上文化程度党员占36.9%；35岁以下青年党员占22.8%；农牧渔民党员占33.0%；企事业单位管理人员、专业技术人员和工人党员占34.0%；党政机关党员占9.0%；学生党员占1.4%；离退休党员占17.4%；其他党员占5.2%。发展党员呈现出学历高、年轻化、向生产一线倾斜趋势。

党员队伍作用突出。在党的群众路线教育实践活动中，创新党员发挥作用的途径，广大党员的先锋模范作用得到了充分发挥。通过开展党员干部结对帮扶、“党员服务区”、“党员先锋岗”、“在职党员社区报到、开展志愿服务”等活动，真心为群众办好事、解难事、干实事，进一步加强了党员联系和服务群众工作，密切了党群干群关系。

与此同时，全省各级党组织深入贯彻党的十八大、十八届三中全会和省第十次党代会精神，创新党员教育和管理，不断激发各行业、领域、群体中党外群众的入党热情。2013年，全省申请入党人数达95.6万人，其中被党组织确定为入党积极分子的34.4万名，列为发展对象的9.3万名。

图书在版编目（CIP）数据

中共山西年鉴·2014 / 中共山西省委主办，中共山西省委党史办公室编. —北京：中央文献出版社，2014.12

ISBN 978—7—5073—4199—7

Ⅰ.①中… Ⅱ.①中… ②中… Ⅲ.①中国共产党—工作—山西省—2014—年鉴 Ⅳ.①D235.25—54

中国版本图书馆CIP数据核字（2014）第269987号

书　　名：中共山西年鉴（2014）

主　　办：中共山西省委
编　　者：中共山西省委党史办公室
责任编辑：李月兰
出　　版：中央文献出版社
社　　址：北京市西城区前毛家湾1号
邮　　编：100017
印　　刷：山西省煤炭地质制图印务中心
开　　本：1/16
字　　数：1837千字
印　　张：50.43
印　　数：1–2000册
版　　次：2014年12月第1版
印　　次：2014年12月第1次印刷

ISBN 978—7—5073—4199—7
定　　价：350.00元（精装）

如有印刷质量问题与年鉴服务部侯艳彪联系调换，电话：0351-6695690